中国信托业年鉴 2011—2012（上卷）

ALMANAC OF CHINA'S TRUSTEE

中国信托业协会　编

中国金融出版社

本书由中央国债登记结算有限责任公司
资助出版，在此表示衷心感谢！

2011年中国

出席会议主要领导

信托业峰会

稳健 Steady 自律 Self-disc
自律 steady 稳健 Steady
Integrity
fessional
Steady
诚信
柯卡生
蔡鄂生

领导讲话

主持人　王丽娟

演讲嘉宾　王晓龙

演讲嘉宾　傅帆

演讲嘉宾　蒲坚

专题发言

演讲嘉宾　魏志刚

CHINA TRUST INDUSTRY SUMMIT
中国信托业峰会
2011年中
诚信 专业
主题
稳健 Steady 自律 Self-
稳健 steady
Integrity Professional
Self-discipline Steady
诚信
专业
路 强
闵路浩
邓红国

主题
稳健 Steady 自律
稳健 steady
Integrity Professional
Self-discipline
自律
中国·
战伟宏
孟 扬

主题论坛

信托公司社

第一章 总则

第一条 为贯彻落实科学发展观，引导信托公司积极承担社会责

相关法律法规及《中国银监会办公厅关于加强银行业金融机构

第二条本公约适用于在中华人民共和国境内依法设立的信托公

第三条本公约所称信托公司社会责任是指信托公司作为社会经

第四条信托公司应全面树立社会责任理念，积极承担社会责任

会责任公约

签约仪式

会建设，根据《中华人民共和国公司法》、《中华人民共

利益相关方所应承担的责任。

“我看信托这十年”

指导单位：中国银监会非银部、深圳银监
稳健 Steady 自律
Integrity Professional
Self-discipline Steady
诚信
专业 自律

获奖征文颁奖仪式

获奖代表发表感言

中铁信托　陈建超

《中华人民共
颁布十周年

领导致辞

全国人大财经委副主任委员吴晓灵

中国银监会副主席蔡鄂生

全国人大法工委经济法室副主任袁杰

国务院法制办财金司副司长刘长春

和国信托法》

纪念研讨会

主旨演讲

最高人民法院副院长奚晓明

中国政法大学终身教授江平

时任中国信托业协会会长居伟民

中国信托业协会专职副会长王丽娟

《中华人民共
颁布十周年

专

华鑫信托首席风控官蔡概还

锦天城律师事务所高级合伙人李宪明

人大信托与基金研究所研究员李青云

中诚信托首席风控官汤淑梅

和国信托法》
纪念研讨会

演讲

信托与基金研究所所长周小明

华宝信托产品企划部总经理胡学成

银监会非银部副巡视员闵路浩

民政部社会福利和慈善事业促进司处长郑远长

《中华人民共
颁布十周年

自

国务院法制办政府法制研究中心处长马志毅

最高人民法院法研所副所长、博士生导师曹守晔

全国人大财经委法案室主任朱少平

中国人民大学法

和国信托法》
纪念研讨会

论坛

原全国人大财经委《信托法》起草小组组长
王连洲

清华大学商法研究中心主任、
博士生导师王保树

士生导师刘俊海

自由论坛主席台

2011年4月26日，中共中央政治局委员、国务院副总理回良玉视察中信信托信托计划所投资的育肥牛养殖企业。

2011年2月24日，中国银监会副主席蔡鄂生、非银部主任柯卡生出席中国信托业协会第二届理事会第四次会议。

2011年6月15日，中国银监会副主席蔡鄂生莅临华能信托调研。

2011年12月26日，中国银监会副主席蔡鄂生、北京银监局局长楼文龙莅临国投信托调研。

2011年12月31日，江西省省长鹿心社莅临江西信托调研。

2011年1月6日，时任重庆市政府副市长、党组成员周慕冰莅临重庆信托调研。

2011年7月14日，上海新金融研究院挂牌成立。

2011年11月11日，陕西省常务副省长娄勤俭、陕西银监局局长李建华莅临陕国投调研。

2011年8月5日，江西省副省长洪礼和莅临江西信托调研并发表演讲。

2011年8月22日，时任四川省副省长黄小祥莅临四川信托调研。

2011年4月13日，中国银监会非银部主任柯卡生一行莅临新华信托调研。

2011年4月13日，中国银监会非银部主任柯卡生一行莅临重庆信托调研。

2011年4月14日，中国银监会非银部主任柯卡生一行莅临中铁信托调研。

2011年7月29日，中国银监会非银部主任柯卡生一行莅临昆仑信托调研。

2011年9月16日，中国银监会非银部副巡视员闵路浩、处长战伟宏一行莅临渤海信托调研。

2011年9月26日，中国银监会非银部副巡视员闵路浩莅临长安信托（原西安信托）调研。

2011年10月13日，中国银监会非银部副巡视员闵路浩一行莅临山东信托调研。

2011年5月30日，新疆银监局局长赖秀福一行莅临华融信托调研。

2011年6月28日，青海银监局局长冷云竹莅临五矿信托调研。

2011年8月25日，安徽银监局局长陈琼一行莅临国元信托调研。

2011年11月3日，福建银监局局长周民源莅临兴业信托调研。

2011年11月16日，陕西银监局局长李建华一行莅临长安信托调研。

2011年11月16日，陕西银监局局长李建华一行莅临西部信托调研。

2011年2月21日，上海银监局副局长蒋明康一行莅临上海信托调研。

2011年3月2日，上海银监局副局长蒋明康一行莅临华澳信托调研。

2011年3月11日，江西银监局副局长李洪莅临中航信托调研。

2011年4月21日，湖南银监局副局长朱远荣一行莅临湖南信托调研。

2011年5月17日，浙江银监局纪委书记、副局长曹鸣风一行莅临中投信托调研。

2011年7月11日，四川银监局副局长李明肖莅临四川信托调研。

2011年7月28日，湖北银监局副局长胡德海一行莅临方正东亚信托调研。

2011年11月29日，江西银监局副局长李洪莅临江西信托调研。

2011年9月1日，黑龙江银监局纪委书记、党委委员金守恒一行莅临中融信托调研。

2011年12月19日，新疆银监局纪委书记李世谦一行莅临华融信托调研。

2011年8月8日，江西银监局副巡视员刘捷一行莅临中航信托调研。

2011年11月21日，中国银监会非银部信非处处长战伟宏、副处长黄琨莅临四川信托调研。

2011年11月29日，中国银监会非银部信非处副处长游宇一行莅临重庆信托调研。

2011年9月19日，中国信托业协会专职副会长王丽娟一行莅临陕国投调研。

2011年12月29日，中国信托业协会专职副会长王丽娟莅临上海信托调研。

2011年1月11日，中国信托业协会会员单位联络员第二次会议在深圳召开。

2011年2月21日至22日，信托公司股指期货业务培训会在厦门召开。

2011年2月24日，中国信托业协会第二届理事会第四次会议在北京召开。

2011年2月24日，中国信托业协会第二届理事会第五次常务理事会议在北京召开。

2011年4月29日，中国信托业协会第二届会员大会第六次会议在北京召开。

2011年4月29日，中国信托业协会第一届监事会第一次会议在北京召开。

2011年5月15日至18日，信托业从业人员培训教材编写组第一次封闭会审会在北京召开。

2011年5月23日，中国信托业协会与英国伦敦城市大学卡斯商学院合作举办的第一期信托公司高管研修班在伦敦卡斯商学院举行开班典礼。

2011年5月23日，中国银监会非银部主任柯卡生在中国信托业协会与英国伦敦城市大学卡斯商学院合作举办的第一期信托公司高管研修班开班典礼上致辞。

2011年6月13日，中国信托业协会在天津召开艺术品投资信托业务研讨会。

2011年6月30日，房地产信托业务风险控制研讨会在杭州召开。

2011年7月5日，中国信托业协会与和讯网联合举办“我看信托这十年”系列沙龙活动第一期。

2011年7月15日，中国信托业协会与和讯网联合举办“我看信托这十年”系列沙龙活动第二期。

2011年8月8日，中国信托业协会、和讯网、清华大学法学院联合举办“我看信托这十年”系列沙龙活动第三期。

2011年7月22日，中国信托业协会标准工作研究室第二次会议暨《信托产品合同文本标准》和《信托业务分类标准》工作组第一次全体会议在北京召开。

2011年7月27日至28日，信托公司股指期货业务培训会在西宁召开。

2011年8月2日至6日，中国信托业协会与清华大学法学院合作举办第一期信托高层管理研修班。

2011年8月24日至26日，信托业从业人员培训教材编写组第二次会审会在北京召开。

2011年9月5日，中国信托业协会与英国伦敦城市大学卡斯商学院合作举办第一期信托公司业务经理研修班。

2011年10月25日，中国信托业协会第二届理事会第六次常务理事会议在北京召开。

2011年10月25日，中国信托业协会第一届监事会第二次会议在北京召开。

2011年11月8日至12日，中国信托业协会与清华大学法学院合作举办第二期信托高层管理研修班。

2011年1月6日，湖南省委组织部部长黄建国莅临湖南信托营销客服中心参观检查创先争优活动开展情况。

2011年2月2日，国联信托被无锡市文明办授予“无锡市精神文明单位”。

2011年2月26日，江苏信托与全国社保基金会、南京保障房公司、民生银行南京分行共同举行南京保障房信托贷款项目签约仪式。

2011年2月28日，外贸信托财富管理中心揭牌仪式在北京举行。

2011年3月8日，新加坡华侨银行、利华资本管理公司到访中航信托。

2011年3月17日，吉林信托与工商银行吉林省分行签署全面业务合作协议。

2011年3月25日，摩根大通中国区副主席周历仁到访百瑞信托。

2011年3月28日，大业信托举行开业典礼。

2011年3月28日，昆仑信托总裁王亮出席宁波市重点项目资金保障对接会。

2011年3月29日，台湾工业银行常务董事、中国策略执行长骆怡君女士一行莅临国元信托洽谈交流。

2011年4月2日，中投信托首届财富论坛暨财富管理中心揭牌仪式在杭州举行。

2011年4月16日，国投信托推出国内首只纯管理型葡萄酒基金，并设立“金蝙蝠财富俱乐部”。

2011年4月16日，湖南信托召开信托业务模式研讨会。

2011年5月4日，兴业信托与上海申银万国证券研究所签署战略合作协议。

2011年5月10日，中融信托与日本东京短资株式会社举行签约仪式。

2011年5月11日，中航信托与江西财大举行校企合作座谈暨实习基地签约仪式。

2011年5月24日，山西省能源交通投资有限公司总裁武强到访华融信托。

2011年5月25日，苏州信托与苏州大学举行“应用型金融人才实训基地揭牌暨高端理财市场调研项目”启动仪式。

2011年5月26日，华能信托召开华能信托惠民类基金暨创新业务发展研讨会。

2011年5月30日，日本住友信托银行顾问高桥温到访紫金信托。

2011年6月8日，福建银监局副局长徐金玲向兴业信托董事长杨华辉颁发新金融许可证。

2011年6月8日，时任福建银监局局长王晓辉、兴业银行董事长高建平为兴业信托更名揭牌。

2011年6月9日，台北市经济发展委员会连胜文一行到访上海信托。

2011年6月16日，内蒙古国资委主任苏和一行莅临华宸信托指导检查工作。

2011年6月16日，英大信托召开2011年华东区信托服务研讨推介会。

2011年6月17日，华宸信托走进社区开展反对非法集资宣传活动。

2011年6月18日，新时代信托参加包头银监分局举办的公众教育日宣传活动。

2011年6月24日，中航信托总经理姚江涛荣膺“首届江西十大财经人物”称号。

2011年6月25日，中信信托党委副书记路京生出席由中信信托与金库网联合主办的《信托文化中国行》活动并致辞。

2011年7月8日，北京信托联合多家机构共同设立中关村金融创新联盟。

2011年7月20日，华宝信托董事长郑安国荣获首届“沪上十大金融行业领袖”称号。

2011年7月29日，上海信托举办首届“财·智论坛”。

2011年7月30日，浙金信托举行开业仪式暨信托服务创新与企业转型发展论坛。

2011年8月18日，长安信托举办私募·信托·投资论坛。

2011年8月24日，华润信托举办华润信托投资论坛。

2011年9月2日，百瑞信托举办信托公司创新与发展论坛。

2011年9月20日，山西信托与长治市商业银行举行战略合作签约仪式。

2011年10月10日，国资委驻中国五矿集团公司监事会主席杨坚莅临五矿信托调研。

2011年10月11日，长安信托举行海峡两岸信托实务交流座谈会。

2011年10月22日，坦桑尼亚给巴尔副总统塞义夫·阿里·伊迪一行到访四川信托。

2011年10月28日，金谷信托财富管理中心宣传窗口正式落成。

2011年10月30日，长安信托开展《中华人民共和国反洗钱法》颁布五周年主题宣传周活动。

2011年10月30日，陕国投开展《中国人民共和国反洗钱法》颁布五周年主题宣传周活动。

2011年11月4日，国元信托参加2011年皖江城市带承接产业转移示范区建设银企对接会。

2011年11月5日，华宝信托举行私募基金精英座谈会。

2011年11月5日，四川信托启动“川信成长”系列培训。

2011年11月8日，华澳信托在昆明召开云南金融合作暨发展研讨会。

2011年11月19日，百瑞信托“百瑞财富俱乐部启动仪式暨VIP客户答谢会”在郑州举行。

2011年12月2日，日本三菱UFJ信托银行驻中国首席代表陈志成一行到访湖南信托。

2011年12月12日，中航信托与重庆市永川区港桥工业园签署战略合作协议。

2011年12月13日，百瑞信托举办合规执行年知识竞赛。

2011年12月13日，云南省大理州副州长程云川一行莅临四川信托调研。

2011年12月15日，华澳信托联合上海市浙江商会、刚泰集团举办金融服务战略合作研讨会。

2011年12月20日，兴业信托与厦门国贸集团股份有限公司签署战略合作协议。

2011年12月22日，北京银监局举办2011年北京辖内信托公司业务研讨会。

2011年12月22日，长安信托举行更名揭牌仪式。

2011年12月26日，中原信托、港中旅集团增资入股焦作商行签约仪式。

2011年1月20日，北方信托党委前往越秀路街慰问捐款。

2011年1月，中航信托总经理姚江涛前往南昌县莲塘镇慰问孤寡老人。

2011年3月19日，中融信托全体员工参加“同享一片蓝天，共建美好家园”大型公益植树活动。

2011年4月15日，华鑫信托组织全体党员、员工积极参与植树造林活动。

2011年4月16日，安信信托公益基金启动仪式。

2011年4月16日，华信信托参加大连市金融先锋林植树活动。

2011年4月23日，华能信托开展植树节植树活动。

2011年4月25日，北大资源学院与江西信托举行助学工程启动仪式。

2011年4月25日，中泰信托向上海市慈善基金会黄浦区分会捐赠30万元成立“中泰信托·获得国家级工艺美术大师称号的老技师爱心基金”。

2011年5月24日，中铁信托希望图书室捐赠仪式在成都市新都区清流小学举行。

2011年5月25日，杭州工商信托与杭州流动人口子女学校建立携手蒲公英·爱心书屋。

2011年5月30日，长安信托举行5·12抗震救灾公益信托计划援建镇巴项目竣工典礼仪式。

2011年6月8日，北京信托首款标准意义慈善信托“希望之星1号”正式与委托人签约，北京信托向孩子亲属赠送爱心书包及文具。

2011年6月16日，湖南信托向湖南省公安民警基金会捐款200万元暨助残慰问金发放仪式在湖南省公安厅举行。

2011年6月25日，国元信托党委组织公司党员赴安徽省革命老区金寨县进行“追寻革命足迹，坚定理想信念，开展捐资助学”的党员主题教育活动。

2011年9月17日，中融信托在内蒙古通辽举行中融·光华通辽公益行捐赠仪式，为该市科左后旗的甘旗卡第三小学的学生捐赠共计25万元的文体用品、书籍等物资。

2011年11月27日，华宝信托产品企划部胡学成在首届“上海公益伙伴日”活动上被授予纪念牌。

2011年11月27日，紫金信托举办“呵护明天希望，传承财富理想”善德一号公益信托启动仪式暨客户答谢会。

2011年11月，平安信托参与希望工程认捐，获邀参与鹏城会亲活动。

2011年12月30日，国元信托领导班子全体成员以及部分党员到革命老区金寨县斑竹园镇沙堰希望小学，参加国元信托捐资助学和党员结对助学活动。

目　录
CONTENTS

上　卷

下 卷

中国信托业年鉴 2011—2012（上卷）

重要文献与政策法规

重要文献

在2012年全国非银行金融机构监管工作会议上的讲话

中国银监会主席　尚福林

（2012年3月26日）

今天，我们在这里召开非银行金融机构监管工作会议，主要是贯彻中央经济工作会议和全国金融工作会议精神，按照银监会年初工作会议要求，研判当前形势，部署2012年工作，进一步推动非银行金融机构风险防范和科学发展。下面，我就非银行金融机构监管和发展谈几点意见和看法。

自2007年各类非银行金融机构进行制度改革以来，银监会按照“一手抓风险防范，一手抓科学发展”的监管理念，妥善解决非银行金融机构历史遗留问题，成功破解非银行金融机构功能定位，着力推进科学监管，促进机构健康发展，在此基础上进行业务创新，不断引导机构服务实体经济。经过几年的不懈努力，我国非银行金融机构在改革中稳步发展，在发展中逐步转型，业务和规模都上了一个新台阶，不仅克服了全球金融危机冲击的影响，而且稳中有进，初步走上了良性发展的轨道，在丰富我国金融市场、支持国家经济社会发展等方面发挥着日益重要的作用。这些历史性变化，是银监会党委正确领导的结果，也凝聚着非银行金融机构全体从业人员和全体监管人员的智慧和汗水。在此，我代表银监会党委向同志们表示诚挚的祝贺和衷心的感谢！

回首过去，非银行金融机构走过了曲折和不平凡的历程；展望未来，非银行金融机构的发展和监管工作仍然任重道远。我国经济发展正处于大有可为的重要战略机遇期，加快转变发展方式、调整经济结构是改革发展的主线和主攻方向。非银行金融机构作为我国金融市场的生力军和综合经营试验平台，同样处于重要的战略机遇期，同样需要转变发展方式，进一步推进业务转型。同时，我们也应该清醒地认识到，当前我国经济发展仍面临不少困难和挑战，金融领域还存在一些突出问题和潜在风险，改革与发展的任务仍然艰巨。从外部环境看，世界经济复苏步履维艰，国际金融危机持续深化，复杂多变的特征没有根本改变。从内部环境看，解决包括金融体系在内的体制性、结构性矛盾难度不小，经济运行也出现了不少新情况、新问题。一些长期矛盾与短期问题相互交织，结构性因素与周期性因素相互作用，国内问题与国际问题相互关联，改革发展面临的局面更加复杂。从非银行金融机构来看，还存在体质不够强，发展较为粗放，基础建设和市场培育不足，外部环境有待改善，核心竞争能力有待进一步提高等问题。从监管工作角度看，非银行金融机构种类较多，业务量较大，市场化程度较高，而监管资源相对不足，体制机制有待进一步完善，监管队伍建设也需进一步加强。

2012 年是“十二五”承前启后的重要一年。当前的复杂形势给非银行金融机构转型发展提供了新的机遇，也给非银行金融机构的监管和风险防范提出了新的挑战和更高要求。在 2012 年的工作中，我们一定要突出把握好中央经济工作会议确定的“稳中求进”的总基调，抓住机遇，锐意进取，攻坚克难，迎难而上。在应对挑战中，把困难和问题估计得更充分一些，对已出现的苗头和潜在的风险做到早防范、早发现、早化解、早处置、早善后，及时击破单体风险，多层次筑牢“防火墙”，严守风险底线，坚决防止系统性、区域性风险的发生，在稳健运行中推进非银行金融机构的转型发展。做好 2012 年的工作，最关键的是要以科学发展观为统领，切实做到和做好“四个坚持”。

一、坚持严守风险底线

近几年来，非银行金融机构的业务和规模不断发展壮大，社会影响也越来越大，与银行业的关系更加密切。尤其是对信托、财务、租赁行业实施制度改革以来，由于将严守风险底线作为监管工作的重心，非银行金融机构再未出现过被强制关闭，或因单体风险影响行业发展的重大风险事件，初步形成了在发展中防风险、在防风险中谋发展的较为稳健的长效发展机制。同时，我们也必须清醒地看到，自实施制度改革以来，非银行金融机构尚未经历过一个完整经济周期的考验，应对风险挑战的措施和能力也有待考验。尤其在当前复杂的国内外经济金融形势下，非银行金融机构与银行体系业务合作灵活多变，房地产和地方政府融资平台等热点领域风险相互交叉，防范单体风险和系统性风险的任务依然严峻。因此，必须强调继续坚持严守风险底线不动摇。

一是着力发挥机构自身在风险防范中的“主体”作用。要抓住非银行金融机构本身就是风险产生和防范内因这一主要矛盾，督促机构将提升自身风险管控水平放在突出位置，建立健全机构自身全面风险管理体系；明确董事会、监事会和高管层的风险管理责任，特别是首要责任人的责任；将风险防范意识融入到机构战略规划和日常经营中，健全项目全流程管理和风险动态化管理机制，强化内部监督和责任追究；各职能部门要围绕风险管控各司其职，提升风险控制水平。

二是充分发挥监管部门在风险防范中的“后盾”作用。首要任务是扎实做好风险防范的基础工作，确保数据统计分析的真实性、有效性和全面性，严密监控各项监管指标，特别是流动性指标，跟踪相关行业发展状况，提前预判和防范可能发生的风险。要高度关注各项业务的异动情况，加强趋势性、方向性风险研判，积极防范非银行金融机构与实体经济、银行体系相互作用的叠加性风险，筑牢“防火墙”，将单体风险及时处置化解于萌芽状态。还要持续防范声誉风险，重视媒体在互联网时代的多元作用，学会处理与媒体的关系，既要通过媒体信息及时发现问题、引导舆论、维护声誉，也要善于识别信息和舆论的真假虚实，做到去伪存真，不被其所惑，不为之所动，不受其左右。

在当前和今后一段时期，非银行金融机构风险防范的重点是确保今明两年房地产信托的兑付高峰安然度过。要在加强全面风险管理的基础上，坚持事前报备，持续风险监测，坚持“联防联动”，提前部署预案。要注重防范交易对手风险，关注上游、下游相关行业授信规模和风险状况，跟踪监测相关行业间的风险传导，立足产业链开展压力测试，及早作出防范和化解风险的整体规划和安排。

三是探索发挥市场机制在风险防范中的“治本”作用。目前，银行、证券、保险等金融机构已经建立较为完善的风险化解机制，使之在金融消费者保护方面发挥了较好作用，而非银行金融机构目前尚未建立相关机制。下一步，可以研究借鉴证券投资者保护基金、保险保障基金等制度的成功经验，探索具有非银行金融机构特色的风险化解机制和市场退出机制，尝试运用市场机制解决“隐性担保”和“刚性兑付”两大问题，切实发挥市场机制在保护金融消费者权益、维护社会经济秩序方面的作用，避免“一家机构生病全行业吃药”的历史重演，为非银行金融机构的科学稳健发展提供有力保障。与此同时，还要站在行业长远发展的角度，持续加强对各类机构的金融消费者教育，增强金融消费者的风险意识和自我保护能力，逐渐深化“买者自负”的理念，逐步提高市场成熟程度。

二、坚持支持实体经济发展

实业稳则金融稳。实体经济的发展是支撑金融发展的坚实基础，金融发展与实体经济存在着互利共赢的辩证关系。美国次贷危机再次证明，如果金融体系脱离实体经济而自我循环无疑是无源之水、无本之木，不具有可持续性。非银行金融机构具有“跨市场、跨行业、跨产品”

和“小、快、灵、活”的独特优势，近几年来对实体经济发展的支持力度日益增强，目前关系国计民生的基础产业和各重要领域都已有非银行金融机构涉足。截至2011年末，6类非银行金融机构资产总规模已达8.35万亿元，支持基础产业2.16万亿元，支持工商企业2.33万亿元，支持民营企业1.02万亿元，支持小微企业1 110.42亿元，支持“三农”项目329.2亿元，支持国家战略新兴产业1 174.22亿元，并逐步从单一融资服务向综合金融服务转变，发挥了促进节约资金成本、推动技术革新和金融驱动消费等社会效应，同时也以差异化和多元化的服务，一定程度上填补了银行服务不足的空白，较好地支持了实体经济的健康发展。

中央经济工作会议提出了牢牢把握发展实体经济这一坚实基础的要求，监管部门和非银行金融机构要坚决贯彻落实党中央、国务院的决策部署，以高度的政治责任感，从大局出发，在严守风险底线的同时，进一步提高金融服务水平，更好、更多、更切实地支持实体经济发展。

一是牢牢把握服务实体经济发展这一根本。要督促非银行金融机构增强支持和服务实体经济的使命意识，树立支持和服务实体经济的经营理念，加强支持和服务实体经济的自觉性和主动性；坚决贯彻落实国家产业政策的各项要求，自觉将国家宏观调控和产业结构调整政策纳入中长期战略规划和年度经营计划，大力推动产业结构升级转型；加大对国家重点领域的支持力度，积极配合“十二五”规划确定的国家重点产业和重大项目规划实施；同时还要督促非银行金融机构结合自身实际，提升对小微企业和“三农”领域的服务水平，促进实体经济沿着国家宏观政策导向科学发展。

二是继续大力引导民间资金投入实体经济。引导民间资金投入实体经济是非银行金融机构，尤其是信托公司的一个重要业务领域。当前，民间资金已经成为我国社会融资体系的重要组成部分，虽然其规模不可小觑，但投资出路匮乏，而实体经济，特别是创新型小微企业却又存在着很大的金融需求缺口。2011年，信托公司吸收民间闲置资金达2.29万亿元，发挥了较为明显的“嫁接”优势。下一步，要更好地发挥非银行金融机构在民间资金和实体经济之间的“桥梁”作用，继续增强对民间资金的吸纳能力和对实体经济的支持力度，引导民间资金“趋利避害”、回归实体，促进以创新型小微企业为代表的实体经济技术升级和核心竞争力的培育，促进社会资源的合理、有效配置。

三是正确处理社会责任、经济效益与可持续发展之间的关系。要正确处理短期效益与长期效益的关系，立足效益创造和机构发展的可持续，兼顾服务实体和风险管控，促进社会责任和经济效益的双赢。通过共享发展成果，提升非银行金融机构持续支持实体经济的内在原动力。同时通过对实体经济发展的支持，挖掘和创造非银行金融机构新的利润增长点，提高非银行金融机构的发展质量。

三、坚持转变发展方式

非银行金融机构发生的深刻变化得益于改革推动，今后的转型发展更需要改革推动。经过几年的艰苦努力和奋斗，非银行金融机构已发展成为我国金融体系的一个方面军，成为我国金融市场不可或缺的重要组成部分，但发展较快不等于体质和竞争力就已经很强，还要清醒地认识到非银行金融机构目前还存在一些问题，发展后劲仍然不足。因此，必须以过去几年较快发展创造的良好基础作为承前启后的出发点，抓住中央大力加快转变发展方式的历史机遇，加大深化转型的步伐和力度，进一步增强非银行金融机构自身的体质和核心竞争力，增强持续发展的后劲。

一是进一步加强非银行金融机构自身的基础建设。“打铁还需自身硬”，非银行金融机构发展方式的转变，从根本上讲还是要靠机构本身。要督促机构完善公司治理，建立制衡机制，优化股权结构，强化股东责任，严控关联交易，加强对董事、监事、高管的监督评价和履职问责；持续完善内控机制，健全风险与效益相结合的激励约束机制，强调责任追究，防止过度冒进，抑制短期投机；加强信息披露，强化市场约束；大力加强团队建设，提高研发管理能力，使专业服务水平满足业务拓展的需要。非银行金融机构只有先将这些基础扎实打牢，转变发展方式才能落到实处，才能有内在动力。

二是坚持科学发展，增强发展的可持续性。要督促机构优化发展战略，转变单纯追求规模、速度和市场份额扩张的粗放式发展模式，扬长避短，深入挖掘市场，拓展与自身比较优势和所在市场特点相适应的专业化、特色化、差异化发展路径，努力构建契合非银行金融机构自身发展规律的现代金融服务模式；坚持“有保有压”，与国家经济社会发展战略相协调、相匹配；坚持社会责任，加强对国家经济结构调整过程中重点领域和薄弱环节的支持力度，促进消费结构升级，严控“两高一剩”、新增融资平台和高风险房地产业务。监管部门和非银行金融机构还要正确看待矛盾，客观、历史地分析转变发展方式中遇到的问题，区别轻重缓急，以积极而又务实的态度，稳步提升发展水平。

三是结合国情稳妥推进业务创新。创新既是非银行金融机构实现功能的必由之路，也是提升发展水平的内生动力，非银行金融机构发展和监管水平提高的过程本身就是一个创新的过程。近几年来，非银行金融机构在坚持“风险可控、成本可算、信息充分披露”的原则下，推出了资产证券化、受托境外理财、股指期货、金融债券、飞机及船舶租赁等创新业务，产生了跨领域、多元化配置资产等特色效应。下一步，要继续以创新为抓手，遵循各类机构科学发展规律，鼓励通过创新改善业务结构，提升综合竞争能力。要以提升服务能力为目标，围绕支持实体经济发展，面向市场，面向客户，探索适合中国市场的非银行金融机构的金融服务模式。

必须强调的是，不能脱离市场需求而创新，更不能为规避监管而创新。要以提高创新质量为依归，不仅要看收益，更要看效果。创新要有利于促进机构自身的资本节约，降低资本占用；有利于促进投资对象健康成长，提升品牌效应；有利于促进经济结构转型和调整中问题和矛盾的解决，发挥自身价值，节省社会成本。除此以外，创新必须以加强风险管控为保障，创新程度要与风控水平相适应，将风险防范动态贯穿于金融创新的全过程，全面评估，规范运作，尽职管理，深入排查各操作环节可能存在的风险点，不仅不能通过创新转移或藏匿风险，而且要立足长远，从根本上防范金融风险，特别是系统性风险的发生。这一点对各类非银行金融机构来讲尤为重要。

四、坚持科学监管

银监会成立以来，我们在更新监管理念、健全监管体系的基础上，坚持功能监管和机构监管相结合，变静态监管为动态监管，变合规监管为风险监管，变分散监管为联动监管，初步构建了信托公司以净资本为核心、银行业金融机构以资本充足率为核心的全面风险监管体系，打下了非银行金融机构较为科学的监管基础，监管工作的前瞻性、针对性和有效性有了较大提高。目前，非银行金融机构改革与发展的探索实践已逐渐步入“深水区”，自身特点和复杂环境决定了非银行金融机构监管工作的任务依然十分艰巨。因此，要特别讲究科学的监管工作的方式方法，大力提升监管水平和应对能力。

一是不断提高科学监管水平。要根据非银行金融机构行业差别大、业务种类多、市场变化快的特点，完善监管机制和监管工具。做到风险为本，科学监管；制度先行，依法监管；相互沟通，民主监管；精确制导，重点监管；一司一策，分类监管；标本兼治，全面监管。要积极推进信托公司净资本管理，将净资本管理与分类监管、风险防控和转型发展相结合，进行动态调整，引导机构审慎经营和科学发展。要大力加强监管队伍建设，准确把握各类机构不同的发展规律，不断提高监管人员的专业能力和水平。

二是充分发挥监管协同效应。银监会系统上下要保持方向一致、政策连贯、行动联合。要加强市场准入、非现场监管、现场检查之间的横向沟通，加强与银行监管部门之间的相互配合，加强与其他部委之间的沟通协调，加强与属地局之间的“联防联动”。各银监局要根据属地监管原则，切实负起对辖内机构监管的首要责任。系统上下还要根据不断发展变化的新情况，探索创新监管手段和方式方法，对工作中的良好经验和做法，可以在系统内逐步推广，切实提升监管整体效能。

三是注重寓监管于服务之中。在做好监管工作的同时，加强对机构的服务与指导，帮助机构进一步完善机制、稳健发展，包括加强形势辅导、监管政策培训和风险预警提示，要求机构与监管部门共同努力化解风险，指导机构主动降低增长预期，避免股东对机构施加过度和不当的业绩压力。指导机构转变经营发展理念，优化考核指标体系，确保发展战略在机构内部的正确传导和有效执行，避免经营管理行为偏离总体战略目标。围绕市场营销、合格投资者培育和信息披露等热点问题开展调研，加强对行业发展具有重要影响的法规制度研究，跟进对已有制度和监管方式的后评价，持续完善监管制度体系。发挥行业协会作用，推动行业公平竞争市场秩序建设、行业数据库建设和从业人员培训等工作。与此同时，还要注重督促非银行金融机构正确领会监管意图，准确把握监管导向。监管政策具有的引导性、激励性和前瞻性，既体现了监管者的审慎态度，也包含了监管者对非银行金融机构健康发展的期望。要督促机构立足长远发展，沿着监管导向改革前行，坚决杜绝抵消监管效能的行为，提升对监管政策的执行力，与监管形成良性互动。

同志们，当前非银行金融机构发展面貌焕然一新，转型成绩喜人；展望“十二五”，我国金融发展又站在一个新的历史起点，非银行金融机构发展和监管工作责任更加重大，任务更为艰巨。希望大家坚定信心，齐心协力，克难前行，稳中求进，推动非银行金融机构为国民经济作出更大贡献，以优异的成绩迎接党的十八大胜利召开！

在2012年全国非银行金融机构监管工作会议上的讲话

中国银监会副主席　蔡鄂生

（2012年3月26日）

“两会”胜利闭幕之际，我们召开2012年的监管工作会议。刚才，尚福林主席的重要讲话充分肯定了近几年非银行金融机构监管工作和非银行金融机构发展的成绩，根据当前形势指出了要注意的问题，特别提出在下一步工作中要做好四个坚持，坚持严守风险底线、坚持支持实体经济发展、坚持转变发展方式、坚持科学监管，请大家认真学习，认真思考，充分结合各地的实际情况，认真贯彻落实。下面，我就如何落实尚福林主席的讲话精神，正确研判形势，在今后的工作中进一步推动非银行金融机构防险创新和科学发展讲几点具体意见。

一、2011年发展与回顾

2011年，全国非银监管系统综合把握机构发展阶段和市场形势变化，稳步推进各项监管工作，在加强风险防范和促进转型发展方面取得了一定进展，延续了“十一五”以来开创的良好发展局面。

一是以风险防范为工作重心，确保机构稳健运行。做好风险防范工作，关键不是不出风险，而是面对风险我们有应对的措施和办法，不使它蔓延成为区域性或系统性的问题，从而影响到整个行业发展。在房地产业务监管方面，我们与国家宏观调控进程的步调时刻保持一致，摈弃“紧急刹车”的做法，有节奏、有变化、有针对、有措施地展开风险布控工作，有效避免了单体业务风险蔓延。包括做实做细风险监测，确保心中有数；加强联防联动，采取事前报备、窗口指导、现场督导等措施，控制房地产业务盲目扩张；提前3个月布控风险，确保风险早发现、早预警、早处置。银信合作监管方面，为进一步巩固成果，我们要求信托公司坚持自主管理原则，将银行理财资金直接或间接受让信托受益权纳入银信范围，杜绝银行以“创新”为名规避监管。目前，全国商业银行已基本按照要求完成了银信理财合作业务表外资产的转表工作。在历史遗留高风险机构处置方面，2 家信托公司拟重新开业，1 家高风险租赁公司进入破产清算阶段，历史遗留的“辽国发”案件处置取得重大突破。

二是始终坚持金融为实体经济服务的理念，实现互动发展。2011 年，银监会批准筹建及开业各类非银行金融机构 47 家，主要是财务公司。截至 2011 年末，六类机构总计 227 家，表内和表外资产规模突破 8 万亿元，在“十二五”规划战略新兴产业、国家安全、稀缺资源、民生行业、保障性安居工程、传统文化、飞机船舶、汽车产业、消费领域等发挥着积极作用。

三是积极推动机构发展方式转变，深化机制改革。2011 年，非银行金融机构发展质量继续显著提升，持续发展的内生动力不断增强，围绕实体经济的创新取得一定进展。目前，已有摩根士丹利等多家境内外战略投资者参股或控股非银行金融机构，体制机制建设取得突破，各类机构公司治理、内部控制及决策、激励机制不断完善，团队建设大为增强。与此同时，业务创新与发展工作再上新台阶。信托公司参与股指期货业务获得突破；财务公司根植于服务集团的战略定位，有效解决了集团及其下属企业多头开户所带来的政策与经营层面的问题；金融租赁公司探索供应商融资租赁的商业模式，满足了多样化的市场需求；汽车金融公司积极调整业务规划，行业发展稳步向上；货币经纪公司业务产品日渐丰富，市场认可度提升，盈利能力增强；4 家消费金融公司试点初见成效，业务规模稳步增长。

四是科学完善监管手段，逐步提高监管有效性。第一，监管工作逐步向专业化和精细化方向发展，在坚持“一手抓风险防范、一手抓科学发展”的监管理念指导下，妥善解决历史遗留风险，在发展中逐步转型；在“区别对待、扶优限劣”原则下启动分类监管；在“风险可控、成本可算、信息充分披露”原则下引导创新发展。第二，坚持功能监管和机构监管相结合，完善了以市场准入、非现场监管和现场检查为主的监管体系。构建了信托公司以净资本为核心、财务公司等其他 4 类机构以资本充足率为核心的全面风险监管指标体系。

回顾过去的一年，非银行金融机构经营面貌持续改观，各项财务指标快速增长，保持了连续发展的良好局面。归结经验，主要有三点：第一，要坚持以全局观、风险观、辩证观、市场观、历史观为统筹的监管哲学；第二，要坚持两手抓，一手抓风险、一手抓发展的工作思路；第三，要坚持一司一策、分类监管、扶优限劣、支持创新的工作方法。

二、对当前形势和问题的看法

当前，世界经济增速回落、复苏乏力，我国经济发展中不平衡、不协调和不可持续的矛盾和问题仍很突出，在结构性因素和周期性因素相互作用下，经济下行压力加大，经济运行中的新情况、新问题时有出现。2011 年中央经济工作会议指出，2012 年经济社会发展的关键在于把握好“稳中求进”的工作总基调。“稳中求进”就是既要“稳”，也要“进”。不“稳”无法

“进”，不“进”难以“稳”。两者互为条件，相辅相成。具体到我们的工作，“稳”就是要保持机构运行基本稳健，严防系统性、区域性风险发生，保持市场秩序稳定；“进”就是要继续抓住和用好面临的战略机遇，在战略布局上取得新进展，在机制建设上取得新突破，在业务转型中取得新成绩。把握好“稳中求进”，才能有效摆脱非银行金融机构周期式摇摆的宿命，防止风险聚集，加快内涵式转变，实现可持续发展，在市场激烈竞争中赢得主动。下面，我就非银行金融机构如何做好“稳中求进”，谈几点自己的认识。

（一）关于“稳”的问题

尚福林主席多次提醒我们，制度改革后的非银行金融机构尚未经历一个完整经济周期的考验，应对风险挑战的措施和能力有待考验。这是因为非银行金融机构本身风险就非常复杂，既与实体经济相交织，又与资本市场、货币市场相关联。要从三个层次，正确认识非银行金融机构的风险：一是实体经济领域连带风险，比如房地产市场整体下滑带来的风险，企业集团所属行业风险；二是金融领域连带风险，比如证券市场低迷、银行流动性偏紧引致的连锁反应；三是行业自身风险，比如声誉风险。

说到非银行金融机构的稳健发展，不得不说金融消费者教育问题，这是保持市场秩序稳定的根本之一。现在的投资者没有“吃一堑”，所以也还没有“长一智”，这就很麻烦，出了问题靠政府、靠惯例。这既有中国式立法的问题，也有社会实践主体自身的问题。一方面，信托公司要对投资者进行充分的风险提示，让投资者真正认识风险因素，接受“买者自负、风险自担”的投资理念；另一方面，应该鼓励按市场规律积累审判实践，用法律手段推动法制体系的完善，深入推进金融消费者教育和保护的体制机制。尚福林主席也讲了，我们探索建立体现非银行金融机构特色的金融消费者保护机制，重要的是要深化“买者自负”理念，逐步提高市场成熟程度。

（二）在稳的基础上如何求“进”

构建与实体经济相适应，具有强大聚集功能和较高资源配置效率的现代金融体系，既是应对国际竞争的需要，也直接关系到国家经济安全。未来银行业的竞争，将主要取决于能否在提供差异化服务方面赢得显著优势。与商业银行提供传统存贷业务不同，我国非银行金融机构所提供的信托受托服务与资产管理、企业集团资金集中管理、设备融资租赁、汽车与消费金融等业务领域，功能特色非常鲜明。我多次提过非银行金融机构发展要“不忘本”，要“以本逐利”，这个本就是“本源”，即如何提供具有自身比较优势的差异化金融服务。只有始终重视自身制度优势的发挥，重视自身核心竞争力的建设，重视自身品牌的培育，加速从同质同类的竞争向差异化、个性化、特色化发展，才能以“特”取胜，才能在竞争激烈的市场中立足。不能期望目前的规则跟市场发展一致，而是要指导机构在市场上摸索发展规律，加强自身基础建设，在练好“内功”的基础上实现长远发展。

近几年来，面对复杂严峻的形势，非银行金融机构迎难而上，功能定位、体制机制、风险管控和发展质量都取得了较大改观，市场价值快速提升，发展面貌焕然一新，这与制度改革前相比已经有了质的飞跃。但仍需关注的是，在可喜局面背后，非银行金融机构发展仍存在一些问题，机构和整个市场的发展建设，特别是功能定位问题并没有完结。

在监管方面，房地产信托风险布控效果有待检验，各类机构发展内外部协调问题仍很突出，与行业转型配套的大量基础性建设工作亟需加强。

在机构方面，一是经营方式总体粗放，表现在重发展数量，轻发展质量，管理方式上简单以规模指标和利润数量作为主要考核指标，业务管理能力和风险控制手段严重滞后于业务发展速度；重市场机会，轻市场培育，靠市场机会寻找盈利空间，产品营销大量依赖银行等机构，甚至出现通道类业务和监管套利现象，缺乏核心客户资源与自主管理能力，市场培育严重不足；重薪酬激励，轻问责约束，盲目追求“重赏之下必有勇夫”，考核标准单一化，业绩导向严重，不能有效覆盖风险，问责不到位，无法保证发展战略在机构内部正确传导和有效执行；重股东回报，轻长期规划，公司治理缺乏平衡当期利润与长远利益的有效机制，短期利益与政策调整相互博弈，缺少科学的中长期发展规划，人才与技术等基础性工作投入不足。二是业务风险点轮动。近年来，非银行金融机构业务发展呈现出亲周期式风险变化特征，产品设计紧随市场热点，产品期限短期化，无法逾越完整的市场波动周期，监管政策也被迫紧跟行业风险转换。2009 年前后，信托公司密集开展银信合作和信政合作业务，银监会先后予以规范。此后，信托公司迫于生存压力，又转向房地产业务，银监会又出台一系列组合拳。在房地产业务收紧后，下一步如何盈利，成为大多数信托公司当前的困惑。对于租赁问题下一步也要关注，不能偏离租赁与实体经济结合的本质，要有完整的产品，现在已经发现变相利用其所谓融资功能的现象，产品周期 1 ~2 年，明显存在问题。此外，金融租赁公司、财务公司发展势头压力很大，在市场整体格局下如何发展需要思考，要认识到机构的增长速度受机构产品结构、资产结构的影响。对财务公司的定位、分类监管、创新等工作也要基于对市场的认识。2012 年的经济形势非常复杂，非银行金融机构要想保持继续稳健发展，关键还是要看机构自身能否围绕转变发展方式这条主线，按照市场规律去改革转型，将行业功能和市场需求结合起来。只有改革发展才能使基础牢固。

在清醒认识这些问题的基础上，也必须看到非银行金融机构改革发展仍处于战略机遇期。机构可持续发展的内生动力趋强，伴随经济平稳较快发展的坚实基础，在巨大财富管理需求与城镇化改革等诸多市场机遇下，非银行金融机构将遇到跨越式发展后理性回归的良好契机。进一步明确非银行金融机构职能和在金融体系中的地位，采取“疏堵结合”的方式解决其运行中的问题，既是化解风险的根本，也是实现行业可持续发展的关键，更能有效助力于国家经济结构调整和转变经济发展方式这步大棋。

三、做好2012年非银行金融机构监管工作的几点要求

尚福林主席要求我们，做好2012年的非银监管工作，要做好四个坚持：坚持严守风险底线；坚持支持实体经济发展；坚持转变发展方式；坚持科学监管。围绕这“四个坚持”，我们要下大力气做好以下工作。

（一）以防范和化解风险为工作主线，保持非银行金融机构稳健运行

2012年防范和化解风险工作的底线是通过审慎监管，确保不出现行业系统性、区域性风险，实现单体机构、单体项目风险基本可控。

一是继续加强房地产信托风险防控。尚福林主席强调，在当前和今后一段时期，风险防范的重点是确保今明两年房地产信托的兑付高峰安然度过。做好这项工作，要坚持“五联”工作方针，重点强化系统上下、内外力量配合，实现数据信息联通、异地检查联动、跨区风险联防、处置方案联策、动态会议联席，有效提升监管资源利用效率。风险化解主要坚持商业化原则，针对可能存在的项目流动性不足的情况，指导机构研究制定包括抵（质）押品处置、股东及关联方流动性支持及地产并购基金等在内的风险化解预案，提高风险应对能力。

二是警惕信托传统业务与新型政策套利业务风险，防止“跷跷板”效应。进入2012年以来，除房地产业务风险以外，其他业务风险也开始逐步显现。2012年要重点关注信政业务、银信业务变化趋势，严格执行现有规定，强化合规指标要求，不符合标准的要严格按照相关规定采取监管措施。此外，要密切跟踪业务发展新动向，关注新型银信合作、债券投资、定向增发、工商企业贷款（尤其是房地产上下游企业）、中小企业融资基金等可能出现的新问题、新风险。2011年末，非银部发现了票据、同业存放等新型套利业务端倪并及时叫停。2012年初又陆续出现了信政合作卷土重来，业务曲线进入房地产、信用证信托接棒票据信托等新问题。风险苗头一旦形成，迫于处理的复杂性，政策往往要一刀切。因此，问题发生前要学会通过媒体舆论、事前报备等多种渠道掌控动向，坚持“实质重于形式”和“穿透原则”，区别出哪些属于正常的市场套利，哪些是监管政策套利行为。对于正常市场套利，我们应提出风险控制方面的要求，但对于变相规避监管规定，借助非银行金融机构进行监管政策套利的行为，就应当予以制止和规范。

最近一家信托公司出了案件，上周又出现了8家信托公司投资担保公司的问题。2012年在抓好房地产信托业务风险防范工作的基础上还要重点关注法律风险防范问题。信托关系本身就

是委托人、受托人、受益人围绕信托财产的三者关系，任何一个环节出问题都可能形成信托计划的风险。风险化解面临的可能不止是机构，也可能是某个市场部门。风险防范要树立信心，要对哪个环节易出风险做到心中有底，视角和立足点要高，处理方式要有节奏、有分寸，应对要沉着冷静。

三是积极防范流动性风险。加强财务公司、金融租赁公司、汽车金融公司流动性风险管理指导工作，完善流动性管理体系，合理控制资产规模增长速度，平衡流动性和盈利性之间的关系，建立预警机制和应急预案，研究探索稳定的中长期资金来源及其可行措施，稳步推进金融债券发行工作，积极争取资产证券化试点重启。

四是高度重视对舆情的监测和应对工作。市场舆论是把双刃剑，正确的舆论可以肃清市场弊端，帮助市场建立良好的发展秩序，而恶意的炒作则可能扭曲行业发展。非银行金融机构生存环境的改善有赖于市场对非银行金融机构原理和运行机制的正确认知，有赖于全社会形成的契约尊重和信任氛围。因此，舆情应对是非银行金融机构发展壮大后非银战线全体人员必须迅速加强的一项本领，要认真面对、敢于面对，要学会从我们的工作职责角度客观应对，不要简单地用结论应对。要讲究工作方法与技巧，科学处理、正确引导，体现我们的专业素质与监管水平。

（二）以服务实体经济促转型进步，实现互利共赢

一是坚持金融服务实体经济的本质要求，引导社会资本回归实业，全面提升非银行金融机构特色化服务水平。要引导信托公司将民间资本引向重点产业行业、战略性新兴产业、绿色低碳产业和社会民生领域，依托特有的制度优势与积累的投资管理经验，整合财产转移和财产管理，真正实现以客户为中心的财富管理服务目标；要鼓励财务公司坚持围绕集团资金池稳健开展业务；要鼓励金融租赁公司深入挖掘融资租赁的本质特征，在风险可控的基础上加大创新力度，优化业务结构，改善盈利模式，提高综合服务能力；汽车金融、货币经纪、消费金融三类机构，发展历史与其他机构相比较短，要着重考虑未来的发展方向、市场走向和完善程度等问题。

二是"开正门、堵旁门"，采取疏堵结合的方式解决非银行金融机构发展的现实问题，明确机构职能与市场定位，加快解决投资者保护机制建设、信托产品流通市场建设、信托从业人员资格准入管理、融资租赁法律及税收配套体制建设、车辆抵押登记等关系行业发展节点问题的进程。

（三）以基础工作为重点，加快机构发展方式转变

一是加强市场培育。包括投资者队伍培育、"买者自负"理念培育、价值投资理念培育三方

面。要鼓励机构建立自主营销渠道，掌握核心价值资源。支持机构通过判例积累完成投资者“买者自负”理念的培养。指导机构树立多元化、中长期价值投资理念，延长产品周期、弱化资产相关性，以长期稳定的回报增加客户黏合度，正确处理非银行金融机构亲周期展业问题。

二是完善治理结构与内部机制建设。要积极指导机构推动优化股权结构，规范股东行为，切实加强具有自身特色的公司治理建设，实现有效制衡。要指导机构逐步探索市场化的高管人员选聘机制，要强化高管履职持续化监管，建立风险管理首要责任人制度及责任追究制度。要督促机构规范业务团队行为，加强问责并建立行业黑名单制度。要督促建立长短期风险与收益相匹配的薪酬制度，防止过度冒险和“挣快钱”的不良倾向。要督促完善风险管理机制，细化业务流程，提升风险控制手段，强化合规力量，加强内控建设和透明度建设，保证利润目标、稳健的业务管理和风险控制目标之间的平衡。

三是注重面向未来的人才培养与品牌建设，稳步开展业务创新。要从培育的角度出发，指导机构充分认识人才战略的重要意义，除适当的薪酬机制外，完善其他人力资本机制，加强人才归属感和认同感，通过企业文化积极吸引和保留人才。要指导机构树立品牌就是金融机构生命的发展理念，督促机构立足长远发展，避免短期行为，站在全行业发展的高度，共同维护行业形象，实现多赢。要鼓励机构在遵循客观经济规律，满足市场真实有效需求的基础上进行创新，坚决打击借创新之名违规违法经营、逃避金融监管的行为。

（四）以监管建设为重点，持续提高监管有效性

监管有效性并不取决于“谁监管”，而是取决于“如何监管”。全国专门从事非银监管工作的人员不超过320人，监管着六类227家机构、8万亿元资产。非银监管面临跨业监管、内外协调频繁、监管资源有限等诸多困难，如何利用有限的资源实现有效的监管，关键是抓住重点、找准对象、由点到面，讲究监管工作的方式方法，提升科学监管水平。

一是要加强监管的基础手段建设。2012年要重点完成监管信息内外部建设工作。内部建设要在优化非现场信息系统、综合管理平台基础上，建立和完善监管信息数据库，以信息化手段实现非银监管系统内部基础数据共享、监管政策互动、市场信息跟踪等目的。外部建设要加强媒体舆情监测手段，利用各层面舆情信息实现对市场动态的监测和反馈。

二是要继续强化监管方式改进。市场准入要与市场需求、机构定位、可持续发展相结合，兼顾审慎和效率。非现场监管要深入研究评级框架体系的科学性，完善修订数量化指标，改变规模导向，引导机构全面提升资产管理水平与发展质量。要以净资本、资本充足率等为抓手，科学引导机构加快发展方式转型。要借鉴国际监管改革经验，充分吸取国际金融危机教训，坚持非银行金融机构与银行合作的有限参与原则，控制杠杆率，强化防火墙机制和并表监管要求。要按照“少而精”的原则合理设定现场检查项目，加大监管处罚与问责力度，维护监管制度的

严肃性。

三是要继续完善监管制度框架，强化对现有监管制度的执行。以信托为例，2012 年要继续推进《信托公司从业人员管理办法》、《公益信托管理办法》以及信托产品营销办法的研究和制定工作，尤其是信托产品的销售，要加强对直销的研究和探索，培育自己的市场。现在信托公司大量进行异地营销，我们要求信托公司开展异地营销必须向注册地银监局报告，并同时向销售地银监局报告，但有的公司却没有很好地遵守这个制度。目前对于异地营销和监管，具体的管理办法还在研究之中，在制度出台之前，要做好对现有制度的执行，并根据实际情况动态调整制度原则下的监管口径。对于异地营销，可以考虑加大对注册地银监局的责任，所辖信托公司开展的异地营销项目，必须得到注册地银监局的同意，并适时跟踪检查，对产品销售地银监局进行事前备案即可。

四是要加强监管资源优化。要根据非银行金融机构多为中小法人机构的特点合理配置监管资源，科学设置监管条线。要集合非银监管系统上下力量，联防联动，实施全方位风险管控。还要根据机构分布的特点，探索在北京、上海等业务聚集地区实行差别化监管的可行性。

五是要加强监管协调能力。要加强与银行监管部门的内部协调，坚持直接监管与间接监管同步、机构监管与功能监管并行。要深化外部协调工作，加强与宏观经济管理部门的工作联动，加强与行业、市场主管部门的联络沟通。

同志们，2012 年是我国实施“十二五”规划承上启下、继往开来的重要一年。大家要增强大局意识、责任意识和忧患意识，加强学习，狠抓落实，继续巩固“十二五”开局的良好发展势头，努力开创非银行金融机构发展和监管工作的崭新局面！

在2011年中国信托业峰会上的讲话

中国银监会副主席　蔡鄂生

（2011年12月9日）

严守风险底线积极推动转型
促进信托公司科学稳健发展

这次会议的目的是统一认识、认清形势、沉着应对、以本求利、稳健发展。自2007年“一法两规”颁布实施以来，信托公司发展和监管越来越注重把握科学规律，长期摇摆不定、带病运行等问题得到了较好解决。“十一五”时期至今，信托行业每年都有好的变化，这是在党中央、国务院领导下，监管部门和在座各家机构共同努力的结果。2011年，信托公司取得了不少成果，也切实解决了发展中的一些问题，在“十一五”时期发展的基础上，继续保持了较好的发展势头，并努力向专业理财机构转型，在丰富我国金融市场、支持国家经济社会发展等方面发挥着重要作用。但是也要认识到，信托公司从功能定位到转型还存在一些问题，2011年的形势还比较复杂，大家要把问题多看一点，多找一点，才能更好地把握机遇、应对挑战。

下面，我谈四个方面的问题。

一、当前形势

2008年金融危机爆发以后，2009年各国政府出面注入资金，金融层面暂时平静下来，这两年随着欧债危机和美国债务问题凸显，情况又复杂起来。希腊和欧盟到现在也拿不出一个很好的方案。欧元区先天就有缺陷，有统一的货币政策，却没有统一的财政政策，有准入机制却没有退出机制。最近他们在讨论财政联盟问题，但由于涉及国家主权，深层次矛盾逐渐暴露出来。从各国应对希腊问题的态度可以看到，在全球化背景下，希腊债务已经不是简单的一个国家的问题，而是有系统性、关联性的地区问题。如果债务危机恶化，欧洲银行业的问题马上就会暴露，进而传递到全球金融体系，美国和日本的金融系统也会出现比较大的波动。后果的严重性，各国应该是很清楚的，但是大家都还在观察，这一点值得思考。

欧洲希望我国去救助，中央的态度很明确，欧洲的问题要靠自己的力量去解决。能比较顺利地解决问题是大家都希望看到的一种结局，但是如果不是很理想的话，国际市场进一步发生变化会对实体经济产生一些重大影响，对我国经济的影响也值得关注。

现在，一些没有经历过第四次、第五次行业整顿的新开业信托公司的高管和年轻的信托经理们，对信用风险、流动性风险、声誉风险以及刚性兑付没有切身经历，展业比较激进，风险忧患意识欠缺，甚至盲目扩张。大家一定要在好的时候看到自己哪里不好，外部环境好的时候在工作中反而容易脱离实际，容易盲目提高要求，这主要是对客观环境的认识不足，容易出现思想方面的偏差。过去的工作解决了很多难题，但从发展角度讲还面临很多没有解决的问题，需要大家认真思考。

二、信托业发展中的若干问题

（一）在资产规模快速扩大中如何提高发展质量

截至2011年10月末，全国65家信托公司固有资产总额达到1 650.33亿元，管理的信托资产规模突破4.36万亿元。客观地讲，信托公司在业务规模快速增长的同时，业务发展质量却有待进一步提高。从具体业务角度看，银信合作、信政合作和阳光私募基本上都是非自主管理项目，没有做到真正的创新。房地产项目很大一部分是在银行对房地产开发贷款控制趋严的情况下，从银行分流而来，也即银行的项目、银行的资金、银行进行后续管理。甚至在很多业务中，信托公司很大程度上成为银行规避监管要求的工具，比如个别银行以自有资金投资信托产品，这实质上变相突破了《商业银行法》限定的银行经营范围；票据信托业务，本质上也是帮助银行规避信贷规模管控，而且存在不少法律问题；还有的信托资金用于同业存放，帮助银行满足流动性需要。这些业务，不仅不符合自主管理的要求，而且合规、法律及声誉风险也不可低估。虽然信托公司的盈利能力和信托收入占比逐年提高，但目前真正能够体现信托公司资产管理能力、高附加值的业务并不是很多，行业整体创新能力和核心竞争力还有待提升。目前离信托“受人之托、代人理财”专业理财机构的本质定位还有很大差距，这有外部环境的原因，但更多在于信托公司自身基础建设不足和自主管理水平不高。

我曾经讲过，信托公司要做到“不忘本”，一是不忘受苦的“本”，即要深刻反思信托公司走过的艰难历程，避免反复；二是不忘信托的本质。

（二）如何加强风险防范

第一，房地产信托风险值得高度警惕。据统计，截至2011年10月末，房地产信托业务余额为6 957亿元，占全部信托财产的16%，对信托公司的利润贡献度却超过50%，在信托公司整体业务中具有举足轻重的地位。

2009—2010年密集发行的房地产信托产品，都是在房价最高、房地产最火暴的时期发行的，产品也是按照高房价、火暴房地产状况设计的，回报率一般都在15%～20%，甚至更高。现在房地产市场面临宏观调控的考验，开发商难以达到设计产品时的高利润，必将给信托项目的兑付带来巨大压力。根据有关学者研究，房价变动至少将使42个行业受到影响，包括钢铁、水泥、电解铝、玻璃、石灰、家具、汽车等行业。届时，不仅是房地产贷款会出现不良，而且各个相关行业的贷款都可能出现问题。

房地产信托主要面临资金被挪用、项目无法完工、房产不能顺利出售三大风险。因此，要高度警惕房地产信托业务中的单体项目风险以及由此可能引发的系统性风险。

防范和化解房地产信托风险，至少要对三个方面做到心中有数。一是要对目前的房地产信托状况心中有数。募集的资金是来自自然人、机构还是银行理财资金，是用于住宅、商用、保障房还是别墅项目，项目所在地受限购政策影响多大，房地产商自身债务状况如何，这些都要仔细考虑。二是要对信托支撑房地产项目的哪个阶段心中有数。信托项目期限一般1～3年，按支撑房地产项目的阶段划分，第一类是夹层融资，也即开发企业资本金不足时，信托以股权等方式进入，实质是用于补充资本金。第二类是开发建设贷款，一般在“四三二”条件满足的情况下开展，与商业银行贷款类似。第三类是接盘资金，银行或信托贷款到期后，项目还没有结束，期限错配的情况下，信托公司进入完成项目，推向市场。以前夹层融资很多，2011年6月以来，由于房地产市场情况不好，加上商业银行信贷额度紧张，房地产信托要求事前报告，因此用于接盘的项目开始增多。三是要对抵（质）押物是否可实现心中有数。各信托公司普遍宣称，对名下项目采取了充分的风险控制手段，比如土地或房产抵押物充足，折扣率低至40%～50%，有连带责任担保，有其他还款来源等。但是以上判断过于乐观了。事实上，房价下跌趋势一旦形成，越跌越没人买。真正形成债务后，法院要先冻结，再诉讼，最后处置，一套流程下来，没有三五年处置不完，投资者只能认亏。

第二，银信合作走向科学发展尚需时日。银监会一直鼓励商业银行和信托公司科学发展银信合作业务，满足客户资产配置多元化需求。然而，银信合作项目一旦出现兑付风险，将给银行和信托公司带来巨大的声誉风险。针对银信合作业务快速发展过程中暴露出的风险隐患，自2010年以来，我们出台了一系列审慎监管政策。目前的主要问题：一是银行转表存在困难。因为银信合作风险主要由银行承担，我们要求各家银行将银信合作表外资产年内全部转入表内。在执行中，各银行转表的进度差别很大，个别银行转表进展缓慢。如果银行不转表，信托公司就要计提资本，因为风险不能落空，所以就给信托公司净资本达标带来较大压力。据统计，2012年存续的应转表项目约有4 900亿元，非银部正在积极协调，办公厅也开了会推动银行转表工作。但银行能不能完成全部转表仍存在不确定性，信托公司要提前做好思想准备，而且以后要引以为戒。二是新型套利形式初现端倪。2011 年下半年以来，信托公司以集合资金受让票据资产的业务发展迅速。这类业务本质上仍然是银行借道信托规避信贷规模管控，风险很大，而且很容易转换到信托公司。一方面是声誉风险，可能会使信托公司再次陷入舆论压力和政策压力的旋涡；另一方面，在没有真实交易背景的情况下，是否存在合规风险和法律风险，信托公司有没有这个业务资质，是否又在充当银行绕规模的替罪羊，在开展业务前，信托公司要把这些问题想清楚。2010 年银信合作带来的后果到现在还没消化掉，大家不要伤疤还没好就忘了疼。只有科学开展银信合作，在厘清信托公司和银行责任的前提下，通过发挥自身制度优势，创新理财产品，与银行优势互补，才能真正发挥这项业务的功能，才能有助于信托行业健康发展。三是主要合规指标普遍超标。2010 年，银监会下发文件，明确要求融资类银信合作业务不能超过银信合作业务的 30%，这个指标必须坚守。对融资业务的界定，非银部已在相关文件里予以明确，并在 2011 年的三次净资本培训会议上做了强调。

第三，政府融资平台清理形势依然严峻。2009 年，国家出台拉动四万亿元投资计划。计划出台后，在扩大内需、拉动经济增长方面取得了显著成效。在此过程中，因为个别公司、个别项目投资不审慎，导致在基础设施投资、政府融资平台业务方面出现了一些风险。银监会本着审慎监管原则，进行了清理和规范，能转成商业贷款的转成商业贷款，不能转的补足资金或者提供担保，由此也带来后续的紧缩效应。

2011 年以来，国家实施了积极的财政政策和稳健的货币政策。在通货膨胀压力面前，上述政策不会改变，信政合作业务整体紧缩的形势，2012 年仍将继续。这就要求我们对防范与化解信托公司在涉及基础设施投资、政府融资平台方面的风险，要继续加以重视。

第四，与小额贷款公司、担保公司等机构往来的风险不可忽视。受多种因素影响，目前民间借贷市场风险问题日益严重。国务院对此高度重视，温家宝总理最近赴温州调研时，要求严厉打击非法集资、金融传销、高利贷等违法金融活动，采取有效措施规范引导民间借贷发展。信托公司业务模式灵活多样，在与小额贷款公司、担保公司等机构之间开展业务往来时，如果风险防范意识不强，则风险会比较容易出现。信托公司要进一步加强风险管控，筑牢防火墙，严防上述机构风险向信托公司蔓延。具体来说，一是禁止信托公司开办与小额贷款公司、担保公司和典当行之间的业务，加强对已开展业务的风险管控，确保到期兑付；二是加强信托公司与消费金融公司、村镇银行和租赁公司合作业务的合规和风险监管，督促信托公司做好后续管理工作，严防信托资金用于法律和政策不允许的行业和领域，以免授人以柄。非银部和各银监局要完善相关业务风险的监测预警机制，一旦发现信托公司存在违规操作，要立即停止相关业务，严肃处理。

第五，信托公司销售能力亟待提高。当前，越来越多的金融机构将理财市场作为发展重点，商业银行理财（包括个人理财、机构理财和私人银行业务）、基金专户理财、券商集合理财、保险资产管理业务，包括近期兴起的第三方理财纷纷利用信托原理推出产品，抢占私募理财市场。加上银行间市场私募债和创业板公司发债进一步挤压传统融资类信托业务，信托公司外部竞争压力加剧，迫切需要提升自身竞争实力。而自身营销能力不足已成为制约信托公司发展的重要因素。信托公司营销的“三驾马车”中，在直销方面，大多数信托公司缺乏高端客户资源的积累；在借助商业银行渠道方面，容易受制于人，不仅要支付高额的代理费用，而且商业银行在代理推介过程中不愿与信托公司共享客户信息，导致信托公司无法履行风险揭示和信息披露义务；在与第三方理财机构合作方面，首先，这种方式违反了《信托公司集合资金信托计划管理办法》；其次，由于第三方理财中介机构游离于监管之外，抢夺客户资源手段较为激进，营销行为合规性无法保障，由此带来的销售乱象也会对信托行业的规范发展造成冲击。

三、关于加快转变经济发展方式的几点要求

“十二五”规划以科学发展观为主题，以加快转变经济发展方式为主线。信托公司能否实现科学、可持续发展，“十二五”期间非常关键，希望大家都来思考如何转变发展方式。历史经验证明，要一手抓风险防范与化解，一手抓科学发展，“两手抓”的理念是科学的。国务院领导同志特别关心包括信托公司在内的非银行金融机构当前的风险状况及下一步发展，特别是下一步发展的风险状况。银监会这些年一直把对信托公司的监管与服务作为重中之重。因此，在下一步工作中，仍然要继续坚持风险防范与科学发展并举，遵循信托公司的发展规律，落实国家宏观调控政策，继续推进信托公司持续、健康、稳健发展。

（一）继续抓好信托公司发展的基础工作

信托公司改革和发展的当务之急仍然是加强自身基础建设。大家要看到与国内外成熟金融机构的差距，进一步优化公司治理、完善内控机制，建立与长期风险责任挂钩的薪酬激励机制，从严控制关联交易，强化信息披露，提高风险管控能力。在此基础上，做好市场研究、客户细分、产品设计、员工培训、信息系统建设等工作。目前信托公司的经营发展、整体效益还不错，但未来能否实现可持续发展，取决于能否将更多精力投入到自身基础建设中。信托公司未来发展靠的是公司团队、管理能力、服务水平能不能跟上。只有基础打好了，才能发挥自身长处，才能在市场上占有一席之地，才能不愁长远发展。基础打不好，即使短期快速增长也不具有持续性。

（二）重点防范与化解房地产信托业务风险

风险防范与化解是信托公司监管工作的重中之重，尤其在当前复杂的国内外经济金融形势

下，更要高度关注单体业务风险和系统性风险。当前和下一阶段，信托公司监管的重点，是防控房地产业务2011年末及2012年的兑付高峰，具体要做好以下几方面工作：

一是做实做细房地产信托业务统计分析。从资金来源角度，要区分银行理财、机构理财、高端个人以及普通100万元的投资者；从资金投向角度，要区分住宅、商业地产和保障房；从资金运用方式角度，不管是投资，还是融资，关键要看信托资金投入房地产开发全流程中的哪一阶段；此外，还要关注还款来源以及风控措施。做好这些工作，才能摸清风险底数，才能有的放矢地采取监管措施。

二是坚持事前报备制度，并根据形势发展把握好房地产信托业务节奏。在此基础上，要求各银监局、各公司责任到人，认真筛查全部项目，对照限购等国家宏观调控政策，务实分析项目现金流，落实还款来源，重新审查风控措施的可实现性。

三是提前制定应急预案。非银部、各银监局和各信托公司要跟踪房地产信托项目的资金落实情况，资金到期前6个月就要介入，一旦出现风险，信托公司要及时通过资产管理公司、房地产并购基金等商业手段提前处置。如果上述措施不能奏效，则要根据信托公司有无管理过错，采取相应措施，包括以固有资产赔付、控股股东受让信托受益权，甚至由符合条件的信托公司收购人托管或接盘等方式处置风险。

此外，考虑到2012年形势的复杂性，非银部提议信托公司2011年暂不分红，以提高风险应对能力。同时各监管局、信托公司和协会要加强舆情监测，重视媒体作用，积极引导舆论，防范声誉风险。尤其在应对危机和风险的时候，本身就有一个如何适应和把握舆情的问题。

（三）把握发展机遇，着力提升自主管理能力

这几年，信托公司管理的资产规模快速增长，前景广阔，原因有二：一是法律赋予信托的制度优势。信托资金应用渠道广泛，可以投资资本市场、货币市场和实业领域；信托资金运用灵活，可以通过股权投资、债权投资、权益投资、融资租赁等多种方式来运用；信托财产的保障措施丰富，可以使用抵押、质押、担保以及结构化安排等措施；信托可以实现所有权与受益权的分离，在子女抚养、父母赡养、退休后的生活以及财富的永续传承和保护上大有可为。二是研究显示，有超过40%的高端人群（千万元资产以上高净值人士）热衷投资信托产品，另有41%的高端人群表示会增加投入或重点关注信托产品，信托产品已经成为高端投资者资产配置的重要选择。信托公司应抓住这些难得的机遇，充分发挥自身制度优势，着力提升自主管理能力。

（四）中小型信托公司尤其是近两三年新开业的信托公司更要增强风险防范意识

随着信托公司历史遗留问题得到妥善解决，近年来，陆续有十几家信托公司重新换证开业。新开业的信托公司及年轻的信托经理没有经历过行业的起伏，对银监会的监管思路和信托公司

的功能定位理解不透、体会不深。在目前信托行业快速发展的情况下，业务扩张冲动强烈，加上缺乏高端客户和业务资源积累，业务拓展有些变形，内控制度和风险管理手段多不完善。例如，个别信托公司以及一些年轻的信托经理在银监会严控房地产信托业务的情况下，仍突击开展房地产业务。所以，夯实基础、防范风险和提升自主管理能力，对中小型信托公司、特别是近两三年新开业的信托公司更为重要，业内年轻的信托高管及经理们也要深刻认识到这一点，把自己的热情和才华用在正道上。

（五）对单体机构、业务的风险处置

银监会党委对包括信托在内的非银行金融机构过去几年功能定位改革给予充分肯定。目前，信托公司良性发展机制初步形成，以“一法三规”（含《信托公司净资本管理办法》）为核心的监管框架也基本建立，在单体机构和业务风险的处置上，不需要像以往一样进行全行业的整顿，而要重点研究对爆发风险的单体机构或业务的处置问题。信托公司要完善市场退出机制，有进有出，谁有问题处置谁，哪项业务出问题就叫停哪项业务。

我们要提前研究对信托公司的风险处置方法。按照信托公司管理办法，信托公司的信托业务和固有业务必须严格分离。因此，如果信托公司出了问题，其信托业务将转给其他信托公司，收回金融牌照，将原公司转为一般工商企业，机构还可以继续生存。

四、关于信托业协会的工作

信托业协会是在行业发展最困难的特殊时期成立的，这些年伴随我国经济社会发展逐步壮大。关于下一步如何更好地发挥作用，我提三点意见。一是要切实履行自律职责。协会一定要成为真正的自律组织，要为维护会员的合法权益服务。会员也要维护这个组织、帮助这个组织，通过这个组织去解决问题、维护行业权益。这次年会上大家签订了《信托公司社会责任公约》，如何有效履行公约，我认为应该根据倡议，从公司自身做起，只有每家公司都成为受人尊敬的公司，这个行业才能成为受人尊敬的行业。二是要发挥协调职能，改善行业环境。协调不仅是和监管部门的沟通，还涉及和其他政府部门的沟通。这方面信托业协会做了不少工作，希望继续发扬光大。三是要不断提高服务水平。协会要为会员服务，做好各方面工作。会员也要多支持协会的工作，不要认为这是形式上的事情，希望大家认真对待，注重当前的问题，共同探索行业发展规律。一定要把协会做得有声有色，做到实处。

同志们，信托公司挑战与机遇并存。大家要抓住重要战略机遇期，立足长远，苦练内功，再接再厉，迎难而上，不断推进信托公司深化改革与科学发展，共同开创信托公司发展和监管事业新局面！

在 2011 年全国非银行金融机构监管工作会议上的讲话

中国银监会副主席　蔡鄂生

（2011 年 4 月 7 日）

抓基础防风险促发展　推动非银监管工作再上新台阶

同志们：

“十一五”时期以来，非银监管工作在银监会党委领导下，以科学发展观为指导，认真贯彻落实中央经济工作会议决策部署，面对复杂多变的国内外经济金融形势，着力推进科学监管，促进机构健康发展，取得了较好成绩。虽然仍存在一些需要努力研究的课题，但回顾过去五年的发展历程，正如刘明康主席指出的“非银机构建设总体向好，进步较大，出现了史无前例的良好局面”，这是来之不易的。2011 年是“十二五”发展的开局之年，温家宝总理在《政府工作报告》中指出，“十二五”是全面建设小康社会的关键时期，是深化改革开放、加快转变经济发展方式的攻坚时期。综合研判当前国内外形势，总的来看是机遇与挑战并存，困难与希望同在，非银机构发展仍处于大有可为的重要战略机遇期。通过认真总结过去五年的发展经验和不足，准确判断当前形势，深入思考下一步工作重点，对于做好 2011 年工作，完成“十二五”发展的各项任务和目标，至关重要。下面，我主要讲三点意见：

一、过去五年工作回顾

“十一五”期间，非银机构发展出现了很多好的变化。一是历史遗留棘手难题基本解决。基本完成 30 家历史遗留的高风险机构处置，2007 年以来信托、财务、租赁三类老机构再也没有出现被强制关闭或整顿的现象，初步摆脱了伴随经济宏观调整被治理整顿的路径依赖。二是行业规模显著扩大。汽车金融、货币经纪、消费金融三类新机构健康快速发展。非银机构从 2005 年末5类机构总资产1.1万亿元（含信托资产2 113亿元），发展到2011年末6类机构总资产5.13万亿元（含信托资产3.04万亿元）。三是发展质量有所提高。公司治理、内部管控和盈利能力都有较大进步，破解了功能定位的根本难题，尤其是经受住了2008年国际金融危机带来的考验，实现了平稳、较快发展。总结起来，主要有以下五点经验：

（一）以先进理念为指导，奠定科学监管的坚实基础

自银监会成立以来，秉承“管法人、管风险、管内控、提高透明度”的监管理念，注重把握非银机构特点和规律，实行差别监管，初步建立了较为完善的监管体系，奠定了科学监管的基础。2006年，确立了“一手抓风险防范和化解、一手抓科学发展”的非银机构监管思路，制订了非银机构3～5年监管规划。以此为指导，一方面扎实推进历史高风险机构风险化解和风险防范，另一方面逐步完善和健全法规制度，明确各类机构功能定位，逐步扭转了监管上的被动局面，为机构健康发展奠定了良好基础。2007年以来，按照“分类监管、区别对待、扶优限劣”的监管思路，陆续启动了各类非银机构的分类监管工作，逐步走向科学化、精细化。按照“风险可控、成本可算、信息充分披露”的原则，引导机构创新发展。面对2010年复杂的国内外经济形势，非银部提出了树立全局观、风险观、辩证观、市场观、历史观“五种观念”，以及坚持风险为本、坚持制度先行、坚持相互沟通、坚持精确制导、坚持“一司一策”、坚持标本兼治“六个坚持”的工作思路，有所为有所不为，使2010年的工作又有新的进步。

总体上看，这几年能够根据不同时期的经济形势和宏观政策变化，结合非银机构自身特点，不断探索发展规律，指导机构科学发展。实践证明，上述理念是比较科学有效的，可以继续坚持下去。

（二）以制度改革为基础，推动体制机制建设取得新突破

我国非银机构是改革开放的产物，业务发展和监管制度基础比较薄弱。2007年非银监管会议上，我要求大家要贯彻、落实信托、租赁新办法，进一步修订完善其他配套制度。经过这几年的艰苦努力，逐步建立健全了各类非银机构管理办法，基本做到了立法先行、有法可依，明确了各类机构的功能定位和发展框架，非银机构开始走上良性发展轨道。以信托公司为例，面向高端投资者以及固有资产和信托资产分离等观念已经受到广泛认同，从融资平台向专业理财机构转型正在不断推进。在此基础上，不断完善配套制度，内容涵盖公司治理、风险管控、业务创新等各个方面，初步奠定了符合非银机构现阶段发展要求的制度基础。同时，这几年坚持开展政策后评价，查漏补缺，修改完善，废止不合时宜的文件，保障了法规体系与时俱进。目前，逐步形成了以基本法规为核心、以综合性制度为主体、以专项业务规章为补充的相对完整

的制度体系，有力推动了非银机构在各项体制机制改革中取得新突破。

（三）以完善监管方式为抓手，不断提升监管工作前瞻性和有效性

我一直要求大家注重掌握良好的监管工作方法和手段，每年都到非银部和大家座谈，也经常到机构开展调研。在2007年监管工作会和处长培训班上我曾要求大家：一是要在监管实践中探索如何把准入、非现场和现场有机结合起来。二是要重视银监会上下作为一个整体监管的问题。三是要注重加强与各方面的联系和沟通，不断提高单兵作战能力和加强精细化监管。经过几年摸索，初步形成了功能监管和机构监管相结合的监管架构。在监管流程上，市场准入、非现场监管和现场检查等各环节都在不断完善，相互配合机制得到优化，协同监管效能得到提高。监管方法上，在属地监管基础上更加注重整体监管，上下更加统一了认识和判断，建立了信息共享、沟通顺畅、反应迅速的联动机制。坚持"一司一策、分类监管"，坚持贴近市场，收到良好效果。监管工具上，结合非银机构特点，量身定制富于实用性的监管指标，丰富了监管手段，监管前瞻性、针对性和有效性得到提高。

（四）以风险防范与化解为主线，保障非银机构整体稳健运行

风险防范与化解对于非银监管工作来说是重中之重，我们对风险监管的认识和要求也在不断深化。2007年，提出坚持合规性监管与风险监管相结合的理念，并兼顾投资风险和创新业务风险。2008年，面对国际金融危机，我再次强调了风险监管的重要性，要求系统上下切实提高风险防范意识，特别是要注意防范因一家公司出现问题而影响全行业的形象。过去5年，非银机构风险防范与化解工作取得了实效：一是积极稳妥推进了历史遗留高风险机构处置工作。经过上下共同努力，银监会成立前近30家存量高风险机构基本处置完毕，信托公司实现了平稳转型，各类非银机构总体运行状况良好。二是有效防范和化解了单体机构的业务风险。非银部和各银监局对非银机构快速发展过程中的单体业务风险基本做到了早发现、早预警、早化解。2010年对银信合作的规范效果明显，规模回落幅度较大；地方政府融资平台业务高增长和相关风险得到初步遏制；紧盯房地产业务市场并做好风险防范，虽然发展较快但未发生重大风险事件。

"十一五"期间，非银机构在发展中防风险，在防风险中谋发展，没有像以往不断陷入被整顿怪圈，这就是进步，也是转变。更重要的是，风险为本意识正逐步融入机构战略规划和日常管理，风控团队和技术得到提升，抗风险能力也出现新改观，非银机构稳健运行和进一步发展有了保障。

（五）以推动创新为灵魂，增强非银机构发展的内生动力

创新是非银机构发展的灵魂，也是提升发展内生动力的必由之路。回顾"十一五"期间，

如果没有我们认识、观念的更新和业务创新，就不会取得目前的成绩。2008 年监管会上我曾讲，在开展创新业务方面，如果机构在站得稳的前提下，能够面对各种挑战，充分发挥自己的功能和作用，设计出一些产品，银监会一定会给予支持。可以说，非银机构发展和监管工作本身就是创新的过程，这是由非银机构的特点决定的。五年来，非银条线注意把握非银机构发展规律，鼓励机构探索创新，不断提升核心竞争力；审慎支持创设新机构，稳步推进综合经营试点；推动引进战略投资者，探索建立科学合理的非银股权结构；注重优化机构创新环境，积极引导机构走上正道。

现在，非银机构开始关注创新、思考创新、勇于创新。同时，监管队伍也在钻研创新、支持创新的过程中，提升了监管水平，树理念、建制度、重监管、守底线工作取得了实效。

二、问题和当前形势

过去五年虽然解决了很多难题，但从发展的角度看，还有很多问题没有解决。非银机构战略与发展模式仍不够科学，追逐短期利益、忽视长远发展的情况仍然存在；发挥自身特色、深挖市场特点方面还不到位；公司治理、内部管控、人力资源等基础建设虽有改观，但与国内外成熟金融机构相比，还很不完善；个别类型机构类信贷业务比重依然较大，与银行存在一定同质化竞争，核心竞争力还不强；融资平台、房地产业务等风险隐患依然存在，应对国内外复杂形势的能力还有待提高。

要做好下一步工作，我们必须清醒认识当前面临的复杂经济形势，冷静判断非银机构发展面临的机遇与挑战，认真做好应对准备。

（一）国际形势依然严峻

一方面，经济全球化、世界经济结构调整和全球经济治理机制变革持续深入，新兴市场国家经济步入上升期，金融危机后国际银行业纷纷警醒与反思，新的战略调整和布局正在进行；另一方面，世界经济缓慢复苏，但复苏基础不牢，发达经济体增长乏力，失业率居高不下，主权债务危机隐患仍在，主要发达经济体推行宽松货币政策，全球流动性大增，国际大宗商品价格大幅走高，主要货币汇率波动加剧，国际市场竞争更加激烈，世界经济复苏中不稳定、不确定因素仍然较多。

（二）国内挑战与机遇并存

一方面，全球市场已高度一体化，复杂的国际形势对国内经济影响深远。人民币升值压力加大，对美元汇率攀升，出口竞争力削弱，输入型通胀压力增大；随着国际资本流动性大增和发达国家增长放缓，新兴市场相对稳健的基本面和更强劲的增长潜力致使热钱冲击加剧，资产泡沫加大，新兴市场已成为国际投资者资金配置的重点，宏观调控难度增加。另一方面，我国长期向好的经济发展趋势没有改变。经济平稳较快增长，国内生产总值2010年达到39.8万亿元，"十一五"期间年均增长11.2%；消费、投资需求继续快速增长，房地产投机投资需求得到初步抑制。"十二五"期间，基本上可以通过采取措施保证经济向好的方向发展。"十二五"时期以加快转变经济发展方式为主线，强调调整经济结构、深化金融改革、发展金融市场、鼓励金融创新，这为非银机构发展提供了难得的历史机遇。

（三）非银机构发展还需继续努力

非银机构下一步如何发展，需要结合国内外具体形势以及机构的自身特点和规律进行深入思考。非银机构总体规模小，但种类较多；市场份额不大，但专业性强、活跃度高、涉及面广，具有独特的制度优势，也是境内外商业银行、企业集团合理配置资源、延伸经营领域、提高竞争能力的主要选择对象。风风雨雨这么多年，非银机构初步走出了困境，实现了整体实力提升和利润大幅增长，但原有的发展模式还能不能持续，又能否抓住"十二五"转变经济发展方式的历史机遇？如何进一步提高核心竞争力？同时，新形势下监管工作应对能力也面临新的考验。所有这些，都需要付出更多努力。

综合来看，非银机构具备持续发展的有利条件，目前处于非常好的发展机遇期，对此应该充满信心。如今，问题有所不同，工作重点也有新的变化，非银机构的发展实际上也到了关键的攻坚时期。如何跟上经济发展和改革开放的步伐不掉队，要靠对非银机构发展和监管工作的重新认识，发挥制度优势、改进存在不足，适应市场和机构发展需要，不断开创新局面。

三、2011年工作重点

刘明康主席在年度工作会议上要求着力提高监管政策的前瞻性、深入性、有效性，着力增强改革发展的科学性、持续性、稳定性，着力布控防范系统性和区域性风险，确保银行业安全稳健运行，促进实体经济平稳较快发展。

非银机构具有独特的发展规律，这就要求我们不仅要全面贯彻落实银行业的整体部署，还要深入掌握非银机构特点，思考具有非银特色的发展道路，切实推进非银机构稳健、科学发展。具体来讲，2011年要重点做好以下工作：

（一）夯实非银机构发展和监管基础

对监管者来讲，要做到"情况明、数字准、作风正"。情况明，既要对机构有着清楚全面的认识，又要用发展的眼光看问题；数字准，首先数字要真实，其次任何数字都是时点数，必须动态看待机构的变化，掌握风险和发展方向；作风正，要求监管人员在与机构接触过程中不仅要公正、正派，而且要有扎实的工作作风和咬住问题不放松的态度，正如刘明康主席讲的要“敢于揭示问题、勇于面对问题、善于解决问题”。

对机构来讲，要进一步优化公司治理、完善内控机制，建立与长期风险责任挂钩的薪酬激励机制，从严控制关联交易，强化信息披露，提高风险管控能力。在此基础上，做好市场研究、客户细分、产品设计、员工培训、信息系统建设等工作。目前非银机构的经营发展、整体效益还不错，但能否实现未来可持续发展，取决于机构能否将更多精力投入到自身基础建设中。未来发展靠的是公司团队、管理能力、服务水平能不能跟上。只有基础打好了，才能发挥自身长处，才能在市场上占有一席之地，才能不愁长远发展。基础打不好，即使短期快速增长也不具有可持续性。这方面，我们还要加强督导，各银监局要真正履行好属地监管责任，把工作做实、做好。非银监管系统要进一步加强制度建设、内部管理、人力配置等基础工作。要继续做好法规后评价，按照金融创新活动的重要性和成熟度，进一步完善具有中国特色的非银监管法规体系，使机构一看就知道该怎么走，而不是只知道上半年怎么走，下半年还要看是否出台新政策。要加深对国家宏观政策的理解，思考怎么贯彻到实际工作当中去，利用有限的监管资源把工作做得更细、更好。信托、财务、租赁方面，协会要立足行业长远发展，发挥好桥梁作用，组织会员加强对涉及未来定位、发展环境、体制机制等问题的研究，并与政府各相关部门积极沟通、争取支持，更好地为会员单位服务。

（二）严守风险底线

在国际经济复苏艰难、国内结构调整任务艰巨的大环境下，整个银行业面临的风险形势仍然十分严峻，坚守风险底线绝对不能放松。这几年，有的机构经营较好，要冷静判断是由于其自身经营管理水平提高和项目开发好，还是市场变化所致，要对目前的风险状况有清醒的认识。2010 年“抓重点，抓专项，建机制”，2011 年非银监管工作的重点仍然是坚守风险底线，紧盯国内外经济形势的最新变化，确保监管措施紧跟行业发展和风险转换，提高全面风险管控能力。银行监管提出了“六全”的风险管理目标：即全球的风险管理体系、全面的风险管理范围、全员的风险管理文化、全程的风险管理过程、全新的风险管理方法和全部的风险计量，很多对非银机构也同样适用，要充分借鉴，在今后监管工作中树立更加重视风险、重视质量、重视管理的观念。

一是要坚持风险全覆盖和风险有效隔离并重。一方面，要继续关注融资平台、房地产信用风险以及 2011 年货币政策由适度宽松转为稳健可能引发的流动性风险，还要由此拓宽到市场风险、操作风险、信息技术风险、声誉风险等各个领域，并细化每类风险的管控措施。国务院领导同志非常重视银行业的系统性风险，非银机构经营和盈利模式尚不成熟，要特别注重防范具有系统性特征的行业整体声誉风险，对风险的传染性和破坏性要保持清醒认识，采取有效措施防患于未然。另一方面，要做好与商业银行和企业集团的风险隔离，尤其是被当做综合经营试点平台的非银机构，要积极构筑“防火墙”，坚持独立运作、自主管理，高度关注关联交易，防止利益输送和风险传染，将良好的风险管理文化根植于非银机构的日常经营当中。

二是要坚持宏观审慎监管与微观单体业务风险监管兼顾。要确立宏观审慎监管制度，将监管与宏观周期挂钩，这是本次国际金融监管改革的一项重要内容。同时，要持续抓好微观单体业务风险，尤其是当前的重点风险。银监会提出要切实抓好地方政府融资平台贷款风险管控，高度关注房地产贷款风险，清醒把握和应对产业结构调整引起的部分行业和企业不良贷款反弹压力，加强银行业金融机构的流动性风险管理。此外，针对非银机构的特殊性，还要重点布控关注度较高的敏感性业务，如银信合作，2011 年监管重点该如何调整？不能仅依靠监管部门的政策去支撑，还要靠市场创新、产品创新去推动。对“影子银行”问题，中国的情况与国外不一样，不能简单判断事物对错，要实事求是、全面客观地分析。

三是要加强监管政策措施联动和风险监管机制建设。一方面，要强化资本、案件、监管评级等监管政策与准入、非现场、现场、监管问责等严格挂钩，引导机构理性发展，防微杜渐。另一方面，要继续完善多渠道的风险提示机制，从银监会到银监局，一旦发现风险苗头，应立即履行程序，及时提示风险，不要非到现场检查立项时才去了解，也不要等到出了问题时再搞个规定出来；要前移风险识别处置关口，持续改进各监管环节的配合机制；督促机构完善风险管理基础设施和预警系统，做好风险防范和处置预案。

（三）切实转变非银机构发展方式

“十二五”规划指出，加快转变经济发展方式，是我国经济社会领域的一场深刻变革，要贯穿经济社会发展的全过程和各个领域。要学习和掌握辩证的认识观和方法论，引导机构以改革促转变，在转变中谋发展。

要科学制定发展战略。首先，要改变单纯追求规模、速度和市场份额扩张的粗放式发展模式，探索与自身比较优势和所在市场特点相适应的差异化发展路径，构建现代金融服务模式。要总结所长所短，深入挖掘市场，培育特色化、专业化的发展路径；按照客户的个性化需求，积极稳妥开展金融创新，提高发展质量和服务水平。其次，要坚持“有保有压”，与国家经济社会发展战略相协调。在“压”的方面，严控“两高一剩”、新增融资平台、高风险房地产等业务；在“保”的方面，坚持社会责任，加强对国家经济结构调整过程中“三农”、小企业、节能环保等重点领域和薄弱环节的支持力度，与实体经济良性互动发展。

要正确处理监管与创新的关系。我们在支持改革创新的同时，也要认识到机构不可能齐步走，哪些公司走得好，哪些公司某一类业务走得好，可以区别对待、个别指导，使之做得更有特色。创新要建立在有效监管的前提下，要符合基本的法制框架和规则，要以市场需求为导向且风险可控，还要从长远发展战略来考虑，这是目前发展阶段的客观要求。

在改革和转变发展方式的过程中，出现问题和矛盾是正常的，要理性、客观地看待。属于市场层面的，需要有针对性、灵活性的政策去调整；属于监管层面的，靠我们自己去解决；属于机构的，要靠机构自身去改进。要认识这一任务的渐进性和长期性，采取积极和务实的态度，切实促进非银机构转变发展方式，提升核心竞争力，为经济结构调整作出贡献。

（四）提高应对能力，努力开创非银监管新局面

“十二五”时期，非银机构改革发展的探索和实践将逐渐步入深水区，这对监管者提出了更高要求。面对复杂多变的国内外形势，要对大力提升监管队伍的应对能力时刻保持清醒认识。

首先，要坚持监管标准统一性和监管实践灵活性相结合。这是由非银机构行业差别大，业务种类多、变化快等特点决定的。实践中不能公式化监管，要有发展的眼光和全面的视野，引导机构走好每一步。对信托公司，要把老问题监控好，把新业务引导好，使其回归财富管理、资产管理的本位；对财务公司，坚持有限牌照的政策，宽进宽出，严进严出，对已经活跃在市场上的财务公司进行研究；租赁公司两年试验期即将到期，2011 年的矛盾可能会比较突出，要充分总结反思；汽车金融公司和货币经纪公司要继续探索符合自身特色、可持续发展的路径；消费金融公司尚处于试点阶段，要关注其是否符合市场发展的客观需要。

其次，要坚持单兵作战能力和协同作战能力相结合。在单兵作战上，要求监管者走在问题前面，做学习型干部，勤于思考、善于分析，争取每个人都能够独当一面。在协同作战上，要进一步加强非银部、属地局以及协会之间的协同，加强各处室之间的协同以及与相关部门的沟通协调工作。

最后，要坚持完善监管法规和改进监管方式相结合。完善法规环境，不仅要真正起到管控机构风险的作用，也要在机制上促进机构稳健发展；解决眼前的问题要立足长远发展，而不只是为了完成当年的任务；要理解金融业功能定位，眼光不能局限于部门利益、地区利益或者行业利益，应有市场眼光，应服从、服务于国民经济。此外，要对监管方式进行后评价，对检查后整改效果也要后评价，达到持续改进的目的；要讲究工作方式方法，讲究分工协作和工作推进力度；要深入到机构、深入到市场中去，把握全貌，对机构经营行为、主要管理者情况有充分的了解，这样才能得出正确的判断。

同志们，回顾“十一五”，我们没有因为形势复杂而停下改革和发展的步伐，而是求真务实，创造了较好的业绩；展望“十二五”，国家建设已经迈上新的征程，非银机构发展和监管事业深化改革、转变方式的神圣使命责无旁贷，我们任重道远。非银机构作为我国金融市场的生

力军和综合经营试验平台，具有无限广阔的发展前景，在这样一个重要的战略机遇期，希望大家以更宽广的视野、更坚定的信念，主动迎接国内外形势发展过程中的新挑战、新变化，在银监会党委的正确领导下，立足长远，苦练内功，开拓进取，再接再厉，携手开创非银机构监管事业更加美好的明天，共同谱写非银机构“十二五”发展更加辉煌壮丽的崭新篇章！

谢谢大家！

在2011年全国非银行金融机构监管工作会议上的讲话

中国银监会非银部主任　柯卡生
（2011年4月7日）

夯实基础　防险创新　促进非银行金融机构稳健发展

同志们：

2011年是“十二五”发展的开局之年，银监会领导对这次非银行金融机构监管会议高度重视。刚才，我们宣读了刘明康主席的书面致辞。蔡鄂生副主席对过去五年的非银监管工作给予了充分肯定，并对2011年及今后五年的工作作了重要指示。银监会领导的讲话既让我们深受鼓舞、倍感振奋，又让我们感到重任在肩、任重道远。希望大家认真学习、深刻领会，将银监会领导的讲话精神和要求贯彻落实到今后的监管工作中。下面，我对“十一五”非银监管工作进行回顾，对2011年的监管工作和“十二五”时期的总体工作要求作一展望。

一、过去五年工作的回顾

“十一五”期间，我们面对的挑战、机遇、困难和希望并存，大家曾经对如何做好非银监管工作信心不足。在银监会党委的领导下，我们深入学习实践科学发展观，认真贯彻落实中央对经济金融工作的决策部署，面对复杂多变的国内外经济金融形势，抓住国家经济平稳较快发展的历史机遇，按照银监会领导的要求，确立了坚持“一手抓风险防范和高危机构看管、一手抓金融创新和稳定发展”的监管和发展原则，制定了3～5年的非银机构科学发展规划，凝心聚力、注重落实，着力解决非银机构遗留的历史难题，着力防范和化解新的风险隐患，着力推进非银机构的改革与发展，着力提升非银机构的创新能力、竞争能力和服务水平，有效促进了非银机构的稳健运行和较快发展，走出了一条扬长避短，既发挥部分非银机构横跨货币市场、资本市场、实业市场的优势，又符合非银机构自身特点的平稳发展道路，形成了非银机构良好发展的局面。

截至2010年末，我们监管的信托公司、财务公司、金融租赁、汽车金融、货币经纪、消费金融六类机构共208家，其中信托公司63家、企业集团财务公司107家、金融租赁公司17家、汽车金融公司13家、货币经纪公司4家、消费金融公司4家，资产总额达5.13万亿元（含信托资产3.04万亿元）、所有者权益3 810亿元、实现净利润406亿元，分别是2005年末的4.8倍、3.7倍和5.5倍。按照资产五级分类口径，208家非银机构不良资产总额为61亿元，比2005年末减少41亿元；不良资产率0.37%，比2005年末下降0.9个百分点。从以上统计数字可以看出，我们监管的机构种类正在不断增加，行业规模正在持续扩大，整体质量和实力得到增强，盈利和抗风险能力都比五年前有了较大提升，开始迎来了可喜的变化。

刘明康主席曾讲过："银监会监管的非银机构，实际上是与银行不同的另外一类金融机构，是一个比较独特的领域，有自己的科学发展规律。"在过去五年的非银监管工作中，我们始终认真遵照刘明康主席的这一指示，既重视非银机构与其他银行机构的共性，更注重探索和寻找非银机构自身的科学发展规律、发展方向、定位和路径，并通过解决历史难题，通过改革创新，通过科学的监管和引导，来防范风险，促进非银机构科学发展。

过去五年，通过寻找信托公司自身的科学发展规律，进一步明确功能定位、确定路径、扬长避短，实现行业平稳转型和发展。定位就是找准发展的科学规律，确定路径就是定位明确后按规律办事。2006年末，我们在对信托公司科学发展规律的探索中启动了对信托公司的功能改革，于2007年颁布实施了两个"新办法"以及与之相配套的系列法规，在引导信托公司回归信托主业，发展成为契合自身特色和长处，面向高端客户的专业理财机构方面发挥了重要作用。使得信托公司即便是在面对国际金融危机冲击、国内资本市场出现巨幅波动的情况下，也没像往日般出现机构风险，反而实现了规模、效益的双增长。实践证明，我们的改革是有成效的，同时也避免了信托公司在解决诸多棘手历史遗留问题后重走弯路，摆脱了信托业每逢我国宏观经济进入调整期，必然伴随被治理整顿的路径依赖，为进一步完善信托公司的体制机制建设和转型发展提供了前提，确立了方向，奠定了基础。截至2010年末，全国63家信托公司固有资产总额达1 460.56亿元，是2005年末的2.55倍；管理的信托资产总额达3.04万亿元，是2005年末的14.3倍；行业实现净利润158.76亿元，比2005年末增加160.93亿元（2005年末为-2.17亿元）。不良资产总额20.2亿元，比2005年末减少70.3亿元，不良资产率为3.5%，比2005年末下降10.3个百分点。我认为，上述成绩的取得，是我们在会党委的领导下认真学习，努力践行科学发展观的结果。

过去五年，财务公司重新明确功能定位，服务于企业集团的发展和国民经济的增长，行业自身也得到快速发展。五年来，我们始终坚持把依循规律，寻找、明确定位作为促进财务公司稳健发展的先决条件。我们根据财务公司的业务特点，将财务公司定位为加强企业集团资金集中管理和提高企业集团资金使用效率的非银金融机构，并据此调整了财务公司的业务范围，同时积极配合国家促进经济发展方式转变的大政方针，支持具备条件、符合国家产业发展方向的企业集团设立财务公司，尤其是支持符合国家宏观产业政策、关系国计民生的重要行业中符合准入条件的大型中央企业和地方重点企业集团设立财务公司。实践证明，由于定位比较明确，发展路径比较准确，财务公司在提升企业集团总部控制力、提高资源配置效率、节约资金成本、防范和控制风险等方面都发挥了积极作用。截至2010年末，107家财务公司资产规模约1.54万亿元，是2005年末的2.2倍；所有者权益1 858亿元，是2005年末的3.6倍；5年间累计实现利润突破1 000亿元，是前18年累计实现利润总额的2倍多；资本充足率由2005年末的14.35%提高到41.7%，拨备覆盖率由95.86%提高到612.9%，全行业不良资产率由0.82%下降到0.26%，步入了我国财务公司诞生23年来发展最为快速的轨道。

过去五年，金融租赁公司无论是资产总量还是结构都得到较大改善，行业优势和社会价值逐步显现。在明确发展定位和路径后，我们将商业银行引入金融租赁行业，并在2007年颁布了新的《金融租赁公司管理办法》，随后经国务院批准启动了商业银行设立金融租赁公司的试点工作。我们欣喜地看到，自商业银行设立或入股金融租赁公司以来，租赁行业规模较快增长，专业化经营和盈利能力都有较大提升，对促进投资、拉动内需发挥了积极作用。截至2010年末，17家金融租赁公司的资产总额已达到3 157亿元，是2005年末的27.45倍；实现营业收入91.49亿元，是2005年末的28.77倍；净利润33.97亿元，是2005年末的27.45倍；不良资产率由2005年末的11.05%降到0.25%，拨备覆盖率由2005年末的21.78%提高到543.1%，租赁资产种类和行业分布更为广泛，盈利水平和抗风险能力明显提高。

对于汽车金融公司、货币经纪公司、消费金融公司三类银监会成立后创设的崭新机构来说，过去五年，则是从小到大、从无到有，实现了完全按照新的体制、机制，在我国现有市场环境下健康运作和较快发展的先例。截至2010年末，汽车金融公司从2005年末的5家发展到13家，行业资产达到838亿元、所有者权益124.56亿元、未分配利润16.22亿元，分别是2005年末的13.97倍、5.38倍和9.72倍。行业整体不良贷款率为0.44%，贷款损失准备充足率为199.31%，拨备覆盖率为287.39%。显示汽车金融公司行业已初具规模，盈利能力逐步增强。4家货币经纪公司资产总额达2.63亿元，是2005年末的6.58倍。3家货币经纪公司2010年撮合完成人民币经纪业务交易金额累计达6.66万亿元，外汇经纪业务交易金额1.25万亿美元，分别是2006年末的286倍和7.5倍（货币经纪公司于2006年才开始正式营业）。货币经纪公司业务量稳步上升，功能逐步得到发挥，并已在活跃衍生产品交易市场方面起到积极作用。4家消费金融公司已于2010年陆续试点开业，各项贷款余额为5 867万元，发放贷款7 587笔，为试点地区居民提供了新的消费金融服务。

同志们，过去五年，在银监会党委的领导下，在包括非银机构在内的同志们的努力下，非银机构的监管和发展发生了积极变化。诚如刘明康主席所指出的，“非银机构建设总体向好，进步较大，出现了史无前例的良好局面”。这是对我们工作成果的肯定，也是对我们的鞭策，值得大家倍加珍惜，加以认真总结，并作为我们继续开拓进取的动力。

过去五年，我认为有几点做法值得总结，供大家参考。

总体而言，过去的五年，我们在对非银机构的监管工作中，一直坚持两手抓，“一手抓风险防范和高危机构看管、一手抓金融创新和稳定发展”。除了坚持落实准确分类—充足拨备—做实利润—资本充足率达标，坚持对金融创新做到风险可控、成本可算和信息充分披露这样一些适合一般金融机构的监管原则、监管理念和监管思路外，更注意依据非银机构自身的科学发展规律，做到依法监管、科学监管、民主监管、分类监管、差别监管、扶优限劣，以及管产品、管业务、管机构、管行为的特色监管原则；做到有所为，有所不为，逐步形成了一套较为系统的监管信用风险、市场风险、操作风险和IT风险的监管制度，完善了适合非银机构的有效监管方法。主要体现在以下几方面。

（一）始终坚持把审慎监管、严守风险底线作为促进非银机构稳健发展的坚实基础

历史教训值得认真吸取。回首银监会成立之初，我们的信托、财务、金融租赁三类机构的监管和发展面临的是一种挑战需要应对、难题需要攻坚、机遇需要把握的局面。历史往往有很多相似之处。过去由于发展经验不足，机制、体制缺失，没有按照非银机构有别于银行的特殊发展规律办事，造成发展方向不清、道路不明，直至改革开放后的很长一段时间，上述三类非银机构风险频生，经历了多次动荡起伏，多次被治理整顿，形成了许多棘手的历史遗留难题。随之，非银机构的潜在市场价值功能也被遮盖、被埋没，优势得不到充分发挥。同样，我们对非银机构的监管也陷入一抓就“死”、一放就乱、力度很难把握的不良循环。我们的工作不但难度大，而且时常事倍功半，吃力不讨好。但我们并没有因此妄自菲薄，没有因此畏惧，更没有因此退缩。我们在监管工作中，通过密切关注国内外经济金融形势以及国家宏观调控政策，准确把握不同时期重点关注的风险点，不断增强监管工作的针对性和有效性。

科学有效规范银信合作业务。根据会领导要求，以禁止监管套利为根本出发点，以立法为先行，先后七次下发银信合作业务监管规定和规范指引，综合采取多种措施，严防银信合作风险。通过审慎有效监管，2010年末银信合作业务规模由峰值2.08万亿元降为1.66万亿元，成效比较显著。

加强信政合作业务风险监管。2009年初，我们率先提出财政担保合规性问题，指导信托公司合规、稳健、保增长。2009年末，针对用款方可能借用信托名义以债务性资金充实资本套取银行授信的苗头，及时禁止信托公司以债务性集合信托资金补充项目资本金，消除借贷政策套

利空间。2010年，按照“逐包打开、逐笔核对、重新评估、整改保全”的要求，督促各信托公司做好地方政府融资平台贷款的自查整改和业务清查工作。通过审慎有效的监管，基本实现了信政合作业务的平稳发展。

防范房地产信托业务风险。密切跟踪楼市调控最新变化情况，通过对重点公司进行风险提示、集中窗口指导等，提示信托公司关注流动性风险，提前做好风险处置预案。督促信托公司加强项目后期尽职管理工作，保证项目安全运行。

2010年，我们针对财务公司信贷投放增长较快的问题，认真落实刘明康主席关于引导财务公司贷款科学管理的指示，对信贷规模增加较大及增长较快的财务公司进行风险提示，要求财务公司严格执行国家宏观调控政策，防止信贷快速扩张过程中出现资产负债期限结构错配，加强对委托贷款、票据业务的管理；提示金融租赁公司根据市场变化调整业务规划，合理控制租赁资产增速，稳健开展租赁业务，防止出现粗放发展模式；针对汽车金融公司融资困难以及经销商贷款风险上升等问题，及时会同属地局开展相关调研摸底工作，进行风险提示，研究应对措施。

通过上述措施，我们对非银机构的监管，跳脱了过去抓之“死”、放又乱、非此即彼的极端，在坚持“两手抓”中，实现了与非银机构的良性互动。我们一方面通过适当的外部监管，守住风险底线，及时发现风险，防微杜渐化解风险，确保机构的平稳较快发展和健康运行；另一方面通过促进非银机构的发展，壮大机构实力，健全机构的内控机制，提高机构自身抵御风险的能力。

（二）始终坚持把制度建设作为促进非银机构稳健发展的根本保障

我们通过革旧鼎新、立法先行、完善构建法规体系，规范了非银机构的发展方向和监管方式，为非银机构的发展和监管奠定了体制基础。我们也因此形成了一系列更具针对性和有效性，更符合非银机构发展规律，适合监管非银机构的独特监管理念、监管原则和监管方式，并将之运用于我们的监管实践，通过实践不断加以充实、调整、提高。

我们根据非银机构的功能定位和监管需要，针对机构出现的新情况、新问题和新的风险表现形式，出台了一系列法规制度和监管政策，把制度建设贯穿非银工作的各个环节，融入到各项工作，建立起用制度管事、按制度办事的长效机制。

以两个“新办法”为基础，陆续出台、修订了与信托相关的法规、指引、规范性文件共计26项，初步搭建起“基本法—主体法—综合性配套制度—专项业务规章”的信托监管四层体系框架。2010年，我们发布了《信托公司净资本管理办法》，完成了《信托公司监管评级与分类监管指引》的修订工作，起草了《信托公司股指期货信托业务指引》，与民政部等部委合作完成了《公益信托试点办法》。编辑出版《信托公司现场检查手册》，认真总结近两年现场检查经验，详明现场检查方法与技巧，进一步完善现场检查操作规程。

结合财务公司的功能定位，以防范风险为核心，陆续出台了一系列财务公司监管法规，制定了资本充足率、不良资产比例、投资比例等11个指标和存贷比、资产利润率等5个监测指标，下发关于对财务公司证券投资业务风险提示、委托业务、发行金融债券等规范性文件，财务公司的审慎监管法规体系基本建立。

针对金融租赁行业近几年发展过程中出现的新情况，根据金融租赁公司的功能定位和监管需要，修订了《金融租赁公司管理办法》，制定了《金融租赁公司风险评级和分类监管指引》，起草了《金融租赁公司风险监管指标（试行)》，逐步完善了金融租赁行业监管的制度体系。

适时修订了《汽车金融公司管理办法》，出台了《消费金融公司试点管理办法》、《金融机构间货币经纪交易和行为指引》，为汽车金融公司等三类新机构的发展和有效监管奠定了良好基础。

在准入方面，制定了《非银行金融机构行政许可事项实施办法》、《非银行金融机构行政许可事项申请材料目录及格式要求》，对外公开各类非银机构的许可条件和申请材料目录，规范了市场准入的审批程序，方便了申请人。

除此以外，我们分别于2007年、2009年编制了《非银机构监管法规文件汇编》第一辑和第二辑，对非银机构监管法规进行了全面梳理汇总，供相关监管人员和机构参考，取得良好效果。

（三）始终坚持把体制机制建设作为促进非银机构稳健发展的内部支撑

通过引导非银机构从加强内部控制着手，不断健全基本业务和管理制度，细化业务管理办法和操作流程，建立完善科学规范的法人治理结构。完善“三会一层”组织架构，强调董事会的“诚信义务”和“看管责任”，初步建立相互制衡的决策机制和管理程序。倡导性提出建立首席风险官（CRO）、适度的薪酬与职业规划激励相结合等概念与机制。

出台《信托公司治理指引》，督促信托公司完善公司治理机制，提高公司治理水平。持续推动信托公司引进境内外战略投资者，5年来共有9家外资金融机构、20余家大型国有企业或国有控股企业陆续获批参股信托公司。

通过列席公司董事会会议等方式，督导财务公司明确各治理主体的职责界限和工作权限，强化战略建设与内控管理。出台《企业集团财务公司风险评价和分类监管指引》，连续三年开展财务公司风险评价，引导财务公司完善公司治理。

督促金融租赁公司提高内部控制和风险管理水平，防止出现因激励机制和营销模式不当，盲目追求规模等原因引发的金融风险。

根据汽车金融公司等新机构、新起点的特点，以公司治理、内控机制和合规意识建设为主要抓手，探索贴身式监管方式和理念，使公司开业伊始就建立起良好的公司治理架构和合规文化。

（四）始终坚持把改革创新作为促进非银机构稳健发展的强大动力。

我们坚持鼓励与规范并重、培育与防险并举的创新监管原则，指导各公司按照成本可算、风险可控、信息充分披露的创新基本原则，开展金融创新活动。

创设新型非银机构，丰富居民融资渠道。自 2007 年末开始组织人员，对国内外消费金融行业的发展情况进行多次调研和充分论证，主动与相关部委沟通，向国务院提交了专题报告。于 2009 年颁布了《消费金融公司试点管理办法》，推动了消费金融公司在我国的建立，对拓宽消费、拉动内需、进一步完善我国的金融体系进行有益探索。

支持业务创新，增强行业服务能力。信托公司 QDII 业务已顺利起航，REITS 业务正在积极参与。根据蔡鄂生副主席的要求，加强对信托公司伞形信托、TOF、PE 子公司设立等创新产品、创新制度的研究，批准了部分信托公司试点和创新业务。允许符合条件的财务公司在银行间市场发行金融债券，增加了财务公司资金来源与运用匹配的渠道。积极推动财务公司进入人民银行电子商业汇票系统。先后批准 6 家金融租赁公司在保税区设立项目公司，成功开展飞机、船舶等融资租赁业务。与人民银行联合发布了《关于金融租赁公司和汽车金融公司发行金融债券的公告》，为金融租赁公司、汽车金融公司拓宽了融资渠道。上汽通用汽车金融公司率先在银行间市场成功发行 15 亿元金融债券。2008 年“通元 2008 年第一期个人汽车抵押贷款证券化信托”在银行间市场成功发行，更是非银机构首次进行资产证券化的成功尝试，进一步优化了汽车金融公司融资结构。

加强与相关部委沟通联系，优化非银机构运营环境。根据会领导的指示和要求，为解决信托公司的信托登记、信托证券账户设立、公司上市等问题，我们与全国人大、最高人民法院、国务院秘书二局、人民银行、证监会等部门进行了多次沟通联系，力求取得支持。通过与财政部、国家税务总局沟通，争取国家税务总局出台公告，明确融资性售后回租业务中的税收问题，进一步改善了融资租赁发展的税收环境。与人民银行和外管局进行了多次沟通，争取解决货币经纪公司在银行间市场开展人民币和外币经纪业务资格问题。

积极探索，稳步推进综合经营试点。经国务院批准，我们先后批准 3 家银行入股信托公司，批准 10 家银行设立或入股金融租赁公司，批准 3 家商业银行设立或入股消费金融公司。在综合经营试点中，我们坚持认真审查商业银行入股非银行机构的动机，审查其防火墙设置，业务、资金、人员和系统相互隔离的制度安排，以确保综合经营试点稳妥有序进行。

（五）始终坚持把加强现场、非现场监管的有机结合作为促进非银机构稳健发展的重要手段

我们一方面发挥非现场监管的“雷达”作用，及时发现机构违反审慎监管标准、异常变动

等情况，进行风险提示和窗口预警指导；另一方面发挥现场监管的“导弹”作用，利用非现场监管的精确制导，有的放矢，提高监管工作的针对性和有效性。

在提升非现场监管的精确性方面，我们不断深化以风险管理为基础的非现场监管体系建设，进一步规范和优化工作流程，整合监管资源，提高非现场监管效率。针对六类机构的不同特点设计非现场报表体系，完成了特色采集报表、特色生成报表，以及5类机构数据集市系统的设计开发。针对市场发展和风险变动趋势，及时调整、补充监管规定和限制性指标，有效控制风险。

在提升现场检查的有效性方面，我们改变以前突击性检查、集团军作战的方式，有计划、有针对性地制订现场检查方案，实现由突击性检查向常规性检查转变；将传统的合规性检查与信用风险、市场风险、操作风险等风险监管手段相结合，实现由合规性检查向风险为本检查转变；对总会和各省局现场检查的经验进行归纳整理，制定了一系列制度，实现由经验依赖型向制度化管理转变；加强对提出整改意见的持续跟踪和后续评价，重点关注被监管机构的整改效果和责任人处理情况，实现由静态检查向动态监管转变；通过列席董事会、定期走访、约见谈话、委托审计等多种方式了解机构的风险管理情况，实现由单一手段向多种手段相结合转变；开发了非银监管综合信息系统，加强了现场与其他功能处室的信息共享和协调配合，实现由信息分散化管理向集约化管理转变；利用现场检查的时机深入机构开展法规后评价、创新业务研究、专题调研等工作，实现由单一目标向多元化目标转变。

（六）始终坚持把实施审慎的准入监管作为确保非银机构稳健发展的首要关口

经过对历史遗留30多家高风险非银机构的艰苦处置，我们更深刻地感受到严格审慎把好准入关的重要性。只有准入关把得好，机构的健康运作才能具有良好的开始。在准入工作中，我们主要坚持以下四项原则：第一，风险防范关口前移的原则。对股东资格的审查，主要摸清实际控制人和名义股东背后的关联关系，防止股东将入股的非银机构作为其融资平台；对高管人员的审查，主要看其从业经历，专业知识和风险意识；对新设机构则实行有限牌照制度，根据业绩和风险管控能力决定是否让其扩大业务范围，从源头上防范风险。第二，坚持市场准入与风险化解相结合的原则。对经过重组后新设的风险机构，要求其债务清零，不带病运行。第三，坚持逢进必考，逢入必谈的原则。所有的高管人员都要通过严格的考试，所有的准入事项都要经过与机构的面谈，掌握纸质材料之外的情况。第四，坚持审核材料和现场走访相结合的原则。对重大准入事项，如机构的新设，通常进行实地调研走访，在化险重组的过程中，将前期的风险处置和后期的重新准入紧密结合。

（七）始终坚持把做好风险处置工作作为促进非银机构稳健发展的重要任务

风险处置工作对于维护正常机构的经营秩序、严肃市场纪律和维护社会稳定方面意义重大。

经过5年的艰苦努力，非银机构风险处置工作已近尾声。其中，银监会成立之初的24家单体高风险机构（9家信托公司、6家金融租赁公司和9家财务公司）处置工作基本完成。其中包括德隆系控制的金新信托、伊斯兰信托，以及金信信托、庆泰信托和泛亚信托等公司，这些机构在处置之初不同程度地面临着易引发社会不稳定等风险隐患。我们本着依法合规和市场相结合的原则，在处置中既探索运用行政重组和司法重整方式挽救高危机构的途径，也坚决对一些高危机构实施了市场退出。其中，伊斯兰信托、庆泰信托和金信信托通过司法重整，在引入合格战略投资者之后已恢复经营。

信托新办法颁布后，为减少对信托公司进行市场退出引发的社会成本和社会不稳定因素，我们审慎启动了13家历史遗留信托公司的重新登记工作，在严格准入条件的要求下，目前该项工作进展过半，已有9家信托公司的重组方案获批，8家信托公司重新开业。此外，还协调相关银监局做好属地财务公司分支机构的规范清理工作，妥善解决了3家共14个分支机构的历史遗留问题。

在不断总结风险处置经验的基础上，我们积极研究非银机构的风险预警机制，不断完善风险处置规章制度，逐步建立非银机构的风险长效机制。

（八）始终坚持把干部队伍建设作为促进非银机构稳健发展的着力点

在业务上不断提高单兵作战能力。通过业务培训、会议和调研等方式，加强各地监管人员之间、监管人员与非银机构人员之间的经验交流，逐步培养建设一支高素质、高水平的监管队伍。

按照中央、国务院和会党委的统一部署，认真学习贯彻《建立健全惩治和预防腐败体系2008—2012年工作规划》、《中国共产党党员领导干部廉洁从政若干准则（试行)》、中纪委《关于加强廉政文化建设的意见》和《银监会党风廉政建设责任制实施办法》等有关规定，加强党风廉政建设，使干部队伍有了新面貌。

五年来，在会党委的正确领导和关心下，非银机构的监管工作取得了较大突破，发生了较大变化，形成了较新局面。在此过程中，从事非银监管工作的同志讲奉献、顾大局、迎难而上、注重落实，集中精力干好工作，表现出高度的事业心、责任心和良好的业务素质。在此，我代表非银部向大家表示最衷心的感谢！

在肯定成绩的同时，我们也要清醒地看到，无论是非银机构的建设发展，还是我们自身的监管工作，都还面临着不少困难和问题，虽然总体向好，但局部仍有不足。整体而言，非银机构的公司治理和内部控制不够完善，基础不够牢固；风险意识比较淡薄，风险管理能力有待提高；盈利模式仍需改善，缺乏真正体现自身优势特色的产品和服务；人才队伍建设尚有待加强，外部环境仍需要改善等。具体来看，每类机构都面临不同的困难和症结，比如，信托公司的首要问题是投资管理能力和营销能力仍有待提高，外部环境也有待进一步优化，表现在：70%的信托业务属于融资类业务，仍然不能摆脱类信贷发展的路径；信托财产登记制度、税收制度问题悬而未决，证券投资业务、私人股权投资业务和参与上市公司定向增发及网下配售业务遭遇政策壁垒，在理财市场还面临不公平境遇等。财务公司的资金集中管理程度和资金运用效率有待进一步提高，委托业务的合规性有待进一步加强，资产质量和流动性仍需持续关注。金融租赁公司业务模式比较单一，以融资租赁和售后回租业务为主，产品同质化现象比较严重；业务特色还不够明显，高杠杆经营趋势显现，资产质量出现下行迹象，行业风险逐步集中。汽车金融公司还缺乏专门针对汽车金融公司业务特性的特色监管指标，中长期稳定资金来源仍待有效解决，登记制度缺失导致汽车租赁业务难以开展；主要依托厂商优势与银行同质化竞争，缺乏真正体现自身优势特色的产品和服务。货币经纪公司的市场认知和收费环境较为恶劣。消费金融公司的功能定位和发展模式有待进一步研究明确。我们自身也存在组织架构有待完善，单兵作战能力有待进一步提高，上下内外有待进一步沟通协调等问题。对以上困难和问题，我们必须高度重视，并纳入下一步工作规划予以推动解决。

二、今后五年的工作要求和2011年的主要任务

党的十七届五中全会指出，“十二五”规划（2011—2015年），是全面建设小康社会的关键时期，是深化改革开放、加快转变经济发展方式的攻坚时期。当前，全球经济金融体系不稳定、不确定因素增多，特别是发达国家的经济复苏还面临着严重的挑战。虽然国内宏观经济平稳较快增长的形势趋于巩固，但发展面临的形势仍然极其复杂，加快转变经济发展方式和调整经济结构的任务依然艰巨。2011年的《政府工作报告》明确指出，要加快推进经济结构战略性调整，推动经济尽快走上内生增长、创新驱动的轨道。“十二五”规划纲要中也更加明确地要求，要大力发展金融市场，继续鼓励金融创新，显著提高直接融资比重。

形势表明，非银机构的监管和发展是机遇和挑战并存，而且挑战可能还比较严峻。这就要求，在“十二五”期间，我们既要对形势的发展充满信心，又要对可能产生的风险有清醒的认识，要结合中央的战略部署，思考非银机构在我国未来经济发展方式转变中的地位和作用，根据刘明康主席在全年工作会议上指示的方向，根据蔡鄂生副主席的具体指示和要求，积极、稳妥地做好非银监管工作。

“十二五”期间非银金融机构监管工作的总体要求是：全面贯彻落实中央经济工作会议和银监会年度工作会议精神，继续坚持“一手抓风险防范、一手抓科学发展”的方针，紧盯市场变化，严守风险底线，审慎鼓励金融创新，夯实发展基础，推进发展方式转变，努力提高竞争力和服务水平，促进非银金融机构的稳健发展。

2011 年要重点抓好几项工作。

（一）夯实基础，确保非银机构继续实现健康可持续发展

过去五年，虽然非银机构的发展取得了很大的进步，但我们也应清醒地认识到，无论是一个行业还是一个机构，要长期做到又好又快发展，并不是一件十分容易的事情。要保持不断的可持续发展，很重要的一点，就是要夯实基础，在巩固、充实的基础上加以提高。刘明康主席在 2011 年工作会议上指出："要深化体制机制改革，大力提升核心竞争力"，这是对我们做好基础工作提出的明确要求。蔡鄂生副主席在刚才的讲话中，从"情况明、数字准、作风正"三个方面对如何做好夯实基础的工作进行了具体部署。为深入贯彻落实会领导指示精神，我认为应从以下两方面入手，着力做好夯实基础的工作。

一方面，我们要督促非银机构扎实练好"内功"，提升核心竞争力。通过督促机构加强体制机制建设，建立高效协调、有效制衡的前台、中台、后台机制，全面提高自身的风险管理技术和水平，建立成本和风险相匹配的约束机制，不断提升抵御风险的能力，增强可持续发展的内生动力。督促非银机构重视制度建设，制定标准化、模块化、流程化的规章制度，为风险管控全覆盖提供制度保障。还要督促非银机构加快发展方式的转变，改变单纯追求规模、速度和市场份额扩张的粗放式发展模式，探索与自身比较优势和所在市场特点相适应的差异化发展路径。督促非银机构改进激励约束机制，将风险底线意识逐步融入到非银机构战略规划和日常经营管理中，建立起与长期风险责任挂钩的合理薪酬制度。督促非银机构完善人才引进机制，创新人才培养机制，改革人才激励机制，做到既能引进人才，又能培养人才，还能留住人才，切实提升非银机构的核心竞争力。促进非银机构进一步加强引进境内外战略投资者的对外开放工作，坚持择优而取，按照"依法、自愿、市场、审慎、效率"的原则，鼓励引进境内外有实力的合格战略投资者，积极探索建立科学合理的非银股权结构。

另一方面，监管部门自身也要做到"情况明、数字准、作风正"。情况明，就是要在清楚认识非银机构的基础上开展监管工作。6 类非银行金融机构，每类机构的性质和运行规律都不相同，都有其特定的市场定位和发展路径。即便是同类机构，个体差异也很大。在实际工作中，我们要多听取一线非银监管同志和公司的意见，通过调研和交流，充分掌握非银机构的现状和问题，进一步提高非银监管工作的前瞻性、针对性和有效性。数字准，首先就是要判断是否真实，其次任何数字都有时点局限性，因此只有以动态的眼光来看机构的变化，才能准确把握机构的风险和发展状况。这就要求我们在日常非现场监管中，注重对行业、机构数据的监测分析，不断完善符合非银监管特色的监管工具箱，改进非现场报表体系，及时调整补充监管规定和限制性指标等，充分发挥非现场监管的"精确制导"功能。作风正，就是要求监管人员在与机构接触的过程中要保持公正正派的作风。非银监管人员一定要经受住权力和利益的考验，要严于

律己，自觉抵制各种不当利益的诱惑，正确行使手中的权力，牢记“寓监管于服务”的要求，提高办公效率和水平，提升监管人员的形象，为非银机构的健康发展提供良好服务。

另外，我们的监管工作还要与时俱进，及时研究新情况、新问题，重视动态监管，以适应不断变化的新形势、新要求。比如，现在存在着一种把非银机构和影子银行等同的观点，如果我们自己不研究，没有自己的观点和看法，就只能人云亦云，丧失自己的话语权。通过与欧美“影子银行”的研究对比，我们发现非银机构与欧美国家“影子银行”相比有明显的区别。欧美的“影子银行”基本不接受监管，占金融市场份额的50%以上，影响很大，而且层层打包，缺乏透明度，为交易而交易的特征十分明显。而我国的非银金融机构不但要接受监管，且在金融市场的份额占比很低，仅为银监会监管金融总资产的2%左右，并且基本上都投资到与实体经济密切相关的领域，因此不能简单地把我国非银行金融机构和欧美“影子银行”相提并论。下一步，我们要在加强对“影子银行”研究的基础上，厘清“影子银行”与信托公司各项业务的关系。通过认真研究，排除干扰，保持特色，坚持自主。

（二）进一步落实宏观调控措施，督促非银机构加强风险防范

按照刘明康主席在全年工作会议上提出的“严密防范四大风险，坚决守住风险底线”的要求，加强对信用风险、市场风险、操作风险和流动性风险的监测分析，及时作出风险提示及预警，有效提高非银机构的风险识别、计量与监测水平，提高风险管控能力。

1. 对信托公司的风险防范，重点在于抓好银信、信政、房地产三个领域。

银信合作方面。一是要继续做好转表工作，要求信托公司积极督促与其合作的商业银行，按照2010年72号和2011年7号文件要求的标准和进度做好转表工作，确保2011年将银信理财合作业务表外资产全部转入表内。对未转入表内的银信合作信托贷款，要求信托公司必须按10.5%的比例计提风险资本。二是要规范信贷资产转让业务，严格落实真实性、整体性和洁净转让原则。三是紧盯业务发展新动向，防止出现打擦边球，甚至变相突破既有规定的情形，杜绝监管套利。

信政合作方面。要严格按照刘明康主席在全年工作会议上的要求，务必督促银行业金融机构力争在今明两年有效防范和化解风险。今年，要按照会里统一部署，依照“逐包打开，逐笔核对，重新评估，整改保全”的十六字要求，全面做好平台贷款风险化解工作。一要抓合规管理，督促信托公司、金融租赁公司落实相关法规规定。二要加强后续管理，加强与地方政府沟通，严格监督资金流向，确保资金用途符合文件约定，防范资金风险。三要跟踪重点公司和重点项目，必要时进行窗口指导。

房地产信托业务方面。要按照刘明康主席提出的加强“名单式”管理、风险估计量、长远谋划三项重点，高度关注房地产需求增速可能明显降低的潜在影响，充分发挥贷款新规在防控

房地产贷款风险上的作用。具体要做好以下几方面工作：一是抓风险情况和即将到期项目的兑付准备情况，要求信托公司提前做好风险处置预案。二是加强存续项目后期尽职管理工作，做好风险排查，保证项目安全运行。三是对部分重点公司进行专项现场检查。

2. 密切关注宏观调控和货币政策对财务公司经营和发展的影响，引导财务公司做好业务发展规划和加强风险管理，避免因短期调控措施影响行业长期发展。督促新设财务公司稳健开展业务。持续关注财务公司所属集团的产业政策、行业环境、发展战略、核心主业的变化，研究这些变化对财务公司发展的影响。关注和研究宏观调控背景下财务公司风险表现形式的变化，及时采取监管措施，加强监管引导。

3. 加强金融租赁公司售后回租业务风险管控，摸清风险底数。密切关注国家产业政策调整，高度重视“两高一剩”以及周期敏感性行业的经营风险，针对房地产租赁业务及时采取监管措施。督促金融租赁公司严格遵守银监会风险集中度的监管要求，防止经营风险的过度集中。组织金融租赁公司做好流动性风险自查评估，做好流动性风险应急预案，防患于未然。

4. 分析评估信贷调控政策对汽车金融公司业务发展的影响，及时收集相关信息并研究应对措施。加强针对宏观经济和产业政策的调整变化、异常突发事件对汽车金融公司行业影响的调查研究工作，提示汽车金融公司及时调整发展战略，采取有效应对措施。

5. 加快剩余高风险机构处置工作，争取年内全部处置完毕。

（三）稳妥推进金融创新，营造良好发展环境

以“十二五”规划纲要中提出的关于发展战略性新兴产业、稀缺资源、民生行业及弘扬重要传统文化的指引为创新导向，在有效监管的前提下，按照“风险可控、成本可算、信息披露充分”的原则，探索可持续的发展模式和盈利方式。

推动信托产品交易平台建设，鼓励信托公司研究创新设立中长期“私募基金型信托计划”，争取在银行间市场挂牌交易。在QDII、REITS、股指期货等新工具、新业务方面继续创新，做好跨市场配置及TOT产品总结工作，推进PE管理公司试点，在风险与收益相匹配的前提下适度开展社会保障房信托业务，加快公益信托立法进程。引导财务公司结合集团战略规划做好自身的中长期发展规划，走差异化经营道路，培养自身的核心竞争力。继续跟进并推动融资租赁会计、税收和境内外设立SPC等外部环境的改善。研究支持汽车金融公司业务创新的有效措施，鼓励汽车金融公司依托厂商背景优势，开发更加具有自身特色、具有更高附加值的金融业务品种，为消费者提供更便捷优质的金融服务。加快对符合条件的汽车金融公司发债申请的审批工作，推动更多汽车金融公司启动优质信贷资产证券化业务，进一步优化汽车金融公司融资结构。

构筑牢固的“防火墙”，审慎推进综合经营试点工作。综合经营试点工作已被列入“十二五”规划纲要。在商业银行综合化经营不断加快的情况下，要高度关注关联交易，防止利益输

送和风险传染。尤其是对那些被商业银行和企业集团当做综合经营试验平台的非银机构，如信托公司、财务公司、金融租赁公司和消费金融公司等，更要要求其构筑起严格的防火墙，坚持“独立运作、自主管理”的原则，严格实行与控股股东的“人员、资金、办公场所”三分开，实行独立经营；防止风险在控股股东与非银机构之间相互转移和传递；要加强授信管理和并表监管；可以允许非银机构与控股股东相互推介客户，但需独立自主进行尽责调查和审议，并需建立防止利益冲突的良好隔离制度和机制。同时对向上并表监管进行研究。在这里我想强调的是，虽然部分非银机构有横跨货币市场、资本市场、实业市场的优势，但这种优势同时也是一把“双刃剑”，把握不好很容易成为风险传导的出口，优势和劣势要辩证来看，因此必须高度重视防火墙的构筑。

（四）着力加强非现场监管能力建设，提高非现场监管的前瞻性和导向性

要进一步规范和整合非现场监管工作流程，充分利用非银部综合信息平台，统一非现场监管各环节的工作标准和要求，提高非现场监管效率。将监管人员列席公司董事会、定期走访、与内审或稽核人员定期谈话等工作制度化，促进非银机构建立自我约束机制。针对非银机构在经济周期性波动中涉及敏感行业、重点业务可能存在的风险隐患，加强信用风险、市场风险、操作风险和流动性风险的监测分析，及时作出风险提示及预警。

继续强化“一司一策”、分类监管。按照扶优限劣的原则对非银机构实行分类监管，重点体现在业务准入和监管资源的分配两个方面。对风险管理能力较强、评级结果较好的公司，积极支持其发展，鼓励其开办创新业务；对于风险管理能力差、风险水平高、评级结果较差的公司，限制其高风险业务并加强监管力度，增加检查频度。对信托公司实施净资本监管，对不同监管级别的信托公司设置差异化风险系数、控制业务规模，贯彻“分类监管”的理念。启动《企业集团财务公司风险评价和分类监管指引》后评价工作，进一步完善财务公司分类监管标准和措施。针对汽车金融公司股东背景、所属汽车集团、所处发展阶段等方面的差异性因素，逐步研究建立分类监管标准和措施。

（五）完善现场检查制度，提高现场检查水平

以促进非银机构树立风险为本、合规审慎经营理念为目标，贯彻风险监管、持续监管、检查与处罚相结合三原则，充分利用好银监会机关和各银监局现场检查资源，有效运用 EAST 系统，提高对全系统现场检查的指导、监督力度。要对现场检查制度体系进行后续评价，根据现场检查中出现的新情况、新问题，评估现有制度的有效性和局限性，不断完善现场检查制度体系。要合理配置现场检查队伍的人才结构，制订系统性的培训方案，通过以查代训、以会代训等形式，尽快提高现场检查人员素质，造就高素质的现场检查人才队伍。

根据银监会现场检查工作会议精神，2011 年要着重对“三个办法、一个指引”执行情况、平台公司敞口及具体补救力度和深度、银信合作表外套利情况进行检查。召开监管联席会议，对异地信托业务进行检查和规范。做好对财务公司、金融租赁公司现场检查的组织和指导工作，提升现场检查的信息化建设水平。做好汽车金融公司、消费金融公司参照执行《个人贷款管理试点办法》的现场检查和评价工作，根据实际情况研究明确差异化执行标准。

（六）把好市场准入关，严格实施准入监管

继续按照准入监管要促进公司治理建设、要体现强化风险内控、要有利于建立健全激励约束机制和适应金融创新需要的要求，认真研究机构定位和市场需求，坚持采取准入事项实地调研走访、评审、答辩等方式，加强与现场、非现场的沟通，与各银监局的信息共享，严把准入关口。要建立准入后评价机制，按照宽进宽出、严进严出的规则，引导一些不作为的机构适时退出市场，增强监管工作的主动性，保持行业健康发展。对于银行综合经营设立的非银机构，五年以后要进行后评价，低于行业平均水平的要责令退出。

（七）继续推进法规制度建设进程，启动后评价工作

要将过去形成的一些行之有效的监管原则、理念以制度的形式固定下来，比如“依法监管、科学监管、民主监管、分类监管、差别监管”、“管产品、管业务、管机构、管行为”等，研究制定新的《非银机构未来 5 年发展规划》，不断完善风险监管制度体系，促进机构创新和科学发展。

加强对信托行业发展具有重要影响的法规制度的研究工作。制定《信托公司股指期货业务指引》、《信托公司 TOT 业务指引》、《信托公司公益信托业务指引》、《信托公司现场检查指引》、《信托公司现场检查联席会议工作规程》，修订《信托公司 QDII 业务管理办法》，争取出台《信托公司异地业务管理办法》，做好信托法规培训和案例编辑工作。推动财务公司协会完成《财务公司风险控制指引》的起草工作。完成《金融租赁公司风险评级和分类监管指引》的制定工作。加快汽车金融公司监管评级办法和分类监管指引的调研起草工作。修订《货币经纪公司试点管理办法》及其实施细则。启动《消费金融公司试点管理办法》的评估修订工作。完成《非银行金融机构行政许可事项实施办法》和《非银行金融机构行政许可事项申请材料目录及格式要求》的修订工作。研究制定《境外非银行金融机构驻华代表处管理办法》。

（八）发挥指导行业协会作用，构建行业发展的平台和纽带

指导信托业协会，推动行业公平竞争市场秩序建设、行业数据库建设、《信托业从业人员培训教材》撰写等工作。充分运用财务公司协会、金融租赁公司协会平台，加强对财务公司、金

融租赁公司业务发展的研究。推动成立汽车金融公司行业协会、货币经纪公司行业协会，提升行业整体对外协调沟通能力。

（九）围绕热点问题开展调研，提高监管工作的前瞻性和有效性

继续开展财务公司设立分支机构等准入工作中遇到的普遍性问题的调研论证工作。开展金融租赁公司试点评估工作，就售后回租业务的发展情况、国内外租赁公司开展资产融资等课题开展调研，推动金融租赁公司科学发展。会同属地局做好汽车金融公司开业七年来运营情况的调研总结工作，以及消费金融公司试点运营情况的评估工作。

最后，希望各省局加强对非银监管工作的指导，根据自身的实际情况，合理设置非银监管工作岗位和配备相关监管人员，加强内部沟通和信息共享，根据属地监管原则，做好辖内非银机构的监管工作。既要重视新机构的准入工作，更要重视加强现场、非现场的监管，避免出现重准入轻监管的倾向。

同志们，2011 年的非银监管工作，形势复杂，任务艰巨。让我们在银监会党委的正确领导下，不断强化执行力，求真务实，开拓进取，扎实工作，为开创非银机构监管工作的新局面而共同努力，为“十二五”工作开好局、起好步！

谢谢大家！

在全国非银行金融机构市场准入工作会议上的讲话

中国银监会非银部主任　柯卡生

（2010 年 11 月 23 日）

科学准入　规范发展　开创非银准入工作新局面

同志们：

大家上午好！

2010 年 9 月 10 日，在银监会市场准入电视电话会议上，刘明康主席发表了重要讲话，全面总结和评估了银监会成立近 8 年来市场准入工作的成绩和经验，明确了下一步做好市场准入工作的方向。为深刻领会并贯彻落实刘明康主席的讲话精神，我们专门召开这次全国非银行金融机构市场准入工作会议。这是银监会成立以来，也是非银行金融机构监管历史上的第一次全国性、专业性的市场准入工作会议。明天，蔡鄂生副主席将亲自莅会，就如何做好非银行金融机构的市场准入工作做重要指示。希望大家认真学习、深入领会，将刘明康主席、蔡鄂生副主席的讲话精神和要求贯彻落实到今后的准入工作中。下面，我就银监会成立以来的非银行金融机构准入工作做个回顾和展望。

一、银监会成立以来非银行金融机构市场准入的基本情况

银监会成立之初，全国共有 3 类 116 家正常经营的非银行金融机构，其中重新登记的信托投资公司 52 家，企业集团财务公司 57 家，金融租赁公司 7 家。

银监会成立以来，非银行金融机构得到快速发展，机构种类由成立前的 3 类增加到 6 类，新增了汽车金融公司、货币经纪公司和消费金融公司等 3 类机构。正常经营的机构数量也由初始的 116 家增加至目前的 202 家，新增和重组了 86 家法人机构。截至目前，全国共有正常经营的

信托公司62家、财务公司102家、金融租赁公司17家、汽车金融公司13家、货币经纪公司4家和消费金融公司4家，另有8家财务公司经批准正在开业筹建中。

非银行金融机构的市场准入事项分为三大类：即机构准入（包括机构新设和变更事项）、业务范围准入和高管人员准入。自银监会成立至2010年上半年，非银部（不包括各银监局）受理审查各类行政许可事项共计912件，其中：机构准入许可事项453件，业务范围准入许可事项262件，高管人员任职资格许可事项197件。各银监局受理审查的行政许可事项尚未纳入统计，这部分业务工作量也非常大。

二、非银行金融机构市场准入工作的主要成绩

在银监会党委的正确领导下，非银行金融机构监管工作以科学发展观为指导，认真贯彻落实中央对经济工作的决策部署，面对复杂多变的国内外经济金融形势，坚持依法监管和科学监管，一手抓好重组改造现有高风险机构，一手抓好新设法人机构的科学导向。从强化准入监管入手，从源头上提高风险管控能力，不断探索完善工作机制，发挥了准入监管在持续监管中的重要作用，有力地促进了非银行金融机构的稳健运行和较快发展。主要体现在以下几方面。

（一）紧密围绕国家经济社会发展目标和宏观调控的要求，创设了三类新型的非银行金融机构

按照中央关于坚持改革开放、支持扩大内需、确保经济稳定增长的精神和银监会党委的相关指示，非银部高度重视，因应形势，及时研究，创设新机构类型，鼓励非银机构为实体经济提供多方位的金融服务，为社会提供更丰富的金融新产品，尽力服务于确保国民经济增长的目标要求。

一是汽车金融公司。我国加入世界贸易组织时承诺，允许设立外资非银行金融机构从事汽车消费信贷业务，在市场准入和国民待遇方面没有限制。为履行上述承诺，我们通过对国内外市场的充分调研，学习借鉴国外汽车金融公司成功运作和风险管理经验，结合国内市场发展的现实情况和存在问题，于2003年出台了《汽车金融公司管理办法》，并制定了汽车金融公司的相关准入和监管法规制度，积极支持符合条件的大型汽车生产企业设立汽车金融公司。2004年7月，我国第一家汽车金融公司——上汽通用汽车金融公司正式开业。汽车金融公司的出现，在商业银行之外增加了一类专门办理汽车消费信贷业务的金融机构，丰富了我国金融组织体系的种类，促进了我国汽车消费信贷市场竞争主体多元化和汽车金融服务专业化，对支持我国汽车产业发展、扩大汽车销售、刺激消费有着积极的意义。截至目前，已有13家汽车金融公司正式运营。除了引进独资和中外合资汽车公司，我们还重点支持了安徽的奇瑞徽银和湖南的三一汽

车金融两家民族品牌的汽车金融公司。

二是货币经纪公司。经国务院批准，银监会于2005年8月颁布了《货币经纪公司试点管理办法》，明确在我国建立货币经纪制度。同年11月下发实施细则，开始启动试点机构的设立审批工作。同年12月12日，批准我国首家货币经纪公司——上海国利货币经纪有限公司在上海设立。这是继汽车金融公司后批设的又一类新型的非银行金融机构，标志着在国际上已有近百年历史的货币经纪公司开始进入我国金融中介服务市场。

货币经纪公司的成立，对提高中国银行间市场的交易效率、价格透明度、市场流动性，提高本土交易主体对国际通行交易规则的认知和参与程度，提供市场公允价格等方面发挥了良好的促进作用。特别是在金融市场新兴产品领域的培育和发展方面，货币经纪公司发挥了重要的促进作用。2007年以来，中国金融市场不断推出新产品，特别是衍生产品，如利率掉期、外汇掉期等，这些新兴产品恰好形成与我国货币经纪行业共同成长的态势。

截至目前，国际前四大货币经纪公司均已在我国设立合资货币经纪公司。

三是消费金融公司。我们自2007年末即开始组织人员，对国内外消费金融行业的发展情况进行多次调研和充分论证，抓住2009年国内以促进消费应对危机的机遇，主动与相关部委沟通、协调，并向国务院提交了专题报告，随后于2009年7月份颁布了《消费金融公司试点管理办法》，有效推动了专业消费金融机构在我国的建立。经请示国务院同意，确定首批在北京、天津、上海、成都四个城市进行试点，目前四个城市的试点机构均已开业。除此之外，已有几个城市政府也提出了设立消费金融公司的请求，是否扩大试点要待第一批试点工作的全面总结上报国务院后，再明确下一步的工作方向。

这一新型非银机构的设立，既是便民之举，又在一定程度上发挥了拓宽促进消费、拉动内需渠道的作用，对进一步完善我国的金融体系也是一种有益的补充，较好地推动了试点地区居民消费金融的发展。

在不久前审计署刚刚完成的对银监会成立以来的全面工作审计意见中，特别提到“银监会新设消费金融公司、汽车金融公司、金融租赁公司等机构，为经济发展提供了有力支持。”

（二）总结经验教训，借鉴国际良好经验，重新厘定原有三类非银行金融机构的功能定位，督促其走上规范发展的健康之路

一是将企业集团财务公司定位为加强企业集团资金集中管理和提高企业集团资金使用效率的非银行金融机构。2004年，银监会颁布新的《企业集团财务公司管理办法》，同年12月7日，刘明康主席在企业集团财务公司市场准入培训班上发表了《正确认识企业集团财务公司基本职能，促进企业集团财务公司健康发展》的重要讲话，强调财务公司只能服务于集团内部，不能延伸到集团客户。遵照刘明康主席的指示，我们清理调整了原有财务公司的业务范围，使它们

成为真正服务于企业集团的内部金融机构。同时，支持具备条件、符合国家产业发展方向的企业集团设立财务公司，尤其支持符合国家产业政策、关系国计民生的重要行业中符合准入条件的重点大型企业集团设立财务公司。银监会成立以来共批准设立了29家财务公司，并通过重组等市场化方式化解了原有16家高风险财务公司的风险。目前，国资委管理的125家中央企业集团中已有45家设立了财务公司。实践证明，设立企业集团财务公司对于企业集团提升总部控制力，整合资源，提高资源配置效率，集中资金管理，有效监控子公司和成员单位风险，节约资金成本等都发挥了特殊的作用。

二是将商业银行和大型制造厂商引入金融租赁行业，将金融租赁公司定位为只做融资租赁业务的专营机构，促进了其规范发展，壮大了整体实力。2007年，银监会以1号令的形式公布了新的《金融租赁公司管理办法》，并于当年启动商业银行设立金融租赁公司试点工作。经请示国务院同意，银监会确定首批试点的5家银行（工商银行、建设银行、交通银行、招商银行、民生银行）设立的金融租赁公司于2007年11月至2008年4月陆续开业。2009年1月，银监会在总结上述5家银行背景金融租赁公司试点的基础上，向国务院上报扩大商业银行试点范围的请示，国务院批准在今后两年内可新增不超过10家商业银行试点设立金融租赁公司。

银行系金融租赁公司的批准设立，增强了行业整体实力，并已成为金融租赁行业的主导力量。自商业银行设立或入股金融租赁公司以来，金融租赁公司的业务规模增长较快，主业突出，专业化经营得到加强，盈利能力有较大提升，为促进投资、拉动内需发挥了积极作用。银行系金融租赁公司建立了较为完善的公司治理架构，为金融租赁行业的稳健经营提供了示范。银行系金融租赁公司表现出较强的风险意识和管理能力。与非银行背景的金融租赁公司相比，银行系金融租赁公司在市场开拓、客户资源、专业人才、风险管理方面具有比较明显的优势，与国际上商业银行背景的租赁公司占租赁行业领先地位的情况是一致的。

目前，全国正常经营的金融租赁公司有17家，其中10家为商业银行背景，4家为资产管理公司背景，3家为原有的其他股东背景。金融租赁行业的资产规模较2007年9月末（商业银行设立或入股金融租赁公司前）增长了12.74倍，行业利润总额较2007年9月末增长了19.75倍。

三是将信托公司定位为“受人之托、代人理财”的专业化机构。2007年以前，由于对信托公司的功能定位不清，加上公司治理不完善、自身管理能力不足等问题，没有建立合理的盈利模式，风险时有发生，凸显出信托公司问题的根源在于制度设计。2007年1月，中国银监会颁布实施新的《信托公司管理办法》和《信托公司集合资金信托计划管理办法》（以下简称《新办法》），明确了信托公司作为财富管理机构的功能定位，为信托公司实现自我改造、回归信托主业和科学发展奠定了坚实的制度基础。

2007年信托行业实行改革的核心目的，是推动信托公司从“融资平台”真正转变为“受人之托、代人理财”的专业理财机构和财富管理平台。具体措施包括清理实业投资、压缩固有业务、限制关联交易、引入合格投资者等。压缩固有业务，使信托投资公司更加专注于信托主业，更致力于打造专业理财平台，更好地服务于受益人的最大利益；通过限制关联交易，严禁向信托公司股东及其关联方输出资金的逆向关联交易；通过引入合格投资者概念，为抗风险能力较强的高端客户服务，推动信托公司面向高端客户理财。

《新办法》的实施使信托公司功能定位更加明确清晰，长效发展机制开始形成，为信托公司实现健康、快速、持续发展奠定了基础。根据《新办法》的要求，信托投资公司对原有业务进行清理后更名为信托公司并换发新的金融许可证，目前，原正常经营的五十多家信托公司基本上都领取了新的金融许可证。

（三）认真总结风险机构处置教训，严格把好准入关，积极稳妥地实施准入监管

非银机构历史遗留问题较多。银监会成立以来，经过不懈努力和各方面的通力合作，到目前为止共化解重组了30多家高风险非银机构，存量风险基本消化完毕。尤其是最近几年通过对高风险非银机构的艰苦处置，我们更加深刻地感受到严格把好市场准入关的重要性。正如刘明康主席所说的，风险的预防比事后的处置要主动得多，风险的预防首先就体现在风险监管的第一关——市场准入关。

在处置尚未重新登记的信托公司过程中，我们制定了《十三家历史遗留问题信托公司重新登记内部操作指引》，将资产负债清理或剥离完毕，完成信证分业，引进战略投资者，具有明晰的重组后业务发展规划、建立内控制度和风险管理制度，具有符合公司发展战略、市场经验丰富的专业团队等作为重新准入的基本标准。

在准入工作中，我们始终坚持四项原则：一是风险防范关口前移的原则。严把股东、高管和新业务的市场准入关。对股东资格的审查，主要摸清实际控制人和背后的关联关系，防止股东将入股的非银机构作为其融资平台；对高管人员的审查，主要看其从业经历、专业知识和风险意识；对新设机构实行有限牌照制度，根据业绩和风险管控能力决定是否扩大业务范围，从源头上防范风险。二是市场准入与风险化解相结合的原则。对于经过重组后新设的风险机构，坚持债务清零，不带病运行，并且通过总结风险处置的经验和教训强化准入工作。三是坚持逢进必考，逢入必谈的原则。所有的高管人员都要通过严格的考试，所有的准入事项都要经过与机构的面谈，掌握纸质材料之外的情况。四是坚持审核材料和现场走访相结合的原则。对重大准入事项，如机构的新设，通常进行实地调研走访，增加感性认识。在化险重组过程中，将前期的风险处置和后期的重新准入紧密结合。

各省银监局在准入工作实践中，也探索出了很多好的工作方法。比如，北京银监局建立了辖内高管和一般从业人员不良记录名单，不断规范市场准入工作机制和流程；江苏银监局在高管任职审核中进行3项考评、即任前考察、任职考核和任后测评；湖北银监局在严守风险底线

和股东资质的前提下，坚持正向激励和适当灵活性，做好结构化监管安排，有力促进了高风险机构的重组化解等。

（四）坚持调研论证，法规先行，严格依法依规做好市场准入工作

为集中监管资源，增强准入工作的专业性和独立性，2006年10月，根据监管流程的改革要求，非银部专设市场准入处，将原来分散到各监管处的准入职能基本集中到准入处，只有部分新业务准入职能留在各非现场处。

前面提到的3类新机构的设立及原有3类机构的规范，都经过较为充分的调查研究、广泛征求意见、反复论证、与相关部门的沟通协调，出台相关的制度办法后，再依法进行市场准入。在准入工作中，我们严格依据法律法规界定的权限进行行政许可审批，规范内部工作流程，保证工作质量。

2007年，在梳理不同类型机构行政许可种类和许可要求的基础上，非银部制定了《非银行金融机构行政许可事项实施办法》（以下简称《实施办法》）及其申请材料目录和格式清单，统一并明确了许可条件、审批权限、时限、程序和申请材料清单及格式要求，统一审批口径，提高了行政许可审批质量。在《实施办法》中，明确将多项审批权限下放银监局（比如将除信托公司董事长和总经理之外的高管人员资格的终审权全部下放银监局），使银监局承担起相应的责任。商业银行设立或入股非银行金融机构突破了《商业银行法》中关于商业银行“不得向非银行金融机构投资”的规定，在进行商业银行试点设立金融租赁公司，商业银行投资入股信托公司和商业银行设立消费金融公司的准入工作中，非银部都逐一报请国务院批准后再根据许可条件进行审批。

在准入工作中，非银部逐步规范了相关的内部工作流程，使其制度化。比如，高管人员任职资格审核必须经过笔试或谈话，谈话须作成记录，由所有谈话人和被谈话人签字认可，并由谈话人共同签署考核意见，作为核准任职资格的依据；机构申请开办新业务时必须进行路演式的汇报，准入处和各相关监管处室共同作出是否给予新业务资格的决定；机构筹建和开业过程中的面谈、答辩会、现场验收等程序和相关材料格式逐渐统一。

许多银监局在准入工作中采取事前辅导、提前介入、全程参与的方法，帮助新设机构和被监管机构准确理解准入政策，提高申报材料质量，从而提高准入工作效率，体现了“监管与服务并重、审慎与效率兼顾”的理念，推进了非银机构市场准入工作的制度化、规范化和科学化建设。

（五）注重内外沟通协调和监管联动，通过信息共享机制，保证准入决策更加科学审慎

在非银机构的准入工作中，我们根据蔡鄂生副主席的要求，注重加强内外沟通协调和上下

联动。一是加强与会外相关部委（国资委、人民银行、财政部、国务院办公厅、国务院法制办公室等）的沟通。比如面临多家中央企业提出申办财务公司的情况，非银部主动与国资委沟通，参考国资委对中央企业的考核评价结果，掌握中央企业财务指标之外的情况，以保证优先支持实力雄厚、风险管控能力较强的中央企业设立财务公司。二是加强与会内其他监管部门的沟通。在商业银行设立或入股非银行金融机构的准入审批中，遵循“先准出，后准入”的原则，在会内银行监管部门同意所监管的银行设立或入股非银行金融机构的前提下，再考虑进入正式的非银行政许可审批程序。各省局也要按照此原则执行。三是上下联动，指导属地银监局做好工作。充分考虑和尊重属地银监局的意见，如果审查意见与属地银监局的初审意见有出入，非银部一定要与属地银监局进行充分沟通，达成共识后再下结论。四是加强非银部内各处室间的横向沟通，以确保在分工的基础上加强协作。在收到任何一项许可申请后，准入处将背景材料分送相关监管处室，事先进行沟通讨论，提出初步意见，由分管准入工作的副主任主持，准入处和相关现场、非现场监管处共同参加针对申请人进行一次性全面面谈，避免多头对外。经讨论达成一致意见后才正式行文，以提高办文效率，并坚持许可文件由各监管处会签的制度。同时根据日常监管掌握的情况，对部分不审慎、不合规的机构适时限制准入，不断提高监管的整体效能。

（六）对信托公司和财务公司实行有限牌照制度，通过区别对待、分类监管，体现扶优限劣的监管理念

为体现“扶优限劣、区别对待、分类监管”的理念，我们在财务公司和信托公司的准入工作中，改变过去机构开业时即获全业务牌照的做法，试行有限牌照制度。2004 年颁布《企业集团财务公司管理办法》（以下简称办法）时，将财务公司的业务范围分为基本业务（办法中的第二十八条）和延伸业务（办法中的第二十九条），对于申请延伸业务的机构从经营业绩、公司治理、风险管理、人才储备和制度建设等方面提出了更高的准入条件要求。2007 年的《信托公司管理办法》规定，信托公司开展企业年金基金、资产证券化及 QDII 等其他高端业务时需要单独申请。在申请新业务时，要求机构进行路演式的汇报，由准入处和相关监管处室进行评价，根据非现场监管和现场检查处室提供的评价意见，依据不同的业绩和风险管控能力决定是否增加机构的业务范围。通过监管评级和有限牌照制的有机结合，较好地通过准入环节提高了风险管控能力，坚持“高风险严准入、低风险宽准入”的差别原则。通过业务范围的准入，限制了机构不顾自身风险管控能力和人才队伍实力，盲目扩大业务范围的冲动。刘明康主席在全国准入工作电视电话会议讲话中也肯定了非银部试行有限牌照制度的做法。

（七）加强非银行金融机构的体制机制建设，提高市场竞争能力

我们坚持“鼓励与规范并重、培育与防险并举”的创新监管原则，指导非银机构按照“成

本可算、风险可控、信息充分披露”的要求，开展金融创新，提高非银机构的竞争力。

一是积极推动非银机构引进战略投资者，加强非银机构的体制机制建设。引进战略投资者是银监会领导的一贯要求，在总结、评估近几年引进战略投资者经验和效果的基础上，我们进一步加强非银机构引进战略投资者的对外开放工作，坚持择优而取，按照“依法、自愿、市场、审慎、效率”的原则，鼓励引进境内外有实力的合格战略投资者，积极探索建立科学合理的非银行金融机构的股权结构。几年来，商业银行和大型国企入股信托公司取得重大进展，先后批准交通银行、中国建设银行、中粮集团、中国石油集团公司、信达资产管理公司等机构投资者入股信托公司，有效提升信托公司的公司治理、风险管控、战略规划和业务创新等核心竞争力。同时，还批准9家财务公司引进7家境外战略投资者，鼓励新设财务公司引入具有丰富行业管理经验的境内外战略投资者和管理团队，促进财务公司现代企业制度和管理规范化的建设。

二是积极探索，稳步推进综合经营试点工作。近几年来，经国务院批准，我们先后批准交通银行和中国建设银行入股信托公司，批准10家银行设立或入股金融租赁公司，批准3家商业银行发起设立消费金融公司。在综合经营试点的准入审查工作中，我们坚持认真审查商业银行入股非银行机构的动机，商业计划和商业目标的可行性，审查防火墙的设置，业务、资金、人员和系统相互隔离的制度安排，并在准入前对拟任高管进行谈话，督促其在日后的经营中落实各项承诺。

三是推动产品创新，增强服务能力。为提高非银机构的金融服务水平，对信托公司QDII业务相关法规进行了相应调整，包括调整新业务的审核程序，对单一信托产品设定投资门槛和投资比例等，积极推动信托公司发展QDII业务。根据蔡鄂生副主席关于加强信托产品创新研究的要求，积极落实对信托公司伞形信托、TOF、PE子公司设立等创新产品、创新制度的研究，在此基础上，批准了少数信托公司进行TOF产品试点、设立PE子公司等。为推动金融租赁公司的业务发展，审批租赁公司设立项目子公司开展业务。

三、关于做好非银机构市场准入工作的几点意见

再过一个多月，我们就将迈入“十二五”的开局之年。党的十七届五中全会指出，“十二五”时期（2011—2015年），是全面建设小康社会的关键时期，是深化改革开放、加快转变经济发展方式的攻坚时期。全体非银准入系统的同志们要认真学习、领会党的十七届五中全会对“十二五”规划的“建议”，清醒认识国际国内经济金融形势的复杂性和多变性，结合中央的战略部署，思考非银行机构在我国未来经济发展方式转变中的地位和作用，根据刘明康主席在准入工作会议上指明的方向，根据蔡鄂生副主席的具体指示和要求，积极、稳妥地做好“十二五”期间的非银市场准入工作。

（一）加强学习，认清形势，将准入工作放在我国经济金融的宏观背景下考虑

正如刘明康主席所说，非银机构是银监会监管机构中一个比较独特的领域，不但是我国金融体系重要的组成部分，而且具有综合经营的特点。这就要求准入工作人员既要了解非银机构的监管，又要了解银行机构的监管；既要掌握国内情况，又要了解国际监管的新动向；既要了解微观监管，又要了解宏观经济形势，使我们的准入工作方向和经济发展基本保持一致。因此，蔡鄂生副主席多次指示，在准入工作中“要放宽视野，不能就事论事，不能简单地对照准入条件和程序，要把新设机构放在市场环境、社会行业、宏观背景下来考虑，要考虑新设机构是否有可行的盈利模式，领取牌照后能不能很好地经营和生存下去”。

尤其是财务公司这样一类背靠大型企业集团的非银机构，其母公司是我国国民经济的重要支柱，母公司及其所处行业的好坏、风险状况、经营策略，都更易传导并对财务公司产生影响。在当前形势下，我们尤其要“眼观六路，耳听八方”，认真研究提出设立财务公司申请的企业集团所处行业的状况和发展趋势，思考财务公司的设立能否满足企业集团资金归集和资金使用效率提高的需求，财务公司是否是实现这些需求的唯一手段。对企业集团的内部管控能力和声誉风险，都要给予关注。在新业务准入时，要注意督促非银机构坚持自己的业务特点和业务领域，避免成为不同市场和不同金融机构规避风险的“港湾”，甚至成为“替罪羔羊”。

（二）构筑牢固的“防火墙”，审慎推进综合经营试点工作

我们倡导改革创新，但不能照搬美国式的创新。在创新中一定要重视“防火墙”的构筑，重视对根本有效的良好监管指标的坚守，注意监管与创新之间的平衡。在商业银行综合化经营不断加快的情况下，非银机构一定要做好与商业银行和企业集团的风险隔离和防范工作。尤其是对于那些被商业银行和企业集团当做综合经营试验平台的非银机构，如信托公司、财务公司、金融租赁公司和消费金融公司等，更要构筑严格的“防火墙”制度，坚持“独立运作、自主管理”的原则，严格实行与控股股东的“人员、资金、办公场所”三分开，实行独立经营；防止风险在控股股东与非银机构之间相互转移和传递；要加强授信管理和并表监管；可以允许非银机构与控股股东相互推介客户，但需独立自主进行尽责调查和审议，客户资源不可共享，并需建立防止利益冲突的良好隔离制度和机制。

按照国务院扩大商业银行设立金融租赁公司试点范围的有关批示，我们将继续稳步推进扩大试点工作。根据准入条件严格把关，审慎开展准入审批和后续监管工作，做好商业银行新设金融租赁公司筹建和开业的指导。坚持“一事一报”的个案审批原则，将银行入股信托的准入事项逐一报请国务院同意后再进行准入审查。及时总结消费金融公司试点工作的经验教训，研究这一类新型机构未来的发展方向和政策。对银行设立汽车金融公司的申请，也必须进行研究

论证并报请国务院同意后才能审批。

在银行进行的综合化经营试点中，坚持“有准入、有退出”的原则。根据刘明康主席的批示：“大凡银行所办公司五年后必须评估一次，不是好过平均水平的勒令出售。”在商业银行设立或入股非银行金融机构的审批中，要坚持大、中、小银行的准入要求基本平等原则，在原有准入标准基础上进一步明确以下三点要求：一是商业银行要提出并达到高于自身资本回报率和资产回报率的商业目标，制订可行的商业计划；二是商业银行要有充足的跨行业干部队伍资源和公司治理建设方案；三是商业银行董事会要承诺执行上述原则时承担相关偏离责任，对达不到预期商业目标和公司治理结构要求的，商业银行要主动出售或转售，甚至退出市场。否则，银监会将有权强制要求其退出。

（三）与时俱进，及时开展准入工作的后评价和现场、非现场的迅速跟进，使准入标准更加科学合理

对于新设立的非银机构，对于非银机构引进境外战略投资者，以及非银机构获准开办新业务等准入事项，我们在日常工作中已结合现场检查、专题调研等开展了一些后评价工作。今后还要坚持不懈地做好后评价工作，通过后评价，检验机构设立前的可研论证是否符合客观实际，新机构的运作是否满足设立的最初需求，是否按照机构的功能定位发挥了应有的作用，准入时的承诺是否兑现，还存在哪些问题和缺陷等。只有通过后评价的校验，才能发现准入标准的设置是否科学合理，准入审查是否严格、审慎，才能及时解决和纠正发现的问题。

在日常工作中，由于各银监局和各申报机构对准入政策的理解不一致，以及对实际工作中出现的各种情况的法规适用性的看法不一致，使得监管部门的准入工作人员需要花费大量时间和精力对各种许可申报进行辅导沟通，极大地占用了有限的人力资源；有些未经充分辅导沟通的机构和银监局上报的材料不符合要求，需退回返工或补充材料，反映了准入的相关规定不够明确，规程不够细化，有待进一步修正改进。

目前，我们已启动了对《金融租赁公司管理办法》、《非银机构行政许可事项实施办法》和《申请材料格式目录》的修订工作，还将陆续启动对其他机构管理和业务管理办法的后评价和修订工作。在法规的修订工作中，后评价的意见是修订的重要依据，希望各局及时提出宝贵意见。

（四）继续加强市场准入和现场检查、非现场分析的沟通配合，强化属地监管，加强系统内部管理

在准入审批中，尤其在存续机构的新业务和高管人员的准入中，一定要加强与现场检查和非现场分析的沟通配合，存在重大风险隐患和违规行为的机构要在准入环节予以限制。我们发现有的银监局在监管报告里对机构指出诸多问题，但在新业务准入申报时完全未予反映，因此，

在准入申报前一定要做好与现场检查和非现场监管处室的沟通协调，避免出现“带病准入”的情况。

除此以外，还要处理好系统内的整体监管协调问题。银监会、银监局、银监分局对外是一个整体，上下之间只存在信息沟通的差异，不应存在本质判断的不同。在具体准入工作中，属地监管局要充分发挥作用，按照属地监管的要求落实监管责任。包括辅导机构做好筹建的可行性论证、准入材料的准备和开业前的筹建工作；严格按照准入条件进行各项审查并认真出具初审意见。最近不少银监局监管人员的分工有了调整，我们希望从事非银准入工作的同志不要有畏难情绪，应时刻牢记自己作为监管人员的责任，不要上交矛盾，有困难可以上下沟通、协调解决，但省局仍是主要责任人。要实事求是地面对问题、反映问题、解决问题。另外，这几年，非银机构发生了很多变化，准入和变更事项频繁，各银监局要加强机构的档案管理，建立涵盖机构设立、日常监管、风险处置等全过程的机构档案。

（五）勤于思考，积极开展调查研究，在实践工作中发现问题并努力寻找解决问题的方案，使准入工作不断迈上新台阶

由于人员不足、许可时限和许可事项排队的压力，准入工作人员日常需要花费大量的时间接待来访、答疑解惑，以及处理许多事务性工作，文字工作往往需要加班完成，工作是非常辛苦的。因此，对准入工作中遇到的问题进行认真思考和深入调查研究的时间确实很有限。但是，如果我们只埋头干活，不认真思考，我们的工作就只能是低水平的重复劳动，无法得到总结和提高，很多问题也将长期得不到解决。因此，我们将进一步统筹规划，根据各银监局和机构反映的比较集中和突出的问题，组织系统内人员进行专项调研，更充分掌握非银机构的现状和问题，提出解决问题的方案和具体政策建议，并多组织大家进行交流，通过调研谋发展，通过调研促规范，进一步提高准入工作的前瞻性、针对性和有效性。

（六）加强党风廉政建设，廉洁自律地把好准入关

准入工作面对的是向银监会提出许可申请的各类机构，许可事项批准与否对机构的影响是重大而直接的，事关机构的切身利益，因此，准入岗位通常被视为比较有权力的岗位。其实，非银准入责任更重，相关工作人员一定要经受住权力和利益的考验，要严于律己，做到“无欲则刚”，要认真学习和落实《中国共产党党员领导干部廉洁从政若干准则（试行）》、中纪委《关于加强廉政文化建设的意见》和《银监会党风廉政建设责任制实施办法》等有关规定，自觉抵制各种不当利益的诱惑，正确行使手中的权力，严禁内部公关，牢记“寓监管于服务”的要求，提高办公效率和水平，提升监管人员的形象，尽心尽力地为非银机构的健康发展和实体经济的较好较快发展提供良好服务。

同志们，希望大家充分利用这次难得的机会，认真思考和研讨非银准入工作中遇到的问题以及未来的努力方向。由于时间关系，这次会议只安排了北京、江苏、湖北等几个银监局的同志交流经验和做法，希望大家认真聆听，争取有所收获，未来能更加科学准确地做好非银机构的准入工作。让我们在银监会党委的正确领导下，不断强化执行力，求真务实、开拓进取、扎实工作，为开创非银机构准入工作的新局面共同努力！

谢谢大家！

在新华信托调研时的讲话

中国银监会非银部主任　柯卡生

（2011 年 4 月 13 日）

同志们：

大家好！今天我们到新华信托调研，主要目的是了解引进战略投资者和房地产信托业务的开展情况。

一、关于引进战略投资者

作为监管部门我们比较关注信托公司引进战略投资者（以下简称战投）的情况。新华信托较早引进了战投，后来陆续有几家公司也引进了外资银行或中央企业。对于信托公司引进战投的情况，我们既要评估其效果，又要思考目前存在的问题，还要考虑其需要改进的地方。

新华信托与巴克莱银行在战略合作上的分歧也是我们要评估的一个方面。我们要思考当初我们引进战投的目的，了解现在实际执行的状况，评估这种状况与监管部门和公司最初引进战投的目标和理想差距有多大，还是说是完全相悖的。

当然，巴克莱银行（投资入股）有它的考虑，它的投资比例只占不到 20%，却要求它按信托公司的利益最大化行动是不现实的，这需要双方加强沟通。外方的决策链条太长、效率较低的问题也是西方文化与中方文化的最大不同。完全按照它们那一套运作在中国行不通，完全按照中国这一套办事它们也不会接受，这需要双方努力在效率和制衡之间取得平衡。在中国，各行各业在合资、合作中做得最成功的都是中西方两者的有机结合，而不是完全照搬国外的那一套或者是坚持本土的这一套。这种制约可能在市场形势变化比较大的时候表现得更加突出，这种制约对本土信托公司来说有时也有好处，可以帮助你们避免风险，但是也会在机会来临的时候让你们丧失一些机会。既然引进了战投，就要考虑双方怎样更好地合作发展。银监会持续关注信托公司引进战投的情况，也会在必要的时候，向外方总部提出监管要求［注：已于 5 月 11 日陪同会领导会见巴克莱银行行政总裁博达文（Robert. Diamond. Jr）先生时提出］。我们希望巴克莱银行总部能适当授权，既帮助信托公司适当控制风险，又不完全按照外方的决策链条行事。

信托公司也不能像原来没有引进战投时那么激进，这样双方才能找到一个比较合适的方式和契合点，形成一种平衡和制约。

二、对新华股权投资基金的评价

对普天1号信托计划有两个自然人作为次级受益人分别购买了1亿元的看法：上海、江浙很多民营企业家在银行有亿元以上的现金存款，他们也不需要向银行贷款，还配置了外币和房地产等各种资产。怎么做好超高净值人群的营销，让他们能够接受信托这种投资方式，是信托公司营销的一个主攻方向。各地信托公司总说缺乏高端客户，但实际上现在国内外金融机构都十分看好中国的高端客户群体市场。新华信托目前已经尝到了甜头，先把这部分群体的市场做好，让他们为信托公司的产品做宣传，这比信托公司自己宣传的效果更好。如果能达到这种宣传效果，哪怕信托公司再向他们让渡一点利益也是值得的。

关于对受益人收取浮动报酬的问题，信托公司的管理费是参照一些基金的管理模式，即先为客户理好财，对超额收入部分多收取一些管理费，委托人是可以接受这种模式的。如果一开始信托公司就订立不公平合同，亏了是委托人的，赚了是信托公司自己的，实践证明这种模式是难以持续的。

先形成资金池再进行项目投资的方式解决了信托推介过程中出现的资金和项目衔接的问题。有项目担心不能成功募集到资金，等募集到资金再去找项目又来不及。目前有的商业银行也建立了一个大的资金池，它的设立一方面是高端客户理财，另一方面是为了解决银行中间收入的问题，或者说是解决利率市场化问题和资金长短期限不匹配问题。在这个问题上，信托公司要把风险控制好，解决好刚性兑付的问题，不能变成一个借新还旧的滚雪球的做法。要从投资者和风险控制的角度去设计，真正做到不降低收费标准和不降低风控标准，这才是好的创新。

三、对新华信托的总体评价以及要求

（一）总体评价

这次来新华信托调研最大的感受是跟2007年的感觉不一样，不一样在哪里呢？2007年来的时候我感觉没那么多员工，而且高管团队都不愿意发表意见。这一次你们提出给一个上午的时间，听你们汇报工作、发表意见，这就是跟2007年的不同。具体的说，听完李总介绍的新华信托业务情况，总体感觉还是有点兴奋。我不知道实际的情况做得怎么样，落实和执行的效果如何，是不是只报喜不报忧，有没有风险问题避而不谈，但是起码听起来感觉还是有些兴奋。兴奋的是，我觉得新华信托目前的做法基本符合刘明康主席、蔡鄂生副主席以及非银部对信托公司差别监管、扶优限劣、一司一策、作出自己的特色、增强自主管理能力的要求。我觉得新华信托这几年已经按这个路子在走，而且也已经初步走出了个样子。这是比较令人兴奋的。

当然有风险是正常的，有问题也是正常的。信托公司发展了30多年，曾经问题不少，以后可能还会不断遇到新的问题。但关键是如何去把握、控制风险，去解决这些问题，做到稳健经营、科学发展。所以我觉得新华信托最大的特点是能够做到专业化。新华信托主要是做房地产信托，基础设施也包括在内。实践证明这几年我们的思路是对的，我们不要求每家信托公司像金融百货公司、超市之类的什么都做。什么都做，反而什么都做不好。希望你们专注于一两个、两三个，最多不超过五个领域，这样信托公司才能作出专业、作出品牌、作出特色，这也是我们愿意看到的。只有这样，信托公司的管理跨度才不会太大，风险控制才会更加专注。

新华信托在专业化方面已经迈出比较好的一步，房地产信托是你们的特长，但还不能完全覆盖你们的业务领域，你们还有PE、资源类等其他业务。虽然房地产信托目前是你们的主业，但在以后发展中还可以多元化，可以发展到3～5个领域。

另外，你们能够根据市场的需求，发挥信托制度的优势来设计产品，这个做法比较好。有的信托公司总是说没客户，没资金，没项目，但我觉得只要能把信托制度优势发挥出来，这些都可以有。即使这些都没有，我们能设计出产品卖给银行这也是本事，也能生存。所以你们要能最大限度地发挥信托制度优势，把它真正落到实处。信托公司投融资结构的制度安排是商业银行做不到的。你们和商业银行比贷款是比不过的。但是商业银行有些业务是不能做的，比如，有的投资方式，信托公司可以做，商业银行就不能做。信托公司只有作出自己的特色业务，才能把信托制度的真正优势发挥出来，而不是停留在只讲我有制度优势，我是百货公司或超市，我是几大支柱之一之类的，但并没有真正落到实处。信托公司要把上述几方面挑一点出来落到实处，管理的信托资产连续几年快速增长是没问题的。信托公司也可以根据市场需求设计产品、卖给银行。现在银行信贷调控，银根紧缩，流动性过剩，又实行分业监管。信托公司针对商业银行的这些制度缺憾设计产品、推销产品，信托制度优势就真正发挥出来了。在这方面，你们已经尝到甜头了。

你们在品牌建设、销售渠道探索、业务创新方面也有一些新的亮点。近一两年来，信托公司开始重视品牌建设，但公司品牌建设要和公司实际经营有机结合起来。要形成针对不同客户的系列化的、不同投向的、不同特点的产品，针对不同风险偏好的委托人或投资者来销售。我觉得你们那几个系列产品还是不错的。

销售方面你们可以委托几家银行，先依靠它们的销售网络，再慢慢培养自己的直销能力，这样就跟我们原来的信托收入结构的优化过程一样，我们直销和代销的比重也会慢慢提高。经过3～5年的努力，你们回过头来看，会感觉到发生了明显的变化。

信托的生命力在于不断创新。创新的前提一是依法合规，控制好风险；二是市场有需求，客户有需求；三是要得到监管部门的支持。如果能依法合规，有市场需求，那么跟监管部门沟通的时候，我们一定会尽力支持，哪怕在现有的法律制度框架下有一些不足或不完善的地方，我们都可以一起来探索。创新不是单方面的，你们创新我们不创新，你们创新不了，我们也不可能跑到你们前面去创新。监管部门永远是滞后于你们的，不可能跑到你们前面去创新。你们是在市场和客户的后面，我们是在你们的后面，是这么一个层级关系。如果你们设计出来的产品没市场、没客户，那叫什么创新？这个关系层次要搞清楚。因此，你们设计的产品只要在依法合规、风险可控、市场有需求的情况下，来跟我们沟通，我们一定会全力支持。如果你们自己风险控制都把握不好，那么我们肯定也不会支持的。

（二）监管要求

跟我 2007 年来调研时相比，新华信托在以上几方面都有较大的进步。与此同时，我提几点要求。

一是从业务指标上看。业务拓展和引进战投方面都取得一定成效，规模、利润、增长速度等各项指标增长都比较快，我想未来伴随中国经济的继续高速增长、富有人群和中高产人群的不断扩大，就算不扩大，现有的人群你们认真去挖掘，对信托公司来说也是足够去发展的。

按照蔡鄂生副主席的要求和 2011 年非银行金融机构监管工作会议的要求，主要还是希望信托公司要抓好基础工作。这个问题 2010 年一直都在讲，在海南会议上，包括年末在上海的信托峰会上我们就给大家提出来了。这点你们也做了一些工作，包括在内部机构设置、制度、风险的整合等。这些工作还要继续做下去，这不是做一两年的问题，这是信托公司长期稳健科学发展必须每年都要做的工作，怎么做你们自己考虑。只有基础打好了，具有可持续发展条件时，我们才会更加支持你们。所以你们必须把公司治理、内部风险控制、依法合规经营、人才队伍建设等方面的工作做好，把各方面的基础打好，在防范风险的同时，我们再来谈发展。否则的话，前几年高速发展，如果 2011 年和 2012 年发生一两起兑付事件，就把你的声誉、你这几年赚的钱全都赔进去了，这种情况在信托发展史上也屡见不鲜。因此，要保持一个健康可持续发展的态势。再过 5 年、10 年、20 年都能够一直这么保持下去，那才叫符合科学发展观。所以还是要打好基础，筑牢风险篱笆后再来谈发展。这是蔡鄂生副主席的要求，也是非银部和重庆银监局的要求。前几年经过快速发展后，2011 年希望你们要回过头来重新梳理前台、中台、后台的各项支撑保障还有哪些漏洞，还存在哪些薄弱环节，你们要很好地进行内部自我检查。作为监管部门，我们只给你们提要求，怎么检查、怎么落实还是要靠你们自己。

二是在专业化方面。根据公司目前房地产信托业务特点，要继续加大风险防范和创新力度。尤其是在 REITs 方面可以做一些探索。我觉得这些本来就是信托公司的正常业务，信托公司依照法律法规就可以做，你们在房地产信托基金发展方向方面可以再加大一些力度。现有的业务只要是依法合规的，你们都可以做。

三是房地产信托方面。虽然房地产信托是依法合规的业务、主营业务之一，但也是一个敏感业务，是国家宏观调控的对象。虽然你们认为自己做的这些业务是比较健康的，但是如果有人恶意炒作，说你干扰国家宏观调控，干扰房地产政策，也很麻烦。所以你们在埋头赚钱的同时，也一定要关注宏观政策和社会舆论的变化。要依法、合规地发展业务，发现有负面的舆论要及时去解释，这样的话才能够更好地生存。另外，还要及时跟媒体沟通，跟监管部门沟通，向领导多汇报。要解释你们是怎么做的，跟银行的贷款有什么不同，你的业务量有多大，对这个市场行业到底能产生多大影响。现在暂时不要去主动宣传，但是如果一有炒作你们的苗头，你们马上要有所回应，要站出来说话解释。至于廉租、公租项目，你们一定要在风险可控和有现金流的前提下来做。旧城改造只要能完全市场化的、风险可控的就没问题。

以上意见供你们参考。

在重庆信托调研时的讲话

中国银监会非银部主任　柯卡生

（2011 年 4 月 13 日）

同志们：

时间关系，我简单谈点个人看法。这些年来我们一直在关注重庆信托的发展，我们一直觉得重庆信托在市场上还是比较活跃的。活跃有好的方面也有不好的方面，活跃过头的话就容易出风险，不活跃就没创新，所以我们希望重庆信托成为一个既活跃又让人放心的信托公司，这是我们的最高要求。

公司现在与以前相比还是有一些进步，在内部控制、公司经营、业务发展、合规意识等方面都有所进步，但是我觉得也还有进一步努力改进的空间。最近五年，国家经济高速发展给信托公司的发展带来了机遇，虽然期间有起伏，经历了国际金融危机，但总体来说整个信托行业出现快速增长。整个行业也好，重庆信托也好，虽然谈不上出现质的飞跃，也还是有一个比较大的进步，步入了一个快速发展的时期。我们也一直担心这种发展态势能不能具有可持续性？是不是短期发展了，明年、后年又会出现一些新问题？是否能够健康可持续发展，这是我们非常关心的，应该也是你们关心的。虽然现在不会再出现全行业的清理整顿，但对出现问题的个别机构、个别业务进行整顿规范，也是正常的和必须的。所以我们希望可持续些，成本代价低一些。

要做到可持续、成本代价低就要依法合规经营。我同意重庆银监局给你们公司提出的三个要求：一是公司治理；二是合规经营；三是风险控制。当然合规经营和风险控制也是结合在一起的。过去五年，你们公司发展比较快，盈利也好，信托收入占比也好，都在不断提高，不断改善，给投资者的回报也在提高。但是回过头来看，我们还是希望你们要按照蔡鄂生副主席在海南会议、信托峰会、非银行金融机构监管工作会上提出的新要求做好工作，非银机构包括信托公司 2011 年的主要任务是着重抓基础、防风险，然后才来谈促发展。

蔡鄂生副主席说信托公司面临的形势不是没钱赚，而是赚不完，关键是要能可持续发展。你们这几年都有这个感受，但是要可持续发展，不要出风险或少出风险，不要给公司带来声誉风险，更不要给行业带来声誉风险，关键是要把基础打好，把风险控制好，在这个前提下，你们要怎么发展、怎么创新我们才会全力支持。所以我希望你们在考虑盈利的同时，要把更多精力放在梳理过去五年发展以及思考未来的业务发展上，看还需要在哪些方面，如公司治理、制度建设、风险控制、人员配置、前中后台、市场营销等方面，有哪些基础工作需要夯实。2011年重点是要把基础打好，不要再出大的问题，明年后年才会有更多更好的机会。过去五年没出大问题，2011年不出大问题，把基础打好了，未来五年再不出大问题，我们的信托行业才能谈得上基本走上可持续发展的道路。若过去五年发展了，但如果今年、明年或后年出点问题，你们过去的努力就会打个折扣。所以要求你们要尽量少出现一些声誉上的、法律上的风险，少出一些给行业带来负面影响的问题，所以才强调抓基础、防风险。如果基础打不好，风险没防住，我们会把业务停掉，进行处置，也就谈不上如何发展了。希望你们很好地理解2010年海南会议、信托峰会的精神，把握好2011年的基调，思考2011年如何更好地开展工作，要把这几项落到实处，这是最基本的要求。从你们的业务特点来看，你们跟其他信托机构又有点不一样。这几年在综合化经营、在金融股权投资方面步伐迈的还是比较大。这对我们监管工作也带来挑战，就是如何加强对综合性经营试点的监管。如何按照去年、前年非银工作会议的要求加强防火墙设置，稳步推进综合化经营试点。我们不能反对你去投证券、投银行、投基金，但是你们要做到怎么把这几类机构的风险、人员、财务、办公跟你们信托公司隔离，避免出现交叉感染，这是值得我们共同探讨研究的。你们在这方面要跟重庆银监局一起探索如何来稳步推进综合化经营试点。另外在监管上，对重庆银监局来说可能还有一个并表监管的问题，我建议重庆银监局也作些探索。现在银行类机构都在推进并表监管，请重庆信托按照自己的财务制度、公司治理的要求，该并就并，该怎么算就怎么算，希望你们能够配合重庆银监局做好工作。对信托公司来说，一方面我们支持你们的综合化经营，另一方面也要尝试对你们进行并表监管，这方面你们再共同关注一下。另外就是关联交易，重庆信托关联交易比较多，关联交易不能一概简单地说好或者不好。如果是逆向的、输送利益的我们会关注并禁止，如果是正向支持的，按照公允价值和信息披露要求进行的，经过报备是可以支持的。我们也希望你们多跟重庆银监局沟通，现在不像以前可以做点小动作，我们会盯得很紧，媒体也很发达，没有不透风的墙。违规进行关联交易一旦被发现，信用评级会被调低，其实付出的成本代价会很高。把它摆到桌面上来，说清楚我这个是关联交易，我为什么要做这个关联交易，希望得到监管部门什么样的支持，你说了我们觉得符合规定的就支持，不符合规定的我们就不予支持，你们就不要再做了。总之，违规、绕圈子是会有成本、有代价的。所以我们希望你们把创新发展想法、关联交易、不合规的地方、有困难的问题都放到桌面上来，跟监管部门沟通，我们会把握好分寸，只要合理合法的会尽量给予支持。

另外，你们要特别注意声誉风险。按照刚才何董事长说的，要好好地总结过去的一些案例。一些负面的东西，虽然有时候责任不一定完全在你们，但是给公司带来的负面影响确实是客观存在的。如何减少这种负面影响，争取以后少发生、最好是不发生这样的事情，我觉得这是重庆信托今后一段时间还会面临的一个挑战。如何更好地跟舆论、跟客户打交道，还是要不断进行总结的。要真正做到既能控制风险，又能够及时处理一些突发事件的负面影响。未来几年可能还会面临这样那样的问题，短期内也还不能完全消除。

至于信政、银信等项目，按你们说的踩点踩得比较准，银行没进的时候你们进了，银行进了你们就退了，人家退了你又进了。我希望你们能继续踩准点，希望你们更好地调动和发挥公司各部门和全体员工的积极性。

最后，希望重庆信托要做一个既活跃又让我们放心的公司。只要通过依法合规的方式和方法挣钱，我们从来不反对。

在2011年信托业峰会上的总结讲话

中国银监会非银部主任　柯卡生

在2011年即将过去之际，为了信托业的科学发展，来自行业和监管部门的代表，欢聚一堂，进行交流探讨。昨天，我们举行了65家信托公司的社会责任公约签约仪式，蒲坚新会长就信托业未来的科学发展发表了令人兴奋的就职演说，北京信托、上海信托、中海信托分别作了主旨发言，行业和监管部门的同志就共同关心的热点问题展开了热烈的讨论。蔡鄂生副主席非常关心我们这次盛会及行业的发展，今天专程从北京赶来，牺牲周末休息时间，就行业的发展问题作重要指示。

刚才，蔡鄂生副主席一开始就寒流南下提醒大家注意不要感冒，同样地对于目前的国际国内复杂形势，信托行业发展中存在的问题，特别是风险隐患问题，我们行业也应当注意不要“感冒”。蔡鄂生副主席在讲话中要求我们要积极思考如何按照党中央、国务院关于加强经济金融工作的稳定性、针对性、灵活性的要求去应对和把握，对2012年行业发展要求大家要统一认识、看清形势、沉着应对、以本求利、稳健发展，要求大家要集中精力围绕主业做好我们该做的事情，而且还就加强行业的发展方面如何做好基础工作，例如市场的培育、公司治理的完善、人才培养、团队建设以及市场营销等提出了希望。同时，也对监管的风险防范、建立市场退出机制和行业今后的发展工作等提出了具体的要求。希望大家深刻领会，认真贯彻落实。对于从事监管服务的同志，要把蔡鄂生副主席的要求落实到2012年甚至今后一段时间的市场准入、非现场监管、现场检查等各项工作中。面对2012年更加复杂的国内外经济形势，作为为大家服务的主管部门，我们非银系统上下要不断地完善监管，加强服务，继续支持行业不断创新和科学发展。

我们每年一度的行业峰会是一次非常重要的行业发展和监管工作会议。这样的机会十分难得，蔡鄂生副主席也很忙，利用这个机会给监管、给行业的同志提一些要求，大家彼此之间也可以做一些深入的交流，所以希望公司的高管和监管部门的同志要高度重视，积极参会。

最后，衷心感谢华润信托、中海信托、平安信托，感谢深圳银监局、广东银监局，以及台前幕后的工作人员为这次峰会的成功召开付出的辛勤工作，祝大家返程顺利，共同迎接新一年新的挑战。谢谢大家！

政 策 法 规

中国银监会关于印发
信托公司净资本计算标准有关事项的通知

银监发〔2011〕11号

各银监局，银监会直接监管的信托公司：

按照《信托公司净资本管理办法》（中国银监会令2010年第5号）规定，现将信托公司净资本、风险资本计算标准和监管指标印发给你们，并就相关事项通知如下：

一、为进一步加强信托公司分类监管，确保信托公司业务发展与其风险管理能力、内控水平相匹配，银监会对不同监管评级的信托公司实施不同的风险资本计算标准。

评级结果为3级及以下的信托公司风险资本计算系数为标准系数。评级结果为1级和2级的信托公司风险资本计算系数在标准系数基础上下浮20%。

二、对于同时包含融资类和投资类业务的信托产品，信托公司在计算风险资本时应按照融资类和投资类业务风险系数分别计算风险资本。

融资类业务包括但不限于信托贷款、受让信贷或票据资产、附加回购或回购选择权、股票质押融资和准资产证券化等业务。

三、对于TOT（信托之信托）信托产品，信托公司应按照被投资信托产品的分类分别计算风险资本。除TOT和股票受益权投资信托业务外，其他受益权投资信托业务原则上应按照融资类业务计算风险资本。

四、银信合作业务以及受益权发生转让导致受益人超过两人（含两人）的信托业务，按照集合资金信托业务计算风险资本。银行理财资金成为受益人的信托业务视为银信合作业务，按照集合资金信托业务计算风险资本。

五、为防范关联交易风险，信托公司对资金来自非关联方但用于关联方的单一信托业务应按照规定的风险系数额外计提附加资本。

六、银监会将根据信托公司业务发展的实际情况，适时调整净资本、风险资本计算标准和监管指标，确保信托公司风险可控、科学发展。

七、各信托公司应根据国家宏观调控政策和银监会监管政策导向积极调整业务规模和业务结构，确保在2011年12月31日前达到净资本各项指标要求。

对在规定时间内未达标的信托公司，各银监局应立即暂停其信托业务，并追究该公司董事长和高级管理人员责任。

八、各银监局应认真组织监管人员和信托公司学习净资本管理相关规定，有效落实各项监管要求，并将文件执行中遇到的问题和建议及时报告银监会。

请各银监局将本通知转发至辖内银监分局及信托公司。

中国银行业监督管理委员会
二〇一一年一月二十七日

中国银监会关于印发信托公司参与股指期货交易业务指引的通知

银监发〔2011〕70号

各银监局，各国有商业银行、股份制商业银行，邮政储蓄银行，银监会直接监管的信托公司：

现将《信托公司参与股指期货交易业务指引》印发给你们，请遵照执行。

请各银监局将本通知转发至辖内相关银行业金融机构。

二〇一一年六月二十七日

信托公司参与股指期货交易业务指引

第一条 为规范信托公司参与股指期货交易行为，有效防范风险，根据《中华人民共和国信托法》、《中华人民共和国银行业监督管理法》、《信托公司管理办法》和《银行业金融机构衍生产品交易业务管理暂行办法》等法律法规，制定本指引。

第二条 信托公司直接或间接参与股指期货交易，应当经中国银监会批准，并取得股指期货交易业务资格。信托公司参与股指期货交易应当遵守期货交易所有关规则。

第三条 信托公司固有业务不得参与股指期货交易。信托公司集合信托业务可以套期保值和套利为目的参与股指期货交易。信托公司单一信托业务可以套期保值、套利和投机为目的开展股指期货交易。

第四条 信托公司申请股指期货交易业务资格，应当具备下列条件：

（一）最近年度监管评级达到3C级（含）以上，申请以投机为目的开展股指期货交易，最近年度监管评级应当达到2C级（含）以上，且已开展套期保值或套利业务一年以上；

（二）具有完善有效的股指期货交易内部控制制度和风险管理制度；

（三）具有接受相关期货交易技能专门培训半年以上、通过期货从业资格考试、从事相关期货交易1年以上的交易人员至少2名，相关风险分析和管理人员至少1名，熟悉套期会计操作程序和制度规范的人员至少1名，以上人员相互不得兼任，且无不良记录；

期货交易业务主管人员应当具备2年以上直接参与期货交易活动或风险管理的资历，且无不良记录；

（四）具有符合本指引第六条要求的IT系统；

（五）具有从事交易所需要的营业场所、安全防范设施和其他相关设施；

（六）具有严格的业务分离制度，确保套期保值类业务与非套期保值类业务的市场信息、风险管理、损益核算有效隔离；

（七）银监会规定的其他条件。

第五条 信托公司申请股指期货业务资格，由属地银监局初审，报送银监会审批。银监会直接监管的信托公司直接报送银监会审批。

第六条 信托公司开展股指期货信托业务，IT系统应当符合以下要求：

（一）具备可靠、稳定、高效的股指期货交易管理系统及股指期货估值系统，能够满足股指期货交易及估值的需要；

（二）具备风险控制系统和风险控制模块，能够实现对股指期货交易的实时监控；

（三）将股指期货交易系统纳入风险控制指标动态监控系统，确保各项风险控制指标符合规定标准；

（四）信托公司和与其合作的期货公司IT系统至少铺设一条专线连接，并建立备份通道。

第七条 信托公司开展股指期货信托业务，应当制定相应的业务流程和风险管理等制度，经公司董事会批准后执行。

第八条 信托公司以套期保值、套利为目的参与股指期货交易，应当制定详细的套期保值、套利方案。套期保值方案中应当明确套期保值工具、对象、规模、期限以及有效性等内容；套利方案中应当明确套利工具、对象、规模、套利方法、风险控制方法等内容。

第九条 信托公司风险管理部门应当对套期保值或套利交易的可行性、有效性进行充分研究、及时评估、实时监控并督促信托业务管理部门及时调整风险敞口，确保套期保值或套利交易的可行性、有效性。

第十条 信托公司开展股指期货信托业务，应当选择适当的客户，审慎进行股指期货投资。信托公司在与客户签订参与股指期货交易的信托合同前，应当了解客户的资产情况，审慎评估客户的诚信状态、客户对产品的认知水平和风险承受能力，向客户进行充分的风险揭示，并将风险揭示书交客户签字确认。

第十一条 信托公司开展股指期货信托业务，应当在信托合同中明确约定参与股指期货交易的目的、比例限制、估值方法、信息披露、风险控制、责任承担等事项。

第十二条 信托公司、托管机构应当根据交易所的相关规定，确定信托资金参与股指期货交易的交易结算模式，明确交易执行、资金划拨、资金清算、会计核算、保证金存管等业务中的权利和义务，建立资金安全保障机制。

第十三条 信托公司在开展股指期货信托业务时，应当依据法律法规规定和信托文件约定，及时、准确、完整地进行信息披露。信托公司应当在信托资产管理报告中充分披露参与股指期货交易的有关情况，如投资目的、持仓情况、损益情况等，并充分说明投资股指期货对信托资产总体风险的影响情况以及是否符合既定的投资目的。

第十四条 信托公司集合信托计划参与股指期货交易，应当遵守下列规则：

（一）信托公司集合信托计划参与套期保值交易时，在任何交易日日终持有的卖出股指期货合约价值总额不得超过集合信托计划持有的权益类证券总市值的20%；在任何交易日日终持有的买入股指期货合约价值总额不得超过信托资产净值的10%；

（二）信托公司集合信托计划参与股指期货交易须符合交易所相关规则；

（三）信托公司集合信托计划参与股指期货交易时，在任何交易日日终所持有的权益类证券市值和买入股指期货合约价值总额的合计价值，应当符合信托文件关于权益类证券投资比例的有关约定；

（四）银信合作业务视同为集合信托计划管理；

（五）结构化集合信托计划不得参与股指期货交易。

第十五条 信托公司单一信托参与股指期货交易，在任何交易日日终持有股指期货的风险敞口不得超过信托资产净值的80%，并符合交易所相关规则。

第十六条 因证券期货市场波动、信托规模变动等信托公司之外的原因致使股指期货投资比例不符合规定的，在该情形发生之日起2个工作日内，信托公司应当向银监会或属地银监局报告，并应当在10个工作日内调整完毕。调整完毕后2个工作日内应当再次向银监会或属地银监局报告。

第十七条 信托公司股指期货信托业务终止的，应当在清算结束后3个工作日内申请注销股指期货交易编码，并在5个工作日内向银监会或属地银监局报告。

第十八条 信托公司开展股指期货信托业务选择的合作保管银行应具备下列条件：

（一）具有独立的资产托管业务部门，配备熟悉股指期货业务的专业人员；

（二）有保管信托财产的条件；

（三）有安全高效的针对股指期货业务的清算、交割和估值系统；

（四）有满足保管业务需要的场所、配备独立的监控系统；

（五）银监会规定的其他条件。

第十九条 信托公司开展股指期货交易业务选择的合作期货公司应当具备下列条件：

（一）按照中金所的会员分级制度，具备全面结算会员或者交易结算会员资格；

（二）最近年度监管评级达到B级（含）以上；

（三）具备二类或二类以上的技术资格；

（四）有与业务规模相匹配的风险准备金余额。

第二十条 信托公司开展股指期货信托业务时，应当亲自处理信托事务，自主决策。信托文件事先另有约定的，信托公司可以聘请第三方为信托业务提供投资顾问服务。

第二十一条 前条所称投资顾问，应当满足以下条件：

（一）依法设立，没有重大违法违规记录；

（二）实收资本金不低于人民币1000万元；

（三）有合格的股指期货投资管理和研究团队，团队主要成员通过证券、期货从业资格考试，在业内具有良好的声誉，无不良从业记录，并有可追溯的证券或期货投资管理业绩证明；

（四）有健全的业务管理制度、风险控制体系、规范的后台管理制度和业务流程；

（五）有固定的营业场所和与所从事业务相适应的软硬件设施；

（六）银监会规定的其他条件。

第二十二条 信托公司应当就第三方投资顾问管理团队的基本情况、从业记录和过往业绩等开展尽职调查。信托公司应当制定第三方顾问选聘规程，并向银监会或其派出机构报告。

第二十三条 信托公司聘请第三方开展股指期货交易时，要做好交易实时监控和与第三方的即时风险通报。信托公司应该建立与第三方的多渠道联系方式，保证能够即时传达风险指令，并具有盘中按照净值管理要求进行自主调仓的管理能力。

第二十四条 信托公司开展股指期货交易信托业务不得有以下行为：

（一）以任何方式承诺信托资金不受损失，或者以任何方式承诺信托资金的最低收益；

（二）为股指期货信托产品设定预期收益率；

（三）利用所管理的信托财产为信托公司，或者为委托人、受益人之外的第三方谋取不正当利益或进行利益输送；

（四）从事内幕交易、操纵股指期货价格及其他违法违规活动；

（五）法律法规和银监会、中金所及其他监管机构禁止的其他行为。

第二十五条 本指引实施前，信托公司已开展的信托业务未明确约定可以参与股指期货交易的，不得投资股指期货。变更合同投资股指期货的，应按照约定的方式取得委托人（受益人）的同意，同时对相关后续事项作出合理安排。

第二十六条 本指引由银监会负责解释。

第二十七条 本指引自印发之日起施行。

中国银行业监督管理委员会
二〇一一年六月二十八日

中国银监会办公厅关于开展信托公司引进境内外战略投资者后评价工作的通知

银监办发〔2011〕225 号

各银监局，银监会直接监管的信托公司：

为全面掌握信托公司加强战略合作提升经营管理能力的实际效果，银监会决定对信托公司引进境内外战略投资者工作进行后评价。现将有关事项通知如下：

一、工作目标

对 2007 年以来信托公司与境内外战略投资者签订的战略合作协议落实情况进行系统评估，对效果不佳的提出相应监管措施，确保协议各项内容得到有效落实，促进战略合作纵深化发展，切实提高信托公司经营管理水平。

上述境内外战略投资者包括信托公司境内控股股东（或实际控制人）和境外战略投资者。

二、工作步骤

（一）总体评价

对信托公司引入境内外战略投资者的总体效果进行评价。包括公司治理、管控方式、经营模式以及引入先进经营管理经验、回归信托主业等方面有哪些改观，存在哪些不足。

（二）逐条评估

对信托公司所签战略合作协议各项内容的实施情况进行逐条核查，确认是否有效落实，并评估实施效果。

（三）整改落实

各银监局应根据评估结果，提出相应监管措施，督促整改落实。对尚未实施和已经实施但在实际中落实较差的条款，组织各方认真研究，查明原因，制定具体整改计划。

（四）持续监督

各银监局应根据评估结果和整改计划对合作各方后续战略合作进行持续监督，确保战略合作协议各项内容有效落实。未能按计划落实的，各银监局可采取高管约谈、印发监管意见书等方式予以警示。若有关合作方拒不履行战略合作协议或无意按计划开展后续战略合作，可依据

《中华人民共和国银行业监督管理法》和《信托公司管理办法》等相关法律法规，采取责令控股股东转让股权或者限制有关股东权利，责令调整董事、高级管理人员或者限制其权利等监管措施。

三、具体要求

各银监局应及时、准确反映目前信托公司开展战略合作的进展情况和主要问题，有针对性地采取监管措施，确保信托公司引入战略投资者工作取得实效。请各银监局将评估结果和整改措施于2011年9月30日前上报银监会。

银监会直接监管的信托公司应根据本通知要求认真开展自评，并于2011年8月31日前将评估报告及整改计划上报银监会。

中国银监会办公厅
二〇一一年七月十三日

中国银监会办公厅关于做好房地产信托业务风险监测工作有关事项的通知

银监办发〔2011〕244号

各银监局，银监会直接监管的信托公司：

为落实银监会关于加强房地产业务风险管理的有关要求，前瞻性地防范房地产信托业务各类风险，现就做好房地产信托业务风险监测工作有关事项通知如下：

一、工作目标

在房地产调控力度加大、市场波动加剧的背景下，通过逐笔监测房地产信托项目运行情况，把握房地产信托业务市场变化和风险情况；通过逐笔监测三个月以内到期信托项目的预期兑付情况，判断兑付风险并采取相应措施，做到对房地产信托项目兑付风险“早发现、早预警、早处置”。

二、工作方式

房地产信托业务风险监测是房地产信托业务监管的基础工作，各银监局应予以充分重视。可采取高管约谈、定期走访以及现场检查等方式逐笔监测房地产信托项目运行情况。

三、工作内容

房地产信托业务风险监测工作包括以下几个方面：

（一）各信托公司应结合当前房地产市场量价波动和土地出让价格松动的实际情况，对房地产信托项目的抵押物价值、预期销售情况等逐月进行评价，填报房地产信托业务风险监测表，报送各银监局。银监会直接监管的信托公司报送银监会。

（二）各银监局应严格审核信托公司房地产信托业务风险监测表，杜绝出现瞒报、漏报、错报等情况，全面掌握信托公司房地产信托项目面临的各类风险。

各银监局应重点关注三个月以内到期的房地产信托项目兑付风险，对还款来源、抵押担保等预期兑付情况作出判断，并在房地产信托业务风险监测表中明确注明对项目兑付风险的判断意见和拟采取措施。

（三）各银监局在风险监测工作中还应评估信托公司房地产信托业务发展速度和风险情况。

对于房地产信托业务发展速度过快或者风险隐患加大的信托公司，各银监局可采取项目事前报告或者暂停房地产信托业务等措施。对于已出现风险的房地产信托项目，各银监局应果断处置并将有关情况及时报送银监会。

中国银监会办公厅
二〇一一年八月十一日

中国信托业
2011—2012
年鉴(上卷)

行业发展与监管报告

行业发展报告

2011 年中国信托业回顾与展望

一、全行业实现又好又快发展，资产规模持续高速增长

在“十二五”规划的开局之年，中国经济面临着稳增长、调结构、促转型的艰巨任务，其困难程度、复杂程度丝毫不亚于以前。与此同时，信托业的改革也开始步入深水区，针对细分领域的专项监管制度纷纷出台，带来主要收入来源的信托业务也面临转型调整和严格监管，资产管理市场的激烈竞争更是为信托业的持续增长带来了不小压力。即使在面临种种不利的情况下，截至 2011 年末，信托业资产规模仍然一举达到 4.8114 万亿元的历史新高，同比增长 58.25%，比起 2007 年“新两规”出台时的 0.95 万亿元，4 年增长了 5 倍有余（见图 1），可以说 2011 年全行业信托资产规模延续了 2010 年的爆发性增长。

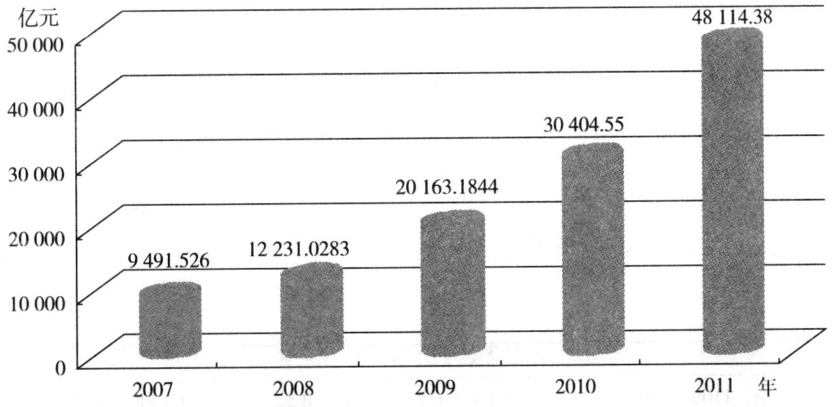

资料来源：信托公司年报。

图 1 信托公司管理信托资产规模变动图

值得关注的是，在全行业信托资产规模强劲增长的背后，信托资产结构也发生了一些明显的变化，信托业务的领域分布更趋均衡。按照相关数据测算，2008 年单一资金类信托在新增信托中的占比高达 93%，集合资金类占比为 7%；到 2010 年新增集合资金信托的占比达到 19.27%；截至 2011 年，新增集合资金信托的占比已经升至 30.23%，达 9 596 亿元，余额超过 1.36 万亿元。在以银信合作为主的单一类资金信托受限的 2011 年，集合资金信托产品发展的速度极为抢眼，集合信托的成长反映了信托公司主动管理能力的提升，也意味着信托公司客户群体的有效成长。尽管如此，2011 年单一类资金信托在新增信托资产中仍占据着六成的份额。诚然，单一类资金信托并不能简单地和被动管理的“平台型”业务画等号，特别是伴随机构投资者和高净值资产合格投资者的比重不断攀升，主动管理型的单一类资金信托将不断增加。但在 2011 年这样高比例的份额中，“平台型”、“通道型”的被动管理信托业务仍占据着较大的比重。

信托资产结构的可喜变化有其深厚的时代背景。在 2011 年以前，银信合作业务的快速扩张始终饱受争议，由于商业银行以表外银信产品的形式变相利用信托渠道进行放贷，从而绕开信贷额度控制，因此，银监会近年来十分重视银信合作业务的指导和规范。2009 年 12 月、2010 年 8 月和 2011 年 1 月银监会先后制定出台了《关于进一步加强银信合作有关问题的通知》、《关于规范银信理财合作业务有关事项的通知》、《关于进一步规范银信理财合作业务的通知》，其中《关于进一步规范银信理财合作业务的通知》中，明确要求各商业银行应当在 2011 年 1 月 31 日前向银监会或其省级派出机构报送资产转表计划，原则上银信合作贷款余额应当按照每季度至少 25% 的比例予以压缩。此前，2010 年银监会制定出台《信托公司净资本管理办法》，宣告信托业从此进入“一法三规”政策框架下的全新发展时期。2011 年初银监会下发了《关于印发信托公司净资本计算标准有关事项的通知》，对信托公司较为集中的房地产信托融资类业务计提了较高风险资本系数，同时对融资类银信合作业务提出了新增额不得超过当月 30% 的余额比例管理的要求，对 2011 年末未转表的信托公司投资信贷资产、信托贷款、票据的银信合作业务计提高达 10.5% 的风险资本，以迫使信托公司放弃此类业务。信托公司片面追求规模、单纯依靠“以量取胜”、粗放式及外延式的发展模式面临颠覆，信托公司业务模式的二次转型迫在眉睫。

从 2011 年业务转型的实际运行状况分析，各信托公司迫于监管规定的压力，早在第一季度就已将应转表的银信产品统计情况送达相关监管部门，并与各家合作银行磋商转表事宜。但一部分银信合作业务存量较高的商业银行又试图在发行增量方面打“擦边球”，通过对“信托收益权”模式的运用，使得银行和信托公司传统的两方合作转变为三方合作模式，将直接放贷行为转变为间接放贷，用这种变相的银信合作模式绕开监管的限制，从而使得部分较大型商业银行存在拖延转表的情况。据此，当时悲观的估计，到 2011 年末规定期限考核时，全行业 60 余家信托公司中可能有近 30% 最终不能达标。

除此之外，银信合作业务比例下降的另一因素是，近两年新成立的信托公司，市场上缺乏足够的根基，为了短时间内上规模、出效益，往往仍将银信合作作为增加受托资产规模的主要手段。加之2011年紧缩的货币政策，使信托公司面临较为宽松的市场环境，在2011年新增的集合信托资产中，融资类业务仍占主流，而反映信托公司管理能力的投资类业务在总规模中的比重仍然较低。

2011年11月，银监会在2011年第四次经济金融形势通报分析会上，再次要求各家银行加快银信合作业务转表，确保在年内全部完成，使得各商业银行的银信业务转表工作加快了速度，也使多家信托公司的压力得到巨大缓解。令人深思的是对于2012年银信业务的发展，银监会也确定了基调，2012年“融资类银信理财合作业务余额占银信理财合作业务余额的比例不得高于30%”，而2012年则会伴随巨量“平台型”银信合作业务的转表工作的落实，泡沫效应充分挤出，信托资产规模进入平稳增长期。

由此可知，2011年信托资产规模的持续高速增长，在表现出信托业勃勃生机和后发优势的同时，“规模泡沫”的背后也隐藏着危机，产品创新设计、交易结构安排和风险控制措施等方面仍然缺乏系统性和完备性，信托行业经营性主业仍难以确立、管理能力有待加强等潜在问题仍然存在。这在某种程度上也意味着信托业由粗放式、外延型的发展模式向内涵式、高附加值发展模式的转型之路，仍然任重道远。

二、“一法三规”监管环境初步形成，信托公司加速业务模式转型

（一）《中华人民共和国信托法》颁布十周年，法制建设影响深远

三十多年来，信托业的发展历程可以分成两个大阶段，前二十年是摸索尝试、跌宕起伏，后十年是推行法制、硕果累累。2001年4月28日，《中华人民共和国信托法》（以下简称《信托法》）正式颁布，为信托制度的广泛应用创造了基础条件，标志着具有中国特色的信托法律体系的正式建立，这是我国金融业持续坚持改革开放的重要成果，也是社会主义民主法制建设的重要里程碑。十年来，信托业的改革开放和创新发展逐步深化，社会各界对信托机制的理解日益加强，信托公司的规范自律更加突出，《信托法》经受了市场的磨砺，接受了时代的检验。

《信托法》为信托业和信托理财市场的规范发展保驾护航，发挥了积极作用。《信托法》确立了信托及信托公司在我国社会主义市场经济体系中的法律地位，确定了调整信托关系的基本准则和方法，规范了信托行为和市场秩序，明确了信托当事人的权利与责任，保护了信托各方的合法权益，为信托业务的规范发展提供了法律基础。《信托法》作为基础法，对于夯实信托公司质量发挥了极其重要的作用，扭转了“信托业务无法可依、信托市场低效无序”的局面，客观上维护了受益人利益、增强了投资者信心。

在2001年以后，经过社会各界的共同努力，《信托法》配套立法工作全面推进，制度建设力度逐步加强，监管协调机制不断完善，信托市场功能得到强化。从目前基本面上看，信托行业逐步形成了以基本法规为核心、以综合性制度为主体、以专项业务规章为补充的相对完整的制度体系，从而有力地推动信托业务和信托公司在各项体制机制改革中取得新突破。2007年1月，银监会颁布实施新的《信托公司管理办法》和《信托公司集合资金信托计划管理办法》，明确了信托公司作为财富管理机构的功能定位，为信托公司实现彻底改造、回归信托主业和科学发展奠定了坚实的制度基础。2010年8月，又颁布实施了《信托公司净资本管理办法》，由此构成了以三个办法为基础，众多相关业务规范性文件为内容的法规体系。自此，具有中国特色的信托法律制度体系已初步成形，促使信托公司全面回归信托本源业务并开展业务转型创新，经营机制得以转换、产品结构得以升级、思想理念得以解放，信托业从而迈进了全新的历史发展时期。

（二）《信托公司净资本计算标准有关事项的通知》标志净资本管理进入实操阶段

2011年2月12日，银监会印发《信托公司净资本计算标准有关事项的通知》（以下简称《通知》），对信托公司净资本、风险资本计算标准和监管指标作出了明确规定，并随通知下发了信托公司净资本计算表、信托公司风险资本计算表以及信托公司净资本风险控制指标监管报表。《通知》除了对净资本达标要求作了具体界定，对到期未能达标的公司也说明了处理办法。《通知》规定，对在规定时间内未达标的信托公司，各银监局应立即暂停其信托业务，并追究该公司董事长和高级管理人员责任。这意味着净资本管理正式进入实际可操作阶段，并将在年末进入“结算期”。受到部分银信合作业务计提高达10.5%的风险资本、融资类房地产信托业务的风险系数高达3%的影响，多家信托公司因银信合作业务、房地产信托业务占比较大而使其风险资本趋紧甚至不足，由此，2011年末部分信托公司不得不主动压缩房地产信托等高风险系数业务，以满足净资本管理的要求。

《信托公司净资本管理办法》实施细则的出台，意味着信托公司净资本管理正式进入实际操作阶段，同时也充分展现了监管层分类监管、扶优限劣的决心，区别了鼓励或限制开展的信托业务，要求信托公司主动调整业务规模和业务结构。其中，由于房地产业受到监管层的重点关注，成为风险资本提取比例最高的一类业务。而融资类银信合作业务则计提高达10.5%的风险资本，这种差异化的风险系数表明了监管机构要求信托公司调整此类业务的决心。

（三）净资本管理办法力推业务模式转型

信托公司通过引进战略投资者等增加净资本的手段只能作为缓解燃眉之急的权宜之计，无法支撑信托公司继续走粗放型增长的道路。长远来看，作为风险资本提取比例最高的融资类平台型银信合作业务、普通商品房房地产信托贷款业务等，必然会受到信托公司的自发性收缩。信托公司解决净资本约束的根本性方法是通过调整业务结构，转变盈利模式，实现公司业务产品模式的全面转型。即以内涵型深耕式发展为指导思想；以主动管理信托资产为基本原则；以净资本管理风险指数为发展导向；以投融资等多种手段组合为竞争优势；以基金化、高附加值、智力密集信托产品线为支撑的全新业务模式。最终实现以下全方位转型：由粗放型转变为深耕型、由外延式发展转变为内涵式发展、由资金推动型转变为制度服务型、由通道型转变为主动管理型、由量产型转变为定制型、由资金密集型转变为智力密集型、由以小博大型转变为量力而行型、由项目融资型转变为产业基金型。

三、房地产综合调控形势严峻，房地产信托需防范风险

（一）房地产信托监管：政策环境冷中偏暖

自2011年以来，房地产市场发生重大变化。新“国八条”出台以后，国务院及住建部派出调查组分赴全国各地进行摸底调研，随后强调房地产市场调控的严肃性，切实稳定房地产市场价格，促进各大中城市推出“限购”政策，形成房价控制目标的“密集出台期”。随着银行对房地产信贷的收紧，房地产信托成为开发商解决资金紧张问题的重要渠道，使得年中呈现持续增长和密集发行的态势。

房地产信托的放量增长早已引起监管部门的警觉，与大的房地产行业调控政策环境相比，2011年房地产信托调控政策为2010年调控的延续和深化。2010—2011年正式出台的相关政策有四项（见表1），这对于单项信托业务而言，已算相当密集，房地产信托政策随宏观调控的步伐，逐渐趋紧的态势十分明显。

表1　　2010—2011年出台的房地产信托相关政策

序号	文件名称	下发时间
1	《关于信托公司房地产信托业务风险提示的通知》	2010年12月
2	《信托公司净资本计算标准有关事项的通知》	2011年2月12日
3	《关于逐月上报房地产信托业务风险监测表的通知》	2011年5月5日
4	《关于做好房地产信托业务风险监测工作有关事项的通知》	2011年9月5日

为有效落实国家房地产调控政策，进一步规范信托公司房地产信托业务，提高信托公司风险防范意识和风险控制能力，银监会2010年12月颁布了《中国银监会办公厅关于信托公司房地产信托业务风险提示的通知》。该通知要求各银监局加强对辖内信托公司房地产信托业务的合规性监管和风险监控，结合年内开展的专项调查和压力测试。同时，督促信托公司审慎选择交

易对手，合理把握规模扩展，加强信托资金运用监控，严控对大型房企集团多头授信、集团成员内部关联风险，积极防范房地产市场调整风险。

紧随其后，2011年2月12日，银监会印发《信托公司净资本计算标准有关事项的通知》，鉴于房地产业正受到严厉的宏观调控，房地产业的风险逐渐积聚，房地产信托也就相应受到监管层的重点关注对象，该通知对融资类房地产信托业务设定了最高3%的风险系数。在这种形势下，作为风险资本提取比例最高的房地产信托业务，在未来一段时期将会引发信托公司的自发性收缩。

2011年5月6日，在银监会第22次委务（扩大）会上，时任银监会主席刘明康表示，在房地产信贷风险防控上，要本着市场化原则和审慎经营要求，科学支持保障性住房建设，对当前房地产市场出现的一些新苗头密切监测、加强研判，加强房地产信托业务的监管，推动加强与当地住建部门等信息的沟通与共享。

5月，银监会强调对房地产信托防控风险的政策有所升级，并下发《关于逐月上报房地产信托业务风险监测表的通知》（以下简称《监测表》），要求信托公司做好房地产信托业务风险防范工作，确保房地产信托业务平稳运行，并于每月7日前将房地产信托业务风险监测表填写完整并上报。《监测表》要求，对风险控制方面要详细说明抵押或担保措施，不但信托公司要对项目风险给出判断意见，监管部门对项目到期兑付风险也要作出判断。值得关注的是，《监测表》对项目风险的划分尤为细致，据还款资金特别是第一还款情况细分为五级。自6月要求将房地产信托从“事后报备”改为“事前报备”后，伴随大环境的进一步趋紧，部分风险开始凸显，银监会又对项目立项实施“窗口指导”，当年规定“今后凡涉及房地产的相关业务都要逐笔报批”，实质上已经重新启动了审批制。

此后，《信托公司净资本管理办法》开始进入结算期，多家信托公司因房地产信托业务占比较大而导致风险资本趋紧甚至不足，不得不主动压缩房地产信托业务以满足净资本管理的要求。监管机构多次重申：对房地产信托业务中名为投资、实为融资的业务，各公司要严格按照贷款类业务的标准执行，对核心目的为补充项目资本金或提供夹层融资的业务进行严格限制；对权益类房地产信托业务异常增长的，将采取控制业务规模、增加净资本占用折算系数等更为严格的监管措施；要求信托公司有效落实对房地产信托业务的风险控制，关注房地产交易对手的流动性风险以及整体风险状况，做好风险排查和压力测试，加强后续管理，强化房地产信托业务的风险控制。

2011年9月，银监会再次下发《关于做好房地产信托业务风险监测工作有关事项的通知》（以下简称《监测通知》），要求各地银监局逐笔监测三个月以内到期信托项目的预期兑付情况，判断兑付风险，并采取相应的措施，做到对房地产信托项目兑付风险“早发现、早预警、早处置”。此前，房地产信托已由发行后报备，全部转为发行前“审批”，只有极少数项目获得通过。

《监测通知》特别要求，对于已出现风险的房地产信托项目，各银监局应果断处置并将有关情况及时报送银监会。对于房地产信托业务发展速度过快，或者风险隐患加大的信托公司，各银监局可采取项目事前报告或者暂停房地产信托业务等措施。对于已出现风险的房地产信托项目，各银监局应果断处置，并将有关情况及时报送银监会。除了上述成文的相关监管规定之外，银监会还通过其他渠道多角度加强对房地产信托业务的政策导向和业务监控。

银监会也强调，房地产信托业务是信托公司的合法业务，一直处于严格监管之下。银监会将继续密切跟踪房地产行业调控的最新变化情况，督促信托公司加强项目后期尽职管理工作，在依法合规和有效控制风险的前提下健康开展房地产信托业务，提示信托公司关注流动性风险，提前做好风险处置预案工作。

以上房地产信托调控政策的密集出台，一方面，体现了在整体房地产行业宏观调控大背景之下，房地产信托业务难以独善其身；另一方面，面对空前严峻的房地产综合调控环境，该阶段监管部门出台的监管政策在高度理性中体现出实事求是、按市场规律办事的精神，一改从前行业调控中经常出现“一人生病，全家吃药”的现象，从而在2011年房地产行业前所未有的调控严冬中体现出一丝暖意。

（二）规模增长惯性十足，彰显逆趋势化特征

在外部环境极为紧缩的情况下，2011年房地产信托业务第一季度乃至上半年仍然延续了快速增长的惯性，再次彰显其政策环境越严峻，业务机会越活跃的“逆趋势性”。2011年新增房地产项目规模3 704.58亿元。截至2011年末，房地产信托业务余额达到了6 882.31亿元的历史最高值，但在全部信托资产中的比重呈下降趋势，占比为14.83%，比第三季度末下降了2.41个百分点。但总体来看，2011年第三季度末房地产信托的增速及占比均已见顶，从2011年第四季度开始将转入下降通道（见表2）。

表2　　2010—2011年房地产信托增长情况统计表

	2010年第一季度	2010年第二季度	2010年第三季度	2010年第四季度	2011年第一季度	2011年第二季度	2011年第三季度	2011年第四季度
余额（亿元）	2 351.29	3 153.63	3 778.20	4 323.68	4 868.88	6 051.91	6 797.69	6 882.31
占比（%）	10.64	11.35	13.41	14.95	15.58	16.91	17.24	14.83
新增（亿元）	631.44	776.05	797.26	659.33	710.98	1 366.68	1 139.02	487.90

从图2可见，自2010年以来，房地产信托资产余额一直呈快速上升态势，从2010年第一季度的2 351亿元，增长到2011年末的6 882亿元，增长近3倍，季度平均增幅为16.58%。从图3可见，房地产信托资产占信托资产余额的比例也是持续增长，从2010年第一季度的10.64%，上升至最高值2011年第三季度的17.24%。

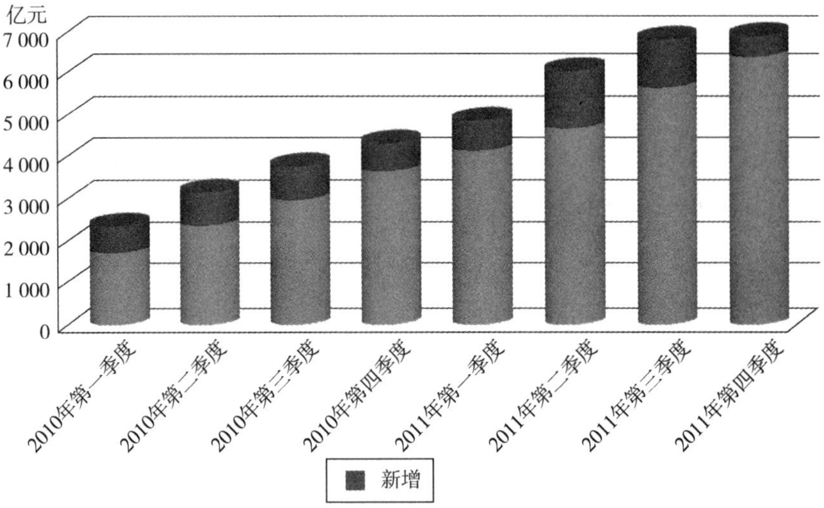

图 2　2010—2011 年房地产信托资产余额与新增规模图

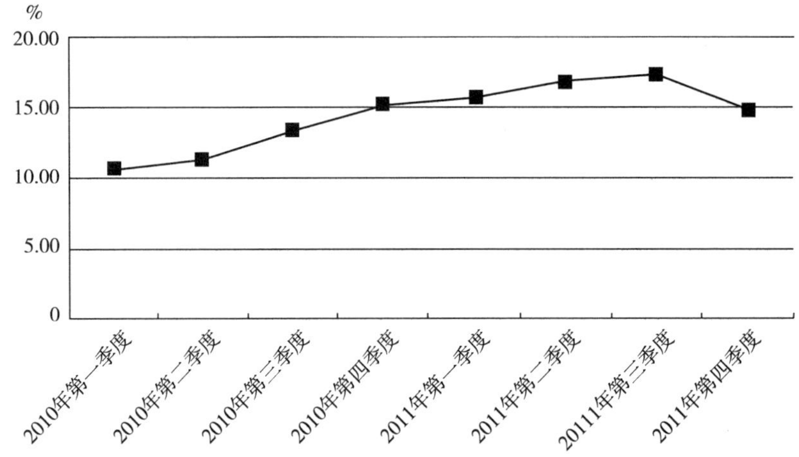

图 3　2010—2011 年房地产信托占比图

从 2011 年的趋势判断，伴随全国房价拐点的来临，2012 年房地产信托业务规模应该出现明显回落，2011 年末的高增长已是强弩之末。事实上，2011 年第三季度房地产信托的增速环比已经出现了明显的放缓，与第三季度 6 000 多亿元的余额相比，2011 年第四季度末继续回落，如 2011 年末至 2012 年初兑付产品数量较多的话，这个数字在 2012 年第一季度会出现明显回落。

此外，伴随着 2011 年末净资本考核大限的到来，按照《信托公司净资本计算标准有关事项的通知》的要求，信托公司面临去房地产化压力。对于净资本紧张的信托公司来讲，为了满足净资本监管要求而调整结构，去房地产化以及压缩银信合作业务规模也便成为了重中之重。多数信托公司开展房地产类信托业务已非常谨慎，在选择交易对手方面也只选择上市公司或国内知名房地产开发企业，房地产信托发行规模明显减少。

2011 年信托公司房地产信托业务的“逆趋势化”特征，一方面，体现出公司市场嗅觉的高度敏感性，善于把握稍纵即逝的市场机遇，在市场回报和政策风险之间巧妙博弈，博取高额利润回报；另一方面，信托公司也必须清醒意识到要实现长期、稳定、可持续的发展，及时把控政策调控导向、深刻认识宏观经济环境、最终实现公司经营的顺势而为则更为重要和关键。

（三）房地产业务比重下降，但盈利依存度不断升高

2011 年中国房地产市场仍然受到持续调控，国家从需求和供给两方面大力调控房地产，房地产下行趋势逐渐显现。在此背景下，信托发行情况可以说是“风起云涌”，第一季度乃至上半年房地产信托仍然延续了快速增长的惯性，下半年盛极而衰，发行量持续下降，部分信托资源开始转投向其他各类产品。房地产信托虽在 2011 年发行量较 2010 年有较大增长，但在全部信托资产中的比重呈下降趋势（见表 3）。

表 3　　2011 年新增信托资产分布表　　单位：万元

	基础产业	房地产	股票	基金	债券	金融机构	工商企业	其他
集合	8 568 845	23 868 932	6 576 005	330 139	665 362	6 983 479	20 829 925	28 133 606
单一	48 365 255	13 176 831	3 782 483	217 663	5 834 541	32 419 295	61 175 344	47 866 091
小计	56 934 101	37 045 763	10 358 488	547 803	6 499 903	39 402 774	82 005 269	75 999 698

2011 年，新增集合类信托资产中，投向房地产领域的信托资产高达 2 387 亿元，占比 24.87%，比第三位工商企业 21.71%，高出 3.16 个百分点（见图 4）。

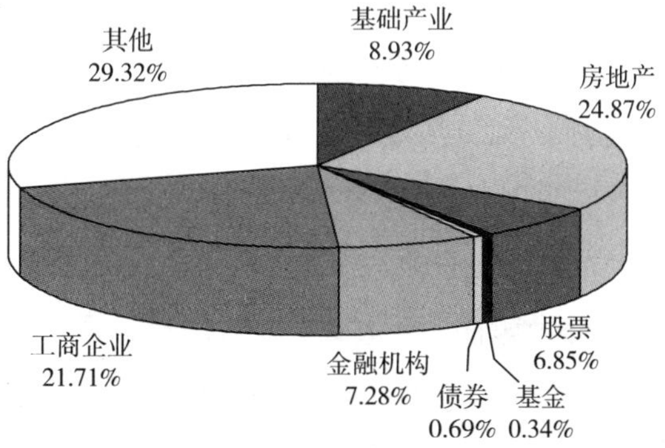

图 4　2011 年新增集合类信托资产投向分布图

同期新增信托资产中，投向房地产领域的信托资产 3 705 亿元，占比 12%（见图 5）。

由于信托公司手续费佣金收入主要来源于集合类信托业务，所以信托公司对房地产业务的依存度仍然很高，少数公司甚至超过 50%，最高达到 80% 以上。为避免业务结构过于单一，信托公司应加速业务转型，寻找新的利润增长点。能源矿业信托产品、艺术品等另类投资信托产

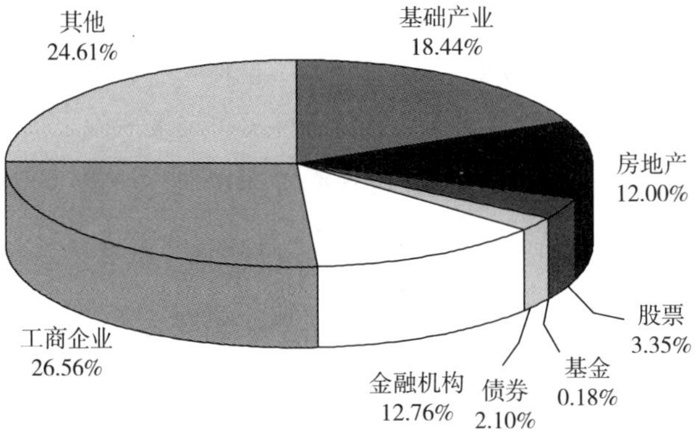

图5　2011年新增信托资产投向分布图

品的不断推出，都是信托公司在转型之路上的积极探索。

（四）房地产信托收益屡创新高，运用方式百花齐放

2011年，一方面银根不断收紧，资金成本不断提升，水涨船高，房地产信托资金成本也随之不断攀升；另一方面，房地产调控政策紧锣密鼓地出台，房地产开发企业资金压力陡增，房地产信托收益也屡创新高。2011年房地产信托产品从5月开始平均收益率都超过了10%，较其他产品平均收益率高出1.5个百分点，较总体平均收益率高出1个百分点。

但令人欣慰的是绝大多数信托公司并没有一时冲动片面追求高收益，风险意识和风控能力都有大幅度提高，2011年各信托公司房地产信托产品风控措施较其他时期是最严谨、最保守的。在风控措施的使用上，土地及房产抵押成为使用最多的风险控制措施，占比达53%；其次为非上市公司股权质押，占比43%，该方式多数与股权投资类项目有密切关系；保证担保和受益权分层也得到广泛应用，占比各约25%，从抵/质押率看，土地和房产的平均抵押率为42.37%，上市公司股票质押的平均质押率为39.91%，显示了信托公司对房地产项目稳健的操作风格，而且多数采用了多重保障的风控措施，即质押、担保和法人个人保障等多重保障。

房地产信托运用方式通常分为四种，即股权、贷款、权益、组合运用。房地产信托产品的融资方大致分为两种情况：项目方资质较好、抵押物充足的产品，一般采用贷款和权益投资等投资方式；而达不到“四三二”标准，或为开发某一项目的单一项目公司以及较早介入项目运作，还未获得土地使用权来用于抵押的项目，则多采用股权投资的方式。此外，2011年有部分信托公司尝试和处于龙头地位的房地产开发商合作发行房地产信托基金，该类产品募集资金投资于开发商的多个储备项目，以分散单一项目风险，也给开发商更加灵活的资金使用选择，这类产品对信托公司以及开发商的要求都较高。从信托资金投资的标的可以看到，单一项目融资仍然是2011年房地产信托产品发行的主流形式。从发行数量来看，房地产信托产品的投资方式

较均匀地分布在贷款、股权投资和权益投资上。

（五）调控效应倒逼信托融资，一线开发商成为信托常客

2011年一道亮丽的风景是以往不屑与信托公司合作的大型房地产开发商，频频现身房地产信托融资行列中。这表明，一系列房地产调控政策的出台、银根紧缩后的调控效应已经显现，房地产企业的资金压力已经自下而上地蔓延开来，在中小型开发商受到严重冲击后，大型知名开发企业也逐渐感觉到压力，由以往低成本的银行贷款转向信托资金。

保障房由于受政策鼓励，属于低风险产品，故不纳入开发商资质统计。2011年，受房地产调控政策冲击更多的是中小开发商，大型开发商由于有充足的土地储备和项目储备，以及自身在房地产市场的品牌效应，受到宏观调控政策的影响将相对较小。因此，在2011年发行的集合信托产品中，多数房地产信托产品受到调控政策影响与银行相比相对较小。

从投资方式来说，我们可以看到，一级资质的开发商比较多的是使用权益投资和贷款等资金运用方式，使用股权投资与组合运用类产品相对较少。作为权益投资和贷款，开发商对所融资金的使用可以更加灵活与方便，但是要求提供充足的抵押担保，故受到土地和项目储备较多的大开发商的青睐。同时，股权投资类房地产信托一般要求控股或者对融资方派遣财务总监或者掌管财务印鉴，对项目方的限制比较大，而且控股该类开发商所需资金也较大，故一级开发商采用股权投资的产品较少。而地产基金类产品，考虑到目前市场对该类产品的谨慎态度，以及对信托公司管理有较高要求，该类产品的发行也较少，但是这类产品设计主要是具有一级开发资质的开发商采用。

（六）房地产信托资金投资转向，保障房大有可为

伴随政策紧缩，传统房地产信托主要集中在商品房的格局开始变化，商业地产，特别是保障房信托业务开始有所增加。

2011年信托资源仍主要集中于商品住宅，从发行数量和发行规模上都占据了半壁江山；其次是综合型项目，发行规模占到房地产信托业务增量的7%左右；商业物业的发行占比较上年同期有一定增长，虽然仅占总量的十分之一，但是近两年信托资金在商业物业方面的投入不断加大，这说明房地产信托的投向不仅仅集中于商品住宅，而是投向更加丰富广泛的领域，这样有利于提高对于系统性风险的抵抗能力。但比较困惑的是，面对目前房地产信托如此之高的融资成本，往往只有及时销售回款的商品住宅类的项目，才能较好地负担起信托本息的支付。而包括商业物业、保障房和土地开发在内的其他项目，其盈利情况较难承担如此高的融资成本，若不能支付较高的融资成本，则较难获得相应的房地产信托资源，相应的该类项目的开发商也就较少采用到信托这种融资方式。同时，商业物业类项目、公租房、廉租房等项目资金回笼期长，

现有传统信托产品模式下的信托资金难以大规模进入。收益低、周期长两大障碍令该类产品的发行受到较大的限制。所以长期而言商业物业类信托项目的发行量要大幅增加，需要 REITs 的出台，至少应该依靠基金化的信托产品才能得以支撑。

按照 2011 年国务院办公会议提出的要求，2011 年全国需要刚性完成保障性住房开工建设面积 1 000 万套，而且在 2011 年末召开的中央经济工作会议上再次提出 2012 年要再完成保障性住房开工建设面积 700 万套。市场规模巨大，资金需求巨大，资金缺口巨大。目前我国现在的保障房建设资金主要来自四个方面：财政资金、公积金的增值收益、土地出让金收益比例以及社会资金。目前，国家鼓励社保基金进入到保障房建设当中。

2011 年前三个季度发行的保障房信托，集中于棚户区改造，该类产品一般是一二级土地联动开发或者“回迁房 + 商品房”的项目，后期有较充足的现金流来偿还信托本息，该类产品的平均收益率超过 9.5%，几乎超过全部产品的平均收益率 1 个百分点，故获得投资者的青睐。具有强烈公益性质的保障房项目如何能支撑相对较高的信托资金成本？通过深入分析和统计可以看到，目前各家信托公司发行的保障房信托，多是采用“保障房 + 商品房”的模式来获得较高的收益偿付信托本息。因为如果单一操作纯粹的收益较低的经济适用房和两限房，以及回收期长的公租房和廉租房项目，在现阶段缺乏完善的还款来源，很难大规模发行。因此，目前较为通行的所谓保障房信托计划，其结构往往是商品房加保障房，甚至极少数名为“保障房”的信托计划中以商品房为主，保障房成了一个噱头，因而实际资金流向普通商品房仍占最大比重。

纵观 2011 年保障房发行的整体情况，仅凭项目收益很难满足信托较高的融资成本，是目前制约保障房信托发展的最大障碍，保障房信托的低报酬也很难激发信托公司的发行热情。因此在短期内，保障房信托的发展可以选择资金成本较低但需要项目稳定的信托资金来源，如社保基金或者是滚动发行的银信合作理财产品等。

（七）开发商资金链趋紧，房地产信托个案风险凸显

2011 年房地产信托由于受宏观调控的影响，个别信托公司房地产项目风险开始暴露，这种风险主要受国家对房地产进行宏观调控，房地产行业整体面临较大的流动性风险。总体来看，2011 的房地产信托风险比较严峻但还在可控的范围。房地产开发企业通常以较少的自有资金通过信贷等方式从事大规模的房地产项目受到国家整体经济周期的影响，以及房地产项目自身特点的限制，房地产项目的操作也面临市场和销售时机变化的影响，项目公司在开发过程中获得信贷支持的难度加大，易造成开发企业资金链条断裂，进而影响信托财产的安全，加大兑付风险。另外，市场风险状况，如股价、汇率、利率、其他价格等金融市场变量波动对盈利的影响以及道德风险、管理风险、资金挪用风险等信托其他业务风险也客观存在。具体来说，对于投

资类信托，风险是自担的，因此即使出现损失也是可控的；而对于融资类信托，主要还是流动性有可能出现问题。但是随着金融市场不确定性风险的增加，信托公司在开展业务过程中主动从公司治理、内部控制、风险管理等方面提出了更高的要求。

四、信托创新业务探索中前行，业务转型势在必行

（一）矿产资源市场升值趋势提供了潜在投资机会

近年来，我国工业化与城市化的进程逐步加快，刺激了矿产资源需求的激增。同时，我国的制造业不断进行产业升级，国际制造业也正在向我国进行转移，这些情况都促进了金属原材料需求的迅速增长。另外，我国以煤炭为主的电力能源结构决定了对煤炭需求的长期稳定增长。受制于矿产资源的约束，矿产企业现有矿产资源产能难以满足需求的迅速增长。一方面，新发现的大型矿体数量极少；另一方面，矿产资源产量短期难以上升。在这种背景下，包括矿产资源在内的大宗商品价格在 2011 年维持了上涨态势。

与此同时，近年来在国务院和国家相关部门的政策导向下，矿产行业的投资与整合已成为趋势。近年来，国内矿业公司之间、矿山企业与地勘单位之间的并购、重组和合作明显增加，结构不断优化，规模效益日益显现。国内矿业企业积极到资本市场融资，上市公司数量明显增加，融资能力不断增强。中央直属的矿业企业加大了对集团资产整合的力度，并将旗下上市公司作为资本运作和资产注入的平台，这些企业主要包括中国铝业公司、五矿集团、中国黄金集团和中国冶金科工集团等。而地方矿业企业则凭借地方优势，在地方政府的鼓励下加快了对当地资源进行整合的速度。

伴随矿产资源的供需失衡矛盾日益加剧，为了扩大规模、提高产量、升级设备及改进工艺技术，矿产企业尤其是中小矿产企业面临着巨大的资金压力，从市场上进行融资，便成为这些企业摆脱资金困境，寻求生存和发展的必然选择。

1. 矿产资源融资渠道受限，信托公司借机转型。由于矿产行业本身的特殊属性，矿产企业在融资过程中，存在着很大的局限性。首先，矿产资源行业属于高度资金密集型行业。一般融资规模都比较大，包括勘探开采、取得矿业权、建设矿井巷道、购置设备、引进技术以及承担各种税费，加上资源整合政策对企业提出的新的要求，矿产资源企业普遍资金缺口都较大。其次，金融机构约束条件复杂。由于矿产资源行业高风险与高收益并行，金融机构特别是商业银行对矿产资源企业的融资条件都十分苛刻，为了最大限度地控制风险，金融机构或者私募基金对矿产资源企业融资往往都要反复论证和尽职调查。最后，矿产资源企业资产结构独特，抵（质）押物匮乏。大多矿产能源企业最实质性的资产是矿业权，而其他有形资产则相对较少，尤

其是可用于抵（质）押物以及担保的固定资产更加相对不足。所以矿产资源企业融资难问题成为制约我国矿业发展的瓶颈。正是由于矿产能源企业融资过程中的上述种种瓶颈约束，融资渠道相对单一，加之在当前信贷规模紧缩的宏观经济环境下，矿产行业的高风险更是使得现在的矿产资源企业在传统银行信贷融资渠道上更加困难重重。而信托融资方式逐渐与矿产能源企业的融资需求形成互补。信托资金以其运用方式灵活多样、投融资范围广阔的特质，逐步成为矿产行业整合、急需资金的矿产企业尤其是中小矿产企业的“新大陆”。例如，“矿产资源业信托投资基金”或“矿产资源业信托重组基金”在矿产能源信托中的运用，则无疑是对信托公司矿产能源信托业务模式向基金化转型的一个重大尝试和突破。

矿产资源产业投资基金信托是由信托公司作为矿产资源产业基金的发起人，第三方投资者或信托公司作为一般受益人认购一部分基金份额，普通投资者作为优先受益人认购其他基金份额，优先受益人获得固定收益，而一般受益人则获得股权分红。在这一模式下，信托公司作为受托人，将产业投资基金的资金用于收购经受托人认可的优质未上市矿产企业股权，通过企业的分红实现受益人的收益权。由于矿产资源的稀缺性及我国经济发展对矿产资源的依赖性，矿产资源行业的回报率维持在一个相对稳定的水平。这样的一种模式主要适用于重组收购现有矿产企业。

在2010年推出聚信汇金煤炭信托计划基础上，中信信托2011年新组建发行总规模达200亿元的能源产业投资基金，业务范围从传统的煤炭资源拓展到煤层气等新能源，地区也从山西拓展到贵州、内蒙古、陕西等地。2011年中信信托已与资源开发企业合作发起设立了中恒聚信与聚信泰和两家产业基金管理公司。届时，这些基金将充分发挥信托公司作为基金发起人之一的优势，将股权资金、债权资金、结构性资金等嫁接到产业基金这一综合性金融平台上。此外，五矿信托也与青海省国有资产投资管理公司、西部矿业集团、青海煤业集团等青海国资企业签署协议，设立矿业信托投资基金。该基金由五矿信托募集资金和自主管理，以股权方式投资于矿业开发项目。

综上可知，信托公司转型压力加之煤炭整合过程中的政策机遇、利润驱动和资金缺口，正为投资范围广阔、投资手段多样的信托公司所关注。

2. 矿产资源信托成为行业盈利新增长点。2011年几乎所有信托公司都面临净资本管理约束下的业务模式二次转型的压力。伴随房地产信托业务资金风险积聚和年终去房地产化的兴起，尽管没有直接叫停，但监管层种种调控举措无疑使得信托公司开展房地产信托业务的道路受到严重阻碍。信托公司在“平台型”贷款类银信业务和房地产业务两大主要盈利来源先后不同程度受阻后，加速业务模式转型，寻求新的盈利增长点便成了信托公司发展的迫切要求。同房地产行业特点相似，矿产资源企业对资金需求量大，而银行对此类企业的贷款要求也较高，除少数大型矿产企业外，大部分矿产企业尤其是中小矿产企业在银行的融资需求得不到满足，而证券资本市场融资的要求门槛同样也很高。

在2010年8月的国务院常务会议上，对煤矿等矿产资源企业的兼并重组提出了新的要求，会议要求出台财政、金融方面的配套措施，坚持政府引导与市场机制相结合，支持矿产资源企业的安全改造和技术改造。此时，与转型中的信托公司创新探索恰好形成契合点，信托公司顺应政策，抓住时机，将公司业务转而投向同样资金需求量较大、融资需求较高的矿产资源行业，信托以其灵活的制度设计和广阔的投融资渠道迅速占领了该市场领域投融资业务的相当份额，矿产资源类信托业务整体呈平稳上涨趋势。

3. 矿产资源信托异军突起，行业风险不容忽视。伴随房地产信托业务监管政策和措施的不断出台，房地产信托业进一步提高门槛，业务规模和收入日渐紧缩。从2011年信托公司重点业务投向来看，除了房地产之外，工商企业、基础建设、金融是最主要的产品投向，但是从收益上来看，后者的收益与房地产信托业务相差较大。换而言之，高融资成本不是任何一个行业都可以承担的，房地产信托之外的其他产品很难做出类似高度的收益。2011年全国发行的一年期房地产信托产品收益平均在10%左右，甚至有1.5~2年期的产品能达到年化11%~13%的信托收益，相形之下，投向其他行业和领域的类似信托产品，其收益最高也难达到10%。

所以在房地产信托阵线收缩之时，矿产类信托却异军突起也就不难理解——这也是目前信托类产品中为数不多能在收益率上与前者一较高下的产品。能源矿产等资源类行业，在当前的整合背景下越发呈现寡头垄断的特征，能够承担比较高的融资成本。从目前市场推出的矿产资源类项目看，大多能提供给客户比较高的收益回报。信托公司2010年上半年发行的矿产信托产品的加权平均收益率为9.42%，一年半以上两年以内的矿产信托产品年收益率在9%~9.5%；其中两年以上的矿产信托产品年收益率均在10%左右，矿产信托产品年收益率最低也在8%左右。

但是矿产资源信托作为新兴领域，还存在诸多问题有待信托公司去研究、分析和解决，具体包括以下几个方面。

（1）国内矿产企业自身还存在诸多问题。当前国内采矿行业结构不合理，企业数量多、规模小、治理差、小型矿技术装备水平低的问题仍然突出；小企业发展所面临的资源、环境压力越来越大；生产成本增长过快，管理运作水平普遍较低，政策性成本陆续增加，行业内不合法、不合理的基金和收费等问题仍然存在，并有增加的趋势。

（2）较高的专业技术风险。信托公司作为一类金融机构毕竟与矿产资源行业隔行如隔山，不可能短期内打造一批矿业专家。因此，信托公司必然直面各类技术风险，首先包括勘查风险。矿产勘查具有高风险、高投入、长周期的特点。高风险在通常意义上指矿产勘查的成功率较低。其对象是埋藏在地下的矿产资源，由于地质环境的多样性和复杂性——矿产勘查的高风险性是其主要特点。矿产资源的隐蔽性和不确定性，使矿产勘查从一开始到完成始终处于不断探索的过程之中。其次还有储量风险。从一定意义上讲，所有类型的工业项目普遍都具有不确定性，但矿产资源贮存的隐蔽性和复杂多变性，使得这一特征在矿业领域更为突出。矿业投资决策是根据与项目有关的储量、品位及其他技术参数的估计值而作出的，因而也就存在着因储量风险引起的项目风险。

（3）政策风险因素。首先是产业政策的风险。矿业为国家重点扶持的基础产业，国家制定了一整套政策法规，对资源的开采、矿山的建设、产品的定价和运输等诸多方面进行规范。随着我国经济体制改革的深化，国家对矿业行业政策的任何变化，都将对矿业公司的生产经营产生影响。其次是税收制度的风险。矿业税收制度是矿业投资环境的重要因素之一。根据原国家经贸委 2010 年的调查统计，我国冶金矿山税费负担率为 5% ~25%，钢铁企业为 6.6%，机械行业为 6%。可见我国矿山企业税费负担远高于其他工业企业。

（4）项目建设风险。矿业投资项目具有周期长、投入资金大的特点。周期长的特点增加了投入的不确定性，投资总额不易控制。我国目前在产的大部分矿山，投资总额都超过了当初的预算。再加上矿业收益受经济周期影响波动大的特点，使得矿业投资项目筹资困难。在矿产品市场价格低落时，银行出于对矿山前景的担忧，贷款条件苛刻，使得矿山建设期延长，增加投资费用。这些都增加了矿业投资项目的建设风险。

（5）维持简单再生产（维简）风险。一般工业企业基建完成后就可以外购原料，进行生产，如不扩大生产能力或优化生产工艺，就不存在基建的继续投入问题。而矿山则不同，在完成初期投资投产后，在开采过程中，随着备采矿量和开拓矿量的减少及资源枯竭，矿山需要不断地向外围扩展或向深部延伸，包括露天矿的扩帮剥离和井下矿的开拓延伸，以弥补消耗的储量，才能保持矿山正常生产。因此，矿业基本建设必须以一定比例贯穿整个生产过程中，需要持续不断地投入，以维持企业的再生产。维简投入的开拓工程，虽然也形成固定资产，但用于露天矿剥离废石和井下延伸而完工的设施，一旦该矿段储量采完，几乎没有残值，这在很大程度上会减少项目的收益。

（6）生产安全风险。矿业活动的另外一个特点是容易发生各类安全事故。大部分矿山都需要爆破作业，使用大量的爆破器材，特别是煤炭开采多为地下移动作业，存在有瓦斯、煤尘、水、火、顶板冒落等灾害。因此，安全上的风险要远远高于其他行业。

（7）投资风险。资金需求大，目前国内矿产类企业融资数额基本都在 1 亿元人民币以上，动辄数亿元人民币；投资竞争激烈，目前国内矿产类企业大都受到各类投资机构的关注和追捧，项目获取难度大；投资成本高，目前矿业公司的估价都比较高，投资上行空间有限。

由上可知，矿业资源信托业务本身的专业化要求、复杂化程度、市场波动风险、政策调控措施以及突发性不可抗力风险丝毫都不亚于房地产类信托业务，甚至在某些方面和一定程度上还远远超过了房地产类信托产品。

（二）票据信托昙花一现，业务类型难以持续

以前不受市场青睐的票据类信托产品，在2011年下半年的理财市场上成为备受瞩目的焦点。自2011年以来，宏观调控下的信贷紧缩政策，导致企业融资需求激增，实际市场融资利率发生波动且持续升高，持票企业贴现的需求也日益旺盛，但是由于银行资金面紧张，仅通过现有信贷额度很难满足客户的贴现需求，于是信托公司以买断票据资产或其收益权来变相为客户提供融资。

票据信托的异军突起，从某种程度可以满足信托公司传统业务收紧带来的发行空缺，同时也可以帮助在当前信贷紧缩的环境下对资金有较迫切的企业的融资需求，对于贷款紧缺的银行来讲也可以有效缓解贷款紧张的局面。而对于信托公司而言，一方面是房地产信托收紧带来的空白期，一方面是信贷紧缩下有迫切融资需求的持票人，因此，票据信托在2011年下半年获得了快速的增长。

票据信托产品的爆发增长有其特殊的市场背景，其源头还在银行，信托公司仍然只是通道。2011年6月末，银监会颁布了《关于切实加强票据业务监管的通知》，要求严肃整改与问责，加强票据业务合规监管，抓好票据风险防控，督促强化票据业务基础管理，对签发无真实贸易背景的票据、滚动签发票据进行融资、自开自贴套取保证金、贴现资金违规流入房市股市、隐瞒票据业务规模等问题进行了严格要求。因此，自2011年年中以后，银行与农村合作金融机构通过卖断式转贴现并买入返售等方式逃避信贷规模的票据买卖行为已经没有空间。在此基础上，票据信托成为市场的现实选择。一方面正是由于监管加强阻碍了银行票据类理财产品的发行，以及其他变相逃避信贷规模的行为，使其在银行体系内由融资工具回归交易工具；另一方面，除去信托公司的发行费用、信托报酬和银行的中间业务收入，投资者的收益率仍然较高。信托公司具有较大的灵活性，可以为银行提供平台，信贷规模受管控、票据贴现利率较高、安全性较高、操作简单，使下半年票据信托类产品规模剧增。

票据类信托产品的弊端也十分明显，首先会对国家的信贷调控带来影响，针对此情况，银监会通过加强票据信托的监管，以避免该业务规模失控对信贷额度管控带来冲击。在《信托公司净资本管理办法》中规定，银信合作业务需全部视为集合信托业务，银信合作业务中信托贷款业务、受让信贷/票据资产业务的风险系数为10.5%（其中附加风险系数为9%），这也是信托公司信托业务项下，风险系数标准最高的一项。

从目前的经济基本面看，2012年人民银行将持续下调存款准备金率，流动性会由货币市场向信贷市场传导，整体信贷环境将比2011年略有宽松，票据贴现利率有望下降到8%以下运行。此外，银行专项金融债的获准发行及中央银行对小微企业的其他重点扶持政策，也有利于缓解中小企业融资难的压力。企业需求降低、投资者收益有限会导致各方积极性的大为降低，业务

规模将会逐步萎缩。票据信托业务注定是“昙花一现”，也侧面展示了信托业务热点不断变换的特征。

（三）专业领域能力不足，另类投资信托难成主流

1. 财富增长和投资渠道稀缺炒热艺术品信托。艺术品信托的成长已有两年时光，虽然各方争议仍然存在，但蓬勃发展的势头难以阻挡，艺术品信托正成为信托公司不可或缺的投资品种。首先，艺术品作为财富第三极成为资产配置的另类投资渠道已经成为公众共识。伴随国际经济逐步好转和国内经济繁荣预期，优质艺术品投资的财富增值效应已经受到了社会的广泛关注和承认，艺术品所特有的文化价值、美学价值和史学价值逐渐被揭示和评估，市场深度和效度得到显著改善。其次，艺术品在大通胀环境中成为投机限制政策下的保值避难所。由于国内宽松的货币政策和持续的外汇储备对冲造成流动性过剩，股市低迷和房地产限购等抑制投机的政策使得越来越多的资金涌入日益兴旺的艺术品市场，这种溢出效应使艺术品受到投资者越来越多的关注。艺术品的市场表现和市场总量，已经成为资产配置的重要渠道。

艺术品投资成为最热的投资方式。而高专业门槛，吸引大额投资者转向通过信托来投资艺术品，越来越多的信托公司开始涉足艺术品投资领域。一方面，艺术品信托的高收益率，吸引着信托公司涉足；另一方面，随着信托公司净资本达标期限临近，调整业务结构，采取多元化的发展策略也是现实需要。目前发行的艺术品信托产品牵涉信托公司、投资者、托管银行、艺术品投资顾问，有的还设立了独立的专家团。信托公司不仅收取固定的管理费用，如果信托投资取得超额收益，信托公司还能参与分成，这也是信托公司愿意发行艺术品信托的原因之一。

所谓艺术品信托是通过信托原理，实行集合投资制度，通过向投资者发行受益凭证，将分散的资金集中起来，在具有良好艺术素养和丰富管理经验的艺术基金管理人经营下，通过艺术品投资组合，为投资者提供分享艺术品价值增长的收益，主要分为艺术品藏家提供融资服务的艺术品信托融资型产品和依靠艺术品自身升值为投资者带来收益的艺术品信托投资型产品。目前，艺术品信托处于初期阶段，融资性信托计划是主要形式。该类产品是把艺术品资产转化为金融资产的一种机制与过程，艺术品信托与别的信托产品最大的区别是除了财富，它还有审美愉悦与经验的积淀。它让不拥有艺术品的投资者也能获得艺术品升值的收益，让艺术品拥有者轻松将艺术品资产转化为现金流。在中国艺术品资本市场发展过程中，艺术品信托市场已引起艺术家、收藏家和高端投资者越来越多的关注。当然艺术品信托也有一个发展过程，目前尚处于起步摸索阶段，随着市场的逐渐成熟，艺术品鉴定、估值以及保险等配套服务的逐步改善，藏家、画廊与拍卖行之间的进一步整合，艺术品信托的未来发展空间还可进一步拓展，最终能够实现中国艺术品市场和金融资本的有机融合，相关艺术品信托计划及其产品会逐步得以完善和发展。

据不完全统计，2011 年信托公司共发行艺术品信托产品 45 款，比上年增加 35 款，增长幅度达 350%。2011 年艺术品信托发行规模为 550 075. 5 万元，而 2010 年发行规模仅为 75 750 万元，同比增长 626. 17%。越来越多的信托公司对艺术品信托跃跃欲试，大量资本的涌入在炒热艺术品市场的同时，也在不断地累积风险，2011 年的秋拍已经预示着艺术品本身所具有的高风险，艺术品信托未来想要实现快速健康地发展，还有很长的路要走。

2. 专业短板造成债权方式为主，主动管理能力仍显不足。虽然我国艺术品信托正处于刚刚起步的发展阶段，但艺术品信托正逐渐成为艺术品投资领域新崛起的金融力量。概括起来我国艺术品信托主要具有下述主要特点。

首先，主流艺术品信托产品的资金运用方式仍然以债权融资方式为主。信托公司通过发行艺术品集合资金信托计划为艺术品藏家或机构提供融资服务。该类信托一般在发行时，即约定了明确的预期收益率，信托公司通过结构化设计、艺术品质押担保以及第三方机构担保来防范风险。这类产品风险较小、收益稳定，大多数信托公司对这种操作模式轻车熟路，驾轻就熟。因为该类艺术品信托的核心要素是融资而不是艺术，淡化了艺术专业成分和要求，强化了金融操作与原理，所以在初级阶段被众多信托公司所广泛运用。

其次，专业短板约束导致潜在投资风险。信托公司的核心竞争力应该是投资能力，而非贷款融资能力。但如果信托公司作为受托人运用信托资金直接买入艺术品，然后再依靠艺术品自身升值，为投资者带来收益，则直接考验信托公司的专业化程度和团队的专业水准。当前艺术品市场鱼龙混杂，次品、赝品横行，市场中充斥着“潜规则”，同时又缺乏必要的约束以及惩罚机制，公信力的缺失将严重危及收藏品市场的根基。一些信托公司自知艺术品的估价五花八门，并没有统一、透明的价格机制，仅靠信托公司“半瓶醋”的专业判断能力难以胜任，从而引入所谓艺术品“投资顾问”，即在信托计划成立的整个过程中，信托公司和投资顾问一起组成的投资决策委员会发出指令，去购买艺术品。投资顾问主要是对于艺术品的价值作出鉴定，提出投资建议。虽然信托公司和投资顾问都尽可能地降低估值风险，但是由于现在并没有一个公认的比较权威的机构进行艺术品鉴定和估值，相关信托法律法规也没有对投资顾问作出明确的职责约定或关联规避，这方面蕴涵的风险也是不容忽视的。少数信托公司发行的艺术品信托投资顾问形同虚设，甚至投资顾问就是资金使用方的关联公司，这种关联关系的存在让投资顾问这一角色很可能成为利益输送者。

最后，艺术品信托产品周期的短期化导致该类产品的运作难度加大。一般意义而言，艺术品需要通过相对较长时期的收藏才会溢价升值。然而，目前国内艺术品信托的平均期限仅为 2 年左右，“快进快出，立竿见影”成了当前艺术品信托常态化的操作模式和运作思路，短线操作也加大了该类业务的操作难度和投资风险。尤其是对少数投通过直接签约艺术家，然后进行推广炒作，提升艺术家的升值空间，最终获利退出的信托模式，由于该种信托产品要求信托公司依靠管理能力去提升财产的价值，因此这种短期化约束就更加明显和突出。极可能导致信托公司为了保证投资收益，采取过于急功近利甚至打“擦边球”的营销方式为其推广、包装以拼命提升其名气，借此抬高其作品的市场价格，最终导致短期行为严重，难以可持续发展。

3. 艺术品信托面临的挑战和问题。虽然艺术品信托成长迅速，但是艺术品信托市场的质疑声也很多，艺术品信托也面临很多艺术领域的特有障碍，主要包括以下几个方面。

首先，艺术品信托业务面临的艺术品市场环境和法制环境还不健全和相对滞后。由于缺乏对艺术品本身身份、艺术品交易人等信息进行统一登记的信息平台，也缺乏对艺术品市场统一管理的监管机构，这些在一定程度制约着中国艺术品信托市场的发展。目前，在我国深圳、上海、郑州、北京、成都等地都已经成立或正在筹建文化产权交易所，大有雨后春笋之势，实际上在我国以“交易所”为名设置机构，特别是以带有证券性质的金融衍生品为主要交易对象的交易所是要经过特许经营和专门监管的。而2011年初某市文交所率先正式推出的艺术品份额交易，某种意义上已经起到了一个证券交易所的功能。2011年6月国务院办公厅向国资委、证监会、商务部等部委下发《关于进一步整顿产权交易所的征求意见稿》，主旨针对取消交易所内份额交易、交易所内股权交易超200名股东上限等违法违规行为。证监会也就该文交所艺术品证券化准备材料上报了国务院办公厅，可以看出目前艺术品市场存在流动性过剩、规则不健全、投机过度等现象。

目前虽然我国先后制定出台了《中华人民共和国拍卖法》、《中华人民共和国文物保护法》及实施条例、《文物拍卖试点管理办法》、《文物拍卖管理暂行办法》等法律法规和部门规章，但仍然不够完善和规范，执法的有效性也有待加强，特别是与艺术品鉴定、估值、流通、交易等投融资行为相关的法律法规就更加滞后，而与艺术品信托相关的法律规章则几乎为空白。

其次，艺术品价值评估体系缺失，鉴定标准混乱。艺术品价值评估的风险主要来自国内市场尚无艺术品价值评估的统一标准体系，目前艺术品价值评估只能依靠所谓的专家和大机构，人为主观性较大，导致艺术品市场乱象丛生。资产评估不进入国家法定序列，艺术品与资本的结合就难以实现，类似抵押、贷款等就无法进行，艺术品估值体系的欠缺增加了金融机构对艺术品资产定价的难度，直接导致我国艺术品信托市场规模化发展受到限制。同时，艺术品的真假鉴别失真，现行法规下制假的惩罚力度低，市场不规范，迫使当前的艺术品市场鱼目混珠、真假难辨。此外，很多机构提供的艺术品鉴别权威性常受到质疑，使得诸多艺术品在国际市场销售不畅，价格不高，这就必然影响了艺术品信托投资、艺术品抵押等金融业务的发展。业内权威人士讲：“中国没有科学权威的鉴定机构，没有完整的鉴定机制和鉴定体系，也没有完整的不同类型文物的鉴定标准，只有一大堆‘向钱看’的鉴定专家。”

为促进艺术品信托业务健康持续的发展，今后应加快完善以资产评估及资产化为核心的中国艺术品资本市场，建设以征信体系为核心的中国艺术品市场诚信体系。应尽早规范艺术品估值体系，促进艺术品与资本的有机结合，从而使艺术品信托业务在实际操作中，能够更加科学、量化和公正。

最后，艺术品变现渠道不顺畅。艺术品信托最终要兑现价值需要将所投资的艺术品变现。艺术品变现是个系统问题，涉及时间、鉴定、渠道、市场大环境等各方面因素，哪一个环节出问题，都会影响藏品变现。这样看来，融资性艺术品信托由于将艺术品打折质押或有第三方担保，风险要小于投资性艺术品理财产品。但融资性艺术品信托同样面临艺术品流通渠道和顺利变现的潜在风险，同时该类业务也不能体现信托公司的主动管理能力。

此外，艺术品信托过程中的税收制度安排不明等使得交易主体很难排除拍卖不保真、交易不透明、信息不对称等风险。目前，国家对艺术品投资的税收安排只对个人通过拍卖市场拍卖财产获得的收入进行了规定，而对于像以理财为目的的金融机构投资者在艺术品买卖过程中的税收安排没有明文规定。

基于上述原因，艺术品信托仍然局限于小众群体，未来的成长性还有待观察。很多客户认为艺术品信托的水太深，制度不完善、交易结构复杂、市场透明性不够且运作难度较大。有机构研究者也表示，流动性泛滥是推高艺术品价格的主要原因，但这种刺激不可持续，且波动性非常大，市场环境的不完善必将加大此类产品的投资风险。由于大多数信托公司人力资源专业结构的不匹配性和整体专业能力的瓶颈约束，除了少数打造专业化发展特色和专业化业务定位的、举公司之力专注于艺术品信托业务的信托公司能够逐渐形成较为稳定的盈利模式之外，对信托全行业而言短期内还很难成为比较显著的利润增长点，不可能成为信托公司的主流利润来源和主导业务模式。

五、行业格局趋于稳定，公司重组颇具亮点

我国信托业在经历了2007年“新办法”修订出台以来声势浩大的连续三年行业战略重组、公司并购、强强联合的热潮之后，2011年我国信托业的公司战略重组进入到一个相对平稳、理性和常态的发展时期。2011年我国信托业继续得到迅猛发展，大大促进了我国整体经济转型，带动了直接融资，繁荣了资本市场。尤其在助力实体经济发展方面发挥了重要的金融中介作用。特别值得关注的是，信托公司从内在机制到外在形象都发生了很大变化，特别是运营机制、风险控制、客户服务和管理效率方面出现了可喜转变。

面对2011年风云变幻的投融资市场，信托公司的经营定位体现了监管部门、融资企业和投资者的需求，成为市场供需变化中资源整合的主体。在新型融资模式不断涌现的背景下，面对信用风险、法律风险和操作风险等，信托公司如何基于不同的商业模式做好风险防范与控制，成为2011年信托业改革与发展的重要议题之一。特别是经济结构转型背景下的产业结构调整正

处于深化期，面对信贷紧缩和通胀压力，信托公司的灵活金融功能日益受到各方重视，信托公司也牢牢抓住此次产业结构调整的难得机会，在并购整合、产业升级、资源优化等方面彰显创新潜力（见表4）。

表4　　2011年信托公司股权变动情况　　单位：万元

公司名称	2010年末	2011年末	注册资本增加金额
中海信托	120 000.0	250 000.0	130 000
渤海信托	79 565.0	200 000.0	120 435
中航信托	30 000.5	150 000.5	120 000
华宝信托	100 000.0	200 000.0	100 000
粤财信托	56 550.0	150 000.0	93 450
中融信托	58 000.0	147 500.0	89 500
华能信托	120 000.0	200 000.0	80 000
交银信托	120 000.0	200 000.0	80 000
长安信托	51 000.0	125 888.0	74 888
兴业信托	51 000.0	120 000.0	69 000
百瑞信托	60 500.0	120 000.0	59 500
方正东亚信托	30 000.0	60 000.0	30 000
华澳信托	30 000.0	60 000.0	30 000
湖南信托	50 000.0	70 000.0	20 000
合计			1 096 773

六、监管政策与市场环境日趋完善，业务创新空间巨大

伴随《信托公司净资本管理办法》深入推进，信托公司业务模式二次转型已成为行业共识，并且十分紧迫。在2011年信托公司普遍开展的房地产信托等主流业务受到宏观调控、业务量急剧萎缩的严峻形势下，虽然信托公司在矿产能源信托和艺术品信托等诸多领域都进行了富有成效的探索和创新，但目前业务领域单一、业务手段滞后、业务模式科技含量低、产品结构雷同等仍然是制约信托公司实现可持续快速发展的严重瓶颈。对此，只有坚定不移地实施蓝海战略，拓展市场范围，探索创新业务领域，把“蛋糕”做大，才能使全行业的资产规模和经营质量再上一个新的台阶。2011年各家信托公司都多方探索，进行了很多有益的尝试。

（一）监管部门积极推进创新业务

“新两规”实施以来，信托公司步入了良性稳步发展的轨道，在2011年正式实施《信托公司净资本管理办法》后，我国信托业正式进入“一法三规”的历史发展时期。监管部门本着审

慎监管的原则，创新发展和风险控制两手抓，两手都要硬，不断探索和构建规范中发展，发展中规范的监管新思路，及时进行规范和指导，引导信托公司以“受人之托，代人理财”为本发展自主管理类信托业务，实现内涵式增长。继续强调信托公司在开展业务中应坚持自主管理原则，严格履行尽职调查和资产管理职能，使用监管评级和净资本管理办法引导信托公司提高核心竞争力，促进中国信托业进入一个良性循环的发展周期，彻底摆脱一统就死，一放就乱的怪圈。

2011 年 6 月《信托公司参与股指期货交易业务指引》在银监会主席办公会上获得通过，并正式对外公布。一些信托公司已经在人才储备、制度建设及 IT 系统等方面做好了开展股指期货业务的相关准备工作。

同时，银监会拟对业务开展情况良好、风控体系健全的公司允许其开展 QDII 集合信托业务。

银监会明确提出继续规范发展银信合作业务，对信托公司主动管理、投资类的银信合作仍然可以正常进行，实现分业监管体制下的战略双赢。由于银信合作在快速发展的过程中出现了一些不规范行为，银监会在 2010 年 8 月出台了“72 号文”。从目前的情况来看，银信合作业务监管取得明显成效。随着一系列监管政策的实施，银信合作业务规模从 2010 年 7 月峰值的 2.08 万亿元开始回落，2011 年中期降至 1.56 万亿元。2011 年银行和信托公司认真思考、切实转变银信合作方式，商业银行可借助信托公司全功能、全领域的优势，满足理财资金多元化投资运作的需要，并通过持续推出稳定收益理财产品，满足银行维持自身客户群的需要。

对信托公司而言，在“十二五”转变经济增长方式的大背景下，向自主设计、自主管理方向转型势在必行。信托公司应着眼行业长远发展，在国家战略新兴产业、民生和医疗、传统文化等领域大力开拓自主管理类业务，提供差异化、特色化服务，探索和完善信托公司可持续发展的新模式，努力实现内涵式增长。在竞争日趋激烈的资产管理市场中，面对各类竞争对手，提高自主管理能力是信托公司的唯一生存之道。

（二）传统慈善模式亟待突破，公益信托初显魅力

2011 年 5 月在四川省镇巴县举行了“西安信托‘5·12’抗震救灾公益信托计划竣工典礼仪式”，西安信托同时组织“公益信托行”给学生们送去爱心书包和书籍，“5·12”抗震救灾公益信托计划圆满结束。2008 年 5 月 12 日，四川汶川等地区发生了严重的地震灾害，造成了巨大人员伤亡和财产损失。西安信托按照《信托法》、《公益事业捐赠法》等相关法律和文件精神，推出全国首例较为规范严格意义上的仅以公共利益为信托目的公益信托计划——“西安信托‘5·12’抗震救灾公益信托计划”，通过金融创新向参与公益事业的捐赠者提供了一种新的途径和公益活动模式。信托计划于 2008 年 6 月 6 日成立，共募集信托资金 1 000 万元，信托期限为 3 年，委托人为上海证大投资管理有限公司、深圳市淳大投资有限公司、西安国际信托有限公司

及深圳市思科泰技术有限公司四家单位，参与信托计划的委托资金分别为370万元、320万元、200万元及110万元。

这项信托计划资助的公益项目，由陕西省民政厅负责协调、安排，并由西安信托作为受托人对资助项目进行确认。受托人与民政部门或其他公益机构签订定向捐赠协议，就捐赠资金的使用、资助项目的管理等进行约定，确保本信托资金用于本信托计划规定的抗震救灾公益项目。这项信托计划由上海东方爱心基金会担任公益信托执行顾问，为信托的管理和运作提供专业指导；由上海锦天城律师事务所担任公益信托法律顾问，为信托计划提供法律审查意见及为信托计划的管理和运作提供专业指导；西安希格玛有限责任会计师事务所担任信托计划的信托监察人，对信托计划项下资金运用进行监督。

这一成功的公益信托案例充分说明信托公司开展公益信托不仅具有高度的合法性地位（我国《信托法》中单列一章“公益信托”加以明确规定），而且信托公司具有独占性，只有依法成立的信托公司才能依据《信托法》的相关规定和银监会的相关部门规章开展公益信托，从而达到捐赠人公益、慈善、捐赠的各类目的，使得委托人的捐赠财产可以按照委托人的意愿，在信托合同明晰条款的保障下得以履行和实施。同时，信托公司开展公益信托业务并非绝对的赔本生意，如果信托公司积极创新公益信托模式和运作流程，在信托公司践行企业社会责任的同时，还会大幅度提升信托公司的社会影响、市场形象、公众信誉以及企业的公信力，而且运用捐赠资产的保值增值部分适当补偿信托计划运营成本和费用，以利于公益事业的可持续发展，最终会使得信托公司与捐赠人、被捐赠人、政府部门实现多赢，最终使信托公司本身实现“名利”双收。

（三）信托公司期指交易开闸，信托公司理性参与

在券商、基金等机构投资者被准许进入股指期货市场后，信托资金投资股指期货一直被信托公司所热议。作为机构投资者的信托公司进入股指期货市场可以减缓股指期货市场涨跌幅度，优化市场结构，对信托公司的未来业务发展和培育新的利润增长点也是利好。2011年6月27日，银监会正式出台并施行《信托公司参与股指期货交易业务指引》（以下简称《指引》）。《指引》是继《证券投资基金参与股指期货交易指引》、《证券公司参与股指期货交易指引》和《合格境外机构投资者参与股指期货交易指引》之后，管理层再度发布关于机构投资者参与股指期货相关规定。管理层对于机构投资者参与股指期货交易制度遵循了“逐步开放、有限参与、风险可控”的原则，为机构投资者全面参与股指期货交易进一步铺平道路。机构投资者的全面参与将是渐进过程。

一方面股指期货属于信托公司的创新业务，不仅能丰富资产配置手段，更对信托公司提升自主管理能力有着重要意义；另一方面信托公司应该认识到股指期货是把双刃剑，对信托公司

和投资顾问的投资能力、风控能力和管理能力都提出了新的要求。要在内部流程、制度、系统、人员等方面满足《指引》的要求，信托公司要做好基础准备工作，保证将来推出此类产品的顺畅性。此前信托公司并没有参与股指期货的经验，可以说是一切从零开始，投入较大，挑战也较大。因此《指引》推出后，多数信托公司采取了相当理性的反应，很多公司并没有匆忙推出相关产品，表现出当前信托公司经营良好的稳健性和成熟度。从长远来看，该类对部分具备较好专业基础和条件信托公司的业务创新而言，仍然是一个市场机遇。

首先，《指引》的推出使得阳光私募得以参与股指期货。简单地类比，国内公募基金和阳光私募可以看做未来的共同基金和对冲基金。股票型共同基金或公募基金更多追求的是相对指数的回报，而阳光私募或者对冲基金追求的是绝对回报，而《指引》的出台为阳光私募实现绝对回报提供了对冲工具。除提供了一个新的避险工具，有助于实现绝对回报目标外，《指引》的另一个意义是有利于阳光私募策略的多元化，促使阳光私募的整体运作风格的多样化和差异化，既有利于阳光私募的长期发展，也有利于国内资本市场的长期发展，逐步改变阳光私募业绩同质化、普涨普跌的局面。

其次，丰富了信托公司产品线，是信托公司的创新业务之一。从交易类型看，《指引》明确提出信托公司的信托业务可以参与套期保值、套利和投机，尤其是明确提出套利和投机，而之前针对公募、QFII、券商的指引更宽泛。信托公司信托业务可以采用广泛的股指期货交易策略。阳光私募绝大多数都是以集合资金信托的形式成立的，也就是说可以用股指期货来进行套期保值和套利。

最后，对单一资金信托产品来说，有一定的产品创新空间。《指引》第十五条规定信托公司单一信托参与股指期货交易，在任何交易日日终持有股指期货的风险敞口不得超过信托资产净值的80%。这样就为单一资金信托产品的套利、对冲留下较大的空间。信托公司可以深入研究探讨如何为私人银行的高端客户提供定制产品。比如，针对创业板的高管，由于其持有的原始股锁定期较长，可以考虑为他们专门设立单一信托，卖出所对应的股指期货，对冲掉其持有股票在锁定期可能的下跌风险。

据初步统计，截至2011年末国内41.67%的阳光私募公司已经建立了股指期货团队，25%的私募公司正在筹建股指期货团队。从海外市场看，对冲基金在应用衍生产品、融资融券等对冲策略方面有较积极的应用。从长期看，国内私募基金将是股指期货的重要参与者，交易策略也将更为灵活多样，股指期货业务将大有可为。

（四）信托公司异地展业规范监管，营销瓶颈有望突破

“渠道为王”这是近年来在信托公司中颇为认可和共识的一个观点。其中，客户渠道、营销渠道又成为重中之重，王中之王。多年来，信托公司一方面受到不得在异地设置分支机构的限

制，另一方面则要遵循委托人必须是合格投资者的高起点限制，产品营销一直是行业发展中的重大瓶颈问题。尤其是信托公司自行直销就更加步履艰难，渠道销售逐步趋于饱和，信托公司直销面临巨大挑战。信托产品投资起点高，每笔投资金额都较大，信托公司一般都规定给销售人员返还佣金。在高利益的驱使下，行业内出现很多不负责任甚至不择手段销售产品的情况。更有公司内部员工向同行业人员销售客户资料获得不正当收入。另外，信托公司所谓的销售渠道有很多是通过各银行的客户经理违规“介绍”客户。即便如此，信托销售人员通过与渠道分享佣金来达到销售目的情况也逐渐出现了瓶颈，同一家银行甚至会有同一信托公司的多人相互竞争。可见，基于监管的压力和市场的竞争，信托公司传统运用的银行营销渠道已经趋于饱和，而建立有效率的直销方式和营销队伍则还需要一段路要走，这也是信托公司目前在拥有较强市场竞争力产品的前提下急需解决的销售转型问题。

1. “放开”与“规范”需配套并行。近两年来的信托产品发行规模高速增长，而营销渠道备受制约，因而催生了第三方理财行业的发展，而且近期以来势头非常迅猛。但由于处在监管真空地带，所以第三方理财行业销售信托产品的管理基本处于无序和空白状态。从目前的发展情况看，信托产品营销过程中存在的一些突出问题和潜在风险，主要包括以下几个方面。

（1）第三方理财机构管理尚不完善，难担信托产品中立销售重任。进入 2011 年，在“诺亚”财富故事的示范下，第三方机构如雨后春笋，泥沙俱下。相当数量的第三方机构业界甚至完全没听到过名字，一个公司只有几个人。这些人原先可能是银行的客户经理，或者是大型第三方理财的销售员，掌握了客户资源之后自己单干。有的规模虽然略大，但也都是刚刚成立的新公司，人员非常有限，真正有相关从业经验或专业知识的也不多。《关于规范信托产品营销有关问题的通知（征求意见稿）》明确要求：“信托公司营销信托产品，应当遵循风险匹配原则，在有效评估投资者风险承受能力和需求的基础上，销售与其风险承受能力相符的信托产品。”但由于该类销售机构往往以盈利为导向，为了增加销售，它们很可能将产品卖给并不适合的投资者，导致风险错配。

（2）第三方理财机构监管缺失，扭曲销售成本。近年来随着 CPI 居高不下，银行理财市场的收益率已很难与信托理财产品竞争，股市指数连创历史新低，持续低迷不振，房地产市场的调控日渐紧缩，“买楼投资”成为过去。而信托产品凭借 10% 左右的年化收益率在理财市场独占鳌头，成为亮丽风景。各家信托公司则为了争夺规模一定的合格投资者，使出浑身解数，加强产品营销。销售“返佣”则迅速成为行业内多数公司通用的“潜规则”，甚至发展到后期已经成为“显规则”。特别是第三方理财机构的销售人员多半都许诺高比例的佣金返还。直接给客户返佣，在第三方理财机构的信托产品销售中基本是一种“常态”，通常资金量越大，返佣比例也越高，甚至少数机构的销售返佣比例可以高达 1.2%，如此高的返佣比例，正规销售很难与其竞争。同时，第三方机构与信托公司合作的销售费用也相差极大。一些中小型的第三方理财机构，或者组建不久的第三方理财机构一般销售费用相对较低，而大型机构或者较有名气和信誉的第三方理财机构则费用非常高，有的甚至达到2%～3%，这也是为一些信托公司要联手拒绝与某些第三方理财机构合作的原因之一。因为2011年第三方理财机构竞争异常激烈，所以信托公司有了更多的选择空间，在可以选择成本更低的销售渠道时，自然就会“封杀”一些高成本的中介机构。

（3）越权经营，凸显潜在法律风险。一种情况是，强势第三方越俎代庖，导致一旦出现风险之后权责不明。按照我国法律规定，只有信托公司才有资质发行信托产品，一些资源丰富的第三方理财机构如果想要发行产品，则想通过找一家信托公司作为平台，第三方理财机构给信托公司一定的平台费用，但实际上寻找项目和产品设计都是第三方理财机构主导。表面看起来是信托公司发行的信托产品，实际上却是由第三方机构控制。其巨大的潜在风险是这类产品一旦产生兑付风险，则可能产生信托公司和第三方机构都认为与己无关的局面，但按照法律关系信托公司是受托方，必须要承担法律责任。另一种情况则是发布虚假信息，盲目承诺收益。监管部门明确要求信托公司宣传营销信托产品必须公开、真实，要充分揭示风险，使委托人对信托产品有全面的了解和掌握。但目前第三方理财机构的信息披露和信托公司推出产品的信托计划内容有很大出入，往往信托计划披露的风险揭示和风控措施等在第三方理财机构销售人员处面目全非，只片面强调收益率，甚至误导信托产品都是固定收益没有风险的产品。目前，第三方机构大量开业，带来从业人员迅速膨胀，销售队伍难免鱼龙混杂，人员素质很难保证，有的甚至明显达不到销售人员应有的从业要求，加上销售基本靠返佣金，最终形成一定程度的恶性竞争。加之人员流动性大，由此产生的风险也很难控制和管理。

2. 利好营销管理政策引发多方博弈。2011年10月银监会下发《关于规范信托产品营销有关问题的通知（征求意见稿）》（以下称《征求意见稿》），这对信托公司几乎可以说是2011年最为实质性的利好监管政策。《征求意见稿》的核心精神是鼓励信托公司发展直销，实质性的支持措施是允许信托公司设立异地营销中心，并大大简化了产品报备程序“通过自身营销团队的建设和营销能力的提升，构建以客户为核心、以专业化资产配置和财富管理为主要服务内容的信托营销模式”。

根据《征求意见稿》规定，异地营销中心获批设立后，可从事信托产品推介、发行和客户签约工作，为配合产品营销而开展的品牌宣传、市场推广等活动，以及履行对客户的售后服务等。

在鼓励直销的同时，对代销进行了规范，要求银行必须将全面、真实的客户信息提交给信托公司，且信托公司必须与客户当面签订合同。《征求意见稿》重申，信托公司“不得委托非金融机构推介信托产品。非金融机构可以向信托公司推荐合格投资者，但不得以提供咨询、顾问、居间等方式直接或间接推介信托产品”。这意味着第三方理财机构将无缘代销信托产品，仅能向信托公司推荐合格投资者。这使不少对于信托业务依赖较大的第三方理财公司受到巨大影响。《征求意见稿》争议最大的是客户信息的共享问题。要求银行和第三方理财机构将客户完整信息交给信托公司，这无异于彻底打击了它们与信托公司展开代销合作的积极性。过去银行、第三方理财公司和信托公司合作的“潜规则”是信托公司和客户不见面，其留给信托公司的客户联系方式等信息，要么是编造的，要么是其理财经理的。如果银行、第三方理财机构无缘代销信托产品，仅能向信托公司推荐合格投资者，那么银行、第三方理财机构和信托之间很有可能迅速从理财产品营销市场上的合作伙伴转化为竞争对手。

由此可知，《征求意见稿》的下发实质上是一把双刃剑，除了种种利好因素，不仅可能首先制约甚至排除了第三方财富管理机构代销信托产品的渠道，而且一方面未来信托公司与银行合作的成本将会进一步提高，甚至信托公司自建直销渠道将意味着失去银行这一强势的合作伙伴。目前股份制银行与信托的合作较多，而四大商业银行由于过于强势而与信托公司合作不多，但如果信托公司自建渠道后，银行对代销的利润分割很可能要大幅上涨。目前银行对信托代销费用在2%～5%，强势渠道则几乎吃掉利润的90%以上。《征求意见稿》规定，商业银行等金融机构销售信托产品，进一步明晰其“应向信托公司提供全面、真实的客户信息，确保提供的客户信息能够满足信托公司甄别合格投资者的需求，并能够在产品存续期间及时有效地履行风险揭示、信息披露、后续服务等职责”。客户信息包括姓名、身份证、职业、居住地、联系方式等。而现阶段大部分商业银行不可能愿意与信托公司分享客户资源，缺乏好产品的城商行与个别小银行将会成为与信托合作的新主力。另一方面竞争和博弈的加剧还来自信托公司内部。一些信托公司闻风而动，迅速大规模建立直销队伍，然而大部分信托公司的产品线都不够丰富，产品发行量极不稳定。信托公司营销格局的改变也会触动内部各部门之间的利益划分，推进速度会受到重重阻碍。产品和渠道是相辅相成的，未来信托公司之间的竞争将是综合实力的较量。

七、2012年我国信托业发展趋势展望

（一）房地产信托业务低位盘整，衍生商机须倍加关注

1. 房地产信托总量将进一步回落。伴随净资本管理的实质性启动，2011年末监管部门将对信托公司按照考核标准进行刚性“验收”，对仍未达到管理办法规定的相关标准的信托公司，各银监局应立即暂停其信托业务，并追究该公司董事长和高级管理人员的责任。这样严厉的监管要求必然导致信托公司在2012年延续2011年末进行的“去房地产化”动作，甚至为迅速达标，解除处分，该产品结构调整的行为会进一步加剧。这样必然会使2012年全行业房地产信托业务的规模总量和环比增量都出现明显下降和回落，同时使部分转型缓慢，调整不利的信托公司更

加“鹤立鸡群”，趋于明显，而有可能成为监管部门重点监控的主要对象，导致公司其他业务受到无谓的拖累。

与此同时，2012 年监管部门仍然不会轻易公开叫停房地产信托业务，短期内窗口指导尚难以在 2012 年上半年退出，在窗口指导作为单项业务主要监管手段之一的环境下，2012 年估计实质上将只有部分信托公司可以适度开展房地产信托业务，尤其是普通商品房信托业务有可能只有少数资金实力雄厚、专业能力超强、风险控制措施得力、交易对手属于一线开发商的信托公司的房地产信托项目得以过关，而对多数中小信托公司的一般项目，可能将会面临长期搁置的尴尬局面。

2. 接盘项目展现房地产信托衍生商机。从 2012 年趋势看，多数房地产信托兑付时点迫近，房地产信托产品多数是 2009 年时成立，绝大多数项目已经进入了回款阶段，信托资产兑付压力日渐增加，虽然一般而言，多数信托公司发行的房地产信托计划还都在平稳运行，但也不排除一些信托公司的个案发生兑付风险。因此，已经有一些颇有战略眼光的第三方打算择优接棒，收购信托兑付出问题但是资产包良性的房地产信托计划，特别是资金的年化成本在 20% 以上。接盘者中包括房地产私募基金、大型房地产商甚至其他信托公司等机构。而由于部分房地产信托正面临着时点兑付的考验，私募房地产基金的目光移向了信托公司接盘项目。除了私募房地产基金，银行以及资产管理公司更可能是房地产信托接盘的潜在竞争者。四大 AMC（信达、华融、东方和长城四大资产管理公司）2011 年也或多或少地参与“回收”房地产信托的计划，一般判断 2011 年被四大 AMC 消化的房地产信托项目比前几年只多不少。而对于未来或将出现的部分房地产信托出现兑付风险的可能，也有业内人士看中了其中的商机。即由信托公司成立房地产接盘基金，利用自有资金或者集合资金去接手房地产信托中因为资金暂时短缺出现困难的好的房地产项目。只是这一类产品能否成功募集或许还需要市场来说话。

3. 房地产资金将明显向保障房、棚户区改造等政策导向领域倾斜。全国社会保障基金保障房信托项目的模式将会在 2012 年被进一步被复制，投资领域和投资项目都会进一步扩大和增加。在全国社会保障基金保障房信托项目模式的示范下，不排除 2012 年其他大型机构的资金陆续跟进，如企业年金、住房公积金、商业保险资金等，信托公司应密切关注市场动态，及时把握市场机遇，充分运用全国社会保障基金保障房信托项目模式的先发优势，积极探索保障房信托产品的交易结构创新、收益性保障和风险控制措施安排。要努力探索构建房地产信托投资基金（REITs）模式的信托产品，在相关部门试点办法尚未出台、严格意义 REITs 尚难操作的前提下，创新设计具有 REITs 要素、运作流程、管理模式和退出渠道的 REITs 型房地产集合资金信托产品，重点以商业地产、持有型物业、出租型物业作为资产包的主要构成，克服传统房地产信托产品短期化的严重弊端，引进各类中介机构，与北京金融资产交易所等机构形成战略合作关系，使相关 REITs 型房地产集合资金信托产品具有比较好的流动性安排，进而克服规模限制，引进大型的机构投资者和一些大额短期间隙资金，为信托公司开展房地产信托业务探索一条与国家宏观调控政策并行不悖、可持续发展的业务模式。

可以预计，2012 年监管部门的相关监管政策将会更有的放矢，对保障性住房以及非普通商品房的房地产信托业务进一步加以引导和规范，使得信托行业房地产信托业务得以健康发展，避免出现紧急叫停等大起大落的波动。

4. 创新模式将进一步实现突破，基金化和持有型物业或成房地产信托新的增长点。

首先，股权运用为主，真正体现信托特色。信托公司应该不断提高股权投资信托业务占比，从而彰显信托公司自身的专业能力和理财特色，并密切配合监管部门的政策导向，使该类业务进入一个稳定、持续、高效的发展阶段。此外，为了应对房地产市场不确定性的加大，更好地控制投资风险，促进房地产信托风险收益的平衡，信托公司选择股权投资这种模式时，通过派驻董事和财务总监，参与公司重大投资、融资决策和日常经营管理，制定财务政策，监督销售回款和资金流出，一方面能够更好地了解企业的财务、经营和现金流状况，以便在发生偿付危机前采取必要行动；另一方面能够利用自身金融专业知识提高企业的资本预算和财务管理水平，促进企业更好的经营。

其次，拓展思路，构建广义不动产信托模式。信托公司在上述模式和趋势的基础上，开阔视野，更新观念，避免狭隘地集中在住宅房地产信托领域上，进一步探索包括传统房地产在内的广义的不动产信托业务，把存量房地产、商业地产、工业地产、保障性住房统筹安排，结合我国房地产信托投资基金（REITs）试点工作和多形态资产证券化试点的不断进展，大力拓展不动产信托业务的新领域，促进该类业务不断创新（见图 6）。

（二）矿产、艺术品信托稳中有升，专业化板块逐步形成

预计 2012 年矿产、艺术品信托的发行仍将延续 2011 年的良好态势，数量和规模上都会有所增长。2012 年将有更多创新投资方式的矿产、艺术品信托产品出现，组合方式也将被更为广泛地运用。资金运用方式和交易结构的设计上，融资贷款类的产品将有所下降，投资类产品的比重会明显上升，结构化和浮动收益型产品将成为主流，而固定收益型产品的预期收益率或将随着通胀率浮动而加以波动。

矿产、艺术品信托在国内还处于起步阶段，必然会面临发展中的诸多瓶颈和约束。随着市场的逐渐成熟和制度的不断完善，最终能够实现矿产能源市场、艺术市场和金融资本的完美对接。矿产、艺术品信托也会逐步从融资类产品为主转向投资类管理类产品为主，因为只有充分体现主动管理能力的投资型信托产品才是信托公司的核心竞争力。金融市场的发展也为更多有实力且不熟悉矿产、艺术品市场的投资者提供了更多的投融资渠道。但由于投资者经验有限，且随着国内矿产、艺术品市场以及矿产、艺术品金融市场的发展，投资者首先应正确认识矿产、

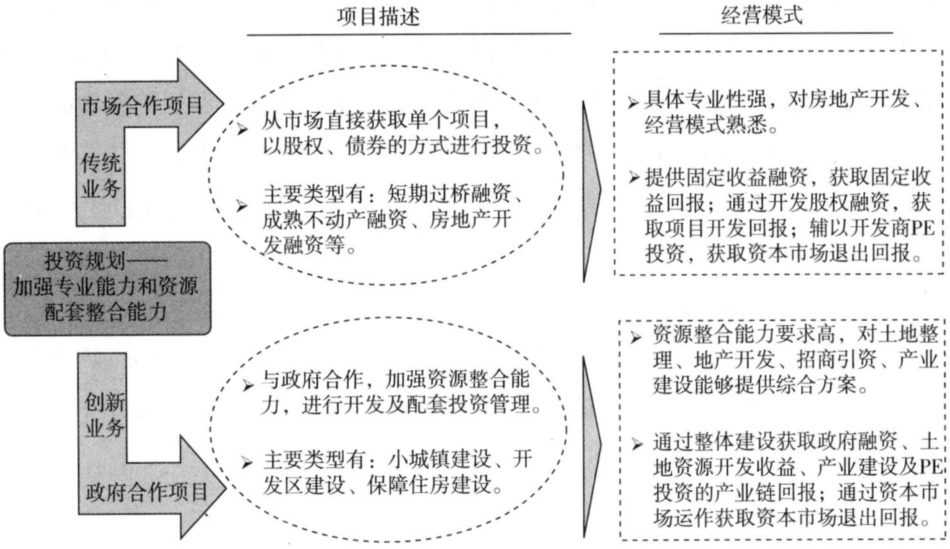

图 6　房地产信托业务创新思路

艺术品信托及存在的风险，然后选择适合自己的投资方式，尽最大可能避免风险获得收益。

包括艺术品投资在内的另类投资通常期限较长，流动性较低，而且缺乏价格透明的交易机制，所以投资者一定要充分意识到其中的风险。矿产、艺术品投资的专业化较高，而信托公司毕竟不是专业机构，风险控制主要依靠外部投资顾问和专家。虽然资金管理、决策、保管之类都会受到信托公司的监管，但第一步选择优秀的投资顾问，是降低矿产、艺术品信托投资风险的关键。即便是一流的投资顾问，也难免出现失误。所以 2012 年准备在矿产、艺术品市场进一步拓展规模，加大投入，甚至准备将之打造成公司的核心业务模式和主要利润来源的信托公司，就必须练好内功，构建一支高水准、专业化、复合型的专业团队，并对矿产、艺术品信托业务的产品设计、项目开发、交易结构、行业规律、运作流程、市场趋势、风险控制全面加以掌握和把控。只有在此前提下，信托公司才有扎实的基础和足够的能力在 2012 年参与、开展、扩张矿产、艺术品信托，否则必定是从众效应，一哄而上，无异于盲人摸象，缘木求鱼。在 2012 年乃至更长的一段时期内，部分专业化程度较高、投资决策能力较强、风险控制能力稳健的信托公司，将在矿产资源、艺术品信托业务独占先机，而其他信托公司在该类业务中都将成为昙花一现，逐步淡出矿产、艺术品信托业务的主流机构，逐渐被边缘化。

（三）基金化模式渐成主流，流动性安排提上日程

自 2011 年以来，证券市场上不确定性增加，楼市调控，通胀高企，在这场轰轰烈烈的资产保值增值的战斗中集合信托以其超高的收益率以及相对的稳健得到了投资者的青睐。然而，信托有别于证券、基金，没有广泛的自身的二级交易市场。

由于投资市场的不确定性增加，再加上货币政策变动频繁，自2011年以来银行理财产品呈现短期化趋势，市场上惊现一天期银行理财产品。同时，通胀高企，银行利率实际为负利率状态，单凭银行存款和银行理财产品不能有效抵御通胀，市场上唯一能够抵抗通胀的投资品种就是信托产品，但是信托产品也存在“硬伤”，那就是信托产品缺乏流动性。为了满足投资者对资金流动性的需求，同时又不违反监管规定，不少立足于高端理财的信托公司推出“基金化”产品，信托公司正在通过创新突破长期以来困扰信托产品的流动性瓶颈。面对不同客户对资金流动性不同的需求，也开始对信托产品进行开放式设计，在产品的提前赎回与转让上做文章。2012年信托产品在基金化定位的基础上，在流动性设计上有可能在下述方面实现突破。

1. 产品期限趋于弹性，转让赎回渐受重视。根据《信托公司集合资金信托计划管理办法》规定，信托公司设立的集合类信托期限不得少于1年，同样，以往的信托计划在信托存续期间一般是不允许投资者赎回的。预计2012年产品的设计比以往要更加灵活，部分信托产品在设计时允许赎回，信托计划会设定专门的开放日，投资者可以在开放日向信托公司申请赎回。也会出现一些无固定期限的开放式集合信托，但是往往收益会稍微低一些。例如，2011年平安信托推出的资金池系列的产品，平安财富·日聚金跨市场货币基金1号集合资金信托计划便以低风险和高流动性为标榜，产品投资于银行存款、货币市场基金、债券基金、银行间债券等多种产品。产品的期限及认购和赎回要求：预约分为活期型和预约型，预约的期限分为1个月、3个月、6个月、9个月、12个月，认购的资金在预约期满后分配本金和信托收益，信托产品的认购也突破了以往的以发行期为限的认购方式，在每个工作日均可认购。当然该产品预期5.85%的收益率在集合信托市场处于低位。

2. “基金化”设计呈普及之势。信托产品按照基金要素和产品结构加以设计早已成为业界的理想模式。但之前基本处于曲高和寡、鹤立鸡群之势，在2011年很多信托公司推出的产品也都进行了有益的尝试和探索。基金化信托产品作为开放式的信托计划，既可以复制货币市场基金的投资组合，也可以对货币市场基金进行优选和套利，同时还能配置信托市场所独有的投资品种，如短期流动资金贷款、持有商业银行回购承诺的资产包和短期信托产品等，逐渐成为2012年全行业信托产品的主流模式。

3. TOT产品模式进一步创新。在解决信托产品的流动性问题上，目前监管部门允许信托公司发行TOT产品，但通常情况下TOT只能在信托公司内部流动，并不能吸引外部资金进入，所以对于解决信托产品的流动性效果并不突出。预计2012年为进一步有效解决信托产品的流动性问题，监管部门在相关机构建设、有关规章制度的制定等诸多方面逐步探索有益的创新和突破，而信托公司也会在合理的、不损害其他人利益的前提下，积极探索TOT模式下的制度创新、业务创新和产品创新，使得2012年更多信托公司发行的信托产品都具备一定的基金化要素，而且不仅仅是形似，更加要神似。

4. 全国性的信托产品发行与交易平台有望启动。目前北京、天津等地的产权交易所均已推出了不同形式的信托转让业务，2011 年末，北京金融资产交易所创建了我国第一个全国性信托业务信息服务系统。该系统是我国信托业发展历史上的首个为信托公司、投资者、融资企业及专业中介服务机构等各类信托市场参与主体提供符合监管、便捷高效、安全诚信的电子化专业信息服务平台，可以为市场参与各方提供信息发布、信息查询、交流互动等服务。除了北京金融资产交易所，天津金融资产交易所等也推出了信托转让项目，但目前扮演的还基本是“简单中介”角色。产权交易所拥有强大的信息平台功能，通过产权交易所，信托公司可以便捷、低成本地了解政策、掌握信息、捕捉项目、营销和转让产品、处分抵（质）押资产，这对其拓展业务将起到积极的推动作用。信托产品流通的本质是信托受益权转让，2012 年要实现信托产品大规模在交易所发行和交易，还需要信托产品更加规范，尽快实现主导信托产品的“标准化”，以利于对信托产品进行准确估值，而个性化的产品比例过大显然不利于信托产品的流动性安排。鉴于我国信托市场已经采取了合格投资者、特许经营受托人和信托产品报备的规定，并建立了严格的信息披露制度，2012 年关于在特定市场合格自然人投资者与合格机构投资者之间允许信托凭证自由流通、拆分、转让等的呼声和探讨将会出现进一步强化的趋势。

（四）私人银行 + 个人信托：构建高资产净值客户的资产管理平台

从我国目前私人银行发展现状分析，与外资银行开展的私人银行业务相比，中资银行的私人银行业务不但在境外资产配置方面的能力较弱，对超高净值客户进行定制化服务的能力也有限，甚至个别中资银行还仅仅停留在强调硬件投入和资费优惠的肤浅层面。即便是一些对私人银行客户有所作为的商业银行，由于自身资产管理能力和投资理财能力以及财富管理和资产配置能力都具有较大差距，加之种种分业监管造成的政策约束瓶颈，使得目前国内中资商业银行的私人银行业务形态，实质上更多的是充当一个理财产品采购商的角色。然而对一些重大的高端客户或者机构投资者，有些理财方案或者资产配置必需个性化设计，量身打造，而绝不能量产或者批量化采购，因为许多投资性产品时效性很强，有些服务是综合类服务，不能简单捆绑。它涉及风险控制措施设定、中后台管理流程、产品交易结构设计、投资利益均衡分配、信托信息对外披露等系统工程。因此，就上述要求而言，私人银行业务已不再仅仅是银行的专属领域。

信托公司作为金融产品生产商，并以其混业平台优势，有望能够充分解决上述问题。信托的优势就在于能够以生产商的标准去采购金融产品，为投资者提供最完整的服务。信托凭借混业平台功能，能够随着经济周期的变化，在不同条件下提供当时最高的回报，而其他机构在不属于自身周期时往往是无能为力的。

2011 年部分信托公司围绕高净值客户的资产配置需求而形成的产品供给体系已经悄然构建，私人银行基本的业务架构雏形已在信托行业内初步实现。预计 2012 年信托公司虽然可能还没法完全做到像西方发达国家严格意义上私人银行的专业化程度，但可以建立起一个基本雏形，信托公司完全可以通过“私人银行＋个人信托”的创新业务模式，构建全新的私人银行客户财富管理模式和信托产品结构，对高资产净值客户的财产保护与安全、财产分割与传承以及通过高端投资实现财产保值、增值等个性化需求，提供强有力的财产管理平台和组合化理财投资工具，使 2012 年信托系私人银行业务路子越走越宽。信托系私人银行的转型崛起在探索全新框架下银信合作模式的同时，无疑也将分流传统商业银行的一部分高净值客户。

监 管 报 告

2011年信托监管与政策解读

2011年欧洲主权债务危机持续蔓延，加大了对各国金融体系的干扰和冲击。发生在英国的社会骚乱、欧元区国家的罢工以及美国的“占领华尔街”运动等，不断表明国际金融危机背后的深层次矛盾依然没有解决。作为“十二五”规划的开局之年，我国信托业紧盯国内外最新经济形势变化，在抗通胀、调结构、转方式、保民生、促和谐方面，积极破解和应对行业发展所面临的难题与挑战，认真总结《中华人民共和国信托法》（以下简称《信托法》）颁行十年来的经验和教训。中国银监会坚持宏观审慎监管与微观单体业务风险监管兼顾，紧紧围绕资本充足、内控科学、运营安全以及服务创新，巩固和扩大应对国际金融危机冲击的积极成果，强化信托功能的充分发挥和市场风险的有效控制，为信托公司的规范发展、科学发展提供了政策保障，实现了实体经济由政策刺激向自主增长的有序转变。

一、银信合作走向规范，被动管理“平台”业务明令叫停

信托平台是银行信贷资产转至资产负债表外的重要渠道，一些商业银行为了绕开信贷额度控制，通过与信托公司合作发行信托产品，从而将本应在表内放贷的项目，借助表外的银信合作产品变相放贷。自2008年以来，中国银监会十分重视银信合作业务的指导和规范，先后下发了《银行和信托公司业务合作指引》、《关于进一步规范银信理财合作有关事项的通知》、《关于规范信贷资产转让及信贷资产类理财业务有关事项的通知》、《关于规范银信理财合作业务有关事项的通知》、《关于进一步规范银行业金融机构信贷资产转让业务的通知》等多项监管规定。尤其是从2010年7月开始，银信合作业务成为重点监管对象，其中融资类银信理财合作业务的监管更成为重中之重。

为进一步防范银信理财合作业务风险，促进商业银行和信托公司理财合作业务健康发展，结合2010年《关于规范银信理财合作业务有关事项的通知》（银监发〔2010〕72号）有关规

定，2011 年 1 月 20 日中国银监会又发布了《关于进一步规范银信理财合作业务的通知》（银监发〔2011〕7 号）。该通知明确要求银信理财合作业务应做到以下三点：第一，各商业银行应当按照 2010 年 72 号文的要求，在 2011 年末前将银信理财合作业务表外资产转入表内。各商业银行应当在 2011 年 1 月 31 日前向银监会或其省级派出机构报送资产转表计划，原则上银信合作贷款余额应当按照每季度至少 25% 的比例予以压缩；第二，对商业银行未转入表内的银信合作信托贷款，各信托公司应当按照 10. 5% 的比例计提风险资本；第三，信托公司信托赔偿准备金低于银信合作不良信托贷款余额 150% 或低于银信合作信托贷款余额 2. 5% 的，信托公司不得分红，直至上述指标达到标准。另外，该通知还要求，各银监局应当严格按照上述要求督促商业银行资产转表、信托公司压缩银信合作信托贷款业务。

该通知与银监发〔2010〕72 号文一起，从期限、占比和记账方式等方面，对银信理财合作业务作出了严格限制，从而对该类业务的规模发展持续产生直接影响。第一，新增银信理财合作产品期限不得低于 1 年。近年来，绝大部分银信理财合作产品几乎都是 1 年以下，较高的流动性也正是其吸引投资者的一个因素。一旦要求该类产品期限不得低于 1 年，必然降低其流动性，挤出大量的投资需求。第二，融资类业务余额占银信理财合作业务余额的比例不得高于 30%。因为银行自身的理财产品可以做投资类，因此银信合作理财业务主要是融资类产品，非融资类产品较少。一旦限制融资类业务占比，那么银信理财合作业务将严重依赖于非融资类业务的规模，规模很难大幅提升。第三，2011 年银行需将银信理财合作业务的表外资金转入表内，计提拨备和资本金。这些业务转回表内之后，将受制于信贷额度，同时占用资本金，与正常的贷款无异，这将大大降低银行开展融资类理财合作业务的积极性。对银行而言，贷款利率高于银信理财合作业务的手续费率，因此在占用同等信贷额度和资本金的情况下，银行将更愿意发放信贷。鉴于上述政策效应，银信合作业务尤其是银信理财合作业务实践中呈现出快速回落、不断收缩的趋势。对信托公司而言，一方面，需要严格按照监管新规来控制银信理财合作服务的范围，明确自己的权利和义务，防止发生超越新规的经营事件发生；另一方面，还需要着眼于行业长远发展，大力开拓自主管理类业务，提供差异化、特色化服务，探索和完善信托公司可持续发展的新模式，努力实现内涵式增长。

银监发〔2010〕72 号文的三条主要规定如下：

第三条：信托公司开展银信理财合作业务，信托产品期限均不得低于一年。

第四条：商业银行和信托公司开展融资类银信理财合作业务，应遵守以下原则：

（一）自本通知发布之日起，对信托公司融资类银信理财合作业务实行余额比例管理，即融资类业务余额占银信理财合作业务余额的比例不得高于 30%。上述比例已超标的信托公司应立即停止开展该项业务，直至达到规定比例要求。

（二）信托公司信托产品均不得设计为开放式。上述融资类银信理财合作业务包括但不限于信托贷款、受让信贷或票据资产、附加回购或回购选择权的投资、股票质押融资等类资产证券化业务。

第七条：对本通知发布以前约定和发生的银信理财合作业务，商业银行和信托公司应做好以下工作：

（一）商业银行应严格按照要求将表外资产在今、明两年转入表内，并按照150%的拨备覆盖率要求计提拨备，同时大型银行应按照11.5%、中小银行按照10%的资本充足率要求计提资本。

（二）商业银行和信托公司应切实加强对存续银信理财合作业务的后续管理，及时做好风险处置预案和到期兑付安排。

（三）对设计为开放式的非上市公司股权投资类、融资类或含融资类业务的银行理财产品和信托公司信托产品，商业银行和信托公司停止接受新的资金申购，并妥善处理后续事宜。

银监发〔2010〕72号文核心规范内容如表1所示。

表1　　银监发〔2010〕72号文核心规范内容

项目	规范内容
管理方式	信托公司应自主管理，在银信理财合作业务中不得开展通道类业务。
产品期限	产品期限不得低于1年。
融资类	融资类业务余额占银信理财合作比例不得高于30%。
银信合作	融资类银信理财合作产品不得设计为开放式。
投资方向	资金原则上不得投资于非上市公司股权。
对商业银行的要求	银信理财合作业务产生的表外资产要在2年内转为表内资产。
	按照150%的拨备覆盖率要求计提拨备。
	大型银行应按照11.5%、中小银行按照10%的资本充足率要求计提资本。
鼓励与支持方向	与国家宏观经济政策趋同。
	有利于经济发展模式转型和产业结构调整。

2011年7号文主要内容如表2所示。

表2　　2011年7号文主要内容

监管对象	监管内容	时限
商业银行	将银信理财合作业务表外资产转入表内。	2011年末
	向银监会或其省级派出机构报送资产转表计划，原则上银信合作贷款余额应当按照每季度至少25%的比例予以压缩。	2011年1月31日
信托公司	对商业银行未转入表内的银信合作信托贷款，应当按照10.5%的比例计提风险资本。	
	信托赔偿准备金低于银信合作不良信托贷款余额150%或低于银信合作信托贷款余额2.5%的，信托公司不得分红，直至上述指标达到标准。	

二、实施差异化风险资本系数，促进信托公司业务整合与模式转型

对信托公司实施净资本管理，其目的在于确保信托公司资本充足，满足流动性需求，以满

足抵御各项业务潜在风险的需要，防范系统性的金融风险。自 2010 年 8 月出台《信托公司净资本管理办法》后，监管机构遂将信托公司的信托资产规模与净资本挂钩，对信托公司实行以净资本为核心的风险控制指标体系，这一监管举措唤醒了信托公司的资本意识，也结束了之前的粗放型发展模式。

为进一步加强信托公司分类监管，确保信托公司业务发展与其风险管理能力、内控水平相匹配，2011 年 1 月 27 日，中国银监会发布了《关于印发信托公司净资本计算标准有关事项的通知》（银监发〔2011〕11 号），对信托公司净资本、风险资本计算标准和监管指标作出了明确规定。该通知共 8 个条文，分别从不同评级结果信托公司的风险资本计算系数确定，同时包含融资类和投资类业务的信托产品风险资本的计算方法、TOT（信托之信托）信托产品业务以及其他受益权投资信托业务风险资本的计算、银信合作业务以及受益权发生转让导致受益人超过两人（含两人）的信托业务其风险资本的计算方法以及实施要求等方面作出了具体规定。按照该通知规定，评级结果为 3 级及以下的信托公司风险资本计算系数为标准系数，而评级结果为 1 级和 2 级的信托公司风险资本计算系数在标准系数基础上下浮 20%。对于同时包含融资类和投资类业务的信托产品，信托公司在计算风险资本时应按照融资类和投资类业务风险系数分别计算风险资本。其中，所谓融资类业务，包括但不限于信托贷款、受让信贷或票据资产、附加回购或回购选择权、股票质押融资和准资产证券化等业务。对于 TOT 产品，信托公司应按照被投资信托产品的分类分别计算风险资本，而 TOT 和股票受益权投资信托业务以外的其他受益权投资信托业务，原则上应按照融资类业务计算风险资本。银信合作业务以及受益权发生转让导致受益人超过两人（含两人）的信托业务，则按集合资金信托业务计算风险资本，其中银行理财资金成为受益人的信托业务视为银信合作业务，按照集合资金信托业务计算风险资本。为防范关联交易风险，该通知还规定，信托公司对资金来自非关联方但用于关联方的单一信托业务，应按照规定的风险系数额外计提附加资本。从达标期限和责任后果看，该通知要求各信托公司应根据国家宏观调控政策和银监会监管政策导向积极调整业务规模和业务结构，确保在 2011 年 12 月 31 日前达到净资本各项指标要求；对在规定时间内未达标的信托公司，监管机构则会立即暂停其信托业务，并追究该公司董事长和高级管理人员责任。

表 3　　主要信托业务风险系数　　单位：%

项目			单一类风险系数	集合类风险系数
投资类	金融产品	股指期货	0.8	1
		固定收益产品	0.1	0.2
		其他金融产品	0.3	0.5
		其他	0.5	1
	其他	股权投资	0.8	1.5
		其他投资	0.8	1.5

续表

项目			单一类风险系数	集合类风险系数
融资类	房地产	公租房廉租房	0.5	1
		其他房地产	1	3
	其他融资		0.8	1.5
事务类			0.1	0.2
其他类			1	3
附加风险资本	单一类信托业务中资金来自非关联企业，但投向关联企业的信托业务		2	
	银信合作业务中信托贷款业务、受让信贷/票据资产业务		9	

采取差异化风险资本计算系数标准，对信托公司的业务整合和转型具有积极意义，在业务结构调整和业务规模控制方面的政策导向作用十分明显。新标准的实施，主要针对信托公司融资类业务进行调控。实践中，该通知加速了信托公司对占用大量资本金业务的调整。但值得注意的是，2011 年末多家信托公司抢在净资本达标最后期限前进行了增资，以补充其资本。例如，湖南信托 2011 年 12 月 21 日对外发布公告称，其采取原股东同比例增资的形式，将公司的注册资本由 5 亿元调整至 7 亿元，相关工商变更登记手续已经完成。从增资的具体形式看，有的公司是由大股东增加公司资本金，有的则选择出售股权，引进新的战略投资者。问题是，单纯的增资扩股与监管机构实行净资本管理的初衷未必完全契合，事实上，信托公司主动管理风险的能力是否有所提高，其信托业务结构是否趋于合理才是其中的关键。理论上而言，信托公司为达标而可选择的途径主要有两条，其一是增资扩股，引进战略投资；其二是调整业务结构，减少资本占用。增资扩股潮的出现表明，信托公司在净资本监管中仍然依赖于外部资本输入型的"输血"机制，其内部"自我调节"机能未能很好发挥，需要持续强化和加强信托公司的内部管理能力，重视房地产信托业务与银信合作业务的规模控制和结构控制等。

为有效落实信托公司净资本监管规定，同时为做好银信合作业务转表及信托产品营销监管等相关工作，中国银监会随后于 2011 年 6 月 16 日发布了《关于做好信托公司净资本监管、银信合作业务转表及信托产品营销等有关事项的通知》（非银发〔2011〕14 号），要求各银监局以 2011 年 5 月末数据为基础对信托公司净资本进行试算，填写净资本计算表、风险资本计算表及净资本风险控制指标监管报表。在试算净资本过程中，严格执行银监发〔2011〕11 号文中确定的计算标准。对各类形式的受（收）益权信托业务，除 TOT 和上市公司股票收益权业务外，原则上均应视为融资类业务，并应按照融资类业务计算风险资本；银行理财资金作为受益人的信托业务，包括银行理财资金直接交付给信托公司管理的信托业务和银行理财资金间接受让信托受益权业务，一律视为银信合作业务，应按照银信合作业务融资类不得超过银信合作业务余额30% 等相关要求予以监管，在计算风险资本时也应按照银信合作业务计算风险资本。

三、信托公司股指期货交易资格获准，标准规则需严格遵守

金融期货是金融市场重要的风险管理工具。我国股指期货的推出，是加强资本市场基础性制度建设、丰富证券交易方式、夯实市场稳定运行的内在基础，也是完善资本市场功能、促进资本市场稳定健康发展的重要举措。沪深 300 指数是我国内地首只股指期货的标的指数，作为金融期货推出的首个品种，沪深 300 指数期货于 2010 年 4 月 16 日正式挂牌交易。对机构投资者来说，股指期货具有跨期性、杠杆性、联动性以及高风险性等特征，能够实现风险规避、价格发现以及资产配置等功能，因此是比较理想的风险管理工具。信托公司作为专业理财机构也不例外，需要通过开展股指期货交易业务来管理证券投资风险，借以提高资产配置效率。

为了引导和规范信托公司开展股指期货业务，提升信托公司开展资产管理能力和对冲其证券业务风险，进一步丰富自身产品线。2011 年 6 月 27 日，中国银监会发布了《信托公司参与股指期货交易业务指引》（银监发〔2011〕70 号，以下简称《指引》），用以规范信托公司参与股指期货交易行为和防范交易风险。《指引》共有 27 个条文，主要规定了信托公司参与股指期货的业务准入标准、业务操作规定以及风险控制指标和管理措施。

《指引》内容主要规范了信托公司开展相关业务的具体规定和办法，主要规定固有业务不得参与股指期货交易，而集合信托业务和单一信托业务可以套期保值、套利为目的开展股指期货交易，其中单一信托业务还可以投机为目的开展股指期货交易。《指引》还规定了信托公司开展股指期货业务的条件，一般要求符合中国银监会的监管要求，达到银监会要求的取得股指期货交易业务资格条件。具体条件《指引》有具体的规定。比如，信托公司申请股指期货交易业务资格，其最近年度监管评级需达到3C 级（含）以上等多项条件。另外，对信托公司开展期货交易的业务主管人员有严格的要求，如当具备 2 年以上直接参与期货交易活动或风险管理的资历，且无不良记录等，且对信托公司开展股指期货信托业务还要求相应成熟稳定的 IT 系统条件，能够满足股指期货交易及估值等需要。另外，还应具备风险控制系统和风险控制模块，能够实现对股指期货交易的实时监控，以及将股指期货交易系统纳入风险控制指标动态监控系统，确保各项风险控制指标符合规定标准，确保与其合作的期货公司 IT 系统至少铺设一条专线连接，并建立备份通道等条件。

《指引》还严格规定了具体的准入条件，包括信托公司具备从事交易所需要的营业场所、安全防范设施和其他相关设施，具有严格的业务分离制度，确保套期保值类业务与非套期保值类业务的市场信息、风险管理、损益核算有效隔离，以及中国银监会规定的其他条件。为了确保信托公司开展该项业务时能够合法合规，中国银监会还制定了详细的信托公司业务操作规定，在操作流程上要求信托公司提前制订详细的套保、套利方案，并由风险管理部门对其可行性、有效性进行研究；要求信托公司开展客户适应性调查，做好风险揭示；要求信托公司在合同文本和资产管理报告中充分做好信息披露；要求信托公司在事前、事后向监管部门报告。《指引》对信托公司开展股指期货信托业务选择的合作保管银行、合作期货公司以及为信托业务提供投资顾问服务的投资顾问的条件也作出了具体限制。

《指引》还针对信托公司集合信托计划参与股指期货交易必须遵守的规则和行为准则。比如，规定信托公司集合信托计划参与套期保值交易时，在任何交易日日终持有的卖出股指期货合约价值总额不得超过集合信托计划持有的权益类证券总市值的20%；在任何交易日日终持有的买入股指期货合约价值总额不得超过信托资产净值的10%等五项具体规则。另外，《指引》还专门列举了信托公司开展股指期货交易信托业务时的禁止行为，具体包括如以任何方式承诺信托资金不受损失，或者以任何方式承诺信托资金的最低收益等五项行为。

实践中，不少人对信托公司目前的风险管理能力表示担心，认为信托公司参与股指期货交易风险过高。但事实上，信托产品获准交易股指期货，有利于股票类信托产品从传统的高风险、方向性投资，向以市场中性策略为主的低风险、稳定收益模式进行转型，规避现货市场波动的风险，以期获得稳定的投资收益。该举措对于进一步壮大股指期货市场的机构投资者队伍、优化股指期货市场的运行质量、倡导理性交易的风险管理文化，无疑有着积极而深远的意义。这是继券商、基金有序入市后，股指期货引入机构投资者工作迈出的重要一步。华宝信托旗下信托产品——“励石一号”，2011 年 12 月 9 日通过海通期货成功在中国金融期货交易所开户，取得了信托产品参与股指期货的第一个交易编码，这标志着信托公司参与股指期货正式开闸。中国银监会“放行”信托参与股指期货，主要是希望信托公司进一步向专业理财机构转型。对信托公司而言，问题的关键不在于是否能够按照该指引要求申领到“牌照”，而在于是否做好了充分准备，练就了内功，真正能够利用股指期货这一工具提高自身的风险管理能力，依法开展业务创新。

另外，对于信托公司开展股指期货业务的监管政策，通过与其他金融机构开展相关业务监管政策进行比较分析，可以充分了解信托公司与其他金融机构在开展该类业务的优劣势，从而准确把握信托公司开展该类业务的具体操作方式和手段，提升信托公司的业务能力。具体情况如表 4 所示。

表 4　　信托公司、证券公司、基金公司、QFII 参与股指期货的相关规定比较

	信托公司		QFII	证券投资基金	证券公司	
	单一信托	集合信托/银信合作			自营业务	资产管理业务
交易类型	单一信托业务可以套期保值、套利和投机为目的开展股指期货交易	集合信托业务可以套期保值和套利为目的参与股指期货交易	只能从事套期保值交易	以套期保值为目的，保本基金及中国证监会批准的特殊基金品种除外，债券型基金、货币市场基金不得参与股指期货交易	以套期保值为目的，不以套期保值为目的参与股指期货交易的，应当经中国证监会批准，有关规定另行制定	以套期保值为目的，其中专项资产管理业务不得参与股指期货交易
交易头寸限制			在任何交易日内，合格投资者的股指期货成交金额（不包括平仓）不得超过其投资额度	基金在任何交易日内交易（不包括平仓）的股指期货合约的成交金额不得超过上一交易日基金资产净值的 20%		
持仓头寸限制	单一信托参与股指期货交易，在任何交易日日终持有股指期货的风险敞口不得超过信托资产净值的 80%，并符合交易所相关规则	集合信托计划参与套期保值交易时，在任何交易日日终持有的卖出股指期货合约价值总额不得超过集合信托计划持有的权益类证券总市值的 20%；在任何交易日日终持有的买入股指期货合约价值总额不得超过信托资产净值的 10%	在任何交易日日终，合格投资者持有的股指期货合约价值不得超过其投资额度	持有的买入股指期货合约价值，不得超过基金资产净值的 10%；开放式基金在任何交易日日终，持有的买入期货合约价值与有价证券市值之和，不得超过基金资产净值的 95%；封闭式基金、开放式指数基金（不含增强型）、交易型开放式指数基金（ETF）在任何交易日日终，持有的买入期货合约价值与有价证券市值之和，不得超过基金资产净值的 100%；持有的卖出期货合约价值不得超过基金持有的股票总市值的 20%		

资料来源：国泰君安证券公司。

四、强化房地产信托业务风险监测，加大“窗口指导”监管力度

为有效落实国家房地产调控政策，进一步规范信托公司房地产信托业务，提高信托公司风险防范意识和风险控制能力，继 2010 年对信托公司房地产信托业务进行风险提示后，中国银监会于 2011 年 5 月 5 日下发了《关于逐月上报房地产信托业务风险监测表的通知》，强调第一期房地产信托业务风险监测表在 5 月 10 日前上报，同时，为做好信托公司房地产信托业务风险防范工作，确保房地产信托业务平稳运行，各信托公司要按月报送房地产信托业务风险监测表，并于每月 7 日前将表格填写完整并上报。从上报信息内容看，除了要求填写房地产信托项目属性、规模、到期日、资金运用方式、房地产项目类型外，还要求填写资金来源有无银行理财资金，如有还须说明具体金额。该通知要求，对风险控制方面要详细说明抵押或担保措施，不但信托公司要对项目风险给出判断意见，监管部门对项目到期兑付风险也要作出判断。

房地产信托业务风险监测表对项目风险的划分尤为细致，其根据还款资金情况将风险细分为 5 个等级，其中，1 级代表第一还款来源流动性充裕，无清算障碍；2 级代表第一还款来源流动性不稳定，有可能需要第二还款来源补充流动性；3 级代表第一还款来源流动性不足，需要动用第二还款来源偿付；4 级代表第二还款来源流动性不稳定，有可能需要其他还款来源补充流动性；5 级代表现有还款来源资金流动性不足，需要其他还款来源偿付（对于无第二还款来源的项目，若第一还款来源资金不足，即认定为 5 级风险）。进入 2011 年下半年后，伴随房地产调控大环境的进一步趋紧，房地产信托业务的部分风险开始凸显，中国银监会紧接着加大了“窗口指导”的力度，并规定凡涉及房地产的相关业务都需要逐笔报批。

2011 年，按照中国银监会统一安排，本着市场化原则和审慎经营要求，各信托公司对房地产信托业务进行压力测试。2011 年 9 月 5 日，中国银监会再次下发了《关于做好房地产信托业务风险监测工作有关事项的通知》，要求各地银监局逐笔监测三个月以内到期信托项目的预期兑付情况，判断兑付风险，并采取相应的措施，做到对房地产信托项目兑付风险“早发现、早预警、早处置”。此前，房地产信托已由发行后报备，全部转为事前报告，以此来控制房地产信托业务的节奏。该通知特别要求，对于已出现风险的房地产信托项目，各银监局应果断处置并将有关情况及时报送银监会。对于房地产信托业务发展速度过快，或者风险隐患加大的信托公司，各银监局可采取项目事前报告或者暂停房地产信托业务等措施。对于已出现风险的房地产信托项目，各银监局应果断处置，并将有关情况及时报送银监会。

表 5　　近期银监会针对房地产信托监管政策回顾表

时间	监管内容
2011 年 5 月	银监会要求信托公司每月 10 日前上报上月的《房地产信托业务风险监测表》，开始逐个监测房地产信托项目的资金投向、资金运用方式、风险控制措施等信息。
2011 年 6 月	银监会多次“窗口指导”信托公司，对房地产信托余额较大的信托公司，要求“规模要实现稳中有降”；对于房地产信托新增规模较大的信托公司，要求“把握好节奏，严格控制增速”。
2011 年 7 月	开始实行房地产信托业务“事前报备”制度，一改以往“事后报备”。
2011 年 7 月 29 日	银监会负责人表示，银监会一直支持信托公司在依法合规、风险可控的前提下开展房地产信托业务，但信托公司必须合理控制发展节奏、严控风险。

五、2012 年信托政策与法制展望

2012 年是我国“十二五”规划实施承上启下的一年。随着城市化的深入推进，第一产业劳动力正在持续、大规模地向第二、第三产业转移，我国的经济增长和结构调整正在进入新的发展周期。根据全球经济增长状况以及金融风险的预测，在新兴市场经济增长明显放缓、欧洲债务面临再一次考验以及美国经济相对平稳的宏观背景下，我国信托业在风险控制、产品创新以及法制完善方面有待实现新的突破。

（一）全面防范和控制信托业务风险

在 2012 年第四次全国金融工作会议上，中央提出了做好金融工作的“五个坚持”原则，即坚持金融服务实体经济的本质要求，坚持市场配置金融资源的改革导向，坚持创新与监管相协调的发展理念，坚持把防范化解风险作为金融工作生命线，坚持自主渐进安全共赢的开放方针。其中，“坚持金融服务实体经济的本质要求”被放在首要位置，这既是我国从西方发达国家爆发金融危机中吸取的重要教训，也是出于对自身经济发展深谋远虑的务实选择。在当前极为复杂严峻的国际、国内经济形势之下，风险意识和危机防范意识无疑更受关注，防范金融风险、确保金融安全已成为 2012 年的金融工作重点。在新的一年中，我国将继续实行稳健的货币政策，确保金融调控的灵活有效，进一步提高针对性、灵活性和前瞻性，在这样的货币政策环境中，积极发挥信托对实体经济的服务作用，对于实现我国经济社会的平稳较快发展极为关键。信托业务风险涉及政策、法律、信用、市场以及操作等不同层面，虽说这些年来监管机构一直在不断强化信托公司的风险管理，维护信托政策的稳定性，但因信托业务风险在产品开发设计、项目决策、市场销售以及信托财产管理等不同阶段均可能发生。

（二）适时组织和推动信托行业法律法规及配套制度的建立与完善

为了适应我国社会经济发展和规范信托公司的正常运行，2001年颁布和实施《信托法》，奠定了我国信托业规范发展的法律基础。另外，根据行业发展的需要，监管部门相继制定、修改和颁布了与信托业相关的配套管理制度和办法，特别是2006年12月中国银监会颁布了新的《信托公司管理办法》和《信托公司集合资金信托计划管理办法》及2010年颁布的《信托公司净资本管理办法》，称为“一法三规”，进一步规范了信托公司作为专业理财机构的功能定位和业务分类及运作方式。但是，由于《信托法》相关配套制度尚不健全，包括《信托法》颁布实施十多年来，由于信托是舶来品，其发源地法律制度及文化背景与我国不一样，加上富有创造性的信托制度本身延伸出来的充满灵活的业务模式，多年实践表明，现有的《信托法》及监管部门规章（“一法三规”）的信托法律制度框架难以适应信托业健康发展的需要。与《信托法》相配套的信托登记、信托税收、公益信托、信托法司法解释及信托公司准入退出机制等制度的长期缺位，不利于有效保障信托财产的安全性和信托受益人的利益，不利于信托业的自主管理和创新发展，制约了信托制度功能作用的有效发挥。

信托登记制度、公益信托制度、信托财产独立性制度是《信托法》作出明确规定的基础性制度，包括信托税收制度和信托公司准入退出机制等配套制度，对规范和促进信托活动的影响深远，关系到信托制度功能的发挥。目前，首先，尚未形成统一规范的信托登记制度，但在信托业务实践中，涉及信托登记的业务领域越来越多。但涉及信托财产信托登记问题，主要如关于信托财产由谁登记、如何登记、登记标准和登记程序等问题；不同的业务主管部门有不同理解，即使同一主管部门在不同地方的下属机构也可能有不同做法；以及对于以财产或财产权作为信托财产设立信托的活动，能否办理信托登记、如何办理信托登记等认识不一等问题。其次，对于公益信托制度问题，目前国家各公益事业的管理机构对《信托法》的理解和执行有差异。信托公司申请办理公益信托业务时，有的机构以没有办理过该类业务为由拒绝办理，对于由不同管理机构主管的两个以上公益目的的信托活动，难以确定主管机构。公益事业的管理机构对审批公益信托、确定信托监察人、审查公益信托受托人的资格等事项缺乏明确、可操作的工作机制，以及公益信托的配套制度需要完善。最后，对于信托税收及信托准入退出机制等制度，对信托业的健康发展也起到积极的作用，随着信托业的进一步发展，由于这两个机制的缺失，制约行业发展的作用日益凸显，监管部门应适时组织和推动出台信托相关配套制度。

公司发展与创新

中信信托有限责任公司

一、2011 年经营概况

2011 年，中信信托秉承“无边界服务、无障碍运行”的经营理念，积极探索社会主义市场经济条件下信托公司的发展规律，按照“金融普惠，资本分享”的原则，依托不断增强的创新能力、显著提升的主动资产管理能力和审慎稳健的风险管理体系，克服市场环境中诸多不确定性和不稳定性因素的影响，取得了历史上最好的经营业绩，并继续位居行业前列。

公司当年经营管理有以下主要特点：

（一）坚持风险防范与创新服务并举

公司切实贯彻国家宏观调控与监管要求，坚持稳中求进，通过风险防范促进稳健经营，通过创新服务积极拓展业务。

在风险防范方面，公司一是从业务评审和风险监测等维度强化对地产信托项目的风险防范与化解，严格控制房地产信托的发展节奏和规模；二是大幅压缩融资类银信合作业务，切实转变银信合作方式，主动开拓自主管理类业务，探索和完善银信合作可持续发展的新模式；三是审慎推进地方融资平台业务，以市场化原则不断规范信政合作业务，并探索出一条较为规范和成熟的信政合作业务新模式；四是实现了净资本对风险资本的全覆盖，并初步建立了净资本管理体系。

在加强风险防范和合规经营的同时，公司继续优化业务结构，推进多领域和以多种金融工具集成为特点的业务创新，一是以积极稳妥方式重点推进能源资源和文化产业等新领域的创新业务；二是积极探索综合产业投资基金新模式，以有限合伙形式不断加深公司对实体经济的参与度和融合度，同时不断规范该类业务的管理，明确和规范该类业务的流程、决策机制和风险隔离制度；三是公司持续加大对信托产品的设计研发力度和复制推广力度，不断提升公司的产品市场竞争力。

（二）坚持业务发展与中后台体系建设并重

在业务创新力度加强、规模快速增加的同时，公司继续大力推进中后台管理体系建设，以增强中后台管理支持体系与公司业务发展的匹配度和适应力。

1. 以人为本，积极推进企业文化建设。2011 年，公司继续大力推进以风险管理、合规管理、创新服务、履行责任等为一体的企业文化建设，加强文化对职工熏陶、塑造、约束和鼓舞的作用；继续引进高端复合型人才，并根据业务发展需要，有重点地系统开展专题培训。

2. 以风险内控为前提，积极推进全面风险管理体系建设。公司继续建设以全流程、全覆盖和全口径为特点的全面风险管理体系，并在行业内率先编制《全面风险管理专业手册》，总结经验、规范认识、统一标准；强化对能源资源等新领域和市场营销等新事项的合规法律问题研究，不断增强对业务发展的支持；继续贯彻“关口前移，全面覆盖，突出重点”的指导方针，针对重点项目和创新业务开展现场审计和专项审计。

3. 以市场营销为抓手，为公司规模发展提供有力保障。公司当年加大直销力度，启动财富管理中心的试点工作，同时稳步推进代销工作，进一步巩固银行渠道的合作深度与广度；加大品牌推广力度，探索信托产品网络营销的新模式。

4. 为信息化为支撑，积极支持业务创新和管理精细化。公司继续加强应用系统开发力度，支持业务创新和管理精细化，并对财务档案管理和保管方式以及资金管理方式开展创新，不断提高财务管理效率；加大客户服务系统建设力度，积极落实直销战略。

二、社会责任履行情况

公司在保持快速发展的同时，一直强调作为金融国企的社会责任感，不断培育和建立履行社会责任的文化和机制，坚持企业发展与社会责任和谐统一。

1. 坚持合规自律，积极推动行业发展。公司严格遵守监管法规，并根据监管要求和业务发展情况动态修订和制定公司经营管理制度，严格遵守银行信托业协会关于银信合作等业务的自律工作，参与起草信托行业社会责任公约并带头发布信托业社会责任倡议书；推动行业理论研究，与协会和社科院等联合开展资产管理重大课题研究；加强与同业交流，接待多家行业同仁的来访与调研。

2. 顺应政策导向，服务实体经济。公司坚持以国家政策导向确定公司业务发展方向，积极探索服务“三农”、保障房建设、文化艺术等领域的信托模式，切实贯彻金融服务实体经济的政策要求。其中，公司在保障房建设领域，推出了中信民享系列、中信蓝海之星和中信普惠民生基金Ⅰ号等集合信托计划，融资总规模在 40 亿元左右，以信托模式支持江苏、内蒙古和辽宁等地的保障房建设；在农业领域，中信智赢Ⅱ号集合信托计划已帮助内蒙古通辽余粮畜业从一个地方性的中小型育肥牛养殖企业发展成为国家级农业产业化重点龙头企业，中信草原惠农基金系列已累计为内蒙古当地十家以农牧民和个体户为服务对象的小贷公司提供近4亿元资金支持；在文化艺术领域，公司发起设立公司首例文化创意中小企业信托产品——中信·雍和园文化创意中小企业贷款集合资金信托计划，积极开辟文化创意中小企业融资新渠道，此外还开展了5只艺术品投资基金集合资金信托计划，投资领域涉及中国书画、犀角象牙、寿山石等艺术品，积极推进文化艺术产业金融化趋势。

3. 发挥专业优势，积极扶持公益事业。公司继续推出公益类信托，于2011年2月联合公益组织设立“北京友城——蒲城县妇女协会等三家机构信托贷款项目”。信托资金用于向西乡县妇女发展协会、蒲城县妇女可持续发展协会、仪陇县乡村发展协会发放信托贷款，再由上述协会将贷款资金分散用于针对贫困地区农民的小额扶贫信贷项目。公司还热心参与社会公益事业，于2011年9月向“大爱无国界——资助云南贫困山区少数民族村寨改造”国际义卖活动捐款，并继续向山花网球基金捐款，支持来自西南地区少数民族贫困女孩子从事网球训练和文化学习。

4. 以人为本，关心员工福利和成长。公司为全员提供金融精品课程、网络大学等系统培训，为员工购买读书卡和网上学习卡，组织员工欣赏京剧、交响乐、芭蕾舞、音乐剧等文艺演出，开展普惠杯智力运动会等各类企业文化活动，为员工继续提供“举手制”等绿色成长通道，不断加强和谐型、学习型和智慧型的组织建设。

5. 认真履行受托人义务，积极支持当地经济社会发展。公司以受益人利益最大化为原则，认真履行诚实、信用、专业和有效管理信托财产的受托人义务，过去一年为投资者累计分配利润约171亿元，同比增长约44%。同时，公司以税金方式支持所在区域的经济社会发展，已连续五年被北京朝阳区评为纳税贡献突出单位。

三、2012年发展规划

总体策略：公司在2012年将继续围绕“无边界服务、无障碍运行”的经营理念，秉承“综合金融解决方案的提供商、多种金融功能的集成者”的经营方针，紧密结合国家经济金融形势和政策，认真落实银监会的监管要求和中信集团“十二五”发展战略部署。

具体思路：积极发挥“中信”的品牌影响力和中信金融的协同效应，以差异化的竞争策略，通过不断创新推动业务多元化；持续提升主动管理业务比重，将主动管理业务从房地产、能源、证券等行业向民生工程、农副产品、消费品、艺术品等更多领域拓展；加快在全国战略区域的布局，将业务区域从东部地区向中西部地区展开；推动公司公众化进程，不断提升公司治理水平；持续提高风险管理对市场变化的适应力和效率，进一步完善业务过程管理；持续加强合规文化建设，通过合规经营引领行业自律形象；依靠中信系统业务协同改善客户服务，对代销渠道进行精耕细作，对私人银行模式创新运用，较大幅度提升信托产品营销能力；提升多个业务部门扁平化格局下的协调管理水平，使激励约束机制和人力资本管理适应公司业务规模和组织规模。

英大国际信托有限责任公司

一、2011 年经营概况

2011 年是英大信托迁址北京后，全面推进“两型两化（即公众型、创新型、专业化、市场化）、国内一流”信托公司建设的第一年。面对复杂多变的经营环境和艰巨繁重的发展任务，公司遵循以电网业务为核心、全产业链发展的经营方针，努力做专做精做优核心业务，调结构，促转型，各项工作继续取得长足进展。

2011 年，公司主要经营指标均创历史最好纪录，全面超额完成了“十二五”规划第一年的任务目标：全年实现利润总额 5. 68 亿元，同比增长 80%。人均创利 484 万元。资产总规模达到 1 935 亿元。其中，固有资产规模 25 亿元；信托资产规模 1 910 亿元。实现经营收入 7. 33 亿元，同比增长 64%。其中，信托业务收入 6. 42 亿元，同比增长 68%；固有业务收入 9 087 万元，同比增长 43%。公司再度荣登“中国金融机构金牌榜”，蝉联“最具成长性信托公司”称号，当选中国信托业协会首届监事长单位。

二、社会责任履行情况

作为信托公司，按时足额偿付委托人资金是最大的社会责任。2011 年，公司积极履行社会责任，累计向受益人分配信托收益 84. 69 亿元，继续赞助鲁能足球队，支持社会文体事业发展。

2011 年英大信托严格服从监管要求，坚持合规经营、依法纳税。公司管理坚持以人为本，在推动员工进步的同时，营造了和谐的工作环境。

三、2012 年发展规划

2012 年，公司将紧紧围绕“十二五”发展规划各项战略部署，进一步推进“两型两化、国内一流”信托公司建设，重点做好以下几个方面的工作：

一是努力提高市场化运作水平。坚持围绕电网全产业链发展的方向。围绕资金、资本、资产，继续拓展五大发电集团业务，积极介入低碳发展、清洁发展、资源节约和节能减排项目。向电力产业链上下游特别是上游延伸，把握电工装备及制造企业、新能源企业的投融资需求，积极开发信托产品。继续提高主动型业务份额。坚持集团类客户优先、风险可控的原则，加大项目拓展和储备，积极尝试应用多元化的金融工具和结构化的融资安排，大力开发集合信托。审慎选择交易对手，落实“强担保”措施，适度介入房地产信托，支持保障房建设。努力拓宽资金来源渠道。进一步加强与金融机构的合作。探索建立共享信息、共享客户的新型合作模式。积极拓展机构投资者与合格自然人客户。创新交易模式，研究开发类基金化信托产品，为集合信托项目运作搭建稳固的资金支持平台。

二是加强人才队伍建设。进一步优化人才结构。加强前瞻性研究，优化完善人才队伍结构，培养复合型金融人才。坚持培养与引进相结合，加大电力相关产业的人才引进力度。创新培养方式，重点加强战略研究人才、专业领军人才、市场营销人才“三类人才”队伍建设。

三是加快营销体系建设。探索建立异地营销中心。

四是扎实做好风险管控。以实施净资本管理为主线，强化净资本动态管理机制，加强风险控制措施与业务流程管控体系的有效融合，深化业务流程手册的执行应用，加强业务审核和合同管理。完善净资本管控体系。按照收入与风险资本关联系数，科学配置不同业务的风险资本占比，确保收益与风险的合理匹配。建立与净资本指标结合的绩效考核制度，在业务部门绩效考核体系内增加风险成本控制指标，提高净资本资源运用效率。创新风险管理体制机制。根据业务发展实际，明确公司拟进入或限制进入的风险领域、可承担的风险水平。提高风险管理精益化水平。创新风险管理方法、管理工具研究，逐步实现风险量化管理。

北京国际信托有限公司

一、2011 年经营概况

2011 年，北京国际信托有限公司（以下简称北京信托）继续秉承“防范风险、合规经营、持续创新、稳健发展”的经营方针，加强公司业务结构调整，积极探索高科技、绿色环保以及资源等领域业务模式，推动业务由融资型向投资型转变，使公司在财产管理、信托业务盈利能力等方面的核心竞争能力得到进一步提高。

（一）主要业绩指标

2011 年末，北京信托净资产为 27.68 亿元，实现收入总额 9.7 亿元，实现净利润 5.39 亿元；固有资产总额 31.27 亿元，负债总额 3.59 亿元，不良资产率为零。年内新增信托财产规模 758.06 亿元，受托管理的信托财产年末余额首次突破千亿元，达到 1 030.6 亿元，年内累计向信托受益人分配收益 46.97 亿元。自 2002 年以来，北京信托受托管理的信托财产累计约 4 074 亿元。

（二）管理水平提升

1. 管理模式优化。2011 年，北京信托根据经营环境和业务转型的需要，优化业务管理模式，从以往单纯的部门管理向模块化、条线式管理转变。采取“专业型业务部门 + 综合型业务部门 + 创新组织型业务团队”的模式，将公司年度经营管理任务分解落实到各条线、模块，并将条线、模块管理与绩效考核、过失问责结合，使管理更为科学、高效。这种新的管理模式既发挥了部门制在承接战略型、创新型、规模型项目等方面的优势，又发挥了团队制的灵活性，促进了公司业务拓展；同时，通过建立“举手制”为优秀人才能力展示和职业生涯设计提供了多种路径和平台的选择。

2. 业务流程优化。2011 年，北京信托合规与风险管理体系进一步完善：一是在项目预审环节加入净资本指标测算与控制作为风险管理指标；二是建立了公司首席风控官工作制度；三是全面系统梳理和优化了公司制度和流程，实施细节管理；四是强化了业务和项目的法律服务支持。年内完成了涉及项目成立前预审、审批、法律文件审查、用印审核、账户开立和项目中后期管理过程中的权益变更、信息披露、资金划拨、风险预警等10多个流程的优化，初步实现了流程环节清晰、节点责任明确。

3. 项目中后期管理优化。通过采用与业务部门共管、协管的方式强化项目中后期管理，丰富信息管理手段，探索分类分层分职能管理办法，提高了项目全程运营管理工作质量，有效提升了公司信托业务整体运营管理水平，确保了全部到期项目的安全兑付。

二、创新业务案例

2011年，北京信托积极推进业务转型，将已往融资为主的业务形态逐步向投资、融资、财务顾问等多种业务组合形态转变，加强产品研发能力，在向新的领域探索业务拓展模式的同时，积极推进模式创新和渠道创新，在中关村科技金融创新、绿色环保、矿产资源、艺术品投资、债券投资、证券投资、银信合作、房地产等业务领域创造性地推出了多款产品。

（一）中关村科技金融创新

1. 由北京信托发起、多方金融机构加盟，为优质中小企业提供金融综合服务。结合国家有关部委和银监会对科技创新型中小企业融资的扶持政策，北京信托与中科金集团、中关村担保公司一起，联合金融业各具专长且资源互补的多家机构（包括国家开发银行、中国工商银行、国信证券、中国华融资产管理公司、北京金融资产交易所、中国技术交易所、华夏银行），共同发起设立了中关村科技金融创新联盟。旨在围绕中关村中小企业成长路线图，整合现有金融资源，充分发挥各联盟成员的资源、技术、品牌、资金优势，为园区企业发展、园区建设、交易市场搭建等提供全方位一站式的金融综合服务，主要包括中小企业信托融资创新、中关村瞪羚投资发展基金、新三板及做市商基金、中关村科技园区建设等。

2. 北京信托中小企业系列化信托产品形成品牌效应，具有较强的持续性和可复制性。北京信托与多家担保公司合作，持续发行中小企业系列化集合信托产品，并与多家银行等建立了良好的合作关系。年内新增87家中小企业贷款规模10.58亿元，年末余额12.24亿元。截年2011年末，北京信托共为150余家中小企业提供融资，信托贷款资金总规模累计达17.98亿元。该系列信托产品无论在资金规模、融资企业个数等方面均名列行业首位，为此荣获《中国证券报》第五届“诚信托”评选“年度价值信托产品奖”。

3. 设立中关村瞪羚投资发展基金。北京信托联合中关村担保、中关村创投发起设立中关村瞪羚投资发展基金。基金通过梳理中关村“瞪羚计划”支持的优质企业，精选目标企业，以股权投资方式为主，配合债务性融资，为中关村企业的长远发展提供金融资源支持。基金投资管理人（GP）——北京中关村瞪羚投资基金管理有限公司已经注册成立并已开展工作。

（二）绿色产业金融服务

北京信托致力于为绿色产业提供金融服务，围绕《"十一五"规划纲要》中的节能减排目标和《"十二五"节能环保产业发展规划》，在节能环保领域推出了"低碳财富"系列信托产品，分别投向LED照明、余热发电、污水处理、清洁能源管理机制开发等低碳环保领域以及新材料领域。同时通过公司的绿色金融支持，一些节能服务商从市场规模有限的民营企业发展成为占领国内重要市场份额的龙头企业。例如北京申安投资集团在"低碳财富·申安照明"信托产品的金融支持下，被国家发展改革委和国家财政部相继列入全国首批照明节能服务机构和全国十大低碳示范单位，并成为被列入北京市合同能源管理节能服务机构库中唯一一家照明节能服务机构。

（三）矿产资源类业务创新

在国家鼓励行业资源整合、企业重组的背景下，北京信托结合自身在矿产能源领域深厚的投资经验，积极寻求抗通胀且收益可观的矿产资源类项目，在陕西、山西、内蒙古、福建、云南等地实地考察了多家矿产资源类企业，涉及煤矿、铁矿、金矿、钼矿、铅锌矿等矿产项目。年内相继推出了"恒发矿业"、"亿豪矿业"等矿产能源产业投资类产品，以特定资产收益权投资、股权投资、财务顾问等多种组合投资方式参与山西、内蒙古等资源大省的资源整合及稀缺资源开采。

与此同时，公司继续在矿产资源领域加强精耕细作，研发能源投资基金等投资型的矿产信托产品，并多渠道积累矿产资源产品不同阶段的投资和风险控制以及采矿权价值评估的准确性等经验，以最大程度分享煤炭资源整合等带来的投资收益。

三、社会责任履行情况

2011年，北京信托在加强多领域信托业务拓展和创新的同时，积极参与了中国信托业协会组织的信托公司履行社会责任公约的签署，并在业务实践中自觉履行社会责任，树立了金融信托机构的良好社会形象。

（一）支持中小企业发展

北京信托通过设计开发的中小企业知识产权质押信托融资、中小企业应收账款买断信托、中小企业信贷资产通过金融资产交易所定向流通产品等系列化金融信托产品，为高科技、制造业、文化创意等不同行业和领域，具有发展潜力的中小企业获得资金支持提供了帮助，满足了科技型中小企业融资需求。这种以政府政策和资源为引导、以社会资金为支持、银行和担保等机构广泛参与的全新融资模式，既坚持全过程商业化运作，实现多方互利共赢，又较好地体现了信托公司等企业的社会责任。

（二）积极为节能环保产业提供金融支持

北京信托在LED照明、余热发电、污水处理、清洁能源管理机制开发等低碳环保以及新材料领域积极开发项目，成功扶植北京申安投资集团进入国家发展改革委和国家财政部认定的全国首批照明节能服务机构和全国十大低碳示范单位，并被列入北京市合同能源管理节能服务机构库中唯一一家照明节能服务机构。

（三）支持保障性住房建设

北京信托顺应中央和地方政府大力推进保障房建设的民生政策，以信托资金支持保障性住房建设。年内，成功发行了北京门头沟黑山危改特定项目、保利南沙河项目、镇江新区公租房项目、西安李家堡保障房项目等保障房类信托产品，新增保障房信托规模37.5亿元。北京丰台区南苑棚户区改造、天津团泊新城等一批项目已在实施，树立了北京信托的社会责任形象。

（四）开展公益慈善信托业务

2011年，北京信托推出了“希望之星”信托产品，无偿受托帮助委托人管理慈善资金，定向用于未成年人的抚养和教育。此项业务突破了以往被动救援式的慈善行为模式，通过采取严密的信托资金运作和风险控制措施，以保证信托财产的安全和信托受益人利益的实现，赢得了社会较好评价。

四、2012年发展规划

1. 总体思路：业务发展稳中求进，风险管理稳中求严，经营管理稳中求细。北京信托将2012年定为公司的“精细化管理年”，力争通过精细化管理，使各方面工作有新的突破，前进的步伐更加扎实。

2. 经营指标：2012年信托财产规模余额达到1 200亿元左右，经营收入10亿元人民币，净利润5.5亿元人民币。

3. 业务方向：继续加快公司经营方式的转变，调整、优化资产结构，培养有差异化的核心竞争力。从产品管理逐渐向资产管理、财富管理过渡。从以融资为主的固定收益类业务向投融资并重的业务转型，加大投资业务的比重。

4. 拓展领域：围绕实体经济，着眼于信托产品基金化、证券化的大思路，积极培育和组织创新型业务。（1）准确把握创新精髓，有节奏推进公司金融创新工作，紧紧围绕市场需求进行创新。（2）围绕提高金融服务附加值去创新。（3）围绕缓释风险而创新。

2012 年，是北京信托在实施“精细化管理年”中进一步强化风险管控的重要一年。坚持稳中求进、有所为有所不为，加速业务结构调整，实现业务转型，深化各类资源整合，建立自主管理型业务模式，将是 2012 年北京信托一切工作的主基调。

大连华信信托股份有限公司

一、2011 年经营概况

2011 年，公司严格落实各项监管政策，合规稳健开展业务，坚持以有效防控风险为基本原则，适当控制了发展速度，公司主要业务指标保持了平稳增长态势，连续第四年被银监会评为全国最高等级信托公司。

自有业务方面，公司加强了对金融类股权投资企业管理，及时参加投资标的公司股东大会、董事会、监事会，了解经营管理情况，行使股东权利，回收投资收益，维护公司利益。截至 2011 年末，公司固有资产总额 371 696 万元，增长 11. 49% 。

根据监管政策，按照提升核心资产管理能力、有效防控风险的目标，公司在 2011 年明确信托业务发展方向，将低风险的自主管理类信托业务作为重点，对于通道类银信合作业务、政信合作业务、房地产业务采取了限制政策，实现了信托业务规模稳健增长与业务结构不断优化的双重效果。同时，公司加大信托业务创新力度。组织开展银行间债券市场产品、QDII、黄金投资信托产品等新业务研究。积极尝试各种创新业务，组织完成结构化伞形信托方案设计，探讨 TOT 业务模式并开展相应业务，成功获批外汇额度 3 亿美元用于开展 QDII 业务。截至 2011 年末，公司管理信托资产余额 4 285 326. 18 万元，增长 5. 47% 。

2011 年，公司积极应对日趋激烈的理财市场竞争，克服了银信合作业务转型、信托证券账户受限等影响信托行业发展的不利因素，全年实现收入 72 697 万元，实现利润总额 60 693 万元，净利润 47 013. 61 万元。

二、社会责任履行情况

2011 年 3 月，中国绿化基金绿色大连基金成立，公司向该基金捐款 300 万元。

2011 年，公司积极响应大连市政府对农村定点扶贫的号召，组织公司员工向定点帮扶对象捐款捐物，并派出相关工作人员实地走访调研，帮助定点帮扶村庄的居民解决实际问题。

三、2012年发展规划

2012年，公司总体发展规划是：充分发挥华信信托较强的自主管理能力，扩展投资领域、完善投资管理体系，提升资产管理能力和业务规模，带动盈利能力持续提升；提高风险管理能力，建立起科学、高效的风险分析与评价体系，准确识别、控制各类风险；加强团队建设，以良好的企业文化、综合化的激励机制，通过内部培养和外部引进相结合的方式，建立一支富有创新精神、业务素质高、管理能力强的团队；通过丰富理财产品体系、提升客户服务水平、加强银行代理发行，扩大客户群体和信托产品发行规模。

具体在信托业务方面，公司将采取以下几方面的工作措施：第一，要扩大营销队伍，充实营销力量；加大银行代理发行力度，在原有合作银行销售规模的基础上，拓展新的合作银行。扩大营销队伍，引进金融相关专业人才，为营销业务开展提供充足的人力保障。第二，要加大中后台部门支持保障力度；明确中后台部门定位，在坚持风险控制的前提下，要以业务发展为出发点，为前台做好服务和保障，提高效率，把中后台建成风险控制中心和服务保障中心。第三，要加大创新力度，以产品创新支持信托业务发展；在确保信托产品方案设计符合项目需求、合法合规、风险可控、退出机制可靠的前提下，学习和借鉴同业信托产品，对公司现有信托产品进行创新设计，进一步丰富信托产品种类。

在固有业务上，公司要积极寻找投资机会，提高固有资产利用效率。要充分利用银行间市场会员、上海黄金交易所交易专户等业务资源，开展固有资产的投资业务，获取可观收益。继续做好现有金融类股权投资项目管理，完善管理模式，注重发挥企业之间协同优势，取得综合效益。

在风险控制方面，公司要以促进业务发展为目标做好风险防控工作。树立积极的合规与风险防控理念，在风险可控基础上，将合规性与创新性有机结合；根据监管政策，结合公司实际，制定各类业务准入标准，同时根据业务开展情况、信托资产结构以及市场竞争情况及时修订业务政策。坚持业务全过程的风险控制管理。加大案件防控力度，确保无案件发生。

在加强内部管理方面，公司一是加大人事制度改革力度，强化员工队伍管理；对所有岗位实行考试考核竞聘上岗。建立业务骨干、后备干部选拔以及优秀人才引进机制，并加大培养和考核力度，实现人才的合理流动，实现员工能进能出、干部能上能下。完善薪酬分配制度，严格按照工作量、贡献度来进行薪酬分配，进一步发挥薪酬制度的激励作用。二是加快信息技术建设步伐，2012年要全面完成综合管理信息系统的项目系统开发和实施工作，建立起覆盖业务操作、经营管理、风险控制等全方位的信息系统。特别是业务的创新、管理模式的创新等，信息技术支持服务要跟得上。做好信息安全管理，特别是要加强数据备份管理，建立异地备份机制，实现系统的自动切换、实时备份，保障数据安全。三是加强企业文化建设，要继承公司30年发展历程中所积累的精神财富，并不断丰富新的内容，形成体现华信特色的企业文化。党、工、团组织要配合开展形式多样的活动，进一步增强员工的凝聚力、向心力，最终达到团结力量、增强信念、推动业务发展的目的。

华润深国投信托有限公司

一、2011 年经营概况

（一）财务数据

2011 年，伴随着宏观经济放缓和监管政策调整，信托行业风险骤然增加。公司适应市场变化，及时开展管理变革、调整业务结构、优化商业模式，使信托业务在公司营业收入中占比大幅提升，实现了公司整体的持续健康发展。

截至 2011 年末，华润信托全年实现净利润 10.84 亿元（财务数据未经审计，下同），总资产 101.64 亿元，净资产 88.07 亿元；管理的信托资产规模突破千亿元，达 1 257 亿元，同比增长 109.2%，远高于同期行业平均增幅（58.0%）水平；全年共实现信托业务收入 7.00 亿元，同比增长 91.5%；全年综合信托报酬率达 0.84%，较上年增加 16 个基点。在沪深 300 指数下跌 25.01% 的市场条件下，华润信托固定收益产品回报率达 8.08%。

（二）管理提升

2011 年，华润信托以组织架构变革及结构性金融业务部门负责人公选为契机，拉开了全年内部管理提升和体制改革的帷幕。在全年通过组织架构变革、全员绩效管理以及风险控制体系持续深化，提升了公司内部管理水平，有力支持了公司业务拓展。

1. 组织架构变革。华润信托通过建立符合行业特征的公司组织架构，提升业务的快速响应速度，打破区域和行业限制，鼓励各业务团队做大做强。设立以总裁为首的结构金融业务委员会负责结构金融业务整体战略管理，设立结构金融综合办公室负责结构金融业务部门的综合协调，并对部门负责人选拔采用公选方式，鼓励“能人”举手，对公司业务发展起到了积极的推动作用。

2. 全员绩效管理。华润信托上线全员绩效管理系统，引入绩效管理战略地图体系，使得公司绩效管理工作迈上新的台阶。通过建立针对全体员工（含高管）的年（月）计划、周跟踪和年（月）评估的绩效管理体系，实现以绩效目标为导向，对绩效实行全过程、全方位管理并且以客观事实为依据，对绩效实行公开化、科学化管理。

3. 风险控制体系。华润信托以战略为导向，紧密结合公司业务实际，构建了多层次、专业化、多维度的风险管理体系。公司通过搭建多层次的风险管理组织架构，构筑各自独立、相互制衡的内控体系；建立专业的风险管理机构，设置合理的分级授权机制及明确的职能分工；实行包括业务部门、专业委员会、风控部门、风控会在内的多重风险控制机制。以业务流程为基础，对各类风险点分析评估与控制，实现全流程风险管理，为公司业务的长期稳定健康发展奠定基石。

4. 信息系统建设。华润信托信息化建设已初步形成 IT 管治、基础设施、应用系统（运营类和管理类）、商业智能等较完善的体系。其中，运营类系统是公司必不可少的业务运营支持基础系统；管理类系统是体现公司的管理差异化，体现公司核心竞争力。目前公司通过对管理类系统整合和优化，逐步使信息技术真正构成企业核心竞争力。利用技术手段，结合业务特点和对业务深入分析再造出新的业务模式、新产品和进行服务的创新。

二、创新业务案例

华润信托在金融创新方面紧紧围绕风险调整后的收益以及差异化的竞争优势两大目标，沿着业务创新和管理创新两大主线展开。其中业务创新注重培养自主管理能力和独立客户群体，向直销化、长期化、基金化发展；管理创新则侧重组织发展和文化建设，向市场化、敏捷化、协同化发展。

（一）发行国内首只煤炭资源整合并购基金

华润信托与长安信托、内蒙古恒东能源集团有限责任公司（以下简称恒东集团）合作发起成立鄂尔多斯市民生财富能源投资中心（有限合伙）（以下简称基金）。基金目标规模 100 亿元人民币，首期基金募集规模为 18 亿元，期限为 2.5 年。该信托计划已于 2011 年 12 月 23 日成立。

该信托计划在高收益的投资性矿产资源整合业务中通过信托嫁接基金，结合良好的风险控制措施，为投资者提供了一个长期投资、高收益的产品。同时通过基金的投入，可大大缓解整合主体当期的资金压力，延缓整合主体的资金支付进度，降低财务风险。本项目将传统的被动式、短期化、低收益的银信合作变为主动式、长期化、高收益的业务伙伴合作模式，在行业内具有创新意义。

（二）发行国内首只零售业发展基金

华润信托与中国银泰投资有限公司（以下简称中国银泰）合作发起设立天津银泰零售业发展股权投资基金合伙企业（以下简称基金）。基金目标规模50亿元人民币，期限为5年。首期基金募集规模为20亿元，其中中国银泰认购4亿元，华润信托发行华润信托·银泰零售业发展投资基金1期项目集合资金信托计划（以下简称信托计划），募集信托资金16亿元加入基金，由基金通过天津银润投资有限公司以股权和债权方式投资于四川、浙江等地项目，信托投资者预计收益率为14%～19.5%/年，期限5年，该信托计划已于2011年5月6日成立。

该信托计划在高收益的投资性房地产业务中通过信托嫁接基金，采取良好的风险控制措施，为投资者提供了一个长期投资、高收益的产品，并为银泰集团提供了定制化城市综合体开发融资方案。该项目通过公司联合组建基金管理公司，实现有效的主动管理，同时在交易结构中通过优先次级安排、基金中间结构设置债权担保，为投资者的最低投资收益的承诺提供了双重保障。该信托计划在《融资中国》评选的2011年房地产基金推动奖中评选为“最具影响力信托奖”。

（三）开创阳光私募伞形信托模式（MOM）

华润信托独创了阳光私募伞形信托模式（MOM）致力于服务被忽视的细分市场的中小型资产管理人。利用多层信托架构，整合券商、投资顾问、银行和信托的利益，极大提高存量账户利用效率。该模式锁定了行业排名靠前券商，在行业领域中辐射范围最广，品牌优势和运营效率明显，也是行业内优先资金配资速度最快、成本最低，竞争力突出的信托类型。

三、社会责任履行情况

华润信托自1982年成立以来，在追求经济效益，保护股东利益的同时，积极保护债权人和员工的合法权益，诚信对待投资者，维护公共利益，积极从事公益事业，积极承担企业应尽的社会责任。

在股东和投资者价值创造方面：自公司成立以来，公司资产增长了160多倍，由一家注册资本不到6 000万元的公司发展成为今天总资产100多亿元、管理信托资产上千亿元，内部体系完善、运营高效的公司。公司始终秉承着“投资者利益至上”的原则，自成立日起未发生过任何一起到期不兑付事件，近五年来年均兑付信托财产超千亿元，有效履行了受托人责任，致力于持续保障投资者和股东利益的最大化。

在员工合法权益保障方面：一直以来，公司坚持保障员工的各项合法权益，在使用人才为公司谋发展的同时，也积极开展各项培训活动使员工自身得到全面提升和发展。2011 年员工培训覆盖率达 100%，人均培训时间超过 5 天，打造了员工实现自我价值的优秀平台。

在慈善公益方面：公司秉承着华润集团企业文化的重要组成部分之一——感恩，始终坚持“感恩、回馈”的理念。在 2011 年华润集团经理人慈善晚会上，公司高管率先以实际行动支持公益事业发展，向华润慈善基金踊跃捐款，同时公司也向华润慈善基金捐款 50 万元用以支持各项公益建设。

华润信托开展慈善公益活动中，提倡实行“智慧型”公益事业，通过统筹协调，使有限的资源突出实效，扩大影响力。并且通过结合自身业务专长，开展形式多样的慈善公益活动。2011 年，华润信托第二只有公益性质的信托项目结束后，通过深圳市慈善会向四川地震灾区学校捐助 10 万元，并在 7 月发行华润慈善基金单一信托理财项目，运用专业管理能力实现 6 000 万元公益资产的有效增值。

四、2012 年发展规划

公司高度重视未来业务发展规划，确立了以客户为导向，通过持续创新，建立专业专长，为客户持续提供定制化、差异化的综合解决方案，成为领先的金融服务公司的战略愿景；确定了以投资银行、私人银行、资产管理和金融服务为公司的商业模式；通过发挥信托制度的优势以及信托公司跨实业市场、资本市场和货币市场的结合，为中小客户提供大规模定制解决方案，为大中客户提供一对一定制解决方案。2012 年是公司战略规划实施的第三年，公司将进一步加强管理、加快变革，使业务更上一个台阶，确保公司的战略规划按照时间进度落实。

上海国际信托有限公司

一、2011 年经营概况

2011 年，上海信托积极适应国内外经济形势变化，坚持以创新驱动、转型发展为统领，以提高信托业务收入、巩固信托行业地位为立足点，以增强自主创新、推进业务转型为切入点，以加强风险控制、优化运营管理为支撑点，认真落实各项经营发展目标，信托业务收入和规模都较上年同期有大幅度增长，继续保持良好的发展态势。

在信托主业方面，2011 年房地产信托、银信合作等业务继续受到严格监管，证券市场持续低迷，公司积极适应政策导向，不断调整业务策略，持续加大创新力度，在原有传统业务的基础上，不断拓宽业务范围和投资方向，深入挖掘细分领域的投资机会，突出专业化管理的投资价值，进一步优化信托资产结构。在证券领域，积极应对市场变化，不断加强主动管理能力的培育，对跨市场配置的“红宝石”系列产品陆续调整了子信托的配置比例和配置组合。在股权领域，通过对现有各类债务融资类信托产品进行标准化、规范化的设计，推出信券系列股票联动债产品。在房地产领域，坚决规避风险聚集的区域、企业和项目，联合优质客户着力开发房地产投资基金。在银信合作领域，一方面扩展合作银行的覆盖面，另一方面深化合作模式，大力拓展资金池业务新的增长点，相继开发了“稳利”、“安利”、“增利”等系列产品，为高净值客户和机构客户提供了现金管理的服务手段。在货币市场方面，明星产品“现金丰利”的扩张速度不断加快，作为完全主动管理的产品，目前现金丰利的投资组合几乎涵盖了金融市场上所有固定收益产品，通过灵活配置和积极管理，产品的年化收益率屡创新高，具有很强的市场竞争力。在 QDII 业务方面，继续扩大行业领先优势，不断加强产品研发力度，截至 2011 年末存续规模约 9 亿元，极大地丰富了高端投资者的资产配置工具。在另类投资领域，推出“香花石”系列中国新绘画艺术品投资集合信托计划，该产品定位于投资型，既借鉴金融产品的优先劣后结构化模式，又充分考虑艺术品市场的投资规律，在业内处于业务创新的前沿阵地。公司继续拓展并不断完善已有的产品系列，包括“红宝石”、“紫晶石”、“钻石”、“碧玺”等系列产品，进一步提升了行业竞争力和影响力。

在自营业务方面，坚持以资产配置为核心，积极寻找资金的安全性、流动性和盈利性之间的平衡点，不断提升主动投资管理能力，同时积极发挥种子基金作用，支持信托业务创新发展，为公司在股票、债券、股权、房地产信托等领域不断探索提供了有力支持。另外，公司还积极尝试自营股权投资业务，制定了《公司固有资产股权投资业务管理办法》，从券商、中介、产权交易所等多渠道获取项目信息和业务机会，对重点项目进行考察，并进行前期可行性分析，有望取得阶段性突破。

在风险管理方面，公司进一步加强制度建设，2011 年全年共制定或修订了十七项制度，同时不断推进信托业务标准化，分类起草信托业务要素框架，配合业务转型，积极探索创新型基金化业务的评审标准和风控要点，做到对创新业务潜在风险的有效识别、防范和控制。针对监管部门对房地产、银信合作、信政合作的监管重点，公司认真贯彻落实，高度关注房地产交易对手的流动性风险及整体风险状况，做好压力测试和专项审计；继续做好银信合作信贷类业务的比例控制工作，重点做好项目贷后随访；按照“逐包打开、逐笔核对、重新评估、整改保全”的监管要求，做好地方融资平台清理工作，撰写自查报告，制订风险处置预案。通过一系列的措施，公司不断完善内控机制，有效防范和控制业务风险，进一步提高项目的管理效率和风控力度。

在客户营销方面，公司继续加强合格投资者培育和营销渠道建设，坚持以直销为主的销售模式，2011 年全年直销规模超过 100 亿元。同时，不断提升客户服务水平，以高度负责的态度为客户进行风险适应性评估，根据保守、稳健和激进三种类型的评估结果，并结合客户自身具体情况，向客户推介与其风险偏好和承受能力相符的产品，帮助客户匹配适合的产品，为客户进行资产配置的指导和建议，进一步增强了客户对公司的信任感与忠诚度。

在运营保障方面，公司开创性地对建立“大运营”模式进行了积极探索，以“细分操作界面、明确功能定位、提升运营管理能力”为重点，进一步优化运营操作流程。同时，启动新一代信息系统建设，配合主动管理业务转型和金融产品创新，完善了 QDII、黄金投资、大宗商品投资、艺术品投资等方面的配套系统功能，进一步提升信息系统的保障能力。

在品牌建设方面，2011 年，公司携手国际知名品牌咨询公司，制定了《上海信托 2011—2013 年品牌成长规划》，建立包括品牌传播策略、品牌接触点管理、品牌信息和内部品牌文化建设等一系列品牌管理规范，进一步提升了公司的企业形象和社会品质。公司良好的经营业绩和稳健的发展态势受到监管层、同业、社会大众的一致认可，在行业评比中屡获殊荣。在人民银行举办的 2010 年度上海市企业征信系统建设评比中，荣获“征信系统建设一等奖”。在上海银监局举办的 2010 年度上海银行业金融机构监管统计工作评比中，荣获二等奖。同时，还荣获《上海证券报》评选的“诚信托”2010 年度“卓越公司奖”；“钻石一号”定向增发主题投资信托基金荣获“价值信托产品奖”；荣获《21 世纪经济报道》评选的 2010—2011 年度中国资产管理“金贝奖”最佳风险控制信托公司奖；荣获《证券时报》评选的第四届“中国优秀信托公司奖”，充分显示了公司品牌、综合实力、业务创新处于行业领先地位。

二、创新业务案例

（一）碧玺系列银嘉股权投资集合资金信托计划

2011 年 2 月，上海信托推出银嘉股权投资集合资金信托计划（一期）。该产品是公司针对一些长期客户在资本市场投资的实际需要，同时顺应有限合伙企业在各地工商登记注册、税收、后续管理等方面的优势而进行开发的。产品主要通过有限合伙企业进行上市公司定向增发股权投资以获取投资收益和资本增值。

产品特点是：（1）有效利用信托和有限合伙结构二者的优势，设计了涵盖有限合伙企业从设立、资金对接、到期退出等环节的一站式解决方案，为后续拓展其他业务提供了极大的便利；（2）产品结构经过宣传推广，已成为 PE 管理公司开展业务的优选方式，并在资本市场、艺术品、房地产、基础设施等各种投资中得到广泛利用。

（二）“香花石”系列·中国新绘画艺术品投资集合资金信托计划

2011 年 4 月，上海信托推出“香花石”系列·中国新绘画艺术品投资集合资金信托计划。该产品在投资型产品的开发、结构化收益分配设计等方面名列行业前茅，是真正依赖收藏眼光的自主管理型投资产品。同时，作为上海信托开发的首款另类投资产品，该产品生命周期长，对于培育信托公司财富管理的核心竞争力、充分发挥信托灵活的创新制度优势、抢占高端财富管理市场制高点具有重要的战略意义。

产品特点是：（1）投资专业化：通过有效整合信托公司、投资顾问和第三方专业人士三者的优势，形成多维度价值评估与独立评审体系，保证艺术品投资的专业化；（2）产品结构化：根据不同委托人的投资风险状况设定投资收益分层比例；（3）配置分散化：在主题投资的基调下，实施分散化投资策略，在资金分布上进行合理布局；（4）运营协同化：通过整合各方金融和实业机构，提升另类资产管理的综合水平；（5）管理科学化：对产品进行持续市场跟踪和动态评估，对风险进行有效识别和监控。

（三）“上信——金砖”住宅系列上信华府 1 号股权投资信托计划

2011 年 9 月，上海信托推出“上信——金砖”住宅系列上信华府 1 号股权投资信托计划项目。信托资金用于认购上信华府投资中心合伙企业的有限合伙份额，分享合伙企业的投资收益。

产品特点是：（1）首次按照国际惯例设立有限合伙制的基金平台，形成了可实际运作的较为科学合理的基金管理决策体系；（2）按照基金基本原理，打造一款纯浮动型产品；（3）尝试按照投资方式进行思考、决策和操作，对房地产基金的投资要求和流程有了实质性体验；（4）探索客户体验式营销模式，对投资方和投资标的进行实地考察，为未来基金发行积累了宝贵经验。

（四）信券系列专项债权投资集合资金信托计划

2011 年 12 月，上海信托推出信券系列专项债权投资集合资金信托计划，募集资金用于投资中国泛海控股集团有限公司作为债务人的中国泛海债权。

产品特点是：（1）信券作为一种债权债务合约，具有明确的法律地位；（2）作为新型的债务融资工具，上海信托根据融资主体的资金需求，开发设计标准化的信券产品募集资金予以对接；（3）开创性地构建统一、完整的评级体系，对信券进行标准化信用评级，实现科学的风险定价。

三、社会责任履行情况

上海信托在大力发展信托业务的同时，也时刻践行作为企业公民的社会责任。作为一家国有大型信托公司，上海信托始终以“服务社会、改善民生”为己任，秉承追求卓越的精神、稳健合规的理念、客户至上的宗旨和诚信勤勉的作风，在市场上树立了良好的品牌形象，得到了业界和客户的广泛认可和赞誉。

公司把积极履行企业社会责任作为一项重要战略举措，积极贯彻国家政策，服务广大客户，强化公司治理结构，弘扬卓越文化，支持公益事业，帮助弱势群体，保护生态环境，推动经济社会环境健康协调发展，与客户和投资者携手促进社会和谐，努力成为国内一流的资产管理和财富管理金融机构。

公司积极响应国家号召，发挥跨市场、跨地域、跨机构的信托制度优势，大力拓宽融资渠道，有效地拉动了社会投资，培育多元投资主体，逐步形成市场化、多渠道、多模式的投融资格局，架起社会闲散资金通向城市发展与建设的桥梁，为长三角经济区的产业转型和城镇化建设筹集了大量的资金。同时，响应国家九部委联合发布的《关于金融支持文化产业振兴和发展繁荣的指导意见》，积极开发并推广艺术文化概念金融产品，发行“香花石”系列产品，打破了艺术品投资的传统模式，是真正依赖“收藏眼光”的自主管理型投资产品，是能够用时间诠释价值、让投资者分享超额收益的高端理财产品。

公司凭借对国内投资者的风险收益偏好的深刻理解，以增加投资者财富为不懈努力的方向，与众多客户相伴成长，赢得了广泛信赖。按照监管机构对信托产品营销的要求，上海信托坚持真实、准确、全面地向投资者提供产品信息，充分揭示产品风险。在信托计划中，清楚地列明信托规模、信托期限、收益分配、收益来源、项目概况、主要风险控制措施等各项条款。在产品营销中，上海信托严格执行《集合资金信托管理办法》的规定，不以任何方式承诺信托资金不受损失或享有最低收益。公司对信托计划的预期收益进行如实描述，不虚夸、不承诺，充分体现以“信用”为基础的核心理念。在产品运行中，上海信托遵照信托文件的约定，对重点产品的信托财产价值变化情况、股票红利收取情况、信托财产追加情况等向投资者进行了及时、充分的信息披露，确保投资者的知情权。2011 年，公司所有信托产品均实现安全兑付，为投资者带来丰厚收益。

在社会公益方面，公司积极组织全体员工参与奉献爱心、回报社会等公益活动。一方面通过各党支部开展“一手牵小、一手扶老”双结对活动，从精神和物质层面给予结对对象亲切关怀，为他们送去资助款项和资助物品，关注老年人的精神生活追求，关注学生身心健康，鼓励他们勇敢面对生活的磨难，追逐理想。另一方面，组织青年员工与上海星雨儿童康健园结成共建对象，关心自闭症儿童这个特殊群体的学习和生活，为他们送去各种教学用具，参与“一对一”式的教学活动，呵护他们的成长。公司还积极组织各类募捐和帮困工作，定期慰问困难党员、群众，引导员工增强对弱势群体的关心和了解，进一步加强“奉献、友爱、互助”的精神。

长期以来，公司一直将义务献血作为公司文化建设的一项重要内容，鼓励和配合员工积极参加义务献血活动。2011 年共有 10 名员工，近年累计 33 人次主动参加义务献血活动。通过这项活动，培养了员工积极投身社会公益事业的意识，增强了员工的责任感和使命感。员工们都表示，作为社会的一分子，应当具有无私奉献的精神，回报社会是每个人的责任和义务。

为深刻贯彻十七届六中全会大力发展文化产业的政策精神，为上海市文化事业的建设和繁荣作出贡献，2011 年 11 月，上海信托独家冠名的具有世界顶级水准的柏林爱乐乐团音乐会在沪成功演出，开创了金融企业参与艺术公益事业的先河，使上海市民在改革开放后有机会再次目睹这支世界一流交响乐乐团的风采。借此机会，搭建起世界顶级艺术家与上海文化建设之间交流与沟通的桥梁。公司在努力提升公司金融创新及投资管理能力的同时，不遗余力地履行着关爱社会、改善民生的社会责任。

四、2012 年发展规划

2012 年，上海信托将继续深化体制机制改革，推进业务转型，不断增强自主创新意识，积极培育主动管理能力，全力推进公司开创持续跨越式发展的新局面。

在信托主业方面，积极应对环境变化，做大做强核心业务，不断提高资产管理水平。在流动性产品方面，适时优化升级现金丰利等资金池项目，有效发挥资金蓄水池的功能，平滑产品供应和销售的不均衡，逐步奠定公司财富管理的产品基础。在证券和股权投资方面，紧密跟踪国家产业政策和宏观经济的发展趋势，加强产品短期运营风险控制，注重产品长期投资价值的体现。在房地产投资方面，在控制风险的前提下，谨慎把握介入机会，进一步扩大项目选择范围，继续深入探索房地产基金业务模式，寻找行业并购机会。在另类投资方面，加强监管沟通，完善产品模式，不断丰富产品线，继续保持业内领先优势。

在自营业务方面，进一步优化自营资产结构，集中资源提升投资业绩。加强对资本市场的研判，强化投研一体化模式，压缩权益资产规模，提高固定收益资产的投资绩效，对现金管理更趋精细化，坚持固有资产支持信托主业的战略方向，不断提高对信托业务的支持力度，实现自营业务与信托业务的双赢。

在市场营销方面，树立全员营销的理念，提升营销拓展能级，重点做好客户开发落地和服务跟进工作；加强直销渠道建设，加速营销网点的区域覆盖，不断提高公司直销力量；契合公司品牌形象定位，积极开展市场推广活动，进一步提升公司产品和公司品牌的认知度和美誉度。

在经营管理方面，坚持合规文化建设，科学制定风险定价；全面推进大运营管理，强化运营过程流程建设；继续加强团队建设，不断推进体制机制改革，全面激发企业经营活力。

中诚信托有限责任公司

一、2011 年经营概况

2011 年我国经济金融总体运行平稳，但面临的国内外环境十分复杂。全球经济活动减弱并进一步失衡，市场信心下降，下行风险逐渐增大。我国经济总体运行平稳，但经济增速缓慢回落与物价较快上涨交织，宏观调控难度加大。

信托监管政策持续收紧，中国银监会先后发布加快清理银信合作业务，从严规范房地产信托业务的相关监管政策；中国人民银行以控制全社会融资总量增长为目标，对信托公司固有资金贷款规模作出限制。业务发展方面，尽管中国银监会出台了信托业务参与股指期货交易的指引，但实际操作空间很小。此外，近两年来一系列调控和监管政策收紧后的累积效应和滞后影响开始显现，信托公司业务拓展和风险防范的压力不断加大。面对严峻形势，中诚信托按照“保兑付、调结构、拓市场、精管理”的总体部署，审慎应对市场变化，严格控制风险，加快业务转型。通过艰苦努力，中诚信托 2011 年的经营概况表现在如下几个方面。

（一）信托业务继续稳步增长，业务转型呈现新亮点

尽管中诚信托的信托业务仍以地产业务为主，但在煤炭行业、现金管理类领域，以及艺术品等另类投资等信托业务都得到了有效拓展。2011 年，中诚信托的房地产信托项目合作开发商资质明显提高，且开始进行主动股权投资的积极尝试；煤炭产业信托方面，中诚信托立足于股东背景优势，通过与银行等机构合作，在山西、内蒙古等地相继推出多只煤炭产业信托产品，并与盘江集团等积极探索组建煤炭产业并购基金开拓新的业务空间；2011 年，中诚信托还在艺术品、红木等另类信托领域发行了多款产品，在债券类信托业务等方面取得了重要进展，公司信托产品线更加丰富。2011 年，中诚信托 QDII 业务再次获得 3 亿美元外汇额度，诚信海外配置系列产品已经成功发行投入运作。截至 2011 年末，公司信托财产规模达 2 038 亿元，其中集合类信托 652 亿元，占比 32%；单一类信托 1 312 亿元，占比 64.37%；财产权类信托 74 亿元，占比 3.63%。

（二）拓展资金运作方式，调整优化固有资产战略布局

2011 年，受国家宏观经济调控政策影响，中诚信托固有资产的运用在传统贷款方式受阻的情形下，主要探索通过参与认购信托计划，开展 PE 业务等方式在保障安全的前提下获取收益。为了盘活固有资产，提高资产流动性，公司稳步推动了国都证券与西南证券重组工作；在 PE 创新业务中，中诚信托完成了对中关村兴业（北京）投资管理有限公司管理的银汉创业投资中心投资，组建了诚盈（上海）股权投资基金管理有限公司并设立规模达 10 亿元的诚盈一期股权投资基金；中诚信托关于组建中诚资本有限公司的相关方案在 6 月份获得中国银监会正式批复，新公司正在筹建中。

（三）严格风险防控，顺利完成信托项目兑付任务

2011 年房地产市场进一步趋紧，开发商现金流紧张情况频现，房地产信托业务面临风险考验。中诚信托紧紧围绕“保兑付”的工作重心，前台、中台、后台各部门一起联动，扎实抓好信托项目的管理，严格风险防范，确保了所有到期信托项目正常兑付。2011 年共计兑付信托计划 205 个，累计给付信托本金和收益达 941 亿元，取得了保兑付工作的阶段性胜利。

（四）落实净资本管理办法，推动业务结构转型

根据中国银监会的《信托公司净资本管理办法》及相关要求，中诚信托研究制定了《净资本管理实施办法》，并经董事会审核通过后正式实施，开始对各业务条线的风险资本进行额度配置和监控，实现风险有效管控，推动业务结构主动转型。

二、创新业务案例

（一）中诚信托红木投资集合资金信托计划

2011 年 12 月，中诚信托成立了“2011 年中诚信托红木投资集合资金信托计划”。该信托计划以购买红木原料和红木家具的形式实现对信托资金的运用，交易对手方按照约定时间和约定价格逐步回购信托资金购买的红木原料和红木家具的形式实现信托资金的退出和实现信托投资收益。

该信托计划的特点是：（1）以强制公证的形式实现信托资金对标的资产的购买和信托财产登记；（2）信托公司全面介入标的资产的购买、保管和回购，全面实现信托资产的自主管理；（3）由第三方权威机构对红木材料进行鉴定，弥补信托公司专业知识的不足；（4）以创新的方

式弥补信托公司专业知识的不足，拓展信托公司业务领域范围。

（二）QDII 业务创新

截至 2011 年末，中诚信托共获得 5 亿美元投资换汇额度的受托境外理财业务（即 QDII 业务）。中诚信托已经成功发行了“诚信海外投资系列”和“诚信海外配置系列”项下多只受托境外理财单一信托产品。

以诚信海外配置系列产品为例，该项下产品主要投资于港股个股、IPO 和国际配售等项目。该产品特点是：（1）选择具有代客境外理财业务托管资格的优质商业银行为托管银行；（2）引入投资顾问机制，委托人可亲自或指定投资顾问向受托人发出投资建议；（3）资金流动性强，信托计划存续期间委托人可灵活增加或赎回信托单位。

三、社会责任履行情况

中诚信托重视员工自身成长，建立了员工职业培训制度，积极开展业务技能培训，为员工职业发展提供更多机会。2011 年，中诚信托在票据知识及业务、期货市场及股指期货、合伙企业法、法律文书制作等方面开展多次培训。

中诚信托公司管理层支持工会依法开展工作，对工资、福利、劳动安全卫生、社会保险等涉及员工切身利益的事项通过员工民主生活会的形式听取员工意见。中诚信托公司党委及领导班子成员召开民主生活会，根据群众意见，结合会议主题和公司需重点解决的问题，提出班子和个人的整改措施。

中诚信托参加国务院赋予银监会的试点扶贫工作，确定公司 2009—2014 年五年期间，每年向甘肃省和政县捐赠扶贫款 50 万元人民币。

四、2012 年发展规划

2012 年全球宏观形势十分严峻。因欧债危机影响，全球经济正面临非常困难的局面，存在明显的下行风险和脆弱性。美国经济短期复苏明显，但私人部门去杠杆化压力仍然很大，刺激政策退出后经济能否自主增长仍存在不确定性。日本经济仍将低迷。中东地区政治冲突和不稳定因素将对全球石油供应产生重大影响。发展中国家的经济增速也在急剧放缓。我国经济结构调整压力非常突出，增速继续放缓，内外经济的失衡尤其是外部发展环境的恶化，使经济面临较大风险。我国中央经济工作会议的总基调是“稳中求进”，继续实施积极的财政政策和稳健的货币政策，稳健的货币政策在持续微调的步骤下将逐步放松。房地产严厉调控政策仍将持续，预计2012年房地产价格将下降。

中诚信托2012年的经营工作重点是：

第一，严格风险防控，确保信托产品的安全兑付。在严厉的房地产市场调控政策影响下，部分房地产开发商资金链将非常紧张，将影响部分房地产信托项目按期兑付。中诚信托将通过进一步加强信托项目管理和监测，综合利用各类资源确保每一信托项目都能按期兑付。

第二，以自主管理能力建设为核心，全力推动公司业务结构转型。一是调整信托业务的行业分布结构，逐步降低房地产行业的比重，在基金型信托产品、煤炭产业信托、债券投资信托计划等新兴业务领域逐步培育新的业务和利润增长点；二是调整信托财产管理运作方式，逐步降低信托贷款等融资类信托产品的比重，逐步提高股权投资类等主动管理类信托产品的规模和比重；三是丰富信托产品的期限结构，增强债券市场主动投资管理能力；四是继续推动QDII、PE、资产证券化等创新业务的发展。

第三，加强自主营销渠道建设和客户开发，继续拓宽公司营销渠道，为业务转型和持续发展提供支撑。一是密切关注监管部门政策动态，积极做好异地营销分支机构的筹备工作；二是巩固银行、保险、第三方理财等渠道合作，共同满足客户财富管理需求；三是进一步做好与客户的沟通互动工作，提高客户的维护和服务水平；四是加强信托理念和公司形象宣传，做好投资者教育和潜在客户的挖掘培育工作。

第四，继续苦练内功，提升公司精细化管理水平。一是加快信息化建设进度，利用信息化平台和手段进一步优化业务管理流程；二是根据转型发展需要，抓紧研究新的业务运作模式和激励机制，优化内部组织分工架构，保持公司的稳定和活力；三是继续完善内部风险管理体系，真正实现风险全面管理；四是继续加大培训力度，丰富培训学习方式，提高员工专业技能和综合素质。

中海信托股份有限公司

一、2011 年经营概况

2011 年，面对宏观政策紧缩、行业监管政策多变、市场异常严峻的形势，中海信托围绕“二次跨越”要求，坚持合规运营，推进业务转型，强化内部风控，完善体制机制，保持健康、稳健、可持续的发展态势，经营指标创历史新高。

（一）资产继续保持高质量

截至 2011 年 12 月 31 日，公司总资产 45.30 亿元，净资产 42.83 亿元。公司各项业务稳健发展，未发生任何信托项目不能按期兑付、损害投资者利益的情况，连续八年保持新增不良资产为零。

（二）经营业绩创历史新高

收入及利润创新高。截至 2011 年 12 月 31 日，公司实现营业收入 10.28 亿元（其中信托手续费收入 7.64 亿元），利润总额 8.38 亿元，净利润 6.61 亿元，分别较上年同比增长 26.4%、24.3%、26.7%，超额完成公司年初目标。公司人均净利润约达 671 万元。

净资产收益率继续保持较高水平。2011 年公司净资产收益率达 25.15%（未考虑 2011 年末增资 13 亿元因素），20.16%（考虑 2011 年末增资 13 亿元因素）。

资产管理规模稳步增长。2011 年累计管理信托资金规模约达 4 200 亿元，同比增长 28%；2011 年末公司管理的信托资产余额达到 1 502 亿元，其中投资实业类的资金为 979.45 亿元，占比达 65.21%，主要运用于交通、能源和基础设施行业等中央企业、地方骨干企业和大型项目。当年已实现表外信托业务收入 88.20 亿元，创造信托利润 61.95 亿元。

（三）品牌影响力持续提升

公司在为委托人做好资产管理的同时，切实保障委托人的合法权益，为委托人把好风险关，做到“贴心服务、专业服务”，以稳健经营和专业理财能力树立起良好的公司品牌和社会形象。2011年在《上海证券报》举办的第五届“诚信托”奖评选上，中海信托荣获2010年度“诚信托——卓越信托公司奖”；在《证券时报》主办的“信托行业发展高峰论坛——中国优秀信托公司颁奖典礼”活动中，中海信托获得“中国优秀信托公司”、“最佳资源类投资信托计划”奖项。同时，中海信托在上海市黄浦区人民政府评选的“2010年度黄浦区突出贡献五十强企业”中排名第七位；荣获上海市国家税务局、上海市地方税务局2008—2009年度纳税信用等级A类称号。

（四）打造专业高效的信托团队

截至2011年末，公司共有正式员工101人，其中40岁以下员工86人，占85.14%；具有研究生学历的员工68人，占67.33%；高级管理人员和专业人员78人，占77.23%，公司人力资源队伍呈现年轻化、高学历化、专业化的特征。

二、创新业务案例

公司视创新为发展的动力，坚持以市场为导向，以客户为中心，充分利用跨市场配置的信托制度优势进行产品和业务创新。

2011年，公司在严格控制风险的前提下，加大创新力度，不断提升主动管理能力，不断拓展资产管理产品线。

公司充分发挥在结构化信托、矿业领域和资金流动性管理的综合优势，推出了信托公司主动管理的矿业投资基金“中海·睿智1号矿业投资项目集合资金信托计划”的创新信托产品，创立了中海信托在矿业投资领域的管理品牌。

在投资类信托领域不断创新，如通过有限合伙企业参与股票定向增发的凯石定增保二号项目。

推出“张裕1912百年酒窖干红收益权投资集合资金信托计划”，通过创新将实物消费与投资理财结合，丰富了客户的投资渠道。

在中国城镇化建设投资领域，联合昆仑信托及国开金融（国开行全资子公司）共同发起设立国开城市发展基金，为社会资金参与国家城镇建设开辟了一条崭新的道路，对于信托行业参与到城镇运营、社会管理等方面做了有益尝试，具有较为深远的意义。

在证券结构化投资领域，通过充分利用信托公司灵活的风险、收益杠杆优势，运用信托受益权分层，推出保证金交易证券投资结构化产品，开创了每月按净值申购、赎回的融资类交易基金化产品。该产品在极大程度上满足各种风险偏好投资者的投资需求，也为投资者提供了更为高效、更为便捷的融资机会。

三、社会责任履行情况

作为国有信托公司，中海信托深知自身应承担的社会责任和政治责任，一直坚持“把国有企业的政治优势转化为核心竞争力”，大力加强企业文化建设，推行责任文化和风控优先文化，把维护金融稳定作为自己义不容辞的义务，在自身发展壮大的过程中不断为经济发展、金融安全、社会进步贡献自己的力量。

（一）切实保障委托人的利益

中海信托一直致力于为委托人把好风险关，做到“贴心服务、专业服务”，打造投资者信得过的品牌形象。几年来，公司累计受托管理资产规模超过 15 000 亿元，信托报酬收入占总收入比重超过 70%，累计为委托人创造收益近 292 亿元，远领先于国内同行业平均水平。公司各项业务稳健发展，未发生任何信托项目不能按期兑付、损害投资者利益的情况，获得委托人的高度认可。

（二）支持公益事业

中海信托坚持服务社会、奉献社会、回报社会，做负责任的企业公民，扶助弱势群体，投身公益事业，塑造了一个具有高度社会责任感的金融企业形象。2011 年 8 月，公司积极响应上海市委组织部号召，参与城乡党组织结对帮扶活动。公司党委与上海市崇明县建设镇的薄弱村党组织结对，援建该村卫生所项目，从源头“造血”，确保了结对帮扶工作的顺利完成。该项公益事业获得上海市红十字会颁发的“人道救助，爱心关怀”荣誉证书。

四、2012 年发展规划

2012 年是“十二五”时期承前启后的重要一年，也是信托业的转型之年，中海信托将紧盯市场变化，继续坚持一手抓风险防范、一手抓科学发展的方针，严守风险底线，拓展金融创新，夯实发展基础，推进发展方式转变，努力提高竞争力和服务水平，以适应新的市场格局变化，重点在以下方面取得突破。

（一）加快推进业务转型步伐，提升可持续发展能力

在“十二五”规划为导向的经济发展纲要下，政策层面对国内信贷和房地产行业的调控还

将持续，信托行业2012年或将迎来拐点，扩张速度会明显降低。为积极应对市场变化，中海信托将坚持拓展创新业务，打造核心竞争力。

模式创新。为有效提升资产管理规模和主动管理能力，公司进一步将投融资业务相结合，探索形成长期盈利模式。在调整优化投资结构中争取主动，把握市场机遇，提高投资质量和效益。

产品创新。公司以创新手段开拓资产管理业务，重点围绕结构化优先级证券投资产品，开发相关固定收益类组合产品，形成可持续的产品线。积极响应国家“十二五”规划，结合公司在能源、交通和基础设施等行业的投资特点，研究开发政策扶持产业类的信托产品。通过产品创新满足投资者需求，力争在科技创新、生态环保、资源节能等产品领域取得新突破，走差异化发展之路。充分发挥信托资金运用方面的广泛性、多元性、融合性及创新性等优势，并力争在QDII业务方面取得实质性突破。

服务创新。公司将努力在投资入股、融通资金、收购兼并、咨询服务等方面实现“一站式”金融服务，围绕信托项目从服务对象、服务形式、服务领域等方面进行调整和优化配置。

（二）适应转型要求，继续完善营销策略

未来，中海信托将聚焦资产管理和财富管理，通过培育产品开发、提高风险控制能力等措施，继续完善营销策略，为客户提供更加优质的服务。

加强差异化营销策略。公司以机构客户和高端个人客户作为业务的发展重点，进一步提升业务团队素质，以专业、创新为特点，提供满足客户需求的定制产品，并以此为基础逐步发展为以客户差异化管理为中心的私人银行和发展财富管理业务。在普通客户方面，加大现有客户的深度开发和维护力度，提高客户黏性和满意度，注重有效客户的开发，丰富对客户的宣传服务手段，提高客户满意度与市场份额，建立营销服务和客户关系管理的新渠道。同时，维护好与现有金融机构渠道的合作关系。根据监管政策变化，适时开展与非金融类销售机构的合作。

（三）配合战略转型，完善风控体系

扎实练好内功，加强体制机制建设，建立高效协调、有效制衡的前台、中台、后台机制，提高自身的风险管理技术和水平，提升制度执行力。

进一步明确量化风控指标，完善风控体系建设。根据业务转型的特点，推进各项制度的制定、审核、修订、完善等工作，促进公司规范、有序、动态地可持续发展。加强全程风控，着重提高项目管理各环节的风险防范，根据宏观形势及政策变化，及时调整业务风控侧重，确保在业务开展过程中不因市场变化而出现风险暴露点。针对市场变化，提高风控管理水平，公司将在风险管理模式和手段上进行适当调整。从重点关注业务风险向公司整体风险管理转变，风

险控制手段从以定性指标为主向定性指标和定量指标相结合转变等。

强化制度执行，培育合规与风控文化。近年来，通过对规章制度、业务流程、岗位职责、操作标准的健全和完善，公司已初步建立起与公司治理、业务发展、运营管理较为匹配的风险管理体系。2012 年风险管理将侧重于制度执行力的提升，通过开展多形式、多层次的培训和新政策的宣贯，督促各条线严格遵守规章制度，合规操作，落实工作职责，使风险管理工作制度化、常态化、针对化，进一步增强全体员工风险意识，提高公司依法合规经营水平和风险管理能力。

（四）加强员工队伍、企业文化建设，确保转型顺利实施

抓好职业教育和思想政治工作，不断激发员工的事业心和责任感，提高员工的大局观念和一盘棋思想，营造团结协作、蓬勃向上、求实创新的良好工作氛围，为促进早日实现“十二五”奋斗目标提供企业文化支持。

打造一支过硬的专业管理团队。为满足转型需要，继续完善市场化用人机制、考核机制、薪酬和激励机制，继续引进关键岗位的专业人才，做好创新业务高端人才储备，提高团队专业能力，加快推进业务转型步伐。努力营造良好环境，完善人才培养长效机制。进一步明确责任、落实任务，建立一支技术过硬、品德过硬、作风过硬的资产管理队伍。

推进企业文化建设。围绕“十二五”发展目标及“二次跨越”要求，加强公司创新、诚信、合规、廉洁从业等方面的企业文化建设。深入推进创先争优活动，落实创业、创新、创优，把创先争优活动作为提高公司经营管理的重要契机和重要手段，力争使公司各项经营管理及业务有新局面、新突破、新发展，实现政治优势的积蓄，推动企业核心竞争力的构建。有力推进核心价值体系建设，加大政治优势转化工作力度，为公司实现向资产管理型公司转型提供思想基础和组织保障。

深入开展合规效能监察工作。公司将“三重一大”、合规经营等效能监察工作制度化、长期化。加强对从业人员的职业道德教育、廉洁从业和案件警示教育，把反腐倡廉建设和惩防腐败体系建设植入公司内部控制和风险管理制度之中，融入到公司经营管理体系之中。

安徽国元信托有限责任公司

一、2011 年经营概况

2011 年，面对复杂多变的市场变化和严格的政策监管，公司在国元集团和董事会的正确领导下，坚持“依法合规、稳健经营、创新发展”的经营理念，以守正务本、做精做强主业为指导，抢抓市场机遇，实现了经营管理工作的全面进步。资产管理规模、盈利能力、信托主业收入、业务创新等均取得较好成绩。

截至 2011 年末，公司管理资产总规模达 687.61 亿元，较年初增加 296.08 亿元，增长 75.62%。其中，信托资产规模为 653.57 亿元，较年初增加 293.96 亿元，增长 81.74%；固有资产 34.04 亿元，较年初增加 2.11 亿元，增长 6.61%；净资产 32.87 亿元，较年初增加 2.12 亿元，增长 6.89%。

2011 年，公司实现各项业务收入 4.29 亿元，较上年增加 0.57 亿元，增长 15.32%。其中，信托业务收入 2.69 亿元，较上年增加 1.19 亿元，增长 79.33%；固有业务收入 1.60 亿元。利润总额 3.06 亿元，较上年增加 0.20 亿元，增长 6.99%。净利润 2.59 亿元，较上年增长 2.37%。

2011 年，全年共清算信托项目 238.35 亿元，没有发生一例兑付风险。

2011 年国元信托呈现以下特点：（1）继续保持平稳较快发展，资产规模、经营效益再上新台阶；（2）信托业务盈利水平进一步提升，信托主业地位得到进一步巩固；（3）业务布局和收入结构更加合理，自主经营管理收益占比显著提高。

自 2010 年以来，公司自主经营管理收益占比明显提高，改变了过去公司的长期股权投资在公司的收益中占很大比重，而公司自主经营管理收益比重较小的局面。2011 年，实现信托业务收入 2.69 亿元，信托业务收入占自主经营收入的 79.12%，较上年再提高 13 个百分点；占总收入的 62.7%，较上年提高了 22 个百分点。公司信托主业的地位得到进一步巩固，主动盈利和信托主业的盈利水平进一步提升。

1. 做精做强做大信托主业，主营业务再上新台阶。截至 2011 年末，公司管理信托财产规模 653.57 亿元。其中，集合信托计划规模 64.06 亿元，较年初增加 28.77 亿元，增长 81.52%；单一信托计划规模589.51亿元，较年初增加265.19亿元，增长81.77%。

2011年，公司抢抓机遇，立足安徽，面向全国，大力发展基础设施类、股权投资等各类业务。全年，公司共发行信托计划394个，总规模623.52亿元，较上年增长63.20%。其中，单一信托计划336个，金额579.67亿元，较上年增长60.54%；集合信托计划58个，金额43.85亿元，较上年增长108.91%。同时，积极深化银信合作。全年，公司共发行“银信合作”信托项目193个，规模401.78亿元。截至2011年末，公司存续“银信合作”项目190个，规模430.95亿元。

截至2011年末，公司存量信托项目458个，实收信托余额652.32亿元。其中，单一项目367个、金额588.94亿元；集合项目91个、金额63.37亿元。资金类项目金额647.88亿元，占比99.32%；股权类项目金额4.44亿元，占比0.68%。2011年，公司为信托受益人实现收益37.09亿元。其中，集合信托产品收益2.46亿元，单一信托产品收益34.63亿元。

2. 稳健开展固有业务，固有资产投资能力得到提高。2011年，公司在继续稳妥做好固有资金贷款的基础上，以金融股权投资、PE和参与优质上市公司的股票定向增发作为实现利润增长的“三驾马车”。截至2011年末，公司固有资产规模达到34.04亿元，全部为优质资产，其中，金融股权26.89亿元，占总资产的79%。目前，公司固有资产业务分布合理，质量优良，盈利能力、财务状况良好。

二、社会责任履行情况

为隆重纪念共产党成立90周年，2011年6月，公司组织党员以“追寻革命足迹，坚定理想信念”为主题，奔赴革命老区金寨，开展捐资助学，以实际行动践行党员信念，捐资助学、回报社会。全体党员在烈士纪念碑前见证了预备党员庄严的入党宣誓仪式，新老党员共同重温了入党誓词。9月，公司履行承诺，向沙堰希望小学捐款20万元，30名党员对沙堰希望小学的30名贫困儿童开展了“一对一”帮扶助学活动。

三、2012年发展规划

经营目标：2012年，实现总收入和利润总额增长10%，实现总收入5亿元，其中信托业务收入3亿元；利润总额3.6亿元，净利润3亿元；信托业务规模700亿元，其中集合信托规模100亿元。

1. 加强项目管理、严守政策风险底线。坚定不移地贯彻落实“依法合规、稳健经营”的经营方针，坚守政策风险底线，保障公司持续稳定发展。严格加强对已投放项目特别是集合类项目的跟踪管理。及时了解项目和项目单位生产经营情况、管理变化情况，做好项目管理报告、档案管理和信息披露工作，重要情况和重大变化要履行报告制度，并第一时间妥善处理好。控制流动性风险，确保到期项目尤其是集合类项目的刚性兑付。

2. 着力调整信托业务和产品结构，推进业务转型，提高主动管理能力。2012 年，银信合作、信政合作、房地产信托等业务将继续受到监管部门抑制，信托业务主营领域仍不明朗，支持信托主业的优势品种亟待开发。公司要灵活拓展业务领域，发挥信托功能优势，调整优化产品结构，创新发展，提高公司主动管理能力。一是要加大与一般公司类平台的合作，以债权、股权、经营收费权、贷款等多种模式开展信托业务；二是继续加强与银行的业务合作，开发以股权、债权等贷款替代型信托产品；三是运用信托原理，大力发展基金化、系列化的信托产品，支持符合政策导向的公租房及廉租房建设的房地产、“三农”、小微企业、节能环保等行业发展，包括开发设计房地产信托基金化产品；四是开发定向增发类证券投资产品和定向增发类的基金化产品；五是关注业界行业创新动态，加大创新型产品的研发力度，关注并投入力量加强对 QDII、REITs 等领域产品的研发创新；六是开发设计以艺术品、酒类、贵金属等为投资对象的另类信托理财产品。在业务发展上形成自己的特点和特色，增强公司的比较优势，提高资产管理能力。

3. 拓宽固有业务投资渠道。继续加强与各市（县）金融办、开发园区联系，获取新的项目资源；跟踪、培育原有储备 PE 投资项目，推进资产管理公司的设立，促进公司 PE 业务发展；在原有贷款规模基础上，继续选择优质客户适当增加固有资金贷款。

4. 设立省外财富管理中心。公司拟设立北京、上海两个省外财富管理中心，构建符合公司业务特点和市场需要的营销架构，促进营销工作，带动公司业务种类、产品设计、风险控制以及培植高端客户等各方面工作的开展。

5. 申请 QDII 业务资格。开辟境外理财业务，积极推进 QDII 业务资格申请，为公司拓展境外业务开辟新领域和新品种。

6. 做好基础工作，全面提高公司经营管理水平。以项目管理为抓手，以流程管理和细节管理为重点，有针对性地对管理的薄弱环节进一步提高。一是研究公司现有业务管理模式，加强业务后台特别是业务部门的后续管理力量，提高管理效率；二是梳理现有业务管理制度，在风险可控的情况下，动态调整审批、审核程序，减少不必要的环节，提高工作效率，加强规范化、标准化管理。

重庆国际信托有限公司

一、2011 年经营概况

重庆国际信托有限公司注册资本金 24.3873 亿元，净资产近 80 亿元，资本实力在全国信托公司中名列前茅，是西部地区最大的信托公司。公司始终坚持诚信、稳健、创新、求精的理念，充分发挥专业优势，不断创新业务，以高度的社会责任感回报社会。

2011 年，重庆国际信托有限公司积极应对复杂多变的经济金融形势和行业监管政策重大调整带来的挑战，科学研判经济形势，准确把握市场节奏，将净资本优势切实转化为经济效益，圆满完成当年经营目标。

（一）资本实力大幅提升，公司业绩稳步上升

2011 年是公司完成第三次增资扩股后实现跨越式发展的开局之年，公司注册资本达到 24.3873 亿元，资本实力大幅提升，为公司进一步壮大信托主业提供了资本基础。

2011 年，公司新增信托项目 139 个，信托规模 347.79 亿元。其中，单一资金信托 227.25 亿元，集合资金信托 58.26 亿元，财产（权）信托 62.28 亿元，新增规模 348 亿元，年末存续信托规模 509 亿元，较上年同期增长 35%；截至 2011 年 12 月末，公司总资产 87.26 亿元，净资产 80.38 亿元，经营目标全面超额完成，全年实现利润 10.13 亿元，人均净利润 1 027 万元，再创历史新高。

（二）进一步完善公司治理，加强制度建设

2011 年，公司进一步做好增资后的公司治理工作，制定并通过了《净资本管理暂行办法》、《净资本发展规划》、《薪酬及提名委员会议事规则》等重大制度，调整了对风险控制委员会、关联交易审查委员会、首席执行官（总裁）授权，并授权经营层对相应制度进行修订。随后，公司对相应制度进行了全面梳理，并进行了更新调整，为公司全面、健康、持续发展提供了保障。

（三）投资企业业绩良好

2011 年，公司参控股企业取得了较好的业绩，发展迅速。

1. 重庆三峡银行。截至 12 月末，重庆三峡银行资产规模突破 600 亿元，比年初增加 148.54 亿元，增长 32.61%；各项存款余额 313.87 亿元，比年初增加 109.39 亿元，增长 53.50%；各项贷款余额 138.20 亿元，较年初增加 36.47 亿元，增长 35.86%。实现利润总额 7.06 亿元，同比增加 1.93 亿元，增长 37.77%；实现税收 2.71 亿元，同比增加 0.73 亿元，增长 36.87%。主要监管指标全面达到审慎监管要求，连续 3 年保持无安全责任事故和案件发生。

2. 西南证券。2011 年，受 A 股市场大幅震荡、证券行业整体盈利水平下降的影响，西南证券实现净利润 2.63 亿元，同比减少 67.38%。面对复杂严峻的市场形势，西南证券抢抓市场机遇，精耕细作传统业务，迅速拓展创新业务，其投行业务融资家数、融资金额、业务收入等指标均创历史最好水平，经纪业务市场份额和排名在上市券商中增速领先，并在前期改革重组、借壳上市、增发融资的基础上，着手推进《证券公司监督管理条例》颁布后首例证券公司市场化“同业并购”——吸收合并国都证券，以及收购银华基金股权的相关工作，逐渐成长为基本拥有全业务牌照的大型上市券商（成功晋升 A 类券商），呈现良好发展态势。

3. 重庆路桥。2011 年，重庆路桥在国内经济形势复杂、信贷偏紧、部分行业受到严重影响的情况下，在夯实主业的同时积极进行资本运作，全年实现营业总收入 3.98 亿元，实现净利润 3.56 亿元，比上年增长 165.48%，投资收益 2.57 亿元，较上年增长了 392.96%。

4. 益民基金。2011 年，益民基金在证券市场低迷、行业竞争加剧、渠道成本不断攀升的不利环境下，紧紧围绕年初制定的“规范管理、稳步发展”和“努力提升业绩”两条主线，取得了较好的业绩。旗下基金规模虽较年初有所下降，但投资业绩有了大幅提升，其中创新优势基金晨星同类排名前 1/3，多利债券基金晨星同类排名前 1/4。截至 2011 年末，益民基金管理基金共 4 只，管理基金资产规模为 46.49 亿元。全年实现营业收入 8 640 万元，实现利润总额 2 786 万元。

二、创新业务案例

（一）积极应对政策变化，推陈出新，深化银信合作

2011 年，由于国家宏观调控趋紧，监管力度不断加强，传统模式的银信合作业务空间逐步压缩，银信合作业务的开展难度也不断加大。公司积极应对政策变化，加强与银行的沟通与交流，在充分把握政策空间和客户需求的基础上，推陈出新，开展了涵盖基础设施、证券投资、

房地产、股权投资、股权收益权投资、信贷资产转让、股票收益权投资、理财资金承接信托受益权等多种形式的银信合作业务。

（二）从客户需求出发，量身打造各类单一信托业务

公司深入研究客户需求，量身打造各类单一信托产品，包括财产权信托、信托贷款、股权投资、限售股融资、股权收益权投资、信贷资产、证券投资等各种类型，客户遍及全国各地。

三、社会责任履行情况

（一）关注民生，服务保障房建设

2011 年，公司从各个方面支持“五个重庆”的建设，11 月发起设立了“宜居重庆 1 号·巴南李家沱片区保障房项目建设集合资金信托计划”，募集资金 1.76 亿元，通过向重庆市城南建设投资有限公司发放信托贷款，用于相关保障房建设项目，该项目建设规模 129 140.27 平方米，其中住宅面积 113 445.35 平方米，预计将解决 2 000 个家庭的住房问题，以实际行动支持“宜居重庆”建设，服务城乡居民，践行社会责任。

（二）勇挑重担，支持信息产业发展

2011 年，公司设立“西永微电园单一资金信托计划”，信托资金向重庆西永微电子产业园开发有限公司进行可转换债权投资，为西永微电园建设注入了资金和活力。

（三）为民造福，打造绿色山水之都

为支持建设森林重庆，改善城市绿化，公司自 2010 年起即开始筹备并最终设立了“森林重庆 1 期——绿色荣昌集合信托计划”，募集资金 1.7 亿元，通过向重庆渝荣林业发展有限公司进行增资，将资金投入荣昌渝林公司，用于荣昌植树造林以及环境绿化等项目，有效地提高了城区绿化面积、改善了群众居住环境。

（四）热心公益，体现企业社会价值

公司积极履行社会责任，热心于医疗卫生、教育、环保、扶贫等公益事业。其中，公司捐赠“重庆市主城区危旧房改造信托项目”的信托报酬 2 500 万元设立“平安重庆助困基金”、向绿化长江重庆行动分期捐赠 400 万元（已到位 100 万元）、向中华思源扶贫基金会捐赠 2 121 万元、捐款 1 000 万元设立全国最大规模公安英烈救助基金。此外，公司响应市扶贫办号召，对口

帮扶酉阳县板桥村，扶贫总投资445万元，其中帮扶资金100万元，并帮助其在一年时间内实现整村脱贫。

多年来，重庆信托为抗击自然灾害、支援西藏建设、“思源工程”、“绿化长江 保护母亲河”等各类慈善活动捐款近亿元。

四、2012年发展规划

（一）进一步完善公司法人治理结构

2012年，公司将继续坚持深入贯彻落实科学发展观，坚持稳中求进，坚持在风险防控前提下稳健发展，坚持依法合规经营，科学规划业务架构，以诚信树品牌，以创新促发展。在2010年末完成新股东的引进后，公司将继续重视改进公司治理结构改进方面的工作，根据《公司法》、《信托公司治理指引》等法律法规要求，进一步清晰明确“三会一层”的职责、权利和义务，构建完善的法人治理结构，做到责权明晰，相互制衡又紧密配合，为公司健康持续发展提供坚实保证。

（二）严控风险，加强内控系统和制度建设

公司经过多年的经营实践，建立了涵盖各项业务的风险管理系统，形成了从市场实际出发的风险管理文化，周密而又灵活地进行风险控制。

2012年，公司将进一步把严控风险放在首位。结合业务的开展，不断补充、校正、充实内部控制制度，进一步完善内部控制体系，加强对项目的后续管理。同时，树立全面的风险意识观，加强全员风险意识的教育，进一步完善涵盖各项业务的风险管理系统、风险管理制度和有效的风险预警预报系统，确保公司业务能安全、有效开展和运行。

（三）发挥资本优势稳健拓展信托主业，提高主动管理能力

2012年，公司将依托较为雄厚的资本实力，充分发挥自主管理能力，稳健拓展信托主业，结合公司的自身特色形成核心竞争力，树立有影响力的产品品牌。同时，投入更大的力量强化资金自主募集能力，培植优质客户群，建立稳定充沛的资金来源渠道。

（四）积极为地方经济建设提供信托投融资服务

公司将继续立足重庆，不断创新，充分发挥自身体系完备、金融创新能力较强的优势，为支持地方经济提供更多的融资服务。

（五）进一步深化银信合作，扩大信证合作，探索信保合作

进一步深化银信合作的领域、规模、档次。同时，将进一步研究探索利用证券市场的业务创新和保险资金投资领域的扩大加强信证、信保合作。加大创新力度，在房地产信托基金、产业发展基金、企业并购基金、资产证券化、融资融券等方面进行积极探索。

（六）以人为本，加强员工队伍建设

2012 年，公司将进一步引进新鲜血液，加强对员工的培训，大力培养骨干人才；加强员工独立作战能力的锻炼和培养，提升员工的综合素质和整体实力，努力打造一支德才兼备、业务精通、敬业奉献、市场认可，能担负起把公司做优、做大、做强重任的高素质员工队伍。完善现有的人力资源管理体系，构建更加完善有效的薪酬和激励机制。

2012 年，公司将继续在监管部门的指导和帮助下，围绕全年经营目标，依法合规，开拓创新，努力把公司发展成为一个治理完善、内控严密、信息透明、经营稳健、效益良好的信托机构。

国投信托有限公司

2011年是中国信托行业在机遇与挑战中昂然前行的一年。在股东会、董事会的正确领导下，国投信托有限公司（以下简称公司）紧密围绕市场抓机遇、求发展，各项重点工作取得了明显成效，主要经营指标完成情况良好，整体经营呈现出平稳健康较快发展的态势。

一、2011年经营概况

按权益法核算，全年完成经营收入32 582万元，实现利润总额26 326万元，同比分别增长26%和23%。截至2011年末，公司合并资产总额25.9亿元，实现合并利润总额38 426万元。

（一）各项业务取得平稳较快发展

信托业务：2011年，公司顺应市场形势及监管政策的变化，积极稳健开拓信托业务，截至2011年末公司存续信托项目109个，管理信托资产规模386亿元，同比增长55%；信托业务收入历史性地首次突破亿元大关，达到14 208万元，较上年增长97%，信托收入占总收入的比重上升至48%，信托业务能力得到大幅提升。

2011年公司继续保持了所有信托项目正常运作或顺利终止兑付，实现零纠纷、零诉讼、零风险。特别是在房地产市场风险累积的情况下，及时提高房地产信托产品风控标准，审慎开发该类产品。

2011年全年由公司自主开发并管理的信托产品达到20只，合计规模33亿元，产品投向覆盖房地产、上市公司股权、非上市金融股权、股票、贵金属投资等信托行业主要业务领域，反映了公司信托业务能力的持续提升。

财富管理业务：2011年全年完成22只集合资金信托计划共计规模54亿元的发行与申购，其中实现直销规模21亿元，为上年同期的2.9倍。同时，结合信托行业财富管理普遍依赖于渠道的现状，继续稳步拓展金融机构渠道销售。

注重客户服务与维护工作，不断完善客户服务手段，健全客户服务体系，公司客户数量稳步增长。2011年4月，以服务高端客户为核心的“国投信托金蝙蝠财富俱乐部”宣布成立，标志着公司财富管理业务迈入了新的发展阶段。以此为契机，公司相继成功举办多场主题客户推广活动，增进了客户沟通与联系，有效积累了潜在客户群体。

固有业务：从稳健角度出发，本年度固有资金场外新增投资以公司发行的信托产品为主，同时通过配置保本型银行理财产品加强现金管理，提高收益。此外，公司还积极挖掘新业务投资机会，对结构化定向增发配资、票据资产转让、股权质押融资等业务进行积极开发，有效积累了业务资源。场内投资方面，主要以投资于公司主动管理类证券信托进行运作。

公司现有长期股权投资主要包括国投瑞银、红塔证券、国投财务公司三个项目，原始投资余额58 460万元。2011年，公司加强长期股权管理，争取项目分红，有力支持了公司利润目标的完成。

（二）强化内部管理，发展基础进一步夯实

加强机制与队伍建设。2011年，公司设立了首席风险控制官（专职总法律顾问），在提升班子合力的同时，进一步加强了专业化分工管理；根据实际工作情况，调整部分部门与岗位职责，适时成立人力资源部，加大招聘与培训力度。

强化内控，推进系统建设。通过全面梳理、修订公司财务制度与流程，补充并完善业务制度体系，有效加强内部管理、提高效率；强化业务合规审查、关键风险点把控，发挥内部稽核有效监督作用，全员风险管理意识进一步加强；持续推进信息系统建设，随着二期工程投入运营，公司信托业务、固有业务、风险管理、财务管理、客户服务、日常办公已全部实现信息化。

（三）加强品牌建设，公司形象进一步提升

围绕“国投信托葡萄酒基金”设立暨“国投信托金蝙蝠财富俱乐部”成立答谢酒会加强品牌宣传，百余家媒体对活动进行了积极的报道，极大提升了公司的市场形象。2011年，公司还先后获得2010年度“诚信托·创新领先奖”、“第四届优秀信托公司评选”之“最佳艺术品投资信托计划”奖；被北京市国家税务局和地方税务局联合授予“纳税信用A级企业”称号；在中国信托业协会二届六次会员大会上当选为理事单位。

二、创新业务案例

2011年，公司以监管政策为导向，加大创新力度，促进业务结构不断优化。创新设立了国内首只纯管理型葡萄酒财产信托产品，由国投信托联合国家葡萄酒及白酒、露酒产品质量监督检验中心与新疆乡都酒业有限公司合作推出国投信托·葡萄酒基金·乡都酒业葡萄酒开放式财产信托。本信托主要目的是扶持国内有潜力的葡萄酒生产企业创立高端品牌，建立优质的品牌

形象和权威的市场公信力。乡都酒业公司为本次与国投信托合作的红酒专门注册了“阿耆尼”葡萄酒商标，本产品通过信托的金融平台，提升阿耆尼葡萄酒的市场形象，推广阿耆尼葡萄酒品牌，培育民族葡萄酒产业。受托人主要职责为选择、监督、更换葡萄酒保管人和葡萄酒鉴定顾问；制定葡萄酒基金运作、推广策略；编制葡萄酒基金管理报告；建立葡萄酒基金账户；记录葡萄酒基金管理的葡萄酒数量、状态情况等。

此外，公司为延续在创新类信托领域的领先优势，还发行了“国投飞龙艺术品基金”系列共4款产品，进一步丰富了艺术品信托产品线；并紧跟市场热点，积极开拓新的业务领域，推出了公司首款能源信托产品；同时还成立了公司首只采用“股权+债权投资”模式的房地产信托产品，努力探索传统业务在合规前提下的可持续发展路径。

三、社会责任履行情况

公司坚持把履行社会责任融入日常经营管理活动之中，依法经营、规范运作，切实维护股东合法权益，2011年全面完成各项经营指标，不良资产率保持为零。公司忠实履行“受人之托，代人理财”的信托职能，切实维护客户合法权益，审慎管理信托资产，及时向投资者进行信息披露。2011年所有到期资金信托计划全部顺利兑付，切实保障了投资者的利益。公司重视和保护员工合法权益，定期组织职业培训，保障员工福利待遇；积极履行纳税义务，被北京市国家税务局和地方税务局联合授予“纳税信用A级企业”称号。

四、2012年发展规划

公司2012年将加快发展信托业务与财富管理业务，稳健经营固有业务，在深化机制改革、强化基础管理的基础上，进一步提升公司实力、开创公司发展新局面。

信托业务方面，以做大低风险信托业务规模为核心，同时坚持以创新彰显公司特色、塑造公司品牌，在信托业务总部下设立专门的创新业务部，加强行业研究与创新类业务研发。

财富管理方面，完善服务手段，有效发挥金蝙蝠财富俱乐部功能，增加客户的黏度和信任度，提升转介绍客户数量。同时，着力提升与渠道合作的紧密度。根据监管部门关于规范信托产品营销的监管精神，适时建立财富管理异地分支机构。

固有业务方面，积极发掘场外投资机会，拓展固有投资新渠道，开展短期资金交易为主的中间业务。

人力资源建设方面，建立具有市场竞争力的薪酬与考核激励机制；拓展招聘渠道积极引进专业化人才，改善人员结构，充实人员队伍；继续借助外部资源加大培训力度，组织实施有针对性的专业化培训，提升员工业务技能；重视员工职业道德教育，认真贯彻廉洁从业规定，建设一支高素质的员工队伍。

此外，2012 年，公司将结合业务进度及管理需求，持续推进信息化建设；继续加强风险管理和内部审计，提高风险防控水平；加强品牌建设，促进公司形象持续提升。

华宝信托有限责任公司

华宝信托有限责任公司（以下简称华宝信托）2011年1月完成增资工作，注册资本由10亿元人民币（含1 500万美元）增加到20亿元人民币（含1 500万美元），并完成相关变更登记。

华宝信托以打造中国领先的综合金融服务商为战略目标，以高端客户需求为核心，专注于证券、投融资、产融结合等专业领域，提供另类财富管理和综合金融解决方案，实现客户的资产管理目的。

华宝信托业务主要分为资产管理和信托服务两个大类。资产管理目前主要从事面向资本市场的股票、基金、债券及组合投资以及项目融资等业务。信托服务目前主要开展私募基金、年金及福利计划及平台等业务。

一、2011年经营概况

2011年，华宝信托制订了2011—2015年战略发展规划。规划明确了公司的战略定位，并确定了公司2011—2015年主要经营指标及重点业务，为公司未来五年的战略发展指明了方向。

2011年是华宝信托实施五年战略发展规划的第一年。华宝信托围绕核心竞争力并根据经济环境、监管政策的变化，在固有资产投资、私募证券投资信托、薪酬福利信托、投融资信托、银信理财合作等各大业务领域积极开拓，并根据市场需求，通过产品结构的改进和业务领域的拓展，在证券投资、产融结合、投融资等方面推出了多个创新产品，较好地执行了公司的战略规划，并顺利完成事业部构架改革；通过优化固有资金配置结构有效避免了极端行情下可能出现的损失；组建自主营销队伍，直销渠道初步铺设；核心业务系统开发稳步推进，风控财务运营能力得到持续提升。

2011年，华宝信托前后台部门同舟共济努力达成了全年预算目标。按照合并报表口径，2011年末华宝信托固有资产49.61亿元，少数股东权益4.10亿元，所有者权益（扣除少数股东权益）35.02亿元。公司资本充足，整体资产质量较好。

按照合并口径，2011年华宝信托实现收入合计124 808.76万元，利润总额68 268.94万元，净利润50 326.68万元。公司2011年总资产利润率（税前利润/年均总资产）为14.76%，资本利润率（净利润/年均所有者权益）为 14.02%，主营业务收益率（净利润/营业总收入）为 40.37%。

二、创新业务案例

2011 年华宝信托创新产品层出不穷：私募基金业务推出长期化、基金化的结构性资金池产品——时节·好雨 1 号，研发了针对个人高端市场的加杠杆化交易需求的信托产品——时节·好雨 2 号，落实了业内第一单带有股指期货套期保值设计的阳光私募产品——励石一号，运作了国内首只带有安全垫设计的创新性 TOT 产品——中银安心成长组合；证券主动管理类业务发行了公司首只阳光私募产品——宝晟及宝幡系列伞形信托；员工福利类业务研发推出了保本组合——利得宝，采用市场上首创的保证收益型员工福利信托计划，并引入华宝投资提供第三方担保。

在创新业务资格上，2011 年 11 月，华宝信托成为业内首家获得股指期货交易业务资格的信托公司；公司也获得了银行间同业拆借资格，QDII 业务资格申请也已在进行中。

此外，面对全年证券市场振荡持续下行，公司通过设立应急预案，加强与投资顾问的事先沟通，有效避免了因私募产品净值跌破平仓线而出现强制平仓结果，获得市场和监管部门好评；在保持传统投行业务开拓的同时，公司积极探索矿产能源、高端藏品投融资等另类投资业务创新设计，并成功推出首单以高端翡翠藏品为标的资产的产品，提供了新型产品配置；同时公司尝试产品基金化运作，通过转型产品运作方式及丰富产品线实现专业化的投融资管理，成为企业的“私人金融顾问”。

三、社会责任履行情况

2011 年，华宝信托义无反顾地继续持续支持公益事业，践行着负责任的社会公众化公司的应有责任。公司积极推进公益信托业务的研究与开发，得到银监会、信托业协会和国家民政部的肯定与支持，并在银监会主办的《信托法》颁布十周年纪念研讨会上获邀进行公益信托主题演讲。

2011 年 1 月，华宝信托与中小企业之“张江聚惠”荣获 2010 年宝钢集团社会责任案例发布会三等奖。华宝信托公司与中小企业之“张江聚惠”依托专业机构的成熟金融产品，意在“聚焦张江，惠及企业”，以科技型中小企业为服务对象，利用社会资源，规模化、批量化解决张江高科技园区创新型中小企业融资难问题，以推动张江产业集群规划及发展。

2011 年 11 月 25 日至 27 日，首届“上海公益伙伴日”活动在上海展览中心隆重举行，华宝信托应邀参展。本次“上海慈善公益伙伴日”活动以“政府、企业、社会组织跨界合作、互为伙伴”为主题，旨在搭建一个企业与慈善组织资源互通合作的平台。华宝信托产品企划部、薪酬福利信托部和财富管理中心联合组成了参展团，在三天的活动中与现场来宾积极交流。11 月 26 日，华宝信托还参与了在现场举办的一场主题为“企业与公益组织的合作模式”的沙龙活动，吸引了近百名社会公益人士参加。在 11 月 27 日的闭幕仪式上，上海市政协主席冯国勤向华宝信托等支持本次活动的企业授予了纪念牌。

四、2012 年发展规划

2012 年是承上启下关键性的一年，国内外经济仍处于波动中，二级市场保持震荡格局，房地产市场调控仍将持续。华宝信托将紧密跟踪宏观经济变化及监管政策导向，围绕公司战略发展规划，在风险可控的前提下稳步开展业务，发展核心业务的同时重点提升管理能力，以增强公司核心竞争力为核心，以提高公司的整体管理意识和素质为关键，以完善公司管理体制和工作机制并深化员工培养和团队建设为重点，以人为本，力求实效，使各方面管理迈上一个新台阶。

在内部管理方面，将配合公司业务布局及营销战略实施组织构架调整，及时落实人员配置；建立系统化的品牌维护及推广机制，构建华宝卓越品牌形象；优化制度建设和流程设置，提升内部管理水平。

在团队建设和人才培养方面，将按照金融系统人才队伍规划，切实推进员工队伍及工作团队建设；构建系统化、多元化的培训体系，完善公司人才培养机制；完善奖惩机制。

在业务布局方面，将保持并加快信托产品的创新能力，积极研发与证券市场相关的固定收益类产品；提升私募类业务的市场份额，在风险可控的前提下开展投融资类业务，保持福利类信托的市场领先地位；适时利用股东资源优势开展产融结合业务，不断提升公司资产管理水平和财富管理能力。同时，持续优化固有资产配置结构，提高固定收益类业务的配置比例，稳定盈利水平。推进营销网络布局，扩展品牌辐射范围，不断拓宽资金渠道。

在运营支撑方面，将加强中后台部门的人才梯队建设，进一步扩充风险管理团队；持续改善运营效率，扩容业务运营能力；完成核心业务系统一期的建成投入，并持续完善相关配套系统；继续加强财务管理水平，提升对经营管理的支持。

华融国际信托有限责任公司

一、2011 年经营概况

2011 年，华融国际信托有限责任公司以锐意创新、科学发展、不断增强公司核心竞争力为全年工作纲领性要求，积极应对内外部环境变化，强化公司治理，把握发展机遇，转变增长方式，提高风控水平，加强内部管理，注重队伍建设，各项工作发展势头良好，公司信托业务发展再上新台阶，开创了新的局面。

（一）经营能力和盈利水平大幅度提升

2011 年，华融信托资产总额 25.8 亿元，累计实现收入总额 14.28 亿元，比 2010 年增加 6.74 亿元，比 2010 年收入增长 89.45%；全年实现净利润 5.13 亿元，比 2010 年增加 2.03 亿元，比 2010 年增长 65.52%；公司信托资产总额达到 481.12 亿元，累计向受益人分配信托收益 34.8 亿元，经营能力和盈利水平大幅度提升。

（二）信托主业地位进一步巩固

2011 年，华融信托累计实现信托业务收入 11.96 亿元，比 2010 年收入增加 6.61 亿元，增加额占公司全年总收入增长额的 98.01%，信托业务收入比 2010 年增长 1.23 倍，显示出公司信托业务拓展比 2010 年有长足进步。从收入结构来看，信托业务收入占公司总收入比例由 2010 年的 71.01% 上升至 83.76%，这表明信托业务已经成为公司收入的最重要来源，公司主营业务突出，信托主业地位得以进一步巩固，符合银监会倡导的大力开展信托主业的监管要求，符合公司长远发展要求。

（三）主动资产管理能力稳中攀升

2011 年华融信托积极响应监管部门“提高主动管理能力，实现信托行业的内涵式发展和二次转型”的号召，在信托主业壮大发展的基础上将工作重点逐步转向努力提高主动管理信托的规模和比重方面。以银信合作为代表的被动信托业务规模和占比骤降，业务重心已向主动管理型信托业务完成转型。从主动业务规模上来说，公司2011年新增主动信托项目138个，规模319.05亿元，同比2010年项目个数增加80个，项目规模增长102.18%，占所有新增信托规模之比达97.60%。

（四）信托业务创新能力不断深化

2011年华融信托继续秉持“创新引领公司发展”的理念，在创新业务开展方面，相继开展了艺术品投资信托、普洱茶投资信托、票据资产组合投资类信托、资本市场定向增发信托等创新型业务品种，以“信托+合伙+券商”方式进行的阳光私募和股指期货业务进展顺利，公司重组以来首单证券投资类信托业务成功投放，TOT模式信托继续扩大规模。

（五）严守风控标准，夯实风险管理工作

2011年，华融信托加强风险审查力度，严把项目准入关，严格按照相关监管规定和既定的各项制度，结合特定产业政策和行业发展趋势，对项目进行全面审查；通过拟订行业准入操作指引、定期发布业务风险提示等方式，引导业务发展防线，提前规避风险。定期开展业务风险排查工作，尽力做到风险早暴露、早发现和早干预，为风险缓释和风险防控夯实基础。

二、创新业务案例

（一）××艺术品基金集合信托计划

随着近年艺术品市场的高速蓬勃发展，金融界也将越来越多的目光投向艺术品领域。目前信托市场上基本都是抵押贷款形式的信托产品，真正意义上的艺术品投资基金较少。华融信托与××艺术品有限公司合作，设计、实施了××艺术品基金集合信托计划，主要投资于流失海外的中国精品瓷器（也可在国内购买），并寻机在国内主要拍卖会上进行拍卖变现，获取投资收益，具有较强的金融创新性。信托计划运用结构化信托的运作模式，采用次级份额大于优先级份额的方式，以次级份额来保障优先级收益以实现其安全性，解决了投资型基金与投资者收益保障的难题。

以往投资基金项目，信托公司主要以GP的形式出现，基金管理完全交付给LP，使得信托公司对基金的控制力较弱。在本项目中，基金下设决策委员会和执行委员会，华融信托在各委员会中均占据重要席位，并通过设计基金运营中一系列决策流程和限制措施来实现对基金的主动管理。通过基金的主动管理，使得信托公司对基金运营的控制力大大加强，降低了运营过程

中的一系列风险。

（二）××特定股权收益权财产权信托计划

在内蒙古自治区开展煤炭并购重组的背景下，公司积极寻求机遇，为××集团完成股权并购重组，进而进一步并购外部煤炭资源提供融资服务。因融资企业开展并购重组，资金用途特殊，公司摈弃了常用的收益权信托、信托贷款、股权投资等思路，采用财产权信托模式，创造性地将信托财产、信托资金及并购资金作了严密的关联和契合，在保障信托财产价值的同时确保资金使用合规，控制项目风险。在办理抵押过程中相继创造性地解决了抵押人和债务人统一、债权债务关系的确定、债务合同的签署等一系列难题，为公司后续办理采矿权抵押积累了宝贵的经验。同时，采取煤炭股权质押、煤矿股权质押、经营实体及控制人保证等担保措施，严格监管资金使用，约定向企业派遣董监事等公司治理措施，多维度管控项目风险，对实现项目“风险可控”具有借鉴意义。

（三）珠宝艺术品信托投资基金项目

目前市场上的艺术品信托操作方式多为艺术顾问主导的投资型艺术品信托，项目成败取决于艺术顾问的艺术造诣和市场判断，风险很大。该珠宝艺术品投资项目投资标的为特定珠宝艺术品的收益权，并采取了担保回购的方式，公司持有翡翠珠宝收益权的同时控制相应实物珠宝，使投资标的兼具艺术品实物和特定资产收益权双重性质，因而兼顾了信托财产的高价值和高流动性，对委托人的利益保障更加有力，同时也有效回避了公司自身对于珠宝翡翠投资经验不足可能带来的风险。在标的物价值认定方面没有采用以往惯用的艺术顾问决策的形式，而是由经国家认证的珠宝鉴定机构科学评估，避免了艺术顾问决策可能带有的主观性，评价更加客观，风险控制更加到位，为未来开展同类业务提供了成功范例。

三、社会责任履行情况

华融信托自成立以来就一直积极投身于促进经济与社会发展的各项事业中，公司在新疆确立了塔什库尔干县柯克亚尔乡谢尔乃甫村等三个村作为对口扶贫对象，长期坚持开展帮扶工作。通过修建医务室，购置电视机、DVD等文化设施和产品，捐赠电脑、衣物、钱款等措施，切实关心贫困地区群众生活，提高群众物质生活和卫生条件，丰富群众文化生活，有力地支持了少数民族区域建设。公司与乌鲁木齐市雅玛里克山片区管委会西虹社区结成共建关系，经常深入社区走访慰问西虹社区居民，了解居民，贴近群众，帮助解决群众反映强烈的问题，组织开展联谊活动，共同商讨共建及维护稳定事宜。目前，公司已捐款2.4万元用于资助社区老年文艺队用于购置舞蹈服装、道具及捐赠办公用品，并组织了对社区儿童的图书及刊物捐献活动，用自己的行动促进民族团结。公司还积极支持国家扶贫事业，2011 年 2 月，根据银监会定点扶贫工作第三次会议精神，公司向银监会定点扶贫专项账户支付扶贫资金 50 万元，为银行业金融机构开展扶贫工作贡献了一份力量。2008 年以来，华融信托每年均被授予新疆自治区“精神文明单位”称号。

四、2012 年发展规划

2012 年是我国“十二五”规划实施承上启下的一年，经济增长和结构调整正在进入新的发展周期，对于信托行业来说，在风险控制、产品创新以及法制完善方面有待实现新的突破。华融信托将认真研究分析国家宏观经济形势及政策，积极探索净资本约束下信托公司业务模式的转变：从广种薄收、以量取胜片面追求规模的外延式发展，向精耕细作、提升业务科技含量和产品附加值的内涵式发展转变；从单纯为企业或项目提供资金支持的资金管理型，向融资链条上游的资产管理、财富管理型转变；从单一的项目融资型，向多元化投资类的产业基金型转变。最终形成以内涵型深耕式发展为指导思想，以主动管理信托资产为基本原则，以净资本管理风险指数为发展导向，以投融资等多种手段组合为竞争优势，基金化、高附加值、智力密集信托产品线为支撑的全新业务模式。努力做强信托主业，提升核心竞争力，把华融信托发展成为具有客户基础和自主资产管理能力的财富管理机构，不断增强可持续发展能力，特别是在创建“有尊严、有价值、有内涵、有实力、有责任”的“五有”现代金融企业方面，再作新贡献！

江苏省国际信托有限责任公司

一、2011 年经营概况

2011 年是“十二五”开局之年，也是江苏信托抓住机遇、转变观念、积极开拓市场，实现快速发展的一年。面对国内外复杂多变的经济金融形势，江苏信托积极围绕年初制定的“抓效益、调结构、控风险、练内功”的工作目标，坚持规范经营，全力拓展各项业务；坚持防范风险，全力抓好内部管理。公司在 2010 年业绩大幅增长的基础上，2011 年又全面超额完成了年初制定的各项经营指标，各项工作取得了较好的成绩。2011 年公司实现营业收入 10. 49 亿元，同比增长 36. 21%；实现利润总额 9. 57 亿元，同比增长 37. 30%；实现信托业务手续费收入 3. 24 亿元，同比增长 54. 68%；净资产收益率达到 18. 75%，同比提高了 3. 13 个百分点；信托存续资产规模 511. 75 亿元，同比增长 101. 62%。新增信托业务规模 857. 16 亿元，同比增长 75. 40%。

二、创新业务案例

2011 年以来，公司面对监管政策收紧、系统性风险加大的形势，稳中求变，变中求新，加大了业务创新力度，产品结构有了进一步优化，发展路径日渐清晰。一是传统业务探索转型升级。公司坚持稳健经营、严控风险的原则，审慎选择交易对手，深入评估项目背景，全面优化和创新产品方案：在房地产业务领域，积极探索特定资产收益权、房地产信托基金等产品模式，丰富了投资方式和产品类型；在基础设施建设业务领域，开拓业务发展思路，产品理念逐步从项目开发提升至区域开发，积极服务沿海大开发的国家战略，提升了业务层次和产品内涵。二是中小企业投融资业务有序展开。公司与国信担保公司、江苏投资网公司合作，2011 年又连续推出了 5 期中小企业投融资系列信托产品，累计募集金额约 5 亿元，业务模式运转成熟，已初步形成品牌效应。近期公司还按照政策导向，积极探索小微企业信托融资业务，取得了初步成果。三是证券投资信托业务（阳光私募）再上台阶。在 2010 年阳光私募业务已经起步的基础上，2011 年公司抓住机遇，开拓市场，成立了 5 个证券投资信托产品，资金规模累计约 44 亿元，其中与民生银行合作设立两期单一证券信托产品，资金规模合计达40亿元。四是事务型信托业务崭露头角。公司就事务型信托业务进一步加强了与全球领先的独立信托服务商——英国的Law Debenture公司的合作，重点开发第三方保管业务。目前第三方保管业务有2个项目正在运作，涉及金额约2.5亿元。

三、社会责任履行情况

（一）推动保障房项目建设

公司在2011年与全国社会保障基金理事会、中国民生银行合作，向南京市保障房建设有限责任公司发放了金额为30亿元的信托贷款，用于南京市保障房建设，为南京市的民生工程作出了重要贡献，这也是全国社会保障基金首次通过信托方式为保障房建设提供资金。此外，公司还积极地推动省内其他区域保障房项目的开展，为盐城等地包括公共租赁用房在内的保障房项目提供了投融资服务。

（二）助力社会文化体育事业

公司热心社会文化体育事业，出资赞助江苏舜天足球俱乐部2011年的比赛和训练，这不仅支持了江苏社会文化事业和体育事业的发展，而且体现出公司强烈的社会责任感，进一步提升了公司的社会影响力。

（三）服务公益慈善机构理财

公司发挥自身专业功能，为国内外多家公益慈善机构，包括唐仲英基金会、江苏法律援助基金会、江苏陶欣伯助学基金会等提供专业理财服务，实现了公益慈善财产的保值增值，促进了社会公益慈善事业的发展。

（四）扶持中小企业成长发展

除了推出中小企业投融资系列信托产品、国信小微企业融资信托产品，公司还受省科技厅委托，为江苏省内100多家中小科技型企业提供信托贷款，促进了科技和金融结合，缓解了中小型科技企业资金紧张的状况，推动了这些企业的持续成长和发展。

（五）支持国家地方发展战略

公司积极支持和服务国家经济发展战略、产业政策和区域规划，大力支持江苏的社会经济发展，通过与各级地方政府以及事业单位加强合作，扩大了合作的范围与层次，多次为省内中小企业发展、地方工业园区建设、科技成果转化等领域筹集和管理信托资金，为地方社会经济发展作出了重要贡献。公司还委派专人参与江苏沿海产业基金的筹建工作，并共同参加该基金储备项目的考察调研。

四、2012 年发展规划

当前宏观金融经济形势很不乐观，经济运行中的不稳定因素仍在增加；财政金融政策趋紧，行业监管政策从严；信托业也面临着经营结构调整和发展方式转变的巨大压力。在集团领导、公司董事会的正确领导下，公司虽然取得了一些成绩，但同时我们也清醒地认识到，公司目前在业务创新、人才队伍、激励机制等方面仍有薄弱环节，与处于行业前列的兄弟公司相比仍有较大差距。下一步的各项工作要再上新台阶，公司必须付出更多的努力，谋求更大的突破。公司下一步将重点推进以下工作。

第一，要积极筹划明年经营工作。在认真分析当前的经营环境基础上，明确 2012 年工作的指导思想和任务目标，坚持抢抓机遇不放松，坚持争创效益上台阶，坚持优化结构有创新，坚持严控风险作保障，争取在信托规模、手续费收入、资产盈利水平等方面再有新提升。

第二，要不断加大业务创新力度。公司将以合规经营为基础，积极适应监管政策导向，通过培育精品意识、提升业务理念、拓宽投资领域和调整合作模式，不断强化研发能力，深入推进业务创新，进一步优化业务结构，逐步实现更高质量的业务增长方式和盈利模式。

第三，要持续完善公司经营机制。公司将借助股权多元化的契机，进一步理顺关系、找准定位，深入转换公司经营机制，进一步加强公司中后台管理建设，不断完善公司薪酬考核激励体系，继续推动公司人才梯队发展，逐步建立健全与市场竞争相适应的管理体制和运营机制。

第四，要积极开展企业品牌营销。一是围绕公司重新登记 10 周年、整体搬迁等重要事件，加强与各大媒体的交流互动，进一步扩大公司的社会影响力；二是充分利用与江苏舜天足球俱乐部合作的机会，制订全面营销方案，培育和拓展新的客户群体；三是以财富管理中心投入运营为重要契机，构建全新的服务体系、统一形象标识和更新宣传资料，塑造公司全新的对外形象。

交银国际信托有限公司

一、2011 年经营概况

2011 年，在公司董事会的正确领导下，在监管部门的关心支持下，交银国际信托有限公司积极应对复杂多变的国际、国内经济金融环境的变化对公司展业带来的严峻挑战，克难奋进，扎实工作，经营管理和业务发展取得新突破，各项经营指标全面超额完成预算任务，净利润和信托业务规模等核心业务指标基本实现翻番，实现了跨越式发展。2011 年公司主要经营情况如下。

（一）经营效益大幅度提升

全年实现经营收入 37 000 万元，比上年增长 75. 15%。实现净利润 15 879 万元，同比增长 90. 97%，增幅比率较上年提升 70 个百分点。公司盈利能力显著增强，股东回报率明显提高。

（二）信托主营业务增长迅速

全年实现信托业务收入 26 904 万元，比上年增长 81. 85%。2011 年末存续信托资产规模 740. 89 亿元，比年初增加 390. 19 亿元，增幅 111. 26%。

（三）业务结构转型成效显著

全年新增自主管理融资类信托计划和规模，分别是上年同期的 2. 3 倍和 4. 2 倍。2011 年末存续自主管理类信托规模 447. 27 亿元，同比增长 192. 12%，公司的自主管理能力进一步增强。

（四）固有业务协调快速发展

实现固有业务收入 10 168 万元，同比增长 59. 6%。资本金股权投资业务也取得实质性进展，发起设立的中航油财务公司挂牌营业，陕煤集团财务公司也已获得银监会批筹，相关筹建工作正顺利推进。

（五）服务地方经济发展实现新突破

全年上缴税收 8 787 万元，较上年增长 79.36%。积极支持地方基础设施建设，为地方大中型企业开展了融资服务，进一步丰富了理财产品市场和居民投资理财渠道，上缴地方税收创历史最好水平。

（六）产品创新能力不断增强

通过完善创新体制，营造创新氛围，主动融入集团产品研发体系，着力研发了基金型信托、票据池、租赁受益权投资以及 TOT、私募证券投资和类年金业务模式，业务创新能力不断增强，产品线日趋丰富和完善。

（七）风险管控水平持续提升

坚持“内控优先、稳健经营”的经营理念，持续加强内控制度体系建设。动态梳理、优化和细化信托业务重点环节的制度办法，业务运行的制度化、规范化、科学化程度持续提高，风险管控能力明显提升。

（八）各项业务安全平稳运行

全年累计清算信托项目 110 个，清算规模 291.48 亿元，全部实现到期安全兑付，固有业务资产质量继续保持优良。公司信托赔付率和固有业务不良资产率继续保持“双为零”。

（九）发展体制机制不断优化

进一步完善以引导业务全面、协调发展为目的的年度综合考核办法，以确保主体业务按季度推进为目的的季度考核办法，以调动全员拓展业务为目的的专项奖励办法，同时还制定下发了合规风险考核实施细则，基本形成了纵横交错，覆盖公司前台、中台、后台的经营绩效考核体系。

（十）市场竞争力和行业地位持续提升

在 2011 年 4 月召开的信托业协会第二届会员大会上，公司被增补为理事单位。在《上海证券报》主办的第五届“诚信托”评选活动中，公司荣获唯一的“管理团队奖”；在《证券时报》主办的第四届“中国优秀信托公司”评选活动中荣获“最具成长性信托公司”称号，公司的市场竞争力、行业地位和品牌形象得到进一步提升。

（十一）和谐公司建设成效显著

全面贯彻落实“以人为本、执政为民”的理念，积极营造“风正、气顺、心齐、劲足”的和谐局面。坚持科学发展、民主决策，大兴求真务实、真抓实干、团结协作之风，干部队伍整体素质在公司改革和发展的工作实践中得到了锻炼和提高，公司的凝聚力和向心力得到了持续增强。

二、社会责任履行情况

坚持“内控优先、稳健经营”的经营理念，公司保持各项业务均安全平稳运行，全年累计清算信托项目全部实现到期安全兑付，固有业务资产质量继续保持优良，公司信托赔付率和固有业务不良资产率继续保持“双为零”，充分保障了股东及受益人权益，维护信托市场的健康发展。

积极上缴税收，服务地方经济发展。公司保持稳健经营，创造了可观的经济效益，并积极回报社会，2011 年上缴税收 8787 万元，创公司历史最好水平。

注重民生建设，关注中小企业发展。公司积极响应国家政策，大力支持重大民生工程建设，2011 年受托全国社保基金，为重庆市茶园新区公租房及配套廉租房建设项目提供了 45 亿元的贷款，该项目是迄今单笔资金规模最大的保障房信托项目。公司切实加强了为中小企业提供金融服务的社会责任感，2011 年末公司共募集 4. 35 亿元，对 25 家中小企业发行了“中小企业债权集合资金信托计划”系列，在加强风险控制的基础上为中小企业提供流动资金贷款，积极支持中小企业稳健发展。

三、2012 年发展规划

公司 2012 年工作的总体要求是：牢牢把握当前改革发展的有利局面，以加快业务发展为主线，按照打造一流综合化信托公司的发展要求，以产品创新为抓手，继续巩固传统优势业务，积极推动业务转型，加快投资银行和资产管理业务的发展，严控经营风险，突出速度、质量和效益的协调统一，为早日迈入信托行业第一方阵，成为行业“领跑者”的目标而努力奋斗。

公司 2012 年重点工作任务和经营措施：

（一）突出重点，推动转型，加快主业发展

按照“专综结合，突出重点”的发展思路，加大业务转型和产品创新步伐，继续巩固提升

传统融资信托业务优势，大力拓展投资银行和资产管理业务，使投资银行类信托业务和传统融资类信托业务互为补充，相互促进。加快推进结构化资产管理战略业务，着力培育自身资产管理能力和专业管理团队。

（二）稳健拓展固有业务，持续提升综合回报水平

按照“轻资本、低风险、多元化”发展思路稳健拓展固有业务，稳步提升资本综合回报水平。加强对公司全年自营贷款投放计划的管理力度，着力提高资本金整体投资收益率水平，做优做精自营贷款业务。加强联动融资业务与信托业务条线，实现公司资金收益最大化。积极稳健开展证券投资业务，丰富公司短期间歇资金配置渠道，提升资金安全边际和综合收益。加快推进公司股份制改造、二次增资工作及金融股权投资后续管理工作。

（三）加大营销工作力度，加快业务拓展步伐

以支持主业发展为导向，合理配置业务部门和人员结构，切实加强产品直销能力建设，改革优化产品营销的激励约束机制，持续深化营销体制。优化营运管理机制，形成贴近市场、支持前台、协同高效、管理顺畅的业务运行机制。不断创新产品营销方式，持续加大项目营销力度，完善和建设更加高效的IT信息系统，以支持保障公司的业务发展和风险管理。

（四）坚持不懈加强风险管控，不断提升发展质量

持续加强和完善公司全面风险管理体系建设，夯实风控管理的制度基础。有针对性地提出不同的风险管理目标和风险管理要求，认真落实重点项目“一户一策”的风险管理工作要求。加大存量项目的风险分析排查工作力度，严守兑付底线。切实做好重点业务领域和重点环节的风险防控工作，认真执行项目风险评估标准和公司尽职调查工作规程，严把项目准入门槛。

（五）不断夯实发展基础，持续提升能力

继续推进人力资源建设，积极落实“人才兴司”战略，统筹推进各类人才队伍建设。加快推进“二次增资”，夯实公司资本基础。动态管理资本与业务发展，适时推进股份制改革，建立与业务相匹配的资本基础，保障信托主业实现快速、健康可持续发展，为股东持续创造价值。继续加强企业文化建设，要大力倡导“责任立业、创新超越”核心价值观，努力营造“风正、心齐、气顺、劲足”的和谐局面，努力营造“政通人和”工作氛围，积极推动“共享机制”的建立和完善，通过多种形式传播企业精神和理念，最大限度地凝聚员工力量，规范员工行为，保持公司持续、健康、快速发展。

昆仑信托有限责任公司

一、2011 年经营概况

2011 年，公司面对复杂多变的经济形势和市场环境，继续坚持“高起点、快发展、可持续”的要求，牢固树立“低风险偏好、零风险容忍”的理念，依法合规经营，严格控制风险，不断开拓市场，努力推进创新，经营业绩持续提升，实现了“十二五”的良好开局。全年实现收入 8.28 亿元，利润总额 7.08 亿元，净利润 5.25 亿元，信托规模达到 645 亿元，全面完成董事会下达的各项工作任务和目标。

公司积极推进业务创新，融源成长基金累计完成投资进度 45%；金阳单一信托项目作为公司从事个人财富管理的首次尝试，回归了信托本源；宁波城投项目的开放式设计，丰富了产品线，满足了不同投资者的投资需求和流动性偏好，为开展基金化信托业务提供了范例。

公司努力拓宽固有资金运用渠道，战胜了资本市场剧烈波动的严峻考验，优化投资结构，提高投资收益，全年实现投资收入 3.1 亿元，净资产收益率达到 9.06%。

公司不断加强市场营销工作，一是依托大庆、西安、成都、上海等石油矿区和经济发达地区，初步形成了辐射全国的营销网络；二是整合内部资源，对内部资金实行了集中统一管理，有力地支持了产品的发行与销售；三是以石油员工为突破口开拓高端个人客户。

公司进一步提高内部管理水平，严控风险，依法合规经营。一是规范运作三会，完善了关联交易审批体系，提高了关联交易业务决策效率；二是开展战略研究，确定了公司发展定位、战略重点和保障措施；三是建立了全面风险管理体系，全面修订了《内控与风险管理手册》，调整完善了相关流程，进一步加强项目前期、中期、后期管理，强化检查考核，确保了风险可控；四是加大合规审查和检查力度，积极参与产品设计和创新，大力推进业务标准化合同文本建设；五是加强各类专项审计和操作风险运行体系检查，建立了反洗钱工作体系，落实了反洗钱各项措施；六是修订了《预算管理办法》，通过加强预算控制，全面提升了财务管理水平。

二、创新业务案例

（一）宁波城投应收款转让集合资金信托计划

本信托计划项下，昆仑信托作为受托人，募集社会资金设立资金信托，信托资金用于受让宁波城建投资控股有限公司持有的对宁波富达股份有限公司的应收款。信托计划总规模不超过10亿元，期限三年。本信托计划采用开放式设计，信托存续期间每年度开放一次，允许投资者在开放日对信托单位进行申购、赎回。

本信托计划项下信托资金可分笔募集、分笔开放、分笔到期。分笔募集、分笔开放的创新设置，有助于根据项目进度提供资金，减轻企业财务压力，同时减轻信托公司单笔募集资金的压力；分笔到期，有助于减轻企业到期还款压力；开放式设计，允许投资者在开放日享有赎回的权利，有助于满足不同投资者的投资需求和流动性偏好。与此同时，本信托计划根据不同的认购/申购额度及不同的期限对信托单位的预期收益率进行分档设置，既符合风险收益相匹配的原则，又为投资者提供了更丰富的选择，能够为投资者获得更合理的投资收益。

（二）金阳单一资金信托

本信托项下，昆仑信托作为受托人，以社会单一自然人作为委托人，委托昆仑信托设立单一资金信托并管理其名下的信托财产，真正体现了信托公司“受人之托，代人理财”的本源。本信托计划期限20年，由委托人或其指定的第三方向信托受托人交付信托财产，既包括现金财产也包括非现金财产。

本信托是昆仑信托自成立以来第一个以自然人为委托人设立的单一资金信托，按照委托人的意愿管理委托人交付的财产，达到财产稳定升值保值的目的。本信托财产中既包含了委托人交付的现金财产，也包含了通过受赠取得的非现金财产。对信托财产中的现金财产，昆仑信托作为受托人严格按照委托人的旨意，对其进行运用。对信托财产中的非现金财产，则完全由昆仑信托进行管理，定期将财产的状态向委托人进行报告。

三、社会责任履行情况

昆仑信托秉承“爱国，创业，求实，奉献”的石油精神，坚持“服务社会，造福民生”的理念，在不断开拓业务、提升自身发展的同时，不断履行社会职责，回报社会，造福人民。2011年，公司除积极组织“慈善一日捐”、抗旱救灾、爱心捐赠、扶贫帮困、无偿献血等各项慈善公益活动之外，更潜心钻研如何发挥信托独特的优势，探索开发慈善信托产品，让更多人加入到公益事业中来。

公司把对“太阳村”的支持与关爱作为公司员工立德向善、关爱社会、创造和谐的重要手段，每年开展一次“共尽一份力，奉献太阳村”活动，发动干部员工为“太阳村”捐款捐物，奉献爱心。2011 年，公司共向“太阳村”捐款 6 万元，并捐赠了价值数万元的电脑。

四、2012 年发展规划

2012 年是昆仑信托有限责任公司“十二五”战略发展规划的关键年。公司的战略发展定位是：依托大股东的优势资源，坚持内控优先、合规经营的管理理念，走自主化、专业化、特色化、国际化的经营发展道路，打造国内一流的财富管理平台、产融结合平台和战略共赢平台，建设信托行业的百年老店。2012 年，公司将主要做好以下几方面的工作。

一是大力开拓市场，建立统一的项目池。围绕中石油上下游产业链，围绕供应商、合作方、客户寻找机会，大力开发与中央企业和省属重点国有企业的业务合作，积极开拓长三角、京津冀等经济发达地区的成熟市场。

二是加大营销力度，坚持“两条腿走路”的原则，一方面要加强自主营销渠道建设，另一方面要与银行等外部机构合作，提高综合营销能力。要大力开发合格投资者，并逐步向高净值人士过渡，持续提供“昆仑财富”系列产品，不断提升公司品牌。

三是提高创新和研发能力，配合国家“十二五”战略规划导向和信托公司社会责任公约，探索设立能源资源、节能减排等战略新兴产业领域的信托基金，发行“昆仑信托仁爱慈善信托”系列化公益产品，加快推进业务转型，充分彰显信托公司社会责任。

四是依法合规经营，全面加强风险控制。服从监管要求和国资委对中央企业的审计监督，坚决不碰政策红线，按照行业协会提出的“诚信、专业、稳健、自律”八字要求，坚持依法合规经营。牢固树立“低风险偏好、零风险容忍”的理念，维护公司的声誉和形象。建立不同信托业务的风险量化评估标准，逐步推进风险量化评估模型建设。

平安信托有限责任公司

一、2011 年经营概况

2011 年，受国内外宏观经济紧缩影响，信托公司经营面对巨大挑战与压力。平安信托坚定落实五年发展规划，持续推进业务转型、产品结构调整，积极打造财富管理品牌与非资本市场投资品牌建设，盈利能力、业务品质、综合实力均稳步提升，达成全年经营目标。

2011 年，平安信托实现净利润 10.63 亿元人民币，向受益人分配信托利润 85.48 亿元人民币；信托资产管理规模持续攀升，其中集合类信托规模占比显著增长，业务转型战略规划成效显现。

2011 年，平安信托稳步推进市场布局，强力打造私人财富及综合开拓个人渠道，累计高净值客户超过 1.3 万人。系统运营改革初见成效，通过领先同业的强大运营支持平台全面提升高端财富管理服务体验。同时，由海外精英团队搭建的“系统、完整、可量化”的风险管理体系成为业内风险管理标杆，全面控制项目风险、充分保障客户利益。

2011 年，平安信托持续推进以非资本市场投资能力为核心、由产品创新推动的多元化、开放式产品平台建设，不断满足客户全产品线资产管理需求，为客户提供多产品、多久期的产品组合。PE 投资能力持续提升，上海家化并购项目成为年内第二并购案例。物业投资严控项目风险、稳健推进，同时响应国家发展战略，积极尝试经济适用房信托项目，取得较好成效。此外，2011 年公司成功搭建以“附加值输出”为核心的投资管理体系，构建外部专家组成的“产业之师”管理团队，针对投资企业的增值服务全面提速。

二、创新业务案例

平安信托一直秉承专业、诚信和“在创新中求发展”的管理理念，积极进行业务创新，为客户提供专业、全方位的财富管理服务，努力打造财富管理的第一品牌，树立行业标杆。业务的创新必须能够及时地把握到市场脉搏，需要具有超前于市场的创新意识。通过几年来的业务实践与经验积累，在监管机构的指导下，平安信托已经在市场研究、投资交易、资产组合配置、私募评估、风险控制等方面建立起自己在行业的领先优势，为业务创新的可持续发展铺平了道路。

（一）产品形态上创新

2011 年上半年，全国消费物价指数持续攀升，在实际负利率的情况下，如何战胜通胀就成为投资者切实的目标。平安信托凭借对经济形势及市场走势预测，及时掌握到的市场需求，顺势推出了一款收益与消费物价指数挂钩的系列产品——平安财富·超越通胀系列集合资金信托计划。该产品是一款中短期投资理财产品，其收益率跟随消费物价指数浮动，具体为上月消费物价指数同比涨幅加一部分超额收益，最高不超过 10%/年。同时，为了保护投资者的基本收益，产品为持有到期的受益人提供最低预期收益率 5%/年。该业务的创新特点为：引入超越通胀概念，结合目前我国宏观经济情况，将产品预期收益率在最低预期收益率和最高预期收益率范围内跟随消费物价指数浮动，从而实现投资者既能跑赢当前的通胀水平，还能获得一定收益，该产品一经推出，就极大地吸引了投资者的关注，受到市场追捧。

（二）配置管理的创新

目前，国内 TOT（信托中的信托，Trust of Trusts）产品仍只有少数信托公司和银行参与，平安信托凭借成熟的产品发行和主动管理经验，成功发行主动管理型 TOT 系列产品。主动管理型 TOT 是在原先 TOT 产品组合固定投资标的（一般多为 2～3 个投资标的）的基础上，引入自主研发的筛选和阳光私募评估体系，通过主动管理和深入研究，进行仓位控制、及时调整组合配置。

平安信托在传统的 TOT 基础上，改变过往设计思路，由初始的定向转变为不定向，充分发挥自主管理能力，将信托资金灵活地调配在平安信托平台上近 30 家阳光私募产品中，并有效地结合对市场形势预测和平台上阳光私募表现，及时、主动地调配仓位以及各个产品之间的比例。

在实际推广、应用中，该产品可以更好地控制产品的下行风险，减少波动率，并减少单个投资顾问的投资失误风险，以及在市场环境欠佳时由于仓位水平过高而承受的系统性风险。该产品充分体现平安信托在投顾筛选、尽职调查方面的主动管理能力，真正实现了高净值客户的专业理财服务。

（三）财富投资服务创新

市场上绝大多数理财产品主要是投资于某一标的、某一行业或特定领域，平安信托从投资者风险偏好出发，按照高、中、低三档进行分类配置推出平安财富·资产管理之静、恒、远系列。该产品依托平安信托相对成熟、多元化的产品线，通过单一客户、单一账户的管理模式调整客户资产配置中PE、证券、房地产、现金的比例，以实现投资和客户偏好的契合。

该产品系列的创新点主要体现以下几个方面：首先，有效分散风险、实现稳健收益。投资不拘泥于单一行业或单一标的，在不同类型的股权、债权标的及子项标的中实现风险分散，实现资产收益的相对稳健。其次，实现个性化配置和实时查询功能。客户可根据受托人对资产配置的建议比例，结合自身情况进行挑选。同时，保留客户未来自主调整配置的权利，具有高度灵活性。通过IT系统支持，理财经理能够实时向客户披露资产情况，结合市场情况，分析各个板块的投资回报，并对客户未来的资产配置给出合理化建议。就其社会和经济价值而言，以资产配置的理念吸引客户，丰富的投资范围、有效的风险分散，得到了投资者的普遍认可和一致好评。

综上所述，平安信托将一如既往地发展自主创新之路，努力塑造业内财富管理的标杆企业。

三、社会责任履行情况

（一）拓展客户沟通渠道，改革运营服务水平

目前，平安信托已建立了多样化的客户反馈渠道，客户可以通过理财经理、电话、网站、邮件、信函、亲临公司六大渠道向公司反馈问题及意见。

2011年，平安信托全面启动运营改革项目，通过“速赢救火”——流程梳理、职能快速调整、日清督导、外包共享、历史问题清理、产品对接等举措快速改善运营服务水平，服务时效达成率99.6%；同时推动合同管理、交易存续、清算核算和客户服务四大基础模块共计158个子流程的再造，时效提升50%以上，大幅改善客户体验。通过这些举措，平安信托的投诉率由2010年的1.42%降至2011年的0.75%。

（二）凭借自身优势，积极发展公益信托，支持新能源项目发展

平安信托积极参与国家西部大开发的建设工作，特别为新疆维吾尔自治区的教育事业、人才培养作出努力。从2002年开始，平安信托托管了由深圳市贸易工业局代表深圳市政府设立的“新疆助学公益信托”，委托规模1亿元人民币，该公益资产不但实现稳定的保值和增值，还将托管收益用于资助新疆维吾尔自治区部分家庭困难的学生上学，截至2011年12月31日，累计向公益行为执行人分配资金约9 300万元。平安信托受托管理的公益信托项目还有：深圳市见义勇为基金会“深圳市见义勇为基金单一资金信托”，截至2011年12月31日，受托管理的净资产规模约4 787万元，累计向受益人分配资金400万元。

平安信托大力支持风能、水能、太阳能等可再生、清洁型、环保型新能源技术和产品的推

广，利用投资手段促进整个社会降低在发展过程中对环境的影响。在信托直投业务中，平安信托投资了许继集团和许继风电两家公司，帮助这两家公司在改造物理电网的基础上，采用智能电网的先进传感测量技术、通讯技术、信息技术、新能源技术等，把发、输、配、用各个环节互联成为一个高度智能化的新型网络，实现电网输电可靠、安全、经济、高效的目标，该项投资占信托直投业务累计投资额5%。

另外，2011年，平安信托与新疆金风科技股份有限公司开展战略合作，以1.5亿元收购位于山西的优质风电项目49%的股权，使平安信托管理的风电装机容量达到600兆瓦；同时，平安信托还投资30亿元为中广核集团在内蒙古、甘肃等中西部地区的风电项目提供资金支持，用于民用电能的改善。

（三）首次涉足经济适用房融资项目

在房价高居不下的环境下，买房难已经成为社会问题。经济适用住房是政府为解决中低收入家庭住房问题，组织房地产开发企业或者集资建房单位建造，以微利价向城镇中低收入家庭出售，不以盈利为目的的社会保障性商品住宅。在经济适用房的建造期、销售期都需要大量的资金，而融资难、风险高、利润薄也限制了很多开发商投资经济适用房的积极性。为此，2011年，平安信托首次涉足经济适用房融资项目，与南京住房居住改革办公室以及丰盛集团首次合作，为南京当地的经济适用房建设提供融资服务，融资规模为5亿元。

四、2012年发展规划

2012年宏观经济环境不确定性持续增强，信托业发展挑战持续，也充满广阔的市场机遇。一方面，《信托公司净资本管理办法》的实施及行业监管持续强化，有效规范行业竞争秩序，促进行业健康发展。另一方面，通胀持续致使大量社会财富脱媒，寻找更多优质的投资渠道以实现资产保值增值，加之居民理财意识的日益强化，均为信托行业的发展带来难得的市场机遇。

2012年，作为领先同业的信托公司，平安信托将持续发挥迎难而上的精神，在不确定中寻找突破及持续增长的动力，遵循五年发展战略规划，落实各项关键举措、持续推动业务转型，强化主动管理能力，推动业务稳步向前发展，铸就“私人财富管理第一品牌”与“非资本市场投资第一品牌”，实现领先市场、超越市场的目标。

山东省国际信托有限公司

一、2011年经营概况

山东省国际信托有限公司（以下简称山东信托）成立于1987年3月。自成立以来，一直致力于运用信托平台服务经济社会发展。目前投资领域涉及证券、产业、城市基础设施、房地产、服务业等，投资方式包括贷款、股权投资、资产证券化、收益权证券化、融资租赁等，近两年信托产品规模均超过千亿元。截至2011年末，山东信托固有合并资产总额为32.29亿元，所有者权益20.54亿元。实现合并营业收入5.51亿元，投资收益0.41亿元，合并利润总额3.19亿元，净利润2.47亿元。

（一）信托业务

2011年，山东信托以证券信托、产业信托、上市公司股权质押信托为重点，规范、稳健地开展房地产信托，积极拓展私募股权投资（PE）信托、绿色投资系列信托、艺术品信托、保障房信托、酒类信托等创新型信托产品，实现业务内生式增长和外延式扩张的有机结合。2011年，山东信托当年开展信托业务规模1 135亿元，截至2011年末，管理的信托资产余额1 140亿元。

1. 证券投资信托。山东信托形成了以阳光私募证券信托为主，以有限合伙制证券信托、债券信托、结构型多对多证券信托为辅的业务模式，管理的证券投资信托余额已近100亿元，市场占有率约10%。

2. 产业投资信托。山东信托已形成恒富、恒丰、远投、弘毅、船舶航运和绿色投资等多个系列品牌，分别投向重点支柱产业、新兴产业、节能环保企业以及优质上市公司等领域，契合国家“十二五”规划，为支持山东省黄河三角洲高效生态经济区、山东半岛蓝色经济区建设，以及为国民经济“转方式调结构”提供金融服务。

3. 上市公司股权质押融资信托。山东信托制定了《上市公司股权质押融资项目考察标准实施暂行办法》，规范了相关业务的考察标准与操作流程，创立并发展壮大了恒鑫系列、尊享系列两大品牌，迅速形成了规范运作、品牌营销和创新发展的良好局面。

4. 房地产信托。山东信托在强化风险防范的前提下，重点加强与国内一线房地产企业的合作。同时，积极履行社会责任，拓展包括廉租房、经济适用房在内的保障性房地产信托业务。

5. 创新类信托。在做好传统业务的基础上，山东信托紧跟市场形势，不断创新。发行了淄博园艺不良资产信托，探讨了基于书画和钻石等艺术品的弘毅1号艺术品投资信托、美钻之缘1号钻石投资基金，研发了投资于白酒类的信托产品，积极拓展了票据信托、融资租赁信托，普遍收到投资者的欢迎。

（二）自营业务

2011年，山东信托稳妥推进自有资金业务，积极开展以股票、基金为主的中短期金融产品投资。在保证资金安全性、流动性的前提下，大胆创新，不断探索各种形式的长期金融股权投资。目前，山东信托固有项下长期投资主要是控股泰信基金，参股富国基金、民生证券、泰山财产保险、德州商业银行、邹平浦发村镇银行等金融机构和泰山文化艺术品交易所等类金融机构，同时也在积极研究入股租赁公司、期货公司以及其他商业银行。

（三）内部管理

一是不断完善制度体系，努力防范风险。山东信托不断加强制度建设，规范业务流程。2011年，修订了《信托公司财务管理办法》，制定了《可行性研究报告格式规范》，从基本构成要素、行文格式等方面对可行性报告的必备内容进行了详细规定，规范了公司可行性研究报告等上会材料；完成了公司信托产品统一命名规则，制定了《集合信托融资类业务合作企业评级授信初步方案》；开展了集合信托计划抵（质）押情况专项检查，全面、及时地了解了集合信托抵（质）押情况，防范信托计划的人为风险。

二是不断加快异地业务部建设。2011年，山东信托加强了异地业务部的建设，青岛、北京、上海、深圳业务部立足当地业务，充分发挥自身资源优势，不断开拓其他省份的优质资源，先后与黑龙江、辽宁、河南、湖北、广州、长三角地区的部分地市建立或开展了业务合作。截至12月末，四个异地业务部新开展业务规模165亿元，人均信托报酬约1 500万元，远高于行业平均水平。

三是持续加大公司宣传和产品营销力度。2011年，山东信托加强了与《人民日报》、《大众日报》、《第一财经》等知名媒体的合作深度。重点完成了北京金融博览会的参展工作，荣获“最受公众喜爱的信托公司奖”，本次展会推广了“山东信托，可信可托”，诠释了公司“乘天时，因地利，联人和，秉诚信，识通变”的理念，总经理发表了题为“社会经济问题的信托视角”的演讲，受到社会广泛关注。

在营销方面，市场是企业发展的永恒主题。2011年，山东信托进一步统一了产品营销，成立了财富中心，采取自主营销与分销相结合的模式，实现了信托产品统一安排，统一发行。

四是不断加大信息化建设力度。2011 年，山东信托加大了对信息化建设的投入。在充分调研的基础上，立足行业领先水平，与恒生电子公司合作开发信托公司业务综合管理信息系统，该系统包括信托 TA 系统、全资产管理系统、全资产会计核算与估值系统、信托综合管理平台及 CRM 客户管理系统，初步形成了完整的覆盖项目全生命周期和全部业务流程的信息支持服务平台，保障了业务和营销的顺畅运转，实现了项目及客户管理的信息化、精细化。

二、创新业务案例

（一）山东信托·尊岳进取 1 号（PE）集合资金信托计划

1. 业务背景。受制于监管政策的影响，信托产品无法直接参与场内市场的 IPO，难以分享资本市场的 PE 盛宴。在场外柜台市场上，尤其是淄博柜台市场上会聚了一大批省内优秀的高成长性的挂牌企业，通过一段时间的培育，相信一定会有部分企业脱颖而出，进入到新三板市场甚至是场内市场。为促进柜台市场发展、扩大中小企业融资渠道、缓解中小企业融资难的问题，山东信托依托自身优势，结合高端客户理财需求，在国内率先研发设计推出柜台市场 PE 信托产品，此类产品会为小微企业的直接融资开辟广阔的渠道，为支持产业结构升级和经济发展模式转型作出积极的贡献。

2. 业务框架。2011 年 8 月 29 日，山东信托设计推出了国内首只参与柜台市场的管理型信托产品“山东信托·尊岳进取 1 号（PE）集合资金信托计划”。该信托计划主要以股权投资的方式参与在淄博柜台市场（ZBOTC）上挂牌交易的或即将挂牌交易的企业股权，系国内首只参与柜台市场的信托产品。本信托项下的信托单位主要依靠定向发行的形式募集，由山东信托担任本信托的实际管理人，由大型商业银行担任保管人，由山东信托根据实际需要向在齐鲁股权托管交易中心挂牌交易的企业发放贷款或进行直接投资，资金进出均由保管银行根据信托公司的指令及信托合同的约定执行。全体受益人接受本信托采取的由山东信托亲自管理的资金运用形式及其产生的结果，风险由全体受益人承担。

为保证该信托日常管理的时效性和有序性，本信托特设管理委员会，管理委员会为本信托的最高决策机构，日常的投资、融资决策事宜均由管理委员会决策实施。对于投资形成的股权，山东信托将以做市商的身份根据市场情况随时进行以获取差价收益为主要目的卖出和买入交易。

3. 创新性分析。通过本产品的运作，可以实现信托公司自主管理业务向新的领域延伸，有利于推动股权交易市场发展，缓解中小企业融资难的问题，有利于吸收柜台市场的成功管理经验，为后续多要素市场的设立积累经验。

（二）淄博园艺场不良资产单一资金信托项目

1. 业务背景。青岛泓海投资有限公司为淄博园艺场不良债权的原持有者，其为加快资产变现，急于将该资产对外转让，而委托人首先基于对该不良资产情况的了解及对其实际价值的判断，认为通过有效的处置运作，能够实现价值增值，因此委托山东信托通过协议转让方式购买此债权。

2. 业务框架。其主要运作模式为山东信托发行信托计划，单一委托人基于对山东信托的信任，自愿将其合法所有的资金委托给山东信托，并指定由山东信托用于购买青岛泓海投资有限公司持有的淄博园艺场不良债权，最终通过有效的不良资产处置方式实现信托资产的变现退出，为受益人获得信托利益。

3. 业务创新分析。信托方式处置不良资产开辟了新的投资及业务渠道。这种方式创造了以财产处置收益为利益来源的投资品种，使不具有资产管理专业能力的投资者有机会实现对不良资产的投资，为投资者提供了一种新的投资品种，极大地扩大了不良资产投资需求，同时也开辟了信托公司的业务来源，能够创造多赢局面。

（三）山东信托·华创稳盈系列集合资金信托计划

1. 业务背景。进入2011年，我国各种债券发行量达到7万亿元；年度结算量达到180万亿元，并且正以每年10%的速度增长。2011年末，债券存量达到23万亿元，接近GDP的50%，居世界第五位、亚洲第二位。在债券市场飞速发展的现阶段，信托公司作为金融市场重要的组成部分，理应发挥其独特的优势，为我国债券市场，乃至于债券市场背后的实体经济，作出自己应有的贡献。

2. 业务框架。华创稳盈系列信托产品属于结构化的集合资金信托，与银行理财资金相结合，由券商提供投资策略，投资于银行间债券市场。利用银行理财资金成本低、规模大的优势，结合银行间债券市场流动性强、价格波动幅度相对较小的特点，银行理财资金的收益可以有所保障，同时劣后受益人也可获得风险回报。对于信托公司而言，作为银行理财资金投资于债券市场的渠道，所承担风险极低，净资本占用率仅为0.2%。

3. 业务创新分析。这种模式的开展不仅提高了净资本利用率，扩大了山东信托在银行间债券市场的知名度，更进一步拓展了与银行、券商等金融机构的合作空间，为培养自主管理能力打下了良好基础。同时，随着银信合作融资类业务的缩水，债券类理财产品可能是最好的替代产品。这将为债券市场带来更多的投资需求。近期存款准备金率的下调和市场对于资金缓和的预期，债市走强的态势已初见端倪，预计2012年这种银信合作的模式会有更多发展空间和发展前景。

（四）山东信托·租赁通系列单一资金信托计划

1. 业务背景。2011 年，我国货币政策从紧、银行贷款规模较为有限，山东信托发起成立了租赁通系列信托。该系列信托项目以企业设备为投资对象，通过售后出租的形式为企业提供融资，既优化了企业的资产负债结构，同时也能满足企业的融资需求。

2. 业务框架。租赁通系列信托项目以信托租赁的形式将委托人（暨受益人）的资金定向用于投资购买企业设备并出租给企业使用，以此获取稳定的租金收入，项目到期时，承租企业所支付租金足以涵盖所有设备的账面价值，因此信托公司可以实现安全平稳的退出。

3. 创新性分析。以信托租赁的方式为企业提供融资，具有以下特点：

一是项目资金规模较大，有利于公司信托规模的迅速增长。由于信托租赁业务涉及的设备均为大型生产型设备，价值较高，因此该类业务通常资金规模也较大，相较于通常的单一信托可以实现较短时间内公司业务规模的较快增长。

二是企业资质较优，项目安全性较高。由于信托租赁业务的规模较大，因此，项目选择的交易对象均为规模较大、资质较优的大型企业或管理规范、声誉较好的上市公司。该类企业多为各大银行的重点客户，通过与该类企业的合作，可以有效降低项目的风险，同时也为未来业务合作奠定了坚实的基础。

三是租金涵盖设备全部价值，方便信托公司的安全退出。尽管信托租赁项目金额较大，但由于该类项目存续周期也较长，企业在较长的存续期内等额（或等比）支付租金，有效地降低了企业的还款压力。同时，由于租金完全涵盖了所有设备的全部价值，因此项目结束时，信托公司可以实现安全平稳的退出，从而再次有效地降低了项目风险。

三、社会责任履行情况

山东信托积极履行社会责任，不断探索适合自身特点的社会责任承担方式，大力提升对社会的价值回报。一是明确自身社会责任，打造良好的服务品牌。山东信托坚持把承担社会责任和自身经营发展有机结合起来，将履行社会责任纳入公司的经营管理战略，以实现自身稳健发展作为履行社会责任的前提条件，将支持经济社会发展作为履行社会责任的核心，从投资者、员工、客户及社会发展等多方面着手，不断深化履行社会责任的措施，打造自身服务品牌。二是积极贯彻落实国家宏观调控政策和山东省产业发展规划要求，充分发挥信托工具优势，积极做好金融支持山东省黄河三角洲高效生态经济区、山东半岛蓝色经济区建设，不断加大信贷支持力度，2011 年累计为其融资 77 亿元。同时，不断加大对国有重点支柱骨干企业产业改造升级、战略新兴产业、绿色低碳经济和民营经济的信贷支持。推出了绿色投资系列、船舶航运系列等产品，在“转方式调结构”中树立了负责任的企业形象。三是重点关注社会民生，拓展了包括廉租房、经济适用房在内的保障性房地产信托业务，架起了社会闲置资金与国家保障性住房建设之间的“跨海”大桥，实现了民间资本的阳光流动。

四、2012 年发展规划

在科学发展观指导下，公司按照国家对金融业改革和发展的总体要求，依托鲁信集团长期发展战略，立足山东，面向全国，外拓业务，内抓管理，不断做大做强。

不断规范公司治理，进一步完善公司管控机制和各种约束激励机制，加大研发、营销和品牌宣传力度，加快信息化建设步伐，引进战略投资者，夯实全面发展的基础。在业务领域，以“受人之托，代人理财”为宗旨，围绕信托和自营两个方面，加强业务研发和市场开拓，增强公司盈利能力。在自营业务方面，加大金融股权投资力度，进一步做好自有资金投资项目的管理和中短期金融产品投资。在信托业务方面，根据国家宏观调控政策的调整动向以及银监会倡导的方向，进一步做大做强证券信托、产业信托、上市公司股权质押信托，适当调整房地产信托业务发展模式，积极拓展不良资产信托，不断扩大艺术品信托的投资范围、规模，努力探索开展教育信托、公益信托，提高公司的公信力和社会影响力；同时，加快产品创新，进一步增强主动管理能力，不断提升业务运作水平和项目管理水平。努力实现公司各项业务全面发展，为我国信托业的发展作出更大的贡献。

苏州信托有限公司

一、2011 年经营概况

2011 年，信托行业在市场供需双方力量的共同推动下出现了快速增长。苏州信托 2011 年完成营业收入 28 660 万元，实现利润 21 158 万元，分别完成全年目标的 107.7% 和 115.6%。全面完成年初董事会下达的各项经营指标。信托业务取得了可喜的成绩，全年总计成立项目 65 个，新增信托规模 120.4 亿元。其中，集合类信托项目 50 个，规模 100.96 亿元；单一类信托项目 15 个，规模 19.48 亿元。新增项目年信托报酬 2.11 亿元，总信托报酬 3.63 亿元。截至 2011 年末，公司存续信托项目共计 127 个，管理信托资金总规模为 208.84 亿元。

二、创新业务案例

（一）创新业务品种

公司实施了增资扩股后，制订了业务发展战略和实施方案，充分发挥自身创新意识，具有业务基础良好、资产质量优良、市场化程度高、区域经济快速发展等多方面的优势，形成了以基础设施、公用事业和基础产业为方向，以融资代建、BT 等投融资方式为主的业务模式。公司在融资租赁、证券投资、房地产投资基金和新农村建设等领域进行了创新和实践，推出股票真实投资性质的凯石益金，股票结构化投资的创元科技、海利得、森隆结构化、恒源结构化，房地产真实投资性质的华实 1101、华实 1102 和华实 1103 系列，保障房建设等多个创新业务品种，并获得了良好的市场反映。

（二）创新业务规模

公司在非结构化股票投资领域发行一个信托计划：凯石益金（规模 7.0255 亿元）；在结构化股票投资领域发行四个信托计划：创元科技（规模 0.4484 亿元）、海利得（规模 0.93 亿元）、森隆结构化（规模 1.2 亿元）、恒源结构化（规模 1.5 亿元）；在房地产真实投资领域发行三个信托计划：华实 1101（规模 1.2046 亿元）、华实 1102（规模 2.2189 亿元）和华实 1103（规模 2.4929 亿元）。除此之外，公司通过应收账款转让、股权增资等方式积极参与地方保障房建设，开发成立了 4 个与保障房建设相关的集合资金信托计划，合计规模 5.95 亿元。创新业务规模达到 22.97 亿元，规模占比超过 10%。

三、社会责任履行情况

2011 年，苏州信托响应苏州市“暖冬行动”号召，组织全体干部员工为特困户捐款总计 18 600元。

四、2012 年发展规划

根据战略规划，2012 年公司将充分发挥自身优势，发展特色业务和优势领域。业务拓展中坚持三项准则：一是积极应对政策和市场变化，在合法合规、风险可控的原则下努力开拓基础设施、证券和房地产领域传统业务市场，加强传统业务的模式创新，确保业务规模和收入的基本稳定与适度增长；二是加大力度推动创新业务发展，抓住时机加速转型；三是高度重视监管政策变化，及时跟进调整业务拓展标准。

固有业务定位于稳健、获取战略资源并支持信托业务。在防范风险的前提下，积极做好固有资金的运用，在资金的配置方面兼顾安全性、流动性和资金效益性。

中后台各项工作依然要坚持“稳健高效”原则，以“提高反应速度，提升服务质量”为目标，有力地支持业务发展，有序地推进各项工作开展。从公司业务发展的实际需求出发，建立从被动管理到主动管理的过度机制。

2012 年，着眼于未来的发展，完成二次增资扩股工作。

天津信托有限责任公司

一、2011 年经营概况

截至 2011 年末，天津信托有限责任公司管理的自营资产和受托资产规模 409 亿元人民币，实现税前利润 28 035 万元，不良资产率为 0.5%。

多年来，公司秉承“诚实、信用、谨慎、有效”的经营理念，发挥“受人之托，代人理财”的基本职能，立足金融信托本业，积极开展金融创新，努力拓展信托理财业务，发展并完善了集合资金信托、单一资金信托、股权投资、权益收购、租赁业务、指定项目信托等业务品种。充分发挥信托优势，围绕重点工程项目、基础设施建设、能源交通运输、城市房地产开发、大型企业产品更新换代、教育和高新技术、中小企业投融资等产业发展，推出一系列信托产品，将民间资金转变为投资资本，在满足投资者资金保值增值需求的同时，服务城市经济发展。

二、业务创新案例

2011 年，公司在推进业务创新方面，不断完善现有的研究方向，努力建立可持续增长的盈利模式。在提升财富管理能力方面，不断丰富产品设计，对具有夹层性质、保本性质、纯投资性质等不同特点的私人股权投资业务加大储备和实践。另外，2011 年公司引入了社保基金 30 亿元支持天津市公租房建设。此外，也创新、研发了多种业务模式及业务品种支持中小科技企业发展。

三、2012 年发展规划

（一）公司业务发展的战略指导思想

坚持以邓小平理论和“三个代表”重要思想为指导，认真贯彻落实科学发展观，紧紧抓住滨海新区开发开放的契机，以遵循国家和监管部门法规为依托，以诚信合规、稳健发展高效运营为理念，进一步健全和强化法人治理、内控严密、管理合规的内部控制体系；以业务开拓创新为动力，以风险防控为前提，进一步提升和增强公司的核心竞争力；以受益人利益最大化和股东稳定回报为原则，努力创建公司、股东、客户共赢平台。注重加强人才队伍、企业文化和长效机制建设，不断提高公司的盈利能力、风险控制能力、创新能力、营销能力，正确把握宏观经济形势和政策环境，推进公司又好又快地发展。

（二）发展目标

公司总的发展目标是要认真贯彻落实科学发展观，积极应对复杂的经济形势，充分发挥信托功能，从持续性、盈利性和增长性等方面使公司不断提升，为股东和受益人提供较高回报。坚持稳健经营理念，增强风险管控能力，大力培育主营业务模式，促进业务科学转型，继续推进业务创新，提高理财服务能力，把公司打造成核心竞争力强、综合理财水平高、信誉度高的信托理财机构。

业务发展目标是要抓住2010—2012年的战略机遇期，加快业务转型和盈利模式创新的步伐，做优做强信托业务，做好做精固有业务，相得益彰，共同发展，形成公司可具持续发展的盈利模式和核心竞争力。

中国对外经济贸易信托有限公司

一、2011 年经营概况

2011 年，中国对外经济贸易信托有限公司（以下简称外贸信托）依法合规开展业务，持续加强风险控制和管理，在“稳健思变，诚客礼才”的经营理念引导下，实现了公司业绩历史最好水平。

（一）抓住发展机遇，各项指标创历史新高

2011 年，在通胀高企、银根紧缩的宏观经济环境下，外贸信托采取专业化和差异化的经营策略，抓住业务发展机遇，大力发展各项业务，实现了较好的业绩。2011 年，外贸信托实现营业收入 12.22 亿元，同比增长 90.64%；税前利润 10.19 亿元，同比增长 89.41%；净利润 7.85 亿元，同比增长 80.05%；实现净资产收益率 20.81%，人均税前利润 648.96 万元。

外贸信托充分发挥信托“受人之托，代人理财”的制度优势，在严控风险的前提下，努力拓展信托业务，取得了令人瞩目的经营成果。截至 2011 年末，外贸信托管理的信托资产规模为 2 387.75 亿元，信托业务收入在整体营业收入中的占比达到 64.55%，成为公司经营收入的主要来源。

2011 年，外贸信托的集合信托业务取得了长足的发展，全年共发行集合信托产品 1 495 款，发行规模达 1 585.31 多亿元，在行业内处于领先地位。在国内证券市场处于震荡中下跌的不利市场环境下，外贸信托的阳光私募证券投资信托产品规模保持了稳步增长，业务规模保持在 400 亿元以上，成为公司信托业务收入的稳定来源，继续位居行业前列。

目前，外贸信托已经形成丰富的产品线，拥有包括富荣、富祥、汇金、汇富、鑫欣、善水、鼎鸿等在内的多款系列信托产品，跨及证券投资、PE 投资、房地产、矿产能源、消费信贷等多个市场领域，构建了包括不同风险收益配比、不同期限结构的产品体系，契合了不同高端客户的投资需求，得到了市场各方的广泛认同。

多年来，凭借在理财市场的卓越表现，外贸信托的品牌已经得到了投资者和社会各界的广

泛肯定。2011 年，外贸信托已经荣获“诚信托·卓越公司奖”、“金貔貅奖——2011 最佳财富管理奖”、“金龙奖——年度最佳财富管理信托公司奖”、“金蝉奖——2011 最佳信托财富管理奖”、“中国最具成长性信托公司”、“卓越品牌价值信托公司”、“卓越金融理财产品”、第二届金牛奖“阳光私募信托公司”等多个奖项，在业内赢得了良好的声誉。

（二）坚持合规经营，严控业务风险

外贸信托始终坚持合规经营，并将此落实于业务开展的全过程。2011 年，在《信托公司净资本管理办法》施行、房地产继续受到严厉调控的大背景下，外贸信托在严控业务风险方面采取了以下措施。

1. 推进风险管理体系的建设。针对市场紧缩环境，进一步完善项目风控体系，包括项目评审体系和执行监督体系，显著增强对重点风险的评审和防控能力，严控兑付风险。构建业务整体风险评估体系，包括净资本管控指标、项目运行评价标准、高风险业务压力测试体系等。

2. 加强存量项目监控。根据信托项目的委托人、交易对手、所处行业、实际控制人及相关风险控制措施等情况，确定纳入重点监控范围的房地产、矿产资源等非证券类重点信托项目标准及清单，按照分类监管原则，制定重点信托项目年度监管计划。对于重点信托项目，加强现场检查频率和深度，加强对集合类房地产和矿产资源项目的现场检查，及时掌握项目销售收入实现进度，并严格根据合同约定对信托资金使用进行监管。

3. 提高房地产项目审核标准。由于房地产市场在 2011 年仍然受到政府的严厉调控，为了防止房地产市场下行带来的风险，外贸信托积极采取应对措施，主动提高房地产信托业务准入门槛，坚持优质客户、优质区域、优质项目的策略，提升房地产项目风控标准。

二、创新业务案例

（一）开发并广泛运用“信托 + 有限合伙”业务模式

1. “信托 + 有限合伙”模式对冲基金业务不断发展。外贸信托与重点商业银行、知名私募基金共同研发了运用“信托 + 有限合伙”模式的国内对冲基金类证券投资信托产品。该产品创新性地解决了目前证券信托业务开展过程中的实际问题，又很好地利用了合伙企业机制参与股指期货投资等新业务。此类信托产品不仅有利于公司丰富信托产品结构、扩大信托产品规模、提高证券类产品利润，更有利于多角度地维护客户资源。目前该模式已得到市场的广泛认可。

2. 定向增发股权投资信托业务稳步推进。以“信托 + 有限合伙”的模式投资定向增发的业务模式有效地解决了此类信托业务面临的问题。目前已成功开发了“博弘系列定向增发指数型

基金（结构化）投资集合资金信托计划”。

（二）打造外贸信托财富管理品牌

外贸信托积极发展直销渠道，是行业内最早尝试建设直销渠道的信托公司之一，为行业的发展作出了有益的探索。2011 年 2 月，外贸信托财富管理中心正式揭牌。外贸信托财富管理中心以打造外贸信托财富管理品牌、夯实基础客户群、拓展营销渠道、构建核心营销竞争优势为出发点开展了全面的营销活动。

外贸信托财富管理中心秉承“专业为本・人情为道”的执业理念，以“请进来，走出去”为营销活动方针，将“五行财富・财富私塾”作为业务发展基础，构建了拓展客户、营销客户、服务客户的一体化综合业务发展模式。

2011 年，外贸信托财富管理中心通过举办财富私塾活动，让投资者走进信托、了解信托，获得了高净值客户的高度赞扬和肯定，创造了良好的口碑传播效果，在客户间形成了良好的人际关系价值网络，也为建设外贸信托财富管理业务的比较竞争优势，构建持续盈利能力，提升品牌影响力打下了良好基础，达到了将潜在目标高净值客户营销机会转化为销售业绩的目的。

（三）探索主动资产管理业务模式

外贸信托积极尝试信托型 PIPE，投资于上市公司的定向增发股票。2011 年，外贸信托发行信托型 PIPE 产品共计 3 款，总发行规模达 7.44 亿元，为业内为数不多的开展此类业务的信托公司之一。

其中，“善水 16 期股权收益权投资集合资金信托计划”是外贸信托自主管理的信托型 PIPE 产品，发行规模达 5 亿元，由外贸信托自己的管理团队进行投资管理，为信托业探索和发展主动型资产管理业务提供了有益的经验和借鉴。

三、社会责任履行情况

外贸信托始终以为国家、社会和客户创造价值为己任，在打造诚信高效、委托人意愿至上的信托服务过程中，积极开展社会责任实践。

在法律责任方面，外贸信托始终严格遵守相关法律法规，坚持诚信经营。在经营过程中，积极贯彻落实国家宏观政策，同时坚决履行反洗钱义务，维护国家金融秩序和金融安全。

在经济责任方面，外贸信托努力践行“为客户提供优质、专业的产品和服务，为股东创造合理、可持续的投资回报，为员工搭建坚实、和谐的事业发展平台”的使命。对客户，公司在稳健中寻求创新，积极开发符合社会和市场需求的信托业务及信托理财产品；始终恪尽职守，维护受益人的合法权益；对所开发的金融产品风险因素进行客观真实的说明，不进行虚假宣传，不欺骗和误导投资者。对股东，外贸信托坚持为股东创造价值，以出色的业绩回报股东。对员工，外贸信托重视维护员工合法权益，重视员工自身成长，积极开展员工培训，提高员工职业素质和从业技能。

在公益和环境责任方面，公司及员工一直热心社会慈善事业，同时倡导“绿色办公”、“绿色出行”、“绿色行动”，努力降低日常办公对环境带来的压力，大量工作流程均使用电子化信息交流渠道，实现“无纸化办公”，以达到节约资源的效果。

四、2012 年发展规划

外贸信托将继续致力于打造“国内理财市场的金字招牌和国际金融市场的百年老店”，以自营资金为基础，以营销服务为支撑，做强做优信托业务，提升公司整体盈利水平。积极推行三类业务并举的业务战略，即巩固平台类业务，推进投行类业务，培育资管类业务。

2012 年，外贸信托将继续推进“一、二、三、四”发展战略，全力培育核心竞争力，持续提升盈利能力，即

一个核心——人力资源建设；

两项策略——专业化和差异化经营策略；

三种能力——产品开发能力、自主管理能力和营销服务能力；

四大板块——资产管理、金融合作、房地产信托、财富管理。

中投信托有限责任公司

一、2011 年经营概况

2011 年是中投信托有限责任公司（以下简称公司）实施新战略的起步之年。公司坚持以科学发展观为统领，以“十二五”规划为指导，以公司发展战略规划为指引，紧紧围绕“坚持一条主线　建设四大板块　努力开创经营管理工作新局面”这条主线，勇于探索，开拓进取，强化管理，规范流程，加大市场拓展和业务创新力度，进一步加强符合公司实际的激励约束机制和专业人才队伍建设，不断提高资产管理能力、风险管理能力、产品营销能力，逐步搭建起多层次的业务结构，建立科学、成熟、高效的核心业务框架与运作模式。

一年来，公司克服外部经济金融形势所带来的各种困难，始终保持对市场良好的敏锐性和判断力，审时度势，积极应对，实现了公司业务发展持续稳健增长，经营管理体制进一步优化，主要经营指标均创历史最好水平的目标，全面完成了年度综合经营计划。截至 2011 年末，公司管理的信托财产规模为 273 亿元；实现收入 4. 2 亿元，其中信托业务收入 2. 4 亿元，固有业务收入 1. 8 亿元；实现利润 3. 06 亿元。

2011 年，公司信托业务采取“有所为有所不为”的积极策略，大力发展体现主动管理能力的战略主导型信托业务，不断加强异地业务的区域展业布局。信托业务结构持续优化，信托业务收入大幅增长，信托项目收益率稳步上升，转型升级效果显著。全年新增信托项目 74 个，新增规模发生额 284. 65 亿元。同时，公司固有业务全面贯彻“稳健经营”的理念，进一步加强固信联动，优化固有资产结构，持续提高中长期资产价值和风险抵御能力，不断丰富固有资金运用方式，有效提升固有资金使用效率和收益水平。截至 2011 年末，公司固有资产余额为 24. 8 亿元，相比上年增加 2. 71 亿元，增长率为 12%（上述数据未经审计，如有变化，以会计师事务所出具的审计报告为准）。

二、创新业务案例

2011 年，公司重点加强对市场形势的分析和对创新业务的研究，深度挖掘各行业的产业投资机会，坚持推进业务和产品的创新发展，积极开展主动管理型信托业务，推动业务转型升级，加快从融资型、服务型业务为主向投资型业务为主的转变步伐，获得了丰硕成果。

公司发行设立的“中投·会稽山股权投资集合资金信托计划”，募集资金 1.75 亿元，信托计划资金由受托人以自己的名义，通过股权受让及增资扩股的方式投资持有浙江天堂硅谷鲲鹏创业投资有限公司（以下简称鲲鹏基金）99% 股权，鲲鹏基金中股东缴纳的出资资金主要投资于国内上市公司的定向增发，闲置资金用于银行存款。受托人通过持有、管理和处分鲲鹏基金的股权，实现信托财产的稳定增值，并以此作为信托利益的来源。本信托计划最终实现净收益近 4 700 万元，整体收益率超过 25%，是一般固定收益率集合资金信托计划的 2 倍多，并被中国人民大学信托与基金研究所评为“转变观念、另辟蹊径”的典型。

三、社会责任履行情况

2011 年，公司以全面贯彻科学发展观为指导原则，坚持“受人之托，代人理财”，大力推进可持续发展的理念，在实践中积极探索公司与股东、员工、客户、社会的共同发展，创建和谐的企业发展环境，践行社会责任。

（一）股东回报稳定，国有资产保值增值

2011 年，公司保持稳健发展，可持续发展能力和核心竞争力不断增强，信托资产规模、信托收入和信托利润等主要经营指标均持续增长，行业影响力和竞争力不断巩固和提升，股东获得良好投资回报，有效实现国有资产的保值增值。

（二）以员工为本，共同成就价值

人力资本是公司最为宝贵的财富。公司坚持以人为本，和谐共赢，努力为员工提供差异化的培养渠道，完善薪酬绩效体系建设，体现市场化要求，以正向激励为导向，建力体现员工自身价值和社会形象的薪酬福利计划和职业生涯规划。

（三）维护受益人权益，与客户共同成长

公司尽职履行受托人职责，确保受益人利益最大化。2011 年到期信托项目均实现了按期清算，足额兑付，并按要求履行信息披露职责；通过持续创新，不断为客户提供个性化的金融创新产品，满足其多元化投资需求，强调与客户共同成长的服务理念。

（四）认真履行金融机构社会责任，推动中小企业转型升级

公司紧密结合自身发展实际，加强中小企业教育引导，健全完善工作机制，强化服务和管

理。根据地方区域经济特点，公司高度重视中小企业融资需求与产品创新，重点以中小企业成长信托基金为平台，加强与地方政府、商业银行的合作力度，逐步整合高新技术产业、节能环保产业、现代服务产业等新兴产业资源，着力解决中小企业中长期发展困难，推动中小企业转型升级。

（五）依法纳税，支持当地经济社会发展

依法纳税是公司的责任和义务。公司作为企业公民依法按时缴纳税款，积极履行扣缴义务人代扣代缴税款的义务，如实向税务机关反映公司经营情况和财务执行制度的情况。2011 年，公司共上缴税收达 6 294 万元。

四、2012 年发展规划

2012 年是公司实施新发展战略的第二年，是公司新发展战略步入正式实施的重要阶段。公司将积极面对自 2008 年国际金融危机以来更为复杂严峻的经济金融形势，深入研究外部经济金融环境和行业趋势，进一步提高和完善各项经营管理工作，推动公司实现健康、持续、科学发展。

（一）2012 年工作基本思路

坚持以科学发展观为统领，深入贯彻落实公司 2011—2020 年发展战略，推进“调整、巩固、充实、优化”四项工作，即“调整业务结构、巩固营销成果、充实风控力量、优化激励约束机制”，着力提高主动管理能力、自主营销能力和风险管理能力，积极开创公司经营管理工作新局面。

（二）2012 年工作重点

围绕上述目标，公司将重点做好以下五个方面的工作。

1. 进一步明确公司业务发展重点和发展方向。继续围绕重点产业领域，深入挖掘投融资机会，并积极探索和开拓新的业务领域，推进形成相关产业中长期股权投资与中短期融资支持相结合的战略布局。重点把握低风险业务、矿产能源资源类业务、房地产类信托业务、民生公益产业、大中城市基础设施以及节能环保等领域的项目，力争创造公司新的主要盈利增长点。

2. 调整业务结构，加快业务转型升级步伐。一是加强战略主导型业务的发展，大力发展主动管理类业务，开拓投资类业务。二是加强信托业务所涉行业范围的结构调整工作，进一步提高信托业务行业来源多元化，分散行业集中度风险。三是加强信托业务产品结构调整。四是加

强信托业务区域结构调整，各业务团队将集中精力深耕各自展业区域，并辐射周边。

3. 巩固营销成果，完善营销管理体制。一是在品牌建设上，不断丰富和创新公司品牌传播方式，以品牌营销促进业务发展，以业务发展打响公司品牌。二是在管理体制上，研究建立北京、上海异地营销团队，统一营销政策。三是在发展方向上，逐步建立以自主营销为主、外部渠道为辅的产品营销体系，重点做好渠道建设、机构客户和个人客户的开发维护，积累公司高净值客户资源。四是在队伍建设上，坚持稳步推进的原则，提高现有队伍能力，发挥渠道作用。

4. 充实风控力量，为业务稳健持续发展保驾护航。一是加强风险管理政策研究制定，全面总结公司业务拓展经验，逐步健全全面、清晰、有效的风险偏好和风险容忍度。二是加强项目标准的制定完善工作，研究制定公司业务客户选择标准，出台各类业务的产品定价政策，加强业务研发，指导和促进创新业务的开展和传统业务的标准化。三是继续完善审批机制，修订完善制度和调整优化流程。四是加强信后管理工作，完善信后管理的职责要求和管理流程。五是加强风险管理的保障与监督，优化规范审批流程，提高审批效率，有效防范操作风险。

5. 优化激励约束机制，形成发展合力。一是加强公司绩效管理统一化工作，突出战略导向，继续完善业务绩效考核管理办法，研究推动建立投资类业务绩效考核机制。二是研究完善部门和业务团队管理体制，提升项目团队的职责定位，明确项目团队收入任务，确定费用指标，调整优化各部门和业务团队各层级职责定位。三是继续引进高素质人才，重点引进具有金融从业经历的战略型人才，适当引进房地产等专业人才，探索应届毕业生实习培养录用机制，合理确定新增员工规模。四是继续加强岗位管理和员工培训，建立以岗位业绩、履职能力为核心的岗位考核评价系统，创新培训机制和手段，推行上岗资格考试认证制度。

百瑞信托有限责任公司

一、2011 年经营概况

2011 年，面对来自政策和市场的双重压力，百瑞信托上下紧紧围绕年初制定的工作目标及重点，坚定信心、危中寻机、抢抓机遇，实现了整体经营业绩的快速增长。公司全年实现收入总额62 527 万元，比上年增加20 351 万元，增长48%。其中，信托业务收入47 096 万元，比上年增加16 233 万元，增长53%；自有业务收入15 431 万元，比上年增加4 119 万元，增长36%；利润总额48 682 万元，比上年增加26 245 万元，增长117%；净利润36 697 万元，比上年增加20 221 万元，增长123%。截至2011 年末，公司资产总额23.19 亿元，负债总额3.2 亿元，所有者权益 19.99 亿元，净资产收益率23.08%，与 2010 年相比提高 7.32 个百分点。

信托业务方面：百瑞信托积极顺应监管政策导向，适时调整业务结构，努力实现从融资模式向投资型模式转型，重点围绕信托主业提升配置资源、开展工作，信托业务水平显著提升，较好地完成了年初制定的经营指标。2011 年，公司实现信托业务收入 47 096 万元，比上年增加 16 233 万元；新增信托项目 76 个，规模 181.48 亿元；截至 2011 年末，公司存续信托项目 137 个，存续信托规模 393.95 亿元，比年初增加 104.46 亿元。

自有业务方面：一是资金利用效率得到进一步提升。在稳步开展贷款、证券投资业务和增加长期资产配置的同时，综合利用短期定存、债券回购、同业拆借等货币市场工具，使闲置资金利用效率得到大幅提升。在全年实现自有业务收入 15 431 万元中，金融企业往来收入达到 1 640万元，占自有业务收入的 11%，与上年相比增长 2.7 倍。二是 PE 业务日渐成熟并进入收获期。一年来，公司不断加大对创投业务的倾斜，积极开拓设立创投基金，分别与洛阳市政府、中原证券、湖北东湖高新区等在联合设立创投项目方面实现业务合作，并进一步巩固和深化了与深创投、力鼎投资、鼎辉投资、建银国际、城投控股等国内知名创投机构的战略合作关系。截至 2011 年末，公司 PE 投资规模达到 2.4 亿元，比上年增加 0.9 亿元，增长 58%。目前公司已直接或间接投资企业 41 家，已上市企业 6 家，其中 2011 年上市企业为好想你、明泰铝业、开尔新材料和巴安水务。

另外，百瑞信托第二阶段增资扩股工作历经近3年的艰苦努力后取得重大进展，继2010年末引入中国电力投资集团公司（以下简称中电投集团）全资子公司——中电投财务有限公司（以下简称中电投财务）成为新股东后，2011年10月，经中国银监会批准，百瑞信托成功引入中电投集团成为新股东，与中电投财务共同持有百瑞信托股权达50.24%，中电投集团成为公司第一大股东和实际控制人，百瑞信托股权结构进一步优化，发展前景也更为广阔。同时，百瑞信托引入境外战略投资者工作也在有序推进，相关方面已与摩根大通就股权转让事宜达成一致。

2011年末，为满足公司长远发展，更好地应对内外部环境变化，百瑞信托经营层经审慎研究，充分论证，对公司组织架构再次进行了调整和优化，致力于提升专业能力和补齐公司营销短板，打造高水平的产品、风控和营销中心。在各部门的共同努力下，目前该项工作已顺利完成。本次组织架构调整意义深远，将有力提升公司在业务开拓、产品设计和自主营销等方面的专业能力，为百瑞信托的可持续发展奠定坚实基础。

二、创新业务案例

近年来，公司信托业务取得了快速的发展，信托资产规模不断上升，信托行业处于快速发展和变革之中。百瑞信托十分重视信托创新业务，围绕整体战略发展规划，建立了以研究发展中心和博士后科研工作站为平台，渗透公司经营各个环节的产品创新工作体系，逐步形成在业务中创新，以创新推动业务的金融创新与产品开发特点，并在业务领域拓展、创新业务模式打造等方面取得了一定的突破。

2011年，公司在保持公益信托、PE等创新业务的同时，丰富了房地产等产业基金业务运作模式，信托投资方向则延伸到新能源、棚户区改造、产业集聚区基础设施建设等领域。

在行业研究方面，公司博士后科研工作站与中电投集团、河南省政府及河南银监局等单位相关部门合作开展了10多个重要课题的研究，撰写了包括《信托公司集约发展模式研究》、《信托税相关问题研究》、《信托夹层融资理论与业务模式分析》等在内的近20篇专题报告，并编辑出版了第三本行业研究专著——《信托研究与年报分析（2011）》，在业界引起了积极反响，并得到了中国银监会、中国信托业协会、河南银监局等部门的关注和肯定。

三、社会责任履行情况

公司一直乐于承担社会责任，热心社会公益事业。截至2011年末，公司已累计参与各类社会公益活动40余次，捐款捐物超过900万元，并逐渐形成以公益信托方式援助偏远、贫困地区教育事业的特色捐赠模式。2011年5月，以“全民慈善”而闻名全国的荥阳市隆重举行了2010

年度荥阳慈善奖评选活动。由于在援助荥阳地区教育事业方面的突出表现，公司被荥阳市委、市政府联合授予“荥阳慈善——突出贡献单位奖”。

四、2012 年发展规划

2012 年，国内外政治经济形势将依然复杂多变，规模连年攀升、净资本管理办法正式实施、房地产信托业务调控难言放松、营销短板普遍存在，机遇与挑战并存。面对机遇与挑战并存的发展大背景和明确的监管导向，公司经营层经审慎研究，多次讨论，最终确定了 2012 年的整体工作思路：确保信托兑付，打造三大中心，推动管理升级。

（一）确保信托兑付，严控项目风险

随着国家对房地产行业调控的不断深入和各信托公司房地产信托项目的集中到期清算，整个信托行业都将面临极大的兑付压力。在公司第二季度到期清算项目中，房地产项目数量将达到 13 个，规模达 6.23 亿元。因此，公司必须对此高度重视，提前筹划，多策并举，确保所有到期信托项目顺利兑付。同时，公司要针对有关信托项目可能存在的兑付风险，认真研究，妥善应对，要坚决避免实质性兑付风险情况的出现。

（二）继续打造三大中心，提升专业能力

首先，按照既定的年度发展战略，继续拓展包括基础设施类、企业类及创新类在内的三大核心业务，打造高水平的产品中心。其次，通过资源倾斜等各种方式逐步建立起真正属于百瑞的高端客户群，尽快拉长营销短腿，打造高水平的营销中心。最后，通过提升全员风险管理理念、明晰工作职责等进一步提升风控能力，打造高水平的风控中心。

（三）推动管理升级，夯实发展基础

从推进组织架构和制度体系优化、强化人力资源管理及信息系统建设、加强企业文化体系构建等方式，不断提升管理的精细化、规范化、标准化程度，推动管理继续升级，为公司更好的发展夯实基础。

北方国际信托股份有限公司

一、2011 年经营概况

截至 2011 年末，公司资产总额 701.92 亿元，较年初增加 164.42 亿元，增幅 30.59%。其中，自营资产 20.42 亿元，较年初增加 4.18 亿元，增幅 25.73%；信托资产 681.5 亿元，较年初增加 160.24 亿元，增幅 30.74%。股东权益 17.9 亿元，较年初增加 3.11 亿元，增幅 21.09%，全部源于税后利润。自营资产中，贷款 6.66 亿元，货币资金 6.72 亿元，股权投资 3.71 亿元，证券资产市值 2.15 亿元，其他资产约 1.2 亿元，不良资产额零增长，不良资产率 1.22%，较年初下降 0.31 个百分点。信托资产中，集合资金信托 65 个，规模 78.58 亿元，单一资金信托 150 个，规模 586.16 亿元，财产信托 12 个，规模 16.75 亿元。全年兑付信托 288 个，金额 1 126.49 亿元，全部安全兑付。公司不良资产拨备率 127%，拨备充足。

2011 年，公司信托业务实现收入 47.11 亿元，支出 3 亿元，为委托人创造利润 44.12 亿元；公司自营业务实现收入 6.5 亿元，支出 2.38 亿元，税前利润 4.12 亿元，税后利润 3.14 亿元。

（一）信托业务快速发展，业绩指标大幅增长

2011 年，面对净资本管理的约束，政府融资平台、房地产信托及银信合作业务受限等诸多不利因素的影响，公司不怕困难，奋勇拼搏，努力扩大核心客户资源，不断开辟新的业务路径，信托业务发展再上新台阶。全年为委托人创造利润 44.12 亿元，为公司创收 4.17 亿元。

同时，公司在跨区域发展和异地业务的开展上实现了真正破题。北京业务部完成业务一笔，实现收入 447 万元，同时为今后进一步的发展做了大量铺垫工作。上海业务部完成业务三笔，实现收入 1 900 多万元，当年设立当年见效。为公司业务走出天津、走向全国奠定了基础。

信托产品销售方面，全年自销信托产品 31.5 亿元，机构委托客户比年初增加 28.5%，在维护老客户、拓展新客户方面做了大量工作，营销水平、服务质量均有所提升，进一步拓宽了代销渠道，保证了公司集合信托项目的顺利发行。

（二）自营业务运营正常，证券投资有待提升

2011 年，公司累计发放自营贷款 20.01 亿元，收回贷款 19.26 亿元，新增贷款无一笔不良，完成津东集团投资后续清理，收回资金 804 万元，完成北信房地产代理公司清理及善后工作，其他各项自营业务均运营正常。

证券自营股票亏损 1 000 万元，其他证券业务创造收益 1 005 万元，盈亏相抵大体持平。考虑到 2010 年持续下跌、委靡不振的股市，这份业绩也是来之不易。客观评价，一年来证券部门的整体工作也有亮点，例如，全年投资操作策略基本正确，能够严格控制仓位，较好地控制了风险损失；在股市行情不好的情况下，积极探索结构化信托、固定收益产品投资业务，拓展新的盈利增长点，取得了初步成效。

2011 年，公司的资产总额、股东权益、员工的人均创收、创利和创税水平再创历史新高，我们用真实的业绩再次践行了公司的经营宗旨：最大限度地回报股东、回馈社会。2011 年北方信托在天津泰达控股业内绩效考核成绩突出，即获得天津泰达投资控股 2011 年考核工作先进单位；同时获得天津经济技术开发区 2011 年百强企业的称号。

二、创新业务案例

近年来，公司信托业务取得了快速的发展，信托资产规模不断上升，信托行业处于快速发展和变革之中。北方信托为适应国际、国内金融、经济环境的变化，配合监管部门监管要求，充分发挥信托机制灵活、高效的优势，致力于加速业务转型步伐，加速将业务创新与发挥实效相结合，加速将资金优势与企业资金需求对接，完善资金运用和风险控制体系，整合滨海新区的资源优势为天津及滨海新区的快速发展出谋献计。

三、社会责任履行情况

2011 年，公司以“打造优秀职业经理团队，铸就北方信托百年辉煌”为主题，开展年度企业文化建设活动。向全员推荐有关职业经理人的优秀书籍、文章及影视光盘等学习资料数十篇部，并在此基础上，组织开展“读好书”、“亮观点”、“谈体会”活动；聘请专家就“职业形象规范”进行训练式培训，利用午餐时间播放有关职业经理人大型专访节目光盘，并将轻松愉快、新颖活泼的“每月周末沙龙漫谈”和“中秋赏月冷餐会”方式引入主题活动中来，同时开展了“振奋精神、凝聚合力”春游等活动；通过提升《北方信托报》办刊水平、开辟“优秀职业经理人大家谈”和扩大发行范围（目前已发至全国各信托公司）等，对内为全员搭建思想交流平

台，对外扩大宣传，提升公司社会形象与美誉度、知名度。

通过以上活动，全员不仅对什么是职业经理人，以及职业经理人应具有的道德修养、职业素质与专业技能等有了理解与认同，而且坚持职业水准、主动加强学习，严格遵守规章制度、注重规范职业形象的自觉性也进一步增强，有效地凝聚了团队力量，增强了向心力与战斗力，公司内在竞争力进一步增强。不仅如此，全员的思想境界和社会责任感也进一步提升。一年来，全员通过专题座谈会等方式，敞开心扉、建言献策数十条次。在向西藏贫困地区儿童“捐衣物、送温暖”活动和公司开展的社区扶贫救助活动中，全体员工履行社会职责，纷纷踊跃捐款捐物，价值总计近30 000元。

四、2012年发展规划

2012年，公司发展的指导思想是：继续秉承公司既定的企业宗旨、经营思想、管理理念，围绕提升核心竞争力这一中心，重点抓好业务模式、组织架构与工作流程、人才队伍、激励约束机制和企业文化氛围五项建设，加快“转型、升级”步伐，加大防范风险力度，巩固成果、稳中求进、创新发展，为跻身于全国一流的信托公司而努力奋斗。

2012年公司全盘工作仍以发展业务为中心。针对公司目前的发展阶段和所处的形势，2012年要更加注重发展的稳健性、持续性，要在有效控制风险的基础上求发展，要将更多的精力投入到培育发展后劲上。业务布局仍然坚持“一体两翼、多点支撑”的策略，充分发挥信托业务的综合性、灵活性特点，着力将公司打造成金融功能的集成者、社会资源的组合者。公司内部管理要从服务一线业务出发，优化工作流程、改进工作方法、提高工作效率，力争在“五项重点工程”建设上取得新成效，尽快将公司内部的各项管理、服务和保障工作提升到一流公司的水准上来。按照以上基本思路和要求，2012年要继续重点抓好以下工作。

（一）防风险、保安全，巩固已有经营成果

公司已有的经营成果来之不易，中国经济运行多年聚集的风险可能会在未来一个时期集中暴露，使公司面临的风险急剧上升，因此必须从现在起，将防范风险放在首要位置，以确保公司安全，维护和巩固公司已取得的胜利果实。

加强后续管理，确保存量资产安全。一是公司各一线部门要尽到第一责任部门的职责，明确分工，将责任落实到人，将足够的精力投入到后续管理，深入地、一丝不苟地对项目和企业定期进行现场检查和非现场分析，及时发现问题，及时报告，及时采取措施，力争将风险消除在萌芽状态。二是风控审计部门要对业务部门的尽职管理，加大监督力度，对履行尽职管理不力的责任部门和责任人，要加大处罚力度。同时，对公司自担风险和自主管理的集合信托项目，

定期进行压力测试和风险再监测，提前为公司提供预警信号。三是公司成立风险处置领导小组，对确有风险的项目，提前制订处置预案，力争使项目风险在最佳时机、以正确的方法、有效的手段得到妥善处置。四是从公司层面设计化解集合资金兑付刚性的常规性方案，避免一个项目失败引发整个公司重大风险，甚至系统性风险。

严把项目准入关，有效防控增量资产风险。一是业务部门要严把尽职调查、项目立项、签约等环节的第一关，风控部严把风险再论证第二关，业务决策会严把最后准入关，三个环节要切实做到各司其职、各尽其责。二是公司2012年要采取更审慎的业务策略，对公司自主管理、自担风险的项目，要提高准入门槛。

（二）做强做大信托业务

继续将创新拓展信托业务作为公司总体业务发展战略的重点，集中资源，全力以赴，做强做大。2012年信托业务的主要目标任务是：管好存量资产，确保到期集合信托安全兑付；实现收入3亿元；年末信托规模稳定在700亿元。

按照多点支撑、多元化发展的策略，扩大客户资源，提升项目开发能力。积极拓展异地市场，扩大业务区域范围，支持上海和北京业务部尽快提升业务能力，扩大业务规模，适当时机开辟新的异地业务部；积极探索新的行业领域，扩大业务的行业范围，从行业领域实现项目开发的多元化；在项目信托和证券信托两条产品线下，创新业务模式，丰富产品品种，实现业务品种的多样化，特别是从公司层面组织力量、创造条件，尝试开发真正意义上的股权信托产品；继续打通金融同业合作，特别是银信合作的渠道，创新合作方式，深化合作层次；各信托业务部门要进一步优化内部组织结构和工作流程，强化激励约束机制，最大限度地将力量投入到市场一线营销和项目开发上去，同时公司也要在中后台建设上给予协助和支持。

（三）提升产品销售能力

继续坚持自销为主、代销为辅的原则；巩固天津市场，借助上海、北京等异地网点，扩大异地销售；创新营销方式，充实营销队伍，调整营销组织结构与激励机制，尽快将公司的自销能力提升到与信托业务发展相适应的水平。同时，积极创造条件，转变理财中心的功能，由简单的柜台销售向财富管理转化。

（四）优化自营资产的布局结构

公司自营资产已达20亿元出头，这是公司抵御风险、扩展业务、增加盈利的基础性资源，自营业务的主要任务就是进一步用好、管好这一基础性资源。一是按照资产流动性、安全性、盈利性要求，灵活调度、科学配置，从动态上保持最佳的布局结构，在保证流动性、安全性的前提下，最大限度地提高资产的盈利能力。二是做好自营资产营运的具体操作管理工作。按照公司既定的模式，资产部与其他部门明确职责、密切配合，用好、管好自营贷款；总结经验、吸取教训，提高证券市场投资水平，开发多样化投资品种，精心研究、谨慎操作，有效控制证券投资风险，力争获取满意收益；广泛收集信息，精心筛选，扩大股权投资项目储备，力争确定一到两个理想的投资对象；另外，要做好其他自营业务。

（五）进一步提高内部营运管理水平

一是总结经验、创新思路、加大力度，进一步推进公司的队伍建设、文化建设，邀请相关专家协助，力争2012年争取更大成效。二是根据公司业务现状和未来发展需要，适度调整内部组织结构，整合工作流程，优化IT系统，力争使公司内部管理体系、工作效率和适应业务发展的能力有新的提升。三是补充完善年度考评体系和激励约束机制，例如，针对证券投资和直接投资业务的特点，针对公司设立异地机构和发展异地业务的需要，以及增强合规管理、风险控制和业务创新能力的要求，补充和完善相关考评激励办法，使激励约束机制能够更好地适应公司发展战略需要。四是继续推进扩股增资工作，增强公司资本实力；进一步完善公司“十二五”发展规划，为公司中长期发展制定科学的目标，确立清晰的发展路径，提出切实有效的策略措施。

五矿国际信托有限公司

一、2011 年经营概况

2011 年是五矿国际信托有限公司成立后第一个完整的运营年度。在这一年中，公司秉承中国五矿“珍惜有限、创造无限、服务为本、自强不息”的核心理念，以富有前瞻性、敏锐感、想象力的思维应对市场变化，创新发展理念，把握发展节奏，提升发展速度。面对严峻复杂的宏观形势和日趋严厉的监管政策，五矿信托积极贯彻落实各项战略举措，抢抓发展契机，坚持求真务实，迎难而上，开拓进取，经营管理素质不断提升，各项业务持续快速发展，超额完成了年初制定的各项任务指标，开创了业绩优良、事业进步、氛围和谐的崭新局面。

（一）高效完成年度任务，创造良好经营业绩

2011 年，公司广泛拓展业务合作渠道，信托业务规模迅速提升。截至 2011 年 12 月末，公司固有资产总额 140 709 万元，净资产 136 334 万元，信托资产规模 369.27 亿元。累计实现营业收入 32 538 万元，实现利润总额 21 031 万元。

信托业务方面，共成立单一资金信托 59 个，金额 187.83 亿元；集合资金信托计划 77 个，金额 181.44 亿元，共实现业务收入 28 029 万元，其中集合信托业务实现收入 19 046 万元。

固有资金业务方面，实现利息收入 4 104 万元，其中存放同业利息收入 2 976 万元，贷款利息收入 1 128 万元；财务顾问费收入 405 万元；累计实现证券投资收益 1 645 万元。

（二）着力打造优秀团队，奠定未来发展根基

2011 年，公司在前期业务工作小组的基础上，经多渠道招聘和人员优化配置，着手组建信托业务团队。目前，公司信托业务总部已初步搭建形成包括上海、深圳、青海分部团队在内的 12 个业务团队，同时信托业务总部下设资本运营部和创新发展部，各团队配备了较为完善的人员层次和结构，初步形成了自身特色，具备了较强的战斗力，为未来业务的跨越发展奠定了坚实基础。

（三）理顺管理业务流程，完善健全风控体系

2011年，公司高度重视风险管理工作，视风控为业务发展的生命线。在制度体系建设方面，制定了信托业务基本决策流程、固有业务基本决策流程，确定了项目中后期管理办法以及包括尽职调查、立项、评审、实施、中后期管理以及清算等各个环节在内的基本操作方法，明确了各职能部门、各机构在项目实施各个环节中的分工。同时，进一步加强内控建设，在会计系统、审计稽核、信息系统等方面，都建立了行之有效的内控制度和内控流程，取得了良好效果。

（四）积极拓展营销渠道，提高自主销售能力

自2011年以来，公司积极加强与各重点金融机构之间的业务合作，目前已与建设银行、中国银行、浦发银行、民生银行、中信银行等多家金融机构建立了良好的合作关系，形成了稳定的合作渠道和模式，为公司未来业务拓展打下了坚实的基础。同时，公司也从集团内部营销出发，强化宣传效应，加大协同力度，积极拓展各类营销渠道并取得了良好效果。另外，公司也一直致力于推动信托回归财富管理的本源，为客户定制个性化的金融解决方案，把财富管理中心建设作为提升主动管理能力的重要手段。

二、创新业务案例

随着我国改革开放的不断深入，中国艺术品市场获得全面复苏，走向繁荣兴盛。特别是近年来，画廊业、拍卖业、艺术博览会三位一体的市场经营主体结构初步建立，中国艺术品市场容量正跟着中国经济总量的增长在不断放大，未来中国经济和全球经济将继续好转，艺术品市场继续向好应无悬念。

在艺术品市场大发展的背景下，五矿信托积极参与文化艺术品市场的金融创新，即将成立文化艺术投资基金集合资金信托计划（一期），预计募集资金6 000万元，信托期限1年。本信托计划响应了中央的政策号召，将金融产业与文化产业相结合，互相推动，合作共赢。同时，也使得五矿信托在探索独具自身特色的创新模式道路上迈开了新的步伐。

三、社会责任履行情况

五矿国际信托有限公司成立一年多以来，积极履行作为一名企业公民所应承担的社会责任，并将社会责任纳入了公司战略体系。

（一）稳健经营，实现股东稳定回报

依托中国五矿的品牌、管理、产业优势，五矿信托努力挖掘信托行业本身具有的特质，发挥其特有的制度优势，丰富产品组合、提升产品附加值，严控风险，设计出具有创新性、前瞻性、有市场竞争力的信托产品，提升投资的效率和效益，实现真正资产管理者角色的回归，实现国有资产的保值增值，为股东提供稳定的投资回报。

（二）依法纳税，支持西部经济腾飞

在营业收入保持稳步增长的同时，公司依法履行纳税义务，为西部地区的经济建设和社会发展提供积极支持。青海作为国家西部大开发战略的重点地区，当前经济相对落后，需要五矿信托这样有实力、有潜力的企业去推动它的发展。公司也切实肩负起这一责任，从多方面着手，为青海地区经济的发展作出了巨大贡献。

（三）以人为本，积极弘扬和谐理念

人力资本是公司最为宝贵的财富。公司自成立伊始，坚持以人为本，和谐共赢，以正向激励为导向，用价值标准配置人力资本，为职工设计体现自身价值和社会形象的薪酬福利计划、职业生涯计划；汲取中国五矿的文化精髓，突出信托行业特点，营造团结互助、良性竞争的工作氛围，建立起既有母公司基因，又凸显自身特质的企业文化。

四、2012年发展规划

2012年，对于五矿信托来说，是充满机遇的一年，同时也充满了挑战。我们将综合考量自身情况，找准定位，制定切实可行的工作思路，全面提升自主管理能力，持续打造核心竞争力，为未来长远发展做好准备。

（一）加快团队建设，丰富人才储备

2012年，是公司发展极为关键的一年，在这个业务与规模都快速发展的关键时期，我们将继续通过多种方式，不断吸收国内信托业的精英，以提高业务部门的战斗力。同时，中后台部门配套也紧跟业务团队的需要，不断充实，维持公司整体的正常运营。在着手当下的同时，公司也要放眼未来，积极吸收并培养一批年轻的同志，为公司的未来发展储备优秀人才。

（二）夯实基础管理，提升运营水平

经过一年多的努力拓展，公司运营管控体系已经初步搭建形成，但与业内优秀信托公司相

比，还有不小的差距。2012 年，公司要在总结过去的基础上，学习同业先进经验，狠抓基础工作，力争年内完成增资扩股，提升资本实力及抗风险能力，有效开拓业务提升的空间。公司要以监管评级为指引，全面完善公司管理制度体系，提高公司治理的有效性，并进一步优化操作规程，加强全员的合规及专业培训，尽快提升公司整体运营管理水平，有效区分单一和集合、定向和不定向、投资和融资等不同类型的项目，实现管理和业务规模的相互匹配。在薪酬绩效考核方案和岗位晋升体系方面，公司要体现公平、公正、客观、合理的原则，使公司各级员工薪酬水平与其工作业绩紧密挂钩，充分调动员工的主动性和积极性，强化员工归属感，逐步建立起较为完整的激励约束、竞争淘汰机制。

（三）加大创新力度，强化项目管理

2012 年，公司将把握发展节奏，着力调整业务结构，尤其是要以五矿集团主业为依托，大力发展矿业类信托业务，特别是金属矿业类信托业务，并适时成立矿业基金管理公司，围绕矿产资源及相关上下游产业链寻找业务机会，充分发挥集团的行业专业优势及品牌影响力，作出自己的特色产品，并形成一定规模。同时，重点拓展与大型国企、上市公司等优质企业的合作，积极开拓证券类和基础设施建设类的业务，对于房地产业务要严格控制。对现有存续项目，在严格落实原有各项管理措施的基础上，进一步加大检查频度及力度，严密监控，实时了解现金流情况，如有风险暴露，及时采取有效措施进行化解，避免造成不必要的损失。

（四）推进市场营销，建立自主渠道

2012 年，五矿信托将继续加快异地营销机构建设，积极做大做强山东、广东等分部，通过网点建设承担经营压力、拓展业务平台、建立起自己的销售渠道。同时，进一步加强自身客户开发的力度及客户开拓的范围，加大高端个人客户和机构客户等自有客户群体的开发、储备和维护，尽快形成系统的自有客户群体，逐步摆脱对银行、理财机构的依赖，提高公司盈利空间。在产品直销决策机制和执行策略方面，要做到高效、稳健，大幅提升客户服务体验，全面打造出一支专业化、有特色的营销队伍。

中铁信托有限责任公司

一、2011 年经营概况

2011 年是“十二五”规划的开局之年，也是国际国内经济形势复杂多变的一年。公司认真贯彻落实国家宏观调控政策和监管要求，勤勉务实，开拓进取，抓住市场机会，克服不利因素，着力推动公司进行业务模式转型和业务结构升级：一是从地方性金融机构升级为全国化金融机构，从以本地业务为主向以全国化业务为主转变；二是从向中小企业提供金融服务升级为向大优企业提供金融服务，客户结构从以中小客户为主向以大优客户为主转变，在法人治理、风险管理、经营效益、品牌形象、监管评级等方面取得了可喜的成绩，保持了良好的发展态势。全年公司实现营业收入 100 387 万元，较上年增长 81.39%；利润总额 77 715 万元，较上年增长 114.85%；归属母公司净利润 57 797 万元，较上年增长 115.46%；资本利润率为 48.16%；人均净利润为 566.44 万元。2011 年末，公司管理信托资产总额 425.87 亿元，其中集合资金信托业务规模 249.40 亿元，较上年末增加 138.46 亿元，增幅 124.81%；信托报酬率 1.77%，较上年增长 121%；产品兑付率 100%。2011 年 4 月，公司当选为中国信托业协会第一届监事会监事单位；8 月，公司蝉联“中国优秀信托公司”称号。目前，公司已经成长为综合实力较强、经营业绩优良、行业地位较高、品牌形象较好的信托公司。

二、创新业务案例

创新项目名称：中铁信托·观真殿堂级白酒信托。

（一）项目背景

近年来，随着人们收入水平的提高和财富的增长，包括酒类、艺术品等在内的另类投资市场凭借其“抗通胀、避风险、与其他资产类别的关联度低”等三大特点，成为继证券、房地产市场之后，又一容纳社会流动性的大类资产，这些另类投资品种正日益受到投资者的关注和欢迎。

为探索新的投资领域，中铁信托通过对经济周期转换、大类资产轮动以及宏观经济金融政策调控方向的把握，敏锐地发现了白酒、艺术品等另类投资市场具有较大增长潜力，对其进行了持续深入的研究，在此基础上，中铁信托与具有良好声誉和增长潜力的白酒企业和艺术品投资机构进行深度合作，研发了系列创新产品，并正式推出高端白酒信托——“中铁信托·观真殿堂级白酒信托”。

（二）交易结构

这款信托是委托人将其拥有的“观真牌”高端白酒委托给中铁信托，凭借中铁信托的金融平台和专业化的金融手段，提升成都观真酒业有限公司的品牌价值，彰显高端观真酒的金融投资属性，从而使信托财产得到稳定的增值。

（三）项目创新意义

一是通过本信托产品，中铁信托将与白酒企业进行密切合作，可借此了解白酒行业特点、白酒企业经营模式及白酒投资的机会和风险，积累行业资源，从而达到探索新的投资领域、发掘新的盈利增长点、促进白酒信托下一步业务拓展的目的。

二是通过投资领域的拓宽和信托财产管理方式的创新，提升资产配置能力，更好地满足客户多样化的投资需求，助力中铁信托向专业资产管理机构的转型。

三是通过创新业务的开展，提高中铁信托的社会影响力和监管评级。

（四）创新成果展示

为展示产品创新成果，2011 年 11 月 25 日，中铁信托与成都观真酒业有限公司在成都首座大酒店联合举办“中铁信托·观真殿堂级白酒信托”启幕仪式及白酒品鉴会。与会人员包括中铁信托领导、员工、成都观真酒业领导、中铁信托企业客户和高端投资者客户等共计 300 余人。品鉴会包括领导讲话、投资策略报告、成都观真酒业有限公司形象及产品展示、授牌、宴会等环节。中铁信托有限责任公司副总经理陈赤博士在启幕仪式及白酒品鉴会上致辞。席间，与会来宾品美酒、交朋友，进一步加深了对中铁信托和成都观真酒业有限公司的了解。

三、社会责任履行情况

中铁信托积极发挥信托灵活的投融资功能，相继发展并完善了资金信托、财产管理、直接投资等多项业务，重点服务地方重大工程项目、基础设施建设、市政工程、能源交通、工业园区建设、保障房建设、文化产业、环保事业等多个领域，为地方经济建设和实体经济发展作出了积极贡献。积极拓展公益信托领域，成功实施了“中铁·爱心（助学）”等系列公益信托计划，于2011年5月分别在成都市新都区清流小学建设了一所“中铁信托希望图书室”，在阿坝州资助10名贫困高中生，帮助贫困学子实现求学成才的梦想，彰显了中央企业的社会责任，产生了良好的社会效应。

四、2012年发展规划

2012年，是实施公司“十二五”规划承上启下的重要一年。中铁信托将严格落实监管要求，深入贯彻“创新、服务、可持续”的经营理念，进一步确定符合自身特点与资源优势的市场定位，以品牌建设为统揽，深入实施全员风控、全员营销、全员拓展战略，扎实推进风控系统化、业务优质化、营销一体化、管理精细化，巩固优势业务，探寻新的业务增长点，推动公司走内涵式发展道路，不断夯实公司可持续发展能力和综合竞争力。

安信信托投资股份有限公司

一、2011 年经营概况

2011 年，我国的信托行业整体处于转型的关键时期，作为市场主体的信托公司在制定经营战略时，除了在竞争中抢占市场份额，更重要的是必须集中力量优化业务结构，最终形成企业的核心竞争力，从而不断提高经营绩效，真正成长为金融资产管理企业。2011 年，在复杂多变的内外部经营环境中，公司结合实际，继续坚持“专业化、差异化”的经营策略，落实各项监管要求，明确展业方向，积极开拓创新，在加强风险识别、防范和管控能力的同时，不断提升自主管理能力，实现了经营业绩连续四年大幅度增长。2011 年，实现营业总收入 48 500. 65 万元，归属于母公司的净利润 19 509. 14 万元，累计净利润较上年同期增长 110. 54%。与此同时，在公司治理，风险管理，内部控制，企业文化和团队建设，制度建设与规范运作，信息披露与投资者关系管理，合格投资者的培育、管理和维护等方面也取得了优异的成绩，公司在可持续发展模式的探索方面再上新台阶。

（一）继续完善和提升公司治理水平，规范上市公司运作

严格按照《公司法》、《证券法》、《信托法》及中国银监会、中国证监会有关法律法规的要求，不断完善公司法人治理结构、规范公司运作。严格按照章程规定的程序召集、召开股东大会、董事会、监事会、董事会专门委员会。

根据中国证券监督管理委员会上海监管局的相关文件精神，通过自查与现场检查相结合的方式，圆满完成了证监局对公司内幕信息管理工作的专项检查。与此同时，公司还组织各级相关人员学习内幕信息管理的相关法规，按公司章程以及信息披露事务管理制度梳理内幕信息知情人管理制度、外部信息使用人管理制度，在提高公司对内幕交易防范意识的同时，也增强了公司规范运作的能力；拟定并通过了《安信信托投资股份有限公司董事会秘书工作制度》等管理制度，定期对公司经营情况及信托项目的管理情况进行内部稽核检查，并按季度向监管部门报送公司内部稽核审计报告，进一步完善了公司法人治理机制。

（二）加强与投资者的沟通与交流，做好信息披露与投资者关系管理工作

2011年，公司严格执行《投资者关系管理制度》，不断加强与投资者的沟通和交流工作，将投资者关系管理工作规范化、制度化。严格按照监管机构的要求与上市规则的规定履行信息披露义务，确保信息披露的真实、及时、准确、完整，增强信息披露的透明度，确保全体股东有平等的机会获取信息，促进管理层全面客观地了解市场。公司在不确定性因素较多的市场环境下不断提升投资者关系管理工作的水平，从维护投资者权益、维护公司利益的角度出发，公平对待股东，真诚接待，做到既换位思考又坚持原则，减少了公司股票的异常波动，认真倾听、记录、报告了市场声音。

维护信息披露的“公平、公正、公开”的原则，防范内幕信息知情人员滥用知情权、泄露内幕信息、进行内幕交易，公司制定了《内幕信息及知情人管理制度》和《外部信息使用人管理制度》等制度，严格执行信息披露内控制度的要求，对公司定期报告及重大事项履行必要的传递、审核和披露流程。

（三）落实各项监管要求，不断尝试创新业务，进一步提升主动管理能力

2011年，公司认真贯彻监管要求，结合自身实际和业务团队的特点，确立了工具型信托投行业务和资产管理型信托业务的发展模式。在已经取得的成果基础上，继续加大类公益型、类基金型及其他私人信托产品的研发力度，为公司开展基金型、资产管理型信托业务起到积极的推进作用，为公司形成具有安信特色的私人信托业务奠定了基础，也使公司在业界的影响力和社会公信力得到大幅度的提升。2011年，公司在继续推进矿产资源类信托业务的拓展力度的同时，还在艺术品基金信托、碳金融基金信托和三板创业开发基金信托等领域进行了探索，为公司发展多元化的信托业务起到积极的推动作用。2011年，公司继续培育可持续发展的信托业务模式，积极推进提供中长期信用服务的资产管理型信托业务，例如，进一步深化与宋庆龄基金会等社会组织和机构的合作，优化“关爱系列——阳光1号”信托计划的后续管理等。公司的信托业务结构得到进一步的丰富和充实，公司主动管理类信托业务的各项指标都得到大幅度的增长和提升。

（四）着力培育合格投资者，提升公司为投资者服务的专业素质和形象

在信托产品的发行方面，公司设立了客户服务中心，组建了专业的营销团队，建立了客户管理制度和系统。在信托产品营销的过程中，全面贯彻落实有关信托产品营销的各类监管要求，结合客户的资质和风险偏好，对客户进行了较为充分的分析和分类，通过对公司信托产品知识、相关业务可能存在的风险进行宣传、教育和普及，着力培育合格的投资者。经过几年的发展和

积累，2011 年，公司在信托产品发行的规模和额度上都有了大幅度的上升，合格投资者的数量和质量也有了明显的提高，客户关系的管理和维护水平取得了明显的进步，自主发行能力继续增强，在提升公司整体实力和社会形象的同时，也提升了公司为投资者服务的专业素质和水平。

（五）紧密联系实际，与时俱进地做好企业文化和团队建设工作

2011 年，公司在复杂的内外部经营环境中，严格执行各级监管政策，结合公司的实际情况，继续秉承“和谐、诚信、进取、高效”的企业精神，倡导“风控合规，人人有责”的理念，并通过不断优化内控流程、修订管理制度等方式，将其落实到经营管理和实际工作中的每一个环节。

公司还聘请了专业人士对中国银监会下发的“三个办法，一个指引”进行了重新的解读和培训；通过集中学习、自学的形式，对新的监管政策进行了再学习和再培训，并对学习效果进行了书面测试。同时，公司通过案例讨论、室外拓展、专家讲座等多方式相结合，从员工的职业道德、内部控制、风险防范与管控、专业知识和技能的充实与提高等方面进行了多角度的培训，使得员工对客户及投资者能够做到恪尽职守，履行诚实、信用、谨慎、有效管理的义务，认真管理信托财产，保护受益人的最大利益。

（六）通过事前风险预估、事中风险实时监测以及事后风险排查等方式，加强风险管理，严格存续信托项目的管控，确保信托项目的正常清算

公司董事会和管理层非常重视风险管理，认为风险控制是金融机构的立身之本、展业之本，高度重视在展业过程中的各种风险，在风险管理的组织结构方面，董事会下设风险控制与审计委员会，负责审议重大决策、重大风险、重大事件及重要业务流程的判断标准或判断机制。在经营层面，设有信托和自营业务决策委员会、信托业务风险控制委员会，负责公司项目立项和设立评审，对存续项目定期进行风险评估；设有风控执行官和专门的风险管理部门，负责提出风险管理流程、解决方案及日常监控和指导、监督开展风险管理工作。

2011 年，随着公司业务形态的改变以及创新类信托业务的相继开展和设立，公司针对业务的不同阶段、不同风险特点，对可能存在的市场风险、信用风险和合规风险动态监测，适时下发风险提示函，提前进行风险预警；对所有存续项目进行了 40 余次的贷后检查，并形成专门的报告。每季度定期对存续的项目进行全面风险评估，及时发现并化解风险。公司根据国家政策导向以及行业监管的实时要求，针对存续项目不同的业务形态和风险特征对公司存续项目中可能出现的流动性风险、操作风险、管理风险和信用风险等进行了多维度、立体式的风险排查，全面掌控项目信息，以利于对项目实施严格及时的后续管理，避免了各种风险的发生。通过采取以上风险管控措施，确保了到期项目的正常清算。

二、社会责任履行情况

（一）强化经营管理，提高企业效益，为社会经济作贡献

2011 年，安信信托在复杂多变的内外部经营环境中，在更为严格的行业监管下，全体员工结合公司实际，坚持“专业化、差异化”的经营策略，明确市场定位，调整展业方向，克服了全球性金融危机给经济环境带来的消极影响和我国经济增长前景仍不容乐观的严峻考验，克服因重组的不确定性因素而给业务拓展带来的诸多限制，公司不断调整经营策略，加大创新力度，不仅在危机中沉着应对，更在危机中积极寻求机遇，圆满完成了公司董事会的各项任务，而且在完善和提升公司治理水平、企业文化和团队建设、内控机制和体系的健全和完善、制度建设、合格投资者的培育、管理和维护方面等方面都开创了史无前例的良好局面。

（二）坚持依法诚信纳税，积极履行企业公民的法定义务

公司作为企业公民依法按时缴纳税款、积极履行扣缴义务人代扣代缴税款的义务；依法进行税务登记、设置账簿、保管凭证、纳税申报；如实向税务机关反映公司的生产经营情况和执行财务制度的情况，并按有关规定提供报表和资料，没有隐瞒和弄虚作假。2011 年，公司上缴国家税收达 8 362.67 万元，税务机关授予安信信托“纳税 A 类企业”荣誉称号，公司为国家财政收入和地方经济发展作出了应有的贡献。从上市以来，安信信托凭借公司的高速成长实现了资产的增值，在资本市场上，安信信托也给社会投资者带来了丰厚的回报，投资者充分分享了公司发展带来的经济成果。

（三）为客户创造财富，与行业合作伙伴实现共赢

作为金融类上市公司，安信信托以专业的理念和技能，在受托理财的核心领域利用各种金融工具和产品为客户提供高质量、持续性的金融服务，并注重运用自己的专业技能和经验为客户提供增值服务，为客户创造财富，谋求利益。同时，通过增进与金融机构的沟通，为客户带来丰厚的投资回报的同时，也给公司带来了良好的经济效益和社会效益，实现了与行业合作伙伴共赢。

（四）维护金融稳定，做好存量项目管理和到期清算工作

2011 年，公司在进行业务拓展的同时，通过采用科学合理的风险管控流程、手段和措施，做好存量项目的日常管理、信息披露、风险管控及到期清算工作，有效地保障了投资者的利益，

提升了信托产品的社会声誉，维护了金融秩序的稳定。

（五）规范公司治理，注重保护股东和债权人的合法权益

2011 年，通过不断健全和完善公司治理结构、业务创新、严格规范的风险控制、与时俱进的企业文化建设、真实而充分的信息披露等各方面层层推进，既保障了公司战略目标的实现，又最大限度地保护了股东和债权人的合法权益。

（六）重视人力资源建设，切实保护职工的合法权益

2011 年，公司结合自身的经营情况和业务发展实际，完善了组织结构和人员配置，从各方面推动员工团队建设。与此同时，公司严格贯彻落实《劳动合同法》，通过组织形式多样的培训，建立和完善科学可行的薪酬激励制度和绩效考核制度，在提升员工的业务素质、工作积极性的同时，切实保护了员工的合法权益，增强了员工对企业的满意度。

（七）积极金融创新，关爱社会，助推类公益信托

随着我国经济的增长，个人财富的不断积累，必将带动金融消费领域各项需求向高端化、多样化、人文化方向展开深刻变革。与此同时，金融机构已经将关爱社会、热心公益视为自己义不容辞的社会职责。安信信托作为上市的金融机构，以服务大众、回馈社会作为公司应尽的社会责任。在强化经营管理，提高企业效益为社会经济作贡献的同时，也积极致力于对弱势群体的关爱和抚慰。2011 年，公司将“安信·关爱系列资金信托计划”所产生的信托报酬每年按一定比例无偿捐赠给“上海宋庆龄基金会——安信信托公益基金”，用于对社会特殊群体及妇女、儿童的关爱。首批捐赠款 150 万元人民币已于 2011 年 4 月 16 日到位。

（八）注重环境保护，致力于可持续发展

深入贯彻落实科学发展观和构建和谐社会的政策指引，公司积极致力于环境保护与可持续发展，从推进无纸化办公到节约每一滴水、每一度电，倡导节约成本、降低能耗、资源共享，从而实现可持续发展。

三、2012 年发展规划

（一）经济形势分析

2012 年，国内外经济形势愈加复杂。发达经济体活力不足、市场信心下降，世界经济可能

将在较长时期内持续低迷。中国经济虽然保持在较快的合理增长区间，但宏观调控依然面临着诸多的考验和压力。

2012 年，信托业将面临着依旧复杂的内外部经营环境，新的经济形势虽然会给信托公司的发展带来各方面的挑战，但同时也会带来新的机会，促进信托公司在机制创新、产品创新、营销模式及管理模式的创新方面进行相应的准备和调整，不断提升自身的专业素质和管理水平。

（二）2012 年工作要点

公司在巩固上年度已取得的经营业绩和管理成果的基础上，从公司治理、业务创新、规模扩展、内部控制、合格投资者的培育、企业文化和团队建设等方面做好以下工作。

1. 信托业务方面：公司将认真贯彻落实各项监管要求，完善现有信托业务体系，根据国家经济、金融政策的变化要求，在风险可控的前提下，择机适度开展既符合国家产业政策导向，又具有安信信托特色的信托业务，继续在“专业化、差异化”方面打造公司的产品品牌，实现公司价值最大化。充分利用“存续信托项目节点控制系统”，切实做到对公司存续项目各个时间节点的全方位监督和控制，真正做到实时的风险管控。同时，公司还将继续采用多种形式，组织员工认真学习相关法律法规，做好公司经营及业务的规范工作。在业务拓展的过程中，坚持合规经营是公司业务得以健康、稳定发展的前提和保障这一理念，努力构建公司合法、合规经营的企业氛围和企业文化。同时，做好公司信托业务存量项目的管理工作和新增信托项目的事前、事中、事后的风险识别、防范和控制工作。

2. 固有业务方面：按照银监会的有关规定继续进行实业资产的后续剥离工作，优化公司的资产结构，突出主营业务，符合监管部门的业态要求。鉴于公司目前仍处于重组的时期，对固有资产的运用和管理本着审慎的原则开展，主要选择流动性强且能为公司带来更高收益的低风险业务。

3. 管理方面：

（1）进一步健全、完善内控机制。逐步建立并形成科学、高效、权责明晰的决策程序和机制；完善公司内控制度建设；继续做好公司的各类信息披露和投资者关系管理工作；进一步提高事前、事中、事后的风险防范和管理能力；继续倡导合规和风险控制的理念，提高全员的风险意识。

（2）从广度和深度进一步推进合格投资者的培育工作，完善客户管理信息系统。根据各级监管部门对信托公司产品营销管理的有关规定，形成信托产品营销的统一标准，制定高端客户考核管理办法，开拓规划指引，打造一支具有公司特色的直销队伍，不断挖掘和培植高端客户。根据公司客户维护和管理的实际情况，建立功能更加强大的客户信息系统平台，在实际管理中不断改进、完善客户信息系统功能，全面提高信息管理效率和水平。

（3）多层次、多角度地加强公司团队建设，实现人力资源合理有效地配置。2012 年，公司将结合自身实际情况，调动现有的每一位员工的积极性，继续加强法律、法规、业务知识的学习和培训工作，组织业务人员进行信托业务案例探讨、交流及金融知识学习，开发每一位员工的潜能，巩固吃苦耐劳、开拓进取、具有一定专业知识、较强战斗力、齐心协力、能适应公司业务发展需要的具有安信特色的团队的建设，实现公司人力资源有效合理的配置，提高公司经营与管理的效率。

渤海国际信托有限公司

经过2009年和2010年连续两年信托规模高速增长后，渤海信托根据公司发展的内在需求、2011年宏观经济形势以及监管要求，提出2011年总体经营思路是“巩固、整理、完善、提高”，推动渤海信托的发展模式从规模数量型向质量效益型转变。在新的经营思路指导下，通过公司上下共同努力，渤海信托全面完成预算任务，资产规模再上台阶，转型工作成效显现，资产管理能力显著提升，各方面工作都取得长足进展。

一、2011年经营概况

（一）经营业绩显著提升，各项指标再创新高

2011年，渤海信托全年实现收入58 618.11万元，较上年同期增长144.17%。其中，信托报酬收入47 612.11万元，同比增长203.28%；固有业务收入11 006万元，同比增长32.47%。实现净利润27 264.25万元，同比增长154.15%。净资产收益率由上年的12%提高到17.05%，增长率达到42.06%；管理信托资产规模由上年末的761.85亿元增长为2011年末的1 103.59亿元，增长率达到44.86%。

（二）模式转型初见成效，发展由量变走向质变

2011年，面对银根持续收紧、房地产业调控力度不断加大的宏观经济形势，渤海信托在严控风险的前提下，大力推动产品创新，不断拓展市场领域，信托资产规模稳步增长。全年新增信托资产规模1 882.80亿元，顺利清算信托资产1 541.05亿元，年末存续信托资产规模1 103.59亿元。

2011年，渤海信托在信托资产规模持续增长的同时，经营模式转变和业务创新成效突显，成功开发业内第一个非单一投向类集合资金信托产品——天禧；开拓个人消费金融市场创新模式——维仕个人消费信托贷款项目成功运作；规划天禧、遇喜、财富、慧富系列产品，初步建立渤海信托品牌体系。2011年末，存续集合资金信托规模共计110.22亿元，同比增长

141.34%，占信托财产总规模的10.3%，较上年末提高6个百分点。自主资产管理能力显著提升，信托报酬率大幅提高，本年新增项目实际报酬率的平均值约为0.76%，是2010年末平均报酬率的2.2倍，加权年化信托报酬率达到0.51%，渤海信托发展已由量的积累走向质的飞跃。

（三）加强团队建设，拓宽业务渠道，固有业务有所突破

固有业务是信托公司两大业务门类之一，也是渤海信托的相对弱项。2011年，公司高度重视固有业务能力的提升，积极引进成熟人才，增设了资产管理部，扩大自营业务团队规模，拓宽业务渠道，丰富资金运作模式，积极推进相关项目，提升业务拓展能力。经过一段时间的探索和积累，抓住市场机遇，在居间业务方面取得较大突破。在不占用公司资本金的前提下，开展业务规模已超过500亿元，收入3 500万元，为提升固有业务业绩作出了重要贡献。

（四）加强营销渠道和信息化建设，自主管理能力有所提升

为提升自主"财富管理，渠道营销"能力，渤海信托积极借鉴业内先进公司成熟做法，着力加强财富中心建设，设置公开客服热线，规范客户接待、产品推介和项目管理工作，并结合实际建立了新闻发言人制度。同时，加强与第三方机构合作，已经和20多家第三方理财机构建立联系，并展开了积极合作，有效拓宽了自主发行渠道。

信息系统建设成果显著。公司信息技术部引进成熟人才，内外结合，大力推进信息系统建设，消费金融业务管理平台平稳运行，信托财务系统正式上线运行，TA（登记过户）系统加快建设，为提高自主管理能力和后台管理效率提供了有效手段。

（五）大力加强风险管理，提高净资本承载力

根据银监会关于净资本管理的要求，渤海信托出台《渤海信托净资本管理实施细则》，根据公司发展战略和经营方针，以风险可控为前提，以年度预算为基础，将净资本和风险资本分解到各业务部门，对每笔业务进行风险资本核算，通过风险资本配置控制业务方向，引导其开展创新业务，加强新项目筛选和设计，降低项目风险资本系数，力避有附加风险的业务，提高公司有限的净资本的资产承载力。同时，实现增资扩股，使公司注册资本增至20亿元，有力地提升了渤海信托的发展实力和抗风险能力。通过增加注册资本和逐步调整信托资产结构，较好地落实了银监会净资本管理要求，基本实现了净资本全部覆盖风险资本，为公司业务良性发展创造了有力条件。

同时，根据实际情况改组公司风险管理委员会和业务评审委员会，加强风险管理和业务指导，开展制度修订和流程梳理工作，针对房地产项目开展压力测试，聘请外部律师梳理以往项目，查漏补缺，确保项目安全运行。

（六）加强人力资源工作，为业务发展和团队建设提供保障

根据业务发展需要，渤海信托对部门部分岗位编制进行调整，进一步优化各部门岗位设置。重点充实财富中心等与信托业务相关的中台部门，以适应信托业务规模高速扩张而急剧增加的项目后期管理工作。

根据2011年人员引进计划和实际需要，渤海信托全年引进成熟人才19名，应届毕业生19名。新引进人员中，既有金融、财会等经济类学科人才，也有化工、材料、交通、机械等理工类和海外留学经历的国际化人才，结构合理，基本满足了各部门现实用人需求，同时为业务创新和转型提前进行人力资源准备。

为适应公司业务开展需要，渤海信托大力开展业务技能培训。上半年，共组织员工参加各项培训44次，其中，专业技术人员培训19次、一般行政人员培训20次、管理干部培训5次。培训对提高员工业务能力和工作水平，改进公司管理起到了积极的促进作用。

同时，公司结合实际完善绩效考核办法，将前后台部门之间的协同、合规等工作品质纳入考核范围，充分体现了绩效考核对员工提升工作绩效方面的指导作用，通过绩效考核提升了公司总体工作品质。

二、创新业务案例

渤海信托受目前监管评级所限，尚不具备开展创新业务资质，2011年无创新业务案例。

三、社会责任履行情况

2011年，渤海信托认真履行社会责任，依法合规经营，认真执行国家产业政策，积极履行受托人义务，严格控制风险。全年按期顺利清算信托资产1 541.05亿元，未发生风险事件。

四、2012年发展规划

根据宏观形势的变化，2012年，渤海信托的基本指导思想是夯实信托平台基础，持续推进产品创新，打造特色渤海信托。具体工作有以下几方面。

一是应对监管当局对银信合作和房地产信托等传统业务模式的严格限制，积极寻找新的业务增长点，提升自主资产管理能力，保证公司可持续发展。

二是努力争取3C监管评级，为公司享受银监会较宽松的监管政策，获得创新型业务准入创

造条件。

三是完善风控体系，提高风控能力。继续坚持整理、调整工作思路，根据公司发展战略、资源配置和预算任务，结合监管要求，确定公司的风险偏好，进而制定统一的风控理念和具体的风控标准，梳理业务流程，完善风控制度，提升风险管理水平，确保公司稳健发展。

四是继续加强信息化建设。利用信息技术提高决策运作效率和风险管理规范化水平，为公司下一步快速发展打好基础。

长安国际信托股份有限公司

一、2011 年经营概况

2011 年，在国内经济形势不确定性加大，信托行业监管政策频出、频调的情况下，长安国际信托股份有限公司（以下简称长安国际）实现了跨越式的发展，顺利完成了主要经营计划，并重点抓好了以下几件大事：一是顺利完成更名、改制和增资工作；二是以更名改制为契机，推动品牌和文化建设工作；三是进一步完善了市场布局；四是进一步调整充实了经营管理架构；五是研究摸索出西安—北京—上海多中心的经营管理模式；六是北京财富中心有效运行；七是公司本部购置办公楼宇等。这些工作的顺利开展，不仅为公司 2012 年的经营发展创造了有利条件，更为今后公司的长远发展夯实了基础。

面对 2011 年经营工作中的困难与机遇，一方面，公司投入大量精力去适应新的监管要求，根据转型需要不断完善内部管理机制和措施，重新梳理业务流程，完善内部职能体系；另一方面，始终不忘“发展才是硬道理”，克服种种不利因素，抓住各种机会，在业务开展方面取得了不错的成绩。全年实现营业总收入 70 182 万元，完成年度目标 67 800 万元的 104%，其中，信托业务收入完成 65 076 万元，完成年度计划 55 000 万元的 118.3%；固有业务收入完成了 5 106 万元；实现税后利润 27 752 万元，完成利润计划 3 亿元的 93%；清收不良资产 832 万元，完成年度计划 400 万元的 208%，到期的信托计划均按期清算兑付。2011 年，自营业务整体指标完成情况明显弱于预期，主要是因为 2011 年国内资本市场表现大幅低于预期，二级市场投资发生较大程度浮亏和定向增发变现时投资收益较预算值大幅减少所致。

二、创新业务案例

公司鼓励创新，支持创新。2011 年在自主管理的定向增发信托产品、基金化能源投资信托产品等领域实现了突破，有效拓展了业务领域，为信托收入的持续快速增长增添了新动力。

其中，自主管理的定向增发信托产品于 2011 年首次推出，该产品将信托计划和合伙企业结合起来专门投资于定向增发市场，通过分散化的基金式投资，打破了定向增发被少数机构垄断的局面，让一般投资者也能参与并分享定向增发的投资收益。该产品符合信托行业的发展方向和监管政策导向，对于打造长安国际在该领域的自主管理能力，培养团队和树立品牌发挥了重要作用。

2011 年长安国际还推出了首只基金化能源投资信托产品。该产品通过合作各方共同注册成立投资管理公司，从信托计划与合伙企业相结合的方式设立基金，为能源企业提供并购资金支持。该产品具有基金化、系列化的特点，属于典型的投资类产品，符合监管政策导向，且可标准化运作，涉及资金规模大，能够产生较好的社会效益和经济收益。

三、社会责任履行情况

公司积极落实作为金融企业的社会责任。公司于 2008 年 6 月 6 日发起成立的“西安信托·5·12抗震救灾公益信托计划”被誉为国内首只真正意义上的公益信托。该项目共募集资金1 000 万元，信托计划期限三年，信托资金投向镇巴县三元中心小学教学楼和宿办楼、赤北初中教学楼餐厅楼及厕所、简池中心小学学生宿舍楼、观音中心小学综合楼、巴山乡盐井小学综合楼五所学校的地震灾后重建项目。2011 年 5 月，信托资金援建的五所学校全部竣工，并顺利通过相关部门的审计和验收工作，部分教学楼已正式投入使用。5 月 28 日至 29 日，公司副总经理徐谦、工会主席刘辉等一行十余人，陕西省教育厅资金管理处刘宏恩、法律顾问上海锦天城律师事务所李宪英、信托监察人西安希格玛有限责任会计师事务所周峰、陕西新闻媒体赴镇巴县参加了“西安信托·5·12 抗震救灾公益信托计划援建镇巴项目”竣工典礼仪式。仪式中，公司还向援建学校实施了二次捐助。董事长高成程、总经理崔进才高度重视此次活动，提前安排部署了“公益信托行”活动，组织全体员工献爱心，共带去 316 套爱心书包，299 本图书、体育用品、教学用品等，带去了西安信托领导和所有员工对镇巴孩子们的深切问候与祝福。

伴随着捐助项目的竣工，5·12 抗震救灾公益信托计划也将圆满结束。但是，公司履行社会责任，探索和实践公益信托的脚步却未停止。抗震救灾公益信托的实践给公司积累了成功运作公益信托的宝贵经验，目前正着手设立以援助贫困学校校舍建设以及教学设施购置、援建希望小学、扶持贫困高中及大学生完成学业的系列公益信托计划。我们相信，星星之火可以燎原，让公益事业和社会责任从你我做起，让公益信托在我们共同努力下不断发展壮大！

四、2012 年发展规划

国际形势不确定，国内形势不宽松，是公司对 2012 年宏观形势的整体判断，特别是“刚性兑付”可能带来的流动性风险，将成为2012年信托全行业共同面临的问题，公司由此确定“稳中求进”为2012年公司经营发展的主线，并在此基础上，结合公司五年发展规划确定的发展目标，明确2012年的经营规划为：

财务指标：实现信托业务收入8.9亿元，实现自营业务收入6 000万元，实现净利润3.58亿元左右，净资产收益率达到25%左右，满足净资本监管的各项指标要求。

业务方向：2012年，公司将在保持传统信托业务适度增长的基础上，重点发展定向增发、债券投资、股票质押融资等资本市场的信托业务和房地产、能源等基金化模式的信托业务，并积极探索符合监管要求的投资类银信合作业务。

明确2012年的经营思路为：“坚守风险底线，夯实管理基础，强化队伍建设，提升发展质量。”

（一）坚守风险底线

2012年，集合信托产品尤其是房地产信托产品将进入兑付高峰期，“防风险、保兑付”将成为2012年公司各项业务管理工作的重中之重。为防范全行业流动性风险增加可能造成的违约率上升，公司应提前谋划、制订方案，储备相应的流动性救急措施，以避免发生声誉风险和监管风险。在具体业务安排上，应着重考虑以下几个方面。

1. 机制安排上：公司已成立兑付风险应对工作领导小组，负责兑付风险工作的组织领导，以便及时反应，提高应对效率，切实提升风险应对能力。

2. 自营业务方面：主要以持有现金和低风险的现金类资产为主。自营资产配置要确保公司有足够的资产流动性来应对可能产生的兑付风险，进而使公司的净资本规模和资产流动性与业务规模和风险水平一致，使固有业务对信托业务的发展起到支撑和保障作用，确保信托业务的安全、顺畅运行。

3. 信托业务方面：除主要依靠注册资本金和依法提取的风险准备金应对风险资金外，公司将积极考虑采取市场化的风险应对手段。

4. 风险控制方面：要根据业务转型的需要不断优化风控机制，改进风控手段，强化风控部门的队伍建设，以适应新业务、新产品的发展步伐，保证前台、中台、后台间的步调一致，并在此基础上，加强对业务的指导和把关，做好风险预警与危机管理，在构建全员、全流程、全方位风控体系建设上继续转变观念，取得突破。

（二）夯实管理基础

基础管理工作的好坏直接影响到公司的规范化管理和可持续发展。近几年来，业务的快速发展给公司的基础管理工作带来了较大的压力，比如，存量产品的兑付压力、业务转型的风控压力、金融监管的合规压力、人员增扩的管理压力、同业竞争的品牌压力、媒体关注的舆论压力等，这些可能影响公司稳健、可持续发展的现实压力亟需我们在夯实基础管理工作方面狠下工夫。

面对上述压力，公司基础管理工作的目标是：在合理优化整合公司现有管理资源的基础上，构建以制度体系为中心，以流程体系、内控体系为配合的规范化基础管理工作体系。具体来讲：一要继续完善各项规章制度，理顺各项操作和管理流程；二要继续加强信息系统规划和建设；三要继续强化对异地业务部门的管理和考核；四要继续强化办公管理，做好上情下达，舆情监控，实现高效有序的办公环境。

（三）强化队伍建设

公司要发展，人才是关键，人的发展是公司发展的最终和最高目的。公司要实现可持续发展和增强核心竞争力的目标，当前必须要在重视解决现有人员管理问题的基础上，革新思路，创新举措，具体来讲：一要尽快建立信托经理的准入和退出机制；二要强化对干部队伍管理工作的开展；三要积极总结和摸索不同条线、不同管理模式下的人员管理模式，实施多元化的人员管理机制。

（四）提升发展质量

经过这几年的发展，公司在经营管理的各个层面都取得了一些成绩，今后要在全面总结、认识公司发展成绩的基础上，把解决经营管理工作中的突出问题与谋划公司长远发展有机地结合起来，为实现公司更长时期、更高水平、更好质量的发展创造条件。具体来讲：一要确保条线架构的清晰和运作的顺畅。条线架构包括信托业务线、长安财富中心、自营（包括计财）、中台支持部门、后台保障部门等。二要确保业务布局合理。首先，业务比较全面是公司逐步形成的特色之一，要继续保持和发扬，同时在个别领域继续强化发展能力，如资本市场、债券市场，以及与银行或其他金融机构持续的合作，都要成为突出特色等；其次，考虑逐步实现总部区域化，设立区域化管理中心，如今在西北、西南、华北、华南、华东、东北已初步形成区域中心。三要充分布局长安财富中心的发展，培养队伍，引进人才，锻炼能力，完成任务，创立品牌，比如在上海设立分中心，支持在上海本地直销。四要大力支持固有业务发展。积极制定市场化的固有业务部门考核激励机制，加强固有业务与计财部、固定收益部、私人股权投资部的合作和沟通，建立顺畅有效的对固有业务的管理机制。五要继续保持旺盛的创新能力。发展研究部和各业务部门要充分沟通，第一时间把握市场趋势，通过跟踪、学习、模仿、创新等途径，提供丰富的产品，并逐步建立创新推动机制。六要全面完成任务目标，提升财务效率。要克服困难，继续完成董事会下达的任务目标，要想方设法制止部门业绩分化的趋势，要提高财务效率，信托收入净资产比、净资产收益率要保持在全国同业的前列。

大业信托有限责任公司

大业信托有限责任公司（以下简称大业信托）是经中国银监会批准的，在重组原广州科技信托投资公司的基础上，重新登记的非银行金融机构。公司注册资本为3亿元人民币，注册地为广州市，在北京设有业务管理部。

公司在2011年3月10日获取金融许可证（编号：K0080H244010001），并在2011年3月16日换取新的营业执照（编号：01111002233）正式开业，经允许从事经中国银行业监督管理委员会依照有关法律、行政法规和其他规定批准的业务。

一、2011年经营概况

自2011年3月重组开业以来，在三方股东的大力支持下，在公司董事会的正确领导下，大业信托全体员工坚定信心、艰苦创业、努力拼搏、锐意进取，通过内强管理、外拓业务，全面超额完成董事会下达的经营任务，各项经营指标大幅度提前完成，为公司的可持续发展打下了良好的基础。

截至2011年12月31日，公司已成立的信托产品规模184.76亿元，存续信托资产总规模161.61亿元。

根据信托业务服务内容划分，公司信托业务分为投资类、融资类和事务管理类三大部分。

（一）投资类信托

公司将该类业务作为重点发展方向，着力提高产品创新含量、设计水平和管理能力，将自身定位从融资工具转变为个性化产品及基金的设计者和管理者。公司担任受托人和投资管理人，对信托资金的投资运作效果承担责任。截至2011年12月31日，该类业务规模为23.88亿元，约占存续信托资产总规模的14.78%。其主要业务包括集合资金信托金融投资、集合资金信托直接投资、集合投资类资产流动化信托、单一授权型信托金融投资和单一授权型信托直接投资。

（二）融资类信托

公司在该类业务中担任受托人、贷款人和贷款服务商，主要承担融资项目尽职调查、筛选推荐、交易结构设计、债权及担保管理职责。其主要业务包括集合资金信托贷款、集合资金信托结构性融资、集合融资类资产流动化信托和单一授权型信托贷款。截至 2011 年 12 月 31 日，该类业务规模为 133.73 亿元，约占存续信托资产总规模的 82.75%。

（三）事务管理类信托

公司在该类业务中主要担任受托人、账户管理人和财务顾问，按照信托文件约定和委托人指令执行或提出建议。这类业务主要是单一指定型信托。

截至 2011 年 12 月 31 日，该类业务规模为 4 亿元，约占存续信托资产总规模的 2.47%。

二、2012 年发展规划

2012 年宏观调控的主线是“保增长，控通胀”，刚刚结束的中央经济工作会议指出，2012 年要继续实施稳健的货币政策，货币政策要根据经济运行情况，适时适度进行预调微调，综合运用多种货币政策工具，保持货币信贷总量合理增长，优化信贷结构，发挥好资本市场的积极作用，有效防范和及时化解潜在金融风险。围绕宏观调控，银监会也相继出台了一系列对信托公司的监管政策，对银信合作、信贷资产转让、房地产信托、信政合作等业务予以规范和引导，更通过窗口指导对票据信托业务、同业存款信托业务予以全面叫停。总体而言，传统业务领域普遍受到限制，外部监管环境面临更大的不确定性。

从公司层面看，机遇和挑战并存。作为一家新公司，一方面在客户积累、品牌形象、内部管理、风险控制以及资本金规模等方面并没有比较优势；另一方面能够根据当前的经济金融环境和同业竞争状况，建立最贴近市场的业务发展模式和激励约束机制，借鉴最先进的管理经验。另外，东方资产管理公司遍布全国主要经济中心的机构网络，为公司业务拓展提供了强有力支撑。

2012 年，公司工作的总体指导思想是：全面贯彻落实“稳健经营、持续发展”的方针和公司三年发展规划的要求，在董事会的领导下，一手抓风险防范、一手抓科学发展，紧盯市场变化，严守风险底线，审慎开展金融创新，夯实发展基础，努力提高竞争力和服务水平，促进公司的稳健发展。

东莞信托有限公司

一、2011 年经营概况

2011 年，东莞信托有限公司在各级监管部门的指导下，公司的战略管理、风险管理、营销管理等内部管理能力得到了较大提升，管理信托资产规模实现了较快增长，各项经营指标均实现预期目标。截至 2011 年末，公司总资产 10.40 亿元，比年初增长 3.62%；管理信托资产 243 亿元，比年初增长 64.43%；利润总额 2.20 亿元，净利润 1.65 亿元。

（一）完善治理机制，提升管治能力

一是完善制度建设。进一步完善制度建设、做好基础管理，结合公司实际，全年制订和修订 22 项制度，完善了内部管理机制，强化了对董事长、高级管理层的授权机制，确保股东会、董事会各项决策得以贯彻和落实。

二是加强战略管理，制订五年发展规划。在对外部环境和自身实际充分认识的基础上，启动了公司五年发展规划的编写工作，组织召开业务发展方向研讨会、企业文化大讨论等活动，与同行进行交流、咨询监管部门意见，制订了《东莞信托有限公司发展规划（2011—2015）》，为公司可持续发展打下了良好的基础。

三是以信息化建设推动公司管理模式的升级。通过信息化项目的实施，推动公司业务管理从人手操作向系统管理转变，信息系统一期的上线运行和二期系统的开发，规范了业务流程，提高了管理效率，强化了风险管理，整合了内部资源，有力地推动了公司管理模式的转型和升级。

四是重整部门架构。适应业务发展需要，设立营销中心，加强直销渠道建设；设立信托四部，加大证券类、股权类信托业务的拓展；理财部改名为信托管理部，赋予新的管理职能，充实人手，加强信托业务中后台管理。

五是以价值导向助推发展。将企业文化通过板报、内刊、职工大会、新员工培训等不同载体进行宣导和解读，引导树立共同价值观。创设公司内刊，为企业文化建设和增进外界对公司

的了解搭建起平台和桥梁。

（二）顺势而为，信托业务加快发展

在坚持业务与风险均衡的前提下，公司善于把握市场机会，挖掘市场需求，顺势而为地设计出符合市场需求的信托产品，信托业务发展势头良好，市场化业务比重不断提高。公司全年新发行66个信托项目，募集资金143亿元。续存信托项目103个，运作正常，到期项目全部正常清算兑付。截至2011年末，公司管理信托资产243亿元，信托手续费收入1.92亿元，分别比上年同期增长了39.19%和47.79%。

信托业务的快速发展，主要得益于三个方面：

一是前瞻性的业务发展策略。深刻理解信托本质，准确把握市场需求，认清自身资源优势，在做强做大融资业务的同时，加强业务创新，以资产管理业务引领公司的市场化转型。公司在充分调研东莞村镇集体资产状况基础上，结合村镇资产理财的特点，推出系列的理财产品，陆续受托管理了麻涌、中堂、道滘、沙田等镇村的信托资金22 195万元。

二是把握市场机遇，深耕本土市场。在流动性紧缩的环境下，主动与本地大型民企接触，上门营销，了解企业融资需求，设计产品进行对接。充分发挥信托功能的管理优势和专业优势，为市重点项目提供投资顾问和受托管理服务，参与多项重点项目前期调研和论证工作，支持了地方的经济发展。

三是主动营销，项目储备和客户群体增加。多方出击，加强与银行、券商、投行等机构联系，获取项目资源，项目储备宽裕，项目质量不断提高。建立营销团队和直销渠道，完善和发展代销渠道，系统销售模式初步建立，客户群体数量增长迅速，产品销售能力明显增强。截至2011年末，公司客户数量为2 757个，其中自然人客户2 544个，机构客户213个。公司新增客户1 682个，同比上年增长327.88%。其中，新增个人客户1 611个，同比上年增长328.78%；新增机构客户71个，同比上年增长308.70%。全年累计直销销售额43.44亿元，占全部销售额的65.84%。

（三）立足长远，稳健运作自营资产

抓住市场资金紧缺的机遇，把握自营贷款的操作节奏，实现良好收益。截至2011年末，自营贷款余额40 500万元，月均贷款规模为43 067万元，全年平均收益率为15.31%，累计实现贷款利息收入6 717万元，同比增长18.44%。

加强市场研判、对外交流，进一步完善决策管理，提高市场把握能力，坚持长期投资理念，选择成长性良好的股票长期持有。探索建立资产配置模型，努力提升资产管理能力，积极寻找股权投资项目，培养长期稳定的盈利项目。

（四）强化风险管理，追求收益与风险控制的均衡

公司坚持把风险管理当成第一要务来抓，不断完善风控体系，推动自下而上的合规文化的建立。

一是源头控制，严把项目准入关。确立项目选择的"四个优先"原则，即"风险优先、效益优先、本地优先、效率优先"，作为我们甄别、挑选项目的标准。要求业务部门加强市场调研，关注重点业务的政策走向，提前对环境变化作出反应。风险管理部门前移风险控制关口，提前介入项目预立项、立项阶段，参与项目前期尽职调查。提高项目准入标准，客户选择以一线地产商、大型综合性集团以及本地、现金流能控制的企业，确保控制风险，总体项目质量有了极大提升。

二是加强过程控制和项目后续管理，注重实质性风险防范。加强政策研判，把握政策导向，严防合规风险；完善风险管理模式，重整内部流程，严防操作风险；通过实地调研、定期回访，加强异地项目监控，严防管理风险；关注市场动态，对市场走向进行预判，制订应急预案，严防市场风险。公司根据信托项目管理的实际情况，对现存的项目可能存在的风险进行逐一排查，提前做好应对准备。由公司管理层牵头，亲自抓落实，对到期项目提前检查，及时预警。

三是加强员工风险意识教育，建立合规文化。加强风险教育和员工思想道德教育，推动自下而上的合规文化的建立。充实风险管理人手，开展业务档案检查、组织合规培训和信托业务基础培训，提高员工风险意识和风险识别、防范能力。

（五）加强形象宣传，做好信托市场的培育

一是在市区繁华路段投放户外广告，提高公司认知度。

二是在《东莞日报》开设信托专栏，冠名《东莞时报》"善行"专栏，潜移默化地传播信托知识。

三是完善网络发布平台，拓宽产品发布渠道，提高信息透明度。

四是市场口碑逐步提高，合作机构对公司的信任度明显提高，主动与公司进行业务对接和项目推荐。

五是项目领域稳步拓展，在深耕本地的基础上，项目来源由本土向市外渗透，逐渐向珠三角等省内城市及全国大中城市稳步拓展。截至 2011 年末，存续信托项目中，本土项目占 54.39%，省内项目占 28.70%，省外项目占 16.91%。

（六）加强核心风险指标控制，提高财务管理水平

随着银监会关于信托公司净资本管理办法等政策的出台，公司加强对以净资本为核心的风

险控制指标体系，制定了《净资本管理办法》以促进公司健康、稳健发展。截至2011年末，公司净资产97 581万元，比年初增加3 261万元。净资本余额76 453万元，比年初增加819万元。净资本余额大于2亿元，净资本与净资产比例为78.35%，净资本不低于净资产的40%，各项风险控制指标均符合监管标准。

二、2012年发展规划

2012年，公司将正确把握信托行业的发展规律，顺势而为，进一步夯实基础，深化转型，居安思危，加强风险管控，谋划好战略布局。在做强融资业务的基础上，稳妥拓展投资类业务，提高产品创新能力和服务能力，打造专业资产管理金融机构，为股东、客户创造更大的价值。重点抓好以下几方面工作：

一是坚持走资产管理业务的道路。一方面致力于自营资产的保值增值。另一方面，公司作为受托人，为客户选最好的资产管理机构，根据客户需要进行资产配置；做好受托资产的风险管理，为客户实现资产保值增值。

二是加强风险管理。加强市场和行业调研，把握市场动向，防范市场风险。关注政策导向，加强与监管部门的沟通，确保各项业务依法合规开展。严格把好项目准入关，对异地项目或敏感项目要进行双线尽职调查，确保项目风险的全面披露和得到控制。同时，强化内控风险管理，要适应业务发展需要，及时检讨内控管理，进一步完善业务流程和管理制度。防范信用风险，加强财务管理，规范费用、预算、税收等制度和流程，防范财务风险。

三是拓展项目来源。加强与银行等金融机构的合作联系，提升合作伙伴素质；发挥信托功能优势，积极参与市大型项目的方案论证、投融资策划等财务顾问工作，扩大公司影响力。

四是创新发展，在继续发挥融资业务优势的基础上拓展投资类业务，加大股权、股票业务的投入力度，逐步提高证券、房地产、PE等投资类信托业务的比重和收益贡献，丰富公司信托产品线，提高公司为客户的资产配置能力。

五是加强销售渠道建设。进行市场客户群调研和分类，准确定位目标客户，开展针对性营销，提高对高净值客户的宣传渗透；加强营销团队建设，采用多种形式进行有效营销，逐步提高直销比重，建立系统化的营销模式；进行市场论证，做好营销网点布局规划，适时实施。

六是加强内控管理，把暴露的风险问题尽早落实解决。公司的业务迅速增长带来管理上的一些问题，要专人负责进行梳理，理顺业务流程和内部管理流程，解决存在的问题，为公司长远健康发展提供保证。

七是实现自营资产稳健增值。巩固和发展好信贷业务、股票投资业务、股权投资业务、固定收益类业务，探索建立适合公司实际的资产配置模型，不断提高资金运作效益，实现自营资产的长期稳定增值。

八是继续推动公司品牌形象建设，积极宣传公司形象。统一公司品牌宣传管理，采用多渠道、多形式传播信托理念和公司品牌，形成全方位的宣传覆盖模式，促进公司品牌形象的提升。

九是加强人才队伍建设，继续引进投融资管理人才、营销人才和风险管理人才。加强人才内部培养，加强财务、营销、管理等基础培训，完善薪酬激励，为员工营造良好的发展平台。加强员工思想道德教育，不断强化员工的忧患意识、发展意识和自律意识，凝聚发展合力。

十是继续推进公司企业文化建设。管理层和中层管理人员要以身作则，加强企业文化宣导，融合文化差异，形成统一的价值观，培育企业的核心软实力，促进公司可持续发展。

方正东亚信托有限责任公司

一、2011 年经营概况

方正东亚信托有限责任公司于 2011 年末，在中国银监会的批准下，公司注册资本金增加为 6 亿元人民币。

2011 年是方正东亚信托有限公司第一个完整的会计年度。截至 2011 年 12 月 31 日，公司总资产 80 296 万元，净资产 68 871 万元；实现营业收入 24 095 万元，其中，信托业务收入 24 288 万元，固有业务收入 2 237 万元；实现利润总额 12 481 万元，净利润 8 771 万元。

（一）信托业务开展情况

2011 年，是方正东亚信托搭建信托业务框架、探索信托业务发展的一年。首先，根据宏观经济环境、监管政策以及公司自身的发展变化，因时制宜，适时调整信托业务方向，第一季度以单一信托业务为重点，为信托业务的后期发展奠定基础，第二季度开始重点推进集合类信托业务，锻炼自主管理能力。其次，扩大业务种类，全年信托业务主要涉及基础设施建设、资本市场投资、房地产信托等三大类领域，业务品种逐步多样化。最后，注重业务创新，着力开展了上市公司股权质押、定向增发基金类、受益权准资产证券化等信托业务。此外，公司在北京、上海、郑州设立异地金融事业部，将业务向全国各地拓展。

2011 年全年新增信托项目 203 个，新增信托规模 610 亿元；清算项目 81 个，清算规模为 226 亿元；存续信托项目 132 个，规模为 421 亿元。

（二）固有业务开展情况

公司有效运营固有资金，审慎开展投融资业务，实现固有资金的保值增值，全年共实现固有业务收入 2 237 万元。

（三）产品营销开展情况

在积极拓展信托业务的同时，重点培育产品销售能力，从而提高公司自主管理能力水平。

全年自主销售信托产品29个，销售额为35.1亿元；累积自然人客户1 250个，储备的潜在客户达500个；取得了多家银行的全国性或区域性销售准入资格，并与多家银行开展了销售合作；与广发证券、中信证券、中航证券等金融机构建立了良好合作关系，营销渠道和客户队伍有了一定的基础。

（四）风险管理情况

在鼓励业务发展的同时，始终把风险防范放在第一的位置，自年初便确定了“宁失效益，不失风控”的风险防范思路，建立业务部门—合规与风险管理部门—审计部门风险防范三道防线，将信用风险、市场风险、操作风险、流动性风险等各类风险全面纳入风险管理范畴，通过制度规范、流程设计、职责分工等方面不断完善改进，使风险管理贯穿于业务开展的整个流程，有效防范了风险。

（五）团队建设情况

调整组织架构，增加业务团队。2010年公司本部内设业务部门4个，2011年业务部门增加到9个，其中分别在北京、上海、郑州三地设立异地金融事业部，业务团队进一步壮大，业务范围也得以拓展。

根据业务发展及公司治理的需要，多渠道引进人才，为公司业务快速发展以及风险控制、财务管理等方面的建设提供大力的人才支持。

开展多方面培训，提高员工专业素养。公司大力开展经济金融知识、信托专业技能、基金债券等多方面的培训活动，举办业务研讨会，开拓员工视野及专业研究能力，有力地促进员工知识结构的改善和业务素质提升。

（六）内部控制情况

一方面，制度先行，将公司经营管理的方方面面都纳入制度管理中，通过制度建设实现人性化管理、科学管理，要求员工学习并严格执行汇编制度，同时在工作实践中及时拾遗补阙，不断增补与完善。截至2011年末，共制定制度流程82项。

另一方面，强化内部审计，要求审计稽核部除对公司具体业务进行审计外，对公司的经营管理、制度执行等各个方面进行审计，及时查找经营管理中的漏洞，并严格加大整改落实，从而促使公司管理控制能力不断提升。

（七）品牌建设情况

按照产品类别，打造了产品品牌序列：神龙、东湖、黄鹤证券信托产品序列；方兴、东兴、金兴融资信托产品序列；楚凤、楚天另类信托产品序列，以便更好地传播公司品牌文化，宣传、推广信托产品，促进信托业务优化发展。同时，通过开展“辛亥革命——中国百年曲折”历史讲座、“方正东亚信托杯”理财知识公益行等活动，提高公司的社会知名度及认知度。

二、创新业务案例

2011 年，公司大力推进业务创新和产品创新，推出了权益投资、股权投资、TOT、财产（权）信托、结构化证券投资、准资产证券化及另类投资等新业务品种，主要创新业务有以下几个。

（一）准资产证券化信托

发行了“方正东亚·信华建国酒店物业收益权投资集合资金信托”等一系列商业物业租金收益权投资的信托产品。此类产品以商业物业可预期的稳定现金流（以租约合同等为保证）为基础资产，通过其他增信手段的安排，重组现金流和收益，满足了客户的投融资需求。产品在设计理念上是一种准资产证券化产品，与传统融资项目主要依赖融资方的整体信用相区别。

（二）中小企业融资信托

推出了专门用于向中小企业发放贷款的信托产品，为中小企业提供了更灵活、更便利的融资途径，缓解了中小企业融资难题，支持了中小企业发展。例如，“方正东亚·中小企业贷款一期单一资金信托”为江浙地区 47 家中小企业解决了融资难问题。

（三）艺术品信托

“方正东亚·财富通 1 号艺术品投资集合资金信托计划”是公司推出的首只另类投资产品，以国内书画艺术品实物为投资标的。在交易模式上，通过结构化设计和“固定收益 + 超额浮动收益分成”的安排，使优先级投资者的收益获得更强保障，也分享了艺术品升值带来的投资收益。

三、社会责任履行情况

方正东亚信托以“为客户提供优质金融服务，为股东创造理想投资回报，为员工打造和谐发展平台”为使命，以“做受人尊敬的信托公司”为愿景，积极履行作为企业公民所应承担的社会责任。

一是公司依法纳税，2011 年共缴纳税费 5 302 万元，被评为武汉市江汉区“纳税先进企业”。与此同时，先后为武汉城市建设投资开发集团等多家单位提供投融资服务，投融资资金主要用于省市重点建设项目，累计为湖北地方经济融资超过 110 亿元，有利地支持了当地经济发展。

二是公司稳健审慎开展业务，严格把控各类风险，保持平稳较快发展，在积极维护金融市场秩序的同时，也很好地维护了股东的权益。

三是公司尊重每一位客户的需求，保护客户的合法利益，积极履行受托人职责，确保受益人利益最大化，为客户提供优质的金融服务。目前，公司所有结束的信托项目都顺利实现兑付，有效地保障了受益人的权益。

四是公司严格落实《劳动合同法》，切实保护员工合法权益，通过多样的培训制度、健全的薪酬体系和激励方案，营造和谐的工作环境，谋求员工与企业的共同成长。

四、2012 年发展规划

2012 年方正东亚信托将紧跟国家政策导向，把握行业发展趋势，紧密围绕经营目标，以能力提升为根本目标，实现“一个转变，两个突破”：业务拓展实现由简单规模扩张型向净资本节约型的转变；加大业务创新力度，提升自主管理型产品比重，结构调整、产品转型取得突破；全力开展营销工作，实施“走出去”战略，营销体系、直销渠道取得突破。

一是信托业务将走净资本节约型发展之路，以打造优秀的信托人才团队为基础，着重发展“高品质、高收益、低风险、低占用”的业务，提升资产主动管理能力及创新能力，促进信托业务结构的合理化。

二是固有业务方面将进一步探索投资各类金融股权，积极尝试租赁等新业务，构建集融资、金融股权、金融产品、融资租赁等业务于一体的复合型投资组合，使投资收益率与净资本计提率之间达到最优均衡，为公司的长远发展提供广阔空间。

三是 2012 年营销工作的重点是加强营销网络建设及队伍建设，搭建营销网络，拓展营销市场，加强客户服务，增强品牌营销力，以满足公司业务发展和战略转型的需要。

四是坚持“宁失效益、不失风控”的风险控制原则，始终把风险控制放在公司经营活动的首要地位，牢固树立以事前预防和过程控制为主的风险防范理念，逐步建立和完善全面风险管理体系，持续提高公司的风险管理水平，促进公司持续、健康地发展。

五是进一步完善组织架构，增强业务力量，建设营销网点，建立战略研究发展中心；引进高端业务人才，优化人员结构。

六是制定落实系统的品牌传播和企业形象推广方案，开展高质量的品牌活动，树立良好的企业形象，履行社会责任，扩大社会认知度及行业影响力，让品牌形象成为推动业务及营销拓展的助力。

甘肃省信托有限责任公司

一、2011 年经营概况

在甘肃省委省、省政府的正确领导下，在省金融办等部门的大力支持下，甘肃信托认真贯彻落实省委省政府金融工作发展战略，坚定信心、抢抓机遇、大胆创新、努力实现跨越发展，信托业务呈现空前迅猛的良好发展态势，在支持甘肃省扩大融资规模、中小及微型企业发展、“三农”建设和支援藏区发展等工作中取得了突出业绩，为全省 40 户企业提供融资余额 85.52 亿元。2011 年末，管理的信托资产余额达258 亿元，是2010 年末60 亿元的4.3 倍，超过了公司“十一五”期间管理信托资产规模的总和。实现信托手续费收入 10 090.95 万元，是 2010 年 1 258.99万元的 8.02 倍，超过了公司“十一五”期间手续费收入的总和，两项指标均创造了公司开展信托业务以来的历史最好水平。

（一）各项主要经济指标完成情况

截至 2011 年 12 月 31 日，公司资产总额 123 758.39 万元，负债总额 4 106.45 万元，净资产 119 651.94 万元。主要经济指标：完成营业收入 4 375.82 万元，占年计划的 37.34%；营业支出 3 407.87 万元，占年计划的 82.72%；实现利润总额 840.95 万元，占年计划的 11.06%；实现净利润 794.15 万元，占年计划的 14.18%；管理信托资产余额 258 亿元，是 2010 年末 60 亿元的 4.3 倍，增长了 330%。

（二）主要业务开展情况

1. 积极拓展全国市场，努力扩大业务规模，信托业务取得历史性突破。2011 年公司积极实施全国市场战略，拓宽业务渠道，扩大市场份额。年初成立了北京财富管理中心，运用财富管理中心开展全国市场营销，鼓励市场第三方协助公司拓宽资金渠道，扩大市场份额，推动了信托规模快速增长。公司业务已覆盖北京、天津、上海、重庆、江苏、深圳、黑龙江等二十多个省市区。在甘肃省政府金融办的大力支持和推动下，与建设银行、招商银行、浦发银行、省联社、兰州银行、恒丰银行、包商银行、哈尔滨银行等二十多家国有大型商业银行、股份制银行、城市商业银行等金融机构开展业务合作。全年管理信托资产余额达258亿元，实现信托手续费收入10 090.95万元，信托规模和信托收入指标均创造了公司自2003年开展信托业务以来的历史最好水平。

2. 深入开展信政合作，充分发挥信托优势，为甘肃经济发展作出积极贡献。在国家严控贷款规模的宏观调控之下，2011年银行信贷规模日益紧张，而企业对资金的需求却持续旺盛。为此，公司充分发挥信托融资平台优势，通过创新交易结构和业务模式，帮助多家银行解决了信贷规模不足的问题，进一步扩大了甘肃省信贷投放规模，在做大信托业务规模的同时有力支持了甘肃省地方经济的快速发展。全年累计为兰石集团、东兴铝业、兰州瑞兴达、兰亚铝业等40户省内企业提供融资85.52亿元。公司以支持地方经济为己任，积极为省内基础设施等项目提供融资服务，参与政府旧城改造和保障住房建设项目，为兰州市安宁区培黎广场改建项目融资7.5亿元、兰州市庙滩子旧城改造基础设施项目融资2亿元、兰州市西固区经济适用房项目融资4 896万元。投资8 500万元参股的张掖市有年金龙马铃薯雪花全粉食品工业有限责任公司等六户农业产业化龙头企业，2011年生产经营情况良好，实现了规范经营和规模化发展，达到农民增收、企业增效的多赢格局。

3. 打造中小企业信托理财产品，着力解决甘肃省中小企业“融资难”问题。2011年公司创新融资服务，努力打造中小企业快速融资渠道，设计、研发了甘肃信托“黄河”系列中小企业发展集合资金信托产品。“黄河”系列理财产品以自我发行为主，预期年化收益率8%以上，参与投资的客户达到239个，2011年7月13日开始发售第1期，半年内共发行8期，累计融资15 864万元，平均每期1 983万元，为张掖市有年金龙马铃薯食品工业公司、陇西清吉洋芋公司等五家企业解决了流动资金不足的问题。随着社会大众理财意识的不断提高和证券市场持续不稳定，信托公司的理财功能越来越得到社会认可，产品发行难度有所降低，额度稳步增大。公司加强产品营销力度，使越来越多的投资者选择购买收益高于银行、风险低于股票的信托产品，每期发行速度越来越快，个别产品在一周内即发行成功，公司的品牌认知度得以明显提升。

4. 提高证券研发力量，拓展投资业务渠道，为公司持续发展夯实基础。受世界经济复苏放缓、欧洲债务危机不断扩大的国际形势以及国内银根紧缩和扩容等不利因素的影响，2011年资本市场整体呈下跌走势。公司战略重仓品种受大盘拖累连续下跌，尽管已经采取积极措施降低损失，但仍然不可避免地造成了账面浮亏。公司着眼于长远发展，积极应对市场变化，适时调整投资思路，一方面继续完善研发平台，加强与中金、国信、中信等国内一流券商研发机构的沟通合作；另一方面不断加强证券业务研发和人才培养力度，进一步提高研发水平，全面强化业务管理。

截至2011年12月31日，公司固有业务投资余额53 914.32万元，投资方向主要是金融股权、拟上市企业股权和股权投资基金等。一是金融股权。投资14 584.80万元参股兰州银行股份有限公司，折合6 304.80万股，持股比例2.7%；投资5 000.00万元参股金川集团财务有限公司，持股比例5%（该公司第二大股东）。二是私募股权。投资参股甘肃省两家拟上市企业：甘肃宏良皮业股份有限公司2 860.00万元，折合2 000万股，持股比例15.38%（该公司第二大股东），宏良公司已于2012年4月11日在中国证监会网站发布首次公开发行股票招股说明书，境内发行人民币普通股4 340万股，发行后总股本达到17 340万股，募集资金将分别用于新增年加工45万张牛皮革扩建项目和研发中心建设项目；投资兰州兰石重型装备股份有限公司2 832.52万元，折合1 140万股，持股比例2.32%。三是股权投资基金。投资5 000万元加入瑞源（上海）基金，该基金将参股白银有色集团股份有限公司；投资3 000万元加入东方富海（芜湖）股权投资基金。通过认购私募股权投资基金，达到间接参股拟上市企业目的，不仅为参与IPO业务奠定了良好的基础，也为投行业务的拓展开辟了新的投资渠道和崭新的投资领域。

（三）管理工作概况

1. 以构建现代金融企业管理机制为目标，全面提升内部管理和风险控制。一是深化科学决策机制，修订完善了股东会、董事会、监事会、高级管理层以及各专门委员会、各职能部门和各业务部门的办事程序、规则和制度，建立起了各司其职、相互监督、相互制衡、有效运作的机制。二是健全风险防控体系，由风险合规部专门负责风险管理工作，形成了“合规部、内审部、法律部”以及信托委员会、风险管理委员会的“三部两会”风控体系。三是不断加强员工风险意识，增强风险识别能力，提高风险防范水平。公司开展金融业务三十年来，没有任何一笔信托业务出现不能兑付的金融风险，也从未发生任何影响金融稳定的事件。四是坚持以落实公司《2011—2015年发展战略规划》为导向，实施全面预算管理，有效控制了公司运营成本。

2. 以重塑企业形象为重点，全面加强企业文化建设，进一步增强团队凝聚力。为宣传甘肃历史底蕴，公司以重塑企业形象为重点，全面加强企业文化建设，提出了源自中国古代经典《道德经》“言善信、托天下”的价值理念；精练出“创新、专业、全面的金融产品集成商”的企业目标；确立了“规范经营，诚实守信，大胆创新，跨越发展”的经营理念；明确了“实现公司价值、股东权益、员工福利和社会效益最大化”的企业宗旨。经过企业形象的重新塑造，甘肃信托的社会认知度得到进一步扩大。通过全体员工参与企业文化建设，启发、引导和激励全体员工进一步转变了思维方式，提升了专业素质，增强了团队战斗力和凝聚力。

二、社会责任履行情况

2011年，甘肃信托认真践行社会责任，宣传推广公益信托，支持藏区建设和公益事业发展。

支持藏区发展是省属企业义不容辞的光荣使命和艰巨任务。为发挥公司公益信托在公益事业方面的特殊功能，公司设计推出了“甘肃信托红色腊子口绿色长征公益信托计划”，面向社会募集公益资金支持甘肃省藏区经济建设。公司工会和全体员工积极参与，募集公益资金307.5万元，其中公司出资300万元，员工捐款7.5万元，人均1 153.85元。2011年末，向“迭部县高级中学附属设施建设项目”捐赠第一期信托资金107万元，帮助解决迭部县高级中学教学设施建设严重滞后和不足的问题，努力改善办学条件，进而提高迭部县农牧民群众的文化素质，使教育更好地为当地经济建设和社会发展服务！

三、2012年发展规划

（一）指导思想

公司2012年各项工作的指导思想是：全面贯彻党的十七大和十七届三中、四中、五中、六中全会精神，以邓小平理论和“三个代表”重要思想为指导，深入贯彻落实科学发展观，积极落实省委省政府金融工作发展战略，积极组织落实公司《2011—2015发展战略规划》。坚持“言善信，托天下”的价值理念和“创新、专业、全面的金融产品集成商”的企业目标，坚定信心，再接再厉，开拓创新，进一步拓展信托市场，增强信托业务竞争能力，积极培育新的利润增长点，正确处理保持快速发展、调整业务结构和控制经营风险的关系，持续提高经济运行和发展质量，确保公司平稳较快发展，努力为全省经济社会发展和活跃金融市场发挥出更加积极的作用。

（二）主要任务

1. 保持信托规模稳定增长，增强支持地方经济发展的作用。持续拓宽全国市场，开辟珠三角、长三角区域资金市场，在北京、深圳两个财富管理中心的基础上，年内设立上海财富管理中心；努力完善省内市场，以兰州为核心，辐射带动白银、天水、平凉、酒泉等地大力发行集合信托理财产品，不断巩固、提高信托业务的市场份额。2012年管理信托资产余额在2011年258亿元的基础上增长31.79%，达到340亿元。其中，存续省内信贷规模100亿元，新增集合资金信托4亿元，全部用于支持省内企业发展。

2. 优化业务结构，提高收入水平。加大在信托优势业务方面的投入，持续增加以集合资金信托为代表的主动管理类业务规模，进一步提升信托报酬率。适时调整单一资金信托发展节奏，逐步实现由信贷类信托向权益类信托的转化。2012年实现营业收入在2011年4 375.82万元的基础上增长294.78%，达到17 275万元；实现利润总额在2011年840.95万元的基础上增长

1 148.59%，达到10 500万元；实现净利润在2011年794.15万元的基础上增长889.74%，达到7 860万元。

3. 进一步加强证券业务管理与风险控制。充分发挥公司证券投资决策委员会决策与管理职能，严格审核年度投资计划与资产配置方案并定期跟踪投资收益与资产价值变动情况，由风险合规部负责证券业务的日常监督与审核，定期或不定期地对投资交易和止损情况开展合规性审查。与此同时，根据市场变化情况做好资金仓位控制，实行阶段性重仓、轻仓或空仓，抓好"超跌反弹"，全年实现投资收益5 555万元。

4. 严格控制风险。落实全面风险管理，进一步完善风险管理制度，逐步建立涵盖风险预警体系和考核体系的风险管理长效机制，确保信托资金安全运行。

5. 提高经济运行质量。继续实施全面预算管理，落实各项经济指标，开源节流，严格杜绝各种浪费和不合理支出。

广东粤财信托有限公司

一、2011年经营概况

2011年，公司积极面对国家宏观政策调整和行业监管新要求，实施稳中求进策略，稳增长，争创新，调结构，防风险，拓渠道，创品牌，在稳步拓展信托业务的同时，积极培育核心竞争能力，不断增强创新能力，强化风险控制能力，努力提高企业管理水平。在公司全体员工的努力下，2011年公司信托业务规模再创历史新高，企业可持续发展能力不断增强。

截至2011年12月31日，公司自营业务资产总额23.91亿元，比年初增长39.80%；净资产23.27亿元，比年初增长39.13%。2011年公司实现利润总额3.92亿元，比上年同期增长20.08%。

信托资产规模1 776.14亿元，比年初规模增加767.78亿元，增幅达76.14%，再创历史新高。

公司营业收入4.87亿元，比上年同期增长26.25%。其中，信托报酬收入2.91亿元，较上年增长66.45%；投资收益1.77亿元，较上年减少12.86%。信托业务报酬占营业收入的比重为59.85%，较上年的45.40%提高14.45个百分点。信托报酬收入首次超过投资收益，以信托业务为主的经营模式基本确立。

（一）紧贴市场需求，成功抢占票据类信托业务先机

公司下半年在票据类信托业务大潮中占得先机，截至年末累计开展票据类信托业务逾1 100亿元，成为该领域的行业领跑者，市场占有率高达1/3，稳居全国第一。

（二）打造金融同业合作平台，创新开发了开放式集合资金信托计划

公司对各合作银行经营特点、优势和需求进行了细致分析和分类，创新开发了开放式集合资金信托计划，该产品的成功推出通过平台效应有效地整合了合作银行以及同业间的业务资源，初步实现了从“银行资金池”向“信托资金池”的转变。

（三）创新开展TOT/FOF/MOM等产品，积极拓展证券信托业务

受证券账户限制，公司证券信托业务规模的拓展举步维艰。为此，公司成立了专门的证券信托业务部门，研究开展TOT（信托中的信托）、FOF（基金中的基金）、伞形基金和有限合伙等创新模式。2011年成立TOT项目3个、FOF项目1个，特别是于12月成立的“菁英汇”伞形基金项目（MOM），由信托、券商、银行和软件服务商共同开发，在市场现有产品基础上进行了再创新，获得同业的好评。

（四）积极开展房地产信托基金和股权信托基金业务

一是积极试水有限合伙模式，审慎推进房地产基金业务。2011年成功设立信保高雅有限合伙基金、信保康居有限合伙基金。二是携手投行业界翘楚，尝试开展私募股权信托新业务。公司携手工银国际，开展了融通优势和融通成长股权投资基金集合资金信托项目，以有限合伙方式向股权投资基金出资，进一步丰富了公司的产品线，并为公司未来自主开展相关业务积累了经验。

二、2012年发展规划

2012年，公司将继续坚持“诚信、稳健、专业、进取”的经营理念，稳步拓展信托业务，稳健开展自营业务，积极创新既合规又适应市场需求的业务品种，加强客户管理、渠道建设和市场营销工作，努力提升金融服务水平，打造主动资产管理的核心竞争力，推进公司各项业务稳定健康快速发展。

（一）巩固和强化既有优势业务，加快创新力促业务转型

2012年，公司将密切跟踪宏观形势变化，适应市场需求及时调整业务重心，努力保持信托资产规模稳定增长。一是要继续巩固和强化既有优势业务探索和开展创新业务，努力提高自主管理能力。二是加快创新力促业务转型。大力加强受益于货币政策放松领域的产品创新和业务拓展，积极开展TOT、股权基金信托及伞形基金等其他类基金创新业务。三是在继续深化银信合作的同时，通过控股综合金融服务平台，努力开发具有独特竞争能力的保本基金、固定收益类与权益类混合投资开放式集合产品，尝试建立银行渠道之外的券商和第三方机构资金池业务。四是进一步加强对客户的个性化服务，通过系统、持续的调查研究，有重点、有步骤地开发和管理重点客户和市场，积极探索推进财富管理中心的构建，进一步提升市场营销能力。

（二）积极筹备资产证券化业务，努力挖掘新的业务增长点

随着监管部门对信贷资产证券化的态度回归正面，以及银行间债券市场交易范围的不断扩大，资产证券化业务有望成长为信托公司未来的主营业务之一及重要的利润增长点。巴塞尔协议Ⅲ对银行资本的更高要求，以及房地产持续调控导致土地市场低迷进而影响地方政府资产负债平衡能力，都可能成为引发该项业务爆炸性增长的诱因。目前公司已通过监管部门审批，获得相关业务资格，后续将加强与银行、政府等有关机构的沟通，争取把握先机，尽快开展该项业务。

（三）积极参与保障房建设

2012 年，公司将继续重点深入了解广东省、广州市在保障性住房方面的需求，力争在广州市进行试点信托基金参与保障性住房建设模式，并将该模式向全省推广。

（四）继续强化风险管控，持续推进业务流程优化，努力提高内部管理效能

2012 年，公司一是要进一步梳理各项业务流程，一方面，补充完善放款审查、合同审查、项目跟踪检查等风险控制环节，提高风险控制水平；另一方面，通过建立低风险业务审批绿色通道，优化人员配置，提高业务办理效率。二是要进一步完善《净资本管理办法实施细则》，切实提高资本使用效率。三是要继续加强对业务风险的分析，逐步完善各类风险控制指标，以使各类风险被准确识别和安全控制。四是要加强信息系统建设，尽快完成公司网站改版、伞形信托业务系统、电子审批系统等建设工作，为业务发展提供有力支持。

国联信托股份有限公司

一、2011 年经营概况

2011 年，国联信托全体员工以良好的精神面貌和务实的工作作风，扎实推进各项工作的开展，公司在业务开拓、渠道建设、客户维护和风险控制等方面取得了较大的成绩，主要体现在以下几个方面：一是公司平台搭建和战略布局工作继续有效推进，公司成功申报并获批了专门从事私募股权投资业务的资产管理公司；二是信托主业继续保持良好的发展势头，其中信托收入占营业收入的 71.4%，代人理财的信托收入已成为公司的主要利润来源。2011 年末信托资产规模则比上年同期增长了约 40%；三是客户维护和产品营销能力进一步加强，公司高净值客户数量不断增长，客户满意度不断增强；四是公司品牌影响力和市场形象进一步提升。公司全年实现利润总额 28 753 万元，2011 年末净资产达到 22.01 亿元，受托信托资产规模达到 224.15 亿元。

二、社会责任履行情况

主动承担社会义务、促进社会和谐发展是现代企业走向成熟的重要标志，也是国联信托作为金融机构义不容辞的责任。国联信托自成立以来，始终坚持合规经营、诚实守信的基本原则，并以维护良好的金融市场环境为己任，不断提高社会责任感。根据地区经济发展的要求，发挥联结三个市场的独特作用和信托制度的优势，积极投身地方经济建设和社会事业的发展，通过引导和培育居民投资意识和财富管理理念，实现地方经济发展与公司业务拓展、居民收入增长的有机结合。

2011 年，公司立足地方，支持区域经济发展。国联信托将自身成长与地方经济发展紧密结合起来，大力促进经济结构调整和产业转型升级，积极扶植中小企业发展和科技创新，为地方经济持续、健康、协调发展提供了有力的金融支持。公司专门设计开发了“新兴产业”系列产品，专注服务于科技型中小企业。

2011 年，公司始终秉承客户价值领先理念，强调以客户为中心，不断努力提升服务水平。公司不断改进服务，依托国联综合金融平台，开辟了“投 + 保 + 贷”的一条龙金融服务模式，在为企业量身定制一揽子金融产品和服务的同时，为地方百姓的财富收入增长提供了重要的投资渠道。

2011 年，公司积极响应国家宏观调控，主动加强对房地产信托业务的风险综合控制，坚持节能减排，控制“两高”行业的融资；积极投身社会公益事业，支持教育事业发展，关心弱势群体，努力推动经济、社会与环境的和谐发展。

三、2012 年发展规划

（一）公司宗旨

建立以信托为基础的综合金融服务体系，为受益人、客户、股东、员工和其他利益相关者创造价值，并以此促进中国信托事业的发展，为社会财富的传承和积累作出贡献。

（二）愿景目标

致力于发展成为一家以信托为基础，以银行、证券等金融机构为一体，能综合运用金融市场资源、提供综合金融服务，在行业内具有一定影响力的专业化金融公司。

（三）2012 年工作计划

1. 完善战略发展规划，细化推进规划措施。信托公司作为专业理财机构，生存发展的核心价值就在于其资产管理能力和财富管理能力。作为一个面向现代、面向未来的信托公司，公司将基于上述两项能力的培养，进一步明确目标、科学规划，建好机制、搭好架构、练好内功。

2. 继续深化业务转型，不断丰富公司产品。从固定收益到浮动收益到结构化产品，从货币市场到资本市场到产业市场，丰富的产品线是信托公司投资管理能力的主要表征，也是实现财富管理、资产配置的重要手段。要通过加强研发能力的培养，通过加强特色产品、交叉产品的开发，继续推进公司的业务转型。

3. 加强内控制度建设，增强风险管理能力。健全的内控管理制度和良好的风险管理能力是公司健康发展的保证。要根据监管政策出现的新情况和业务发展的新变化，及时修订和完善内控制度体系，提高制度的执行力和权威性，确保各种风险管理制度的贯彻执行。

4. 继续立足地方经济，做好业务开拓工作。公司结合所处区域经济“城市转型、产业升级”的发展要求，围绕地方重点项目、民生工程、战略性新兴产业以及中小科技型企业融资等，深度挖掘业务机会，做好资金配套支持，提供全方位的金融服务。

5. 加强人才队伍建设，提高创新发展能力。拥有一支高素质的人才队伍是公司可持续发展的基础，面对竞争激烈的市场环境和金融创新的市场需求，员工的综合素质高低和团队的活力直接影响到公司的生存能力和竞争能力。2012 年，公司将进一步加强员工培训，通过系列讲座、案例讨论、外出学习等方式来切实提高员工的金融专业水平和业务技能，进而提高公司资产管理能力、投资管理能力、风险管理能力和金融创新能力。

国民信托有限公司

一、2011 年经营概况

2011 年，国民信托有限公司积极理顺公司治理结构，进一步组建核心业务团队，在保持各项业务平稳健康运作的同时，加大对信托业务的开拓，谨慎而灵活地管理自营业务，通过公司同仁的共同努力，取得了良好的经营业绩。

（一）完善公司法人治理结构和内控体系

2011 年，公司完善了包括《公司治理规范及管理守则》在内的治理制度，进一步明确了股东会、董事会、监事会和经营层在决策、监督、执行等方面的职责权限、程序以及应履行的义务。另外，根据董事会决定，董事会下设专业委员会由 7 个调整为 5 个。调整后的专业委员会包括信托委员会、执行委员会、提名与薪酬委员会、风险控制委员会以及审计委员会，形成了分工科学、各司其责、制衡有效的治理结构。

2011 年，公司根据实际运营需要，梳理内部制度体系，使得各项职能运行更趋完善，切实提升公司运营风险防范及内部控制能力。

（二）信托业务方面

信托业务方面，2011 年公司信托业务收入为 3 109 万元。截至 2011 年末，公司存续信托资产总额为 43. 82 亿元，本年新增信托项目规模 13 亿元，信托资产不良率为零。2011 年下半年公司积极开展信托业务，在加大力度开展业务的同时，严格执行内控制度及风险管理制度，严格防范风险，未发生影响信托财产安全及受益人利益的情形，各项操作均符合法律法规、监管政策以及公司各项制度的规定，公司整体向好发展，为来年跨越式发展奠定基础。

（三）固有业务方面

2011 年公司实现营业收入为 3. 23 亿元，比上年增长 243. 37%；实现净利润为 1. 84 亿元，比上年增长331.96%；人均净利润为289.64万元，比上年增长311.54%；资本利润率也从2010年的3.76%上升至2011年的15.79%，全年经营业绩取得长足发展。截至2011年末，公司固有资产规模为12.54亿元，负债总额为6 516万元，所有者权益合计为11.89亿元，不良资产率为零。

（四）推进信息系统建设

2011年，公司引进多年来为国际私人银行所广泛采用的奥德赛高端财富管理平台项目，为全方位客服工作的开展打造人力及技术基础，并完成了盈丰信托管理系统、甲骨文（Oracle）财务管理系统、海伯龙商业智能化系统的上线工作，加强了业务开展过程的信息化管理；另外，2011年公司正式上线使用虚拟桌面基础设施（VDI）项目，实现了集中式、标准化的桌面管理。此外，2011年公司为进一步合理配置信息资源，将业务管理系统、证券交易系统、风险控制系统和财务管理系统连接起来，大幅提高了公司的信息化管理水平。

二、社会责任履行情况

公司坚持把履行社会责任融入日常经营管理活动中，依法经营、规范运作，审慎管理信托财产，切实维护受益人的合法权益。公司积极承担社会责任，自觉履行纳税义务，积极响应信托业协会的工作并签署了《信托公司社会责任公约》，积极维护信托业市场竞争秩序、行业声誉和良好社会形象。

三、2012年发展规划

（一）以传统业务为基础，力求开拓新型业务

业务稳健创新是信托公司未来生存、发展的保证。公司2012年将确保信托业务上一定规模，同时加大证券类等信托产品的设计力度，借鉴市场成熟业务模式，拓展主动型信托业务领域，提升公司利润水平。为实现向财富管理平台方向转型，公司计划启动建立财富管理中心，由专业的理财顾问为高净值客户提供全面的客户服务及投资顾问服务。

（二）提高产品研发能力和投资管理能力

有竞争力的产品与卓有成效的投资管理能力，是信托公司立足之本。2012年末，公司将着力提升产品研发能力和投资管理能力，力争搭建一套围绕高净值客户的资产配置需求而形成的

基金化产品供给体系，为客户提供一个业绩优异、选择充分的产品框架。

（三）提升公司固有资金运用收益水平

公司固有资金运用是公司收入的重要来源之一，其水平也在一定程度上体现了公司的资产管理能力。2012 年公司将微调固有资金运用的风险偏好，实施更为稳健的投资策略。收紧股票投资风险敞口，以降低由于证券市场波动带来的盈利不确定性，转而进一步挖掘货币市场、债券市场以及固定收益类优质产品，并可在条件成熟时支持公司自有信托产品，保证投资收益的稳定性。

（四）持续构建公司综合信息化管理平台

在前期工作基础上，对已上线的奥德赛、甲骨文（Oracle）等系统进行持续维护开发，进一步通过技术手段全方位提升公司高端财富管理能力，加强公司经营及财务的实时监控。同时，公司将加速推进官方网站改版工作，以友好的用户界面，全面及时的产品动态信息，快速的访问速度，切实提升客户体验度，并为公司品牌建设与客户服务搭建自主平台。公司也将深入探索将移动互联技术运用于客户服务工作的有效方式，力争于业内率先实现为客户提供全天候全球化的投资表现等资讯查询服务。

（五）以客户为中心，全面提升客户服务质量

2012 年公司将配合产品推出进程，深化客户服务梯度，提高客户体验度，充分发挥客户顾问作用，建立多层次、立体化的客户服务体系。2012 年公司将在前期客户细分研究的基础上，制订一系列有针对性的客户情况维护活动方案，逐步在客户经理与客户之间建立良好的私人互信关系，并为高净值人群提供稳定的社交平台。

杭州工商信托股份有限公司

一、2011 年经营概况

2011 年，公司管理信托资产规模与经营业绩双双再创新高，净资本管理稳健有效，监管评级级别继续保持在行业前列，搭建了 PE 业务平台并启动私募股权投资基金管理业务，为公司业务发展战略规划的深入实施、可持续性盈利模式的构建奠定良好的基础。

（一）盈利能力显著提升

2011 年，公司实现总业务收入 39 585 万元。其中，信托业务收入 32 181 万元，同比增长 26.22%；主营业务收入占比（信托业务收入/总业务收入）81%，已连续四年实现增长。实现利润总额 24 116 万元，同比增长 13.02%；实现净利润 18 081 万元，再创历史新高。2011 年，公司的资本利润率为 22.48%。

（二）信托资产规模稳步增长

截至 2011 年 12 月末，公司固有资产 9.63 亿元，净资产 8.41 亿元。公司管理的信托资产规模取得有效突破，达 107.47 亿元，创历史新高，同比增幅 16.15%，其中，集合信托规模 94.03 亿元，同比增长 23.68%；单一信托规模 13.44 亿元，同比减少 18.56%。

2011 年 1—12 月，新增信托业务实收信托规模 61.29 亿元，同比减少 16.69%，其中，发行集合资金信托计划 21 个，规模 60.39 亿元，同比增长 6.71%；单一信托 2 笔，规模 0.9 亿元，同比减少 16.07 亿元。

（三）资产管理业务特点鲜明

公司主营业务突出，信托业务收入占比已连续四年（2007—2011 年）保持增长，且均远高于行业平均水平，2011 年末信托业务收入占比达 81%，为历年最高值。

2011 年，公司继续以注重提升核心竞争能力的主动管理业务为主，截至 2011 年 12 月末，主动管理类信托业务占比为88%。公司坚持积极实施以分散投资为核心的基金化策略拓展信托业务，受托管理的信托资产规模107.47亿元，主动管理特征鲜明，业务领域有所拓宽，能源类组合投资信托实践及PE业务的管理，使公司资产结构进一步优化，主营业务收入占比在原有较高的基础上继续增长，并至历史最高值。新增集合信托业务大多为中长期产品，业务模式正往“投资”方向转化，符合监管层及公司业务发展战略规模的要求。

2011年先后成立的以能源领域为投资标的的组合投资信托产品“沃能系列”（两款新品）及原有的“飞鹰系列”产品，为业务领域的拓宽、基金化产品品牌打造及“基金化、中长期化、投资化”的业务战略实施奠定了良好基础。

（四）PE管理新业务资格获批

2011年，公司获得银监会批复的新业务——私募股权基金管理业务正式启动，已成立全资子公司“蓝桂资本”并开始运营。

2011年5月，公司与外资股东摩根士丹利共同成立的人民币私募股权基金管理合资公司正式成立。该合资私募股权基金管理公司的成立，是继摩根士丹利于2008年入股杭州工商信托股份有限公司后第二个重要的里程碑，有助于拓展本地私募股权投资业务，提高公司投资管理能力。

（五）信托业务清算情况

2011年1—12月，公司共兑付信托项目实收信托规模合计为34.91亿元。截至2011年末，公司已清算集合信托资产规模累计接近251亿元，累计为投资者创造收益约32亿元，信托产品的规范运作与良好收益为公司赢得了良好的口碑。

（六）风险管理进一步加强

公司管理层坚持开展“合规午餐”，通过与员工的沟通互动，培养全员合规意识。此外，专项合规培训与新员工合规培训成为常态，公司合规风险管理质量得到监管机构和客户认可。

公司全面梳理公司各项经营活动的风险点，有针对性地进行补充和完善，进一步降低了操作风险发生的可能性，公司整体工作质量与效率亦同步提高。

二、创新业务案例

（一）推出沃能系列及飞鹰系列信托基金新品

公司在不断深化原有业务的基础上，在能源、公用事业、房地产等业务领域的基金化运作及并购业务等方面进行了有效探索，拓宽了业务领域，优化了业务结构。2011 年，公司先后成立的以能源领域项目为投资标的的组合投资信托产品“沃能系列”（两款新品）及原有的“飞鹰系列”的房地产组合投资信托新品，为业务领域的拓宽、基金化产品品牌打造及“基金化、中长期化、投资化”的业务战略实施奠定了良好基础。

（二）全面启动 PE 管理业务

公司通过搭建 PE 管理业务平台，启动私募股权投资基金管理业务，通过股权投资及投资管理的方式，为处于成长期的优质中小企业（主要为浙江省内中小企业）提供股权投资、投资顾问等金融支持，同时带动民间资金的直接投资。

2011 年 5 月，公司参股的人民币私募股权基金管理公司——摩根士丹利（中国）股权投资管理有限公司在杭州正式揭牌。

三、社会责任履行情况

2011 年，公司积极参加公益活动，勇于承担社会责任，树立了良好的社会形象。

一是开始了新一轮“联百乡结千村帮万户”活动。自 2007 年开展“联百乡结千村帮万户”活动以来，公司党委积极履行“四年百万、共谋发展”的帮扶计划和“走进三都、托起未来”的助学计划。2011 年是第二轮“联乡结村”工作的开局之年，公司所在的帮扶集团又与桐庐合村乡结对，开始了新一轮“联乡结村”活动，2011 年帮扶款的首期资金 25 万元已经到位，公司领导还多次赴桐庐合村乡及结对村三源村做调研，力争为结对对象桐庐合村乡提供帮助。

二是建立三十五个“爱心书屋”。2011 年“六一”前夕，公司党政工团代表来到杭州明珠实验学校，参加公司与学校共同建立的“携手蒲公英·爱心书屋”的成立仪式。杭州明珠实验学校是外来民工子女学校，公司出资为学校的每个班级购买图书、定制书架，建立了三十五个小小“爱心书屋”，为孩子们创造“有书读、读好书”的条件，受到全校老师和孩子们的热烈欢迎。

三是连续十一年参加杭州市“春风行动”。

四是签署《信托公司社会责任公约》。公司加强与业内同行及中国信托业协会的沟通及交流，并于 2011 年签署了《信托公司社会责任公约》。

五是创建和谐劳动关系。公司以构建“和谐杭工信”目标为指引，加强企业文化建设，积极创建和谐劳动关系。2011 年末，公司通过组织实施“发现之旅”系列活动，策划开展精彩丰富的活动，增强了公司的凝聚力和向心力。2011 年 5 月，公司被授予“杭州市先进职工之家”称号。

四、2012 年发展规划

2012 年，国内外经济金融形势依然复杂严峻、经济增速将适度放缓、房地产调控持续且深化、理财市场竞争更趋激烈，在挑战与机遇并存的环境下，公司将坚持“有所为，有所不为”的业务策略与“基金化、投资化、中长期化”的业务战略方向，严控风险底线，把握发展机遇，进一步贴近实体经济，加强产业研究、项目储备、团队建设，深化以投资和投资管理为方向的业务转型，推进精细化管理，提升金融服务水平，为公司核心竞争力的构建、资产管理能力的提升奠定基础。

一是推进从“项目”到“产品”的转型，进一步优化业务结构。

二是发挥现有资产管理和投资能力的优势，夯实财富管理业务的基础。

三是着重拓展收购兼并业务及以购并为主要特点的 PE 业务管理，培养专业团队。

四是进一步提高业务标准，深化房地产信托业务。

五是提高风险管理主动性，推进精细化管理。

六是加强直销团队的培养，提升金融服务水平。

湖南省信托有限责任公司

一、2011 年经营概况

（一）经营指标数据

截至 2011 年 12 月 31 日，公司资产总额 12.1 亿元，比年初数增加 4.8 亿元，增长 66.6%；负债总额 1.94 亿元，比年初数增加 0.67 亿元，增加 52.7%。2011 年公司实现总收入 3.18 亿元，比上年增加 1.73 亿元，增长 119%，完成年度预算的 153%；利润总额 1.77 亿元，比上年增加 1.18 亿元，增长 197%，完成年度预算的 190%；净利润 1.32 亿元，比上年增加 0.86 亿元，增长 188%，完成预算的 193%。其中，信托业务收入 2.99 亿元，占公司总收入的 94%。2011 年新增信托计划 160 个，金额 260 亿元；截至 2011 年末，存量信托计划 280 个，金额 270 亿元，较年初增加 95 亿元。

通过增资扩股和优化资产结构，截至 2011 年末，湖南信托注册资本金增加 2 亿元，增至 7 亿元，增加 40%；年末不良资产率下降为零；年末净资本 6.8 亿元。净资本规模超过 2 亿元，净资本与各项风险资本之和的比例超过 100%，净资本与净资产之比达到 56%，各项指标均超过了监管部门关于净资本的监管要求。

（二）业务拓展成果

1. 扎实推进房地产信托业务。累计发行棚户区改造类信托计划 9 个，募集信托资金 4.98 亿元；全年发行商业房地产集合资金信托计划 1 个，规模达 1.6 亿元；成立有限合伙制基金“湖南财信华盛投资合伙企业（有限合伙）”，发行“湘财盛”系列集合资金信托计划，全年累计为有限合伙制基金募集资金近 4 亿元。

2. 做精做专私募股权信托业务。完成股权、财产权类信托业务收入 3 771 万元，发行并成立的集合资金信托计划规模为 7 亿元，设立的单一资金信托计划 4 个，规模约 55 亿元。

3. 做大做强市政基础设施建设类信托业务。公司此类信托业务发行并成立的集合资金信托计划20余个，规模达10.6亿元。同时，为规范相关业务开展，出台《地方政府一级财政整体授信方案》和《市政基础设施建设类信托业务指引》。

4. 积极创新金融合作业务。2011年，金融合作类业务累计发行信托计划57个，规模145.8亿元。

5. 努力开拓固有业务，提高固有投资能力。公司长期股权投资余额为2.67亿元，信托产品投资余额为6 563万元，自有资金短期贷款余额为2 000万元，2011年取得投资收益381万元。

（三）积极推进营销改革

1. 夯实营销基础工作。引进客户关系管理系统（CRM），提升客户服务水平。

2. 转型营销模式。2011年成功引进湖南省青少年发展基金会等30多家机构投资者，投资金额共计3.24亿元。营销客服中心全年共发行信托计划80个，金额26.89亿元；其中自主销售16.36亿元。新增100万以上投资者445人，金额为4.55亿元。300万以上投资者72人，金额为5.32亿元。其中机构客户30个，金额为3.23亿元。

（四）内部管理基础夯实

1. 深化薪酬绩效考核工作。2011年制定出台《2011年度薪酬分配方案》、《2011年度绩效考核管理办法》、《营销费用管理办法》及《绩效薪酬递延支付管理办法》，修订薪酬管理制度，明确薪酬调整定级的补充规定等。

2. 确保工作任务有效落实。一是强化董事会决议落实。二是强化司务会、总裁办公会决策、协调职能。三是按照“有部署、有要求、有措施、有反馈、有责任”的要求，大力加强督办。

3. 全面推进，健全完善风险控制体系。一是健全完善风险管控体系。制定了《关于规范业务评审程序和加强合规审核的相关规定》，出台了《各业务板块信托业务操作指引》，制定地方政府融资平台整体授信评价指标，制定《反洗钱客户风险等级划分标准》和《客户身份识别与可疑交易分析报告的操作规程》。二是严格开展风险评估和审查。对各业务项目进行审慎审查并出具评估报告。

4. 强化稽核审计与检查。一是坚持开展内部审计。二是对非现场监管报表、相关资料进行综合分析，出具检查报告。三是配合做好监管部门对公司信托业务的各类检查，并做好非现场监管报表等的审核报送工作。

5. 加强培训，不断提升员工专业素养。修订《培训管理办法》，制订了2011年度培训计划；组织相关业务人员外出参加各种培训；举办了“湖南信托投融资业务模式研讨会”等专题培训，邀请相关专家到公司授课。

6. 狠抓落实，切实加强反洗钱教育。2011年，公司根据人民银行长沙中心支行的有关要求，开展反洗钱宣传教育，并对信托协议中相关反洗钱条款进行了完善，新合同于2011年3月1日正式实行。

7. 严控预算，推进全面预算管理。一是根据公司经营目标，科学编制并下达了2011年度财务预算。二是积极组织净资本测算，按月监控公司净资本指标。三是有序调控资金，提高短期闲置资金的收益。

8. 打造品牌，有步骤地推动公司品牌宣传。一是在向省警察基金会捐款200万元之时，在有关媒体进行系统形象宣传。二是重新设计印制了宣传册和财富手册，并改版宣传片。三是积极参加业内交流活动。四是积极筹办司刊《湘信理财》。五是参与湖南省第二届金融博览会，省委书记、省人大常委会主任周强等领导于2011年9月17日亲临公司展厅视察，并给予了充分肯定。

9. 强化调研，积极构建统一集成的信息化平台。对信息化平台建设开展调研，对相关软件进行修改、测试和上线运行，并提交用户简易操作指南。组织参与财信控股OA + WF + HR的软件选型、硬件招标，用户需求调研和系统建设。

10. 进一步加强制度体系建设。制定了《档案管理办法》、《重大事项报告制度》、《培训管理办法》、《客户身份识别与可疑交易分析报告的操作规程》、《营销费用管理办法》等制度文件，进一步完善了公司制度体系；对2006年以来印发的制度进行整理并汇编，将制度汇编分发至每位员工。

11. 加强党风廉政建设。一是公司起草《关于进一步开展党风廉政建设和反腐败工作》的方案，对公司存在的一些问题，进行有计划的整改。二是多次开展“送温暖，献爱心”活动。三是组织员工赴南昌、庐山开展了“党风廉政教育红色之旅”教育活动。

二、社会责任履行情况

1. 助力地方经济建设。紧抓湖南省“四化两型”建设机遇，大力支持湖南省市政基础设施建设、棚户区改造、园区建设、民生工程建设。2011年累计为湖南省市政基础设施建设筹集资金49.8亿元，为棚户区改造筹资近5亿元。全年为湖南省经济建设筹资260亿元。

2. 积极回馈社会。2011年1月6日，公司党总支开展了给孤儿“送温暖，献爱心”活动，筹得善款1万元；6月16日，向湖南省公安民警基金会捐款200万元，省长助理、省财政厅党组书记、厅长李友志等领导，省公安民警基金会负责人、伤残民警家属代表及有关新闻媒体等60余人出席了捐赠仪式，积极参与军民共建；8月1日，获“军民共建单位”称号；9月7日，公司募集善款9 900元，用于资助两位贫困学生继续学业；9月8日，党总支赴长沙市第一社会福利院开展“中秋献爱心、送温暖”活动，共捐款捐物1万多元。

三、2012 年发展规划

（一）指导思想

以邓小平理论和“三个代表”重要思想为指导，深入贯彻落实科学发展观，全面贯彻中央经济工作会议和湖南省第十次党代会精神，正确把握国内外形势新变化、新特点，以科学发展为主题，以推进全面预算管理和精细化管理为主线，切实加强全面风险管理能力，不断提高核心竞争力，围绕湖南“富民强省”和“四化两型”战略，积极推动湖南财信“金融控股”战略实施，合作创新，稳健发展。朝着资本充足、信誉良好、经营稳健、勇于创新的专业理财机构稳步前进。

（二）工作方针

夯实基础，规范管理，合作创新，稳健发展。

（三）总体目标

2012 年总收入预计达到 3. 8 亿元，力争实现 4 亿元；税前利润 2. 1 亿元，力争实现 2. 5 亿元；管理资产规模 300 亿元，力争达到 350 亿元，为实现发展战略奠定良好基础，推动公司科学可持续发展。

（四）重点工作

1. 做好“四个坚持”。

一是坚持服务地方经济和社会建设，立足湖南、面向全国。准确分析判断宏观经济形势，认真研究和落实发展战略。抓住宏观形势有利于信托发展的大好机遇，立足当前、着眼长远，发挥信托平台优势，更好地服务实体经济、服务社会、服务地方，并努力实现自身的做大做强。

二是坚持风控优先、稳健经营。把加强内控机制建设、全面提升合规风险管理水平摆到重要位置。第一，要实施主动风险管理，特别要关注监管部门提示的政策性风险和行业风险。第二，要夯实合规管理基础，积极依靠制度体系防范风险。重点建立以净资本为核心的风险控制指标体系。

三是坚持金融创新、合作共赢。继续加强与银行、证券、保险等金融机构的深度合作，广泛建立与地方政府、投资机构的友好关系，积极促进长期稳定的多方合作发展，并探索合作模式创新，实现优势互补，实现信息、资源共享、互信互助、合作共赢。

四是坚持推进体制机制市场化，经营管理规范化，风险管理常态化，信托产品标准化。第一，继续推进薪酬体制改革，完善激励约束机制，实施差异化薪酬管理，充分调动、发挥员工积极性、主动性和创造性。第二，突出规范管理，切实加强制度建设和制度落实。强化奖惩机制，做到奖惩并重，形成管理靠制度、办事讲规矩、决策依程序的观念和机制。第三，强化经营管理，以推进全面预算管理和精细化管理为抓手，切实加强经营管理。第四，落实专业专注，提高标准化管理水平，加快推进业务信息系统优化建设，完善信息管理，提高工作质量和工作效率。

2. 实现“两个转变”。

一是加快实现向自主管理转变。做大做强信托主业，以培养自主管理能力和开展自主创新为导向，积极开展主动管理型的投融资业务，努力做专、做精、做优，实现从平台通道业务向自主管理业务转变。在项目选择、尽职调查、投资决策、后续管理、风险控制等主要方面切实提高专业化水平和自主管理能力，确立核心盈利模式。

二是加快实现向资产管理和专业理财转变。加快从融资型信托业务向投资型信托业务转变。加强研发创新，不断丰富拓展理财手段，积极开展财富管理业务，实现向资产管理的转变。以客户和市场需求为导向，调整和优化产品结构，积极开发安全稳健型的信托理财产品。

3. 着力加强队伍建设，营造和谐发展环境。

一是要贯彻落实党风廉政建设责任制，抓好党风廉政教育。二是要围绕业务转型，营造干事创业的良好发展环境。三是要加强团结，形成齐心协力谋发展的整体合力。四是要激发全员爱岗敬业、爱司如家，努力增强共同发展的凝聚力和向心力，营造稳定、团结、和谐的工作环境。五是要坚持科学发展，确保发展的连续性和稳定性。六是要以开放的心态大力引进专业型、资源型、引领型人才。科学合理地配置人力资源，调整优化员工队伍结构。

4. 继续推进增资扩股，实现长远战略发展。继续积极争取主管、监管部门支持，做大资本规模。继续广泛积极商谈引进战略投资者，调整思路，争取突破。

华澳国际信托有限公司

一、2011 年经营概况

2011 年，华澳国际信托有限公司（下称公司）全体员工秉承“团结、诚信、高效、创新”的企业精神，勤勉进取、开拓创新，经过一年的努力，各项工作取得了重大突破，信托业务得到了显著发展。

截至 2011 年末，公司集合信托业务规模达 122.51 亿元，单一信托业务规模达 33.02 亿元，信托资产总规模达 155.53 亿元，新增业务收入 12 920 万元，实现利润 8 182 万元。

（一）抓住业务机会，做大公司业务

从上半年开始，公司就努力抓住市场资金需求旺盛的机会，大力开拓业务，提高项目和资金对接的能力，规模快速上升，取得了较好的业务收益，为确保年末利润目标的实现打下了基础。

（二）开展业务创新，推进业务转型

为了化解行业集中度较高的风险，公司开展了艺术品信托项目、矿业基金、红酒单一信托项目和保障性住房等项目，从品种上丰富了公司产品线。同时，公司还积极开拓新的业务领域，推出了中小企业发展基金和供应链金融、贸易融资等业务。

（三）开拓销售渠道，增加客户储备

自 2011 年初开始，公司就对销售渠道进行了细分定位，全力开拓高端个人销售渠道、高端企业法人机构等销售渠道，针对各渠道进行人员分工和客户拓展，通过渠道的拓宽和专业化管理，不断增加公司客户储备。

（四）调整组织架构，优化管理职能

2011 年，公司进一步梳理、细化和明确了项目评审管理和风控专业管理的职能，提高了公

司风险管理和项目评审的科学化水平。成立专门的运营部门，汇集中后台运营处理，提高了运营效能和整体操作管理水平。

（五）培养专业人才，促进员工发展

2011年，公司启动实施了员工职业生涯规划项目，通过项目宣传和培训，运用有效的测试工具协助员工审视自己的职业状态，开展问卷调查并根据职业规划，为员工量身定做管理培训和发展计划，促进员工价值的实现和公司可持续发展。

（六）完善绩效管理，提高人员效能

2011年，公司建立了业务人员考核制度，充分调动和鼓励前台业务人员的积极性、创造性。同时，在全员考核上，公司不断完善考核手段，组织实施了360度绩效考核测评，进一步提高了人员效能。

（七）实施内控项目，强化内控机制

2011年，公司全面启动了加强内部控制系列项目，内容包括公司法人治理、岗位职责、授权和制约机制、风险点识别、自我风险评估、执行力、人力资源规划、绩效考核、科技系统保障、应急处理等25项具体工作，涵盖公司经营管理各个方面。

（八）加强合规风控，严格风险管理

根据《信托公司净资本管理办法》和《净资本及风险资本计算标准》要求，公司积极开展净资本管理，推动增资工作落实，为拓展更大业务空间助力。在管理上，公司持续加强制度建设，新制定或修订下发了30余项制度，进一步完善了公司经营管理体系。

（九）开展营销宣传，树立品牌形象

2011年，公司加大了营销宣传力度，组织召开了云南金融合作暨发展研讨会，与浙江商会联合召开了金融服务战略合作研讨会，并成功举办了包括中秋品茶会、屈臣氏酒窖品酒会、LARICH瑞士名表鉴赏活动、英菲尼迪车主高尔夫活动在内的高端客户营销活动，在开发和积累客户的同时，营销和树立了公司的良好品牌。

二、创新业务案例

（一）中小企业发展基金运行情况

“华澳·联合中小企业贷款基金Ⅰ期集合资金信托计划”（以下简称本基金）于2011年7月

29 日正式成立。该产品募集资金总规模为 31 112 万元，期限为 60 个月。

截至 2011 年 12 月 31 日，本基金共成功受理了 23 家中小企业的信托贷款申请，累计发放信托贷款 30 笔，单笔贷款额度从 800 万元至 3 000 万元不等，贷款总额 49 650 万元，存续贷款余额 2. 95 亿元，累计收取利息约 1 270 万元，不良贷款率为零。

（二）资金投向

本基金募集的资金用于向中小微型企业发放流动资金贷款，满足企业主营业务周转资金需要，贷款期限均在 12 个月以内。

借款企业所在行业须符合国家相关产业政策，经营合法合规，资信良好。此外，为了避免关联交易和利益冲突风险，中小企业发展基金严禁为信托计划涉及的交易主体或其关联方提供信托贷款。

（三）基金日常管理

1. 受托人主动管理。公司针对中小企业贷款业务的特点，在原有内部控制体系中，专门对涉及中小企业贷款业务的各项“软硬件”进行了进一步优化和完善。

2. 受托人聘请专业化的信用管理顾问。信用管理顾问为本基金的中小企业贷款业务提供从借款人筛选、尽职调查到贷后管理等一系列顾问服务。

（四）风险控制措施

本基金的风险控制措施主要包括内部增信和外部增信两个方面。内部增信包括结构化分层设计，5% 风险准备金、单笔贷款金额限制等。外部增信为有实力的大型企业提供担保。

三、社会责任履行情况

公司积极响应国家的产业政策，在业务拓展上积极支持中小企业的发展，主动介入民生领域，支持保障房安居工程，支持环境污染治理等。同时公司主动回避高耗能、高污染行业。

在支持中小企业发展方面，公司根据国家的相关产业政策导向，自 2011 年初即将其列为公司的业务发展主线之一，积极拓展中小企业相关业务。目前公司已发行华澳・中小企业发展基金Ⅰ号及华澳・中小企业发展基金Ⅱ号集合资金信托计划，用于向中小企业发放贷款，合计信托规模达 4. 7 亿多元，累计发放 30 多笔贷款，数十家中小企业因此获得资金支持。除此之外，公司目前正在积极筹备新的中小企业发展基金信托计划，继续支持中小企业的发展。

在支持民生领域方面，公司成立长盈 10 号无锡保障房信托计划，信托规模为 2 亿元，积极支持当地的保障房安居工程建设。除此之外，公司正在发行无锡蠡园环境治理贷款集合资金信托计划，信托规模为5亿元，用于当地的环境污染治理。展望未来，公司仍将积极支持民生、环保领域的建设，积极履行社会责任。

目前公司未开展过涉及高污染、高耗能行业的业务。在业务发展方向上，公司将严格按照国家的相关产业政策，坚决不介入关、停、并、转的“二高一剩”企业。

四、2012年发展规划

2012年，公司要推动业务发展模式转型，启动新战略、开拓新领域，主要做好以下工作。

（一）开拓新型可持续业务

2012年公司业务的重点包括中小企业发展基金、供应链金融和资本市场业务。在中小企业发展基金方面，公司将在现有业务和客户基础上，拓展业务渠道，尝试与其他专业化机构合作，探索为中小型企业提供流动资金支持，有机会条件下也可尝试股权投资，行业选择上主要在文化创意产业、新材料、新型农业、新型服务业等方面。供应链金融方面，公司将通过对现有项目和正在跟进项目的实施，培养出一批对供应链金融具备较强专业知识和经验的团队，同时积累一批潜在客户。资本市场业务方面，公司将从股票质押融资、有限合伙型阳光私募产品做起，通过一年时间的磨合，形成一套完整的制度体系，建立交易及估值清算系统，争取资本市场业务能够初具规模，为在2013年进入快速发展期打下基础。

（二）全面提升销售能力

2012年，公司将不断革新销售架构，全力推进销售队伍建设，建立并完善条线管理模式，构建较为完善的销售体系。建设和完善销售人员考核机制，提高销售人员的积极性和主动性。充分利用科技、网络手段，完善CRM系统、网上预约系统、绩效考核系统，狠抓客户储备，提高储备客户的激活率和销售成功率。同时，逐步培育销售文化，提高销售人员的忠诚度，培养出一支能打善战，敢于啃硬骨头、打硬仗的销售队伍。

（三）努力推进精细化管理

1. 提高固有资金运用效率。2012年，公司将从安全性、收益性和流动性的角度出发，通过同业存放的灵活调配，提高资本金的收益率，并将在信贷资产转让、承接信托产品、资金池类业务、证券市场投资、金融租赁等领域合理安排与开拓，进一步提高固有资金运用效率。

2. 强化人力资源管理。2012年，公司将在人力资源管理上下工夫，推进薪酬制度改革，开展员工能力评价，制订人力资源规划方案，拓展招聘渠道，科学组织和开展专业能力培训，提高人员专业水平。同时，公司将上线人力资源管理系统，提升人力资源管理效率和服务水平。

3. 完善绩效管理体系。2012 年，公司将进一步改进绩效管理方案，推行 KPI/MBO 绩效管理。根据公司战略发展和经营目标，制定科学的业绩指标，帮助各条线、各部门、各岗位检视结果与目标之间的差距，保障和跟踪战略目标的执行。结合 360 度测评，完善个人绩效管理系统，形成正向的绩效管理循环。

4. 建立风险防控体系。2012 年，在前期架构调整的基础上，公司将初步建立风险防控体系，形成从信托经理前期项目调查开始，涵盖信托业务部门、风险管理部、法律合规部、运营管理部及审计稽核部等部门的事前、事中、事后项目风控机制与危机管理体系。

5. 深化合规及内部控制。2012 年，公司将进一步推进合规文化建设，建立合规风险量化控制指标和管控机制。开展全部流程图的绘制工作，用简单明了的图示，对重要操作风险点均予以提示，进一步规范业务操作和内控管理。同时，加强内控评估及报告工作，持续深化风险自我评估，逐步提升公司风险评估工作质量，使内控工作更深入、更有效。

6. 实施财务改革。2012 年，公司将改革和转变财务职能，建立适合公司现状的“成本—收益”模型，为公司高效决策和提高综合收益提供有力支持。加强财务预算管理，进一步提高财务调控、引导和约束的作用，全力支持业务发展。

7. 加强 IT 系统建设。根据公司 IT 系统功能与应用架构的整体规划，从 2012 年开始，公司将启动各大系统应用功能的建设项目，包括一系列信息和行情资讯工具、银行间市场配套的交易及清算工具、TA 客户登记工具、贷款及质押物监控管理工具及人力资源管理工具等，以强化风险监控及管理手段，支持业务创新与拓展，提高工作效率。

华宸信托有限责任公司

一、2011 年经营概况

2011 年，华宸信托有限责任公司（以下简称华宸信托或公司）努力克服外部政府宏观调控及内部股权结构调整等因素产生的影响，在股东单位和监管机构的大力关怀下，在公司党委和经营班子的正确领导下，抓住稳定、发展、创新三大主题，积极配合股权转让和增资扩股工作，加大业务转型和创新力度，稳健地开创公司各项工作的新局面。全年实现营业收入 28 403 万元，比上年增加 3 055 万元，增长了 12. 05%；利润总额 19 941 万元，比上年增加 2 525 万元，增长了 14. 50%；净利润 16 335 万元，比上年增加 1 120 万元，增长了 7. 36%。

2011 年公司新增信托业务规模达 815 866 万元，其中集合信托 332 038 万元，占 40. 7%；单一信托 483 828 万元，占 59. 3%。兑付信托本金 731 887 万元，共涉及项目 68 个。其中集合信托项目 24 个，兑付金额为 134 768 万元，占 18. 41%；单一信托项目 44 个，兑付金额为 597 119 万元，占 81. 59%。全年应回收截至 2011 年末存续规模为 1 515 658 万元，其中，集合信托 516 947 万元，占 34. 11%；单一信托 998 711 万元，占 65. 89%。公司主营业务收入占比达到监管要求的最好水平，成为公司盈利的主要来源。

二、创新业务案例

2011 年，华宸信托依托内蒙古自治区的资源禀赋，发挥信托业的制度优势，全力推进业务创新。首先，是根据自治区煤炭产业发展规划，抓住该行业整合重组的契机，积极进行创立矿业投资基金公司的准备工作。以产业基金的模式介入自治区煤炭业整合，为其提供强有力的资金支持。这一创新业务必将为公司的业务转型、业绩提升，对自治区煤炭企业的持续健康发展，对改善自治区资源型区域发展模式都具有深远的意义。其次，充分发挥信托公司横跨货币、资本和实业三大市场的制度优势，积极参与金融类企业的股权投资。公司与两家有实力的合作伙伴共同筹建基金管理公司，为公司的可持续发展培育新的利润增长点。目前，公司报批工作已经结束，已进入现场验收和审批阶段，可望在2011年3月挂牌运营，这一举措使公司成为全国同行中为数不多的拥有基金管理公司的信托机构，前景看好，潜力巨大。

三、社会责任履行情况

2011年，根据内蒙古自治区党委、政府有关部门部署，公司对兴安盟扎赉特旗音德尔镇前进嘎查开展帮扶工作，全年累计向该嘎查投入资金共计53 000元，开展了以下工作：一是投入资金30 000元，改造危草房3户，进一步改善了农牧民的居住条件和村容村貌；二是加强农牧业劳动力的实用技术培训，投入5 000元举办两期劳动力转移科技培训班；三是投入18 000元，资助9名贫困大学生继续学习，确保了不发生因贫困而辍学、失学的现象，较好地完成了全年帮扶任务。

四、2012年发展规划

（一）经营形势

2011年信托业走过了一段高速成长之路，信托总资产达到4万亿元，已经引起市场的广泛关注。2012年，喜忧参半的市场环境给信托业的发展带来了诸多不确定因素，不论是房地产信托的兑付压力，还是证券投资、银信合作、政信合作所面临的挑战，以及矿产能源、另类投资等业务所遇到的瓶颈，都对信托业下一步发展增添了不少压力。虽然信托产品越来越受到高端投资者的青睐，并且渐渐成为私人理财的重要选择，但是面对政策调整与经济转型，信托业已开始加快自身转型，以适应新的市场格局变化。总之，2012年既是信托业的转型之年，也是信托公司的考验之年。

（二）指导思想

根据2012年的经济走势和监管要求，2012年公司全年工作的指导思想是：坚持“稳中求进”，努力促成部分股权转让和增资扩股工作，加大业务转型和创新力度，在新形势下全面开创公司各项工作的新局面。

（三）工作目标

经反复测算，充分考虑2012年的内外环境，公司2012年主要预算指标为：全年实现营业收入为30 000万元，营业支出为8. 836万元，营业利润21 164万元，利润总额21 114万元，净利润16 500万元，比上年略有增长。

（四）工作措施

1. 从公司发展的全局和长远出发，以前瞻和负责任的态度做好股权调整和增资扩股工作。在内蒙古自治区国资委的直接指导下，积极协调与各战略投资者的关系，推动华菱股权的退出。在此基础上，引入新的战略投资者，实现股权转让和增资扩股同步进行，争取以最小的成本、最快的速度完成此项战略性工程，使公司的实收资本达到15亿~20亿元，进入全国同行的第一方阵，为公司在“十二五”期间乃至今后更长一段时间内更好地服务于自治区科学发展，发挥更大的作用，将华宸信托打造成支持地方经济发展的重要平台。

2. 重新审视经营环境，形成科学的、可持续的发展战略。增资扩股后，公司的实力将跃上一个新台阶。同时，一个明晰、连贯、可操作的发展战略，就显得十分重要。这首先需要公司提升资源整合能力，集合各股东的资源优势，打造特色，形成比较优势，最终形成符合行业发展趋势，符合公司实际的业务模式，用最短的时间形成公司的核心竞争力。在发展目标、制度安排和人力资源三大要素间合理配置，找到契合点，走出一条科学发展之路。

3. 坚持积极稳健的经营风格，推进各项业务健康发展。在货币市场，继续做好固定收益业务，力争每年上一个新台阶。在资本市场，以基金管理公司为平台，努力打开业务局面，探索业务模式，尽快进入发展轨道。在实业市场，依托产业基金公司，寻找优质客户资源，力争将其打造成为华宸信托的优势、特色品牌。

4. 坚持务实的工作作风，切实提高执行力。主要包括：总结这些年业务创新、管理创新的成功经验，继续开展创新工作，特别要在新产品设计方面取得的新突破；把提升营销能力看做提升自身管理能力的重要环节，重点要在增强产品发行能力上下工夫；要抓住基金公司在上海设点的契机，使北京、上海成为公司吸纳专业人才的基地，切实改变公司的人力资源结构，提高市场竞争力；要大力弘扬合规文化，坚持“合规从我做起，从高层做起”，将合规文化转化为每个员工的自觉行为，确保公司在低风险状态下运行。

华能贵诚信托有限公司

一、2011 年经营概况

2011 年，华能贵诚信托公司（以下简称公司）按照“调结构、促转变”的工作方针，上下团结一致、奋力拼搏，以加快发展为目标，以强基建制为保障，以结构调整为重点，以创先争优为动力，推动公司工作沿着既定的目标前进。公司当年新增信托规模 980 亿元，年末存续信托规模 925 亿元，实现利润首次超过 5 亿元。公司盈利及信托规模连续三年实现了跨越式发展，连续三年超额完成董事会下达的年度经营目标，实现了又好又快发展。

（一）全面超额完成年度经营目标

表 1　　2011 年度预算完成情况表

指标名称	全年预算	全年完成情况	完成比例（%）	上年同期数	同比增减（%）
营业收入（万元）	55 290	75 553.63	136.65	27 192.82	177.84
业务及管理费用（万元）	19 259	18 875.16	98.01	10 925.62	72.76
利润总额（万元）	30 000	50 316.69	167.72	15 290.07	229.08
经济增加值（EVA）（万元）	14 600	26 745.43	183.19	6 612.33	304.48
信托业务规模（亿元）	450	925.16	205.59	411.86	124.63
其中：集合信托规模（亿元）	占比 35	302.99	占比 39.12	92.08	229.05

表 2　　2011 年度损益简表

指标名称	2011 年预算（万元）	全年完成情况（万元）	占收入比（%）	2010 年（万元）	同比增减（%）
营业收入	55 290.00	75 553.63	100.00	27 192.82	177.84
其中：利息收入	8 000.00	4 859.47	6.43	1 525.14	218.62
手续费及佣金收入	40 000.00	55 185.62	73.04	24 061.60	129.35
金融企业往来收入	200.00	1 068.42	1.41	199.67	435.09

续表

指标名称	2011 年预算（万元）	全年完成情况（万元）	占收入比（%）	2010 年（万元）	同比增减（%）
投资收益（含公允价值变动）	6 800. 00	14 254. 51	18. 87	1 269. 63	1 022. 73
其他营业收入	290. 00	186. 50	0. 25	137. 31	35. 82
营业支出	21 137. 00	21 361. 08	28. 27	12 255. 49	74. 30
其中：业务及管理费	19 259. 00	18 875. 16	24. 98	10 925. 62	72. 76
营业税金及附加	3 135. 00	4 313. 65	5. 71	1 648. 19	161. 72
利润总额	30 000. 00	50 316. 69	66. 60	15 290. 07	229. 08
所得税	7 500. 00	12 880. 97	17. 05	3 847. 42	234. 80
净利润	22 500. 00	37 435. 72	49. 55	11 442. 65	227. 16

1. 营业收入较上年增长 177. 84%，超年度预算 36. 65 个百分点。全年实现营业收入 75 553. 63万元，较上年增加 177. 84%，完成全年预算目标的 136. 65%。其中，手续费及佣金收入为 55 185. 62 万元，完成年度预算的 137. 96%，标志着公司信托业务收益能力持续增强；投资收益为 14 254. 51 万元，较上年增长 1 022. 73%，本年固有投资业务在外部环境复杂多变的情况下取得了优异成绩。

2. 费用控制较好，各项支出控制在预算范围内，增幅均小于收入增幅。全年公司业务及管理费支出为 18 875. 16 万元，完成全年费用预算的 98. 01%，虽较 2010 年同期增长 72. 76%，但远低于营业收入 177. 84% 的增速。不含职工薪酬、信息化建设的费率为 7. 07%，低于考核指标（≤11%）3. 93 个百分点，即不到考核指标的 65%。特别是 2011 年大力推动集合业务发展的同时，公司有效地控制了各项费用支出。

3. 利润总额突破 5 亿元，EVA 等指标大幅超越全年预算。全年实现利润总额 50 316. 69 万元，超越全年预算目标的 67. 72 个百分点，比上年增长 229. 08%；累计实现 EVA 指标 26 745. 43 万元，完成预算的 183. 19%。

（二）业务规模增长较快，业务结构不断优化

截至 12 月 31 日，信托业务存续规模达 925. 16 亿元，年度预算规模达 450 亿元，完成预算的 205. 59%，较上年同期规模实现了翻番。集合信托项目存续规模 302. 99 亿元，占比由年初的 22. 36% 提高到 32. 76%。虽然 2010 年公司的信托规模已经达到 420 亿元，但利润只有 1. 5 亿元；到 2011 年末，公司的信托规模增加到 925 亿元，比上年末增加 1 倍多，但利润已经达到 5 亿多元，较上年增加了 3 倍多。由此说明公司的“调结构”战略取得了明显的成效。

表 3　　**2009—2011 年公司业务规模及占比情况表**

分类	2009 年		2010 年		2011 年	
	规模（亿元）	占比（%）	规模（亿元）	占比（%）	规模（亿元）	占比（%）
单一项目	190.99	83.73	319.78	77.64	622.17	67.24
集合项目	37.11	16.27	92.08	22.36	302.99	32.76
合 计	228.1	100.00	411.86	100.00	925.16	100.00

（三）精耕细作，固有投资业绩突出

公司固有业务面对严峻的经济形势和不利的市场因素，科学谋划，稳扎稳打，坚持以扎实的宏观政策研究为导向，钻研产业政策、行业发展、上市公司盈利前景，在固有资金的综合运用和平衡运作、提高权益类和固定收益类投资收益以及继续加强与信托业务的协作等方面下工夫，在资本市场一片惨淡的形势下，公司固有投资获得了优异的投资业绩。全年固有业务实现收入 22 462.39 万元，综合收益率为 12.2%，完成预算的 149.75%，在营业收入中占比为 29.73%。其中，权益类投资收益 3 990.83 万元，收益率高达 29.88%；贷款利息收入和相关财务顾问费 6 639.45 万元，收益率为 20.52%；投资信托产品及其他金融产品收益 10 216.98 万元，收益率为 8.6%。

二、创新业务案例

（一）提升主动管理能力，业务创新迈出新步伐

按照“调结构，促转变”的战略规划，公司集中力量大力发展主动管理型业务，不断提升项目自主管理能力。全年公司新增信托规模 980 亿元，到期安全清算兑付规模达 467 亿元，存续规模由年初的 412 亿元增加到 925 亿元，完成全年预算的 205.59%。存续规模分别是 2010 年和

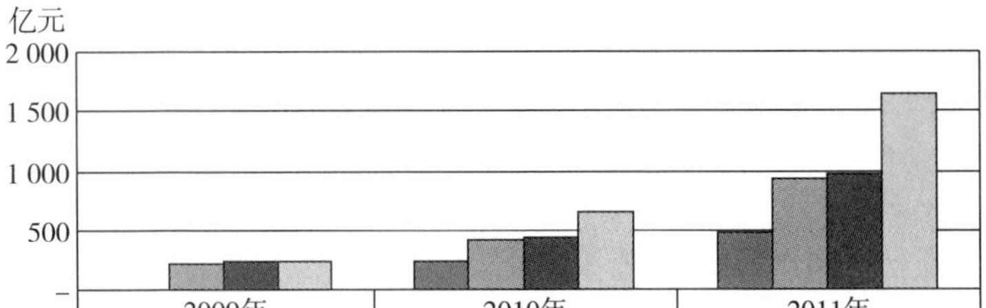

	2009年	2010年	2011年
到期规模	2	247	467
存续规模	226	412	925
新增规模	228	431	980
累计规模	228	659	1 639

图　**2009—2011 年总体规模分析**

2009年规模的2.25倍和4.1倍。

公司根据信托业务特点和监管要求，不断探索适应信托市场发展的新模式、新业务。下决心压缩常规的银信合作业务，开辟新的符合监管要求的合作模式，推出“华能信托惠民类基金”等创新类合作项目，找到了银信合作新的切入点。同时，扩大集合类信托项目的实施范围，控制单一信托发展节奏，不断提高信托项目的利润贡献率。通过以上措施，公司的业务结构有了进一步改善，全年公司新增集合信托规模达285亿元，创新类和集合类信托规模已超过信托总规模的32.75%（扣除集团业务规模计算，集合业务规模占比为39.72%），信托报酬率有所提高，年平均信托报酬率为0.85%，高于2010年行业平均值0.49%。

（二）抓管理、强风控，力保安全兑付，维护公司良好形象

2011年全年累计清算项目163个，清算规模为466.66亿元。公司到期结束的信托项目全部实现安全兑付，从未出现任何风险问题，存续项目均运转正常。

三、社会责任履行情况

作为央企控股公司，公司在自身不断发展的同时，积极履行社会责任，践行“红色公司”的经营理念。公司自成立之初，就把通过开展信托业务服务注册地贵州、服务祖国边疆新疆作为一项重要使命。近年来通过信托业务服务贵州和新疆的情况如表4所示。

表4　　2009—2011年公司通过信托业务服务贵州和新疆情况表　　单位：亿元

统计项目		2009年	2010年	2011年
服务贵州	年初存续规模	0	12.38	38.67
	本年新增业务规模	12.38	35.29	68.99
	其中：引资入黔规模	0.00	26.95	30.04
	累计引资入黔规模	0.00	26.95	56.99
	贵州项目累计规模	12.38	47.67	116.66
	本年结束规模	0.00	9.00	16.89
	期末存续规模	12.38	38.67	68.99
服务新疆	年初存续规模	0.00	3.00	10.70
	本年新增业务规模	3.00	10.30	4.50
	其中：引资入新规模	0.00	3.36	0.00
	累计引资入新规模	0.00	3.36	3.36
	新疆项目累计规模	3.00	13.30	14.8
	本年结束规模	0.00	2.60	0.00
	期末存续规模	3.00	10.70	15.20

公司一贯依法积极纳税，助推地方经济发展，公司成立三年来累计为贵州纳税 2.81 亿元，目前已是贵阳市纳税大户，近年纳税情况如表 5 所示。

表 5　　2009—2011 年公司纳税情况表　　单位：元

贡献内容		2009 年	2010 年	2011 年
		实际上缴	实际上缴	实际上缴
纳税	印花税	1 188 905. 65	1 058 019. 48	2 506 638. 35
	营业税及附加	7 605 233. 86	14 905 235. 68	38 911 769. 44
	企业所得税	18 459 840. 09	41 205 715. 63	136 942 710. 84
	个人所得税	2 394 974. 54	4 136 260. 27	11 195 366. 07
	房产税、土地税	218 472. 74	411 760. 77	253 202. 13
	合计	29 867 426. 88	61 716 991. 83	189 809 686. 83

此外，公司近年在贵州赈灾、定点扶贫等工作方面积极主动，受到地方各级政府一致好评，充分显示了央企控股公司的高度社会责任意识。

四、2012 年发展规划

从 2012 年起，公司发展总的要求是：以科学发展为主题，以转变公司发展方式为主线，“追求有质量的稳定增长”，在努力确保年度经营目标实现的同时，更加注重业务建设，不断优化业务结构，提高工作质量，增强核心竞争力，为未来三年公司稳步发展奠定坚实基础。按照这一总的要求，全年工作的主基调是“求质量，稳增长”。

经营目标：日均信托规模达到 1 000 亿元，年末存续信托规模达到 1 200 亿元，全年实现营业收入 10. 3 亿元，实现利润 6. 6 亿元。不发生风险事故。

市场定位：公司的市场定位将逐步从单纯的融资平台向资产管理平台过渡，不断提高公司资产管理和财富管理的水平和层次，使公司利润的来源不仅依靠现有业务的规模扩张，更多的是来源于创新业务的增值和资产管理能力的提高。

业务重点：一是抓住全国煤炭行业整合的大机遇，以支持贵州能源建设为重点，创设 1 ~ 2 只具有影响力、真正自主管理的煤炭能源基金化信托产品。二是认真研究国家产业政策，在保障性住房、文化旅游、信息技术、生命科学、节能环保等鼓励发展的行业和产业加大直接投资的力度，提高公司的竞争力和参与度。三是赋予某些部门主动资产管理的职责，在政策、净资本使用以及绩效奖励等方面给予倾斜，发挥引领作用，切实推动公司资产管理和财富管理业务的发展。要适时推进基金管理公司的设立工作，抓住 PE 等各类资产管理市场迅猛发展的机遇，通过组织创新和业务创新，搭建公司专业化的资产管理平台，提高公司主动管理的竞争力。

保障措施：遵循净资本管理条件下的公司合规风控规律，推动合规风控工作由被动性控制向主动性管理转变，确保不发生安全风险事故。一是持续开展形势教育和案例分析，增强全员对风险危害性的认识，实行合规风控责任制，对合规风控意识淡薄、合规风控工作不到位的人和事坚决进行处理。二是由合规风控部牵头，信托业务总部和各业务部门配合，前瞻性地制定各类新业务的操作指引，细化管控要求和准入标准，切实为新业务的发展保驾护航。要动态及时地修订业务的风险控制标准，优化业务审批流程，完善决策机制，强化制度执行力。三是面对复杂多变的经济金融形势，公司各个方面、各个部门都要更加注重风险的防控与化解；对房地产项目，公司要逐季进行风险排查，要加强房地产项目的中后期管理，要提早制订风险防控与化解预案，确保信托产品到期安全兑付。四是保持与监管部门的有效沟通，严格执行监管政策，始终把监管政策作为我们的业务边界和风险底线，把监管部门的要求及时传达到业务一线，确保公司全面贯彻执行。

华鑫国际信托有限公司

一、2011 年经营概况

2011 年是华鑫信托第一个完整的经营年度，面对严峻复杂的国内外经济形势，公司上下克服起步晚、核心业务骨干缺乏、经验不足等不利因素，认真贯彻落实集团公司党组和公司董事会的决策部署，紧紧围绕“拓市场、强管理、提效益”的中心工作，坚持以价值思维为引领，以加快经济效益提升和创新发展为使命，众志成城，开拓进取，在业务发展、管理创新、风险控制、队伍建设、党的建设等方面取得积极成效，公司走上良性发展之路。公司未发生重大经济损失问题，未发生公司和员工违法和严重违纪案件，未发生对公司稳定和形象造成不利影响的事件。

华鑫信托按照现代企业治理要求，完善“三会一层”的管理架构，进一步健全了股东会、董事会、监事会及四个专业委员会的各项制度，注重发挥“三会”及四个专业委员会的作用，召开两次公司“三会”会议，审议通过各项议案共 31 项，促进了公司规范高效运作。公司按照科学、精简、高效、透明的原则，合理设置内部职能机构，公司部门由年初的 6 个发展到目前的 15 个，梳理并明确了各部门的权限和人员岗位职责，清晰了管理界面，形成了各部门各司其职、各负其责、相互协调、密切配合的工作机制。公司加强同业交流与对标工作，制订了对标与整改方案，以行业领先信托公司为主要对标对象，全方位查找与领先信托公司之间的差距，采取针对性措施。仅用一年时间，就使公司受托资产管理规模、营业收入、净资产收益率等多项指标，达到或超过行业平均水平。公司加强制度建设，对制度进行全面梳理，颁布了 92 项制度全面以正式公文印发执行。以是否有针对性、是否有效、是否科学为标准，对实施的每项制度进行跟踪评价和不断完善。推行了项目流程工作日制度、业务合同标准化制度，优化了审批流程，提高了运行效率。实现了固有财务与信托财务的分离，强化资金有效合理使用，实行收入费用分部门、分项目核算。在运营管理方面，梳理存续项目档案资料，优化流程，规范操作，做好贷后收付息及市值监控，坚决杜绝操作风险。初步建立了自主营销团队，并积极做好客户巩固、开发和服务工作。在系统内成功发行了矿业 2 号、英泰化工等多个产品。在信息化建设方面，完成了综合业务系统、证券系统、财务系统等多个业务系统的开发或升级改造工作，有效提升了公司信息化建设水平。基本实现了公司业务、财务、前中后台一体化办公和自动化管理。在综合管理方面，加强公司活动计划控制和内部协调，做好督察督办事项，提高了公文处理与综合服务效率，促进了公司重点工作有效推进和高效运转。加强了印章、档案及证照管理，做好后勤服务，为公司业务有效开展提供了有力的支持和保障。

公司本着“志存高远、脚踏实地”的指导理念，制定了公司“十二五”发展规划，确立了业务发展战略。把开拓市场、拓展业务作为公司工作的重中之重。在信托业务、固有业务及产融结合方面都取得了积极成效。一是向市场要效益，信托业务拓展成效明显。开发了规模25亿元的与交通银行合作受益权投资单一资金信托项目、规模16亿元的金鑫一号单一资金信托计划、规模15亿元的山钢集团贷款单一资金信托项目、规模11亿元的兴云联合投资基金集合资金信托计划。公司树立高度市场敏感意识，及时调整业务方向，鼓励业务人员和团队加大产品创新力度，业务创新成效显著，保证了公司全年稳健经营。矿产能源信托、水电投融资信托、有价证券投资信托、上市公司股票或金融机构股权质押信托、票据信托等产品线的相继建成，为公司实现业务多元化积累了宝贵的经验。在一年的业务拓展过程中，公司以优质项目为抓手，与众多国内大型金融机构以及大批一流的优秀企业，建立起良好的合作关系，为下一步的业务拓展打下了良好的基础。二是稳健投资，确保公司固有资产保值增值。公司努力通过跨市场资产配置取得稳定收益，构建了拥有高流动性的公开市场投资、高收益的股权投资、债权投资等优质项目池。公司积极开拓进取，完成了多个风险可控，上规模的项目，并探索出超短期过桥贷款、信贷资产过桥转让等新的利润增长点。公司全年共完成资金投放11.44亿元。公司固有业务实现收入1.15亿元，取得了较好的投资回报，有力地保障了全年利润目标的超额完成。三是积极推动，产融结合取得初步成效。公司鼓励业务团队做好产融结合业务，颁布政策明确可用的银信合作融资信托额度和集合信托计划贷款额度，优先用于保障集团公司系统内产融结合项目；制定了《华鑫国际信托有限公司产融结合工作实施方案》；先后设立了多个产融结合项目，并为财务公司、资本控股公司等企业提供了融资和渠道服务；践行“幸福华电”理念，选择一批风险较低、成长性较好、收益较高的信托产品，面向华电系统内部进行发行，得到华电系统员工的积极响应，成功发行信托产品6.5亿元，架起华电员工理财与华鑫信托直销双赢的桥梁。

二、2012年发展规划

华鑫信托2012年工作思路是：紧紧围绕公司“践行价值思维理念，对标同业一流，努力实现管理和效益水平双翻番”的中心工作，以战略目标为引领，以创收创效为重点，以队伍建设为手段，以业务创新为主线，以风险管控为保障，更新观念，加快发展，大力拓展市场，确保完成公司2012年各项目标任务，为建设一流信托公司努力奋斗，力争实现新的跨越式发展。重点抓好以下几个方面的工作。

一是大力开拓市场业务，“围绕一项策略，提升三种能力，做好一个平台，构建四大业务板块”，一项策略就是差异化策略，包括产品差异化和市场拓展差异化，通过差异化竞争来拓展和抢占市场；提升三种能力就是要提升资产管理能力、产品设计能力和市场营销能力；做好一个平台就是发挥公司作为华电集团市场化金融服务平台作用的优势，加强对发电、煤炭、工程技术板块的投融资支持，为集团公司推进“转方式、调结构”提供支撑；明确四类业务重点即以煤炭为主的矿产资源信托、证券市场投资类的阳光私募信托、股票或金融股权质押融资信托、以水电为主的电力能源信托。继续加大固有业务推进力度，抓好项目选取，继续拓展和丰富投资品种，采取一切办法实现固有财产的价值最大化。

二是在产融结合上有大突破，产融结合既是华鑫信托发挥金融平台作用，促进集团公司发展的重要任务，又是华鑫信托抓住集团公司发展机遇，促进自身发展的重要契机。

三是切实加强管理工作，结合公司目前的管理现状和发展需要，公司决定2012年开展以“加强基础管理、强化制度执行、巩固创新发展”为主线的“基础管理年”活动。着力强化管理制度的执行，推进管理创新，提升管理效率。

四是从紧从细做好风险控制，坚持“风控就是效益，风控就是生命”的理念，开展积极的风险管理，要选择优质交易对手和优质项目进行合作。根据外部环境条件和自身的实际情况，对各种可能出现的风险因素作出积极的防范，既考虑短期的发展和收益，又关注长期的风险隐患。

五是加强党的建设和人才建设，以改革创新精神扎实开展党建工作，不断加强和改进公司党的建设，保持和发展党的先进性，努力将政治优势转化为科学发展优势。力求探索一条“具有金融特色、符合发展规律”的信托公司党建新模式。在人才建设方面坚定不移地实施市场化选人用人机制，以一流的专业管理团队，作出一流的业务，打造一流的经营业绩。

吉林省信托有限责任公司

一、2011 年经营概况

截至 2011 年末，吉林省信托有限责任公司管理资产总额 657.87 亿元，同比增长 44.30%，其中管理信托资产 630.87 亿元，同比增长 33.85 %；信托资产收益率为 1.09%，比 2010 年的 0.52% 提高 109.62%；所有者权益 25.18 亿元，同比增长 21.5%；不良资产占比为零；实现总收入 73 162 万元，同比增长 104.57%；实现净利润 45 244 万元，同比增长 149%；人均实现净利润 271 万元，同比增加 112 万元。

继 2010 年"诚信托奖"评选中荣膺"成长优势奖"后，在 2011 年再次荣膺"成长优势奖"。

二、创新业务案例

1. 联合贷款信托。该类产品是信托公司和银行合作发放的联合贷款，由于有后续银行贷款合同作保障，可分散贷款风险，实现利益共享。该类信托产品的开放式设计，提高了产品的流动性，一年共有 3 次带申赎的开放期，使投资者能灵活地根据自身状况和投资目标对投资资金及时作出调整。该类产品的借款人本身是银行的优质客户，加之信托公司对借款人的严格考察，实现了对项目的双重优选。相关案例有吉信·长白山 17 号华瀚置业 1~3 期、西城首府、吉信·建富增盈 3 号萨米特、吉信·建富增盈 4 号湛江港、吉信·建富增盈 5 号新会三新等信托计划。

2. 银行间债券投资信托。该类产品为公司自主管理自主决策的纯投资类非结构化产品，由于债券安全性较高，本金损失的风险相对较小，因而信托资金的安全性较强。相关案例有吉林信托债权理财信托计划（1~8 号）。

3. 有限合伙制模式参与上市公司定向增发。信托计划作为有限合伙企业的有限合伙人（LP）与普通合伙人一起参与上市公司定向增发股票的申购及减持，属于纯投资类信托计划，提升了公司自主管理水平。相关案例有吉信·财富增盈 2 号股权投资信托、吉信·财富增盈 4 号股权投资信托。

4. 周期申赎式期限结构信托。周期申赎提高了委托人资产的流动性，提高期限较长项目的发行能力，降低了资金成本。通过合理的期限结构投融资安排，满足投融资双方的现实需求，降低了项目的流动性风险。相关案例有吉信·财富精品15号荣安股份信托计划。

三、社会责任履行情况

公司在自身高速发展的同时，一直不忘记自己作为国有金融企业的身份，不忘记金融国企的社会责任。2011年，公司向吉林省内通化、四平、延边、白山、扶余等地慈善总会捐款捐物共计600余万元。

四、2012年发展规划

（一）定性目标

2012年，公司将进一步完善法人治理结构、内部控制体系和激励约束机制；构建核心竞争力，使资产管理能力达到更高水平，综合实力进入前十五名；巩固和加强“吉信·长白山”、“吉信·松花江”、“吉信·财富精品”等专有优势品牌的影响力。

（二）定量指标

年份	总收入（万元）	资产管理收入（万元）	固有业务收入（万元）	利润总额（万元）	成本收入比（%）	净资产收益率（%）	每股收益率（%）	不良资产占比（%）	信托赔偿准备余额（万元）
2012	65 075	39 473	25 602	36 000	44.68	6.92	12	<3	1 700

（三）五大战略

2012年，公司要全力推进五大重点战略，确保规划目标的全面实现。

1. 主业战略。2012年，公司要全力打造信托主营业务，确立信托业务在公司业务结构中的核心地位。公司要立足金融信托的专业优势，大力拓展业务模式和理财产品，为客户提供多领域、专业化的理财服务。要与银行等金融机构开展差异化竞争，以专业的资产管理业务为最主要的利润增长点。

2. 创新战略。2012年，要下大力气加强创新能力建设，加强研发体系建设，采用基金化信托产品开发模式，使自主创新产品收入占存量业务收入比重提高，打造特色业务，全面提升公司的创新能力和创新水平。

3. 人才战略。2012 年，要加强人力资源开发，打造出一支具有较高专业水准的理财团队。坚持以人为本的思想，形成市场化的人才选聘机制，不断优化队伍结构，提升高学历人才比重，基金、期货、证券从业人员 100% 具有行业从业资格，全面提高整体素质，为保持公司快速健康发展提供强有力的人才支撑。

4. 风控战略。2012 年，要不断强化全员风险防范意识，继续完善风险控制体系，构建完善的风险控制决策体系，建立全面的合规管理和内部审计机制，制定完备的风险管理制度，拥有全方位风险预警信息系统，确保公司管理资产处于相对安全的运营状态，信托资产终点不出现一笔损失，公司不良资产占比不超过 5%。

5. 企业文化战略。2012 年，要以企业核心价值观为核心，培育和形成具有吉林信托特色的企业文化。按照“有品位、有质量、有动力、有活力、有思想、有变化”的标准和要求，塑造有吉林信托特色的企业文化，培育和打造公司软实力。同时，作为企业文化的重要内容，公司将履行社会义务、承担社会责任，积极争取设立公益信托，重点支持教育和社会公益事业发展。

（四）具体措施

1. 做强信托主业。公司将继续强化信托主业的核心地位，继续强化自主理财能力建设，在提高核心竞争力上下工夫。拓展和深化与银行、保险、券商、资产管理公司等金融机构的业务合作，积极拓宽信托产品销售渠道，探索新的信托产品退出方式。强化项目开发，全力支持以财富管理为核心的营销网络建设，提高公司信托理财产品市场占有率和品牌知名度。要进一步加强和优化净资本管理，处理好业务发展与净资本占用关系，提高净资本的使用效益。

2. 稳妥推进业务创新。加强研发体系建设，深化银信合作业务创新，不断加大新业务、新产品的研发力度，拓展创新品种。提高自主研发水平，强化创新品牌建设，加快基金化产品开发。开发特色信托业务，在信托规模、期限、运用方式和分层结构等方面引入基金化管理模式，加快在产业基金、公益基金、私募股权投资基金等具有专属优势的业务领域的拓展步伐。积极开展个人信托、财产信托、事务信托等新型信托业务，为客户提供不同于银行业务的差异化金融服务。

3. 加强内部管理。一是加强财务核算与管理，提升财务管理水平。二是扩大成本费用考核范畴，完善绩效奖励和分配机制。三是实施员工等级管理制度，建立有吉林信托特色的人力资源评价体系。四是强化员工教育培训，加强后备人才队伍建设，提高员工队伍整体素质。

4. 强化风险控制。公司将按照监管部门有关要求规范开展各项业务，进一步完善风险管理体系。对各类业务实施有效的事前评估、事中控制和事后监测的内部控制流程，完善合规管理机制，强化风险控制委员会和投资决策委员会的职能，有效识别和管理公司面临的合规风险和项目风险。为保持公司平稳健康发展，要按照专业化的目标，建立新的风险控制体系。新的风险控制体系基本框架：建立新的风险控制体系，建立新的风险控制体系领导体制，明确责任界面，制定相关配套制度。同时，注重协调解决新体系运行中出现的矛盾和问题，确保公司风险管理工作迈上专业化台阶。

5. 大力开发人力资源。公司将用具有竞争力的薪酬福利方案和激励机制来吸引人才、留住人才，与高等院校建立长期合作机制，形成产学研相结合的联合培养机制。挖掘内部人力资源，加强员工的素质教育和业务培训，激发员工自主学习的积极性。加强员工专业知识和技能培训，提高每位员工胜任本职工作的能力。完善干部能上能下、员工能进能出的用人机制，不断优化员工队伍结构，提高员工队伍执行力和战斗力。

6. 企业文化建设。吸收传统文化与现代管理理念，建立符合现代金融企业和公司人文实际的信托文化，使“求真务实、开拓创新、诚信高效、稳健卓越”成为吉林信托的精神。同时，作为企业文化的重要内容，公司将履行社会义务、承担社会责任，倡导绿色金融，积极开展公益信托，重点支持教育和社会公益事业，促进经济社会和谐发展。

建信信托有限责任公司

一、2011 年经营概况

2011 年，建信信托在银监会的直接监管下，认真贯彻落实国家经济金融政策和监管政策要求，坚持“以提高盈利水平为核心，持续提升市场营销能力、自主管理能力、业务创新能力和风险管理能力，牢固树立责任、合规、风险、创新和服务意识”的工作思路，取得较好的经营业绩，公司综合实力进一步增强。

（一）主要经营业绩

信托业务快速发展。年末受托资产规模达到 1 907 亿元，较年初增加 1 247 亿元，增长 189%。在全国 66 家信托公司中，信托资产规模排名第六位，较上年前进 9 个位次，增速居行业第二位；信托业务运作情况良好，到期项目均正常清算兑付，存续项目资产质量优良，风险可控。

盈利水平大幅提高。全年实现营业收入 6.01 亿元，同比增长 2.7 亿元，增幅 81.57%；实现净利润 3.29 亿元，同比增加 1.55 亿元，增幅 88.91%。净利润行业排名第二十三位，较上年提升 6 个位次。

固有业务稳健运营。2011 年末，固有业务资产总额 49.6 亿元，较年初增加 4 亿元，成功清收历史遗留不良资产，期末不良资产余额为零。

银监会对公司的监管评级由 4A 级上升为 3C 级；在由《证券时报》主办的“第四届优秀信托公司评选活动”中，被评为“中国最具成长性信托公司”。

（二）主要工作措施

1. 增强市场营销能力。加强对上海、广东等经济发达地区市场拓展，强化与母公司有关部门和各分支机构的联动，采取“渠道为主，直销为辅”的产品销售模式，公司整体市场营销能力明显提升。全年累计新设立信托产品 112 个，同比增加 32 个，规模同比增加 1 163 亿元。

2. 增强自主管理能力。积极推动集合类信托业务加快发展，信托业务结构有效改善。2011年末，公司集合类规模达到182亿元，较年初增加165亿元，增长10.3倍。全年信托业务收入中集合类项目的贡献占53%，较上年提高23个百分点。集合类信托业务已逐步成为公司重要利润增长点。

3. 增强资产管理能力。兼顾战略性和财务性投资，把握市场机会，积极调整资产结构，固有资产管理水平和资产收益水平有效改善。公司固有业务实现收入2.56亿元，作为公司重点工作的长期股权投资也取得了积极进展。

4. 增强业务创新能力。研发设计了类基金型产品——建信财富通集合信托计划，投放市场后受到高端客户的欢迎，当年累计发行规模近30亿元。在证券类信托业务方面，创新推出了定向增发、佑瑞持等信托产品，初步形成了适应不同风险偏好投资者需求的产品体系。

5. 加强内部控制和风险管理。组织开展了内控制度自我评价和制度梳理工作；坚持完善制度与强化落实并重，切实增强员工合规意识和风险意识；全年共组织实施了100个内审项目和多次业务检查，全方位夯实内控基础；积极落实整改外部检查和母公司审计提出的问题。强调项目全过程风险管理，明确工作标准，细化风控措施，保证了各项业务的稳健运营。

6. 加强团队和激励机制建设。通过人才引进和强化培训，员工队伍结构和整体素质得到明显改善。细化和完善绩效考核和薪酬分配激励约束机制，员工工作积极性得到进一步激发。实施双向选择和竞聘上岗，优化岗位结构。加强企业文化建设，注重引导员工树立责任意识、合规意识、风险意识、创新意识和服务意识，队伍凝聚力进一步增强。

二、创新业务案例

2011年，公司紧密跟踪行业创新发展趋势，围绕打造公司可持续发展的业务格局，着力完善产品体系、塑造产品品牌，积极组织业务创新，推进公司业务转型，取得较好效果。体现在以下几方面：

一是根据信托原理并结合自身优势，创新推出了类基金化产品，即建信财富通和建信荣享财富通两个集合资金信托计划，市场反映良好。其中，建信财富通集合资金信托计划当年内累计发行规模近30亿元。

二是在证券类信托业务方面，创新推出了金牛增长定向增发、债券市场投资、股票收益权投资等系列产品，进一步完善了适合不同风险偏好投资者需求的信托产品体系。

（一）案例1

产品名称：建信财富通集合资金信托计划

信托类型：类基金集合资金信托

成立日期：2011 年 8 月 5 日

信托规模：信托计划成立时总计发行规模为 132 120 万元

信托期限：5 年

投资方向：货币市场投资工具（包括但不限于银行通知存款，货币市场基金，其他低风险银行理财产品、券商理财产品、基金理财产品等），信贷类资产，信托计划受益权以及其他类资产。

创新亮点：该产品依托建设银行综合优势，针对市场上不同期限资金的投资理财需求，采取多种方式进行投资。既为委托人提供了较高收益、中低风险的产品，又为公司此后设计与开发类基金产品，积累了经验。

（二）案例 2

产品名称：建信金牛增长集合资金信托计划（1 期）

信托类型：证券投资类集合资金信托计划

成立日期：2011 年 3 月 8 日

信托规模：4 亿元

信托期限：2 年

投资方向：投资设立证大合伙企业，受托人代表信托计划成为证大合伙有限合伙人（LP），本信托计划的委托人之一证大投资担任证大合伙的普通合伙人（GP）。

创新亮点：采用“有限合伙”的模式，信托资金用于投资设立证大合伙，以证大合伙的名义认购优质上市公司定向增发股份；或受让证大投资以自有资金认购的优质上市公司定向增发股份的股权收益权；或用于受让 SPV 公司拟持有的优质上市公司定向增发股份的股权收益权；闲置资金用于货币市场基金等高流动、高安全性投资。2011 年度内公司连续发行了 3 只定向增发类产品，开创了公司证券投资类信托业务新的产品线。

三、社会责任履行情况

建信信托认真执行国家宏观调控政策和监管要求，坚持依法合规、稳健经营，深入践行“为客户提供优质服务，为股东创造最大价值，为员工搭建广阔平台 ，为社会承担应尽责任”的企业使命。

2011 年，全年累计新设立信托产品 112 个，同比增加 32 个，规模同比增加 1 163 亿元，年末受托管理的信托资产规模达到 1 907 亿元，勤勉忠诚履行受托人义务，切实维护受益人利益，较好满足了投资者和企业的投融资需求，有力支持了经济社会发展。

2011 年，建信信托被合肥市政府授予“合肥市优秀服务奖”；被合肥市庐阳区财政局授予“财力贡献突出企业”称号。

四、2012 年发展规划

（一）发展目标

进一步提高盈利水平，提升市场营销能力、自主管理能力、业务创新能力和风险管理能力，牢固树立责任、合规、风险、创新和服务意识，在业务规模增长的同时，更加注重内涵的提升，有效推进规范化、精细化管理，在切实防范各类风险的同时，实现在行业内争先进位。

（二）发展措施

1. 进一步提升公司治理水平。按照建立现代金融企业制度的要求，进一步推动“三会一层”的协同运转，特别是董事会各专门委员会的作用发挥，不断优化工作机制。

2. 着力促进业务持续健康发展。进一步转变发展方式，更加注重内涵的提升，坚持规矩先行、制度管用、流程高效、执行有力的基本要求，促进内部管理水平由“规范化”向“精细化”提升。依托建设银行集团的资源优势，进一步做好战略协同，通过将公司的产品和服务逐步镶嵌到集团的服务链中，把集团优势转化为公司核心竞争力。

3. 切实加强内部控制和风险管理。不断强化依法合规、稳健经营的意识，提升内部控制和风险管理能力，重点加强房地产信托项目的后期管理和风险预案的落实，加强对并表机构的风险管控，确保公司业务稳健发展。

4. 继续加强员工队伍建设。围绕经营管理工作的重点和薄弱环节，有计划、有步骤地引进人才，更好地实现事得其人、人尽其才、人事相宜。加大培训工作力度，为公司实现持续快速健康发展提供坚实的人力资源保障。

江西国际信托股份有限公司

一、2011 年经营概况

公司全年实现营业收入 5.12 亿元，实现利润 2.3 亿元。截至 2011 年 12 月 31 日，公司总资产为 26.11 亿元，净资产为 24.77 亿元。

二、创新业务案例

案例介绍：TOT 类信托项目

基本模式：由××银行发行理财产品募集资金，委托信托公司设立单一指定投资类母信托，其中××银行为委托人，信托公司为受托人。母信托中的委托人指定受托人根据委托人意愿，按照不同的投资对象，将信托资金投资于设立的若干子信托。作为母信托受托人的信托公司在子信托中为委托人和受益人，承担合格投资者的职责。

三、社会责任履行情况

（一）服务地方经济建设，支持江西经济发展

2011 年，公司累计为江西省 16 个市县区以及 164 个上市公司、重点工程、大中小企业提供各种信托融资服务。全年累计融资 72.65 亿元，其中支持省各市县区融资 12.3 亿元，支持省属重点项目建设融资 1.5 亿元，支持省内上市公司及中小企业等融资 58.85 亿元。作为地方金融机构，公司始终将“发挥信托融资功能，支持地方经济发展”作为公司务必坚持的经营宗旨，在风险可控的前提下提供更多的信托融资资金，有力地支持了江西省的经济发展。

（二）热心公益事业，支持爱心工程

秉承“扶危济困、助人为乐”的中华传统美德，积极参与社会各项公益事业建设，全年共

为第七届城市运动会、北大资源学院助学工程、贫困乡镇扶贫等各项公益事业及爱心工程累计捐款550余万元，为社会公益事业发展贡献了一份力量。

四、2012年发展规划

（一）指导思想

坚持“为了共同利益”的核心价值观，以服务地方经济建设为己任，发挥信托融资优势，在服务地方经济建设中壮大自身；以完善法人治理为契机，发挥混合所有制优势，进一步搞活机制，增强发展活力；以各驻外机构为依托，发挥业务网络和资源优势，加强产品创新和营销团队建设，谋求更大的发展空间；以深化主题教育活动为保障，发挥公司的企业文化优势，进一步激发广大员工的创业热情。

（二）2012年发展目标

实现净利润3亿元以上；年末信托资产不低于1 000亿元，当年累计管理信托资产突破1 500亿元；设立1～2个产业、能源或证券投资信托基金；自主营销信托计划60亿元以上；信托综合排名前移一位。

陆家嘴国际信托有限公司

陆家嘴国际信托有限公司的前身是青岛海协信托投资有限公司。2007 年，海协信托启动重组，2011 年重组工作取得重大突破，2012 年 2 月 27 日，公司获得中国银监会批复，正式变更名称并规范换证。公司历经多年的困顿、跌宕，重组工作终于取得了圆满结局，迎来了公司发展的春天。

一、重组工作基本收官，公司架构全面搭建

2011 年，经中国银监会批准，上海陆家嘴金融发展有限公司（以下简称陆金发）和青岛国信发展（集团）有限责任公司（以下简称青岛国信）先后成为公司股东，标志着重组工作取得了重大突破，为公司的新一轮发展奠定了基础。

（一）理顺了股权结构

根据中国银监会责令公司重组、规范换证的要求，公司于 2007 年暂停业务，启动重组。2009 年陆金发开始介入公司重组，并采取了一系列强有力的措施，逐步稳定了公司大局，化解了诸多矛盾。2011 年 1 月，经中国银监会正式批复，同意陆金发成为公司控股股东；2011 年 9 月，青岛国信受让其余股权，两家股东分别持有公司 71. 606% 和 28. 394% 的股权。通过明晰股权结构，理顺股东关系，有效地落实了监管部门对公司重组的基本要求，重组工作取得了阶段性成果。

（二）完善了法人治理结构

随着陆金发和青岛国信的入股，公司按照《公司法》、《信托公司治理指引》等相关法律法规的规定，组建了公司股东会、董事会及监事会，聘任了公司高级管理层，审议通过了一系列决定公司组织架构、市场定位、未来发展方向的重要议案及基本管理制度。公司还聘任了独立董事，进一步发挥董事会的科学决策作用，促进公司治理机制进一步完善。

（三）搭建了内控体系

风险控制是金融企业的生命线，公司始终将加强内控建设作为公司稳健发展的重要基石，做到“制度先行”，基本构建了较为全面和完整的内控体系。

1. 强化制度建设。公司按照规章制度的制定层级及效力层次，建立起了由基本管理制度、具体规章制度、部门规章制度构成的层次分明、权责清晰、管控适度的制度体系。董事会、总经理办公会根据各自权限分别审议通过基本管理制度和具体规章制度，内容涉及业务管理、风险管理、内部控制、信托财务、计划财务、综合管理等。目前各层级制度正在按计划制定完善，可从根本上保证公司有序运行。同时，公司不断强化制度执行力，在OA网上开辟公司规章专栏及法律法规专栏，要求员工认真学习，规范操作，稽核部负责对制度执行情况进行专项检查与抽查。

2. 明晰授权层级。为规范业务管控，提高管理效率，控制业务风险，公司建立以基本授权和特别授权为内容的授权管理体系，采取自上而下的分级授权体系，各项经营管理工作和决策事项均有相应授权，并将权限管理与业务系统、审批程序相结合，使各管理、操作人员明确各自工作内容及职责，为公司高效、有序运作提供了保证。

3. 完善业务流程。公司十分重视业务流程的建设，明确业务各个环节的具体操作规程及要求。公司积极借鉴同业先进做法，结合公司实际情况，开创了具有鲜明特色及先进理念的管理方式及工作方法，有助于加快业务发展并提升风险管理水平。公司制定了清晰的评审标准和运作流程，并制定信息披露及档案管理办法。公司还针对项目可能发生的异常情况做好风险预案，一旦发生风险情况，能够确保风险及时妥善化解，保证项目安全平稳运营。

（四）完善组织、队伍建设

根据“精简、高效、专业、制衡”等原则，公司设置了比较完整、合理的部门，组建了专业的业务团队，建设了先进的信息系统，为公司高效运作、实现合规风控提供有力支持。

1. 部门设置。根据固有财产与信托财产隔离、前中后台职责分离的管理思路，公司设置了较为完善的前台、中台、后台部门，并明确了职责分工，为业务开展及风险防控打下坚实基础；同时，公司根据发展规划和市场竞争的要求，设置信托业务部门，并组建异地业务团队，加快业务布局。

2. 组建团队。在员工队伍建设方面，公司坚持走市场化、专业化路线，以市场标准择优录用。公司员工八成以上具备金融行业背景及信托工作经验，目前适合的管理人员及关键岗位已形成公司核心力量，科学的绩效管理机制强化风控要求，能够保障公司开业后的各项业务正常有序开展。

3. 系统建设。公司立足长远，引进了先进的信托业务综合管理系统、OA 系统、财务管理系统、网站系统等，有效提升业务处理能级、提高运作效率、优化流程管理、降低运营风险，为公司的业务开展及日常运行提供有力支持。信托业务综合管理系统是完整的信托行业整体解决方案及成熟的实施案例，具备行业领先地位。通过该系统的风险控制子模块，公司不断健全和完善风险管理机制，实现对项目整个过程的实时监控。

（五）积极准备开局业务

2011 年，国际经济金融形势错综复杂，国内经济增速稳中有降，经济发展仍存在不少困难和挑战，信托行业尤其是新开业的信托公司面临严峻考验。公司认真研究国家宏观经济趋势，积极适应监管政策要求，充分贴近市场需求，未雨绸缪，积极储备，从传统业务入手，积极做好项目储备。公司已做好充分准备，确保业务开局平稳起步，有序推进。

二、运营准备有序开展，确保业务平稳起步

2012 年是公司的起步之年，要结合自身经营起步阶段特点，找准业务切入点，提升运营保障能力，确保公司运营有序开展，各项业务平稳起步，力争实现展业开局的开门红，同时为公司可持续发展奠定基础。公司计划对资本金进行增资，增强资本实力，提高抗风险能力，进一步优化股权结构。

为切实贯彻公司发展战略目标，全面完成年度各项任务，重点要做好以下三个方面工作：

一是认清经营形势，找准业务切入点。公司将依托强大的公司治理优势及资源优势，围绕建设“上海国际金融中心”及“青岛蓝色经济区”的国家战略，立足区域经济建设，辐射长三角、山东半岛等广阔区域。公司将认真研判宏观形势，顺应监管导向，贴近市场需求，科学制订发展战略，根据公司实际情况选择合理的业务发展路径，在起步阶段就明确公司发展方向及业务重点，在依法合规、风险可控的前提下积极拓展业务。在证券和股权领域，加强风险控制，强化绝对回报；在房地产领域，筛选优质项目，拓宽业务模式；在银信合作领域，拓宽合作渠道，扩展覆盖范围；在自营业务方面，做好资产配置，提升投资业绩；在分支机构设立方面，启动营销建设，发挥协同效应。

二是加强内控建设，完善运营流程。随着公司重新开业，中后台部门将正式投入项目运作管理，要进一步加强内控建设，倡导合规文化，完善规章制度，强化制度执行力；要进一步规范运营流程，确保各个运营环节顺畅衔接、高效运作、有效制衡；要加强内控体系建设，防范风险隐患；要加强运营流程建设，优化授权体系；要完善财务管理体系，提升管理效能。

三是培育企业文化，增强团队凝聚力。作为新公司，公司要千方百计地在市场中站稳脚跟，

打开局面，外树品牌，内聚合力；要结合公司开业，提升品牌形象，使品牌建设与产品营销有机结合；要塑造企业文化，激发经营活力，形成“心所善，可信托”的核心价值；要加强团队建设，提升职业素养，充分激发员工立足本岗发挥才干。

山西信托有限责任公司

一、2011 年经营概况

2011 年，面对来自政策和市场的双重压力，山西信托有限责任公司坚持以科学发展观为指导，以公司《五年发展规划》和《2011 年业务发展指导意见》为指引，紧紧围绕年初制定的经营目标，坚持一手抓风险防控，一手抓业务创新，团结一致，迎难而上，奋勇拼搏，取得了优异的经营业绩，圆满完成了各项经济指标，业务创新与拓展能力持续增强，基础管理进一步夯实，风险控制能力有效提升，重点工作进展顺利，为实现跨越发展奠定了坚实的基础。

（一）各项主要经济指标完成情况

2011 年公司实现营业收入 32 851 万元。其中，信托手续费收入 19 002 万元，占比 58%；固有业务收入 13 849 万元，占比 42%。实现利润总额 11 442 万元，净利润 8 921 万元。公司固有资产总额为 14. 98 亿元，信托资产总额为 274. 18 亿元。

（二）主要业务开展情况

1. 积极开展信托业务，努力提高信托收益，信托业务呈现良好发展态势。一是及时调整战略，着重发展集合资金信托项目，使集合信托项目规模大幅增长。二是积极根据市场变化及监管要求，在严控风险的前提下，开展房地产信托业务，并成功引入股权投资机制。三是紧紧围绕《信托公司净资本管理办法》，加大业务结构调整力度，信托报酬率大幅提升。四是根据监管导向和市场需求，结合资源优势，大胆探索，使信托业务在创新和特色上迈出了可喜的步伐。

2. 积极巩固固有业务，努力提高自有资金收益，固有业务持续稳步发展。一是面对持续低迷的证券市场，逐步实现由投资二级市场向一级市场和一级半市场的转变，同时积极加强与上市企业的沟通与联系，参与上市公司股票的非公开定向增发，获得了良好的收益。二是与其他企业共同创立 × × 创业投资有限公司，以开展 PE 业务为主，为公司开辟新的利润增长点，更好地提高自有资金的运作能力和收益水平。三是针对财政建设资金返还情况，为保全定期存单利息，设立信托计划募集资金，最大限度地减少了定期存款的利息损失。

（三）管理工作情况

1. 认真排查业务风险，确保项目合规安全。

（1）以降旧控新为目标，按照监管部门相关文件要求，认真执行贷款“三查制度”，加强对地方政府融资平台贷款的管理和清查，以及平台退出工作的规范性。

（2）由合规风控部门牵头，其他相关部门配合，对房地产、收益权信托业务进行严格的自查，确保项目安全运行。

（3）召开业务分析研讨会，重点围绕热点信托业务存在的问题与风控对策以及今后的发展方向进行探讨并形成共识，有效促进各类业务的安全高效开展。

（4）对2012年3月末前即将到期的所有存续信托项目进行了严格的事中检查，确保项目运行安全。

2. 夯实基础管理，确保规范经营。2011年，山西信托有限责任公司成立流程修订委员会，对现有业务及管理流程进行全方位的梳理、修改和完善；针对业务发展中出现的实际问题，及时进行分析和解决，并在制度上予以约束和规范；制定、修订了财务管理办法与制度，切实加强全面预算管理；进一步提高绩效考核指标体系的科学性和可操作性，更好地发挥业务发展的导向作用；继续积极配合监管、主管部门对内控、业务方面的检查工作，借力提升经营管理水平，确保健康持续发展。

3. 积极推进增资扩股工作，提升公司整体综合实力。根据监管导向以及监管部门的要求，山西信托有限责任公司将增资扩股，增强资本实力，完善法人治理作为2011年工作的重中之重，经广泛调研，深入探讨，优先考虑引进境内外具有公司治理良好、信誉好、经营理念和管理水平先进的合格投资者作为战略投资者。在明确方向的前提下，带领相关人员与有投资意向的企业进行了多次的接触和交流，与其中一些企业达成了合作意向，签订了投资意向书，并获得了上级主管部门“同意增资扩股”的批复，山西信托有限责任公司增资扩股工作取得了重要成果。

4. 全面推进人才战略，有效支持业务发展。山西信托有限责任公司紧紧围绕2011年初制定的目标，同时，结合公司五年发展规划，力求通过充分利用各项资源进一步加大员工培训力度，有效提升全员素质，同时不断完善内部机构设置，本着有利于业务发展与调动员工积极性的原则，合理整合和配置人力资源，充实业务部门人员，有效支持了公司业务的创新发展，提升公司整体竞争实力。

二、创新业务案例

2011年，山西信托有限责任公司创新业务、特色业务有所突破，信托产品种类得以丰富和完善。其中，与商业银行合作开展的结构化参与上市公司定向增发信托业务突破了信托公司信托证券账户不得参与上市公司定向增发的瓶颈，带来丰厚的低风险信托收入；同时开展了票据信托业务，利用目前票据贴现市场利率高企，票据贴现活跃的契机，积极与其他金融机构紧密联系，开展了一系列的票据信托业务，填补了票据信托业务的空白。同时，公司利用山西省煤炭资源整合的契机，积极开展了共计10亿元的能源类、矿产类信托项目，为公司特色业务的开展创造了良好的开端。

三、社会责任履行情况

山西信托有限责任公司充分发挥业务跨越货币市场、资本市场、产业市场的独特优势，2011年积极履行社会责任，有效服务地方经济建设，获得了良好的社会声誉。一是在项目选择上，积极响应国家号召，结合自身实际情况，大力推进绿色、环保、能源、矿产项目，大力扶持省内行业龙头企业及具有自主技术创新能力的中小企业。二是在项目风险控制上，严把合规准入关，坚决不涉及国家政策不允许的项目，同时加强项目事中检查与事后跟踪监督，保证项目安全运行，资金安全使用，到期安全兑付，公司自成立以来，持续保持了百分之百的履约率和兑付率。三是诚信对待客户，向客户公开披露公司经营状况、信托资产管理状况等信息，以多种形式加强与客户沟通，同时对不同的客户群体提供个性化、专业化的服务，为高端客户提供信托财产的增值服务。四是公司严格遵守《劳动法》等法律法规，不断完善用人制度，进一步完善激励机制，保障员工合法权益，为员工提供更多的发展机会，加大职业培训力度，注重员工自身成长。五是在公司党委组织的“爱心帮困”的捐款活动中，公司员工积极捐款，共募集12 750元，为贫困群众献上一片爱心。

2011年，山西信托有限责任公司荣获山西省人民政府“2011年支持地方经济发展突出贡献奖”；在2011年度山西省财贸轻纺烟草产业“转型跨越杯”优质服务立功竞赛活动中荣立“集体二等功”；在《证券时报》主办的优秀信托公司评选中，山西信托有限责任公司再次荣获“最具区域影响力信托公司”奖。

四、2012年发展规划

2012年是山西信托有限责任公司法人治理年和制度执行年，也是实现跨越发展的关键之年，山西信托有限责任公司面对诸多挑战与机遇将继续坚持一手抓内控建设、风险防范，一手抓业务创新、机制创新，下大力气全面规范和完善法人治理，加强制度建设和执行力，积极开辟新的利润增长点，尽快实现跨越发展的新目标。具体做好以下几方面工作：一是要做好风险控制工作，严把项目合规准入关，事中检查要常态化，严格责任追究制度。二是要扩大煤炭资源整合业务规模，其他资源类业务要有选择地推进。三是证券自营业务要稳中求进，择机灵活处置，证券结构化业务要积极推进。四是要抓住时机，结合实际，积极开展创新业务。五是要加强与其他机构之间的联动，共同开发、实施较大项目。六是要加强营销体系建设，设立营销分支机构，以科学合理的营销体系，有效促进信托业务的发展。七是要采取“请进来、走出去”等措施，开展多方式、多渠道、多层次的员工培训。八是要进一步创新体制、机制，加强制度建设，完善流程设置，严格做到照章办事，执行有力。

陕西省国际信托股份有限公司

一、2011 年经营概况

2011 年是陕国投发展历史上不平凡的一年，公司取得了成立 28 年来的最好经营业绩。利润总额突破了 2 亿元，净利润突破 1.6 亿元；定向增发工作取得实质性成功，公司资本实力将大幅提升；信托资产规模突破 500 亿元，管理资产总规模超过 520 亿元，主业发展基础进一步夯实；实业清理圆满完成，公司成功转型，步入了健康发展的快车道；公司自有资金运作部门和综合财务部通过多种方式运用自有资金，取得了较好的收益。全年实现营业收入 3 亿多元，比上年增长 87% 以上；新增信托规模 410 多亿元，比上年增长近 170%；公司净资产收益率达到 20% 以上；人均实现利润 160 多万元；全年为省内企业和项目融资 92 亿元，超额完成了 80 亿元的目标任务；与此同时，公司定向增发工作取得实质性成功。

公司获得社会广泛认可，获评“中国最具区域影响力信托公司”、“陕西省著名商标”等。

二、创新业务案例

1. 积极尝试 PE 信托业务。公司运用信托基金出资 10 亿元，与西咸新区管委会发起设立西咸新区发展集团有限公司，开展 PE 项目，扶持西咸新区战略新兴产业发展，开创了公司 PE 信托的先河。

2. 与神木县政府合作，推出了神木县中小企业成长信托基金，基金规模 8 亿元，计划分 4 期发行，目前第 1 期基金的募集正在积极推进。该产品成为公司首例基金化产品，丰富了公司服务中小企业的形式。

3. 采用资产证券化业务模式，以省内 3 家机动车检测有限公司汽车检测站的收费权为投资标的，通过委托代收检测费用的方式实现信托收益，丰富了公司投资类信托的业务品种。

4. 在国内首批采用伞形结构化业务模式开展证券投资信托，突破了信托公司证券信托业务开户限制，该模式目前成为行业仿效的对象。

5. 首次开展开放式债券投资信托业务，投资国债、央行票据、企业债等债券资产，年内发行该类产品40多亿元，丰富了公司证券投资信托的品种。

三、社会责任履行情况

（一）法律责任

1. 优化治理结构。2011年陕国投完善公司治理结构，顺利完成董事会有关董事人员的变更；采取各种形式提升投资者关系；加强信息披露，完成定期报告和临时公告披露共62次，定期报告4份。制定实施《年报信息披露重大差错责任追究制度》，提高信息披露质量；严格执行有关内幕信息知情人的备案登记程序。

2. 全面风险管理。陕国投董事会和管理层对风险管理极为重视，董事会下设的风险管理与审计委员会对各类风险实施积极有效的监控；风险管理的制度、程序和方法较完备；风险管理涵盖全面；风险识别与评估的手段与技术有效；风险管理制度、技术和方法能够根据情况变化及时更新。

3. 依法合规经营。2011年陕国投注重营造公司良好的合规文化和环境，通过开展多种形式培训、加强与同业交流制定和完善合规管理、法律事务管理和规章制度管理工作等形式，有效确保公司实现守法合规经营。

4. 加强内部审计。陕国投建立了董事会领导下独立和垂直化的审计组织体系，依据经公司董事会审议通过并正式颁布实施的《内部审计工作管理办法》、《经济责任审计管理办法》等开展工作。2011年，内部审计工作以存续项目审计（事中审计）和信托项目终止清算审计（事后审计）为重点，对4个证券投资类信托计划、固有资金证券投资业务、固有资金（3个项目）及信托资金（3个计划）贷款业务、股权投资类（4个）信托计划进行了事中审计；对期限届满的43个信托计划进行了终止清算审计；对公司2011年度反洗钱工作情况进行了专项审计。审计报告提出审计问题及建议19条，建议对公司有效防范运行风险，对提高管理水平起到了积极作用。

5. 维护金融安全。陕国投在建立和完善内部风险管理体系和控制体系的基础上，不断提升服务水平，维护客户权益，保障金融安全。公司在信托产品的销售过程中，充分重视通过产品说明书和销售协议向客户明确、充分揭示产品风险；通过安排案例说明的形式，展示不同情境下理财产品可能出现的不同收益水平，并进行客户风险测试评估，确保“将适合的产品销售给适合的客户”；在信托计划执行过程中遇到涉及投资资金安全等事项及时向投资者予以沟通。

6. 履行反洗钱义务。2011年，陕国投坚持履行反洗钱义务，积极践行社会责任：一是加强反洗钱内控制度建设，对公司《反洗钱内控制度》等3项规定办法进行了修订和完善；二是加快反洗钱工作的信息化进程，顺利完成反洗钱监测数据报送系统的升级工作；三是加大反洗钱的培训宣传力度，在员工中广泛开展反洗钱法律法规学习，并邀请人民银行西安分行反洗钱处有关人员参加公司反洗钱工作研讨会，同时公司于2011年10月29日至2011年11月4日开展了反洗钱宣传周活动，充分利用多种方式方法，广泛宣传发动群众，形成全社会参与反洗钱工作的良好氛围。

（二）经济责任

1. 稳步健康发展。在复杂多变的内外部经营环境中，企业能够得到稳健快速发展，是企业对于利益相关方最大的责任。2011年，陕国投全面超额完成了董事会下达的各项目标考核任务，公司取得了成立28年来的最好经营业绩。

2. 积极回馈股东。公司一贯重视对投资者的合理回报，大力强化经营管理，确保了业绩的相对稳定。同时，公司坚持稳健的财务策略，积极保障公司资产、资金安全及追求股东利益最大化，多次实施了现金分红和资本公积金转增股本等方案。公司实施2011年度权益分派方案：以公司增发实施后总股本578 413 026股为基数，向全体股东每10股派0.6元现金（含税）。

3. 依法诚信纳税。陕国投作为企业公民依法按时缴纳税款，积极履行扣缴义务人代扣代缴税款的义务；依法进行税务登记、设置账簿、保管凭证、纳税申报；如实向税务机关反映公司的生产经营情况和执行财务制度的情况，并按有关规定提供报表和资料，没有隐瞒和弄虚作假。2011年，实现利润总额2亿多元，比上年增长近100%；上缴国家和地方税费5 496万元，比上年增长210%。

4. 优化金融服务。2011年，公司在信托业务的渠道建设上有了新的进展与突破，为客户带来丰厚的投资回报的同时，也给公司带来了良好的经济效益和社会效益。全年实现信托手续费和佣金收入1.8亿多元，为广大委托人即信托项目投资者创造投资收益11.2亿元。全年兑付信托计划49个，涉及信托资产140多亿元，全部实现了预期收益，清算兑付3.9万多笔，未产生一笔差错。

5. 支持实体经济。陕国投作为一个上市公司和国有金融企业，始终把回馈社会关怀、支持实体经济、服务省内经济发展作为重要职责和任务。2011年，在宏观经济金融政策收紧、银行信贷规模受限的情况下，陕国投有效发挥信托灵活的功能优势，全年为实体经济建设提供投融资服务320亿元。

6. 助推中小企业。陕国投始终牢记自己作为国有金融企业的社会责任，在介入大中型企业和重点项目的同时，想法设法创新投融资方式，帮助中小企业扩大融资量，推动其发展壮大。一是利用信托可以进行基金化运作的优势，积极推动设立中小企业成长信托基金。二是立足企业实际，采用贷款、股权投资等业务模式先后为力兴钛业、圣高绿地、虹源生物、宝鸡光达石油钻采机械、汉中缫丝公司等一批小微企业提供投融资服务。三是立足当地经济发展的实际，积极支持重点产业小微企业发展壮大。

（三）公益责任

1. 公益回馈社会。坚持奉献社会、回报社会，继续开展扶贫帮困活动，坚持对扶贫联络点的帮助和支持，加大对华县西王村的扶贫支持力度，春节前看望慰问了帮扶村困难群众和公司离退休老同志，积极履行了社会责任。积极参加社区活动，与业界及不同社团保持良好沟通，充分发挥公司内部人大代表的作用，广泛与社会群体保持紧密联系，多渠道主动收集地方政府和社区意见，实现企业与社会的和谐互动。

2. 关爱员工发展。员工是公司的基石，陕国投坚持以人为本，把人才战略作为企业发展的重点，制定了完善的制度和措施，在全面保障员工薪酬福利待遇的同时，充分尊重员工民主权利，切实关注员工健康、安全和满意度，重视人才培养，实现员工与企业的共同成长。

（四）环境责任

1. 绿色金融服务。2011 年公司推出了“陕国投·汉锦三号圣高绿地贷款项目集合资金信托计划”等一批用于环境绿化、新能源、新材料等领域的信托项目，为一批企业提供绿色金融服务。

2. 绿色金融机构。2011 年，通过进行节能灯管改造、控制办公区域照明时间、设置空调运行温度限制等措施加强用电、节电管理，开展水、电、汽油消耗量定期统计工作；推行无纸化办公，对各类办公用纸采用集中管理、集中领用制度，减少各类内部资料的印制和发放，采用电子版本替代，并逐步配备使用无纸化传真系统、办公 OA 系统、视频会议系统等电子化网络化运营模式，充分利用现代信息技术手段，推进节约型社会建设。

四、2012 年发展规划

（一）指导思想和发展方向

1. 指导思想。以科学发展观和中央经济工作会议、中央金融工作会议、省委全会精神为指导，坚持金融服务实体经济的核心取向，以综合金融信托理财服务供应商为战略定位，坚持“积极稳健”的经营方针，立足省内、辐射全国，长远布局，积极调整信托业务结构，全面提升固有资本运作水平，为把公司打造为国内一流的信托理财机构奠定良好的发展基础。

2. 发展方向。以全面提升公司发展质量为主线，积极实施人才优化、业务升级、营销体系、风险管理“四大战略”，重点提升自主管理、渠道建设、风险管控“三大能力”，推动信托业务、固有业务与内部管理持续升级，实现良好效益，为股东创造丰厚价值。

（1）信托业务以优化结构为突破口，不断提升投资性业务的比重，重点围绕省内经济建设研究开发产业基金类新产品等，以全面提升信托业务发展质量。（2）固有业务要进一步优化激励机制，确保在注重短期效益的基础上，用好、管好募集资金，全面提升盈利结构和水平。（3）内部管理以深化改革为推力，从人力资源管理、业务流程优化、内控机制健全、企业文化建设等方面不断提升管理素质。

（二）2012 年的发展目标

2012 年我们必须坚持“稳中求进”的原则，高点布局，前瞻谋划，适变应变，使公司发展质量迈上一个新台阶。

1. 全年实现营业收入 4 亿元以上，营业费用控制在 1.3 亿元之内。

2. 全年新增信托规模 230 亿元，其中，为省内项目投融资 80 亿～100 亿元。信托报酬率不断提高，信托手续费和佣金收入超过 2.4 亿元。

3. 在中长期资本规划的基础上，优选投资标的，确保用好募集资金。

4. 公司自主管理能力，营销能力、风险管理能力全面提升，内部管理改革持续深化，激励约束机制更趋市场化、合理化，核心竞争力进一步增强。

（三）2012 年的主要工作举措

第一，以进一步完善“十二五”发展规划和制度为指引，有效强化战略性和基础性工作。第二，大力加强战略研究和业务研发，提升公司整体创新力和竞争力。第三，适变应变，全力拓展信托主业，力促信托业务实现规模、质量、效益、盈利模式的全面提升。第四，在注重短期经济效益的基础上，高点谋划固有资本投资，为公司长期发展提供稳定的利润基础。第五，大力改革营销体系和机制，推动营销工作实现新突破。第六，大力强化内部管理，不断夯实公司持续发展的基础。

上海爱建信托有限责任公司

一、2011 年经营概况

2011 年，上海爱建信托有限责任公司按照“一手抓风险管理、一手抓业务发展”的总体要求，克服未完成重组的不利因素，基本化解了哈尔滨信托项目风险，经营业绩显著增长，监管评级持续提升，整体发展水平稳步提高。

表　　2011 年公司经营情况表

项目名称	数值（万元）	同比增长（%）
营业收入	18 771. 82	94. 20
信托业务收入	13 079. 15	56. 57
净利润	12 069. 63	89. 49

（一）业务发展

信托业务强化“一主二辅业务特点”，在持续拓展房地产信托业务的同时，积极开拓证券投资、银信合作业务。房地产信托业务在严控风险的前提下，调整策略，着重开拓大项目，实现高收益。为降低行业集中度风险，积极探索信托业务多元化发展，在上市公司股票质押、小微企业融资、票据资产转让等领域寻得业务机会，还实现了银信合作业务零的突破。2011 年，公司新增集合信托项目 6 个，共募集信托资金 21 亿元，新增单一信托项目 16 个，规模达 34 亿元，新增项目获得信托业务收入 9 351. 85 万元。

自营业务按照“强化自有资金运用能力，提高自有资金收益率”的目标，在继续开展贷款业务和新股申购的同时，积极拓展新业务，确定了回购等具有低风险和稳健收益特征的品种作为 2011 年的资产配置，开展了银行间市场质押式逆回购业务，完成了第一单上市公司可转换企业债申购投资、第一单票据转贴现业务。

（二）风险管理

公司牢牢把握业务拓展的每一道关，致力于实现风险管理全覆盖的目标。特别强化业务实施阶段的风险监控，加强对合同文本、抵（质）押过程的审核与监控，确保决策意见得到完全落实；进一步提高项目事中管理质量，加强风险与合规控制，增强风险预警能力，一方面坚持“提前发现风险、提前化解风险”的基本原则，强化节点控制要求，要求业务部门跟踪合同约定的控制节点，并及时对照项目可行性报告中主要预测数据与项目的实际进展情况，严格监控现金流，做到及时发现风险、及时采取风险控制措施；另一方面加强现场检查的力度，与项目方充分沟通，及时提出整改意见并跟踪整改意见的落实。

同时，公司紧跟国家宏观形势，结合自身实际，进一步完善了风险合规管理政策，及时调整了房地产信托业务风险政策，并对公司开展的新业务研究制定了配套政策和操作模式，明确风控要求，规范业务操作。

（三）内部管理

公司在积极拓展业务的同时，也狠抓内部管理，通过多种手段提高运营质量和队伍素质，夯实公司发展的基础。

在控股股东全面实施内部管控制度的背景下，公司及时制定了内部管控制度操作指引，落实了职能部门，并建立起了符合监管要求的完整的内部分级授权体系，明确了董事会、总经理、经营层各级授权范围，有效提升了公司日常经营管理效率。同时，对内部规章制度进行了全面梳理，完成了制度汇编，致力于建立一套完整的与公司经营管理相适应的制度。此外，大力推进 IT 系统建设，启动 IT 系统全面更新改造工作，旨在建立一个涵盖公司业务各方面的统一的软件系统，着眼于公司长远发展。

公司积极推进企业文化建设，在不断引进人才的同时，通过组织红色之旅考察活动、参与庆祝建党九十周年红歌比赛等形式继续深化“创先争优”主题活动，提高队伍的凝聚力、向心力和战斗力，倡导积极向上的企业精神。同时，开展“廉洁教育月”主题活动，强化员工的职业道德意识，倡导守法合规的企业文化。

二、2012 年发展规划

2012 年公司将完成重组，注册资本金将达到 30 亿元，整体实力步入“大公司”行列。

（一）指导思想

认真贯彻“弯道超车”发展战略，积极应对“两种挑战”（经济金融形势、信托业营运环境），大力提升“三种能力”（信托资产配置能力、自营资金投资能力、流动性管理能力），扎实推进“三个体系”（风险管理体系、营销体系、信息系统）建设，着力探索“三个机制”（公司治理机制、绩效激励约束机制、人才培养引进机制），努力实现“三个突破”（创新能力、经营业绩、监管综合评级）。

（二）主要任务

1. 稳步推进不动产信托业务，大力开拓证券类投资业务，积极寻求与金融机构的合作，鼓励支持业务创新。

2. 以效益为核心，大力提高自有资金投资和流动性管理能力。

3. 进一步提高风险管理水平，引领业务发展。

4. 大力提高研发能力，为业务创新提供支撑。

5. 以效率合规为基础，强化内部管理。

6. 加强人力资源建设，完善人力资源配置。

7. 完善营销团队，提高产品营销能力。

8. 妥善处理历史遗留问题，化解潜在风险。

9. 强化企业文化建设，建立学习型团队。

四川信托有限公司

一、2011 年经营概况

2011 年是公司开业的第一年，面对复杂多变的国际政治经济环境和国内经济运行的新情况、新变化，公司在董事会的正确领导下，经营班子带领全体员工认真执行监管要求，稳健起步，积极应变，合规发展，圆满完成年度工作目标。

根据 2011 年审计报表的数据，截至 2011 年 12 月末，公司本部总资产 19.42 亿元，累计实现营业收入 6.48 亿元，年度目标完成率为 112%；其中信托收入 5.69 亿元，固有业务收入 0.79 亿元。实现利润 4.29 亿元，年度目标完成率为 147%。公司信托业务和固有业务共计提风险资本 10.68 亿元，净资本 13.98 亿元，净资本覆盖率为 131%，实现净资本达标。

截至 2011 年 12 月末，公司信托业务累计成立项目 333 个，累计规模为 1 327.58 亿元；年末存续项目 228 个，总规模为 703.38 亿元；年内已清算项目 105 个，总规模为 624.20 亿元，全部实现安全兑付；为委托人创造信托收益 42.73 亿元。预计合同收入 14 亿元，其中 2011 年实际到账收入 7.02 亿元，为 2012 年创造收入约 5 亿元。

截至 2011 年 12 月末，公司固有业务实现收入 7 842 万元，其中利息收入 1 557 万元，川信大厦租金收入 2 947 万元，自主投资产生收益 3 338 万元。

（一）加强主动管理，积极探索创新业务模式

1. 以转型促发展，稳健开展自主管理业务。在开业初期根据公司刚刚起步的特点，主要开展低风险、单一的银信合作业务，在一定的业务基础上于第二季度开始主动转型，在房地产信托、股权收益权、上市公司股票定向增发等业务领域稳健开展自主管理型的集合类信托业务，构建了较为完整的信托产品线。

2. 以创新为支撑，开拓产品创新之路。在传统业务稳健开展的同时，公司积极探索创新业务，在高端酒类信托、租赁收益权信托、有限合伙基金、特定资产收益权信托及与资产管理公司合作等领域进行了有益的尝试。公司组建了固定收益部，开立了债券托管账户，为设立债券

型投资信托品种做好了硬件准备。

3. 严格执行监管要求，以有效措施确保净资本达标。净资本达标是刚性规定。从第三季度开始，公司结合宏观调控政策和监管意见，通过主动压缩信托规模、提前结束银信合作项目、银信项目转表及退出固有业务对自发信托产品的投资等措施，于2011年10月末实现净资本管理达标。转表规模为194.74亿元，减少净资本占用17.53亿元；提前结束银信项目10个，规模为66.59亿元，减少净资本占用1亿元；年末全部退出固有业务对自发信托产品的投资、减少净资本占用1.08亿元。

（二）健全风险控制体系，不断提升风险控制能力

1. 落实监管要求，提升风控能力。面对复杂的国内外经济金融形势和日趋严格的监管政策，董事会把风险防控与业务发展做到有机地结合，牢固树立“风险第一、效益第二”的经营理念，着力加强风控一系列的制度建设。在业务发展中，公司提出“以净资本管理为核心、以制度约束为保证、以全程监控为手段、以科学激励为引导、以中介机构为辅助”的风控理念，将事前风险防范、事中风险控制和事后风险评价相结合，实现了风险管控从业务部门尽职调查、风险管理部合规风险审查到资产托管部资金账户管理的全覆盖，搭建起了“全员参与、流程管理、立体监督”的动态风控体系。

2. 推进公司内部机构调整，提高风控效率和质量。为保障公司业务的快速发展，经董事会审慎研究、科学决策，公司在原有风险管理部的基础上，新设风险管理二部，主要负责本地业务部门的项目审查。同时，增设项目管理部，对主动管理的房地产集合项目实施全面的人员派驻制管理，加强项目专款专用的全过程监管，为项目的顺利推进和结束起到了有效的保障作用。更好地满足公司风险管理的需要，提高风控的效率和质量。

（三）加强团队建设，建立科学激励机制

1. 以人为本，加强队伍建设。基于四川信托重组后的人员结构与市场化引进的专业人才相融合的特点，为有利于队伍的建设、战斗力的提高、凝聚力的增强，以充分激活人力资本达到最大效用为原则，做到为贤者搭建舞台，让庸者有退出通道，给弱者寻找生存空间，公司开展了“川信成长”系列培训，努力实现“三个同步”，即四川信托的发展与资产质量的提升同步，核心竞争力的增强与员工综合素质的提高同步，经营效益的增幅与员工收入的增长同步。

2. 建立科学激励机制，激发员工积极性。公司本着公开、公平、公正的原则，建立了市场化的综合绩效考核体系和科学的激励机制，对前台部门制定经营目标责任书，从业务指标、风险控制、内部管理等多个方面综合考核；对中后台部门主要考核部门职能完成情况、风险控制、基础管理及员工满意度等，打造符合市场规律、具有市场竞争力的绩效体系，激发员工的工作

积极性。

二、创新业务案例

（一）四川信托——国酒陈酿歌德茅台酒投资集合资金信托计划

项目简介：信托资金主要运用于茅台酒投资，受托人将委托茅台酒投资顾问在信托计划成立后 3 个月内以信托资金的 70% 完成茅台酒建仓操作。建仓后剩余信托资金作为闲置资金，受托人可投资于银行存款、国债、金融债、货币市场基金等低风险、高流动性金融产品，并视在茅台酒市场情况进行灵活运用。

（二）四川信托——厦门联发一号物业租赁收益权投资集合资金信托计划

项目简介：信托资金由受托人依据信托合同的约定以自己的名义，购买厦门联发集团有限公司拥有的自有物业共计 12 个月的租赁收益权，信托到期前由厦门联发集团有限公司进行回购，厦门建发股份有限公司提供回购担保。

三、社会责任履行情况

公司自成立以来，在稳健经营的同时，积极参加公益活动，自觉履行社会责任、大力推进企业文化建设、努力实现企业与社会的和谐发展。

（一）提供专业化资产管理服务，实现客户财富增长

四川信托始终秉承“以客户为中心”的经营理念，加强产品服务创新，深入转变服务模式，推进 IT 系统和渠道建设，改善客户关系管理，提供全方位、高品质的金融服务，通过多元化的产品采集、筛选和专业的信托产品风险控制机制，满足高端客户多样化、个性化的理财需求，持续为客户创造价值。

（二）妥善安置重组企业员工，维护社会稳定

四川信托是在原省信托、省建信的基础上，引入战略投资者而设立的。公司重组开业之后，公司领导本着以人为本的原则，充分听取员工代表们的意见，对原省信托、省建信的老员工作出了妥善安排，保证了新老公司的平稳过渡，杜绝了群体性事件的发生，维护了社会的安定团结。

（三）坚持服务社会、回报社会，积极参与公益活动

2010—2011 年，公司董事长刘沧龙荣获“中国慈善事业特别贡献奖”及“中华慈善奖”，先后向云南慈善总会、中华慈善总会、四川慈善总会及中国光彩事业基金会等公益慈善机构捐款共计 9 473 万元，主要用于支援新农村建设、灾民援助、艾滋病防治及科研培训等项目。

四、2012 年发展规划

（一）全面实施管理体系改革

为提高运营效率，促进集约式发展，公司将在 2012 年实施管理体系重大改革，将业务划分为西部、华北、华东、华南四大片区，推行管理职能全面前移，在各片区设立风险管理部、法律事务部、项目管理部和营销中心，总部发挥管理、监督、指导、服务四大核心职能，各片区在公司总部统一领导下实行区域管理，全面推进业务发展。

（二）不断推动信托产品创新

创新是公司发展的不竭动力，公司将在风险管理部下设专门的产品研发部，从事市场调研、业务动态、同业分析及新产品研发推广，不断丰富公司信托产品种类，带动公司资产管理能力和信托收入的双重提高。

（三）构建信托产品直销渠道

为响应银监会有关信托公司产品营销的指示，促进公司健康、持续发展，公司将积极筹备申报设立异地营销中心，在全国范围布点，提高直销能力，构建完善的信托产品直销链条。

（四）建立以净资本为核心的全员风控体系

公司将严格按照监管部门的要求，建立以净资本风险管理指标体系为核心的动态净资本管理机制，将业务部门的经营目标和净资本占用指标直接挂钩，在有限的净资本资源下发挥最大的经济效益。

（五）深化人力资源建设，加强员工专项培训

2012 年公司将进一步加强“川信成长”系列培训，扩大培训的覆盖范围和专业强度，通过邀请专业培训机构、业内专家、公司高管、部门负责人、业务骨干进行授课，共同探讨与经营

管理相关的专业话题，培养员工专业素质。

（六）加大信息化建设力度，提高业务操作效率

在现有信息化系统的基础上，公司将尽快完成电子档案系统、CRM 系统、TA 系统的安装上线，实现业务的电子化、流程化管理。

西部信托有限公司

一、2011年经营概况

（一）公司概况

1999年，根据中国人民银行和陕西省人民政府的部署，分别成立于1981年和1987年的原陕西信托投资有限公司和原陕西省西北信托投资有限公司进行合并重组。2002年7月，中国人民银行核准西部信托投资有限公司重新登记并挂牌成立。2008年8月，经中国银行业监督管理委员会核准，更名为西部信托有限公司。

公司为股份制地方金融企业，现注册资本金6.2亿元，由陕西省电力建设投资开发公司、彩虹股份、宝钛股份等24家省内外知名企业共同出资组建。

公司具有完善的法人治理结构。股东会为最高权力机构，董事会和监事会各行其职，严格按照《公司法》、《公司章程》开展工作；建立了独立的董事制度；设立了董事会下5个专门委员会及公司层面的固有业务、信托业务分析论证等专业委员会，审慎开展业务；内控机制健全，88项规章制度有效地保障各项工作的运转畅行；内部设7个业务部门、5个综合职能部门，有机协调，相互配合；公司员工实行全员劳动合同聘用制，按照公开招聘、平等竞争、择优录用的原则，实行竞争上岗，绝大多数人都多年从事信托或金融业务，具备丰富的专业理论知识和较强的业务实践能力。

自重新登记以来，公司励精图治，以“受人之托，代人理财”的规范信托机构为发展方向，始终坚持稳健经营、持续发展的方针，施行科学化、专业化管理，准确把握宏观经济运行的发展规律和市场形势，在资金信托、项目投融资及资产重组等领域具有丰富的专业经验，信誉、服务和经营业绩深得社会各界赞誉。

（二）2011年主要经营指标完成情况

2011年末，公司资产总额252.58亿元，比上年增加177.02亿元。其中，自有资产总额

14.3 亿元，较上年增加 4.2 亿元；信托资产 238.28 亿元，较上年增加 173 亿元。全年公司实现各项收入 1.35 亿元，实现利润 7 483 万元。

2011 年公司到期信托项目 40 个，100% 兑付完成，共兑付信托资金 42.21 亿元，其中，兑付集合类信托项目 11 个，兑付信托资金 6.86 亿元；到期清算单一类信托项目 29 个，兑付信托资金 35.35 亿元。

二、社会责任履行情况

（一）法律责任履行情况

西部信托严格遵守国家法律法规、监管部门规章、规范性文件以及公司章程，并主动接受监管部门和社会公众的监督。认真贯彻落实国家宏观政策，积极按照国家货币政策、财政政策、产业政策及其他政策适时调整经营战略，尤其是房地产信托业务及银信合作业务方面的调整非常有效。公司关注社会整体利益，坚决履行反洗钱义务，努力维护国家金融秩序和金融安全。

西部信托不断加强合规管理，规范经营行为，恪守社会公德、商业道德，自觉遵守信托业自律规则和业务相关领域的各项规定，积极维护信托业市场竞争秩序、行业声誉和良好社会形象。

西部信托诚信经营，自觉履行纳税义务，依法及时足额纳税。

西部信托不断建立健全公司治理结构，公平对待所有股东，切实保护中小股东利益，确保股东充分享有和行使法律、法规、规章规定的各项合法权益。

西部信托严格按照有关法律、法规、规章履行信息披露义务，全年没有发生应披露而未披露事项。

（二）经济责任履行情况

西部信托公司作为专业化财富管理机构，较为充分地发挥了信托制度优势，开发符合社会和市场需求的信托业务及信托理财产品，积极探索盈利模式，以信托功能满足了社会理财需求。

西部信托秉承"受人之托，忠人之事"的原则开展信托业务，恪尽职守，履行诚实、信用、谨慎、有效管理的义务，维护受益人的合法权益。全年共支付受益人利益合计 19 987 万元。

西部信托不断强化资本金管理与运用，努力创造利润，提高投资回报，为股东创造合理投资价值，全年共为股东创造利润 7 483 万元，超额完成经营任务。

西部信托努力加强风险管理，建立健全全面风险管理体系，不断改进风险管理手段和工具，有效控制和防范信用风险、市场风险、操作风险和合规风险，保障公司经营稳定和资产安全。

全年所有到期信托均按约兑付。不断加强和改进内部控制，优化内部控制环境，健全内部控制制度，完善内部控制措施，强化内部控制的监督评价与反馈纠正，确保对各类业务的有效控制，有效防范和化解风险。

西部信托公司督促从业人员不断提高专业技能和职业道德水平，遵守金融机构从业人员道德准则及从业人员职业操守，反商业贿赂、反腐败，开展公平竞争，重视员工自身成长，积极开展员工培训，提高员工职业素质和从业技能，为员工提供充分的职业发展机会，培养和建立德才兼备的财富管理团队。全年公司共组织各类培训 18 次，参加培训超过 200 人次。

西部信托公司与客户的业务往来，遵循平等、自愿、公平和诚实信用的原则，保障客户的合法权益，没有不规范经营活动。所开发的金融产品，公司始终就其风险因素向客户作出客观真实的说明并给予明确的提示，从未承诺产品收益，也没有进行含有虚假内容的宣传，没有任何欺骗和误导投资者的行为。积极培育和宣传优良的信托文化，构建诚信体系；加强向公众普及信托相关知识，不断提高公众识别和防范金融风险的能力，增强客户对信托产品和服务的认知，为行业健康发展奠定良好的客户基础。

西部信托公司重视客户权益保护，建立健全客户投诉处理机制，加强客户投诉全流程管理，妥善处理客户提出的投诉和建议，努力提高客户满意度；完善客户信息保密制度，改进客户信息保密技术和手段，严格履行为客户保密的义务。

西部信托公司严格遵守《劳动法》、《劳动合同法》等法律法规，依法与员工签订并履行劳动合同，建立健全合理的薪酬体系和绩效激励机制，按时足额缴纳社会保险。建立、健全劳动保护制度，严格执行国家劳动、安全、卫生规程和标准，对员工进行劳动安全卫生教育，为员工提供健康、安全的工作环境，全力维护员工合法权益。尊重员工人格，公平对待员工，没有性别、民族、国籍、宗教信仰、年龄等各种歧视行为出现。

西部信托公司全力支持工会依法开展工作，对工资、福利、劳动安全卫生、社会保险等涉及员工切身利益的事项，能够通过员工（代表）大会、工会会议等民主形式听取员工的意见，关心和重视员工的合理需求，持续开展职工喜闻乐见的文体活动，持续开展职工关爱行动。

（三）公益责任

西部信托公司积极参与社会公益事业，鼓励员工关心社会发展，热心慈善捐赠、志愿者活动，积极参加社会慈善活动，努力促进社会和谐与进步。

西部信托公司积极支持所在地区经济文化建设、扶危济困等社会公益活动，2011 年向贫困山区学校捐赠办公用品约 2 万元。

西部信托在人才聘用和物资采购中，重点考虑陕西地区情况，努力增加就业机会，全年新招聘员工 14 人，其中陕西 11 人。

（四）环境责任

西部信托公司依据国家产业政策和环保政策的要求，参照国际条约、国际惯例和行业准则，制定并实施经营战略，优化资源配置，支持社会、经济和环境的可持续发展。重点开展以支持国家环保政策、保护自然生态环境为导向的绿色金融业务，积极支持低碳项目投融资，禁止向高耗能、高污染等行业和企业融资，引导和鼓励客户增强社会责任意识并积极付诸行动。

西部信托正在制订自身资源节约和环境保护计划，一直以来都倡导“绿色办公”、“绿色出行”、“绿色行动”，努力减少日常运营对环境的负面影响；也不断对员工进行环保节能知识的培训，引导员工树立环保理念和参与环保工作。

三、2012 年发展规划

2012 年西部信托的总体工作要求是：以科学发展观为统领，深入落实中央经济工作会议和中央金融工作会议精神，抓住国家实施新一轮西部大开发战略、关天经济发展规划以及陕北能源基地建设的重大战略机遇，积极拓展信托业务，全面加强项目管理和制度建设，确保信托项目按期兑付，推动公司各项业务稳步发展。年度经营目标是：2012 年实现收入 1.7 亿元，其中，信托报酬收入 1.04 亿元，年末实现利润总额 9 407 万元，年末管理信托资产规模 260 亿元。

为实现年度经营目标，公司着力抓好五个方面的工作：一是狠抓项目管理，严格防控风险尤其是房地产兑付风险；二是稳健推进信托业务的开展，争取效益和规模取得新的突破；三是科学管理固有资金，提高固有业务盈利能力；四是夯实管理基础，提升中后台服务质量；五是加强党组织和工会组织建设，营造和谐工作氛围。

西藏信托有限公司

一、2011 年经营概况

2011 年是西藏信托有限公司换发金融许可证后第一个会计年度，在 2010 年换发牌照搭建团队、装修场地、建立系统的基础上，2011 年以完善组织架构、完善制度、强化团队建设、拓展业务领域为主要工作方向，初步形成了从固定收益到浮动收益，涵盖银行间市场、资本市场、直接投资市场、信贷市场在内多个市场的产品线，企业文化和风险文化稳步建立。公司全年实现业务收入 4 155 万元，营业支出 1 505 万元，税后利润 2 009 万元。

二、创新业务案例

1. 与恒生公司合作，完成了证券投资伞形信托的改进方案，实现了与托管银行、券商的数据包交换对账，确保了信托资产的清算准确与资金安全。以技术创新推动了公司业务发展。

2. 采用对出租汽车公司牌照评估作价的方式估值，在合理测算现金流的基础上，设立结构化集合信托计划为出租汽车公司发放并购贷款，并采用全部控制项目公司股东的方式控制风险，确保优先级投资者的本息安全。公司代表投资者成为北京第七大出租汽车公司唯一股东。

三、社会责任履行情况

公司继续沿袭“财务保障通达自由心境”的企业愿景，为股东、员工、客户及其他利益相关者承担相应的责任。公司在春节为员工父母寄上双亲费，表达公司对中国“孝”之传统美德的尊崇。

公司继续为提升西藏民族地区的视野、业务水平而努力。2011 年为西藏地区各友好单位介绍并达成的业务机会，带来实际收益超过 2 亿元。

公司继续充任西藏政府的财务顾问，为民族地区的产业规划、区域发展作贡献。

四、2012 年发展规划

公司将继续按照银监会对信托公司“受人之托，代人理财”的要求，2012 年继续在市场进一步培养自己的自主管理能力，培育自己的核心竞争力。

1. 2011 年初建立的“蕴泽一号”证券投资信托产品，一直取得了超越大盘和阳光私募、公募基金平均水平的业绩。2012 年继续做好相应的管理工作。并视市场情况争取发行第二期产品。

2. 在结构化产品上，建立与主要商业银行的畅通业务连接，做到无缝对接。

3. 建立债券市场的管理型信托，在固定收益领域开始建立自己的品牌。

4. 在做好固定收益信托产品的同时，有选择地尝试矿业、资源类的信托类型。

5. 固有资产仍以相对高利率的固定收益和金融资产为主要投入方向，适当把握一些交易性机会。

6. 加大员工的培训力度，增强员工的业务水平和职业操守。

预计 2012 年信托业务规模达 200 亿元，各项业务收入 6 000 万元，税前利润 3 600 万元，税后净利润 3 000 万元。

此外，2012 年在法务和业务上适当招聘优秀的年轻骨干。

厦门国际信托有限公司

一、2011 年经营概况

2011 年，在政府各相关部门、股东及监管部门的关心和大力支持下，厦门国际信托（以下简称公司）紧跟市场机会，把握发展机遇，拓展业务渠道，严守风险底线，自有资产业务在稳健安全前提下收益增长；信托业务取得了突破性的发展；为配合信托业务增长的需要，公司继续完善中台、后台建设和内部管理体系建设，进一步提升了管理水平和效率。截至 2011 年 12 月 31 日，公司实现总收入 43 526. 10 万元。其中，固有业务收入 12 893. 88 万元，信托业务收入 30 632. 22万元；实现净利润 23 292. 36 万元，风险准备拨备全部到位。公司总资产达 733. 17 亿元，其中，固有资产为 15. 92 亿元（含委托业务 0. 33 亿元），信托资产为 717. 25 亿元。不良资产率为零。

（一）自有资产业务方面

2011 年，在董事会下达的授权范围内，公司将金融产品特别是信托产品的投资列为自有资产重点运作领域，提升了自有资金运作效益。公司遵照各投资企业的章程，按约履行股东职责，加强对原有长期投资项目的管理。截至 2011 年末，公司长期股权投资余额为 64 320. 38 万元。2011 年，公司已启动华夏电力股权转让程序；完成了公司持有的申银万国股权的股份登记办理工作；向象屿期货公司委派董事、监事；投资的省能源财务公司于 8 月获准成立并正式开业，该公司已实现盈利。在市政府相关单位的牵引指导下，经董事会批准，公司与台湾地区“永丰金控”的子公司永丰投信接洽，拟与其合资设立证券投资基金管理公司。新设立基金管理公司注册资本额拟定为 2 亿元，设立地点在厦门，公司持股比例为 51% 。通过与台湾地区金融机构的合作，有利于两岸金融优势互补互助，促进两岸沟通交流，对厦门两岸金融中心的建设亦大有裨益。

（二）信托业务方面

2011 年，公司通过深化战略合作、拓展集合类较高收益产品、创新业务模式、加强净资本管理等手段，面向全国市场，努力推进信托业务的拓展，取得了一定的成绩。截至2011年12月31日，公司信托资产为717.25亿元，较年初197.08亿元净增加了520.17亿元，增长幅度为263.92%。2001年末，公司管理的信托项目个数为375个，当年新增信托项目个数为217个，单个信托项目平均规模约为1.91亿元。期末信托项目个数较年初净增加了145个。2011年安全、及时、准确实施信托财产到期交付的资金信托项目72个，减少实收信托金额为148.07亿元。公司在管理信托财产过程恪尽职守履行受托职责，2011年未出现委托人投诉情况。

2011年，公司实现信托业务收入为3.06亿元，比2010年增长了261.82%，截至2011年12月31日，公司可用净资本符合监管要求。

（三）内部控制与风险管理方面

公司始终注重提高全员风险意识，建立良好的风险管理和合规文化，将严守风险底线作为各项工作的重中之重。2011年，公司加强制度执行力和操作风险管理，业务前端内部监督、内部审计稽核、合规管理、风险管理职能部门的各项职责均得以强化，加强事前控制、事中管理和事后监督，将内部审计稽核向中台前移，以保证公司经营运作的合规性。公司在认真领会相关监管政策的同时，利用“深化银行业内控和案防制度执行年”活动契机，结合中国银监会各类风险提示、典型案例中反映出来的薄弱环节和公司内控制度执行过程中所发现的缺漏，按照轻重缓急和难易程度，努力做好内部制度的废、改、立工作，完善制度建设。公司基于对经济形势、产业政策和行业特性的分析和判断，根据监管政策导向和要求，高度重视监管关注的重点业务领域运作，进一步完善了合规管理和风险管理的相应举措。

二、创新业务案例

2011年，公司加大对新型结构化产品、投资基金类产品、股权收益权转让、应收账款收益权转让、票据资产投资、股权投资等多种业务模式的拓展力度，创新能力增强，设立了多个有特色的信托产品。

（一）创新业务案例一

在四川省委、省政府的大力支持和积极推动下，公司通过与某银行总行合作设立“四川产业振兴发展投资基金股权收益权受让项目信托计划”，信托资金用于受让四川产业振兴发展投资基金有限公司的股权收益权。本次受让股权收益权的目的在于多渠道聚集社会资本，参与四川产业振兴发展。

（二）创新业务案例二

“鹭岛风华成长型中小企业集合资金信托计划”属于福建省首个中长期中小企业贷款集合资金信托计划，特色在于政府的积极引导，由财政、信托、担保和社会投资者共同搭建参与支持中小企业发展的融资平台，为优质但融资难、担保物少的厦门中小企业发展提供了新的融资模式和服务模式，符合银监会对中小企业贷款的扶持政策，为公司带来良好的经济效益和社会效应。

三、社会责任履行情况

2011年，公司依照“诚信服务社会、有效回报股东、实现员工价值”的企业使命，诚实守信、合规经营、依法纳税，维护受益人的利益。在信托业协会的牵头组织下，公司签署了《信托公司社会责任公约》，依照公约的约定，积极维护信托业市场竞争秩序、行业声誉和良好社会形象。公司热衷公益活动，积极派员参与绿化植树活动、信用记录关爱日活动、社会投资者风险教育日等各类活动，积极履行作为一名企业公民所应承担的社会责任。

四、2012年发展规划

发展愿景：成为值得信赖的财富管理人。

公司使命：诚信服务社会、有效回报股东、实现员工价值。

经营宗旨：稳健经营、诚实信用、开拓创新、有效回报。即以稳健经营为前提，以诚实信用为根本，以开拓创新为动力，以有效回报为目标。

总体发展战略：根据国家“十二五”规划的发展重点，依托国务院关于支持福建省加快建设海峡西岸经济区的发展契机，以开拓创新为先导，以专注主业为核心，以风险控制为保障，加强与银行、政府、其他非银行金融机构和中介机构之间开展各种形式的合作，逐步实现信托业务从平台型为主到自主管理型为主的转变；建立健全有效的激励和约束机制，实施有效的人才战略，为公司可持续发展创造条件；着力提升公司的投融资能力、项目开发能力、资产管理能力和市场营销能力；在确保安全性的前提下适当调整自有资产结构，提高自有资产的运作效益，从而推动公司业务规模、经营效益、管理水平的全面提升，初步形成自身的核心盈利模式并成为国内具有一定竞争力的信托机构。

新华信托股份有限公司

一、2011 年经营概况

（一）公司治理

2011 年，新华信托股份有限公司（以下简称公司）继续完善“三会一层”运行机制，梳理各项制度，明确各项决策规则和程序，按照公司章程和股东协议等相关规定完善董事会及高级管理层组成结构，严格执行对董事、监事和高级管理人员的履职考核及问责。

（二）机构设置调整

2011 年，公司将原资产管理部、原房地产基础设施事业部所属信托业务团队与管理条线分离，原创新业务部（研究所）分立为研究部与创新业务部，由研究部、创新业务部、资产管理部和财富管理中心四个部门共同组成资产管理板块；先后成立了直属业务三部、直属业务四部、广州业务总部、天津业务总部和东北业务总部，区域布局进一步完善。

（三）业务发展

2011 年，公司共实现业务收入 13. 61 亿元，税后利润 4. 96 亿元，每股收益 0. 8 元，为国家贡献税收约 2. 6 亿元。

信托业务方面，实现信托业务收入 12. 19 亿元。2011 年末，管理的信托规模达到 682 亿元，其中新增规模 354 亿元，新增项目单一集合比约为 1:4. 8，新增信托规模平均报酬率超过 3%。

固有业务方面，实现固有业务收入 1. 42 亿元，主要来源是新股申购收益、利息收入和咨询业务收入。

（四）信息化建设

2011 年，公司持续推动 IT 系统建设与维护，将保证 IT 系统运行的稳定性作为 IT 工作的重点，推进 ERP、报表开发和财富管理中心电话呼叫及在线客服软件的建设。

（五）人才建设

2011 年，公司加强培训体系建设，加大对干部、后备干部以及新员工的培训投入；继续开展送培教育，先后批准 15 位员工参加 EMBA 和 MBA 学习；规范招聘流程，拓宽招聘渠道，持续引进优秀人才；完成薪酬对比分析报告，推进薪酬改革工作。

二、创新业务案例

2011 年，公司集合优势力量、引进专业人才，进一步加大了对创新业务的资源投入，成功推出"新华·普天 I 号股权投资基金集合信托计划"、"新华汇源 I 号集合资金信托计划"、"新华·普利宏铭证券投资（I 期）集合资金信托计划"、"新华专户理财单一资金信托"等多个资产管理类产品。

（一）新华·普天 I 号股权投资基金集合信托计划

新华·普天 I 号股权投资基金集合信托计划（以下简称普天 I 号）是公司自主研发设立的首只私募股权投资基金型信托计划，是资产管理业务的重点创新类产品。

普天 I 号采用结构化的信托模式，针对高端投资者的不同投资需求进行分层化设计。普天 I 号以研究能力为基础，构建了由产品政策策略顾问、金融专家、行业专业人士组成的专业化的普天基金管理团队，以前瞻性策略服务于区域经济转型和产业升级，以专业执行力实现持续优异的管理业绩。普天 I 号参考国际私募股权投资基金通行经验和标准，引入国际化的顶尖专业服务机构，确保投资决策高效、透明、规范和专业。

（二）新华汇源 I 号集合资金信托计划

新华汇源 I 号集合资金信托计划（以下简称汇源 I 号）秉持价值发现与价值创造的理念，贯彻主动管理的原则，由管理人全程专业管理，按照国际主流 PE 基金的决策机制和管理流程，精选项目，使用成熟的投资工具，注重项目价值管理，遵循最优原则设计退出方式，投资期限及投资领域灵活。

汇源 I 号实现了传统投行业务与新型资产管理业务的有机结合，创造出信托公司并购投资新方式，让有真正风险识别能力的机构投资者和高净值人士分享投资收益，为投资者提供优秀的策略精选理财产品系列，以及专业、规范、透明、稳健的资产管理服务。

（三）新华·普利宏铭证券投资（Ⅰ期）集合资金信托计划

新华·普利宏铭证券投资（Ⅰ期）集合资金信托计划是公司自主研发设立的主动管理型证券投资产品，是资产管理业务的重点创新类产品，创新点有以下几方面：

一是客户资金募集和配售全部由公司独立完成；舍弃市场上已有的产品模式，结合自身专业优势设计出全新产品；通过与投资顾问共建投研团队，培育自己的研究及投资力量。

二是充分利用最优杠杆比例，融合不同风险偏好的投资者。公司利用自身的创新优势研发出多种创新型产品模式，可根据客户风险偏好、预期收益及投资策略进行灵活调整，满足市场的多样化需求。

三是双方共建研究团队，研究力量强强联合。公司提供大量基础研究人员，保证年报分析、数据处理、公司调研等支持工作的高质量完成。主力研究团队具备多年专业投资经验，在大量基础研究工作的基础上，发挥专业能力进行投资标的筛选与投资，达到深度与高度的完美结合。

四是业内首创高端化次级募资活动，对投资者深度营销。产品优先级配售采用招标制，主动挑选收益率最优的报价。产品优先级认购采用主动配售，通过多个银行询价，并经过几轮筛选，比较收益率报价、杠杆比例等各项条件，选取有利于产品发行及投资者获益的最优报价。

（四）新华专户理财单一资金信托

根据中国银行业监督管理委员会的监管指引，资产管理板块针对初始资金起点为 1 000 万元以上的机构和高净值个人客户推出“新华专户理财”系列产品。以单一信托为专户理财的核心载体，在符合风险等级和投资要求的前提下，组建专业管理团队，对于本系列产品进行贵宾开户、投资及后续管理的全流程管理，为客户度身定制个性化的财富管理方案，提供全方位专属理财服务。

三、社会责任履行情况

（一）认真履行法律规定的受托人责任

2011 年，公司切实履行了《信托法》规定的“诚实、信用、谨慎、有效管理”的受托人义务，保证信托资金安全，争取受益人（委托人）利益最大化。

（二）调整业务方向，落实国家宏观调控及产业政策

2011 年，公司以国家政策为导向，对信托资金的投向进行了调整，充分发挥了金融对经济

的支撑作用。一是放缓房地产项目节奏。二是推进重点行业信托业务。三是严控政府投融资平台潜在风险。

（三）严格履行纳税人职责

2011 年，公司按照国家法律法规要求，积极申报并按期缴纳各种税款。国家税务总局在对公司开展的资本性交易专项检查中，对公司税务工作给予了肯定的评价。自 2008 年起，公司已两次被评为“A 级纳税人”荣誉称号。

四、2012 年发展规划

（一）战略规划

2012 年，公司战略规划为“保持优势、巩固基础；突破重点、锐意创新；积极投入、专业规范；协同联动、差异竞争”。经过努力，使公司能够在优势领域中实现关键产品的突破，积累相当的品牌效应、竞争优势、管理经验、专业能力和客户资源，并以此为基础谋求业务布局优化，推动业务覆盖和模式的新发展；将公司建设成为综合优势明显、具有核心竞争力和国内领先的优质综合金融解决方案的提供商和资产管理者。

（二）业务发展规划

2012 年，公司将提升业务准入标准，加强项目后续管理，持续排查存续项目，保证项目顺利兑付。公司的目标是实现信托管理规模平稳、有质量地内涵式增长。

持续推进成熟信托产品，加大力度开展低风险业务，保证信托规模有质量地增长。

加大自有资金投资力度，调整固有资产配置结构，积极投资具有稳定、持续回报的金融股权。

继续加大创新力度。从控制风险和市场需求出发，对市场变化保持高敏感度，积极迎接新事物、新情况，设计出符合市场需求的创新产品。

顺应国家宏观调控，积极拓展公司业务。一是审慎介入房地产、政府融资平台业务以及国家政策限制的产业；二是加大对证券、资源类的投入力度。

（三）全力以赴做好风险排查，保证信托资金按时退出

安排部署项目风险排查，制订对应应急预案，监测信托项目的预期兑付情况，判断兑付风险，并采取相应的措施，做到对信托项目兑付风险“早发现、早预警、早处置”。

（四）人才培育与引进

进一步完善薪酬、晋升体系，理顺公司激励约束机制，充分调动前台、中台、后台的工作积极性。对有责任心、敢担当的员工加大培养投入，并破格提拔。进一步提升公司员工凝聚力、战斗力，营造和谐的工作氛围。

（五）内部管理

根据2011年相继出台的相关银信、信政、房地产、净资本管理等监管规章和公司业务的发展变化，进一步修订和完善内控制度。

（六）信息化建设

持续加大信息技术的投入，提升金融信息化程度，建立与业务发展相匹配的信息综合平台，进一步推进业务信息化管理。

（七）企业文化建设

继续贯彻公司“兼容并包、崇尚道德”的企业文化精神。

新时代信托股份有限公司

一、2011 年经营概况

新时代信托股份有限公司（以下简称新时代信托）积极推进职业道德、专业精神、专业品牌的建设和提升，信托业务领域和信托资金渠道不断拓宽，地域不断拓展，营销能力显著提升，项目开发和管理能力大大提升，信托业务规模取得了突破性的扩大，实现了资产、收入、利润同步增长，主要经营指标继续呈稳定增长势头。截至 2011 年 12 月 31 日，固有资产总额 99 596 万元，比上年同期增加 12 071 万元，增长 14%；负债总额 5 364 万元，比上年同期减少 1 085 万元，减少 17%。净资产 94 232 万元，比上年同期增加 13 156 万元，增长 17%。公司实现各项经营收入 31 141 万元，与上年同期相比增加 7 443 万元，增长 32%。上缴营业税金及附加 2 222 万元，同比增加 861 万元，增长 64%。全年利润总额 14 090 万元，同比增加 475 万元，增长 4%；净利润 10 638 万元，同比增加 480 万元，增长 5%。

新时代信托积极挖掘信托业务潜力，延伸信托业务触角，增进与大机构的广泛联系，拓宽业务渠道，努力把内蒙古地区的资源优势、财力增长形成的基础设施项目优势，与经济发达地区的资金优势进行有机结合，塑造信托产品品牌，打造核心竞争力。自 2004 年以来，公司信托业务涉及基础设施建设、公用事业、装备制造业、房地产、化工、商业服务业、教育产业、医疗卫生等诸多领域，并形成慧金、嘉盛、锦程等多个系列产品品牌，仅慧金系列信托产品已达到近 300 多个。2011 年新增信托计划 267 个，新增信托规模 421.23 亿元，较上年同期增长 125.46%，为支持经济建设和社会发展作出了应有的贡献。截至 2011 年 12 月末，新时代信托存续的信托计划 314 个，信托计划总规模达 558.57 亿元，较年初增加 261.42 亿元，增长 87.97%。公司存续的信托计划和正在运作的信托项目，都保持良好的运营势头，没有出现风险迹象，不存在风险隐患。公司风险管理能力和水平，以及风险防范的意识和能力有了显著的提升，牢固地构建起信托业务风险管理体系和审慎经营、自律、持续发展的基石。

新时代信托不断加大优秀人才的引进和团队建设，截至 2011 年末，公司有职员 139 名，平均年龄 34 岁，大学以上学历职员占总人数的 66%。其中，博士 2 人，硕士 37 人；具有高级职称的7人，中级职称的38人；信托经理占25%，营销人员占17%，财务人员占12%，管理人员及其他占46%。前台一线业务人员包括分管业务的高级管理人员占总人数的68%，前台与中后台的人员比例趋于合理。

新时代信托坚持客户利益最大化，将继续不断优化治理结构，提高运营效率，搭建高效的产品体系和营销体系，构建可持续发展的盈利模式和核心竞争力，力争向专业化资产管理机构发展。

二、创新业务案例

近年来，新时代信托不断探索信托产品的创新之路。通过对权益资产证券化课题的研究和产品结构化设计突破，结合信托制度的功能优势、信托业监管法规，调研分析当前国内产业市场需求、客户需求以及借鉴国内外信托业先进经验，提出通过对具有价值可评估、可测算、具备特定流动性的权益资产作为基础资产，遵循资产证券化的基本原理，通过信托理论与实践的结合，创造性地推出并设计了股权收益权流动化、应收账款收益权流动化等准资产证券化型创新信托产品。

1. 在创新产品开发的同时，加强对公司创新业务品种的品牌化、系列化建设，形成具有新时代信托特色的创新业务产品线体系。其中，股权收益权流动化类信托品种被打造为慧金系列信托产品，截至2011年12月末，已经累计发行350期，在全国范围内形成了新时代信托的创新业务品牌形象。

2. 在对国内信托同业产品的研究分析把握基础上，通过将资产证券化的基本原理与权益资产信托化机制相结合，创造性地设计并推出了蓝海系列产业投资集合信托产品模式。面向中小科技贸易类企业的贸易链融资需求，通过将中小科技类企业的应收账款收益权进行流动化设计，打造具有产业投资特色、贸易链融资和中小科技企业扶持概念的蓝海产投系列信托产品，截至2011年12月末已经累计发行9期。

3. 为包钢集团、包头郊区农村信用社等机构度身设计了信托融资理财一揽子解决方案，为优质机构客户提供资产管理服务，通过设计并推介稳定回报型信托理财产品，为企业集团客户实现资产保值增值，最终实现大客户的套利型收益回报。

三、2012年发展规划

回归本源的信托业在有利的市场环境下，正步入加速发展期。信托业正在成为中国金融板块中一个上升而且前景光明的产业，有望成为其他机构的重要投融资渠道，成为中国财富管理行业的主力军，综合经营的试验平台，具有良好的发展前景。

新时代信托将持续推进内部变革，建立和完善具有信托精神的职业经理人体系、以业绩为导向的薪酬体系、内控严密的风险管理体系。实现运营模式向集约化、专业化和规模化转型。集约化方面，充分整合资源，建立资源和信息共享平台，实现内涵式增长和价值增长；专业化方面，整体推动专业技能、职业形象、职业道德、专业精神、专业品牌的建设，形成统一的品牌和形象；规模化方面，紧紧抓住增资扩股的机遇，力争实现信托规模、信托收入、利润及员工薪酬的倍增计划。

以《信托公司监管评级指引》关于公司治理、内部控制、合规管理、资产管理和盈利能力五要素的最高要求为目标，扎实推进基础管理，提升盈利能力，达到经营稳健、治理结构合理，按照法律法规开展业务，风险管理能力较强等指标，争取在监管评级中上升到更高的一级，为公司经营创造更大的发展空间和宽松的经营环境。

努力实现信托业务规模达到或超过当年行业平均水平。新时代信托将从完善的产品线、强有力的产品销售体系、高效运营系统三个基本点入手，打造在基础设施、矿业、房地产、证券类业务等领域的专业化经营能力和资产管理的品牌，构建专业化经营模式，形成自己的核心竞争力。深入推进银行渠道的建设力度，为集合信托计划的发行和做大信托规模，提供坚实的保障；建立财富管理业务体系，迅速提升客户数量和质量，形成有稳定的高端客户资源的产品营销网络。

新时代信托将坚持从“抱诚守拙，谨行致远”的核心理念出发，加强行商文化、绩效文化、合规文化、风险文化的建设。通过在用人机制、激励机制和运营机制等方面的不断创新和完善，吸引优秀人才，加快专业化团队建设的步伐，扩大合作范围，并形成一种良性效应，实现公司快速、健康和可持续发展。

兴业国际信托有限公司

一、2011 年经营概况

2011 年，兴业国际信托有限公司在中国银监会及其福建银监局以及兴业银行党委的正确领导下，认真贯彻落实国家宏观政策和金融监管的要求，紧紧围绕建设“综合性、多元化、有特色的一流信托公司”的发展战略目标，积极进取，开拓创新，股权重组和增资全面完成，治理与内控管理持续健全完善，公司进入全新的发展阶段；主动应对内外形势变化，全面加强与主要股东的战略协同与业务协同，着力提升主动管理能力和核心竞争力，各项业务实现了跨越式发展，主要经营指标均创下公司成立以来的最好水平，取得了较为显著的经营和管理成果。截至 2011 年末，兴业国际信托有限公司注册资本达 12 亿元，总资产达 33. 57 亿元，管理的信托资产余额达 1 526 亿元，全年实现税前利润 2. 76 亿元，实现净利润 2. 04 亿元。

（一）股权重组及增资工作全面完成，为公司实现又好又快发展奠定坚实基础

自 2009 年 9 月以来，兴业国际信托有限公司积极加强沟通协调，扎实推进股权重组工作。经过一年多的努力，2011 年 1 月，经国务院同意，中国银监会正式批准联华信托重组方案，兴业银行成为兴业信托的控股股东；10 月，兴业银行成功受让永安资产管理有限公司持有的兴业信托 4. 90% 股权，持股比例达到 56. 08%。至此，兴业国际信托有限公司股权重组工作全面圆满完成，重组期间各项工作平稳过渡，历史遗留问题有效解决，兴业国际信托有限公司成为我国第三家银行系信托公司，进入了一个全新的发展阶段。

为适应中国银监会《信托公司净资本管理办法》监管要求以及同业竞争和业务发展需要，2011 年 12 月，经中国银监会和中国人民银行批准同意，兴业国际信托有限公司注册资本由 5. 1 亿元增加至 12 亿元，资产总额达到 33. 57 亿元，不仅满足了监管要求、增强了资本实力，同时也为公司业务发展创造了良好的前提条件。

（二）各项业务实现跨越式发展，盈利能力大幅提升，兴业信托品牌形象和市场竞争力与影响力显著提升

2011 年，兴业国际信托有限公司紧紧围绕 2011—2015 年发展战略规划，主动应对内外形势变化，准确把握信托业的发展趋势，各项业务呈现出良好的发展态势。截至 2011 年末，兴业国际信托有限公司存续信托项目 520 个，管理的信托资产规模达 1 526 亿元，比年初增长 379%；当年新增信托资产规模与市场占有率位居全国同业前列。抓住资本市场发展机遇，加大证券信托业务拓展力度，初步形成公司有竞争力的业务之一。截至 2011 年末，兴业国际信托有限公司已累计发行证券投资类信托产品 134 只，业务规模达 230. 31 亿元；当年新增发行证券投资类信托产品 90 只，业务规模达 180. 12 亿元，位居全国信托同业前列，与全国排名前 50 位优质私募基金公司大部分建立了业务合作关系；成功举办“兴业信托・2011 中国私募基金领袖峰会”，与朝阳永续联合发布“兴业信托・朝阳永续中国私募基金指数”，市场影响力进一步扩大。“兴业信托・呈瑞 1 期证券投资集合资金信托计划”在《证券时报》主办的第四届中国优秀信托公司评选活动中荣获“最佳证券投资类信托计划”，并荣获 2011 年全国阳光私募收益率排行榜冠军。

成功实现公司更名，品牌知名度和市场影响力进一步提升。2011 年 6 月，经福建银监局批准，国家工商行政管理总局及福建省工商行政管理局核准，正式更名为“兴业国际信托有限公司”。凭借着公司重组以来良好的业绩表现，兴业国际信托有限公司先后在《上海证券》报主办的第五届“诚信托”评选活动中荣获“诚信托・行业新秀奖”，在《证券时报》主办的第四届中国优秀信托公司评选活动中荣获“中国最具区域影响力信托公司”，在《第一财经》主办的第五届“2011 第一财经金融价值榜（CFV）颁奖典礼暨金融峰会”荣获 2011 年“最佳发展潜力信托公司”。

（三）高标准建立健全公司治理架构，按照市场化导向建立内部经营管理体制机制

2011 年，兴业国际信托有限公司以良好的股权结构为依托，着力建立并健全公司治理架构，公司治理水平显著提升：一是重新调整和构建股东会、董事会、监事会和高级管理层，健全独立董事制度，增加独立董事席位，完善分层授权体系，形成了“三会一层”各司其职、协调运转、相互制衡的公司治理架构。二是重新修订公司章程，股东会、董事会、监事会议事规则，董事会各专业委员会工作规则等一系列公司治理纲领性文件，健全完善公司治理运作体制机制。三是在董事会下设执行委员会、薪酬与考核委员会、审计以及风险控制与关联交易委员会、信托委员会 4 个专业委员会，除执行委员会外，其他 3 个委员会均由独立董事担任主任委员，充分发挥董事会下设各专业委员会的优势和独立董事的作用，提高董事会的独立性以及决策效率和决策水平。

以市场化经营与管理为导向，进一步健全完善经营管理体制机制。加强和规范财务授权管理，强化风险资本占用意识，健全完善考核评价体系，考核激励机制的科学性和有效性大幅提升。建立了风险金延期支付制度，企业年金、补充医疗保险等员工福利体系更加完善。信息科技系统建设投入持续加大，公司经营管理精细化水平不断提高。按照事业部制的方向，深化市场营销体制机制改革，致力于打造市场上具有较强影响力的专业财富管理机构。

（四）内部控制和风险管理体制建立和健全，风险管控能力显著增强

2011 年，兴业国际信托有限公司认真贯彻落实国家宏观经济政策和金融监管要求，加强全面风险管理与内部控制。在董事会下设审计以及风险控制与关联交易委员会，在经营管理层层面设有业务评审委员会和自营投资决策委员会，设立风险与合规部、审计部等内部机构，建立了业务部门、风险管理部门、内部审计部门三道风险防御体系，将风险管理与内部控制贯穿于业务的全过程。健全完善风险管理制度体系，规范内部控制流程，加强证券信托业务等重点业务领域的风险监控，切实防范各类业务风险，有效保障了公司经营安全。

以风险性和合规性为主要审计内容，持续加大审计监督力度，建立健全业务后评价和业务责任追究制度，内部审计的覆盖面和有效性进一步提高。2011 年兴业国际信托有限公司共实施审计项目 10 余项，覆盖了全部信托业务部门和部分管理部门，审计中发现的问题均得到了有效的整改落实。重视加强内部控制文化建设与培育，强化员工风险与合规意识，全员的风险与合规文化逐步形成。

（五）党建纪检监察工作、队伍建设和企业文化建设进一步加强

2011 年，兴业国际信托有限公司着力建立健全党建纪检监察制度体系建设和基层党组织建设，制定印发公司《党委工作规则》、《纪委工作规则》、《领导干部廉洁自律若干规定》、《信访举报管理办法》、《信访举报操作规程》、《领导干部廉政谈话规定》等党建纪检监察制度，党建纪检监察工作的日常运作机制更加规范健全；正式成立五个党支部，发展党员等党建基础工作有序扎实推进。组织开展了党史知识竞赛、红歌会演活动、征文及书画、摄影作品征集、参观中共“一大”和“二大”会址及纪念馆等庆祝建党 90 周年系列活动，增强了员工的凝聚力和向心力，取得了良好的活动效果。组织开展“做主人、尽责任、讲奉献”主题实践活动和“整顿作风、提高效率、提升能力”专项活动，从整顿作风、规范管理、优化流程、队伍建设等方面入手，队伍专业能力和工作效率大幅提升。组织党员干部参观反腐倡廉教育基地，强化党员干部的廉洁自律意识。充分发挥纪检监察、监事、审计、风险管理等监督主体的作用，不断完善监督协调机制，提高监督的透明度和有效性。

加强干部队伍建设，队伍专业素质和专业能力稳步提升。适应业务发展需要，加大优秀人

才引进力度。截至2011年末，兴业国际信托有限公司员工175人，其中硕士以上学历占比达40%以上；加大队伍培训教育力度，并通过建立职称评聘及职业资格与学历津贴等制度，鼓励员工加强在职教育，队伍专业素质和专业能力稳步提升。加强干部队伍的考核评价，建立“能上能下、能进能出”的干部选拔任用机制，在公司内部形成了公平公正公开的选人用人氛围。加强公司企业文化的重塑与整合，逐步形成既与兴业银行一脉相承，又具有信托行业特色的企业文化。

二、创新业务案例

（一）产品简介

2011年中小企业融资难，导致产业发展升级矛盾更为突出，为贯彻落实国务院及中国银监会出台的一系列支持中小企业发展的政策法规，兴业国际信托有限公司研究开发支持中小企业发展的基金化信托产品，并于2011年5月正式推出“兴业信托·中小企业精选投资基金”系列集合资金信托计划，向符合条件的福建地区中小企业客户发放流动资金贷款。

该产品引入并组合了开放式设计、产品标准化运作及发行、借款人开户银行共同监管等创新型技术要素，以提升投资者认购积极性、降低融资成本、提升产品运行效率。

（二）产品特色

1. 该产品期限灵活，每6个月开放一次，提升了投资者的认购积极性，进而有效降低了融资成本。

2. 该产品在资金运用方式上，除了传统的对中小企业发放流动资金贷款外，还可采用股权、租赁、保理等融资方式，能够满足中小企业多样化的融资需求及产品风险控制要求。

3. 系列化持续发行，使同一系列产品在投资者群体中多次反复推介，树立品牌效应，打造支持中小企业发展的稳定的资金来源。

4. 由信托公司主动管理，同时引入借款人开户银行共同进行风险控制，降低管理成本及项目风险。

三、社会责任履行情况

2011年，兴业国际信托有限公司继续积极履行企业社会责任，一如既往地热心于社会公益事业特别是贫困地区的教育事业。2011年，兴业国际信托有限公司结合兴业信托民族小学的实际情况，为该校贫困学生继续提供助学金，并向学校赠送一批课外阅读书籍和学习文具，帮助建立图书阅览室，改善了学校的办学条件和教学设施，为推动贫困山区教育事业发展作出了积极的努力。

四、2012年发展规划

2012年，围绕建设“综合性、多元化、有特色的一流信托公司”的发展战略目标，兴业国际信托有限公司将继续坚持以科学发展观为指导，认真贯彻落实国家宏观政策和金融监管要求，积极有效地应对内外形势变化，坚持发展与管理并重，着力提升创新能力和盈利能力，建立和健全财富管理体制与机制，进一步塑造公司经营特色和核心竞争力，全力推动各项业务持续、快速、跨越式健康发展，使信托资产规模和盈利能力等主要指标再上新台阶。

云南国际信托有限公司

一、2011 年经营概况

（一）自营业务

2011 年，公司自营业务实现营业收入 22 971 万元，净利润 12 024 万元，收入及利润指标完成年度预算的 145.54% 和 171.82%。年内，向国家上交各项税收 6 900 万元。

截至 2011 年 12 月 31 日，公司资产总额 111 102 万元，负债 10 553 万元，净资产 100 549 万元。公司的资产保持了良好的流动性。

（二）信托业务

截至 2011 年 12 月 31 日，公司管理各类信托资产总额 1 447 634 万元，较年初增加 993 669 万元，增幅 219%；实收信托总额为 1 402 746 万元，较年初增加 1 033 502 万元，增幅 280%。

新增信托项目 48 个，成立时新增实收信托规模共计 1 532 540 万元；终止清算信托项目 11 个，累计减少实收信托规模共计 141 450 万元。年末存续信托项目 90 个，其中，集合资金信托 70 个，单一资金信托 19 个，财产信托 1 个，信托项目数量较年初增加 48 个。

2011 年内共计支付客户信托收益 11 593 万元。

公司在审慎控制风险的前提下，积极开展符合公司风险偏好的信托业务，在维护原有合作渠道关系的基础上，进一步广泛拓展与其他银行、券商、资产管理公司等金融机构的合作，积极探索金融产品创新。面对激烈的市场竞争，业务部门克服人手不足、资源不够的困难，想办法、拓思路、抢市场，以真诚、务实、专业的精神，得到了诸多商业银行和券商等业务合作方的认可。经过一年尤其是自 2011 年 9 月以来的努力，公司在产品设计能力、产品管理、业务规模和数量方面均有大幅提升。与多家商业银行和券商建立了业务合作关系，奠定了业务发展基础。

二、创新业务案例

中国龙阳光私募业务是公司核心业务之一，在证券市场不景气的状况下，中国龙团队严控产品管理风险，取得了较好的相对业绩，在2011年上证指数下跌超过20%的情形下，产品净值未大幅下滑，赢得了客户的信赖和认可。业绩排名位居公募的前5%及私募的前30%。截至2011年末，中国龙系列信托计划有23只产品，管理资产规模为113 089万元。

2011年，中国龙品牌获得“第二届金牛阳光私募奖”，连续两届获得该奖项，团队的两位基金经理还获得福布斯2011年最佳偏股型基金经理的第五名和第六名，这对中国龙品牌以及公司在与海内外投资管理机构的合作过程中均有着积极的影响。

近年来，阳光私募基金得到了蓬勃发展，销售领域的竞争已经进入到白热化阶段。2011年，公司与招商银行总行私人银行部合作发行了“中国龙·目标回报1期”阳光私募产品，首期募集规模20 724万元，与招商银行总行的成功合作在对公司产品和品牌的推广上具有里程碑式的意义，提升了品牌在业内的知名度和认可度。因销售工作与招商银行搭建的“深证通”专线为后续招行的各类产品深度合作打下基础。随后，中国龙团队经平安罗素合资基金多次严格尽职调查后得到的认可，为其22 500万元基金提供专户理财服务，中国龙团队成为国内为数不多的为外资基金提供服务的私募机构，开创了与外资合作的先河。

新股信托产品是公司近几年的传统优势业务，公司充分运用留存的新股申购账户，认真服务好现有客户，多方位拓展新客户。面对2011年变化多端的新股市场，公司适时调整新股申购策略，防范系统性风险，新股产品仍旧成为年度公司信托业务收入的主要来源。更具战略意义的是，以新股业务为契机，公司与多家金融机构打开了全面合作的窗口。

证券投资类业务一直是公司重点业务领域，2011年，公司把拓展证券投资结构化产品作为重点业务之一，多个部门精诚协作，开展产品设计、市场拓展、系统甄选、客户服务、风险控制等工作，初步建立起了完善的产品体系。在市场拓展方面，与国内多家知名券商及银行建立了业务联系，为今后扩大产品规模奠定了基础。

三、社会责任履行情况

（一）参与地方经济建设

经过这些年的理论创新和业务实践，信托已经成为国内金融业投融资最为灵活多样的制度，过去几年，公司曾参与云南省和昆明市的基础设施建设、环境保护、企业融资等领域的金融服务，为云南的地方经济发展作出应有的贡献。

2011 年，公司通过信托产品，为云南省内部分大型国有企业共计发放信托贷款 14.9 亿元。

（二）爱心·稳健收益型集合资金信托计划

云南信托是全国第一家发行公益性质的集合资金信托计划的信托公司，公司一直坚持以理财专长积极的回馈社会。爱心·稳健收益型集合资金信托计划将稳定的收益和公益事业相结合，按年度将超额收益部分捐献给云南省青少年发展事业，很大程度上提高了社会公众关心和参与公益事业的广泛性和积极性，为广大热心于社会公益事业的投资者提供一个绝好的投资选择。2011 年，公司向云南省青少年发展基金会捐赠 112 699.59 元，主要用途为腾冲县五合乡公益信托希望小学附属设施配套建设和梁河县勐养镇芒回公益信托希望小学学生床、师生食堂及炊具等设施配套建设。截至 2011 年末，云南信托捐建的公益信托小学已达五所，并且每年进行专项资金捐献，用于基础设施建设等事宜，以一个金融企业应有的社会责任感继续在公益之路上传递爱心。

四、2012 年发展规划

（一）内部管理方面

充实一线业务人员，公司将积极创造有利于体现员工个人价值的绩效考评和培训体制，体现员工在公司的价值。

继续加强合规、审计工作，优化合规工作流程。根据公司总体安排和内控制度完善的要求，针对公司不同业务的发展要求，灵活地开展合规工作，进一步发挥合规工作在公司业务事前和事中风险评估监控方面的作用，保证公司业务的顺利开展。

不断修订和完善公司的后勤管理制度及人力资源管理工作，保障公司后勤及人力资源管理的规范性运作，进一步推动公司管理工作的规范化、制度化，使得各项工作有条不紊，秩序井然，保证公司健康有序的发展。

（二）团队建设方面

充分发挥党委、工会对公司发展的重要保证作用，利用内刊、网站、宣传栏、电子邮箱等渠道，加强企业文化建设及员工队伍建设，体现党组织在凝聚人心、促进和谐、舆论引导等方面的积极作用，打造云南信托的高素质团队。

开展主题实践活动。公司党委将根据上级党委的布置，结合公司自身的实际情况，发挥党委在企业中的思想建设和保障作用，积极探索党组织在公司业务经营中发挥作用的有效途径，不断增强企业党建工作的活力。

继续加强业务学习和专题研究，加大业务培训力度，有的放矢，做好有效的培训规划，提高员工队伍整体业务水平和创新能力，为未来业务发展奠定坚实的基础。

（三）业务发展方面

发挥公司在资本市场的专业优势，继续加强中国龙业务的开展，在稳固现有客户与管理的基础上，加大市场研究力度，认真分析、及时捕捉市场发展中的机遇，准确把握时机，积极开拓市场，争取实现业务的稳定发展和市场份额的增长。

根据市场变化，以不断创新的产品设计理念为高端客户定制业务合作方案，全方位拓展业务资源，积极推动符合公司特点的信托业务，在现有业务的基础上，努力开拓其他信托产品，及时关注信托监管政策及行业动态，适时开发相关产品。

按照风险可控、一事一议的原则，谨慎地开展低风险中间业务。加强与公司业务合作伙伴的沟通、联系与维护，构建公司业务的外部支持系统，合规合法地维护公司和客户的稳定。

浙商金汇信托股份有限公司

浙商金汇信托股份有限公司（以下简称浙金信托）在原金信信托投资股份有限公司的基础上重整而成。在各方的大力支持和共同努力下，经中国银行业监督管理委员会批准，公司于2011年7月复牌开业。公司注册资本为5亿元，注册地在浙江省杭州市。公司股东及股比构成为浙江省国际贸易集团有限公司持股56%，中国国际金融有限公司持股35%，传化集团有限公司持股9%。

公司开业以来，围绕“起好步、布好局，为公司今后发展打基础、探方向”的指导思想和“稳健经营，风控为先，积极进取”的基本思路，抓好业务拓展和内部管理，积极推进制度和信息系统建设、业务运营和风控机制搭建、团队建设等基础性工作，为今后的稳健快速发展积蓄力量，各项工作取得良好进展，公司运作总体平稳、健康有序。

公司将在现有法律法规的框架下，以受益人利益最大化为原则，诚实守信，勤勉尽职，充分利用并合理配置各项资源和优势，在风险可控的前提下积极创新、开拓发展，做一个优秀的受托人。

一、股东背景

1. 浙江省国际贸易集团有限公司：浙江省属大型国有独资公司，业务涉及对外贸易、经济合作、金融证券、实业投资等领域，致力于打造商贸流通、金融服务、产业投资三大业务板块协同发展的总体战略架构，成为具有全球视野、国际化运作的现代服务业领先者。2011年实现营业收入423.17亿元、利润总额21.26亿元，位列中国企业500强排名第230位，服务业500强排名第74位。

2. 中国国际金融有限公司：中国首家中外合资投资银行，具有深厚的国内、国际资本市场经验，拥有广泛的国际支持，与投资者及各类中介机构建立了良好合作关系，培养了一支卓越的专业团队，能够为客户提供高质量、先进、全面的金融服务和资本市场解决方案。连续多年被国内外权威机构评为中国最佳投资银行、最佳中国本土券商、中国本地最佳发行银行等荣誉称号。

3. 传化集团有限公司：创建于1986年，是一家多元化的民营企业集团、浙江省民营企业优秀代表。业务主要包括化工、物流、农业、科技城、投资五大领域。2011年实现工业和服务业总收入200亿元，位列“中国企业500强”、“中国民营企业500强”、“中国最具价值品牌500强”。

二、经营宗旨、定位和目标

1. 经营宗旨。立足信托理念，围绕信托本业，实践信托制度，推进中国信托业发展，为受益人、客户、股东、员工和其他利益相关者创造价值，为中国社会财富的创造和积累贡献力量。

2. 公司定位。公司将立足浙江，辐射上海及长江三角洲地区。初期将重点探索、拓展固定收益类信托产品、股权类信托及合伙制产品、财富管理类和财务顾问类业务。高端个人客户、中小民营企业、大型国企、上市公司、保险、银行等是公司重点服务的客户群体。

3. 发展目标。把公司建设成为一家行业领先、特色鲜明、经营稳健、品牌优势、能够为当地经济发展提供强大支持、具有核心能力和独特价值的优秀信托理财专业机构。

中国金谷国际信托有限责任公司

一、2011 年经营概况

中国金谷国际信托有限责任公司（以下简称金谷信托）是中国银监会直接监管的信托公司之一。2011 年是金谷信托的第二个完整会计年度，公司本着夯实基础、规范经营、抓住机遇、积极发展的指导思想，以完善公司治理为基础，以拓展信托主业为重点，以保障信托受益人利益最大化为基本原则，在金谷信托全体同仁的共同努力下，公司各项经营业绩取得了丰硕成果。公司业务发展不断规范、经营业绩不断攀升、发展后劲不断增强。对业务策略、风险控制、企业文化等方面进行了全面梳理，并建立了适应业务发展要求的制度与流程体系、初步适应市场化要求的薪酬和绩效激励约束机制。

（一）公司经营业绩实现跨越式发展

2011 年，金谷信托受托信托业务存续规模 723 亿元，较 2010 年增长 518%，基本达到行业平均值，实现营业收入 4.4 亿元。其中，信托业务收入 1.72 亿元，较 2010 年增长 519%；全年实现净利润 2.43 亿元，扣除经常性损益因素，较上年增长 191%；净资产收益率 17.55%；人均利润 303 万元，多项指标迈入行业中等水平，在较短时间内基本实现了跨越式发展。

（二）信托产品多元化，创新能力得到大幅提升

2011 年，公司以国家产业政策及监管政策导向为根本出发点，信托产品实现了多元化发展，在保障房类信托、中小企业基金信托、酒类信托、艺术品信托等业务领域积累了一定的项目实践经验，信托产品创新能力得到了较大提升。其中，中小企业基金信托旨在解决中小企业贷款难、融资成本高等问题，是国家政策所大力倡导的，也是公司着眼于解决中国经济转型发展矛盾和问题的社会责任感的体现，公司发起设立了“向日葵·中小企业发展基金信托计划”系列产品，该产品的系列化、标准化发行，标志着金谷信托在中小企业业务领域已经具备专业、高效的资产管理能力。

（三）持续注重风险管理，建立了科学、系统、规范的风险防控体系

金谷信托自开业伊始，就把风险控制提高到战略地位予以重视，并提出了以打造风险控制能力为公司核心竞争力的经营理念。2011年，金谷信托经过不断的探索和研究，形成了具有金谷特色的风险审查业务决策两级审批机制，对于刚刚回归信托主业的金谷信托来说，具有独特的、客观的、适应金谷信托现状的风险规避理念，不但提高了项目审查标准，也有力地规避了各种风险因素，同时对于尽职履行受托人职责具有重要的意义。2011年所有到期信托计划实现100%清算，充分证明了金谷信托的风险把控能力。

（四）人才和激励考评机制的不断完善，提高了公司的市场化水平

2011年公司通过市场人才引进、调整人员布局等手段以满足公司业务发展需求，依托中国信达和信托业协会，从各个途径选拔人才，自主举办业务及企业文化培训，形成了人才招聘和培养的常规划。同时，开展全面、系统的业务培训工作，一方面注重对新员工进行企业文化宣讲及业务流程培训；另一方面不断加强现有人员的综合业务素质水平，建立了一套既能够吸引有一定业务能力、具备相关从业经验的人才加入公司，同时又能够通过机制，淘汰掉跟不上公司发展步伐人员的人才选用机制。金谷信托充分借鉴行业同类公司薪酬和绩效考评机制，建立了适合金谷信托的明确有效的激励体系，广泛调动了员工的工作积极性，有效地激发员工潜力和工作热情。

（五）企业文化的不断融合，使公司凝聚力得到大幅提升

2011年，公司提出了企业文化建设的总要求，树立了“我与公司同成长，相亲相爱一家人”的企业文化理念，极大地增强了员工的归属感和集体荣誉感。公司员工牢固树立“阳光、厚德、包容”的行为准则，领导干部恪守“公正、公心、公信”的管理原则，形成了和谐共进、团结友爱的良好氛围。同时，公司工会全年组织开展了多次丰富多彩的集体活动，有效地加强了员工间的相互交流和沟通，使员工关系更加融洽、和谐，充分体现了金谷文化的感召力、向心力和凝聚力，在提升公司企业形象和行业品牌的同时，也形成了良好、和谐的生活作风和健康、向上的生活情趣氛围。

二、创新业务案例

（一）集合资金信托计划

项目名称：金谷·向日葵1号——广东佛山中小企业发展信托基金（计划）

创新点：

1. 响应国务院、银监会出台的一系列政策号召，充分发挥中国信达的综合金融服务优势，解决中小企业融资难问题。

2. 采取开放式信托基金模式运营本信托基金，信托基金长期存续，不定期开放，一方面可满足投资者长期投资需求；另一方面可解决佛山市地区中小企业长期存在的融资难问题。

3. 邀约佛山市禅城集成小额贷款有限公司及中国信达资产管理股份有限公司广东省分公司为信托计划投资顾问，由其向受托人推荐广东省佛山市有融资需求的优质中小企业，充分利用了小额贷款公司在其所在地所具有的丰富客户储备资源，同时借助中国信达分公司多年不良资产处置经验在项目发掘阶段就识别并屏蔽项目风险。

4. 采取结构化设计，由佛山市集成金融集团有限公司作为次级受益人，同时承诺追加次级信托资金为优先级受益人利益实现提供保障；引入广东集成融资担保有限公司为信托基金项下各笔投融资业务提供担保；通过采取一系列措施，将佛山市集成金融集团有限公司、佛山市禅城集成小额贷款有限公司、广东集成融资担保有限公司进行利益捆绑，有效防范信托计划可能产生的各种风险。

（二）集合资金信托计划

项目名称：金谷·上信1号——泸州陈年窖优质白酒收益权投资集合信托计划

创新点：

1. 在面对非主流合伙性市场主体及企业固定资产价值较低、变现能力及流动性较差的对象时，挖掘企业的核心价值资产。用最有价值的存量白酒收益权及销售公司的80%股权作为次级信托财产放进信托计划，为优先级和一般级信托受益权作支撑和兜底。

2. 将增量白酒收益权作为信托资金的投资标的，以信托投资的形式解决了其不符合融资条件的问题，同时也解决了银监会对信托公司集合资金信托计划融资类规模原则上不得超过30%的问题。该方案的设计前提是白酒生产流程中原酒需要有一部分进行长期陈酿贮存且逐年提升价值的特点。

3. 将存量白酒设定动产浮动抵押，该设计既是对《物权法》原则的实践，也充分考虑了根据存量白酒虽然有进有出，但随着企业生产规模的扩大，存量原酒总量不断增加的实际情况。

4. 对信托计划受益权进行结构化设计，优先级的期限为2年，到期即退出，实际上起到了融资的作用；一般级和次级信托受益权则为10年，实际上发挥了投资的功能；若企业在10年期限内有新的资金需求，则可随时满足需要。一般级受益人若愿意提前结束信托计划，则可通过受益人大会行使权利。

5. 信托计划设定了金谷信托作为受托人，可以为一般级受益人利益以受托人名义定制、营销定制酒，从而为一般级受益人提升附加利益并为金谷信托增加信托报酬的权利。

三、社会责任履行情况

（一）公司稳健经营，国有资产价值大幅增值

2011年，金谷信托经营水平得到较大幅度提升，公司治理不断完善，信托资产规模、信托收入、净资产收益率等几项重要指标取得较大进步。公司总资产由2010年末的14.10亿元增长至2011年末的17.60亿元，增幅24.82%，国有资产得到较大增值。

（二）利用信托工具，支持国家产业政策

1. 信托制度能够归集社会闲散资金投资于中小企业发展，既能满足投资者的理财要求，又能够支持中小企业的经营与发展，还能使得游离在国家金融监管体制之外的民间融资阳光化，可谓一举多得。2011年，金谷信托为响应国家产业政策，在开展中小企业基金信托业务方面进行了积极探索和研究。先后发行了金谷·向日葵——广东佛山中小企业发展信托基金（1号、2号）信托产品，为中小企业的发展起到了推进作用，在积累了宝贵经验的同时，得到了当地政府的肯定。

2. 审慎开展房地产信托业务，重点支持保障房建设。2011年，为防控房地产行业系统性风险，响应监管部门的政策导向，公司提出了审慎开展符合国家产业政策和监管部门监管要求的房地产信托项目经营思路，将此类业务的重点转移至国家大力提倡的保障房类房地产信托项目。

3. 公司积极开展艺术品类信托，为国家文化产业发展起到了积极作用。

（三）依法纳税，认真履行企业义务

金谷信托2011年累计上缴各种税金6 593万元，对推进当地经济建设起到了积极作用。

（四）坚持受益人利益最大化的基本原则，努力提高客户服务水平

公司依法合规经营，在经营过程中严格遵守受益人利益最大化这一基本原则，在信托业务与公司其他业务之间建立了有效的隔离机制，保证了人员、信息、会计账户之间的相对独立，从而保障了信托财产的独立性。同时，公司设立了内部审计部门，对公司的业务经营活动进行审计和监督，并定期向公司董事会提交内部审计报告，同时向银监会报送上述报告的副本。

四、2012年发展规划

2012年是金谷信托挂牌营业后的第三个完整经营年度，根据公司五年中长期战略发展规模的经营目标，确定2012年的主要经营方针为“增规模、调结构、抓规范、控风险，促效益”。

增规模：在2011年信托资产规模的基础上，稳中求进，再有一定程度的增长，使公司信托资产管理水平得到较大幅度提高。

调结构：调整公司受托资产的产品结构，依据银监会对主动管理型业务的监管要求，努力提高主动管理型业务的业务占比，实现资产管理质量的优化。

抓规范：努力形成金谷信托规范经营、科学发展的经营理念。在2011年制度和流程规范化建设的基础上，继续完善和不断提高。实现ISO9001质量体系认证和信息化建设的全面提升。

控风险：一是持续完善风险审查委员会作为业务审批前的预审机制；二是严格监控信托项目，尤其是房地产业务的风险，建立必要的应急处置机制；三是强化业务开发团队的第一责任制，业务团队负责人对项目立项进行审批并承担责任；四是增强公司风险管理意识，推进事前防范、事中过程管理和事后监督的三位一体的风险管理体系。

促效益：在合规经营、稳健发展的基础上，注重公司效益水平的不断提高。力争公司净利润在2011年的基础上再有较大幅度增长，依靠中国信达总公司的行业优势，形成金谷信托的市场竞争力，使金谷信托的行业地位不断提升。

中航信托股份有限公司

一、2011 年经营概况

2011 年，中航信托在上级有关单位正确领导及各股东单位和社会各界的大力支持下，以科学发展观为指引，凭借股东优势和自身不懈努力，激情进取、奋力开拓，取得了喜人的经营业绩。年内，公司前后两次实现增资，经营成果实现双丰收，经营发展基础得到夯实。在第四届中国优秀信托公司评选活动中，公司荣获“中国最具成长性信托公司”称号，国际权威咨询机构毕马威在其对中国信托行业的分析报告中也充分关注到中航信托的成长性。

（一）增资扩股，资本实力不断壮大

在全体股东单位支持下，公司前后两次实现增资，注册资本增加到 15.00005 亿元，有效解决了公司发展的资本“瓶颈”，各项净资本指标全面满足监管政策的要求，为进一步开拓市场、提升业务规模提供保障。

（二）主要经营指标实现双丰收

一是在有效控制风险的前提下，公司业务开拓有力，营业收入、利润增长迅速。全年累计实现营业收入 65 982 万元，同比增长 520%；利润总额 38 247 万元，同比增长 793%；人均创利 308.44 万元。二是与同行业对比，多数核心指标已超越行业平均数。其中，信托业务收入占比、净资产收益率两项指标位于行业前列。

（三）紧抓市场机遇，业务发展取得重大突破

信托业务按照“紧抓机遇、主动出击、迅速扩张、提升规模”的发展思路，推行“产品 + 客户”、“客户 + 产品”经营模式，进一步拓展业务发展空间，促进业务深度发展；强调内涵式与外延式增长齐头并进，不断培育和提升主动管理能力，推动信托业务质量、结构、速度和效益的协调发展。全年新增项目 238 个，新增规模 607 亿元；年内顺利清算项目 87 个，清算规模

212 亿元，实现到期项目顺利清算，未出现任何风险事故；年末存续信托项目 259 个，受托资产规模余额 781 亿元，实现在信托资产规模、信托报酬率、人均利润等主要经营指标方面，两年时间赶超同行业十年发展的平均水平。

服务信托：提升层次。继续以银行为主要客户，在新的银信合作理财政策范围内，与银行建立深度、长效的业务合作模式，如“产品 + 渠道”、“项目 + 渠道”、“投资 + 融资”等。

融资信托：定型与创新。继续以优质客户、优质项目与优质资产为基础开展融资信托，在融资方式、风险管理措施等方面进行标准化设计；与优质客户合作设立结构化、基金型信托产品为突破，推进创新。

投资信托：积极探索。在定向增发、股权投资、TOT 投资等方面开始发行真正意义上的投资信托产品。2011 年，公司新增投资类信托项目 95 个，受托资产规模达 263.40 亿元，占新增受托规模比例为 41.95%，相比 2010 年占比 6.79% 有大幅提升，与服务信托、融资信托呈三足鼎立之势。

固有业务为配合信托主营业务的发展，公司提出将自有资金从“财务资源”向“战略资源”转变的发展策略，并在 2011 年得到很好的贯彻落实。按照“审慎经营、审慎投资”的原则，合理规划资金使用，促进固有业务资源更好地支持信托业务开展。截至 12 月末，固有业务贷款余额 39 300 万元；投资公司自行发售的信托产品余额 32 086 万元；长期股权投资余额 8 542 万元，所投资参股的景德镇商业银行、吉安农村商业银行 2 家地方金融机构发展势头良好，有望给公司带来长期稳定的较高回报。同时，发挥人才结构的现实优势，稳妥开展固定收益业务，全年完成债券交割量 470 亿元，在信托类机构排名第 4 位，助推公司品牌建设。

二、创新业务案例

（一）产品名称：中航信托·天启·金丰 1 号房地产流通服务基金投资集合资金信托计划

2011 年 1 月，公司推出了天启·金丰 1 号房地产流通服务基金投资集合资金信托计划。不同于常见的以房地产开发环节为切入点的房地产信托产品，该产品通过间接参与房地产销售流通获取收入，为投资者获取投资收益。

产品特点：（1）结构化设计。产品设置采用优先、次级受益权两类，优先部分面向社会投资者，劣后部分由具有丰富的房地产流通服务经验的企业认购。在确定优先受益人的收益的同时，将次级部分的收益最大化。（2）流动性支持。信托期满 2 年，优先委托人可选择退出，将优先受益权按信托单位面值转让给次级委托人。（3）增强信托资金。在信托存续期间，如信托账户内无足够现金支持未来两个月的对外支付义务，则次级委托人有义务追加增强信托资金予以补足。（4）退出保障。信托期间内或者信托到期时，如发生项目公司需要退出包销或风险代理项目的，次级委托人有义务按约定价格受让。

（二）产品名称：中航信托·天启118号广东亚仿能源合同收益权集合资金信托

2011年5月，公司推出了中航信托·天启118号广东亚仿能源合同收益权集合资金信托，信托规模4 000万元，信托期限18个月，投资者预期年收益率8.8%。用于受让合同收益权形式受让广东亚仿科技股份有限公司、中国建筑材料检验认证中心有限公司和鲁南中联水泥有限公司签署的《在线仿真管控数字化水泥厂项目合同》。

产品特点：（1）该项目是信托机构进入节能减排行业的有效尝试，服务于国家的循环经济建设。（2）该项目是信托机构扶持中小企业，解决节能企业的融资困难的有效尝试。（3）该项目投资于能源合同的未来收益权，为信托产品的创新提供新的思路。

三、社会责任履行情况

（一）提升金融服务功能、促进地方经济发展

公司成立以来，按照“依托航空、立足江西、面向全国”的发展策略，充分发挥信托的投资、贷款、融资等业务优势，大力发展各项业务，为航空工业产业发展提供金融服务规模达110亿元，为江西地方经济发展提供信托服务规模达133亿元。报告期内，信托业务新增规模607亿元，公司盈利能力稳步提升，服务地方经济建设的能力也不断增强。

（二）维护委托人、受益人利益，维护行业稳定

公司忠实履行“受人之托，代人理财”的信托职能，切实维护委托人及受益人合法权益，审慎管理信托资产，积极配合监管部门做好反洗钱、案件防控等各项工作。报告期内，公司清算结束的信托项目87个，清算金额212亿元，未出现任何清算风险，有效维护金融行业稳定。

（三）履行法人职责，依法纳税

在营业收入取得较快增长的同时，公司依法履行纳税义务。2011年缴纳各类税金1.42亿元，同比增长630%，为当地经济建设与社会发展提供支持。

（四）开展公益活动，积极回馈社会

在促进成长的同时，公司积极参与组织公益活动，帮扶社会弱势群体，以实际行动回报社

会。2011 年 1 月 10 日，为回馈社会、客户及广大支持公司发展的各界朋友，公司邀请中国歌剧舞剧院交响乐团在江西省艺术剧院为南昌市民奉献了一道音乐盛宴，本次演出半数以上门票赠送给江西高校音乐系学生；“十一五”规划期间，按照江西省省委、省政府的安排，定点帮扶赣县江口镇安平村，结合当地实际情况，按照“扶贫先要扶智，扶智重在扶教”的思路，投资兴建希望小学一所，解决当地适龄儿童上学难问题；帮助开展科普培训，多渠道培养农村实用人才；坚持开展对贫困户及孤寡老人送温暖活动，2011 年 9 月，公司获评“‘十一五’省直（属）定点扶贫先进单位”。

四、2012 年发展规划

按照公司中长期发展战略规划，2012 年是中航信托从生存期到发展期的跨越阶段，总体经营思路是：“稳中求进、优化结构、稳固基础、谋求长远”，争取各项经营指标继续有一定幅度提升。在具体经营策略上，以促进规范和稳健发展为前提，争取各项业务指标继续有一定幅度提升；坚持以提升风险管理能力和持续发展能力为核心，优化发展投资类信托，着力优化业务结构及与之相匹配的专业人才结构；开展更有针对性的管理创新活动，提升管理能力，培育体系化的组织功能和由此形成的核心竞争优势，使运营管理更加科学化、标准化，为公司顺利实现从生存期向发展期跨越创造条件，为“十二五”及长期可持续快速发展稳固基础。

（一）推进信托业务结构转型，提升主动管理能力

信托业务将在 2011 年的基础上继续提升规模、提升能力，积极鼓励业务转型，优化业务结构。在巩固事务管理类、融资类信托业务基础地位的同时，积极发展投资类信托业务，提高主动管理类信托业务的比重。服务信托应在巩固与银行业务合作的基础上，拓展客户边界、拓展服务边界。融资信托在现有的业务基础上，促进建立标准化信托模式。投资信托开始着手建立适应合格投资者风险偏好的低、中、高三条产品线。

（二）发挥“战略资源”功能，提升固有业务收益水平

固有业务将继续按照谨慎经营、谨慎投资的原则，实施“战略资源”策略，发挥其协同功能，进行自有资金的基金化、统筹化配置。在 2011 年末成功将注册资本增加到 15 亿元后，对公司的净资产收益率等指标提出了严峻的挑战。为此，公司将严格按照监管政策要求，兼顾自有资金流动性、收益性需求，合理规划资金使用，以实现收益最大化，为信托业务发展提供有力支持。

中粮信托有限责任公司

一、2011 年经营概况

2011 年，中粮信托全面完成预算，各项经营指标较 2010 年均有大幅增长：营业收入 2.06 亿元，利润总额 1.20 亿元，净利润 0.77 亿元，资本利润率 6.15%。

（一）信托业务发展迅速

自主管理能力增强，业务结构更趋合理和多元化。2011 年末，公司受托管理信托财产 360 亿元，其中单一资金信托占 63%，集合资金信托占 24%，财产信托占 13%。平台类业务显著减少，股权及其他类显著增加。资金投向更趋合理，涉及信银、信消、信房、信券、信投和信农等多个领域。信托收入、信托业务报酬率快速增长。

2011 年末，农业金融业务累计近 20 亿元，形式更加多样化：中粮食品经销商供应链信托助力集团规模扩张；国窖 1573 白酒特定资产信托形成高端消费品直销模式；生猪养殖、肉鸡养殖投资信托协助集团控制产业链核心环节；五里明农地经营权信托及“蜡笔小新”项目体现了与集团产业链的协同投资。

组建市场部，构建多维度、立体化营销体系，目前已拥有 1 278 名 300 万元以上的高净值个人客户。

（二）固有业务稳健增长

固有业务包括金融股权投资、配比信托和现金管理。股权投资注重农业金融股权投资、农业产业基金的协同投资，有助于公司建立差异化资产管理和财富管理能力；配比投资公司 8 个信托项目，积极支持信托业务发展；现金管理基于“流动性、安全性、收益性”原则，根据市场状况灵活配置，取得银行间本币市场参与资格和新股网下询价资格，拓宽了投资渠道。

（三）合规风控助力公司稳健发展

目前公司信托业务以银信合作为主，固有业务大部分为购买高华次级债、配比信托，业务模式与人员素质、风控水平较为匹配，公司整体风险可控。

公司坚持合规优先、全程监控、细化流程、项目动态管理的风控原则，适时出台了《信托业务审查与风险控制标准及操作指引（暂行）》、《信托业务动态检查指引（试行）》，完善了信托项目的事前、事中、事后全过程控制，有力地保障了业务开展。2011 年业务审查与风险控制委员会召开会议 64 次，审议 191 个项目，通过率 87.5%，有效剔除了部分有风险隐患的项目，从源头上控制风险。公司出具动态管理报告 234 份，要点明晰，监控到位，覆盖项目 169 个，覆盖率达到 88%（未覆盖项目为新成立项目）。

（四）人力资源

团队有序扩张，2011 年末达到 65 人。薪酬水平整体上处于信托行业 25 分位，逊于行业平均水平。

在集团指导下，公司启动了中长期激励方案设计，将公司关键人才利益与公司战略目标相捆绑。广泛开展新员工培训、职业技能、领导力、企业文化和战略团队培训，建设立体企业文化。

（五）信息化建设促进公司发展

优化盈丰系统 25 项功能点，落实金蝶预算报表设计，持续改进业务系统。加强系统培训（盈丰系统、OA 系统），落实和推进人寿大厦办公室 IT 基础设施建设、协同办公系统建设、交易和估值系统建设。

（六）战略引资工作取得阶段性成果

BMO 是北美领先的多元化国际金融集团，核心机构蒙特利尔银行是加拿大历史最悠久的银行，公司将引入 BMO 作为战略投资者，满足监管层对信托公司股东多元化的要求，提升公司治理，提升公司风险管理和产品设计水平。

二、创新业务案例

创新逐步推进。2011 年公司首发的创新产品有：投资于有稳定租金收益物业的远东租赁资产收益权项目；针对特定高端私人客户的家庭财富管理信托；解决中小企业融资难的中关村自主创新知识产权融资集合信托；国内首例以信托形式买断金融租赁公司租赁资产的华融租赁资产收益权转让集合信托。

（一）国窖1573白酒特定资产投资信托

项目关键点：以企业主打产品53度“国窖1573”白酒为投资标的设立信托，根据信托结束时分配方式的不同拆分为两个信托产品发行，以白酒实物方式分配的信托规模与以现金或白酒实物方式分配的信托规模比例不低于1:4。

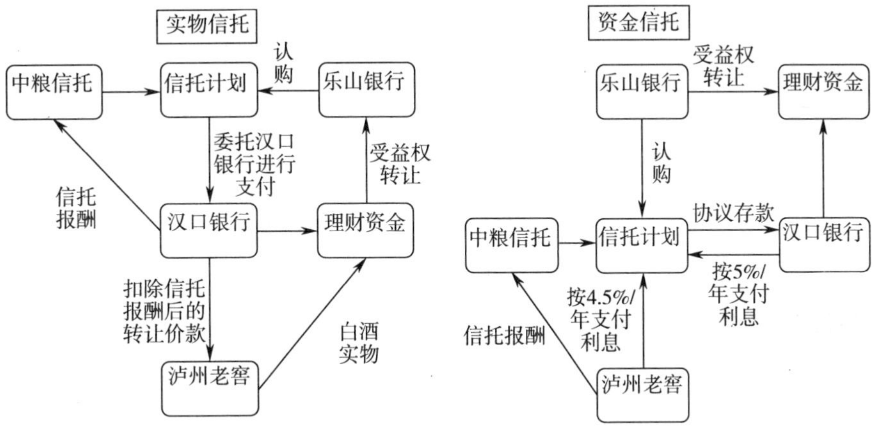

图1 “国窖1573”白酒特定资产投资信托分配规模图

意义：（1）属于“消费+投资”类信托产品，投资标的具有稀缺性，实物分配收益率比现金分配高，投资属性明显；（2）通过项目发行积累和锁定部分高端目标客户，有利于集团类似高端产品的精准营销；（3）为中粮集团内部的品牌商品销售提供借鉴，未来考虑在中茶普洱茶、君顶红酒等产品中推广。

（二）中粮生猪养殖投资信托

项目关键点：中粮信托通过与中粮肉食子公司中粮肉食（江苏）有限公司合作，募集资金用于认购合作方繁殖和饲养的20公斤左右的子猪，委托中粮肉食（江苏）有限公司代为管理，4个月后生猪（90公斤左右）出栏，按公允市场价格销售。正常的管理成本（如厂房租用、饲料采购、疫病防疫、养殖保险及人工费用）均列入信托费用，由信托财产承担。

意义：（1）增加市场生猪供给，有利于平抑猪肉价格的上涨趋势；（2）为中粮肉食提供稳定、安全、可靠的生猪来源，进一步转变中粮肉食的重资产运营方式，减少对大规模资金投入的依赖；（3）产品属于真正的商品投资类产品，是国内首只与生猪相关的信托产品，具有创新意义。

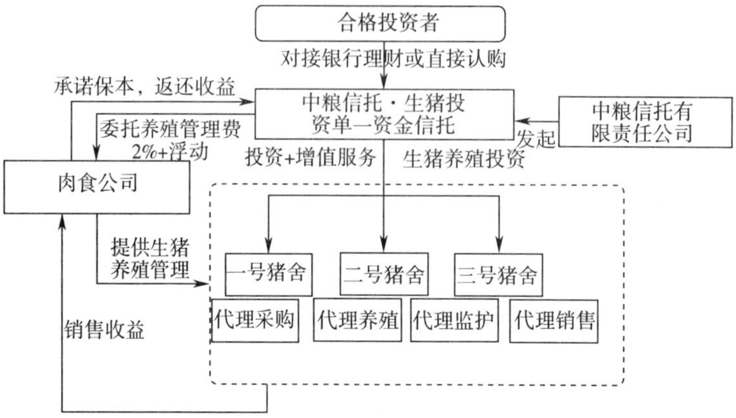

图2 中粮生猪养殖投资信托流程图

三、社会责任履行情况

2011 年 3 月 11 日，日本发生 9 级地震并引发海啸，给日本人民的生命财产造成巨大损失。中粮信托积极响应北京 CBD 金融商会号召，向日本捐款 10 万元人民币。

公司积极参加集团和有关部门组织的各项社会活动，自觉履行社会责任。

四、2012 年发展规划

（一）提升管理水平

2012 年，中粮信托将以 6S 管理为抓手，进一步提升风险控制、信托资产管理、人力资源、IT/信息化建设等方面的管理水平。

1. 风险管理细化、专业化，从之前单纯对业务说“不”转变为帮助业务实现“可以”。建立以律师、注册会计师和有信托业务经验人才为主的合规风控专业团队；不断总结风险管理工作的经验和教训，定期组织同业交流，学习同业先进工作经验和团队建设经验。进一步细化和完善《信托业务审查与风险控制标准及操作指引》，完善证券业务、信政业务、消费类信托、实业股权投资等内容，制定相应的审批标准和流程。

2. 扩充团队、改善薪酬水平、加强培训。2012 年拟将公司人数扩充至 110 人，人员配备进一步向前台倾斜，前台比例达到行业内较高水平。梳理并完善组织架构，注重中粮文化渗透，提升认同感。以市场中位值（50 分位）为目标，逐步提高薪酬激励水平。利用 BMO 的资源和经验，建立培训体系，设计员工职业发展路径，进一步完善考核机制，并与行业对标。

3. 完善资产管理体系。调整项目信息管理流程，修订《盈丰系统项目信息管理细则》；优化项目分配操作，增强审核环节，简化流程；细化动态管理规程。探索并完善产品资产管理模式，严格贷后管理，提高管理报告的质量、现场检查的积极性、流程执行的严格性，要有责任人、有日常管理、有沟通、有成果、有考核。

4. 加强IT/信息化建设。建立健全资管和估值系统、灾备系统。根据业务发展和异地机构设立情况，建设客户关系管理系统，进行网络规划。

（二）信托业务

1. 2012年产品发展规划。保持信银、发展信券、优化信房、推动信消、重启信政，大力推动农业金融。主动引导银行等合作伙伴拓展收益权、财产权、租赁资产、应收款、高速公路收费权、矿产等方面的合作，深入挖掘银行票据、家庭信托、个人车贷等业务，通过扩大合作渠道，提高渠道业务合作占有率，逐步扩大市场份额。提升“大客户、大资金、大项目”拓展能力，形成10个以上稳定大客户，每个客户每年持续产生30亿~50亿元规模，贡献1 500万~2 000万元利润。

2. 推进产融结合。深化与中国食品、中粮肉食等集团业务板块及其上下游、中粮金融内部的合作，扩大合作范围和规模；拓展与中土畜、中粮置地等集团其他业务板块、集团外农业公司的合作。

供应链信托向主动管理型深化发展；增加股权产品比重；重点开发茶叶、红酒等消费品投资及与中粮农业产业基金、信托固有资金合作的PE项目；谨慎开展房地产类股权投资信托。

加紧复制已成熟信托产品，结合信托模式和集团业务单元需求推出1~2个创新产品。

考虑设立专业化的产融结合部门。

3. 营销体系重点工作。建立高效的营销团队，规范完善现有制度及销售流程，形成品牌和固定客户群，搭建组合销售体系。建立客户关系管理体系，推进CRM系统，逐步实现客户（包括渠道）的分级管理，建立有特点和技术先进的客户沟通和产品路演体系，继续推行“千行计划”。

4. 设点机构重点工作。原有设点机构要“稳”字当头，根据经济、金融环境不断提高金融综合服务能力，以技术创新提高业务能力和运作效率，以金融市场创新提高效益，以管理创新加强基础建设，梳理并解决发展中存在的问题。拟设点机构以渠道建设为核心，项目开发为重心，信息平台为中心，基础管理为信心，以稳为主，所有项目尽职调查，杜绝大风险，防范小风险，最后做到无风险。

（三）固有业务

继续坚持金融股权投资、支持信托业务发展和现金管理三个主要业务方向。金融股权投资注重农业金融股权、类金融股权、与农业产业基金的协同和高财务回报金融股权；积极探索内外部研究力量、业务创新、渠道等方面对信托业务提供支持；进一步丰富现金管理工具。以合规性、安全性为最高原则，增强风险控制意识，强化对项目的全过程风险管理。

中融国际信托有限公司

一、2011 年经营概况

2011 年，在传统银信合作业务和房地产信托业务受限的外部环境下，面对净资本达标压力，公司积极研究内外部经济形势，严格落实监管政策，持续推进资本集约化发展方式转变，加快业务结构调整，实现信托规模、营业收入、净利润等主要经营指标位居行业前列的年度发展目标。

（一）经营平稳快速发展，指标跻身行业前列

截至 2011 年末，公司管理资产 1 783.8 亿元，其中信托资产总额 1 741.6 亿元。2011 年，公司实现各项业务收入 29.2 亿元，同比增长 67%；实现税后净利润 10.5 亿元，同比增长 51.5%。年度内，公司未出现任何不良资产，已到期信托计划均实现安全兑付。

（二）完成两次增资工作，顺利实现净资本达标

公司积极协调各股东单位，完成两次增资工作，注册资本从 5.8 亿元增至 14.75 亿元。年度内，公司全力压缩融资类银信合作业务，控制新增高风险占用系数业务，实施业务净资本全覆盖等措施稳步调整业务结构。公司在 2011 年末顺利实现净资本达标。

（三）继续推进主动管理，加快业务转型步伐

一是主动管理能力有所提高。2011 年末，公司逐步减轻对银行单一理财资金的依赖，主动提高自主管理能力，真正发挥受托人资产管理作用。与年初相比，集合资金信托计划从 36.63% 上升到 55.82%。二是投资类业务比重上升较快。从投资类型看，投资类业务占比从 43.46% 上升到 48.69%。公司融资类业务占比下降明显，由融资类为主向投资类为主的业务转型效果显现。三是新兴业务发展势头较好。公司紧密围绕经营战略的需要，探索新兴市场业务，大力推进新型信托业务的发展，并在矿产能源投资、艺术品投资、酒类投资等领域均取得一定的收获，

尽管从数量和规模上构不成主要投资领域，但属于公司战略转型的积极尝试。

（四）拓宽自有资金运用渠道，不断完善战略布局

阶段性增资完成后，公司自有资金进一步增加，但自营业务发展面临瓶颈，投资方式、投资渠道等亟待改善。年度内，公司除开展贷款等传统自营业务外，重点围绕股权投资（PE）业务进行战略发展布局。公司成功设立中融鼎新投资管理有限公司，主要从事私人股权投资业务和与私人股权投资相关的资产管理。私人股权投资专业子公司的设立将进一步完善公司自营业务的战略布局，夯实自营业务发展基础。

二、创新业务案例

2011 年 9 月，中融信托推出“中融—同华盈富一号股权投资集合资金信托计划”，该产品主要是一款面向高端投资客户、中长期投资产业股权市场、浮动收益型信托产品，公司通过与国内知名投资机构展开深度合作，为信托投资者参与私人股权投资提供良好的投资渠道。

本产品规模超过 3 亿元，期限 5 年，中间设置开放期，采取“基础收益 + 浮动收益”的分配方式，通过搭建有限合伙平台参与股权投资业务，通过各种创新性的结构设计与安排充分保证投资者的利益最大化。

“十二五”规划的出台及七大“战略性新兴行业”的推出，资本市场股权投资领域将存在大量的投资机遇和行业价值，不但为信托公司介入金融服务提供了广阔的平台，更为信托公司转型提供了很好的机遇。本产品不但可以丰富公司的产品类别，有利于培养委托人的成熟投资意识，而且有望通过与专业投资机构合作和借鉴，提升公司在资本市场股权投资领域的主动管理能力，是公司在私人股权投资领域进行的有益尝试和创新。

三、社会责任履行情况

公司坚持“诚实、信用、创新、务实”的经营理念，秉承“成为具有强大综合实力、备受社会尊重、客户信任和员工爱戴的知名金融企业”的公司愿景，持续致力于企业法人的社会公民的责任。

（一）关注股东责任，实现国有资产保值增值

2011 年，公司继续保持高速发展，可持续发展能力和盈利能力不断增强，行业内影响力稳固提升。公司营业收入、净利润均完成年度计划，有效实现国有资产保值增值。公司作为经纬

纺机并表子公司，接受并完成了国资委央企信托专项审计、财务专项审计和“三重一大”事项决策审计，接待了国资委国有重点大型企业监事会主席调研指导。

（二）关注受托人责任，实现受益人利益最大化

公司积极履行受托人职责，年度内，到期清算信托计划413只，初始规模1 032.33亿元，全部实现安全、按期兑付，最大限度地保护了委托人利益。同时，公司积极开展信托产品创新，不断为投资者量身定做个性化金融产品，开发出房地产投资基金模式等一系列创新型信托产品，满足委托人的多元化投资需求。

（三）关注经济责任，有效支持国家产业政策

公司积极贯彻国家关于支持东北地区等老工业基地振兴、保障房建设、能源产业发展和文化产业发展的相关政策，以多种类型的信托计划为工具，有效引导社会资金投资相关行业，深入探索履行企业经济责任之路。支持东北地区等老工业基地振兴方面，公司存续的投向黑龙江、吉林和辽宁三省的信托项目规模逾60亿元，在基础产业、房地产建设和社会保障业等方面落实国家政策。

支持保障房建设方面，公司推出了多个投向保障房、棚户区改造的信托计划，为开发商承建项目而产生的回购款进行流动化安排。相比银行开发贷款，信托资金更为快速，很大程度上加快了保障房建设，协助当地政府有效落实国家房地产调控政策。

支持能源产业发展方面，公司推出了多个投资于煤矿、铁矿、金矿、硼钾矿等矿产资源开发的信托计划。信托资金多用于矿产企业技改扩能，帮助企业提供其安全生产能力和资源利用能力，有效解决我国采矿业面临的融资渠道狭窄的发展问题。

支持文化产业方面，公司推出了“融美”系列艺术品投资信托计划，信托资金用于投资绘画、书法、瓷器等艺术品。此类型信托计划的推出，有效地支持了国家“十二五”文化改革发展规划纲要。

（四）关注公益责任，树立“责任中融”的企业形象

公司积极参加各类公益活动，有效地支持老少边穷地区发展。年度内，公司向中国检察官教育基金捐款100万元，用于支持我国西部老少边穷地区的检察官教育事业，向内蒙古自治区通辽市捐赠了价值1 000万元的物资，用于促进当地教育事业发展、增加农民收入和改善农民生活质量。此外，公司还组织员工进行大型公益植树活动。公司董事长刘洋也兼任中国检察官教育基金会副理事长、北京青少年发展基金会理事等职务，为社会公益事业持续贡献力量。

（五）关注政府、社区责任，实现和谐共赢发展

公司注重履行政府责任。2011 年，公司未发生任何偷漏税行为，当年缴纳各种税金 7.24 亿元，对当地经济建设和社会发展提供了较大支持。

公司注重履行社区责任。2011 年，公司提供实习机会 75 个，招聘应届毕业生 29 人，年度新增就业岗位 235 个。其中，应届毕业生主要来自北京大学、清华大学等国内重点院校。新招聘的员工主要来自国内外金融机构、“四大”会计师事务所和大型律师事务所。同时，公司非常重视员工和公司的共同发展，为员工提供多种形式的职业培训机会。公司建成 E - learning 在线培训系统为全体员工进行职业教育培训，还为高级管理人员提供了国内知名商学院进修机会和“信托高层管理研修班”研修机会。此外，公司还组织了徒步穿越拓展，“中融的故事”摄影比赛，羽毛球、篮球大赛等多种形式的文体活动，丰富员工业余生活。

（六）关注行业责任，促进行业发展

2011 年，公司设立的“融美”系列艺术品特色信托计划获得市场广泛关注，此信托产品受众多投资者追捧，多家媒体广泛报道该系列信托产品，为全行业带来了良好声誉。

经《证券时报》评选，公司产品“橥乾 1 号结构化证券投资集合资金信托计划 ”、“混沌 2 号证券投资集合资金信托计划”及“邦文传家宝集合资金信托计划 ”凭借优秀的产品结构设计及优异的产品净值表现分别获得“最佳证券投资类信托计划”和“最佳艺术品投资信托计划”的称号。

此外，公司积极与同业公司开展交流活动，平安信托、西安国际信托、百瑞信托、北京信托等八家信托公司先后到访公司，就业务风险管理、业务发展模式、合规管理体系建设、信息系统建设、人力资源管理等方面问题进行了交流。

四、2012 年发展规划

2012 年是国家“十二五”规划的开局之年，也是公司战略转型的关键之年，公司将始终坚持社会效益、股东利益兼顾的原则，严格贯彻监管机构的政策要求，不断提升公司的社会价值和品牌形象。

公司发展规划：公司致力于掌握具有核心竞争力的综合化金融服务能力，成为服务于高端私人客户与机构客户的卓越资产管理公司。公司将在专业的自主资产管理能力和完善的客户财富服务功能驱动下，优化资产配置，构建安全的集成高端私募资产管理和投融资服务模式，为客户提供全面优质的财富与金融服务。

未来五年，公司将根据政策环境、市场条件和公司资源现状进行中长期战略规划，以推动公司业务增长方式和发展模式的战略转型，在此基础上，逐步完成管理体系优化工作。

（一）增强业务创新力度，明确业务发展布局

公司将深入分析宏观经济政策和产业发展政策，密切关注节能环保、信息技术、新能源、新材料等国家鼓励、支持发展的行业，抓住市场机遇，进一步整合资源，在政策指引和客观市场需求条件下完成新领域的产品研发。同时，公司将培养专业的自主管理人才，积累行业经验和自主管理经验，持续推进矿产能源、艺术品、酒类、融资租赁、基础设施投资等“转型类”业务的发展，构建专业领域的核心竞争力。

（二）坚持高速发展模式，推进“渐进式”管理体制优化

公司将继续保持高速发展的业务模式，进一步推进市场化、专业化、规模化发展的进程，提高公司业务市场份额和品牌影响力。与此同时，公司将稳步推进内部管理规范化工作，完善风险管理、人力资源管理、财务管理、品牌管理、信息管理体系建设，提升风险管理能力、创新能力和内部管理效率，进一步优化企业的人才结构。

（三）加强财富管理体系建设，提高市场资源占有率和客户忠诚度

公司将逐步推进客户分类管理和信息系统建设，实现市场条件与产品设计对接、客户需求与服务模式对接，充分发掘市场的潜在价值，实现资本市场与服务市场的有效融合，提高资源占比和客户忠诚度。

2012 年是机遇与挑战并存的一年，公司将在发展的基础上积累规模优势、专业优势、市场资源优势和品牌优势，在改革的基础上强化风险管理、创新管理和企业文化建设，促进发展、夯实基础，逐步实现公司向持续型、精细化发展模式的跨越。

中泰信托有限责任公司

一、2011 年经营概况

2011 年，中泰信托有限责任公司稳健发展业务规模，培育挖掘成熟业务模式，加强风险控制，拓展业务渠道，公司自主管理和业务创新能力显著提高，为业务转型和持续发展奠定了良好的基础。截至 2011 年 12 月末，公司固有资产总额为 177 120.00 万元，较年初的 173 937.69 万元增加 3 182.31 万元，增长 1.83%；净资产 163 093.76 万元，比年初 156 902.09 万元增加 6 191.67万元，增长 3.95%；全年实现营业收入 30 909.80 万元，较 2010 年的 25 182.73 万元增长 22.74%。其中，信托收入 11 861.87 万元，较 2010 年的 8 268.66 万元增长 43.46%；实现投资收益 15 391.24 万元，年末管理的信托资产规模 108.49 亿元；全年共实现净利润 22 593.55 万元，净资产收益率 14.12%。

公司通过推进管理信息系统，加强风险排查和管理规范化，完善内控体系。截至 2011 年末，信息化建设已基本达到第一期建设的目标：实现信托业务规范化管理，精细化管理；公司网站改版并启用，满足公司对外宣传、信息披露、客户服务等基本功能；升级交易系统，完成与业务系统对接，实现信息交换；公司财务和信托财务系统上线运行，实现信托业务、财务一体化，报表自动化。在打造风控硬件基础同时，风控、合规和内审部门加强了风险排查和规范化管理，进一步促进了各项业务操作规范的完善：

1. 业务文本规范化。风控合规部门结合公司实际，在相关律师事务所及公司业务部门的配合下，起草并发布了信托文件及交易文件的示范文本。

2. 加强外聘中介机构管理。法律合规部和业务部门配合，有序推进外聘中介机构管理工作，在与相关中介机构就服务标准、服务价格等协商后，初步完成备选库的建立。

3. 完善内部流程和制度。根据公司实际工作需要，草拟了《合规风险管理准则实施办法》、《业务合规风险评估工作规则》、《外聘中介机构管理办法》，修订了《法律事务工作制度》、发布可研报告模板等。

4. 加强重大项目专项审计。

二、创新业务案例

自2010年起至2011年末，在银监会鼓励信托公司培养自主投资能力，支持真实投资型信托业务发展的背景下，公司即开始持续研究房地产信托投资创新业务，并在2011年将研究成果付诸实施。

2011年4月14日，公司首只准基金型房地产信托投资项目——中泰·复地天元壹号房地产投资集合资金信托计划正式成立，总规模不超过15亿元，首期成立规模为5.5亿元。该基金具有真实投资、同股同权、风险共担、收益共享、组合投资、循环投资等特点，突破了传统信托计划投资方式、管理模式等方面的局限性，实现了真实的股权投资，为高风险、高收益偏好的投资者创造了分享房地产投资收益的机会。该项目在《证券时报》主办的第四届信托公司评选中当选为最佳房地产信托计划。

2011年9月，公司与证大集团合作，设立中泰·证大艺术品信托投资基金项目，规模为4 000万元，这是公司成立的第一只艺术品信托计划。

这些基金类产品突破了传统信托计划投资方式、管理模式等方面的局限性，实现了真实投资的要求，为高风险高收益偏好的投资者创造了分享房地产投资收益的机会。

此外，公司不断探索与银行、资产管理公司等金融同业合作的广度与深度，致力于在单一类和结构化集合信托等方面，在基础设施、矿产资源、证券投资等多领域寻求创新发展。

三、社会责任履行情况

公司积极参与公益活动和相关社会活动，致力于成为一家具有高度社会责任感的金融机构。2011年4月，中泰信托捐资设立了“中泰信托获得国家级工艺老技师爱心基金”，获得了良好的社会评价，体现了中泰的社会责任。

四、2012年发展规划

业务规划：以建设核心能力为基础，实现业务结构优化。具体安排包括打造专业领域的产业基金为核心，构建基金化、系列化、集合化的业务组合。

风险管理升级保障措施：以建立全面风险管理为目标，为业务扩张提供有力保障。具体安排包括风控部门在流程上前段介入，地位上独立审核，决策上全力跟进，硬件上优化升级，人员配备上适度倾斜。

产品创新保障：以交易结构和风险控制作为创新突破点，确立创新战略地位，重构创新体系。明确长期创新重点领域，建立产品创新保障机制，包括制度、机构、人力资源和合作交流机制。

人力资源保障：以优化团队结构，落实激励机制为核心，打造一流业务团队和高效服务团队。

组织运营完善保障：全面梳理研究各个部门之间的职责划分和衔接节点，建立全员流程定位和职责考核定位评估、考核机制。

中原信托有限公司

一、2011 年经营概况

2011 年，面对复杂的经济金融形势和激烈的行业竞争，公司认真研究宏观形势，努力把握行业趋势，着力调整业务结构，创新业务模式，严格风险控制，超额完成年度经营目标。截至 2011 年末，公司资产总额 514 亿元，比年初增加 146 亿元，增长 39.76%。实现总收入 41 436 万元，比上年增加 15 252 万元，增长 58.25%；实现利润总额 29 896 万元，比上年增加 13 866 万元，增长 86.5%；实现净利润 23 479 万元，比上年增加 10 348 万元，增长 78.81%；净资产收益率达到 15.61%，比上年提高 6.01 个百分点；成本费用占主营业务收入的比重为 28.68%，比上年下降 9.44 个百分点；人均净利润 212.72 万元，比上年的 121.59 万元提高了 74.95%。

（一）信托业务快速发展，主业地位进一步巩固

2011 年，针对信托业发展形势和监管环境，公司积极谋划，调整组织机构，增设了北京和上海两个信托业务部门，新招聘一批信托业务人员，推动信托业务转型。截至 2011 年末，公司信托业务规模达到 497 亿元，比年初增加 144 亿元，增长 40.72%；实现信托业务收入 29 566 万元，比上年增加 14 767 万元，增长 99.78%；信托业务收入占总收入的比重达到 71.4%，比上年的 56.6% 提高了 14.8 个百分点，信托主业地位进一步巩固。

（二）结构调整初见成效，盈利能力稳步提升

在信托业务地域结构方面，积极实施“走出去”战略，在全国范围内参与竞争，谋求发展，进一步拓展了业务领域与发展空间。全年信托业务收入 29 566 万元中，省外业务收入为 20 886 万元，比上年的 6 470 万元增加 14 416 万元，占比为 71%，比上年的 45% 提高 26 个百分点。在集合资金信托业务占比方面，2011 年末集合资金信托规模余额 73.6 亿元，占期末信托规模余额的 14.81%，与上年同期的 9.7% 相比增长了 5.11 个百分点。在客户结构方面，省外客户认购金额占比较上年提高 12.5%；300 万元以上的高端自然人客户数量和认购金额占全部客户的比重分

别比上年提高了4.7%和11.1%。在信托业务期限、规模、报酬率方面，当年新增集合资金信托项目的平均规模达到了1亿元，与上年的0.75亿元相比提高了33%；期末存续项目中，计划期限为一年的占比为39%，较上年的43.9%下降4.81个百分点；计划期限在两年和三年以上的占比分别为27.5%和33.5%，分别比上年提高2.4个百分点；信托报酬率达到0.86%，比上年的0.42%提高了一倍。

（三）业务稳健运营，按时足额交付信托财产

一是加强形势分析和政策研究，增强风险管理工作的前瞻性。二是运用风险排查、压力测试、风险预警等手段，加强项目运行过程中的风险管理。三是加强净资本测算和管理，确保公司净资本管理指标在年底达标。四是积极开展“合规执行年”活动，制订并落实合规执行年活动实施方案，制作了各业务岗位“应知应会条规卡”，逐级签订合规执行责任承诺书，不断提高员工合规操作水平。五是加强对开展业务过程中内控制度建设及执行情况、风险防范措施是否及时有效等方面的审计。六是到期信托计划继续保持按时足额交付。全年累计分配信托项目606项次，到期或分期清算信托项目197个，兑付信托本金278亿元，分配信托收益24.3亿元。实现信托项目到期交付率和信托收益兑付率100%的目标，连续保持信托资产不良率为零。

（四）完成金融股权投资，奠定固有业务稳定发展基础

2011年，公司重点推进了金融股权投资工作，完成了对郑州银行5.576亿元的股权投资，达成了向焦作商业银行增资1.136亿元的意向，实施了新时代证券股权退出工作，实现了金融股权的结构调整，基本完成了公司对优质金融股权投资的战略布局。

（五）重视制度建设，提升管理效率

根据公司发展需要和监管政策的最新要求，对现有规章制度进行了认真梳理和修订，共合并了45项制度，废止了13项制度，新增了7项制度，制度体系进一步完善。按照责任边界清晰、责任传承明确的原则，对信托业务流程进行了再造。通过开展制度体系重建和流程再造工作，进一步提升了管理效率。

二、创新业务案例

业务创新：一是根据票据市场需求，经过认真研究，及时推出了多期票据信托项目。二是结合具体房地产项目特点，在单一资金信托的抵（质）押环节进行创新，提高了风险把控能力。三是在产品发行中引入了证券公司代理销售信托产品，拓宽了发行渠道。四是在产品发行流程

上加强资金筹措和衔接，提高了信托产品的发行效率和公司在市场上的竞争力。另外，公司还对白酒信托、大宗交易融资信托进行了研究，对以合伙制企业形式开展证券信托业务进行了探索。

管理创新：一是在初评审环节建立多个评审组，细化并加大主评审人的职责，加快了初评审进度。二是在法律文本制作方面将法律文本划分为非标准化合同与标准化合同，对非标准化合同的制作与审核流程进行了优化，对推行标准化合同进行了尝试，加快了业务进度。三是将项目管理划分为关键管理环节、重要管理环节和常规管理环节，有针对性地制定相应的管理手段，既加强了风险管理，又提高了工作效率。

三、社会责任履行情况

（一）履行信托责任，与客户和谐共赢

报告期内，中原信托坚持“受益人利益最大化”原则，不断完善决策机制，提高投资能力，强化风险管控，注重对受托财产在事前、事中和事后的全流程规范化管理，竭诚为委托人提供专业、持续的信托服务，全年向受益人按时足额交付到期信托财产278亿元，分配信托收益24.3亿元，保持了信托项目到期清算和收益实现率100%的优良记录，实现了与委托人、受益人的和谐共赢。

（二）提高经营绩效，为股东创造长期价值回报

作为国有控股金融机构，中原信托的董事会和管理层根据国内信托理财市场需求变化和自身资源配置能力，持续改进信托业务结构，稳步优化固有资产配置，致力于以优良业绩回报股东。2011年中原信托实现净利润23 479亿元，比上年增长78.81%；成本费用占主营业务收入的比重28.68 %，比上年下降9.44个百分点。

（三）关爱员工，共同成长

中原信托坚持“以人为本”，视员工为公司最为宝贵的财富，把加强人才队伍建设作为战略重点，采取有力措施予以推进。一是落实民主管理制度，凡涉及员工利益的政策、制度都须经职工代表大会审议通过。二是坚持“三必访”制度，每当员工婚丧、遇到困难和住院时，公司都会在第一时间送上组织的关怀。三是坚持落实员工教育培训制度，在资金和时间上给予充分保障，鼓励和支持员工提高学历、技术职称、从业资格以及业务培训、技能提高等在职学习教育。

（四）从事社会公益，服务和谐社会建设

中原信托始终坚持服务社会、奉献社会、回报社会，积极参与公益事业，为和谐社会建设作出贡献。组织开展了“倡树文明新风、过我们的节日”、“青年志愿日”、“争当文明建设标兵、争做文明建设部室”和结对帮扶农村精神文明创建、“给乡村孩子一个温暖的冬天”等主题活动。

四、2012 年发展规划

（一）推动信托业务发展转型

从根本上实现信托业务的两个转变，一是由产品主导型向客户导向型转变。将营销工作摆在更加突出的位置，着力提升资产管理能力和客户服务水平，构建以客户为核心、以专业化资产配置和财富管理为主要服务内容的新型信托发展模式。二是信托业务由融资型为主向投资型为主转变。从长远看，信托公司的核心价值应体现在信托制度优势基础上的资产管理能力，走与银行差别化竞争之路。公司将加快投资型人才的引进和培养，着力提升投资管理能力，加快发展投资型信托业务，努力增强核心竞争力。

（二）改革完善营销体制机制

按照银监会正在拟订的《关于规范信托产品营销有关问题的通知》有关导向，完善营销组织架构和运营模式，扩大营销队伍，完善激励机制，增强销售能力，突破发展瓶颈。建立具有市场竞争力的营销团队，将公司真正建设成为为高端优质客户提供理财服务的专业化金融机构。

（三）进一步增强资本实力

根据 2011 年股东会第三次会议议案，通过利润转增方式，向现有股东按原有持股比例转增资本，将公司注册资本由 12.02 亿元增加至 15 亿元，为公司业务可持续发展奠定资本基础。

（四）研究设立 PE 子公司

根据监管部门的政策引导，设立 PE 子公司，有利于促进公司信托投资业务和资产管理业务的发展，有利于拓宽资金运用渠道、丰富信托业务品种，从而促进公司实现信托业务从融资型向投资型转变。2012 年，公司将设立 PE 子公司作为促进业务转型的重要工作，研究制订方案，认真做好制度建设、项目储备等工作，在条件成熟时启动申报工作。

（五）继续强化风险与合规管理

一是加强形势与政策的研究。二是加强决策管理，建立业务授信标准，规范交易对手的选择；建立项目尽职调查标准，规范尽职调查内容、深度和重点；建立业务风控标准，明确各类业务风控底线。三是综合运用风险排查、现场管理、压力测试、审计监督、风险预警等手段加强项目全过程管理。四是加强房地产信托风险管理。五是提升合规管理水平，开展“合规建设提升年”活动，着力提升思想认识、内生动力、制度建设和执行效果，构建合规管理长效机制。

紫金信托有限责任公司

一、2011 年经营概况

2011 年是紫金信托首个完整经营年度，作为公司发展的开局之年，公司围绕既定的工作方针，审时度势，抢机遇，上规模，抓管理，树品牌，交出了一份超出预期的成绩单，构建了一个适应市场的运营体系，形成了一个较为丰富的产品系列，组建了一支有较强战斗力的队伍。

公司完成营业收入 8 293 万元，2011 年末信托资产规模达到 118 亿元，净资产收益率为 10.14%。

（一）规模与质量并重，大力开拓信托业务

紫金信托 2011 年实现累计管理信托资产 794 亿元。目前存续的信托计划 65 个，信托资产存续规模 118 亿元。其中，单一信托项目 40 个，信托规模 86 亿元，集合信托项目 25 个，信托规模 32 亿元。产品线日益丰富、产品交易结构设计不断优化、主动管理业务逐步展开、定价能力明显提高。

（二）稳健与收益兼顾，有序推进固有业务

公司固有业务定位于兼顾流动性、安全性和收益性的要求，追求适度风险水平下的收益稳定增长。为充分发挥公司净资本资源，平衡固有业务与信托业务之间的净资本占用，公司逐步探索了以现金流管理常态化、自营贷款短期化、投资多元化的固有业务模式，并积极尝试开展业务创新。全年实现固有业务收入 2 424 万元。

（三）三线并进，拓展客户渠道

自 2011 年以来，公司采取三线并进的策略拓展客户资源。一是与各大金融机构合作，迅速扩大公司客户规模，实现信托产品销售。二是努力拓展自营客户，增强自身财富管理能力。通过在重点企业宣传、一对一客户拜访等多种手段，积累了一批高净值客户。三是多方合作，开

发客户资源，增加公司客户积累。

（四）创新布局未来

紫金信托在紧跟市场主流、做好成熟信托产品的同时，积极尝试创新业务，通过深入研究、探索和尝试，形成了适合自身业务发展的方向与产品特色，打造公司的竞争优势。为此，2011年公司设立了投资银行部，专司信托业务创新。另外，积极把握经济社会发展热点，寻找信托业务创新机会。

（五）完善风控体系

紫金信托始终将风险控制贯穿于整个业务过程，不断加强政策研究和行业趋势分析，从宏观层面防范系统性风险。同时，不断完善各项制度细则，以增强制度操作性，将风险控制落到实处，并对已有的各种制度进行认真的检视，对交叉重叠的制度重新整合，对制度“真空”、新增产品及时制定相关制度，填补制度建设的空白，对原则性的制度及时出台实施细则，提出更加明确的具体措施和要求。

一方面，风控部门对尽职调查流程、评审流程、投后管理流程、档案管理流程等进行了逐项梳理，使各项流程逐步明晰，更加强重点业务监控工作，有效防范风险。另一方面，认真组织案防教育培训，以案例形式讲解了各项业务中可能存在的道德风险，以及可能导致的法律后果，提高员工的职业道德和守法意识，实现全员风控。

（六）强化制度建设

为保证公司的正常运营和工作顺利开展，一年以来，紫金信托陆续出台了20余项管理制度和流程标准，涵盖业务运营、风险管理、合规管理、财务管理、行政管理等多方面，如《信托业务流程整合指引》、《信托业务评审委员会议事规则》、《固有业务评审委员会议事规则》、《合规管理办法》、《风险管理办法》、《重大突发事件应急处理办法》、《外派产权代表管理办法》、《档案管理办法》、《新闻宣传管理办法》、《公司网站管理细则》等，在制度层面明确了公司管理要求，通过多种措施强化执行。

公司稽核审计部除做好每年、每季度的定期稽核审计外，还及时对重要制度执行情况进行了多次专项审计，对审计发现的问题及时要求有关部门、人员限时整改。员工行为奖惩计分制度实施以来，为提高员工责任意识、规范意识、准时完成任务的意识，对包括高管人员在内进行了十余次扣分处罚，起到了较好的警示作用，为公司高效运作保驾护航。

二、创新业务案例

紫金信托创新引入政府财政、银行、担保等各方力量，推出“紫金成长”中小企业信托。该项目体现了信托灵活性的优势，以市场化手段放大了政府对中小企业的支持力度。

以客户定制式与信托基金创新探索为目标设计了“紫金汇金池”产品。根据客户不同收益要求、流动性安排、风险偏好等为客户提供量身定做的信托产品。

三、社会责任履行情况

紫金信托运营一年以来，在保持自身稳健发展的同时，积极履行并承担金融机构的社会责任，奉献社会，回馈社会。

（一）响应政府号召，支持中小企业发展

为切实落实政府关于金融支持中小企业发展的号召，公司充分发挥信托的融资功能，推出“紫金成长”中小企业信托，以信托为纽带，以财政资金为先导，引入社会资金，切实缓解中小企业融资难的状况，为中小企业的发展提供了有力支持。

（二）保障受益人权益，满足客户多元化需求

紫金信托认真履行受托人职责，严格尽职，致力于保证每一位委托人及受益人的最大利益。为此，公司结合现代金融企业风险管理的基本原则，建立健全了各类规章制度，将新业务探索与严格的风控合规手段紧密结合，层层把关，努力控制风险，切实维护好委托人及受益人利益。

（三）关注教育事业，扶助失学儿童

紫金信托就公益信托进行了探索，与有关单位达成意向，开发了“紫金·厚德一号”公益信托项目，旨在为失学儿童提供援助。

四、2012 年发展规划

（一）练好内功，提高发展后劲

努力提高研发能力。加强对宏观政策研究，准确研判政策走向，及时对业务发展提供方向

性意见。加强信托行业研究，把握信托业务发展动向，对创新产品进行深入剖析，挖掘其盈利模式、风控关键、合规要点，为公司产品创新提供借鉴。加强行业研究，努力发现行业机会，有效识别系统性风险。加强理财市场研究，分析投资者需求，为开发设计符合投资者需求的产品及信托产品营销提供帮助。

积极发展主动管理能力。优化信托产品交易结构设计，增加项目主动管理深度，以主动管理提升受托专业价值。通过建立外聘专家库，储备专业人才，加强内部学习培训，完善公司对外派董监事、产权代表考核办法等手段，提高项目主动管理专业水平，确保主动管理落到实处，切实履行好受托职责。

继续加强项目存续管理能力。进一步强化以业务部门为第一责任人、风控部门监督、业务总部协调、评审会重大事项决策的存续管理工作机制。进一步细化存续管理工作内容，并制定相应细则、标准和模板，努力实现存续管理规范化、日常化、全面化。进一步完善项目各项合同，将存续管理的具体要求在与项目方的合同中、与银行的监管合同中得到明确的体现，以契约的形式督促交易对手遵守有关要求、约定，提高存续管理的法律约束力。

不断强化执行力。进一步明晰各项工作流程，落实岗位职责，确保每一环节、每位员工职责明确。加大绩效考核力度，提高考核得分中管理指标比例。落实问责制度，充分发挥内部稽核审计作用，及时检查发现问题并督促整改。加快推进信息系统建设，以技术手段规范流程，明确时限要求，实施精细化管理。

（二）有进有退，优化业务布局

顺应市场大势，及时调整业务方向，调优业务构成，完善交易结构。应对房地产调控，房地产业务总量收缩，优选项目，精耕细作，将项目做深做透，并通过设计柔化交易结构，缓解刚性兑付风险。政府背景类项目以本地为主，慎重选择交易对手，努力作出特色。加快进入资本市场步伐，积极培育资产管理能力，探索适合公司实际的资本市场信托业务模式。

（三）加强交流，深化业务合作

发挥股东资源优势，公司将信托的“功能整合、产融对接、个性服务”优势与紫金控股平台下的银行、证券、保险等综合金融资源对接，深化与银行、证券等机构的合作，发挥各自优势，取长补短，有效协同，扩大合作共赢。加强与其他信托公司、资产管理公司合作，学习先进经验，优化交易结构，分担项目风险。

专题研究与思考

财富管理领域的立法问题

全国人大财经委副主任　吴晓灵

各位领导，女士们、先生们：

大家早上好！

我到人大工作这几年，一直在不断地学习法律问题，因为参与立法工作就要不断地学习法律知识。今天有幸应邀参加《信托法》发布十周年的大会，既然是一个研讨会，我就借这个机会汇报一下我三年以来对法律问题的研究，特别是对理财市场上法律问题研究的心得。当然，这仅代表我个人的一种学术观点。

我认为，财富管理是今后金融领域中非常重要的一种业态，它的主要工具是投资基金，它的法律关系是信托关系。我想财富管理可以分成两大类：第一类是财富管理的咨询，我们可以帮助客户制定各种各样的理财规划；第二类是财富的直接管理。财富的直接管理可以分为两类：第一类是实物资产的管理，第二类是货币资金的管理。实物资产的管理又包括实物资产的经营管理、收购、兼并、重组，还有财产权的传承、财产权的代表、财产收益权的处置，等等。货币资金的管理最主要的是资金信托，投资基金应该是资金信托中非常重要的一个工具。

第一，我讲一下信托与公司的法律关系的区别。因为我们现在经常讲搞信托业务或搞信托计划等，很多金融产品是信托的，信托与平常所讲的公司，它们在法律关系上有什么不同呢?《信托法》第二条规定："本法所称信托是指委托人基于对受托人的信任，将其财产权委托给受托人，由受托人按委托人的意愿以自己的名义，为受益人的利益或者特定目的，进行管理或者处分的行为。"我认为，信托最大的特点和核心问题是第三方受托管理，建立信托契约。

而公司呢，《公司法》第三条规定："公司是企业法人，有独立的法人财产，享有法人财产权。公司以其全部资产和财产对公司的债务承担责任。有限责任公司的股东以其认缴的出资额为限对公司承担责任；股份有限公司的股东以其认购的股份为限对公司承担责任。"它的核心是公司以出资额承担有限责任，投资者与公司是自管理的关系，经理层与投资者是代理关系，也可以说是一种委托关系。我个人认为，委托和代理基本属于同一法律关系，因为在权力行使方面，它们的方法是差不多的。由于时间关系，我不再展开说。

第二，投资基金与投资公司的区别。从2008年到现在，我一直致力于推动《证券投资基金法》的修法。在修法的过程中，大家就不断地在问，基金和现在私募基金采取的公司制以及合伙制之间到底有什么区别？这个问题一直困扰着我。我想了很长很长时间，前段时间又进行了一些交流，我们的《证券投资基金法》也在征求意见，反馈回来的意见矛盾的焦点也在这个方面，迫使我不断地在想这个问题，我把我最近的体会跟大家说一说。

1. 投资基金是资金信托的主要形式，是重要的财富管理工具。投资基金包括 4 个要素：

（1）筹集资金。

（2）专业机构受托管理。

（3）按投资者与受托人的合同进行投资。

（4）投资者承担风险，获取收益，管理人（受托人）收取管理费。

基金是资金的集合，是连接投资者与筹资人的管道，因而不应是经济活动的纳税主体，应由管理人代行报税义务。我们国家的法律体系有一个很大的缺憾——没有财团法人。一个公益组织，包括一个资金的集合，它去从事一些行为的时候没有法律地位，我想我们在修法的时候也不可能在这个问题上有什么大的突破，但确立投资基金是资金的集合，通过法律赋予它投资主体的地位，我希望这次修法中能够在这方面有所突破。

图 1 列出了投资基金各要素之间的关系，按照这样的框架大家可以看到，基金是中间这一块，它有投资者，有管理人，还有被投资对象。应该说在投资者的环节上它是可以纳税的，把资金投出去，获得投资收益，归还本金。它的被投对象本身是一个实业主体，或者不管它是一个什么样的实体，但毕竟它是一个实体，它的被投对象本身也应该是一个纳税主体。基金管理人来管理这个基金，它也应该是一个纳税主体。有了这三方面纳税主体，税收是不会被遗漏的，不会被逃掉的，只是减少了资金集合的成本。

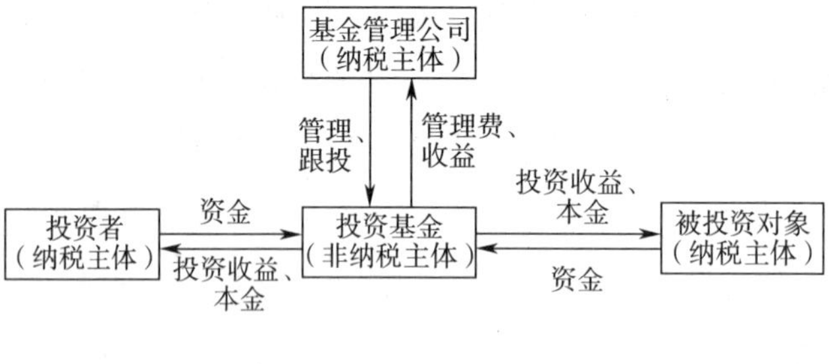

图 1　投资基金框架下的各纳税主体

我们在银行间市场发行资产证券化证券的时候，就成功地与税务总局达成了协议，由国债登记公司向税务局报哪个机构买了资产证券，它分了多少红，一比对，税收上是不可能产生漏洞的。我想信托基金以及投资基金在这个环节中也应该秉承这种纳税理念。

在分配的环节上，因为投资基金是管道，所以它的收益 90% 以上，或者我们还可以规定得更高，要分配给投资者。

投资基金的治理或投资基金的法律外壳。

我一直在想，什么叫公司型的基金，什么叫合伙企业型的基金？其实美国的投资公司法，不过就是基金的法律外壳。它并不是一个实体的公司，它用这个法律外壳，用的是它的治理结构。所以，我想我们的投资基金就是一个契约，投资者把这一堆钱集合在一起然后交给第三方去管，投资者和管理人之间本身就有一种契约，这个契约就是一个信托的契约。在这个契约的基础上，用什么样的方式来管这一堆钱，就是这堆钱应该怎么运作，我想应该采取三个方式，这个事我没想好，特别是第一个没想好，借助于各位专家，看看怎么样把这个事表述得好一点。因为我们1月份发下去的征求意见稿写的就是契约型基金、公司型基金、合伙型基金，大家都认为所有这些都是一种契约，怎么表述这个呢？我想从它们的法律关系来说都是信托，而且都是信托契约，只是在治理上不一样。

（1）签订一个标准合约，通过买卖、申购、赎回基金，本身就意味着我承认这个标准合约（合同），这就是契约建立了。由基金持有人大会或持有人代表大会来代表投资者的利益。这是第一种治理方式。

（2）采用公司的治理方式选举董事会，代表投资者的利益，由其来选择管理人和受托人，监督管理人。

（3）采用有限合伙制的方式，由合伙人大会选择管理人、受托人，商定利益分配办法和监督管理人。

2. 投资公司。投资公司是一个专门从事投资业务的企业，投资者本身也是受托人，自己集合资金自己进行管理，没有第三方的独立管理人。我想要把信托基金投资方式和公司集合资金投资方式区分开，关键是看有没有第三方的介入。投资公司可以采取有限责任公司、股份制公司和有限合伙企业的形式。投资公司是按《公司法》和《合伙企业法》注册的企业法人，是经济活动的纳税主体。

3. 财富管理市场的立法。《信托法》第四条规定："受托人采取信托机构形式从事信托活动，其组织和管理由国务院制定具体办法。"我们国家这部《信托法》只规定了信托的法律关系，对经营信托没有作出表述，而只是在第四条当中作了这样的表述。根据这样的表述，当初是人民银行，后来是银监会，制定了《信托公司集合资金信托计划管理办法》，也就是信托机构，它可以做资金信托这项业务，应该按照这个办法来做。证监会有《证券投资基金管理公司管理办法》，允许基金管理公司发起一个信托性质的证券投资基金，也作了一定的规定。再往后，除了这两个办法以外，还有很多其他信托关系型的资金信托，我在下面会讲。

经营性的信托其实有多种经营形式，包括民事的、商事的、公益的，当然公益的不是盈利性的，民事的也不是盈利性的，但是这些行为需要由专门机构来做。民事信托、商事信托和公益信托，信托公司是可以做的，也可以由其他专门的机构做这些业务，在我们的《信托法》中没有对这些作出规定。在商事信托当中，投资基金是一个最主要的工具，而且这个工具比较复杂。如果在《信托法》中把它加进去的话，那就太庞大了，所以我在想可不可以把投资基金作为资金信托的主要工具，给它单独立法。

公募投资基金：发起和管理投资基金的机构肯定是个金融机构，因为它在做金融业务，应该受金融监管机构的监管。投资基金里有一种公募投资基金，现在证券投资基金是公募的，由证监会监管着。还有一种可以公募的基金，叫单位受益信托基金。在香港有这样的法律，因为它是公开向社会募集基金份额，它应该由证监会来监管，它最典型的产品就是房地产信托投资基金 REITs。我们现在对 REITs 的监管也有各种各样的争议，我认为从法理上来推论应该是证监会来监管。今天我是人大代表，不是央行副行长，是以人大代表的身份研究这个问题，从法理和学术的角度来谈对监管问题的看法。

信托公司，我认为应该允许它做公募投资基金，这应该是它的主业。我们的信托投资公司自从 20 世纪 80 年代成立以来屡遭整顿，就是因为信托投资公司从来市场定位不清，它的主营业务不清，运作的方式不清。从人民银行 2000 年制定《信托投资公司投资资金管理办法》开始，就逐渐向资金信托方向规范。银监会成立以后，在非银部领导下，信托公司向资金信托的方向规范，这个思路越来越清楚。

资金信托就资金募集方式来分有两种，一种是公募的，一种是私募的。但是银监会囿于《证券投资基金法》的限定，信托投资公司不能做公募基金，各种各样的规定都把信托公司（以后把“投资”两个字去掉了）局限在私募基金的范围之内，我个人认为这不太合适。如果从法理上来说，应该给信托公司以发起公募基金的资格，但是如果发起公募基金的话，应该接受双重监管，机构的风险可以由银监会负责监管，但在业务方面应该接受证监会的功能监管，遵循统一的法则。

保险公司现在做投资连结保险，我认为它本质上是一个公募基金，应该由保监会和证监会共同来监管。同样，机构的风险归保监会监管，业务的合规应该接受证监会的监管。这个问题在修法的过程当中我和保监会多次交换过意见，这方面有不同的意见。2010 年国际保险业协会其实已经从会计准则上规定了，凡是有保障功能的才能够计入保费，没有保障功能的资金是不能够计入保费的，按照这个原则，好像投连险基金账户的钱是不能够计入保费收入的。所以，从国际上会计准则方面已经把这个问题分清楚了，国内我认为可以对这个问题进一步地探讨。

我表达个人的学术观点，投连险本身是一种投资基金。如果你不认为是投资基金，是保险公司负债的话，就应当在合同当中向所有投连险的购买者明示这个基金账户出了亏损由保险公司负责，如果你不敢承诺这个基金出现了亏损是保险公司负责，而是让账户持有人承担风险，那它就是投资基金。我认为我们做金融业务的时候，法律关系、法律责任必须是清晰的。

私募投资基金：我们现在各类金融机构都在做私募投资基金。基金管理公司在做一对多的账户资产管理，由证监会监管。证券公司在做集合资产管理，也是证监会在监管。银行在做代客理财产品，对代客理财产品也有各种各样的争论。我认为，如果是代客理财产品，银行是有保本承诺的，特别是很多理财产品是结构性的，只要银行有保本承诺的，可以不算做基金，因为它是以银行的信誉在经营，它是银行的或有负债，这样它必须占用银行的资本金，而且必须纳入表内监管。如果这份理财产品完全由投资者来承担风险，银行在这里只承担资金集合的管理责任，这就是一个纯的信托投资产品，是投资基金，这个关系我希望能够得到清晰统一的认识。信托公司在做集合资金信托计划，由银监会监管。

我们还有合格的境内机构投资者（QDII）到海外投资，因为我们是 3 个监管当局在监管，即使是同样法律关系的产品也制定了 3 个不同的规则，就是证监会有证券公司的 QDII，保监会有保险公司的 QDII，银监会有银行业的 QDII。我认为，我们在相同法律关系上的相同产品还是应该统一同样的规则。

当前，在中国金融业分业监管和机构监管的格局下，在私募投资基金层面，可以按机构主体归属分别监管，我承认这个现实，但是理念和标准必须一致。大家要承认它的法律关系，法律关系必须界定清楚。我们的标准和理念必须是一致的，但监管可以是分别的，因为是不同的金融机构在做这个事情。只要这个金融机构的行为有人负责，对社会公众、对社会金融秩序不会酿成风险，出了风险有人管，我想就达到目的了。

现在很多同志呼吁我们要修《信托法》，我想《信托法》不宜大修，最好就加那么一章，把经营性信托规定一下。在经营性信托当中，民事信托、商事信托、公益信托都可以由哪些机构来做，它们要由谁来管，把这些事情给明确了，然后再配之以具体的监管法规就可以了。

以上是我在最近一段时间推动《证券投资基金法》修法过程当中对有信托关系产品的思考。我在上海讲过一次，凝聚共识，推动证券投资基金修法。我想我们所有的立法工作应该是民主的、公开的，充分的学术讨论有利于我们科学立法。这就是我的一些体会，有不对的地方请批评指正。谢谢大家！

完善信托法律制度
推动信托配套法规建设

全国人大法工委副主任　李飞

各位来宾，各位朋友，女士们、先生们：

大家好！

10年前《信托法》诞生，可以说是生逢其时。这10年正是全国人民为实现“全面建设小康社会，加快推进社会主义现代化”的战略任务团结奋斗的10年。我国在实现经济发展、政治民主、文化繁荣、社会和谐、生态文明小康社会目标上迈出了坚实的步伐。

10年前，《信托法》的出台，填补了我国法律制度的一项空白，作为规范信托关系的基本民事法律制度，标志着我国在社会主义法律体系建设上取得了一项重要的成果。

在这10年里，《信托法》培育了一个市场，企事业单位、个人和社会公共财富迅速增长，信托制度构建的资产管理市场满足了社会财富日益增强的科学化、专业化管理需求。

《信托法》确立了一个金融支柱产业，在经济建设中，信托业发挥了重要投资和直接融资功能，弥补了间接融资的不足，是我国多层次资本市场建设的重要组成部分。

《信托法》塑造了一种文化——信托文化，信托业的依法合规经营意识不断增强，自主管理信托财产的能力显著提高，整个行业在准入制度、治理结构、监管体系、监管方法和配套制度建设方面取得了阶段性成果，行业内初步确立了兢兢业业、诚信经营的社会信用理念。

我的发言分3部分。

一、信托活动的法律规范体系初步建立

《信托法》是我国调整信托关系、规范信托行为的基本法律制度，是我国社会主义市场经济法律体系的重要组成部分。但是，我国《信托法》立法的出发点是调整信托关系的基本规范，先将人们的基本信托活动纳入法制化的轨道，对于一些特殊类型的信托活动、一些特定的信托行业，另行制定法律、行政法规或部门规章进行规范调整。

2003年10月28日，经第十届全国人民代表大会常务委员会第五次会议通过，《证券投资基金法》颁布实施。人们进行证券投资活动时，首先要遵守《证券投资基金法》，其中未规定的事项适用《信托法》、《证券法》等法律法规。这部法律以信托关系为基础，明确了证券投资基金的法律关系，是规范公募基金以资产组合方式进行证券投资信托活动的专门法律，为证券投资基金业的发展打下了坚实的制度基础。

对于营业性信托机构及公益信托的受托机构的调整，属于信托业行业管理的范畴，《信托法》授权国务院另行制定具体办法进行管理。

作为信托公司的监管机构，中国人民银行、中国银监会根据《信托法》关于信托活动的基本规定，制定了一系列管理办法，就信托机构的设立、业务范围、部门设置、监督管理和经营规则等进行规范。包括《信托公司管理办法》和《信托公司集合资金信托计划管理办法》、《信托公司净资本管理办法》，以及关于信托公司证券投资信托、房地产投资信托、私人股权投资信托等的业务指引或监管规定。这些举措，实践证明是行之有效的，保障了我国信托业顺利进入历史性的转型期，推动信托机构按照《信托法》的精神和规范要求从事信托业务。

信托机构的业务领域广泛，开展业务的形式多种多样。监管机构有针对性地就相关业务制定了管理办法，对产品设计、推荐销售、信息披露和风险控制等事项进行调整，引导信托机构规范开展业务。

信托机构开展业务过程中，需要与《信托法》衔接的法律繁杂，涉及信托登记、信托税收、公益事业、争议解决等一系列问题。在部分领域制定了配套制度，例如证券投资基金的税收问题，信贷资产证券化的证券登记与托管、税收政策、抵押贷款的抵押权变更登记等。不具备条件制定规范性文件的，监管部门以试点或个别指导的形式进行探索，有效地保障了信托机构规范有序地开展业务。

二、信托事业不断健康发展

《信托法》颁布实施以来，信托制度在财产管理领域、金融领域、民事生活和公益事业中得到了广泛应用，社会各界对信托的关注程度不断提高，信托法律与实务问题的理论研究和探讨不断深入。《信托法》为我国信托事业的发展发挥了应有的保驾护航的作用。

我国引入信托，在法律上的功能定位是作为一种财产管理制度，但信托制度首先是被作为金融市场的制度工具，发挥了它的投资和融资功能。

长期以来，我国企业一直依赖以银行为主导的间接融资渠道。加快建设多层次资本市场体系，发挥市场的资源配置功能是我国实施金融促进经济发展的政策举措的重要内容。信托业作为金融业的一员，弥补了商业银行功能的不足，超越了股票、债券等直接融资工具的局限性，发挥了特有的直接融资功能，有效整合了资本市场、货币市场和实业领域的资源，为经济发展注入了活力。信托作为一种投融资工具，运作方式灵活，可以通过贷款、股权投资、买卖、租赁等方式进行。信托融资涉及的领域包括基础设施、交通能源、矿产资源、旧城改造与保障性住房建设、股票债券等。

在资产管理领域，信托公司发挥信托制度灵活性的特点，开发设计了多元化投资的信托产品，股票、债券、票据、非上市公司股权、另类商品、艺术品及海外市场的金融产品等可以作为投资对象。集合投资的信托产品体现了信托的资金聚集效应，使用于投资的资金具有规模优势，实现单个投资者或小额资金无法企及的投资目的。

为满足商业银行提高资产流动性、降低经营风险、完善资本市场结构、推动我国扩大内需等需求，中国人民银行、中国银行业监督管理委员会于2005年4月颁布了《信贷资产证券化试点管理办法》。作为一种重要金融工具，信贷资产证券化采取了信托形式，为我国将来其他领域资产证券化业务的开展奠定了基础。

2004年5月，劳动和社会保障部、银监会、保监会和证监会联合颁布《企业年金基金管理试行办法》，这是建立多层次的养老保险制度、完善社会保障体系的重要举措。企业年金基金管理以信托制度为基础确立了各方的基本关系。经国务院批准，保监会于2006年3月颁布了《保险资金间接投资基础设施项目试点管理办法》，确立了以信托关系为基础的保险资产管理制度。

在我国社会经济快速发展的同时，资金需求与供给之间的矛盾、财富管理需求与管理手段不足的矛盾始终存在，甚至日益突出。由于缺乏有效的制度供给和组织形式，在经济发达地区，出现了各种非法集资、地下基金现象，严重影响了社会稳定，不利于我国宏观调控政策的有效实施和金融市场的健康发展。对于各种资产管理需求，信托制度能够有效规范和引导直接融资与资产管理市场的发展。信托财产独立性制度，可以保护理财资产的安全性，保护投资者利益。通过受益人制度，财产所有人可以运用信托安排实现各种目的。

在民事领域，人们也尝试运用信托制度管理财产、规划生活。人们为解决子女教育和家庭成员社会保障问题，拿出部分资产设立信托，通过投资运作使财产保值增值，在条件成熟时用做子女读书或家庭成员医疗、生活费用。家族企业的创业者为保障家族事业的长久存续，避免因分家析产而使产业败落，可在生前设立信托，清晰界定家产的传承、收益和管理事项，避免家族财产纷争、挥霍浪费，实现家族财富集中传承等目的。

在公益事业领域，2008年银监会颁布了《关于鼓励信托公司开展公益信托业务支持灾后重建工作的通知》以来，信托公司设计推出了一系列公益信托，支持灾区的重建工作，或用于扶助残疾人、资助失学儿童、开展环境保护活动等。信托参与公益慈善事业能够减轻国家财政负担，有效进行社会财富再次分配，促进社会公平，化解社会矛盾，维护社会稳定。

三、加强信托法制建设，完善信托法律制度

《信托法》实施10年来，在我国经济建设和社会发展中发挥了重要作用。但是，应当看到，由于《信托法》还存在不够完善的地方，信托配套制度尚不健全，以及信托文化缺失等因素，《信托法》实施的实际效果还不尽如人意。信托制度在社会生活中应用的深度和广度与现实需求还有很大差距，信托制度特有的功能和作用还没有充分发挥出来。我们在肯定《信托法》实施取得重要成绩的同时，还需要继续进行信托法制建设研究，就《信托法》的解释和适用、信托配套制度建设、《信托法》实施的效果和评价、借鉴国外信托法制建设的经验等重大理论和实践问题进行深入、系统的研究，推进信托法制建设。

1. 关于信托登记问题。信托登记是保障信托制度功能得以充分发挥的基础性制度，直接影响到信托财产独立性和信托活动的法律效力，有利于保护受益人利益和对信托活动的有效监管。信托登记的内容包括需要依法登记的信托财产的范围有多大，谁办理相应的登记，登记的内容、形式及公告的方式等，如何考虑；设立信托财产的信托登记与财产权属转让登记，如何加以区别，如何衔接等。

2. 关于信托税收问题。信托设立、信托财产的管理运用和信托终止等各个环节都涉及复杂的税收关系。对信托活动如何征税，关系到信托活动当事人的利益，关系国家的利益。良好、合理的信托税制会促进《信托法》的实施，激发人们运用信托制度的积极性，否则也会阻碍这个制度的应用。《信托法》颁布实施以来，社会各界就信托税制问题进行了大量卓有成效的研究和理论探讨。财政部、银监会、国家税务总局等部门也高度重视信托税制问题，积极推进信托税收立法工作。在有的领域信托税收问题已经有章可循，但由于信托活动领域广泛、行为方式多样，现有税收制度还不能满足需要。

3. 人民法院监督信托活动的程序问题。信托制度产生以来，人民法院在处理信托活动纠纷中发挥着重要的作用。我国制定《信托法》时也承继了这一制度安排。由于信托财产在受托人管理、控制之下，其管理能力不足或发生道德风险，会严重损害受益人的利益。例如，委托人设立信托损害其债权人利益的，债权人享有撤销权；受托人有违反信托目的的行为或重大过失的，委托人或受益人有权解任受托人；第三人要求强制执行信托财产的，信托当事人有权向法院提出异议；受益人对改变信托财产管理方法、变更受托人等事项与委托人意见不一致的，有权请求法院作出裁决。这些事项的具体程序应当明确，使人民法院对信托活动的监督具有可操作性。

4. 关于公益信托问题。与一般的民事信托和营业信托相比，公益信托活动有许多特殊性，适用一些特别规定，为此我国《信托法》专门设立一章规定公益信托活动。但是，还有一些重

大问题需要明确。公益信托涉及多种公益目的，涉及多个主管部门，究竟由哪一级的部门审批，审批的标准是什么，受托人的资格要求是什么，公益事业管理机构如何进行指定。公益信托监察人的资格条件谁来确认，公益信托监察人的过失责任如何确认；公益信托终止时，信托财产要用于类似的公益目的，转移给其他信托或公益组织，有什么样的标准和移转程序。

5. 关于信托目的合法性问题。设立信托应当有信托目的，这是信托活动的基本构成要件。信托目的多种多样，只要是合法的，委托人可以自由设定。旨在违反法律、规避法律的信托活动都是法律所禁止的。但是，在我国引入信托制度的初期阶段，信托目的合法性原则容易被误解或误用。一方面，立法时为社会经济管理的需要会设置一些资格条件，我国的一些法律受传统经济体制的影响存在一些与社会主义市场经济不适应的地方。另一方面，信托公司作为受托人在市场准入方面的资质条件是其他企业或自然人所不具备的。认定信托目的合法性，应当综合考虑现行法律的规定、社会经济发展的需要，发挥信托制度中对信托财产的专业管理和集合管理的优势等因素。

6. 关于受托人责任的认定。在信托关系中，受托人是信托财产的实际控制人和管理人，按照权利义务平衡的原则，受托人必须对信托财产承担充分的责任。我国《信托法》规定："受托人管理信托财产，必须恪尽职守，履行诚实、信用、谨慎、有效管理的义务。"应当根据信托文件的规定，为受益人的最大利益管理信托财产，处理信托事务。《信托法》也规定了受托人的分别管理义务、直接管理义务，应当妥善保管信托财产，保存处理信托事务的记录等。但在具体信托活动中如何认定受托人的责任是司法和监管的一个难题，需要在司法实践和监管工作中加以研究和完善。

7. 关于《信托法》与现行法律的衔接问题。《信托法》实施过程中与现行法律的衔接是一个普遍性问题，信托登记、信托税收、信托目的合法性等都涉及。但除此之外，还涉及一些与信托财产相关的交易的实施、信托活动的监督和管理等具体操作问题，需要与《证券法》、《公司法》、《担保法》、《物权法》及有关国有资产管理、诉讼程序等法律法规相协调。

在制度建设层面，完善信托法律制度需要做好 3 方面工作。

第一，进一步完善《信托法》。确立和发展信托制度是一个系统工程，仅仅一部《信托法》不可能解决所有问题。尤其是我国是一个发展中的大国，社会经济和文化意识正处于一个历史性的转型时期，拥有大陆法系的传统，在这样一个背景下从西方国家移植信托制度，更增加了工作的难度和复杂性。经过 10 年的发展，经济社会形势发生了新的变化。为使《信托法》进一步与我国改革开放的实践和经济发展的需要相适应，应当深入调查研究、总结经验，采取科学的方法对《信托法》实施的实际效果进行分析评价，对信托法律的修改和完善提出建设性意见。在工作思路和方法上，注重实效，解决实际问题，成熟一条修改一条，成熟一条完善一条。

第二，信托配套制度建设。修改和完善法律，制定法律配套法规，是今后一个时期我国立法机关工作的重点。吴邦国委员长在全国人大常委会工作报告中指出，从法律清理情况看，有的法律已明显不适应经济社会发展需要，有的法律规定之间不尽一致或不能衔接，有的法律因配套法规的缺失影响有效实施。针对这些问题，立法机关的一个重要工作是“督促国务院和有关方面抓紧法律配套法规的制定工作，并明确今后在确定立法项目、起草法律草案的同时，要拟定配套法规，争取与法律同步实施”。他还强调：“今后一个时期，要把更多的精力放到法律的修改完善上来，放到法律配套法规的制定上来，同时还要制定一些新的法律，以推动中国特色社会主义法律体系的与时俱进和发展完善。”由于信托配套制度涉及面广，主要集中在行政管理部门，应当做好配套制度建设的研究论证工作，在国务院的组织协调下有步骤地进行法规制定工作，避免矛盾和冲突，便于理解和执行。

第三，《信托法》的司法解释。司法实践是信托制度完善和发展的重要环节。人民法院审理信托案件是对当事人信托活动的权威检验，是对《信托法》在社会生活中的具体适用。在司法实践中，人们对《信托法》原则和精神的认识、对《信托法》具体条款和用语含义的理解将不断提高。通过调查研究、总结经验，最高人民法院适时作出关于《信托法》的司法解释，是统一裁判标准，保障《信托法》的正确贯彻实施的有效途径。

我们说《信托法》生逢其时，《信托法》的发展也应当与时俱进。信托业界要加强调查研究，掌握国内外社会经济发展变化的新情况，总结经验，不断发展和完善信托法律制度，造福人民，服务社会。

立足司法实践，积极推进和保障信托业持续健康发展

最高人民法院副院长　奚晓明

各位来宾，女士们、先生们：

大家上午好！

很高兴能够参加《信托法》颁布十周年纪念研讨会，并借此机会，与诸位同仁、专家、学者共同探讨信托法制建设中的重大问题。今天，我主要从三个方面谈一谈对信托法制建设的一点看法。

一、我国信托业和信托法制建设的成就、机遇和挑战

从1979年改革开放后第一家专业信托投资公司成立到今天，已经有三十二年了。三十多年间，中国信托业历经曲折，逐渐走向成熟，以其独特的制度优势发挥着巨大作用。尤其是近十年来，信托业的发展有了质的飞跃，在引进国外资金、促进国际经济技术合作、弥补传统金融机构功能不足、促进多层次资本市场建设、支持国家重点项目建设和重要产业发展等方面发挥了积极作用。信托业已经成为中国理财市场不可忽视的重要力量，并成为中国金融市场的重要支柱之一。

我国信托业的成就与信托法律体系的建立和逐步完善是分不开的。2001年《信托法》正式颁布实施，明确了信托业的发展方向，奠定了信托业规范发展的基石，使我国信托业逐步走上法制化、规范化的道路。《信托法》的颁布实施，是我国信托法制建设的重要里程碑，也是我国社会主义法律体系的重要一环。此后，监管机关通过制定行政规章对《信托法》加以细化，逐渐形成了以《信托法》为核心，由《信托公司管理办法》、《信托公司集合资金信托计划管理办法》、《信托公司净资本管理办法》等一系列规章构成的信托法律制度体系，为信托业的健康发展奠定了良好的制度基础。

在新的历史时期，信托业面临着新的历史发展机遇，也承载着更多的历史使命，主要是：

(1) 随着市场经济的不断深入，人民群众可支配收入持续增加，高收入人群数量不断增长，未来很长一段时间，金融理财市场将保持高速增长。可以说，信托业正在迎接财富管理黄金时期的到来。(2)“十二五”规划建议明确指出：鼓励扩大民间投资，放宽市场准入，支持民间资本进入基础产业、基础设施、市政公用事业、社会事业、金融服务等领域。当前城镇化进程仍在推进当中，基础设施建设也还有很大的投资空间。信托制度是民间资本进入这些投资领域的最好渠道，信托业应该抓住“十二五”机遇发展壮大。(3) 信托业承载着促进产业结构优化和升级的重要职责。信托具有良好的投融资体系，可以提高各种资源配置的效率，推动产业布局调整和优化升级，增强现代服务业和先进制造业的拓展能力，从而为加快转型和结构调整提供重要支持。(4) 信托还承担改善民生的重要使命。信托开展以共同基金为特征的大众信托业务，将受益对象扩展到全社会，促进普惠性金融体系的建立，从而提高社会公平程度。我们完全有理由相信，信托业这一金融业的新兴产业，必将在中国经济发展方式转变、调整经济结构，建设资源节约型、环境友好型社会的历史发展进程中，发挥不可估量的重大作用。

同时我们也应看到，现阶段信托业的发展仍然面临着诸多挑战。由于历史的原因和信托制度的特殊性，人们对《信托法》的认识还不够深入，必要的信托理念和信托文化尚未建立，信托观念的普及还有很长的路要走；监管机关出台的规章为信托业科学定位提供了依据，但还有一些模糊地带有待明确；随着新情况新问题的出现，信托业发展面临制度供给不足的局面，迫切需要建立完善相关法律制度；信托法律制度与我国现行法律体系还存在一些不协调之处，需要相互配合和衔接。

新的机遇孕育着新的挑战，更多的使命意味着更重的责任，如何保障和促进中国信托业健康有序地发展，发挥信托制度应有的作用和巨大的潜力，是法律界、监管部门以及信托业界面临的共同课题。

二、司法实践现状、问题及原因

多年来，全国法院配合金融监管机构，积极参与了对信托公司的综合治理工作，在当时缺乏明确法律规定和实践经验的情况下，受理了多家信托公司破产案件，妥善地处理了信托公司关闭及破产过程中的一些特殊问题，为规范、防范和化解金融风险，彻底解决这些信托公司退出市场的问题作出了一定的贡献，对资本市场的健康发展起到了重要作用。

《信托法》颁布之后，人民法院审理了一些与信托有关的案件，积累了一定的审判经验。但总体来说，信托纠纷案件目前数量较少，在民商事案件中所占比重更小。据不完全统计，2006—2010 年五年间，人民法院共受理一审信托合同纠纷案件 294 件。这类案件往往涉及的法律关系较为复杂，涉案金额巨大、社会影响面广，审判实践中普遍面临诸多疑难法律适用问题。

在司法实践中，对于理财类纠纷，当事人更倾向于以《民法通则》、《合同法》、《证券法》等为依据进行诉讼，直接以信托纠纷作为案由进行审理的较少，是该类纠纷的另一特点。产生这种状况的原因，主要有：(1)《信托法》的颁布实施以及监管部门的工作成效显著。《信托法》颁布实施，使得信托业发展方向更加明确，监管部门及时出台相关政策规章进行监管引导，十年来信托业一直稳步发展，有效地防范了金融风险和此类纠纷的发生。(2) 我国经济发展保持了平稳较快发展的良好态势，有效应对了国际金融危机的巨大冲击，金融危机后中国经济回升向好的趋势不断得到稳固，避免了矛盾纠纷大规模发生。(3) 社会公众对信托制度认知度低，自觉采用信托制度的意识并不强，当事人直接依据《信托法》提起诉讼的情况相应较少。(4) 法律制度尚待完善和进一步精细化，《信托法》科学构建了信托法律制度框架，但很多具体问题还需要进一步细化。由于很多配套制度并未建立和明确，在有些情况下，法官直接适用《信托法》审理案件存在一些障碍，比如按照有关规定受托人应为经监管部门批准具备法定资质的信托机构，以及应该进行信托登记等，涉案受托人及其受托行为大多不具备上述条件，法官只能适用《合同法》等其他法律处理案件。

虽然信托纠纷案件目前在民商事案件中所占比重不大，但随着信托业的纵深发展，我们应当在理论和实践方面做好充分准备，以适应新情况，保障信托业的健康发展。下面把目前审判实践中已经出现的和将来有待进一步解决的问题做一简单介绍，与大家共同探讨。

1. 信托案件辨识问题。信托案件辨识问题在实践中较多体现在委托理财法律关系的认定上。目前我国的金融机构都不同程度地经营委托理财业务，可以说，理财业务是当前跨行业交叉性金融业务中最活跃的业务类型。这些理财业务中，除了信托公司所从事的业务被确认为信托性质，其他金融机构理财业务的性质一直处于争议中。案件的定性意义重大，事关当事人权利义务的确定、财产的独立性和隔离性等问题。以何种标准认定行为的性质，是否所有符合信托特征的法律关系均应适用《信托法》或者信托原理，还是要按照主体资质进行划分，这不仅是司法问题，更是立法、行政监管需要进一步明确的问题。

2. 信托财产相关问题。首先是信托财产归属问题。《信托法》对信托财产所有权的归属问题没有作出明确的规定，是出于对委托人财产权益保护的慎重，也体现了立法者对我国国情的充分考虑。但是信托财产权属不明确，带来信托与委托混淆、受托人处理信托财产缺乏依据的问题，同时也涉及将来信托登记的内容、发生纠纷时当事人的位列问题，需要进一步明确。

此外，还有信托财产执行和破产隔离问题。根据《信托法》规定和信托原理，信托财产具有独立性，除非在法定情形下，对信托财产不得强制执行，体现了信托制度的避险功能和破产隔离功能，同时又规定了债权人的申请撤销权。这就涉及在司法实践中如何处理信托财产独立性和对债权人、其他善意第三人的保护的关系问题。

3. 关于信托公示和信托登记问题。我国《信托法》规定："设立信托，有关法律、行政法规规定应当办理登记手续的，应当依法办理信托登记。”但对哪些财产设立信托应当登记、哪些财产不需要登记、由什么机关登记、如何登记等事项均没有统一规定。我们高兴地看到，国务院及其相关部门已经正式启动了相关工作，相信不久即要付诸实施信托登记制度。

4. 关于信托目的合法性的认定标准。我国《信托法》对信托目的合法性要求进行了原则性规定，同时，对信托目的违法情形作了不完全列举。由于信托目的合法性是我国《信托法》确定的基本原则，除了已列举的信托目的违法情形之外，其他被认定为违反法律、行政法规或者损坏社会公共利益的信托活动也会产生无效的法律后果。如何把握信托目的合法性认定的尺度，以何标准认定信托目的是否合法，不仅是法律问题，也关涉我国金融政策，需要做全面考虑和探讨。

5. 关于受托人的审慎管理义务。《信托法》规定受托人管理信托财产，必须恪尽职守，履行诚实、信用、谨慎、有效管理的义务。在接受信托后，受托人以自己名义管理、处分信托财产，享有很大的自由决策权，委托人并不直接参与财产的管理。因此，受托人是否尽到忠诚及审慎管理义务至关重要。如何判断受托人是否尽到了审慎管理义务，是按照信托文件的规定，还是依照较为抽象的一般注意义务判断，我们倾向认为，信托公司作为专业理财机构，应当较一般主体负有更高的注意义务，除了审慎外，还要专业，那么又如何判断受托人是否尽到了一个专业人士应尽的管理义务，这是信托案件处理中的难点，尤其是在当事人双方信息并不对称的情况下，如何证明受托人是否尽到了审慎管理义务，这些问题均有待立法和司法进一步解决。

6. 信托受益权转让问题。信托受益权的流通性是信托制度生命力和活力之所在，《信托法》明确规定，受益人的信托受益权可以依法转让。但是，对于信托受益权的性质、转让的条件和程序，是否应经受托人、委托人同意，转让自何时生效，是否可以部分转让，是否应经登记，均未作出规定，这些问题不解决，信托受益权流转将受到严重阻碍，不利于信托制度功能的发挥。

以上是对《信托法》的理解和司法实践过程中比较突出的几个问题，期待理论界和实务界共同探讨，深入研究，予以必要厘清和明确。

三、完善法制建设，积极推进和保障信托业持续健康发展

当前，我国正处于全面建设小康社会的关键时期和深化改革开放、加快转变经济发展方式的攻坚阶段。我们要牢牢抓住科学发展这个主题，紧紧围绕加快转变经济发展方式这条主线，从法制建设完善的角度，加快信托业发展方式的转变，推动和保障信托业持续健康发展。我们认为，当前注意要做好以下工作：

1. 明确行业法律定位，注重现实性和前瞻性相统一。由于历史原因和客观需要，我国信托

业几经调整，不同时期信托业务范围不尽相同，行业定位的不断变动在一定程度上阻碍了信托业的发展。当前我国金融市场正在经历着深刻的变革，明确行业定位，以法律形式明确信托业的市场准入条件、业务范围等，既是行业发展的客观需要，也是司法实践中处理信托纠纷案件的迫切需要。明确行业法律定位，需要处理好现实性和前瞻性的关系。一方面要尊重信托行业历史和现状，回归信托本源业务，加快信托业转型。另一方面也要为信托业长远发展保留充分空间，具有一定的前瞻性。与其他金融制度相比，信托制度具有高度的灵活性，可以跨多个市场和领域，业务范围广泛，要充分发挥信托这一"金融产品的百货店"的独特优势。

2. 完善信托法律制度，注重制度体系宏观架构和具体问题研究相统一。《信托法》奠定了信托法律制度体系的基础，构建了信托法律制度的基本框架。但随着行业的发展，新情况新问题的出现，信托法律制度在宏观和微观上均需进一步完善。《信托法》仅为信托业的经营活动提供了基本规范，目前主要依靠监管部门的规章对信托业进行规范，采用何种模式构建信托业法律制度体系，完善信托法律制度体系，需要作出进一步研究。另外，《信托法》中的很多问题应当如何理解和适用，在理论上和实践中认识并不统一，除前面我提到的几个比较突出的问题外，还有很多具体问题有待进一步明确和统一，包括信托设立的要件、非法目的导致信托无效的法律救济、委托人的信托撤销权的形式、代理信托事务问题、共同受托人意思表示不一致问题以及遗嘱信托等。这些问题都需要在立法和司法活动中进行深入研究，只有解决好这些问题，统一思路，明确各方市场主体的权利义务，才能真正保证信托业规范有序发展。

3. 加快配套机制建设，注重制度移植与本土化相统一。完备的配套机制，是信托制度能否发挥其功能的必要条件。《信托法》确立了信托制度的基本框架，但相关配套机制尚未完善，滞后于信托业的实践，存在很多亟待解决的问题。我们要注重借鉴其他国家尤其是大陆法系国家的先进经验，看它们是如何构建配套机制，充分发挥信托制度功能的。同时，要注重我国国情的研究，要看制度的匹配度、民众的接受度如何。我们认为，目前需要研究建立以下几方面的信托配套机制：首先是信托登记制度。信托登记是信托关系确立的基础，也是有效保护信托投资者利益、维护交易安全的客观需要。信托登记制度的缺失，成为制约我国信托业发展的一个重要障碍。尽快建立切实可行的信托登记制度，是信托业步入良性发展的重要前提。其次是要构建信托税收制度。信托不同于交易，具有信托制度的国家多规定了特别的信托税收制度，而我国目前尚没有相关规定。要在我国现有税收制度的基础上，逐步构建完整的信托税收制度。还要考虑建立专门的公益信托配套机制包括明确公益信托管理机构，建立专门的公益信托税收优惠政策，从而体现我国《信托法》中有关"国家鼓励发展公益信托"的精神，促进公益事业的发展。

人民法院在审判活动中，也要进一步加强对《信托法》理解与适用的调研工作。在对信托纠纷案件审理和调研工作中要注重把握以下几点：一是要理解和把握信托原理，遵循信托制度的客观规律，同时注重结合我国国情，深入理解《信托法》精神，做好法律适用工作。二是要处理好《信托法》与其他法律的衔接问题，信托制度源于英美法系，与我国《诉讼法》、《继承法》、《物权法》、《合同法》、《公司法》、《证券法》等一系列法律制度尚未完全衔接，要研究《信托法》与其他法律制度的协调和配合问题。三是要坚持维护国家金融安全、经济发展和社会稳定的原则。信托案件往往涉案金额大，涉案主体众多，不仅事关金融安全，也关涉社会稳定，人民法院要做到统筹兼顾、妥善处理，确保司法审判法律效果和社会效果的统一。

信托业持续健康发展需要社会各界不懈的努力。我们要站在更高的角度，以更强的历史责任感来认识信托，认识信托在加快我国从经济大国走向经济强国的进程中具有的独特价值和巨大潜力，我相信，信托业必将肩负起历史的重任，在辉煌的时代里创造时代的辉煌！

最后，预祝会议圆满成功！谢谢大家！

《信托法》的立法回顾与实施探讨

中国政法大学终身教授　江　平

《信托法》生效已经十年了，应该说信托立法早于《信托法》的通过，1993 年八届人大成立的时候，当时是乔石委员长赋予了财经委员会立法的权限，财经委员经过讨论，准备立 10 个法，这 10 个法里有 3 个是由专家来负责起草的，其中的《破产法》是由董辅礽教授领衔起草的，因为董辅礽教授是专门研究国有企业的，而当时《破产法》主要涉及国有企业的破产。《证券法》当然是厉以宁教授来起草，厉以宁教授当时也是八届人大的财经委员会委员，外号“厉股份”。其中的《信托法》就找我来负责，因为八届人大，我已经不是常委会委员了，但是《信托法》本身涉及的法律问题比较突出，跟经济方面的关联比与法律的关联差多了。而且当时我在学校也讲信托法，带的一个博士生周小明，也是研究信托法的，这样就开始负责起草《信托法》的前期工作。

《信托法》怎么搞我们确实没有任何历史经验可借鉴，正在立法的时候，日本的一位信托法专家中野正俊来了，自告奋勇愿意来参加这项工作，财经委员会也请他来担任顾问的工作。他首先建议，要把《信托法》和《信托业法》分开，因为按照日本、韩国以及中国台湾地区的经验，《信托法》和《信托业法》是分开的，我当时跟他们说，这在中国不太好办，因为第一，我们的立法列入了规划，列入了规划就不能够再改变，不能搞两个；第二，中国向来没有公法和私法，分得那么清楚的立法经验。因为也可以说我们的《保险法》和《保险业法》混在一个法里，所以就这么立法了。但这个立法过程，到后来就改变了，后来到通过的时候，觉得《信托法》里既包含私法又包含了公法，尤其是涉及信托公司的管理和监督的问题，一下子把它写进去还很困难，所以最后决定《信托法》只立一个信托私法，也就是信托关系方面法律的问题，而把信托业的部分尤其是涉及信托公司的监督和管理的问题，由国务院另行规定，这样我们最后又走成了和日本一样的道路，我们也是分成了两个，一个《信托法》，一个《信托业法》。但是很遗憾，到现在我们的《信托法》出来了，而配套的《信托业法》十年过去了，到现在始终没有一部《信托业法》，当然我们不一定非叫《信托业法》，可以叫《信托公司的管理》等。但是不仅没有法，连国务院的条例现在看起来也还够不上。

由这个问题我就想到了，我们的市场经济法律本质说来是两个问题，一是信托自由，二是信托秩序，或者说一是市场自由，二是市场秩序，这两个应该是相辅相成的。一个国家如果只有市场自由，没有市场秩序，那是混乱的；但是如果只有秩序，而没有市场自由显然也是不够的，因为你没有市场自由作为基础，怎么能够来发展呢？

从某种意义上来说，也可以说《信托法》是涉及市场自由的法律，里面规定了主体在信托活动中有哪些权利得到法律的保障，《信托业法》从某种意义上也可以说是市场秩序的法律，如果我们缺少了这部分的市场秩序那也不行。应该说市场秩序的法律是我们国家现代比较薄弱的一部分，市场秩序部分薄弱在两个方面：或者是它过分强调了监管，我们常常说的监管过度的问题；另一方面可能是监管放松，应该监管的没有管到，会造成放松监管的问题。这两个问题我觉得都在中国存在，都必须从立法加以解决，如果说立法不加以解决，那就意味着行政权力过大，而行政权力的过大就有被滥用的可能。所以，这一条应该是这样。

当初我们为什么借鉴日本呢？成立了立法小组以后，我和周小明就到日本考察了一段时间，因为当时中野教授介绍了一家信托银行给我们出钱，我们当时立法实在是很可怜的，是有经费，但经费不掌握在立法人手里头，开个会完全可以找财经委员会报销，吃顿饭也可以找财经委员会报销，但当时到外面考察还没有这个费用。到日本去理由有三个：

一是日本从1922年就立了《信托法》，应该说是有丰富的经验，而且日本是属于大陆法系里首创借鉴了英美信托法律制度，而且借鉴的时间也比较早，日本是一个很善于学习的民族，在唐朝的时候，日本借鉴我们的唐律，后来中国落后了，它的法律借鉴于法国，后来又借鉴于德国民法典，后来又吸收英美法。所以，从这点来说，它敢于从其他国家的立法里把有益的经验吸取过来。这一点，我们国家跟它还比较类似。中国开始改革开放以来，也是吸收外国的经验，我们可以吸取英美法的经验，也吸取大陆法的经验，所以，日本在这一点上应该说值得我们去思考，如何去借鉴外国的法律制度。

二是大陆法是一元财产所有权制度，这一点和英美法不太一样，英美法的《信托法》是立足于双重所有权，受托人是一个所有权，委托人把财产交给我，我有了所有权，但是受益人也有所有权，它是实质上的所有权，因为实质的收益是受益人所享有的。所以如何把英美法里的双重所有权套进大陆法里的单一所有权，这是信托立法首先要解决的一个难题。我们国家采取的是大陆法的立法体系，尤其是我们的民商法借鉴了大陆法的一元所有权。怎么能够把英美法的制度吸收进来？日本创造了比较好的经验，也可以说突破了这个范围，也就是说受托人既是所有人，也不完全是自己的所有人，说是所有人，财产应该由他来管理，可是他的财产和他自己本身所固有的财产要由防火墙隔开，这就保障了信托制度的完善。

三是《信托法》在日本当初是作为信托业的规划、整理、整顿的一个过程，也就是说，日本在1922年、1923年之前，信托业是很混乱的，经过整理以后就进入了有序的发展，而中国的历史发展和这一点很有点类似之处。中国当初也是经历了信托业的整顿和治理过程。我记得，当初我首先找了中国国际信托投资公司，就是中信，它是我们国家比较早设立的信托投资公司，顾名思义是信托投资，我就问他，你们搞了多少国际信托投资？国际上哪些机构交给你们，你们帮助它们去投资？他说我们一次都没有。我说那为什么你们叫信托投资公司？他说你没有注意到我们的信托投资写的是 Trust&Investment，不是叫 Trust Investment，没连在一块儿，我们中间还有个 &，我们是从事 Trust&Investment，是信托与投资，我们信托业务没多少，全是投资业务，这就说明当初我们的信托投资，像中信这么大的，乃至于各地方的信托投资公司实际上是有信托投资之名，而无信托投资之实，实际上有投资，但不是信托投资，这个整顿过程，对我们也是很有必要的。

1922 年日本《信托法》通过以后，日本的金融业、银行业和信托业是混业经营的，并没有我们分业经营的基础，所以，银行管了信托，尤其是大的银行，这些大的银行具有很雄厚的实力，它从事了信托，所以经过整顿以后，应该说日本的信托进入了正规的发展阶段，但是它也不像原来那么泛滥了，数量也不像原来这么大了，这一点也值得我们来思考借鉴。

第一，我觉得我们的信托立法现在看起来最大的一个缺陷就是我们仍然缺少一个信托业的有关法律，这实际上是缺了半边天，等于缺了一个立法上来行驶监督管理的依据或法律的依据，在这一点上应该来补足。我们在日本考察的时候，台湾也在同步进行，我们去日本的时候，台湾“法制局”的一位负责人叶赛英也在日本考察，当时我们和台湾也是很敌对的关系，还没有任何接触。当然，我们也很关注台湾“信托法”的立法状况。我们知道，台湾在 1996 年通过了“信托法”，2000 年就通过了“信托业法”，也可以说台湾通过“信托法”的时间和我们没有差多少，或者和我们起草的过程是同步进行的，而它的“信托业法”也是随之就颁布了。台湾的“信托业法”虽然讲的是信托监督管理，但是它对于信托机构监管的内容比我们松多了，并没有我们金融业这么多的限制，应该说这对我们是一个很好的思考——如何来发展信托业务。监管相对比较放松，但法律规定的是很完善的，这一点上，它的配套还是相当不错的。

第二，2001 年，台湾陆续修改增订了七部税法，也就是说凡是“信托法”里所涉及的信托业务，在台湾的税法修改过程中都作了相应的改变，或者说作了相应的明确，因为信托有一个很重大的关系，它是三方的关系，委托人、受托人、受益人究竟谁应该是纳税的主体呢？如果我们税法不完善，实际上就意味着我们的商事信托没有法子得到贯彻，也没有法子得到认真的实施。所以，台湾认为，它们的“信托法”之所以完善，除了“信托业法”的配套之外，这七部税法是至关重要的。如果没有这七部税法的修改，那么“信托法”的实施是空的。所以，在这一点，我们也应该很好来借鉴。它里面涉及的不仅是商事信托，公益信托、遗嘱信托都有一个问题——谁是纳税人。不解决这个问题，我们有了一部《信托法》也是空的，所以，在这一点上，我们也要很好地来吸取它的配套立法措施。我们在通过《信托法》以后似乎是万事大吉了，其他很多配套问题并没有认真通过立法来解决。

第三，我认为很值得我们思考的是，台湾通过了公职人员财产申报的办法。这个公职人员财产申报的办法是1993年公布的，对于哪些公职人员应当来申报财产作了非常明确的规定，但在“信托法”颁布了以后，它把信托制度和财产申报制度结合起来，也就是说在“信托法”里，它把财产申报里的相关制度纳入到里面来了，财产申报制度有些方面必须要借鉴信托制度。我当时在讲《信托法》的时候，知道台湾的几个信托制度有几个“强制”：强制申报，强制公开，强制回避。台湾朋友说，台湾的财产申报制度还有一个特点，是强制信托。这是一个很大的特点，什么是强制信托呢？实际上就是法定信托，法律规定你财产申报的时候有两种财产是必须要用信托的办法：一是不动产，不动产交易1个月以后必须申报，如果你买了房子，卖出房子，那么应该申报；二是上市或上柜的股票，我们所说的公众公司的股票那是需要强制信托的。在台湾公职人员财产申报制度和它后面马上颁布的实施办法都明确规定了这两个内容或一个内容，就是涉及财产人的不动产和上市股票必须申报，而且要申报给经国家政府准许的信托机构来设立信托。

我想这是很重要的一个制度，为什么？你想想如果我的不动产，尤其是我的上市股票，要是不允许我经营，就等于剥夺了我财产增值的机会，因为股票要买进、卖出，你不允许他买进、卖出那怎么行？当然，如果这个买进和卖出就掌握在我所有权人手中，那你危险太大了。因为你可能就是掌握这些信息变化的主管人，这样的情况下你来以权谋私就太容易了。房地产也是这样，如果你根本不允许一个人来经营房地产，买了房子以后不让他买进、卖出那也太过分了，但是你买进、卖出就涉及你的权限范围，就存在“你会不会以权谋私”的问题，所以它通过《信托法》解决了这个问题，这个财产你可以经营，但需要交给一个受托的机构代你来管理，他可以把经营管理的结果告诉你，但你自己不能够参加经营管理。这种思想应该说对我们将来建立中国特有的公务人员财产申报制度应该说很有借鉴意义。在这种制度里，把财产所有权人和财产管理权人的所有权和管理权分开，这样可以避免利用自己的公权力来为自己的财产管理权获得利益，这样的话，用信托的办法可以很好解决，我觉得这一点也是我们今后建立财产申报制度需要借鉴的很好的制度。

总的来说，我觉得我们十年来的《信托法》应该说有很大的成绩，但是存在的问题还是很多，不仅刚才说的这一切。再比如财产所有权，什么叫委托给受托人来管理，还是一个模糊的概念。我不久前碰到一个案子，这个案子是股权信托，而股权信托的同时，当时又签订了一个股权转让协议，我们问他为什么你要签订一个股权转让协议？他说工商部门不给登记啊，那我只好来签订股权转让协议，因为有股权转让协议就可以转让了。可是股权转让协议那是类似买卖关系，而信托并不是买卖关系。所以，这个问题最后出现了很大的笑话，一个股权转让变成了一个股权买卖，当事人说也说不清楚。

再比如说财产登记制度，我们《信托法》讲财产需要登记，法律规定的财产需要登记，可是怎么登记没有（明确），《物权法》通过了以后，能不能适用于我们的信托财产登记，《物权法》也没写这个问题，所以这也是一个很大的问题。我记得前几年融资租赁会议召开的时候也讨论这个问题，融资租赁的财产需要登记，但融资租赁的财产究竟在哪儿登记？是不是应当在物权登记同样的地点来登记？这是很明显的，涉及物权登记或信托权利登记、融资租赁应该在同一个机构里登记，要不在同一个机构里登记，你怎么知道这个财产的权利已经涉猎抵押了呢？所以，在这些问题上，应该说我们还有很多配套的工作需要进一步完善，我很希望《信托法》通过立法的完善，使它更趋美好！谢谢大家！

把握规律，认清逻辑，科学发展

中信信托有限责任公司董事长　蒲　坚

尊敬的王老、柯主任、深圳局熊局长、各位同仁：

很高兴能有这个机会和大家一起交流我在信托公司工作五六年来的一些体会。

近几年信托业发展较快，但信托公司究竟做什么？信托业务的发展规律是什么？这些问题并未得到解答，想说清楚也不容易，如老子所云："道可道，非常道。"

截至2011年末，信托业资产管理总规模增至约4.8万亿元，这得益于国家经济的持续高速发展和信托业同仁的共同努力，但其中隐含的具有规律性的推动力恐怕更为重要，也值得管理层和全社会认真思考。2001年斯坦福大学出版了英国当代思想家伊格尔顿最新著作《马克思为什么是对的》，书中说道："人工作的意义与体制有关"，这给了我很大的启发。

中国实行的社会主义市场经济是一次史无前例的具有中国特色的历史选择，提出了两个很重要的概念，即公平和效率。传统的社会主义实行计划经济，追求公平；西方资本主义实行市场经济，追求效率；而社会主义市场经济需兼顾公平和效率，将社会主义的公平原则和市场经济的自由竞争原则有机结合。信托等金融制度的小逻辑都必须服务和顺应社会主义市场经济的大逻辑。

这几年，我们有了很多的信托实践，但对信托的认知还不充分，因此常常陷入"纠结"。比如，信托应该为谁服务？一项法定业务专为"富人"服务，就可能与共同富裕的社会主义大目标不协调，长此以往，看似局部小矛盾如果不有效化解就可能转换为社会大矛盾，更加激烈地表现出来。

如果把信托原理和信托关系等基本概念分析清楚，我们就会发现信托这种制度安排和法律关系与社会主义市场经济有着天然相似和契合之处。它们之间的契合，正是近年信托业快速发展背后的重要推动力，也能解决我们在实践中遇到的诸多困惑。找准这种契合，就能发现信托公司发展的逻辑和规律，从而推动信托业的科学发展。

一、挖掘信托价值，解决发展矛盾

信托业发展必须遵循社会主义市场经济最基本的规律，以社会主义市场经济的基本逻辑为准则。近年，中信信托边发展边思考：如何能在社会主义市场经济的运行逻辑下演绎出信托的逻辑？我们长期实践结果表明，信托对于解决中国经济社会发展的矛盾和问题具有独特的价值。

例如，拆迁是近年中国经济发展中出现的一大难点和热点。我们在开展房地产信托业务时，通过信托关系的兼容性，将土地的出售者、购房者、政府的利益统筹兼顾，将土地的价格跟出售土地的农民的未来收益相挂钩，调节了各利益方之间的矛盾，使拆迁工作顺利进行，没有引发任何矛盾和问题，社会反响很好，当地拆迁户还以条幅的形式对中信信托表示感谢。

土地流转问题也可以通过信托工具来解决，因为只有信托公司可以在《信托法》的约束下把所有权、使用权和收益权相分离，让土地的公有性质保持不变，让使用权和收益权随着信托的平台进行流转，这样长期困扰我们的土地流转问题就有可能迎刃而解。

信托应该以“金融普惠和资本民享”的理念为己任，积极探索缩小贫富差距的信托模式。中国目前的贫富差距已经成为党和社会最关注的重要问题，关系到国家的长治久安，但贫富差距并非简单的收入高低问题，金融垄断和资本收益独享应该有很大的改革空间。譬如，能源资源是公有的，但是现实中资源收益没有完全惠及全民。这种资源独享、资本独享的现象不应在公有体制下出现。如果我们建立公有的信托平台，集成广大社会投资者的分散资本，投入企业经营管理，并让投资者通过信托的专业平台分享资本收益，就可能逐渐减小贫富差距。

社会主义信托关系是一种新型的生产关系，它的综合性、普遍性和无边界特性，可以容纳社会主义市场经济的复杂性和不确定性，以及生产力发展的多元性和叠加性。信托集成既可以体现公有制新的实现形式的公平性，也可以体现市场化专业代理的高效率。

二、开展信托创新，解决现实问题

创新是信托公司业务一大特点，但信托公司应清楚创新的目的，不能为创新而创新。银监会副主席蔡鄂生在一次会议上指出，创新是为了解决现实的矛盾和问题。

集成多种金融功能和叠加各类知识，为企业创造性提供综合金融解决方案，是中信信托业务发展的出发点和着力点。为什么信托公司能解决银行、证券等其他金融机构解决不了的问题，是因为信托关系能够把多种金融功能和各类知识集成在一个能够满足多元需求的平台上，发挥创新优势，解决改革难题。

近年，我们在“三农”领域投入和创新力度不断加大，从实践结果看，信托平台能够解决农村、农民、农业的问题，也能解决农业产业化的问题。最近我们也在研究中国的工业问题能否通过信托机制来解决。我曾去考察一家大型装备制造业国企，它们有接近200台大型的数控机床，在公有体制下实行了分包制，把每一台车床都包租给工人，一台机床就是一家人的工作车间，结果维修成本、用电成本和管理成本等都大幅下降，但是这个模式被当地政府叫停，理由是在国企搞“包产到户”。这就提出了一个问题：在公有体制内可不可以在局部实行私有制？马克思的理论是国家实行公有制，但是家庭是私有的，即公有大国家，私有小家庭。信托公司可以在这方面发挥应有作用，即委托方把公有的财产委托给信托公司，信托公司可以通过市场手段，把财产再转给有能力者，并对其进行监督和管理，实现委托方财产价值的最大化。

所以，信托公司开展创新，不仅仅是需要对各类金融工具的娴熟运用和掌握，最重要的是要对社会主义市场经济规律进行深入的研究，这样的创新才有生命力，才能实现价值的最大化，并对信托公司的科学发展起到积极的推动作用。

三、认清信托逻辑，建立发展模式

信托关系是社会发展当中最本源的关系之一。例如，即使当代社会信息技术已经很发达，婚姻介绍所依然存在，这是信托关系最古老的表现形式。银行业务也是一种信托关系的表现形式。人们基于对银行模式的信任，把存款交给银行管理。人们对这些信托关系的表现形式都习以为常，但对信托公司这种最能体现信托关系的金融公司，却存在不同程度的偏见，譬如有关部门不允许信托投资形成的股权上市，殊不知证券市场也是信托关系众多表现形式之一。这不能不说是社会主义市场经济的悲哀，不能不说是《信托法》的悲哀。

中国大城市房价高企，除了众所周知的原因外，我认为最重要的原因是体制问题，与权力架构相关。以北京和华盛顿为例，同样是首都，为什么华盛顿的购房需求不强，房价不高？为什么北京的购房需求很强，房价很高？这是因为在一个权力集中的体制下，要素集中，而要素集中人流就会集中。北京正好符合了这些特点。在一个权力集中、要素集中的地方，房价不可能不高。要解决这个问题，信托关系和信托结构是一条有效途径。

再比如，社会比较关注的银信合作问题。根据监管要求，2010 年信托业大幅压缩融资类银信合作业务。中信信托的银信合作业务曾经达到 900 多亿元，现在已经压缩至 290 多亿元。监管要求趋严，要求我们重新审视该类业务。银信合作究竟有无发展前景？我一直认为，银行和信托是两种价值追求相异的经济单元，银行和信托公司实现合作，是因为有一个潜在的规律在发生作用。如果说银行保持现有体制，信托公司按照《信托法》运作，银信合作一定有发展前景，但绝不是简单的技术含量低的被动性合作。

经常有人表示，监管政策对我们业务开展影响很大，但我认为，社会主义市场经济在探索发展过程中，不可避免地会出现各种问题和矛盾。信托公司稳健经营，并不是指循规蹈矩，而是应搞清信托关系、信托制度、信托业和信托公司与中国社会主义市场经济之间的关系，厘清它们之间的脉络，找到信托公司科学的发展模式。

这些年来信托业虽然有较大的发展，但是我作为公司的经营者依然如履薄冰。在中国特色的社会主义体制下，如果看不清信托业务发展的逻辑和规律，就容易出现问题。信托关系的普遍性原理告诉我们，公司如果选择走传统专业化的道路，就要经受市场波动和政策大起大落的双重考验。实践告诉我们，走综合化、集成化的信托道路是有效的。

我们通过反思认识到，信托公司未来发展面临最大的风险，来自于对规律的认识不清，对理论的研究不够，因此容易走入很多误区。比如按照西方经济学的观点，把社保基金的钱基本都分散到股票等多个市场，以此分散风险，但结果背离初衷，不但风险没有分散，创造的价值也少于信托公司。这促使我们思考，公有制国家的风险和自由竞争市场的风险一样吗？在社会主义市场经济的环境下有无低风险但高收益的地方？我们对社会主义体制进行充分研究了吗？实际情况是，我们都是按照西方经济学的观点来解决社会主义制度下存在的问题，犯了基本的逻辑错误。

最近有些学者对金融的逻辑或市场的逻辑作了研究，出版了一些书，不知柯主任能否组织大家对信托的逻辑作一深入研究？无论是金融逻辑还是信托逻辑，都应该服从于社会主义市场经济的开端性逻辑，否则我们就远离了社会主义市场经济的本质要求。所以，站在国有企业经营者的角度，我认为信托公司有责任把信托的逻辑和社会主义市场经济的大逻辑衔接起来，要认真研究社会主义市场经济的规律和特点，研究如何把社会主义和市场经济有机结合，研究信托关系和信托公司能为中国特色的社会主义在解决贫富差距、化解中长期社会矛盾等多方面做哪些探索。

这是一个没有先例可循的课题，但如果我们不搞清楚，我们的信托逻辑也很难确立。

四、协同发展，共图信托美好未来

众所周知，信托业在西方国家非常发达，而这些国家的信托公司并不发达；在东方文明中，无论是在日本还是中国台湾，信托公司都很发达。这不是偶然现象，而是一种文明选择的现象，因为西方走了一条专业化的道路，而东方走了一条综合性的道路。这与信托制度的综合性相契合，因此为信托业发展提供了深厚的成长根基。

昨天王老有句话让我感触很深。王老说他在退休的时候选择了信托业，因为看好行业的发展前景，这使我受到很大鼓舞。王老很早就看到了信托的春天，看到了信托业的发展潜力。希望不仅是信托业峰会，有关部门也能认真组织大家研究信托，在进行顶层制度设计的时候，能考虑到信托关系的功能、价值和现实可操作性。

我相信，在社会主义市场经济体制下，只要我们能深入认知和准确把握信托业务的发展规律，信托公司资产管理规模从4.8万亿元走到10万亿元并非妄想，因为信托业的发展是由其内在的生命力决定的，是由信托规律与社会主义市场经济天然契合决定的，是不以人的意志为转移的。

峰会是信托业全体同仁的年度聚会。信托公司协同大于竞争，东部的信托公司和西部的信托公司应该密切合作，发展早的和发展晚的信托公司应该携起手来。只有行业发展得好才能证明信托制度好，只有信托制度好才能证明信托关系是一种普遍的社会关系，是我们社会发展当中最本源的关系之一。

谢谢大家!

从发展视角分析房地产信托产品的潜在风险和建立风险缓冲机制的必要性

北京国际信托有限公司总经理　王晓龙

一、房地产业和房地产信托发展现状

作为非银行金融机构中最受人关注的一类机构，信托行业依靠监管部门的正确指导和业内全体同仁的共同努力，经过长时间的艰苦探索，逐渐找到了自身科学发展的规律，开始实现战略性转型和快速发展。信托已经从一个可有可无的行业成长为中国金融业的重要组成部分。

信托行业的发展不能不提到房地产信托业务，正是中国快速发展的房地产行业为信托业的发展提供了强大动力，使信托业获得了过去10年超常规的发展机遇。信托和房地产总是紧密地联系在一起。

房地产业一路走来，辉煌发展的同时也累积了不少问题，并将潜在的系统性风险传导给了房地产信托，使房地产信托刚经历发展的喜悦，又面临前所未有的挑战。

（一）科学、理性地看待中国房地产业发展

过去20年中，中国经济的持续快速发展、城镇化、人口增加、居住条件改善及家庭结构变小带来了房地产业持续高速发展的黄金时期。商品化楼市开始于政策大调整的1998年，至今不过才12年左右的一个轮回，但就它对中国和世界的影响而言，堪称世界一大奇迹。在短短的10多年之后，中国楼市已经占据全球每年新增量的半壁江山，成为中国实际上位居第一的重要支柱产业，直接和间接地拉动了近百个行业的发展，充当推动内需增长的第一动力，也改变着城市化的进程与城市的形象，并使中国成为全球家庭拥有住房率最高的国家（见图1）。在中国每年的GDP增长率中，直接和间接由房地产拉动的有近10个百分点。仅2010年，房地产开发投资4.8万亿元，占当年GDP的12.13%。

但是，房地产行业在快速发展过程中累积了诸多问题并且没有得到及时解决，导致这个行

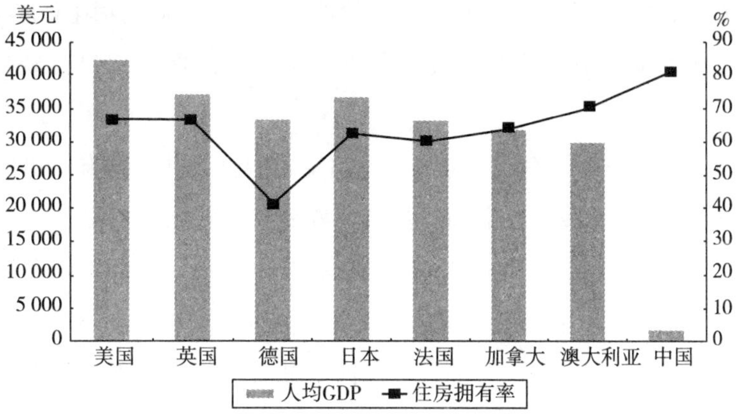

图 1 中国与七国人均 GDP 与住房拥有率

业正在被妖魔化为洪水猛兽。根源在于：

1. 房价上涨过快。过去 20 年，房地产市场的整体短缺性、货币供应过快增长，以及地方政府经营城市、垄断土地供应和过度税负造成的开发成本飙升导致房价快速上涨。自 1998 年以来的 12 年间，城镇居民家庭的人均可支配收入增加了 2.5 倍左右，但一、二线城市房价涨幅则高达 8 ~ 10 倍，反映在房价收入比（以家庭年平均总收入与一套房屋的平均价格之比来衡量）上，2010 年，我国城市的房价收入比平均为 8.76，其中部分大城市如北京、上海等达到了 15 ~ 20，甚至更高，不仅远远超过合理水平，也大大地高于发达国家的房价收入比（一般为 3 ~ 6）（见图 2）。住房支出占到部分居民收入的 70% 以上，房奴成为一个社会问题。住房问题给百姓带来了巨大的生活压力，影响社会和谐稳定，动摇了执政基础，潜在的社会风险不容忽视。

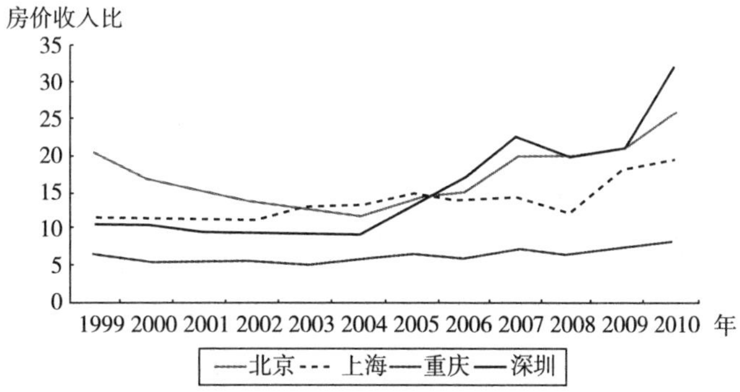

资料来源：2011 年中国地产金融蓝皮书。

图 2 1999—2010 年四城市房价收入比

2. 房屋供应体系不合理。房屋不仅仅是普通的商品，它还是公共产品。房屋供应体系应该解决全体社会成员的住房或居住问题。但是，以往房地产发展过度市场化，只注重通过市场解决中、高收入阶层的住房，面向中、低收入阶层的保障性住房严重缺失，导致房地产行业和社会之间的矛盾对立，突出矛盾是“需求巨大、供给严重不足”。从发达国家的经验来看，即使考虑我国 2011 年开工建设的 1 000 万套保障房如期完成，中国保障房供需缺口大约还有 3 500 万套。

3. 个别开发商社会责任意识不足。房地产业的发展造就了开发商群体迅速致富。但分析其原因，房地产业的快速发展是我国社会和经济高速发展特定背景下的必然成果，开发商成功的根本原因是历史性的机遇，是辩证法中“必然性和偶然性”规律的具体体现和一种“行业红利现象”，并非全部是开发商群体的内在优秀性。开发商作为社会财富积累和再分配的最大受益群体之一，理应对社会有所回报。但是，部分开发商的社会责任意识不足，未随着房地产行业的发展同步提高，尤其个别开发商的不恰当言行激怒了部分社会阶层，使房地产行业成为众矢之的。

4. 房地产行业发展中出现新矛盾、新动向。具体表现在以下 5 个方面：

（1）当前国内房地产开发商的资金链紧张，国内房地产开发商自筹资金的压力正在不断上升。根据国家统计局发布的 2011 年 1—10 月固定资产投资数据，1—10 月房地产开发商资金来源约为 6.8 万亿元，其中国内贷款约占 15%（同比增长 1%），企业自筹资金占比约为 41%（同比增长 30.8%），其他资金（包括定金及预收款和个人按揭贷款）占比约为 42%（同比增长 18.8%）。资金来源结构显示，未来房地产开发商的融资压力将有增无减。

（2）受当前房地产调控及货币紧缩政策的双重影响，银行信贷增长及占比已大幅收缩。考虑到定金及预收款和个人按揭贷款等其他资金来源极其不稳定，目前企业自筹资金已上升为房地产开发企业最重要的资金来源。但突出的矛盾是：大批开发商有房卖不出。不是因为没有需求，而是由于限购令大大阻断了开发商有效资产的流动，使所有相关方原来资产正常流动背景下的测算统统泡汤。一旦资产流动性受阻，资金流必然同步趋紧。

（3）由于限购政策挤出效应的传导，使三、四线城市房地产价格快速上涨，泡沫显著增加，它从另一个侧面放大了整个市场的风险。

（4）国内房地产开发商的财务状况不容乐观。统计数据显示，截至第三季度末，A 股房地产行业上市公司平均资产负债率为 63%，其中 15 家公司的负债高于 80%，“高资产负债率”特征尤为明显。开发商在与政府的博弈过程中，没有及时降价，晚了半拍，使目前市场矛盾加剧。近期，国内部分城市个别楼盘房价出现突发性下挫，究竟是趋势性下降还是结构性调整？有待实践来回答。

（5）以土地财政为特征的中国地方政府正面临比 2008 年更为复杂的局面。具体表现在：①为完成前期“4 万亿元”投资，地方政府举债规模骤增，当期利息负担高；②已经开工的项目需要继续投入资金，否则会出现大批“烂尾”工程，但新的资金来源不能有效落实，并且资金成本很高；③投入后产生的级差地租原可以显性化，但紧缩使得地方政府卖地以获得高收益的计划落空；④地方税收增速下降。

所有上述新动向都加剧了房地产商经营的困难。可以预见，相当一批房地产商将不堪重负，行业洗牌已经不可避免。

（二）我国房地产信托逆周期发展的现状

从“121 号文”银行开发贷的收紧带来房地产信托的破壳和萌芽，到限贷、限购等深度调控助力房地产信托异军突起，房地产信托一路走来制度博弈色彩鲜明。房地产信托快速发展的原因正是基于房地产金融市场不成熟的环境，房地产开发商融资工具选择有限，房地产信托凭借其拥有的制度的灵活性，充分挖掘了变通性和弹性的政策空间，在成本次优的条件下，成为部分替代商业银行的创新金融利器，造就了房地产信托逆周期腾飞的神话。房地产信托为我国房地产行业累计提供了超过万亿元的资金，成为仅次于银行贷款的房地产金融产品。从国际经验来看，房地产信托产品将超越银行贷款，成为最重要的地产金融工具。房地产信托通过对房地产行业的支持为经济的健康发展作出了贡献。

房地产信托是历史赋予信托业的礼物，信托业应感谢房地产信托。房地产信托在信托业最弱小和生存危机的关键时候，为信托业提供了宝贵的生存空间和发展机会，过去 10 年，信托业通过房地产信托积累了信托财产，创造了大量利润，培养了信托人才。截至 2011 年 10 月，我国房地产信托产品存量规模约为 7 000 亿元，占信托业管理资产总规模的 17%，但对信托业利润贡献度高达 50%（见表 1）。

表 1　　房地产信托发展对信托业的贡献

时间	2010 年第一季度	2010 年第二季度	2010 年第三季度	2010 年第四季度	2011 年第一季度	2011 年第二季度	2011 年第三季度
产品规模（万元）	23 512 900	31 536 300	37 782 000	43 236 838	48 688 832	60 519 084	67 976 907
规模占比（%）	10.64	11.35	13.41	14.95	15.58	16.91	17.24

房地产信托产品的供给丰富了金融市场，满足了广大投资主体多样化的投资需求。中国近 20 年经济和社会的高速发展给全体国民带来了福祉，居民财富快速增长，房屋资产则是居民财富的重要载体，在过去 20 年实现了 10 倍乃至数十倍的增值。一部分幸运的国民因直接拥有房产而搭上了财富增长的快车，还有一部分则依靠投资房地产信托弥补了遗憾，房地产信托为国民提供了间接投资房地产、分享中国经济发展成果和财富增长盛宴的机会。过去 10 年房地产信托为投资者带来了丰厚的投资收益，真正实现了党的十七大报告所提出的“创造条件让更多群众拥有财产性收入”的目标。可以说，房地产信托骄人的投资业绩，唤起了中国百姓的理财意识，为财富管理理念的迅速普及和财富管理事业的跨越式发展开启了大门，改善了社会财富的积累

和分配，使经济发展惠及普通大众。

二、房地产信托产品风险分析

（一）房地产信托的风险现状

2010年以来，房地产行业形势日益严峻，但同时房地产信托规模却在快速扩张，风险因素正逐步积累，并在不利的宏观经济形势中加速酝酿，潜在风险的点状爆发成为信托行业的大概率事件。当前，房地产信托风险已成为市场关注的焦点，部分产品显现风险苗头，传言此起彼伏，“山雨欲来风满楼”。应该看到，从2002年恢复正常业务以来，信托业并未经历过真正的经济周期，对风险心理准备不足、化解风险能力不够，不提前做好充分的风险防范和化解工作，极有可能会使单个信托项目的点状风险呈燎原之势，对信托业的后续发展造成致命影响。应该清醒地认识到，房地产信托所面临潜在风险的严重性和危害性。

（二）房地产信托风险形成机制

房地产信托风险的形成原因，主要有以下几个方面：

1. 宏观经济形势严峻。当前，全球经济形势严峻，愈演愈烈的欧洲主权债务危机和国际金融危机将导致世界经济长期衰退。中国经济发展的三大动力——出口、投资和消费中，出口受到外部形势的严重冲击，投资因为基础设施建设投资和房地产投资增速的放缓也必将放缓，而消费由于种种原因，结构不合理，也增长乏力。我国宏观经济正遭遇改革开放以来前所未有的困难，金融风险快速积聚。身处这样的环境，尽管已有4万亿元规模但仍偏小的信托行业怎能“独善其身”，而房地产行业还特别受到宏观调控和房地产专项调控的双重打击。多重因素共同作用下，房地产业已经进入不景气时期，并给房地产信托带来潜在的系统性风险。

2. 宏观政策的多变性引发系统性风险。大家一定还记得在2008年和2009年，面对全球金融危机，中国各级政府力挺房地产，出台各种鼓励政策拉动内需以振兴经济。如果将那些支持性的政策和仅仅两年后的今天的严厉打压政策相比，可以发现国家重大政策的落差是多么明显。一个行业的正常和健康发展至少需要一个持续正常的环境。政策的多变，只会扰乱行业自身的发展规律和周期，加大其波动性、不可预测性，并传导到包括金融行业在内的一系列相关行业，形成潜在风险。这已是不争的事实。

3. 房地产信托产品“被发展”——逆周期的快速成长加速风险累积。房地产信托书写了一部逆经济周期的发展史，根本原因在于信托业在我国金融行业中一直处于从属、非主流地位，以及所具有的灵活性。在经济顺周期时，银行等主流金融机构垄断了市场资源，开发贷款和按揭贷款是银行的优质资产和追逐对象，房地产信托发展缺少主流空间；而在逆周期来临，主流金融机构难有作为之际，信托行业“被发展”，被动地获得阶段性的大规模业务机遇。这就是信托业成长的逆经济周期模式。“逆周期发展”意味着发展中要面对各种不确定性和复杂环境，意味着更高的系统性风险的客观存在。需要大智慧来准确判断经济所处的波动周期时点和未来走向，需要金融机构在经营能力、风险化解和人才队伍等方面有更高的水准。但上述种种因素恰恰是信托行业的短板，这种发展模式对处在成长初期的信托业构成重大挑战。信托行业依靠逆周期获得了发展机遇，解决了生存问题，但却在逆周期中加速积聚了相当多的潜在风险。在宏观经济快速发展和房地产行业繁荣时期，这些风险往往被掩盖；在行业不景气、海水退潮之际，风险即将显现，如房地产业长时间不景气，这种风险则必定显现。

此外，逆周期发展还使房地产信托容易遭遇政治性风险。社会各界，尤其是管理层对新型信托还未形成一致认识，而房地产信托屡屡在逆周期来临之际、在国家对房地产下大力气调控之际、在全社会讨伐高居不下的房地产价格之际，逆市超常发展，容易被解读为不讲政治，在非常时期同情房地产业，为其提供资金，干扰国家宏观调控。这是我们必须正视的另一个重要风险因素，它可能会因为某一个别事件被媒体妖魔化，继而形成强大的“蝴蝶效应”。

4. “零风险、高收益”的悖论和“99 + 1 = 0”的怪等式绑架了房地产信托。“风险与收益相匹配，高收益隐含高风险”，这是资本市场的永恒规律。但在过去 10 年的房地产信托领域，却创造了一个“零风险、高收益”的神话。信托投资者享受远超于市场公允水平的高收益，却几乎不用承担任何投资风险。造就这一神话的原因之一是制度红利。在我国的利率体系中，不同金融产品风险敞口相似，但分属管制型和市场化两种利率体系，收益因此显著不同。信托公司由于自身的制度灵活性而高度市场化——信托资金从市场募集而来，资金成本完全市场化；但在风险控制方面，作为监管部门贴身监管的金融机构，市场化的信托公司产品却与利率管制下的商业银行贷款相一致，甚至有过之而无不及。如此造就了信托产品风险度等同于利率管制体系内金融产品的低风险甚至零风险，却获得市场化的高收益。这种现象被社会称为“利率双轨制下的制度红利”，但它到底能维持多久?

事实上，利率市场化已是大势所趋，利率双轨制所造成的制度红利将不复存在。就房地产信托产品而言，国外成熟市场的 REITs 年化收益率一般仅在 6% ~8%，而我国房地产信托的投资年化收益率已远超 15%，高于国际成熟市场 7 个百分点以上，风险溢价较高，隐含风险也应该较高。随着市场的成熟，潜在风险及风险溢价水平将趋于一致。若要维持目前收益水平，该种回归将体现为投资风险的增大，“高收益、零风险”的神话必将终结。

“高收益、零风险”神话的第二个动因在于对投资者的过度保护，导致信托公司对问题房地产信托产品的利益输担，投资者始终未树立“自主投资、自担风险”的金融投资风险意识和契约观念。不允许房地产信托产品出现闪失成为大家默认的底线。近几年，在信托风险处置中，管理层对投资者的过度保护强化了投资者的错误认识，导致了隐性担保和逆向选择，投资风险被转嫁到作为资产管理人的信托公司身上。信托公司战战兢兢、如履薄冰，事实上承担了对房地产信托保本保收益的责任，“99 +1 =0”是信托行业流行的经典语录，形象、生动地反映了信托公司被绑架的无奈窘境。这也使存量风险被掩盖，得不到及时解决，信托业失去了一次次通过危机处理而成长的历史机遇。

随着房地产信托规模的不断扩大，潜在风险也在累积，信托公司已无力承担本不该承担的隐性担保义务，潜在风险随时会变成现实风险。“狼”就要来了。当“狼”来时，信托从业人员尽职管理是否到位就面临真正的考验：是尽职管理还是不当管理至今没有具体的案例，对投资者的警示远远不足，也间接加大了风险集聚的几率。一旦出现个别纠纷，其影响可能会迅速扩大！

5. 信托产品和市场交易的内在缺陷加剧了矛盾的交织和激化。房地产信托产品创新远远不够。首先，产品形式单一，大多数都是同质化的融资类产品，放大了房地产行业的金融杠杆，极易推动风险放大；其次，房地产信托期限偏短，项目现金流和信托期限不匹配，蕴涵潜在风险；最后，房地产信托方案缺少柔性条款，导致刚性兑付风险。

现代金融的一个重要特征是存量风险的流量化。信托产品至今都被限制在私募范围内，没有全国性的二级交易市场，哪怕是撮合性的交易。由于不能通过二级市场流通、分散和传递风险，缺乏对信托所持有财产证券化的退出机制。对房地产信托而言，只能通过被投资项目或交易对手的现金流实现退出，实现信托财产从现金到实物资产、再从实物资产到现金的轮回。靠谁来打破这个怪圈呢？信托从业人士一直渴望有新的制度来解决。

（三）房地产信托的风险识别

房地产信托的风险是客观存在的，但到底这个风险的内涵是什么？

1. 房地产业的问题是阶段性问题，在未来中国经济的长足发展中，房地产信托仍大有可为。从历史角度看，中国房地产业的问题是前进中的阶段性问题——我国城镇化进程远未结束，庞大的刚性和改善性居住需求未得到满足，房地产市场整体仍处于短缺状态。另外，一个不能忽视的事实是，美、英等发达国家直到现在，经济复苏仍然要依靠房地产业。因此，房地产对于仍在发展中的中国依然是朝阳行业和重要支柱产业，至少还将辉煌数十年，有巨大的发展空间。房地产行业的后续发展中还将需要大量资金，对房地产信托有巨大的需求。

从发达国家的经验来看，房地产始终是投资和资产管理领域永恒的主题，个人和机构大约1/4 ~1/3 的资产会配置为不动产或不动产金融产品。中国财富管理事业的蓬勃发展、世界经济长期通胀的格局以及人民币对外升值和对内贬值趋势下资产保值增值的投资需求，都要求我们信托公司提供更多的房地产信托产品，现在的产品规模远不能满足快速增长的潜在市场需求。

从比例来看，房地产信托规模占信托业资产规模的比例约为17%，在整个理财市场中所占比例更低，距离国际平均水平差距很大；从资产规模来看，截至2011年8月末，银行业金融机构房地产贷款（包括土地储备贷款、开发贷款和个人住房按揭贷款）余额为10.4万亿元，将房地产信托业务的资产规模考虑在内，我国地产金融总资产规模约为11万亿元①，这一数字与发达国家相去甚远（以美国房地产金融市场为例：2010年末，REITs市值为3 893亿美元，抵押支持债券（MBS）总的存量规模达到8.85万亿美元，仅此两项折合人民币约为60万亿元）②。

2. 大多数房地产信托风险不是价值风险，而是流动性风险。经过5次洗礼的信托业从业人员总体来说是一批合格的资产管理人，所管理的房地产信托产品整体是健康的：信托公司在选择交易对手时，一般都与有实力的大中型房地产开发企业合作，项目质地优良，土地获得成本较低，并且地处大中城市的核心地段或稀缺性地域；绝大部分房地产信托都设置了足值的抵押担保、质押担保或股权对赌条款等风险保障措施，并且通过人员派驻、财务监管等内核式管理手段有效地落实风险控制。大批已经结束的房地产项目充分地支持了这个判断。

三、建立房地产信托风险缓冲机制的必要性

前面简要分析了房地产信托的风险状况、成因以及风险识别。由于信托业没有风险救助和缓冲机制，这些潜在的流动风险与现阶段特有的政治气候、信托业和房地产业的高敏感性相互作用，加大了潜在流动风险变成现实风险的可能性。

从整个金融体系来看，除信托业外，无论银行业、保险业还是证券业都建立了风险缓冲机制。金融业是经营和配置资产及风险的特殊行业，风险从来就和金融业如影相随。关于金融脆弱性的研究显示——金融机构和金融市场天生具有脆弱性，需要救助机制来降低金融脆弱性和金融风险隐患。因此，有必要加快建立房地产信托风险缓冲机制，营造合理环境，保护信托业的正常经营和发展。

（一）风险缓冲机制是信托业稳定发展的内在要求

信托公司是经营风险的金融中介机构，风险管理，包括对风险的识别、配置、防范和化解，应该是信托公司的核心竞争力，风险缓冲机制是与风险管理一样重要的基本工具。缺少风险缓冲机制，意味着信托业在正常经营过程中面对的潜在风险没有化解的出口，会形成累积，最终爆发。信托业已走上规范发展的道路，和其他金融机构的合作日益频繁，如果不从体制机制上

① 数据来源：《中国银行业第三季度运行报告》、信托业协会。
② 数据来源：http：//www.reit.com/Default.aspx、美国证券行业与金融市场协会。

建立风险缓冲和释放的“阀门”，信托业在发展过程中所产生的个体风险很可能会随着金融对外开放度的提高和金融资产的流动，波及金融市场中的其他经济主体，进而引发系统性金融风险。因此，建立信托风险缓冲机制，可以防止信托风险在整个金融系统的扩散和传播，保证良好的金融秩序。

（二）“他山之石，可以攻玉”——风险缓冲机制分析与借鉴

了解和学习其他国家和地区的信托风险防范机制以及其他金融行业的风险缓冲机制对于构建我国信托行业的风险缓冲机制有着重要的意义。

1. 国外信托行业风险缓冲机制的分析与借鉴。发达国家主张从加强金融市场有效性层面化解风险，普遍采用的模式是完善金融交易体制、设计创新型金融产品以提高金融产品流动性。英美等国依此原理，将信托产品设计成标准化的投资信托基金并上市交易来缓冲风险，如 REITs（房地产信托投资基金）、MMMF（货币市场互助基金）、CMA（现金管理账户）、MTF（共同信托基金）等。这些信托产品不同于传统的纯私募性信托产品，其期限、预期年收益率、结构化安排、认购起点等方面都是标准化的，可以逐渐被系列化、复制化、识别化和品牌化。同时，产品可在二级市场流通交易。当风险出现时，信托投资者能够通过快速的流通交易降低自己承担的损失，通过市场消化风险。

2. 国内其他金融机构风险缓冲机制的分析与借鉴。

（1）中央银行最后贷款人制度（Lender of Last Resort，LOLR）为商业银行提供了“金融安全网”。最后贷款人救助不仅仅指央行提供流动性的信用救助，还包括在提供信用支持时的增资扩股及对商业银行的接管、重组等措施。央行行使最后贷款人职责，通过公开市场操作业务，向被救助机构提供流动性支持，缓解特定机构的破产压力，消除存款人及其他债权人的恐慌心理以稳定金融市场，防止由于市场失灵而对银行系统产生重大冲击，形成系统性金融风险以及由此导致的负外部性，形成强大的预防危机、控制挤兑和系统性金融风险的功能。

（2）证券投资者保护基金是我国证券行业化解金融风险的重要方式。它是一种按一定方式筹集的基金，资金来源包括证券交易所交易经手费、证券公司营业收入和利息收入等。在证券公司出现风险时，保护基金可以保护证券投资者的利益，按国家有关政策规定，向债权人偿付。投资者保护基金集合全行业的力量，应对单个金融机构内在脆弱性的问题，缓冲金融风险，防止风险扩散，维护证券行业的稳定。

（3）保险业则建立了保证金制度以及保险保障基金。保证金制度和保险保障基金结合了企业自救以及行业救助两方面的特点。保证金是保险公司按照其注册资本总额的 20% 提取、除保险公司清算时用于清偿债务外不得动用的资金。这种做法通过“风险前置”，形成缓冲垫，当保险机构面临偿付危机时，能够缓冲风险，避免危机扩散。而保险保障基金是由保险公司按业务

规模逐年提取和积累、汇集而成的基金，被称为保险的保险，也是通过集合全行业的力量向问题公司提供流动性，化解公司破产的危机，维护保险市场稳定。

2007 年保险监管部门首次动用保险保障基金受让新华人寿保险公司问题股东股权，其公共化、市场化、商业化运作既优化了问题公司的股权结构，也完善了其治理结构，同时通过保障该公司的稳定经营，确保投保人的利益，履行保障救助功能，保障保险行业持续健康发展。根据 2008 年新的《保险保障基金管理办法》的规定，保险保障基金实行公司化管理，保险保障基金制度日臻成熟。

四、房地产信托风险缓冲机制的具体设计

我们经过多次思考、调研和实证研究，提出 4 个层面的风险缓冲机制的构架（见图 3）：

行业层面	· 设立信托业风险保障基金
市场层面	· 构建信托产品二级交易市场
信托公司层面	· 推动产业并购基金发展
产品层面	· 创新房地产信托产品体系

图 3　风险缓冲机制构建示意图

房地产信托因为房地产行业的系统性风险而面临严峻现状，可能对信托业、金融业形成冲击，信托业必须在监管部门的领导下尽快补课，建立信托业风险缓冲机制，依靠不同层次、互补性的工具组合，对问题信托公司及风险信托产品和业务进行延缓、补救和医治，并形成预防性制度，促进信托业长治久安和稳健发展。

（一）第一个层面——行业层面：设立信托业风险保障基金

房地产信托业风险缓冲机制绝对不能等同于风险后置。针对信托业风险，从根本上讲，需着眼于金融风险的外部性，考虑建立信托业风险保障基金，防范问题信托公司对行业的危害。

信托本身有风险隔离功能，但信托业内部却没有风险隔离机制，信托业内“一人生病，全家吃药甚至动手术”成为挥之不去的梦魇。信托业风险保障基金具有隔离风险的功能，主要用于解决直接影响信托业乃至金融业稳定的重大潜在风险，诸如信托公司的房地产信托出现重大问题，发生信用危机，严重影响投资者合法权益，并可能引发社会问题。借助信托业风险保障基金，对那些管理不规范、风控不严、风险大量累积的个别问题公司，在风险未扩散时及时隔离，维护信托业的整体稳定和正常经营秩序，保护规范经营的其他信托公司，防止害群之马波及无辜、“劣币驱逐良币”现象的再现。只有这样，才能减轻个体公司给行业带来的风险和损

害，信托行业的声誉才能得到维护和积累，才能形成信托业风险防控的长效机制。

在信托行业设立风险保障基金实际上已经具备一定基础，现在每家信托公司都要按一定比例提取信托赔偿准备金。但这些资金分散在各家信托公司，基本上没有发挥聚集作用。我们可以参照证券和保险行业的风险保障基金的做法，稍加改进，在现有基础上形成信托业风险保障基金。具体设计要点如下：

1. 信托业风险保障基金的资金募集。根据信托风险出现的概率和全社会信托财产规模进行测算后确定基金募集资金的规模，由信托公司依据其分类评级实行差别化认购，评级越高的公司认购的份额越少，信托公司所缴纳的基金来源于其提取的信托赔偿准备金。

2. 信托业风险保障基金的运营。按公司化原则成立专门的基金管理公司管理基金。在中国银监会和信托业协会的领导下，由全体信托公司共同出资组建，各信托公司的出资比例可按各信托公司注册资本的大小或按各信托公司的分类评级予以确定。

基金管理公司按照《公司法》的规定进行运作，和其他基金管理公司一样具有法人资格，行使同样的权利，承担相同的义务，负责筹集、管理和运作基金，并对风险信托财产进行管理，维护基金权益。

基金管理公司根据中国银监会的指令，依据商业原则对问题信托公司进行托管，通过股权重组和财产处置，化解和补救风险，维护信托投资者的合法权益（见图4）。

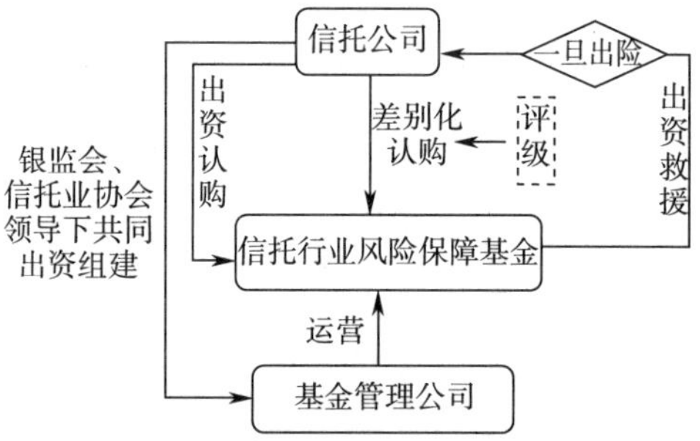

图4　信托业风险保障基金架构图

3. 风险保障基金的救助原则。动用风险保障基金处置风险是信托业内防范和化解风险的最终手段，为防范信托公司的道德风险和投资者的非理性投资，防止信托公司由于对保护环境的过度依赖而不作为或者不积极作为，忽视信托风险的控制和管理，信托风险缓冲基金应该是惩罚性的救援，一旦使用，由风险责任人承担最终责任。

（二）第二个层面——依据市场规律，构建私募性质的信托产品二级交易市场

化解风险的另一个重要思路是证券化创新。同样是基金，PE投资的退出渠道很丰富，除了依靠项目自身清算实现退出，还可以通过IPO、并购、股权转让、管理层回购等，以证券化方式

流动基金的财产而实现退出。证券化创造的丰富退出渠道提升了金融产品自身的流动性，分散和传导了投资风险。

在经营和配置风险的过程中，信托公司同样需要证券化工具和理念（例如 REITs），以提升房地产信托产品的流动性，形成流畅的分散和传导风险的制度渠道，从而提升信托业经营风险的能力，避免风险在信托业内堆积和爆发。信托产品的证券化是用现代金融理念和市场机制缓冲信托产品风险的有效形式。

以证券化理念发展房地产信托和其他信托产品，需要建立私募性质的全国性的产品二级交易市场，与各信托公司的独立产品市场并行。我们建议尽快在中国银监会和信托业协会的监督管理下，选择有实力和相应资质的现有交易所平台（例如金融产品交易所），作为信托产品二级市场的载体。交易所本身是企业法人，可以进行股权重组，各家信托公司自愿入股，成为交易所股东。交易所平台确定后，可以制定以下制度，迅速形成有效的信托产品二级市场（见图5）。

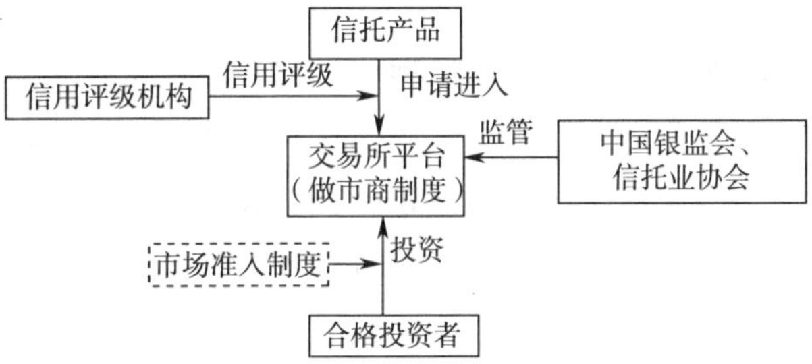

图5　信托产品二级交易市场示意图

一是建立市场准入制度。引导信托产品和合格投资者方便地进出市场进行投资。同时，对问题信托公司和问题信托产品实行市场禁入，形成良好的市场环境。

二是建立信托产品风险计量制度。要求进场交易的信托产品必须由第三方评级公司进行定期评级，作为风险计量的基础数据。在信息透明有效的前提下，后续通过市场连续交易，发现风险并进行风险定价，指导投资者的投资行为，引导投资者树立风险自负的投资理念。

三是丰富市场参与群体。有效的市场需要足够和活跃的市场参与者。鉴于目前信托行业的资产总量和产品规模有限，信托产品的标准化程度低，信托产品二级交易市场设立初期必定会出现不活跃、交易清淡的现象，需要市场组织者对市场进行扶持和润滑，以推动市场交易，促进市场逐渐活跃。可行的做法是引入做市商。在做市商制度下，买卖双方的潜在需求均可通过做市商实现，从而大大缩短实现信托产品的交易所需时间，提高交易频率，扩大交易规模，提升信托产品的流动性。

可以参照信托业风险保障基金，发起和设立私募型做市商基金。

1. 做市商基金的资金募集。根据信托产品市场交易规模和交易频率进行测算后确定做市商基金的规模。做市商基金不同于风险保障基金承担危机处置任务的特殊性，其商业运营程度高，因此，出资比例可采取各家信托公司协商、信托业协会制定规则或等比例等方式予以确定，认购资金来源可以是信托公司提取的信托赔偿准备金和自有资金。

2. 做市商基金的运营。按公司化原则成立专门的基金管理公司管理该类基金。在信托业协会的领导下，由全体信托公司共同出资组建，各信托公司的出资比例可等同于各信托公司在做市商基金中的出资比例。

基金管理公司按照《公司法》的规定进行运作，和其他基金管理公司一样具有法人资格，行使同样的权利、承担相同的义务，负责筹集、管理和运作基金，维护基金权益。

对于所有进场交易的信托产品，做市商基金应发挥做市商的功能作用，提高和促进市场交易。

（三）第三个层面——企业层面：推动产业并购基金的形成和发展

前面分析，鉴于中国长期发展的态势，中国的房地产中长期形势仍然向好，当前存量房地产信托积累的潜在风险大都不属于价值风险，主要是流动性问题。流动性风险的原因在于房地产行业的不景气，信托所拥有的财产无法及时从资产转变成为现金而不能按时兑付。这些风险假以时日，大部分可以化解；但如果迫于刚性兑付要求在市场低迷时对资产进行紧急处置，信托财产可能大幅度贬值，使投资者遭受损失，使信托资产管理人遭遇市场的聚焦和可能引起的法律诉讼，其后果不能说不严重。综上，建立跨期平滑机制是解决当前房地产信托流动性风险的关键。而解决好房地产信托的流动性风险，就能解决好房地产信托的主要存量风险，实现信托业的长期、稳定和健康发展。

流动性风险的本质是投资周期和现金流不匹配。信托公司应尽快设立房地产并购信托基金，按商业原则为出现流动性风险的房地产信托产品和房地产项目提供流动性支持并重组现金流，“以时间换空间”，通过重组使信托资产价值回归市场公允水平，在问题得以缓冲的过程中最终消除风险。房地产并购基金是对宏观政策影响行业内在发展规律导致市场扭曲时的一种纠偏，是信托公司在房地产投资领域能力和作用提升的结果，也能在房地产行业转型的关键时期促进该行业的重组和从业水平的提升。

房地产并购基金可以在信托公司现有经营范围内解决，即发行基金型的信托计划。并购基金自身应有较强的风险防范能力——期限长，能对抗经济周期；规模较大，可组合投资于不同的问题房地产信托产品，以分散风险。同时，为了提升并购基金的专业能力，应考虑与实力强的房地产开发企业、四大资产管理公司合作，由开发企业和资产管理公司提供专业能力援助，以强化基金的资产处置能力。具体要点如下：

1. 房地产并购基金的设立。信托公司通过发行基金型的信托计划募集资金。因为并购基金的特殊目的，信托计划的期限不能过短，至少应在4年以上，以便有足够的时间完成并购项目的处置，并使并购基金自身能够对抗经济周期和地产行业周期。信托并购基金的规模至少应在10亿元以上，从而实现组合投资。基金可以滚动发行，形成系列化。

为方便引入开发企业或资产管理公司加盟并购基金，信托计划可以聘请开发企业或资产管理公司作为投资顾问，并支付相应费用。为了增信，开发企业或资产管理公司应该认购一部分信托单位份额（信托总规模的10%以上）。

2. 房地产并购基金的运营。并购基金与流动性困难的房地产信托计划进行交易，收购信托财产，注入资金，结束原房地产信托计划。并购基金应根据商业化准则制定投资原则，选择的地产项目仅是流动性问题而不能有价值风险，以防止风险转移和简单后置，避免未来引发更大风险。并购基金应该充分利用合作的房地产开发企业或资产管理公司的专业能力支持，对地产项目的股权、管理权进行接管，进行深度管理，必要时委托合作的开发企业接盘开发。

房地产并购基金作为信托公司在特定时期发起的业务，带有一定风险救助公益性，建议监管部门对信托公司运营并购基金业务给予适当政策倾斜。例如，基金规模不计入信托公司房地产信托业务规模或仅按一定比例计算（例如20%～50%）；降低并购基金业务风险系数，以降低该业务对信托公司净资本的影响，引导和鼓励有条件的信托公司开展此类业务；对于并购过程中可能出现的关联交易等事项，通过事前报备准予放行；在事前报备的基础上，允许并购基金收购同一信托公司出现流动性问题的房地产信托资产（见图6）。

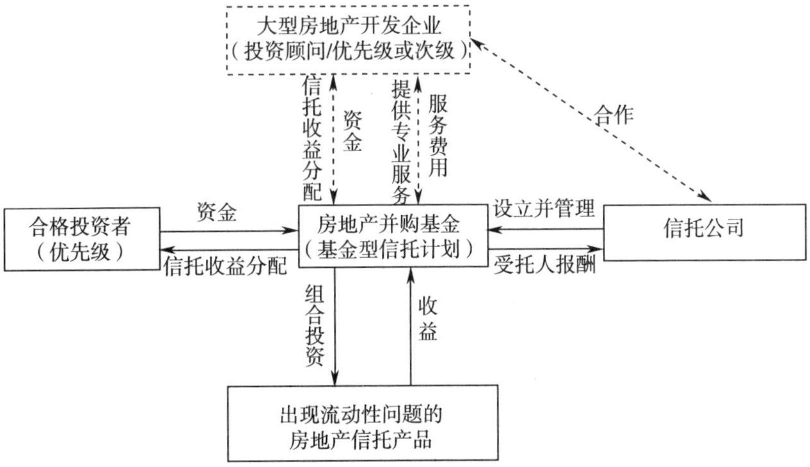

图6　房地产并购基金架构图

（四）第四个层面——产品层面：进一步提升信托从业人员的群体能力，创新房地产信托产品体系

创新和发展是房地产信托风险缓冲机制的重要工具。信用风险缓释工具的诞生打破了我国

银行间信用衍生工具的空白，而非银机构参与信用风险缓释工具的条件也日臻成熟。因此，建议在条件允许时，尽快引入信用风险缓释等外部风险缓冲工具，以应对房地产信托可能引发的存量风险。

此外，房地产行业基本面正在发生深刻变化，传统的房地产信托产品难以为继，继续固守老的产品和经营模式是最大的潜在风险。近年来商业、旅游、医疗和养老等经营性房地产逐渐崛起，符合我国经济向消费拉动型经济转型的历史背景。因此，房地产信托应顺应变化，批量开发投资经营性地产的产品，为日后标准化 REITs 产品的发展储备资产。同时，信托业发展和壮大后，也应该脱离融资型房地产信托的低水平经营，向真实投资发展，向长期持有型模式发展。在信托产品设计中，应该推动房地产信托产品基金化从而克服兑付刚性风险。

信托公司应该始终坚持创新精神，提供符合经济和产业发展规律、符合国家政策导向和市场需求的房地产信托产品，全面提升产品自身的抗风险能力，这是防范和化解风险的根本之道。

结语：我们信托行业应站在历史高度，看到房地产行业的未来，看到房地产信托的重要性和前景，坚定信心，支持建立房地产信托风险缓冲机制，为信托业健康发展创造一个良好的环境。信托业同仁应在监管部门的领导和支持下，发挥各家信托公司的积极性和主观能动性，群策群力，依靠行业智慧和集体力量尽快推动建立立体的风险缓冲体系，应用不同工具从各层面化解风险，形成有效的防控网络。

危机乃危中有机，发达国家信托业都是在一次次危机中成长起来的，每一次危机处理都是完善、提高和成长的机遇。我们有充分的理由相信，信托业和房地产信托经过这一轮经济周期的洗礼，并建立有效的风险缓冲机制后，将会更加强大。

祝愿我们信托业明天更美好！不断为中国的经济和改革事业作出更大的贡献！

秉承信托基因，创新客户服务，打造最具价值的现代财富管理

上海国际信托有限公司总经理　傅　帆

一、信托公司的现状与未来

（一）信托公司“野蛮生长”

近年来，信托公司呈现“野蛮生长”的态势，其突出表现包括：一是利润贪婪。由于部分公司的示范效应，以及来自公司股东的压力，迫使信托公司加强对利润的追逐。二是暴力扩张。由于自身强烈的发展欲望，部分信托公司大肆扩张，简单进行经验复制，开设异地网点，人员数量和业务规模急剧膨胀。三是赌性风险。存在与监管政策和经济周期的“对赌”心态，少数信托公司不断挑战自身经营的底线，对系统性风险视若无睹。

总体而言，造成信托公司“野蛮生长”的原因很多，是内外部环境因素共同作用的结果，主要包括5个方面：

1. 社会处于深刻变革的年代。中国信托业的发展与经济成长方式和社会需求变化是息息相关的，社会对金融需求的演变是推动信托业回归本源的根本力量。随着经济发展和社会变革，国内金融市场、房地产市场以及其他社会经济的变化令人目不暇接，与此同时，经济发展面临的国内外环境也更为复杂，对于经济运行中出现的不少矛盾和困难，在体制、机制、结构调整、方式转变、全球化及周期波动等方面都存在问题和挑战，信托公司作为特殊的金融持牌机构，运作方式更灵活、经济环节参与度更深、对经济关系的协调作用更加规范，因此，也迎来了非常宝贵的发展机遇。

2. 6次整顿后的信托牌照成为稀缺资源。在历经6次整顿后，信托公司的行业门槛逐步提升，牌照有限发放是长期趋势，同时，在流动性充裕的背景下，金融控股战略与投资渠道不足引发了大机构、大国企对信托公司的追捧。具体而言，大型国企的重要战略意图就是利用信托

公司来投资包括银行、基金公司等在内的金融机构，从而构建金融控股平台。外资银行除利用信托开展股权投资以外，还希望切入中国的金融行业。国内银行收购信托公司无疑是为了尽早试验综合经营，向客户提供服务整合方案，开展创新业务。这些声名显赫的重组方及并购方促进了信托公司的快速发展和扩张势头。

3. 信托行业的配套制度仍然不完善。重温信托业三十多年的发展史，信托业在不断地整顿与探索中前进，不同时期出台了不同的规定，取得了一定的成效，尤其是2001年《信托法》颁布以后，确立了信托及信托公司在市场经济体系中的法律地位，确定了调整信托关系的基本准则和方法，规范了信托行为和市场秩序，明确了信托当事人的权利与责任，保护了信托各方的合法权益。但与此同时，也依然存在许多立法上的空白，信托法制建设的步伐仍落后于信托业的发展。信托业的配套制度建设仍然滞后于信托业的实践，尤其是涉及具体信托业务领域和模式、信托财产登记和转移、税收、信息披露、受益权流通等，仍然缺乏统一的操作规程，运作方式千差万别。

4. 信托公司在市场化激励下存在自由冲动。信托是最灵活的制度平台，也是金融创新的重要基地，因而信托从业人员的视野会比较宽广，不会局限于单一领域，非常渴望开展金融创新。此外，部分信托公司激励机制也都比较市场化，收入水平是有竞争力的，因此，激励扭曲与从业者行为短期化的现象时有发生，追求短期利润指标和寻求长期可持续发展之间存在一定的偏差与失衡，容易忽视经济发展过程中的系统性风险，或者有意规避信托应用过程中的制度约束。尤其是在我国经济蓬勃发展的大环境下，信托公司在6次整顿后的自由冲动也比较强烈，推动信托业务大干快上，在经历数年的快速增长之后，信托业在2012年将首次迎来兑付压力。

5. 财富爆发造就了信托业快速发展的时代机遇。进入21世纪以来，我国的财富群体迅速扩张。如果以可投资的金融资产来计算，2010年末1 000万元以上的财富群体数量为38.3万人，拥有的可投资资产总额达22.4万亿元，如果以个人拥有的全部资产来计算，全国有96万个千万富豪和6万个亿万富豪。尽管金融危机的影响还未消退，但中国财富市场依然保持了强劲的发展势头，财富管理业务的需求十分强烈。近几年，经济持续发展、城市化进程加快、居民收入上涨、私人经济扩张、资产价格上扬等因素推动了中国私有财富的增加。在利率管制的大背景下，理财观念已经深入人心，家庭资产结构不断改善，信托产品呈现了爆发增长、供不应求的趋势。

（二）“野蛮生长”的背后存在隐忧

2007年以后的“新办法”明确了信托业的发展方向，是“颠覆性”的制度创新，引导信托公司构建专业化经营模式，全面回归信托本源业务，信托业发展方向得以明确、经营模式得以确立、经营机制得以转换、产品结构得以升级，目前，全行业管理的信托资产突破4万亿元，增长幅度令人咋舌。当然，信托公司“平台型”、“通道型”业务导致“规模泡沫”，主动系统的项目开发、产品设计、交易结构安排和风险控制措施仍然缺乏，信托公司的资产管理能力趋于弱化，法律风险和市场风险都在增加。少数公司创新乏力，粗放外延型模式突出。受托资产规模看似很大，表面上风光无限，实则问题不少，实际经营运作中暗流涌动，主要包括以下几个方面：

一是创新有限和产品同质。近几年信托业的快速发展，并不代表信托公司已经具备了迅速开展创新业务的能力和条件。第一，信托公司长期以来以信托贷款、证券投资信托、房地产融资等业务为主，对私人股权投资、资产证券化等创新业务缺乏足够的研究和实践，主动管理能力欠缺，产品同质化现象严重，短期内能否在这些业务领域迅速扩展有待观察；第二，在影响未来发展的新金融领域，创新业务同样受到银行、证券公司、基金公司及保险公司的青睐，然而和这些机构相比，信托公司在组织架构、团队建设、市场参与度等方面均没有明显的优势，甚至存在不同程度的劣势；第三，信托公司对固有业务的依赖仍然比较强，各家公司的业务理解、治理结构、内控机制以及风险管理的水平参差不齐，开展创新业务的系统能力仍显不足。

二是能力欠缺和运营落后。能力的欠缺、运营的落后使得信托公司停留在产品提供的层面，无法渗透到客户服务的深层。一方面，信托科研能力和投资能力不足。信托表现出业务结构单一、长期依赖信托贷款、被动地适应政策法律等问题，即粗放型发展模式比较明显，而精细化、集约型发展的基础不扎实，导致产品同质化严重且行业竞争力不强，常被认为是规避法律和监管的通道。另一方面，由于产品和服务价值链的整合度不高，“以客户为中心”更多地作为一种理念，内部各种职能缺乏系统的整合和协调，体制机制不合理，中后台的服务分割，内部资源浪费且能效较低。这使得信托公司沦为缺乏核心理财能力的制度平台和其他金融机构开展业务的备选通道。

三是战略定位不清晰，业务发展受到制约。对于主动管理的业务模式、产品、客户、渠道等缺乏规划，没有清晰的实施路径，造成信托主业占比不高、业务模式多点开花、业务方向随市场热点频繁轮动，无法形成稳定的盈利模式和固定的业务增长点。由于欠缺对经济发展、金融结构和信托价值的洞察力，资源配置导向缺位，自主管理能力缺乏，业务拓展能力显著不足，业务发展受宏观货币政策和金融监管政策影响明显，且存在利用金融渠道差异和不同市场规范，选择金融监管相对宽松的市场展开经营活动，以此降低监管成本、规避管制和获取超额收益。尽管《信托公司净资本管理办法》在某种程度上起到了很好的限制作用，但信托公司目前的业务开拓和改革发展仍显得后劲不足，未来的业务长远发展受到一定程度的影响。

（三）信托公司的困惑障碍与未来方向

信托机制的广泛应用，似乎并不能成为信托公司长期持续发展的信心来源。信托公司仍然没有“独立的业务领域”以及“独特的经营模式”。目前，在中国的法律框架下，《信托法》只规定了信托的法律关系，却没有规定信托业务的专有属性，“信托业法”尚未建立。市场上包括银行、证券、基金、保险等在内的大多数金融机构正分别以“理财计划”、“集合资产管理”、“专户理财”等形式开展具有信托本质的理财活动，却并不遵循信托的相关法规，存在刻意回避或模糊其属于信托范畴的事实。伴随各金融行业在业务领域互相渗透的深入，监管的分业性质和市场的混业性质形成突出矛盾，导致同种信托理财业务采取不同的法律依据和监管标准。由于缺乏法律判例的支持，信托公司并不是信托制度适用的专属主体，我们应使广大投资者的利益得以保护，建立起公平有序的信托理财市场环境。

从中国的发展来看，信托是特有的持牌金融机构，对众多金融业务机会均有准入优势，未来要建立在广义的“财富管理”之上。

在未来，中国社会体系变革与经济结构调整仍将继续，既然信托的存在逻辑是“金融服务社会”，信托业的发展必然受制于中国经济社会的成长。信托机制的重要特点就是目的自由、财产独立、权益分离和责任法定，信托既是对经济社会资源配置的优化，也是对社会生产关系的重构，因此，信托机制在新时期的财富管理业务中的应用空间非常广阔，具有独特的制度优势（见图1）。

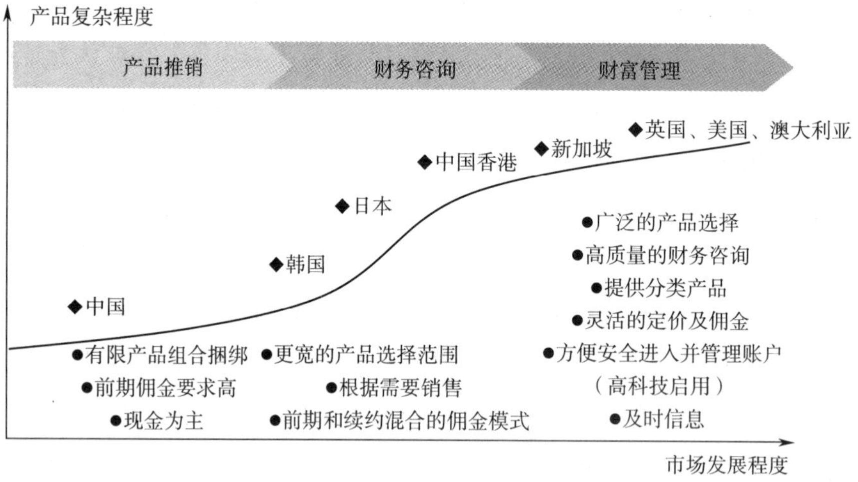

资料来源：BCG 中国财富管理产品报告。

图1　不同国家的财富管理业务发展阶段

由于信托的制度优势在“跨领域”投资方面十分明显，将有望成为中国各类高净值群体进行财富管理的主要平台。一方面，经济发展形势复杂性不断加剧，金融资源的配置需要更加高效，金融服务和产品逐渐综合化，这些因素加强了财富管理的专业性和广泛性；另一方面，实体经济外延扩大化和服务高端化，多层次资本市场格局形成，投资者对投资风险有了重新认识，同时也表现为高净值群体的规模数量和投资理念都在成长，财富管理将成为普遍需求。无论如何，财富管理将成为信托公司未来发展的重要领域。

同时，信托公司开展财富管理业务也是营造健康有序的社会环境的重要途径。一方面，构建更加有效的财富管理体系，实现多方主体的利益重构，在阳光下推动各类资产的有效管理，能够满足财富群体的多元化需求；另一方面，信托机制特别强调和落实受托责任，通过受托主体的勤勉尽责来改善权力行使的方式与效用，避免权力寻租和利益偏差，在财富管理活动中以更加科学的管理方式和制度框架，构建新型的市场经济微观基础。

二、打造财富管理三大支柱

（一）“产品、客户、运营”是财富管理的三大支柱

信托公司的财富管理业务依赖于三个方面——产品、客户、运营（见图2）。具体内容主要包括：

一是要具有全面强大的产品线。财富管理是在全面评估客户各方面需求的基础上，通过专业化团队提供的顾问式及管理式服务，服务内容以基础金融、资产管理、投资组合、信用安排、受托管理、财产分析等理财服务为主，配合以保险保障、退休计划、财富转移、遗产规划、税务策划、子女教育、家族治理、慈善事业等多方面的附加服务，实现对资产、负债和流动性的全面管理，为客户提供满足理财需求和生活诉求的综合解决方案。由于客户需求的多样性，财富管理业务必须做强各类产品线，提供更加丰富的投资组合，覆盖各类基础性产品和专业性产品，并融入各类专业服务，突出其多元化的产品体系和科学合理的资产配置。

二是要具有自身专属的直销渠道。目前有统计显示，信托公司发行渠道中，银行代销产品占比高达60%~70%，剩下约30%由第三方理财机构和直销完成，其中直销占比不到10%。销售渠道受制于其他机构的情形，一方面不利于信托公司的进一步发展，另一方面对信托公司自身品牌建设和风险管理都会造成潜在威胁。自主管理是未来信托公司发展的必然方向，而自主管理的实质一方面是要加强信托公司自身的资产管理能力，另一方面就是在销售环节上，应尽量摆脱对外部的依赖，提高信托公司的直销水平。

三是要具有强健的运营管理体系。近几年，信托公司的受托资产规模持续增长，存续信托产品的运营管理面临较大的运营压力，而各类创新信托产品的不断涌现也亟待运营管理方式的提升，以便保障信托产品的正常运作，因此，按产品类别归纳总结信托产品运营管理特点，更新和优化运营管理操作流程与风控规则，通过各种形式深化各业务部门间的沟通与协同机制，逐步实现与完善创新产品的支持功能，提高运营人员的分析、判断、执行和协调等多方面的能

力，加快完善信托运营的信息系统功能，均是信托公司开展财富管理业务的必要举措。

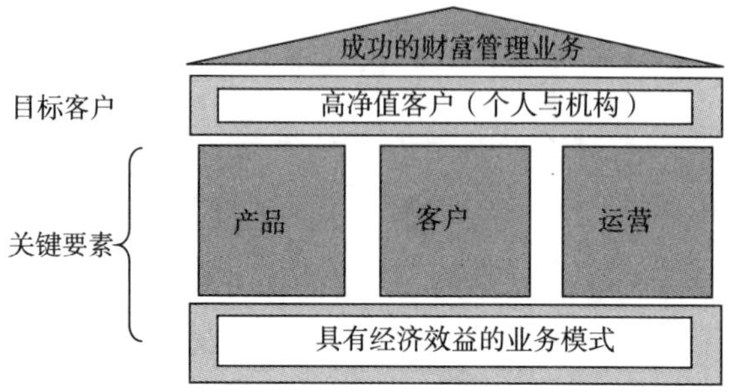

图2　成功的财富管理业务的三大支柱

（二）建立全面强大的产品线

1. 信托产品要给客户更广泛和高质量的选择。由于我国财富群体形成的时间相对较短，财富管理需求爆发迅速，缺乏历史传统、信任基础和专业技能，使得财富管理业务的发展受到明显制约。目前很多金融机构和服务公司都宣称在大力开拓财富管理业务，但其中很多机构难以提供为高端客户量身定制的解决方案，财产保护、财产积累和财产传承等各类服务还处于探索之中。目前，财富管理市场的竞争日趋激烈和残酷，投资观念已经从简单产品购买转变成资产组合管理，市场特征已经由卖方市场转变成买方市场，多种金融机构共同提供财富管理服务的情形已经非常普遍。其中，信托公司是唯一能横跨三大市场的金融机构，其产品设计灵活、创新能力强且专注于高端客户，其不足之处在于经营区域受限、客户基础薄弱和认知不充分。总体而言，各类机构在各自领域充分发挥了自身优势，在完善各细分市场功能的同时，改善了财富管理的服务品质，增进了高端客户的整体福利。

现有的实践表明，商业银行在财富管理业务上已率先启动，国外私人银行开展财富管理业务已经有了较为成熟的模式，并取得了巨大的成功，国内大型商业银行也先后成立了私人银行部门，开始对新兴的财富管理业务进行探讨和实践。与此相比，国内信托公司对财富管理业务的理解还处于规划设想的初级阶段，虽然意识到了财富管理业务对其未来业务发展的重要性，但遗憾的是，信托公司在资产管理、财产传承、法律维护、税收建议、家族治理等方面的探索还几乎空白，这就使得对我国信托公司开展财富管理业务模式进行研究和探索变得十分重要，有必要根据信托公司的业务特点和实践经验，系统性探讨信托公司如何才能成功开展财富管理业务，全面审视信托公司的创新能力、营销能力、风险管理能力，并从中找出不足，以便在日益激烈的财富市场竞争中胜出。

2. 信托产品提供应当从“点菜”到“套餐”。信托公司具有横跨货币市场、资本市场和实物市场的优势，但是这对信托公司开展财富管理业务而言既是优势也是劣势，因为各个行业跨度较大，而信托公司并不具有所有各个行业的专业人才。随着理财市场竞争的激烈，信托公司必须采取更具操作性的财富管理策略，在特定领域形成竞争优势。

投资品种非常丰富，这是配置类产品开发的基础。现有的 QDII 业务、货币市场基金业务、资产证券业务、证券信托业务、股权信托业务、房地产信托业务、类基金化业务、投资银行业务、固定收益业务，加上已经批准的股指期货业务，信托公司完全可以在现有业务品种中，根据客户的投资需求，将投资资金在不同的类别之间分配，把资产在“低风险、低收益”、“中度风险、中度收益”和“高风险、高收益”的产品之间进行分配，将资产配置到各个投资领域，并形成不同币种、不同期限、不同风险程度、不同经济区域、不同行业、不同标的物的资产配置，从而解决资产配置的可行性问题。

从理论上讲，由于不同客户不同时间存在不同的资产配置需求，反映到收益风险曲线上，资产配置需求是一条连续的曲线。随着财富管理业务的发展壮大，竞争态势日趋明显，通过有选择、有针对性地采购其他信托公司的信托产品或者其他专业机构的产品，充分发挥自身的产品集成创新优势，通过技术手段与自身产品进行组合，多目标、多渠道、多风格地满足客户的配置需求，能够达到事半功倍的效果。

就上海信托的实践而言，公司积极把握市场动态变化下的投资机会，开发设计丰富多样的信托产品，已开发推出九大类产品系列，包括金融产品配置组合、证券投资信托、国际理财、固定收益信托、不动产金融、私人股权及并购业务、公司及项目金融、养老保障、福利计划等信托服务，以及公益信托。尤其在另类投资领域，上海信托已成立的受托境外理财产品共 14 个，累计发行规模约 4 亿元人民币，在客户开发和维护、投资运营管理、产品风险揭示和监控等方面积累了实战经验；上海信托还发行了“香花石”系列艺术品投资信托，设立了严格的投资原则和周密的投资策略，规定了所投画作的选择标准和展出细节，明确了签约艺术家的作品质量和管理方式，整合了收藏家、艺术家、策展人、投资者等多方主体，成功打造能够让投资者分享超额收益的高端理财产品。

（三）打造有效的客户直销渠道

在“渠道为王”的时代，渠道就是竞争力，客户就是价值。而银行渠道、第三方理财渠道的弊端十分明显。一是信托融资成本提高，营销费率上升，信托公司的利润难免下降；二是缺乏客户积累，市场影响力不足，持续竞争力下降；三是容易造成信息严重不对称，客户不了解产品的实质，从而潜在风险积聚；四是加长了与客户的距离，信托公司难以真正理解客户需求，容易造成商业敏感性降低。因此，信托公司必须全力打造自身专属的直销渠道。

1.《规范营销的通知》促进直销新时代。银监会下发的《关于规范信托产品营销有关问题的通知》（征求意见稿）（以下简称《通知》），在行业内引起极大关注。《通知》首次提出“信托公司构建以客户为核心、以专业化资产配置和财富管理为主要服务内容的信托营销模式”，在发展思路上对信托公司的营销行为作出定义。

前面已经论述，财富管理绝非典型的产品推销。这要求信托销售从客户的财务状况、理财计划、风险承受能力入手，寻求合适的产品给客户配置，而不是从产品入手向客户进行简单的推销。从这个理念出发，《通知》要求“信托公司营销信托产品，应当遵循风险匹配原则，在有效评估投资者风险承受能力和需求的基础上，销售与其风险承受能力相符的信托产品”、“根据投资者风险承受能力及风险偏好，适当推介及营销相应信托产品，引导投资者审慎作出投资决策”。

要达到以上要求，就强调信托公司具备较强的研究能力、资产配置和财务规划能力、他方产品的选择能力和精干专业的服务团队。《通知》要求的主要途径是“自身营销团队的建设和营销能力的提升”，包括信托业协会对销售人员进行准入认证，信托公司对销售人员授权；在团队建设上，“突出绩效机制，应从销售规模、客户满意度、服务规范等多维度进行考核，不得以销售业绩作为单一考核和奖励指标”。此外，在营销中心的建设上，都给出了具体要求，特别是要求销售中心由银监会直接监管。

信托公司的异地营销中心获批设立后，将可以从事信托产品推介和发行、客户挖掘和管理、产品开发和渠道建设、品牌宣传和市场推广等活动，这对信托公司现有的经营模式、组织管理、后台运营、风险控制等方面都提出了新的要求。

2. 基于生命周期的客户价值管理。就信托公司财富管理业务的现状而言，大多数公司的客户管理还停留在客户分析和产品导向的层面，从行业发展趋势看，需要探讨如何通过客户管理来创造价值，对客户加强认知和把握，从客户价值的角度去实施客户管理（见图3）。

仅仅按照利润贡献来排列客户是不够的，客户细分要注重理解利润的源泉，比如：客户没能带来利润的原因是服务收入低，还是提供成本过高？又或者客户的需求和体验并没有得到很好的满足，以致客户不愿付出相应的价格？部分机构以客户的规模（社会地位和资产总量）和宽度（持有产品的数量、种类和投资偏好）来划分客户群，这种细分没有考虑未来的预期利润，某些资产有限的客户也许缺乏现实的价值，但他们有可能快速积累资产，而早期跟踪的客户具有更高的忠诚度。因此，完全按照《集合资金信托计划管理办法》中对合格投资者的规定，只是最低门槛上的绝对执行，财富管理领域并不存在100万元与300万元的鸿沟，更深远的考量应给予更全面系统的划分。

以战略眼光审视客户，以下几个重要的因素可以作为衡量客户价值的指标：目前收入、目前社会关系和地位、关系持续期、资产成长潜力、年龄、财富份额、推荐人数量、对面议的要求、投资偏好和风险偏好、财富管理经验、情绪稳定性以及潜在的认购规模。除此之外，其他的重要因素在评估客户价值时也要考虑，包括家庭关系及家族地位、商业接触及运作经验、能够带来其他潜在客户等。

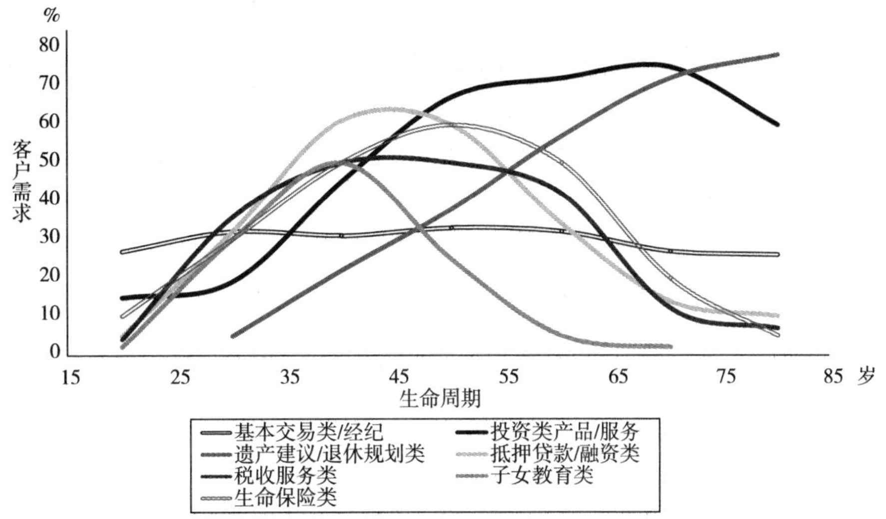

图 3 基于客户生命周期的价值管理

（四）树立更加规范的“大运营”

传统意义上的运营是指信托公司中后台的业务处理过程，然而，从面向客户和控制风险的角度看，信托公司本身即是业务运营的主体，应当着力从运营体系建设、流程管理控制、IT 系统建设等方面打造更具竞争力的、更规范的“大运营”体系，主要措施包括：

1. 运营要以客户服务质量为核心。信托产品的运营要以客户服务质量为核心。随着信托产品的不断多样化，产品结构也日趋灵活复杂，除了对产品总体结构、资金运用及投向等方面精心设计以外，信托项目的平稳运行也需要相关运营、托管、计财等方面的合理安排，需要对产品相关运营模式、利益分配方式以及估值核算方式有较为深刻的系统性认识，并能根据各类产品的特性提出专业化的建议。主动地参与到产品运作模块的设计中，为不同类型信托产品提供最佳的运营解决方案，为产品的平稳运行提供有力的支持。

财富管理业务的复杂性日益增强，在业务运营中，信托公司需要应对多方面的难题，包括客户需求、办公地点、财务管理、记账中心、运营模式与运营平台，等等。业务的复杂度导致了高成本，也造成了成本与产出或收益间的非线性关系，从成本结构看，财富管理业务的中间成本较高且具有刚性，在采取传统的全成本法核算收入（即收入要扣除全部成本）的情况下，更给财富管理机构带来了极高甚至不可持续的基础成本，使信托公司开展财富管理业务必须具备更长远的战略眼光，期待现有的投入在更长时期后产生相关收益。由于经济压力所致，信托公司正在采取更加积极的手段，提高运营的效率和效益，调整业务成本结构，建立内部交易支付制度，使得成本基础更低，服务更加市场化，更具灵活性、可变性和扩展性，同时，也提高客户服务的质量与效率。

从运营角度看，要提升客户服务质量，应该更深入地理解流程与价值的关系。价值链的概念为信托公司提供了分析财富管理业务的有益框架（见表1）。

表1　　财富管理业务的框架

	后台	中台	前台
主要活动	交易处理	产品生产与管理	客户关系管理
构成与职能	运营核算：业务处理、资金支付、托管、结算、清算、客户报告 信托处理：调解、沟通、会议安排	投资管理：研究、资产配置、交易执行、指令传递 产品管理：方案开发、结构安排、项目设计、产品采购 销售管理：销售业绩管理、销售行为合规性、渠道管理	销售规划 客户开拓 关系管理：咨询、销售、集会、信息档案、联络与维护 客户服务：购买服务、支持服务
占总成本比例	32%	8%	45%
	支持职能		
主要活动	行政管理与内部支持		
构成与职能	领导团队、财务、战略、人事、品牌、法律、合规、审计、风控、IT		
占总成本比例	15%		

注：摘自戴维·莫德：《财富管理：新实践》（2006），不同机构存在较大差异。

2. 运营流程应注重功能短板与整合效益。冗余的操作流程往往造成低效的项目运营，同时耗费大量的人力资源，并造成相关风控点不明确。因此，要提高产品运营的效率，高效合理的操作流程将是其中的关键因素。动态的流程管理，将有利于信托公司的运作流程长期保持最优化的状态。产品的设计、销售、TA、估值和运营几大模块将密切配合，形成立体的运营框架，产品的运作将实现大批量的流水线管理模式。对于主动管理型项目，产品的运作流程将涉及前、中、后台更多的环节，需要更多相互的协调和控制，动态的流程管理将为主动管理业务的运作提供更合理的操作流程，持续提高项目运作的效率，更有效地控制风险。

运营效率的提高可以将后台资源释放出来，并把它们重新配置在创作更大价值的前台职能中。先进财富管理机构支持前台的做法，是大力运用信息技术手段和加大运营管理方面的投入。目前，财富管理市场的各类机构也在审视自身运营，从价值链的角度进行规划，以决定哪些是战略性的投入、哪些成本是可以通过多种形式进行削减的。随着价值链的解体和重塑，很多财富管理机构可以在更低成本的基础上提供范围更广的服务，同时，很多原有机构也希望能够为客户提供更具创新、更广范围的服务，有的服务甚至优于财富管理机构自身的服务。特别是全球化进程加快后，西方国家与亚洲国家在成本方面存在巨大差异，离岸中心和服务外包也变得极为普遍。

服务外包或价值链整合也有一定的难度：一是我国的法律法规对信托公司的受托职责作出规定，不允许信托公司对其核心环节进行外包，希望信托公司发挥主导作用；二是信托公司参与财富管理业务的时间还很短，对于财富管理业务的理解和运营还缺乏深刻理解，同时，市场上也缺乏有足够专业优势和能力的第三方服务机构。尽管如此，为了满足日益增长和多元化的客户需求，提升价值链价值或购买运营服务似乎是不可避免的趋势（见图 4）。

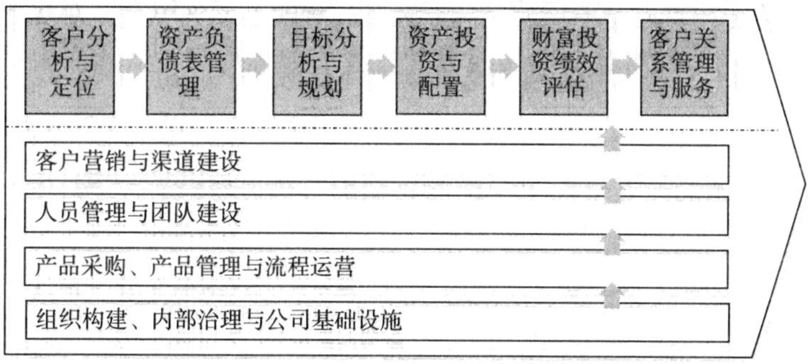

图 4　财富管理业务的价值链分析

3. 建立适应复杂架构要求的信息系统。大批量信托产品的高效平稳运作有赖于高智能的 IT 系统对海量数据进行高效的传输和处理。然而，对于信托这样一个新兴而又多变的金融行业，目前没有软件供应商能够提供覆盖全面且成熟强大的系统，信托公司 IT 系统的先进程度将很大程度上制约其业务的发展。“高效、智能、风控”是 IT 系统建设的核心，要实现高效信息传递及业务处理，配合各功能模块实行产品生命周期的全程跟踪管理，各业务模块及岗位之间无缝连接，最大程度上实现自动化智能管理，并进行有效的风险控制。同时，各类创新业务的子业务系统将能够在这个平台上高效地协同运作。信托业务的不断拓展也将促使高智能的 IT 系统更加强大。

伴随财富管理产品线的庞杂化，技术的复杂性和成本都在增加。财富管理业务在信息过程中的关键趋势和问题包括：复杂全面的客户报告、高昂的 IT 建设成本、面向客户的直通处理的实施、适应监管与业务变化的能力。通常情况下，为了解决高净值群体随时、随地的个性化需求，IT 领域面临着处理更加复杂的体系结构的要求，其中，与第三方系统的稳固连接也越来越重要。只有提高人员（协作）、流程（工作流）和信息（数据管理）之间的连续的整合程度，才能够确保彼此在财富管理业务上的连通性。

财富管理业务的复杂性，迫使信托公司一直在努力将大量的信息系统投资转化为价值。成功的技术改造应解决基础设施（包括所有与生产相关的 IT 硬件、设备和人员）、应用程序和系统结构（包括各个应用软件、数据库及客户信息界面的整合）等问题，同时还要考虑业务/技术的接口。IT 方往往很难按照信托公司所界定的方式准确实现其要求。因此，为确保恰当的优先顺序和服务水平，双方必须进行对话。开展这种对话有一些基本前提。首先，双方必须就 IT 方所提供产品的透明化定价达成一致；其次，双方共同制定的服务水平协议中，必须澄清业务方的要求；最后，必须有效地对技术方进行连续的预算控制和成本控制。

4. 加强精益管理，恪守无差错执行。"精益管理"是一种重要的思想，财富管理客户要求无差错和快捷的交易执行，在这方面，财富管理机构大多会向制造企业学习。世界级的制造企业都严格按照精益制造原则最优化它们的运营。这些原则的重点是从生产流程中去除浪费、偏差和僵化，以达到最小化生产成本和时间、最大化流程质量等目标。从最简单的设计到最复杂的质量保障观念。

自 2001 年《信托法》颁布以来，经历初期的快速成长后，信托公司面临的问题是：大多停留在产品提供的层面，难以渗透到客户服务的深层，亟待从规范化管理向精细化管理迈进。很多信托公司近年来将常规管理引向深入，将管理责任具体化、明确化，渗透到流程梳理、产品设计、客户维护及风险文化建设等领域，最终提高公司执行力。具体举措包括：

（1）调整组织架构，加强全员精细管理。加快向主动管理的转型，构建"以客户为中心"组织架构，整合各业务单元的运营职能，优化战略资源配置并提高部门协同度，强化营销部门建设，将管理目标分解并量化，依靠全员参与组织，从而推动工作效果的最佳化。

（2）实施流程再造，加强全过程精细管理。及时优化运营操作流程，完善和改进 IT 系统，在各管理环节力求"精细"，推动专业化运作和角色制衡，做到环环紧扣、道道把关，同时，修订前台、中台、后台协同制度，促进部门协同度有效提高，促进服务效能明显提升。

（3）提升投研能力和系统服务，加强全客户精细管理。一方面，加强客户风险适应性评估，明确风险偏好和承受能力，推行分类管理和个性服务；另一方面，改变粗放型产品发展模式，提升科研能力和投资能力，培育主动管理能力，促进业务结构多元化，避免产品同质化。

（4）做好要素标准和细节评审，加强全产品精细管理。拟定各项专业制度和标准条款，对投资管理模式、受托人职责、风险和责任承担、清算估值等用法律语言予以规范明确，降低后台操作风险，减少与托管行的沟通成本，提高多方工作效率。分设擅长风险评估、运营管理及产品营销的普通委员和擅长产品设计的专业委员，建立信托产品内部评级体系，多维度综合评价产品的风险度，以此指导目标客户选择和信托定价工作。

三、未来发展的建议

（一）针对融资类信托产品，建立和完善资本约束机制

随着新巴塞尔资本协议的公布，资本管理日益受到重视。然而，信托业目前的非有效性还

十分突出，容易导致信托市场异化现象的发生，尤其是信托贷款和投资本身具有风险性，属于高资本消耗类业务，需要对受托资产的扩张进行有效约束，提高信托公司的资本充足率。因此，建议真正发挥资本约束机制的作用，真正使分子的资本对分母的风险资产扩张约束力得以增强，降低行业风险。

（二）对于特种高风险信托业务，要提高拨备覆盖率

目前，部分信托业务存在高风险，而大多数信托公司对于融资类业务的风险管理水平甚至不如银行，尤其在贷后管理阶段还面临诸多困难。在这种情况下，伴随市场风险加剧的同时，部分单体项目的风险集中度较高，信托公司目前的资产质量需要重新评估。而拨备覆盖率指标是信托公司出于审慎经营的考虑，防范风险的重要手段，也是反映业绩真实性的量化指标。拨备率的高低应适合风险程度，不能过低导致拨备金不足、利润虚增，甚至用资本金弥补，否则就会向市场传递错误的信号。

（三）加强信托业务的准入管理

建议监管部门对高风险的机构实行高密度监管，对低风险的机构实行低密度监管，更加有效地发挥“奖优限劣”的指导思想，对于行业内从业规范、实力雄厚的信托公司给予充分的业务空间自由，鼓励其在创新业务模式、培育核心竞争力方面先行先试，探索行业发展路径。信托业务具有较强的灵活性，需要针对信托产品特性、市场真实情况以及风险表现形式，来设计指标、设计监管工具箱；监管规则要保障符合市场需求和凝聚信托理念的业务，约束违背政策导向和风险收益错配的业务；建议监管部门对高风险的机构实行高密度监管，对低风险的机构实行低密度监管，针对不同的信托公司制定不同的政策标准；适当提高部分能力要求较高的信托业务的准入门槛。

（四）贯彻大类资产配置理念，适度放开对关联交易的限制

为探索信托公司自主管理业务新模式，行业中已经推出了具有大类资产配置理念的主动管理类产品，实现了财富管理与资产管理的有机结合。为了提高大类资产配置信托的质量、效益和持续发展能力，建议监管机构进一步扩大该类产品的投资范围，允许大类资产配置的母信托投资于同一信托公司下的具有固定收益特征的子信托、大宗商品、艺术品投资信托以及 QDII 产品，真正将大类资产配置的理念深刻融入信托产品的设计开发中，为投资者提供丰富的产品选择。信托产品是以公平市场价格认购其他信托单位或受让其他投资者持有的信托受益权，并不构成利益输送，而且，信托受益权之间的转让也与信托财产之间的相互交易有着本质区别。因此，建议在依法合规的前提下，为促进财富管理信托、公益信托、福利计划等资产配置类信托

产品的发展，适度放开对配置类信托产品关联交易的监管限制，形成和完善配置类信托的运作标准和交易规范，满足市场需求。

（五）促进创新业务发展，放开 QDII 业务的部分限制

目前，信托 QDII 的试水仅局限于香港单一市场。但实践中发现，QDII 的需求其实非常广泛。首先，很多中国企业的海外上市股票是在新加坡、美国等金融市场交易；其次，成熟的、多元化的基金产品也是以欧洲，例如卢森堡为主要注册地点。因此，建议将 QDII 业务的投资范围扩大到成熟市场，以与中国银监会签订合作备忘录的地区和国家的金融市场为全球投资的可选择市场，以客户的风险偏好制定投资策略，推出全球市场投资的单一信托产品。除此之外，受托境外理财产品作为高端客户的配置需求之一，同时建议允许发行 QDII 集合信托计划，丰富资产配置工具。

未来，财富管理市场竞争更加激烈，金融产品功能同质化也会加剧竞争的长期性和残酷性，监管政策推动信托公司从融资平台向专业化理财机构转型，对信托公司在尽职管理、风险控制和运作合规等方面的要求也越来越高。总体而言，监管政策、社会需求以及市场竞争都会促使信托公司在财富管理领域迈上更专业、更系统、更规范的发展道路。

珍惜行业良好局面　坚持合规稳健发展

中海信托股份有限公司总裁助理、营销总监　魏志刚

一、从各项指标看行业良好局面

（一）从定量指标看行业形势

改革开放三十年来，没有任何一个其他的行业像信托一样具有良好的出身、拥有大量可借鉴的国外的经验，但同时又经历了大起大落、险象环生，六次整顿、六次新生。2007年“新两规”发布后，近五年的信托行业发展是华彩的乐章，更是为了救赎的证明。

下面我们共同回顾几张图表，来见证一下近五年我国信托业的高速成长历程（见表1，图1、图2）。

表1　　**近五年我国信托行业发展情况表**　　单位：亿元

时间	2007年	2008年	2009年	2010年	2011年9月
资产管理规模	9 170.84	12 038.32	19 760	30 404.55	40 977.73
自有资产总额	1 107.04	870.52	998.58	1 483.44	1 645.26
经营收入	171.7	159.99	196.46	283.95	265.85
利润总额	152.14	106.5	120	158.76	184.77

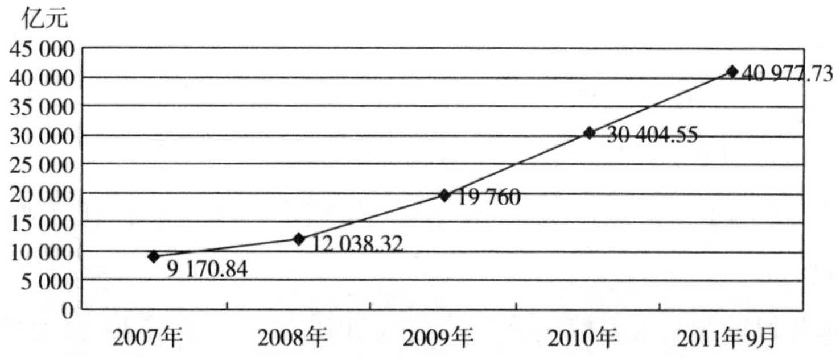

图1　近五年我国信托行业管理资产规模增长图

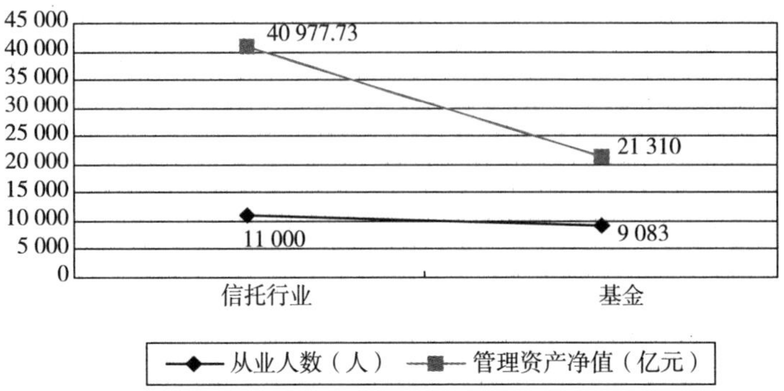

图 2　我国信托行业与基金行业从业人员、管理资产净值对比图（截至 2011 年 9 月末）

（二）从定性指标分析行业势头

从上述图表可以看出，我国信托行业的经营数据非常喜人，更令我们欣喜和自豪的是信托行业悄然发生的内在转变。

1. 信托制度初步得到社会认知。信托业的跨越式发展对社会经济生活的影响愈加深远，越来越多的投资者和有投融资需求的企业认识了信托，了解了信托制度。

2. 加深与各伙伴的合作关系。信托公司与银行、证券公司、基金公司等各类金融机构成为日益紧密的合作伙伴，同时也与各级政府、各行各业开展了合作，从最初的简单融资发展到股权投资、财产权投资等方面，实现了多元化、多层次的合作。

3. 信托产品得到投资者认同。整个信托业的信托产品几乎没有出现不能按期兑付的情况，越来越多的投资者认识到了信托产品高收益和低风险的特点，在资产组合中配置信托产品。

4. 信托产品线不断丰富完善。从投资领域来看，除早期的房地产、基础设施、金融市场以外，股权投资、QDII 业务，收益权投资、红酒、收藏品等另类投资，票据投资、应收账款投资、融资租赁款投资等业务也陆续进入信托公司的视野。2011 年 6 月 17 日，监管部门又放行了信托公司参与股指期货的业务。

从产品结构上看，TOT、阳光私募、结构化投资、有限合伙等模式在信托产品中也屡见不鲜。信托公司不断摸索新的投资领域，开发新的投资热点，产品线不断丰富和完善。

5. 从业人员对信托制度的理解加深。一方面，监管部门、协会、法律专家在普及信托法、信托理论方面做了大量的工作；另一方面，经过多年的学习、摸索，信托从业人员对信托制度、功能的了解不断加深。

6. 不断有实力雄厚的股东入主信托公司。截至 2010 年末，共有 13 家大型央企持有信托公司股权，占信托公司总数的 20%，有 9 家信托公司拥有境外金融机构股东，占所经营信托公司的 15%。这些大型央企或外资机构的入资能够为信托公司带来隐性信誉、增强资本实力、提供低成本资金、输出公司管理、拓展合作机遇等，有利于信托公司的发展壮大。

二、良好局面来之不易

信托的成就不是一朝一夕取得的，这些成就的取得凝结着很多信托人奋斗的汗水，更有着很多外在推动因素，我们从以下两个方面进行简单分析：

（一）难得的历史机遇

经济总量的高速增长对金融创新提出了更高的要求，而传统的银行、证券、保险、基金都无法完全满足。截至2010年，我国的高净值人群达到了约50万人的规模，持有的资产规模达到15万亿元，为信托业的发展提供了基础。

社会财富不断积累、对理财的需求日益旺盛，传统的储蓄、股票、债券、基金已无法实现财富安全增值以战胜通胀的目标。

2008—2009年的宏观刺激政策为信托扩大规模提供了机遇，连续两年，管理资产规模以50%以上的速度增长。

2010年开始的宏观调控为信托公司提高收益创造了机会，连续两年，行业利润总额以30%以上的速度增长。

（二）监管部门的呵护

信托业此前一路磕磕绊绊，几经沉浮，在近几年终于走上有序发展的快车道，其中非常重要的原因是得益于监管部门的有效监管和呵护指导，这些监管和指导体现在以下6个方面：监管部门高效地制定法规政策以规范行业发展模式；及时出台监管措施控制行业发展风险；动态召开监管会议引导行业发展方向；快速回应外界质疑以维护行业的社会形象；不断督促行业自律以保护行业发展的竞争环境；始终强调信托业的合规稳健经营以保证行业健康持续地发展。

5年来，银监会清理废止了160多个文件，修改完善了10多个管理办法，颁布了数十个管理规章，明确了信托公司“受人之托，代人理财”的发展定位，确立了面向合格投资者以及固有资产和信托资产分离等一系列经营理念，搭建了以两个新办法、净资本管理、公司治理、监管评级与分类监管等规章为中心，以证券投资、房地产信托、银信合作等规范性文件为辅助的监管制度体系。

三、行业发展风险犹存

信托行业近五年的发展业绩辉煌、成就斐然，可是有很多问题依然存在，我们非常有幸能够利用这次峰会的机会与监管领导、行业领袖们共同探讨行业面临的挑战。下面我从以下两个大的方面对风险进行分析：

（一）数据背后的隐忧

1. 4.4 万亿元的信托总规模中，非主动管理类受托业务仍占据主要份额，主动管理资产规模偏小。银行理财 1.77 万亿元，占 40%，而且相当部分的集合计划其实质也是银行、证券甚或私募投资基金主导的项目和发行，通过信托来实现。

由此，信托的相当一部分业务实质上项目资源、资金渠道、基本交易结构仍为银行控制。信托业管理的资产规模虽然庞大，但实际是大而不强，信托行业很大程度上充当的仍然是通道角色。

2. 在与金融同业合作方面，银行、证券、基金基本主导了与信托之间的关系，在定价、客户、模式、合同等方面信托谈判地位不高。

3. 融资业务仍是绝对主流，真正意义上的投资业务和跨市场资产配置管理才刚刚起步。

4. 宏观调控将资金市场变成了卖方市场，信托公司的议价能力显著提高，但过高的资金成本超过实体经济承受的能力，会影响信托本金安全。

5. 房地产业务的行业收入贡献度接近 50%，近期很难找到其他的行业可以对房地产业务进行有效替代。

6. 房地产调控政策继续，房地产企业销售下降、融资链条断裂，而近 7 000 亿元的房地产信托规模庞大，其中个别信托项目出现兑付风险的概率很大。

7. 如果出现无法兑付的个案，信托计划发行、信托行业整体声誉必然受到巨大影响。

（二）信托转型面临风险

信托公司要想实现稳健经营、发展壮大，就必须实现向主动管理的转型，但在这个转型过程中，信托公司不得不面临人员、能力、文化、经营理念等基础问题。

1. 人才短板的风险。对于以财富管理为主要职能、以主动管理为改革方向的信托业来说，人才短板的风险是行业面临的重要问题。

从总量上来看，以资产管理业务为主营业务的证券、基金、信托为例，截至 2011 年第三季度末，我国信托从业人员总数约为 1.1 万人，人均管理资产为 3.7 亿元。很难适应未来主动管理的需要。

从结构上看，信托业对从业人员的专业素质和综合素质要求非常高。信托公司进行主动管理，需要精通资本市场、货币市场和产业的通才，也需要熟透矿业、能源、制造业、地产业等产业的专业人才，才能对项目进行方案设计、项目评估、产品定价、项目管理。

综观我国信托业，由于属于新兴行业，许多信托公司的业务人员都是2007年以后从银行、证券、投资公司或其他部门转行而来，没有足够多的信托从业经验，往往是一个熟手带几个新手开展工作。

2. 能力缺失的风险。主要表现为：

宏观研究能力不足，缺乏独立的对国际、国内政治经济问题或者社会问题的研究和分析。

政策分析能力不足，对相关产业政策、金融政策，甚至对信托行业政策分析、理解不到位。

产业把握能力不足，对不同产业历史、现状、趋势缺乏了解，对行业内哪些是优秀的企业、好在哪里不清楚。

风险识别能力不足，对什么是风险、风险点在哪，不同企业的风险大小怎么衡量、判断缺乏经验。

风险控制能力不足，因为没有经历过风险，对如何应对风险、管理控制风险缺乏经验，更缺乏能力来化解风险。

3. 价值观念的风险。

首先，诚实信用理念没有深入，包装职务、包装项目、不当推销、不当竞争现象时有发生，个别信托经理为了提高业绩而包装项目、掩盖风险，严重影响公司及行业的形象。

其次，存在"重现实轻理想、重物质轻精神、重营销轻管理"的情况：物质激励重于技能培养，重赏之下必有勇夫，但勇夫给组织带来的不一定是胜利的战果，也可能是损兵折将。内部竞争重于团队协作，一些公司鼓励小团队甚至单兵作战，鼓励内部竞争，团队协作优化方案和控制风险的作用无法发挥。追求增长重于防范风险，部分公司对经营指标的要求是规模、收入、利润只增不减，没有考虑其中能力与规模和业务之间的匹配问题。

最后，委托人利益保障不足风险，个别公司在产品发行中，没有为委托人谋取利益最大化，而是收取过高的信托费用，甚至高于委托人的收益水平，严重侵蚀了委托人的收益。有些信托经理为了追求业绩提成，将委托人的资金运用于高风险领域，使委托人承担过高的风险。

4. 企业制度的风险。短期化风险，部分企业的制度导向就是经营层和员工行为短期化，注重当期利益，缺乏长远目标和长期投入。

个体化风险，在激励考核制度中把个体收益放在优先位置，注重奖励，轻视约束，企业和行业承担财务风险和声誉风险。

过度激励风险，华尔街的前车之鉴历历在目，我们的部分公司根本没有借鉴，制定的激励制度就是在鼓励员工追逐高风险获取高收益。

激励不足风险，有相当部分公司的激励制度与金融企业市场化竞争的特点严重相悖，导致人才流失，影响企业生存和发展。

5. 与产业关系错位的风险。金融服务于产业的根本宗旨没有得到贯彻，为了追逐高收益，有些信托计划的定价直追民间融资，很有可能会压垮企业，进而最终影响信托计划的本金安全。

四、合规稳健才能长治久安

（一）历史的教训警醒我们必须合规稳健

1. 历史经验表明，行业命运系于合规稳健。1979 年，成立第一家信托公司，在这短短 30 余年，信托业经历了 6 次整顿，一直在“发展—整顿—再发展—再整顿”这个怪圈中转，这是中国甚或世界经济发展史上绝无仅有的行业发展历程，也使得信托业的公众形象一落千丈，行业生存环境愈加恶劣。

总结信托业大起大落的发展史，我们认为，表面上，这是在我国经济体制变革与转型期的特殊背景下，由于行业自身法律法规不完善、市场定位不清晰所造成的，但主要原因还是在于信托业未能实现合规经营以及行业过于激进发展所致。

2. 从鼓励到限制，业务命运系于合规稳健。以银信合作和房地产信托业务为例。2010 年，上述两大业务占信托业务规模的一半以上，但由于发展速度过快，业务监管没有及时到位，部分公司在开展相关业务时不够审慎，甚至违规经营，银信合作、房地产信托业务的发展偏离了正常轨道，业务模式的缺点逐渐显现，风险敞口也逐日加大，最终导致这两项业务直接冲击了政府宏观调控和产业监管政策，受到了学术界、媒体和最高决策层的关注，虽然经过监管领导艰苦的沟通才没有被彻底停止，但也受到了很大限制。

（二）现实的环境约束要求我们必须合规稳健

1. 行业规模要求我们必须坚持合规稳健。截至 2011 年 11 月末，信托业管理的资产规模为 4.4 万亿元，巨量的社会资金通过信托业实现财产管理。因此，信托公司如果对其受托管理的资产进行违规运作，其对国家宏观调控政策的冲击效应和行业风险的放大效应将十分可怕，由此造成的社会影响也必将十分严重，后果不堪设想。因此，信托行业的合规稳健发展事关国家政策落实、社会经济稳定，开展业务时务必如临深渊、如履薄冰，避免风险事件的发生。

2. 业务特点要求我们必须坚持合规稳健发展。信托是金融行业中唯一能够横跨货币市场、资本市场以及实业投资市场的金融工具，混业经营的特性决定了产品的创新度强、灵活度高，而产品的标准化程度低，也同时意味着产品的多样性、复杂性，行业监管难度极大。信托业涉及行业面广，使得从业人员对行业的认识与把控很难深入，更易导致风险的集聚与爆发。

相较于其他金融子行业，信托业更需要强调合规稳健的发展，否则将极易出现风险事故。

另外，信托作为一种金融工具，主要的职能就是为委托人及受益人进行风险收益的管理，实质上就是经营风险，信托公司开展业务时需要比其他行业面临更多的政策风险、市场风险、操作风险等，因此假如信托公司不能科学地识别风险、防范风险以及化解风险，其带来的后果自然不言而喻。由此可见，合规稳健的发展应该提到信托公司经营中的首要位置。

（三）合规稳健经营有助于行业持续健康发展

合规稳健必然会对公司和从业人员提出更高的要求，付出成本，能够得到什么样的回报呢？我们认为，为合规稳健经营付出的成本很值，以下几个方面可以充分证明。

1. 合规稳健经营可以争取外部信任和理解。媒体捕风捉影地追踪报道信托的各种问题，其原因固然有媒体制造话题的本性使然，同样也有信托历史上“坏孩子”形象根深蒂固的原因，全行业都合规稳健经营、不授人以柄，我们必定可以树立良好的社会形象，摆脱积重的负面形象。

合规稳健是信托业生存发展的前提，只有坚持了合规稳健，合理把控风险，为社会资金保值增值，合理配置社会资源等，信托业的社会功能才具有意义，也才符合监管部门发展与壮大信托业的初衷。因此坚持合规稳健发展有利于争取监管部门和相关政策制定部门的理解与信任，进而拓宽信托业的业务范畴和发展范围。

合规稳健是信托公司树立品牌的唯一途径。只有坚持合规稳健发展，才能获得可持续发展，才能创造良好的受托记录，才能树立起信托公司的品牌忠诚度、维护好既有的客户、吸引来新的客户。因此合规稳健发展，有利于获得投资者持续的信托，得到长期资金的信任委托；也有利于创造良好的投融资伙伴关系，得到合作伙伴的长期认同，从而建立真正的战略合作关系。

综上所述，我们认为只要信托业做到合规稳健经营，就能够为信托业的发展争取有利的外部环境。

2. 合规稳健经营可以营造内部和谐健康的生态。合规稳健经营有利于吸引有理想、有激情、有能力、有品德、有责任的真正优秀人才，有利于建立适度激励、风控优先、持续发展的科学发展机制，有利于树立正确的企业理念和价值观念——诚实、信用、公平、专业、忠诚、责任、协作、奉献。合规稳健经营一定可以在行业内、在企业内营造一个和谐健康的生态，保证行业和企业的健康持续发展。

五、自律他律实现稳健运营

（一）行业监管

1. 加大业务合规性指标在信托公司评级中的权重。在行业资产规模持续高速增长和经济形势日益复杂的背景下，建议监管领导加大业务合规性指标在信托公司评级中的权重，鼓励那些坚持合规经营、稳健发展的信托公司成为行业的标杆企业，引领全行业的信托公司向合规经营、稳健发展的方向前进。

2. 将监管评级向全社会公开，引导社会监督。经过近几年评级制度的运行，信托公司、股东对评级都有了更深入的理解，社会上相关的金融机构，因为知道有信托公司的评级，也非常关注这个事情，但社会上的企业和投资者对此并不知情，我们建议监管部门适时公布信托公司的监管评级，可以让社会公众正确了解业内公司监管评级制度，得到各个信托公司的综合实力、风控水平的信息，有助于投资者在选择产品时拥有更多的考量参数，通过市场和投资者的力量让风险把控好、交易机构设计合理、公司实力较强的项目得到客户认可；另外，可以引导社会公众参与对信托公司监管评级的监督，加强监管评级的监督力度与透明度，进一步提高监管评级的公信度和影响力。

3. 严格规范信托公司的治理结构和激励机制。目前，信托公司的股权结构呈现多元化的特点，有央企控股、民营企业控股、金融企业控股等各种情况，各个信托公司在制定公司治理结构以及激励机制时有不同的考量，有的公司更注重股东的当期或中期回报率；有的公司侧重于股东的产业布局，期望通过信托牌照实现产融结合或者行业间的协同效应，对股东回报率不敏感。两种状况都不是完全合理的，违背了信托行业稳健持续发展的理念，建议监管部门规范信托公司的治理结构和激励机制，引导其走上稳健发展的轨道。

4. 规范社会评价机构对信托公司的评价行为。信托行业的社会美誉度不够高，行业形象偏负面，近几年通过监管机构、协会以及广大同仁的共同努力使得行业得到了社会初步认可，这一成绩弥足珍贵，对于信托提升行业整体社会形象十分重要。我们需要营造良好的舆论环境，规范媒体、社会评价机构的行为，呵护信托业得来不易的口碑。

5. 对违法违规信托公司加大处罚力度。对违规和出现风险的企业，实行通报批评、业务限制、暂停业务等惩戒措施，并追究具体责任人。提高企业的违规成本，从而有效降低企业违规事件发生概率，提升行业整体合规水平，维护行业公平发展环境。

6. 根据业务风险和评级结果约束风险业务的规模和占比。建议监管机构定期评估不同信托业务的风险敞口和不同信托公司的监管评级，并依据评级结果确定每一类型的风险业务在单个信托公司的规模上限与占比上限，将业务风险控制在可承受的范围内，避免单一业务激进发展带来风险积聚的严重后果。

（二）行业自律

1. 制定各类行业自律制度，约束行业成员行为。信托业作为新兴的金融行业，在相关制度建设不完备的背景下，应当加快制定行业公约、自律制度以及行业标准等相关制度，充分发挥各类行业自律制度的作用，通过行业自律的形式来约束成员企业行为，提高成员企业合规经营、稳健发展的意识。

2. 提高信托经理准入标准，严格执行准入管理。制定信托业务人员的从业资格标准，进行资格考试，只有取得资格才能开展信托业务。

3. 建立企业与从业人员信用记录数据库。信托业务的本质在于“受人所托，代人理财”，诚信是行业的基石，是信托业从业人员的最重要也是最必要的品质要求，信托公司与从业人员诚信与否关乎信托业的社会形象和行业发展，因此，可以通过建立企业与从业人员的信用记录数据库，将企业与从业人员的不良行为记录在册，作为评价企业与个人的重要依据，预防不诚信行为，净化行业环境，塑造行业的诚信形象。

4. 提高从业人员的道德水平和业务技能。制定从业人员道德规范和业务规范指引，积极组织信托从业人员进行专业培训，开展定期、不定期的学习活动，介绍国外及其他行业的优秀经验，总结业内优秀公司的管理、运营、业务经验，研究分析典型业务案例，提高从业人员的道德水平和业务技能。

5. 推进信托行业之间的合规稳健经验交流。积极推动信托行业内部的交流与合作，总结提炼优秀信托公司在合规稳健运营方面的经验，建立信托公司高层人员之间定期的沟通平台，以定期交流的形式使各信托公司能够有效地把握市场动态、行业现状以及创新业务的风控经验，也同步推广了优秀信托公司的成功经验，有利于将好的经验复制到其他公司，并最终提升信托业整体风控及合规水平。

6. 通报行业内的风险案例以及风险企业。通过公开行业内的风险案例和风险企业的信息，一方面可以达到警告相关企业的效果，给予相关企业市场压力，提高违规开展业务的成本；另一方面也可以达到警醒其他企业的效果，通过鲜活的案例来提示相关业务的风险暴露程度，为企业的业务选择提供第一手的参考。

（三）公司自律

1. 加强诚信合规的企业文化及核心价值观建设。企业文化及核心价值观是企业的灵魂，只有在其中融入诚信合规的理念，才能切实落实诚信合规的要求。我们应该从反思历史、立足现在、展望未来的高度，倡导诚信合规的企业文化和核心价值观，并将企业文化与核心价值观融入公司的方方面面中去，真真正正地将诚信合规的理念落实到每一个公司员工的实际工作中去，从而实现公司合规稳健运营的目标。

应树立只有风险可控的发展才是健康的、可持续性的发展，与风险管理能力相匹配的信托资产规模和业务增长才是真正的业务增长的理念。

2. 建立科学适度的业务考核激励机制。人力资本是金融企业的核心资产，针对员工的合理激励对于金融企业的发展有着重要的意义，只有施行有效的激励机制，金融企业的活力才能被有效地激发出来，员工才会将自身利益与企业利益捆绑起来，但切不可施行过度的激励机制。西方国家频频出现金融危机，就与华尔街施行过度激励有着直接的关系。过度激励会导致从业人员开展项目不够审慎，忽视风险控制的重要性，从而导致风险事件的发生。

为有效解决激励机制与公司内控之间的矛盾，可以将业务的合规性、风险度与信托经理考核激励机制紧密联系起来，依据信托经理实现的业绩对其进行适当奖励，同时也考核信托经理主办项目的合规性以及风险敞口是否达标，将信托经理的奖励与其主办项目整个周期挂钩，项目实现预期收益率的才能将奖励全部给予信托经理，这样可以鼓励信托经理开展项目时认真审查项目风险、合理设计交易方案、严格管理运营项目，从而有效把控项目的风险。

3. 建立全面合理的风控体系，将合规要求落实到每个经营活动的每个细节中，加强风控制度的建设和执行，做到有制度可依、有制度必依。风控制度要做到前台、中台、后台分工合理，相互制衡有力，监督到位，提高自我约束和自我完善能力，相关制度要与公司自身的业务能力和规模以及公司的特点相匹配，严格设置防火墙，避免关联交易，制定强调风险揭示、风险管理的业务流程，并对客户做好信息披露，不做过度营销、不当营销及虚假营销，为客户合理配置适合其风险偏好以及风险承受力的项目。

4. 严格实行项目审批管理，真正做到评审独立。只有独立的、不受经营业绩压力的评审才能更好地规避风险，保障稳健，独立性一方面需要在人员、流程上保证，另一方面也需要将风控评审部门和人员的考核与经营业绩分开。

5. 建立风险分散机制。除了强调企业文化以及激励、风控机制的建设，我们认为，信托公司应该在项目选择时有所考虑，通过控制业务结构、行业结构以及单一客户占比，利用业务分散的方法来分散风险，将非系统性风险降到最小。

（1）业务结构控制。信托公司应该有效管理业务结构，通过参考市场状况、公司存续业务结构状况以及各业务的风险状况来决定当期单一业务的开展规模与比例，尽量丰富公司业务品种，避免单一类型业务过度发展，确定合理的单一与集合资金信托比例、融资类项目与投资类项目比例、被动管理项目与主动管理项目比例等，做到有收有放、有控制有鼓励。

（2）行业结构控制。信托业务具备跨市场的特点，业务覆盖面极为广阔，基本可覆盖国民经济体系中的各大行业，因此要利用好这一特点，充分分散行业风险，避免项目在高收益的房地产和能源业扎堆，对各个行业要进行合理配比，实现在资本市场、货币市场以及实业领域的合理比例，甚至各个细分行业间的合理比例，分散信托资金流向，从而将单个业务领域、单个行业带来的风险降到最小。

（3）客户集中度控制。我们在这里提到的客户是指项目端的客户，控制单一客户在资产管理运用端占比，以及信托公司在单一客户整体投融资总规模中的占比，防止因占比过高导致风险过度集中，避免一旦有风险事件发生，超出了信托公司可以承受的范围，即对公司造成巨大影响。

衷心感谢峰会主办方给我们这个机会与监管领导和行业同仁共同分享我们中海信托在合规稳健经营方面的一些想法，有不当之处敬请领导、专家批评指正！

非常感谢监管领导对行业的辛苦付出，正是你们不计得失、乐于奉献的辛苦调研、艰难汇报、努力沟通、殷切劝诫，才有了行业如此繁荣的局面，才有了我们这些从业人员良好的职业发展环境！

感谢行业优秀的企业家、优秀的从业人员，是你们的道德光辉、人格魅力、职业素养、专业精神推进着这个行业不断创造辉煌，使我们自信前行！

最后，祝愿2011年中国信托业峰会圆满成功，我们这个行业健康持续发展！

信托法律制度：问题与完善

人大信托与基金研究所所长　周小明

信托法律制度的建设其实是一个体系。之所以这样说，是因为信托制度实际上是在我国原有“名实合一”的财产权制度之外，另行建立的一项“名实分离”的财产权制度。在引入信托制度之前，我国仅存在以民法所确立的绝对所有权概念为基础的单一财产权制度，其典型特点就是“名实合一”，即财产的权利名义与实际利益均由财产权人享有，与此相适应，我国原有的财产法律体系包括财务制度、税收制度、过户登记制度等均是以上述绝对所有权概念为基础而建立的。但是，在引入信托制度之后，我国又以《中华人民共和国信托法》（以下简称《信托法》）所确立的信托财产概念为基础，建立了一项崭新的财产权制度，其典型特点就是“名实分离”，即财产的权利名义与实际利益发生了分离，财产的权利名义由受托人享有，而实际利益则由受益人享有。显然，我国原有建立在“名实合一”基础上的财产法律体系已无法简单地适用于信托财产关系，而必须加以体系化的重构，以适应信托这一新型财产权制度实施的需要，否则，就会严重影响信托制度功能价值的发挥，与我国引进信托制度的立法初衷背道而驰。

因此，要发挥信托的功能价值，在法律上仅有一部《信托法》是不够的，而是需要建立一套与信托制度相配套的完整的法律体系。从我国实际情况来看，信托法律制度的体系建设包括3个层次：一是调整信托关系的基本法——《信托法》，这是信托法制的基础；二是配合《信托法》实施的配套法律制度，主要是信托财务制度、信托财产过户制度、信托登记制度、信托税收制度和公益信托审批制度，这是信托法制的必要内容；三是调整营业信托的特别法，这是信托法制的重要组成部分。目前，我国已经颁布了《信托法》，但是，信托的配套法律制度除信托财务制度外几乎还没有建立，而主导我国信托实践的营业信托的法制主要还局限于监管部门的规章，我国信托法制的建设依然任重道远。本文拟就我国信托法律制度建设中迫切需要完善的几个问题进行分析与探讨，以期引起有关方面的关注，共同推动我国信托法律制度的完善。

一、信托财产转移制度

国际通行的信托制度是建立在信托财产所有权转移基础上的，即设立信托，委托人需将信托财产的权利转移到受托人名下。我国《信托法》第二条规定："本法所称信托，是指委托人基于对受托人的信任，将其财产权委托给受托人，由受托人按委托人的意愿以自己的名义，为受益人的利益或者特定目的进行管理或处分的行为。"这里，并没有明确规定信托财产所有权需要转移给受托人，只是使用了"委托给"3个字。那么，"委托给"3个字的法律含义到底是什么？是仅有信托的意思表示就够了呢，还是除了意思表示外尚需信托财产所有权转移的行为？

回顾《信托法》的起草历程，在立法本意上，我国《信托法》使用"委托给"一词，主要是为了避免与民法的所有权概念相冲突，本身并无意否定信托财产所有权的转移行为，恰恰相反，通观《信托法》全文，实际上还是要求信托的设立必须建立在财产权转移的基础上。《信托法》第十四条第一款规定："受托人因承诺信托而取得的财产是信托财产。"显然，没有委托人的财产权转移行为，便无受托人对信托财产的取得行为。《信托法》第十五条进一步规定："信托财产与委托人未设立信托的其他财产相区别。"如果委托人不需将信托财产权转移给受托人，信托财产独立于委托人其他财产的规定也将丧失法理基础。此外，《信托法》关于原受托人职责终止时应将信托财产移交给新受托人的规定（第四十一条第一款）以及关于信托终止时受托人应将信托财产转移给权利归属人的规定（第五十五条）也明确表明，设立信托时，委托人已将信托财产的权利转移到受托人的名下，否则就不会发生上述由受托人将信托财产移交给新受托人和转移给权利归属人的情形。

实践中，信托业经营信托业务时，正是秉承《信托法》的本质规定，要求委托人履行将信托财产权利转移给受托人的手续。问题是，由于《信托法》关于信托的定义本身没有直接规定需要履行财产权转移手续，因此，对于那些转移财产权需要依法办理登记或者注册手续的财产，如不动产、股权等，如果要设立信托，有关登记机构通常并不承认信托文件作为转移财产权的依据，结果是，要么绕弯子采取非信托文件如财产转让合同等形式来办理信托项下的财产转移登记手续，从而造成交易关系的混淆，容易发生法律争端；要么放弃设立信托的想法，从而削弱信托功能的应用和发挥，限制信托业的发展。

因此，需要建立信托财产的转移制度。我们建议：一方面，由最高人民法院对《信托法》进行司法解释，明确信托的设立需要履行信托财产权的转移手续；另一方面，由国务院协调负责办理有关财产权转移登记与注册的机构，承认信托文件可以直接作为信托财产权转移登记或注册的法律文件。

二、信托登记制度

信托登记是一种公示制度，即通过登记的办法向社会公开信托事实。为什么要对信托实行公示？主要原因是信托具有对抗第三人和只负有限责任的效力。信托财产虽然名义上由受托人持有，但本身不属于其固有财产，受托人死亡时，不属于其遗产，不能为其继承人继承；受托人终止时，不属于其清算财产，不能供其债权人进行清偿（《信托法》第十六条）；受托人的债权人原则上也不得对信托财产申请强制执行（《信托法》第十七条）；如受托人违反信托目的处分信托财产给第三人时，委托人和受益人还有权申请撤销该处分行为（《信托法》第二十二条）。由此可见，信托一旦设立即具有对抗第三人的效力。不仅如此，《信托法》还规定信托交易下受托人对第三人负有限责任的原则，第三十七条规定："受托人因处理信托事务所支出的费用、对第三人所负债务，以信托财产承担。"因此，某项财产是否设立信托，对第三人利益影响重大，如不以一定方法公开信托事实，第三人有可能因无法知道此事而无端遭受损害。有鉴于此，我国《信托法》参考日本、韩国等国立法，规定了以特定财产设立信托需要办理信托登记的制度。

《信托法》第十条第一款规定："设立信托，对于信托财产，有关法律、行政法规规定应当办理登记手续的，应当依法办理信托登记。"第二款规定："未依照前款规定办理信托登记的，应当补办登记手续；不补办的，该信托不产生效力。"这就是我国的信托登记制度。《信托法》赋予信托登记以非常严重的法律后果。在国外，信托公示的法律后果通常是对抗第三人，不会影响信托的效力。但在我国，应登记而未登记的法律后果则是信托不发生效力。这点对信托实务影响重大。但《信托法》关于信托登记的规定显然过于简单和含糊，有关登记的范围、如何登记、由谁登记等事项一概不清，如果没有配套的信托登记制度，实务上根本无法操作。这是《信托法》给信托实践带来的又一大问题。

根据我国《信托法》的规定，并非所有的财产设立信托都需要办理信托登记手续，需要进行信托登记的财产为其财产权转移依法应以登记或注册为生效要件的财产，主要包括房屋、土地使用权、车辆、飞机、船舶、专利权、商标权等。由于没有配套的信托登记操作制度，导致实践中以上述需要信托登记的财产为标的的信托业务根本无法开展，尤其是作为重要金融创新工具的不动产信托无法发挥在社会经济生活中应有的作用。因此，完善信托法律制度的一项重要内容，就是建立信托登记的操作制度。由于我国财产登记机构因财产类型而不同，因此，我们建议由国务院以行政法规的形式规定信托登记操作制度，该项制度应当明确规定登记范围、登记机构、登记手续、登记内容等事项。

三、信托税收制度

信托制度作为一项创新的财产制度，许多配套的制度需要建立，信托税制就是其中一项极其重要的配套制度。我国原有的税收制度均与"一物一权"的传统财产制度相适应，难以简单套用信托这种"一物二权"的创新财产制度，因此必须予以重构。从国际上看，无论是信托发源地的英、美国家，还是引进信托制度的日本和我国台湾地区，均在建立信托制度的同时，以自己的方式确立了信托税制。然而，在我国，虽然《信托法》已实施10多年，以信托公司为主体的信托活动也已开展了10多年，但是，迄今为止，还没有建立其与信托属性相适应的税收体系，这不能不说是我国税制尤其是金融税制的一大缺陷。信托税制的缺失，已经产生了严重的后果：

一方面，信托当事人将缴纳本不该缴纳的税收，信托的交易成本不合理地提高，从而制约了信托功能的系统发挥和信托业的健康发展。目前，信托税制的缺失，使两类重要的信托活动在实践中无法开展。一类是不动产信托业务。按照现行税制，就不动产的转移，受让人需要缴纳3%~5%的契税。如某委托人以自己为受益人，将不动产委托给受托人进行管理，如按现行税制，则在信托的每一阶段都会发生契税。在信托设立阶段，委托人将不动产转移给受托人，受托人要缴纳契税（实际由信托财产即委托人承担）；在信托存续阶段，如果发生受托人变更，前任受托人将不动产转移给后任受托人，后任受托人要缴纳契税（实际由信托财产即委托人承担）；在信托结束阶段，受托人将不动产转还给受益人，受益人（即委托人自己）还要缴纳契税。而不动产在上述信托当事人之间的所有转移，均为形式上的转移，并没有改变委托人对作为信托财产的不动产的实质权益，这就造成了不符合信托本质的不合理的重复征税。如果不建立适用于信托的契税制度，不动产信托业务将因为巨额的交易成本而无法开展，由此，不动产信托作为不动产金融的一个重要创新而无法在我国得到利用。另一类是公益信托活动。现行《企业所得税法》第九条规定："企业发生的公益性捐赠支出，在年度利润总额12%以内的部分，准予在计算应纳税所得额时扣除。"公益信托是《信托法》建立的、从事公益活动的一种创新组织形式，其法律地位（包括税收地位）本应与公益法人（公益团体）一致。但委托人将财产交付给受托人设立公益信托，由于受托人本身不是公益组织，委托人将可能无法享受上述税法上的所得税抵扣优惠。此外，现行《个人所得税法》第四条规定："个人获得的福利费、抚恤金、救济金可以免交所得税。"公益信托的受益人从公益信托获得的救济所得同样会因公益信托税收地位的不明确而缴纳税收。可以说，实践中，公益信托活动不发达，与公益信托税制的欠缺不无关联。

另一方面，信托当事人本该缴纳的税收却无法缴纳，助长信托不合理避税的空间，造成国家税负流失。信托从其起源看，具有天然的避税空间。信托税制的欠缺，不仅会造成信托当事人不合理的税负，也会产生信托当事人本应缴纳的税收却无法缴纳的后果。不合理税负主要发生在信托财产于信托当事人（即委托人、受托人和受益人）之间转移的环节，而税收流失则主要发生在信托存续期间、受托人管理信托财产的环节。税收法定是现代国家税制的基本原则，由于我国现行的法定税制是适应"一物一权"财产制度而建立的，因此，面对"一物二权"的信托制度，就造成了这样一种悖论：在信托财产于信托当事人之间转移的环节，不该适用的税制却不得不适用；而在信托存续期间、受托人管理信托财产的环节，本该适用的税制却无法适用。在信托存续期间、受托人管理信托财产的环节，受托人需要对信托财产进行管理、交易和投资并取得收益，这就可能发生营业税、土地增值税、房产税、所得税等应税项目，但根据《信托法》的规定，受托人并不是为了自己的利益而是为了受益人的利益管理、运用和处分信托财产，信托财产在法律和财务上均是独立的，针对信托行为所发生的上述税收项目，在纳税主体、纳税环节、应税税目、税率等方面均无法直接适用现行税制，由此，本该缴纳的税收也无从征收，导致税负流失。

因此，构建独立的信托税制，对避免信托当事人不合理税负，防止合理税负流失，完善金融税制，有效发挥信托的系统功能，促进信托业健康发展，具有重要的意义。至于信托税制的形成机制，可以根据我国现行税制的形成机制，从 3 个渠道进行：一是对于信托财产在信托当事人之间转移环节产生的重复征税问题，可以先由税收行政机关通过规章、通知等方式加以解决；二是对于信托存续期间、受托人管理信托财产环节所产生的税收征收问题，可以通过由国务院修改相应的税收条例的方式加以解决；三是对于信托可能涉及的新的税收种类，如赠与税、遗产税，应当由全国人大或其常委会制定法律的方式加以解决。

四、公益信托审批制度

公益信托是我国《信托法》确立的一项重要信托类型，与私益信托不同，公益信托是为了公共利益目的而设立的信托，对促进社会公益事业的发展将发挥极大的作用。从国外的实践看，公益信托在发展慈善、教育、科技、文化、艺术、体育、医疗、环境保护事业等方面均扮演了极其重要的角色，著名的诺贝尔奖就是一个典型的公益信托。因此，我国《信托法》第六十一条明确规定，“国家鼓励发展公益信托”。第六十三条第三款进一步规定，“公益事业管理机构对于公益信托活动应当给予支持”。

由于公益信托具有公益性，与社会公共利益密切相关，国家通常也给予税收减免等扶持措施，因此，各国对公益信托均施加一定程度的监管。我国《信托法》第六十二条也明确规定：“公益信托的设立和确定其受托人，应当经有关公益事业的管理机构批准。”“未经公益事业管理机构的批准，不得以公益信托的名义进行活动。”但是，我国《信托法》并没有进一步规定具体的公益信托审批机构是谁以及具体的审批程序，以致实践中想设立公益信托审批无门，极其困难，国家鼓励发展公益信托的目标，由于没有建立配套的公益信托审批制度而几近落空。《信托法》颁布实施已整整 10 个年头，信托公司的信托业务得以蓬勃发展，但公益信托活动却寥寥无几，这与上述制度缺失不无关联。

根据《信托法》的条文规定，公益信托的审批机构应当是“有关公益事业的管理机构”。“有关公益事业”应当是公益目的所涉及的公益事业，比如，救济贫困的公益信托，其审批机构应当是民政部门；发展教育的公益信托，其审批机构应当是教育管理部门；发展医疗卫生的公益信托，其审批机构应当是卫生管理部门；等等。问题是，当公益信托的目的涉及多个公益事业领域时，如同时为救济贫困、发展教育和医疗卫生事业而设立的公益信托，又该由谁审批，当公益信托的目的涉及的公益事业为概括性的、非具体的时候或者没有具体管理机构的，应当由谁来审批，这些在《信托法》中均找不到答案。此其一。其二，就是单一目的的公益信托由于没有具体的审批程序，有关公益事业管理机构因无章可循，往往也无据可批。因此，为了发挥公益信托的社会价值，推动公益事业的发展，落实《信托法》关于国家鼓励发展公益信托的规定，应当尽快由国务院协调有关部门，出台公益信托审批管理规定，明确不同公益信托的审批机构和审批程序。

五、营业信托法律制度

《信托法》第三条规定："委托人、受托人和受益人（以下统称信托当事人）在中华人民共和国境内进行民事、营业、公益信托活动，适用本法。"该条提出了"民事信托"和"营业信托"的概念。根据国务院办公厅《关于〈中华人民共和国信托法〉公布执行后有关问题的通知》（国办发〔2001〕101号）的精神，在我国从事营业信托活动需要受到特别监管，未经监管部门批准，任何法人机构一律不得以各种形式从事营业信托活动，任何自然人不得以任何名义从事各种形式的营业信托活动。因此，区分民事信托和营业信托具有重要的法律意义和实践意义。但无论是《信托法》还是国务院的通知均没有作出进一步的界定，说明什么是民事信托、什么是营业信托。

从立法本意讲，区分民事信托与营业信托，是为了将营业性信托机构经营的信托业务纳入《信托法》的适用范围之内，至于经营营业信托业务的信托机构的组织和管理，《信托法》第四条则授权国务院制定具体办法。根据国务院办公厅下发的《关于〈中华人民共和国信托法〉公布执行后有关问题的通知》（国办发〔2001〕101号）的有关规定：在国务院制定《信托机构管理条例》之前，由中国人民银行（其金融监管职责现由中国银行业监督管理委员会承担，下同）、中国证监会分别负责对信托投资公司（2007年以后，中国银监会统一将"信托投资公司"名称改为"信托公司"）、证券投资基金管理公司等机构从事营业性信托进行监督管理，并由该两类监管机构根据《信托法》制定有关管理办法执行。据此，我国目前从事营业信托活动的金融机构有两大类：一类是信托公司，属于"信托综合店"，根据《信托法》和中国银监会制定的《信托公司管理办法》，可以开展各种形式的营业信托活动；另一类是基金管理公司，属于"信托专营店"，根据《信托法》、《证券投资基金法》和中国证监会制定的《基金管理公司管理办法》，只能开展公募的证券投资基金信托业务。

但是，由于《信托法》对民事信托与营业信托没有具体界定，国务院上述通知也没有建立营业信托的统一监督管理制度，导致实践中营业信托的边界不清晰，各种名为“集合理财”实为“营业信托”的理财活动各行其是。市场准入标准不同、法律形式不同、投资者门槛不同、监管要求不同，由此造成了营业信托市场的乱象：一是难以对理财投资者提供统一的法律保护。由于没有营业信托的具体标准，既无法对营业信托进行统一监管，出现纠纷时，司法机关也难以进行裁决，投资者利益难以保护；二是难以营造营业信托经营主体之间公平竞争的市场环境。我国目前对于理财活动是按照经营机构的性质不同分别由不同的监管机构进行监管，而由于对理财活动尤其是“集合理财活动”缺乏统一的法律认定标准，因此，各监管机构对理财活动的监管标准并不一致，有宽有严、有松有紧，甚至建立不合理的“部门壁垒”，导致在同一市场上经营相同业务的各理财经营主体仅因监管部门不同，便面临不同的竞争环境。

鉴于此，建议国务院尽快制定《信托机构管理条例》，统一营业信托的标准和监管，建立不同经营主体监管机构的监管协调制度，以杜绝当前资产管理市场的乱象，营造资产管理市场的公平竞争环境，为理财投资者提供统一而严密的法律保护。

信托制度司法实践的主要问题与对策建议

锦天城律师事务所高级合伙人　李宪明

《信托法》颁布实施十年来，推动了我国金融信托业务的健康发展，在国民经济和社会生活中发挥了重要作用。但是，我国信托制度是法律移植的结果，需要与现行法律制度有个融合、适应的本土化过程。在这个过程中面临的矛盾是，一方面，经济和社会发展对信托制度的需求日益迫切；另一方面，整个社会对信托制度的认识和接受程度不够，信托配套制度建设滞后，严重制约了信托制度功能的发挥。在普及《信托法》，提高人们的法律意识的过程中，进行法律解释或案例指导工作，统一人们对法律的理解和认识，具有现实必要性。

一、《信托法》实务应用的制约因素

（一）模糊表述，回避敏感的问题

例如，制定《信托法》时，考虑到我国法律传统和人们理财观念的接受程度，在“信托”定义中使用“委托给”的概念，模糊了传统信托中关于委托人应将设立信托的财产“转移给”受托人的法律属性。对于委托人来说，从文字上看没有丧失对设立信托的财产的所有权，心理上较容易接受信托，但在信托活动中，为在法律性质上区别开信托与代理、行纪制度，解决信托登记与信托税收等配套制度需要对信托给出一个明晰、准确的定义。从普及《信托法》的角度看，实践证明，由于人们对信托制度与传统类似民事制度的区别缺乏科学、清晰的认识，阻碍了信托制度的推广和实施。

（二）个别制度不适当

我国《信托法》规定，受托人遇到不能亲自处理信托事务的特殊情形时，可以委托他人代为处理，但在责任承担上要求受托人对他人处理信托事务的行为承担责任。对于该规定，一般理解为，法律上代理人只对受托人负责，不直接对受益人负责；对于受托人，在根据信托文件规定或遇到不得已事由而另行委托他人的情况下，仍然要对代理人的行为承担责任。实际情况表明，上述规定不利于保护受益人利益，对受托人有失公平，同时也会挫伤人们运用信托制度的积极性。

（三）信托制度功能限制不合理

作为一种财产管理制度，信托在法律结构上有巨大的灵活性和广泛适用性。例如，宣言信托，财产所有权人可以通过单独行为，以自己为受托人设立信托，无须财产权的转移；双重信托，委托人与受托人设立了一个信托后，受托人运用信托财产以自己为受托人再设立一个信托。宣言信托与双重信托在促进社会公益事业发展、进行金融创新等方面能够发挥积极作用。但我国《信托法》规定设立信托应当采取信托合同、遗嘱及法律、行政法规规定的其他书面文件形式，在没有相关法律规定或司法解释的情况下，否定了宣言信托这种特殊形式，双重信托也缺乏直接法律依据。

（四）信托配套制度不健全，信托的制度优势没有充分发挥出来

从目前情况来看，信托制度在以下几个方面已经发挥了重要作用：一是发展社会保障制度，构筑和谐社会；二是解决救灾助学、扶助弱势群体、保护环境，发展公益事业；三是发展多层次资本市场，扩大企业直接融资渠道。但是，由于《信托法》缺乏具体化、可操作的配套制度，信托在这些领域的制度功能远未发挥出来，人们选择和运用信托制度的积极性不高。

直到目前，信托公司所做的业务主要是资金信托，是简单的债性或权益性融资业务，而真正体现信托制度优势的财产或财产权信托业务几乎是空白。就资金信托业务而言，在我国庞大的潜在资产管理市场中，信托业务只占据一小部分。在解决资产管理市场的制度风险和监管空白问题方面，信托是一个有效的制度工具。在民事领域，信托制度可以得到广泛应用，如家产传承、子女教育、养老保障等，客观上具有改善人们生活、稳定社会关系的作用。

（五）司法裁判的标准不统一

近年来，与信托活动相关的各类纠纷案件呈现数量多、增长快的特点。这类案件一般都涉及复杂的法律关系，处理难度大。在法律上，需要梳理和解决《信托法》与《诉讼法》、《公司法》、《合同法》、《物权法》、《担保法》等法律的衔接问题。但各地法院对《信托法》的理解偏差较大，存在错判、误判的情况。一方面，不利于保护信托当事人的合法权益，阻碍信托制度的广泛应用；另一方面，也会误导整个社会对信托的理解和运用，阻碍信托制度的科学发展。

在社会影响方面，信托公司管理的信托财产一般都在百亿元以上，投资者人数达数千人，有的信托诉讼涉及人数多、标的额也较大，甚至容易引发突发性和群体性事件。人民法院审理信托诉讼案件面临新的压力和挑战。

二、《信托法》司法实践中存在问题的对策建议

从目前已经掌握的有关《信托法》理解和适用的诉讼案件资料来看，信托诉讼案件具有以下特点。

（一）当事人自行协商解决

信托公司作为案件当事人，需要考虑两个主要问题，一是保护固有财产的安全性，保障正常经营；二是为信托受益人的合法权益，及时分配信托利益。信托公司保障正常经营的首要诉求也是为了实现信托受益人的最大利益。对于信托公司作为原告的案件，诉讼程序耗费时间长，影响向信托受益人分配信托利益；信托公司作为被告的案件，一般会采取诉讼保全措施，信托公司的固有财产或信托财产被冻结或查封，为了避免给投资者造成不必要的恐慌、维护社会稳定，信托公司往往寻求快速、协商解决纠纷的途径。

（二）对信托的理解和适用不合理或错误

由于信托活动涉及的法律关系复杂，《信托法》的条款规定概括性强、配套制度不健全，一些信托诉讼案件中的法律适用存在片面理解或错误适用《信托法》的情况。

（三）与其他法律交叉适用

信托活动中，在管理和运用信托财产的交易环节，涉及信托公司与交易对手之间的贷款、投资、买卖、租赁等交易行为。信托诉讼案件中，需要在信托法律框架内适用各种交易行为涉及的《合同法》、《公司法》、《担保法》等法律法规，或者需要结合其他法律规范来理解和适用《信托法》。信托诉讼案件的法律适用具有一定的复杂性。

解决我国《信托法》实务应用中的问题，可以采取完善信托立法，进行立法解释、司法解释、案例指导等多种形式。在司法层面，进行司法解释已经具备现实可行性。在人们的日常信托活动和诉讼实践中，涉及《信托法》理解和适用的问题越来越多、典型性强，例如，委托人设立信托是否需要将信托财产转移给受托人、信托目的合法性的认定标准、受托人审慎义务的标准、受托人依法将信托事务委托他人代理的对他人处理信托事务的行为承担的责任、宣言信托与双重信托的合法性等。对《信托法》的司法解释有利于方便当事人参加诉讼，保护信托活动各方的合法权益，准确贯彻执行《信托法》，统一司法标准，有效化解社会纠纷，维护社会稳定。

实行案例指导需要选编具有典型性、指导性和宣传性等特点的信托诉讼案件。在各级人民

法院审判的信托诉讼案例中，有些案件涉及的《信托法》规定的比较原则或者不够明确，有的属于比较典型或具有代表性争议较大的案件，也有的属于新类型案件。这些案件在《信托法》适用上有特色，或者在同类案件中有代表性，对审判信托诉讼案件有指导意义。经最高人民法院或地方各级人民法院审判委员会讨论通过后，以公报的方式公开发布，在裁判思路、裁判方法、事实认定、证据审查、法律适用等方面确定具有一般性的审判规则，指导下级人民法院的工作。

信托诉讼中另一个现实问题是，对信托的理解和适用不合理或错误的案例相对较多。对于这些案件可以组织专家、学者进行研究、评议，在司法类刊物上定期刊载。《人民司法・案例》是最高人民法院机关刊物，以分析典型案例、反映审判工作的新情况新问题、研究解答司法实践中的疑难问题为特色，是司法界案例研究与交流的平台。刊载信托诉讼案例，可以发挥普及《信托法》、深化信托制度理论与实务研究，影响司法实践的作用。

三、《信托法》司法实践中的几个重要问题

（一）专以诉讼或者讨债为目的设立信托的认定

1. 案情简介。

A资产管理公司与信托公司签订了财产信托合同，将一笔不良贷款债权设立信托。A资产管理公司就不良贷款设立信托事宜在报刊上进行公告，并进行了催收。信托公司于信托设立后再次以公证及公告的方式向借款人催收债款，但借款人依然没有履行还款义务。为此，两年后信托公司将借款人告上了法庭，请求法院依法判令借款人清偿信托公司借款本金及利息。

原告方信托公司认为，信托公司具有诉讼主体资格：（1）信托公司作为信托财产的受托人有权以自己的名义对信托财产进行管理或者处分，而诉讼作为管理或处分的手段之一当然是受托人的权利。（2）涉诉信托不是专以诉讼或讨债为目的的信托。该信托的目的在于通过转让不良资产的收益权而使不良资产提前变现，而不需借助某个具体债权项目的债务清偿得以实现。

被告方借款人主张：（1）信托公司不是本案适格的诉讼主体，不具有诉讼权利能力。债权人A资产管理公司与信托公司之间只是信托关系，而不存在债权转让关系。作为受托人，信托公司与借款人更不存在债权债务关系。因此，信托公司提起诉讼，不符合《民事诉讼法》第一百零八条所规定的起诉条件。（2）A资产管理公司将其不良资产设立信托，委托信托公司进行催讨，目的就是为了讨债。根据法律规定，为了诉讼或者讨债目的而设立的信托关系无效。

法院经审理后认为，信托公司依法不具有原告的主体资格。理由：（1）信托公司是依据与A资产管理公司订立的信托合同取得对不良贷款的“债权”的。而信托关系是属于一种委托经

营关系，主张债权的业务不属于信托公司的经营范围。(2) 信托公司与A资产管理公司之间的信托关系，依据《信托法》第十一条第（四）项“专以诉讼或者讨债为目的设立信托”的规定，属于无效情形。本案中，信托公司并不直接享有其所主张的债权，也不具有以自己的名义通过诉讼方式追讨上述债权的权能。依照最高人民法院《关于适用〈中华人民共和国民事诉讼法〉若干问题的意见》第一百三十九条的规定，法院裁定驳回原告信托公司的起诉。

2. 案件分析。

法律条款：《信托法》第六条：设立信托，必须有合法的信托目的。《信托法》第十一条：有下列情形之一的，信托无效：（四）专以诉讼或者讨债为目的设立信托。

《信托法》禁止专以诉讼或者讨债为目的设立信托，立法宗旨在于避免兴讼或滥用诉权，滥诉有悖于信托制度的基本功能。我国《信托法》不仅规定了不得以诉讼为目的设立信托，还扩大了范围，禁止以讨债为目的设立信托。从司法实践来看，该条规定范围过宽，且难以掌握尺度。

在司法实践中，对某一信托是否以诉讼为目的的认定，法院一般根据设立信托的当时背景、受托人的职业或经营范围及与委托人和受益人的关系、诉讼利益的分配等因素综合判断。关于诉讼的范围，不仅限于民事诉讼，也包括司法程序进行的破产申请、强制执行申请、非诉讼事件的申请等事项。本案中，仅从形式上看受托人采取了诉讼手段追索债权，就认定信托无效，过于简单化。

从我国金融机构处置不良信贷资产的实践来看，以信托方式处理不良信贷资产是资产管理公司惯常操作的方式。立法上，中国人民银行和银监会颁布的《信贷资产证券化试点管理办法》为不良信贷资产的证券化预留了空间。

基于上述考虑，建议不能一概否定带有诉讼或催讨债务行为的信托的效力。如果设立信托目的在于通过诉讼或讨债获取不正当利益，应当认定无效。如果信托设立的目的主要是管理运用信托财产，诉讼或讨债是管理方式之一，应当有效。

判断某个信托是否通过诉讼获取不正当利益，或讨债是主要管理方式，需要依据信托活动的具体背景情况和性质。根据国外的信托诉讼司法实践，一般考虑以下因素：一是受托人是否以讨债为职业；二是诉讼是否为信托财产的唯一或主要管理方式；三是委托人与受托人是否存在信赖关系；四是自信托设立至追讨债务的时间间隔，设立信托后立即提起诉讼容易被认定为诉讼信托。

（二）受托人审慎义务的标准

1. 案情简介。

2007年12月，某信托公司发行证券投资集合资金信托计划，信托公司聘请投资顾问进行操作。1 年后，信托计划出现投资亏损，几名投资者诉至法院。

投资者主张：信托公司在推介信托计划时违反法律法规的强制性规定，误导投资者，有严重欺诈行为；信托公司没有亲自管理信托财产，而是委托投资顾问履行受托人职责；信托公司及投资顾问在操作中存在满仓操作，高买低卖的行为，并且在股市出现反弹行情时“踏空”，信托计划没有设置止损制度。信托公司违反诚信原则，没有尽到恪尽职守，谨慎、有效管理信托财产的义务，存在严重过错，对信托财产的大幅亏损负有不可推卸的责任。

信托公司主张：投资者在签署信托合同的同时，均签署了认购风险申明书，且信托公司未对投资者进行任何误导性陈述或保本承诺，不存在欺诈行为。聘请投资顾问进行操作，是根据《信托法》的规定和委托人在信托文件中的授权，目的是发挥投资顾问的专业管理能力，最大限度地保护受益人利益。

投资损失是市场行情所致。2007 年 10 月开始，沪深股市大幅剧烈下跌，信托财产的严重亏损并非受托人的过错造成的。由于该产品没有约定进行整体止损，仅约定了投资单只证券的止损，信托公司无权进行整体止损操作。在发现相关风险后受托人已及时向委托人不断进行风险提示，根据信托文件的规定履行了相应义务。

2. 案件分析。

法律条款：《信托法》第二十五条：受托人应当遵守信托文件的规定，为受益人的最大利益处理信托事务。受托人管理信托财产，必须恪尽职守，履行诚实、信用、谨慎、有效管理的义务。《信托法》第三十六条：受托人违反信托目的处分信托财产或者因违背管理职责、处理信托事务不当致使信托财产受到损失的，在未恢复信托财产的原状或者未予赔偿前，不得请求给付报酬。《信托法》第三十七条：受托人违背管理职责或者处理信托事务不当对第三人所负债务或者自己所受到的损失，以其固有财产承担。

本案涉及两个《信托法》问题：一是信托公司委托他人代为处理信托事务的合法性，对代理人处理信托事务的行为承担的责任；二是《信托法》规定的受托人应恪尽职守，履行诚实、信用、谨慎、有效管理的义务的标准。关于委托他人代为处理信托事务的问题另行讨论。

审慎管理信托财产是信托公司处理信托事务时应当遵循的基本原则。由于信托公司作为受托人是基于与委托人的信任关系管理信托财产的，应当根据信托文件的规定，为受益人的最大利益管理信托财产，处理信托事务。否则，因处理信托事务不当致使信托财产受到损失的，信托公司应恢复信托财产的原状或者给予赔偿。

关于判断信托公司是否履行审慎管理义务的标准，由于信托事务复杂多样，无法列举针对各种信托财产和信托事务的具体标准，立法上和司法实践中总结的是一般的抽象标准。

信托公司履行审慎管理业务，首先是遵守信托文件的规定。信托公司管理信托财产、处理信托事务的行为应当是为了受益人的利益、服从于信托目的。信托公司为所欲为地管理信托财产，为自身或第三人谋取利益，就违背了信托文件的规定。但是，遵守信托文件的规定并不意味着信托公司只能根据信托文件的条文亦步亦趋。信托文件不可能穷尽信托活动中的所有情形，不能规定信托公司的每一个行为，而是要求信托公司严格根据信托文件规定的信托目的进行活动。

其次是善良管理人的注意义务。这要求信托公司以高于管理固有财产的注意义务管理信托财产。本案中，信托公司应当以最大的努力关注和研究资本市场、证券交易，做到像一个具备相当知识和经验的专业资本市场参与者所能达到的注意程度。在进行证券投资之前，应以合理的注意，对投资对象进行充分的调查、研究论证。并在投资操作中谨慎行事，遵守分散投资等原则，不从事投机冒险的证券投资活动。

最后是专业技能。社会经济结构复杂化、专业分工细化，使得人们在社会活动中对专业技能和专业知识服务的需求增加。信托公司作为具备国家许可的资产管理资格的专业理财机构，工作性质具有高度的专门性。判断信托公司处理信托事务是否尽到了审慎管理义务，要参照同业的管理能力和业绩，看其是否符合相同职业或行业中一个合格的且具有普通谨慎的从业人员在相同或相似条件下所应采取的行为标准。这里的同业，不一定限于信托同业，也可能包括金融同业或与所管理的信托财产相关的资产管理机构。所谓的标准，不是统一的，而是在不同的职业或行业领域有不同的标准。本案中，投资顾问是信托公司聘请的，对投资顾问注意义务和专业技能的判断，与信托公司适用同一标准，甚至更高标准。投资顾问没有达到所要求的标准的，信托公司应当对投资者承担相应责任。

建议受托人管理信托财产、处理信托事务，要参照同业（包括相同职业或行业）的管理能力和业绩，达到同业中一个合格的且具有普通谨慎的从业人员在相同或相似条件下所应采取的行为标准。

（三）受托人依法将信托事务委托他人代理的，对他人处理信托事务的行为承担的责任

1. 案情简介。

A 公司与信托公司签署资金信托合同，设立单一资金信托。A 公司为受益人，资金用途为对 Z 公司进行股权投资。资金信托合同约定，信托公司分别提名 A 公司人员和信托公司人员进入 Z 公司董事会，其中信托公司的人员为两名。信托设立后，信托公司对 Z 公司进行股权投资，占 80% 股份。Z 公司成立后第二天，信托公司划入 Z 公司账户中的出资款全部划转到 A 公司账户。

Z 公司因经营不善，破产清算。Z 公司债权人 B 公司主张，信托公司作为 Z 公司股东，有义务保证出资真实、出资到位。但信托公司将股东权利义务委托 A 公司代理行使，致使 Z 公司注册资本被抽走，故其应与 A 公司共同承担连带赔偿责任。

信托公司主张：信托公司与A公司是信托关系，已依据《信托法》和资金信托合同的约定履行了出资义务。B公司以A公司抽逃Z公司出资为由，违背信托关系代人理财的基本原则，要求信托公司承担连带赔偿责任。信托公司未参与Z公司的经营管理，不具有资金调拨权。

一审法院审理后认为：信托公司委派到Z公司的董事只是挂名，并未履行任何管理、经营职责，而是委派A公司人员实际经营管理Z公司。根据《信托法》第三十条规定，“受托人应当自己处理信托事务”，“受托人依法将信托事务委托他人代理的，应当对他人处理信托事务的行为承担责任”。故与A公司构成代理与被代理关系，信托公司应对代理人A公司的行为承担代理责任。

2. 案件分析。

法律条款：《信托法》第三十条：受托人应当自己处理信托事务，但信托文件另有规定或者有不得已事由的，可以委托他人代为处理。受托人依法将信托事务委托他人代理的，应当对他人处理信托事务的行为承担责任。

我国《信托法》规定了受托人亲自处理信托事务制度和委托他人代为处理信托事务制度。受托人首先有亲自处理信托事务的义务，同时允许在特定条件下将信托事务委托第三人代为处理。适用于本案，争议焦点是信托公司委托他人代为处理信托事务行为的构成要件。

根据我国《民法通则》、《合同法》，受托人委托他人代为处理信托事务，需要有明确的委托代理意思表示。本案中，委托人A公司和信托公司在信托文件中约定“信托公司依据《公司法》和Z公司的公司章程约定行使股东权利”，信托公司根据公司章程的规定有权委派四名董事到Z公司行使管理权，其中两名董事由A公司的人员担任。根据这一约定，信托公司与A公司人员之间构成委托代理关系，还是信托关系？

根据《信托法》，受托人权利义务的来源主要有两个方面，一是法律规定，二是信托文件的约定。信托文件中规定的委托人的意愿是信托公司取得对信托财产管理权的基础。A公司在信托文件中赋予信托公司什么样的权利，信托公司就应行使相应的权利，并履行义务。A保留的权利，效果是不能享有，否则就是违反信托文件的规定。这种情形，属于委托人保留管理权的信托活动，A公司直接或间接处理与信托财产相关的事务，不构成信托公司委托他人代为处理信托事务。

但是，由于信托关系的特殊性，以及人们对信托缺乏认识，近几年发生的信托诉讼案例中，已发生一些案件当事人和法院将信托关系中委托人保留全部或部分信托事务管理权的情况与委托代理混淆，据此判令信托公司以固有财产承担责任。

建议委托人设立信托时，可以依法保留与管理或处分信托财产相关的权利，受托人应当根据信托文件的规定处理信托事务。

（四）信托成立的法律后果

1. 案情简介。

委托人A公司将人民币资金委托给信托公司，设立股权投资信托。双方签署了资金信托合同，约定，信托期限3年，信托公司运用信托资金受让X公司持有的Z上市公司股权。资金信托合同签署后，A公司未交付信托资金。

根据信托合同的约定，信托公司与X公司签订股权转让合同，购买其所持有的Z股票，但股权转让价款未支付。股权转让合同签署后双方办理了股票过户登记手续，中国证券登记结算有限责任公司出具过户登记确认书。

信托成立一年后，A公司与B公司签署信托受益权转让协议，A公司将其所持有信托受益权转让给B公司，A公司保留委托人资格，享有委托人的权利，承担相应义务。信托公司出具受益权转让确认函，并办理相关受益权转让的登记手续。B公司未支付信托受益权转让价款。

信托期限届满前，资金信托提前终止，因B公司是唯一受益人，信托财产未予分配，信托公司继续持有股票，信托存续。信托终止后，A公司债权人主张债务，因A公司是资金信托项下的委托人和受益人，通过信托持有Z公司股票，申请法院强制执行信托公司持有的Z公司股票。

法院采取强制执行措施后，第三方公司代A公司向信托公司支付了信托资金，并授权信托公司向X公司支付股权转让价款。

2. 案件分析。

法律条款：《信托法》第八条：采取信托合同形式设立信托的，信托合同签订时，信托成立。采取其他书面形式设立信托的，受托人承诺信托时，信托成立。

本案争议的焦点问题是A公司与B公司之间的信托受益权转让是否有效。A公司是否享有信托受益权，以及在什么条件下享有信托受益权是决定双方之间信托受益权转让效力的前提条件。A公司与信托公司签署了资金信托合同，信托成立，但是，根据《信托法》第四十四条规定，受益人自信托生效之日起享有信托利益。因此，法律上需要明确，信托成立与信托生效是什么关系，在委托人没有向受托人交付信托财产的情况下，受益人是否享有信托受益权与信托利益？

我国《信托法》规定了信托成立的条件，并没有解决信托成立的法律后果问题。

（1）信托成立后，委托人是否有义务向受托人转移信托财产，受托人是否享有主张赔偿责任的请求权？在他益信托情况下，受益人可能只知道信托设立的事实，但并不清楚委托人何时交付信托财产，受托人是否有义务为了受益人的利益要求委托人交付信托财产或者在委托人迟迟没有交付时主张信赖利益的赔偿？

（2）根据《信托法》第十二条规定：委托人设立信托损坏其债权人利益的，债权人有权申请人民法院撤销该信托。这种撤销权，自债权人知道或应当知道撤销原因之日起一年内不行使的，归于消灭。据此规定，委托人的债权人行使撤销权的有效期间自信托成立时起算，还是委托人向受托人交付信托财产时起算？

（3）信托财产的破产隔离效果自信托成立时发生，还是委托人向受托人交付信托财产或其他条件下发生？

明确信托成立的法律后果，首先要确定信托成立与信托生效的关系，从我国《信托法》的规定看，信托成立与信托生效是有区别的，这种区别在《信托法》的第十条、第十四条和第四十四条中，均有所体现。

《信托法》第十条规定：设立信托时，法律、法规要求对信托财产办理登记手续而未办理的，应当补办登记手续；不补办的，该信托不产生效力。本条没有明确登记手续的办理是否会影响信托的成立。因此，根据《信托法》第八条第三款，信托合同签订时，虽未办理登记手续，信托依然成立，待办理登记手续后，信托生效。

再看《信托法》第十四条："受托人因承诺信托而取得的财产是信托财产。"这里明确了信托财产产生的两个要件，即受托人承诺信托和受托人取得信托财产。尽管因受托人的承诺，信托成立，但受托人仍未取得信托财产权，此时，委托人手中准备交付信托的财产尚不具备信托财产的独特法律属性，以信托财产为核心的信托当事人之间的权利义务关系便无从谈起。《信托法》第四十四条更明确规定："受益人自信托生效之日起享有信托利益。信托文件另有规定的从其规定。"

建议信托成立后，受托人取得委托人交付的信托财产时生效，信托文件另有约定或法律另有规定的除外。

（五）宣言信托与双重信托的合法性

1. 案情简介。

A 信托公司设立集合资金信托计划（母信托），该母信托项下的信托资金可以投资于其他信托计划的信托单位（子信托），包括 A 信托公司管理的其他信托产品的信托单位。在子信托中，A 信托公司是受托人，同时，以母信托的名义作为委托人和受益人加入子信托。

这种产品设计是否违反《信托法》第八条、第四十三条的规定？

2. 案件分析。

法律条款：《信托法》第八条：设立信托，应当采取书面形式。书面形式包括信托合同、遗嘱或者法律、行政法规规定的其他书面文件等。《信托法》第四十三条：受托人可以是受益人，但不得是同一信托的唯一受益人。

我国《信托法》规定，设立信托应当采取书面形式，包括信托合同、遗嘱或法律、行政法规规定的其他书面文件，宣言信托被禁止。但是，从社会需要看，宣言信托还是有其价值的。在公益信托或以抚养、教育为目的的民事信托领域，宣言信托有其便利性和高效率的优势。日本和我国台湾地区信托法都有条件地承认了宣言信托制度，这些做法对我国有一定借鉴意义。我国社会的现实状况是，一方面人们缺乏对委托他人理财的信任基础，一般都更倾向于相信自己或亲人，另一方面具有乐于助人的优良传统，但公益捐赠事业欠发达。在这种背景下，宣言信托能够扬长避短，推动公益信托、抚养教育等民事信托的发展。

双重信托是指第一个信托设立后，该信托的受托人作为委托人将信托财产再设立第二个信托，委托人是第一个信托的受托人。实践中，我国信托公司已经开展了大量类似或属于双重信托的业务，例如，本案例中的母子信托结构。从法律上确认双重信托，有利于促进信托产品设计，促进金融信托创新活动。

建议关于《信托法》第八条委托人以自己为受托人设立信托的，应当到公证机构或律师事务所办理公证或见证，取得相关书面文件。

关于《信托法》第四十三条受托人可以是受益人，但不得是同一信托的唯一受益人，受托人以信托财产再设立信托的情形除外。

（六）受托人违背管理职责或者处理信托事务不当对第三人负有债务的，第三人在执行阶段对受托人固有财产的追偿权利

1. 案情简介。

A 公司与信托公司签署资金信托合同，信托公司运用信托财产对 Z 公司进行股权投资，以协助 Z 公司厘清内部股权关系，便于未来重组与发展。

Z 公司因业务发展需要向 X 公司借款，由 X 公司代为支付原材料款。信托公司将持有的 Z 公司股权质押给 X 公司，作为 Z 公司向 X 公司代为支付款项行为的担保。借款到期，Z 公司因经营不善不能偿还贷款，X 公司要求信托公司以出质的股权承担担保责任。同时，主张信托公司因对 Z 公司的出资方式不合法，根据《信托法》第三十七条的规定，信托公司违背管理职责或者处理信托事务不当对第三人所负债务或者自己所受到的损失，以其固有财产承担，据此在执行过程中申请人民法院查封、冻结了信托公司固有项下的财产。

信托公司认为，《信托法》严格区别了信托公司的固有财产与信托财产，固有财产依法受到保护，不能因信托财产的争议，冻结、查封信托公司固有财产。人民法院无权在执行环节认定信托公司违背管理职责，或者是否存在处理信托事务不当，并冻结、查封信托公司固有财产。

2. 案件分析。

法律条款：《信托法》第三十七条：受托人违背管理职责或者处理信托事务不当对第三人所

负债务或者自己所受到的损失，以其固有财产承担。

《信托法》第三十七条根据我国民事法律制度的过错责任原则，确定了受托人违背管理职责或者处理信托事务不当时的责任承担原则。但是，根据本条规定不能确定诉讼法上的第三人对其所遭受损失的责任追究程序。对于委托人或受益人，可以直接要求受托人以固有财产承担责任。对于第三人，可以直接要求受托人以信托财产赔偿损失，或者在信托财产不足赔偿时要求以受托人固有财产赔偿，或者直接要求受托人以固有财产承担。从《信托法》立法本意看，本条规定是关于信托关系内部信托财产与受托人固有财产之间赔偿责任的承担原则，对于第三人也适用，第三人可以向受托人主张以信托财产或固有财产承担赔偿责任。但是，据此并不能得出结论，认为第三人可以在执行阶段直接要求受托人以固有财产承担责任。

就本案而言，执行法院根据最高人民法院关于人民法院执行工作的规定，以及关于审理公司纠纷案件的规定，裁定直接执行信托公司的固有财产，也缺乏法律依据。现行法律法规和司法解释有关股东出资责任的规定都是针对股东固有财产的，没有考虑信托财产的特殊情况。信托财产出资形成的信托股权，情况复杂。尽管信托公司是股权的名义持有人，但出资不实的主要责任可能不在信托公司，或者是信托公司无法控制的。

根据我国近几年信托活动的实际情况，确认是否存在受托人违背管理职责或者处理信托事务不当的情形，要在信托关系内部才能查清，主要依据信托文件的规定或委托人、受益人、托管人等信托活动的直接参与人反映的情况。信托关系外部的人士由于掌握的资料或信息有限，容易作出片面甚至错误的判断。另外，由于我国缺乏《信托法》的传统，整个社会对信托制度的认识程度不够，在一些信托诉讼案例中，司法机关多从传统法律制度的角度判断受托人是否尽职，忽视了信托关系的特殊情况。基于上述考虑，在我国信托制度发展的早期阶段，为鼓励信托活动，普及《信托法》，不应赋予第三人在执行阶段直接向受托人主张以其固有财产承担赔偿责任的权利。

建议受托人违背管理职责或者处理信托事务不当对第三人负有债务的，第三人可以向人民法院起诉要求受托人以固有财产承担责任，但不得未经诉讼程序在执行阶段直接执行受托人的固有财产。

建立信托财产登记制度的意义和途径

华鑫国际信托有限公司首席风控官　蔡概还

信托是一项重要的财产管理制度。信托依法成立后，信托财产即从委托人、受托人以及受益人的自有财产中分离出来，成为独立运作的财产。这是信托制度的核心内容，也是信托得以安全运行的根本。为了实现信托财产的这一独立特性，各国除规范信托基本法律关系外，均配套以专户管理、信托登记等制度，从而构成信托原理的整体。可以说，信托登记等配套制度是信托原理不可或缺的组成部分。本文拟在符合信托基本原理的前提下，分析我国建立信托财产登记制度的意义和创新途径。

一、建立信托财产登记制度的意义

信托登记是信托设立时对信托财产进行登记并加以识别的一种法律行为。信托登记的作用，一是使设立信托的行为具有法律效力，信托财产的权利依法由委托人转移给受托人；二是实现信托财产的独立性，使其与委托人、受托人、受益人的固有财产相区别；三是依法对抗第三人，信托登记具有信托公示的效力，除《信托法》有特别规定外，其他人不得主张对该信托财产的权利；四是保护第三人的权益，使其与委托人开展商务活动时，能了解该委托人的实际财产状况。

我国落实《中华人民共和国信托法》（以下简称《信托法》）关于信托登记的规定，还具有以下现实意义：一是有利于建立信托财产的破产隔离机制，保障信托财产的安全和独立，使投资者放心将财产交付给受托人管理，同时，有利于专业受托人管理信托财产时不受外界干扰。二是有利于对受托人的监督管理，防止受托人挪用、占用信托财产。当受托人解散、破产、被撤销时，信托财产将不受影响，其受托管理的信托财产可以移交新受托人进行管理。三是有效保护投资者的合法权益。过去已经出现因缺乏信托登记而损害投资者利益的情形，即信托公司关闭时因无法有效区别自有财产和信托财产，而将信托财产纳入了信托公司的破产清算财产，或者被第三人冻结、查封。

二、境外信托登记的做法

境外的信托制度，是建立在信托财产所有权转移基础上的。如英国信托法认为，一旦信托财产转移给受托人，则应当推定受托人取得了所有权。美国信托法认为，在信托关系存续期间，受托人对信托财产享有所有权，并且该权利不受委托人权利保留和有关投资限制的影响。日本、韩国和中国台湾的信托法，也均在信托定义中明确规定了有关信托财产移转的内容。这就意味着，财产所有者设立信托，要将财产所有权转移给受托人，这中间存在一种所有权变更的法律关系，理所当然要办理所有权变更登记手续。这种所有权变更登记，事实上就是“信托登记”的一种类型。在英美法系国家中，因为信托制度的存在先于财产登记制度，且后有的法律法规对所有权变更登记作了详尽规定，因此信托法中没有对“信托登记”的专门规定。可以这样理解，英美法系国家的信托登记和所有权登记是重叠的，两者合二为一。也有学者据此认为，英美法系国家不存在信托登记制度。以英国为例，因为信托的起源远比现代登记制度要早，且信托登记需要解决的问题在现代财产登记制度发展过程中逐渐被纳入统一的登记系统加以解决，信托法（受托人法）、财产法均规定土地等信托财产的转移登记，而没有独立的信托登记制度①。

英美法系国家对信托登记的上述做法，在信托制度传入大陆法系国家以后得到了改变。一方面，大陆法系国家引入信托制度时已建立比较完善的财产权登记制度和登记体系，未能事先考虑信托财产的特殊性和需要登记的问题。同时，大陆法系国家重“一物一权”原则，引入信托时有去信托“双重所有权”化，明确信托财产虽转移到受托人名下，但受托人不能像处分自己的财产那样随心所欲，要把受托人接受的信托财产和其固有财产严加区别。为此，大陆法系国家创设了“信托登记”这一专门词汇，以反映信托财产的特殊性，解决引入信托制度所带来的新问题。有学者认为，信托登记是大陆法系信托法创设的一项重要制度。

当前，日本、韩国和中国台湾的信托法，均专门规定了信托登记制度。依台湾学者解释，台湾“信托法”规定的信托登记，是指财产权转移或注册之外专就信托事项进行的登记，系一般财产权变动等一般公示之外，再规定一套足以表明其为信托的特别公示②。这表明，大陆法系国家信托财产的登记是分两步走的，第一步是信托财产移转的所有权变更登记，第二步是表明其为信托财产的登记。这比英美法系国家多了一个步骤，目的是明确受托人虽登记为信托财产的权利人，但与其作为固有财产的权利人有所不同。需要注意的是，这两个步骤在大陆法系国家通常由一个部门通过一次登记完成。如《日本信托法》和《日本不动产登记法》规定，不动

---

① 何宝玉：《信托登记：现实困境与理想选择》，载《中国资本市场法治评论》，2009。

② 赖河源、王志诚：《现代信托法论》，北京，中国政法大学出版社，2002。

产信托登记应在管辖该不动产所在地的登记所内办理。登记所作为办理登记事务的机构，包括法务局、地方法务局或其分局、办事处。再如，依我国台湾地区信托法的规定，以土地、建筑物或其他不动产物权为信托财产的，应依“土地登记规则”的相关规定办理土地权利的信托登记，即登载事项除应于登记簿所有权部或其他权利部登载外，并于其他登记事项栏记明信托财产及委托人的身份资料[①]。

三、我国信托登记的困惑

我国属于大陆法系国家，引入信托制度时也规定了信托登记制度。我国《信托法》第十条规定：“设立信托，对于信托财产，有关法律、行政法规规定应当办理登记手续的，应当依法办理信托登记。未依照前款规定办理信托登记的，应当补办登记手续；不补办的，该信托不产生效力。”这一规定的立法原意，是建立在信托财产转移给受托人基础上的。根据我国现有法律、行政法规的规定，土地使用权、房屋所有权、民用航空器、船舶、车辆、商标权、专利权等发生所有权变更，必须办理相应的登记手续。也就是说，以这些特定财产设立信托，必须办理信托登记。相应地，这些特定财产所有权变更的登记部门，也是信托登记的主管机关。需要注意的是，根据我国现有法律、行政法规的规定，所有权发生变更不需要办理相应的登记手续的财产，如资金和大部分动产等，则不需要办理信托登记。

我国《信托法》关于信托登记的上述规定，在实践过程中缺乏可操作性，有学者谓之“有法可依、无法操作”。究其原因，主要是由于我国《信托法》对信托财产所有权转移的含糊表述所致。我国《信托法》起草过程中，一直明确规定设立信托要转移所有权，但正式出台的《信托法》修改了信托的定义（第二条），模糊了信托财产的所有权关系，除明确信托财产具有独立性（有别于委托人、受托人的固有财产）外，未直接明确设立信托转移了信托财产的所有权。但修改定义而未修改第十条信托登记的内容，这样一来，《信托法》第十条关于信托登记的内容就成了无本之木、无源之水，其主管登记机关、登记内容变得不明确，使我国的信托登记制度陷入了一种尴尬境地。

四、解决信托登记难题的创新途径

多年来，我国在不断探讨解决信托登记的问题，主要理论基础是建立在信托财产所有权发生转移的基础上的：即信托设立后，受托人获得信托财产的所有权，但受托人的这种所有权又

① 我国台湾地区“土地登记规则”第一百三十条。

是不完全的，属于名义所有权，法律所有权属于信托归属人。当信托财产归受托人名义所有后，办理所有权变更时，需要在该财产变更登记证明中注明为“信托财产”，以区别于受托人的固有财产。这种解决途径类同于国际通行做法，问题是我国《信托法》未直接明确信托财产所有权转移，其理论基础难以得到大众认可。在此情形下，与众多的财产登记机关进行协调沟通，难度非常大。对此，有人建议修改《信托法》，明确规定设立信托时委托人须将财产转移给受托人。从《信托法》这些年的实践来看，笔者不主张修改，认为这种进一步去“双重所有权”化的做法符合我国国情：一是比较世界各国的信托法，信托原理虽然相通，但国家与国家之间对信托的相互引进、借鉴，在具体规则上并没有统一的模式，在某一具体的信托产品上，甚至还存在相互矛盾的地方。也就是说，世界各国在引进信托制度时，都继受了信托的本质和基本原理，如信托财产的独立性、受托人的谨慎勤勉义务等，但并非都是拿来主义，有的进行了创新发展，有的将某些内容作了移植，有的结合本国传统作了变动。因此，我个人认为，我国的《信托法》也应当在移植过程中大胆进行改良和创新，使其符合我国的国情和法律环境。二是英美法系关于信托双重所有权的规定，与我国“一物一权”的民法精神相冲突。为了使信托制度融入我国现行法规体系，现行《信托法》没有明确规定信托财产所有权转移，但明确了信托财产具有独立性这一信托本质，这足以使信托有别于委托、行纪等其他法律制度，在实质上确定了受托人对信托财产的名义所有权，在《信托法》条文中较好地做到了内容与实质的统一，符合我国实际，并得到了良好实践。

其实，在信托财产所有权发生移转的国家，学术界对信托财产的所有权归属也众说纷纭。归纳起来有4种学说：一是双重所有权说，认为受托人是信托财产的名义所有人，委托人或者受益人是信托财产的实际所有人。二是物权说，认为信托财产的所有权属于受益人。三是债权说，认为只有受托人才享有信托财产的所有权，受益人享有的是债权。四是附条件的法律行为说，认为信托财产归受托人所有是有条件的。条件成就前，所有权归受托人；条件成就后，所有权归委托人或者受益人。其中，笔者认为，“附条件的法律行为说”可以解释我国信托财产的归属问题：即信托有效设立后，信托财产从委托人的其他自有财产中分离出来，成为一项独立运作的财产，仅服务于信托目的，具有独立性。对委托人来说，他丧失了对该信托财产的实际控制权；对受托人来说，他取得了管理运用和处分信托财产的权利；对受益人来说，他取得了信托收益的请求权，即信托受益权。维持这种状况的条件是信托存续。信托一旦终止，上述情形就会产生变化，信托财产也丧失独立性，并回归于法律确定的人，一般是受益人、委托人或者他们的继承人。也就是说，信托财产在信托存续期间，其所有权权属是待定的，即所有权的归属附有条件，条件成就时，也就是信托终止时，所有权的归属才告确定。

信托财产是否转移、如果转移移转给谁的命题，本文不想过多探讨。但思路纠缠于此，信托登记的问题将很难在短时期内得到解决。对此，寻求信托登记的有效解决途径，必须重新审视我国法律环境下的信托登记制度，并以发展的眼光进行制度创新。

如前所述，大陆法系国家的信托财产的登记是分两步走的，第一步是信托财产移转的所有权变更登记，第二步是标明其为信托财产的登记。既然我国《信托法》没有直接、明确规定信托财产的所有权发生转移，大家对此问题也是仁者见仁、智者见智，我们不妨先把第一步的登记置之一边，先想办法解决第二步的登记问题。而且，把设立信托的财产标明为“信托财产”的做法，也是我国《信托法》所要达到的最主要目的，真正实现信托财产的独立性。按我国《信托法》的规定，信托财产独立性体现在：一是信托财产与委托人未设立信托的其他财产相区别；二是信托财产与受托人的固有财产相区别，当受托人死亡或者依法解散、被依法撤销、被宣告破产而职责终止时，信托存续，信托财产不属于其遗产或者清算财产；三是非因特殊情形，任何人不得对信托财产强制执行；四是受托人管理运用、处分信托财产所产生的债权，不得与其固有财产产生的债务相抵消，受托人管理运用、处分不同委托人的信托财产所产生的债权债务不得相互抵消。由此看来，依照信托财产具有独立性的这一信托法原则，结合我国的法律习惯，不管信托财产所有权是否发生转移，不管信托财产是否需要办理所有权变更登记，均需要对委托人设立信托的特定财产进行登记并标识为“信托财产”，一方面表明受托人得到的是不完全的信托财产所有权，即通常所说的名义所有权；另一方面保证不混同受托人的固有财产及其管理的信托财产。为了便于大家理解，本文把仅仅标明为“信托财产”的信托登记称为信托财产的“独立性登记”。

五、信托财产独立性登记的好处和应当注意的几个问题

信托财产的独立性登记，是一种制度上的创新。所谓独立性登记，即证明信托财产具有独立性的登记，实现信托财产区别于委托人、受托人、受益人的自有财产，简单地说，就是给委托人设立信托的财产烙上“信托”标识。笔者认为，对信托财产实施独立性登记，既符合我国《信托法》的现行规定，可以实现《信托法》关于信托登记的立法目的，也为大陆法系国家不承认信托“双重所有权”前提下移植信托制度提供了一种新的理论途径。

（一）统一实施信托财产独立性登记的好处

实施信托财产的独立性登记，不仅可以摆脱信托财产是否转移的难题，而且可以交由专门的信托登记机构来统一办理，避免需要众多权属登记部门出台信托登记细则的难题。现有财产权登记机构分散在土地、农业、林业、工商、知识产权等多个部门，如需要分别制定相应财产的信托登记制度和具体规则，不仅任务重，而且协调难度大。“我国权属登记部门种类繁多，登记规则地域差异性较大，且分属不同的主管部门，这种分散状况使得通过各个部委出台规章来

建立统一的信托登记规则成本极高。同时，信托登记信息分散在各个不同权属登记部门，实现信息共享和数据传输难度很大，不利于信托登记的办理和对信托当事人的权益保护。实行统一登记，信托监管机构和信托当事人可以从一个登记平台得到信托计划及相关信托财产状况的完整信息。”

（二）正确处理好与其他权属部门的关系

信托财产的独立性登记仅仅是给信托财产烙上“信托”标识，经国家认可后，其登记效力即可对抗第三人，实现信托登记的制度设计目的。它不涉及对信托财产所有权登记的内容，不会改变现有权属登记部门的工作程序和工作权限；所有权权属登记按照我国的现行法律法规依法进行，由现有的相关权属部门负责。信托财产的所有权变更登记和独立性登记同时存在，两者互不冲突，又互为补充。当然，为了处理好与其他财产登记制度的衔接问题，应权属登记部门的要求，信托财产的独立性登记机构应当将独立性登记的情况报送相关权属登记部门备案。

（三）信托财产独立性登记的范围

信托独立性登记的财产范畴，与我国现行法律、行政法规规定所有权转移时应当办理变更登记手续的财产范围是相一致的，这也符合我国《信托法》第十条的规定。这主要包括土地、房屋和汽车等，例如，我国的《土地管理法》规定，农民集体所有的土地，由县级人民政府登记造册，核发证书，确认所有权；农民集体所有的土地依法用于非农业建设的，由县级人民政府登记造册，核发证书，确认建设用地使用权；单位和个人依法使用的国有土地，由县级人民政府登记造册，核发证书，确认使用权。该法还规定，依法改变土地权属和用途，应当办理土地变更登记手续。我国的《城市房地产管理法》规定，国家实行土地使用权和房屋所有权登记发证制度；以出让或者划拨方式取得土地使用权的，依法取得房地产开发用地上建成的房屋的，以及房地产转让或者变更的，应当向有关的土地管理部门或房地产管理部门办理登记手续。该法还规定，房地产抵押时，应当向县级以上地方人民政府规定的部门办理抵押登记。我国的《民用航空法》规定，民用航空器所有权的取得、转让和消灭，应当向国务院民用航空主管部门登记。该法还规定，通过购买行为取得并占有民用航空器的权利，根据租赁期限为6个月以上的租赁合同占有民用航空器的权利，以及民用航空器抵押权等，都应当向民用航空主管部门办理权利登记。我国的《海商法》规定，船舶所有权的取得、转让和消灭，应当向船舶登记机关登记。该法还规定，设定船舶抵押权，由抵押权人和抵押人共同向船舶登记机关办理抵押权登记。我国关于工业产权的有关法律也规定商标权、专利权的取得、变更、转让、许可他人使用等，应当分别依法向国家商标局、中国专利局等主管机关办理注册登记手续，等等①。

此外，我国《信托法》关于信托登记的规定置于第二章“信托的设立”中，且明确需要信托登记的时点为“设立信托”时。这一规定不能满足现实的需要，实践中，不需要信托登记的财产类型如资金设立信托后，在受托人管理过程中转换为房屋等需要信托登记的财产类型时，也需要办理信托登记，以体现该信托财产的独立性。对此，在制定法规时可以对此情形采用参照执行的做法。有学者指出，既然特定财产设立信托时需要进行信托登记，那么，随后信托财产的变化亦应进行登记，方为妥当②。

综上所述，在我国《信托法》的现有构架下，可以换一种思维方式寻求信托登记的解决途径，即信托登记不是所有权变更登记，而是证明该信托财产具有独立性的登记。它可以由专门机构统一办理信托的独立性登记，既简便可行，又便于集中管理和查询。鉴于信托独立性登记是一种独创的做法，建议可先在信托公司试行，并通过早已成立的上海信托登记中心试办，实践一段时间总结经验后再进一步推广。一个好的制度，关键是要管用，要能解决实际问题。

---

① 卞耀武：《中华人民共和国信托法释义》，北京，法律出版社，2002。

② 何宝玉：《信托登记：现实困境与理想选择》，载《中国资本市场法治评论》，2009。

完善营业信托制度，促进我国信托市场健康发展

中诚信托有限责任公司首席风控官　汤淑梅

《中华人民共和国信托法》（以下简称《信托法》）规定，“信托活动包括民事、营业和公益信托活动”，但《信托法》对营业信托的内涵或范围没有作进一步的规定。那么，何谓营业信托？顾名思义，营业信托应是受托机构将之视为营业的一部分的活动，换言之，是受托机构接受委托人的财产并进行管理作为其经营活动的一种信托。据此，自《信托法》在中国落地生根以来，营业信托获得了蓬勃发展。信托公司、基金管理公司等金融机构相继开展营业信托活动，信托机制和原理还被商业银行、证券公司、保险公司等其他金融机构在金融产品开发和交易结构设计中广泛应用，营业信托管理的财产规模逐年扩大。但由于各种原因，营业信托发展中也逐渐出现一些问题，特别是营业信托立法建设方面已无法满足实践发展的需要，不利于信托市场的健康发展，营业信托制度亟待完善。

一、我国营业信托市场的发展现状

（一）作为营业信托的受托机构

目前，在我国正在从事营业信托的受托机构主要有信托公司、基金管理公司，其中，信托公司是天然的信托受托人，其依据《信托法》和中国银监会颁布的《信托公司管理办法》、《集合资金信托计划管理办法》开展信托业务，是我国从事营业信托的主力军。截至 2010 年末，全国正常营业的信托公司有 63 家。基金管理公司是我国先于《信托法》诞生的从事证券投资基金管理业务的企业法人，其依据《中华人民共和国证券投资基金法》和中国证监会颁布的《证券投资基金管理公司管理办法》等从事营业信托活动。根据中国证券业协会的统计，截至 2010 年 9 月 30 日，我国有证券投资基金管理公司 60 家。

出于发展业务的考虑，还有一些机构尽管没有采取信托之名，但实质上却在开展营业信托

业务。第一类是保险资产管理公司，保险资产管理公司依据中国保监会颁布，并于2004年6月1日实施的《保险资产管理公司管理暂行规定》接受保险公司委托管理保险资金，保险资产管理公司受托管理的资金不属于清算财产，保险资产管理公司是接受特定委托人委托，管理保险资金的营业机构。第二类是依据国家人力资源与社会保障部颁布的《企业年金基金管理机构资格认定暂行办法》申请开展企业年金基金受托业务的营业机构。2004年，国家劳动保障部、中国银监会、中国保监会、中国证监会联合颁布了《企业年金基金管理办法》，该办法于2011年2月进行了修订。《企业年金基金管理办法》规定，建立企业年金计划的企业及其职工作为委托人，与企业年金理事会或者法人受托机构签订受托管理合同。企业年金基金财产独立于委托人、受托人、账户管理人、托管人、投资管理人和其他为企业年金基金管理提供服务的自然人、法人或者其他组织的固有财产及其管理的其他财产。企业年金基金财产的管理、运用或者其他情形取得的财产和收益，应当归入基金财产。委托人、受托人、账户管理人、托管人、投资管理人和其他为企业年金基金管理提供服务的自然人、法人或者其他组织，因依法解散、被依法撤销或者被依法宣告破产等原因进行终止清算的，企业年金基金财产不属于其清算财产。

（二）营业信托细分市场发展状况

1. 信托公司的信托产品。截至2010年末，全国63家信托公司管理的信托资产年末余额为3.04万亿元，其中集合资金信托6 266.95亿元，占比为20.61%，单一资金信托2.27万亿元，占比为74.67%，管理财产信托1 477.33亿元，占比为4.86%。信托计划的投资者需具备一定条件。根据《信托公司集合资金信托计划管理办法》的规定，投资者可以是投资一个信托计划的最低金额不少于100万元人民币的自然人、法人或者依法成立的其他组织，投资者也可以是个人或家庭金融资产总计在其认购时超过100万元人民币，且能提供相关财产证明的自然人，也可以是个人收入在最近3年内每年收入超过20万元人民币或者夫妻双方合计收入在最近3年内每年收入超过30万元人民币，且能提供相关收入证明的自然人。目前，信托公司信托产品的认购起点通常为100万元。

2. 基金管理公司的证券投资基金产品。根据中国证券业协会的统计，截至2010年9月30日，我国60家证券投资基金管理公司管理的基金总份额21 801.04亿份，基金总净值为21 412.02亿元。基金投资者账户数为19 321.75万户，有效账户数为7 797.83万户，其中个人投资者账户数占比为99.87%，基金个人投资者有效账户数占比为99.95%。持有基金资产净值在10万元以下的基金投资者约占97.02%。证券投资基金最低购买门槛为1 000元，有些基金还推出了月供数百元的定期定额服务，证券投资基金已成为广大普通民众的可选理财方式之一。

3. 保险资产管理公司的保险资产管理业务。目前，我国保险资产管理公司包括9家中资保险资产管理公司和1家外资保险资产管理公司即"9+1"，包括人保、国寿、平安、中再保、太保、新华、泰康、华泰和太平9家保险资产管理公司，以及友邦设立的外资保险资产管理中心。近期，一些小型保险公司也开始申请筹办保险资产管理公司，如生命人寿已经获得了中国保监会批准筹建保险资产管理公司的文件。截至2010年末，保险行业资产总额5.05万亿元，绝大部分资金都采取了受托管理模式。

4. 企业年金基金。国家人力资源与社会保障部已经受理了4批企业年金基金管理机构资格认定工作，目前，获得并延续企业年金基金受托资格的机构共有11家，其中信托公司3家、养老金保险公司5家、商业银行3家。截至2010年底，企业年金基金法人受托机构管理的建立企业年金的企业为33 210个，参加职工为563.45万人，受托管理金额为1 474.65亿元。

此外，我国其他一些金融机构根据信托原理也设计推出了多种多样的理财业务，具有许多营业信托的特性，暂称之为“准营业信托产品”。其中，市场影响力最大的是商业银行的个人理财业务、证券公司的客户资产管理业务等。

总的来看，营业信托近年来发展迅猛。

（三）营业信托的立法情况和监管框架

目前，我国营业信托的立法情况及监管框架见表1。

表1　　营业信托的立法情况和监管框架

<table>
<tr><th>受托机构</th><th>业务名称</th><th>现行法律及监管规则</th><th>监管部门</th></tr>
<tr><td rowspan="2">信托公司</td><td rowspan="2">信托计划</td><td>《中华人民共和国信托法》</td><td rowspan="2">中国银监会</td></tr>
<tr><td>《信托公司管理办法》、《信托公司治理指引》、《信托公司集合资金信托计划管理办法》等</td></tr>
<tr><td rowspan="4">基金公司</td><td rowspan="4">证券投资基金和特定客户资产管理业务</td><td>《中华人民共和国证券投资基金法》</td><td rowspan="4">中国证监会</td></tr>
<tr><td>《证券投资基金管理公司管理办法》、《证券投资基金管理公司治理准则（试行）》</td></tr>
<tr><td>《基金管理公司特定客户资产管理业务试点办法》</td></tr>
<tr><td>《关于基金管理公司开展特定多个客户资产管理业务有关问题的规定》（一对多）</td></tr>
<tr><td rowspan="2">保险资产管理公司</td><td rowspan="2"></td><td>《中华人民共和国保险法》</td><td rowspan="2">中国保监会</td></tr>
<tr><td>《保险资产管理公司管理暂行规定》</td></tr>
<tr><td rowspan="2">信托公司、养老金公司、商业银行</td><td rowspan="2">企业年金基金</td><td>《企业年金基金管理办法》</td><td rowspan="2">国家人保部等部门</td></tr>
<tr><td>《企业年金基金管理机构资格认定暂行办法》</td></tr>
</table>

二、我国营业信托市场面临的问题

信托制度推动了我国金融创新，丰富了金融产品。但是，由于监管规则不统一，市场竞争秩序较为混乱，影响信托当事人的利益，具体表现为：

（一）没有统一的信托机构管理规定，不同的受托主体适用不同的监管规定，直接制约了营业信托市场的长远发展

严格、明确的法律关系是信托机制顺利运行和当事人权益的保障。《信托法》第四条规定，受托人采取信托机构形式从事信托活动，其组织和管理由国务院制定具体办法，但国务院拟制定的《信托机构管理条例》一直未出台。信托公司的组织和管理立法依据只是中国银监会颁布的《信托公司管理办法》，基金管理公司的组织和管理的立法依据是证监会颁布的《证券投资基金管理公司管理办法》。除《中华人民共和国信托法》、《中华人民共和国证券投资基金法》外，其他规范信托受托主体的规定都属于部门规章，立法层次低，无法实现跨部门的监管协调。此外，现行立法对主营信托业务的机构和兼营信托业务的机构的准入也没有作出区分，影响信托市场的长远发展。

（二）关于营业信托受托人的范围，现行立法之间存在矛盾，已不能适应信托市场发展的需要

《国务院办公厅关于〈中华人民共和国信托法〉公布执行后有关问题的通知》（国办发〔2001〕101 号）规定，国务院法制办将组织有关部门拟定相关《信托机构管理条例》，具体指导信托机构从事信托活动；在国务院制定《信托机构管理条例》之前，按人民银行、证监会依据《信托法》制定的有关管理办法执行；人民银行、证监会分别负责对信托投资公司、证券投资基金管理公司等机构从事营业性信托活动的监督管理；未经人民银行、证监会批准，任何法人和任何自然人均不得作为受托人从事营业性信托活动。

2001 年 1 月，中国人民银行颁布实施了《信托投资公司管理办法》，2002 年 6 月进行了修订。2007 年，中国银监会颁布了新的《信托公司管理办法》，对信托公司的组织和管理作出了规定。信托公司作为合法的营业信托受托人而存在。

对于基金管理公司的信托活动，早在 1997 年 11 月国务院证券委员会就发布了《证券投资基金管理暂行办法》进行了规范。2003 年 10 月 28 日第十届全国人民代表大会常务委员会第五次会议通过了《中华人民共和国证券投资基金法》，明确规定了证券投资基金行业也适用《信托法》，基金管理公司被认为是证券投资基金信托活动中的受托人。

2004 年 2 月颁布的《企业年金基金管理试行办法》又将养老金公司和商业银行列为营业信托的受托人。如果严格按照 2001 年国务院办公厅 101 号文件的要求，上述养老金公司和商业银行都不符合《国务院办公厅关于〈中华人民共和国信托法〉公布执行后有关问题的通知》的规定。

此外，保险资产管理公司、证券公司在实践中已经推出了信托产品，如证券公司的集合资产管理业务。但是，没有一部法律规定保险资产管理公司和证券公司的营业信托受托人资格，现行立法已无法满足信托实践的需要。

（三）缺少对营业信托业务规范的统一要求，不同金融机构在信托市场上难以公平竞争，不利于整个行业的健康发展，也不利于保护受益人的利益

我国金融业实行分业经营、分业监管制度，由于缺乏必要的监管协调法规和组织保障，各金融监管部门制定的监管规则中，缺少对营业信托业务规范的统一要求，表现在：（1）缺少对营业信托业务基本标准的统一规定。如信托产品进行公募的标准、信托产品进行公开交易的基本要求、信托财产与固有财产进行交易的要求等。（2）对同类信托业务实行不同监管标准。如按照《信托公司管理办法》的规定，信托公司可以以股权投资的方式管理运用信托财产，中国银监会也鼓励信托公司开展股权投资信托业务，但实践中，信托资金持股的公司申请 IPO 并得不到证监会的批准，一个公司改制上市前首先要考虑的问题之一就是是否存在信托持股，信托公司以信托财产持有公司股权，已经成为公司上市的障碍之一，这直接导致信托公司难以开展股权投资信托业务，但具有类似性质的外资股权投资基金却未予限制。在参与上市公司定向增发业务方面，信托公司管理的信托资金被完全限制，无法获得和基金公司、证券公司等机构的相同待遇，导致不公平竞争问题，不利于整个信托业的发展，也不利于保护受益人的利益。

（四）一些“准营业信托”产品存在法律缺陷，信托当事人的合法权益无法得到保障

我国信托业市场上既有严格按照信托制度设计的信托公司的信托计划和证券投资基金管理公司的证券投资基金，也有按照信托原理设计的银行个人理财业务、证券公司的客户资产管理业务，甚至保险公司的投资型保险产品。一些理财产品出于各种因素的考虑，在产品创新时不提信托之名，采取模糊战术。这些产品和业务并不纳入《中华人民共和国信托法》的法律框架，在交易结构设计中也没有完全引入合格的受托人，基础资产并未实现真正的破产隔离，无法对抗第三人，在实际运作中存在很大的风险。还有一些产品信息披露模糊，结构设计复杂且具有很大的不确定性，产品设计中利益向发行者倾斜，而风险却由投资者承担，投资者利益不能得到保障。

三、推动我国营业信托市场规范有序发展的建议

根据国内外信托业的实践，结合我国实际，建议加快我国营业信托立法，完善营业信托制度，以促使我国信托市场健康、有序发展。

（一）制定《营业信托法》或《信托机构管理条例》，统一规范营业信托相关机构和市场的组织管理

英国在1893年就颁布了《受托人法》，之后的《受托人法案》、《信托投资法案》都有规范信托业务发展的内容。美国在1906年即颁布《信托公司准备法》，对信托业加以规范，之后于1913年颁布的《联邦储备银行法》、1940年颁布的《投资公司法》对信托公司和其他金融机构的信托行为进行了规范。日本在引入信托制度后就制定了《信托法》，并在1922年制定了《信托业法》以规范信托市场的发展。我国台湾地区、韩国等也相继颁布了《信托业法》，对信托业的设立及变更、经营业务范围、信托业监督管理、信托同业公会等内容进行了规定。我国《信托法》颁布实施10年来，营业信托得到了较大发展，以受托机构的身份参与营业信托的主体也呈现出多样化的趋势，因此，我国需要在总结《信托法》实施10年来的经验的基础上制定《营业信托法》或《信托机构管理条例》，规定对营业信托受托机构的基本要求，并进而规定主营信托业务的机构和兼营信托业务的机构的不同准入标准，从较高的法律层面规范信托业的经营，加强国家对信托业的管理监督，进一步促进信托业健康可持续发展。

（二）根据营业信托业务品种实行差别监管政策

由于不同的委托人其财产管理要求和目的不尽统一，其社会影响力也存在很大差异。不同的信托业务品种，对受托人的要求不尽相同。信托财产管理运用方式不同，对受托人的要求也不同。为了鼓励营业信托市场的发展，促进受托人之间充分竞争，我国营业信托市场可以根据不同信托业务的特点，实施差别监管；对部分需要实行许可管理的信托业务制定相应的市场准入标准和运作规则。差别监管的分类标准可以主要考虑委托人资金规模大小、是否公开募集、信托财产管理方式等。

（三）建立同类信托业务相同的监管标准

委托人出于对受托人的信任把其资产和财产权交付给受托人管理和处分，委托人可能需要在资本市场、货币市场和实业投资等领域进行投资和财产运用，信托制度的优势之一也在于现代信托业是连接货币、资本和实业投资三大市场的纽带。因此，信托活动也会由于分业监管而

涉及不同监管部门所监管的领域。另一方面，我国目前仍属于分业经营、分业监管，不同的受托机构在开展业务时要遵循其监管部门所制定的规则，不可避免会出现同类信托业务适用不同的监管标准。例如证券投资信托业务，信托公司作为受托人目前无法开立信托证券账户，已有的证券投资信托产品也不可以参与证券市场的定向增发，而基金管理公司发行的证券投资基金产品不但可以开立新的证券账户，而且还可以参与定向增发，以致出现因为受托人不同而致使同类信托产品的待遇不同。目前的管理制度制约了信托公司等受托人按委托人意愿进行跨市场管理和处分财产权的活动，不利于实现受益人利益最大化，不利于发挥信托制度的优势。中外信托业的发展历史证明，信托制度的生命力在于其灵活性，在于通过其灵活的财产管理活动实现受益人利益。市场经济应是公平的，公平的市场才能保证市场参与主体的公平竞争，才可能使市场经济良性发展。

（四）规范“准营业信托”业务，防范产品风险

目前，银行的个人理财业务、证券公司客户资产管理业务等，虽然没有使用“信托”的名称，但也在产品设计中利用了信托原理。作为面向社会公众的理财产品，这类业务进入的门槛很低，如购买银行理财产品，通常要求5万元人民币，但另一方面，目前对这类业务并没有严格要求，如信息披露事项等。一些银行的个人理财产品没有达到预期收益而引起投资者不满和投诉，产品并没有事前将资金运用方式和可能发生的风险向投资者充分披露是其重要原因之一，也就出现了投资者甚至在银行告知产品已经亏损的情况下，还要求银行说明真相，究竟是盈利了还是亏损了。没有规范的信息披露制度，使投资者面临不对称的潜在风险，甚至严重损害投资者利益。规范“准营业信托”业务，不但有利于我国理财市场的发展，也有利于我国信托市场的发展，并可最终实现保护投资者利益的目的。

信托税制：现状与展望

人大信托与基金研究所研究员　李青云

一、信托课税的中国现状

（一）信托运行机制与课税

信托，从运行架构角度可以分为三个环节：信托设立、信托存续和信托终止。信托财产在这三个环节均会发生相应的财产权变更，而无论流转税或所得税，均是伴随财产运动的过程与结果而形成的，因此随着信托财产的流转，相关纳税义务也随之发生。在此，本文结合图1对信托运行各环节的涉税问题进行描述。

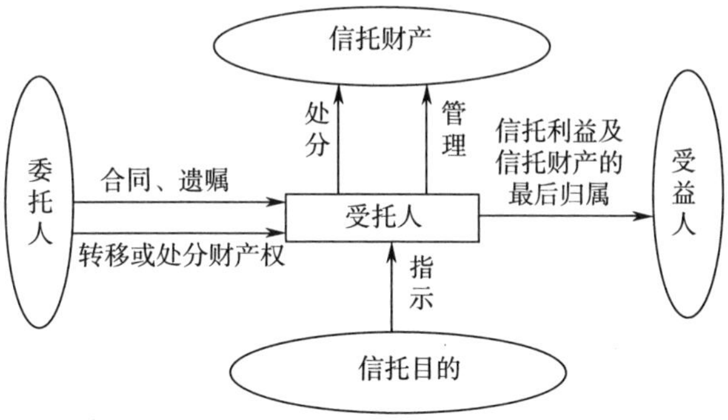

图1　信托运行模式图

1. 信托设立环节。信托的设立通常是依据信托合同或遗嘱进行的，委托人将财产转移给受托人，即由受托人取得信托财产。使得受托人因财产增加而缴纳所得税；而如果被转让的信托财产是流转税应税产品，势必还应就商品流转缴纳流转税；由于信托关系是以合同方式确定的，当事人还应就信托合同缴纳印花税。

2. 信托存续环节。在这一阶段，受托人根据信托合同或遗嘱规定的信托目的对信托财产进行管理或者处分，其间可能发生投资、出售、出租等经济行为。显然，受托人应承担与上述行为相关的所得税或流转税。此外，这一阶段还可能发生受托人向受益人分配信托财产收益的行为，受益人应对增加的收益缴纳所得税。

3. 信托终止环节。信托终止意味着受托人不再享有信托财产的所有权，而应根据信托合同的约定将信托财产转让给受益人。这时，受益人的财产增加，应当就此缴纳所得税；而如果被转让的信托财产是流转税应税产品，势必还应就商品流转缴纳流转税；如果信托财产是不动产，受益人还应就此缴纳相关税收。

（二）我国信托税制概要

在我国现行的税制体系中，关于信托的税收规定仅有1998年财政部和国家税务总局颁布的《关于证券投资基金税收问题的通知》、2006年颁布的《关于信贷资产证券化有关税收政策问题的通知》、2010年颁布的《关于项目运营方利用信托资金融资过程中增值税进项税额抵扣问题的公告》和2011年颁布的《关于切实加强高收入者个人所得税征管的通知》等寥寥几项。我国对信托业务的课税至今仍是只能套用一般经济业务的政策规定，据此，我国信托产品可能涉及的税收种类主要有流转税类、所得税类、财产税类、行为税类及特定目的税类①。表1反映了我国现行税制体系下的信托业务课税的基本情况。

表1　现行税制体系下对信托业务各阶段的课税情况表

	信托设立阶段	信托存续阶段	信托终止阶段
委托人	增值税、营业税、企业所得税、印花税、城市维护建设税及教育费附加	房产税	
受托人	契税、印花税	增值税、营业税、个人所得税、企业所得税、契税、印花税、房产税、土地增值税、城市维护建设税及教育费附加	增值税、营业税、印花税、城市维护建设税及教育费附加
受益人		个人所得税、企业所得税、房产税	个人所得税、企业所得税、契税、印花税

（三）我国信托产品课税问题分析

当前我国在税收制度层面，除对体现为信托关系的证券投资基金和信贷资产证券化的税法适用有特别规范外，尚未对信托财产及管理过程中的税收征管问题作出相关的法律、法规乃至

① 国家税务总局政策法规司：《中国税收政策前沿问题研究》，北京，中国税务出版社，2003。

政策规定。现行税法并未考虑信托活动自身的特殊性和复杂性，信托业务仍适用一般性的税收政策，这严重影响着信托活动的正常开展。当前对信托业务课税较为突出的问题主要有以下几个方面：①

1. 重复征税引起总体税负过重。重复征税是我国信托业务税收制度存在的最主要问题。重复征税主要体现在两个环节上：一是信托设立与终止环节，信托设立时，信托财产名义交付产生的纳税义务与信托终止时信托财产真实转移产生的纳税义务重复，如所得税、营业税、契税、印花税等；二是信托存续环节，信托经营过程中信托收益产生的所得税纳税义务与信托终止时或信托收益分配时产生的所得税纳税义务相重复。信托课税产生重复征税问题的根源在于双重所有制原则和一物一权原则的冲突。信托的法律实质：受托人拥有信托财产的名义所有权，而信托财产的真正所有者是受益人。然而，现行税制并不存在针对双重所有权结构的专门规定，对信托实行了与其他经济业务相同的税收政策，重复征税也就不可避免。

2. 信托的纳税人地位问题。信托存续期间产生的所得在形式上属于受托人，但这些所得并不能归入受托人的固有财产，受益人才是财产收益的最终所有人。但在收益被分配给信托受益人之前，信托所得应被归入信托财产本身，由信托财产本身承担纳税义务，由此产生了纳税主体的确定问题。考虑到未来可能出现的财产转移信托，是否应尽早明确信托的纳税人地位及受托人的扣缴义务人地位。

3. 信托业内部税负不公。在信托业内部也存在着税负不公的现象。证券投资基金是一种典型的资金信托，其个人投资者根据相关税收政策取得了免交个人所得税的待遇。而证券投资资金信托作为当前主流信托产品，实际上具有与证券投资基金完全相同的产品属性，但税收待遇却相差甚远，根据2011年4月颁布的《关于切实加强高收入者个人所得税征管的通知》，信托产品的个人投资者已被纳入严格的个人所得税征管范围。这意味着，如果同一投资者放弃信托产品转而投资证券投资基金就无须面临纳税义务。进一步地，考虑处于起步阶段的证券投资信托迄今尚未体现出明显高于证券投资基金的收益水平，这一差别性税收待遇就有可能对证券投资信托类产品的发展形成制约。

二、信托税制：基本原则与制度设计

由于信托具有不同于普通经营活动的复杂结构，信托税制应当按照特定的原则加以建设并完善。同时，鉴于流转税和所得税是我国当前税收制度中的主要税种，信托的流转税及所得税政策无疑是信托课税的重点所在。

---

① 国家税务总局政策法规司：《中国税收政策前沿问题研究》，北京，中国税务出版社，2003。

（一）信托课税的基本原则

本着促进信托事业健康发展的目标，遵循信托的本质属性，并借鉴国际有效经验，我国信托税制应遵循以下基本原则：

1. 效率优先、兼顾公平原则。基于保证经济运行效率必先保障金融效率的前提，应当给予信托产品较为优惠的税收待遇。同时，考虑到我国信托业仍处于发展初期，信托应该成为金融业中优先得到支持的业务，因此应通过更为富于效率的税收政策促进其发展。综合上述考虑，信托产品课税应当执行效率优先、兼顾公平的基本原则。

2. 受益人纳税原则。依据信托导管原理，信托在其运作的过程中，即信托的设立、存续和终止阶段，其发生的各种财产转移和收益分配行为均不具有实质上的意义，只是受益人获取收益的导管而已。因此，应当按照信托实质以实际受益人作为最终纳税人，避免对名义应税行为征税。

3. 避免重复征税。就所得税而言，依据受益人纳税原则课征是可以避免重复纳税的，即只对受益人征一次税，因此重复纳税主要发生在流转税和行为税等方面。从信托导管原理可知，这种表面上的两次转移，实际上只相当于一次真实转移，因此应当避免对名义转移行为的课税，消除重复征税。

4. 税负无增减原则。从信托的本质看，受托人管理运用和处分信托财产旨在实现信托目的，受益人作为信托利益的享有者，通过该信托所负担的税负不能因受托人的介入而加重，其税负不应高于亲自管理经营信托财产所承担的税收。信托只是受益人实现一定目的的导管，因而受益人通过该导管进行的任何经营活动的税负，应当不高于受益人亲自进行该经营活动所承担的税负。

5. 发生主义课税。在纳税时点的选择上应该坚持发生主义原则，即所得或信托财产增益发生时为纳税义务成立的原则。在所得发生时课税，由受益人并入当年企业所得或个人所得按规定缴纳税收。对于证券投资基金信托、共同基金信托等所得发生时不易课税的信托种类，可采取信托机构实际分配利益，由受益人承担税负。

6. 公益信托优惠。对公益信托的信托财产及其收益在税收方面给予优惠，减免各种税收，是各国税法的一个惯例，扶植和促进公益信托同样是信托税制设计时的一项重要原则。因此，在制定信托税制时，应当确立公益信托优惠的原则，通过税收减免政策鼓励公众参与公益信托事业。

（二）信托产品的流转税政策

信托机构作为提供信托服务的专业金融机构，需要按其营业额缴纳营业税，但是对信托机构的征税并非是对信托的征税，而是按照营业税规定进行的正常课征行为，对此不进行更深入的讨论。但出于鼓励信托发展的考虑，应当给予信托机构较低的营业税待遇。

信托业务本身涉及商品流转的课税问题是本文关注的重点所在。由于信托财产在信托的整个存续期间需要进行两次财产权的变更，传统的税法因此认为商品完成了两次流转从而征两次税。根据避免重复征税和税负无增减原则，应当在适当环节免除对信托财产流转的重复征税。此外，出于鼓励信托业务发展的考虑，应考虑免除与增值税和营业税等相关的附加税。

1. 信托设立环节。信托设立前，信托财产所有权不属于受托人，信托设立将导致财产的变更。

在自益信托的情况下，委托人和受益人为同一人，信托财产既未被销售也未被赠与他人，其所有权转移仅为名义转让，因此，不应缴纳增值税或营业税。

在他益信托的情况下，信托委托人将信托财产转移给受托人，本质上是向受益人的赠与，应视同为销售行为，因此应由委托人负担相应的增值税和营业税。

2. 信托存续环节。在这一环节，受托人管理、处分信托财产的经营活动，与其他非信托业务活动并不存在本质区别，因此应当按照现行税制有关规定缴纳各种税款，上述税款应由受托人代缴并计入财产管理费用中，在信托收益中进行单独核算和扣除，由受益人最终承担税款。例如，受托人如果销售增值税应税货物，或有视同销售的行为，需要缴纳增值税；受托人如果用信托资金买卖股票、债券等证券，则应当缴纳相应的营业税。

受托人在信托存续阶段获得的信托报酬，构成受托人的经营收入，应当由受托人缴纳营业税。

3. 信托终止环节。在自益信托的情形下，信托财产从受托人转移至受益人（同时也是委托人），只是形式上的转让行为，并不构成真实销售，因此无论是受益人（同时也是委托人）还是受托人，都不负有缴纳增值税、营业税的义务，不应当缴纳增值税、营业税。在涉及增值税应税货物时，考虑到增值税抵扣机制的完整性，可在受益人销售这些应税货物时再计缴增值税，受托人持有待抵的增值税进项税款可以在受益人的销项税款中抵扣。

在他益信托的情况下，信托财产向受益人的分配只是赠与行为的完成，其增值税、营业税按照发生主义原则已在信托设立环节由委托人缴纳完毕，因此信托财产在此环节的转移不再缴纳增值税、营业税。

（三）信托的所得税政策

所得税是信托课税的核心，我国目前主要是指企业所得税和个人所得税。

依据前述的信托税制基本原则，在课征所得税的过程中应当遵照受益人纳税的原则，因此对于下列情形不应课征所得税[①]：信托行为成立时，委托人与受托人之间；信托关系存续中，受托人变更时，原受托人与新受托人之间；信托关系存续中，受托人依信托契约交付信托财产，受托人与受益人之间；信托关系终止时，委托人与受托人之间或受托人与受益人之间；信托行为不成立或撤销时，委托人与受托人之间。具体从信托运行环节来看，信托所得课税应作如下调整：

1. 信托设立环节。在信托设立环节，委托人将信托财产交付给受托人，在形式上属于财产所有权的转移行为。尽管受托人的财产有所增加，但是并没有因为获得财产所有权而获得真实的财产收益，因而不应对受托人取得财产的行为课征所得税。

他益信托的情况下，这种信托财产的转移本质上是一种赠与行为。信托成立即意味着信托契约规定的受益人取得了真实的信托收益，因而该财产所得应当并入受益人当年的年度所得纳税。此外，在此种情形下，若委托人为企业，并且信托财产是增值税的应税货物，或是营业税的不动产或无形资产，那么委托人的这种信托财产的转移应视同销售，就财产转移所产生的收入缴纳企业所得税。

在自益信托的情况下，由于财产在未来还将交还给委托人本人，因此并未发生任何实质上的财产转移，这种情况下信托关系不发生任何所得税的纳税义务。

当信托设立不成功或撤销时，委托人从受托人处重新取得财产的行为只是一种简单的财产归复，并没有真实的所得收入，不应课征所得税。

2. 信托存续环节。在信托存续环节，产生的所得分为两种：一是受托人经营管理信托财产产生的所得；二是受托人经营自身业务带来的所得。

对于源于受托人经营管理信托财产产生的所得，应当征收所得税，受益人（企业或个人）应当对这部分所得承担最终税负。

在他益信托中，如果委托人追加信托财产导致受益人享有的信托利益增加的部分，应当纳入受益人的年度所得中缴纳所得税，其税收待遇与信托设立时的情况相同。

受托人对于自身经营收入带来的应税所得负有缴纳企业所得税的义务，并且应与受托人经营管理信托财产产生的所得分开单独核算。自身经营收入是受托人的主要业务收入，考虑到信托业在我国尚处于起步阶段，从鼓励和支持的角度出发，应当采取税收减免或降低税率等措施减轻其税收负担。

在个人所得税方面，在信托存续期间，如果受托人将信托收益分配给受益人，为消除重复征税，受益人应就受托人已缴纳的信托收益所得税与应纳的个人所得税的差额抵减自身当期或以后的应纳个人所得税。

---

① 李鹏、李丕东：《信托所得课税的国际比较与经验借鉴》，载《财会研究》，2004（3）。

受托人应负有就信托所得代扣代缴企业所得税或个人所得税的义务，同时受托人对信托收益应当单独核算，即分配给受益人的为税后信托净收益，以此避免受托人和受益人就同一笔收益重复缴纳所得税。在受益人不确定的情况下，应以受托人为纳税义务人，就受益人享受的信托收益按照特定扣缴率申报纳税，防止利用信托取得不当延期纳税。

需要注意的是，如果某一信托既有法人委托人又有自然委托人，对受益的核算应分别进行，分别适用税率。

3. 信托终止环节。在信托终止环节，受益人从受托人处取得信托财产及收益时，由于受益人是信托财产的真实所有人，受益人自信托设立时便一直承担与信托财产相关的所得税义务，因此在这一环节不应再缴纳所得税。此环节的财产转移只是形式上的变更而非真实的财产转移，各方均无所得税纳税义务发生。

（四）其他信托课税

其他与信托相关的税收主要是行为税和财产税，具体税种有印花税、契税、土地增值税和房产税。依据传统税法原则，委托人在信托设立时将信托财产转移给受托人，在信托终止时受托人再将信托财产转移给受益人，两次转移都应当缴纳相关的税收。这种重复征税会增加纳税人的不合理负担，直接限制信托业的发展，因此，在税制设计中应着力避免重复征税。

从信托本质来看，受托人管理运用和处分信托财产旨在实现信托目的，受益人作为信托利益的享有者，通过该信托所负担的纳税不能因受托人的介入而加重，其税负不应高于亲自管理经营信托财产所承担的税收。

三、信托税制：分类信托税制设计

资金信托和财产信托等自益信托是当前最主要的信托产品类型，但随着经济与信托业的进一步发展，公益信托及财产转移信托等他益信托也将陆续出现，有鉴于此，本文在提出信托产品一般课税政策的基础上，进一步就自益信托和他益信托提出具体产品课税建议。

（一）自益类信托产品的税收政策

自益类信托一直是我国信托产品的主体，信托课税首先要解决自益类信托产品的问题。自益类信托法律关系相对简单，只涉及财产复归而不涉及财产转移，因而课税问题也较易解决，下面分别就资金信托和财产信托两种产品进行分析。

1. 资金信托的课税。资金信托业务是目前我国市场上最常见的信托业务，在实务操作中，根据资金运用方式的不同，资金信托业务一般可分为贷款运用信托、证券投资信托、股权投资信托、权益投资信托等。本文认为应当就资金信托业务的税收政策作出如下调整：

（1）资金信托设立环节。资金信托设立时，委托人将资金交付给信托公司，双方均不应缴纳企业所得税或个人所得税。目前，在税收实务中已经做到了这一点。对于营业税：与银行吸收存款性质相近的资金运动并不构成营业税纳税义务，无论信托公司还是委托人签订信托合同的行为均无须缴纳营业税。对于印花税：委托人与信托公司签订信托合同，将信托资金交付给信托公司，由委托人与信托公司分别就信托合同缴纳印花税。如果资金信托是以信托公司发行基金凭证或其他凭证形式设立，则由委托人即凭证持有者和信托公司分别就凭证载明金额缴纳印花税。由信托公司代扣代缴委托人应缴的印花税。

（2）资金信托存续环节。资金信托存续期间，受托人通过对资金的运用会取得相应收入，如贷款收入、买卖股票基金差价收入等，扣除成本费用后形成信托净收益，通常受托人会定期对上述收益进行分配，此时的税收政策应当区分不同情况进行：

①如果受益人为企业所得税纳税人，受托人应将受益人名下的收益按照受益人适用税率缴纳企业所得税，受益人取得税后收入时不再缴纳企业所得税。如果受益人在信托存续期间转让信托凭证或信托合同并且获得收益，则应将获得的买卖差价并入其当期应税所得，缴纳企业所得税。

②如果受益人为个人所得税纳税人，正常情况下受托人应将受益人名下的收益按照20%的税率代扣代缴个人所得税，同样，受益人取得税后收入时不再缴纳个人所得税。但就目前而言，促进金融市场和金融工具发展是一项重要任务，参考证券投资基金的税收政策，应当对投资资金信托的个人给予免征个人所得税的优惠政策。如果受益人在信托存续期间转让信托凭证或信托合同并且获得收益，一般而言应将获得的买卖差价并入其当期所得纳税，但出于鼓励的考虑，也应免予征收个人所得税。

对于委托人在资金信托存续期间买卖信托凭证的，视为财产权转让行为，按照买卖差价征收营业税及附加。参考现行证券投资基金的相关政策，个人委托人转让信托凭证的也应给予免税的待遇。

信托公司经营管理信托资金（如买卖股票等）发生印花税纳税义务的，按照印花税暂行条例规定，照常缴纳印花税。

（3）资金信托终止环节。资金信托终止时，由于目前资金信托均属于自益信托，信托资金本金的转移属于免予征税的事项，受益人无须缴纳所得税。但如果此时伴随着信托收益分配，还应按照上述信托收益税收政策纳税。为避免重复征税，信托公司和受益人不应就信托终止的相关文件或合同缴纳印花税。

另外，信托公司获得的各种形式的信托报酬应并入其应税所得计算缴纳企业所得税。出于鼓励和支持的考虑，应当给予信托公司较为优惠的税收政策。对于信托公司获得的信托报酬收入如基金托管费等，以信托公司为纳税人，按照金融行业营业税税率，缴纳营业税及附加。同样出于鼓励的考虑，建议对受托人给予一定的税收优惠待遇。

2. 财产信托的课税。这里的财产信托仅指非资金形态的财产，是一种狭义上的财产形式，而且本部分论述的仅是自益信托的形式。对于广义上的财产信托且是他益信托的形式将在财产转移信托的税收政策中具体论述。依据信托财产的具体情况，财产信托主要包括动产信托、不动产信托、股权信托和债权信托等。随着《物权法》及其配套措施的陆续完善，此类信托将呈现快速发展态势，目前我国市场上已经出现的信托产品主要有不动产租赁信托、资产证券化信托等。由于此类信托涉及财产的特殊性，其课税情况相比资产信托更为复杂，对于此类财产信托的税收政策建议如下：

（1）财产信托设立环节。财产信托设立时，委托人与信托公司签订信托合同，将信托财产交付给信托公司，由委托人与信托公司分别就信托合同缴纳印花税。对于营业税、增值税、企业所得税和个人所得税来说，由于自益形式的财产信托的受益人仍然是委托人自己，因此，在此环节不论是动产、不动产、股权和债权信托，不论是委托人还是受托人，均不需缴纳上述税收。对于契税，由于设立财产信托时，财产的名义所有权会发生转移，但是鉴于自益信托的形式，因此，对不动产形式的财产信托应当免征契税和土地增值税。

（2）财产信托存续环节。财产信托存续期间，信托公司经营管理信托财产发生印花税纳税义务的，按照印花税暂行条例规定照常缴纳印花税。对由于经营管理信托财产而发生的增值，可以由受托人代扣代缴所得税。对于其他形式的税收，应当由受托人以自己的名义按照法律规定缴纳相关税收。

（3）财产信托终止环节。财产信托终止时，为避免重复征税，受托人和受益人不应就信托终止的相关文件或合同缴纳印花税。同时，免征营业税、增值税、企业所得税、个人所得税和契税等税收。

（二）他益信托产品的税收政策

受信托发展水平及理念等多方面因素的制约，自益类的投资信托一直是我国信托产品的主体。但从国际信托发展经验来看，以委托人以外的他人作为受益人的情况更为普遍，换言之，他益信托在信托产品中应当占据更为重要的地位。随着我国信托业的深入持续发展，他益类信托的发展必然面临巨大空间，公益信托和财产转移信托将成为未来他益信托的主体。由于他益信托涉及的当事人较多，运行环节复杂，其课税问题的解决尤为重要。

1. 公益信托的税收政策。公益信托是目前世界上许多国家开展公益事业的重要组织形式，相比其他传统形式的公益事业组织，公益信托具有非常突出的优点。我国现行税制对社会公益事业给予了一定的减免税待遇，但对公益信托的税收待遇问题却没有作出明确规定。降低公益信托的税收负担，有助于提高公益信托的运营效率。为扶植和促进公益信托的发展，公益信托的税收政策应当作如下调整：

（1）公益信托设立环节。委托人将信托财产交付给受托人，视为委托人向社会公益的捐赠行为，应当允许委托人加大在所得税前列支的额度。出于扶植的考虑，应当免予征收本环节的印花税、契税、营业税等税收。对于所得税，根据现行《中华人民共和国企业所得税暂行条例》的规定，“纳税人用于公益性、救济性的捐赠，在年度应纳税所得额3%以内的部分，准予在计算应税所得额时予以扣除”。而于2008年1月1日开始施行的《中华人民共和国企业所得税法》第二章第九条规定：“企业发生的公益性捐赠支出，在年度利润总额12%以内的部分，准予在计算应纳税所得额时扣除。”这一扣除比例仍显过低，可以适当地提高这部分比例，同时进一步明确对公益信托的税收优惠，以鼓励对公益信托的捐赠行为。根据《中华人民共和国个人所得税法实施条例》的规定，“个人将其所得通过中国境内的社会团体、国家机关向教育和其他社会公益事业以及遭受严重自然灾害地区、贫困地区的捐赠。捐赠额未超过纳税义务人申报的应纳税所得额30%的部分，可以从其应纳税所得额中扣除”，为鼓励个人对公益事业的捐赠，建议将捐赠限额的比例取消，在计算个人应纳税所得额的时候将捐赠额度全额扣除，同时也应明确对公益信托捐赠的税收优惠。

对于契税，根据规定，国家机关、事业单位、社会团体、军事单位承受土地、房屋用于办公、教学、医疗、科研和军事设施的，免征契税。根据此规定的精神，公益信托涉及的契税应当予以免税，但公益信托又难以直接适用此项规定。因此，应当明确以不动产设立公益信托或以信托资金承受不动产从事公益活动的，所涉及的契税加以免除。

依据《中华人民共和国印花税暂行条例》，“财产所有人将财产赠给政府、社会福利单位、学校所立的书据”免征印花税。据此，税法应进一步明确公益信托的印花税减免优惠。

（2）公益信托存续环节。对于受托人经营管理公益信托获得的信托报酬可适当减征营业税、企业所得税等，同时对信托资金托管人托管信托资金业务带来的收入给予营业税和所得税优惠，以提高经营公益信托的积极性。而对于信托财产运营带来的信托收益，则应出于鼓励公益信托本金扩大的考虑而免予征收各类所得税和商品流转税。对于信托存续环节受益人获得的信托收益也应免缴所得税等税收。

对于受托人经营管理公益信托获得的信托报酬，应当适当减免企业所得税等，以提高受托人经营公益信托的积极性。对于信托财产运营带来的信托收益，应当免征企业所得税。

其他对于营业税、房产税等也应相应给予优惠或者减免的待遇。

（3）公益信托终止环节。同样出于鼓励的考虑，在公益信托终止时，应当免征相关的所得税和商品流转税，以及契税、印花税等税种。由于公益信托受益人获得信托收益不是普通所得，而仅仅是补偿性的所得，如生活费用或医疗费用，因此，对于在信托存续环节和终止环节受益人获得的信托收益也应免缴所得税等税收。

2. 财产转移信托的税收政策。

（1）财产转移信托概述。随着财富积累水平的进一步提高，财产转移信托的需求将日益凸显。所谓财产转移信托，是指仅以保护财产并定向转移为目标，而与资金融通并无必然联系的特定目的信托。在实务操作中，可根据受益人及不同信托目的将财产转移信托分为以下4类：

①婚姻家庭信托。由婚姻关系的一方或双方作为委托人将财产交付受托人，由受托人按照约定管理处分信托财产，以保证家庭或一方在未来遭受风险时，家庭及个人生活能够得到充分保障。可以起到破产生活保障、规避离异配偶或其再婚配偶恶意侵占家庭财产等作用。

②子女监护信托。由父母、长辈与受托人签订信托合同，将财产交由受托人管理运用，按约定将信托财产给付受益人，作为生活、教育、激励及创业之用。如子女激励信托、离婚养育信托、子女教育信托等。

③遗产管理信托。委托人预先以立遗嘱或者订立遗嘱信托合同的方式，将财产的规划内容以合同条款的方式确立下来，当遗嘱或合同生效时，再将信托财产委托给受托人，由受托人依据委托人意愿管理处分信托财产。

④养老保障信托。由受托人依照约定的方式替客户管理财产，约定信托财产用于未来支付受益人（自己或其配偶）的退休生活费用，以保障退休后生活品质。

（2）财产转移信托课税缺失的负面效应。随着我国居民财富水平的日益提升，以及信托理念的逐步普及，财产转移信托必然具有广阔的发展前景。但是财产转移信托课税的缺失意味着多种负面效应的存在。

①不利于分配公平。显然，财产转移信托的使用者均为拥有大量社会财富的高端富裕阶层。基于财产转移信托的隔离保护机制，被交付信托的财产可以得到有效的保护，即除受托人以外的任何人均无权触及财产本身。即便委托人面临债务危机，进入信托的财产也具有对抗债权的法律效力，充分保障了受益人财产的完备。另一方面，受益人同时也面临无法滥用财产的制约，财产主体都将为受益人的利益而处于被保护状态。由此，尽管信托保护机制在保障子女生活上具有突出的意义，但这一机制同样意味着受益人可以在不付出劳动的情况下持续保有巨额财富，这显然与我国的社会经济指导原则相违背。但在转移税收制度缺失的情况下，这种财产保护和转移行为将得不到任何来自税收方面的调整，收入分配不公的情况将会继续，这显然不利于社会公平的实现。

②不利于防范避税。财产转移信托凭借其特殊的财产权架构，可以对税收法律关系进行多种形态的改造，这意味着信托具备对税负进行调整的能力。事实上，信托从诞生伊始就被用于规避税收，随着信托应用范围的不断扩大，信托已经发展成为当今世界最主要的避税工具之一。随着税收筹划理念和信托机制的进一步推广，不难设想将有越来越多的纳税人会选择信托作为

其税收筹划的重要工具，而将信托用于税收规避的可能性更高。财产转移信托税收制度缺失的条件下，税务机关将很难应对纳税人利用信托规避税收的情况。

（3）财产转移信托的主体税种。针对财产转移课税是一个较新的话题，从现实角度出发，如何确定主体税种是首先要解决的问题。

①财产转移税——中长期选择。顾名思义，财产转移信托以财产转移为主要价值取向，因此与其相关的税种应为财产税，尤其是财产转移类税收。从国际经验来看，为同时体现对财产转移信托的鼓励和收入调节，各国均形成了完备的财产转移税制。以美国为例，经过数十年税收博弈，最终形成由遗产税、赠与税和隔代子女转移税 3 个税种共同构建的财产转移税制。一方面，税制中设定了额度可观的年度免税额度和终身免税额，以此鼓励通过信托进行财产管理；而另一方面，对于超出免税额的被转移财产，纳税人将面对最高可达 55% 的高昂税率，以此实现对社会财富分配状况的有效调节。然而，受各种条件的制约，财产转移税制在我国尚未被提上正式议事日程，在短期内迅速出台一整套完备政策与制度并不具有可操作性。因此，寻找一种替代方法就成为现实选择。

②个人所得税——短期选择。在其他各税种中，所得税无疑具有良好的替代性。首先，财产转移所得符合所得课税的基本要义。其次，以所得税作为过渡税种具备较强的现实操作性。我国的个人所得税蕴涵着“净资产增加说”的基本精神，纳税人的偶然所得、其他所得均应缴纳税收。因此，以现行个人所得税法律法规体系为基础，完全可以通过对实施细则的专门调整实现财产转移税收政策的确立。另外，考虑到信托的灵活性，在实践中对税收政策不断完善是一种较好的方式，直接将税收政策上升至法律层面可能反而不利于税收对信托行为的调整与规范。

（4）财产转移信托的课税建议。在以个人所得税作为财产转移信托主体税种的前提下，根据信托运行环节的不同可分别制定如下的税收政策：

①信托设立环节。按照“受益人课税”原则和信托主体课税原则，生前转移信托设立环节发生的财产转移只是名义转移，受益人并未真正享受到财产收益，所以各类财产转移信托在此环节均免予征税。而身后转移信托的设立则意味着受益人已经获得财产权，因此可在这一环节征税，对于超过免征额的部分，按照所得税累进税率课税。

②信托存续环节。信托存续环节是财产转移信托最为复杂的环节，除遗嘱执行信托外，其他各种财产转移信托都将保持较长时间的存续，主体财产的转移将在这个存续期间完成。信托存续期间，财产被隔离于信托中，以信托为应税主体可以实现从源控制的目标。

a. 生前转移信托。生前转移信托通常以保障生活、教育、养老资金为核心目标，出于鼓励的考虑，可以设定较高的免税额度，允许每年在限额内向受益人任意转移财产，但出于公平的考虑，应当在年度免税额的基础上设立终身免税额，以防对年度免税额的过度使用而大量转移财产。但对于明确的医疗、教育等基本费用则可以无限额免税。

此外，对于其中可能出现的自益信托情况——财产最终返还委托人，则无论如何转移均应免予缴纳税收。

b. 身后转移信托。身后转移信托在设立环节已经课征了税收，但如果未来考虑按照总分遗产税制的方式对遗产课征税收，则还应在这一环节继续课征税收，方可实现分遗产税的效果。反之，则可给予免税的待遇。

③信托终止环节。对于多数财产转移信托而言，其终止是因为信托财产已经被转移完毕而自动终止。如果信托终止时，仍然会发生财产向受益人的转移，则可以参照存续期间的征税方法对被转移财产进行征税。

四、结语

当前我国在税收制度层面，除对体现为信托关系的证券投资基金和信贷资产证券化的税法适用有特别规范外，尚未对信托财产及管理过程中的税收征管问题作出相关的法律、法规乃至政策规定。现行税法并未考虑信托活动自身的特殊性和复杂性，信托业务仍适用一般性的税收政策，这严重影响着信托活动的正常开展。另一方面，由于信托目的不同导致其产品性质可能大不相同，所能实现的社会和经济效果也大相径庭，甚至与社会整体的政策和价值取向不尽一致。税收政策作为重要的国家政策调控手段，应首先为信托业发展提供宽松和公平的发展环境，根据我国现实形成完善的信托税收制度。与此同时，税收还应充分体现其特有的调控职能，按照社会总体发展目标对各类信托产品实施类别调整，从而促使信托业的发展更趋于合理。

公益信托在促进慈善事业发展中的功能展望

民政部社会福利和慈善事业促进司处长　郑远长

一、中国慈善事业发展历史

慈善事业是一项历史悠久的社会事业。从古代的义仓、义田、义庄、救孤院、医疾馆，到近代遍及城乡的善堂、善会，都体现了社会对弱者的关怀。

中华慈善文化有深厚的历史根基。儒家的“仁爱”、墨家的“兼爱”、佛家的“慈悲为怀、普度众生”、道家的“无道无亲、常与善心”等构成了中华慈善文化和中国人的价值取向，五千年来生生不息。“善”是中华文化的重要特征。但中国慈善事业的发展历史始终缺乏制度性的安排。仅靠道德的力量和个体化的参与，使中国的慈善事业历来缺乏明确的定位，难以形成规模，尤其是中国历史改朝换代多以“暴力”方式进行，对慈善文化的传承造成极大伤害，使慈善事业没有形成完整的体系。“继承性”差是中国人治社会的最大弊端。

新中国成立后的数十年，以阶级的眼光看待慈善，赋予慈善负面的定位，在一段时间内，善人等同于恶人和坏人，使慈善事业形成了几十年的断层。

二、改革开放以来的慈善事业

改革开放 30 年，我国经济领域的巨大发展和思想上的解放，使我们能够重新定位慈善事业。1991 年出版的《中国大百科全书》，在“慈善事业”条目中这样定义：“从同情、怜悯或宗教信仰出发对贫弱者以金钱或物品相助，或者提供其他一些实际援助的社会事业……带有浓重的宗教和迷信，其目的是为了做好事求善报；慈善者通常把慈善事业看做是一种施舍……它只是对少数人的一种暂时的、消极的救济……它的社会效果存有争议。”

从 20 世纪 90 年代中期才起步发展的现代慈善事业，到 2007 年召开的十七大把慈善事业定位为社会保障体系的重要补充，以及2008年党和国家最高领导人在中华慈善大会上，将慈善事业定位为改善民生、促进和谐的崇高事业，这是一个巨大的进步，尤其是在了解中国慈善事业发展的历史之后，更能体会这一制度性定位的来之不易。

我们已初步建立了慈善事业发展的法律法规制度体系。《公益事业捐赠法》、《企业所得税法》、《个人所得税法》、《基金会管理条例》、《社团登记管理条例》、《民办非企业登记管理暂行条例》等，以及正在制定的《慈善事业法》和地方性的《慈善事业促进条例》等，成为保证慈善事业长远发展的制度性基础。

慈善组织已经成为发展慈善事业的专业力量。2 168家基金会、大量从事慈善事业的社会团体和民办非企业单位，及与慈善事业密切相关的公益机构，常年募集的款物稳定超过500亿元，2008年捐赠款物达到1 070亿元，2010年超过700亿元，开展了数以万计的慈善项目，得到慈善帮扶的各类群众超过千万人，慈善事业在改善民生中发挥了不可或缺的重要作用，在促进人心向善、社会文明进步等方面作用巨大。

慈善事业发展的氛围正在形成。很多平民百姓积极参与慈善和志愿服务，越来越多的富裕人士不愿意被社会简单称为"富人"，而更愿意被大家称为"社会企业家"或"慈善家"，更多的企业把承担社会责任作为发展战略。在物质层面完善社会保障，在精神层面追求文明、进步，已经成为社会大众所追求的和谐社会的标志。

国家和社会对于慈善事业有了更加理性的认识。尽管目前每年的慈善捐赠还刚刚超过500多亿元的规模，相当于修建50多公里的地铁或200多公里的高速铁路，但大家不会认同，多修50多公里的地铁或200多公里的高铁的价值可以替代当前慈善事业所发挥的积极作用。

（一）慈善组织的形式

我国法律上还没有规定慈善组织的形式，民政部门注册登记的社会组织分为社会团体、基金会、民办非企业单位3类。按照国际非营利组织分类标准，非营利组织包括：经济类（工商服务业、农业及农村发展），科学研究类（科学研究），社会事业类（教育、卫生、文化、体育），公益慈善类（社会服务、生态环境），综合类（法律、宗教、职业及从业者组织、国际及涉外组织、其他）。

按狭义分类统计，慈善组织仅为社会服务和生态环境两类组织。目前尚无统计，2007年末的总数为54 591个，占登记注册社会组织总量的14%。其中，社会服务子类占12.6%，生态环境子类占1.37%。如果将社会事业类的4个子分类即教育、卫生、文化、体育也划入慈善公益类组织的范围，那么，总数就上升到232 688个，占登记注册的社会组织总量的60%。若将科学研究类再加入进来，总数就达到259 239个，总比例就上升到67%。其他辅助性的慈善服务平台：慈善超市8 300多家（2007年的摸底是5 700多家），捐助站点28 000多家。

境外慈善组织代表机构：目前有14家设立代表处，如李嘉诚基金会、克林顿基金会、盖茨基金会等。

慈善工作者：专业人员、非专业人员共10万余人。

（二）慈善法律法规

目前，我国关于慈善事业的法律法规包括：

直接的：如《中华人民共和国公益事业捐赠法》（1999）、《基金会管理条例》（2004）、《民办非企业单位登记管理暂行条例》（1998）、《救灾捐赠管理办法》（2008）。《慈善事业法》正在立法中。

地方性的：如《江苏省慈善事业促进条例》、《湖南省募捐管理条例》。宁波、广东、宁夏、北京等正在制定相关条例。

相关的：如《企业所得税法》、《个人所得税法》、《合同法》、《信托法》等。

（三）捐赠款物与志愿服务

捐赠款物：2007年，309亿元（国内223亿元，境外86亿元）；2008年，1 070亿元（国内935亿元，占87%，境外135亿元，占13%）；2009年为542亿元；2010年可能超过700亿元。

志愿服务：青年志愿者，社区志愿者及其他（红十字、巾帼、救援）约6 500万人。

三、慈善事业面临的形势

（一）外部环境——机遇与挑战并存

1. 经济发展。2010年GDP为35万亿元人民币，人均近4 000美元，为全球第二大经济体（没有比较计算日本的海外资产和收益）。外汇储备达3万亿美元。

2. 经济发展与社会发展的矛盾。经济与国际接轨，但社会管理和社会服务的发展明显不足，政府不善于利用社会力量参与社会管理和社会服务的矛盾突出。“没活干”和“无人干”的现象十分明显。

贫富差距大、困难群体多和社会政策不足等引发的社会矛盾和问题大量存在。按2009年数据，东、中、西部差距可达8倍以上（如贵州1 300美元，上海11 000美元），基尼系数达到0.5左右，10%的高收入群体与10%的低收入群体的差距可达23～65倍。而瑞典基尼系数在0.26左右，税前差距在7倍左右，税后差距在3倍以内。

（二）财富积累与中国慈善事业发展

美国波士顿顾问公司（BCG）2008年公布，全球个人财富总值在2007年增长了5%，高达109.5万亿美元，是连续第6年增长，财富增长得最快的家庭主要来自中国、印度、巴西等发展中国家和波斯湾等地区，以及本来的富有家庭。

据胡润百富统计，2009年全国有87.5万个千万富豪和5.5万个亿万富豪，分别比2008年增长6.1%和7.8%。中国现在已有1 900位十亿富豪和140位百亿富豪。其中，北京市富裕人士最多，分别有15.1万个千万富豪和9 400个亿万富豪。广东排名第二，上海排名第三。

据报道，2007年全球华商富豪500强个人财富总量达39 593.41亿元人民币，约折合5 076亿美元。从个人财富增长的现实看，也实现了邓小平同志所讲的的让一部分人先富起来的安排。除继续发展经济外，如何缩小收入分配差距，实现共同富裕和社会文明进步成为当前的发展重点。

房地产、矿产、证券成为造富行业。近年来，土地、资源、资本三要素，使房地产、矿产、证券成为中国“最赚钱”的行业，使一部分人快速站到社会财富的顶端。据2009年福布斯中国财富排行榜统计，前400名富豪中，房地产商占154名；前40名巨富中，房地产商占19名；前10名超级富豪中，房地产商占5名。房地产行业成为中国财富的主要集中地。

2010胡润慈善榜中的100名慈善家，在2005—2009年共捐赠229.4亿元，占全国捐赠总量的12%。2009—2010年，内地捐赠量最多的50位慈善家捐赠约87亿元，其中王健林、卢志强、曹德旺为玉树地震灾区分别捐赠1亿元。

《公益时报》编制的中国慈善排行榜，按年度捐赠100万元以上（含100万元）为入榜条件，2004—2010年，人数分别为50人、136人、162人、174人、149人、121人和133人；捐赠资金分别为10.29亿元、9.85亿元、15.89亿元、19.1亿元、16.5亿元、18.84亿元和34.38亿元。

（三）内部环境——发展不足

1. 政策法规不完善。我国目前在慈善事业发展上还存在法律法规和政策的不完善、操作性有待提高、落实难的问题。法律法规和政策的碎片化严重，缺乏整合。

2. 慈善捐赠总量不足。目前，社会募捐不够规范，资源开发和保护不够。募捐总量仅占GDP的0.2%，人均年度捐赠为50元。

3. 现代慈善意识严重缺乏。决策层、学界和公众对慈善组织的作用和角色认识不到位，人们对慈善不了解，甚至存在很多误解，对国际社会通行的做法了解不够、不透。

4. 慈善组织和慈善行业发展不足。慈善组织数量少，慈善组织和慈善行业专业能力不强，半官办性质的慈善组织比例高，基层慈善组织建设滞后。

5. 慈善专业工作队伍严重不足。慈善专业工作队伍中专业人员少，专业能力不强，缺乏系统的培训，专业人员参与的渠道不畅，其中包括对现有党政领导参与慈善工作的定位需要调整。

（四）慈善事业的国际比较——美国

1. 美国基金会发展规模。截至2009年，美国各类基金会（私人、社区和公司基金会）75 595个，资产5 834亿美元，2009年支出429亿美元。我国2009年底基金会1 843个，资产300多亿元人民币，2009年支出440亿元（含汶川地震捐款支出，而正常年的2006年支出40亿元、2007年81亿元）。

两者相比，国家GDP比值为3倍，基金会数量为41倍，资产为132倍，年度支出为36倍（按2007年值）。

2. 美国非营利组织发展规模。美国有各类非营利机构190多万家，其中在各级税务部门享受税收优惠的非营利机构达到150多万家，而其中符合税法501（C）（3）免税条款的慈善机构达到120万家，成为美国社会服务和经济发展的重要组成部分。

据估算，上述150万家非营利机构年度支出达到2.5万亿美元左右，占GDP的17.4%，其中服务收入占50%、政府补助占30%、捐赠占12%、利息等收入占8%。

3. 美国慈善捐赠规模。根据美国印第安纳大学慈善中心的分析报告*Giving USA* 2010，美国2009年各类捐赠为3 037.5亿美元，其中个人捐赠2 274.1亿美元、遗产捐赠238亿美元、基金会捐赠384.4亿美元、企业捐赠141亿美元。

如果扣除个人向宗教机构捐赠的1 009.5亿美元、流入基金会的捐赠310亿美元，全年可对比的捐赠约为1 718亿美元。按照我国近年常规捐赠为400亿元人民币计算，比值为30倍左右。

（五）中外慈善家的慈善思想和理念

【基督教】富人进天堂比骆驼过针尖还难。

【遗产法】给子女留过多财富不划算。

【卡内基】拥巨富而死是耻辱。

【巴菲特】我希望我的3个孩子有足够的钱去干他们想干的事情，而不是有太多的钱却什么都不做。

【戴尔公司总裁戴尔】4个孩子都成了小慈善家，他们生活节俭，热衷公益事业。

【慈善家安鲁瑞】6个孩子生活简朴得一如平常人家的孩子，他们甚至从打折商店里购买家具。鲁瑞以他们每个人的名义各设立了一项慈善基金，让他们捐款救助他人，并且自豪地说："孩子们都想向人们表明，他们正在这个世界上走自己的路，而不是依靠父母。"

【大众】人类只是财富的管理者，而不是财富的所有者。美国《时代》周刊说：在每一位比尔盖茨的身旁，都站立着数以百万计的普通百姓。美国每年巨额捐款的85%来自普通民众。

【媒体】如果给孩子们留下巨大的财富，让他们甚至连早晨早起的理由都没有，那我们就害了他们。

【王健林】慈善是真爱，它发自人的内心；慈善是付出，不需要考虑回报；慈善是一生的事业。

【陈光标】财富如水，如果有一碗水可以一个人喝，有一桶水可以存放在家里，要是有一条河就该与大家分享。

【余彭年】做好事比做生意要难，自古有言，善门难开，好事难做，如果要做到让真正贫困人得到好处，就更加难了。

【黄如论】首富不如首善。

【牛根生】从无到有，满足个人，这是一种小的快乐；从有到无，回馈社会，我觉得这才是一种真正的大的快乐。

【曹德旺】我们的企业家、富豪还在路上，这需要有一个过程，我相信以后会越来越多，现在还没到收获的季节。

四、慈善事业发展与公益信托

（一）慈善事业的发展规模为公益信托提供了发挥积极作用的空间

按照每年500亿元的捐赠规模和20%～30%的余额可以进入资本市场计算，每年有100亿～150亿元的资金可以通过公益信托等方式实现增值运作。

大基金会的发展需要公益信托等新的形式提供支持。目前，越来越多的富豪愿意通过建立大型基金会的形式，向社会公益事业捐赠巨额资产，但按照现行的公募基金会每年必须使用当年捐赠额的70%、非公募基金会须使用上年基金余额的8%的规定，将给基金会的运作和基金可持续发展带来很大挑战。

越来越多的个人愿意建立小额基金，长期回馈社会和奉献爱心。需要有新的基金形式满足社会公众需求。

（二）慈善事业的规范化发展需要公益信托的支持

目前在法规和政策层面缺乏明确、有效的基金保值增值的渠道，大量基金和捐赠资金通过银行存款或一些高风险的手段实现保值增值，需要规范和风险管理。

《信托法》自2001年颁布实施以来，缺乏对公益信托的实施细则和明确的实施机构。国家明确民政部作为促进慈善事业发展的职能部门，有利于相关法律的实施。

近年，慈善事业的发展水平，以及资本市场的成熟与规模，使开展公益信托的条件已经具备，为全面贯彻落实《信托法》提供了扎实的基础。

（三）发展公益信托需要明确的问题

1. 需要对“公益”有清晰的定位。《公益事业捐赠法》和《信托法》中所规定的“公益”，是指社会力量通过公益性的社会组织、非营利性的事业单位和特定情况下通过政府部门，开展的扶危济困、帮教助学、助残救孤及促进文化、艺术、环境、体育和社会公共事业发展的活动。其核心性质在于“非营利性”、“民间性”。同时，包括政府通过购买服务等方式对公益慈善机构的资助行为。上述行为与政府通过财政等手段对社会公共事业的投入有明显不同。

2. 需要对公益信托的资产有明确的定性。公益信托的本金及收益，扣除规定的成本之外均属于公益资产和社会资产，对于委托人而言，属于社会捐赠的性质，不能返还给委托人或利益相关方，但可用于其指定的非特定受益个人和机构。同时，委托人可享受捐赠相关的优惠政策与激励措施。

3. 需要对公益信托资产和收益的管理、使用有明确的规定，尤其是监督和信息公开。

4. 需要对公益信托的审批和监管机构有明确的规定。

5. 需要对公益信托机构和公益慈善机构的关系与分工有明确的规定。

（四）发展公益信托需要采取的几项措施

全国人大需要通过司法解释或实施细则对实施主体机构予以明确，建议由银监会和民政部分别承担审批和监管职责。

银监会和民政部需要协调财政部、国家税务总局等出台鼓励和支持开展公益信托的相关政策，其中对税收优惠和运行管理成本等作出明确规定。

上述部门需要加快制定公益信托的实施办法，明确审批、监管和实施公益项目的规程。

选取部分信托公司开展试点工作，如西安、重庆等已经开展过汶川地震灾后公益信托试点的信托公司，及对开展公益信托项目有较高热情的信托公司（如华宝信托）。

公益信托在我国尚属于新的工作，需要借鉴国际社会成熟的做法，在政策和操作层面都需要在试点的基础上推进。

最后，提出两点期待：一是把《信托法》实施10周年作为启动实施公益信托的起点，二是把公益信托的实施作为深入实施《信托法》的重点内容。

我国公益信托模式及实践中遇到的问题和建议

华宝信托有限责任公司产品企划部总经理　胡学成

一、公益信托的法规、政策依据及发展状况

自20世纪80年代以来，国家慈善救助、基金会或慈善机构作为我国慈善公益事业的两条主要渠道，为我国公益事业的较快发展作出了很大贡献。基金会作为接受捐赠并进行管理的非营利性组织，在公益事业中发挥了积极作用。总的来看，基金会的运作已经具有了公益信托的基本性质。如具备基金会、捐赠者和受益人三方信托当事人，确定捐赠物资为信托财产，明确捐赠物资的公益使用目的和管理方法，约定受益人取得资助的方式等，基本符合信托成立中的基本要素。然而，目前很多基金会作为受托人无论在理论还是在实践中均存在缺陷，如理财能力不足，财产难以保值增值；监管机制不完善，基金使用随意性大；缺乏《信托法》要求的设置信托监察人、严格的信息披露义务等。这些缺陷造成基金会等慈善机构的公信力和效率常被质疑，也在一定程度上阻碍了基金会的正常发展。

从理论和实践来看，由信托公司作为受托人开展公益信托既有法律基础又具明显优势。

《信托法》第六十一条规定"国家鼓励发展公益信托"，同时第六十二条第三款规定"公益事业管理机构对于公益信托活动应当给予支持"；《信托公司管理办法》第十七条明确规定"信托公司可以根据《信托法》等法律法规的有关规定开展公益信托活动"。这为信托公司的受托人资格以及发展公益信托提供了法律基础。另外，汶川灾后中国银监会适时发布的《关于鼓励信托公司开展公益信托业务支持灾后重建工作的通知》中明确指出，"为帮助和支持灾区重建工作，中国银监会鼓励信托公司依法开展以救济贫困、救助灾民、扶助残疾人，发展医疗卫生、环境保护，以及教育、科技、文化、艺术、体育事业等为目的的公益信托业务"，更加促进信托公司开展公益信托业务。

当前，我国的公益慈善事业主要是通过基金会等非营利组织实现的。而在国外，公益信托

以其明显的制度优势成为公益慈善事业的主流模式。公益信托除了具有破产隔离的制度优势外，还在投资运作、资金募集等方面具有很高的价值，能够有效解决目前公益事业发展过程中面临的一些问题。

（一）公益信托能够搭建一个各种公益资源的跨界合作平台，撬动更多的公益资源和力量共同参与公益事业

公益信托通过与基金会等非营利组织合作，扩大基金会的项目管理规模，实现不同基金会的专业分工和合作；通过与大型企业合作，充分利用大型企业的资金、专业技术、品牌优势，提升非营利组织项目管理和救助的能力；通过与高净值人士合作，为他们提供一站式的个人信托事务管理服务，实现慈善救助、财产传承、资产管理的多重财富管理目标。

（二）公益信托是运作灵活的公益资金归集渠道

公益信托将基金会的募集资金功能与项目管理功能相分离，使基金会将更多的精力投入公益项目管理之中；公益信托产品还能够对接银行渠道，成为社会公众从事公益活动的全新平台。

（三）公益信托可以实现公益财产来源多样化

相比基金会只能接受现金和实物捐赠，公益信托可以接受包括股权、股权收益权、房产等在内的各类有价财产和财产权，轻松实现委托人愿望。

（四）公益信托可以实现公益财产的保值增值

信托公司是专业的资产管理机构，能够提供丰富的投资理财产品线，通过科学的资产配置，能够最大限度地保证公益信托财产的保值增值，抵御通货膨胀风险。

（五）公益信托可以实现公益资产的规范管理和透明运作

公益信托治理结构完善，通过受托人、监察人、项目管理人、托管人四位一体的相互监督、相互制约的完善的治理结构，保证公益资金的资产安全和规范运作；信托公司是银监会监管的金融机构，同时接受民政部和银监会的双重监管，具有较强的社会公信力。

与传统基金会相比，信托公司开展公益信托具有明显优势：第一，资产管理专业化。信托公司具有专业的理财能力，可以更好地实现公益财产的保值增值。第二，信托业务成熟化。信托公司开展信托业务已日渐成熟，其开发业务模式的实践操作可以为公益信托的有效开展提供宝贵经验。第三，监管机制完善化。信托公司开展公益信托业务时不但要接受银监会的专门监管，根据相关法律法规还将受到公益事业管理机构、信托监察人的共同监管，能够确保公益资

金安全、规范运用。第四，信息披露透明化。信托公司根据法规要求需要及时披露信托财产的管理、运用和处分情况，接受社会公众的监督，更公式化、透明化。第五，信托制度可以实现公益财产来源多样化。在捐赠过程中，很多委托人捐赠的财产不仅仅是现金，还包括股权、房产等各类有价的财产或者财产权。信托制度实现了所有权与收益权的分离，可以从股权中分离出股权收益权、在房产中分离出房产收租权等，使财产所有人在保持对财产的所有权和控制力的前提下，将股权收益权、房产收租权等捐赠给公益事业。

近年来，一些信托公司已经在公益信托领域进行了有益尝试，积累了一定经验。据不完全统计，自1999年华宝信托设立宝恒组合投资信托计划至今，约有11家信托公司设计或推出了12只具有公益性质的信托产品（见表）。参照《信托法》对设立公益信托的规定，设立公益信托必须满足"为公共利益目的设立、经公益事业管理机构批准、信托财产及其收益不得用于非公益目的、设置信托监察人"四大要件，而12只信托计划中有8只属于以私益目的设立并捐赠部分收益、1只属于以私益目的设立并捐赠小比例信托资金。12只中有8只未涉及公益事业管理机构批准和信托监察人设置，1只即中融信托设计的"中华慈善公益信托"获得民政部审批、设置中华慈善总会作为信托监察人，但最终并未推出。这些信托产品并非真正的公益信托，可将其称为"具备公益性质的集合资金信托"。12只产品中仅2008年6月西安信托推出的"5·12抗震救灾公益信托计划"、2008年10月百瑞信托推出的"郑州慈善公益信托计划"和2009年9月重庆信托发起设立的"金色盾牌·重庆人民警察英烈救助公益信托"这3只产品，获得了民政部等部门的审批，设立了信托监察人，并将募集资金和收益全部用于公益项目，基本具备了公益信托的设立要素。

可见，信托公司利用其专业管理运作优势开展公益信托，可以成为传统基金会发展公益事业的重要补充，对逐步提高公民的社会责任感、加强公益事业规范和透明的发展具有积极的意义。

表1　　　　信托公司设立公益性信托计划列表

时间	受托人	信托计划	信托目的	审批	监察人
1999年9月	华宝信托	宝恒组合投资信托计划	收益捐赠型：发放"宝钢奖学金"或提供各项资助	无	无
2004年2月	云南国投	"爱心成就未来——稳健收益型"集合资金信托计划（一）	收益捐赠型：捐赠云南省青少年基金会，用于修建信托希望小学及救助云南省内失学儿童	无	无
2005年1月	中融信托	中华慈善公益信托（未推出）	收益捐赠型：残疾孤儿手术康复明天计划	民政部门	中华慈善总会
2006年2月	云南国投	"爱心成就未来——稳健收益型"集合资金信托计划（二）	收益捐赠型：捐赠云南省青少年基金会，用于修建信托希望小学及救助云南省内失学儿童	无	无

续表

时间	受托人	信托计划	信托目的	审批	监察人
2007年8月	重庆国投	爱心满中华集合资金信托计划	收益捐赠型：捐赠中国残疾人福利基金会，用于救助白内障患者的复明手术	无	无
2007年8月	北京信托	同心慈善1号新股申购集合资金信托计划	收益捐赠型：用于北京地区贫困民工子弟学校	无	无
2008年5月	金港信托	四川灾区赈灾公益信托计划	收益捐赠型：用于捐赠四川灾区	无	无
2008年6月	西安信托	5·12抗震救灾公益信托计划	全部财产用于陕西地震灾区受损中小学校舍重建或援建新的希望小学等公益项目	民政部门	希格玛会计师事务所
2008年6月	衡平信托	“爱心系列”信托理财产品	信托资金捐赠型：每期信托募集资金的1%定向捐助灾区，支持中小学校园重建	无	无
2008年8月	中信信托	中信开行爱心信托	收益捐赠型：捐赠给宋庆龄基金会	无	无
2008年10月	百瑞信托	郑州慈善公益信托计划	信托财产和收益全部用于资助地震灾区及贫困地区教育项目	郑州民政局	郑州慈善总会
2009年9月	重庆信托	重庆人民警察英烈救助基金公益信托	信托财产及收益将专项用于帮助特困、伤残、牺牲的公安干警及其家属	重庆市公安局	会计师事务所

二、公益信托模式

公益信托结构比较复杂，涉及很多参与主体，不同的参与主体在公益信托这个平台上各司其职，优势互补，同时又通过互相监督互相制约的机制确保公益信托财产的安全性和规范运用。公益信托的参与主体包括发起人、委托人、受托人、受益人、审批人、保管人、项目管理人、监察人等。公益信托的受益人是整个社会或者一部分的社会公众，这一点是公益信托与私益信托最大的不同，公益信托的本金和收益全部用于公益事业。在公益信托中，运行架构和各个管理机构的职责见图1。

1. 委托人以自己所拥有的合法财产设立公益信托。委托人交付的信托财产既可以是现金，也可以是经评估确认的股权、房产等财产或财产权。

2. 信托公司作为受托人，应为公益信托计划设立专门的管理委员会，并可根据需要设置决策委员会、执行委员会等不同级别的管理委员会。受托人可自己或选择其他机构作为信托项目的执行人，并做好公益项目和项目执行人的选择、监督和评估工作。

3. 公益信托应选择保管人进行独立的财产保管，选择具有社会公信力的机构或个人作为监

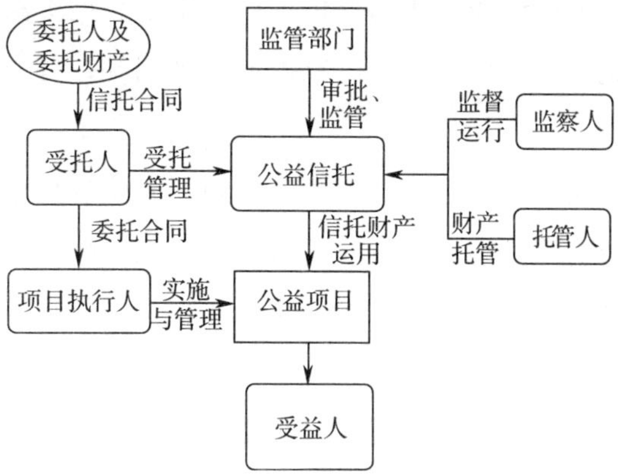

图 1　公益信托设立与管理架构图

察人，监督公益信托财产的管理和运用。

4. 公益项目的执行人可以是公益基金会、非营利组织等具有实施公益项目经验和能力的机构。公益项目可由项目执行人向受托人申报并经过受托人评估认定，或受托人通过招标方式选择确定公益项目及项目实施人。

5. 对于暂未使用的公益信托资金，受托人应当按照合法、安全、有效的原则实现基金的保值、增值。公益信托的投资范围，按照信托合同的规定执行。

三、公益信托在实践中遇到的问题及政策建议

公益事业的发达与否，不仅是衡量一个国家社会福利程度高低的标准，也是这个国家人们思想道德观念转变的风向标。助人为乐是中华民族的传统美德，我国目前也有大量公益活动，例如各种公益基金会、自然灾害时的社会募捐，但都不成熟、欠规范，比较混乱。有的基金会形同虚设，存在滥用基金、难以保值增值、挪用善款等问题。社会募捐中募集人、受捐赠人和捐赠人之间关系不明，常出现募集人和受捐赠人的继承人为争夺捐赠财物而诉争，结果事与愿违，反而影响社会公益事业的发展。而公益信托具有长期性、专业性和规范性，能够弥补上述不足。国家应当以此为契机，调动民间力量，引导公益信托发展，进而推动公益事业的进程。

由于公益信托在我国属于新生事物，还未被社会各阶层所熟知，并且相关的法规制度也不够完善，信托公司在开展公益信托过程中遇到了一些需要在制度层面解决的问题。主要体现在：缺乏公益信托在设立、运行管理及如何监管等环节的实施和操作规范；《信托法》中“公益事业管理机构”指向不明，公益信托审批环节不顺；公益信托的委托财产缺乏税收抵免政策，一定程度上减少了委托人设立公益信托的意愿。

对于实践中所遇到的问题，基于我国现行法律和行政管理体制，提出如下建议：

首先，国家应当加大对公益信托事业的宣传，信托制度是英美法系的产物，中国移植过来的时间尚短，未被人们在观念上认可，因此国家需要积极倡导，普及公益信托相关知识，使之利国利民。

其次，制度建设方面，应明确公益信托由银监会和国家民政部联合监管，并出台相应的管理制度。公益信托属于社会捐助范畴，公益信托财产属于社会财产，并与政府设立的社会专项基金有所区别。就这两点来说，由银监会和民政部联合监管完全符合我国现行的政府机构职能设置。

再次，国家应当出台推行公益信托的相关税收政策。公益信托旨在为社会大众谋取利益、救济贫困、赞助科教文卫事业、帮助政府减轻财政压力，而不同于营利企业，故对于公益信托运营收益，各国都给予一定的税收减免等优惠政策。税收鼓励政策是促进公益信托发展的有力支点。

最后，对于正在拟订的《慈善法》，应加入公益信托相关内容，在更高一级的立法层面上明确公益信托与公益基金会同属于社会公益基金的组织形式，并享有相同的税收优惠政策。实际上，我国的各类公益基金，理论上说也属于公益信托。

认知改变信托

——信托之根：资产管理

中信信托有限责任公司　中国国际经济咨询公司

一、前言

如果说每个行业的成长都包含着一长串令人激动的故事，几经整顿的信托行业可算得上给我们展现了一个跌宕起伏、内容丰富的惊险探险故事，开局是一片阳光的坦途而行走得如此坎坷崎岖，途中一串串的果实给我们留下深深的回味与反思。

2011 年之后的信托行业又处在了这样一个"清晰又迷茫"的十字路口，政策频出凸显出对信托业模式的否定之再否定的一种倾向，依托《信托法》所开展的类银行、类证券等业务模式取得快速发展的成绩之后而又被约束或否定，背后传递出对信托本源业务定位的某种不确定性和不肯定的隐忧，信托业似乎再次跨进了一个"盲人摸象"的阶段或……但有一点是明确的，即要求信托公司摆脱"二银行"、"二证券"的阴影，做真正的自我！

的确，信托业作为金融产业的一个后起之秀、新兴行业，其成长和发展无法，也不应该去简单地重复其他金融行业在往昔岁月所走、所行的道路，也不能将其开拓疆土的艰辛探索变成单纯地复制其他行业的思想和方法。我们深深地相信，任何一个有生命力的行业都必须有其生存的基本法则，那么信托行业生存的基本法则何在?

二、我是谁

在刚刚过去的 2010 年中，中国信托业以其灵活创新和规模复制继续收获了稳健成长的硕果。信托这一金融工具进一步为公众接受和认可，信托资产管理规模突破 3 万亿元人民币大关，超过基金业，信托机构利润又攀上新的台阶，吸引了众多关注的目光，上至监管机构，下至业内从业者，外至投资者和各个关心信托业的人士。

但耀眼的闪光灯背后，信托人都在困扰、担心、迷茫，中国信托业的未来究竟是什么？在2010年末中国信托业协会举办的信托业峰会上，全国各家信托公司老总和专家们也频频提及困扰信托业的一个最原始问题——真正的信托公司到底应该做什么?!

相当流行的观点和看法是，与商业银行、保险公司、证券公司相比，信托公司没有专属性的业务领域。中国银监会副主席蔡鄂生在2006年9月25日接受记者采访时明确指出："实际上信托公司不等于信托，信托制度和信托法律关系也不是信托公司的专属工具，信托公司只是直接运用信托制度和信托法律关系的金融机构之一。"中国人民银行副行长吴晓灵在首届中国CFP证书颁发仪式上表示，希望完善中国代客理财业务的法律环境，并在《信托法》的基础上统一规范各金融机构的代客理财业务。《中国信托业发展报告（2005）》也强调："信托功能与信托公司完全是同属信托行业的两个不同的概念。信托公司只是信托功能发挥作用的执行者，而这一执行者是完全可以由不同的机构来完成的。因此，信托功能的永恒并不能代表信托公司的永恒。"显而易见，从方方面面的观点来看，信托很有可能没有机会或无法获得产业化发展而真正成为三大金融支柱之一。

2010年银监会副主席蔡鄂生针对信托行业提出："不忘本，一个是不忘受苦的那个'本'；第二个'本'，是不要忘了信托的本质是什么。"

"国外的金融体系中，银行、保险、证券、信托是相互补充、各有其责的四个支柱产业，而在我国，银行是雍容华贵的皇后，保险是出身高贵的公主，证券是衣食无忧的千金，而信托则是落难小姐，虽然出身不低，但命运多舛，先后经历6次行业性的整顿和重组，其在金融体系中的地位也始终掩盖在银行、保险、证券的花容月貌下，充当补充和陪衬。但作为全牌照的稀缺的金融平台，信托行业的价值是应该也值得被挖掘的。"①

跨拥融资功能，又有范围广阔的投资功能（既能投资资本市场，又能投资货币市场，还能投资实业市场），唯一能够综合利用金融市场、连通产业与金融市场的金融机构，为什么会落得如此的地步，不得不让信托人深思——我是谁?!

三、信托业的主业是什么

（一）信托业的主业理解和假设

"信托是一种服务的行为"，那么信托公司的行业定位是什么，则一直没有明确和统一的标准，而流行的"金融百货公司"的说法主要将其特点定位在众多的金融产品提供之上。中国银

① 摘自招商证券2011年研究报告。

行业监督管理委员会令（2007 年第 2 号）《信托公司管理办法》所称信托业务，是指信托公司以营业和收取报酬为目的，以受托人身份承诺信托和处理信托事务的经营行为，与《信托法》所述类似，没有进一步的主业指明。为此，我们依据《信托法》对信托的基本定义，分析和理解其真正的主业应该是“资产管理”。下文将基于这样一个分析的假设进行分析和论证。

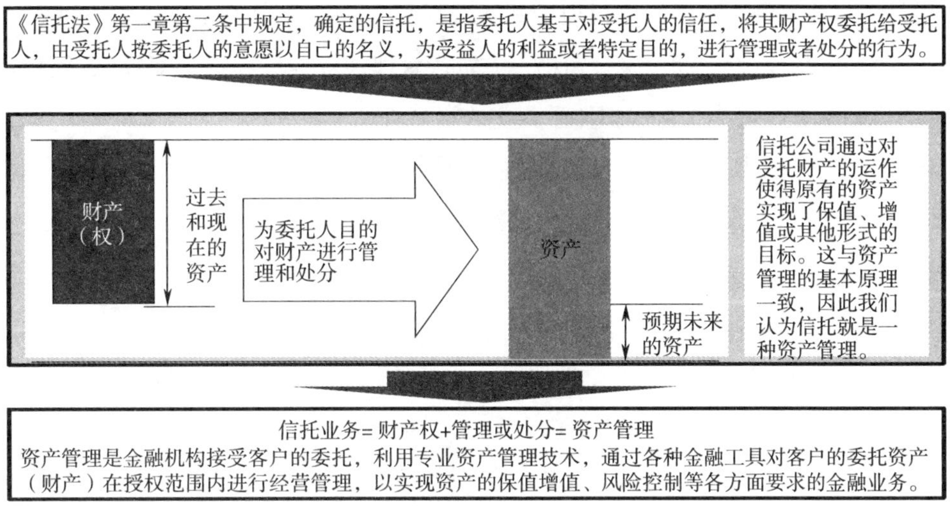

资料来源：《信托法》、中国国际经济咨询公司（CIEC）分析。

图 1　信托业主业理解框架图

图 1 整个分析从了解资产管理起步，逐个分析与其相关的定义、内涵，并对参与资产管理业务的机构涉足范围、法律支撑等对比，从而发现“信托”无论从法律、业务内容还是覆盖的财产均是资产管理的最佳服务机构，由此我们得出结论：信托的主业是资产管理。

（二）资产管理的定义

我们发现资产管理（Wealth Management 或 Asset Management）定义的多样化和不确定性导致了对资产管理定义的忽视或不重视，如“资产管理是指委托人将自己的资产交给受托人，由受托人——金融机构代理客户资产在金融市场进行投资，为客户获取投资收益的行为”、“资产管理是参与跟踪设备或从设备设计、创建到处置的整个流程对其主要资产及组件进行积极的资产生命周期管理，以便获取最大的竞争优势”、“投资管理（又称资产管理）是一项针对证券及资产的金融服务，以投资者利益出发并达致投资目标。投资者可以是机构譬如保险公司、退休基金及公司或者是私人投资者”、“资产管理等于物业管理加资产运营，加财务管理”等等不一而足。

而不断出现与之类似或接近的新名词，如“理财”、“财富管理”、“私人银行”等吸引着人们的眼球，丰富并充斥着人类社会，同时在某种意义上阻碍了人们对资产管理本质的深层次理解，人们逐渐模糊甚至遗忘了资产管理客体——资产的定义范畴。

出发角度的差异、边界的模糊、遵循基本原则的不同、理论认知的偏差、实践提炼的滞后，使得资产管理的概念与“财富”、“资源”、“财产管理”的边界交叉重叠、纠结，有些也出现了空隙，形成了你中有我、我中有你的灰色状态。

其结果是，目前对资产管理的流行理论和实践局限在金融资产管理（银行不良资产处置），证券公司、基金公司资产管理和保险公司第三方资产管理（资本市场资产配置），银行资产管理（综合性理财规划服务）等以金融虚拟体系为主的资产管理。

我们认识到，在明晰资产管理之前我们面对的挑战是资产本质认知的不清晰和不全面，直接导致以其为对象的资产管理定义和相关的机构（市场参与者，Player）定位的不合适、范围的不确定以及未来方向的迷失。因此，我们必须首先确定哪些是资产，哪些是可以管理的资产，哪些是现在不能管理但是以后可以开拓的资产。

进一步需要澄清的问题就是：资产如何管，管的依据、管的目标、管的方式、各方的管理范畴等。

事实上，人类对资产管理这个起源比银行早但至今仍是新兴行业的认知和探索仅仅触及其边缘。无论是理论还是实践，都未达到令人信服和自信的状态，而对于引入资产管理这一舶来品的中国资产管理行业来说，资产管理无疑是一个化石级的巨型婴儿，如何将其培育成长是一个艰巨的挑战。

世界正处于实业市场增长乏力、虚拟市场金融创新此起彼伏、金融危机波涛暗涌的震荡时期，主要依赖于金融市场运作的资产管理亟待从迷失中走出来，承担、扮演其曾经的角色并发扬光大。所有的一切均需要我们明晰资产管理的定义，确定资产管理主要机构，从而才可能利用资产管理“有形的手”进行金融和实业市场的国家意志、市场需要的多层面和多维度调节配置。

为此，我们创新性地从“资产”、“管理”、“资产管理”字面含义出发，结合各方学派理论观点及 CIEC 的金融实践，运用科学的研究方法，在与各类相关相似定义的对比分析中，确定“资产管理”的定义，从而保证我们对与之相关的各个参与者的对比能够建立在一个公开、清晰的平台之上。在此基础上，循序渐进地解析信托与资产管理的种种关系，确定它们之间存在的联系，破解信托业主业不清的谜团，还其一个清白的自我。

1. 资产定义。资产是我们首先要明确的主题。资产是资产管理的对象和客体，是资产管理得以顺利实施的客观载体，没有资产的资产管理犹如空中楼阁、镜花水月。随着研究的深入，我们观察到，对资产定义不清、边界不明、范畴混淆，都会直接或间接影响到资产管理实践的现在和未来。而对于以资产管理为主营业务的营利性机构，清晰地界定资产将会帮助它们增加和深化对市场的认知度，减少行业中的不确定性因素。

因此，厘清资产的内涵、边界、位置和特点是我们分析的主要着眼点。

（1）定义理解。我们把资产的定义分为3类：一是基于“内在经济价值”的经济学定义；二是基于“价值权属”的法学定义；三是基于“价值表现”的会计学定义。

经济学、法学从各自角度出发，对资产进行了不同的边界界定及内涵属性的指定和延展，同时对描述基点（本义）进行了调整，具体定义分述如下：

经济学中认为，基于资源的稀缺性，使得特定主体在获得资源的控制权时，必须付出代价，在市场经济中表现为价格的形式，此时经济资源就转变为资产。

国民经济核算体系中把资产认为是经济资产。经济资产必须同时具备以下两个条件：资产的所有权已经确定；其所有者由于持有或使用它们而能够在目前或可预见的将来获得经济利益。

法学中资产泛指财产，是以所有权为核心，以及由所有权而产生的收益剩余索取权，只有符合所有权要件才能成为企业的财产，强调财产的法律形式。

（2）定义分析。CIEC研究发现，会计学中第二阶段的未消失成本观和借方余额观，由于自身的局限性，不能充分体现资产性质，因此，不纳入资产的定义分析范围。

定义分析将基于“定义”的基本概念、“定义”的方法论（见图2）以及各种不同“资产”观点，包括属概念、种差、经济学、法学、会计学5个方面。

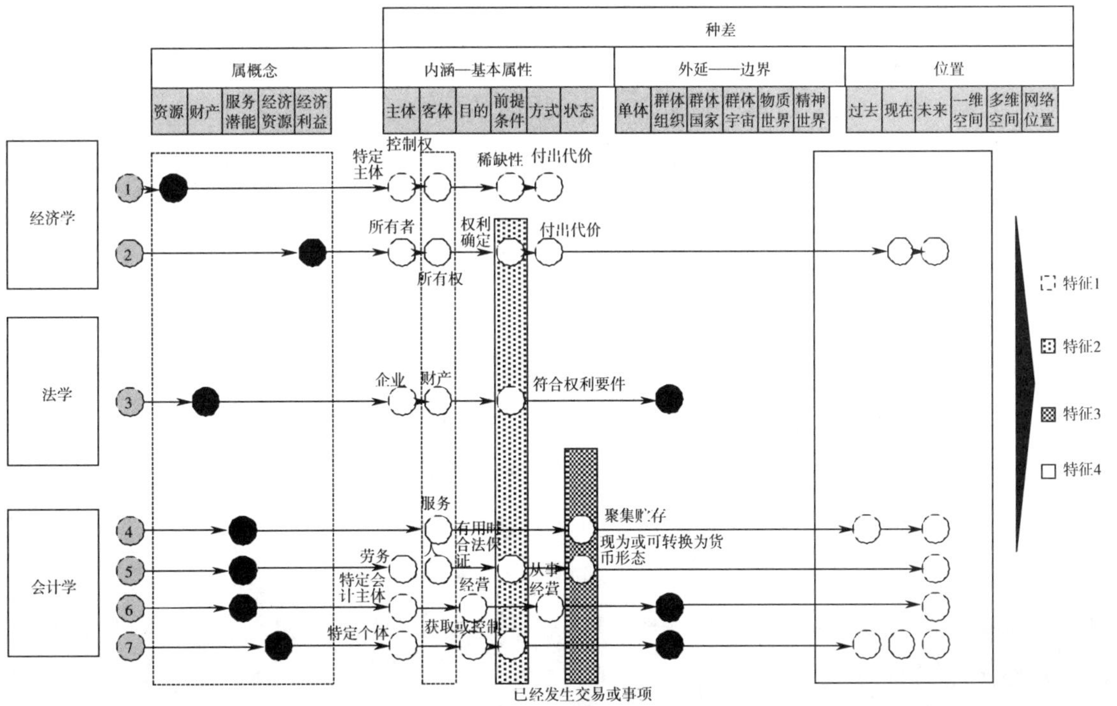

资料来源：CIEC分析。

图2　资产基本特征分析

我们最终确定资产的 4 个基本特征是：

第一，资产是一种与控制权、财产权、服务相关的资源、财产、服务潜能、经济资源或利益。

第二，资产的权利确定。

第三，资产以聚集存贮或货币形态（现为或可转换）存在。

第四，“资产”的位置包括过去、现在和未来。

（3）资产定义。CIEC 的资产定义：过去、现在和预期未来已经形成或即将形成的有特定权属指向可用货币计量的价值集合束。当财富的关系属性和价值不确定性降低可以产生经济效益时，财富定义就接近或等同于资产定义。

我们把财富作为属概念，即资产包括在财富范围内，对财富的定义和各种定义关系后续将会详细分析。

2. 资产管理。我们已经定义了“资产”及相关的概念。正如我们期望的那样，定义帮助我们解决了做什么的问题——我们的分析指出，资产涵盖实物资产、无形资产和金融资产三大系资产（金融资产包括现金资产、保险资产、信贷资产和证券资产），它们同时存在于实体市场和虚拟市场并发挥各自职能。我们试图用同样的方法来分析“资产管理”，确定一个合适的“资产管理”定义、定位来解决目前对“资产管理”业务认识、运用和发展的偏颇以及由此产生的各类问题。

很自然地，作为“资产”和“管理”两个词的组合，“资产管理”是指定了“客体”的一种“管理”活动。“管理”涉及的主体、目的、前提条件、方式、状态，在“资产管理”中同等重要，缺一不可。因此，我们将“资产管理”的定义确定为：设计和保持一种良好环境，使特定主体（人或组织）能通过资产进入指定需求的有效率平衡状态以实现预期目标的社会活动过程。

3. 第三方资产管理。资产管理几乎与财产同时出现在人类社会活动中。最早期的资产仅限于财产，主要是金银财宝、牲畜等生产资料和粮食等生活资料，人们管理财产的主要方式是找一个安全的地方存放起来。随着财富的积累、富人阶层的出现、国家的形成，资产管理形式体现为保管、寄存、打理，多数是王孙贵族协助帝王管理国家资产、富人阶层雇佣管家打理家族财产，或者寺庙、教会保管达官子弟、贵族通过不法手段得来的财产，这就是早期的资产管理雏形，形成了自我管理和第三方管理两种模式。当时并没有明确提出资产管理方式的说法，也没有专门资产管理机构。

这种形式延续了 1 600 多年的时间，直至 13 世纪尤斯（Use，即用益权）制出现。由此催生了专业资产管理机构，资产管理逐渐发展成为一大产业。为区别于自有资产管理，服务型的资产管理被界定为第三方资产管理（委托资产管理），其主要运用于金融、投资领域。

我们关心的重点是与金融、投资相关的第三方资产管理。

（1）第三方资产管理定义。委托人将自己的资产交给受托人，由受托人设计和保持一种良好环境，并能通过委托资产进入指定需求的有效率平衡状态以实现委托人预期目标的社会活动过程。

第三方资产管理是管理他人资产，前提是委托关系的生成。委托关系涉及委托人、受托人。委托人是资产的提供者，作为资产的所有人，委托人有承担风险的责任，享有投资收益的权利。受托人是具体管理活动的操作者，能够为委托人提供其需要的环境或具有委托人需要的素质，作为受托人根据委托人的要求管理资产，根据约定获取管理费，并/或分享投资收益。

第三方资产管理者有券商、基金、信托、保险和其他金融机构以及物业管理公司、第三方物流管理、IT外包服务商、人力资源外包服务提供机构等。

（2）目标资产管理范畴。我们的目标资产管理范畴是第三方资产管理，简称“资产管理”，管理的资产包括实物资产、无形资产、现金资产、信贷资产、保险资产和证券资产中与金融、投资等相关的资产（见图3）。

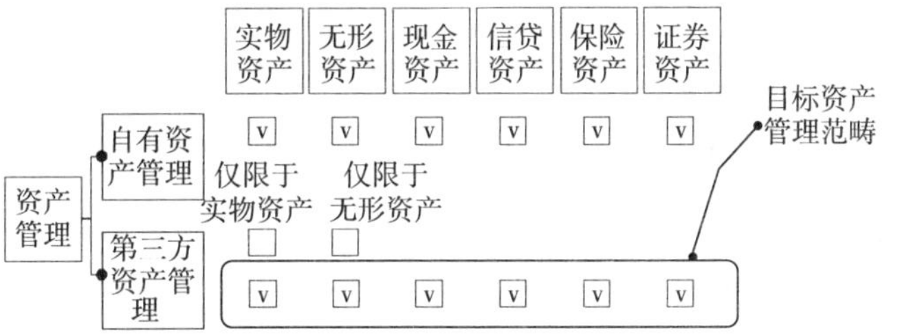

注：自有资产管理一般由特定组织（如家庭、企业、政府等）自行管理，只有第三方资产管理才是我们目标资产管理范畴，当自有资产满足一定条件也可能进入第三方资产管理管理资产群。

资料来源：CIEC分析。

图3　自有资产管理和第三方资产管理的对比

第三方资产管理的市场需求产生于资产委托人无法提供特定资产管理的特定环境和条件、没有专有技术或者缺乏专业知识等，导致自行管理成本（风险）大于委托管理。

第三方资产管理的对象涵盖6类资产。从理论上讲，第三方资产管理应该涵盖所有6类资产的不同形式的运营、运作等活动，基于分工原则和比较优势原则，我们设定的第三方资产管理范畴主要包括以金融工具为主体所完成的不同类型资产管理服务，可以借助金融工具实现资产的转换，实现流通和资源再配置，不包括仅限于以实物资产和无形资产等为主体依托专业技能所提供的运营型管理服务的资产管理业务，如物业管理、第三方物流管理、IT外包服务、人力资源外包服务等。

（3）第三方资产管理与财富管理。现在比较流行的容易跟第三方资产管理混淆的概念是财富管理（见图4）。

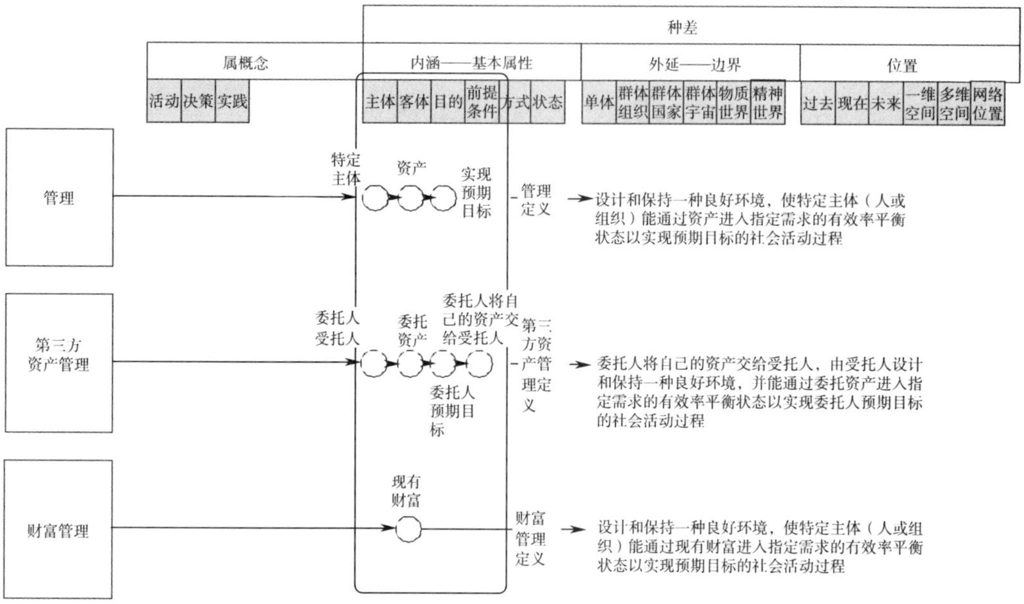

资料来源：CIEC分析。

图4　第三方资产管理和财富管理的对比

财富管理与资产管理的区别在于管理的客体：财富和资产。

财富是对人具有价值的东西。资产是过去、现在和预期未来已经形成或即将形成的有特定权属指向可用货币计量的价值集合束。当财富的关系属性和价值不确定性降低可以产生经济效益时，财富就接近或等同于资产。

财富包括过去、现在和未来对人具有价值的东西，财富是一个累积的概念，原有的或创造的财富除了消费掉、灭失的，都会体现在现在的财富范围内。因此财富管理职能定格在对现有价值的管理。

（4）第三方资产管理的基石。基于第三方资产管理定义的3个核心要件——前提条件、目的和方式（定义内涵——基本属性分析）进行研究，我们发现第三方资产管理有三大基石：

第三方资产管理的首要前提是效力保障（法律基础）。

第三方资产管理赖以生存的首要前提是其依据的法律基础。法律基础是制约和影响第三方资产管理存在、发展的外部先决因素。没有法律基础作为前提，第三方资产管理就不会产生，更没有目前各大机构从事的委托资产管理业务。同时需要明确的一点是我们这里的法律基础是一个广义的概念，包括信托、契约、代理等。

另一方面，第三方资产管理是委托代理性质的管理，而委托代理关系是通过契约实现的，契约的法律效力直接决定委托代理关系坚实与否。按照法律效力的不同，第三方资产管理的法律基础有以下5种形式：以个人信用为保障的民间契约；以组织信用为保障的规章制度；以地方政府信用为保障的地方性法规；以国务院以及国务院授权主管机构的信用为保障的行政法规；以国家信用为保障的国家法律。

第三方资产管理主体可以依据以上各种法律基础开展资产管理业务，但需要强调的是第三方资产管理业务的法律基础直接决定第三方资产管理业务在国家、社会中的地位。

第三方资产管理的第二大基石是委托人可能的预期目标（实现功能）。

第三方资产管理依托于“专业化”的存在。委托人正是看中受托人某些“专业化”的资源和潜能，而自身不具备或不打算具备才委托其代为进行管理，但无论委托还是自行管理，根据我们的定义，都是要实现一定的目标，在第三方资产管理中具体体现为实现委托人的目标，到达委托人指向的终点。不能实现委托人目标的第三方资产管理不是我们期望的，不是专业的运作，甚至不能称之为“第三方资产管理”。

我们讨论的最理想的第三方资产管理应能实现委托人的各种目标，这些功能（能实现的目标）分为5个方面：保管（维持原状或保持完好性，如银行保管箱工具等）；转移（利益再分配，如遗嘱信托等）；权力分立（所有权、使用权、收益权和处置权分别运用，如信托产品等）；投资（获得收益，如证券市场投资、股权投资等）；代管（确保可持续性或获得收益，如IT系统外包，专业机构代管企业、财务信托等）。

我们分类的逻辑是：前3个功能“保管”、“转移”、“权力分立”基于不变或者略微变化的资产价值（即保值），“投资”会使资产的价值增加（即增值）。而代管不同于前两类功能（间接参与实体资产），是可以通过专业化运作直接参与运营实体资产，增加实体市场中的资产价值，在专业化中打破行业边界，实现行业再分工。五大类职能基本涵盖了委托人可能有的预期目标。

第三方资产管理的第三大基石是目标实现方式的关键（价值服务）。

第三方资产管理需要“由受托人设计和保持一种良好环境，并能通过委托资产进入指定需求的有效率平衡状态”。我们认为第三方资产管理实现功能解决了“做什么”的问题，第三方资产管理方式将解决“怎么做”的问题。由此可见，实现目标的方式非常重要。在这里，我们将第三方资产管理的方式概括为“价值服务”。根据价值服务链，我们认为第三方资产管理价值实现的关键有3个方面：发现价值和传递价值：服务系统（前端、后端……）；创造价值：产品；价值监督：信息透明。

需要注意的是，在这里加入了价值监督，我们认为对于跨越实体市场、虚拟市场，并且具有委托代理性质的第三方资产管理，信息透明至关重要。

我们认为，“资产管理”（第三方资产管理）是一个资产全覆盖的服务，包括前期的咨询规划服务，涵盖三大资产系资产管理产品（工具）的设计、转换和配置，以及后期资产运营的管理。不同于财富管理是一个（金融）财富的使用规划和管理的服务，资产管理与财富管理两者之间有重叠部分——金融资产管理和不重叠的部分——财富使用规划 + 实体资产管理。换句话说，财富管理机构在某种程度上是咨询服务 +（消费、储蓄、保险和资产管理）的一个综合体，是一个金融百货公司的代名词，而资产管理机构则是一个专业化的金融服务供应商，以提供资产管理产品为主业。

（三）资产管理的理解

正如前文所述，历史悠久的资产管理，直到今天仍然是金融业中变化最为剧烈的一个产业，不同的国家在资产管理的法律依据、资产构成、业务定位、经营范围、运行结构、机构设置等方面差异巨大。虽然如此，其运作模式仍然可以依据“谁会委托”、“委托什么样的资产”、“用这些资产做什么”、“请谁来管理”、“资产向哪去及如何去”5 条标准来理解。

1. 委托人。资产管理的委托人主要有两大类，一类是直接委托人，即他们将其拥有或控制的资产直接交给受托人进行资产管理运作；另一类是间接委托人，即他们自身就是一个受托人，为了资源配置的需要将其控制的资产再委托给其他资产管理者。

（1）直接委托人。直接委托人由 3 类主体组成，一是自然人，二是营利性组织/机构，三是国家，所有的社会财富均是由这 3 类主体共享和占有的。

①自然人：在资产管理领域，中国目前 70% 以上的业务来源于这部分委托人，并会在相当长一段时间内保持这样的地位。

随着社会经济的发展，人类的财富快速增长，由此，资产占有的人群数不断扩大，从早期的皇族、贵族和富有的商人等逐渐遍及广大百姓。人们对其资产的管理需求分为 3 个层次（保障、保障和增值、资产配置），并对各个不同层面的资产进行了不同的配置。

其中，最底层的资产将主要用于储蓄等便利性和安全性高的金融服务或自我保存，这部分资产用于维持人们日常生活和应对紧急之需，很少会将其用于投资等高风险领域。

中间一层资产将用于自我安全和资产保障目的，如保险、储蓄、购买安全性高的债券和改善生活的固定资产购置等。这一部分资产具有一定的游离性，受自身或他人观念的影响有可能会发生转移进入最上层。因此，这部分资产的拥有者成为资产管理潜在的客户。

最上层则是人们可以用于不同目的的自由资产，这部分资产的差异化极大，易受到人们观念、社会环境、经济状况等的影响，其中大部分被运用于流动性较好的资产配置；其次被用于流动性次之的基金、债券等金融工具；再次是用于保值能力高的固定资产投资，尤其是房地产、贵金属、古玩、文物等近几年价格大幅度攀升的领域；最后是股权或其他金融产品的投资。这部分资产的拥有者也是资产管理机构追逐的对象，其中个人净值在 300 万元以上的人士约占有 40% 以上的资产，他们是私人银行、私募基金和信托的主要客户，这些客户希望信托能够为他们的资产保全、传承和管理提供定制化的服务。50 万元以下的资产拥有者占有 35% 左右的资产，他们是基金和理财的主要客户群。其余 25% 资产拥有者的个人净值在 50 万 ~ 300 万元，他们则是各种资产管理机构均服务的对象。

②营利性组织/机构：营利性组织/机构是资产管理的重要客户之一，但是其在未来资产管理市场上的重要性将会逐渐降低。原因是营利性组织/机构自身就是一个资产管理者，其主要的任务就是要运用所掌控的资产并实现保值或增值，这部分工作必须依靠自身而不是外界帮助来实现。反过来说，营利性组织/机构虽不是一个有潜力的委托人，但却是一个重要的投资受体。

③国家：事实是国家所控制的资产占据了资产的主导地位，国家所控制的相当数量资产需要第三方提供专业的服务，如我国人口老龄化所带来的巨大养老资金缺口要求社保基金和企业年金采取合适的手段保值增值、弥补缺口，确保其平稳运行。从国外发展的经验来看，社保和企业年金是资产管理业的重要客户，其重要性日益显现，如 2009 年第三季度美国共同基金管理着 4 万亿美元以上的养老金，占共同基金份额的 36%。国外的养老金和年金是资产管理业务的稳定资产来源，是各家资产管理机构如证券基金、房地产基金、私募股权基金、投行等争夺的主要对象。目前中国的社保基金和企业年金累积规模仍较小，还无法在资产管理中扮演重要角色。相信随着中国经济的发展和社保基金的积累，其在资产管理中的重要性将逐渐凸显。

除此之外，国家控制的一些实体资产或无形资产均可以通过资产管理公司提供服务来实现资源配置的公平、公开、合理和高效。

（2）间接委托人。间接委托人绝大部分由金融机构或扮演金融中介角色的一些机构构成，它们除自己进行资产管理外，为配置资源还会将一部分资产委托给其他一些专业性的资产管理机构打理。这些机构主要有银行、保险、基金和其他资产管理机构，其中银行有相当部分管理的资产需要与其他资产管理机构运作，如银信合作、FOF 等。这部分委托人的规模会随市场变化而变化，大部分集中在金融资产的运作领域。

2. 目的。资产管理的目的按需求大小排列主要是保值增值、资产转移、合理避税、遗产管理等。

（1）保值增值。实现资产的保值增值已逐渐成为资产管理业的主流，绝大部分的资产管理属于这一部分，包括基金、证券公司的资产管理、银行理财、信托。除此之外，实体资产的第三方保值增值服务仍然是一个待开发的领域，包括企业的委托管理等等。资产的保值增值服务主要涉及两个方面：一是合理配置实现稳定收益或增长或业绩超过其他资产管理方式；二是对资产进行有效保护，确保资产的价值稳定。

（2）资产转移。这一目的描述的是如何保证资产转移给委托人期望的对象，以实现资产的安全或资产的增值在相关人员之间的合理分配。

（3）合理避税。简单地说就是利用对资产的不同配置，包括形式、地域和国家等投资安排使资产及其收益的税负较低。方法无外乎两个：一是如何少缴税，二是如何延迟缴税。少缴税包括选择税率相对低的地区和选择税负低、节税效率高的投资品种，如将资产转移到税率低的地区，财产受益权转移，选择一些当期收益少、长期升值潜力大的投资产品等。延迟缴税就是把纳税时间尽量往后延迟。

（4）遗产管理。随着改革开放后一大批创业者退出经营领域，其所控制或拥有的资产/企业需要交给自己的后代来管理。由于各种各样的原因，创业者们为保证其所积累的资产能够长久惠及其后代，会委托信托机构代为管理，以确保这些资产的正常运行和后代能够享受到资产经营所产生的收益。虽然这种情形还未大规模出现，我们认为在可以预期的将来这种服务会逐渐增加，并将成为一种重要的服务需求。目前，相当一批国际知名的资产管理机构已经开始着手打入中国的这一领域。

3. 资产。资产从大类分为金融资产和非金融资产（实物资产和无形资产）。这两部分资产在早期社会经济中基本相当。随着经济的发展和货币化、证券化等金融资产迅速增加，金融资产的规模超越非金融资产，据统计，2010 年中国所有的资产规模约为 240 万亿元人民币。

（1）金融资产。金融资产是一个非常活跃的资产，虽然与实物资产有一定的关联，但是在其内部已经形成了一个独立运行的体系，且按照一定的规则在进行交易，形成了一个庞大的资产包。我们无法将多次进行证券化等（如信用产品再证券化）形成的虚拟资产给予合适的统计，按照比较保守的分析，金融资产主要包括以下几个方面：一是现金和存款，已达 70 多万亿元；二是信用资产，规模在 40 万亿元左右，且有再次生成新的证券化资产的可能；三是资本市场所产生的凭证资产，包括股市和债券，其规模达到 40 万亿元之多；四是保险资产，2010 年达到 5 万亿元人民币。中国金融资产的合计规模至少在 160 万亿元人民币的水平。

（2）非金融资产。这部分资产主要包括两个部分：一是实物资产，包括生产资料和资产及社会所拥有的各种资产，如房地产等。其规模约在 75 万亿元左右；二是无形资产，主要涉及矿产资源和其他无形资产，其规模约在 5 万亿元人民币。中国非金融资产的合计规模约为 80 万亿元人民币。

4. 受托人/资产管理者。由于历史发展的原因，资产管理受托人没有明确的界限划分，而中国的分业经营、分业管理使得不同金融机构扮演着资产管理委托人的角色，包括银行的私人银行和理财产品、证券公司的代客资产管理业务、保险公司的第三方资产管理、基金公司的封闭基金和开放基金、信托公司的信托计划、私募股权投资基金管理公司的私募投资、风投公司的风险基金等，此外还有相当数量的非法或民间的集合资金运作或资产投资管理，等等。在这样的市场环境下，资产管理市场十分复杂和混乱，加剧了市场有序发展的难度。当然，从实际发展的情况来看，银行和信托的发展势头十分惊人，有逐渐从竞争中胜出的潜力。但是《信托公司净资本管理办法》的出台可能会导致信托公司成为主要资产管理机构的期望破灭或希望渺茫。

在众多参与资产管理的机构中，有6类机构业务基本成形并具有一定规模，它们是保险、信托、基金、银行、私募和证券，其他类型的机构由于缺少金融资质而在竞争中基本处于边缘地位。

CIEC分析显示，2010年整个中国资产管理市场的规模达到13万亿元人民币，6类参与机构分食资产管理蛋糕的情况如图5所示。其中，保险资产管理凭借对保险资产的独占性而占据规模优势，市场份额达到40%以上；银行理财则以其灵活性和网络优势迅速崛起而成为后起之秀，发展速度成倍增长；信托依靠规模和发展速度的综合表现排在了资产管理业的第二位（见图5）。

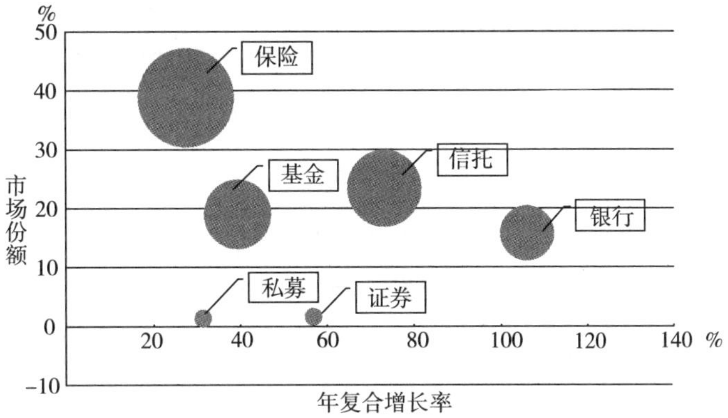

资料来源：信托行业协会网站、信托年度报告、各经济类网站、CIEC分析。

图5　2005—2010年6类资产管理机构发展和市场份额

5. 运用。正如我们对资产管理的定义，委托资产的运用是目标导向性的服务。除以转移为目标运用之外，大部分通过投资管理来获取投资收益，其中金融性资产运作往往通过共同基金、对冲基金、私人股本基金、产业基金、风险基金、单一项目、房地产信托等利用资本市场、资金市场和债券市场进行投资运作，而非金融性资产委托管理则是受托人根据自身专业知识和投资经验向非金融性项目投资。

从运用的方向看，证券化资产（含股票和债券）占据主导地位，实业领域约占1/5的市场份额，其余用途不一，其中可能仍然含有相当一部分的证券化资产投资。可以看到，金融资产将占70%以上。

（四）资产管理——信托的主业

无论是依据何种关键要素理论，不同的服务主体都需要考虑资产管理在各自业务中的地位和资产管理模式。事实上，不同服务主体切入资产管理"蓝海"的时机和方式均有所不同，且各自在为客户提供服务上形成了自有的模式，得到了市场的认可，取得了发展。在采取进一步行动之前，作为参与其中的一类服务主体——信托行业一定要问自己：信托在资产管理中究竟扮演了什么样的角色？是主导或是参与？CIEC认为，确定信托机构资产管理业务定位的关键在于3个基本要素：法律基础、功能、客户服务。

以下我们就关键要点进行对比分析和阐述。

首先，法律基础。

我们知道，任何国家的法律体系结构由高到低的法律地位是：宪法、法律、行政法规、地方性法规和规章制度办法通知……其中尤为重要的是，在决定目前资产管理可以为客户提供哪些产品和服务方面，监管法律法规起着非常关键的作用。对比开展资产管理业务的5类服务主体所依据的法律层级，我们注意到，信托依据《信托法》开展业务、基金公司依据《证券基金法》开展业务、银行依据《商业银行个人理财业务管理暂行办法》开展业务、保险依据《保险资产管理办法》开展业务、证券依据《证券资产管理办法》开展业务（见表1）。5类主体在资产管理业务开展中依据的法律地位高低，直接决定了法律对该类业务的保护层级、力度以及未来的发展空间，信托和基金坚实的法律基础毋庸置疑地证明了这一点。

表1　　各类金融机构开展资产管理业务的法律依据

	信托	银行	基金	保险	证券
法律	√		√		
行政法规		√		√	√
地方性法规					
规章					

资料来源：CIEC分析。

其次，功能。

我们在前文已经将资产管理的功能分为6个方面：投资、保管、转移、权力分立、代管和维护保养，其中维护保养不计入金融机构的服务范围。事实上，只有信托能够同时履行五大功能参与到实体与虚拟金融体的资产管理，其余4类机构的资产管理功能主要体现在投资和保管两大方面，并且偏好金融资产的投资类，基本不涉及实体资产（见表2）。为此，我们得出的结论是：信托机构是能够为客户提供资产管理全方位服务的唯一机构，其余均为局部性的服务提供商或者说是细分市场服务商。

表2　　各类金融机构开展资产管理业务的功能覆盖

	投资	保管	转移	权力分立	代管
实体资产	❶	❶	❶	❶	❶
现金资产	❶❷❸❹	❶❷❹	❶	❶	❶
信贷资产	❶❷❸❹	❶❷	❶	❶	❶
证券化资产	❶❷❸❹	❶❷	❶	❶	❶

注：❶信托，❷银行，❸基金，❹保险，❺证券。

资料来源：CIEC分析。

最后，客户服务。

资产管理的客户服务主要涉及服务系统、信息透明和产品 3 个方面。这些要素与实际运行关系密切，不仅与各类机构的现状有关，还与它们理论上应该可以达到的水平有关，也与其目前的环境约束有关。对这 3 个要素的研究表明，信托、银行、基金、保险和证券各家机构的优劣势有所不同。从理论上的整体评价结果看，信托业从事资产管理业务略占优势（见表3）。

表 3　各类金融机构开展资产管理业务的服务条件

	信托	银行	基金	保险	证券
服务系统	★★★★	★★★★★	★	★★★★	★★
信息透明	★★★★	★★	★★★★★	★★	★★
产品	★★★★★	★★★★	★★★	★★	★★★

资料来源：CIEC 分析。

综合上述3 个方面的分析并将其分解为 8 个维度，我们可以对 6 类机构（基金、银行、证券、信托、保险和私募股权基金，由于金融资产管理公司的特殊性和临时性，在分析中没有列入）进行总体综合评价，得到的结论令我们振奋：依据资产管理理论原理，排除政府的阶段性监管限制，无论参考哪个衡量标准，成熟的信托业都将占据绝对优势，是当仁不让的资产管理最佳模式。银行业以其渠道优势所产生的综合优势占据了资产管理的次席（见图6）。我们有理由认为：信托业的主业就是“资产管理”。

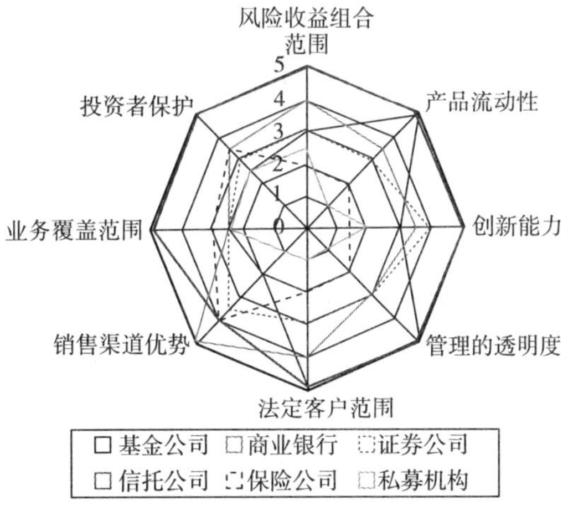

资料来源：CIEC 分析。

图 6　资产管理业参与机构优劣势对比分析

虽然我们的结论是信托业是最佳的“资产管理”机构，但这并不能说明信托业目前的状况（见图7）。事实上，信托业的现状与理想的状况之间的差距是巨大的，这既有外部环境如监管等因素的影响，也有信托业自身的能力和发展水平不足的原因。更严峻的挑战是，信托业并未被监管机构、投资者、专业机构、广大民众和舆论等认可并接受为资产管理的专业经营机构。

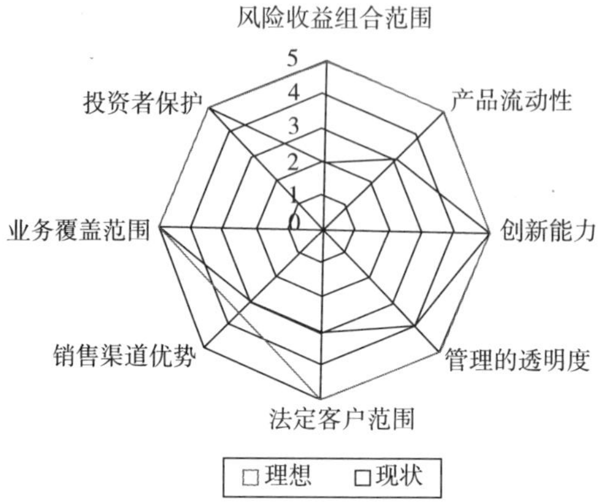

资料来源：CIEC 分析。

图 7　信托业在资产管理领域的现实与理想差距

四、坚守“本业”，打造“资产管理”的王国

由于历史的发展、各个金融业务的走向和政府主管部门的不同等原因，全球至今没有形成资产管理业公认的经营模式，在金融业发展战略和监管上还没有明确按照统一的资产管理业来开展这一业务。资产管理缺乏统一监管和一致的游戏规则，甚至在称呼上也缺乏一致的公共认知，如发达国家对资产管理业务有多种称谓（Asset Management、Wealth Management、Private Banking 等）。这表明资产管理仍然是一个不成熟和发展演变中的行业。

正如我们前面的分析，作为依托《信托法》构建起清晰四权（所有权、使用权、处置权和受益权）并分立运转的信托业，拥有了在资产管理业务中最佳的法律优势地位和事实上优势的应用地位。在众多机构拥挤在以金融产品为主要运作方式而实体业投资匮乏的时代，失衡的经济系统需要一个能够化不对称为对称、化消极对称为积极对称、化低层次对称为高层次对称的优秀资源优化配置体系挺身而出，“信托业”这一跨越金融业和实业的桥梁正是承担资产管理重任的唯一。

利用信托业的优势，资产管理就能够在人类经济活动的实体和金融（虚拟）体之间优化资源配置，实现资源优化再生的经济增长方式，建立起有序、双赢、和谐的经济结构，从而实现生产力的发展和经济与社会的进步。此外，信托化的资产管理业有可能避免或减少全球不断出现的以金融（虚拟）体为主要投资对象导致的失衡的博弈现象。

然而，我们也清醒地认识到，历经 800 多年的磨炼，信托业在资产管理的各个领域摸爬滚打并展现出其魅力的同时，仍然没能够独立撑起资产管理这杆大旗。这说明理论上的优势并不意味着在实践中同样能够占尽先机。我们认为，信托业要从机遇中崛起并占据更重要的位置，必须在以下3个方面建立起足够强的能力。

（一）卓越的客户服务

资产管理起源于为客户服务，客户服务是其生存之本。信托业虽然在法律上占有优势，但在所有参与资产管理业务的机构中，客户服务的楷模是私人银行：无微不至地提供从收益、安全、税收效率、私密性到多种偏好的混合，其服务范围已延伸至几乎所有的金融领域，包括银行储蓄、购买国债、共同基金、保险、信托、房地产信托基金（REITs）、私募股权基金等。除此之外，银行还拥有良好的网络覆盖，能够为客户提供及时和面对面的个性化服务，这也是信托需要培养的能力短板。

信托业面临的另一个挑战就是客户对资产管理的认知，由于监管的限制使得信托机构的服务无法公开、广泛地传递给客户，导致客户因为信息的不对称以及经验的缺乏对资产管理呈现非理性的反应或误解，这些都将是信托业发展中需要克服的阻碍。

（二）业绩与风险平衡

资产管理的最基本要素之一是如何确保在安全的前提下为客户提供所需的服务。要在资产管理领域独领风骚，应当解决以下问题：

一是优异的业绩表现。将业绩放在首要位置，为客户提供价值是任何优秀的资产管理机构追求的目标。这是一种能力，也是一种文化，需要长期培养与坚持，只有这样信托业才能得以长期持续的健康发展。

二是良好的风险控制力。首先，在资产管理中最大的风险是道德风险，当经营出现快速增长/下降或业务创新大幅度增加时，资产管理机构往往会忽视或放弃自己的风险管理准则，不自觉地放松对风险的控制，甚至为了促成业务而不告知客户交易对手的潜在风险或未开展恰当的交易对手背景调查就接受与其实际风险状况明显不符的项目并向客户推荐。因此，信托业必须以最高勤勉和恪尽职守的态度去对待每一个客户的资产，无论大小、无论服务繁简、无论时间长短，使他们确信公司会严格地按照他们的要求去打理。因此，信托业必须在员工中培育出客户至上和诚实守信的文化才能在业内站住脚。其次则是资产管理运作的风险，这既需要在公司内部建立起完善的风险管理体系、制度、流程、文化和日常运行规则，还要针对金融工具激增所带来的风险扩大和数量大幅度增加进行研究和技术上的创新以完善支持对风险的动态监管和控制。同时，加强对一线业务的员工培训，包括产品、风险识别、客户需求特点，设计合适的薪酬体系平衡对业绩和风险控制的努力。在运营中，信托公司要建立起一条不可逾越的资产管理基本原则，即禁止为向客户提供服务而跨越法律边界，如帮助客户伪造数据、单据或科目来隐藏资产或收入。

（三）优秀的资源配置

资源配置作为资产管理的实施手段，是信托业资产管理的第一关键要素。虽然在金融市场上拼杀的众多金融机构已经建立起了丰富的产品线，从股票、基金、期权到其他衍生品诸如指数分级基金等。然而，信托业在实体领域中以及实体和金融体之间并没有构建起这样的产品线。信托业在资源配置上仍然以单一项目和单一资产为主、其他形式为辅，相比其他资产管理机构在资源配置上的操作，其对效益和风险的综合管理能力的弱点就一览无遗，并受到从投资者到监管机构的一致诟病。

从历史的发展来看，众多的资产管理机构最终转向以金融领域投资为主的事实揭示了实体投资运作的难度。而信托业要做好实体领域的资源配置并结合金融业进行综合运用需要无限的创新和开拓。

在设计资产（贷款、股权投资、保管、证券、期货、衍生投资、房地产投资、文化或文物投资）配置中，必须根据市场和经济发展规律及需求特征，遵循对称与和谐原理进行配置。我们的观点是，任何以主动为主、被动为主、股权为主、贷款为主的观点都可能导致资源配置与实际需求的错配，从而使经济发展产生偏颇。要想避免市场之手失灵导致的资源配置失衡现象出现，信托业不仅仅要脚踏实地地走在实践的道路上，更要从理论和分析的高度对经济体的资源需求和配置进行系统研究和分析，找到符合经济发展规律的原则指导信托业进行有效和对称的配置。为了满足客户的需求，信托业需要建立一套符合经济规律的资产配置体系，真正形成资产管理的精细化服务。

要提高配置能力和实现快速发展，我们认为信托业必须解决好三大关系。

第一大关系：实体和金融体之间资源配置的平衡。众所周知，实业和金融两者之间是“红花和绿叶”的关系，谁也离不开谁，但是谁也不能独立成长壮大。两者和，则经济健康、快速发展；两者冲，则经济发生危机，社会产生动荡。最新的例子就是2008年从美国产生并蔓延至全球的金融危机，传导至实体经济领域发生了全球性的经济危机。

虽然银行、证券公司、私募基金在其与实体连接中已经做了很多有益的工作，并推动了社会经济的发展，但其局限性和不完全性也是存在的。

第二大关系：实体产业中不同产业的资源配置之间的平衡、和谐发展。要明确哪些是推进整个经济发展的，哪些是推进小产业发展而对经济影响不大的，哪些是推进小产业发展而破坏了整个经济和谐发展的，哪些是对谁都无益仅对项目方有益的……

第三大关系：资金运用方式之间的匹配与和谐。不同行业、企业对资金的需求数量和类型各不相同，信托业如何把握其真实需求将资源在系统中合理配置，贷款融资的数量和比重应该是多少，股权投资的比重应该是多少，夹层融资的比重应该是多少，被动融资和主动融资的比例应该是多少等虽然在实践中无法给出精准的数据，但是信托业应该对此进行研究并给出一个判定的标准和范围以指导其业务运行中的资金合理和有效地配置，避免或减少由于资源配置不当所导致的经济发展失衡和资源利用效率低下。

事实是：信托业做什么业务不是关键，重要的是如何运作其管理的资产以实现在经济体系中对称配置，保证社会有序、和谐地发展而不至于导致社会动荡和经济次序颠倒或混乱并使客户的资产获得价值最大化。我们相信，信托业携理财职能、金融职能、投资职能、社会服务职能、协调经济关系职能于一体的优势，必定可以为社会搭起集“融资”、“融物”、“投资”、“管理”、“服务”为一体的一个综合化金融服务平台，成为联结产业资本与金融资本、股权市场与其他要素市场、虚拟经济与实体经济的金融纽带，将自身打造成国际上认同的一个“基本是没有风险的金融机构”，从而立足于资产管理之巅。

结论：谋全局方显信托本色。

从诞生之日起就将自己与资产（“资产”最初的表现为“财产”）紧密相连的信托业，其每一次的进步都伴随着人类资产的积累、扩大而发展前进。

“资产管理是人类社会发展到一定阶段的必然，甚至是不可或缺的。由创造力所激发出的能量积聚起大量无法一次性消费完的资产，从其诞生的那一天起，就需要通过‘有形的手’以不同形式被安排或重新融入社会的再创造过程中，社会将由此改变和进阶。一种完善、和谐的资产管理制度——信托法的产生和运行，推动人类社会从简单生产（手工到机械）、实体（平面到网状）交易形式、激进资本增值（货币到多重虚拟）来创造资产和财富进入一个多维、多重、平衡方式来改变自身和社会创造的崭新和谐模式。”信托业就是为此而生、为此而长，信托业的根就深深地植入资产管理的沃土之中。

因此，信托人应该清醒地认识到：信托法是信托业之源，资产管理是信托业之根，信托服务则是信托业之果。

信托业应积极整合并紧紧依托横跨实业与金融业（银行、证券、保险、基金）的业务平台，为富裕起来的中国人提供全新的“资产管理”服务业。

信托机构应借助国内外信托业及资产管理发展的经验与成果，结合“资产管理”特色和自身强项，坚持多样化产品和专业化服务并举，紧扣金融与经济发展匹配的主题，积极进行客户、市场和产品的开拓创新，打造综合化、全产品、立体化的“信托”金融服务平台。

本着优势互补、合作共赢的宗旨，信托业应强化客户方、项目方、合作伙伴方之间的桥梁作用，将各方的优势链接在一起，主动发挥自身对实业—金融的协同效应功能，积极促进经济和谐发展，努力把握未来经济的走向，通过信托化产品的交叉组合以及各类资源的有效共享创造出实业—金融市场的新纽带，为客户提供创新化、多样化、专业化的综合金融服务，实现社会资产价值的最优化运作和配置，造就一个真正覆盖经济的综合资产管理平台。

只要信托机构以“资产管理”为纲，信托业务的发展就能水到渠成，无往不利，才能无愧于金融的三大支柱之一[①]。

① 笔者认为金融的三大支柱是：银行、保险、资产管理（信托），参阅后续分析。

信托公司与银行私人银行业务合作的实证研究

北京国际信托有限公司　刘向东　杨凯育

中国市场巨大的财富效应正不断催生出数量庞大的高净值人群。私人银行业务财富管理作为金融服务平台的重要组成部分，开始成为各家商业银行经营及业务转型的重要选择，也成为信托公司银信合作转型、加强自主财富管理的重要方向。信托业的制度优势和灵活性与银行私人银行业务之间的契合性决定了两者之间可以开展良好的合作。

本研究报告通过分析私人银行财富管理与信托的内在联系以及上市商业银行私人银行业务现状，探讨了银行私人银行业务与信托业务的对接情况，进而对信托加强与商业银行私人银行业务发展提出合理的建议，有助于进一步推动信托与银行间的合作，对于提升信托公司的产品创新和客户服务能力具有积极意义。

一、财富管理与信托

（一）财富管理

财富管理实际上就是通过一系列财务规划程序，对个人财富进行科学化管理的过程。财富管理主要包括3个方面的服务，第一是财富保值，首先要保证客户财富的不贬值；第二是财富增值，即进行投资理财规划，追求财富价值的理性、稳定增长；第三是财富转移，就是财富所有者按照自己指定的对象和时机通过信托或者其他方式来分配和传承财富。

从国际上看，在为高净值客户提供财富管理服务方面，瑞银集团将私人财富管理业务作为理财业务发展的核心，目标客户定位于全球高端客户和富裕人群，采用“One Firm”模式，成功在财富管理部门与集团其他部门之间搭建良好内部合作关系，通过专家顾问间的相互协作，了解客户需求，为客户量身定做投资方案，采用“开放产品模式”建立个性化的财富管理产品体系，甄选最好的产品，帮助客户实现财富积累、保护和转移的全过程，在选定领域内以超过平均水平的增长，确保全球领先地位（见图1）。

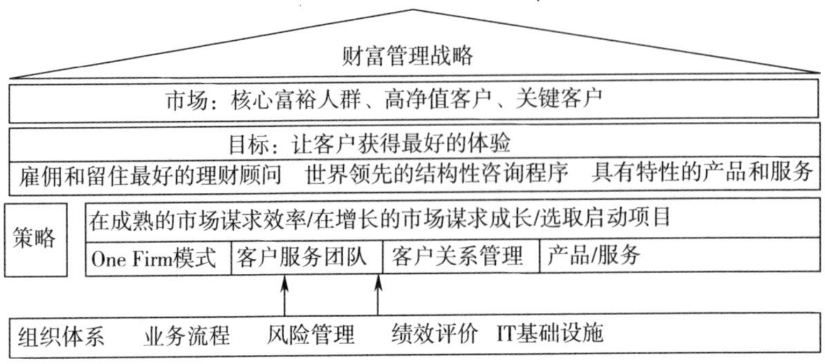

图1　瑞银集团财富管理战略

花旗银行在对财富管理行业变化具体分析的基础上，立足于集团的资源和能力，由采用“差异化策略”、“成本领导策略”转变为“集中化策略”，与其他金融机构或相关公司合作共同开放市场，它一方面为客户提供量身定做的各种完善的顶级服务，包括投资基金管理、客户交易活动、信托服务、结构性贷款、资产衍生外汇交易等；另一方面还提供许多市场上独特的服务，如通过家庭咨询服务帮助高收入客户解决资产管理问题，通过艺术品咨询服务帮助客户挑选、定价、谈判、融资、保管艺术品和股票，使私人银行业务始终是花旗的核心业务和特色业务（见图2）。

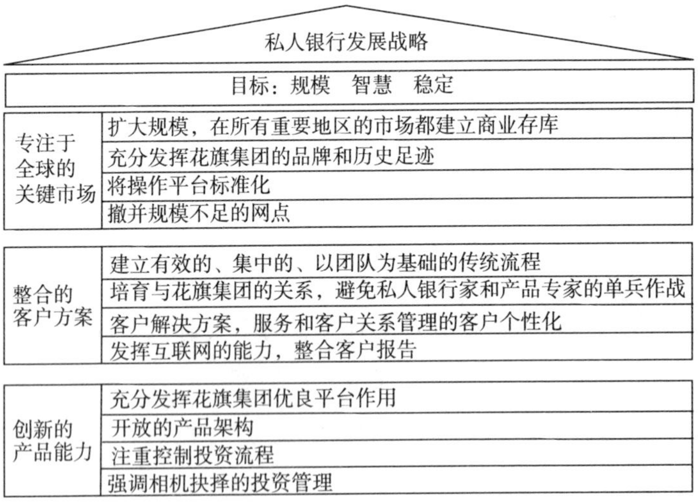

图2　花旗银行私人银行发展战略图

得益于中国经济的强劲增长、民营企业的崛起以及资本市场的进一步发展，中国财富市场快速增长。我国高净值人群的主体集中在20世纪六七十年代出生的30～49岁人群，平均年龄远低于发达国家，且年轻化趋势越发明显。其中，有超过半数为中国“文革”之后第一代大学生——以“60后”与“70后”为主。年轻的心态、良好的专业素质、经济飞速发展的历史机遇，使其成为勇于探索的创业者和优秀的职业经理人，也成为中国私人财富市场的中坚力量。

中国的高净值客户对财富管理机构的选择标准各异，服务是客户在挑选财富管理机构时最多被提及的标准。产品也被视为高净值客户选择财富管理机构的重要标准之一。尽管面临巨大的挑战，但中国财富管理市场为财富管理机构提供富有吸引力的巨大机会和发展空间。

当前，中国财富管理机构包括商业银行的私人银行（中外资）、券商、第三方独立理财机构、信托公司和基金公司等。根据各类型机构为高端客户提供财富管理专属服务门槛的不同，可以作如下分类（见图3）。

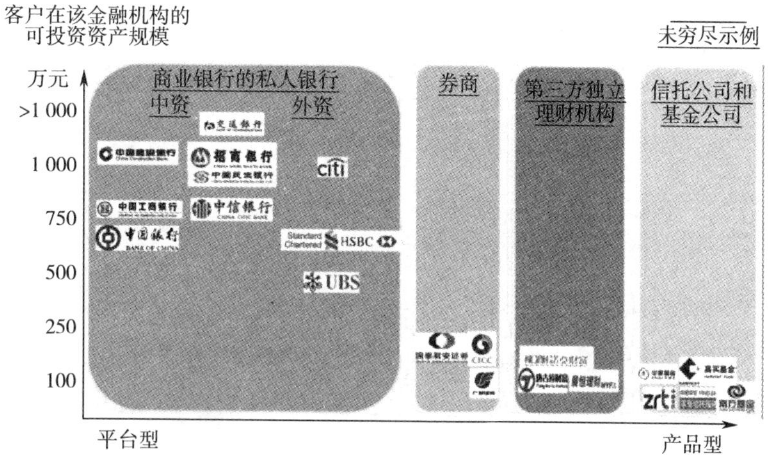

注：基金公司对基金委托资产高于5 000万元人民币的客户提供一对一专户服务。

资料来源：公司网站、公司年报、贝恩分析。

图3 金融机构为高端客户财富管理服务情况分布图

调研显示，在过去两年，中国高净值人士越来越多地将日常理财的主要渠道转向使用财富管理机构。高净值人群更愿意使用银行作为财富管理的渠道。接近45%的高净值人士将主要可投资资产交由私人银行和其他财富管理机构打理，相比2009年增加了近30个百分点（见图4）。

中国私人财富市场上，中资银行依然占据主要地位。调研显示，私人银行客户中85%的高净值人士会选用中资银行进行财富管理，其中约60%的高净值人士会选择中资私人银行作为财富管理的主要机构。所以，通过私人银行进行产品线的完善和客户群的拓展将成为信托与银行合作的重要选择（见图5）。

（二）信托制度在财富管理中的独特功能

1. 财产管理功能。信托作为一种财产管理制度，由于受托人可以按照委托人的意愿对信托财产进行管理、处分，委托人可以通过受托人进行财产管理。当财产所有人希望将一部分财产

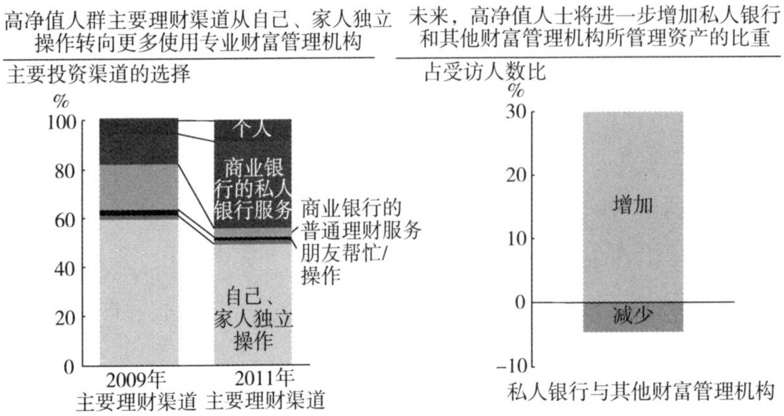

资料来源：招商银行—贝恩公司高净值人士群调研分析。

图4　高净值人士财富管理渠道

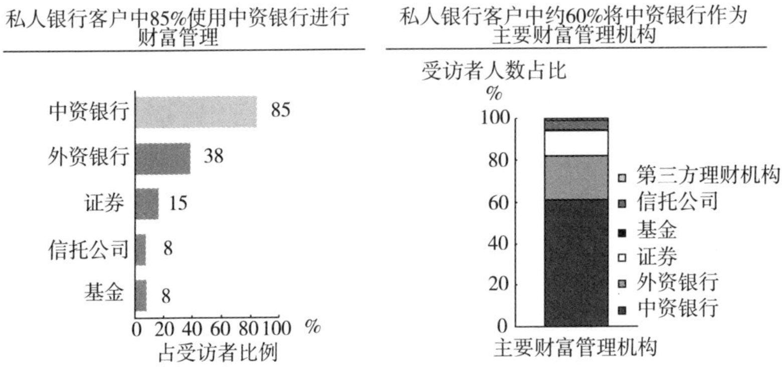

资料来源：招商银行—贝恩公司高净值人士群调研分析。

图5　高净值人士私人银行/高端财富管理机构选择

转移给第三人享用，财产所有人以该财产设立信托，通过受托人管理财产。另外，财产所有权人自己没有精力或时间，或缺乏管理能力，可以将财产设立信托，通过受托人的专业管理活动，实现财产增值目的。

2. 破产隔离功能。破产隔离是信托制度的核心功能。由于信托财产的独立性，使信托具有特殊的破产隔离功能。《信托法》规定，信托财产既区别于委托人和受益人的其他财产，也区别于受托人的固有财产和受托人接受的其他信托财产。信托制度能够实现高净值个人投资与风险相互隔离的功能。

3. 投融资功能。信托公司通过架构委托人、受托人、受益人、投资项目的融资方之间的多边信用关系，通过融资、融物和直接融资、间接融资的综合运用，可以实现货币市场、资本市场、实业市场跨领域的投资，实现社会资源的相互融通，促进资金的优化配置，并实现高净值个人在不同领域的投资需求，通过投融资实现财富的保值与增值。

4. 财产权分拆与保全功能。财产权包括占有权、使用权、处分权、收益权。委托人将财产权交付给信托公司设立信托，可以实现财产权的拆分、转让，而且不破坏财产权的完整。通过财产信托制度，可以既保证财产的完整性，又可以实现财产收益的灵活分配。

（三）银信合作转型的方向：拓展私人银行财富管理业务

银信合作业务是在中国国情下信托公司和银行合作开展的特色业务。目前，监管部门不断规范银信合作业务，提高了对银信合作业务的监管要求，对银信合作业务明确风险归属，引导信托公司发挥自身制度优势，创新理财产品，推动信托行业健康发展。银信合作业务发展节奏得以有效控制，2011 年 12 月 31 日，银信合作理财产品规模为 1.67 万亿元，占比下降 34.73%。

从银行的角度看，国内法律对商业银行业务范围的限制，使中国内地商业银行的资产管理能力和业务创新能力受到制约。《商业银行法》明文规定："商业银行在中华人民共和国境内不得从事信托投资和证券经营业务，不得向非自用不动产投资或者向非银行金融机构和企业投资，但国家另有规定的除外。"从目前分业经营的格局出发，国内商业银行在私人银行这一维度上，体现的仅是一个集成商的角色，是一个平台的角色，即把信托、证券、基金、保险的产品集成在一个平台，商业银行可借助信托公司的优势，满足理财资金多元化投资运作的需要，满足银行维持自身客户群的需要。

对信托公司而言，在"十二五"转变经济增长方式的大背景下，向自主设计、自主管理方向转型势在必行。信托公司应着眼行业长远发展，大力开拓自主管理类业务，提供差异化、特色化服务，探索和完善信托公司可持续发展的新模式。

信托公司应科学发展银信合作业务，在银信合作中作为商业银行私人银行部门的一种延伸，为私人银行客户开发更多个性化的产品，面对高净值客户以理财服务需求为核心提供一揽子金融服务，帮助客户实现财富的合理规划与科学配置、风险隔离、家庭成员生活的有效保障、家族财富的永续传承等，提供跨市场资产配置的能力。

二、正在兴起的中国商业银行私人银行业务

2007 年 3 月 28 日，中国银行联合苏格兰皇家银行（RBS）推出私人银行业务，拉开了中国私人银行业务的序幕。随后招商银行、中信银行、工商银行等国内商业银行纷纷成立私人银行部，踏上私人银行业务之路。截至 2011 年末，中资商业银行中已开展私人银行业务的有中国银行、交通银行、招商银行、中信银行、工商银行、建设银行、民生银行、农业银行、浦发银行、

兴业银行、华夏银行共11家银行。

随着中国私人财富规模迅速膨胀，高净值人群财富管理目标、资产配置和服务需求日益多元化，并且越来越多地由依赖个人或家庭操作转向专业金融机构进行财富管理，中国私人银行业呈现巨大潜力。

（一）发展模式

中国的私人银行业仍然处于一个发展的初级阶段。目前，仅有工商银行、农业银行和交通银行的私人银行持有银监会颁发的私人银行业务牌照；其他几家商业银行的私人银行没有持牌但也同样开展经营活动。此外，到目前为止，银监会尚未出台系统的私人银行业务监管条例或业务指引，目前私人银行都按照一般理财业务的相关业务规定开展业务。私人银行不仅在资金的进入门槛上有别于财富管理、贵宾理财业务，而且在风险控制等方面也有自身特点。

中资私人银行受益于商业银行业务长期的客户积累。大部分中资商业银行母品牌在中国活跃了几十年，覆盖大部分一、二线城市，拥有大量的客户基础。在此基础上，其私人银行中心的建立相对容易，并且多以培育从零售网点升级而来的现有客户为主。近年来，中资私人银行积极进行品牌建设，通过私人银行中心建设、广告投入、组织高端聚会和活动等方式进行宣传，高净值人士对中资私人银行的品牌认知有较大提升。

热衷多元化理财的客户更倾向于利用中资私人银行打造的平台效应“一站式”选择产品和服务。同时，中资私人银行通过其商业银行客户资金存量和流动趋势主动获取高端客户，将理财与普通商业银行服务相结合，更能增加其生活便利性，满足高净值客户多元化的需求。因此，中资私人银行在短期内相较于其他财富管理机构，具有较强的竞争优势，在市场份额方面处于领先地位。

现阶段，我国私人银行主要采取两种组织结构。一是有些银行将私人银行划归在零售银行业务之下，把高端零售银行客户的业务交给私人银行做；二是采取事业部模式，将私人银行和零售银行并列为两个平行部门。

从业务层面来讲，私人银行的人力与理念基本是从一般个人理财、贵宾客户理财以及高端财富管理过渡而来。我国目前私人银行业务发展相对滞后，主要表现为专业人才缺失和财富管理理念单一。私人银行业务从人才到理念业务线条都需要拓展。

从产品层面来讲，目前私人银行所发行的产品大部分是与信托、证券和私募等多方金融机构合作发行的。私人银行正从集合信托、私募股权投资等常规产品向特色投资过渡，大部分私人银行已开始专门为私人银行客户量身定做、研究设计特色产品。私人银行的产品和业务趋势是量身定制的金融投资产品、专业化投资咨询服务、高端客户专享增值服务。

私人银行客户已经完成了个人的原始积累，需要在此基础上实现金融资产的稳步增值与个性化理财服务。如何探求这些客户的个性化需求再加以应对，对私人银行业是一大挑战。

（二）发展态势

商业银行的私人银行一般准入门槛为 800 万～1 000 万元人民币或 100 万美元，总体而言，商业银行的私人银行占市场的主导地位。

1. 私人银行业务客户数量与管理资本情况。截至 2010 年末，国内私人银行业务开展较好的工商银行有私人银行客户 1.8 万户，管理客户的总资产 3 543 亿元，个人理财及私人银行业务收入 148.58 亿元，这其中还包括个人银行类理财和代理寿险等业务收入；中国银行在全国共设立 20 家私人银行，拥有客户 1.4 万户，管理资产 2 100 亿元；招商银行私人银行客户 1.3 万户，管理资产 2 703 亿元。目前，中国私人银行业务主要集中在集合信托、私募股权投资、证券投资等方面（见表 1 至表 3）。

表 1　　私人银行业务开业时间及专营机构数量（截至 2010 年末）

银行名称	开业时间	私人银行服务中心（或分部）数量
中国银行	2007 年 3 月 28 日	20
招商银行	2007 年 8 月 6 日	20
中信银行	2007 年 8 月 8 日	35
交通银行	2007 年 9 月	5
工商银行	2008 年 3 月 27 日	10
建设银行	2008 年 7 月 16 日	10
民生银行	2008 年 7 月	17
农业银行	2010 年 9 月	12

资料来源：各上市银行年报、行业公开数据及媒体报道。

表 2　　中资私人银行近 3 年客户数量增长情况　　单位：户

银行名称	2008 年	2009 年	2010 年
中国银行	5 029	9 500	14 250
招商银行	6 398	8 905	12 645
中信银行	2 000	5 223	10 055
工商银行	9 389	13 000	18 000
建设银行	6 991	10 486	15 729
民生银行	608	1 229	2 485
合计	30 415	48 343	73 164

资料来源：各上市银行年报、行业公开数据及媒体报道。

表 3　　私人银行近 3 年管理总资产增长情况　　单位：亿元

银行名称	2008 年	2009 年	2010 年
中国银行	1 077	1 500	2 100
招商银行	1 299	1 814	2 703
中信银行	495	1 787	2 482
工商银行	1 835	2 550	3 543
建设银行	870	1 297	1 946
民生银行	160	254	403
合计	5 736	9 202	13 177

资料来源：各上市银行年报、行业公开数据及媒体报道。

交通银行作为财富管理银行，数据显示，2010 年私人银行客户大涨 109.81%，实现了翻番。民生银行 2010 年年报显示，私人银行客户数量增长 102.21%，管理金融资产规模增长 58.82%。

目前，从客户数和资产管理来看，工商银行、招商银行、中国银行以及建设银行可作为中资银行私人银行的第一梯队，交通银行、中信银行、民生银行属于第二梯队，刚开展业务的农业银行属于第三梯队。

2. 网点分布情况。国内开展私人银行的银行主要集中在长三角、珠三角，并逐渐向中西部拓展。对于分布的选择，私人银行业务瞄准北京、上海、广州、深圳四大城市，因为这 4 个城市是富人的聚集区。

中资银行中的 8 家银行都在北京、上海、广州、深圳开办了私人银行业务部，在这四大城市站稳之后再向其他地区扩展。目前，私人银行网点最多的是招商银行，在 16 个城市铺设了 20 家网点，包括深圳、北京、上海、哈尔滨、青岛、天津、广州、南京、杭州、南昌、武汉、沈阳、重庆、东莞、成都、西安。招商银行已经不局限于一级城市了，开始向一些富裕的二级城市拓展，比如东莞。另外，民生银行则在 17 家分行开展了私人银行业务，包括北京、上海、广州、深圳，及南京、福州等；中国银行目前开展业务的地区也达到了 20 个，包括北京、深圳、上海、哈尔滨、青岛、天津、广州、南京、杭州、武汉、大连等。

其他银行私人银行网点都在 10 个左右，工商银行有上海、北京、广州、深圳、南京、杭州、济南、郑州、成都；建设银行则有北京、上海、广州、深圳、山西、内蒙古、福建、浙江、江苏、青岛等；交通银行也有 10 个地区，为北京、上海、广州、深圳、杭州、武汉、郑州、太原、南京、青岛；农业银行也在全国 12 个地区成立了私人银行部。

除了北京、上海、广州、深圳外，杭州、南京、青岛等财富较为集中的地区也是私人银行的目标地，而随着长三角以及珠三角网点的布局完毕，西部的成都、重庆以及中部的武汉、郑州等地区成了私人银行另外的挖掘地。2010 年，私人银行分部建设步代加快，比如建设银行由以前的 4 个增加到 10 个。这主要因为中西部一些城市富人也在急剧膨胀，而这些地区的富人主要集中在省会。

除了建立专门的私人银行分部外，在一些未建立私人银行分部的地区，同样开展了私人银行业务，主要依靠其分行的力量，来服务于高净值客户。

三、私人银行与信托业务的对接情况

近年来，信托与私人银行之间的合作密切，以私募股权、阳光私募、产业基金为代表的各类投资发展迅速，产品涵盖的地域范围越来越广泛、资金运作手段越来越灵活，为我国银行与信托联合打造针对高端净值客户的私人银行业务奠定了良好的基础。我国商业银行私人银行的产品创新借助信托可完全面向高端人士，实现个性化定制。商业银行的私人银行往往将信托公司视为产品设计与提供方，按照自身要求定制信托产品，从而实现投资者财富最大化的目的。同时，信托制度可弥补我国金融市场结构中的中长期资金来源不足，给私人银行业务的客户提供了中长期的具有投资价值的项目，私人银行的高净值客户较多，承担风险的能力较强，对收益稳定、中长期的投资产品需求较大。

从资金管理方式上，私人银行与信托公司合作分为两类：第一类为单一资金信托与个性化需求。私人银行可为其客户定制专属型的财富管理方案，通过受托人的专业管理实现客户的特定财富管理目标，如财产保护、财产转移、遗产管理等。第二类为集合资金信托与投资需求。集合资金信托主要运用方向是股权投资、私募证券投资、产业投资基金及另类投资等，可满足高端人士特定的财富积累需求。

从资金运用目的上，私人银行业务的信托产品体系有以下三大类（见图6），第一类是财富积累信托产品。信托通过专门的投资方案设计可以满足私人银行客户的个性化需求，比如设立私募股权投资信托、私募证券投资信托、产业投资基金等。第二类是财富保护信托产品，主要是避免财产损失风险。第三类是财富传承信托产品，实现有效、平稳的家族股权转移和管理。从我国现实情况出发，商业银行私人银行业务主要以第一类财富积累信托产品为主，另两类在我国还处于探索阶段，所以这里主要对第一类产品的特点、类型以及重点案例作详细介绍。

（一）财富积累类信托产品

此类信托产品包括私募股权投资信托、阳光私募信托、产业基金信托以及另类投资信托等。

1. 私募股权投资信托。私募股权投资信托是以未上市公司股权为投资对象的信托产品。目前，私募股权投资信托面临巨大的发展机会，其较高的投资回报和较长的投资周期更适合私人银行高端客户。信托公司可以担任私人股权基金发起人和管理人，以私募方式投资项目，共担风险，共享收益。

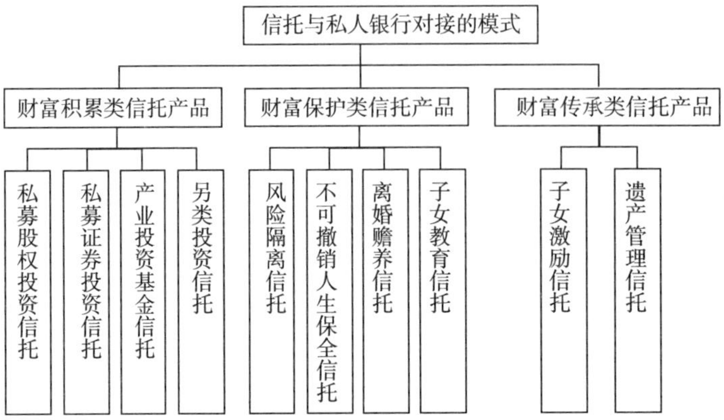

图 6　信托与私人银行对接模式图

中信银行与中信信托 2007 年 4 月 10 日联合发行了“中信理财之锦绣 1 号”，产品主要投资于银行、证券、保险等金融机构的 IPO 战略配售、定向增发和其他股权投资项目，这是国内首只股权投资型银行理财产品。与多数银行理财产品不同，该产品为浮动收益型产品，存续期满，投资者的本金及收益将根据实际投资情况一次性支付，其预期年收益率为 6% ~25%。为增加产品的流动性，“中信理财锦绣 1 号”理财产品运作满 1 年后将每半年开放 1 次，投资者可根据最近估值基准日公布的结果将投资所得变现，由中信银行负责撮合成交。“中信理财之锦绣 1 号”充分体现了中信综合金融平台的优势，银行与信托合作，极大地开拓了投资者的投资领域。

另一款比较有代表性的是招商银行与中信信托 2007 年 9 月 12 日联合推出的“金葵花”鸿运 1 号股权投资者民币信托理财产品 8114。产品投资对象为中信信托管理的“中信锦绣 2 号股权投资基金信托”的次级受益权。信托资金投向中国地产以及其他领域优秀企业的股权投资和公众公司的定向增发项目，未投资的基金信托计划资金可用于银行存款、货币市场基金、新股申购和债券回购。信托采用优先/次级的结构性设计，有效地保障优先受益人的权益。

伴随国内私募股权市场的发展，商业银行通过 PE 拓展业务类型和收入来源的意愿不断增强。在最初阶段，银行往往通过提供基金募集、发行顾问、财富顾问、私募基金托管等中介服务来参与 PE 相关业务，之后，银行通过与信托公司合作发行私募股权信托计划的方式曲线进入 PE 市场。在拓展私募股权投资方面，以 IPO 作为主要推出方式的产品有 PRE IPO 基金、增长型 PE 基金、VC 基金等；此外，还有投向一级半市场的定向增发基金、投入资源性领域的矿产股权基金和并购性私募股权投资基金等。

2. 阳光私募信托。银行与信托合作案例中比较有影响力的是光大银行私人银行与外贸信托联手北京星石、上海尚雅、深圳民森、上海从容、上海涌金国内 5 家业内顶尖私募基金于 2009 年 8 月 18 日针对高端客户推出的“阳光私募基金宝”理财产品。“阳光私募基金宝”产品主要投向境内 A 股市场，投资范围包括 A 股股票、债券及债券回购、权证、开放式基金、封闭式基金、指数型LOF与ETF等。其中，投资比例限制分别为：权益类资产（包括股票、股票型基金、混合型基金及以股票为标的资产的金融衍生产品）0~98%；投资范围内的非权益类资产2%~100%。“阳光私募基金宝”理财产品是“基金中的基金（FOF）”，通过母信托计划作为资产归集载体，下设若干二级子信托作为投资运作载体。在投资运作过程中，由光大银行引入5家私募基金负责各子信托投资管理，并结合不同时期的市场特征将产品募集资金在5家私募基金子信托间动态配置，且制定了严格的投资指引以及零距离监控。在投资过程中，信托公司实时按照投资指引对投资顾问的投资建议进行监控审核，审核通过后进行投资运作。产品的全部资产由光大银行独立托管，以确保安全。

2009年下半年，邮政储蓄银行和光大银行先后开发“邮储金种子精选投顾”和“光大阳光私募宝”两款TOT产品。2010年，中国银行、招商银行、农业银行等也陆续推出TOT产品。2010年8月2日发行的“外贸信托·汇聚成长1期组合型集合资金信托计划”，精选中国股票市场上历史业绩优良的5只私募基金——新价值、尚雅、翰信、汇利、金中和，邀请国信证券担任投资顾问，投资于经受托人与投资顾问共同选定的证券投资类信托计划，管理资产达17亿元。相比光大银行“阳光私募基金宝”、邮储银行“金种子优选投顾人民币理财计划”等理财产品不超过50万元的投资门槛，招行与外贸信托联合推出的“汇聚成长1期”门槛较高，最低认购金额为300万元人民币。

2011年，银行与信托在私募证券类产品的扩容加快步伐，TOT成为重点发展的产品。而与早期TOT产品不同的是，银行作为投资顾问，信托作为受托方，摒弃过往被动复制的模式，开始采取动态管理的新模式。2011年发行的TOT产品通常采用主动管理模式，即投资顾问根据对子信托盈利能力或对未来市场趋势的判断，不断调整投资目标和投资比例的组合产品。新TOT将在两方面实现主动管理的功能。首先，TOT采取全覆盖的产品投资约定，即投资组合可以覆盖所有信托平台上发行的产品，这使得TOT投资顾问选择的范围更广，更有利于优中选优。其次，构建初始组合后，会对组合动态调整。

3. 产业基金信托。信托与银行合作可以为产业基金提供很好的增值服务。产业基金依托信托公司专业研究、产业战略、资本运作等特长与经验，在战略梳理调整、组织流程优化、扭亏为盈能力培养、商业模式的再提炼、品牌增值优化、上市铺垫等方面帮助所投资企业。同时，可充分利用银行为被投资企业提供完整的金融服务链服务：创业初期提供创业贷款，企业发展到一定程度时提供直接投资，企业做大做强时提供并购贷款，企业实施“走出去”战略时海外分行可以提供外币贷款支持等。通过信托与银行提供增值服务，不仅可以提高项目的内在价值，也促进了当地经济的结构调整与产业升级，而且，产业基金也获取了高额回报，实现多方共赢下的可持续发展。

信托公司与私人银行合作比较有代表性的产业基金包括中信银行私人银行与中信信托2009

年12月合作推出的国内首只农业投资信托基金——“中信国元农业基金一号集合资金信托计划”，投资期限5年，募集规模为36 000万元，所募集的信托计划资金主要通过发放贷款及附认股权的贷款、认购增资、受让存量股权等方式投资于河南省内具有高成长性的未上市的农业产业化及关联产业的优秀企业，以及通过发放贷款、认购目标企业非公开发行的股份、目标企业股东协议转让的股份等方式投资于河南省内或与河南相关的已上市的农业产业化及关联产业的优秀企业。

4. 另类投资信托。另类投资指投资传统的股票、债券和现金之外的金融和实物资产，如房地产、证券化资产、对冲基金、私人股本基金、大宗商品、艺术品等。除了酒、茶、艺术品，另类理财产品的挂钩物范围在不断扩大。另类理财产品涉及的艺术收藏品、酒类等市场具有相当的专业性，要求投资者对其所投资标的商品的质地、性能、功用有足够了解。这就决定了这样的理财产品是为高端小众人群所设计，成为私人银行业务量身为高端人士打造的投资热门。

2008年7月，工商银行联手中海信托、中粮集团首推“君顶酒庄”红酒收益权信托理财产品，产品面向该行的私人银行客户和优质个人、法人客户发行，募集资金认购由工商银行委托中海信托设立“君顶酒庄红酒收益权信托计划”。信托计划买入君顶酒庄持有干红葡萄酒2006年份期酒的收益权。此款产品开启了银行发行另类理财产品的新篇章。

2011年4月，工商银行与四川信托联合推出了30年年份酒“天工绝版酒”的收益权信托理财产品，该产品主要投资于设立的“舍得30年年份酒（天工绝版酒）收益权投资（一期）集合资金信托”，该信托计划买入四川沱牌曲酒股份有限公司持有的2万坛舍得30年年份酒“天工绝版酒”的收益权。该产品投资期限为12个月，产品到期后，客户可选择以现金或实物形式获得理财本金及收益，如选择现金形式，除了能得到理财本金外，还可获得最高约4.7%的现金收益；如选择以实物形式获取理财本金及收益，除可得到收益权所对应的白酒外，还可获得6.7%的现金收益，及沱牌舍得公司提供的增值服务——参加舍得美酒品鉴会、畅游四川美景、参与抽奖活动。同时，产品存续期间，客户可按约定行使舍得30年年份酒“天工绝版酒”的收益权，以实物形式提取舍得30年年份酒“天工绝版酒”。

2011年4月8日，渤海银行南京分行联合中融国际信托、北京邦文艺术品投资公司推出了“中融信托之邦文传家宝集合资金信托计划”，信托资金投资于齐白石、张大千、徐悲鸿等书画大师的作品，并采用固定收益率+超额浮动收益率的方法为高端净值客户提供了很好的保值增值的投资产品。

相比国际上比较成熟、完善的运作模式，国内另类投资产品还需要在投资方式、盈利渠道、风险规避以及回购保障等方面作出调整和尝试，在不久的将来，通过私人银行与权威信托机构及金融单位的深入合作，种类丰富、可操作性强的另类理财产品将出现在广大投资者面前。

（二）财富保护类信托产品

高净值人士面临诸多潜在的财产损失风险，如经营风险、子女过度消费和婚姻接替等。对于这些问题，可通过如下信托产品加以解决：

1. 风险隔离信托。通过设立风险隔离信托，事先将一部分家庭财产通过信托实现与委托人其他财产的隔离，设立风险隔离信托后，一旦发生经营风险，基于信托保护之下的财产可以免于被追索的危险。

2. 不可撤销人生保全信托。该信托通常由婚姻的一方为配偶或子女设立，其目的在于当婚姻中的一方去世时仍能为配偶或子女提供生活保障。既可以保证在世配偶与子女的生活费用，又可以防止家庭财产被在世一方或其新配偶恶意侵占或挪用。

3. 离婚赡养信托。该信托是以离婚的配偶为受益人，将离婚赡养费用作为信托财产的婚姻家庭信托。通过离婚赡养信托的安排，既可以保证离婚赡养费用的支付，防止因赡养费而引起纠纷，也可以防止居心不良者利用婚姻骗取离婚财产。

4. 子女教育信托。这类信托的目的在于将子女教育金处于信托保护状态，防止家庭财务危机对子女教育形成不利影响。除此之外，受托人对教育金的直接管理还可以防止受益人对资金的滥用，并可以通过信托方案的专门设计实现对税收的有效筹划等。

华信信托于2010年发行的家族财富管理信托属于投资于财产保护类的组合运用集合资金信托，信托资金通过贷款、股权投资、权益投资、金融产品投资等方式单一或组合运用。此款信托产品有以下3个突出特点：（1）家族财富管理信托：委托人为唯一受益人；（2）家族成员保障信托：委托人指定他人作为受益人或者委托人与他人为共同受益人；（3）家族财富管理与传承信托：委托人指定自己为第一序位受益人，指定他人为第二序位受益人。此款信托产品将风险隔离、人生保全、婚姻保障及子女教育等多重目标集中到一起，很好地诠释了信托的财富管理能力。

（三）财富传承类信托产品

财产跨代传承是每个人都必须面对的问题。尤其是拥有家族企业的人士需要实现有效、平稳的家族股权转移和管理，以防各种原因导致企业运营困难。私人银行中很多富人借家族信托解决这一问题。家族信托基金可以根据委托人的要求设置一系列复杂的条款，比如规定家族财产不可分割或信托不可撤销，以避免继承人分产导致股权分散、丧失对家族企业的控制，或因争产导致家庭失和等。

1. 子女激励信托。父母为子女设立，子女只有在取得特定的成绩后才可以获得父母交给受托人的财产。子女激励信托通过预先将奖励资金作为信托财产独立出来，使激励效果较普通的许诺式激励更为有效。子女激励信托通常可被用于培养家庭财富的合格继承人。

2. 遗产管理信托。当委托人遗嘱有效时，将信托财产委托给受托人，由受托人依据委托人意愿管理和处分各类财产，如家族股权等。这种信托的作用包括帮助没有能力管理遗产的遗孀或遗孤管理财产、按遗嘱人生前愿望管理信托财产、合理分配遗产及避免遗产纷争等。此外，私人银行还可通过信托公司为客户定制专门的信托产品，如养老保障信托、公益信托等。

目前，家族企业传承成为富人越来越关注的问题。未来想从家族企业经营中抽身的“富二代”会越来越多，随着相关政策的放宽和财富管理业务的扩张，对家族信托基金和信托基金宝的呼声日益强烈。从目前的情形看，已有一些富人进行相应的实践，如陈逸飞身前已经设立逸飞投资信托公司，这一信托目前由其子陈凛掌舵。私人银行与信托合作发展家族信托基金还有待监管法律法规的进一步放开以及产品设计的创新突破。

四、信托公司加强与商业银行合作开展私人银行业务的建议

2011 年 6 月 23 日，法国凯捷顾问公司与美林全球财富管理联合发布《2011 年全球财富报告》。该报告统计中国内地富人 53.5 万人，全球排名第 4，比 2009 年增加大约 5.8 万人。这表明中国个人财富增长迅猛。近期，招商银行携手贝恩公司联合发布的《2011 中国私人财富报告》指出，2010 年中国个人总体持有的可投资资产①规模达到 62 万亿元人民币，较 2009 年末同比增长约 19%。其中，2008—2010 年资本市场产品市值的年均复合增长率约 55%，投资性不动产净值的年均复合增长率约 40%。同时，以阳光私募、私募股权为代表的其他类别投资增速最快，2008—2010 年年均复合增长率约 100%，成为高净值人群的投资热点。此外，境外投资也成为高净值人群另一投资热点，2008—2010 年境外投资年均复合增长率约 100%，其中投资主要集中在香港。

中国高净值人群②规模正在逐年扩大。2010 年，中国的高净值人群数量达 50 万人，与 2009 年相比，增加了 9 万人，年增长率为 22%。其中，超高净值人群③超过 2 万人，可投资资产 5 000万元以上人士超过 7 万人。就私人财富规模而言，2010 年中国高净值人群共持有达 15 万亿元人民币的可投资资产，人均持有可投资资产约 3 000 万元人民币。其中，超高净值人群的个人财富总量达到 3.4 万亿元人民币，在高净值人群内部的个人财富占比由 2008 年的 16% 增加

---

① 可投资资产：个人投资性财富（具备较好二级市场、有一定流动性的资产）总量的衡量指标。可投资资产包括个人的金融资产和投资性房产。其中金融资产包括现金、存款、股票（指上市公司流通股和非流通股，下同）、债券、基金、保险、银行理财产品、境外投资和其他类别投资（包括信托、私募股权、阳光私募、黄金、期货）等；不包括自住房产、非通过私募投资持有的非上市公司股权及耐用消费品等资产。

② 可投资资产超过 1 000 万元人民币的个人定义为高净值人士。

③ 可投资资产超过 1 亿元人民币的个人定义为超高净值人士。

到22%。

2011年9月，中国国际金融有限公司发布信托业研究报告指出，信托业将是未来几年增长最快的金融子行业，信托业将在未来两年内到达景气周期顶部。信托业发展势头强劲，通过加强与上市银行私人银行业务合作、积极发展私人银行客户群及产品开发、拓展财产保护与传承类产品新方向、提供全方位的金融增值服务及差异化服务等途径，将促进私人银行业务的长远发展。

（一）加强信托与银行私人银行业务的合作，形成协同模式

考察国外成熟的私人银行财富管理模式可以发现，信托一直是被广泛使用的重要的财富管理工具。美国哈佛大学教授 Robert H. Sitkoff 根据银行、信托公司等金融机构公布的数据研究发现，近年来美国处于信托管理之下的财产总值一直在10 000亿美元以上，而平均账户规模达到100万美元。我国私人银行业务还处于刚起步阶段，服务内容广泛性、个性化、私密性还有待提高。目前，国内信托业完全依靠自身力量发展私人银行业务面临的主要问题是：信托业销售渠道较狭窄、客户资源仍需积累、信息优势有待提高，而商业银行具有强大的业务资源优势、良好的信誉、广泛的客户资源，但是在业务领域和模式上受到政策的限制。信托与银行业务既有关联性又有互补性。信托专业理财与主动管理能力比较强，并且可以面向货币、资本和产业三大市场进行多元化、多层次投融资，其业务灵活多样，具有独特的制度优势；我国银行业分支机构众多，在客户资源、销售渠道、信息收集等方面具有显而易见的优势。但是，目前商业银行从事投资业务还有一定的政策障碍，这使得私人银行业务的产品创新能力不足、种类不丰富，与信托业合作开展私人银行业务，对于商业银行来说既有合作的条件，又有合作的需求，两方可以取得双赢，具有很强的可行性。商业银行和信托如果能够在利益分配机制、风险补偿机制、行为约束机制和市场退出机制方面明确各自的角色与功能定位，建立良好的合作机制，加强财富管理创新，充分发挥彼此优势，一定会在私人银行业务快速发展的同时赢得更大的合作效益。

（二）加强对私人银行客户群、产品开发的研究

私人银行业务的服务对象是高端净值人士，所以对于客户群的研究尤为重要。通过研究发现，中国富人阶层对私人银行的认识与认同度有所不同。对于资金量相对中低比例的私人银行客户，对银行提供的理财产品、财富增值手段较为看重，希望通过私人银行业务为自己创造更多的财富；而资金量相对中高比例的私人银行客户，更看重财富的保密度和服务的私密性，而要求理财的意愿不大。与国外成熟市场的富人相比，中国的富人结构有着明显不同。中国的顶级富豪大多数是所谓的“富一代”，共同特征包括：白手起家、短期迅速积累大量财富，对创造财富的认可度大于维系财富。而国外很多私人银行客户，其财富可能是经过几代人的传承而积

累下来的，他们的理财观念从小就被灌输，对于理财有着更为深刻的认识和更高的认同度。

正是中国富人的特性和独有的理财观念，使得私人银行业务在中国的发展也有了一些独特性。一项针对私人银行客户需求的调查显示，由于富豪资产规模庞大，很多都是通过经营企业进行财富增值的，在整个生命周期里不可避免地要涉及公司及私人的股权变化、投资收益、子女教育、财产继承和资产分配等种种问题，私人银行不仅需要规划客户本身这一生的财富，而且要考虑到身后的财产配置。

中国私人银行业亟需思考将服务对象从个人延伸到家族与家族背后的企业，关注自身客户综合性、整体性、长期性的金融服务，构筑完整的私人银行服务价值链条。信托具备专业的理财能力，以客户为中心的经营理念，战略目标定位于提升客户服务的质量，可以为客户提供全方位的服务。信托产品的创新，实际上是一个不断满足客户需要的过程，必须细分客户，针对不同客户资产规模、风险偏好，根据客户要求、喜好、交易方式，提供最佳建议，设计适宜产品，为客户提供个性化、差别化的一揽子整体金融产品和服务，实现客户价值的最大化。根据客户群需求的多样化进行定制式服务，对产品的项目的甄别在风险性、收益性、流动性上严格要求，在产品的设计方面更加注重综合性和专业化。

（三）借鉴国内外家庭信托基金管理经验，开拓财产保护与传承类产品新方向

家庭信托基金为财产的保值增值以及财富顺利传承提供了保障，已经成为私人银行业务重要的发展方向。

在欧美等地，家族信托基金的设置相当普遍。作为私人银行的重要客户，洛克菲勒、肯尼迪等家族的资产都通过这种方式进行管理。伴随家族信托基金的大量设立，产生了众多通过家族信托基金获得大量财富的信托基金宝贝。一个信托为年幼的宝贝个人而设立，此类信托一般先由一个委托人信任的人或机构管理，直到孩子的年龄足够大（往往是18岁或25岁），才可以参与财富的管理。IBM掌门人沃森曾设立了一笔数百万美元的信托基金，以自己的孙辈为受益人，当其子孙年满35岁就可以支配基金中各自的份额。新闻集团掌门人默多克与邓文迪的两名女儿也在家族信托基金中享有收益。另一个广为人知的案例是帕丽斯·希尔顿。尽管她的祖父2007年把希尔顿酒店集团以200亿美元的价格出售给私募集团百仕通（Blackstone），并宣布将名下净资产（约23亿美元）及信托基金的97%捐赠给康拉德·希尔顿基金会，但并不影响已拥有为己而设的家族信托基金的帕丽斯的生活。

调研显示，中资银行中约60%的高净值人士会选择中资私人银行作为财富管理的主要机构。现阶段国内私人银行开展家庭信托业务还受到法律约束不能开放，但随着未来法律约束逐步放开，对于客户不同的需求，私人银行通过信托可以为客户量身定做家族信托，设计信托资产的运用方式及分配条件。信托机构甚至可以为保证受益人的利益使用信托的收入或本金。当然，

客户也可以指定固定的监察人，比如聘请专业的资产评估机构和财务审计机构进行定期的核查，以对家族基金的资产价值与收益作出更科学的评估，以监督受托人是否履约。不可否认，虽然目前我国内地家庭信托基金业务仍在探索期，但是随着法律的健全与完善，高净值人士对于家庭财产保值增值与顺利传承的要求会越来越高，未来家庭信托基金管理的发展空间巨大。

（四）开发丰富的产品体系，提供全方位的金融增值服务

随着信托独立制度优势逐渐显现，信托正努力为高端客户提供全方位的金融增值服务，实现从提供单个信托计划到基金化产品，再到信托产品资产包的转变，形成跨越资本市场、非资本市场、金融信贷市场、产业市场等多种投资组合系列。根据在不同经济周期、不同客户的风险接受度，提供诸如股权投资（PE）、房地产信托基金、资本市场信托中信托产品（TOT）、短期理财产品等各类型组合产品包，令客户获得最优的收益体验。除了投资服务，也为高端客户提供高效的融资服务。同时，信托非常注重与商业银行私人银行、证券、基金等机构的合作，根据客户的资产状况、家庭状况、风险承受能力、收益要求、资产转移要求等进行深入的了解，制定量身定做方案，开发各种类型的金融产品与产品组合。真正挖掘信托潜能，实现专业理财的“无边界”服务模式。

（五）加强差异化服务，增强核心竞争力

私人银行服务的专业性、多样性和私密性是影响高端客户选择的重要因素，也是其核心竞争力。国外的私人银行客户多是顶级的信用卡客户，银行往往会扮演“贴身保姆”的角色，不仅完成财富保值、增值的任务，还帮客户解决很多生活中的问题。国内显著的问题是，尽管目前私人银行有着名目繁多的增值服务——包括医疗健康顾问、高尔夫俱乐部、机场贵宾通道、艺术鉴赏、宏观经济顾问、房地产投资顾问、珠宝鉴赏与收藏等，但是服务的差异化并不明显。虽然有的银行推出了针对客户个人或其子女的教育择校服务、移民服务以及私人飞机和游艇的租赁服务等特色服务，但这种差异化仍然是浅层次的，因为很多服务都是由市场上的第三方专业机构提供，银行只不过以付费购买服务的方式向客户推介，在这个过程中并不能体现私人银行的核心价值。

根据不同区域的市场发展成熟度不同，私人银行的发展可以分为产品推动、咨询推动、财富管理3个阶段。私人银行的“一站式”平台效应及“开放式产品平台”体现了私人银行在产品推动方面的独特优势。通过系统整合跨品牌、跨行业的资源，甄选多样化的优质金融产品包括基金、信托、保险、私募股权投资、券商集合理财、另类投资产品、海外资产等多种产品类型，并集合在统一的产品平台，可以让客户获得全面的投资资讯和更多的投资机会。通过这样的操作，给客户选择业内同类最好的产品，同时也能站在客户立场上为客户争取更多利益。目

前，业界就中国市场所处的阶段已基本达成共识，即仍处于依靠产品推动发展阶段——私人银行业务主要还是以产品销售为主，但产品的复杂程度、丰富程度均比较低。

面对这种情况，信托公司在咨询推动和财富管理方面有一定的优势，与商业银行私人银行业务的合作需要注重培养高素质的私人银行家队伍。私人银行业务不但要保证投资资金安全，而且要保证为客户带来安全和收益的增长。

同时，提高信托私人银行服务水平，增强信托主动管理的核心竞争力。私人银行的核心竞争力在于资产配置能力，能帮助客户在控制风险的前提下获得更大的收益。同时，私人银行也要为这些客户搭建财富对等的专属社交平台，体验高附加值的品质生活。信托需要加强以下服务：提供财富咨询报告，提供分别管理的账目以及专业化投资管理服务，提供专业化的信托服务、财务计划、托管以及慈善行为咨询服务，涵盖规划投资、合理避税、遗产管理、教育信托、现金管理、继承人教育安排等方面。重构客户信息管理系统，完善客户关系管理，整合机构和人员配置，从金融分析、投资理念、资产组合构架和管理、投资决策、市场营销的全部过程设计以客户为中心的业务流程，从而打造信托公司专属明星服务团队，提高核心竞争力。

总之，私人银行业务以财富管理为核心，面向社会富裕人士提供个性化高端金融服务，已经成为银行与信托共同关注的新方向。近年来私人银行业务逐步成为体现商业银行综合竞争能力的顶级业务，其业务创新发展水平已成为商业银行转型能力的“风向标”。由于信托独特的制度属性和专业化的理财能力，有利于促进私人银行业资源整合、客户需求整合与产品服务创新。从长远来看，银行私人银行业务与信托的合作空间巨大。

主动管理型商业地产抵押债券方案研究

新华信托股份有限公司研究部　郑琢璞

近几年，信托业的快速发展和信托资产规模的高速膨胀引起了大众的关注，客观而言，信托业的发展确实很快，但需要清醒地看到，这种繁荣很大程度上是建立在中国2008年后投资拉动的经济发展方式上的。货币的高额投放和信贷紧缩造成了资金价格和资产价格的双重上涨，同时存款利率又被压制在较低水平，形成负利率环境，而这种环境是利于信托业生存和发展的。

坐在信托业这艘高速航行的船舰上，我们一方面欣喜于信托业实力的不断增强，另一方面也居安思危。在全行业都在探讨转型时，新华信托股份有限公司（以下简称新华信托）研究部在2011年进行了很多有益的研究，本文是研究部关于商业地产资产证券化研究的一部分，提出了新华信托的房地产证券化方案——主动管理型商业地产抵押债券（以下简称主动管理CMBS）。该方案基于资产证券化的一般结构，采取现金流主动管理方式，以商业地产综合体的经营收益为付息来源。本文还对该产品的发行环境、监管和市场意义进行了探讨。

一、方案的提出依据

（一）商业地产现金流的特点

要设计基于商业地产的资产证券化产品，首先必须清楚商业地产现金流的特点。对商业地产综合体不同功能模块的现金流进行分析，可以发现，就单个租约而言，大型商业体的租约时间长、租金稳定，基本不受利率周期影响；就整个综合体而言，出租率受经济周期影响，特别是写字楼和酒店。

基于商业地产项目的现金流特点，本文提出两个观点：（1）商业地产证券化的溢价来源是低波动率的现金流（低风险固定利率）；（2）利用商业地产天然的固定利率属性，做信贷衍生品的交易对手，或以商业地产证券为基础资产，利用CDS等信用衍生产品创制不同风险收益的固定收益产品。

（二）产品设计的参考

在产品的设计上，建设银行在2005年发行的建元2005 MBS提供了一个比较完整的房地产抵押类债券的范本，因此本文所研究的产品方案借鉴了建元2005的设计。

二、方案特点

在产品特点上，新华信托提出的主动管理CMBS，既具有CMBS的一些特点，也类似于目前信托公司常做的收益权买入返售。表1从权利、标的、风险等方面总结了主动管理CMBS与CMBS、MBS及REITs的区别。

表1　　主动管理CMBS与CMBS、MBS及REITs的区别

	主动管理CMBS	CMBS	MBS	REITs
权利	经营收益+抵押权	利息+抵押权	利息+抵押权	经营收益+所有权（土地使用权）
资产证券化标的	特设项目/资产管理公司的资产抵押	抵押于银行的商业地产开发贷款或经营贷款	抵押于银行的个人住房贷款集合	项目公司股权
提前还款风险	很小（项目公司为发起机构，资产包为一整体项目）	较小（项目发起人为银行，开发商可能通过转售退出）	受利率变化影响较大	无
产证是否过户	否	否	否	是

三、交易结构设计

（一）以银行为主体的商业项目开发、经营模式

在交易结构设计上，本文从传统的银行开发贷模式的商业地产开发入手，通过对银行开发贷模式的分析（见图1），循序渐进地引入CMBS的交易结构设计以及主动管理CMBS的方案。

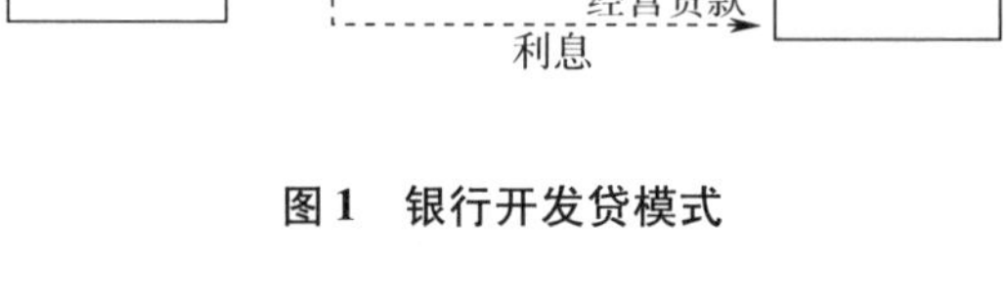

图1　银行开发贷模式

（二）银行提供开发贷，然后发行 CMBS

在以银行持有的商业地产资产包为标的的 CMBS 交易结构中，信托机构一般承担了受托人的角色，但是具有主动管理能力的信托机构可以承担交易安排人和发行人的角色（见图 2）。

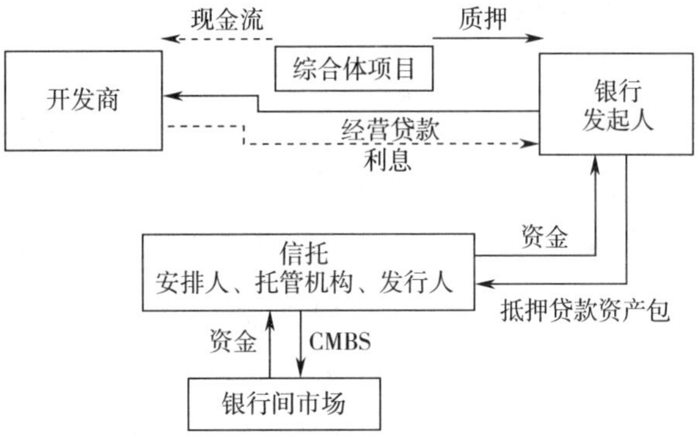

图 2　CMBS 交易结构

（三）主动管理 CMBS——信托全流程介入商业地产证券化

1. 交易安排概览。在主动管理 CMBS 的交易结构中，信托机构全程介入商业地产的融资服务，其实质是为前期标的为商业地产的房地产信托产品寻求新的退出机制。

该交易安排以新华信托发行的普天系列房地产基金为假想项目，在后期（2.5 年后）项目封顶并进行预售过程中，以去化回笼的资金向优先级投资者回收收益权；在项目招商，能够预测稳定产生现金流后，对劣后投资者（开发商）进行信托单位回购，最后将商业地产部分完全注入新设的资产管理公司，以特设的资产管理公司为发起人，发起成立主动管理 CMBS（见图 3）。

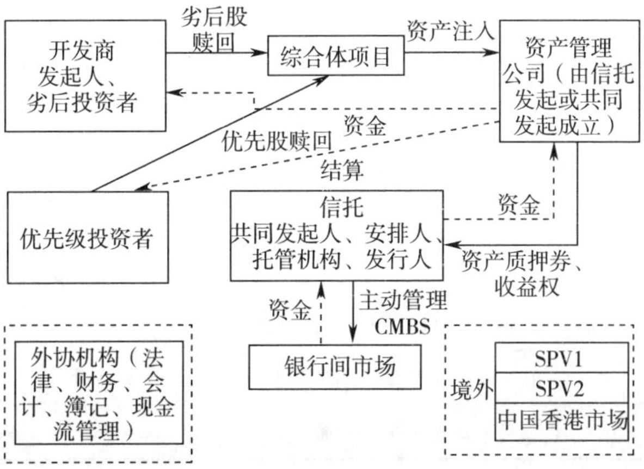

图 3　新华方案的交易安排

2. 税务处理。虽然资产管理公司是为项目而设，但在债务处理方式上可以区别于以往股权投资型地产信托的模式，以类似于可转债的方式对主动管理 CMBS 债券转股权进行约定，以达到债务避税的目的，使投资者利益最大化。

四、信托在交易中的角色

对于信托在主动管理 CMBS 中的角色定位，建元 2005 MBS 的交易安排同样提供了很多有益的参考（见表 2）。在建元 2005 MBS 的交易安排中，信托机构所承担的角色为受托机构和发行人。而在主动管理 CMBS 的交易安排中，因为信托全程介入项目的融资服务，自然成为交易的安排人和共同发起人（项目公司为发起人，实际即信托公司为发起人），另外，因为资产管理公司也为信托机构所设，信托机构也承担了项目管理和交易管理的责任。可以说，在主动管理 CMBS 方案中，信托公司可以发挥的空间很大，这些角色的安排也确实考虑了信托公司在房地产金融方面的经验和能力。

表 2　　产品交易角色

交易角色	机构名称（建元 2005MBS）	主动管理 CMBS
发起机构/贷款服务机构/安排人/联合簿记管理人	中国建设银行股份有限公司	项目资产管理公司（新华信托资产管理部）
受托机构/发行人	中信信托投资有限责任公司	新华信托
交易管理机构	香港上海汇丰银行有限公司北京分行	信托资产管理部/外部机构
资金保管机构	中国工商银行股份有限公司	商业银行
登记机构/支付代理机构	中央国债登记结算有限责任公司	中央国债登记结算有限责任公司
联合簿记管理人	中国国际金融有限公司	××券商
信用评级机构	北京穆迪投资者服务有限公司 中诚信国际信用评级有限责任公司	评级机构
法律顾问	金杜律师事务所 富而德国际律师事务所 竞天公诚律师事务所	××律师事务所
财务顾问	渣打银行（香港）有限公司	××公司
会计顾问	德勤·关黄陈方会计师行	××会计师事务所

五、定价方式

（一）浮动利率——被动管理型

这种定价方式不对现金流进行管理，债券的利率为浮动收益，收益为项目公司经营所得，即租金总收入。这种付息（定价）方式对于管理要求较低，信托公司只需委托租赁代理机构对物业进行租赁管理，不对现金流进行主动管理。

（二）固定利率分级定价

以项目现金流为付息来源，对项目现金流进行主动管理，发行不同资信等级和利率的债券则更为复杂。首先需要对商业综合体进行资产分层，根据资产的安全性、租约时间、付租金的频率对现金流进行整合，以此为基础，发行不同信用等级、付息频率不同的债券（见图4）。

在主动的现金流管理中，需要对租约进行分析统计，以这些租约为抵押物参与评级，对现金流进行分析，根据测算的收益水平以及每期现金流的状况，在询价后确定不同等级资产证券化产品的利率。按照层级，并采取适当信用增级措施，以发行不同信用评级和利率的证券。

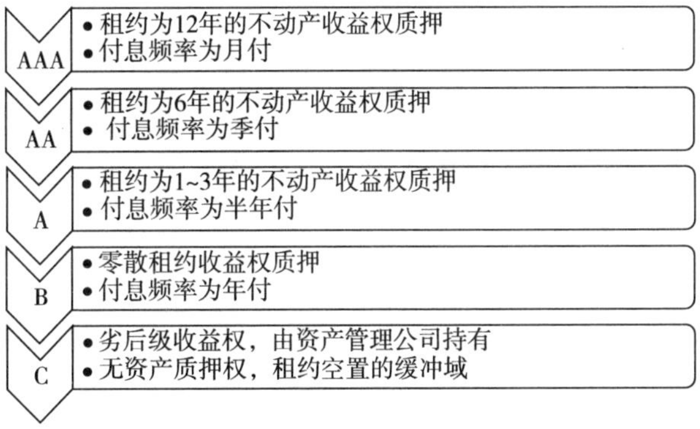

图4　按不同信用评级区分

六、发行市场

（一）国内银行间市场

信托业开展房地产资产证券化产品，在银行间市场发行已为监管部门所认同和支持。以商业地产为标的的固定收益产品的引入，将丰富机构投资者的选择，也可以在一个较长周期内，控制利率风险。而相对于银行间债券市场的庞大体量，房地产证券化产品的发展空间非常广阔，虽然2009年后资产证券化业务已经停止，但对金融危机过度证券化的恐慌在中国是缺乏理由的。证券化业务只是将风险从金融机构内部转移到市场，不同于MBS，CMBS类标的商业地产较高的收益率和稳定性使其能够抵御较大的系统性风险。资产证券化业务的再次通行成为机构增加经营灵活性的客观需求。

（二）点心债券（香港）

点心债券是指在香港发行的人民币债券。目前国内资金面偏紧，市场利率高企，对于商业地产抵押债券并不是一个很好的发行环境。相反，在香港，人民币货币市场缺乏回报率较高的债券产品，利率非常低。通过境外交易机构的引入（见图3），在香港发行债券，可以有效降低融资成本。

2011年1—5月，“点心债券”市场上的发行量已经超过了2010年全年。1月至5月，已有22家机构在香港发行了“点心债券”，总计筹集资金191亿元人民币（合29亿美元），其中包括欧洲消费品集团联合利华（Unilever），以及巴菲特（Warren Buffett）支持的中国汽车制造商比亚迪（BYD）。

七、发行条件及外部环境研判

（一）SHIBOR（上海银行间市场同业拆借利率）与商业写字楼租金价格

SHIBOR作为基准利率和债券发行的参考标准，比较客观地反映了市场资金面的情况和市场利率水平。截至2011年5月末，商铺和写字楼租金回报率5%～7%；收益很稳定，波动率小于市场利率波动（见图5至图7）。

因此，通过考察发债期间的利率水平来动态调整债券的分层结构以符合投资者的偏好。从另一个角度而言，稳定的租金现金流天然成为固定利率的现货，将其包装为固定利率证券以后，可以作为其他金融机构的对冲交易对手。

（二）银行间债券市场结构

从2005年国家开发银行ABS及建设银行MBS的发行开始，国内银行间市场到2011年5月已发行各种资产证券化产品共计818亿元，2009年起监管部门暂停了资产证券化产品的发行审批（见图8）。目前，国内机构对于重新开放资产证券化产品的发行呼声很高。监管层面上，2011年5月，中国人民银行金融稳定局局长宣昌能建议，现阶段中国应大力发展资产证券化产

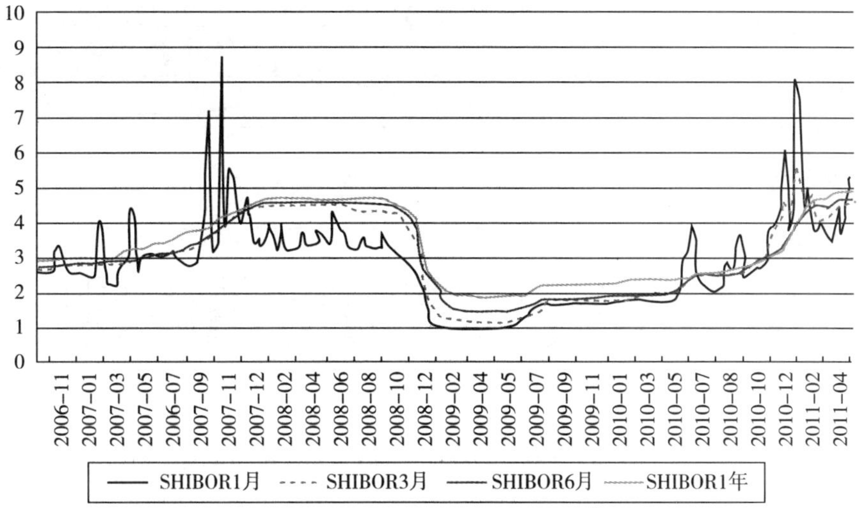

图 5　SHIBOR 历史价格

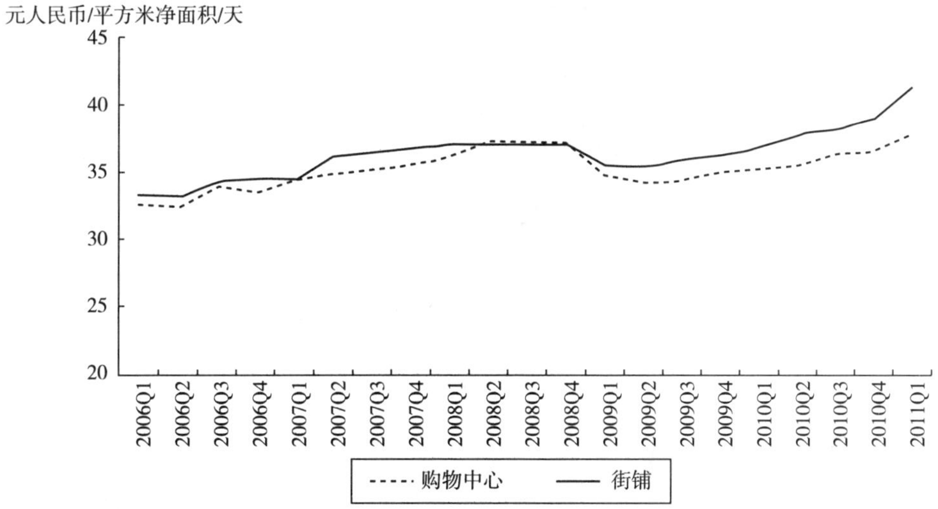

资料来源：莱坊研究部。

图 6　上海购物中心和街铺首层租金

品，以减轻银行业补充资本金的压力，促进金融创新和市场发展。

从目前银行面临的净资本、存贷比压力和银行信贷资产规模来看，随着金融危机的过去，停滞了两年半的资产证券化有可能在不久的将来再次放行。

（三）已发行资产证券化产品发行利率

对已发行的固定利率资产证券化产品的利率的统计分析显示（见图 9），与同期的基准利率

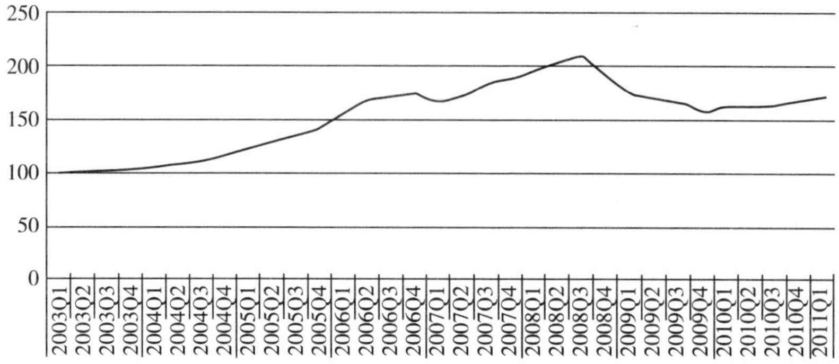

资料来源：莱坊研究部。

图7　上海甲级写字楼租金指数（2003年第一季度=100）

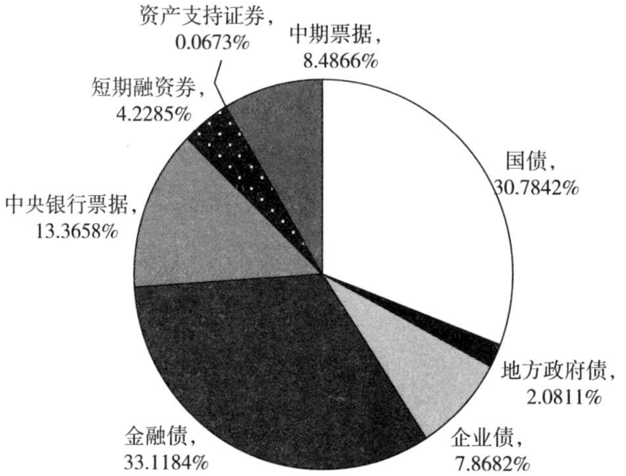

图8　银行间债券市场票面总额比重

（1年期定存）及市场利率（国债7天回购）相比，固定收益类资产证券化产品与基准利率的息差基本在0.6%左右。我们认为这样的息差水平主要是基于银行的信用保证，作为信托机构，在资产证券化这样一项金融脱媒的业务中，仅仅依靠项目本身财务保证，这样的息差水平难以在主动管理CMBS中实现。

就目前的市场情况而言，紧缩的货币政策和上升的市场利率将迫使基准利率维持在上升通道，但我们认为官方对于滞胀的担心也使其在利率调节频率和幅度上比较谨慎。如果基准利率超过2008年的高点，即4%左右，我们认为对于产品的发行而言，将会是比较不利的利率环境，或导致产品难产。

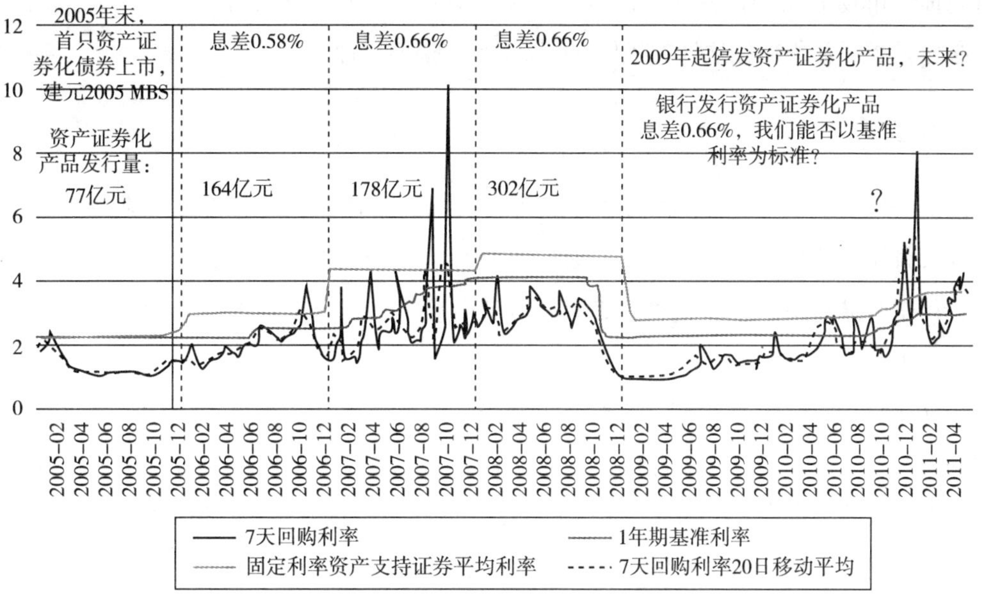

图 9　固定收益资产证券化产品利率

八、新华信托方案的意义

在考虑了市场需求、监管以及可行性等因素后，本文提出了新华信托的主动管理 CMBS 方案，那么，对于作为参与主体的资金需求方、投资机构以及信托公司而言，该方案具有哪些实际的意义呢？我们分别就流通市场、监管、资金需求方及信托公司进行探讨。

（一）市场和监管

在前文的分析中，SHIBOR 的历史价格表明银行用以调节资产头寸的利率波动很大，银行对于主动管理 CMBS 这样一款回报率较高、票息受利率周期影响较小的产品，从应对利率波动的角度而言，应该有较好的接受程度和参与积极性。

另外，如果标的是银行的商业物业贷款组合，抵押债券可以将流动性差的贷款变成流动性较好的债券，有助于盘活银行资产，灵活调节存贷比例。从目前的存款准备金率、资本金要求以及存贷比例来看，银行存在大量的证券化需求。

从美国资产证券化的经验来看，地产证券化也有助于银行将风险向表外转移。虽然过高的证券化率所带来的资产价格剧烈波动和不可控性是监管层不愿意看到的，但是通过市场定价转移金融机构的表内风险，从一个市场经济大国配套的资本市场角度来看，是有必要的。

目前的问题是，虽然商业地产抵押类债券可以使债市品种多样化，但在以国债和金融债为主的银行间债券市场的初期，就体量而言，此类债券远远不能达到能够形成活跃交易的数量。这一点，必然是类似新华信托这样的机构在探索和前进中不断推进的。

（二）资金需求方

在之前的房地产市场融资机构的分析中，可以看出目前国内房地产开发企业的资金链非常紧张，在政策打压、信贷收缩的情况下，更多的地产开发企业选择了信托公司为其融资，伴随而来的是数倍于基准利率的融资成本。如果房地产市场下行，这样高的融资成本必然成为开发商难以承受之重。

然而，这还只是问题的一方面，对于商业地产开发企业而言，大型综合体只租不售的运营模式造成的大量资金占用，在目前这种资金面非常紧缺的背景下尤其令企业发愁。如果能使开发企业在开发完成后顺利退出，那么对于企业而言，资本运转的效率将有很大的提高。

因此，对于资金需求方而言，房地产证券化的直接融资方式可以有效地降低融资成本。对于缺乏上市融资或发债条件的商业地产开发商而言，如果项目本身具有优质的现金流回报，可以用主动管理 CMBS 的方案退出，以解决再融资的需求和成本。

（三）信托机构

在以往的研究中，可以看到信托机构在开展 REITs 业务方面的困惑，一是由于受到政策因素影响，信托公司在证券市场发行房地产类证券的可能性非常小；二是自人民银行 2009 年暂停资产证券化业务后，虽有房地产信托受益券的发行办法询问意见，但相关机构始终没有动作。这说明在目前政策压力之下开展此类业务的不易。

但是问题不只是这些，对于信托机构而言，在房地产证券化业务的开展中，找到自身具有比较优势的位置至关重要。在目前监管框架下，无论是在项目承销经验还是投研能力的认可上，信托公司与证券公司相比都处于劣势。但是目前大量的房地产信托的经验积累已经使新华信托这样的机构具有在该领域的优势投研能力。那么如何使房地产投研能力的优势转化为发行优势？

在现有业务中，信托公司应逐步掌握地产开发的主动权和控制力，形成较强的“自营”能力，从而在商业地产证券化中，对于房地产金融中各个环节的掌握和安排具有排他性优势，而市场会自然选择具有这种排他性优势的金融机构作为整个交易的核心。

本文提出的方案，正是考虑了新华信托目前的实际情况和优势。以新华普天一号的金华项目为例，一个现实的问题就是综合体项目开发完成后，商业部分如何退出。在该项目上，新华作为交易的总协调和安排人，将把之前在房地产业务上的经验聚合和提炼，并掌握对这类项目的控制力和执行力。这些能力都是券商和银行不具备的，也就是我们提出的排他性优势所在。

在目前房地产信托的覆盖范围和深度下，信托公司掌握了地产业大量的优质资源，在这种“势力”和“智力”之下，开发房地产资产证券化产品，应该说是有理可依、有利可图、有力为之的。

矿产资源能否成为信托资金的新宠

——矿业信托的特点、运作方式与前景分析

兴业国际信托有限公司创新研究部　钟建飞

一、矿业信托兴起的背景

2010 年下半年以来，出于对控制“影子银行”信贷规模和投资者信托资金的安全性考虑，监管层对信托公司开展的银信业务和房地产信托业务相继出台严格的监管政策，信托公司的两大主要业务受阻，为开发新的盈利业务，不少信托公司纷纷转向同样有较大融资需求且受政策鼓励的矿产资源信托。

同房地产行业特点相似，矿产资源企业对资金需求量大，而银行对此类企业的贷款要求也较高，除少数大型矿产企业外，大部分矿产企业尤其是中小矿企在银行的融资需求得不到满足，而证券资本市场融资的门槛同样很高。此时，作为补充四大金融支柱的又一重要融资平台，信托以其灵活的制度设计和广阔的投融资渠道赢得矿企的青睐。同时，国家从 2010 年开始加快矿企重组，推动资源整合。另外，美元贬值导致国际大宗商品价格持续看涨，由此引发了对矿产资源价格上涨的预期，这都成为矿业信托兴起的重要原因。

二、矿业信托的主要特点

矿业信托是矿业企业融资需求与信托资金投资需求相互结合的产物。其特点及其特殊性，主要表现在以下 4 个方面：

首先，融资额度大。同房地产行业相似，矿产资源的勘探和开采需要投入大量资金，从取得矿产权到建设矿井巷道、购置设备、引进技术以及承担各种税费，加上资源整合政策对企业提出新的要求，矿产能源企业普遍面临着较大的资金压力，资金缺口较大。

其次，融资时间紧迫。根据我国《矿产资源法》规定，探矿权和采矿权都有一定期限，且

权利人在登记的矿区内必须完成国家规定的最低投入。因此，矿产企业在融资过程中对时效性要求较高。

再次，融资条件限制多。矿产行业是一个高风险、高回报的行业。无论是投资者还是信贷机构，对矿产能源企业的融资行为都十分谨慎，为了最大限度地保证资金安全，投资者和信贷机构在通过企业的融资申请时通常会附加较多的条件或限制。

最后，预期收益率高。以上 3 点决定了矿产资源类信托产品的预期收益率要相对比较高。根据恒天财富的统计，2011 年以来，矿类信托的平均收益率达到 9.19%。而矿产作为经济不可或缺的资源，在通货膨胀不断加剧的背景下，矿业资产等大宗商品的保值增值功能得到了极大的体现。

三、矿业信托的主要运作方式

作为唯一可以跨越货币市场、资本市场和产业市场的非银行金融机构，信托公司可以以信托贷款、权益投资、股权投资、产业投资基金和融资租赁等诸多的方式参与矿产企业的融资。就目前我国矿业信托的发行情况来看，信托贷款和权益投资是采用最多的两种方式。

1. 信托贷款。信托贷款方式是由需要融资的矿业企业委托信托公司发行信托计划，信托公司受托向合格投资者募集资金，并将所募集资金用于向融资方（矿业企业）发放贷款，融资方（矿业企业）按合同约定支付本息，基本交易结构如图 1 所示。此类贷款性质同银行信贷相同，但由于银行对贷款企业资质要求较高，一些不符合银行信贷要求的矿产企业则转而寻求信托贷款，通常这类信托需要有一定的抵押物作担保以降低风险。

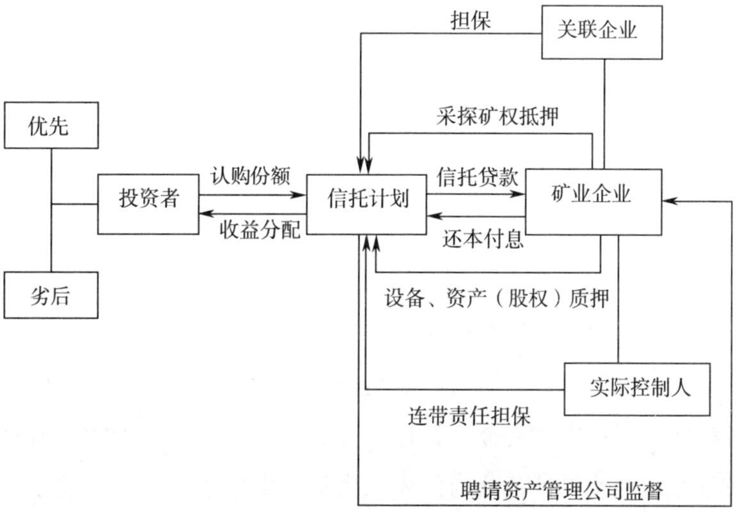

图 1　信托贷款计划交易结构图

出于风险控制的要求，此类信托计划一般会进行结构化设计，比如把投资者分为优先级和劣后。劣后投资者一般为信托公司或融资方，认购信托计划的一定份额，在利益分配时，劣后投资者后于优先级投资者，从而保障优先级投资者资金的安全。同时，信托公司还会要求融资方和其关联企业提供必要的担保，比如设备和资产质押、采探矿权抵押以及融资方公司的实际控制人承担无限连带责任担保等。另外，信托公司也可以聘请资产管理公司对融资方的生产经营与财务状况进行监督。

2. 权益投资。权益投资方式是指信托资金用于受让矿产企业的某项资产收益权，如受让企业采探矿权、股权收益权、特定资产收益权等，投资者的收益来源于信托计划受让的特定资产所产生的收益，交易结构如图2所示。和信托贷款一样，权益投资信托计划也可以进行结构化设计，对信托计划进行信用增级。同时，为了保障投资者资金的安全，融资方或其关联企业的担保也必不可少。与信托贷款采用固定收益率不同的是，权益投资的收益率是可以浮动的。因此，其风险要比信托贷款大一些。但从市场上出现的产品来分析，很多信托公司在设计产品时，通常会要求融资方承诺差额补足，即事先会先就收益率作一个约定，如果不能达到，融资方承诺补足差额。

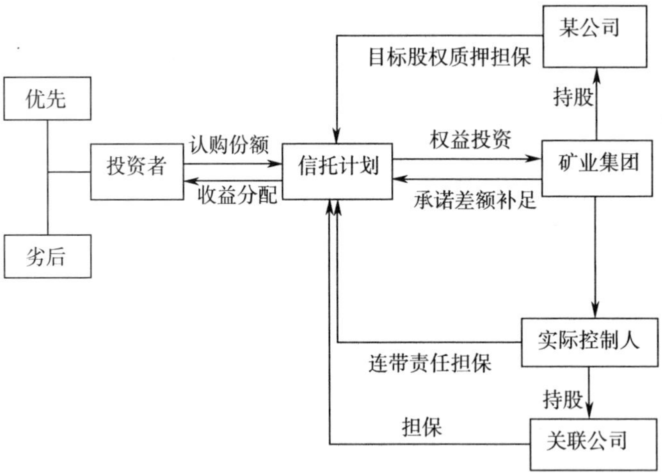

图 2　权益投资信托计划交易结构图

3. 股权投资。股权投资方式是指依托公司通过发行信托计划筹集资金，用于收购矿产资源类企业的股权，依法取得所投资企业的董事会席位，进而介入矿产资源类公司的日常生产管理，从而为投资者赢取最大的投资收益。通常，这类信托计划一般会存在一个股权回购方案。以中诚信托农戈山铅锌矿股权投资集合资金信托计划为例，其交易结构如图3所示。在这一信托计划里，投资者依然采用结构化设计，分为优先和劣后，劣后信托份额由北京中科公司认购。信托计划募集资金用于收购农戈山矿业公司99%股权，依照公司章程依法取得该公司控股地位，并改组董事会，占据多数席位。在信托计划设立时，受托人已经与北京中科签订相应的股权转让文件，约定由北京中科按照特定的价格受让受托人将持有的农戈山矿业公司99%股权，为控制信托计划的风险，自然人石涛、郝巍为北京中科的股权转让价款支付义务提供个人连带责任保证担保。

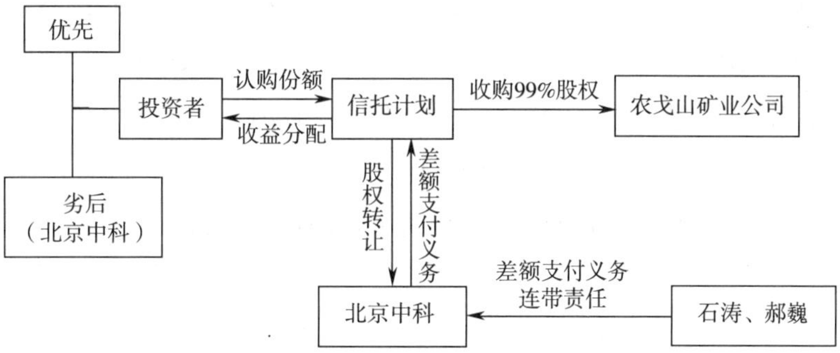

图3　中诚信托农戈山计划交易结构图

4. 融资租赁。融资租赁信托方式是指信托公司以设立信托计划的方式募集信托资金，将其运用于融资租赁业务，通过严格的专业化、流程化管理，定期收取租金以实现信托收益。矿产资源企业由于其行业的特殊性，机械设备、工程车辆、仓储设施等专用矿用装备是除采矿权之外的又一核心资产，其资金投入量占总投资的1/3左右。对于希望获得新资产的矿产企业尤其是中小企业来说，融资租赁信托便成了一种非常具有吸引力的融资方式。在这一融资模式下，矿业企业作为委托人，委托信托公司发行融资租赁信托计划，由信托公司向社会公开募集资金并将所募集资金通过与供货商签订合同后将购买的设备出租给矿业企业（委托人），通过定期收取租金实现投资者的收益权。目前，国内还没有融资租赁信托产品推出。

5. 产业投资基金。产业投资基金方式是由信托公司作为矿产资源产业基金的发起人，信托公司作为一般受益人认购一部分基金份额，普通投资者作为优先受益人认购其他基金份额，优先受益人获得固定收益，而一般受益人则获得股权分红。在这一模式下，信托公司作为受托人，将产业投资基金的资金用于收购经受托人认可的优质未上市矿业企业股权，通过企业的分红实现受益人的收益权。由于矿产资源的稀缺性及我国经济发展对矿产资源的依赖性，矿产资源行业的回报率维持在一个相对稳定的水平。此类依托计划采用结构化设计，以信托公司作为基金发起人和一般受益人并承担主要风险，引入优先受益权以吸引外部投资者。这样的一种模式主要适用于重组收购现有矿产企业。目前，投资产业基金的信托公司主要是中信信托及平安信托两家，但是已经有越来越多的信托公司开始尝试产业基金信托。

四、2011 年上半年矿业信托成立与发行情况分析

1. 信托成立情况。2011 年上半年，共有 12 家信托公司参与发行了 34 款矿产资源信托产品，较 2010 年同期增加 13 款，增幅为 61.9%；发行规模达到 74.98 亿元，同比增长 69.07%。而根据用益信托工作室不完全统计，2011 年上半年集合信托产品发行数量同 2010 年上半年相比上涨 112.47%，发行规模同比上涨 125%。从表 1 中数据可以看出，相较于整体集合产品发行情况，2011 年上半年矿产资源类信托产品发行增速平稳。

表 1　　2010 年至 2011 年上半年矿产资源信托成立情况

	2011 年上半年	2010 年上半年	同比增幅（%）	2010 年全年
参与发行机构数量	12	11	9.09	21
发行产品数量（款）	34	21	61.90	60
发行规模（万元）	749 820	443 500	69.07	1 359 910
平均规模（万元）	22 054	21 119	4.42	22 665
平均期限（年）	1.66	1.62	2.47	1.79
平均收益率（%）	9.19	8.10	13.46	8.49

2. 资金产业投向和收益率特点。矿产资源主要分为能源矿产、金属矿产和非金属矿产。根据用益信托工作室的统计（见表 2），2011 年上半年发行成立的 34 款信托产品中，有 26 款是为能源矿产融通资金的，融资规模占总规模的 83.63%，是矿产资源行业的融资大户，而其中煤炭企业发行产品数量为 24 款，占上半年发行总数的 63.16%。这主要和我国当前煤炭行业的分布有关，除了少数几个大型国有企业外，中小矿企占了大多数。由于银行对信贷要求较高，一般中小矿企难以达到其贷款要求，多数中小矿企便转而寻求其他的融资渠道，其中高成本的民间融资也是其重要的资金来源，而相对于银行严格的贷款要求和民间资金的高成本，信托便成为其平衡成本的重要工具。

表 2　　2011 年上半年矿产资源类信托的资金投向

分类	产品数量（款）	占比（%）	融资规模（万元）	占比（%）	平均期限（年）	平均收益率（%）
能源矿产	26	68.24	666 620	83.63	1.67	9.37
金属矿产	11	28.95	110 450	13.86	1.64	8.74
非金属矿产	1	2.63	20 000	2.51	2	10.4
合计	38	100	797 070	100	1.67	9.19

就矿业资源类信托产品的期限与收益率特点来看，2011 年上半年，该类产品的平均期限为 1.67 年，平均收益率为 9.37%；而上半年整体集合信托产品的平均期限为 2 年，平均收益率为 8.95%。相较而言，矿产资源信托的平均期限低于整体集合信托的平均水平，而收益率则略高

于整体集合信托的平均水平。

3. 资金的运用方式。根据用益信托工作室的统计（见表3），传统的信托贷款、权益投资信托、股权投资信托计划是主要的投资方式，从发行数量来看，贷款和权益投资都是14个，但权益投资的融资规模几乎是贷款融资的2倍，在各种融资方式中差不多占据了半壁江山。融资租赁模式和产业投资基金模式现在运用得比较少，但随着政府的政策引导和信托业的不断创新，相信其会被逐渐应用于矿产资源企业信托融资。

表3　　2011年上半年矿产资源信托发行产品资金运用方式

运用方式	发行数量（款）	占比（%）	融资规模（万元）	占比（%）	平均期限（年）	平均收益率（%）
贷款	14	41.18	196 500	26.21	1.47	8.93
权益投资	14	41.18	313 320	41.79	1.64	9.21
股权投资	3	8.82	180 000	24	2.33	10.00
组合运用	2	5.88	30 000	4	2.25	10.50
其他投资	1	2.94	30 000	4	—	—
合计	34	100	749 820	100	1.66	9.19

五、矿业信托在我国的发展前景展望

随着我国经济的高速发展，作为国民经济基础产业的矿产资源行业也进入快速发展通道。然而，我国矿产行业中，除了煤炭和石油两大领域，私营企业占了相当大的比重，大量中小矿企分散使得行业集中度低、产业结构不合理、资源严重浪费的现象较为突出，这成为制约我国矿业发展的重要因素。近几年来，国家鼓励煤矿企业兼并重组、做大做强。为了扩大规模、提高产量以及升级设备、改进工艺技术，矿产企业尤其是中小矿企面临着巨大的资金压力，从市场上融资便成了其摆脱资金困境、寻求生存和发展的必然选择。

从2011年上半年的矿业信托产品的爆发情况来看，矿业信托很可能会成为继银信合作信托理财和房地产信托后，信托业未来最大的利润增长点。与房地产信托的火暴增长有悖于国家对房地产行业的宏观调控不同的是，信托资金进入煤矿能源产业，促进煤矿资源的整合与兼并重组是国家鼓励的行为。因此，可以肯定的是，矿业信托不会像房地产信托那样昙花一现，它非常有可能成为信托资金的新宠。

同房地产信托基金是房地产信托业务的发展趋势一样，产业投资基金也可能会成为矿产资源信托发展的方向。目前，由于矿业信托刚刚起步，市场上的运作方式主要以贷款和权益投资为主，但随着信托产品的创新和信托业对风控的要求，信托型产业投资基金会有更大的发展空间。信托灵活的投融资方式、广阔的业务范畴、丰富的融资渠道及特殊的财产性质和混业经营模式，为产业投资基金的发展提供了广阔的平台。矿产资源产业投资基金模式可以有效地结合产业投资基金和信托的优势，集合资本尤其是社会民间资本，一方面可以响应国家政策，为扶持中小矿企发展提供渠道，另一方面，也可以为民间资本参与矿业投资提供相对安全的投资通道。在2010年12月初召开的中国信托业峰会上，银监会非银部主任柯卡生明确表示，鼓励信托公司研究创新设立"私募基金型信托计划"，初步设想是采取"产业投资基金"的运作方式。因此，我们有理由相信，在政策的指引下，产业投资基金相比其他的信托投资方式会有更广阔的前景。

产业投资基金方式之所以被监管部门所鼓励并为业界所看好，还有很重要的一点原因就是，矿产资源信托一直是信托领域的高端产品，由于其单一矿藏的高风险性，一般的以单一项目为中心的信托计划在矿产资源领域一直难以大展拳脚。正由于单一矿藏的风险大，矿产资源信托非常适合产业投资基金这种产品开发模式。产业投资基金可以投资于多个项目以及针对不同项目运用多种不同的投资方式，从而在很大程度上缓释单一矿藏带来的风险。而产业投资基金同样具有这方面的优势，作为综合化的金融方案的集成平台及产业方和金融方服务的集成平台，它拥有对产业和金融都有深刻了解的金融人才，提供一揽子的解决方案，可以提供股权资金、债权资金、结构型资金，可以集中产业方专业的管理经验以及金融方的经验，可以集中股东资源，更好地为项目或企业提供服务，使得项目的价值更好地发挥出来。因此，我们有理由相信，结合信托未来的发展和我国能源的发展需求，矿业信托一定会有美好的明天。

论房地产抵押权价值中的税收考虑

中原信托有限公司风险合规与管理部　侯　锐

在银根收紧、信贷规模日益收窄的情况下，房地产信托已经成为地产商们最后的“救命稻草”。而对于信托公司而言，面对收益率“胃口”不断提高的理财市场，房地产信托以其巨大的资金需求量、较高的资金成本承受力，一直占据着信托宠儿的地位。根据普益财富发布的《信托理财市场年度报告》，2010 年房地产类信托产品成立数量为 397 款，同比增幅为 110.05%；成立规模达 1 210.62 亿元，同比增幅为 208.00%。2011 年以来，房地产信托数量和规模更是再创新高，仅仅前 4 个月集合类房地产信托项目已达到 222 个，募集资金 722.11 亿元，发行数量同比增加 66.92%，募集资金规模同比增长 115.26%。房地产信托已经占据信托业半壁江山，成为大多数信托公司的核心盈利来源。

作为融资领域风险较高的行业之一，信托公司对房地产项目不无隐忧，在风险控制措施上往往采用“封闭运作 + 抵押物担保”的双重措施控制风险。一方面，信托公司寄希望于相关地产项目如期开工和销售，通过封闭运作控制回款，形成可靠的还款来源；另一方面，则要求房地产商按照一定的抵押率要求（通常为 30% ~50%），提供土地、在建工程、商业物业等抵押物，最终确保信托利益的实现。可以说，拥有并实现抵押权是信托公司防范融资人信用风险、确保信托利益最终实现的重要手段。然而，在评估抵押物价值时，我们往往重视抵押率、注重抵押物评估值、关注抵押价值的市场波动风险，却经常会忽略影响抵押物价值实现的另一个重要因素——税收因素。本文主要对税收之债在抵押物价值中的影响进行分析，期许引起对抵押权价值评估中税收因素的重视。

一、关于税收之债

税收之债是指在国家、地方政府等税收行政机关（即债权人）与企业、组织团体、个人（即税收债务人）之间的特定的权利义务关系。由于税收之债是公法之债，具有高度的社会公益性，法律不仅需要对其权利义务的内容加以确定，而且要以国家强制力保障其实现，即法律赋予税收之债以法律效力，为税收之债的当事人提供必要的权威、力量及制度，使税收债务得以履行，国家或地方政府的税收债权得以实现，达到以法律保证税收职能的实现和对社会经济生活进行调节的目的。

作为一种公法之债，尽管这种债相对于私法之债存在很多特殊之处，但是无论税收之债还是私法之债，都是以债务人的责任财产作为担保的。当债务人的财产面临质权、抵押权等数个请求权而不足以清偿所有债务时，公法之债与私法之债之间便产生竞合。

二、税收之债与抵押权的竞合

世界各国及地区对于税收之债的法律效力及法律地位都给予了一定的优先权。例如我国台湾地区在“营业税法”、“关税法”、“税捐稽征法”、“海商法”等法律中有一些特别关于税收优先权的规定，涉及土地增值税、关税、营业税以及破产、重整过程中的税收。而在这些规定之外的税收，由于没有明确规定，按照台湾学者的理解，未作规定的债权，即便是公债，也应当与普通债权立于平等地位，而抵押权、质权等担保物权作为特别之债、优先之债则应优先受偿。

日本对税收之债的优先权与抵押权、质权的竞合有一个逐渐协调和发展的过程。旧国税征收法曾规定：国税劣后于其法定缴纳期限 1 年前设定的质权或抵押权所保护的债权，但优先于此外所有的公租、公课及私债权。这条对税收债权保护极为周到的规定在当时遭到了私法学者的强烈反对，认为税收优先于其法定缴纳期限前 1 年以内所设定的抵押权有违物权公示原则，有害于私法秩序之安定。此外，相对税收债权，对抵押权、质权以外的担保物权也要给予某种程度的保护。为了解决这个问题，昭和 34 年（1959 年）日本国税征收法全面修订，原则上以税收法定缴纳期限为基准来决定税收与有担保债权的优先顺序，同时对于税收与抵押权、质权以外的担保权及非定型担保之间的优先顺序也作了规定。

中国也为税收之债确立了优先权，从 2001 年 4 月 28 日修订并自 5 月 1 日起施行的《税收征收管理法》第四十五条规定来看，纳税人欠缴的税款发生在纳税人以其财产设定抵押、质押或者纳税人的财产被留置之前的，税收应当先于抵押权、质权、留置权执行。从该条不难看出，如果税收之债产生时间先于抵押权、质权，则税收之债优先于抵押之债。但该法对抵押权或质权先于税收设立情况下的税收之债的效力却没有进行明确界定，这就为抵押权、质权实现带来了较大的税收隐患。

三、税收之债的操作风险

按照我国《税收征收管理法》，以纳税义务的发生时间作为基准，以判别税收债权与抵押权、质权竞合时的效力顺序。而我国纳税义务的发生时间，按照我国税法的规定，既不是纳税期间，也不是纳税申报期限，更不是税款缴纳期限，而是指纳税人的行为或财产符合税收构成要素，并自动产生纳税义务之时。

一般情况下，当税法规定的税收要素满足时，纳税义务即时发生。但除了代扣代征等源泉征收方式以外，纳税义务一般经过一定的期间才届至清偿期。只有当纳税人在清偿期内未缴清税款造成滞纳时，税务机关才以行政行为核定税额，通知纳税人限期纳税。当纳税义务发生时，虽然在纳税期间之内，但一般纳税申报期限和税款缴纳期限都未届至，税务机关无法通过核定而确定税额，交易相对人更是无从了解。

因此，从纳税义务发生至纳税申报或者至课税核定的期间，是税收债务无法公示的期间。如果以纳税义务发生时间为基准判别税收优先权与抵押权、质权竞合时的效力关系，对债权人将产生无法预测的风险。特别是对于流转税而言，由于纳税人的经营活动持续不断地进行，因此每天都可能发生纳税义务。当判别质权、抵押权的设定时间是否先于纳税义务发生时间时，就必须将纳税人所欠税款分解到每一笔交易，为实际操作带来较大难度。在这种模式下，信托公司作为债权人即使想通过担保物权加强自己的债权效力，往往也难以如愿以偿。因为在设定或行使担保物权时，债权人几乎不可能知道已经发生的税收数额，一旦纳税人欠税超过纳税人提供的抵押物、质物或债权人留置的物品的价值，这种担保物权就起不到任何作用。

而从近年来房地产信托的发展态势来看，房地产信托以其巨大的资金需求量、较高的成本承受力，长期占据着信托宠儿的地位，信托规模也已占据信托业半壁江山，成为大多数信托公司的核心盈利来源。就中原信托而言，截至2011年5月31日，公司存续房地产信托数量为36个，信托规模为42.5亿元，信托规模较大且有继续扩大的趋势。从担保方式上看，绝大部分采用土地抵押或房产抵押，一旦出现债务人无法履行债务时，通过依法拍卖处置该房产或地产，从而取得受偿权利，是此类产品唯一也是最终的风险控制措施。因此，结合我国税制对税收之债权与担保物权界定模糊以及不易区分、定论的实际情况，应当对此类产品的税收风险进行充分考虑，全面地测算税收风险占比，从而更加全面地判断项目风险。

四、房地产抵押权税收案例及各税种测算

在抵押物价值实现的过程中，除了考虑变现费用外，应充分考虑在处置抵押物过程中可能产生的各种税种，包括营业税、城建税、教育费附加、印花税、土地增值税等多个税种。其中，土地增值税往往是最容易被忽略、计算相对复杂，但也是占比最高的税种，应引起信托项目经理以及评估人员的高度重视。以下通过列举案例，对各个税种进行分别阐述、分析和测算。

（一）案例描述

信托公司通过发行××集合信托计划的方式，向某具有二级资质、四证齐全的房地产公司

发放信托贷款5 000万元人民币，信托期限1年，为保障信托本息的偿还，借款人将其拥有的某房地产作为抵押物，抵押给信托公司。抵押物评估值为12 500万元，抵押率为40%。1年后由于借款人无力还款，信托公司通过拍卖出售的方式处置抵押物。假设给予房价+5%的波动因素，拍卖价格为13 125万元。

抵押物主要支出情况如下：

（1）土地成本。依据土地出让合同，取得土地使用权共支付土地出让金及有关费用合计1 500万元。

（2）土地开发及配套设施成本。抵押物地上建筑物的建筑安装工程费合计4 000万元，基础设施费、公共配套设施费、开发间接费等各种费用合计500万元。

（3）土地开发及配套设施费用。开发期间，向信托公司申请贷款5 000万元，共支付财务费用500万元。

（4）销售费用。销售费用合计支付250万元。

（5）管理费用。管理费用合计支付150万元。

（二）对该抵押物处置时应当缴纳的各项税收种类、所采取法律依据、测算方式进行分析和阐述

1. 营业税的分析和计算。根据2008年11月5日国务院第34次常务会议修订的《中华人民共和国营业税暂行条例》，营业税扣缴义务人为“中华人民共和国境外的单位或者个人在境内提供应税劳务、转让无形资产或者销售不动产”的，应纳税额计算公式为：应纳税额=营业额×税率。按照营业税税率表，不动产销售应当按照5%征收营业税。纳税人的具体纳税期限，由主管税务机关根据纳税人应纳税额的大小分别核定；不能按照固定期限纳税的，可以按次纳税。一般以1个月或1个季度作为一个纳税周期。

就本项目而言，信托公司处置抵押物，应缴纳营业税如下：

营业税：13 125×5% =656.25（万元）

城建税、教育费附加合计假设按营业税的5%征收。

城建税、教育费附加合计为：656.25×5% =32.81（万元）

应纳营业税及附加金额合计为656.25+32.81=689.06（万元）

由此可见，应缴纳的营业税占总融资额的13.78%，占抵押物评估值的5.5%，占比较高，应予以充分考虑。

2. 印花税的分析和计算。印花税是以经济活动中签订的各种合同、产权转移书据、营业账簿、权利许可证照等应税凭证文件为对象所征的税。按照《中华人民共和国印花税暂行条例》，取抵押物变现价值的0.05%贴花。

就本项目而言，处置抵押物时应缴纳的印花税为：

13 125 ×0. 05% =6. 56（万元）

印花税占总融资额的0. 1312%，占评估值的0. 055%。可见该项税收占抵押物价值的比例较小，在风险评估时可以不予考虑。

3. 土地增值税的分析和计算。土地增值税是指转让国有土地使用权、地上的建筑物及其附着物并取得收入的单位和个人，以转让所取得的收入为计税依据向国家缴纳的一种税负。

相关法律制度：国务院令〔1993〕第138号《中华人民共和国土地增值税暂行条例》、财法字〔1995〕第6号《中华人民共和国土地增值税暂行条例实施细则》以及财税〔2006〕21号《财政部、国家税务总局关于土地增值税若干问题的通知》等。

主要计税方法：土地增值税实行4级超率累进税率，具体计算方法为：增值额未超过扣除项目金额50%的部分，税率为30%；增值额超过扣除项目金额50%～100%的部分，税率为40%；增值额超过扣除项目金额100%～200%的部分，税率为50%；增值额超过扣除项目金额200%的部分，税率为60%。土地增值税是对房地产企业收益影响较大的税种之一，也是抵押权人在实现抵押权价值时可能面临的最大的影响因素。下面对该税收进行测算：

（1）可扣除项目。

①土地使用权支付金额及相关费用1 500万元。

②土地开发及配套设施成本，按照实际发生额扣除：

4 000 +500 =4 500（万元）

③财务费用：实际发生财务费用500万元，实际发生的贷款成本为10%；但由于按照《中华人民共和国土地增值税暂行条例实施细则》第七条第三款，财务费用中的利息支出最高不超过商业银行同期贷款基准利率，因此仅能就基准利率部分进行扣除：5 000 ×6. 4% =320（万元）。

④管理费用、销售费用：实际发生合计为400万元，但由于按照《中华人民共和国土地增值税暂行条例实施细则》第七条第三款，开发费用不得超过土地成本及开发成本之和的5%，因此仅能就5%以内进行扣除：（1 500 +3 000 +1 000 +500） ×5% =300（万元）。

⑤与转让房地产有关的税金：与转让房地产有关的税金包括转让房地产时缴纳的营业税、城市维护建设税、印花税，教育费附加也可视同税金予以扣除，前面已经作出计算，合计为：

营业税 + 营业税附加 + 印花税 =656. 25 +32. 81 +6. 56 =695. 62（万元）

综合以上①、②、③、④、⑤项扣除项目，增值额合计应扣除的金额为：1 500 +4 500 +320 +300 +695. 62 =7 315. 62（万元），为便于下面计算，增值额中可扣除金额按整数7 300万元计算。

（2）土地增值额。按照前面所计算出来的扣除金额，该房产土地增值额为：13 125 －7 300 =5 825（万元）。

（3）土地增值税。按照4级超额累进税率计算如下：

7 300×50%×30%＝1 095（万元）

（5 825－7 300×50%）×40%＝870（万元）

土地增值税合计为：1 095＋870＝1 965（万元）。

（4）土地增值税占比情况。由此可见，该案例中土地增值税占总融资额的34.5%，占抵押物评估值的13%，占比较高，应予以充分考虑。

（5）所有税种占比情况。按照以上计算，该项目累计应缴纳的营业税、城建税、教育费附加、印花税、土地增值税合计为：689.06＋6.56＋1 965＝2 660.62（万元）。

综合以上，税收合计占总融资额的48.4%，占抵押物评估值的18.4%，占比较高，应当在评估过程中予以充分重视和考虑。

（6）土地增值税占比的敏感性分析。此外，上述案例假设前提基于房产增值幅度为中等级别，假设处置价格分别上涨20%、40%、60%、100%，增值税金额及占比见表1。

表1　　土地增值税金额及占比　　单位：万元、%

原拍卖价	增幅	实际拍卖价	应缴纳土地增值税	增值税占出让价格的比例
13 125	20	15 750	3 029	19
13 125	40	18 375	4 251	23
13 125	60	21 000	5 474	26
13 125	100	26 250	8 139	31

考虑到个别房地产公司由于拿地成本极低，可能出现土地增值额是土地购入成本的数倍甚至数十倍的情况，从而导致土地增值额中的绝大部分将适用60%的最高税率。从理论上讲，如果最初的抵押率大于40%，甚至可能出现在处置完抵押物后，应缴纳的土地增值税高于贷款金额的严重极端性后果。

通过以上案例不难看出，房地产抵押物作为房地产信托项目的最终风险缓释措施，在考量其价值变现能力时，应当将营业税、印花税尤其是土地增值税对抵押物价值产生的影响充分考虑在抵押物价值评判过程中，建议信托经理和评估人员在对房地产价值进行评估时，直接予以剔除为妥，从而确保抵押权人债权的安全。

协会发展与成效

中国信托业协会 2011 年工作总结及 2012 年工作计划

2011 年，中国信托业协会（以下简称协会）以贯彻落实银监会年度工作会议和非银行金融机构监管工作会议精神为引领，紧紧围绕信托监管工作重点和行业发展需要，切实履行“自律、维权、协调、服务”的核心职能，认真落实协会《三年工作规划》总体目标要求和年度各项工作任务，明确工作重点，扎实稳妥地推进各项工作，取得良好成效，协会应有的功能作用得到有效发挥。

一、2011 年主要工作成效

2011 年，协会在银监会和民政部的领导及全体会员单位的支持下，按照工作目标要求，着重抓了以下六方面重点工作：

（一）强化自律工作，服务于信托行业发展和监管大局，推动建立行业自律与监管联动长效机制

1. 制定《信托公司社会责任公约》，引导和推进信托行业履行社会责任工作取得突破性实质进展。按照银监会蔡鄂生副主席有关加强信托公司履行社会责任工作的要求，协会组织信托业界和有关专家，针对信托行业特点和实际状况，研究加快推动信托公司履行社会责任的可行措施，制定《信托公司社会责任公约》（以下简称《公约》），并于年内组织所有信托公司共同签署和实施《公约》，同时启动与《公约》相配套的《信托公司履行社会责任评价体系》制定工作，为下一步向社会发布信托行业履行社会责任报告做好必要的准备工作。

2. 推动信托行业标准化研究工作取得阶段性成果。在银监会非银部指导下，协会提出的《信托产品合同文本标准》和《信托业务分类标准》两项标准立项获得国家金标委批准，协会已组织成立专门小组进行专题研究，明确工作进度时间表，两个项目的相关工作正在加紧推进。年内《信托产品合同文本标准》草案已经初步形成。

3. 有益尝试配合监管部门做好信托公司监管评级工作。在银监会非银部指导下，协会组建

了由会计师事务所、律师事务所、信托研究机构及信托公司交易对手机构等16位代表组成的评级专家委员会，并制定《信托公司监管评级专家库管理办法》。组织召开信托公司监管评级专家委员会会议，制定2010年信托公司监管评级专家综合评价表，提出评级标准及要求，提供信托公司年报、信托行业平均值、专家评审要素提纲、信托公司监管评级指引等相关资料，规范参与评级工作流程，取得较好效果。

（二）以《信托法》颁布实施十周年为契机，开展系列纪念研讨活动，积极推动信托法律法规制度的普及宣传与完善

1. 成功组织承办"4·28《信托法》颁布十周年纪念研讨会"。此次会议由中国银监会、全国人大财经委、法工委、国务院法制办联合主办，银监会副主席蔡鄂生、全国人大财经委副主任吴晓灵、全国人大法工委及国务院法制办、高法等有关负责人出席会议并发表主旨演讲，信托业界和有关法学专家共计200多人参会，共同回顾总结《信托法》实施十年来取得的成绩，全面梳理《信托法》及相关配套法规实施过程中出现的新情况、新问题，共同研析解决对策，推动信托法律体系和相关法规制度的完善。

2. 加大信托法律普及宣传力度，采取多种有效方式，推出系列宣传活动。先后与《金融时报》、和讯网、律协、清华大学法学院等相关部门联合推出《信托法》十年十人谈、"我看信托这十年"有奖征文、信托沙龙系列专题等活动，出版《信托法》研讨会专集、获奖征文集等均收到较好效果。

3. 启动向人大法工委申请《信托法》立法后评估立项工作。为推动完善信托法律法规制度建设，在人大法工委、财经委有关领导和银监会指导下，协会在收集整理《信托法》颁布实施十年来的焦点热点问题基础上，代拟《关于启动〈信托法〉立法后评估立项工作的建议》，报经银监会并以银监会名义正式上报全国人大法工委申请立项。同时着手启动组织成立专门课题小组，整合各方资源力量，制订后评估工作方案，做好《信托法》后评估立项的各项准备工作。

4. 组织信托业内法律专家收集和分析信托公司法律纠纷案例，向有关部门提出制定《信托法》司法解释或判例指导等建议，研究维护信托行业合法权益的有效途径。统计整理信托公司发生的诉讼案件，全面、系统地反映信托行业的整体诉讼情况，分析现行法律法规及判例对信托公司和信托行业发展的影响，加强与高法等司法部门的沟通，向高法等有关部门反映提供典型案例和有关政策建议，为推动《信托法》司法解释或判例指导的出台做好前期的基础工作。

5. 收集整理信托行业法律法规资料，完成《信托法律法规手册》编纂工作。为全面梳理信托业相关法律法规，便于从业人员查阅学习和指导工作，强化合规经营意识，协会组织收集整理截至2011年6月末前颁布的有效法律法规共计413项，分四卷汇集成册，力求实用有效，已进入出版印制阶段。

（三）积极稳妥地择机推进“六个一”（网站、专版、峰会、年鉴、信息库、专刊）信息共享和宣传平台建设取得较好成效

1. 不断更新和完善协会网站建设。2011 年对协会网站从版面设计、版面架构及内容等方面进行了优化调整，新网站于 3 月 28 日正式上线。增加多元化功能，扩大和提高信息数量和质量，信息交流更新快捷方便，注重提升协会网站的有用性和权威性。同时，做好英文网站改版的前期准备工作，基本确定了英文网站版面设计方案，包括内容设置、页面结构等。同时加强了对要闻翻译、行业数据翻译、信息采集等方面的工作。

2. 引导媒体加大信托行业正面宣传力度，维护行业形象，提升信托行业社会影响力。（1）继续办好《金融时报》信托专版，巩固扩大信托行业正面宣传成果，信托专版的影响力和参与性大大增强，全年共刊出 21 期近百篇专题文章，起到了很好的业务交流和宣传效果。（2）做好信息刊物的编辑发行工作。完成 48 期《信托资讯》（周刊）（电子版和纸质版）编辑及印制。（3）借助网络媒体，与和讯网合作开展 3 期“信托沙龙”宣传活动，先后邀请银监会非银部领导，信托业、银行业、保险业、基金证券业人员以及业内专家学者参与研讨活动，促进了信托文化与理念的传播，收到了较好效果。（4）与和讯网、《金融时报》等有关机构联合举办开展“我看信托这十年”有奖征文活动，得到广泛响应和参与，参选征文逾百篇。

3. 加强舆情观测，推出“信托每日舆情”专刊，促进加强行业声誉风险管理。从 2011 年 6 月 1 日起，每天收集分类整理有关信托的各种媒体报道，第一时间快报监管部门，全年共编辑《每日舆情》148 期，对监管部门及时了解情况，作出应对提供了有益帮助。

4. 成功举办“2011 年中国信托业峰会”。在银监会指导下，此次峰会以“诚信、专业、自律、稳健”为主题，围绕信托行业发展遇到的焦点和热点等现实问题进行深入探讨，强调信托公司如何应对复杂的经济形势和市场环境，以有效控制风险和合规经营为前提，实现稳健可持续发展。银监会蔡鄂生副主席在峰会上发表重要讲话，统领信托业界统一思想，认清形势，严防风险底线，加快转变增长方式，促进信托业科学发展。

5. 启动基础信息库系统开发的前期基础调研工作。在银监会非银部指导下，结合监管需要和行业研究及信息资源共享需要，启动建立信托产品信息库前期准备工作，提出初步设想方案。

6. 完成 2010 年《中国信托业年鉴》的编写出版发行以及协会对外宣传册（中英文版）的制作工作。

（四）搭建境内外信托培训平台，加快推动培训工作系统化、结构化和常态化取得突破性成效

1. 首次开展信托行业国内培训合作项目，与清华大学法学院签订长期培训合作框架协议，

共同打造国内信托高层管理研修平台，各方反响良好。结合信托行业培训需求，经过双方精心规划设计培训课件和授课安排，年内成功开办两期信托高管研修班（每期一周时间集中培训）。来自各信托公司的高管、高法系统人员近百人参加培训。培训效果良好，得到了参训人员一致好评。

2. 开拓信托行业境外培训合作项目，与英国城市大学卡斯商学院签订长期培训合作框架协议，建立第一个信托境外培训基地，开局良好。协会在银监会指导下，经过多方研究考察论证，选择在信托的发源地——英国设立长期培训基地。精心规划适合信托行业发展需要的培训项目和内容，注重培训的针对性和有效性。年内首期信托高管班（为期 2 个月）和信托经理班（为期 1 个月）分别顺利开班，参训人员近 40 人，学员普遍反映良好。

3. 加强协会内部员工培训，加快提升业务素质和服务能力。为更好地履行工作职能，提高服务水平，针对协会员工实际状况，有计划地组织业务系列培训，年内共开展 5 期专题业务培训，收到实效。

4. 信托从业人员培训教材编写取得实质性进展。为配合信托全员培训计划的实施，年内基本完成《信托基础》、《信托法务》、《信托公司经营实务》、《信托监管与自律》四本教材框架及编写工作。协会先后两次组织教材编写组成员召开封闭会审会，对教材进行一稿、二稿、三稿的修改及交叉会审工作，并提交教材编审委员会审查。年内编审委员会完成其中两本教材审查，协会已与出版单位沟通排版印刷工作。预计在 2012 年上半年四本教材将全部完成终审印刷工作。

（五）配合监管部门推进信托监管和行业发展重点问题的探讨与研究工作，重点课题研究和业务领域专题研讨呈现新起色

1. 组织专项业务研讨活动收到较好效果。受非银部委托，多次承办组织召开业务研讨活动，如公益信托业务研讨会、艺术品投资信托业务研讨会、房地产信托业务风险控制研讨会、信贷资产证券化业务研讨会、信托公司股指期货业务培训会议等。

2. 借助业内外专家及权威研究机构力量，推动信托行业发展重要课题研究的不断深化。为了更好地从宏观视野和发展角度深入研究长期制约信托行业发展的难点和热点问题，澄清和纠正一些模糊认识和实践偏差（如信托融资问题、影子银行等问题），促进信托功能作用的有效发挥，协会经过与社科院沟通协商，就共同合作开展信托课题研究达成共识。年内已签署《中国信托产业发展战略研究》课题研究协议，成立课题组，制定课题研究提纲及调研方案，此项课题研究将于 2012 年 6 月末前完成。

（六）协会自身建设有所加强，协会作为自律组织的凝聚力和影响力有所提升

1. 严格按照《协会章程》规定要求行事。适时召开会员大会、常务理事会、理事及监事会

议。根据协会工作需要和会员单位意愿，年内按照章程规定程序顺利完成监事会设立、增补理事单位、新批4家新会员、聘任2名副秘书长及内部各部门负责人任免等工作。不断完善各项内部管理制度和工作流程，保证制度执行的公开透明和有效性。

2. 加强协会内部组织机构建设，加快专业能力和员工队伍建设。调整并充实工作人员，优化结构，完善绩效考核激励机制。大力倡导“想做事、能做事、会做事、做成事”的服务理念，当好监管助手，竭诚为会员办实事、办好事。

3. 加强会员单位联络员队伍建设，确保沟通渠道的协调畅通。召开联络员会议，完善联络员制度，评选和奖励优秀联络员。

4. 按照银监会要求，抓好专项治理工作。组织学习银监会领导有关专项治理工作讲话精神，及时上报《关于清理规范举办庆典、研讨会、论坛活动情况报告》、《“小金库”专项治理工作实施方案》及统计表等相关材料。

5. 党建和工会工作有所加强。在银监会机关党委大力支持下，妥善解决了协会党组织和工会的挂靠问题。启动组织发展工作，围绕建党90周年开展系列活动（如前往西柏坡开展“重温入党誓词，牢记两个务必”主题党日活动等）。发挥党组织和工会组织的凝聚力，全年党支部、工会组织共联手开展各项活动10余次（如推荐“一本好书”活动；组织拓展训练、摄影比赛；组织观看“辛亥革命”影片等）。

二、2012年重点工作

按照2012年初全国金融工作会议、银监会监管工作会议精神和蔡鄂生副主席2011年末在深圳召开的信托业峰会上的讲话精神要求，结合信托监管重点工作和协会《三年工作规划》确定的工作任务和目标要求，2012年协会工作的总体要求是：以落实科学发展观为统领，以信托监管总体要求和信托行业发展需要为指导，切实履行“自律、维权、协调、服务”职责，引领和助推信托行业增强风险防范和忧患意识，以诚信为本培育信托文化，提升信托行业整体专业服务水平和市场竞争力，促进信托行业实现稳健持续发展。协会将重点抓好以下六方面工作：

（一）着力强化行业自律与合规意识，建立健全行业自律运行长效机制，形成自律和监管合力，推进行业诚信合规文化建设，引导信托公司通过自律约束，依法合规稳健经营，严防重点风险，守住风险底线

1. 从推进信托公司履行《公约》入手，制订建立《信托公司履行社会责任绩效评价体系》，发布履行社会责任报告规范文本及相关指引，引导信托公司增强自律意识，树立和维护行业整体形象，培育信托市场地位，不断提升信托行业的竞争力和影响力。

2. 配合监管要求和规范信托业务行为实际需要，有针对性地适时组织制定行业自律公约和业务行为准则，以及行业指导性意见。建立自律公约执行情况监督制度和奖惩机制，开展评选“自律标兵”、“违约案例警示”等活动，并将结果提供给银监会作为监管评级参考，以鼓励自觉自律，抵制和谴责恶意竞争及损害行业利益的行为。

3. 配合监管部门，完善信托公司监管评级制度和指标体系建设，完善引入专家评审会制度，制定更为科学合理的评级操作流程，提高监管评级的广泛参与性和有效性。

4. 配合监管部门，推动研究建立信托公司风险缓释及补偿机制和市场退出机制。引导和强化信托公司风险管理意识，准确把握重点风险隐患，尝试探寻信托行业风险联防救助的有效途径。

5. 加快信托行业标准化研究工作，促进信托业务行为标准化、规范化发展。按照金标委已批准的立项计划，年内要完成《信托产品合同文本标准》和《信托业务分类标准》两个项目的研究及标准上报工作。

（二）继续推动信托法律法规制度的完善，依法维护信托行业合法权益，着力研究行业维权的切实有效途径，着手研究投资者保护相关制度建设

1. 继续推动《信托法》立法后评估立项工作。配合银监会，加强与全国人大法工委等部门的沟通与联系，继续呼吁和推动将《信托法》纳入2012年全国人大立法后评估程序。加紧落实法律后评估相关方案制订和组织实施工作。先期成立相应的工作小组，开展相关基础调研工作，疏通相关环节，做好立项前的基础准备工作。全面收集信托法律法规执行中遇到的重点问题，重点推进有关配套法规制度的建立和完善工作（如公益信托管理、信托登记制度及信托司法解释等）。

2. 全面收集、分析信托公司涉讼法律纠纷案例，进行典型判例研究，警示、强化信托公司依法合规意识和依法维权意识。加强与高法等司法部门沟通，择机推进有关信托司法解释和判例指导的制定与实施。

3. 配合监管需要，引导信托公司积极参与信托监管新规的研究制定工作，及时向监管部门反映政策诉求、新问题、新情况，增强信托公司对新政的理解和执行力。全面梳理现行信托法律法规，年内出版《信托法律法规手册》。

4. 尝试采取切实可行的手段，推进行业维权工作常态化。如可以考虑在协会网站上开通“信托法律咨询和求助”窗口，聘请业内法律专家定期进行法律问题和维权事项答疑等。

（三）强化协会服务功能作用，进一步加强信托行业信息化平台基础性建设，巩固和推进“六个一”平台功能，加强舆情引导和管理，加大信托业务知识宣传和普及力度，培育和传播信托理念和信托文化

1. 继续加强与有影响力的媒体合作，有计划、不间断地加大对信托行业的宣传力度，提升社会对信托行业的认知度，增强社会对信托行业的信赖度。如与《金融时报》合办《信托专版》(两周一期)、与和讯网合办“信托沙龙”等。2012 年将重点以信托公司开展支持实体经济发展，特别是支农、支持小微企业等国家产业政策重点领域的金融创新服务和信托核心价值体现为主题进行广泛宣传。

2. 进一步加强信托舆情观测和管理，引导信托公司强化声誉风险管理。继续办好信托《每日舆情》专刊的编辑工作。为了满足监管部门及各信托公司的需求，2012 年将完成《每日舆情》的增发工作。为监管部门和信托公司及时掌握舆论动态作出应对提供帮助。

3. 加强协会自身网站和会员单位网站联动建设，提高信息资源交流与共享的充分性和及时性。全面提升行业网站的信息量和可读性，加大业内交流的广泛性。

4. 着手研究创办《中国信托》（内部刊物），继续编好《中国信托业年鉴》、《信托资讯》(周刊)，加强信托制度和业务研究与交流，不断提升权威性和指导性。

5. 打造“中国信托业峰会”品牌，每年举办一次行业高峰论坛，不断提升信托行业的社会影响力。

6. 在银监会指导和授权下，研究开发建立综合性、多层次的信托行业基础信息库，包括行业基础数据库、从业人员基本信息库、人才储备库、专家库、产品信息库以及各信托公司基本情况信息库等，为分析研究行业发展状况提供最完整、最权威的基础信息保障。

（四）促进行业培训工作系统化、常态化，提升培训工作的针对性和有效性，推动信托行业队伍和人才建设迈上新台阶

1. 配合监管部门，推动制定《信托从业人员管理办法》，择机启动开发和建立从业人员培训与资格认证系统工程以及行业人力资源管理体系工作。做好与之相配套的培训教材编写出版工作。在 2011 年启动组织教材编写基础上，年内完成《信托基础》、《信托法务》、《信托公司经营实务》、《信托业监管与自律》四本教材编写出版工作。

2. 继续抓好与清华大学法学院的信托合作培训项目，年内在继续办好两期“信托高层管理研修班”系统培训的基础上，增加经常性的专业及专题培训项目，增加投资者教育为主题的培训内容，增强培训对象的广泛性和社会性。

3. 加大国际交流，深化境外培训力度，提升国际视野，学习借鉴国外信托发展的成功经验。

在继续打造英国培训基地，继续有计划分期举办两期赴英国信托公司高管研修班和业务经理研修班的基础上，总结合作培训经验，加强与美国、加拿大、日本、新加坡及中国台湾等同业的交流互访，比较分析各主要国家和地区的信托业发展模式，探索我国信托业发展道路，择机建立多层次培训合作项目。年内根据需要在全球信托业最发达的美国建立第二个海外培训基地。

4. 加强协会内部培训，不断提升业务水平和服务能力。

（五）加强实地调研和专项课题研究工作

2012 年要着力做好实地调研工作，配合监管部门把基础工作做扎实。同时，及时了解信托公司业务发展遇到的新情况、新问题，当好监管助手，竭诚反映公司实际诉求。组织、借助业内外力量，加强对影响信托行业发展重大课题的深入研究，推进与社科院合作的《中国信托产业发展战略研究》课题取得预期效果，对我国信托行业的发展进行前瞻性思考，促进信托公司实现稳健持续发展。

（六）加强协会自身基础建设，切实有效发挥协会应有的功能作用

继续夯实基础，加强内控制度建设。牢固树立当好监管助手，增强竭诚为会员单位服务的意识，不断提升服务质量和服务能力。按协会章程规定程序，做好协会换届工作。

协会在 2011 年各项工作取得可喜成绩的基础上，将按照 2012 年的工作目标要求，齐心协力、求真务实，推进各项工作迈上新台阶。

信托公司社会责任公约

第一章　总　　则

第一条　为贯彻落实科学发展观，引导信托公司积极承担社会责任，树立信托业良好的社会形象，提升信托公司可持续发展能力，推动和谐社会建设，根据《中华人民共和国公司法》、《中华人民共和国信托法》、《中华人民共和国银行业监督管理法》等相关法律法规及《中国银监会办公厅关于加强银行业金融机构社会责任的意见》、《中国信托业协会章程》，特制定本公约。

第二条　本公约适用于在中华人民共和国境内依法设立的信托公司。

第三条　本公约所称信托公司社会责任是指信托公司作为社会经济组织对国家和社会的和谐发展、公共利益实现、自然环境保护和资源科学利用，以及对政府、委托人、受益人、股东、员工、客户、同行等利益相关方所应承担的责任。

第四条　信托公司应全面树立社会责任理念，积极承担社会责任，信托公司履行的社会责任至少应包括法律责任、经济责任、公益责任、环境责任。

第五条　信托公司应自觉自愿签署本公约并承诺共同信守，中国信托业协会负责引导、监督本公约的实施。

第二章　社会责任内容

第一节　法律责任

第六条　信托公司须严格遵守国家法律法规、监管部门规章、规范性文件以及公司章程，并主动接受监管部门和社会公众的监督。

第七条　信托公司应当贯彻落实国家宏观政策，积极按照国家货币政策、财政政策、产业政策及其他政策适时调整经营战略，关注社会整体利益，坚决履行反洗钱义务，维护国家金融秩序和金融安全。

第八条　信托公司应不断加强合规管理，规范经营行为，恪守社会公德、商业道德，自觉遵守信托业自律规则和业务相关领域的各项规定，积极维护信托业市场竞争秩序、行业声誉和良好社会形象。

第九条 信托公司应诚信经营，自觉履行纳税义务，依法及时足额纳税。

第十条 信托公司应建立健全公司治理结构，公平对待所有股东，切实保护中小股东利益，确保股东充分享有和行使法律、法规、规章规定的各项合法权益。

第十一条 信托公司应当严格按照有关法律、法规、规章履行信息披露义务。

第二节 经济责任

第十二条 信托公司作为专业化财富管理机构，应充分发挥信托制度优势，积极开发符合社会和市场需求的信托业务及信托理财产品，不断创新服务方式，积极探索盈利模式，以信托功能满足社会理财需求。

第十三条 信托公司应秉承“受人之托、忠人之事”的原则开展信托业务，须恪尽职守，履行诚实、信用、谨慎、有效管理的义务，维护受益人的合法权益。

第十四条 信托公司应强化资本金管理与运用，努力创造利润，提高投资回报，为股东创造合理投资价值。

第十五条 信托公司应加强风险管理，建立健全全面风险管理体系，不断改进风险管理手段和工具，有效控制和防范信用风险、市场风险、操作风险和合规风险，保障公司经营稳定和资产安全。

第十六条 信托公司应加强和改进内部控制，优化内部控制环境，健全内部控制制度，完善内部控制措施，强化内部控制的监督评价与反馈纠正，确保对各类业务的有效控制，有效防范和化解风险。

第十七条 信托公司应督促从业人员不断提高专业技能和职业道德水平，遵守金融机构从业人员道德准则及从业人员职业操守，反商业贿赂、反腐败，开展公平竞争，培养和建立德才兼备的财富管理团队。

第十八条 信托公司与客户的业务往来，应当遵循平等、自愿、公平和诚实信用的原则，保障客户的合法权益。

第十九条 信托公司应对所开发的金融产品，就其风险因素作出客观真实的说明并给予明确的提示，不得承诺产品收益，不得进行含有虚假内容的宣传，不得欺骗和误导投资者。

第二十条 信托公司应积极培育和宣传优良的信托文化，构建诚信体系；加强向公众普及信托相关知识，不断提高公众识别和防范金融风险的能力，增强客户对信托产品和服务的认知，为行业健康发展奠定良好的客户基础。

第二十一条 信托公司应当重视客户权益保护，建立健全客户投诉处理机制，加强客户投诉全流程管理，妥善处理客户提出的投诉和建议，努力提高客户满意度；完善客户信息保密制度，改进客户信息保密技术和手段，严格履行为客户保密的义务。

第二十二条 信托公司须严格遵守《劳动法》、《劳动合同法》等法律法规，依法与员工签订并履行劳动合同，建立健全合理的薪酬体系和绩效激励机制，按时足额缴纳社会保险。

第二十三条 信托公司应维护员工合法权益。尊重员工人格，公平对待员工，杜绝性别、民族、国籍、宗教信仰、年龄等各种歧视。

第二十四条 信托公司应当建立、健全劳动保护制度，严格执行国家劳动、安全、卫生规程和标准，对员工进行劳动安全卫生教育，为员工提供健康、安全的工作环境。

第二十五条 信托公司应建立职业培训制度，重视员工自身成长，积极开展员工培训，提高员工职业素质和从业技能，为员工提供充分的职业发展机会。

第二十六条 信托公司应支持工会依法开展工作，对工资、福利、劳动安全卫生、社会保险等涉及员工切身利益的事项，通过员工（代表）大会、工会会议等民主形式听取员工的意见，关心和重视员工的合理需求。

第三节　公益责任

第二十七条 信托公司应积极参与社会公益事业，开展公益信托业务，在救济贫困、救助灾民、扶助残疾人和促进发展教育、科技、文化、艺术、体育、医疗卫生事业等方面充分发挥信托公司特有的专业职能。

第二十八条 信托公司及其从业人员应关心社会发展，热心慈善捐赠、志愿者活动，积极参加社会慈善活动，努力促进社会和谐与进步。

第二十九条 信托公司应积极支持所在地区经济文化建设、扶危济困等社会公益活动，促进公司所在地区的公益慈善事业发展。

第三十条 信托公司应在人才聘用和物资采购中，重点考虑所在地区情况，努力增加就业机会，推动区域经济发展。

第四节　环境责任

第三十一条 信托公司应依据国家产业政策和环保政策的要求，参照国际条约、国际惯例和行业准则，制定并实施经营战略，优化资源配置，支持社会、经济和环境的可持续发展。

第三十二条 信托公司应开展以支持国家环保政策、保护自然生态环境为导向的绿色金融业务，积极支持低碳项目投融资，引导和鼓励客户增强社会责任意识并积极付诸行动。

第三十三条 信托公司应努力开展以支持环保事业为目的的公益信托业务，促进环境保护事业、维护生态平衡。

第三十四条 信托公司应制定自身资源节约和环境保护计划，倡导“绿色办公”、“绿色出行”、“绿色行动”，努力减少日常运营对环境的负面影响；对员工进行环保节能知识的培训，引导员工树立环保理念和参与环保工作。

第三章　社会责任管理

第三十五条　信托公司应深化对企业社会责任的认知和实践，将企业社会责任融入到发展战略、治理结构、企业文化和业务流程中，建立履行企业社会责任的长效机制。

第三十六条　信托公司应加强企业社会责任的制度化、标准化、常态化管理，成立由公司高管负责的领导小组，明确指定部门和人员负责，并组织落实实施，努力实现企业社会责任履行与企业日常经营活动的有机结合。

第三十七条　信托公司应建立内外部评估机制，定期评估信托公司企业社会责任履行情况，并据此建立改进机制。

第三十八条　信托公司应根据中国银监会的相关要求积极建立企业社会责任信息披露制度，向社会公开披露企业社会责任履行情况，鼓励信托公司实施社会责任履行情况的第三方独立鉴证，并通过报刊、网站等渠道公开披露企业社会责任的履行情况。

第三十九条　中国信托业协会负责组织、编制信托行业履行企业社会责任年度报告并定期发布；制定行业履行企业社会责任评价标准体系并组织实施。

第四章　附　　则

第四十条　信托公司签约后承诺共同遵守、互相监督、自觉履行本公约的各项约定。

第四十一条　本公约由中国信托业协会负责解释及修订。

第四十二条　本公约经信托公司共同签署后生效，自二〇一二年一月一日起实施。

大事记

1月

1月1日　建信信托有限责任公司监管隶属关系调整为由中国银监会直接监管，并换领金融许可证。

1月1日　国投信托有限公司被北京市国家税务局和地方税务局联合授予“纳税信用A级企业”称号。

1月4日　中诚信托有限责任公司投资管理部获得中国银监会授予的“2010—2011年度银监会系统文明单位”称号。

1月4日　陕西省国际信托股份有限公司获得中国人民银行西安分行营业管理部评定的“2011年金融统计工作”一等奖荣誉，岳晓红同志被评为“优秀统计员”。

1月13日　广东粤财信托有限公司荣获中共广东省直机关工作委员会颁发的“2008—2010年度省直机关文明单位”荣誉称号。

1月14日　江西国际信托股份有限公司获批进入全国银行间同业拆借市场。

1月19日　华融国际信托有限责任公司2011年第二次临时董事会审议通过陈鹏君提任公司副总经理（总经理级）的提案。

1月21日　中国银监会核准华鑫国际信托有限公司以下董事和高级管理人员任职资格：郝彬董事长、胡忠良董事、朱书红董事、朱勇总经理、兰强副总经理、蔡概还首席风险控制官。

1月21日　中投信托有限责任公司第二届董事会第六次会议决定解聘叶星总经理职务，由副总经理张剑平主持工作，并由其代行公司总经理职权。

1月21日　西部信托有限公司获得中国人民银行西安分行营业管理部评定的“2010年西安市金融统计工作”一等奖荣誉，余继高同志被评为“优秀统计员”。

1月21日　中海信托股份有限公司荣获上海市黄浦区人民政府颁发“2010年度黄浦区突出贡献五十强企业”第7位。

1月27日　中国银监会批准青岛海协信托投资有限公司股权变更，批准陆家嘴金融发展有限公司受让原四家股东合计持有的22 555.92万元股权（占注册资本71.606%）。

1月30日　中国银监会批准联华国际信托有限公司变更股权及调整股权结构。股权转让后，联华国际信托有限公司的股东构成、出资金额及出资比例如下：兴业银行股份有限公司，出资26 100万元，出资比例51.18%；福建华侨投资（控股）公司，出资11 200万元，出资比例21.69%；澳大利亚国民银行，出资10 200万元，出资比例20%；永安资产管理有限公司，出资2 500万元，出资比例4.9%；南平市投资担保中心，出资1 000万元，出资比例1.96%。

1月31日　英大国际信托有限责任公司住所由北京市东城区建国门内大街乙18号院1号楼

英大国际大厦2层变更为北京市东城区建国门内大街乙18号院1号楼英大国际大厦4层。鉴于英大国际信托有限责任公司原股东国网资产管理有限公司更名为英大国际控股集团有限公司，中国银监会批准原股东国网资产管理有限公司所持有该公司的股权由英大国际控股集团有限公司继续持有。

1月　中国银监会北京银监局核准付然、吴祝花担任国民信托有限公司董事的任职资格。

1月　华宝信托有限责任公司注册资本由10亿元增加至20亿元（含1 500万美元）。

1月　华融国际信托有限责任公司荣获中国银监会颁发的“2010年度全国银监会系统先进集体”称号。

1月　昆仑信托有限责任公司获得宁波市江东区国家税务局和宁波市江东区地方税务局联合授予的“宁波市2008—2009年度纳税信用A级纳税人”荣誉称号。

1月　中信信托有限责任公司与新华网联合推出2011年全国“两会”建言征集活动在新华网首页推出，众多“两会”委员、代表、民主党派、地方政府领导、企业家等纷纷提交建言，内容覆盖财经、文教卫、法律、行政管理和民生工程等中国经济社会发展各个领域。

2月

2月11日　中原信托有限公司被河南省委授予“河南省思想政治工作先进单位”荣誉称号。

2月18日　建信信托有限责任公司被合肥市庐阳区财政局授予“财力贡献突出企业”称号。

2月19日　中投信托有限责任公司获批以固有资产从事股权投资业务资格。

2月23日　中诚信托有限责任公司财务总监丛雪萍获得中国金融工会全国委员会授予的“全国金融五一巾帼标兵”称号。

2月24日　中国信托业协会第二届理事会第五次常务理事会议、第二届理事会第四次会议在北京召开，会议审议并同意方正东亚信托有限责任公司、五矿国际信托有限公司、紫金信托有限责任公司、四川信托有限公司4家新设机构加入协会。

2月24日　大连华信信托股份有限公司在中国人民银行大连市中心支行举行的表彰先进活动中获得“2010年度金融统计工作先进单位（二等奖）”称号。

2月25日　大连华信信托股份有限公司在大连市人民政府举行的“2007—2010年金融工作先进评选活动”中被评为“2007—2010年大连市金融工作先进单位”，公司理财中心被评为“2007—2010年大连市金融工作先进集体”，公司董事长董永成先生、合规与风险控制部总经理侯宇女士被评为“2007—2010年大连市金融工作先进个人”。

2月27日　中国银监会批准青岛海协信托投资有限公司变更公司名称为“陆家嘴国际信托有限公司”，英文全称：Lujiazui International Trust Corporation Limited。同意公司变更业务范围。

公司本外币业务范围如下：资金信托；动产信托；不动产信托；有价证券信托；其他财产或财产权信托；作为投资基金或者基金管理公司的发起人从事投资基金业务；经营企业资产的重组、购并及项目融资、公司理财、财务顾问等业务；受托经营国务院有关部门批准的证券承销业务；办理居间、咨询、资信调查等业务；代保管及保管箱业务；以存放同业、拆放同业、贷款、租赁、投资方式运用固有财产；以固有财产为他人提供担保；从事同业拆借；法律法规规定或中国银监会批准的其他业务。同意《陆家嘴国际信托有限公司章程》。

2月28日　中航信托股份有限公司将注册资本由30 000.5万元（其中含等值于6 000万元人民币的美元）增至50 000.5万元（其中含等值于10 000万元人民币的美元）。增资后中航信托股份有限公司的股东构成、出资金额、持有股份及持股比例如下：中国航空工业集团公司，出资金额为15 300万元，持有股份15 300万股，持股比例30.60%；中国航空技术深圳有限公司，出资金额为10 733万元，持有股份10 733万股，持股比例21.47%；中航投资控股有限公司，出资金额为10 200万元，持有股份10 200万股，持股比例20.40%；Oversea - Chinese Banking Corporation Limited（华侨银行有限公司），出资金额为等值于10 000万元人民币的美元，持有股份10 000万股，持股比例19.99%；共青城羽绒服装创业基地公共服务有限公司，出资金额为2 332万元，持有股份2 332万股，持股比例4.67%；江西省财政投资管理公司，出资金额为1 435.5万元，持有股份1 435.5万股，持股比例2.87%。批准修改后的《中航信托股份有限公司章程》。

2月　杭州工商信托股份有限公司成立全资子公司——浙江蓝桂资产管理有限公司。

2月　上海国际信托有限公司在上海银监局举办的"2010年度上海银行业金融机构监管统计工作评比"中荣膺二等奖，是非银行金融机构中唯一获得奖项的单位。

2月　重庆国际信托有限公司被重庆市国资委授予"国企贡献奖"。

2月　国联信托股份有限公司获评"无锡市精神文明单位"。

2月　大连华信信托股份有限公司获得大连市工商行政管理局授予的"2010年度免检企业"称号。

3月

3月2日　中原信托有限公司李莉同志获得河南省政府金融办和河南省妇联授予的"河南省金融工作巾帼建功标兵"荣誉称号。

3月3日　中国银监会黑龙江银监局核准中融国际信托有限公司变更注册资本、调整股权结构，公司注册资本由5.8亿元增加至14亿元。

3月3日　昆仑信托有限责任公司获"2010年度宁波市江东区经济发展突出贡献企业"和

“2011 年度宁波市江东区五星级骨干企业”荣誉称号，蝉联“2010 年度江东区和谐企业”荣誉称号。

3 月 4 日　中国银监会批准广州科技信托投资公司重新登记。广州科技信托投资公司中文名称由“广州科技信托投资公司”变更为“大业信托有限责任公司”，英文名称变更为“Daye Trust Co.，Ltd.”。公司住所变更为广州市天河区体育西路 191 号中石化大厦нет塔 25 楼。公司注册资本为 30 000 万元，公司股东构成、出资额及出资比例：中国东方资产管理公司，出资 12 500万元，出资比例 41.67%；广州国际控股集团有限公司，出资 11 500 万元，出资比例 38.33%；广东京信电力集团有限公司，出资 6 000 万元，出资比例 20%。公司经营以下本外币业务：资金信托；动产信托；不动产信托；有价证券信托；其他财产或财产权信托；作为投资基金或者基金管理公司的发起人从事投资基金业务；经营企业资产的重组、购并及项目融资、公司理财、财务顾问等业务；受托经营国务院有关部门批准的证券承销业务；办理居间、咨询、资信调查等业务；代保管及保管箱业务；以存放同业、拆放同业、贷款、租赁、投资方式运用固有财产；以固有财产为他人提供担保；从事同业拆借；法律法规规定或中国银行业监督管理委员会批准的其他业务。核准公司以下董事和高级管理人员任职资格：沈柏年董事长，陈俊标董事，余关健董事，雷世俊董事，江忠友董事，金立佐独立董事，王仲兴独立董事，陆锦文独立董事，王毅董事、总经理，陈玉鹏副总经理，张德荣副总经理兼首席风险控制官，袁宏财务总监，饶森元总经理助理。批准《大业信托有限责任公司章程》。

3 月 8 日　英国城市大学卡斯商学院培训学院首席执行官 Colin Carnall 先生及副总监 Dimitrios Fountas 先生拜访中国信托业协会，双方就 2011 年第一期“信托公司高管研修班”及“信托公司业务经理研修班”课程设置等进行研究讨论，并就合作协议达成了初步共识，签署《英国信托业务培训项目合作意向书》。

3 月 14 日　北京国际信托有限公司荣获北京市朝阳区委、区政府授予的“2011 年度朝阳区经济贡献突出企业”荣誉称号。

3 月 15 日　陕西省国际信托股份有限公司被陕西省政府评为“2010 年优秀金融机构”。

3 月 18 日　中国银监会核准王俊明中铁信托有限责任公司董事长的任职资格。

3 月 21 日　中国对外经济贸易信托有限公司第四届董事会第五次会议审议通过聘请张一冰任公司董事会秘书。

3 月 22 日　中国银监会核准钱骏华宝信托有限责任公司总经理的任职资格。

3 月 28 日　北京国际信托有限公司变更营业场所，正式迁址至北京市朝阳区安立路 30 号院。

3 月 31 日　中投信托有限责任公司荣获浙江省人民政府授予的“2010 年度金融机构支持浙江经济社会发展”三等奖。

3 月　百瑞信托有限责任公司完成增资扩股的验资及工商登记变更等法定变更手续，正式引入中国电力投资集团公司全资子公司——中电投财务有限公司成为新股东，注册资本增至 12 亿元。

3 月　中粮信托有限责任公司获批设立中粮农业产业基金管理公司。

3 月　华融国际信托有限责任公司荣获中国银监会新疆银监局“2010 年监管统计工作”三等奖。

3 月　华融国际信托有限责任公司荣获乌鲁木齐市政府颁发的乌鲁木齐市“纳税突出贡献企业”称号。

3 月　中海信托股份有限公司获得上海市国家税务局、上海市地方税务局 2008—2009 年度纳税信用等级 A 类称号。

4 月

4 月 1 日　华宝信托有限责任公司推出国内首个结构化 TOT 资金池产品“时节 · 好雨 1 号”。

4 月 8 日　长安国际信托股份有限公司（原西安国际信托有限公司）原股东西安市财政局将持有的全部 20 230 万元股权划转至西安投资控股有限公司。

4 月 13 日　中国银监会核准王少华、俞小平、张毅中诚信托有限责任公司董事的任职资格。

4 月 14 日　重庆国际信托有限公司荣获 2010 年度重庆市独立企业“纳税 50 强”称号。

4 月 15 日　交银国际信托有限公司 2011 年股东会第一次会议选举郭德湘先生为公司第二届监事会监事，傅明章先生不再担任公司第二届监事会监事。

4 月 16 日　国投信托有限公司推出国内首只纯管理型葡萄酒基金，并设立“国投信托有限公司金蝙蝠财富俱乐部”。

4 月 16 日　“上海宋庆龄基金会——安信信托投资股份有限公司公益基金”举行启动仪式，安信信托投资股份有限公司首期 150 万元捐赠款到位。

4 月 18 日　中国银监会核准伊力扎提 · 艾合买提江中国对外经济贸易信托有限公司副总经理的任职资格。

4 月 21 日　广东粤财信托有限公司、广东珠江投资控股集团有限公司、广东新南方集团有限公司、广东韩建投资有限公司、广州国际控股集团有限公司 5 家公司共同发起筹建珠江人寿保险股份有限公司获中国保监会正式批准。

4 月 22 日　中航信托股份有限公司荣获“2010 年度全省社会治安综合治理目标管理先进单位”荣誉。

4 月 22 日　新华信托股份有限公司直属业务二部总经理荣获共青团渝中区委颁发的“渝中区优秀青年金融人才”表彰，并获取荣誉证书。

4 月 25 日　中海信托股份有限公司荣获中国人民银行上海总部“2010 年上海金融市场业务统计监测工作优秀机构”称号。

4 月 25 日　江西国际信托股份有限公司向北大资源学院捐款 250 万元，资助江西籍贫困生赴京深造。

4 月 25 日　中泰信托有限责任公司向上海市慈善基金会黄浦区分会捐赠 30 万元，成立“中泰信托有限责任公司・获得国家级工艺美术大师称号的老技师爱心基金”。

4 月 26 日　北方国际信托股份有限公司获天津开发区 2010 年度 100 强企业称号。

4 月 28 日　由中国银监会联合全国人大财经委、法工委、国务院法制办共同主办，中国信托业协会承办的“纪念《信托法》颁布十周年纪念研讨会”在北京召开。银监会副主席蔡鄂生、全国人大财经委副主任吴晓灵、全国人大法工委及国务院法制办有关负责同志，各有关单位、专家学者共计 200 多人参加会议。会议总结了《信托法》实施取得的成绩，全面梳理了《信托法》及相关配套法规实施过程中出现的新情况、新问题，共同研析解决对策。

4 月 29 日　中国信托业协会召开第二届会员大会第六次会议，会议选举百瑞信托有限责任公司、北方国际信托股份有限公司、五矿国际信托有限公司、英大国际信托有限责任公司、中铁信托有限责任公司为监事单位。增补国投信托有限公司、华融国际信托有限责任公司、交银国际信托有限责任公司、昆仑信托有限责任公司、苏州信托有限公司为中国信托业协会第二届会员理事单位。

4 月 29 日　中国信托业协会第一届监事会第一次会议选举英大国际信托有限责任公司为第一届监事会监事长单位。

4 月　中国银监会同意上海国际信托有限公司设立全资子公司——上海上信资产管理有限公司，注册资本 1 亿元。

4 月　华宝信托有限责任公司研发并推出市场上首款保证收益型薪酬福利信托计划——乐享人生。

4 月　百瑞信托有限责任公司报送的《信托公司集约发展模式研究》课题在由河南省金融学会主办的“2010 年度河南金融重点课题评审”活动中获得一等奖。

4 月　大连市金融发展局授予大连华信信托股份有限公司“金融创新奖”。

5 月

5 月 4 日　中国银监会核准王巍建信信托有限责任公司独立董事的任职资格。

5 月 5 日　陆家嘴国际信托有限公司完成股权变更工商登记。

5 月 6 日　中国银监会核准刘学敬中国金谷国际信托有限责任公司总经理的任职资格。

5 月 9 日　中国银监会核准许晔建信信托有限责任公司副总裁的任职资格。

5 月 11 日　中航信托股份有限公司与江西财经大学举行校企合作座谈暨教学科研实习基地签约仪式，公司总经理姚江涛、江西财大党委书记廖进球为教学实习基地揭牌。

5 月 11 日　全国金融标准化技术委员会秘书处正式批准中国信托业协会申请的两项行业标准——《信托产品合同文本标准》和《信托业务分类标准》。

5 月 13 日　中国对外经济贸易信托有限公司成立党委、纪委，选举杨自理同志为中国对外经济贸易信托有限公司党委书记，伊力扎提同志为中国对外经济贸易信托有限公司纪委书记。

5 月 18 日　杭州工商信托股份有限公司与摩根士丹利成立人民币私募股权基金管理合资公司。

5 月 18 日　中诚信托有限责任公司计划财务部获得中国金融工会全国委员会授予的"第四届全国金融系统学习型组织先进班组"称号。

5 月 23 日　中国信托业协会与英国伦敦城市大学卡斯商学院合作举办的第一期信托公司高管研修班在伦敦卡斯商学院举行开班典礼。中国银监会非银部主任柯卡生、中国信托业协会专职副会长王丽娟、英国伦敦金融城郡长沃尔夫、伦敦城市大学副校长库伦以及中国银监会和卡斯商学院的代表、15 位第一期高管研修班学员出席开班典礼。

5 月 25 日　天津信托有限责任公司正式向天津市保障住房建设投资有限公司发放保障房建设项目 30 亿元贷款，这是天津信托有限责任公司第一次通过信托融资方式引入全国社会保障基金理事会支持天津市保障房建设，天津市成为全国第二单获得全国社保基金支持保障房建设的城市。

5 月 25 日　苏州信托有限公司总裁张立文和苏州大学学生工作处处长陈平共同为"苏州大学应用型金融人才实训基地"揭牌，基地第一项课题研究"高端理财市场调研项目"正式启动。

5 月 26 日　国投信托有限公司注册地址变更为北京市西城区西直门南小街 147 号 7 层、8 层。

5 月 27 日　中国银监会新疆银监局核准刘绍华、杨晓丽华融国际信托有限责任公司副总经理的任职资格，核准郭继平公司总经理助理的任职资格。

5 月　华润深国投信托有限公司发行国内首只零售业发展基金——"华润深国投信托有限公司·银泰零售业发展投资基金 1 期项目集合资金信托计划"，该项目信托计划资金规模达 20 亿元。

5 月　居伟民先生因工作需要辞去中信信托有限责任公司董事和董事长职务。中信信托有限责任公司董事会选举蒲坚先生担任公司董事长，聘请陈一松先生担任公司总经理，增聘王道远、李峰、张继胜、李子民、包学勤等担任公司副总经理。

5月　中信信托有限责任公司与金库网联合主办的“认知改变信托——信托文化中国行”信托文化普及巡讲活动在京正式启动。

5月　百瑞信托有限责任公司自有业务总监兼研发中心主任罗靖博士当选“郑州市2010年度金融工作先进个人”。

5月　昆仑信托有限责任公司获宁波市“纳税50强”企业、宁波市服务业“纳税20强”企业、宁波市和谐企业创建先进单位、宁波市贸易金融旅游系统“职工之家”等荣誉称号。

5月　上海国际信托有限公司荣获中国人民银行上海总部颁发的金融市场业务统计监测工作优秀机构称号。

5月　杭州工商信托股份有限公司获得“杭州市先进职工之家”称号。

5月　国联信托股份有限公司综合管理部薛春芳同志获评“无锡市国资系统模范职工”称号。

6月

6月8日　广东粤财信托有限公司作为发起人之一设立的众诚汽车保险股份有限公司完成工商登记手续，领取企业法人营业执照，公司正式成立。

6月8日　“联华国际信托有限公司”正式更名为“兴业国际信托有限公司”，启用新的VI标识。

6月14日　中国银监会核准范成法建信信托有限责任公司独立董事的任职资格。

6月14日　中国银监会批准金信信托投资股份有限公司恢复经营。金信信托投资股份有限公司中文名称由“金信信托投资股份有限公司”变更为“浙商金汇信托股份有限公司”，英文名称变更为“Zheshangjinhui Trust Co.，Ltd.”。公司住所变更为浙江省杭州市庆春路199号6楼。公司注册资本为50 000万元，公司股东构成、持股数额及持股比例：浙江省国际贸易集团有限公司，持有28 000万股，持股比例56%；中国国际金融有限公司，持有17 500万股，持股比例35%；传化集团有限公司，持有4 500万股，持股比例9%。批准公司经营以下本外币业务：资金信托；动产信托；不动产信托；有价证券信托；其他财产或财产权信托；作为投资基金或者基金管理公司的发起人从事投资基金业务；经营企业资产的重组、并购及项目融资、公司理财、财务顾问等业务；受托经营国务院有关部门批准的证券承销业务；办理居间、咨询、资信调查等业务；代保管及保管箱业务；以存放同业、拆放同业、贷款、租赁、投资方式运用固有财产；以固有财产为他人提供担保；从事同业拆借；法律法规规定或经银监会批准的其他业务。核准公司以下董事和高级管理人员任职资格：徐德良董事长，李天林董事，程兴华董事，戴俊董事，李弘董事，朱勇董事，潘伟董事，杨柏樟董事，周小明独立董事，衣锡群独立董事，孙振洲独立董事，程强总经理，姜永凯运营总监，朱晓平财务总监，张逢伟风险总监。批准《浙商金汇信托股份有限公司章程》。

6月16日　长安国际信托股份有限公司信托六部喻福兴被共青团浙江省委员会、青少年发展基金会评为“浙江省希望工程20周年杰出建设者”。

6月20日　中诚信托有限责任公司第一党支部获得中国银监会党委授予的“中国银监会系统优秀基层党组织”称号，公司王升杰同志获得中国银监会党委授予的“中国银监会系统优秀党务工作者”称号，丛雪萍、苗菁同志获得中国银监会党委授予的“中国银监会系统优秀共产党员”称号。

6月24日　中国银监会批准浙商金汇信托股份有限公司复牌开业。

6月24日　中航信托股份有限公司总经理姚江涛荣膺“首届江西十大财经人物”称号。

6月27日　渤海国际信托有限公司完成增资扩股，注册资本达到20亿元，控股股东为海航资本控股有限公司。

6月28日　中国银监会批准中诚信托有限责任公司（申请）投资组建中诚资本有限公司，中诚信托有限责任公司持股比例51%。

6月30日　中海信托股份有限公司被评为“2010年度上海市A类财务会计信用单位”。

6月　中国银监会北京银监局核准叶志衡国民信托有限公司独立董事的任职资格。

6月　百瑞信托有限责任公司被荥阳市委、市政府联合授予“荥阳慈善——突出贡献单位奖”。

6月　中信信托有限责任公司连续四年荣获北京朝阳区“突出贡献企业”称号。

6月　安徽国元信托有限责任公司党委受到安徽省国资委党委表彰，荣获“先进党委”荣誉称号。

7月

7月8日　中国银监会核准陈浩鸣中海信托股份有限公司总裁的任职资格。

7月8日　中国银监会核准赵文杰华澳国际信托有限公司总裁的任职资格。

7月11日　陕西省国际信托股份有限公司与陕西煤业化工集团有限责任公司和西安投资控股有限公司签署《非公开发行股份认购协议》，拟向陕煤化集团、西投控股非公开发行不超过22 000万股普通股，其中陕煤化集团将认购本次发行的20 000万股普通股。

7月12日　长安国际信托股份有限公司经中国银监会陕西银监局批准，并经工商登记，注册资本变更为5.58亿元。

7月12日　交银国际信托有限公司与全国社会保障基金理事会、国家开发银行、重庆市城投公租房建设有限公司就重庆市公租房建设信托项目在重庆举行签约仪式。全国社保理事会委托公司将45亿元社保资金运用于重庆市公租房项目建设，这是中国社保理事会历史上单笔资金规模最大的保障房贷款项目。

7月19日　山东省国际信托有限公司参与发起设立山东泰山文化艺术品交易所股份有限公司。

7月26日　中海信托股份有限公司获得上海市工商管理局换发的营业执照，公司法定代表人变更为陈浩鸣。

7月28日　交银国际信托有限公司召开2011年股东会第三次会议，增补张纯女士为公司第二届董事会独立董事。

7月　中国银监会江西银监局核准易勤华江西国际信托股份有限公司副总经理的任职资格，核准陈华玲公司首席风险控制官的任职资格。

7月　中粮信托有限责任公司设立中粮（北京）农业产业股权投资基金（有限合伙）。

7月　中国对外经济贸易信托有限公司荣获国资委、共青团中央命名的2009—2010年度“全国青年文明号”称号。

8月

8月1日　中国银监会同意华能贵诚信托有限公司注册资本由12亿元增至20亿元。增资完成后，华能贵诚信托有限公司的股东构成、出资额及出资比例如下：华能资本服务有限公司，出资1 331 224 306元，出资比例66.5612%；贵州省开发投资有限责任公司，出资548 668 636元，出资比例27.4334%；贵州省贵财投资有限责任公司，出资80 341 005元，出资比例4.0171%；贵州电网公司，出资10 619 055元，出资比例0.5310%；中国华融资产管理公司，出资5 251 089元，出资比例0.2626%；中国农业银行股份有限公司贵州省分行，出资5 251 089元，出资比例0.2626%；人保投资控股有限公司，出资4 888 317元，出资比例0.2444%；贵州省技术改造投资公司，出资4 826 843元，出资比例0.2413%；首钢水城钢铁（集团）有限责任公司，出资4 247 622元，出资比例0.2124%；中国有色金属工业贵阳公司，出资2 751 301元，出资比例0.1375%；贵州开磷有限责任公司，出资1 930 737元，出资比例0.0965%。

8月1日　中国银监会核准蒲坚中信信托有限责任公司董事长、陈一松中信信托有限责任公司总经理的任职资格。

8月2日　中国银监会批准苏州信托有限公司申请以固有资产投资设立创业投资公司。同意苏州信托以固有资产投资设立苏州市苏信创业投资公司，但苏州市苏信创业投资公司不得作为引导基金与其他机构共同设立子基金公司。

8月2—6日　中国信托业协会与清华大学法学院合作举办第一期“信托高层管理研修班”。来自全国40多家信托公司的高层管理人员共计44人参加此期研修培训。

8月12日　因盘江煤电（集团）有限责任公司更名为贵州盘江投资控股（集团）有限公司，中国银监会同意中诚信托有限责任公司原股东盘江煤电（集团）有限责任公司所持有的股权由贵州盘江投资控股（集团）有限公司继续持有。

8月22日　江西国际信托股份有限公司获得江西省企业联合会、江西省企业家协会颁发的“企业团体会员证书”。

8月24日　中原信托有限公司获得河南省发展改革委系统“五五”法制宣传教育工作“先进集体”荣誉称号，风险与合规管理部刘永营同志获得“先进个人”荣誉称号。

8月26日　中国银监会陕西银监局核准陈英、瞿文康长安国际信托股份有限公司高级管理人员的任职资格。

8月29日　山东省国际信托有限公司设计推出了“山东省国际信托有限公司尊岳进取1号（PE）集合资金信托计划”，这是国内首只参与柜台市场的管理型信托产品。

9月

9月12日　中国银监会核准李峰、王道远、李子民、张继胜、包学勤中信信托有限责任公司副总经理的任职资格。

9月16日　中国银监会批准江苏省国际信托有限责任公司股权结构变更并修改公司章程，公司股东江苏省国信资产管理集团有限责任公司将所持有公司10%、5%、5%的股权分别转让给江苏省苏豪控股集团有限公司、江苏高科技投资集团有限公司、江苏省农垦集团有限公司。批准江苏省国际信托有限责任公司原股东江苏省投资管理有限责任公司、江苏省房地产投资有限责任公司将各自所持有公司1%的股权转让给江苏省国信资产管理集团有限责任公司。股权转让后，公司的股东构成、出资金额、出资比例如下：江苏省国信资产管理集团有限责任公司，出资金额为198 711.92万元（含6 000万美元），出资比例80%；江苏省苏豪控股集团有限公司，出资金额为24 838.99万元，出资比例10%；江苏高科技投资集团有限公司，出资金额为12 419.495万元，出资比例5%；江苏省农垦集团有限公司，出资金额为12 419.495万元，出资比例5%。批准修改后的《江苏省国际信托有限责任公司章程》。

9月16日　中国银监会核准虞利明杭州工商信托股份有限公司董事、董事长的任职资格。

9月16日　中国银监会核准王志辉江西国际信托股份有限公司总经理的任职资格。

9月16日　中国银监会批准青岛海协信托投资有限公司变更股权。同意山东海川集团控股公司和青岛联宇时装有限公司将各自持有青岛海协信托投资有限公司 16.648%、11.746% 的股权转让给青岛国信发展（集团）有限公司，并由青岛国信发展（集团）有限公司承担山东海川集团控股公司和青岛联宇时装有限公司对青岛海协信托投资有限公司相应的债务。股权转让后，青岛国信发展（集团）有限公司持有青岛海协信托投资有限公司 28.394% 的股权。

9 月 19 日　中国银监会核准马江河甘肃省信托有限责任公司董事长、杨文公司总裁的任职资格。

9 月 19 日　广东粤财信托有限公司注册资本由 5.655 亿元增至 15 亿元。

9 月 19 日　吉林省信托有限责任公司迁址至长春市人民大街 9889 号。

9 月 23 日　天津信托有限责任公司被评为天津市金融系统 2009—2011 年度文明单位。

9 月 25 日　华能贵诚信托有限公司完成增资扩股工商变更手续，公司新增资本金为 8 亿元，资本金总额达到 20 亿元。

9 月 26 日　中航信托股份有限公司获评"'十一五'江西省直（属）定点扶贫先进单位"。

9 月 28 日　中国银监会同意华澳国际信托有限公司注册资本由 3 亿元增至 6 亿元。增资完成后，华澳国际信托有限公司的股东构成、出资额及出资比例如下：北京融达投资有限公司，出资 30 006 万元，出资比例 50.01%；北京三吉利能源股份有限公司，出资 18 000 万元，出资比例 30%；麦格理资本证券股份有限公司，出资 11 994 万元，出资比例 19.99%。批准修改后的《华澳国际信托有限公司章程》。

9 月 30 日　中国银监会批准伊犁哈萨克自治州信托投资公司重新登记。批准中文名称由"伊犁哈萨克自治州信托投资公司"变更为"新疆长城新盛信托有限责任公司"，英文名称变更为"Xinjiang Great Wall Xinsheng Trust Co., Ltd."。批准伊犁哈萨克自治州信托投资公司住所变更为乌鲁木齐经济技术开发区卫星路 475 号紫金矿业研发大厦辖座 11 层。批准伊犁哈萨克自治州信托投资公司注册资本为 30 000 万元，公司股东构成、出资额及出资比例如下：中国长城资产管理公司，出资10 500万元，出资比例 35%；新疆生产建设兵团国有资产经营公司，出资 10 500万元，出资比例 35%；深圳市盛金创业投资发展有限公司，出资 5 100 万元，出资比例 17%；伊犁哈萨克自治州财信融通投资担保有限公司，出资 3 900 万元，出资比例 13%。批准经营以下本外币业务：资金信托；动产信托；不动产信托；有价证券信托；其他财产或财产权信托；作为投资基金或者基金管理公司的发起人从事投资基金业务；经营企业资产的重组、购并及项目融资、公司理财、财务顾问等业务；受托经营国务院有关部门批准的证券承销业务；办理居间、咨询、资信调查等业务；代保管及保管箱业务；以存放同业、拆放同业、贷款、租赁、投资方式运用固有财产；以固有财产为他人提供担保；从事同业拆借；法律法规规定或中国银监会批准的其他业务。核准伊犁哈萨克自治州信托投资公司以下董事和高级管理人员任职资格：胡建忠董事长，陈一滔副董事长，周琦副董事长，范振斌董事，蔺怀华董事，芦岗董事，林峰董事，李克渊独立董事，马德贵独立董事，李华北独立董事，张斌董事、总经理，王勇副总经理，杨辰副总经理，李凯副总经理，阚秋财务总监。批准《新疆长城新盛信托有限责任公司章程》。

9 月 30 日　中国银监会核准马建泽中粮信托有限责任公司副总经理的任职资格。

9 月　中国信托业协会与英国伦敦城市大学卡斯商学院在英国伦敦联合举办第一期信托公司业务经理研修班。

9 月　中国银监会北京银监局核准李政怀国民信托有限公司副董事长的任职资格。

9 月　中国银监会福建银监局批准兴业银行受让永安资产管理有限公司持有的兴业国际信托有限公司 4.90% 股权。本次股权转让完成后，兴业银行持股比例为 56.08% 。

9 月　中粮信托有限责任公司获批进入全国银行间同业拆借市场。

9 月　华宝信托有限责任公司在行业内率先推出具有综合财富管理功能的创新型信托产品“宝幡”系列伞形资金信托计划。

9 月　上海国际信托有限公司在人民银行上海总部举行的“上海市银行业金融机构货币信贷评估”评比中荣获最高评级 A 级。

10 月

10 月 9 日　中国银监会湖南银监局批准同意湖南省信托有限责任公司注册资本由 5 亿元增加至 7 亿元。此次增资由现有股东同比例增资。增加注册资本后，股东湖南财信投资控股有限责任公司总计出资 6.72 亿元，占注册资本的 96%；股东湖南省国有投资经营有限公司总计出资 0.28 亿元，占注册资本的 4% 。

10 月 10 日　中国银监会批准百瑞信托有限责任公司原股东深圳市易建科技有限公司、北京安瑞汇富投资有限公司、河南瀚海投资有限公司将分别持有百瑞信托有限责任公司 10.833% 、10.00% 、4.495% 的股权转让给中国电力投资集团公司。股权转让后，百瑞信托有限责任公司的股东构成、出资额、出资比例如下：郑州市财政局，出资 35 844 万元，出资比例 29.87%；中国电力投资集团公司，出资 30 393.5 万元，出资比例 25.33%；中电投财务有限公司，出资 29 894.5万元，出资比例 24.91%；郑州自来水投资控股有限公司，出资 8 112 万元，出资比例 6.76%；郑州市金水区财政局，出资 6 492 万元，出资比例 5.41%；巩义市财政局，出资 4 872 万元，出资比例 4.06%；登封市财政局，出资 2 772 万元，出资比例 2.31%；中牟县财政局，出资 1 620 万元，出资比例 1.35% 。

10 月 11 日　中原信托有限公司住所变更为河南省郑州市郑东新区商务外环路 24 号汇智大厦。

10 月 12 日　中国银监会同意陕西省国际信托股份有限公司将股本由 358 413 026 股变更为 578 413 026 股，每股面值为 1 元。同意陕西煤业化工集团有限责任公司认购 200 000 000 股，持股比例 34.58%；西安投资控股有限公司认购 20 000 000 股，持股比例 3.46%。

10 月 13 日　中国银监会四川银监局核准四川信托有限公司有限公司修改后的章程。

10 月 17 日　中国银监会核准罗学东、李振蓬、汤淑梅中诚信托有限责任公司副总经理的任职资格。

10 月 20 日　中国银监会黑龙江银监局核准中融国际信托有限公司变更注册资本、调整股权结构，公司注册资本由 14 亿元增至 14.75 亿元。

10 月 27 日　中国银监会四川银监局核准陈洪亮四川信托有限公司副总经理的任职资格。

10 月　中国银监会北京银监局核准何远国民信托有限公司副总经理的任职资格。

10 月　中国银监会江西银监局核准黄雪梅江西国际信托股份有限公司副总经理的任职资格；核准周跃民公司总经理助理的任职资格。

10 月　中信信托有限责任公司首例文化创意中小企业信托产品——“中信·雍和园文化创意中小企业贷款集合资金信托计划”成立，支持优质文化创意中小企业拓展业务和研发产品，积极开辟文化创意中小企业融资新渠道。

11 月

11 月 2 日　中国银监会四川银监局核准陈浩鸣四川信托有限公司有限公司董事、副董事长的任职资格。

11 月 7 日　中国银监会同意国联信托股份有限公司以固有资产投资设立全资子公司无锡国联资产管理有限公司。

11 月 7 日　建信信托有限责任公司获批进入全国银行间同业拆借市场。

11 月 7—12 日　中国信托业协会与清华大学法学院合作举办第二期“信托高层管理研修班”。

11 月 8 日　中国银监会核准刘卫东英大国际信托有限责任公司总会计师的任职资格。

11 月 8 日　长安国际信托有限公司第四届董事会第四次会议同意马志平辞去公司副总经理的职务。

11 月 8 日　长安国际信托股份有限公司在陕西省国家税务局、陕西省地方税务局 2011 年度纳税信用等级评定中被评为“A 级纳税人”。

11 月 10 日　华宝信托有限责任公司经中国银监会批准成为国内首家获得股指期货交易业务资格的信托公司。

11 月 10 日　长安国际信托股份有限公司被中国肢残人协会、中国聋人协会、中国残疾人体育运动管理中心、中国汽车工业协会授予“爱心企业”荣誉称号。

11 月 12 日　西部信托有限公司第三届十次临时董事会通过了徐朝晖出任西部信托有限公司董事长，并接任隋舵在董事会下设委员会的所有任职。

11 月 14 日　中国信托业协会组织全体会员单位签署《信托公司社会责任公约》，公约自 2012 年起正式实施。

11 月 14 日　建信信托有限责任公司被合肥市政府授予“合肥市优秀服务奖”。

11 月 15 日　中国银监会同意兴业国际信托有限公司注册资本由 5.1 亿元增加至 12 亿元。增资完成后，兴业国际信托有限公司股东构成、出资金额及出资比例如下：兴业银行股份有限公司，出资金额 87 600 万元，出资比例 73%；澳大利亚国民银行，出资金额 20 200 万元，出资比例 16.8334%；福建华投投资有限公司，出资金额 11 200 万元，出资比例 9.3333%；南平市投资担保中心，出资金额 1 000 万元，出资比例 0.8333%。

11 月 15 日　中国银监会同意西安国际信托有限公司以 2011 年 6 月 30 日经审计的净资产 781 705 775.11 元，剔除信托赔偿准备和一般风险准备后剩余的 759 136 103.70 元，按 1:0.99 的比例折股整体变更为股份有限公司。变更后公司注册资本金为 75 888 万元，折合股份为 75 888 万股，每股面值为 1 元，股东及股权结构如下：西安投资控股有限公司，持有股份 313 400 576 股，持股比例 41.3%；上海证大投资管理有限公司，持有股份 298 490 624 股，持股比例 39.33%；深圳市淳大投资有限公司，持有股份 88 538 176 股，持股比例 11.67%；陕西鼓风机（集团）有限公司，持有股份 47 409 600 股，持股比例 6.25%；西安高新技术产业开发区科技投资服务中心，持有股份 7 890 176 股，持股比例 1.04%；西安电视台，持有股份 3 150 848 股，持股比例 0.41%。同意公司名称由“西安国际信托有限公司”变更为“长安国际信托股份有限公司”，英文名称变更为“Chang’an International Trust Co., Ltd.”。批准修改后的《长安国际信托股份有限公司章程》。

11 月 16 日　中诚信托有限责任公司党委组织部获得中国银监会党委组织部评选的“2010 年度党内统计优秀单位”。

11 月 22 日　中航信托股份有限公司获中国人民银行南昌中心支行表彰，荣膺“2011 年南昌辖内金融机构金融统计工作优胜单位”称号。

11 月 23 日　华宝信托有限责任公司获批进入全国银行间同业拆借市场。

11 月 26 日　中国银监会四川银监局核准向前友四川信托有限公司有限公司董事、副董事长的任职资格。

11 月 28 日　昆仑信托有限责任公司荣获“2011 浙江金融优秀企业”，王亮总裁荣获“浙江·金融功勋人物”。

11 月 29 日　中国银监会核准刘学敬、索巧梅、傅彬和王贺彩四人中国金谷国际信托有限责任公司董事的任职资格，核准李廷芳中国金谷国际信托有限责任公司常务副总经理的任职资格。

11 月 30 日　中融国际信托有限公司在北京市委宣传部、北京市民政局、首都慈善公益组织联合会共同举办的“善行天下——第四届首都慈善晚会”上荣获“2011 年度‘商界彩虹心’”奖项。

11 月　中国银监会江西银监局核准曾海江西国际信托股份有限公司副总经理的任职资格。

12 月

12 月 2 日　中国银监会同意中融国际信托有限公司以固有资产独资设立北京中融鼎新投资管理有限公司。

12 月 7 日　江西省政府金融办批复由江西国际信托股份有限公司、国盛证券有限责任公司等 8 家单位为发起人，组织成立“江西省社会理财促进会”。

12 月 7 日　中国银监会核准张胜东中诚信托有限责任公司董事的任职资格。

12 月 8 日　中国银监会核准周全锋方正东亚信托有限责任公司总经理的任职资格。

12 月 9 日　国联信托股份有限公司地址变更为无锡市滨湖区太湖新城金融一街 8 号国联金融大厦。

12 月 9—10 日　由中国信托业协会主办的“2011 年中国信托业峰会”在深圳召开。本届峰会以“诚信、专业、自律、稳健”为主题。中国银监会蔡鄂生副主席出席峰会并发表重要讲话，深圳银监局熊良俊局长到会并致辞。来自中国银监会非银部、全国各地银监局及信托公司的代表等共计 300 余人参加此次峰会。

12 月 12 日　中海信托股份有限公司获得上海市工商管理局换发的营业执照，公司注册资本由 12 亿元增加到 25 亿元。

12 月 20 日　长安国际信托股份有限公司在中国人民银行西安分行营管部组织的“2011 年金融统计工作”中被评为二等奖。公司计财部陈岩被评为优秀统计员。

12 月 21 日　中国银监会核准范华中国对外经济贸易信托有限公司副总经理的任职资格。

12 月 21 日　长安国际信托股份有限公司注册资本变更为 12. 5888 亿元。

12 月 22 日　中国银监会云南银监局核准邓国山云南国际信托有限公司总裁助理的任职资格。

12 月 22 日　中国银监会批准方正东亚信托有限责任公司进行增资扩股，注册资本金总额由 3 亿元增至 6 亿元。

12 月 26 日　中国银监会批准华润深国投信托有限公司受托境外理财业务资格。

12 月 26 日　中国银监会核准吴孟飞中海信托股份有限公司董事长的任职资格。

12 月 26 日　华澳国际信托有限公司注册资本金由 3 亿元增加至 6 亿元，股东持股比例为：北京融达投资有限公司 50.01%，北京三吉利能源股份有限公司 30%，麦格理资本证券股份有限公司 19.99%。

12 月 27 日　中航信托股份有限公司注册资本由 50 000.5 万元增至 150 000.5 万元。

12 月 27 日　中国银监会内蒙古银监局批准华宸信托有限责任公司股权结构发生变化。变化后，内蒙古国资局为第一大股东，持股比例为 50.20%；湖南华菱钢铁集团有限责任公司为第二大股东，持股比例为 48.95%；呼和浩特市财政局为第三大股东，持股比例为 0.5%。

12 月 30 日　上海爱建信托有限责任公司第三届董事会第十二次会议选举周伟忠为第三届董事会董事长；聘任周磊为公司总经理；公司法定代表人变更为周伟忠。

12 月 31 日　中国银监会核准常宏陆家嘴国际信托有限公司董事长的任职资格。

12 月 31 日　湖南省信托有限责任公司在中国银监会湖南银监局开展的银行业机构监管统计工作先进单位评比中，荣获“2011 年度全省银行业机构监管统计工作”二等奖。

12 月 31 日　湖南省信托有限责任公司计划财务部罗洁在中国人民银行长沙中心支行开展的年度工作评比中被评选为“2011 年度湖南省金融统计工作先进个人”。

12 月　华润深国投信托有限公司获得中国银监会颁发的 QDII 执照。

12 月　华润深国投信托有限公司发行了国内首只煤炭资源整合并购基金——华润深国投信托有限公司·民生能源投资基金项目集合资金信托计划。

12 月　交银国际信托有限公司注册资本由 12 亿元增加至 20 亿元，股东出资比例不变。

12 月　杭州工商信托股份有限公司地址变更为杭州市江干区丹桂街 19 号迪凯国际中心 41 层。

12 月　华宝信托有限责任公司在中国人民银行 2011 年度上海市中资金融机构金融统计工作考核评比中，荣获“中资法人金融机构统计工作”一等奖。安信信托投资股份有限公司获二等奖，上海国际信托有限公司获沪银行业金融统计工作考核三等奖。

12 月　上海国际信托有限公司在中国人民银行上海分行 2011 年度上海市企业征信系统建设工作考核评比中，荣获“征信系统建设一等奖”。

12 月　中融国际信托有限公司在中国人民银行哈尔滨中心支行组织的黑龙江省金融机构“2011 年度金融统计工作考核评比”活动中，获得先进集体三等奖，财务管理部两位同志分别获得“先进个人荣誉”称号。

12 月　国联信托股份有限公司获无锡市和谐劳资关系“先进企业”称号。

12 月　山东省国际信托有限公司被山东省金融办授予“2011 年度山东省金融创新奖”。

12 月　江西国际信托股份有限公司被江西省西湖区人民政府评为“2011 年度纳税大户”。

12 月　江西国际信托股份有限公司荣获江西省人民政府颁发的“2011 年度金融机构支持江西经济发展考核奖励”奖金 20 万元。

12 月　苏州信托有限公司在江苏省财政厅公布地方金融企业 2010 年度绩效评价中获得“A——优秀”。

2011—2012

中国信托业

年鉴（上卷）

媒体报道

柯卡生：中国信托行业的监管与发展

（载于《中国金融》2011 年第 16 期）

信托公司为合格投资者和实体经济提供金融服务，成为理财市场重要参与者和提供商，在丰富我国金融市场和支持国家经济社会发展等方面发挥着日益重要的作用。

我国信托公司自 1979 年重新恢复设立至今，跌宕起伏，已经走过了三十多年的历程，既有值得吸取的历史教训，也在我国改革开放和金融体系改革的不同历史阶段发挥过积极作用。银监会自成立以来，一直重视遵循信托业的科学发展规律，着力研究改革多年摇摆不定的业务发展模式，着力解决多年带病运行困扰行业监管和发展的根本问题，不断加强监管制度建设，引导信托公司改革和对外开放，使我国信托行业开始步入良性、快速、可持续的发展轨道。当前，信托公司为合格投资者和实体经济提供金融服务，成为理财市场重要参与者和提供商，在丰富我国金融市场和支持国家经济社会发展等方面发挥着日益重要的作用。

“十一五”期间信托公司实现持续、健康、快速发展

“十一五”期间，银监会以科学发展观为指导，坚持“一手抓风险防范与化解，一手抓科学发展”，着力推进科学监管、民主监管、依法监管，避免了每逢我国经济进入宏观调整期，必然伴随某类非银机构被治理整顿的路径依赖，摆脱了信托业多次起伏、信托公司反复折腾的历史宿命。在本轮国际金融危机中，信托公司不但经受住了考验，而且稳中求进，进入了平稳较快发展的轨道。

破解功能定位难题，制度体系建设取得较大进展

“十一五”期间，银监会注重遵循信托公司科学发展规律，不断探索信托公司的功能定位和扬长避短的发展路径，积极推动信托行业平稳转型。2006 年末，银监会正式启动对信托公司的功能改革，并于 2007 年颁布实施新的《信托公司管理办法》和《信托公司集合资金信托计划管理办法》，进一步明确了信托公司“受人之托，代人理财”的发展定位，确立了面向合格投资者

以及固有资产和信托资产分离等一系列经营理念。五年来，清理废止了160多个文件，修改完善了10多个管理办法，新颁布了几十个管理规章，搭建了以上述两个新办法、净资本管理、公司治理、监管评级与分类监管等规章为中心，以证券投资、房地产信托、银信合作等规范性文件为辅助的监管制度体系。目前，制度建设已经贯穿信托公司监管和发展的各个环节，用制度管事、按制度办事的长效机制逐步形成，为信托公司科学发展、稳健发展提供了重要保障。

巩固改革成果，行业规模和整体实力实现快速发展

“十一五”期间，全国63家信托公司固有资产总额增长1.42倍，所有者权益增长1.92倍，资本规模增长较快，抗风险能力进一步提高；管理的信托资产总额增长13.3倍，不良资产总额下降45.06%，不良资产率3.5%，下降6.8个百分点，业务规模迅速扩大，发展质量明显提高；56家信托公司实现盈利，全行业在“十一五”期间累计实现净利润560.80亿元，盈利水平大幅提升；截至2010年末，前10家信托公司信托资产规模占行业总规模的48.78%，净利润超过1亿元的信托公司有43家，净资产超过10亿元的信托公司达42家，行业发展整体向好。在后金融危机背景下，信托公司继续保持了良好的发展势头，达到历史最好水平。

改革业务模式，解决困扰行业监管和发展的根本问题

银监会成立以来，特别是2007年以来实施的改革，使信托公司监管和发展理念全部更新，业务叙做办法彻底改进。银监会确立“管法人、管风险、管内控、提高透明度”的监管理念，坚持“一手抓风险防范和化解、一手抓科学发展”，在“分类监管、区别对待、扶优限劣”原则下启动信托公司分类监管工作，在“风险可控、成本可算、信息充分披露”的原则下引导信托公司创新发展。面对国际金融危机后的国内外复杂形势，强调树立“五种观念”，即全局观、风险观、辩证观、市场观、历史观；做到“六个坚持”，即坚持风险为本、坚持制度先行、坚持相互沟通、坚持精确制导、坚持一司一策、坚持标本兼治。信托公司监管工作逐步走向精细化，公司发展也有较大改观，业务模式上逐步回归信托主业，积极探索自主管理和业务创新。截至2010年末，全行业信托业务收入占总收入比重上升为58.76%，首次超过固有业务收入，成为主要的收入来源，收入结构日趋科学化、合理化；2010年，主动管理类信托业务平均规模占信托业务总规模的49.12%，主动管理类信托业务规模增长率105.61%（信托总规模增长率48.01%），增速较快；信托公司QDII业务顺利起航，REITs业务也正积极参与，在加强对信托公司股指期货、伞形信托、TOF、PE子公司设立等创新产品、创新制度研究的基础上，银监会已批准部分信托公司进行业务创新试点。

体制机制建设取得突破，风险管理水平不断提高

“十一五”期间，银监会持续推动信托公司引进境内外战略投资者，稳步推进综合经营试点。5 年来，共有 9 家外资金融机构、20 余家大型国有企业或国有控股企业陆续获准参股信托公司，对完善信托公司体制机制、提高风险管理水平产生了事半功倍的效果。同时，着力引导信托公司提升内部管理透明度，从加强内部控制着手，不断健全基本业务和管理制度，细化业务管理办法和操作流程。重视完善信托公司法人治理结构，提升“三会一层”组织架构的有效性，强调董事会的“诚信义务”和“看管责任”，信托公司初步建立起相互制衡的决策机制和管理程序。倡导性提出建立首席风险官（CRO）、适度的薪酬与职业规划激励相结合等理念与机制，信托公司业务团队建设大为加强，风险防范意识逐渐深入人心。通过体制机制的改革与突破，信托公司增强了持续发展的内生动力，竞争能力、服务水平也得到较大提升。

妥善解决历史遗留问题，积极推动符合条件的信托机构重新登记

始于 1999 年 2 月的信托公司第 5 次清理整顿工作既严肃了市场纪律，也产生了历史遗留高风险机构的风险处置问题。为维护社会稳定和市场正常经营秩序，银监会对整顿后仍不符合条件的高危机构坚决实施市场退出，对符合条件的进行行政重组或司法重整。经过近 5 年的艰苦努力，信托公司风险处置工作已近尾声，银监会成立之初的 9 家信托公司处置工作基本完成，伊斯兰信托、庆泰信托和金信信托在引入合格战略投资者之后已重新恢复经营。2007 年两个新办法颁布后审慎启动的 13 家历史遗留信托机构的重新登记工作，在严格准入条件的前提下，目前已有 10 家信托公司的重组方案获得批准，其中 9 家信托公司已重新开业。在不断总结风险处置经验的基础上，我们积极研究信托公司的风险预警机制，不断完善风险处置规章制度，逐步建立信托公司的风险长效机制，确保在甩掉沉重历史包袱的同时，通过构建长效机制努力防止背上新的包袱。2006 年以来，再也没有出现一家新的信托公司被强制关闭，或因一家机构出问题而影响全行业发展的重大风险事件。目前市场上正常经营的信托公司均是在通过银监会严格的准入条件后获准重新登记的，日常经营和管理受到严格监管，信托行业平稳转型已经基本实现，总体运行情况良好。可以说，信托公司历史遗留问题的解决是有较大成效的，行业发展也是得到市场认可的。

坚持审慎监管，严守风险底线，实现了信托公司健康、稳健运行

银监会一直将严守风险底线作为信托公司监管工作的重中之重，不仅及时防范与化解了不

同时期的单体业务风险，而且有效防止了单体业务风险的系统性蔓延，促进信托公司在发展中防风险，在防风险中谋发展。风险为本意识正逐步融入机构战略规划和日常管理，保证了信托公司在整个“十一五”期间的健康、较快发展。

银监会高度关注不同时期的重点风险。一是科学有效地规范银信合作业务。鼓励信托公司与商业银行科学开展银信合作业务，完善我国理财市场功能，满足人们日益增长的理财需求，但坚决抑制通道类业务，禁止监管套利，引导信托公司加强自主管理。要求商业银行在 2011 年末前将表外资产转入表内，要求信托公司对融资类业务实行余额比例管理，保证风险责任不落空，对不达标者限制分红。2010 年末，全国银信合作业务规模已由上年年中的峰值转为较大幅度下降，成效比较显著。二是加强房地产信托业务风险监管。根据国家宏观政策要求，密切跟踪房地产市场最新变化，高度关注信托公司流动性风险、市场风险和政策性风险，督促信托公司加强项目后期尽职管理工作，保证项目安全运行；强化房地产信托融资监管，并在实施信托公司净资本管理中对房地产信托业务制定较高的风险系数；通过压力测试、专项调查等摸清风险底数，采取相应监管措施；对存续房地产信托项目逐笔核查，对违规行为依法查处，并适时进行风险提示和窗口指导，要求全行业审慎开展房地产信托业务。截至目前，房地产信托业务在较快增长的情况下，暂未发生重大违规或风险事件。三是基本实现信政合作业务平稳发展。2009 年初，银监会率先提出财政担保合规性问题，指导信托公司合规稳健保增长。2009 年末，针对用款方可能借用信托名义以债务性资金充实资本套取银行授信的苗头，及时禁止信托公司以债务性集合信托资金补充项目资本金，消除借贷政策套利空间。2010 年，按照“逐包打开、逐笔核对、重新评估、整改保全”的要求，督促各信托公司做好地方政府融资平台贷款的自查整改和业务清查工作，取得良好效果。

探索建立行之有效的监管体系，保障信托公司科学、规范发展

“十一五”期间，银监会探索建立并逐渐完善了以市场准入、非现场监管和现场检查为主的监管体系，实现对信托公司功能监管和机构监管相结合，寓监管于服务之中。5 年来，通过对历史遗留高风险机构的艰苦处置，更加深刻地感受到严格审慎把好准入关的重要性。始终坚持把风险防范关口前移，坚持逢进必考、逢入必谈，坚持审核材料和现场走访相结合，坚持市场准入与风险化解相结合，要求重组后的新设机构必须债务清零，不得带病运行。通过持续深化以风险管理为基础的非现场监管体系建设，针对市场发展和风险变动趋势，及时调整、补充监管规定和限制性指标，发挥非现场监管的“雷达”作用，及时发现机构违反审慎监管标准、异常变动等情况，前瞻性进行风险提示和窗口预警指导，有效控制风险。在非现场监管“精确制导”的基础上，充分发挥现场检查的“精确打击”作用，实现由突击检查向常规检查转变，由静态

检查向动态监管转变，由合规检查向风险为本检查转变，由经验依赖型向制度化管理转变，由信息分散化管理向集约化管理转变，由单一手段、单一目标向多种手段、多元化目标转变。此外，我们还坚持银监会整体监管与各地银监局属地监管相结合，建立了信息共享、沟通顺畅、贴近市场、反应迅速的联动机制，监管工作的针对性和有效性大为提高，为信托公司规范发展、科学发展提供了重要保障。

继续推动信托公司科学发展

信托公司在"十一五"期间的改革和发展成果得来十分不易。在全力巩固和保护好已经取得的各项成果的同时，也要清醒地认识到，信托公司发展虽然总体向好，但在发展战略、市场特色等方面仍有不足，公司治理、内部管控、人力资源等基础建设与国内外成熟金融机构相比还有一定差距，类信贷业务比重依然较大，应对国内外复杂形势的能力还有待提高。此外，信托公司发展的外部环境也有待进一步优化，表现在：信托财产登记制度、税收制度问题悬而未决，证券投资业务、私人股权投资业务和参与上市公司定向增发及网下配售业务遭遇政策壁垒，在理财市场还面临不公平的境遇等。信托公司进一步改革和发展还有很多工作需要我们继续努力。

"十二五"期间，信托公司监管工作的总体指导思想是：全面贯彻落实中央经济工作会议和银监会工作会议精神，一手抓风险防范、一手抓科学发展，紧盯市场变化，严守风险底线，审慎鼓励金融创新，夯实发展基础，推进发展方式转变，努力提高竞争力和服务水平，促进信托公司的稳健发展。具体来讲，"十二五"期间将抓好以下四方面工作：

第一，夯实发展基础，确保信托公司继续实现健康、稳健、可持续发展。目前，信托公司的经营发展、整体效益虽然不错，但能否实现未来可持续发展，取决于机构能否将更多的精力投入到自身基础建设中。信托公司未来发展更加取决于公司团队、管理能力和服务水平能不能跟上。"十二五"期间，银监会将引导信托公司继续扎实练好内功，不断提升核心竞争力。通过加强体制机制建设，建立高效协调、有效制衡的前台、中台、后台机制，全面提高自身的风险管理技术和水平，建立成本和风险相匹配的约束机制，不断提升抵御风险的能力，增强可持续发展的内生动力。通过加强制度建设，制定标准化、模块化、流程化的规章制度，为风险管控全覆盖提供制度保障。通过改进激励约束机制，将风险底线意识逐步融入到战略规划和日常经营管理中，建立起与长期风险责任挂钩的合理薪酬制度。通过完善人才引进机制，创新人才培养机制，改革人才激励机制，做到既能引进人才，又能培养人才，还能留住人才，切实提升信托公司核心竞争力。通过进一步加强引进境内外战略投资者的对外开放工作，坚持择优而取，按照"依法、自愿、市场、审慎、效率"的原则，鼓励引进有实力的合格境内外战略投资者，积极探索建立科学合理的股权结构。

第二，落实宏观调控政策，督促信托公司加强风险防范工作。“十二五”期间，信托公司监管重点仍然是坚守风险底线，紧盯国内外最新变化，确保监管措施紧跟行业发展和风险转换，提高全面风险管控能力，有效执行国家宏观调控政策。

坚持风险全覆盖和风险有效隔离并重。通过加强对信用风险、市场风险、操作风险和流动性风险的监测分析，及时作出风险提示及预警，有效提高信托公司的风险识别、计量与监测水平，提高风险管控能力；坚持审慎推进综合经营试点工作，构筑牢固防火墙，严格实行与控股股东的“人员、资金、办公场所”三分开，坚持“独立运作、自主管理”，高度关注和限制不当关联交易，防止利益输送和风险传染。

坚持宏观审慎监管与微观单体业务风险监管兼顾，做好重点风险防范与化解工作。银信合作方面，继续落实商业银行表外资产转表和信托公司计提风险资本工作，坚持信贷资产转让真实性、整体性和洁净转让原则，紧盯业务发展动向，防止出现打擦边球，甚至变相突破既有规定的情形，杜绝监管套利；信政合作方面，继续推进平台贷款风险的有效防范和化解工作，按照银监会统一部署，依照“逐包打开，逐笔核对，重新评估，整改保全”的十六字要求，进一步加强合规管理和后续管理，加强与地方政府沟通，跟踪重点公司和项目，必要时进行窗口指导；房地产信托方面，目前信托公司开展的房地产信托业务是有监管的合法业务之一，银监会自2005年就陆续对信托公司颁布了比商业银行更加严格的监管规定，除最低资本金、二级资质、“四证”齐全要求外，还包括禁止向开发商发放流动资金贷款、禁止进行商品房预售回购、禁止以信托资金发放土地储备贷款，将投资附回购形式的变相融资行为视同贷款管理等一系列规定，这些政策规定至今未发生改变。

第三，深化改革，转变发展方式，服务实体经济发展。督促信托公司科学制定发展战略。改变单纯追求规模、速度和市场份额扩张的粗放式发展模式，探索与自身比较优势和所在市场特点相适应的差异化发展路径。以“十二五”规划纲要中提出的关于发展战略新兴产业、稀缺资源、民生行业及弘扬重要传统文化的指引为创新导向，探索可持续的发展模式和盈利方式。坚持“有保有压”，严控“两高一剩”，加强对国家经济结构调整过程中“三农”、小企业、节能环保等重点领域和薄弱环节的支持力度，坚持履行社会责任，与国家经济社会发展战略相互协调，与实体经济良性互动发展。

在有效监管的前提下，按照“风险可控、成本可算、信息披露充分”的原则，稳妥推进金融创新，营造良好发展环境。继续推动信托产品交易平台建设，鼓励信托公司研究创新设立中长期“私募基金型信托计划”，争取在银行间市场挂牌交易。在QDII、REITs、股指期货等新工具、新业务方面继续创新，做好跨市场配置及TOT产品总结工作，推进PE管理公司试点，在风险与收益相匹配的前提下适度开展社会保障房信托业务，加快公益信托立法进程，持续提升信托公司发展质量和服务水平。

第四，完善监管体系，推动信托公司监管工作再上新台阶。着力加强非现场监管能力建设，提高非现场监管的前瞻性和导向性。要将监管人员列席公司董事会、定期走访、与内审或稽核人员定期谈话等制度化，促进信托公司自我约束机制的建立。针对信托公司在经济周期性波动中涉及敏感行业、重点业务可能存在的风险隐患，加强监测分析，及时作出风险提示及预警。要继续强化一司一策、分类监管，对风险管理能力较强、评级结果较好的公司，积极支持其发展，鼓励其开办创新业务；对于风险管理能力差、风险水平高、评级结果较差的公司，限制其高风险业务并加强监管力度，增加检查频度。要对信托公司实施净资本监管，对不同监管级别的信托公司设置差异化风险系数。

完善现场检查制度，以促进信托公司树立风险为本、合规审慎经营理念为目标，贯彻风险监管、持续监管、检查与处罚相结合三原则，有效运用EAST系统，提高现场检查水平。

把好市场准入关，严格实施准入监管。继续按照“准入监管要促进公司治理建设、要体现强化风险内控、要有利于建立健全激励约束机制和适应金融创新的需要”的要求，坚持采取准入事项实地调研走访、评审、答辩等方式，加强与现场、非现场沟通。对于银行综合经营试点设立的信托公司，五年以后进行后评价，低于行业平均水平的要责令退出。

继续推进法规制度建设进程，围绕热点问题开展调研，加强对信托行业发展具有重要影响的法规制度的研究工作，不断完善风险监管制度体系。

发挥行业协会作用，构建行业发展的平台和纽带。指导信托业协会，推动行业公平竞争市场秩序建设、行业数据库建设和从业人员培训等工作。

2011 年恰逢《中华人民共和国信托法》颁布十周年，信托公司基于法律赋予的独特制度优势，以“受人之托，代人理财”的专业理财机构为发展方向，具有无限广阔的发展前景。信托行业将抓住“十二五”发展的重要战略机遇，在实践中改革，在改革中发展，进一步提升金融服务水平，为我国金融体制创新和经济社会发展作出新的贡献。

中国银监会非银部主任　柯卡生

2011 年信托行业展望：在资本约束下“跳舞”在盈利压力下“探路”

（载于《金融时报》2011 年 1 月 24 日第八版）

又是辞旧迎新的时候。对于中国信托业，告别 2010 年后，在新的一年里将会怎样发展？

展望信托行业，离不开政策。而对 2011 年信托行业发展影响最大的当是 2010 年下半年出台的《信托公司净资本管理办法》。如何适应这一政策要求，也就成了信托公司在新的一年里最重要的事情。

《信托公司净资本管理办法》出台的目的是建立以净资本为核心的风险控制指标体系，加强信托公司风险监管。为此要求信托公司计算净资本和风险资本，信托公司净资本不得低于 2 亿元，信托公司净资本与其风险资本的比值不得小于 100%，净资本不得低于净资产的 40%。这一政策建立了风险资本与净资本的对应关系，使各项业务的风险资本均有相应的净资本支撑，促使信托公司将有限的资本在不同风险状况的业务之间进行合理配置，引导信托公司根据自身净资本水平、风险偏好和发展战略进行差异化选择，实现对总体风险的有效控制。按照这一政策要求，信托公司要提高盈利只有两种方法：一是提高净资本以扩大信托规模，从而以规模的扩大提高总体收益；二是在不提高净资本的情况下提高信托资产的收益水平，以进一步提高总体收益。两者比较，很显然以增资扩股的方式扩大净资本更简单也更可行一些。因此，为应对这一政策，增资扩股成为信托公司的首要任务。2010 年末，重庆信托增资扩股方案获批，注册资本增至 24.38 亿元；2010 年重获新生的华鑫国际信托有限公司于 2010 年末完成增资扩股计划，注册资本由 3.2 亿元增至 12 亿元。记者了解到，目前许多信托公司都有增资扩股的计划，有些信托公司的增资额度还不是小数，由此，增资扩股必然会成为 2011 年信托行业的一道风景。

信托公司的增资扩股往往会让人产生这样的忧虑：净资本的扩大是否会导致信托公司重新回到“种了别人的田，荒了自己的地”的时代？是否有可能导致信托公司荒废了信托业务而更加注重自营业务，重新把信托公司做成投资公司？但与以往信托公司增资扩股不同的是，此番信托公司增资扩股的目的是以净资本的放大保证信托规模增长的安全性。同时 2007 年颁布实施的《信托公司管理办法》第二十条规定，信托公司固有业务项下可以开展存放同业、拆放同业、贷款、租赁、投资等业务。投资业务限定为金融类公司股权投资、金融产品投资和自用固定资产投资。信托公司不得以固有财产进行实业投资。按照一些信托公司人士的说法，信托公司的固有业务只能发放贷款和做股票了。因为固有财产运用范围的缩小，信托公司要获得较高的盈利，必须重视信托业务，做信托公司该做的事。

但是，信托业务可做什么、该做什么又是一个大话题。对于信托公司来说，2011 年的确面临着又一次大的挑战。这种挑战在于旧的业务模式被否定之后，新的业务模式如何寻找和建立。而这也将是 2011 年信托公司需要重点探索的问题。

从现有的情况看，信托公司信托业务的开展主要限于四大方式和领域：阳光私募、银信合作、信政合作和房地产业务。但是，因为信托证券账户被停，阳光私募发行受阻。2010 年银监会颁布《关于规范银信理财合作业务有关事项的通知》，虽然从文件上看并未完全禁止银信合作，但因为从期限、比例、结构、投向、财务 5 方面约束未来的银信合作，信托公司所熟悉的信贷类理财产品的发行受到限制。同时，因为《信托公司净资本管理办法》出台，对信托公司而言，银信合作业务占用的净资本与集合类信托业务占用的净资本相同，而两者收益相差 10 倍以上，这更意味着信托公司将被迫放弃银信合作业务；在信证合作方面，因为政府融资平台风险的积聚以及监管部门发出《关于信托公司信政合作业务风险提示的通知》等规范性文件，这一业务也难以开展。随着国家对房地产市场的调控以及监管部门对房地产信托业务日趋严格的要求，信托公司这一主要盈利领域也面临挑战。

对于信托公司未来的业务方向，全国人大财经委副主任委员吴晓灵曾经表示，资产管理市场是中国金融业未来一广阔的市场，资产管理包括三种：一是现金管理，二是实物资产管理，三是财产权的管理。但在这三个领域当中，信托都面临着众多金融机构的竞争。她为信托业指出了三条路：面对高净值客户进行全方位理财的管理，这是一个无人与之抗衡的优势；契约型私募基金；与融资租赁的结合。银监会非银部主任柯卡生也曾经明确提出，今后将在三方面支持信托公司的科学发展：一是充分发挥"受托人"角色，开发低风险信托产品；二是鼓励信托公司研究创新设立中长期"私募基金型信托计划"；三是继续扶持有能力的信托公司开展 QDII 业务。中国人民大学信托与基金研究所执行所长邢成博士曾为《信托公司净资本管理办法》背景下信托公司业务发展方向提出了几大领域：主动管理型银信合作理财业务、专业化私募股权投资业务、房地产投资信托基金业务、产业基金化基础设施信托业务、私人银行财富管理信托业务、多形态资产证券化信托业务。

2010 年中国信托业峰会上，柯卡生表示，力争 3 ~ 5 年时间，使信托公司盈利模式有较大转变。可以预计，未来信托公司的业务领域、盈利模式将发生翻天覆地的变化。虽然在 2011 年这种变化不可能明显表现出来，信托公司有可能在旧有的银信合作、信政合作和房地产业务领域中通过合作条线或模式的变化寻求新的符合政策要求的盈利方式，但随着在不同领域的探索与创新，信托公司盈利模式的转变绝对是可以期望的。

《金融时报》记者　金立新

信托：怎样为保障房建设添更多砖瓦

（载于《金融时报》2011 年 3 月 14 日第八版）

与银行比较，信托公司在介入保障房建设上有其特有的优势，主要是机制体制更加灵活，资金审批投放速度快，资金运用方式也更加多样，可以是债权形式，也可以是股权形式，还可以是债权加股权的混合形式。在风险控制手段上，信托可以运用的手段也更加多样。这些都为信托公司进入保障房市场奠定了基础。

2011 年"两会"，保障房成为了一个热门词汇。无论是代表委员提案，还是媒体、百姓关注的话题，保障房都成为了一个关键词。3 月 5 日，国务院总理温家宝在十一届全国人大四次会议上作《政府工作报告》时也明确表示，进一步扩大保障性住房建设规模，重点发展公共租赁住房，规范发展住房租赁市场。而几乎与此同时，2011 年全国建设保障性住房和棚户区改造住房 1 000万套的任务指标已分解到各省份，中央财政资金也将在全国"两会"前后陆续下拨。目前有消息称，按照各省市签订的目标责任书，10 月 31 日前，这 1 000 万套保障房必须全部开工。

据估算，1 000 万套保障性住房建设所需资金至少在 1.3 万亿元左右。有人士分析，将国家及地方政府各种资金来源考虑在内后，仍有近万亿元的资金缺口。这还未将征地拆迁补偿考虑在内，另外，公共设施配套等费用超出计划的部分也需地方政府负担，地方财政负担相当大。在财政资金支持有限的情况下，由于目前贷款规模收紧，整个信贷市场供不应求，商业银行为了达到盈利目标，也必然会追逐利润较高的项目，而保障房贷款综合定价难以令人满意，所以不少银行兴趣不大。在这种背景下，保障房另外的一个融资渠道出现了——信托。

2 月 26 日，全国社会保障基金投资南京保障房 30 亿元信托贷款项目签约仪式举行。这 30 亿元资金将专项用于支持南京市花岗、西善桥等四个保障性住房项目的建设，建筑总面积将达到 980 万平方米，可为南京市提供 8 万套保障性住房。这一项目也成为投资最大的一单保障房信托项目。实际上，在信贷类银信合作产品、房地产信托产品和证券信托产品都相应地被规范的背景下，投资渠道相对狭窄的信托公司也在寻找新的投资领域，而保障房也正是许多信托公司关注的重点。记者采访中了解到，2010 年下半年开始，许多信托公司已经在接洽甚至储备了一些保障房项目。在这一领域，一些信托公司也已经进行了探索，最初有些是与保障房、棚户区改造相关的项目，后来也出现了纯保障房项目。2008 年，新时代信托就发行了哈尔滨棚户区改造项目资金信托计划，筹集资金 6 亿元；2010 年湖南信托发行了湘潭河西滨江棚户区改造——江湾上品片区项目集合资金信托计划。而中信信托的“民享 1 号保障性安居工程应收账款流动化信托项目”则是一款纯保障房信托产品，募集资金总额 2 亿元，为淮安开发控股有限公司在 BT（“建设—回购”）模式下承建当地保障性安居工程项目而产生的回购款进行流动化安排。数据显示，2011 年前两个月已经发行了投资于有保障房性质的信托计划 4 款，算上近期全国社保基金牵头的“南京方案”，发行规模预计 58.9 亿元，这个数字已达 2010 年全年 10.8 亿元规模的 545%。

与银行比较，信托公司在介入保障房建设上有其特有的优势，主要是机制体制更加灵活，资金审批投放速度快，资金运用方式也更加多样，可以是债权形式，也可以是股权形式，还可以是债权加股权的混合形式。在风险控制手段上，信托可以运用的手段也更加多样。这些都为信托公司进入保障房市场奠定了基础。

简单从数字上看，2011 年前两个月 58.9 亿元有保障房性质信托计划发行规模并不大，即使按照简单算术法将这一数字乘以 6，全年也仅仅是不到 400 亿元的规模，无论是与全国 1 万亿元保障房的资金缺口还是与 2010 年 3 万亿元的信托资产规模比较，这一数字似乎都微不足道。事实上，虽然许多信托公司对于保障房领域有很大的兴趣，但目前保障房信托产品的发行数量不高，其中的原因，也不外乎收益低，难以覆盖信托的高资金成本。但这也并非是完全无解的问题。

事实上，许多地方政府在进行保障房建设中，都会进行统筹安排。对于帮助政府进行保障房建设的房地产开发企业，政府一般都会在其他项目或土地上给予一定的优惠或政策支持。与其他的商品房建设一样，保障房的建设同样也需要其他配套的商业地产以及道路、交通等基础设施建设项目。对于保障房建设资金的融资问题，如果信托公司能够帮助地方政府也同样地进行统筹安排，对于帮助政府解决收益较低的保障房项目融资的信托公司，在其他项目的融资安排上给予政策支持，则保障房信托项目的收益问题就会得到解决。所以在可操作性上，这样的方式应该没有障碍。与此同时，因为保障房建设、棚户区改造等很多会涉及大量拆迁，而拆迁安置费用又是各地方政府必须考虑的一大笔费用。保障房越早建好地方政府越节省安置费用，被地方政府所最为看重的社会效益也会更明显地体现，所以在保障房建设已经成为地方政府工作一项硬指标、保障房建设融资渠道不畅的背景下，地方政府显然也会更乐于接受这种方式。

当然，采用这种方式所提高的收益肯定不会像纯商品房项目那样高，但仍然会对信托公司产生极大的吸引力。这种吸引不仅在于信托公司投资渠道收窄的背景下，信托公司还没有找到更好的投资领域；更在于其风险控制更加简单和容易。在解除了低收益问题之后，对于信托公司还有一个问题，就是在“净资本约束”下不同项目的风险系数问题。从信托公司的角度，最希望的当然是以最低风险资产取得更高的收益。但如果对于保障房项目和与之捆绑的其他商业地产项目分别计算风险系数，则很有可能因为收益与风险系数不匹配导致信托公司不愿意去做。解决这一问题的办法，则需要监管层在保障房和与之捆绑的其他商业地产项目之间，找到一个更合理的风险系数的数值，让信托公司更有兴趣去做这样一件于国于民都有利的事情。如果这一模式能够推广开来，则不仅解决了保障房建设资金问题，也为信托公司找到了一个新的投资领域。

《金融时报》记者　金立新

充分挖掘信托的功能和价值

（载于《金融时报》2011 年 3 月 14 日第八版）

2011 年“两会”召开前夕，中信信托与新华网合作推出了全国“两会”建言征集活动，旨在集合民众智慧，促进国家加快经济发展方式转变和开创科学发展新局面。此次建言活动中，中国国际经济咨询公司课题组提交了一份题为《充分挖掘信托的功能和价值　促进经济和社会包容性发展》的建议。

这份建议认为，兼顾效率与公平，实现包容性增长，让不同的利益群体分享社会发展的成果、实现共同富裕，创造物质性、知识性和社会性全面和谐，达到科学、可持续的发展，是“十二五”规划确立的战略目标，也是中国特色社会主义的本质要求。多年的探索表明，信托关系是一种新型的生产关系，可以容纳多元生产力的协调发展，通过资金集合、功能集成，以一种新型的公有制实现形式达成金融普惠和资本民享，对促进包容性增长具有独特的优势。目前，社会对信托功能和价值的认知还不够深入和全面，导致信托制度优势和对中国经济社会发展的独特价值没有被充分发挥。因此建议政府有关部门重视信托制度的研究和政策支持，充分挖掘信托模式的现实价值，解决经济和社会发展遇到的诸多矛盾，促进中国经济和社会的包容性发展，充分挖掘和发挥信托的政治价值、经济价值和社会价值。

在挖掘和发挥信托的政治价值方面，该建议认为，信托在中国的政治价值，是指其能够适应社会主义初期阶段的要求，在生产关系和经济基础方面发挥作用，使社会主义公有制和市场经济有机结合，并通过独特的运作机制实现金融普惠、资本民享，从而促进社会公平和正义。其政治价值可以体现在两方面：

首先，信托关系能兼顾公平和效率，促进经营决策民主化。一方面，信托关系作为财产制度关系，是物化了的金融服务关系，是指委托人、受托人和受益人围绕信托标的而产生的经济关系，是资本、知识、技术和人力资源在追求效益最大化目标约束下的某种结合和配置，是遵循市场经济规律的结合和配置，体现了其注重效率的一面。另一方面，信托关系法律结构严谨，各方主体利益均受到法律保护和制约，体现了法律框架下信托关系注重公平、公正的一面，符合市场经济是法制经济的基本要求。信托业务中的集合资金信托将分散的社会资金集中起来，由信托公司进行专业管理和运用，以股权、债权或夹层融资等形式投入到各领域的企业中，并通过派驻董事、监事等手段对企业的经营管理进行监控和参与企业的重大决策。这种集合信托在实施过程中，体现为一种公众化的经济关系，信托公司背后代表着若干个委托人和受益人的利益，需为受益人利益最大化服务，因此其在对企业的监控和决策中，必须体现多数人的利益需求，形成一种新的民主决策机制，可以优化公司治理结构不完善的民营企业，对于一些存在效率低下、少数人说了算的国有企业，一样能改善其治理结构，促进经营决策民主化。

其次，信托关系有利于推动资本民享。由于信托公司是唯一能跨越资本市场、货币市场和实业领域的金融机构，其集合信托业务可以将分散的社会资金集中起来，形成优化的资本集成，投入到中国经济社会各个领域，让广大投资者分享改革开放发展的成果，使更多的普通民众能够分享资本要素的增值。

在挖掘和发挥信托的经济价值方面，该建议认为，信托的经济价值是信托作为新的生产关系在社会主义市场经济中的作用发挥，符合社会主义初级阶段的基本需要。信托经济价值核心是关注中国经济热点、难点，关注中国企业在发展过程中的难题，通过信托制度安排，有效协调和平衡经济制度、城乡之间、工农之间的关系，实现统筹兼顾。从目前的实践看，信托的经济价值至少已经在改善“三农”促进金融普惠、支持能源产业整合、支持保障房建设和支持文化产业发展四个方面体现出来。

在挖掘和发挥信托的社会价值方面，该建议认为，信托的社会价值是政治价值和经济价值的延伸，体现其解决国家经济发展中所面临的问题时带来的社会效应。如信托在改善“三农”促进金融普惠、支持能源产业整合、支持保障房建设和支持文化产业发展等领域推出的产品，在解决企业资金需求同时，还产生了良好的社会效益。

同时，在社会公益事业中引入信托制度具有重要意义。一是能发挥信托的金融理财功能，通过受托人的积极管理，为投资者创造超额收益，将超额收益部分用于公益事业，使投资者在获得稳健收益的同时向社会奉献爱心；二是通过引入信托模式，使各公益基金会的管理更加透明；三是吸引更多的社会投资者关注公益信托理念，扩大公益信托的规模有助于公益基金的发展，进而推动中国慈善业的发展。

这份题为《充分挖掘信托的功能和价值　促进经济和社会包容性发展》的建议认为，信托制度能兼顾公平与效率、缓解社会矛盾、改善法人治理结构、集合多数人的知识和智慧，促进经济决策民主化，满足人民的物质性、社会性和知识性需求。希望社会各界对信托价值能给予更为充分的关注，从法律、监管和运营诸多方面创造适宜的发展条件，发挥信托制度在集成多种金融功能和提供综合金融解决方案等方面的优势，解决中国经济社会发展中的诸多矛盾和问题，并让更多不同利益群体分享中国社会进步的成果，进而推动经济包容性增长，促进和谐社会的建设。

《金融时报》记者　金立新

从渠道到品牌

（载于《金融时报》2011 年 3 月 28 日第八版）

2010 年的信托业在逐渐收紧的货币环境中走过了并不平凡的一年，信托业受托资产总额首次突破了 3 万亿元。信贷资产转让类银信合作业务在年中戛然而止，银信合作虽然受到影响，但很快又出现了新的银信合作热点，即由银行向信托公司推荐高端客户购买集合资金信托产品。也正是得益于此，2010 年信托公司的集合资金信托规模实现了井喷式增长，较 2009 年增长了约 1.5 倍，达 6 267 亿元。

为什么银信合作能在错综复杂的条件下，实现热点转换和无缝对接？是因为银行与信托公司的业务合作有着合理性与必然性，是由银行与信托公司的业务优势互补的特点所决定的。信托公司具有产品设计优势和制度优势，具体表现在：第一，可以通过股权债权等多种形式和方式设计金融产品；第二，能够使自己设计的产品充分进行利率市场化；第三，信托计划属于直接融资范畴，不受信贷指标的约束和控制。可以说这三方面优势对银行来说都具有极强的吸引力，三方面中的任意一条又都是银行所不具备的。而银行的渠道优势恰恰正是信托公司所稀缺的，由于银行有密布的网点和海量优质客户的存量资源，使得银行具有迅速和大量募集资金的能力。对目前的信托公司而言，资金的来源限定在合格投资者的范围之内，而这些合格投资者的高净值客户也基本被银行个人金融部或财富管理中心大量掌控。一切的一切都显得银行的渠道优势对于信托公司和信托行业弥足珍贵。

信托公司与银行发行渠道合作，使得信托公司的集合资金信托计划得以快速增长，那么信托公司为此付出了怎样的成本呢？根据笔者所了解到的情况，银行为信托公司推荐客户购买信托产品，银行所收取的推介费在 2% 左右。这 2% 是个什么概念呢？粗算一下，2010 年信托公司全行业受托资产是 30 404 亿元，利润总额是 158.76 亿元，利润率仅为 0.52%。2010 年信托公司全部的集合资金信托计划为 6 267 亿元，假设都是由银行渠道销售的，那么 6 267 亿元的信托资产需要向银行提供 125.34 亿元的推介费，这几乎相当于 2010 年全行业全年利润总额。当然，集合资金信托计划中有一部分是信托公司自销的，实际的推介费将比粗算的费用低。但这个数据也足以令信托行业震惊，任由这种模式不断发展壮大，信托公司将逐渐沦为金融产品的设计批发商，彻底丧失合作的话语权。

信托公司如何才能改变这种被动的局面？唯有自己掌握大量的高净值合格投资者客户，才能摆脱惯性的渠道依赖。具体可以分为三个层面：首先，是在公司内部组织架构等软硬件方面进行充分支持，成立财富管理中心或个人金融业务部，并配备专业的人员从事此项工作，建立相应的IT系统等，可简称为修好公司的资金池；其次，需要对公司内部已有渠道资源进行整合，要将各部门各业务团队的客户资源进行统筹并集中于财富管理中心，并由财富管理中心统一与银行发行渠道对接，其他业务部门或团队则不再与银行发行渠道产生业务关联，可简称为向公司资金池蓄水；最后，也是最长期最关键的一步，就是不断扩大公司忠实合格投资者队伍，树立信托公司的品牌。

品牌是什么？品牌是一种无形资产、是知名度，银行的客户优势，与其说是渠道优势不如说是品牌优势，有了品牌才会具有凝聚力与扩散力，并可转化成发展的动力。信托公司的品牌可以作为识别标志在潜在客户心中留下简洁而深刻明了的印象，占据有利的位置。同时，信托公司品牌一旦在用户心目中树立了良好的形象和声誉，会大大提高信托公司品牌的附加价值和信托公司本身的商誉，这对公司整体形象的提高有着不可低估的作用。如目前很多信托公司的忠实客户，认准公司的产品即放心购买，只要是公司发行的产品都充分信任。另外，当信托公司的品牌得到推广以后，品牌自身就成为一种有效的广告，会在用户心目中产生一种联想，有利于信托公司按不同细分金融市场的要求开展特色金融服务。

对信托公司这种金融品牌而言，有非常的特殊性，因为金融是一种服务，是一种消费，更重要的是来自于体验，而不仅仅在于广告的设计和品牌的营销。建设一个良好的信托公司品牌除前面提到的三个具体步骤外，还应该有以下四大支点：第一，持续的价值创造；第二，进行有效的整合营销；第三，视觉形象的统一化；第四，品牌传播的公益化。当然，在当前各信托公司在没有完全树立起自主品牌的情况下，也不能盲目的放弃银行渠道，我们可以“站在巨人的肩膀上”，但永远不能忘了我们自己是谁。

周　正

严守风险底线　鼓励金融创新

——信托业的前五年回顾与后五年展望

（载于《金融时报》2011年4月18日第八版）

在过去的五年中，作为非银行金融机构中最受人关注的一类机构，信托公司通过寻找自身科学发展规律，进一步明确功能定位、确定路径、扬长避短，实现了行业平稳转型和发展。数据表明，截至2010年末，我国有信托公司63家，固有资产总额达到1 460.56亿元，是2005年末的2.25倍；管理的信托资产总额达到3.04万亿元，是2005年的14.3倍；行业实现净利润158.76亿元，比2005年增加160.93亿元。

对于“十一五”期间信托行业发展的监管因素，中国银监会非银部主任柯卡生曾这样表述：“过去5年最主要的就是一手抓风险防范和高危机构监管；一手抓金融创新和稳定发展。除了坚持落实一些适合一般金融机构的监管原则、监管理念和监管思路外，更注重非银行机构自身的科学发展规律，做到特色监管，有所为有所不为，逐步形成了一套较为系统的管理信用风险、市场风险、操作风险和IT风险的监管制度，完善了适合非银机构的有效监管方法。”

的确，在过去的五年中，似乎随时可以看到这些监管的思路成形与实施。

针对不同时期重点关注的风险点，以禁止监管套利为目的，银监会先后7次下发银信合作业务监管规定和规范指引，综合采取多种措施严防银信合作风险，2010年末银信合作业务规模大幅度降低；为加强信政合作业务风险监管，2009年初，银监会率先提出财政担保合规性问题，指导信托公司合规稳健保增长；2009年末，针对用款方可能借用信托公司名义以债务性资金充实资本套取银行授信的苗头，银监会及时禁止信托公司以债务性集合信托资金补充项目资本金，消除信贷政策套利空间；2010年，又按照“逐包打开、逐笔核对、重新评估、整改保全”的要求，督促信托公司做好地方政府融资平台贷款的自查整改和业务清理工作。为防范房地产信托业务风险，银监会通过重点公司风险提示、集中窗口指导等多种措施，提示信托公司关注流动性风险，督促信托公司加强项目后期尽职管理，保证项目安全运行。

在“堵”的同时，以业务创新为渠道，“疏”的工作也在展开。信托公司QDII业务已经顺利起航，REITs业务正在积极参与。此外，信托公司伞形信托、TOF、PE子公司设立等创新产品、创新制度的研究也在进行，并批准了部分信托公司试点创新业务。

与此同时，各项事关行业发展的基础工作也已经展开。2005 年以前，金新信托、伊斯兰信托、金信信托、庆泰信托和泛亚信托 5 家高风险机构，在处置之初不同程度地面临着社会稳定风险。本着依法合规和市场相结合的原则，运用行政重组和司法重整方式，一些高危机构退出了市场。其中伊斯兰信托、庆泰信托和金信信托通过司法重整，在引入合格战略投资者之后已经恢复营业。此外，为减少对信托公司进行市场退出所带来的社会成本，13 家历史遗留问题信托公司重新登记工作审慎启动，在严格准入条件的要求下，目前该项工作进展过半，已有 9 家信托公司的重组方案获得批准，8 家信托公司重新开业。

为解决信托公司的信托登记、信托证券账户设立等问题，银监会与全国人大、最高人民法院、财政部、税务总局、证监会等部门进行了多次沟通。为督促信托公司完善公司治理机制，提高公司治理水平，银监会出台了《信托公司治理指引》，持续推动信托公司引进境内外战略投资者，5 年来共有 9 家外资金融机构、20 余家大型国有企业或国有控股企业参股信托公司。在制度建设方面，以“新办法”为基础，陆续出台修订了信托相关法规、指引、规范性文件 26 项。2010 年发布了《信托公司净资本管理办法》，完成了《信托公司监管评级与分类监管指引》的修订，起草了《信托公司股指期货信托业务指引》，与民政部等部委合作完成了《公益信托试点办法》，编辑出版了《信托公司现场检查手册》。

对于“十二五”期间的监管要求，银监会非银部主任柯卡生曾这样表述：信托行业总体向好，但局部仍有不足。比如公司治理和内部控制不够完善，基础不牢靠；风险意识比较淡薄，风险管理能力有待提高；盈利模式亟待改善，缺乏真正体现自身优势特色的产品和服务；人才队伍建设有待加强，外部环境仍需改善。因此，“十二五”期间要结合中央的战略部署，思考非银行机构在我国未来经济发展方式转变中的地位和作用。“十二五”期间非银行金融机构监管的总体要求是：继续坚持一手抓风险防范、一手抓科学发展的方针，紧盯市场变化，严守风险底线，审慎鼓励金融创新，夯实发展基础，推进发展方式转变，努力提高竞争力和服务水平。

记者了解到，围绕上述目标，2011 年非银行金融机构的监管将重点围绕以下几方面展开：

首先是夯实基础。一是促进非银行机构扎实练好内功，通过督促机构加强体制机制建设，建立高效协调、有效制衡的前台、中台、后台机制，提高自身的风险管理技术和水平，提升核心竞争力；二是监管部门也要做到“情况明、数字准、作风正”，通过调研和交流充分掌握机构的现状和问题。

其次是进一步落实宏观调控措施，促进防范风险。对于信托公司的风险防范，重点在于抓好银信、信政和房地产三个领域。银信合作将继续做好转表工作，确保 2011 年将银信理财合作业务表外资产转入表内；规范信贷资产转让业务，防止出现打擦边球。信政业务将督促机构抓合规管理，加强后续管理，跟踪重点公司和重点项目。房地产业务将重点抓风险情况和即将到期项目的兑付准备，加强存续项目后期尽职管理，对重点公司进行现场检查。

最后是稳妥推进金融创新，营造良好的发展环境。要推动信托产品交易平台建设，鼓励信托公司研究创新设立中长期“私募基金型信托计划”；在 QDII、REITs、股指期货等新工具、新业务方面继续创新；做好跨市场配置及 TOT 产品总结工作，推进 PE 管理公司试点；在风险与收益相匹配的前提下适度开展社会保障房信托业务；加快公益信托立法进程。

《金融时报》记者　金立新

《信托法》的发展也应与时俱进

——访全国人大法工委副主任 李 飞

（载于《金融时报》2011年5月9日第八版）

2011年是《信托法》颁布并实施十周年。《信托法》的颁布为信托行业的规范发展奠定了法律基础，同时也为整个社会对于信托制度的理解以及经济活动中信托功能的更广泛运用发挥了巨大作用。李飞曾经参与制定《信托法》，作为全国人大常委会法制工作委员会副主任，他对信托行业和信托法律环境的认识，成为许多人关注的焦点，也正因如此，他成为了我们“《信托法》十年十人谈”中的一个重量级人物。

记者：目前信托理念应该说已经被广泛运用，但在实践中，存在以委托关系代替信托关系的现象，比如银行理财和基金的一对多服务。对于这种现象您怎么看？另外，《信托法》颁布实施本身也有“能够保障社会保险资金、公益基金有效运用”的意图，但现在社会保险资金和公益基金对于进入信托领域还有很多限制，您又如何看待这个问题？应怎么样引导社会保险资金和公益基金等按照《信托法》的意图，利用信托关系进行更有效的运作？

李飞：任何法律的颁布和实施都是有其具体的时代背景的，《信托法》的颁布也是如此。《信托法》从20世纪90年代初就开始酝酿，2001年颁布和实施。当时的主要目的在于建立完善与市场经济体系适应的法律制度。在《信托法》颁布之前，我国有代理、经纪、公司等类似的制度，但是信托与这些类似的制度存在重大差异，需要通过明确的立法进行区别。十年前，《信托法》的出台，填补了我国法律制度的一项空白。在这十年里，《信托法》培育了一个市场，确立了一个金融支柱产业，塑造了信托文化。你所提到的目前许多机构经营中混淆信托关系与委托关系的现象的确存在，这种法律与实践脱节的现象也是社会经济发展中必然会出现的问题。所谓“世易时移，变法亦矣”就是这个道理。一部法律的出台，不可能涵盖未来多少年社会经济发展中有可能出现的各种问题和现象，因此只能依靠不断完善，使它更适应社会和经济的发展。《信托法》也是如此。更何况，信托作为一个法律移植的结果，还需要一个与现行法律制度融合和适应本土的过程。

至于你提到的另一个问题，如何引导社会保险资金和公益基金等按照《信托法》的精神通过信托关系进行更有效的运作，我认为一方面信托作为一种财产管理制度，能够保障社会保险资金、公益基金及个人和企事业财产的有效运用。但另一方面我国缺乏信托的传统文化和理念。十年前制定统一的《信托法》，目的也是在于方便人们理解和运用信托制度。十年后的今天，信托文化和理念的传播以及在社会的普及已经与十年前不可同日而语，所以一方面应该进一步加强对信托文化和理念的传播，让社会更加了解信托；另一方面，也有必要在《信托法》配套的法律法规上进行引导，促进社会保险资金、公益基金有效运用。2004 年 5 月，劳动和社会保障部、银监会、保监会和证监会联合颁布了以信托制度为基础的《企业年金基金管理试行办法》；2006 年 3 月，保监会颁布了《保险资金间接投资基础设施项目试点管理办法》，也确立了以信托关系为基础的保险资产管理制度。从这里可以看到，正是由于全社会更加了解了信托理念，目前这方面的工作已经在展开，只不过离达到许多人期望的状态可能还需要一个时间过程。

记者：您曾经谈到信托业有其特殊性，需要在法制建设方面给予更多的支持，有些问题需要通过完善法律、修改法规，或作出司法解释予以解决。对于这些问题，您认为从立法层面应该怎么推进？是否有必要从人大的角度进行一次《信托法》执法检查，通过调研发现问题，推进法律法规的完善？

李飞：随着社会经济的发展，财富管理已经成为一个巨大的市场，这是一个必须面对的现实。而在财富管理市场中，信托的作用是必须重点关注的。我国制定《信托法》时主要考虑规范和发展营业信托的需要，但是目前在经济发展的同时各种信托需求也大量出现，这个问题也是必须正视的。《信托法》实施十年来，在我国经济建设和社会发展中发挥了重要作用。但是由于《信托法》还存在不够完善的地方，信托配套制度尚不健全，《信托法》实施的实际效果还不尽如人意。信托制度在社会生活中应用的深度和广度与现实需求还有很大差距，信托制度特有的功能和作用还没有充分发挥出来。因此，还需要继续进行信托法制建设研究，就《信托法》的解释和适用、信托配套制度建设、《信托法》实施的效果和评价、借鉴国外信托法制建设的经验等重大理论和实践问题进行深入、系统的研究，推进信托法制建设。在工作思路和方法上，我认为应该注重实效，解决实际问题，成熟一条修改一条，成熟一条完善一条。

记者：结合目前您所了解的信托功能在社会经济生活中的应用，您认为信托还可以在哪些方面更加深入地挖掘其功能价值，发挥作用？

李飞：我国引入信托，在法律上的功能定位是作为一种财产管理制度，但信托制度首先是被作为金融市场的制度工具，发挥了它的投资和融资功能。信托业弥补了商业银行功能的不足，有效整合了资本市场、货币市场和实业领域的资源，为经济发展注入了活力。

但是应该看到，在我国社会经济快速发展的同时，资金需求与供给之间的矛盾、财富管理需求与管理手段不足的矛盾始终存在，甚至日益突出。由于缺乏有效的制度供给和组织形式，在经济发达地区，出现了各种非法集资、地下基金现象，严重影响了社会稳定，不利于我国宏观调控政策的有效实施和金融市场的健康发展。对于各种资产管理需求，信托制度能够有效规范和引导直接融资与资产管理市场的发展。信托财产独立性制度，可以保护理财资产的安全性，保护投资者利益。通过受益人制度，财产所有人可以运用信托安排实现各种目的。在解决这些矛盾和问题中，信托可以发挥它的作用。

另外，在民事领域，运用信托制度管理财产、规划生活，可以保障家族事业的长久存续，避免因分家析产而使产业败落避免家族财产纷争、挥霍浪费，使家族财富集中。在公益事业领域，信托参与公益慈善事业能够减轻国家财政负担，有效进行社会财富再次分配，促进社会公平，化解社会矛盾，维护社会稳定。但是信托公司在这些领域开展业务，需要相关配套法规的支持。

实际上，信托制度的优势在于它的灵活性和它从制度安排上更有利于解决矛盾和问题。中国信托行业三十多年的发展历史上曾经带来许多产品上的创新。目前中国经济发展中也面临着很多问题，未来信托行业在中国经济发展方式转变、调整经济结构、建设资源节约型、环境友好型社会等诸多重大问题上多多挖掘，相信不仅能够有利于信托功能的发挥和信托行业的发展，更将提高信托对中国经济发展中的贡献度。当然，信托行业制度优势的发挥，也有赖于相关配套法规的与时俱进。

《金融时报》记者　金立新

信托业发展需要全社会共同努力

——《信托法》颁布十周年纪念研讨会综述

（载于《金融时报》2011年5月9日第八版）

2001年4月28日，《信托法》正式颁布。十年后的2011年4月28日，《信托法》颁布十周年纪念研讨会不事张扬地在银监会的一个会议室召开了。但这一次的研讨已经不再是信托行业圈内的“内部研讨”。中国政法大学终身教授江平、全国人大财经委员会副主任彭小枫和吴晓灵、最高人民法院副院长奚晓明、中国银行业监督管理委员会副主席蔡鄂生、全国人大法制工作委员会经济室副主任袁杰、国务院法制办财政金融司副司长刘长春等在以往的信托行业会议上很难见到的名字赫然出现在嘉宾名单中；国务院办公厅、国家发展和改革委员会、民政部、财政部、住房和城乡建设部、中国人民银行、国家税务总局、证监会、保监会和北京市政府等相关部门的桌牌也在会场中显示着此次会议的与众不同。

毫无疑问，《信托法》颁布十年后的今天，信托已经不再仅仅是银监会非银部在关注。这一点，从此次会议由银监会与全国人大财经委、全国人大法工委、国务院法制办等部门联合举办就可以明确地体会出来。这是一次关于中国信托业发展高层次智慧的集纳，这一点，从这些嘉宾的名字中谁都可以感受得到。

全国人大财经委员会副主任吴晓灵就财富管理领域的立法问题发表了她的思考。

“财富管理是今后金融领域中非常重要的一种业态，它的主要工具是投资基金，它的法律关系是信托关系。”吴晓灵这样开宗明义地表明了她的观点。在阐明了信托与公司、投资基金与投资公司的法律关系和区别后，吴晓灵表示，投资基金是主要的资金信托金融工具，可以把投资基金作为资金信托的主要工具，单独立法。信托公司应该允许它做公募投资基金，这应该是它的主业。资金信托本身有两种，一种是公募的，一种是私募的。但是现在又由于《证券投资基金法》的限定，信托投资公司不能做公募基金，把信托公司局限在私募基金的范围之内，这不太合适，如果从法理上来说，应该给信托公司以发起公募的资格，但是如果发起公募基金的话，应该接受双重监管，机构上可以是银监会的，但在业务方面应该接受证监会的功能监管，来征求统一的法则。投连险本身是投资基金，如果不认为投连险是投资基金，是保险公司负债的话，就应当在合同当中向所有投连险的购买者明示这个基金账户出了亏损由保险公司负责，如果不敢承诺这个基金出现了亏损是保险公司负责的话，而是让账户持有人来承担风险的话，它就是投资基金。在当前，中国金融业分业监管和机构监管的格局下，可以按机构主体归属分别监管，但是理念和标准必须一致，要承认它的法律关系，把法律关系必须界定清楚。

对于目前有人呼吁修改《信托法》的问题，吴晓灵认为，《信托法》不宜大修，最好加一章，把经营性信托规定一下，在经营性信托当中，把民事信托、商事信托、公益信托都可以由哪些机构来做，它们要由谁来管等事情明确了，然后再配之以具体的监管法规来进行就可以了。

"信托立法现在看起来最大的一个缺陷就是仍然缺少一个信托业的有关法律，这实际上是缺了半边天，等于缺了一个立法上来行使监督管理的依据或法律的依据，在这一点上应该补足。"《信托法》起草小组组长、知名法学家江平表示，市场经济法律从本质说是两个问题，一是信托自由；二是信托秩序。或者说一是市场自由；二是市场秩序。这两个应该是相辅相成的。一个国家如果只有市场自由，没有市场秩序，是混乱的；但是如果只有秩序，而没有市场自由显然也是不够的。《信托法》涉及市场自由的法律，里面规定了主体在信托活动中有哪些权利得到法律的保障，信托业某种意义上也可以说是市场秩序的法律，如果缺少了市场秩序那也不行。应该说市场秩序的法律是我们国家现在比较薄弱的一部分，市场秩序部分薄弱在两个方面：一方面，或者是它过分强调了监管，这就是监管过度的问题；另一方面，可能是监管放松，应该监管的没有管到。这两个问题必须从立法加以解决，如果说立法不加以解决，那就意味着行政权力过大，而行政权力的过大就有被滥用的可能。

在司法实践中如何更好的应用信托法律法规，为信托行业的规范有序发展保驾护航？对此司法界的人士似乎更有发言权。

"《信托法》颁布了之后，人民法院审理了一些与信托有关的案件。据不完全统计，2006—2010 年，仅限于合同方面，全国各级法院一共受理了一审合同纠纷案件 294 件。而全国法院每年一审的各类民商事案件就是 600 多万件，有关信托的案件五年来才 294 件，数量比较少。商业纠纷不是越少越好，在某种程度上可能是越多越好，因为纠纷越多说明这个行业发展得越快。"最高人民法院副院长奚晓明说。对于目前审判实践中已经出现的，和将来有待于进一步解决的问题，奚晓明总结了六个方面：第一是关于信托案件的识别问题。如何区别信托与委托。第二是关于信托财产方面的相关问题。首先是信托财产的归属问题；其次是信托财产的执行和破产隔离问题。第三是关于信托公司和信托登记问题。哪些财产不需要登记，由什么机关登记，如何登记等事项均没有统一的规定。第四是关于信托目的的合法性确认标准问题。如何把握信托目的合法性的认定尺度，以何种标准来认定信托目的是否合法，不仅是法律问题，也关系到我国的金融政策。第五是关于受托人的审慎管理义务问题。如何判断受托人是否尽到了一个专业人士应尽的管理义务。这是信托案件中处理的难点，尤其是在双方当事人信息不对称的情况下，如何证明受托人是否尽到了审慎管理义务。第六是信托受益权的转让问题。《信托法》对信托受益权的性质转让的条件、程序是否应经受托人委托人同意，转让何时生效、是否可以部分转让，是否应当登记都没有作出规定，这些问题不解决，不利于信托制度功能的发挥。

而对于人民法院在对《信托法》案件的审理和调研工作中注意把握以下几点作了介绍：

首先，要理解和把握信托原理，遵循信托制度的客观规律。同时注重结合我国国情。深入理解《信托法》的精神，做好法律适用工作。

其次，要处理好《信托法》与其他法律的衔接问题。信托制度源于英美法系，与我国《民事诉讼法》、《继承法》、《物权法》、《合同法》、《证券法》等一系列法律制度尚未完全衔接。要研究《信托法》其他法律制度的协调和配合问题。

最后，要坚持维护国家金融安全、经济发展和社会稳定的原则。法院要做到统筹兼顾妥善处理，确保司法审判的社会效果和法律效果的统一。

银监会副主席蔡鄂生在研讨会上强调，信托业发展需要全社会共同努力。《信托法》的颁布为信托业的发展打了一个很好的基础，除信托法之外，"信托业法"也是信托业发展的重要法律基础之一，其应对营业信托当事人的权利义务关系作出明确规定。因信托关系适用广泛，所以信托业不仅是指信托公司，信托公司只是信托业的一部分。在没有"信托业法"的情况下，银监会作为信托公司的监管机构，制定了《信托公司管理办法》、《信托公司集合资金信托计划管理办法》两个部门规章。"两个办法"从行业监管的角度对"信托业法"缺失情况下的立法进行了弥补，对保证信托公司健康发展发挥了很大的作用。

什么是SPV？Special Purpose Vehicle，简称SPV。在证券行业，SPV指特殊目的载体也称为特殊目的机构/公司，其职能是在离岸资产证券化过程中，购买、包装证券化资产和以此为基础发行资产化证券，向国外投资者融资；SPV是指接受发起人的资产组合，并发行以此为支持的证券的特殊实体。SPV的原始概念来自于中国墙（China Wall）的风险隔离设计，它的设计主要为了达到"破产隔离"的目的。

《金融时报》记者　金立新

利用信托引导地下金融阳光化

——中国信托业协会专家理事李宪明访谈录

（载于《金融时报》2011 年 7 月 4 日第八版）

全国人大法工委副主任李飞曾经说过这样一句话：在我国社会经济快速发展的同时，资金需求与供给之间的矛盾、财富管理需求与管理手段不足的矛盾始终存在，甚至日渐凸显。

由于缺乏有效的制度供给和组织形式，在经济发达地区出现了各种非法集资、地下基金现象，严重影响了社会稳定，不利于我国宏观调控政策的有效实施和金融市场的健康发展。对于各种资产管理需求，信托制度能够有效规范和引导直接融资与资产管理市场的发展。信托财产独立性制度可以保护理财资产的安全性，保护投资者利益。在解决这些矛盾和问题中，信托可以发挥它的作用。

在信托公司正在走向财富管理之路的时候，这句话似乎能给信托公司以启发。依照李飞所提供的这个思路，我们围绕着“利用信托制度引导民间资本阳光化”这一命题，从理论和实践两个角度，组织了相关报道，希望这些内容能促进信托公司更多的思考和实践，也期待着信托公司在这些领域的实践能够让人们更充分地看到信托的价值与功能。

在我国经济转型发展时期，地下金融对国家货币政策等宏观调控措施构成了严峻挑战。地下金融主要表现为各种形式的地下钱庄、借贷经纪人、标会、抬会等民间以及非正规的私募基金、理财机构。运用制度手段，规范金融活动，引导地下金融活动发展成为正式金融秩序的有机组成部分，具有现实意义。

地下金融的滋生主要根植于两方面的需求，一是中小企业的融资需求。长期以来，我国中小企业在投融资方面受到各种限制，与大型企业、国有企业相比待遇悬殊。近年来，这种境况有所改观，但问题依然存在。二是人们日益增长的理财需求。目前，个人手中可投资的资产总值已近 70 万亿元，个人资产 1 000 万元以上的人群持有的可投资资产就达 20 万亿元。但是，这些巨额资产的管理模式和增值渠道单一，国内金融机构提供的理财产品有限。其结果是，这些巨额资金或者是流向外资金融机构，或者是转入地下金融。

中国信托业协会专家理事李宪明在接受记者采访时说，作为一种必然的经济形式，地下金融的存在具有其合理性，但是如果不能够予以合理的引导规范、适量控制，其消极影响要远远大于积极作用。地下金融领域货币资金规模扩大、跨境流动日益频繁，造成投资和储蓄之间失衡；货币体外流动，使国家难以对货币运行与经济运行的关系、汇率和国际收支等的真实情况作出有效评判，增加了宏观调控的难度。由于涉及人数众多，相互之间的法律关系不明确，信用风险和道德风险缺乏有效的控制手段，地下金融活动往往隐含着巨大的社会稳定风险。

“地下金融问题的解决需要各方面的系统安排，涉及投融资体制、法律政策、文化意识等各方面因素。这些年来，我国在地下金融合法化建设方面取得了一定的成绩。例如小额贷款公司、村镇银行，对于解决中小企业和农村经济组织的融资问题具有重要意义。但是，对于信托在这方面的作用，人们却重视得很不够。信托公司是国家许可经营信托业务的金融机构，具有民间金融组织不具备的公信力。信托公司在财富管理、私募融资和投资方面积累了丰富的经验，内控制度、产品设计、风险管理和人才队伍建设日趋成熟和完善。信托制度具有高度的灵活性，能够满足高额资金的各种理财需求，可以进行信托产品的创新设计，解决中小企业、农村经济组织的个性化资金需求。”李宪明对记者说。

李宪明表示，从微观层面，地下钱庄的活跃在很大程度上是因为中小企业融资难，而中小企业融资难面临的主要困境是信用不足。信托产品设计可采取多种信用增级措施，例如，对信托收益权进行分层，将对当地中小企业比较了解的投资机构或政府授权机构作为劣后信托受益人，其他社会投资者作为优先信托受益人。在信托资金运用层面，安排专业担保机构，为信托的运用提供保障。选择借款人或拟投资的目标公司时，由地方政府推荐、担保机构和托管银行评估后确定。资金来源可以是当地的投资者、商业银行的理财资金、政府的扶持资金等。信托公司利用这些手段提供信托的制度安排，可以将各种信用和资源有效整合，为中小企业的发展提供有力的资金支持。这样既在一定程度上解决了中小企业融资难问题，也可以从根源上削弱不规范的地下金融市场需求，引导资金从地下走到地上，实现地下金融的阳光化。

在国家战略层面，信托可以为国家实施产业政策和社会发展举措提供制度支持。进行产业结构调整和优化，加强和改善宏观调控，引导社会投资，进一步转变经济增长方式，把经济社会发展切实转入全面、协调、可持续发展的轨道，是我们面临的一项基本任务。一方面，信托制度可以将庞大的民间资金吸引到国家鼓励和倡导的产业领域，既解决了国家资金投入不足的问题，又实现了国家调整和优化产业结构的的目标。另一方面，从维护国家经济安全的角度看，资金就像是水，合理利用，资金就是滋润经济增长的甘霖；但资金不合理的泛滥也会成为危害经济发展的祸水。因此，应当加强对信托活动的研究，关注国际和国内的信托市场、信托制度的发展和应用。利用信托这一合法的制度安排，引导地下金融的资金，变“祸水”为“甘霖”。

李宪明认为，利用信托引导地下金融阳光化，至少可以从两方面展开：其一，近几年我国私募基金发展迅速，组织形式一般是有限公司、合伙企业或信托契约。作为一种组织平台，私募基金具有投资功能，可以投资于股票、债券、非上市企业股权等；具有融资功能，为企业的生产经营活动提供债权性的资金支持，同时，还具有理财功能，为资金方提供保值增值的理财服务。由于私募基金市场发展不成熟，缺乏统一的管理和明确的功能定位，一些私募基金组织往往伴随地下钱庄、非法集资等活动，扰乱金融秩序。在信托公司的业务中，有很大一部分具有私募基金性质，完全可以替代非法私募基金的作用。其二，在证券市场，信托产品已经发挥了引导私募阳光化的显著作用，产品类型丰富，具有良好的社会影响力。在私人股权投资市场，信托产品同样拥有独特的竞争优势和巨大的市场份额。信托公司可以设计自主管理型的信托产品，也可以与专业的投资管理机构合作，聘请投资顾问。投资方向可以是国家鼓励的高科技企业、农业、教育、节能、环保产业等。在进行股权投资的同时，为被投资企业提供提升企业内在价值的增值服务，改善治理结构、实施股权激励等。但是，目前信托参与的私人股权投资企业在上市退出环节存在政策障碍，严重限制了这类业务的发展。

事实上，地下金融活动升温与居民财富的迅速增长是相辅相成的。发展财富管理业务，开发民事信托产品，是满足人们财富管理需求的重要途径。目前，人们可选择的具有财富管理性质的理财产品有证券投资基金、保险机构和商业银行的理财产品、信托公司的信托产品、私募基金等。证券投资基金和信托产品依托于信托制度，具有独特的优势。信托产品可以为拥有高额资产的客户量身定制，满足其家产传承、子女教育、公益慈善事业等个性化需求。整个社会对信托公司财富管理业务的需求已日益迫切，但是，由于信托登记、信托税收及公益信托等的配套制度不健全，财富管理业务无法大规模开展。社会财富在正式的渠道找不到出口，必然转而借助其他非法形式，这也是地下金融活动升温的重要诱因。因此，从政策和法律环境上为信托走向财富管理之路保驾护航，关系到的不仅是信托行业，也是消除地下金融活动升温的重要保障。

《金融时报》记者　金立新

引导民间资本进入主流渠道

（载于《金融时报》2011年7月4日第八版）

中小企业信托基金，由中投信托联合浙商银行温州分行、温州联盟信用担保中心有限公司和温州民间资本投资服务中心共同发起设立，规模5 000万元至1亿元，以信托贷款方式向温州地区优质中小企业提供金融支持。

2010年7月，中投信托推出的一款产品——中投·雁荡之星信托基金格外引人注目。这一产品夺人眼球的地方在于：它与大名鼎鼎的温州民间资本有关。

中投·雁荡之星信托基金为设立总规模10亿元的温州中小企业信托基金。中投·雁荡之星Ⅰ期中小企业信托基金，由中投信托联合浙商银行温州分行、温州联盟信用担保中心有限公司和温州民间资本投资服务中心共同发起设立，规模5 000万元至1亿元，以信托贷款方式向温州地区优质中小企业提供金融支持。在该项信托基金合作各方中，中投信托作为受托人及整个项目的组织者，负责整个中小企业信托基金的策划、设计、运作和管理。浙商银行温州分行作为委托人，通过发行银行理财产品的方式募集信托资金，并负责信托基金项下资金的托管；温州民间资本投资服务中心作为项目的投资顾问；温州联盟信用担保中心有限公司为信托项下贷款提供连带责任保证担保。

对于设立这样一个信托基金的目的，中投信托党委书记、董事长郭云钊这样说：温州蕴涵着大量的民间资本，在承接产业转移、加强基础设施建设，提高劳动就业率与增加地方政府税收等方面作出了积极的贡献。但长期以来由于缺乏有效的对接平台，部分温州民间资本在全国各地四处炒房、炒煤、炒矿，这不仅使温州实体经济不断“失血”，同时也使温州经济承受了巨大风险。如何运用包括政府在内的多方力量改变民间资本分散、无序、非理性的流动局面，引导其进入主流渠道，有效防范地方金融风险，是当前社会各界关注的焦点。要引导民间资本，需要分析资金的需求并有针对性地设计方案。

事实上，服务中小企业一直是中投信托的特长。2007年，根据浙江区域市场经济特点，中投信托提出以服务“中小金融机构和中小企业”为核心的“双小”战略，积极研发支持中小企业的信托产品和金融服务。2008年9月，该公司与杭州市西湖区政府、杭州银行、中新力合担保公司等共同推出了全国第一个中小企业信托基金“平湖秋月”项目，之后“宝石流霞”、“余杭美丽洲”、“萧山区中小企业”、“绍兴市小企业”、“日出钱江”等一批中小企业信托基金系列产品相继出炉。截至目前，中投信托共设立中小企业信托基金15只，募集资金规模超过8亿元，支持企业涉及现代服务业、现代农业、文化创意产业和制造业等行业共计260多家。

中小企业信托基金的创设与运行无疑帮助政府实现了“保增长、扩内需、促发展”的政策意图，转变了中小企业经济发展方式，扶持并推动了产业结构升级，在一定程度上开辟了中小企业融资的一条新途径。同时，信托基金也改变了传统的财政扶持中小企业资金无法放大、企业选择标准复杂、覆盖范围小、资金无法收回而效果也难以评估的局面。再者，信托基金可以最大限度地发挥财政资金的效用，将政府对中小企业的扶持资金从消耗型使用转变为循环型使用。中小企业信托基金也为各类社会资本参与经济发展、分享经济发展成果提供了途径。这种模式既让社会资本依法合规、名正言顺地为中小企业服务，也让风险机构通过信托基金的运行深入跟进选择、辅导中小企业经营，为中小企业的远期发展创造了机会。更重要的一点是，中小企业信托基金的创设与运行使转战国内外的浙江民间资本找到了一个新的合法的投资途径。与庞大的民间资本比较，十几亿元资金对于民间资本的引导作用或许微小得几乎可以忽略不计。但是这种模式却起到了一个示范作用，它的成功运行证明：以信托方式引导和规范民间资本是可行的。

“从资金需求角度看有三方面，一是中小企业；二是基础设施建设；三是产业升级。建立信托——温州民营资本投资服务中心综合服务平台无疑为政府相关部门提供了一种新的思路和尝试。在这中间，金融及相关服务机构可以通过积极地探索创新，在雄厚的温州民间资本与地方经济之间构建一个有效资本平台，在有序引导民间资本，推动温州当地产业升级、提升企业技术与企业竞争，助推温州经济发展等方面发挥重要的作用。因此，信托不仅可以在这些方面发挥对经济发展的助力作用，还可以合理引导民间资金通过信托这个合法的渠道，在更加符合国家经济发展政策的地方发挥作用。变‘害’为‘利’。”郭云钊说。

记者了解到，目前中投信托的中小企业信托基金也正按照支持中小企业、基础设施建设、产业升级三个领域依次展开。

以惠农基金模式实现城市反哺农村

（载于《金融时报》2011 年 7 月 4 日第八版）

以信托模式扶持育肥牛养殖企业等新型农业企业，是中信信托“三农”战略的一部分。中信信托还与河南省政府合作推出国内首只农业投资信托基金，还有该公司的草原惠农基金，针对当地实际，解决融资难题，在“三农”领域进行了诸多积极探索。

近期，中共中央政治局委员、国务院副总理回良玉在对内蒙古自治区进行考察时，专门视察了中信信托推出的中信智赢 2 号集合信托计划所投资的通辽余粮畜业开发有限公司。

通辽余粮畜业开发有限公司是内蒙古当地最大的育肥牛养殖企业，在智赢 2 号信托计划的帮助下有望发展成为全国最大的育肥牛养殖企业。回良玉在考察该企业时说，地方政府要积极培养壮大像余粮畜业这样的龙头企业，通过龙头企业带动更多的农牧民生产致富，加快实现规模化、标准化、集约化种植，使农牧业的经济效益充分显现，增加农民收入。

以信托模式扶持育肥牛养殖企业等新型农业企业，只是中信信托“三农”战略的一部分。集成信托的多种金融功能，中信信托在“三农”领域进行了诸多积极探索。与河南省政府合作推出国内首只农业投资信托基金，通过发放贷款及附认股权的贷款、认购增资、受让存量股权等综合金融服务，扶持当地农产品加工业的发展；通过私人股权投资信托基金的形式，投资一家集马铃薯育种与种薯繁育一体的公司，积极推动中国种子产业的发展；通过应收账款流动化方式为河北一家主要服务客户为分布在农村个体运输户的汽车租赁公司提供融资，每年可解决几万名农业人口的就业问题。

值得一提的是该公司的草原惠农基金。内蒙古是全国首批商业性小贷公司试点地区之一，属于小贷公司业务开展较好的地区，但目前全区近三百家小额贷款公司也都不同程度地存在着融资难的问题。针对这一现状，中信信托设计了草原惠农基金。

据中信草原惠农基金主办部门负责人赵娜介绍，在惠农基金的交易安排中，由内蒙古金融办推荐辖区内优质小额贷款公司，并与基金的参与方中信信托及东北中小企业信用再担保股份有限公司共同筛选。中信信托以股权增资形式发放给目标小贷公司，由东北中小企业信用再担保股份有限公司提供信用支持。目前，草原惠农基金发行三期后已累计为呼和浩特、包头、鄂尔多斯等地的10家小贷公司提供近4亿元资金支持，而且所支持的小额贷款公司均以服务“三农”、“三牧”和支持农村经济发展为经营宗旨，主要目标客户群是广大农牧户、个体工商户及中小企业，尤其是当地在城中村改造过程中的失地农民。其中，草原惠农基金支持对象之一的包头市汇金小额贷款有限责任公司所做业务完全涉农，重点是城市化过程中城中村失地农民的创业与助业贷款，对于资金用途为种养殖业的还给予大幅利率优惠。2011年初该公司在中国人民银行研究生部发布的《2010年中国小额信贷机构竞争力发展报告》的小额贷款公司社会责任排名中名列全国第一。2011年荣获内蒙古自治区优秀小额贷款公司最佳社会贡献奖。

记者了解到，在中信草原惠农基金连续推出三期后，中信信托将继续与内蒙古自治区金融办和东北信用再担保股份有限公司合作，在近期推出第四期草原惠农基金，通过在城市募集资金，然后以股权增资形式为小贷公司提供资金，再由小贷公司向内蒙古当地农牧民、个体户和中小企业发放小额贷款。

中信信托总经理蒲坚对记者说：“农业是中国最根本的问题。草原惠农基金的模式，引导资金流向农村，实现了城市反哺农村，城市居民支持农民发展。我们希望继续发挥信托制度优势，在解决‘三农’问题上作出更多有益的探索。”

为民间资本与中小企业搭建投融资平台

（载于《金融时报》2011 年 7 月 4 日第八版）

2010 年 11 月，华宸信托推出了华宸·鸿泰西蒙小额贷款公司股权投资集合资金信托计划，总规模为 1.2 亿元，期限 2 年，信托资金用于对内蒙古西蒙小额贷款有限责任公司进行股权投资，信托期限届满 2 年时，由西蒙小贷公司大股东西蒙集团受让不超过 1.2 亿信托股权，利用小额贷款公司合理引导民间资金。

“华宸信托对我们公司进行的 1.2 亿元股权投资，极大地增强了公司实力，对解决内蒙古自治区中小企业融资难的问题发挥了更大的杠杆作用。”谈起华宸信托公司以信托资金参与公司增资扩股的事情，内蒙古西蒙小额贷款有限责任公司总经理张心亮说。

“十二五”时期，内蒙古自治区鼓励扩大民间投资，放宽市场准入，支持民间资本进入基础产业、基础设施、市政公用事业、社会事业、金融服务等领域。同时，着力解决中小企业融资难等问题。如何引导民间资本合理、有序地进入这些领域，为信托业发展提供了巨大的市场空间。内蒙古西蒙小额贷款有限责任公司所获得的华宸信托 1.2 亿元股权投资就是基于这样的背景。

内蒙古西蒙小额贷款有限责任公司成立于 2008 年 1 月 31 日，是首批省市两级金融办批准的小额贷款公司；初始注册资本 5 000 万元，后经三次增资，实收资本达到 2 亿元，居全市小额贷款公司前五名。该公司以“支持农牧民致富，服务创业者发展”为原则，主要面向农户和个体工商户推出系列贷款产品。开业以来，累计发放贷款 608 笔，发放贷款 3.07 亿元，贷款余额 1.984 亿元，呼和浩特地区放贷余额 1.58 亿元；重点支持了呼市地区的中小企业、个体工商户、农牧民。

2010 年 11 月，华宸信托推出了华宸·鸿泰西蒙小额贷款公司股权投资集合资金信托计划，总规模为 1.2 亿元，期限 2 年，信托资金用于对内蒙古西蒙小额贷款有限责任公司进行股权投资，信托期限届满 2 年时，由西蒙小额贷款公司大股东西蒙集团受让不超过 1.2 亿元信托股权。在风险控制上，西蒙小额贷款公司原股东以增资后持有的西蒙小额贷款公司全部股权，为股权受让及固定分红的履行向华宸信托提供履约质押担保；内蒙古西蒙煤炭有限责任公司为西蒙集团受让华宸信托所持西蒙小额贷款公司股权及固定分红提供全额连带责任保证担保。信托计划的预计收益率为银行同期定期存款利率的约2.4倍。

“华宸·鸿泰西蒙小额贷款公司股权投资集合资金信托计划是我们支持小额贷款公司的第一个项目。目前，我们的第二个项目也已经发行。现在有很多小额贷款公司在寻求与我们的合作，为此我们打算设立一个小额贷款投资基金，根据不同目标公司的情况，以不同的方式进行投资。”华宸·鸿泰西蒙小额贷款公司股权投资集合资金信托计划的项目经理杜东方对记者说。

对于信托支持小额贷款公司的意义和可行性，华宸信托有关人士表示，信托本身所赋予的资金融通和调剂功能，既能够缓解广大中小企业融资难问题，同时又为民间资金提供了投资渠道，从而实现投资的社会化和专业化。信托可以集合庞大的民间资金和社会闲散资金，通过发行信托计划的方式，为资金紧缺的企业尤其是中小企业或项目提供融资支持，解决其资金缺口。

信托公司：做配置还是做投资

（载于《金融时报》2011年8月1日第八版）

《信托公司净资本管理办法》出台后，特别是监管部门对于房地产信托和银信合作不断规范之后，信托公司未来的出路成了一个被广泛关注的话题，在这些讨论中，财富管理、资产管理等词汇被提及得最多。但是，信托公司未来的道路究竟应该是财富管理还是资产管理？这又是一个很有意思的话题。

对于财富管理和资产管理的定义，人们很容易说出它的答案，但在现实中，许多人对于财富管理和资产管理的概念却似乎是等同的。这一点，从一些信托公司的战略规划中就可以看出来。某大型信托公司就曾明确提出，将“建设一流的财富管理和资产管理平台”。按照这个目标，信托公司是做财富管理还是做资产管理呢？或者是二者兼做？

对于财富管理和资产管理的区别，一位曾有过多年海内外学习、生活和工作经历的信托公司高管曾这样向记者描述：财富管理的概念大于资产管理，财富管理和资产管理的区别在于，在操作上财富管理应该强调配置能力，而资产管理则更强调投资能力。在机构功能上看，私人银行应该是典型的财富管理机构，特别是在目前国内分业监管的背景下，私人银行不能为高端客户提供全方位的金融服务，因此，其功能更多的是帮助客户对财富进行配置；在资产管理方面，典型的代表应该是基金公司，它强调以自身强大的投资能力为客户的资产进行保值增值。

按照这样的理解，对于未来信托公司走财富管理之路还是资产管理之路的讨论，就是信托公司应该更注重做配置还是做投资的讨论。对于这个问题的回答，目前记者从多位信托公司高管在不同场合、通过不同方式所透露出的信息看，信托公司更愿意选择做配置。

未来的信托公司究竟应该做配置还是做投资？信托公司应该着重提升的是配置能力还是投资能力？对于这个问题的回答可以从以下几方面进行探讨。

从法律环境上，信托公司进行财富管理的环境是否成熟？财富管理的核心是以客户为中心，合理分配资产和收入，不仅要考虑财富的积累，更要考虑财富的保障。在外延上可以包括对个人的财富管理和资产管理。财富管理首先考察客户本身的情况，分析客户的中长期收入和抗风险能力，并结合客户家庭成员的情况与综合需求，为客户量身定制从出生到死亡、各个不同人生时期的理财规划。因为财富管理是根据客户的实际情况和需求，将客户的财富配置到不同的领域和产品，因此其主要的职能在于配置。财富管理的内容应该包含动产、不动产和资金、证券等在内客户所有的财富。而从目前中国信托公司所从事的业务内容看，所能从事的主要是资金信托，动产和不动产信托因为法律环境不完善等因素并没有开展起来，避税、财富传承等功能也无法发挥。在法律环境没有改变之前，信托公司所能从事的只有资金信托，并不能对客户的财富进行全方位的管理，如果对客户的财富进行配置，信托公司所能配置的客户的基础资产也只有资金。因此，所谓的财富管理，实质上也仅仅是对客户资金的配置。虽然在分业监管下，与银行、证券、保险等其他金融机构比较，信托公司能够提供更多的金融产品，但距离财富管理对客户终身、全方位的服务要求相差甚远。

即使以资金为基础资产进行配置，信托公司选择做配置还是做投资，还应该考虑一个问题：从自身发展上，信托公司业务的开展偏重于配置是把自己做大了还是做小了？在目前分业经营的环境下，私人银行因为缺少真正属于自己的产品，为满足客户的需求，因而只能将客户的资金配置到其他不同机构中，成为了一个准“中介机构”，这也是目前中国私人银行无法发展起来的一个重要原因。而信托的优势就在于跨领域经营，将自己定位在帮助客户配置现金资产上，将偏废信托公司的投资能力，迫使信托公司也只能将资金配置给专业机构运作，等于放弃了自身优势，把自己做成了私人银行那样的准“中介机构”。但同时因为品牌信誉及机构网点等远远弱于银行，因此竞争的结果可以想象。放弃自身可以在不同领域投资的制度优势而去将客户的现金资产配置给其他机构运作，这样的做法是把自己做大了还是做小了？答案是显而易见的。

此外，从可行性上看，信托公司以帮助客户配置资产为发展方向，则必须面对这样一个问题：客户凭什么把财富交给信托公司去配置？必须看到的一点是，目前中国的富人是属于第一代的创富阶层。这些人的共同特点是更喜欢亲自掌控。虽然目前中国的创富阶层正在老去，但在财富传承信托业务的开展还不具有其必须的法律环境的条件下，未来相当长一段时间内，所有希望去开展财富管理和资产管理的机构都必须面对这一点。从功能上看，信托公司可能拥有一些个人或非金融机构法人没有的资格，可以帮助客户将资金投资到其作为个人或非金融机构法人没有资格投资的领域，但目前看任何一个资质都不是信托公司独有的。在信托公司之外，客户可以很容易地寻找到具有相同资质的专业公司帮助其投资。偏好掌控的创富阶层是否愿意将资金交给别人去配置，而不是自己去找专业的机构去运作呢？在专业能力不如专业公司、品牌信誉不如银行等大型机构的情况下，信托公司要以帮助客户配置资产为发展方向，必须回答的一个问题是：客户凭什么将资金交给信托公司去配置？

从目前的情况看，投资者之所以购买信托产品，大多是因为其稳定且相对较高的收益。这种稳定且相对较高的收益一方面源于信托公司的风险控制；另一方面源于多年来信托行业近乎苛刻的监管。无论出于两者之中哪一种原因，都不是信托行业可以独有的优势。信托公司的优势只是因为具有跨行业投资的特点，相对于其他机构可以提供更为丰富的产品。虽然目前已经有信托公司通过伞形信托等资产组合的方式，帮助客户实现了跨行业、跨领域配置资产的目的，发挥了这一优势，但如果没有投资能力，信托公司也只能利用这些作为"噱头"，将吸引到的客户资金交给其他的专业机构进行运作。因为不具有专业的投资能力，信托公司所能收到的，还只能是一个"牌照费"。与此同时，不具有信托公司跨行业、跨领域投资优势的私人银行，也完全可以有能力复制信托公司的这些做法，通过与专业机构的合作，帮助客户实现了跨行业、跨领域配置资产的目的。由此来看，偏重于对资产的配置是发挥了信托的制度优势还是埋没了优势，也是显而易见的。

只要有可能，谁都愿意把钱交给巴菲特去运作，原因就在于他具有更专业的投资能力。信托公司要实现财富管理的梦想，首先应该做的就是让人们相信信托公司更专业。而让人们相信信托公司更专业，则应该从投资能力的提高做起，从自主管理能力的提高做起。

《金融时报》记者　金立新

从提升投资能力走上财富管理之路

——从开通股指期货业务后的一冷一热说起

（载于《金融时报》2011 年 8 月 15 日第八版）

信托公司股指期货业务放行了，但却出现了一个怪现象：当记者采访信托公司股指期货业务放行后的一些想法时，多数被拒绝了。在记者请一些信托公司的朋友介绍其所在公司负责此项业务的部门负责人时，有些公司甚至不知道该找谁。一些信托公司人士以朋友身份对记者所表达的看法大多是：信托公司的软件和硬件设施还都不行，此类业务的开展只能借助阳光私募。似乎对于股指期货业务放行，信托公司的态度有点“冷”。但在信托公司对待参与股指期货业务热情并不是很高的同时，一些私募机构却对这一业务表现出了浓厚的兴趣。

信托公司股指期货业务放行的主体是信托公司。从股指期货推出，信托公司参与股指期货业务就已经被热议，很多信托公司也表示开展了研究。但是，当信托公司股指期货业务真的放行以后，信托公司的热情却不如私募机构高，个中的原因是什么？

对于这种有悖常理的现象，或许可以作出很多解释，比如股指期货仅仅是信托公司诸多业务之一，仅是增加了信托公司的一个产品线，信托公司并不可能如私募机构那样以此为主。但这样的解释似乎说不过去，一项被媒体关注了多年，信托公司也研究多年的业务放行之后，怎么会连自家公司的人都不知道哪个部门或者是谁对此有研究呢？或许对此还可以有另一种解释：并不是所有信托公司都有条件参与股指期货业务的，对于没有资格开展业务的公司自然不会去关注。但此种解释似乎也有些说不通：对于一项已经放开的业务，暂时没有资格参与就可以不关注吗？

联系到目前许多信托公司高管在不同场合表示要做配置的现象，不能不让人作出这样一个推断：在一些信托公司人士的眼中，信托公司股指期货业务的开放，也不过如证券业务等一样，不过是增加了信托公司的一条产品线，对于这样的业务，依靠信托平台，像做证券业务那样寻找一些专业的私募机构做顾问就可以了，因此也就没必要浪费太多的精力去研究它。

现实中，至少在未来一段时间内，信托公司参与股指期货业务的方式只能是利用信托做平台，让私募去运作。但是，这是否是长久之计呢？

对于推出《信托公司参与股指期货交易业务指引》的初衷，银监会答记者问中是这样表达的：2007年新两规出台以来，银监会一直鼓励信托公司创新发展，提升自主管理能力。信托公司开展股指期货业务有利于信托公司对冲证券业务风险，丰富自身产品线，提高信托公司资产管理水平。对于银监会对信托公司参与股指期货业务有何希望和要求？银监会明确，信托公司应该严格按照该指引以及市场监管部门的要求，在合法、合规的基础上参与股指期货交易业务，丰富产品条线，提升自主资产管理能力。从这里可以看到，自主管理能力是监管部门始终在强调的一点。此外，对于推出《信托公司参与股指期货交易业务指引》的原因，有监管部门领导作出过这样更直白的表示：之所以出台信托公司参与股指期货指引，是希望信托公司获得与其他机构相同的待遇，不让信托公司在财富管理领域输在起跑线上。目前，财富管理已经成为许多机构争夺的重点，在股指期货业务中，如果信托公司所充当的仍是平台的话，那么缺少了自主管理能力的信托公司，虽然没有输在起跑线上，但是会不会输在比赛的途中呢？

目前有消息称，监管部门正研究进一步放开QDII（合格境内机构投资者）集合信托业务，将允许业务开展情况良好、风控体系健全的信托公司开展QDII业务。目前，新一轮的信托公司QDII业务开展的牌照审领工作正在展开，信托公司又会多了一项新业务。但实际上，在几年以前，三家信托公司的QDII业务已经获批，虽然三家信托公司的额度仅为6亿美元，但迄今人们所看到的公开信息是：2009年12月28日，上国投推出了一只信托QDII，投资方向主要包括香港市场的股票、债券、基金等，投资方式为与凯石投资联手，规模也不大。中国信托业协会公布的数据显示，截至2011年第二季度，信托公司QDII业务余额不到4.7亿元。信托公司QDII业务开展得如何等消息却难以看到。由此或许可以看到信托公司审慎经营的一面，但同时也表明，缺乏自主投资能力，信托公司的财富管理，或者说是对财富的配置，只能是空中楼阁。

在做投资还是做配置的选择上，信托公司更偏爱做配置，一方面有信托行业的定位、业务发展模式等不清晰，导致信托公司只能看眼前不能看得更长远的深层次原因；另一方面也有信托行业中缺乏一种做“百年老店”的行业文化原因。但目前，再以定位、业务发展模式等不清晰作为借口显然不行了。对于信托公司未来的发展方向和业务模式，中国银监会非银部主任柯卡生在2010年信托峰会上明确表示，银监会鼓励信托公司充分发挥“受托人”的角色，开发低风险信托产品；鼓励信托公司研究创新设立中长期“私募激进型信托计划”；扶持有能力的信托公司开展QDII业务等。目前监管部门对于一些业务的逐步开放，也正是在规范了银信合作等平台业务之后，为信托公司打开的另一扇走向自主管理之路的门。在信托公司参与股指期货的方式上，因为这一领域的高风险性以及信托公司目前的专业人才储备状况，从一开始就由信托公司亲自操刀运作肯定是不行的，因此在一段时间内引入阳光私募是一条现实可行之路。但如果因为有了这样一种模式开展股指期货业务就放弃了对专业人才的引进与储备，放弃了对这一领域的研究，放弃了对自身投资能力的提高，那么未来对于信托公司开放的任何一项业务，仍将会沦为平台业务。因此，信托公司的财富管理之路，还是应该先从投资能力的提升做起。

《金融时报》记者　金立新

服务公益慈善事业：应更多倡导发展公益信托

——访金融信托专家蔡概还

（载于《金融时报》2011 年 8 月 29 日第八版）

运用公益信托开展公益事业，具有以下特点和优势：一是具有灵活性；二是具有主动性；三是具有持久性；四是运营成本低；五是有利于公益财产的保值增值；六是有利于对公益财产的多方位监管，通过公益事业管理机构、委托人、受托人、信托监察人的共同参与，改变公益法人自管自用的情形，并使受托人的行为得到有效监督。

"郭美美"事件是近期全国舆论的关注焦点，事件的背后暴露了我国公益事业组织模式和结构的缺陷。无论何种事业，仅靠道德力量的约束是远远不够的，还需要成熟的机制。许多人由此想到了公益信托，因为在世界范围内已经有很多发达国家取得了成功经验。然而，由于种种原因，公益信托在我国的发展仍然处于初级阶段。近日，就如何进一步加快公益信托的发展，更好地为公益慈善事业服务，记者采访了《信托法》起草人、金融信托专家蔡概还。

记者：目前我国公益信托的发展情况怎样？

蔡概还：公益信托，国外又称慈善信托，是指出于公益目的，为使社会整体或者部分受益而设立的信托。它通常由委托人提供一定的财产设立，由受托人对该财产进行管理处分，并将信托收益用于信托文件所指定的公益目的。它既可以直接资助受益人的生活、教育或者学术研究活动等，也可以用于发展某一项或者某些公益活动。

我国 2001 年出台的《信托法》对公益信托作了专章规定。但由于法律规定比较原则，导致一些条款缺乏可操作性。同时，信托制度在我国的普及还需要一个过程，而作为公益信托这样一个全新的慈善制度，被社会接受尚需时日。因此，《信托法》出台后，我国虽然出现了一些类似公益信托的活动，但公益信托制度没有得到真正的实践和应用。2008 年 6 月 2 日，中国银监会下发了《关于鼓励信托公司开展公益信托业务支持灾后重建工作的通知》，我国的公益信托活动开始显现，相继有一些信托公司推出了一些公益信托业务活动。但这些业务尚处于萌芽状态，运作模式不够清晰，具体做法还不确定，与境外情况比起来，我国的公益信托活动还有非常大的差距。

记者：与传统公益事业开展方式相比，公益信托有哪些不同点？

蔡概还：现实生活中，人们最熟悉的参与公益的方式就是捐赠，即把钱捐给公益法人，通常为基金会，再由其实现公益目的。公益信托与捐赠所达到的公益目的具有一致性，但两者属于完全不同的公益参与方式。即公益信托与遗赠或赠与是两种完全不同的法律概念，两者存在以下主要区别：一是制度设计不同。公益信托存在委托人、受托人、受益人三方当事人，其目的在于通过受托人对信托财产的管理处分，实现受益人的最大利益。而遗赠与赠与均缺乏受托管理这一中间环节，在当事人上也仅存在两方，遗赠包括遗赠人、被遗赠人，赠与包括出赠人和受赠人。二是标的物性质不同。公益信托财产有别于委托人、受托人、受益人的固有财产，只有当信托终止时，信托财产才可能回归委托人或者受益人。而遗赠与赠与中，被遗赠人、受赠人成为新所有权人。三是原财产所有人的权限不同。信托中的委托人、受益人对受托人管理处分信托财产的情况具有了解和监督的权利。而遗赠、赠与中，遗赠人、出赠人在遗赠、赠与生效后，通常就丧失了该物上的所有权利。

从当今世界看，公益法人的公益参与方式最盛行。但基于公益信托的前述优点，公益信托也逐渐为世人所接受并大量采用。我曾考察过美国、加拿大的公益信托，发现人们开始质疑以公益法人接受捐赠实现公益目的的做法，且越来越多的公益事业采取了公益信托方式。质疑的原因主要是公益法人运营需要大量的成本，这部分成本需要由接受的捐款来支付，不利于最大限度地实现公益目的。

记者：运用公益信托开展公益事业，您认为具有哪些优势？

蔡概还：公益信托除了具备一般信托的特征外，还具有以下特点：一是信托目的具有公益性。公益信托不谋私利，能造福人类，推动社会的发展与进步，为国家所鼓励发展。二是公益目的具有排他性。公益信托以公共利益为目的，其信托利益必须为社会公众利益服务。公益信托的信托目的不止一项时，其每一项目的都必须属于公益目的。假如一项信托的多项信托目的中，既有公益目的，也有非公益目的，就不能构成公益信托。三是受益对象具有不特定性。公益信托的委托人在信托文件中，往往只能规定信托利益的资助项目或者受益范围，不可能将受益对象具体化、特定化。在受益人的具体产生办法上，依照各国惯例，由受托人根据信托文件的规定进行挑选与确定。

因此，运用公益信托开展公益事业，我认为具有以下特点和优势：一是具有灵活性。可以由委托人根据自己的意愿自主设立某一类公益信托，在资金额度上没有规模限制。二是具有主动性。可以通过受托机构设计公益信托产品，向委托人推介，使更多的民众参与公益事业。三是具有持久性。公益信托可以无限期存续，当受托人不具有管理公益信托财产的能力时，可以依法更换，不影响公益信托的存续。四是运营成本低。公益信托不属于法人，自身没有常设机构，其管理由专业受托机构负责，通常每年仅向受托机构支付公益信托财产总额1%甚至更低的管理费，无须支付其他额外成本。银监会《关于鼓励信托公司开展公益信托业务支持灾后重建工作的通知》规定："受托人管理费和信托监察人报酬，每年度合计不得高于公益信托财产总额的千分之八"。五是有利于公益财产的保值增值。受托机构具有公益法人不可比拟的理财能力，它可以根据公益信托合同约定的投资范围，最大限度地保证公益信托财产的安全和增值。六是有利于对公益财产的多方位监管，通过公益事业管理机构、委托人、受托人、信托监察人的共同参与，改变公益法人自管自用的情形，并使受托人的行为得到有效监督。

记者：我国发展公益信托的挑战何在？如何解决？

蔡概还：挑战主要表现在两个方面：一是要出台公益信托的实施细则。二是解决公益信托的税收问题。

目前，我国《信托法》关于公益信托的规定过于原则，如第六十二条规定："公益信托的设立和确定受托人，应当经公益事业的管理机构批准"。公益事业管理机构的提出，有利于法律的稳定性，不会因为机构的变更而动辄修改法律，但过于笼统导致不具有可操作性，需要出台相关细则加以明确。2005年，银监会曾建议国务院有关部门制定公益信托方面的具体办法，但因公益目的众多，涉及的机构和部门较多，需要协调和沟通的事项繁杂，最后不了了之。

再就是公益信托的税收问题。当前我国公益法人享有专门的税收优惠政策，但公益信托并没有专门的税收规定，需要加以配套完善。一方面，是委托人设立公益信托的税收减免。在美国，委托人设立公益信托可享有税收减免，但有一定的限额，一般公司法人每年最多可扣减应纳税额的10%，自然人每年最多可扣减应纳税额的50%。另一方面，对公益信托财产要合理征税。在英美两国，公益信托财产所产生的孳息，无论是利息收入、租金收入或投资所得，只要所得全部用在公益目的上，则全额免税。日本《所得税法》第十一条规定，公益信托的收益，不征所得税。境外公益事业发达，很大程度上源于国家税收等方面政策的导向，促使人们参与公益活动，同时也实现了公民个人的实际利益，如税收减免、名利双收等。

公益信托在我国还处于萌芽阶段，未来发展空间很大。国家应该改变过去只发展公益法人的局面，倡导发展公益信托，使公益信托与公益法人相辅相成，共同为公益事业服务。其实，发展公益信托时也可以有机结合公益法人，使两者融合发展。一是在设立公益信托时可引入公益法人参与。我国《信托法》为公益信托设计了信托监察人制度，由其代表信托受益人监督受托人的行为，但未明确信托监察人由谁担任。可以考虑由公益法人担任我国公益信托的监察人，履行相关职责，这样既有利于税收管制，又便于对公益信托财产管理处分行为的监督。二是公益法人管理公益资金时可引入受托管理机制。即由公益法人选择符合条件的受托人，并将公益财产委托给受托人管理，把信托制度和公益捐赠结合起来，增加公益财产管理的透明度。据加拿大某基金会的介绍，为规范公益法人对公益资金的管理、处分行为，对于不同公益捐赠所形成的每一项公益资金，均委托专业受托机构进行投资管理，让多个部门共同参与，各有各的分工，各做各的事，相互牵制，最终促使公益目的的实现。

《金融时报》记者　薛　亮

公益信托：发挥灵活安全优势助力公益事业

（载于《金融时报》2011 年 8 月 29 日第八版）

民政部部长表示，公益慈善类社会组织与社会福利类、社会服务类社会组织履行登记管理和业务主管一体化职能。此举意味着废除之前的双重管理门槛，公益慈善无须再寻找政府部门或具有政府背景的机构挂靠便可直接登记，这为公益事业的市场化打开了一条门缝，同时也为公益信托发挥作用提供了可能。凭借信托的灵活性特征，如果信托公司能从不同主体的需求出发，多下一点工夫，是能够为公益信托寻找出一条更好的路径的。

大概谁也没有想到，一个小女孩竟然让中国的公益事业步入了空前的危机；同样谁也没有想到，在“郭美美”之后又出了个“卢美美”，中国公益事业的危机持续发酵，在“郭美美”、“卢美美”之后，人们不知道还会有多少个“美美”……

没人能够想到是因为一个小女孩与一个庞大事业之间巨大的悬殊，这个事实的发生又是因为公益事业——这个无论从机构、人员、资源和影响力上都当之无愧地可以称为庞大的庞然大物，在信息社会中已经脆弱得不堪一击。于是，在“郭美美”、“卢美美”等一系列事件之后，人们开始反思，中国的公益事业怎么了？而对此得出的结论几乎无一例外的是：中国整个慈善体制官办色彩太浓，行政垄断影响公益组织竞争，公益事业的体制问题也被“美美们”推到了风口浪尖。于是很多人得出这样的结论：对于中国的公益事业，“美美事件”是一件好事，它将推动中国公益事业体制的改革。

那么，中国公益事业该向什么方向改？目前几乎众口一词的说法是：打破公益机构的政府垄断。

的确，从“郭美美事件”引发出来的诸多事件之中，人们更多看到的是中国公益事业管理上的不透明，而在不透明之后，则是公益事业官办化的痕迹。在捐赠人的意志本应该至高无上的公益事业中，人们的爱心被代表了，因此也就有了这样或那样的不满。于是，“郭美美事件”成为了这种情绪的一个宣泄口。当这种宣泄被网络聚集起来的时候，摧毁中国公益事业的已经不再是一个小女孩，而变成了捐赠人与慈善机构之间的对峙。

北师大壹基金公益研究院院长王振耀曾经这样表示：在捐赠环节，捐赠人的意志应该是最高的，谁最透明、谁最专业就应该获得更多的捐款，这种竞争有助于促进公益透明的健康发展，但如果被几家官方的组织垄断了，公益组织就失去了透明的外部动力。因此可以看出，中国公益事业的制度性改革方向，关键在于去掉“官气”，体现出对捐赠人最大的尊重。可以说在未来的公益事业中，能够体现出对捐赠人最大的尊重者将是最终的胜者。在此方面，公益信托的灵活性和专业性优势将被发挥。

首先，捐赠人是一个群体而非个体，因此捐赠人的意志往往不是标准化的统一意志，而是个性化的要求。在目前的官办公益事业中，捐赠人的意志被忽略，一方面是因为其官办的垄断性质所决定的；另一方面，在公益慈善机构没有专业的金融手段的情况下，利用行政手段办公益也是最经济、最实惠的一种手段，可以尽量节省捐赠款项，使之更多地用之于公益。但也正是因为这种无奈的选择，使得捐赠人的意志被忽略，让捐赠人站到了公益慈善机构的对立面。比较而言，公益信托的灵活性可以使捐赠人的意愿得以被更充分地尊重。

信托的特征之一就在于其灵活性。在公益信托中，捐赠人可以通过信托契约的规定，以委托人的身份，根据自己的意愿要求受托人完成委托人的意愿。比如捐赠人可以根据自己对于受助者情况的判断，通过对受托人权利的约定，限定受托人的权利，决定信托财产分配的时间、数量、方式、对象等；此外还可以根据自身的情况，通过限制委托人对信托财产的权利，在时间上进行选择，既可以通过公益信托永久捐赠，设立不可撤销信托，也可以设定一个时间段进行捐赠，设立可撤销信托。这些捐赠方式与目前公益捐赠中捐赠人捐赠之后“一切皆被代表”的模式比较，捐赠人的意愿显然被更充分地尊重。事实上，因为信托是一种契约关系，委托人可以通过契约约束受托人的权利，因此当捐赠者通过公益信托的方式，以委托人的身份去要求受托人，捐赠人的意志自然会得到最充分地尊重。

此外，民政部提交的《基金会管理条例（修订草案送审稿）》第四十条规定，基金会为保值、增值进行的投资总额不得高于上年末总资产的10%，投资的年收益率不得低于同期银行存款利率。这一规定实施后，一些大型慈善机构将不得不动用捐赠款维持运作，对于捐赠人，又将造成一种无形的伤害。而公益信托是由专业的理财机构对资产进行管理的，受托人本身就具有专业的资产管理能力，可以通过投资，以实现慈善资金保值、增值，这样既可以通过慈善资金的增值部分维持资金进行更有效的运作，也可以利用增值部分开展慈善事业，既满足了委托人的不同需求，又使慈善资金得到更充分的利用，同时也节省了一般慈善机构的运营费用。

安全性也是信托的另外一个特征，这种安全性源于其信托财产隔离于委托人及受托人的特性。信托财产独立于受托人的固有资产和其他信托财产；同时除委托人是唯一受益人，信托财产不得作为委托人的遗产或清算财产。这种资产隔离的制度安排，使信托财产更加安全。作为公益信托，同时拥有信托的这种特性，可以更有效地保护捐赠钱和物的安全。

从目前来看，公益信托难以有效开展的原因更多地在于政策层面。在此情况下，目前的公益信托多以原有公益性信托为基础，通过与其他公益组织合作开展公益信托业务。这种模式的核心就是利用信托公司的专业化资产管理能力为慈善资金的保值、增值服务。但在新的《基金会管理条例》实施后，这一模式也将难以为继。但是，在“郭美美事件”之后，中国的公益事业将从官办、垄断的形式走向民间与市场。日前，2011 年民政工作年中分析会上，民政部部长李立国确认，公益慈善类社会组织与社会福利类、社会服务类社会组织履行登记管理和业务主管一体化职能。此举决定意味着废除之前的双重管理门槛，公益慈善无须再寻找政府部门或具有政府背景的机构挂靠便可直接登记。这为公益事业的市场化打开了一条门缝，同时也为公益信托发挥作用提供了可能。凭借信托的灵活性特征，如果信托公司能从不同主体的需求出发，再多下一点工夫，是能够为公益信托找出一条更好的路径的。

《金融时报》记者　金立新

民生理念是信托公司发展哲学的核心

（载于《金融时报》2011 年 9 月 19 日第八版）

总结中国信托业发展的经验和教训，可以发现信托具有鲜明的时代特征和社会属性，信托的意义不应仅仅是优化资源配置和开展资产管理，而是要结合国情民情，参与构建更好的金融规则、市场秩序和社会结构，最终实现民生领域的改善和民生问题的解决。从本源看，信托具有与生俱来的“民生倾向”，民生理念将对信托业的基本使命和发展哲学给予解答，能够为信托的功能发挥和价值贡献指明道路，从而在根本上，避免信托业因短期利益取向而重蹈多次整顿的覆辙，为破解目前信托业所面临的基本疑惑和发展瓶颈提供启示。

“信托服务社会”的意义在于，信托可以实现专业能力的整合与协调，推进产业领域改革，满足社会资源配置和资金融通的需要，更好地协调政府和市场、自由与稳定、公平和效率、尽力而为和量力而行的关系，保护经济发展的现有成果，重筑诚信和谐的社会氛围，进一步解决矛盾、深化改革、提高绩效。这也是社会各界对信托所寄予的信赖与希望。

在服务社会方面，信托可以发挥功能的空间十分广阔。可以通过资源优化配置提高生产力，增加社会总体财富，不断满足人民群众日益增长的物质文化需要；可以通过信托机制和受托服务有力保护投资者，参与构建稳定的金融结构，降低部分非系统性风险，不断扩大经济体量与就业规模；可以通过创新信托产品与服务参与经济结构调整和转型，调节金融存量与流量结构，发展服务业、劳动和知识密集型产业，支持中小企业和非公有制经济发展；可以更好地发挥治理结构的优势，解决和缓解各种社会经济矛盾，更有效地利用各种社会资源，体现专业化管理的精神。

“诚信”：信托民生倾向之核心。回顾过去三十多年，改革开放带来了我国经济的蓬勃发展，然而，在市场经济大潮中急功近利地追求个人利益的现象愈加严重，“信任缺失”被社会各界口诛笔伐，商家无德经营的事例更是耸人听闻，“诚信”甚至成为稀缺资源。相比之下，诚信是信托运行的核心和基础，因信任而进行财产和财产权的转移，这是信托关系成立的前提。信托关系的深层基础就在于多方彼此间的普遍认同，相互诚实并拥有信任。诚信还可以最大限度地减少信托公司在经济活动中的各种风险，降低商业运作的成本，从而实现利益最大化和多方共赢。对客户讲诚信，始终选择最适合的产品并积极履行受托责任；对社会讲诚信，合法合规经营，不浮夸绩效与贡献，不推卸回避责任；对合作方讲诚信，履约守信，光明磊落。

“博爱”：信托民生倾向之标准。博爱是信托公司为之努力的终极标准，体现为奉行“人人平等”的理念和保持“一颗热忱的心”。集合信托是信托公司开展的一项重要业务，要求受托人必须公正、平等地对待各位受益人，并为此范围内的公众利益而全心服务，不能将自身利益或部分群体的利益置于其他受益人之上。公益信托更是为了公共利益的目的，使整个社会或社会公众的重要部分受益而设立的信托，包括济贫、救灾、扶困、保护环境、发展科教、提升医疗等多种形式。因此，信托公司具有“兼济天下”的社会责任，要努力促进社会资源配置，推动社会安定与和谐，满足人民群众追求生活小康、物质进步的梦想。从社会发展来看，博爱是人类成熟的表现，是人类可持续发展的基石，“博爱”将赋予信托公司更丰富的内涵和更良好的形象。

“财富”：信托民生倾向之起始。财富是民生的基本诉求，政府要把经济财富的增长投放到普通人民的福祉上。信托创造财富、信托配置财富，就是对民生思想作“信托化”的解答，财富管理是信托最基础的功能，也是信托民生的起始点，意味着要发挥信托功能，不断巩固并提升人民的经济基础。信托公司构建起资本要素流动的桥梁，利用自身在经济发展和金融结构中的参与深度，结合跨市场、跨领域的优势，让投资者和受益人获得良好的收益回报。信托扩大人民的收入来源，让人民拥有财富，分享国家经济发展带来的好处，享有更多的资产性收益，为追求幸福生活创造条件，这也是对党的富民政策的坚持。

“稳定”：信托民生倾向之根本。“利莫大于治，害莫大于乱。”“稳定”是人民安居乐业的可靠保障和坚强后盾，信托有利于稳定，主要包括两方面：一方面，信托的发展会促进金融体系的稳定。信托制度因其独有的破产隔离以及权益分拆功能，能够使金融资产与外界风险隔离，避免扩散成系统性风险，同时，信托会促进直接融资发展，实现金融风险的再分配，有效降低金融体系的运行风险；另一方面，信托作为重要的社会经济关系，有利于解决和缓解各种社会经济矛盾。信托更好地发挥治理结构的优势，解决委托代理下的道德问题，体现专业化管理的精神。信托可以实现社会主义与市场经济的有机结合，能够有效推动经济和社会发展，构筑良好的社会信用体系，调节社会财富和社会矛盾，有助于排难解纷机制的健全，从而增强人民群众的安全感和稳定感。

“公平”：信托民生倾向之要义。首先，信托有利于分配制度的改革。随着体制改革的深入，调节社会财富的手段将更加依赖于市场化、法制化的手段，而信托集合多数人的财产，通过权益重构，以更加科学的管理方式、制度框架和投资者保护机制，实现风险与收益的匹配，在一定范围内可以使公共资金得到有效使用，在促进资金流转的同时缩小贫富差距；其次，信托有利于社会公民获得平等的机会。公平的社会意味着全社会人员对物质基础、社会地位或者公共服务的获得机会是平等的，信托可以代表若干个委托人的利益，制约权力的运用和消除危害的产生，让社会经济关系向着更加公正廉洁的方向发展。

“服务社会、改善民生”是信托的基本使命。但是，在达成信托基本使命的过程中，“信托功能”产生“价值贡献”的通道并非全无障碍和边界，事实上，将“功能”变成“价值”的效率与效果，有赖于信托业发展的扎实基础，需要具备满足信托功能发挥的必要条件，包括市场需求环境、制度政策供给、监管机构指导、生存发展哲学，以及信托公司的自身能力等诸多因素。因此，我们必须改善信托发展的基础，创造信托功能发挥的条件，释放信托业发展的空间，让更加广泛的社会群体能够分享到信托的制度优势和独特应用。

上海国际信托有限公司　刘文雯

如何提升信托产品核心竞争优势

（载于《金融时报》2011 年 10 月 10 日第八版）

如何提高信托公司的核心竞争力？实际上，打造信托产品的核心竞争优势是其中关键的一环。

信托产品一般有广义和狭义之分。所谓广义的信托产品是指利用信托原理、信托制度提供的金融产品，包括 SPV；狭义的信托产品是指信托公司提供的金融产品，其中又可以区分为利用信托制度优势的产品和利用经济属性优势的产品。

那么，怎样评价金融产品，从而确定金融产品的核心竞争优势是什么，以及如何提升核心竞争优势？需要从金融产品的产生和现实效用两方面进行具体的分析：首先是金融产品需要满足投资者和融资者双方的需求。金融中介是一种服务行业，金融产品必须满足投资者和融资者双方的实际需要，其满足需要的程度从客观上决定了产品的竞争力。根据经济金融发展的情况，从客观环境出发，为客户设计恰当得体的产品，才能在产品比较中占据优势。其次是金融产品传统的“三性”：收益性、安全性和流通性。从“三性”角度评价具体金融产品。在满足安全性的前提下，努力提高产品的收益性，提高产品的流通性。提升产品自身的内在竞争力。“三性”之间是有内在矛盾的，恰当协调，才能在各个属性之间取得良好的配比关系，只有从这两个方面入手才能全面认识信托产品的核心竞争优势。

那么，信托产品的核心竞争优势和劣势在哪里呢？

从产品产生来看，对融资者而言，灵活为王。信托产品相对于其他金融产品具有两大特点：极强的灵活性和涉及领域广。由于产品灵活多样，信托可以根据融资者的实际情况量身打造。第一，通过结构化方式，可以增强信托产品的信用等级，更好地保护优先级投资者的利益，提高信托产品的竞争力。第二，多种投资标的，可以根据融资者的资产分布情况设计担保模式。如受益权、财产权的方式就突破了房产抵押的局限性。因为具有同时可以投资多个金融市场的内在优势，信托投资可以在一个产品中，同时投资多个市场，充分运用组合投资原理，在实现投资收益的同时，努力降低投资的非系统性风险。因此信托可以从融资者的实际资产情况出发，根据融资者的实际需求量身打造，采用合适的担保方式，设计灵活的融资模式，从而提高产品的核心竞争力。

从投资者角度来看，利用信托制度优势的信托产品可以满足机构客户非经济上的更多是法律上的需要。比如在信托方式下，可以设立SPV，改变金融产品的风险—收益特征。如资产证券化、REITs等，实际上都有信托的原理。我国金融体系中的主导机构首先是银行，其次是保险，银行和保险机构提供的产品安全性比较高，而收益相对较低。信托产品则可以提供收益相对较高的金融产品，目前市场上许多信托产品的预期收益率在6%～10%，从而满足高端个人投资者和机构投资者进行资产配置的需要。

从现实效用来看，在收益性上，从信托产品收益率来看，其风险收益配比能满足高端投资者的收益要求。从安全性上，信托制度具有财产隔离功能。信托财产独立于委托人的其他财产，即使委托人因种种原因面临破产、诉讼等财产纠纷事件，而信托财产还会按照信托文件约定进行管理，信托制度起到了关键作用。信托公司作为专业的金融机构，能够实施主动管理。信托行业的专家理财可以提高产品的安全性，提高收益水平。作为增信手段之一，信托产品经常采用结构化设计，有实力的机构投资者参与信托产品次级投资，增强了优先级信托产品的信用等级，能够进一步保障优先级投资者的收益。

从流动性上，信托的灵活优势能够转化为信托产品的量身设计，但是，信托产品的个性化同时也意味着难以标准化。而没有标准化的产品其流动性就相对比较低。信托产品的流通市场建设进展缓慢，是和产品标准化较差相关联的，信托产品后期的交易费用高昂。目前信托公司普遍在内部建立了信托收益权的转让市场，在一定程度上解决了信托产品的流通问题。随着信托公司自身客户群体的增大，信托产品迫切地需要建立全国性的流通机制。

所谓核心竞争优势，就是指产品在某一方面的功能特别强大使得竞争者难以比拟并且难以模仿，在客户心中找不到其他的替代产品。对此可以分为两个层次来理解，一是和对手有区别；二是在客户心中有着难以取代的地位。如果产品本身与对手分不出高下，只要做到让客户觉得我们的产品有核心竞争优势就行了。因此创造并扩大产品特色在客户心中的地位，让其在客户心中成为无可替代的产品也是核心竞争优势中的重要部分。

对信托公司来说，核心竞争能力将包括三个方面：产品设计能力，更好地满足融资者和投资者双方的需求；投资管理能力，安全性和收益性体现风险控制能力；市场拓展能力，增加投融资群体，让市场认为你的产品具有核心竞争优势。只有在这三种核心竞争能力上下工夫，才能让信托产品体现出相对于其他金融产品的核心竞争优势。但最终信托公司的核心竞争能力要体现在金融产品的“三性”上，才能使得信托产品与众不同。即在安全性上，现在广泛应用的是信用增级，下一步需要在产品设计中注重投资组合理论的运用和相关法律法规的配套建设；在收益性上，需要增强在细分市场领域的专业性；在流动性上，建立起信托产品流通机制，完善相关配套制度。

在营销方面，市场需求的多样化决定了差异化营销的存在，信托公司的业务特征将以客户的个性化需要为中心，重视客户而不是重视产品。金融服务行业应被看做是具有柔性生产能力的“车间”，而不是提供标准服务的装配线。金融服务行业的中心是一个完整的客户数据库和产品利润数据库。金融服务行业将能识别用于任何客户的所有服务、有关这些服务的利润或亏损以及能为客户创造潜在利润的服务。只有从这个角度来理解，信托业才能使信托产品区别于其他金融产品，在营销模式上进行根本的变革，从而有助于提高信托公司对市场需求变化的适应能力，更好地应对瞬息万变的市场竞争。

百瑞信托有限责任公司　罗　靖

规范信托产品营销意在控制行业风险

（载于《金融时报》2011年10月31日第八版）

日前，一份《关于规范信托产品营销有关问题的通知》（征求意见稿，以下简称《通知》）下发到了各信托公司。虽然仅仅是征求意见稿，但这样一个政策的推出是否有必要？其政策目的是什么？等等。仍然引起了很大的关注。

对于《通知》征求意见稿，目前一些信托业界人士的看法是政策的推出对于信托公司是一个利好。利好的原因在于，《通知》征求意见稿的第十六条规定，最近一年监管评级三级以上、受托管理集合资金信托计划达到一定资产规模的信托公司可在公司注册地之外设立总数不超过5个的异地营销中心。经中国银监会批准的除外。虽然从分支机构数量上看，符合相应条件的信托公司获准可"设立总数不得超过5个的异地营销中心"，这个数量并不算多，但毕竟开启了信托公司设立异地分支机构的政策闸门。

另一个利好来自《通知》的第二十四条和第二十五条。在这两条中分别规定，信托公司委托金融机构代理推介信托产品，应签署代理推介协议，明确约定代理推介事项、代理费用、双方权利和义务等。代理推介机构应向信托公司提供全面、真实的客户信息，确保提供的客户信息能够满足信托公司甄别合格投资者的需求，并能够在产品存续期间及时有效地履行风险揭示、信息披露、后续服务等职责。客户信息内容包括但不限于：姓名、身份证、职业、居住地、联系方式等。

相比上一个"利好"规定，很多信托业内人士似乎更看重这一条款中的规定，其重点在于"代理推介机构应向信托公司提供全面、真实的客户信息，确保提供的客户信息能够满足信托公司甄别合格投资者的需求"。很多市场人士认为，"代理推介机构"主要指银行和第三方，这一规定将从政策要求上强迫银行和第三方，特别是第三方向信托公司交出客户。

《通知》征求意见稿对信托公司的第三大利好来自第二十七条，该条款规定：信托公司应严格遵守《信托公司集合资金信托计划管理办法》第八条规定，不得委托非金融机构推介信托产品。非金融机构可以向信托公司推荐合格投资者，但不得以提供咨询、顾问、居间等方式直接或间接推介信托产品。对此规定，许多信托业内人士认为是赋予了信托公司对信托产品销售的特权，取消了第三方销售信托产品的权利，从而在政策上为信托公司清除了竞争对手，使信托公司在未来的营销中将稳胜第三方。

《通知》征求意见稿的推出是否针对的是第三方？是否是对信托公司的保护？对于这一政策，信托公司又该如何理解？回答这些问题前首先要回答这样一个问题：第三方是否是信托公司的竞争对手？

从行业性质上，第三方不属于金融行业，本身就不能与信托公司形成竞争关系。目前一些人看到的第三方对于信托公司形成的竞争压力，更准确地说应该是对信托公司销售人员形成的压力，而不是针对信托公司的竞争压力。实际上，对于信托公司，第三方不过是它们的一个外包商，是否需要、在多大程度上需要第三方，完全取决于信托公司自身的建设与发展。因此，对于不能够与信托公司形成竞争关系的第三方，打压之说根本无从谈起。

从业务发展方向上，在分业监管的背景下，与其他金融机构比较，信托公司最大的优势是产品而不是销售，且销售仅仅是信托公司经营中的环节之一，如果在政策上将信托公司竞争的重点放在分支机构的建设上，则一方面恐怕二三十年信托公司的机构网点数量也不可能赶上银行、保险，毫无竞争力可言；另一方面，脱离信托公司发展机构网点与金融机构的整体布局不符、与信托的机构定位不符不谈，即使信托公司能够获得政策支持发展网点建设，那么在重营销轻产品的发展理念下，重规模轻产品质量，信托公司未来是会走向资产管理之路还是成为既不是资产管理公司又不是银行的不伦不类的机构？完全可以想象。因此对于信托公司的销售环节，政策实在是没必要去保护。

既然如此，《通知》推出的目的又在哪里呢？

首先，《通知》所透露的重点之一是为信托公司异地设立分支机构打开了闸门。历史上，信托公司在成立之初有几大类，其中地方财政设立的信托公司占很大一部分。2002 年信托公司重新登记之时，对于信托公司的保留，除信托公司自身的情况外，考虑的一个重点也包含信托公司的地域分布，这也是直到目前为止人们仍然能看到的信托公司注册地在全国各省、市、自治区分布比较均匀的原因。也正是这种历史原因，重新登记后多年来信托公司在经营上仍以各自所在区域为重点，成为区域性信托公司。2007 年以后政策的变化带来了信托公司的重组，重组后的信托公司不仅股东有了变化，经营上也突破了地域的局限，走向了全国。应该说，经营重点地域上的不同也会决定一个公司或行业发展空间的不同。信托公司经营上对地域的突破应该是其发展壮大中重要的一步，异地设立分支机构的开闸是对于信托公司突破地域空间的一种政策延续，也是促使信托公司壮大的重要一步。历史上，这么多年信托公司异地设立分支机构都没有开闸本身就表明了监管层对待这一问题的慎重。此次允许异地设立分支机构放开的口子上，数量是 5 个，要求具备的条件多达 8 条，且需要达到的规模目前还没有确定，这也从一个侧面反映出监管层对此事的慎重。目前，在信托公司重组后已经在经营上实现地域突破，信托资产规模已经从几千亿元扩大到 4 万亿元之时，应该说此次异地设立分支机构的开闸是信托行业自身发展同步的要求，是一种必然。

其次，销售是信托公司经营中的一个环节。这个环节的意义不仅在于要将信托公司的产品卖出去，更在于销售作为信托公司战略定位、产品研发、产品设计、风控等经营链条的基础，可以在信托公司的整体经营中为上述各个环节提供必要的信息，以利于信托公司的整体发展战略和产品更符合市场及客户需求，更利于信托公司对风险的控制。但现实中，的确有很多信托公司，特别是一些新设立的或规模相对较小的公司，将销售仅仅当成了卖产品，出于成本控制或其他原因，在销售上过度依赖外部渠道。从信托公司的整体建设上，对于外部渠道的过度依赖相当于自废武功；从风险控制上，对外部渠道的依赖将信托公司的销售从零售变成了批发，环节的增加必然导致自主管理能力的降低，并进而导致风险的加大。从这个意义上，对于信托公司，《通知》征求意见稿更大的意义在于，在强调信托公司责任与义务的同时，控制信托行业风险，并提示信托公司不要自废武功。

《金融时报》记者　金立新

从信托产品销售走向财富管理

——访中国对外经济贸易信托有限公司总经理杨自理

（载于《金融时报》2011 年 12 月 12 日第八版）

随着市场经济的飞速发展和改革开放的不断深入，全国高净值财富人群规模与持有财富数量逐年扩大，财富管理需求日益旺盛和迫切。但是面对巨大的财富管理市场，信托行业在财富管理市场中的地位和优势尚未得到完全体现。2009 年高净值财富人群总体可投资资产的分配中，信托领域仅占不到 2% 的份额，2011 年预计整体占比也仅为 5.4% 左右。因此，信托业开展财富管理业务的潜力巨大，是信托业未来的蓝海。究竟应该怎样看待信托公司产品开发设计和产品销售之间的关系？信托公司的财富管理之路应该怎么走？为此，记者采访了中国对外经济贸易信托有限公司总经理杨自理。

记者：近年来，大多数信托公司逐渐意识到直销渠道建设的重要性，纷纷加快布局，搭建产品直销团队。对于产品和销售之间的关系应该怎么看？

杨自理：一般而言，信托产品都是项目资金需求方向信托公司提出融资需求，信托公司基于信托制度平台的优势和功能，将项目设计开发成信托产品，再由信托公司的直销团队寻找资金，完成产品销售。对于信托公司而言，是从服务于项目和满足融资方需求出发，以项目需求为驱动，以产定销，公司理财团队的任务是更多地销售自己的产品，正因如此，信托产品同质化日趋严重。信托公司逐渐成为被动的融资通道，信托制度优势并未得到充分发挥。对于客户而言，投资客户购买的是标准化、批量化的信托产品，难以充分满足自身财富管理的需求，产品特性和客户需求匹配的不确定性导致客户满意度较低，客户忠诚度较低，无法形成终端客户带来的规模化效应，属于财富管理的初级阶段。

外贸信托对于私人财富管理领域的探索应该追溯到 2003 年，当时外贸信托在资产管理总部下成立了理财服务中心，其职责就是面向高端个人投资者进行信托产品的销售。但随着市场环境的不断变化，外贸信托理财中心同时肩负着信托产品开发、设计的职能，逐渐演变成信托产品的业务部门。2009 年末，外贸信托意识到未来信托公司的长远发展要依靠做强自有渠道、掌握终端客户来持续推动，同年外贸信托将理财中心以总部规格进行规划，定位于针对高净值客户的产品发行部门。2010 年，随着信托业的战略转型，外贸信托明确了建立以营销服务为支撑的主动型自主资产管理模式，培育持续稳定的盈利能力的战略目标，将理财中心正式更名为财富管理中心，加大信托产品的自主发行能力建设，并逐步从信托产品销售向高端客户的财富管理方向探索发展。2011 年 2 月 28 日，外贸信托正式揭牌成立财富管理中心，定位于服务高端客户的“五行财富”财富管理品牌的诞生，标志着外贸信托对于财富管理领域的探索正式扬帆起航。

记者：从信托产品销售到财富管理在理念上有什么不同？

杨自理：信托产品销售是以融资需求为主导的产品销售，产品围绕的主体是资金需求方。而财富管理更重要的是与高端客户建立深度联系，帮助客户分析其金融需求，并基于信托制度平台为客户定制个性化的金融解决方案，主体是客户，这种主体的区别对于信托产品，甚至公司经营理念和结构都会产生重大影响。信托逐渐实现产品销售向财富管理服务的转变重心就在这里。

近年来，高净值财富人群的财富目标由财富创造向财富保值增值转变，从单纯的“产品推介”需求转向全方位、多角度的“资产配置”需求。制度赋予了信托公司全品种和跨平台优势，使得信托公司成为天然的资产配置平台和财富管理者，具备开展财富管理业务的先天优势。对于信托公司而言，传统融资类信托业务日益陷入困境，最新的评级标准体现了监管部门引导信托公司加强主动管理、提高业务内涵的方向，信托公司必须提高自主管理能力，具备相对齐备的产品线以及专项投资领域，才有可能真正体现“以客户为中心”的业务主线，满足客户的多样化需求。同时，财富管理业务与资产管理业务也将形成良性互动，有利于专注提高投资能力，又将推动信托公司的资产管理业务发展。

随着财富管理业务的开展，信托公司可以针对高净值客户的需求，实现产品的量身定制，解决了原来信托公司常见的阶段性信托产品断档、无产品可卖的问题，又能够满足机构客户和部分超高净值个人投资者在投资偏好、决策机制、资产管理要求等方面与普通大众客户存在较大差异的个性化需求，有利于信托公司形成稳定的盈利模式。信托公司的财富管理业务给客户带来的差异化服务体验有效避免了传统金融产品同质化竞争和可复制化的不利因素，也将成为信托公司赢得高净值客户的关键要素。另外，通过财富管理业务可以帮助客户借助资产组合的方式有效降低投资风险、平滑收益，充分发挥信托公司投资多元化的配置优势和风险管理优势。

记者：作为信托公司的管理者，您能否从实践的角度谈谈如何开展财富管理？其中的关键点是什么？

杨自理：近年来高净值人士理财渠道向财富管理机构发生转移，财富管理机构的品牌成为主要选择标准。因此品牌可能成为未来信托公司财富管理争夺的焦点之一。因此我们近年来着重打造外贸信托“优质产品、鲜明品牌、特色服务、优势技术、强势团队”五方面的核心竞争力。具体而言又可以总结为五方面：

一是从客户需求出发，以资产配置实现产品的量身定制。财富管理的核心在于资产配置和组合运用，关键环节是改善产品供给能力、坚持从客户需求出发进行产品的开发设计，以产品锁定客户。外贸信托为在整体上发挥财富管理领域的战斗力，在内部构建了财富管理团队和资产管理团队良好的沟通协调合作机制，发挥团队作业的优势，共同面对客户个性化的需求，提供一站式金融解决方案。

二是品牌建设。在高端投资者将金融品牌作为理财机构首选标准的环境下，外贸信托率先将品牌建设作为综合客户服务平台搭建的突破点，通过多种形式整合媒体资源，以点带面，全方位、多角度、广覆盖地传播宣传外贸信托财富管理品牌，实现了品牌价值的持续提升。目前外贸信托25%的新增客户通过财富热线实现了产品预约咨询认购。

三是搭建特色差异化服务体系，完善客户服务内容。外贸信托内部有个“三专”服务内容，即“专业的财富管理服务、专属的私密服务环境、专享的增值服务”，结合高端投资客户特点和实际投资能力，进行了差异化的服务细分，构建了以标准服务、满意服务、个性服务为形式的三类分层客户服务体系。我们希望所提供的财富管理业务能够把财富的“五行”结合起来，在专注客户财富保护的前提下，从融资到投资，提供强大的金融资讯服务平台。

四是推进优势技术，建设客户关系管理及营销一体化系统平台。2011年，外贸信托将建设客户关系管理及营销一体化系统作为打造优势信息技术平台的关键环节进行推进。目前整体客户关系管理及营销一体化系统建设正在稳步进行。

五是完善营销团队构建，加强专业素养培训。外贸信托目前已基本形成了较为完善的基于财富管理业务的部门构架，初步形成了产品发行、运营管理、客户服务、品牌推广、项目管理和统计研究六大类细化岗位职责，涌现了一批具有财富管理经验和专业化水准的潜质领军人才。

《金融时报》记者　薛　亮

2011 年信托业：转型见效　隐忧仍在

（载于《金融时报》2011 年 12 月 26 日第八版）

2011 年，从紧环境下，投资者理财“激情”备受打击。楼市遭受最严厉调控，股市持续疲软，银行理财收益率大多不及 CPI 上涨幅度，往年投资者热衷的理财渠道似乎全都被关闭了。然而，这样的环境却为信托业带来了机遇。

信托业协会的数据显示，截至 2011 年第三季度末，信托行业管理的资产规模已经突破了 4 万亿元大关，而上年末该数字还是 3 万亿元。值得注意的是，2011 年信托业的爆发，不再依赖银信合作，而房地产信托也逐渐退去了信托业支柱的光环。相比之下，以矿产资源信托、艺术品信托和酒类信托为代表的信托产品，反映了信托公司主动管理能力的提升，转型效果初现，行业“健康度”不断增加。

政策矫正——转型效果显现

信托业转型，实际是要向信托本源回归，即“受人之托，代人理财”。这其中的关键，一是要理财，即从被动管理的平台类业务向主动管理转变；二是要有“信”，即重视风险管理。然而，市场中前些年大行其道的银信合作理财产品却背离了这个本源，成为银行变相放贷的渠道。此外，房地产业面临重大调控，风险积聚，而信托业往年投向房地产的项目占比过高。针对这些情况，近年来，银监会出台了多个办法和通知，以政策矫正我国信托业的发展方向。从 2011 年的情况看，这些政策的效果已经开始显现。

银信合作一直是监管治理的重点。经过数轮整顿，目前银信类产品规模已受到相当控制。据用益信托工作室不完全统计，截至 2011 年 10 月末，共发行银信合作产品 7 611 款，其中3 111 款产品公布了发行规模，由于组合投资类产品及债券类产品中只有一部分属于银信合作，经过一定系数的调整后，预计全部银信合作理财产品发行规模超过 2 万亿元。银信合作整体规模已受到限制。此外，受银监会整顿短期理财产品的影响，银信合作产品在年末也出现了发行量下降的趋势。

除银信合作规模扩张明显放缓外，房地产信托是另一个备受关注的要点。众所周知，年初发布的《信托公司净资本计算标准有关事项的通知》，将房地产信托中主流的融资类房地产信托业务的风险计提比例提高到3%，加强了风险监测。用益信托工作室的数据显示，11 月单月房地产信托成立规模为 122.6 亿元，仅占 11 月信托总规模的 21%，环比下降 18.3%。在各信托资金的投资领域中，房地产信托已经降到了第三名。截至 2011 年 6 月，地产类信托产品仍占据信托领域的半壁江山，占比高达 52%。

与银信产品和房地产信托相比，矿产资源类信托以及基金、艺术品甚至酒类等产品在 2011 年发行数量激增，成为市场亮点，充分说明了各公司主动管理能力不断提升。然而，在信托业向主动管理不断转型的同时，也应该看到，行业内还存在不少隐忧，风险控制仍不能放松。

房地产信托——兑付风险或将到来

事实上，“高收益率”一直都是房地产信托产品的吸引力所在。用益信托统计数据显示，2011 年 1—11 月所有集合产品的平均预期年收益率高达 9.11%，房地产信托产品的平均预期年收益率最高，达到了 10.06%。因此，虽然针对房地产信托的调控政策不断出台，但房地产信托仍然让很多投资者“牵挂”。然而，国内最大的第三方理财机构诺亚财富认为，如果一些房地产信托产品发行是在 2010 年第三、第四季度，并且将在 2012 年第一、第二季度到期，那么这些房地产信托产品的兑付风险最大，值得市场重点关注，据诺亚财富统计，在此区间的房地产信托产品规模约为 168 亿元。

该机构近期发布的房地产信托行业研究报告称，2012 年到期的房地产信托产品规模达到 1 172亿元，2012 年全年兑付规模较大，其中 3 月、6 月、7 月和 8 月为兑付高峰。随着房地产信托产品的集中到期，开发商将面临巨大的兑付压力。

诺亚财富认为，有两个时间段需要特别关注：一是在 2010 年第三、第四季度发行的房地产信托产品，理由是，当时融资门槛与风险控制均相对宽松；二是在 2012 年第一、第二季度到期的房地产信托产品，因为届时可能是房地产企业流动性最紧张的时刻。

事实上，信托融资方临近到期出现兑付风险的案例已经开始出现。如近期备受关注的天津星耀项目等，已经引起业内外关注。诺亚财富研究估计，房地产信托即将到期的 1 172 亿元占整个房地产行业规模的 4.5% 左右，如果大量信托产品融资方发生现金流风险，并通过资产低价处置方式回流现金，将对整个房地产行业造成一定威胁。

总体看，虽然 2012 年将迎来房地产信托产品的到期高峰，但诺亚财富也认为尚未对整体房地产行业构成重大威胁。对市场而言，集中兑付的压力并不明显。“不管怎样，我认为目前市场上的绝大部分信托产品风控做得都很严格，再加上各公司资金都比较充裕，真正出现兑付不了的情况的几率比较小。”某信托公司负责人表示。

另类信托——看上去很美

银监会对于信托业的监管，意在加强信托公司主动管理。2011年以来，涌现的矿产信托、艺术品信托甚至酒类信托等都是信托公司主动管理能力的体现。以矿产信托为例，用益信托工作室的数据显示，2011年第三季度有19家信托公司参与发行了35款矿产资源类产品，融资规模为223.12亿元。发行数量同比增长169.23%，发行规模同比增长315.96%，融资需求暴涨。

然而，除矿产信托外，市场也出现了投资于艺术品、酒类甚至拆迁等的“另类信托”。对于此类信托产品，由于信托公司也是初次涉及，风险控制“靠谱”程度一般来说很难确定。

首先，酒类信托抓住我国高端白酒不断涨价的市场机遇，在2011年上半年开始不断出现。据相关机构统计，2010年推出的白酒类信托产品预期年化收益率为8%左右，而2011年上半年推出的白酒信托预期年化收益率达到10%，最新的一款茅台红钻酒信托产品预期年化收益率最高达到了12%。然而，据记者调查，大多数客户甚至信托公司的销售团队都对此类产品充满“担忧”。

“作为信托公司直销团队的销售，我甚至不建议客户购买本公司推出的此类产品。因为，我看不懂这个产品的风控，白酒的二级市场现在没有统一标准，万一哪天白酒价格回落，如何向客户交代?”某信托公司人士表示。

基于类似原因，很多客户也对购买艺术品信托“并不感冒”。“艺术品水太深，相比而言，我宁愿挑选大信托公司的房地产项目。”一位具有10年信托投资经验的“资深”投资者直言不讳。

也有机构研究者表示，流动性泛滥，是推高艺术品价格的主要原因。然而，这种刺激不可持续，且波动性非常大。此外，更令人担忧的是艺术品投资的退出渠道不畅，必将加大此类产品投资的风险。

《金融时报》记者　薛　亮

中国信托业年鉴 2011—2012（下卷）

ALMANAC OF CHINA'S TRUSTEE

中国信托业协会　编

中国金融出版社

目　录
CONTENTS

下　卷

2011年度中国信托公司信息披露分析报告

2011 年度中国信托公司信息披露分析报告摘要

第一章 信托公司的基本信息

本章主要介绍了64家信托公司披露的公司基本信息、注册资本以及股东情况等。

第二章 信托公司年度报告的质量评价——关于审计报告

审计报告的类型对公司财务报告的可信性有非常重大的影响，一般在做上市公司排行榜时，会将被出具非标意见审计报告的上市公司剔除。此外，是否执行《企业会计准则》对公司财务信息披露的影响也非常大。本章对信托公司被出具的审计报告类型及执行《企业会计准则》的情况进行分析，以此作为后面章节对信托公司进行分析的一个依据。

第三章 信托公司财务综合排名及单项财务指标排行榜

本章参照上市公司的评分方法对信托公司总体情况及各单项指标进行了排名。

第四章 固有资产报表的总体分析

本章将64家信托公司披露的2011年固有资产部分的会计报表，包括资产负债表、利润表和所有者权益变动表，分别汇总成代表中国信托行业固有资产整体的汇总报表，以此来分析中国信托公司固有资产整体的财务状况和经营成果。

第五章 信托资产报表的总体分析

本章将64家信托公司披露的2011年信托资产部分的会计报表，包括资产负债表和利润表，分别汇总成代表中国信托行业信托资产整体情况的汇总报表，以此来分析中国信托公司信托资产整体的财务状况和经营成果。

第六章 财务报表附注及其他项目的分析

本章分析了在会计报表附注部分披露的包括或有事项、自营资产风险分类、资产损失准备计提以及关联方关系及其交易等各项情况。同时，本章还就信托公司2011年年报中对经营因素的认可情况作了详细的统计，以便相关部门决策参考。

第七章 公司治理结构及人员结构

截至2011年末，信托公司内部控制的构建以"一法二规"及相关法规为基本依据，以保证国家法律法规的贯彻执行，保证风险管理体系的有效性为目标，以全面性、审慎性、及时性、有效性、独立性等为基本原则，建立了授权体系、监控反馈等制度，形成了一定的公司治理运行机制和分工合理、职责明确、报告清晰的组织结构，实施了组织结构控制，明确了"三会一层"（股东大会、董事会、监事会、经营管理层）的职能和责任。本章将就信托公司的公司治理情况进行分析。

第八章 信托公司年报信息披露的问题与建议

信托公司的信息披露是根据银监会《信托投资公司信息披露管理暂行办法》和《中国银监会办公厅关于修订信托公司年报披露格式规范信息披露有关问题的通知》（银监办发〔2009〕407号）的要求进行的。本章对2011年64家信托公司年报的信息披露质量进行分析对比，分析这些财务报告的披露是否符合银监会的要求；同时对比上年度年报信息披露中出现的问题，提出意见和建议，以便以后年度各公司年报的信息披露能够更真实、完整地反映信托公司的情况。

第九章 其他一些附表（略）

由于篇幅原因，一些报表只能作为附表列示，该等列示的报表信息希望能有助于阅读者更好地使用本报告。

编制说明

继2010年对56家信托公司进行信息披露后,2011年新增了大业信托有限责任公司、方正东亚信托有限责任公司、华鑫国际信托有限公司、陆家嘴国际信托有限公司、四川信托有限公司、五矿国际信托有限公司、中粮信托有限责任公司、紫金信托有限责任公司8家公司,合计信息披露的信托公司共64家。

在进行《2011年度中国信托公司信息披露分析报告》的编制过程中,关注到在64家信托公司披露的2011年度审计报告中,共有5家信托公司本年披露的期初净资产与上年披露的年末净资产不一致(本年新增的8家公司视同一致);6家信托公司本年披露的上年净利润与上年披露的当年净利润不一致(本年新增的8家公司视同一致)。在这些产生差异的公司中,有部分信托公司未披露导致比较报表年初数调整的原因。由于年鉴篇幅所限,不可能一一列示其差异产生的原因和数据调整过程,因此在计算本年各项指标排名时以信托公司本年披露的年初数为准,同时列报上年净资产数和上年净利润数,以供信息使用者参考。

在对64家信托公司报表进行汇总统计时,我们注意到,信托公司报表所采用的货币单位不一致,大部分公司使用"万元"为单位,部分公司使用"元"为单位。为便于汇总合并,我们统一以"万元"为单位,对于存量部分以"元"为单位的报表进行折算,由于折算差异可能造成部分表格的明细构成与合计数存在尾差。

2011 年度中国信托公司信息披露分析报告

第一章　信托公司的基本信息

一、信息披露情况总览

2011 年，信托公司逐渐建立起以信托业务为主的盈利模式，步入了良性稳步发展的轨道，信托业务规模继续快速增长，固有资产保持稳步增加，信托公司的整体盈利水平稳步提高，信托主业进一步得到确立。

继 2010 年对 56 家信托公司进行信息披露后，2011 年新增了方正东亚信托有限责任公司（简称“方正东亚信托”）、华鑫国际信托有限公司（简称“华鑫信托”）、大业信托有限责任公司（简称“大业信托”）、陆家嘴国际信托有限公司（简称“陆家嘴信托”）、四川信托有限公司（简称“四川信托”）、五矿国际信托有限公司（简称“五矿信托”）、中粮信托有限责任公司（简称“中粮信托”）、紫金信托有限责任公司（简称“紫金信托”）8 家公司，合计信息披露的信托公司共 64 家。在本章节中，我们主要介绍 64 家公司的基本情况，包括信托公司的基本信息、注册资本、股东情况等。

在银监会颁发的《信托投资公司信息披露管理暂行办法》的附件《年度报告内容与格式》中要求公司在“重要提示及目录”中刊登声明：“本公司董事会及董事保证本报告所载资料不存在任何虚假记载、误导性陈述或者重大遗漏，并对其内容的真实性、准确性和完整性承担个别及连带责任。”“公司负责人、主管会计工作负责人及会计机构负责人（会计主管人员）应当声明：保证年度报告中财务报告的真实、完整。”2011 年所有 64 家信托公司披露的年度报告都作了这样的声明，因此之后进行的所有分析均是基于这样的假设：“所有披露的信息内容都是真实、准确、完整的。”

2011 年 63 家信托公司披露固有业务都执行了《企业会计准则》（2006 年版），昆仑信托披露同时还执行了 2001 年颁布的《金融企业会计制度》，但是由于信托公司披露的年度报告没有统一的格式，使得部分公司财务报表格式存在较大的差异：有的公司采用了一般企业的财务报表披露格式，有的公司参考采用了商业银行的财务报表格式，还有的公司根据自身业务的特点对相关报表格式进行了调整和补充，导致财务报表列示的科目差别较大，很难统一到一个格式中。为了使各公司的指标具有可比性，我们在统计这些数据时按照统一的口径作了适当的调整。

2011 年信托公司财务报表涉及上年金额和本年金额的披露，部分公司对比较报表年初数进行了调整，但在 2011 年年报中未详细披露数据的调整过程。由于年鉴篇幅所限，无法一一列示其差异原因和数据调整过程，因此本报告中对于公司披露的 2010 年年末数与 2011 年年初数不一致的情况，以 2011 年年初数作为统计口径。

本报告所有的统计都是依据信托公司公开披露的 2011 年年报内容进行的。以下是信托公司披露的基本信息汇总分析。

（一）信托公司披露户数及其地区分布情况

表 1－1－1　信托公司 2009 年、2010 年、2011 年披露户数比较

项　目	2009 年	2010 年	2011 年
披露户数	54	56	64

表 1－1－2　披露的信托公司 2009 年、2010 年、2011 年在各省、自治区、直辖市分布情况表

省份		北京	上海	广东	江苏	山东	陕西	安徽	福建	河南	辽宁	内蒙古	天津	浙江	重庆	甘肃	黑龙江
分布户数	2009 年	6	6	4	3	3	3	2	2	2	1	2	2	3	2	1	1
	2010 年	8	7	4	3	1	3	2	2	2	1	2	2	3	2	1	1
	2011 年	10	7	5	4	2	3	2	2	2	1	2	2	3	2	1	1
省份		湖南	吉林	江西	山西	西藏	新疆	云南	河北	湖北	四川	贵州	广西	宁夏	青海	海南	合计
分布户数	2009 年	1	1	1	1	1	1	1	1	1	1	1					54
	2010 年	1	1	2	1	1	1	1	1	1	1	1					56
	2011 年	1	1	2	1	1	1	1	1	2	2	1			1		64

信托公司位于北京的有 10 家，上海有 7 家，广东有 5 家，大部分省、自治区、直辖市有 1～3 家不等，青海本年增加 1 家，广西、宁夏、海南三个省或自治区均没有信托公司。

（二）信托公司变更公司名称情况的披露

表 1－1－3　披露的信托公司 2011 年变更公司名称的情况表

公司原法定中文名称	原简称	公司新法定中文名称	新简称
联华国际信托有限公司	联华信托	兴业国际信托有限公司	兴业信托
西安国际信托有限公司	西安信托	长安国际信托股份有限公司	长安信托

续表

公司原法定中文名称	原简称	公司新法定中文名称	新简称
本年新增		方正东亚信托有限责任公司	方正东亚信托
本年新增		华鑫国际信托有限公司	华鑫信托
本年新增		陆家嘴国际信托有限公司	陆家嘴信托
本年新增		四川信托有限公司	四川信托
本年新增		五矿国际信托有限公司	五矿信托
本年新增		中粮信托有限责任公司	中粮信托
本年新增		紫金信托有限责任公司	紫金信托
本年新增		大业信托有限责任公司	大业信托

截至2011年12月31日，共有2家公司更名，新增8家信托公司编入汇总年鉴。

(三)信托公司基本情况的披露

表1-1-4　披露的信托公司2011年基本情况

公司法定中文名称	公司形式	注册资本(万元)	法定代表人	注册地址	所在省份
安徽国元信托有限责任公司	有限公司	120 000.00	过仕刚	安徽省合肥市宿州路20号	安徽
安信信托投资股份有限公司	股份有限公司	45 410.98	张春景	上海市控江路1553～1555号	上海
百瑞信托有限责任公司	有限公司	120 000.00	马宝军	河南省郑州市郑东新区商务外环路10号中原广发金融大厦	河南
北方国际信托股份有限公司	股份有限公司	100 099.89	刘惠文	天津经济技术开发区第三大街39号	天津
北京国际信托有限公司	有限公司	140 000.00	刘建华	北京市朝阳区安立路30号院1、2号楼	北京
渤海国际信托有限公司	有限公司	200 000.00	金　平	石家庄市广安大街10号美东国际12号楼A座第19层	河北
大连华信信托股份有限公司	股份有限公司	205 700.00	董永成	大连市西岗区大公街34号	辽宁
大业信托有限责任公司	有限公司	30 000.00	沈柏年	广州市天河区体育西路191号中石化大厦B塔25层	广东
东莞信托有限公司	有限公司	50 000.00	何锦成	东莞市莞城旗峰路福民购物广场12楼	广东
方正东亚信托有限责任公司	有限公司	60 000.00	余　丽	武汉市江汉区长江日报路77号投资大厦11～14层	湖北
甘肃省信托有限责任公司	有限公司	101 819.05	马江河	甘肃省兰州市静宁路308号信托大厦	甘肃
广东粤财信托有限公司	有限公司	150 000.00	汪　涛	广州市东风中路481号粤财大厦14楼	广东
国联信托股份有限公司	股份有限公司	123 000.00	华伟荣	无锡市滨湖区金融一街8号国联金融大厦	江苏
国民信托有限公司	有限公司	100 000.00	陈世彪	北京市东城区安外西滨河路18号院1号	北京
国投信托有限公司	有限公司	120 480.00	钱　蒙	北京市西城区西直门南小街147号7层、8层	北京
杭州工商信托股份有限公司	股份有限公司	50 000.00	未披露	浙江省杭州市江干区迪凯国际中心41层	浙江
湖南省信托有限责任公司	有限公司	70 000.00	朱德光	湖南省长沙市城南西路1号	湖南
华澳国际信托有限公司	有限公司	60 000.00	余建平	上海市浦东新区花园石桥路33号花旗集团大厦1702室	上海
华宝信托有限责任公司	有限公司	200 000.00	郑安国	上海市浦电路370号宝钢大厦7F	上海
华宸信托有限责任公司	有限公司	57 200.00	刘晓兵	内蒙古呼和浩特市赛汉区如意西街23号	内蒙古
华能贵诚信托有限公司	有限公司	200 000.00	丁　益	贵州省贵阳市金阳新区金阳南路6号购物中心商务楼一号楼24层5号、6号、7号	贵州
华融国际信托有限责任公司	有限公司	151 777.00	隋运生	新疆维吾尔自治区乌鲁木齐市中山路333号	新疆
华润深国投信托有限公司	有限公司	263 000.00	蒋　伟	深圳市福田区农林路69号深国投广场2号楼11～12层	广东
华鑫国际信托有限公司	有限公司	120 000.00	郝　彬	北京市西城区宣武门内大街2号华电大厦B座11层	北京
吉林省信托有限责任公司	有限公司	159 659.70	高福波	吉林省长春市人民大街9889号	吉林
建信信托有限责任公司	有限公司	152 727.00	曾见泽	安徽省合肥市九狮桥街45号	安徽
江苏省国际信托有限责任公司	有限公司	248 389.90	黄东峰	江苏省南京市长江路88号	江苏
江西国际信托股份有限公司	股份有限公司	103 658.18	裘　强	南昌市北京西路88号江信国际金融大厦	江西
交银国际信托有限公司	有限公司	200 000.00	王　滨	湖北省武汉市江汉区建设大道847号瑞通广场B座16～17层	湖北
昆仑信托有限责任公司	有限公司	300 000.00	温青山	浙江省宁波市江东北路138号金融大厦19楼	浙江
陆家嘴国际信托有限公司	有限公司	31 500.00	常　宏	青岛市崂山区梅岭路29号综合办公楼1号818室	山东
平安信托有限责任公司	有限公司	698 800.00	童　恺	广东省深圳市福田中心区福华三路星河发展中心办公12层、13层	广东
厦门国际信托有限公司	有限公司	100 000.00	洪文瑾	厦门市思明区湖滨北路莲滨里8号	福建
山东省国际信托有限公司	有限公司	128 000.00	孟凡利	济南市解放路166号	山东
山西信托有限责任公司	有限公司	100 000.00	袁东生	山西省太原市府西街69号	山西
陕西省国际信托股份有限公司	股份有限公司	35 841.30	薛季民	陕西省西安市高新区科技路50号	陕西
上海爱建信托投资有限责任公司	有限公司	100 000.00	顾　青	中国上海市外高桥保税区泰谷路168号综合楼5楼	上海
上海国际信托有限公司	有限公司	250 000.00	潘卫东	中国上海市九江路111号	上海
四川信托有限公司	有限公司	130 000.00	刘沧龙	成都市锦江区人民南路2段18号川信红照壁大厦	四川
苏州信托有限公司	有限公司	59 000.00	朱立教	江苏省苏州市竹辉路383号	江苏
天津信托有限责任公司	有限公司	150 000.00	王海智	天津市河西区围堤道125～127号天信大厦	天津
五矿国际信托有限公司	有限公司	120 000.00	任珠峰	青海省生物科技产业园纬二路18号	青海
西部信托有限公司	有限公司	62 000.00	隋　舵	陕西省西安市东新街232号	陕西

续表

公司法定中文名称	公司形式	注册资本(万元)	法定代表人	注册地址	所在省份
西藏信托有限公司	有限公司	30 000.00	王运金	西藏拉萨市经济开发区博达路1号阳光新城别墅区A7栋	西藏
新华信托股份有限公司	股份有限公司	62 112.00	翁先定	重庆市渝中区临江路69号	重庆
新时代信托股份有限公司	股份有限公司	30 000.00	赵利民	内蒙古包头市钢铁大街甲5号信托金融大楼	内蒙古
兴业国际信托有限公司	有限公司	51 000.00	杨华辉	福州市鼓楼区五四路137号信和广场25～26层	福建
英大国际信托有限责任公司	有限公司	150 000.00	盖永光	北京市东城区建国门内大街乙18号院1号楼	北京
云南国际信托有限公司	有限公司	40 000.00	刘　刚	云南省昆明市南屏街4号云南国托大厦	云南
长安国际信托股份有限公司	股份有限公司	125 888.00	高成程	西安市高新区科技路33号高新国际商务中心23～24层	陕西
中诚信托有限责任公司	有限公司	245.666.67	邓红国	北京市东城区安定门外大街2号	北京
中国对外经济贸易信托有限公司	有限公司	220 000.00	王引平	北京市西城区复兴门内大街28号凯晨世贸中心中座6层	北京
中国金谷国际信托有限责任公司	有限公司	120 000.00	张勇	北京市西城区金融大街33号通泰大厦C座10层	北京
中海信托股份有限公司	股份有限公司	250 000.00	陈浩鸣	上海市中山东二路15号7楼	上海
中航信托股份有限公司	股份有限公司	150 000.50	朱幼林	江西省南昌市红谷滩新区赣江北大道1号中航广场24～25层	江西
中粮信托有限责任公司	有限公司	120 000.00	邬小蕙	北京市朝阳区朝阳门南大街8号中粮福临门大厦11层	北京
中融国际信托有限公司	有限公司	147 500.00	刘　洋	黑龙江省哈尔滨市南岗区嵩山路33号	黑龙江
中泰信托有限责任公司	有限公司	51 660.00	刘　虹	上海市中华路1600号黄浦中心大厦17楼、18楼	上海
中铁信托有限责任公司	有限公司	120 000.00	王俊明	成都市航空路1号国航世纪中心B座	四川
中投信托有限责任公司	有限公司	150 000.00	郭云钊	浙江省杭州市教工路18号世贸丽晶城欧美中心1号楼(A座)18～19层C区、D区	浙江
中信信托有限责任公司	有限公司	120 000.00	蒲　坚	北京市朝阳区新源南路6号京城大厦13层	北京
中原信托有限公司	有限公司	120 200.00	黄曰珉	中国河南省郑州市商务外环路24号中国人保大厦	河南
重庆国际信托有限公司	有限公司	243 873.00	何玉柏	重庆市渝中区民权路107号	重庆
紫金信托有限责任公司	有限公司	50 000.00	王海涛	江苏省南京市中山北路2号紫峰大厦30层	江苏

表1－1－5　披露的信托公司2011年基本情况(续)

简称	公司形式	邮编	网址	电子信箱	负责信息披露事务人姓名	年度审计报告出具日期	披露媒体
爱建信托	有限公司	200131	www.ajxt.com.cn	ajmail－1@ajfc.com.cn	侯　勤	2012－03－30	《上海证券报》
安信信托	股份有限公司	200092	www.anxintrust.com	ax600816@126.com	武国建	2012－02－24	《中国证券报》、《上海证券报》
百瑞信托	有限公司	450018	www.brxt.net	BRXT@BRXT.NET	康　磊	2012－02－01	《金融时报》
北方信托	股份有限公司	300457	www.nitic.cn	wanghui@nitic.cn	王　辉		《金融时报》
北京信托	有限公司	100012	www.bjitic.com	webmaster@bjitic.com	江　方	2012－03－08	《上海证券报》
渤海信托	有限公司	050011	www.bohaitrust.com	ht_mao@hnair.com	杨　健	2012－02－23	《金融时报》
大业信托	有限责任公司	510620	www.dytrustee.com	info@dytrustee.com	陈俊标	2012－04－18	《金融时报》
东莞信托	有限公司	523008	www.dgxt.com	bgs@dgxt.com	刘绮澜	2012－03－26	《金融时报》
方正东亚信托	有限责任公司	430015	www.fd－trust.com	info@fd－trust.com	曹　阳	2012－03－02	《金融时报》
甘肃信托	有限公司	730030	www.gstrust.com.cn	gsxtmail@163.com	鲁林岐	2012－03－06	《中国证券报》
国联信托	有限公司	214131	www.gltic.com.cn	gltic@gltic.com.cn	邹　莉	2012－03－28	《金融时报》
国民信托	有限公司	100011	www.natrust.cn	info@natrust.cn	付　然	2012－04－16	《金融时报》、《上海证券报》
国投信托	有限公司	100034	www.sdictrust.com.cn	sdictrust@sdic.com.cn	王　彬	2012－02－01	《上海证券报》
国元信托	有限公司	230001	www.gyxt.com.cn	xtbgs@gyxt.com.cn	虞焰智	2012－03－30	《上海证券报》
杭工商信托	股份有限公司	310016	www.hztrust.com	hztrust@hztrust.com	张　锐	2012－04－23	《证券时报》、《金融时报》
湖南信托	有限公司	410015	www.huntic.com	huntic@huntic.com	张仁兴	2012－03－20	《金融时报》
华澳信托	有限公司	200120	www.huaao－trust.com	enquiry@huaao－trust.com	郭佳永	2012－04－17	《上海证券报》
华宝信托	有限公司	200122	www.hwabaotrust.com	hbservice@hwabaotrust.com	张晓喆		《中国证券报》、《上海金融报》、《证券时报》、《上海证券报》、《金融时报》
华宸信托	有限公司	010011	www.hctrust.cn	hctrust@hctrust.cn	赵澍堂	2012－02－28	《金融时报》
华能信托	有限公司	550022	www.hngtrust.com	public@hngtrust.com	王　卓	2012－02－28	《金融时报》
华融信托	有限公司	830002	www.huarongtrust.com.cn	hrxt@chamc.com.cn	段建生	2012－03－06	《金融时报》
华润信托	有限公司	710075	www.crctrust.com	crctrust@crctrust.com	肖立荣	2012－04－20	《证券时报》、《中国证券报》、《上海证券报》
华鑫信托	有限责任公司	100031	www.cfitc.com	hxxt@cfitc.com	李扬建	2012－03－30	《金融时报》
华信信托	有限公司	116011	www.huaxintrust.com	huaxin@hxtic.cn	黄　铎	2012－03－31	《金融时报》、《上海证券报》、《中国证券报》、《证券时报》
吉林信托	有限公司	130022	www.jptic.com.cn	jptic@jptic.cn	张　巍	2012－04－10	《上海证券报》
建信信托	有限公司	230001	www.ccbtrust.com.cn	ccbt@ccbtrust.com.cn	高朝晖	2012－03－27	《金融时报》
江苏信托	有限公司	210005	www.jsitc.net	jsitc@jsitc.net	陆加芳	2012－03－30	《金融时报》
江西信托	有限公司	330046	www.jxi.cn	yqh－jx@163.com	余森清	2012－03－06	《上海证券报》

续表

简称	公司形式	邮编	网址	电子信箱	负责信息披露事务人姓名	年度审计报告出具日期	披露媒体
交银国际信托	有限公司	430015	www. bocommtrust. com	jygx@ bocommtrust. com	赵德刚	2012 -03 -14	《金融时报》、《上海证券报》
金谷信托	有限公司	100140	www. jingutrust. com	wangchong@ cindamc. com. cn	王　崇	2012 -03 -23	《金融时报》
昆仑信托	有限公司	315040	www. kunluntrust. com	info@ cnpc. com. cn	黄志斌		《金融时报》
陆家嘴信托	有限公司	266061	www. ljzitc. com. cn	ljzxt@ ljzitc. com. cn	浦凤丹	2012 -02 -25	《上海证券报》
平安信托	有限公司	518048	www. pingan. com	pub_paxt@ pingan. com. cn	宋成立	2012 -03 -20	《证券时报》、《中国证券报》、《上海证券报》、《证券日报》
厦门信托	有限公司	361012	www. xmitic. com	master@ xmitic. com	洪文瑾	2012 -03 -15	《金融时报》
山东信托	有限公司	250013	www. sitic. com. cn	zhb@ sitic. com. cn	相开进	2012 -03 -30	《金融时报》
山西信托	有限公司	030002	www. sxxt. net	websxxt@ sxgt. net	陈　强	2012 -03 -20	《金融时报》
陕国投	股份有限公司	710075	www. siti. com. cn	office@ siti. com. cn	孙一娟		《中国证券报》、《证券时报》
上海信托	有限公司	200002	www. shanghaitrust. com	info@ shanghaitrust. com	陈　兵	2012 -03 -28	《上海证券报》
四川信托	有限公司	610016	www. schtrust. com	schtrust@ schtrust. com	陈洪亮	2012 -02 -23	《金融时报》
苏州信托	有限公司	215007	www. trustsz. com	sztic@ trustsz. com	张立文	2012 -03 -16	《金融时报》
天津信托	有限公司	300074	www. tjtrust. com	bg@ tjtrust. com	张　维	2012 -03 -31	《金融时报》
外贸信托	有限公司	100031	www. fotic. com. cn	fotic@ sinochem. com	张一冰	2012 -02 -14	《金融时报》、《上海证券报》
五矿信托	有限公司	810003	www. mintrust. com	mintrust -fortune@ mintrust. com	何其联	2012 -02 -15	《金融时报》
西部信托	有限公司	710004	www. wti -xa. com	wti -xa@ wti -xa. com	蔡长生	2012 -02 -15	《证券时报》
西藏信托	有限公司	850000		wanjingwen@ ttco. cn	王运金	2012 -03 -09	《中国证券报》
新华信托	股份有限公司	400010	www. nct -china. com	nct@ nct -china. com	徐春骐	2012 -03 -14	《金融时报》、《上海证券报》
新时代信托	股份有限公司	014030	www. xsdxt. com	xsdxt@ xsdxt. com	陈永利	2012 -04 -20	《证券日报》
兴业信托	有限公司	350003	www. ciit. com. cn	contact@ ciit. com. cn	杨刚强	2012 -02 -21	《金融时报》
英大信托	有限公司	100005	www. yditc. sgcc. com. cn	yditc@ yditc. sgcc. com. cn	王迎新	2012 -01 -20	《金融时报》
粤财信托	有限公司	510045	www. gdycxt. com	ycxt@ gdyctz. com	陈韵辉	2012 -04 -21	《金融时报》
云南信托	有限公司	650021	www. yntrust. com	ynxt@ yntrust. com	舒　广	2012 -02 -29	《金融时报》
长安信托	有限公司	710075	www. caitc. cn	gulinqiang@ xitic. cn	谷林强	2012 -03 -22	《上海证券报》、《金融时报》
中诚信托	有限公司	100013	www. cctic. com. cn	contactus@ cctic. com. cn	魏　青	2012 -04 -24	《金融时报》
中海信托	股份有限公司	200002	www. zhtrust. com	service@ zhtrust. com	胡旭鹏	2012 -03 -22	《中国证券报》、《证券时报》、《上海证券报》
中航信托	有限公司	330038	www. avictc. com	zhxt@ avictc. com	罗国华	2012 -01 -09	《金融时报》
中粮信托	有限责任公司	100020	www. cofco -trust. com	luofeng@ cofco. com	辛　伟	2012 -02 -20	《金融时报》
中融信托	有限公司	150090	www. zritc. com	Zritc @ zritc. com	黄　威	2012 -02 -10	《金融时报》
中泰信托	有限公司	200020	www. zhongtai -trust. com	zhongtai@ zhongtai -trust. com	沈　烁	2012 -02 -15	《证券时报》
中铁信托	有限公司	610041	www. crtrust. com	crtc@ crtrust. com	陈　赤	2012 -04 -13	《证券时报》
中投信托	有限公司	310012	www. zttrust. com. cn	zttrust@ zttrust. com. cn	张剑平	2012 -04 -18	《金融时报》
中信信托	有限公司	100004	trust. ecitic. com	citict@ citic. com	马春光	2012 -04 -12	《金融时报》
中原信托	股份有限公司	450016	www. zyxt. com. cn	info@ zyxt. com. cn	刘　飞	2012 -03 -07	《证券时报》、《上海证券报》
重庆信托	有限公司	400010	www. cqitic. com	cqitic@ cqitic. com	吕　维	2012 -03 -18	报告中未披露
紫金信托	有限责任公司	210008	www. zjtrust. com. cn	zjtrust@ zjtrust. com. cn	高晓俊	2012 -02 -03	《金融时报》

(四)信托公司董事会、监事会及高管对年报意见的披露

1. 董事会对年报意见的披露

根据银监会颁发的《信托投资公司信息披露管理暂行办法》的附件《年度报告内容与格式》,要求公司在"重要提示及目录"中刊登声明:"本公司董事会及董事保证本报告所载资料不存在任何虚假记载、误导性陈述或者重大遗漏,并对其内容的真实性、准确性和完整性承担个别及连带责任。"64 家董事均按要求作了声明保证。

2. 监事会对年报意见的披露

根据银监会颁发的《信托投资公司信息披露管理暂行办法》的附件《年度报告内容与格式》,要求公司监事会应当对本公司依法运作情况、财务报告是否真实反映公司的财务状况和经营成果等发表独立意见。2011 年年报中64 家信托公司的监事会均发表了相关意见,认为公司依法运作、财务报告真实反映了公司的财务状况和经营成果。

3. 高管对年报意见的披露

根据银监会颁发的《信托投资公司信息披露管理暂行办法》的附件《年度报告内容与格式》中要求公司在"重要提示及目录"中刊登声明:"公司负责人、主管会计工作负责人及会计机构负责人(会计主管人员)应当声明:保证年度报告中财务报告的真实、完整。"我们看到,64 家公司均按要求完整披露了高管发表的声明。

（五）信托公司重大事项临时公告的披露

表 1－1－6　披露的信托公司 2011 年临时公告情况表

简称	期内临时报告的披露次数	简称	期内临时报告的披露次数
爱建信托	0	陆家嘴信托	0
安信信托	46	平安信托	0
百瑞信托	7	厦门信托	1
北方信托	0	山东信托	1
北京信托	0	山西信托	0
渤海信托	1	陕国投	未披露
大业信托	0	上海信托	0
东莞信托	0	四川信托	0
方正东亚信托	1	苏州信托	0
甘肃信托	2	天津信托	0
国联信托	1	西部信托	1
国民信托	1	西藏信托	0
国投信托	2	新华信托	1
国元信托	5	新时代信托	0
杭工商信托	2	外贸信托	0
湖南信托	2	兴业信托	4
华澳信托	0	英大信托	1
华宝信托	1	云南信托	0
华宸信托	0	长安信托	3
华能信托	2	中诚信托	0
华融信托	0	中海信托	4
华润信托	0	中航信托	1
华鑫信托	4	中粮信托	0
华信信托	0	中融信托	3
吉林信托	1	中泰信托	未披露
建信信托	2	中铁信托	2
江苏信托	0	中投信托	1
江西信托	0	中信信托	3
交银国际信托	1	中原信托	0
金谷信托	0	重庆信托	1
昆仑信托	1	紫金信托	0
粤财信托	0	五矿信托	0

根据《信托投资公司信息披露管理暂行办法》第十八条规定："信托投资公司发生重大事项，应当制作重大事项临时报告并向社会披露。重大事项包括（但不限于）下列情况：（一）公司第一大股东变更及原因；（二）公司董事长、总经理变动及原因；（三）公司董事报告期内累计变更超过 50%；（四）信托经理和信托业务人员报告期内累计变更超过 30%；（五）公司章程、注册资本、注册地和公司名称的变更；（六）公司合并、分立、解散等事项；（七）公司更换为其审计的会计师事务所；（八）公司更换为其服务的律师事务所；（九）法律法规规定的其他重要事项。"

上述公司中安信信托披露了 46 次公告，百瑞信托披露了 7 次公告，国元信托披露了 5 次公告，兴业信托、中海信托、华鑫信托披露了 4 次公告，26 家公司披露了 1 ~3 次不等的临时公告，30 家公司期内无临时公告。陕国投、中泰信托未披露临时公告的情况。

二、信托公司 2011 年实收资本及股东情况

（一）信托公司实收资本及股东 2010 年、2011 年的综合变动情况分析

从整体来说，信托公司平均注册资本 2011 年较 2010 年增加了 7 527. 10 万元，增幅 5. 91%，平均股东数略有减少，平均持股 10% 以上的股东略有增加，第一大股东平均持股比例略有增加，第二大股东平均持股比例略有增加，第三大股东平均持股比例略有减少。应当说，股本增加而股权构成基本稳定，说明股东对信托公司的发展充满信心。

表 1－2－1　信托公司 2010 年、2011 年注册资本及股东综合情况表

项　　目	2010 年末	2011 年末	增减变动
平均注册资本(万元)	123 333.75	134 921.30	7 527.10
平均股东家数	5.93	5.77	-0.16
平均持股 10%以上股东家数	1.93	1.95	0.02
第一大股东平均持股比例(%)	65.34	65.59	0.25
第二大股东平均持股比例(%)	17.15	18.99	1.84
第三大股东平均持股比例(%)	9.56	8.71	-0.43

注：2010 年末披露的信托公司共 56 家。计算平均股东数时不包括安信信托和陕国投两家上市公司，共采用 54 家数据进行平均计算；计算平均持股 10%以上股东数时各家全部披露，共采用 56 家数据进行平均计算；2010 年末第一大股东平均持股比例计算的基数是 56 家信托公司的平均数据，第二大股东平均持股比例计算的基数是 54 家信托公司的平均数据，第三大股东平均持股比例计算的基数是 43 家信托公司的平均数据。

2011 年末披露的信托公司共 64 家。计算平均股东数时不包括安信信托和陕国投两家上市公司，共采用 62 家数据进行平均计算；计算平均持股 10%以上股东数时各家全部披露，共采用 64 家数据进行平均计算；2011 年末第一大股东平均持股比例计算的基数是 64 家信托公司的平均数据，第二大股东平均持股比例计算的基数是 62 家信托公司的平均数据，第三大股东平均持股比例计算的基数是 50 家信托公司的平均数据。

表 1－2－2　信托公司 2010 年、2011 年股本情况表(按 2011 年末股本数进行排序)

单位：万元

排名	简称	公司上期末股本	股本增加	股本减少	公司本期末股本	排名	简称	公司上期末股本	股本增加	股本减少	公司本期末股本
1	平安信托	698 800.00	—	—	698 800.00	34	兴业信托	51 000.00	69 000.00		120 000.00
2	昆仑信托	300 000.00	—	—	300 000.00	35	中信信托	120 000.00	—	—	120 000.00
3	华润信托	263 000.00	—	—	263 000.00	36	华鑫信托	120 000.00	—	—	120 000.00
4	上海信托	250 000.00	—	—	250 000.00	37	金谷信托	120 000.00	—	—	120 000.00
5	中海信托	120 000.00	130 000.00	—	250 000.00	38	五矿信托	120 000.00	—	—	120 000.00
6	江苏信托	248 389.90	—	—	248 389.90	39	中粮信托	120 000.00	—	—	120 000.00
7	中诚信托	245 666.67	—	—	245 666.67	40	江西信托	103 658.18	—	—	103 658.18
8	重庆信托	243 873.00	—	—	243 873.00	41	甘肃信托	101 819.05	—	—	101 819.05
9	外贸信托	220 000.00	—	—	220 000.00	42	北方信托	100 099.89	—	—	100 099.89
10	华信信托	205 700.00	—	—	205 700.00	43	国民信托	100 000.00	—	—	100 000.00
11	华宝信托	100 000.00	100 000.00	—	200 000.00	44	山西信托	100 000.00	—	—	100 000.00
12	渤海信托	79 565.00	120 435.00	—	200 000.00	45	厦门信托	100 000.00	—	—	100 000.00
13	交银国际信托	120 000.00	80 000.00	—	200 000.00	46	爱建信托	100 000.00	—	—	100 000.00
14	华能信托	120 000.00	80 000.00	—	200 000.00	47	湖南信托	50 000.00	20 000.00	—	70 000.00
15	吉林信托	159 659.75	—	—	159 659.75	48	新华信托	62 112.00	—	—	62 112.00
16	建信信托	152 727.00	—	—	152 727.00	49	西部信托	62 000.00	—	—	62 000.00
17	华融信托	151 777.00	—	—	151 777.00	50	华澳信托	30 000.00	30 000.00	—	60 000.00
18	中航信托	30 000.50	120 000.00	—	150 000.50	51	方正东亚信托	30 000.00	30 000.00	—	60 000.00
19	粤财信托	56 550.00	93 450.00	—	150 000.00	52	苏州信托	59 000.00	—	—	59 000.00
20	天津信托	150 000.00	—	—	150 000.00	53	华宸信托	57 200.00	—	—	57 200.00
21	英大信托	150 000.00	—	—	150 000.00	54	中泰信托	51 660.00	—	—	51 660.00
22	中投信托	150 000.00	—	—	150 000.00	55	东莞信托	50 000.00	—	—	50 000.00
23	中融信托	58 000.00	89 500.00	—	147 500.00	56	杭工商信托	50 000.00	—	—	50 000.00
24	北京信托	140 000.00	—	—	140 000.00	57	紫金信托	50 000.00	—	—	50 000.00
25	四川信托	130 000.00	—	—	130 000.00	58	安信信托	45 410.98	—	—	45 410.98
26	山东信托	128 000.00	—	—	128 000.00	59	云南信托	40 000.00	—	—	40 000.00
27	长安信托	51 000.00	74 888.00	—	125 888.00	60	陕国投	35 841.30	—	—	35 841.30
28	国联信托	123 000.00	—	—	123 000.00	61	陆家嘴信托	31 500.00	—	—	31 500.00
29	国投信托	120 480.00	—	—	120 480.00	62	西藏信托	30 000.00	—	—	30 000.00
30	中原信托	120 200.00	—	—	120 200.00	63	新时代信托	30 000.00	—	—	30 000.00
31	国元信托	120 000.00	—	—	120 000.00	64	大业信托	30 000.00	—	—	30 000.00
32	百瑞信托	60 500.00	59 500.00	—	120 000.00		平均数	117 784.22	17 137.08	—	134 921.30
33	中铁信托	120 000.00	—	—	120 000.00		合计数	7 538 190.22	1 096 773.00	—	8 634 963.22

64 家信托公司的股本 2011 年比 2010 年总体增加了 1 096 773. 00 万元。其中，增资最大的是中海信托，增加了 130 000. 00 万元。

2011 年末平均股本比 2010 年末增加了 17 137. 08 万元，达到了 134 921. 30 万元。超过平均注册资本的公司有 24 家，占全部 64 家公司的 37. 5%，低于平均注册资本的公司也占 62. 5%。

表 1－2－3　注册资本发生变动的信托公司变动情况明细表

单位：万元

简称	2010 年末	2011 年末	增减变动	原　因
百瑞信托	60 500. 00	120 000. 00	59 500. 00	2010 年 12 月 28 日，中国银行业监督管理委员会下发了《中国银监会关于百瑞信托有限责任公司变更注册资本并调整股权结构的批复》（银监复〔2010〕632 号），同意公司注册资本由 60 500 万元人民币增至 120 000 万元人民币及调整股权结构。2011 年 1 月 21 日完成增资的验资工作，2011 年 3 月 9 日完成工商变更登记。
湖南信托	50 000. 00	70 000. 00	20 000. 00	经公司 2011 年度股东会第二次临时会议审议通过，并报经中国银行业监督管理委员会湖南监管局批准（批准文件：湘银监复〔2011〕460 号），注册资本由人民币 50 000 万元增加至人民币 70 000 万元。 此次增资由现有股东同比例增资，不涉及股权变更和股权结构调整。增加注册资本后，股东湖南财信投资控股有限责任公司总计出资人民币 67 200 万元，占注册资本的 96%；股东湖南省国有投资经营有限公司总计出资人民币 2 800万元，占注册资本的 4%。
华宝信托	100 000. 00	200 000. 00	100 000. 00	2011 年 1 月 14 日，公司完成了增资，注册资本由人民币 10 亿元（含 1 500 万美元）增加到 20 亿元人民币（含 1 500 万美元）。无变更注册地或公司分立合并事项。
兴业信托	51 000. 00	120 000. 00	69 000. 00	2011 年 12 月 31 日，经本公司股东会审议通过，中国银监会以银监复〔2011〕499 号文批准，并经中国人民银行同意，本公司足额收到有关股东方缴付的增资款，注册资本金由 5. 1 亿元人民币增加至 12 亿元人民币，并相应调整股权结构。
长安信托	51 000. 00	125 888. 00	74 888. 00	2011 年 7 月 12 日，经陕西银监局批准，并经工商登记，公司注册资本变更为 5. 58 亿元。 2011 年 11 月 28 日，经中国银监会批准，并经工商登记，公司变更并更名为长安国际信托股份有限公司，公司注册资本变更为 7. 5888 亿元。 2011 年 12 月 21 日，经陕西银监局批准，并经工商登记，公司注册资本变更为 12. 5888 亿元。
中海信托	120 000. 00	250 000. 00	130 000. 00	2011 年 12 月 15 日，经中海信托股份有限公司股东会会议审议通过，以及上海银监局沪银监复〔2011〕840 号文的批准，公司注册资本金由原 12 亿元增加到 25 亿元，公司股东的出资比例不变。
中融信托	58 000. 00	147 500. 00	89 500. 00	公司 2010 年第四次临时股东会决议，同意公司将截至 2010 年 10 月 31 日可分配利润共 53 088 万元中的 52 000 万元按照公司各股东持股比例进行同比例转增注册资本，同时各股东按照持股比例同比以现金方式共同出资 30 000万元增加注册资本。2011 年 3 月 3 日，公司获得中国银行业监督管理委员会黑龙江监管局关于同意本次变更注册资本及修改公司章程的批复。2011 年 3 月 18 日，公司完成此次增加注册资本及修改公司章程工商变更登记。公司注册资本达 140 000 万元。 公司 2011 年第一次临时股东会决议，同意沈阳安泰达商贸有限公司受让大连新星房地产开发集团有限公司持有的公司 10 768. 8 万股股权。同时，公司增加注册资本 7 500 万元，由公司股东以 8 元/注册资本的价格、按原持股比例同比例认购，其中哈尔滨投资集团有限责任公司放弃认购，认购总价款为 60 000 万元。2011 年 10 月 20 日，公司获得中国银行业监督管理委员会黑龙江监管局关于同意本次变更股权、变更注册资本、调整股权结构及修改公司章程的批复。2011 年 11 月 4 日，公司完成此次变更股权、变更注册资本、调整股权结构及修改公司章程工商变更登记。至此，公司注册资本增加至 147 500 万元。 公司 2011 年第四次临时股东会决议，同意公司增加注册资本 12 500 万元，哈尔滨投资集团有限责任公司放弃认购。本次增资于 2012 年 2 月 24 日获得中国银行业监督管理委员会黑龙江监管局的批准，待工商登记变更后，公司注册资本将增加至 160 000 万元。
渤海信托	79 565. 00	200 000. 00	120 435. 00	2011 年 6 月，公司增资 120 435 万元并完成工商变更登记，注册资本达到 20 亿元。
交银国际信托	120 000. 00	200 000. 00	80 000. 00	本年度公司增加注册资本 80 000 万元，年末注册资本为 200 000 万元，原股东同比例增加，股东持有股份比例保持不变。
华能信托	120 000. 00	200 000. 00	80 000. 00	公司注册资本金由 120 000 万元增加到 200 000 万元人民币；公司注册地址由贵州省贵阳市云岩区北京路 27 号鑫都财富大厦 14 层变更为贵州省贵阳市金阳新区金阳南路 6 号购物中心商务楼一号楼 24 层 5 号、6 号、7 号。
中航信托	30 000. 50	150 000. 50	120 000. 00	2011 年 3 月，公司注册资本从 30 000. 5 万元增加至 50 000. 5 万元；2011 年 12 月，公司注册资本从 50 000. 5 万元增加至 150 000. 5 万元。
华澳信托	30 000. 00	60 000. 00	30 000. 00	报告期内，经中国银监会批准，公司注册资本由 3 亿元增加至 6 亿元。
方正东亚信托	30 000. 00	60 000. 00	30 000. 00	公司于 2011 年 10 月，取得湖北银监局关于变更注册资本的批复，并于 2011 年 12 月，取得湖北银监局关于变更公司住所的批复。 公司全体股东以现有出资比例增加注册资本金 3 亿元人民币，注册资本金由 3 亿元人民币增至 6 亿元人民币，完成增资后的公司股权结构为：方正集团出资额为 42 006 万元人民币，出资比例为 70. 01%；东亚银行出资额为 11 994 万元人民币，出资比例为 19. 99%；经发投出资额为 6 000 万元人民币，出资比例为 10. 00%。 公司住所门牌号重新编排并扩充新租了一层办公场所，变更后的注册地址为：武汉市江汉区长江日报路 77 号投资大厦 11～14 层。 截至 2011 年底本公司名称无变化，无分立合并事项。
粤财信托	56 550. 00	150 000. 00	93 450. 00	未披露

信托公司通过增资扩股可以增强资本实力，增加抗风险的能力，同时还能够通过引进战略投资者进一步完善原有的股权结构。

（二）信托公司截至2011年末股东和大股东情况分析

表1－2－4　披露的信托公司2011年末股东数量及持股比例10%以上股东数汇总表

简称	股东家数	其中：持股比例10%以上股东家数	简称	股东家数	其中：持股比例10%以上股东家数
爱建信托	3	1	平安信托	2	1
安信信托	上市公司	1	厦门信托	2	2
百瑞信托	8	3	山东信托	5	1
北方信托	27	2	山西信托	3	1
北京信托	10	3	陕国投	上市公司	1
渤海信托	6	3	上海信托	13	2
大业信托	3	3	四川信托	10	3
东莞信托	7	2	苏州信托	3	3
方正东亚信托	3	3	天津信托	5	2
甘肃信托	3	1	外贸信托	2	1
国联信托	5	1	五矿信托	3	2
国民信托	4	4	西部信托	24	1
国投信托	2	1	西藏信托	1	1
国元信托	7	2	新华信托	4	2
杭工商信托	10	2	新时代信托	4	3
湖南信托	2	1	兴业信托	4	2
华澳信托	3	3	英大信托	8	1
华宝信托	2	1	粤财信托	2	1
华宸信托	5	2	云南信托	7	4
华能信托	11	2	长安信托	6	3
华融信托	3	1	中诚信托	15	3
华润信托	2	2	中海信托	2	1
华鑫信托	2	2	中航信托	6	4
华信信托	18	1	中粮信托	3	1
吉林信托	5	1	中融信托	4	3
建信信托	3	2	中泰信托	6	3
江苏信托	3	1	中铁信托	17	1
江西信托	12	3	中投信托	1	1
交银国际信托	2	2	中信信托	2	2
金谷信托	3	1	中原信托	3	3
昆仑信托	4	2	重庆信托	6	2
陆家嘴信托	2	2	紫金信托	5	3
			平均数	5.77	1.95

注：计算股东平均数时上市公司未包含在内；根据中国银监会的相关定义，持有一家信托公司10%及以上股权的股东，即被定义为该公司的大股东。截至2011年末，信托公司股东的分散化程度仍较低。

表1－2－5　披露的信托公司2011年末第一大股东的持股比例排序

排名	简称	第一大股东名称	持股比例（%）	第一大股东性质
1	西藏信托	西藏自治区财政厅	,100	机关法人
2	中投信托	中国建银投资有限责任公司	100	有限公司
3	平安信托	中国平安保险（集团）股份有限公司	99.88	股份有限公司
4	粤财信托	广东粤财投资控股有限公司	98.14	有限公司
5	华宝信托	宝钢集团有限公司	98	有限公司
6	江苏信托	江苏省国信资产管理集团有限公司	98	有限公司
7	爱建信托	上海爱建股份有限公司	98	股份有限公司
8	华融信托	中国华融资产管理公司	97.50	有限公司
9	吉林信托	吉林省财政厅	97.50	机关法人

续表

排名	简称	第一大股东名称	持股比例(%)	第一大股东性质
10	外贸信托	中国中化股份有限公司	96.22	股份有限公司
11	湖南信托	湖南财信投资控股有限责任公司	96	有限公司
12	国投信托	国投资本控股有限公司	95.45	有限公司
13	中海信托	中国海洋石油总公司	95	有限公司
14	甘肃信托	甘肃省国有资产投资集团有限公司	92.58	有限公司
15	金谷信托	中国信达	92.29	有限公司
16	山西信托	山西省国信投资(集团)公司	90.70	有限公司
17	中粮信托	中粮集团有限公司	90	有限公司
18	山东信托	山东省鲁信投资控股集团有限公司	85.94	有限公司
19	交银国际信托	交通银行股份有限公司	85	股份有限公司
20	昆仑信托	中油资产管理有限公司	82.18	有限公司
21	中信信托	中国中信集团公司	80	有限公司
22	中铁信托	中国中铁股份有限公司	78.91	股份有限公司
23	英大信托	英大国际控股集团有限公司	75.83	有限公司
24	兴业信托	兴业银行股份有限公司	73	股份有限公司
25	新华信托	新产业	71.92	有限公司
26	陆家嘴信托	上海陆家嘴金融发展有限公司	71.61	有限公司
27	苏州信托	苏州国际发展集团有限公司	70.01	有限公司
28	方正东亚信托	北大方正集团有限公司	70.01	有限公司
29	建信信托	中国建设银行股份有限公司	67	股份有限公司
30	重庆信托	重庆国信投资控股有限公司	66.99	有限公司
31	华能信托	华能资本服务有限公司	66.56	有限公司
32	上海信托	上海国际集团有限公司	66.33	有限公司
33	五矿信托	五矿资本控股有限公司	66	有限公司
34	国联信托	无锡市国联发展(集团)有限公司	65.85	有限公司
35	渤海信托	海航资本控股有限公司	60.22	有限公司
36	紫金信托	南京紫金投资控股有限责任公司	60.01	有限公司
37	新时代信托	新时代远景(北京)投资有限公司	58.54	有限公司
38	西部信托	陕西省电力建设投资开发公司	57.78	有限公司
39	杭工商信托	杭州市投资控股有限公司	52.99	有限公司
40	华信信托	华信汇通集团有限公司	52.17	有限公司
41	天津信托	天津海泰控股集团有限公司	51.05	有限公司
42	厦门信托	厦门建发集团有限公司	51	有限公司
43	华润信托	华润股份有限公司	51	股份有限公司
44	华鑫信托	中国华电集团公司	51	有限公司
45	华宸信托	内蒙古国有资产监督管理委员会	50.20	行政单位
46	华澳信托	北京融达投资有限公司	50.01	股份有限公司
47	国元信托	安徽国元控股(集团)有限责任公司	49.69	有限公司
48	中原信托	河南投资集团有限公司	48.42	有限公司
49	江西信托	江西省财政厅	45.80	机关法人
50	陕国投	陕西省高速公路建设集团公司	44.34	有限公司
51	大业信托	中国东方资产管理公司	41.67	有限公司
52	长安信托	西安投资控股有限公司	41.30	有限公司
53	中航信托	中航投资控股有限公司	40.80	有限公司
54	东莞信托	东莞市财信发展有限公司	40	有限公司
55	中融信托	经纬纺织机械股份有限公司	36.60	股份有限公司
56	四川信托	四川宏达(集团)有限公司	34.74	有限公司
57	北京信托	北京市国有资产经营有限责任公司	34.30	有限公司
58	安信信托	上海国之杰投资发展有限公司	32.96	有限公司
59	中诚信托	中国人民保险集团股份有限公司	32.92	股份有限公司
60	北方信托	天津泰达投资控股有限公司	32.33	有限公司
61	国民信托	丰益实业发展有限公司	31.73	有限公司
62	中泰信托	中国华闻投资控股有限公司	31.57	有限公司
63	百瑞信托	郑州市财政局	29.87	机关法人
64	云南信托	云南省财政厅	25	机关法人
	平均数		65.60	

从股权集中度来看，虽然部分信托公司股权较为分散，但仍有46家信托公司的第一大股东持股比例超过了50%，处于绝对控股地位。中投信托、西藏信托大股东控股比例达到100%。第一大股东平均持股比例为65.60%，说明大股东的控制地位非常牢固，同时我们可以看到在信托公司的实际控制人中，国有资本占据主导地位的仍为绝大多数，实际控制人为民营等其他资本的为少数。

表1-2-6 披露的信托公司2011年末前三大股东名称及持股比例

简称	第一大股东名称	持股比例（%）	第二大股东名称	持股比例（%）	第三大股东名称	持股比例（%）
爱建信托	上海爱建股份有限公司	98.00	上海爱建纺织品公司	1.00	上海爱建进出口有限公司	1.00
安信信托	上海国之杰投资发展有限公司	32.96	中国人寿保险（集团）公司－传统－普通保险产品	1.56	山西太钢投资有限公司	1.53
百瑞信托	郑州市财政局	29.87	中国电力投资集团公司	25.33	中电投财务有限公司	24.91
北方信托	天津泰达投资控股有限公司	32.33	津联集团有限公司	11.21	天津市财政局	6.24
北京信托	北京市国有资产经营有限责任公司	34.30	威益投资有限公司（Win Eagle Investments Limited）	19.99	中国石油化工股份有限公司北京石油分公司	14.29
渤海信托	海航资本控股有限公司	60.22	海口美兰国际机场有限责任公司	15.51	海航酒店控股集团有限公司	14.20
大业信托	中国东方资产管理公司	41.67	广州国际控股集团有限公司	38.33	广东京信电力集团有限公司	20.00
东莞信托	东莞市财信发展有限公司	40.00	东莞市财政局	30.00	东莞市经济贸易总公司	6.00
方正东亚信托	北大方正集团有限公司	70.01	东亚银行有限公司	19.99	武汉经济发展投资（集团）有限公司	10.00
甘肃信托	甘肃省国有资产投资集团有限公司	92.58	天水市财政局	4.00	白银市财政局	3.42
国联信托	无锡市国联发展（集团）有限公司	65.85	无锡国联环保能源集团有限公司	9.76	无锡市地方电力公司	8.13
国民信托	丰益实业发展有限公司	31.73	璟安实业有限公司	27.55	上海创信资产管理有限公司	24.16
国投信托	国投资本控股有限公司	95.45	国投高科技投资有限公司	4.55	无	
国元信托	安徽国元控股（集团）有限责任公司	49.69	深圳中海投资管理有限公司	40.38	首都机场集团公司	9.00
杭工商信托	杭州市投资控股有限公司	52.99	摩根士丹利国际控股公司	19.90	浙江新安化工集团股份有限公司	6.26
湖南信托	湖南财信投资控股有限责任公司	96.00	湖南省国有投资经营有限公司	4.00		
华澳信托	北京融达投资有限公司	50.01	北京三吉利能源股份有限公司	30.00	麦格理资本证券股份有限公司	19.99
华宝信托	宝钢集团有限公司	98.00	浙江省舟山市财政局	2.00		
华宸信托	内蒙古国有资产监督管理委员会	50.20	湖南华菱钢铁集团有限责任公司	48.95	呼和浩特市财政局	0.50
华能信托	华能资本服务有限公司	66.56	贵州省开发投资有限责任公司	27.43	贵州省贵财投资有限责任公司	4.02
华融信托	中国华融资产管理公司	97.50	新疆凯迪投资有限责任公司	1.48	新疆恒合投资股份有限公司	1.02
华润信托	华润股份有限公司	51.00	深圳市人民政府国有资产监督管理委员会	49.00		
华鑫信托	中国华电集团公司	51.00	中国华电集团财务有限公司	49.00		
华信信托	华信汇通集团有限公司	52.17	大连港集团有限公司	4.96	北京越达投资有限公司	4.96
吉林信托	吉林省财政厅	97.50	吉林粮食集团有限公司	0.63	吉林化纤集团有限责任公司	0.63
建信信托	中国建设银行股份有限公司	67.00	合肥兴泰控股集团有限公司	27.50	合肥市国有资产控股有限公司	5.50
江苏信托	江苏省国信资产管理集团有限公司	98.00	江苏省投资管理有限责任公司	1.00	江苏省房地产投资有限责任公司	1.00
江西信托	江西省财政厅	45.80	领锐资产管理股份有限公司	25.00	北京供销社投资管理中心	20.00
交银国际信托	交通银行股份有限公司	85.00	湖北省财政厅	15.00		
金谷信托	中国信达	92.29	中国妇女活动中心	6.25	中国海外	1.46
昆仑信托	中油资产管理有限公司	82.18	天津经济技术开发区国有资产经营公司	12.82	宁波市南部新城置业有限公司	2.51
陆家嘴信托	上海陆家嘴金融发展有限公司	71.61	青岛国信发展（集团）有限责任公司	28.39		
平安信托	中国平安保险（集团）股份有限公司	99.88	上海市糖业烟酒（集团）有限公司	0.12		
厦门信托	厦门建发集团有限公司	51.00	厦门港务控股集团有限公司	49.00	0	0.00
山东信托	山东省鲁信投资控股集团有限公司	85.94	山东省高新技术投资有限公司	6.25	山东黄金集团有限公司	3.13
山西信托	山西省国信投资（集团）公司	90.70	太原市海信资产管理有限公司	8.30	山西国际电力集团有限公司	1.00
陕国投	陕西省高速公路建设集团公司	44.34	中信信托有限责任公司	3.10	人保投资控股有限公司	1.51
上海信托	上海国际集团有限公司	66.33	上海久事公司	20.00	申能股份有限公司	5.00
四川信托	四川宏达（集团）有限公司	34.74	中海信托股份有限公司	30.00	四川宏达股份有限公司	19.00
苏州信托	苏州国际发展集团有限公司	70.01	苏格兰皇家银行公众有限公司	19.99	联想控股有限公司	10.00
天津信托	天津海泰控股集团有限公司	51.05	天津市泰达国际控股（集团）有限公司	42.11	天津盈鑫信恒投资咨询有限公司	5.26
外贸信托	中国中化股份有限公司	96.22	中化集团财务有限责任公司	3.78		
五矿信托	五矿资本控股有限公司	66.00	西宁城市投资管理有限公司	33.90	青海华鼎实业股份有限公司	0.10
西部信托	陕西省电力建设投资开发公司	57.78	陕西省产业投资有限公司	8.66	重庆中侨置业有限公司	6.36

续表

简称	第一大股东名称	持股比例（%）	第二大股东名称	持股比例（%）	第三大股东名称	持股比例（%）
西藏信托	西藏自治区财政厅	100.00				
新华信托	新产业	71.92	巴克莱	19.50	中国诚信信用管理有限公司	8.25
新时代信托	新时代远景（北京）投资有限公司	58.54	上海人广实业发展有限公司	24.39	潍坊科微投资有限公司	14.63
兴业信托	兴业银行股份有限公司	73.00	澳大利亚国民银行	16.83	福建华投投资有限公司	9.33
英大信托	英大国际控股集团有限公司	75.83	中国电力财务有限公司	6.33	济南市能源投资有限责任公司	5.32
粤财信托	广东粤财投资控股有限公司	98.14	广东省科技创业投资公司	1.86	无	
云南信托	云南省财政厅	25	涌金实业（集团）有限公司	24.50	上海纳米创业投资有限公司	23.00
长安信托	西安投资控股有限公司	41.30	上海证大投资管理有限公司	39.33	深圳市淳大投资有限公司	11.67
中诚信托	中国人民保险集团股份有限公司	32.92	国华能源投资有限公司	20.35	兖矿集团有限公司	10.18
中海信托	中国海洋石油总公司	95.00	中国中信集团公司	5.00		
中航信托	中航投资控股有限公司	40.80	中国航空技术深圳有限公司	21.47	华侨银行有限公司	19.99
中粮信托	中粮集团有限公司	90.00	中粮财务有限责任公司	5.00	中粮粮油有限公司	5.00
中融信托	经纬纺织机械股份有限公司	36.60	中植企业集团有限公司	32.22	哈尔滨投资集团有限责任公司	23.36
中泰信托	中国华闻投资控股有限公司	31.57	上海新黄浦置业股份有限公司	29.97	广联（南宁）投资股份有限公司	20.00
中铁信托	中国中铁股份有限公司	78.91	中铁二局集团有限公司	7.23	成都工投资产经营有限公司	3.43
中投信托	中国建银投资有限责任公司	100.00				
中信信托	中国中信集团公司	80.00	中信华东（集团）有限公司	20.00		
中原信托	河南投资集团有限公司	48.42	河南中原高速公路股份有限公司	33.28	河南盛润创业投资管理有限公司	18.30
重庆信托	重庆国信投资控股有限公司	66.99	重庆水务集团股份有限公司	23.86	上海淮矿资产管理有限公司	4.10
紫金信托	南京紫金投资控股有限责任公司	60.01	住友信托银行股份有限公司	19.99	三胞集团有限公司	10.00
平均数	—	65.59	—	18.99	—	8.71

注：计算平均持股比例时，相关股东情况未披露的信托公司不包含在内。

第一大股东平均持股比例为65.59%，第二大股东平均持股比例为18.99%，第三大股东平均持股比例为8.71%。前三大股东平均合计持股比例为93.3%，再次说明信托公司大股东相对比较集中。

（三）2011年信托公司股东变更情况分析

表1-2-7 披露的信托公司2011年股东变更次数及期内变更详细列示

简称	股东变更次数	期内股东变更详细列示
百瑞信托	2	2011年6月21日，公司获得《河南银监局关于百瑞信托有限责任公司股权变更的批复》（豫银监复〔2011〕249号），同意公司股东郑州市财政局受让北京德得创业科技有限公司持有公司9 384万元股权（占比7.82%）；2011年10月10日，公司获得《关于百瑞信托有限责任公司股权变更的批复》（银监复〔2011〕419号），同意公司股东深圳市易建科技有限公司、北京安瑞汇富投资有限公司和河南瀚海投资有限公司分别将各自所持公司13 000万元股权（占比10.833%）、12 000万元股权（占比10.00%）和5 393.5万元股权（占比4.495%）转让给中国电力投资集团公司，中国电力投资集团公司合计受让公司30 393.5万元股权（占比25.328%）并成为公司新股东。调整后前五名股东依次是郑州市财政局、中国电力投资集团公司、中电投财务有限公司、郑州自来水投资控股有限公司和郑州市金水区财政局。
江苏信托	1	2011年6月10日，公司召开股东会，审议了并通过了关于公司股权转让及修改公司章程等议案，并向中国银行业监督管理委员会递交了有关申请报告。2011年9月16日，公司收到中国银行业监督管理委员会《关于江苏省国际信托有限责任公司股权结构变更并修改公司章程的批复》（银监复〔2011〕363号），批准公司股东江苏省国信资产管理集团有限公司将持有公司10%、5%、5%的股权分别转让给江苏省苏豪控股集团有限公司、江苏高科技投资集团有限公司、江苏省农垦集团有限公司，公司原股东江苏省投资管理有限责任公司、江苏省房地产投资有限责任公司将各自持有公司1%的股权转让给江苏省国信资产管理集团有限公司。
兴业信托	3	1. 2011年1月30日，经中国银监会以银监复〔2011〕35号文批准，兴业银行股份有限公司分别受让新希望集团有限公司、四川南方希望实业有限公司、福建华投投资有限公司［原名福建华侨投资（控股）公司］持有的本公司15.69%股权、25.49%股权、10%股权。此次股权转让完成后，兴业银行股份有限公司持有本公司51.18%的股权。 2. 2011年9月6日，经中国银监会福建监管局以闽银监复〔2011〕418号文批准，兴业银行股份有限公司受让永安资产管理有限公司持有的本公司4.90%的股权。本次股权转让完成后，兴业银行股份有限公司持股比例为56.08%。 3. 2011年12月31日，经本公司股东会审议通过，中国银监会和中国人民银行批准同意，本公司注册资本金由5.1亿元人民币增加至12亿元人民币，并相应调整股权结构。增资后本公司股东名称、出资金额及持股比例情况如下：兴业银行股份有限公司，出资金额8.76亿元人民币，持股比例73.0000%；澳大利亚国民银行，出资金额2.02亿元人民币，持股比例16.8334%；福建华投投资有限公司，出资金额1.12亿元人民币，持股比例9.3333%；南平市投资担保中心，出资金额0.1亿元人民币，持股比例0.8333%。

续表

简称	股东变更次数	期内股东变更详细列示
华宸信托	1	未披露
长安信托	1	西安投资控股有限公司是西安市财政投资管理平台。2011 年 4 月 8 日，按照西安市财政局的安排，经中国银监会批准，并经工商登记，公司原股东西安市财政局将持有公司的全部 20 230 万元股权划转至西安投资控股有限公司。
新华信托	1	公司于 2010 年 8 月 30 日召开了 2010 年第二次临时股东大会，经审议，全体股东同意中国诚信信用管理有限公司将其所持公司的 8.25%股份(5 122 万股)转让给其 100%控股股东中诚信投资有限公司，并同意放弃于中诚信股权的优先购买权。同时，全体股东同意据此对《公司章程》涉及股权变更部分进行修改。 该等事宜已于 2011 年 11 月 14 日经重庆银监局《关于批准新华信托股份有限公司调整股权结构及修改〈公司章程〉等有关事项的批复》(渝银监复〔2011〕133 号)核准，相关工商变更手续于 12 月 19 日办理完成。
英大信托	1	2011 年 11 月 2 日公司第二次临时股东会(通讯方式召开)通过决议，公司股东华东电网有限公司拟将所持有公司 4.67%的股权无偿划转至英大国际控股集团有限公司。
中海信托	1	2011 年 12 月 27 日，经国务院批准，中国中信集团公司实施重组改制并以现有绝大部分经营性净资产作为出资，联合下属全资子公司北京中信企业管理有限公司共同发起设立中国中信股份有限公司，注册资本为 1 280 亿元人民币。原中国中信集团公司持有的公司 5%股权注入中国中信股份有限公司。
中融信托	1	公司 2011 年第一次临时股东会审议通过《沈阳安泰达商贸有限公司受让大连新星房地产开发集团有限公司持有的中融国际信托有限公司 10 768.8 万股股权的议案》，同意大连新星房地产开发集团有限公司将其持有的本公司 10 768.8 万股股权(占公司总股本的 7.692%)转让给沈阳安泰达商贸有限公司。2011 年 10 月 20 日，公司获得中国银行业监督管理委员会关于本次股权变更的批复。2011 年 11 月 4 日，公司完成本次股权转让工商变更登记。
中信信托	3	2011 年 5 月，居伟民先生因工作需要辞去公司董事和董事长职务。 2011 年 5 月，公司董事会选举蒲坚先生担任公司董事长。 2011 年 5 月，公司董事会聘请陈一松先生担任公司总经理；增聘王道远、李峰、张继胜、李子民、包学勤五人担任公司副总经理。 上述董事及高管的任职资格已经中国银行业监督管理委员会核准。
渤海信托	1	根据公司发展战略需要，2011 年 6 月，海航资本控股有限公司对公司增资 120 435 万元，持股 60.22%，成为公司第一大股东。
华能信托	1	华能资本服务有限公司参与公司增资后为公司第一大股东，占比 66.56%。贵州开发投资有限责任公司参与公司增资后为第二大股东，占比 27.43%，贵州贵财投资有限责任公司参与公司增资后为第三大股东，占比 4.02%。
新时代信托	2	报告期内，公司收到《中国银监会关于新时代信托股份有限公司股权变更及调整股权结构的批复》(银监复〔2011〕96 号)，中国银监会批准深圳市金瑞丰实业发展有限公司、成都市康运实业发展有限公司将持有的新时代信托股权转让给上海人广发展实业有限公司，批准重庆四维控股(集团)股份有限公司将持有的新时代信托股权转让给潍坊科微投资有限公司。 报告期内，公司收到内蒙古监管局《关于同意新时代信托股份有限公司股份及公司章程变更的批复》(内银监复〔2011〕292 号)，内蒙古银监局批准海南天龙王房地产开发有限公司将持有的新时代信托股权转让给包头市鑫鼎盛贸易有限责任公司。
中航信托	1	报告期内，因公司增资扩股，股东单位从 5 家增至 6 家，中航投资控股有限公司接受中航工业集团对本公司增资的认购权成为公司第一大股东，占比 40.80%，中航工业集团公司本级所持本公司股权比例下降为 10.20%，其他 4 家股东持股比例不变。
华澳信托	2	因公司注册资本金由 3 亿元增加至 6 亿元，股东持股比例变动如下：北京三吉利能源股份有限公司持股比例由 60%降至 30%；北京融达投资有限公司持股比例由 20.01%增至 50.01%；麦格理资本证券股份有限公司持股比例仍为 19.99%。
陆家嘴信托	2	2011 年 1 月 26 日，中国银监会批复同意新疆威仕达实业(集团)股份有限公司、新疆棉花产业(集团)有限责任公司、中铁十八局集团有限公司、安徽丰原集团有限公司四家股东合计持有海协信托 71.606%的股权转让给陆金发；2011 年 5 月 5 日，经工商变更登记，陆金发成为海协信托股东。 2011 年 9 月 16 日，中国银监会批复同意山东海川集团控股公司和青岛联宇时装有限公司两家股东合计持有海协信托 28.394%的股权转让给青岛国信；2011 年 10 月 27 日，经股权工商变更登记，青岛国信成为海协信托股东。
紫金信托	1	2011 年 1 月 27 日，中国银监会江苏监管局核准黄泽民独立董事任职资格。
平均次数	1.47	—

2011 年内有 17 家信托公司共发生了 25 次股东变更，平均每家变更数为 1.47 次，说明股东构成还是相对稳定的。

第二章 信托公司年度报告的质量评价
——关于审计报告

本章对信托公司被出具的审计报告类型及执行《企业会计准则》的情况进行分析，以此作为后面章节对信托公司进行分析的依据之一。

一、信托公司 2011 年、2010 年审计报告类型分类汇总情况

表 2-1-1 信托公司 2011 年、2010 年审计报告意见类型汇总比较表

审计意见	2011 年		2010 年		增减	
	份数	百分比(%)	份数	百分比(%)	份数	百分比(绝对数)
标准无保留意见	64	100.00	56	100.00		
无保留意见+强调事项段						
保留意见						
无法表示意见						
合计	64	100.00	56	100.00		

2011 年 64 家信托公司的审计报告出具的均为标准无保留意见。从审计意见来看，信托公司财务信息的质量比较稳定。

二、信托公司 2011 年、2010 年会计师事务所审计情况

表 2-2-1 信托公司 2011 年会计师事务所资格情况一览表

简称	聘请的会计师事务所	资格情况
爱建信托	立信会计师事务所(特殊普通合伙)	证券期货资格
安信信托	立信会计师事务所(特殊普通合伙)	证券期货资格
百瑞信托	天职国际会计师事务所有限公司	证券期货资格
北方信托	五洲松德联合会计师事务所	证券期货资格
北京信托	京都天华会计师事务所有限公司	证券期货资格
渤海信托	中磊会计师事务所有限责任公司	证券期货资格
大业信托	立信会计师事务所(特殊普通合伙)广东分所	证券期货资格
东莞信托	中审亚太会计师事务所有限公司	证券期货资格
方正东亚信托	众环海华会计师事务所有限公司	证券期货资格
甘肃信托	北京中天恒会计师事务所有限责任公司兰州分所	证券期货资格
国联信托	江苏天衡会计师事务所有限公司	证券期货资格
国民信托	安永华明会计师事务所	证券期货资格
国投信托	中证天通会计师事务所有限公司	证券期货资格
国元信托	华普天健会计师事务所(北京)有限公司	证券期货资格
杭工商信托	德勤华永会计师事务所有限公司	证券期货资格
湖南信托	天健会计师事务所(特殊普通合伙)湖南分所	证券期货资格
华澳信托	德勤华永会计师事务所有限公司	证券期货资格
华宝信托	中瑞岳华会计师事务所有限公司	证券期货资格
华宸信托	大华会计师事务所有限公司	证券期货资格
华能信托	大信会计师事务所有限公司	证券期货资格
华融信托	大信会计师事务所有限公司	证券期货资格
华润信托	天职国际会计师事务所有限公司	证券期货资格
华鑫信托	大信会计师事务所有限公司	证券期货资格
华信信托	国富浩华会计师事务所有限公司	证券期货资格

续表

简称	聘请的会计师事务所	资格情况
吉林信托	中准会计师事务所有限公司	证券期货资格
建信信托	普华永道中天会计师事务所	证券期货资格
江苏信托	中兴华富华会计师事务所有限责任公司	证券期货资格
江西信托	中磊会计师事务所	证券期货资格
交银国际信托	德勤华永会计师事务所有限公司	证券期货资格
金谷信托	德勤华永会计师事务所有限公司北京分所	证券期货资格
昆仑信托	立信会计师事务所(特殊普通合伙)	证券期货资格
陆家嘴信托	上海众华沪银会计师事务所有限公司	证券期货资格
平安信托	安永华明会计师事务所	证券期货资格
厦门信托	天健正信会计师事务所有限公司	证券期货资格
山东信托	中准会计师事务所有限公司	证券期货资格
山西信托	普华永道中天会计师事务所有限公司	证券期货资格
陕国投	上海东华会计师事务所有限公司	证券期货资格
上海信托	上海上会会计师事务所有限公司	证券期货资格
四川信托	京都天华会计师事务所有限公司	证券期货资格
苏州信托	德勤华永会计师事务所有限公司	证券期货资格
天津信托	五洲松德联合会计师事务所	证券期货资格
外贸信托	天职国际会计师事务所有限公司	证券期货资格
五矿信托	天健会计师事务所	证券期货资格
长安信托	希格玛会计师事务所有限公司	证券期货资格
西部信托	希格玛会计师事务所有限公司	证券期货资格
西藏信托	中磊会计师事务所有限责任公司	证券期货资格
新华信托	毕马威华振会计师事务所上海分所	证券期货资格
新时代信托	利安达会计师事务所	证券期货资格
兴业信托	安永华明会计师事务所	证券期货资格
英大信托	北京中证天通会计师事务所有限公司	证券期货资格
粤财信托	广东正中珠江会计师事务所有限公司	证券期货资格
云南信托	中审亚太会计师事务所有限公司	证券期货资格
中诚信托	中准会计师事务所有限公司	证券期货资格
中海信托	信永中和会计师事务所有限公司	证券期货资格
中航信托	京都天华会计师事务所有限责任公司	证券期货资格
中粮信托	天职国际会计师事务所有限公司	证券期货资格
中融信托	大职国际会计师事务所有限公司	证券期货资格
中泰信托	中审亚太会计师事务所有限公司	证券期货资格
中铁信托	德勤华永会计师事务所有限公司北京分所	证券期货资格
中投信托	德勤华永会计师事务所有限公司北京分所	证券期货资格
中信信托	京都天华会计师事务所有限公司	证券期货资格
中原信托	中兴华富华会计师事务所有限责任公司	证券期货资格
重庆信托	天健正信会计师事务所有限公司	证券期货资格
紫金信托	立信会计师事务所(特殊普通合伙)	证券期货资格

经统计分析,2011 年度审计报告的会计师事务所均是由具有证券期货资格的会计师事务所进行审计的,但对信托公司审计的事务所仍比较分散。2011 年度有德勤华永会计师事务所有限公司、中审亚太会计师事务所有限公司、立信会计师事务所(特殊普通合伙)、安永华明会计师事务所、大信会计师事务所有限公司、京都天华会计师事务所有限公司、天职国际会计师事务所有限公司、中磊会计师事务所有限责任公司、中准会计师事务所有限公司等几家事务所,分别为 3 ~5 家信托公司进行了报表审计,其中德勤华永会计师事务所有限公司及其分公司更是为 7 家信托公司提供了审计,其余大多由不同的会计师事务所完成审计。

在 64 家信托公司中,有 13 家 2011 年变更了会计师事务所,占 2011 年全部信息披露户数的 20. 31%。我们提请监管部门对信托公司会计师事务所变更事项作必要的要求和监管,对会计师事务所变更应该要求信托公司和前任会计师事务所作出专项声明,以避免有的公司可能通过更换会计师事务所实现其特殊目的。

表 2-2-2　信托公司 2011 年与 2010 年会计师事务所及其变更情况统计

简称	2011 年	2010 年	是否变更
甘肃信托	北京中天恒会计师事务所有限责任公司兰州分所	甘肃华陇会计师事务有限公司	是
华能信托	大信会计师事务所有限公司	中瑞岳华会计师事务所有限公	是
华融信托	大信会计师事务有限公司	中瑞岳华会计师事务所有限公司	是
中投信托	德勤华永会计师事务所有限公司北京分所	天健会计师事务所有限公司	是
国联信托	江苏天衡会计师事务所有限公司	江苏公证天业会计师事务所有限公司	是
中航信托	京都天华会计师事务所有限责任公司	立信大华会计师事务所有限公司	是
新时代信托	利安达会计师事务所	中准会计师事务所有限公司	是
建信信托	普华永道中天会计师事务所	毕马威华振会计师事务所	是
百瑞信托	天职国际会计师事务所有限公司	华寅会计师事务所有限责任公司	是
外贸信托	天职国际会计师事务所有限公司	利安达会计师事务所有限责任公司	是
中海信托	信永中和会计师事务所有限公司	中瑞岳华会计师事务所有限公司	是
渤海信托	中磊会计师事务所有限责任公司	中勤万信会计师事务所有限公司	是
中原信托	中兴华富华会计师事务所有限责任公司	中审亚太会计师事务所有限公司	是

三、信托公司 2011 年、2010 年审计报告情况

按照《中国注册会计师审计具体准则第 1501 号——审计报告》的相关规定：如果会计师认为财务报表已经按照适用的企业会计准则和相关财务会计法规的规定，在所有重大方面公允反映了被审计单位的财务状况、经营成果和现金流量；并且注册会计师已经按照独立审计准则计划和实施了审计工作，在审计过程中未受到限制；此外也不存在应当调整或披露而被审计单位未予调整或披露的重要事项情形时，注册会计师应当出具无保留意见的审计报告。而如果会计师认为整体财务报表是公允的，但存在会计政策的选用、会计估计的作出或财务报表的披露不符合适用的会计准则和相关会计制度的规定，虽影响重大，但不至于出具否定意见的审计报告；以及因审计范围受到限制，不能获取充分、适当的审计证据，虽影响重大，但不至于出具无法表示意见的审计报告时，注册会计师应当出具保留意见的审计报告。

2011 年，会计师事务所对所有 64 家信托公司年报审计均出具了无保留意见的审计报告，表明财务报告在所有重大方面公允反映了被审计信托公司的财务状况和经营成果。2010 年披露年报的 56 家信托公司年报审计也均出具了无保留意见的审计报告。表明信托公司财务报告信息披露质量比较稳定。

四、信托公司 2011 年执行的会计制度统计

表 2-4-1　信托公司 2011 年与 2010 年执行的会计制度比较表

固有业务执行会计制度	2011 年	2010 年	信托业务执行会计制度	2011 年	2010 年
	家数	家数		家数	家数
《企业会计准则》（2006 年）	63	55	《企业会计准则》（2006 年）	56	49
《金融企业会计制度》（2001 年）《企业会计准则》（2006 年）	1	1	《信托业务会计核算办法》（2005 年）	7	6
			《企业会计准则》（2006 年） 《金融企业会计制度》（2001 年）	1	
			《企业会计准则》（2006 年） 《信托业务会计核算办法》（2005 年）	0	1
合计	64	56	合计	64	56

2011 年，64 家信托公司固有业务中，63 家明确披露已执行《企业会计准则》（2006 年），只有 1 家同时执行《企业会计准则》（2006 年）和《金融企业会计制度》（2001 年）。2011 年，56 家信托公司执行《企业会计准则》（2006 年），7 家信托公司信托业务执行《信托业务会计核算办法》，1 家信托公司同时执行《企业会计准则》（2006 年）和《金融企业会计制度》（2005 年）。

表 2-4-2　2011 年 64 家信托公司披露执行的会计制度统计表

简称	固有业务执行会计制度	信托业务执行会计制度
爱建信托	《企业会计准则》（2006 年）	《企业会计准则》（2006 年）
安信信托	《企业会计准则》（2006 年）	《企业会计准则》（2006 年）
百瑞信托	《企业会计准则》（2006 年）	《企业会计准则》（2006 年）

续表

简称	固有业务执行会计制度	信托业务执行会计制度
北方信托	《企业会计准则》(2006 年)	《企业会计准则》(2006 年)
北京信托	《企业会计准则》(2006 年)	《企业会计准则》(2006 年)
渤海信托	《企业会计准则》(2006 年)	《企业会计准则》(2006 年)
大业信托	《企业会计准则》(2006 年)	《企业会计准则》(2006 年)
东莞信托	《企业会计准则》(2006 年)	《企业会计准则》(2006 年)
方正东亚信托	《企业会计准则》(2006 年)	《企业会计准则》(2006 年)
甘肃信托	《企业会计准则》(2006 年)	《信托业务会计核算办法》(2005 年)
国联信托	《企业会计准则》(2006 年)	《企业会计准则》(2006 年)
国民信托	《企业会计准则》(2006 年)	《企业会计准则》(2006 年)
国投信托	《企业会计准则》(2006 年)	《企业会计准则》(2006 年)
国元信托	《企业会计准则》(2006 年)	《企业会计准则》(2006 年)
杭工商信托	《企业会计准则》(2006 年)	《企业会计准则》(2006 年)
湖南信托	《企业会计准则》(2006 年)	《企业会计准则》(2006 年)
华澳信托	《企业会计准则》(2006 年)	《企业会计准则》(2006 年)
华宝信托	《企业会计准则》(2006 年)	《企业会计准则》(2006 年)
华宸信托	《企业会计准则》(2006 年)	《企业会计准则》(2006 年)
华能信托	《企业会计准则》(2006 年)	《信托业务会计核算办法》(2005 年)
华融信托	《企业会计准则》(2006 年)	《信托业务会计核算办法》(2005 年)
华润信托	《企业会计准则》(2006 年)	《企业会计准则》(2006 年)
华鑫信托	《企业会计准则》(2006 年)	《企业会计准则》(2006 年)
华信信托	《企业会计准则》(2006 年)	《企业会计准则》(2006 年)
吉林信托	《企业会计准则》(2006 年)	《企业会计准则》(2006 年)
建信信托	《企业会计准则》(2006 年)	《企业会计准则》(2006 年)
江苏信托	《企业会计准则》(2006 年)	《企业会计准则》(2006 年)
江西信托	《企业会计准则》(2006 年)	《信托业务会计核算办法》(2005 年)
交银国际信托	《企业会计准则》(2006 年)	《企业会计准则》(2006 年)
金谷信托	《企业会计准则》(2006 年)	《企业会计准则》(2006 年)
昆仑信托	《企业会计准则》(2006 年)《金融企业会计制度》	《企业会计准则》(2006 年) 《金融企业会计制度》
陆家嘴信托	《企业会计准则》(2006 年)	《企业会计准则》(2006 年)
平安信托	《企业会计准则》(2006 年)	《企业会计准则》(2006 年)
厦门信托	《企业会计准则》(2006 年)	《企业会计准则》(2006 年)
山东信托	《企业会计准则》(2006 年)	《企业会计准则》(2006 年)
山西信托	《企业会计准则》(2006 年)	《企业会计准则》(2006 年)
陕国投	《企业会计准则》(2006 年)	《企业会计准则》(2006 年)
上海信托	《企业会计准则》(2006 年)	《企业会计准则》(2006 年)
四川信托	《企业会计准则》(2006 年)	《信托业务会计核算办法》(2005 年)
苏州信托	《企业会计准则》(2006 年)	《信托业务会计核算办法》(2005 年)
天津信托	《企业会计准则》(2006 年)	《企业会计准则》(2006 年)
外贸信托	《企业会计准则》(2006 年)	《企业会计准则》(2006 年)
五矿信托	《企业会计准则》(2006 年)	《企业会计准则》(2006 年)
长安信托	《企业会计准则》(2006 年)	《企业会计准则》(2006 年)
西部信托	《企业会计准则》(2006 年)	《企业会计准则》(2006 年)
西藏信托	《企业会计准则》(2006 年)	《企业会计准则》(2006 年)
新华信托	《企业会计准则》(2006 年)	《企业会计准则》(2006 年)
新时代信托	《企业会计准则》(2006 年)	《企业会计准则》(2006 年)
兴业信托	《企业会计准则》(2006 年)	《企业会计准则》(2006 年)
英大信托	《企业会计准则》(2006 年)	《企业会计准则》(2006 年)
粤财信托	《企业会计准则》(2006 年)	《企业会计准则》(2006 年)
云南信托	《企业会计准则》(2006 年)	《企业会计准则》(2006 年)

续表

简称	固有业务执行会计制度	信托业务执行会计制度
中诚信托	《企业会计准则》(2006 年)	《企业会计准则》(2006 年)
中海信托	《企业会计准则》(2006 年)	《企业会计准则》(2006 年)
中航信托	《企业会计准则》(2006 年)	《企业会计准则》(2006 年)
中粮信托	《企业会计准则》(2006 年)	《企业会计准则》(2006 年)
中融信托	《企业会计准则》(2006 年)	《企业会计准则》(2006 年)
中泰信托	《企业会计准则》(2006 年)	《企业会计准则》(2006 年)
中铁信托	《企业会计准则》(2006 年)	《企业会计准则》(2006 年)
中投信托	《企业会计准则》(2006 年)	《企业会计准则》(2006 年)
中信信托	《企业会计准则》(2006 年)	《企业会计准则》(2006 年)
中原信托	《企业会计准则》(2006 年)	《信托业务会计核算办法》(2005 年)
重庆信托	《企业会计准则》(2006 年)	《企业会计准则》(2006 年)
紫金信托	《企业会计准则》(2006 年)	《企业会计准则》(2006 年)

表 2-4-3　2010 年 56 家信托公司披露执行的会计制度统计表

简称	固有业务执行会计制度	信托业务执行会计制度
爱建信托	《企业会计准则》(2006 年)	《企业会计准则》(2006 年)
安信信托	《企业会计准则》(2006 年)	《企业会计准则》(2006 年)
百瑞信托	《企业会计准则》(2006 年)	《企业会计准则》(2006 年)
北方信托	《企业会计准则》(2006 年)	《企业会计准则》(2006 年)
北京信托	《企业会计准则》(2006 年)	《企业会计准则》(2006 年)
渤海信托	《企业会计准则》(2006 年)	《企业会计准则》(2006 年)
东莞信托	《企业会计准则》(2006 年)	《企业会计准则》(2006 年)
甘肃信托	《企业会计准则》(2006 年)	《信托业务会计核算办法》(2005 年)
国联信托	《企业会计准则》(2006 年)	《企业会计准则》(2006 年)
国民信托	《企业会计准则》(2006 年)	《企业会计准则》(2006 年)
国投信托	《企业会计准则》(2006 年)	《企业会计准则》(2006 年)
国元信托	《企业会计准则》(2006 年)	《企业会计准则》(2006 年)
杭工商信托	《企业会计准则》(2006 年)	《企业会计准则》(2006 年)
湖南信托	《企业会计准则》(2006 年)	《企业会计准则》(2006 年)
华澳信托	《企业会计准则》(2006 年)	《企业会计准则》(2006 年)
华宝信托	《企业会计准则》(2006 年)	《企业会计准则》(2006 年)
华宸信托	《企业会计准则》(2006 年)	《企业会计准则》(2006 年)
华能信托	《企业会计准则》(2006 年)	《信托业务会计核算办法》(2005 年)
华融信托	《企业会计准则》(2006 年)	《信托业务会计核算办法》(2005 年) 《企业会计准则》(2006 年)
华润信托	《企业会计准则》(2006 年)	《企业会计准则》(2006 年)
华信信托	《企业会计准则》(2006 年)	《企业会计准则》(2006 年)
吉林信托	《企业会计准则》(2006 年)	《信托业务会计核算办法》(2005 年)
建信信托	《企业会计准则》(2006 年)	《企业会计准则》(2006 年)
江苏信托	《企业会计准则》(2006 年)	《企业会计准则》(2006 年)
江西信托	《企业会计准则》(2006 年)	《信托业务会计核算办法》(2005 年)
交银国际信托	《企业会计准则》(2006 年)	《企业会计准则》(2006 年)
金谷信托	《企业会计准则》(2006 年)	《企业会计准则》(2006 年)
昆仑信托	《企业会计准则》(2006 年)《金融企业会计制度》	《信托业务会计核算办法》(2005 年)
兴业信托	《企业会计准则》(2006 年)	《企业会计准则》(2006 年)
平安信托	《企业会计准则》(2006 年)	《企业会计准则》(2006 年)
厦门信托	《企业会计准则》(2006 年)	《企业会计准则》(2006 年)
山东信托	《企业会计准则》(2006 年)	《企业会计准则》(2006 年)
山西信托	《企业会计准则》(2006 年)	《企业会计准则》(2006 年)
陕国投	《企业会计准则》(2006 年)	《企业会计准则》(2006 年)

续表

简称	固有业务执行会计制度	信托业务执行会计制度
上海信托	《企业会计准则》(2006 年)	《企业会计准则》(2006 年)
苏州信托	《企业会计准则》(2006 年)	《企业会计准则》(2006 年)
天津信托	《企业会计准则》(2006 年)	《企业会计准则》(2006 年)
外贸信托	《企业会计准则》(2006 年)	《企业会计准则》(2006 年)
长安信托	《企业会计准则》(2006 年)	《企业会计准则》(2006 年)
西部信托	《企业会计准则》(2006 年)	《企业会计准则》(2006 年)
西藏信托	《企业会计准则》(2006 年)	《企业会计准则》(2006 年)
新华信托	《企业会计准则》(2006 年)	《企业会计准则》(2006 年)
新时代信托	《企业会计准则》(2006 年)	《企业会计准则》(2006 年)
英大信托	《企业会计准则》(2006 年)	《企业会计准则》(2006 年)
粤财信托	《企业会计准则》(2006 年)	《企业会计准则》(2006 年)
云南信托	《企业会计准则》(2006 年)	《企业会计准则》(2006 年)
中诚信托	《企业会计准则》(2006 年)	《企业会计准则》(2006 年)
中海信托	《企业会计准则》(2006 年)	《企业会计准则》(2006 年)
中航信托	《企业会计准则》(2006 年)	《企业会计准则》(2006 年)
中融信托	《企业会计准则》(2006 年)	《企业会计准则》(2006 年)
中泰信托	《企业会计准则》(2006 年)	《企业会计准则》(2006 年)
中铁信托	《企业会计准则》(2006 年)	《企业会计准则》(2006 年)
中投信托	《企业会计准则》(2006 年)	《企业会计准则》(2006 年)
中信信托	《企业会计准则》(2006 年)	《企业会计准则》(2006 年)
中原信托	《企业会计准则》(2006 年)	《信托业务会计核算办法》(2005 年)
重庆信托	《企业会计准则》(2006 年)	《企业会计准则》(2006 年)

第三章　信托公司财务综合排名及单项财务指标排行榜

一、信托公司财务综合排名

2011 年我们沿用 2010 年的评分标准，选取固有资产三项数据和信托资产五项数据作为财务综合排名的评分指标，其中固有资产指标得分占总分的 20%，信托资产指标得分占总分的 80%。评分方法为对 64 家公司按各项指标进行排名，第一名获得 64 分，第二名获得 63 分，依此类推，第六十四名得 1 分。

财务综合排名各项指标的分数分布情况如表 3－1－1 所示。

表 3－1－1　财务综合排名各项指标的分数分布情况表

项　目	指标	最高得分	权数	最高排名得分	占比(%)
固有资产	资产总额	64	0.4167	26.67	20.00
	收入总额	64	0.4167	26.67	
	净资产收益率	64	0.4167	26.67	
信托资产	资产总额	64	1.00	64.00	80.00
	资产营业收入	64	1.00	64.00	
	净资产收益率	64	1.00	64.00	
	信托报酬率	64	1.00	64.00	
	主动管理型信托资产总额	64	1.00	64.00	
合计		512		400.00	100

在汇总报表的过程中，我们发现有部分信托公司本年披露固有资产报表年初金额与其上年披露的年末金额不一致，有 5 家公司净资产与其上年公告的年末净资产不一致，说明这些公司有调整期初损益的项目。根据《金融企业会计制度》和《企业会计准则》的有关规定，凡是有调整年初未分配利润的项目，公司必须在年报中说明调整的内容和原因。但部分信托公司年报中未提供关于年初金额调整的解释，或者有些公司虽然没有调整年初未分配利润，但调整了年初资产与负债。由于无法知道公司调整年初数的原因，因此我们无法确定该调整的合理性。年初数的调整可能会影响公司本年利润的正确反映或某些指标的正确计算，进而影响到排行榜的准确性，所以本次排行中所用的上年数均以本年各公司披露的上年数为准。

在总体排名时，由于本年无出具非标准意见审计报告的公司，故 64 家公司全部参与排名。排名所有数据均来自审计报告后附的财务报表（经过适当调整后的财务报表）。

表 3－1－2　信托公司财务综合排名前五位公司情况表

排名	简称	合计得分
1	平安信托	335.17
2	中诚信托	326.75
3	新华信托	321.08
4	中融信托	318.50
5	中信信托	307.25

表 3－1－3　信托公司财务综合排名情况表

排名	简称	2011 年固有资产营业收入（万元）	得分	2011 年末固有资产资产总计（万元）	得分	2011 年固有资产净资产收益率（%）	得分	2011 年信托资产营业收入（万元）	得分	2011 年末信托资产资产合计（万元）	得分	2011 年信托资产净资产收益率（%）	得分	2011 年信托报酬率（%）	得分	2011 年主动管理型信托资产总额（万元）	得分	合计得分
1	平安信托	803 594. 63	26. 67	5 797 229. 99	26. 67	10. 33	5. 83	1 123 726. 03	63	19 621 680. 41	61	4. 87	44	1. 10	49	11 718 305. 66	59	335. 17
2	中诚信托	246 381. 48	25. 42	1 028 571. 80	26. 25	16. 40	17. 08	1 335 025. 42	64	20 381 634. 68	62	5. 64	49	0. 60	21	16 028 176. 51	62	326. 75
3	新华信托	136 134. 45	23. 33	226 832. 65	13. 33	30. 43	25. 42	508 462. 18	53	6 939 968. 44	40	6. 54	59	2. 06	60	5 498 019. 66	47	321. 08
4	中融信托	292 623. 64	25. 83	421 185. 62	20. 83	31. 71	25. 83	621 273. 08	57	17 416 867. 09	56	1. 74	14	1. 63	58	13 871 128. 07	61	318. 50
5	中信信托	374 684. 02	26. 25	888 878. 07	25. 42	26. 89	24. 58	1 121 178. 70	62	39 996 931. 91	64	1. 90	16	0. 67	25	24 563 365. 21	64	307. 25
6	华融信托	142 803. 86	23. 75	257 979. 10	16. 25	21. 64	23. 75	442 191. 61	51	4 811 167. 33	29	7. 14	60	2. 36	63	3 936 661. 13	40	306. 75
7	四川信托	94 948. 45	20. 00	446 449. 88	21. 67	19. 00	21. 25	537 953. 70	54	7 060 494. 76	41	6. 36	56	1. 36	55	1 302 417. 18	12	280. 92
8	外贸信托	122 212. 80	22. 50	425 586. 11	21. 25	19. 82	22. 50	583 964. 88	56	23 877 516. 04	63	1. 74	15	0. 45	11	17 542 539. 91	63	274. 25
9	吉林信托	77 119. 54	18. 75	324 255. 69	18. 33	15. 44	15. 00	424 820. 03	48	6 308 676. 74	36	5. 34	46	0. 98	42	6 063 477. 00	50	274. 08
10	渤海信托	52 567. 28	14. 17	246 317. 95	15. 00	11. 73	7. 92	776 767. 88	59	10 695 935. 28	50	6. 38	57	0. 51	16	7 396 932. 00	54	273. 08
11	中铁信托	99 791. 59	20. 83	297 675. 58	17. 08	28. 17	25. 00	310 035. 00	39	4 258 870. 00	27	4. 15	40	1. 80	59	3 876 416. 00	39	266. 92
12	中海信托	102 765. 60	21. 67	452 982. 01	22. 08	15. 43	14. 58	882 047. 94	60	15 020 875. 92	54	4. 14	39	0. 17	2	6 624 224. 00	52	265. 33
13	北方信托	59 004. 78	15. 00	204 186. 81	12. 50	17. 57	18. 75	471 148. 24	52	6 814 986. 14	39	6. 48	58	0. 84	33	3 357 054. 14	37	265. 25
14	中航信托	65 982. 54	16. 25	200 026. 33	12. 08	15. 69	15. 83	434 662. 70	50	7 847 394. 75	46	4. 52	43	1. 05	46	2 931 772. 43	33	262. 17
15	华能信托	73 067. 71	17. 92	316 315. 52	17. 92	12. 74	10. 83	431 257. 59	49	9 335 052. 35	48	3. 80	31	0. 79	30	9 335 052. 35	57	261. 67
16	北京信托	96 958. 00	20. 42	312 671. 00	17. 50	19. 46	22. 08	383 858. 65	43	10 882 506. 35	51	2. 56	20	0. 74	28	8 836 450. 56	56	258. 00
17	长安信托	70 002. 49	16. 67	169 517. 52	10. 42	19. 03	21. 67	409 983. 53	45	8 136 810. 27	47	3. 86	32	0. 82	31	7 395 664. 59	53	256. 75
18	百瑞信托	62 526. 92	15. 83	231 930. 29	13. 75	18. 34	20. 42	287 679. 27	37	4 030 842. 05	25	6. 27	52	1. 38	56	2 941 033. 93	34	254. 00
19	华信信托	72 545. 86	17. 08	371 696. 29	20. 00	13. 02	12. 08	323 241. 17	40	4 285 326. 18	28	5. 96	51	1. 25	50	2 734 920. 79	30	248. 17
20	江西信托	85 584. 08	19. 58	606 540. 51	24. 17	8. 19	4. 17	410 650. 32	46	10 269 044. 49	49	3. 39	28	0. 60	23	5 912 635. 72	48	241. 92
21	粤财信托	48 696. 45	12. 92	239 141. 83	14. 17	14. 41	13. 33	645 008. 94	58	17 761 411. 14	57	3. 23	26	0. 22	4	8 133 702. 28	55	240. 42
22	昆仑信托	82 878. 75	19. 17	483 063. 31	22. 50	11. 38	7. 50	262 430. 01	32	6 450 504. 76	37	3. 13	24	0. 88	37	6 055 565. 36	49	228. 17
23	山东信托	53 884. 32	14. 58	324 912. 48	18. 75	11. 93	8. 33	554 430. 17	55	11 402 348. 62	52	4. 00	35	0. 37	6	3 079 180. 14	35	224. 67
24	英大信托	72 816. 18	17. 50	249 816. 31	15. 42	17. 87	19. 17	886 071. 06	61	19 121 712. 55	60	4. 10	36	0. 38	8	396 815. 60	6	223. 08
25	重庆信托	120 493. 25	22. 08	872 604. 40	25. 00	9. 97	5. 42	182 883. 80	28	5 090 035. 67	32	3. 06	23	0. 93	41	4 173 961. 74	41	217. 50
26	上海信托	175 611. 40	25. 00	682 469. 98	24. 58	13. 96	12. 50	290 576. 19	38	7 734 412. 85	45	2. 63	21	0. 72	27	2 500 296. 25	24	217. 08
27	天津信托	44 283. 60	12. 50	197 978. 94	11. 67	11. 21	6. 67	279 484. 48	35	3 891 462. 50	24	6. 29	53	0. 98	43	2 732 545. 21	29	214. 83
28	建信信托	60 068. 85	15. 42	496 354. 97	23. 33	7. 00	3. 33	418 350. 14	47	19 072 621. 31	59	1. 96	17	0. 20	3	4 360 638. 92	42	210. 08
29	华润信托	160 970. 78	24. 58	1 016 426. 02	25. 83	12. 30	9. 58	48 918. 98	8	12 640 244. 71	53	－0. 57	2	0. 76	29	10 016 112. 29	58	210. 00
30	国元信托	40 060. 37	10. 42	340 432. 60	19. 58	7. 87	3. 75	390 035. 58	44	6 535 748. 09	38	5. 48	48	0. 51	15	2 763 225. 25	31	209. 75
31	中原信托	41 388. 19	10. 83	171 032. 38	10. 83	14. 28	12. 92	247 986. 23	30	4 992 140. 37	30	4. 46	42	0. 70	26	4 613 439. 48	43	205. 58
32	方正东亚信托	24 094. 58	4. 58	80 295. 60	2. 92	12. 74	10. 42	264 779. 47	34	4 228 328. 49	26	5. 48	47	1. 08	48	2 881 255. 89	32	204. 92
33	新时代信托	31 140. 88	7. 08	99 596. 20	4. 17	11. 29	7. 08	283 225. 17	36	5 627 408. 61	35	3. 96	33	0. 88	36	5 040 913. 10	45	203. 33
34	江苏信托	102 310. 12	21. 25	527 011. 61	23. 75	16. 91	17. 92	105 664. 82	15	5 179 312. 75	33	1. 04	9	0. 84	34	5 079 999. 59	46	199. 92

续表

排名	简称	2011 年固有资产营业收入（万元）	得分	2011 年末固有资产资产总计（万元）	得分	2011 年固有资产净资产收益率（%）	得分	2011 年信托资产营业收入（万元）	得分	2011 年末信托资产资产合计（万元）	得分	2011 年信托资产净资产收益率（%）	得分	2011 年信托报酬率（%）	得分	2011 年主动管理型信托资产总额（万元）	得分	合计得分
35	国联信托	33 235.00	8.75	223 025.00	12.92	10.42	6.25	249 445.00	31	2 241 826.00	13	10.08	64	1.26	51	1 041 531.00	10	196.92
36	中泰信托	146 941.16	24.17	380 660.68	20.42	17.89	19.58	120 923.19	17	1 084 852.64	5	9.12	62	0.90	38	1 006 662.07	9	195.17
37	华宸信托	28 403.32	5.00	138 041.79	7.92	16.71	17.50	174 028.83	27	1 539 373.69	8	8.79	61	1.50	57	1 117 867.99	11	194.42
38	湖南信托	31 835.00	7.50	121 236.00	6.25	13.01	11.67	195 741.00	29	2 725 773.00	18	5.84	50	1.35	52	2 126 703.00	20	194.42
39	华宝信托	124 127.37	22.92	496 054.64	22.92	12.86	11.25	377 564.43	42	18 464 254.47	58	1.72	13	0.27	5	2 093 013.22	19	194.08
40	安信信托	48 825.25	13.33	93 202.98	3.33	35.32	26.25	123 536.41	19	2 542 782.73	16	4.12	37	2.26	62	1 830 589.41	17	193.92
41	杭工商信托	39 839.00	10.00	96 347.00	3.75	21.49	22.92	122 264.00	18	1 074 727.00	3	9.45	63	3.29	64	949 382.00	8	192.67
42	苏州信托	28 663.77	5.42	114 453.18	5.42	14.47	13.75	173 278.09	26	2 169 330.72	12	6.34	55	1.35	53	2 169 330.73	21	191.58
43	中投信托	43 102.09	11.25	251 414.79	15.83	12.67	10.00	144 874.30	23	2 745 980.58	20	4.31	41	1.01	45	1 566 556.38	16	182.08
44	兴业信托	49 044.06	13.75	335 726.10	19.17	6.34	2.50	74 665.76	13	15 077 742.30	55	−0.15	4	0.46	12	12 482 417.00	60	179.42
45	交银国际信托	37 071.61	9.58	243 570.43	14.58	6.84	2.92	334 311.81	41	7 476 714.63	44	3.98	34	0.49	14	1 912 773.86	18	178.08
46	东莞信托	30 104.74	5.83	104 014.53	4.58	16.95	18.33	144 382.71	22	2 430 032.39	15	4.99	45	1.00	44	2 401 860.24	23	177.75
47	厦门信托	43 467.00	11.67	155 905.00	10.00	18.68	20.83	69 255.00	11	7 172 582.00	42	0.73	7	0.67	24	6 608 521.00	51	177.50
48	五矿信托	30 853.34	6.67	140 708.85	8.33	15.36	14.17	166 349.87	25	3 692 694.40	22	3.31	27	0.60	22	3 692 694.40	38	163.17
49	金谷信托	44 040.75	12.08	176 007.22	11.25	16.21	16.67	141 778.69	21	7 240 594.97	43	1.61	12	0.41	9	3 211 628.26	36	161.00
50	华鑫信托	35 448.43	9.17	137 557.12	7.50	15.92	16.25	113 874.10	16	5 579 013.00	34	1.56	11	0.85	35	2 560 755.73	28	156.92
51	中粮信托	22 026.15	3.75	141 386.96	8.75	5.85	1.67	264 423.36	33	3 647 790.28	21	6.32	54	0.38	7	2 522 572.24	25	154.17
52	国投信托	76 947.46	18.33	258 659.16	16.67	12.12	9.17	151 404.72	24	3 857 548.67	23	3.22	25	0.45	10	2 538 350.66	27	153.17
53	山西信托	33 023.88	8.33	150 308.26	9.58	6.24	2.08	136 915.34	20	2 741 844.13	19	4.14	38	0.83	32	1 538 143.84	15	144.00
54	陕国投	30 442.20	6.25	121 208.86	5.83	18.17	20.00	52 238.54	9	5 048 429.63	31	0.31	6	0.56	19	4 694 307.26	44	141.08
55	爱建信托	18 771.82	3.33	58 441.78	2.08	21.63	23.33	42 868.56	6	1 081 801.33	4	2.65	22	1.36	54	891 124.65	7	121.75
56	大业信托	18 565.29	2.92	46 893.72	1.25	22.65	24.17	48 301.41	7	1 616 097.35	10	2.40	19	1.06	47	—	1	112.33
57	西部信托	13 263.69	2.08	142 973.62	9.17	4.99	1.25	95 210.03	14	2 382 841.38	14	3.44	29	0.53	17	2 382 841.37	22	108.50
58	云南信托	22 970.77	4.17	111 102.14	5.00	11.96	8.75	−2 837.35	1	1 447 634.09	7	−1.85	1	2.25	61	1 417 953.08	14	101.92
59	甘肃信托	4 375.82	1.25	123 758.40	6.67	0.66	0.42	72 431.70	12	2 588 228.91	17	2.24	18	0.60	20	2 529 114.57	26	101.33
60	紫金信托	8 293.84	1.67	55 549.25	1.67	9.65	5.00	53 349.80	10	1 181 691.00	6	3.53	30	0.91	40	239 630.67	5	99.33
61	国民信托	32 311.95	7.92	125 410.82	7.08	15.47	15.42	−760.26	2	438 215.86	2	−0.50	3	0.91	39	134 998.53	4	80.42
62	华澳信托	16 933.44	2.50	76 027.36	2.50	9.07	4.58	30 626.70	5	1 602 408.56	9	1.01	8	0.53	18	1 350 121.30	13	62.58
63	西藏信托	4 154.61	0.83	42 570.92	0.83	4.89	0.83	29 119.98	4	1 829 449.83	11	1.46	10	0.47	13	—	1	41.50
64	陆家嘴信托	1 626.47	0.42	28 906.96	0.42	65.67	26.67	0.00	3	0.00	1	0.00	5	0.00	1	—	1	38.50

二、信托公司单项财务指标排行榜

(一)固有资产资产总额排行榜

排名	简称	2011年12月31日(万元)	2010年12月31日(万元)	增长(%)
1	平安信托	5 797 229.99	5 218 199.45	11.10
2	中诚信托	1 028 571.80	932 876.63	10.26
3	华润信托	1 016 426.02	972 017.62	4.57
4	中信信托	888 878.07	770 865.92	15.31
5	重庆信托	872 604.40	868 962.83	0.42
6	上海信托	682 469.98	642 785.96	6.17
7	江西信托	606 540.51	762 996.81	-20.51
8	江苏信托	527 011.61	440 887.45	19.53
9	建信信托	496 354.97	456 114.01	8.82
10	华宝信托	496 054.64	429 206.89	15.57
11	昆仑信托	483 063.31	471 948.34	2.36
12	中海信托	452 982.01	243 306.52	86.18
13	四川信托	446 449.88	501 554.38	-10.99
14	外贸信托	425 586.11	386 680.00	10.06
15	中融信托	421 185.62	204 331.40	106.13
16	中泰信托	380 660.68	347 731.49	9.47
17	华信信托	371 696.29	333 395.08	11.49
18	国元信托	340 432.60	319 302.04	6.62
19	兴业信托	335 726.10	87 864.91	282.09
20	山东信托	324 912.48	309 004.45	5.15
21	吉林信托	324 255.69	255 279.97	27.02
22	华能信托	316 315.52	164 581.35	92.19
23	北京信托	312 671.00	265 854.00	17.61
24	中铁信托	297 675.58	220 091.56	35.25
25	国投信托	258 659.16	250 497.70	3.26
26	华融信托	257 979.10	197 663.49	30.51
27	中投信托	251 414.79	226 054.41	11.22
28	英大信托	249 816.31	202 829.70	23.17
29	渤海信托	246 317.95	92 671.95	165.80
30	交银国际信托	243 570.43	144 956.51	68.03
31	粤财信托	239 141.83	171 057.38	39.80
32	百瑞信托	231 930.29	144 131.23	60.92
33	新华信托	226 832.65	156 005.07	45.40
34	国联信托	223 025.00	219 634.00	1.54
35	北方信托	204 186.81	162 430.56	25.71
36	中航信托	200 026.33	43 661.33	358.13
37	天津信托	197 978.94	203 527.04	-2.73
38	金谷信托	176 007.22	141 000.68	24.83
39	中原信托	171 032.38	149 972.19	14.04
40	长安信托	169 517.52	95 752.59	77.04
41	厦门信托	155 905.00	138 112.00	12.88
42	山西信托	150 308.26	149 002.11	0.88
43	西部信托	142 973.62	100 976.47	41.59
44	中粮信托	141 386.96	128 870.19	9.71
45	五矿信托	140 708.85	120 964.43	16.32
46	华宸信托	138 041.79	129 088.44	6.94

续表

排名	简称	2011年12月31日(万元)	2010年12月31日(万元)	增长(%)
47	华鑫信托	137 557. 12	103 935. 90	32. 35
48	国民信托	125 410. 82	116 430. 87	7. 71
49	甘肃信托	123 758. 40	127 607. 41	-3. 02
50	湖南信托	121 236. 00	72 499. 00	67. 22
51	陕国投	121 208. 86	120 403. 34	0. 67
52	苏州信托	114 453. 18	97 713. 41	17. 13
53	云南信托	111 102. 14	99 557. 98	11. 60
54	东莞信托	104 014. 53	100 380. 51	3. 62
55	新时代信托	99 596. 20	90 047. 00	10. 60
56	杭工商信托	96 347. 00	84 435. 00	14. 11
57	安信信托	93 202. 98	68 860. 06	35. 35
58	方正东亚信托	80 295. 60	31 833. 27	152. 24
59	华澳信托	76 027. 36	34 107. 52	122. 90
60	爱建信托	58 441. 78	43 961. 16	32. 94
61	紫金信托	55 549. 25	48 054. 53	15. 60
62	大业信托	46 893. 72	30 675. 87	52. 25
63	西藏信托	42 570. 92	40 615. 83	4. 81
64	陆家嘴信托	28 906. 96	12 463. 60	131. 93
合计		23 699 088. 88	20 298 280. 80	16. 75
平均		370 298. 26	317 160. 64	16. 75

在固有资产资产规模排行榜中，平安信托资产总额仍排名第一位，且相对于第二名的领先优势较大。其中兴业信托从2010年的第49名提高至第19名，提高幅度最大。本年新增的8家信托公司除四川信托规模较大，排在第13名，其余规模均较小。

（二）固有资产资产总额增减排行榜

排名	简称	2011年12月31日(万元)	2010年12月31日(万元)	增长(%)	增减额(万元)
1	平安信托	5 797 229. 99	5 218 199. 45	11. 10	579 030. 54
2	兴业信托	335 726. 10	87 864. 91	282. 09	247 861. 19
3	中融信托	421 185. 62	204 331. 40	106. 13	216 854. 22
4	中海信托	452 982. 01	243 306. 52	86. 18	209 675. 49
5	中航信托	200 026. 33	43 661. 33	358. 13	156 365. 00
6	渤海信托	246 317. 95	92 671. 95	165. 80	153 646. 00
7	华能信托	316 315. 52	164 581. 35	92. 19	151 734. 17
8	中信信托	888 878. 07	770 865. 92	15. 31	118 012. 15
9	交银国际信托	243 570. 43	144 956. 51	68. 03	98 613. 92
10	中诚信托	1 028 571. 80	932 876. 63	10. 26	95 695. 17
11	百瑞信托	231 930. 29	144 131. 23	60. 92	87 799. 06
12	江苏信托	527 011. 61	440 887. 45	19. 53	86 124. 16
13	中铁信托	297 675. 58	220 091. 56	35. 25	77 584. 02
14	长安信托	169 517. 52	95 752. 59	77. 04	73 764. 93
15	新华信托	226 832. 65	156 005. 07	45. 40	70 827. 58
16	吉林信托	324 255. 69	255 279. 97	27. 02	68 975. 72
17	粤财信托	239 141. 83	171 057. 38	39. 80	68 084. 45
18	华宝信托	496 054. 64	429 206. 89	15. 57	66 847. 75
19	华融信托	257 979. 10	197 663. 49	30. 51	60 315. 61
20	湖南信托	121 236. 00	72 499. 00	67. 22	48 737. 00
21	方正东亚信托	80 295. 60	31 833. 27	152. 24	48 462. 33
22	英大信托	249 816. 31	202 829. 70	23. 17	46 986. 61
23	北京信托	312 671. 00	265 854. 00	17. 61	46 817. 00
24	华润信托	1 016 426. 02	972 017. 62	4. 57	44 408. 40
25	西部信托	142 973. 62	100 976. 47	41. 59	41 997. 15
26	华澳信托	76 027. 36	34 107. 52	122. 90	41 919. 84

续表

排名	简称	2011年12月31日(万元)	2010年12月31日(万元)	增长(%)	增减额(万元)
27	北方信托	204 186. 81	162 430. 56	25. 71	41 756. 25
28	建信信托	496 354. 97	456 114. 01	8. 82	40 240. 96
29	上海信托	682 469. 98	642 785. 96	6. 17	39 684. 02
30	外贸信托	425 586. 11	386 680. 00	10. 06	38 906. 11
31	华信信托	371 696. 29	333 395. 08	11. 49	38 301. 21
32	金谷信托	176 007. 22	141 000. 68	24. 83	35 006. 54
33	华鑫信托	137 557. 12	103 935. 90	32. 35	33 621. 22
34	中泰信托	380 660. 68	347 731. 49	9. 47	32 929. 19
35	中投信托	251 414. 79	226 054. 41	11. 22	25 360. 38
36	安信信托	93 202. 98	68 860. 06	35. 35	24 342. 92
37	国元信托	340 432. 60	319 302. 04	6. 62	21 130. 56
38	中原信托	171 032. 38	149 972. 19	14. 04	21 060. 19
39	五矿信托	140 708. 85	120 964. 43	16. 32	19 744. 42
40	厦门信托	155 905. 00	138 112. 00	12. 88	17 793. 00
41	苏州信托	114 453. 18	97 713. 41	17. 13	16 739. 76
42	陆家嘴信托	28 906. 96	12 463. 60	131. 93	16 443. 36
43	大业信托	46 893. 72	30 675. 87	52. 87	16 217. 85
44	山东信托	324 912. 48	309 004. 45	5. 15	15 908. 03
45	爱建信托	58 441. 78	43 961. 16	32. 94	14 480. 62
46	中粮信托	141 386. 96	128 870. 19	9. 71	12 516. 77
47	杭工商信托	96 347. 00	84 435. 00	14. 11	11 912. 00
48	云南信托	111 102. 14	99 557. 98	11. 60	11 544. 16
49	昆仑信托	483 063. 31	471 948. 34	2. 36	11 114. 97
50	新时代信托	99 596. 20	90 047. 00	10. 60	9 549. 20
51	国民信托	125 410. 82	116 430. 87	7. 71	8 979. 95
52	华宸信托	138 041. 79	129 088. 44	6. 94	8 953. 35
53	国投信托	258 659. 16	250 497. 70	3. 26	8 161. 47
54	紫金信托	55 549. 25	48 054. 53	15. 60	7 494. 71
55	重庆信托	872 604. 40	868 962. 83	0. 42	3 641. 57
56	东莞信托	104 014. 53	100 380. 51	3. 62	3 634. 02
57	国联信托	223 025. 00	219 634. 00	1. 54	3 391. 00
58	西藏信托	42 570. 92	40 615. 83	4. 81	1 955. 09
59	山西信托	150 308. 26	149 002. 11	0. 88	1 306. 15
60	陕国投	121 208. 86	120 403. 34	0. 67	805. 52
61	甘肃信托	123 758. 40	127 607. 41	-3. 02	-3 849. 01
62	天津信托	197 978. 94	203 527. 04	-2. 73	-5 548. 10
63	四川信托	446 449. 88	501 554. 38	-10. 99	-55 104. 50
64	江西信托	606 540. 51	762 996. 81	-20. 51	-156 456. 30
合计		23 699 088. 88	20 298 280. 80	16. 75	3 400 808. 08
平均		370 298. 26	317 160. 64	16. 75	53 137. 63

2011年资产总额增加超过10亿元的有8家，合计增加183. 32亿元。64家公司合计增加340. 08亿元，2010年相比2009年的56家合计增加224. 03亿元，本年增速略有上升。本年有4家公司资产总额减少，合计减少22. 10亿元，减少最多的是江西信托。

(三)固有资产营业总收入排行榜

排名	简称	2011年12月31日(万元)	2010年12月31日(万元)	较上年增减(%)
1	平安信托	803 594. 63	947 702. 84	-15. 21
2	中信信托	374 684. 02	238 639. 78	57. 01
3	中融信托	292 623. 64	175 290. 23	66. 94
4	中诚信托	246 381. 48	167 194. 64	47. 36
5	上海信托	175 611. 40	181 363. 43	-3. 17
6	华润信托	160 970. 78	164 629. 97	-2. 22
7	中泰信托	146 941. 16	143 585. 18	2. 34

续表

排名	简称	2011年12月31日(万元)	2010年12月31日(万元)	较上年增减(%)
8	华融信托	142 803.86	75 377.02	89.45
9	新华信托	136 134.45	81 202.71	67.65
10	华宝信托	124 127.37	144 135.94	-13.88
11	外贸信托	122 212.80	64 113.20	90.62
12	重庆信托	120 493.25	84 660.91	42.32
13	中海信托	102 765.60	81 313.47	26.38
14	江苏信托	102 310.12	76 613.33	33.54
15	中铁信托	99 791.59	55 057.69	81.25
16	北京信托	96 958.00	63 298.00	53.18
17	四川信托	94 948.45	2 781.10	3 314.06
18	江西信托	85 584.08	78 464.17	9.07
19	昆仑信托	82 878.75	74 122.11	11.81
20	吉林信托	77 119.54	44 680.01	72.60
21	国投信托	76 947.46	69 377.78	10.91
22	华能信托	73 067.71	25 862.95	182.52
23	英大信托	72 816.18	43 963.45	65.63
24	华信信托	72 545.86	65 992.19	9.93
25	长安信托	70 002.49	36 720.36	90.64
26	中航信托	65 982.54	10 599.79	522.49
27	百瑞信托	62 526.92	41 347.21	51.22
28	建信信托	60 068.85	33 083.48	81.57
29	北方信托	59 004.78	35 762.84	64.99
30	山东信托	53 884.32	47 668.80	13.04
31	渤海信托	52 567.28	22 226.68	136.51
32	兴业信托	49 044.06	20 670.72	137.26
33	安信信托	48 825.25	30 433.45	60.43
34	粤财信托	48 696.45	38 570.75	26.25
35	天津信托	44 283.60	33 589.96	31.84
36	金谷信托	44 040.75	17 284.19	154.80
37	厦门信托	43 467.00	20 688.00	110.11
38	中投信托	43 102.09	42 066.53	2.46
39	中原信托	41 388.19	26 156.79	58.23
40	国元信托	40 060.37	36 462.05	9.87
41	杭工商信托	39 839.00	32 685.00	21.89
42	交银国际信托	37 071.61	21 166.45	75.14
43	华鑫信托	35 448.43	1 559.47	2 173.11
44	国联信托	33 235.00	38 154.00	-12.89
45	山西信托	33 023.88	24 120.65	36.91
46	国民信托	32 311.95	9 410.31	243.37
47	湖南信托	31 835.00	14 518.00	119.28
48	新时代信托	31 140.88	26 303.57	18.39
49	五矿信托	30 853.34	1 605.01	1 822.31
50	陕国投	30 442.20	22 016.91	38.27
51	东莞信托	30 104.74	24 483.60	22.96
52	苏州信托	28 663.77	24 102.47	18.92
53	华宸信托	28 403.32	25 347.38	12.06
54	方正东亚信托	24 094.58	1 243.95	1 836.93
55	云南信托	22 970.77	18 082.25	27.03
56	中粮信托	22 026.15	10 463.57	110.50
57	爱建信托	18 771.82	9 666.30	94.20
58	大业信托	18 565.29	25.74	72 026.22
59	华澳信托	16 933.44	5 082.23	233.19
60	西部信托	13 263.69	25 248.46	-47.47
61	紫金信托	8 293.84	742.16	1 017.53
62	甘肃信托	4 375.82	10 289.38	-57.47
63	西藏信托	4 154.61	848.69	389.53
64	陆家嘴信托	1 626.47	8.12	19 928.17
合计		5 288 706.71	3 989 927.37	32.55
平均		82 636.04	62 342.62	32.55

前10名信托公司营业收入合计为260.39亿元，占64家信托公司合计数的49.23%，且全部超过了10亿元。在64家公司中，2011年营业收入超过1亿元以上的有60家，较上年增加8家。超过10亿元的有14家，较上年增加6家。本期已经没有低于1 000万元以下营业收入的信托公司。

（四）固有资产营业总收入增长排行榜

排名	简称	2011年（万元）	2010年（万元）	增长额（万元）	较上年（%）
1	中信信托	374 684.02	238 639.78	136 044.24	57.01
2	中融信托	292 623.64	175 290.23	117 333.41	66.94
3	四川信托	94 948.45	2 781.10	92 167.35	3 314.06
4	中诚信托	246 381.48	167 194.64	79 186.84	47.36
5	华融信托	142 803.86	75 377.02	67 426.84	89.45
6	外贸信托	122 212.80	64 113.20	58 099.60	90.62
7	中航信托	65 982.54	10 599.79	55 382.75	522.49
8	新华信托	136 134.45	81 202.71	54 931.74	67.65
9	华能信托	73 067.71	25 862.95	47 204.76	182.52
10	中铁信托	99 791.59	55 057.69	44 733.91	81.25
11	重庆信托	120 493.25	84 660.91	35 832.34	42.32
12	华鑫信托	35 448.43	1 559.47	33 888.96	2 173.11
13	北京信托	96 958.00	63 298.00	33 660.00	53.18
14	长安信托	70 002.49	36 720.36	33 282.12	90.64
15	吉林信托	77 119.54	44 680.01	32 439.53	72.60
16	渤海信托	52 567.28	22 226.68	30 340.61	136.51
17	五矿信托	30 853.34	1 605.01	29 248.33	1 822.31
18	英大信托	72 816.18	43 963.45	28 852.73	65.63
19	兴业信托	49 044.06	20 670.72	28 373.34	137.26
20	建信信托	60 068.85	33 083.48	26 985.37	81.57
21	金谷信托	44 040.75	17 284.19	26 756.56	154.80
22	江苏信托	102 310.12	76 613.33	25 696.79	33.54
23	北方信托	59 004.78	35 762.84	23 241.94	64.99
24	国民信托	32 311.95	9 410.31	22 901.64	243.37
25	方正东亚信托	24 094.58	1 243.95	22 850.62	1 836.93
26	厦门信托	43 467.00	20 688.00	22 779.00	110.11
27	中海信托	102 765.60	81 313.47	21 452.13	26.38
28	百瑞信托	62 526.92	41 347.21	21 179.71	51.22
29	大业信托	18 565.29	25.74	18 539.55	72 026.22
30	安信信托	48 825.25	30 433.45	18 391.80	60.43
31	湖南信托	31 835.00	14 518.00	17 317.00	119.28
32	交银国际信托	37 071.61	21 166.45	15 905.16	75.14
33	中原信托	41 388.19	26 156.79	15 231.40	58.23
34	华澳信托	16 933.44	5 082.23	11 851.21	233.19
35	中粮信托	22 026.15	10 463.57	11 562.58	110.50
36	天津信托	44 283.60	33 589.96	10 693.64	31.84
37	粤财信托	48 696.45	38 570.75	10 125.70	26.25
38	爱建信托	18 771.82	9 666.30	9 105.52	94.20
39	山西信托	33 023.88	24 120.65	8 903.23	36.91
40	昆仑信托	82 878.75	74 122.11	8 756.64	11.81
41	陕国投	30 442.20	22 016.91	8 425.29	38.27
42	国投信托	76 947.46	69 377.78	7 569.68	10.91
43	紫金信托	8 293.84	742.16	7 551.68	1 017.53
44	杭工商信托	39 839.00	32 685.00	7 154.00	21.89
45	江西信托	85 584.08	78 464.17	7 119.91	9.07
46	华信信托	72 545.86	65 992.19	6 553.67	9.93

续表

排名	简称	2011年(万元)	2010年(万元)	增长额(万元)	较上年(%)
47	山东信托	53 884. 32	47 668. 80	6 215. 52	13. 04
48	东莞信托	30 104. 74	24 483. 60	5 621. 14	22. 96
49	云南信托	22 970. 77	18 082. 25	4 888. 52	27. 03
50	新时代信托	31 140. 88	26 303. 57	4 837. 31	18. 39
51	苏州信托	28 663. 77	24 102. 47	4 561. 30	18. 92
52	国元信托	40 060. 37	36 462. 05	3 598. 32	9. 87
53	中泰信托	146 941. 16	143 585. 18	3 355. 98	2. 34
54	西藏信托	4 154. 61	848. 69	3 305. 92	389. 53
55	华宸信托	28 403. 32	25 347. 38	3 055. 94	12. 06
56	陆家嘴信托	1 626. 47	8. 12	1 618. 35	19 928. 17
57	中投信托	43 102. 09	42 066. 53	1 035. 56	2. 46
58	华润信托	160 970. 78	164 629. 97	−3 659. 19	−2. 22
59	国联信托	33 235. 00	38 154. 00	−4 919. 00	−12. 89
60	上海信托	175 611. 40	181 363. 43	−5 752. 03	−3. 17
61	甘肃信托	4 375. 82	10 289. 38	−5 913. 56	−57. 47
62	西部信托	13 263. 69	25 248. 46	−11 984. 77	−47. 47
63	华宝信托	124 127. 37	144 135. 94	−20 008. 57	−13. 88
64	平安信托	803 594. 63	947 702. 84	−144 108. 21	−15. 21
合计		5 288 706. 71	3 989 927. 37	1 298 779. 34	32. 55
平均		82 636. 04	62 342. 62	20 293. 43	32. 55

（五）固有资产净资产排行榜

单位：万元

排名	简称	2011年12月31日	本年列报2010年12月31日	上年列报2010年12月31日	2010年末与2011年初数差异
1	平安信托	2 185 924. 08	2 050 294. 36	2 050 294. 36	—
2	中诚信托	881 212. 72	804 607. 19	804 607. 19	—
3	华润信托	880 748. 81	830 081. 26	830 081. 26	—
4	重庆信托	803 848. 86	798 994. 75	798 994. 75	—
5	中信信托	714 142. 96	565 099. 15	565 099. 15	—
6	上海信托	618 151. 02	584 055. 41	584 055. 41	—
7	江苏信托	511 274. 42	431 543. 44	433 314. 65	1 771. 21
8	建信信托	470 459. 37	438 389. 93	438 389. 93	—
9	昆仑信托	460 802. 12	431 422. 61	431 422. 61	—
10	中海信托	428 348. 64	227 342. 24	227 342. 24	—
11	外贸信托	396 022. 52	358 240. 90	358 240. 90	—
12	华宝信托	391 266. 45	326 446. 93	326 446. 93	—
13	华信信托	360 981. 96	321 384. 20	320 219. 79	−1 164. 41
14	江西信托	347 636. 39	325 442. 72	325 442. 72	—
15	中融信托	332 110. 26	153 930. 91	153 930. 91	—
16	国元信托	328 695. 08	307 455. 27	307 455. 27	—
17	兴业信托	321 817. 68	80 045. 86	80 045. 86	—
18	中泰信托	304 244. 65	293 017. 69	293 017. 69	—
19	华能信托	293 808. 28	154 542. 31	154 542. 31	—
20	北京信托	276 757. 00	242 139. 00	242 139. 00	—
21	吉林信托	260 852. 05	209 861. 12	208 192. 67	−1 668. 45
22	国投信托	243 121. 51	234 463. 83	234 463. 83	—
23	中投信托	239 551. 98	214 075. 81	210 003. 09	−4 072. 72
24	英大信托	238 254. 07	196 430. 48	196 430. 48	—
25	华融信托	237 232. 04	185 929. 63	185 929. 63	—

续表

排名	简称	2011年12月31日	本年列报2010年12月31日	上年列报2010年12月31日	2010年末与2011年初数差异
26	粤财信托	232 677.61	167 240.91	167 240.91	—
27	渤海信托	232 458.43	87 193.41	87 401.27	207.86
28	交银国际信托	232 067.16	137 054.73	137 054.73	—
29	国联信托	219 735.00	214 148.00	214 148.00	—
30	四川信托	213 413.73	176 284.15	本年新增	
31	山东信托	207 432.17	193 908.92	193 908.92	—
32	中铁信托	206 718.16	160 244.82	160 244.82	—
33	百瑞信托	199 901.51	117 769.44	117 769.43	-0.01
34	天津信托	185 275.41	191 619.85	191 619.85	—
35	中航信托	181 777.64	33 257.25	33 257.25	—
36	北方信托	178 613.09	147 499.09	147 499.09	—
37	中原信托	164 388.79	145 491.22	145 491.22	—
38	新华信托	163 151.51	119 425.83	119 425.83	—
39	金谷信托	149 842.57	126 814.63	126 814.63	—
40	长安信托	145 830.12	69 386.91	69 386.91	—
41	山西信托	140 126.52	137 918.45	137 918.45	—
42	五矿信托	136 334.22	120 238.84	本年新增	
43	中粮信托	135 066.29	125 134.87	本年新增	
44	厦门信托	124 670.00	130 171.00	130 171.00	—
45	华鑫信托	123 105.97	103 549.39	本年新增	
46	西部信托	120 592.21	92 458.39	92 458.39	—
47	甘肃信托	119 651.94	122 421.46	122 421.46	—
48	国民信托	118 895.24	114 130.93	114 130.93	—
49	苏州信托	110 243.40	93 884.18	93 884.18	—
50	湖南信托	101 820.00	59 792.00	59 792.00	—
51	云南信托	100 548.98	88 525.17	88 525.17	—
52	华宸信托	97 754.86	92 311.16	92 311.17	—
53	东莞信托	97 580.82	94 319.45	94 319.45	—
54	新时代信托	94 232.03	83 594.30	83 594.30	—
55	陕国投	84 956.00	74 285.18	74 285.18	—
56	杭工商信托	84 082.00	76 762.00	76 762.00	—
57	方正东亚信托	68 870.90	30 099.95	本年新增	
58	华澳信托	67 212.68	31 115.92	31 115.92	—
59	安信信托	55 992.96	36 048.33	36 048.33	—
60	爱建信托	55 805.07	43 829.61	43 829.61	—
61	紫金信托	53 131.77	48 002.25	本年新增	
62	西藏信托	41 051.29	39 042.74	39 042.74	—
63	大业信托	38 563.12	29 829.13	本年新增	
64	陆家嘴信托	27 143.88	9 319.13	本年新增	
合计		17 637 979.96	14 729 359.99	14 081 975.77	-4 926.50
平均		275 593.44	230 146.25	220 030.87	-87.97

注:报表披露中绝对值差异小于等于1万元的视为尾差,不计入不一致范围。共有5家信托公司本年披露的期初净资产与上年披露的期末净资产不一致,本年新增的8家公司视同一致。全部披露了变更原因。本次排名以公司本年披露的年初数为准,同时列报上年净资产。

64家公司平均净资产27.56亿元,净资产超过10亿元的有51家,净资产金额最高的是平安信托,为218.59亿元。净资产5亿元以下的有6家,这6家公司平均净资产4.52亿元。

(六)固有资产净资产增减排行榜

排名	简称	2011年12月31日(万元)	本年列报2010年12月31日(万元)	增减额(万元)	较上年(%)
1	兴业信托	321 817.68	80 045.86	241 771.82	302.04
2	中海信托	428 348.64	227 342.24	201 006.40	88.42
3	中融信托	332 110.26	153 930.91	178 179.34	115.75
4	中信信托	714 142.96	565 099.15	149 043.81	26.37

续表

排名	简称	2011年12月31日(万元)	本年列报2010年12月31日(万元)	增减额(万元)	较上年(%)
5	中航信托	181 777.64	33 257.25	148 520.39	446.58
6	渤海信托	232 458.43	87 193.41	145 265.02	166.60
7	华能信托	293 808.28	154 542.31	139 265.97	90.12
8	平安信托	2 185 924.08	2 050 294.36	135 629.72	6.62
9	交银国际信托	232 067.16	137 054.73	95 012.43	69.32
10	百瑞信托	199 901.51	117 769.44	82 132.07	69.74
11	江苏信托	511 274.42	431 543.44	79 730.98	18.48
12	中诚信托	881 212.72	804 607.19	76 605.53	9.52
13	长安信托	145 830.12	69 386.91	76 443.21	110.17
14	粤财信托	232 677.61	167 240.91	65 436.70	39.13
15	华宝信托	391 266.45	326 446.93	64 819.52	19.86
16	华融信托	237 232.04	185 929.63	51 302.41	27.59
17	吉林信托	260 852.05	209 861.12	50 990.93	24.30
18	华润信托	880 748.81	830 081.26	50 667.55	6.10
19	中铁信托	206 718.16	160 244.82	46 473.33	29.00
20	新华信托	163 151.51	119 425.83	43 725.68	36.61
21	湖南信托	101 820.00	59 792.00	42 028.00	70.29
22	英大信托	238 254.07	196 430.48	41 823.59	21.29
23	华信信托	360 981.96	321 384.20	39 597.76	12.32
24	方正东亚信托	68 870.90	30 099.95	38 770.95	128.81
25	外贸信托	396 022.52	358 240.90	37 781.62	10.55
26	四川信托	213 413.73	176 284.15	37 129.58	21.06
27	华澳信托	67 212.68	31 115.92	36 096.77	116.01
28	北京信托	276 757.00	242 139.00	34 618.00	14.30
29	上海信托	618 151.02	584 055.41	34 095.61	5.84
30	建信信托	470 459.37	438 389.93	32 069.44	7.32
31	北方信托	178 613.09	147 499.09	31 114.00	21.09
32	昆仑信托	460 802.12	431 422.61	29 379.51	6.81
33	西部信托	120 592.21	92 458.39	28 133.82	30.43
34	中投信托	239 551.98	214 075.81	25 476.17	11.90
35	金谷信托	149 842.57	126 814.63	23 027.94	18.16
36	江西信托	347 636.39	325 442.72	22 193.67	6.82
37	国元信托	328 695.08	307 455.27	21 239.81	6.91
38	安信信托	55 992.96	36 048.33	19 944.64	55.33
39	华鑫信托	123 105.97	103 549.39	19 556.58	18.89
40	中原信托	164 388.79	145 491.22	18 897.57	12.99
41	陆家嘴信托	27 143.88	9 319.13	17 824.75	191.27
42	苏州信托	110 243.40	93 884.18	16 359.22	17.42
43	五矿信托	136 334.22	120 238.84	16 095.38	13.39
44	山东信托	207 432.17	193 908.92	13 523.25	6.97
45	云南信托	100 548.98	88 525.17	12 023.80	13.58
46	爱建信托	55 805.07	43 829.61	11 975.46	27.32
47	中泰信托	304 244.65	293 017.69	11 226.96	3.83
48	陕国投	84 956.00	74 285.18	10 670.83	14.36
49	新时代信托	94 232.03	83 594.30	10 637.72	12.73
50	中粮信托	135 066.29	125 134.87	9 931.42	7.94
51	大业信托	38 563.12	29 829.13	8 733.99	29.28
52	国投信托	243 121.51	234 463.83	8 657.68	3.69
53	杭工商信托	84 082.00	76 762.00	7 320.00	9.54
54	国联信托	219 735.00	214 148.00	5 587.00	2.61

续表

排名	简称	2011 年 12 月 31 日(万元)	本年列报 2010 年 12 月 31 日(万元)	增减额(万元)	较上年(%)
55	华宸信托	97 754. 86	92 311. 16	5 443. 70	5. 90
56	紫金信托	53 131. 77	48 002. 25	5 129. 52	10. 69
57	重庆信托	803 848. 86	798 994. 75	4 854. 11	0. 61
58	国民信托	118 895. 24	114 130. 93	4 764. 31	4. 17
59	东莞信托	97 580. 82	94 319. 45	3 261. 37	3. 46
60	山西信托	140 126. 52	137 918. 45	2 208. 07	1. 60
61	西藏信托	41 051. 29	39 042. 74	2 008. 55	5. 14
62	甘肃信托	119 651. 94	122 421. 46	-2 769. 52	-2. 26
63	厦门信托	124 670. 00	130 171. 00	-5 501. 00	-4. 23
64	天津信托	185 275. 41	191 619. 85	-6 344. 44	-3. 31
合计		17 637 979. 96	14 729 359. 99	2 908 619. 98	19. 75
平均		275 593. 44	230 146. 25	45 447. 19	19. 75

注:有 5 家信托公司本年披露的年初净资产与上年披露的期末净资产不一致。本次排名比较以公司本年披露的年初数为准。

(七)固有资产净利润排行榜

单位:万元

排名	简称	2011 年	本年列报的 2010 年数	上年列报的 2010 年数	两年列报差异
1	平安信托	225 824. 61	284 752. 44	284 752. 44	—
2	中信信托	192 016. 78	110 877. 66	110 877. 66	—
3	中诚信托	144 536. 38	100 987. 75	100 987. 75	—
4	华润信托	108 357. 52	137 982. 79	137 982. 80	0. 01
5	中融信托	105 316. 39	69 490. 81	69 490. 81	—
6	江苏信托	86 443. 92	62 628. 84	62 628. 84	—
7	上海信托	86 265. 81	99 291. 52	99 291. 52	—
8	重庆信托	80 130. 43	58 633. 74	58 633. 74	—
9	外贸信托	78 481. 39	43 604. 13	43 602. 42	-1. 71
10	中海信托	66 107. 03	52 166. 24	52 164. 35	-1. 89
11	中铁信托	58 228. 93	27 256. 26	27 256. 26	—
12	中泰信托	54 429. 51	54 780. 99	54 780. 99	—
13	北京信托	53 862. 00	36 264. 00	36 264. 00	—
14	昆仑信托	52 452. 60	45 327. 42	45 327. 44	0. 02
15	华融信托	51 336. 37	31 015. 15	31 015. 15	—
16	华宝信托	50 326. 68	59 316. 18	59 316. 18	—
17	新华信托	49 641. 58	34 655. 85	34 655. 85	—
18	华信信托	47 013. 61	43 946. 90	42 782. 49	-1 164. 41
19	英大信托	42 570. 93	24 119. 21	24 119. 21	—
20	四川信托	40 558. 92	262. 63	本年新增	
21	吉林信托	40 277. 86	18 052. 91	17 381. 31	-671. 60
22	华能信托	37 435. 72	11 442. 65	11 442. 65	—
23	百瑞信托	36 662. 09	16 685. 13	16 685. 13	—
24	粤财信托	33 530. 61	30 865. 33	30 865. 33	—
25	建信信托	32 947. 12	17 437. 41	17 437. 41	—
26	北方信托	31 376. 64	20 012. 90	20 012. 90	—
27	中投信托	30 343. 96	23 885. 43	26 789. 14	2 903. 71
28	国投信托	29 476. 32	26 370. 87	26 370. 87	—
29	中航信托	28 520. 39	3 177. 23	3 177. 23	—
30	江西信托	28 459. 69	21 863. 29	21 863. 29	0. 00
31	长安信托	27 751. 63	15 410. 42	15 410. 42	—
32	渤海信托	27 264. 25	10 727. 79	10 935. 65	207. 86

续表

排名	简称	2011 年	本年列报的 2010 年数	上年列报的 2010 年数	两年列报差异
33	国元信托	25 860. 50	25 318. 80	25 318. 80	—
34	山东信托	24 739. 97	29 470. 98	29 470. 98	—
35	金谷信托	24 283. 87	10 281. 70	10 281. 70	—
36	中原信托	23 478. 91	13 131. 32	13 131. 32	—
37	厦门信托	23 292. 00	13 800. 00	13 800. 00	—
38	国联信托	22 890. 00	29 101. 00	29 101. 00	—
39	五矿信托	20 934. 43	251. 13	本年新增	
40	天津信托	20 778. 22	18 361. 82	18 361. 82	—
41	兴业信托	20 407. 86	7 589. 24	7 589. 24	—
42	安信信托	19 777. 12	9 332. 91	9 332. 91	—
43	华鑫信托	19 594. 93	−16 488. 96	本年新增	
44	国民信托	18 392. 30	4 257. 85	4 257. 85	—
45	杭工商信托	18 066. 00	16 029. 00	16 029. 00	—
46	陆家嘴信托	17 824. 75	−1 696. 67		
47	东莞信托	16 535. 77	14 041. 06	14 041. 06	—
48	华宸信托	16 334. 95	15 215. 16	15 215. 16	—
49	苏州信托	15 947. 27	15 121. 80	15 121. 80	—
50	交银国际信托	15 879. 18	8 315. 05	8 315. 06	0. 01
51	陕国投	15 435. 43	8 151. 70	8 151. 70	—
52	湖南信托	13 242. 00	4 588. 00	4 588. 00	—
53	爱建信托	12 069. 63	6 369. 48	6 369. 48	—
54	云南信托	12 023. 80	6 600. 63	6 600. 63	—
55	新时代信托	10 637. 72	12 714. 57	12 714. 57	—
56	方正东亚信托	8 770. 95	99. 95	本年新增	
57	山西信托	8 742. 03	10 082. 83	10 082. 83	—
58	大业信托	8 733. 98	−180. 59	本年新增	
59	中粮信托	7 899. 20	4 305. 26	本年新增	
60	华澳信托	6 096. 77	949. 93	949. 93	—
61	西部信托	6 019. 60	16 199. 96	16 199. 96	—
62	紫金信托	5 129. 52	426. 81	本年新增	
63	西藏信托	2 008. 54	354. 81	354. 81	—
64	甘肃信托	794. 15	5 326. 67	5 326. 67	—
合计		2 540 569. 03	1 880 715. 06	1 895 007. 51	1 272. 01
平均		39 696. 39	29 386. 17	29 609. 49	19. 88

注：报表披露中差异绝对值小于等于 1 万元的视为尾差，不计入不一致范围。共有 6 家信托公司本年披露的上年净利润与上年披露的当年净利润不一致，本年新增的 8 家公司视同一致，本次排名以公司本年披露的上年数为准，同时列示上年披露的净利润数。

2011 年净利润超过 1 亿元的有 55 家，其中前 10 名为：平安信托、中信信托、中诚信托、华润信托、中融信托、江苏信托、上海信托、重庆信托、外贸信托、中海信托，合计净利润为 117. 34 亿元，占 64 家信托公司净利润合计数的 46. 19%。

（八）固有资产净利润增减排行榜

单位：万元

排名	简称	2011 年	本年列报的 2010 年数	增减额数
1	中信信托	192 016. 78	110 877. 66	81 139. 12
2	中诚信托	144 536. 38	100 987. 75	43 548. 63
3	四川信托	40 558. 92	262. 63	40 296. 29
4	华鑫信托	19 594. 93	−16 488. 96	36 083. 89
5	中融信托	105 316. 39	69 490. 81	35 825. 58
6	外贸信托	78 481. 39	43 604. 13	34 877. 26
7	中铁信托	58 228. 93	27 256. 26	30 972. 67

续表

排名	简称	2011 年	本年列报的 2010 年数	增减额数
8	华能信托	37 435.72	11 442.65	25 993.07
9	中航信托	28 520.39	3 177.23	25 343.16
10	江苏信托	86 443.92	62 628.84	23 815.08
11	吉林信托	40 277.86	18 052.91	22 224.95
12	重庆信托	80 130.43	58 633.74	21 496.69
13	五矿信托	20 934.43	251.13	20 683.30
14	华融信托	51 336.37	31 015.15	20 321.22
15	百瑞信托	36 662.09	16 685.13	19 976.96
16	陆家嘴信托	17 824.75	−1 696.67	19 521.41
17	英大信托	42 570.93	24 119.21	18 451.72
18	北京信托	53 862.00	36 264.00	17 598.00
19	渤海信托	27 264.25	10 727.79	16 536.47
20	建信信托	32 947.12	17 437.41	15 509.71
21	新华信托	49 641.58	34 655.85	14 985.73
22	国民信托	18 392.30	4 257.85	14 134.45
23	金谷信托	24 283.87	10 281.70	14 002.17
24	中海信托	66 107.03	52 166.24	13 940.79
25	兴业信托	20 407.86	7 589.24	12 818.62
26	长安信托	27 751.63	15 410.42	12 341.21
27	北方信托	31 376.64	20 012.90	11 363.74
28	安信信托	19 777.12	9 332.91	10 444.21
29	中原信托	23 478.91	13 131.32	10 347.59
30	厦门信托	23 292.00	13 800.00	9 492.00
31	大业信托	8 733.98	−180.59	8 914.57
32	方正东亚信托	8 770.95	99.95	8 671.00
33	湖南信托	13 242.00	4 588.00	8 654.00
34	交银国际信托	15 879.18	8 315.05	7 564.13
35	陕国投	15 435.43	8 151.70	7 283.73
36	昆仑信托	52 452.60	45 327.42	7 125.18
37	江西信托	28 459.69	21 863.29	6 596.41
38	中投信托	30 343.96	23 885.43	6 458.53
39	爱建信托	12 069.63	6 369.48	5 700.15
40	云南信托	12 023.80	6 600.63	5 423.17
41	华澳信托	6 096.77	949.93	5 146.83
42	紫金信托	5 129.52	426.81	4 702.71
43	中粮信托	7 899.20	4 305.26	3 593.94
44	国投信托	29 476.32	26 370.87	3 105.45
45	华信信托	47 013.61	43 946.90	3 066.71
46	粤财信托	33 530.61	30 865.33	2 665.28
47	东莞信托	16 535.77	14 041.06	2 494.71
48	天津信托	20 778.22	18 361.82	2 416.40
49	杭工商信托	18 066.00	16 029.00	2 037.00
50	西藏信托	2 008.54	354.81	1 653.73
51	华宸信托	16 334.95	15 215.16	1 119.79
52	苏州信托	15 947.27	15 121.80	825.47
53	国元信托	25 860.50	25 318.80	541.70
54	中泰信托	54 429.51	54 780.99	−351.48
55	山西信托	8 742.03	10 082.83	−1 340.80
56	新时代信托	10 637.72	12 714.57	−2 076.85
57	甘肃信托	794.15	5 326.67	−4 532.52
58	山东信托	24 739.97	29 470.98	−4 731.01
59	国联信托	22 890.00	29 101.00	−6 211.00
60	华宝信托	50 326.68	59 316.18	−8 989.50
61	西部信托	6 019.60	16 199.96	−10 180.36
62	上海信托	86 265.81	99 291.52	−13 025.71
63	华润信托	108 357.52	137 982.79	−29 625.27
64	平安信托	225 824.61	284 752.44	−58 927.83
合计		2 540 569.03	1 880 715.06	659 853.96
平均		39 696.39	29 386.17	10 310.22

注：共有 5 家信托公司本年披露的上年净利润与上年披露的当年净利润不一致。本次比较排名以公司本年披露的上年数为准。

（九）固有资产净资产收益率排行榜

排名	简称	2011年（%）	2010年（%）
1	陆家嘴信托	65.67	-18.21
2	安信信托	35.32	25.89
3	中融信托	31.71	45.14
4	新华信托	30.43	29.02
5	中铁信托	28.17	17.01
6	中信信托	26.89	19.62
7	大业信托	22.65	-0.61
8	华融信托	21.64	16.68
9	爱建信托	21.63	14.53
10	杭工商信托	21.49	20.88
11	外贸信托	19.82	12.17
12	北京信托	19.46	14.98
13	长安信托	19.03	22.21
14	四川信托	19.00	0.15
15	厦门信托	18.68	10.60
16	百瑞信托	18.34	14.17
17	陕国投	18.17	10.97
18	中泰信托	17.89	18.70
19	英大信托	17.87	12.28
20	北方信托	17.57	13.57
21	东莞信托	16.95	14.89
22	江苏信托	16.91	14.51
23	华宸信托	16.71	16.48
24	中诚信托	16.40	12.55
25	金谷信托	16.21	8.11
26	华鑫信托	15.92	-15.92
27	中航信托	15.69	9.55
28	国民信托	15.47	3.73
29	吉林信托	15.44	8.60
30	中海信托	15.43	22.95
31	五矿信托	15.36	0.21
32	苏州信托	14.47	16.11
33	粤财信托	14.41	18.46
34	中原信托	14.28	9.03
35	上海信托	13.96	17.00
36	华信信托	13.02	13.67
37	湖南信托	13.01	7.67
38	华宝信托	12.86	18.17
39	华能信托	12.74	7.40
40	方正东亚信托	12.74	0.33
41	中投信托	12.67	11.16
42	华润信托	12.30	16.62
43	国投信托	12.12	11.25
44	云南信托	11.96	7.46
45	山东信托	11.93	15.20
46	渤海信托	11.73	12.30
47	昆仑信托	11.38	10.51
48	新时代信托	11.29	15.21
49	天津信托	11.21	9.58

续表

排名	简称	2011 年(%)	2010 年(%)
50	国联信托	10.42	13.59
51	平安信托	10.33	13.89
52	重庆信托	9.97	7.34
53	紫金信托	9.65	0.89
54	华澳信托	9.07	3.05
55	江西信托	8.19	6.72
56	国元信托	7.87	8.23
57	建信信托	7.00	3.98
58	交银国际信托	6.84	6.07
59	兴业信托	6.34	9.48
60	山西信托	6.24	7.31
61	中粮信托	5.85	3.44
62	西部信托	4.99	17.52
63	西藏信托	4.89	0.91
64	甘肃信托	0.66	4.35
平均值		14.40	12.77

固有资产净资产收益率最高的为陆家嘴信托,是由原海协信托改组成立,扭亏为盈造成。超过6%净资产收益率的信托公司有60家。净资产收益率均大于零。

指标	家数	平均净资产收益率(%)
大于等于6%的	60	13.29
3%~6%(含3%)	3	4.97
0~3%	1	0.66
0以下	—	—

(十)固有资产总资产收益率排行榜

单位:%

排名	简称	2011 年	2010 年	增减额
1	陆家嘴信托	61.66	-6.25	67.91
2	中融信托	25.00	20.92	4.08
3	新华信托	21.88	21.24	0.64
4	中信信托	21.60	15.53	6.08
5	安信信托	21.22	16.67	4.55
6	爱建信托	20.65	11.41	9.24
7	华融信托	19.90	13.07	6.83
8	中铁信托	19.56	13.19	6.38
9	杭工商信托	18.75	19.06	-0.31
10	大业信托	18.63	-0.59	19.21
11	外贸信托	18.44	11.01	7.43
12	北京信托	17.23	13.10	4.12
13	英大信托	17.04	10.12	6.92
14	江苏信托	16.40	12.25	4.15
15	长安信托	16.37	10.57	5.80
16	东莞信托	15.90	14.39	1.51
17	百瑞信托	15.81	8.35	7.46
18	北方信托	15.37	11.20	4.16
19	厦门信托	14.94	11.07	3.87
20	五矿信托	14.88	0.18	14.69
21	国民信托	14.67	3.58	11.08

续表

排名	简称	2011 年	2010 年	增减额
22	中海信托	14. 59	12. 18	2. 42
23	中泰信托	14. 30	18. 01	-3. 71
24	中航信托	14. 26	1. 75	12. 51
25	华鑫信托	14. 24	-13. 39	27. 64
26	中诚信托	14. 05	11. 46	2. 59
27	粤财信托	14. 02	13. 27	0. 76
28	苏州信托	13. 93	13. 72	0. 22
29	金谷信托	13. 80	6. 86	6. 94
30	中原信托	13. 73	7. 99	5. 74
31	陕国投	12. 73	9. 60	3. 14
32	华信信托	12. 65	12. 17	0. 47
33	上海信托	12. 64	16. 06	-3. 42
34	吉林信托	12. 42	6. 92	5. 50
35	中投信托	12. 07	9. 97	2. 10
36	华能信托	11. 83	3. 89	7. 94
37	华宸信托	11. 83	15. 56	-3. 73
38	国投信托	11. 40	10. 85	0. 55
39	渤海信托	11. 07	4. 61	6. 45
40	方正东亚信托	10. 92	0. 15	10. 78
41	湖南信托	10. 92	4. 51	6. 42
42	昆仑信托	10. 86	9. 84	1. 02
43	云南信托	10. 82	6. 56	4. 26
44	新时代信托	10. 68	13. 49	-2. 81
45	华润信托	10. 66	15. 67	-5. 01
46	天津信托	10. 50	9. 91	0. 58
47	国联信托	10. 26	13. 24	-2. 98
48	华宝信托	10. 15	15. 16	-5. 01
49	紫金信托	9. 23	0. 80	8. 43
50	重庆信托	9. 18	7. 29	1. 89
51	四川信托	9. 08	0. 12	8. 96
52	华澳信托	8. 02	1. 41	6. 61
53	山东信托	7. 61	14. 21	-6. 59
54	国元信托	7. 60	7. 70	-0. 11
55	建信信托	6. 64	3. 71	2. 93
56	交银国际信托	6. 52	3. 58	2. 94
57	兴业信托	6. 08	2. 36	3. 72
58	山西信托	5. 82	7. 20	-1. 38
59	中粮信托	5. 59	3. 19	2. 40
60	西藏信托	4. 72	0. 86	3. 85
61	江西信托	4. 69	6. 29	-1. 60
62	西部信托	4. 21	13. 43	-9. 22
63	平安信托	3. 90	13. 03	-9. 13
64	甘肃信托	0. 64	4. 45	-3. 81
平均值		10. 72	9. 27	

注:2011 年的总资产收益率是以 64 家信托公司 2011 年年报的年初数为基础计算得出的,与上年按照 56 家公司汇总计算的数据有差异。

经对 64 家公司的数据分析,高于平均值的有 43 家公司,占总体的 67. 19%。在指标值低于平均值的 21 家中,指标值小于 1% 的有 1 家,为甘肃信托。有 15 家公司总资产收益率比上年有所下降。

（十一）固有资产货币资金排行榜

单位:万元

排名	简称	2011年12月31日	2010年12月31日	增减
1	平安信托	1 299 979.19	1 682 758.80	-382 779.61
2	江西信托	359 264.30	463 404.02	-104 139.72
3	四川信托	311 589.44	293 807.78	17 781.66
4	中融信托	307 673.62	88 635.01	219 038.60
5	中诚信托	281 220.97	200 214.78	81 006.19
6	中海信托	219 762.42	12 286.25	207 476.17
7	兴业信托	215 812.75	21 115.20	194 697.55
8	重庆信托	157 870.26	301 138.35	-143 268.09
9	上海信托	150 282.78	147 787.15	2 495.63
10	新华信托	136 122.14	85 319.40	50 802.74
11	北京信托	126 849.00	79 854.00	46 995.00
12	华宝信托	126 036.87	101 030.75	25 006.12
13	华能信托	119 364.63	47 583.28	71 781.35
14	交银国际信托	117 631.83	39 923.27	77 708.56
15	中信信托	110 928.63	60 944.85	49 983.78
16	中航信托	104 517.65	3 914.30	100 603.35
17	粤财信托	94 081.35	54 948.98	39 132.37
18	长安信托	92 361.29	19 148.51	73 212.78
19	云南信托	85 870.86	77 687.45	8 183.41
20	五矿信托	85 719.80	82 228.89	3 490.91
21	吉林信托	84 256.87	26 942.36	57 314.51
22	渤海信托	77 617.57	4 151.16	73 466.40
23	中铁信托	77 365.92	78 474.79	-1 108.87
24	山西信托	75 705.36	59 769.90	15 935.46
25	金谷信托	70 519.84	26 597.12	43 922.72
26	北方信托	67 178.82	57 561.23	9 617.59
27	建信信托	59 068.09	12 340.57	46 727.52
28	华澳信托	48 719.00	22 069.30	26 649.70
29	山东信托	48 201.04	40 448.51	7 752.53
30	昆仑信托	47 867.39	89 066.70	-41 199.31
31	中投信托	46 618.13	48 195.18	-1 577.05
32	外贸信托	44 182.40	16 849.70	27 332.70
33	方正东亚信托	43 620.74	10 917.20	32 703.54
34	安信信托	42 814.02	25 858.53	16 955.49
35	陕国投	38 812.64	26 307.80	12 504.85
36	华融信托	33 429.74	9 979.79	23 449.95
37	天津信托	29 710.91	47 801.60	-18 090.69
38	华信信托	29 161.54	13 877.63	15 283.91
39	华润信托	27 427.19	23 786.55	3 640.64
40	陆家嘴信托	27 166.08	209.79	26 956.29
41	中泰信托	26 914.38	74 519.44	-47 605.06
42	国投信托	26 673.00	45 919.17	-19 246.16
43	湖南信托	23 645.00	2 397.00	21 248.00
44	英大信托	23 096.48	14 504.63	8 591.85
45	杭工商信托	22 114.00	29 279.00	-7 165.00
46	中粮信托	21 883.16	14 719.15	7 164.01
47	新时代信托	21 416.83	26 681.14	-5 264.32

续表

排名	简称	2011年12月31日	2010年12月31日	增减
48	中原信托	20 287.31	36 052.41	-15 765.10
49	江苏信托	19 782.46	30 840.35	-11 057.89
50	百瑞信托	19 468.37	36 982.79	-17 514.42
51	国元信托	19 095.30	14 424.29	4 671.01
52	厦门信托	18 832.00	11 681.00	7 151.00
53	大业信托	17 916.36	29 967.04	-12 050.68
54	苏州信托	15 721.68	11 268.25	4 453.43
55	爱建信托	14 388.60	16 029.21	-1 640.61
56	西部信托	12 676.16	17 038.97	-4 362.81
57	国民信托	11 118.58	37 324.34	-26 205.76
58	紫金信托	10 704.57	30 136.64	-19 432.08
59	东莞信托	10 261.88	4 121.44	6 140.44
60	国联信托	6 756.00	8 179.00	-1 423.00
61	西藏信托	4 768.15	4 293.69	474.46
62	华宸信托	4 712.49	16 599.15	-11 886.66
63	甘肃信托	4 320.51	39 744.16	-35 423.65
64	华鑫信托	3 230.17	2 046.98	1 183.19
合计		5 902 166.51	5 059 685.67	842 480.84
平均		92 221.35	79 057.59	13 163.76

2011年货币资金包括货币资金、存放中央银行款项、存放同业款项和其他货币资金及贵金属，与2010年口径一致。2011年平均货币资金比2010年大幅下降，增加了84.25亿元，增幅为16.65%。

（十二）固有资产每股净资产排行榜

单位：万元

排名	简称	2011年12月31日	2010年12月31日
1	中信信托	5.95	4.71
2	中泰信托	5.89	5.67
3	中诚信托	3.59	3.28
4	江西信托	3.35	3.14
5	华润信托	3.35	3.16
6	重庆信托	3.30	3.28
7	新时代信托	3.14	2.79
8	平安信托	3.13	2.93
9	建信信托	3.08	2.87
10	国元信托	2.74	2.56
11	兴业信托	2.68	1.57
12	新华信托	2.63	1.92
13	云南信托	2.51	2.21
14	上海信托	2.47	2.34
15	陕国投	2.37	2.07
16	中融信托	2.25	2.65
17	江苏信托	2.06	1.74
18	国投信托	2.02	1.95
19	北京信托	1.98	1.73
20	华宝信托	1.96	3.26
21	东莞信托	1.95	1.89
22	西部信托	1.95	1.49
23	苏州信托	1.87	1.59
24	外贸信托	1.80	1.63

续表

排名	简称	2011年12月31日	2010年12月31日
25	国联信托	1.79	1.74
26	北方信托	1.78	1.47
27	华信信托	1.75	1.56
28	中铁信托	1.72	1.34
29	中海信托	1.71	1.89
30	华宸信托	1.71	1.61
31	杭工商信托	1.68	1.54
32	百瑞信托	1.67	1.95
33	四川信托	1.64	1.36
34	吉林信托	1.63	1.31
35	山东信托	1.62	1.51
36	中投信托	1.60	1.43
37	英大信托	1.59	1.31
38	华融信托	1.56	1.23
39	粤财信托	1.55	2.96
40	昆仑信托	1.54	1.44
41	华能信托	1.47	1.29
42	湖南信托	1.45	1.20
43	山西信托	1.40	1.38
44	西藏信托	1.37	1.30
45	中原信托	1.37	1.21
46	大业信托	1.29	0.99
47	金谷信托	1.25	1.06
48	厦门信托	1.25	1.30
49	天津信托	1.24	1.28
50	安信信托	1.23	0.79
51	中航信托	1.21	1.11
52	国民信托	1.19	1.14
53	甘肃信托	1.18	1.20
54	渤海信托	1.16	1.10
55	交银国际信托	1.16	1.14
56	长安信托	1.16	1.36
57	方正东亚信托	1.15	1.00
58	五矿信托	1.14	1.00
59	中粮信托	1.13	1.04
60	华澳信托	1.12	1.04
61	紫金信托	1.06	0.96
62	华鑫信托	1.03	0.86
63	陆家嘴信托	0.86	0.30
64	爱建信托	0.56	0.44
平均		2.04	1.95

64家信托公司平均每股净资产2.04元，较上年有所上升，增长幅度为4.54%；每股净资产大于1元的有62家，小于1元的2家，其中40家信托公司每股净资产超过了1.50元。

（十三）信托资产资产总额排行榜

单位：万元

排名	简称	2011年12月31日	2010年12月31日
1	中信信托	39 996 931.91	33 279 077.37
2	外贸信托	23 877 516.04	8 646 300.32
3	中诚信托	20 381 634.68	14 882 908.63
4	平安信托	19 621 680.41	13 959 419.67
5	英大信托	19 121 712.55	14 582 704.35

续表

排名	简称	2011 年 12 月 31 日	2010 年 12 月 31 日
6	建信信托	19 072 621. 31	6 601 601. 14
7	华宝信托	18 464 254. 47	8 693 461. 65
8	粤财信托	17 761 411. 14	10 083 568. 50
9	中融信托	17 416 867. 09	17 993 689. 12
10	兴业信托	15 077 742. 30	3 264 056. 55
11	中海信托	15 020 875. 92	16 454 920. 28
12	华润信托	12 640 244. 71	6 529 720. 46
13	山东信托	11 402 348. 62	9 661 297. 09
14	北京信托	10 882 506. 35	8 045 999. 99
15	渤海信托	10 695 935. 28	8 002 160. 37
16	江西信托	10 269 044. 49	6 764 145. 94
17	华能信托	9 335 052. 35	4 152 843. 58
18	长安信托	8 136 810. 27	8 010 430. 46
19	中航信托	7 847 394. 75	3 889 425. 59
20	上海信托	7 734 412. 85	5 466 952. 81
21	交银国际信托	7 476 714. 63	3 566 568. 99
22	金谷信托	7 240 594. 97	1 174 311. 68
23	厦门信托	7 172 582. 00	1 970 833. 00
24	四川信托	7 060 494. 76	1 314 000. 60
25	新华信托	6 939 968. 44	6 092 865. 81
26	北方信托	6 814 986. 14	5 212 615. 64
27	国元信托	6 535 748. 09	3 596 065. 34
28	昆仑信托	6 450 504. 76	5 409 765. 56
29	吉林信托	6 308 676. 74	4 713 271. 53
30	新时代信托	5 627 408. 61	3 001 443. 10
31	华鑫信托	5 579 013. 00	633 078. 23
32	江苏信托	5 179 312. 75	2 729 725. 04
33	重庆信托	5 090 035. 67	3 783 775. 67
34	陕国投	5 048 429. 63	2 041 912. 38
35	中原信托	4 992 140. 37	3 565 292. 47
36	华融信托	4 811 167. 33	5 374 640. 10
37	华信信托	4 285 326. 18	4 063 179. 55
38	中铁信托	4 258 870. 00	4 275 118. 00
39	方正东亚信托	4 228 328. 49	362 743. 29
40	百瑞信托	4 030 842. 05	2 939 436. 79
41	天津信托	3 891 462. 50	3 090 256. 22
42	国投信托	3 857 548. 67	2 512 335. 89
43	五矿信托	3 692 694. 40	—
44	中粮信托	3 647 790. 28	3 950 644. 32
45	中投信托	2 745 980. 58	2 008 430. 38
46	山西信托	2 741 844. 13	2 520 348. 87
47	湖南信托	2 725 773. 00	1 762 642. 00
48	安信信托	2 542 782. 73	1 227 032. 87
49	东莞信托	2 430 032. 39	1 477 810. 78
50	甘肃信托	2 405 228. 91	604 734. 09
51	西部信托	2 382 841. 38	652 821. 81
52	国联信托	2 241 826. 00	1 617 038. 00
53	苏州信托	2 169 330. 72	1 631 051. 15
54	西藏信托	1 829 449. 83	337 412. 86
55	大业信托	1 616 097. 35	0. 00

续表

排名	简称	2011年12月31日	2010年12月31日
56	华澳信托	1 602 408.56	539 819.82
57	华宸信托	1 539 373.69	1 446 249.51
58	云南信托	1 447 634.09	453 965.24
59	紫金信托	1 181 691.00	114 721.31
60	中泰信托	1 084 852.64	1 682 367.35
61	爱建信托	1 081 801.33	720 685.34
62	杭工商信托	1 074 727.00	925 321.00
63	国民信托	438 215.86	326 089.22
64	陆家嘴信托	—	—
合计		480 259 529.15	304 387 104.67
平均		7 504 055.14	4 756 048.51

注:1. 长安信托、中航信托报告中未披露2010年金额,使用2010年报告数据。
2. 五矿信托、陆家嘴信托年初数为0。

信托资产总额超过1 000亿元的公司有16家,比2010年的7家大幅增加。16家信托公司资产总额超过了28 170.33亿元。64家信托公司信托资产总额平均为750.41亿元。

(十四)信托资产营业收入排行榜

单位:万元

排名	简称	2011年	2010年
1	中诚信托	1 335 025.42	707 333.49
2	平安信托	1 123 726.03	1 254 155.23
3	中信信托	1 121 178.70	1 631 705.60
4	英大信托	886 071.06	737 236.88
5	中海信托	882 047.94	1 149 873.90
6	渤海信托	776 767.88	388 133.31
7	粤财信托	645 008.94	464 107.37
8	中融信托	621 273.08	1 120 089.04
9	外贸信托	583 964.88	411 518.61
10	山东信托	554 430.17	545 923.02
11	四川信托	537 953.70	45.34
12	新华信托	508 462.18	287 093.68
13	北方信托	471 148.24	197 029.27
14	华融信托	442 191.61	356 517.11
15	中航信托	434 662.70	104 981.07
16	华能信托	431 257.59	221 339.49
17	吉林信托	424 820.03	263 368.17
18	建信信托	418 350.14	198 903.50
19	江西信托	410 650.32	324 585.13
20	长安信托	409 983.53	367 650.13
21	国元信托	390 035.58	241 816.00
22	北京信托	383 858.65	607 028.01
23	华宝信托	377 564.43	264 536.78
24	交银国际信托	334 311.81	199 536.48
25	华信信托	323 241.17	308 001.86
26	中铁信托	310 035.00	257 134.00
27	上海信托	290 576.19	415 507.16
28	百瑞信托	287 679.27	167 060.72
29	新时代信托	283 225.17	144 454.86
30	天津信托	279 484.48	205 440.85

续表

排名	简称	2011 年	2010 年
31	方正东亚信托	264 779. 47	1 091. 81
32	中粮信托	264 423. 36	89 269. 57
33	昆仑信托	262 430. 01	304 493. 37
34	国联信托	249 445. 00	126 208. 00
35	中原信托	247 986. 23	233 886. 96
36	湖南信托	195 741. 00	82 584. 00
37	重庆信托	182 883. 80	205 805. 88
38	华宸信托	174 028. 83	116 273. 36
39	苏州信托	173 278. 09	141 729. 76
40	五矿信托	166 349. 87	—
41	国投信托	151 404. 72	121 695. 69
42	中投信托	144 874. 30	112 791. 91
43	东莞信托	144 382. 71	86 451. 43
44	金谷信托	141 778. 69	23 294. 03
45	山西信托	136 915. 34	156 358. 35
46	安信信托	123 536. 41	54 716. 90
47	杭工商信托	122 264. 00	87 481. 00
48	中泰信托	120 923. 19	90 758. 20
49	华鑫信托	113 874. 10	10 972. 39
50	江苏信托	105 664. 82	145 825. 32
51	西部信托	95 210. 03	36 838. 32
52	兴业信托	74 665. 76	134 085. 98
53	甘肃信托	72 431. 70	52 644. 51
54	厦门信托	69 255. 00	72 008. 00
55	紫金信托	53 349. 80	410. 42
56	陕国投	52 238. 54	86 957. 20
57	华润信托	48 918. 98	473 844. 85
58	大业信托	48 301. 41	—
59	爱建信托	42 868. 56	74 547. 19
60	华澳信托	30 626. 70	12 158. 63
61	西藏信托	29 119. 98	3 445. 00
62	陆家嘴信托	—	—
63	国民信托	−760. 26	11 526. 00
64	云南信托	−2 837. 35	41 744. 40
合计		20 379 338. 67	16 734 004. 50
平均		318 427. 17	261 468. 82

注：五矿信托年初数为 0、陆家嘴信托年初年末均为 0。

（十五）信托资产信托报酬率排行榜

排名	公司简称	信托手续费收入（万元）	其他业务信托收入（万元）	合计（万元）	实收信托（万元）		2011 年信托报酬率（%）
					2011 年	2010 年	
1	杭工商信托	22 317. 00	9 864. 00	32 181. 00	1 051 415. 00	907 159. 00	3. 29
2	华融信托	119 611. 45	—	119 611. 45	4 791 811. 13	5 363 429. 15	2. 36
3	安信信托	41 921. 00	—	41 921. 00	2 497 168. 00	1 209 175. 78	2. 26
4	云南信托	19 946. 10	2. 81	19 948. 91	1 402 746. 09	369 243. 51	2. 25
5	新华信托	132 571. 11	—	132 571. 11	6 822 164. 82	6 052 039. 57	2. 06
6	中铁信托	75 389. 00	—	75 389. 00	4 147 158. 00	4 223 082. 00	1. 80
7	中融信托	288 201. 40	—	288 201. 40	17 551 222. 54	17 730 404. 78	1. 63
8	华宸信托	22 049. 88	—	22 049. 88	1 515 657. 74	1 431 679. 30	1. 50
9	百瑞信托	47 095. 74	—	47 095. 74	3 939 543. 45	2 894 905. 79	1. 38

续表

排名	公司简称	信托手续费收入（万元）	其他业务信托收入（万元）	合计（万元）	实收信托（万元）		2011年信托报酬率（%）
					2011年	2010年	
10	四川信托	56 944.72	—	56 944.72	7 033 842.60	1 314 000.00	1.36
11	爱建信托	13 079.15	—	13 079.15	1 144 912.31	784 568.41	1.36
12	苏州信托	24 721.00	—	24 721.00	2 088 399.96	1 572 190.34	1.35
13	湖南信托	29 973.00	—	29 973.00	2 698 409.00	1 748 703.00	1.35
14	国联信托	23 917.00	—	23 917.00	2 195 598.00	1 596 845.00	1.26
15	华信信托	51 521.20	—	51 521.20	4 247 502.61	4 021 003.21	1.25
16	平安信托	180 168.99	—	180 168.99	19 090 850.56	13 571 977.46	1.10
17	方正东亚信托	24 635.92	—	24 635.92	4 208 788.24	362 330.00	1.08
18	大业信托	17 022.41	—	17 022.41	1 607 236.47	—	1.06
19	中航信托	61 299.79	—	61 299.79	7 814 365.27	3 871 533.19	1.05
20	中投信托	23 877.32	—	23 877.32	2 730 557.86	1 984 455.84	1.01
21	东莞信托	19 181.93	—	19 181.93	2 377 877.33	1 439 683.38	1.00
22	天津信托	33 537.13	—	33 537.13	3 796 129.27	3 035 021.23	0.98
23	吉林信托	53 427.96	—	53 427.96	6 256 073.47	4 679 959.00	0.98
24	重庆信托	41 094.69	—	41 094.69	5 082 417.15	3 757 075.68	0.93
25	紫金信托	5 869.76	—	5 869.76	1 176 710.85	114 683.00	0.91
26	国民信托	3 109.34	—	3 109.34	412 600.72	272 171.60	0.91
27	中泰信托	12 296.97	—	12 296.97	1 067 475.76	1 670 919.62	0.90
28	昆仑信托	51 879.27	—	51 879.27	6 375 908.69	5 351 447.89	0.88
29	新时代信托	35 800.86	1 653.29	37 454.15	5 585 712.81	2 971 544.20	0.88
30	华鑫信托	26 283.72	4.01	26 287.73	5 562 909.55	631 623.00	0.85
31	江苏信托	32 321.43	—	32 321.43	5 117 520.81	2 538 244.64	0.84
32	北方信托	50 105.71	—	50 105.71	6 756 534.47	5 195 401.07	0.84
33	山西信托	21 627.45	—	21 627.45	2 739 560.03	2 497 684.43	0.83
34	长安信托	64 208.50	867.64	65 076.14	8 068 398.15	7 881 398.03	0.82
35	华能信托	52 905.64	—	52 905.64	9 251 598.96	4 118 616.71	0.79
36	华润信托	70 030.95	—	70 030.95	12 519 436.11	5 956 181.03	0.76
37	北京信托	65 213.00	—	65 213.00	10 306 019.76	7 427 407.73	0.74
38	上海信托	45 903.14	—	45 903.14	7 527 542.76	5 273 364.35	0.72
39	中原信托	29 566.05	—	29 566.05	4 970 454.01	3 532 118.05	0.70
40	中信信托	244 682.84	—	244 682.84	40 194 266.45	32 527 751.86	0.67
41	厦门信托	30 632.00	—	30 632.00	7 175 090.00	1 936 525.00	0.67
42	江西信托	50 723.31	—	50 723.31	10 289 635.03	6 552 741.08	0.60
43	五矿信托	22 060.66	—	22 060.66	3 665 273.47	—	0.60
44	中诚信托	104 865.88	—	104 865.88	20 258 855.36	14 760 597.58	0.60
45	甘肃信托	9 499.84	—	9 499.84	2 579 114.57	598 803.65	0.60
46	陕国投	17 596.85	2 188.03	19 784.88	5 096 067.29	2 027 605.49	0.56
47	华澳信托	5 536.00	—	5 536.00	1 555 342.00	535 390.00	0.53
48	西部信托	7 841.62	—	7 841.62	2 353 580.38	630 128.32	0.53
49	渤海信托	47 612.11	—	47 612.11	10 663 522.54	7 994 264.04	0.51
50	国元信托	25 499.21	—	25 499.21	6 523 163.91	3 570 801.29	0.51
51	交银国际信托	17 157.65	9 745.94	26 903.59	7 408 984.71	3 506 972.00	0.49
52	西藏信托	5 037.85	—	5 037.85	1 826 015.92	337 414.86	0.47
53	兴业信托	42 334.00	—	42 334.00	15 260 501.96	3 183 277.65	0.46
54	外贸信托	71 729.72	—	71 729.72	23 689 860.30	8 332 555.56	0.45
55	国投信托	14 208.32	—	14 208.32	3 862 098.04	2 489 182.60	0.45
56	金谷信托	17 245.20	—	17 245.20	7 237 062.74	1 169 831.00	0.41
57	英大信托	64 175.89	—	64 175.89	19 102 945.61	14 560 328.08	0.38
58	中粮信托	14 158.28	—	14 158.28	3 599 567.36	3 911 645.83	0.38

续表

排名	公司简称	信托手续费收入（万元）	其他业务信托收入（万元）	合计（万元）	实收信托（万元）		2011 年信托报酬率（%）
					2011 年	2010 年	
59	山东信托	38 225. 71	—	38 225. 71	11 239 173. 56	9 423 437. 40	0. 37
60	华宝信托	35 918. 62	—	35 918. 62	18 445 660. 93	8 441 090. 71	0. 27
61	粤财信托	29 144. 92	—	29 144. 92	17 397 257. 47	9 295 110. 72	0. 22
62	建信信托	24 868. 88	—	24 868. 88	18 960 949. 61	6 512 722. 98	0. 20
63	中海信托	26 719. 82	—	26 719. 82	15 020 447. 09	16 121 391. 99	0. 17
64	陆家嘴信托	未披露					
合计		2 958 101. 85	24 325. 72	2 982 427. 57	476 934 666. 61	297 772 839. 66	0. 77

注：1. 信托报酬率 = 信托业务收入 ÷ 实收信托平均余额 ×100%。
信托业务收入 = 信托手续费收入 + 其他业务信托收入。
实收信托平均余额 =（期初实收信托余额 + 期末实收信托余额）÷2。
2. 陆家嘴信托无“信托项目资产负债汇总表”。

2011 年度有 28 家信托公司的信托报酬率（除未详细披露数据的 3 家公司外）小于平均值 0. 77%。

（十六）信托资产资产总额增减排行榜

排名	公司简称	2011 年（万元）	2010 年（万元）	增长额（万元）	增长率（%）
1	方正东亚信托	4 228 328. 49	362 743. 29	3 865 585. 20	1065. 65
2	紫金信托	1 181 691. 00	114 721. 31	1 066 969. 69	930. 05
3	华鑫信托	5 579 013. 00	633 078. 23	4 945 934. 77	781. 25
4	金谷信托	7 240 594. 97	1 174 311. 68	6 066 283. 29	516. 58
5	西藏信托	1 829 449. 83	337 412. 86	1 492 036. 97	442. 20
6	四川信托	7 060 494. 76	1 314 000. 60	5 746 494. 16	437. 33
7	兴业信托	15 077 742. 30	3 264 056. 55	11 813 685. 75	361. 93
8	甘肃信托	2 405 228. 91	604 734. 09	1 800 494. 82	297. 73
9	西部信托	2 382 841. 38	652 821. 81	1 730 019. 57	265. 01
10	厦门信托	7 172 582. 00	1 970 833. 00	5 201 749. 00	263. 94
11	云南信托	1 447 634. 09	453 965. 24	993 668. 85	218. 89
12	华澳信托	1 602 408. 56	539 819. 82	1 062 588. 74	196. 84
13	建信信托	19 072 621. 31	6 601 601. 14	12 471 020. 17	188. 91
14	外贸信托	23 877 516. 04	8 646 300. 32	15 231 215. 72	176. 16
15	陕国投	5 048 429. 63	2 041 912. 38	3 006 517. 26	147. 24
16	华能信托	9 335 052. 35	4 152 843. 58	5 182 208. 77	124. 79
17	华宝信托	18 464 254. 47	8 693 461. 65	9 770 792. 82	112. 39
18	交银国际信托	7 476 714. 63	3 566 568. 99	3 910 145. 64	109. 63
19	安信信托	2 542 782. 73	1 227 032. 87	1 315 749. 86	107. 23
20	中航信托	7 847 394. 75	3 889 425. 59	3 957 969. 16	101. 76
21	华润信托	12 640 244. 71	6 529 720. 46	6 110 524. 25	93. 58
22	江苏信托	5 179 312. 75	2 729 725. 04	2 449 587. 71	89. 74
23	新时代信托	5 627 408. 61	3 001 443. 10	2 625 965. 51	87. 49
24	国元信托	6 535 748. 09	3 596 065. 34	2 939 682. 75	81. 75
25	粤财信托	17 761 411. 14	10 083 568. 50	7 677 842. 64	76. 14
26	东莞信托	2 430 032. 39	1 477 810. 78	952 221. 61	64. 43
27	湖南信托	2 725 773. 00	1 762 642. 00	963 131. 00	54. 64
28	国投信托	3 857 548. 67	2 512 335. 89	1 345 212. 78	53. 54
29	江西信托	10 269 044. 49	6 764 145. 94	3 504 898. 55	51. 82
30	爱建信托	1 081 801. 33	720 685. 34	361 115. 99	50. 11
31	上海信托	7 734 412. 85	5 466 952. 81	2 267 460. 04	41. 48
32	平安信托	19 621 680. 41	13 959 419. 67	5 662 260. 74	40. 56
33	中原信托	4 992 140. 37	3 565 292. 47	1 426 847. 90	40. 02
34	国联信托	2 241 826. 00	1 617 038. 00	624 788. 00	38. 64

续表

排名	公司简称	2011年(万元)	2010年(万元)	增长额(万元)	增长率(%)
35	百瑞信托	4 030 842. 05	2 939 436. 79	1 091 405. 26	37. 13
36	中诚信托	20 381 634. 68	14 882 908. 63	5 498 726. 05	36. 95
37	中投信托	2 745 980. 58	2 008 430. 38	737 550. 20	36. 72
38	北京信托	10 882 506. 35	8 045 999. 99	2 836 506. 36	35. 25
39	重庆信托	5 090 035. 67	3 783 775. 67	1 306 260. 00	34. 52
40	国民信托	438 215. 86	326 089. 22	112 126. 64	34. 39
41	吉林信托	6 308 676. 74	4 713 271. 53	1 595 405. 21	33. 85
42	渤海信托	10 695 935. 28	8 002 160. 37	2 693 774. 91	33. 66
43	苏州信托	2 169 330. 72	1 631 051. 15	538 279. 57	33. 00
44	英大信托	19 121 712. 55	14 582 704. 35	4 539 008. 20	31. 13
45	北方信托	6 814 986. 14	5 212 615. 64	1 602 370. 50	30. 74
46	天津信托	3 891 462. 50	3 090 256. 22	801 206. 28	25. 93
47	中信信托	39 996 931. 91	33 279 077. 37	6 717 854. 54	20. 19
48	昆仑信托	6 450 504. 76	5 409 765. 56	1 040 739. 20	19. 24
49	山东信托	11 402 348. 62	9 661 297. 09	1 741 051. 53	18. 02
50	杭工商信托	1 074 727. 00	925 321. 00	149 406. 00	16. 15
51	新华信托	6 939 968. 44	6 092 865. 81	847 102. 63	13. 90
52	山西信托	2 741 844. 13	2 520 348. 87	221 495. 26	8. 79
53	华宸信托	1 539 373. 69	1 446 249. 51	93 124. 18	6. 44
54	华信信托	4 285 326. 18	4 063 179. 55	222 146. 63	5. 47
55	长安信托	8 136 810. 27	8 010 430. 46	126 379. 81	1. 58
56	中铁信托	4 258 870. 00	4 275 118. 00	−16 248. 00	−0. 38
57	中融信托	17 416 867. 09	17 993 689. 12	−576 822. 03	−3. 21
58	中粮信托	3 647 790. 28	3 950 644. 32	−302 854. 04	−7. 67
59	中海信托	15 020 875. 92	16 454 920. 28	−1 434 044. 36	−8. 71
60	华融信托	4 811 167. 33	5 374 640. 10	−563 472. 77	−10. 48
61	中泰信托	1 084 852. 64	1 682 367. 35	−597 514. 71	−35. 52
62	大业信托	1 616 097. 35	0. 00	1 616 097. 35	
63	陆家嘴信托	0. 00	0. 00		
64	五矿信托	3 692 694. 40	0. 00	3 692 694. 40	
合计		480 259 529. 15	304 387 104. 67	175 872 424. 48	57. 78
平均		7 623 167. 13	4 909 469. 43	2 836 652. 01	57. 78

注:1. 陆家嘴信托报告中未披露"信托项目资产负债汇总表",长安信托、中航信托报告中未披露2010年金额,使用2010年报告数据;五矿信托未披露年初数。
2. 大业信托、陆家嘴信托、五矿信托为2011年新设立公司。

(十七)信托资产信托权益排行榜

排名	公司简称	2011年(万元)	2010年(万元)	增长额(万元)	增长率(%)
1	中信信托	39 873 237. 58	33 169 132. 68	6 704 104. 90	20. 21
2	外贸信托	23 781 528. 63	8 624 272. 75	15 157 255. 88	175. 75
3	中诚信托	20 284 749. 87	14 731 443. 16	5 553 306. 71	37. 70
4	平安信托	19 489 513. 64	13 902 172. 76	5 587 340. 88	40. 19
5	英大信托	19 108 042. 60	14 582 697. 70	4 525 344. 90	31. 03
6	建信信托	18 962 864. 77	6 570 764. 12	12 392 100. 65	188. 59
7	华宝信托	18 433 683. 99	8 533 564. 93	9 900 119. 06	116. 01
8	粤财信托	17 747 950. 47	10 066 944. 39	7 681 006. 08	76. 30
9	中融信托	17 259 160. 15	17 928 942. 40	−669 782. 25	−3. 74
10	兴业信托	15 020 465. 46	3 212 662. 47	11 807 802. 99	367. 54
11	中海信托	14 949 906. 15	16 409 956. 47	−1 460 050. 32	−8. 90
12	华润信托	12 570 932. 54	6 482 425. 65	6 088 506. 89	93. 92
13	山东信托	11 381 359. 28	9 638 041. 53	1 743 317. 75	18. 09

续表

排名	公司简称	2011 年（万元）	2010 年（万元）	增长额（万元）	增长率（%）
14	北京信托	10 862 801. 09	8 033 820. 15	2 828 980. 94	35. 21
15	渤海信托	10 692 385. 36	8 001 671. 54	2 690 713. 82	33. 63
16	江西信托	10 263 617. 16	6 641 371. 26	3 622 245. 90	54. 54
17	华能信托	9 304 039. 12	4 143 183. 32	5 160 855. 80	124. 56
18	长安信托	8 107 726. 36	8 002 580. 94	105 145. 42	1. 31
19	中航信托	7 812 892. 12	3 881 480. 98	3 931 411. 14	101. 29
20	上海信托	7 620 659. 66	5 437 393. 60	2 183 266. 06	40. 15
21	交银国际信托	7 461 721. 08	3 560 065. 92	3 901 655. 16	109. 60
22	金谷信托	7 240 416. 67	1 169 996. 49	6 070 420. 18	518. 84
23	厦门信托	7 137 028. 00	1 960 681. 00	5 176 347. 00	264. 01
24	四川信托	7 053 592. 49	1 313 980. 30	5 739 612. 19	436. 81
25	新华信托	6 815 337. 25	6 015 628. 49	799 708. 76	13. 29
26	北方信托	6 803 001. 53	5 209 120. 20	1 593 881. 33	30. 60
27	国元信托	6 535 534. 44	3 595 638. 20	2 939 896. 24	81. 76
28	昆仑信托	6 409 851. 95	5 401 468. 28	1 008 383. 67	18. 67
29	吉林信托	6 293 992. 63	4 712 610. 79	1 581 381. 84	33. 56
30	新时代信托	5 619 048. 63	3 001 367. 65	2 617 680. 98	87. 22
31	华鑫信托	5 565 906. 42	631 602. 15	4 934 304. 27	781. 24
32	陕国投	5 047 991. 54	2 041 546. 77	3 006 444. 77	147. 26
33	江苏信托	5 044 243. 26	2 549 189. 58	2 495 053. 68	97. 88
34	重庆信托	5 014 832. 30	3 771 965. 04	1 242 867. 26	32. 95
35	中原信托	4 975 181. 86	3 557 721. 46	1 417 460. 40	39. 84
36	华融信托	4 795 771. 70	5 373 198. 32	-577 426. 62	-10. 75
37	华信信托	4 264 659. 29	4 048 999. 25	215 660. 04	5. 33
38	中铁信托	4 233 834. 00	4 264 578. 00	-30 744. 00	-0. 72
39	方正东亚信托	4 220 536. 04	362 738. 41	3 857 797. 63	1063. 52
40	百瑞信托	3 990 682. 89	2 910 971. 49	1 079 711. 40	37. 09
41	天津信托	3 869 463. 29	3 086 058. 13	783 405. 16	25. 39
42	国投信托	3 855 305. 36	2 508 341. 45	1 346 963. 91	53. 70
43	五矿信托	3 681 599. 33	—	3 681 599. 33	
44	中粮信托	3 642 959. 17	3 920 622. 90	-277 663. 73	-7. 08
45	山西信托	2 740 744. 70	2 517 588. 99	223 155. 71	8. 86
46	中投信托	2 736 879. 98	2 002 577. 63	734 302. 35	36. 67
47	湖南信托	2 713 749. 00	1 749 584. 00	964 165. 00	55. 11
48	甘肃信托	2 584 654. 99	603 799. 13	1 980 855. 86	328. 07
49	安信信托	2 523 373. 93	1 217 721. 98	1 305 651. 95	107. 22
50	东莞信托	2 417 412. 24	1 474 616. 15	942 796. 09	63. 94
51	西部信托	2 380 747. 31	650 626. 81	1 730 120. 50	265. 92
52	国联信托	2 229 794. 00	1 615 222. 00	614 572. 00	38. 05
53	苏州信托	2 101 948. 10	1 573 942. 03	528 006. 07	33. 55
54	西藏信托	1 829 449. 83	337 412. 63	1 492 037. 20	442. 20
55	大业信托	1 612 248. 08	0. 00	1 612 248. 08	
56	华澳信托	1 546 446. 25	538 393. 81	1 008 052. 44	187. 23
57	华宸信托	1 538 130. 76	1 445 831. 32	92 299. 44	6. 38
58	云南信托	1 444 388. 00	452 372. 58	992 015. 42	219. 29
59	紫金信托	1 181 506. 87	114 719. 73	1 066 787. 15	929. 91
60	中泰信托	1 074 378. 17	1 679 857. 24	-605 479. 07	-36. 04
61	杭工商信托	1 067 143. 00	917 172. 00	149 971. 00	16. 35
62	爱建信托	1 014 257. 27	661 289. 31	352 967. 96	53. 38
63	国民信托	437 372. 75	325 734. 56	111 638. 19	34. 27
64	陆家嘴信托	未披露			
合计		478 274 632. 36	302 841 074. 97	175 433 557. 39	57. 93

(十八)信托资产实收信托排行榜

排名	公司简称	2011年(万元)	2010年(万元)	增减额(万元)	增减率(%)
1	中信信托	40 194 266.45	32 527 751.86	7 666 514.59	23.57
2	外贸信托	23 689 860.30	8 332 555.56	15 357 304.74	184.30
3	中诚信托	20 258 855.36	14 760 597.58	5 498 257.78	37.25
4	英大信托	19 102 945.61	14 560 328.08	4 542 617.53	31.20
5	平安信托	19 090 850.56	13 571 977.46	5 518 873.10	40.66
6	建信信托	18 960 949.61	6 512 722.98	12 448 226.63	191.14
7	华宝信托	18 445 660.93	8 441 090.71	10 004 570.22	118.52
8	中融信托	17 551 222.54	17 730 404.78	-179 182.24	-1.01
9	粤财信托	17 397 257.47	9 295 110.72	8 102 146.75	87.17
10	兴业信托	15 260 501.96	3 183 277.65	12 077 224.31	379.40
11	中海信托	15 020 447.09	16 121 391.99	-1 100 944.90	-6.83
12	华润信托	12 519 436.11	5 956 181.03	6 563 255.08	110.19
13	山东信托	11 239 173.56	9 423 437.40	1 815 736.16	19.27
14	渤海信托	10 663 522.54	7 994 264.04	2 669 258.50	33.39
15	北京信托	10 306 019.76	7 427 407.73	2 878 612.03	38.76
16	江西信托	10 289 635.03	6 552 741.08	3 736 893.95	57.03
17	华能信托	9 251 598.96	4 118 616.71	5 132 982.25	124.63
18	长安信托	8 068 398.15	7 881 398.03	187 000.12	2.37
19	中航信托	7 814 365.27	3 871 533.19	3 942 832.08	101.84
20	上海信托	7 527 542.76	5 273 364.35	2 254 178.41	42.75
21	交银国际信托	7 408 984.71	3 506 972.00	3 902 012.71	111.26
22	金谷信托	7 237 062.74	1 169 831.00	6 067 231.74	518.64
23	厦门信托	7 175 090.00	1 936 525.00	5 238 565.00	270.51
24	四川信托	7 033 842.60	1 314 000.00	5 719 842.60	435.30
25	新华信托	6 822 164.82	6 052 039.57	770 125.25	12.73
26	北方信托	6 756 534.47	5 195 401.07	1 561 133.40	30.05
27	国元信托	6 523 163.91	3 570 801.29	2 952 362.62	82.68
28	昆仑信托	6 375 908.69	5 351 447.89	1 024 460.80	19.14
29	吉林信托	6 256 073.47	4 679 959.00	1 576 114.47	33.68
30	新时代信托	5 585 712.81	2 971 544.20	2 614 168.61	87.97
31	华鑫信托	5 562 909.55	631 623.00	4 931 286.55	780.73
32	江苏信托	5 117 520.81	2 538 244.64	2 579 276.17	101.62
33	陕国投	5 096 067.29	2 027 605.49	3 068 461.80	151.33
34	重庆信托	5 082 417.15	3 757 075.68	1 325 341.47	35.28
35	中原信托	4 970 454.01	3 532 118.05	1 438 335.96	40.72
36	华融信托	4 791 811.13	5 363 429.15	-571 618.02	-10.66
37	华信信托	4 247 502.61	4 021 003.21	226 499.40	5.63
38	方正东亚信托	4 208 788.24	362 330.00	3 846 458.24	1061.59
39	中铁信托	4 147 158.00	4 223 082.00	-75 924.00	-1.80
40	百瑞信托	3 939 543.45	2 894 905.79	1 044 637.66	36.09
41	国投信托	3 862 098.04	2 489 182.60	1 372 915.44	55.16
42	天津信托	3 796 129.27	3 035 021.23	761 108.04	25.08
43	五矿信托	3 665 273.47		3 665 273.47	
44	中粮信托	3 599 567.36	3 911 645.83	-312 078.47	-7.98
45	山西信托	2 739 560.03	2 497 684.43	241 875.60	9.68
46	中投信托	2 730 557.86	1 984 455.84	746 102.02	37.60
47	湖南信托	2 698 409.00	1 748 703.00	949 706.00	54.31
48	甘肃信托	2 579 114.57	598 803.65	1 980 310.92	330.71
49	安信信托	2 497 168.00	1 209 175.78	1 287 992.22	106.52

续表

排名	公司简称	2011 年（万元）	2010 年（万元）	增减额（万元）	增减率（%）
50	东莞信托	2 377 877. 33	1 439 683. 38	938 193. 95	65. 17
51	西部信托	2 353 580. 38	630 128. 32	1 723 452. 06	273. 51
52	国联信托	2 195 598. 00	1 596 845. 00	598 753. 00	37. 50
53	苏州信托	2 088 399. 96	1 572 190. 34	516 209. 62	32. 83
54	西藏信托	1 826 015. 92	337 414. 86	1 488 601. 06	441. 18
55	大业信托	1 607 236. 47	0. 00	1 607 236. 47	
56	华澳信托	1 555 342. 00	535 390. 00	1 019 952. 00	190. 51
57	华宸信托	1 515 657. 74	1 431 679. 30	83 978. 44	5. 87
58	云南信托	1 402 746. 09	369 243. 51	1 033 502. 58	279. 90
59	紫金信托	1 176 710. 85	114 683. 00	1 062 027. 85	926. 06
60	爱建信托	1 144 912. 31	784 568. 41	360 343. 90	45. 93
61	中泰信托	1 067 475. 76	1 670 919. 62	-603 443. 86	-36. 11
62	杭工商信托	1 051 415. 00	907 159. 00	144 256. 00	15. 90
63	国民信托	412 600. 72	272 171. 60	140 429. 12	51. 60
64	陆家嘴信托	未披露			
合计		476 934 666. 61	297 772 839. 66	179 161 826. 95	60. 17

（十九）信托资产净资产增减排行榜

单位：万元

排名	简称	2011 年信托权益增加
1	外贸信托	15 157 255. 88
2	建信信托	12 392 100. 65
3	兴业信托	11 807 802. 99
4	华宝信托	9 900 119. 06
5	粤财信托	7 681 006. 08
6	中信信托	6 704 104. 90
7	华润信托	6 088 506. 89
8	金谷信托	6 070 420. 18
9	四川信托	5 739 612. 19
10	平安信托	5 587 340. 88
11	中诚信托	5 553 306. 71
12	厦门信托	5 176 347. 00
13	华能信托	5 160 855. 80
14	华鑫信托	4 934 304. 27
15	英大信托	4 525 344. 90
16	中航信托	3 931 411. 14
17	交银国际信托	3 901 655. 16
18	方正东亚信托	3 857 797. 63
19	五矿信托	3 681 599. 33
20	江西信托	3 622 245. 90
21	陕国投	3 006 444. 77
22	国元信托	2 939 896. 24
23	北京信托	2 828 980. 94
24	渤海信托	2 690 713. 82
25	新时代信托	2 617 680. 98
26	江苏信托	2 495 053. 68
27	上海信托	2 183 266. 06
28	甘肃信托	1 980 855. 86
29	山东信托	1 743 317. 75

续表

排名	简称	2011 年信托权益增加
30	西部信托	1 730 120. 50
31	大业信托	1 612 248. 08
32	北方信托	1 593 881. 33
33	吉林信托	1 581 381. 84
34	西藏信托	1 492 037. 20
35	中原信托	1 417 460. 40
36	国投信托	1 346 963. 91
37	安信信托	1 305 651. 95
38	重庆信托	1 242 867. 26
39	百瑞信托	1 079 711. 40
40	紫金信托	1 066 787. 15
41	昆仑信托	1 008 383. 67
42	华澳信托	1 008 052. 44
43	云南信托	992 015. 42
44	湖南信托	964 165. 00
45	东莞信托	942 796. 09
46	新华信托	799 708. 76
47	天津信托	783 405. 16
48	中投信托	734 302. 35
49	国联信托	614 572. 00
50	苏州信托	528 006. 07
51	爱建信托	352 967. 96
52	山西信托	223 155. 71
53	华信信托	215 660. 04
54	杭工商信托	149 971. 00
55	国民信托	111 638. 19
56	长安信托	105 145. 42
57	华宸信托	92 299. 44
58	中铁信托	-30 744. 00
59	中粮信托	-277 663. 73
60	华融信托	-577 426. 62
61	中泰信托	-605 479. 07
62	中融信托	-669 782. 25
63	中海信托	-1 460 050. 32
64	陆家嘴信托	未披露
合计		175 433 557. 39
平均		2 784 659. 64

三、信托公司一些总体指标排名

(一)信托公司 2011 年总资产排行榜

总资产 = 固有资产资产总计 + 信托资产资产总计

表 3-3-1　信托公司 2011 年总资产排行榜

单位:万元

排名	简称	2011 年末固有资产资产总计	2011 年末信托资产资产合计	2011 年末总资产合计
1	中信信托	888 878. 07	39 996 931. 91	40 885 809. 98
2	平安信托	5 797 229. 99	19 621 680. 41	25 418 910. 40
3	外贸信托	425 586. 11	23 877 516. 04	24 303 102. 15
4	中诚信托	1 028 571. 80	20 381 634. 68	21 410 206. 48
5	建信信托	496 354. 97	19 072 621. 31	19 568 976. 28

续表

排名	简称	2011 年末固有资产资产总计	2011 年末信托资产资产合计	2011 年末总资产合计
6	英大信托	249 816. 31	19 121 712. 55	19 371 528. 86
7	华宝信托	496 054. 64	18 464 254. 47	18 960 309. 11
8	粤财信托	239 141. 83	17 761 411. 14	18 000 552. 97
9	中融信托	421 185. 62	17 416 867. 09	17 838 052. 71
10	中海信托	452 982. 01	15 020 875. 92	15 473 857. 93
11	兴业信托	335 726. 10	15 077 742. 30	15 413 468. 40
12	华润信托	1 016 426. 02	12 640 244. 71	13 656 670. 73
13	山东信托	324 912. 48	11 402 348. 62	11 727 261. 10
14	北京信托	312 671. 00	10 882 506. 35	11 195 177. 35
15	渤海信托	246 317. 95	10 695 935. 28	10 942 253. 23
16	江西信托	606 540. 51	10 269 044. 49	10 875 585. 00
17	华能信托	316 315. 52	9 335 052. 35	9 651 367. 87
18	上海信托	682 469. 98	7 734 412. 85	8 416 882. 83
19	长安信托	169 517. 52	8 136 810. 27	8 306 327. 79
20	中航信托	200 026. 33	7 847 394. 75	8 047 421. 08
21	交银国际信托	243 570. 43	7 476 714. 63	7 720 285. 06
22	四川信托	446 449. 88	7 060 494. 76	7 506 944. 64
23	金谷信托	176 007. 22	7 240 594. 97	7 416 602. 19
24	厦门信托	155 905. 00	7 172 582. 00	7 328 487. 00
25	新华信托	226 832. 65	6 939 968. 44	7 166 801. 09
26	北方信托	204 186. 81	6 814 986. 14	7 019 172. 95
27	昆仑信托	483 063. 31	6 450 504. 76	6 933 568. 07
28	国元信托	340 432. 60	6 535 748. 09	6 876 180. 69
29	吉林信托	324 255. 69	6 308 676. 74	6 632 932. 43
30	重庆信托	872 604. 40	5 090 035. 67	5 962 640. 07
31	新时代信托	99 596. 20	5 627 408. 61	5 727 004. 81
32	华鑫信托	137 557. 12	5 579 013. 00	5 716 570. 12
33	江苏信托	527 011. 61	5 179 312. 75	5 706 324. 36
34	陕国投	121 208. 86	5 048 429. 63	5 169 638. 50
35	中原信托	171 032. 38	4 992 140. 37	5 163 172. 75
36	华融信托	257 979. 10	4 811 167. 33	5 069 146. 43
37	华信信托	371 696. 29	4 285 326. 18	4 657 022. 47
38	中铁信托	297 675. 58	4 258 870. 00	4 556 545. 58
39	方正东亚信托	80 295. 60	4 228 328. 49	4 308 624. 09
40	百瑞信托	231 930. 29	4 030 842. 05	4 262 772. 34
41	国投信托	258 659. 16	3 857 548. 67	4 116 207. 83
42	天津信托	197 978. 94	3 891 462. 50	4 089 441. 44
43	五矿信托	140 708. 85	3 692 694. 40	3 833 403. 25
44	中粮信托	141 386. 96	3 647 790. 28	3 789 177. 24
45	中投信托	251 414. 79	2 745 980. 58	2 997 395. 37
46	山西信托	150 308. 26	2 741 844. 13	2 892 152. 39
47	湖南信托	121 236. 00	2 725 773. 00	2 847 009. 00
48	安信信托	93 202. 98	2 542 782. 73	2 635 985. 71
49	东莞信托	104 014. 53	2 430 032. 39	2 534 046. 92
50	甘肃信托	123 758. 40	2 405 228. 91	2 528 987. 31
51	西部信托	142 973. 62	2 382 841. 38	2 525 815. 00
52	国联信托	223 025. 00	2 241 826. 00	2 464 851. 00
53	苏州信托	114 453. 18	2 169 330. 72	2 283 783. 90
54	西藏信托	42 570. 92	1 829 449. 83	1 872 020. 75
55	华澳信托	76 027. 36	1 602 408. 56	1 678 435. 92

续表

排名	简称	2011 年末固有资产资产总计	2011 年末信托资产资产合计	2011 年末总资产合计
56	华宸信托	138 041. 79	1 539 373. 69	1 677 415. 48
57	大业信托	46 705. 52	1 616 097. 35	1 662 802. 87
58	云南信托	111 102. 14	1 447 634. 09	1 558 736. 23
59	中泰信托	380 660. 68	1 084 852. 64	1 465 513. 32
60	紫金信托	55 549. 25	1 181 691. 00	1 237 240. 25
61	杭工商信托	96 347. 00	1 074 727. 00	1 171 074. 00
62	爱建信托	58 441. 78	1 081 801. 33	1 140 243. 11
63	国民信托	125 410. 82	438 215. 86	563 626. 68
64	陆家嘴信托	28 906. 96	未披露	
合计		23 698 900. 68	480 259 529. 15	503 929 522. 86
平均		370 295. 32	7 623 167. 13	7 998 881. 32

(二)信托公司 2011 年总收入排行榜

总收入 = 固有资产营业收入 + 信托资产营业收入

表 3 -3 -2　信托公司 2011 年总收入排行榜

单位:万元

排名	简称	2011 年固有资产营业收入	2011 年信托资产营业收入	2011 年末总收入合计
1	平安信托	803 594. 63	1 123 726. 03	1 927 320. 66
2	中诚信托	246 381. 48	1 335 025. 42	1 581 406. 90
3	中信信托	374 684. 02	1 121 178. 70	1 495 862. 72
4	中海信托	102 765. 60	882 047. 94	984 813. 54
5	英大信托	72 816. 18	886 071. 06	958 887. 24
6	中融信托	292 623. 64	621 273. 08	913 896. 72
7	渤海信托	52 567. 28	776 767. 88	829 335. 16
8	外贸信托	122 212. 80	583 964. 88	706 177. 68
9	粤财信托	48 696. 45	645 008. 94	693 705. 39
10	新华信托	136 134. 45	508 462. 18	644 596. 63
11	四川信托	94 948. 45	537 953. 70	632 902. 15
12	山东信托	53 884. 32	554 430. 17	608 314. 49
13	华融信托	142 803. 86	442 191. 61	584 995. 47
14	北方信托	59 004. 78	471 148. 24	530 153. 02
15	华能信托	73 067. 71	431 257. 59	504 325. 30
16	吉林信托	77 119. 54	424 820. 03	501 939. 57
17	华宝信托	124 127. 37	377 564. 43	501 691. 80
18	中航信托	65 982. 54	434 662. 70	500 645. 24
19	江西信托	85 584. 08	410 650. 32	496 234. 40
20	北京信托	96 958. 00	383 858. 65	480 816. 65
21	长安信托	70 002. 49	409 983. 53	479 986. 02
22	建信信托	60 068. 85	418 350. 14	478 418. 99
23	上海信托	175 611. 40	290 576. 19	466 187. 59
24	国元信托	40 060. 37	390 035. 58	430 095. 95
25	中铁信托	99 791. 59	310 035. 00	409 826. 59
26	华信信托	72 545. 86	323 241. 17	395 787. 03
27	交银国际信托	37 071. 61	334 311. 81	371 383. 42
28	百瑞信托	62 526. 92	287 679. 27	350 206. 19
29	昆仑信托	82 878. 75	262 430. 01	345 308. 76
30	天津信托	44 283. 60	279 484. 48	323 768. 08
31	新时代信托	31 140. 88	283 225. 17	314 366. 05
32	重庆信托	120 493. 25	182 883. 80	303 377. 05

续表

排名	简称	2011 年固有资产营业收入	2011 年信托资产营业收入	2011 年末总收入合计
33	中原信托	41 388. 19	247 986. 23	289 374. 42
34	方正东亚信托	24 094. 58	264 779. 47	288 874. 05
35	中粮信托	22 026. 15	264 423. 36	286 449. 51
36	国联信托	33 235. 00	249 445. 00	282 680. 00
37	中泰信托	146 941. 16	120 923. 19	267 864. 35
38	国投信托	76 947. 46	151 404. 72	228 352. 18
39	湖南信托	31 835. 00	195 741. 00	227 576. 00
40	华润信托	160 970. 78	48 918. 98	209 889. 76
41	江苏信托	102 310. 12	105 664. 82	207 974. 94
42	华宸信托	28 403. 32	174 028. 83	202 432. 15
43	苏州信托	28 663. 77	173 278. 09	201 941. 86
44	五矿信托	30 853. 34	166 349. 87	197 203. 21
45	中投信托	43 102. 09	144 874. 30	187 976. 39
46	金谷信托	44 040. 75	141 778. 69	185 819. 44
47	东莞信托	30 104. 74	144 382. 71	174 487. 45
48	安信信托	48 825. 25	123 536. 41	172 361. 66
49	山西信托	33 023. 88	136 915. 34	169 939. 22
50	杭工商信托	39 839. 00	122 264. 00	162 103. 00
51	华鑫信托	35 448. 43	113 874. 10	149 322. 53
52	兴业信托	49 044. 06	74 665. 76	123 709. 82
53	厦门信托	43 467. 00	69 255. 00	112 722. 00
54	西部信托	13 263. 69	95 210. 03	108 473. 72
55	陕国投	30 442. 20	52 238. 54	82 680. 74
56	甘肃信托	4 375. 82	72 431. 70	76 807. 52
57	大业信托	18 565. 29	48 301. 41	66 866. 70
58	紫金信托	8 293. 84	53 349. 80	61 643. 63
59	爱建信托	18 771. 82	42 868. 56	61 640. 38
60	华澳信托	16 933. 44	30 626. 70	47 560. 14
61	西藏信托	4 154. 61	29 119. 98	33 274. 59
62	国民信托	32 311. 95	-760. 26	31 551. 69
63	云南信托	22 970. 77	-2 837. 35	20 133. 42
64	陆家嘴信托	1 626. 47	未披露	
合计		5 288 706. 71	20 379 338. 67	25 666 418. 91
平均		82 636. 04	323 481. 57	407 403. 47

（三）现金比率排行榜

表 3-3-3　现金比率排行榜

单位：%

排名	简称	2011 年	2010 年	较上年增减
1	五矿信托	21. 51	126. 75	-105. 23
2	兴业信托	16. 16	3. 54	12. 63
3	粤财信托	15. 50	19. 35	-3. 85
4	陆家嘴信托	15. 41	0. 07	15. 34
5	交银国际信托	14. 78	13. 48	1. 30
6	山西信托	14. 64	13. 79	0. 86
7	紫金信托	14. 21	990. 30	-976. 10
8	吉林信托	11. 01	3. 55	7. 46
9	国民信托	9. 54	34. 25	-24. 71
10	中海信托	8. 92	0. 77	8. 15

续表

排名	简称	2011 年	2010 年	较上年增减
11	云南信托	8.14	7.24	0.89
12	方正东亚信托	6.58	26.73	-20.16
13	爱建信托	6.22	231.74	-225.52
14	中航信托	5.74	0.38	5.36
15	渤海信托	5.61	0.89	4.72
16	华澳信托	5.53	7.38	-1.85
17	华能信托	5.34	4.96	0.39
18	中投信托	5.33	6.25	-0.92
19	金谷信托	4.95	7.66	-2.71
20	建信信托	4.27	1.01	3.26
21	苏州信托	4.22	3.53	0.68
22	天津信托	4.20	14.28	-10.09
23	重庆信托	4.15	12.07	-7.92
24	英大信托	4.14	3.82	0.32
25	中粮信托	4.00	5.97	-1.96
26	新时代信托	3.99	4.26	-0.27
27	长安信托	3.90	0.73	3.16
28	上海信托	3.84	4.20	-0.36
29	中融信托	3.67	2.01	1.66
30	北京信托	3.53	3.37	0.16
31	西藏信托	3.14	2.73	0.41
32	中原信托	3.06	11.14	-8.08
33	华信信托	2.73	1.16	1.56
34	北方信托	2.70	4.05	-1.35
35	昆仑信托	2.45	5.10	-2.65
36	大业信托	2.15	35.39	-33.24
37	新华信托	2.14	2.45	-0.31
38	中诚信托	2.08	1.75	0.33
39	国联信托	2.05	1.73	0.32
40	杭工商信托	2.03	5.25	-3.22
41	外贸信托	1.97	2.01	-0.04
42	东莞信托	1.76	1.13	0.63
43	国投信托	1.74	3.36	-1.62
44	华融信托	1.72	1.06	0.66
45	国元信托	1.64	1.28	0.36
46	江西信托	1.48	1.11	0.37
47	百瑞信托	1.44	2.17	-0.73
48	四川信托	1.35	0.91	0.44
49	江苏信托	1.26	3.60	-2.34
50	中铁信托	1.23	1.91	-0.68
51	湖南信托	1.22	0.19	1.03
52	西部信托	1.21	2.41	-1.20
53	华宝信托	1.20	1.01	0.20
54	安信信托	1.15	0.79	0.36
55	陕国投	1.10	0.60	0.50
56	甘肃信托	1.05	8.34	-7.29
57	华鑫信托	0.66	34.89	-34.23
58	中信信托	0.64	0.36	0.28
59	厦门信托	0.64	1.79	-1.16
60	中泰信托	0.51	1.74	-1.23
61	平安信托	0.46	0.61	-0.15
62	山东信托	0.41	0.35	0.06
63	华润信托	0.23	0.22	0.01
64	华宸信托	0.13	0.53	-0.41
平均		1.03	1.22	-0.19

注：平均值由64家合计数计算得出。

（四）现金比率增减排行榜

表 3－3－4　现金比率增减排行榜

单位：%

排名	简称	2011 年	2010 年	较上年增减
1	陆家嘴信托	15.41	0.07	15.34
2	兴业信托	16.16	3.54	12.63
3	中海信托	8.92	0.77	8.15
4	吉林信托	11.01	3.55	7.46
5	中航信托	5.74	0.38	5.36
6	渤海信托	5.61	0.89	4.72
7	建信信托	4.27	1.01	3.26
8	长安信托	3.90	0.73	3.16
9	中融信托	3.67	2.01	1.66
10	华信信托	2.73	1.16	1.56
11	交银国际信托	14.78	13.48	1.30
12	湖南信托	1.22	0.19	1.03
13	云南信托	8.14	7.24	0.89
14	山西信托	14.64	13.79	0.86
15	苏州信托	4.22	3.53	0.68
16	华融信托	1.72	1.06	0.66
17	东莞信托	1.76	1.13	0.63
18	陕国投	1.10	0.60	0.50
19	四川信托	1.35	0.91	0.44
20	西藏信托	3.14	2.73	0.41
21	华能信托	5.34	4.96	0.39
22	江西信托	1.48	1.11	0.37
23	安信信托	1.15	0.79	0.36
24	国元信托	1.64	1.28	0.36
25	中诚信托	2.08	1.75	0.33
26	英大信托	4.14	3.82	0.32
27	国联信托	2.05	1.73	0.32
28	中信信托	0.64	0.36	0.28
29	华宝信托	1.20	1.01	0.20
30	北京信托	3.53	3.37	0.16
31	山东信托	0.41	0.35	0.06
32	华润信托	0.23	0.22	0.01
33	外贸信托	1.97	2.01	−0.04
34	平安信托	0.46	0.61	−0.15
35	新时代信托	3.99	4.26	−0.27
36	新华信托	2.14	2.45	−0.31
37	上海信托	3.84	4.20	−0.36
38	华宸信托	0.13	0.53	−0.41
39	中铁信托	1.23	1.91	−0.68
40	百瑞信托	1.44	2.17	−0.73
41	中投信托	5.33	6.25	−0.92
42	厦门信托	0.64	1.79	−1.16
43	西部信托	1.21	2.41	−1.20
44	中泰信托	0.51	1.74	−1.23
45	北方信托	2.70	4.05	−1.35
46	国投信托	1.74	3.36	−1.62

续表

排名	简称	2011 年	2010 年	较上年增减
47	华澳信托	5.53	7.38	-1.85
48	中粮信托	4.00	5.97	-1.96
49	江苏信托	1.26	3.60	-2.34
50	昆仑信托	2.45	5.10	-2.65
51	金谷信托	4.95	7.66	-2.71
52	杭工商信托	2.03	5.25	-3.22
53	粤财信托	15.50	19.35	-3.85
54	甘肃信托	1.05	8.34	-7.29
55	重庆信托	4.15	12.07	-7.92
56	中原信托	3.06	11.14	-8.08
57	天津信托	4.20	14.28	-10.09
58	方正东亚信托	6.58	26.73	-20.16
59	国民信托	9.54	34.25	-24.71
60	大业信托	2.15	35.39	-33.24
61	华鑫信托	0.66	34.89	-34.23
62	五矿信托	21.51	126.75	-105.23
63	爱建信托	6.22	231.74	-225.52
64	紫金信托	14.21	990.30	-976.10
平均		1.03	1.22	-0.19

在 64 家公司中，2011 年现金比率大于 1 的有 56 家；低于 0.5 的有 4 家，表明仍有小部分信托公司短期偿债能力很弱。

四、信托公司一些其他指标排名

(一)2011 年固有资产资产负债率增减变动情况排行榜

排名	简称	2011 年 12 月 31 日			2010 年 12 月 31 日			资产负债率增减变动(%)
		资产总计(万元)	负债总计(万元)	资产负债率(%)	资产总计(万元)	负债总计(万元)	资产负债率(%)	
1	平安信托	5 797 229.99	3 611 305.91	62.29	2 185 924.08	135 629.72	6.20	56.09
2	江西信托	606 540.51	258 904.12	42.69	347 636.39	22 193.67	6.38	36.30
3	四川信托	446 449.88	233 036.15	52.20	213 413.73	37 129.58	17.40	34.80
4	山东信托	324 912.48	117 480.31	36.16	207 432.17	13 523.25	6.52	29.64
5	厦门信托	155 905.00	31 235.00	20.03	124 670.00	-5 501.00	-4.41	24.45
6	华宸信托	138 041.79	40 286.93	29.18	97 754.86	5 443.70	5.57	23.62
7	陕国投	121 208.86	36 252.86	29.91	84 956.00	10 670.83	12.56	17.35
8	中泰信托	380 660.68	76 416.03	20.07	304 244.65	11 226.96	3.69	16.38
9	天津信托	197 978.94	12 703.53	6.42	185 275.41	-6 344.44	-3.42	9.84
10	中铁信托	297 675.58	90 957.42	30.56	206 718.16	46 473.33	22.48	8.07
11	华润信托	1 016 426.02	135 677.21	13.35	880 748.81	50 667.55	5.75	7.60
12	重庆信托	872 604.40	68 755.54	7.88	803 848.86	4 854.11	0.60	7.28
13	中诚信托	1 028 571.80	147 359.08	14.33	881 212.72	76 605.53	8.69	5.63
14	甘肃信托	123 758.40	4 106.46	3.32	119 651.94	-2 769.52	-2.31	5.63
15	山西信托	150 308.26	10 181.74	6.77	140 126.52	2 208.07	1.58	5.20
16	华宝信托	496 054.64	104 788.19	21.12	391 266.45	64 819.52	16.57	4.56
17	安信信托	93 202.98	37 210.02	39.92	55 992.96	19 944.64	35.62	4.30
18	杭工商信托	96 347.00	12 265.00	12.73	84 082.00	7 320.00	8.71	4.02
19	上海信托	682 469.98	64 318.96	9.42	618 151.02	34 095.61	5.52	3.91
20	东莞信托	104 014.53	6 433.71	6.19	97 580.82	3 261.37	3.34	2.84
21	国投信托	258 659.16	15 537.66	6.01	243 121.51	8 657.68	3.56	2.45
22	新华信托	226 832.65	63 681.14	28.07	163 151.51	43 725.68	26.80	1.27

续表

排名	简称	2011 年 12 月 31 日			2010 年 12 月 31 日			资产负债率增减变动(%)
		资产总计(万元)	负债总计(万元)	资产负债率(%)	资产总计(万元)	负债总计(万元)	资产负债率(%)	
23	国民信托	125 410. 82	6 515. 58	5. 20	118 895. 24	4 764. 31	4. 01	1. 19
24	吉林信托	324 255. 69	63 403. 64	19. 55	260 852. 05	50 990. 93	19. 55	0. 01
25	金谷信托	176 007. 22	26 164. 65	14. 87	149 842. 57	23 027. 94	15. 37	-0. 50
26	北京信托	312 671. 00	35 914. 00	11. 49	276 757. 00	34 618. 00	12. 51	-1. 02
27	国联信托	223 025. 00	3 290. 00	1. 48	219 735. 00	5 587. 00	2. 54	-1. 07
28	中信信托	888 878. 07	174 735. 11	19. 66	714 142. 96	149 043. 81	20. 87	-1. 21
29	西藏信托	42 570. 92	1 519. 63	3. 57	41 051. 29	2 008. 55	4. 89	-1. 32
30	建信信托	496 354. 97	25 895. 60	5. 22	470 459. 37	32 069. 44	6. 82	-1. 60
31	昆仑信托	483 063. 31	22 261. 19	4. 61	460 802. 12	29 379. 51	6. 38	-1. 77
32	云南信托	111 102. 14	10 553. 16	9. 50	100 548. 98	12 023. 80	11. 96	-2. 46
33	外贸信托	425 586. 11	29 563. 59	6. 95	396 022. 52	37 781. 62	9. 54	-2. 59
34	中粮信托	141 386. 96	6 320. 67	4. 47	135 066. 29	9 931. 42	7. 35	-2. 88
35	国元信托	340 432. 60	11 737. 52	3. 45	328 695. 08	21 239. 81	6. 46	-3. 01
36	北方信托	204 186. 81	25 573. 72	12. 52	178 613. 09	31 114. 00	17. 42	-4. 90
37	大业信托	46 705. 52	8 142. 40	17. 43	38 563. 12	8 733. 99	22. 65	-5. 22
38	紫金信托	55 549. 25	2 417. 48	4. 35	53 131. 77	5 129. 52	9. 65	-5. 30
39	华鑫信托	137 557. 12	14 451. 15	10. 51	123 105. 97	19 556. 58	15. 89	-5. 38
40	新时代信托	99 596. 20	5 364. 18	5. 39	94 232. 03	10 637. 72	11. 29	-5. 90
41	中投信托	251 414. 79	11 862. 81	4. 72	239 551. 98	25 476. 17	10. 63	-5. 92
42	中原信托	171 032. 38	6 643. 59	3. 88	164 388. 79	18 897. 57	11. 50	-7. 61
43	西部信托	142 973. 62	22 381. 41	15. 65	120 592. 21	28 133. 82	23. 33	-7. 68
44	华信信托	371 696. 29	10 714. 33	2. 88	360 981. 96	39 597. 76	10. 97	-8. 09
45	五矿信托	140 708. 85	4 374. 63	3. 11	136 334. 22	16 095. 38	11. 81	-8. 70
46	苏州信托	114 453. 18	4 209. 77	3. 68	110 243. 40	16 359. 22	14. 84	-11. 16
47	江苏信托	527 011. 61	15 737. 19	2. 99	511 274. 42	79 730. 98	15. 59	-12. 61
48	英大信托	249 816. 31	11 562. 24	4. 63	238 254. 07	41 823. 59	17. 55	-12. 93
49	华融信托	257 979. 10	20 747. 06	8. 04	237 232. 04	51 302. 41	21. 63	-13. 58
50	爱建信托	58 441. 78	2 636. 71	4. 51	55 805. 07	11 975. 46	21. 46	-16. 95
51	湖南信托	121 236. 00	19 416. 00	16. 02	101 820. 00	42 028. 00	41. 28	-25. 26
52	粤财信托	239 141. 83	6 464. 22	2. 70	232 677. 61	65 436. 70	28. 12	-25. 42
53	百瑞信托	231 930. 29	32 028. 78	13. 81	199 901. 51	82 132. 07	41. 09	-27. 28
54	中融信托	421 185. 62	89 075. 37	21. 15	332 110. 26	178 179. 34	53. 65	-32. 50
55	交银国际信托	243 570. 43	11 503. 27	4. 72	232 067. 16	95 012. 43	40. 94	-36. 22
56	长安信托	169 517. 52	23 687. 40	13. 97	145 830. 12	76 443. 21	52. 42	-38. 45
57	华能信托	316 315. 52	22 507. 24	7. 12	293 808. 28	139 265. 97	47. 40	-40. 28
58	中海信托	452 982. 01	24 633. 37	5. 44	428 348. 64	201 006. 40	46. 93	-41. 49
59	方正东亚信托	80 295. 60	11 424. 70	14. 23	68 870. 90	38 770. 95	56. 30	-42. 07
60	华澳信托	76 027. 36	8 814. 67	11. 59	67 212. 68	36 096. 77	53. 71	-42. 11
61	渤海信托	246 317. 95	13 859. 52	5. 63	232 458. 43	145 265. 02	62. 49	-56. 86
62	陆家嘴信托	28 906. 96	1 763. 09	6. 10	27 143. 88	17 824. 75	65. 67	-59. 57
63	兴业信托	335 726. 10	13 908. 42	4. 14	321 817. 68	241 771. 82	75. 13	-70. 98
64	中航信托	200 026. 33	18 248. 69	9. 12	181 777. 64	148 520. 39	81. 70	-72. 58
合计		23 698 900. 68	6 060 920. 72	25. 57	17 637 979. 96	2 908 619. 98	16. 49	9. 08
平均		370 295. 32	94 701. 89	25. 57	275 593. 44	45 447. 19	16. 49	9. 08

2011 年有 19 家公司资产负债率下降超过了 10%，下降幅度最大的是中航信托，下降了 72. 58%。

64 家信托公司资产负债率平均上升了 9. 08%，上升幅度最大的是平安信托，上升了 56. 09%。

(二)2011 年固有资产资产负债率排行榜

排名	简称	资产总计(万元)	负债总计(万元)	资产负债率(%)
1	平安信托	5 797 229. 99	3 611 305. 91	62. 29
2	四川信托	446 449. 88	233 036. 15	52. 20
3	江西信托	606 540. 51	258 904. 12	42. 69
4	安信信托	93 202. 98	37 210. 02	39. 92
5	山东信托	324 912. 48	117 480. 31	36. 16
6	中铁信托	297 675. 58	90 957. 42	30. 56
7	陕国投	121 208. 86	36 252. 86	29. 91
8	华宸信托	138 041. 79	40 286. 93	29. 18
9	新华信托	226 832. 65	63 681. 14	28. 07
10	中融信托	421 185. 62	89 075. 37	21. 15
11	华宝信托	496 054. 64	104 788. 19	21. 12
12	中泰信托	380 660. 68	76 416. 03	20. 07
13	厦门信托	155 905. 00	31 235. 00	20. 03
14	中信信托	888 878. 07	174 735. 11	19. 66
15	吉林信托	324 255. 69	63 403. 64	19. 55
16	大业信托	46 705. 52	8 142. 40	17. 43
17	湖南信托	121 236. 00	19 416. 00	16. 02
18	西部信托	142 973. 62	22 381. 41	15. 65
19	金谷信托	176 007. 22	26 164. 65	14. 87
20	中诚信托	1 028 571. 80	147 359. 08	14. 33
21	方正东亚信托	80 295. 60	11 424. 70	14. 23
22	长安信托	169 517. 52	23 687. 40	13. 97
23	百瑞信托	231 930. 29	32 028. 78	13. 81
24	华润信托	1 016 426. 02	135 677. 21	13. 35
25	杭工商信托	96 347. 00	12 265. 00	12. 73
26	北方信托	204 186. 81	25 573. 72	12. 52
27	华澳信托	76 027. 36	8 814. 67	11. 59
28	北京信托	312 671. 00	35 914. 00	11. 49
29	华鑫信托	137 557. 12	14 451. 15	10. 51
30	云南信托	111 102. 14	10 553. 16	9. 50
31	上海信托	682 469. 98	64 318. 96	9. 42
32	中航信托	200 026. 33	18 248. 69	9. 12
33	华融信托	257 979. 10	20 747. 06	8. 04
34	重庆信托	872 604. 40	68 755. 54	7. 88
35	华能信托	316 315. 52	22 507. 24	7. 12
36	外贸信托	425 586. 11	29 563. 59	6. 95
37	山西信托	150 308. 26	10 181. 74	6. 77
38	天津信托	197 978. 94	12 703. 53	6. 42
39	东莞信托	104 014. 53	6 433. 71	6. 19
40	陆家嘴信托	28 906. 96	1 763. 09	6. 10
41	国投信托	258 659. 16	15 537. 66	6. 01
42	渤海信托	246 317. 95	13 859. 52	5. 63
43	中海信托	452 982. 01	24 633. 37	5. 44
44	新时代信托	99 596. 20	5 364. 18	5. 39
45	建信信托	496 354. 97	25 895. 60	5. 22
46	国民信托	125 410. 82	6 515. 58	5. 20
47	交银国际信托	243 570. 43	11 503. 27	4. 72
48	中投信托	251 414. 79	11 862. 81	4. 72
49	英大信托	249 816. 31	11 562. 24	4. 63

续表

排名	简称	资产总计(万元)	负债总计(万元)	资产负债率(%)
50	昆仑信托	483 063. 31	22 261. 19	4. 61
51	爱建信托	58 441. 78	2 636. 71	4. 51
52	中粮信托	141 386. 96	6 320. 67	4. 47
53	紫金信托	55 549. 25	2 417. 48	4. 35
54	兴业信托	335 726. 10	13 908. 42	4. 14
55	中原信托	171 032. 38	6 643. 59	3. 88
56	苏州信托	114 453. 18	4 209. 77	3. 68
57	西藏信托	42 570. 92	1 519. 63	3. 57
58	国元信托	340 432. 60	11 737. 52	3. 45
59	甘肃信托	123 758. 40	4 106. 46	3. 32
60	五矿信托	140 708. 85	4 374. 63	3. 11
61	江苏信托	527 011. 61	15 737. 19	2. 99
62	华信信托	371 696. 29	10 714. 33	2. 88
63	粤财信托	239 141. 83	6 464. 22	2. 70
64	国联信托	223 025. 00	3 290. 00	1. 48
合计		23 698 900. 68	6 060 920. 72	25. 57
平均		370 295. 32	94 701. 89	25. 57

2011 年披露的 64 家公司中，资产负债率最低的是国联信托，资产负债率只有 1. 48%，最高的是平安信托，达到 62. 29%。整个信托行业的平均资产负债率是 25. 57%。

（三）2011 年固有资产人均净利润排行榜

单位：万元

排名	简称	2010 年人数	2011 年人数	净利润	人均净利润
1	江苏信托	60	67	86 443. 92	1 361. 32
2	重庆信托	67	87	80 130. 43	1 040. 65
3	中诚信托	151	175	144 536. 38	883. 45
4	中海信托	88	101	66 107. 03	699. 55
5	陆家嘴信托	11 年新增	53	17 824. 75	670. 61
6	华润信托	123	204	108 357. 52	662. 74
7	外贸信托	131	183	78 481. 39	648. 96
8	中信信托	274	368	192 016. 78	598. 18
9	中铁信托	92	101	58 228. 93	566. 44
10	华融信托	92	123	51 336. 37	475. 34
11	国联信托	54	50	22 890. 00	467. 00
12	粤财信托	68	77	33 530. 61	462. 50
13	上海信托	155	173	86 265. 81	445. 83
14	中泰信托	69	72	54 429. 51	437. 75
15	华信信托	111	123	47 013. 61	401. 83
16	北京信托	125	146	53 862. 00	396. 00
17	英大信托	110	118	42 570. 93	376. 73
18	中投信托	81	95	30 343. 96	348. 78
19	华能信托	95	130	37 435. 72	341. 49
20	渤海信托	74	90	27 264. 25	332. 49
21	北方信托	92	98	31 376. 64	330. 28
22	安信信托	61	59	19 777. 12	329. 62
23	金谷信托	未披露	91	24 283. 87	313. 34
24	百瑞信托	107	128	36 662. 09	310. 70
25	中航信托	100	135	28 520. 39	308. 44
26	建信信托	95	127	32 947. 12	296. 82

续表

排名	简称	2010年人数	2011年人数	净利润	人均净利润
27	国民信托	53	74	18 392.30	289.64
28	华宝信托	158	195	50 326.68	285.14
29	昆仑信托	132	207	52 452.60	285.07
30	华鑫信托	11年新增	87	19 594.93	268.42
31	平安信托	973	740	225 824.61	263.66
32	厦门信托	91	99	23 292.00	245.00
33	苏州信托	65	66	15 947.27	243.47
34	东莞信托	64	82	16 535.77	226.52
35	大业信托	11年新增	58	8 733.98	213.02
36	中原信托	117	126	23 478.91	212.72
37	国元信托	121	122	25 860.50	211.97
38	四川信托	11年新增	228	40 558.92	189.58
39	湖南信托	68	75	13 242.00	185.00
40	杭工商信托	94	105	18 066.00	175.40
41	爱建信托	65	69	12 069.63	172.42
42	新华信托	240	357	49 641.58	168.00
43	交银国际信托	82	107	15 879.18	167.15
44	华宸信托	101	103	16 334.95	155.00
45	天津信托	136	138	20 778.22	150.57
46	长安信托	156	221	27 751.63	150.01
47	江西信托	79	165	28 459.69	147.12
48	五矿信托	11年新增	144	20 934.43	143.39
49	云南信托	90	77	12 023.80	143.00
50	兴业信托	130	175	20 407.86	133.82
51	国投信托	62	84	29 476.32	133.38
52	中粮信托	11年新增	65	7 899.20	132.99
53	吉林信托	124	124	40 277.86	117.77
54	山东信托	92	106	24 739.97	112.45
55	方正东亚信托	11年新增	81	8 770.95	108.00
56	陕国投	147	141	15 435.43	107.19
57	中融信托	788	1151	105 316.39	106.18
58	华澳信托	40	79	6 096.77	103.00
59	紫金信托	11年新增	61	5 129.52	93.26
60	新时代信托	120	139	10 637.72	76.53
61	西藏信托	27	32	2 008.54	68.09
62	西部信托	91	104	6 019.60	62.06
63	山西信托	163	174	8 742.03	50.24
64	甘肃信托	57	65	794.15	12.22
合计		7 201	9 400	2 540 569.03	306.07

注:部分公司未披露人均净利润数据,用净利润除以平均人数计算得出。

64家公司中,人均净利润超过100万元的有58家,平均人均净利润为306.07万元。

第四章　固有资产报表的总体分析

本章将2011年64家信托公司固有资产部分的会计报表，包括资产负债表、利润表、所有者权益变动表分别汇总成代表中国信托行业固有资产整体状况的汇总报表，以此来分析中国信托行业固有资产整体的财务状况和经营成果。

一、2011年固有资产财务状况总体分析

表4-1-1　2011年固有资产汇总资产负债表

单位：万元

资产	年末数	年初数	负债和所有者权益（或股东权益）	年末数	年初数
货币资金	3 470 372. 82	3 192 622. 70	向中央银行借款	4 000. 00	4 000. 00
现金及存放中央银行款项	615 173. 99	504 404. 61	同业及其他金融机构存放款项	1 611. 37	1 631. 70
存放同业款项	1 810 524. 88	1 336 378. 72	短期借款	86 321. 00	98 500. 00
贵金属	—	—	拆入资金	180 550. 00	202 850. 00
其他货币资金	6 094. 82	26 279. 65	交易性金融负债	—	—
拆出资金	27 677. 30	7 999. 76	衍生金融负债	—	—
交易性金融资产	1 325 147. 86	1 082 410. 87	卖出回购金融资产款	1 375 760. 18	641 881. 41
衍生金融资产	—	—	吸收存款	—	—
买入返售金融资产	208 059. 13	626 191. 81	应付款项	24 835. 21	53 553. 41
应收利息	82 795. 88	19 096. 22	应付手续费及佣金	4. 64	101. 00
应收股利	3 106. 58	3 525. 00	预收款项	401 969. 76	219 777. 70
分为贷款和应收款类的投资	253 621. 20	191 064. 61	应付职工薪酬	541 286. 62	369 768. 15
应收手续费及佣金	30 913. 21	17 340. 86	应交税费	583 134. 56	407 349. 66
应收款项	211 126. 29	92 670. 60	代理买卖证券款	1 280 340. 21	2 095 964. 03
发放中长期贷款	126 485. 00	140 000. 00	代理业务负债	28. 00	28. 00
结算备付金	283 437. 74	506 055. 06	代理兑付证券款	122. 41	203 123. 17
存出保证金	41 124. 86	47 290. 14	应付利息	11 867. 27	3 540. 89
其他应收款	125 935. 89	134 846. 22	应付股利	32 801. 99	73 552. 52
预付款项	63 322. 78	47 362. 77	其他应付款	428 296. 84	386 076. 00
存货	11 059. 55	35 345. 04	一年内到期的非流动负债	—	—
其他流动资产	88 982. 50	101 128. 21	存入保证金	8 261. 16	11 351. 28
流动资产合计	8 784 962. 29	8 112 012. 84	其他流动负债	1 449. 16	685. 00
发放贷款和垫款	2 104 595. 72	1 866 369. 25	流动负债合计	4 962 640. 38	4 773 733. 91
可供出售金融资产	5 881 763. 56	4 472 020. 85	递延收益	10 590. 03	1 642. 37
长期应收款	185 790. 23	180 641. 23	长期借款	309 137. 23	160 238. 48
长期股权投资	4 094 005. 66	3 837 664. 43	长期应付款	5 597. 56	6 097. 56
投资性房地产	277 554. 40	332 518. 09	预计负债	2 252. 62	5 432. 03
持有至到期投资	669 344. 10	536 376. 55	应付债券	—	—
固定资产	378 706. 62	343 971. 91	递延所得税负债	119 128. 91	221 893. 87
固定资产清理	0. 67	-178. 33	其他负债	651 763. 16	399 879. 60
在建工程	27 991. 65	659. 35	长期负债合计	1 098 469. 51	795 183. 91
无形资产	107 973. 90	46 712. 30	负债合计	6 061 109. 89	5 568 917. 82
开发支出	968. 54	383. 87	所有者权益（或股东权益）：	—	—
长期待摊费用	16 266. 47	5 447. 01	实收资本（或股本）	8 634 963. 22	7 538 190. 22
递延所得税资产	225 225. 28	101 273. 12	资本公积	2 022 359. 71	2 206 905. 35
抵债资产	1 157. 96	1 163. 77	减：库存股	—	—
代理业务资产	28. 00	28. 00	盈余公积	930 969. 94	688 050. 13
商誉	86 278. 35	88 666. 09	信托赔偿准备金	288 451. 94	216 448. 11
信托受益权	5 901. 90	2 060. 00	一般风险准备	483 222. 50	268 026. 01
其他非流动资产	850 574. 54	370 487. 50	未分配利润	4 714 363. 59	3 274 403. 34
非流动资产合计	14 914 127. 56	12 186 264. 97	外币折算差额	-410. 55	-241. 54
			归属于母公司所有者权益合计	17 073 920. 35	14 191 781. 62
			少数股东权益	564 059. 61	537 578. 36
			所有者权益（或股东权益）合计	17 637 979. 96	14 729 359. 99
资产总计	23 699 089. 85	20 298 277. 81	负债和所有者权益（或股东权益）总计	23 699 089. 85	20 298 277. 81

注：将统计过程中报表数字尾差放在其他非流动资产中。

我们对资产负债表按大类进行了分析，其增减变动情况下表4-1-2。

表 4-1-2　2011 年固有资产汇总简式资产负债表增减变动明细表

资产	年末数(万元)	年初数(万元)	增减额(万元)	增减率(%)	平均每户增减(万元)
流动资产合计	8 784 962. 29	8 112 012. 84	672 949. 45	8. 30	10 514. 84
长期资产及长期投资合计	13 213 053. 68	11 225 590. 40	1 987 463. 28	17. 70	31 054. 11
固定资产合计	406 698. 94	344 452. 93	62 246. 01	18. 07	972. 59
无形资产及其他资产合计	1 069 149. 66	514 948. 53	554 201. 14	107. 62	8 659. 39
递延税款资产	225 225. 28	101 273. 12	123 952. 17	122. 39	1 936. 75
资产总计	23 699 089. 85	20 298 277. 81	3 400 812. 04	16. 75	53 137. 69
流动负债合计	4 962 640. 38	4 773 733. 91	188 906. 47	3. 96	2 951. 66
长期负债合计	1 098 469. 51	795 183. 91	303 285. 60	38. 14	4 738. 84
负债合计	6 061 109. 89	5 568 917. 82	492 192. 06	8. 84	7 690. 50
归属于母公司所有者权益合计	564 059. 61	537 578. 36	26 481. 25	4. 93	413. 77
少数股东权益	17 073 920. 35	14 191 781. 62	2 882 138. 73	20. 31	45 033. 42
负债及所有者权益合计	23 699 089. 85	20 298 277. 81	3 400 812. 04	16. 75	53 137. 69

截至 2011 年末,64 家信托公司固有资产总规模为 2 369. 91 亿元,较 2010 年固有资产总额 2 029. 83 亿元增加了 340. 08 亿元,增加了 16. 75%。平均资产规模为 37. 03 亿元,平均资产增加 5. 31 亿元。

2011 年负债总额有所增加,2011 年末负债总额为 606. 11 亿元,较 2010 年负债总额 556. 89 亿元增加了 49. 22 亿元,增加了 8. 84%,平均负债规模为 9. 47 亿元,平均负债增加 0. 77 亿元。

表 4-1-3　2011 年固有资产汇总资产负债增减情况表

项目	2011 年 12 月 31 日(万元)	2010 年 12 月 31 日(万元)	增减额(万元)	增减(%)
资产总计	23 699 089. 85	20 298 277. 81	3 400 812. 04	16. 75
负债合计	6 061 109. 89	5 568 917. 82	492 192. 06	8. 84
所有者权益合计	17 637 979. 96	14 729 359. 99	2 908 619. 98	19. 75
资产负债率	25. 58%	27. 44%	-1. 86%	

从表 4-1-3 可以看出,2011 年与 2010 年相比,资产规模增加幅度大于负债规模的增加额,导致 2011 年的资产负债率下降了 1. 86%。

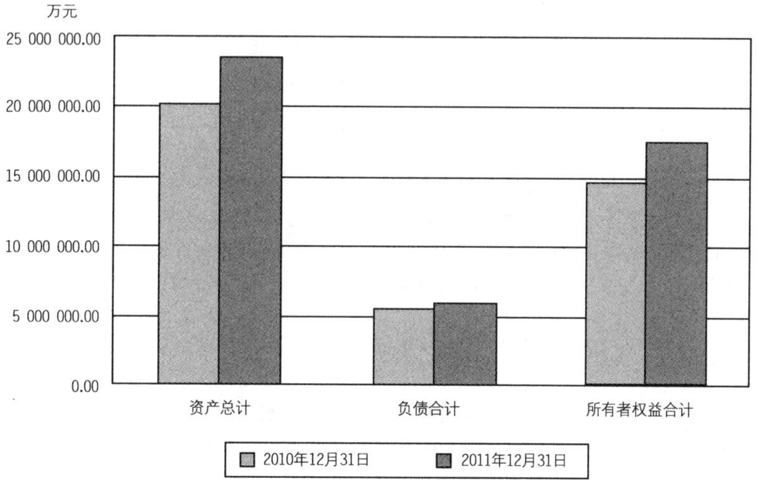

图 4-1-1　固有资产汇总资产负债情况图

二、2011 年固有资产经营成果总体分析

表 4-2-1　2011 年汇总利润表

项目	本年实际数(万元)	上年实际数(万元)	增减数	
			金额(万元)	比例(%)
一、营业收入	5 288 706. 71	3 989 927. 37	1 298 779. 34	32. 55
1. 利息净收入	421 249. 19	290 488. 17	130 761. 01	45. 01
利息收入	509 612. 68	345 676. 52	163 936. 16	47. 42
利息支出	88 363. 49	55 188. 35	33 175. 15	60. 11
2. 金融企业往来净收入	2 697. 47	1 635. 00	1 062. 48	64. 98

续表

项目	本年实际数(万元)	上年实际数(万元)	增减数	
			金额(万元)	比例(%)
金融企业往来收入	2 724.82	1 676.49	1 048.34	62.53
金融企业往来支出	27.35	41.49	-14.14	-34.08
3. 手续费及佣金净收入	3 642 645.15	2 246 582.86	1 396 062.28	62.14
手续费及佣金收入	3 754 516.71	2 317 997.19	1 436 519.52	61.97
手续费及佣金支出	111 871.57	71 414.33	40 457.23	56.65
4. 租赁收入	4 620.13	4 089.22	530.91	12.98
5. 投资收益(损失以"－"号填列)	819 189.90	940 270.28	-121 080.39	-12.88
其中:对联营企业和合营企业的投资收益	104 558.47	90 302.73	14 255.74	15.79
6. 公允价值变动收益(损失以"－"号填列)	-81 976.81	-29 423.05	-52 553.77	178.61
7. 汇兑收益(损失以"－"号填列)	-5 608.25	-2 433.98	-3 174.27	130.41
8. 其他业务收入	288 648.53	366 965.26	-78 316.73	-21.34
9. 证券销售差价收入(亏损以"－"号填列)	-2 197.96	1 070.28	-3 268.24	-305.36
10. 基金管理收入	128 953.47	129 871.38	-917.91	-0.71
11. 补贴收入				
12. 信托业务收入	70 030.95	36 576.70	33 454.25	91.46
13. 担保业务收入	—	122.46	-122.46	-100.00
14. 房地产销售收入	454.95	4 112.78	-3 657.83	-88.94
二、营业支出	2 047 640.46	1 622 584.14	425 056.32	26.20
1. 营业税金及附加	274 615.85	178 580.73	96 035.12	53.78
2. 业务(销售费用)	1 428 898.77	1 062 598.34	366 300.43	34.47
3. 管理费	117 178.38	92 314.41	24 863.97	26.93
4. 财务费用	-11.43	112.16	-123.58	-110.19
5. 资产减值损失	87 403.10	49 449.82	37 953.28	76.75
6. 其他业务成本	139 200.58	238 143.72	-98 943.14	-41.55
7. 房地产销售成本	355.20	1 384.96	-1 029.76	-74.35
三、营业利润(亏损以"－"号填列)	3 241 066.25	2 367 343.23	873 723.02	36.91
加:营业外收入	48 346.94	26 782.59	21 564.35	80.52
减:营业外支出	10 622.04	19 494.54	-8 872.50	-45.51
四、利润总额(亏损总额以"－"号填列)	3 278 791.15	2 374 631.29	904 159.87	38.08
减:所得税费用	738 222.13	493 916.22	244 305.90	49.46
五、净利润(净亏损以"－"号填列)	2 540 569.03	1 880 715.06	659 853.96	35.09
六、其他综合收益	-309 034.76	43 779.47	-352 814.23	-805.89
七、综合收益总额	2 231 534.26	1 924 494.53	307 039.73	15.95

注:由于部分公司在报表披露中单独列示营业收入、营业费用科目,未详细说明具体构成,故在合并报表时将其全部并入其他业务收入、其他业务支出科目。

2011 年信托公司经营业绩有所上升,净利润达到 254.06 亿元,较上年的 188.07 亿元增加了 35.09%。其中,手续费及佣金收入对净利润贡献最大,2011 年手续费及佣金净收入 364.26 亿元,占营业收入的 68.88%;其次是投资收益 81.92 亿元,占营业收入的 15.49%;另外在 2011 年的利润表中其他综合收益减少至 -30.90 亿元,使得 2011 年综合收益总额为 223.15 亿元,相比之下,2010 年其他综合收益为 4.38 亿元,综合收益总额为 192.45 亿元,综合收益总额上升 15.95%。

三、2011 年固有资产所有者权益总体分析

2011 年,所有者权益为 1 763.80 亿元,较上年增加 290.86 亿元,增幅 19.75%,其中股本占比 48.96%,较上年增加 14.55%;资本公积占比 11.47%,较上年减少 8.36%;盈余公积占比 5.28%,较上年增加 35.31%;未分配利润占比 26.73%,较上年增加 43.98%;风险准备金占比 4.38%,较上年增加 59.28%。从下表看出,所有者权益各项均有所增长。

表 4-3-1　固有资产所有者权益的组成占比一览表

项　目	2011 年		2010 年		2011 年增减	
	金额(万元)	比率(%)	金额(万元)	比率(%)	金额(万元)	比率(%)
股本	8 634 963.22	48.96	7 538 190.22	51.18	1 096 773.00	14.55
资本公积	2 022 359.71	11.47	2 206 905.35	14.98	-184 545.64	-8.36
盈余公积	930 969.94	5.28	688 050.13	4.67	242 919.81	35.31
未分配利润	4 714 363.59	26.73	3 274 403.34	22.23	1 439 960.25	43.98
风险准备金	771 674.45	4.38	484 474.12	3.29	287 200.32	59.28
外币折算差额	-410.55	0.00	-241.54	0.00	-169.01	69.97
归属于母公司所有者权益合计	17 073 920.35	96.80	14 191 781.62	96.35	2 882 138.73	20.31
少数股东权益	564 059.61	3.20	537 578.36	3.65	26 481.25	4.93
所有者权益合计	17 637 979.96	100.00	14 729 359.99	100.00	2 908 619.98	19.75

64 家公司 2011 年股本共增加 109.68 亿元,通过增资扩股,信托公司实力继续得到进一步加强。2011 年股本发生变动的情况分析见第一章。

表 4-3-2　2011 年汇总所有者权益变动表

单位：万元

项目	本年金额											
	归属于母公司所有者权益								少数股东权益	减：资产损失	外币报表折算差额	所有者权益合计
	实收资本（或股本）	资本公积	减：库存股	盈余公积	信托赔偿准备	一般风险准备	未分配利润	其他				
一、上年年末余额	7 538 190. 22	2 210 320. 46	—	686 946. 49	215 863. 77	267 454. 63	3 268 320. 10	-1. 00	537 578. 36	—	-240. 54	14 724 432. 50
加：会计政策变更	—	—	—	116. 44	58. 22	—	989. 75	—	—	—	—	1 164. 41
前期差错更正	—	-2 462. 44	—	653. 52	316. 37	-255. 97	3 842. 18	—	—	—	—	2 093. 66
其他	—	—	—	333. 69	83. 42	—	1 251. 33	—	—	—	—	1 668. 44
二、本年年初余额	7 538 190. 22	2 207 858. 02	—	688 050. 14	216 321. 78	267 198. 66	3 274 403. 36	-1. 00	537 578. 36	—	-240. 54	14 729 359. 00
三、本年增减变动金额（减少以"-"号填列）	1 096 773. 00	-184 507. 89	—	242 919. 80	71 227. 20	215 933. 41	1 439 961. 20	-3. 97	26 583. 30	—	-70. 85	2 908 815. 20
（一）净利润	—	—	—	—	—	—	2 468 150. 23	—	72 417. 76	—	—	2 540 567. 99
（二）其他综合收益	—	-408 256. 67	—	—	—	—	-26. 79	-3. 97	-9 225. 72	—	-10. 76	-417 523. 92
1. 可供出售金融资产公允价值变动净额	—	-82 893. 03	—	—	—	—	—	—	-6 242. 23	—	—	-89 135. 26
2. 权益法下被投资单位其他所有者权益变动的影响	—	-6 853. 75	—	—	—	—	—	—	—	—	—	-6 853. 75
3. 与计入所有都权益项目相关的所得税影响	—	14 657. 18	—	—	—	—	—	—	-10. 72	—	—	14 646. 46
4. 其他	—	-39 906. 42	—	—	—	—	-26. 79	-3. 97	-721. 70	—	-10. 73	-40 669. 61
5. 未披露	—	-293 260. 66	—	—	—	—	—	—	-2 251. 07	—	-0. 03	-295 511. 76
净利润及其他综合收益小计	—	-408 256. 67	—	—	—	—	2 468 123. 44	-3. 97	63 192. 04	—	-10. 76	2 123 044. 08
（三）所有者投入和减少资本	928 474. 01	235 817. 98	—	—	—	—	-9. 20	—	9 562. 39	—	-60. 09	1 173 785. 09
1. 所有者投入资本	928 474. 01	234 702. 76	—	—	—	—	—	—	9 483. 23	—	—	1 172 660. 00
2. 股份支付计入所有者权益的金额	—	—	—	—	—	—	—	—	—	—	—	—
3. 分立减资（或其他）	—	1 115. 22	—	—	—	—	-9. 20	—	79. 16	—	-60. 09	1 125. 09
（四）利润分配	—	-184. 08	—	246 223. 89	71 227. 20	215 933. 41	-970 122. 16	—	-41 713. 77	—	—	-478 635. 51
1. 提取盈余公积	—	—	—	235 955. 77	1 144. 00	48. 00	-246 197. 60	—	—	—	—	-9 049. 83
2. 提取信托赔偿准备	—	—	—	—	68 695. 62	1 640. 94	-70 336. 56	—	—	—	—	—
3. 一般风险准备	—	39. 71	—	9 054. 35	—	214 244. 51	-214 289. 74	—	—	—	—	9 048. 83
4. 所有者权益分配	—	—	—	—	—	—	-372 905. 24	—	-40 435. 45	—	—	-413 340. 68
5. 其他	—	-223. 79	—	1 213. 77	1 387. 58	-0. 04	-66 393. 02	—	-1 278. 33	—	—	-65 293. 83
（五）所有者权益内部结转	168 298. 99	-11 885. 12	—	-3 304. 09	—	—	-58 030. 88	—	-4 457. 36	—	—	90 621. 55
1. 资本公积转增资本	1 308. 42	-1 308. 42	—	—	—	—	—	—	—	—	—	—
2. 盈余公积转增资本	2 404. 43	—	—	-2 404. 43	—	—	—	—	—	—	—	—
3. 盈余公积弥补亏损	—	—	—	—	—	—	—	—	—	—	—	—
4. 其他	164 586. 14	-10 576. 70	—	-899. 65	—	—	-58 030. 88	—	-4 457. 36	—	—	90 621. 55
未披露变更原因的调整事项	—	—	—	—	—	—	—	—	-102. 04	—	-94. 19	-196. 23
四、本年年末余额	8 634 963. 22	2 023 350. 13	—	930 969. 94	287 548. 98	483 132. 06	4 714 364. 56	-4. 97	564 059. 61	—	-405. 58	17 637 977. 97

续表

项目	上年金额											
	归属于母公司所有者权益								少数股东权益	减：资产损失	外币报表折算差额	所有者权益合计
	实收资本（或股本）	资本公积	减：库存股	盈余公积	信托赔偿准备	一般风险准备	未分配利润	其他				
一、上年年末余额	6 381 124. 95	1 515 032. 24	—	512 272. 79	168 436. 76	202 334. 58	2 251 935. 99	—	676 192. 39	—	115. 10	11 707 444. 79
加：会计政策变更	—	—	—	—	—	—	—	—	—	—	—	—
前期差错更正	—	22 523. 52	—	1 257. 57	651. 11	-86. 88	10 890. 90	—	494. 08	—	—	35 730. 30
其他	—	—	—	199. 37	49. 84	—	747. 64	—	—	—	—	996. 85
二、本年年初余额	6 381 124. 95	1 537 555. 76	—	513 729. 73	169 137. 71	202 247. 70	2 263 574. 53	—	676 686. 47	—	115. 10	11 744 171. 94
三、本年增减变动金额（减少以“-”号填列）	1 157 065. 27	669 194. 22	—	174 195. 04	47 131. 29	64 950. 96	1 011 850. 71	—	-139 018. 93	—	-273. 32	2 985 095. 25
（一）净利润	—	—	—	—	—	—	1 778 568. 45	—	101 189. 52	—	—	1 879 757. 97
（二）其他综合收益	130 000. 00	76 716. 83	—	-1. 87	—	—	-936. 16	—	-1 793. 61	—	-225. 39	203 759. 81
1. 可供出售金融资产公允价值变动净额	130 000. 00	23 329. 65	—	—	—	—	—	—	-700. 22	—	—	152 629. 43
2. 权益法下被投资单位其他所有者权益变动的影响	—	24 997. 34	—	—	—	—	—	—	—	—	—	24 997. 34
3. 与计入所有都权益项目相关的所得税影响	—	-10 995. 48	—	—	—	—	—	—	14. 21	—	—	-10 981. 27
4. 其他	—	-869. 50	—	—	—	—	-936. 16	—	-815. 62	—	-11. 80	-2 633. 08
5. 未披露	—	40 254. 82	—	-1. 87	—	—	—	—	-291. 98	—	-213. 59	39 747. 38
净利润及其他综合收益小计	130 000. 00	76 716. 83	—	-1. 87	—	—	1 777 632. 29	—	99 395. 91	—	-225. 39	2 083 517. 77
（三）所有者投入和减少资本	980 173. 27	593 907. 82	—	3. 26	—	—	—	—	1 313. 92	—	-47. 93	1 575 350. 34
1. 所有者投入资本	980 173. 27	578 042. 47	—	—	—	—	—	—	1 704. 17	—	-47. 93	1 559 871. 99
2. 股份支付计入所有者权益的金额	—	—	—	—	—	—	—	—	—	—	—	—
3. 分立减资（或其他）	—	15 865. 34	—	3. 26	—	—	—	—	-390. 25	—	—	15 478. 35
（四）利润分配	12 000. 00	266. 33	—	179 852. 07	47 131. 29	70 743. 85	-747 055. 77	—	-40 837. 70	—	—	-477 899. 93
1. 提取盈余公积	—	—	—	178 154. 75	—	—	-178 154. 75	—	—	—	—	—
2. 提取信托赔偿准备	—	—	—	—	45 466. 10	3 480. 09	-49 840. 86	—	—	—	—	-894. 67
3. 一般风险准备	—	266. 33	—	—	—	67 264. 25	-67 530. 58	—	—	—	—	—
4. 所有者权益分配	—	—	—	—	—	—	-435 925. 82	—	-40 816. 98	—	—	-476 742. 80
5. 其他	12 000. 00	—	—	1 697. 32	1 665. 19	-0. 49	-15 603. 76	—	-20. 73	—	—	-262. 47
（五）所有者权益内部结转	34 892. 00	-1 696. 76	—	-5 658. 41	—	-5 792. 89	-18 725. 81	—	-198 891. 06	—	—	-195 872. 93
1. 资本公积转增资本	—	—	—	—	—	—	—	—	—	—	—	—
2. 盈余公积转增资本	5 658. 41	—	—	-5 658. 41	—	—	—	—	—	—	—	—
3. 盈余公积弥补亏损	—	—	—	—	—	—	—	—	—	—	—	—
4. 其他	29 233. 59	-1 696. 76	—	—	—	-5 792. 89	-18 725. 81	—	-198 891. 06	—	—	-195 872. 93
未披露变更原因的调整事项	—	—	—	—	—	—	-29. 12	—	-89. 18	—	-82. 32	-200. 62
四、本年年末余额	7 538 190. 22	2 206 749. 98	—	687 924. 78	216 269. 00	267 198. 66	3 275 396. 12	—	537 578. 36	—	-240. 54	14 729 066. 57

四、2011 年固有资产报表结构比率分析

(一)资产结构分析

1. 总体资产结构情况

表 4-4-1　2011 年固有资产汇总报表资产结构分析表

科　目	2011 年 12 月 31 日		2010 年 12 月 31 日		增减	
	金额(万元)	占比(%)	金额(万元)	占比(%)	金额(万元)	占比(%)
流动资产	8 784 962.29	37.07	8 112 012.84	39.96	672 949.45	8.30
长期投资及长期资产	13 213 053.68	55.75	11 225 590.40	55.30	1 987 463.28	17.70
固定资产	406 698.94	1.72	344 452.93	1.70	62 246.01	18.07
无形资产及其他资产	1 069 149.66	4.51	514 948.53	2.54	554 201.14	107.62
递延税款资产	225 225.28	0.95	101 273.12	0.50	123 952.17	122.39
合计	23 699 089.85	100.00	20 298 277.81	100.00	3 400 812.04	16.75

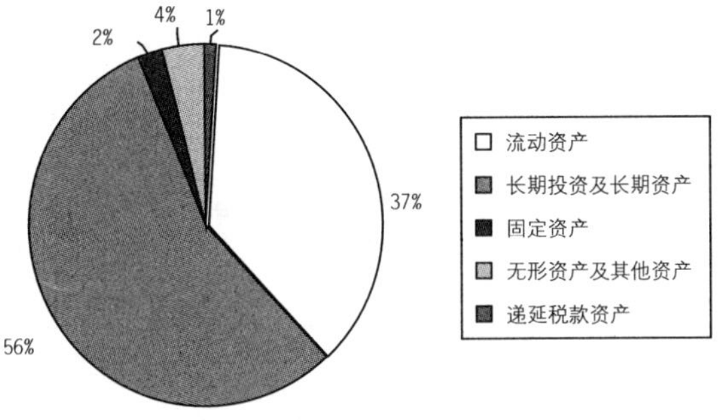

图 4-4-1　2011 固有资产汇总报表资产结构分析

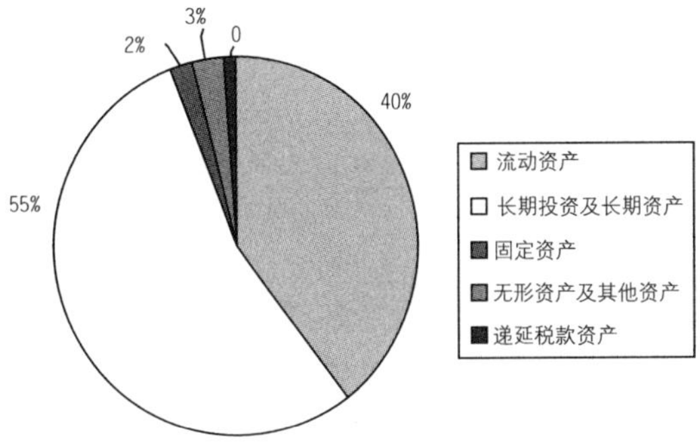

图 4-4-2　2010 年固有资产汇总报表资产结构分析

从资产项目结构来看,占资产比例较大的主要为长期投资及长期资产、流动资产。其中,流动资产占比 37.07%,长期投资及长期资产占比 55.75%,两者共占总资产的 92.82%。2011 年流动资产较上年的 811.20 亿元增加了 8.30%;长期投资及长期资产较上年的 1 122.56 亿元增加了 17.70%。

2. 流动资产结构情况

表 4-4-2　2011 年固有资产汇总报表流动资产结构分析表

科目	2011 年 12 月 31 日		2010 年 12 月 31 日		增减	
	金额(万元)	占比(%)	金额(万元)	占比(%)	金额(万元)	占比(%)
货币资金	3 470 372.82	39.50	3 192 622.70	39.36	277 750.12	8.70
现金及存放中央银行款项	615 173.99	7.00	504 404.61	6.22	110 769.38	21.96
存放同业款项	1 810 524.88	20.61	1 336 378.72	16.47	474 146.16	35.48
贵金属	0.00	0.00	0.00	0.00	0.00	
其他货币资金	6 094.82	0.07	26 279.65	0.32	-20 184.83	-76.81
拆出资金	27 677.30	0.32	7 999.76	0.10	19 677.54	245.98
交易性金融资产	1 325 147.86	15.08	1 082 410.87	13.34	242 736.99	22.43
衍生金融资产	0.00	0.00	0.00	0.00	0.00	-
买入返售金融资产	208 059.13	2.37	626 191.81	7.72	-418 132.68	-66.77
应收利息	82 795.88	0.94	19 096.22	0.24	63 699.66	333.57
应收股利	3 106.58	0.04	3 525.00	0.04	-418.42	-11.87
分为贷款和应收款类的投资	253 621.20	2.89	191 064.61	2.36	62 556.59	32.74
应收手续费及佣金	30 913.21	0.35	17 340.86	0.21	13 572.35	78.27
应收款项	211 126.29	2.40	92 670.60	1.14	118 455.69	127.82
发放中长期贷款	126 485.00	1.44	140 000.00	1.73	-13 515.00	-9.65

续表

科目	2011年12月31日		2010年12月31日		增减	
	金额（万元）	占比（%）	金额（万元）	占比（%）	金额（万元）	占比（%）
结算备付金	283 437.74	3.23	506 055.06	6.24	-222 617.32	-43.99
存出保证金	41 124.86	0.47	47 290.14	0.58	-6 165.28	-13.04
其他应收款	125 935.89	1.43	134 846.22	1.66	-8 910.33	-6.61
预付款项	63 322.78	0.72	47 362.77	0.58	15 960.02	33.70
存货	11 059.55	0.13	35 345.04	0.44	-24 285.49	-68.71
其他流动资产	88 982.50	1.01	101 128.21	1.25	-12 145.71	-12.01
流动资产合计	8 784 962.29	100.00	8 112 012.84	100.00	672 949.45	8.30

占流动资产比例最高的是货币资金项目，合计占流动资产的67.18%，其次是交易性金融资产，占流动资产的15.08%。2011年流动资产比2010年增加了67.29亿元，影响最大的是货币资金，合计增加了84.25亿元。

表4-4-3　2011年固有资产汇总报表非流动资产结构分析表

科目	2011年12月31日		2010年12月31日		增减	
	金额（万元）	占比（%）	金额（万元）	占比（%）	金额（万元）	占比（%）
发放贷款和垫款	2 104 595.72	14.11	1 866 369.25	15.32	238 226.47	12.76
可供出售金融资产	5 881 763.56	39.44	4 472 020.85	36.70	1 409 742.71	31.52
长期应收款	185 790.23	1.25	180 641.23	1.48	5 149.00	2.85
长期股权投资	4 094 005.66	27.45	3 837 664.43	31.49	256 341.23	6.68
投资性房地产	277 554.40	1.86	332 518.09	2.73	-54 963.69	-16.53
持有至到期投资	669 344.10	4.49	536 376.55	4.40	132 967.55	24.79
固定资产	378 706.62	2.54	343 971.91	2.82	34 734.71	10.10
固定资产清理	0.67	0.00	-178.33	0.00	179.00	-100.38
在建工程	27 991.65	0.19	659.35	0.01	27 332.30	4145.34
无形资产	107 973.90	0.72	46 712.30	0.38	61 261.61	131.15
开发支出	968.54	0.01	383.87	0.00	584.68	152.31
长期待摊费用	16 266.47	0.11	5 447.01	0.04	10 819.46	198.63
递延所得税资产	225 225.28	1.51	101 273.12	0.83	123 952.17	122.39
抵债资产	1 157.96	0.01	1 163.77	0.01	-5.81	-0.50
代理业务资产	28.00	0.00	28.00	0.00	0.00	0.00
商誉	86 278.35	0.58	88 666.09	0.73	-2 387.74	-2.69
信托受益权	5 901.90	0.04	2 060.00	0.02	3 841.90	186.50
其他非流动资产	850 574.54	5.70	370 487.50	3.04	480 087.04	129.58
非流动资产合计	14 914 127.56	100.00	12 186 264.97	100.00	2 727 862.59	22.38

非流动资产的增加主要是可供出售的金融资产和长期股权投资的增加，两项合计较2010年增加了166.61亿元，占增加总额的61.08%。

（二）负债结构分析

表4-4-4　2011年固有资产汇总报表负债结构分析表

科目	2011年12月31日		2010年12月31日		增减	
	金额（万元）	比例（%）	金额（万元）	比例（%）	金额（万元）	比例（%）
流动负债合计	4 962 640.38	81.88	4 773 733.91	85.72	188 906.47	3.96
长期负债合计	1 098 469.51	18.12	795 183.91	14.28	303 285.60	38.14
合计	6 061 109.89	100.00	5 568 917.82	100.00	492 192.06	8.84

从固有资产负债结构分析表来看，2011年流动负债占比81.88%；长期负债占比18.12%，长期负债所占比例与上年相比有所增加。流动负债本年增加18.89亿元，长期负债本年增加了30.33亿元。

表4-4-5　2011年固有资产汇总报表流动负债结构分析表

科目	2011年12月31日		2010年12月31日		增减	
	金额(万元)	比例(%)	金额(万元)	比例(%)	金额(万元)	比例(%)
向中央银行借款	4 000.00	0.08	4 000.00	0.08	0.00	0.00
同业及其他金融机构存放款项	1 611.37	0.03	1 631.70	0.03	-20.33	-1.25
短期借款	86 321.00	1.74	98 500.00	2.06	-12 179.00	-12.36
拆入资金	180 550.00	3.64	202 850.00	4.25	-22 300.00	-10.99
卖出回购金融资产款	1 375 760.18	27.72	641 881.41	13.45	733 878.77	114.33
应付款项	24 835.21	0.50	53 553.41	1.12	-28 718.20	-53.63
应付手续费及佣金	4.64	0.00	101.00	0.00	-96.36	-95.41
预收款项	401 969.76	8.10	219 777.70	4.60	182 192.07	82.90
应付职工薪酬	541 286.62	10.91	369 768.15	7.75	171 518.47	46.39
应交税费	583 134.56	11.75	407 349.66	8.53	175 784.89	43.15
代理买卖证券款	1 280 340.21	25.80	2 095 964.03	43.91	-815 623.82	-38.91
代理业务负债	28.00	0.00	28.00	0.00	0.00	0.00
代理兑付证券款	122.41	0.00	203 123.17	4.26	-203 000.76	-99.94
应付利息	11 867.27	0.24	3 540.89	0.07	8 326.38	235.15
应付股利	32 801.99	0.66	73 552.52	1.54	-40 750.53	-55.40
其他应付款	428 296.84	8.63	386 076.00	8.09	42 220.84	10.94
存入保证金	1 449.16	0.03	685.00	0.01	764.16	111.56
其他流动负债	8 261.16	0.17	11 351.28	0.24	-3 090.12	-27.22
流动负债合计	4 962 640.38	100.00	4 773 733.91	100.00	188 906.47	3.96

注:各项流动负债的比例是按照其占总流动负债的比例计算。

2011年,流动负债比上年增加了18.89亿元,其中增加幅度和金额较大的为卖出回购金融资产款,增加了73.39亿元。代理买卖证券款减少了81.56亿元,减少较多。在上市公司年报披露中要求,凡项目增减变动超过30%的项目都要进行文字性说明。所以我们建议各信托公司能参照该规定进行信息披露,以便投资者能够了解更多的信息。

(三)偿债能力分析

1. 资产负债率分析

资产负债率=汇总负债总额/汇总资产总额×100%

表4-4-6　2011年固有资产汇总报表资产负债率分析

项目	2011年	2010年	增减
资产负债率(%)	25.58	27.44	-1.86

2011年信托公司汇总资产负债率为25.58%,较上年有所下降,表明业务逐渐趋于稳定,健康发展,说明2011年度信托行业整体在向上增长的同时资产的债务情况变动增幅较小,资产安全性增强。

2. 流动比率分析

流动比率=汇总流动资产/汇总流动负债

表4-4-7　2011年固有资产汇总报表流动比率分析

项目	2011年	2010年	增减
流动比率(%)	1.77	1.70	0.07

2011年固有资产流动比例为1.77,较上年增加了0.07,表明企业短期偿债能力略有上升。64家公司中流动比率大于2的有47家,小于1的有7家,与上年基本一致,但仍有部分公司流动比率呈上升趋势。

3. 现金比率分析

现金偿债比率=汇总(货币资金+存放中央银行款项+存放同业款项+其他货币资金)/汇总流动负债

表4-4-8　2011年固有资产汇总现金偿债比率分析

项目	2011年	2010年	增减
现金偿债比率(%)	1.19	1.06	0.13

现金偿债比率较上年上升0.13。在2010年和2009年略微下降后，2011年又逐渐上升，说明信托公司整体上立即偿还到期债务的能力有所回升。

（四）盈利能力分析

1. 营业利润分析

表4-4-9　2011年固有资产汇总报表营业利润率

项目	2011年	2010年	增减
营业收入（万元）	5 288 706.71	3 989 927.37	1 298 779.34
营业利润（万元）	3 241 066.25	2 367 343.23	873 723.02
营业利润率（%）	61.28	59.33	1.95

营业利润率较上年上升1.95%，说明信托公司经营中的获利能力有所提高。

2. 收入结构分析

表4-4-10　2011年固有资产汇总报表营业收入组成明细表

项　目	2011年		2010年		增减	
	金额（万元）	比例（%）	金额（万元）	比例（%）	金额（万元）	比例（%）
1. 利息净收入	421 249.19	7.97	290 488.17	7.28	130 761.01	45.01
2. 金融企业往来净收入	2 697.47	0.05	1 635.00	0.04	1 062.48	64.98
3. 手续费及佣金净收入	3 642 645.15	68.88	2 246 582.86	56.31	1 396 062.28	62.14
4. 租赁收入	4 620.13	0.09	4 089.22	0.10	530.91	12.98
5. 投资收益（损失以"-"号填列）	819 189.90	15.49	940 270.28	23.57	-121 080.39	-12.88
6. 公允价值变动收益（损失以"-"号填列）	-81 976.81	-1.55	-29 423.05	-0.74	-52 553.77	178.61
7. 汇兑收益（损失以"-"号填列）	-5 608.25	-0.11	-2 433.98	-0.06	-3 174.27	130.41
8. 其他业务收入	288 648.53	5.46	366 965.26	9.20	-78 316.73	-21.34
9. 证券销售差价收入（亏损以"-"号填列）	-2 197.96	-0.04	1 070.28	0.03	-3 268.24	-305.36
10. 基金管理收入	128 953.47	2.44	129 871.38	3.25	-917.91	-0.71
11. 补贴收入	—	0.00	—	0.00	—	
12. 信托业务收入	70 030.95	1.32	36 576.70	0.92	33 454.25	91.46
13. 担保业务收入	—	0.00	122.46	0.00	-122.46	-100.00
14. 房地产销售收入	454.95	0.01	4 112.78	0.10	-3 657.83	-88.94
营业总收入合计	5 288 706.71	100.00	3 989 927.37	100.00	1 298 779.34	32.55

注：由于部分公司在报表披露中列示营业收入科目时，未详细说明构成，故在合并报表时将其全部并入其他业务收入汇总。

2011年营业总收入为528.87亿元，较上年398.99亿元增加了129.88亿元，增长了32.55%。其中手续费及佣金净收入较上年增加139.61亿元，增幅为62.14%。在2011年营业收入构成中，手续费及佣金净收入占比最重，达到68.88%，其次是投资收益，占比15.49%。

3. 固有业务净利润分析

表4-4-11　2011年固有资产汇总报表净利润情况表

项目名称	2011年（万元）	2010年（万元）	增减（%）
净利润	2 540 569.03	1 880 715.06	35.09

2011年度净利润比2010年度大幅增加，但分布并不均衡。经分析有53家公司净利润增长，11家减少，平安信托减少最多，为5.89亿元。

4. 净资产收益率分析

净资产收益率＝汇总本年净利润/汇总年末净资产

表4-4-12　2011年固有资产汇总报表净资产收益率情况表

项目名称	2011年	2010年	增减
净资产收益率（%）	14.40	12.77	1.63

本年64家公司固有资产汇总报表净资产收益率为14.40%，较上年提高了1.63%。2011年净资产收益率超过5%的公司有61家，且各公司净资产收益率均为正数，业绩总体良好。

5. 总资产收益率分析

总资产收益率＝汇总本年净利润/汇总年末总资产

表4－4－13　2011年固有资产汇总报表总资产收益率情况表

项目名称	2011年	2010年	增减
总资产收益率(%)	10.72	9.27	1.45

总体来讲,2011年信托公司的资产利用水平有所提高,在资产增幅较大的情况下,收益率仍增长1.45%。

6. 固有资产人均利润

表4－4－14　2011年固有资产汇总报表人均利润最高和最低前五位公司排名表

单位:万元/人

最高五位			最低五位		
序号	公司简称	人均利润	序号	公司简称	人均利润
1	江苏信托	1 361.32	1	新时代信托	76.53
2	重庆信托	1 040.65	2	西藏信托	68.09
3	中诚信托	883.45	3	西部信托	62.06
4	中海信托	699.55	4	山西信托	50.24
5	陆家嘴信托	670.61	5	甘肃信托	12.22

7. 利润总额分析

表4－4－15　汇总利润总额变动情况表

项目	2011年(万元)	2010年(万元)	增减额(万元)	增减率(%)
营业利润	3 241 066.25	2 367 343.23	873 723.02	36.91
营业外收入	48 346.94	26 782.59	21 564.35	80.52
营业外支出	10 622.04	19 494.54	-8 872.50	-45.51
利润总额	3 278 791.15	2 374 631.29	904 159.87	38.08

表4－4－16　固有资产利润总额的组成占比一览表

公司简称	营业利润(万元)	加:营业外收入(万元)	减:营业外支出(万元)	利润总额(万元)	占汇总利润比例(%)
爱建信托	12 693.87	483.87	—	13 177.74	0.40
安信信托	26 085.21	593.03	3.04	26 675.20	0.81
百瑞信托	48 813.80	196.93	329.09	48 681.64	1.48
北方信托	41 362.68	56.93	263.57	41 156.04	1.26
北京信托	71 915.00	333	114	72 134.00	2.20
渤海信托	36 500.08	1.37	146	36 355.46	1.11
大业信托	11 628.62	—	5.43	11 623.19	0.35
东莞信托	21 953.71	15.55	5.9	21 963.36	0.67
方正东亚信托	12 478.27	3.14	—	12 481.41	0.38
甘肃信托	967.95	—	127	840.95	0.03
国联信托	28 548.00	5	35	28 518.00	0.87
国民信托	24 571.12	0.01	6.66	24 564.47	0.75
国投信托	38 457.79	3.56	35.15	38 426.20	1.17
国元信托	30 171.04	492.44	20.87	30 642.61	0.93
杭工商信托	24 165.00	13	76	24 102.00	0.74
湖南信托	18 154.00	37	416	17 775.00	0.54
华澳信托	7 933.16	249.15	—	8 182.31	0.25
华宝信托	68 136.77	156.43	24.26	68 268.94	2.08
华宸信托	19 878.26	68.46	5.3	19 941.42	0.61
华能信托	50 318.52	1.17	3	50 316.69	1.53
华融信托	69 727.41	—	51.21	69 676.20	2.13
华润信托	128 850.32	111.92	23.91	128 938.33	3.93
华鑫信托	22 600.66	1 243.34	—	23 844.00	0.73
华信信托	60 853.78	150.88	311.73	60 692.93	1.85

续表

公司简称	营业利润(万元)	加:营业外收入(万元)	减:营业外支出(万元)	利润总额(万元)	占汇总利润比例(%)
吉林信托	49 230.46	4 548.34	506.55	53 272.25	1.62
建信信托	42 825.20	27.05	1.5	42 850.75	1.31
江苏信托	93 684.10	8.38	49.66	93 642.82	2.86
江西信托	38 710.98	1 161.31	390.92	39 481.37	1.20
交银国际信托	21 444.97	—	7.05	21 437.92	0.65
金谷信托	31 839.37	—	—	31 839.37	0.97
昆仑信托	64 874.92	6 003.04	111.48	70 766.48	2.16
陆家嘴信托	16 640.27	0.23	-20.84	16 661.34	0.51
平安信托	300 111.15	3 368.41	344.19	303 135.37	9.25
厦门信托	28 945.00	59	69	28 935.00	0.88
山东信托	31 720.03	209.31	13.35	31 915.99	0.97
山西信托	11 391.14	293.56	—	11 684.70	0.36
陕国投	19 499.69	789.28	1.01	20 287.96	0.62
上海信托	98 018.67	8 807.68	9.09	106 817.26	3.26
四川信托	54 262.80	48.32	277.75	54 033.37	1.65
苏州信托	21 195.85	42.65	80.44	21 158.06	0.65
天津信托	27 223.02	874.74	62.46	28 035.30	0.86
外贸信托	101 886.04	3.21	2.34	101 886.91	3.11
五矿信托	19 619.47	1 411.81	—	21 031.28	0.64
西部信托	7 307.16	177.33	1.37	7 483.12	0.23
西藏信托	2 649.18	—	—	2 649.18	0.08
新华信托	68 285.13	0.15	109.39	68 175.89	2.08
新时代信托	14 222.82	98.79	231.84	14 089.78	0.43
兴业信托	27 666.02	68.39	109.16	27 625.25	0.84
英大信托	55 555.84	1 269.60	4.17	56 821.27	1.73
粤财信托	39 183.33	6.64	31.28	39 158.69	1.19
云南信托	16 557.71	—	487.16	16 070.55	0.49
长安信托	36 597.44	180	6	36 771.44	1.12
中诚信托	182 821.03	1 041.62	66.51	183 796.14	5.61
中海信托	81 117.99	2 764.17	55.53	83 826.63	2.56
中航信托	37 806.71	449.1	9.21	38 246.60	1.17
中粮信托	10 972.77	1 393.56	74.01	12 292.32	0.37
中融信托	140 775.91	50.04	242.7	140 583.24	4.29
中泰信托	68 924.87	2 511.35	340.15	71 096.07	2.17
中铁信托	76 175.68	2 271.37	732.49	77 714.56	2.37
中投信托	32 069.73	58.69	66.94	32 061.48	0.98
中信信托	256 151.48	—	96.54	256 054.94	7.81
中原信托	29 900.75	1.81	6.34	29 896.22	0.91
重庆信托	101 190.41	4 111.62	4 037.01	101 265.02	3.09
紫金信托	5 246.16	20.2	5.16	5 261.19	0.16
合计	3 241 066.25	48 346.94	10 622.04	3 278 791.15	100.00

五、2011年自营资产分布与运用情况分析

表4-5-1 信托公司自营资产分布与组合状况汇总表

资产运用	金额(万元)	占比(%)	资产分布	金额(万元)	占比(%)
货币资产	3 906 583.18	21.55	基础产业	458 797.40	2.53
短期投资	10 999.00	0.06	房地产业	1 179 960.84	6.51
交易性金融资产	946 085.66	5.22	证券	2 593 319.03	14.30
贷款及应收款	3 073 090.31	16.95	金融机构	7 327 830.50	40.41
发放贷款和垫款	15 500.00	0.09	股权投资	26 047.00	0.14
其他流动资产	47 070.41	0.26	实业	1 486 563.77	8.20

续表

资产运用	金额(万元)	占比(%)	资产分布	金额(万元)	占比(%)
可供出售金融资产	4 149 677.72	22.89	其他	5 058 993.88	27.90
长期股权投资	4 493 287.39	24.78			
持有至到期投资	572 848.19	3.16			
其他	916 370.56	5.05			
资产总计	18 131 512.42	100.00	资产总计	18 131 512.42	100.00

注:尾差2.02轧在其他中。

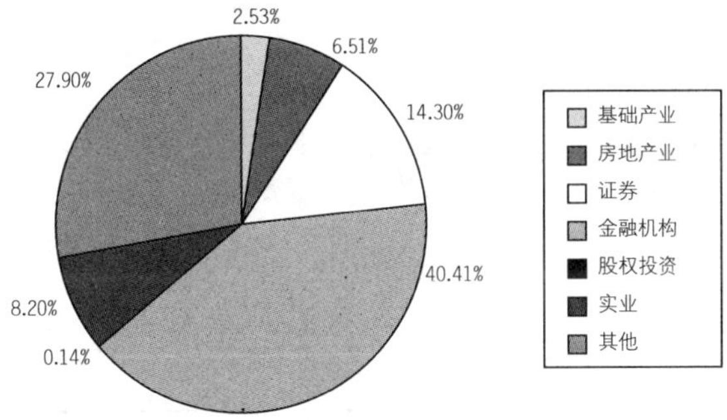

图4-5-1　自营资产运用分布图

从自营资产的运用组合来看,主要集中在长期投资上,占比24.78%,说明信托公司目前的经营方式仍以传统业务为主导。

第五章　信托资产报表的总体分析

本章将2011年64家信托公司披露的信托资产部分的会计报表，包括资产负债表和利润表分别汇总成代表中国信托行业信托资产整体状况的汇总报表，对中国信托公司信托资产的整体财务状况和经营成果进行分析。

一、2011年信托资产汇总报表分析

(一)2011年信托业务报表财务状况基本特点

从2011年信托公司披露的信托业务报表来看，信托总资产大幅增长：资产规模增加了57.84%，但营业收入增速减缓，仅为21.78%，且增长幅度低于自营收入的增长幅度32.55%。利息收入和投资收益成仍是信托业务的主要利润来源，营业费用等各项管理费用正逐渐增加，利润率有所下降。

(二)2011年信托业务汇总报表

表5－1－1　2011年信托资产的汇总资产负债表

信托资产	年末数(万元)	年初数(万元)	增减额(万元)	增减率(%)
信托资产：				
货币资金	61 327 914.36	16 385 373.31	44 942 541.05	274.28
拆出资金	15 000.00	2 500.00	12 500.00	500.00
存出保证金	72 262.61	90 654.87	－18 392.26	－20.29
交易性金融资产	28 338 668.36	22 520 829.65	5 817 838.71	25.83
应收票据	3 145 498.22	20 299.87	3 125 198.35	15395.16
应收利息	15 271.49	25 642.07	－10 370.58	－40.44
应收股利	29 882.57	14 010.56	15 872.01	113.29
应收款项	20 640 934.47	5 250 740.33	15 390 194.14	293.11
买入返售资产	14 031 692.02	6 870 004.12	7 161 687.90	104.25
结算备付金	433 024.73	225 870.59	207 154.14	91.71
其他应收款	1 000 114.53	587 437.26	412 677.27	70.25
其他流动资产	2 984.81	351.76	2 633.05	748.54
可供出售金融资产	37 060 986.47	15 528 003.64	21 532 982.83	138.67
持有至到期投资	57 366 974.99	20 872 310.20	36 494 664.79	174.85
长期贷款	35 860 539.85	35 761 945.40	98 594.45	0.28
客户贷款	137 464 043.80	126 297 216.58	11 166 827.22	8.84
长期债权投资	1 199 639.80	857 430.80	342 209.00	39.91
长期股权投资	65 323 446.18	46 223 363.42	19 100 082.76	41.32
其他长期投资	657 720.00	829 337.21	－171 617.21	－20.69
长期应收款	1 720 541.38	773 643.03	946 898.35	122.39
应收融资租赁款	－7 908.27	—	－7 908.27	
减：各项资产减值准备	—	60 000.00	－60 000.00	－100.00
固定资产	4 612.80	19 429.07	－14 816.27	－76.26
投资性房地产	647 017.50	664 374.51	－17 357.01	－2.61
无形资产	119 900.00	137 683.33	－17 783.33	－12.92
长期待摊费用	31 093.38	30 902.22	191.16	0.62
其他资产	13 940 672.39	4 457 749.88	9 482 922.51	212.73
信托资产合计	480 442 528.45	304 387 103.67	176 055 424.78	57.84

续表

信托负债和信托权益	年末数(万元)	年初数(万元)	增减额(万元)	增减率(%)
信托负债:				
应付受托人报酬	114 187. 39	58 533. 36	55 654. 03	95. 08
应付托管费	19 397. 19	12 173. 45	7 223. 75	59. 34
应付管理人报酬	1 689. 72	1 209. 46	480. 26	39. 71
应付受益人收益	124 587. 21	89 949. 33	34 637. 88	38. 51
应付股利	1 653. 17	86. 79	1 566. 38	1804. 79
应付账款	25 116. 70	28 252. 53	-3 135. 83	-11. 10
其他应付款项	1 582 884. 66	1 058 155. 56	524 729. 10	49. 59
应交税金	28 770. 20	10 712. 49	18 057. 71	168. 57
卖出回购资产款	140 184. 66	182 986. 87	-42 802. 21	-23. 39
其他负债	103 878. 54	65 389. 87	38 488. 67	58. 86
应付销售服务费	3 197. 32	3 383. 74	-186. 42	-5. 51
长期应付款	21 142. 32	35 169. 25	-14 026. 93	-39. 88
预收账款	1 207. 00	26. 00	55 654. 03	95. 08
信托负债合计	2 167 896. 09	1 546 028. 70	621 867. 39	40. 22
信托权益:				
实收资本	476 934 666. 61	297 772 839. 66	179 161 826. 95	60. 17
资本公积	1 417 025. 82	1 663 970. 53	-246 944. 71	-14. 84
损益平准	—	32 550. 98	-32 550. 98	-100. 00
未分配利润	-77 060. 08	3 371 713. 80	-3 448 773. 87	-102. 29
外币报表折算差额	—	—		
信托权益合计	478 274 632. 36	302 841 074. 97	175 433 557. 39	57. 93
信托负债及信托权益合计	480 442 528. 45	304 387 103. 67	176 055 424. 78	57. 84

注:1. 在统计过程中,由于部分公司报表存在尾差,尾差合计0. 7,在汇总报表时将其全部记入"其他资产"科目。

2. 汇总过程中由于部分公司披露的"发放贷款"与"客户贷款"分类不明确,故在汇总报表中将其合并记入"客户贷款"科目。

表5-1-2　2011年信托资产的汇总简式资产负债表

信托资产	2011-12-31(万元)	2010-12-31(万元)	增减额(万元)	增减率(%)
信托资产合计	480 442 528. 45	304 387 103. 67	176 055 424. 78	57. 84
信托负债合计	2 167 896. 09	1 546 028. 70	621 867. 39	40. 22
信托权益合计	478 274 632. 36	302 841 074. 97	175 433 557. 39	57. 93

2011年信托资产资产总额比2010年增加了17 605. 54亿元,主要是因为货币资金增加了4 494. 25亿元,持有至到期投资增加了3 649. 46亿元以及可供出售金融资产增加了2 153. 30亿元。相比资产总额的大额增加,信托负债仅增加了62. 19亿元,但也增加了40. 22%,主要是因为其他应付款项增加了52. 47亿元。信托资产的权益增加较多,合计增加了17 543. 36亿元,主要是实收资本增加了17 916. 18亿元。

信托资产主要是代客理财,体现在信托资产和信托权益上,信托负债相对较小。2011年12月31日的信托负债主要是其他应付款。

表5-1-3　2011年信托资产的汇总利润表

项目	2011年(万元)	2010年(万元)	增减额(万元)	增减率(%)
一、营业收入	20 379 338. 67	16 734 004. 50	3 645 334. 18	21. 78
利息收入	14 761 167. 06	9 829 065. 55	4 932 101. 52	50. 18
投资收益	6 220 349. 42	5 723 210. 76	497 138. 67	8. 69
租赁收入	105 438. 70	50 144. 51	55 294. 19	110. 27
公允价值变动损益	-2 350 002. 90	272 768. 70	-2 622 771. 60	-961. 54
汇兑损益(损失以"-"号填列)	-390. 06	-151. 87	-238. 19	156. 84
其他收入	1 642 776. 44	858 966. 86	783 809. 59	91. 25
二、营业支出	4 279 132. 48	2 469 600. 95	1 809 531. 53	73. 27
三、营业税金及附加	90 371. 70	57 863. 83	32 507. 87	56. 18
四、营业外收支	-6 709. 99	-272. 11	-6 437. 88	2365. 91

续表

项目	2011 年(万元)	2010 年(万元)	增减额(万元)	增减率(%)
五、扣除资产损失前的信托利润	16 003 124.51	14 206 267.61	1 796 856.90	12.65
减:资产减值损失	-64 922.18	22 765.91	-87 688.09	-385.17
加:其他综合收益	36 673.10	145 629.68	-108 956.58	-74.82
六、综合收益	16 104 719.79	14 329 131.38	1 775 588.41	12.39
加:期初未分配信托利润	3 334 240.72	1 842 083.81	1 492 156.90	81.00
加:申购赎回盈余			0.00	
加:未分配信托利润平准金	-3 149.36	-22 604.97	19 455.61	-86.07
加:资本公积补亏			0.00	
加:其他转入	1 043.69	5 869.92	-4 826.23	-82.22
加:执行企业会计准则影响数			0.00	
减:年初调整事项	2.15	—	2.15	
减:其他综合收益	36 673.10	145 629.68	-108 956.58	-74.82
七、可供分配的信托利润	19 400 179.58	16 008 850.46	3 391 329.12	21.18
减:本期已分配信托利润	19 503 709.97	12 634 210.75	6 869 499.21	54.37
加:损益平准金	6 253.92	-2 497.40	8 751.32	-350.42
加:未注明原因的事项				
八、期末未分配信托利润	-97 276.47	3 372 142.31	-3 469 418.77	-102.88

注:对部分未披露上年金额的信托公司,采用 2010 年报告的数据进行统计。导致期末未分配信托利润与信托资产汇总资产负债表不一致。

2011 年信托业务收入 2 037.93 亿元,比 2010 年的 1 673.40 亿元增加了 364.53 亿元,上升了 21.78%。2011 年扣除资产损失后的信托利润为 1 600.31 亿元,比 2010 年增加了 179.69 亿元。本年将利润全部分配,年末未分配信托利润 -9.73 万元,比 2010 年减少了 346.94 亿元。

信托利润的大幅上升主要是由于利息收入和其他收入的增加。

(三)2011 年信托资产财务状况结构分析

表 5-1-4　2011 年信托资产资产负债率分析表

信托资产	2011-12-31(万元)	2010-12-31(万元)	增减额(万元)	增减率(%)
信托资产合计	480 442 528.45	304 387 103.67	176 055 424.78	57.84
信托负债合计	2 167 896.09	1 546 028.70	621 867.39	40.22
信托权益合计	478 274 632.36	302 841 074.97	175 433 557.39	57.93
资产负债率(%)	0.45	0.51		

表 5-1-5　2011 年信托资产结构比率分析表

项目名称	2011-12-31		2010-12-31		增减	
	金额(万元)	占比(%)	金额(万元)	占比(%)	金额(万元)	比率(%)
货币资金	61 327 914.36	12.77	16 385 373.31	5.38	44 942 541.05	274.28
拆出资金	15 000.00	0.00	2 500.00	0.00	12 500.00	500.00
存出保证金	72 262.61	0.02	90 654.87	0.03	-18 392.26	-20.29
交易性金融资产	28 338 668.36	5.90	22 520 829.65	7.40	5 817 838.71	25.83
应收票据	3 145 498.22	0.65	20 299.87	0.01	3 125 198.35	15 395.16
应收利息	15 271.49	0.00	25 642.07	0.01	-10 370.58	-40.44
应收股利	29 882.57	0.01	14 010.56	0.00	15 872.01	113.29
应收款项	20 640 934.47	4.30	5 250 740.33	1.73	15 390 194.14	293.11
买入返售资产	14 031 692.02	2.92	6 870 004.12	2.26	7 161 687.90	104.25
买入信贷资产	0.00	0.00	0.00	0.00	0.00	0.00
结算备付金	433 024.73	0.09	225 870.59	0.07	207 154.14	91.71
其他应收款	1 000 114.53	0.21	587 437.26	0.19	412 677.27	70.25
其他流动资产	2 984.81	0.00	351.76	0.00	2 633.05	748.54
可供出售金融资产	37 060 986.47	7.71	15 528 003.64	5.10	21 532 982.83	138.67
持有至到期投资	57 366 974.99	11.94	20 872 310.20	6.86	36 494 664.79	174.85

续表

项目名称	2011-12-31		2010-12-31		增减	
	金额(万元)	占比(%)	金额(万元)	占比(%)	金额(万元)	比率(%)
长期贷款	35 860 539.85	7.46	35 761 945.40	11.75	98 594.45	0.28
客户贷款	137 464 043.80	28.62	126 297 216.58	41.49	11 166 827.22	8.84
长期债权投资	1 199 639.80	0.25	857 430.80	0.28	342 209.00	39.91
长期股权投资	65 323 446.18	13.60	46 223 363.42	15.19	19 100 082.76	41.32
减:各项资产减值准备	60 000.00	0.01	60 000.00	0.02	0.00	0.00
其他长期投资	657 720.00	0.14	829 337.21	0.27	-171 617.21	-20.69
长期应收款	1 720 541.38	0.36	773 643.03	0.25	946 898.35	122.39
应收融资租赁款	-7 908.27	0.00	0.00	0.00	-7 908.27	0.00
固定资产	4 612.80	0.00	19 429.07	0.01	-14 816.27	-76.26
投资性房地产	647 017.50	0.13	664 374.51	0.22	-17 357.01	-2.61
无形资产	119 900.00	0.02	137 683.33	0.05	-17 783.33	-12.92
长期待摊费用	31 093.38	0.01	30 902.22	0.01	191.16	0.62
其他资产	13 940 672.39	2.90	4 457 749.88	1.46	9 482 922.51	212.73
信托资产运用合计	480 382 528.45	100.00	304 387 103.67	100.00	175 995 424.78	57.82

注:汇总过程中由于部分公司披露的"发放贷款"与"客户贷款"分类不明确,故在汇总报表中将其合并,列示于"客户贷款"科目。

从资产结构来看,客户贷款总额达 13 746.40 亿元,占总信托资产的 28.62%,其次长期股权投资总额达 6 532.34 亿元,占总资产的 13.60%。资产结构与上年相比,基本保持不变,说明 2011 年信托业务仍主要集中在传统的贷款和股权投资方面;本年交易性金融资产、可供出售金融资产以及持有至到期投资总额比上年合计增加 6 384.55 亿元,表明信托公司继续积极开拓新的信托资产运用渠道,进行多元化信托资产运用。

(四)2011 年信托权益结构分析

表 5-1-6 2011 年信托资产汇总报表信托权益结构表

项目名称	2011-12-31		2010-12-31		增减	
	金额(万元)	占比(%)	金额(万元)	占比(%)	金额(万元)	比率(%)
实收信托	476 934 666.61	99.72	297 772 839.66	98.33	179 161 826.95	60.17
资本公积	1 417 025.82	0.30	1 663 970.53	0.55	-246 944.71	-14.84
损益平准	0.00	0.00	32 550.98	0.01	-32 550.98	-100.00
未分配利润	-77 060.08	-0.02	3 371 713.80	1.11	-3 448 773.87	-102.29
外币报表折算差	0.00	0.00	0.00	0.00	0.00	
信托权益合计	478 274 632.36	100.00	302 841 074.97	100.00	175 433 557.39	57.93

注:部分公司报表不平,导致此处未分配利润与表 5-1-3 不一致。

从表 5-1-6 可以看到,实收信托总额达 47 693.47 亿元,较上年增加了 60.17%,占总信托权益的 99.72%。说明信托业务规模继续保持高速增长态势,本年由于分配利润较多,导致未分配利润为负数。

(五)2011 年信托资产经营成果结构分析

表 5-1-7 2011 年信托资产汇总报表收入结构分析表

项目名称	2011-12-31		2010-12-31		增减	
	金额(万元)	占比(%)	金额(万元)	占比(%)	金额(万元)	比率(%)
利息收入	14 761 167.06	72.43	9 829 065.55	58.74	4 932 101.52	50.18
投资收益	6 220 349.42	30.52	5 723 210.76	34.20	497 138.67	8.69
租赁收入	105 438.70	0.52	50 144.51	0.30	55 294.19	110.27
公允价值变动损益	-2 350 002.90	-11.53	272 768.70	1.63	-2 622 771.60	-961.54
汇兑损益	-390.06	0.00	-151.87	0.00	-238.19	156.84
其他收入	1 642 776.44	8.06	858 966.86	5.13	783 809.59	91.25
营业收入合计	20 379 338.67	100.00	16 734 004.50	100.00	3 645 334.18	21.78

表 5-1-7 中数据表明营业收入较上年有大幅增加,其中利息收入增加 493.21 亿元,投资收益增加 49.71 亿元,说明在 2011

年度相对紧缩的货币政策控制下，宏观经济环境仍趋向良好，信托行业投资收益仍保持较快增长。

从公司收入结构分析，利息收入与投资收益是收入的主要来源，这与资产分布情况有差异。客户贷款总计占资产总额的28.62%，利息收入占收入的比例为72.43%；金融资产（包括交易性金融资产、可供出售金融资产和持有至到期投资）占资产总额的25.56%，对外投资（包括短期投资、长期债权投资、长期股权投资及其他长期投资）占资产总额的13.98%，投资收益占收入总额的比例为30.52%，说明2011年的投资收益率有所下降，而利率上升导致投资收益率低于利息收益率。

表5-1-8　2011年信托资产汇总报表利润总额结构表

单位：万元

项目名称	营业收入	营业支出	营业税金及附加	营业外收支	减：资产减值损失	其他综合收益	综合收益
爱建信托	42 868.56	13 269.53	—	-6 724.00	-4 008.00	—	26 883.03
安信信托	123 536.41	19 482.07	—	—	—	—	104 054.34
百瑞信托	287 679.27	37 506.32	6.98	—	—	—	250 165.97
北方信托	471 148.24	29 992.70	—	—	—	—	441 155.54
北京信托	383 858.65	103 640.48	1 959.66	—	—	—	278 258.51
渤海信托	776 767.88	94 991.30	—	—	—	—	681 776.58
大业信托	48 301.41	9 531.08	—	—	—	—	38 770.33
东莞信托	144 382.71	23 388.15	399.47	—	—	—	120 595.09
方正东亚信托	264 779.47	33 620.21	—	—	—	—	231 159.26
甘肃信托	72 431.70	14 389.88	16.86	—	—	—	58 024.96
国联信托	249 445.00	24 647.00	—	—	—	—	224 798.00
国民信托	-760.26	1 410.61	0.16	—	—	—	-2 171.03
国投信托	151 404.72	27 347.76	—	—	—	—	124 056.96
国元信托	390 035.58	31 594.49	—	—	—	—	358 441.09
杭工商信托	122 264.00	22 029.00	4 611.00	—	—	5 250.00	100 874.00
湖南信托	195 741.00	37 226.00	—	—	—	—	158 515.00
华澳信托	30 626.70	14 975.89	—	—	—	—	15 650.81
华宝信托	377 564.43	59 698.27	18.67	—	—	-1 269.50	316 577.99
华宸信托	174 028.83	36 173.73	—	—	2 616.38	—	135 238.72
华能信托	431 257.59	77 367.84	—	—	—	—	353 889.75
华融信托	442 191.61	99 846.08	—	—	—	—	342 345.53
华润信托	48 918.98	120 384.87	450.3	—	—	—	-71 916.19
华鑫信托	113 874.10	27 192.00	—	—	—	15.27	86 697.37
华信信托	323 241.17	69 238.47	—	—	—	—	254 002.70
吉林信托	424 820.03	88 579.53	—	—	—	—	336 240.50
建信信托	418 350.14	46 426.86	498.63	—	—	—	371 424.65
江苏信托	105 664.82	53 080.34	356.59	—	—	—	52 227.89
江西信托	410 650.32	63 201.93	—	—	—	—	347 448.39
交银国际信托	334 311.81	37 087.50	—	—	—	—	297 224.31
金谷信托	141 778.69	25 414.39	—	—	—	—	116 364.30
昆仑信托	262 430.01	61 967.42	—	—	—	—	200 462.59
陆家嘴信托	—	—	—	—	—	—	—
平安信托	1 123 726.03	164 921.25	10 366.04	14.01	—	—	948 452.75
厦门信托	69 255.00	17 367.00	—	—	—	—	51 888.00
山东信托	554 430.17	97 337.41	1 296.77	—	—	—	455 795.99
山西信托	136 915.34	23 555.97	—	—	—	—	113 359.37
陕国投	52 238.54	36 500.75	—	—	—	—	15 737.79
上海信托	290 576.19	77 916.29	—	—	—	-12 515.94	200 143.96
四川信托	537 953.70	89 689.47	—	—	—	—	448 264.23
苏州信托	173 278.09	37 448.88	2 623.35	—	—	—	133 205.86
天津信托	279 484.48	38 262.24	—	—	—	—	241 222.24
外贸信托	583 964.88	166 235.62	4 125.73	—	—	—	413 603.53
五矿信托	166 349.87	44 238.13	168.94	—	—	—	121 942.80
西部信托	95 210.03	13 208.79	—	—	—	—	82 001.24

续表

项目名称	营业收入	营业支出	营业税金及附加	营业外收支	减:资产减值损失	其他综合收益	综合收益
西藏信托	29 119. 98	2 333. 24	—	—	—	—	26 786. 74
新华信托	508 462. 18	122 573. 16	—	—	-60 000. 00	116. 86	446 005. 88
新时代信托	283 225. 17	60 453. 66	—	—	—	—	222 771. 51
兴业信托	74 665. 76	97 600. 91	—	—	—	—	-22 935. 15
英大信托	886 071. 06	58 027. 08	45 546. 47	—	—	—	782 497. 51
粤财信托	645 008. 94	70 874. 63	230. 39	—	—	—	573 903. 92
云南信托	-2 837. 35	23 906. 88	—	—	—	—	-26 744. 23
长安信托	409 983. 53	97 312. 38	—	—	—	—	312 671. 15
中诚信托	1 335 025. 42	188 164. 60	2 120. 32	—	—	—	1 144 740. 50
中海信托	882 047. 94	262 577. 70	—	—	—	—	619 470. 24
中航信托	434 662. 70	81 541. 34	—	—	—	—	353 121. 36
中粮信托	264 423. 36	34 046. 38	—	—	—	—	230 376. 98
中融信托	621 273. 08	366 650. 71	—	—	—	45 076. 41	299 698. 78
中泰信托	120 923. 19	22 878. 94	34. 54	—	—	—	98 009. 71
中铁信托	310 035. 00	134 404. 00	—	—	—	—	175 631. 00
中投信托	144 874. 30	23 551. 36	3 464. 73	—	—	—	117 858. 21
中信信托	1 121 178. 70	354 008. 38	11 712. 76	—	-3 530. 56	—	758 988. 12
中原信托	247 986. 23	26 262. 10	—	—	—	—	221 724. 13
重庆信托	182 883. 80	28 893. 31	363. 34	—	—	—	153 627. 15
紫金信托	53 349. 80	11 688. 22	—	—	—	—	41 661. 57
合计	20 379 338. 67	4 279 132. 48	90 371. 70	-6 709. 99	-64 922. 18	36 673. 10	16 104 719. 79

二、2011 年信托资产管理情况分析

(一)2011 年信托资产分布情况分析

表 5 -2 -1　2011 年信托资产分布及运用情况表

资产运用情况			资产分布情况		
项目	金额(万元)	比例(%)	项目	金额(万元)	比例(%)
货币资产	61 871 799. 24	12. 87	基础产业	98 192 926. 03	20. 43
客户贷款	174 284 707. 80	36. 26	房地产业	71 378 161. 61	14. 85
短期投资	309 036. 34	0. 06	证券	39 243 173. 89	8. 17
交易性金融资产	28 395 669. 51	5. 91	实业	96 214 512. 48	20. 02
可供出售金融资产	37 870 539. 49	7. 88	金融	50 411 914. 99	10. 49
持有至到期投资	56 127 018. 72	11. 68	教育	8 826 347. 52	1. 84
应收账款	4 726 363. 49	0. 98	工商企业	7 085 102. 63	1. 47
买入返售金融资产	2 232 368. 70	0. 46	其他	109 257 765. 59	22. 73
长期股权投资	67 112 313. 82	13. 96			
买入返售资产	21 810. 44	0. 00			
其他	47 658 177. 20	9. 92			
信托资产总额	480 609 804. 75	100. 00	信托资产总额	480 609 904. 74	100. 00

注:大业信托此报表披露金额为亿元,存在 100 万元的尾差。

从资产结构情况分析,客户贷款与长期股权投资仍是资产的主要组成部分;从资产投向分布分析,主要还是集中在基础产业和实业,所以信托公司总体的收益率较低;其他产业占比 22. 73%,但部分公司并未披露“其他”的明细构成。由于宏观经济环境的影响,整个信托行业各项目均有所增长。

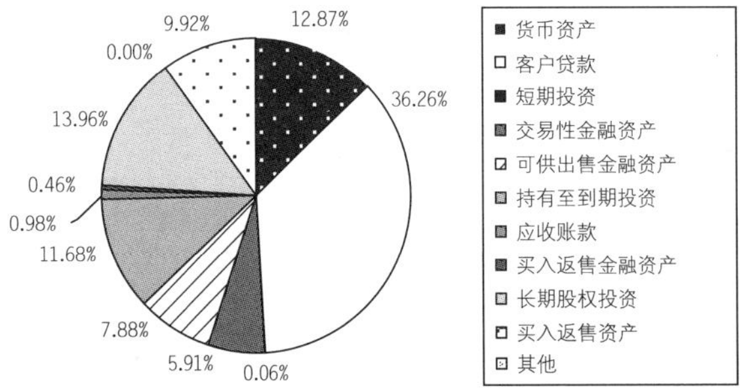

图 5－2－1　信托资产运用分析图

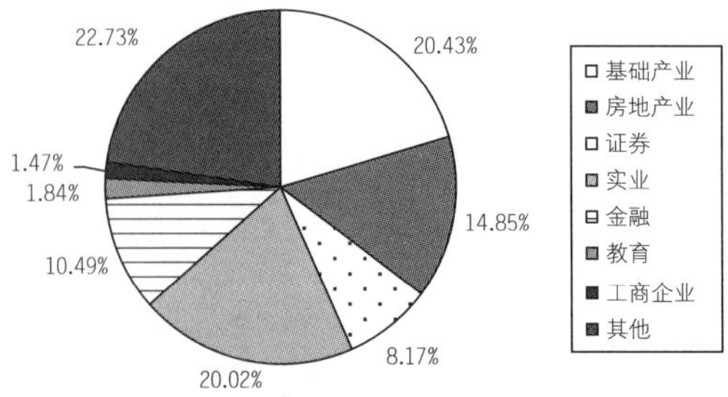

图 5－2－2　信托资产分布分析图

(二)集合类、单一类资金信托项目和财产管理类信托项目 2011 年变动情况分析

表 5－2－2　2011 年度中止的集合类、单一类资金信托项目和财产管理类信托项目数量、金额汇总分析

单位:万元

类别	份数	合计金额
集合类	2 055.00	32 599 759.87
单一类	4 860.00	158 433 989.54
财产管理类	151.00	5 265 273.06
合计	7 066.00	196 299 022.47

注:由于陆家嘴信托报告中未披露此类报表,故汇总数中未包含陆家嘴信托。

表 5－2－3　2011 年中止的集合类加权平均实际收益率前五名分析

公司简称	加权平均实际收益率(%)
英大信托	144.92
北京信托	19.81
江西信托	13.38
西部信托	11.24
中信信托	11.22
前五名平均	40.11

注:1. 陆家嘴信托未披露此类报表,不在统计范围内。
2. 西藏信托、中海信托披露的报表中未包含收益率。

从披露的中止的集合类加权平均实际收益率看,按 63 家简单平均计算,实际加权收益率约为 8.28%,略高于银行贷款利率,略低于上年中止的集合类加权平均实际收益率 8.72%。

表 5－2－4　2011 年中止的单一类加权平均实际收益率前五名分析

公司简称	加权平均实际收益率(%)
甘肃信托	12.05
安信信托	11.24
国联信托	10.18
东莞信托	8.98
杭工商信托	8.97
前五名平均	10.28

注:1. 陆家嘴信托未披露此类报表,不在统计范围内。
2. 西藏信托、中海信托披露的报表中未包含收益率。

从披露的中止的单一类加权平均实际收益率看,按 63 家简单平均计算,实际加权收益率约为 5.53%,较集合类项目收益率低,比上年中止的单一类加权平均实际收益率 4.55% 有所上升。本年有 40 家信托公司平均收益率超过 5%,比上年增加了 22 家。

表 5－2－5 2011 年新增的集合类、单一类资金信托项目和财产管理类信托项目数量、金额汇总分析

类别	份数	合计金额(万元)
集合类	5 881	117 332 208.87
单一类	7 304	270 003 190.07
财产管理类	320	9 280 706.79
新增合计	13 389	397 428 383.76
其中:主动管理型	10 006	227 156 800.59
被动管理型	3 421	167 987 588.82

注:1. 西部信托未披露主动管理型和被动管理型。
2. 部分公司包含的主动管理型与被动管理型合计金额与新增合计金额不一致。

2011 年新增的信托项目中，单一类信托项目占主要比例，集合类信托项目金额为单一类项目的 43.5%，相比 2010 年的 22.32% 大幅上升，财产管理类信托项目占比仍然很小，尚需大力发展。

表 5－2－6 2011 年新增的集合类、单一类资金信托项目和财产管理类信托项目数量前五名分析

公司简称	数量
外贸信托	1 684
粤财信托	1 264
山东信托	482
兴业信托	471
长安信托	465

表 5－2－7 2011 年新增的集合类、单一类资金信托项目和财产管理类信托项目金额前五名分析

单位:万元

公司简称	金额
外贸信托	30 433 037.88
粤财信托	22 094 741.81
中诚信托	21 143 389.98
渤海信托	15 183 290.00
华宝信托	15 015 599.92

表 5－2－8 2011 年新增的集合类、单一类资金信托项目和财产管理类信托项目平均金额前五名分析

单位:万元

公司简称	项目平均金额
华宝信托	130 570.43
建信信托	126 810.53
英大信托	95 296.97
中投信托	92 307.24
中诚信托	86 653.24

表 5－2－9 2011 年信托公司主动管理型资产排行榜

单位:万元

公司简称	2011－12－31	2010－12－31	增减额
外贸信托	17 542 539.91	5 685 320.83	11 857 219.08
兴业信托	12 482 417.00	1 835 194.00	10 647 223.00
中信信托	24 563 365.21	14 612 486.38	9 950 878.83
华能信托	9 335 052.35	3 430 650.71	5 904 401.64
平安信托	11 718 305.66	5 903 325.97	5 814 979.69
厦门信托	6 608 521.00	835 373.00	5 773 148.00
渤海信托	7 396 932.00	2 122 860.00	5 274 072.00
中诚信托	16 028 176.51	11 539 098.86	4 489 077.65
华润信托	10 016 112.29	5 560 759.29	4 455 353.00
江西信托	5 912 635.72	1 954 350.67	3 958 285.05
吉林信托	6 063 477.00	2 759 615.00	3 303 862.00
中融信托	13 871 128.07	10 586 377.00	3 284 751.07

续表

公司简称	2011－12－31	2010－12－31	增减额
陕国投	4 694 307. 26	1 452 502. 57	3 241 804. 69
新时代信托	5 040 913. 10	1 951 766. 32	3 089 146. 78
中原信托	4 613 439. 48	1 650 260. 92	2 963 178. 56
方正东亚信托	2 881 255. 89	24 215. 74	2 857 040. 15
五矿信托	3 692 694. 40	916 503. 63	2 776 190. 77
粤财信托	8 133 702. 28	5 373 244. 47	2 760 457. 81
江苏信托	5 079 999. 59	2 625 289. 00	2 454 710. 59
北京信托	8 836 450. 56	6 524 619. 25	2 311 831. 31
华鑫信托	2 560 755. 73	408 057. 32	2 152 698. 41
金谷信托	3 211 628. 26	1 120 072. 31	2 091 555. 95
甘肃信托	2 529 114. 57	461 955. 75	2 067 158. 82
华融信托	3 936 661. 13	2 104 396. 85	1 832 264. 28
西部信托	2 382 841. 37	604 335. 01	1 778 506. 36
长安信托	7 395 664. 59	5 650 613. 23	1 745 051. 36
中航信托	2 931 772. 43	1 257 513. 70	1 674 258. 73
重庆信托	4 173 961. 74	2 654 886. 15	1 519 075. 59
湖南信托	2 126 703. 00	644 919. 00	1 481 784. 00
建信信托	4 360 638. 92	2 886 071. 96	1 474 566. 96
昆仑信托	6 055 565. 36	4 661 819. 89	1 393 745. 47
四川信托	1 302 417. 18	—	1 302 417. 18
中粮信托	2 522 572. 24	1 301 287. 21	1 221 285. 03
华宝信托	2 093 013. 22	879 027. 81	1 213 985. 41
新华信托	5 498 019. 66	4 303 278. 05	1 194 741. 61
天津信托	2 732 545. 21	1 643 341. 57	1 089 203. 64
交银国际信托	1 912 773. 86	886 257. 15	1 026 516. 71
云南信托	1 417 953. 08	393 577. 98	1 024 375. 10
东莞信托	2 401 860. 24	1 391 183. 73	1 010 676. 51
百瑞信托	2 941 033. 93	2 008 020. 64	933 013. 29
华澳信托	1 350 121. 30	482 819. 78	867 301. 52
国投信托	2 538 350. 66	1 717 728. 37	820 622. 29
国元信托	2 763 225. 25	1 979 084. 55	784 140. 70
安信信托	1 830 589. 41	1 064 533. 15	766 056. 26
苏州信托	2 169 330. 73	1 631 051. 14	538 279. 59
中投信托	1 566 556. 38	1 073 611. 68	492 944. 70
华信信托	2 734 920. 79	2 260 657. 26	474 263. 53
上海信托	2 500 296. 25	2 046 960. 76	453 335. 49
山东信托	3 079 180. 14	2 676 999. 09	402 181. 05
北方信托	3 357 054. 14	2 962 796. 83	394 257. 31
国联信托	1 041 531. 00	769 897. 00	271 634. 00
爱建信托	891 124. 65	650 391. 51	240 733. 14
中铁信托	3 876 416. 00	3 638 715. 00	237 701. 00
紫金信托	239 630. 67	49 321. 31	190 309. 36
杭工商信托	949 382. 00	784 228. 00	165 154. 00
国民信托	134 998. 53	11 840. 35	123 158. 18
中泰信托	1 006 662. 07	957 612. 00	49 050. 07
华宸信托	1 117 867. 99	1 086 804. 35	31 063. 64
山西信托	1 538 143. 84	1 633 007. 67	－94 863. 83
中海信托	6 624 224. 00	7 881 589. 00	－1 257 365. 00
英大信托	396 815. 60	1 851 178. 76	－1 454 363. 16
西藏信托	未披露		
大业信托	未披露		
陆家嘴信托	未披露		
合计	290 705 342. 40	159 815 256. 48	130 890 085. 92

第六章　财务报表附注及其他项目的分析

本章对财务报表附注披露的一些重要事项进行了分析，包括或有事项、自营资产风险分类情况、资产损失准备计提情况以及关联方关系及其交易等各项情况。同时，本章还对信托公司在2011年年报中对经营因素的认可情况作了详细的统计，以便于相关部门决策参考。

一、或有事项情况

(一)对外担保和或有事项情况

1. 对外担保总额分析

表6－1－1　2011年末信托公司担保事项汇总一览表

币种	2011年末担保金额	2010年末担保金额	增减额	增减(%)
人民币(万元)	32 717.00	140 265.50	－107 548.50	－76.67

经过对64家公司的统计，2011年末涉及对外担保的公司共有5家，对外担保金额3.27亿元，较上年的14.03亿元大幅减少。2011年5家公司平均对外担保额为0.65亿元，比2010年8家公司平均对外担保额1.75亿元减少了1.1亿元。2011年末信托公司对外担保的详细情况见表6－1－2和表6－1－3。

表6－1－2　2011年信托公司涉及对外担保的详细情况

单位：万元

公司简称	被担保单位	年初担保金额	年末担保金额
中信信托	中泰信托——上海天林房地产开发发展有限公司	13 500.00	0.00
	吉林信托——北京凤凰联合医院管理股份有限公司	20 000.00	20 000.00
吉林信托	东北中小企业信用再担保股份有限公司	0.00	5 000.00
	吉林省腾飞新型环保墙体材料有限公司	560.00	0.00
厦门信托	为厦门市市政项目担保	5 274.00	4 474.00
中诚信托	未披露	8 000.00	3 000.00
华宝信托	舟山市海峡汽车轮渡有限责任公司	243.00	243.00
华信信托	大连丰华荣粮油有限公司等四家企业	40 000.00	0.00
山东信托	未披露	37 688.50	0.00
北方信托	未披露	15 000.00	—
合计		140 265.50	32 717.00

注：山西信托在2010年审计报告中披露有5 300万元担保金额，但2011年未披露期初、期末担保金额。

表6－1－3　2011年末信托公司担保金额明细表

单位：万元

公司简称	期末担保金额
中信信托	20 000.00
吉林信托	5 000.00
厦门信托	4 474.00
中诚信托	3 000.00
华宝信托	243.00
合计	32 717.00

担保事项前五名合计3.27亿元，占全部的100%。

2. 对外担保与净资产的比较分析

64家信托公司披露的2011年末担保事项合计3.27亿元，占64家公司自有净资产总额1 763.80亿元的0.19%。有担保事项的公司年末担保额均没有超过净资产；担保额占净资产比例的平均值为1.38%，超过平均值的有3家，情况详见表6－1－4。由此可见，信托行业对外担保的总体风险有所降低，但个别公司的风险还是存在的。

表 6-1-4　2011 年末信托公司担保金额占自有净资产比例情况表

公司简称	期末担保金额（万元）	期末净资产（万元）	担保占净资产比（%）
厦门信托	4 474. 00	124 670. 00	3. 59
中信信托	20 000. 00	714 142. 96	2. 80
吉林信托	5 000. 00	260 852. 05	1. 92
中诚信托	3 000. 00	881 212. 72	0. 34
华宝信托	243. 00	391 266. 45	0. 06
合计	32 717. 00	2 372 144. 18	1. 38

（二）公司本年发生或存在的重大诉讼事项

2011 年 64 家信托公司中有 52 家披露没有诉讼事项，12 家披露有诉讼事项，情况详见表 6-1-5。

12 家披露有诉讼事项的信托公司合计存在 48 件诉讼案件，涉及金额为 22. 97 亿元（其中有 10 个案件未披露涉案金额），平均每个案件约 6 043. 49 万元。

表 6-1-5　披露信托公司诉讼事件表

单位：万元

公司简称	件数（被诉）	金额（被诉）	件数（起诉）	金额（起诉）	涉诉金额合计
中泰信托			8	128 600. 00	128 600. 00
重庆信托	2	未披露③	7	68 464. 36④	68 464. 36
安信信托	4	11 766. 62			11 766. 62
新华信托	3	2 720. 00	2	2 600	5 320. 00
长安信托			7	3 911. 00	3 911. 00
甘肃信托			2	3 529. 70	3 529. 70
中铁信托	2	491. 02①	2	2 900. 00	3 391. 02
百瑞信托			1	3 000. 00	3 000. 00
中投信托	1	1 373			1 373. 00
西部信托	1	297			297
山东信托			5	未披露②	
爱建信托	1	未披露⑤			—
合计	13	16 036. 62	35	144 660. 7	229 652. 7

注：1. 2011 年中铁信托有两件被诉案件，其中 1 件案件：中国长城资产管理公司诉该公司执行结案，未明确披露涉案金额。

2. 2011 年山东信托在报告期内，无重大诉讼事项发生。以前年度发生未终结的诉讼事项，该公司诉山东泗水北方大地牧业集团有限公司、山东鲁西黄牛原种场有限公司、泗水北方大地肉牛育肥有限公司、山东九福饲料有限公司及山东九九有限公司、北京赛克赛思科技投资有限公司借款、担保合同纠纷案，目前仍在执行中，均未披露明确涉案金额。

3. 2011 年重庆信托有 2 件被诉案件，分别为长江轮船海外旅游总公司诉该公司一般股东权纠纷案，未披露明确涉案金额；青岛华能实业公司诉山东光彩银星拍卖有限公司、重庆信托的拍卖合同纠纷案，涉案标的为 2 692 200 股交通银行股份。

4. 2011 年重庆信托 7 件起诉案件中，有 1 件案件：该公司诉山东光彩银星拍卖有限公司、山东鲁华能源集团有限公司拍卖合同纠纷案，涉案标的为 1 100 万股交通银行股份。

5. 2011 年爱建信托有关福建闽东电力股份有限公司诉上海爱建信托投资有限责任公司、爱建证券有限责任公司上海复兴东路证券营业部、爱建证券有限责任公司返还客户交易结算资金一案。

二、自营资产风险分类情况

根据 64 家信托公司在其 2011 年年度报告中披露的自营资产及其分类情况统计（其中，安信信托未披露自营资产及其分类情况），2010 年末自营资产合计为 836. 71 亿元，正常类自营资产占 91. 98%、关注类自营资产 5. 79%，不良类自营资产占 2. 23%。2011 年纳入分类的自营资产为 945. 74 亿元，比 2010 年增加 109. 03 亿元，增加比例为 13. 03%；2011 年末正常类自营资产占 92. 54%，关注类自营资产占 5. 27%，不良类自营资产占 2. 18%。可见，正常类自营资产比例有所增加，关注类和不良类比例有所下降，自营资产的质量趋于良好，详见表 6-2-1。

表 6-2-1　2011 年末与 2010 年末信托公司自营资产五级分类汇总比较表

类别	2011 年末		2010 年末		增减率（%）
	金额（万元）	比例（%）	金额（万元）	比例（%）	
正常	8 752 270. 40	92. 54	7 695 970. 90	91. 98	0. 56
关注	498 703. 70	5. 27	484 843. 99	5. 79	-0. 52
次级	75 680. 84	0. 80	12 609. 77	0. 15	0. 65
可疑	21 566. 78	0. 23	54 340. 11	0. 65	-0. 42
损失	109 204. 65	1. 15	119 345. 49	1. 43	-0. 28
合计	9 457 426. 37	100. 00	8 367 110. 26	100. 00	
不良比例		2. 18		2. 23	

2010 年末不良资产率情况详见表 6 -2 -2。

表 6 -2 -2　2010 年末自营资产五级分类不良比例由高到低排序表

公司简称	不良比例(%)	公司简称	不良比例(%)
中泰信托	79.51	中原信托	—
西部信托	31.99	中投信托	—
渤海信托	19.06	中融信托	—
湖南信托	14.30	中粮信托	—
陕国投	10.76	中航信托	—
华能信托	10.68	中海信托	—
山东信托	5.90	中诚信托	—
中信信托	5.74	云南信托	—
长安信托	4.05	兴业信托	—
中铁信托	3.47	新华信托	—
爱建信托	3.06	五矿信托	—
山西信托	2.80	外贸信托	—
天津信托	2.39	苏州信托	—
粤财信托	2.36	四川信托	—
百瑞信托	2.08	上海信托	—
英大信托	1.32	陆家嘴信托	—
华润信托	1.27	昆仑信托	—
平安信托	1.12	金谷信托	—
厦门信托	1.05	交银国际信托	—
江苏信托	1.03	吉林信托	—
华宝信托	0.93	华信信托	—
西藏信托	0.86	华鑫信托	—
杭工商信托	0.86	华澳信托	—
江西信托	0.63	国投信托	—
华融信托	0.59	国民信托	—
新时代信托	0.55	国联信托	—
甘肃信托	0.45	方正东亚信托	—
建信信托	0.33	东莞信托	—
国元信托	0.31	大业信托	—
华宸信托	0.25	北京信托	—
重庆信托	0.24	北方信托	—
紫金信托	—	安信信托	—

2011 年末不良资产率情况详见表 6 -2 -3。

表 6 -2 -3　2011 年末自营资产五级分类不良比例由高到低排序表

公司简称	不良比例(%)	公司简称	不良比例(%)
中泰信托	83.47	国民信托	—
西部信托	26.37	国投信托	—
中信信托	16.30	建信信托	—
山东信托	5.90	湖南信托	—
华能信托	3.82	吉林信托	—
陕国投	3.23	兴业信托	—
华宝信托	2.94	上海信托	—
山西信托	2.66	苏州信托	—
中铁信托	2.52	西藏信托	—
长安信托	1.85	厦门信托	—
爱建信托	1.75	新华信托	—
百瑞信托	1.28	华信信托	—

续表

公司简称	不良比例(%)	公司简称	不良比例(%)
天津信托	1.07	云南信托	—
英大信托	1.04	中诚信托	—
华润信托	0.90	外贸信托	—
杭工商信托	0.75	中海信托	—
粤财信托	0.59	中融信托	—
江西信托	0.58	中原信托	—
新时代信托	0.50	重庆信托	—
甘肃信托	0.45	交银国际信托	—
平安信托	0.42	中投信托	—
江苏信托	0.35	中航信托	—
昆仑信托	0.27	华澳信托	—
华宸信托	0.23	大业信托	—
国元信托	0.15	方正东亚信托	—
华融信托	0.15	华鑫信托	—
渤海信托	0.0006	金谷信托	—
安信信托	—	陆家嘴信托	—
北方信托	—	四川信托	—
北京信托	—	五矿信托	—
东莞信托	—	中粮信托	—
国联信托	—	紫金信托	

注：64家公司中，国元信托、甘肃信托、华宸信托、昆仑信托、山东信托、山西信托、新时代信托7家公司披露的不良资产率与计算有差异。

三、资产损失准备计提和覆盖情况

（一）资产损失准备的计提

64家信托公司在2011年年报中披露：2011年初资产损失准备余额为38.55亿元，2011年计提18.02亿元，转回7.39亿元，核销2.74亿元，其他减少140.15万元，2011年末余额为46.43亿元。2011年末资产损失准备余额大于2010年末余额。在资产损失准备余额的构成中，专项准备和一般准备组成的风险资产准备为主要的计提内容。此外，各信托公司的资产损失准备的计提差异较大。汇总的资产损失准备计提详见表6-3-1。

表6-3-1　信托公司资产损失准备计提情况

单位：万元

类别	2010年末	2011年计提	2011年转回	2011年核销	2011年其他减少	2011年末
贷款损失准备	228 742.18	88 686.97	44 189.36	12 646.26	—	260 593.52
其中：一般准备	10 274.23	3 811.82	219.31	2 579.89	—	11 286.85
专项准备	218 467.95	84 875.15	43 970.05	10 066.37	—	249 306.67
其他资产减值准备	51 611.67	37 006.62	13 165.55	5 143.01	—	70 309.73
可供出售金融资产减值准备	5 152.45	32 665.51	—	—	—	37 817.96
持有至到期投资减值准备	16 042.23	11 804.34	5 306.14	—	—	22 540.43
长期股权投资减值准备	34 035.47	1 819.24	36.12	588.56	—	35 230.03
坏账准备	48 002.73	5 362.74	11 201.12	8 994.73	140.15	33 029.47
投资性房地产减值准备	1 909.89	2 859.72	—	—	—	4 769.61
合计	385 496.62	180 205.14	73 898.29	27 372.56	140.15	464 290.75

注：其他资产减值准备包含存货跌价准备、拆出资金减值准备、抵债资产减值准备、固定资产减值准备等。

对64家信托公司披露的资产准备余额、风险资产准备余额、非风险资产准备余额进行排序，由高到低的排序结果详见表6-3-2、表6-3-3和表6-3-4。

表6-3-2 信托公司2011年末资产准备合计余额情况表

单位:万元

公司简称	准备合计	公司简称	准备合计
中信信托	178 443.80	中航信托	983.72
中泰信托	35 023.85	上海信托	962.64
华融信托	32 337.72	吉林信托	835.00
新华信托	21 349.72	中投信托	810.00
山东信托	19 919.15	甘肃信托	778.15
山西信托	18 738.41	江西信托	765.13
华宝信托	17 291.52	杭工商信托	678.00
平安信托	15 269.50	新时代信托	660.76
中铁信托	13 677.00	外贸信托	621.18
中诚信托	12 572.48	建信信托	500.00
北京信托	9 870.00	中海信托	458.15
华能信托	9 694.96	中融信托	386.00
爱建信托	7 041.09	华宸信托	312.14
中原信托	6 727.68	江苏信托	278.19
安信信托	6 076.81	华澳信托	256.00
天津信托	5 713.44	东莞信托	240.00
西部信托	5 635.63	大业信托	126.38
长安信托	4 534.80	方正东亚信托	96.41
国民信托	4 116.59	粤财信托	—
华润信托	3 906.40	国投信托	—
渤海信托	3 618.48	兴业信托	—
百瑞信托	3 367.33	苏州信托	—
陕国投	3 096.66	西藏信托	—
中粮信托	3 000.00	厦门信托	—
英大信托	2 462.68	华信信托	—
国联信托	2 163.00	云南信托	—
重庆信托	1 515.86	交银国际信托	—
华鑫信托	1 429.21	金谷信托	—
湖南信托	1 295.00	四川信托	—
北方信托	1 250.00	五矿信托	—
国元信托	1 150.30	紫金信托	—
昆仑信托	1 141.99	合计	464 290.75
陆家嘴信托	1 111.84		

2011年64家披露年报的信托公司中有13家没有计提资产损失准备。

表6-3-3 信托公司2011年末风险资产准备合计余额情况表

单位:万元

公司简称	一般准备	专项准备	风险资产准备合计
中信信托	—	177 017.48	177 017.48
中泰信托	—	32 600.00	32 600.00
平安信托	1 587.82	3 755.14	5 342.96
西部信托	176.56	4 656.18	4 832.74
天津信托	1 530.00	2 600.00	4 130.00
山西信托	—	3 968.93	3 968.93
中诚信托	—	3 340.00	3 340.00
百瑞信托	—	3 000.00	3 000.00
中粮信托	—	3 000.00	3 000.00
华融信托	300.00	2 660.00	2 960.00
中原信托	—	2 591.58	2 591.58
国联信托	2 163.00	—	2 163.00
英大信托	1 150.68	531.88	1 682.56

续表

公司简称	一般准备	专项准备	风险资产准备合计
陕国投	—	1 580.81	1 580.81
重庆信托	1 494.00	—	1 494.00
长安信托	—	1 415.98	1 415.98
中铁信托	—	1 063.00	1 063.00
湖南信托	—	1 007.00	1 007.00
华鑫信托	—	992.50	992.50
中投信托	405.00	405.00	810.00
江西信托	—	765.13	765.13
华能信托	165.00	476.84	641.84
吉林信托	—	620.00	620.00
建信信托	—	500.00	500.00
甘肃信托	442.81	—	442.81
中航信托	393.00	—	393.00
北京信托	390.00	—	390.00
昆仑信托	350.00	—	350.00
爱建信托	—	309.08	309.08
华宝信托	280.00	—	280.00
华澳信托	256.00	—	256.00
东莞信托	—	240.00	240.00
新时代信托	2.00	198.00	200.00
江苏信托	78.19	—	78.19
方正东亚信托	77.79	—	77.79
新华信托	30.00	—	30.00
国民信托	15.00	—	15.00
华宸信托	—	12.14	12.14
国元信托	—	—	—
安信信托	—	—	—
北方信托	—	—	—
粤财信托	—	—	—
国投信托	—	—	—
杭工商信托	—	—	—
兴业信托	—	—	—
山东信托	—	—	—
上海信托	—	—	—
苏州信托	—	—	—
西藏信托	—	—	—
厦门信托	—	—	—
华润信托	—	—	—
华信信托	—	—	—
云南信托	—	—	—
外贸信托	—	—	—
中海信托	—	—	—
中融信托	—	—	—
渤海信托	—	—	—
交银国际信托	—	—	—
大业信托	—	—	—
金谷信托	—	—	—
陆家嘴信托	—	—	—
四川信托	—	—	—
五矿信托	—	—	—
紫金信托	—	—	—
合计	11 286.85	249 306.67	260 593.52

2011 年 64 家披露年报的信托公司中有 26 家没有计提风险资产准备。

表 6-3-4 信托公司 2011 年末非风险资产准备合计情况表

单位：万元

公司简称	其他资产减值准备	可供出售金融资产减值准备	持有至到期投资减值准备	长期股权投资减值准备	坏账准备	投资性房地产减值准备	合计
爱建信托	4 016.40	—	—	2 418.77	296.84	—	6 732.01
安信信托	475.45	—	—	2 978.79	1 122.57	1 500.00	6076.81
百瑞信托	311.41	8	—	43.79	4.13	—	367.33
北方信托	625	—	—	625	—	—	1 250.00
北京信托	4 740.00	4 383.00	—	339	18	—	9 480.00
渤海信托	757.46	—	—	—	1.3	2 859.72	3 618.48
大业信托	—	—	—	—	126.38	—	126.38
东莞信托	—	—	—	—	—	—	—
方正东亚信托	9.31	—	—	—	9.31	—	18.62
甘肃信托	241.2	—	—	59.97	34.17	—	335.34
国联信托	—	—	—	—	—	—	—
国民信托	—	4 101.59	—	—	—	—	4 101.59
国投信托	—	—	—	—	—	—	—
国元信托	642.73	—	—	—	507.57	—	1 150.30
杭工商信托	95	133	—	—	450	—	678
湖南信托	—	—	—	—	288	—	288
华澳信托	—	—	—	—	—	—	—
华宝信托	8 505.76	—	—	7 066.23	1 439.53	—	17 011.52
华宸信托	—	—	—	—	300	—	300
华能信托	4 244.49	—	—	—	4 808.63	—	9 053.12
华融信托	14 688.86	—	11 495.92	3 069.28	123.66	—	29 377.72
华润信托	—	1 099.12	—	—	2 397.39	409.89	3 906.40
华鑫信托	—	271.19	165.52	—	—	—	436.71
华信信托	—	—	—	—	—	—	—
吉林信托	107.5	—	—	—	107.5	—	215
建信信托	—	—	—	—	—	—	—
江苏信托	100	—	—	—	100	—	200
江西信托	—	—	—	—	—	—	—
交银国际信托	—	—	—	—	—	—	—
金谷信托	—	—	—	—	—	—	—
昆仑信托	—	—	—	418.18	373.81	—	791.99
陆家嘴信托	555.92	—	—	—	555.92	—	1 111.84
平安信托	2 873.86	—	—	7 052.68	—	—	9 926.54
厦门信托	—	—	—	—	—	—	—
山东信托	—	—	10 751.74	4 327.77	4 839.64	—	19 919.15
山西信托	7 397.54	7 341.94	—	—	30	—	14 769.48
陕国投	86.42	1 366.10	—	—	63.33	—	1 515.85
上海信托	907.69	—	—	53.6	1.35	—	962.64
四川信托	—	—	—	—	—	—	—
苏州信托	—	—	—	—	—	—	—
天津信托	791.72	—	—	—	791.72	—	1 583.44
外贸信托	—	—	127.25	401.79	92.14	—	621.18
五矿信托	—	—	—	—	—	—	—
西部信托	—	—	—	652.96	149.93	—	802.89
西藏信托	—	—	—	—	—	—	—
新华信托	10 659.86	10 659.86	—	—	—	—	21 319.72
新时代信托	—	—	—	—	460.76	—	460.76

续表

公司简称	其他资产减值准备	可供出售金融资产减值准备	持有至到期投资减值准备	长期股权投资减值准备	坏账准备	投资性房地产减值准备	合计
兴业信托	—	—	—	—	—	—	—
英大信托	—	—	—	756.2	23.92	—	780.12
粤财信托	—	—	—	—	—	—	—
云南信托	—	—	—	—	—	—	—
长安信托	358.2	—	—	1 322.26	1 438.36	—	3 118.82
中诚信托	—	5 059.16	—	2 591.60	1 581.72	—	9 232.48
中海信托	—	—	—	—	458.15	—	458.15
中航信托	295.36	—	—	—	295.36	—	590.72
中粮信托	—	—	—	—	—	—	—
中融信托	—	—	—	339	47	—	386
中泰信托	—	—	—	—	2 423.85	—	2 423.85
中铁信托	2 746.00	3 395.00	—	—	6 473.00	—	12 614.00
中投信托	—	—	—	—	—	—	—
中信信托	713.16	—	—	713.16	—	—	1 426.32
中原信托	3 352.50	—	—	—	783.6	—	4 136.10
重庆信托	10.93	—	—	—	10.93	—	21.86
紫金信托	—	—	—	—	—	—	—
合计	70 309.73	37 817.96	22 540.43	35 230.03	33 029.47	4 769.61	203 697.23

2011 年 64 家披露年报的信托公司中有 4 家没有计提非风险资产准备。

(二)资产损失准备覆盖分析

根据 64 家信托公司在 2011 年年报中的披露汇总分析,2010 年末风险资产余额为 836.71 亿元,2011 年末风险资产余额为 945.74 亿元;2010 年末资产减值准备余额为 38.55 亿元,2011 年末资产减值准备余额为 46.43 亿元;2010 年末风险资产减值准备余额为 22.87 亿元,2011 年末风险资产减值准备余额为 26.06 亿元。根据上述数据计算 2010 年末资产准备覆盖率为 1.96%,2011 年末资产准备覆盖率为 1.90%;2010 年末风险资产准备覆盖率为 2.73%,2011 年末风险资产准备覆盖率为 2.76%。说明两年信托公司的风险资产安全水平与总体资产的安全水平基本保持不变。64 家信托公司汇总的资产准备覆盖情况见表 6-3-5。

表 6-3-5　信托公司资产损失准备覆盖情况分析

项　目	2010 年末	2011 年末
资产总额(万元)	20 298 280.80	23 699 088.88
风险资产总额(万元)	8 367 110.26	9 457 426.38
全部准备总额(万元)	385 496.62	464 290.75
风险资产准备总额(万元)	228 742.18	260 593.52
资产准备覆盖率(%)	1.90	1.96
风险资产准备覆盖率(%)	2.73	2.76

我们对 64 家信托公司 2011 年末的资产准备覆盖率和风险资产准备覆盖率进行排序,详见表 6-3-6 和表 6-3-7。

表 6-3-6　信托公司 2011 年末资产准备覆盖率

公司简称	准备合计(万元)	自营报表资产总额(万元)	资产准备覆盖率(%)
爱建信托	7 041.09	58 441.78	12.05
安信信托	6 076.81	93 202.98	6.52
百瑞信托	3 367.33	231 930.29	1.45
北方信托	1 250.00	204 186.81	0.61
北京信托	9 870.00	312 671.00	3.16
渤海信托	3 618.48	246 317.95	1.47
大业信托	126.38	46 893.72	0.27
东莞信托	240	104 014.53	0.23
方正东亚信托	96.41	80 295.60	0.12

续表

公司简称	准备合计(万元)	自营报表资产总额(万元)	资产准备覆盖率(%)
甘肃信托	778.15	123 758.40	0.63
国联信托	2 163.00	223 025.00	0.97
国民信托	4 116.59	125 410.82	3.28
国投信托	—	258 659.16	—
国元信托	1 150.30	340 432.60	0.34
杭工商信托	678	96 347.00	0.70
湖南信托	1 295.00	121 236.00	1.07
华澳信托	256	76 027.36	0.34
华宝信托	17 291.52	496 054.64	3.49
华宸信托	312.14	138 041.79	0.23
华能信托	9 694.96	316 315.52	3.06
华融信托	32 337.72	257 979.10	12.54
华润信托	3 906.40	1 016 426.02	0.38
华鑫信托	1 429.21	137 557.12	1.04
华信信托	—	371 696.29	—
吉林信托	835	324 255.69	0.26
建信信托	500	496 354.97	0.10
江苏信托	278.19	527 011.61	0.05
江西信托	765.13	606 540.51	0.13
交银国际信托	—	243 570.43	—
金谷信托	—	176 007.22	—
昆仑信托	1 141.99	483 063.31	0.24
陆家嘴信托	1 111.84	28 906.96	3.85
平安信托	15 269.50	5 797 229.99	0.26
厦门信托	—	155 905.00	—
山东信托	19 919.15	324 912.48	6.13
山西信托	18 738.41	150 308.26	12.47
陕国投	3 096.66	121 208.86	2.55
上海信托	962.64	682 469.98	0.14
四川信托	—	446 449.88	—
苏州信托	—	114 453.18	—
天津信托	5 713.44	197 978.94	2.89
外贸信托	621.18	425 586.11	0.15
五矿信托	—	140 708.85	—
西部信托	5 635.63	142 973.62	3.94
西藏信托	—	42 570.92	—
新华信托	21 349.72	226 832.65	9.41
新时代信托	660.76	99 596.20	0.66
兴业信托	—	335 726.10	—
英大信托	2 462.68	249 816.31	0.99
粤财信托	—	239 141.83	0.00
云南信托	—	111 102.14	—
长安信托	4 534.80	169 517.52	2.68
中诚信托	12 572.48	1 028 571.80	1.22
中海信托	458.15	452 982.01	0.10
中航信托	983.72	200 026.33	0.49
中粮信托	3 000.00	141 386.96	2.12
中融信托	386	421 185.62	0.09
中泰信托	35 023.85	380 660.68	9.20
中铁信托	13 677.00	297 675.58	4.59
中投信托	810	251 414.79	0.32
中信信托	178 443.80	888 878.07	20.08
中原信托	6 727.68	171 032.38	3.93
重庆信托	1 515.86	872 604.40	0.17
紫金信托	—	55 549.25	—
合计	464 290.75	23 699 088.88	1.96

表6-3-7 信托公司2011年末风险资产准备覆盖率

公司简称	风险资产准备合计(万元)	风险资产总额(万元)	风险资产准备覆盖率(%)
爱建信托	309.08	49 763.60	0.62
安信信托	—	—	
百瑞信托	3 000.00	235 297.62	1.27
北方信托	—	135 754.31	0.00
北京信托	390	183 088.00	0.21
渤海信托	—	178 480.00	0.00
大业信托	—	—	
东莞信托	240	52 390.93	0.46
方正东亚信托	77.79	15 558.16	0.50
甘肃信托	442.81	56 491.37	0.78
国联信托	2 163.00	223 025.00	0.97
国民信托	15	125 410.82	0.01
国投信托	—	6 206.54	0.00
国元信托	—	53 448.22	0.00
杭工商信托	—	96 299.00	0.00
湖南信托	1 007.00	62 544.00	1.61
华澳信托	256	26 202.00	0.98
华宝信托	280	49 012.20	0.57
华宸信托	12.14	96 897.06	0.01
华能信托	641.84	147 907.93	0.43
华融信托	2 960.00	83 902.66	3.53
华润信托	—	396 455.40	0.00
华鑫信托	992.5	134 420.60	0.74
华信信托	—	162 240.41	0.00
吉林信托	620	58 804.32	1.05
建信信托	500	117 275.37	0.43
江苏信托	78.19	28 624.01	0.27
江西信托	765.13	257 834.60	0.30
交银国际信托	—	110 077.90	0.00
金谷信托	—	101 300.47	0.00
昆仑信托	350	82 326.36	0.43
陆家嘴信托	—	—	
平安信托	5 342.96	874 005.55	0.61
厦门信托	—	52 911.00	0.00
山东信托	—	321 666.60	0.00
山西信托	3 968.93	93 593.55	4.24
陕国投	1 580.81	52 725.81	3.00
上海信托	—	3 405.84	0.00
四川信托	—	194 216.40	0.00
苏州信托	—	61 528.00	0.00
天津信托	4 130.00	95 523.45	4.32
外贸信托	—	425 586.12	0.00
五矿信托	—	5 000.00	0.00
西部信托	4 832.74	17 656.18	27.37
西藏信托	—	42 570.92	0.00
新华信托	30	147 612.84	0.02
新时代信托	200	3 543.45	5.64
兴业信托	—	33 015.00	0.00
英大信托	1 682.56	249 370.74	0.67
粤财信托	—	16 356.09	0.00

续表

公司简称	风险资产准备合计(万元)	风险资产总额(万元)	风险资产准备覆盖率(%)
云南信托	—	86 442.45	0.00
长安信托	1 415.98	174 052.31	0.81
中诚信托	3 340.00	356 316.39	0.94
中海信托	—	453 709.00	0.00
中航信托	393	44 824.64	0.88
中粮信托	3 000.00	60 000.00	5.00
中融信托	—	310 250.00	0.00
中泰信托	32 600.00	44 685.03	72.96
中铁信托	1 063.00	283 578.00	0.37
中投信托	810	93 377.04	0.87
中信信托	177 017.48	634 708.40	27.89
中原信托	2 591.58	8 908.00	29.09
重庆信托	1 494.00	848 840.55	0.18
紫金信托	—	40 408.17	0.00
合计	260 593.52	9 457 426.38	2.76

四、自营股票投资、基金投资、债券投资、长期股权投资和代理业务的分析

根据64家信托公司2011年年报披露,2010年末自营股票投资、基金投资、债券投资、长期股权投资、代理业务和其他投资的总额为882.89亿元,2011年末为994.94亿元,比2010年末增加112.05亿元,主要是长期股权投资和其他投资的增加所致。从构成来看,长期股权投资业务占43.14%,为主要业务内容。64家公司整体汇总情况见表6-4-1,各信托公司的具体业务情况见表6-4-2。

表6-4-1 信托公司自营股票投资、基金投资、债券投资、长期股权投资和代理业务情况分析

	2011年末(万元)	2011年末比例(%)	2010年末(万元)	2010年末比例(%)	变动比例(%)
自营股票	1 472 889.45	14.80	1 775 695.24	20.11	-17.05
基金	356 454.00	3.58	340 737.76	3.86	4.61
债券	381 884.22	3.84	297 896.84	3.37	28.19
长期股权投资	4 291 929.87	43.14	3 874 270.62	43.88	10.78
其他投资	3 071 553.40	30.87	2 097 085.43	23.75	46.47
代理业务	374 641.42	3.77	443 212.62	5.02	-15.47
合计	9 949 352.36	100.00	8 828 898.51	100.00	12.69

表6-4-2 信托公司2011年末具体业务情况表

单位:万元

公司简称	自营股票	基金	债券	长期股权投资	其他投资	代理业务	合计
国元信托	6 861.79	447.74	—	274 153.67	—	—	281 463.20
安信信托	—	—	—	26 046.82	—	—	26 046.82
百瑞信托	17 079.29	298.28	23 246.32	49 407.37	20 304.06	—	110 335.32
北方信托	157.74	719.94	20 582.97	37 141.34	5 726.00	—	64 327.99
北京信托	6 866.00	3 891.00	—	33 611.00	83 012.00	2 952.61	130 332.61
中铁信托	621.00	—	—	20 004.00	—	3 641.00	24 266.00
东莞信托	11 468.98	—	—	16 105.14	17 696.41	—	45 270.53
甘肃信托	23 742.66	—	—	25 217.35	29 637.00	—	78 597.01
粤财信托	6 586.85	902.84	—	94 484.28	21 200.00	1 080.00	124 253.97
国联信托	52 049.00	—	5 013.00	140 197.00	8 075.00	15 491.00	220 825.00
国民信托	23 894.78	—	5 970.39	—	77 320.83	—	107 186.00
国投信托	—	11 634.28	—	58 460.09	125 014.68	—	195 109.05
杭工商信托	240.00	—	—	3 250.00	53 415.00	27 202.00	84 107.00
建信信托	8 483.51	575.55	—	46 165.60	303 971.42	—	359 196.08

续表

公司简称	自营股票	基金	债券	长期股权投资	其他投资	代理业务	合计
湖南信托	—	—	—	50 509. 00	7 312. 00	—	57 821. 00
华宝信托	102 633. 74	27 179. 97	—	67 819. 20	46 304. 60	—	243 937. 51
吉林信托	136. 40	5 353. 62	5 000. 00	122 685. 74	—	—	133 175. 76
江苏信托	26 825. 77	3 535. 05	—	402 810. 68	37 509. 16	—	470 680. 66
江西信托	7 579. 64	2 500. 10	—	—	—	—	10 079. 74
兴业信托	6 673. 00	—	24 694. 00	20 488. 00	18 530. 00	—	70 385. 00
华宸信托	21 643. 97	3 000. 00	86 851. 33	6 200. 73	—	—	117 696. 03
昆仑信托	35 153. 66	119. 20	—	41 399. 33	—	—	76 672. 19
平安信托	55 022. 31	—	—	700 580. 71	414 400. 19	—	1 170 003. 21
山东信托	45 651. 92	32 730. 25	—	118 289. 42	—	—	196 671. 59
山西信托	40 559. 18	1 676. 70	—	11 641. 28	—	—	53 877. 16
陕国投	10 477. 54	858. 50	—	9 900. 00	35 662. 00	—	56 898. 04
上海信托	37 297. 99	47 843. 80	22 737. 50	242 284. 49	148 023. 22	158 864. 42	657 051. 42
华融信托	42. 02	105 634. 60	5 000. 00	236. 96	62 432. 54	—	173 346. 12
苏州信托	3 275. 00	—	—	33 827. 00	14 614. 00	—	51 716. 00
天津信托	33 269. 77	1 534. 01	28 736. 20	6 289. 58	5 912. 76	—	75 742. 32
长安信托	10 779. 53	—	—	3 577. 74	—	—	14 357. 27
西部信托	52 385. 72	—	—	33 076. 05	—	22 383. 00	107 844. 77
西藏信托	20 312. 25	—	—	—	—	—	20 312. 25
厦门信托	1 234. 00	612. 00	—	64 320. 00	33 851. 00	3 308. 00	103 325. 00
新华信托	24 532. 23	—	3 000. 00	19 069. 34	22 650. 25	1 188. 79	70 440. 61
华润信托	—	—	991. 00	536 122. 58	393 032. 49	—	930 146. 07
华信信托	44 407. 56	5 008. 24	—	150 787. 39	—	1 120. 45	201 323. 64
英大信托	7 311. 01	—	18 500. 00	30 777. 11	30 111. 55	—	86 699. 67
云南信托	10 999. 52	—	—	—	5 901. 90	—	16 901. 42
中诚信托	22 793. 61	6 199. 36	—	227 474. 07	114 634. 12	—	371 101. 16
外贸信托	166 739. 87	30 297. 70	—	47 262. 64	126 064. 45	28. 00	370 392. 66
中海信托	9 293. 66	14 949. 00	—	73 849. 52	—	—	98 092. 18
中融信托	71 773. 00	—	—	3 514. 00	—	—	75 287. 00
中泰信托	36 058. 17	244. 10	16 020. 08	21 306. 14	79 671. 56	—	153 300. 05
中信信托	62 242. 32	21 000. 00	—	101 139. 64	191 465. 81	72 527. 79	448 375. 56
中原信托	9 143. 90	—	10 441. 69	67 604. 22	—	—	87 189. 81
重庆信托	260 552. 92	164. 70	—	141 184. 25	112 224. 41	—	514 126. 28
渤海信托	850. 99	119. 20	29 640. 68	39 905. 00	—	—	70 515. 87
交银国际信托	—	—	—	12 000. 00	16 010. 00	—	28 010. 00
中投信托	23 478. 15	—	—	—	124 274. 45	4 399. 00	152 151. 60
华能信托	6 657. 59	5 779. 28	40 807. 02	—	—	—	53 243. 89
爱建信托	4. 13	299. 63	3 000. 00	4 837. 53	3 500. 00	60 455. 36	72 096. 65
新时代信托	5 480. 09	—	—	43 267. 87	—	—	48 747. 96
中航信托	—	—	2 180. 60	8 542. 00	34 585. 84	—	45 308. 44
华澳信托	—	—	—	—	6 864. 00	—	6 864. 00
大业信托	—	—	—	—	—	—	—
方正东亚信托	3 676. 40	—	—	—	15 981. 00	—	19 657. 40
华鑫信托	10 615. 00	—	16 503. 60	—	107 802. 00	—	134 920. 60
金谷信托	—	—	—	—	59 054. 27	—	59 054. 27
陆家嘴信托	—	—	—	—	—	—	—
四川信托	17. 64	10 004. 19	—	—	52 815. 43	—	62 837. 26
五矿信托	24 579. 53	9 032. 43	10 119. 34	—	—	—	43 731. 30
中粮信托	2 677. 15	—	2 848. 50	2 510. 00	—	—	8 035. 65
紫金信托	—	2 308. 74	—	597. 00	4 986. 00	—	7 891. 74
合计	1 472 889. 45	356 454. 00	381 884. 22	4 291 929. 87	3 071 553. 40	374 641. 42	9 949 352. 36

五、自营贷款分析

2011 年末,64 家信托公司中有安信信托、云南信托、江西信托、陕国投和西藏信托五家公司没有披露前五名自营贷款的信息,山西信托只披露了前三名自营贷款的信息,在披露自营贷款信息的 64 家信托公司中有 9 家披露无自营贷款,有 44 家公司披露的前三名自营贷款占自营贷款总额的比例超过 50%。大部分信托公司前三名自营贷款的集中度都非常高,相应的自营贷款资产的风险也就很高。有 24 家信托公司前三名自营贷款占全部自营贷款的比例为 100%,风险非常集中。64 家信托公司前三名自营贷款占自营贷款总额的比例情况详见表 6 -5 -1。

表 6 -5 -1 2011 年信托公司前三名自营贷款占自营贷款总额的比例情况表

公司简称	前三名自营贷款占总自营贷款比例(%)	公司简称	前三名自营贷款占总自营贷款比例(%)
国投信托	无自营贷款	华澳信托	100.00
山东信托	无自营贷款	方正东亚信托	100.00
上海信托	无自营贷款	金谷信托	100.00
华润信托	无自营贷款	五矿信托	100.00
外贸信托	无自营贷款	中粮信托	100.00
中融信托	无自营贷款	华能信托	100.00
大业信托	无自营贷款	华融信托	88.37
陆家嘴信托	无自营贷款	天津信托	86.28
四川信托	无自营贷款	华信信托	84.00
安信信托	未披露	中航信托	83.97
江西信托	未披露	东莞信托	83.95
陕国投	未披露	爱建信托	82.76
西藏信托	未披露	紫金信托	79.80
云南信托	未披露	国元信托	76.19
吉林信托	100.00	北京信托	75.64
粤财信托	100.00	西部信托	73.63
国联信托	100.00	中原信托	73.11
国民信托	100.00	北方信托	68.15
杭工商信托	100.00	重庆信托	66.27
建信信托	100.00	中铁信托	66.10
华宝信托	100.00	中泰信托	64.41
江苏信托	100.00	甘肃信托	63.32
兴业信托	100.00	中诚信托	62.87
华宸信托	100.00	湖南信托	58.68
昆仑信托	100.00	苏州信托	56.22
长安信托	100.00	华鑫信托	54.78
新华信托	100.00	英大信托	49.99
中海信托	100.00	厦门信托	46.98
渤海信托	100.00	百瑞信托	46.90
交银国际信托	100.00	中信信托	43.57
中投信托	100.00	山西信托	25.45
新时代信托	100.00	平安信托	15.88

六、关联方关系及其交易的披露

关联交易一直是公司经营的一个瓶颈,在公司业务发展良好和不良两个阶段均会发生大量的关联交易。在业务发展良好时,公司可能会向关联方输送利益;在业务发展不良时,关联方可能会向公司输送利益。即使在公司业务发展一般时,也会由于种种原因与关联方发生关联交易。因此关联交易也就一直成为公众和监管部门关注的重点。

(一)关联方及其交易汇总

经统计,2011 年 64 家信托公司关联方数量为 413 家,关联交易总金额为 3 299.10 亿元。

表6-6-1　2011年信托公司关联方交易情况表（关联方交易金额由高到低排序）

单位：万元

公司简称	关联交易方数量	关联交易金额	公司简称	关联交易方数量	关联交易金额
英大信托	31	15 585 714.74	华宝信托	2	20 213.00
兴业信托	2	2 546 972.74	爱建信托	7	16 200.00
中信信托	34	2 470 493.26	百瑞信托	5	15 930.00
中诚信托	32	1 483 162.59	苏州信托	1	11 700.00
华能信托	10	1 416 500.00	云南信托	5	5 902.00
渤海信托	14	1 395 263.00	中航信托	7	4 760.38
中海信托	5	1 368 982.43	国元信托	4	3 711.81
昆仑信托	13	1 265 907.00	中投信托	5	3 227.85
平安信托	6	1 023 573.91	国民信托	2	1 812.50
北方信托	16	582 432.41	交银国际信托	3	1 758.00
国投信托	16	554 422.27	外贸信托	3	1 389.42
上海信托	8	486 529.08	五矿信托	2	1 021.24
东莞信托	14	483 587.10	西藏信托	1	789.48
华融信托	2	280 800.00	山西信托	5	562.00
中铁信托	5	253 020.00	华澳信托	1	450.86
金谷信托	5	250 105.47	方正东亚信托	1	281.19
华润信托	8	200 926.62	中粮信托	2	271.80
华鑫信托	5	136 552.00	四川信托	2	200.76
山东信托	8	129 950.00	杭工商信托	2	169.00
重庆信托	13	118 845.52	安信信托	0	—
紫金信托	5	110 251.92	北京信托	0	—
国联信托	6	94 927.00	甘肃信托	0	—
中原信托	13	94 451.70	粤财信托	0	—
新华信托	2	92 399.72	湖南信托	0	—
西部信托	5	87 733.97	吉林信托	0	—
长安信托	11	86 253.85	华宸信托	0	—
厦门信托	8	78 000.00	陕国投	0	—
中泰信托	14	69 799.20	华信信托	0	—
建信信托	3	53 944.51	中融信托	0	—
江苏信托	37	46 157.39	新时代信托	0	—
江西信托	1	30 000.00	大业信托	0	—
天津信托	1	23 000.00	陆家嘴信托	0	—
			合计	413	32 991 010.69

（二）固有资产与关联方关联交易

从表6-6-2分析发现，固有资产与关联方的交易主要集中在投资、应收账款和其他三个方面，关于其他的具体内容，信托公司年报中未详细披露。64家信托公司2011年固有资产与关联方交易的汇总表及明细表分别见表6-6-2和表6-6-3。

表6-6-2　固有资产与关联方关联交易汇总表

项目	2010年末余额（万元）	2010年末比例（%）	2011年末余额（万元）	2011年末比例（%）	增减率（%）
贷款	186 558.75	13.43	16 152.49	0.89	-91.34
投资	931 476.63	67.06	1 361 011.12	74.64	46.11
租赁	1 222.23	0.09	936.45	0.05	-23.38
担保	0.00	0.00	0.00	0.00	0.00
应收账款	59 289.84	4.27	34 098.25	1.87	-42.49
其他	210 575.75	15.16	411 317.74	22.56	95.33
合计	1 389 123.20	100.00	1 823 516.05	100.00	31.27

表 6-6-3 2011 年末固有资产与关联方关联交易余额明细表，由高到低排序

单位：万元

公司简称	关联交易余额	公司简称	关联交易余额
昆仑信托	1 265 907.00	安信信托	—
兴业信托	215 726.74	百瑞信托	—
中信信托	75 411.46	北京信托	—
建信信托	57 136.87	中铁信托	—
华信信托	55 131.00	东莞信托	—
平安信托	23 667.56	甘肃信托	—
江苏信托	20 945.80	粤财信托	—
华宝信托	19 999.00	国联信托	—
中诚信托	15 900.00	杭工商信托	—
中泰信托	13 974.32	湖南信托	—
北方信托	11 327.41	吉林信托	—
金谷信托	10 015.45	江西信托	—
交银国际信托	8 000.00	华宸信托	—
华能信托	7 254.88	山东信托	—
新华信托	6 273.16	山西信托	—
上海信托	4 994.83	陕国投	—
爱建信托	3 247.63	苏州信托	—
外贸信托	1 389.42	天津信托	—
长安信托	1 203.85	厦门信托	—
西部信托	1 133.97	英大信托	—
五矿信托	1 021.24	云南信托	—
华润信托	926.62	中融信托	—
国民信托	633.33	中原信托	—
紫金信托	597.00	重庆信托	—
西藏信托	500.00	渤海信托	—
中粮信托	471.36	中投信托	—
华融信托	465.09	新时代信托	—
国元信托	232.33	大业信托	—
华澳信托	28.71	方正东亚信托	—
国投信托	0.02	华鑫信托	—
中海信托	—	陆家嘴信托	—
中航信托	—	四川信托	—
		合计	1 823 516.05

（三）信托资产与关联方关联交易

从表 6-6-4 分析发现，信托资产与关联方的交易主要集中在贷款方面，信托资产与关联方贷款交易约占整个信托资产与关联方交易的 52.21%。64 家信托公司 2011 年信托资产与关联方交易的汇总表及明细表分别见表 6-6-4 和表 6-6-5。

表 6-6-4 信托资产与关联方关联交易汇总分析

项目	2010 年末余额（万元）	2010 年末比例（%）	2011 年末余额（万元）	2011 年末比例（%）	比例变动（%）
贷款	19 778 426.80	69.55	24 483 780.15	52.21	23.79
投资	602 181.21	2.12	1 554 699.24	3.32	158.18
租赁	101 178.76	0.36	344 338.74	0.73	240.33
担保	0.00	0.00	2 000.00	0.00	0.00
应收账款	174 080.81	0.61	616 050.04	1.31	253.89
其他	7 782 809.58	27.37	19 897 014.37	42.43	155.65
合计	28 438 677.16	100.00	46 897 882.54	100.00	64.91

表 6－6－5　2011 年末信托资产与关联方关联交易余额明细表，由高到低排序

单位：万元

公司简称	关联交易余额	公司简称	关联交易余额
建信信托	16 806 531. 37	中原信托	46 675. 00
英大信托	15 585 714. 74	紫金信托	35 000. 00
兴业信托	2 331 246. 00	江西信托	30 000. 00
中信信托	2 030 202. 63	重庆信托	25 000. 00
华能信托	1 436 000. 00	天津信托	23 000. 00
渤海信托	1 395 263. 00	粤财信托	17 500. 00
中诚信托	1 185 300. 00	苏州信托	11 700. 00
中海信托	1 009 777. 52	上海信托	10 000. 00
大业信托	1 003 500. 00	国元信托	3 711. 00
江苏信托	646 508. 53	外贸信托	—
北方信托	571 105. 00	安信信托	—
国投信托	417 852. 25	百瑞信托	—
东莞信托	399 067. 10	北京信托	—
华宝信托	300 000. 00	甘肃信托	—
中铁信托	253 020. 00	杭工商信托	—
金谷信托	212 000. 00	湖南信托	—
国民信托	211 215. 04	吉林信托	—
华融信托	201 600. 00	华宸信托	—
华润信托	200 000. 00	昆仑信托	—
交银国际信托	200 000. 00	山西信托	—
中航信托	181 820. 00	西藏信托	—
陕国投	165 799. 00	新华信托	—
平安信托	129 950. 00	华信信托	—
山东信托	129 950. 00	云南信托	—
华鑫信托	120 000. 00	中融信托	—
爱建信托	107 750. 00	新时代信托	—
国联信托	94 927. 00	华澳信托	—
西部信托	86 600. 00	方正东亚信托	—
长安信托	85 050. 00	陆家嘴信托	—
厦门信托	78 000. 00	四川信托	—
中投信托	73 500. 00	五矿信托	—
中泰信托	55 824. 88	中粮信托	—
		合计	47 907 660. 06

（四）固有财产与信托财产相互交易

表 6－6－6　固有财产与信托财产相互交易汇总分析

单位：万元

项目	2011 年末
余额	2 468 359. 38
发生额	1 173 179. 04

表 6－6－7　2011 年末固有财产与信托财产关联交易余额情况表

单位：万元

公司简称	2011 年末	公司简称	2011 年末
平安信托	500 589. 33	华澳信托	6 864. 00
华宝信托	332 210. 00	云南信托	5 902. 00
昆仑信托	224 875. 00	北方信托	5 726. 00
上海信托	137 408. 33	山西信托	5 000. 00

续表

公司简称	2011年末	公司简称	2011年末
国投信托	136 570.00	紫金信托	4 986.00
中投信托	105 170.00	湖南信托	4 547.00
中海信托	91 495.00	国民信托	4 100.00
中诚信托	90 155.00	爱建信托	3 500.00
中信信托	80 965.81	国元信托	—
华融信托	73 928.46	安信信托	—
建信信托	62 462.97	甘肃信托	—
重庆信托	62 455.87	粤财信托	—
杭工商信托	52 633.00	吉林信托	—
金谷信托	50 266.20	江西信托	—
山东信托	48 486.00	兴业信托	—
中铁信托	43 500.00	华宸信托	—
江苏信托	37 509.16	苏州信托	—
北京信托	36 478.00	天津信托	—
陕国投	28 662.00	西藏信托	—
西部信托	27 160.00	华润信托	—
华能信托	25 000.00	华信信托	—
新华信托	22 650.25	英大信托	—
中粮信托	22 420.00	外贸信托	—
长安信托	18 842.00	中融信托	—
百瑞信托	16 900.00	渤海信托	—
华鑫信托	16 552.00	新时代信托	—
中原信托	16 158.00	中航信托	—
方正东亚信托	15 981.00	大业信托	—
厦门信托	13 821.00	陆家嘴信托	—
交银国际信托	11 330.00	四川信托	—
东莞信托	9 000.00	五矿信托	—
中泰信托	9 000.00	合计	2 468 359.38
国联信托	7 100.00		

(五)信托资产与信托财产相互交易

表6-6-8 信托资产与信托财产相互交易汇总分析

单位:万元

项目	2011年末
余额	10 091 121.40
发生额	7 427 594.50

表6-6-9 2011年末信托资产与信托财产关联交易余额情况表

单位:万元

公司简称	2011年末	公司简称	2011年末
平安信托	7 284 281.41	华宸信托	—
中海信托	653 835.68	华融信托	—
华宝信托	396 267.00	苏州信托	—
中诚信托	380 035.00	长安信托	—
中信信托	283 913.36	西部信托	—
陕国投	195 160.47	西藏信托	—
粤财信托	152 296.81	厦门信托	—
上海信托	120 554.14	华润信托	—
北京信托	120 404.53	华信信托	—

续表

公司简称	2011 年末	公司简称	2011 年末
昆仑信托	111 954.00	英大信托	—
中投信托	79 400.00	云南信托	—
东莞信托	75 520.00	外贸信托	—
山东信托	64 525.00	中融信托	—
建信信托	56 920.00	中泰信托	—
交银国际信托	55 000.00	中原信托	—
国联信托	30 043.00	重庆信托	—
天津信托	25 000.00	渤海信托	—
山西信托	4 781.00	华能信托	—
新华信托	700.00	爱建信托	—
百瑞信托	530.00	新时代信托	—
国元信托	—	中航信托	—
安信信托	—	华澳信托	—
北方信托	—	大业信托	—
中铁信托	—	方正东亚信托	—
甘肃信托	—	华鑫信托	—
国民信托	—	金谷信托	—
国投信托	—	陆家嘴信托	—
杭工商信托	—	四川信托	—
湖南信托	—	五矿信托	—
吉林信托	—	中粮信托	—
江苏信托	—	紫金信托	—
江西信托	—	合计	10 091 121.40
兴业信托	—		

七、子公司及其合并情况

2011 年，64 家信托公司中有 38 家公司不需要编制合并报表，在需要编制合并报表的 18 家中，有 14 家披露了合并子公司数量，共计合并了 67 家子公司；华宝信托、苏州信托、华润信托、山东信托虽编制了合并报表，但未披露合并子公司的情况。具体情况详见表 6 -7 -1。

表 6 -7 -1　2011 年信托公司对合并范围内的子公司的披露情况

公司简称	是否编制合并报表	合并子公司数量	公司简称	是否编制合并报表	合并子公司数量
平安信托	是	44	西藏信托	无须	无须
安信信托	是	4	厦门信托	无须	无须
吉林信托	是	3	新华信托	无须	无须
上海信托	是	3	华信信托	无须	无须
建信信托	是	2	云南信托	无须	无须
陕国投	是	2	外贸信托	无须	无须
中诚信托	是	2	中海信托	无须	无须
中铁信托	是	1	中融信托	无须	无须
国投信托	是	1	中信信托	无须	无须
杭工商信托	是	1	中原信托	无须	无须
英大信托	是	1	渤海信托	无须	无须
中泰信托	是	1	交银国际信托	无须	无须
重庆信托	是	1	华能信托	无须	无须
中粮信托	是	1	爱建信托	无须	无须
国元信托	无须	无须	新时代信托	无须	无须
百瑞信托	无须	无须	华澳信托	无须	无须
北方信托	无须	无须	大业信托	无须	无须
北京信托	无须	无须	方正东亚信托	无须	无须

续表

公司简称	是否编制合并报表	合并子公司数量	公司简称	是否编制合并报表	合并子公司数量
东莞信托	无须	无须	华鑫信托	无须	无须
甘肃信托	无须	无须	陆家嘴信托	无须	无须
粤财信托	无须	无须	山东信托	是	未披露
国联信托	无须	无须	苏州信托	是	未披露
国民信托	无须	无须	华润信托	是	未披露
湖南信托	无须	无须	华宝信托	是	未披露
江苏信托	无须	无须	江西信托	未披露	未披露
兴业信托	无须	无须	天津信托	未披露	未披露
华宸信托	无须	无须	中投信托	未披露	未披露
昆仑信托	无须	无须	中航信托	未披露	未披露
山西信托	无须	无须	金谷信托	未披露	未披露
华融信托	无须	无须	四川信托	未披露	未披露
长安信托	无须	无须	五矿信托	未披露	未披露
西部信托	无须	无须	紫金信托	未披露	未披露

八、信托公司2011年年报中对经营因素的认可情况分析

(一)关于经营目标

共有63家公司均对经营目标作出了表述。

从63家披露了经营目标的信托公司年报分析,如表6-8-1所示"认同目标前五名",依次为对全国行业排名或地位提出期望,努力成为卓越金融企业;完善内部管理、提高经营绩效和风控水平;回报股东和信托受益人;扩大业务范围,加强信托主业;为客户提供多样化金融产品,并创造价值。

表6-8-1　认同前5名的经营目标

经营目标	认同公司数
对全国行业排名或地位提出期望,努力成为卓越金融企业	29
完善内部管理、提高经营绩效和风控水平	28
回报股东和信托受益人	26
扩大业务范围,加强信托主业	18
为客户提供多样化金融产品,并创造价值	8

(二)关于经营方针

共有63家公司均披露了经营方针。

从63家披露了经营方针的信托公司年报分析,如表6-8-2所示。

表6-8-2　认同前5名的经营方针

经营方针	认同公司数
强化诚信、稳健、合规的经营思路	37
创新业务模式和盈利模式,扩大信托产品规模,推动信托业务转型	22
股东回报或信托受益人收益最大化	19
完善法人治理结构和内部管理、加强风险控制	14
加强业务的专业化,有针对性地为客户提供服务	14

(三)关于战略规划

共有63家公司均披露了战略规划。

从63家披露了战略规划的信托公司年报分析,如表6-8-3所示,说明大部分公司认为现有信托业务应该不断创新,实现业务转型,培育核心竞争力。

表 6-8-3 认同前 5 名的战略规划

战略规划	认同公司数
在创新业务领域内实现突破，实现业务转型、培育核心竞争力	43
对全国行业排名或地位提出期望，努力成为卓越金融企业	26
提升风险管理能力	23
形成专业的员工队伍，完善激励机制	19
结合区域发展规划实现自身发展	18

（四）关于经济形势认识

共有 14 家公司披露了对经济形势的认识，未披露的公司在对经营有利、不利因素的分析中谈及了公司对经济形势的认识。

从 14 家披露了对经济形势认识的信托公司年报分析，如表 6-8-4 所示。

表 6-8-4 认同前 3 名的经济形势分析

经济形势	认同公司数
经济和政策面临一定的困难和波动，对信托公司业务拓展和风险管理造成一定影响	7
国家宏观调控政策的密集出台，为各类金融机构提供了发展机遇	4
经济增速持续下滑，工业生产增长放缓，企业利润增速回落，出口减少	3

（五）关于金融形势认识

共有 14 家公司披露了对金融形势的认识，未披露的公司在对经营有利、不利因素的分析中谈及了公司对金融形势的认识。

从 14 家披露了对金融形势认识的信托公司年报分析，如表 6-8-5 所示。

表 6-8-5 认同前 2 名的金融形势分析

金融形势	认同公司数
国民财富的增长对信托行业来说，将对其稳健发展起到一定的推动作用	8
国家通过一系列措施，继续深化金融改革，加快金融市场发展，以及宏观政策的出台促进了对信托行业的发展	6

（六）关于经营有利因素的认识

共有 61 家公司均披露了经营有利因素。

从 61 家披露了经营有利因素的信托公司年报分析，如表 6-8-6 所示。排名前两位的是对宏观经济政策和投资、理才需求的不断增长的认同。

表 6-8-6 认同前 5 名经营有利因素分析

经营有利因素	认同公司数
宏观经济政策良好	51
投资、理才需求的旺盛	40
公司自身的转型、管理的完善、雄厚的资金实力、资产质量的改善、品牌形象的树立	32
监管部门的支持、信托新规的完善形成巨大机遇	31
信托市场已经粗具规模，信托业呈现出了良好的发展趋势，信托行业影响力进一步提升	23

（七）关于经营不利因素的认识

共有 61 家公司均披露了经营不利因素。

从 61 家披露了经营不利因素的信托公司年报分析，如表 6-8-7 所示。

表 6-8-7 认同前 5 名的经营不利因素分析

经营不利因素	认同公司数
金融危机波及金融行业，内外宏观经济环境不确定因素较多	39
理财产品市场竞争激烈，其他金融行业构成竞争	37
信托新规对信托业短期发展，尤其是现有信托业务的限制，信托法规有待完善	30
缺乏宏观决策的关注和存在政策支持力度的问题	20
信托业务的开发缺乏更为广阔的市场基础，地区欠发达	15

(八)关于内部控制职能部门的认识

共有60家公司披露了内部控制职能部门。

从60家披露了内部控制职能部门的信托公司年报分析可以看出,对信托公司内部控制认为有效的、应当建立的职能部门前5名的部门为三会及管理层、合规与风险管理委员会、审计委员会、风险及合规管理部、稽核审查部,详见表6-8-8。

表6-8-8　认同前5名的对内部控制职能部门认同分析

内部控制职能部门	认同公司数
股东会、董事会、监事会及管理层	52
合规与风险管理委员会	46
审计委员会	40
风险及合规管理部	31
稽核审查部	16

(九)关于风险管理可能遇到的风险的认识

全部64家公司均披露了可能遇到的风险。

从64家披露了"可能遇到的风险"的信托公司年报分析可以看出,信托公司认为风险管理可能遇到的前四名风险分别为信用风险、市场风险、操作风险、其他风险,详见表6-8-9。

表6-8-9　认同前4名的风险管理可能遇到的风险分析

可能遇到的风险	认同公司数
信用风险	63
市场风险	63
操作风险	63
其他风险	59

(十)关于风险管理基本原则与政策的认识

共有33家公司披露了风险管理的基本原则和政策。

从33家披露了风险管理的基本原则和政策的信托公司年报分析,如表6-8-10所示。

表6-8-10　认同前5名的风险管理基本原则与政策的分析

风险管理基本原则与政策	认同公司数
全面性原则	30
独立性原则	25
审慎性原则	22
有效性原则	21
及时性原则	12

(十一)关于风险管理组织机构与职责的认识

共有54家公司披露了风险管理的组织机构与职责。

从54家披露了风险管理的组织机构与职责的信托公司年报分析,如表6-8-11所示。

表6-8-11　认同前5名的风险管理组织机构与职责的分析

风险管理组织机构与职责	认同公司数
合规及风险控制委员会:拟定公司的风险管理政策和指导原则,风险的评估、识别、防范和认定	46
董事会:承担风险管理的最终责任,对公司进行全面风险管理,掌握公司面临的各项重大风险及其风险管理状况,作出有效控制风险的决策	41
稽核审查部:对各项经营风险控制情况进行全面监督检查和评价	38
合规风险部门:发挥日常监督、控制和预警的职能,对公司经营管理和执业行为的监察监督	28
公司各职能部门是公司风险控制措施的具体执行部门	23

(十二)关于信用风险状况的认识

共有63家公司认同信用风险,信用风险是指交易过程中由于交易对手方或相关交易方产生的交易不确定性。

63 家公司均披露了具体风险点，如表 6 -8 -12 所示，信用风险主要存在于贷款和债券等信贷相关业务中。部分公司同时还关注在证券投资、股权投资、同业往来、担保业务中交易相关方所造成的不确定性。

表 6 -8 -12　认同前 4 名的信用风险状况分析

信用风险	认同公司数
公司贷款业务中贷款对象、债券发行人造成的不确定性	50
担保业务中的相关交易方造成的不确定性	33
证券投资中的券商、股权投资中的被投资者造成的不确定性	14
应收、其他应收款项中的信用风险	12

（十三）关于信用风险管理措施的认识

全部 64 家公司均披露了信用风险管理措施。

从 64 家披露了信用风险管理措施的信托公司年报分析，见表 6 -8 -13，公司基本贯彻了事前、事中、事后风险管理，保持了风险管理的连贯性。针对信贷业务中信用风险较高的情况，大部分信托公司均认真落实了加强对交易对手尽职调查等事前防范。

表 6 -8 -13　认同前 5 名的信用风险管理措施的分析

信用风险管理措施	认同公司数
加强对交易对手尽职调查等事前防范	59
项目结束后及时进行审计和评价，事后定期监控财务指标，足额计提准备	42
事中对交易对手进行动态管理	39
认真落实贷款担保、抵押	26
严格按照业务流程开展业务	24

（十四）关于市场风险状况的认识

共有 63 家公司均披露了市场风险状况，认为股价、汇率、利率、其他价格等金融市场变量波动对盈利的影响是主要的市场风险。另有个别公司提到了同业竞争风险、通货膨胀和经济周期风险等。

表 6 -8 -14　认同前 4 名的市场风险状况的分析

市场风险	认同公司数
利率波动的影响	54
股价波动的影响	54
汇率波动的影响	45
其他价格波动的影响	34

（十五）关于市场风险管理措施的认识

全部 64 家公司均披露了市场风险管理措施。

如表 6 -8 -15 所示，大多数公司采取了考验自身投研实力的主动性措施：关注国家宏观政策变化，规避限制类行业和相关项目。

表 6 -8 -15　认同前 5 名的市场风险管理措施的分析

市场风险管理措施	认同公司数
关注国家宏观政策变化，规避限制类行业和相关项目	45
加强行业风险研究，规避宏观面和行业周期产生的市场风险	43
进行资产组合管理，设置止损，风险对冲，动态调整资产配置方案	30
加强对经济及金融形势的分析预测	19
合理约定信托资金的还款方式、价格、期限及有效的内控措施，避免市场风险带来的信托财产收益的不确定性	11

（十六）关于操作风险状况的认识

共有 63 家公司均明确披露了操作风险中可能的风险点。

排名前五位的风险点如表 6 -8 -16 所示。

表6－8－16　认同前5名的操作风险状况的分析

操作风险	认同公司数
内部管理制度或流程失误	57
操作者个人原因	52
信息系统的不完善	39
外部事件影响	28
内部控制缺失	10

（十七）关于操作风险管理措施的认识

全部64家公司均披露了操作风险管理措施。

排名前五位的操作风险管理措施如表6－8－17所示。

表6－8－17　认同前5名的操作风险管理措施的分析

操作风险管理措施	认同公司数
完善业务流程，加强合规管理	60
加强内控，加强岗位之间的制衡	58
员工加强风险教育，制定奖惩制度	25
对内控制度的执行情况和制度完备性进行定期的检查，并督促及时整改	24
完善信息系统	18

（十八）关于其他风险状况的认识

共有58家公司披露了其他风险状况，如表6－8－18所示。

表6－8－18　认同前5名的其他风险状况的分析

其他风险状况	认同公司数
政策风险：宏观政策以及监管政策的变动对公司经营环境和发展所造成的风险	38
道德风险：由于内部人员蓄意违法或与利益主体串通所引起的风险	34
声誉风险：由于公司操作失误，违反有关规定，资产质量下降不能到期偿债和管理不善等原因，对其外部市场造成的不良影响	33
法律风险：公司在业务经营中由于合同内容等方面在法律上有缺陷或不完善而发生法律纠纷等风险	29
合规风险：公司因没有遵循法律、规则和准则可能遭受法律制裁、监管处罚、重大财务损失和声誉损失的风险	26

（十九）关于其他风险管理措施的认识

共有59公司披露了其他风险管理措施，如表6－8－19所示。

表6－8－19　认同前5名的其他风险管理措施的分析

其他风险管理措施	认同公司数
加强内控建设和道德教育，控制道德风险	45
加强宏观研究，控制政策风险	38
合规性审查	35
设立法务部或聘请律师，加强法律研究	27
通过尽职管理和充分信息披露以塑造公司的专业和诚信形象，对可能影响公司声誉的业务坚决予以回避	20

第七章　公司治理结构及人员结构

截至2011年末，信托公司构建了以"一法两规"及相关法规为基本依据，以保证国家法律法规的贯彻执行、保证风险管理体系的有效性为目标，以全面性、审慎性、及时性、有效性、独立性等为基本原则，建立了授权体系、监控反馈制度等内部控制制度。实施了组织结构控制，形成了一定的公司治理运行机制和分工合理、职责明确、报告清晰的组织结构，明确了"三会一层"（股东大会、董事会、监事会、经营管理层）的职能和责任。本章将就信托公司的公司治理情况进行分析。

一、2011年公司股东会、董事会和监事会三会情况分析

（一）股东会、董事会和监事会三会会议次数

2011年，有61家信托公司在年报中不同程度地披露了三会会议的情况，其余3家未作披露，详见表7-1-1。

表7-1-1　2011年64家信托公司三会的会议情况表

名称	年度股东会会议次数	年度董事会会议次数	年度监事会会议次数
爱建信托	1	5	2
安信信托	3	4	3
百瑞信托	11	21	3
北方信托	4	8	3
北京信托	4	19	2
渤海信托	7	8	2
大业信托	2	3	2
东莞信托	15	6	1
方正东亚信托	3	3	2
甘肃信托	4	5	1
国联信托	4	8	3
国民信托	7	11	3
国投信托	2	7	3
国元信托	2	8	3
杭工商信托	3	5	3
湖南信托	6	16	2
华澳信托	4	5	2
华宝信托	1	7	3
华宸信托	2	5	1
华能信托	4	8	3
华融信托	1	2	2
华润信托	7	10	3
华鑫信托	2	2	2
华信信托	3	4	2
吉林信托	3	18	3
建信信托	3	6	3
江苏信托	2	3	2
江西信托	未披露	未披露	未披露
交银国际信托	5	7	2
金谷信托	3	3	3
昆仑信托	2	2	2
陆家嘴信托	9	2	1
平安信托	2	6	2
厦门信托	2	3	3

续表

名称	年度股东会会议次数	年度董事会会议次数	年度监事会会议次数
山东信托	未披露	未披露	未披露
山西信托	3	5	1
陕国投	3	9	6
上海信托	2	8	4
四川信托	2	9	1
苏州信托	5	11	2
天津信托	5	8	5
外贸信托	1	9	1
五矿信托	1	2	2
长安信托	3	6	6
西部信托	3	7	3
西藏信托	未披露	未披露	未披露
新华信托	6	9	4
新时代信托	4	13	2
兴业信托	6	8	2
英大信托	3	2	2
粤财信托	4	8	3
云南信托	2	5	3
中诚信托	3	5	2
中海信托	4	5	3
中航信托	2	2	2
中粮信托	1	3	2
中融信托	5	10	2
中泰信托	1	4	1
中铁信托	3	16	2
中投信托	4	15	2
中信信托	2	14	2
中原信托	7	6	2
重庆信托	3	10	12
紫金信托	2	6	2
合计	223	445	158
平均	3. 66	7. 30	2. 59

2011 年,有 61 家信托公司披露了三会的会议情况,与 2010 年的 50 家相比,披露的公司数量有所增加。从表 7 -1 -1 可见,61 家信托公司披露的股东会召开次数为 223 次,平均股东会召开次数为 3. 66 次;61 家信托公司披露的董事会召开次数为 445 次,平均董事会召开次数为 7. 30 次;61 家信托公司披露的监事会召开次数为 158 次,平均监事会召开次数为 2. 59 次。2010 年的此三项平均数字分别为 3. 46 次、7. 78 次和 2. 48 次,可见,2011 年度股东会和监事会的平均召开次数与上年同期相比略有增加,而 2011 年度董事会的平均召开次数与上年同期相比略有减少。

(二)董事会及其基本情况分析

1. 董事的变更分析

在 64 家信托公司中,有 45 家详细披露了 2011 年内发生的董事变更次数和变更人员情况;其余 19 家明确披露了 2011 年内没有发生董事的变更。具体变更情况详见表 7 -1 -2。

表 7 -1 -2　2011 年信托公司董事变更情况表

名称	是否变更	变更次数	期内董事变更详情列示
爱建信托	是	1	2011 年 12 月 30 日,公司召开第三届董事会第十二次会议,选举周伟忠为董事长,陈振鸿因工作需要,不再担任董事、董事长。
安信信托	是	2	1. 独立董事施天涛任期届满离任。 2. 股东大会选举出独立董事向颖。
百瑞信托	是	2	1. 因公司第三届董事会董事、监事会监事任期届满,且公司股权结构发生重大调整,第三届董事会全体董事、监事会全体监事向股东会提出申请,辞去公司第三届董事会董事、监事会监事职务。 2. 2011 年 3 月 7 日,公司 2011 年度第二次股东会选举成立了第四届董事会。董事会由 7 人组成,分别为马宝军、蔡宁、苏琛、樊玉涛、张可欣、刘亚、张明洪。公司第四届董事会第一次会议选举马宝军为董事长。2011 年 6 月 27 日河南银监局向公司下发了《关于核准百瑞信托有限责任公司蔡宁等 8 人董事和高级管理人员任职资格的批复》(豫银监复〔2011〕250 号),核准公司上述人员的任职资格。

续表

名称	是否变更	变更次数	期内董事变更详情列示
北方信托	是	1	经股东津联集团有限公司推荐，公司2011年第三次临时股东会决议，聘任王志勇先生担任公司董事，王建东先生不再担任公司董事。
北京信托	是	1	2011年8月，经北京银监局核准批复原董事刘鸿雁正式离任，增补许汉章为公司董事。
渤海信托	是	2	1. 2011年6月21日，公司续聘陈日进、杜斌国为公司独立董事。 2. 2011年12月11日，金平不再担任公司董事长，选举杨健担任公司董事长，不再担任总裁职务。上述事项须报经中国银行业监督管理委员会核准后施行。
大业信托	否		
东莞信托	是	2	1. 公司独立董事陆磊由于职务变动的原因，于2011年7月15日公司股东会提请辞去独立董事职务，公司同意其辞职申请。 2. 东莞信托有限公司2011年度股东会第十四次临时会议审议通过并经广东银监局核准陈平同志担任公司独立董事职务。陈平同志于2012年3月1日正式履行东莞信托有限公司独立董事职责。
方正东亚信托	否		
甘肃信托	是	1	报告期内，胡凯先生辞去独立董事职务，公司2011年第二次临时股东大会选举包国宪同志为公司第二届董事会独立董事。
国联信托	是	2	1. 2011年3月1日，经2011年度第一次临时股东大会审议通过，增补胡滨先生为国联信托股份有限公司第一届董事会独立董事。 2. 2011年12月14日，公司董事会换届选举，经2011年度第三次临时股东大会审议通过。国联信托股份有限公司第二届董事会成员为：华伟荣、蒋志坚、缪强、张伟民、席国良、刘建春、王则斌、朱增进、胡滨，其中王则斌、朱增进、胡滨为独立董事。
国民信托	是	3	1. 公司股东会审议通过，并报北京银监局核准，付然女士、吴祝花女士获批为公司董事。 2. 公司股东会审议通过，并报北京银监局核准，叶志衡先生获批为公司独立董事。 3. 公司董事会审议通过，并报北京银监局核准，李政怀先生出任公司副董事长。
国投信托	是	3	1. 依照《公司法》及公司章程相关规定，公司原任独立董事江彪于2011年4月向股东会提交了辞职申请，并经公司2010年度股东会同意不再担任公司独立董事。经离任审计后，报北京银监局备案。 2. 2011年4月20日公司2010年度股东会选举李俊喜为公司董事会董事，并经北京银监局任职资格核准。 3. 2011年4月20日公司2010年度股东会确定吕益民出任职工代表董事。
国元信托	否		
杭工商信托	是	2	1. 公司董事、首席执行官杨凯先生因工作原因于2011年1月提请辞职，分别经公司2011年第一次临时股东大会、第五届董事会第十五次会议研究讨论，同意杨凯先生辞去董事、首席执行官职务，聘任许东辉先生为公司第五届董事会董事。 2. 2011年9月，因公司第五届董事会任期届满，经2011年第二次临时股东大会选举，产生公司第六届董事会。董事会成员为虞利明、丁建萍、徐云鹤、Carlos Alfonso、Oyarbide Seco、许东辉、李明扬、Andrew Gordon Williamson、秦永忠、张家仁。其中，虞利明先生为董事长，Andrew Gordon Williamson、秦永忠、张家仁为独立董事。 上述董事均已经监管机构核准。
湖南信托	是	1	报告期内，由于工作变动原因，经2011年第二次股东会批准，同意曾世民先生辞去董事职务。
华澳信托	是	1	原董事张宏先生于2011年1月26日股东会批准辞去董事职务，由三吉利公司推荐田英女士担任董事职务。
华宝信托	是	1	2011年3月，第四届董事会届满，选举孔祥清、钱骏、夏小军、占兴华、张建群、郑安国、廖海、王连洲、赵欣舸九人为第五届董事会董事。其中，夏小军、占兴华、张建群、郑安国、王连洲、赵欣舸为连任董事，廖海、王连洲、赵欣舸为独立董事，卞正治、王成然、郭文氢不再担任董事，监管部门2011年3月已核准。
华宸信托	否		
华能信托	是	3	1. 因工作变换，2012年丁益同志不再担任公司董事、董事长、法定代表人，更换为李进同志为公司董事长、法定代表人。 2. 任命李明同志为公司董事。 3. 包福荣同志不再担任公司的独立董事，更换为娇丽燕同志。目前报批手续正在办理中。
华融信托	是	1	因工作原因，王文杰请辞董事职务，经2011年第二次临时股东会以通信表决方式审议通过，推选王勇为公司董事，经2011年第十六次临时董事会以通信表决方式审议、新疆银监局核准，推选王勇为公司副董事长。
华润信托	否		
华鑫信托	是	1	2011年11月，经公司2011年股东会第二次会议审议通过，聘任刘菊先生担任公司董事。
华信信托	是	1	报告期内，周树立先生因工作原因辞去独立董事职务，股东大会选举郑少南先生任第九届董事会独立董事。
吉林信托	否		
建信信托	是	2	1. 2011年5月5日，中国银监会核准了王巍的建信信托有限责任公司独立董事任职资格。 2. 2011年6月15日，中国银监会核准了范成法的建信信托有限责任公司独立董事任职资格。
江苏信托	否		
江西信托	否		
交银国际信托	是	1	根据公司2011年股东会第三次会议决议，增补张纯女士为公司第二届董事会独立董事。

续表

名称	是否变更	变更次数	期内董事变更详情列示
金谷信托	是	2	1. 因董事会换届改选,根据2011年6月公司股东会决议:股东中国信达推荐的刘学敬、索巧梅、傅彬担任公司董事,张卫东、余伟、冯大勇不再担任公司董事。 2. 股东中国海外推荐的王贺彩担任公司董事,魏振国不再担任公司董事。2011年11月29日,中国银监会核准此4位新董事的任职资格(银监复〔2011〕534号)。
昆仑信托	否		
陆家嘴信托	是	4	1. 2011年10月28日,公司召开2011年第五次股东会,审议通过了《关于第二届董事会人数及成员构成的议案》、《关于选举第二届董事会成员的议案》,选举常宏、舒榕怀、邱翔任公司第二届董事会董事。2011年11月10日,公司召开第二届董事会第一次会议,审议通过了《关于选举公司第二届董事会董事长的议案》,选举常宏担任公司第二届董事会董事长、法定代表人。 2. 2011年11月10日,公司召开2011年第六次股东会,审议通过了《关于变更公司董事的议案》,同意徐国君接任邱翔的董事职务,担任公司第二届董事会董事。 3. 2011年10月28日,公司召开2011年第五次股东会,审议通过了《关于第二届董事会人数及成员构成的议案》、《关于选举第二届董事会成员的议案》,选举殷剑峰、王纪全任公司第二届董事会独立董事。 4. 2011年12月29日,公司召开2011年第七次股东会,审议通过了《关于变更公司独立董事的议案》,同意杨德红当选为公司第二届董事会独立董事,王纪全不再担任公司第二届董事会独立董事。 2011年12月31日,中国银监会核准常宏任公司董事长的任职资格。2011年2月8日,中国银监会核准殷剑峰、杨德红任公司独立董事的任职资格。2011年10月9日,中国银监会核准舒榕怀、徐国君任公司董事的任职资格。
平安信托	是	1	报告期内,公司于2011年7月1日召开了四届五次董事会,审议并通过了《关于推荐公司第四届董事会董事候选人的议案》等议案,推荐王佳芬女士接替吴岳翰先生出任公司董事,并于2011年8月15日召开了四届七次董事会,选举王佳芬董事出任公司第四届董事会副董事长。2012年1月,银监会深圳监管局核准王佳芬副董事长的任职资格。
厦门信托	否		
山东信托	否		
山西信托	是	2	1. 报告期内,经本公司2011年第一次股东会审议,同意王建军担任公司董事,常代有不再担任公司董事。 2. 经本公司2011年第一次临时股东会审议,同意增加郭晋普、曹煜为公司董事;经本公司第二届董事会2011年第二次董事会议审议,根据《公司章程》,增选郭晋普、曹煜为公司副董事长,郭晋普、曹煜的董事、副董事长任职资格已经山西银监局核准(晋银监函〔2011〕104号)。
陕国投	是	1	增加董事李云亮。
上海信托	是	2	1. 上海国际信托有限公司于2011年9月15日召开了2011年第二次股东会议,审议通过了选举公司第五届董事会的决议。会议选举潘卫东先生、傅帆先生、张建伟先生、周燕飞女士、张广生先生、周卫中先生、陆敏先生为第五届董事会董事,选举万晓枫先生、李宪明先生、陈世敏先生为第五届董事会独立董事。其中,陈世敏先生于2011年11月经上海银监局核准正式任职。上海国际信托有限公司于2011年9月15日召开了第五届董事会第一次会议、第五届监事会第一次会议,选举潘卫东先生为第五届董事会董事长,傅帆先生为副董事长。本届董事会任期至2014年9月14日止。 2. 另根据公司章程规定,经公司第三届第七次职工代表大会审议通过,选举庄维苏女士为第五届董事会职工董事。
四川信托	是	3	1. 2011年4月,因工作调动,储晓明辞去公司董事、常务副董事长职务,经2010年度股东会、第一届董事会第十次会议审议通过,选举陈浩鸣任董事、常务副董事长,并于2011年11月2日取得四川银监局《中国银行业监督管理委员会四川监管局关于核准陈浩鸣四川信托有限公司董事、副董事长任职资格的批复》(川银监复〔2011〕714号)正式核准。 2. 2011年9月,因工作需要,陈洪亮辞去公司董事、副董事长职务,经第一届董事会第三次会议审议通过,于2011年10月27日取得四川银监局《中国银行业监督管理委员会四川监管局关于核准陈洪亮四川信托有限公司副总经理任职资格的批复》(川银监复〔2011〕705号)正式核准,聘任陈洪亮为公司常务副总裁。 3. 经2011年度第一次临时股东会、第一届董事会第十四次会议审议通过,选举向前友任董事、副董事长,并于2011年11月26日取得四川银监局《中国银行业监督管理委员会四川监管局关于核准向前友四川信托有限公司董事、副董事长任职资格的批复》(川银监复〔2011〕780号)正式核准。
苏州信托	是	1	报告期内,公司第三届董事会董事李权先生因个人原因辞去公司董事职务,The Royal Bank of Scotland plc(RBS)提名钱裕清先生担任公司第三届董事会董事,2011年股东会第一次临时会议审议通过选举(更换)钱裕清先生为公司第三届董事会(非职工代表)董事。钱裕清先生的任职资格已经获得中国银行业监督管理委员会的核准(苏银监复〔2011〕188号批复)。
天津信托	是	2	1. 2011年4月12日,公司召开2011年股东会第二次会议,审议通过了《关于同意刘青松不再担任天津信托有限责任公司董事的决议》。 2.《关于同意于永洲担任天津信托有限责任公司董事的决议》。
外贸信托	否		
五矿信托	否		
长安信托	是	2	1. 2011年4月21日,经西安信托2010年度股东会选举,产生了西安信托第四届董事会,成员为高成程、师胜友、朱南松、崔进才、蒋锦志、蔡元明、强力、李成、周春生。 2. 2011年11月22日,经长安信托第一次股东大会选举,产生了长安信托第一届董事会,成员为高成程、师胜友、朱南松、崔进才、蒋锦志、蔡元明、强力、李成、周春生。

续表

名称	是否变更	变更次数	期内董事变更详情列示
西部信托	是	2	1. 2011年12月12日，经公司三届第十次临时董事会审议，同意隋舵同志因工作变动原因辞去公司董事长一职，选举徐朝晖同志出任西部信托有限公司董事长。徐朝晖同志的任职资格仍在审核中。 2. 2011年12月19日，经公司2011年第二次临时股东会审议，同意隋舵同志因工作变动原因不再担任西部信托有限公司董事。
西藏信托	否		
新华信托	是	1	鉴于郭全杰先生辞去公司董事职务，经股东单位巴克莱银行有限公司的提议，公司于5月17日召开了股东大会2011年第一次会议，同意郭全杰先生辞去公司董事职务，选举欧阳锦绍先生担任公司董事及薪酬委员会和关联交易委员会委员，原由郭全杰先生担任的审计委员会委员职务由许洛圣先生接任。欧阳锦绍先生的董事任职资格已于2011年9月6日经重庆银监局《关于欧阳锦绍先生任职资格的批复》（渝银监复〔2011〕91号）核准。
新时代信托	是	2	1. 报告期内，公司独立董事王自力先生因个人原因辞去公司独立董事职务，为了完善公司治理结构，公司新选举张平先生担任公司独立董事。 2. 公司董事张垠茂先生、王清强先生、王晓光先生、孟辉女士因个人原因辞去公司董事职务，选举刘鸿雁先生、丁德胜先生、于雷先生、丹常彤先生担任公司董事。
兴业信托	是	2	1. 2011年6月10日，经本公司2010年度股东会审议通过，本公司第三届董事会成员龚纯黎先生由于本公司股东变更及股权结构调整原因辞去公司董事职务。 2. 2011年6月10日，经本公司2010年度股东会审议通过，张希东先生当选为本公司第三届董事会独立董事。张希东独立董事的任职资格已经中国银监会福建监管局以闽银监复〔2011〕295号文批复同意。
英大信托	是	1	本年度董事会成员变动情况说明：公司原独立董事陈玉鹏因工作变动已不再适合担任公司独立董事，其本人于2011年1月向公司提出书面辞呈。该项辞职已经股东会通过并报银监会备案。
粤财信托	是	1	本报告期内董事变更，林子尧、李善民（独立董事）不再担任公司董事会成员，新选举盛新华、王聪（独立董事）为公司董事会成员。
云南信托	是	1	原公司董事刘明先生、魏锋先生、杨征先生因工作原因分别提出辞去公司董事职务。2011年11月29日公司召开2011年第一次临股东会议审议通过了《关于更换股东选派董事的议案》推荐孔令江先生、赵煜先生、刘凤春女士担任公司董事。根据《非银行金融机构行政许可事项实施办法》相关规定，三位拟任董事的任职资格正在审批过程中。
中诚信托	是	1	2011年4月26日，经股东会审议通过，陈长春同志因个人原因提出辞去公司董事职务，由张胜东同志出任公司董事。
中海信托	是	1	2011年7月，经公司二届一次董事会审议通过，同意选举吴孟飞先生为公司董事长。2011年12月26日，中国银监会核准吴孟飞中海信托股份有限公司董事长任职资格（银监复〔2011〕604号）。
中航信托	否		
中粮信托	否		
中融信托	否		
中泰信托	否		
中铁信托	否		
中投信托	是	1	因工作需要，陈良秋任公司董事，叶星不再担任公司董事。
中信信托	是	1	2011年5月，居伟民先生因工作需要辞去公司董事和董事长职务；2011年5月，公司董事会选举蒲坚先生担任公司董事长。
中原信托	是	1	报告期内，因第三届董事会任期届满，2011年6月股东会选举产生了第四届董事会。
重庆信托	是	1	因公司第三次增资扩股工作已于2010年12月22日完成，公司第二届董事会董事的任期也已届满，2011年3月26日，股东会选举何玉柏、翁振杰、武秀峰、罗明亮、王晓岩、时平生、谢维宪、刘勤勤、李寒晨、雷世文、王友伟、史锦杰、王淑慧为公司第三届董事会董事，其中雷世文、王友伟、史锦杰、王淑慧为独立董事。武秀峰等新任董事任职资格已于2011年6月22日获监管部门核准。
紫金信托	是	1	2011年1月27日，中国银监会江苏监管局核准黄泽民独立董事任职资格。

2. 董事构成分析

在信托公司披露的董事人数设置上，人数最多的北方信托为14人，最少的为安信信托、陆家嘴信托和中投信托，均为5人，平均董事人数为8.53人，与上年基本持平，董事的人数基本合理。但是在64家信托公司中，有18家董事人数设置为偶数，不符合董事人数应当为奇数的常规。在董事的性别构成中男性占85.90%，女性占13.92%。在董事的年龄构成中，董事的平均年龄为49.71岁，其中20～29岁的占0.18%，30～39岁的占6.23%，40岁以上的占93.41%。应当来说，不论从董事的人数设置、性别构成或是年龄构成来看均基本合理。

表7－1－3　2011年末64家信托公司董事会人员性别构成分析表

名称	董事会成员人数	其中男性人数	男性人数比例（%）	其中女性人数	女性人数比例（%）
爱建信托	6	6	100.00	0	0.00
安信信托	6	3	50.00	3	50.00
百瑞信托	7	6	85.71	1	14.29
北方信托	14	11	78.57	3	21.43

续表

名称	董事会成员人数	其中男性人数	男性人数比例(%)	其中女性人数	女性人数比例(%)
北京信托	11	10	90.91	1	9.09
渤海信托	6	6	100.00	0	0.00
大业信托	9	9	100.00	0	0.00
东莞信托	10	10	100.00	0	0.00
方正东亚信托	7	6	85.71	1	14.29
甘肃信托	9	9	100.00	0	0.00
国联信托	9	9	100.00	0	0.00
国民信托	9	7	77.78	2	22.22
国投信托	7	7	100.00	0	0.00
国元信托	9	8	88.89	1	11.11
杭工商信托	9	9	100.00	0	0.00
湖南信托	6	5	83.33	1	16.67
华澳信托	7	5	71.43	2	28.57
华宝信托	9	9	100.00	0	0.00
华宸信托	8	8	100.00	0	0.00
华能信托	9	7	77.78	2	22.22
华融信托	11	9	81.82	2	18.18
华润信托	9	8	88.89	1	11.11
华鑫信托	6	4	66.67	2	33.33
华信信托	9	7	77.78	2	22.22
吉林信托	5	5	100.00	0	0.00
建信信托	9	9	100.00	0	0.00
江苏信托	8	8	100.00	0	0.00
江西信托	9	8	88.89	0	0.00
交银国际信托	9	5	55.56	4	44.44
金谷信托	9	6	66.67	3	33.33
昆仑信托	9	8	88.89	1	11.11
陆家嘴信托	5	5	100.00	0	0.00
平安信托	9	7	77.78	2	22.22
厦门信托	9	6	66.67	3	33.33
山东信托	9	9	100.00	0	0.00
山西信托	9	9	100.00	0	0.00
陕国投	10	8	80.00	2	20.00
上海信托	11	9	81.82	2	18.18
四川信托	7	6	85.71	1	14.29
苏州信托	8	5	62.50	3	37.50
天津信托	12	10	83.33	2	16.67
外贸信托	7	6	85.71	1	14.29
五矿信托	7	7	100.00	0	0.00
长安信托	9	9	100.00	0	0.00
西部信托	9	8	88.89	1	11.11
西藏信托	6	5	83.33	1	16.67
新华信托	8	8	100.00	0	0.00
新时代信托	9	7	77.78	2	22.22
兴业信托	9	7	77.78	2	22.22
英大信托	12	11	91.67	1	8.33
粤财信托	6	5	83.33	1	16.67
云南信托	11	10	90.91	1	9.09
中诚信托	13	11	84.62	2	15.38
中海信托	7	7	100.00	0	0.00

续表

名称	董事会成员人数	其中男性人数	男性人数比例(%)	其中女性人数	女性人数比例(%)
中航信托	9	9	100.00	0	0.00
中粮信托	6	5	83.33	1	16.67
中融信托	7	6	85.71	1	14.29
中泰信托	9	9	100.00	0	0.00
中铁信托	9	1	11.11	8	88.89
中投信托	5	5	100.00	0	0.00
中信信托	8	7	87.50	1	12.50
中原信托	11	9	81.82	2	18.18
重庆信托	13	11	84.62	2	15.38
紫金信托	7	5	71.43	2	28.57
合计	546	469	85.90	76	13.92
平均	8.53	7.33	85.90	1.19	13.92

注：江西信托披露了8名董事的信息，另1名独立董事的情况未披露。

表7－1－4　2011年末披露的信托公司董事会人员年龄构成分析表

名称	董事会成员人数	其中20～29岁人数	20～29岁人数比例(%)	其中30～39岁人数	30～39岁人数比例(%)	其中40岁以上人数	40岁以上人数比例(%)	董事的平均年龄
爱建信托	6	0	0.00	1	16.67	5	83.33	51.50
安信信托	6	0	0.00	0	0.00	6	100.00	53.00
百瑞信托	7	0	0.00	2	28.57	5	71.43	45.71
北方信托	14	0	0.00	1	7.14	13	92.86	50.36
北京信托	11	0	0.00	1	9.09	10	90.91	50.55
渤海信托	6	0	0.00	1	16.67	5	83.33	53.33
大业信托	9	0	0.00	0	0.00	9	100.00	56.44
东莞信托	10	0	0.00	0	0.00	10	100.00	52.10
方正东亚信托	7	0	0.00	0	0.00	7	100.00	49.29
甘肃信托	9	0	0.00	2	22.22	7	77.78	48.89
国联信托	9	0	0.00	0	0.00	9	100.00	44.89
国民信托	9	0	0.00	3	33.33	6	66.67	28.78
国投信托	7	0	0.00	0	0.00	7	100.00	51.14
国元信托	9	0	0.00	1	11.11	8	88.89	47.11
杭工商信托	9	0	0.00	0	0.00	9	100.00	51.56
湖南信托	6	0	0.00	0	0.00	6	100.00	51.83
华澳信托	7	0	0.00	0	0.00	7	100.00	50.43
华宝信托	9	0	0.00	0	0.00	9	100.00	50.00
华宸信托	8	0	0.00	0	0.00	8	100.00	49.00
华能信托	9	0	0.00	0	0.00	9	100.00	50.11
华融信托	11	0	0.00	0	0.00	11	100.00	53.55
华润信托	9	0	0.00	0	0.00	9	100.00	50.89
华鑫信托	6	0	0.00	2	33.33	4	66.67	43.83
华信信托	9	0	0.00	0	0.00	9	100.00	54.78
吉林信托	5	0	0.00	1	20.00	4	80.00	46.00
建信信托	9	0	0.00	0	0.00	9	100.00	53.44
江苏信托	8	0	0.00	0	0.00	8	100.00	54.38
江西信托	9	0	0.00	0	0.00	8	88.89	46.33
交银国际信托	9	0	0.00	0	0.00	9	100.00	49.00
金谷信托	9	0	0.00	0	0.00	9	100.00	54.44
昆仑信托	9	1	11.11	0	0.00	8	88.89	47.78
陆家嘴信托	5	0	0.00	0	0.00	5	100.00	48.60
平安信托	9	0	0.00	0	0.00	9	100.00	56.89
厦门信托	9	0	0.00	0	0.00	9	100.00	51.56

续表

名称	董事会成员人数	其中20~29岁人数	20~29岁人数比例(%)	其中30~39岁人数	30~39岁人数比例(%)	其中40岁以上人数	40岁以上人数比例(%)	董事的平均年龄
山东信托	9	0	0.00	0	0.00	9	100.00	53.44
山西信托	9	0	0.00	1	11.11	8	88.89	50.89
陕国投	10	0	0.00	0	0.00	10	100.00	51.20
上海信托	11	0	0.00	0	0.00	11	100.00	51.55
四川信托	7	0	0.00	0	0.00	7	100.00	52.57
苏州信托	8	0	0.00	0	0.00	8	100.00	53.88
天津信托	12	0	0.00	2	16.67	10	83.33	50.75
外贸信托	7	0	0.00	0	0.00	7	100.00	49.86
五矿信托	7	0	0.00	1	14.29	6	85.71	50.86
长安信托	9	0	0.00	0	0.00	9	100.00	46.33
西部信托	9	0	0.00	1	11.11	8	88.89	50.33
西藏信托	6	0	0.00	0	0.00	6	100.00	49.50
新华信托	8	0	0.00	2	25.00	6	75.00	46.75
新时代信托	9	0	0.00	2	22.22	7	77.78	43.44
兴业信托	9	0	0.00	0	0.00	9	100.00	53.33
英大信托	12	0	0.00	0	0.00	12	100.00	52.08
粤财信托	6	0	0.00	1	16.67	5	83.33	45.50
云南信托	11	0	0.00	1	9.09	10	90.91	48.64
中诚信托	13	0	0.00	1	7.69	12	92.31	38.69
中海信托	7	0	0.00	0	0.00	7	100.00	51.86
中航信托	9	0	0.00	0	0.00	9	100.00	50.00
中粮信托	6	0	0.00	0	0.00	6	100.00	47.67
中融信托	7	0	0.00	1	14.29	6	85.71	47.57
中泰信托	9	0	0.00	1	11.11	8	88.89	50.33
中铁信托	9	0	0.00	0	0.00	9	100.00	49.33
中投信托	5	0	0.00	0	0.00	5	100.00	49.60
中信信托	8	0	0.00	0	0.00	8	100.00	47.13
中原信托	11	0	0.00	3	27.27	8	72.73	46.73
重庆信托	13	0	0.00	0	0.00	13	100.00	54.00
紫金信托	7	0	0.00	2	28.57	5	71.43	50.29
合计	546	1	0.18	34	6.23	510	93.41	
平均	8.53	0.02	0.18	0.53	6.23	7.97	93.41	49.71

注:江西信托披露了8名董事的信息,另1名独立董事的情况未披露。

3. 董事会下设机构情况分析

表7-1-5　2011年末64家信托公司董事会下设机构情况分析表

名称	董事会下是否设置了审计委员会	董事会下是否设置了风险管理委员会	董事会下是否设置了人事薪酬委员会
爱建信托	是	是	是
安信信托	是	是	是
百瑞信托	是	是	是
北方信托	是	是	是
北京信托	是	是	是
渤海信托	是	是	否
大业信托	是	是	是
东莞信托	是	是	是
方正东亚信托	是	是	是
甘肃信托	是	是	是
国联信托	是	是	是
国民信托	是	是	是

续表

名称	董事会下是否设置了审计委员会	董事会下是否设置了风险管理委员会	董事会下是否设置了人事薪酬委员会
国投信托	是	是	否
国元信托	是	是	是
杭工商信托	是	是	是
湖南信托	是	是	是
华澳信托	是	是	是
华宝信托	是	是	是
华宸信托	是	是	是
华能信托	是	是	是
华融信托	是	是	是
华润信托	是	是	是
华鑫信托	是	是	是
华信信托	是	是	是
吉林信托	是	是	是
建信信托	是	是	是
江苏信托	是	是	是
江西信托	是	否	是
交银国际信托	是	是	否
金谷信托	是	是	是
昆仑信托	是	是	是
陆家嘴信托	是	是	是
平安信托	是	否	是
厦门信托	是	否	是
山东信托	是	是	是
山西信托	是	是	是
陕国投	是	是	是
上海信托	是	是	是
四川信托	否	否	否
苏州信托	是	是	是
天津信托	是	是	是
外贸信托	是	是	否
五矿信托	是	是	是
长安信托	是	是	是
西部信托	是	是	是
西藏信托	是	是	是
新华信托	是	是	是
新时代信托	是	是	是
兴业信托	是	是	是
英大信托	是	是	是
粤财信托	是	是	否
云南信托	是	是	是
中诚信托	是	是	是
中海信托	是	是	是
中航信托	是	是	是
中粮信托	是	是	是
中融信托	是	是	是
中泰信托	是	是	是
中铁信托	是	是	是
中投信托	是	是	是
中信信托	是	是	是
中原信托	是	是	否
重庆信托	是	是	是
紫金信托	是	是	是

从表7－1－5可见,64家信托公司都不同程度地设立了审计委员会、风险管理委员会和人事薪酬委员会等类似机构以及相对独立的稽核检查部门,这在一定程度上逐步向防止权力过于集中的方向过渡,体现相互制约的基本原则。但也可以看出,64家信托公司中只有54家完整地设置了审计委员会、风险管理委员会和人事薪酬委员会。

按照银监会的信息披露要求,信托公司应当披露董事会下设机构的年度会议情况,但是在64家信托公司中,有32家未作任何披露,仅有32家公司作了相关披露,见表7－1－6。因此,建立和健全这些委员会使其职能常规化是一个应该重视的问题。

表7－1－6　2011年披露的64家信托公司董事会下设委员会开会情况表

名称	年度董事会下审计委员会会议次数	年度董事会下风险管理委员会会议次数	年度董事会下人事薪酬委员会会议次数
爱建信托	1	1	3
安信信托	未披露	未披露	未披露
百瑞信托	未披露	未披露	未披露
北方信托	3	3	2
北京信托	未披露	未披露	未披露
渤海信托	未披露	未披露	不适用
大业信托	0	0	3
东莞信托	0	0	1
方正东亚信托	1	1	1
甘肃信托	未披露	未披露	未披露
国联信托	6	6	5
国民信托	未披露	未披露	未披露
国投信托	0	2	不适用
国元信托	8	8	8
杭工商信托	未披露	未披露	未披露
湖南信托	1	1	1
华澳信托	未披露	未披露	未披露
华宝信托	1	1	0
华宸信托	未披露	未披露	未披露
华能信托	1	1	1
华融信托	2	2	2
华润信托	未披露	未披露	未披露
华鑫信托	2	2	2
华信信托	7	163	5
吉林信托	未披露	未披露	未披露
建信信托	未披露	未披露	未披露
江苏信托	1	1	1
江西信托	未披露	不适用	未披露
交银国际信托	未披露	未披露	不适用
金谷信托	未披露	未披露	未披露
昆仑信托	1	1	1
陆家嘴信托	未披露	未披露	未披露
平安信托	1	不适用	3
厦门信托	未披露	不适用	未披露
山东信托	未披露	未披露	未披露
山西信托	2	2	2
陕国投	5	5	2
上海信托	2	2	2
四川信托	不适用	不适用	不适用
苏州信托	3	4	3
天津信托	3	3	1
外贸信托	未披露	未披露	不适用
五矿信托	未披露	未披露	未披露
长安信托	未披露	未披露	未披露

续表

名称	年度董事会下审计委员会会议次数	年度董事会下风险管理委员会会议次数	年度董事会下人事薪酬委员会会议次数
西部信托	2	2	3
西藏信托	未披露	未披露	未披露
新华信托	1	1	6
新时代信托	未披露	未披露	未披露
兴业信托	1	1	1
英大信托	未披露	未披露	未披露
粤财信托	1	2	不适用
云南信托	未披露	未披露	未披露
中诚信托	1	1	1
中海信托	5	5	5
中航信托	未披露	未披露	未披露
中粮信托	3	3	2
中融信托	2	2	3
中泰信托	未披露	未披露	未披露
中铁信托	未披露	未披露	未披露
中投信托	2	2	2
中信信托	4	4	2
中原信托	未披露	未披露	不适用
重庆信托	未披露	未披露	未披露
紫金信托	未披露	未披露	未披露

在披露的64家信托公司的年报中，63家信托公司在董事会下设了审计委员会，其中55家信托公司对董事会下设审计委员会的委员人数作了披露，59家信托公司对审计委员会的职能作了披露，见表7－1－7。通过对55家已经披露的审计委员会委员人数情况分析可见，审计委员会的平均设置人数为3.42人。

表7－1－7　2011年末信托公司董事会下设审计委员会情况分析表

名称	是否设置	审计委员会人数	审计委员会职能
爱建信托	是	3	确定公司风险管理的总体目标和政策；提议聘请或更换外部审计机构；监督公司的内部审计制度及其实施；审核公司的财务信息及其披露；审查公司的内控制度。
安信信托	是	未披露	根据《上市公司治理准则》、《公司章程》、《董事会议事规则》和《公司董事会审计委员会年报工作规程》以及董事会赋予的职权和义务，认真履行职责，不断建立健全治理结构。
百瑞信托	是	3	决定公司外部审计机构的选择和一般关联交易业务；审议公司内审情况报告并督促经营层整改，审议公司内部控制制度的执行情况报告；审核重大关联交易；配合监事会的相关审计活动；监督公司内部审计制度及其实施。
北方信托	是	5	代表董事会对公司经营活动行使审计评价和监督职能，是对公司内、外部审计和内控活动进行监督、核查的机构。
北京信托	是	3	1. 提议聘请或更换外部审计机构。 2. 监督公司的内部审计制度及其实施。 3. 负责内部审计与外部审计之间的沟通。 4. 审核公司的财务信息及其披露。 5. 审查公司内控制度，对重大关联交易进行审计。
渤海信托	是	4	监督公司内部审计制度及其实施；审核公司的财务信息及其披露；决定聘请或更换外部审计机构及有效沟通；审查公司会计处理、内部会计控制、内控制度。
大业信托	是	未披露	未披露。
东莞信托	是	3	主要负责董事会要求的审计事项，监督公司的内部审计制度及其实施，审查公司内控制度。
方正东亚信托	是	未披露	对公司信息披露的真实、准确、完整和合规性等进行监督；监督公司内部审计制度及其实施；负责内部审计与外部审计之间的沟通；审核公司的财务信息及其披露；检查公司内部控制制度的制定、完善和执行；提议聘请或更换外部审计机构；董事会授予的其他职责。
甘肃信托	是	3	监督管理公司内部审计工作；对公司各项业务及高管人员的经营行为进行检查监督；提请聘请或解聘外部审计机构。
国联信托	是	3	审查和监督公司风险管理政策、制度，并对其执行情况进行评价。
国民信托	是	3	负责公司重大的会计和审计事项；协助董事会对财务报告提供独立审阅及监察意见，并监察外聘审计师是否独立客观及审计程序是否有效；监察公司业绩表现，包括财务报表，账目及正式公告的完整性、准确性等董事会授予的职责。

续表

名称	是否设置	审计委员会人数	审计委员会职能
国投信托	是	4	1. 审议公司内部审计报告。 2. 审议公司全面风险管理年度报告。 3. 对公司内控机制和风险管理方面存在的问题进行评价、分析。 4. 有权向董事会提交内部控制、审计、风险管理方面的议案。 5. 董事会授予的其他职责。
国元信托	是	5	负责根据公司风险承受能力制定公司风险管理政策，确定合理的风险管理水平，并督促高级管理层采取必要的措施识别、计量、监测和控制风险；负责公司内外部审计的沟通和对公司经营的监督、检查工作。
杭工商信托	是	3	提议聘用或更换会计师事务所；监督公司的内部审计制度的建立及其实施；审阅经营管理委员会提交的公司年度财务报告、审计报告等，审阅公司的财务信息及披露、内审部门提交的内审报告；审查公司的内控制度；对经营管理委员会编制的预算提出建议等。
湖南信托	是	3	负责拟定公司风险控制管理战略、风险管理政策和内部控制流程，并对其实施情况进行监督和评价；监督公司内部审计制度及其实施，审核公司财务情况，提议聘用、更换或解聘公司审计机构等。
华澳信托	是	3	1. 根据国家金融政策、市场情况和公司发展方向，制定重点业务管理及经营风险的防范与控制措施。 2. 负责督促公司依法履行董事会赋予的职责，对公司执行经董事会批准的年度经营计划的过程及结果进行监督和审计。 3. 对公司合规、合法运营进行审计和监督。 4. 对会计报表、会计账目及相关材料进行审计，审查财务收支的真实性、合法性、效益性。 5. 审议董事会不时要求的其他事项。 6. 评估审计报告中所提出的相关问题以及行动建议。 7. 审批审计工作计划。 8. 评估审计团队的工作表现。 9. 参与评估审计稽核部的工作绩效。
华宝信托	是	3	负责公司风险的控制、管理、监督和评估，公司内外部审计的沟通、监督和核查工作以及重大关联交易的审核。
华宸信托	是	3	提议聘请或更换外部审计机构；监督公司的制度建设及其执行情况；负责内部审计与外部审计之间的沟通；审核公司的财务信息及其披露；审查公司内控制度，对重大关联交易进行审查；公司董事会授予的其他职权。
华能信托	是	3	拟定公司风险管理政策和重大风险管理解决方案；审议公司风险管理组织机构设置及其职责；定期审查公司风险管理、合规管理、内部审计工作报告，就完善内部控制向董事会提出建议；董事会授予的其他职责。
华融信托	是	3	审查公司内部控制制度以及公司建立的用于监控行为准则遵循情况的规划；提议聘请或更换外部审计机构；监督董事会决议的执行情况；审核公司的财务信息及其披露；在公司重大财务问题的处理上提出独立的意见，负责内部审计与外部审计之间的沟通等。
华润信托	是	3	负责提议聘请或更换外部审计机构，监督公司的内部审计制度及其实施，审核公司的财务信息及其披露，审查公司的内控制度。
华鑫信托	是	3	负责内外部审计的沟通、监督和核查工作以及重大关联交易的审核。
华信信托	是	3	监督管理内部审计工作，对高管人员的经营行为进行检查监督。
吉林信托	是	3	负责批准公司内部审计制度、中长期审计规划和年度工作计划，监督公司的内部审计基本制度及其实施及内部审计与外部审计之间的沟通。
建信信托	是	3	1. 向董事会提议聘请或更换外部审计机构。 2. 监督公司的内部审计制度的制定及其实施。 3. 负责内部审计与外部审计之间的沟通。 4. 审核公司的各项相关业务信息及其披露。 5. 评价公司的内控制度。 6. 监督监管机构及其他外部部门对公司提出意见的整改，并向董事会报告。 7. 董事会授予的其他职责。
江苏信托	是	5	监督公司的内部审计制度及其实施；审核公司的财务信息及其披露；审查公司的内控制度，对内部审计部门的内部审计与稽核的工作程序和工作效果进行评价，并向董事会提出完善内部控制的建议。
江西信托	是	未披露	未披露。
交银国际信托	是	3	提议聘请或更换外部审计机构；审议并报请董事会批准内部审计制度并监督实施情况；审议公司经审计的财务信息披露事项；评价公司内部控制和风险管理制度设计的合理性和运行的有效性，并根据需要对重大关联交易、重大投资进行审计等。
金谷信托	是	未披露	风险控制与审计委员会负责公司的风险控制、管理、监督和评估以及公司内外部审计的沟通、监督和核查等工作。由三名董事组成。
昆仑信托	是	3	检查内部审计监督部门职责要求、目标及有关的审计监督政策；监督公司内部审计质量与财务信息披露；检查公司风险及合规状况；负责公司年度审计工作。
陆家嘴信托	是	0	监督公司内部审计制度及其实施；负责内部审计与外部审计之间的沟通；审核公司的财务信息及其披露；提议聘请或更换外部审计机构；董事会授予的其他职责。
平安信托	是	3	提议聘请或更换外部审计机构；审核公司内部审计基本制度；听取并审议外部审计机构报告；监督公司内部审计制度及其实施；监督公司遵守国家法律、法规等合规经营情况；制定公司风险管理策略和原则等。

续表

名称	是否设置	审计委员会人数	审计委员会职能
厦门信托	是	3	决定聘请或更换外部审计机构；审批公司年度审计工作计划；每季度听取并审议审计部的工作报告；审批公司年度审计工作报告，并报董事会审议。
山东信托	是	未披露	未披露。
山西信托	是	4	审定公司内部审计计划，监督公司财务运行，提议聘请或更换外部审计机构。
陕国投	是	3	向董事会提交公司全面风险管理年度报告；确定公司风险管理的总体目标、风险偏好、风险承受度、风险管理策略和重大风险管理解决方案；审议公司风险管理组织机构设置及其职责；对公司信托业务和自营业务的风险控制及管理情况进行监督；对公司自有财产和信托财产的风险状况进行定期评估；对公司关联交易业务风险进行评估，对重大关联交易事项进行审查并提交董事会审议；对公司信息披露的真实性、准确性、完整性和合规性等进行监督；提出完善公司风险管理和内部控制的建议；监督公司内部审计制度及其实施；负责内部审计与外部审计之间的沟通；审核公司的财务信息及其披露；提议聘请或更换外部审计机构；为董事会督导公司风险管理文化建设提供建议；组织、审查年报审计等相关工作。
上海信托	是	3	监督公司的内部审计制度实施；负责内部审计与外部审计之间的沟通；审核公司的财务信息及其披露；对重大关联交易进行审计；提议聘请或更换外部审计机构；董事会授权的其他事宜。
四川信托	否		
苏州信托	是	4	审核公司内部审计基本制度；监督公司的内部审计制度实施；审核公司的财务信息；提议聘请或更换外部审计机构；听取并审议外部审计机构报告。
天津信托	是	5	负责对公司内、外部审计和信息披露以及重大关联交易进行监督和审查。
外贸信托	是	3	负责内部及外部审计工作，对公司内部控制管理工作进行监督，核查财务信息披露等。
五矿信托	是	未披露	主要负责督促公司各项业务的合规、合法运作，以防范和控制业务风险。
长安信托	是	3	主要职责范围：监督公司重大经营活动的合法、合规性，保证有关法律、法规、监管规章的贯彻执行；提议聘请或更换外部审计机构；负责内部审计与外部审计之间的沟通；检查、监督、评价公司内部审计工作情况和内部审计制度的实施情况；审核公司的财务信息及其披露；审核公司的重大关联交易；董事会授予的其他职责。
西部信托	是	3	对管理层的经营情况、内控制度的制定和执行情况的监督检查。
西藏信托	是	未披露	未披露。
新华信托	是	4	按公司规定定期或不定期审计需要审计的公司事项；对公司经营管理的合规情况进行年度或定期评估；定期向董事会报告审计工作情况，对重大违规事项及时向董事会提出警示或处理建议；针对股东单位、上级监管部门等提出的审计工作中存在的重大问题拟定整改方案和措施；督导内审稽核部的工作；审议或拟定公司审计机构的设置和职责；审议或拟定与公司审计相关的主要管理制度；在普华永道、德勤、安永及毕马威四家会计师事务所中拟定一家符合公司要求的事务所对公司进行年度审计或其他特殊目的的审计或稽核，该等选定应由董事会报股东大会批准；检查及督促公司对监管部门、内审稽核部和外部审计机构检查审计意见或建议的执行情况，对监管部门、内审稽核部门和外部审计机构检查意见或建议不执行或执行不力的部门及人员，向公司提出警示或处理意见；配合监事会进行监事检查活动；公司董事会授予的其他职权。
新时代信托	是	3	专门负责对公司财务活动及其有关经济活动的真实、合法、合规、准确和效益的监督审计，依法审议、拟订内部监督活动方案，指导稽核部门实施稽核审计，为维护公司合法权益，防范金融风险，促进增收节支，提高经济效益服务。
兴业信托	是	5	主要负责本公司审计与风险的控制、管理、评估和监督，同时负责本公司内、外部审计的沟通、监督和核查工作以及重大关联交易的审核。
英大信托	是	3	负责监督公司内、外部审计工作。
粤财信托	是	3	监督公司的内部审计制度及其实施；审核、批准公司年度审计计划、审计报告；向董事会推荐并聘请外部审计机构对公司进行审计；负责内部审计与外部审计之间的沟通等。
云南信托	是	3	监督公司的内部审计制度及其实施。
中诚信托	是	3	对公司内部审计制度进行评价，对内部审计工作进行核查。
中海信托	是	3	提议聘请或更换外部审计机构；监督公司的内部审计制度及其实施；负责内部审计与外部审计之间的沟通；审核公司的财务信息及其披露；审查公司内控制度等。
中航信托	是	3	负责监督公司内、外部审计工作。
中粮信托	是	3	1. 制定、审核、批准公司的风险管理政策、程序并报董事会审议。 2. 对公司信托业务、自营业务及其他业务的风险控制及风险管理政策、程序、执行情况进行监督。 3. 规定用于公司风险管理的战略结构和资源，并使之与公司风险管理政策相兼容。 4. 制定重要风险的界限并报董事会审议。 5. 对公司固有财产和信托财产的风险状况进行定期评估。 6. 提出完善公司风险管理和内部控制的建议。 7. 对公司合规风控部的工作程序和工作效果进行评议。 8. 提议聘请或更换外部审计机构。 9. 监督公司的制度建设及其执行情况。 10. 对审计部的工作进行监督和评议。 11. 监督董事会决议的执行情况。 12. 负责内部审计与外部审计之间的沟通。 13. 审核公司的财务信息及其披露。 14. 审查公司内控制度，对重大关联交易进行审查。 15. 董事会授权的其他事宜。

续表

名称	是否设置	审计委员会人数	审计委员会职能
中融信托	是	3	提议聘请或更换外部审计机构；监督公司内部稽核审计制度实施情况；审核公司重大财务信息及其披露情况；监督公司资金信托业务过程的合法、合规性；公司董事会授权的其他事宜。
中泰信托	是	5	负责公司的风险控制、管理、监督和评估，及公司内外部审计的沟通、监督和核查等工作。
中铁信托	是	3	负责公司风险的控制、管理、监督和评估；公司关联交易的审查；公司内、外部审计的监督和核查工作。
中投信托	是	8	1. 根据公司发展战略，制订、审核公司风险管理工作规划，评价公司战略目标和经营计划所涉及的风险因素，并向董事会提出建议。 2. 定期审核、评议公司风险管理政策，促进风险管理政策的合法合规和及时有效。 3. 从风险控制角度，监督公司各项规章制度的执行情况，并对公司重大经营决策进行风险监测和评价。 4. 审阅公司风险管理工作报告，对风险管理工作提出改善意见和建议。 5. 审核、批准公司的风险控制流程与风险计量模型和方法的监测、调整等相关工作。 6. 审核、评议公司年度审计工作规划。 7. 负责对公司内部审计制度的有效性及其执行情况进行监督。 8. 负责内部审计与外部审计之间的沟通与协调。 9. 提议聘请或更换外部审计机构。 10. 董事会授权的其他事宜。
中信信托	是	3	负责拟定风险管理战略、风险管理政策和内部控制流程，对其实施情况及效果进行监督和评价；审核公司的年度财务信息及其披露；提议聘用、更换或解聘外部审计机构等。
中原信托	是	5	审议公司年度内部审计计划，提议聘请或更换外部审计机构，监督公司内部审计制度的实施，负责内部审计与外部审计之间的沟通，监督和审核公司的财务信息，监督和审核公司的信息披露，审查公司内控制度有效性，审计重大关联交易。
重庆信托	是	5	负责审定公司内部审计制度；负责提议聘请或更换外部审计机构；负责审定公司内部审计部门的年度审计工作计划；负责公司内部审计部门负责人的任免；负责研究审定公司内部审计部门报送的审计报告；指导公司内部审计工作，检查、监督公司内部审计实施情况；负责对公司内部审计部门工作成效进行评价；监督公司业务经营活动的真实性、合法性等。
紫金信托	是	3	1. 合法合规性审查。 2. 风险控制审查。 3. 财务及内控审查。 4. 审计工作及审查。 5. 关联交易审查。 6. 公司董事会授权的其他事宜。

在披露的信托公司的年报中，60家信托公司在董事会下设了风险管理委员会，其中53家信托公司对董事会下设风险管理委员会的委员人数作了披露，56家信托公司对风险管理委员会的职能作了披露。风险管理委员会的职能见表7－1－8。通过对53家已经披露的风险管理委员会委员人数情况分析可见，风险管理委员会的平均设置人数为3.85人。

表7－1－8 2011年末信托公司董事会下设风险管理委员会情况分析表

名称	是否设置	风险管理委员会人数	风险管理委员会职能
爱建信托	是	3	确定公司风险管理的总体目标和政策；提议聘请或更换外部审计机构；监督公司的内部审计制度及其实施；审核公司的财务信息及其披露；审查公司的内控制度。
安信信托	是	未披露	未披露。
百瑞信托	是	3	检查经营层的遵纪守法情况，公司合规及风险控制制度的完善性和执行情况；监督、控制公司在内部管理方面的合法合规性，对公司存在的重大风险隐患或出现的重大风险事故进行内部调查，发现问题及时向董事会汇报；研究拟订公司的合规及风险管理战略和政策，组织制定公司合规及风险控制制度；审议公司信托业务风险评估报告及合规检查报告；对可能发生的风险事项向公司经营层提出整改意见，并督促其加以改进；审查公司信托项目专项检查报告和信托经理履职检查报告。
北方信托	是	9	代表董事会对公司运作和经营活动中的风险进行监督、控制和管理，是公司风险防范与控制经营风险的机构。
北京信托	是	6	1. 负责制定公司风险管理的目标和政策。 2. 完善和健全公司风险管理的体系建设。 3. 制定公司风险管理的流程管控程序。
渤海信托	是	5	有效识别、度量、监控、防范及化解各类风险；保证公司业务的稳健开展和公司经营目标的实现。
大业信托	是	未披露	未披露。
东莞信托	是	3	建立风险管理制度，对重大业务风险进行识别、监视和综合管理。
方正东亚信托	是	未披露	向董事会提交公司全面风险管理年度报告；确定公司风险管理的总体目标、风险偏好、风险承受度、风险管理策略和重大风险管理解决方案；对公司信托业务和固有业务的风险控制及管理情况进行监督；对公司固有财产和信托财产的风险状况进行定期评估；对公司关联交易业务风险进行评估，对重大关联交易事项进行审查并提交董事会审议；组织制定和修改公司风险控制制度，提出完善公司风险管理和内部控制的建议；审议公司风险管理组织机构设置及其职责；为董事会督导公司风险管理文化建设提供建议；董事会授予的其他职责权限。

续表

名称	是否设置	风险管理委员会人数	风险管理委员会职能
甘肃信托	是	5	协助董事会建立和完善公司风险控制制度体系并监督实施；对公司重大投资项目或经营业务中面临或存在的经营风险，进行事先评估、事中监控和事后总结；在公司已投资项目和经营业务出现重大风险时，向董事会行使建议终止权，并提交可行性整改方案。
国联信托	是	3	审查和监督公司风险管理政策、制度，并对其执行情况进行评价。
国民信托	是	3	负责公司内控和风险管理体系、政策的建立和完善；拟定公司关联交易政策，审议重大关联交易；对重要信托项目进行风险评估；就风险管理报告、合规管理报告向董事会提交审议意见等董事会授予的其他职责。
国投信托	是	4	1. 审议公司内部审计报告。 2. 审议公司全面风险管理年度报告。 3. 对公司内控机制和风险管理方面存在的问题进行评价、分析。 4. 有权向董事会提交内部控制、审计、风险管理方面的议案。 5. 董事会授予的其他职责。
国元信托	是	5	负责根据公司风险承受能力制定公司风险管理政策，确定合理的风险管理水平，并督促高级管理层采取必要的措施识别、计量、监测和控制风险；负责公司内、外部审计的沟通和对公司经营的监督、检查工作。
杭工商信托	是	3	审议公司的风险管理构架、风险战略和风险管理基本政策，并提请董事会批准；提出有效执行的实施建议和行业风险管理建议，研究公司风险约束指标体系，对公司管理内控薄弱环节和存在问题提出整改意见；审阅公司有关风险管理报告、合规报告及风险管理计划，完善公司风险管理和内部控制等。
湖南信托	是	3	负责拟定公司风险控制管理战略、风险管理政策和内部控制流程，并对其实施情况进行监督和评价；监督公司内部审计制度及其实施，审核公司财务情况，提议聘用、更换或解聘公司审计机构等。
华澳信托	是	3	1. 审议公司的所有对外投资（包括进行和终止投资）。其中，500 万元以内（含 500 万元人民币）的，由投资风险控制委员会评审后直接决策；超过 500 万元的，经投资风险控制委员会审议同意后报董事会审批（业务年度计划内的除外）。 2. 审议公司信托业务的风险控制及投资。 3. 审议公司基金业务的风险控制及投资。 4. 信托产品和服务的定价。 5. 聘请外部顾问，如律师，评估师等。 6. 年度风险控制评估。
华宝信托	是	3	负责公司风险的控制、管理、监督和评估，公司内、外部审计的沟通、监督和核查工作以及重大关联交易的审核。
华宸信托	是	3	对公司信托业务、自营业务及其他业务的风险控制及风险管理情况进行监督；对公司固有财产和信托财产的风险状况进行定期评估；提出完善公司风险管理和内部控制的建议；对公司内部稽核部门的工作程序和工作效果进行评估；董事会授权的其他事宜。
华能信托	是	3	拟定公司风险管理政策和重大风险管理解决方案；审议公司风险管理组织机构设置及其职责；定期审查公司风险管理、合规管理、内部审计工作报告，就完善内部控制向董事会提出建议；董事会授予的其他职责。
华融信托	是	3	研究拟订公司的风险管理框架，风险战略、风险管理基本政策和内部风险控制制度和流程；检查公司风险管理基本政策、经营决策程序、内部风险控制制度和流程执行情况；审议批准公司的季度、年度风险管理报告，跟踪落实有关执行情况；定期审阅公司风险状况报告，了解公司风险管理的总体情况及有效性，提出完善公司风险管理和内部控制的意见；制定风险奖惩办法、对公司重大风险隐患或出现的重大风险事故进行调查；审核公司资产风险分类标准和风险准备金提取政策，审核呆账核销事项和年度损失准备金提取总额等。
华润信托	是	3	负责对高级管理层在业务、市场、操作等方面的风险控制情况进行监督，对公司的风险状况进行定期评估，对内部稽核部门的工作程序和工作效果进行评价，提出完善风险管理和内部控制的意见。
华鑫信托	是	3	负责公司风险的控制、管理、监督和评估。
华信信托	是	3	制定完善公司业务风险管理与控制政策；评估、识别与防范业务风险；审议风险资产分类与不良资产处置方案；审议核准资产五级分类。
吉林信托	是	3	负责制定、审核风险控制制度，监督制度执行。对重大业务事项从风险管理角度向董事会提出意见和建议。
建信信托	是	3	1. 根据公司总体战略，研究拟定公司风险战略和风险管理政策，报董事会审定，并对其实施情况进行监督和评价。 2. 监督和评价风险管理部门的设置、组织方式、工作程序，并提出改善意见。 3. 指导公司的风险管理工作和内控制度建设。 4. 审议公司风险和内控报告，对公司风险和内控状况进行定期评估，提出完善公司风险管理和内部控制的意见。 5. 对公司首席风险官的工作进行评价。 6. 审批各项业务管理办法中注明需由董事会审议的重大经营项目，具体的审批权限按董事会相关文件执行。 7. 董事会授予的其他职责。
江苏信托	是	5	负责对董事会决策范围内的公司业务进行分析评价，为董事会决策提供建议；负责对经理层在经营与其他公司管理等方面的风险控制情况进行监督，加强董事会对公司经营决策的风险监控，督促公司依法稳健经营；负责对公司风险状况进行定期评估，并向董事会提出完善风险管理的建议；负责对公司重大和特别重大关联交易进行评价，为董事会决策提供建议。
江西信托	否		
交银国际信托	是	3	拟定公司风险管理的总体战略和原则；检查和评价公司整体风险和风险管理体系；定期向董事会报告风险管理状况；确定总体风险容忍度及审批总体风险管理相关指标等。

续表

名称	是否设置	风险管理委员会人数	风险管理委员会职能
金谷信托	是	未披露	风险控制与审计委员会负责公司的风险控制、管理、监督和评估以及公司内外部审计的沟通、监督和核查等工作。由三名董事组成。
昆仑信托	是	3	组建公司风险管理系统;对公司日常经营管理风险进行整体分析和评估;负责公司的危机处理工作;对公司运作过程中的重大事项进行风险管理和控制。
陆家嘴信托	是	0	向董事会提交公司全面风险管理年度报告;确定公司风险管理的总体目标、风险偏好、风险承受度、风险管理策略和重大风险管理解决方案;提出完善公司风险管理和内部控制的建议;对公司信托业务和固有业务的风险控制及管理情况进行监督;对公司固有财产和信托财产的风险管理状况进行定期评价;对公司关联交易业务风险进行评估,对重大关联交易事项进行审查并提交董事会审议;董事会授予的其他职责。
平安信托	否		
厦门信托	否		
山东信托	是	未披露	未披露。
山西信托	是	4	审定公司风险管理的原则和政策,在授权范围内,对公司重大事项的风险进行评审,检查、指导公司日常风险管理工作。
陕国投	是	3	向董事会提交公司全面风险管理年度报告;确定公司风险管理的总体目标、风险偏好、风险承受度、风险管理策略和重大风险管理解决方案;审议公司风险管理组织机构设置及其职责;对公司信托业务和自营业务的风险控制及管理情况进行监督;对公司自有财产和信托财产的风险状况进行定期评估;对公司关联交易业务风险进行评估,对重大关联交易事项进行审查并提交董事会审议;对公司信息披露的真实、准确、完整和合规性等进行监督;提出完善公司风险管理和内部控制的建议;监督公司内部审计制度及其实施;负责内部审计与外部审计之间的沟通;审核公司的财务信息及其披露;提议聘请或更换外部审计机构;为董事会督导公司风险管理文化建设提供建议;组织、审查年报审计等相关工作。
上海信托	是	3	对公司高级管理层在信托业务和自营业务方面的风险控制及管理情况进行监督;对公司固有财产和信托财产的风险状况进行定期评估;提出完善公司风险管理和内部控制的建议;董事会授权的其他事宜。
四川信托	否		
苏州信托	是	4	审核和拟定公司的风险管理战略、政策和规程以及内部控制制度,并监督上述战略、政策、规程和内部控制制度的执行。
天津信托	是	5	负责审核公司风险管理的政策和程序,审定公司风险管理目标,督促公司管理层建立必要的风险识别、衡量、监测和控制制度,监督和评价公司风险管理的全面性、有效性以及高级管理层在风险管理方面的履职情况。
外贸信托	是	3	以揭示、评估及防范信托公司业务中的信用风险、市场风险、流动性风险、操作风险等全面经营风险为目的,对公司经理层有关管理工作进行指导及监督,为董事会提供决策支持意见和管理改善建议。
五矿信托	是	未披露	主要负责督促公司各项业务的合规、合法运作,以防范和控制业务风险。
长安信托	是	5	审核、修订公司的风险管理制度,对其实施情况及效果进行监督、检查和评价,并向董事会提出建议;对高级管理层在信托、信贷、市场、操作等方面的风险控制进行监督;对公司的风险状况进行定期评估;董事会授予的其他职责。
西部信托	是	4	对公司所面临的风险状况进行评估,并提出相应的意见。
西藏信托	是	未披露	未披露。
新华信托	是	5	组织拟定公司风险管理的发展规划;审议应当由董事会审议涉及风险管理的事项;对公司的风险管理工作情况进行年度或定期评估;针对股东单位、上级监管部门等提出的风险管理工作中存在的重大问题拟定整改方案和措施;审议或拟定公司风险管理机构设置及其职责;审议或拟定与公司风险控制及合规管理相关的主要管理制度(包括警示机制);审议和评价公司的新产品;为董事会督导公司风险管理文化建设提供建议;董事会授予的其他职责。
新时代信托	是	5	负责对公司长期发展战略规划、重大战略性投资进行可行性研究,负责全面监督、指导公司风险管理工作,检查公司管理层贯彻和执行董事会确立的风险取向和管理战略的情况,并根据董事会授权进行业务决策的常设机构,对公司董事会负责。
兴业信托	是	5	主要负责本公司审计与风险的控制、管理、评估和监督,同时负责本公司内、外部审计的沟通、监督和核查工作以及重大关联交易的审核。
英大信托	是	3	监督、评估公司的风险管理状况,提出完善风险管理意见,监督、评估公司风险管理部门的工作。
粤财信托	是	5	审议公司内部管理制度、风险控制制度和监控制度;审议、制定各类操作业务操作细则和财务控制制度;监控投资项目、信托项目的风险;评估公司经营风险并提出整改意见。
云南信托	是	4	研究、考核公司的风险控制制度,并提出建议。
中诚信托	是	3	强化董事会在防范公司经营风险中的作用,对公司长期发展战略、资产结构、投资方向以及重大投资决策进行审议评价并提出建议。
中海信托	是	3	研究公司发生重大、突发性事项的对策;研究制定总体风险管理、关联交易控制政策供董事会审议;研究公司风险管理的战略结构和资源,并使之与公司的内部风险管理政策相兼容;研究重要的风险边界;对相关的风险管理、关联交易控制政策进行监督、审查和向董事会提出建议等。
中航信托	是	3	监督、评估公司的风险管理状况,提出完善风险管理意见,监督、评估公司风险管理部门的工作。

续表

名称	是否设置	风险管理委员会人数	风险管理委员会职能
中粮信托	是	3	1. 制定、审核、批准公司的风险管理政策、程序并报董事会审议。 2. 对公司信托业务、自营业务及其他业务的风险控制及风险管理政策、程序、执行情况进行监督。 3. 规定用于公司风险管理的战略结构和资源，并使之与公司风险管理政策相兼容。 4. 制定重要风险的界限并报董事会审议。 5. 对公司固有财产和信托财产的风险状况进行定期评估。 6. 提出完善公司风险管理和内部控制的建议。 7. 对公司合规风控部的工作程序和工作效果进行评议。 8. 提议聘请或更换外部审计机构。 9. 监督公司的制度建设及其执行情况。 10. 对审计部的工作进行监督和评议。 11. 监督董事会决议的执行情况。 12. 负责内部审计与外部审计之间的沟通。 13. 审核公司的财务信息及其披露。 14. 审查公司内控制度，对重大关联交易进行审查。 15. 董事会授权的其他事宜。
中融信托	是	3	对公司重大的投资项目、信托资金运用及中介业务进行定期或不定期的风险评估和预测，提出防范风险的措施；对公司重大的投资项目、信托计划运作及中介业务的执行情况进行监控；针对业务过程中的异常情况作出预警并及时报告给董事会等。
中泰信托	是	5	负责公司的风险控制、管理、监督和评估，及公司内外部审计的沟通、监督和核查等工作。
中铁信托	是	3	负责公司风险的控制、管理、监督和评估；公司关联交易的审查；公司内外部审计的监督和核查工作。
中投信托	是	8	1. 根据公司发展战略，制订、审核公司风险管理工作规划，评价公司战略目标和经营计划所涉及的风险因素，并向董事会提出建议。 2. 定期审核、评议公司风险管理政策，促进风险管理政策的合法合规和及时有效。 3. 从风险控制角度，监督公司各项规章制度的执行情况，并对公司重大经营决策进行风险监测和评价。 4. 审阅公司风险管理工作报告，对风险管理工作提出改善意见和建议。 5. 审核、批准公司的风险控制流程与风险计量模型和方法的监测、调整等相关工作。 6. 审核、评议公司年度审计工作规划。 7. 负责对公司内部审计制度的有效性及其执行情况进行监督。 8. 负责内部审计与外部审计之间的沟通与协调。 9. 提议聘请或更换外部审计机构。 10. 董事会授权的其他事宜。
中信信托	是	3	负责拟定风险管理战略、风险管理政策和内部控制流程，对其实施情况及效果进行监督和评价；审核公司的年度财务信息及其披露；提议聘用、更换或解聘外部审计机构等。
中原信托	是	8	对公司发展战略和运营模式进行风险与合规性评价；对公司制度体系进行风险与合规性评价；对新业务和重大项目的风险与合规性进行事前评估和事后评价；对公司资产风险状况进行评价；处置重大风险；董事会交办的事项；经营班子提交审议的事项。
重庆信托	是	5	评价公司风险概貌、公司总体风险暴露以及各风险类别之间的依存度，批准和定期评审各种风险管理策略；负责公司自有业务、集合资金信托业务和特定的单一信托业务的审批和定价政策的制定；负责对公司信托新产品的风险评判；负责公司风险管理突发事项和紧急事项的应急处理；负责定期评价公司风险管理状况和相关政策的执行状况等。
紫金信托	是	3	1. 合法合规性审查。 2. 风险控制审查。 3. 财务及内控审查。 4. 审计工作及审查。 5. 关联交易审查。 6. 公司董事会授权的其他事宜。

在披露的信托公司的年报中，57 家信托公司在董事会下设了人事薪酬委员会，49 家信托公司对董事会下设人事薪酬委员会的委员人数的设置作了披露，53 家信托公司对董事会下设人事薪酬委员会的职能作了披露，见表 7 -1 -9。通过对 49 家已经披露的人事薪酬委员会的委员人数情况分析可见，人事薪酬委员会的平均设置人数为 3. 53 人。

表 7 -1 -9　2011 年末信托公司董事会下设人事薪酬委员会情况分析表

名称	是否设置	人事薪酬委员会人数	人事薪酬委员会职能
爱建信托	是	3	研究制订高管人员的薪酬计划与考核方案；审查高管人员的职责履行情况并对其进行年度绩效考评；监督公司薪酬制度的制定与执行情况。
安信信托	是	未披露	负责考评公司董事以及高级管理人员的履职情况，按绩效评价标准和程序，对董事及高级管理人员进行绩效评价并对其进行定期考评，根据考评结果决定聘任或解聘、薪酬和奖惩等事项。

续表

名称	是否设置	人事薪酬委员会人数	人事薪酬委员会职能
百瑞信托	是	4	制订董事、监事和高级管理人员的薪酬方案；审批公司年度业绩报酬方案，董事和其他人员的特殊贡献奖励数额，公司薪酬政策的执行情况报告；审查公司其他人员的薪酬方案；对公司薪酬制度执行情况进行监督。
北方信托	是	5	代表董事会对公司激励机制建设、薪酬分配进行管理。
北京信托	是	3	1. 根据经营活动情况、资产规模和股权结构对董事会的规模和构成向董事会提出建议。 2. 研究董事和经营班子的选择标准和程序，并向董事会提出建议。 3. 广泛搜寻合格的董事和经营班子的人选。 4. 对董事候选人和经理人选进行审查并提出建议。 5. 对须提请董事会聘任的其他高级管理人员进行审查并提出建议。 6. 根据董事及高级管理人员管理岗位的主要范围、职责、重要性以及其他相关企业相关岗位的薪酬水平制订薪酬计划或方案。 7. 薪酬计划或方案主要包括但不限于绩效评价标准、程序及主要评价体系，奖励和惩罚的主要方案和制度等。 8. 审查公司董事（非独立董事）及高级管理人员履行职责情况并对其进行年度绩效考评。 9. 负责对公司薪酬制度执行情况进行监督。
渤海信托	否		
大业信托	是	未披露	未披露。
东莞信托	是	3	研究和审查高级管理人员的薪酬政策与方案。
方正东亚信托	是	未披露	研究董事、监事、总经理和其他高级管理人员的薪酬标准，根据董事、监事、总经理和其他高级管理人员的职责与重要性，参考同业相关岗位的薪酬水平，制订薪酬计划或方案并监督薪酬计划或方案的实施；拟定考核标准，审查董事、总经理和其他高级管理人员履行职责情况并对其进行年度绩效考评，提交考核评价意见；负责对公司薪酬制度执行情况进行监督；研究董事、高级管理层人员的选择标准和程序，并向董事会提出建议；广泛搜寻合格的董事和经理层人员的人选；对董事、高级管理层人员人选进行审查并提出建议；董事会授予的其他职权。
甘肃信托	是	3	拟订董事、独立董事的选任程序和标准，并对其任职资格进行初步审核；对由董事长提名并由董事会任免的高级管理人员及相关部门负责人任职资格进行初步审核；拟订董事、独立董事、监事的考核办法和薪酬方案；拟定员工绩效考核制度以及激励方案。
国联信托	是	3	负责审核人力资源管理政策，研究薪酬策略，决定薪酬标准。
国民信托	是	5	负责检查董事会的架构、人数及组成；审查独立董事的独立性；制定公司高级管理人员的考核标准并进行考核；制定并审查公司的基本薪酬制度、政策与方案并向董事会提出改善建议等董事会授予的职责。
国投信托	否		
国元信托	是	5	负责审查公司绩效考核、薪酬管理的政策、实施方案及实施状况。
杭工商信托	是	3	研究董事、高级管理人员的选择标准和程序并提出建议；研究董事与高级管理人员绩效考核的标准并提出建议；就公司董事及高级管理人员的薪酬政策及架构，以及制定该等政策的程序等薪酬政策向董事会提出建议；对公司薪酬制度的执行情况进行监督等。
湖南信托	是	3	负责拟定公司高级管理人员选择标准、选择程序，对其任职资格和任职条件进行初步审核等；拟定公司薪酬、福利和其他激励计划，并监督实施。
华澳信托	是	3	研究和审查公司薪酬政策与方案。
华宝信托	是	3	负责制定公司董事及高级管理人员的考核标准并进行考核；制定、审查公司董事及高级管理人员的薪酬政策与方案；制定公司长期激励机制和方案，为公司发展提供人才激励保障；制定公司人力资源发展规划。
华宸信托	是	3	寻找符合要求的董事候选人（候选人也可以由股东、董事或其他人推荐），并根据银监会关于金融机构高级管理人员任职资格的要求对其进行初步审查；寻找符合要求的总裁、副总裁、董事会秘书、财务总监候选人（可以由股东、董事或其他人推荐），并根据银监会关于金融机构高级管理人员任职资格的要求对其进行初步审查；拟订执行董事及高级管理人员的薪酬待遇，并就非执行董事的薪酬向董事会提出建议；董事会授权的其他事项。
华能信托	是	3	拟订公司高级管理人员的薪酬与奖励政策，并提请董事会审批；对公司高级管理人员进行考核，并出具绩效评价报告，报董事会核准；审议公司职工的薪酬福利及绩效考核方案；董事会授予的其他职责。
华融信托	是	4	根据董事与经营管理层职责、业务范围，研究拟订绩效方案、薪酬政策和考核标准；组织对董事和经营管理层年度履职和绩效完成情况考核；负责对公司绩效管理办法、薪酬制度执行情况的监督、检查和评价等。
华润信托	是	3	负责拟订董事、监事和高级管理层成员的薪酬方案，向董事会提出薪酬方案的建议，并监督方案的实施。
华鑫信托	是	3	负责制定公司董事及高级人员的考核标准并进行考核；制定、审查公司董事及高级管理人员的薪酬政策与方案；制定公司长期激励机制和方案，为公司发展提供人才激励保障；制定公司人力资源发展规划。
华信信托	是	3	对公司薪酬体系、绩效考核、人力资源进行规划管理。
吉林信托	是	3	负责董事会任命人员提名及资格审核，负责薪酬制度及具体方案的评估、审定以及落实情况的跟踪、监督。

续表

名称	是否设置	人事薪酬委员会人数	人事薪酬委员会职能
建信信托	是	4	1. 组织拟订董事和高级管理人员的选任标准和程序，并对其候选人进行初审，提请董事会决定。 2. 审议公司薪酬方案，提请董事会决定，并监督其执行。 3. 组织拟订公司董事、监事的业绩考核办法和薪酬方案，提交董事会审议。 4. 组织对公司董事、监事及高级管理层的业绩考核，提出对董事、监事及高级管理层薪酬分配的建议，提交董事会审议。 5. 检查及批准向执行董事及高级管理人员支付的与丧失或终止职务或委任有关的赔偿，以确保该等赔偿按有关合同条款决定；若未能按有关合约条款决定，有关赔偿也须合理适当。 6. 检查及批准因董事行为失当而解雇或罢免有关董事所涉及的赔偿安排，以确保该等安排按有关合约条款决定；若未能按有关合约条款决定，有关赔偿也须合理适当。 7. 董事会授予的其他职责。
江苏信托	是	6	向董事会提出薪酬方案和绩效考核的建议；在董事会授权范围内监督方案的实施。
江西信托	是	未披露	未披露。
交银国际信托	否		
金谷信托	是	未披露	人事与薪酬委员会负责制定、审查公司董事和高级管理人员（以下简称高管人员）的薪酬政策与方案，拟定公司董事和高管人员的考核标准并进行考核，接受董事会授权的其他事项。由三名董事组成。
昆仑信托	是	5	研究拟订公司整体薪酬政策；拟订公司高级管理人员的薪酬制度、考核办法和激励方案；对公司高级管理人员进行绩效考评；对公司整体薪酬制度的执行情况进行指导、监督。
陆家嘴信托	是	0	根据公司经营发展战略、资产规模和业务结构等，对董事会的规模和结构向董事会提出建议；拟定公司董事和高级管理人员的选任程序和标准，对董事和高级管理人员的任职资格和条件进行初步审核，并向董事会提出建议；拟定公司董事和高级管理人员的考核标准，据此进行考核并提出建议；拟定公司董事和高级管理人员的具体薪酬和激励方案，向董事会提出薪酬方案的建议，并监督实施；董事会授权的其他事宜。
平安信托	是	3	审议公司提名与薪酬管理的策略和计划；审核公司人员编制、薪酬总额、薪酬制度、年度薪酬方案、考核方案；审议公司考核与奖惩制度等。
厦门信托	是	3	研究并提出公司高管人员的薪酬方案；对高管人员进行年度绩效考评；提出高管人员年度薪酬分配数建议，报公司董事会审定。
山东信托	是	未披露	未披露。
山西信托	是	4	审定公司的薪酬制度，制定公司高级管理人员的绩效评价标准和薪酬标准。
陕国投	是	3	研究董事与高级管理人员考核的标准，进行考核并提出建议；研究和审查董事、高级管理人员的薪酬政策与方案等。
上海信托	是	3	研究、拟定和执行公司董事、经理及其他高级管理人员的考核标准和办法，并提出意见或建议；研究、拟定和审查公司董事、经理及其他高级管理人员的薪酬政策和方案，并提出意见或建议；审查公司董事及高级管理人员的履行职责情况并对其进行年度绩效考评；负责对公司薪酬制度执行情况进行监督检查；建议聘请外部中介机构提供专业咨询意见；董事会授权的其他事宜。
四川信托	否		
苏州信托	是	4	审议公司提交的薪酬管理策略和计划；审核公司人力资源计划与安排、薪酬方案和绩效考核的建议方案；跟踪、监督公司薪酬制度的落实情况。
天津信托	是	3	根据董事、高级管理人员和公司员工管理岗位的主要范围、职责、重要性以及其他相关公司相关岗位的薪酬水平制订薪酬计划或方案；薪酬计划或方案主要包括但不限于绩效评价标准、程序及主要评价体系，奖励和惩罚的主要方案和制度等；审查公司董事及高级管理人员履行职责的情况并对其进行年度绩效考评；负责对公司薪酬制度执行情况进行监督；董事会授权的其他事宜。
外贸信托	否		
五矿信托	是	未披露	主要负责拟定公司的薪酬及绩效考核方案并对公司高级管理人员进行考核和对公司董事和经理人员的人选、选择标准和程序进行选择并提出建议。
长安信托	是	3	研究董事、经理人员的选择标准和程序并提出建议；广泛搜寻合格的董事和经理人员的人选；对董事候选人和经理人选进行审查并向董事会提出建议；研究董事与经理人员考核的标准，年终进行考核并提出建议；研究和审查董事、监事、高级管理人员的薪酬政策与方案等；董事会授予的其他职责。
西部信托	是	3	负责制定公司董事、高管人员的薪酬标准与方案，审查公司董事、高级管理人员履行职责并对其进行年度考核；负责对公司薪酬制度执行情况进行监督。
西藏信托	是	未披露	未披露。
新华信托	是	5	审议或拟定公司考核、奖惩及薪酬等涉及公司人事管理的主要制度和政策，并检查督导执行情况；审议或拟定公司董事、监事和公司相关制度约定的应由董事会管辖的人员的考核、奖惩及薪酬待遇方案，并对其履行职责情况和年度绩效进行考评，拟定具体的奖惩方案；组织拟定公司人才储备的中长期规划；检查督导公司人事制度的执行情况；董事会授予的其他权限。
新时代信托	是	5	对公司董事和总裁的人选、选择标准和程序进行选择并提出建议，同时对总裁提名的财务负责人，以及总裁提名的其他高级管理人员、董事长提名的董事会秘书人选进行审查并提出建议；负责制定公司董事、高级管理人员以及其他员工的全员考核标准并进行考核，对董事会负责。

续表

名称	是否设置	人事薪酬委员会人数	人事薪酬委员会职能
兴业信托	是	5	主要负责拟订董事和高级管理人员的薪酬方案、考核标准，监督方案的实施。
英大信托	是	3	负责审核公司的人事与薪酬管理制度，监督公司人力资源管理工作，对人力资源管理及绩效考核等工作提出建议和意见。
粤财信托	否		
云南信托	是	4	研究董事、总裁的选择标准和程序及考核标准，并提出建议。
中诚信托	是	3	评价公司的绩效考核办法和薪酬管理制度并提出建议。
中海信托	是	3	研究董事与总裁人员考核的标准，进行考核并提出建议；研究和审查董事、高级管理人员的薪酬政策与方案等。
中航信托	是	3	研究董事与高级管理人员考核的标准，进行考核并提出建议；研究与审查董事、高级管理人员的薪酬政策与方案。
中粮信托	是	3	1. 寻找符合要求的董事候选人(候选人也可以由股东、董事或其他人推荐)，并根据银监会关于金融机构高级管理人员任职资格的要求对其进行初步审查。 2. 寻找符合要求的总经理、副总经理、董事会秘书、财务总监候选人(可以由股东、董事或其他人推荐)，并根据银监会关于金融机构高级管理人员任职资格的要求对其进行初步审查。 3. 拟订公司董事及高级管理人员的薪酬政策、架构和程序。 4. 拟订执行董事及高级管理人员的特定薪酬待遇，并就非执行董事的薪酬向董事会提出建议。薪酬委员会拟订薪酬待遇时应考虑的因素包括同类公司支付的薪酬、承担的职责、付出的时间、职位的聘用条件以及在公司的表现等。 5. 参照董事会当期通过的公司目标及考核结果，拟订高级管理人员的薪酬。 6. 董事会授权的其他事项。 7. 监管部门规定的其他事项。
中融信托	是	3	制定公司高管人员的考核标准和薪酬标准，对公司高管人员的薪酬及奖励执行情况进行监督、检查，向董事会报告高管人员薪酬及考核情况。
中泰信托	是	5	负责制定董事及高级管理人员的薪酬政策、考核标准并进行考核。
中铁信托	是	3	负责董事及高级管理人员的任职、薪酬与考核管理。
中投信托	是	5	1. 研究、拟订公司高级经营管理人员业绩考核办法和薪酬管理办法并提交董事会。 2. 研究并提出公司高级经营管理人员的年度薪酬方案，依据公司高级经营管理人员的业绩，拟订薪酬及奖惩建议方案并提交董事会。 3. 监督公司薪酬制度与奖惩制度的执行情况。 4. 董事会授权的其他事宜。
中信信托	是	3	负责拟定董事、高级管理人员、员工的薪酬、福利和其他激励计划，并监督方案的实施；拟定高级管理人员的选择标准、选择程序；对高级管理人员人选的任职资格和条件进行初步审核等。
中原信托	否		
重庆信托	是	5	对董事会的规模和构成向董事会提出建议；制订董事及高级管理人员薪酬计划或方案；研究董事、高级管理人员的选择标准和程序，并向董事会提出建议；搜寻合格的独立董事和高级管理人员的人选；对董事、高级管理人员人选进行审查并提出建议；审查公司董事及高级管理人员的履行职责情况；负责对公司薪酬制度执行情况进行监督；董事会授权的其他事宜。
紫金信托	是	3	1. 审核公司薪酬政策或方案、评价和激励机制等。 2. 审查公司董事及高级管理人员的履行职责情况并对其进行年度绩效考评。 3. 根据公司实际情况对董事会的规模和构成向董事会提出建议。 4. 研究董事、高级管理人员的选择标准和程序，并向董事会提出建议。 5. 向股东会、董事会提名董事和高级管理人员候选人。 6. 对董事、高级管理人员人选进行审查并提出建议。 7. 董事会授权的其他事宜。

(三)独立董事分析

64家信托公司全部披露了独立董事人数，但江西信托未对独立董事的详细情况进行披露。具体情况请见表7-1-10、表7-1-11、表7-1-12。

设立独立董事是加强公司治理的一个重要手段。上市公司一般要求独立董事人数占全部董事人数的三分之一以上，这对公司治理非常重要，共有34家信托公司符合这一标准。除江西信托的1位独立董事未披露性别年龄情况外，其他独立董事男性人数为140人，占总人数的88.05%；女性人数为18人，占总人数的11.32%。其中，30~39岁的人数为6人，占总人数的3.77%；40岁以上的人数为152人，占总人数的95.60%；独立董事的平均年龄为53.38岁，高于董事平均年龄。

表7-1-10　2011年末披露的信托公司独立董事人数构成分析表

名称	董事会成员人数	独立董事成员人数	独立董事占比(%)
爱建信托	6	2	33.33
安信信托	6	3	50.00
百瑞信托	7	2	28.57
北方信托	14	3	21.43
北京信托	11	3	27.27
渤海信托	6	2	33.33
大业信托	9	3	33.33
东莞信托	10	2	20.00
方正东亚信托	7	2	28.57
甘肃信托	9	3	33.33
国联信托	9	3	33.33
国民信托	9	3	33.33
国投信托	7	2	28.57
国元信托	9	3	33.33
杭工商信托	9	3	33.33
湖南信托	6	1	16.67
华澳信托	7	2	28.57
华宝信托	9	3	33.33
华宸信托	8	2	25.00
华能信托	9	3	33.33
华融信托	11	4	36.36
华润信托	9	2	22.22
华鑫信托	6	2	33.33
华信信托	9	3	33.33
吉林信托	5	1	20.00
建信信托	9	3	33.33
江苏信托	8	3	37.50
江西信托	9	1	11.11
交银国际信托	9	2	22.22
金谷信托	9	2	22.22
昆仑信托	9	3	33.33
陆家嘴信托	5	2	40.00
平安信托	9	3	33.33
厦门信托	9	2	22.22
山东信托	9	3	33.33
山西信托	9	1	11.11
陕国投	10	3	30.00
上海信托	11	3	27.27
四川信托	7	3	42.86
苏州信托	8	3	37.50
天津信托	12	3	25.00
外贸信托	7	2	28.57
五矿信托	7	2	28.57
长安信托	9	3	33.33
西部信托	9	3	33.33
西藏信托	6	1	16.67
新华信托	8	3	37.50
新时代信托	9	3	33.33
兴业信托	9	3	33.33
英大信托	12	2	16.67

续表

名称	董事会成员人数	独立董事成员人数	独立董事占比(%)
粤财信托	6	2	33.33
云南信托	11	2	18.18
中诚信托	13	3	23.08
中海信托	7	3	42.86
中航信托	9	3	33.33
中粮信托	6	0	0.00
中融信托	7	2	28.57
中泰信托	9	3	33.33
中铁信托	9	3	33.33
中投信托	5	2	40.00
中信信托	8	3	37.50
中原信托	11	3	27.27
重庆信托	13	4	30.77
紫金信托	7	2	28.57
合计	546	159	29.12
平均	8.53	2.48	29.12

表7－1－11　2011年末披露的信托公司独立董事人员性别构成分析表

名称	独立董事人员数	其中男性人数	男性所占比例(%)	其中女性人数	女性所占比例(%)
爱建信托	2	2	100.00	0	0.00
安信信托	3	1	33.33	2	66.67
百瑞信托	2	2	100.00	0	0.00
北方信托	3	1	33.33	2	66.67
北京信托	3	3	100.00	0	0.00
渤海信托	2	2	100.00	0	0.00
大业信托	3	3	100.00	0	0.00
东莞信托	2	2	100.00	0	0.00
方正东亚信托	2	2	100.00	0	0.00
甘肃信托	3	3	100.00	0	0.00
国联信托	3	3	100.00	0	0.00
国民信托	3	3	100.00	0	0.00
国投信托	2	2	100.00	0	0.00
国元信托	3	3	100.00	0	0.00
杭工商信托	3	3	100.00	0	0.00
湖南信托	1	1	100.00	0	0.00
华澳信托	2	2	100.00	0	0.00
华宝信托	3	3	100.00	0	0.00
华宸信托	2	2	100.00	0	0.00
华能信托	3	2	66.67	1	33.33
华融信托	4	3	75.00	1	25.00
华润信托	2	2	100.00	0	0.00
华鑫信托	2	1	50.00	1	50.00
华信信托	3	1	33.33	2	66.67
吉林信托	1	1	100.00	0	0.00
建信信托	3	3	100.00	0	0.00
江苏信托	3	3	100.00	0	0.00
江西信托	1	未披露		未披露	
交银国际信托	2	0	0.00	2	100.00
金谷信托	2	2	100.00	0	0.00
昆仑信托	3	3	100.00	0	0.00

续表

名称	独立董事人员数	其中男性人数	男性所占比例(%)	其中女性人数	女性所占比例(%)
陆家嘴信托	2	2	100. 00	0	0. 00
平安信托	3	3	100. 00	0	0. 00
厦门信托	2	2	100. 00	0	0. 00
山东信托	3	3	100. 00	0	0. 00
山西信托	1	1	100. 00	0	0. 00
陕国投	3	2	66. 67	1	33. 33
上海信托	3	3	100. 00	0	0. 00
四川信托	3	2	66. 67	1	33. 33
苏州信托	3	2	66. 67	1	33. 33
天津信托	3	3	100. 00	0	0. 00
外贸信托	2	2	100. 00	0	0. 00
五矿信托	2	2	100. 00	0	0. 00
长安信托	3	3	100. 00	0	0. 00
西部信托	3	3	100. 00	0	0. 00
西藏信托	1	0	0. 00	1	100. 00
新华信托	3	3	100. 00	0	0. 00
新时代信托	3	2	66. 67	1	33. 33
兴业信托	3	3	100. 00	0	0. 00
英大信托	2	2	100. 00	0	0. 00
粤财信托	2	2	100. 00	0	0. 00
云南信托	2	2	100. 00	0	0. 00
中诚信托	3	3	100. 00	0	0. 00
中海信托	3	3	100. 00	0	0. 00
中航信托	3	3	100. 00	0	0. 00
中粮信托	0	0		0	
中融信托	2	2	100. 00	0	0. 00
中泰信托	3	3	100. 00	0	0. 00
中铁信托	3	3	100. 00	0	0. 00
中投信托	2	2	100. 00	0	0. 00
中信信托	3	3	100. 00	0	0. 00
中原信托	3	2	66. 67	1	33. 33
重庆信托	4	3	75. 00	1	25. 00
紫金信托	2	2	100. 00	0	0. 00
合计	159	140	88. 05	18	11. 32
平均	2. 482. 48	2. 192. 22	88. 05	0. 280. 29	11. 32

表 7－1－12　2011 年末披露的信托公司独立董事人员年龄构成分析表

名称	独立董事人员数	其中 20～29 岁人数	20～29 岁比例(%)	其中 30～39 岁人数	30～39 岁人数比例(%)	其中 40 岁以上人数	40 岁以上人数比例(%)	独立董事平均年龄
爱建信托	2	0	0. 00	1	50. 00	1	50. 00	40. 50
安信信托	3	0	0. 00	0	0. 00	3	100. 00	56. 00
百瑞信托	2	0	0. 00	0	0. 00	2	100. 00	52. 00
北方信托	3	0	0. 00	0	0. 00	3	100. 00	54. 00
北京信托	3	0	0. 00	0	0. 00	3	100. 00	52. 00
渤海信托	2	0	0. 00	0	0. 00	2	100. 00	65. 50
大业信托	3	0	0. 00	0	0. 00	3	100. 00	62. 33
东莞信托	2	0	0. 00	0	0. 00	2	100. 00	52. 00
方正东亚信托	2	0	0. 00	0	0. 00	2	100. 00	52. 00
甘肃信托	3	0	0. 00	2	66. 67	1	33. 33	58. 33
国联信托	3	0	0. 00	0	0. 00	3	100. 00	46. 00

续表

名称	独立董事人员数	其中20～29岁岁人数	20～29岁比例（%）	其中30～39岁人数	30～39岁人数比例（%）	其中40岁以上人数	40岁以上人数比例（%）	独立董事平均年龄
国民信托	3	0	0.00	1	33.33	2	66.67	52.67
国投信托	2	0	0.00	0	0.00	2	100.00	60.50
国元信托	3	0	0.00	0	0.00	3	100.00	45.67
杭工商信托	3	0	0.00	0	0.00	3	100.00	58.00
湖南信托	1	0	0.00	0	0.00	1	100.00	63.00
华澳信托	2	0	0.00	0	0.00	2	100.00	57.50
华宝信托	3	0	0.00	0	0.00	3	100.00	53.33
华宸信托	2	0	0.00	0	0.00	2	100.00	48.00
华能信托	3	0	0.00	0	0.00	3	100.00	54.67
华融信托	4	0	0.00	0	0.00	4	100.00	55.50
华润信托	2	0	0.00	0	0.00	2	100.00	57.00
华鑫信托	2	0	0.00	1	50.00	1	50.00	44.00
华信信托	3	0	0.00	0	0.00	3	100.00	57.33
吉林信托	1	0	0.00	0	0.00	1	100.00	43.00
建信信托	3	0	0.00	0	0.00	3	100.00	59.00
江苏信托	3	0	0.00	0	0.00	3	100.00	62.67
江西信托	1	未披露		未披露		未披露		未披露
交银国际信托	2	0	0.00	0	0.00	2	100.00	56.00
金谷信托	2	0	0.00	0	0.00	2	100.00	66.00
昆仑信托	3	0	0.00	0	0.00	3	100.00	54.33
陆家嘴信托	2	0	0.00	0	0.00	2	100.00	43.50
平安信托	3	0	0.00	0	0.00	3	100.00	73.00
厦门信托	2	0	0.00	0	0.00	2	100.00	49.50
山东信托	3	0	0.00	0	0.00	3	100.00	58.33
山西信托	1	0	0.00	0	0.00	1	100.00	53.00
陕国投	3	0	0.00	0	0.00	3	100.00	49.00
上海信托	3	0	0.00	0	0.00	3	100.00	52.33
四川信托	3	0	0.00	0	0.00	3	100.00	51.67
苏州信托	3	0	0.00	0	0.00	3	100.00	66.00
天津信托	3	0	0.00	0	0.00	3	100.00	62.33
外贸信托	2	0	0.00	0	0.00	2	100.00	54.00
五矿信托	2	0	0.00	0	0.00	2	100.00	66.00
长安信托	3	0	0.00	0	0.00	3	100.00	50.00
西部信托	3	0	0.00	0	0.00	3	100.00	54.00
西藏信托	1	0	0.00	0	0.00	1	100.00	47.00
新华信托	3	0	0.00	1	33.33	2	66.67	46.33
新时代信托	3	0	0.00	0	0.00	3	100.00	46.33
兴业信托	3	0	0.00	0	0.00	3	100.00	58.67
英大信托	2	0	0.00	0	0.00	2	100.00	66.00
粤财信托	2	0	0.00	0	0.00	2	100.00	47.00
云南信托	2	0	0.00	0	0.00	2	100.00	45.00
中诚信托	3	0	0.00	0	0.00	3	100.00	54.00
中海信托	3	0	0.00	0	0.00	3	100.00	54.33
中航信托	3	0	0.00	0	0.00	3	100.00	50.00
中粮信托	0	0		0		0		—
中融信托	2	0	0.00	0	0.00	2	100.00	52.00
中泰信托	3	0	0.00	0	0.00	3	100.00	54.33
中铁信托	3	0	0.00	0	0.00	3	100.00	46.67
中投信托	2	0	0.00	0	0.00	2	100.00	56.50
中信信托	3	0	0.00	0	0.00	3	100.00	45.33
中原信托	3	0	0.00	0	0.00	3	100.00	51.00
重庆信托	4	0	0.00	0	0.00	4	100.00	57.75
紫金信托	2	0	0.00	0	0.00	2	100.00	63.00
合计	159	0	0.00	6	3.77	152	95.60	
平均	2.48	0		0.10	3.77	2.41	95.60	53.38

（四）监事会及其基本情况分析

64家信托公司中，有36家披露没有发生变动，28家披露了监事变更次数和变更的详情，见表7-1-13。28家披露2011年度发生监事变更的公司均发生了1~3次的监事变更。

表7-1-13　2011年披露的信托公司监事变更情况表

名称	是否变更	变更次数	期内监事变更详情列示
爱建信托	否		
安信信托	否		
百瑞信托	是	2	1. 因公司第三届董事会董事、监事会监事任期届满，且公司股权结构发生重大调整，第三届董事会全体董事、监事会全体监事向股东会提出申请，辞去公司第三届董事会董事、监事会监事职务。 2. 2011年3月7日，公司2011年度第二次股东会选举成立了第四届监事会，监事会由10人组成，分别为袁先锋、栾帅、王逸馨、张钊睿、王红军、王薇、赵克明、王建永、张耀民、闫继红。公司第四届监事会第一次会议选举袁先锋任监事会主席。
北方信托	否		
北京信托	是	1	2011年1月，经公司全体员工大会表决，原职工监事陆石、岳琳娜正式离任，增补田耀山、张倞祎为公司职工监事。
渤海信托	否		
大业信托	否		
东莞信托	是	1	经2011年4月6日以通信方式召开的东莞信托有限公司2011年度股东会第六次临时会议审议通过，莫鹏飞同志不再担任本公司第三届监事会监事职务，同意姚慧怡同志担任本公司第三届监事会监事职务。
方正东亚信托	否		
甘肃信托	否		
国联信托	是	1	2011年12月14日，公司监事会换届选举，经2011年度第三次临时股东大会审议通过。第二届监事会成员为李建康、殷宏伟、季羚。
国民信托	是	3	1. 公司股东会审议通过，同意免去聂强先生监事职务，选举罗明耀先生为公司监事。 2. 公司监事会审议通过，同意张江泳先生辞任公司监事会主席职务，选举罗明耀先生出任公司监事会主席。 3. 公司职工代表表决通过，同意安建凤女士因离职不再担任职工代表监事职务，选举张立卓女士为职工代表监事。
国投信托	是	1	2011年4月20日，公司2010年度股东会选举李文新、姚肇欣为公司监事会监事。
国元信托	是	1	2011年3月，经公司2010年度股东会审议和表决通过，钱晓军先生因年龄原因辞去公司监事，选举张彦先生为公司监事。2011年3月，经公司监事会三届六次会议选举，张彦先生担任公司监事长。2011年6月，张彦经安徽银监局核准正式任职。
杭工商信托	是	1	2011年9月，因公司第五届监事会任期届满，经2011年第二次临时股东大会选举，产生公司第六届监事会。王伟、刘翌与职工监事马晓涛组成监事会。
湖南信托	是	1	报告期内，由于工作变动原因，经2011年第二次股东会批准，同意石波女士辞去监事会主席、监事职务。
华澳信托	是	2	1. 原监事长田英女士于2011年1月26日股东会批准辞去监事长职务，由三吉利公司推荐张宏先生担任监事长职务。 2. 原监事郭丹圆女士、王若水先生于2011年5月6日股东会批准辞去监事职务，由麦格理公司推荐陈勤仁先生担任监事职务，股东一致批准高杰女士担任职工监事。
华宝信托	否		
华宸信托	否		
华能信托	否		
华融信托	是	1	因工作原因，刘庆英辞去公司监事职务，经2011年第三次临时股东会以通信表决方式审议，推选范胜利为公司监事。
华润信托	否		
华鑫信托	否		
华信信托	是	1	根据公司股东华信汇通集团有限公司申请，股东大会同意杨家思先生不再担任监事、监事长职务，选举于永顺先生任第九届监事会监事，监事会选举于永顺先生任第九届监事会监事长。
吉林信托	否		
建信信托	否		
江苏信托	否		
江西信托	否		
交银国际信托	是	1	根据公司2011年股东会第一次会议决议，郭德湘先生担任公司第二届监事会监事，傅明章先生不再担任公司第二届监事会监事。
金谷信托	是	2	1. 因工作调动，根据2011年1月临时股东会决议，谢玉清担任公司监事，刘学敏不再担任公司监事；第六届监事会第一次会议选举谢玉清担任公司监事会主席。 2. 因监事会换届改选，根据2011年6月公司股东会决议，任侠、王娜担任公司监事，叶礼艳、谷晓梅不再担任公司监事。
昆仑信托	是	1	因工作变动，谢戈果辞去监事会主席及监事职务。

续表

名称	是否变更	变更次数	期内监事变更详情列示
陆家嘴信托	是	3	1. 2011年10月28日，公司召开2011年第五次股东会，审议通过了《关于第二届监事会人数及成员构成的议案》、《关于选举第二届监事会成员的议案》，选举杨小明、万曾炜任公司第二届监事会监事。 2. 2011年9月30日，经公司职工大会决议，汪晖任公司第二届监事会职工监事。 3. 2011年11月8日，公司召开2011年第一次监事会，审议通过了《关于选举第二届监事会主席的议案》，选举杨小明担任公司第二届监事会监事长。
平安信托	否		
厦门信托	是	1	报告期内，职工监事宋国材因个人原因提出了辞去职工监事的申请，股东会于2011年12月28日同意其申请。
山东信托	否		
山西信托	是	1	报告期内，经本公司2011年第一次股东会审议，同意宋晓伟担任公司监事，李明星不再担任公司监事。
陕国投	否		
上海信托	是	2	1. 上海国际信托有限公司于2011年9月15日召开了2011年第二次股东会议，审议通过了选举公司第五届监事会的决议。会议选举万晓枫先生、李宪明先生、陈世敏先生为第五届董事会独立董事，选举祝幼一先生、马名驹先生为第五届监事会监事。上海国际信托有限公司于2011年9月15日召开了第五届监事会第一次会议，选举祝幼一先生为第五届监事会监事长。本届监事会任期至2014年9月14日止。 2. 另根据公司章程规定，经公司第三届第七次职工代表大会审议通过，选举张汉先生为第五届监事会职工监事。
四川信托	否		
苏州信托	是	3	1. 报告期内，公司第三届监事会监事梁炜衡先生因The Royal Bank of Scotland plc（RBS）内部工作调动，不再担任监事，RBS提名吴昊先生担任公司第三届监事会监事，2011年股东会第二次临时会议表决通过选举（更换）吴昊先生为公司第三届监事会（非职工代表）监事。 2. 公司第三届监事会监事吴昊先生因The Royal Bank of Scotland plc（RBS）内部工作调动，不再担任监事，RBS提名马力先生担任公司第三届监事会监事，2011年股东会第四次临时会议表决通过选举（更换）马力先生为公司第三届监事会（非职工代表）监事。 3. 公司第三届监事会监事张林先生因联想控股有限公司内部工作调动，不再担任监事，联想控股有限公司提名魏凯先生担任公司第三届监事会监事，2011年股东会第三次临时会议表决通过选举（更换）魏凯先生为公司第三届监事会（非职工代表）监事。
天津信托	否		
外贸信托	否		
五矿信托	否		
长安信托	是	2	1. 2011年4月21日，经西安信托2010年度股东会选举（职工监事已经由职工选举产生），产生了西安信托第四届监事会，成员为刘峥嵘、柳志伟、王萍、刘明学、刘洁、刘静。 2. 2011年11月22日，经长安信托第一次股东大会选举（职工监事已经由职工选举产生），产生了长安信托第一届监事会，成员为刘峥嵘、柳志伟、王萍、刘明学、刘静、刘洁。
西部信托	否		
西藏信托	否		
新华信托	否		
新时代信托	是	2	1. 报告期内，公司监事长刘树忠先生、监事马建国先生因个人原因辞去公司监事职务，闫锋先生因工作变动辞去监事职务。 2. 为了完善公司治理结构，公司选举胡宇峰先生、吴振清女士担任公司监事，选举张红权先生为职工监事。
兴业信托	否		
英大信托	否		
粤财信托	是	1	监事会成员变更，张如贵不再担任公司监事长，新选举吴佩华为公司监事长。
云南信托	是	2	1. 经公司2011年6月16日召开的第三届监事会第七次会议审议通过了《关于股东更换公司股东代表监事的议案》，并报经公司股东会审议通过形成相关决议，同意王润酥先生担任公司股东监事。 2. 监事邓国山因已通过高管任职审批（云银监复〔2011〕373号），于2012年12月31日向公司监事会提交申请辞去公司职工监事。
中诚信托	是	1	2011年10月31日，现任职工监事汤淑梅同志由于出任公司副总经理，根据公司章程规定不能继续担任公司监事一职，经选举秦岭同志担任职工监事。
中海信托	否		
中航信托	否		
中粮信托	否		
中融信托	否		
中泰信托	否		
中铁信托	否		
中投信托	是	1	赵白羽任公司监事，薛荣革不再担任公司监事。
中信信托	否		

续表

名称	是否变更	变更次数	期内监事变更详情列示
中原信托	是	1	报告期内，因第三届监事会任期届满，2011 年 6 月股东会选举产生了第四届监事会。
重庆信托	是	2	1. 2011 年 3 月 21 日，按照公司章程规定，公司职工代表大会选举胡雪莲同志为第三届监事会职工监事。 2. 因公司第三次增资扩股工作已于 2010 年 12 月 22 日完成，公司第二届监事会监事的任期也已届满；2011 年 3 月 26 日，股东会选举洪虹、刘建祥同志为公司第三届监事会监事。
紫金信托	否		

截至 2011 年末，64 家信托公司均设立了监事及监事会，合计监事 256 人，平均每家设置监事 4 人。在监事中有男性 188 人，占 73. 44%；女性 68 人，占 26. 56%。与董事的性别构成比较，监事的女性占比大于董事的女性占比。从监事的年龄结构来看，20 ~29 岁的人有 1 人，占 0. 39%；30 ~39 岁的有 52 人，占 20. 31%；40 岁以上的有 203 人，占 79. 30%；而监事的平均年龄为 46. 69 岁，年龄结构比董事要年轻。总体来说，监事人数及其构成基本合理。

表 7 -1 -14　2011 年末披露的信托公司监事会人员性别构成分析表

名称	监事会成员人数	其中男性人数	男性比例(%)	其中女性人数	女性比例(%)
爱建信托	3	3	100. 00	0	0. 00
安信信托	3	1	33. 33	2	66. 67
百瑞信托	10	6	60. 00	4	40. 00
北方信托	6	4	66. 67	2	33. 33
北京信托	7	6	85. 71	1	14. 29
渤海信托	3	1	33. 33	2	66. 67
大业信托	5	3	60. 00	2	40. 00
东莞信托	9	6	66. 67	3	33. 33
方正东亚信托	5	4	80. 00	1	20. 00
甘肃信托	3	3	100. 00	0	0. 00
国联信托	3	2	66. 67	1	33. 33
国民信托	3	2	66. 67	1	33. 33
国投信托	3	3	100. 00	0	0. 00
国元信托	3	3	100. 00	0	0. 00
杭工商信托	3	3	100. 00	0	0. 00
湖南信托	2	1	50. 00	1	50. 00
华澳信托	3	2	66. 67	1	33. 33
华宝信托	3	2	66. 67	1	33. 33
华宸信托	3	3	100. 00	0	0. 00
华能信托	3	3	100. 00	0	0. 00
华融信托	8	4	50. 00	4	50. 00
华润信托	3	2	66. 67	1	33. 33
华鑫信托	3	3	100. 00	0	0. 00
华信信托	3	2	66. 67	1	33. 33
吉林信托	4	3	75. 00	1	25. 00
建信信托	5	5	100. 00	0	0. 00
江苏信托	5	3	60. 00	2	40. 00
江西信托	3	3	100. 00	0	0. 00
交银国际信托	3	2	66. 67	1	33. 33
金谷信托	5	2	40. 00	3	60. 00
昆仑信托	5	4	80. 00	1	20. 00
陆家嘴信托	3	3	100. 00	0	0. 00
平安信托	3	2	66. 67	1	33. 33
厦门信托	2	2	100. 00	0	0. 00
山东信托	5	5	100. 00	0	0. 00
山西信托	3	1	33. 33	2	66. 67
陕国投	3	3	100. 00	0	0. 00
上海信托	3	3	100. 00	0	0. 00

续表

名称	监事会成员人数	其中男性人数	男性比例(%)	其中女性人数	女性比例(%)
四川信托	3	2	66.67	1	33.33
苏州信托	5	5	100.00	0	0.00
天津信托	5	4	80.00	1	20.00
外贸信托	3	2	66.67	1	33.33
五矿信托	3	1	33.33	2	66.67
长安信托	6	3	50.00	3	50.00
西部信托	3	3	100.00	0	0.00
西藏信托	5	3	60.00	2	40.00
新华信托	3	3	100.00	0	0.00
新时代信托	3	2	66.67	1	33.33
兴业信托	3	2	66.67	1	33.33
英大信托	5	4	80.00	1	20.00
粤财信托	3	0	0.00	3	100.00
云南信托	6	4	66.67	2	33.33
中诚信托	9	8	88.89	1	11.11
中海信托	3	2	66.67	1	33.33
中航信托	5	4	80.00	1	20.00
中粮信托	3	3	100.00	0	0.00
中融信托	3	3	100.00	0	0.00
中泰信托	3	2	66.67	1	33.33
中铁信托	5	4	80.00	1	20.00
中投信托	3	2	66.67	1	33.33
中信信托	3	2	66.67	1	33.33
中原信托	5	4	80.00	1	20.00
重庆信托	3	1	33.33	2	66.67
紫金信托	3	2	66.67	1	33.33
合计	256	188	73.44	68	26.56
平均	4	2.94	73.44	1.06	26.56

表7-1-15 2011年末披露的信托公司监事会人员年龄构成分析表

名称	监事会成员人数	其中20~29岁人数	20~29岁人数比例(%)	其中30~39岁人数	30~39岁人数比例(%)	其中40岁以上人数	40岁以上人数比例(%)	监事的平均年龄
爱建信托	3	0	0.00	0	0.00	3	100.00	56.67
安信信托	3	0	0.00	1	33.33	2	66.67	40.33
百瑞信托	10	0	0.00	4	40.00	6	60.00	41.80
北方信托	6	0	0.00	0	0.00	6	100.00	52.00
北京信托	7	1	14.29	2	28.57	4	57.14	43.57
渤海信托	3	0	0.00	2	66.67	1	33.33	37.33
大业信托	5	0	0.00	2	40.00	3	60.00	40.20
东莞信托	9	0	0.00	2	22.22	7	77.78	43.89
方正东亚信托	5	0	0.00	2	40.00	3	60.00	43.20
甘肃信托	3	0	0.00	0	0.00	3	100.00	46.00
国联信托	3	0	0.00	2	66.67	1	33.33	38.67
国民信托	3	0	0.00	2	66.67	1	33.33	35.33
国投信托	3	0	0.00	1	33.33	2	66.67	42.00
国元信托	3	0	0.00	0	0.00	3	100.00	48.33
杭工商信托	3	0	0.00	1	33.33	2	66.67	47.00
湖南信托	2	0	0.00	0	0.00	2	100.00	40.50
华澳信托	3	0	0.00	2	66.67	1	33.33	42.00
华宝信托	3	0	0.00	1	33.33	2	66.67	41.67

续表

名称	监事会成员人数	其中20~29岁人数	20~29岁人数比例(%)	其中30~39岁人数	30~39岁人数比例(%)	其中40岁以上人数	40岁以上人数比例(%)	监事的平均年龄
华宸信托	3	0	0.00	0	0.00	3	100.00	54.67
华能信托	3	0	0.00	0	0.00	3	100.00	49.00
华融信托	8	0	0.00	2	25.00	6	75.00	49.00
华润信托	3	0	0.00	0	0.00	3	100.00	48.67
华鑫信托	3	0	0.00	1	33.33	2	66.67	45.33
华信信托	3	0	0.00	0	0.00	3	100.00	55.33
吉林信托	4	0	0.00	0	0.00	4	100.00	51.25
建信信托	5	0	0.00	0	0.00	5	100.00	45.00
江苏信托	5	0	0.00	0	0.00	5	100.00	53.40
江西信托	3	0	0.00	0	0.00	3	100.00	52.00
交银国际信托	3	0	0.00	0	0.00	3	100.00	53.00
金谷信托	5	0	0.00	1	20.00	4	80.00	47.60
昆仑信托	5	0	0.00	1	20.00	4	80.00	47.60
陆家嘴信托	3	0	0.00	1	33.33	2	66.67	51.67
平安信托	3	0	0.00	1	33.33	2	66.67	46.67
厦门信托	2	0	0.00	0	0.00	2	100.00	52.50
山东信托	5	0	0.00	2	40.00	3	60.00	42.80
山西信托	3	0	0.00	0	0.00	3	100.00	45.33
陕国投	3	0	0.00	0	0.00	3	100.00	52.67
上海信托	3	0	0.00	0	0.00	3	100.00	52.67
四川信托	3	0	0.00	1	33.33	2	66.67	51.33
苏州信托	5	0	0.00	2	40.00	3	60.00	43.00
天津信托	5	0	0.00	0	0.00	5	100.00	51.60
外贸信托	3	0	0.00	0	0.00	3	100.00	49.33
五矿信托	3	0	0.00	1	33.33	2	66.67	39.33
长安信托	6	0	0.00	1	16.67	5	83.33	44.50
西部信托	3	0	0.00	0	0.00	3	100.00	47.00
西藏信托	5	0	0.00	4	80.00	1	20.00	40.40
新华信托	3	0	0.00	0	0.00	3	100.00	50.00
新时代信托	3	0	0.00	1	33.33	2	66.67	43.33
兴业信托	3	0	0.00	0	0.00	3	100.00	45.33
英大信托	5	0	0.00	1	20.00	4	80.00	45.80
粤财信托	3	0	0.00	0	0.00	3	100.00	45.33
云南信托	6	0	0.00	2	33.33	4	66.67	41.17
中诚信托	9	0	0.00	1	11.11	8	88.89	46.67
中海信托	3	0	0.00	0	0.00	3	100.00	52.33
中航信托	5	0	0.00	0	0.00	5	100.00	49.00
中粮信托	3	0	0.00	0	0.00	3	100.00	50.00
中融信托	3	0	0.00	0	0.00	3	100.00	44.33
中泰信托	3	0	0.00	0	0.00	3	100.00	51.67
中铁信托	5	0	0.00	1	20.00	4	80.00	44.60
中投信托	3	0	0.00	0	0.00	3	100.00	47.33
中信信托	3	0	0.00	1	33.33	2	66.67	47.33
中原信托	5	0	0.00	2	40.00	3	60.00	42.40
重庆信托	3	0	0.00	1	33.33	2	66.67	50.33
紫金信托	3	0	0.00	0	0.00	3	100.00	48.00
合计	256	1	0.39	52	20.31	203	79.30	—
平均	4.00	0.02	0.39	0.81	20.31	3.17	79.30	46.69

(五)2011 年末信托公司股东派出董事和监事情况分析

根据64 家信托公司所披露的情况,由股东派出的董事为 437 人,占这些公司董事会总人数 546 人的 80.04%,平均每家公司派出 8.53 人;由股东派出的监事共 176 人,占这些公司监事会总人数 256 人的 68.75%。由此可见,目前的信托公司的董事和监事绝大部分是由股东派出的,股东对信托公司日常经营的控制非常明显。

表 7 -1 -16 2011 年末 64 家信托公司股东派出董事和监事情况分析表

名称	董事			监事		
	总人数	其中股东单位派出人数	股东单位派出占比(%)	总人数	其中股东单位派出人数	股东单位派出占比(%)
爱建信托	6	6	100.00	3	2	66.67
安信信托	6	2	33.33	3	2	66.67
百瑞信托	7	5	71.43	10	9	90.00
北方信托	14	14	100.00	6	5	83.33
北京信托	11	7	63.64	7	5	71.43
渤海信托	6	4	66.67	3	0	0.00
大业信托	9	5	55.56	5	3	60.00
东莞信托	10	8	80.00	9	6	66.67
方正东亚信托	7	7	100.00	5	3	60.00
甘肃信托	9	8	88.89	3	2	66.67
国联信托	9	9	100.00	3	1	33.33
国民信托	9	6	66.67	3	2	66.67
国投信托	7	7	100.00	3	3	100.00
国元信托	9	9	100.00	3	2	66.67
杭工商信托	9	9	100.00	3	2	66.67
湖南信托	6	4	66.67	2	1	50.00
华澳信托	7	7	100.00	3	2	66.67
华宝信托	9	9	100.00	3	2	66.67
华宸信托	8	6	75.00	3	2	66.67
华能信托	9	7	77.78	3	2	66.67
华融信托	11	10	90.91	8	4	50.00
华润信托	9	5	55.56	3	2	66.67
华鑫信托	6	4	66.67	3	2	66.67
华信信托	9	6	66.67	3	2	66.67
吉林信托	5	3	60.00	4	2	50.00
建信信托	9	9	100.00	5	3	60.00
江苏信托	8	7	87.50	5	3	60.00
江西信托	9	8	88.89	3	2	66.67
交银国际信托	9	7	77.78	3	2	66.67
金谷信托	9	7	77.78	5	4	80.00
昆仑信托	9	8	88.89	5	3	60.00
陆家嘴信托	5	3	60.00	3	2	66.67
平安信托	9	9	100.00	3	2	66.67
厦门信托	9	7	77.78	2	2	100.00
山东信托	9	5	55.56	5	5	100.00
山西信托	9	7	77.78	3	3	100.00
陕国投	10	6	60.00	3	2	66.67
上海信托	11	7	63.64	3	2	66.67
四川信托	7	7	100.00	3	2	66.67
苏州信托	8	7	87.50	5	4	80.00
天津信托	12	7	58.33	5	4	80.00
外贸信托	7	7	100.00	3	2	66.67
五矿信托	7	5	71.43	3	2	66.67

续表

名称	董事			监事		
	总人数	其中股东单位派出人数	股东单位派出占比（%）	总人数	其中股东单位派出人数	股东单位派出占比（%）
长安信托	9	8	88.89	6	4	66.67
西部信托	9	5	55.56	3	2	66.67
西藏信托	6	5	83.33	5	5	100.00
新华信托	8	7	87.50	3	2	66.67
新时代信托	9	3	33.33	3	2	66.67
兴业信托	9	6	66.67	3	2	66.67
英大信托	12	11	91.67	5	3	60.00
粤财信托	6	6	100.00	3	2	66.67
云南信托	11	11	100.00	6	4	66.67
中诚信托	13	8	61.54	9	7	77.78
中海信托	7	4	57.14	3	2	66.67
中航信托	9	6	66.67	5	3	60.00
中粮信托	6	6	100.00	3	2	66.67
中融信托	7	5	71.43	3	2	66.67
中泰信托	9	8	88.89	3	2	66.67
中铁信托	9	9	100.00	5	3	60.00
中投信托	5	5	100.00	3	2	66.67
中信信托	8	8	100.00	3	3	100.00
中原信托	11	6	54.55	5	3	60.00
重庆信托	13	13	100.00	3	2	66.67
紫金信托	7	7	100.00	3	2	66.67
合计	546	437	80.04	256	176	68.75
平均	8.53	6.83	80.04	4.00	2.75	68.75

二、公司高管情况分析

（一）公司高管变动情况分析

如表7－2－1所示，64家信托公司中有42家公司披露有高管的变动，比2010年增加了4家。

表7－2－1　2011年64家信托公司高管变更情况表

名称	是否变更	变更次数	期内高管变更详情列示
爱建信托	是	1	聘任周磊为总经理，周伟忠因工作需要，不再担任总经理。
安信信托	是	1	副总裁李廷芳个人原因辞职。
百瑞信托	是	2	1. 2011年3月28日经公司总裁批准，徐梦寒副总裁辞职。 2. 公司第四届董事会第一次会议选举马宝军为董事长，聘任马磊为总裁，石笑东、刘英辉为副总裁，王克槿为董事会秘书兼财务总监，方晓军为首席风险官。2011年6月27日，河南银监局向公司下发了《关于核准百瑞信托有限责任公司蔡宁等8人董事和高级管理人员任职资格的批复》（豫银监复〔2011〕250号），核准公司上述人员的任职资格。
北方信托	否		
北京信托	是	1	2011年6月30日，中国银行业监督管理委员会北京监管局（以下简称北京银监局）批复（京银监复〔2011〕441号）《关于核准黄晓炜北京国际信托有限公司首席风险控制官任职资格的批复》。经监管部门核准的公司高级管理人员由上年11人增至12人。
渤海信托	是	2	1. 2011年12月11日，杨健不再担任总裁职务；聘任郑宏为公司总裁，上述事项须报经中国银行业监督管理委员会核准后施行。 2. 2011年12月27日，聘任李熙玉为公司常务副总裁，不再担任副总裁职务。
大业信托	是	1	报告期内，公司原财务总监袁宏先生因个人原因辞去公司财务总监职务。公司第一届董事会2011年第二次会议审议通过了《关于袁宏先生辞去公司财务总监职务的议案》，公司第一届董事会2011年第一次临时会议审议通过了《关于拟聘任陈国权先生担任公司财务总监的议案》，聘任陈国权先生担任公司财务总监。
东莞信托	否		
方正东亚信托	是	3	1. 李群元先生因工作需要，辞去公司总经理职务，聘任周全锋先生为公司总经理。 2. 钟戚俭先生因工作原因，辞去公司首席风险官职务，聘任方灏先生为公司首席风险官。 3. 周全锋先生因工作需要，辞去公司副总经理、财务总监职务，聘任李宏先生为公司财务总监。 周全锋先生、方灏先生及李宏先生的任职资格已经监管部门批复核准。

续表

名称	是否变更	变更次数	期内高管变更详情列示
甘肃信托	是	1	二届七次董事会聘任杨文同志任公司总裁，谢冰华、王亚峰同志任公司副总裁。
国联信托	否		
国民信托	是	1	公司董事会审议通过，并报北京银监局核准，何远先生出任公司副总经理。
国投信托	是	2	1. 2011年4月20日，公司第四届董事会第一次会议决定聘任王彬为公司副总经理兼任董事会秘书，6月经北京银监局任职资格核准。 2. 2011年5月31日，公司第四届董事会第二次会议决定聘任张仲和为公司首席风险控制官（总法律顾问），8月经北京银监局任职资格核准。
国元信托	是	2	1. 2011年3月，经公司董事会三届五次会议审议和表决通过，张彦先生辞去公司副总裁，朱先平先生辞去公司董事会秘书，魏世春、许植先生担任公司副总裁，虞焰智先生担任公司董事会秘书。2011年6月，魏世春、许植、虞焰智经安徽银监局核准正式任职。 2. 2011年5月，经公司董事会临时会议审议通过，熊文先生因工作变动原因辞去公司总会计师，朱先平先生担任公司总会计师。2011年7月，朱先平经安徽银监局核准正式任职。
杭工商信托	是		1. 公司董事、首席执行官杨凯先生因工作原因于2011年1月提请辞职，分别经公司2011年第一次临时股东大会、第五届董事会第十五次会议研究讨论，同意杨凯先生辞去董事、首席执行官职务，聘任许东辉先生为公司第五届董事会董事、首席执行官，免去许东辉先生运营总监职务。 2. 经第六届董事会研究讨论，聘任许东辉先生为公司首席执行官、丁建萍先生为总裁、陈涛先生为市场及发展总监、张建芳女士为财务总监、张锐先生为行政总监、汪勇先生为投资运营总监。 上述高级管理人员的任职资格均已经监管机构核准。
湖南信托	是	1	经第三届董事会第八次会议批准，同意曾世民先生辞去总裁职务，由朱德光先生暂代行总裁职权，同意唐慧先生辞去副总裁职务，同意黄飞彪先生辞去风控总监职务，由刘瑛女士暂代行风控总监职权。
华澳信托	是	4	1. 原总裁张宏先生于2011年1月26日董事会批准辞去总裁职务，由三方股东一致同意聘任赵文杰先生担任总裁职务。 2. 原首席运营官杨瑞驰先生于2011年1月26日董事会批准免去首席运营官职务，同意聘任其为首席财务官。 3. 原首席财务官李凯婷女士于2011年1月26日董事会批准免去首席财务官职务。 4. 经总裁赵文杰先生提名，经2011年2月20日董事会同意，聘任翟振明先生担任总裁助理。
华宝信托	是	1	因个人原因，王晓薇辞去公司副总经理职务，董事会已于2011年6月7日予以批准。
华宸信托	是	1	聘任管艳秋为华宸信托有限责任公司总经理助理，任职资格已于2011年5月30日，经内蒙古银监局批准（内银监复〔2011〕120号）。其他高级管理人员无变动。
华能贵诚	否		
华融信托	是	4	1. 报告期内，因工作需要，2011年第二次临时董事会议以通信表决方式审议通过了陈鹏君同志提任公司副总经理（总经理级）的议案，报新疆银监局备案。 2. 因工作需要，经2011年第六次临时董事会以通信表决方式审议、新疆银监局核准，刘绍华、杨晓丽两位同志出任公司副总经理。 3. 因工作需要，经第九次临时董事会以通信表决方式审议、新疆银监局核准，聘任郭继平同志为公司总经理助理。 4. 因工作需要，经2011年第三十次临时董事会以通信表决方式审议，免去邹俊公司总经理助理职务，报新疆银监局备案。
华润信托	否		
华鑫信托	否		
华信信托	否		
吉林信托	否		
建信信托	是	1	2011年5月11日，中国银监会核准了许晔的建信信托有限责任公司副总裁任职资格。
江苏信托	否		
江西信托	是	4	1. 本报告期内，经董事会审议并报经监管部门核准任职资格，聘任王志辉为本公司总经理。 2. 聘任曾海、易勤华、黄雪梅为本公司副总经理。 3. 聘任陈华玲为本公司首席风险官。 4. 聘任周跃明为本公司总经理助理。
交银国际信托	是	1	根据公司第二届董事会第七次会议决议，徐思新先生不再担任公司副总裁职务。
金谷信托	是	2	1. 根据2011年1月公司第五届董事会第七次会议决议，聘任刘学敬为公司总经理，2011年5月6日中国银监会核准任职资格（银监复〔2011〕135号）。 2. 根据2011年6月第六届董事会第一次会议决议，聘任李廷芳为公司常务副总经理，2011年11月29日中国银监会核准任职资格（银监复〔2011〕534号）。
昆仑信托	是	3	1. 因公司管理需要，董事会任命吴怀镛为副总裁。 2. 卢晓萍因工作原因辞去副总裁和财务总监职务。 3. 董巍因工作调动，辞去副总裁职务。

续表

名称	是否变更	变更次数	期内高管变更详情列示
陆家嘴信托	是	2	1. 2011 年 11 月 10 日，公司召开第二届董事会第一次会议，审议通过了《关于聘任公司总经理的议案》，聘任陈文担任公司总经理；2012 年 3 月 16 日，中国银监会核准陈文任公司总经理的任职资格。 2. 2011 年 12 月 29 日，公司召开第二届董事会第二次会议，审议通过了《关于聘任公司副总经理与财务负责人的议案》，聘任崔斌担任公司副总经理、浦凤丹担任公司财务负责人；2012 年 2 月 8 日，中国银监会核准崔斌任公司副总经理的任职资格、核准浦凤丹任公司财务总监的任职资格。
平安信托	是	1	因公司发展和经营管理需要，2012 年 1 月公司聘请庄汉平先生出任公司总经理助理。
厦门信托	是	1	2011 年 12 月 28 日，公司董事会批准洪文瑾董事长辞去代理总经理一职。同时根据公司提名委员会提名，公司董事会通过了《拟推荐李自成同志担任厦门国际信托有限公司总经理一职的决议》，经中国银监会核准李自成同志任职资格后，由公司董事会按有关程序进行聘任。
山东信托	是	1	2011 年 1 月 11 日以通信方式召开临时董事会，聘任万众、李高峰、周建藻为公司副总经理。
山西信托	否		
陕国投	否		
上海信托	否		
四川信托	是	2	1. 2011 年 2 月，因邓真光工作调动，经公司第一届董事会第七次会议审议通过，解聘邓真光财务总监职务，聘任吕明昭担任财务总监职务，并于 2011 年 11 月 2 日取得四川银监局《中国银行业监督管理委员会四川监管局关于个案核准吕明昭四川信托有限公司财务总监任职资格的批复》（川银监复〔2011〕713 号）正式核准。 2. 2011 年 9 月，因工作需要，陈洪亮辞去公司董事、副董事长职务，经第一届董事会第三次会议审议通过，于 2011 年 10 月 27 日取得四川银监局《中国银行业监督管理委员会四川监管局关于核准陈洪亮四川信托有限公司副总经理任职资格的批复》（川银监复〔2011〕705 号）正式核准，聘任陈洪亮为公司常务副总裁。
苏州信托	否		
天津信托	是	1	2011 年 8 月 26 日，公司以通信方式召开第六届董事会 2011 年第三次临时会议，审议通过了《关于同意解聘贾丽娜天津信托有限责任公司副总经理的决议》。
外贸信托	是	2	1. 2011 年 4 月 18 日，银监会下发了《中国银监会关于核准伊力扎提・艾合买提江任职资格的批复》，核准伊力扎提・艾合买提江中国对外经济贸易信托有限公司副总经理的任职资格。 2. 2011 年 12 月 21 日，银监会下发了《中国银监会关于核准范华任职资格的批复》，核准范华中国对外经济贸易信托有限公司副总经理的任职资格。
五矿信托	否		
西部信托	否		
西藏信托	否		
新华信托	是	2	1. 鉴于股东单位巴克莱银行有限公司的提议和公司经营管理工作的需要，公司于 4 月 15 日和 5 月 17 日分别召开了 2011 年第二次临时董事会和股东大会 2011 年第一次会议，会议同意免去张革先生的首席运营官职务，聘任欧阳锦绍先生为公司首席运营官，张革先生为公司副总经理。欧阳锦绍先生的高级管理人员任职资格已于 2011 年 9 月 6 日经重庆银监局《关于欧阳锦绍先生任职资格的批复》（渝银监复〔2011〕91 号）核准。 2. 根据经营管理工作的需要，公司于 9 月 9 日和 10 月 14 日分别召开了 2011 年第五次临时董事会和 2011 年第二次临时股东大会，会议同意聘任郝雅军先生为公司副总经理兼首席财务官、李荻先生为公司副总经理。
新时代信托	是	3	1. 报告期内，聘任刘鸿雁先生为公司总裁。 2. 聘任勾亦军先生为公司副总裁。 3. 聘任边涛先生、闫锋先生为总裁助理。
兴业信托	否		
英大信托	是	1	本年度高级管理人员变动情况说明：根据公司发展需要，经总经理提议聘任刘卫东为公司总会计师，该项任职资格申请已于 2011 年 11 月 8 日获中国银监会批复统一（银监复〔2011〕492 号）。
粤财信托	否		
云南信托	是	2	1. 原公司副总裁周福民先生及副总裁刘峥女士因个人原因分别提出辞去公司副总裁职务。2011 年 9 月 27 日公司召开第三届董事会第十三次会议审议通过了《关于周福民先生辞去公司副总裁职务的议案》及《关于刘峥女士辞去公司副总裁职务的议案》，并形成相关决议，同意周福民先生及刘峥女士辞去公司副总裁职务。 2. 经公司 2011 年 9 月 27 日召开的第三届董事会第十三次会议审议通过了《关于提名邓国山同志担任公司总裁助理的议案》，并形成相关决议，同意推荐邓国山先生担任公司总裁助理。并根据《非银行金融机构行政许可事项实施办法》相关规定，已于 2011 年 12 月 22 日通过高管任职审批（云银监复〔2011〕373 号），正式履行总裁助理职责。
长安信托	是	3	1. 2011 年 4 月 21 日，西安信托第四届董事会第一次会议同意聘任陈英、瞿文康为公司副总经理。2011 年 8 月 26 日，陕西银监局以陕银监复〔2011〕27 号文核准了关于陈英、瞿文康信托公司高级管理人员的任职资格。 2. 2011 年 11 月 8 日，西安信托第四届董事会第四次会议同意马志平辞去公司副总经理的职务，并由公司审计部进行了离任审计。审计结果向陕西银监局进行了报备。 3. 2011 年 11 月 22 日长安国际信托股份有限公司第一届董事会第一次会议，聘任崔进才先生为公司总经理，聘任陈英先生、徐谦先生、徐立先生、瞿文康先生为公司副总经理，聘任谷林强先生为公司董事会秘书。

续表

名称	是否变更	变更次数	期内高管变更详情列示
中诚信托	否		
中海信托	是	2	1. 2011 年 1 月,经公司一届二十四次董事会审议通过,免去储晓明公司总裁职务,聘任陈浩鸣担任公司总裁。2011 年 3 月,公司股东会审议通过上述任免。陈浩鸣任职资格于 2011 年 7 月得到中国银监会核准(银监复〔2011〕237 号)。 2. 2011 年 9 月,经公司二届二次董事会审议通过,同意户学爱辞去总稽核职务,聘任张悦担任公司总稽核职务,张悦任职资格已于 2011 年 11 月得到上海银监局任职资格核准(沪银监复〔2011〕820 号)。
中航信托	否		
中粮信托	是	1	2011 年 7 月经公司第一届董事会第八次会议审议通过,公司聘任马建泽担任公司副总经理,其任职资格于 2011 年 9 月经中国银监会《中国银监会关于核准马建泽任职资格的批复》(银监复〔2011〕413 号)文件正式核准。
中融信托	是	3	1. 梁越提出辞职申请,三届董事会第九次会议审议通过。 2. 何志强竞聘上岗,总裁提名,三届董事会第十五次会议审议通过。 3. 黄威竞聘上岗,总裁提名,三届董事会第五次会议审议通过。
中泰信托	是	1	截至报告公布日,公司原总裁助理叶晓军同志因个人原因向公司递交辞职申请,董事会业已批准叶晓军同志辞任总裁助理一职。
中铁信托	是	4	1. 2010 年 12 月 26 日,第三届董事会第二十五次会议审议通过《关于审议李建生女士辞任的议案》,同意李建生女士因工作原因辞去公司董事长职务。李建生女士离任董事长职务于 2011 年 4 月 21 日正式生效。 2. 2010 年 12 月 26 日,第三届董事会第二十五次会议审议通过《关于选举公司董事长的议案》,选举王俊明先生为公司董事长。王俊明先生于 2011 年 4 月 21 日正式履职。 3. 2010 年 12 月 26 日,第三届董事会第二十五次会议审议通过《关于聘任解义才先生职务的议案》,聘任解义才先生为公司副总经理。解义才先生于 2011 年 2 月 22 日正式履职。 4. 2010 年 12 月 26 日,第三届董事会第二十五次会议审议通过《关于聘任王石先生职务的议案》,聘任王石先生为公司副总经理。王石先生于 2011 年 2 月 22 日正式履职。
中投信托	是	2	1. 叶星于 2011 年 1 月 21 日起不再担任公司总经理,由张剑平副总经理主持工作,代行公司总经理职权。 2. 曹丽娜任公司副总经理。
中信信托	是	2	1. 2011 年 5 月,公司董事会聘请陈一松先生担任公司总经理。 2. 增聘王道远、李峰、张继胜、李子民、包学勤五人担任公司副总经理。
中原信托	否		
重庆信托	否		
紫金信托	是	1	经一届六次董事会审议,通过了《关于聘任高晓俊先生为公司总裁助理的议案》,同意聘任高晓俊先生为公司总裁助理。2011 年 5 月 26 日,中国银监会江苏监管局核准高晓俊总裁助理任职资格。
爱建信托	是	1	聘任周磊为总经理,周伟忠因工作需要,不再担任总经理。
安信信托	是	1	副总裁李廷芳个人原因辞职。
百瑞信托	是	2	1. 2011 年 3 月 28 日,经公司总裁批准,徐梦寒副总裁辞职。 2. 公司第四届董事会第一次会议选举马宝军为董事长,聘任马磊为总裁,石笑东、刘英辉为副总裁,王克槿为董事会秘书兼财务总监,方晓军为首席风险官。2011 年 6 月 27 日,河南银监局向公司下发了《关于核准百瑞信托有限责任公司蔡宁等 8 人董事和高级管理人员任职资格的批复》(豫银监复〔2011〕250 号),核准公司上述人员的任职资格。

(二)公司高管处罚情况分析

64 家信托公司高管均未受到处罚。

三、信托公司聘请律师事务所的情况分析

64 家信托公司中,有 17 家没有披露聘请律师事务所的相关情况,1 家明确表示没有聘任律师事务所,其余 46 家披露了聘请的律师事务所的名称及其地址,见表 7 -3 -1。在 46 家披露了律师事务所情况的信托公司中,国联信托、国投信托和重庆信托都聘请了两家律师事务所,厦门信托聘请了三家律师事务所。

表 7 -3 -1　2011 年信托公司披露的年度律师事务所聘请情况表

名称	公司中文法定名称	年度律师事务所	律师事务所地址
爱建信托	上海爱建信托投资有限责任公司	未披露	未披露
安信信托	安信信托投资股份有限公司	未披露	未披露
百瑞信托	百瑞信托有限责任公司	河南豫都律师事务所	郑州市郑东新区商务外环路 29 号国泰财富中心 11 层
北方信托	北方国际信托股份有限公司	未披露	未披露

续表

名称	公司中文法定名称	年度律师事务所	律师事务所地址
北京信托	北京国际信托有限公司	北京市华贸硅谷律师事务所	北京市朝阳区慧忠路5号远大中心C座17层
渤海信托	渤海国际信托有限公司	未披露	未披露
大业信托	大业信托有限责任公司	中伦文德律师事务所	中国北京市朝阳区西坝河南路1号金泰大厦19层
东莞信托	东莞信托有限公司	广东赋诚律师事务所	东莞市莞城区旗峰路162号中侨大厦B座23楼
方正东亚信托	方正东亚信托有限责任公司	未披露	未披露
甘肃信托	甘肃省信托有限责任公司	甘肃正天和律师事务所	甘肃省兰州市通渭路1号兰州房地产大厦15F
国联信托	国联信托股份有限公司	江苏无锡徐刚律师事务所	无锡市金融一街8号
		北京天银律师事务所	北京海淀区高梁桥斜街59号
国民信托	国民信托有限公司	北京市观韬律师事务所	北京市西城区金融大街28号盈泰中心2号楼17层
国投信托	国投信托有限公司	北京市共和律师事务所	北京市朝阳区麦子店街37号盛福大厦19~20层
		北京市天达律师事务所	北京市朝阳区东三环北路8号亮马河大厦2座19层
国元信托	安徽国元信托有限责任公司	中天恒律师事务所	安徽省合肥市濉溪路287号金鼎广场A座8层
杭工商信托	杭州工商信托股份有限公司	浙江天册律师事务所	浙江省杭州市杭大路1号黄龙世纪广场A座8楼
湖南信托	湖南省信托有限责任公司	未披露	未披露
华澳信托	华澳国际信托有限公司	中伦律师事务所(上海办公室)	上海市浦东新区银城中路200号中银大厦11层
华宝信托	华宝信托有限责任公司	中伦律师事务所	上海浦东新区银城中路200号中银大厦11楼
华宸信托	华宸信托有限责任公司	未披露	未披露
华能贵诚	华能贵诚信托有限公司	北京中盛律师事务所	北京朝阳区建外大街永安东里甲3号通用国际中心1号楼A座23层
华融信托	华融国际信托有限责任公司	北京市京师律师事务所	北京市海淀区西直门北大街32号枫蓝国际中心写字楼A座1603室
华润信托	华润深国投信托有限公司	广东经天律师事务所	深圳市滨河大道5022号联合广场A座25楼
华鑫信托	华鑫国际信托有限公司	北京市兆源律师事务所	北京市西城区宣武门西大街甲129号金玉大厦
华信信托	大连华信信托股份有限公司	辽宁双护律师事务所	大连市沙河口区西安路90号广荣大厦1601室
吉林信托	吉林省信托有限责任公司	吉林义理律师事务所	长春市皓月大路739号
建信信托	建信信托有限责任公司	未披露	未披露
江苏信托	江苏省国际信托有限责任公司	江苏世纪同仁律师事务所	南京市北京西路26号4~5楼
江西信托	江西国际信托股份有限公司	江西求正沃德律师事务所	江西南昌
交银国际信托	交银国际信托有限公司	上海市锦天城律师事务所	上海市浦东新区花园石桥路33号花旗集团大厦14楼
金谷信托	中国金谷国际信托有限责任公司	未披露	未披露
昆仑信托	昆仑信托有限责任公司	上海市锦天城律师事务所	上海市浦东新区花园石桥路33号花旗集团大厦14楼
陆家嘴信托	陆家嘴国际信托有限公司	上海市锦天城律师事务所	上海市花园石桥路33号花旗集团大厦14楼
平安信托	平安信托有限责任公司	未披露	未披露
厦门信托	厦门国际信托有限公司	福建理海律师事务所	厦门市厦禾路820号帝豪大厦18楼
		福建天衡联合律师事务所	厦门市厦禾路666号海翼大厦A栋16层、17层
		福建闽翔律师事务所	厦门市嘉禾路267号惠元大厦12层4座
山东信托	山东省国际信托有限公司	上海市锦天城律师事务所	上海浦东新区花园石桥路33号
山西信托	山西信托有限责任公司	未披露	未披露
陕国投	陕西省国际信托股份有限公司	未披露	未披露
上海信托	上海国际信托有限公司	上海市锦天城律师事务所	上海市花园石桥路33号花旗集团大厦14楼
四川信托	四川信托有限公司	泰和泰律师事务所	成都市鼓楼南街117号世界贸易中心A座25楼、27楼
苏州信托	苏州信托有限公司	江苏苏州新天伦律师事务所	苏州市学士街361号
天津信托	天津信托有限责任公司	无	不适用
外贸信托	中国对外经济贸易信托有限公司	未披露	未披露
五矿信托	五矿国际信托有限公司	未披露	未披露
西部信托	西部信托有限公司	北京市金诚同达律师事务所西安分所	西安市沣惠南路华晶广场B座15层
西藏信托	西藏信托有限公司	北京市嘉源律师事务所	北京复兴门内大街158号远洋大厦F408
新华信托	新华信托股份有限公司	未披露	未披露
新时代信托	新时代信托股份有限公司	内蒙古北琛律师事务所	包头市昆区市府东路恩和小区12号底店
兴业信托	兴业国际信托有限公司	未披露	未披露
英大信托	英大国际信托有限责任公司	北京观远律师事务所	北京市朝阳区北苑路168号中安盛业大厦1003室
粤财信托	广东粤财信托有限公司	广东君信律师事务所	广州市农林下路83号广发银行大厦20楼

续表

名称	公司中文法定名称	年度律师事务所	律师事务所地址
云南信托	云南国际信托有限公司	云南千和律师事务所	云南省昆明市人民中路11号天浩大厦5楼
长安信托	长安国际信托股份有限公司	上海锦天城律师事务所	上海市浦东新区花园石桥路33号花旗大厦14楼
中诚信托	中诚信托有限责任公司	未披露	未披露
中海信托	中海信托股份有限公司	上海市锦天城律师事务所	上海市浦东新区花园石桥路33号花旗大厦14层
中航信托	中航信托股份有限公司	北京市君泽君律师事务所	北京市西城区金融大街9号金融街中心南楼6层
中粮信托	中粮信托有限责任公司	北京市君泽君律师事务所	北京市西城区金融大街9号金融街中心南楼6层
中融信托	中融国际信托有限公司	中伦律师事务所上海分所	上海市浦东新区银城中路200号中银大厦11层
中泰信托	中泰信托有限责任公司	上海市金茂律师事务所	上海市愚园路168号18层
中铁信托	中铁信托有限责任公司	泰和泰律师事务所	成都市鼓楼南街117号世界贸易中心A座25楼
中投信托	中投信托有限责任公司	上海锦天城律师事务所杭州分所	浙江省杭州市天目山路238号华鸿大厦A座5楼
中信信托	中信信托有限责任公司	北京市嘉源律师事务所	北京市西城区复兴门内大街158号远洋大厦F407室
中原信托	中原信托有限公司	北京市大成律师事务所郑州分所	郑州市紫荆山路60号金成国贸大厦19层
重庆信托	重庆国际信托有限公司	重庆索通律师事务所	重庆市渝中区中山三路168号中安国际大厦12楼
		中豪律师事务所	重庆市渝中区邹容路68号大都会广场22层
紫金信托	紫金信托有限责任公司	上海市锦天城律师事务所	上海市浦东新区花园石桥路33号花旗集团大厦14楼

四、人员结构分析

对年报中所披露的信托公司人员构成来看，各信托公司普遍拥有一定比例的博士研究生、硕士研究生以及本科以上学历的人员，行业从业人员的整体素质较好。就从业经历而言，大多数人员基本具备了相应的业务经验和一定的专业理财能力。岗位分布包括前台一线业务部门、中台二线业务管理部门、后台三线综合管理部门三个层次。其中，前台一线业务部门包括信托公司自营、信托业务中直接为客户提供服务的部门，如自营资产管理、运作部门；信托业务的产品研发、营销部门等；中台二线业务管理部门包括直接为公司自营及信托业务运作提供支持、进行管理与监督的部门，如研究、风险控制、财务核算、稽核审计、信息技术、法律等部门；后台三线综合管理部门包括除一线、二线以外的其他部门，如人力资源部门、行政管理部门、工会、党办、机关党委等。总体来说，信托公司目前的人员构成基本合理。

(一) 员工数量分析

64家信托公司2011年均披露了员工人数，员工总人数。

表7-4-1　2011年末员工人数前5名信托公司情况表

序号	名称	人数
1	中融信托	1 151
2	平安信托	740
3	中信信托	368
4	新华信托	357
5	四川信托	228

表7-4-2　2011年末员工人数后5名信托公司情况表

序号	名称	人数
1	西藏信托	32
2	国联信托	50
3	陆家嘴信托	53
4	大业信托	58
5	安信信托	59

(二) 年龄构成分析

1. 全体员工的年龄构成

2011年64家公司披露的员工总人数为9 400人，其中有5家没有披露具体的人员年龄段构成，5家员工人数合计455人。通过对其余59家公司人员年龄构成分析可以看出，20～29岁的人数占38.26%，30～39岁的人数占37.70%，40岁以上的人数占24.04%。人员年龄汇总分析如表7-4-3所示。

表 7-4-3　2011 年末披露的 59 家信托公司人员年龄汇总分析一览表

年龄段	2011 年员工人数	所占比例(%)
20 岁以下人数	1	0.01
20~29 岁人数	3 422	38.26
30~39 岁人数	3 372	37.70
40 岁以上人数	2 150	24.04
合计	8 945	100.00

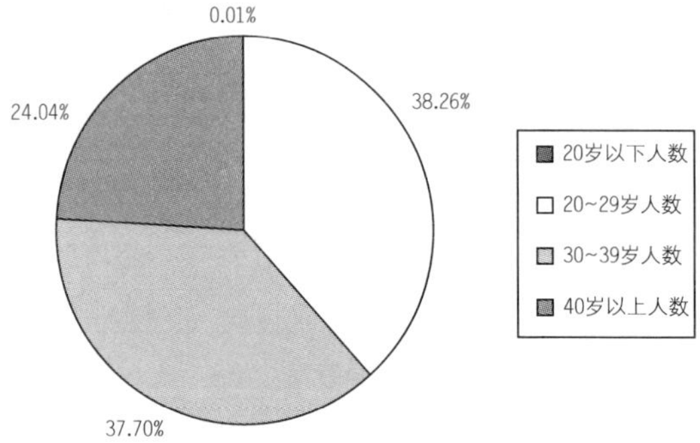

图 7-4-1　2011 年员工年龄汇总分析表

2. 高级管理人员年龄构成分析

2011 年 64 家信托公司的高管总人数为 377 人，平均每家 5.89 人；2010 年 56 家高管总人数为 305 人，平均每家 5.45 人；2011 年度各信托公司的平均高管人数略大于 2010 年的平均高管人数。

通过对 64 家公司高管年龄构成的分析可以看出，主要集中在 40 岁以上的年龄段，占 83.55%。汇总分析如表 7-4-4 所示。

表 7-4-4　2011 年末披露的 64 家信托公司高管年龄汇总分析一览表

分类	人数	所占比例(%)
20 岁以下人数	0	0.00
20~29 岁人数	1	0.27
30~39 岁人数	61	16.18
40 岁以上人数	315	83.55
小计	377	100.00

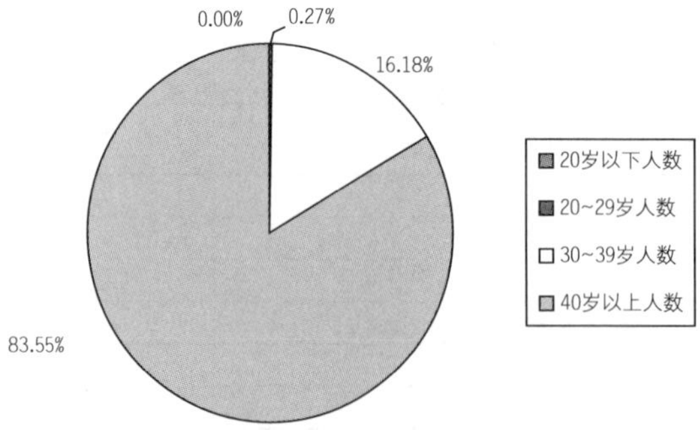

图 7-4-2　2011 年高管年龄汇总分析表

(三)高管性别构成分析

2011 年信托公司 64 家公司，有 1 家没有披露高管的性别，剔除该家数据后，在其余 63 家信托公司中，男性从业人员占 83.29%，明显高于女性。

表7-4-5　2011年末63家信托公司高管人员性别汇总分析表

分类	人数	所占比例(%)
男性(人)	309	83.29
女性(人)	62	16.71
小计	371	100.00

(四)学历构成分析

1. 员工的学历构成

2011年64家公司披露的员工总人数为9 400人,其中有1家没有披露具体的人员学历构成。剔除该家数据后,与2010年相比较,2011年其他类人员学历的比例下降了0.73%,大专人员的比例下降了1.59%,本科减少了1.95%,硕士增加了4.33%,博士减少了0.06%,说明员工的整体学历水平有所提高。

表7-4-6　2011年、2010年末披露的信托公司员工学历结构比较分析表

学历	2011年		2010年		2011年与2010年学历结构比较(%)
	人数	比例(%)	人数	比例(%)	
其他	224	2.41	228	3.14	-0.73
大专	940	10.10	849	11.69	-1.59
本科	4 251	45.67	3 459	47.61	-1.95
硕士	3 641	39.11	2 527	34.78	4.33
博士	253	2.72	202	2.78	-0.06
总计	9 309	100.00	7 265	100.00	

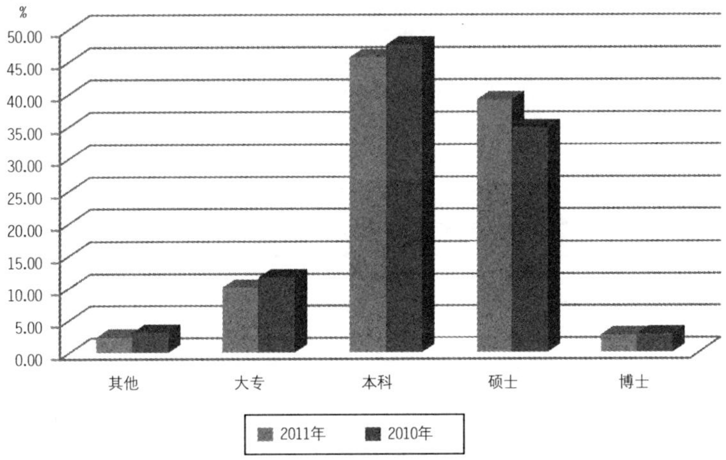

图7-4-3　员工学历结构比较分析图

2. 高管的学历构成

64家信托公司中,两家未在年报中披露高管学历构成。2011年62家信托公司高管的学历构成分析见表7-4-7。与2010年情况相比较,2011年大专人员的比例下降了0.76%,本科增加了0.43%,硕士减少了1.77%,博士增加了2.10%,说明高管人员的整体学历水平有所提高。

表7-4-7　2011年末高管人员学历结构与上年比较分析表

学历	2011年		2010年		2011年与2010年学历结构比较(%)
	人数	比例(%)	人数	比例(%)	
大专	13	3.50	13	4.26	-0.76
本科	122	32.88	99	32.46	0.43
硕士	199	53.64	169	55.41	-1.77
博士	37	9.97	24	7.87	2.10
总计	371	100.00	305	100.00	

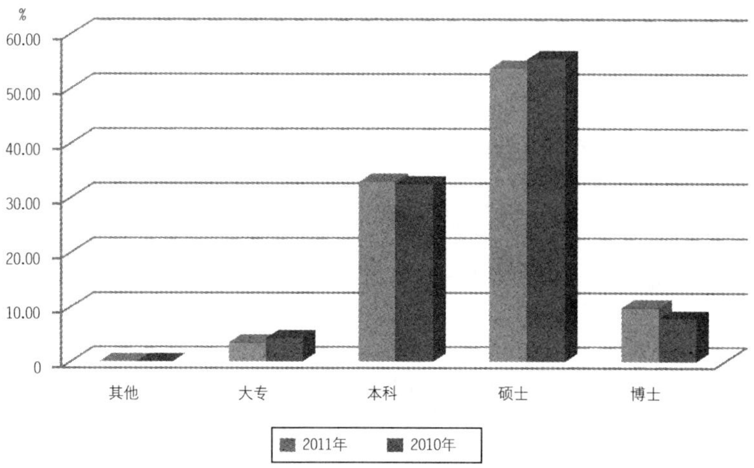

图 7－4－4　高管人员学历结构比较分析图

(五)高管从业年限结构分析

64 家信托公司中，三家公司未在年报中披露高管从业年限结构，该三家高管人数合计为 13 人。在披露的 61 家信托公司中，从业年限 15 年以上的高管人员与上年相比明显增加。

表 7－4－8　2011 年末信托公司高管从业年数与上年比较分析表

学历	2011 年		2010 年		2011 年与 2010 年从业年限比较(%)
	人数	比例(%)	人数	比例(%)	
3 年以下	7	1.92	9	2.95	-1.03
3～4 年	10	2.75	2	0.66	2.09
5～8 年	27	7.42	31	10.16	-2.75
9～14 年	94	25.82	81	26.56	-0.73
15 年以上	226	62.09	182	59.67	2.42
合计	364	100.00	305	100.00	

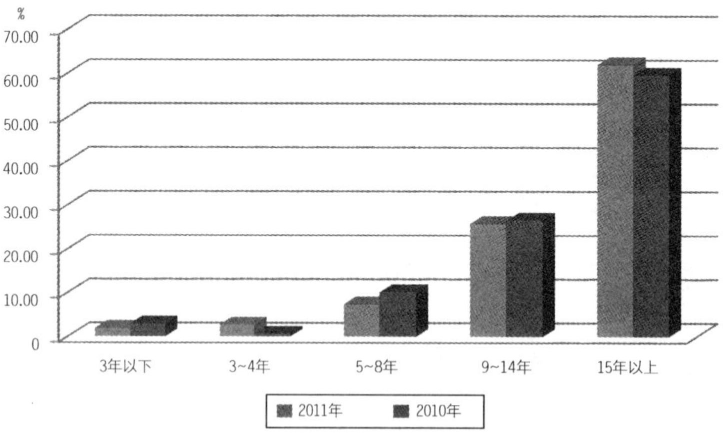

图 7－4－5　高管从业年数比例分析图

(六)员工岗位汇总分析

2011 年，64 家信托公司中，有 3 家没有披露员工的岗位构成，剔除该 3 家数据后，员工岗位结构分析情况如表 7－4－9 所示。2011 年末，信托公司自营业务人员与信托业务人员占公司人数的 62.08%，为主要的员工；董事、监事及高管人员占公司人数的 5.84%，其他人员占公司人数的 32.08%。

表 7-4-9　2011 年末 61 家信托公司已披露的员工岗位汇总分析表

分类	人数	结构比例(%)
董事、监事及高管人员	534	5.84
自营业务人员	705	7.72
信托业务人员	4 967	54.36
其他	2 931	32.08
合计	9 137	100.00

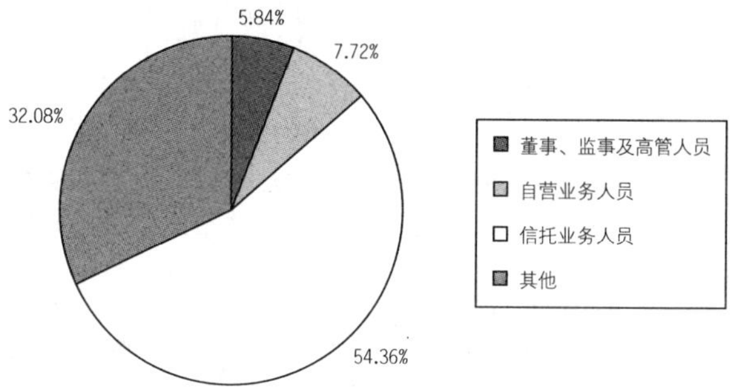

图 7-4-6　员工岗位汇总分析表

表 7-4-10　2011 年末披露的信托公司各岗位与效益分析表

单位：万元

	自营业务	信托业务
人数	705	4 967
营业收入	5 172 790.10	19 707 352.09
人均营业收入	7 337.29	3 967.66
净利润	2 483 803.08	15 558 265.47
人均净利润	3 523.12	3 132.33
资产总额	23 171 377.68	460 068 501.18
人均资产总额	32 867.20	92 625.03

注：山东信托、厦门信托、大业信托未按规定披露员工岗位构成，以上营业收入、净利润以及资产数字均剔除了以上三家的数字。

对 61 家 2011 年披露了员工岗位构成的信托公司从事自营业务和信托业务的人员及业务经营效益进行分析后可以得出：

1. 从事自营业务人员的人均营业收入为 7 337.29 万元，比从事信托业务人员的人均营业收入 3 967.66 万元多 3 369.63 万元。

2. 从事自营业务人员的人均净利润为 3 523.12 万元，比从事信托业务人员的人均净利润 3 132.33 万元多 390.79 万元。

3. 从事自营业务人员的人均资产为 3.29 亿元，比从事信托业务人员的人均资产 9.26 亿元少 5.97 亿元。

这里应当指出的是，自营业务数据是经过审计的，而信托业务数据未经审计，该因素可能会给数据的计算带来差异。

第八章 信托公司年报信息披露的问题与建议

信托公司的信息披露是根据银监会《信托投资公司信息披露管理暂行办法》和《关于修订信托公司年报披露格式规范信息披露有关问题的通知》的要求进行的。我们对2011年64家信托公司年报的信息披露质量进行分析对比，分析这些财务报告的披露是否符合银监会的要求，同时对年报信息披露中出现的问题，提出相关意见和建议，以便以后年度各公司年报的信息披露能够更真实、完整地反映信托公司的情况。

一、关于信托公司执行《企业会计准则》

2007年9月29日，银监会发布了《银行业金融机构全面执行〈企业会计准则〉的通知》，要求“政策性银行、中国农业银行、非上市的股份制银行、中国邮政储蓄银行、城市商业银行、信托公司、财务公司、金融租赁公司、汽车金融公司、货币经纪公司、外资银行等从2008年起按照新会计准则编制财务报告”。

2011年64家信托公司固有业务中，64家明确披露已执行《企业会计准则》，其中1家还同时执行了《金融企业会计制度》。信托行业固有业务采用统一的会计政策将提高会计信息的可比性和有用性，有利于分析和评价风险状况以及财务成果。

为提高信托业务的会计信息质量，完善信托业务风险管理，银监会决定自2010年1月1日起，要求信托公司信托业务的会计核算执行《企业会计准则》。

2011年57家信托公司执行《企业会计准则》(2006年)，其中一家同时执行了《金融企业会计制度》(2005年)；7家信托公司信托业务执行《信托业务会计核算办法》。而2010年共有统计56家信托公司，有49家执行了《企业会计准则》，有1家同时执行《信托业务会计核算办法》和《企业会计准则》，其余6家执行《信托业务会计核算办法》；2009年只有19家信托公司的信托业务执行了《企业会计准则》。

2011年信托公司财务报表涉及上年金额和本年金额的披露，部分公司对比较报表年初数进行了调整，本次统计时全部采用本期报告数据进行汇总，这导致了数据统计前后略有差异。

二、建议制定统一的会计报表格式与信息披露的质量要求

在前几年的年报披露信息分析报告中，我们一直提出虽然大部分公司采用的是统一的会计报表格式，但是仍有部分公司披露的会计报表格式和会计科目归类不同。此次在对2011年度年报信息进行汇总时，依然存在下述问题：

一是信托公司披露的年度报告未按照统一的格式披露，少数公司会计报表的格式与大部分公司有较大差异。虽然2011年63家信托公司固有业务都披露实行了《企业会计准则》，1家同时执行《信托业务会计核算办法》和《企业会计准则》。但是有的公司采用一般企业的财务报表格式，有的公司采用了商业银行的财务报表格式，还有的公司根据自身业务的特点对相关报表格式进行了调整和补充，导致许多报表科目名称有很大的差异，给归类汇总带来了一定困难。为了使会计指标具有可比性，我们在统计这些数据时按照统一的口径作了适当的调整。

二是一些公司只披露年度报告的摘要部分，未披露全文部分；有的公司披露的报表不完整，未披露固有资产的所有者权益变动表或未披露所有者权益变动表上年金额；有的公司披露的两年比较报表不平，上年年末未分配利润不等于本年年初未分配利润；还有部分公司年报中的表格勾稽关系不准确，导致表格不平。

上述提及的披露报表格式的差异以及对所要求披露的各项财务数据各公司计算口径不统一的情况，将影响各信托公司报表的可比性，并影响最终行业汇总金额的准确性。

根据银监会的要求，信托公司的固有业务和信托业务自2010年起均需执行《企业会计准则》，按照“报表需要满足利益相关者”的原则，建议根据新会计科目体系的设置，对信托公司特有报表项目进行创设，制定统一的信息披露要求，统一口径并要求所有信托公司均按照统一标准进行计算和信息披露，以便对整个信托行业的各家信托公司之间可以进行横向比较，在信托行业内统一核算标准，提高披露信息的质量。

三、信托公司应当规范信息披露时间和质量要求，完善信息披露制度

2011年除1家公司外，其余63家信托公司均披露了审计报告出具日，但绝大部分公司都未披露签发日或报告日。由于签发或披露报告日与报告出具日之间的时间段在会计上属于资产负债表日后事项。如果这段期间发生了重大事项，根据有关规定应当在年度报告中披露。

《信托投资公司信息披露管理暂行办法》对签发或披露报告日未做相关规定，我们认为对此问题应进行明确和规范。年度报告

签发日期应接近审计报告日，以避免间隔时间过长，产生未披露的期后事项，进而影响报告使用者的判断。

在上市公司的信息披露要求中规定，"上市公司应在会计师事务所出具审计报告后两个工作日内完成年度报告的编制工作，并且在董事会审议通过年度报告后两个工作日内向证券交易所报送有关材料"。建议各家公司参照上市公司披露年报的要求，限定在两个工作日内披露。

四、关于2011 年期初数调整的事项

在汇总2011 年各信托公司报表时，我们发现仍有部分公司的年初数与上年公告的年末数不一致，大部分公司披露了调整年初数的原因，但仍有个别公司未披露。

信托公司应当在年报中将调整年初数的原因进行披露，这样可以方便报告使用者的阅读和判断，同时也可以有效控制部分公司企图通过随意调整年初未分配利润来达到调整当期利润的目的。

此外我们认为金额重大的追溯调整事项，公司还应报董事会批准通过。

五、信托公司信息披露质量仍需提高

有些公司仍未完全按照《信托投资公司信息披露暂行管理办法》和《关于修订信托公司年报披露格式规范信息披露有关问题的通知》要求进行相关信息的披露。例如与公司治理相关的信息根据规定要求披露：(1)年度内召开股东大会(股东会)情况；(2)董事会及其下属委员会履行职责的情况；(3)监事会及其下属委员会履行职责的情况；(4)高级管理层履行职责的情况；(5)内部控制情况。我们发现按规定披露股东会、董事会以及监事会三会情况的有61 家，披露董事会下设机构年度履行职责的公司数量有32 家。未见披露股东会等三会情况的3 家公司和董事会下设机构开会情况的32 家公司中，有多少是实际存在相应的治理机制和实际履行职责的行为而未进行披露，有多少是不存在相应机构履行职责的不得而知。建议各信托公司严格按照《信托投资公司信息披露暂行管理办法》和《关于修订信托公司年报披露格式规范信息披露有关问题的通知》要求进行相关信息的披露。

六、信托公司应当加强"重大事项临时报告"的管理

《信托投资公司信息披露管理暂行办法》第十一条规定："对发生可能影响本公司财务状况、经营成果、客户和相关利益人权益的重大事项，信托公司应当制作重大事项临时报告，并向社会披露。"

表1-1-6 披露了信托公司2011 年临时公告情况表，其中，上市公司安信信托披露了46 次公告，百瑞信托披露了7 次公告，国元信托披露了5 次公告，兴业信托、中海信托、华鑫信托披露了4 次公告，26 家公司披露了1~3 次不等的临时公告，30 家公司期内无临时公告。陕国投、中泰信托未披露临时公告的情况，在其提供的年报中没有提及该事项。

七、关于信托资产报表的审计问题

《信托投资公司信息披露管理暂行办法》要求对自有资产进行审计，而对信托资产没有作要求。

注册会计师为了确认信托公司是否有"违反信托目的、违背管理职责、管理信托事务不当造成信托资产损失"的情况发生和是否需要"以信托赔偿准备金赔偿"的事项存在，因此认为对信托资产的审计是相当重要的。如仅审计固有资产，而不对信托资产审计，则当发生"违反信托目的、违背管理职责、管理信托事务不当造成信托资产损失的"和"以信托赔偿准备金赔偿"的事宜而影响固有资产情况时，注册会计师会因为无法全面了解而无法对固有资产发表审计意见。

信托公司2011 年度年报披露中虽然包括信托资产报表，但只有部分会计师事务所的审计报告对信托公司固有资产和信托资产发表意见，大多数会计师事务所只是对信托公司固有资产发表审计意见，而未对信托资产发表意见。虽然目前《信托投资公司信息披露管理暂行办法》要求对固有资产进行审计，而没有对信托资产作要求，但我们建议在对固有资产审计时，还应当审计信托资产，因为信托业务是信托公司的主业且信托公司管理的信托资产增长幅度明显大于自营业务资产的增长幅度，这些都表明了信托业务的迅速增长对信托公司利润的影响越来越重要。至于是否对信托资产出具审计报告，可由相关部门来决定。

八、信托公司应当改变股权高度集中的现状

2009 年54 家信托公司的第一大股东的平均持股比例为65.33%，2010 年56 家信托公司的第一大股东的平均持股比例为65.34%，2011 年64 家信托公司的第一大股东的平均持股比例为65.59%，三年基本持平，股权集中度相当高。股权过于集中，不利于完善公司治理结构，同时也不利于控股股东杠杆效应的发挥。目前，公司的第一大股东往往是一些大的集团公司、机关法人，这种状况有利于信托公司利用集团的信誉和实力拓展业务，但如果信托公司治理结构不完善，信托公司将会成为集团公司的融资平台，加大信托公司自身的风险。因此信托公司应注重分散股权的集中情况，改变这种"一股独大"的局面，加强公司的独立性。

九、信托公司应当严格规范关联交易的披露

信托公司的关联交易是一个比较敏感和重要的问题。过多的关联交易有可能演化成大股东侵占信托公司和委托人利益的行为，导致金融风险。而且在许多信托公司中，其盈利指标的提高更多的是依赖大股东或关联企业的支持，所以规范信托公司的关联交易行为是非常重要的。

在2011年年报中，我们关注到64家公司披露的关联交易总金额为3 390.07亿元，涉及关联方353个。与以前年度相比较，关联交易方数量有所减少、关联交易金额却增加一倍。信托公司关联交易普遍的现象说明其市场拓展能力尚待提高。未来信托公司应拿出切实可行的措施来改变目前关联交易金额逐年增长的趋势，使信托公司真正健康的发展起来。

关联交易在经济生活中是一个普遍现象，但是在法制不健全的情况下，关联交易常常成为个别企业转移资产、掩盖风险、挪用信托资金、违规进行投资的工具。因此，严格规定关联交易的披露，在一定程度上可以揭示问题，防范和减轻风险，对交易事项的内容、时间、性质、定价和交易对象的经济实力等应作出必要的披露，对不按规定进行披露的公司应进行相应的处罚。

十、信托公司应当遵循或有事项准则的要求披露对外担保、未决诉讼等情况

《企业会计准则第13号——或有事项》(2006)第十四条、第十五条规定，企业应当在附注中详细披露与或有事项有关的相关信息，如预计负债的种类、形成原因以及经济利益流出不确定性的说明；各类预计负债的期初、期末余额和本期变动情况；与预计负债有关的预期补偿金额和本期已确认的预期补偿金额。

2011年年报中仍有部分公司未按照会计准则的要求详细披露或有事项，例如，对外担保中有1家公司未详细披露年初年末担保情况、未决诉讼事项中有4家信托公司未详细披露涉案金额。

第九章　其他一些附表（略）

由于本报告篇幅的原因，下述报表不能作为附表列示，如需要这方面的信息，请与作者联系。

附表号	附表内容
附表 5 -2 -3	2011 年中止的集合类、单一类和财产管理类加权平均实际收益率汇总表
附表 5 -2 -6	2011 年新增的集合类、单一类和财产管理类信托项目数量汇总表
附表 5 -2 -7	2011 年新增的集合类、单一类和财产管理类信托项目金额汇总表

中国信托业2011—2012年鉴(下卷)

2011年度各公司年度报告

安徽国元信托有限责任公司

1. 重要提示

1.1 本公司董事会及董事保证本报告所载资料不存在任何虚假记载、误导性陈述或者重大遗漏,并对其内容的真实性、准确性和完整性承担个别及连带责任。

1.2 未有董事对年度报告内容的真实性、准确性和完整性无法保证或存在异议的情况。

1.3 本公司独立董事鲍金桥、孙晓、宋炳山声明:保证年度报告内容的真实、准确、完整。

1.4 华普天健会计师事务所(北京)有限公司根据中国注册会计师审计准则对本公司年度财务报告进行审计,出具了标准无保留意见的审计报告。

1.5 本公司董事长过仕刚、总裁俞仕新、总会计师兼计划财务部总经理朱先平声明:保证本年度报告中财务报告的真实、完整。

2. 公司概况

2.1 公司简介

2.1.1 公司法定中文名称:安徽国元信托有限责任公司
中文名称缩写:国元信托
公司法定英文名称:Anhui Guoyuan Trust Co.,Ltd.
英文名称缩写:GYXT

2.1.2 法定代表人:过仕刚

2.1.3 注册地址:安徽省合肥市宿州路20号
邮政编码:230001
公司国际互联网网址:www.gyxt.com.cn
电子信箱:xtbgs@gyxt.com.cn

2.1.4 公司信息披露事务负责人:虞焰智
联系电话:(0551)2631010
传真:(0551)2620261
电子信箱:yuyanzhi@gyxt.com.cn

2.1.5 公司选定的信息披露报纸:《上海证券报》

2.1.6 公司年度报告备置地点:安徽省合肥市宿州路20号17层及公司网站

2.1.7 公司聘请的会计师事务所:华普天健会计师事务所(北京)有限公司,住所:北京市西城区西直门街2号成铭大厦C区21层

2.1.8 公司聘请的律师事务所:中天恒律师事务所,住所:安徽省合肥市濉溪路287号金鼎广场A座八层

2.2 组织结构

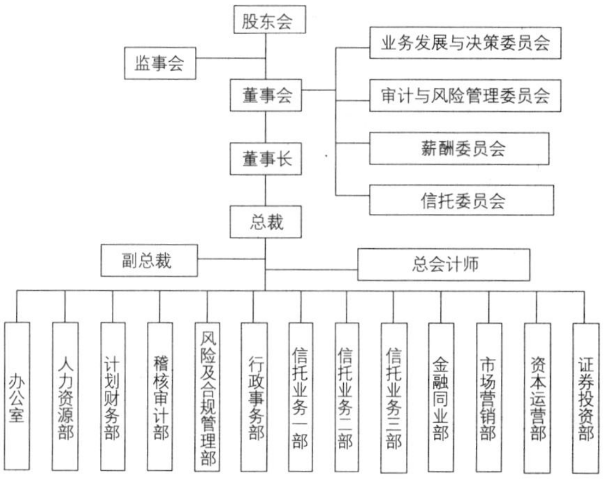

3. 公司治理

3.1 股东

国元信托报告期末股东总数7个,前3位股东为安徽国元控股(集团)有限责任公司、深圳中海投资管理有限公司、首都机场集团公司,其中安徽国元控股(集团)有限责任公司和首都机场集团公司为国有独资公司。其股东基本情况为:

股东名称	持股比例(%)	法人代表	注册资本(万元)	注册地址	主要经营业务及主要财务情况
安徽国元控股(集团)有限责任公司	49.6875	过仕刚	300 000.00	安徽省合肥市寿春路179号	受权管理国有资产,资本运营、收购兼并等。2011年末资产总额2 879 700万元,负债总额966 400万元,所有者权益1 913 200万元,净利润33 100万元。
深圳中海投资管理有限公司	40.375	孔庆平	195 000.00	深圳市福田区海滨广场	股权投资、投资管理、受托资产管理,建筑、投资项目咨询、监理,房地产、国内贸易等。2011年末资产总额391 393.97万元,负债总额75 960.16万元,所有者权益315 433.81万元,净利润13 062.91万元。
首都机场集团公司	9	董志毅	500 000.00	北京市顺义区天柱路28号楼	航空地面保障、停车场管理、房屋出租、物业管理等。2011年末资产总额11 120 000万元,负债总额7 290 000万元,所有者权益3 830 000万元,净利润90 000万元。

3.2 董事

姓名	职务	性别	年龄	选任日期	所推举的股东名称	该股东持股比例(%)	简要履历
过仕刚	董事长	男	55	2009年4月22日	国元集团	49.6875	历任安徽省委办公厅秘书；安徽国投副总经理；国元集团副总经理、党委副书记；国元信托总经理、董事长；现任国元集团总经理、国元信托董事长；第十届安徽省政协委员。
靳新中	副董事长	男	46	2009年4月22日	中海投资	40.375	历任国家计委投资研究所副研究员、处长；英国SWANSEA博士后；中国海外集团投资部副总经理、总经理、董事及助理总经理；现任深圳中海投资公司总经理。
许 斌	董事	男	48	2009年4月22日	国元集团	49.6875	历任安徽大学教师；安徽省国际信托法律部主任；国元控股(集团)法律部主任；国元信托投资公司总裁助理；国元控股(集团)总法律顾问；国元信托监事长；现任国元控股(集团)副总经理。
芦 辉	董事	女	50	2009年4月22日	国元集团	49.6875	历任安徽国投计划财务部科长、副经理；国元集团计划财务部经理、副总会计师；现任国元集团总会计师。
于上游	董事	男	52	2009年4月22日	中海投资	40.375	历任中海财务公司董事；中海集团财务资金部副总经理；中海财务公司总经理；中海金融投资公司副董事长；现任深圳中海投资公司副总经理。
高 升	董事	男	36	2009年4月22日	中海投资	40.375	历任中建总公司财务部、中建会计师事务所助理会计师、项目经理；中海集团财务部、CHINASTATE-LELGHTON联营公司、中海财务公司会计师、会计主任、助理总经理；中海实业公司副财务总监、财务总监；现任深圳中海投资公司财务总监。
鲍金桥	独立董事	男	46	2009年4月22日	国元集团	49.6875	现任安徽承义律师事务所合伙人、律师；第十届安徽省政协常委；安徽省政协社会和法制委员会委员。
孙 晓	独立董事	男	49	2009年4月22日	中海投资	40.375	历任山东新华医疗器械厂副厂长；山东淄博市医药局党委委员、副局长；国家化学工业部生产协调司副处长、处长；国家化学工业部办公厅秘书；国家轻工业局党组秘书、办公厅副主任；红塔创新投资公司副总裁；现任红塔创新投资公司总裁。
宋炳山	独立董事	男	42	2010年9月20日	国元集团	49.6875	1991年9月至1993年7月，济南通用自动化技术研究所，助理工程师；1996年3月至1998年6月，国家科技部高技术司信息处科员；1998年7月至2003年9月，博时基金管理公司历任研究部研究员、裕阳、裕华基金经理、交易部总经理；2003年至2004年，富国基金公司投资副总监、投资决策委员会委员；2006年至2008年，长盛基金公司副总经理，投资决策委员会主席；2008年至今，北京尊嘉资产管理公司创始合伙人、首席投资官。

3.3 监事

姓名	职务	性别	年龄	选任日期	所推举的股东名称	该股东持股比例(%)	简要履历
张 彦	监事长	男	52	2011年3月24日	国元集团	49.6875	历任安徽经济管理干部学院研究室主任，安徽国投证券发行部、投行部副经理、国债部经理、证券总部副总经理兼国债部经理，国元信托副总裁；现任国元信托党委副书记、监事长。
刘建平	监事	男	52	2009年4月22日	中海投资	40.375	历任中国海外地产(深圳)公司行政部助理经理、经理，中海创业投资(深圳)公司副总经理；中国海外实业公司副总经理；现任深圳中海投资公司副总经理。
陈 康	监事	男	41	2009年4月22日	职工监事		1991年至2001年任职于安徽省国际信托投资公司法律事务部，2001年至2009年3月担任安徽省国元信托有限责任公司法律事务部副主任，2009年3月至今担任国元信托风险及合规管理部总经理。

3.4 高级管理人员

姓名	职务	性别	年龄	选任日期	金融从业年限	学历	专业	简要履历
俞仕新	总裁	男	49	2009年4月22日	19	硕士	工商管理	先后在安徽省铜陵市经济管理中专、安徽省劳动厅、安徽省信托工作，历任安徽国投证券部经理，合肥分公司总经理兼国信顾问公司董事长，国元信托副总裁、常务副总裁；现任国元信托总裁。
黄庆兵	副总裁	男	45	2009年4月22日	15	硕士	工商管理	历任南京大学工程师、直属机关团总支副书记，华泰证券投资银行部业务经理、高级经理、投资银行业务内核委员，中海财务公司助理总经理，中国海外金融投资公司助理总经理，现任深圳市中海投资助理总经理、国元信托副总裁。

续表

姓名	职务	性别	年龄	选任日期	金融从业年限	学历	专业	简要履历
徐景明	副总裁	男	48	2009年4月22日	31	研究生	金融专业	历任肥东县人民银行副股长、股长、副行长、行长，人民银行合肥中心支行合作处副处长，人民银行淮北市中心支行副行长，淮北银监分局局长，安徽银监局政策法规处处长、非银处处长；现任国元信托副总裁。
魏世春	副总裁	男	41	2011年3月24日	19	硕士	政治经济学	历任安徽省信托投资公司综合计划部科员、营业部副主任、办公室副主任、资金计划部副经理、经理，国元信托董事会秘书兼计划财务部总经理、总经济师；现任国元信托副总裁。
许植	副总裁	男	44	2011年3月24日	13	硕士	法学专业	历任安徽大学教师、安徽省国际信托、国元信托部门副总经理、总经理；现任国元信托副总裁。
朱先平	总会计师	男	46	2011年5月9日	14	本科	管理专业	历任巢湖东风矿副科长、科长、副矿长，安徽省国际信托公司部门副经理、国元信托稽核部经理、计划财务部总经理、董事会秘书；现任国元信托总会计师兼计划财务部总经理。
虞焰智	董事会秘书	男	47	2011年3月24日	14	本科	计算机专业	历任合肥炮兵学院教员，安徽省国际信托电脑中心副主任，国元证券网上经纪业务部副总经理，国元信托信息技术部总经理、办公室主任、人力资源部总经理；现任国元信托董事会秘书。

3.5 公司员工

项目		2011年		2010年	
		人数	比例(%)	人数	比例(%)
年龄分布	25岁以下	3	2.46	5	4.13
	25~29岁	27	22.13	22	18.18
	30~39岁	17	13.93	18	14.88
	40岁以上	75	61.48	76	62.81
学历分布	博士	1	0.82	1	0.83
	硕士	38	31.15	31	25.62
	本科	56	45.9	60	49.59
	专科	27	22.13	29	23.96
	其他	0	—	0	—
岗位分布	董事、监事及高管人员	10	8.2	9	7.44
	自营业务人员	10	8.2	9	7.44
	信托业务人员	60	49.18	62	51.24
	其他人员	42	34.42	41	33.88

4. 经营管理

4.1 经营目标、方针、战略规划

本报告期公司的经营目标是：全年计划实现营业收入38 613.25万元，实现利润总额28 421.45万元。预计年末固有财产总额346 230.62万元，权益总额334 838.19万元；信托资产规模2 000 000.00万元。

本报告期公司的经营方针是：继续贯彻"依法合规、稳健经营、创新发展"的经营方针。坚持守正务本，做精、做强信托主业的经营思路，实现固有业务保值增值，信托业务创新发展。公司紧紧围绕发展目标，转变发展方式，提高发展质量，巩固发展成果，继续优化业务和产品结构，积极推进业务转型，提高主动管理能力，把提供优质丰富的产品，形成稳定有效的渠道，建立一套完备整合产品、客户、渠道、资产管理、风险控制的系统平台，打造一支优秀的信托经理人队伍和经营管理水平上一个新台阶作为全年的工作重点。

公司的战略规划：中期目标是将公司发展成为在国内具有行业代表性、市场影响力大、形象良好、资产优良、资产管理规模大、业务创新能力强、市场占有率大、专业化水平高、服务质量好、管理体制灵活、富有竞争力的现代金融企业，达到完善的公司法人治理结构、规范化的经营管理制度、专业化的公司员工队伍和科学合理的业务定位，进而将公司建设成为植根地方、辐射全国，服务地方、服务广大社会投资者的行业先进的财富管理机构；长期目标是按照"规模化、专业化、市场化、多元化"的经营方针，使公司跻身国内"一流信誉、一流服务、一流人才、一流管理"的信托机构行列，最终达到"资产管理规模化、经营领域多元化、行业地位领先化"的战略目标。

4.2 经营业务的主要内容

公司业务主要分为信托业务和固有业务两大类。信托业务主要从事资金信托、财产信托、股权信托、财务顾问等业务。品种主要有集合资金信托、单一资金信托、财产权信托；按运用方式分为贷款、交易性金融资产、持有至到期投资和长期股权投资等。固有业务主要包括贷款、股权投资和金融产品投资等业务。

自营资产运用与分布表

资产运用	金额(万元)	占比(%)	资产分布	金额(万元)	占比(%)
货币资产	19 095.30	5.61	基础产业	18 000.00	5.29
贷款及应收账款	33 600.00	9.87	房地产业	12 540.00	3.68
交易性金融资产	657.51	0.19	证券市场	7 309.53	2.15
可供出售金融资产	6 652.02	1.96	实业	8 300.00	2.44
持有至到期投资	—	—	金融机构	288 008.97	84.60
长期股权投资	274 153.67	80.53	其他	6 274.10	1.84
其他	6 274.10	1.84			
资产总计	340 432.60	100.00	资产总计	340 432.60	100.00

注：其他资产中主要项目包括固定资产、无形资产、递延所得税资产。

信托资产运用与分布表

资产运用	金额（万元）	占比（%）	资产分布	金额（万元）	占比（%）
货币资产	14 229.87	0.22	基础产业	205 3607.44	31.42
贷款	4 829 910.60	73.90	房地产业	549 295.30	8.40
交易性金融资产	227 984.60	3.49	证券市场	227 984.60	3.49
可供出售金融资产	—	—	实业	3 573 340.85	54.67
持有至到期投资	229 444.14	3.51	金融机构	70 361.14	1.08
长期股权投资	1 209 471.88	18.50	其他	61 158.76	0.94
其他	24 707.00	0.38			
资产总计	6 535 748.09	100.00	资产总计	6 535 748.09	100.00

4.3 市场分析

4.3.1 影响本公司业务发展的有利因素

4.3.1.1 信托行业发展迅速，行业整体实力得到提高

截至2011年末，我国信托资产规模达4.8万亿元。业务品种方面，除信政合作业务余额有所下降，私募基金、私募股权投资（PE）、基金化房地产信托、QDII业务余额均有不同程度增长。信托行业资产管理总规模、盈利能力和水平均创历史最好成绩。信托行业正在经历从做大资产管理规模到提高财富管理水平的跨越。

4.3.1.2 信托规模稳步扩大，信托产品成为市场重要的理财品种

自2003年起，我国信托业开始进入快速发展期，信托品种及规模迅速扩大，信托产品结构也呈多元化发展态势。目前国内信托市场已初步形成了证券投资型、股权投资型、资金贷款型、资产准证券化型、收益权转让型等多种类型的信托品种。同时，不同信托公司的信托产品在投资领域、规模期限和收益等方面也出现了多样化的特点。

4.3.1.3 创新能力不断增强，自主管理能力不断提高

信托公司正通过多种方式，不断加强业务创新，推出灵活多样的信托产品，通过发挥制度优势和资金优势，快速介入工商企业、房地产、证券投资、基础设施投融资等领域。同时，不断提高产品的自主设计水平，提高自主管理能力。此外，艺术品、黄金、酒类投资信托等多种另类信托产品成功研发并得到市场认可。

4.3.1.4 信托工具功能正在为更多的企业和社会投资者所认可，未来发展前景广阔

中国未来几十年的发展将是一个逐步"信托化"的过程，主要表现为企业将更多地主动使用信托工具服务，公众将更多地利用信托理财。

4.3.1.5 就公司内部而言，国元信托坚持"依法合规、稳健经营"的理念，严格按照行业监管的要求，完善法人治理，各项业务稳步发展。资产管理规模不断扩大、结构合理，信托主营业务地位得到巩固，盈利能力逐步提高，行业地位逐步提升，为公司业务发展提供了良好的内部、外部环境。

4.3.2 影响本公司业务发展的不利因素

客观原因：虽然信托行业在多次规范后取得了较好的经营成绩，但是，当前信托行业主营业务领域和专属的盈利模式尚未最终确定，客观上导致了公司资产管理能力和盈利能力的提升速度不尽如人意。同时，公司处于内陆省份，相对于沿海发达地区，地区发展水平及社会投资者对信托工具的认知度仍有差距，客观上影响了公司主营业务的发展。此外，多年来信托业务开展的"属地原则"及公司身处内陆的客观条件，使公司在渠道建设方面进展有限。

主观原因：具有公司特色和品牌效应的主营业务领域、盈利模式还在积极探索形成中；公司员工的年龄结构、知识水平和创新能力有待进一步优化和提高。

4.4 内部控制

4.4.1 内部控制环境和内部控制文化

在经营管理中，公司始终坚持"依法合规、稳健经营"的核心理念，强化风险管控，构建了完善的公司治理、内部控制、内部组织架构，建立了与公司经营范围、组织结构、业务规模相适应的内部控制体系。

公司具有完善的法人治理结构。按照"三会分设、三权分开、有效制约、协调发展"的要求，公司设立了由股东会、董事会、监事会和高级管理层构建的公司治理架构。股东会、董事会、监事会和高级管理层之间既相互独立，又相互制衡和相互协调，形成了权力机构、决策机构、监督机构和管理层之间的制衡机制，在公司经营和发展中行使各自的职能，发挥着各自的作用。

公司高度重视内控文化的培育，注重内控文化的建设与执行。建立以合规文化为核心的企业文化，通过多年的经营，形成了审慎稳健、勤勉尽责、理性创新、全员参与的内部控制和风险管理文化。公司以风险教育为重点推进合规管理，加强员工对风险管理、内部控制、合规经营的重要性的认识，引导员工建立诚信道德观念，牢固树立合规意识和风险意识，提高职业道德水准，熟练掌握与公司经营活动密切相关的法律法规、行政规章和行业准则等，规范职业行为，形成以"全员参与、内控先行"为主旋律的内控文化，使风险防范意识贯穿到了公司各部门、各岗位和各工作环节。2011年，公司邀请专家及公司高管、中层和优秀业务经理讲解国际、国内和地方经济形势及公司发展、规章制度、业务操作流程等，促进全体员工对法律法规和业务合规知识的学习，掌握必要的有效防范风险的技能，倡导合规经营，培育合规文化。

4.4.2 内部控制措施

按照信托公司内部控制管理要求，公司建立了清晰的内部控制目标、完善的内部控制体系与制度，确保对风险的事前防范、事中控制、事后监督和检查纠正。

公司建立了全面覆盖业务管理、风险管理、财务管理、合规管理、合同管理、内部审计、责任追究、岗位问责等内部控制制度体系。信托业务部、市场营销部等前台部门进行业务拓展和项目、客户维护，计划财务部、风险及合规管理部提供中台服务，进行事前和事中的风险与合规控制，办公室提供信息技术保障支持，稽核审计部进行事后监督检查。

公司建立了中台、后台对前台的监督制约机制，通过风险控制、内部审计等手段对前台业务进行有效监督和制约。计划财务部按照国家颁布的会计准则进行会计核算，严格履行会计监督职能，认真执行财务会计制度，会计不相容岗位严格分离、

相互制约，对公司自营资产的安全实行有效财务控制，防范和化解财务风险；风险及合规管理部负责包括参与谈判及起草、修改和审核合同等法律文件，提供法律咨询，做好普法及法律法规研究，及时向经营管理层提供与公司业务有关的法律法规和政策变化情况。根据监管机构要求开展合规管理工作，培育良好的内控文化，定期或不定期组织实施公司内部制度执行情况检查，促进公司业务的可持续健康发展；稽核审计部强化内部审计功能，依据法律法规，根据董事会和高级管理层的要求，开展内部审计工作，并对董事、高管等离职人员实施离任审计。通过上述职能的实现，保障了公司业务发展，为实现公司战略目标提供了有力支持。

公司建立了职责明确、分工合理、相互制衡的组织结构和内部制约机制，构建了涵盖公司各项业务和管理活动的内部控制制度体系。公司内部控制建设主要侧重于规范业务流程、完善管理制度和明确部门岗位职责三个方面。在业务开展的过程中，坚持制度、流程先行，每年由风险及合规管理部牵头组成检查小组对各业务部门的制度执行情况及项目管理情况进行检查。

报告期内，公司董事会进一步加强了对内部控制有关工作的安排，完善了公司内部控制环境和内部控制结构，公司各项业务的内部控制成为公司决策的组成部分。同时，公司根据业务发展、市场环境和监管要求的变化，不断调整和完善公司内部控制机制和制度。

报告期内，为全面落实国务院、银监会关于融资平台贷款风险管理的文件精神，加强合规风险管理，公司制定了《关于进一步加强地方政府融资平台贷款风险管控的通知》；为防范和化解经营风险，加强净资本管理，制定了《净资本管理暂行办法》；为推进“三个办法一个指引”的实施，进一步规范贷款业务经营行为，制定了《贷款业务操作指引》；为规范房地产信托业务，控制房地产市场系统性风险和集中性风险，制定了《开展房地产信托业务操作指引》。

报告期内，公司还修订了《固有业务会计核算办法》、《信托业务会计核算办法》、《资金及银行账户管理办法》、《固有业务证券投资管理办法》、《证券投资操作流程》、《中层以下员工职务晋升管理办法》、《高级管理人员奖励薪酬延期支付暂行办法》等多项管理制度，进一步完善了公司的内部控制制度。

4.4.3 监督评价与纠正

4.4.3.1 内部审计监督机制

稽核审计部是公司的内部审计监督机构，具有独立性，直接由董事长分管。公司内部审计每年至少一次，内部专项审计在项目结束后进行。内部审计能及时、全面、准确地发现公司内控存在的缺陷与隐患，及时以审计报告、共性问题的专项报告等形式向公司报告，并注重审计后的整改监督和落实，成效明显。

4.4.3.2 外部审计监督机制

公司年报审计会计师事务所为华普天健会计师事务所（北京）有限公司，由董事会选聘，该会计师事务所执业记录良好。公司 2011 年度审计报告是标准无保留意见。

4.4.3.3 内部控制的评价机制

公司每年对内部控制的建设和执行情况进行检查评价，评价结果能准确反映公司的内部控制水平。

4.4.3.4 内部控制的纠正机制

公司内部、外部审计发现的问题能得到限期整改，公司制定有岗位问责和重大事故责任追究制度，并能有效落实。

4.5 风险管理

公司一贯坚持“依法合规、稳健经营”的理念，能够及时识别和度量业务运行中的潜在风险，建立了以董事会、审计与风险管理委员会、高级管理层和风险及合规管理部为主体的风险管理组织体系，形成了防范、控制和处置风险机制。

公司重视风险管理，通过制定健全的内部规章制度，建立职责分工合理的组织机构，设置专业的风险管理机构，将现代风险管理技术与传统风险管理方法相结合，对可能产生的风险及时作出反应，积极采取有效措施进行事前、事中、事后的有效控制与管理，并根据实际需要及时对风险管理体系进行调整。

公司风险管理组织架构按照功能不同划分为决策层、执行层和监督层，通过分离决策层、执行层、监督层，各层级履行各自专门职能，起到相互独立、相互制衡的作用。决策层由董事会、高级管理层构成，同时还包括行使辅助职能的风险控制委员会等专业评审机构等。公司董事会下设审计与风险管理委员会对高级管理层在业务、市场、操作等方面的风险控制情况进行监督，对公司的风险状况进行定期评估，提出完善风险管理和内部控制的意见。

根据业务发展需要，公司建立相应的权限管理体系。严格按照规定，分别设立了相互独立的运作部门——负责固有财产的资本运营部和负责信托财产的信托业务部门，并由不同的高层管理人员负责。在财务核算等环节，也做到了固有财产与信托财产的岗位隔离与信息隔离，对每个信托项目设立独立的账套进行核算，并出具独立的财务报告。不断针对各项业务制定系统的业务流程和操作规程，完善统一规范的业务标准和操作要求。公司建立了有效的业务决策系统，各业务部门负责固有项目、信托项目的初审，风险及合规管理部、计财部负责项目的预审，公司项目复审及终审委员会是公司常设决策机构，对项目进行评审，得出结论。公司所有合同签署前，必须经过风险及合规管理部审核，重大业务合同还需经外聘法律顾问审核并出具法律意见书。各部门和岗位职权分明、职能独立，并相互牵制、相互制衡，重要岗位实行双人负责制并有相应的后续监督和整改、纠正措施，能够做到及时完整地堵塞漏洞，切实防范各类风险。

公司前台、中台、后台设置合理，有效分离，操作互相独立。各部门负责执行本部门职能范围内的具体风险管理事务。风险及合规管理部作为风险管理职能部门，在公司层级化、专业化、多纬度的风险管理组织架构下统筹公司的风险管理事务，并根据公司要求对各部门的业务活动和各风险环节岗位进行合规检查和监督，向高级管理层报告。稽核审计部负责对公司内部控制情况进行监督和检查，对于检查中所发现的问题，可直接向董事会下设的风险及审计委员会报告。

4.5.1 风险状况

公司经营活动中面对的主要风险是：信用风险、市场风险、操作风险、合规风险和其他风险。

4.5.1.1 信用风险状况

信用风险主要指交易对手因履约意愿或履约能力发生变

化,违约造成不履行义务的可能性,主要表现在:贷款、投资回购、担保、履约承诺等交易过程中,交易对手不履行承诺,不能或不愿履行合同而使固有财产、信托财产遭受潜在损失的可能性。

信托业务方面:截至2011年12月31日,公司管理信托资产总额为653.57亿元,其中:集合信托64.06亿元,单一信托589.51亿元。在项目管理中,认真履行受托人谨慎尽职义务,有效管理信托项目,2011年,公司办理清算信托项目金额为238.35亿元,公司尽职管理项目,实现信托目的,上述信托项目均能按期支付信托本金和信托收益。公司对借款人等交易对手制订了严格的筛选标准,为防止发生信用风险,公司在项目设计中设置了以财产抵押、权利抵押、企业保证、实际控制人无限连带责任保证为主及政府信用承诺作为增信措施的防范安排,以合同条款约束交易对手。公司交易对手都具有较好的信用记录,公司可能面临信用风险的债权类信托资产均运作正常。

固有业务方面:报告期内公司固有业务无信用风险敞口。公司固有业务资产达34.04亿元,以金融股权投资为主的优质资产,金融股权投资金额为26.89亿元。固有资金贷款均拥有土地房产抵押、上市公司股权抵押、企业保证等多重保障措施,对民营企业,在设置了资产抵(质)押的同时,要求附加第三方担保、实际控制人无限连带责任保证等担保措施。固有资产业务布局合理、质量优良,盈利能力、财务状况良好。

按照资产五级分类标准分类,报告期末,公司固有业务信用风险资产为53 448.22万元,其中不良资产为510.43万元,较期初1 004.30万元减少了493.87万元,下降了49.18%,已足额计提各项准备金,报告期末准备金余额为507.57万元;报告期末公司信托业务信用风险资产均为正常。

4.5.1.2 市场风险状况

市场风险主要指公司开展资产管理业务过程中,投资于有公开市场价值的金融产品或者其他产品时,因股价、市场汇率、利率及其他价格因素变动,金融产品或者其他产品的价格发生波动导致资产遭受损失的可能性。2011年,公司信托业务中,因证券账户问题,未开展诸如私募阳光有价证券信托等证券市场投资类信托,也未开展投资货币市场的主动型资产管理业务。固有业务中,开展自营股票投资业务控制在一定限额内,投资的证券类资产具有较强的抗跌性,安全边界较高,市场风险较低;原则上不开展市场风险敏感度较高的金融衍生品投资业务及外汇交易业务;固有资金主要用于投资金融股权等中高流动性、低风险的金融产品(含信托产品),具有较高的安全性。

4.5.1.3 操作风险状况

操作风险是指因公司治理、内部控制机制失效或因有关责任人出现失误、欺诈等问题,公司没有及时充分地做好尽职调查、持续监控、信息披露等工作,未能及时作出应有的反应,或者作出的反应明显有失专业和常理,甚至出现违约违规情况;公司没有履行勤勉尽职管理义务,或者无法出具充分有效的证据和记录,证明自己已经履行勤勉尽职管理义务。操作风险表现在信托业务和固有业务的整个管理过程中。公司实行规范化、标准化、制度化管理,管理制度健全,并根据信托新政策及现场检查要求,完善细化了各项业务操作流程,进一步明确了岗位职责和操作规范。报告期内,公司未发生因操作风险所造成的损失。

4.5.1.4 合规风险状况

合规风险指因没有遵循法律、规则和准则可能遭受法律制裁、监管处罚、重大财务损失和声誉损失的风险。报告期内,公司的各项业务依法合规操作,合规风险管理状况良好,没有因合规问题而遭受法律制裁、监管处罚、财物损失或声誉损失。

4.5.1.5 其他风险状况

其他风险包括政策风险、道德风险和声誉风险等。

政策风险是指国家宏观经济政策的调整可能对公司业务经营或成果造成一定影响。报告期内,公司的各项业务严格按照国家相关政策,依法合规操作,未出现违反国家相关政策及违规事件。

道德风险是指公司内部人员蓄意违规、违法给公司带来损失的可能性,报告期内未发生此类风险。

声誉风险是指因公司操作失误、违反有关规定、资产质量下降不能兑付、不能向服务对象提供高质量金融服务或管理不善等原因,对公司外部市场地位和声誉产生的消极和不良影响。报告期内未发生此类风险。

4.5.2 风险管理

公司秉承受益人利益最大化的目标,建立了相互独立、相互制衡的内部控制体系和统一、规范、高效的内部流程,对经营活动实施全面、持续的风险监控,以专业手段有效管理各类风险。2011年,面对复杂多变的市场环境和严格审慎的监管政策要求,公司加大系统性风险防范工作力度,提高项目的准入门槛和审查标准,加强项目后期管理,完善相应风险管理措施,增强公司抵御风险的能力。

4.5.2.1 信用风险管理

公司信用风险管理主要通过对交易对手的尽职调查进行事前控制。以交易结构设计、风险定价、设定担保、持续评估风险等手段防范和监督交易对手信用风险的变化。

交易前阶段:通过制定尽职调查工作指引等业务规章,强化对交易对手的尽职调查,科学评估交易对手的履约能力和履约意愿;选择与交易对手信用风险有效的、相匹配的信用增级措施;科学、客观、公正地评估担保物,严格控制、实时监测不同担保物价值与融资本息的抵(质)押率,注重采用多种有效担保措施提高信用风险的保障系数。

审查阶段:建立了三级评审体系,对业务进行集体评审与决策,并提出风险控制方面的具体要求。

管理阶段:公司全面收集融资方、担保方等相关各方财务、生产经营数据、重大经营情况等资料,定期对企业或者项目进行现场检查,判断项目的风险状况及抵(质)押物价值变化情况;建立项目预警指标,根据业务发展中遇到的新情况、新问题,及时采取应对措施,确保项目信用风险的可控、可测、可承受。

4.5.2.2 市场风险管理

市场风险管理是识别、计量、监测和控制市场风险的全过程,目标是将市场风险控制在公司可承受的范围之内,实现风险可控前提下的效益最大化。

2011年,公司面临的市场风险主要是指因国家产业政策、财政政策、投资政策调整带来的市场变化和因行业发展环境变化所带来的市场风险。具体来说,即由于国内外经济金融形势发展变化和行业、产业监管政策导向变化以及市场波动所带来的风险等。例如，国家对房地产行业进行调控，对该行业产生了较大影响；国家对平台贷款的整改，对公司该类业务的开展产生较大影响；二级市场持续疲软，对公司证券投资业务开展带来较大影响。

（1）严密防范房地产信托风险。公司以极为审慎的态度开展房地产业务，要求选择负债率不高、信托期内没有大量到期负债的实力较强的企业进行合作，同时规定必须符合项目“四证”齐全、开发商或其控股股东具备二级资质、项目资本金比例符合国家有关要求。

2011 年，公司及时调整房地产信托业务策略，稳健开展新业务。一是高度重视即将到期的房地产类集合信托产品的安全兑付问题，严格按照公司规定做好项目到期兑付的提前量安排，及时跟踪融资方还款准备情况，并将责任落实到岗位、落实到人，以层层负责的方式对可能发生的风险及时报告、提前化解；二是对存续期项目，严格按照受托人职责进行项目的跟踪管理，及时关注房地产行业发展动态和融资房企的经营管理变化，关注所投项目的市场运行情况和还款资金来源保证，确保稳健运行、按期兑付；三是以控制规模、提高质量和档次的原则，谨慎开展房地产类项目。提高合作门槛、选择地方大型房企开展合作，安排充足的抵押措施和第三方责任担保，控制规模，处理好效益和风险的关系；四是积极参与保障房建设。

（2）积极推进融资平台贷款整改工作。公司严格按照监管部门提出的“降旧控新”目标开展平台贷款的整改工作。一是严格对照银监会关于平台贷款的整改要求实行名单制管理，严格按照平台名单对平台贷款实行严格审慎的集中审批制度；二是严格按照受托人职责继续做好存续项目的对照整改和后期管理工作，建立平台贷款台账，在项目后续跟踪管理中，按照贷款五级分类要求进行管理，认真做好季度分析报告及现场检查等贷后管理工作；三是继续做好为一般公司类平台贷款的管控工作；四是完善监测报告制度，按月报送融资平台贷款信息；五是公司对地方政府融资平台贷款项目，开展了专项自查，公司于 2011 年 8 月 20 日起，开展了为期 2 个月的项目专项检查工作，平台贷款项目被列为检查重点，各业务部门根据自查发现的问题进行了有针对性的分析，并采取有效措施，进一步加强项目管理，促进该项业务规范、健康发展。

（3）为加强公司证券业务管理，2011 年，公司设立了证券投资部，制定了《固有业务证券投资管理办法》、《证券投资操作流程》。在开展自营股票业务活动中，公司严格执行董事会授权制度，严格额度控制和风险管控。加强对货币信贷政策、财政政策、行业政策等领域的研究，根据市场变化及时调整投资策略和投资组合，坚持低风险多元化配置，并密切关注经济运行状况，严控因宏观政策调整带来不利影响的风险。

（4）为规避股权直接投资的市场风险，公司关注国家宏观政策变化，避免进入限制类行业和项目，控制房地产行业集中度风险，在项目审查中充分考虑风险处置预案和退出安排，组建专业化管理团队，明确项目组织管理结构和投资管理责任。

4.5.2.3 操作风险管理

在操作风险的管理上，公司要求每项业务在尽职调查、受理申请、交易结构设计、审查审批、营销签约、执行终止各阶段合法合规，按照《合规操作手册》规定的流程办理。建立了职责分离、相互监督制约的内部控制机制，建立和完善有效的投资决策机制，实行严格的复核审核程序，制定严格的信息系统管理制度和档案管理制度，根据监管法规的要求制定了符合公司实际的规章制度，从机制和制度上降低操作风险，实现对公司各项业务操作过程的有效控制。

各相关主体在岗位职责和授权范围内独立运作，业务部门对项目的选择、初审和尽职调查工作，风险合规部门、财务部门和评审委员会对项目的评审工作，总裁及高级管理层对项目的审批工作都做到依法合规进行，杜绝违规或不正当交易等违法行为。

每年聘请独立审计机构对公司业务进行审计，持续进行内部审计监督，不断对规章制度进行全面梳理与修订。目前公司的各项控制制度和操作规程涵盖了所有业务领域和职能工作岗位，实现了对公司各项业务操作过程的有效控制。

4.5.2.4 合规风险管理状况

公司董事会、监事会及高级管理层将合规管理工作视为提升公司内在价值和创造价值的重要手段，始终筑牢并一贯坚持“依法合规、稳健经营”的经营理念。2011 年，公司密切关注国内外金融形势和监管要求的变化，动态理解和自觉适用监管政策法规，深入开展“内控和案防制度执行年”活动，进一步完善公司合规管理体系，强化合规风险管理。公司制定了保障合规管理工作正常开展的制度体系和操作流程，合规审核程序覆盖了信托业务和固有业务，积极建立与监管部门的沟通互动机制，明晰对内、对外的合规风险报告路线，建立了合规绩效考核机制和问责奖惩激励机制。

为防范政府融资平台、房地产等监管部门重点关注的行业风险，公司及时出台《关于进一步加强地方政府融资平台贷款风险管控的通知》、《开展房地产信托业务操作指引》、《贷款业务操作指引》等合规管理制度。公司积极倡导和培育“合规创造价值”、“全员合规、人人合规”、“合规从高层做起”等合规价值理念，持续加大员工合规培训力度，不断加强合规文化建设，合规已逐步成为全体员工的自觉意识。

4.5.2.5 其他风险管理

公司及时跟踪和研究国家宏观政策和行业政策的调整与变化，加强与政府机构和政策制定部门的沟通，坚持依法合规、稳健经营，保持经营策略与国家政策一致，保证各项业务合法合规。

公司通过完善内部控制机制，严格岗位管理职责与纪律，加强道德文化教育，提高全员廉洁自律和勤勉尽责的意识，鼓励遵纪守法，培养职业操守，防范道德风险。

公司在强调合规经营和健康发展的基础上，积极主动防范声誉风险和应对声誉事件，通过充分、及时地信息披露等方式实现与投资者的互动沟通，以捐资助学等方式履行社会责任来提升公司的社会形象。

4.5.2.6 净资本管理

2011 年末，公司净资本风险控制指标为：净资本 304 411.70万元，各项业务风险资本 126 217.50 万元，净资本与各项业务风险资本之比为 241.18%，净资本与净资产之比为 92.61%。2011 年，公司积极调整业务结构，加大创新力度，在大力拓展业务同时，规范操作，公司净资本各项监管指标全部符合监管标准。

5. 报告期末及上一年度末的比较式会计报表

5.1 自营资产

5.1.1 会计师事务所审计意见全文

审 计 报 告

会审字〔2012〕0765 号

安徽国元信托有限责任公司全体股东：

我们审计了后附的安徽国元信托有限责任公司（以下简称"国元信托公司"）财务报表，包括2011年12月31日的资产负债表，2011年度的利润表、现金流量表和所有者权益变动表以及财务报表附注。

一、管理层对财务报表的责任

编制和公允列报财务报表是国元信托管理层的责任，这种责任包括：（1）按照企业会计准则的规定编制财务报表，并使其实现公允反映；（2）设计、执行和维护必要的内部控制，以使财务报表不存在由于舞弊或错误导致的重大错报。

二、注册会计师的责任

我们的责任是在执行审计工作的基础上对财务报表发表审计意见。我们按照中国注册会计师审计准则的规定执行了审计工作。中国注册会计师审计准则要求我们遵守中国注册会计师职业道德守则，计划和执行审计工作以对财务报表是否不存在重大错报获取合理保证。

审计工作涉及实施审计程序，以获取有关财务报表金额和披露的审计证据。选择的审计程序取决于注册会计师的判断，包括对由于舞弊或错误导致的财务报表重大错报风险的评估。在进行风险评估时，注册会计师考虑与财务报表编制和公允列报相关的内部控制，以设计恰当的审计程序，但目的并非对内部控制的有效性发表意见。审计工作还包括评价管理层选用会计政策的恰当性和作出会计估计的合理性，以及评价财务报表的总体列报。

我们相信，我们获取的审计证据是充分、适当的，为发表审计意见提供了基础。

三、审计意见

我们认为，国元信托财务报表在所有重大方面按照企业会计准则的规定编制，公允反映了国元信托2011年12月31日的财务状况以及2011年度的经营成果和现金流量。

华普天健会计师事务所（北京）有限公司

二〇一二年三月三十日

5.1.2 资产负债表

资产负债表

编制单位：安徽国元信托有限责任公司　　2011年12月31日　　单位：万元

项　目	年末余额	年初余额	项　目	年末余额	年初余额
流动资产：			流动负债：		
货币资金	19 095.30	14 424.29	短期借款	—	—
贵金属	—	—	拆入资金	—	—
拆出资金	—	—	交易性金融负债	—	—
交易性金融资产	657.51	2 422.51	衍生金融负债	—	—
衍生金融资产	—	—	卖出回购金融资产款	—	—
买入返售金融资产	—	—	应付账款	—	—
应收账款	—	—	预收账款	—	—
预付账款	—	—	应付职工薪酬	3 695.06	3 773.35
应收利息	123.37	52.54	应交税费	4 157.67	3 112.22
应收股利	—	—	应付利息	—	—
其他应收款	122.65	116.96	应付利润	1 800.00	1 800.00
存货	—	—	其他应付款	1 953.42	2 540.78
一年内到期的非流动资产	—	—	一年内到期的非流动负债	—	—
其他流动资产	195.38	—	其他流动负债	28.02	28.29
流动资产合计	20 194.21	17 016.30	流动负债合计	11 634.17	11 254.64
非流动资产：			非流动负债：		
发放贷款和垫款	33 600.00	20 000.00	长期借款	—	—
可供出售金融资产	6 652.02	6 718.43	应付债券	—	—
持有至到期投资	—	—	长期应付款	—	—
长期应收款	—	—	预计负债	—	—
长期股权投资	274 153.67	269 953.69	递延所得税负债	103.35	592.13
投资性房地产	—	—	其他非流动负债	—	—

续表

项　目	年末余额	年初余额	项　目	年末余额	年初余额
固定资产	5 024.21	5 113.40	非流动负债合计	103.35	592.13
在建工程	53.14	45.05	负债合计	11 737.52	11 846.77
无形资产	55.52	33.51	所有者权益:		
递延所得税资产	699.83	421.66	实收资本	120 000.00	120 000.00
其他非流动资产	—	—	资本公积	117 506.44	122 127.13
非流动资产合计	320 238.39	302 285.74	减:库存股	—	—
			盈余公积	12 398.51	9 812.46
			一般风险准备	9 278.02	4 906.23
			未分配利润	69 512.11	50 609.45
			所有者权益合计	328 695.08	307 455.27
资产总计	340 432.60	319 302.04	负债和股东权益总计	340 432.60	319 302.04

单位负责人:过仕刚　　财务负责人:朱先平　　会计机构负责人:朱先平

5.1.3 利润表

利润表

编制单位:安徽国元信托有限责任公司　　2011 年度　　单位:万元

项　目	本年金额	上年金额
一、营业收入	40 060.37	36 462.05
利息净收入	3 920.64	1 988.04
利息收入	3 923.61	2 065.69
利息支出	2.97	77.65
手续费及佣金净收入	24 562.70	14 356.77
手续费及佣金收入	26 866.81	15 005.98
手续费及佣金支出	2 304.11	649.21
投资收益(损失以"-"号填列)	11 197.34	19 859.81
其中:对联营企业和合营企业的投资收益	8 827.19	14 510.02
公允价值变动收益(损失以"-"号填列)	84.79	-20.62
租赁收益	—	—
汇兑收益(损失以"-"号填列)	-2.03	-1.33
其他业务收入	296.93	279.38
二、营业支出	9 889.33	7 467.28
营业税金及附加	1 696.19	1 173.80
业务及管理费	8 218.56	6 898.29
资产减值损失	-25.42	-604.81
其他业务成本	—	—
三、营业利润(亏损以"-"号填列)	30 171.04	28 994.77
加:营业外收入	492.44	9.56
减:营业外支出	20.87	351.13
四、利润总额(亏损以"-"号填列)	30 642.61	28 653.20
减:所得税费用	4 782.11	3 334.40
五、净利润(净亏损以"-"号填列)	25 860.50	25 318.80
六、其他综合收益	-4 620.70	-1 564.49
七、综合收益	21 239.80	23 754.31

单位负责人:过仕刚　　财务负责人:朱先平　　会计机构负责人:朱先平

5.1.4 所有者权益变动表

所有者权益变动表

编制单位：安徽国元信托有限责任公司　　2011 年度　　单位：万元

项　目	本年金额						上年金额					
	实收资本	资本公积	盈余公积	一般风险准备	未分配利润	所有者权益合计	实收资本	资本公积	盈余公积	一般风险准备	未分配利润	所有者权益合计
一、上年年末余额	120 000.00	122 127.13	9 812.46	4 906.23	50 609.45	307 455.27	120 000.00	123 691.63	7 280.58	3 640.29	35 088.47	289 700.97
加：会计政策变更						—						—
前期差错更正						—						—
其他						—						—
二、本年年初余额	120 000.00	122 127.13	9 812.46	4 906.23	50 609.45	307 455.27	120 000.00	123 691.63	7 280.58	3 640.29	35 088.47	289 700.97
三、本年增减变动金额（减少以"－"号填列）	—	-4 620.70	2 586.05	4 371.79	18 902.66	21 239.80	—	-1 564.49	2 531.88	1 265.94	15 520.98	17 754.31
（一）净利润	—	—	—	—	25 860.50	25 860.50	—	—	—	—	25 318.80	25 318.80
（二）其他综合收益	—	-4 620.70	—	—	—	-4 620.70	—	-1 564.49	—	—	—	-1 564.49
1. 可供出售金融资产公允价值变动净额	—	-2 199.91	—	—	—	-2 199.91	—	-69.73	—	—	—	-69.73
2. 权益法下被投资单位其他所有者权益变动的影响						—						—
3. 权益法下被投资单位其他所有都权益变动的影响	—	-2 420.78	—	—	—	-2 420.78	—	-1 494.77	—	—	—	-1 494.77
4. 与计入所有都权益项目相关的所得税影响						—						—
5. 其他						—						—
净利润及其他综合收益小计	—	-4 620.70			25 860.50	21 239.80	—	-1 564.49			25 318.80	23 754.31
（三）所有者投入和减少资本						—						—
1. 所有者投入资本						—						—
2. 股份支付计入所有者权益的金额						—						—
3. 分立减资						—						—
（四）利润分配	—	—	2 586.05	4 371.79	-6 957.84	—	—	—	2 531.88	1 265.94	-9 797.82	-6 000.00
1. 提取盈余公积	—	—	2 586.05		-2 586.05	—	—	—	2 531.88		-2 531.88	—
其中：法定盈余公积	—	—	2 586.05		-2 586.05	—	—	—	2 531.88		-2 531.88	—
任意盈余公积						—						—
2. 提取一般风险准备	—	—	—	4 371.79	-4 371.79	—	—	—	—	1 265.94	-1 265.94	—
3. 所有者的分配	—	—	—	—		—	—	—	—	—	-6 000.00	-6 000.00
4. 其他						—						—
（五）所有者权益内部结转						—						—
1. 资本公积转增资本						—						—
2. 盈余公积转增资本						—						—
3. 盈余公积弥补亏损						—						—
4. 其他						—						—
四、本年年末余额	120 000.00	117 506.43	12 398.51	9 278.02	69 512.11	328 695.07	120 000.00	122 127.13	9 812.46	4 906.23	50 609.45	307 455.27

单位负责人：过仕刚　　财务负责人：朱先平　　会计机构负责人：朱先平

5.2 信托资产

5.2.1 信托项目资产负债汇总表

编制单位:安徽国元信托有限责任公司　　2011 年 12 月 31 日　　单位:万元

信托资产	期末余额	年初余额	信托负债和信托权益	期末余额	年初余额
信托资产:			信托负债:		
货币资金	14 229.87	49 793.39	交易性金融负债	—	—
拆出资金	—	—	衍生金融负债	—	—
存出保证金	—	—	应付受托人报酬	—	—
交易性金融资产	227 984.60	16 793.95	应付托管费	—	—
衍生金融资产	—	—	应付受益人收益	—	—
买入返售金融资产	14 207.00	6 207.00	应交税费	—	—
其中:买入返售证券	—	—	应付销售服务费	—	—
买入返售信贷资产	—	—	其他应付款项	213.65	427.14
应收款项	—	—	其他负债	—	—
发放贷款	4 829 910.60	2 576 969.20	信托负债合计	213.65	427.14
其中:基础产业	1 190 490.50	1 191 146.20	信托权益:		
房地产	432 711.00	442 222.00	实收信托	6 523 163.91	3 570 801.29
其他产业	3 206 709.10	943 601.00	其中:资金信托	6 478 757.36	3 543 528.18
可供出售金融资产	—	—	集合	633 725.29	348 057.00
持有至到期投资	229 444.14	153 068.00	单一	5 845 032.07	3 195 471.18
长期应收款	—	—	财产信托	44 406.55	27 273.12
长期股权投资	1 209 471.88	690 233.80	资本公积	—	—
其中:基础产业	706 740.16	351 569.00	未分配利润	12 370.53	24 836.91
房地产	116 584.30	66 584.30	信托权益合计	6 535 534.44	3 595 638.20
其他产业	386 147.42	272 080.50			
投资性房地产	—	—			
固定资产	—	—			
无形资产	—	—			
长期待摊费用	—	—			
其他资产	10 500.00	103 000.00			
其中:融资租赁资产	—	—			
信托资产总计	6 535 748.09	3 596 065.34	信托负债及信托权益总计	6 535 748.09	3 596 065.34

单位负责人:过仕刚　　财务负责人:朱先平　　会计机构负责人:朱先平

5.2.2 信托项目利润及利润分配汇总表

2011 年度

编制单位:安徽国元信托有限责任公司　　单位:万元

项　目	本年金额	上年金额
1. 营业收入	390 035.58	241 816.00
1.1 利息收入	297 360.05	151 189.99
1.2 投资收益	92 329.80	72 890.86
1.2.1 其中:对联营企业和合营企业投资收益	—	—
1.3 公允价值变动收益	—	—
1.4 租赁收入	—	—
1.5 汇兑收益	—	—
1.6 其他收入	345.73	17 735.15
2. 支出	31 594.49	20 255.25
2.1 营业税金及附加	—	—
2.2 受托人报酬	25 416.75	14 350.51

续表

项　目	本年金额	上年金额
2.3 保管费	2 928.47	2 205.80
2.4 投资管理费	144.50	55.00
2.5 销售服务费	1 521.54	239.57
2.6 交易费用	1.17	0.67
2.7 资产减值损失	—	—
2.8 其他费用	1 582.06	3 403.70
3. 信托净利润	358 441.09	221 560.75
4. 其他综合收益	—	—
5. 综合收益	358 441.09	221 560.75
6. 加:期初未分配信托利润	24 836.91	10 897.61
7. 可供分配的信托利润	383 278.00	232 458.36
8. 减:本期已分配信托利润	370 907.48	207 621.45
9. 期末未分配信托利润	12 370.52	24 836.91

单位负责人:过仕刚　　财务负责人:朱先平　　会计机构负责人:朱先平

6. 会计报表附注

6.1 报告年度会计报表编制基准、会计政策、会计估计和核算方法发生的变化

报告年度公司会计报表编制基准、会计政策、会计估计和核算方法未发生变化。

6.2 或有事项说明

报告期内，公司未发生对外担保及其他或有事项。

6.3 重要资产转让及其出售的说明

报告期内，公司未发生重要资产转让及出售情况。

6.4 会计报表中重要项目的明细资料

6.4.1 自营资产经营情况

6.4.1.1 按信用风险五级分类结果披露信用风险资产的期初数、期末数

信用风险资产五级分类	正常类（万元）	关注类（万元）	次级类（万元）	可疑类（万元）	损失类（万元）	信用风险资产合计（万元）	不良合计（万元）	不良资产率（%）
期初数	34 554.43	265.91	—	0.40	1 003.90	35 824.64	1 004.30	0.31
期末数	52 903.78	34.01	—	230.35	280.08	53 448.22	510.43	0.15

注：不良资产合计＝次级类＋可疑类＋损失类。

6.4.1.2 各项资产减值损失准备的期初、本期计提、本期转回、本期核销、期末数

单位：万元

	期初数	本期计提	本期转回	本期核销	期末数
贷款损失准备	697.73	—	—	697.73	—
一般准备	—	—	—	—	—
专项准备	697.73	—	—	697.73	—
其他资产减值准备	668.56	-25.43	—	0.40	642.73
可供出售金融资产减值准备	—	—	—	—	—
持有至到期投资减值备	—	—	—	—	—
长期股权投资减值准备	—	—	—	—	—
坏账准备	533.40	-25.43	—	0.40	507.57
投资性房地产减值准备	—	—	—	—	—

6.4.1.3 按照投资品种分类，固有股票投资、基金投资、债券投资、股权投资等投资业务的期初数、期末数

单位：万元

	自营股票	基金	债券	长期股权投资	其他投资	合计
期初数	8 468.75	672.19	—	269 953.69	—	279 094.63
期末数	6 861.79	447.74	—	274 153.67	—	281 463.20

6.4.1.4 按投资入股金额排序，前五名的自营长期股权投资的企业名称、占被投资企业权益的比例、主要经营活动及投资收益情况等

企业名称	占被投资企业权益的比例（%）	主要经营活动	投资收益（万元）
1. 国元证券股份有限公司	15.69	证券经纪、证券买卖	8 827.19
2. 池州九华农村商业银行	19.92	吸收存款、发放贷款、票据承兑、贴现	640.00
3. 淮南通商农村合作银行	21.09	吸收存款、发放贷款、票据承兑、贴现	113.43
4. 安徽桐城农村合作银行	14.93	吸收存款、发放贷款、票据承兑、贴现	304.69
5. 芜湖浩研房地产有限公司	27.54	房地产开发、销售	—

6.4.1.5 前五名的自营贷款的企业名称、占贷款总额的比例和还款情况等

企业名称	占贷款总额的比例（%）	还款情况
1. 蚌埠经济开发区投资有限公司	29.76	正常
2. 合肥东部新城建设投资有限公司	23.81	正常
3. 淮南民生置业有限公司	22.62	正常
4. 安徽安兴发展股份有限公司	11.90	正常
5. 安徽邵峰实业集团股份有限公司	5.95	正常

6.4.1.6 表外业务的期初数、期末数；按照代理业务、担保业务和其他类型表外业务分别披露表外业务的期初、期末数情况

单位：万元

表外业务	期初数	期末数
担保业务	—	—
代理业务（委托业务）	—	—
其他	—	—
合 计	—	—

6.4.1.7 公司当年的收入结构

收入结构	金额（万元）	占比（%）
手续费及佣金收入	26 866.81	62.69
其中：信托手续费收入	25 499.21	59.49
投资银行业务收入	1 376.06	3.19
利息收入	3 923.61	9.15
其他业务收入	294.90	0.69
其中：计入信托业务收入部分	—	—
投资收益	11 197.34	26.12
其中：股权投资收益	10 657.63	24.86
证券投资收益	539.71	1.26
其他投资收益	—	—
公允价值变动收益	84.79	0.20
营业外收入	492.44	1.15
收入合计	42 859.89	100.00

注：1. 手续费及佣金收入、利息收入、其他业务收入、投资收益、营业外收入均应为损益表中的一级科目，其中手续费及佣金收入、利息收入、营业外收入为未抵减掉相应支出的全年累计实现收入数。

2. 其他业务收入中包含汇兑收益、租赁收入等。

6.4.2 **信托财产管理情况**

6.4.2.1 信托资产的期初数、期末数

单位:万元

信托资产	期初数	期末数
集合	352 887.05	640 620.13
单一	3 215 899.55	5 850 707.91
财产权	27 278.74	44 420.05
合计	3 596 065.34	6 535 748.09

6.4.2.1.1 主动管理型信托业务的信托资产期初数、期末数

单位:万元

主动管理型信托资产	期初数	期末数
证券投资类	22 985.70	228 206.36
股权投资类	30 7851.78	495 002.86
融资类	1 493 147.89	1 841 118.96
事务管理类	—	—
合计	1 979 084.55	2 763 225.25

6.4.2.1.2 被动管理型信托业务的信托资产期初数、期末数

单位:万元

被动管理型信托资产	期初数	期末数
证券投资类	—	—
股权投资类	350 001.18	671 828.36
融资类	1 234 129.88	3 044 802.87
事务管理类	32 849.73	44 420.05
合计	1 616 980.79	3 772 522.84

6.4.2.2 本年度已清算结束信托项目

6.4.2.2.1 本年度已清算结束信托项目

已清算结束信托项目	项目个数	实收信托合计金额(万元)	加权平均实际年化收益率(%)
集合类	17	102 307.00	6.04
单一类	92	2 264 049.70	5.44
财产管理类	5	17 138.82	172.12

注:加权平均实际年化收益率=(信托项目1的实际年化收益率×信托项目1的实收信托+…+信托项目n的实际年化收益率×信托项目n的实收信托)/(信托项目1的实收信托+…+信托项目n的实收信托)×100%。

6.4.2.2.2 本年度已清算结束的主动管理型信托项目

已清算结束信托项目	项目个数	实收信托合计金额(万元)	加权平均实际年化信托报酬率(%)	加权平均实际年化收益率(%)
证券投资类	—	—	—	—
股权投资类	1	6 000.00	3.60	6.15
融资类	46	847 880.70	0.43	5.13
事务管理类	—	—	—	—

注:加权平均实际年化收益率=(信托项目1的实际年化收益率×信托项目1的实收信托+…+信托项目n的实际年化收益率×信托项目n的实收信托)/(信托项目1的实收信托+…+信托项目n的实收信托)×100%。

6.4.2.2.3 本年度已清算结束被动管理型信托项目

已清算结束信托项目	项目个数	实收信托合计金额(万元)	加权平均实际年化信托报酬率(%)	加权平均实际年化收益率(%)
证券投资类	—	—	—	—
股权投资类	4	60 700.00	0.32	6.60
融资类	45	1 369 992.00	0.25	5.59
事务管理类	5	17 138.82	1.85	172.12

6.4.2.3 本年度新增信托项目

新增信托项目	项目个数	实收信托合计金额(万元)
集合类	58	438 494.29
单一类	329	5 756 523.89
财产管理类	7	40 186.17
新增合计	394	6 235 204.35
其中:主动管理型	182	2 266 096.89
被动管理型	212	3 969 107.46

注:本年新增信托项目指在本报告年度内累计新增的信托项目个数和金额,包含本年度新增并于本年度内结束的项目和本年度新增至报告期末仍在持续管理的信托项目,包含本年度开放式产品金额。

6.4.2.4 信托业务创新成果和特色业务有关情况

国元信托在资产管理规模不断扩大、盈利能力不断提高、业务覆盖范围不断延伸的基础上,高度重视业务创新工作的开展,注重发挥信托的创新特质,积极提升自身的财富管理能力,转型升级产品设计和业务品种。

2011年,公司在信托业务经营领域和信托业务品种开发上主动创新,不断取得突破,推出了多款具有创新特质的产品:发行了保障房建设、矿产资源、光伏产业等领域的信托产品;运用资产证券化原理设计发行了"租赁公司租金受益权"和"资产转让"的准资产证券化信托产品;运用信托+私募的方式设计发行了"皖江城市带承接产业转移投资基金集合信托计划";以基金化原理设计发行了"创新中小企业贷款信托计划",以信托资产支持众多小微企业的发展,获得融资方与市场的欢迎和赞许。此外,公司关于白酒信托、艺术品投资等另类信托产品正在打造中。

向银监会申请设立资产管理公司已获得批复同意;向银监会申请QDII业务资格正在加紧推进。

6.4.2.5 本公司履行受托人义务情况

公司作为受托人,严格按照《信托法》、《信托公司管理办法》、《信托公司集合资金信托计划管理办法》及信托文件对受托人义务的规定,在管理信托财产时,恪尽职守,履行诚实、信用、谨慎、有效管理的义务,为受益人的最大利益处理信托事务。

公司将信托财产与其固有财产分别管理、分别记账,并将不同委托人的信托财产设立信托专户,单独记账,单独核算。

根据信托文件的规定,及时履行定期信托计划的信息披露及报告事项。每个信托计划设立后5个工作日内,就信托资金规模在公司网站公告。并按照信托合同的规定,定期将信托资金运用及收益情况进行公告。信托合同终止时,根据信托合同的规定,以信托财产为限向受益人支付信托财产及收益。同时,公司严格根据银监会的要求,在信托终止后十个工作日内

作出处理信托事务的清算报告。

根据《信托法》要求，妥善保管处理信托事务的完整记录、原始凭证及有关资料，保存期自本信托终止之日起十五年。同时对委托人、受益人以及处理信托事务的情况和资料依法保密。

报告期内，公司管理的信托项目运作正常，全年到期清算信托项目金额为238.35亿元，全部安全、按期交付受益人，未出现因本公司自身责任而导致的信托资产损失情况。信托业务稳健发展，无任何信托财产损失。

6.5 关联方关系及其交易的披露

6.5.1 关联交易方的数量、关联交易的总金额及关联交易的定价政策等

	关联交易方数量	关联交易金额（万元）	定价政策
合计	4	3 711.81	市场公允价

6.5.2 关联交易方与本公司的关系性质，关联交易方的名称、法定代表人，注册地址、注册资本及主营业务等

关系性质	关联方名称	法定代表人	注册地址	注册资本（万元）	主营业务
母公司	安徽国元控股（集团）有限责任公司	过仕刚	安徽省合肥市寿春路179号	300 000.00	受权管理国有资产，资本运营，收购兼并等。
同受母公司控制	安徽国元投资有限责任公司	邵文革	安徽省合肥市宿州路20号	100 000.00	项目投资、管理及咨询等。
同受母公司控制	安徽国元创投有限责任公司	邵文革	安徽省合肥市经开区翠微路6号海恒大夏8楼	23 000.00	创业投资及咨询，为创业企业提供管理服务业务，参加设立创业投资企业与创业投资管理业务，股权管理咨询。
同受母公司控制	安徽国元科技担保有限公司	徐修德	安徽省合肥市高新区黄山路601号科技创新服务中心601～605室	21 200.00	为中小企业及个人融资提供担保服务，投资、融资服务，财务顾问，资产管理，企业重组、兼并咨询服务。

6.5.3 本公司与关联方的重大交易事项

6.5.3.1 固有与关联方交易情况：贷款、投资、租赁、应收账款、担保、其他方式等期初汇总数、本期发生额汇总数、期末汇总数

单位：万元

固有与关联方关联交易				
	期初数	借方发生额	贷方发生额	期末数
贷款	—	—	—	—
投资	—	—	—	—
租赁	—	—	—	—
担保	—	—	—	—
应收账款	—	—	—	—
其他	232.10	0.52	0.29	232.33
合计	232.10	0.52	0.29	232.33

6.5.3.2 信托与关联方交易情况：贷款、投资、租赁、应收账款、担保、其他方式等期初汇总数、本期发生额汇总数、期末汇总数

单位：万元

信托与关联方关联交易				
	期初数	借方发生额	贷方发生额	期末数
贷款	—	—	—	—
投资	—	1 711.00	—	1 711.00
租赁	—	—	—	—
担保	—	2 000.00	—	2 000.00
应收账款	—	—	—	—
其他	—	—	—	—
合计	—	3 711.00	—	3 711.00

6.5.3.3 信托公司自有资金运用于自己管理的信托项目（固信交易）、信托公司管理的信托项目之间的相互（信信交易）交易金额，包括余额和本报告年度的发生额

6.5.3.3.1 固有与信托财产之间的交易金额期初汇总数、本期发生额汇总数、期末汇总数

报告期内公司无上述事项。

单位：万元

固有财产与信托财产相互交易			
	期初数	本期发生额	期末数
合计	—	—	—

6.5.3.3.2 信托项目之间的交易金额期初汇总数、本期发生额汇总数、期末汇总数

报告期内公司无上述事项。

单位：万元

信托资产与信托财产相互交易			
	期初数	本期发生额	期末数
合计	—	—	—

6.5.4 关联方逾期未偿还本公司资金的详细情况以及本公司为关联方担保发生或即将发生垫款的详细情况

报告期内公司无上述事项。

6.6 会计制度的披露

公司固有业务自2008年1月1日起执行财政部2006年颁布的《企业会计准则》。

公司信托业务自2010年1月1日起执行财政部2006年颁布的《企业会计准则》。

7. 财务情况说明书

7.1 利润实现和分配情况

2011年，公司实现净利润为25 860.50万元，加年初未分配利润50 609.45万元，可供分配利润为76 469.95万元；提取盈余公积2 586.05万元和提取一般风险准备金4 371.79

万元后，年末未分配利润为 6 9512.11 万元；本年度不进行利润分配。

7.2 主要财务指标

指标名称	指标值
资本利润率(%)	8.13
加权年化信托报酬率(%)	0.44
人均净利润(万元/人)	211.97

注：1. 资本利润率＝净利润/所有者权益平均余额×100%。

2. 加权年化信托报酬率＝(信托项目 1 的实际年化信托报酬率×信托项目 1 的实收信托＋信托项目 2 的实际年化信托报酬率×信托项目 2 的实收信托＋…信托项目 n 的实际年化信托报酬率×信托项目 n 的实收信托)/(信托项目 1 的实收信托＋信托项目 2 的实收信托＋…信托项目 n 的实收信托)×100%。

3. 人均净利润＝净利润/年平均人数。

4. 平均值采取年初、年末余额简单平均法，公式为：a(平均)＝(年初数＋年末数)/2。

7.3 对本公司财务状况、经营成果有重大影响的其他事项

报告期内公司无上述事项。

8. 特别事项揭示

8.1 前五名股东报告期内变动情况及原因

报告期内，公司前五名股东未发生变动。

8.2 董事、监事及高级管理人员变动情况及原因

2011 年 3 月，经公司 2010 年度股东会审议和表决通过，钱晓军先生因年龄原因辞去公司监事职务，选举张彦先生为公司监事。2011 年 3 月，经公司监事会三届六次会议选举，张彦先生担任公司监事长。2011 年 3 月，经公司董事会三届五次会议审议和表决通过，张彦先生辞去公司副总裁职务，朱先平先生辞去公司董事会秘书职务，魏世春、许植先生担任公司副总裁，虞焰智先生担任公司董事会秘书。2011 年 5 月，经公司董事会临时会议审议通过，熊文先生因工作变动原因辞去公司总会计师职务，朱先平先生担任公司总会计师。2011 年 6 月，张彦、魏世春、许植、虞焰智经安徽银监局核准正式任职。2011 年 7 月，朱先平经安徽银监局核准正式任职。

8.3 变更注册资本、变更注册地或公司名称、公司分立合并事项

报告期内，公司注册资本、注册地和公司名称未发生变更，未发生分立合并事项。

8.4 公司的重大诉讼事项

报告期内，公司固有业务、信托业务无重大诉讼事项。

8.5 公司及其董事、监事和高级管理人员受到处罚的情况

报告期内，公司及其董事、监事和高级管理人员未发生受到处罚的情况。

8.6 银监会及其派出机构对公司检查的整改情况

本报告期内，安徽银监局对公司进行了一次现场检查和四次地方政府融资平台的专项业务检查。

公司对监管部门的现场检查高度重视，召开专门会议，通报情况研究整改措施，提出整改方案。对照检查意见书中涉及的问题，逐项分析成因，明确整改思路，制订了操作性强的整改方案，落实到部门，限期整改。同时对照公司的有关规定，对相关责任人，提出严厉批评，并给予相应的经济处罚。切实做到思想重视、整改及时、强抓细节、落实到位。

8.6.1 “小金库”专项治理情况现场检查

2011 年 6 月 28 日至 2011 年 7 月 15 日，安徽银监局检查组对公司 2008 年以来“小金库”专项治理情况进行了现场检查。总体评价：“总体上看，你公司能够认真贯彻安徽银监局《2011 年辖内国有及国有控股银行业金融机构‘小金库’专项治理工作实施方案》要求，成立由主要经营负责人为第一责任人的‘小金库’复查工作领导小组，制定和细化复查方案，落实‘承诺制’和‘公示制’，取得了一定成效。但检查中也发现，你公司在‘小金库’专项治理工作方面还存在一些不足和问题。”

对照检查意见书，公司制定了具体的整改方案，将责任落实到部门。公司印发《关于“小金库”专项治理工作现场检查及落实整改工作的情况通报》和《关于加强费用报销发票审核的通知》，加强营销费用管理，完善营销费用管理制度；加强会议费管理，健全会议费管理办法；加强发票知识培训，落实发票管理规定；加强税务工作，坚持税务自查自纠工作；加强会计核算工作，规范会计核算科目。

8.6.2 地方政府融资平台专项业务现场检查

2011 年，安徽银监局检查组就地方政府融资平台贷款整改工作对公司进行了四次专项业务现场检查。

公司严格按照监管部门提出的整改目标和要求开展平台贷款的整改工作：实行名单制管理；建立平台贷款管理台账；在项目后续跟踪管理中，按照贷款五级分类要求进行管理；认真做好季度分析报告及现场检查等贷后管理工作；认真开展自查做好风险防范工作。采取有效措施，防范政府融资平台贷款项目风险，促进该项业务规范、健康发展。2011 年末，公司平台贷款余额为 38.47 亿元，较 2010 年末下降了 44.79 亿元，实现了“降旧控新”。

8.7 本年度重大事项临时报告的简要内容、披露时间、所披露的媒体及其版面

2011 年 4 月 22 日，公司在《上海证券报》B11 版刊登下列重大事项临时报告内容：

一是 2010 年 9 月，经公司 2010 年第一次临时股东会会议审议和表决通过，宋炳山先生担任公司独立董事。2010 年 12 月，经安徽银监局核准正式任职。

二是公司股东“深圳市中海投资管理有限公司”更名为“深圳中海投资管理有限公司”。

三是 2011 年 3 月 24 日，本公司召开 2010 年度股东大会，批准钱晓军辞去监事职务，选举张彦为公司监事。

四是2011年3月24日，本公司第三届董事会第五次会议批准张彦辞去副总裁、朱先平辞去董事会秘书职务。聘任魏世春、许植为公司副总裁；虞焰智为公司董事会秘书。

五是2011年3月24日，本公司第三届监事会第六次会议选举张彦为公司监事长。

8.8 银监会及其省级派出机构认定的其他有必要让客户及相关利益人了解的重要信息

报告期内，公司已按有关规定充分披露相关信息，无银监会及其省级派出机构认定的其他有必要让客户及相关利益人了解的重要信息。

8.9 会计师事务所出具无保留意见审计报告

9. 公司监事会意见

报告期内，公司秉承“依法合规、稳健经营”的经营理念，决策程序符合《公司法》及《公司章程》等有关制度的规定，公司内部控制制度健全，规范运作。没有发现公司董事及高级管理人员在执行公司职务、行使职权时有违法违纪和有损公司及股东利益的行为。公司财务管理规范，财务报告真实反映了公司的财务状况和经营成果。

安信信托投资股份有限公司

1. 重要提示

1.1 本公司董事会、监事会及董事、监事、高级管理人员保证本报告所载资料不存在任何虚假记载、误导性陈述或者重大遗漏,并对其内容的真实性、准确性和完整性负个别及连带责任。

本年度报告摘要摘自年度报告全文,报告全文同时刊载于 www. sse. com. cn。投资者欲了解详细内容,应当仔细阅读年度报告全文。

1.2 公司全体董事出席董事会会议。

1.3 公司年度财务报告已经立信会计师事务所(特殊普通合伙)审计并被出具了标准无保留意见的审计报告。

1.4 公司负责人张春景、主管会计工作负责人张春景及会计机构负责人(会计主管人员)赵宝英声明:保证年度报告中财务报告的真实、完整。

2. 公司基本情况

2.1 基本情况简介

股票简称	安信信托
股票代码	600816
上市交易所	上海证券交易所

2.2 联系人和联系方式

	董事会秘书
姓名	武国建
联系地址	上海市广东路 689 号 29 层
电话	021 -63410710
传真	021 -63410712
电子信箱	ax600816@126. com

3. 会计数据和财务指标摘要

3.1 主要会计数据

	2011 年	2010 年	本年比上年增减(%)	2009 年
营业总收入(元)	485 006 465. 51	309 929 292. 26	56. 49	172 990 652. 70
营业收入(元)	47 192 260. 06	62 305 224. 99	-24. 26	51 078 239. 58
营业利润(元)	260 852 083. 25	120 035 606. 49	117. 31	42 615 787. 72
利润总额(元)	266 751 999. 00	124 319 287. 01	114. 57	46 791 365. 70
归属于上市公司股东的净利润(元)	195 091 441. 76	92 663 762. 60	110. 54	47 259 933. 75
归属于上市公司股东的扣除非经常性损益的净利润(元)	189 429 151. 74	88 346 782. 81	114. 42	41 324 768. 69
经营活动产生的现金流量净额(元)	173 664 202. 64	69 672 412. 07	149. 26	159 117 146. 68
	2011 年末	2010 年末	本年末比上年末增减(%)	2009 年末
资产总额(元)	932 029 787. 82	688 600 585. 90	35. 35	591 702 135. 93
负债总额(元)	372 100 165. 17	328 117 318. 95	13. 40	316 645 461. 08
归属于上市公司股东的所有者权益(元)	522 890 144. 73	326 123 585. 14	60. 33	233 459 822. 54
总股本(元)	454 109 778. 00	454 109 778. 00	0. 00	454 109 778. 00

3.2 主要财务指标

	2011 年	2010 年	本年比上年增减(%)	2009 年
基本每股收益(元/股)	0. 4296	0. 2041	110. 49	0. 1041
稀释每股收益(元/股)	0. 4296	0. 2041	110. 49	0. 1041
用最新股本计算的每股收益(元/股)	0. 4296	0. 2041	110. 49	0. 1041
扣除非经常性损益后的基本每股收益(元/股)	0. 4171	0. 1945	114. 45	0. 0910
加权平均净资产收益率(%)	46. 05	33. 12	12. 93	22. 90
扣除非经常性损益后的加权平均净资产收益率(%)	44. 71	31. 58	13. 13	20. 02
每股经营活动产生的现金流量净额(元/股)	0. 38	0. 15	153. 33	0. 35
	2011 年末	2010 年末	本年末比上年末增减(%)	2009 年末
归属于上市公司股东的每股净资产(元/股)	1. 1515	0. 7182	60. 33	0. 5141
资产负债率(%)	39. 92	47. 65	-7. 73	53. 51

3.3 非经常性损益项目

单位：元

非经常性损益项目	2011 年金额	2010 年金额	2009 年金额
非流动资产处置损益	19 982.48	-17 193.65	-120 577.32
计入当期损益的政府补助，但与公司正常经营业务密切相关，符合国家政策规定、按照一定标准定额或定量持续享受的政府补助除外	5 328 802.00	3 178 252.00	4 151 302.00
委托他人投资或管理资产的损益	2 524 860.00	2 232 560.00	590 590.00
单独进行减值测试的应收款项减值准备转回			516 476.12
除上述各项之外的其他营业外收入和支出	551 131.27	1 122 622.17	27 747.82
其他符合非经常性损益定义的损益项目			2 236 038.48
少数股东权益影响额	-1 574 864.41	-1 132 283.21	-995 428.24
所得税影响额	-1 187 621.32	-1 066 977.52	-470 983.80
合计	5 662 290.02	4 316 979.79	5 935 165.06

4. 股东持股情况和控制框图

4.1 前 10 名股东、前 10 名无限售条件股东持股情况表

2011 年末股东总数（户）		41 847	本年度报告公布日前一个月末股东总数（户）		42 146
前 10 名股东持股情况					
股东名称	股东性质	持股比例（%）	持股总数（股）	持有有限售条件股份数量	质押或冻结的股份数量（股）
上海国之杰投资发展有限公司	境内非国有法人	32.96	149 670 672	0	质押 143 780 000
中国人寿保险（集团）公司—传统—普通保险产品	未知	1.56	7 078 550		未知
山西太钢投资有限公司	未知	1.53	6 960 138		未知
中国工商银行——富国天惠精选成长混合型证券投资基金（LOF）	未知	0.95	4 300 081		未知
中国农业银行股份有限公司——新华优选成长股票型证券投资基金	未知	0.89	4 048 017		未知
中国人寿保险股份有限公司—传统—普通保险产品—005L—CT001 沪	未知	0.76	3 432 926		未知
华宝投资有限公司	未知	0.65	2 945 000		未知
蒋水良	未知	0.59	2 700 000		未知
北京鼎问财富投资管理有限公司	未知	0.53	2 407 558		未知
蒋仕波	未知	0.49	2 213 833		未知

前 10 名无限售条件股东持股情况		
股东名称	持有无限售条件股份数量（股）	股份种类
上海国之杰投资发展有限公司	149 670 672	人民币普通股
中国人寿保险（集团）公司—传统—普通保险产品	7 078 550	人民币普通股
山西太钢投资有限公司	6 960 138	人民币普通股
中国工商银行——富国天惠精选成长混合型证券投资基金（LOF）	4 300 081	人民币普通股
中国农业银行股份有限公司——新华优选成长股票型证券投资基金	4 048 017	人民币普通股
中国人寿保险股份有限公司—传统—普通保险产品—005L—CT001 沪	3 432 926	人民币普通股
华宝投资有限公司	2 945 000	人民币普通股
蒋水良	2 700 000	人民币普通股
北京鼎问财富投资管理有限公司	2 407 558	人民币普通股
蒋仕波	2 213 833	人民币普通股
上述股东关联关系或一致行动的说明	公司未知上述股东之间存在关联关系或属于一致行动人的情况	

4.2 公司与实际控制人之间的产权及控制关系

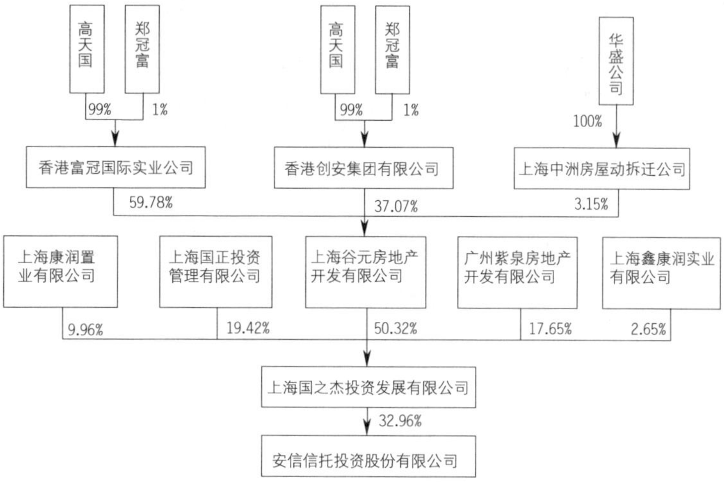

5. 董事会报告

5.1 管理层讨论与分析概要

5.1.1 公司经营总体情况

2011 年,我国的信托行业整体处于转型的关键时期,作为市场主体的信托公司在制定经营战略时,除了在竞争中抢占市场份额,更重要的是必须集中力量优化业务结构,最终形成企业的核心竞争力,从而不断提高经营绩效,真正成长为金融资产管理企业。报告期内,在复杂多变的内部、外部经营环境中,公司结合实际,继续坚持“专业化、差异化”的经营策略,落实各项监管要求,明确展业方向,积极开拓创新,在加强风险识别、防范和管控能力的同时,不断提升自主管理能力,实现了经营业绩连续四年大幅度增长。报告期内,实现营业总收入为 48 500.65万元,归属于母公司的净利润为 19 509.14 万元,累计净利润较上年同期增长了 110.54%。与此同时,在公司治理、风险管理、内部控制、企业文化和团队建设、制度建设与规范运作、信息披露与投资者关系管理及合格投资者的培育、管理和维护等方面也取得了优异的成绩,提升显著,公司在可持续发展模式的探索方面再上新台阶。

5.1.2 公司主营业务情况

5.1.2.1 固有业务方面

截至报告期末,公司总资产(合并)为 93 202.98 万元,负债总额为 37 210.02 万元,归属于母公司所有者权益为 52 289.01万元,比年初增加了 19 676.65 万元,原因为公司利润增加。资产负债率由年初 47.65% 下降至 39.92%。固有业务所持有的资产结构清晰,除货币性资产、固有资金贷款外,尚有部分对外股权投资及投资性房地产。为贯彻执行《信托公司管理办法》的相关规定,突出信托主业,实现发展定位的有效转型,公司在报告期内根据资产形态的不同,继续积极、稳妥地以债务重组、股权转让等方式开展了阶段性的非金融性股权剥离和投资性房地产等实业资产清理工作,使公司财务结构更加清晰。公司净资产规模也逐年上升,为公司业务拓展能力及盈利能力逐步增强和税后净利润增加所致。报告期公司无对外担保,也不存在利用委托业务变相从事信托业务和垫款。

5.1.2.2 信托业务方面

截至报告期末,公司存续信托项目为 63 个,受托信托资产规模为 254.28 亿元;已完成清算的信托项目 30 个,清算信托规模为 95.80 亿元;新增设立信托项目 44 个,新增信托规模为 230.74 亿元;报告期内公司实现手续费收入净额为 42 834.32 万元,比 2010 年同期增长了 78.79%。以上贷款发放均履行了严格的内部评审程序,合法合规,符合国家产业政策和宏观调控的要求。

截至报告期末,公司管理的信托资产为 2 542 782.73 万元,除河南新陵公路项目贷款集合资金信托涉及的信托资金为 8 000 万元和河南新陵公路项目股权信托 1 000 万元外,其他信托项目及信托财产均正常,信托财产正常率为 99.65%,信托财产不良率为 0.35%,信托不良资产未发生变化;公司投资于有市价证券的信托产品均已兑付清算完毕,未新增证券类信托项目。

5.1.2.3 落实各项监管要求,不断尝试创新业务,进一步提升主动管理能力

报告期内,公司认真贯彻监管要求,结合自身实际和业务团队的特点,确立了工具型信托投行业务和资产管理型信托业务的发展模式。在已经取得的成果基础上,继续加大类公益型、类基金型及其他私人信托产品的研发力度,为公司开展基金型、资产管理型信托业务起到积极的推进作用,为公司形成具有安信特色的私人信托业务奠定了基础,也使公司在业界的影响力和社会公信力得到大幅度的提升。2011 年,公司在继续推进矿产资源类信托业务的拓展力度的同时,还在艺术品基金信托、碳金融基金信托和三板创业开发基金信托等领域进行了探索,为公司发展多元化的信托业务起到积极的推动作用。2011 年,公司继续培育可持续发展的信托业务模式,积极推进提供中长期信用服务的资产管理型信托业务,例如,进一步深化与宋庆龄基金会等社会组织和机构的合作,优化“关爱系列——阳光 1 号”信托计划的后续管理等。公司的信托业务结

构得到进一步的丰富和充实，公司主动管理类信托业务的各项指标都得到大幅度的增长和提升。

5.1.3 公司治理方面

5.1.3.1 继续完善和提升公司治理水平，规范上市公司运作

严格按照《公司法》、《证券法》、《信托法》及中国银监会、中国证监会有关法律法规的要求，不断完善公司法人治理结构、规范公司运作。严格按照《章程》规定的程序召集、召开股东大会、董事会、监事会、董事会专门委员会。

根据中国证券监督管理委员会上海监管局的相关文件精神，通过自查与现场检查相结合的方式，圆满完成了证监局对公司内幕信息管理工作的专项检查。与此同时，公司还组织各级相关人员学习内幕信息管理的相关法规，按公司章程以及信息披露事务管理制度梳理内幕信息知情人管理制度、外部信息使用人管理制度，在提高公司对内幕交易防范意识的同时，也增强了公司规范运作的能力；拟定并通过了《安信信托投资股份有限公司董事会秘书工作制度》等管理制度，定期对公司经营情况及信托项目的管理情况进行内部稽核检查，并按季度向监管部门报送公司内部稽核审计报告，进一步完善了公司法人治理机制。

5.1.3.2 加强与投资者的沟通与交流，做好信息披露与投资者关系管理工作

报告期内，公司严格执行《投资者关系管理制度》，不断加强与投资者的沟通和交流工作，将投资者关系管理工作规范化、制度化。严格按照监管机构的要求与上市规则的规定履行信息披露义务，确保信息披露的真实、及时、准确、完整，增强信息披露的透明度，确保全体股东有平等的机会获取信息，促进管理层全面客观地了解市场。公司在不确定性因素较多的市场环境下不断提升投资者关系管理工作的水平，从维护投资者权益、维护公司利益的角度出发公平对待股东，真诚接待，做到既换位思考又坚持原则，减少了公司股票的异常波动，认真倾听、记录、报告了市场声音。

为维护信息披露的"公平、公正、公开"的原则，防范内幕信息知情人员滥用知情权、泄露内幕信息、进行内幕交易，公司制定了《内幕信息及知情人管理制度》和《外部信息使用人管理制度》等制度，严格执行信息披露内部控制制度的要求，对公司定期报告及重大事项履行必要的传递、审核和披露流程。

5.1.3.3 着力培育合格投资者，提升公司为投资者服务的专业素质和形象

在信托产品的发行方面，公司设立了客户服务中心，组建了专业的营销团队，建立了客户管理制度和系统。在信托产品营销的过程中，全面贯彻落实有关信托产品营销的各类监管要求，结合客户的资质和风险偏好，对客户进行了较为充分的分析和分类，通过对公司信托产品知识及相关业务可能存在的风险进行宣传、教育和普及，着力培育合格的投资者。经过几年的发展和积累，2011 年，公司在信托产品发行的规模和额度上都有了大幅度的上升，合格投资者的数量和质量也有了明显的提高，客户关系的管理和维护水平取得了明显的进步，自主发行能力继续增强，在提升公司整体实力和社会形象的同时，也提升了公司为投资者服务的专业素质和水平。

5.1.3.4 紧密联系实际，与时俱进地做好企业文化和团队建设工作

报告期内，公司在复杂的内部、外部经营环境中，严格执行各级监管政策，结合公司的实际情况，继续秉承"和谐、诚信、进取、高效"的企业精神，倡导"风控合规、人人有责"的理念，并通过不断优化内控流程、修订管理制度等方式，将其落实到经营管理和实际工作中的每一个环节。

公司还聘请了专业人士对中国银监会下发的"三个办法，一个指引"进行了重新的解读和培训。通过集中学习或自学的形式，对新的监管政策进行了再学习和再培训，并对学习效果进行了书面测试。同时，公司通过案例讨论、室外拓展、专家讲座等多种方式相结合，从员工的职业道德、内部控制、风险防范与管控、专业知识和技能的充实与提高等方面进行了多角度的培训，使得员工对客户及投资者能够做到恪尽职守，履行诚实、信用、谨慎、有效管理的义务，认真管理信托财产，保护受益人的最大利益。

5.1.4 风险管理情况

公司在经营活动中可能遇到的风险为信用风险、市场风险、操作风险、合规风险、流动性风险、法律风险、声誉风险等。董事会和管理层非常重视风险管理，认为风险控制是金融机构立身、展业之本，高度重视在展业过程中的各种风险，在风险管理的组织结构方面，董事会下设风险控制与审计委员会，负责审议重大决策、重大风险、重大事件及重要业务流程的判断标准或判断机制。在经营层面，设有信托和自营业务决策委员会、信托业务风险控制委员会，负责公司项目立项和设立评审，对存续项目定期进行风险评估；设有风险控制执行官和专门的风险管理部门，负责提出风险管理流程、解决方案及日常监控和指导、监督开展风险管理工作。

5.1.4.1 信用风险状况

公司在运营过程中可能面临的信用风险为交易对手不愿或不能履行其义务而使信托财产和固有财产遭受潜在损失的可能性的风险。报告期内，公司发放的信托贷款均履行了严格的内部评审程序，合法合规，符合国家产业政策和宏观调控的要求。信托贷款抵押物充足，交易对手信用等级较高，信用风险可控。

5.1.4.2 市场风险状况

市场风险主要指在开展资产管理业务过程中，投资于有公开市场价值的金融产品或者其他产品时，金融产品或者其他产品的价格发生波动导致资产遭受损失的可能性。公司在运营过程中可能面临的市场风险为股价、市场汇率、利率及其他价格对公司盈利能力的影响。公司在立项、设立、管理等各个阶段严格控制项目风险，严格履行受托人的尽职管理职责，严格按照信托文件进行操作和处理信托事务，均符合相关规定。报告期内公司对外投资全部为长期股权投资，无其他(股票、债券和基金等)产品的投资余额。根据信托新两规要求，公司将对非金融的实业投资进行剥离，剥离后，公司的资产质量将会继续提高。

5.1.4.3 操作风险状况

操作风险表现为由于公司治理机制、内部控制失效或者有关责任人出现失误、欺诈等问题，公司没有充分及时地做好尽职调查、持续监控、信息披露等工作，未能及时作出应有的反应，或作出的反应明显有失专业和常理，甚至违规违约；公司没有履行勤勉尽职管理的义务，或者无法出具充分有效的证据和记录，证明自己已履行勤勉尽职管理的义务。操作风险表现在

信托业务和固有业务的整个管理过程中。公司在操作风险的防范方面，要求并能够做到所有项目的签署、登记、领证等关键环节均面签、面取、面查；重大事件的文书送达均由风险控制中心牵头，从文书内容到邮寄形式均要求以公证方式进行。通过以上措施，公司在文件签署、送达等环节的操作风险防范和控制都得到明显改善。

5.1.4.4　合规风险状况

合规风险是指因没有遵循法律、规则和准则可能遭受法律制裁、监管处罚、重大财务损失和声誉损失的风险。加强合规风险管理既是监管部门关注的重点，也是公司自身发展的内在要求。公司高度重视合规风险管理，倡导依法合规、持续健康经营的理念，密切关注金融形势和国内监管政策发展趋势，动态理解和自觉适用信托业务相关的监管政策法规，不断和完善公司合规管理体系，强化合规风险管理。公司各项管理制度得以切实执行，合规文化氛围逐步浓厚，合规风险得到了有效控制，没有因合规问题而遭受法律制裁、重大财务损失或声誉损失。

5.1.4.5　流动性风险状况

流动性风险管理。一是在产品的流动性风险控制方面，公司在开展具体项目时，采取限制抵押率(一般控制在40%以下)，优先劣后结构，要求有银行担保或财政资金支持等措施控制；二是加强信托项目的到期兑付工作。对于集合信托，在兑付前一个月，公司向上海银监局报告兑付资金落实情况和清算方案，由信托经理逐日向公司报告兑付资金落实进展情况，在到期前一天，信托经理到资金方现场督促划拨资金；三是在公司自身流动性方面，拟通过定向增发增加公司资本金；将现有实业投资资产剥离转化成货币资金，通过现有业务良好状况开展积累资金等方式大大增加公司资产流动性和抵御风险的能力。

5.1.4.6　其他风险状况

其他风险包括法律风险、道德风险和声誉风险等。法律风险是指信托合同的内容在法律上有缺陷或不完善而发生法律纠纷甚至无法履约，以及法律的不完善或修订使信托收益产生的不确定性。信托是一种建立在信任基础上的财产转移和管理处分的法律制度，它涉及信托关系中各方当事人的切身利益，涉及的法律法规多而且复杂，处理不当会引起相应的法律纠纷，对信托公司的经营管理将产生重大影响。

报告期内公司在风险管理和控制方面，随着公司业务形态的改变以及创新类信托业务的相继开展和设立，公司针对业务的不同阶段、不同风险特点，对可能存在的市场风险、信用风险和合规风险进行动态监测，适时下发风险提示函，提前进行风险预警；对所有存续项目进了40余次的投贷后检查，并形成专门的报告。每季度定期对存续的项目进行全面风险评估，及时发现并化解风险。公司根据国家政策导向以及行业监管的实时要求，针对存续项目不同的业务形态和风险特征对公司存续项目中可能出现的流动性风险、操作风险、管理风险和信用风险等进行了多维度、立体式的风险排查，全面掌控项目信息，以利于对项目实施严格、及时的后续管理，避免了各种风险的发生。通过采取以上风险管控措施，确保了到期项目的正常清算。

5.1.5　公司未来的展望

5.1.5.1　经济形势分析

2012年，国内、国外经济形势愈加复杂。发达经济体活力不足、市场信心下降，世界经济可能将在较长时期内持续低迷。中国经济虽然保持在较快的合理增长区间，但宏观调控依然面临着诸多的考验和压力。

2012年，信托业将面临着依旧复杂的内部、外部经营环境，新的经济形势虽然会给信托公司的发展带来各方面的挑战，但同时也会带来新的机会，促进信托公司在机制创新、产品创新、营销模式及管理模式的创新方面进行相应的准备和调整，不断提升自身的专业素质和管理水平。

5.1.5.2　2012年工作要点

公司在巩固上年度已取得的经营业绩和管理成果的基础上，从公司治理、业务创新、规模扩展、内部控制、合格投资者的培育、企业文化和团队建设等方面做好以下工作：

(1)信托业务方面：公司将认真贯彻落实各项监管要求，完善现有信托业务体系，根据国家经济、金融政策的变化要求，在风险可控的前提下，择机适度开展既符合国家产业政策导向，又具有安信信托特色的信托业务，继续在“专业化、差异化”方面打造公司的产品品牌，实现公司价值最大化。充分利用“存续信托项目节点控制系统”，切实做到对公司存续项目各个时间节点的全方位监督和控制，真正做到实时的风险管控。同时，公司还将继续采用多种形式，组织员工认真学习相关法律法规，做好公司经营及业务的规范工作。在业务拓展的过程中，坚持合规经营是公司业务得以健康、稳定发展的前提和保障这一理念，努力构建公司合法、合规经营的企业氛围和企业文化。同时，做好公司信托业务存量项目的管理工作和新增信托项目的事前、事中、事后的风险识别、防范和控制工作。

(2)固有业务方面：按照银监会的有关规定继续进行实业资产的后续剥离工作，优化公司的资产结构，突出主营业务，符合监管部门的业态要求。鉴于公司目前仍处于重组的时期，对固有资产的运用和管理本着审慎的原则开展，主要选择流动性强且能为公司带来更高收益的低风险业务。

(3)管理方面：

第一，进一步健全、完善内控机制。逐步建立并形成科学、高效、权责明晰的决策程序和机制；完善公司内部控制制度建设；继续做好公司的各类信息披露和投资者关系管理工作；进一步提高事前、事中、事后的风险防范和管理能力；继续倡导合规和风险控制的理念，提高全员的风险意识。

第二，从广度和深度进一步推进合格投资者的培育工作，完善客户管理信息系统。根据各级监管部门对信托公司产品营销管理的有关规定，形成信托产品营销的统一标准，制定高端客户考核管理办法、开拓规划指引，打造一支具有公司特色的直销队伍，不断挖掘和培植高端客户。根据公司客户维护和管理的实际情况，建立功能更加强大的客户信息系统平台，在实际管理中不断改进和完善客户信息系统功能，全面提高信息管理效率和水平。

第三，多层次、多角度地加强公司团队建设，实现人力资源合理有效的配置。2012年，公司将结合自身实际情况，调动现有的每一位员工的积极性，继续加强法律、法规、业务知识的学习和培训工作，组织业务人员进行信托业务案例探讨、交流及金融知识学习，开发每一位员工的潜能，发扬吃苦耐劳、开拓进取的精神，建设一支具有一定专业知识和较强战斗力、齐心协力、能适应公司业务发展需要的具有安信特色的团队，实现公司人力资源有效合理的配置,提高公司经营与管理的效率。

5.1.5.3 须关注的因素

2006年末,启动向特定对象发行股份购买资产暨重大资产重组工作,2008年6月16日经中国证券监督管理委员会并购重组委员会审核获得有条件通过,但未获得相关核准文件。公司一直积极推进本项工作,2011年获得了中国证监会对重组申请的重新受理,中国证监会上市公司并购重组审核委员会于2012年1月16日再次审核经调整后的重组方案但未获通过。公司拟继续推进本次重大资产重组工作,本事件将影响公司的发展战略及工作目标。

5.2 主营业务分行业、产品情况表

主营业务分行业情况

分行业	营业收入(元)	营业成本(元)	营业利润率(毛利率)(%)	营业收入比上年增减(%)	营业成本比上年增减(%)	毛利率比上年增减(%)
金融信托业	434 439 377.60		59.65	81.17		4.92
高新技术产业	37 626 667.02	15 024 793.28	60.07	65.90	29.96	11.05

主营业务分产品情况

分产品	营业收入(元)	营业成本(元)	营业利润率(毛利率)(%)	营业收入比上年增减(%)	营业成本比上年增减(%)	毛利率比上年增减(%)
金融信托	434 439 377.60		59.65	81.17		4.92
软硬件销售	37 626 667.02	15 024 793.28	60.07	65.90	29.96	11.05

5.3 报告期内利润构成、主营业务及其结构、主营业务盈利能力较前一报告期发生重大变化的原因说明

详见审计报告十三、(三)

6. 财务报告

6.1 本报告期无会计政策、会计估计的变更

6.2 本报告期无前期会计差错更正

6.3 与最近一期年度报告相比,合并范围发生变化的具体说明

6.3.1 报告期内无新增合并单位

6.3.2 报告期内减少合并单位情况

本期减少合并单位2家,系子公司鞍山市信安资产经营有限公司和孙公司鞍山安信房地产经营开发有限公司,原因为:股权转让。

6.4 董事会、监事会对会计师事务所“非标准审计报告”的说明

监事会对会计师事务所非标意见的独立意见

报告期内,立信会计师事务(特殊普通合伙)公司未出具非标意见。

百瑞信托有限责任公司

1. 重要提示

本公司董事会及董事保证本报告所载资料不存在任何虚假记载、误导性陈述或者重大遗漏，并对其内容的真实性、准确性和完整性承担个别及连带责任。本年度报告摘要摘自年度报告全文，客户及相关利益人欲了解详细内容，应阅读年度报告全文。

公司全体董事出席了董事会。无董事声明异议。

公司独立董事刘亚先生、张明洪先生声明：保证本年度报告内容的真实性、准确性和完整性。

天职国际会计师事务所有限公司为本公司出具了标准无保留意见的审计报告。

公司总裁马磊先生、董事会秘书兼财务总监王克槿女士和计划财务部总经理刘芳女士声明：保证本年度报告中财务报告的真实、完整。

2. 公司概况

2.1 公司简介

2.1.1 公司历史沿革

公司由郑州信托投资公司改制而来，始建于1986年4月15日，注册资本为1 000万元人民币，注册地河南省郑州市；1988年7月，公司开始与郑州市财务开发公司合署办公；1990年11月，郑州市财政局将公司的注册资本补充为5 006.7万元人民币；1992年10月，公司与郑州市财务开发公司分设重组，1993年2月18日重组开业；2002年9月，经中国人民银行总行批准，公司完成重新登记后更名为百瑞信托投资有限责任公司，注册资本为35 000万元人民币（含1 500万美元）；2007年11月，经中国银行业监督管理委员会（以下简称"中国银监会"）批准，公司换领新的金融许可证后更名为百瑞信托有限责任公司；2008年3月，经中国银监会河南监管局批准，公司注册资本增加至60 500万元人民币；2010年12月，经中国银监会批准，公司引入中电投财务有限公司成为新股东，注册资本增加至120 000万元人民币。

2.1.2 公司法定中文名称：百瑞信托有限责任公司
中文简称：百瑞信托
公司法定英文名称：Bridge Trust Co.,Ltd.
英文缩写：BRTC
公司法定代表人：马宝军
公司注册地址：河南省郑州市郑东新区商务外环路10号中原广发金融大厦
邮政编码：450018
公司网址：www.brxt.net
公司电子信箱：brxt@brxt.net

2.1.3 公司负责信息披露事务的高级管理人员：董事会秘书兼财务总监王克槿女士
联系电话：0371－69177587
电子信箱：wkj@brxt.net

2.1.4 公司负责信息披露事务的联系人：董事会办公室法律主管康磊先生
联系电话：0371－69177119
电子信箱：kanglei@brxt.net
传真：0371－69177300

2.1.5 公司选定的信息披露报纸：《金融时报》

2.1.6 公司年度报告备置地点：公司董事会办公室

2.1.7 公司聘请的会计师事务所：天职国际会计师事务所有限公司
住所：北京市海淀区车公庄路乙19号208～210室。

2.1.8 公司聘请的律师事务所：河南豫都律师事务所
住所：郑州市郑东新区商务外环路29号国泰财富中心11层。

2.2 公司组织结构

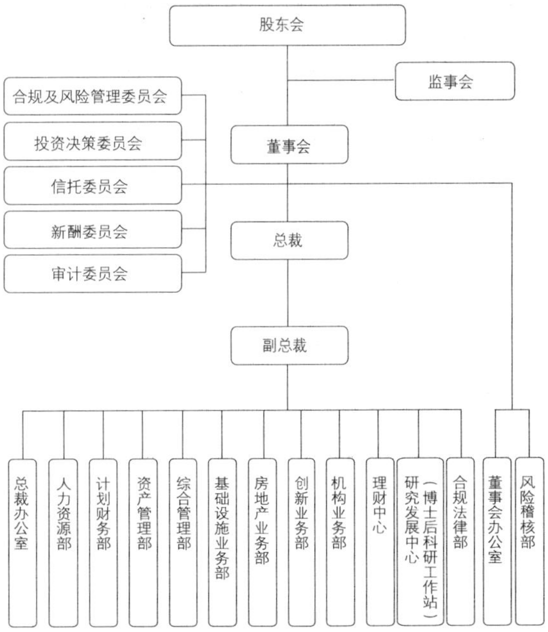

3. 公司治理结构

3.1 公司股东

3.1.1 截至2011年12月31日，公司共有8家股东，最终实际控制人为中国电力投资集团公司。股东单位中电投财务有限公司为中国电力投资集团公司二级子公司。以下是持有本公司10%以上（含10%）出资比例的股东情况

股东名称	持股比例(%)	法定代表人	注册资本(亿元)	注册地址	主要经营业务及2011年底主要财务情况
郑州市财政局	29.87	王春山	—	郑州市兴华南街39号	政府职能部门
★中国电力投资集团公司	25.328	陆启洲	120	北京市西城区金融大街28号院3号楼	主要经营业务：实业投资管理；电源的开发、投资、建设、经营及管理；组织电力(热力)生产、销售；电能设备的成套、配套、监造、运行及检修；电能及配套的销售；工程建设与监理；招投标代理；电力及相关技术的科技开发；电力及相关业务的咨询服务、培训、物业管理；自营和代理各类商品和技术的进出口(国家限定公司经营或禁止进出口的商品和技术的除外)；承包境外工程和境内国际招标工程；上述境外工程所需的设备和材料出口；对外派遣实施上述境外工程所需的劳务人员。 主要财务情况(合并报表)：资产总额约5 034亿元，负债总额约4 326亿元，所有者权益约708亿元。
中电投财务有限公司	24.912	王祥富	50	北京市西城区金融大街28号院2号楼7层	主要经营业务：经营集团成员单位的下列人民币金融业务及外汇金融业务；对成员单位办理理财和融资顾问、信用鉴证及相关咨询、代理业务；协助成员单位实现交易款项的收付；经批准的保险代理业务；对成员单位提供担保；办理成员单位之间的委托贷款及委托投资；对成员单位办理票据承兑与贴现；办理成员单位之间的内部转账结算及相应的结算、清算方案设计；吸收成员单位的存款；对成员单位办理贷款及融资租赁；从事同业拆借；经批准发行财务公司债券；承销成员单位的企业债券；对金融机构的股权投资；有价证券投资；成员单位产品的消费信贷、买方信贷及融资租赁。 主要财务情况：资产总额272亿元，负债总额220亿元，所有者权益52亿元。

注：最终实际控制人在股东名称一栏中加★表示。

3.1.2 公司前三位股东的主要股东情况

3.1.2.1 郑州市财政局为机关法人

3.1.2.2 中国电力投资集团公司主要股东情况

股东名称	出资比例(%)	法定代表人	身份证号	注册地址	主要经营业务及2011年底主要财务情况
国务院国有资产监督管理委员会	100	—	—	北京市宣武门西大街26号	—

3.1.2.3 中电投财务有限公司主要股东情况

股东名称	出资比例(%)	法定代表人	注册地址(住址)	主要经营业务及2011年底主要财务情况
中国电力投资集团公司	77	陆启洲	北京市西城区金融大街28号院3号楼	同上

注：此处主要股东指持有中电投财务有限公司10%以上(含10%)股权的股东。

3.2 公司董事

3.2.1 公司董事会成员

姓名	职务	性别	年龄	选任日期	任期	所推举的股东名称	该股东持股比例(%)	简要履历
马宝军	董事长	男	49	2011年3月7日	3	中电投财务有限公司	24.912	2002年6月至2003年7月任公司第一届董事会董事长兼总经理；2003年8月起，任公司董事长。
蔡宁	董事	男	36	2011年6月21日	3	中电投财务有限公司	24.912	曾任江苏徐塘发电有限公司计划专职、审计专职、监察审计部主任；2008年9月至2011年5月分别任中电投财务有限公司计划财务部资金集中管理经理、计划财务部总经理助理兼资金集中管理经理、计划财务部副总经理、综合管理部副总经理、运营管理部副总经理；2011年5月至2011年7月任中电投保险经纪有限公司副总经理；2011年7月至今任中电投财务有限公司外派上海融联租赁股份有限公司总经理。
苏琛	董事	女	39	2011年6月21日	3	中电投财务有限公司	24.912	曾任北京压缩机研究所设计员、美国3CX公司北京代表处人事行政助理、美商网路股份有限公司北京分公司人力资源部经理、华普信息技术有限公司人力资源部人力资源运营经理；2005年9月至2009年12月分别任中电投财务有限公司综合管理部职员、劳资管理高级主管、综合管理部人力资源经理、综合管理部总经理助理兼人力资源经理；2009年12月起任中电投财务有限公司人力资源部副总经理。
樊玉涛	董事	男	46	2011年6月21日	3	郑州市财政局	29.87	1988年7月至今一直在郑州市财政局工作，曾任预算处处长、国库处处长；2009年7月起任总经济师。

续表

姓 名	职 务	性别	年龄	选任日期	任期	所推举的股东名称	该股东持股比例(%)	简 要 履 历
张可欣	董事	男	46	2011年6月21日	3	郑州市财政局	29.87	曾任郑州市自来水总公司柿园水厂副厂长,郑州市自来水总公司设计院院长、支部书记,郑州市自来水总公司总经理助理、副总经理;2010年12月起任郑州自来水投资控股有限公司党委委员、董事会董事、总经理。
刘 亚	独立董事	男	53	2011年6月21日	3	—	—	曾任中国金融学院副院长;现任对外经济贸易大学党委常委、副校长。
张明洪	独立董事	男	51	2011年6月21日	3	—	—	曾在郑州市财政局工作,2005年6月至2010年8月任郑州市财政局注册会计师协会秘书长兼党委副书记;2010年8月至2011年4月,任河南大桥石化有限公司副总经理;2011年4月至今,在河南宏光奥林匹克置业有限公司任副总经理。

3.2.2 公司独立董事

独立董事刘亚先生为对外经济贸易大学副校长,独立董事张明洪先生为河南宏光奥林匹克置业有限公司副总经理。

姓 名	职 务	性别	年龄	选任日期	任期	所推举的股东名称	该股东持股比例(%)	简要履历
刘 亚	独立董事	男	53	2011年6月21日	3	—	—	同上
张明洪	独立董事	男	51	2011年6月21日	3	—	—	同上

3.3 公司监事

姓 名	职 务	性别	年龄	选任日期	任期	所推举的股东名称	该股东持股比例(%)	简 要 履 历
袁先锋	监事会主席	男	41	2011年3月7日	3	郑州市金水区财政局	5.41	曾在郑州市金水区柳林镇财政所工作,1995年起在郑州市金水区财政局任预算科科长、总会计师兼金水区财政国库集中收付中心副主任、金水区财政局副局长兼金水区国有资产经营公司经理;2010年至今任金水区财政局副书记、副局长兼任金水投资公司经理。
栾帅	股东监事	女	39	2011年3月7日	3	中电投财务有限公司	24.912	曾在北京财政学校、中瑞华恒信会计师事务所、中国电力投资集团公司工作;2004年11月至今任中电投财务有限公司结算管理部主管、资金结算高级主管、副总经理、投资管理部副总经理、计划财务部总经理。
王逸馨	股东监事	女	46	2011年3月7日	3	中电投财务有限公司	24.912	曾在东北电业管理局、中国电力国际有限公司、中国电力国际发展有限公司工作;2009年9月至今任中电投财务有限公司结算管理部副总经理、综合管理部副总经理、风险管理部副总经理。
王红军	股东监事	男	33	2011年3月7日	3	郑州市财政局	29.87	2006年7月至今在郑州市财政局办公室工作。
张钊睿	股东监事	男	37	2011年3月7日	3	郑州市财政局	29.87	1997年7月起在郑州市财政局工作;2009年8月至今任预算处副处长。
王 薇	股东监事	女	30	2011年3月7日	3	郑州自来水投资控股有限公司	6.76	曾任招商银行郑州分行支行理财顾问兼营业部主管;2010年6月至今在郑州市财政局商贸处工作。
赵克明	股东监事	男	56	2011年3月7日	3	巩义市财政局	4.06	曾在巩义市豫剧团工作;1978年12月起在巩义市财政局工作;现任副局长兼巩义市财务开发公司经理。
王建永	股东监事	男	46	2011年3月7日	3	登封市财政局	2.31	1988年至今在登封市财政局任职,先后任科长、纪检组长、副局长、局长。
张耀民	股东监事	男	50	2011年3月7日	3	中牟县财政局	1.35	曾在中牟县韩寺乡财政所、中牟县大孟财政所任副所长;1989年9月起在中牟县财政局任职,分别任科长、预算外资金管理局副局长、局长、党组成员;2009年2月至今任中牟产业园区管委会财政局局长、中牟县财政局党组成员、预算外资金管理局局长。
闫继红	职工代表监事	女	40	2011年3月7日	3	—	—	1995年至今先后任公司国际业务部、投资银行部部门负责人、信托业务部信托经理、合规风险部风险主管、风险稽核部副总经理。

注:公司监事会没有下属委员会。职工代表监事闫继红女士在公司风险稽核部任职,同时行使相关监事职权,履行相关监事义务。

3.4 高级管理人员

姓　名	职　务	性别	年龄	选任日期	金融从业年限	学历	专业	简　要　履　历
马宝军	董事长	男	49	2002年6月17日	19	硕士研究生	工商管理	同上
马磊	总裁	男	44	2006年3月8日	23	硕士研究生	工商管理	曾任公司副总裁;2005年9月至2006年2月,任公司执行总裁;2006年2月起,任公司总裁。
石笑东	副总裁	男	40	2005年11月25日	19	硕士研究生	工商管理	曾任公司董事会秘书兼总裁办公室主任;2005年9月至2010年7月,任公司董事会秘书兼副总裁;2010年7月起,任公司副总裁。
刘英辉	副总裁	女	44	2010年7月26日	17	硕士研究生	工商管理	曾任公司信托业务一部总经理、业务总监兼信托业务一部和信托业务三部总经理;2010年7月起,任公司副总裁。
王克槿	董事会秘书/财务总监	女	39	2011年6月21日	17	硕士研究生	经济法	曾任公司总裁办公室副主任、主任、人力资源部总经理、董事会秘书兼人力资源部总经理;2011年3月至今任公司董事会秘书兼财务总监。
方晓军	首席风险官	男	38	2011年6月21日	7	博士研究生	工商管理	曾任江苏省淮安市涟水县政府办秘书、中国人民大学商学院讲师、中国石油天然气集团公司资本运营部股权综合处高级主管、中电投财务有限公司投资咨询部负责人、投资管理部副经理(其间2007年12月至2008年6月兼任中电投保险经纪有限公司副总经理)、投资管理部副总经理;重庆先融期货经纪有限公司副总经理、中电投财务有限公司风险管理部副总经理;2011年3月至今任公司首席风险官。

3.5 公司员工

项目		报告期年度		上年度	
		人数	比例(%)	人数	比例(%)
年龄分布	20岁以下	0	0	0	0
	20~29岁	41	32	36	34
	30~39岁	59	46	50	47
	40以上	28	22	21	19
学历分布	博士	6	5	5	5
	硕士	70	55	57	53
	本科	47	36	41	38
	专科	3	2	2	2
	其他	2	2	2	2
岗位分布	董事、监事及其他高级管理人员	7	6	6	6
	固有业务人员	15	12	10	9
	信托业务人员	48	37	35	33
	其他人员	58	45	56	52

4. 经营管理

4.1 经营目标、方针和战略规划

4.1.1 经营目标和方针

公司的经营目标是"追求卓越,与时俱进,做中国信托业的百年老店"。同时,公司遵循"客户至上,品誉第一,稳健高效,精诚服务"的经营方针,借助中国金融市场的持续发展,立足于信托主业,在保持原有业务优势的基础上,积极开拓创新类信托业务,大力提升客户服务能力,逐步扩大具有忠诚度的高净值客户群体,在市场中求生存,在竞争中求发展,通过加强管理,注重效益,保证各项业务规范运作,促进公司的长远发展和整体实力的提高,为投资者提供满意的回报。

4.1.2 战略规划

公司非常重视战略规划工作,在完成2007年战略规划目标的基础上,2011年着手制定了《2011—2015年发展战略规划》,通过打造客户中心、产品中心和风控中心,推进公司管理精细化,跻身于先进信托公司行列。有鉴于信托行业和公司在过去几年取得了快速的发展,公司新的五年规划力求稳健有质量的发展,努力开拓客户群体,提升客户服务质量,丰富各类信托产品,做好重点业务布局,形成客户和产品良性互动、共同促进的局面,提高公司核心竞争力,形成新的盈利模式,实现公司的长期稳健发展。

4.2 所经营业务的主要内容

自营资产运用与分布表

资产运用	金额(万元)	占比(%)	资产分布	金额(万元)	占比(%)
货币资产	19 468.37	8.40	基础产业	3 000.00	1.29
贷款及应收款	87 144.38	37.57	房地产业	20 000.00	8.62
交易性金融资产	4 415.89	1.90	证券市场	40 623.89	17.52
可供出售金融资产	56 504.05	24.36	实业	64 680.00	27.89
持有至到期	—	—	金融机构	49 518.70	21.35
长期股权投资	49 363.58	21.29	其他	54 107.70	23.33
其他	15 034.00	6.48	—	—	—
资产总计	231 930.29	100	资产总计	231 930.29	100.00

信托资产运用与分布表

资产运用	金额(万元)	占比(%)	资产分布	金额(万元)	占比(%)
货币资产	48 348.55	1.20	基础产业	1 994 081.00	49.47
贷款	2 320 643.52	57.57	房地产业	647 927.00	16.07
交易性金融资产	4 197.46	0.10	证券市场	4 198.60	0.10
可供出售金融资产	3 531.14	0.09	实业	820 930.00	20.37
持有至到期	30 000.00	0.75	金融机构	48 348.55	1.20
长期股权投资	1 199 639.80	29.76	其他	515 356.90	12.79
其他	424 481.58	10.53	—	—	—
信托资产总计	4 030 842.05	100.00	信托资产总计	4 030 842.05	100.00

4.3 市场分析

4.3.1 宏观经济金融形势

由于世界经济形势变化，美欧需求萎缩，我国出口导向型企业受到非常大的压力，同时，国内投资对于经济的拉动作用已经发挥到了极致，必须逐步确立消费对于经济发展的主导作用。通过在收入分配、医疗保障等环节向居民部门倾斜，稳步扩大城市人口，有效促进边际消费率的提升，从而扩大内需，保持经济平稳增长。国民财富的增长，对于信托公司拓展财富规划和资产管理业务将起到巨大推动作用。

整体上看，紧货币宽财政的宏观政策将会保持，但在力度上有所不同。政府工作重心从2008年的“保增长”已经转变为“调结构”，地方政府债务管理在加强。货币政策在总量从紧的大环境下，有望开始“定向宽松”，推进解决中小企业、“三农”企业融资难问题，避免民间高利贷对于经济稳定造成冲击。在复杂的经济金融形势下，信托有望继续发挥其灵活性和产品多样性的特点，取得较好的经济效益。

4.3.2 影响本公司业务发展的主要因素

4.3.2.1 促进公司业务发展的有利因素

4.3.2.1.1 行业扩张和盈利积累为下一阶段发展奠定了基础

2007年以来，信托行业迅速扩张，截至2011年末，信托资产规模突破4.8万亿元，盈利能力大幅增强，信托行业地位上升，越来越多的客户认识了信托。2011年末，公司信托资产规模达到403亿元，2011年度实现营业收入6.25亿元，净利润达到3.67亿元。公司明晰了发展战略，提升了自主管理能力，引入了中电投等实力股东，在组织架构、人力资源储备、客户保有量、产品创新等方面奠定了进一步发展的基础。

4.3.2.1.2 中原经济区建设带来更多业务机会

2011年，国务院出台《关于支持河南省加快建设中原经济区的指导意见》，分十个部分对中原经济区发展规划作出了全面阐述，其中，八个部分着重从农业、工业、城镇化、基础设施、能源与环保、公共服务体系、文化产业、体制创新与对内、对外开放多个角度论述了国家对中原经济区社会、经济各个方面的发展规划。中原经济区建设，将有效提升公司总部所在地郑州的区域影响力，将在基础设施信托、商业地产信托、创新信托业务等方面带来更多的业务机会。

4.3.2.1.3 加强营销能力建设，促进可持续发展

行业的快速发展，凸显了信托公司在客户积累方面的先天不足，营销日益成为信托公司和行业发展的瓶颈。在监管层的指导和大力推动下，信托行业正在加强营销能力建设。公司亦把客户中心建设放在战略规划的突出位置，进一步明确目标客户，细分市场，推动设立营销中心，根据客户的不同特点，强化客户营销和客户服务，培育高忠诚度的客户群体，提高高净值客户的市场占有率。

4.3.2.1.4 股票市场低迷，有利于信托业务布局

一方面，相对于证券市场的频繁波动，具有稳定收益的信托产品日益受到投资者的青睐。信托产品涵盖基础设施、房地产、能源等多个行业领域，产品设计灵活多样，收益较高且相对稳定，可满足不同投资者的多元化需求，从而使得客户群体逐步扩大。另一方面，股票市场在不断低迷中，估值水平持续下降，逐步具有了投资价值，有利于信托公司加强证券信托产品研究，提前布局资本市场业务。

4.3.2.2 影响公司业务发展的不利因素

2009年以来，国内经济依靠投资拉动保持了较快的增长，但是经济发展的基础尚不稳定，劳动力成本上升、自主创新不足、内需持续疲软、通货膨胀居高不下等因素制约国民经济的健康发展。与此同时，金融行业内部的竞争更加激烈，私人银行、第三方财富管理公司业务不断壮大，信托公司异地设点不断增多，公司间竞争压力增大。信托公司相对灵活，但在众多产品类别中，如何打造核心业务和盈利模式，需要在发展中不断探索解决。

4.4 内部控制

4.4.1 内部控制环境和内部控制文化

为保证公司规范运作，有效防范和化解经营风险，确保公司经营、财务和其他信息真实、准确、完整，最大限度地维护信托当事人、债权人、公司股东及其他利益相关者的合法权益，公司按照《公司法》、《信托公司治理指引》及相关法律法规的要求，建立了包括股东会、董事会、监事会和高级管理层在内的完善的法人治理结构，各自根据《公司章程》确定的职责范围行使职权，在保持相互独立的基础上，做到了有机协调和相互制衡。

公司通过建立和完善法人治理结构，强化决策机制，充分发挥股东会、董事会和监事会的决策与监督作用。公司董事会通过多种方式将良好、诚信的企业文化在公司内传播，包括责任目标的制定、激励考核机制的导向、晋升通道的完善、开展以企业文化为主题的各类活动等增加员工归属感和忠诚度。同时也将“诚信、创新、务实、高效”的理念和“缔造财富价值、责任重于泰山”的精神贯穿于公司的各项制度和日常经营管理中，并最终落实在履行受托人职责上。公司牢固树立内部控制和风险管理优先的审慎经营理念，积极培养员工的风险防范意识和营造浓厚的内控文化氛围。

4.4.2 内部控制措施

4.4.2.1 履行内部控制职能的部门

公司根据业务发展的需要设立了业务部门和职能部门，并按照职责分离的原则设立相应的工作岗位，各个岗位有明确的岗位职责说明和清晰的报告关系。在此基础上，公司努力建立健全内部约束机制，实行前台、中台、后台的岗位职责分离。

4.4.2.2 内部控制的主要政策、制度、程序及执行情况

公司遵循有效性、审慎性、全面性、及时性和独立性原则，确定业务受理及初审、业务决策及风险控制、业务核算及业务监督相分离的部门和岗位，建立了对风险进行事前防范、事中控制、事后监督和纠正的动态机制。

公司内部控制制度由公司法人治理制度、基本管理制度、具体规章和部门内部规章等部分组成。其中，公司法人治理制度包括公司章程、董事监事产生办法、股东会议事规则、董事会议事规则、监事会议事规则等。公司基本管理制度包括内部控制大纲、风险管理制度、关联交易管理制度、财务管理制度、人力资源管理制度、信托业务管理制度、自营业务管理制度、内部审计制度和信息披露管理制度等。公司具体规章是指公司基本管理制度的实施细则及具体业务管理办法。部门内部规章指部门内部行政和业务管理所必备的工作流程及业务表单等。

《公司章程》的制定充分考虑了《公司法》及相关法律法规的要求，股东会、董事会、监事会、高级管理层等相应的议事规则切实可行，董事会下属委员会有明确的委员构成、职权范围、决策程序和议事规则等，公司日常管理和业务经营决策等环节均有章可循。

内部控制执行方面，一是公司各部门负责进行自我评估和分析，对发现内部控制的隐患和缺陷及时报告，并据此对相关规章制度进行调整和补充，使得公司的各项规章制度在实际工作中得到有效执行；二是公司风险稽核部与合规法律部承担独立评价公司业务经营风险和监督落实公司风险管理政策的职责；三是由公司董事会下属的信托委员会和合规及风险管理委员会负责督促公司依法履行受托人职责。通过以上措施，公司以合规及风险管理为中心的内部控制体系逐步完善，同时经营层的自律和独立于经营层的外部监督，保证了内部控制体系在促进业务稳健经营和持续发展方面能够发挥有效作用。

4.4.3 信息交流与反馈

公司内部信息交流方面：通过建立各项规章制度，明确了公司股东会、董事会、监事会、高级管理层、各部门及员工的职责和报告路径，从而使各级管理者和员工能够及时了解和掌握公司的经营管理情况，有效履行各自的职责。

公司与外部信息交流方面：一是采取书面、媒体发布等形式，向监管部门、受益人报告公司的重大事项和项目管理情况；二是为了树立良好的外部形象，让客户了解、认知公司，建立并充分运用外部网站，及时更新和发布公司概况、公司动态、产品推介、信息披露、客户服务等内容；三是通过短信及电话通知、设立800免费客服电话和在营业场所提供服务等方式，向客户推介产品信息、解答问题，力求最大限度地履行诚实、信用、谨慎、有效管理的义务，切实维护受益人的利益；四是公司不断努力提升公司内刊《百瑞财富》和《百瑞研究》的编辑出版质量，并通过向重点客户和合作伙伴免费寄送，使其成为客户了解公司的重要宣传载体，有力地促进了公司品牌宣传和形象提升。

4.4.4 监督评价与纠正

公司的内控监督体系包括三个层面，一是对股东会负责的监事会，主要对董事会、董事及高级管理人员履职情况行使监督职能。二是董事会下属的信托委员会、合规及风险管理委员会和审计委员会。其中：信托委员会主要负责对信托业务的发展战略和业务模式进行规划和研究；审议公司提交的职责履行情况报告、信托业务风险评估报告和重大风险处置方案，对可能发生的风险事项向经营层提出整改意见，并督促其加以改进；当公司或股东利益与受益人利益发生冲突时，研究提出维护受益人权益的具体措施。合规及风险管理委员会主要负责检查经营层合法合规情况以及公司合规及风险控制制度的完善性和执行情况；对存在的重大风险隐患或出现的重大风险事故进行内部调查并向董事会报告；研究和组织制订公司风险管理规划、政策和相关制度；审议信托业务风险评估报告、合规检查报告和专项检查报告等，对可能发生的风险事项向经营层提出整改意见，并督促其加以改进。审计委员会主要负责决定公司外部审计机构的选择和一般关联交易业务；审议公司内审情况报告和内部控制制度的执行情况报告及重大关联交易；监督公司内部审计制度及其实施。三是对公司董事会负责的风险稽核部和对经营层负责的合规法律部。风险稽核部主要根据董事会的要求，对公司业务和内部管理事项实施事后监督，并以稽核报告的方式进行报告和督促整改，同时对公司整体风险情况进行评估；合规法律部主要根据经营管理层的要求，对公司开展的业务进行全过程的合规及风险控制。

为了保证稳健经营，防范和化解经营风险，明确风险责任，公司对不履行或不正确履行公司管理制度和经营规则的人员进行责任追究。

4.5 风险管理

4.5.1 风险管理概况

4.5.1.1 公司经营活动中可能遇到的风险

基于金融行业运营环境和信托业特征，公司在经营活动中可能遇到的主要风险包括合规风险、信用风险、市场风险和操作风险，同时还可能承担流动性风险、法律风险和声誉风险等其他风险。

4.5.1.2 公司风险管理的基本原则和控制政策

为了防范和化解经营风险，保证稳健经营，公司在董事会的领导下，确立了如下风险管理基本原则和政策：

4.5.1.2.1 全面性原则

将合规风险、信用风险、市场风险、操作风险以及包含这些风险的各种金融资产与资产组合、承担这些风险的各个业务单位、形成这些风险的交易环节和流程纳入统一的风险管理体系中，全面覆盖公司的所有部门和岗位，逐步渗透到各项业务过程和每一个操作环节。

4.5.1.2.2 独立性原则

公司合规法律部在经营层的领导下，客观评价公司经营风险，独立履行风险管理职能，保持风险管理决策和业务决策的适度分离。合规法律部在业务调研和决策环节，独立进行风险提示；在业务实施环节，独立进行风险排查和风险研判。

4.5.1.2.3 风险与收益匹配原则

公司将风险评价纳入公司业务决策和产品定价环节，逐步完善风险评价量化指标，在项目收益评价中加入风险调整因素以指导业务产品定价，确保实现产品定价覆盖预期损失，保证公司业务发展与风险控制工作并行不悖。

4.5.1.2.4 制衡性原则

坚持内控优先，全面分析公司经营环节和业务流程，合理设置体现制衡原则的前台、中台、后台岗位职责，明确划分相关部门、岗位、上下级机构之间的职责，建立职责分离、横向与纵向相互监督制约的机制。

4.5.1.2.5 信托财产单独管理原则

信托业务系统和固有业务系统的部门和人员分离；信托业务和固有业务由不同的高级管理人员分别管理，实现高级管理人员分工分离；信托财务和自营财务的人员、账表、资产分离，对每项信托业务单独开户、单独核算、单独管理，维护信托财产的独立性，形成管理“防火墙”。

4.5.1.2.6 风险信息充分披露原则

强化合格投资人风险意识，规避各种形式的信托产品保底承诺，在信托产品设计和销售中充分识别和揭示风险。

4.5.1.3 公司风险管理的组织结构和职责划分

公司建立了以董事会、合规及风险管理委员会和经营管理层为主体的风险管理组织体系。

董事会承担风险管理的最终责任，负责审批风险管理的战略、政策和程序，确定公司可以承受的总体风险水平，督促经营管理层采取必要的措施识别、计量、监测和控制各种风险；定期获得关于风险性质和水平的报告，监控和评价风险管理的全面性、有效性以及高级管理层在风险管理方面的履职情况。董事会下属合规及风险管理委员会，负责拟定公司固有业务和信托业务的风险管理政策和指导原则。公司建立以合规及风险管理委员会为核心的风险控制体系，全面负责公司的风险控制工作。

高级管理层负责执行公司风险管理的政策，定期审查监督风险管理的程序以及具体的操作规程。定期向董事会、监事会报告风险管理情况。对经营层负责的合规法律部发挥日常监督、控制和预警的职能，有效识别、计量、监测和控制各项风险，对公司经营和业务活动进行全面风险管理，监督、检查和维护公司风险管理体系的有效性，实现风险管理和业务决策的适度分离，确保董事会领导下风险管理的日常化和制度化。

公司按照组织架构分成若干风险单位，各部门负责人在各自职责范围内承担相应的风险管理职责，负责部门内部风险管理工作。公司同时建立不同岗位员工的专业素质培训和考核计划，加强员工的风险自律管理。

4.5.2　风险状况

4.5.2.1　合规风险状况

公司面临的合规风险主要是指公司因没有遵循法律、规则和准则可能遭受法律制裁、监管处罚、重大财务损失和声誉损失的风险。

公司合规管理的目标是通过建立健全合规管理框架，实现对合规风险的有效识别和管理，促进全面合规管理体系建设，确保依法合规经营。同时，公司注意加强合规文化建设，积极倡导和培育优良的合规文化和价值观念，通过合规制度建设、合规培训、合规信息传递等方式，努力营造合规经营、合规决策、合规管理的有效氛围，使合规文化贯穿日常经营的始终，并将合规文化建设融入企业文化建设全过程。2011 年未出现重大违规违法经营行为。

4.5.2.2　信用风险状况

公司面临的信用风险主要来自交易对手不愿或者不能全部履行其合同义务，或者其信用等级下降时给公司权益造成的不确定性。

公司根据河南银监局《转发〈中国银行业监督管理委员会关于非银行金融机构全面推行资产质量五级分类管理的通知〉的通知》(豫银监发〔2004〕93 号)要求，定期对公司资产质量进行五级分类。

公司按照《金融企业呆账准备提取管理办法》(财政部〔2005〕49 号)的规定，对承担风险和损失的资产提取呆账准备金，具体包括贷款(含抵押、质押、保证等)、股权和债权投资、存放同业款项、应收账款、其他应收款、应收利息、应收股利等债权和股权。

呆账准备金分为一般准备和专项准备。一般准备按照风险资产余额的 1% 计提，专项准备按照资产风险分类结果计提，其中关注类 2%、次级类 25%、可疑类 50%、损失类 100%。

2011 年公司不良资产期初数为 3 000 万元，期末数为 3 016.53万元，已足额计提资产减值准备。

以动产、不动产、财产权等设定抵押、质押担保的，需提供抵押物、质押物的权属证明及有权部门出具的价值评估报告和证明文件，以及第三人同意抵押、质押的担保意向书。原则上，用不动产抵押，抵押率(按净值计算)不高于 70%；用可转让动产抵(质)押，抵(质)押率(按净值计算)不高于 50%。

具有代为清偿债务能力的法人、其他组织或者公民提供保证的，其对外股本权益性投资、盈利水平、资产负债率等指标需符合公司借款申请人标准。

4.5.2.3　市场风险状况

公司面临的市场风险主要来自因基础金融变量(如利率、汇率、股价及商品价格)变动而使公司金融资产的市场价值或收益发生变化的可能性。市场风险存在于公司的各项交易和非交易业务中，可进一步分为利率风险、汇率风险、证券交易价格波动风险和其他价格风险。

利率风险是指市场利率变动的不确定性给公司造成损失的可能性。公司在开展贷款类业务时，综合对未来利率走势的预测和交易成本等因素，分别采用了挂钩贷款基准利率变化的浮动利率和较高的固定利率两种方式，有效应对可能发生的利率风险。2011 年市场利率的变化对公司经营收益未产生明显影响。

公司 2011 年末外汇业务存量为零，汇率波动未对公司造成影响。

公司密切关注宏观经济政策变化，加强证券投资研究，通过信托产品结构化设计、组合投资策略以提高公司抵御证券价格波动风险的能力。2011 年，证券市场低迷，证券价格波动较大，对公司固有证券投资业务也产生了一定影响，但证券价格波动风险对公司整体经营未产生明显影响。

其他价格风险主要是指通货膨胀风险。2011 年该类风险对公司未产生明显影响。

4.5.2.4　操作风险状况

公司面临的操作风险主要是制度和操作流程缺失以及现有制度和流程不能得到有效执行而可能引起的经营风险和损失。前者是指公司制度和流程不能覆盖公司经营的每一个环节，存在制度真空或缺陷；后者是指内控失效，在超越授权和缺少制衡的情况下进行经营操作，各种制度和流程的执行效果和效率未达到预期目标。

目前公司的内控制度体系已覆盖了各项业务的全部操作环节，建立了完善的授权体系，各项制度和流程的执行效果达到预期目标。报告期内无该类风险发生。

4.5.2.5　其他风险状况

其他风险主要包括流动性风险、法律风险和声誉风险等。

流动性风险主要有两种形式，一是非现金资产的流动性风险；二是资金的流动性风险。前者是指非现金资产不能按现有市场价值及时变现而导致损失的可能性，后者是指现金流不能满足支出的需求而迫使公司提前进行清算，从而使账面潜在损失变为实际损失。报告期内公司非现金资产可正常变现，有稳定的现金流，无该类风险发生。

法律风险是指公司签订合同的内容在法律上有缺陷或不完善而发生法律纠纷甚至无法履约，以及法律的不完善或修订使收益产生的不确定性。报告期内公司无该类风险发生。

声誉风险是指由于公司操作失误、违反有关规定、资产质量下降不能到期偿债、不能向公众提供高质量的金融服务和管理不善等原因，对外部市场地位产生的消极和不良影响。报告期内公司无该类风险发生。

4.5.3 风险管理

4.5.3.1 合规风险管理

公司合规风险管理主要是通过建立健全合规风险管理框架，实现对合规风险的有效识别和管理，促进全面风险管理体系建设，确保依法合规经营。具体措施包括：

一是公司开展固有与信托相关业务时严格遵循相关金融法规，业务创新不能突破政策底线，最大限度地维护公司股东、委托人、受益人及其他利益相关者的利益。

二是持续关注法律法规和规范性文件的最新发展，正确理解相关规定及其精神，准确把握相关规定对信托行业经营的影响。

三是制订并执行风险为本的合规管理计划，包括特定政策和程序的实施与评价、合规风险评估、合规培训与教育等。

四是建立有效的合规问责制度，严格对违规行为的责任认定与追究，并采取有效的纠正措施，及时改进经营管理流程，适时修订相关政策、程序和操作指南。

五是保持与监管机构日常的工作联系，跟踪和评估监管意见和监管要求的落实情况。

六是响应监管部门要求，落实“合规执行年”工作，公司制定了“合规执行年”工作方案，通过签订合规责任与承诺书、举办合规培训和考试、合规知识竞赛等多种形式传递“合规人人有责、合规创造价值”的理念，探索合规经营与管理的长效机制。

4.5.3.2 信用风险管理

公司信用风险管理主要通过对交易对手的综合信用分析进行事前控制，以及通过交易结构设计、定价、制定借款人限额、定期风险评估等手段规避和监控交易对手信用风险的变化，明确界定各部门的风险管理责任，强调业务管理的前期调研和过程控制，严格授权审批制度、决策限额和投资比例控制。具体措施包括：

一是根据目前公司的业务构成、规模和经营环境，对信用风险的管理主要采用信用分析和交易监督及控制方法。前者主要是按照监管部门要求，通过业务人员现场调研并填表、中台、后台人员复核的形式定期对公司资产质量进行五级分类；后者主要是采用定期调查、资金用途控制、抵押担保等方式降低交易对手的信用风险。

二是交易定价方面。公司根据《金融企业呆账准备提取管理办法》（财政部〔2005〕49 号）规定，对承担风险和损失的资产提取呆账准备金。

三是公司认定的抵押财产包括抵押人所有的机器、交通运输工具和其他财产，抵押人依法有处分权的国有土地使用权、房屋和其他地上定着物等。抵（质）押率是借款本息总额与抵（质）押物净值的比率，具体设定时结合抵押物评估值、质押物面值、抵（质）押物净值、潜在的价值损失及处置变现的程度从严掌控。

四是公司有关保证担保类贷款的管理措施包括严格筛选保证人，调查与审批相分离等。具体实施过程为：双人现场见证法律文件签署，与保证人以书面形式订立保证合同，保证方式的约定采用保证人承担连带责任保证，明确约定承担保证责任的终止时间。担保生效后，公司组织双人定期进行项目检查，对被担保人、反担保人，以及抵（质）押物进行实地检查，定期出具管理报告。

五是 2011 年，宏观经济形势进一步变化，在房地产业务风险日益加大的情况下，公司运用房地产业务风险计量模型辅助决策，并取得一定效果。

六是 2011 年，公司大力完善信用风险预警指标体系，加强资产质量分类管理，实行严格的信用风险报告制度。

4.5.3.3 市场风险管理

市场风险管理是指识别、计量、监测和控制市场风险的全过程，其目标是通过将市场风险控制在公司可以承受的合理范围内，以实现风险调整后的收益率的最大化。

4.5.3.3.1 公司市场风险管理策略

一是制定了与公司业务性质、规模、复杂程度和风险特征相适应的，与公司总体业务发展战略、管理能力、资本实力和能够承担的总体风险水平相一致的市场风险管理原则和程序；二是对每项业务和产品中的市场风险因素进行分解和分析，及时、准确地识别所有交易和非交易业务中市场风险的类别和性质；三是建立了完善的市场风险管理内部控制体系，并将其作为公司整体内部控制体系的有机组成部分。

4.5.3.3.2 市场风险管理措施

一是关注国家宏观政策变化，规避限制类行业和相关项目；二是加强行业风险研究，规避宏观面和行业周期产生的市场风险；三是进行资产组合管理，动态调整资产配置方案；四是控制总体证券投资规模和股票持仓数量，设定证券投资限制性指标和止损点；五是控制行业集中度，拓展多元化投资领域和项目；六是贷款合同及相关文件进行浮动利率变化的事前约定，规避利率风险；七是建立证券业务的市场风险模型，科学测量证券投资的安全边际。

4.5.3.4 操作风险管理

4.5.3.4.1 公司操作风险管理的基本策略是加强内控制度建设和落实

一是坚持内控优先，全面分析公司经营环节和业务流程，合理设置体现制衡原则的前台、中台、后台岗位职责，明确划分相关部门之间、岗位之间的职责，建立职责分离、横向与纵向相互监督制约的机制；二是优化公司经营决策和管理，密切关注信息系统、风险报告和监控系统可能出现的疏漏，建立和完善授权制度，进行不同岗位制衡安排，防患于未然；三是按照公司责任追究制度、风险管理制度以及业务管理制度中的罚则部分，对违规人员进行问责。

4.5.3.4.2 操作风险管理措施

一是完善公司各项规章制度和操作流程，切实加强执行力度；二是强调业务管理的过程控制，设置事前、事中和事后相互支持和制约的职责关系；三是进行合理的岗位设置和有效的职责分离，建立严格的复核和审批程序；四是制定项目尽职调研和尽职管理指引，规范业务操作流程；五是加强业务创新，提高产品设计质量和强化风险保障措施；六是对内控制度的执行情况和制度完备性进行定期的检查，并督促及时整改；七是建立房地产业务风险计量模型，为公司房地产业务操作风险管理提供量化工具。

4.5.3.5 其他风险管理

公司流动性风险管理策略包括保持足够的可变现资产、合理安排资产的期限组合、针对信托业务设计信托产品的流通平台等。

公司法律风险管理策略包括充分利用法律手段，优化产品结构和法律文本设计；提高公司全员的法律风险意识，强化公司合规法律部的法律风险监督职能；在合规法律部专设法律事务管理岗位，加强公司业务的法律风险管理工作；在公司业务决策和审批流程中加入法律审查环节，引入外部法律顾问参与交易结构设计和法律文本审核等工作。

公司声誉风险管理策略包括将公司声誉构建与公司发展战略和企业文化进行有机结合，通过尽职管理和充分信息披露以塑造公司的专业和诚信形象，对可能影响公司声誉的业务坚决予以回避等。

5. 2011 年度及上年度比较式会计报表

5.1 自营资产

5.1.1 会计师事务所审计意见全文

审 计 报 告

天职京 SJ〔2012〕435 号

百瑞信托有限责任公司全体股东：

我们审计了后附的百瑞信托有限责任公司（以下简称“百瑞信托”）财务报表，包括 2011 年 12 月 31 日的资产负债表，2011 年度的利润表、所有者权益变动表和现金流量表以及财务报表附注。

一、管理层对财务报表的责任

编制和公允列报财务报表是百瑞信托管理层的责任，这种责任包括：(1)按照企业会计准则的规定编制财务报表，并使其实现公允反映；(2)设计、执行和维护必要的内部控制，以使财务报表不存在由于舞弊或错误导致的重大错报。

二、注册会计师的责任

我们的责任是在执行审计工作的基础上对财务报表发表审计意见。我们按照中国注册会计师审计准则的规定执行了审计工作。中国注册会计师审计准则要求我们遵守中国注册会计师职业道德守则，计划和执行审计工作以对财务报表是否不存在重大错报获取合理保证。

审计工作涉及实施审计程序，以获取有关财务报表金额和披露的审计证据。选择的审计程序取决于注册会计师的判断，包括对由于舞弊或错误导致的财务报表重大错报风险的评估。在进行风险评估时，注册会计师考虑与财务报表编制和公允列报相关的内部控制，以设计恰当的审计程序，但目的并非对内部控制的有效性发表意见。审计工作还包括评价管理层选用会计政策的恰当性和作出会计估计的合理性，以及评价财务报表的总体列报。

我们相信，我们获取的审计证据是充分、适当的，为发表审计意见提供了基础。

三、审计意见

我们认为，百瑞信托财务报表在所有重大方面按照企业会计准则的规定编制，公允反映了百瑞信托 2011 年 12 月 31 日的财务状况以及 2011 年度的经营成果和现金流量。

中国·北京 二〇一二年二月一日

中国注册会计师：王鸿峰

中国注册会计师：迟文洲

5.1.2 资产负债表

资产负债表

2011 年 12 月 31 日

编制单位：百瑞信托有限责任公司 单位：万元

项 目	行次	期末数	期初数
资产：	1		
现金及存放同业款项	2	19 468.37	36 982.79
存放中央银行款项	3	—	—
贵金属	4	—	—
拆出资金	5	5 530.00	5 000.00
交易性金融资产	6	4 415.89	9 252.49
衍生金融资产	7	—	—
买入返售金融资产	8	—	—
应收利息	9	542.88	11.89
发放贷款及垫款	10	86 580.00	20 100.00
可供出售金融资产	11	56 504.05	46 358.77
持有至到期投资	12	—	—
长期股权投资	13	49 363.58	18 885.58
投资性房地产	14	—	—
固定资产	15	5 880.06	6 059.68
固定资产清理	16	—	-179.00
无形资产	17	376.46	214.34
递延所得税资产	18	2 804.05	540.79
其他资产		464.93	903.89
资产总计	19	231 930.29	144 131.23

法定代表人：马宝军 主管会计工作负责人：王克權 会计机构负责人：刘 芳

资产负债表（续）

2011 年 12 月 31 日

编制单位：百瑞信托有限责任公司 单位：万元

项 目	行次	期末数	期初数
负债：	20		
向中央银行借款	21	—	—
同业及其他金融机构存放款项	22	—	—
拆入资金	23	—	10 000.00
交易性金融负债	24	—	—
衍生金融负债	25	—	—
卖出回购金融资产款	26	—	—
吸收存款	27	—	—
应付职工薪酬	28	283.56	1 182.10
应交税费	29	13 241.25	5 867.66
应付利息	30	—	—
预计负债	31	—	—
应付债券	32	—	—

续表

项　　目	行次	期末数	期初数
递延所得税负债	33	—	1 178.91
其他负债	34	18 503.97	8 133.12
负 债 合 计	35	32 028.78	26 361.79
所有者权益：	36		
实收资本（股本）	37	120 000.00	60 500.00
资本公积	38	2 739.33	16 769.35
减：库存股	39	—	—
盈余公积	40	8 194.79	4 528.58
一般风险准备	41	6 390.70	3 551.89
未分配利润	42	62 576.69	32 419.62
所有者权益合计	43	199 901.51	117 769.44
负债和所有者权益总计	44	231 930.29	144 131.23

法定代表人：马宝军　　主管会计工作负责人：王克槿　　会计机构负责人：刘　芳

5.1.3　利润和利润分配表

利润表

编制单位：百瑞信托有限责任公司　　2011 年度　　单位：万元

项　　目	行次	本期金额	上期金额
一、营业收入	1	62 526.92	41 347.21
利息净收入	2	10 618.46	4 588.57
利息收入	3	10 643.82	4 612.71
利息支出	4	25.36	24.14
手续费及佣金净收入	5	48 295.74	31 076.75
手续费及佣金收入	6	48 295.74	31 076.75
手续费及佣金支出	7	—	—
投资收益（损失以"－"号填列）	8	5 460.11	5 216.34
其中：对联营企业和合营企业的投资收益	9	—	—
公允价值变动收益（损失以"－"号填列）	10	－1 850.19	458.16
汇兑收益（损失以"－"号填列）	11	—	—
其他业务收入	12	2.80	7.39
二、营业支出	13	13 713.12	9 659.70
营业税金及附加	14	3 514.94	2 157.35
业务及管理费	15	8 986.38	7 738.74
资产减值损失	16	1 211.80	-236.39
其他业务成本	17	—	—
三、营业利润（亏损以"－"号填列）	18	48 813.80	31 687.51
加：营业外收入	19	196.93	828.37
减：营业外支出	20	329.09	10 078.92
四、利润总额（亏损总额以"－"号填列）	21	48 681.64	22 436.96
减：所得税费用	22	12 019.55	5 751.83
五、净利润（净亏损以"－"号填列）	23	36 662.09	16 685.13

法定代表人：马宝军　　主管会计工作负责人：王克槿　　会计机构负责人：刘　芳

利润分配表

编制单位：百瑞信托有限责任公司　　2011 年度　　单位：万元

项　　目	本年累计数	上年累计数
本年净利润	36 662.09	16 685.13
加：（一）年初未分配利润	32 419.62	18 477.48
（二）盈余公积弥亏	—	—
（三）其他调整因素	—	—
（四）会计政策变更	—	—
可供分配的利润	69 081.71	35 162.61
减：（一）单项留用的利润	—	—
（二）补充流动资本	—	—
（三）提取法定盈余公积	3 666.21	1 668.51
（四）提取法定公益金	—	—
（五）提取信托赔偿准备金	1 833.10	834.25
（六）提取一般准备金	1 005.71	240.23
（七）提取企业发展基金	—	—
（八）利润归还投资	—	—
（九）其他	—	—
可供投资者分配的利润	62 576.69	32 419.62
减：（一）应付优先股股利	—	—
（二）提取任意盈余公积	—	—
（三）应付普通股股利	—	—
（四）转作资本（股本）的普通股股利	—	—
（五）其他	—	—
未分配利润	62 576.69	32 419.62

法定代表人：马宝军　　主管会计工作负责人：王克槿　　会计机构负责人：刘　芳

5.1.4　所有者权益变动表

所有者权益变动表

编制单位：百瑞信托有限责任公司　　2011 年度　　单位：万元

项　　目	行次	本年金额								
		实收资本（或股本）	资本公积	减：库存股	专项储备	盈余公积	Δ一般风险准备	未分配利润	其他	所有者权益合计
一、上年年末余额	1	60 500.00	16 769.35	—	—	4 528.58	3 551.89	32 419.62	—	117 769.44
加：会计政策变更	2	—	—	—	—	—	—	—	—	—
前期差错更正	3	—	—	—	—	—	—	—	—	—
二、本年年初余额	4	60 500.00	16 769.35	—	—	4 528.58	3 551.89	32 419.62	—	117 769.44
三、本年增减变动金额（减少以"－"号填列）	5	59 500.00	－14 030.02	—	—	3 666.21	2 838.81	30 157.07	—	82 132.07
（一）净利润	6	—	—	—	—	—	—	36 662.09	—	36 662.09
（二）其他综合收益	7	—	－8 030.02	—	—	—	—	—	—	－8 030.02
综合收益小计	8	—	－8 030.02	—	—	—	—	36 662.09	—	28 632.07
（三）所有者投入和减少资本	9	59 500.00	—	—	—	—	—	—	—	59 500.00

续表

项　目	行次	本年金额								
		实收资本（或股本）	资本公积	减：库存股	专项储备	盈余公积	△一般风险准备	未分配利润	其他	所有者权益合计
1. 所有者投入资本	10	59 500.00	—	—	—	—	—	—	—	59 500.00
2. 股份支付计入所有者权益的金额	11	—	—	—	—	—	—	—	—	—
3. 其他	12	—	—	—	—	—	—	—	—	—
（四）专项储备提取和使用	13	—	—	—	—	—	—	—	—	—
1. 提取专项储备	14	—	—	—	—	—	—	—	—	—
2. 使用专项储备	15	—	—	—	—	—	—	—	—	—
（五）利润分配	16	—	—	—	—	3 666.21	2 838.81	-6 505.02	—	—
1. 提取盈余公积	17	—	—	—	—	3 666.21	—	-3 666.21	—	—
其中：法定公积金	18	—	—	—	—	3 666.21	—	-3 666.21	—	—
任意公积金	19	—	—	—	—	—	—	—	—	—
#储备基金	20	—	—	—	—	—	—	—	—	—
#企业发展基金	21	—	—	—	—	—	—	—	—	—
#利润归还投资	22	—	—	—	—	—	—	—	—	—
2. 提取一般风险准备	23	—	—	—	—	—	2 838.81	-2 838.81	—	—
3. 对所有者（或股东）的分配	24	—	—	—	—	—	—	—	—	—
4. 其他	25	—	—	—	—	—	—	—	—	—
（六）所有者权益内部结转	26	—	-6 000.00	—	—	—	—	—	—	-6 000.00
1. 资本公积转增资本（或股本）	27	—	—	—	—	—	—	—	—	—
2. 盈余公积转增资本（或股本）	28	—	—	—	—	—	—	—	—	—
3. 盈余公积弥补亏损	29	—	—	—	—	—	—	—	—	—
4. 其他	30	—	-6 000.00	—	—	—	—	—	—	-6 000.00
四、本年年末余额	31	120 000.00	2 739.33	—	—	8 194.79	6 390.70	62 576.69	—	199 901.51

法定代表人：马宝军　　主管会计工作负责人：王克槿　　会计机构负责人：刘　芳

所有者权益变动表（续表）

编制单位：百瑞信托有限责任公司　　2011 年度　　单位：万元

项　目	行次	上年金额								
		实收资本（或股本）	资本公积	减：库存股	专项储备	盈余公积	△一般风险准备	未分配利润	其他	所有者权益合计
一、上年年末余额	1	60 500.00	9 660.31	—	—	2 860.06	2 477.41	18 477.48	—	93 975.27
加：会计政策变更	2	—	—	—	—	—	—	—	—	—
前期差错更正	3	—	—	—	—	—	—	—	—	—
二、本年年初余额	4	60 500.00	9 660.31	—	—	2 860.06	2 477.41	18 477.48	—	93 975.27
三、本年增减变动金额（减少以"－"号填列）	5	—	7 109.04	—	—	1 668.51	1 074.48	13 942.13	—	23 794.17
（一）净利润	6	—	—	—	—	—	—	16 685.13	—	16 685.13
（二）其他综合收益	7	—	1 109.04	—	—	—	—	—	—	1 109.04
综合收益小计	8	—	1 109.04	—	—	—	—	16 685.13	—	17 794.17
（三）所有者投入和减少资本	9	—	—	—	—	—	—	—	—	—
1. 所有者投入资本	10	—	—	—	—	—	—	—	—	—
2. 股份支付计入所有者权益的金额	11	—	—	—	—	—	—	—	—	—
3. 其他	12	—	—	—	—	—	—	—	—	—
（四）专项储备提取和使用	13	—	—	—	—	—	—	—	—	—
1. 提取专项储备	14	—	—	—	—	—	—	—	—	—
2. 使用专项储备	15	—	—	—	—	—	—	—	—	—
（五）利润分配	16	—	—	—	—	1 668.51	1 074.48	-2 743.00	—	—
1. 提取盈余公积	17	—	—	—	—	1 668.51	—	-1 668.51	—	—
其中：法定公积金	18	—	—	—	—	1 668.51	—	-1 668.51	—	—
任意公积金	19	—	—	—	—	—	—	—	—	—
#储备基金	20	—	—	—	—	—	—	—	—	—

续表

项　目	行次	上年金额								
		实收资本（或股本）	资本公积	减：库存股	专项储备	盈余公积	Δ一般风险准备	未分配利润	其他	所有者权益合计
#企业发展基金	21	—	—	—	—	—	—	—	—	—
#利润归还投资	22	—	—	—	—	—	—	—	—	—
2. 提取一般风险准备	23	—	—	—	—	—	1 074. 48	-1 074. 48	—	—
3. 对所有者（或股东）的分配	24	—	—	—	—	—	—	—	—	—
4. 其他	25	—	—	—	—	—	—	—	—	—
（六）所有者权益内部结转	26	—	6 000. 00	—	—	—	—	—	—	6 000. 00
1. 资本公积转增资本（或股本）	27	—	—	—	—	—	—	—	—	—
2. 盈余公积转增资本（或股本）	28	—	—	—	—	—	—	—	—	—
3. 盈余公积弥补亏损	29	—	—	—	—	—	—	—	—	—
4. 其他	30	—	6 000. 00	—	—	—	—	—	—	6 000. 00
四、本年年末余额	31	60 500. 00	16 769. 35	—	—	4 528. 58	3 551. 89	32 419. 62	—	117 769. 44

法定代表人：马宝军　　主管会计工作负责人：王克槿　　会计机构负责人：刘　芳

5. 2　信托资产

5. 2. 1　信托项目资产负债汇总表

信托项目资产负债表

编制单位：百瑞信托有限责任公司　　2011 年 12 月 31 日　　单位：万元

信托资产	年初数	期末数	信托负债及信托权益	年初数	期末数
一、信托资产	—	—	一、信托负债	—	—
货币资金	34 655. 94	48 348. 55	交易性金融负债	—	—
拆出资金	—	—	衍生金融负债	—	—
存出保证金	—	—	应付受托人报酬	501. 46	199. 73
交易性金融资产	12 873. 00	4 197. 46	应付托管费	—	—
衍生金融资产	—	—	应付受益人收益	850. 54	83. 92
买入返售资产	216 045. 00	402 700. 00	应交税费	—	—
应收款项	12 889. 63	15 573. 12	应付销售服务费	—	—
发放贷款	1 756 150. 62	2 320 643. 52	其他应付款项	27 113. 30	39 875. 51
可供出售金融资产	9 400. 00	3 531. 15	预计负债	—	—
持有至到期投资	30 000. 00	30 000. 00	其他负债	—	—
长期应收款	—	—	信托负债合计	28 465. 30	40 159. 16
长期股权投资	857 430. 80	1 199 639. 80	—	—	—
其他长期投资	1 834. 91	—	—	—	—
投资性房地产	—	—	二、信托权益	—	—
固定资产	—	—	实收信托	2 894 905. 79	3 939 543. 45
无形资产	—	—	资本公积	—	-0. 11
长期待摊费用	8 156. 89	6 208. 45	损益平准金	—	—
其他资产	—	—	未分配利润	16 065. 70	51 139. 55
减：各项资产减值准备	—	—	信托权益合计	2 910 971. 49	3 990 682. 89
—	—	—	—	—	—
信托资产总计	2 939 436. 79	4 030 842. 05	信托负债及信托权益总计	2 939 436. 79	4 030 842. 05

法定代表人：马宝军　　主管会计工作负责人：王克槿　　会计机构负责人：刘　芳

5.2.2 信托项目利润及利润分配汇总表

信托项目利润及利润分配表

编制单位:百瑞信托有限责任公司　2011年度　单位:万元

项　目	本年累计数	上年累计数
一、营业收入	287 679.27	167 060.72
1. 利息收入	158 843.95	111 111.85
2. 投资收益(损失以"-"号填列)	94 250.28	44 332.71
其中:对联营企业和合营企业的投资收益	—	—
3. 公允价值变动收益(损失以"-"号填列)	-1 928.69	-1 690.70
4. 租赁收入	—	—
5. 汇兑损益(损失以"-"号填列)	—	—
6. 其他收入	36 513.73	13 306.86
二、支出	37 513.30	16 604.69
1. 营业税金及附加	6.98	1.36
2. 受托人报酬	27 584.14	12 614.82
3. 托管费	1 132.77	638.70
4. 投资管理费	—	119.22
5. 销售服务费	3 616.38	1 072.24
6. 交易费用	133.45	172.80
7. 资产减值损失	—	—
8. 其他费用	5 039.58	1 985.55
三、信托净利润(净亏损以"-"号填列)	250 165.97	150 456.03
四、其他综合收益	—	—
五、综合收益	250 165.97	150 456.03
加:期初未分配信托利润	16 065.70	11 355.01
六、可供分配的信托利润	266 231.67	161 811.04
减:本期已分配信托利润	215 092.12	145 745.34
七、期末未分配信托利润	51 139.55	16 065.70

法定代表人:马宝军　主管会计工作负责人:王克槿　会计机构负责人:刘　芳

6. 会计报表附注

6.1 报告年度会计报表编制基准、会计政策、会计估计和核算方法发生变化情况

2011年,公司自营业务、信托业务的会计报表编制基准、会计政策、会计估计和核算方法均未发生变化。

6.2 或有事项说明

公司对外担保及其他或有事项的期初数、期末数及其对公司存在的影响。

报告期内无上述事项。

6.3 重要资产转让及其出售的说明

公司拥有海南省海口市"郑州大厦"共计14套抵债商用公寓,建筑面积2 336.92平方米,2009年7月公司委托海南中联地产估价咨询有限公司对上述房产进行评估,9月23日郑州市国资委下达郑国资〔2009〕197号批复同意公开转让;2009年12月29日委托河南东方拍卖行有限公司实施拍卖,上述海口14套房产共拍得690万元,2009年12月30日买卖双方签订《房屋买卖合同》买受人按约定如数将全部房款划至公司指定账户内,截至2011年9月房产过户工作全部办结,房产处置工作完成。

6.4 会计报表中重要项目的明细资料

6.4.1 自营资产经营情况

6.4.1.1 信用风险资产的期初数、期末数

信用风险资产五级分类	正常类(万元)	关注类(万元)	次级类(万元)	可疑类(万元)	损失类(万元)	信用风险资产合计(万元)	不良合计(万元)	不良率(%)
期初数	143 270.23	16.53	—	3 000.00	—	146 286.76	3 000.00	2.08
期末数	232 020.21	260.88	16.53	—	3 000.00	235 297.62	3 016.53	1.28

注:不良资产合计=次级类+可疑类+损失类。

6.4.1.2 各项资产减值损失准备的期初、本期计提、本期转回、本期核销、期末数

单位:万元

	期初金额	本期计提金额	本期转回金额	本期核销金额	期末金额
贷款损失准备	1 800.00	1 200.00	—	—	3 000.00
一般准备	—	—	—	—	—
专项准备	1 800.00	1 200.00	—	—	3 000.00
其他资产减值准备	311.41	—	—	—	311.41
可供出售金融资产减值准备	—	8.00	—	—	8.00
持有至到期投资减值准备	—	—	—	—	—
长期股权投资减值准备	43.79	—	—	—	43.79
坏账准备	0.33	3.80	—	—	4.13
投资性房地产减值准备	—	—	—	—	—

6.4.1.3 自营股票投资、基金投资、债券投资、股权投资等投资业务的期初数、期末数

单位:万元

	自营股票	基金	债券	长期股权投资	其他投资	合计
期初数	29 341.92	632.36	14 160.70	18 929.37	11 476.28	74 540.63
期末数	17 079.29	298.28	23 246.32	49 407.37	20 304.06	110 335.32

6.4.1.4 按投资入股金额排序，前三名的自营长期股权投资的企业名称、占被投资企业权益的比例、主要经营活动及投资收益情况

企业名称	占被投资企业权益的比例(%)	主要经营活动	投资收益
郑州银行股份有限公司	3.62	吸收公众存款；发放短期、中期和长期贷款；办理国内结算；办理票据贴现；发行金融债券；代理发行、代理兑付、承销政府债券、买卖政府债券；从事同业拆借；代理收付款项业务和经中国银行业监督管理机构批准的其他业务。	未分红
百瑞创新资本创业投资有限公司	48	创业投资；代理其他创业投资企业等机构或个人的创业投资业务；创业投资咨询业务；为创业企业提供创业管理服务；参与设立创业投资企业与创业投资管理顾问机构。	未分红
兰考县农村信用合作联社	9.9	吸收公众存款；发放短期、中期和长期贷款办理国内结算；办理票据承兑与贴现；买卖政府债券和金融债券；从事同业拆借；提供保管箱服务；外汇存款；外汇贷款；外币兑换；结汇、售汇；资信调查、咨询、见证业务；经银行业监督管理机构批准的其他业务。	未分红

注：投资兰考县农村商业银行正待当地监管部门审批。

6.4.1.5 前三名的自营贷款的企业名称、占贷款总额的比例和还款情况

企业名称	占贷款总额的比例(%)	还款情况
洛阳伟业轧钢有限公司	22.3	正常
郑州思念食品有限公司	13.4	正常
河南西元置业有限公司	11.2	正常

6.4.1.6 表外业务的期初数、期末数

单位：万元

表外业务	期初数	期末数
担保业务	—	—
代理业务(委托业务)	—	—
其他	—	—
合计	—	—

注：代理业务主要反映因客观原因应规范而尚未完成规范的历史遗留委托业务，包括委托贷款和委托投资。

6.4.1.7 公司当年的收入结构

收入结构	金额(万元)	占比(%)
手续费及佣金收入	48 295.74	77.00
其中：信托手续费收入	47 095.74	75.08
投资银行业务收入	—	—
利息收入	10 618.46	16.93
其他业务收入	2.80	—
其中：计入信托业务收入部分	—	—
投资收益	3 609.92	5.76
其中：股权投资收益	—	—
公允价值变动收益	-1 850.19	-2.95
其他投资收益	5 460.11	8.71
营业外收入	196.93	0.31
收入合计	62 723.85	100.00

注：1. 手续费及佣金收入、利息收入、其他业务收入、投资收益、营业外收入均应为损益表中的一级科目，其中手续费及佣金收入、利息收入、营业外收入为未抵减相应支出的全年累计实现收入数。
2. 其他业务收入中包含租赁业务收入等收入。
3. 其他投资收益包括证券投资收益 4 256.94 万元和其他投资收益 1 203.17 万元。

6.4.2 信托资产管理情况

6.4.2.1 信托资产的期初数、期末数

单位：万元

信托资产	期初数	期末数
集合	960 744.34	1 561 228.98
单一	1 959 234.04	2 392 897.22
财产权	19 458.41	76 715.85
合计	2 939 436.79	4 030 842.05

6.4.2.1.1 主动管理型信托业务的信托资产期初数、期末数

单位：万元

主动管理型信托资产	期初数	期末数
证券投资类	48 001.45	39 694.09
股权投资类	151 201.37	392 552.67
融资类	1 808 216.08	2 472 346.15
事务管理类	601.74	22 897.26
其他投资	—	13 543.76
合计	2 008 020.64	2 941 033.93

6.4.2.1.2 被动管理型信托业务的信托资产期初数、期末数

单位：万元

被动管理型信托资产	期初数	期末数
证券投资类	—	—
股权投资类	—	—
融资类	905 084.98	745 909.32
事务管理类	26 331.17	343 898.80
合计	931 416.15	1 089 808.12

6.4.2.2 本年度已清算结束的信托项目个数、实收信托合计金额、加权平均实际年化收益率

6.4.2.2.1 本年度已清算结束的集合类、单一类资金信托项目和财产管理类信托项目个数、实收信托金额、加权平均实际年化收益率

已清算结束信托项目	项目个数	实收信托合计金额(万元)	加权平均实际年化收益率(%)
集合类	19	252 756.80	7.13
单一类	22	394 170.00	5.06
财产管理类	1	14 462.78	0.00

注:收益率是指信托项目清算后,给受益人赚取的实际收益水平。加权平均实际年化收益率=(信托项目1的实际年化收益率×信托项目1的实收信托+信托项目2的实际年化收益率×信托项目2的实收信托+…信托项目n的实际年化收益率×信托项目n的实收信托)/(信托项目1的实收信托+信托项目2的实收信托+…信托项目n的实收信托)×100%。

6.4.2.2.2　本年度已清算结束的主动管理型信托项目个数、实收信托合计金额、加权平均实际年化收益率

已清算结束信托项目	项目个数	实收信托合计金额(万元)	加权平均实际年化信托报酬率(%)	加权平均实际年化收益率(%)
证券投资类	1	3 240.00	1.25	6.68
股权投资类	3	13 500.00	2.74	4.09
融资类	25	427 728.00	1.74	6.72
事务管理类	—	—	—	—
其他投资	2	8 288.80	1.95	4.61

注:加权平均实际年化信托报酬率=(信托项目1的实际年化信托报酬率×信托项目1的实收信托+信托项目2的实际年化信托报酬率×信托项目2的实收信托+…信托项目n的实际年化信托报酬率×信托项目n的实收信托)/(信托项目1的实收信托+信托项目2的实收信托+…信托项目n的实收信托)×100%。

6.4.2.2.3　本年度已清算结束的被动管理型信托项目个数、实收信托合计金额、加权平均实际年化收益率

已清算结束信托项目	项目个数	实收信托合计金额(万元)	加权平均实际年化信托报酬率(%)	加权平均实际年化收益率(%)
证券投资类	—	—	—	—
股权投资类	—	—	—	—
融资类	9	191 700.00	0.25	4.21
事务管理类	2	16 932.78	0.28	0.00

6.4.2.3　本年度新增的集合类、单一类和财产管理类信托项目个数、实收信托合计金额

单位:万元

新增信托项目	项目个数	实收信托合计金额
集合类	34	924 242.24
单一类	41	860 600.00
财产管理类	1	30 000.00
新增合计	76	1 814 842.24
其中:主动管理型	53	1 356 042.24
被动管理型	23	458 800.00

注:本年新增信托项目指在本报告年度内累计新增的信托项目个数和金额。包含本年度新增并于本年度内结束的项目和本年度新增至报告期末仍在持续管理的信托项目。

6.4.2.4　信托业务创新成果和特色业务有关情况

公司信托业务的快速发展促进了业务创新。公司形成了在业务中创新,以创新推动业务的金融创新与产品开发特点。2011年,公司在保持公益信托、PE等创新业务的同时,丰富了房地产等产业基金业务运作模式,信托投资方向则延伸到新能源、棚户区改造、产业集聚区基础设施建设等领域。

在行业研究方面,公司博士后科研工作站先后编辑出版了2009年、2010年和2011年三本《信托研究与年报分析》书籍,2011年撰写了《信托公司集约发展模式研究》、《信托税相关问题研究》、《信托夹层融资理论与业务模式分析》等专题报告。

6.4.2.5　本公司履行受托人义务情况及因本公司自身责任而导致的信托资产损失情况

6.4.2.5.1　本公司履行受托人义务情况

公司作为受托人,严格按照《信托法》等法律法规以及监管部门的要求,履行以下义务:

公司管理信托财产时恪尽职守,本着诚实、信用、谨慎、有效管理的原则为受益人的最大利益处理信托事务;公司妥善保管处理信托事务的完整记录、原始凭证及有关资料,并且按照信托合同的约定将信托财产的管理运用、处分及收支情况,报告委托人和受益人;公司对委托人、受益人以及处理信托事务的情况和资料依法保密;公司以信托财产为限向受益人支付信托利益;法律法规及信托合同规定的其他义务。

6.4.2.5.2　因本公司自身责任而导致的信托资产损失情况

报告期内无上述事项。

6.5　关联方关系及其交易的披露

6.5.1　关联交易方的数量、关联交易的总金额及关联交易的定价政策

	关联交易方数量	关联交易金额(万元)	定价政策
合计	5	15 930.00	市场价

注:本年度发生的关联交易,其中两笔为公司信托项目之间的交易,金额为1 530万元;三笔为公司固有业务与信托财产之间的交易,金额为14 400万元。

6.5.2　关联交易方与本公司的关系性质、关联交易方的名称、法定代表人、注册地址、注册资本及主营业务

报告期内无上述事项。

6.5.3　本公司与关联方的重大交易事项

6.5.3.1　固有与关联方交易情况

报告期内无上述事项。

6.5.3.2　信托与关联方交易情况

报告期内无上述事项。

6.5.3.3　公司固有资金运用于自己管理的信托项目(固信交易),信托公司管理的信托项目之间的相互(信信交易)交易金额,包括余额和本报告年度的发生额

6.5.3.3.1　固有与信托财产之间的交易

单位:万元

固有财产与信托财产相互交易			
	期初数	本期发生额	期末数
合计	3 241.58	13 658.42	16 900.00

6.5.3.3.2　信托项目之间的交易

单位:万元

信托财产与信托财产相互交易			
	期初数	本期发生额	期末数
合计	0	530.00	530.00

6.5.4 逐笔披露关联方逾期未偿还本公司资金的详细情况以及本公司为关联方担保发生或即将发生垫款的详细情况

报告期内无上述事项。

6.6 会计制度的披露

公司固有业务、信托业务均执行财政部2006年2月15日颁布的《企业会计准则——基本准则》（财政部令第33号）及《财政部关于印发〈企业会计准则第1号——存货〉等38项具体准则的通知》（财会〔2006〕3号）。

7. 财务情况说明书

7.1 利润实现和分配情况

2011年公司实现净利润36 662.09万元。根据《金融企业呆账准备提取管理办法》（财政部〔2005〕49号）规定，从净利润中足额提取一般准备金1 005.71万元；根据《公司章程》规定，以净利润的10%足额提取了法定盈余公积金3 666.21万元，以净利润的5%足额提取了信托赔偿准备金1 833.10万元；期末未分配利润累计为62 576.69万元。

7.2 主要财务指标

指标名称	指标值
资本利润率（%）	23.08
加权年化信托报酬率（%）	1.48
人均净利润（万元/人）	310.70

注：1. 资本利润率 = 净利润/所有者权益平均余额 ×100%。

2. 加权年化信托报酬率 =（信托项目1的实际年化信托报酬率 × 信托项目1的实收信托 + 信托项目2的实际年化信托报酬率 × 信托项目2的实收信托 +…信托项目n的实际年化信托报酬率 × 信托项目n的实收信托）/（信托项目1的实收信托 + 信托项目2的实收信托 +…信托项目n的实收信托）×100%。

3. 人均净利润 = 净利润/年平均人数。

4. 平均值采取年初、年末余额简单平均法，公式为：a（平均）=（年初数 + 年末数）/2。

7.3 对本公司财务状况、经营成果有重大影响的其他事项

报告期内无上述事项。

8. 特别事项揭示

8.1 前五名股东报告期内变动情况及原因

2011年6月21日，公司获得《河南银监局关于百瑞信托有限责任公司股权变更的批复》（豫银监复〔2011〕249号），同意公司股东郑州市财政局受让北京德得创业科技有限公司持有公司9 384万元股权（占比7.82%）；2011年10月10日，公司获得《关于百瑞信托有限责任公司股权变更的批复》（银监复〔2011〕419号），同意公司股东深圳市易建科技有限公司、北京安瑞汇富投资有限公司和河南瀚海投资有限公司分别将各自所持公司13 000万元股权（占比10.833%）、12 000万元股权（占比10.00%）和5 393.5万元股权（占比4.495%）转让给中国电力投资集团公司，中国电力投资集团公司合计受让公司30 393.5万元股权（占比25.328%）并成为公司新股东。调整后前五名股东依次是郑州市财政局、中国电力投资集团公司、中电投财务有限公司、郑州自来水投资控股有限公司和郑州市金水区财政局。

8.2 董事、监事及高级管理人员变动情况及原因

因公司第三届董事会董事、监事会监事任期届满，且公司股权结构发生重大调整，第三届董事会全体董事、监事会全体监事向股东会提出申请，辞去公司第三届董事会董事、监事会监事职务。2011年3月28日经公司总裁批准，徐梦寒副总裁辞职。

2011年3月7日，公司2011年度第二次股东会选举成立了第四届董事会。董事会由7人组成，分别为马宝军、蔡宁、苏琛、樊玉涛、张可欣、刘亚、张明洪。公司第四届董事会第一次会议选举马宝军为董事长，聘任马磊为总裁，石笑东、刘英辉为副总裁，王克槿为董事会秘书兼财务总监，方晓军为首席风险官。2011年6月27日河南银监局向公司下发了《关于核准百瑞信托有限责任公司蔡宁等8人董事和高级管理人员任职资格的批复》（豫银监复〔2011〕250号），核准公司上述人员的任职资格。2011年3月7日，公司2011年度第二次股东会选举成立了第四届监事会，监事会由10人组成，分别为袁先锋、栾帅、王逸馨、张钊睿、王红军、王薇、赵克明、王建永、张耀民、闫继红。公司第四届监事会第一次会议选举袁先锋任监事会主席。

8.3 公司的重大未决诉讼事项

公司诉新鑫联合矿业（河南）有限公司（以下简称新鑫矿业）借款纠纷案：郑州市中级人民法院制作了调解书，确认新鑫矿业应偿还公司借款本金3 000万元及相应利息。因新鑫矿业未按照调解书履行付款义务，公司已申请法院强制执行。该案件涉及的抵押财产首次拍卖成交后，竞买人未按期支付竞买款，目前法院已启动第二次拍卖工作。

8.4 公司及其董事、监事和高级管理人员受到处罚的情况

报告期内无上述事项。

8.5 对银监会及其派出机构所提监管意见的整改情况

公司一贯理解、支持和配合各级监管部门的监管工作，对监管部门的监管意见高度重视，及时按照有关要求进行整改，得到了监管部门的肯定。

2011年，公司针对监管部门提出的监管意见和建议，及时逐项制订切实可行的整改措施，并通过加强领导、责任到人等手段，认真落实到位。整改意见及整改落实情况如下：

一是大力推进科学创新，提升公司持续盈利能力。公司在业务发展过程中，始终坚持以科学发展观为指导，依托自身研发优势，不断加强对宏观经济环境的研究工作，在保持对整体经济形势清醒认识的基础上审慎开展业务，尽量避免在项目开展过程中出现方向性错误。一方面继续通过对信

托公司年报的分析建立和完善信托行业数据库，为行业和公司的战略调整提供参考，另一方面，通过深入分析确定公司信托产品相对于其他金融产品的核心竞争优势，并有针对性地进行强化。另外，公司还进一步加强了对行业监管政策的解读和研究，分析其对相关业务的影响，提前进行业务布局和调整，以平滑业务结构和业务收入可能的不均衡和周期性。同时，公司研发部门结合行业和公司发展中的现实问题，进行有针对性地研究，除了为基础设施业务、房地产信托业务开展提供决策参考外，还积极协助业务部门拓展PE业务、证券投资信托业务，围绕资本市场开发业务种类，进一步提升公司产品设计、投资管理和风险控制能力，以增强信托业务可持续发展能力。

二是进一步完善内控制度激励约束机制，加强内控制度执行力建设。为贯彻落实监管部门下发的《关于在全省银行业金融机构开展“合规执行年”活动的通知》的要求，加强公司合规建设，提高公司管理规范性水平，2011年3月公司确定了《2011年合规执行年工作方案》，通过全面加强内控合规制度建设、业务流程完善、员工行为规范建设，致力于在公司树立人人合规的风险理念，将合规风险的制度约束转化为员工内部自觉的行为标准；同时明确了“领导机构查制度落实，合规部门查制度设计，业务部门查业务运营，员工自身查操作执行”的执行原则，要求各部门对关键工作、关键环节、现有制度、流程进行梳理和调整。与此同时，公司高度重视风险管理的体系建设工作，要求风险控制部门要重点做好全面风险评估工作，同时结合实际进一步制定和完善公司风险管理政策。

三是认真做好信托计划的清算工作，及时报备相关材料。公司高度重视到期信托计划的清算工作。为确保信托计划的到期正常清算，公司要求项目管理人员提前3个月与交易对手沟通，了解其还款资金安排情况。并在项目到期前2个月，要求项目管理人员根据与交易对手的沟通结果及项目的实际情况，撰写集合类信托计划即将终止清算报告报送监管部门；项目清算后10个工作日内，撰写集合类信托计划清算报告报送监管部门；同时，为保证该项工作的有序进行，公司后期管理部门制定《向监管部门报送报告流程》，及时报备相关材料。2011年公司所有到期信托项目均已正常清算。

四是加强员工的思想教育和职业道德教育，营造良好合规文化氛围。合规是金融企业发展的生命线，是企业健康发展的有力保障。因此，在打造特色企业文化体系的同时，公司始终重视企业合规文化建设，从加强合规文化建设，积极倡导和培育优良的合规文化、价值观念、营造合规文化氛围，树立“合规人人有责、合规创造价值”的理念，致力于建立合规管理的长效机制，提高合规风险管控能力，确保公司安全、稳健运营。通过合规制度建设、合规培训、合规信息传递等方面，努力营造合规经营、合规决策、合规管理的有效氛围，使合规文化贯穿日常经营的始终。

8.6 本年度重大事项临时报告的简要内容、披露时间、所披露的媒体及其版面

序号	披露内容	披露时间	披露媒体及版面
1	公司注册资本变更并调整股权结构——公司注册资本由6.05亿元增至12亿元，增资完成后，中电投财务有限公司成为公司第一大股东	2011年3月15日	《金融时报》07版
2	公司2010年度报告摘要	2011年4月29日	《金融时报》第29、31版
3	修改《公司章程》——中电投财务有限公司成为第一大股东	2011年5月5日	《金融时报》07版
4	董事变更公告——成立第四届董事会	2011年6月28日	《金融时报》07版
5	第一大股东变更——北京德得创业科技有限公司将持有的公司股权转让给郑州市财政局，郑州市财政局成为第一大股东	2011年9月21日	《金融时报》06版
6	股权变更公告——中国电力投资集团公司和中电投财务有限公司合计持有公司50.24%股权	2011年12月20日	《金融时报》07版
7	公司变更会计师事务所公告	2011年12月23日	《金融时报》08版

8.7 银监会及其省级派出机构认定的其他有必要让客户及相关利益人了解的重要信息

报告期内无上述事项。

9. 公司监事会意见

报告期内，公司监事会成员认真履行职责，恪尽职守，通过查阅相关文件资料、列席董事会等方式，对公司依法运作情况进行监督。在此基础上，监事会发表如下独立意见：

9.1 公司依法运作情况

2011年，公司董事会按照股东会的决议要求，切实履行了各项决议，决策程序符合《中华人民共和国公司法》、《中华人民共和国信托法》和《公司章程》及监管部门的有关规定。公司建立了完善的内部控制制度，董事和高级管理人员在履行职责及行使职权时，履行诚信和勤勉尽责的义务，遵守国家法律法规和《公司章程》，以维护公司股东利益为出发点，认真执行股东会决议。公司目标明确、管理科学、决策民主、运作规范。

9.2 检查公司财务情况

公司监事会对本年度财务状况进行了检查，认为公司财务制度健全、内控体系完善，无重大遗漏和虚假记载。天职国际会计师事务所有限公司对公司本年度财务报告进行了审计，出具了标准无保留意见的审计报告（天职京SJ〔2012〕435号）。该审计报告真实、客观地反映了公司2011年度的财务状况和经营成果。

北方国际信托股份有限公司

1. 重要提示

1.1　本公司董事会及董事保证本报告所载资料不存在任何虚假记载、误导性陈述或者重大遗漏,并对其内容的真实性、准确性和完整性承担个别及连带责任。本年度报告摘要摘自年度报告全文,客户及相关利益人欲了解详细内容,应阅读年度报告全文。

1.2　公司董事王友诚先生、朱文芳女士未能出席本次会议,公司其他董事均出席了董事会并对公司2011年年度报告发表了同意的意见。

1.3　独立董事王爱俭、孔晓艳、苑德军(拟任)对公司2011年年度报告基于独立判断立场,发表意见如下:公司2011年年度报告属实,内容真实、准确、完整。

1.4　五洲松德联合会计师事务所出具了标准无保留意见的审计报告。

1.5　公司董事长刘惠文、总经理徐立世、主管会计工作负责人王向群、会计部门负责人曾广炜声明:保证年度报告中财务会计报告的真实、完整。

2. 公司概况

2.1　公司简介

1	法定名称(及缩写)	北方国际信托股份有限公司(北方信托)
2	英文名称(及缩写)	Northern International Trust Co., Ltd.(NITIC)
3	法定代表人	刘惠文
4	注册地址	天津经济技术开发区第三大街39号
5	邮政编码	300457
6	办公地址	天津市河西区友谊路5号北方金融大厦
7	邮政编码	300201
8	互联网网址	http://www.nitic.cn/
9	负责信息披露高级管理人员	王向群
10	联系人	王辉
11	联系电话	022-28370988
12	传真	022-28370088
13	电子信箱	wanghui@nitic.cn
14	公司信息披露的报纸名称	《金融时报》
15	公司年度报告备置地点	天津市河西区友谊路5号北方金融大厦26层
16	公司聘请的会计师事务所名称及住所	五洲松德联合会计师事务所 天津市经济技术开发区广场东路20号滨海金融街E6505

2.2　组织结构

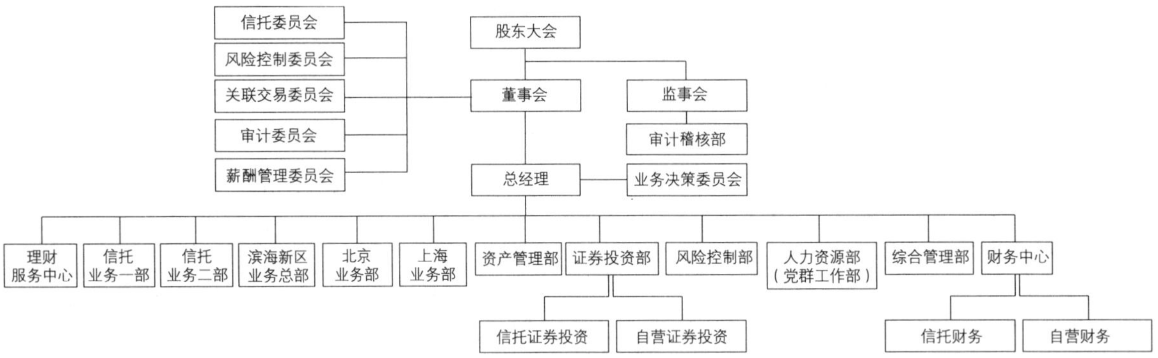

3. 公司治理结构

3.1　股东

报告期末,股东总数27家。公司前三位股东情况如下表所示:

股东名称	出资比例(%)	法人代表	注册资本	注册地址	主要经营业务及主要财务情况
天津泰达投资控股有限公司	32.33	张秉军	60亿元	天津经济技术开发区盛达街9号	以自有资金对工业、农业基础设施开发建设、金融、保险、证券业、房地产业等的投资。
津联集团有限公司	11.21		200万港元	香港干诺道中168~200号信德中心招商局大厦3607-13室	实业投资、国际贸易、投资咨询服务、各类资产经营服务、国资局授权范围内的国有资产处置等。
天津市财政局	6.23				

3.2 董事

董事长、副董事长、董事

姓名	职务	性别	年龄	选任日期	所推举的股东名称	该股东持股比例(%)	简要履历
刘惠文	董事长	男	57	2005年12月14日	天津泰达投资控股有限公司	32.33	曾在天津市计划委员会、天津开发区管委会、天津开发区总公司、天津泰达集团公司工作,2005年12月任公司党委书记、董事长;现任天津市泰达国际控股(集团)有限公司党委书记、董事长。
邢吉海	董事	男	59	2008年11月3日	天津泰达投资控股有限公司	32.33	曾任石油部管理局供应处干部,天津第二玻璃厂财务部干部,天津一轻局玻璃工业公司副科长,天津华北轻工业供销联营公司总经理助理、副总经理(党委成员),天津泰达投资控股有限公司财务中心副主任;现任天津泰达投资控股有限公司财务中心主任。
朱文芳	董事	女	44	2008年11月3日	天津泰达投资控股有限公司	32.33	曾任兰州公共交通公司宣传干事,天津开发区工业投资公司企划部干部,天津泰达集团投资部干部、办公室副主任,天津泰达控股投资有限公司证券部副经理;现任天津泰达投资控股有限公司证券部经理。
王志勇(拟任)	董事	男	40	2011年9月26日	津联集团有限公司	11.21	曾任天津北方国际信托投资有限公司国际部交易主管,津联集团(天津)资产管理有限公司金融部经理、副总经理、总经理,津联集团有限公司总经理助理、金融市场部总经理;现任津联集团有限公司副总经理、天津发展控股有限公司副总经理、天津发展控股有限公司执行董事。
刘建华	董事	男	67	2005年7月8日	天津市财政局	6.24	曾任天津市财税管理三处处长、天津市国有资产经营有限责任公司董事长;2001年11月至今,任公司董事。
吴树桐	董事	男	40	2008年11月3日	天津泰达股份有限公司	5.43	曾任天津市工贸公司期货部经理,天津天达信息港电脑公司副总经理,天津泰达集团有限公司投资发展部部长;现任天津泰达股份有限公司总经理。
张军	董事	男	44	2005年7月8日	天津泰达电力公司	4.31	曾任塘沽八中团委书记,开发区园林绿化公司办公室主任,开发区管委会办公室副主任,天津泰达投资控股有限公司办公室主任;现任天津泰达集团有限公司总经理。
王友诚	董事	男	38	2009年4月9日	天津泰达自来水公司	4.31	曾任摩托罗拉(中国)电子有限公司供应管理师;现任天津泰达投资控股有限公司资产管理部副经理。
马贵中	董事	男	56	2006年11月22日	天津市医药集团有限公司	4.27	曾任天津市医药集团有限公司财务部部长,天津市医药集团有限公司副总会计师兼财务部部长;现任天津市医药集团有限公司总会计师、总法律顾问。
王工布	董事	男	56	2010年8月30日	天津投资集团公司	4.18	曾任市计委工业处干部、主任科员,市世行办副处级调研员、正处级调研员,市计委投资处处长,市发展改革委助理巡视员,天津投资集团公司副总经理、党委委员;现任天津投资集团公司总经理、党委副书记。
徐玉高	董事	男	42	2005年7月8日	中国海洋石油渤海公司	3.89	曾任清华大学21世纪发展研究院讲师,中国海洋石油总公司中海油服战略发展经理,中国海洋石油总公司发展研究室政策研究经理,中海石油基地集团有限责任公司财务总监;现任中海油能源发展股份有限公司董事、副总经理兼首席财务官。

独立董事

姓名	所在单位及职务	性别	年龄	选任日期	所推举的股东名称	该股东持股比例(%)	简要履历
王爱俭	天津财经大学,任经济学院副院长	女	57	2008年12月10日	天津泰达投资控股有限公司	32.33	天津财经大学经济学院副院长、博士生导师。
孔晓艳	嘉德恒时律师事务所,任专职律师、创始合伙人、高级合伙人,嘉德恒时律师事务所香港简家聪律师行联营律师事务所律师	女	44	2008年12月10日	天津泰达投资控股有限公司	32.33	曾任天津市对外经济律师事务所专职律师,香港Livasari&Co. 律师行中国法律顾问;嘉德律师事务所专职律师、创始合伙人、高级合伙人;现任嘉德恒时律师事务所专职律师、创始合伙人、高级合伙人,嘉德恒时律师事务所香港简家聪律师行联营律师事务所律师。
苑德军(拟任)	中国银河证券公司,高级经济学家	男	61	2009年12月25日	天津泰达股份有限公司	5.43	曾在中国人民银行所属的哈尔滨金融高等专科学校任教;曾任天津财经大学学术委员会、学位委员会委员、天津市哲学社会科学"九·五"规划经济学科组成员;现任中国银河证券股份有限公司高级经济学家,博士生导师。

3.3 监事

监事会成员

姓名	职务	性别	年龄	选任日期	所推举的股东名称	该股东持股比例(%)	简要履历
田以林	监事长	男	55	2010年12月27日	天津泰达投资控股有限公司	32.33	曾任天津市委宣传部科员，天津新闻出版局科员、副主任科员，天津市委组织部副主任科员、主任科员，天津市委办公厅副处级机要秘书、正处级机要秘书，北方信托党总支书记、开发区总公司党委委员；现任北方信托党委副书记、纪检书记、工会主席。
徐建新	监事	女	48	2008年11月3日	天津泰达投资控股有限公司	32.33	曾任天津泰达律师事务所律师，天津泰达投资控股有限公司总法律顾问、公司律师、办公室副主任；现任天津泰达投资控股有限公司总法律顾问、公司律师、董事会秘书（兼）、法务内审部部长。
朱振山	监事	男	60	2005年7月8日	天津市财政局	6.24	曾任天津市财税管理一处干部，科长、调研员；现任天津市财政投资管理中心副主任，天津市国有资产经营有限责任公司董事长兼总经理。
张同生	监事	男	61	2008年11月3日	天津市宁发集团有限公司	4.75	现任天津市宁发集团有限公司董事长兼总经理。
王喆	监事	男	44	2008年1月14日	天津天药药业股份有限公司	3.37	曾任天津大学管理学院副教授，天津天药药业股份有限公司董事会秘书，恒安人寿保险股份有限公司风险控制经理、董事会秘书，天津药业集团有限公司董事会秘书；现任天津天药药业股份有限公司董事、财务总监兼董事会秘书。
夏金玲	监事	女	44	2011年5月13日	职工代表	—	曾任天津滨海信托财务部经理，北方信托计划财务部副经理、托管部经理，天津北信财务咨询服务有限公司副总经理，北方国际信托投资股份有限公司稽核专员，天津北信中乒投资发展有限公司副总经理兼财务总监；现任北方国际信托股份有限公司审计稽核部副总经理（主持工作）。

3.4 高级管理人员

姓名	职务	性别	年龄	选任日期	金融从业年限	学历	专业
徐立世	总经理	男	55	2006年2月	31	博士	金融
王向群	副总经理	男	54	2008年5月	29	本科	财政
陆妍	副总经理	女	43	2008年8月	15	硕士	工商管理
包立杰	总经理助理	男	41	2010年12月	18	本科	国际金融
王燕滨	总经理助理	男	50	2010年12月	21	硕士	工商管理

3.5 公司员工

项目		报告期年度	
		人数	比例(%)
年龄分布	20~29岁	14	14
	30~39岁	36	37
	40岁以上	48	49
学历分布	博士	4	4
	硕士	28	29
	本科	57	58
	专科	7	7
	其他	2	2
岗位分布	董事、监事及高管人员	7	7
	自营业务人员	11	11
	信托业务人员	39	40
	其他人员	41	42

4. 经营管理

4.1 经营目标、方针、战略规划

以科学发展观为指导，以服务客户、成就员工、回报股东、奉献社会为宗旨，将北方信托办成一个管理科学、运转高效、业绩优良、内外和谐，天津一流、全国领先的现代金融企业。

2012年，公司的指导思想是继续秉承公司既定的企业宗旨、经营思想、管理理念，围绕提升核心竞争力这一中心，重点抓好业务模式、组织架构与工作流程、人才队伍、激励约束机制和企业文化氛围五项建设，加快“转型、升级”步伐，加大防范风险力度，巩固成果、稳中求进、创新发展，为跻身于全国一流的信托公司而努力奋斗。

4.2 所经营业务的主要内容

自营资产运用与分布表

资产运用	金额（万元）	占比（%）	资产分布	金额（万元）	占比（%）
货币资产	67 178.83	32.90	基础产业		
贷款及应收款	68 576.20	33.59	房地产业	32 365.00	15.85
交易性金融资产	20 582.97	10.08	证券市场	21 460.65	10.51
可供出售金融资产	6 603.68	3.23	实业	34 200.00	16.75
持有至到期投资	0.00	0.00	金融机构	107 546.17	52.67
长期股权投资	36 516.34	17.88	其他	8 615.01	4.22
其他资产	4 728.81	2.32			
资产合计	204 186.83	100.00	资产总计	204 186.83	100

信托资产运用与分布表

资产运用	金额（万元）	占比（%）	资产分布	金额（万元）	占比（%）
货币资产	1 186 649.68	17.41	基础产业	1 285 151.00	18.86
贷款	2 791 272.82	40.96	房地产	871 180.00	12.78
持有至到期投资	766 418.58	11.25	证券	670 928.00	9.84
长期股权投资	1 153 322.36	16.92	实业	220 019.00	3.23
交易性金融资产	670 928.13	9.84	金融机构	79 050.00	1.16
长期应收款	246 358.89	3.61	其他	3 688 658.14	54.13
其他	35.68	0.01			
资产总计	6 814 986.14	100.00	资产总计	6 814 986.14	100.00

4.3 市场分析

4.3.1 有利因素

4.3.1.1 从外部看

中国宏观经济政策连续稳定，政策调控的预先性、针对性、灵活性进一步增强，中国经济仍将继续保持稳定增长。同时，天津的经济发展也会继续走在全国前列，公司所处的大环境相对平稳。

实体经济的资金需求仍然旺盛，资金供给相对短缺的现状短期内难以消失，社会对信托融资的需求不会减少。

中国的理财市场发展方兴未艾、潜力巨大，信托理财逐步得到社会认可，特别是在房市退潮、股市低迷的情况下，信托理财产品越来越受到高净值投资者的追捧，因此，公司所在的行业仍是一个前景广阔、蓬勃发展的朝阳行业。

4.3.1.2 从内部看

公司连续五年资产规模和资本积累不断增长，客户资源不断扩大，员工队伍的团结战斗力不断增强，内部管理水平不断提升，为公司的进一步发展奠定了更好的基础。

4.3.2 不利因素

4.3.2.1 从外部看

国家对房地产市场持续调控，使房地产市场多年聚集的风险，可能在2011年集中释放，同时房地产行业的暴利时代已经过去，未来将逐步回归到正常利润水平。这对整个信托行业影响巨大，不仅使房地产信托存量资产风险急剧上升，而且未来信托业在房地产市场的投资空间也会迅速萎缩。

由于中央对地方政府融资平台的治理整顿，信托公司可做的靠地方政府信用支撑的一类项目，例如土地整理、基础建设项目也在减少，同时地方政府举借新债受到严格约束，原有债务陆续进入偿还高峰，“土地财政”的好景不再，因此地方政府项目存量资产的信用风险不容忽视。

银监会已经或将进一步采取措施限制银信合作中的政策套利，与银行合作通道受到监管限制。

参与理财市场的机构在不断增加，理财市场的竞争不断加剧，特别是监管部门事实上默认，准许信托公司在异地设立业务网点、开办异地业务，进入天津市场的外地公司不断增加，公司在天津的区域优势逐渐消失，无论在天津还是异地都要面对全行业的竞争。

4.3.2.2 从内部看

目前制约公司发展的突出问题仍是有自身特色的业务模式和核心竞争力尚未形成；规范管理、风险控制水平和员工队伍的职业素质与公司业务迅速扩张的速度不相适应；公司的资本实力不强，核心客户范围不广，行业排名还不够位居前列，社会影响力还不够大。

4.4 内部控制概况

公司在继续稳健快速发展的同时，始终将业务的合规性、风险的有效防控作为前提和保证。公司已经建立起一套较完善的内部控制体系，具备明确的内控目标和原则，覆盖公司各项业务、所有部门和人员。公司注重引导员工树立合规意识和风险意识，增强使命感，并通过完善全员合规管理责任制、监督考核与奖惩制对员工的行为进行规范、监督。

公司已建立了三个层级的内部控制机构，形成了分工合理、职责明确、运行顺畅、制衡有效的风险管理机制。各级机构均严格履行职责，保证对各种业务风险进行事前、事中、事后的有效监管和控制。已建立一套涵盖公司经营管理的各个方面及所有业务种类的制度体系。制度中既有原则规范，又包含操作流程、风险点和防范措施，保证可操作性，并根据监管法规政策变化、公司经营管理需要及时进行修订、新订。公司为各项业务的开发、决策、实施、后期管理设定了标准化、规范化的流程，同时将业务全流程纳入系统管理，以保证业务的规范有序开展。

4.5 风险管理概况

公司经营活动中可能遇到的风险包括：信用风险、市场风险、操作风险、其他风险等。

信用风险即违约风险，指交易对手不能全部或部分按时履行合约义务而造成财务上损失的风险。公司涉及客户信用风险的业务包括存放同业款项、贷款、担保和应收款项。对于信用风险的管理，注重事前对交易对手的尽职调查，业务方案设定保证担保、资产抵押、权利质押等多种信用增级方式，项目实施过程中加强跟踪检查，项目结束后及时进行稽核和评价。对于固有资产，按要求进行了五级分类管理。对除存放同业款项之外的表内信用类资产计提一般准备和专项准备，一般准备按照信用风险类资产余额的一定比例差额提取；专项准备按照单项资产未来预计损失情况确认准备金额。

市场风险指公司在信托资产及其固有资产合法经营中，因为利率、汇率、股价、股指、商品价格等市场价格的波动而产生的风险。对于市场风险的管理，公司加强对经济及金融形势的分析预测，注重关注市场变动，并提出相应对策及业务调整方案。对于证券市场风险，侧重于把握整体趋势，通过建立有效的投资组合，设定预警点或止损点，规避股市风险。对于利率风险，在贷款发放过程中，制定合理的固定利率或者浮动利率方案。大力开拓滨海新区建设、市政基础设施建设及非资金推动型业务。对房地产、银信合作、政府融资平台等重点行业、重点类型业务定期进行压力测试，密切关注市场情况，加强风险的防范。

操作风险主要指因内控机制不健全、管理失误、操作系统不完善，或其他一些人为的错误而导致损失的可能性。对于操作风险的管理，一方面公司围绕固有资料、信托资产运营管理、证券投资、会计核算、资金交易、信息系统及文档管理等日常经营的各方面，制定管理规定和操作流程，明确操作权限和内容，严格遵循"决策与操作分离"、"业务操作与风险监控分离"等原则；另一方面，加强对制度执行的检查、评价，推行责任追究机制，同时加强员工培训，提高员工风险意识。通过建立满足业务需要信息管理系统，将业务全流程纳入系统管理，设定严格的流程与使用权限，赋予风险控制、审计部门监督权，减少人为的操作风险。

其他风险主要有合规风险、道德风险。合规风险指公司经营活动、业务开展因未能遵循国家法律法规、监管部门规则和公司内部规章制度，而可能遭受法律制裁、监管处罚、财务或声誉损失的风险。道德风险主要表现为公司内部人员蓄意违法违规或与公司的利益主体串通而给信托受益人或公司自身带来损失的可能。对于其他风险的管理，公司将合规风险管理作为公司风险管理的基础，从完善公司治理、内控制度、加强合规组织机构及配套机制建设、培育良好合规文化等方面，构建有效的合规风险管理机制。通过加强员工思想政治方面教育，强化内控机制，严格业务流程与监督制衡，加大检查监督的频率和力度，防范道德风险的发生。

5. 报告期末及上一年度末的比较式会计报表

5.1 自营资产

5.1.1 会计师事务所审计结论

五洲松德联合会计师事务所认为，北方信托公司财务报表在所有重大方面按照财政部 2006 年 2 月 15 日颁布的企业会计准则的规定编制，公允反映了贵公司 2011 年 12 月 31 日的财务状况以及 2011 年度的经营成果和现金流量。

5.1.2 资产负债表

资产负债表

编制单位：北方国际信托股份有限公司　　2011 年 12 月 31 日　　单位：万元

资　产	期末数	期初数	负债及股东权益	期末数	期初数
资产：			负债：		
现金	0.71	0.63	拆入资金		
存放同业款项	67 178.11	57 560.60	交易性金融负债		
拆出资金			应付职工薪酬	4 128.81	5 584.62
交易性金融资产	20 582.97	1 094.98	应交税费	2 453.88	1 625.42
买入返售金融资产			其他应付款	18 309.62	6 990.56
应收利息	—	—	预计负债		
其他应收款	2 011.20	19 931.40	应付利息	23.59	23.59
发放贷款和垫款	66 565.00	59 035.00	递延所得税负债	8.41	57.84
可供出售金融资产	6 603.68	2 617.88	其他负债	649.46	649.46
持有至到期投资			负债合计	25 573.76	14 931.49
长期股权投资	36 516.34	17 655.42			
投资性房地产	2 150.03	2 244.35	股东权益：		
固定资产	2 112.98	1 854.14	股本	100 099.89	100 099.89
固定资产清理			减：库存股		
无形资产	138.44	142.97	盈余公积	9 897.94	6 760.27
长期待摊费用	71.65	61.85	资本公积	-89.12	173.52
抵债资产			一般风险准备	8 851.53	6 382.44
递延所得税资产	185.96	164.60	未分配利润	59 852.85	34 082.97
其他资产	69.74	66.74	外币报表折算差额		
			股东权益合计	178 613.07	147 499.08
资　产　总　计	204 186.83	162 430.57	负债和股东权益合计	204 186.83	162 430.57

公司负责人：刘惠文　　主管会计工作负责人：王向群　　会计机构负责人：曾广炜

5.1.3 利润表

利润表

编制单位：北方国际信托股份有限公司　　2011 年度　　单位：万元

项　目	本年	上年
一、营业收入	59 004.78	35 762.83
（一）利息净收入	8 454.78	6 947.32
利息收入	8 454.78	6 947.32
利息支出	—	—
（二）手续费及佣金净收入	46 464.07	28 428.39
手续费及佣金收入	52 375.13	29 643.59

续表

项　　目	本年	上年
手续费及佣金支出	5 911.07	1 215.20
(三)投资收益(损失以"－"号填列)	3 614.51	－12.91
其中:对联营企业和合营企业的投资收益	3 801.63	3 427.44
(四)公允价值变动收益(损失以"－"号填列)	67.04	－193.14
(五)汇兑收益(损失以"－"号填列)	－0.71	－0.48
(六)其他业务收入	405.10	593.66
二、营业支出	17 642.10	11 683.11
营业税金及附加	857.52	—
业务及管理费	16 784.58	11 733.82
资产减值损失	—	－50.71
其他业务成本	—	—
三、营业利润	41 362.68	24 079.72
加:营业外收入	56.93	2 027.86
减:营业外支出	263.57	113.36
四、利润总额	41 156.04	25 994.22
减:所得税费用	9 779.40	5 981.33
五、净利润	31 376.63	20 012.89
六、每股收益		
(一)基本每股收益	0.31	0.20
(二)稀释每股收益	0.31	0.20

公司法定代表人:刘惠文　　主管会计工作负责人:王向群　　会计机构负责人:曾广炜

5.1.4　所有者权益变动表

股东权益变动表

编制单位:北方国际信托股份有限公司　　2011 年度　　单位:万元

项　　目	本期数					
	实收资本	资本公积	盈余公积	一般风险准备	未分配利润	所有者权益合计
一、上年年末余额	100 099.89	173.52	6 760.27	6 382.44	34 082.97	147 499.08
二、本年年初余额	100 099.89	173.52	6 760.27	6 382.44	34 082.97	147 499.08
三、本年增减变动金额	—	－262.64	3 137.66	2 469.09	25 769.88	31 113.99
(一)本年净利润	—	—	—	—	31 376.63	31 376.63
(二)直接计入所有者权益的利得和损失	—	－262.64	—	—	—	－262.64
1. 可供出售金融资产公允价值变动净额	—	－350.19	—	—	—	－350.19
2. 与计入所有者权益项目相关的所得税影响	—	87.55	—	—	—	87.55
上述(一)和(二)小计	—	－262.64	—	—	31 376.63	31 113.99
(三)本年利润分配	—	—	—	—	－5 606.75	—
1. 提取盈余公积	—	—	3 137.66	—	－3 137.66	—
2. 提取一般风险准备	—	—	—	2 469.09	－2 469.09	—
四、本年年末余额	100 099.89	－89.12	9 897.94	8 851.53	59 852.85	178 613.07

公司负责人:刘惠文　　主管会计工作负责人:王向群　　会计机构负责人:曾广炜

5.2　信托资产

5.2.1　信托项目资产负债汇总表

信托项目资产负债表

编制单位:北方国际信托股份有限公司　　2011 年 12 月 31 日　　单位:万元

信托资产	期末数	期初数	信托负债和信托权益	期末数	期初数
信托资产:			信托负债:		
货币资金	1 186 649.68	48 076.1224	交易性金融负债		
拆出资金			衍生金融负债		
存出保证金			卖出回购金融资产款		

续表

信托资产	期末数	期初数	信托负债和信托权益	期末数	期初数
交易性金融资产	670 928. 13	563 771. 76	应付受托人报酬	178. 35	42. 73
衍生金融资产			应付托管费	122. 15	92. 68
买入返售资产			应付受益人收益		
应收款项	35. 68	35. 68	应交税费	0. 03	0. 03
发放贷款	2 791 272. 82	3 481 378. 00	应付销售服务费		
可供出售金融资产			其他应付款项	11 684. 08	3 360. 00
持有至到期投资	766 418. 59	88 458. 00	预计负债		
长期应收款	246 358. 88	233 458. 88	其他负债		
长期股权投资	1 153 322. 36	797 437. 20	信托负债合计	11 984. 61	3 495. 44
投资性房地产			信托权益:		
固定资产			实收信托	6 756 534. 47	5 195 401. 07
无形资产			资本公积	0	128
长期待摊费用			未分配利润	46 467. 06	13 591. 13
其他资产					
			信托权益合计	6 803 001. 53	5 209 120. 20
信托资产总计	6 814 986. 14	5 212 615. 64	信托资产总计	6 814 986. 14	5 212 615. 64

5. 2. 2 信托项目利润及利润分配汇总表

信托项目利润及利润分配表

2011 年度

编制单位:北方国际信托股份有限公司　　单位:万元

项　目	本年	上年
一、营业收入	471 148. 24	197 029. 27
利息收入	320 570. 94	189 697. 52
投资收益(损失以"－"号填列)投资收入	155 341. 86	12 645. 30
其中:对联营企业和合营企业的投资收益	38 345. 02	5 400. 16
公允价值变动收益(损失以"－"号填列)	-4 767. 62	-5 315. 95
租赁收入		
汇兑损益(损失以"－"号填列)		
其他收入	3. 06	2. 4
二、营业支出	29 992. 70	12 753. 16
营业税金及附加		
业务及管理费	29 992. 70	12 753. 16
资产减值损失		
三、信托利润(净亏损以"－"号填列)	441 155. 54	184 276. 11
加:其他综合收益		
四、综合收益	441 155. 54	184 276. 11
加:期初未分配信托利润	13 591. 13	7 355. 95
五、可供分配的信托利润	454 746. 67	191 632. 06
减:本期已分配信托利润	408 279. 61	178 040. 93
六、期末未分配信托利润	46 467. 06	13 591. 13

6. 会计报表附注

6. 1 会计报表编制基准不符合会计核算基本前提的说明

6. 1. 1 会计报表不符合会计核算基本前提的事项

无。

6. 1. 2 编制合并会计报表的说明

公司无须编制合并会计报表。

6. 2 重要会计政策和会计估计说明

6. 2. 1 计提资产减值准备的范围和方法

计提资产减值准备的范围包括贷款、长期股权投资、固定资产、无形资产、应收款项、抵债资产。

计提资产减值准备的方法:本公司在资产负债表日,以单项资产为基础判断资产是否存在可能发生减值的迹象,存在减值迹象的,按单项资产估计其可收回金额;难以对单项资产的可收回金额进行估计的,以该资产所属的资产组为基础确定资产组的可收回金额。

当资产或资产组的可收回金额低于其账面价值时,本公司将其账面价值减记至可收回金额,减记部分计提资产减值准备。

6. 2. 2 金融资产四分类的范围和标准

金融资产分为四类:交易性金融资产、可供出售金融资产、持有至到期投资、贷款和应收款项。

本公司将为交易而持有的且初始取得或首次执行会计准则日无限售期的金融资产归入交易性金融资产。

本公司将初始取得或首次执行会计准则日有限售期的金融资产归入可供出售金融资产。

本公司将在活跃市场中有报价,到期日固定,回收金额固定或可确定,且公司有明确意图和能力持有至到期的非衍生金融资产归为持有至到期投资。

本公司将在活跃市场中没有报价,回收金额固定或可确定的非衍生金融资产归为贷款和应收款项。

6. 2. 3 交易性金融资产核算方法

该类资产按取得时的公允价值作为初始确认金额;持有期间的利息或现金股利,确认为当期投资收益;资产负债表日,公允价值的变动计入当期损益;处置时,公允价值与初始入账金额之间的差额确认为投资收益,同时调整公允价值变动损益。

6.2.4 可供出售金融资产核算方法

该类金融资产取得时，按照取得时公允价值和相关交易费用之和作为初始确认金额；持有期间的利息或股利，计入投资收益；资产负债表日，公允价值的变动计入资本公积（其他资本公积）；终止确认时，按取得的价款和其账面价值间的差额，计入投资收益；同时将原在资本公积中反映的公允价值变动额对应终止确认部分的金额转出，计入投资收益。

6.2.5 持有至到期投资核算方法

该类金融资产按取得时的公允价值和相关交易费用之和作为初始确认金额。支付的价款中包含的已到付息期但尚未领取的债券利息，单独确认为应收利息；持有期间的利息收入按照摊余成本和实际利率计算，计入投资收益，实际利率与票面利率差别较小时，按票面利率计算利息收入；处置该类资产时，取得的价款和该资产账面价值之间的差额计入投资收益。

6.2.6 长期股权投资核算方法

6.2.6.1 长期股权投资的初始计量

在取得时按照初始投资成本入账。初始投资成本按以下方法确定：

一是以合并方式取得长期股权投资，如果是在同一控制下进行的企业合并，按照取得被合并方所有者权益账面价值的份额，在合并日确认投资成本；如果是非同一控制下进行的企业合并，按照以下原则确认投资成本：

第一，一次交换交易实现的企业合并，合并成本为购买日为取得对被购买方的控制权而付出的资产、发生或承担的负债以及发行的权益性证券的公允价值。

第二，通过多次交换交易分步实现的企业合并，合并成本为每一单项交易成本之和。

第三，为进行企业合并发生的各项直接相关费用计入合并成本。

第四，在合并合同或协议中对可能影响合并成本的未来事项作出约定的，购买日如果估计未来事项很可能发生并且对合并成本的影响金额能够可靠计量的，将其计入合并成本。

二是以现金购入的长期股权投资，按实际支付的全部价款（包括支付的税金、手续费等相关费用）作为初始投资成本；实际支付的价款中包含已宣告但尚未领取的现金股利，作为单独的应收项目，不包含在初始投资成本中。

三是以发行权益性证券取得的长期股权投资，按发行权益性证券的公允价值作为初始投资成本。

四是投资者投入的长期股权投资，按照投资合同或协议约定的价值作为初始投资成本。

五是公司因债务重组取得的长期股权投资，将享有股份的公允价值确认为长期股权投资的入账价值，重组债权的账面余额与股份的公允价值之间的差额，计入当期损益。

六是以非货币性交易换入的长期股权投资，按换出资产的公允价值加上支付的相关税费，作为初始投资成本。公允价值与换出资产账面价值的差额计入当期损益。

6.2.6.2 长期股权投资的后续计量

一是对于下列长期股权投资，采取成本法核算：

第一，对被投资企业能够实施控制。

第二，对被投资企业不具有共同控制或重大影响，并且在活跃市场中没有报价、公允价值不能够可靠计量的。

按成本法核算的长期股权投资按照初始投资成本计量，追加或收回投资时调整投资成本。被投资企业宣告分派的现金股利或利润，确认为当期投资收益。

二是对被投资企业具有共同控制或重大影响的长期股权投资，采取权益法核算。

初始投资成本大于投资时应享有被投资企业可辨认净资产公允价值份额的，不调整长期股权投资的初始成本；初始投资成本小于投资时应享有被投资企业可辨认净资产公允价值份额的，其差额计入当期损益，同时调整长期股权投资的成本。

公司取得长期股权投资后，按照应享有的被投资企业实现的净损益份额，确认投资收益并调整长期股权投资的账面价值。按照被投资企业宣告分派的利润或现金股利计算应分得的部分，相应减少长期股权投资的账面价值。

被投资企业发生净亏损，以长期股权投资的账面价值以及实质上构成被投资企业的长期权益减记至零为限，公司负有额外损失义务的除外；被投资企业以后实现净利润，公司在其收益分享额弥补未确认的亏损分担额后，恢复确认收益分享额。

公司在确认应享有被投资企业净损益的份额时，以取得投资时被投资企业各项可辨认资产等的公允价值为基础，对被投资企业的净利润进行调整后确认。

对于被投资企业除净损益以外所有者权益的其他变动，公司将调整长期股权投资的账面价值和所有者权益。

三是公司因减少投资等原因，对被投资企业不再具有共同控制或重大影响的，并且在活跃市场中没有报价、公允价值不能可靠计量的长期股权投资，将改按成本法核算，并以权益法下长期股权投资的账面价值作为按成本法核算的初始投资成本。

因追加投资等原因能够对被投资企业实施共同控制或重大影响但不构成控制的，将改按权益法核算。

6.2.6.3 长期股权投资的处置

处置长期股权投资，其账面价值与实际取得价款的差额，计入当期损益。采用权益法核算的长期股权投资，因被投资企业除净损益以外所有者权益的其他变动而计入所有者权益的，处置该项投资时，将原计入所有者权益的部分转入当期损益。

6.2.7 投资性房地产核算方法

投资性房地产指以赚取租金或资本增值或两者兼有而持有的房地产，包括已出租的土地使用权、持有并准备增值后转让的土地使用权、已出租的建筑物。

本公司投资性房地产按照成本进行初始确认和计量，在后续计量时通常采用成本模式，只有当存在确凿证据表明投资性房地产公允价值能够持续可靠取得时，后续计量才采用公允价值计量模式。

取得投资性房地产时，按照取得时的实际成本进行初始计量，其成本包括购买价款、相关税费和可直接归属于该资产的其他支出。投资性房地产取得后，按照《企业会计准则第4号——固定资产》和《企业会计准则第6号——无形资产》的规定，计提折旧或摊销；存在减值迹象的，按照《企业会计准则第8号——资产减值》规定计提减值损失。

6.2.8 固定资产计价和折旧方法

固定资产在取得时，按取得时的成本入账。外购固定资产的成本，包括买价款、相关税费、使用固定资产达到预定可使用状态前所发生的可归属于运输费、装卸费、安装费和其他费用等;自行建造的固定资产,包括该项资产达到预定可使用状态前所发生的必要支出;投资者投入的固定资产,按照合同或者协议约定的价值确定入账成本,但合同或协议约定价值不公允的除外;因非货币性资产交换取得的固定资产,当该项交换具有商业实质时,按照换出资产的公允价值加上相关税费确定换入固定资产的成本,当该项交换不具备商业实质时,换出资产的账面价值加上相关的税费作为换入固定资产的成本。

固定资产折旧采用直线法,按固定资产的原值扣除残值和其预计使用年限制定折旧率。主要固定资产类别的折旧年限和年折旧率如下:

类别	预计使用年限(年)	残值率(%)	年折旧率(%)
房屋建筑物	20~42	5	2.26~4.75
运输工具	5	5	19
办公设备	4~5	5	19~23.75
电子设备	3~5	5	19~31.67

6.2.9 无形资产计价及摊销政策

无形资产指公司拥有或控制的没有实物形态的可辨认非货币性资产。

无形资产按照取得成本进行初始计量,包括购买价款、相关税费以及直接归属于该项资产达到预定用途所发生的其他支出。

投资者投入,按照投资合同或协议约定的价值确定,但合同或协议约定价值不公允的除外。

企业出售无形资产,按取得的价款与该无形资产账面价值的差额计入当期损益。无形资产预期不能为企业带来经济利益时,将该无形资产的账面价值予以转销。

公司采用直线法摊销无形资产,并将摊销金额计入当期损益。已计提减值准备的无形资产,其摊销额按扣除已计提的无形资产减值准备累计金额后金额计算。

6.2.10 长期应收款的核算方法

长期应收款按照实际发生金额作为初始确认金额,处置时,按取得的价款与该应收款项账面价值之间的差额计入当期损益。

6.2.11 长期待摊费用的摊销政策

公司发生的长期待摊费用按相关法律规定的期限摊销,如果该长期待摊费用不再为公司带来经济利益,则将余额一次摊销完毕。

6.2.12 合并会计报表的编制方法

以母公司及被合并子公司的个别会计报表为基础,按照《企业会计准则》的要求作必要的调整及重分类后,合并资产、负债、所有者权益各项目,对公司权益性资本投资项目与并表的被投资企业所有者权益中公司所持有的份额进行抵销,所有母公司与控股子公司以及控股子公司之间的重大内部往来、内部交易在合并时予以抵销。

6.2.13 收入确认原则和方法

收入是在与交易相关的经济利益能够流入本公司,且有关收入的金额可以可靠地计量时,具体按以下标准确认:

6.2.13.1 利息收入

对于所有以摊余成本计量的金融工具,及可供出售类投资中计息的金融工具,利息收入以实际利率计量。实际利率和合同利率差别较小时,按合同利率计算利息收入。

6.2.13.2 手续费、佣金及其他收入

信托佣金收入按照信托合同约定,根据合同受益期限进行分摊确认,且相关款项已收到或可以合理估算时确认。

其他手续费收入及其他收入按照提供服务完成进度情况,且相关款项已收到或可以合理估算时确认。

6.2.14 所得税的会计处理方法

本公司根据资产与负债在资产负债表日的账面价值与计税基础之间的暂时性差异,采用资产负债表债务法,按照暂时性差异转回期间适用的税率计算递延所得税,分为递延所得税资产和递延所得税负债。

除《企业会计准则》中明确规定可不确认递延所得税负债的情况以外,公司对于所有的应纳税暂时性差异均确认递延所得税负债;本公司以很可能取得用来抵扣可抵扣暂时性差异、可抵扣亏损和税款地抵减的未来应纳税所得额为限,确认由此产生的递延所得税资产。

6.2.15 信托报酬确认原则和方法

信托佣金收入依据信托合同约定按照受益期进行摊销,且相关款项已收到或可以合理估算时确认。

6.3 或有事项说明

2011年末公司无或有事项。

2011年初担保余额为15 000.00万元,年末担保余额为零元。无逾期担保情况发生。在被担保单位未履行偿债义务的情况下,公司将承担相应债务。

6.4 重要资产转让及其出售的说明

无。

6.5 会计报表中重要项目的明细资料

6.5.1 披露自营资产经营情况

6.5.1.1 按信用风险五级分类结果披露信用风险资产的期初数、期末数

风险分类	正常类(万元)	关注类(万元)	次级类(万元)	可疑类(万元)	损失类(万元)	信用风险资产合计(万元)	不良合计(万元)	不良率(%)
期初数	151 527.63					151 527.63		0
期末数	135 754.31					135 754.31		0

注:不良资产合计=次级类+可疑类+损失类。

6.5.1.2 各项资产减值损失准备的期初、本期计提、本期转回、本期核销、期末数

单位:万元

	期初数	本期计提	本期转回	本期核销	期末数
贷款损失准备	0			0	0
一般准备	0			0	0
专项准备	0			0	0
其他资产减值准备	625.00			0	625.00
可供出售金融资产减值准备	0			0	0

续表

	期初数	本期计提	本期转回	本期核销	期末数
持有至到期投资减值准备	0			0	0
长期股权投资减值准备	625.00			0	625.00
坏账准备	0			0	0
投资性房地产减值准备	0	0	0	0	0

6.5.1.3　按照投资品种分类,分别披露固有业务股票投资、基金投资、债券投资、股权投资等投资业务的期初数、期末数

单位:万元

	自营股票	基金	债券	长期股权投资	其他投资	合计
期初数	1 380.76	942.10		18 280.42	1 390.00	21 993.28
期末数	157.74	719.94	20 582.97	37 141.34	5 726.00	64 327.99

6.5.1.4　按投资入股金额排序,前五名的自营长期股权投资的企业名称、占被投资企业权益的比例、主要经营活动及投资收益情况等

企业名称	占被投资企业权益的比例(%)	主要经营活动	投资收益(万元)
天津滨海农村商业银行股份有限公司	3.70	吸收存款、发放贷款、办理结算、同业拆借、办理票据兑现和贴现等。	1 154.58
渤海财产保险股份有限公司	10.00	财产损失险、责任险、信用保险和保证保险、短期健康险和意外伤害险等。	无
长城基金管理有限公司	17.65	基金募集、基金销售、资产管理等高新技术产业投资及管理;投资咨询等。	2 647.05
天津泰达科技风险投资股份有限公司	6.09	高新技术产业投资及管理;投资咨询等吸收公众存款、发放短期、中长期贷款、办理国内结算等。	无
天津津南村镇银行有限责任公司	10.00	吸收公众存款、发放短期、中长期贷款、办理国内结算等。	无

注:投资损益是指按照企业会计准则规定,核算股权投资确认损益并记入披露年度利润表的金额。

6.5.1.5　前五名的自营贷款的企业名称、占贷款总额的比例和还款情况等(从大到小顺序排列)

企业名称	占贷款总额的比例(%)	还款情况
经纬置地有限公司	33.60	未到期
俊安(天津)实业有限公司	22.53	未到期
智造(中国)有限公司	12.02	未到期
天津市河北区环金安居建设有限公司	7.51	未到期
天津财富豪为商务酒店有限公司	5.86	未到期

6.5.1.6　表外业务的期初数、期末数;按照代理业务、担保业务和其他类型表外业务分别披露

单位:万元

表外业务	期初数	期末数
担保业务	15 000.00	0.00
代理业务	0	0.00
其他	0	0.00
合计	15 000.00	0.00

注:代理业务主要反映因客观原因应规范而尚未完成规范的历史遗留委托业务,包括委托贷款和委托投资。

6.5.1.7　公司当年的收入结构(母公司口径、并表口径同时披露)

收入结构	金额(万元)	占比(%)
手续费及佣金收入	52 375.13	80.61
其中:信托手续费收入	50 105.71	77.12
投资银行业务收入		0.00
利息收入	8 454.78	13.01
其他业务收入	405.10	0.62
其中:计入信托业务收入部分	0	0.00
投资收益	3 614.51	5.56
其中:股权投资收益	3 801.63	5.85
证券投资收益	-1 066.79	-1.64
其他投资收益	879.67	1.35
公允价值变动收益	67.04	0.10
营业外收入	56.93	0.09
收入合计	64 973.49	100.00

注:手续费及佣金收入、利息收入、其他业务收入、投资收益、营业外收入均应为损益表中的科目,其中手续费及佣金收入、利息收入、营业外收入为未抵减相应支出的全年累计实现收入数。

6.5.2　披露信托财产管理情况

6.5.2.1　信托资产的期初数、期末数

单位:万元

信托资产	期初数	期末数
集合	596 972.55	785 800.94
单一	4 452 600.72	5 861 642.59
财产权	163 042.37	167 542.61
合计	5 212 615.64	6 814 986.14

6.5.2.1.1　主动管理型信托业务的信托资产期初数、期末数,分证券投资、股权投资、融资、事务管理类分别披露

单位:万元

主动管理型	期初数	期末数
证券投资类	16 388.43	79 363.00
股权投资类	804 222.00	954 293.46
融资类	2 142 186.40	2 323 397.68
事务管理类		
合计	2 962 796.83	3 357 054.14

6.5.2.1.2　被动管理型信托业务的信托资产期初数、期末数,分证券投资、股权投资、融资、事务管理类分别披露

单位：万元

被动管理型信托资产	期初数	期末数
证券投资类	130 986.07	1 746 002.00
股权投资类		296 208.00
融资类	2 118 832.73	1 415 722.00
事务管理类		
合计	2 249 818.80	3 457 932.00

6.5.2.2 本年度已清算结束的信托项目个数、实收信托合计金额、加权平均实际年化收益率

6.5.2.2.1 本年度已清算结束的集合类、单一类资金信托项目和财产管理类信托项目个数、实收信托金额、加权平均实际年化收益率

已清算结束信托项目	项目个数	实收信托合计金额（万元）	加权平均实际年化收益率（%）
集合类	41	560 604.00	6.09
单一类	209	2 936 938.00	5.45
财产管理类	7	53 386.00	0

注：收益率是指信托项目清算后，给受益人赚取的实际收益水平。加权平均实际年化收益率＝（信托项目 1 的实际年化收益率 ×信托项目 1 的实收信托＋信托项目 2 的实际年化收益率 ×信托项目 2 的实收信托＋…信托项目 n 的实际年化收益率 ×信托项目 n 的实收信托）/（信托项目 1 的实收信托＋信托项目 2 的实收信托＋…信托项目 n 的实收信托）×100%。

6.5.2.2.2 本年度已清算结束的主动管理型信托项目个数、实收信托合计金额、加权平均实际年化收益率，分证券投资、股权投资、融资、事务管理类分别计算并披露

已清算结束信托项目	项目个数	实收信托合计金额（万元）	加权平均实际年化信托报酬率（%）	加权平均实际年化收益率（%）
证券投资类	86	363 783	0.84	3.28
股权投资类	14	168 810	1.06	5.68
融资类	106	1 602 461	0.63	6.15
事务管理类				

注：加权平均实际年化信托报酬率＝（信托项目 1 的实际年化信托报酬率 ×信托项目 1 的实收信托＋信托项目 2 的实际年化信托报酬率 ×信托项目 2 的实收信托＋…信托项目 n 的实际年化信托报酬率 ×信托项目 n 的实收信托）/（信托项目 1 的实收信托＋信托项目 2 的实收信托＋…信托项目 n 的实收信托）×100%。

6.5.2.2.3 本年度已清算结束的被动管理型信托项目个数、实收信托合计金额、加权平均实际年化收益率。分证券投资、股权投资、融资、事务管理类分别计算并披露

已清算结束信托项目	项目个数	实收信托合计金额（万元）	加权平均实际年化信托报酬率（%）	加权平均实际年化收益率（%）
证券投资类				
股权投资类				
融资类	51	1 415 874	0.22	5.16
事务管理类				

6.5.2.3 本年度新增的集合类、单一类和财产管理类信托项目个数、实收信托合计金额

单位：万元

新增信托项目	项目个数	实收信托合计金额
集合类	48	794 060.00
单一类	202	11 973 110.00
财产管理类	6	58 886.00
新增合计	256	12 826 056.00
其中：主动管理型	209	3 398 699.00
被动管理型	47	9 427 357.00

注：本年新增信托项目指在本报告年度内累计新增的信托项目个数和金额。包含本年度新增并于本年度内结束的项目和本年度新增至报告期末仍在持续管理的信托项目。

6.5.2.4 本公司履行受托人义务情况及因本公司自身责任而导致的信托资产损失情况（合计金额、原因等）

无。

6.5.2.5 信托赔偿准备金提取、使用和管理情况

2011 年度按净利润的 7.5%提取信托赔偿金 2 353.25 万元，至报告期末已累计提取信托赔偿金 5 680.00 万元。信托赔偿金单独管理，截至报告期末，未出现过因公司自身责任导致信托资产损失的情况，信托赔偿金未曾使用。

6.6 关联方关系及其交易的披露

6.6.1 关联交易方的数量、关联交易的总金额及关联交易的定价政策等

	关联交易方数量	关联交易金额（万元）	定价政策
合计	16	582 432.41	市场定价

注：关联交易定义应以《公司法》和《企业会计准则第 36 号——关联方披露》有关规定为准。

6.6.2 关联交易方与本公司的关系性质、关联交易方的名称、法定代表人、注册地址、注册资本及主营业务等

关系性质	关联方名称	法定代表人	注册地址	注册资本（万元）	主营业务
公司股东	天津泰达投资控股有限公司	张秉军	开发区盛达街 9 号	600 000	以自有资金对各行业投资，企业资产经营管理，产品加工制造，组织所属企业开展进出口贸易。
同一控制人	天津北信投资有限公司	赵彬	天津开发区第一大街 219 号	12 000	投资管理、商业信息咨询。
同一控制人	渤海财产保险股份有限公司	刘惠文	天津市河西区解放南路 256 号泰达大厦	110 000	财产损失保险；责任保险；信用保险和保证保险；短期健康保险和意外伤害保险 1；上述业务的再保险业务。
同一控制人	北京鑫丰物业发展有限公司	许立凡	北京市朝阳区朝阳门外小庄	64 660.4446	房地产开发；销售自行开发的商品房；物业管理；出租商业用房；家居装饰；房地产信息咨询（中介除外）；投资管理。
公司股东的关联企业	津联集团（天津）资产管理有限公司	王志勇	天津经济技术开发区内	168 127.19	投资、资产管理咨询，理财服务，经济信息咨询及有关的管理服务。
同一控制人	天津北信资产管理有限公司	朱建军	天津开发区第一大街 29 号	20 000	房地产开发、销售、物业管理；室内装潢；国内商业信息服务、技术咨询；对工业商业企业投资、企业管理；房地产代理销售；广告业务；铁合金及相关产品的销售。

续表

关系性质	关联方名称	法定代表人	注册地址	注册资本(万元)	主营业务
公司股东的关联企业	天津第一饭店有限公司	郑道全	天津市和平区解放北路198号	900万美元	客房、中西餐厅、日本餐厅、酒吧、咖啡室、面包房、会客室、游泳池、舞厅、美容室、洗衣房、卖品部、停车场;饭店服务车、汽车修理、销售零配件、汽车修补漆、汽车检测及相关设备租赁等。
同一控制人	天津泰达集团有限公司	张军	天津市开发区第三大街16号	200 000	工业、商业、房地产业的投资、房产开发与销售;经营与管理及科技开发咨询业务;化学纤维及其原料、包装物的制造和销售;自营和代理各类商品及技术的进出口业务(国家限定公司经营或禁止进出口的商品及技术除外);对基础设施开发建设进行投资;自有房屋租赁及管理。
控股子公司	泰达宏利基金管理有限公司	章嘉玉	上海市普陀区武威路789号东大楼107室	10 000	基金管理业务;发起设立基金;中国证监会批准的其他业务。
公司股东的关联企业	天津滨海新都市投资有限公司	张　军	天津开发区第三大街16号22层2205室	30 000	对工业、商业、房地产业、酒店业、建筑业、娱乐及餐饮业的投资;房地产销售;工业厂房和酒店的销售;对基础设施开发建设进行投资;市政工程设计、施工、咨询;自有房屋租赁及管理;房地产开发与经营等。
公司股东的关联企业	天津泰达创业商业地产开发有限公司	赵海鹏	天津开发区黄海路3号六层605~609室	60 000	招标代理、商业信息咨询、工程咨询服务、工程项目管理;房地产开发;商品房销售;自有房屋租赁;物业管理;房地产中介服务;房屋拆迁服务等。
公司股东的关联企业	天津悦海酒店投资有限公司	张军	天津开发区第三大街16号29层2912室	2 000	对工业、商业、房地产业、酒店业、建筑业、娱乐及餐饮业的投资;商品房、酒店、工业厂房的销售代理;对基础设施开发建设进行投资;市政工程设计、施工、咨询;自有房屋租赁及管理等。
同一控制人	天津滨海旅游区投资控股有限公司	张继光	天津市滨海新区汉北路269号	50亿元	对工业,农业,基础设施开发建设,土地开发与整理,填海造陆,金融业,保险业,证券业,房地产业,交通运输业,电力燃气蒸汽及水的生产和供应业,建筑业,仓储业,邮电通信业,旅游业,餐饮业,旅馆业,娱乐服务业,广告业,烟酒生产制造业,烟酒生产制造业,租赁服务业,食品加工及制造业,教育,文化艺术业,广播电影电视业的投资及管理,咨询服务,企业资产经营及管理服务(金融资产除外),进出口业务等。
公司股东的关联企业	上海泰达投资有限公司	刘惠文	上海市四川北路1885号10楼08室	11 000	实业投资,投资管理,投资咨询,资产委托管理与咨询。
公司股东	天津泰达热电公司	卢兴泉	天津开发区第七大街21号	32 000	电力生产;蒸气热水生产和供应;电力、蒸汽、汽水生产技术咨询;热力设施维修;自由厂房、设备租赁;热力设施安装。国家有专项、专管规定的,按规定执行;涉及上述审批的,以审批有效期为准。
公司股东的关联企业	天津梅江国际会展中心有限责任公司	许立凡	天津市西青经济开发区兴华七支路8号	40 000	会展服务、以自有资金对房地产业投资、广告业务、仓储。

6.6.3 逐笔披露本公司与关联方的重大交易事项

6.6.3.1 固有财产与关联方:贷款、投资、租赁、担保、应收账款、担保、其他方式等期初汇总数、本期借方和贷方发生额汇总数、期末汇总数

单位:万元

固有与关联方关联交易				
	期初数	借方发生额	贷方发生额	期末数
贷款	0		0	0
投资	0	11 000.00	0	11 000.00
租赁	0		0	0
担保	0		0	0
应收账款	11 332.71		11 005.30	327.41
其他				
合计	11 332.71	11 000.00	11 005.30	11 327.41

自营资产与关联方重大关联交易具体情况

无。

6.6.3.2 信托资产与关联方:贷款、投资、租赁、应收账款、担保、其他方式等期初汇总数、本期发生额汇总数、期末汇总数

单位:万元

信托与关联方关联交易				
	期初数	借方发生额	贷方发生额	期末数
贷款	664 428.00	322 000.00	446 978.00	539 450.00
投资	31 655.00	65 000.00	65 000.00	31 655.00
租赁				
担保				
应收账款				
其他				
合计	696 083.00	387 000.00	511 978.00	571 105.00

信托资产与关联方重大关联交易具体情况

单位：万元

关联方名称	交易类型	期初余额	发生金额	归还金额	期末余额
天津泰达投资控股有限公司	信托贷款	147 500.00	35 000.00	95 000.00	87 500.00
天津泰达建设集团有限公司	信托贷款	10 000.00	25 000.00	35 000.00	0.00
津联集团（天津）资产管理有限公司	信托贷款	134 500.00	165 000.00	258 500.00	41 000.00
天津泰达蓝盾集团发展有限责任公司	信托贷款	10 000.00	0.00	10 000	0
天津大无缝钢铁开发有限公司	信托贷款	28 968.00	0.00	28 968	0
天津蓝德典当行有限公司	信托贷款	5 000.00	0.00	5 000	0
天津滨海旅游区投资控股有限公司	信托贷款	0.00	50 000.00	0	50 000
天津泰达热电公司	信托贷款	0.00	5 000.00	0	5 000
天津梅江国际会展中心有限责任公司	信托贷款	0.00	35 000.00	5 000	30 000
上海泰达投资有限公司	信托贷款	0.00	5 000.00	1 000	4 000
天津滨海新都市投资有限公司	信托贷款	150 000.00	0.00	0.00	150 000.00
天津泰达创业商业地产开发有限公司	信托贷款	30 000.00	0.00	0	30 000.00
天津悦海酒店投资有限公司	信托贷款	20 000.00	0.00	0	20 000.00
天津滨海旅游区投资控股有限公司	信托投资	0.00	20 000.00	20 000	0
天津泰达集团有限公司	信托投资	0.00	45 000.00	45 000	0
泰达宏利基金管理公司	信托投资	20 655.00	0	0	20 655.00
天津渤海财产保险股份有限公司	信托投资	11 000.00	0.00	0.00	11 000.00

6.6.3.3　信托公司自有资金运用于自己管理的信托项目（固信交易）、信托公司管理的信托项目之间的相互（信信交易）交易金额，包括余额和本报告年度的发生额

6.6.3.3.1　固有与信托财产之间的交易金额期初汇总数、本期发生额汇总数、期末汇总数

单位：万元

固有财产与信托财产相互交易			
	期初数	本期发生额	期末数
合计	1 390	4 336	5 726

固有和信托资产之间重大关联交易具体情况

无。

6.6.3.3.2　信托资产与信托财产之间的交易金额期初汇总数、本期发生额汇总数、期末汇总数

单位：万元

信托资产与信托财产相互交易			
	期初数	本期发生额	期末数
合计	无	0	无

注：以公司受托管理的一个信托项目的资金购买自己管理的另一个信托项目的受益权或信托项下资产均应纳入统计披露范围。

6.6.4　逐笔披露关联方逾期未偿还本公司资金的详细情况以及本公司为关联方担保发生或即将发生垫款的详细情况

无。

6.7　会计制度的披露

固有业务（自营业务）、信托业务执行会计制度的名称及颁布的年份。

本公司自营业务遵循2006年度颁布的新《企业会计准则》、《企业会计准则——应用指南》以及财政部颁布的《企业会计准则实施问题专家工作组意见》及财政部颁布的其他规章制度。信托业务执行2006年度颁布的新《企业会计准则》。

7. 财务情况说明书

7.1　利润实现和分配情况（母公司口径和并表口径同时披露）

母公司口径

2011年公司实现净利润31 376.63万元，按净利润的10%提取盈余公积金3 137.66万元、按7.5%提取信托赔偿准备金2 353.25万元，按期末风险资产余额的3%提取一般风险准备金115.84万元，进行上述分配后，留存净利润为25 769.88万元，加上年初未分配利润34 082.97万元，2011年末可供分配利润是59 852.85万元。

7.2　主要财务指标

母公司口径

指标名称	指标值
资本利润率（%）	19.24
加权年化信托报酬率（%）	0.45
人均净利润（万元/人）	330.28

注：1. 资本利润率=净利润/所有者权益平衡×100%。

2. 加权年化信托报酬率=（信托项目1的实际年化信托报酬率×信托项目1的实收信托+信托项目2的实际年化信托报酬率×信托项目2的实收信托+…信托项目n的实际年化信托报酬率×信托项目n的实收信托）/（信托项目1的实收信托+信托项目2的实收信托+…信托项目n的实收信托）×100%。

3. 人均净利润=净利润/年平均人数。

4. 平均值采取年初、年末余额简单平均法，公式为：a（平均）=（年初数+年末数）/2。

7.3　对本公司财务状况、经营成果有重大影响的其他事项

无。

8. 特别事项揭示

8.1　前五名股东报告期内变动情况及原因

无。

8.2　董事、监事及高级管理人员变动情况及原因

经股东津联集团有限公司推荐，公司2011年第三次临时股东会决议，聘任王志勇先生担任公司董事，王建东先生不再

担任公司董事。

8.3 公司的重大未决诉讼事项

无。

8.4 对会计师事务所出具的有保留意见、否定意见或无法表示意见的审计报告的，公司董事会应就所涉及事项作出说明

五洲松德联合会计师事务所出具了标准无保留意见的审计报告。

8.5 公司及其董事、监事和高级管理人员受到处罚的情况

无。

8.6 银监会及其派出机构对公司检查后提出整改意见的，应简单说明整改情况

报告期内，天津银监局对公司进行了现场检查，提出了现场检查发现的问题。公司领导高度重视，组织相关部门召开专门会议，要求公司上下要对现场检查出的问题，不回避、不推诿，积极落实整改，制定整改措施，对于相关部门和责任人进行了通报批评和经济处罚。

8.7 本年度重大事项临时报告的简要内容、披露时间、所披露的媒体及其版面

无。

8.8 银监会及其省级派出机构认定的其他有必要让客户及相关利益人了解的重要信息

无。

9. 监事会独立意见

监事会认为：公司能够严格按照《公司法》、《公司章程》及有关法律、法规依法运作，各项经营管理活动依法合规，公司董事、高级管理人员执行公司职务时没有违反法律、法规、公司章程或损害公司、股东及受益人利益的行为，高级管理层认真执行股东会、董事会的各项决议，经营业绩良好，超额完成了报告期年初制订的经营计划。公司财务报告真实、客观反映了公司的财务状况和经营成果。

北京国际信托有限公司

1. 重要提示

1.1 本公司董事会及董事保证本报告所载资料不存在任何虚假记载、误导性陈述或者重大遗漏，并对其内容的真实性、准确性和完整性承担个别及连带责任。本年度报告摘要摘自年度报告全文，客户及相关利益人欲了解详细内容，应阅读年度报告全文。

1.2 个别董事对年度报告内容真实性、准确性、完整性无法保证或存在异议进行的声明：无。

1.3 独立董事沈四宝、陈建、齐东平保证本报告所载资料不存在任何虚假记载、误导性陈述或者重大遗漏，并对其内容的真实性、准确性和完整性承担个别及连带责任。

1.4 京都天华会计师事务所有限公司为本公司出具了无保留意见的审计报告。

1.5 公司负责人董事长刘建华、总经理王晓龙、主管会计工作负责人、总会计师吴京林声明：保证年度报告中财务会计报告的真实、完整。

2. 公司概况

2.1 公司简介

北京国际信托有限公司（以下简称公司或本公司）成立于1984年10月，2000年3月增资改制成为多家企业参股的非银行金融机构。2002年3月，经中国人民银行批准重新登记。2007年，经中国银行业监督管理委员会批准，公司实施了引进境外战略投资人的股权重组，同时按照信托新规的要求换发了新的金融许可证。公司注册资本金14亿元人民币。

公司始终恪守"谨慎、诚信、尽职、创新"的理念，坚持防范风险、合规经营、持续创新、稳健发展的方针。公司在现代企业制度基础上建立了日臻完善的法人治理结构；拥有高素质、专业化的业务管理团队；具备较雄厚的产品研发、创新实力并已形成系列品牌；建立了涵盖各类业务操作流程、内控制度在内的较为完备的风险管理体系。基于健全的内部管理架构和有效的激励机制，并依托于良好和谐的外部环境，公司业务取得了快速发展。截至2011年末，公司净资产达到27.68亿元，受托管理的信托财产余额为1 030.6亿元，分配信托财产收益46.97亿元。公司以自身不断提升的综合实力为投资人创造了安全、稳定的信托财产增值收益，成为广大投资人值得信赖的金融机构。公司为中国信托业协会会员、常务理事单位。

2.1.1 中文名称：北京国际信托有限公司
中文名称缩写：北京信托
英文名称：Beijing International Trust Co., Ltd.
英文名称缩写：BJITIC

2.1.2 法定代表人：刘建华
地址：北京市朝阳区安立路30号院1号、2号楼
邮政编码：100012
网址：www.bjitic.com
电子信箱：webmaster@bjitic.com

2.1.3 信息披露事务负责人：江　方
电话：010－59680888
传真：010－59680999
电子信箱：jiangfang@bjitic.com

2.1.4 信息披露报纸：《上海证券报》

2.1.5 年度报告备置地点：北京市朝阳区安立路30号院1号、2号楼

2.1.6 公司聘请的会计师事务所：京都天华会计师事务所有限公司
住所：北京市朝阳区建国门外大街22号赛特广场5层

2.1.7 公司聘请的律师事务所：北京市华贸硅谷律师事务所
住所：北京市朝阳区慧忠路5号远大中心C座17层

2.2 组织结构

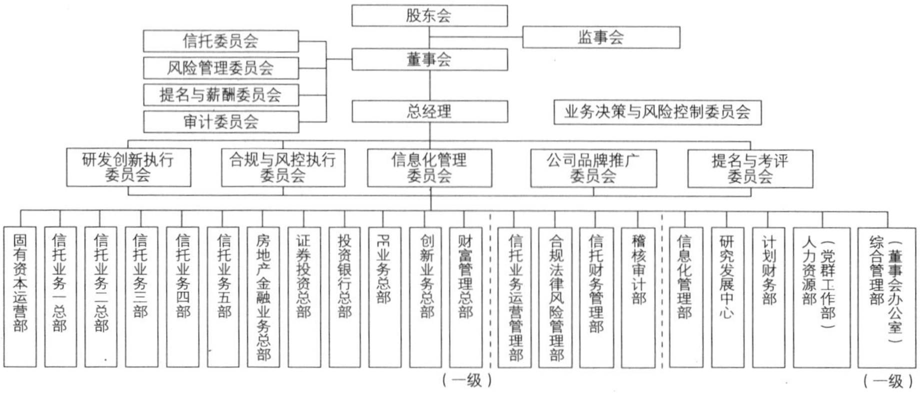

3. 公司治理结构

3.1 股东

公司前三位股东情况

股东名称	出资比例(%)	法人代表	注册资本(万元)	注册地址	主要经营业务及主要财务情况
北京市国有资产经营有限责任公司	34.3	李爱庆	500 000	北京市西城区金融大街19号富凯大厦B座16层	授权范围内的国有资产经营管理,包括国有(股)权管理,融资与投资,产(股)权的收购、兼并与转让,资产托管。 截至2011年末,总资产552.24亿元,总负债326.75亿元,所有者权益合计225.48亿元。
威益投资有限公司(Win Eagle Investments Limited)	19.99	Tim Davis	—	Unit 102, 1st Floor, Righteous Centre, 585 Nathan Road, Mongkok, Kowloom, Hong Kong	持有北京信托股权的特别目的公司。
中国石油化工股份有限公司北京石油分公司	14.29	刘雄华	—	北京市东城区广渠家园6号楼	销售石油化工产品(不含危险化学品及一类易制毒化学品)、汽油、煤油、柴油、润滑油、润滑脂等。 截至2011年末,总资产115.6亿元,总负债70亿元,所有者权益合计45.5亿元。

3.2 董事

董事长、副董事长、董事

姓 名	职 务	性别	年龄	选任日期	所推举的股东名称	该股东持股比例(%)	简 要 履 历
刘建华	董事长	男	57	2000年3月	北京市国有资产经营有限责任公司	34.3	中国政法大学硕士,历任北京市第二商业局局长助理、局党委副书记;北京食品工贸集团公司党委书记;北京市委商贸工委书记;北京国际信托有限公司董事长、党委书记。
王晓龙	副董事长	男	56	2000年3月	北京市国有资产经营有限责任公司	34.3	北京大学博士,历任国家经济体制改革委员会中国经济体制改革研究所部主任;北京市高新技术产业开发区常务副主任;香港京泰实业(集团)有限公司董事、副总经理;京泰财务有限公司董事、总经理;京泰证券有限公司董事、总经理;京泰工业投资有限公司董事长;北京控股有限公司执行董事兼副总裁;北京科技风险投资股份有限公司副董事长兼总裁;北京国际信托有限公司副董事长、总经理、党委副书记。
李民吉	副董事长	男	46	2008年7月	北京市国有资产经营有限责任公司	34.3	中国人民大学硕士,历任中国光大国际信托投资公司资金部高级经理、证券部筹备组负责人、上海证券业务部负责人;华夏证券有限公司交易部副总经理、东四十条营业部总经理兼北京证券登记公司董事;武汉国际信托投资公司副总经理兼证券业务总部总经理,武汉金融学会理事;首创证券有限公司副总经理;北京国际信托投资有限公司总裁助理兼北京科技风险投资股份有限公司执行总裁;北京市国有资产经营有限责任公司副总裁。
Thomas Adam Shippey	股东董事	男	37	2010年9月	威益投资有限公司	19.99	Aston大学本科,历任普华永道审计与商业咨询服务部培训生、瑞银投资银行部副董事、安石集团业务发展部主管。
李显章	董事	男	54	2008年7月	中国石油化工股份有限公司北京石油分公司	14.29	中共中央党校研究生,历任北京市石油产品销售总公司财务部经理;北京石油集团有限责任公司财务部经理;中国石油化工股份有限公司北京石油分公司总会计师。
许汉章	董事	男	55	2011年8月	上海爱使股份有限公司	8.29	中国中央党校经济管理学士,任上海爱使股份有限公司总经理。
汤民强	股东董事	男	54	2010年8月	杭州钢铁集团公司	6.14	上海交通大学本科,历任杭钢集团计财部预算成本处处长、财务部部长;杭钢集团公司总会计师兼财务部部长、副总经理;杭钢集团公司总经理。
江 芳	职工董事	女	41	2000年3月	—	—	对外经济贸易大学法学博士,历任北京国际信托有限公司研究发展部经理助理、董事会秘书兼总经理办公室副主任;董事会秘书兼董事会办公室主任、综合管理总部总经理;北京国际信托有限公司董事会秘书兼合规法律风险管理部总经理。

独立董事

姓 名	职 务	性别	年龄	选任日期	所推举的股东名称	该股东持股比例(%)	简 要 履 历
沈四宝	独立董事	男	65	2008 年 7 月	—	—	北京大学硕士，历任北京大学法律系讲师、副教授、对外经济贸易大学法学院院长、教授、博士生导师；上海大学法学院院长、教授、博士生导师。
齐东平	独立董事	男	51	2008 年 7 月	—	—	中国人民大学经济研究所博士，历任吉林省社会科学院经济研究所研究员；中国国家计划委员会公务员；中国人民大学商学院副教授。
陈 建	独立董事	男	40	2008 年 7 月	—	—	首都经济贸易大学本科，历任毕马威华振会计师事务所审计经理；北京中兆信会计师事务所有限公司主任会计师；北京中企华君诚会计师事务所有限公司主任会计师。

3.3 监事

监事会成员

姓 名	职 务	性别	年龄	选任日期	所推举的股东名称	该股东持股比例(%)	简 要 履 历
李海东	监事会主席	男	48	2008 年 7 月	航天科技财务有限责任公司	7.14	东北财经大学本科，历任航天工业部财务司成本价格处助理员；航天总公司财务司国有资产处处长；国防科工委财务司基建技改财务处处长；国防科工委信息中心副主任；航天科技财务有限责任公司副总经理。
王进才	监事	男	52	2011 年 11 月	天津经济技术开发区投资有限公司	4.29	中国社会科学院博士，历任山西师大政法系助教、讲师；国家民政部社会保险中心基金管理部副部长；北京国际信托投资公司部门经理；天津泰达科技风险投资股份有限公司副总经理；金港信托投资有限责任公司董事长；天津开发区国有资产经营公司副总经理。
孟福增	监事	男	57	2008 年 7 月	鹏丰投资有限公司	2.57	中国社会科学院研究生，历任中国人民银行北京朝阳办事处农村金融管理科科员；中共朝阳区委员会农村工作部副部长；中国农业银行北京分行农业信贷处副处长；中国农业银行朝阳支行党委书记、行长；中国农业银行北京分行副行长。
秦博	监事	男	28	2011 年 11 月	北京宏达信资产经营有限公司	2.14	上海财经大学学士，历任上海虹桥欧森资产管理公司项目助理；上海百融股份有限公司项目经理；北京宏达信资产经营有限公司总裁助理、常务副总裁。
韩新梅	监事	女	46	2000 年 3 月	北京市海淀区欣华农工商公司	0.86	北京广播电视大学财务会计大专，历任北京市海淀区京海农工商公司红艺铝制品厂主管会计；北京市海淀区京海农工商公司会计兼统计；北京市海淀区欣华农工商公司副总经理。
田耀山	职工监事	男	37	2011 年 1 月	—	—	北京大学硕士，历任巨龙信息技术有限公司职员；北京世纪飞虎信息技术有限公司项目经理、高级经理、部门经理助理；北京国际信托有限公司信托经理、高级信托经理、部门副总经理、部门总经理；北京国际信托有限公司创新业务总部总经理。
张倞祎	职工监事	男	37	2011 年 1 月	—	—	首都经济贸易大学硕士，历任北京国际信托有限公司职员、业务经理；北京国际信托有限公司财富管理总部高级营销经理。

3.4 高级管理人员

姓 名	职 务	性别	年龄	选任日期	金融从业年限	学历	专 业
刘建华	董事长、党委书记	男	57	2000 3 月	11	硕士	法 学
王晓龙	总经理、副董事长、党委副书记	男	56	1998 年 9 月	17	博士	经济学
陆 石	副总经理、党委副书记（兼纪委书记）	男	57	2008 年 12 月	23	硕士	工商管理
周瑞明	副总经理	男	48	2001 年 12 月	19	博士	管理学
时宝东	副总经理	男	46	2008 年 7 月	10	博士	工商管理
吴 剑	副总经理	女	58	2008 年 7 月	19	学士	工业电气自动化

续表

姓 名	职 务	性别	年龄	选任日期	金融从业年限	学历	专 业
吴京林	总会计师	男	47	2008 年 7 月	19	硕士	工商管理
幸宇晖	总经理助理	女	47	2008 年 7 月	24	硕士	经济学
吴庆斌	总经理助理	男	38	2008 年 7 月	11	双学士	法学及工学
李铁刚	总经理助理	男	58	2008 年 7 月	9	硕士	经济法
江 芳	董事会秘书	女	41	2000 年 3 月	18	博士	法 学
黄晓炜	首席风险官	女	41	2011 年 6 月	18	硕士	经济学

3.5 公司员工

报告期内，公司职工人数为 146 人，平均年龄为 37.07 岁，职工学历分布比率如下：

项　目		报告期年度(2011年)		基期(2010年)	
		人数	比例(%)	人数	比例(%)
学历分布	博士	11	7.5	9	7.2
	硕士	81	55.6	67	53.6
	本科	44	30.1	37	29.6
	专科	10	6.8	12	9.6
	其他	0	0	0	0

4. 经营管理

4.1　经营目标、方针、战略规划

经营目标：以诚信合规、稳健发展为理念，充分发挥信托功能，建成战略清晰、实力雄厚、管理严谨、风控完备、队伍精良、执行得力的卓越信托公司。

经营方针：继续坚持防范风险、合规经营、持续创新、稳健发展的方针。

战略规划：将遵循国家和监管部门法规，遵循信托业的发展规律，安全稳健运作作为公司发展的第一要务，进一步优化公司法人治理结构，在内部组织、决策流程、产品研发和营销、风险控制和管理、信息管理系统、人力资源等方面实施有效管理，进一步加大风险控制的深度管理，强化规范发展，使公司形成具有自身鲜明特色的业务结构和可持续健康发展的盈利模式，形成品种多样、结构合理的新型信托业务结构，扩大信托资产管理规模，确立自身在信托领域的专长优势，为机构投资者和私人投资者提供一流的信托金融服务，并努力使股东获得较好的回报，共享财富稳定增值收益。

4.2　所经营业务的主要内容

4.2.1　自营资产运用与分布表

资产运用	金额(万元)	占比(%)	资产分布	金额(万元)	占比(%)
货币资产	126 849	40.57	基础产业	—	—
贷款及应收款	55 832	17.86	房地产业	—	—
交易性金融资产	6 762	2.16	证券市场	10 757	3.44
可供出售金融资产	50 529	16.16	实业	69 686	22.29
持有至到期投资	36 478	11.67	金融机构	229 619	73.44
长期股权投资	33 610	10.75	其他	2 611	0.84
其他	2 611	0.84			
资产总计	312 673	100.00	资产总计	312 673	100.00

4.2.2　信托资产运用与分布表

资产运用	金额(万元)	占比(%)	资产分布	金额(万元)	占比(%)
货币资产	680 007.18	6.25	基础产业	2 445 368.37	22.47
贷款	1 845 071.90	16.95	房地产	1 709 364.04	15.71
交易性金融资产	1 245 179.45	11.44	证券市场	1 744 297.72	16.03
可供出售金融资产	1 403 114.20	12.89	实业	2 982 136.82	27.40
持有至到期投资	2 787 031.65	25.61	金融机构	218 411.27	2.01
长期股权投资	2 690 211.37	24.72	其他	1 782 928.13	16.38
其他	231 890.60	2.13			
信托总资产	10 882 506.35	100.00	信托总资产	10 882 506.35	100.00

4.3　市场分析

4.3.1　宏观经济形势分析

2011年，在世界经济复苏乏力、消费刺激政策逐步淡出等综合因素影响下，我国经济增长下行压力和物价上涨压力并存。国家实施积极的财政政策和稳健的货币政策，不断加强和改善宏观调控，引导经济由政策刺激向自主增长有序转变。在国际金融危机深层次影响进一步显现以及我国长期潜在增长率趋势性放缓的交织和叠加影响下，国民经济增长速度有所放缓，GDP全年同比增长9.2%，比上年回落1.2个百分点；中央把控制物价摆在宏观调控首要位置，通过采取一系列调控措施，使通货膨胀由累积释放转呈逐步缓解；以空前力度调控房价，使得全国70个大中城市房价出现合理回调；出台一系列优惠政策，加强农田水利建设力度，有效保证了我国粮食和农业生产稳定发展。2011年，我国工业生产总体延续了2010年回升好转的运行态势，继续朝着宏观调控的预期方向发展；投资和消费成为拉动经济增长的主力；全社会固定资产投资名义增长速度仍将处于较高水平；社会消费品零售额受刺激性消费政策逐渐退出、通货膨胀压力加大等因素影响，增速有所放缓；另外，受国际经济复苏乏力、人民币持续升值等因素影响，外贸增长速度明显回落。全年经济增速虽有所回落，但仍运行在平稳、较快的合理增长区间内，经济增长由政策刺激开始向自主增长有序过渡。

4.3.2　金融形势分析

2011年，中国的货币政策在坚持“稳健”基调的同时进一步丰富了内涵，增强了政策的针对性、灵活性和前瞻性。央行根据新形势、新情况，把稳定物价总水平作为金融宏观调控的首要任务，综合运用利率、汇率、公开市场操作、存款准备金率和宏观审慎管理等工具组合，加强金融宏观调控，引导货币条件逐步向常态回归，处理好保持经济平稳较快发展、调整经济结构和管理通胀预期的关系。不断加强“三农”和中小企业的信贷支持，改善融资状况；落实好差别化住房信贷政策，促进房地产市场健康平稳发展。稳步扩大人民币跨境使用。继续推进利率市场化改革，进一步完善人民币汇率形成机制，增强人民币汇率弹性；进一步扩大金融债券、短期融资券、中期票据等发行规模；加强债券市场监管协调，推动信用评级规范发展。继续加强银行间债券市场发行管理。推出人民币对外汇期权交易；进一步改进外汇管理，增强跨境资本流动监管能力。

2011年，根据国家宏观调控政策和我国信托业当前发展的现实情况，银监会坚持宏观审慎监管与微观单体业务风险监管兼顾，紧紧围绕资本充足、内控严密、运营安全以及服务创新，巩固和扩大应对国际金融危机冲击的积极成果，强化信托功能的充分发挥和市场风险的有效控制，为信托公司的规范发展、科学发展提供了政策保障。将银信理财合作业务表外资产转入表内，压缩银信合作信托贷款业务；适时调整净资本、风险资本计算标准和监管指标，确保信托公司风险可控、科学发展；放开信托公司参与股指期货交易业务，明确相应的业务资格和交易规则；积极实施房地产信托业务风险提示，持续强化房地产信托业务风险监测，确保房地产信托业务平稳运行。

4.3.3 影响公司业务发展的主要因素

4.3.3.1 有利因素

第一，信托行业在2011年的高速增长，使得信托公司的影响力和公众认可度得到大幅提升，这将有助于信托公司进一步开拓业务和客户，也为信托公司的调整转型提供了机遇，有利于信托公司利用自身特点和优势进行产品创新。信托公司在提高自身主动管理能力以及业务创新方面有巨大空间。

第二，信托公司的主要业务大多集中在实体经济部门。目前在全行业业务总量中，基础设施、工商企业投融资类信托业务量一直位居前列，而全国金融工作会议明确提出“五个坚持”，并将“坚持金融服务实体经济的本质要求”放在了首要位置。这将为信托公司进一步巩固在实体经济中市场份额、服务实体经济提供机遇。

4.3.3.2 不利因素

第一，房地产信托的刚性兑付将对信托业务结构产生影响。信托公司将更加严格控制房地产信托产品的发行，加强房地产信托业务的风险防控，更加谨慎地选择交易对手。

第二，信托公司在转型的过程中，还需继续探索新的业务增长点，进一步加强业务创新，加强产品线的建设和人员结构的调整。

第三，虽然国内高净值人群的数量在不断地上升，但相对银行而言，信托公司缺乏理财客户的积累。如何在资金门槛限制的条件下，吸引更多潜在投资者，成为信托公司在业务拓展过程中所必须解决的问题。

4.4 内部控制概况

4.4.1 内部控制环境和内部控制文化

公司法人治理结构完善，内控制度健全且执行良好。公司强化公司治理执行机制，确保董事会及各专业委员会充分发挥职能。根据监管要求，公司强化了董事的实际履职，进一步明确了股东会、董事会、监事会和经理层的治理架构的权力和职责，形成了较为科学的决策机制、执行机制和监督机制。董事会下设风险管理委员会、审计委员会、提名与薪酬委员会、信托委员会四个专门委员会。各治理主体工作职责明确、权限及议事规则清晰，既相互独立，又相互制衡，保证了公司的正常运营和健康发展。公司按照业务性质将部门分为业务部门、业务支持部门和综合管理部门，优化信托前期业务的组织模式，进一步明确和细化业务支持部门的工作职能，实施了明晰、完善的业务流程和操作指引，保障了各项工作的顺利开展。员工按岗位要求竞聘上岗，实行严格的问责制和绩效考核制度，已形成一套流畅的内部信息反馈系统，保证了经营管理高效、有序、规范、可控的运行。

公司高度重视内部控制文化建设，大力培育合规理念、风险意识。通过公司培训、出版刊物、员工沙龙等形式，提升员工的合规观念、诚信观念和道德水准，提高了风险管理的自觉性，公司内部控制取得了良好的效果。

4.4.2 内部控制措施

4.4.2.1 原则和政策

公司内部控制遵循以下原则：

一是全面性原则。内部控制覆盖公司的所有部门和岗位，渗透各项业务过程和业务环节。二是审慎性原则。内部控制的核心是有效防范各种风险，公司组织体系的构成、内部管理制度的建立以防范风险、审慎经营为出发点。三是独立性原则。公司内部机构的设置权责分明，各业务部门相对独立，部门之间建立防火墙。四是有效性原则。公司内部管理制度具有高度的权威性。五是适时性原则。公司内控制度随着公司经营战略、经营方针、经营理念等内部环境的变化和国家法律法规、政策制度等外部环境的变化进行相应的修改和完善。六是相互制约原则。公司在内部组织结构的设计上形成一种相互制约的机制，建立不同岗位之间的制衡体系。

公司内部控制的主要政策和程序：

一是授权控制。根据业务发展需要，建立相应的权限管理体系，实行法人统一授权和管理。二是岗位分离。明确有关部门分设，有关岗位分离，自营和信托业务人员不相互兼职等。三是资产隔离。对自营资产和信托资产分别管理。四是规范操作。对各项业务制定系统、成文的业务流程和操作指引，实行统一规范的业务标准和操作要求。

4.4.2.2 组织保障

通过规范法人治理结构、建立内控组织、制订业务运作基本政策和工作流程、完善授权制度、充实内部审计系统等内容，形成内控制度，主要包括五个层次。

4.4.2.2.1 董事会

负责建立和完善公司的风险管理体系并保持其有效性，负责督促、检查和评价公司的各项内部控制制度的建立与执行，评价公司经营的主要风险，确定这些风险的可控性和可承受程度，并对其负有最终的责任。

4.4.2.2.2 监事会

履行程序化的监督检查职能，具体负责监督董事会和经营层相关风险管理制度的执行情况，并形成报告提交股东会审议。

4.4.2.2.3 风险管理委员会

董事会层面的董事会风险管理委员会主要侧重宏观、中观的风险管理，履行公司风险管理的目标和政策，建立健全公司风险管理体系建设和流程管控程序等职责。业务决策与风险控制委员会作为董事会风险管理委员会下设的经营层面的风险管理机构，侧重微观具体工作，在董事会授权范围内审议公司业务方案及具体项目，对公司经营管理及业务开展过程中的风险防范提出指导意见；审议业务经营管理过程中风险监控的措施，对显现的风险决定化解措施。

4.4.2.2.4 高管层

高管层负责执行由股东会、董事会批准的年度业务发展计划，履行风险目标设定和资源分配等职能，确定适当的内控政策、各业务系列风险管理的具体目标。公司设立合规与风控制执委会，明确合规与风险控制执委会负责对公司合规与风险管理的工作实施全面的组织管理，向总经理办公会和业务决策与风险控制委员会负责。同时，由该执委会负责组织在项目审批上的预审工作。

4.4.2.2.5 各职能部门和业务管理部门

通过建立合理的业务流程和内部控制制度，明确各部门的职责、部门之间的分工和协作关系。具体为：

合规法律风险管理部门负责对业务的合规与风险进行管理，建立公司的合规与风险体系和各类业务流程系统；对全部法律文件的审核和在业务方面提供法律支持;信托业务运营管理部门负责信托存续期的日常管理和监控;信托财会部门负责监督控制信托业务的财务运作;稽核审计部门负责完善内部审计流程,定期进行业务全过程管理的检查;计划财务部门负责监督控制全公司经济效益的落实情况;人力资源部门负责公司人力资源的配置和管理,考核评价员工的风险管理职责的完成情况;研究部门负责公司发展战略的研究及公司信托业务创新平台的建立;综合管理部门负责公司对外联络、公司形象及宣传、公司内控制度维护,监督公司的整个信息系统的安全性和信息流的规范性。

4.4.2.3 制度保证

本着规范管理、防范风险的原则,加强内控制度的建设并不断进行完善,已制定了包括法人治理、项目评审、人力资源、文秘行政、民主管理、投资与资产管理、法律、综合管理、财务管理、稽核审计、固有业务、信托业务、证券投资等多项制度,以及实施细则和操作流程,形成较完善的制度保障体系。同时通过标准合同文本指引方式,规范法律文件,基本形成标准化、规范化、制度化的业务管理体系。为适应业务发展需要,强化制度管理,报告期内,公司对原有规章制度进行了全面修订、补充和完善,共补充并修订 15 项内控制度,完成了制度流程再造工作。

4.4.2.4 流程约束

公司注重执行力管理和程序管理,在既有的五道防范业务风险的"防火墙"的基础上,将每一道防火墙继续细化和对接,使业务流程上下环节协调和相互制衡。

一是项目前期尽职调查和内部初审。审慎进行项目前期尽职调查,设立项目组和业务总部的内部初审制筛选项目,切实做好项目的基础调研工作。

二是实行预审会制度,进行严格的法律文件审查。公司设立合规与风险执委会,全面组织和落实公司合规与风险管理工作。同时,由该执委会负责组织项目预审工作,重点把握项目的合规性、资料的完整性、风险揭示的充分性以及中后期管理方案的可行性等内容。实行严格的法律文件审查制度,采取内部法律审查及外部律师相结合的方式,对项目各类法律文本进行严格审查。

三是风险管理委员会决策。实行委员问责制的业务决策与风险控制委员会对董事会负责,对项目进行综合评判、直接审查,是防范业务风险最重要的环节。

四是财务和风险管理部门在资金拨付前的把关控制、信托运营管理部门对信托项目实行标准化的集中管理。进一步细化了资金拨付前权益证明文件的确认制度,及对具体落实情况进行确认和跟踪制度;本报告期内组建了信托业务运营管理总部,专门进行信托项目的中后期运营管理,最大限度地避免操作风险、道德风险以及由此带来的受托人责任风险。

五是稽核审计部门和风险管理部门的追踪监控和评价预警。严格执行稽核审计制度和风险控制制度,着重对信托项目进行始点管理和过程管理。依据信托项目日常管理及重大事项管理制度、信托财产风险评估制度、信息披露制度及危机处理制度,把控风险控制流程。

4.4.3 监督评价与纠正机制

公司继续完善综合业务管理系统,从前台信托产品销售,中台项目投资管理到后台财务核算处理的流程控制,实现了数据流、信息流和资金流的共享。公司优化了项目审批及中后期项目管理业务流程系统,系统针对各业务环节和操作流程建立了一整套较为规范合理的风险防范和监控功能。公司信息传递路径通畅,各项信息上通下达,交流反馈快捷,确保了公司安全运行,持续发展。

4.4.4 监督评价与纠正机制

公司建立自控、互控、监控三结合的内控机制,对内部控制活动进行检查、评价、监督和纠正。

公司业务部门对各项业务和项目进行跟踪管理,一旦发现存在问题,迅速予以自纠。

公司风险管理部门按照风险管理的事前严格调查和审查、事中和事后跟踪管理和监控不同阶段的管理特征,规范相应的内部审批、操作和风险管理的程序,细化和完善内控制度,通过制度化、流程化监控、管理信托业务流程的具体执行。

公司稽核审计部门对业务的各项运作和风险管理进行动态审计和检查,对业务的开展进行合规性检查,并进行有效性评价和风险识别,对相关人员的行为规范进行监督和检查。根据审计的结果撰写审计报告,对被审计项目或信托经理作出客观评价,提出意见或建议。并对内审报告作出的结论和处理意见的执行及整改情况进行后期追踪检查,督促整改落实。

4.5 风险管理

4.5.1 风险管理概况

2011 年,公司加大风险管理力度,面对公司经营中所面临的信用风险、市场风险、流动性风险、操作风险、合规风险、声誉风险、策略风险等,进行有效的识别、计量,通过规范法人治理结构、建立内控、制定业务运作基本政策和操作流程、完善授权制度、充实内部审计系统、加强信息管理系统建设等内容,公司从各个层面进行严格的风险管理和控制。一是大力提高公司法人治理结构的有效性;二是形成了较为全面的相对独立的风险管理组织;三是管理流程再造取得成效,对有效控制操作风险发挥了重要作用;四是继续加强项目的中后期风险管理工作,有效防范信托项目到期风险;五是使用风险计量和评估手段来测试信托项目的风险状况,努力提高风险管理水平。

4.5.2 风险状况

4.5.2.1 信用风险状况

信用风险主要表现为公司交易对手不能履行合约义务带来的风险,其中包括业务合作伙伴、贷款对象的信用风险,资金往来银行的信用风险,从而导致公司资产价值发生变动遭受损失的风险。报告期末,公司自营信用风险资产合计 183 088 万元;其中正常类信用风险资产为 183 088 万元,无关注类、次级类、可疑类和损失类信用风险资产。不良资产期初数为 0,期末数为 0,已足额计提资产减值准备。报告期末,公司信托资产为 10 882 506.35 万元,无不良资产。

4.5.2.2 市场风险状况

市场风险主要表现为因市场价格——利率、汇率、股票价格和商品价格等的不利变动而使公司的表内和表外业务发生损失的风险。具体表现为经济运行周期变化风险、金融市场利率波动风险、通货膨胀风险、房地产交易风险、证券市场、货币市场交易风险等。这些风险的存在不但影响信托财产的价值以及信托收益水平，也将影响公司由于资产负债结构不匹配等而导致公司整体的、当前的和未来收入的损失。报告期内，公司未发生因市场风险所造成的损失。

4.5.2.3　操作风险状况

操作风险主要是公司内部控制、系统及运营过程中的错误或疏忽或外部事件而可能引起潜在损失的风险，表现在信息系统还不够全面及时，风险评估、风险管理的程序和结构、会计系统还不够完善，以及人员操作不规范和责任心不强等方面。报告期内，公司未发生因操作风险所造成的损失。

4.5.2.4　其他风险状况

其他风险主要是指公司业务开展中的合规风险、政策风险、公司信誉风险、人员道德风险等。报告期内，公司未发生因上述风险所造成的损失。

4.5.3　风险管理

4.5.3.1　信用风险管理

信用风险主要表现为公司交易对手不能履行合约义务带来的风险，其中包括业务合作伙伴、贷款对象的信用风险和资金往来银行的信用风险，从而导致公司资产价值发生变动遭受损失的风险。为有效规避信用风险，公司主要实施以下风险管理手段：

一是公司通过事前评估、事中控制、事后评价的风险控制体系来防范和规避信用风险。密切结合国家宏观调控政策、产业导向政策和地区经济发展战略，加强对融资对象的运营状况和信用分析；完善业务各环节的责任评议，做到责任到岗、责任考评、责任追究三个环节紧密相扣，环环问责。

二是抵（质）押品确认的主要原则：抵（质）押品必须是抵押人所有的或依法有权处分的财产；要求抵（质）押品所有权人在房产、土地等主管部门办理抵押登记手续；抵（质）押品价值由公司根据其变现能力参照法定评估机构的评估价值，并在合同中载明；抵押率原则上不超过50%。

三是公司根据财政部《金融企业呆账准备提取管理办法》（财金〔2005〕49号）的规定，计提呆账准备金，包括一般准备和相关资产减值准备。一般准备按风险资产的1%从税后利润中提取，且一般准备余额不低于风险资产期末余额的1%。

四是公司按不低于净利润的5%从税后利润中计提信托赔偿准备。该赔偿准备累计总额达到本公司注册资本的20%时，可不再提取信托赔偿准备金。

2011年公司未发生因信用风险所造成的损失。

4.5.3.2　市场风险管理

公司通过对宏观经济、货币政策、行业政策和利率走势等的分析，进行持续的专项监控；建立完备可靠的管理信息系统识别和量化各种投资组合所面临的风险；制定可能有重大情况发生的应急处置方案。对于利率风险，公司密切关注宏观经济变化，特别是消费物价指数以及社会通货膨胀系数的变动，增强预见性，防范利率调整带来的风险。对于汇率风险，公司随时关注国际经济动态，观察国家外汇政策的变化并及时采取相应的措施。对于证券投资风险，公司加大市场调研力度，全面了解证券市场及相关金融市场行情，根据市场供求状况及收益与风险情况，及时调整产品策略，避免市场风险。

2011年公司未发生因市场风险所造成的损失。

4.5.3.3　操作风险管理

操作风险主要是公司内部控制、系统及运营过程中的错误或疏忽或外部事件而可能引起潜在损失的风险，表现在信息系统还不够全面及时，风险评估、风险管理的程序和结构、会计系统还不够完善，以及人员操作不规范和责任心不强等方面。

公司重点加强内控制度和风险管理的落实。风险管理部门严格业务流程的管理，加强对操作风险的防控和管理，优化流程，充实、深化内控合规部门的职能；突出抓好重要岗位和薄弱环节管理，界定业务程序，明确岗位职责。运用内部审计和外部审计，保证公司内控制度执行及风险评估的客观性和独立性；集合检查资源，加强高风险点的监督检查，并通过检查中发现的问题不断完善修订各项内控制度。并通过建立健全培训、考核、考试、激励、淘汰机制，不断提高员工的业务技能，通过不断升级和完善计算机管理系统以及业务操作流程，制定了一系列应对紧急情况的防范措施。

2011年公司未发生因操作风险所造成的损失。

4.5.3.4　其他风险管理

公司强化合法合规经营的制度保障，持续关注法律、法规的最新发展，正确理解和准确把握其内涵，并及时对业务程序和操作指引进行梳理和修订；注重员工培训，提高员工的业务技能和风险管理意识；加强职业道德教育，增强员工的工作责任心，提高公司信誉。

2011年公司未发生因上述风险所造成的损失。

5. 报告期末及上一年度末的比较式会计报表

5.1　自营资产（经审计）

5.1.1　会计师事务所审计结论

审计报告

京都天华审字〔2012〕第0639号

北京国际信托有限公司：

我们审计了后附的北京国际信托有限公司（以下简称北京信托公司）财务报表，包括2011年12月31日的资产负债表，2011年度的利润表、现金流量表、所有者权益变动表、2011年度金融企业国有资本保值增值情况表，2011年12月31日的资产减值准备情况表和财务报表附注。

一、管理层对财务报表的责任

编制和公允列报财务报表是北京信托公司管理层的责任，这种责任包括：(1)按照企业会计准则的规定编制财务报表，并使其实现公允反映；(2)设计、执行和维护必要的内部控制，以使财务报表不存在由于舞弊或错误导致的重大错报。

二、注册会计师的责任

我们的责任是在执行审计工作的基础上对财务报表发表审计意见。我们按照中国注册会计师审计准则的规定执行了审计工作。中国注册会计师审计准则要求我们遵守中国注册会计师职业道德守则，计划和执行审计工作以对财务报表是否不存在重大错报获取合理保证。

审计工作涉及实施审计程序，以获取有关财务报表金额和披露的审计证据。选择的审计程序取决于注册会计师的判断，包括对由于舞弊或错误导致的财务报表重大错报风险的评估。在进行风险评估时，注册会计师考虑与财务报表编制和公允列报相关的内部控制，以设计恰当的审计程序，但目的并非对内部控制的有效性发表意见。审计工作还包括评价管理层选用会计政策的恰当性和作出会计估计的合理性，以及评价财务报表的总体列报。

我们相信，我们获取的审计证据是充分、适当的，为发表审计意见提供了基础。

三、审计意见

我们认为，北京信托公司财务报表在所有重大方面按照企业会计准则的规定编制，公允反映了北京信托公司 2011 年 12 月 31 日的财务状况以及 2011 年度的经营成果和现金流量。

京都天华　　　　　　　　中国注册会计师　李惠琦
会计师事务所有限公司　　中国注册会计师　党小民

中国・北京　　　　　　　二〇一二年三月八日

5.1.2　资产负债表

资产负债表

编制单位：北京国际信托有限公司　　　　单位：万元

项　目	2011 年 12 月 31 日	2010 年 12 月 31 日
资产：		
现金及银行存款	660	589
存放中央银行款项		
存放同业款项	126 189	79 265
贵金属		
预付账款	15 427	27 842
交易性金融资产	6 762	3 141
衍生金融资产		
买入返售金融资产		
应收账款	1 780	2 035
应收利息		
其他应收款	15	
发放贷款和垫款	38 610	38 907
可供出售金融资产	50 529	45 699
持有至到期投资	36 478	36 478
长期股权投资	33 610	29 007
投资性房地产		
固定资产原值	2 136	1 914
减：累计折旧	1 131	1 003
固定资产净值	1 005	911
减：固定资产减值准备		
固定资产净额	1 005	911
工程物资		
在建工程		
固定资产清理		
无形资产	144	238
其中：土地使用权		
长期待摊费用		
递延所得税资产	1 462	742
其他资产		1 000
资产总计	312 673	265 853

资产负债表（续表）

项　目	2011 年 12 月 31 日	2010 年 12 月 31 日
负债：		
向中央银行借款		
同业及其他金融机构存放款项		
拆入资金		
交易性金融负债		
衍生金融负债		
卖出回购金融资产款		
应付账款		
应付职工薪酬	1 206	927
其中：应付工资		
应付福利费		
应交税费	11 541	4 922
其中：应交税金	11 450	4 888
应付利息		
应付股利	4 197	
预收账款	7	11
应付债券		
其他应付款	18 965	17 846
递延所得税负债		6
预计负债		
其他负债		
负债合计	35 916	23 713
所有者权益（或股东权益）：		
实收资本（股本）	140 000	140 000
国家资本		
集体资本		
法人资本	112 020	112 020
其中：国有法人资本	92 620	92 620
集体法人资本		
个人资本		
外商资本	27 980	27 980
资本公积	（470）	（2 227）
减：库存股		
盈余公积	24 497	19 111
一般风险准备	1 978	1 978
信托赔偿准备	33 000	28 000
未确认的投资（损失以“－”号填列）		
未分配利润	77 752	55 277
其中：现金股利		
外币报表折算差额		
归属于母公司所有者权益合计	276 757	242 140
少数股东权益		
所有者权益合计	276 757	242 140
减：未处理资产损失		
所有者权益合计（剔除未处理资产损失后的金额）	276 757	242 140
负债和所有者权益总计	312 673	265 853

企业负责人：刘建华　　主管会计工作负责人：吴京林　　会计机构负责人：魏东华

5.1.3 利润表

利润表

编制单位：北京国际信托有限公司　　　　单位：万元

项　　目	2011 年度	2010 年度
一、营业收入	96 958	63 299
利息净收入	10 272	6 355
利息收入	10 272	6 376
利息支出		21
手续费及佣金净收入	84 154	46 372
手续费及佣金收入	87 293	48 624
手续费及佣金支出	3 139	2 252
投资收益	2 371	10 411
其中：对联营企业和合营企业的投资收益		
公允价值变动收益（损失）	（863）	26
汇兑收益（损失）	（9）	（6）
其他业务收入	1 033	140
二、营业支出	25 044	16 406
营业税金及附加	5 191	2 883
业务及管理费	15 428	13 688
资产减值损失	4 424	（164）

续表

项　　目	2011 年度	2010 年度
其他营业成本		
三、营业利润	71 914	46 892
加：营业外收入	333	433
其中：非流动资产处置利得	23	129
非货币性资产交换利得（非货币性交易收益）		
政府补助（补贴收入）	198	21
债务重组利得		
减：营业外支出	114	251
其中：非流动资产处置损失		5
非货币性资产交换损失（非货币性交易损失）		
债务重组损失		
四、利润总额	72 133	47 075
减：所得税费用	18 272	10 809
加：未确认的投资损失		
五、净利润	53 861	36 266
减：少数股东损益		
六、归属于母公司所有者的净利润	53 861	36 266

企业负责人：刘建华　　主管会计工作负责人：吴京林　　会计机构负责人：魏东华

5.1.4 所有者权益变动表

所有者权益变动表

编制单位：北京国际信托有限公司　　2011 年度　　单位：万元

项　　目	行次	本年金额										
		归属于母公司所有者权益								少数股东权益	减：未处理资产损失	所有者权益合计
		实收资本（或股本）	资本公积	减：库存股	盈余公积	一般风险准备	未分配利润	信托赔偿准备	小计			
栏次		1	2	3	4	5	6	7	8	9	10	11
一、上年年末余额	1	140 000	（2 227）		19 111	1 978	55 277	28 000	242 140			242 140
加：会计政策变更	2											
前期差错更正	3											
其他	4											
二、本年年初余额	5	140 000	（2 227）		19 111	1 978	55 277	28 000	242 140			242 140
三、本年增减变动金额（减少）	6		1 757		5 386		22 475	5 000	34 617			34 617
（一）净利润	7						53 861		53 861			53 861
（二）直接计入所有者权益的利得和损失	8		1 757						1 757			1 757
1. 可供出售金融资产公允价值变动净额	9		2 342						2 432			2 432
2. 权益法下被投资单位其他所有者权益变动的影响	10											
3. 与计入所有者权益项目相关的所得税影响	11		（586）						（586）			（586）
4. 其他	12											
净利润及直接计入所有者权益的利得和损失小计	13		1 757				53 861		55 617			55 617
（三）所有者投入和减少资本（减少）	14											
1. 所有者投入资本	15											
2. 股份支付计入所有者权益的金额	16											
3. 其他	17											
（四）利润分配（减少）	18				5 386		（31 386）	5 000	（21 000）			（21 000）
1. 提取盈余公积	19				5 386		（5 386）					

续表

项目	行次	本年金额										
		归属于母公司所有者权益								少数股东权益	减:未处理资产损失	所有者权益合计
		实收资本(或股本)	资本公积	减:库存股	盈余公积	一般风险准备	未分配利润	信托赔偿准备	小计			
栏次		1	2	3	4	5	6	7	8	9	10	11
其中:法定盈余公积	20				5 386		(5 386)					
任意盈余公积	21											
2. 提取一般风险准备	22											
3. 提取信托赔偿准备	23						(5 000)	5 000				
4. 所有者(或股东)的分配	24						(21 000)		(21 000)			(21 000)
(五)所有者权益内部结转(减少)	25											
1. 资本公积转增资本(或股本)	26											
2. 盈余公积转增资本(或股本)	27											
3. 盈余公积弥补亏损	28											
4. 其他	29											
四、本年年末余额	30	140 000	(470)		24 497	1 978	77 752	33 000	276 757			276 757

所有者权益变动表(续)

项目	行次	上年金额										
		归属于母公司所有者权益								少数股东权益	减:未处理资产损失	所有者权益合计
		实收资本(或股本)	资本公积	减:库存股	盈余公积	一般风险准备	未分配利润	信托赔偿准备	小计			
栏次		1	2	3	4	5	6	7	8	9	10	11
一、上年年末余额	1	140 000	196		15 485	1 978	49 902	23 735	231 296			231 296
加:会计政策变更	2											
前期差错更正	3											
其他	4											
二、本年年初余额	5	140 000	196		15 485	1 978	49 902	23 735	231 296			231 296
三、本年增减变动金额(减少)	6		(2 423)		3 627		5 375	4 265	10 843			10 843
(一)净利润	7						36 266		36 266			36 266
(二)直接计入所有者权益的利得和损失	8		(2 423)						(2 423)			(2 423)
1. 可供出售金融资产公允价值变动净额	9		(3 230)						(3 230)			(3 230)
2. 权益法下被投资单位其他所有者权益变动的影响	10											
3. 与计入所有者权益项目相关的所得税影响	11		808						808			808
4. 其他	12											
净利润及直接计入所有者权益的利得和损失小计	13		(2 423)				36 266		33 843			33 843
(三)所有者投入和减少资本(减少)	14											
1. 所有者投入资本	15											
2. 股份支付计入所有者权益的金额	16											
3. 其他	17											
(四)利润分配(减少)	18				3 627		(30 891)	4 265	(23 000)			(23 000)
1. 提取盈余公积	19				3 627		(3 627)					
其中:法定盈余公积	20				3 627		(3 627)					
任意盈余公积	21											
2. 提取一般风险准备	22											
3. 提取信托赔偿准备	23						(4 265)	4 265				

续表

项　目	行次	上年金额										
		归属于母公司所有者权益								少数股东权益	减：未处理资产损失	所有者权益合计
		实收资本（或股本）	资本公积	减：库存股	盈余公积	一般风险准备	未分配利润	信托赔偿准备	小计			
栏次		1	2	3	4	5	6	7	8	9	10	11
4. 所有者（或股东）的分配	24						（23 000）		（23 000）			（23 000）
（五）所有者权益内部结转（减少）	25											
1. 资本公积转增资本（或股本）	26											
2. 盈余公积转增资本（或股本）	27											
3. 盈余公积弥补亏损	28											
4. 其他	29											
四、本年年末余额	30	140 000	（2 227）		19 111	1 978	55 277	28 000	242 140			242 140

企业负责人：刘建华　　主管会计工作负责人：吴京林　　会计机构负责人：魏东华

5.2 信托资产

5.2.1 信托项目资产负债汇总表

信托项目资产负债表汇总

编制单位：北京国际信托有限公司　　2011 年 12 月 31 日　　单位：万元

信托资产	期初数	期末数	信托负债和信托权益	期初数	期末数
信托资产：			信托负债：		
货币资金	49 932.88	610 163.31	交易性金融负债	—	—
拆出资金	—	—	衍生金融负债	—	—
存出保证金	90 015.02	69 843.87	应付受托人报酬	789.72	860.52
交易性金融资产	518 564.94	1 245 179.45	应付托管费	161.71	274.07
衍生金融资产	—	—	应付受益人收益	2 194.98	16.76
买入返售金融资产	203 422.00	98 606.96	应交税费	—	89.73
应收款项	113 963.19	122 669.26	应付销售服务费	420.87	215.40
发放贷款	3 078 057.43	1 845 071.90	其他应付款项	8 612.57	18 248.76
可供出售金融资产	583 983.20	1 403 114.20	预计负债	—	—
持有至到期投资	2 098 289.14	2 787 031.65	其他负债	—	—
长期应收款	6 088.24	10 614.38	信托负债合计	12 179.85	19 705.25
长期股权投资	1 303 683.95	2 690 211.37		—	—
投资性房地产	—	—	信托权益：	—	—
固定资产	—	—	实收信托	7 427 407.73	10 306 019.76
无形资产	—	—	资本公积	235 102.36	376 938.79
长期待摊费用	—	—	损益平准金	—	—
其他资产	—	—	未分配利润	371 310.06	179 842.54
减：各项资产减值准备	—	—	信托权益合计	8 033 820.15	10 862 801.10
信托资产总计	8 046 000.00	10 882 506.35	信托负债及信托权益总计	8 046 000.00	10 882 506.35

会计机构负责人：黄明芳　　复核：孟广杰　　制表：马政毅

5.2.2 信托项目利润及利润分配汇总表

信托项目利润及利润分配汇总表

2011 年 12 月

编制单位：北京国际信托有限公司　　单位：万元

项　目	本年数	上年数
1. 营业收入	383 858.65	607 028.01
1.1 利息收入	182 932.88	170 651.05
1.2 投资收益（损失以"－"号填列）	270 352.19	173 922.73
1.2.1 其中：对联营企业和合营企业的投资收益	—	—
1.3 公允价值变动收益（损失以"－"号填列）	-106 164.38	9 903.45
1.4 租赁收入	781.32	563.01

续表

项　目	本年数	上年数
1.5 汇兑损益（损失以"－"号填列）	—	—
1.6 其他收入	35 956.64	251 987.77
2. 支出	105 600.14	49 933.40
2.1 营业税金及附加	1 959.66	1 455.89
2.2 受托人报酬	61 783.64	31 002.97
2.3 托管费	8 718.05	6 716.84
2.4 投资管理费	4 043.46	1 682.22
2.5 销售服务费	8 490.12	2 111.20
2.6 交易费用	4 748.42	2 447.70

续表

项　目	本年数	上年数
2.7 资产减值损失	—	—
2.8 其他费用	15 856.79	4 516.59
3. 信托净利润(净亏损以"-"号填列)	278 258.51	557 094.60
4. 其他综合收益	—	—
5. 综合收益	278 258.51	557 094.60
6. 加:期初未分配信托利润	371 310.06	164 532.85
7. 可供分配的信托利润	649 568.56	721 627.45
8. 减:本期已分配信托利润	469 726.02	350 317.39
9. 期末未分配信托利润	179 842.54	371 310.06

会计机构负责人:黄明芳　　　复核:孟广杰　　　制表:马政毅

6. 会计报表附注

6.1 简要说明报告年度会计报表编制基准、会计政策、会计估计和核算方法发生的变化

6.1.1 计提资产减值准备的范围和方法

根据财政部《金融企业呆账准备提取管理办法》(财金〔2005〕49 号)的规定,公司计提一般准备和资产减值准备。原则上一般风险准备金余额不低于风险资产期末余额的 1%。

公司按中国银行业监督管理委员会《关于非银行金融机构全面推行资产质量五级分类管理的通知》(银监发〔2004〕4 号)文件规定实行以风险为基础的五级分类,按资产风险特征划分为若干组合,计提资产减值准备,包括贷款损失准备、坏账准备和长期投资减值准备。各项组合计提比例如下:

风险程度	计提比例(%)
正常类	1
关注类	2
次级类	25
可疑类	50
损失类	100

6.1.2 金融资产四分类的范围和标准

公司的金融资产于初始确认时分为以下四类:以公允价值计量且其变动计入当期损益的金融资产、持有至到期投资、贷款和应收款项、可供出售金融资产。金融资产在初始确认时以公允价值计量。对于以公允价值计量且其变动计入当期损益的金融资产,相关交易费用直接计入当期损益,其他类别的金融资产相关交易费用计入其初始确认金额。

6.1.3 交易性金融资产核算方法

以公允价值计量且其变动计入当期损益的金融资产,包括交易性金融资产和初始确认时指定为以公允价值计量且其变动计入当期损益的金融资产。交易性金融资产包括为了在短期内出售而取得的金融资产,以及衍生金融工具。对于此类金融资产,公司采用公允价值进行后续计量,所有已实现和未实现的损益均计入当期损益。

6.1.4 可供出售金融资产核算方法

可供出售金融资产是指初始确认时即指定为可供出售的非衍生金融资产,以及除上述金融资产类别以外的金融资产。对于此类金融资产,公司采用公允价值进行后续计量。其折溢价采用实际利率法进行摊销并确认为利息收入。除减值损失及外币货币性金融资产的汇兑差额确认为当期损益外,可供出售金融资产的公允价值变动作为资本公积的单独部分予以确认,直到该金融资产终止确认或发生减值时,以前计入资本公积中确认的累计利得或损失转入当期损益。与可供出售金融资产相关的股利或利息收入,计入当期损益。

对于在活跃市场中没有报价且其公允价值不能可靠计量的权益工具投资,按成本计量。

6.1.5 持有至到期投资核算方法

持有至到期投资是指到期日固定、回收金额固定或可确定,且公司有明确意图和能力持有至到期的非衍生金融资产。对于此类金融资产,公司采用实际利率法,按照摊余成本进行后续计量,其终止确认、发生减值或摊销产生的利得或损失,均计入当期损益。

6.1.6 股权投资核算方法

6.1.6.1 长期股权投资的初始计量

公司长期股权投资在取得时按投资成本计量。投资成本一般为取得该项投资而付出的资产、发生或承担的负债以及发行的权益性证券的公允价值,并包括直接相关费用。但同一控制下的企业合并形成的长期股权投资,其初始投资成本为合并日取得的被合并方所有者权益的账面价值份额。

6.1.6.2 长期股权投资的后续计量

公司能够对被投资单位实施控制的长期股权投资,以及对被投资单位不具有共同控制或重大影响,且在活跃市场中没有报价、公允价值不能可靠计量的长期股权投资采用成本法核算;对被投资单位具有共同控制或重大影响的长期股权投资,采用权益法核算。

采用成本法核算的长期股权投资,除取得投资时实际支付的价款或对价中包含的已宣告但尚未发放的现金股利或利润外,被投资单位宣告分派的现金股利或利润,确认为投资收益计入当期损益。

公司长期股权投资采用权益法核算时,对长期股权投资初始投资成本大于投资时应享有被投资单位可辨认净资产公允价值份额的,不调整长期股权投资的初始投资成本;对长期股权投资初始投资成本小于投资时应享有被投资单位可辨认净资产公允价值份额的,其差额计入当期损益,同时调整长期股权投资的成本。

公司在按权益法对长期股权投资进行核算时,先对被投资单位的净利润按取得投资时被投资单位各项可辨认资产等的公允价值、会计政策和会计期间方面进行调整,再按应享有或应分担的被投资单位的净损益份额确认当期投资损益。

公司与联营企业及合营企业之间发生的内部交易损益按照持股比例计算归属于公司的部分,在抵销基础上确认投资损益。

6.1.7 固定资产计价和折旧方法

6.1.7.1 固定资产的确认条件

一是公司固定资产是指为生产商品、提供劳务、出租或经营管理而持有的,使用寿命超过一个会计年度的有形资产;二是与该固定资产有关的经济利益很可能流入企业,并且该固定资产的成本能够可靠地计量时,固定资产才能予以确认;三是公司固定资产按照取得时的实际成本进行初始计量。

6.1.7.2　固定资产分类及折旧政策

公司采用年限平均法计提折旧。固定资产自达到预定可使用状态时开始计提折旧，终止确认时或划分为持有待售非流动资产时停止计提折旧。在不考虑减值准备的情况下，按固定资产类别、预计使用寿命和预计残值，公司确定各类固定资产的年折旧率如下：

固定资产类别	使用年限	残值率(%)	年折旧率(%)
房屋及建筑物	30~45	3	2.16~3.23
机器设备	10	3	9.70
运输设备	6	3	16.17
电子及其他设备	3~6	3	16.17~32.33

其中，已计提减值准备的固定资产，按扣除已计提的固定资产减值准备累计金额计算确定折旧率。

6.1.8　无形资产计价及摊销政策

公司无形资产按照成本进行初始计量，并于取得无形资产时分析判断其使用寿命。使用寿命为有限的，自无形资产可供使用时起，采用能反映与该资产有关的经济利益的预期实现方式的摊销方法，在预计使用年限内摊销；无法可靠确定预期实现方式的，采用直线法摊销；使用寿命不确定的无形资产，不作摊销。

公司于每年年度终了，对使用寿命有限的无形资产的使用寿命及摊销方法进行复核，与以前估计不同的，调整原先估计数，并按会计估计变更处理。

公司期末预计某项无形资产已经不能给企业带来未来经济利益的，将该项无形资产的账面价值全部转入当期损益。

6.1.9　收入确认原则和方法

营业收入是公司在开展日常业务活动过程中所取得的各项收入，主要包括：利息净收入、手续费及佣金净收入、投资收益、公允价值变动收益、汇兑收益及其他业务收入。

在相关的经济利益能够流入及收入的金额能够可靠地计量时，公司确认收入。

6.1.9.1　利息净收入

公司利息净收入是利息收入与利息支出的差额。公司利息收入主要为贷款利息收入、金融企业往来存款利息收入及拆借利息收入。

利息收入按照实际利率法确认。实际利率法是指按照金融资产或金融负债的实际利率计算其摊余成本及各期利息收入或利息支出的方法。实际利率是指将金融资产或金融负债在预期存续期间或适用的更短期间内的未来现金流量折现为该金融资产或金融负债当前账面价值所使用的利率。在确定实际利率时，公司在考虑金融资产或金融负债所有合同条款的基础上预计未来现金流量，但不考虑未来信用损失。公司支付或收取的属于实际利率组成部分的各项收费、交易费用及溢价或折价等，在确定实际利率时予以考虑。

贷款利息按期计提并确认。自结息日起，逾期90天（含90天）以内的应收未收利息，计入当期损益；贷款利息逾期90天（不含90天）以上，无论该贷款本金是否逾期，发生的应收未收利息不再计入当期损益，在表外核算，实际收回时再计入损益。对已经纳入损益的应收未收利息，在其贷款本金或应收利息逾期超过90天（不含90天）以后，相应冲减利息收入。

金融企业往来存款利息收入在收到存款银行结息通知单时确认存款利息收入；拆借利息收入按让渡资金使用权的时间和适用利率计算确定。

公司利息支出主要为拆借利息支出。拆借利息支出按让渡资金使用权的时间和适用利率计算确定。

6.1.9.2　手续费及佣金净收入

公司手续费及佣金净收入是手续费及佣金收入与手续费及佣金支出的差额。手续费及佣金收入按权责发生制原则在提供相关服务时确认。公司手续费及佣金收入主要为信托报酬收入、咨询业务收入等。公司信托报酬收入主要包括佣金收入和转让手续费收入等。信托报酬收入依据信托文件规定或信托合同约定的计提方法和计提标准计算确认并由信托项目承担，其中：佣金收入按照信托产品集中的信托资金比例计算并在提供相关服务时确认；转让手续费收入在提供转让业务服务时确认；公司咨询业务收入在提供金融咨询服务的结果能够可靠估计的情况下，按合同或协议约定确认收入；公司其他服务收入（包括见证业务收入等）在提供服务的结果能够可靠估计的情况下，按合同或协议约定确认收入。

公司手续费及佣金支出主要为银行业务手续费支出、代理业务手续费支出及佣金支出等。公司按权责发生制原则确认和计量手续费及佣金支出。

6.1.9.3　投资收益

公司投资收益划分为持有金融工具产生的投资收益和持有长期股权投资产生的投资收益。对于持有金融工具产生的投资收益，公司根据持有金融工具的不同，按对应金融工具的确认和计量标准确认投资收益。

对于长期股权投资，在采用成本法核算时，当被投资单位宣告发放现金股利或分派利润时，公司确认投资收益；在采用权益法核算时，根据被投资单位实现的净利润或经调整后的净利润计算应享有的份额，确认投资收益；出售或处置长期股权投资时，按所获得的收入与投资账面价值之间的差额确认投资收益。

6.1.10　所得税的会计处理方法

所得税包括当期所得税和递延所得税。除由于企业合并产生的调整商誉，或与直接计入所有者权益的交易或者事项相关的递延所得税计入所有者权益外，均作为所得税费用计入当期损益。

当期所得税是按照当期应纳税所得额计算的当期应交所得税金额。应纳税所得额是根据有关税法规定对本年度税前会计利润作相应调整后得出。公司根据资产、负债于资产负债表日的账面价值与计税基础之间的暂时性差异，采用资产负债表债务法确认递延所得税。资产负债表日，公司对递延所得税资产和递延所得税负债，按照预期收回该资产或清偿该负债期间的适用税率计量，并反映资产负债表日预期收回资产或清偿负债方式的所得税影响。资产负债表日，公司对递延所得税资产的账面价值进行复核。如果未来期间很可能无法获得足够的应纳税所得额用以抵扣递延所得税资产的利益，减记递延所得税资产的账面价值。在很可能获得足够的应纳税所得额时，减记的金额予以转回。

6.1.11　信托报酬确认原则和方法

信托报酬确认原则和方法见6.1.9.2。

6.2 公司对外担保及其他或有事项的期初数、期末数及其对公司存在的影响

无。

6.3 重要资产转让及其出售的说明

无。

6.4 会计报表中重要项目的明细资料

6.4.1 披露自营资产经营情况

6.4.1.1 按信用风险五级分类结果披露信用风险资产的期初数、期末数

信用风险资产五级分类	正常类（万元）	关注类（万元）	次级类（万元）	可疑类（万元）	损失类（万元）	信用风险资产合计（万元）	不良合计（万元）	不良率（%）
期初数	149 049	0	0	0	0	149 049	0	0
期末数	183 088	0	0	0	0	183 088	0	0

注：不良资产合计＝次级类＋可疑类＋损失类。

6.4.1.2 各项资产减值损失准备的期初、本期计提、本期转回、本期核销、期末数

单位：万元

	期初数	本期计提	本期转回	本期核销	期末数
贷款损失准备	393	0	3	0	390
一般准备	393	0	3	0	390
专项准备	0	0	0	0	0
其他资产减值准备	314	4 429	3	0	4 740
可供出售金融资产减值准备	0	4 383	0	0	4 383
持有至到期投资减值准备	0	0	0	0	0
长期股权投资减值准备	293	46	0	0	339
坏账准备	21	0	3	0	18
投资性房地产减值准备	0	0	0	0	0

6.4.1.3 自营股票投资、基金投资、债券投资、股权投资等投资业务的期初数、期末数

单位：万元

	自营股票	基金	债券	长期股权投资	其他投资	合计
期初数	3 141	5 018	0	29 007	77 158	114 324
期末数	6 866	3 891	0	33 611	83 012	127 380

注：其他投资为可供出售金融资产、持有至到期投资。

6.4.1.4 按投资入股金额排序，前三名的自营长期股权投资的企业名称、占被投资企业权益的比例及投资收益情况等（依大小顺序排列）

企业名称	占被投资企业权益的比例（%）	投资收益（万元）
1. 国都证券有限责任公司	9.9	0
2. 北京国投汇成创业投资管理有限公司	100	0
3. 中合供销（上海）股权投资基金管理有限公司	40	0

6.4.1.5 前三名的自营贷款的企业名称、占贷款总额的比例和还款情况等（依大小顺序排列）

企业名称	占贷款总额的比例（%）	还款情况
1. 中圣嘉信投资（北京）有限公司	37.18	正常
2. 北京汉威广场物业开发有限公司	25.64	正常
3. 北京市润丰创业石材有限公司	12.82	正常

6.4.1.6 表外业务的期初数、期末数

单位：万元

表外业务	期初数	期末数
担保业务	0	0
代理业务（委托业务）	2 942.99	2 952.61
其他	0	0
合计	2 942.99	2 952.61

6.4.1.7 公司当年的收入结构

收入结构	金额（万元）	占比（%）
手续费及佣金收入	87 293	86.92
其中：信托手续费收入	65 213	64.93
投资银行业务收入	22 080	21.99
利息收入	10 272	10.23
其他业务收入	1 024	1.02
其中：计入信托业务收入部分	—	0.00
投资收益	2 371	2.36
其中：股权投资收益	7	0.01
证券投资收益	−171	−0.17
其他投资收益	2 535	2.52
公允价值变动收益	−863	−0.86
营业外收入	333	0.33
收入合计	100 430	100.00

注：手续费及佣金收入、利息收入、其他业务收入、投资收益、营业外收入均应为损益表中的一级科目，其中手续费及佣金收入、利息收入、营业外收入为未抵减相应支出的全年累计实现收入数。

6.4.2 披露信托财产管理情况

6.4.2.1 信托资产的期初数、期末数

单位：万元

信托资产	期初数	期末数
集合	1 709 073.56	3 391 106.17
单一	4 692 043.47	5 755 990.13
财产权	1 644 882.97	1 735 410.05
合计	8 046 000.00	10 882 506.35

6.4.2.1.1 主动管理型信托业务的信托资产期初数、期末数

单位：万元

主动管理型信托资产	期初数	期末数
证券投资类	664 892.22	2 452 215.31
股权投资类	510 180.88	1 505 798.01
融资类	3 590 487.40	4 732 806.90
事务管理类	1 759 058.75	145 630.34
合计	6 524 619.25	8 836 450.56

6.4.2.1.2　被动管理型信托业务的信托资产期初数、期末数

单位:万元

被动管理型信托资产	期初数	期末数
证券投资类	11 389.56	586 700.89
股权投资类	9 227.79	
融资类	1 329 627.60	1 027 010.40
事务管理类	171 135.80	432 344.50
合计	1 521 380.75	2 046 055.79

6.4.2.2　本年度已清算结束的信托项目个数、实收信托合计金额、加权平均实际年化收益率

6.4.2.2.1　本年度已清算结束的集合类、单一类资金信托项目和财产管理类信托项目个数、实收信托金额、加权平均实际年化收益率

已清算结束信托项目	项目个数	实收信托合计金额(万元)	加权平均实际年化收益率(%)
集合	17	159 823.24	19.81
单一	48	2 169 328.78	6.71
财产权	1	332.00	6.69

注:实收信托合计金额是信托本金累计给付额。

6.4.2.2.2　本年度已清算结束的主动管理型信托项目个数、实收信托合计金额、加权平均实际年化收益率

已清算结束信托项目	项目个数	实收信托合计金额(万元)	加权平均实际年化信托报酬率(%)	加权平均实际年化收益率(%)
证券投资类	6	63 323.24	1.06	19.55
股权投资类	1	35 000.00	9.55	39.82
融资类	48	1 928 964.39	0.40	5.43
事务管理类	0	0.00	0.00	0.00

注:实收信托合计金额是信托本金累计给付额。

6.4.2.2.3　本年度已清算结束的被动管理型信托项目个数、实收信托合计金额、加权平均实际年化收益率

已清算结束信托项目	项目个数	实收信托合计金额(万元)	加权平均实际年化信托报酬率(%)	加权平均实际年化收益率(%)
证券投资类	1	2 145.00	0.93	186.14
股权投资类	1	3 240.00	0.30	36.42
融资类	6	271 523.00	0.09	4.71
事务管理类	3	25 288.39	0.65	111.19

6.4.2.3　本年度新增的集合类、单一类和财产管理类信托项目个数、实收信托合计金额

新增信托项目	项目个数	实收信托合计金额(万元)
集合	62	2 382 512.04
单一	37	4 578 442.17
财产权	12	412 268.55
合计	111	7 373 222.76
其中:主动管理型	105	5 007 272.05
被动管理型	6	2 365 950.71

注:实收信托合计金额是本年新增信托项目累计新增的实收信托金额。

6.4.2.4　信托业务创新成果和特色业务

报告期内,公司积极推动信托业务由融资型向投资型转变,在不断探索高科技、绿色环保以及资源等领域业务模式的同时,在融资渠道拓展方面大胆创新,更加突出了公司在财产管理、信托业务盈利能力等方面核心竞争能力的提高,进一步强化了公司核心业务在信托行业内的领先地位。具体体现如下:

中关村科技金融创新。主要在以下方面:一是与中科金集团、中关村担保公司一起,共同发起设立了中关村科技金融创新联盟。旨在整合现有金融资源,为中关村园区企业提供全方位一站式的金融综合服务。二是与多家担保公司合作,持续发行中小企业系列化集合信托产品。年内成立了 14 个产品,共向北京市 100 余家中小企业发放了信托贷款,新增信托规模为 8.78 亿元,无论在资金规模、融资企业个数等方面均名列行业首位,得到各界的充分肯定,并于年内荣获第五届“诚信托”评选“年度价值信托产品奖”。三是联合中关村担保、中关村创投发起设立中关村瞪羚投资发展基金。基金首期规模计划为 5 亿元,将以股权投资方式为主,配合债务性融资,为中关村企业的长远发展提供金融资源支持。

绿色产业金融服务。公司致力于为绿色产业提供金融服务,在节能环保领域推出了“低碳财富”系列信托产品,分别投向 LED 照明、余热发电、污水处理、清洁能源管理机制开发等低碳环保领域以及新材料领域。

矿产资源类业务创新。公司积极寻求抗通货膨胀且收益可观的矿产资源类项目,年内相继推出了“恒发矿业”、“亿豪矿业”等矿产能源产业投资类产品,以特定资产收益权投资、股权投资、财务顾问等多种组合投资方式参与山西、内蒙古等资源大省的资源整合及稀缺资源开采。

艺术品投资业务创新。公司深入探究艺术品投资市场,聘请权威机构作为投资顾问,以安全稳健为首要原则,推出了“盛藏财富”等系列艺术品投资信托产品,受到金融同业广泛关注。

债券投资业务创新。公司将现有债类产品按属性进行细分,结合净资本管理办法,整合同质化产品,研发类基金化组合投资的方案,设计出了封闭式结构化产品、开放式结构化产品、投资顾问型开放式产品、自主管理型开放式产品四种固定收益类系列债券产品,以满足市场需求。

证券投资业务创新。公司积极在以下方面创新金融市场产品:一是设计并成立定向增发产品,该模式具有较高复制价值;二是针对目前私募难发、账户稀少的现状,设计出伞形信托创新型、规模化证券业务;三是在证券市场下挫、引发同业存款利率及 SHIBOR 利率上涨的市场趋势下,适时推出现金管理类信托。

房地产信托业务转型。一是推出类基金型产品。公司推出的“稳健系列”类基金型的房地产信托产品,通过分散投资、组合投资、长周期设计等方式来对抗房地产行业的系统性风险,其优势在本轮房地产严厉调控的考验中得以凸显;二是适时调整房地产项目的介入方式,加大投资在业务结构中的比重和自主管理力度;三是开辟蓝海新领地,以有限合伙的形式投资房地产项目;四是加大研发和推进保障房投资信托的力度。2011 年公司共洽谈保障房项目 30 余个,成功发行了昆明保障房、黑山危改、保利南沙河、镇江公租房、西安李家堡等产品,提

升了公司的社会影响力。

6.5 关联方关系及其交易的披露

6.5.1 关联交易方的数量、关联交易的总金额及关联交易的定价政策等

无。

6.5.2 关联交易方与本公司的关系性质、关联交易方的名称、法定代表人、注册地址、注册资本及主营业务等

无。

6.5.3 本公司与关联方的重大交易事项

6.5.3.1 固有与关联方:贷款、投资、租赁、应收账款、担保、其他方式等期初汇总数、本期借方和贷方发生额汇总数、期末汇总数

单位:万元

固有与关联方关联交易				
	期初数	借方发生额	贷方发生额	期末数
贷款	0	0	0	0
投资	0	0	0	0
租赁	0	0	0	0
担保	0	0	0	0
应收账款	0	0	0	0
其他	0	0	0	0
合计	0	0	0	0

6.5.3.2 信托与关联方交易情况:贷款、投资、租赁、应收账款、担保、其他方式等期初汇总数、本期借方和贷方发生额汇总数、期末汇总数

单位:万元

信托与关联方关联交易				
	期初数	借方发生额	贷方发生额	期末数
贷款	0	0	0	0
投资	0	0	0	0
租赁	0	0	0	0
担保	0	0	0	0
应收账款	0	0	0	0
其他	0	0	0	0
合计	0	0	0	0

6.5.3.3 信托公司自有资金运用于自己管理的信托项目(固信交易)、信托公司管理的信托项目之间的相互(信信交易)交易金额,包括余额和本报告年度的发生额

6.5.3.3.1 固有财产与信托财产之间的交易金额期初汇总数、本期发生额汇总数、期末汇总数

单位:万元

固有财产与信托财产相互交易			
	期初数	本期发生额	期末数
合计	36 478.00	0.00	36 478.00

6.5.3.3.2 信托项目之间的交易金额期初汇总数、本期发生额汇总数、期末汇总数

单位:万元

信托资产与信托财产相互交易			
	期初数	本期发生额	期末数
合计	0.00	120 404.53	120 404.53

6.5.4 逐笔披露关联方逾期未偿还本公司资金的详细情况以及本公司为关联方担保发生或即将发生垫款的详细情况

无。

6.6 会计制度的披露

公司固有业务(自营业务)自2008年1月1日起执行财政部2006年发布的《企业会计准则》,信托业务自2010年1月1日起执行《企业会计准则》。

7. 财务情况说明书

7.1 利润实现和分配情况

单位:万元

利润总额	72 133
减:所得税费用	18 272
净利润	53 861
减:提取法定盈余公积	5 386
提取信托赔偿准备	5 000
加:期初未分配利润	55 277
减:本期利润分配	21 000
期末未分配利润	77 752

7.2 主要财务指标

指标名称	指标值
资本利润率(%)	20.76
人均净利润(万元/人)	396

注:1. 资本利润率=净利润/所有者权益平均余额×100%。

2. 加权年化信托报酬率=(信托项目1的实际年化信托报酬率x信托项目1的实收信托+信托项目2的实际年化信托报酬率x信托项目2的实收信托+…信托项目n的实际年化信托报酬率x信托项目n的实收信托)/(信托项目1的实收信托+信托项目2的实收信托+…信托项目n的实收信托)x100%。

3. 人均净利润=净利润/年平均人数。

4. 平均值采取年初及各季末余额移动算术平均法,公式为:a(平均)=(a_0/2+a_1+a_2+a_3+a_4/2)/4。

7.3 对本公司财务状况、经营成果有重大影响的其他事项

无。

7.4 公司净资本情况

信托公司风险控制指标监管报表

2011年12月31日

项目	期末余额	监管标准	备注
净资本(万元)	222 357	≥20 000	达标
固有业务风险资本(万元)	23 568		
信托业务风险资本(万元)	135 748		
其他业务风险资本(万元)	—		
各项业务风险资本之和(万元)	159 316		
净资本/各项业务风险资本之和(%)	139.57	≥100	达标
净资本/净资产(%)	80.34	≥40	达标

8. 特别事项简要揭示

8.1 前五名股东报告期内变动情况及原因

无。

8.2 董事、监事及高级管理人员变动情况及原因

2011年1月，经公司全体员工大会表决，原职工监事陆石、岳琳娜正式离任，增补田耀山、张倞祎为公司职工监事。

2011年6月30日，中国银监会北京监管局（以下简称北京监管局）批复（京银监复〔2011〕441号）《关于核准黄晓炜北京国际信托有限公司首席风险控制官任职资格的批复》。经监管部门核准的公司高级管理人员由上年11人增至12人。

2011年8月，经北京银监局核准批复原董事刘鸿雁正式离任，增补许汉章为公司董事。

8.3 公司重大未决诉讼事项

无。

8.4 审计报告

会计师事务所出具了无保留意见审计报告

8.5 公司及其董事、监事和高级管理人员受到处罚的情况

无。

8.6 银监会及其派出机构对公司检查后提出的整改意见之整改情况简要说明

2011年3月23日，北京监管局向公司下发《现场检查意见书》（京银监发〔2011〕15号），对公司就北京银监局2009年提出的一系列监管意见的整改落实情况的现场检查情况出具了检查意见书。公司针对检查中发现的问题和监管部门的整改要求，制定措施并进行了整改。通过整改进一步完善了公司治理，加强了内控管理，提高了业务发展和风险防范的能力。

一是进一步健全公司内部组织框架。进一步加强公司内部层级与条线管理，确保各层级、各条线，特别是风险管理条线与业务条线的职能设置合理，责任划分清晰，以形成有效制衡。切实强化董事会、经营层的监督管理职能，进一步明确相关专业委员会、部门及岗位的工作流程，确保合规管理及风险管控职能的有效履行。完善首席风险官的工作细则和报告路径。二是切实强化内控管理。三是加快信托业务管理系统建设，实现从立项、审批、中后期管理、到期清算等环节的系统化管理。四是进一步提升信托业务风险管理水平。五是充分发挥内部审计条线的监督作用。

8.7 本年度重大事项临时报告的简要内容、披露时间、所披露的媒体及其版面

无。

8.8 银监会及其省级派出机构认定的其他有必要让客户及其相关利益人了解的重要信息

无。

9. 公司监事会对公司依法运作情况、财务报告情况的独立意见

公司监事会认为：公司董事会各项决议符合《公司法》等法律法规和《公司章程》的规定，公司经营管理活动合法合规，高级管理层认真执行股东会、董事会的各项决议，经营业绩良好，圆满完成了报告期年初制订的经营计划。公司经营中未出现违规操作行为，未出现损害公司、股东及受益人利益的行为。公司财务报告真实、客观反映了公司的财务状况和经营成果。

渤海国际信托有限公司

1. 重要提示

1.1　本公司董事会及董事保证本报告所载资料不存在任何虚假记载、误导性陈述或者重大遗漏，并对其内容的真实性、准确性和完整性承担个别及连带责任。本年度报告摘要摘自年度报告全文，客户及相关利益人欲了解详细内容，应阅读年度报告全文。

1.2　本公司独立董事陈日进、杜斌国对本报告内容的真实性、准确性和完整性表示认可。

1.3　中磊会计师事务所有限责任公司为本公司出具了标准无保留意见的审计报告。

1.4　公司董事长金平、财务总监魏元声明：保证年度报告中财务会计报告的真实、完整。

2. 公司概况

2.1　公司简介

渤海国际信托有限公司前身为河北省国际信托投资有限责任公司，成立于1982年10月，2004年1月获准重新登记，注册资本金32 565万元（含1 500万美元），2006年12月完成重组，2007年2月增资扩股后，注册资本金增加到72 565万元（含1 500万美元）。2007年11月，中国银监会批准公司名称变更为渤海国际信托有限公司。2009年3月由原股东再次增资7 000万元，注册资本金增加至79 565万元（含1 500万美元）。2011年6月，由海航资本控股有限公司增资120 435万元，注册资本金增加至200 000万元（含1 500万美元）。

法定中文名称	渤海国际信托有限公司
法定中文缩写名称	渤海信托
公司法定英文名称	Bohai International Trust Co., Ltd.
法定英文缩写名称	BITC
法定代表人	金平
注册地址	石家庄市广安大街10号美东国际12号楼A座第19层
公司网址	www.bohaitrust.com
邮政编码	050011
信息披露事务联系人	毛海涛，电话：010－57583399；电子信箱：ht_mao@hnair.com
选定的信息披露报纸	《金融时报》
信息披露事务负责人	杨健
公司年报备置地点	石家庄市广安大街10号美东国际12号楼A座第19层
聘请的会计师事务所	中磊会计师事务所有限责任公司
聘请的会计师事务所住所	北京丰台区星火路1号昌宁大厦8层

2.2　组织结构

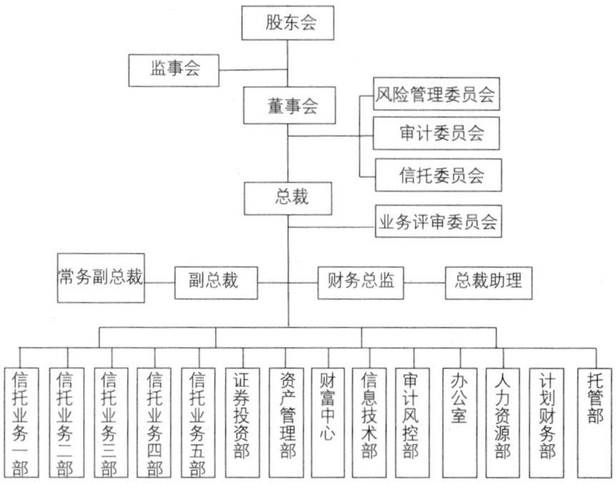

3. 公司治理

3.1　股东

截至2011年末，股东总数6家，持有公司10%以上股权的股东有3家。

股东名称	持股比例(%)	法人代表
海航资本控股有限公司	60.22	刘小勇
海口美兰国际机场有限责任公司	15.51	张汉安
海航酒店控股集团有限公司	14.2	张　翼
扬子江地产集团有限公司	7.65	李晓明
北京燕京饭店有限责任公司	1.65	宋　翔
海南海航航空信息系统有限公司	0.77	张　岭

公司前三位股东的主要股东

3.1.1　海航资本控股有限公司的主要股东

股东名称	持股比例(%)	法人代表
海航集团有限公司	74.37	陈　峰
北方国际信托股份有限公司	25.63	刘惠文

3.1.2　海口美兰国际机场有限责任公司的主要股东

股东名称	持股比例(%)	法人代表
海南省发展控股有限公司	25.49	刘明贵
甘肃省公路航空旅游投资集团有限公司	24.3	杨咏中
海航机场集团有限公司	22.7	刘　璐

3.1.3　海航酒店控股集团有限公司的主要股东

股东名称	持股比例(%)	法人代表
海航置业控股集团有限公司	39.93	张　翼

3.2 董事

董事长、副董事长、董事

姓 名	职 务	性别	年龄	选任日期	所推举股东名称	该股东持股比例(%)	简 要 履 历
金 平	董事长	男	57	2009 年 12 月	海航资本控股有限公司	60.22	曾任国家发展和改革委员会发展战略处处长，神华集团研究室主任、神华集团企业策划部总经理。
郎国章	副董事长	男	56	2009 年 12 月	美兰国际机场有限责任公司	15.51	曾任河北省发改革委投资处处长、河北省国际信托投资有限责任公司总经理。
杨 健	总裁	男	40	2009 年 5 月	海航酒店控股集团有限公司	14.2	曾任中国对外经济贸易信托有限公司总裁助理。
汤亮	董事	男	36	2009 年 11 月	扬子江地产集团有限公司	7.65	曾任海航集团项目开发与管理部副总经理、北京集信资产管理公司董事。

独立董事

姓 名	职 务	性别	年龄	选任日期	所推举股东名称	该股东持股比例(%)	简 要 履 历
陈日进	独立董事	男	65	2011 年 6 月	—	—	曾任海南省财政厅厅长
杜斌国	独立董事	男	66	2011 年 6 月	—	—	曾任海南省政法委副书记

3.3 监事

监事会成员

姓 名	职 务	性别	年龄	选任日期	所推举股东名称	该股东持股比例(%)	简 要 履 历
冯 虎	监事会主席	男	34	2009 年 11 月	—	—	曾任海航集团有限公司项目开发与管理部投资主管。
彭铭巧	监事	女	40	2009 年 11 月	—	—	曾任海航集团有限公司证券业务部研究发展室经理、海航集团财务有限公司投资银行部主管。
唐晓蕾	职工监事	女	38	2009 年 11 月	—	—	曾任河北省国际信托投资有限责任公司法律事务主管。

3.4 公司高级管理人员

姓 名	职 务	性别	年龄	任职日期	金融从业年限	学历	专业	简 要 履 历
金 平	董事长	男	57	2009 年 12 月	28	本科	财务会计	曾任国家发展和改革委员会发展战略处处长，神华集团研究室主任、神华集团企业策划部总经理。
郎国章	副董事长	男	56	2009 年 12 月	12	硕士	工商管理	曾任河北省发展改革委投资处处长、河北省国际信托投资有限责任公司总经理。
杨 健	总裁	男	40	2009 年 5 月	17	硕士	金融	曾任中国对外经济贸易信托有限公司总裁助理。
李熙玉	常务副总裁	女	40	2010 年 5 月	7	硕士	金融及投资	曾任中国对外经济贸易信托有限公司信托业务部总经理。
陶 钧	副总裁	男	42	2010 年 9 月	18	硕士	EMBA	曾任中信锦绣资本管理有限公司投资总监。
魏 元	财务总监	男	34	2009 年 1 月	10	硕士	MBA	曾任东英集团投资顾问(深圳)有限公司计财部副经理、海航集团有限公司计划财务部融资管理室副经理。
师增轩	总裁助理	男	55	2010 年 7 月	23	本科	现代经济管理	曾任河北省国际信托投资有限责任公司办公室主任。

3.5 公司员工

项目		报告期年度		上年度	
		人数	比例(%)	人数	比例(%)
年龄分布	20 岁以下	1	1.1	—	—
	20~29 岁	40	44.45	31	41.89
	30~39 岁	21	23.34	24	32.43
	40 岁以上	28	31.11	19	25.68
学历分布	博士	—	—	—	—
	硕士	43	47.77	32	43.24
	本科	39	43.33	34	45.95
	专科	6	6.67	5	6.76
	其他	2	2.23	3	4.05

续表

项目		报告期年度		上年度	
		人数	比例(%)	人数	比例(%)
岗位分布	董事、监事及高管人员	7	7.78	10	13.51
	自营业务人员	10	11.1	4	5.41
	信托业务人员	39	43.34	32	43.24
	其他人员	34	37.78	28	37.84

4. 经营管理

4.1 经营目标、方针、战略规划

4.1.1 经营目标

树立科学发展观，落实监管要求，积极开拓市场，强化风险控制。通过提升自主产品设计能力，开拓自主营销渠道，增强自主资产管理能力，把渤海信托打造成为核心竞争优势明显，可持续发展能力强，在投资理财、产品研发、市场营销等方面具有鲜明特色的、行业领先的专业化理财机构，为社会提供值得信赖的高质量、全方位的资产管理服务。

2011 年，公司信托资产规模持续增长，新增信托资产规模 1 518.33 亿元，年末管理信托资产余额达 1 069.59 亿元，同比增长 33.66%，且市场化特征凸显。公司全年营业收入 52 567.28万元，净利润为 27 264.25 万元，资本利润率达到 17.06%，同比增长 42.17%；人均净利润达到 332.49 万元，同比增长 94.44%。

4.1.2 经营方针

培育“进取、发展、稳健、信用”的企业理念，坚持市场导向，合规经营，严控风险，以诚信树品牌，以创新促发展。

4.1.3 战略规划

深入推进管理架构调整，全面开展管理模式创新。理顺公司治理结构，提高决策效率和市场反应敏锐度。强化激励机制，突出市场化战略，多方面引进优秀人才，加强团队建设。全面加强信息化建设力度，围绕信托主业，大力推进业务和产品创新，提高自主产品研发、市场营销和资产管理能力。在稳健经营、严防风险的前提下，快速扩大公司资产规模，创新盈利模式，提高盈利水平，实现信托资产规模的快速增长、收入结构的科学合理、盈利能力的明显提高、风险控制能力的显著加强、内在价值的大幅提升，早日成为具有核心优势和独具特色，可持续发展的一流信托公司。

4.2 所经营业务的主要内容

自营资产运用与分布表

资产运用	金额（万元）	占比（%）	资产分布	金额（万元）	占比（%）
货币资产	77 617.57	31.51	基础产业	—	—
贷款及应收款	83 352.27	33.84	房地产业	—	—
交易性金融资产	970.19	0.39	证券市场	39 715.39	16.12
可供出售金融资产	21 129.83	8.58	实业	82 996.67	33.70
持有至到期投资	—	—	金融机构	117 522.56	47.71
长期股权投资	39 905.00	16.20	其他	6 083.33	2.47
其他	23 343.09	9.48	—	—	—
资产总计	246 317.95	100.00	资产总计	246 317.95	100.00

信托资产运用与分布表

资产运用	金额（万元）	占比（%）	资产分布	金额（万元）	占比（%）
货币资产	79 460.49	0.74	基础产业	1 571 259.00	14.69
贷款	6 029 035.92	56.37	房地产	1 946 648.00	18.20
交易性金融资产	—	—	证券市场	0.00	0.00
可供出售金融资产	703 992.95	6.58	实业	5 477 917.00	51.21
持有至到期投资	2 400 087.25	22.44	金融机构	1 570 170.50	14.68
长期股权投资	1 483 345.00	13.87	其他	129 940.78	1.22
其他	13.67	0.00	—	—	—
信托资产总计	10 695 935.28	100.00	信托资产总计	10 695 935.28	100.00

4.3 市场分析

4.3.1 有利因素

（1）2011 年，国家继续推行宏观调控，银根持续收紧，为信托公司的迅速发展带来新的机遇。

（2）随着国家产业结构调整的持续推进，监管政策对信托公司创新的鼓励和规范，为信托公司创造了良好规范的市场环境。财富的增加和高端客户理财需求的激增，伴随着信托业务的推陈出新和快速发展，有利于信托公司开拓新的业务领域和争取更大发展。

4.3.2 不利因素

（1）2011 年，监管当局大力推动信托公司提升自主资产管理能力，信托行业相关调控和引导政策陆续出台，通道型的银信合作空间大大压缩。国家对房地产市场持续调控，加大保障性住房持续供应，打击投资性需要，房地产市场进入震荡调整期间，使房地产行业及房地产信托产品风险放大。2011 年因为对地方融资平台融资的严格限制，使信政合作业务基本停顿。

（2）信托计划开立证券账户仍未放开，限制了信托业务的投向的开展，影响了结构化信托业务和私募股权业务的开展。

（3）金融行业内部如信托公司之间，信托公司与银行、证券公司和其他相关行业竞争加剧，信托业务开展难度增加，同时分类监管环境下，信托公司不具竞争优势，在一定程度上制约了公司的进一步发展。

4.4 内部控制

4.4.1 内部控制环境和内部控制文化

公司已经建立起良好的法人治理和分工合理、职责明确、相互制衡、报告关系清晰的组织结构。公司股东会、监事会、董事会及其下设的风险管理委员会、审计委员会和信托委员会和经营管理层的议事规则及决策程序健全完善，为公司的内部控制提供了良好的环境。

公司建立科学、有效的激励约束机制，培育优秀的企业精神和内部控制文化，使全体员工熟悉监管政策和公司制度，强化风险管理、内部控制和合规意识，持续推进内部控制体系的建设。

4.4.2 内部控制措施

公司根据监管政策和业务发展现状，对《风险管理办法》、《审计管理办法》、《业务评审委员会工作规则》、《项目过程管理办法》等内部控制制度进行修订，不断调整内部控制措施，增强其科学性、规范性、适用性和可操作性；充分发挥董事会下设各委员会在内部控制中的作用，逐步形成严密完备、规章健全和高效运作的内部控制机制；引进审计人员，充实审计岗位，加强对各个部门、岗位和各项业务及内部控制实施全面的监督和评价，同时通过有效的报告和纠正机制，不断改进内部控制存在的缺陷。

4.4.3 信息交流与反馈

公司内部报告路径清晰完整，信息反馈机制健全，交流渠道通畅，逐步实现信息的共享与交流，确保公司董事会和高管层能够及时了解公司的经营和内控情况；公司通过监管报表、专项报告、关联交易事前报告和重大事项报告等形式向监管部门及时报送各种数据信息和资料；公司严格执行信息披露的监管要求，通过公司网站和书面通知的形式，根据信托文件约定向当事人全面披露信托财产管理运用的相关信息，按时披露年报和公司经营信息等重大事项。

4.4.4 监督评价与纠正

公司各部门定期对内部控制的执行情况进行自我检查，发现问题迅速自纠。审计风险控制部按照监管要求和公司制度，对内部控制机制和业务运作进行监督、检查与跟踪评价，及时与相关部门沟通，对于发现的问题提出改进建议，要求其限期整改或完善。公司高级管理层高度重视监管意见和专业机构的审计结果，根据监管政策和业务发展现状，及时梳理公司规章制度和业务审批流程，不断修订完善，确保内部控制体系的科学有效运行。

4.5 风险管理

4.5.1 风险管理概况

公司始终认为风险管理能力是公司长远发展的保障，高度重视所面临的信用风险、市场风险、操作风险和声誉风险等各类风险。报告期内，公司充分发挥董事会下设风险管理委员会的作用，研究确定风险管理的理念、战略，审批风险管理政策、程序、风险承受程度和制定风险控制标准，部署风险管理的重点工作。审计风险控制部负责起草各种风险管理政策，制定各类风险管理制度；按照业务的风险状况进行业务分类，设置不同的管理标准和风控要求；参与公司各类业务项目的事前风险评估，发表独立的审核意见；在项目管理过程中，审查督促各业务部门落实各项风控措施，制定风险应急预案。

4.5.2 风险状况

4.5.2.1 信用风险状况

信用风险主要指因交易对手违约造成损失的风险。报告期末公司自营业务信用风险资产按资产质量进行五级分类并按规定标准足额提取呆账准备金，公司按规定提取信托赔偿准备金。信托业务信用风险资产按照资产五级分类标准均为“正常”，报告期内，信托业务均按期清算，无违约和逾期现象出现。

4.5.2.2 市场风险状况

市场风险是指股价、利率、汇率和商品价格等因素的不利变动对公司盈利能力、财务状况造成影响的可能性。公司开展的证券投资业务和接受证券质押业务比重较小，固有业务和信托业务整体受股价波动的影响有限；公司融资类业务存在利率风险，面临由于利率水平不利变动产生的收益相对减少的利率风险；商品价格的不利变动可能给交易对手带来销售下降或成本上升收益减少，进而给公司财产或者信托财产带来市场风险；报告期内公司未开展外币业务，汇率变动不会对公司的盈利能力和财务状况产生直接影响。

4.5.2.3 操作风险状况

操作风险是因内部程序、人员和业务系统的不完善或者工作失误给公司造成损失的风险。报告期内，公司业务运行正常，未发生操作风险事件。

4.5.2.4 其他风险状况

公司面临的其他风险主要是指合规风险和声誉风险等。报告期内，公司未发生合规风险和声誉风险事件。

4.5.3 风险管理

4.5.3.1 信用风险管理

公司通过规范尽调程序和尽调报告内容，并就尽职调查对业务人员进行专项培训，进一步加强尽职调查工作，审慎选择交易对手。业务部门在尽职调查阶段切实履行受托责任；在项目实施阶段，业务部门严格落实项目风险控制方案；在项目过程管理中，持续跟踪评价交易对手的风险状况。审计风控部在立项审批阶段，独立评估项目风险和风险控制措施的充足性、有效性，审核合同资料；建立风险管理台账，定期向业务部门收集项目履约情况，撰写月度风险管理分析报告，进行风险监测，加强对公司整体信用风险的动态管理。公司融资类信托业务普遍采取财产抵押、权利质押、企业保证等风险控制措施。报告期内，公司交易对手均具有良好信用记录，没有违约事件发生。

4.5.3.2 市场风险管理

公司加强对交易人员的专业培训，着手开发证券交易系统，利用外部专业研究机构提供的信息和数据，加强对经济形势、金融市场行情、重点行业状况和行业周期的研究；通过投资范围、预警线、止损限额的设计，增设专门实时监控岗位、降低股票质押率和增强信息披露等方式有效防范股价波动风险；在加息预期显著的情形下，对部分业务通过合同约定实行浮动利率，有效规避利率风险；对于受商品价格影响较大的交易对手，加强对其所处行业的跟踪研究，动态关注其产销情况和盈利能力的变动状况，有效防范商品价格波动带来的风险。报告期内，公司未发生因市场风险造成的损失。

4.5.3.3 操作风险管理

公司高度重视内部控制制度建设，持续梳理优化业务流程和授权体系，形成不同部门和不同岗位之间的既协作配合又监督制衡的关系；充分发挥内部审计作用，监督检查内控制度的执行和落实；加强员工业务技能和企业文化培训，提高员工的业务素质、工作品质和职业道德水平；不断制定完善各类合同文本模板，提升业务操作效率和规范化程度，消除操作风险隐患。

4.5.3.4 其他风险管理

公司组织员工认真学习金融监管政策，深入研究相关法律法规和政策，加强合规培训和合规文化建设，增强合规理念；强化全面风险管理，在合规经营和稳健发展的基础上，主动高效提升公司的品牌价值和社会形象。

5. 报告期末及上一年度末的比较式会计报表

5.1 自营资产

5.1.1 会计师事务所审计意见全文

审 计 报 告

（2012）中磊（审 B）字第 0059 号

渤海国际信托有限公司全体股东：

我们审计了后附的渤海国际信托有限公司（以下简称“渤海国际信托”）财务报表，包括 2011 年 12 月 31 日的资产负债表，2011 年度的利润表、股东权益变动表和现金流量表以及财务报表附注。

一、管理层对财务报表的责任

编制和公允列报财务报表是渤海国际信托管理层的责任，这种责任包括：（1）按照企业会计准则的规定编制财务报表，并使其实现公允反映；（2）设计、执行和维护必要的内部控制，以使财务报表不存在由于舞弊或错误导致的重大错报。

二、注册会计师的责任

我们的责任是在执行审计工作的基础上对财务报表发表审计意见。我们按照中国注册会计师审计准则的规定执行了审计工作。中国注册会计师审计准则要求我们遵守中国注册会计师职业道德守则,计划和执行审计工作以对财务报表是否不存在重大错报获取合理保证。

审计工作涉及实施审计程序,以获取有关财务报表金额和披露的审计证据。选择的审计程序取决于注册会计师的判断,包括对由于舞弊或错误导致的财务报表重大错报风险的评估。在进行风险评估时,注册会计师考虑与财务报表编制和公允列报相关的内部控制,以设计恰当的审计程序,但目的并非对内部控制的有效性发表意见。审计工作还包括评价管理层选用会计政策的恰当性和作出会计估计的合理性,以及评价财务报表的总体列报。

我们相信,我们获取的审计证据是充分、适当的,为发表审计意见提供了基础。

三、审计意见

我们认为,渤海国际信托财务报表在所有重大方面按照企业会计准则的规定编制,公允反映了渤海国际信托 2011 年 12 月 31 日的财务状况以及 2011 年度的经营成果和现金流量。

中磊会计师事务所有限责任公司 中国注册会计师:李 晖
中国·北京 中国注册会计师:李鹏翔
二〇一二年二月二十三日

5.1.2 资产负债表

资产负债表

单位:元

项 目	2011 年 12 月 31 日	2010 年 12 月 31 日
资产:	—	—
现金及存放中央银行款项	14 163.95	4 054.42
存放同业款项	776 161 497.64	41 507 583.96
贵金属		—
拆出资金		—
交易性金融资产	9 701 904.50	16 381 691.88
衍生金融资产		—
买入返售金融资产	175 108 535.00	—
应收利息	31 011 888.89	836 266.67
其他应收款	2 510 813.36	52 379 469.67
发放贷款和垫款	800 000 000.00	—
可供出售金融资产	211 298 285.40	638 439 893.10
持有至到期投资		—
长期股权投资	399 050 000.00	92 478 000.00
投资性房地产	25 880 511.20	55 836 130.60
固定资产	4 252 876.93	4 363 499.79
无形资产	7 354 403.07	7 760 094.27
递延所得税资产	9 835 073.56	280 814.33
其他资产	10 999 556.85	16 452 037.23
资产合计	2 463 179 510.35	926 719 535.92

资产负债表(续表)

单位:元

项 目	2011 年 12 月 31 日	2010 年 12 月 31 日
负债:	—	—
向中央银行借款	—	—
同业及其他金融机构存放款项	—	—
拆入资金	—	—
交易性金融负债	—	—
衍生金融负债	—	—
卖出回购金融资产款	—	—
吸收存款	—	—
应付职工薪酬	41 498 138.03	27 165 386.97
应交税费	78 143 022.95	10 852 718.81
应付利息	—	—
其他应付款	18 651 287.71	8 661 692.01
预计负债	—	—
长期借款	—	—
应付债券	—	—
递延所得税负债	55 173.80	7 858 082.54
其他负债	247 604.74	247 604.74
负债合计	138 595 227.23	54 785 485.07
所有者权益		—
股本	2 000 000 000.00	795 650 000.00
资本公积	168 873 839.08	193 216 145.74
减: 库存股		—
盈余公积	27 264 253.89	—
一般风险准备		—
信托赔偿准备金	24 243 505.00	10 611 378.05
未分配利润	104 202 685.15	-127 543 472.94
所有者权益合计	2 324 584 283.12	871 934 050.85
负债和所有者权益总计	2 463 179 510.35	926 719 535.92

5.1.3 利润表

利润表

单位:元

项 目	2011 年度	2010 年度
一、营业收入	525 672 838.12	222 266 761.12
利息净收入	38 154 979.17	4 530 877.31
利息收入	38 168 312.50	4 530 877.31
利息支出	13 333.33	—
手续费及佣金净收入	452 068 269.20	148 344 121.71
手续费及佣金收入	510 636 340.71	157 099 638.84
手续费及佣金支出	58 568 071.51	8 755 517.13
投资收益(损失以"-"号填列)	36 068 477.80	77 481 107.88
其中:对联营企业的投资收益	—	—
公允价值变动收益(损失以"-"号填列)	-1 910 670.58	-8 735 020.34
汇兑收益(损失以"-"号填列)	-2 490.47	-118 996.94
其他业务收入	1 294 273.00	764 671.50
二、营业支出	160 671 995.74	70 168 262.77
营业税金及附加	32 585 115.24	13 614 280.95
业务及管理费	101 236 714.32	63 616 813.78
资产减值损失	25 491 796.78	-8 421 201.36
其他业务成本	1 358 369.40	1 358 369.40
三、营业利润	365 000 842.38	152 098 498.35
加:营业外收入	13 718.55	198 921.76
减:营业外支出	1 460 000.00	5 206 832.75
四、利润总额	363 554 560.93	147 090 587.36
减:所得税费用	90 912 022.00	39 812 716.40
五、净利润(净亏损以"-"号填列)	272 642 538.93	107 277 870.96
六、每股收益:	—	—
基本每股收益	—	—
稀释每股收益	—	—
七、其他综合收益	-24 342 306.66	-189 060 818.34
八、综合收益总额	248 300 232.27	-81 782 947.38

5.1.4 所有者权益变动表

所有者权益变动表

单位：元

项目	本年金额							
	实收资本（股本）	资本公积	库存股	专项储备	盈余公积	信托赔偿准备金	未分配利润	所有者权益合计
一、上年年末余额	795 650 000.00	193 216 145.74	—	—	—	10 715 309.61	-125 568 773.20	874 012 682.15
加：会计政策变更	—	—	—	—	—	—	—	—
前期差错更正	—	—	—	—	—	-103 931.56	-1 974 699.74	-2 078 631.30
二、本年年初余额	795 650 000.00	193 216 145.74	—	—	—	10 611 378.05	-127 543 472.94	871 934 050.85
三、本年增减变动金额	1 204 350 000.00	-24 342 306.66	—	—	27 264 253.89	13 632 126.95	231 746 158.09	1 452 650 232.27
（一）净利润	—	—	—	—	—	—	272 642 538.93	272 642 538.93
（二）其他综合收益	—	-24 342 306.66	—	—	—	—	—	-24 342 306.66
上述（一）和（二）小计	—	-24 342 306.66	—	—	—	—	272 642 538.93	248 300 232.27
（三）所有者投入和减少资本	1 204 350 000.00	—	—	—	—	—	—	1 204 350 000.00
1. 所有者投入资本	1 204 350 000.00	—	—	—	—	—	—	1 204 350 000.00
2. 股份支付计入所有者权益的金额	—	—	—	—	—	—	—	—
3. 其他	—	—	—	—	—	—	—	—
（四）利润分配	—	—	—	—	27 264 253.89	13 632 126.95	-40 896 380.84	—
1. 提取盈余公积	—	—	—	—	27 264 253.89	—	-27 264 253.89	—
2. 对所有者（或股东）的分配	—	—	—	—	—	—		—
3. 提取信托赔偿金	—	—	—	—	—	13 632 126.95	-13 632 126.95	—
（五）所有者权益内部结转	—	—	—	—	—	—	—	—
1. 资本公积转增资本（或股本）	—	—	—	—	—	—	—	—
2. 盈余公积转增资本（或股本）	—	—	—	—	—	—	—	—
3. 盈余公积弥补亏损	—	—	—	—	—	—	—	—
四、本年年末余额	2 000 000 000.00	168 873 839.08	—	—	27 264 253.89	24 243 505.00	104 202 685.15	2 324 584 283.12

5.2 信托资产

5.2.1 信托项目资产负债汇总表

信托项目资产负债汇总表

单位：万元

信托资产	2011 年 12 月 31 日	2010 年 12 月 31 日	信托负债和信托权益	2011 年 12 月 31 日	2010 年 12 月 31 日
信托资产：			信托负债：		
货币资金	79 460.49	434 641.35	交易性金融负债	—	—
拆出资金	—	—	衍生金融负债	—	—
存出保证金	—	—	应付账款	—	—
买入返售金融资产	—	—	应付受托人报酬	0.06	-23.80
交易性金融资产	—	—	应付托管费	—	—
衍生金融资产	—	—	应付受益人收益	12.53	11.16
持有至到期投资	2 400 087.25	846 125.16	其他应付款项	3 537.33	501.47
应收账款	—	—	应交税金	—	—
应收利息	—	—	卖出回购金融资产款	—	—
应收股利	—	—	其他负债	—	—
应收票据	—	—	信托负债合计	3 549.92	488.83
其他应收款	13.67	25 582.69			
长期应收款	—	—			
长期股权投资	1 483 345.00	1 343 259.98			
发放贷款	6 029 035.92	5 312 588.31			

续表

信托资产	2011 年 12 月 31 日	2010 年 12 月 31 日	信托负债和信托权益	2011 年 12 月 31 日	2010 年 12 月 31 日
可供出售金融资产	703 992. 95	39 962. 88	信托权益:		
投资性房地产	—	—	实收信托	10 663 522. 54	7 994 264. 04
融资租赁资产	—	—	资本公积	0. 00	0. 00
固定资产	—	—	损益平准金	0. 00	0. 00
固定资产清理	—	—	未分配利润	28 862. 82	7 407. 50
无形资产	—	—	信托权益合计	10 692 385. 36	8 001 671. 54
长期待摊费用	—	—			
其他资产	—	—			
信托资产总计	10 695 935. 28	8 002 160. 37	信托负债和信托权益总计	10 695 935. 28	8 002 160. 37

5. 2. 2 信托项目利润及利润分配汇总表

信托项目利润及利润分配汇总表

单位:万元

项　　目	2011 年度	2010 年度
一、营业收入	776 767. 88	388 133. 31
利息收入	555 055. 17	320 863. 88
投资收入	216 080. 69	67 269. 36
租赁收入	0	—
其他收入	5 632. 02	0. 07
二、营业费用	94 991. 30	33 843. 56
三、营业税金及附加	0. 00	—
四、扣除资产损失前的信托利润	681 776. 58	354 289. 75
减:资产减值损失	0. 00	—
五、扣除资产损失后的信托利润	681 776. 58	354 289. 75
加:期初未分配信托利润	7 407. 50	1 174. 40
六、可供分配的信托利润	689 184. 08	355 464. 15
减:本期已分配信托利润	660 321. 26	348 056. 65
七、期末未分配信托利润	28 862. 82	7 407. 50

6. 会计报表附注

6. 1 报告年度会计报表编制基准、会计政策、会计估计和核算方法发生的变化

6. 1. 1 会计报表不符合会计核算基本前提的事项

会计报表无不符合会计核算基本前提的事项。

6. 1. 2 计提资产减值准备的范围和方法

根据《中国银行业监督管理委员会关于非银行金融机构全面推行资产质量五级分类管理的通知》(银监发〔2004〕4 号)计提相应的资产减值准备。

6. 1. 3 金融资产四分类的范围和标准

按投资目的和经济实质对金融资产分成以下四类:以公允价值计量且其变动计入当期损益的金融资产或金融负债,包括交易性金融资产或交易性金融负债、指定为以公允价值计量且其变动计入当期损益的金融资产或金融负债;持有至到期投资;贷款和应收款项;可供出售金融资产。

6. 1. 4 交易性金融资产核算方法

以公允价值计量且其变动计入当期损益的金融资产或金融负债:按照取得时的公允价值作为初始确认金额,相关的交易费用在发生时计入当期损益。支付的价款中包含已宣告发放的现金股利或债券利息,单独确认为应收项目。持有期间取得的利息或现金股利,确认为投资收益。资产负债表日,将其公允价值变动计入当期损益。

6. 1. 5 可供出售金融资产核算方法

可供出售金融资产指那些被指定为可供出售的非衍生金融资产,或未划分为贷款和应收款项类投资、持有至到期投资或以公允价值计量且其变动计入当期损益的金融资产这三类的其他金融资产。在后续计量期间,该类金融资产以公允价值计量。可供出售类金融资产的公允价值变动所带来的未实现收益,在该金融资产被终止确认或发生减值之前,列入资本公积(其他资本公积)。在该金融资产被终止确认或发生减值时,以前计入资本公积中的累计公允价值变动应转入当期损益。

6. 1. 6 持有至到期投资核算方法

持有至到期投资是指到期日固定、回收金额固定或可确定,且企业有明确意图和能力持有至到期的非衍生金融资产。持有至到期投资在持有期间应当按照摊余成本和实际利率计算确认利息收入,计入投资收益。实际利率应当在取得持有至到期投资时确定,在该持有至到期投资预期存续期间或适用的更短期间内保持不变。实际利率与票面利率差别较小的,也可按票面利率计算利息收入,计入投资收益。

6. 1. 7 长期股权投资核算方法

6. 1. 7. 1 长期股权投资的初始计量

企业合并形成的长期股权投资,按照下列规定确定其初始投资成本:

一是同一控制下的企业合并,合并方以支付现金、转让非现金资产或承担债务方式作为合并对价的,在合并日按照取得被合并方所有者权益账面价值的份额作为长期股权投资的初始投资成本。合并方以发行权益性证券作为合并对价的,在合并日按照取得被合并方所有者权益账面价值的份额作为长期股权投资的初始投资成本。二是非同一控制下的企业合并,购买方在购买日按照《企业会计准则第 20 号——企业合并》确定的合并成本作为长期股权投资的初始投资成本。

除企业合并形成的长期股权投资以外,其他方式取得的长期股权投资,按照下列规定确定其初始投资成本:

一是以支付现金取得的长期股权投资,按照实际支付的购买价款作为初始投资成本。初始投资成本包括与取得长期股权投资直接相关的费用、税金及其他必要支出。二是以发行权益性证券取得长期股权投资,按照发行权益性证券的公允价值作为初始投资成本。三是投资者投入的长期股权投资,按照投资合同或协议约定的价值作为初始投资成本。四是通过非货

币性资产交换取得的长期股权投资，其初始投资成本按照《企业会计准则第7号——非货币性资产交换》确定。五是通过债务重组取得的长期股权投资，其初始投资成本按照《企业会计准则第12号——债务重组》确定。

6.1.7.2 长期股权投资的核算

对被投资单位具有共同控制或重大影响的长期股权投资，采用权益法核算；能够对被投资单位实施控制的长期股权投资以及对被投资单位不具有共同控制或重大影响，并且在活跃市场中没有报价、公允价值不能可靠计量的长期股权投资采用成本法核算。

6.1.8 投资性房地产核算方法

6.1.8.1 初始计量

投资性房地产按照成本进行初始计量。一是外购投资性房地产的成本，包括购买价款、相关税费和可直接归属于该资产的其他支出；二是自行建造投资性房地产的成本，由建造该项资产达到预定可使用状态前所发生的必要支出构成；三是以其他方式取得的投资性房地产的成本，按照相关会计准则的规定确定。

6.1.8.2 后续计量

公司期末采用成本模式对投资性房地产进行后续计量。

6.1.8.3 折旧或摊销

采用成本模式计量投资性房地产，采用与固定资产和无形资产相同方法计提折旧或进行摊销。

6.1.8.4 减值的处理

公司期末对采用成本模式计量的投资性房地产逐项进行检查，如果其可收回金额低于账面价值，则按单项投资性房地产可收回金额低于其账面价值的差额计提减值准备。减值准备一经计提，不予转回。

6.1.9 固定资产计价和折旧方法

6.1.9.1 固定资产的确认标准

固定资产是指同时具有下列特征的有形资产：一是为生产商品、提供劳务、出租或经营管理而持有的；二是使用寿命超过一个会计年度。

6.1.9.2 固定资产按实际成本进行初始计量

一是投资者投入固定资产的成本，按照投资合同或协议约定的价值确定。二是非货币性资产交换、债务重组、企业合并和融资租赁取得的固定资产的成本，分别按照《企业会计准则第7号——非货币性资产交换》、《企业会计准则第12号——债务重组》、《企业会计准则第20号——企业合并》和《企业会计准则第21号——租赁》确定。

6.1.9.3 固定资产的折旧方法

公司固定资产折旧采用平均年限法，并按固定资产原价，估计经济使用年限和估计残值率，分类别确定折旧。

固定资产类别	估计经济折旧年限	预计残值率（%）	年折旧率（%）
房屋及建筑物	20～40	5	2.38～4.75
运输设备	5	5	19
电子设备	5	5	19
机器设备	5	5	19
办公家具	5	5	19

对已计提减值准备的固定资产在计提折旧时，按该项固定资产的账面价值，即固定资产原值减去累计折旧和已计提的减值准备以及尚可使用年限重新计算确定折旧率和折旧额。

6.1.9.4 固定资产减值准备的确认标准和计提方法

年末公司对由于市价持续下跌、技术陈旧、损坏、长期闲置等原因导致固定资产可收回金额低于其账面价值，按单项固定资产可收回金额低于其账面价值的差额，计提固定资产减值准备。

对长期闲置不用，在可预见的未来不会再使用，且已无转让价值的；或由于技术进步原因，已不可使用的固定资产；或虽可使用，但使用后产生大量不合格品的；或已遭毁损，不再具有使用价值和转让价值及其他实质上不能再给企业带来经济利益的固定资产，全额计提减值准备。固定资产减值准备一经计提，不予转回。

6.1.10 无形资产计价及摊销政策

6.1.10.1 无形资产的计价

无形资产按其成本作为入账价值。内部研究开发项目研究阶段支出，于发生时计入当期损益。内部研究开发项目开发阶段的支出，同时满足下列条件的，确认为无形资产：一是完成该无形资产以使其能够使用或出售在技术上具有可行性。二是具有完成该无形资产并使用或出售的意图。三是无形资产产生经济利益的方式，包括能够证明运用该无形资产生产的产品存在市场或无形资产自身存在市场，无形资产将在内部使用的，可证明其有用性。四是有足够的技术、财务资源和其他资源支持，以完成该无形资产的开发并有能力使用或出售该无形资产。五是归属于该无形资产开发阶段的支出能够可靠地计量。

6.1.10.2 无形资产的摊销

使用寿命有限的无形资产采用直线法按预计使用年限、合同规定的受益年限和法律规定的有效年限三者中最短者分期摊销，按其受益对象分别计入相关资产成本和当期损益。使用寿命不确定的无形资产不予摊销，但在每个会计期末进行减值测试。

6.1.10.3 无形资产减值准备的确认标准和计提方法

期末对无形资产逐项进行检查，当存在以下减值迹象时估计其可收回金额，按可收回金额低于账面价值的差额计提无形资产减值准备：一是已被其他新技术等所替代，使其为企业创造经济利益的能力受到重大不利影响；二是某项无形资产的市价在当期大幅下降，在剩余摊销年限内预期不会恢复；三是某项无形资产已超过法律保护期限，但仍然具有部分使用价值；四是其他足以证明某项无形资产实质上已经发生了减值的情形。无形资产减值准备一经计提，不予转回。

6.1.11 长期应收款的核算方法

无。

6.1.12 长期待摊费用的摊销政策

长期待摊费用主要包括长期预付租金、长期预付租赁费、经营租赁方式租入的固定资产改良支出等。长期待摊费用在受益期限内采用实际利率法摊销。

6.1.13 合并会计报表的编制方法

合并财务报表的合并范围以控制为基础加以确定。公司直接或通过子公司间接拥有被投资单位半数以上的表决权，表明公司能够控制被投资单位，将该被投资单位认定为子公司,纳入合并财务报表的合并范围。但是有证据表明公司不能控制被投资单位的除外。公司拥有被投资单位半数或以下的表决权,满足以下条件之一的,视为公司能够控制被投资单位,将该被投资单位认定为子公司,纳入合并财务报表的合并范围;但是有证据表明公司不能控制被投资单位的除外:通过与被投资单位其他投资者之间的协议,拥有被投资单位半数以上的表决权;根据公司章程或协议,有权决定被投资单位的财务和经营政策;有权任免被投资单位的董事会或类似机构的多数成员;在被投资单位的董事会或类似机构占多数表决权。

合并财务报表以公司和其子公司的财务报表为基础,根据其他有关资料,对子公司的长期股权投资按照权益法调整后由公司编制。

合并资产负债表以公司和子公司的资产负债表为基础,在抵销公司与子公司、子公司相互之间发生的内部交易对合并资产负债表的影响后由公司合并编制。公司对子公司的长期股权投资与公司在子公司所有者权益中所享有的份额相互抵销,同时抵销相应的长期股权投资减值准备。各子公司之间的长期股权投资以及子公司对公司的长期股权投资,比照此规定将长期股权投资的余额与其对应的子公司或公司所有者权益中所享有的份额相互抵销。公司与子公司、子公司相互之间的债权与债务项目相互抵销,同时抵销应收款项的坏账准备和债券投资的减值准备。公司与子公司、子公司相互之间的债券投资与应付债券相互抵销后,产生的差额计入投资收益项目。公司与子公司、子公司相互之间销售商品(或提供劳务,下同)或其他方式形成的存货、固定资产、工程物资、在建工程、无形资产等所包含的未实现内部销售损益抵销。对存贷、固定资产、工程物资、在建工程和无形资产等计提的跌价准备或减值准备与未实现内部销售损益相关的部分抵销。子公司所有者权益中不属于公司的份额,作为少数股东权益。

合并利润表以公司和子公司的利润表为基础,在抵销公司与子公司、子公司相互之间发生的内部交易对合并利润表的影响后由公司合并编制。公司与子公司、子公司相互之间销售商品所产生的营业收入和营业成本抵销。公司与子公司、子公司相互之间销售商品,期末全部实现对外销售的,将购买方的营业成本与销售方的营业收入相互抵销。公司与子公司、子公司相互之间销售商品,期末未实现对外销售而形成存货、固定资产、工程物资、在建工程、无形资产等资产的,在抵销销售商品的营业成本和营业收入的同时,将各项资产所包含的未实现内部销售损益予以抵销。公司与子公司、子公司相互之间持有对方债券所产生的投资收益,与其相对应的发行方利息费用相互抵销。公司对子公司、子公司相互之间持有对方长期股权投资的投资收益,与对方当期净利润相互抵销。公司与子公司、子公司相互之间发生的其他内部交易对合并利润表的影响抵销。子公司当期净损益中属于少数股东权益的份额,在合并利润表净利润项目下以"少数股东损益"项目列示。

6.1.14 收入确认原则和方法

销售商品收入同时满足下列条件的,才能予以确认:企业已将商品所有权上的主要风险和报酬转移给购货方;企业既没有保留通常与所有权相联系的继续管理权,也没有对已售出的商品实施有效控制;收入的金额能够可靠计量;相关经济利益很可能流入企业;相关的、已发生的或将发生的成本能够可靠计量。

提供劳务收入,企业在资产负债表日提供劳务交易的结果能够可靠估计的,应当按照完工百分比法确认提供劳务收入。完工百分比法,是指按照提供劳务交易的完工进度确认收入与费用的方法。提供劳务交易的结果能够可靠估计,是指同时具备以下条件:收入的金额能够可靠计量;相关的经济利益很可能流入企业;交易的完工进度能够可靠确定;交易中已发生的和将发生的成本能够可靠计量。企业确定提供劳务交易的完工进度,可以选用下列方法:已完工作的计量;已经提供的劳务占应提供的劳务总量的比例;已发生的成本占估计总成本的比例。

让渡资产使用权收入,让渡资产使用权收入包括利息收入、使用费收入和现金股利收入。让渡资产使用权收入同时满足下列条件,才能予以确认:相关经济利益很可能流入企业;收入金额能够可靠计量。企业应当分别根据下列情况确定让渡资产使用权收入金额:利息收入金额,按照他人使用本企业货币资金时间和实际利率计算确定;使用费收入金额,按照有关合同或协议约定的收费时间和方法计算确定;现金股利收入金额,按照被投资单位宣告的现金股利分配方案和持股比例计算确定。

利息收入金额,按照他人使用本企业货币资金的时间和实际利率计算确定。使用费收入金额,按照有关合同或协议约定的收费时间和方法计算确定。

6.1.15 所得税的会计处理方法

本公司所得税的会计处理采用资产负债表债务法核算。

6.1.16 信托报酬确认原则和方法

在与信托业务相关的经济利益能够流入、收入的金额能够可靠计量的情况下,按有关合同、协议规定的时间和方法确认收入的实现。

6.2 或有事项说明

公司本年无对外担保及其他或有事项。

6.3 重要资产转让及其出售的说明

公司本年无重要资产转让及其出售情况。

6.4 会计报表中重要项目的明细资料

6.4.1 披露自营资产经营情况

6.4.1.1 按信用风险五级分类结果披露信用风险资产的期初数、期末数

信用风险资产五级分类	正常类(万元)	关注类(万元)	次级类(万元)	可疑类(万元)	损失类(万元)	信用风险资产合计(万元)	不良合计(万元)	不良率(%)
期初数	9 472.00	—	—	—	2 230.00	11 702.00	2 230.00	19.06
期末数	178 479.00	—	—	—	1.00	178 480.00	1.00	0.0006

注:不良资产合计=次级类+可疑类+损失类。

6.4.1.2 各项资产减值损失准备的期初、本期计提、本期转回、本期核销、期末数

单位：万元

	期初数	本期计提	本期转回	本期核销	期末数
贷款损失准备	2 228.90	-367.20	367.20	2 228.90	0
一般准备	2 228.90	-367.20	367.20	2 228.90	0
专项准备	—	—	—	—	—
其他资产减值准备	250.81	506.65	—	—	757.46
可供出售金融资产减值准备	—	—	—	—	—
持有至到期投资减值准备	—	—	—	—	—
长期股权投资减值准备	—	—	—	—	—
坏账准备	1.30	—	—	—	1.30
投资性房地产减值准备	—	2 859.72	—	—	2 859.72

6.4.1.3　按照投资品种分类，分别披露固有业务股票投资、基金投资、债券投资、股权投资等投资业务的期初数、期末数

单位：万元

项目	自营股票	基金	债券	长期股权投资	银行理财产品	合计
期初数	21 837.51	590.31	16 054.34	9 247.80	27 000.00	74 729.96
期末数	850.99	119.20	29 640.68	39 905.00	0	70 515.87

6.4.1.4　按投资入股金额排序，前五名的自营长期股权投资的企业名称、占被投资企业权益的比例、主要经营活动及投资收益情况等（从大到小顺序排列）

企业名称	占被投资企业权益的比例（%）	主要经营活动	投资损益
东方基金管理有限责任公司	18.00	发起设立基金，基金管理，法律、法规允许和中国证监会核准的其他业务。	0
国都证券有限责任公司	2.95	代理交易服务（A股、B股、国债和企业债及回购、封闭式基金、开放式基金、权证）、理财规划服务、期货中间介绍业务等。	0

注：投资损益是指按照企业会计准则规定，核算股权投资确认损益并计入披露年度利润表的金额。

6.4.1.5　前五名的自营贷款的企业名称、占贷款总额的比例和还款情况等（从贷款金额大到小顺序排列）

企业名称	占贷款总额的比例（%）	还款情况
宁波君安控股有限公司	100	尚未到期

6.4.1.6　表外业务的期初数、期末数；按照代理业务、担保业务和其他类型表外业务分别披露

单位：万元

表外业务	期初数	期末数
担保业务	—	—
代理业务（委托业务）	—	—
其他	—	—
合计	—	—

注：代理业务主要反映因客观原因应规范而尚未完成规范的历史遗留委托业务，包括委托贷款和委托投资。

无其他表外业务。

6.4.1.7　公司当年的收入结构（母公司口径、并表口径同时披露）

收入结构	金额（万元）	占比（%）
手续费及佣金收入	51 063.63	87.40
其中：信托手续费收入	47 612.11	81.49
投资银行业务收入	3 451.52	5.91
利息收入	3 816.83	6.53
其他业务收入	129.43	0.22
其中：计入信托业务收入部分	—	—
投资收益	3 606.85	6.17
其中：股权投资收益	—	5.68
证券投资收益	3 606.85	0.50
其他投资收益	—	—
公允价值变动收益	-191.07	-0.32
营业外收入	1.37	—
收入合计	58 427.04	100.00

6.4.2　披露信托财产管理情况

6.4.2.1　信托资产的期初数、期末数

单位：万元

信托资产	期初数	期末数
集合	456 675	8 972 819
单一	6 790 329	1 072 657
财产权	747 260	650 459
合计	7 994 264	10 695 935

6.4.2.1.1　主动管理型信托业务的信托资产期初数、期末数，分证券投资、股权投资、融资、事务管理类分别披露

单位：万元

主动管理型信托资产	期初数	期末数
证券投资类	—	—
股权投资类	389 920	605 970
融资类	1 732 940	6 740 962
事务管理类	—	50 000
合计	2 122 860	7 396 932

6.4.2.1.2　被动管理型信托业务的信托资产期初数、期末数，分证券投资、股权投资、融资、事务管理类分别披露

单位：万元

被动管理型信托资产	期初数	期末数
证券投资类	40 546	583 993
股权投资类	37 305	877 375
融资类	5 142 953	1 225 700
事务管理类	650 600	611 935
合计	5 871 404	3 299 003

6.4.2.2　本年度已清算结束的信托项目个数、实收信托合计金额、加权平均实际年化收益率

6.4.2.2.1　本年度已清算结束的集合类、单一类资金信托项目和财产管理类信托项目个数、实收信托金额、加权平均实际年化收益率

已清算结束信托项目	项目个数	实收信托合计金额(万元)	加权平均实际年化收益率(%)
集合类	8	182 720	8.99
单一类	125	12 044 653	5.88
财产管理类	6	285 660	8.24

注:收益率是指信托项目清算后,给受益人赚取的实际收益水平。加权平均实际年化收益率=(信托项目1的实际年化收益率×信托项目1的实收信托+信托项目2的实际年化收益率×信托项目2的实收信托+…信托项目n的实际年化收益率×信托项目n的实收信托)/(信托项目1的实收信托+信托项目2的实收信托+…信托项目n的实收信托)×100%。

6.4.2.2.2 本年度已清算结束的主动管理型信托项目个数、实收信托合计金额、加权平均实际年化收益率。分证券投资、股权投资、融资、事务管理类分别计算并披露

已清算结束信托项目	项目个数	实收信托合计金额(万元)	加权平均实际年化信托报酬率(%)	加权平均实际年化收益率(%)
证券投资类	—	—	—	—
股权投资类	3	16 980	1.67	7.48
融资类	68	1 693 797	0.71	5.78
事务管理类	—	—	—	—

注:加权平均实际年化信托报酬率=(信托项目1的实际年化信托报酬率×信托项目1的实收信托+信托项目2的实际年化信托报酬率×信托项目2的实收信托+…信托项目n的实际年化信托报酬率×信托项目n的实收信托)/(信托项目1的实收信托+信托项目2的实收信托+…信托项目n的实收信托)×100%。

6.4.2.2.3 本年度已清算结束的被动管理型信托项目个数、实收信托合计金额、加权平均实际年化收益率。分证券投资、股权投资、融资、事务管理类分别计算并披露

已清算结束信托项目	项目个数	实收信托合计金额(万元)	加权平均实际年化信托报酬率(%)	加权平均实际年化收益率(%)
证券投资类	2	5 443 861	0.10	2.90
股权投资类	1	69 660	0.30	12.00
融资类	55	2 590 826	0.25	5.57
事务管理类	10	2 697 909	0.33	5.53

6.4.2.3 本年度新增的集合类、单一类和财产管理类信托项目个数、实收信托合计金额

单位:万元

新增信托项目	项目个数	实收信托合计金额
集合类	28	798 702
单一类	256	14 195 838
财产管理类	7	188 750
新增合计	291	15 183 290
其中:主动管理型	272	6 934 860
被动管理型	19	8 248 430

注:本年新增信托项目指在本报告年度内累计新增的信托项目个数和金额。包含本年度新增并于本年度内结束的项目和本年度新增至报告期末仍在持续管理的信托项目。

6.4.2.4 信托业务创新成果和特色业务有关情况

无。

6.4.2.5 本公司履行受托人义务情况及因本公司自身责任而导致的信托资产损失情况(合计金额、原因等)

在本信托年度,公司作为受托人,严格遵守《信托法》、《信托公司管理办法》等法律法规以及公司规章制度,每一信托项目分别开立了信托财产专用账户,对不同的信托资产单独进行管理和核算,公司管理的信托资产与固有资产由不同的部门和人员分别进行管理,信息隔离;同时,公司始终坚持诚实、信用、谨慎、有效管理的原则,牢固树立风险管理的理念,严格按照《信托合同》中约定的管理方式、权限,忠实地为委托人管理、运用及处分信托财产,保证了信托财产的安全完整和受益人的最大利益。

截至目前,公司无信托财产损失情况的发生。

6.5 关联方关系及其交易的披露

6.5.1 关联交易方的数量、关联交易的总金额及关联交易的定价政策等

	关联交易方数量	关联交易金额(万元)	定价政策
合计	14	1 395 263	公平的协议价格

注:关联交易定义应以《公司法》和《企业会计准则第36号——关联方披露》有关规定为准。

6.5.2 关联交易方与本公司的关系性质、关联交易方的名称、法定代表人、注册地址、注册资本及主营业务等

关系性质	关联方名称	法定代表人	注册地址	注册资本(万元)	主营业务
实际控制人	海航集团有限公司	陈峰	海口市海秀路29号海航发展大厦	627 180	航空运输及机场的投资与管理;酒店及高尔夫球场的投资与管理;信息技术服务;飞机及航材进出口贸易;能源、交通、新技术、新材料的投资开发及股权运作;境内劳务及商务服务中介代理(凡需行政许可的项目凭许可证经营)。
同一控制	海航易生控股有限公司	刘江涛	海南省海口市海秀路29号海航大厦18层	12 000	消费信息、经济信息的采集和提供,投资管理,消费卡,权益卡业务及其配套业务,网络销售及配套业务,电子、机电、通讯设备、仪器仪表、五金交电、办公用品、建筑装潢材料、日用百货、计算机零配件的批发与零售,广告发布与媒介代理,旅游差旅规划服务,房地产开发与销售业务等。
股东	海航资本控股有限公司	刘小勇	海南省海口市海秀路29号	630 435	企业资产重组、购并及项目策划,财务顾问中介服务,信息咨询服务,交通能源新技术、新材料的投资开发,航空器材的销售及租赁业务,建筑材料、酒店管理,游艇码头设施投资(凡需行政许可的项目凭许可证经营)。
同一控制	海航旅业控股(集团)有限公司	张岭	海口市海秀路海航发展大厦	125 000	酒店项目开发、管理;旅游项目投资和管理;装饰装修工程;建筑材料;家用电器、电子产品、通讯设备的销售(凡需行政许可的项目凭许可证经营)。
同一控制	大新华物流控股(集团)有限公司	贾鸿祥	上海市浦东新区浦东南路588号13层、14层	909 980	普通货物运输;货运仓储;商务咨询;寄递服务(信件及其他具有信件性质的物品除外);国际海上运输代理服务;国际公路运输代理服务,国际航线或香港、澳门、台湾航线的航口货运销售代理业务(危险品除外);对外投资(涉及行政许可经营的凭许可证经营)。

续表

关系性质	关联方名称	法定代表人	注册地址	注册资本(万元)	主营业务
同一控制	北京首都航空有限公司	胡明波	北京市顺义区后沙峪镇吉祥工业区5-1号	77 650	许可经营项目:国际、国内商务旅游包机及货运业务;公务机出租飞行、医疗救护飞行(不含诊疗活动);航空器代管和直升机引航作业业务;保险业代理。 一般经营项目:销售工艺美术品;货物进出口。
同一控制	扬子江投资控股有限公司	高洋	西安市南二环西段5号捷瑞大厦16层	50 000	航空运输及机场的投资;酒店及高尔夫球场的投资与管理;能源及交通新技术、新材料的投资;旅游项目开发;经济信息咨询(金融、证券、期货、基金除外);五金交电、化工产品(危险品除外)、建筑材料、水产品、土特产的销售(以上经营范围凡涉及许可证管理的凭许可证并在有效期内经营)。
股东	海航酒店控股集团有限公司	张翼	上海市浦东新区金湘路333号1011室	123 957.89	实业投资,酒店经营,酒店管理,酒店用品采购,旅游资源项目开发(企业经营涉及行政许可的凭许可证件经营)。
同一控制	海航商业控股有限公司	张翼	北京市顺义区南法信镇府前街12号207室	178 000	项目投资及投资管理;货物进出口、技术进出口、代理进出口;专业承包;技术开发、技术咨询、技术服务、技术转让;设备租赁(汽车除外);销售服装鞋帽、五金交电、日用杂品、文化体育用品、日用百货、珠宝首饰、针纺织品。
同一控制	海航航空控股有限公司	王英明	海口市海秀路29号海航发展大厦	705 000	航空运输相关项目的投资管理;资本运营管理、资产受托管理、候机楼服务和经营管理(凡需行政许可的项目凭许可证经营)。
同一控制	上海大新华航运发展有限公司	李忠	浦东新区洋山保税港区业盛路188号A楼414室	60 000	国内沿海、长江中下游及珠江水系普通货船运输(凭许可证),船舶运输专业技术领域内的技术咨询(企业经营涉及行政许可的,凭许可证件经营)。
同一控制	海航国际旅游岛开发建设(集团)有限公司	李爱国	海南洋浦保税港区贸易物流大厦302房	450 000	商业、酒店及高尔夫球场的投资与管理;能源、交通、新技术、新材料的投资开发及股权运作;旅游项目开发;农业项目开发;投资咨询服务。
同一控制	海南海岛商业管理有限公司	许献红	海口市蓝天路168号二楼202—5房	25 000	商业项目开发、旅游项目开发、经营管理咨询:装修;服装制造;建筑材料、家用电器、电子产品、通讯设备的销售(凡需行政许可的项目凭许可证经营)。
同一控制	天津渤海租赁有限公司	李铁民	天津空港物流加工区西三道166号A2~48室	626 085	企业资产重组、购并及项目策划;财务顾问;信息咨询服务;交通、能源、新技术、新材料的投资;酒店管理;游艇码头设施投资;租赁、信托行业投资;公共设施、房屋、基础设施、各种先进或适用的生产设备、通讯设备、科研设备、检验检测设备、工程机械、交通运输工具(包括飞机、汽车、船舶)等设备及其附带技术的融资租赁业务;租赁交易咨询和担保业务;经商务部批准的其他业务。

6.5.3 逐笔披露本公司与关联方的重大交易事项

6.5.3.1 固有与关联方交易情况:贷款、投资、租赁、应收账款担保、其他方式等期初汇总数、本期借方和贷方发生额汇总数、期末汇总数

单位:万元

固有与关联方关联交易				
	期初数	借方发生额	贷方发生额	期末数
贷款	—	—	—	—
投资	—	—	—	—
租赁	—	—	—	—
担保	—	—	—	—
应收账款	—	—	—	—
其他	—	—	—	—
合计	—	—	—	—

6.5.3.2 信托与关联方交易情况:贷款、投资、租赁、应收账款、担保、其他方式等期初汇总数、本期借方和贷方发生额汇总数、期末汇总数

单位:万元

信托与关联方关联交易				
	期初数	借方发生额	贷方发生额	期末数
贷款	589 818	1 025 331	552 418	1 062 731
投资	31 000	124 360	—	155 360
租赁	—	—	—	—
担保	—	—	—	—
应收账款	—	—	—	—
其他	177 172	—	—	177 172
合计	797 990	1 149 691	552 418	1 395 263

6.5.3.3 信托公司自有资金运用于自己管理的信托项目(固信交易)、信托公司管理的信托项目之间的相互(信信交易)交易金额,包括余额和本报告年度的发生额

6.5.3.3.1 固有与信托财产之间的交易金额期初汇总数、本期发生额汇总数、期末汇总数

单位:万元

固有财产与信托财产相互交易			
	期初数	本期发生额	期末数
合计	—	—	—

注:以固有资金投资公司自己管理的信托项目受益权,或购买自己管理的信托项目的信托资产均应纳入统计披露范围。

6.5.3.3.2 信托项目之间的交易金额期初汇总数、本期发生额汇总数、期末汇总数

单位:万元

信托资产与信托财产相互交易			
	期初数	本期发生额	期末数
合计	—	—	—

注:以公司受托管理的一个信托项目的资金购买自己管理的另一个信托项目的受益权或信托项下资产均应纳入统计披露范围。

6.5.4 逐笔披露关联方逾期未偿还本公司资金的详细情况以及本公司为关联方担保发生或即将发生垫款的详细情况

无。

6.6 会计制度的披露

固有业务及信托业务均执行2006年财政部颁布的《企业

会计准则》。

7. 财务情况说明书

7.1 利润实现和分配情况(母公司口径和并表口径同时披露)

经中磊会计师事务所有限责任公司审计后,本公司2011年实现利润总额36 355.46万元,扣除所得税9 091.20万元,净利润27 264.25万元,根据《信托公司管理办法》及公司章程规定,提取5%信托赔偿准备金1 363.21万元,根据《公司法》提取法定盈余公积金2 726.43万元,可供股东分配的利润为10 420.27万元。

7.2 主要财务指标(母公司口径和并表口径同时披露)

指标名称	指标值
资本利润率(%)	17.06
加权年化信托报酬率(%)	0.51
人均净利润(万元/人)	332.49

注:1. 资本利润率=净利润/所有者权益平均余额×100%。

2. 加权年化信托报酬率=(信托项目1的实际年化信托报酬率×信托项目1的实收信托+信托项目2的实际年化信托报酬率×信托项目2的实收信托+…信托项目n的实际年化信托报酬率×信托项目n的实收信托)/(信托项目1的实收信托+信托项目2的实收信托+…信托项目n的实收信托)×100%。

3. 人均净利润=净利润/平均人数。

4. 平均值采取年初、年末余额简单平均法,公式为:a(平均)=(年初数+年末数)/2。

7.3 对本公司财务状况、经营成果有重大影响的其他事项

无。

8. 特别事项简要揭示

8.1 前五名股东报告期内变动情况及原因

根据公司发展战略需要,2011年6月27日,海航资本控股有限公司对公司增资120 435万元,持股为60.22%,成为公司第一大股东。

8.2 董事、监事及高级管理人员变动情况及原因

2011年6月21日,公司续聘陈日进、杜斌国为公司独立董事。12月11日,金平不再担任公司董事长,选举杨健担任公司董事长,不再担任总裁职务;聘任郑宏为公司总裁,相关高管任职资格已报监管部门审核。12月27日,聘任李熙玉为公司常务副总裁,不再担任副总裁职务。

8.3 公司的重大未决诉讼事项

无。

8.4 审计情况

会计师事务所未出具有保留意见、否定意见或无法表示意见的审计报告。

8.5 公司及其董事、监事和高级管理人员受到处罚的情况

公司及其董事、监事和高级管理人员年内未受到任何处罚。

8.6 银监会及其派出机构对公司检查后提出整改意见的,应简单说明整改情况

报告期内,中国银监会河北监管局对公司进行多次现场检查和专项业务检查,公司对此高度重视积极配合,组织相关部门人员,认真学习监管意见,及时制订切实可行的整改措施并予以贯彻落实,切实防范信政合作、中长期贷款和房地产信托业务风险。

8.7 本年度重大事项临时报告的简要内容、披露时间、所披露的媒体及其版面

2011年6月27日,海航资本控股有限公司对公司增资120 435万元并完成工商变更登记,公司注册资本达到20亿元。公司于2011年7月4日在指定信息披露媒体《金融时报》第7版对公司注册资本及股东变更信息进行了公开披露。

8.8 银监会及其省级派出机构认定的其他有必要让客户及相关利益人了解的重要信息

无。

9. 公司监事会意见

监事会认为,本报告期内,公司决策程序合法,内部控制制度较为完善,没有发现公司高级管理人员在执行公司职务时有违法违纪和损害公司及股东利益的行为。公司财务报告真实地反映了公司的财务状况和经营成果。

长安国际信托股份有限公司

1. 重要提示

1.1 本公司董事会及董事保证本报告所载资料不存在任何虚假记载、误导性陈述或者重大遗漏，并对其内容的真实性、准确性和完整性承担个别及连带责任。

1.2 公司独立董事强力、李成、周春生声明：保证本年度报告内容真实、准确、完整。

1.3 本公司2011年度财务报告经希格玛会计师事务所有限公司审计，并出具了标准无保留的审计报告。

1.4 公司法定代表人高成程、总经理崔进才及会计机构负责人马华声明：保证年度报告中财务会计报告的真实、完整。

2. 公司概况

2.1 公司简介

长安国际信托股份有限公司前身为西安市信托投资公司，1986年8月经中国人民银行批准成立，系国有独资的非银行金融机构。1999年12月公司增资改制为有限责任公司。2002年4月，经中国人民银行总行批准，在信托业清理整顿中予以单独保留。2003年12月经中国银行业监督管理委员会陕西监管局批准，换发了新的中华人民共和国金融许可证。2008年1月，经中国银行业监督管理委员会批准，公司名称变更为：西安国际信托有限公司（以下简称西安信托），注册资本变更为3.6亿元。2009年12月经中国银行业监督管理委员会陕西监管局批准，公司注册资本变更为5.1亿元。2011年7月，经中国银行业监督管理委员会陕西监管局批准，公司注册资本变更为5.58亿元。2011年11月，经中国银行业监督管理委员会批准，公司整体变更并更名为长安国际信托股份有限公司，注册资本变更为7.5888亿元。2011年12月，经中国银行业监督管理委员会陕西监管局批准，公司注册资本变更为12.5888亿元。

2.1.1 公司法定中文名称：长安国际信托股份有限公司（简称长安信托）
公司法定英文名称：Chang'an International Trust Co.,Ltd.（缩写：CITC）

2.1.2 公司法定代表人：高成程

2.1.3 公司注册地址：西安市高新区科技路33号高新国际商务中心23~24层
公司邮政编码：710075
公司国际互联网网址：http://www.caitc.cn

2.1.4 负责信息披露事务人：董事会秘书 谷林强
联系电话：029-87990873
传 真：029-87990856
电子信箱：gulinqiang@xitic.cn

2.1.5 公司选定的信息披露报纸：《上海证券报》、《金融时报》

2.1.6 公司年度报告备置地点：公司董事会办公室

2.1.7 公司聘请的会计师事务所名称：希格玛会计师事务所有限公司
住所：西安市高新路25号

2.1.8 公司聘请的律师事务所名称：上海锦天城律师事务所
住所：上海市浦东新区花园石桥路33号花旗大厦14楼

2.2 组织结构

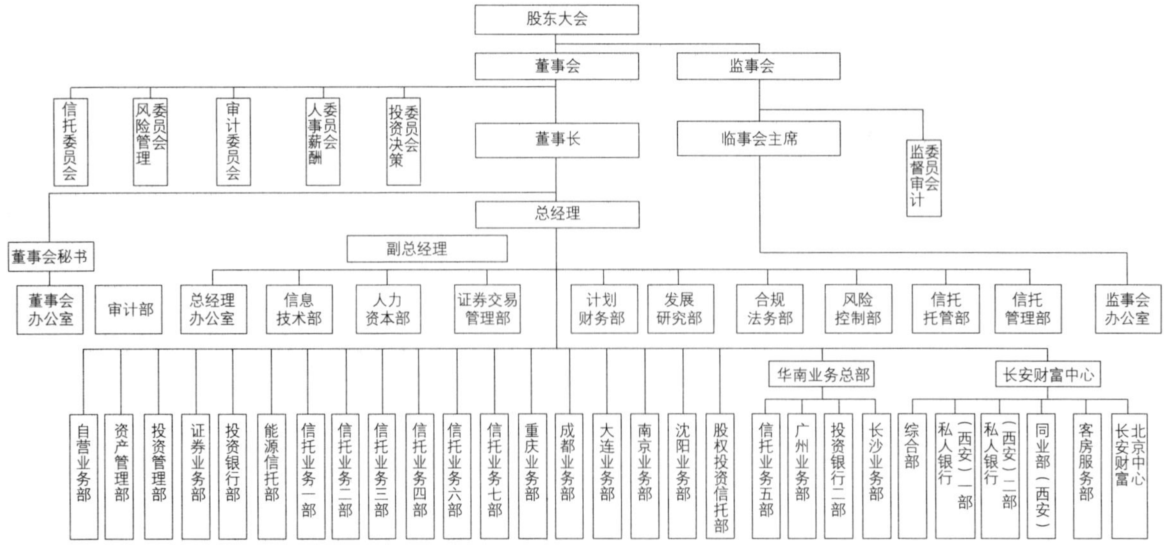

3. 公司治理

3.1 股东

报告期末股东总数	6					
持有本公司10%以上(含)股份的股东						
股东名称	年末持股数	出资比例(%)	法人代表	注册资本(万元)	注册地址	主要经营业务
西安投资控股有限公司	51 988.95	41.30	肖西平	212 427.49	西安市高新区科技五路8号数字大厦四层	投资业务;项目融资;资产管理;资产重组与购并;财务咨询等。
上海证大投资管理有限公司	49 515.59	39.33	朱南松	30 000.00	上海市浦东新区民生路1199弄1号16层层1908室	投资管理 企业资产委托管理 资产重组等。
深圳市淳大投资有限公司	1 4687.29	11.67	唐乾山	12 000.00	广东省深圳市福田区深南大道与金田路交界西南深圳国际交易广场写字楼26层2605Q	投资兴办实业,投资管理咨询等。

3.2 董事

董事长、董事

姓名	职务	性别	年龄	选任日期	所代表的股东名称	持股比例(%)	简要履历
高成程	董事长	男	43	2011年11月22日	西安投资控股有限公司	41.30	曾任西安市国际信托投资公司投资租赁部副主任、主任,西安市生产资金管理分局副局长,西安市经济技术投资担保有限公司副总经理、总经理,西安国际信托有限公司董事长;现任长安国际信托股份有限公司董事长。
师胜友	董事	男	50	2011年11月22日	西安投资控股有限公司	41.30	曾任陕西省建材机械厂出纳、会计、财务科副科长,西安市财政局工交处综合科副科长、科长、会计处副处长、预算处副处长,企业处处长;现任西安市财政局副局长。
朱南松	董事	男	45	2011年11月22日	上海证大投资管理有限公司	39.33	1992年开始从事证券投资工作,1994年作为主要创始人参与创建上海证大投资管理有限公司;历任多家上市和非上市公司董事;现任上海证大投资管理有限公司董事长兼总裁。
崔进才	董事	男	43	2011年11月22日	上海证大投资管理有限公司	39.33	曾任中信银行(原中信实业银行)总行信贷管理部,公司业务管理部,零售银行业务总部总经理助理、副总经理、总经理等职,在中信资产管理有限公司任董事、副总经理、业务审查委员会主任、资产收购处置定价小组长,西安国际信托有限公司董事、总经理;现任长安国际信托股份有限公司董事、总经理。
蒋锦志	董事	男	44	2011年11月22日	深圳市淳大投资有限公司	11.67	曾就职于深圳证券交易所、国信证券;曾任深圳正达信投资有限公司CEO,粤海证券(香港)有限公司董事长;现任上海景林资产管理有限公司董事长。
蔡元明	董事	男	42	2011年11月22日	陕西鼓风机(集团)有限公司	6.25	历任深圳安惠实业公司安路电子副总经理,深圳创为实技术发展有限公司董事长、总经理,阿尔斯通电力服务集团全球产品经理、监测集团总经理,阿尔斯通电力集团副总裁;现任西安陕鼓动力股份有限公司董事会秘书、副总经理。
强　力	独立董事	男	50	2011年11月22日	董事会推荐	—	曾任西北政法学院经济法系、法学二系副主任、主任;现为西北政法大学经济法学院院长;中国法学会银行法学研究会副会长,中国证券法研究会理事,陕西省法学会金融法学研究会会长、陕西省金融学会常务理事。
李　成	独立董事	男	55	2011年11月22日	西安投资控股有限公司	41.30	曾任陕西财经学院金融系教授;现任西安交通大学经济与金融学院金融系主任、教授、博导,全国金融专业学位研究生教指委员,西安市政府参事,陕西省金融学会副秘书长。
周春生	独立董事	男	45	2011年11月22日	上海证大投资管理有限公司	39.33	曾任美联储经济学家,加州大学Riverside分校金融学助理教授,香港大学金融学副教授,北京大学光华管理学院教授,中国证监会规划发展委员会委员,北京大学光华管理学院金融系主任、高层管理者培训与发展中心(EDP)主任,香港大学荣誉教授,深圳证券交易所上市委员会委员;现任长江商学院金融学教授、EMBA/ExecEd学术主任。

独立董事

姓名	所在单位及职务	性别	年龄	选任日期	所代表的股东名称	持股比例（%）	简要履历
强力	西北政法大学、教授	男	50	2011年11月22日	董事会推荐	—	曾任西北政法学院经济法系、法学二系副主任、主任；现为西北政法大学经济法学院院长、教授，中国法学会银行法学研究会副会长，中国证券法研究会理事，陕西省法学会金融法学研究会会长、陕西省金融学会常务理事。
李成	西安交通大学、教授	男	55	2011年11月22日	西安投资控股有限公司	41.30	曾任陕西财经学院金融系教授；现任西安交通大学经济与金融学院金融系主任、教授、博导，全国金融专业学位研究生教指委员，西安市政府参事，陕西省金融学会副秘书长。
周春生	长江商学院、教授	男	45	2011年11月22日	上海证大投资管理有限公司	39.33%	曾任美联储经济学家，加州大学Riverside分校金融学助理教授，香港大学金融学副教授，北京大学光华管理学院教授，中国证监会规划发展委员会委员，北京大学光华管理学院金融系主任、高层管理者培训与发展中心（EDP）主任，香港大学荣誉教授，深圳证券交易所上市委员会委员；现任长江商学院金融学教授、EMBA/ExecEd学术主任。

3.3 监事

监事会成员

姓名	职务	性别	年龄	选任日期	所代表的股东名称	持股比例（%）	简要履历
刘峥嵘	监事会主席	男	52	2011年11月22日	西安投资控股有限公司	41.30	曾任西安国际信托投资有限公司部门副主任、主任，西安国际信托有限公司副总经理、监事长；现为长安国际信托股份有限公司监事会主席。
王萍	监事	女	37	2011年11月22日	上海证大投资管理有限公司	39.33	曾就职山东省电力公司、上海证大投资管理有限公司研究部研究员、战略投资部项目经理、部门副经理、战略投资部总经理、总裁助理；现任上海证大投资管理有限公司副总裁。
柳志伟	监事	男	44	2011年11月22日	深圳市淳大投资有限公司	11.67	曾任海南汇通国际信托投资有限公司董事长助理，长城证券有限责任公司投资银行部总经理，国信证券有限责任公司收购兼并部总经理，新疆汇通（集团）股份有限公司总经理、董事、董事长、监事长，西安国际信托有限公司董事、监事；现任深圳市淳大投资有限公司董事长。
刘明学	监事	男	50	2011年11月22日	西安高新技术产业开发区科技投资服务中心	1.04	曾就职于陕西省外文书店计划财务科、陕西省机械进出口公司、西安高新区生产力促进中心任会计主管；现任西安高新区管委会会计核算服务中心综合管理部部长。
刘静	职工代表监事	女	42	2011年11月22日	—	—	曾任西安国际信托投资有限公司投资银行部投资经理、投资银行部副总经理、信托二部副总经理；现任长安国际信托股份有限公司审计部总经理。
刘洁	职工代表监事	女	42	2011年11月22日	—	—	曾任陕西岳华会计师事务所项目经理、西部证券公司高级经理、西安国际信托有限公司审计部总经理、风险控制部总经理；现任长安国际信托股份有限公司合规风险副总监。

3.4 高级管理人员

姓名	职务	性别	年龄	选任日期	金融从业年限	学历	专业	简要履历
崔进才	总经理	男	43	2011年11月22日	22	硕士	货币银行学	曾任中信银行（原中信实业银行）总行信贷管理部，公司业务管理部，零售银行业务总部总经理助理、副总经理、总经理等职，在中信资产管理有限公司任董事、副总经理、业务审查委员会主任、资产收购处置定价小组长，西安国际信托有限公司董事、总经理；现任长安国际信托股份有限公司董事、总经理。
陈英	副总经理	男	42	2011年11月22日	17	本科	金融	曾任中信实业银行总行信贷管理部处副经理、审查部副总经理，中信银行公司银行总部信贷业务部副总经理、公司产品发展部总经理，中信银行青岛分行行长助理、副行长；现任长安国际信托股份有限公司副总经理。
徐谦	副总经理	男	40	2011年11月22日	11	博士	政治经济学	曾任陕西财经学院金融财政学院和西安交通大学经济与金融学院教师，曾在西部证券股份有限公司从事证券市场研究分析和企业财务顾问工作等，曾任本公司投资银行部总经理；现任长安国际信托股份有限公司副总经理。
徐立	副总经理	男	52	2011年11月22日	32	本科	中文	曾任广东发展银行广州开发区办事处（分行级）主任、国内业务部副总经理、总行营业部负责人、个人业务部总经理，曾在中信银行广州分行担任行长助理兼公司部副总经理；现任长安国际信托股份有限公司副总经理。
瞿文康	副总经理	男	45	2011年11月22日	25	硕士	经济管理	曾在西安市财政局、西安市国际信托投资有限公司工作，曾任西安市生产资金管理分局副主任、主任，西安市经济技术投资担保有限公司计财部主任、财务总监、公司副总经理兼财务负责人；现任长安国际信托股份有限公司副总经理。

3.5 公司员工

项目		报告期年度		上年度	
		人数	比例(%)	人数	比例(%)
年龄分布	25岁以下	9	4	12	8
	25~29岁	75	34	45	29
	30~39岁	79	36	54	34
	40岁以上	58	26	45	29
学历分布	博士	7	3	3	2
	硕士	106	48	60	38
	本科	81	37	67	43
	专科	24	11	22	14
	其他	3	1	4	3
岗位分布	董事、监事及其高管	7	3	8	5
	自营业务人员	5	2	6	4
	信托业务人员	151	69	92	59
	其他人员	58	26	50	32

4. 经营管理

4.1 经营目标、方针、战略规划

4.1.1 经营目标

积极拓展业务新领域，提升业务层次，全面提升综合金融服务能力和企业的核心竞争力，做大做强信托业务，力争使公司成为业务优势明显、规模经济显著的专业资产管理和投资理财机构，为客户提供更优质、更个性化的金融理财服务，为委托人和受益人的财富管理和财富增值作出贡献。

4.1.2 经营方针

坚持诚信、稳健、专业、创新的经营管理原则，以提升自主管理能力为着力点，以增强风险控制能力和专业人才队伍建设为保障，通过持续推进业务和产品创新，不断完善理财产品线和客户服务体系，树立公司信托理财品牌，逐步实现以产品为导向的业务模式向以客户需求为导向业务模式的转变。

4.1.3 战略规划

公司将紧盯国内、国外经济金融形势的变化，正确把握和利用国家金融业发展政策，按照“立足西部，面向全国，逐步走向国际市场”的发展战略，加快由规模扩张型向内涵增长型、项目融资型向投资管理型、区域性向全国性的转型步伐，在条件成熟和政策允许时拓展国际业务，逐步成为在投资管理领域具有领先优势，国内一流的信托公司。

4.2 所经营业务的主要内容

自营资产运用与分布表

资产运用	金额(万元)	占比(%)	资产分布	金额(万元)	占比(%)
货币资产	92 361.29	54.48	基础产业	0.00	0.00
贷款及应收款	2 660.44	1.57	房地产业	3 000.00	1.77
交易性金融资产	10 779.53	6.36	证券市场	25 106.25	14.81
可供出售金融资产	23 993.69	14.15	实业	7 651.75	4.51
持有至到期投资	5 568.72	3.29	金融机构	126 932.72	74.88
长期股权投资	3 577.74	2.11	其他	6 826.80	4.03
其他流动资产	20 000.00	11.80			
其他	10 576.11	6.24			
资产总计	169 517.52	100.00	资产总计	169 517.52	100

信托资产运用与分布表

资产运用	金额(万元)	占比(%)	资产分布	金额(万元)	占比(%)
货币资产	433 866.25	5.34	基础产业	240 800.59	2.96
贷款	2 077 244.94	25.53	房地产	1 104 691.86	13.58
交易性金融资产	248 497.24	3.05	证券市场	898 307.53	11.04
买入返售金融资产	1 443 000.32	17.74	实业	1 925 589.17	23.67
持有至到期投资	3 057 676.61	37.57	金融机构	2 444 201.36	30.03
长期股权投资	836 909.04	10.29	其他	1 523 219.76	18.72
其他	39 615.87	0.48			
信托资产总计	8 136 810.27	100.00	信托资产总计	8 136 810.27	100.00

4.3 市场分析

4.3.1 影响本公司业务发展的有利因素

随着社会财富的持续增长和居民收入水平的提高，机构和个人的理财需求日益旺盛，为银行、信托公司等专业理财服务机构提供了快速增长的业务机会；随着2007年“新两规”的实施，信托行业逐步回归其本源业务，充分挖掘信托制度本身的优势，通过产品设计的灵活性和资金运用方式的广泛性，为投资者提供了更加丰富多样的理财产品；随着近几年信托行业管理的资产规模快速增长，信托公司、信托行业和信托功能在金融体系中的作用显著增强，信托行业的市场影响力和信托公司的社会认知度都有了显著提高，为信托业务的开展打下了良好的基础。

4.3.2 影响本公司业务发展的不利因素

在欧债危机和美国经济复苏乏力的国际经济和金融环境下，国内宏观经济调控尤其是针对房地产行业的持续调控使得相关信托业务的开展受到很大影响；我国信托财产登记、信托税收等配套制度的缺失严重制约了信托业务的开展；面对各类金融机构在财富管理和资产管理领域的激烈竞争，信托公司还缺乏专属业务和体现核心竞争力的拳头产品。

4.4 内部控制

4.4.1 内部控制环境和内部控制文化

4.4.1.1 公司治理机制的建设和执行情况

在内部控制机制建设方面，公司通过不断完善业务流程，积极建设现代、科学的内控管理机制，鼓励竞争，提倡创新，努力营造有序、高效的内部控制环境，形成和谐、统一的内部控制文化。

公司的股东大会、董事会、监事会和高级管理层各项机制运转正常，各层面按照《公司法》等法律法规的有关规定和“三会分设、三权分开、有效制约、协调发展”的原则，独立决策、执行和监督。董事会制定公司整体经营目标、政策并监督执行，了解和关注公司的主要风险。董事会设置信托委员会、风险管理委员会、审计委员会、人事薪酬委员会、投资决策委员会等五个专门委员会，负责对公司各类专门问题进行审议并向公司董事会提出专业意见和建议。监事会履行其监督职责，高级管理层执行董事会的决策并及时反馈执行情况。公司已建立分工合理、职责明确、报告关系清晰的组织结构。

4.4.1.2 内部控制文化的建设

公司内部控制建设的总体目标是：遵循法律法规及监管规

定，保证公司经营合法合规；有效整合资源，确保经济、高效地实现公司目标；建立健全内部控制制度，做到有规可循；保障各项业务有序进行、信息传递畅通无误；保障公司资产安全及财务报告质量。

在内部控制文化建设方面，公司强调内部控制的“约束”与“激励”的双重作用，重视从内部控制组织文化、制度文化、行为文化和精神文化等多方面加强内部控制文化建设。着眼于公司作为金融机构的特性，本着为客户高度负责的原则，公司始终牢牢把握风险管理的领导权和主动权，坚持风险教育经常化、制度化，风险内部控制措施具体化，巩固和发扬历年来在风险管理方面业已形成的成熟经验，进一步强调业务发展要以质量为前提，遵守操作规范，按流程办事的工作准则，形成和谐、统一的内部控制文化。

4.4.2 内部控制措施

为实现整体经营目标，公司在发展业务的同时，致力于内部控制制度的建立和完善。公司从完善法人治理机制、调整组织机构设置和职能定位、建立健全各项内部控制制度、完善流程、优化人员结构、加强监督检查等方面着手，加强内部控制。

法人治理机制方面，公司建立了规范的授权经营体系，按照“三会分设、三权分立”的原则设置了股东大会、董事会和监事会，并在董事会下设了信托委员会、风险管理委员会、审计委员会、人事薪酬委员会、投资决策委员会等五个专门委员会。完善公司法人治理制度，包括公司章程、股东大会议事规则、董事会议事规则、监事会议事规则、独立董事制度、各专门委员会议事规则等，规范公司的组织和行为，保护公司、股东、受益人和员工的合法权益，保证公司法人治理的高效运转。

建立健全各项内部控制制度方面，除完善法人治理机制外，公司目前已建立了一系列内部控制制度，涵盖了业务管理、财务管理、人事管理、行政管理等各个方面，以确保公司各部门及各项经营活动均能在公司内部控制制度框架内健康运行，有效保证公司经营效益水平的不断提升和战略目标的实现。

业务流程的不断优化和完善是公司平滑运行的关键因素之一。公司组织各部门编写了《信托业务流程图》，内容涉及从信托立项到终止清算的各个环节，该流程有效地规范了公司业务操作。公司将不断在实践中总结，继续对流程进行优化和完善。

报告期内，公司内部控制体系运行良好。

4.4.3 信息交流与反馈

公司建立了清晰、有效的信息交流机制：一是在公司内部，建立了规范的汇报及反馈机制，并通过各种会议、公司一周要闻、工作周报、经营月报、工作简讯等形式加强经营层与股东、董事、监事和各部门之间的沟通，并快速解决业务、管理中出现的问题。二是对客户及公众通过报纸、公司网站、短信、电话以及书面报告等形式披露公司管理、业务运作、客户服务等各方面信息。三是对监管机构，根据相关要求及时报备业务方案，汇报公司管理、经营情况及监管政策执行情况。

信息系统建设方面，公司在基础硬件上已建成专业数据中心机房、三层架构的网络平台，正在建设业务系统硬件服务器的双机热备工程；对公司业务的支持上，建成了信托业务综合信息系统、固有财务系统、信托财务核算系统、证券交易系统、证券估值系统，正在开发建设针对直销部门的CRM系统；在办公支持上，建设完成公司办公IP电话系统、视频会议系统、公司对外网站及公司短信平台、电子邮箱等，较大程度地提高了公司整体的办公运营效率。

4.4.4 监督评价与纠正

4.4.4.1 岗位分离和监督制度

公司信托业务部门独立于公司的固有业务部门，从事信托业务的人员不与公司其他部门的人员相互兼职，业务信息也不与公司的固有业务部门共享。在核算信托财产时，公司将信托财产与固有财产分别管理、分别记账，并将不同信托项目的信托财产分别管理、分别记账，公司的信托业务与固有业务分别核算，并对每个信托项目单独核算。

公司按照职责分离的原则设立相应的工作岗位，保证对公司业务风险能够进行事前防范、事中控制、事后监督和纠正，目前已形成了一套较为完备的内部约束机制和监督机制。

4.4.4.2 绩效监测与考核机制

根据公司制定的《绩效考核试行办法（修订稿）》对公司整体经营状况进行考核，核算公司全年绩效奖金额，并确定了公司高层管理人员绩效奖励的分配方案。

根据公司的《绩效奖励实施办法》，公司经营层对员工进行考核及奖励。业务部门根据工作任务完成情况进行考核；综合管理部门根据部门考核结果、员工岗位系数及考核情况综合评定，合理分配奖金。奖金当年兑现一部分，其余部分在项目结束的后续两年陆续发放完毕。

绩效奖金分配坚持按劳分配、适度竞争的分配原则，总体上以向业务部门倾斜、向重要岗位倾斜、向利润中心倾斜并兼顾成本控制中心为原则。

4.4.4.3 违规操作的处理制度

公司结合金融系统开展的案件治理工作、监管部门现场检查的意见、内控制度检查工作，不断修订和完善公司制度。所增加和修订的制度，重点是围绕防范业务风险来设定的，内容不仅涉及信托项目前期尽职调查、后期跟踪管理，还包括风险问责、信托财务核算管理、员工离岗离任和保守商业机密的管理等方面，使公司逐渐形成全方位风险防范制度体系。

4.5 风险管理

4.5.1 风险管理概况

在风险管理方面，公司坚持“风险控制，人人有责”的全员风险管理理念，推行“事前防范、事中控制、事后监督”的全方位、全过程、不间断的全面风险管理体系。公司董事会及高级管理层高度重视经营过程中出现的各种风险，董事会设立了风险管理委员会作为其专门工作机构，负责公司的风险控制、管理、监督和评估等工作；设立了投资决策委员会按照业务权限，负责公司固有业务重大项目的评审。

报告期内，公司制定了《定向增发信托业务指引》、《金融票据收益权投资信托业务规范及操作指引（试行）》、《债券投资信托操作指引》等业务指引和规范性文件。目前制定的业务指引已基本覆盖了公司的主要业务类型，从制度上明确了各类项目的准入及风险控制标准，以便业务部门把好项目筛选第一关。公司合规岗制度进一步推行。报告期内公司调整了风险管理组织架构，在原风险控制部的基础上分设出合规法务部，该部门的设立意在促进对风险管理的专业化分工，将固有及信托业务中面临的法律风险及部分操作风险等进行专门的识别、分析和控制。

事中控制与事后监督同样得到公司的高度重视。公司设立了信托业务管理部，行使监督信托业务部门尽职履行期间管理的职能，建立信托项目动态风险监控体系，制订了《信托项目期间管理办法》、《信托业务信息披露管理办法》等系列期间管理制度。董事会专门下设审计委员会，负责公司的内外部审计的沟通、监督和核查等工作。公司审计部为审计委员会日常办事机构，负责对公司的经营活动、财务收支、经济效益等进行内部审计监督，对内部控制制度的建立和执行情况进行检查和评价，并适时对公司开展的业务进行专项审计，及时发现问题，监督纠正。

对于公司管理的信托项目，公司各级员工都时刻关注风险，严格遵守操作程序。报告期内应终止清算项目均实现了正常、足额清算，未发生影响受益人和公司利益的风险事件。

4.5.2 风险状况

4.5.2.1 信用风险

信用风险主要表现为公司交易对手不能履行合约义务从而导致公司资产价值发生变动而遭受损失带来的风险，其中包括业务合作伙伴、贷款对象的信用风险，资金往来银行的信用风险。

4.5.2.2 市场风险

市场风险主要表现为因市场价格——利率、汇率、股票价格和商品价格等的不利变动而使公司的表内和表外业务发生损失的风险。具体表现为经济运行周期变化风险、金融市场利率波动风险、通货膨胀风险、房地产交易风险、证券市场、货币市场交易风险等。这些风险的存在不但影响信托财产的价值以及信托收益水平，也将影响公司由于资产负债结构不匹配等而导致公司整体的、当前和未来收入的损失。

4.5.2.3 操作风险

操作风险主要是公司内部控制、系统及运营过程中的错误或疏忽或外部事件而可能引起潜在损失的风险，表现在信息系统还不够全面及时，风险评估、风险管理的程序和结构还不够完善，以及人员操作不规范和责任心不强等方面。

4.5.2.4 其他风险

其他风险主要是指公司业务开展中的合规性风险、政策风险、公司信誉风险、人员道德风险等。

4.5.3 风险管理

4.5.3.1 信用风险管理

公司通过事前评估、事中控制、事后评价的风险控制体系来防范和规避信用风险。密切关注国家宏观调控政策、产业导向政策和地区经济发展战略，对经济发展趋势和行业趋势做到提前预判，争取从未来有潜在风险的行业和公司及时退出；加强对融资对象的运营状况和信用分析；完善业务各环节的责任评议，做到责任到岗、责任考评、责任追究三个环节紧密相扣，环环问责。

4.5.3.2 市场风险管理

公司通过对宏观经济、货币政策、行业政策和利率走势等的深入分析研究，进行持续的专项监控；建立完备可靠的管理信息系统识别；制定可能有重大情况发生时的应急处置方案。

4.5.3.3 操作风险管理

公司重点加强内部控制制度和风险管理制度的落实，严格业务流程的管理，加强专业部室对操作风险的防控和管理，充实、深化内控合规部门的职能；突出抓好重要岗位和薄弱环节的管理，界定业务权限，明确岗位职责。运用内部审计和外部审计，评估公司内部控制制度设计、执行的有效性；集中检查资源，加强高风险点的监督检查。加强员工培训，提高员工的业务技能和风险管理意识。

4.5.3.4 其他风险管理

公司强化全员的合法合规经营意识，持续关注有关法律、法规的最新变化，正确理解和准确把握其内涵，并及时对业务程序和操作指引进行梳理和修订；加强职业道德教育，增强员工的工作责任心。

4.5.3.5 净资本管理

2011年末，公司净资本风险控制指标为：净资本135 361.13万元，各项业务风险资本93 732.6万元，净资本与各项业务风险资本之比为144.41%，净资本与净资产之比92.82%。2011年，公司积极调整业务结构，加大创新力度，在大力拓展业务的同时，规范操作，公司净资本各项监管指标全部符合监管标准。

5. 报告期末及上一年度末的比较式会计报表

5.1 自营资产

5.1.1 会计师事务所审计意见全文

审 计 报 告

长安国际信托股份有限公司全体股东：

我们审计了后附的长安国际信托股份有限公司（以下简称贵公司）固有财务报表，包括2011年12月31日的资产负债表，2011年度的利润表、现金流量表和股东权益变动表以及固有财务报表附注。

一、管理层对固有财务报表的责任

编制和公允列报固有财务报表是贵公司管理层的责任，这种责任包括：(1)按照企业会计准则的规定编制固有财务报表，并使其实现公允反映；(2)设计、执行和维护必要的内部控制，以使固有财务报表不存在由于舞弊或错误导致的重大错报。

二、注册会计师的责任

我们的责任是在执行审计工作的基础上对固有财务报表发表审计意见。我们按照中国注册会计师审计准则的规定执行了审计工作。中国注册会计师审计准则要求我们遵守中国注册会计师职业道德守则，计划和执行审计工作以对固有财务报表是否不存在重大错报获取合理保证。

审计工作涉及实施审计程序，以获取有关固有财务报表金额和披露的审计证据。选择的审计程序取决于注册会计师的判断，包括对由于舞弊或错误导致的固有财务报表重大错报风险的评估。在进行风险评估时，注册会计师考虑与固有财务报表编制和公允列报相关的内部控制，以设计恰当的审计程序，但目的并非对内部控制的有效性发表意见。审计工作还包括评价管理层选用会计政策的恰当性和作出会计估计的合理性，以及评价固有财务报表的总体列报。

我们相信，我们获取的审计证据是充分、适当的，为发表审计意见提供了基础。

三、审计意见

我们认为，贵公司固有财务报表在所有重大方面按照企业会计准则的规定编制，公允反映了贵公司固有业务2011年12月31日的财务状况以及2011年度的经营成果和现金流量。

希格玛会计师事务所有限公司　中国注册会计师：赵　琰

中国·西安　中国注册会计师：曹爱民

二〇一二年三月二十二日

5.1.2 资产负债表

资产负债表

2011年12月31日

单位名称：长安国际信托股份有限公司　单位：元

资　　产	行次	注释	年末数	年初数
资　　产：				
现金及存放银行款项	1	五(一)	923 612 920.26	191 485 096.29
存放同业款项	2			
拆出资金	3			
交易性金融资产	4	五(二)	107 795 340.30	82 401 700.00
应收利息	5			
应收账款	6			
预付款项	7	五(三)	3 200 323.03	222 813.14
其他应收款	8	五(四)	23 404 084.16	75 457 018.70
发放贷款及垫款	9	五(六)		
可供出售金融资产	10	五(七)	239 936 856.80	488 332 856.80
持有至到期投资	11	五(八)	55 687 200.00	67 132 200.00
长期应收款	12	五(九)		
长期股权投资	13	五(十)	35 777 427.49	
投资性房地产	14			
固定资产	15	五(十一)	74 937 295.98	38 077 287.00
在建工程	16	五(十二)	1 580 168.75	
无形资产	17	五(十三)	2 482 865.18	2 951 219.26
递延所得税资产	18	五(十四)	26 760 679.26	11 465 661.75
其他流动资产	19	五(五)	200 000 000.00	
资产总计	20		1 695 175 161.21	957 525 852.94

法定代表人：高成程　主管会计工作负责人：崔进才

会计机构负责人：马　华　制表人：赵晓敏

资产负债表(续表)

2011年12月31日

单位名称：长安国际信托股份有限公司　单位：元

续表

负债和所有者权益(或股东权益)	行次	注释	年末数	年初数
负　　债：				
向中央银行借款	32			
同业及其他金融机构存放款项	33			
拆入资金	34			
交易性金融负债	35			
应付账款	36			
预收账款	37			
卖出回购金融资产款	38			
吸收存款	39			
应付职工薪酬	40	五(十六)	121 435 061.31	62 189 416.11
应交税费	41	五(十七)	107 995 631.71	45 770 272.18
应付利息	42			
应付股利	43	五(十八)	6 281 553.02	9 316 053.02
预计负债	44			
其他应付款	45	五(十九)	1 161 745.95	143 314 897.85
长期应付款	46			
递延所得税负债	47			3 066 122.81
其他负债	48			
负债合计	49		236 873 991.99	263 656 761.97
所有者权益(或股东权益)：	50			
实收资本(或股本)	51	五(二十)	1 258 880 000.00	510 000 000.00
资本公积	52	五(二十一)	256 103.70	13 084 189.00
减：库存股	53			
盈余公积	54	五(二十二)	35 467 249.14	31 704 720.12
其中：一般风险准备	55		7 715 622.41	7 660 407.57
信托赔偿金	56	五(二十三)	23 120 202.73	9 244 389.37
未分配利润	57		140 577 613.65	129 835 792.48
外币报表折算差额	58			
归属于母公司所有者权益合计	59		1 458 301 169.22	693 869 090.97
少数股东权益	60			
所有者权益(或股东权益)合计	61		1 458 301 169.22	693 869 090.97
负债和所有者权益(或股东权益)总计	62		1 695 175 161.21	957 525 852.94

法定代表人：高成程　主管会计工作负责人：崔进才

会计机构负责人：马　华　制表人：赵晓敏

5.1.3 利润表

利润表

2011年度

单位名称：长安国际信托股份有限公司　单位：元

项　　目	行次	注释	本年金额	上年金额
一、营业总收入	1	五(二十四)	700 024 872.21	367 203 649.57
其中：贷款利息净收入	2		8 913 338.82	3 113 132.56
手续费及佣金收入	3		642 085 033.16	248 326 109.13
投资收益(损失以"－"号填列)	4		82 740 667.57	90 445 598.19
其中：对联营企业和合营企业的投资收益	5			
公允价值变动收益(损失以"－"号填列)	6		－42 330 782.93	13 398 678.73

续表

项　目	行次	注释	本年金额	上年金额
汇兑收益(损失以"-"号填列)	7		-59 819.39	-3 294.30
其他业务收入	8		8 676 434.98	11 923 425.26
二、营业支出	9		334 050 516.65	171 928 907.00
营业税金及附加	10		38 540 196.41	19 186 384.84
营业费用	11		288 571 185.05	156 382 972.19
资产减值损失	12		6 939 135.19	-3 640 450.03
其他业务成本	13			
三、营业利润(亏损以"-"号填列)	14		365 974 355.56	195 274 742.57
加:营业外收入	15	五(二十五)	1 800 000.00	97 851.18
减:营业外支出	16		60 000.00	8 076.73
四、利润总额(亏损总额以"-"号填列)	17		367 714 355.56	195 364 517.02
减:所得税费用	18		90 198 088.31	41 260 362.55
五、净利润(净亏损以"-"号填列)	19		277 516 267.25	154 104 154.47
其中:归属于母公司所有者的净利润	20		277 516 267.25	154 104 154.47
少数股东损益	21			
六、每股收益:	22			
(一)基本每股收益	23		0.42	0.30
(二)稀释每股收益	24		0.42	0.30
七、其他综合收益	25			
八、综合收益总额	26		277 516 267.25	154 104 154.47

法定代表人:高成程　　主管会计工作负责人:崔进才

会计机构负责人:马华　　制表人:赵晓敏

5.2 信托资产

5.2.1 信托项目资产负债汇总

信托项目资产负债表

编制单位:长安国际信托股份有限公司

信托项目名称:汇总　　2011年12月31日　　单位:万元

信托资产	期末数	信托负债和信托权益	期末数
信托资产:		信托负债	
货币资金	433 866.25	交易性金融负债	—
拆出资金	—	应付受托人报酬	23.18
应收款项	16 707.48	应付托管费	—
买入返售金融资产	1 443 000.32	应付受益人收益	61.59
交易性金融资产	248 497.24	其他应付款项	28 999.14
发放贷款	2 077 244.94	应交税金	—
可供出售金融资产	—	其他负债	—
持有至到期投资	3 057 676.61	信托负债合计	29 083.91
长期股权投资	836 909.04	信托权益:	
固定资产	—	实收信托	8 068 398.15
无形资产	—	资本公积	—
长期待摊费用	—	未分配利润	39 328.21
其他资产	22 908.39	信托权益合计	8 107 726.36
信托资产总计	8 136 810.27	信托负债及信托权益总计	8 136 810.27

法定代表人:高成程　　会计主管:李　杰　　审核:艾全红　　制表:史柯男

5.2.2 信托项目利润及利润分配汇总表

编制单位:长安国际信托股份有限公司

信托项目名称:汇总　　2011年12月　　单位:万元

项　目	本年累计数
一、营业收入	409 983.53
利息收入	364 386.85
投资收益	36 250.26
公允价值变动损益	-3 943.94
租赁收入	—
其他收入	13 290.36
二、营业支出	97 312.38
三、信托净利润	312 671.15
四、其他综合收益	—
五、综合收益	—
加:期初未分配信托利润	121 182.91
六、可供分配的信托利润	433 854.06
减:本期已分配信托利润	394 525.85
七、期末未分配信托利润	39 328.21

法定代表人:高成程　　会计主管:李　杰　　审核:艾全红　　制表:史柯男

6. 会计报表附注

6.1 简要说明报告年度会计报表编制基准、会计政策、会计估计和核算方法发生的变化

本公司根据《企业会计准则》、应用指南及准则解释的规定进行确认和计量,在此基础上编制固有业务财务报表。

本期无会计政策及会计估计变更。

6.2 或有事项说明

无。

6.3 重要资产转让及其出售的说明

无。

6.4 会计报表中重要项目的明细资料

6.4.1 披露自营资产经营情况

6.4.1.1 按信用风险五级分类结果披露信用风险资产的期初数、期末数

信用风险资产五级分类	正常类(万元)	关注类(万元)	次级类(万元)	可疑类(万元)	损失类(万元)	信用风险资产合计(万元)	不良合计(万元)	不良率(%)
期初数	95 143.95	400.00	278.18	0	3 752.76	99 574.89	4 030.94	4.05
期末数	170 839.77				3 212.54	174 052.31	3 212.54	1.85

注:不良资产合计=次级类+可疑类+损失类。

逐笔说明不良信用资产的形成时间、债务人、收回可能性。

账面金额(万元)	资产种类	形成时间	债务人名称	收回可能性
1 000.00	贷款	2004年12月	陕西东隆投资有限责任公司	清收难度大
150.00		2003年12月	陕西东隆投资有限责任公司	清收难度大
265.98		2006年7月	陕西九州生物科技股份有限公司	清收难度大

续表

账面金额（万元）	资产种类	形成时间	债务人名称	收回可能性
1 199.58	其他应收款	2006 年 12 月	西安经济技术开发区资产投资有限公司	逐步回收
28.60		2006 年 12 月	北京国信融诚投资咨询有限公司	形成损失
210.18		2010 年 6 月	西安市经济技术投资担保有限公司	逐步回收

续表

账面金额（万元）	资产种类	形成时间	债务人名称	收回可能性
358.20	固定资产清理	—	政策性房改房职工交纳款与房款差额	形成损失
3 212.54（合计）	—			

6.4.1.2　各项资产减值损失准备的期初、本期计提、本期转回、本期核销、期末数，贷款的一般准备、专项准备和其他资产减值准备应分别披露

单位：万元

项　目	年初数	本年计提额	本年减少额		年末数
			转回	转销	
一、拆出资金					
二、坏账准备	14 788 848.29		405 245.17		14 383 603.12
三、贷款损失准备	16 059 791.50		1 900 000.00		14 159 791.50
四、可供出售金融资产减值准备					
五、持有至到期投资减值准备					
六、长期股权投资减值准备		13 222 572.51			13 222 572.51
七、长期应收款坏账准备	3 792 387.06		300 000.00	3 492 387.06	0.00
八、固定资产减值准备	3 581 983.37				3 581 983.37
九、其他资产减值准备					
十、在建工程减值准备					
十一、生产性生物资产减值准备					
其中：成熟生产性生物资产减值准备					
十二、油气资产减值准备					
十三、无形资产减值准备					
十四、商誉减值准备					
十五、其他					
合计	38 223 010.22	13 222 572.51	2 605 245.17	3 492 387.06	45 347 950.50

6.4.1.3　自营股票投资、基金投资、债券投资、股权投资等投资业务的期初数、期末数

单位：万元

	自营股票	基金	债券	长期股权投资
期初数	8 240.17	0	0	0
期末数	10 779.53	0	0	3 577.74

6.4.1.4　前五名的自营长期股权投资的企业名称、占被投资企业权益的比例、主要经营活动及投资收益情况等（从大到小顺序排列）

企业名称	投资比例（%）	经营活动	投资收益情况
长安基金管理有限公司	49	基金募集、基金销售、资产管理和中国证监会许可的其他业务	按投资比例计提减值准备 1 322.26 万元

6.4.1.5　前五名的自营贷款的企业名称、占贷款总额的比例和还款情况等（从大到小顺序排列）

企业名称	占贷款总额的比例（%）	还款情况
1. 陕西东隆投资有限责任公司	81.22	损失类资产，清收难度较大。
2. 陕西九州生物科技股份有限公司	18.78	损失类资产，清收难度较大。

6.4.1.6　表外业务的期初数、期末数；按照代理业务、担保业务和其他类型表外业务分别披露

无。

6.4.1.7　公司当年的收入结构

收入结构	金额（万元）	占比（%）
手续费及佣金收入	64 208.50	91.49
其中：信托手续费收入	64 208.50	91.49
投资银行业务收入	—	—
利息收入	891.33	1.27
其他业务收入	867.64	1.24
其中：计入信托业务收入部分	867.64	1.24
投资收益	8 274.07	11.79
其中：股票债券基金投资收益	2 123.39	3.03
信托投资收益	1 502.30	2.14
现金分红	744.80	1.06
其他	3 903.58	5.56
公允价值变动损益及汇兑损益	-4 239.06	-6.04
营业外收入	180.00	0.25
收入合计	70 182.48	100

注：手续费及佣金收入、利息收入、其他业务收入、投资收益、营业外收入均应为损益表中的一级科目，其中手续费及佣金收入、利息收入、营业外收入为未抵减相应支出的全年累计实现收入数。

公允价值变动损益及汇兑损益 -4 239.06 万元由公允价值变动损益 -4 233.08 万元与汇兑损益 -5.98 万元构成。

6.4.2 信托资产管理情况

6.4.2.1 信托资产的期初数、期末数

单位:万元

信托资产	期初数	期末数
集合	823 137.67	3 285 577.96
单一	7 182 816.37	4 655 934.54
财产权	4 476.43	195 297.77
合计	8 010 430.47	8 136 810.27

6.4.2.1.1 主动管理型信托业务的信托资产期初数、期末数

单位:万元

主动管理型信托资产	期初数	期末数
证券投资类	374 508.08	948 307.53
股权投资类	414 114.12	483 190.3752
权益投资类	—	3 622 894.87
融资类	4 861 991.03	2 312 679.215
事务管理类	0	28 592.6
合计	5 650 613.23	7 395 664.59

6.4.2.1.2 被动管理型信托业务的信托资产期初数、期末数

单位:万元

被动管理型信托资产	期初数	期末数
证券投资类	—	0
股权投资类	178 000.11	12 045.50
权益投资类	—	0
融资类	2 181 817.13	721 200.15
事务管理类	0	7 900.03
合计	2 359 817.24	741 145.68

6.4.2.2 本年度已清算结束的集合类、单一类资金信托项目和财产管理类信托项目数量、实收信托合计金额、加权平均实际年化收益率

6.4.2.2.1 本年度已清算结束的集合类、单一类资金信托项目和财产管理类信托项目个数、实收信托金额、加权平均实际年化收益率

已清算结束信托项目	项目个数	实收信托合计金额(万元)	加权平均实际年化收益率(%)
集合类	62	441 413	6.4293
单一类	233	3 992 331	5.0068
财产管理类	—	—	—

6.4.2.2.2 本年度已清算结束的主动管理型信托项目个数、实收信托合计金额、加权平均实际年化信托报酬率、加权平均实际年化收益率

已清算结束信托项目	项目个数	实收信托合计金额(万元)	加权平均实际年化信托报酬率(%)	加权平均实际年化收益率(%)
证券投资类	17	127 375	1.10	1.70
股权投资类	3	13 720	1.45	8.03
其他权益投资	46	755 552	0.31	5.17
融资类	172	2 213 835	0.54	5.56
事物管理类	43	646 932	0.26	4.65

6.4.2.2.3 本年度已清算结束的被动管理型信托项目个数、实收信托合计金额、加权平均实际年化信托报酬率、加权平均实际年化收益率

已清算结束信托项目	项目个数	实收信托合计金额(万元)	加权平均实际年化信托报酬率(%)	加权平均实际年化收益率(%)
证券投资类	—	—	—	—
股权投资类	1	20 000	0.15	3.87
其他权益投资	—	—	—	—
融资类	14	646 030	0.11	5.57
事物管理类	2	10 300	0.09	4.8054

6.4.2.3 本年度新增的集合类、单一类资金信托项目和财产管理类信托项目个数、实收信托合计金额

新增信托项目	项目个数	合计金额(万元)
新增信托项目	项目个数	合计金额
集合类	253	2 939 103
单一类	203	3 215 718
财产管理类	9	190 815
新增合计	465	6 345 636
其中:主动管理型	464	6 337 736
被动管理型	1	7 900

6.4.2.4 信托业务创新成果和特色业务有关情况

公司鼓励创新,支持创新。2011 年在自主管理的定向增发信托产品、私募股权投资业务、基金化能源投资信托产品等领域实现了突破,有效拓展了业务领域,为信托收入的持续快速增长增添了新的动力。

6.4.2.5 本公司履行受托人义务情况及因公司自身责任而导致信托资产的损失情况(合计金额、原因等)

无。

6.5 关联方关系及其交易的披露

6.5.1 关联交易方的数量、关联交易的总金额及关联交易的定价政策等

	关联交易数量	关联交易金额(万元)	定价政策
合计	11	86 253.85	公允价格

注:关联交易是指信托公司以自有资产、信托资产为关联方提供投融资等服务,或以担保等方式为关联方融资提供便利的业务。关联交易的统计范围应基本与银监会非现场监管信息系统中关于关联交易的范围和口径一致,也可增加为关联方提供咨询等其他非投融资类业务服务的信息。

6.5.2 关联交易方与本公司的关系性质、关联交易方的名称、法定代表人、注册地址、注册资本及主营业务等

关系性质	关联方名称	法定代表人	注册地址	注册资本	主营业务
股东关联方	西安市财政局	肖西平	西安市南大街	—	—
原控股子公司	西安经济技术开发区资产投资有限公司	范小健	西安市未央路132号经发大厦27层	1 500 万元	投资咨询、接受委托、管理资产。

续表

关系性质	关联方名称	法定代表人	注册地址	注册资本	主营业务
股东	深圳市淳大投资有限公司	唐乾山	广东省深圳市福田区深南大道与金田路交界西南深圳国际交易广场写字楼26层2605Q	12 000 万元	投资兴办实业，投资管理咨询等。
股东关联方	博石资产管理有限公司	唐乾山	上海市浦东新区民生路1199弄1号1906室	5 000 万元	资产管理、投资管理及咨询、艺术品的销售，文化交流活动策划。
股东关联方	西安陕鼓动力股份有限公司	印建安	陕西省西安市高新区沣惠南路8号	163 877 万元	各种透平机械的开发、制造、销售、技术咨询等。
股东关联方	西安市证大商务信息咨询有限公司	戴志康	福田区金田路与福中路交界东南荣超经贸中心	1 亿元	为中小企业和个人提供快速便捷、无抵押、无担保小额贷款服务。

续表

关系性质	关联方名称	法定代表人	注册地址	注册资本	主营业务
股东关联方	深圳市证大速贷小额贷款股份有限公司	戴志康	福田区金田路与福中路交界东南荣超经贸中心	1 亿元	小额贷款。
股东关联方	上海证大投资发展有限公司	戴志康	浦东新区陆家嘴东路161号1110室	1.5 亿元	股权投资，实业投资，房地产投资，国内贸易（除专项审批），船舶维修。

6.5.3 逐笔披露本公司与关联方的重大交易事项

关联方往来余额如下：

单位：万元

科目	期末数	年初数
其他应收款		
西安经济技术开发区资产投资有限公司	1 199.58	1 380.74
其他应付款		
财政局农财处	4.27	4.27
实收信托		
资金信托	85 050.00	1 300.00

6.5.3.1 固有财产与关联方：贷款、投资、租赁、应收账款担保、其他方式等期初汇总数、本期发生额汇总数、期末汇总数

单位：万元

固有财产与关联方关联交易																				
贷款			投资			租赁			担保			应收账款			其他			合计		
期初	发生额	期末	期初	发生额	期末	期初	发生额	期末	期初	发生额	期末	期初	发生额	期末	期初	发生额	期末	期初	发生额	期末
															1 385.01	-181.16	1 203.85	1 385.01	-181.16	1 203.85

6.5.3.2 信托资产与关联方：贷款、投资、租赁、应收账款、担保、其他方式等期初汇总数、本期发生额汇总数、期末汇总数

单位：万元

信托财产与关联方关联交易																				
贷款			投资			租赁			担保			应收账款			其他			合计		
期初	发生额	期末	期初	发生额	期末	期初	发生额	期末	期初	发生额	期末	期初	发生额	期末	期初	发生额	期末	期初	发生额	期末
	36 230	36 230	1 300	17 520	18 820											45 000	30 000	1 300	98 750	85 050

本期信托财产用于关联方发生笔数为0笔。

6.5.3.3 信托公司自有资金运用于自己管理的信托项目（固信交易）、信托公司管理的信托项目之间的相互（信信交易）交易金额，包括余额和本报告年度的发生额。

6.5.3.3.1 固有财产与信托财产之间的交易金额期初汇总数、本期发生额汇总数、期末汇总数

单位：万元

固有财产与信托财产相互交易			
	期初数	本期发生额	期末数
合计	15 934	2 908	18 842

	信托项目（计划）名称	交易金额	交易合同起止日期	备注
1	信集增发	7 000.00	2011年5月23日至2012年11月23日	以固有资金购买信托项目
2	信集定增（17）1106195	6 000.00	2011年11月14日至2013年6月14日	

续表

	信托项目（计划）名称	交易金额	交易合同起止日期	备注
3	信集金源投券1013169	1 600.00	2010年5月5日	以固有资金购买信托项目
4	信集盛泽买房1007317	1 000.00	2010年7月14日至2012年7月14日	
5	信集盛泽买房1007317	1 000.00	2010年7月14日至2013年7月14日	
6	信集朗华1102007	1 000.00	2011年4月2日至2012年10月2日	
7	信集多保	1 242.00	2011年12月19日至2013年6月19日	
	合计	18 842.00		

6.5.3.3.2 信托项目之间的交易金额期初汇总数、本期发生额汇总数、期末汇总数

无。

6.5.4 逐笔披露关联方逾期未偿还本公司资金的详细情况以及本公司为关联方担保发生或即将发生垫款的详细情况

截至本期末公司关联方往来余额如下:

单位:万元

科目	期末数	年初数
其他应收款		
西安经济技术开发区资产投资有限公司	1 199.58	1 380.74
其他应付款		
财政局农财处	4.27	4.27
实收信托		
资金信托	85 050.00	1 300.00

其中未偿还的关联方款项是西安经济技术开发区资产投资有限公司欠款1 199.58万元,是本公司原控股子公司,注册资本1 500万元,该欠款主要用于补充其营运资金不足,逾期时间在5年以上。

6.5.5 其他需披露的关联交易事项

公司以信托计划募集资金出资与关联方西安经济技术开发区资产投资有限公司出资共同设立有限合伙企业,通过合伙企业进行证券投资。截至2011年12月31日,以此种模式成立运行的信托项目共计60个。

公司以信托计划募集资金作为有限合伙人与关联方鄂尔多斯市民生能源股权基金管理有限公司作为普通合伙人,参与发起设立鄂尔多斯市民生能源股权投资基金。截至2011年12月31日,以此模式运作的信托项目1笔,规模75 000万元。

6.6 会计制度的披露

固有业务(自营业务)、信托业务执行会计制度的名称及颁布的年份。

本公司固有业务和信托业务财务报表均执行2006年2月15日财政部颁布的《企业会计准则》(财政部令第33号)及《企业会计准则应用指南》(财会〔2006〕18号),根据应用指南及准则解释的规定进行确认和计量。

本公司编制的固有业务财务报表反映了本公司2011年12月31日的财务状况、2011年度的经营成果和现金流量等信息。

7. 财务情况说明书

7.1 利润实现和分配情况

单位:万元

利润总额(亏损总额以"-"号填列)	36 771.44
减:所得税费用	9 019.81
净利润(净亏损以"-"号填列)	27 751.63
其中:归属于母公司所有者的净利润	27 751.63
少数股东损益	—
每股收益:	
(一)基本每股收益	0.42
(二)稀释每股收益	0.42
其他综合收益	—
综合收益总额	27 751.63

按照公司章程的规定,税后利润按以下顺序进行分配:一是弥补公司以前年度亏损;二是按税后利润的10%提取法定盈余公积金2 775.16万元;三是按期末风险资产的1%补提一般准备5.52万元;四是按税后利润的5%提取信托赔偿准备金1 387.58万元;五是向投资者分配利润,具体分配方案由董事会提出预案,股东会决定。

期末未分配利润金额为14 057.76万元。

7.2 主要财务指标

指标名称	指标值
资本利润率(%)	30.43
信托报酬率(%)	1.01
人均净利润(万元/人)	150.01

注:1. 资本利润率=净利润/所有者权益平均余额×100%。

2. 信托报酬率=信托业务收入/实收信托平均余额×100%。

3. 人均净利润=净利润/年平均人数。

4. 平均值采取年初及各季末余额移动算术平均法,公式为:$a(平均)=(a_0/2+a_1+a_2+a_3+a_4/2)/4$。

7.3 对本公司财务状况、经营成果有重大影响的其他事项

无。

8. 特别事项揭示

8.1 前五名股东报告期内变动情况及原因

西安投资控股有限公司是西安市财政投资管理平台。2011年4月8日,按照西安市财政局的安排,经中国银监会批准,并经工商登记,本公司原股东西安市财政局将持有公司的全部20230万元股权划转至西安投资控股有限公司。

8.2 董事、监事及高级管理人员变动情况及原因

8.2.1 董事变动情况及原因

2011年4月21日,经西安信托2010年度股东会选举,产生了西安信托第四届董事会,成员为高成程、师胜友、朱南松、崔进才、蒋锦志、蔡元明、强力、李成、周春生。2011年11月22日,经长安信托第一次股东大会选举,产生了长安信托第一届董事会,成员为高成程、师胜友、朱南松、崔进才、蒋锦志、蔡元明、强力、李成、周春生。

8.2.2 监事变动情况及原因

2011年4月21日,经西安信托2010年度股东会选举(职工监事已经由职工选举产生),产生了西安信托第四届监事会,成员为刘峥嵘、柳志伟、王萍、刘明学、刘洁、刘静。2011年11月22日,经长安信托第一次股东大会选举(职工监事已经由职工选举产生),产生了长安信托第一届监事会,成员为刘峥嵘、柳志伟、王萍、刘明学、刘静、刘洁。

8.2.3 高级管理人员变动情况

2011年4月21日,西安信托第四届董事会第一次会议同意聘任陈英、瞿文康为公司副总经理。2011年8月26日,陕西银监局以陕银监复〔2011〕27号文核准了关于陈英、瞿文康信托公司高级管理人员的任职资格。

2011年11月8日，西安信托第四届董事会第四次会议同意马志平辞去公司副总经理的职务，并由公司审计部进行了离任审计。审计结果向陕西银监局进行了报备。

2011年11月22日长安国际信托股份有限公司第一届董事会第一次会议，聘任崔进才先生为公司总经理；聘任陈英先生、徐谦先生、徐立先生、瞿文康先生为公司副总经理；聘任谷林强先生为公司董事会秘书。

8.3 变更注册资本、变更注册地或公司名称、公司分立合并事项

2011年7月12日，经陕西银监局批准，并经工商登记，公司注册资本变更为5.58亿元。

2011年11月28日，经中国银监会批准，并经工商登记，公司变更并更名为长安国际信托股份有限公司，公司注册资本变更为7.5888亿元。

2011年12月21日，经陕西银监局批准，并经工商登记，公司注册资本变更为12.5888亿元。

8.4 公司的重大诉讼事项

报告期内，公司固有业务、信托业务均未发生本报告年度起诉或被诉、于本报告年度内终结的诉讼事项。

截至报告期末，公司未发生对经营活动产生重大影响的诉讼、仲裁事项。现有以前年度已取得生效判决但报告年度尚未执行完结的案件总计7件，涉案标的金额为3 911万元。其中，自营业务3笔，金额共计1 416万元，信托业务4笔，金额共计2 495万元。以上案件均为主诉案件，无被诉案件。

截至报告期末，公司诉讼案件执行取得一定成效，不良资产率有所下降。但由于诉讼案件的执行取决于多种因素，如被执行人的偿债能力与偿债意愿、债权担保措施、执行机关的执行力度等，使得上述执行案件久拖未结。在具体执行中，公司加强与人民法院联系，将已查封冻结财产尽快处置，同时还密切关注被执行人的资产状况及与之有债权债务关系的相关信息，以实现公司债权的回收。

8.5 公司及其董事、监事和高级管理人员受到处罚的情况

无。

8.6 银监会检查意见的整改情况

中国银行业监督管理委员会陕西监管局于2011年8月11日至9月30日对公司截至2011年6月30日的存续业务进行了全面现场检查，并于2011年11月18日向公司出具了《中国银行业监督管理委员会陕西监管局现场检查意见书》（陕银监查意见字〔2011〕55号），针对检查中发现的问题，提出了监管意见。

公司在收到现场检查意见书后，按照“认真落实监管要求，深入进行整改工作”的指导思想，开展了为期三个月的整改工作，严格按照整改计划开展整改工作，不断深入研究整改问题、深刻领悟整改精神、切实执行整改措施、认真落实监管要求。

公司高度重视本次整改工作，深刻认识到整改工作对公司的健康发展具有至关重要的作用。为此，公司专门成立了以总经理为组长，各部门负责人为组员的整改工作小组，对此次整改工作制订了详细的整改工作计划，并对意见书中指出的各项问题确定了责任部门和整改要求。整改过程中，公司多次召开整改工作会议，学习监管精神，研究整改问题，并下发书面通知向全体员工强调本次整改工作的重要性，确保对整改责任的落实。同时，公司还就整改工作中遇到的问题与中国银行业监督管理委员会陕西监管局保持充分、持续、有效的沟通和交流，确保整改工作的顺利进行。

在公司上下一致的努力下，公司对监管意见书中提出的问题进行了逐一整改并取得积极成效。通过整改活动，公司进一步明确了合规管理、稳健经营的发展思路，为公司实现稳定健康发展奠定了坚实基础。

8.7 本年度重大事项临时报告的简要内容、披露时间、所披露的媒体及其版面

2011年7月23日，在《金融时报》第7版刊登了《西安国际信托有限公司关于变更注册资本、变更股权的公告》。此次变更后，公司注册资本由51 000万元变更为55 800万元，股权结构进行了调整。

2011年12月5日，在《金融时报》第7版、《上海证券报》第3版刊登了《关于西安国际信托有限公司组织形式、名称、公司章程变更的公告》。此次变更后，公司整体变更并更名为长安国际信托股份有限公司。

2011年12月24日，在《金融时报》第7版刊登了《关于长安国际信托股份有限公司变更注册资本的公告》。此次变更后，公司注册资本由75 888万元变更为125 888万元。

8.8 银监会及其省级派出机构认定的其他有必要让客户及相关利益人了解的重要信息

无。

9. 公司监事会意见

监事会认为：公司在经营中，能够遵守国家法律和法规，能够遵守中国银行业监督管理委员会的监管规定。

公司董事会编制的2011年年度报告及其摘要程序符合法律、法规的规定，报告内容真实、完整、准确地反映了公司的实际情况，不存在虚假记载、误导性陈述或重大遗漏。

大连华信信托股份有限公司

1. 重要提示

1.1 公司董事会及董事保证本报告所载资料不存在任何虚假记载、误导性陈述或者重大遗漏,并对其内容的真实性、准确性和完整性承担个别及连带责任。本年度报告摘要摘自年度报告全文,客户及相关利益人欲了解详细内容,应阅读年度报告全文。

1.2 姜顺杰董事因工作原因未能参会,书面授权给董永成董事长代为行使表决权。侯霞董事资格正在审批,未行使表决权。独立董事郑少南、邢天才、张丽认为公司年度报告内容真实、准确、完整。

1.3 公司年度财务报告经国富浩华会计师事务所有限公司审计,并出具了标准无保留意见的审计报告。

1.4 公司董事长董永成、总裁及主管会计工作负责人黄铎、会计机构负责人李月英声明:保证年度报告中财务报告的真实、完整。

2. 公司概况

2.1 公司简介

公司设立于1987年,原名中国工商银行大连市信托投资公司;1988年,改制为股份有限公司,更名为中国工商银行大连信托投资股份有限公司;1997年,更名为大连华信信托投资股份有限公司;2001年,成为全国首批、东北地区首家完成重新登记的信托投资公司;2006年,注册资本金增加到10.01亿元;2007年4月,注册资本增加到12.1亿元;2007年9月,更名为大连华信信托股份有限公司;2010年,注册资本增加到20.57亿元。

2.1.1 公司基本情况

法定中文名称	大连华信信托股份有限公司
中文名称缩写	华信信托
法定英文名称	Dalian Huaxin Trust Co. ,Ltd.
英文名称缩写	HUAXIN TRUST
法定代表人	董永成
注册地址	大连市西岗区大公街34号
邮政编码	116011
国际互联网网址	www. huaxintrust. com
电子信箱	huaxin@ hxtic. cn
选定的信息披露报纸	《金融时报》、《上海证券报》、《中国证券报》、《证券时报》
年度报告备置地点	华信信托理财中心
聘请的会计师事务所	名称:国富浩华会计师事务所有限公司 注册地址:北京市崇文区崇文门外大街9号新世界正仁大厦8层805室
聘请的律师事务所	名称:辽宁双护律师事务所 注册地址:大连市沙河口区西安路90号广荣大厦1601室

2.1.2 信息披露事务负责人

姓名	黄 铎
职务	总裁
联系电话	0411 -83611895
传真	0411 -83638415
电子信箱	huaxin@ hxtic. cn

2.2 组织结构

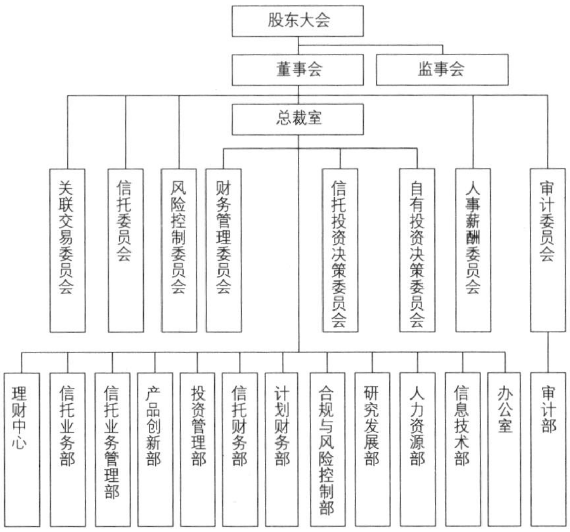

3. 公司治理结构

3.1 股东

名称	出资比例(%)	法人代表	注册资本(万元)	注册地址	主要经营业务及财务状况
华信汇通集团有限公司	52.17	董永成	220 220	北京市西城区金融街28号	项目投资及咨询;经济信息咨询;经营广告业务;计算机软硬件的开发、销售;国内一般贸易。2011年末,资产总额363 406.43万元,净资产309 484.02万元,净利润22 350.66万元(未经审计)。

续表

名称	出资比例(%)	法人代表	注册资本(万元)	注册地址	主要经营业务及财务状况
大连港集团有限公司	4.96	邢良忠	400 000	大连市中山区港湾街1号	法律、法规禁止的，不得经营；应经审批的，未获审批前不得经营；法律、法规未规定审批的，企业自主选择经营项目，开展经营活动。2011年末，资产总额3 072 239.96万元，净资产1 627 895.37万元 净利润 -1 170.38万元。
沈阳万基实业发展有限公司	4.96	王兰山	33 490	沈阳市沈河区市府大路262甲	实业投资、投资管理顾问等。2011年末，资产总额43 570.64万元，净资产38.773.40万元，净利润1 940.39万元。

3.2 董事

董事会成员

姓 名	职 务	性别	年龄	选任日期	所推举的股东名称	该股东持股比例(%)	简 要 履 历
董永成	董事长	男	55	2010年12月29日	华信汇通集团有限公司	52.17	曾任中国工商银行大连市分行技改处副处长，中国工商银行大连信托投资股份有限公司总经理；现任大连华信信托股份有限公司董事长。
张凤阁	董事	男	57	2010年12月29日	大连港集团有限公司	4.96	曾任大连港务局总会计师；现任大连港集团有限公司副总经理、总会计师兼委派财务负责人管理中心主任。
周昱今	董事	男	52	2010年12月29日	北京越达投资有限公司	4.96	曾在东北财经大学任教、中国综合开发研究院(深圳)任职，大连圣亚旅游控股股份有限公司总经理；现任北京越达投资有限公司董事。
姜顺杰	董事	男	49	2010年12月29日	大连顺联达集团有限责任公司	4.96	曾任大连纺织厂财务科科长、大连碧海山庄旅游集团财务处长、总经理助理、大连凯撒餐饮有限公司总经理；现任大连保税区顺林石化有限公司董事长、总经理，大连顺联达集团有限责任公司总经理。
刘 辉	董事	男	40	2010年12月29日	大连保税区海涵发展有限公司	4.96	曾任海口卉烽粮油有限公司董事长；现任大连保税区海涵发展有限公司董事长。
王兰山	董事	男	68	2010年12月29日	沈阳万基实业发展有限公司	4.96	曾任大连炼铁厂厂长；现任沈阳万基实业发展有限公司总经理。
李淑英	独立董事	女	68	2010年12月29日	—	—	曾任中国工商银行大连市分行副行长、中国人民银行大连市分行副行长、行长，中国——国际货币基金组织大连联合培训项目基地主任；现任中国——国际货币基金组织大连联合培训项目基地顾问。
郑少南	独立董事	男	49	2011年11月28日	—	—	曾任大连海运学院研究生部团委书记，大连海事大学校长办公室副主任、主任，人事处处长，大连海事大学党委常委、校长助理、副校长；现任大连海事大学党委副书记兼副校长。
张 丽	独立董事	女	55	2010年12月29日	—	—	曾任东北财经大学电子商务学院书记兼副院长，东北财经大学网络教育学院书记；现任东北财经大学经济学院书记兼副院长。

独立董事

姓 名	所在单位及职务	性别	年龄	选任日期	提名人	简 要 履 历
李淑英	独立董事	女	68	2010年12月29日	董事会	曾任中国工商银行大连市分行副行长、中国人民银行大连市分行副行长、行长，中国——国际货币基金组织大连联合培训项目基地主任；现任中国——国际货币基金组织大连联合培训项目基地顾问。
郑少南	独立董事	男	49	2011年11月28日	董事会	曾任大连海运学院研究生部团委书记，大连海事大学校长办公室副主任、主任，人事处处长，大连海事大学党委常委、校长助理、副校长；现任大连海事大学党委副书记兼副校长。
张 丽	独立董事	女	55	2010年12月29日	董事会	曾任东北财经大学电子商务学院书记兼副院长，东北财经大学网络教育学院书记；现任东北财经大学经济学院书记兼副院长。

3.3 监事

监事会成员

姓 名	职 务	性别	年龄	选任日期	所推举的股东名称	该股东持股比例(%)	简 要 履 历
于永顺	监事长	男	61	2011年11月28日	华信汇通集团有限公司	52.17	曾任中国建设银行总行副处长、处长、审计部总经理、首席审计官。

续表

姓　名	职　务	性别	年龄	选任日期	所推举的股东名称	该股东持股比例(%)	简　要　履　历
初文博	监事	男	58	2010年12月29日	大连坤达铸铁管有限公司、大连翔瑞科技创业投资有限公司	5.58	曾任大连炼铁厂厂长;现任大连坤达铸铁管有限公司董事长、总经理。
臧冬青	监事	女	47	2010年12月29日	职工代表	—	曾任铁岭市一中教师、大连甘井子区教师进修学校教师;现为大连华信信托股份有限公司职员。

3.4　高级管理人员

姓名	职务	性别	年龄	选任日期	金融从业年限	学历	专业
黄　铎	总裁	男	59	2010年12月29日	21	大专	管理
崔相斌	副总裁	男	44	2010年12月29日	20	研究生	管理
王　瑾	副总裁	女	45	2010年12月29日	14	本科	统计
付绍波	副总裁	男	35	2010年12月29日	13	本科	建筑工程
郭岩	副总裁、董事会秘书	女	43	2010年12月29日	21	本科	管理
王伟廷	副总裁	男	45	2010年12月29日	4	本科	工业分析

3.5　公司员工

报告期内职工人数123人

项　目		报告期年度		上年度	
		人数	比例(%)	人数	比例(%)
年龄分布	25岁以下	10	8.13	2	1.80
	25~29岁	56	45.53	59	53.15
	30~39岁	38	30.89	32	28.83
	40岁以上	19	15.45	18	16.22
学历分布	硕士及以上	66	53.66	59	53.15
	本科	53	43.09	47	42.34
	专科	4	3.25	5	4.51
	其他	0	0	0	0

4. 经营管理

4.1　经营目标、方针、战略规划

经营目标:以提升资产管理能力和盈利能力为核心,以风险控制为前提,团队建设为关键,机制完善为保障,致力于发挥信托功能优势,为客户提供安全稳健的金融产品和高效便捷的金融服务,将公司建设成为业内领先、品牌卓著、核心竞争力突出的上市金融企业,以卓越的金融产品和服务为客户、股东、员工创造最大化价值。

经营方针:恪守诚信、合规稳健、开拓创新、和谐共赢。

战略规划:充分发挥公司较强的自主管理能力,扩展投资领域、完善投资管理体系,提升资产管理能力和业务规模,带动盈利能力持续提升;提高风险管理能力,建立起科学、高效的风险分析与评价体系,准确识别、控制各类风险;加强团队建设,建设良好的企业文化,制定综合化的激励机制,通过内部培养和外部引进相结合的方式,建立一支富有创新精神、业务素质高、管理能力强的团队;通过丰富理财产品体系提升客户服务水平,加强直销队伍建设,扩大客户群体和信托产品发行规模。

4.2　所经营业务的主要内容

公司业务分为信托业务和固有业务。其中,信托业务主要包括财富管理类信托、融资类信托、投资类信托、特许经营类信托等;固有业务主要包括金融类公司股权投资业务、贷款业务、金融产品投资业务、财务顾问业务等。

4.3　市场分析

4.3.1　公司发展的有利因素

2011年,稳健货币政策的实施使得信托融资需求旺盛。公司作为具有30年成功经营历史的辽宁省唯一一家信托公司,在所属区域内有着较好的社会声誉和品牌影响力,高端客户对于信托理财的认可度不断提升。公司稳健的产品、优秀的过往业绩以及良好的口碑为持续发展带来丰富的客户资源。

公司净资本规模较大,净资本对风险资本的覆盖率较高,各项业务开展具有广阔的空间。充足的净资本为公司固有业务和信托业务的顺利开展提供了有力的保障。公司已经具备了较强的自主资产管理能力,形成了科学、高效、完善的项目管理体系、流程和机制,并培养了一批高素质的项目管理团队。

4.3.2　公司发展的不利因素

2011年,世界经济复苏存在较多的不确定性,世界经济仍未找到新的增长点。国内经济发展的不确定因素增多,通货膨胀压力加大。理财市场竞争日趋激烈,银信合作业务面临转型,证券投资信托业务在信托证券账户受限的情况下发展滞缓。

4.4　内部控制

公司始终致力于内控制度的建设及完善,建立了以股东大会、董事会及其下属专业委员会、监事会、管理层等为主体的公司治理组织架构,制订了完备的议事规则和决策程序。各个治理主体能够按照职责规定和规范程序履行相应职责,实现了分工明确、相互制衡、报告路线清晰的治理要求。

内部控制制度健全、有效,涵盖全部业务和管理活动全过程,从公司治理、业务操作、财务管理、风险控制与合规管理、审计监督、人力资源管理和其他事务管理等多方面进行规范。

公司秉承“规范运作,稳健经营,诚信为本,客户至尊”的经营理念和“团结、敬业、奋进、创新”的企业精神,在开展业务时

将风险控制放在首位，切实履行受托人职责，倡导合规经营，努力实现受益人利益最大化。

不断完善法人治理，切实发挥监事会、独立董事的监督职能，加强外部监督作用；管理层建立了合理授权、有效问责、内部举报和奖惩制度，鼓励员工举报违法、违规、违反职业操守和诚信原则的行为；不断完善风险控制和合规管理，通过流程再造和提高风险控制技术手段强化风险管理，定期开展合规检查、合规绩效考核、合规培训，培育合规文化；建立了完备的内部审计规程，根据业务发展要求和监管政策变化等情况合理安排审计项目，完善后续审计和整改纠错机制，使发现的问题得到及时纠正，有效地促进了内部控制建设和经营管理水平的提高。

建立了固有业务和信托业务相互分离的业务管理体系；各项业务均有健全的决策机构和决策程序，岗位之间职责分明、边界清晰，实现了前台、中台、后台分工协作又相对独立的科学、高效的运营机制；按照"制度先行"原则，在每项业务开展前制定相应的管理办法和操作规定，并不断加以完善；严格执行重要岗位的强制休假和岗位轮调制度，强化"执行力"建设，保证内部控制的充分、有效执行。

建立并不断完善信息交流与反馈制度，董事会、监事会、管理层能及时了解经营和风险状况，每一项信息均能及时传递给相关员工，各个部门和员工的有关信息均能够顺畅反馈。积极与监管机构互动和沟通，使监管要求及时传达并有效落实，监管机构能够全面详尽地获取公司经营管理信息并在发生重大事项时第一时间得到报告。持续提高信息化建设水平，为信息交流与反馈机制的顺利运转提供有效技术支持。

建立了部门自查、岗位相互制约、员工内部举报、合规检查及内部审计相结合的监督与纠正机制。

4.5 风险管理概况

公司经营中面临的风险可能有：信用风险、市场风险、操作风险和其他风险。

信用风险是指因交易对手违约或信用等级下降，给公司造成的可能损失。主要表现在资金使用人不能及时准确披露信息，未经允许擅自改变资金用途，或不能到期还本付息等对资产安全的影响。公司通过事前调查评估、事中控制防范、事后监督管理的方式对信用风险进行有效防范。严格按照监管规定足额计提一般准备和资产减值准备，按比例提取信托赔偿准备金，以提高公司抵御风险的能力。截至2011年末，公司自营项下信用风险资产162 240.41万元，信托项下信用风险资产2 104 076.38万元，全部为正常类资产。

市场风险主要指市场汇率、利率或其他价格因素变动而产生的风险。公司持有的美元资产、自营贷款业务、信托贷款业务、自营证券投资业务以及证券投资类资金信托业务等均可能面临市场风险。公司对市场风险的管理措施主要有：通过全面、客观地分析经济形势，力争准确判断市场走向；谨慎选择项目，各项投资活动前均经过充分的调查，对可能产生市场风险的各种因素进行测算评估，并通过业务部门、投资决策委员会、风险控制委员会等多个环节进行审批；不断优化业务结构，提早做好防范措施，积极运用金融工具防范市场风险。

操作风险是指由于内部程序、人员疏忽、系统不完善或失误，或外部事件造成损失的风险。报告期内公司未发生因操作风险所造成的损失。公司对操作风险的管理主要从制度完善、制度执行、业务操作、人员管理等多方面进行，并通过强制休假和岗位轮换政策进一步加强。报告期内公司未发生因操作风险所造成的损失。

其他风险主要是指公司业务开展中的法律风险、政策风险、合规风险、关联交易风险、道德风险等。公司加强对国家法律、宏观政策的收集、研究，及时作出前瞻性的预测，适时调整经营策略和业务拓展方向，有效规避因法律、政策变化带来的风险；公司倡导和培育合规文化，并将合规文化融入公司经营管理、内部控制建设、企业文化建设的全过程，全体员工不断提高合规意识，严格履行合规职责；不断完善关联交易相关制度，坚持关联交易业务逐笔汇报、逐笔审查，并定期检查关联交易业务的执行情况；加强职业道德教育，增强员工的工作责任心，维护公司信誉和品牌。报告期内公司未发生因其他风险所造成的损失。

4.6 净资本管理概况

公司依据《信托公司净资本管理办法》实施净资本管理，报告期内公司资本充足，流动性良好，能够抵御各项业务带来的不可预期的风险。截至2011年末，公司净资本为312 727.64万元，各项业务风险资本之和为162 453.65万元，净资本/各项业务风险资本之和为192.50%，净资本/净资产为86.27%，均符合《信托公司净资本管理办法》要求。

5. 报告期末及上一年度末的比较式会计报表

5.1 自营资产

5.1.1 会计师事务所审计意见全文

审 计 报 告

国浩审字〔2012〕601A1129号

大连华信信托股份有限公司全体股东：

我们审计了后附的大连华信信托股份有限公司（以下简称华信信托公司）财务报表，包括2011年12月31日的资产负债表，2011年度的利润表、股东权益变动表以及财务报表附注。

一、管理层对财务报表的责任

编制和公允列报财务报表是管理层的责任，这种责任包括：（1）在所有重大方面按照企业会计准则的规定编制财务报表，并使其实现公允反映；（2）设计、执行和维护必要的内部控制，以使财务报表不存在由于舞弊或错误导致的重大错报。

二、注册会计师的责任

我们的责任是在执行审计工作的基础上对财务报表发表审计意见。我们按照中国注册会计师审计准则的规定执行了审计工作。中国注册会计师审计准则要求我们遵守中国注册会计师职业道德守则，计划和执行审计工作以对财务报表是否不存在重大错报获取合理保证。

审计工作涉及实施审计程序，以获取有关财务报表金额和披露的审计证据。选择的审计程序取决于注册会计师的判断，包括对由于舞弊或错误导致的财务报表重大错报风险的评估。在进行风险评估时，注册会计师考虑与财务报表编制和公允列报相关的内部控制，以设计恰当的审计程序，但目的并非对内部控制的有效性发表意见。审计工作还包括评价管理层选用会计政策的恰当性和作出会计估计的合理性，以及评价财务报表的总体列报。

我们相信，我们获取的审计证据是充分、适当的，为发表审计意见提供了基础。

三、审计意见

我们认为，华信信托公司的财务报表在所有重大方面按照企业会计准则的规定编制，公允反映了华信信托公司2011年12月31日财务状况以及2011年度经营成果和现金流量。

国富浩华会计师事务所（特殊普通合伙）

中国注册会计师：关涛

中国·北京　　中国注册会计师：张宾磊

二〇一二年三月三十一日

5.1.2　资产负债表

编制单位：大连华信信托股份有限公司　　2011年12月31日　　单位：万元

资　　产	期末数	期初数	负债和所有者权益	期末数	期初数
货币资金	29 161.54	13 877.63	负债：		
买入返售金融资产	100.00		代理业务	1 611.37	1 631.70
交易性金融资产	7 331.78	11 394.25	拆入资金		
贷款	125 000.00	140 000.00	交易性金融负债		
应收账款	5 850.20	1 948.37	应付职工薪酬	2 360.02	2 289.68
应收利息	182.58	41.01	应交税费	4 431.44	5 730.21
应收股利			应付股利	2 291.05	2 291.05
持有至到期投资		826.44	递延所得税负债	2.06	51.31
可供出售金融资产	42 084.02	3 746.42	其他负债	18.39	16.93
长期股权投资	150 787.39	154 001.51	负债合计	10 714.33	12 010.88
投资性房地产			所有者权益：		
固定资产	5 769.53	6 051.58	股本	205 700.00	205 700.00
无形资产	1 046.80	1 032.20	资本公积	27 240.49	34 656.34
递延所得税资产	2 435.45	106.70	盈余公积	23 638.14	18 936.78
其他资产	1 947.00	368.97	信托赔偿准备	10 488.87	8 138.19
			一般风险准备	3 331.00	3 111.21
			未分配利润	90 583.46	50 841.68
			所有者权益合计	360 981.96	321 384.20
资产总计	371 696.29	333 395.08	负债和所有者权益总计	371 696.29	333 395.08

法定代表人：董永成　　主管会计工作负责人：黄　铎　　会计机构负责人：李月英

5.1.3　利润表

编制单位：大连华信信托股份有限公司　　2011年度　　单位：万元

项　　目	当年数	上年数
一、营业收入	72 545.86	65 992.19
利息净收入	16 108.62	14 077.99
利息收入	16 108.62	14 077.99
利息支出		
手续费及佣金净收入	56 398.41	45 729.11
手续费及佣金收入	56 398.41	45 729.11
手续费及佣金支出		
投资收益	2 789.30	6 790.89
其中：对联营企业和合营企业的投资收益	5 047.85	4 195.29
公允价值变动收益	−2 415.11	−439.59
汇兑收益	−523.00	−331.02
其他业务收入	187.64	164.81
二、营业支出	11 692.08	10 451.38
营业税金及附加	4 043.04	3 410.91
业务及管理费	8 605.24	7 594.07

续表

项　　目	当年数	上年数
资产减值损失	-956.20	-553.60
其他业务成本		
三、营业利润	60 853.78	55 540.81
营业外收入	150.88	1.164.41
营业外支出	311.73	312.50
四、利润总额	60 692.93	56 392.72
所得税费用	13 679.32	12 445.82
五、净利润	47 013.61	43 946.90
六、每股收益：		
（一）基本每股收益	0.23	0.24
（二）稀释每股收益	0.23	0.24
七、其他综合收益	-7 415.85	2 140.88
八、综合收益总额	39 597.76	46 087.78

法定代表人：董永成　　主管会计工作负责人：黄　铎　　会计机构负责人：李月英

5.1.4 所有者权益（股东权益）变动表

编制单位：大连华信信托股份有限公司　　2011 年度　　单位：万元

项　　目	股本	资本公积	减：库存股	盈余公积	一般风险准备	信托赔偿准备	未分配利润	所有者权益合计
一、上年年末余额	205 700.00	34 656.34		18 820.34	3 111.21	8 079.97	49 851.93	320 219.79
1. 会计政策变更				116.44		58.22	989.75	1 164.41
2. 前期差错更正								
二、本年年初余额	205 700.00	34 656.34		18 936.78	3 111.21	8 138.19	50 841.68	321 384.20
三、本年增减变动金额（减少以"－"号填列）		-7 415.85		4 701.36	219.79	2 350.68	39 741.78	39 597.76
（一）本年净利润							47 013.61	47 013.61
（二）其他综合收益		-7 415.85						-7 415.85
（一）（二）项小计		-7 415.85					47 013.61	39 597.76
（三）所有者投入资本								
1. 所有者投入资本								
2. 股份支付计入所有者权益的金额								
3. 其他								
（四）本年利润分配				4 701.36	219.79	2 350.68	-7 271.83	
1. 提取盈余公积				4 701.36			-4 701.36	
2. 对所有者（或股东）的分配								
3. 其他（一般风险准备、信托赔偿准备）					219.79	2 350.68	-2 570.47	
（五）所有者权益内部结转								
1. 资本公积转增资本								
2. 盈余公积转增资本								
3. 盈余公积弥补亏损								
4. 其他								
四、本年年末余额	205 700.00	27 240.49		23 638.14	3 331.00	10 488.87	90 583.46	360 981.96

法定代表人：董永成　　主管会计工作负责人：黄　铎　　会计机构负责人：李月英

5.2 信托资产

5.2.1 信托项目资产负债汇总表

编制单位：大连华信信托股份有限公司　　2011 年 12 月 31 日　　单位：万元

信托资产	期末数	期初数	信托负债和信托权益	期末数	期初数
信托资产：			信托负债：		
货币资金	86 341.96	59 897.51	应付受托人报酬	5 850.20	1 948.37
拆出资金			应付托管费	75.84	72.23
应收款项	21.58	359.68	应付受益人收益		

续表

信托资产	期末数	期初数	信托负债和信托权益	期末数	期初数
买入返售资产	21 310.28		其他应付款项	14 740.85	12 159.70
交易性金融资产	45 729.75	123 109.28	应交税金		
可供出售金融资产			其他负债		
持有至到期投资	1 908 473.00	1 409 994.00	信托负债合计	20 666.89	14 180.30
长期股权投资	140 416.50	181 858.46	信托权益:		
贷款	2 082 744.50	2 287 383.40	实收信托	4 247 502.61	4 021 003.21
应收融资租赁款			资本公积		
固定资产			未分配利润	17 156.68	27 996.04
无形资产					
长期待摊费用	288.61	577.22			
其他资产			信托权益合计	4 264 659.29	4 048 999.25
信托资产总计	4 285 326.18	4 063 179.55	信托负债及信托权益总计	4 285 326.18	4 063 179.55

法定代表人:董永成　　主管会计工作负责人:崔相斌　　会计机构负责人:张禹林

5.2.2　信托项目利润及利润分配汇总表

2011 年度

编制单位:大连华信信托股份有限公司　　单位:万元

项　目	当年数	上年数
一、营业收入	323 241.17	308 001.86
利息收入	180 265.99	204 187.27
投资收益	134 135.90	112 610.79
公允价值变动收益	−231.72	−8 813.43
租赁收入		
其他收入	9 071.00	17.23
二、营业费用	69 238.47	65 534.19
三、营业税金及附加		
四、扣除资产损失前的信托利润	254 002.70	242 467.67
减:资产减值损失		
五、扣除资产损失后的信托利润	254 002.70	242 467.67
加:期初未分配信托利润	27 996.04	28 664.82
其他转入	1 041.59	5 869.92
六、可供分配的信托利润	283 040.33	277 002.41
减:本期已分配信托利润	265 883.65	249 006.37
七、期末未分配信托利润	17 156.68	27 996.04

法定代表人:董永成　　主管会计工作负责人:崔相斌　　会计机构负责人:张禹林

6. 会计报表附注

6.1　报告年度会计报表编制基准、会计政策、会计估计和核算方法变化情况

报告期由于向丹东银行股份有限公司派出董事,故对其的长期股权投资后续计量方法由成本法变更为权益法。

6.2　或有事项说明

报告期内无须要说明的或有事项。

6.3　重要资产转让及其出售的说明

报告期内无重要资产转让及出售事项。

6.4　会计报表中重要项目的明细资料

6.4.1　披露自营资产经营情况

6.4.1.1　按信用风险五级分类结果披露信用风险资产的期初数、期末数

信用风险资产五级分类	正常类(万元)	关注类(万元)	次级类(万元)	可疑类(万元)	损失类(万元)	信用风险资产合计(万元)	不良合计(万元)	不良率(%)
期初数	196 234.29	0	0	0	0	196 234.29	0	0
期末数	162 240.41	0	0	0	0	162 240.41	0	0

6.4.1.2　各项资产减值损失准备的期初、本期计提、本期转回、本期核销、期末数

单位:万元

	期初数	本期计提	本期收回	本期核销	期末数
贷款损失准备	0	−956.20	956.20	0	0
一般准备	0	0	0	0	0
专项准备	0	−956.20	956.20	0	0
其他资产减值准备	0	0	0	0	0
可供出售金融资产减值准备	0	0	0	0	0
持有至到期投资减值准备	0	0	0	0	0
长期股权投资减值准备	0	0	0	0	0
坏账准备	0	0	0	0	0
投资性房地产减值准备	0	0	0	0	0

6.4.1.3　自营股票投资、基金投资、债券投资、股权投资等投资业务的期初数、期末数

单位:万元

	自营股票	基金	债券	长期股权投资
期初数	15 140.67	0	0	154 001.51
期末数	44 407.56	5 008.24	0	150 787.39

6.4.1.4　按投资入股金额排序,前三名的自营长期股权投资的企业名称、占被投资企业权益的比例及投资收益情况等

企业名称	占被投资企业权益的比例(%)	投资损益(万元)
1. 大通证券股份有限公司	28.04	354.07
2. 丹东银行股份有限公司	19.79	4 693.78
3. 大连银行股份有限公司	4.88	—

6.4.1.5 前三名的自营贷款的企业名称、占贷款总额的比例和还款情况等

企业名称	占贷款总额的比例(%)	还款情况
1. 大连华旭置业有限公司	40	正常付息
2. 大连长兴购物中心有限公司	28	正常付息
3. 大连汇景投资有限公司	16	正常付息

6.4.1.6 表外业务的期初数、期末数

单位:万元

表外业务	期初数	期末数
担保业务	40 000.00	0
代理业务(委托业务)	1 149.45	1 120.45
合计	41 149.45	1 120.45

6.4.1.7 公司当年的收入结构

收入结构	金额(万元)	占比(%)
手续费及佣金收入	56 398.41	77.58
其中:信托手续费收入	51 521.20	70.87
投资银行业务收入	3 315.46	4.56
利息收入	16 108.62	22.16
其他业务收入	187.64	0.25
其中:计入信托业务收入部分	0	0
投资收益	2 789.30	3.84
其中:股权投资收益	5 047.85	6.95
证券投资收益	−2 368.45	−3.26
其他投资收益	109.90	0.15
公允价值变动收益	−2 415.11	−3.32
汇兑收益	−523.00	−0.72
营业外收入	150.88	0.21
收入合计	72 696.74	100.00

6.4.2 披露信托财产管理情况

6.4.2.1 信托资产的期初数、期末数

单位:万元

信托资产	期初数	期末数
集合	694 864.91	1 091 161.58
单一	3 151 743.13	2 847 061.49
财产权	204 949.14	334 233.26
合计	4 051 557.18	4 272 456.33

注:合计数小于信托资产负债表的资产总计,不包含推介期和代保管资产。

6.4.2.1.1 主动管理型信托业务的信托资产期初数、期末数

单位:万元

主动管理型信托资产	期初数	期末数
证券投资类	149 005.13	81 209.11
股权投资类	172 080.47	137 285.76
权益投资类	127 162.46	260 865.48
融资类	1 801 258.60	1 880 299.03
事务管理类	11 150.60	375 261.41
合计	2 260 657.26	2 734 920.79

6.4.2.1.2 被动管理型信托业务的信托资产期初数、期末数

单位:万元

被动管理型信托资产	期初数	期末数
证券投资类	0	0
股权投资类	0	0
权益投资类	0	0
融资类	995 900.96	985 901.02
事务管理类	794 998.96	551 634.52
合计	1 790 899.92	1 537 535.54

注:主动管理型和被动管理型信托业务的资产总和小于信托资产负债表的资产总计,不包含推介期和代保管资产。

6.4.2.2 本年度已清算结束的信托项目个数、实收信托合计金额、加权平均实际年化收益率

6.4.2.2.1 本年度已清算结束的集合类、单一类资金信托项目和财产管理类信托项目个数、实收信托金额、加权平均实际年化收益率

已清算结束信托项目	项目个数	实收信托合计金额(万元)	加权平均实际年化收益率(%)
集合类	19	221 253.00	7.28
单一类	115	1 354 697.14	5.49
财产管理类	1	30 000.00	6.15

6.4.2.2.2 本年度已清算结束的主动管理型信托项目个数、实收信托合计金额、加权平均实际年化收益率

已清算结束信托项目	项目个数	实收信托合计金额(万元)	加权平均实际年化信托报酬率(%)	加权平均实际年化收益率(%)
证券投资类	5	111 742.50	0.78	7.97
股权投资类	13	88 798.00	2.44	5.67
权益投资类	3	44 564.00	1.79	5.80
融资类	105	1 181 760.64	1.09	5.52
事务管理类	8	158 185.00	0.19	6.09

6.4.2.2.3 本年度已清算结束的被动管理型信托项目个数、实收信托合计金额、加权平均实际年化收益率

已清算结束信托项目	项目个数	实收信托合计金额(万元)	加权平均实际年化信托报酬率(%)	加权平均实际年化收益率(%)
证券投资类	0	0	0	0
股权投资类	0	0	0	0
权益投资类	0	0	0	0
融资类	0	0	0	0
事务管理类	1	20 900.00	0.10	4.63

6.4.2.3 本年度新增的集合类、单一类和财产管理类信托项目个数、实收信托合计金额

新增信托项目	项目个数	实收信托合计金额(万元)
集合类	82	739 220.00
单一类	145	1 270 089.78
财产管理类	3	160 000.00
新增合计	230	2 169 309.78
其中:主动管理型	230	2 169 309.78
被动管理型	0	0

6.4.2.4 本公司履行受托人义务情况及因本公司自身责任而导致的信托资产损失情况(合计金额、原因等)

在报告期内公司作为受托人严格按照《信托公司管理办法》等法规及信托合同规定严格履行受托责任,为信托资产安全和受益人利益尽职管理,未出现因本公司自身责任或其他原因导致信托资产损失情况。

6.5 关联方关系及其交易的披露

6.5.1 关联交易方的数量、关联交易的总金额及关联交易的定价政策等

报告期内无发生关联交易的关联方。

6.5.2 关联交易方与本公司的关系性质、关联交易方的名称、法定代表人、注册地址、注册资本及主营业务等

报告期内无发生关联交易的关联方。

6.5.3 逐笔披露本公司与关联方的重大交易事项

6.5.3.1 固有与关联方交易情况

单位:万元

固有与关联方关联交易				
	期初数	借方发生额	贷方发生额	期末数
贷款	0	0	0	0
投资	55 131.00	0	0	55 131.00
租赁	0	0	0	0
担保	0	0	0	0
应收账款	0	0	0	0
其他	0	0	0	0
合计	55 131.00	0	0	55 131.00

注:投资方式的关联交易期末数为2007年和2010年分别增资大通证券股份有限公司25 131.00万元及30 000.00万元。

6.5.3.2 信托与关联方交易情况

报告期内无相关情况。

6.5.3.3 信托公司自有资金运用于自己管理的信托项目(固信交易)、信托公司管理的信托项目之间的相互(信信交易)交易金额

6.5.3.3.1 固有与信托财产之间的交易金额期初汇总数、本期发生额汇总数、期末汇总数

单位:万元

固有财产与信托财产相互交易			
	期初数	本期发生额	期末数
合计	826.44	-826.44	0

注:交易内容为2008年本公司作为一般受益人以固有资金加入自己管理的信托计划。

6.5.3.3.2 信托项目之间的交易金额期初汇总数、本期发生额汇总数、期末汇总数

报告期内无相关情况。

6.5.4 逐笔披露关联方逾期未偿还本公司资金的详细情况以及本公司为关联方担保发生或即将发生垫款的详细情况

报告期内未发生相关情况。

6.6 会计制度的披露

固有业务、信托业务会计制度均执行2006年2月15日颁布的《企业会计准则》。

7. 财务情况说明书

7.1 利润实现和分配情况

利润总额60 692.93万元;所得税13 679.32万元;净利润47 013.61万元;年初未分配利润50 841.68万元;提取法定盈余公积4 701.36万元;提取信托赔偿准备金2 350.68万元;提取一般风险准备219.79万元;未分配利润90 583.46万元。

7.2 主要财务指标

指标名称	指标值
资本利润率(%)	13.80
加权年化信托报酬率(%)	1.24
人均净利润(万元/人)	401.83

7.3 对公司财务状况、经营成果有重大影响的其他事项

报告期内无上述情况。

8. 特别事项揭示

8.1 前五名股东报告期内变动情况及原因

报告期内无变动。

8.2 董事、监事及高级管理人员变动情况及原因

报告期内,周树立先生因工作原因辞去独立董事职务,股东大会选举郑少南先生任第九届董事会独立董事。

根据公司股东华信汇通集团有限公司申请,股东大会同意杨家思先生不再担任监事、监事长职务,选举于永顺先生任第九届监事会监事,监事会选举于永顺先生任第九届监事会监事长。

8.3 公司的重大未决诉讼事项

报告期内无重大未决诉讼事项。

8.4 公司及其董事、监事和高级管理人员受到处罚的情况

报告期内公司及其董事、监事和高级管理人员未受到处罚。

8.5 银监会及其派出机构对公司检查及整改情况

2011年3月,大连银监局对公司进行了中长期贷款专项检查,按照大连银监局指导意见,公司积极与委托人进行借款协调,于2011年12月完成了全部存续中长期贷款还款方式调整工作,达到银监会相关要求。

8.6 本年度重大事项临时报告的简要内容、披露时间、所披露的媒体及其版面

报告期内无上述事项。

8.7 银监会及其省级派出机构认定的其他有必要让客户及相关利益人了解的重要信息

报告期内无上述事项。

9. 公司监事会意见

监事会认为，报告期内，公司在经营活动中能够遵守《中华人民共和国公司法》、《中华人民共和国信托法》、《信托公司管理办法》等国家法律、法规和公司章程的相关规定。公司2011年度财务报告真实、客观、准确地反映了公司的财务状况和经营成果。

大业信托有限责任公司

1. 重要提示

1.1　本公司董事会及董事保证本报告所载资料不存在任何虚假记载、误导性陈述或者重大遗漏，并对其内容的真实性、准确性和完整性承担个别及连带责任。本年度报告摘要摘自年度报告全文，客户及相关利益人欲了解详细内容，应阅读年度报告全文。

1.2　独立董事金立佐先生、王仲兴先生、张衢先生认为本报告内容是真实、准确、完整的。

1.3　本公司董事长沈柏年、总经理王毅、财务总监陈国权及会计机构负责人肖正峰声明：保证年度报告中财务报告的真实、完整。

2. 公司概况

2.1　公司简介

2.1.1　公司的法定名称

中文名称：大业信托有限责任公司

中文简称：大业信托

英文名称：Daye Trust Co.，Ltd.

英文缩写：Daye Trust

2.1.2　公司法定代表人：沈柏年

2.1.3　公司注册地址：广州市天河区体育西路191号中石化大厦B塔25层

邮政编码：510620

公司国际互联网网址：http://www. dytrustee. com

电子信箱：info@ dytrustee. com

2.1.4　公司负责信息披露事务的高级管理人员：陈俊标

电话：020－28028700

传真：020－28028701

电子邮箱：chenjb@ dytrustee. com

2.1.5　公司选定的信息披露报纸：《金融时报》

2.1.6　公司年度报告备置地点：广州市天河区体育西路191号中石化大厦B塔25层

2.1.7　公司聘请的会计师事务所：立信会计师事务所（特殊普通合伙）广东分所

地址：中国广州市天河区林和西路9号耀中广场B座11楼

2.1.8　公司聘请的律师事务所：中伦文德律师事务所

地址：中国北京市朝阳区西坝河南路1号金泰大厦19层

2.2　组织结构

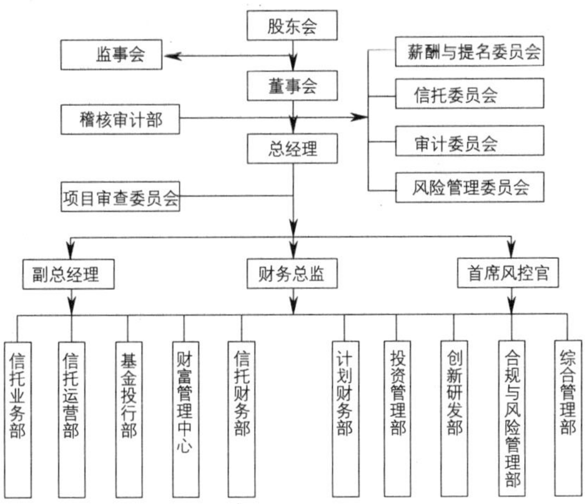

3. 公司治理

3.1　公司治理结构

3.1.1　股东

截至报告期末公司股东共三家。股东情况如下：

名称	出资比例（%）	法人代表	注册资本	注册地址	主要经营业务
广州国际控股集团有限公司	38.33	沈柏年	334 994.00万元	广州市天河区体育西路191号中石化大厦B座26层2601～2624号房	运用自有资金进行授权范围内的国有资产经营及管理。
中国东方资产管理公司	41.67	张子艾	100亿元	北京市西城区阜成门内大街410号	收购、管理和处置金融机构不良资产以及其他金融服务。
广东京信电力集团有限公司	20	许玉琪	18 638.00万元	佛山市南海区西樵镇新田南海发电一厂行政楼二楼	国内贸易、电力投资、投资策划、商务信息咨询、电力技术的咨询服务、物业管理。

3.1.2 董事、董事会及其下属委员会

3.1.2.1 董事

董事会成员

姓 名	职 务	性别	年龄	选任日期	所推举的股东名称	该股东持股比例(%)
沈柏年	董事长	男	66	2010年10月18日	广州国际控股集团有限公司	38.33
陈俊标	董事、董事会秘书	男	45	2010年10月18日	广州国际控股集团有限公司	38.33
余关健	董事	男	56	2010年10月18日	中国东方资产管理公司	41.67
雷世俊	董事	男	50	2010年10月18日	中国东方资产管理公司	41.67
江忠友	董事	男	55	2010年10月18日	广东京信电力集团有限公司	20
王毅	职工董事	男	49	2010年10月18日		

3.1.2.2 董事会下属专门委员会

董事会下属专门委员会

董事会下设委员会情况表

	风险管理委员会	审计委员会	薪酬与提名委员会	信托委员会
职责	强化董事会在防范公司经营风险中的作用,并对公司长期发展战略和资产结构、投资方向以及重大投资决策进行审议评价并提出建议。	主要对公司的内部审计制度进行评价,对内部审计工作进行核查。	旨在评价公司的绩效考核办法和薪酬管理制度,并提出建议。	依法督促公司履行受托职责,当公司或股东利益与受益人利益发生冲突时,应保证公司为受益人的最大利益服务。

3.1.3 监事

监事会成员

姓 名	职 务	性别	年龄	选任日期	所推举的股东名称	该股东持股比例(%)
吉 金	监事长	男	42	2010年10月18日	广东京信电力集团有限公司	20.00
宁静	监事	女	36	2010年10月18日	中国东方资产管理公司	41.67
曹新华	监事	女	48	2010年10月18日	广州国际控股集团有限公司	38.33
刘贵斌	职工监事	男	43	2010年10月18日		
黄建华	职工监事	男	32	2010年10月18日		

3.1.4 独立董事

姓名	性别	年龄	所在单位及职务	选任日期	任期
王仲兴	男	67	中山大学法学院	2010年10月18日	3
金立佐	男	55	(无)	2010年10月18日	3
张 衢	男	65	工银瑞信基金管理有限公司	2011年7月29日	3

3.1.5 高级管理人员

职务	姓名	性别	年龄	选任日期	金融从业年限	学历	专业
总经理	王 毅	男	49	2010年10月18日	20	硕士研究生	经济学
副总经理	田明	男	38	2011年3月28日	9	硕士研究生	工商管理
副总经理	陈玉鹏	男	49	2010年10月18日	28	硕士研究生	金融
副总经理兼首席风险控制官	张德荣	男	48	2010年10月18日	17	硕士研究生	法学
董事会秘书	陈俊标	男	45	2010年10月18日	9	硕士研究生	工商管理
财务总监	陈国权	男	50	2011年12月9日	1	硕士研究生	EMBA
总经理助理	饶森元	男	42	2010年10月18日	20	本科	国际金融

3.1.6 公司员工

报告期末,公司共有正编员工58名,平均年龄约32岁。

项 目		报告期年度	
		人数	比例(%)
年龄分布	25岁以下	4	7.00
	25~35岁	36	62
	35岁以上	18	31
学历分布	博士	1	2
	硕士	38	65
	本科	18	31
	专科	1	2
岗位分布	经营管理层	7	12
	业务人员	21	36
	中后台人员	30	43

4. 经营概况

4.1 经营目标、方针、战略规划

4.1.1 经营目标

公司致力于建成比较优势明显、核心业务较为突出、盈利能力较强、内部管理先进的专业资产管理机构。

4.1.2 经营方针

恪守信用,合法经营,以市场为导向,以客户为中心,提供优质金融服务,创造良好经济效益,促进国民经济发展。

4.1.3 战略规划

依托广东省的区位经济金融优势,并充分利用重组方的行业优势地位,建立现代企业法人治理结构,以传统业务为起步,稳步有序开展创新业务,争取用3~5年的时间将新公司发展成为以投资能力、研发能力、营销能力为主要内容的核心竞争力,具备专业化、规范化、规模化的综合信托业务平台,实现股东回报最大化。

4.2 所经营业务的主要内容

4.2.1 信托业务

公司坚持发展信托主业，积极顺应监管政策导向，注重内涵式增长，不断培育和增强主动管理能力，大幅增加主动管理规模。

截至2011年12月31日，公司已成立的信托产品规模达184.76亿元，存续信托资产总规模达161.61亿元。

根据信托业务服务内容划分，公司信托业务分为投资类、融资类和事务管理类三大部分。

4.2.1.1 投资类信托

公司将该类业务作为重点发展方向，着力提高产品创新含量、设计水平和管理能力，将自身定位从融资工具转变为个性化产品及基金的设计者和管理者。公司担任受托人和投资管理人，对信托资金的投资运作效果承担责任。截至2011年12月31日，该类业务规模为23.88亿元，约占存续信托资产总规模的14.78%。其主要业务包括集合资金信托金融投资、集合资金信托直接投资、集合投资类资产流动化信托、单一授权型信托金融投资和单一授权型信托直接投资。

4.2.1.2 融资类信托

公司在该类业务中担任受托人、贷款人和贷款服务商，主要承担融资项目尽职调查、筛选推荐、交易结构设计、债权及担保管理职责。其主要业务包括集合资金信托贷款、集合资金信托结构性融资、集合融资类资产流动化信托和单一授权型信托贷款。截至2011年12月31日，该类业务规模为133.73亿元，约占存续信托资产总规模的82.75%。

4.2.1.3 事务管理类信托

公司在该类业务中主要担任受托人、账户管理人和财务顾问，按照信托文件约定和委托人指令执行或提出建议。这类业务主要是单一指定型信托。

截至2011年12月31日，该类业务规模为4亿元，约占存续信托资产总规模的2.47%。

4.2.2 固有业务

根据净资本管理办法的要求，结合公司净资本的实际状况以及与信托业务协同发展的需要，公司对固有资金运用制定了高流动性、低风险的投资原则。2011年公司固有业务整体净收入1 543万元。

4.2.3 主要业务的资产组合与分布

4.2.3.1 固有资产运用与分布表

资产运用	金额（万元）	占比（%）	资产运用	金额（万元）	占比（%）
货币资产	17 916.36	38.21	房地产业	4 488.23	9.57
贷款及应收款	2 761.80	5.89	金融机构	38 491.33	82.08
持有至到期投资	24 875.00	53.04	其他	3 914.16	8.35
其他	1 340.56	2.86			

4.2.3.2 信托资产运用与分布表

资产运用	金额（万元）	占比（%）	资产运用	金额（万元）	占比（%）
贷款	91.65	56.71	房地产业	57.95	35.86
长期股权投资	20.71	12.82	工商企业	55.84	34.55
可供出售及持有到期投资	22.11	13.68	基础产业	11.5	7.12
其他	27.13	16.79	金融机构	7.13	4.41
			其他	29.19	18.06

4.3 市场分析

4.3.1 经营形势分析

2011年，银监会相继出台了一系列对信托公司的监管政策，对银信合作、信贷资产转让、房地产信托、信政合作等业务予以规范和引导，更通过窗口指导对票据信托业务、同业存款信托业务予以全面叫停。总体而言，传统业务领域普遍受到限制，外部监管环境面临更大的不确定性。

4.3.2 金融形势分析

2012年宏观调控的主线是“保增长，控通胀”，刚刚结束的中央经济工作会议指出，2012年要继续实施稳健的货币政策，货币政策要根据经济运行情况，适时适度进行预调微调，综合运用多种货币政策工具，保持货币信贷总量合理增长，优化信贷结构，发挥好资本市场的积极作用，有效防范和及时化解潜在金融风险。对信托行业而言，市场需求潜力巨大，将持续推动信托融资需求。

4.3.3 影响本公司业务发展的主要因素

4.3.3.1 有利条件

（1）国民财富不断累积，居民可支配收入和高净值人群的持续增长，使通过信托这类专业财富管理机构投资理财的需求日趋旺盛。

（2）信托业近年发展迅速，信托资产管理总规模已突破四万亿元。信托业在理财市场和资产管理领域的地位和作用及其对中国经济社会发展的价值不断被认识，其在中国金融体系中的地位和影响力不断提升。

（3）根据国务院批复的《珠江三角洲地区改革发展规划纲要（2008—2020年）》，把广州市定位为区域金融中心，允许广州市在金融改革与创新方面先行先试，建立金融改革创新综合实验区。公司作为广州市本地唯一一家正在经营的信托公司，能够得到政策等方面的有力支持。

（4）作为一家重新登记开业的新信托公司，公司不存在人员、资产等遗留问题，也没有目前经营多年的老信托公司积累的一些矛盾和问题。通过彻底重组，公司轻装上阵，能够广泛借鉴行业内领先信托公司多年摸索出的发展经验，引入和建设最先进的信息技术平台，聘请高素质的专业团队，建立规范、系统、科学的管理运作体系，在高起点、高标准的前提下展业，具有很强的后发优势。

4.3.3.2 不利条件

（1）在行业发展环境方面，信托公司跨区域、跨行业的市场竞争进一步加剧。

（2）公司资本规模偏小。净资本管理办法出台后，资本实力的高低将成为制约未来信托公司业务发展的关键因素。

（3）培育和集聚高端客户资源已成为信托公司的核心资源所在，也是公司能否持续发展的关键因素之一。作为一家新公司，在激烈的市场竞争中要赢得客户的信任，积蓄形成具有一定规模的客户资源面临较大压力。

4.4 风险管理

4.4.1 风险管理概况

公司风险管理的全局性目标是实现长远发展、资本回报和风险暴露之间的平衡，追求运营的高效率和资源的优化配置，追求公司价值最大化。

4.4.2 风险状况

公司经营活动中面临的风险主要有:信用风险、市场风险、操作风险、合规风险及其他风险等。

4.4.2.1 信用风险状况

信用风险主要表现为公司交易对手不能履行合约义务从而导致公司资产价值发生变动遭受损失带来的风险,其中包括业务合作伙伴、贷款对象的信用风险,资金往来银行的信用风险。

4.4.2.2 市场风险状况

市场风险主要表现为因市场价格——利率、汇率、股票价格和商品价格等的不利变动而使公司的表内和表外业务发生损失的风险。具体表现为经济运行周期变化风险、金融市场利率波动风险、通货膨胀风险、房地产交易风险、证券市场、货币市场交易风险等。这些风险的存在不但影响信托财产的价值以及信托收益水平,也将影响公司由于资产负债结构不匹配等而导致公司整体的、当前和未来收入的损失。

4.4.2.3 操作风险状况

操作风险主要是公司内部控制、系统及运营过程中的错误或疏忽或外部事件而可能引起潜在损失的风险,表现在信息系统还不够全面及时,风险评估、风险管理的程序和结构还不够完善,以及人员操作不规范和责任心不强等方面。

4.4.2.4 合规风险状况

合规风险是指公司因没有遵守法律、法规和准则而可能遭受法律制裁、监管处罚,从而给公司发展带来重大损失的风险。

4.4.2.5 其他风险状况

(1)政策风险:指国家宏观经济政策的调整可能对公司业务经营或成果造成一定影响。

(2)道德风险:指由于公司内部人员蓄意违规、违法给公司带来损失的可能性。

(3)声誉风险:指由于公司操作失误、违反有关规定、资产质量下降不能按期兑付、不能向公众提供高质量的综合金融服务和管理不善等原因,对公司外部市场地位和声誉产生的消极和不良影响。

4.4.3 风险管理

4.4.3.1 信用风险管理

公司信用风险管理主要通过对交易对手的尽职调查进行事前控制;通过交易结构设计、风险定价、设定担保措施、持续进行风险评估等手段规避和监控交易对手信用风险变化;明确界定业务部门与风险管理等部门的风险管理职责。公司强调风险管理关口前移,注重业务管理的调研和过程控制,严格授权审批制度、决策限额。公司注重信用风险的分散和补偿,关注交易对手的履约能力,并借鉴商业银行信贷管理经验加强该类风险管理。

4.4.3.2 市场风险管理

市场风险管理是识别、计量、监测和控制市场风险的全过程,其目标是通过将市场风险控制在公司可以承受的合理范围内,实现经风险调整后的收益最大化。

公司关注国家宏观政策变化,避免进入限制类行业和相关项目;控制行业集中度,通过业务创新不断拓展多元化的投资领域;充分考虑拟投资项目筛选、评估、运营、退出中的策略、渠道和措施,注重投资项目的调研和分析工作,建立充足的项目储备池,制定风险处置预案,锁定项目退出风险,组建专业化的管理团队,明确项目组织管理结构与投资管理责任,并通过对货币政策、行业政策和利率走势等的深入分析研究,进行持续的专项监控。

4.4.3.3 操作风险管理

(1)公司要求每项业务在尽职调查、受理、设计、审批、销售、执行和终止的全过程中都合法合规,按照程序操作。

(2)构建内部控制环境,目前公司的各项控制制度和操作规程涵盖了所有业务领域,基本实现了对公司各项业务操作过程的有效控制。

(3)操作风险管理要点包括注重尽职调查、加强产品规范化管理、借助外部中介机构进行管控、进行持续风险监测和风险评价、加强合同档案管理、规范信息披露、加强信息化支持等。

4.4.3.4 合规风险管理

公司密切关注国内、国外金融监管发展趋势,动态理解和自觉适用信托业务相关的监管政策法规。公司高度重视合规管理工作,认为合规管理不再是公司运营的成本,而应成为提升公司内在价值和创造价值的重要手段。公司采用风险管理的方法主动进行合规管理,合规管理从基于规则限制的“是否合规”,发展为基于风险管理的“如何合规”,不让合规成为风险。公司持续完善能确保合规管理工作正常开展的制度体系和操作流程,合规风险管理计划得以有效执行;进一步明晰了对内、对外合规风险报告路线,建立了合规绩效考核机制和问责与激励机制。

4.4.3.5 其他风险管理

(1)政策风险管理。公司及时跟踪研究国家宏观政策和行业政策的调整与变化,尽可能准确地分析宏观政策和监管政策的未来趋势;积极研究、分析外部政策法规变化对信托公司发展方向、盈利模式的影响,不断摸索适合公司发展的道路;加强与政策制定部门的沟通,及时调整发展思路和经营理念,保持公司经营策略与国家政策的一致性。

(2)道德风险管理。公司通过制度设计完善内部控制机制,规范操作流程;严格执行管理制度及纪律要求;公司加强道德文化教育,鼓励员工遵纪守法,构筑道德风险“防火墙”,不断提高员工廉洁自律和勤勉尽职的意识;公司以员工为本,强调和谐共赢,不断加强企业的凝聚力和员工的归属感,避免各类短期行为和寻租现象;公司加强制度建设,通过制度建设为防范道德风险提供制度保障。

(3)声誉风险管理。公司将声誉风险管理纳入公司治理和全面风险管理体系,强调在合规经营和健康发展的基础上,主动、有效、灵活地管理声誉风险和应对声誉事件,主要是通过机制和制度建设明晰声誉风险监控、管理和应对流程,通过充分信息披露等方式实现与投资者的良性沟通,通过履行社会责任等积极提升公司的品牌价值和社会形象。

5. 报告期末及上一年度末的比较式会计报表

5.1 自营资产

5.1.1 会计师事务所审计意见全文

审 计 报 告

大业信托有限责任公司全体股东:

我们审计了后附的大业信托有限责任公司(以下简称“贵

公司")的财务报表,包括2011年12月31日的资产负债表,2011年度的利润表,2011年度的现金流量表,2011年度的所有者权益变动表以及财务报表附注。

一、管理层对财务报表的责任

编制和公允列报财务报表是贵公司管理层的责任。这种责任包括:(1)按照企业会计准则的规定编制财务报表,并使其实现公允反映;(2)设计、执行和维护必要的内部控制,以使财务报表不存在由于舞弊或错误导致的重大错报。

二、注册会计师的责任

我们的责任是在执行审计工作的基础上对财务报表发表审计意见。我们按照中国注册会计师审计准则的规定执行了审计工作。中国注册会计师审计准则要求我们遵守中国注册会计师职业道德守则,计划和执行审计工作以对财务报表是否不存在重大错报获取合理保证。

审计工作涉及实施审计程序,以获取有关财务报表金额和披露的审计证据。选择的审计程序取决于注册会计师的判断,包括对由于舞弊或错误导致的财务报表重大错报风险的评估。在进行风险评估时,注册会计师考虑与财务报表编制和公允列报相关的内部控制,以设计恰当的审计程序,但目的并非对内部控制的有效性发表意见。审计工作还包括评价管理层选用会计政策的恰当性和作出会计估计的合理性,以及评价财务报表的总体列报。

我们相信,我们获取的审计证据是充分、适当的,为发表审计意见提供了基础。

三、审计意见

我们认为,贵公司财务报表在所有重大方面按照企业会计准则的规定编制,公允反映了贵公司2011年12月31日的财务状况以及2011年度的经营成果和现金流量。

立信会计师事务所(特殊普通合伙)

中国注册会计师:张云美

广东分所　　中国注册会计师:郭普华

中国·广州　　二〇一二年四月十八日

5.1.2　资产负债表

资产负债表

编制单位:大业信托有限责任公司　　2011年12月31日　　单位:万元

项　目	期末数	年初数	项　目	期末数	年初数
现金及银行存款	416.36	21 166.92	向中央银行借款		
存放中央银行款项		0.12	联行存放款项		
贵金属			同业存放款项		
存放联行款项			拆入资金		
存放同业款项	17 500.00	8 800.00	交易性金融负债		
拆出资金			衍生金融负债		
交易性金融资产			卖出回购金融资产款		
衍生金融资产			应付及预收账款	1 957.56	
买入返售金融资产			应付职工薪酬	2 982.23	
应收及预付账款	2 224.31		应交税费	2 601.23	
应收利息	188 20		应付利息		
其他应收款	349.29	140.96	其他应付款	789.58	846.74
发放贷款和垫款			预计负债		
可供出售金融资产			应付债券		
持有至到期投资	24 875.00		递延所得税负债		
长期股权投资			其他负债		
投资性房地产			负债合计	8 330.60	846.74
固定资产	207.43	183.26	实收资本(或股本)	30 000.00	30 000.00
在建工程			国有资本	24 000.00	24 000.00
固定资产清理			外商资本		
无形资产			资本公积		
商誉			减:库存股		
长期待摊费用	349.94	384.61	盈余公积	856.31	
抵债资产			一般风险准备	436.70	
递延所得税资产	783.19		未分配利润	7 270.11	-170.87
其他资产			外币报表折算差额		
			归属于母公司		
			少数股东权益		
			所有者权益合计	38 563.12	29 829.13
资产合计	46 893.72	30 675.87	负债和所有者权益总计	46 893.72	30 675.87

法定代表人:沈柏年　　主管会计工作负责人:陈国权　　会计机构负责人:肖正峰

5.1.3 利润表

利润表

编制单位:大业信托有限责任公司　　2011 年度　　单位:万元

项　目	本年金额	上年金额
一、营业收入合计	18 565.29	25.74
(一)利息净收入	1 412.84	
利息收入	1 424.01	25.74
利息支出	11.17	
(二)手续费及佣金净收入	17 152.45	
手续费及佣金收入	17 940.26	
手续费及佣金支出	787.81	
(三)投资收益(损失以"－"号填列)		
(四)公允价值变动收益(损失以"－"号填列)		
(五)汇兑收益(损失以"－"号填列)		
(六)其他业务收入		
二、营业支出	6 936.67	206.33
营业税金及附加	1 036.16	
业务及管理费	5 774.13	206.33
折旧	70.58	
人员费用	4 148.12	
业务费用	249.33	
管理费用	1 306.10	
资产减值损失	126.38	
其他业务成本		
三、营业利润(亏损以"－"号填列)	11 628.62	－180.59
营业外收入		
营业外支出	5.43	
四、利润总额(亏损以"－"号填列)	11 623.19	－180.59
减:所得税费用	2 889.21	
五、净利润(亏损以"－"号填列)	8 733.98	－180.59

法定代表人:沈柏年　　主管会计工作负责人:陈国权　　会计机构负责人:肖正峰

5.1.4 所有者权益变动表

所有者权益变动表

编制单位:大业信托有限责任公司　　2011 年度　　单位:万元

项　目	本期金额					
	股本	资本公积	盈余公积	一般风险准备	未分配利润	股东权益合计
一、上年年末余额	30 000.00				－170.87	29 829.13
加:会计政策变更						
前期差错更正						
二、本年年初余额	30 000.00				－170.87	29 829.13
三、本年增减变动金额(减少以"－"号填列)			856.31	436.70	7 440.97	8 733.98
(一)净利润					8 733.98	8 733.98
(二)其他综合收益						
上述(一)和(二)小计					8 733.98	8 733.98
(三)所有者投入和减少资本						
1. 所有者投入资本						
2. 股份支付计入股东权益的金额						
3. 其他						
(四)利润分配			856.31	436.70	－1 293.01	
1. 提取盈余公积			856.31		－856.31	
2. 提取一般风险准备				436.70	－436.70	

续表

项　　目	本期金额					
	股本	资本公积	盈余公积	一般风险准备	未分配利润	股东权益合计
3. 对股东的分配						
4. 其他						
(五)所有者权益内部结转						
1. 资本公积转增股本						
2. 盈余公积转增股本						
3. 盈余公积弥补亏损						
4. 其他						
(六)专项储备						
1. 本期提取						
2. 本期使用						
四、本年年末余额	30 000. 00		856. 31	436. 70	7 270. 10	38 563. 11

法定代表人:沈柏年　　主管会计工作负责人:陈国权　　会计机构负责人:肖正峰

所有者权益变动表(续表)

编制单位:大业信托有限责任公司　　2011 年度　　单位:万元

项　　目	上期金额					
	股本	资本公积	盈余公积	一般风险准备	未分配利润	股东权益合计
一、上年年末余额					9. 72	9. 72
加:会计政策变更						
前期差错更正						
二、本年年初余额					9. 72	9. 72
三、本年增减变动金额(减少以“-”号填列)	30 000. 00				-180. 59	29 819. 41
(一)净利润					-180. 59	-180. 59
(二)其他综合收益						
上述(一)和(二)小计					-180. 59	-180. 59
(三)所有者投入和减少资本	30 000. 00					30 000. 00
1. 所有者投入资本	30 000. 00					30 000. 00
2. 股份支付计入股东权益的金额						
3. 其他						
(四)利润分配						
1. 提取盈余公积						
2. 提取一般风险准备						
3. 对股东的分配						
4. 其他						
(五)所有者权益内部结转						
1. 资本公积转增股本						
2. 盈余公积转增股本						
3. 盈余公积弥补亏损						
4. 其他						
(六)专项储备						
1. 本期提取						
2. 本期使用						
四、本年年末余额	30 000. 00				-170. 87	29 829. 13

法定代表人:沈柏年　　主管会计工作负责人:陈国权　　会计机构负责人:肖正峰

5.2 信托资产

5.2.1 信托项目资产负债汇总表

信托项目资产负债汇总表

编制单位：大业信托有限责任公司　　2011年12月31日　　单位：万元

项目	期末数	年初数	项目	期末数	年初数
银行存款	14 777.24		应付受托人报酬		
交易性金融资产			应付受益人收益		
买入返售金融资产			应付托管费		
应收及预付账款	55 400.00		应交税费		
应收利息			其他应付款	3 849.27	
拆出资金			其他负债		
其他应收款			负债合计	3 849.27	
发放贷款和垫款	916 505.00				
可供出售金融资产	50 000.00		实收信托	1 607 236.47	
持有至到期投资	171 130.11		资本公积		
长期股权投资	214 935.00		未分配利润	5 011.61	
固定资产			所有者权益合计	1 612 248.08	
在建工程					
固定资产清理					
无形资产					
长期待摊费用					
其他资产	193 350.00				
资产合计	1 616 097.35	0.00	负债和所有者权益总计	1 616 097.35	0.00

5.2.2 信托项目利润及利润分配表

信托项目利润及利润分配表

编制单位：大业信托有限责任公司　2011年度　　单位：万元

项　目	本期金额	上期金额
一、营业收入合计	48 301.41	0.00
(一)利息收入	40 046.13	
(二)投资收益(损失以"-"号填列)	7 107.14	
(三)公允价值变动收益(损失以"-"号填列)		
(四)租赁收入		
(五)汇兑收益(损失以"-"号填列)		
(六)其他业务收入	1 148.14	
二、手续费及佣金支出	4 543.99	0.00
三、业务及管理费	4 987.09	0.00
四、营业税金及附加		0.00
五、扣除财产损失前的信托利润	38 770.33	0.00
加：以前年度损益调整		
六、扣除财产损失后的信托利润	38 770.33	0.00
加：期初未分配信托利润		
营业外支出		
七、可供分配的信托利润	38 770.33	0.00
减：本期已分配的信托利润	33 758.72	
八、期末未分配利润	5 011.61	0.00

6. 会计报表附注

6.1 会计报表编制基准不符合会计核算基本前提的说明

公司以持续经营为基础，根据实际发生的交易和事项，按照《企业会计准则——基本准则》和其他各项具体会计准则、应用指南及准则解释的规定进行确认和计量，在此基础上编制财务报表。

公司所编制的会计报表符合企业会计准则的要求，真实、完整地反映了公司的财务状况、经营成果、股东权益变动和现金流量等有关信息。

6.2 重要会计政策和会计估计说明

公司自2010年9月开始筹建起执行财政部2006年2月15日颁布的《企业会计准则》（财会〔2006〕3号）及其后续规定。

6.2.1 计提资产减值准备的范围和方法

公司计提资产损失准备的范围包括：贷款损失准备、长期股权投资减值准备、固定资产减值准备和无形资产减值准备。主要计提方法是：

一是贷款损失准备。公司按照贷款资产风险分类后的风险程度和回收的可能性，参照以下比例计提专项准备：

贷款风险类别	计提比例(%)
关注类	2
次级类	25
可疑类	50
损失类	100

计提比例可上下浮动20%。

二是长期股权投资减值准备。期末对单项投资由于市价持续下跌或被投资单位经营状况恶化等原因导致其可收回金额低于账面价值的差额分项提取长期投资减值准备。

三是固定资产减值准备。期末对单项资产由于市价持续下跌、技术陈旧、损坏或长期闲置等原因，导致其可收回金额低于账面价值的差额，分项提取固定资产减值准备。

四是无形资产减值准备。期末按单项资产预计可收回金额低于其账面价值的差额，分项提取无形资产减值准备。

6.2.2 短期投资核算方法

6.2.2.1 金融资产四分类的范围和标准

金融资产于初始确认时分为以下四类：以公允价值计量且其变动计入当期损益的金融资产、持有至到期投资、贷款和应收款项、可供出售金融资产。金融资产在初始确认时以公允价值计量。对于以公允价值计量且其变动计入当期损益的金融资产，相关交易费用直接计入当期损益，其他类别的金融资产相关交易费用计入其初始确认金额。

一是金融资产的公允价值。存在活跃市场的金融资产，采用活跃市场中的报价确定其公允价值。不存在活跃市场的，本公司采用估值技术确定其公允价值，估值技术包括参考熟悉情况并自愿交易的各方最近进行的市场交易中使用的价格、参照实质上相同的其他金融工具的当前公允价值、现金流量折现法和期权定价模型等。

二是金融资产转移。金融资产转移，是指本公司将金融资产让与或交付给该金融资产发行方以外的另一方（转入方）。

已将金融资产所有权上几乎所有的风险和报酬转移给转入方的，终止确认该金融资产；保留了金融资产所有权上几乎所有的风险和报酬的，不终止确认该金融资产；既没有转移也没有保留金融资产所有权上几乎所有的风险和报酬的，分别按下列情况处理：放弃了对该金融资产控制的，终止确认该金融资产并确认产生的资产和负债；未放弃对该金融资产控制的，按照其继续涉入所转移金融资产的程度确认有关金融资产，并相应确认有关负债。

6.2.2.2 交易性金融资产核算方法

以公允价值计量且其变动计入当期损益的金融资产，包括交易性金融资产和初始确认时指定为以公允价值计量且其变动计入当期损益的金融资产，采用公允价值进行后续计量，所有已实现和未实现的损益均计入当期损益。

6.2.2.3 可供出售金融资产核算方法

可供出售金融资产指初始确认时即指定为可供出售的非衍生金融资产，以及除上述金融资产类别以外的金融资产，此类金融资产采用公允价值进行后续计量。其折溢价采用实际利率法进行摊销并确认为利息收入。除减值损失及外币货币性金融资产的汇兑差额确认为当期损益外，可供出售金融资产的公允价值变动作为资本公积的单独部分予以确认，直到该金融资产终止确认或发生减值时，在此之前在资本公积中确认的累计利得或损失转入当期损益。与可供出售金融资产相关的股利或利息收入，计入当期损益。

6.2.2.4 持有至到期投资核算方法

持有至到期投资是指到期日固定、回收金额固定或可确定，且本公司有明确意图和能力持有至到期的非衍生金融资产，采用实际利率法，按照摊余成本进行后续计量，其终止确认、发生减值或摊销产生的利得或损失，均计入当期损益。

6.2.3 长期投资核算方法

6.2.3.1 长期股权投资的初始计量

长期股权投资在取得时按初始投资成本计量。初始投资成本一般为取得该项投资而付出的资产、发生或承担的负债以及发行的权益性证券的公允价值，并包括直接相关费用。但同一控制下的企业合并形成的长期股权投资，其初始投资成本为合并日取得的被合并方所有者权益的账面价值份额。

6.2.3.2 长期股权投资的后续计量

能够对被投资单位实施控制的长期股权投资，以及对被投资单位不具有共同控制或重大影响，且在活跃市场中没有报价、公允价值不能可靠计量的长期股权投资采用成本法核算；对被投资单位具有共同控制或重大影响的长期股权投资，采用权益法核算。

长期股权投资采用权益法核算时，对长期股权投资初始投资成本大于投资时应享有被投资单位可辨认净资产公允价值份额的，不调整长期股权投资的初始投资成本；对长期股权投资初始投资成本小于投资时应享有被投资单位可辨认净资产公允价值份额的，其差额计入当期损益，同时调整长期股权投资的成本。

按权益法对长期股权投资进行核算时，先对被投资单位的净利润进行取得投资时被投资单位各项可辨认资产等的公允价值、会计政策和会计期间方面的调整，再按应享有或应分担的被投资单位的净损益份额确认当期投资损益。

6.2.4 固定资产计价和折旧方法

固定资产按照取得时的实际成本进行初始计量，采用年限平均法计提折旧。

6.2.5 合并会计报表的编制方法

本公司将所有控股子公司纳入合并会计报表范围。

截至本报告日，本公司尚无控股子公司。

6.2.6 收入确认原则和方法

收入是在与交易相关的经济利益能够流入本公司，且有关收入的金额可以可靠地计量时予以确认。具体按以下标准确认：一是利息收入。对于所有以摊余成本计量的金融工具及可供出售类投资中计息的金融工具，利息收入以实际利率计量。实际利率和合同利率差别较小时，按合同利率计算利息收入。二是手续费、佣金及其他收入。在已提供有关服务且收取的金额可以合理地估算时确认。

6.2.7 信托报酬的确认原则和方法

在收入确认原则基础上，与信托业务相关的经济利益能够流入、收入的金额能够可靠计量的情况下，按有关合同、协议规定的时间和方法确认信托报酬收入的实现。若合同无特备规定，原则上信托报酬在整个信托存续期间平均分摊确认收入。

6.3 或有事项说明

本期公司无对外担保及其他或有事项。

6.4 会计报表中重要项目的明细资料

6.4.1 自营资产经营情况

6.4.1.1 信用风险资产五级分类情况

按照银监会《非银行金融机构资产风险分类指导原则（试行）》的分类标准，本年度末公司固有资产质量情况是：

信用风险资产五级分类	正常类（万元）	关注类（万元）	次级类（万元）	可疑类（万元）	损失类（万元）	信用风险资产合计（万元）	不良资产合计（万元）	不良资产率（%）
期初数	0.00	0.00	0.00	0.00	0.00	0.00	0.00	0.00
期末数	0.00	0.00	0.00	0.00	0.00	0.00	0.00	0.00

6.4.1.2 资产损失准备的期初、本期计提、本期转回、本期核销、期末数

单位：万元

	期初数	本期计提	本期转回	本期核销	期末数
贷款损失准备：					
一般准备					
专项准备					
其他资产减值准备：					
可供出售金融资产减值准备					
持有至到期投资减值准备					
长期股权投资减值准备					
坏账准备		126.38			126.38
投资性房地产减值准备					
合计		126.38			126.38

6.4.1.3 自营股票投资、基金投资、债券投资、长期股权投资等投资的期初数、期末数

本期公司尚无此类业务。

6.4.1.4 前三名的自营长期股权投资的企业名称、占被投资企业权益的比例、主要经营活动及投资收益情况等

本期公司尚无此类业务。

6.4.1.5 前三名的自营贷款的企业名称、占贷款总额的比例和还款情况等

本期期末公司贷款余额为零。

6.4.2 信托资产管理情况

6.4.2.1 履行受托人义务的情况

2011年，公司共成立信托项目93个，信托规模总计184.76亿元。其中单一信托项目62个，信托规模合计122.58亿元；集合信托项目30个，信托规模合计58.18亿元，财产信托1个，信托规模合计4亿元。2011年，清算项目13个，信托规模合计24.04亿元，截至2011年12月31日存续信托项目80个，存续信托规模合计160.72亿元。

公司勤勉尽职履行受托人义务。2011年，全部信托项目共实现信托净利润为38 770.33万元，其中已经清算项目实现信托净利润4 012.30万元。向各类受益人分配信托净利润为33 758.72万元，按期兑付13个已清算项目信托本金24.04亿元，截至2011年底累计未分配信托利润5 011.61万元。截至本报告日，存续项目运行平稳。

6.4.2.2 信托资产的期初数、期末数

单位：万元

信托资产	期初数	期末数
集合	0.00	576 730.14
单一	0.00	999 367.20
财产权	0.00	40 000.01
合计	0.00	1 616 097.35

6.4.2.3 本年度信托终止的合同份数、合计金额、加权平均预计收益率、加权平均实际收益率

已清算结束信托项目	合同份数	合计金额（万元）	加权平均实际收益率（万元）	加权平均实际信托报酬率（%）
集合类	2	11 700.00	7.5	0.50
单一类	11	228 670.00	6.28	0.28
财产管理类	0	0.00	0.00	0.00

6.4.2.4 信托财产的损失情况

本公司勤勉尽职履行受托人义务，未发生信托财产的损失情况。

6.4.2.5 因本公司自身责任而导致的信托资产损失

本公司勤勉尽职履行受托人义务，未发生因公司自身责任而导致的信托资产损失情况。

6.5 关联方关系及其交易的披露

6.5.1 关联交易方的数量、关联交易的总金额及关联交易的定价政策

2011年，公司已成立的信托项目中与股东方中国东方资产管理公司及广州国际控股集团有限公司合作的产品共计30只，信托规模100.35亿元。关联交易的定价政策主要有：

一是指定型信托项目的关联方交易价格按委托人（或受益人）指定的价格确定，但有悖法律规定或明显有损第三方利益的，本公司拒绝执行；二是固有财产的关联方交易或授权型信托项目的关联方交易的定价主要遵循市场价格的原则，有客观的市场价格作为参照的一律以市场价格为准；如果没有市场价格，按照成本加成定价；如果既没有市场价格，也不适合采用成本加成价的，按照协议价定价。

6.5.2 关联交易方与本公司的关系性质、关联交易方的名称、法定代表人、注册地址、注册资本及主营业务

关系性质	关联方名称	法人代表	注册地址	注册资本	主营业务
股东	中国东方资产管理公司	张子艾	北京市西城区阜成门内大街410号	100亿元	收购、管理和处置金融机构不良资产以及其他金融服务。
股东	广州国际控股集团有限公司	沈柏年	广州市天河区体育西路191号中石化大厦B座26层2601～2624号房	334 994.00万元	运用自有资金进行授权范围内的国有资产经营及管理。

6.5.3 公司与关联方的重大交易事项

6.5.3.1 固有资产与关联方

报告期内无固有资产与关联方发生重大交易情况。

6.5.3.2 信托资产与关联方

单位：万元

项目	期初数	期末数
贷款	0.00	657 050.00
投资	0.00	346 450.00
租赁	0.00	0.00
担保	0.00	0.00
应收账款	0.00	0.00
其他	0.00	0.00
合计	0.00	1 003 500.00

6.5.3.3 固有财产与信托财产之间的交易金额、交易方式等期初数、期末数

报告期内，公司以固有资金购买了公司受托管理的3个集合资金信托项目，合同金额合计24 875.00万元。上述关联交

易严格按照公司内部审批流程进行审批，根据信托项目认购流程进行认购，交易条件及交易价格等同于公司同类信托业务，符合监管要求。

单位：万元

项目	期初数	期末数
佛奥广场股权投资类集合资金信托计划	0.00	4 335.00
汇通宝集合资金信托计划（汇通宝1期）	0.00	9 950.00
汇通宝集合资金信托计划（汇通宝3期）	0.00	10 590.00
合计	0.00	24 875.00

6.5.3.4　信托资产与信托财产之间的交易金额期初汇总数、本期发生额汇总数、期末汇总数

报告期内无信托资产与信托财产之间发生交易情况。

6.5.4　关联方逾期未偿还本公司资金的详细情况以及本公司为关联方担保发生或即将发生垫款的情况

关联方无逾期不偿还本公司资金情况，本公司无为关联方担保发生或即将发生垫款情况。

7. 财务情况说明书

7.1　利润实现和分配情况

2011年，公司实现净利润为8 733.98万元。依据《公司法》、《信托公司管理办法》和《公司章程》，公司对2011年可供分配利润提取10%法定盈余公积金856.31万元，提取5%提取的信托赔偿准备金436.70万元。

7.2　主要财务指标

指标名称	指标值
资产收益率（%）	22.52
资本收益率（%）	25.54
信托报酬率（%）	1.23
人均利润（万元/人）	213.02

注：1. 资产收益率＝净利润÷总资产平均余额×100%；平均值采取年初、年末余额简单平均法；公式为：平均值＝（年初数＋年末数）÷2，下同。

2. 资本利润率＝净利润÷所有者权益平均余额×100%。

3. 信托报酬率＝$\sum_{i=1}^{n}(A_i \times P_i) \div \sum_{i=1}^{n}(A_i)$（$A_i$——信托项目 i 的实收信托规模，P_i——信托项目 i 的实际年化信托报酬率）。

4. 人均净利润＝净利润÷年平均人数。

7.3　对本公司财务状况、经营成果有重大影响的其他事项

报告期内无上述事项。

8. 特别事项揭示

8.1　股东报告期内变动情况及原因

股东报告期内无变动。

8.2　高级管理人员变动情况及原因

报告期内，公司原财务总监袁宏先生因个人原因辞去公司财务总监职务。公司第一届董事会2011年第二次会议审议通过了《关于袁宏先生辞去公司财务总监职务的议案》，公司第一届董事会2011年第一次临时会议审议通过了《关于拟聘任陈国权先生担任公司财务总监的议案》，聘任陈国权先生担任公司财务总监。

8.3　变更注册资本、注册地或公司名称、公司分立合并事项

报告期内无上述事项。

8.4　公司的重大诉讼事项

报告期内公司无重大诉讼事项。

8.5　对会计师事务所出具的有解释性说明、保留意见、拒绝表示意见或否定意见的审计报告的，公司董事会就所涉及事项作出的说明

立信会计师事务所（特殊普通合伙）广东分所出具了标准无保留意见的审计报告。

8.6　公司及其高级管理人员受到处罚情况

报告期内无上述处罚情况。

8.7　对银监会及其派出机构提出整改意见的整改情况说明

银监会及其派出机构在2011年未对公司提出整改意见。

8.8　重大事项临时报告情况

报告期内无重大事项临时报告。

8.9　银监会及其省级派出机构认定的其他有必要让客户及相关利益人了解的重要信息

报告期内无其他有必要让客户及相关利益人了解的重要信息。

9. 公司监事会意见

监事会认为本公司决策程序符合法律、法规和公司章程的规定，并建立了较为完善的内部控制制度，公司董事、管理层认真履行职责，未发生执行职务时有违反法律、法规、公司章程或损害公司利益的行为。公司财务报告经立信会计师事务所（特殊普通合伙）广东分所审计，真实反映了公司财务状况和经营成果。

东莞信托有限公司

1. 重要提示

1.1 本公司董事会及董事保证本报告所载资料不存在任何虚假记载、误导性陈述或者重大遗漏，并对其内容的真实性、准确性和完整性承担个别及连带责任。2011 年年度报告摘要摘自年度报告全文，客户及相关利益人欲了解详细内容，应阅读年度报告全文。

1.2 本公司董事王启波、董事朱海毅因公务未能参加第三届董事会第十二次会议，委托董事长何锦成代为行使表决权；董事王标因公务未能参加第三届董事会第十二次会议，委托董事陈锐康代为行使表决权。

1.3 本公司独立董事彭志坚声明：保证本年度报告真实、准确和完整。

1.4 本公司 2011 年度财务报告经中审亚太会计师事务所有限公司审计，并出具了标准无保留意见的审计报告。

1.5 本公司董事长何锦成、总经理丁暖容及财务负责人陈建锋声明：保证年度报告中财务会计报告的真实、完整。

2. 公司概况

2.1 公司简介

法定中文名称及缩写	东莞信托有限公司/东莞信托
英文名称及缩写	Dongguan Trust Co. ,Ltd. / DGTC
法定代表人	何锦成
注册地址	东莞市城区旗峰路 98 号福民购物广场 12 楼
邮政编码	523008
公司国际互联网网址	http://www.dgxt.com
电子信箱	bgs@dgxt.com
信息披露事务负责人	刘绮澜

续表

信息披露事务人	姓名：冯 杰
	联系电话：(0769)22341577
	传真：(0769)22389630
	电子信箱：fj@dgxt.com
公司年报信息披露报纸	《金融时报》
公司年报备置地点	东莞市城区旗峰路 98 号福民购物广场 12 楼
公司聘请的会计师事务所	名称：中审亚太会计师事务所有限公司
	住所：北京市海淀区复兴路 47 号天行建商务大厦 22 ~ 23 层
公司聘请的律师事务所	名称：广东赋诚律师事务所
	住所：住所：东莞市莞城区旗峰路 162 号中侨大厦 B 座 23 楼

2.2 组织结构

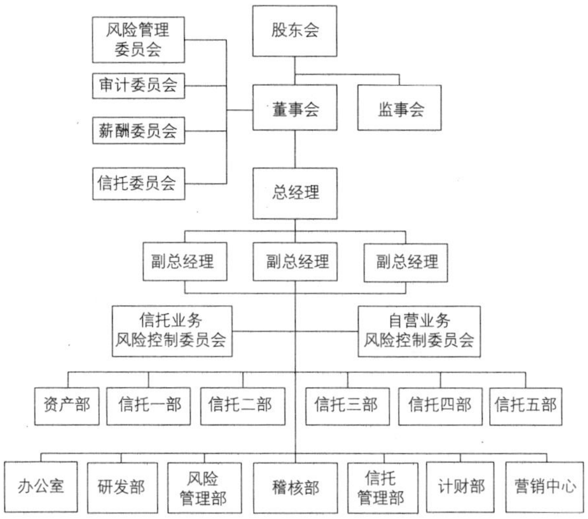

注：经本公司 2012 年 2 月 12 日召开的第三届董事会第十一次会议审议通过，同意公司增设"信托五部"。

3. 公司治理结构

3.1 股东

报告期末，公司股东总数 7 家，主要股东为东莞市财信发展有限公司和东莞市财政局，合计共持有本公司 70% 的股权，其中东莞市财信发展有限公司持股 40%、东莞市财政局持股 30%，其余 5 家股东持股比例均为 6%。本公司主要股东的情况如下表：

股东名称	持股比例(%)	法定代表人	注册资本(万元)	注册地址	主要经营业务	主要财务情况
东莞市财信发展有限公司	40	何锦成	40 000	东莞市莞城旗峰路福民购物广场 11 楼	物业投资、商业投资等	总资产 389 405 万元，总负债 259 612 万元，所有者权益 129 793 万元。
东莞市财政局	30	詹文光	—	东莞市鸿福路 99 号行政办事中心 11 楼	—	—

本公司第一大股东东莞市财信发展有限公司是东莞市人民政府国有资产监督管理委员会全资拥有的企业。东莞市财信发展有限公司股东情况如下表：

股东名称	出资比例(%)	法人代表	注册资本(万元)	注册地址	主要经营业务及主要财务情况
东莞市人民政府国有资产监督管理委员会	100	任洪杰	—	东莞市莞城区万寿路76号	—

3.2 董事

董事长、董事

姓名	职务	性别	年龄	选任日期	所推举的股东名称	该股东持股比例(%)	简要履历
何锦成	董事长	男	52	2009年12月	东莞市财信发展有限公司	40	现任东莞市财信发展有限公司董事长、东莞信托有限公司董事长。
丁暖容	董事	男	47	2009年12月	东莞市财信发展有限公司	40	现任东莞信托有限公司董事、总经理。
陈锐康	董事	男	54	2009年12月	东莞市财政局	30	现任东莞市财政局副局长。
王标	董事	男	41	2009年12月	东莞市财政局	30	现任东莞市会计核算中心主任。
陈尧燊	董事	男	68	2009年12月	东莞市东糖集团有限公司	6	现任东莞市东糖集团有限公司董事长。
王镜光	董事	男	57	2009年12月	东莞市经济贸易总公司	6	现任东莞市经济贸易总公司总经理。
朱海毅	董事	男	45	2009年12月	广东福地科技总公司	6	现任广东福地科技总公司总经理。
王启波	董事	男	53	2010年3月	东莞发展控股股份有限公司	6	现任东莞发展控股股份有限公司副董事长。

独立董事

姓名	所在单位及职务	性别	年龄	选任日期	所推举的股东名称	该股东持股比例(%)	简要履历
彭志坚	广东省政协常委	男	63	2010年3月	东莞市财信发展有限公司	40	现任广东省政协常委、经济委员会副主任。
陆磊	广东金融学院 副院长	男	41	2009年12月	东莞市财信发展有限公司	40	现任广东金融学院副院长。
陈平	中山大学岭南学院副院长	男	47	2012年3月	东莞市财信发展有限公司	40	现任中山大学岭南学院副院长。

注:公司独立董事陆磊由于职务变动的原因,于2011年7月15日提出辞去公司独立董事职务,公司同意其辞职申请,并向监管部门报告;公司2011年度股东会第十四次临时会议审议通过并经广东银监局核准陈平同志担任公司独立董事职务。陈平同志于2012年3月1日正式履行东莞信托有限公司独立董事职责。

3.3 监事

监事会成员

姓名	职务	性别	年龄	选任日期	所推举的股东名称	该股东持股比例(%)	简要履历
王兆鹏	监事长	男	52	2009年12月	东莞市财信发展有限公司	40	现任东莞市财信发展有限公司总经理。
姚慧怡	监事	女	40	2011年4月	东莞市财政局	30	现任东莞市财政局预算科科长。
李锦生	监事	男	52	2009年12月	东莞市东糖集团有限公司	6	现任东莞市东糖集团有限公司总经理。
张庆文	监事	男	43	2009年12月	东莞发展控股股份有限公司	6	现任东莞发展控股股份有限公司总经理。
胡德新	监事	男	48	2009年12月	东莞市经济贸易总公司	6	现任东莞市经济贸易总公司副总经理。
周杰峰	监事	男	44	2009年12月	广东福地科技总公司	6	现任广东福地科技总公司副总经理。
谭利玲	监事	女	47	2009年12月	职工监事代表		现任东莞信托有限公司稽核部经理。
吴惠仪	监事	女	35	2009年12月	职工监事代表		现任东莞信托有限公司信托一部经理。
罗炯亮	监事	男	34	2009年12月	职工监事代表		现任东莞信托有限公司研发部经理。

3.4 高级管理人员

姓名	职务	性别	年龄	选任日期	金融从业年限	学历	专业
丁暖容	总经理	男	47	2009年12月	21	本科	应用数学
刘绮澜	副总经理	女	43	2009年12月	18	本科	经济学
陈贺健	副总经理	男	49	2009年12月	32	本科	金融学
郑建文	副总经理	男	39	2009年12月	15	本科	国际经济法

3.5 公司员工

报告期内职工人数为82人,平均年龄33岁,学历分布:研究生学历占比为8.54%,本科学历占比为79.26%,专科学历占比为12.20%。

4. 经营管理

4.1 经营目标、方针、战略规划

4.1.1 经营目标

坚持市场化道路,继续推进经营管理转型,成为值得信赖的专业资产管理金融机构。

4.1.2 经营方针

秉承"怀敬畏之心,立诚信之本,走务实之路,创长青之业"的企业精神,坚持"诚信立业、稳健务实、合规创新、追求效益"的经营理念,以市场为导向,创新业务发展模式、盈利模式和盈利手段,树立公司品牌,实现公司规范、稳健、可持续发展。

4.1.3 战略规划

以融资业务为主的项目管理驱动与客户财富管理驱动并行，不断强化客户基础，加强研究投资者客户群的需要，培育业务差异化能力，在产品设计中兼顾双方客户的收益和风险偏好，做深、做优、做好项目融资类业务，同时提高资产配置能力，为投资者客户群寻找符合其偏好的产品组合。将风险管理、尽责管理视为公司持续发展的核心，深耕东莞，大力拓展珠三角、广东市场，有选择有重点地面向全国市场。

4.2 所经营业务的主要内容

4.2.1 自营资产运用与分布表

资产运用	金额(万元)	占比(%)	资产分布	金额(万元)	占比(%)
货币资产	10 261.87	9.87	基础产业		
贷款及应收款	41 889.44	40.27	房地产业		
交易性金融资产			证券市场	20 165.39	19.39
可供出售金融资产	29 165.39	28.04	实业	7 705.56	7.41
持有至到期投资			金融机构	8 399.58	8.07
长期股权投资	16 105.14	15.48	其他	67 744	65.13
其他	6 592.69	6.34			
资产总计	104 014.53	100.00	资产总计	104 014.53	100.00

4.2.2 信托资产运用与分布表

资产运用	金额（万元）	占比（%）	资产分布	金额（万元）	占比（%）
货币资产	43 003.67	1.77	基础产业	438 467.10	18.05
贷款	1 476 621.81	60.77	房地产	160 340.00	6.60
交易性金融资产	104 321.41	4.29	证券市场	13 867.14	0.57
可供出售金融资产	0.00	0.00	实业	767 996.67	31.60
持有至到期投资	0.00	0.00	金融机构	0.00	0.00
长期股权投资	285 947.00	11.77	其他	1 049 361.47	43.18
其他	520 138.49	21.40			
信托资产总计	2 430 032.38	100	信托资产总计	2 430 032.38	100

4.3 市场分析

4.3.1 影响公司业务发展的主要因素

4.3.1.1 有利因素

（1）信托行业的基本法律框架从“一法两规”升级到“一法三规”，再加上近年来一些规范细则的出台，信托法律制度不断完善，行业监管力度不断加强，逐步为信托业的长远健康发展提供有效支撑。

（2）在中国经济快速增长的影响下，社会中已形成了一个庞大的财富人群，理财意识逐渐增强，而目前国内的投资渠道仍相对较为缺乏，因此对投资理财产品的需求日益加强，信托公司可以凭借广泛的投资渠道和灵活的产品设计创新等优势为高净值人群服务。

4.3.1.2 不利因素

（1）一方面，信托业经过六次整顿，监管政策环境已经有了很大改善，但近两年来信托业务的创新和快速发展，导致相关配套规定的出台相对滞后，在一定程度上制约了信托产品的长期化和大规模发展。另一方面，信托业的监管体系存在信托公司与其他金融机构争夺高端客户等问题。

（2）目前信托公司的产品多是将集合资金以单一形式投资运用于单个项目，一方面，很难做大信托资产规模；另一方面，则是产品缺乏流动性，难以形成长期盈利模式。一旦项目失败，信托计划将可能面临无法兑付的问题，而信托公司不但无法承受和抵抗单个信托计划运作失败的风险，甚至有可能将单个项目的运营风险变成整个公司的支付风险。

4.4 内部控制概况

4.4.1 内部控制环境和内部控制文化

内部控制是现代企业管理的基石，是促进公司安全、稳健、高效发展，防范和控制各种风险的基本要求，建立科学、合理、有效的内部控制体系是公司追求的目标。国家五部委下发的《企业内部控制基本规范》自 2009 年 7 月 1 日实施以后，公司已按照上述规范及建立现代企业制度的要求逐步完善了符合公司发展需要的组织结构、内部控制和运行机制。

内部控制环境：公司组织机构包括股东会、董事会、监事会、经营管理层及相关专业委员会。各机构根据《公司法》及公司章程规定行使相关职责，公司制定了《风险管理委员会工作细则》、《审计委员会工作细则》、《薪酬委员会工作细则》、《信托委员会工作细则》，明确了各自的议事方式和表决程序。

公司设立了风险管理委员会，对董事会负责；在经营管理层设有信托业务风险控制委员会、自营业务风险控制委员会、风险管理部及稽核部构成的风险管理组织架构。各主体根据其风险管理的职责对公司各项业务的事前、事中和事后风险开展不同层面的管理。

2011 年，公司制定了《净资本管理办法》、《长期股权投资管理制度》、《流动资金贷款管理办法》及《业务档案管理实施细则》等 11 项制度；修订了《结构化证券投资信托业务管理细则》、《授权管理办法》及《总经理对副总经理的授权》等 11 项制度，建立了较为完善的内部控制制度体系。

内部控制文化：公司已建立了以风险管理为核心的企业文化，逐步完善了董事、监事、经营管理层的考核制度及人事管理制度，包括《员工劳动合同管理办法》、《招聘工作管理指引》等多项制度，有利于考核激励机制的进一步完善。几年来，公司努力打造优良的企业文化，召开多种形式的培训及座谈会，挖掘企业文化内涵，强调人人合规及规范经营理念，2011 年，公司确立了“诚信、责任、进取、奉献”的企业价值观及企业文化基本框架。通过内部控制这种“法治”和企业文化这种“德治”的有机结合，进一步提高公司的经营效益和效率，提高公司的管理水平。

4.4.2 内部控制措施

公司的内部控制制度由组织架构、业务管理制度、授权制度、资金管理制度、会计系统、计算机应用系统及保密、人事管理、风险管理及稽核内审等方面构成，通过有效建立防火墙，做到事前防范、事中控制、事后监督和纠正，形成操作、决策、稽核与评价相互监督和纠正的内部约束机制。

2011 年，公司通过完善各项内部控制制度，完善法人治理，加强人力资源管理，明确各部门岗位责任，强化风险管理职能，进一步加强对事中风险的控制和事后监督，加强各项业务的合规性审查，加快业务流程的改造等措施，进一步完善公司的内控制度和提升公司风险管理能力。

4.4.3 监督评价与纠正

公司建立了以风险管理部和稽核部为核心的内部控制监督、评价机制。

稽核部通过常规性稽核和专项稽核，对公司业务活动、财务收支、资金流转、经济效益及内部控制执行情况等进行全面的稽核、评价，对存在问题提出整改措施，并结合公司业务发展和监管要求，对公司各项制度提出修订及更新意见；风险管理部不断加强及完善对业务流程的设置、梳理、修改及评价，定期出具风险分析报告，及时修订、更新公司各项业务制度，使内部控制制度建设不断完善。

4.5 风险管理概况

4.5.1 信用风险状况及其管理策略

4.5.1.1 信用风险状况

主要表现为交易对手违约造成的风险，自营业务的信用风险主要来自自营贷款、表外担保业务；信托业务的信用风险主要来自信托贷款、财产租赁和带回购及结构化的股权投资、带回购股权收益权投资等。

截至2011年12月末，公司自营贷款余额为40 500万元，比年初减少了5 400万元，下降了11.76%；信托贷款余额为1 476 622万元，比年初增加了356 247万元，增幅为31.80%；信托财产租赁余额为871万元，与年初持平；自营表外担保余额为0，与年初相比没有变化。

对信用风险，公司不断完善业务的决策流程及操作流程，并针对不同业务的交易对象进行严格的准入审核，加强对客户的尽职调查，对交易对手进行事前、事中、事后的监测、检查、评价，逐步形成交易对手的信用记录，降低其违约风险。上述业务中，自营贷款除了12 000万元贷款为关注类资产外，其余均为正常类资产，关注类资产较上年减少了4 000万元，下降了25%，自营贷款不良率为零；信托贷款中，关注类资产为35 850万元，较上年同期增加了3 349万元，次级类资产为4 900万元，较上年同期减少了100万元，可疑类和损失类资产均为0，信托贷款的不良率为0.34%。上述业务中，除了个别贷款按审慎原则列入关注和次级以外，其他业务运作正常、风险可控，都归入正常类资产。

4.5.1.2 信用风险管理

对信用风险，公司不断完善业务的决策流程及操作流程，并针对不同业务的交易对象进行严格的准入审核。对贷款业务，业务部门加强了对客户的尽职调查，尤其对异地项目的实地调查，对交易对手进行事前、事中、事后的监测、检查、评价，逐步形成交易对手的信用记录，降低其违约风险；公司内部评审机构认真按照审贷分离的原则分别对贷款项目进行评审，监督落实风险防范措施；公司通过执行"三查"制度对项目的跟踪调查、定期的资产五级分类进行风险的事中控制，通过稽核评价进行事后控制，通过提取损失准备金来提高抵御风险的能力。通过重组等手段，化解信用风险。对于财产租赁，公司通过加强合同管理，积极跟踪项目的变化情况，定期进行信息披露来加强风险管理。

4.5.2 市场风险状况及其管理策略

4.5.2.1 市场风险状况

主要表现为受国家宏观政策影响及公司自身对因宏观政策变化的应变能力、投资管理能力不足导致的风险，包括证券市场风险、利率风险、汇率风险等方面。自营、信托业务的市场风险主要来自证券投资业务。

2011年，公司充分总结以往证券投资的经验，不断完善证券投资的决策体系、风险管理机制，完善股票投资选择标准和风险止损、止盈点设置，严格执行证券投资业务有关比例限制，并通过与证券研究机构和券商合作，加强对市场及上市公司的研究、分析能力，提高决策水平。

(1)自营证券投资业务。自营证券投资主要是证券一、二级市场股票投资、基金投资及委托基金公司的专户理财。截至2011年12月末，公司自营证券投资成本为18 179万元，市值为20 165万元，浮盈为1 986万元。

(2)信托证券投资业务。至2011年末，存续信托证券投资项目五个，信托资金投资证券余额为13 867万元。

4.5.2.2 市场风险管理

(1)证券风险管理。公司在2011年加大了市场研发力度，进一步加强了对证券市场的研发力度和决策水平。公司继续完善证券投资的决策体系、风险管理机制，通过完善股票投资选择标准和风险预警、止损、止盈点设置，严格执行证券投资业务有关比例限制，采用投资组合的方式，在证券类信托计划中采取结构化信用增级方式等手段分散和降低证券投资的市场风险，并通过与证券研究机构和券商合作，加强对市场及上市公司的研究、分析能力，提高决策水平。

(2)利率风险管理。加强对国家宏观经济政策的研究分析，及时调整资产配置，按照贷款客户的资信状况，执行差异化的利率定价，提高对固定收益类金融产品的风险定价分析能力，防范债券投资因利率的频繁波动导致的估值风险。

4.5.3 操作风险状况及其管理策略

4.5.3.1 操作风险状况

操作风险是指公司由于内部程序、系统的不完善或操作失误而产生的风险。2011年，公司没有因内部程序、系统不完善、人员操作失误而造成损失的情况发生。

4.5.3.2 操作风险管理

公司通过不断完善内部控制制度和修订业务操作流程，在2011年，制定了《净资本管理办法》、《长期股权投资管理制度》及《自营期货投资业务管理办法》等11项制度，并修订了公司的《结构化证券投资信托业务管理细则》、《授权管理办法(2011年修订)》及《信托业务风险控制委员会工作制度(2011年修订)》等11项规章制度，使业务操作规范化、流程化。公司推进了证券投资管理系统、业务管理系统、档案管理系统建设，进一步优化、细化业务流程，加强对各项业务事前、事中的风险监控和预警，构建事前、事中、事后的风险控制体系。

4.5.4 流动性风险状况及其管理策略

截至2011年12月末，公司流动性资产合计为32 201万元，流动性负债为5 937万元，流动性比例高达542.36%，不存在流动性的风险问题。目前公司的其他负债主要是应付税金及应付职工薪酬支出等，不存在对外举债，公司自有资产保持了相当的流动性。

4.5.5 法律风险、声誉风险状况及其管理策略

4.5.5.1 法律风险、声誉风险状况

2011年，公司能够遵守相关法律、法规要求，合规经营，未

发生诉讼案件及被监管部门行政处罚情况；公司管理的信托资产规模实现较快增长，公司的市场认同度不断增加；公司没有发生到期无法支付或提前支付所带来的声誉损失。

4.5.5.2　法律风险和声誉风险管理

公司加强与监管部门沟通，了解监管政策动向，及时跟踪法律、法规的最新进展，修订完善各项制度，使公司经营依法合规，忠实履行受托人义务，保障委托人、受益人利益，按信托文件及时向受益人返还信托财产，加强对委托人的风险适应性调查，向合格委托人推介适合的信托产品，防范因受托责任履行而引致的诉讼风险，造成公司的声誉损失。公司聘请广东赋诚律师事务所作为公司的法律顾问，该公司现有执业律师60名，在东莞本地行业排名前列，为公司法律事务上提供了专业到位的意见。

5. 报告期末及上一年度末的比较式会计报表

5.1　自营资产

5.1.1　会计师事务所审计意见全文

审 计 报 告

中审亚太审字（2012）010229 号

东莞信托有限公司全体股东：

我们审计了后附的东莞信托有限公司（以下简称“贵公司”）财务报表，包括2011年12月31日的资产负债表，2011年度的利润表、现金流量表、所有者权益变动表以及财务报表附注。

一、管理层对财务报表的责任

编制和公允列报财务报表是贵公司管理层的责任，这种责任包括：（1）按照企业会计准则的规定编制财务报表，并使其实现公允反映；（2）设计、执行和维护必要的内部控制，以使财务报表不存在由于舞弊或错误导致的重大错报。

二、注册会计师的责任

我们的责任是在执行审计工作的基础上对财务报表发表审计意见。我们按照中国注册会计师审计准则的规定执行了审计工作。中国注册会计师审计准则要求我们遵守中国注册会计师职业道德守则，计划和执行审计工作以对财务报表是否不存在重大错报获取合理保证。

审计工作涉及实施审计程序，以获取有关财务报表金额和披露的审计证据。选择的审计程序取决于注册会计师的判断，包括对由于舞弊或错误导致的财务报表重大错报风险的评估。在进行风险评估时，注册会计师考虑与财务报表编制和公允列报相关的内部控制，以设计恰当的审计程序。审计工作还包括评价管理层选用会计政策的恰当性和作出会计估计的合理性，以及评价财务报表的总体列报。

我们相信，我们获取的审计证据是充分、适当的，为发表审计意见提供了基础。

三、审计意见

我们认为，贵公司财务报表在所有重大方面按照企业会计准则的规定编制，公允反映了贵公司2011年12月31日的财务状况以及2011年度的经营成果和现金流量。

中审亚太会计师事务所有限公司　中国注册会计师：韩振平

中国注册会计师：薛仁林

中国·北京　二〇一二年三月二十六日

5.1.2　资产负债表

资产负债表

编制单位：东莞信托有限公司　　2011年12月31日　　单位：万元

序号	资　产	注释号	期末余额	年初余额	序号	负债及所有者权益	注释号	期末余额	年初余额
1	资产：				27	负债：			
2	货币资金	8.1	10 261.88	4 121.44	28	拆入资金		—	—
3	其中：现金		0.38	3.46	29	交易性金融负债		—	—
4	存放同业款项		5 932.54	4 009.95	30	衍生金融负债			
5	其他货币资金		4 328.96	108.03	31	应付账款		—	—
6	交易性金融资产	8.2	—	—	32	应付职工薪酬	8.12	2 909.44	2 456.26
7	衍生金融资产		—	—	33	应交税费	8.13	2 520.75	1 182.75
8	买入返售金融资产		—	—	34	应付股利		—	—
9	应收账款	8.3	1 215.47	427.92	35	其他应付款	8.14	403.00	0.73
10	应收股利		—	—	36	预计负债		—	—
11	应收利息		188.53	—	37	递延所得税负债	8.15	496.52	2 421.32
12	其他应收款	8.4	225.43	2.39	38	其他负债		104.00	
13	贴现资产		—		39	负债合计		6 433.71	6 061.06
14	拆出资金		—	—	40				
15	发放贷款	8.5	40 260.00	45 580.00	41				
16	抵债资产		—	—	42	所有者权益：			
17	持有至到期投资		—	—	43	实收资本	8.16	50 000.00	50 000.00
18	可供出售金融资产	8.6	29 165.39	33 450.84	44	资本公积	8.17	1 489.54	7 263.95
19	长期股权投资	8.7	16 105.14	15 941.70	45	盈余公积	8.18	9 982.38	8 328.80

续表

序号	资　产	注释号	期末余额	年初余额	序号	负债及所有者权益	注释号	期末余额	年初余额
20	固定资产	8.8	548.23	603.34	46	一般风险准备	8.19	937.53	965.79
21	在建工程		—		47	信托赔偿准备	8.20	4 537.42	3 710.64
22	无形资产	8.9	149.01	163.55	48	未分配利润	8.21	30 633.95	24 050.27
23	长期待摊费用	8.10	5 835.45	9.33	49	所有者权益合计		97 580.82	94 319.45
24	递延所得税资产	8.11	60.00	80.00	50				—
25					51				—
26	资产总计		104 014.53	100 380.51	52	负债及所有者权益总计		104 014.53	100 380.51

公司负责人：何锦成　　会计机构负责人：陈建锋

5.1.3　利润及利润分配表

利润表

制表单位：东莞信托有限公司

开始日期：2011 年 1 月 1 日　　2011 年 12 月 31 日　　单位：万元

序号	项　目	注释号	本期数	上期数
1	一、营业收入	8.22	30 104.74	24 483.60
2	利息净收入		6 766.40	5 730.04
3	利息收入		6 766.40	5 730.04
4	利息支出		—	—
5	手续费及佣金净收入		22 191.83	16 687.84
6	手续费及佣金收入		22 191.83	16 687.84
7	手续费及佣金支出		—	—
8	投资收益（损失以"－"号填列）	8.23	1 146.51	2 081.97
9	其中：对联营企业合营企业的投资收益		365.84	272.75
10	公允价值变动损益（损失以"－"号填列）		—	－16.25
11	汇兑损益（损失以"－"号填列）		—	—
12	其他业务收入		—	—
13	二、营业支出	8.24	8 151.03	6 064.17
14	营业税金及附加	8.25	1 685.54	1 351.42
15	业务及管理费	8.26	6 525.49	4 816.75
16	资产减值损失	8.27	－80.00	－104.00
17	其他业务成本		20.00	—
18	三、营业利润（亏损以"－"号填列）		21 953.71	18 419.43
19	加：营业外收入	8.28	15.55	298.73
20	减：营业外支出	8.29	5.90	37.72
21	四、利润总额（亏损总额以"－"号填列）		21 963.36	18 680.44
22	减：所得税费用	8.30	5 427.59	4 639.38
23	五、净利润（净亏损以"－"号填列）		16 535.77	14 041.06
24	六、其他综合收益	8.31	－5 774.40	1 958.97
25	七、综合收益总额		10 761.37	16 000.03

公司负责人：何锦成　　会计机构负责人：陈建锋

5.1.4　所有者权益变动表

所有者权益变动表

编制单位：东莞信托有限公司　　2011 年度　　单位：万元

项　目	行次	本年金额						
		股本	资本公积	盈余公积	赔偿准备	一般风险准备	未分配利润	股东权益合计
一、上年年末余额	1	50 000.00	7 263.95	8 328.80	3 710.63	965.79	24 050.28	94 319.45
加：会计政策变更	2	—						—
前期差错更正	3	—						—
二、本年年初余额	4	50 000.00	7 263.95	8 328.80	3 710.63	965.79	24 050.28	94 319.45

续表

项　　目	行次	本年金额						
		股本	资本公积	盈余公积	赔偿准备	一般风险准备	未分配利润	股东权益合计
三、本期增减变动金额(减少以"－"号填列)	5		-5 774.40	1 653.57	826.79	-28.26	6 583.67	3 261.37
(一)净利润	6		—				16 535.77	16 535.77
(二)直接计入股东权益的利得和损失	7		-5 774.40					-5 774.40
上述(一)和(二)小计	8		-5 774.40	—	—	—	16 535.77	10 761.37
(三)股东投入和减少资本	9							—
1. 股东投入资本	10							—
2. 股份支付计入股东权益的金额	11							—
3. 其他	12							—
(四)利润分配	13			1 653.58	826.79	-28.26	-9 952.10	-7 500.00
1. 提取盈余公积	14			1 653.58	—	—	-1 653.58	—
2. 提取一般风险准备	15			—	826.79	-28.26	-798.52	—
3. 对股东的分配	16			—	—	—	-7 500.00	-7 500.00
4. 其他	17							—
(五)股东权益内部结转	18							—
1. 资本公积转增股本	19							—
2. 盈余公积转增股本	20							—
3. 盈余公积弥补亏损	21							—
4. 一般风险准备弥补亏损	22							—
5. 其他	23							—
四、期末余额	24	50 000.00	1 489.55	9 982.37	4 537.42	937.53	30 633.95	97 580.82

公司负责人:何锦成　　　　会计机构负责人:陈建锋

所有者权益变动表(续表)

编制单位:东莞信托有限公司　　　　2011 年度　　　　单位:万元

项　　目	行次	上年金额						
		股本	资本公积	盈余公积	赔偿准备	一般风险准备	未分配利润	股东权益合计
一、上年年末余额	1	50 000.00	5 304.98	6 924.69	3 008.58	898.21	19 682.96	85 819.42
加:会计政策变更	2	—						—
前期差错更正	3	—						—
二、本年年初余额	4	50 000.00	5 304.98	6 924.69	3 008.58	898.21	19 682.96	85 819.42
三、本期增减变动金额(减少以"－"号填列)	5		1 958.97	1 404.11	702.05	67.58	4 367.32	8 500.03
(一)净利润	6		—				14 041.06	14 041.06
(二)直接计入股东权益的利得和损失	7		1 958.97					1 958.97
上述(一)和(二)小计	8		1 958.97	—	—	—	14 041.06	16 000.03
(三)股东投入和减少资本	9							—
1. 股东投入资本	10							—
2. 股份支付计入股东权益的金额	11							—
3. 其他	12							—
(四)利润分配	13			1 404.11	702.05	67.58	-9 673.74	-7 500.00
1. 提取盈余公积	14			1 404.11	—	—	-1 404.11	—
2. 提取一般风险准备	15			—	702.05	67.58	-769.63	—
3. 对股东的分配	16			—	—	—	-7 500.00	-7 500.00
4. 其他	17							—
(五)股东权益内部结转	18							—
1. 资本公积转增股本	19							—
2. 盈余公积转增股本	20							—
3. 盈余公积弥补亏损	21							—
4. 一般风险准备弥补亏损	22							—
5. 其他	23							—
四、期末余额	24	50 000.00	7 263.95	8 328.80	3 710.63	965.79	24 050.28	94 319.45

公司负责人:何锦成　　　　会计机构负责人:陈建锋

5.2 信托资产

5.2.1 信托项目资产负债表

信托项目资产负债表

编制单位：东莞信托有限公司　　2011年12月31日　　单位：万元

序号	资　产	期末余额	期初余额	序号	负债及所有者权益	期末余额	期初余额
1	资产：			27	负债：		
2	现金			28	拆入资金		
3	存放同业款项	41 388.60	22 087.53	29	交易性金融负债		
4	其他货币资金	1 615.08	592.08	30	衍生金融负债		
5	交易性金融资产	104 321.41	93 443.16	31	应付账款		
6	衍生金融资产	—	—	32	预收账款	1 207.00	26.00
7	买入返售金融资产	—	22 499.96	33	应付受益人收益	109.55	—
8	应收账款	—	—	34	应付受托人报酬	1 196.95	427.92
9	预付账款	—	—	35	应付托管费	11.51	—
10	应收手续费及佣金	—	—	36	应付销售及顾问费	—	—
11	应收股利	—	—	37	应交税费	—	—
12	应收利息	481.07	314.53	38	其他应付款	10 095.14	2 740.71
13	其他应收款	23.08	—	39	预计负债	—	—
14	拆出资金	—	—	40	递延所得税负债	—	—
15	发放贷款	1 476 621.81	1 120 375.32	41	其他负债：	—	—
16	抵债资产	—	—	42	负债合计	12 620.15	3 194.63
17	持有至到期投资	—	—	43			
18	可供出售金融资产	—	—	44	所有者权益：		
19	长期股权投资	285 947.00	127 497.00	45	实收信托	2 377 877.33	1 439 683.38
20	投资性房地产	871.20	871.20	46	资本公积	1 009.85	—
21	固定资产	—	—	47	盈余公积	—	—
22	无形资产	—	—	48	外币报表折算差数	—	—
23	长期待摊费用	232.14	—	49	未分配利润	38 525.06	34 932.77
24	递延所得税资产	—	—	50	所有者权益合计	2 417 412.24	1 474 616.15
25	其他资产	518 531.00	90 130.00	51			
26	资产总计	2 430 032.39	1 477 810.78	52	负债及所有者权益总计	2 430 032.39	1 477 810.78

会计主管：郑伟文　　复核：郑伟文　　制表：周晓蕾

5.2.2 信托项目利润及利润分配表

信托项目利润及利润分配表

编制单位：东莞信托有限公司　　2011年度　　单位：万元

序号	项　目	本年数	上年数
1	一、营业收入	144 382.71	86 451.43
2	利息收入	95 631.90	60 290.14
3	租赁收入	196.00	196.00
4	投资收益（损失以"－"号填列）	46 226.87	25 940.42
5	其中：对联营企业合营企业的投资收益	—	—
6	公允价值变动损益（损失以"－"号填列）	－2 549.84	－37.63
7	汇兑损益（损失以"－"号填列）	—	—
8	其他收入	4 877.78	62.50
9	二、营业支出	23 787.62	13 482.39
10	营业税金及附加	399.47	10.98
11	管理费用	23 388.15	13 471.41
12	资产减值损失	—	
13	其他费用	—	
14	三、信托净利润（亏损以"－"号填列）	120 595.09	72 969.04

续表

序号	项　目	本年数	上年数
15	四、其他综合收益	—	
16	五、综合收益（净亏损以"－"号填列）	120 595.09	72 969.04
17	六、加：期初未分配信托利润	34 932.77	37 952.97
18	七、可供分配的信托利润	155 527.86	110 922.01
19	八、减：本期已分配信托利润	117 002.80	75 989.24
20	九、期末未分配信托利润	38 525.06	34 932.77

会计主管：郑伟文　　复核：郑伟文　　制表：周晓蕾

6. 会计报表附注

6.1 简要说明报告年度会计报表编制基准、会计政策、会计估计和核算方法发生的变化

报告期内，本公司会计报表编制基准、会计政策、会计估计和核算方法没有发生变化。

6.2 或有事项说明

报告期内，本公司没有发生或有事项。

6.3 重要资产转让及其出售的说明

报告期内，本公司没有发生重要资产转让及出售。

6.4 会计报表中重要项目的明细资料

6.4.1 披露自营资产经营情况

6.4.1.1 按信用风险五级分类结果披露信用风险资产的期初数、期末数

信用风险资产五级分类	正常类（万元）	关注类（万元）	次级类（万元）	可疑类（万元）	损失类（万元）	信用风险资产合计（万元）	不良合计（万元）	不良率（%）
期初数	34 448.29	16 000	0	0	0	50 448.29	0	0
期末数	40 390.93	12 000	0	0	0	52 390.93	0	0

注：不良资产合计＝次级类＋可疑类＋损失类。

6.4.1.2 各项资产减值损失准备的期初、本期计提、本期转回、本期核销、期末数

单位：万元

	期初数	本期计提	本期转回	本期核销	期末数
贷款损失准备	320	0	80	0	240
一般准备	0	0	0	0	
专项准备	320	0	80	0	240
其他资产减值准备	0	0	0	0	0
可供出售金融资产减值准备	0	0	0	0	0
持有至到期投资减值准备	0	0	0	0	0
长期股权投资减值准备	0	0	0	0	0
坏账准备	0	0	0	0	0
投资性房地产减值准备	0	0	0	0	0

6.4.1.3 自营股票投资、基金投资、债券投资、股权投资等投资业务的期初数、期末数

单位：万元

	自营股票	基金	债券	长期股权投资	其他投资	合计
期初数	16 298.73	0	0	15 941.70	17 152.11	49 392.54
期末数	11 468.98	0	0	16 105.14	17 696.41	45 270.53

6.4.1.4 按投资入股金额排序，前三名的自营长期股权投资的企业名称、占被投资企业权益的比例及投资收益情况等（依大小顺序排列）

企业名称	占被投资企业权益的比例（%）	投资损益（万元）
1. 华联期货有限公司	44	365.84
2. 国投创新（北京）投资基金有限公司	4.536	0.00
3. 广发银行股份有限公司	0.0625	0.00

6.4.1.5 前三名的自营贷款的企业名称、占贷款总额的比例和还款情况等（依大小顺序排列）

企业名称	占贷款总额的比例（%）	还款情况
1. 东莞市鸿高建设集团有限公司	37.04	未到期
2. 东莞市新世纪英才学校	29.63	未到期
3. 广东宏远集团有限公司	17.28	未到期

6.4.1.6 表外业务的期初数、期末数；按照代理业务、担保业务和其他类型表外业务分别披露

单位：万元

表外业务	期初数	期末数
担保业务	0.00	0.00
代理业务（委托业务）	0.00	0.00
其他	0.00	0.00
合计	0.00	0.00

6.4.1.7 公司当年的收入结构

收入结构	金额（万元）	占比（%）
手续费及佣金收入	22 191.83	73.68
其中：信托手续费收入	19 181.93	63.68
投资银行业务收入	0.00	0.00
利息收入	6 766.40	22.46
其他业务收入	0.00	0.00
其中：计入信托业务收入部分	0.00	0.00
投资收益	1 146.52	3.81
其中：股权投资收益	484.09	1.61
证券投资收益	662.43	2.20
其他投资收益	0.00	0.00
公允价值变动收益	0.00	0.00
营业外收入	15.55	0.05
收入合计	30 120.30	100.00

报告年度实现信托业务收入总额为 19 181.93 万元，其中以手续费及佣金确认的信托业务收入金额为 19 181.93 万元。

6.4.2 披露信托财产管理情况

6.4.2.1 信托资产的期初数、期末数

单位：万元

信托资产	期初数	期末数
集合	269 357.51	858 146.48
单一	1 207 080.17	1 570 513.18
财产权	1 373.10	1 372.72
合计	1 477 810.78	2 430 032.38

6.4.2.1.1 主动管理型信托业务的信托资产期初数、期末数，分证券投资、股权投资、融资、事务管理类分别披露

单位：万元

主动管理型信托资产	期初数	期末数
证券投资类	39 967.76	15 622.36
股权投资类	82 191.25	268 366.28
融资类	1 268 524.10	2 117 370.98
事务管理类	500.62	500.62
合计	1 391 183.73	2 401 860.24

6.4.2.1.2 被动管理型信托业务的信托资产期初数、期末数，分证券投资、股权投资、融资、事务管理类分别披露

单位：万元

被动管理型信托资产	期初数	期末数
证券投资类	50 754. 55	0. 00
股权投资类	0. 00	0. 00
融资类	35 000. 02	27 300. 04
事务管理类	872. 48	872. 10
合计	86 627. 05	28 172. 14

6. 4. 2. 2　本年度已清算结束的信托项目个数、实收信托合计金额、加权平均实际年化收益率

6. 4. 2. 2. 1　本年度已清算结束的集合类、单一类资金信托项目和财产管理类信托项目个数、实收信托金额、加权平均实际年化收益率

已清算结束信托项目	项目个数	实收信托合计金额(万元)	加权平均实际年化收益率(%)
集合类	12	134 668. 00	8. 36
单一类	14	296 000. 00	8. 98
财产管理类	0	0. 00	0. 00

6. 4. 2. 2. 2　本年度已清算结束的主动管理型信托项目个数、实收信托合计金额、加权平均实际年化收益率，分证券投资、股权投资、融资、事务管理类分别计算并披露

已清算结束信托项目	项目个数	实收信托合计金额(万元)	加权平均实际年化信托报酬率(%)	加权平均实际年化收益率(%)
证券投资类	1	3 068. 00	2. 19	2. 20
股权投资类	2	31 290. 00	4. 17	7. 54
融资类	23	396 310. 00	1. 45	8. 69
事务管理类	0	0. 00	0	0

6. 4. 2. 2. 3　本年度已清算结束的被动管理型信托项目个数、实收信托合计金额、加权平均实际年化收益率，分证券投资、股权投资、融资、事务管理类分别计算并披露

已清算结束信托项目	项目个数	实收信托合计金额(万元)	加权平均实际年化信托报酬率(%)	加权平均实际年化收益率(%)
证券投资类	0	0. 00	0. 00	0. 00
股权投资类	0	0. 00	0. 00	0. 00
融资类	0	0. 00	0. 00	0. 00
事务管理类	0	0. 00	0. 00	0. 00

6. 4. 2. 3　本年度新增的集合类、单一类、财产管理类信托项目个数、实收信托合计金额

新增信托项目	项目个数	实收信托合计金额(万元)
集合类	47	662 321. 00
单一类	19	767 626. 67
财产管理类	0	0. 00
新增合计	66	1 429 947. 67
其中：主动管理型	66	1 429 947. 67
被动管理型		

6. 4. 2. 4　本公司履行受托人义务情况及因本公司自身责任而导致的信托资产损失情况

报告期内，本公司没有发生因履行受托人义务情况及因本公司自身责任而导致的信托资产损失情况。

6. 5　关联方关系及其交易的披露

6. 5. 1　关联交易方的数量、关联交易的总金额及关联交易的定价政策等

	关联交易方数量	关联交易金额(万元)	定价政策
合计	14	483 587. 10	按市场公允价格定价

6. 5. 2　关联交易方与本公司的关系性质、关联交易方的名称、法定代表人、注册地址、注册资本及主营业务等

关系性质	关联方名称	法定代表人	注册地址	注册资本	主营业务
本公司股东	东莞市财政局	詹文光	东莞市	—	—
本公司股东	东莞市财信发展有限公司	何锦成	东莞市	40 000 万元	物业投资、高新技术开发、商业投资等。
本公司股东	东莞市经济贸易总公司	王镜光	东莞市	800 万元	自营和代理各类商品，技术进出口，仓储业务等。
本公司股东	东莞市糖酒集团有限公司	叶志坚	东莞市	5 900 万元	自营和代理商业系统的商品出口，经营连锁企业、配送中心、批发商品等。
本公司股东	东莞市东糖集团有限公司	陈尧燊	东莞市	51 813 万元	原糖加工和食糖生产贸易、热电能源、生物等。
本公司股东	广东福地科技总公司	朱海毅	东莞市	39 800 万元	视屏，零配件，原材料生产等。
本公司股东	东莞发展控股股份有限公司	尹锦容	东莞市	103 951. 7 万元	东莞高速公路的投资、建设经营。
联营企业	华联期货有限公司	陈照星	东莞市	10 000 万元	期货经纪。
本公司股东的母公司	东莞市公路桥梁开发建设总公司	尹锦容	东莞市	18 500 万元	规划建设公路桥梁等。
受同一股东控制	东莞市新远高速公路发展有限公司	尹锦容	东莞市	10 000 万元	投资、开发、经营、管理东莞市高速公路网。
股东的子公司	东莞市桥泰实业有限公司	莫锦洪	东莞市	100 万元	实业投资开发等。
股东的子公司	东莞市福地电子材料有限公司	王约庚	东莞市	1 000 万元	生产和销售电子、电子材料及制品。
董事担任高级管理人员	东莞泽龙线缆有限公司	叶炽德	东莞市	365 万美元	生产和销售彩色装配用线缆。

6. 5. 3　本公司与关联方的重大交易事项

6. 5. 3. 1　固有与关联方交易情况：贷款、投资、租赁、应收账款、担保、其他方式等期初汇总数、本期借方和贷方发生额汇总数、期末汇总数

单位：万元

固有与关联方关联交易				
	期初数	借方发生额	贷方发生额	期末数
贷款	0	0	0	0
投资	0	0	0	0
租赁	0	0	0	0
担保	0	0	0	0
应收账款	0	0	0	0
其他	0	0	0	0
合计	0	0	0	0

6.5.3.2 信托与关联方交易情况：贷款、投资、租赁、应收账款、担保、其他方式等期初汇总数、本期借方和贷方发生额汇总数、期末汇总数

单位：万元

信托与关联方关联交易				
	期初数	借方发生额	贷方发生额	期末数
贷款	323 940.00	62 900.00	40 772.90	346 067.10
投资	0	0	0	0
租赁	0	0	0	0
担保	0	0	0	0
应收账款	0	0	0	0
其他	0	53 000.00	0	53 000.00
合计	323 940.00	115 900.00	40 772.90	399 067.10

6.5.3.3 信托公司自有资金运用于自己管理的信托项目（固信交易）、信托公司管理的信托项目之间的相互（信信交易）交易金额，包括余额和本报告年度的发生额

6.5.3.3.1 固有与信托财产之间的交易金额期初汇总数、本期发生额汇总数、期末汇总数

单位：万元

固有财产与信托财产相互交易			
	期初数	本期发生额	期末数
合计	1 750	7 250	9 000

6.5.3.3.2 信托项目之间的交易金额期初汇总数、本期发生额汇总数、期末汇总数

单位：万元

信托资产与信托财产相互交易			
	期初数	本期发生额	期末数
合计	25 200	50 320	75 520

6.5.4 逐笔披露关联方逾期未偿还本公司资金的详细情况以及本公司为关联方担保发生或即将发生垫款的详细情况

报告期内，本公司没有发生关联方逾期未偿还本公司资金以及本公司为关联方担保发生或即将发生垫款的情况。

6.6 会计制度的披露

本公司固有业务及信托业务均执行2006年2月15日颁布的《企业会计准则》和《企业会计准则——应用指南》。

7. 财务情况说明书

7.1 利润实现和分配情况

本年实现利润总额为21 963.36万元，税后利润为16 535.77万元，年初未分配利润为24 050.27万元，本年按2011年净利润提取法定盈余公积1 653.58万元，信托赔偿准备826.79万元，一般风险准备为28.26万元，向股东分红7 500万元，分红比率为15%。年末未分配利润为30 633.95万元。

7.2 主要财务指标

指标名称	指标值
资本利润率（%）	17.40
加权年化信托报酬率（%）	1.6514
人均净利润（万元/人）	226.52

7.3 对本公司财务状况、经营成果有重大影响的其他事项

报告期内，公司没有发生对本公司财务状况、经营成果有重大影响的其他事项。

8. 特别事项简要揭示

8.1 前五名股东报告期内变动情况及原因

报告期内，公司没有发生股东变动情况。

8.2 董事、监事及高级管理人员变动情况及原因

经2011年4月6日以通讯方式召开的东莞信托有限公司2011年度股东会第六次临时会议审议通过，莫鹏飞同志不再担任本公司第三届监事会监事职务，同意姚慧怡同志担任本公司第三届监事会监事职务。

公司独立董事陆磊由于职务变动的原因，于2011年7月15日向公司股东会提请辞去独立董事职务，公司同意其辞职申请。

东莞信托有限公司2011年股东会第十四次临时会议审议通过并经广东银监局核准陈平同志担任公司独立董事职务。陈平同志于2012年3月1日正式履行东莞信托有限公司独立董事职责。

8.3 公司的重大未决诉讼事项

报告期内，公司没有发生重大未决诉讼事项。

8.4 公司及其董事、监事和高级管理人员受到处罚的情况

报告期内，公司及其董事、监事和高级管理人员没有发生受到处罚的情况。

8.5 银监会及其派出机构对公司检查后提出整改意见的，应简单说明整改情况

2011年2月及2011年10月，东莞银监分局分别对公司中长期贷款还款方式和银信、信政合作业务进行了现场检查，

就后续检查发现的问题提出了整改意见和要求。对银监分局检查所提出的问题，公司高级管理层高度重视，积极与监管部门进行充分交流，针对检查发现的问题，制定了相应的整改措施进行整改，加强了贷款管理，及时解决经营管理中存在的问题，不断完善内部控制管理，提升风险管理能力，对监管部门提出的意见能够及时整改，强化了各类风险的管理。

8.6 本年度重大事项临时报告的简要内容、披露时间、所披露的媒体及其版面

报告期内，公司没有发生需要披露的重大事项临时报告。

8.7 银监会及其省级派出机构认定的其他有必要让客户及相关利益人了解的重要信息

报告期内，公司没有未披露银监会及其省级派出机构认定的其他有必要让客户及相关利益人了解的重要信息。

9. 公司监事会意见

报告期内，公司监事会列席了2011年度股东会会议、第三届董事会第十二次会议，监督检查了公司依法运作情况、重大决策和重大经营活动情况及公司的财务状况，并在此基础上发表如下独立意见：

一是公司依法运作情况。公司能够严格按照《公司法》、《东莞信托有限公司章程》及国家有关法律法规运作，公司决策程序合法，内部控制制度进一步得到完善，没有发现公司董事、高级管理人员在执行公司职务时存在违法违纪、损害公司利益和委托人、受益人利益的行为。

二是检查公司财务情况。本报告期公司财务状况良好。2011年度财务报告经中审亚太会计师事务所有限公司审计并出具无保留审计意见的审计报告，该报告真实、客观地反映了公司的财务状况和经营成果。

三是报告期内，公司发生的关联交易业务均严格遵循市场公允价值，认真执行《信托公司管理办法》有关规定，未发现损害股东权益及公司利益的情况。

方正东亚信托有限责任公司

1. 重要提示

1.1 本公司董事会及董事保证：本报告所载资料不存在任何虚假记载、误导性陈述或者重大遗漏，并对其内容的真实性、准确性和完整性承担个别及连带责任。

1.2 本公司独立董事夏冬林、尹焰强先生对年度报告内容的真实性、准确性、完整性无异议。

1.3 本公司2011年度财务报告已经众环海华会计师事务所有限公司根据中国注册会计师独立审计准则审计，并出具了标准无保留意见的审计报告。

1.4 本公司董事长（法定代表人）余丽女士、总经理周全锋先生、主管会计工作负责人财务总监李宏先生、会计机构负责人计划财务部袁晓丽女士、信托财务部负责人李艳桃女士声明：保证年度报告中财务报告的真实和完整。

1.5 《公司2011年度报告》全文同时在公司网站上公布（网址：http://www.fd-trust.com）。欲了解公司更为详细的情况，谨请登录公司网站阅鉴。

2. 公司概况

2.1 公司简介

法定中文名称	方正东亚信托有限责任公司
法定中文缩写名称	方正东亚信托
法定英文名称	Founder BEA Trust Co.,Ltd.
法定英文缩写名称	Founder BEA
法定代表人	余 丽
注册地址	武汉市江汉区长江日报路77号投资大厦11～14层

续表

邮政编码	430015
国际互联网网址	http://www.fd-trust.com
电子信箱	info@fd-trust.com
信息披露事务负责人	曹阳
信息披露事务联系人	吴全洪
联系方式	联系电话：027-85565766； 传真：027-85565776
选定的信息披露报纸	《金融时报》
公司年报备置地点	武汉市江汉区长江日报路77号投资大厦11层
聘请的会计师事务所	众环海华会计师事务所有限公司
聘请的会计师事务所住所	武汉市武昌区东湖路169号众环大厦2～9层

2.2 公司组织结构

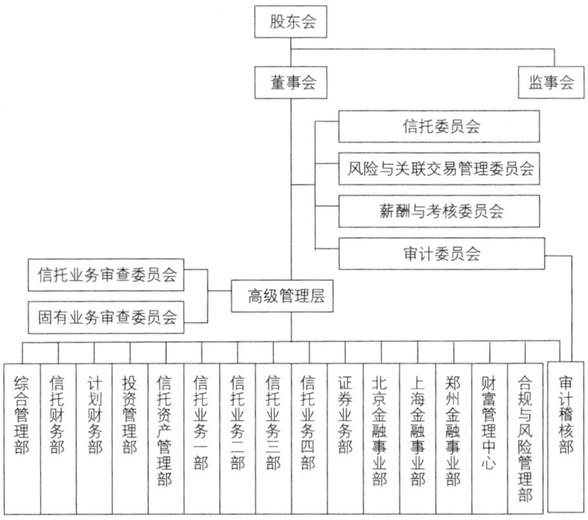

3. 公司治理结构

3.1 股东

报告期末股东总数为3名。股东之间不存在关联关系。

股东名称	持股比例（%）	法定代表人	注册资本	注册地址	主要经营业务及主要财务情况
北大方正集团有限公司★	70.01	魏新	人民币100 000万元	北京市海淀区成府路298号	制造方正电子出版系统、方正—SUPPER汉卡、计算机软硬件及相关设备、通讯设备、仪器仪表、办公自动化设备；经营本企业自产产品的技术的出口业务；经营本企业生产所需原辅材料、机械设备、仪器仪表及技术的进口业务；开展对外合作生产、"三来一补"业务；物业管理。 主要财务状况（未经审计）： 总资产为640亿元；总负债为360亿元；所有者权益为280亿元。
东亚银行有限公司	19.99	李国宝	实缴资本：港币4 623 279 717.50元（截至2009年12月31日）	香港中环德辅道中十号	提供多元化的零售和商业银行服务；产品和服务涵盖存款、外币储蓄、零售投资和财富管理、按揭贷款、私人贷款、信用卡、电子网络银行服务、银行保险、强制性公积金服务、贸易融资、银团贷款、汇款、外汇存展交易等。 主要财务状况：总资产为港币611 402百万元、总负债为港币348 414百万元、所有者权益为港币35 325百万元。

续表

股东名称	持股比例(%)	法定代表人	注册资本	注册地址	主要经营业务及主要财务情况
武汉经济发展投资(集团)有限公司	10	马小援	人民币400 000万元	武汉市江汉区长江日报路24号	开展能源、环保、高新技术、城市基础设施、农业、制造业、物流、房地产、商贸、旅游等与产业结构调整关联的投资业务;企业贷款担保,个人消费贷款担保;信息咨询(国家有专项规定的项目经审批后方可经营)。 主要财务状况(未经审计): 总资产为1 329 392.79万元;总负债为758 428.34万元; 净资产为570 964.44万元。

注:★代表本公司最终实际控制人。

3.2 董事

公司董事会由7人组成,其中独立董事2人。董事会成员基本情况如下:

姓　名	职　务	性别	年龄	选任日期	所推举的股东名称	该股东持股比例(%)	简　要　履　历
余　丽	董事长	女	46	2010年9月2日	方正集团	70.01	硕士,曾任北大方正集团有限公司董事、高级副总裁、首席财务官;2010年9月至今,任方正东亚信托有限责任公司董事长。
李群元	常务副董事长	男	58	2010年9月2日	方正集团	70.01	硕士,2005年至2010年9月,任武汉国际信托投资公司总经理;2010年9月至2011年12月,任方正东亚信托有限责任公司董事、副董事长、总经理;2011年12月至今,任方正东亚信托有限责任公司常务副董事长。
周全锋	董事	男	41	2010年9月2日	方正集团	70.01	硕士,2009年10月至2010年9月,任方正科技集团股份有限公司助理总裁;2010年9月至2011年3月,任方正东亚信托有限责任公司董事、副总经理、财务总监;2011年3月至2011年12月,任方正东亚信托有限责任公司董事、副总经理(全面主持工作);2011年12月至今,任方正东亚信托有限责任公司董事、总经理。
吴志强	董事	男	44	2010年9月2日	东亚银行	19.99	工商管理硕士,2009年4月至今,任东亚银行(中国)有限公司常务副行长;2010年9月至今,兼任方正东亚信托有限责任公司董事。
王法圣	董事	男	52	2010年9月2日	经发投	10	硕士,2007年7月至今,任武汉经济发展投资(集团)有限公司董事、党委委员、副总经理;2010年9月至今,兼任方正东亚信托有限责任公司董事。
尹焰强	独立董事	男	53	2010年9月2日	东亚银行	19.99	工商管理硕士,2009年3月至今,任瑞安房地产发展有限公司董事、总经理兼财务总裁;2010年9月至今,担任方正东亚信托有限责任公司独立董事。
夏冬林	独立董事	男	51	2010年9月2日	方正集团	70.01	经济学博士,清华大学管理学院会计系教授,2009年6月至今任清华大学经济管理学院副院长;2010年9月至今,担任方正东亚信托有限责任公司独立董事。

3.3 监事

公司监事会由5人组成,监事会成员基本情况如下:

姓　名	职　务	性别	年龄	选任日期	所推举的股东名称	该股东持股比例(%)	简　要　履　历
李国军	监事长	男	37	2010年9月2日	方正集团	70.01	英国兰卡斯特大学毕业,现任北大方正集团副总裁。
王焕萍	监事	女	48	2010年9月2日	东亚银行	19.99	英国伯明翰大学工商管理硕士,现任东亚银行总经理兼中国业务总部主管。
岳建强	监事	男	50	2010年9月2日	经发投	10	在职研究生学历,注册会计师;现任武汉经济发展投资(集团)有限公司计划财务部总经理。
邹小华	职工监事	男	42	2010年9月2日	选举		武汉大学工商管理硕士,会计师;现任公司投资管理部总经理。
吴宏亮	职工监事	男	39	2010年9月2日	选举		武汉大学工商管理硕士,现任公司信托业务四部总经理。

3.4 高级管理人员

姓　名	职　务	性别	年龄	选任日期	学历/学位	专业	简　要　履　历
周全锋	总经理	男	41	2011年12月	硕士	工商管理	2009年10月至2010年9月,任方正科技集团股份有限公司助理总裁;2010年9月至2011年3月,任方正东亚信托有限责任公司董事、副总经理、财务总监;2011年3月至2011年12月,任方正东亚信托有限责任公司董事、副总经理(全面主持工作);2011年12月至今,任方正东亚信托有限责任公司董事、总经理。

续表

姓名	职务	性别	年龄	选任日期	学历/学位	专业	简要履历
万泽源	副总经理	男	58	2010年9月	硕士	金融	2009年3月至2010年9月，任武汉长江世纪投资有限公司副总裁；2010年9月至今，任方正东亚信托有限责任公司副总经理。
李宏	财务总监	男	47	2011年5月	本科	财政金融	2009年5月至2011年2月，任方正科技集团股份有限公司区域财务总监；2011年5月至今，任方正东亚信托有限责任公司财务总监。
方灏	首席风险官	男	38	2011年5月	博士	经济学	中国人民大学博士研究生（全日制）毕业，获经济学博士学位；1997年6月至2007年9月，就职于江西国际信托股份有限公司，任风险管理处处长；2009年10月至2010年8月，任国民信托有限责任公司风险管理部总经理；2011年5月至今，任方正东亚信托有限责任公司首席风险官。
白艺丰	总稽核	女	55	2010年9月	硕士	国民经济计划与管理	曾任武汉经济发展投资（集团）有限公司计划财务部部长、总经理助理、总会计师；2010年9月至今，任方正东亚信托有限责任公司总稽核。
谢从斌	总经理助理	男	47	2010年9月	硕士	金融学	2004年至2010年2月，任湖北银监局非银处科长、副处长；2010年9月至今，任方正东亚信托有限责任公司总经理助理。
曹阳	董事会秘书	男	41	2010年9月	本科	金融学	2004年3月至2010年9月，任武汉国际信托投资公司总经理助理；2010年9月至今，任方正东亚信托有限责任公司董事会秘书。

3.5 公司员工

报告期末，公司职工人数为81人，其中高级管理层8人、固有业务人员7人、信托业务47人、其他人员19人。学历分布比率为：博士4%；硕士39.5%；本科49.5%；专科5%；其他2%。

4. 经营管理

4.1 经营目标、方针、战略规划

4.1.1 经营目标

公司以提升自主管理能力为根本目标，优化业务盈利模式，业务拓展实现由简单规模扩张型向净资本节约型的转变，加大业务创新力度，提升自主管理型产品比重，全力开展营销工作，实施“走出去”战略；固有业务探索布局，在“稳健经营、不失风控”的前提下积极探索净资本节约型的战略性投资组合策略；完善公司组织架构，充分发挥内部管控职能，建立适度并具有竞争力的激励体系。

公司力求做到为客户提供优质金融服务、为股东创造理想投资回报、为员工打造和谐发展平台，成为受人尊敬的信托公司。

4.1.2 经营方针

从增资扩股着手，锁定战略目标，通过不断网罗英才，积极推动信托业务创新与发展，通过严格的风险控制措施保证投资的安全和收益，并以此促进客户资源的开发，实现公司的快速发展与壮大。

4.1.3 战略规划

立足武汉城市圈，辐射中部地区，积极拓展全国性业务，使公司成为面向社会高端个人和机构客户，国内一流的资产管理和理财服务的专业化提供商。

4.2 所经营业务的主要内容

经中国银监会和公司登记机关核准，公司经营下列本外币业务：

资金信托；动产信托；不动产信托；有价证券信托；其他财产或财产权信托；作为投资基金或者基金管理公司的发起人从事投资基金业务；经营企业资产的重组、购并及项目融资、公司理财、财务顾问等业务；受托经营国务院有关部门批准的证券承销业务；办理居间、咨询、资信调查等业务；代保管及保管箱业务；存放同业、拆放同业、贷款、租赁、投资方式运用固有财产；以固有财产为他人提供担保；从事同业拆借业务；中国银监会批准的其他业务。

4.2.1 信托业务

公司主要信托业务品种有资金信托、动产信托、不动产信托、有价证券信托、财产或财产权信托、事务管理信托。全年业务开展先易后难，逐步转型，适时调整业务方向，实现规模快速增长，同时实现了良好的信托收益。报告期内，公司信托资产运用与分布情况如下：

信托资产运用与分布表

资产运用	金额（万元）	占比（%）	资产分布	金额（万元）	占比（%）
货币资产	73 608.61	1.74	基础产业	679 545.00	16.07
贷款	1 019 607.20	24.11	房地产	1 055 930.00	24.97
交易性金融资产	275 414.78	6.51	证券市场	314 874.78	7.45
可供出售金融资产	499 660.00	11.82	实业	1 108 981.30	26.23
持有至到期投资	1 323 109.90	31.29	金融机构	115 820.63	2.74
长期股权投资	386 711.00	9.15	其他	953 176.78	22.54
其他	650 217.00	15.38			
信托资产总计	4 228 328.49	100.00	信托资产总计	4 228 328.49	100.00

4.2.2 固有业务

固有业务以“安全性、流动性、效益性”为经营原则，稳健开展投融资业务，保证固有资金“投得出去，收得回来”，实现了固有资金的安全高效运行。报告期内，公司固有资产运用与分布情况如下：

固有资产运用与分布表

资产运用	金额(万元)	占比(%)	资产分布	金额(万元)	占比(%)
货币资产	43 620.74	54.33	基础产业		
贷款及应收款	15 556.30	19.37	房地产业	10 000.00	12.45
交易性金融资产	1 562.40	1.95	证券市场	1 562.40	1.95
可供出售金融资产	16 385.00	20.41	实业		
持有至到期投资			金融机构	43 620.74	54.33
长期股权投资			其他	25 112.46	31.28
其他	3 171.16	3.95			
资产总计	80 295.60	100.00	资产总计	80 295.60	100.00

4.3 市场分析

4.3.1 经济形势分析

2011 年是"十二五"开局之年,我国经济仍处于由危机应对向常规增长转型的过程之中,同时经济增长方式的转型进一步深化。全年宏观调控在"防通胀,调结构,保增长"中寻求平衡,价格涨幅高位回落、经济增长小幅下降,经济运行总体较为平稳。

2012 年宏观经济稳中求进,《政府工作报告》提出 GDP 增长预期目标为 7.5%。经济增长的适当放缓,有利于深化改革,加快经济发展方式的转变,国内社会经济总体仍将稳健发展。

4.3.2 金融形势分析

2011 年,我国实行稳健的货币政策,改变了全球金融危机后采取的"适度宽松"的基调,以应对流动性过剩问题。货币和信贷政策前三个季度呈现明显的偏紧操作,第四季度随着经济形势的变化,货币政策进行了微调,实际操作中实施了定向宽松,使得货币供给增速整体呈现回落趋势,货币供给量过大及增长过快问题得到有效抑制。

2012 年,货币政策"稳健"基调下利率将基本稳定,存款准备金率仍将是以微调手段为主。预期流动性相对宽松,金融环境逐步改善将降低融资成本。

4.3.3 影响本公司业务发展的主要因素

4.3.3.1 有利因素

国民经济快速发展、综合金融服务需求及私人理财需求迅速膨胀、监管机构积极引导促进信托业发展、信托行业自身能力不断提升,是促进公司业务发展的外部有利因素。同时,股东的金融资源背景和雄厚资本实力、高效灵活的公司高级管理层和业务审查委员会等的决策机制、监管政策的密集出台,是推动公司快速发展的内在原因。

4.3.3.2 不利因素

面对 2012 年金融环境预期将适度宽松,给在紧缩环境下取得大发展的信托业提出新挑战;同时,新的信托公司加入行业竞争中来、各金融机构也纷纷推出私人理财产品,使得信托业面临激烈的行业内外竞争。此外,公司注册资本规模偏小、核心竞争力偏低的现状,也在一定程度上限制了公司的业务开展。

4.4 内部控制

4.4.1 内部控制环境和内部控制文化

公司按照《公司法》和监管机构的要求,不断规范以股东会、董事会、监事会和高级管理层为核心的"三会一层"的公司治理架构,董事会下设信托委员会、薪酬与考核委员会、风险与关联交易管理委员会和审计委员会,各机构按照规定的工作程序、议事规则运作,做到有机协调和分权制衡。公司独立董事按照公司章程的规定对重大事项发表独立意见;公司按年度对董事履职情况进行评价,强化董事的约束和监督机制,推进公司治理制度的有效执行。

公司根据信托业务的特点和内部控制要求设置内部机构,将组织结构划分为决策层、前台业务层、中台管理与支持层、后台管理与监督层,明确界定总办会、信托业务审查委员会、固有业务审查委员会、各部门、岗位之间的职责以及业务职能部门的风险控制分工,形成了职责分离、相互监督制约的机制。

公司奉行"方方正正做人,实实在在做事"的核心价值观,秉承"规范、稳健、创新"的经营理念,坚持"宁失效益,不失风控"的风险控制原则,认真履行受托人职责。公司将内控管理理念融会在各项管理制度和业务流程中,要求员工遵守职业操守和公司规章制度,从制度层面上促进公司合规理念、合规文化的建设。并通过开展预防金融职务犯罪警示教育讲座等多项业务培训,组织开展案件风险排查,完善投诉举报监督机制,向员工传达遵守法律法规和实施内部控制的重要性,引导员工树立合规意识和风险意识,规范员工职业行为,促进公司长期稳健发展。

4.4.2 内部控制措施

公司股东会、董事会、监事会、高级管理层按照公司章程规定的职权,实施内部控制的监督管理;公司前台、中台、后台职责分离,横向与纵向相互监督制约;审计稽核部负责组织对公司内部控制情况进行监督、检查。公司建立了包括决策系统、业务审批及操作系统、风险控制系统,以及内部规章制度等为主要内容的内部控制机制。

2011 年,公司根据业务开展和风险管理的需要,以及监管部门的要求,对内部控制制度进行梳理,完成了新增制度的拟订和部分制度的修订。公司各项业务建立了有较完善的流程控制,明确业务开展程序,控制风险点,并结合业务运作情况,不断修订、完善业务流程。

公司内部控制制度和业务流程在运行中逐步完善,执行情况良好,各项制度和业务流程覆盖面、可操作性和精细化程度得到加强,有效防范了公司面临的各项风险。

4.4.3 监督评价与纠正

公司建立了多层次的内部控制监督评价机制。在公司治理层面,监事会负责对公司董事及高级管理人员履职情况进行监督;董事会下设的风险与关联交易管理委员会和审计委员会,依据公司章程及议事规则所赋予的职责权限对相关事项进行监督。在公司管理层面,合规与风险管理部对公司业务活动进行全过程监督;审计稽核部对公司全部经营管理活动进行事后监督评价,出具内部审计报告,并督促改进。

4.5 风险管理

4.5.1 风险管理概况

公司坚持"宁失效益,不失风控"的风险控制原则,通过建立和完善全面风险管理体系,确保公司风险始终在公司确定的承受水平之内。

公司重视制度建设，完善健全各项规章制度，使公司决策、执行、监督、反馈等各个环节及公司的所有业务均受公司制度约束，各项经营活动均做到有章可循，任何决策和操作均有案可查。

公司设置有三级风险管理机构，分别是风险与关联交易管理委员会、信托业务审查委员会及固有业务审查委员会、合规与风险管理部及审计稽核部。风险与关联交易管理委员会负责确定公司风险管理重大事项，向董事会提供风险控制建议。两个业务审查委员会分别对信托业务和固有业务进行审查，就风险管理等内容进行审议，并向公司高级管理层提供审查意见。合规与风险管理部发挥日常监督、控制和预警的职能，对公司经营和业务活动进行全面风险管理。审计稽核部负责对公司业务的各种风险进行稽核监督。

公司以业务流程为主导，形成了风险识别、风险评估、风险控制措施的落实、风险监控、风险预警等五级风险管理体系，风险管理职责覆盖到前台、中台、后台的全部流程，实现了风险内部控制机制的有效运作。

4.5.2 风险状况

4.5.2.1 信用风险状况

信用风险不仅包括交易对手和合作方的违约风险，还包括由于交易对手和合作方的信用状况和履约能力上的变化而导致公司各类资产价值发生变动所造成损失的风险。2011 年，公司面临的信用风险小，无不良资产。

4.5.2.2 市场风险状况

市场风险是指在对公司各类财产的经营管理中，因市场利率、汇率和股价等市场参数的波动而产生的风险。

报告期内，公司固有业务和信托业务中，证券投资业务比例相对较小，公司盈利能力和财务状况受影响较小。

报告期内，市场利率和汇率小幅波动，对公司所管理的资产没有显著影响。

4.5.2.3 操作风险状况

操作风险是指由于不完善或有问题的内部程序、员工、信息科技系统或外部事件所造成损失的风险。报告期内，公司未发生因内部原因或外部事件造成的直接或间接损失，也未发现滥用操作权的情况。

4.5.2.4 合规风险状况

合规风险是指因没有遵循法律法规、监管要求、市场规则、行业准则或内部行为准则，可能遭受法律制裁、监管处罚、重大财务损失和声誉损失的风险。公司未发生从业人员违反法律法规和职业操守的行为，公司本年度未发生合规风险。

4.5.2.5 其他风险状况

其他风险包括政策风险、法律风险、流动性风险、员工道德风险等，在报告期内未对公司的经营管理带来潜在的系统性风险。

4.5.3 风险管理

4.5.3.1 信用风险管理

公司通过详尽的尽职调查，有效利用各类的信用评级系统，对项目信用风险进行充分的事前评估，审慎选择交易对手；通过事中控制、事后检查持续关注交易对手的信用状况，以及抵（质）押物价值及保证人担保能力的变化，并根据具体情况采取有效的应对措施；通过实施重点客户、区域倾斜，保持一定程度的客户集中度，在依托各种信用增级手段的基础上，切实降低了信用风险；选聘外部中介机构在尽职调查中对交易结构、交易对手出具专业意见，通过法律条款的设定，借助外部律师的意见，提高抵御信用风险的能力。同时，公司自身风险评级制度和体系也正在积极推进当中。

4.5.3.2 市场风险管理

公司建立了市场风险识别、计量、监测和控制程序，以确保市场风险管理能够与业务性质、规模、复杂程度和风险特征相适应，与能够承担的总体市场风险水平相一致；公司加强对宏观经济和市场的研究，及时跟踪市场价格波动情况，对每项业务和产品中的市场风险因素进行分解和分析，以及时准确识别所有业务中市场风险的类别和性质；通过定期或不定期地对房地产和证券投资等业务进行市场风险压力测试，分析业务对外部市场变化的敏感程度和可能的影响，以制订策略应对市场变化；公司对重大市场风险情况事先制订应急处理方案，积极采取对冲、减少风险暴露等措施降低市场风险水平。

4.5.3.3 操作风险管理

公司明确界定各业务部门和管理部门的操作风险管理职责，确保各部门切实履职；公司根据业务特点、管理流程和复杂程度，逐步确定重点操作风险，通过运用操作风险因素清单、关键风险指标、风险与控制自我评估等工具，定期监测并报告操作风险状况和重大损失情况；公司针对潜在损失不断增大的风险，建立了早期的操作风险预警机制，以便及时采取措施控制、降低风险，降低损失事件的发生频率及损失程度；公司还将履约风险作为重大操作风险，实施专项管理，向信托当事人及时、充分、完整、准确地披露信息，勤勉尽职履行受托人管理义务，避免因操作不当导致风险事件的发生。

4.5.3.4 合规风险管理

公司董事会、监事会及高级管理层的工作职责包括合规管理职能，并按照相应的权限进行决策、监督、执行和考核；公司设立了满足业务发展需要的合规部门，并配置 2 名以上关键人员，以确保职责权限的独立性；公司保持与监管机构日常的工作联系，跟踪和评估监管意见和监管要求的落实情况；公司建立了有效的合规问责制度，严格对违规行为的责任认定与追究，及时改进经营管理流程，适时修订相关制度、程序和操作指南。

4.5.3.5 其他风险管理

公司通过加强对国家政策分析和研究，提高对政策的理解能力，加强与监管部门及同业间的沟通，以提高对政策的理解度和执行力，从而防范政策风险；公司内设法律部门，对于重大项目聘请外部律师提供专业意见或法律咨询，尤其是对创新产品强化法律方面的风险管理；公司运用资产负债管理方法加强对流动性风险进行管理，严格匹配资产和负债的合理比例，并定期或不定期地对流动性进行压力测试；公司主要通过制度规范、业务及职业道德培训来防范员工道德风险。

5. 报告期末会计报表及上一年度末的比较式会计报表

5.1 固有资产

5.1.1 会计师事务所审计意见全文

审 计 报 告

众环审字（2012）252 号

方正东亚信托有限责任公司全体股东：

我们审计了后附的方正东亚信托有限责任公司（以下简称

方正东亚信托公司)财务报表,包括2011年12月31日的资产负债表,2011年度的利润表、所有者权益变动表和现金流量表以及财务报表附注。

一、管理层对财务报表的责任

按照企业会计准则的规定编制财务报表是方正东亚信托公司管理层的责任。这种责任包括:(1)设计、实施和维护与财务报表编制相关的内部控制,以使财务报表不存在由于舞弊或错误而导致的重大错报;(2)选择和运用恰当的会计政策;(3)作出合理的会计估计。

二、注册会计师的责任

我们的责任是在实施审计工作的基础上对财务报表发表审计意见。我们按照中国注册会计师审计准则的规定执行了审计工作。中国注册会计师审计准则要求我们遵守职业道德规范,计划和实施审计工作以对财务报表是否不存在重大错报获取合理保证。

审计工作涉及实施审计程序,以获取有关财务报表金额和披露的审计证据。选择的审计程序取决于注册会计师的判断,包括对由于舞弊或错误导致的财务报表重大错报风险的评估。在进行风险评估时,我们考虑与财务报表编制相关的内部控制,以设计恰当的审计程序,但目的并非对内部控制的有效性发表意见。审计工作还包括评价管理层选用会计政策的恰当性和作出会计估计的合理性,以及评价财务报表的总体列报。

我们相信,我们获取的审计证据是充分、适当的,为发表审计意见提供了基础。

三、审计意见

我们认为,方正东亚信托公司财务报表已经按照企业会计准则的规定编制,在所有重大方面公允反映了方正东亚信托公司2011年12月31日的财务状况以及2011年度的经营成果和现金流量。

众环海华会计师事务所有限公司

中国注册会计师　夏才渠

中国注册会计师　朱　烨

中国·武汉　　二〇一二年三月二日

5.1.2 资产负债表

单位:元

资　产	年初数	年末数	负债和所有者权益	年初数	年末数
资产:			负债:		
现金及存放中央银行款项	91 32. 84	436 207 391. 05	向中央银行借款		
存放同业款项	109 162 861. 22		同业及其他金融机构存放款项		
贵金属			拆入资金		
拆出资金			交易性金融负债		
交易性金融资产		15 624 000. 00	衍生金融负债		
衍生金融资产			卖出回购金融资产款		
买入返售金融资产			吸收存款		
应收利息		759 302. 65	应付职工薪酬	2 666 101. 48	29 043 669. 26
发放贷款及垫款	199 000 000. 00	154 803 684. 04	应交税费	1 417 441. 53	37 290 894. 82
可供出售金融资产			应付利息		
持有至到期投资			预计负债		
应收款项类投资		163 850 000. 00	应付债券		
长期股权投资			递延所得税负债		
投资性房地产			其他负债	13 249 665. 30	47 912 423. 74
固定资产	3 128 306. 72	5 184 381. 86	负债合计	17 333 208. 31	114 246 987. 82
在建工程			股东权益:		
无形资产	9 916. 67	3 510 855. 04	股本	300 000 000. 00	600 000 000. 00
递延所得税资产	250 383. 29	217 752. 37	资本公积		
其他资产	6 772 114. 46	22 798 662. 04	减:库存股		
			盈余公积	99 950. 69	8 870 904. 13
			一般风险准备	49 975. 35	4 435 452. 07
			未分配利润	849 580. 85	75 402 685. 03
			外币报表折算差额		
			归属于母公司的股东权益合计	300 999 506. 89	688 709 041. 23
			少数股东权益		
			股东权益合计	300 999 506. 89	688 709 041. 23
资产总计	318 332 715. 20	802 956 029. 06	负债和股东权益总计	318 332 715. 20	802 956 029. 06

5.1.3 利润表

单位：元

项目	上年数	本年数
一、营业收入	12 439 548.39	240 945 772.24
利息净收入	2 419 900.77	17 812 229.91
利息收入	2 419 900.77	17 826 117.02
利息支出		13 887.11
手续费及佣金净收入	11 703 966.17	246 359 214.17
投资收益（损失以"－"号填列）		1 084 310.47
公允价值变动净收益（损失以"－"号填列）		−21 140 000.00
汇兑收益（损失以"－"号填列）	−1.684 318.55	−3 169 982.31
其他业务收入		
二、营业支出	10 968 157.79	116 163 065.35
营业税金及附加	731 997.29	15 920 631.07
业务及管理费	9 234 627.33	82 345 557.97
资产减值损失	1 001 533.17	−130 523.69
其他业务成本		18 027 400.00
三、营业利润（亏损以"－"号填列）	1 471 390.60	124 782 706.89
加：营业外收入		31 400.69
减：营业外支出	10 090.33	
四、利润总额（亏损总额以"－"号填列）	1 461 300.27	124 814 107.58
减：所得税费用	461 793.38	37 104 573.24
五、净利润（净亏损以"－"号填列）	999 506.89	87 709 534.34
六、每股收益：		
（一）基本每股收益（元）		0.15
（二）稀释每股收益（元）		0.15
七、其他综合收益	−2 147 333.86	
八、综合收益总额	−1 147 826.97	87 709 534.34

5.1.4 现金流量表

单位：元

项目	2010 年度	2011 年度
一、经营活动产生的现金流量		
客户存款和同业存放款项净增加额		
向中央银行借款净增加额		
向其他金融机构拆入资金净增加额		
收取利息、手续费及佣金的现金	14 124 067.44	267 029 854.18
收到其他与经营活动有关的现金	698 285.88	8 171 113.72
经营活动现金流入小计	14 822 353.32	275 200 967.90
客户贷款及垫款净增加额	200 000 000.00	−42 162 784.00
存放中央银行和同业款项净增加额		
支付手续费及佣金的现金		21 361 588.50
支付给职工以及为职工支付的现金	3 576 167.62	17 600 474.51
支付的各项税费	575 093.66	18 935 104.46
支付其他与经营活动有关的现金	3 515 115.53	29 509 056.56
经营活动现金流出小计	207 666 376.81	45 243 440.03
经营活动产生的现金流量净额	−192 844 023.49	229 957 527.87
二、投资活动产生的现金流量		
收回投资收到的现金		273 000 000.00
取得投资收益收到的现金		1 013 407.70
收到其他与投资活动有关的现金		40 000.00
投资活动现金流入小计		274 053 407.70
投资支付的现金	9 170 442.00	465 620 000.00
购建固定资产、无形资产和其他长期资产支付的现金		6 401 180.27
支付其他与投资活动有关的现金		
投资活动现金流出小计	9 170 442.00	472 021 180.27
投资活动产生的现金流量净额	−9 170 442.00	−197 967 772.57
三、筹资活动产生的现金流量		
吸收投资收到的现金	300 000 000.00	300 000 000.00
发行债券收到的现金		
收到其他与筹资活动有关的现金	10 390 000.00	
筹资活动现金流入小计	310 390 000.00	300 000 000.00
偿还债务支付的现金		
分配股利、利润或偿付利息支付的现金		
支付其他与筹资活动有关的现金	3 425.70	
筹资活动现金流出小计	3 425.70	
筹资活动产生的现金流量净额	310 386 574.30	300 000 000.00
四、汇率变动对现金等价物的影响	−1 684 318.55	−914 358.31
五、现金及现金等价物净增加额	106 687 790.26	331 075 396.99
加：期初现金及现金等价物余额	2 484 203.80	109 171 994.06
六、期末现金及现金等价物余额	109 171 994.06	440 247 391.05

5.1.5 所有者权益变动表

单位：元

项目	2011 年度						
	股本	资本公积	减：库存股	盈余公积	一般风险准备	未分配利润	所有者权益合计
一、上年末余额	300 000 000.00			99 950.69	49 975.35	849 580.85	300 999 506.89
加：会计政策变更							
前期差错更正							
其他							
二、本年初余额	300 000 000.00			99 950.69	49 975.35	849 580.85	300 999 506.89
三、本期增减变动金额	300 000 000.00			8 770 953.44	4 385 476.72	74 553 104.18	387 709 534.34
（一）净利润						87 709 534.34	87 709 534.34
（二）其他综合收益							
上述（一）和（二）小计						87 709 534.34	87 709 534.34
（三）所有者投入和减少资本	300 000 000.00						300 000 000.00

续表

项目	2011年度						
	股本	资本公积	减:库存股	盈余公积	一般风险准备	未分配利润	所有者权益合计
1. 所有者投入资本	300 000 000.00						300 000 000.00
2. 股份支付计入所有者权益的金额							
3. 其他(股本溢价)							
(四)利润分配				8 770 953.44	4 385 476.72	-13 156 430.16	
1. 提取盈余公积				8 770 953.44		-8 770 953.44	
2. 提取一般风险准备					4 385 476.72	-4 385 476.72	
3. 对所有者权的分配							
(五)所有者权益内部结转							
1. 资本公积转增资本							
2. 盈余公积转增资本							
3. 盈余公积弥补亏损							
4. 其他							
四、本年年末余额	600 000 000.00			8 870 904.13	4 435 452.07	75 402 685.03	688 709 041.23

所有者权益变动表(续表)

单位:元

项目	2010年度						
	股本	资本公积	减:库存股	盈余公积	一般风险准备	未分配利润	所有者权益合计
一、上年末余额		2 147 333.86					
加:会计政策变更							
前期差错更正							
其他							
二、本年初余额		2 147 333.86					2 147 333.86
三、本期增减变动金额	300 000 000.00	-2 147 333.86		99 950.69	49 975.35	849 580.85	298 852 173.03
(一)净利润						999 506.89	999 506.89
(二)其他综合收益		-2 147 333.86					-2 147 333.86
上述(一)和(二)小计		-2 147 333.86				999 506.89	-1 147 826.97
(三)所有者投入和减少资本	300 000 000.00						300 000 000.00
1. 所有者投入资本	300 000 000.00						300 000 000.00
2. 股份支付计入所有者权益的金额							
3. 其他(股本溢价)							
(四)利润分配				99 950.69	49 975.35	-149 926.04	
1. 提取盈余公积				99 950.69	49 975.35	-99 950.69	
2. 提取一般风险准备						-49 975.35	
3. 对所有者权的分配							
(五)所有者权益内部结转							
1. 资本公积转增资本							
2. 盈余公积转增资本							
3. 盈余公积弥补亏损							
4. 其他							
四、本年年末余额	300 000 000.00			99 950.69	49 975.35	849 580.85	300 999 506.89

5.2 信托资产

5.2.1 信托项目资产负债汇总表

单位:万元

序号	项　目	A	B
		年初余额	期末余额
1	信托资产:		
2	1. 货币资金	28 978.29	73 608.61
3	2. 拆出资金	0.00	0.00
4	3. 存出保证金	0.00	0.00
5	4. 交易性金融资产	0.00	275 414.78
6	5. 衍生金融资产	0.00	0.00
7	6. 买入返售金融资产	0.00	0.00
8	其中:6.1 买入返售证券	0.00	0.00
9	6.2 买入返售信贷资产	0.00	0.00
10	7. 应收款项	0.00	580 827.00
11	8. 发放贷款	309 554.00	1 019 607.20
12	其中:8.1 基础产业	82 450.00	229 150.00
13	8.2 房地产	0.00	160 088.00
14	9. 可供出售金融资产	0.00	499 660.00
15	10. 持有至到期投资	0.00	1 323 109.90
16	11. 长期应收款	0.00	0.00
17	12. 长期股权投资	24 211.00	386 711.00
18	其中:12.1 基础产业	0.00	63 000.00
19	12.2 房地产	19 711.00	114 711.00
20	13. 投资性房地产	0.00	0.00
21	14. 固定资产	0.00	0.00
22	15. 无形资产	0.00	0.00
23	16. 长期待摊费用	0.00	0.00
24	17. 其他资产	0.00	69 390.00
25	18. 信托资产总计	362 743.29	4 228 328.49
26	19. 各项资产减值准备	0.00	
27	信托负债		
28	20. 交易性金融负债	0.00	0.00
29	21. 衍生金融负债	0.00	0.00
30	22. 应付受托人报酬	0.00	354.88
31	23. 应付托管费	0.00	114.94
32	24. 应付受益人收益	0.00	2 792.77
33	25. 应交税费	1.55	7.35
34	26. 应付销售服务费	0.00	365.96
35	27. 其他应付款项	3.33	4 156.55
36	28. 其他负债	0.00	0.00
37	29. 信托负债合计	4.88	7 792.45
38	信托权益:		
39	30. 实收信托	362 330.00	4 208 788.24
40	30.1 资金信托	362 330.00	3 862 650.24
41	30.1.1 集合	24 211.00	622 990.20
42	30.1.2 单一	338 119.00	3 239 660.04
43	30.2 财产信托	0.00	346 138.00
44	30.2.1 信贷资产证券化	0.00	
45	30.2.2 其他资产(准)证券化	0.00	290 548.00
46	31. 资本公积	0.00	0.00
47	32. 外币报表折算差额	0.00	0.00
48	33. 未分配利润	408.41	11 747.80
49	34. 信托权益合计	362 738.41	4 220 536.04
50	35. 信托负债和信托权益总计	362 743.29	4 228 328.49

5.2.2 信托项目利润及利润分配汇总表

单位:万元

序号	项　目	上期数	本期数
1	1. 营业收入	1 091.81	264 779.47
2	1.1 利息收入	1 091.81	129 287.22
3	1.2 投资收益(损失以"－"号填列)	0.00	134 926.70
4	1.2.1 其中:对联营企业和合营企业的投资收益	0.00	0.00
5	1.3 公允价值变动收益(损失以"－"号填列)	0.00	365.52
6	1.4 租赁收入	0.00	0.00
7	1.5 汇兑损益(损失以"－"号填列)	0.00	0.00
8	1.6 其他收入	0.00	200.03
9	2. 支出	308.08	33 620.21
10	2.1 营业税金及附加	0.00	0.00
11	2.2 受托人报酬	280.42	20 498.23
12	2.3 托管费	25.59	4 938.86
13	2.4 投资管理费	0.00	0.00
14	2.5 销售服务费	0.00	2 528.11
15	2.6 交易费用	0.00	16.54
16	2.7 资产减值损失	0.00	0.00
17	2.8 其他费用	2.07	5 638.47
18	3. 信托净利润(净亏损以"－"号填列)	783.73	231 159.26
19	4. 其他综合收益	0.00	0.00
20	5. 综合收益	783.73	231 159.26
21	6. 加:期初未分配信托利润	0.00	408.41
22	7. 可供分配的信托利润	783.73	231 567.67
23	8. 减:本期已分配信托利润	375.32	219 819.87
24	9. 期末未分配信托利润	408.41	11 747.80

6. 会计报表附注

6.1 会计报表编制基准不符合会计核算基本前提的说明

本公司执行财政部于2006年2月15日颁布的《企业会计准则》(以下简称新会计准则),会计报表编制无不符合会计核算基本前提事项。

6.2 或有事项说明

截至报告期公司未发生对外担保及其他或有事项。

6.3 重要资产转让及其出售的说明

报告期无重要资产转让或出售。

6.4 会计报表中重要项目的明细资料

6.4.1 披露固有资产经营情况

6.4.1.1 按信用风险五级分类结果披露信用风险资产的期初数、期末数

信用风险资产五级分类	正常类(万元)	关注类(万元)	次级类(万元)	可疑类(万元)	损失类(万元)	信用风险资产合计(万元)	不良资产合计(万元)	不良率(%)
期初数	20 000.00	—	—	—	—	20 000.00	—	—
期末数	15 558.16	—	—	—	—	15 558.16	—	—

注:不良资产合计＝次级类＋可疑类＋损失类。

6.4.1.2 各项资产减值损失准备

单位:万元

项　目	期初数	本期计提	本期转回	本期核销	期末数
贷款损失准备	100	—	22.21	—	77.79
一般准备	100	—	22.21	—	77.79
专项准备	—	—	—	—	
其他资产减值准备	0.15	9.16	—	—	9.31
可供出售金融资产减值准备	—	—	—	—	—
持有至到期投资减值准备	—	—	—	—	—
长期股权投资减值准备	—	—	—	—	—
坏账准备	0.15	9.16			9.31
投资性房地产减值准备	—	—	—	—	—

6.4.1.3 固有业务投资品种明细

单位:万元

项目	固有股票	基金	债券	长期股权投资	其他投资	合计
期初数	—	—	—	—	—	—
期末数	3 676.40	—	—	—	15 981.00	19 657.40

6.4.1.4 前五名固有长期股权投资企业情况

报告期内公司无长期股权投资。

6.4.1.5 前五名固有贷款企业情况

报告期内,公司累计发生三笔贷款业务,情况如下:

企业名称	贷款金额（万元）	占贷款总额的比例(%)	还款情况
宁夏宝塔石化(集团)有限公司	5 774.47	21.17	正常
海口翰星房地产投资有限公司	10 000.00	36.67	正常
武汉南国商业发展有限公司	11 500.00	42.16	已归还贷款

6.4.1.6 表外业务情况

报告期内公司无表外业务。

6.4.1.7 公司当年的收入结构

收入结构	金额(万元)	占比(%)
手续费及佣金净收入	24 635.92	102.23
其中:信托手续费收入	24 635.92	102.23
投资银行业务收入		
利息净收入	1 781.22	7.39
其他业务收入		
其中:计入信托业务收入部分		
投资收益	108.43	0.45
其中:股权投资收益		
证券投资收益		
其他投资收益	108.43	0.45
公允价值变动损益	-2 114.00	-8.76
汇兑损失	-317.00	-1.32
营业外收入	3.14	0.01
收入合计	24 097.71	100.00

6.4.2 信托财产管理情况

6.4.2.1 信托资产的期初数、期末数

单位:万元

信托资产	期初数	期末数
集合	24 215.74	625 302.00
单一	338 527.55	3 256 879.36
财产权	0	346 147.13
合计	362 743.29	4 228 328.49

6.4.2.1.1 主动管理型信托业务的信托资产期初数、期末数

单位:万元

主动管理型信托资产	期初数	期末数
证券投资类	4 500.05	29 575.99
股权投资类	19 715.69	482 149.21
融资类	0	1 933 383.56
事务管理类	0	436 147.13
合计	24 215.74	2 881 255.89

6.4.2.1.2 被动管理型信托业务的信托资产期初数、期末数

单位:万元

被动管理型信托资产	期初数	期末数
证券投资类	0	275 414.78
股权投资类	0	586 458.56
融资类	338 527.55	485 199.26
事务管理类	0	0
合计	338 527.55	1 347 072.60

6.4.2.2 本年度已清算结束的信托项目

6.4.2.2.1 本年度已清算结束的集合类,单一类资金信托项目和财产管理类信托项目情况

已清算结束信托项目	项目个数	实收信托合计金额(万元)	加权平均实际年化收益率(%)
集合类	2	9 922.00	5.52
单一类	79	2 249 954.33	7.23
财产管理类	0	0	0

注:收益率是指信托项目清算后,给受益人赚取的实际收益水平。加权平均实际年化收益率 = 信托项目 1 的实际年化收益率 ×信托项目 1 的实收信托 +信托项目 2 的实际年化收益率 ×(信托项目 2 的实收信托 +…信托项目 n 的实际年化收益率 ×信托项目 n 的实收信托)/(信托项目 1 的实收信托 +信托项目 2 的实收信托 +…信托项目 n 的实收信托) ×100%。

6.4.2.2.2 本年度已清算结束的主动管理型信托项目情况

已清算结束信托项目	项目个数	实收信托合计金额(万元)	加权平均实际年化信托报酬率(%)	加权平均实际年化收益率(%)
证券投资类	2	9 500.00	1.29	6
股权投资类	0	0	0	0
融资类	19	692 007.33	0.35	5.08
事务管理类	0	0	0	0

注:加权平均实际年化信托报酬率 =(信托项目 1 的实际年化信托报酬率 ×信托项目 1 的实收信托 +信托项目 2 的实际年化信托报酬率 ×信托项目 2 的实收信托 +…信托项目 n 的实际年化信托报酬率 ×信托项目 n 的实收信托)/(信托项目 1 的实收信托 +信托项目 2 的实收信托 +…信托项目 n 的实收信托) ×100%。

6.4.2.2.3 本年度已清算结束的被动管理型信托项目情况

已清算结束信托项目	项目个数	实收信托合计金额(万元)	加权平均实际年化信托报酬率(%)	加权平均实际年化收益率(%)
证券投资类				
股权投资类				
融资类	60	1 558 369.00	0.44	7.80
事务管理类				

6.4.2.3 本年度新增信托项目情况

新增信托项目	项目个数	合计金额（万元）
集合类	33	608 701.20
单一类	159	5 151 495.37
财产管理类	11	346 138.00
新增合计	203	6 106 334.57
其中：主动管理型	136	3 475 785.20
被动管理型	67	2 630 549.37

6.4.2.4 公司履行受托人义务情况及因公司自身责任而导致的信托财产损失情况

本年度无因公司自身责任而导致的信托资产损失情况。

6.5 关联方关系及其交易的披露

6.5.1 关联交易方的数量、关联交易的总金额及关联交易的定价政策等

项目	关联交易方的数量	关联交易总金额（万元）	定价原则
合计	1	281.19	按市场定价

6.5.2 关联交易方情况

关系性质	关联方名称	法定代表人	注册地址	注册资本（万元）	主营业务
参股公司	武汉经济发展投资（集团）有限公司	马小援	武汉市长江日报路24号	400 000	投资业务、企业贷款担保及其他

6.5.3 公司与关联方的重大交易事项

6.5.3.1 固有资产与关联方关联交易

单位：万元

	期初数	借方发生额	贷方发生额	期末数
贷款	—	—	—	—
投资	—	—	—	—
租赁	142.89	424.08	281.19	0
担保	—	—	—	—
应收账款	—	—	—	—
其他	—	—	—	—
合计	142.89	424.08	281.19	0

注：公司承租武汉经济发展投资（集团）有限公司位于武汉市长江日报路77号投资大厦11～14层作为办公场所，142.89万元为上一会计年度应付未付的租金及物业管理费，424.08万元为报告期内支付的租金及物业管理费，281.19万元为报告期内应付的租金和物业管理费。

6.5.3.2 信托财产与关联方关联交易

无。

6.5.3.3 信托公司固有资金运用于自己管理的信托项目（固信交易）、信托公司管理的信托项目之间的相互（信信交易）交易金额，包括余额和本报告年度的发生额。

6.5.3.3.1 固有与信托财产相互交易情况

单位：万元

	期初数	本期发生额	期末数
合计		15 981.00	15 981.00

注：本期新增固有与信托财产相互交易金额15 981.00万元。

6.5.3.3.2 信托资产与信托财产相互交易情况

无。

6.5.4 逐笔披露关联方逾期未偿还本公司资金的详细情况以及本公司为关联方担保发生或即将发生垫款的详细情况

报告期内无关联方逾期未偿还本公司资金的情况以及公司为关联方担保发生或即将发生垫款的情况。

6.6 会计制度的披露

公司固有业务和信托业务的会计核算执行中华人民共和国财政部2006年颁布的《企业会计准则》及其相关规定。

7. 财务情况说明书

7.1 利润实现和分配情况

单位：万元

项目	上年数	本年数
本年净利润	99.95	8 770.95
加：年初未分配利润		84.95
其他转入		
可供分配的利润	99.95	8 855.90
减：提取法定盈余公积	10.00	877.10
提取法定公益金		
提取信托赔偿准备金	5.00	438.54
提取一般准备金		
提取职工奖励及福利基金		
提取储备基金		
提取企业发展基金		
利润归还投资		
可供投资者分配的利润	84.95	7 540.26
减：应付优先股股利		
提取任意盈余公积		
股利分配		
转作股本的普通股股利		
年末未分配利润	84.95	7 540.26

7.2 主要财务指标

指标名称	指标值
资本利润率（%）	25
加权年化信托报酬率（%）	0.65
人均净利润（万元/人）	108

注：1. 资本利润率＝净利润/所有者权益加权平均余额×100%。

2. 加权年化信托报酬率＝（信托项目1的实际年化信托报酬率×信托项目1的实收信托＋信托项目2的实际年化信托报酬率×信托项目2的实收信托＋…信托项目n的实际年化信托报酬率×信托项目n的实收信托）/（信托项目1的实收信托＋信托项目2的实收信托＋…信托项目n的实收信托）×100%。

3. 人均净利润＝净利润/年末人数。

7.3 对本公司财务状况、经营成果有重大影响的其他事项

报告期内没有发生对本公司财务状况、经营成果有重大影响的其他事项。

8. 特别事项揭示

8.1 前五名股东报告期内变动情况及原因

无。

8.2 董事、监事及高级管理人员变动情况及原因

本报告期内，公司董事、监事无变动。

李群元先生因工作需要，辞去公司总经理职务；周全锋先生因工作需要，辞去公司副总经理、财务总监职务；钟戚俭先生因工作原因，辞去公司首席风险官职务。

公司董事会选举李群元先生为公司常务副董事长，聘任周全锋先生为公司总经理，聘任方灏先生为公司首席风险官，聘任李宏先生为公司财务总监。周全锋先生、方灏先生及李宏先生的任职资格已经监管部门批复核准。

8.3 变更注册资本、变更注册地或公司名称、公司分立合并事项

公司于2011年10月，取得湖北银监局关于变更注册资本的批复，并于2011年12月，取得湖北银监局关于变更公司住所的批复。

公司全体股东以现有出资比例增加注册资本金3亿元，注册资本金由3亿元增至6亿元，完成增资后的公司股权结构为：方正集团出资额为42 006万元，出资比例为70.01%；东亚银行出资额为11 994万元，出资比例为19.99%；经发投出资额为6 000万元，出资比例为10.00%。

公司住所门牌号重新编排并扩充新租了一层办公场所，变更后的注册地址为：武汉市江汉区长江日报路77号投资大厦11~14层。

截至2011年末本公司名称无变化，无分立合并事项。

8.4 公司的重大诉讼事项

8.4.1 重大未决诉讼事项

无。

8.4.2 以前年度发生，于本报告期内终结的诉讼事项

无。

8.5 公司及其董事、监事和高级管理人员受到处罚的情况

无。

8.6 中国银监会及其派出机构对公司的整改意见及公司整改情况

无。

8.7 公司重大事项临时报告的简要内容、披露时间、所披露的媒体及版面

2011年12月30日，湖北银监局《关于方正东亚信托有限责任公司变更住所及修改章程的批复》（鄂银监复〔2011〕643号）批准公司住所由武汉市江汉区长江日报路77号投资大厦11~13层变更为武汉市江汉区长江日报路77号投资大厦11~14层，核准公司修改后的公司章程。按照批复精神，公司换领了新的金融许可证，并于2012年3月8日《湖北日报》第七版刊登了关于金融许可证变更的公告。

8.8 中国银监会及其派出机构认定的其他有必要让客户及相关利益人了解的重要信息

无。

9. 监事会意见

监事会认为，报告期内，公司的决策程序符合国家法律、法规和公司章程及相关制度，建立健全了比较有效的内部控制制度，建立了相对完善的独立董事和董事会下属专业委员会，董事会全体成员及高级管理层全体成员认真履行了职责，未发现有违法、违规、违章的行为，也没有损害公司利益、股东利益和委托人利益的行为。报告期内，公司财务报告真实、客观地反映了公司的财务状况和经营成果。

甘肃省信托有限责任公司

1. 重要提示

1.1 本公司董事会及董事保证本报告所载资料不存在任何虚假记载、误导性陈述或者重大遗漏，并对其内容的真实性、准确性和完整性承担个别及连带责任。

1.2 没有董事声明对年度报告内容的真实性、准确性、完整性无法保证或存在异议。

1.3 独立董事就年度报告内容的真实性、准确性、完整性发表意见，并单独列示。

1.4 北京中天恒会计师事务所有限责任公司兰州分所为本公司出具了标准无保留意见的审计报告。

1.5 公司董事长马江河先生和计划财务部总经理陈继辉先生声明：保证年度报告中财务报告真实、完整。

2. 公司概况

甘肃省信托有限责任公司的前身为甘肃省投资信托公司，于1980年3月经甘肃省人民政府批准成立，1981年6月经中国人民银行批准续办。1991年、1996年两次经中国人民银行批准进行重新登记，1996年更名为甘肃省信托投资公司。2002年4月28日经中国人民银行批准由原甘肃省信托投资公司、天水市信托投资公司和白银市信托投资公司合并重组，组建成立甘肃省信托投资有限责任公司。2009年2月经中国银行业监督管理委员会核准，公司名称变更为甘肃省信托有限责任公司，注册资本金为31 819.05万元。2010年5月经中国银行业监督管理委员会批准，公司注册资本金变更为101 819.05万元。

2.1 公司简介

2.1.1 法定中文名称：甘肃省信托有限责任公司

2.1.2 中文缩写：甘肃信托

2.1.3 法定英文名称：Gansu Trust Co. ,Ltd.

2.1.4 英文缩写：GTC

2.1.5 法定代表人：马江河

2.1.6 注册地址：甘肃省兰州市静宁路308号信托大厦

2.1.7 邮政编码：730030

2.1.8 公司互联网地址：www. gstrust. com. cn

2.1.9 公司电子信箱：gsxtmail@163. com

2.1.10 负责信息披露事务人：鲁林岐
信息披露联系人：辛玉平
联系电话：(0931)8893025
传真：(0931)8410739
电子信箱：xiao_xin2009@sina. com

2.1.11 公司选定的信息披露报纸名称：《中国证券报》

2.1.12 公司年度报告备置地点：甘肃省兰州市静宁路308号信托大厦17F

2.1.13 公司聘请的会计师事务所(甘肃省人民政府国有资产监督管理委员会指定)：北京中天恒会计师事务所有限责任公司兰州分所
地址：兰州市天水南路226号(兰州大学萃英大酒店601房间)

2.1.14 公司聘请的律师事务所：甘肃正天和律师事务所
地址：甘肃省兰州市通渭路1号兰州房地产大厦15F

2.2 组织结构

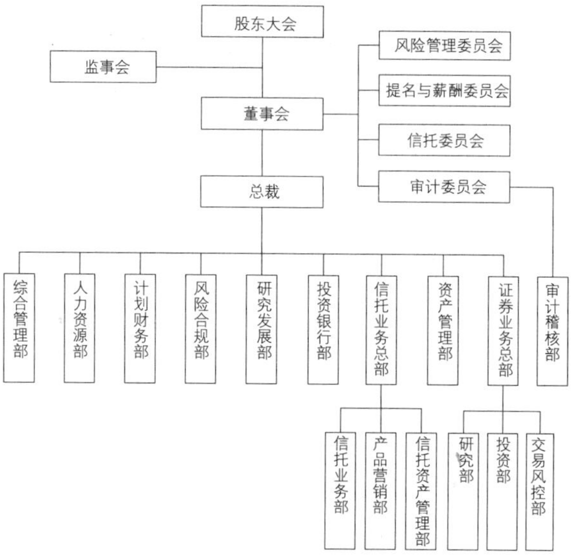

3. 公司治理结构

3.1 股东

报告期末股东数为3名。

股东名称	持股比例(%)	法人代表	注册资本(万元)	注册地址	主要经营业务及主要财务状况
★甘肃省国有资产投资集团有限公司	92.58	贾子俊	94 265.21	兰州市静宁路308号	承担全省工业发展投融资主体的角色，从事授权范围内的投资、融资业务，并对投融资金进行管理等。
天水市财政局	4.00	刘永年	4 072.84	天水市合作巷1号	
白银市财政局	3.42	马　勤	3 481.00	白银市人民路100号	
	100		101 819.05		

注：★表示最终实际控制人。

3.2 董事

董事长、副董事长、董事

姓 名	职 务	性别	年龄	选任日期	所推举的股东名称	该股东持股比例(%)	简 要 履 历
马江河	董事长	男	46	2010 年 8 月	甘肃省国有资产投资集团有限公司	92.58	曾任中国投资银行黑龙江分行项目部经理、深圳证券交易所法律部副总监、甘肃省政府金融办副主任、甘肃省国有资产投资集团公司总经理,现任公司董事长。
邵禹斌	副董事长	男	37	2009 年 12 月			曾任酒泉钢铁(集团)有限责任公司副处长、龙泰集团公司常务副总经理、甘肃省国有资产投资集团有限公司总经理助理,现任公司副董事长。
史光磊	董事	男	31	2009 年 12 月			曾在酒泉钢铁(集团)有限责任公司财务部工作,现任甘肃省国有资产投资集团有限公司财务部副部长。
李炜	董事	男	49	2009 年 12 月			曾任甘肃省财政厅基本建设处主任科员、经济建设处主任科员,现任甘肃省财政厅企业处副处长。
刘永年	董事	男	53	2010 年 4 月	天水市财政局	4.00	历任天水市财政局副局长、天水市审计局党组书记、局长;现任天水市财政局局长、党组书记。
杨 文	职工董事	男	49	2009 年 12 月			历任天水市信托投资公司国债服务部主任、总经理助理、副总经理,甘肃省信托投资有限责任公司副总裁、纪委委员;现任公司总裁、纪委委员。

独立董事

姓 名	所在单位及职务	性别	年龄	选任日期	所推荐的股东名称	该股东持股比例(%)	简 要 履 历
苏志希	甘肃省人大常委会咨询员	男	66	2009 年 12 月	甘肃省国有资产投资集团有限公司	92.58	历任甘肃省电子公司总经理、省计委副主任、省政府副秘书长、省财政厅厅长、省人大常委会副主任、省委委员、中共十六大代表。
张文义	兰州盛祥有限责任公司总经理	男	57	2009 年 12 月			曾任甘肃省体改委副处长、省国资委产权处调研员,现任兰州盛祥有限责任公司总经理。
包国宪	兰州大学管理学院院长、博士生导师	男	52	2011 年 9 月			曾任兰州大学管理科学学团总支书记、副系主任、副教授、硕士生导师、副院长等职务,现任兰州大学管理学院任教授、博士生导师、院长。

3.3 监事

监事会成员

姓 名	职 务	性别	年龄	选任日期	所推举的股东名称	该股东持股比例(%)	简 要 履 历
沈建中	监事会主席	男	49	2009 年 12 月	白银市财政局、甘肃省国有资产投资集团有限公司	3.42 92.58	曾任白银市信托投资公司办公室主任、证券营业部经理、公司董事,现任白银市中小企业投资担保有限责任总经理。
杨林军	监事	男	42	2009 年 12 月			曾任中国蓝星(集团)总公司处长,甘肃兰星律师事务所、甘肃至行律师事务所律师,甘肃中粮可口可乐饮料有限公司法务经理、工会主席;现任甘肃省国有资产投资集团有限公司风控部副部长。
刘宝生	职工监事	男	47	2009 年 12 月			曾任公司投资银行部经理、法律事务部经理,现任公司投资银行部总经理。

3.4 高级管理人员

姓 名	职 务	性别	年龄	选任日期	金融从业年限	学历	专业	简 要 履 历
马江河	董事长	男	46	2010 年 8 月	22	博士	法学	曾任中国投资银行黑龙江分行项目部经理、深圳证券交易所法律部副总监、甘肃省政府金融办副主任、甘肃省国有资产投资集团公司总经理;现任公司董事长。
杨宏光	党委书记	男	59	2002 年 8 月	18	本科	金融	曾任甘肃省职工财经学院副院长,甘肃省财政厅人事处副处长、处长、纪检组副组长和甘肃省信托投资公司副总经理;现任公司党委书记。
杨 文	总裁	男	49	2011 年 9 月	25	研究生	财政学	历任天水市信托投资公司国债服务部主任、总经理助理、副总经理,甘肃省信托投资有限责任公司副总裁、纪委委员;现任公司总裁、纪委委员。
邵禹斌	副董事长	男	37	2011 年 12 月	7	研究生	经济管理	曾任酒泉钢铁(集团)有限责任公司副处长、龙泰集团公司常务副总经理、甘肃省国有资产投资集团有限公司总经理助理,现任公司副董事长。

续表

姓 名	职 务	性别	年龄	选任日期	金融从业年限	学历	专业	简 要 履 历
解冰华	副总裁	男	53	2011 年 6 月	29	本 科	金融	曾任中国人民银行兰州中心支行管理处副处级调研员，中国人民银行西安分行兰州监管办农行处副处级监管员，甘肃银监局国有银行监管三处处长；合作处处长，现任公司副总裁。
王亚峰	副总裁	男	48	2011 年 12 月	16	本科	政治理论	曾任国泰君安兰州总部证券分析师、公司证券业务总部总经理、证券投资总监，现任公司副总裁。

3.5 公司员工

公司 2010 年末员工人数为 57 人，2011 年末员工人数为 65 人。

项 目		报告期年度		上年度	
		人数	比例(%)	人数	比例(%)
年龄分布	25 岁以下	5	8	1	2
	25 ~29 岁	8	12	7	12
	30 ~39 岁	25	38	22	39
	40 岁以上	27	42	27	47
学历分布	博士	1	2	1	2
	硕士	16	25	14	25
	本科	27	42	26	45
	专科	11	16	9	15
	其他	10	15	7	13
岗位分布	董事、监事及其高管人员	8	12	5	8
	自营业务人员	20	31	17	30
	信托业务人员	21	32	24	41
	其他人员	16	25	11	21

注：自营业务人员是指按照岗位分工，专门或至少从事固有资金使用和固有资产管理有关业务的职工；信托业务人员是指按照岗位分工，专门或至少从事信托资金使用和信托资产管理各项业务的职工；对于人力资源部等类似无法明确区分的综合部门归为其他人员。

4. 经营管理

4.1 经营目标、方针、战略规划

公司的价值理念为"言善信，托天下"；企业目标为创新、专业、全面的金融产品集成商；企业宗旨为实现公司价值、股东权益、员工福利和社会效益最大化；经营理念为"规范经营，诚实守信，大胆创新，跨越发展"；公司的战略规划为巩固和构建主动管理型信托、金融股权投资和证券投资三大核心盈利业务链，积极参与资产证券化、投资银行、企业年金、拟上市企业股权投资等创新业务。进一步健全风险防控体系，提高全员风险防范能力，全面实施品牌战略和人才战略。将甘肃信托构建为信托业最具区域发展特色的综合性金融服务平台，成为具有全国品牌影响力和核心竞争力的智慧型和创新型的信托公司。

4.2 所经营业务的主要内容

自营资产运用与分布表

资产运用	金额(万元)	占比(%)	资产分布	金额(万元)	占比(%)
货币资产	4 320.51	3.49	基础产业		
贷款及应收款	30 737.07	24.84	房地产业	4 000	3.23
交易性金融资产	23 742.66	19.18	证券市场	23 742.66	19.18
可供出售金融资产			实业	26 232.55	21.20
持有至到期投资	29 637	23.95	金融机构	19 584.80	15.83
长期股权投资	25 217.35	20.38	其 他	50 198.39	40.56
其 他	10 103.81	8.16			
资产总计	123 758.40	100	资产总计	123 758.40	100

信托资产运用与分布表

资产运用	金额(万元)	占比(%)	资产分布	金额(万元)	占比(%)
货币资产	15 843.46	0.61	基础产业	358 641.69	13.86
贷款	1 609 283.79	62.18	房地产	303 754.73	11.73
交易性金融资产	15 738.68	0.61	证券市场	17 139.72	0.66
可供出售金融资产			实业	1 435 047.62	55.45
持有至到期投资	115 700.00	4.47	金融机构	130 142.41	5.03
长期股权投资	488 160.24	18.86	其他	343 502.74	13.27
其他	343 502.74	13.27			
信托资产总计	2 588 228.91	100	信托资产总计	2 588 228.91	100

4.3 市场分析

2011 年末信托行业资产管理规模近 5 万亿元，随着资产管理规模的增加和资产管理水平的增强，2012 年信托行业的影响力和创新水平得到大幅提高，作为四大金融支柱之一的信托业在金融市场中将发挥更大的作用。2012 年，新的经济形势和持续的信贷调控政策将给信托公司的发展带来更多的机遇和挑战，促进信托公司在机制创新、产品创新、营销模式及管理模式的创新方面进行相应调整，不断提升自身的专业素质和管理水平。

4.4 内部控制概况

公司根据《公司法》、《信托法》、《银行业监督管理法》和《信托公司治理指引》建立了较为健全有效的内部控制制度体系。按照"三会分设、有效制衡、协调发展"的要求建立了股东会、董事会、监事会和经营管理层为核心的法人治理结构，形成了权力机构、决策机构、监督机构和执行机构之间的制衡机制。

公司完善和健全管理体制，规范了股东会、董事会、监事会

和经营管理层的权责关系，明确议事、决策程序和规则；建立了独立董事制度；董事会下设信托、风险管理、审计和提名与薪酬四个专门委员会，明确各自的工作规则，独立开展工作，在公司经营和发展中切实发挥了各自的职能和作用。

公司根据内部环境、风险评估、控制活动、信息与沟通、内部监督等基本要素设计公司内部控制制度，确保通过规范业务流程、完善管理制度和强化部门职责等制度建设实现有效保障公司经营管理合法合规、资产安全、财务报告及相关信息真实完整，进一步提高了经营效率和效果。

4.5 风险管理概况

公司风险管理的基本原则是全面性、审慎性、及时性、有效性和独立性。风险管理涵盖公司的各项业务、各个部门和各级人员，渗透到决策、执行、监督、反馈各个环节；风险管理是一项长期持续性工作，贯穿于公司经营过程始终；风险管理的核心是有效防范风险。公司通过制定健全的内部控制制度，建立职责分工合理的组织机构，对可能产生的风险及时作出反映，采取有效措施进行事前、事中、事后的有效控制，以促进公司持续、稳健、规范、健康运行。公司建立了垂直的三级风险管理体系，对各项经营活动进行持续的风险管理和监督。公司风险管理组织结构由董事会、风险管理委员会和审计委员会组成，公司董事会为最高风险管理、决策机构，其职责为：对风险管理承担实施和监控的最终责任。其常设风险管理机构为风险管理委员会，公司自营、信托资金运用业务，均须通过风险管理委员会的风险审查，其职责为：依照法律、法规和政策的要求制定完善的风险管理与控制的制度、操作规程及合规管理办法；对信托委员会提请审批的信托项目和总裁会议提请审批的自营项目进行风险审查；建立公司业务风险管理体系，识别与防范业务风险；审议核准风险资产的五级分类与不良资产处置方案。审计委员会下设审计稽核部，审计稽核部对公司日常经营以及公司风险管理流程、体系进行审计监督。

5. 报告期末及上一年度末的比较式会计报表

5.1 自营资产

5.1.1 会计师事务所审计意见全文

审 计 报 造

中天恒兰审字〔2012〕第004号

甘肃省信托有限责任公司全体股东：

我们审计了后附的甘肃省信托有限责任公司（以下简称甘肃信托公司）财务报表，包括2011年12月31日资产负债表、2011年度利润表、现金流量表和股东权益变动表以及财务报表附注。

一、管理层对财务报表的责任

编制和公允列报财务报表是甘肃信托公司管理层的责任，这种责任包括：按照企业会计准则的规定编制财务报表，并使其实现公允反映；(2)设计、执行和维护必要的内部控制，以使财务报表不存在由于舞弊或错误导致的重大错报。

二、注册会计师的责任

我们的责任是在实施审计工作的基础上对财务报表发表审计意见。我们按照中国注册会计师审计准则的规定执行了审计工作。中国注册会计师审计准则要求我们遵守中国注册会计师职业道德守则，计划和执行审计工作以对财务报表是否不存在重大错报获取合理保证。

审计工作涉及实施审计程序，以获取有关财务报表金额和披露的审计证据。选择的审计程序取决于注册会计师的判断，包括对由于舞弊或错误导致的财务报表重大错报风险的评估。在进行风险评估时，注册会计师考虑与财务报表编制和公允列报相关的内部控制，以设计恰当的审计程序，但目的并非对内部控制的有效性发表意见，审计工作还包括评价管理层选用会计政策的恰当性和作出会计估计的合理性，以及评价财务报表的总体列报。

我们相信，我们获取的审计证据是充分、适当的，为发表审计意见提供了基础。

三、审计意见

我们认为，甘肃信托公司财务报表在所有重大方面按照企业会计准则的规定编制，公允反映了甘肃信托公司2011年12月31日的财务状况以及2011年度的经营成果和现金流量。

北京中天恒会计师事务所有限责任公司兰州分所

中国注册会计师：

中国注册会计师：

二〇一二年三月六日

5.1.2 资产负债表

2011年12月31日

编制单位：甘肃省信托有限责任公司　　单位：万元

资　产	期末数	期初数
流动资金		
库存现金	0.34	0.02
银行存款	4 249.58	39 742.93
其他货币资金	70.59	1.21
应收账款	2 844.51	160.59
其他应收款	538.26	238.03
拆出资金		
贷款	27 354.30	17 590.61
交易性金融资产	23 742.66	35 433.70
代理业务银行存款		
应收股利	756.58	
其他流动资产		
流动资产合计	59 556.82	93 167.09
非流动资产：		
可供出售金融资产		
持有至到期投资	29 637.00	3 283.00

续表

资　　产	期末数	期初数
投资性房地产		
长期股权投资	25 217.35	25 217.35
固定资产	8 167.34	5 423.19
固定资产清理		
在建工程		
无形资产	128.17	138.37
递延所得税资产	1 051.72	378.41
其他非流动资产		
非流动资产合计	64 201.58	34 440.32
资产总计	123 758.40	127 607.41
负债及所有者权益		
流动负债:		
应付账款		
其他应付款	1 686.16	1 843.93
交易性金融负债		
预收账款	36.73	36.74
应付职工薪酬	736.70	1 034.14
应交税费	1 524.46	1 728.60
代理业务负债		
代理兑付证券款	122.41	123.17
代售证券款		
流动负债合计	4 106.46	4 766.58
非流动负债:		
长期借款		
递延所得税负债		419.37
其他非流动负债		
非流动负债合计		419.37
负债合计	4 106.46	5 185.95
所有者权益		
实收资本	101 819.05	101 819.05
资本公积	7 730.00	7 730.00
减:库存股		
盈余公积	1 333.35	1 253.94
未分配利润	7 777.15	10 665.79
信托赔偿准备	992.39	952.68
所有者权益合计	119 651.94	122 421.46
负债及所有者权益总计	123 758.40	127 607.41

单位负责人:马江河　　会计主管:陈继辉　　复核:刘　敏　　制表:丁小凡

5.1.3　利润表

2011 年 12 月 31 日

编制单位:甘肃省信托有限责任公司　　单位:万元

项　　目	行次	本年数	上年数
一、营业收入	1	4 375.82	10 289.38
利息净收入	2	2 024.37	1 251.92
利息收入		2 030.45	1 251.92
利息支出		6.08	
金融企业往来净收入	3	326.95	851.17
金融企业往来收入		326.95	851.17
金融企业往来支出			
手续费及佣金净收入	4	10 090.95	1 258.99
手续费及佣金收入	5	10 090.95	1 258.99
手续费及佣金支出	6		
投资收益	7	−3 927.25	7 674.38
公允价值变动收益		−4 654.23	−1 091.31
汇兑收益	8	−0.05	−0.03
其他业务收入	9	515.08	344.26
二、营业支出	10	3 407.87	3 136.99
营业税金及附加	11	500.97	586.25
业务及管理费	12	2 781.26	2 431.70
资产减值损失	13	125.64	119.04
其他业务成本	14		
三、营业利润	18	967.95	7 152.39
加:营业外收入	19		
减:营业外支出	20	127.00	181.42
四、利润总额	22	840.95	6 970.97
减:所得税费用	23	46.80	1 644.30
五、净利润	24	794.15	5 326.67
六、每股收益:			
(一)基本每股收益			
(二)稀释每股收益			

单位负责人:马江河　　会计主管:陈继辉　　复核:刘　敏　　制表:丁小凡

5.1.4　所有者权益变动表

编制单位:甘肃省信托有限责任公司　　2011 年 12 月 31 日　　单位:万元

项　　目	行次	本年金额						上年金额					
		归属于母公司所有者权益					所有者权益合计	归属于母公司所有者权益					所有者权益合计
		实收资本(或股本)	资本公积	减:库存股	盈余公积	未分配利润		实收资本(或股本)	资本公积	减:库存股	盈余公积	未分配利润	
栏次		1	13	3	15	17	10	1	2	3	4	6	10
一、上年年末余额	1	101 819.05	8 682.68		1 253.94	10 665.79	122 421.46	31 819.05	786.35		721.27	6 184.33	39 511.00
加:会计政策变更	2												
前期差错更正	3												
其他	4												
二、本年年初余额	5	101 819.05	8 682.68		1 253.94	10 665.79	122 421.46	31 819.05	786.35		721.27	6 184.33	39 511.00
三、本年增减变动金额(减少以"−"号填列)	6		39.71		79.41	−2 888.64	−2 769.51	70 000.00	7 896.33		532.67	4 481.46	82 910.46
(一)净利润	7					794.15	794.15					5 326.67	5 326.67
(二)直接计入所有者权益的利得和损失	8												

续表

项目	行次	本年金额						上年金额					
		归属于母公司所有者权益					所有者权益合计	归属于母公司所有者权益					所有者权益合计
		实收资本（或股本）	资本公积	减:库存股	盈余公积	未分配利润		实收资本（或股本）	资本公积	减:库存股	盈余公积	未分配利润	
栏次		1	13	3	15	17	10	1	2	3	4	6	10
△1. 可供出售金融资产公允价值变动净额	9												
2. 权益法下被投资单位其他所有者权益变动的影响	10												
△3. 与计入所有者权益项目相关的所得税影响	11												
4. 其他	12												
净利润及直接计入所有者权益的利得和损失小计	13												
（三）所有者投入和减少资本	14							70 000. 00	7 630. 00				77 630. 00
1. 所有者投入资本	15							70 000. 00	7 630. 00				77 630. 00
2. 股份支付计入所有者权益的金额	16												
3. 其他	17												
（四）利润分配	18		39. 71		79. 41	−3 682. 79	−3 563. 67		266. 33		532. 67	−845. 21	−312. 54
1. 提取盈余公积	19				79. 41	−79. 41					532. 67	−532. 67	
其中:法定盈余公积	20				79. 41	−79. 41					532. 67	−532. 67	
任意盈余公积	21												
2. 提取一般风险准备（金融企业填报）	22		39. 71			−39. 71			266. 33			−266. 33	
3. 对所有者（或股东）的分配	23					−3 563. 67	−3 563. 67						
其中:国有企业应上交的利润（国有股红利、股息、股利）	24					−3 563. 67	−3 563. 67						
普通股股利	25												
转作股本（资本）的普通股股利	26												
4. 其他	27											−46. 21	−46. 21
（五）所有者权益内部结转	28												
1. 资本公积转增资本（或股本）	29												
2. 盈余公积转增资本（或股本）	30												
3. 盈余公积弥补亏损	31												
4. 其他	32												
四、本年年末余额	33	101 819. 05	8 722. 39		1 333. 35	7 777. 15	119 651. 94	101 819. 05	8 682. 68		1 253. 94	10 665. 79	122 421. 46

单位负责人:马江河　　会计主管:陈继辉　　复核:刘　敏　　制表:丁小凡

5.2 信托资产

5.2.1 信托项目资产负债汇总表

编制单位：甘肃省信托有限责任公司　　2011 年 12 月 31 日　　单位：万元

信托资产：	期末数	期初数	信托负债和信托权益	期末数	期初数
信托资产：			信托负债：		
货币资金	15 843.46	8 266.72	交易性金融负债		
拆出资金			衍生金融负债		
存出保证金			应付受托人报酬	452.33	65.25
交易性金融资产	15 738.68	22 301.35	应付托管费		
衍生金融资产			应付受益人收益	1 153.16	81.85
买入返售金融资产			应交税费	56.46	43.77
应收款项	160 502.74	75.36	应付销售服务费		
发放贷款	1 609 283.79	250 997.19	其他应付款项	1 911.97	744.09
可供出售金融资产			其他负债		
持有至到期投资	115 700.00		信托负债合计	3 573.92	934.96
长期应收款			信托权益：		
长期股权投资	488 160.24	323 093.47	实收信托	2 579 114.57	598 803.65
投资性房地产			资本公积		
固定资产			损益平准金		
无形资产			未分配利润	5 540.42	4 995.48
长期待摊费用					
其他资产	183 000.00		信托权益合计	2 584 654.99	603 799.13
信托资产总计	2 588 228.91	604 734.09	信托负债及权益总计	2 588 228.91	604 734.09

单位负责人：马江河　　会计主管：陈继辉　　复核：丁小凡　　制表：刘　敏

5.2.2 信托项目利润及利润分配汇总表

2011 年 12 月 31 日

编制单位：甘肃省信托有限责任公司　　单位：万元

项　目	本年数	上年数
一、营业收入	72 431.70	52 644.51
1. 利息收入	43 643.64	9 991.04
2. 投资收益	26 062.80	43 081.12
3. 公允价值变动损益	-466.30	-427.65
4. 租赁收入		
5. 汇兑损益		
6. 其他收入	3 191.56	
二、营业费用	14 389.88	2 757.37
三、营业税金及附加	16.86	49.35
四、信托净利润（净亏损以“-”号填列）	58 024.96	49 837.79
五、其他综合收益		
六、综合收益	58 024.96	49 837.79
加：期初未分配信托利润	4 995.48	1 478.71
七、可供分配信托利润	63 020.44	51 316.50
减：本期已分配信托利润	57 480.02	46 321.02
八、期末未分配信托利润	5 540.42	4 995.48

单位负责人：马江河　　会计主管：陈继辉　　复核：丁小凡　　制表：刘　敏

6. 会计报表附注

6.1 简要说明报告年度会计报表编制基准、会计政策、会计估计和核算方法发生的变化

6.1.1 会计年度

公历年度，即每年一月一日起至十二月三十一日止。

6.1.2 记账本位币

人民币。

6.1.3 计量属性在本期发生变化的报表项目及其本期采用的计量属性

本公司会计核算以权责发生制为基础进行会计确认、计量和报告。

对会计要素进行计量时，一般采用历史成本计量；在保证所确定的会计要素金额能够取得并可靠计量的情况下，采用重置成本、可变现净值、现值或公允价值计量；交易性金融资产和金融负债、可供出售金融资产以公允价值进行计量。

6.1.4 现金等价物确定标准

一是本公司现金指库存现金以及可以随时用于支付的存款；二是本公司现金等价物指同时具备期限短（一般为从购买日起三个月内到期）、流动性强、易于转换为已知现金、价值变动风险很小的投资；三是公司现金等价物包括：现金、银行存款、其他货币资金。

6.2 或有事项说明

无。

6.3 重要资产转让及其出售的说明

6.4 会计报表中重要项目的明细资料

无。

6.4.1 披露自营资产经营情况

6.4.1.1 按信用风险五级分类结果披露信用风险资产的期初数、期末数

信用风险资产五级分类	正常类（万元）	关注类（万元）	次级类（万元）	可疑类（万元）	损失类（万元）	信用风险资产合计（万元）	不良资产合计（万元）	不良率（%）
期初数	40 177.57	3 244.36		193.56		43 615.49	193.56	0.45
期末数	53 294.27	3 004.54		192.56		56 491.37	192.56	0.45

注：不良资产合计 = 次级类 + 可疑类 + 损失类。

6.4.1.2　各项资产减值损失准备的期初、本期计提、本期转回、本期核销、期末数

单位：万元

	期初数	本期计提	本期转回	本期核销	期末数
贷款损失准备	347.32	220.29	124.80		442.81
一般准备	347.32	220.29	124.80		442.81
专项准备					
其他资产减值准备	137.53	30.14			167.67
可供出售金融资产减值准备					
持有至到期投资减值准备					
固定资产减值准备	73.53				73.53
长期股权投资减值准备	59.97				59.97
坏账准备	4.03	30.14			34.17
投资性房地产减值准备					
合计	484.85	250.42	124.80		610.48

6.4.1.3　自营股票投资、基金投资、债券投资、股权投资等投资业务的期初数、期末数

单位：万元

	自营股票	基金	债券	长期股权投资	其他投资	合计
期初数	35 433.70			25 217.35	3 283.00	63 934.05
期末数	23 742.66			25 217.35	29 637.00	78 597.01

6.4.1.4　按投资入股金额排序，前三名的自营长期股权投资的企业名称、占被投资企业权益的比例、主要经营活动及投资收益情况等

企业名称	占被投资企业权益的比例（%）	主要经营活动	投资损益（万元）
甘肃宏良皮革有限公司	15.38	皮革深加工等	200
金川集团财务有限责任公司	5.00	成员单位间投融资服务等	
兰州银行	2.70	存、贷款等	756.58

6.4.1.5　前三名的自营贷款的企业名称、占贷款总额的比例和还款情况等

企业名称	占贷款总额的比例（%）	还款情况
甘肃兰亚铝业有限公司	27.34	正常
甘肃东兴铝业有限公司	21.58	正常
甘肃宏良皮业股份有限公司	14.40	正常

6.4.1.6　表外业务的期初数、期末数，按照代理业务、担保业务和其他类型表外业务分别披露

无。

6.4.1.7　公司当年的收入结构

收入结构	金额（万元）	占比（%）
手续费及佣金收入	10 090.95	230.60
其中：信托手续费收入	9 499.84	217.09
投资银行业务收入	591.11	13.51
利息收入	2 024.37	46.26
金融企业往来收入	326.95	7.47
其他业务收入	515.08	11.77
其中：计入信托业务收入部分		
汇兑收益	−0.05	
投资收益	−3 927.25	−89.75
其中：股权投资收益	956.58	21.86
证券投资收益	−5 283.64	−120.75
其他投资收益	399.81	9.14
公允价值变动收益	−4 654.23	−106.35
营业外收入		
收入合计	4 375.82	100

6.4.1.8　公司净资本、风险资本以及风险控制指标

根据公司审计报告、《信托公司净资本管理办法》（中国银监会令2010年第5号）和《中国银监会关于印发信托公司净资本计算标准有关事项的通知》（银监发〔2011〕11号）的规定计算：截至2011年12月31日：公司净资产119 651.94万元；固有业务风险资本12 507.35万元；信托业务风险资本19 055.55万元；其他业务风险资本0；各项业务风险资本之和31 562.90万元；公司净资本为97 485.61万元，符合大于等于2亿元的监管标准；净资本/各项业务风险资本之和为308.86%，符合大于等于100%的监管标准；净资本/净资产为81.47%，符合大于等于40%的监管标准。

6.4.2　披露信托资产管理情况

6.4.2.1　信托资产的期初数、期末数

单位：万元

信托资产	期初数	期末数
集合	124 376.00	194 928.55
单一	283 866.70	2 193 625.07
财产权	190 560.95	190 560.95
合计	598 803.65	2 579 114.57

6.4.2.1.1　主动管理型信托业务的信托资产期初数、期末数

单位：万元

主动管理型信托资产	期初数	期末数
证券投资类	21 884.00	21 089.00
股权投资类	288 072.47	568 660.24
融资类	151 999.28	1 939 164.78
事务管理类		200.55
合计	461 955.75	2 529 114.57

6.4.2.1.2　被动管理型信托业务的信托资产期初数、期末数

单位：万元

被动管理型信托资产	期初数	期末数
证券投资类		
股权投资类	35 000.00	35 000.00
融资类	101 847.90	15 000.00
事务管理类		
合计	136 847.90	50 000.00

6.4.2.2 本年度已清算结束的信托项目个数、实收信托合计金额、加权平均实际年化收益率

6.4.2.2.1 本年度已清算结束的集合类、单一类资金信托项目和财产管理类信托项目个数、实收信托金额、加权平均实际年化收益率

已清算结束信托项目	项目个数	实收信托合计金额（万元）	加权平均实际年化收益率（%）
集合类	12	32 835.00	6.20
单一类	17	226 796.19	12.05
财产管理类			

6.4.2.2.2 本年度已清算结束的主动管理型信托项目个数、实收信托合计金额、加权平均实际年化收益率

已清算结束信托项目	项目个数	实收信托合计金额（万元）	加权平均实际年化信托报酬率（%）	加权平均实际年化收益率（%）
证券投资类	2	16 905.00	1	5.22
股权投资类	2	81 221.29	0.3	23.25
融资类	12	24 550.00	1.52	8.42
事务管理类	1	107.00		
合计	17	122 783.29		

6.4.2.2.3 本年度已清算结束的被动管理型信托项目个数、实收信托合计金额、加权平均实际年化收益率

已清算结束信托项目	项目个数	实收信托合计金额（万元）	加权平均实际年化信托报酬率（%）	加权平均实际年化收益率（%）
证券投资类				
股权投资类				
融资类	12	136 847.90	0.01	5.84
事务管理类				
合计	12	136 847.90		

6.4.2.3 本年度新增的集合类、单一类和财产管理类信托项目数量、实收信托合计金额

新增信托项目	项目个数	合计金额（万元）
集合类	24	103 387.55
单一类	81	2 136 554.56
资产管理类		
新增合计	105	2 239 942.11
其中：主动管理型	105	2 239 942.11
被动管理型		

6.4.2.4 本公司履行受托人义务情况及因本公司自身责任而导致的信托资产损失情况

公司作为受托人，严格按照《中华人民共和国信托法》、《信托公司管理办法》、《信托公司资金信托管理暂行办法》等法律法规的规定及信托合同等文件的约定，恪尽职守，诚信、谨慎、高效地管理信托财产，严格履行受托人的义务，为委托人的最大利益处理信托事务，公司管理的所有信托产品均达到或超过了预期收益。

公司未发生因自身责任而导致的信托资产损失情况。

6.5 关联方关系及其交易的披露

6.5.1 关联交易方的数量、关联交易的总金额及关联交易的定价政策等

无。

6.5.2 关联交易方与本公司的关系性质、关联交易方的名称、法定代表人、注册地址、注册资本及主营业务等

无。

6.5.3 逐笔披露本公司与关联方的重大交易事项

无。

6.5.3.1 固有与关联方交易情况

无。

6.5.3.2 信托与关联方交易情况

无。

6.5.3.3 信托公司自有资金运用于自己管理的信托项目（固信交易）、信托公司管理的信托项目之间的相互（信信交易）交易金额

6.5.3.3.1 固有与信托财产之间的交易金额期初汇总数、本期发生汇总数、期末汇总数

无。

6.5.3.3.2 信托项目之间的交易金额期初汇总数、本期发生汇总数、期末汇总数

无。

6.5.4 逐笔披露关联方逾期未偿还本公司资金情况以及本公司为关联方担保发生或即将发生垫款的详细情况

无。

6.6 会计制度的披露

固有业务（自营业务）执行《企业会计准则》（财会〔2006〕3号）。

信托业务执行《信托业务核算办法》（财会〔2005〕1号）。

7. 财务情况说明书

7.1 利润实现和分配情况

经北京中天恒会计师事务所有限责任公司兰州分所审计，2011年公司实现净利润794.15万元，提取法定盈余公积79.42万元，信托赔偿准备39.71万元，可供投资者分配的利润为675.03万元，按注册资本份额的0.6629%，即675.03万元（占可供投资者分配利润的100%）全部进行分配。

7.2 主要财务指标

指标名称	指标值
资本利润率（%）	0.78
加权年化信托报酬率（%）	
人均净利润（万元/人）	12.22

7.3 对本公司财务状况、经营成果有重大影响的其他事项

无。

8. 特别事项揭示

8.1 本报告期前五名股东报告期内变动情况

无。

8.2 本报告期董事、监事及高级管理人员变动情况

报告期内，胡凯先生辞去独立董事职务，公司2011年第二次临时股东大会选举包国宪先生为公司第二届董事会独立董事。

二届七次董事会聘任杨文先生任公司总裁，谢冰华先生、王亚峰先生任公司副总裁。

8.3 重大未决诉讼事项

甘肃省飞天工贸总公司、飞天大酒店欠公司本息合计为19 143 572.69元的诉讼案件，最高人民法院(2006)民二终字第115号《民事判决书》判决公司胜诉。2007年12月，法院依法查封飞天大酒店中餐厅2 562.48平方米的房产及银行存账户。

飞天大酒店欠公司本息合计为16 153 443.96元的诉讼案件，甘肃省高级人民法院(2007)甘民二初字第7号《民事判决书》判决公司胜诉。2011年收回本息共计2 398 148.33元。

8.4 对会计师事务所出具的有保留有意见、否定意见或无法表示意见的审计报告的，公司董事会应就所涉及事项作出说明

无。

8.5 公司及其董事、监事和高级管理人员受到处罚的情况

无。

8.6 银监会及其派出机构对公司检查后提出整改意见的，应简单说明整改情况

为加强对信托公司的风险监管，落实银监会非银部2011年非银行金融机构监管工作会议精神，提高监管的有效性，促进信托公司合规、合法经营，根据银监会非银部现场检查要求和甘肃银监局2011年工作安排，甘肃银监局检查组于2011年7月20日至9月30日对公司的内部控制、法人治理、业务经营情况及2010年下半年"新两规"执行情况和现场检查整改情况进行了专项现场检查。对检查出的内部控制及业务经营方面存在的问题，公司高度重视，多次召开会议进行研究，并制订了整改方案，落实责任、时限和目标，各相关部门积极落实整改措施且已全部整改。

8.7 本年度重大事项临时报告的简要内容、披露时间、所披露的媒体及其版面

报告期内，公司共披露重大事项两次。

8.7.1 于2011年10月17日在《中国证券报》A25版披露如下信息

甘肃信托法定代表人变更及部分高管人员到任公告

本公司董事会及全体董事保证本公告内容不存在任何虚假记载、误导性陈述或者重大遗漏，并对其内容的真实性、准确性和完整性承担个别及连带责任。

一是经公司2010年第一次临时股东大会、第二届董事会第三次会议审议，选举马江河先生为公司董事长。根据2011年9月19日中国银行业监督管理委员会《关于核准马江河、杨文任职资格的批复》(银监发〔2011〕371号)，马江河先生取得甘肃省信托有限责任公司董事长任职资格。根据《甘肃省信托有限责任公司章程》规定，董事长为公司法定代表人。2011年10月12日，公司完成法定代表人工商变更登记手续并取得了新的企业法人营业执照(注册号620000000006843)。

二是经公司二届七次董事会审议，聘任杨文先生为公司总裁。根据2011年9月19日中国银行业监督管理委员会《关于核准马江河、杨文任职资格的批复》(银监发〔2011〕371号)，杨文先生取得甘肃省信托有限责任公司总裁任职资格。

三是经公司二届七次董事会审议，聘任解冰华先生为公司副总裁。根据中国银行业监督管理委员会甘肃监管局2011年6月17日《关于核准甘肃省信托有限责任公司拟任高级管理人员任职资格的批复》(甘银监发〔2011〕147号)，解冰华先生取得甘肃省信托有限责任公司副总裁任职资格。

8.7.2 于2011年12月28日在《中国证券报》A31版披露如下信息

甘肃省信托有限责任公司有关高管人员到任公告

本公司董事会及全体董事保证本公告内容不存在任何虚假记载、误导性陈述或者重大遗漏，并对其内容的真实性、准确性和完整性承担个别及连带责任。

一是经2009年12月28日公司第二届董事会第一次会议审议，选举邵禹斌先生为公司副董事长。根据2011年12月14日中国银行业监督管理委员会甘肃监管局《关于核准甘肃省信托有限责任公司拟任高级管理人员任职资格的批复》(甘银监发〔2011〕290号)，邵禹斌先生取得甘肃省信托有限责任公司副董事长任职资格。

二是经2011年6月2日公司第二届董事会第七次会议审议，聘任王亚峰先生为公司副总裁。根据2011年12月14日中国银行业监督管理委员会甘肃监管局《关于核准甘肃省信托有限责任公司拟任高级管理人员任职资格的批复》(甘银监发〔2011〕290号)，王亚峰先生取得甘肃省信托有限责任公司副总裁任职资格。

8.8 银监会及其省级派出机构认定的其他有必要让客户及相关利益人了解的重要信息

无。

9. 公司监事会意见

报告期内，公司监事会严格遵守《公司法》、《公司章程》的有关规定，按照《监事会议事规则》依法独立履行职责，列席了各次股东会会议及董事会会议，行使了对董事会成员和高管人员的监督职能，监督检查了公司依法经营、重大经营决策、内部控制制度的执行情况和公司的财务状况，维护了公司和股东的合法权益，促进了公司的规范运作。在此基础上发表以下独立意见：

一是公司依法运作情况。公司能够严格按照《公司法》、《公司章程》及国家的有关法律法规运作，决策程序合法，内部控制制度得到进一步完善。董事、高管人员在履行公司职务

时，能遵纪守法，尽职守则，勤勉敬业，诚实守信，未发现违反国家法律、法规、公司章程以及损害股东、公司利益的行为。

二是公司财务情况。报告期内公司财务状况良好。2011年度财务报告经北京中天恒会计师事务所有限责任公司兰州分所审计，出具了标准无保留意见的审计报告，该报告真实、客观、准确地反映了公司财务状况和经营成果。

三是报告期内无关联交易，无损害股东、公司利益情况。

广东粤财信托有限公司

1. 重要提示

1.1　本公司董事会及董事保证本报告所载资料不存在任何虚假记载、误导性陈述或者重大遗漏，并对其内容的真实性、准确性和完整性承担个别及连带责任。

1.2　公司独立董事保证本报告内容的真实性、准确性、完整性。

1.3　广东正中珠江会计师事务所有限公司对本公司年度财务报告进行审计，出具了标准无保留意见的审计报告。

1.4　公司负责人、主管会计工作负责人及会计部门负责人保证年度报告中财务报告的真实、完整。

2. 公司概况

2.1　公司简介

广东粤财信托有限公司，成立于1984年12月，是广东省人民政府批准成立，经中国人民银行和国家外汇管理局核准的经营金融业务的国有非银行金融机构。目前是广东省唯一保留的省级信托公司。公司注册资本为15亿元，其中：广东粤财投资控股有限公司出资为147 209.59万元，出资比例为98.14%；广东省科技创业投资公司出资为2 790.41万元，出资比例为1.86%。

公司始终奉行“诚信为本、稳健经营、专业进取、开拓创新”的方针，充分发挥专家理财优势，不断开拓创新，通过有效运用信托、信贷、租赁、投资等金融工具，研发并推出各类信托产品，构建专业化的、综合性的金融服务平台，为客户提供全方位的金融需求解决方案。公司将立足广东、面向全国，打造粤财信托理财品牌，致力于以诚信专业的经营理念赢得广大投资者的信任，以创新的业务拓展成为具有核心竞争力的现代信托公司。

2.1.1　公司法定中文名称：广东粤财信托有限公司
英文名称：Guangdong Finance Trust Co.，Ltd.

2.1.2　法定代表人：汪涛

2.1.3　注册地址：广州市东风中路481号粤财大厦14楼

2.1.4　邮政编码：510045

2.1.5　公司国际互联网网址：http://www.gdycxt.com

2.1.6　公司电子信箱：ycxt@gdyctz.com

2.1.7　公司信息披露事务联系人：陈韶辉
联系电话：020－83063141
传真：020－83063082
电子信箱：ycxt@gdyctz.com

2.1.8　公司本次信息披露报纸名称：《金融时报》

2.1.9　公司年度报告备置地点：广州市东风中路481号粤财大厦14楼

2.1.10　公司聘请的会计师事务所：广东正中珠江会计师事务所有限公司，办公地点：广州市东风东路555号粤海集团大厦10楼

2.1.11　公司常年法律顾问：广东君信律师事务所，办公地点：广州市农林下路83号广发银行大厦20楼

2.2　组织结构

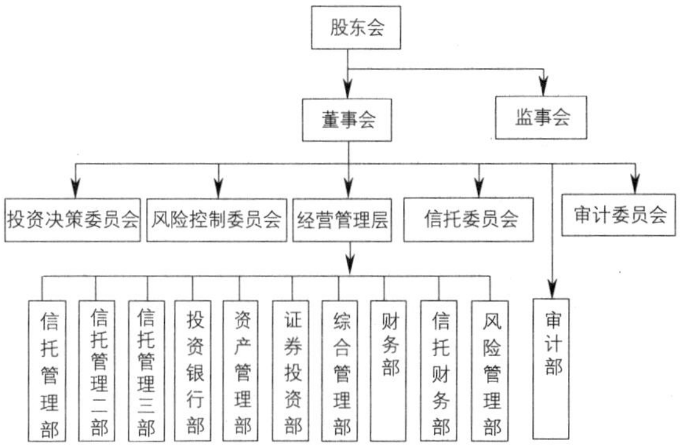

3. 公司治理结构

3.1　股东

股东名称	★广东粤财投资控股有限公司	广东省科技创业投资公司
出资额(万元)	147 209.59	2 790.41
出资比例(%)	98.14	1.86
法人代表	梁　棠	黎柏其
注册资本(亿元)	65.38	5
注册地址	广州市东风中路481号粤财大厦15楼	广州市越秀区先烈中路100号高中心大楼14楼
主要经营业务及主要财务情况	主要经营业务：资本运营管理、资产受托管理、投资项目的管理；科技风险投资、实业投资；企业重组、并购咨询服务。主要财务情况(未合并报表)：资产总额为1 982 452万元；净资产为834 849万元；当年净利润为51 387万元。	主要经营业务：创业投资业务；创业投资咨询业务；为创业企业提供创业管理服务业务；参与设立创业投资企业与创业投资管理顾问机构。主要财务情况：资产总额为101 030.32万元；净资产为76 123.88万元；当年净利润为－2 474.88万元。

3.2 董事

董事长、董事

职务	姓名	性别	年龄	选任日期	所推举的股东名称	该股东持股比例(%)	简要履历
董事长	汪涛	男	49	2011年12月12日	广东粤财投资控股有限公司	98.14	1995—2005年起任公司副总经理；2005年起至今任公司董事长兼粤财控股公司总经理。
董事	黎全辉	男	50	2011年12月12日	广东省科技创业投资公司	1.86	2006年6月至今任广东省粤科风险投资集团公司董事、党委委员。
董事	邓斌	男	41	2011年12月12日	广东粤财投资控股有限公司	98.14	2005年10月起任公司副总经理；2009年8月起至今任公司总经理；2010年2月年起至今兼任粤财控股公司副总经理。
董事	盛新华	女	39	2011年12月12日	广东粤财投资控股有限公司	98.14	2011年3月起至今任粤财控股公司部门总经理。

独立董事

姓名	所在单位及职务	性别	年龄	选任日期	所推举的股东名称	该股东持股比例(%)	简要履历
王聪	暨南大学经济学院教授	男	53	2011年12月12日	广东粤财投资控股有限公司	98.14	现任暨南大学经济学院金融系教授、金融系主任、国际学院副院长。
张天民	北京市君泽君律师事务所高级合伙人	男	41	2011年12月12日	广东粤财投资控股有限公司	98.14	2004年至今任职北京市君泽君律师事务所。

3.3 监事

监事会成员

职务	姓名	性别	年龄	选任日期	所推举的股东名称	该股东持股比例(%)	简要履历
监事长	吴佩华	女	48	2011年10月12日	广东粤财投资控股有限公司	98.14	2005年11月至2011年10月任公司综合管理部总经理；2011年10月起任公司监事长。
监事	林绮	女	40	2011年10月12日	广东粤财投资控股有限公司	98.14	2007年8月至今任广东粤财投资控股有限公司计财部副总经理。
监事	李湛	女	48	2011年10月12日	职工代表监事		2007年1月至今在公司证券投资部工作，任经理。

3.4 高级管理人员

职务	姓名	性别	年龄	任职日期	金融从业年限	学历	专业	简要履历
总经理	邓斌	男	41	2009年8月18日	17	硕士研究生	数量经济学	2005年10月起任公司副总经理；2009年8月起至今任公司总经理；2010年2月起至今兼任粤财控股公司副总经理。
副总经理	陈彦卿	女	47	2009年2月16日	24	硕士研究生	财政	2008年6月起任广东润达资产经营有限公司副总经理；2009年2月起至今任公司副总经理。
副总经理	杨中一	男	35	2009年6月1日	14	本科	国际金融	2008年4月任公司总经理助理；2009年6月起至今任公司副总经理。
总经理助理	王波	男	35	2009年6月1日	13	本科	国际会计	2007年8月任部门总经理；2009年6月起至今任公司总经理助理。

3.5 公司员工

项目		报告期年度		上年度	
		人数	比例(%)	人数	比例(%)
年龄分布	30岁以下	30	39	4	6
	30~40岁	26	34	17	25
	40~50岁	21	27	29	43
	50岁以上	0	0	18	26
学历分布	博士	3	4	3	4
	硕士	36	47	26	38
	本科	33	43	34	50
	专科	5	6	5	8
	其他	0	0	0	0

续表

项目		报告期年度		上年度	
		人数	比例(%)	人数	比例(%)
岗位分布	董事、监事及其高管人员	7	9	7	10
	自营业务人员	11	14	12	18
	信托业务人员	45	59	36	53
	其他人员	14	18	13	19

4. 经营管理

4.1 经营目标、方针、战略规划

4.1.1 公司的经营目标是在科学发展观的指引下，坚持

可持续发展，以效益为中心，以市场为导向，立足广东、面向全国，打造粤财信托专业理财品牌，构筑核心竞争能力，力争进入国内信托公司领先行列。

4.1.2　公司的经营方针是"诚信为本、稳健经营、专业进取、开拓创新"。

4.1.3　战略规划

公司在未来五年里，将在完善风险控制系统基础上，以创新为手段，坚持扩大信托资产规模与提升管理能力两条发展主线，不断提高和优化金融服务水平，创造性地满足不同类型投资者的金融理财需求，构建专业化的资产管理和财富管理平台。

4.2　所经营业务的主要内容

中国银监会核准公司承办以下人民币和外币金融业务：资金信托；动产信托；不动产信托；有价证券信托；其他财产或财产权信托；作为投资基金或者基金管理公司的发起人从事投资基金业务；经营企业资产的重组、购并及项目融资、公司理财、财务顾问等业务；受托经营国务院有关部门批准的证券承销业务；办理居间、咨询、资信调查等业务；代保管及保管箱业务；以存放同业、拆放同业、贷款、租赁、投资方式运用固有财产；以固有财产为他人提供担保；从事同业拆借；法律法规规定或中国银行业监督管理委员会批准的其他业务。

本年度，公司自营资产运用与分布和信托财产运用与分布情况如下：

自营资产运用与分布表

资产运用	金额（万元）	占比（%）	资产分布	金额（万元）	占比（%）
货币资产	94 081.35	39.34	基础产业		
贷款及应收款	16 259.11	6.80	房地产业		
交易性金融资产	2 630.18	1.10	证券市场	7 489.68	3.13
可供出售金融资产	26 059.50	10.90	实业	3 800.00	1.59
持有至到期投资			金融机构	221 758.95	92.73
长期股权投资	94 484.28	39.51	其他	6 093.20	2.55
其他	5 627.41	2.35			
资产总计	239 141.83	100.00	资产总计	239 141.83	100.00

信托资产运用与分布表

资产运用	金额（万元）	占比（%）	资产分布	金额（万元）	占比（%）
货币资产	1 986 151.76	11.18	基础产业	2 806 410.00	15.80
贷款	2 377 029.96	13.38	房地产	409 222.26	2.30
交易性金融资产	76 545.06	0.43	证券市场	548 367.92	3.09
可供出售金融资产	314 341.76	1.77	工商企业	2 095 036.74	11.80
持有至到期投资	9 277 921.43	52.24	金融机构	1 036 824.72	5.84
长期股权投资	2 493 346.26	14.04	其他	10 865 549.50	61.17
其他	1 236 074.91	6.96			
信托资产总计	17 761 411.14	100.00	信托资产总计	17 761 411.14	100.00

其中资产分布里的其他类（总金额 10 865 549.50 万元，占比 61.17%）包括：票据资产为 8 340 496.36 万元，占比 76.76%；贷款为 788 819.96 万元，占比 7.26%；财产信托为 593 188.34 万元，占比 5.46%；收益权为 512 242.65 万元，占比 4.71%；信贷资产为 175 700 万元，占比 1.62%；其他为 455 102.19 万元，占比 4.19%。

4.3　市场分析

4.3.1　影响本公司业务发展的有利因素

一是随着居民收入的不断增加，财富管理需求日益增长，有效地促进了信托公司各类信托理财业务的开展。二是宏观调控政策基本稳定，资产泡沫及通货膨胀逐步得到控制，有利于防范宏观经济的系统性风险。三净资本管理办法的出台，对信托公司的业务杠杆率进行了资本约束，有助于防止恶性竞争。

4.3.2　影响本公司业务发展的不利因素

一是受国际金融危机影响，国内经济发展趋缓，与此同时，在全球货币增发背景下，通货膨胀压力难以消除，政府应对经济下行可采取的措施有限，工商企业经营压力增大，偿债能力有所下降，各类借款主体的信用风险可能上升。二是资产价格下行导致抵（质）押品价值缩水，增大了信用风险。三是当前监管政策下信托公司缺乏稳定的业务模式：传统银信合作业务、票据信托、同业存款信托受到限制的同时，PE、证券投资信托、财产信托等业务的开展也缺乏相应的配套政策支持。

4.4　内部控制

公司通过完善的组织架构、内部规章实现内部控制，形成了研究、决策、操作、检查、反馈的 PDCA 管理循环，构建了前台调查、中台审查、后台审计评价相互制衡的内部控制机制。

4.4.1　内部控制环境和内部控制文化

公司按照合法、高效、精简、制衡原则设置组织机构，设股东会、董事会和监事会，实行董事会领导下的总经理负责制。公司董事会及其下设投资决策委员会和风险控制委员会为公司决策系统，在董事会领导下的经营管理层及相关业务部门为公司执行系统，监事会以及董事会下设的审计委员会、信托委员会、公司审计部为公司监督及信息反馈系统，三个系统既相互独立又相互联系。公司大力推进合规文化建设，通过开展内部控制制度培训、内部合规测试与检查、建立风险问责制度等，促进全体员工牢固树立合规经营、按程序办事的意识。

4.4.2　内部控制措施

公司建立多层次内部控制组织架构，根据《公司法》、《信托公司管理办法》等法律法规，建立《股东会议事规则》、《董事会议事规则》、《监事会议事规则》等规章制度。在实际工作中严格按章办事，确保董事、监事、经营管理层成员的权力有效约束、义务有效履行。

除董事会下属风险控制委员会、信托委员会、审计委员会外，专设审计部、风险管理部为内部控制职能部门。审计部具体职责为：根据有关监管条例和公司章程制定公司内部审计稽核制度，对公司各部门及有关业务活动进行审计监督，每半年向董事会提交全面审计报告，完成董事会安排的其他专项审计任务；衔接、配合上级审计部门对公司的检查、审计稽核工作，定期将公司内部审计报告副本上报监管部门。审计部由董事会领导，对董事会负责，制定了健全的内部审计制度，审计对象覆盖全部业务活动，包括信托业务、资产管理、证券投资、股权投资以及公司内部管理、财务收支检查等。审计运用经常化、制度化、公开化的稽核方法，对公司经营管理活动进行稽核监督，确保公司经营合法、资产安全有效。

风险管理部作为向经营管理层负责的内部控制部门，主要承担以下职能：拟订公司风险管理制度框架以及风险管理制度体系；制定风险管理办法及其实施细则、合规管理办法、组织修订业务管理制度及流程；对各业务项目进行事中审查和事后监督检查；衔接、配合行业监管部门对公司的检查工作。

公司内部控制职责明确，建立了前台、中台、后台分离、集中审批的业务管理架构，确保各业务环节岗位职能分离，相互监督，有效制衡。

4.4.3 信息交流与反馈

公司建立了完善的内部、外部信息交流与反馈机制。通过建立详细的工作报告及审核流程，各项工作信息得以规范地在公司内部快速有序传递；内部控制部门通过办公自动化系统实时传递外部监管意见及内部管理信息，业务部门与风险管理部门保持全流程业务信息共享，有效避免因信息交流不足导致的业务差错、信息递减或效率损耗。公司与监管部门建立了良好的沟通机制，各类业务按规定及时报告或报备，有效落实监管部门意见，为公司合规经营提供了有力支持。

4.4.4 监督评价与纠正

公司定期对内部控制执行情况实施审计，并于本年度进一步加强内部控制监督工作，细化完善相关制度，分别由风险管理部、审计部各自独立地对公司内部控制情况进行监督检查。2011 年审计部门稽核检查情况及风险管理部内部合规检查情况显示公司内控执行情况良好，监管部门外部检查及内控检查发现的问题均已得到及时有效纠正。

4.5 风险管理概况

4.5.1 信用风险

公司通过事前业务部门尽职调查，风险管理部门风险审查、公司投资决策委员会审核决策，压力测试、抵（质）押担保、项目资金监控等予以防范；通过项目实施过程中的跟踪检查以及稽核与评价进行事中、事后控制。在合作机构信用风险防范方面，通过选择实力雄厚、信誉卓著、业绩优良的金融机构作为合作伙伴加以控制。

4.5.2 市场风险

公司坚持“诚信为本、稳健经营”的经营理念，对于不熟悉的领域或熟悉但风险较大且不易控制的项目审慎介入，综合运用敏感性分析、情景分析等方法充分评估潜在市场风险，并通过业务部门—风险管理部—投资决策委员会的多层次审核，结合严格的授权、岗位双签、止损制度进行控制。

4.5.3 操作风险

公司通过严格的授权制度和业务操作流程，明确岗位职责，建立内部相互制约、相互督促的工作机制；严格依法建账，实行资产隔离，将信托财产与固有财产分开管理、分别记账，对信托业务与非信托业务分开核算，并对每项信托业务单独核算；对各项业务经营活动过程及资金运作建立严格的复核和监控程序；通过计算机系统对证券投资操作权限和内容进行严格划分和分工，通过在业务和资金流转过程中设立双岗核定确认等制度进行约束，堵截可能出现的漏洞。风险管理部及审计部分别根据自身职责独立进行定期、不定期的检查，及时发现问题并督促纠正。

4.5.4 其他风险

4.5.4.1 政策风险

公司严格依法经营，建立健全内部控制制度以规范与控制公司经营行为。公司设立风险控制委员会和投资决策委员会，并由风险管理部负责法律合规事务，对公司的合规风险进行识别、评估、监控，向相关部门提出合规风险提示和修改建议；及时梳理、整合、改进公司规章制度和操作流程；组织员工进行合规培训和反洗钱教育；保持与监管部门的密切沟通，及时掌握政策动向，把握公司业务方向以控制风险。

4.5.4.2 经营风险

公司通过健全法人治理结构，明确董事会和监事会职责，严格执行内部经营管理授权，对经营管理层进行严格约束，保证稳健经营；通过不断吸收学历高、从业经验丰富的专业人士加盟团队，以提高团队整体素质和企业经营管理水平，降低经营风险；通过构建健康的企业文化和科学的经营理念及切合自身实际的激励约束机制，逐步提升核心竞争力；通过事中事后稽核与评价，及时矫正与问责等，控制经营风险。

4.5.4.3 声誉风险

公司坚持“诚实守信”的原则，依法合规，稳健经营，以客户资产保值增值为己任，勤勉尽责，尽最大努力维护客户利益，做好日常信息披露，及时准确地向公众发布信息，主动接受舆论监督；明确舆情管理职责，实时关注舆情信息，加强舆情信息研判；维护良好客户关系，从履行告知义务、解决客户问题、确保客户合法权益、提升客户满意度等方面实施监督和评估；加强声誉风险分析，对可能发生的各类声誉事件进行情景分析，制定应急预案；培育公司声誉风险管理文化，强化声誉风险意识，防范声誉风险。

4.5.4.4 客户风险

公司聘请信誉良好、行业经验丰富的律师事务所为顾问，依法合规对信托合同等各类法律文件进行规范，明确各方权利、义务、责任；严格各项操作程序，对客户资信、资金实力、风险偏好及风险承受能力进行调查、评估，向客户真实、客观、全面提示风险，管理好客户风险。

5. 报告期末及上一年度末的比较式会计报表

5.1 自营资产

5.1.1 会计师事务所审计结论：（标准无保留审计意见）

粤财信托财务报表在所有重大方面按照企业会计准则的规定编制，公允反映了粤财信托 2011 年 12 月 31 日的财务状况以及 2011 年度的经营成果和现金流量。

5.1.2 资产负债表

2011 年 12 月 31 日 单位:万元

资　产	年末数	年初数	负债及所有者权益	年末数	年初数
资产:			负债:		
现金及存放中央银行款项	6.68	7.03	向中央银行借款	—	—
存放同业款项	94 074.67	54 941.95	同业及其他金融机构存放款项	—	—
贵金属	—	—	拆入资金	—	—
拆出资金	—	—	交易性金融负债	—	—
交易性金融资产	2 630.18	3 151.64	衍生金融负债	—	—
衍生金融资产	—	—	卖出回购金融资产款	—	—
买入返售金融资产	—	—	应付账款	—	—
应收账款	—	—	预收账款	—	—
应收利息	—	—	应付职工薪酬	2 944.99	1 658.29
应收股利	—	—	应付股利	—	—
其他应收款	12 459.12	209.07	应交税费	3 085.12	1 153.83
预付账款	—	—	其他应付款	37.75	27.35
发放贷款及垫款	3 800.00	3 800.00	应付利息	—	—
可供出售金融资产	26 059.50	13 372.05	预计负债	—	—
持有至到期投资	—	—	应付债券	—	—
长期股权投资	94 484.28	90 611.21	长期应付款	—	—
固定资产原值	5 901.52	6 005.36	递延所得税负债	396.36	977.00
减:累计折旧	1 357.65	1 207.47	其他负债	—	—
固定资产净值	4 543.87	4 797.89	负债合计	6 464.22	3 816.47
减:固定资产减值准备	—	—			
固定资产净额	4 543.87	4 797.89	所有者权益:		
在建工程	—	—	实收资本	150 000.00	56 550.00
固定资产清理	—	—	资本公积	-32.87	8 061.04
无形资产	179.90	122.30	盈余公积	14 415.20	11 062.14
商誉	—	—	一般风险准备	8 069.49	6 153.49
长期待摊费用	—	—	未分配利润	60 225.79	85 414.24
递延所得税资产	903.63	44.24	所有者权益合计	232 677.61	167 240.91
其他资产	—	—			
资产总计	239 141.83	171 057.38	负债及所有者权益合计	239 141.83	171 057.38

法定代表人:汪　涛　　自营业务财务负责人:徐茹斌

5.1.3 利润表

2011 年度 单位:万元

项　目	本年累计数	上年同期数
一、营业收入	48 696.45	38 570.75
利息净收入	2 314.92	967.94
其中:利息收入	2 314.92	967.94
利息支出	—	—
手续费及佣金净收入	29 144.92	17 509.21
其中:手续费及佣金收入	29 144.92	17 509.21
手续费及佣金支出	—	—
投资收益(亏损以“-”号填列)	17 745.92	20 365.21
其中:交易性金融资产投资收益	-591.80	514.06
对联营企业和合营企业的投资收益	16 225.06	19 459.41
公允价值变动收益(损失以“-”号填列)	-492.59	-260.79
汇兑收益(亏损以“-”号填列)	-16.72	-10.82
其他业务收入	—	—
二、营业支出	9 513.12	6 000.83

续表

项　　目	本年累计数	上年同期数
营业税金及附加	1 802. 73	943. 19
业务及管理费用	7 710. 39	4 927. 16
资产减值损失	—	130. 48
其他业务成本	—	—
三、营业利润（亏损以"－"号填列）	39 183. 33	32 569. 92
加：营业外收入	6. 64	45. 78
减：营业外支出	31. 28	6. 25
四、利润总额（亏损总额以"－"号填列）	39 158. 69	32 609. 45
减：所得税费用	5 628. 08	1 744. 12
五、净利润（净亏损以"－"号填列）	33 530. 61	30 865. 33
六、其他综合收益	－8 093. 91	－1 485. 60
七、综合收益总额	25 436. 70	29 379. 73

法定代表人：汪　涛　　　　自营业务财务负责人：徐茹斌

5. 1. 4　所有者权益变动表

单位：万元

项　　目	2011 年度						2010 年度					
	实收资本	资本公积	盈余公积	一般风险准备金	未分配利润	所有者权益合计	实收资本	资本公积	盈余公积	一般风险准备金	未分配利润	所有者权益合计
一、上期期末余额	56 550. 00	8 061. 04	11 062. 14	6 153. 49	85 414. 24	167 240. 91	56 550. 00	9 546. 64	7 975. 60	4 228. 41	59 560. 53	137 861. 18
加：会计政策变更	—	—	—	—	—	—	—	—	—	—	—	—
前期差错更正	—	—	—	—	—	—	—	—	—	—	—	—
其他	—	—	—	—	—	—	—	—	—	—	—	—
二、本期期初余额	56 550. 00	8 061. 04	11 062. 14	6 153. 49	85 414. 24	167 240. 91	56 550. 00	9 546. 64	7 975. 60	4 228. 41	59 560. 53	137 861. 18
三、本年增减变动金额（减少以"－"号填列）	93 450. 00	－8 093. 91	3 353. 06	1 916. 00	－25 188. 45	65 436. 70	—	－1 485. 60	3 086. 53	1 925. 08	25 853. 72	29 379. 73
（一）净利润	—	—	—	—	33 530. 61	33 530. 61	—	—	—	—	30 865. 33	30 865. 33
（二）其他综合收益	—	－8 093. 91	—	—	—	－8 093. 91	—	－1 485. 60	—	—	—	－1 485. 60
上述（一）和（二）小计	—	－8 093. 91	—	—	33 530. 61	25 436. 70	—	－1 485. 60	—	—	30 865. 33	29 379. 73
（三）所有者投入和减少资本	40 000. 00	—	—	—	—	40 000. 00	—	—	—	—	—	—
1. 所有者投入资本	40 000. 00	—	—	—	—	40 000. 00	—	—	—	—	—	—
2. 股份支付计入所有者权益的金额	—	—	—	—	—	—	—	—	—	—	—	—
3. 其他	—	—	—	—	—	—	—	—	—	—	—	—
（四）利润分配	—	—	3 353. 06	1 916. 00	－5 269. 06	—	—	—	3 086. 53	1 925. 08	－5 011. 61	—
1. 提取盈余公积	—	—	3 353. 06	—	－3 353. 06	—	—	—	3 086. 53	—	－3 086. 53	—
2. 提取一般风险准备	—	—	—	1 916. 00	－1 916. 00	—	—	—	—	1 925. 08	－1 925. 08	—
3. 对所有者（或股东）的分配	—	—	—	—	—	—	—	—	—	—	—	—
4. 其他	—	—	—	—	—	—	—	—	—	—	—	—
（五）所有者权益内部结转	53 450. 00	—	—	—	－53 450. 00	—	—	—	—	—	—	—
1. 资本公积转增资本（或股本）	—	—	—	—	—	—	—	—	—	—	—	—
2. 盈余公积转增资本（或股本）	—	—	—	—	—	—	—	—	—	—	—	—
3. 盈余公积弥补亏损	—	—	—	—	—	—	—	—	—	—	—	—
4. 其他	53 450. 00	—	—	—	－53 450. 00	—	—	—	—	—	—	—
（六）其他因素调整	—	—	—	—	—	—	—					
四、本期期末余额	150 000. 00	－32. 87	14 415. 20	8 069. 49	60 225. 79	232 677. 61	56 550. 00	8 061. 04	11 062. 13	6 153. 49	85 414. 24	167 240. 91

法定代表人：汪　涛　　　　自营业务财务负责人：徐茹斌

5.2 信托资产

5.2.1 信托项目资产负债汇总表

2011 年 12 月 31 日 单位:万元

信托资产	年末数	年初数	信托负债和信托权益	年末数	年初数
信托资产:			信托负债:		
货币资金	1 986 151.76	683 219.33	交易性金融负债	—	—
拆出资金	—	—	衍生金融负债	—	—
存出保证金	—	—	应付受托人报酬	844.67	782.87
交易性金融资产	76 545.06	148 967.26	应付托管费	31.81	66.60
衍生金融资产	—	—	应付受益人收益	—	11.00
买入返售金融资产	10 560.21	—	应交税费	—	—
应收款项	10 820.63	21.02	应付销售服务费	—	—
发放贷款	2 377 029.96	3 486 382.09	其他应付款项	12 584.19	15 763.64
可供出售金融资产	314 341.76	737 119.56	预计负债	—	—
持有至到期投资	9 277 921.42	2 250 122.51	其他负债	—	—
长期应收款	—	—	信托负债合计	13 460.67	16 624.11
长期股权投资	2 493 346.26	2 434 448.10		—	—
投资性房地产	2 634.17	2 788.63	信托权益:	—	—
固定资产	—	—	实收信托	17 397 257.47	9 295 110.72
无形资产	—	—	资本公积	279 435.39	702 213.19
长期待摊费用	—	—	损益平准金	—	—
其他资产	1 212 059.91	340 500.00	未分配利润	71 257.61	69 620.48
减:各项资产减值准备	—	—	信托权益合计	17 747 950.47	10 066 944.39
信托资产总计	17 761 411.14	10 083 568.50	信托负债及信托权益总计	17 761 411.14	10 083 568.50

法定代表人:汪 涛　　信托业务财务负责人:陈 能

5.2.2 信托项目利润及利润分配汇总表

2011 年度 单位:万元

项 目	本年累计数	上年同期数
一、营业收入	645 008.93	464 107.37
利息收入	243 151.84	162 019.23
投资收益(损失以"-"号填列)	419 341.41	303 167.31
其中:对联营企业和合营企业的投资收益	—	—
公允价值变动收益(损失以"-"号填列)	-18 021.18	-1 625.63
租赁收入	458.62	371.19
汇兑损益(损失以"-"号填列)	—	—
其他收入	78.25	175.27
二、支出	71 105.02	69 205.35
营业税金及附加	230.39	305.40
受托人报酬	27 912.28	17 485.09
托管费	5 638.69	4 828.73
投资管理费	625.66	26 121.25
销售服务费	—	—
交易费用	1 416.94	2 220.09
资产减值损失	—	11 935.83
其他费用	35 281.06	6 308.96
三、信托净利润(净亏损以"-"号填列)	573 903.92	394 902.02
其他综合收益	—	—
四、综合收益	573 903.92	394 902.02
加:期初未分配信托利润	69 620.48	18 843.44
五、可供分配的信托利润	643 524.40	413 745.46
减:本期已分配信托利润	572 266.79	344 124.98
六、期末未分配信托利润	71 257.61	69 620.48

法定代表人:汪 涛　　信托业务财务负责人:陈 能

6. 会计报表附注

6.1 报告年度会计报表编制基准、会计政策、会计估计和核算方法发生的变化

2011 年度会计报表编制基准、会计政策、会计估计和核算方法未发生变化。

6.2 或有事项说明

公司存于原民安证券东湖路营业部的证券账户资金受原民安证券被托管的影响,2006 年始处于可操作交易但限制提取资金状态。广东省广州市中级人民法院于 2007 年 11 月 30 日受理民安证券有限公司破产清算一案,并宣告破产。公司 2007 年已就被冻结的账户资金 26 276 652.50 元向法院申报取回权。2008 年,公司收回原民安证券保证金户冻结款本金 25 306 827.34 元及利息 396 816.71 元,至今尚有未收回本金 969 825.16 元,该款项已被确认为普通债权,参与破产财产分配。截至审计日,民安证券仍在清算中,公司尚未收到剩余的款项。公司已对该款项全额提取坏账准备。

6.3 重要资产转让及其出售的说明

本报告期内,公司未发生重要资产转让和出售等事项。

6.4 会计报表中重要项目的明细资料

6.4.1 自营资产经营情况

6.4.1.1 信用风险资产五级分类

信用风险资产五级分类	正常类（万元）	关注类（万元）	次级类（万元）	可疑类（万元）	损失类（万元）	信用风险资产合计（万元）	不良资产合计（万元）	不良率（%）
期初数	4 009.07	—	—	—	96.98	4 106.05	96.98	2.36
期末数	16 259.11	—	—	—	96.98	16 356.09	96.98	0.59

注：1. 不良资产合计＝次级类＋可疑类＋损失类。
2. 本公司“信用风险资产”为贷款和其他应收款。

6.4.1.2 各项资产减值损失准备

单位：万元

	期初数	本期计提	本期转回	本期核销	其他减少	期末数
贷款损失准备：						
一般准备	—	—	—	—	—	—
专项准备	—	—	—	—	—	—
其他资产减值准备：						
可供出售金融资产减值准备	—	—	—	—	—	—
持有至到期投资减值准备	—	—	—	—	—	—
长期股权投资减值准备	—	—	—	—	—	—
坏账准备	96.98	—	—	—	—	96.98
投资性房地产减值准备	—	—	—	—	—	—
合计	96.98	—	—	—	—	96.98

6.4.1.3 投资品种分类

单位：万元

	自营股票	基金	债券	长期股权投资	其他投资	合计
期初数	9 019.68	1 314.01	—	90 611.21	6 190.00	107 134.90
期末数	6 586.85	902.84	—	94 484.28	21 200.00	123 173.96

6.4.1.4 前三名的自营长期股权投资

企业名称	占被投资企业权益的比例（%）	主要经营活动	投资损益（万元）
易方达基金管理有限公司	25.00	基金管理和发起设立基金	17 027.69
众诚汽车保险股份有限公司	20.00	各类保险及再保险业务	-802.63
河南万达期货有限公司	10.50	商品期货和金融期货经纪	—

6.4.1.5 前三名的自营贷款

企业名称	占贷款总额比例（%）	还款情况
南海渔村有限公司	52.63	报告期末未还款
广州华艺国际拍卖有限公司	47.37	报告期末未还款
合计	100.00	

6.4.1.6 表外业务分类

单位：万元

表外业务	期初数	期末数
担保业务	—	—
代理业务（委托贷款）	1 455.00	1 080.00
其他	—	—
合计	1 455.00	1 080.00

6.4.1.7 公司当年的收入结构

收入结构	金额（万元）	占比（%）
手续费及佣金收入	29 144.92	59.84
其中：信托手续费收入	29 144.92	59.84
投资银行业务收入	—	—
利息收入	2 314.92	4.75
其他业务收入	—	—
其中：计入信托业务收入部分	—	—
投资收益	17 745.92	36.44
其中：股权投资收益	16 225.06	33.32
证券投资收益	-591.80	-1.22
其他投资收益	2 112.66	4.34
公允价值变动收益	-492.59	-1.01
汇兑收益	-16.72	-0.03
营业外收入	6.64	0.01
收入合计	48 703.09	100.00

6.4.2 信托财产管理情况

6.4.2.1 信托资产分类

单位：万元

信托资产	期初数	期末数
集合	1 221 878.27	3 296 036.54
单一	7 707 047.97	13 872 186.26
财产权	1 154 642.26	593 188.34
合计	10 083 568.50	17 761 411.14

6.4.2.1.1 主动管理型信托业务的信托资产分类

单位：万元

主动管理型信托资产	期初数	期末数
证券投资类	1 475 830.69	648 676.30
股权投资类	157 018.67	2 285 976.53
融资类	3 740 395.11	5 199 049.45
事务管理类	—	—
合计	5 373 244.47	8 133 702.28

6.4.2.1.2 被动管理型信托业务的信托资产分类

单位：万元

被动管理型信托资产	期初数	期末数
证券投资类	110 300.31	—
股权投资类	—	323 239.65
融资类	3 846 632.38	8 972 568.32
事务管理类	753 391.34	331 900.89
合计	4 710 324.03	9 627 708.86

6.4.2.2 本年度已清算结束的信托项目分类

6.4.2.2.1 本年度已清算结束的信托项目个数为 738 个，合计金额 7 915 897.85 万元，加权平均实际年化收益率 5.34%

已清算结束信托项目	项目个数	实收信托合计金额(万元)	加权平均实际年化收益率(%)
集合类	159	2 389 372.40	5.39
单一类	546	5 092 775.45	5.34
财产管理类	33	433 750.00	5.00

注:收益率是指信托项目清算后,给受益人赚取的实际收益水平。

6.4.2.2.2 本年度已清算结束的主动管理型信托项目248个、实收信托合计3 243 542.53万元、加权平均实际年化收益率5.16%

已清算结束信托项目	项目个数	实收信托合计金额(万元)	加权平均实际年化收益率(%)
证券投资类	4	93 839.34	3.13
股权投资类	14	323 835.00	5.83
融资类	230	2 825 868.19	5.25
事务管理类	—	—	—

6.4.2.2.3 本年度已清算结束的被动管理型信托项目490个、实收信托合计4 672 355.32万元、加权平均实际年化收益率5.47%

已清算结束信托项目	项目个数	实收信托合计金额(万元)	加权平均实际年化收益率(%)
证券投资类	—	—	—
股权投资类	63	948 680.83	5.17
融资类	425	3 720 658.38	5.55
事务管理类	2	3 016.11	2.94

6.4.2.3 本年度新增的信托项目分类

新增信托项目	项目个数	实收信托合计金额(万元)
集合类	313	6 834 795.94
单一类	943	14 958 945.87
财产管理类	8	301 000.00
新增合计	1 264	22 094 741.81
其中:主动管理型	345	9 785 342.16
被动管理型	919	12 309 399.65

6.4.2.4 信托业务创新成果和特色业务有关情况

2011年,公司首次开展了私募股权投资(PE)业务,成立项目1个,信托规模5.6亿元。信托资金主要用于公司私募股权投资,未来通过上市退出或者其他资本市场运作退出,实现资本增值。该项目创造性地为公司在私募股权投资市场树立了良好的品牌。

2011年,公司首次运作了房地产基金化信托业务,成立项目2个,信托规模6.3亿元。信托资金主要用于房地产行业私募股权基金化投资,信托资金持有优质房地产项目公司等储备项目股权,未来通过项目清算或者其他资本市场运作退出,实现资本增值。

房地产基金化信托业务的创新点在于:

(1)对投资者的理财形式由债权投资向股权投资的转变。两个信托项目的设计跳出了传统债权投资的框框,以股权投资的形式为投资者追求收益最大化。

(2)信托产品设计针对性强。对特定的投资者进行小范围发行,针对该类投资者对房地产行业熟悉且风险承担能力较强的特点,该类信托资金在信托期限内可确定为滚动投资或不滚动投资,以达到投资人的收益最大化。

(3)该类项目是房地产基金化业务的有益尝试,为公司储备了大量优质商业项目,待政策允许,为公司未来发行房地产基金信托(REITS)奠定基础。

6.4.2.5 本公司履行受托人义务情况及因本公司自身责任而导致的信托资产损失情况(合计金额、原因等)

公司已成立信托委员会,并按照信托合同条款的规定,履行诚实、信用、谨慎、有效管理的义务,以受益人利益的最大化原则来处理信托事务,除按规定取得信托报酬外,没有利用信托资产为自己谋取利益。

公司对信托资产与固有资产分别设置独立运作的业务部门和财务部门,分开管理,并为每个信托项目开设专户,分别记账,分别核算。

公司信托业务部门妥善保存处理信托事务的完整记录,定期将信托财产的管理运用、处分及收支情况报告委托人、受益人,对委托人和受益人的信托资料保密。信托项目结束后,公司以信托财产为限向受益人兑付信托财产及收益,无延期兑付和无法兑付情况发生。

本年度没有发生因公司自身责任而导致的信托资产损失。

6.5 关联方关系及其交易的披露

6.5.1 关联交易方的数量、关联交易的总金额及关联交易的定价政策等

单位:万元

	关联交易方数量	关联交易金额	定价政策
合计	—	—	—

6.5.2 关联交易方与本公司的关系性质、关联交易方的名称、法定代表人、注册地址、注册资本及主营业务等

单位:万元

关系性质	关联方名称	法定代表人	注册地址	注册资本	主营业务
—	—	—	—	—	—

6.5.3 本公司与关联方的重大交易事项

6.5.3.1 固有与关联方交易情况

单位:万元

固有与关联方关联交易				
	期初数	借方发生额	贷方发生额	期末数
贷款	—	—	—	—
投资	—	—	—	—
租赁	—	—	—	—
担保	—	—	—	—
应收账款	—	—	—	—
其他	—	—	—	—
合计	—	—	—	—

本报告期内,公司自营业务方面未发生关联交易。

6.5.3.2　信托与关联方交易情况

单位：万元

信托与关联方关联交易				
	期初数	借方发生额	贷方发生额	期末数
贷款	17 500.00	—	—	17 500.00
投资	—	—	—	—
租赁	—	—	—	—
担保	—	—	—	—
应收账款	—	—	—	—
其他	—	—	—	—
合计	17 500.00	—	—	17 500.00

6.5.3.3　公司自有资金运用于自己管理的信托项目（固信交易）、公司管理的信托项目之间的相互（信信交易）交易情况

6.5.3.3.1　固有与信托财产之间的交易情况

单位：万元

固有财产与信托财产相互交易			
	期初数	本期发生额	期末数
合计	—	—	—

6.5.3.3.2　信托项目之间的交易情况

单位：万元

信托财产与信托财产相互交易			
	期初数	本期发生额	期末数
合计	—	152 296.81	152 296.81

6.5.4　关联方逾期未偿还本公司资金的详细情况以及本公司为关联方担保发生或即将发生垫款的详细情况

本年度公司无上述情况。

6.6　会计制度的披露

本年度公司自营业务、信托业务均执行财政部2006年2月15日颁布的《企业会计准则》（财会〔2006〕3号）及其后续规定。

7. 财务情况说明书

7.1　利润实现和分配情况

本年度公司经审计后实现税后净利润33 530.61万元，年初未分配利润为85 414.24万元，公司本年以截至2010年12月31日的未分配利润53 450.00万元转增实收资本，2011年末可供分配的利润为65 494.85万元。经公司董事会批准，按《信托法》规定提取5%的信托赔偿准备金1 676.53万元，根据财政部关于印发《金融企业呆账准备提取管理办法》通知按承担损失和风险的资产额的1%提取其他风险准备金239.47万元，按新准则规定提取法定盈余公积3 353.06万元，年末未分配利润为60 225.79万元。

7.2　主要财务指标

指标名称	指标值
资本利润率（%）	16.77
人均净利润（万元/人）	462.50

注：1. 资本利润率＝净利润/所有者权益平均余额×100%。
2. 人均净利润＝净利润/年平均人数。
3. 平均值采取年初、年末余额简单平均法，公式为：a（平均）＝（年初数＋年末数）/2。

7.3　对本公司财务状况、经营成果有重大影响的其他事项

公司无其他须披露的重大影响事项。

8. 特别事项提示

8.1　报告期内公司两家股东没有发生变动

8.2　本报告期内董事变更，林子尧、李善民（独立董事）不再担任公司董事会成员；新选举盛新华、王聪（独立董事）为公司董事会成员；监事会成员变更，张如贵不再担任公司监事长，新选举吴佩华为公司监事长。报告期内高级管理人员无变动情况

8.3　本报告期内公司注册地无变更

8.4　公司无重大诉讼事项

8.5　本报告期内公司及其高管人员无处罚情况

8.6　银监会及其派出机构对公司检查后提出整改意见的，应简单说明整改情况

本年度广东银监局对公司进行了现场检查，提出继续做好政府融资平台贷款的规范工作、加强对融资平台投资附加回购项目的管理、切实提高自主管理能力、继续完善银信理财合作业务的规范手续、按要求对业务进行准确分类并如实计算业务风险资本等5项要求。据此，公司认真进行了整改，一是做好融资平台业务规范与整改，平台贷款余额持续下降；二是加强股权投资附加回购业务后续跟踪管理，认真履行管理职责；三是积极推进银信合作业务规范工作；四是修正个别信托业务风险资本计算分类。

8.7　本年度重大事项临时报告情况

无。

8.8　本报告期内银监会及其省级派出机构认定的有必要让客户及相关利益人了解的重要信息

无。

9. 公司监事会意见

报告期内公司制定了新的《信托业务网上银行管理办法》、《统计工作管理办法》、《个人经营性贷款业务管理办法》、《票据资产转让业务管理办法》，修订了多项管理制度，推动各项业务规范开展，并以《净资本管理办法》为核心，强化风险控制，逐步构建新的信托业务管理体系，企业发展进入良性可持续发展轨道。各项规章制度和业务操作规程进一步完善，没有发现公司董事及高级管理人员在执行公司职务时有违法违纪和损害公司利益及股东利益的行为。报告期内公司财务报告真实反映了公司财务状况和经营成果，广东正中珠江会计师事务所出具了标准无保留意见的审计报告，审计报告真实、客观、准确地反映了公司财务状况。

国联信托股份有限公司

1. 重要提示

本公司董事会及董事保证本报告所载资料不存在任何虚假记载、误导性陈述或者重大遗漏，并对其内容的真实性、准确性和完整性承担个别及连带责任。

公司独立董事胡滨、王则斌、朱增进对公司 2011 年年度报告基于独立判断立场，发表意见如下：公司 2011 年年度报告属实，其内容真实、准确、完整。

公司董事长华伟荣、总经理、主管会计工作负责人吕建一、会计机构负责人（会计主管人员）邹莉声明：保证年度报告中财务报告的真实、完整。

2. 公司概况

2.1 公司简介

国联信托股份有限公司（以下简称国联信托）前身为无锡市信托投资公司，初创于 1987 年 1 月。2003 年 1 月，经中国人民银行批准，公司获准重新登记，更名为国联信托投资有限责任 2011 年 12 月 13 日，公司在《金融时报》06 版刊登了《国联信托股份有限公司迁址公告》，公告了公司由无锡市县前东街 168 号国联大厦迁址至无锡市太湖新城金融一街 8 号国联金融大厦。

2008 年 7 月，经中国银行业监督管理委员会批准，公司整体变更为股份公司，并更名为国联信托股份有限公司。公司控股股东为无锡市国联发展（集团）有限公司（以下简称“国联集团”）。国联集团是无锡市人民政府出资设立并授予国有资产投资主体资格的国有独资企业集团。

1	法定名称	国联信托股份有限公司
2	英文名称（及缩写）	Guolian Trust Co.，Ltd.（GLTRUST）
3	法定代表人	华伟荣
4	注册地址	无锡市滨湖区金融一街 8 号国联金融大厦
5	邮政编码	214131
6	公司国际互联网网址	http://www.gltic.com.cn
7	公司电子信箱	gltic@gltic.com.cn
8	公司负责信息披露事务高级管理人员	吕建一
9	公司负责信息披露事务人	邹莉
10	联系电话	0510－82833729
11	传真电话	0510－82833803
12	电子信箱	lvjy@gltic.com.cn
13	公司信息披露的报纸名称	《金融时报》
14	公司年度报告备置地点	无锡市滨湖区金融一街 8 号国联金融大厦 11 楼
15	公司聘请的会计师事务所名称及住所	江苏天衡会计师事务所有限公司 江苏省南京市正洪街 18 号东宇大厦 8 楼
16	公司聘请的律师事务所名称及住所	江苏无锡徐刚律师事务所　无锡市金融一街 8 号 北京天银律师事务所　北京海淀区高梁桥斜街 59 号

2.2 组织结构

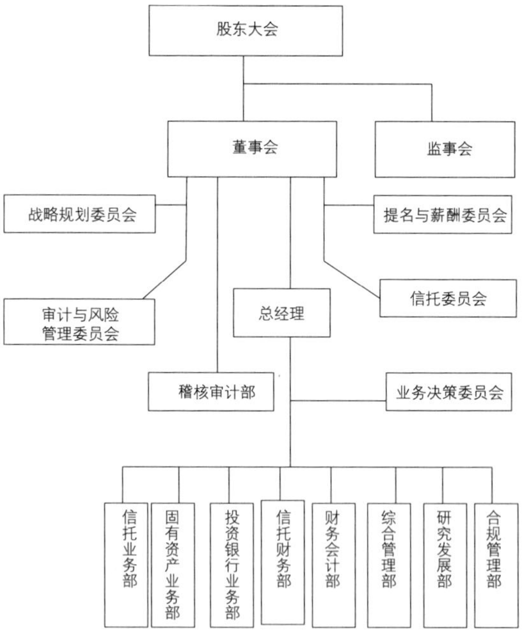

3. 公司治理结构

3.1 股东

2011 年 12 月 13 日，公司在《金融时报》06 版刊登了《国联信托股份有限公司迁址公告》，公告了公司由无锡市县前东街 168 号国联大厦迁址至无锡市太湖新城金融一街 8 号国联金融大厦。

股东名称	持股比例（%）	法定代表人	注册资本（万元）	注册地址
★无锡市国联发展（集团）有限公司	65.85	王锡林	800 000	无锡市金融一街 8 号

续表

股东名称	持股比例(%)	法定代表人	注册资本(万元)	注册地址
无锡国联环保能源集团有限公司	9.76	蒋志坚	16 633	无锡市金融一街8号
无锡市地方电力公司	8.13	毛伟坤	31 950	无锡市金融一街8号
无锡市交通产业集团有限公司	8.13	薛军	553 771	无锡市人民西路109号
无锡商业大厦大东方股份有限公司	8.13	潘霄燕	32 607	无锡市中山路343号

注:★表示公司实际控制人。

关联关系说明:无锡市地方电力公司是无锡市国联发展(集团)有限公司全资子公司;无锡国联环保能源集团有限公司由无锡市国联发展(集团)有限公司出资95%和无锡市地方电力公司出资5%投资组建;其余无关联。

3.2 董事

董事会由9名董事组成,由股东无锡市国联发展(集团)有限公司推荐2名,股东无锡国联环保能源集团有限公司推荐1名,股东无锡市地方电力公司推荐1名,股东无锡市交通产业集团有限公司推荐1名,股东无锡商业大厦大东方股份有限公司推荐1名,独立董事3名。

董事会成员

姓名	职务	性别	年龄	选任日期	任期	所推举的股东名称	持股比例(%)	简要履历
华伟荣	董事长	男	46	2011年12月14日	3	无锡市国联发展(集团)有限公司	65.85	高级会计师,曾任无锡市财政局综合计划科副科长,无锡市信托投资公司部门经理、总经理助理、副总经理、党支部书记,新中亚集团董事、党委委员,国联证券有限责任公司董事、总裁、党委书记,国联集团董事;现任国联集团副总裁、党委委员、国联信托董事长,国联证券董事,无锡农商行董事,宜兴农商行董事。
缪强	董事	男	40	2011年11月28日	3	无锡市国联发展(集团)有限公司	65.85	曾任江苏兴中会计师事务所张家港分所注册会计师、代所长;现任国联集团资产管理部经理。
蒋志坚	董事	男	44	2011年11月28日	3	无锡国联环保能源集团有限公司	9.76	曾任无锡锅炉厂车间主任、副厂长、党委书记,无锡水星集团党委书记、总经理,无锡机械资产管理经营有限公司副总经理、党委委员,无锡华光锅炉股份有限公司党委书记、总经理,国联集团副总裁;现任国联集团党委委员,无锡国联实业投资集团有限公司总裁,无锡国联环保能源集团有限公司董事长、总经理,无锡国联绿由环保科技有限公司董事长。
张伟民	董事	男	41	2011年11月28日	3	无锡市地方电力公司	8.13	曾任职于无锡太湖国家旅游度假区发展总公司物资贸易部,国联证券无锡湖滨路营业部,国联证券投资银行部,无锡市国联发展(集团)有限公司电力投资部;现任无锡国联环保能源有限公司投资管理部经理。
刘建春	董事	男	47	2011年11月28日	3	无锡市交通产业集团有限公司	8.13	曾任无锡市交通局财务处科员、副处长,无锡市交通资产经营有限公司副总会计师、财务资产部经理,无锡市交通产业集团有限公司财务负责人、副总会计师、财务审计部经理、融资管理部经理;现任无锡市交通产业集团有限公司党委委员、总会计师兼财务负责人、融资管理部经理。
席国良	董事	男	48	2011年11月28日	3	无锡商业大厦大东方股份有限公司	8.13	曾任无锡市糖业烟酒公司财务科会计,无锡市商业局财务科会计,无锡市交电采购批发站副总经理,江苏无锡商业大厦集团有限公司副总经理;现任无锡商业大厦大东方股份有限公司总经理。

独立董事

姓名	所在单位及职务	性别	年龄	选任日期	任期	所推举的股东名称	持股比例(%)	简要履历
胡滨	中国社科院金融研究所所长助理	男	40	2011年11月28日	3	无锡市国联发展(集团)有限公司	65.85	曾任华安证券高级经理,中信证券高级经理;中国社科院金融所博士后研究人员;现任中国社科院金融所所长助理、法与金融研究室主任、社科院金融法律与金融监管研究基地主任。
王则斌	苏州大学商学院副院长	男	51	2012年11月28日	3	无锡市国联发展(集团)有限公司	65.85	曾任苏州市大型国有企业的财务顾问和财务总监;现为江苏省会计学会理事、江苏省总会计师协会理事、苏州市会计学会常务理事、苏州大学商学院院长。
朱增进	江苏世纪同仁律师事务所	男	47	2011年11月28日	3	无锡市国联发展(集团)有限公司	65.85	曾获"江苏省知名律师"称号,曾任中华全国律师协会公司法委员会委员、创业板发审委委员;现为江苏世纪同仁律师事务所律师、高级合伙人。

3.3 监事

监事会由3名监事组成,其中股东无锡市国联发展(集团)有限公司推荐1名,职工监事2名。

姓 名	职 务	性别	年龄	选任日期	所推举的股东名称	持股比例(%)	简 要 履 历
李建康	监事会主席	男	47	2011年12月14日	无锡市国联发展(集团)有限公司	65.85	曾任无锡市扬名电器厂财务科长，无锡渔港供销社财务科长，无锡汇丰房地产开发有限公司财务科长，无锡鸿意地产发展有限公司财务科长，无锡东华会计师事务所有限公司项目经理，无锡小天鹅股份有限公司审计部长，无锡市国联发展（集团）有限公司审计部项目经理，无锡国联金融投资集团有限公司审计部经理；现任无锡市国联发展（集团）有限公司审计监察部副经理。
季羚	监事	女	32	2011年11月28日	职工代表	—	曾任职于无锡市数码通宽带网络有限责任公司、深圳美商化工有限公司、国联信托股份有限公司综合管理部经理助理；现任国联信托股份有限公司综合管理部副经理。
殷宏伟	监事	男	37	2011年11月28日	职工代表	—	曾任国联信托信托业务部信托经理、经理助理；现任国联信托信托业务部副经理。

3.4 高级管理人员

姓 名	职 务	性别	年龄	选任日期	金融从业年限	学历	专业	简 要 履 历
吕建一	总经理	男	56	2008年6月18日	8	大专	会计	高级会计师，曾任无锡探矿机械厂财务科长，无锡国家高新技术产业开发区管委会总会计师，新区财政税务局副局长，新区管委会投资开发部经理，无锡联合高新技术产业发展公司总经理，新电通信有限公司副总经理，无锡市投资开发公司总经理、法人代表，国联信托副总经理；现任国联信托总经理。
杨 飞	副总经理	男	44	2008年8月4日	11	博士	跨国金融	曾任天同证券有限责任公司投资银行总部总经理助理、战略并购部总经理、国际业务部负责人，国联证券并购融资部副总经理；现任国联信托副总经理。
丁武斌	副总经理	男	46	2008年6月18日	10	本科	无线电技术	注册会计师，国际内审师，曾任无锡梁溪律师事务所律师，国联集团法律顾问，国联信托信托业务部经理、综合管理部经理；现任国联信托副总经理。

3.5 公司员工表

项 目		报告期年度		上年度	
		人数	比例(%)	人数	比例(%)
年龄分布	25岁以下	1	2	1	1.8
	25～29岁	14	28	17	33
	30～39岁	20	40	19	35
	40岁以上	15	30	16	30.2
学历分布	博士	2	4	3	5.6
	硕士	16	32	18	33.3
	本科	22	64	22	41.4
	专科	8	16	8	16
	其他	2	4	2	3.7
岗位分布	董事、监事及高管人员	3	6	3	5.7
	自营业务人员	5	10	6	11.3
	信托业务人员	24	48	24	45.3
	其他人员	18	36	20	37.7

4. 经营管理

4.1 经营目标、经营方针和战略规划

4.1.1 经营目标

立足江苏、面向长三角、适当辐射发达地区，致力于将国联信托打造成一家以信托为基础，以银行、证券等金融机构为一体，能综合运用金融市场资源，提供综合金融服务，运作规范，在行业内具有影响力的专业化金融公司。

4.1.2 经营方针

秉承“诚信、稳健、规范、创新”的经营理念，严控风险，审慎经营，以多元化的资产管理手段和金融工具实现金融、资本和实业的融合，在可容忍风险下，谋求信托受益人的利益最大化。

4.1.3 战略规划

立足地方，以无锡周边地区为基础，建立区域性竞争优势。调整传统业务，发展创新业务，逐步提高和培养产品设计能力和账户管理能力，形成以信托管理费、手续费、财务顾问费、收益分成及资产管理收益为主要利润来源的盈利模式。

4.2 所经营业务的主要内容

4.2.1 自营资产运用与分布表

资产运用	金额(万元)	占比(%)	资产分布	金额(万元)	占比(%)
货币资产	6 755	3.02	基础产业		
贷款及应收款	6 521	2.92	房地产业		
交易性金融资产投资	6 704	3.05	证券市场	57 062	25.59
可供出售金融资产投资	51 333	22.98	实业	6 200	2.78
持有至到期投资	7 100	3.18	金融机构	140 197	62.86
长期股权投资	140 197	62.89	其他	19 566	8.77
其他	4 415	1.96			
资产总计	223 025	100.00	资产总计	223 025	100.00

4.2.2 信托资产运用与分布

资产运用	金额(万元)	占比(%)	资产分布	金额(万元)	占比(%)
货币资产	33 663	1.49	基础产业	181 043	8.08
贷款	1 394 994	62.24	房地产	284 110	12.67
交易性金融资产	22 729	1.01	证券市场	22 729	1.01
可供出售金融资产	353 370	15.76	工商企业	1 176 925	52.51
持有至到期投资	283 042	12.63	金融机构	12 500	0.56
长期股权投资	144 855	6.46	其他	564 518	25.17
其他	9 173	0.41			
信托资产总计	2 241 827	100.00	信托资产总计	2 241 827	100.00

4.3 市场分析

4.3.1 有利因素

2011年,中国理财市场中最火暴的投资产品无疑是集合信托,由于"稳健"的货币政策,存款准备金率和利率均上调,信贷政策收紧,市场资金较为紧张,这给集合资金信托计划迅速发展提供了机遇。据中国信托业协会数据,截至2011年第三季度,中国信托业资产管理规模达40 977.73亿元,2011年共有4 051款集合信托产品成立,同比增长121.73%;合计募集资金7 086.70亿元,同比增长104.74%,维持较快增速。

从市场热点方面看,房地产信托、另类信托、上市公司股权质押信托、矿产能源类信托,吸引了各方的眼球。

从产品创新方面看,票据类信托异军突起,PE借助伞形信托做大规模,房地产、基础设施等多个领域基金化信托增多。

2011年信托市场可谓是"供需两旺",信托销售渠道无疑又是市场关注的热点,信托公司开始壮大自身的直销队伍,成立财富管理中心和直销公司,提高自身的销售能力。银监会《关于对〈中国银监会关于规范信托产品营销有关问题的通知〉征求意见的通知》的出台恰恰对信托公司直销提供政策支持,信托公司直销团队、银行、第三方理财机构的营销渠道搭建趋于更加合理、完善。

目前中国信托资产占GDP的比重还较低,未来发展空间广阔。中国未来几十年的发展将是一个逐步"信托化"的过程,主要表现为公众将更多使用信托手段理财,政府和机构将利用更多信托服务,信托资产占GDP的比重将不断增加。随着中国经济的发展和人均收入、财富的增长,信托业必将保持持续稳健发展。

4.3.2 不利因素

(1)信托公司虽然经营业务范围广,资金运用方式多样性,但市场上按信托原理来从事信托业务包括基金、银行理财产品等市场竞争激烈,监管要求规则不一,信托公司受到更严格的限制,面临其他类型的金融机构的严峻挑战。

(2)信托行业的政策环境虽然有改善,但配套的政策法规尚未完全建立,制约行业发展的信托财产登记,信托财产税负等问题依然没有得到解决。给信托业务拓展和创新带来法律法规上的障碍和不确定性。

(3)相对于银行、证券、保险业,社会对信托业的了解程度还不够高,在金融同业竞争中,仍然处于相对弱势地位。

(4)随着信托业两级分化进程加快,众多信托公司在异地布点建立业务网路,项目源和客户资源的竞争加剧,信托产品平均预期收益率不断提高,公司竞争压力不断加大。

4.4 内部控制概况

4.4.1 内部控制环境和内部控制文化

按照"三会分设、三权分开、有效制约、协调发展"的要求,公司设立了由股东会、董事会、监事会和高级管理层构建的公司治理架构。股东会、董事会、监事会和高级管理层之间既相互独立,又相互制衡和相互协调,形成了权力机构、决策机构、监督机构和管理层之间的制衡机制,在公司经营和发展中持续发挥着各自的职能与作用。董事会引入独立董事制度并下设各专门委员会,能够较好地运行,为公司内部控制制度制定与运行提供了一个良好的内部环境。

公司树立内部控制和风险管理优先的理念,培养全体员工的风险防范意识,营造浓厚的内控文化氛围,加强全体员工道德规范和自身素质建设,使风险防范意识贯穿到公司各部门、各岗位和各环节。

4.4.2 内部控制措施

公司在完善内部控制机制中,贯彻健全、合理、制衡、独立的原则,建立起内控授权制度、内控报告制度、内控责任制度、内控审计检查制度及考核评价制度。公司内部控制覆盖了包括环境控制、业务控制、资金管理控制、会计系统控制、电子信息系统控制、内部稽核控制等各个环节和公司的各项业务、各个部门和各级人员,并贯穿于决策、执行、监督、反馈整个流程。各部门和岗位,职权分明,职能独立,并相互牵制,相互制衡,重要岗位实行双人负责制;对担任单岗处理的业务,有相应的后续监督。

报告期内,公司严格执行各项内控制度,操作规范,措施有效。

4.4.3 信息交流与反馈

公司加强信息建设,为内控的设计、执行、反馈提供信息保障。一是建立起管理层与内控管理专职部门信息联结和定期联系机制,及时、真实、完整地传导监管意图、交流信息、沟通问题。制定并执行内控报告制度和突发事件应急管理办法。二是严格执行信息披露制度,主动及时向社会公众准确披露有关信息,发挥社会公众对公司内控建设的监督作用。

4.4.4 监督评价与纠正

公司推行事前、事中与事后"三位一体"的风险管理和监督评价体系,对业务环节和经营管理进行持续性的全方位、全过程的监督、评价、后评价与纠正。

2011年,公司充分发挥内部、外部审计的监督作用,审计的范围和深度进一步加强,对审计过程中发现的问题及时与各部门沟通,要求限期完善或整改,并采取后续审计等方式进行跟踪,对防止风险出现或扩大,对促进业务合法、合规、稳健经营发挥了积极作用。

4.5 风险管理概况

4.5.1 风险管理概况

公司经营活动中可能遇到的主要风险:信用风险、市场风险、操作风险及政策风险、法律风险及声誉风险等。

公司风险管理贯彻合法合规性原则、健全性原则、全过程与全方位相结合原则、审慎性原则以及适时性原则。风险控制贯穿于业务活动的各个方面和运行过程的每一环节,对风险着重进行事前防范、实时监控和事后稽查三方面的工作。财务核算方面严格执行信托财产与公司固有财产分别管理、分别记账,不同信托财产分别管理、分别记账。

公司风险管理的基本策略为:(1)预防。侧重于内控和损失准备,适用于市场风险、信用风险和操作风险。(2)多样化分散。指投资或交易对手分散,适用于非系统性风险。(3)转嫁。要求企业进行担保、抵押等,适用于信用和市场风险。

公司风险控制体系包括董事会及专门委员会、监事会、经营层、业务决策委员会、各职能部门,形成了上下联动、多层次的、完整的风险控制结构体系。

（1）公司董事会对风险控制负最终责任。

（2）审计与风险管理委员会为董事会下设的专门委员会，负责对公司业务风险控制进行决策和协调，并对公司内部稽核审计工作结果进行审查和监督。

（3）公司设立独立的稽核审计部，职责为识别和评估业务风险，并对公司风险控制系统实施持续的检查与监督。

（4）公司各职能部门是公司风险控制措施的具体执行部门，部门与岗位的设置充分体现了制约制衡机制，各部门各岗位均对风险控制负有责任。在公司各项管理制度的基础上，各部门根据具体情况制定本部门的业务管理规定、操作流程及风险控制规定，加强对部门风险的控制，将风险控制在最小范围内。

4.5.2 风险状况

4.5.2.1 信用风险状况

信用风险主要是交易对手违约带来的风险，信用风险主要来自借款、投资等业务。公司严格按照监管规定足额计提一般准备和资产减值准备，按比例提取信托赔偿准备金，以提高公司抵御风险的能力。报告期内公司不良资产期初、期末数都为零。

4.5.2.2 市场风险状况

市场风险是指公司在业务经营中所不可避免地因市场参数的波动而产生的风险。公司面临的市场风险主要是股价波动风险、利率风险及同业竞争形成的风险和购买力风险。这些风险的存在不但影响信托财产的价值以及信托收益水平，也将影响公司由于资产负债结构不匹配等而导致公司整体的、当前和未来收入的损失。

4.5.2.3 操作风险状况

操作风险主要表现在相关业务办理过程中，因尽职管理不到位、内部控制缺失或系统的不完善等带来的损失。

4.5.2.4 其他风险状况

公司还面临着诸如政策风险、法律风险和声誉风险等其他风险。政策风险主要指由于宏观政策以及监管政策的变动对公司经营环境和发展所造成的风险。法律风险主要指业务合同的内容在法律上有缺陷或不完善而发生法律纠纷等的风险。声誉风险指由公司在经营、管理及其他行为或外部事件导致利益相关方对公司负面评价的风险。

4.5.3 风险管理

4.5.3.1 信用风险管理

对于信用风险的防范，公司加强事前对交易对手（项目）或债务人的尽职调查，严格按照业务流程开展业务，强化项目的风险控制措施的有效性和合法合规性。信托合同中抵押、担保条款的科学设计来进行风险事前防范；通过项目实施过程中的跟踪管理以及资产分类评级来进行风险事中控制；通过对项目的稽查与评价进行事后控制。

公司选择实力雄厚、信誉卓著、业绩优良的金融机构为合作伙伴，作为托管银行，以防范来自金融同业的信用风险。

公司按规定对贷款实行五级分类，并足额计提相应资产损失准备。

公司的担保措施为：保证方应为实力雄厚、信誉良好的大型企业（集团）或上市公司；抵押品价值确认主要通过中介机构评估确认，抵押品主要为房屋、土地。

4.5.3.2 市场风险管理

对于市场风险的防范，加强对经济及金融形势的分析预测，并据此提出资产配置及业务结构的调整方案；定期不定期地对项目进展情况进行检查评估，以灵活多样的方式确保资金按期回笼。

4.5.3.3 操作风险管理

公司对于操作风险的防范措施：对各部门、各岗位制定明确的职责和权限，坚持相互分离、相互监督、相互制约的原则，通过授权制度与过程监控对执行人进行约束，并进行事后评估和总结，制订相应的制度来堵截可能的漏洞。

4.5.3.4 其他风险管理

对于政策风险的防范，加强对国家宏观政策和监管规定的调查研究，加强与监管部门和行业间的沟通、联系，以尽可能准确地判断分析宏观政策和监管政策的未来趋势，来管理政策风险。

对于法律风险的防范，公司通过设立法务岗位和聘请外部律师事务所的形式，对项目方案、项目操作、各类法律文本等合法、合规性进行审查，提出法律审查意见。加强新产品的法律风险，确保创新业务符合政策、市场和运营要求。

对于声誉风险的防范，公司制定严格、规范的信息披露制度。规定信息披露须由专门的人员统一负责，严格按照法律法规、相关合同和公司规定的披露程序进行披露，通过充分信息披露以塑造公司的专业和诚信形象。加强员工职业道德教育和公司文化教育，增强员工的工作责任心和团队意识，维护公司信誉，防范声誉风险。

5. 报告期末及上一年度末的比较式会计报表

5.1 自营资产（经审计）

5.1.1 会计师事务所审计结论

审 计 报 告

天衡审字（2012）00257 号

国联信托股份有限公司全体股东：

我们审计了后附的国联信托股份有限公司（以下简称国联信托）财务报表，包括 2011 年 12 月 31 日的资产负债表，2011 年度利润表、现金流量表、所有者权益变动表，以及财务报表附注。

一、管理层对财务报表的责任

编制和公允列报财务报表是国联信托管理层的责任，这种责任包括：（1）按照企业会计准则的规定编制财务报表，并使其实现公允反映；（2）设计、执行和维护必要的内部控制，以使财务报表不存在由于舞弊或错误而导致的重大错报。

二、注册会计师的责任

我们的责任是在执行审计工作的基础上对财务报表发表审计意见。我们按照中国注册会计师审计准则的规定执行了审计工作。中国注册会计师审计准则要求我们遵守中国注册会计师职业道德守则，计划和执行审计工作以对财务报表是否不存在重大错报获取合理保证。

审计工作涉及实施审计程序，以获取有关财务报表金额和披露的审计证据。选择的审计程序取决于注册会计师的判断，包括对由于舞弊或错误导致的财务报表重大错报风险的评估。在进行风险评估时，注册会计师考虑与财务报表编制和公允列报相关的内部控制，以设计恰当的审计程序，但目的并非对内部控制的有效性发表意见。审计工作还包括评价管理层选用会计政策的恰当性和作出会计估计的合理性，以及评价财务报表的总体列报。

我们相信，我们获取的审计证据是充分、适当的，为发表审计意见提供了基础。

三、审计意见

我们认为，国联信托财务报表在所有重大方面按照企业会计准则的规定编制，公允反映了国联信托2011年12月31日的财务状况以及2011年度的经营成果和现金流量。

天衡会计师事务所有限公司　　中国注册会计师：骆　竞

中国·南京　　中国注册会计师：邱　平

2012年3月28日

5.1.2　**资产负债表**

资产负债表

编制单位：国联信托股份有限公司　　2011年12月31日　　单位：万元

资产	附注	期末余额	年初余额	负债及股东权益	附注	期末余额	年初余额
流动资产：				流动负债：			
货币资金		6 756	8 179	短期借款			
交易性金融资产		6 704	1 905	交易性金融负债			
应收票据				卖出回购金融资产款			
应收账款				应付票据			
预付账款				预收账款			
应收利息				应付职工薪酬		498	224
应收股利				应交税费		2 326	3 694
其他应收款		521	1 153	应付利息			
发放贷款和垫款		6 000	8 300	应付股利			
一年内到期的非流动资产				其他应付款		465	797
其他流动资产				一年内到期的非流动负债			
流动资产合计		19 981	19 537	其他流动负债			
非流动资产：				流动负债合计		3 289	4 715
可供出售金融资产		51 333	71 202	非流动负债：			
持有至到期投资		7 100	1 870	长期借款			
长期应收款				应付债券			
长期股权投资		140 197	126 702	长期应付款			
投资性房产				专项应付款			
固定资产		138	74	预计负债			
在建工程				递延所得税负债			771
工程物资				其他非流动负债			
固定资产清理				非流动负债合计			771
生产性生物资产				负债合计		3 289	5 486
油气资产				所有者权益（或股东权益）：			
无形资产				实收资本		123 000	123 000
开发支出				资本公积		30 266	44 627
商誉				减：库存股			
长期待摊费用				盈余公积		11 101	8 812
递延所得税资产		4 276	249	信托赔偿准备		9 092	7 948
其他非流动资产				一般风险准备		2 163	2 115
				未分配利润		44 113	27 646
				所有者权益（或股东权益）合计		219 735	214 148
非流动资产合计		203 044	200 097				
资产总计		223 025	219 634	负债和所有者权益（或股东权益）合计		223 025	219 634

后附财务报表附注为本报表的组成部分。

企业负责人：华伟荣　　主管会计工作负责人：吕建一　　会计机构负责人：邹　莉　　制表：陈　恒

5.1.3 利润表

利润表

2011 年度

编制单位：国联信托股份有限公司　　　　单位：万元

项　目	行次	本期金额	上期金额
一、营业收入	1	33 235	38 154
利息净收入	2	1 017	1 110
利息收入	3	1 026	1 110
利息支出	4	9	
手续费及佣金净收入	5	23 917	22 440
手续费及佣金收入	6	23 917	22 440
手续费及佣金支出	7		
投资收益（损失以"－"号填列）	8	8 663	15 649
其中：对联营企业和合营企业的投资收益	9		
公允价值变动收益（损失以"－"号填列）	10	-371	-1052
汇兑收益（损失以"－"号填列）	11		
其他业务收入	12	9	7
二、营业支出	13	4 687	3 874
营业税金及附加	14	1 530	1 365
业务及管理费	15	3 157	2 509
资产减值损失	16		
其他业务成本	17		
三、营业利润（亏损以"－"号填列）	18	28 547	34 281
加：营业外收入	19	5	
减：营业外支出	20	35	27
四、利润总额（亏损总额以"－"号填列）	21	28 518	34 253
减：所得税费用	22	5 628	5 152
五、净利润（净亏损以"－"号填列）	23	22 890	29 101
六、每股收益：	24		
（一）基本每股收益	25	0.19	0.24
（二）稀释每股收益	26	0.19	0.24

后附会计报表附注为本会计报表的组成部分。

法定代表人：华伟荣　　主管会计工作负责人：吕建一

会计机构负责人：邹　莉　　制表：陈　恒

5.1.4 所有者权益变动表

股东权益变动表

编制单位：国联信托股份有限公司　　2011 年度　　单位：万元

项　目	附注	2011 年度								2010 年度							
		股本	资本公积	减：库存股	盈余公积	信托赔偿准备	一般风险准备	未分配利润	所有者权益合计	股本	资本公积	减：库存股	盈余公积	信托赔偿准备	一般风险准备	未分配利润	所有者权益合计
一、上年年末余额		123 000	44 627		8 812	7 948	2 114	27 646	214 148	123 000	45 614	—	5 902	6 493	1 733	20 511	20 3253
1. 会计政策变更																	—
2. 前期差错更正																	—
二、本年年初余额		123 000	44 627		8 812	7 948	2 114	27 646	214 148	123 000	45 614	—	5 902	6 493	1 733	20 511	203 253
三、本年增减变动金额（减少以"－"号填列）		—	-14 361		2 289	1 144	48	16 468	5 588	—	-987	—	2 910	1 455	381	7 134	10 894
（一）净利润								22 890	22 890							29 101	29 101
（二）直接计入所有者权益的利得和损失		—	-14 361						-14 361	—	-987	—	—		—	—	-987
1. 可供出售金融资产公允价值变动净额			-14 196						-14 196		-44						-44
2. 权益法下被投资单位其他所有者权益变动的影响			-166						-166		-943						-943
3. 与计入所有者权益项目相关的所得税影响																	—
上述（一）和（二）小计		—	-14 361					22 890	8 528	—	-987	—	—		—	29 101	28 114
（三）所有者投入资本		—								—	—	—	—		—	—	—
1. 所有者本期投入资本																	—
2. 股份支付计入所有者权益的金额																	—
3. 其他																	—
（四）利润分配		—			2 289	1 144	48	-6 422	-2 940	—	—	—	2 910	1 455	381	-21 967	-17 220
1. 提取盈余公积					2 289	1 144	48	-3 482					2 910	1 455	381	-4 747	—
2. 对股东的分配								-2 940	-2 940							-17 220	-17 220
3. 其他																	—
（五）所有者权益内部结转		—								—	—	—	—			—	—

续表

项目	附注	2011年度								2010年度							
		股本	资本公积	减:库存股	盈余公积	信托赔偿准备	一般风险准备	未分配利润	所有者权益合计	股本	资本公积	减:库存股	盈余公积	信托赔偿准备	一般风险准备	未分配利润	所有者权益合计
1. 资本公积转增资本(或股本)																	—
2. 盈余公积转增资本(或股本)																	—
3. 盈余公积弥补亏损																	—
四、本年年末余额		123 000	30 266		11 101	9 092	2 163	44 113	219 735	123 000	44 627	—	8 812	7 948	2 114	27 646	214 148

法定代表人:华伟荣　　主管会计工作负责人:吕建一　　会计机构负责人:邹　莉

5.2 信托资产

5.2.1 信托资产项目资产负债汇总表

信托项目资产负债汇总表

编制单位:国联信托股份有限公司　　2011年12月31日　　单位:万元

信托资产	行次	年末数	年初数	信托负债和信托权益	行次	年末数	年初数
信托资产:				信托负债:			
货币资金	1	33 663	62 610	交易性金融负债	20		
拆出资金	2			衍生金融负债	21		
存出保证金	3			应付受托人报酬	22		
交易性金融资产	4	22 729	15 503	应付托管费	23		
衍生金融资产	5			应付受益人收益	24		
买入返售金融资产	6			应交税费	25		
应收款项	7	9 173	2 040	应付销售服务费	26		
发放贷款	8	1 394 994	1 195 914	其他应付款项	27	12 033	1 816
可供出售金融资产	9	353 370	135 745	预计负债	28		
持有至到期投资	10	283 042	87 219	其他负债	29		
长期应收款	11			信托负债合计	30	12 033	1 816
长期股权投资	12	144 855	117 372	信托权益:	31		
投资性房地产	13		635	实收信托	32	2 195 598	1 596 845
固定资产	14			资本公积	33		
无形资产	15			损益平准金	34		
长期待摊费用	16			未分配利润	35	34 196	18 377
其他资产	17			信托权益合计	36	2 229 794	1 615 222
减:各项资产减值准备	18						
信托资产总计	19	2 241 827	1 617 038	信托负债及信托权益总计	37	2 241 827	1 617 038

法定代表人:华伟荣　　主管会计工作负责人:吕建一　　复核:邹　莉　　制表:姜淑英

5.2.2 信托项目利润及利润分配汇总表

信托项目利润及利润分配汇总表

2011年度

编制单位:国联信托股份有限公司　　单位:万元

项目	行次	本年数	上年数
一、营业收入	1	249 445	126 207
利息收入	2	161 853	70 945
投资收益	3	87 848	52 402
其中:对联营企业和合营企业的投资收益	4		
公允价值变动收益(损失以"-"号填列)	5	-256	-139
租赁收入	6		
汇兑损益(损失以"-"号填列)	7		
其他收入	8		3 000
二、支出	9	24 647	20 940
营业税金及附加	10		
受托人报酬	11	20 463	18 991

续表

项目	行次	本年数	上年数
托管费	12	987	1 165
投资管理费	13		
销售服务费	14	1 167	378
交易费用	15	10	1
资产减值损失	16		
其他费用	17	2 020	405
三、信托净利润	18	224 798	105 267
四、其他综合收益	19		
五、综合收益	20	224 798	105 267
加:期初未分配利润	21	18 377	16 898
六、可供分配的信托利润	22	243 175	122 165
减:本期已分配信托利润	23	208 978	103 789
七、期末未分配信托利润	24	34 197	18 376

法定代表人:华伟荣　　主管会计工作负责人:吕建一

复核:邹　莉　　制表:姜淑英

6. 会计报表附注

6.1 简要说明报告年度会计报表编制基础、会计政策、会计估计和核算方法发生的变化

本公司报告期内的财务报告是按照财政部 2006 年新修订颁布的《企业会计准则》及其应用指南进行编制。

会计期间以公历年月划分，会计年度自公历 1 月 1 日起至 12 月 31 日止。以权责发生制为基础进行会计确认、计量和报告。在对会计要素进行计量时一般采用历史成本，在保证所确认的会计要素金额能够取得并可靠计量时，采用重置成本、可变现净值、现值、公允价值计量。

根据财政部《关于呆账准备提取有关问题的通知》的规定、《金融企业呆账准备提取及呆账核销管理办法》、《非银行金融机构资产风险分类指导原则（试行）》的规定，在净利润中按风险资产最低提取比例 1% 减值准备即一般风险准备。计提资产减值一般风险准备的范围：交易性金融资产、应收款项、发放贷款和垫款、长期应收款、可供出售金融资产、持有至到期投资、长期股权投资、固定资产、在建工程、无形资产、其他长期资产。

根据《信托公司管理办法》及董事会决议，按净利润的 5% 计提信托赔偿准备金，该赔偿准备金累计总额达到公司注册资本的 20% 时，可不再提取。

6.2 或有事项

无。

6.3 重要资产转让及其出售

无。

6.4 会计报表中重要项目的明细资料

6.4.1 披露自营资产经营情况

6.4.1.1 按资产风险分类的结果披露资产的期初数、期末数

信用风险资产五级分类	正常类（万元）	关注类（万元）	次级类（万元）	可疑类（万元）	损失类（万元）	信用风险资产合计（万元）	不良资产合计（万元）	不良率（%）
期初数	219 634	—	—	—	—	219 634	—	—
期末数	223 025	—	—	—	—	223 025	—	—

注：不良资产合计 = 次级类 + 可疑类 + 损失类。

6.4.1.2 各项资产减值损失准备的期初、本期计提、本期转回、本期核销、期末数；贷款的一般准备和专项准备和其他资产减值准备

单位：万元

	期初数	本期计提	本期转回	本期核销	期末数
贷款损失准备					
一般准备	2 115	48			2 163
专项准备					
其他资产减值准备					
可供出售金融资产减值准备					
持有至到期投资减值准备					
长期股权投资准备					
坏账准备					
投资性房地产减值准备					

6.4.1.3 自营股票投资、基金投资、债券投资、长期股权投资等投资的期初数、期末数

单位：万元

	自营股票	基金	债券	长期股权投资	其他投资	合计
期初数	71 445			126 702	1 870	200 017
期末数	52 049		5 013	140 197	8 075	205 334

6.4.1.4 前三名的自营长期股权投资的企业名称、占被投资企业权益的比例、主要经营活动及投资收益情况

企业名称	占被投资企业权益的比例（%）	投资收益（万元）
1. 国联证券股份有限公司	26.801	3 396
2. 国联财务有限责任公司	20	360
3. 无锡农村商业银行股份有限公司	10	975

6.4.1.5 前三名的自营贷款的企业名称、占贷款总额的比例和还款情况

企业名称	占贷款总额的比例（%）	还款情况
1. 张家口市海龙金矿有限公司	66.67	贷款未到期、无欠息
2. 无锡民申房地产开发有限公司	33.33	贷款未到期、无欠息

6.4.1.6 表外业务的期初数、期末数；按照代理业务、担保业务和其他类型表外业务分别披露

单位：万元

表外业务	期初数	期末数
担保业务		
代理业务（委托业务）	37 047	15 491
其他		
合计	37 047	15 491

注：代理业务主要反映因客观原因应规范而尚未完成规范的历史遗留委托业务，包括委托贷款和委托投资。

6.4.1.7 公司当年的收入结构

收入结构	金额（万元）	占比（%）
手续费及佣金收入	23 917	71.96
其中：信托手续费收入	23 917	71.96
投资银行业务收入		
利息收入	1 017	3.06
其他业务收入	9	0.03
其中：计入信托业务收入部分		
投资收益	8 663	26.07
其中：股权投资收益	5 547	16.70
证券投资收益	327	0.98
其他投资收益	2 790	8.39
公允价值变动收益	-371	-1.12
收入合计	33 235	100.00

注：手续费及佣金收入、利息收入、其他业务收入、投资收益、营业外收入均应为损益表中的一级科目，其中手续费及佣金收入、利息收入、营业外收入为未抵减相应支出的全年累计实现收入数。

6.4.2 披露信托资产管理情况

6.4.2.1 信托资产的期初数、期末数

单位:万元

信托资产	期初数	期末数
集合	317 129	659 486
单一	1 295 292	1 577 724
财产权	4 617	4 617
合计	1 617 038	2 241 827

6.4.2.1.1　主动管理型信托业务期初数、期末数。分证券投资、股权投资、融资、事务管理类分别披露

单位:万元

主动管理型信托资产	期初数	期末数
证券投资类	49 352	12
股权投资类	101 662	108 902
融资类	401 684	348 716
事务管理类	0	0
其他投资类	217 199	583 901
合计	769 897	1 041 531

6.4.2.1.2　被动管理型信托业务期初数、期末数。分证券投资、股权投资、融资、事务管理类分别披露

单位:万元

被动管理型信托资产	期初数	期末数
证券投资类	15 935	24 175
股权投资类	12 000	12 000
融资类	804 611	1 073 534
事务管理类	4 617	4 617
其他投资类	9 978	85 970
合计	847 141	1 200 296

6.4.2.2　本年度已清算结束的信托项目个数、实收信托合计金额、加权平均实际年化收益率

本年度已清算结束的信托项目个数为69个、实收信托合计金额为1 006 638万元、加权平均实际年化收益率为10.24%。

6.4.2.2.1　本年度已清算结束的集合类、单一类资金信托项目和财产管理类信托项目个数、金额、加权平均实际年化收益率

已清算结束信托项目	项目个数	合计金额(万元)	加权平均实际年化收益率(%)
集合类	9	168 657	10.54
单一类	60	837 981	10.18
财产管理类			

注:收益率是指信托项目清算后,给受益人赚取的实际收益水平。加权平均实际年化收益率=(信托项目1的实际年化收益率×信托项目1的资产总计+信托项目2的实际年化收益率×信托项目2的资产总计+…信托项目n的实际年化收益率×信托项目n的资产总计)/(信托项目1的资产总计+信托项目2的资产总计+…信托项目n的资产总计)×100%。

6.4.2.2.2　本年度已清算结束的主动管理型信托项目个数、合计金额、加权平均实际年化收益率。分证券投资、股权投资、融资、事务管理类分别披露

本年度已清算结束的主动管理型信托项目个数为45个、合计金额为368 998万元、加权平均实际年化收益率为8.09%、加权平均实际年化信托报酬率为1.65%。

已清算结束信托项目	项目个数	合计金额(万元)	信托报酬率(%)	加权平均实际年化收益率(%)
证券投资类	12	105 493	1.27	15.23
股权投资类	2	1 040	0.77	29.80
融资类	20	184 863	1.93	6.41
事务管理类				
其他投资类	11	77 602	1.54	4.32

6.4.2.2.3　本年度已清算结束的被动管理型信托项目个数、合计金额、加权平均实际年化收益率。分证券投资、股权投资、融资、事务管理类分别披露

本年度已清算结束的被动管理型信托项目个数为24个、合计金额为637 640万元、加权平均实际年化收益率为11.37%、加权平均实际年化信托报酬率为0.21%。

已清算结束信托项目	项目个数	合计金额(万元)	信托报酬率(%)	加权平均实际年化收益率(%)
证券投资类	1	3 000	0.36	4.32
股权投资类				
融资类	23	634 640	0.21	11.39
事务管理类				

6.4.2.3　本年度新增的集合类、单一类和财产管理类信托项目个数、实收信托合计金额

新增信托项目	项目个数	实收信托合计金额(万元)
集合类	26	496 443
单一类	88	1 624 377
财产管理类	—	—
新增合计	114	2 120 820
其中:主动管理型	58	1 007 054
被动管理型	56	1 113 766

注:本年新增信托项目指在本报告年度内累计新增的信托项目个数和金额。包含本年度新增并于本年度内结束的项目和本年度新增至报告期末仍在持续管理的信托项目。

6.4.2.4　信托业务创新成果和特色业务有关情况(此部分为可选项,即公司可自主决定是否披露、部分披露或全部披露)

6.4.2.5　本公司履行受托人义务情况及因本公司自身责任而导致的信托资产损失情况

截至2011年12月31日,本公司未出现因自身责任导致信托资产损失的情况。

6.5　关联方关系及其交易的披露

6.5.1　关联交易方的数量、关联交易的总金额及关联交易的定价政策等

	关联交易方数量	关联交易金额(万元)	定价政策
合计	6	94 927	详见注

注:关联交易的定价政策:

1. 本公司对关联方的交易价格根据市场价或协议价确定,与对非关联方的交易价格基本一致,无重大高于或低于正常交易价格的情况。
2. 固有财产、信托资产与关联方贷款按人民银行规定的利率执行,投资按市场公允价确定。
3. 信托财产与信托财产之间的关联交易按交易双方协商价格执行。

6.5.2 关联交易方与本公司的关系性质、关联交易方的名称、法人代表、注册地址、注册资本及主营业务等

关系性质	关联方名称	法定代表人	注册地址	注册资本	主营业务
公司的关联方	无锡微研有限公司	吕建一	无锡市蠡园经济开发区	132 000 万日元	生产精密模具及其零部件、精密冲压件、车辆灯前罩等。
股东的关联方	江苏无锡商业大厦集团有限公司	王均金	无锡市中山路343号	11 322.53 万元	自有资产经营与管理，国内商业及日用工业品的修理等。
股东的关联方	无锡联泰创业投资有限公司	万冠清	无锡滨湖区滨湖街道山水东路28号	10 410 万元	对外投资、受托资产管理等。
股东的关联方	无锡市德联投资有限公司	万冠清	无锡新区太湖国际科技园菱湖大道200号中国微纳国际创新园1号楼	2 450 万元	对外投资、受托资产管理、投资咨询、财务咨询、经济信息咨询。
股东的关联方	无锡联新科创投资有限公司	王锡林	江苏省无锡出口加工区J3地块1~3号	77 562 万元	利用自有资金对外投资，国内贸易，自有房屋租赁，经济信息咨询服务、企业管理咨询服务，自营和代理各类商品和技术的进出口，电子产品及部件的组装。
重大影响	无锡微研精密冲压件有限公司	范炎	无锡市蠡园经济开发区滴翠路90号	5 000 万元	设计、开发、加工、生产精密冲压模具等。

6.5.3 逐笔披露本公司与关联方的重大交易事项

6.5.3.1 固有财产与关联方：贷款、投资、租赁、应收账款担保、其他方式等期初汇总数、本期发生额汇总数、期末汇总数

无。

6.5.3.2 信托资产与关联方：贷款、投资、租赁、应收账款、担保、其他方式等期初汇总数、本期借方和贷方发生额汇总数、期末汇总数

单位：万元

信托与关联方关联交易				
	期初数	借方发生额	贷方发生额	期末数
贷款	83 787	9 000		92 787
投资	2 140			2 140
租赁				
担保				
应收账款				
其他				
合计	85 927	9 000		94 927

6.5.3.3 信托公司自有资金运用于自己管理的信托项目（固信交易）、信托公司管理的信托项目之间的相互（信信交易）交易金额，包括余额和本报告年度的发生额

6.5.3.3.1 固有财产与信托财产之间的交易金额期初汇总数、本期发生额汇总数、期末汇总数

单位：万元

固有财产与信托财产相互交易			
	期初数	本期发生额	期末数
合计	1 870	5 230	7 100

注：以固有资金投资自己管理的信托项目受益权，或购买自己管理的信托项目的信托资产均应纳入统计披露范围。

6.5.3.3.2 信托资产与信托财产之间的交易金额期初汇总数、本期发生额汇总数、期末汇总数

单位：万元

信托资产与信托财产相互交易			
	期初数	本期发生额	期末数
合计	34 286	-4 243	30 043

注：以公司受托管理的一个信托项目的资金购买自己管理的另一个信托项目的受益权或信托项下资产均应纳入统计披露范围。

6.5.4 逐笔披露关联方逾期未偿还本公司资金的详细情况以及本公司为关联方担保发生或即将发生垫款的详细情况

截至2011年12月31日，本公司未发生关联方逾期未偿还本公司资金的情况，也无本公司为关联方担保发生或即将发生垫款的情况。

6.6 会计制度的披露

本公司固有业务、信托业务执行的会计制度为财政部2006年新修订颁布的《企业会计准则》及其应用指南。

7. 财务情况说明书

7.1 利润实现和分配情况

经江苏天衡会计师事务所有限公司审计，2011年度公司实现利润28 518万元，企业所得税5 628万元，实现净利润22 890万元。

报告期内，根据2011年股东大会审议通过的2011年度中期利润分配方案，对2010—2011年度中期可供股东分配利润进行了分配，向非控股股东派发现金红利2 940万元。

根据公司章程及财务制度的相关规定：

（1）按净利润的10%计提法定盈余公积金2 289万元。

（2）根据中国银监会令2007年第2号《信托公司管理办法》的规定，按净利润的5%计提信托赔偿准备金1 144万元。

（3）根据财政部《关于呆账准备提取有关问题的通知》的规定，按风险资产1%计提一般准备48万元。

（4）上述各项计提后结余利润为19 407万元，加上2011年初未分配利润27 646万元，减去派发2010—2011年中期现金红利2 940万元，2011年末可供股东分配利润为44 113万元。

7.2 主要财务指标

指标名称	指标值
资本利润率(%)	10.55
加权年化信托报酬率(%)	0.71
人均净利润(万元/人)	467

注:1. 资本利润率=净利润/所有者权益平均余额×100%。

2. 加权年化信托报酬率=(信托项目1的实际年化信托报酬率×信托项目1的实收信托+信托项目2的实际年化信托报酬率×信托项目2的实收信托+…信托项目n的实际年化信托报酬率×信托项目n的实收信托)/(信托项目1的实收信托+信托项目2的实收信托+…信托项目n的实收信托)×100%,该指标是反映公司实际的信托报酬水平,计算在报告年度真正清算结束了的项目。

3. 人均净利润=净利润/年平均人数。

4. 平均值采取年初、年末余额简单平均法,公式为:a(平均)=(年初数+年末数)/2。

7.3 对本公司财务状况、经营成果有重大影响的其他事项

无。

7.4 公司净资本监管指标

指标名称	指标值	监管标准
净资本(万元)	196 006	≥2亿元
各项业务风险资本之和(万元)	40 077	
净资本/各项业务风险资本之和(%)	489.07	≥100
净资本/净资产(%)	89.20	≥40

8. 特别事项简要揭示

8.1 前五名股东报告期内变动情况及原因

无。

8.2 董事、监事及高级管理人员变动情况及原因

2011年3月1日,经2011年度第一次临时股东大会审议通过,增补胡滨先生为国联信托股份有限公司第一届董事会独立董事。

2011年12月14日,公司董事会、监事会换届选举,经2011年度第三次临时股东大会审议通过。国联信托股份有限公司第二届董事会成员为:华伟荣、蒋志坚、缪强、张伟民、席国良、刘建春、王则斌、朱增进、胡滨,其中王则斌、朱增进、胡滨为独立董事。第二届监事会成员为:李建康、殷宏伟、季羚。

8.3 公司的重大未决诉讼事项

无。

8.4 对会计师事务所出具的有保留意见、否定意见或无法表示意见的审计报告的,公司董事会应就所涉及事项作出说明

无。

8.5 公司及其董事、监事和高级管理人员受到处罚的情况

无。

8.6 银监会及其派出机构对公司检查后提出整改意见的,应简要说明整改情况

无。

8.7 本年度重大事项临时报告的简要内容、披露时间、所披露的媒体及其版面

2011年12月13日,公司在《金融时报》06版刊登了《国联信托股份有限公司迁址公告》,公告了公司由无锡市县前东街168号国联大厦迁址至无锡市太湖新城金融一街8号国联金融大厦。

8.8 银监会及其省级派出机构认定的其他有必要让客户及相关利益人了解的重要信息

无。

9. 公司监事会意

9.1 公司依法运作情况

经检查,监事会认为:报告期内,依据国家有关法律、法规和公司章程的规定,公司建立了较完善的内部控制制度,决策程序符合相关规定。公司董事及其他高级管理人员在履行职责时,未发现违反法律、法规、规章以及《公司章程》等的规定或损害公司及股东利益的行为。

9.2 检查公司财务情况

2011年度,监事会对公司的财务制度、内控制度和财务状况等进行了认真细致的检查,认为公司目前财务会计内控制度健全,会计无重大遗漏和虚假记载,公司财务状况、经营成果及现金流量情况良好。

9.3 公司关联交易情况

对于公司2011年度日常经营相关的关联交易。监事会认为:交易定价公正,符合市场原则,交易公平、公开,无内幕交易行为,也无损害股东利益,特别是中小非关联股东利益的行为。

9.4 公司对外担保及股权、资产置换情况

2011年度公司无对外担保,无债务重组、非货币性交易事项、资产置换,也无其他损害公司股东利益或造成公司资产流失的情况。

9.5 内部控制自我评价报告

公司已建立了适合公司运行的内部控制制度体系并能得到有效的执行。公司内部控制的自我评价报告真实、客观地反映了公司内部控制制度的建设及运行情况。本届监事会将继续严格按照《公司法》、《公司章程》和国家有关法规政策的规定,忠实履行自己的职责,进一步促进公司的规范运作。

国民信托有限公司

1. 重要提示

1.1 公司董事会及董事保证本报告所载资料不存在任何虚假记载、误导性陈述或者重大遗漏,并对其内容的真实性、准确性和完整性承担个别及连带责任。本年度报告摘要摘自年度报告全文,客户及相关利益人欲了解详细内容,应阅读年度报告全文。

1.2 公司独立董事张利华先生、石聿新先生、叶志衡先生申明:本报告所载资料真实、准确、完整。

1.3 公司2011年度财务会计报告经安永华明会计师事务所审计,并出具了标准无保留意见的审计报告。

1.4 公司负责人陈世彪先生,主管会计工作负责人李政怀先生及会计部门负责人黄茂燕女士申明:保证本年度报告中财务会计报告的真实、完整。

2. 公司概况

2.1 公司简介

2.1.1 法定中文名称:国民信托有限公司

2.1.2 法定英文名称:The National Trust Ltd.

2.1.3 法定英文名称缩写:NATRUST

2.1.4 法定代表人:陈世彪

2.1.5 注册地址:北京市东城区安外西滨河路18号院1号
邮政编码:100011
互联网网址:www.natrust.cn
电子信箱:info@natrust.cn

2.1.6 信息披露报纸:《金融时报》、《上海证券报》

2.1.7 信息披露事务负责人:付　然

2.1.8 电话:010-84268088
传真:010-84268000
电子信箱:florafu@natrust.cn

2.1.9 公司年报备置点:北京市东城区安外西滨河路18号院1号

2.1.10 聘请的会计师事务所:安永华明会计师事务所
住所:北京市东城区东长安街1号东方广场安永大楼16层

2.1.11 聘请的律师事务所:北京市观韬律师事务所
住所:北京市西城区金融大街28号盈泰中心2号楼17层

2.2 组织结构

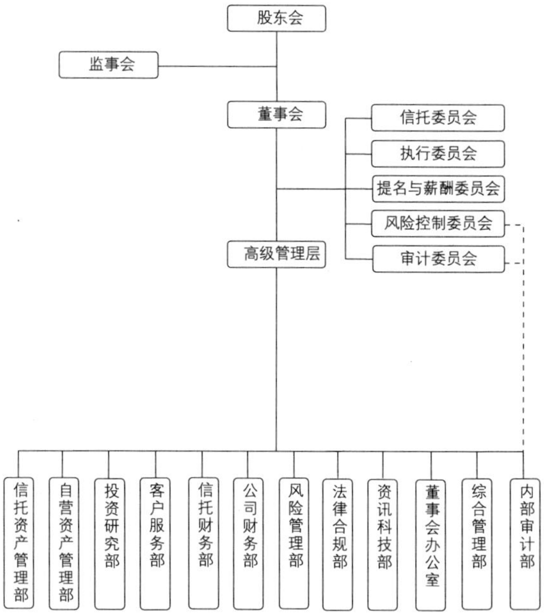

3. 公司治理结构

3.1 股东

公司前三位股东的情况

股东名称	持股比例(%)	法定代表人	注册资本(万元)	注册地址	主营业务及财务情况
丰益实业发展有限公司	31.73	张江泳	55 000	上海市浦东新区莲林路15号403室	主营投资管理,财务状况良好。
璟安实业有限公司	27.55	刘　盈	23 000	上海市浦东新区绿科路90号1幢301室H座	主营股权投资,财务状况良好。
上海创信资产管理有限公司	24.16	俞建伟	28 000	上海市浦东南路1952号238室	主营项目投资,财务状况良好。

注:公司股东璟安实业有限公司已经于2011年末更名为璟安股权投资有限公司,公司章程变更等相关工作正在办理中。

3.2 董事及独立董事

董事

姓名	职务	性别	年龄	选任日期	所推举的股东名称	代表股东持股比例(%)	简要履历
陈世彪	董事及董事长	男	54	2010年1月27日	—	—	毕业于英国伦敦大学政治经济学院经济系,学士学位,曾在英国毕马威会计师事务所、香港明报社长查良镛先生办公室任职,美国大通银行私人财富管理部、香港会德丰及九龙仓集团、美国摩根大通银行市场推广部、标准普尔国际信贷评级机构、Strategy Partners企业财经顾问事务所出任多项亚太区域级高级管理职务,具备三十余年之经济管理工作经验。
李政怀	董事、副董事长及总经理	男	48	2010年1月27日	—	—	毕业于英国伦敦城市大学精算学专业,硕士学位,高级经济师,曾在中国人民保险总公司、英国保诚金融集团、香港太平人寿保险公司、生命人寿保险股份有限公司任高级管理职务,具备二十多年的金融从业和管理经验。
曾进	董事	男	52	2007年3月30日	—	—	留学德国和奥地利,并毕业于奥地利格拉茨大学经济学院,金融博士,曾在中国工商银行股份有限公司深圳市分行离岸金融业务部、风险资产处置中心、国际业务部等多个部门担任高级管理职务,具备十余年之金融从业经验。
卢培德	董事	男	41	2009年12月14日	上海创信资产管理有限公司	24.16	毕业于美国加利福尼亚大学伯克利分校,工商管理学士学位,特许金融分析师(CFA),曾在霸菱资产管理(香港)有限公司、富达投资管理公司担任投资分析师、基金经理,美林自有资金投资部、明丰资产管理(亚洲)有限公司担任多项高级管理职务,具备十余年之金融从业经验。
付然	董事	女	32	2011年1月12日	璟安实业有限公司	27.55	毕业于中国政法大学法律专业,获学士学位,后修读于英国纽卡斯尔诺森比亚大学国际商法专业,获硕士学位,拥有中华人民共和国律师资格,曾在北京天驰律师事务所、新世界(中国)科技传媒有限公司担任律师助理、法律顾问等职务,具备九年的经济、法律从业经验。
吴祝花	董事	女	32	2011年1月12日	丰益实业发展有限公司	31.73	毕业于香港中文大学工商管理会计专业,学士学位,香港注册会计师,曾服务于香港罗兵咸永道会计师事务所,从事审计及企业并购服务等工作,具备九年之财务及经济管理从业经验。

独立董事

姓名	所在单位及职务	性别	年龄	选任日期	所推举的股东名称	代表股东持股比例(%)	简要履历
张利华	武汉武新实业有限公司副总经理	男	65	2007年12月19日	—	—	毕业于加拿大麦玛斯特大学,荣获工商管理学士学位,加拿大特许会计师。曾服务于加拿大雅特杨会计师事务所、香港安达信会计师事务所、香港大福财务有限公司、香港亚洲电视广播有限公司、香港创百利有限公司、生命人寿保险股份有限公司等单位,并担任多项高级职务,具有四十多年的经济管理和金融管理经验。
石聿新	武汉大鹏实业有限公司总经理	男	57	2007年12月19日	—	—	毕业于武汉大学国际经济法专业,硕士学位,高级经济师,曾就任武汉建设投资公司、武汉大鹏实业有限公司等高级管理职务,具有二十多年的经济管理工作经验。
叶志衡	Maunakai Capital Partners管理合伙人	男	36	2011年6月17日	—	—	毕业于加州大学,获经济学最高荣誉学士学位,后修读于美国哈佛大学获经济学硕士、博士学位,曾任汇丰环球投资管理助理董事、香港交易所集团副营运总裁等高级管理职务,并曾担任香港公益金董事及预算及分配委员会副主席、香港环境及自然保育基金投资委员会委员、香港证券及期货事务监察委员会委员等职务,具有十余年的经济管理工作经验。

注:公司董事曾进先生、独立董事张利华先生、独立董事石聿新先生已于2011年2月1日经股东会决定,连选连任。

3.3 监事

姓名	职务	性别	年龄	选任日期	所推举的股东名称	代表股东持股比例(%)	简要履历
罗明耀	监事及监事会主席	男	40	2011年1月21日	恒丰裕实业发展有限公司	16.56	毕业于香港大学工商管理专业,学士学位,后修读于武汉大学及香港大学法律专业,并取得毕业证书,曾在交通银行(香港)信贷发展部、澳纽银行(香港分行)信贷部、香港贸易发展局、钟沛林律师行、恒丰裕实业发展有限公司任信贷管理、律师、法律顾问等高级管理职务,具备十余年的经济、法律从业经验。

续表

姓名	职务	性别	年龄	选任日期	所推举的股东名称	代表股东持股比例(%)	简要履历
张江泳	监事	男	35	2008年4月9日	丰益实业发展有限公司	31.73	毕业于山西财专,拥有中国注册会计师资格,曾在任方诚会计师事务所、环球网联网络科技有限公司任职,在国内会计、资产管理、证券投资相关行业从业十余年。
张立卓	监事	女	31	2011年9月1日	—	—	毕业于吉林大学获法学学士,后修读于澳大利亚悉尼大学及清华大学,获法学硕士及MBA学位,具有法律职业资格,曾任清华科技创业投资有限公司法务专员、董事会秘书等职务,具有丰富的法律及投资行业工作经验。

注:监事张江泳先生已于2011年2月1日经股东会决定,连选连任。

3.4 高级管理人员

姓名	职务	性别	年龄	选任日期	金融从业年限	学历	专业
李政怀	董事、副董事长及总经理	男	48	2010年5月25日	28	研究生	精算学
何远	副总经理	男	42	2011年10月11日	17	本科	金融学

3.5 公司员工

公司报告期内员工人数、年龄分布、学历分布

项目		报告期年度	
		人数	比例(%)
年龄分布	25岁以下	4	5.4
	26~29岁	15	20.3
	30~39岁	43	58.1
	40岁以上	12	16.2
学历分布	博士	4	5.4
	硕士	22	29.7
	本科	38	51.4
	专科	6	8.1
	其他	4	5.4

4. 经营概况

4.1 经营目标、方针、战略规划

4.1.1 经营目标

公司的战略目标是打造中国一流的信托金融服务机构。以完善的内部控制和风险管理为保障,以差异化的研发能力和高端资产管理服务来建立核心竞争力,通过向高端客户提供高附加值的金融产品服务在市场竞争中赢得生存和发展,逐步创建国民信托品牌,致力于客户利益、股东价值和员工满足感的最大化,成为市场领先、客户信赖的综合金融服务商。

4.1.2 经营方针

以敬业的员工、可靠的产品、优质的服务和先进的平台为客户提供最佳的金融理财服务。

4.1.3 战略规划

发展方向:从传统信托业务向以主动资产管理为核心的现代信托金融业务发展。

业务类型:从以项目为导向的投融资业务转向以客户为中心的私人财富管理和机构资产管理为主业的信托金融服务。

费率结构:继续增加信托报酬,并逐步转为以主动管理类业务的高信托报酬率收入为主要利润来源。

短期策略:巩固业务基础和客户群,优化资讯科技平台,完善营运系统、制度和流程,建立高效问责的管理和营销团队,改善成本费率结构,改善服务质量和效率,积极开展以主动资产管理为主导的各种信托金融服务,提升客户体验和忠诚度。

中短期策略:扩大市场和产品的深度和广度,加速产品和服务创新,不断优化投资解决方案和服务流程,强化开放式财富管理平台,建立全国性销售网络和服务团队,改善品牌效应和销售网络,积极发掘潜在客户和业务并持续深化高净值客户关系。

长期策略:成长为具有重要市场地位的国际性综合金融服务集团。在股权投资和信托服务上取得市场领先地位,逐步发展网上与现有业务具有协同效应的配套金融业务,保持优秀的投资业绩、明确的发展策略以及稳健的财务状况。以优越的体制、机制和管理文化来吸引并挽留人才以取得可持续发展,提升客户利益和股东价值。

4.2 经营业务的主要内容

4.2.1 固有业务

截至2011年12月31日,公司固有资产运用与分布:

固有资产运用与分布表

资产运用	金额(万元)	占比(%)	资产分布	金额(万元)	占比(%)
货币资产	11 118.58	8.87	基础产业	—	—
贷款及应收款	2 324.18	1.85	房地产	—	—
以公允价值计量且其变动计入当期损益的金融资产	73 559.03	58.66	证券市场	27 656.58	22.05
			实业	—	—
可供出售金融资产	33 626.97	26.81	金融机构	79 529.42	63.42
其他	4 782.06	3.81	其他(注)	18 224.82	14.53
资产合计	125 410.82	100.00	资产合计	125 410.82	100.00

注:资产分布中,对"其他"事项的说明。

单位:万元

资产分布中"其他"事项明细		
货币资产	11 118.58	8.87
贷款、应收账款及其他	7 106.24	5.66
其他合计	18 224.82	14.53

4.2.2 信托业务

截至2011年12月31日,公司受托管理的信托资产运用与分布:

信托资产运用与分布表

资产运用	金额（万元）	占比（%）	资产分布	金额（万元）	占比（%）
货币资产	12 199.51	2.78	基础产业	2 500.00	0.57
贷款	109.20	0.03	房地产	25 000.00	5.71
交易性金融资产	2 122.56	0.48	证券市场	44 951.57	10.26
可供出售金融资产	41 909.00	9.56	实业	120 000.00	27.38
长期股权投资	41 400.00	9.45	金融机构	12 900.00	2.94
其他（注）	340 475.59	77.70	其他（注）	232 864.29	53.14
信托资产合计	438 215.86	100.00	信托资产合计	438 215.86	100.00

注：资产运用和资产分布中，对"其他"事项的说明。

单位：万元

资产运用中"其他"事项明细			资产分布中"其他"事项明细		
应收账款	309 155.58	70.55	应收账款	189 155.58	43.16
无形资产	30 400.00	6.94	租金收益权	28 600.00	6.53
买入返售金融资产	920.01	0.21	银行存款	12 199.51	2.78
			其他	2 909.20	0.67
其他合计	340 475.59	77.70	其他合计	232 864.29	53.14

4.3 市场分析

4.3.1 影响公司业务发展的有利因素

（1）财富总量增长面临放缓，同时通货膨胀在未来较长时期内中枢上升，都将使居民未来更加强调对已有财富的"精耕细作"，财富的保值增值需求将大幅上升，这将使财富管理行业面临前所未有的历史发展机遇。

（2）私人财富管理已经被广大高端投资者所认可和接受，信托理财工具也逐渐被银行、证券和保险等其他金融机构所运用，信托产品作为唯一连接货币市场、资产市场和实业市场的理财产品的综合优势将得以充分发挥。

（3）针对信托业面临的新环境，监管机构加强管理和引导，引导信托公司发展自主管理类业务，提高核心资产管理能力。

4.3.2 国内国际的金融形势也给信托公司带来了许多挑战

（1）房地产等行业的宏观调控，使行业未来发展前景不确定。房地产信托将进入集中偿付期，以此类行业为基础资产或投资此类行业的信托产品的风险将不断显现。

（2）行业内竞争加剧。2011 年多家信托公司在经济发达地区设立业务团队，拓展异地市场，信托公司跨区域的市场竞争进一步加剧。

4.4 内部控制

4.4.1 内部控制环境和文化

按照《信托公司治理指引》和现代企业制度的要求，公司建立了股东会、董事会、监事会和高级管理层为核心的法人治理结构，明确了公司的议事规则和决策程序。股东会为公司最高权力机构；董事会为公司决策机构；高级管理层为公司执行机构，负责执行董事会批准的各项决策和制度；监事会为公司监督机构，主要对公司财务经营状况及董事、高级管理人员履行职务的行为进行监督。公司董事会下设立了信托委员会、执行委员会、提名与薪酬委员会、风险控制委员会以及审计委员会等五个专门委员会，明确了各自的工作职责和议事规则。公司确立了分工明确、权责相互制衡的公司治理和内部控制机制，实现了董事会对高级管理层经营活动的合理授权和有效监督。

公司在董事会及管理层的领导下，通过实施完善的内部控制制度体系，形成了诚实守信、稳健经营、恪尽职守的内部控制文化。对维护公司自身、委托人以及受益人的正当、合法权益发挥了重要作用。

4.4.2 内部控制措施

公司强化内控机构设置和制度建设；强调董事会和高管层的责任，将风险内控管理作为公司内部管理的核心，营造风险管理的环境。建立健全了董事会下风险控制委员会、高级管理层、风险内控管理职能部门和业务部门等四个层级的全面风险管理架构，贯彻全面风险管理要求和全方位管理、全过程和全员风险控制管理的原则。实现法律合规部，内部审计部与经营业务部门保持相对独立，直接向最高管理层负责，保证内部控制机构的独立性和权威性；有效保障风险管理程序的执行力，使公司业务运作和决策更为可扩和可控，也使管理层能全面及时地掌握公司的日常经营、财务和风险状况并保证有效执行。

在公司制定的全面风险管理体系架构（ERM）下，内部控制是对业务的全过程，即风险目标和政策制定、风险管理的具体实施（包括风险识别、评估和应对）和风险信息披露进行全方位的管理和控制。内部控制的主要工作由法律合规部、风险管理部和内部审计部具体执行，其中，法律合规部负责法律事务方面的风险管理，风险管理部负责对公司除法律及合规风险之外的所有相关风险管理工作，内部审计部则对公司业务和经营管理工作开展独立的审计和监督。

公司制定了一整套内部控制制度，2011 年，公司在原有制度基础上，修订形成了《国民信托有限公司财务授权管理制度》、《国民信托有限公司业务审批管理办法》、《国民信托有限公司风险管理制度》、《国民信托有限公司证券投资信托业务管理办法》、《国民信托有限公司私人股权投资信托业务管理办法》及《国民信托有限公司房地产信托业务管理办法》，上述修订后的制度已经董事会审议通过并正式颁布执行。

为防范风险，公司严格执行业务经办与审批分离的法人管理制度，修订了《业务审批管理办法》，完善了业务审批流程，建立了业务初审、终审两级审批制度，较好地揭示、控制和防范了业务开展中的各类风险。

4.4.3 监督评价与纠正

公司十分重视内部控制问题的后续追踪整改，对于持续监控、内审稽核、监管检查以及重大事件所反映的内控问题组织持续追踪整改。针对常规内审高风险项目、重大行政监管意见、潜在损失案件中反映的制度和流程缺陷，公司通过合规部门关注重大合规风险识别、评估、整改要求，对重大违规事项整改情况进行跟踪，持续优化制度和流程，从源头控制内控漏洞，以防范、杜绝类似问题在公司系统的重复发生。由风险管理部门对内审稽核处理的执行情况进行 100% 跟踪，由部门内审稽核人员在对业务部门进行常规检查时对上一年度发现的问题进行逐项跟踪，对未按时整改的情况及时予以分析追踪和报告。

2011年度，公司未出现经营风险，也未发生违法违规事件，各项业务稳健运行。

4.5 风险管理

4.5.1 风险状况

4.5.1.1 信用风险状况

信用风险不仅包括违约风险，还包括由于交易对手和合作方的信用状况和履约能力上的变化而导致公司资产价值发生变动所造成损失的风险。公司在各项业务中加强了对交易对手、合作方以及业务本身的尽职调查，并根据不同的业务类别形成了标准化的调查、复核和监督机制，有力地保障了公司对信用风险的管控效果。

公司固有业务和信托业务按照资产五级分类标准进行分类，2011年度末均分类为正常类，资产不良率为零。

4.5.1.2 市场风险状况

市场风险是指公司在对信托财产和固有财产的合法经营中，因市场利率、汇率、股指和商品价格等市场参数的波动而产生的风险，包括利率风险、汇率风险、股市风险和通货膨胀风险等。

2011年面临的市场风险主要是证券市场价格波动，全年呈下滑态势，公司固有业务和信托业务证券投资的净值随之波动，市场获利难度增大，出现了一定的账面浮亏。但整体来说，根据公司的投资策略和决策，相关的风险程度尚在公司的预期和承受范围之内，没有因市场波动风险而出现不可控的状况。

2011年，公司未发生流动性风险。所有到期终止的信托均正常清算分配。

4.5.1.3 操作风险状况

操作风险是指由于内部控制程序和系统的不完善、人员操作失误，或外部突发事件等可能导致公司遭受到损失的风险。

公司实行规范化、标准化、制度化管理，各项业务的开展都严格执行内部控制程序及业务操作流程。此外，公司还根据市场环境、监管规则及业务发展变化，不断调整和完善业务操作流程。

2011年，公司未发生操作风险事件给公司带来现实和潜在的损失。

4.5.1.4 其他风险状况

除以上三类风险外，公司还面临合规风险、流动性风险、声誉、员工道德风险，以及国家法律法规和政策的不确定性变化对公司经营产生影响的政策风险等风险。2011年，公司没有出现因其他风险对公司造成损失和影响经营活动的情况。

4.5.2 风险管理

4.5.2.1 信用风险管理

公司严格执行信用风险的事前防范、事中控制和事后检查制度。在业务发生前，主要由业务部门对交易对手进行详尽的尽职调查，法律合规部根据业务部门的尽职调查情况对项目交易结构和合同条款的合规性进行审查，风险管理部对风险进行充分的评估和审核，“两级评审会”对项目进行审核和评定，从而尽可能地降低了信用风险发生的概率。

一是严格按照业务流程开展信托业务和固有业务，确保高级管理层能充分了解项目涉及的信用风险。定期进行存续期项目尽职管理的基本作业流程操作。二是加强事前对交易对手（项目）的尽职调查，并在项目正式提交业务评审委员会之前，将项目相关资料进行原件核实，确保资料的真实性。三是认真落实融资业务担保措施，除常规抵押、保证等担保措施外通过多种交易条件设置获得缓释风险的实质性效果，主要选择信用等级高的机构作为交易对手；聘请外部独立机构客观、公正地评估抵押品，严格控制贷款本金与不同抵押品价值之比，一般控制在50%以下，部分项目甚至控制在30%以下。四是事中对交易对手（项目）进行动态管理，在信托成立后，业务部门定期进行后期检查，形成项目检查报告，并由风险管理部每月汇总分析后形成信托项目风险管理报告，向管理层报告。五是对风险资产提足准备金。根据风险资产分类情况，按关注类资产2%、次级类资产25%、可疑类资产50%、损失类资产100%的比例计提准备金。同时公司按照有关规定，按时足额计提各类风险准备。一般风险准备按照风险资产的1%计提，信托赔偿准备按照税后利润的5%计提。报告期末，公司自营业务和信托业务按照资产五级分类标准全部分为正常类，资产不良率为零。

2011年，公司所有到期信托项目都已顺利兑付，均能按信托合同约定的信托终止事项进行清算；所有存续的信托项目均运行良好，没有不可控风险，公司对信用风险的管理措施有效。

4.5.2.2 市场风险管理

控制市场风险的主要方法是加强对经济及金融形势的分析预测，加强相关行业研究，必要情况下在具体项目尽职调查时聘请专业的机构参与调查，在业务决策时，聘请外部行业专家对项目进行行业与市场的分析作为参考。公司根据业务性质、规模、复杂程度和风险特征，结合总体业务发展战略、管理能力、资本实力，确定总体风险承担水平，并尽量采取分散投资、分散风险的办法。加强对宏观经济和证券市场的研究，坚持价值投资理念，采取稳健的投资策略，建立止损机制，有效防范资本市场风险。定期或不定期地对房地产和证券投资等业务进行市场风险压力测试，分析业务对外部市场变化的敏感程度和可能的影响，以制定策略应对市场变化。

2011年，公司对市场风险的分析判断准确，采取了合理的风险控制措施和谨慎的投资策略，有效防范市场风险的发生。

4.5.2.3 操作风险管理

公司建立起一整套内部控制制度，部门间实行明确的职责划分，各部门内部又细分各岗位职责和权限，开展不相容岗位梳理，保证岗位的有效分离与制衡，形成了相互配合、相互监督、相互制约的风险控制机制。

公司注重信息系统建设，且定期对内部的信息管理系统及其设备进行维护和保养，加强信息系统的管理，保证其正常运行；通过建立主要信息系统的应急处置体系并保证其安全运行，确保业务持续性管理。

2011年公司盈丰信托业务系统及甲骨文（Oracle）财务系统正式运行，加强了业务开展过程的信息化管理；2011年公司正式上线使用虚拟桌面基础设施（VDI）项目，实现了集中式、标准化的桌面管理。此外，2011年公司为进一步合理配置信息资源，将业务管理系统、证券交易系统、风险控制系统和财务管理系统连接起来，大幅提高了公司的信息化管理水平。

2011 年,公司的内部控制程序和系统完善且运行有效,操作风险的管理效果明显。

4.5.2.4　其他风险管理

公司加强对国家政策的分析和研究,提高对政策的理解能力,并与监管部门及时沟通,根据要求进行业务调整和制度完善;此外,还不定期与同行进行业务交流,探讨业务经营管理中发现的问题,以提高对政策的理解度和执行力,从而有效地防范政策风险。

公司高度重视法律风险的防范,法律合规部专职负责法律风险的监控和管理,对于重大项目聘请外部律师事务所等专业服务机构提供专业意见,以强化法律方面的风险管理。

在流动性风险控制方面,公司坚持审慎性原则,充分识别、有效计量、持续监测和适当控制公司整体及在各产品、各业务条线、各业务环节的流动性风险,确保公司无论在正常经营环境中还是在压力状态下,都有充足的资金应对资产的增长和到期债务的支付以及履约进行信托财产的清算分配。

公司在开展具体项目时,首先采取降低抵押率(一般控制在 50% 以下)、优先劣后结构,现金流指标监测、分期还款结构设置等措施来控制;其次是加强信托项目的到期兑付工作。在兑付前,公司提前落实资金情况和清算方案,由信托经理逐日向公司报告进展,在公司自身流动性方面,对固有业务注重资产配置的合理性,保留一定的高流动性资产和货币类资产以增加公司资产流动性和抵御风险的能力,并定期对流动性进行压力测试。

公司积极组织员工参加监管部门开展的与信托业务有关的法律法规学习和考试;鼓励员工参加内部和外部培训交流,进一步提高员工的业务能力和专业知识,增强风险意识和预判能力,将风险控制理念融入到业务和管理工作的各方面、各环节。

4.6　净资本风险控制指标

公司报告期末的净资本风险控制指标情况如下:

指标名称	期末数	监管标准
净资本(万元)	107 614.83	≥2 亿元
固有业务风险资本(万元)	11 506.88	
信托业务风险资本(万元)	2 766.89	
其他业务风险资本(万元)	—	
各项业务风险资本(万元)	14 273.77	
净资本/各项业务风险资本之和(%)	753.93	≥100
净资本/净资产(%)	90.51	≥40

5. 公司财务报表

5.1　会计师事务所审计意见结论

安永华明会计师事务所对公司 2011 年度财务报表出具了标准无保留意见,认为公司财务报表在所有重大方面已经按照企业会计准则的规定编制,公允地反映了国民信托有限公司 2011 年 12 月 31 日的财务状况以及 2011 年度的经营成果和现金流量。

5.2　自营资产

5.2.1　资产负债表

单位:万元

	2011 年 12 月 31 日	2010 年 12 月 31 日
资产		
货币资金	11 118.58	37 324.34
以公允价值计量且其变动计入当期损益的金融资产	73 559.03	40 324.60
应收账款	839.18	291.71
发放贷款	1 485.00	—
可供出售金融资产	33 626.97	33 143.18
固定资产	779.33	293.73
无形资产	177.77	84.18
其他资产	3 824.96	4 969.13
资产合计	125 410.82	116 430.87
负债及所有者权益		
负债		
应付职工薪酬	365.68	177.08
应交税费	799.46	912.73
递延所得税负债	4 588.04	488.77
其他负债	762.40	721.36
负债合计	6 515.58	2 299.94
所有者权益		
实收资本	100 000.00	100 000.00
资本公积	(4 688.23)	(2 636.40)
盈余公积	5 503.70	3 664.47
一般风险准备	68.34	368.34
信托赔偿准备	2 077.98	1 158.36
未分配利润	15 633.45	11 576.16
所有者权益合计	118 895.24	114 130.93
负债及所有者权益合计	125 410.82	116 430.87

5.2.2　利润表

单位:万元

	2011 年	2010 年
营业收入		
手续费及佣金收入	3 109.34	2 815.79
投资收益	1 546.56	2 433.33
公允价值变动收益	23 234.43	949.60
利息净收入	809.66	795.59
其他业务收入	3 611.96	2 416.00
营业收入合计	32 311.95	9 410.31
营业支出		
营业税金及附加	412.55	405.40
业务及管理费	3 211.69	3 157.86
资产减值损失	4 116.59	—
营业支出合计	7 740.83	3 563.26
营业利润	24 571.12	5 847.05
加:营业外收入	0.01	4.17
减:营业外支出	6.66	75.26
利润总额	24 564.47	5 775.96
减:所得税费用	6 172.17	1 518.11
净利润	18 392.30	4 257.85
其他综合收益	(2 051.83)	(2 745.48)
综合收益总额	16 340.47	1 512.37

5.2.3 所有者权益变动表

所有者权益变动表

2011年度

单位：万元

	实收资本	资本公积	盈余公积	一般风险准备	信托赔偿准备	未分配利润	所有者权益合计
本年年初余额	100 000.00	(2 636.40)	3 664.47	368.34	1 158.36	11 576.16	114 130.93
本年增减变动金额							
净利润	—	—	—	—	—	18 392.30	18 392.30
其他综合收益	—	(2 051.83)	—	—	—	—	(2 051.83)
综合收益总额	—	(2 051.83)	—	—	—	18 392.30	16 340.47
利润分配							
提取盈余公积	—	—	1 839.23	—	—	(1 839.23)	—
提取信托赔偿准备	—	—	—	—	919.62	(919.62)	—
对所有者的分配	—	—	—	—	—	(11 576.16)	(11 576.16)
本年年末余额	100 000.00	(4 688.23)	5 503.70	368.34	2 077.98	15 633.45	118 895.24

所有者权益变动表（续表）

2011年度

单位：万元

	实收资本	资本公积	盈余公积	一般风险准备	信托赔偿准备	未分配利润	所有者权益合计
本年年初余额	100 000.00	109.08	3 238.68	368.34	945.47	7 956.99	112 618.56
本年增减变动金额							
净利润	—	—	—	—	—	4 257.85	4 257.85
其他综合收益	—	(2 745.48)	—	—	—	—	(2 745.48)
综合收益总额	—	(2 745.48)	—	—	—	4 257.85	1 512.37
利润分配							
提取盈余公积	—	—	425.79	—	—	(425.79)	—
提取信托赔偿准备	—	—	—	—	212.89	(212.89)	—
本年年末余额	100 000.00	(2 636.40)	3 664.47	368.34	1 158.36	11 576.16	114 130.93

5.3 信托资产

5.3.1 信托项目资产负债汇总表

单位：万元

	2011年12月31日	2010年12月31日
信托资产		
货币资金	12 199.51	4 232.85
交易性金融资产	2 122.56	8 939.06
买入返售金融资产	920.01	—
应收款项	309 155.58	176 659.55
发放贷款	109.20	118.35
可供出售金融资产	41 909.00	68 339.41
长期股权投资	41 400.00	40 400.00
无形资产	30 400.00	27 400.00
信托资产总计	438 215.86	326 089.22
信托负债和信托权益		
信托负债		
应付受托人报酬	739.18	350.05
应付托管费	1.13	1.95
其他应付款项	102.80	2.66
信托负债合计	843.11	354.66
信托权益		
实收信托	412 600.72	272 171.60
资本公积	(2 728.35)	23 702.07
未分配利润	27 500.38	29 860.89
信托权益合计	437 372.75	325 734.56
信托负债和信托权益总计	438 215.86	326 089.22

5.3.2 信托项目利润及利润分配汇总表

单位：万元

	2011年度	2010年度
营业收入		
利息收入	79.16	2 338.17
投资收益	177.08	9 285.89
公允价值变动损失	(1 016.50)	(98.06)
营业收入合计	(760.26)	11 526.00
营业支出		
营业税金及附加	0.16	0.17
受托人报酬	1 353.25	1 272.60
托管费	17.23	158.07
交易费用	27.40	171.24
其他费用	12.73	163.80
营业支出合计	1 410.77	1 765.88
信托净(亏损)/利润	(2 171.03)	9 760.12
其他综合收益	—	—
综合(亏损)/收益	(2 171.03)	9 760.12
加：期初未分配信托利润	29 860.89	21 540.54
可供分配的信托利润	27 689.86	31 300.66
减：本期已分配信托利润	189.48	1 439.77
期末未分配信托收益	27 500.38	29 860.89

6. 公司财务报表附注

6.1 报告年度公司财务报表编制基准、会计政策、会计估计和核算方法变化情况

2011年度本公司财务报表编制基准、会计政策、会计估计和核算方法与上年度相比，没有发生重大变化。

6.2 财务报表主要项目的明细

6.2.1 披露自营资产经营情况

6.2.1.1 按信用风险五级分类结果披露信用风险资产的期初数、期末数

风险分类	正常类（万元）	关注类（万元）	次级类（万元）	可疑类（万元）	损失类（万元）	资产合计（万元）	不良资产合计（万元）	不良资产率(%)
期初数	116 430.87	—	—	—	—	116 430.87	—	—
期末数	125 410.82	—	—	—	—	125 410.82	—	—

注：不良资产合计＝次级类＋可疑类＋损失类。

6.2.1.2 各项资产减值损失准备的期初、本期计提、本期转回、本期核销、期末数

单位：万元

	期初数	本期计提	本期转回	本期核销	期末数
贷款损失准备	—	—	—	—	—
一般准备	—	15.00	—	—	15.00
专项准备	—	—	—	—	—
其他资产减值准备	—	—	—	—	—
可供出售金融资产减值准备	—	4 101.59	—	—	4 101.59
持有至到期投资减值准备	—	—	—	—	—
长期股权投资减值准备	—	—	—	—	—
坏账准备	—	—	—	—	—
投资性房地产减值准备	—	—	—	—	—

6.2.1.3 固有业务股票投资、基金投资、债券投资、股权投资等投资业务的期初数、期末数

单位：万元

	自营股票	基金	债券	长期股权投资	其他投资	合计
期初数	25 625.53	—	5 868.70	—	41 973.55	73 467.78
期末数	23 894.78	—	5 970.39	—	77 320.83	107 186.00

6.2.1.4 前三名自营贷款的企业名称、占贷款总额的比例和还款情况等

企业名称	占贷款总额的比例(%)	还款情况
深圳市满庭芳资产管理有限公司	100	正常偿还本息

6.2.1.5 前三名自营长期股权投资（包括以公允价值计量且其变动计入当期损益的金融资产）的企业名称、占被投资企业权益的比例、主要经营活动及投资收益情况等

企业名称	占被投资企业权益的比例(%)	投资收益（万元）
汇丰人寿保险有限公司	50	—
北京新域保险经纪有限公司	35	102.97

6.2.1.6 表外业务的期初数、期末数；按照代理业务、担保业务和其他类型表外业务分别披露

本年度无表外业务。

6.2.1.7 收入结构

收入结构	金额（万元）	占比(%)
手续费及佣金收入	3 109.34	9.62
其中：信托手续费收入	3 109.34	9.62
利息收入	809.66	2.51
其他业务收入（注）	3 611.96	11.17
投资收益	1 546.56	4.79
其中：证券投资收益	1 443.59	4.47
其他投资收益	102.97	0.32
公允价值变动收益	23 234.43	71.91
营业外收入	0.01	0.00
收入合计	32 311.96	100.00

注：其他业务收入为合营企业的有关收益。

6.2.1.8 关联方关系及其交易

6.2.1.8.1 关联交易方的数量、关联交易的总金额及关联交易的定价政策

	关联交易方数量	关联交易金额（万元）	定价政策
合计	2	1 812.50	按市场价格或公允原则交易

6.2.1.8.2 关联交易方与公司的关系性质、关联交易方的名称、法定代表人、注册地址、注册资本及主营业务

报告期涉及关联交易的关联方情况如下：

关系性质	关联方名称	法定代表人	注册地址	注册资本（万元）	主营业务
股东	璟安实业有限公司	刘盈	上海市浦东新区绿科路90号1幢301室H座	23 000	实业投资、项目投资、投资管理、投资顾问、财务顾问、企业管理咨询等。
股东	丰益实业发展有限公司	张江泳	上海市浦东新区莲林路15号403室	55 000	实业投资、投资管理、投资咨询、企业并购、企业资产重组策划及企业管理咨询等。

6.2.1.8.3 公司与关联方的重大交易事项

单位：万元

固有资产与关联方关联交易				
	期初数	借方发生额	贷方发生额	期末数
贷款	—	—	—	—
投资	—	—	—	—
租赁	—	—	—	—
担保	—	—	—	—
应收账款	234.33	1 812.50	1 413.50	633.33
其他	—	—	—	—
合计	234.33	1 812.50	1 413.50	633.33

6.2.1.8.4 关联方逾期未偿还公司资金以及公司为关联方担保发生或即将发生垫款情况

公司未出现关联方逾期未偿还公司资金以及公司为关联方担保发生或即将发生垫款情况。

6.2.1.9 或有事项说明

截至2011年12月31日，本公司并无须作披露的或有事项。

6.2.1.10 重要资产转让及其出售的说明

截至2011年12月31日，本公司并无须作披露的重要资产转让及其出售。

6.2.1.11 会计制度

公司固有业务执行财政部2006年2月颁布的《企业会计准则——基本准则》和38项具体会计准则、其后颁布的应用指南、解释以及其他相关规定（统称“企业会计准则”）。

6.2.2 披露信托资产管理情况

6.2.2.1 信托资产的期初数、期末数

单位：万元

信托资产	期初数	期末数
集合	11 840.35	14 997.66
单一	314 248.87	423 218.20
财产权	—	—
合计	326 089.22	438 215.86

6.2.2.2 主动管理型信托业务的信托资产期初数、期末数

单位：万元

主动管理型	期初数	期末数
证券投资类	11 840.35	14 997.66
股权投资类	—	—
融资类	—	120 000.87
事务管理类	—	—
权益类	—	—
合计	11 840.35	134 998.53

6.2.2.3 被动管理型信托业务的信托资产期初数、期末数

单位：万元

被动管理型	期初数	期末数
证券投资类	—	—
股权投资类	43 040.11	41 539.02
融资类	121.28	112.18
事务管理类	174 080.81	189 015.04
权益类	97 006.67	72 551.09
合计	314 248.87	303 217.33

6.2.2.4 本年度已清算结束的信托项目情况

本年度已清算结束的信托项目为2个，实收信托合计10 467万元，加权平均年化收益率为 -2.25%，加权平均年化报酬率为1.06%。

6.2.2.5 本年度已清算结束的集合类、单一类资金信托项目和财产管理类信托项目个数、实收信托金额、加权平均实际年化收益率

已清算结束信托项目	项目个数	实收信托合计金额（万元）	加权平均实际年化收益率（%）
集合类	1	5 100.00	(4.60)
单一类	1	5 367.00	(0.02)
财产管理类	—	—	—

6.2.2.6 本年度已清算结束的主动管理型信托项目情况

主动管理型已清算信托项目	项目个数	实收信托合计金额（万元）	加权平均实际年化信托收益率（%）	加权平均实际年化报酬率（%）
证券投资类	1	5 100.00	(4.60)	1.30
股权投资类	—	—	—	—
融资类	—	—	—	—
事务管理类	—	—	—	—
权益类	—	—	—	—

6.2.2.7 本年度已清算结束的被动管理型信托项目情况

被动管理型已清算信托项目	项目个数	实收信托合计金额（万元）	加权平均实际年化信托收益率（%）	加权平均实际年化报酬率（%）
证券投资类	—	—	—	—
股权投资类	1	5 367.00	(0.02)	0.84
融资类	—	—	—	—
事务管理类	—	—	—	—

6.2.2.8 本年度新增的集合类、单一类和财产管理类信托项目个数、实收信托合计金额

新增信托项目	项目个数	实收信托合计金额（万元）
集合类	1	10 000.00
单一类	1	120 000.00
财产管理类	—	—
新增合计	2	130 000.00
其中：主动管理类	2	130 000.00
被动管理类	—	—

6.2.3 信托关联方关系及其交易

6.2.3.1 信托资产与关联方交易情况

单位：万元

信托资产与关联方关联交易				
	期初数	借方发生额	贷方发生额	期末数
贷款	—	—	—	—
投资	22 200.00	—	—	22 200.00
租赁	—	—	—	—
担保	—	—	—	—
应收账款	174 080.81	184 000.00	169 065.77	189 015.04
其他	—	—	—	—
合计	196 280.81	184 000.00	169 065.77	211 215.04

6.2.3.2　固有财产与信托财产之间的交易情况

单位:万元

固有财产与信托财产相互交易			
	期初数	本期发生额	期末数
证券投资集合资金信托	1 600.00	2 500.00	4 100.00

6.2.3.3　信托财产与信托财产之间的交易情况

本年度无信托财产与信托财产之间的交易情况。

6.2.4　会计制度

信托业务于2010年1月1日起全面执行财政部2006年2月颁布的《企业会计准则——基本准则》和38项具体会计准则、其后颁布的应用指南、解释以及其他相关规定(统称"企业会计准则")。

7. 财务情况说明

7.1　利润实现和分配情况

公司2011年总收入为32 311.96万元,总支出为7 747.49万元,实现净利润18 392.30万元。2011年公司向股东分配利润11 576.16万元。

7.2　主要财务指标

指标名称	指标值
资本利润率(%)	15.79
加权年化信托报酬率(%)	1.06
人均净利润	289.64万元

注:加权年化信托报酬率,该指标仅包括本报告年度内已清算结束了的信托项目。

7.3　报告期内,对公司财务状况、经营成果有重大影响的其他事项

无。

8. 特别事项揭示

8.1　前五名股东报告期内变动情况及原因

报告期内现有四名股东无变动。

8.2　董事、监事及高级管理人员变动情况及原因

(1)公司股东会审议通过,并报北京银监局核准,付然女士、吴祝花女士获批为公司董事。

(2)公司股东会审议通过,并报北京银监局核准,叶志衡先生获批为公司独立董事。

(3)公司董事会审议通过,并报北京银监局核准,李政怀先生出任公司副董事长,何远先生出任公司副总经理。

(4)公司股东会审议通过,同意免去聂强先生监事职务,选举罗明耀先生为公司监事。

(5)公司监事会审议通过,同意张江泳先生辞任公司监事会主席职务,选举罗明耀先生出任公司监事会主席。

(6)公司职工代表表决通过,同意安建凤女士因离职不再担任职工代表监事职务,选举张立卓女士为职工代表监事。

8.3　报告期内变更注册资本、变更注册地或公司名称、公司分立合并事项

无。

8.4　报告期内公司重大诉讼事项

无。

8.5　公司及其董事、监事和高级管理人员在报告期内受到处罚的情况

无。

8.6　中国银监会及其派出机构对公司检查后提出整改意见及整改情况

2011年,北京银监局向公司出具了《2010年度现场检查意见书》和《2010年度监管意见书》,对公司团队建设、治理架构等方面存在的不足之处提出了加强和改进的意见。公司已组织相关部门和人员,对监管意见加以落实,现已基本完善。

8.7　本年度重大事项临时报告的简要内容、披露时间、所披露的媒体及其版面

序号	刊登内容	刊登时间	报纸名称	所属版面
1	国民信托有限公司2010年年度报告摘要	2011年4月28日	《上海证券报》 《金融时报》	B6版 06版

8.8　其他重大需披露信息

报告期内,公司未发生中国银监会及其省级派出机构认定的其他有必要让客户及相关利益人了解的重要信息。

9. 公司监事会意见

监事会认为:公司董事会和管理层能够严格遵守法规及政策,稳健经营,业务风险可控,公司业务不存在违法违规情形;本年度财务报告经安永华明会计师事务所审计并出具无保留审计意见的审计报告,该财务报告真实、客观地反映了公司的财务状况和经营成果;京都天华会计师事务所就公司本年度内部控制情况进行了审核,并出具无保留意见的内部控制鉴证报告,该报告也真实和客观地反映了公司合规经营和内控状况。

国投信托有限公司

1. 重要提示

本公司董事会及董事保证本报告所载资料不存在任何虚假记载、误导性陈述或者重大遗漏，并对其内容的真实性、准确性和完整性承担个别及连带责任。本年度报告摘要摘自年度报告全文，客户及相关利益人欲了解详细内容，应阅读年度报告全文。

本报告经公司第四届董事会第七次会议审议通过。本公司独立董事曹三明先生、阎维杰先生，认为本报告内容是真实、准确、完整的。

中证天通会计师事务所为本公司出具了标准无保留意见的审计报告。

公司法定代表人董事长钱蒙先生、总经理吕益民先生、主管会计工作负责人王彬女士及会计部门负责人计划财务部经理李涛先生声明：保证年度报告中财务报告的真实、完整。

2. 公司概况

2.1 公司简介

2.1.1 公司法定中文名称：国投信托有限公司

2.1.2 公司法定英文名称：Sdic Trust Co. , Ltd.

2.1.3 法定代表人：钱蒙

2.1.4 公司注册地址：北京市西城区西直门南小街147号7层、8层

邮政编码：100034

2.1.5 国际互联网网址：www. sdictrust. com. cn

2.1.6 电子信箱：sdictrust@ sdic. com. cn

2.1.7 信息披露事务负责人：王　彬

联系电话：010－88006616

传真：010－88006622

电子信箱：wangbin@ sdic. com. cn

2.1.8 报告期内公司信息披露报纸名称：《上海证券报》

2.1.9 公司年度报告备置地点：北京市西城区西直门南小街147号7层

2.1.10 公司聘请的会计师事务所：中证天通会计师事务所有限公司

地址：北京市海淀区西直门北大街甲43号金运大厦13层

2.1.11 公司聘请的律师事务所：北京市共和律师事务所

地址：北京市朝阳区麦子店街37号盛福大厦19层/20层

北京市天达律师事务所

地址：北京市朝阳区东三环北路8号亮马河大厦2座19层

2.2 组织结构

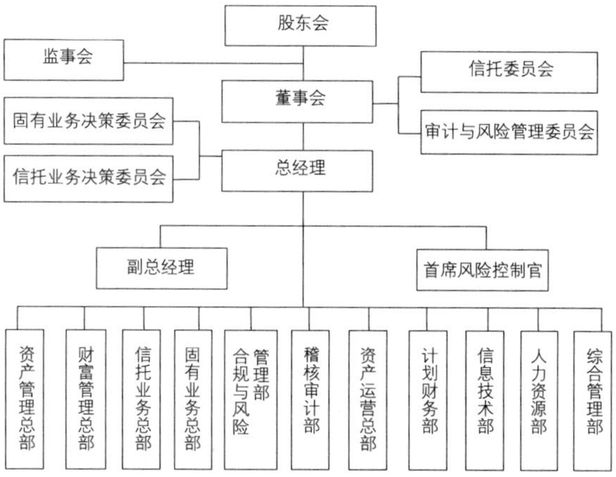

3. 公司治理

3.1 股东

股东名称	出资比例(%)	法人代表	注册资本(亿元)	注册地址	主要经营业务及主要财务情况
国投资本控股有限公司	95.45	钱蒙	25	北京市西城区阜成门北大街6－6号国际投资大厦A座	从事对外投资、资产管理、接受委托对企业进行管理、投资策划及咨询服务。截至2011年末，公司资产总额67.95亿元；2011年实现经营收入8.02亿元，利润为4.63亿元。
国投高科技投资有限公司	4.55	刘学义	6.4	北京市西城区阜成门北大街6－6号国际投资大厦	从事高科技项目产业化阶段投资业务，主要涉及电子、医药、汽车零部件、新材料等行业。截至2011年末，公司资产总额64.8亿元，2011年实现营业收入30.1亿元，利润为5.9亿元。

注：国投资本控股有限公司、国投高科技投资有限公司均为国家开发投资公司全资子公司。

3.2 董事

董事长、副董事长、董事

姓 名	职 务	性别	年龄	选任日期	所推举的股东名称	该股东持股比例(%)	简 要 履 历
钱 蒙	董事长	男	51	2011年4月	国投资本控股有限公司	95.45	大学本科学历,高级工程师,现任国家开发投资公司党组成员、副总经理兼国投信托有限公司董事长;曾在国家计委、国家机电轻纺投资公司任职,曾任国家开发投资公司国投机轻有限公司副总经理、国家开发投资公司经营部副主任、主任、金融投资部总经理、国投资产管理公司总经理,安徽省六安市市委副书记(挂职)。
祝要斌	董事	男	49	2011年4月	国投资本控股有限公司	95.45	研究生学历,高级工程师,现任国投资本控股有限公司副总经理;曾在青海西宁特钢公司、国家原材料投资公司、国原实业开发公司、国家开发投资公司国融资产管理有限公司任职,曾任国投信托有限公司党支部书记、国家开发投资公司资本运营部副总经理。
王文俊	董事	男	44	2011年4月	国投资本控股有限公司	95.45	大学本科学历,会计师、经济师,现任国家开发投资公司经营管理部副主任。曾在北京华飞化工总公司、国家原材料投资公司任职。
李俊喜	董事	男	44	2011年5月	国投高科技投资有限公司	4.55	大学本科学历,高级会计师,现任国投高科技投资有限公司副总经理;曾在交通部、国家交通投资公司任职。曾任国通天港实业开发公司财务部副经理、国投交通实业公司计财部副经理、国投洋浦港副总经理、国投交通公司计财部经理、国投物业有限责任公司副总经理。
吕益民	董事	男	49	2011年4月	国投信托有限公司		博士生学历,高级工程师,现任国投信托有限公司总经理;曾在联想集团有限公司、北京京华信托投资公司任职,曾任国家开发投资公司国融资产管理有限公司总经理、金融资产管理部主任、金融投资部副总经理、战略发展部副主任兼研究中心主任。

独立董事

姓 名	所在单位及职务	性别	年龄	选任日期	所推举的股东名称	该股东持股比例(%)	简 要 履 历
阎维杰	中国银监会北京监管局,退休	男	56	2011年4月	国投资本控股有限公司	95.45	博士研究生学历,博士,退休前任中国银监会北京监管局处长;曾任北京广播电视大学教师、教务处处长,中国人民银行营业管理部处长。
曹三明	国家法官学院教授	男	65	2011年4月	国投资本控股有限公司	95.45	研究生学历,教授,律师,现任国家法官学院教授;曾任北京大学法律系副教授、国家新闻出版署副司长、国务院法制办司长、最高人民法院行政审判庭负责人、中国应用法学研究所所长、国家法官学院副院长。

3.3 监事

姓名	职务	性别	年龄	选任日期	所推举的股东名称	该股东持股比例(%)	简 要 履 历
李文新	监事	男	47	2011年4月	国投资本控股有限公司	95.45	大学本科学历,高级会计师,中国注册会计师、税务师,现任国家开发投资公司审计部副主任;曾在交通部、国家交通投资公司、国通天港实业开发公司、国家开发投资公司国投创业投资有限公司任职,曾任国投高科技投资有限公司副总经理。
姚肇欣	监事	男	39	2011年4月	国投资本控股有限公司	95.45	研究生学历,高级经济师,现任国投资本控股有限公司股权管理部经理;曾在燕京集团、北京达人达投资顾问公司、振海集团、世纪兴业公司任职,曾任国家开发投资公司战略部、总裁办业务主管、国务院国资委改革局副处长、国家开发投资公司资本运营部副处长。
张文雄	监事	男	40	2011年4月	国投高科技投资有限公司	4.55	大学本科学历,高级会计师,现任国投高科技投资有限公司财务会计部经理,先后在北内集团总公司进出口公司、国投电子公司、国投创业投资有限公司任职。

3.4 高级管理人员

姓名	职务	性别	年龄	选任日期	金融从业年限	学历	专业
吕益民	总经理	男	49	2011年4月	13	博士生	经济学
傅 强	副总经理	男	42	2011年4月	16	研究生	工商管理

续表

姓名	职务	性别	年龄	选任日期	金融从业年限	学历	专业
陆 俊	副总经理	男	41	2011年4月	15	研究生	工商管理
王 彬	副总经理兼董事会秘书	女	45	2011年6月	7	研究生	工商管理
张仲和	首席风险控制官(总法律顾问)	男	40	2011年8月	无	大学	法学

3.5 公司员工

项目		报告期年度	
		人数	比例(%)
年龄分布	25岁以下	0	0
	25~29岁	24	29
	30~39岁	43	51
	40岁以上	17	20
学历分布	博士	5	6
	硕士	46	55
	本科	32	38
	专科	1	1
	其他	0	0
岗位分布	董事、监事及其高管人员	14	17
	自营业务人员	5	6
	信托业务人员	43	51
	其他人员	22	26

4. 经营管理

4.1 经营目标、方针、战略规划

以“诚实守信，稳健运营，立足市场，创新发展”为经营方针，积极打造“资产管理与财富管理两大业务板块协同互动、固有业务稳健增值”的业务格局，通过“以主动管理创收益，以另类及创新产品打品牌，以财富管理保客户”的发展模式，分阶段分步骤做大规模、做强产品、做精客户，形成基于高附加值主动管理能力与财富管理能力的盈利模式，致力于实现“值得托付的理财顾问”这一发展愿景。

4.2 所经营业务的主要内容

自营资产运用与分布表

资产运用	金额(万元)	占比(%)	资产分布	金额(万元)	占比(%)
货币资产	2 050.69	1.00	基础产业	0	0
贷款及应收款	4 156.25	2.02	房地产业	0	0
交易性金融资产	0	0	证券市场	11 634.28	5.67
可供出售金融资产	136 648.96	66.54	实业	0	0
持有至到期投资	0	0	金融机构	58 460.09	28.47
长期股权投资	58 460.09	28.47	其他	135 271.94	65.86
其他	4 050.32	1.97			
资产总计	205 366.31	100	资产总计	205 366.31	100

注：在资产分布中，其他资产包括货币资金2 050.69万元，公司投资的理财产品和信托产品金额125 014.68万元，应收款项4 156.25万元，其他固定资产投资、无形资产和递延所得税资产等4 050.32万元。

信托资产运用与分布表

资产运用	金额(万元)	占比(%)	资产分布	金额(万元)	占比(%)
货币资产	601 252.01	15.59	基础产业	1 880 802.25	48.76
贷款	1 725 210.45	44.72	房地产	447 475.00	11.60
交易性金融资产	119 495.86	3.10	证券市场	186 497.80	4.84
可供出售金融资产	484 998.00	12.57	实业	204 602.80	5.30
持有至到期投资	67 001.95	1.74	金融机构	0.00	0.00
长期股权投资	725 889.00	18.82	其他	1 138 170.82	29.50
其他	133 701.40	3.46			
信托资产总计	3 857 548.67	100.00	信托资产总计	3 857 548.67	100.00

4.3 影响公司业务发展的主要因素

4.3.1 有利因素

(1) 2012年中国经济将以“稳中求进”为主基调，预计全年信贷政策还将继续保持相对偏紧，信托公司有望获得较多的融资业务机会。党的十七届六中全会提出了推动社会主义文化大发展大繁荣的指导思想，文化产业将成为新的增长点，为公司借助艺术品信托领域创新优势进一步发展文化艺术领域业务提供了契机。

(2)按照监管机构的政策导向，信托公司业务结构、业务方向、业务能力逐渐向主动管理转型，信托公司作为财富管理机构的定位更加明确，《信托公司净资本管理办法》等法规制度的规范作用也逐步得以显现，从总体上有助于促进信托公司回归本源，有助于改善内部、外部发展环境，促进整个行业的良性健康发展。

(3) 随着广大高端客户理财意识不断增强，由传统单一理财模式向多元化产品配置转变的需求强烈，在股市低迷、理财渠道相对缺乏的情况下，信托产品以相对严格的风险控制措施和较高的收益率水平受到投资者青睐，为信托公司开展财富管理业务提供了有利时机。

4.3.2 不利因素

(1) 2011年中国证券市场整体下行，对公司证券投资业务及证券投资类信托产品的发行造成不利影响，公司长期金融股权投资业绩也低于预期。2012年国内、国外经济形势依然存在较大不确定性，业务潜在风险可能加大，对信托公司经营管理能力、风险控制能力提出更高要求。

(2)基于2012年宏观经济政策基本稳定的前提，预计房地产行业等宏观调控政策短期内退出的可能性不大，加之房地产信托兑付期集中来临、兑付压力增大，该类业务规模将延续下行趋势；同时银信合作业务监管限制口径收紧，票据及同业存款类产品叫停，信托公司亟需探索新的业务模式以支撑规模做大。

(3) 财富管理业务尽管正在逐步为监管部门及众多金融机构所认知，但从总体上看仍处于以产品为导向、较为低端的销售阶段，投资者理念不够成熟，在法律环境方面也缺少配套的法律法规及税收政策等。作为信托公司，更受到信托私募性质以及信托投资门槛较高的限制，短期内难以摆脱对渠道的依赖。

4.4 内部控制

4.4.1 内部控制环境和内部控制文化

4.4.1.1 治理机制建设和执行情况

股东会是公司的最高权力机构。

公司设立董事会，负责公司的重大决策，并向股东会负责。公司董事会设有信托委员会、审计与风险管理委员会两个专项委员会，专项委员会向董事会负责。董事长为公司的法定代表人。

公司设立监事会。监事会是公司的监督机构，对股东会负责。

公司董事会聘任经营层，依法行使经营权。为严格固有财产与信托业务的分类管理及科学决策，公司设立固有业务决策

委员会和信托业务决策委员会，这两个委员会分别对固有业务、信托业务进行决策。

公司设置专职总法律顾问，明确规定总法律顾问参与业务运作、业务决策的职责和权限，赋予其对业务管理事项的参与、审核、发表独立意见等权利。

公司设立信托业务总部、固有业务总部、财富管理总部、资产管理总部等业务部门和综合管理部、人力资源部、信息技术部、计划财务部、资产运营总部、合规与风险管理部、稽核审计部等职能部门。各业务部门和职能部门按照公司确定的部门职责开展工作。业务部门在业务上独立于公司的其他部门，其人员不与公司其他部门人员相互兼职。公司主要从业人员均符合中国银行业监督管理委员会及公司规定的职业操守和职业技能。

公司不断完善内部控制制度，通过建立风险防范的“三道防线”，构筑完整的内控管理架构。“三道防线”的内控管理架构的构成如下：

“第一道防线”为各部门对本部门的业务流程和操作流程进行日常维护和管理，对本部门所面临的主要风险点进行识别、自我检查和实施关键控制程序；

“第二道防线”为风险管理部门对各部门的主要风险点进行独立的日常监控与管理；

“第三道防线”为稽核审计部门对各部门的业务运行过程和结果进行独立的稽核与检查。

公司治理机制健全，执行情况良好。

4.4.1.2 内部控制文化建设和执行情况

公司的经营宗旨是以市场为导向，以效益为中心，依法规范经营，科学管理，维护股东、债权人、信托当事人和公司自身的合法权益。

公司依照诚实、信用、谨慎、有效的原则，遵循监管机构的各项法规政策，为受益人的最大合法利益处理信托事务，努力为社会提供优良的信托服务，并使公司股东获得满意的经济效益。

公司倡导“有道而正、信则人任”的企业文化精神。

公司的内控管理理念反映了公司的核心价值，影响企业文化，并指导业务操作。它融会在公司的管理制度和业务流程中，通过员工的日常操作与管理活动体现出来。

公司加强内控文化建设，组织员工参加公司内部和集团的培训，培育每个员工的内控文化理念，通过建立以风险管理为核心的公司内控文化和内控环境，影响并提高公司所有员工的风险意识。公司要求每个员工都承担内控管理的责任，在各自岗位职责和权限范围内主动识别、管理和防范风险，从而提高公司的整体内控管理能力，促进公司战略的实现。

公司在开展各项工作过程中树立科学的发展观，坚持内部控制优先，稳健审慎经营的理念，正确处理好局部与全局、竞争与规范、效益与风险、传统业务与创新业务、短期效益与长期效益的关系，摒弃片面追求效益、忽视所面临风险的倾向，以获得长期发展的持久动力。

4.4.2 内部控制措施

公司通过内控制度的完善、业务流程的修订，加强公司的风险管理。

2011年，公司根据业务开展和风险管理需要，以及最新的监管法规要求，对内控制度进行全面梳理，对现有规章制度做了及时更新和修订，以适应监管政策、业务发展、公司管理、业务管理等各方面的要求。公司特别制订了《贯彻廉洁从业规定实施办法》和《员工廉洁谈话制度实施办法》。通过制定上述制度，有利于公司加强员工廉政从业工作。在健全和完善各项内控制度的基础上，公司采取流程化控制的模式，除严格执行业务流程外，及时根据业务运作的实际情况，不断修订和完善业务流程。通过流程管理明确业务开展程序，控制风险点，并将风险管理责任落实到部门和人员，促使公司业务的风险控制和管理更为科学合理。通过信托业务流程的不断改进、优化，信托业务参与人员的岗位职责、事务处理和审批权限更清晰，公司信托业务流程更为规范和顺畅，有利于加强公司的风险管理，促进公司健康快速发展。

公司内控制度和业务流程在运行中逐步完善，执行情况良好。通过内控制度和业务流程的执行，有效控制了公司所面临的各项风险。

4.4.3 监督评价与纠正

4.4.3.1 内部控制的评价和后评价

公司通过对法律、法规、监管机构各项规章和公司各项制度的执行情况、执行效果对内部控制进行评价和后评价。公司努力探索对内部控制评价的方法，定性与定量相结合，对内部控制进行科学评价和后评价。

4.4.3.2 内部控制的监督机制

风险管理部门监督检查各部门内部控制执行情况，并就全公司风险控制总体情况向总经理作汇报。稽核审计部门对公司内部控制情况进行稽核审计。

4.4.3.3 内部控制的纠正机制

通过各部门自查和风险管理部门监督检查各部门的内部控制执行情况，以及稽核审计部门审查各部门的执行结果，对于业务操作过程中发现的内部控制存在的不足提出弥补意见，按照管辖权限层层上报，经有权管辖的相应层次决定后调整。公司各个管理层次在自己的管理权限内对内部控制存在的问题进行纠正。

结合监管政策的变化，分析对公司现有业务的影响，及时更新公司内控制度以适应监管的要求；针对新业务出现时新增的风险点，及时更新现有内控制度，达到覆盖新增风险点的目的。

4.5 风险管理

公司建立了完整的公司风险管理组织体系，从决策层、执行层、监督层落实对公司风险管理的责任，确保风险管理决策的落实。公司通过制定风险管理制度体系、公司章程、风险管理制度、基本管理制度、财务制度、信息披露制度和稽核审计制度有效防范风险。通过信息收集、风险评估、风险管理策略、风险管理实施、风险管理监控和风险管理改进六个步骤实施风险管理程序，完善公司内部风险防范制度。公司经营把以下风险列在首位：信用风险、市场风险、操作风险、其他风险（包括政策风险、人力资源风险、不可抗力风险等）。公司对各类风险采取定性和定量两种管理方法，确保所有已识别风险均被恰当定性并有恰当的管理措施。同时，公司应用先进的软件平台对可量化的风险指标进行实时监控，形成完整的风险监控体系。

4.5.1 风险状况

4.5.1.1 信用风险状况

(1)2011 年期初应收账款 0 元，期末应收账款 0 元。

(2)2011 年公司固有财产没有发放新贷款。

(3)2011 年公司运用信托资金发放的贷款业务，均按照委托人指定的借款人、期限、利率发放。对信托贷款可能存在的风险，公司在信托合同、风险申明书等信托文件中向委托人进行了揭示。目前，这些信托贷款没有发生信用风险，属于正常类贷款。

(4)为公司信托项目提供托管、经纪服务的机构，2011 年均持续经营，运作良好，未出现被吊销营业执照、宣告破产、公司解散等对信托项目产生不利影响的情况。

(5)公司按照财政部的规定，对承担风险和损失的固有资产进行了减值测试。

(6)2011 年公司没有发生因信用风险带来的损失。

(7)有关信用风险控制策略在信用风险管理章节中详细披露。

4.5.1.2 市场风险状况

截至 2011 年末，公司直接投资股票、基金等证券投资余额为 11 634 万元，占公司固有财产的 5.67%。这些投资受市场价格的影响，因此具有市场价格波动引起的收益波动风险。

4.5.1.3 操作风险状况

2011 年，公司没有发生因操作风险带来的损失。公司根据监管政策、市场及其规则的变化，不断调整完善业务操作流程。

4.5.1.4 其他风险状况

2011 年，公司没有发生因其他风险带来的损失。

4.5.2 风险管理

4.5.2.1 信用风险管理

(1)公司通过事前评估、事中控制、事后评价的风险控制体系防范和规避信用风险。

(2)公司根据对资金安全性的要求和融资方的实际情况设置担保措施。对于抵押担保，公司按照产权清晰、流动性强、管理方便、价值变动较小的原则评审确定，综合考虑未来变现价值等因素后具体确定。对于保证担保，公司综合评审保证人的经济实力、信誉后确定。

(3)公司为信托项目选择经营稳健的托管银行、经纪商和投资管理人并与上述机构签订相关服务协议，规定了由其导致信托财产损失的赔偿责任。

4.5.2.2 市场风险管理

(1)公司根据宏观经济形势、市场情况及时调整投资结构，严控个股投资的比例限制、仓位控制以及行业配置，有效降低投资组合的市场风险。

(2)对于证券和黄金市场的投资，通过压力测试进行定量判断，重点关注有止损点、预警点设置的信托产品，以采取有力措施，应对市场的变化。

(3)公司对抵(质)押物价值进行动态跟踪，实时根据市场状况对抵(质)押物进行合理估值，并根据情况要求合作方增加抵(质)押物或提供其他增信措施，通过上述办法，有效管理融资类项目的市场风险。

4.5.2.3 操作风险管理

(1)公司通过建立和严格执行相关制度和流程来防范操作风险。

(2)对于公司主动管理的信托项目，严格规范操作程序，投资人员和交易人员严格按照信托文件约定以及公司信托业务流程的规定操作，履行受托人职责，防范操作风险。

(3)对于设有投资管理人的信托项目，公司作为受托人，严格按照信托文件规定审查投资建议，履行受托人职责，防范操作风险。

(4)对由于托管银行和经纪商因操作风险导致信托财产损失，公司将根据与其签订的协议向其主张损害赔偿责任。

(5)公司加强人员培训，开展经常性的风险教育。

4.5.2.4 其他风险管理

(1)公司密切关注监管政策变化，认真研究对策，以化解由此而来的政策风险。

(2)公司运作与既定战略方向一致，组织架构合理，管理职责分工明晰，人力资源培训能满足公司发展需要，能有效控制管理风险。

(3)公司聘请专业法律机构作为顾问，协助控制法律风险。

(4)合规与风险管理部对主要风险进行监控。

(5)稽核审计部对主要业务过程的各种风险进行监督。

5. 报告期末及上一年度末的比较式会计报表

5.1 自营资产

5.1.1 会计师事务所审计结论

北京中证天通会计师事务所有限公司审计结论：国投信托公司财务报表在所有重大方面按照企业会计准则的规定编制，公允反映了国投信托公司 2011 年 12 月 31 日的财务状况以及 2011 年度的经营成果和现金流量。

5.1.2 资产负债表(母公司)

编制单位：国投信托有限公司　　单位：元

项　目	年末金额	年初金额
流动资产：		
货币资金	20 506 875.77	115 791 720.27
结算备付金		
拆出资金		
交易性金融资产		
应收票据		
应收账款		
预付款项		
应收利息	977.32	1 765.96
其他应收款	1 561 474.76	10 688 004.05
买入返售金融资产		
代发行证券		
代兑付债券		
一年内到期的非流动资产		
其他流动资产		
流动资产合计	22 069 327.85	126 481 490.28
非流动资产：		
发放贷款及垫款		
可供出售金融资产	1 366 489 603.51	1 254 281 853.10

续表

项　　目	年末金额	年初金额
持有至到期投资		
长期应收款	40 000 000. 00	40 000 000. 00
长期股权投资	584 600 895. 21	584 600 895. 21
投资性房地产		
固定资产	2 745 588. 83	2 611 937. 03
在建工程	288 000. 00	144 000. 00
固定资产清理		
无形资产	2 068 601. 40	2 327 558. 60
商誉		
长期待摊费用		
递延所得税资产	35 401 127. 04	3 018 294. 64
其他非流动资产		
非流动资产合计	2 031 593 815. 99	1 886 984 538. 58
资产总计	2 053 663 143. 84	2 013 466 028. 86
流动负债:		
短期借款		
拆入资金		
交易性金融负债		
应付票据		
应付账款		
预收款项		
卖出回购金融资产款		
应付手续费及佣金		
应付职工薪酬	26 301 456. 31	20 468 661. 26
应交税费	11 957 484. 06	3 500 023. 66
应付利息		
其他应付款	4 444 789. 08	275 579. 70
代理买卖证券款		
代理承销证券款		
一年内到期的非流动负债		
其他流动负债		
流动负债合计	42 703 729. 45	24 244 264. 62
非流动负债:		
长期借款		
应付债券		
预计负债		
递延所得税负债		19 802 639. 08
其他非流动负债	2 108 206. 68	2 108 206. 68
非流动负债合计	2 108 206. 68	21 910 845. 76
负债合计	44 811 936. 13	46 155 110. 38
所有者权益(或股东权益):		
实收资本(股本)	1 204 800 000. 00	1 204 800 000. 00
资本公积	173 392 087. 26	325 957 801. 77
减:库存股		
盈余公积	121 760 367. 47	102 349 767. 10
一般风险准备	80 676 674. 41	70 971 374. 22
未分配利润	428 222 078. 57	263 231 975. 39
外币报表折算差额		
归属于母公司所有者权益合计	2 008 851 207. 71	1 967 310 918. 48
少数股东权益		
所有者权益合计	2 008 851 207. 71	1 967 310 918. 48
负债和所有者权益总计	2 053 663 143. 84	2 013 466 028. 86

5. 1. 3　资产负债表(母子公司合并)

编制单位:国投信托有限公司　　　　单位:元

项　　目	年末金额	年初金额
流动资产:		
货币资金	266 730 027. 09	459 191 656. 52
结算备付金		
拆出资金		
交易性金融资产		
应收票据		
应收账款	39 462 046. 59	56 160 209. 16
预付款项		
应收利息	3 341 579. 00	861 495. 34
其他应收款	12 422 759. 72	14 341 028. 51
买入返售金融资产		
代发行证券		
代兑付债券		
一年内到期的非流动资产		
其他流动资产		
流动资产合计	321 956 412. 40	530 554 389. 53
非流动资产:		
发放贷款及垫款		
可供出售金融资产	1 455 286 459. 87	1 330 087 541. 62
持有至到期投资	133 541 605. 76	
长期应收款	40 000 000. 00	40 000 000. 00
长期股权投资	473 600 895. 21	473 600 895. 21
投资性房地产		
固定资产	11 045 877. 39	11 742 564. 73
在建工程	1 490 300. 00	5 286 560. 00
固定资产清理		
无形资产	12 626 298. 50	11 896 380. 20
商誉	68 578 612. 63	68 578 612. 63
长期待摊费用	10 536 101. 53	7 557 015. 98
递延所得税资产	54 866 982. 68	24 547 824. 43
其他非流动资产	3 062 100. 20	1 125 166. 79
非流动资产合计	2 264 635 233. 77	1 974 422 561. 59
资产总计	2 586 591 646. 17	2 504 976 951. 12
流动负债:		
短期借款		
拆入资金		
交易性金融负债		
应付票据		
应付账款	905 180. 92	1 428 326. 31
预收款项		
卖出回购金融资产款		
应付手续费及佣金		
应付职工薪酬	71 407 277. 09	69 845 969. 36
应交税费	46 866 163. 53	22 556 537. 85
应付利息		
其他应付款	9 427 149. 08	10 085 362. 47
代理买卖证券款		
代理承销证券款		
一年内到期的非流动负债		

续表

项　目	年末金额	年初金额
其他流动负债	24 662 592. 99	32 842 783. 85
流动负债合计	153 268 363. 61	136 758 979. 84
非流动负债：		
长期借款		
应付债券		
预计负债		
递延所得税负债		21 471 448. 16
其他非流动负债	2 108 206. 68	2 108 206. 68
非流动负债合计	2 108 206. 68	23 579 654. 84
负债合计	155 376 570. 29	160 338 634. 68
所有者权益（或股东权益）：		
实收资本（股本）	1 204 800 000. 00	1 204 800 000. 00
资本公积	169 439 486. 85	328 511 079. 66
减：库存股		
盈余公积	121 760 367. 47	102 349 767. 10
一般风险准备	196 454 257. 17	153 017 475. 00
未分配利润	521 055 860. 50	350 283 089. 87
外币报表折算差额	−39 671. 32	
归属于母公司所有者权益合计	2 203 470 300. 67	2 138 961 411. 63
少数股东权益	227 744 775. 21	205 676 904. 81
所有者权益合计	2 431 215 075. 88	2 344 638 316. 44
负债和所有者权益总计	2 586 591 646. 17	2 504 976 951. 12

5.1.4　利润表（母公司）

编制单位：国投信托有限公司　　　　单位：元

项　目	本年金额	上年金额
一、营业收入	295 803 383. 26	218 295 131. 98
利息净收入	1 586 599. 57	5 384 861. 17
利息收入	1 586 599. 57	5 384 861. 17
利息支出		
手续费及佣金净收入	141 577 836. 02	69 948 140. 14
手续费及佣金收入	142 083 216. 02	72 204 418. 72
手续费及佣金支出	505 380. 00	2 256 278. 58
投资收益（损失以“－”号填列）	151 866 593. 47	140 782 962. 67
其中：对联营企业和合营企业的投资收益）		
公允价值变动收益（损失以“－”号填列）		
汇兑收益（损失以“－”号列示）		
其他业务收入	772 354. 20	2 179 168. 00
二、营业支出	62 055 415. 00	40 867 440. 62
营业税金及附加	7 857 056. 37	2 562 124. 14
业务及管理费	54 400 744. 07	38 115 791. 95
资产减值损失	−202 385. 44	189 524. 53
其他业务成本		
三、营业利润（亏损以“－”号填列）	233 747 968. 26	177 427 691. 36
加：营业外收入		100 000. 00
减：营业外支出	121. 36	201 209. 90
四、利润总额（亏损总额以“－”号填列）	233 747 846. 90	177 326 481. 46
减：所得税费用	39 641 843. 16	17 713 463. 47
五、净利润（净亏损以“－”号填列）	194 106 003. 74	159 613 017. 99

续表

项　目	本年金额	上年金额
归属于母公司所有者权益的净利润	194 106 003. 74	159 613 017. 99
少数股东损益		
六、每股收益：		
（一）基本每股收益		
（二）稀释每股收益		
七、其他综合收益	−152 565 714. 51	29 013 872. 66
八、综合收益总额	41 540 289. 23	188 626 890. 65
归属于母公司所有者的综合收益总额	41 540 289. 23	188 626 890. 65
归属于少数股东的综合收益总额		

5.1.5　利润表（母子公司合并）

编制单位：国投信托有限公司　　　　单位：元

项　目	本年金额	上年金额
一、营业收入	769 474 607. 97	693 777 833. 61
利息净收入	12 067 533. 83	10 871 305. 86
利息收入	12 067 533. 83	10 871 305. 86
利息支出		
手续费及佣金净收入	612 912 638. 11	529 917 012. 92
手续费及佣金收入	613 418 018. 11	532 173 291. 50
手续费及佣金支出	505 380. 00	2 256 278. 58
投资收益（损失以“－”号填列）	113 560 069. 63	130 915 669. 97
其中：对联营企业和合营企业的投资收益）		
公允价值变动收益（损失以“－”号填列）		
汇兑收益（损失以“－”号列示）	−98 221. 38	−52 226. 62
其他业务收入	31 032 587. 78	22 126 071. 48
二、营业支出	384 896 691. 40	371 596 329. 30
营业税金及附加	35 862 195. 05	29 015 285. 51
业务及管理费	349 233 487. 95	342 391 519. 26
资产减值损失	−198 991. 60	189 524. 53
其他业务成本		
三、营业利润（亏损以“－”号填列）	384 577 916. 57	322 181 504. 31
加：营业外收入	35 596. 60	175 506. 45
减：营业外支出	351 536. 99	1 965 397. 11
四、利润总额（亏损总额以“－”号填列）	384 261 976. 18	320 391 613. 65
减：所得税费用	89 498 822. 89	56 682 955. 22
五、净利润（净亏损以“－”号填列）	294 763 153. 29	263 708 658. 43
归属于母公司所有者权益的净利润	223 620 316. 63	196 886 973. 83
少数股东损益	71 142 836. 66	66 821 684. 60
六、每股收益：		
（一）基本每股收益		
（二）稀释每股收益		
七、其他综合收益	−165 400 125. 55	14 515 072. 62
八、综合收益总额	129 363 027. 74	278 223 731. 05
归属于母公司所有者的综合收益总额	64 509 052. 50	218 506 458. 47
归属于少数股东的综合收益总额	64 853 975. 24	59 717 272. 58

5.1.6 所有者权益变动表(母公司)

编制单位:国投信托有限公司　　2011 年度　　单位:元

项　目	实收资本	资本公积	盈余公积	一般风险准备	未分配利润	所有者权益合计
一、上年年末余额	1 204 800 000. 00	325 957 801. 77	102 349 767. 10	70 971 374. 22	263 231 975. 39	1 967 310 918. 48
加:会计政策变更						
前期差错更正						
二、本年年初余额	1 204 800 000. 00	325 957 801. 77	102 349 767. 10	70 971 374. 22	263 231 975. 39	1 967 310 918. 48
三、本年增减变动金额(减少以"-"号填列)		-152 565 714. 51	19 410 600. 37	9 705 300. 19	164 990 103. 18	41 540 289. 23
(一)净利润					194 106 003. 74	194 106 003. 74
(二)其他综合收益		-152 565 714. 51				-152 565 714. 51
综合收益小计		-152 565 714. 51			194 106 003. 74	41 540 289. 23
(三)所有者投入和减少资本						
1. 所有者投入资本						
2. 股份支付计入所有者权益金额						
3. 其他						
(四)专项储备提取和使用						
1. 提取专项储备						
2. 使用专项储备						
(五)利润分配			19 410 600. 37	9 705 300. 19	-29 115 900. 56	—
1. 提取盈余公积			19 410 600. 37		-19 410 600. 37	
其中:法定盈余公积			19 410 600. 37		-19 410 600. 37	
任意盈余公积						
2. 提取一般风险准备				9 705 300. 19	-9 705 300. 19	
3. 所有者(或股东)的分配						
4. 其他						
(六)所有者权益内部结转						
1. 资本公积转增资本(或股本)						
2. 盈余公积转增资本(或股本)						
3. 盈余公积弥补亏损						
4. 其他						
四、本年年末余额	1 204 800 000. 00	173 392 087. 26	121 760 367. 47	80 676 674. 41	428 222 078. 57	2 008 851 207. 71

所有者权益变动表(母公司)(续表)

编制单位:国投信托有限公司　　2010 年度　　单位:元

项　目	实收资本	资本公积	盈余公积	一般风险准备	未分配利润	所有者权益合计
一、上年年末余额	1 204 800 000. 00	296 943 929. 11	86 388 465. 30	62 990 723. 32	127 560 910. 10	1 778 684 027. 83
加:会计政策变更						
前期差错更正						
二、本年年初余额	1 204 800 000. 00	296 943 929. 11	86 388 465. 30	62 990 723. 32	127 560 910. 10	1 778 684 027. 83
三、本年增减变动金额(减少以"-"号填列)		29 013 872. 66	15 961 301. 80	7 980 650. 90	135 671 065. 29	188 626 890. 65
(一)净利润					159 613 017. 99	159 613 017. 99
(二)其他综合收益		29 013 872. 66				29 013 872. 66
综合收益小计		29 013 872. 66			159 613 017. 99	188 626 890. 65
(三)所有者投入和减少资本						
1. 所有者投入资本						
2. 股份支付计入所有者权益金额						
3. 其他						
(四)专项储备提取和使用						
1. 提取专项储备						
2. 使用专项储备						
(五)利润分配			15 961 301. 80	7 980 650. 90	-23 941 952. 70	—
1. 提取盈余公积			15 961 301. 80		-15 961 301. 80	
其中:法定盈余公积			15 961 301. 80		-15 961 301. 80	
任意盈余公积						
2. 提取一般风险准备				7 980 650. 90	-7 980 650. 90	
3. 所有者(或股东)的分配						
4. 其他						
(六)所有者权益内部结转						
1. 资本公积转增资本(或股本)						
2. 盈余公积转增资本(或股本)						
3. 盈余公积弥补亏损						
4. 其他						
四、本年年末余额	1 204 800 000. 00	325 957 801. 77	102 349 767. 10	70 971 374. 22	263 231 975. 39	1 967 310 918. 48

5.1.7 所有者权益变动表（母子公司合并）

编制单位：国投信托有限公司　　2011 年度　　单位：元

项　目	归属于母公司所有者权益							少数股东权益	所有者权益合计
	实收资本	资本公积	盈余公积	一般风险准备	未分配利润	其他	小计		
一、上年年末余额	1 204 800 000. 00	328 511 079. 66	102 349 767. 10	153 017 475. 00	350 283 089. 87		2 138 961 411. 63	205 676 904. 81	2 344 638 316. 44
加：会计政策变更									
前期差错更正									
二、本年年初余额	1 204 800 000. 00	328 511 079. 66	102 349 767. 10	153 017 475. 00	350 283 089. 87		2 138 961 411. 63	205 676 904. 81	2 344 638 316. 44
三、本年增减变动金额（减少以"－"号填列）		－159 071 592. 81	19 410 600. 37	33 436 782. 17	170 772 770. 63	－39 671. 32	64 508 889. 04	22 067 870. 40	86 576 759. 44
（一）净利润					223 620 316. 63		223 620 316. 63	71 142 836. 66	294 763 153. 29
（二）其他综合收益		－159 071 592. 81				－39 671. 32	－159 111 264. 13	－6 288 861. 42	－165 400 125. 55
综合收益小计		－159 071 592. 81			223 620 316. 63	－39 671. 32	64 509 052. 50	64 853 975. 24	129 363 027. 74
（三）所有者投入和减少资本									
1. 所有者投入资本									
2. 股份支付计入所有者权益金额									
3. 其他									
（四）专项储备提取和使用									
1. 提取专项储备									
2. 使用专项储备									
（五）利润分配			19 410 600. 37	33 436 782. 17	－52 847 546. 00	—	－163. 46	－42 786 104. 84	－42 786 268. 30
1. 提取盈余公积			19 410 600. 37		－19 410 600. 37				
其中：法定盈余公积			19 410 600. 37		－19 410 600. 37				
任意盈余公积									
储备基金									
企业发展基金									
利润归还投资									
2. 提取一般风险准备				33 436 945. 63	－33 436 945. 63				
3. 所有者（或股东）的分配								－42 785 947. 80	－42 785 947. 80
4. 其他				－163. 46			－163. 46	－157. 04	－320. 50
（六）所有者权益内部结转				—				—	
1. 资本公积转增资本（或股本）									
2. 盈余公积转增资本（或股本）									
3. 盈余公积弥补亏损									
4. 其他									
四、本年年末余额	1 204 800 000. 00	169 439 486. 85	121 760 367. 47	186 454 257. 17	521 055 860. 50	－39 671. 32	2 203 470 300. 67	227 744 775. 21	2 431 215 075. 88

5.1.8 所有者权益变动表(母子公司合并)(续表)

编制单位:国投信托有限公司　　　　2010 年度　　　　单位:元

项　目	归属于母公司所有者权益						少数股东权益	所有者权益合计
	实收资本	资本公积	盈余公积	一般风险准备	未分配利润	小计		
一、上年年末余额	1 204 800 000.00	306 891 595.02	86 388 465.30	181 212 973.46	199 090 821.95	1 978 383 855.73	119 040 182.21	2 097 424 037.94
加:会计政策变更								
前期差错更正								
二、本年年初余额	1 204 800 000.00	306 891 595.02	86 388 465.30	181 212 973.46	199 090 821.95	1 978 383 855.73	119 040 182.21	2 097 424 037.94
三、本年增减变动金额(减少以"-"号填列)		21 619 484.64	15 961 301.80	-28 195 498.46	151 192 267.92	160 577 555.90	86 636 722.60	247 214 278.50
(一)净利润					196 886 973.83	196 886 973.83	66 821 684.60	263 708 658.43
(二)其他综合收益		21 619 484.64				21 619 484.64	-7 104 412.02	14 515 072.62
综合收益小计		21 619 484.64			196 886 973.83	218 506 458.47	59 717 272.58	278 223 731.05
(三)所有者投入和减少资本								
1. 所有者投入资本								
2. 股份支付计入所有者权益金额								
3. 其他								
(四)专项储备提取和使用								
1. 提取专项储备								
2. 使用专项储备								
(五)利润分配			15 961 301.80	29 733 404.11	-45 694 705.91	—	-31 009 452.55	-31 009 452.55
1. 提取盈余公积			15 961 301.80		-15 961 301.80			
其中:法定盈余公积			15 961 301.80		-15 961 301.80			
任意盈余公积								
储备基金								
企业发展基金								
利润归还投资								
2. 提取一般风险准备				29 733 404.11	-29 733 404.11			
3. 所有者(或股东)的分配						—	-31 009 452.55	-31 009 452.55
4. 其他								
(六)所有者权益内部结转				-57 928 902.57		-57 928 902.57	57 928 902.57	
1. 资本公积转增资本(或股本)								
2. 盈余公积转增资本(或股本)								
3. 盈余公积弥补亏损								
4. 其他				-57 928 902.57		-57 928 902.57	57 928 902.57	
四、本年年末余额	1 204 800 000.00	328 511 079.66	102 349 767.10	153 017 475.00	350 283 089.87	2 138 961 411.63	205 676 904.81	2 344 638 316.44

5.2 信托资产

5.2.1 信托项目资产负债汇总表

编制单位：国投信托有限公司　　2011年12月31日　　单位：万元

信托资产	期末数	期初数	信托负债和信托权益	期末数	期初数
信托资产：			信托负债：		
货币资金	601 250.01	72 467.36	交易性金融负债		
拆出资金	0.00		衍生金融负债		
存出保证金	2.00	378.37	应付受托人报酬	308.77	1 369.30
交易性金融资产	119 495.86	139 127.14	应付托管费	55.87	84.82
衍生金融资产	0.00		应付受益人收益	353.03	2 062.73
买入返售金融资产	2 000.06	800.04	应交税费	0.00	
应收款项	77 804.73	800.01	应付销售服务费	0.00	18.87
发放贷款	1 725 210.46	1 389 852.25	其他应付款项	1 525.64	458.72
可供出售金融资产	484 998.00	223 850.00	预计负债	0.00	
持有至到期投资	67 001.94		其他负债	0.00	
长期应收款	0.00		信托负债合计	2 243.31	3 994.44
长期股权投资	725 889.00	675 061.00		0.00	
投资性房地产	0.00		信托权益：	0.00	
固定资产	0.00		实收信托	3 862 098.04	2 489 182.60
无形资产	0.00		资本公积	3 020.00	2 035.92
长期待摊费用	0.00		损益平准金	0.00	
其他资产	53 896.61	9 999.72	未分配利润	-9 812.68	17 122.93
减：各项资产减值准备	0.00		信托权益合计	3 855 305.36	2 508 341.45
信托资产总计	3 857 548.67	2 512 335.89	信托负债及信托权益总计	3 857 548.67	2 512 335.89

5.2.2 信托项目利润及利润分配汇总表

编制单位：国投信托有限公司　2011年12月　　单位：万元

项　目	本年累计数	上年累计数
1. 营业收入	151 404.72	121 695.69
1.1 利息收入	102 555.67	83 002.97
1.2 投资收益（损失以"－"号填列）	68 721.84	48 169.70
1.2.1 其中：对联营企业和合营企业的投资收益		
1.3 公允价值变动收益（损失以"－"号填列）	-20 224.82	-11 915.50
1.4 租赁收入		
1.5 汇兑损益（损失以"－"号填列）		
1.6 其他收入	352.03	2 438.52
2. 支出	27 347.76	20 344.21
2.1 营业税金及附加		11.14
2.2 受托人报酬	11 760.65	7 819.86
2.3 托管费	5 124.52	1 417.75
2.4 投资管理费	436.13	18.87
2.5 销售服务费	5 024.53	1 675.89
2.6 交易费用	876.68	2 972.47
2.7 资产减值损失		
2.8 其他费用	4 125.25	6 428.23
3. 信托净利润（净亏损以"－"号填列）	124 056.96	101 351.48
4. 其他综合收益	0.00	
5. 综合收益	124 056.96	101 351.48
6. 加：期初未分配信托利润	17 122.93	15 709.94
7. 可供分配的信托利润	141 179.89	117 061.42
8. 减：本期已分配信托利润	150 992.57	99 938.49
9. 期末未分配信托利润	-9 812.68	17 122.93

6. 会计报表附注

6.1 简要说明报告年度会计报表编制基准、会计政策、会计估计和核算方法发生的变化

2011年，公司固有业务、信托业务均按照财政部颁布的《企业会计准则》、相应的企业会计准则应用指南、企业会计准则解释以及其他相关规定编制财务报表。年度内会计政策、会计估计和核算办法没有发生变化。

6.2 或有事项说明

截至报告日，公司无对外担保及或有事项。

6.3 重要资产转让及其出售的说明

截至报告日，公司无须披露的重要资产转让及其出售事项。

6.4 会计报表中重要项目的明细资料

6.4.1 自营资产经营情况

6.4.1.1 信用风险资产分类

信用风险资产五级分类	正常类（万元）	关注类（万元）	次级类（万元）	可疑类（万元）	损失类（万元）	信用风险资产合计（万元）	不良资产合计（万元）	不良率（%）
期初数	16 667.75	—	—	—	—	16 667.75	—	—
期末数	6 206.54	—	—	—	—	6 206.54	—	—

注：不良资产合计＝次级类＋可疑类＋损失类。

6.4.1.2 各项资产减值损失准备

单位:万元

	期初数	本期计提	本期转回	本期核销	期末数
贷款损失准备	—	—	—	—	—
一般准备	—	—	—	—	—
专项准备	—	—	—	—	—
其他资产减值准备	—	—	—	—	—
可供出售金融资产减值准备	—	—	—	—	—
持有至到期投资减值准备	—	—	—	—	—
长期股权投资减值准备	—	—	—	—	—
坏账准备	20.24	—	—	20.24	—
投资性房地产减值准备	—	—	—	—	—

6.4.1.3 固有业务投资品种明细

单位:万元

	自营股票	基金	债券	长期股权投资	其他投资	合计
期初数	—	9 811.15	—	58 460.09	115 617.03	183 888.27
期末数	—	11 634.28	—	58 460.09	125 014.68	195 109.05

6.4.1.4 前三名的自营长期股权投资情况

企业名称	占被投资企业权益的比例(%)	主要经营活动	投资损益(万元)
1. 红塔证券股份有限公司	18.75	证券经纪	2 600.00
2. 国投财务有限公司	16.67	结算贷款	-2.57
3. 国投瑞银基金管理有限公司	51.00	基金管理	4 453.23

6.4.1.5 前五名的自营贷款的企业情况

企业名称	占贷款总额的比例	还款情况
无	—	—

6.4.1.6 表外业务情况

表外业务	期初数	期末数
担保业务	0	0
代理业务(委托业务)	0	0
其他	0	0
合计	0	0

6.4.1.7 公司当年的收入结构

收入结构	母公司		母子合并	
	金额(万元)	占比(%)	金额(万元)	占比(%)
手续费及佣金收入	14 208.32	47.95	61 341.80	79.66
其中:信托手续费收入	14 208.32	47.95	14 208.32	18.45
投资银行业务收入	—	0.00	—	0.00
利息收入	158.66	0.54	1 206.75	1.57
其他业务收入	77.24	0.26	3 103.26	4.03
其中:计入信托业务收入部分	—	0.00	—	0.00
投资收益	15 186.66	51.25	11 356.01	14.75
其中:股权投资收益	7 050.66	23.79	2 597.43	3.37
证券投资收益	625.97	2.11	1 248.55	1.62
其他投资收益	7 510.03	25.35	7 510.03	9.75
公允价值变动收益	—	0.00	—	0.00
营业外收入	—	0.00	3.56	0.00
收入合计	29 630.88	100.00	77 011.38	100.00

注:报告年度实现信托业务收入14 208.32万元,为以手续费及佣金确认的信托业务收入。

6.4.2 披露信托财产管理情况

6.4.2.1 信托资产的期初数、期末数

单位:万元

信托资产	期初数	期末数
集合	449 928.16	843 670.98
单一	2 055 856.73	2 985 674.89
财产权	6 551.00	28 202.80
合计	2 512 335.89	3 857 548.67

6.4.2.1.1 主动管理型信托业务的信托资产

单位:万元

主动管理型信托资产	期初数	期末数
证券投资类	90 819.10	60 254.09
股权投资类	0	0
融资类	1 620 358.27	1 967 025.84
事务管理类	6 551.00	28 202.80
其他	0	482 867.93
合计	1 717 728.37	2 538 350.66

6.4.2.1.2 被动管理型信托业务的信托资产

单位:万元

被动管理型信托资产	期初数	期末数
证券投资类	97 644.26	129 059.74
股权投资类	650 015.36	650 233.47
融资类	0	439 272.72
事务管理类	0	0
其他	46 947.90	100 632.08
合计	794 607.52	1 319 198.01

6.4.2.2 本年度已清算结束的信托项目

6.4.2.2.1 本年度已清算结束的集合类、单一类资金信托项目和财产管理类信托项目

已清算结束信托项目	项目个数	实收信托合计金额(万元)	加权平均实际年化收益率(%)
集合类	7	174 850.00	7.32
单一类	7	534 576.70	4.28
财产管理类	0	0	0

6.4.2.2.2 本年度已清算结束的主动管理型信托项目

已清算结束信托项目	项目个数	实收信托合计金额(万元)	加权平均实际年化信托报酬率(%)	加权平均实际年化收益率(%)
证券投资类	1	10 000.00	0.9	-1.72
股权投资类	0	0	—	—
融资类	6	386 000.00	0.9	5.64
事务管理类	0	0	—	—
其他	0	0	—	—

6.4.2.2.3 本年度已清算结束的被动管理型信托项目

已清算结束信托项目	项目个数	实收信托合计金额(万元)	加权平均实际年化信托报酬率(%)	加权平均实际年化收益率(%)
证券投资类	1	4 576.70	0.15	0.05
股权投资类	0	0	—	—
融资类	3	300 000.00	0.14	4.49
事务管理类	0	0	—	—
其他	3	8 850.00	0.98	6.44

6.4.2.3 本年度新增集合类、单一类和财产管理类信托项目

新增信托项目	项目个数	实收信托合计金额（万元）
集合类	22	586 712.52
单一类	41	1 702 683.40
财产管理类	5	21 828.00
新增合计	68	2 311 223.92
其中：主动管理型	32	979 490.46
被动管理型	36	1 331 733.46

6.4.2.4 信托业务创新成果和特色业务有关情况

2011年，公司继续保持了在艺术品信托方面的创新力度，加强新模式研发，相继成立"国投飞龙艺术品基金"系列共4款产品，促进了艺术品信托的系列化持续发展。

同时，公司积极创新酒类信托产品模式，发行财产型红酒信托产品。2011年3月成功发起设立了"国投信托·葡萄酒基金·乡都酒业葡萄酒开放式财产信托"，该产品是国内第一只纯管理型葡萄酒财产信托产品，实现了国内信托品牌与高端红酒品牌的首次融合。

6.4.2.5 本公司履行受托人义务情况及因本公司自身责任而导致的信托资产损失情况（合计金额、原因等）

公司严格按照《中华人民共和国信托法》、《信托公司管理办法》、《信托公司集合资金信托计划管理办法》等法律法规的规定及信托合同等文件的约定，诚实、信用、谨慎、有效地管理信托财产，严格履行受托人的义务。报告期内公司没有发生因自身责任而导致的信托资产损失情况。

6.4.3 公司净资本及风险资本情况

截至2011年末，公司净资本为178 040万元，公司开展固有业务、信托业务等占用的风险资本为92 243万元，公司净资本高于各项风险资本之和，高于公司净资产的40%，符合《信托公司净资本管理办法》的风险控制指标。

6.5 关联方关系及其交易的披露

6.5.1 关联交易概况

	关联交易方数量	关联交易金额（万元）	定价政策
合计	16	554 422.27	本公司向关联方提供管理咨询服务等的交易价格由双方协商确定，与非关联方的交易价格并无重大差异；收取的信托项目手续费按照信托合同的约定确定。

6.5.2 关联交易方情况

关系性质	关联方名称	法定代表人	注册地址	注册资本	主营业务
最终控制方	国家开发投资公司	王会生	北京市西城区阜成门北大街6－6号国际投资大厦A座	184亿元	能源、交通、农业、科技、金融服务等行业投资及管理。
母公司	国投资本控股有限公司	钱蒙	北京市西城区阜成门北大街6－6号国际投资大厦A座	25亿元	对外投资，资产管理。

续表

关系性质	关联方名称	法定代表人	注册地址	注册资本	主营业务
子公司	国投瑞银基金管理有限公司	钱蒙	深圳市福田区金田路4028号荣超经贸中心46层	1亿元	发起设立基金，基金管理业务。
同一母公司控制	北京亚华房地产开发有限责任公司	余建平	北京市西城区北大街6号－6国际投资大厦A栋309室	7亿元	房地产开发、销售。
同一母公司控制	国投物业有限责任公司	马居利	北京市西城区北大街6号－6国际投资大厦A栋315室	1亿元	物业管理、房屋租赁、餐饮服务。
同一母公司控制	国投高科技投资有限公司	刘学义	北京市西城区阜成门北大街6－6号国际投资大厦	6.4亿元	高新技术创业投资及咨询。
同一母公司控制	国投电力有限公司	胡刚	北京市西城区西直门南小街147号11层	30亿元	电力生产投资、建设、经营管理。
同一母公司控制	国投财务有限公司	张华	北京市西城区西直门南小街147号9层	5亿元	集团资金管理。
同一母公司控制	天津国投津能发电有限公司	金锋	汉沽区新开路政府招待所	18.2亿元	火电开发和经营管理。
同一母公司控制	国投亚华（上海）有限公司	韩松	上海市虹口区飞虹路360弄9号3630室	6亿元	投资管理、房地产开发、物业管理、会展服务。
同一母公司控制	郑州裕中能源有限责任公司	余建平	新密市曲梁乡庙朱村	15.64亿元	电力、煤化工、灰渣综合利用的开发、投资、建设、经营。
同一母公司控制	国投华靖电力控股股份有限公司	胡刚	甘肃省兰州市城关区张苏滩575号	23.45亿元	电力、新能源、环保产业、投资、建设、经营、咨询。
同一母公司控制	二滩水电开发有限责任公司	王会生	四川省成都市成华区双林路288号	46亿元	电力生产销售。
同一母公司控制	国投盘江发电有限公司	王维东	贵州省六盘水市盘县红果镇干沟桥建行四楼	1.8亿元	电力生产销售、开发经营电力设备和燃料。
同一母公司控制	国投石嘴山光伏发电有限公司	赵进堂	宁夏石嘴山惠农区雁窝池村110国道西北侧	3 600万元	太阳能光伏发电机开发、服务。
同一母公司控制	国投新疆罗布泊钾盐有限公司	徐永洙	新疆库尔勒市萨依巴格路	5.4亿元	钾肥生产、批发、销售。

6.5.3 本公司与关联方的重大交易事项

6.5.3.1 固有财产与关联方交易情况

单位:万元

固有与关联方关联交易				
	期初数	借方发生额	贷方发生额	期末数
贷款	0	0	0	0
投资	0	0	0	0
租赁	0	0	0	0
担保	0	0	0	0
应收账款	0	0	0	0
其他	1 063.91	0	1 063.89	0.02
合计	1 063.91	0	1 063.89	0.02

6.5.3.2 信托与关联方交易情况

单位:万元

信托与关联方关联交易				
	期初数	借方发生额	贷方发生额	期末数
贷款	316 852.25	101 100.00	50 100.00	367 852.25
投资	50 000.00	0	0	50 000.00
租赁	0	0	0	0
担保	0	0	0	0
应收账款	0	0	0	0
其他	0	0	0	0
合计	366 852.25	101 100.00	50 100.00	417 852.25

6.5.3.3 信托公司自有资金运用于自己管理的信托项目(固信交易)、信托公司管理的信托项目之间的相互(信信交易)交易金额。

6.5.3.3.1 固有财产与信托财产之间的交易

单位:万元

固有财产与信托财产相互交易			
	期初数	本期发生额	期末数
合计	104 007.13	32 562.87	136 570.00

6.5.3.3.2 信托项目之间的交易

信托资产与信托财产相互交易			
	期初数	本期发生额	期末数
合计	0	0	0

6.5.4 报告期关联方逾期未偿还本公司资金、关联方担保发生或即将发生垫款的情况

无。

6.6 会计制度的披露

报告期内,公司固有及信托业务均执行财政部颁布的《企业会计准则——基本准则》和38项具体会计准则,及其后颁布的企业会计准则应用指南、企业会计准则解释等规定。

7. 财务情况说明书

7.1 利润实现和分配情况

母公司口径:公司累计实现利润总额23 374.78万元,较上年同期增加了5 642.14万元,增幅为31.82%。实现净利润19 410.60万元,较上年同期增加了3 449.30万元,增幅为21.61%。按相关法规及公司章程提取盈余公积1 941.06万元,提取一般准备金970.53万元,本年度拟不向股东分配利润。

母子公司合并口径:公司累计实现利润总额38 426.20万元,较上年同期增加了6 387.04万元,增幅为19.94%。实现净利润29 476.32万元,较上年同期增加了3 105.45万元,增幅为11.78%。按相关法规及公司章程提取盈余公积1 941.06万元,提取一般准备金3 343.68万元,本年度拟不向股东分配利润。

7.2 主要财务指标

指标名称	指标值(母公司)	指标值(母子公司合并)
资本利润率(%)	9.76	12.34
加权年化信托报酬率(%)	0.53	0.53
人均净利润(元/人)	2 833 664.29	1 333 769.92

7.3 对本公司财务状况、经营成果有重大影响的其他事项

报告期内无对本公司财务状况、经营成果有重大影响的其他事项。

8. 特别事项揭示

8.1 前五名股东报告期内变动情况及原因

报告期内,公司股东未发生变动。

8.2 董事、监事及高级管理人员变动情况及原因

依照《公司法》及公司章程相关规定,公司原任独立董事江彪于2011年4月向股东会提交了辞职申请,并经公司2010年度股东会同意不再担任公司独立董事。经离任审计后,报北京银监局备案。2011年4月20日公司2010年度股东会选举李俊喜为公司董事会董事,并经北京银监局任职资格核准。2011年4月20日公司2010年度股东会确定吕益民出任职工代表董事,选举李文新、姚肇欣为公司监事会监事。

2011年4月20日公司第四届董事会第一次会议决定聘任王彬为公司副总经理兼任董事会秘书,6月经北京银监局任职资格核准。2011年5月31日公司第四届董事会第二次会议决定聘任张仲和为公司首席风险控制官(总法律顾问),8月经北京银监局任职资格核准。

8.3 公司的重大诉讼事项

无。

8.4 对会计师事务所出具的有保留意见、否定意见或无法表示意见的审计报告的,公司董事会应就所涉及事项作出说明

会计师事务所出具了无保留意见审计报告。

8.5 公司及其董事、监事和高级管理人员受到处罚的情况

报告期内，公司未发现公司及其董事、监事和高级管理人员受到处罚的信息。

8.6 银监会及其派出机构对公司检查后提出整改意见的，应简单说明整改情况

无整改意见。

8.7 本年度重大事项临时报告的简要内容、披露时间、所披露的媒体及其版面

《国投信托有限公司关于更换会计师事务所的公告》于2011年4月6日在《上海证券报》B40版披露，主要内容为：公司聘用的会计师事务所变更为北京中证天通会计师事务所有限公司。

《国投信托有限公司关于注册地址变更的公告》于2011年5月26日在《上海证券报》B19版披露，主要内容为：公司注册地址变更为北京市西城区西直门南小街147号7层、8层。

8.8 银监会及其省级派出机构认定的其他有必要让客户及相关利益人了解的重要信息

无。

9. 公司监事会意见

监事会认为，公司2011年度的经营和运作，符合法律规范和监管部门的要求，公司各位董事、高级管理人员在执行公司职务时能够恪尽职守，围绕股东会确定的年度目标审慎经营、规范运作，各项决策程序合法有效；公司年度总体工作成绩显著；公司财务报告客观和真实地反映了公司财务状况及经营成果；未发现违法、违规、违章和损害股东、投资者利益的行为，也未发现因违法、违规、违章给公司和客户财产造成损失的问题。

杭州工商信托股份有限公司

1. 重要提示

1.1 本报告根据中国银行业监督管理委员会的有关规定编制。本公司董事会及董事保证本报告所载资料不存在任何虚假记载、误导性陈述或者重大遗漏，并对其内容的真实性、准确性和完整性承担个别及连带责任。本年度报告摘要摘自年度报告全文，客户及相关利益人欲了解详细内容，应阅读年度报告全文。

1.2 独立董事 Andrew Gordon Williamson 先生、秦永忠先生、张家仁先生认为本年度报告内容是真实、准确、完整的。

1.3 公司总裁丁建萍先生、主管会计工作负责人张建芳女士及会计主管人员康波女士声明：保证年度报告中财务报告的真实、完整。

2. 公司概况

2.1 公司简介

2.1.1 公司法定中文名称：杭州工商信托股份有限公司
公司法定英文名称：Hangzhou Industrial & Commercial Trust Co. ,Ltd.

2.1.2 注册地址：浙江省杭州市江干区迪凯国际中心41层

2.1.3 邮政编码：310016

2.1.4 公司国际互联网网址：www. hztrust. com

2.1.5 电子信箱：hztrust@ hztrust. com

2.1.6 信息披露事务负责人：张 锐
联系电话/传真：0571 -87213936
电子信箱：zhangrui@ hztrust. com

2.1.7 公司选定的信息披露报纸名称：《金融时报》、《证券时报》

2.1.8 公司年度报告备置地点：浙江省杭州市江干区迪凯国际中心41层

2.1.9 公司聘请的会计师事务所名称：德勤华永会计师事务所有限公司
住所：上海市延安东路222号外滩中心30楼

2.1.10 公司聘请的律师事务所名称：浙江天册律师事务所
住所：浙江省杭州市杭大路1号黄龙世纪广场A座8楼

2.2 组织结构

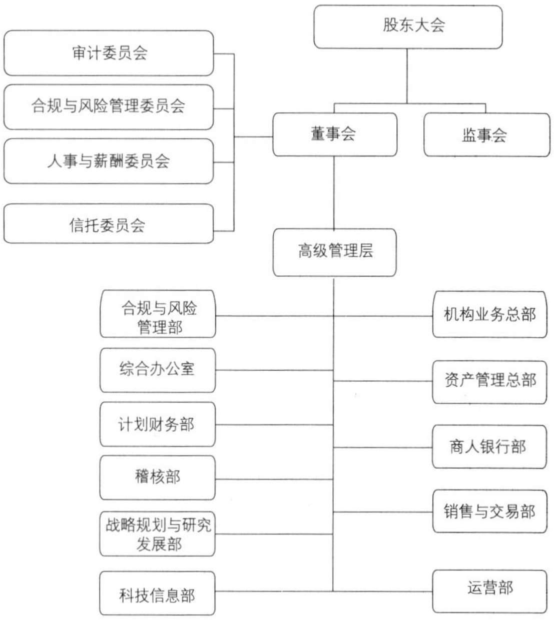

3. 公司治理结构

3.1 股东

公司前三位股东情况

股东名称	出资比例(%)	法人代表	注册资本	注册地址	主要经营业务及主要财务情况
杭州市投资控股有限公司	52.992	虞利明	7亿元人民币	杭州市上城区庆春路155号中财发展大厦12楼	市政府授权范围内的国有资产经营，市政府及有关部门委托经营的资产。 2011年末净资产为24.3亿元，净利润为2.28亿元(未审计)。

续表

股东名称	出资比例（%）	法人代表	注册资本	注册地址	主要经营业务及主要财务情况
摩根士丹利国际控股公司	19.9	Harvey B. Mogenson	授权资本：普通股A已授权1 000股 每股面额0.01美元共10美元；普通股B已授权11 000股 每股面额0.01美元 共110美元；特别股 已授权15 000股 每股面额0.01美元 共150美元；A类累积可赎回特别股已授权10 000股 每股面额0.01美元 共100美元	c/o The Corporation Trust Company Corporation Trust Center 1209 Orange Street Wilmington，DE 19801 U.S.A.	摩根士丹利国际控股公司为控股公司，系摩根士丹利美国境外子公司之主要股东；摩根士丹利是摩根士丹利国际控股公司的母公司。摩根士丹利是一家国际性金融服务公司，业务范围涵盖投资银行、证券、投资管理以及财富管理。摩根士丹利国际控股公司财务信息：2011年12月31日，总资产为328亿美元；总负债为45亿美元；净利润为17亿美元。
浙江新安化工集团股份有限公司	6.2625	王伟	679 184 633元人民币	浙江省建德市新安江镇	化工原料及产品、化工机械、农药、化肥、包装物的制造和经营。2011年末净资产为39.48亿元，净利润为0.17亿元。

3.2 董事

董事长、董事

姓 名	职 务	性别	年龄	选任日期	所推举的股东名称	该股东持股比例（%）	简要履历
虞利明	董事长	男	45	2011年9月	杭州市投资控股有限公司	52.992	曾任交通银行杭州分行党委委员、副行长；现任杭州市投资控股有限公司党委书记、董事长、总经理。
丁建萍	董事	男	46	2011年9月	杭州市投资控股有限公司	52.992	曾任海南万通集团有限公司咨讯事业部总经理、新加坡大洋企业有限公司副总经理、杭州市投资控股有限公司投资发展部经理、公司执行总经理；现任公司总裁。
徐云鹤	董事	男	48	2011年9月	杭州市投资控股有限公司	52.992	曾任杭州市投资控股有限公司投资发展部经理；现任杭州市投资控股有限公司董事、副总经理。
Carlos Alfonso，Oyarbide Seco	董事	男	53	2011年9月	摩根士丹利国际控股公司	19.9	曾任摩根士丹利（伦敦）董事总经理，摩根士丹利集团子公司首席执行官、首席运营官；现任摩根士丹利董事总经理/中国区首席运营官。
许东辉	董事	男	44	2011年9月	摩根士丹利国际控股公司	19.9	曾在荷兰银行上海分行、星展银行上海分行任职，之后进入花旗银行，先后担任花旗银行上海分行、花旗银行杭州分行副总裁；现任公司首席执行官。
李明扬	董事	男	54	2011年9月	杭州市财开投资集团公司	5.0	曾任建德市财政局、地税局、国资局局长、党委书记，杭州钱江经济开发区财政局局长、杭州市财政局调研员；现任杭州市财开投资集团公司党委书记、总经理。

独立董事

姓 名	所在单位及职务	性别	年龄	选任日期	所推举的股东名称	该股东持股比例（%）	简要履历
Andrew Gordon Williamson	无	男	53	2011年9月	杭州市投资控股有限公司 摩根士丹利国际控股公司	52.992 19.9	曾任Coopers & Lybrand（伦敦）审计主管，汇丰银行集团总部会计师、亚太地区首席会计师、香港会计和银行业的自聘顾问。
秦永忠	中信国安集团公司董事、常务副总经理	男	54	2011年9月	杭州市投资控股有限公 摩根士丹利国际控股公司	52.992 19.9	曾任中信国安总公司财务部经理，中信国安信息产业股份公司副总经理、董事总经理；现任中信国安集团公司董事、常务副总经理。
张家仁	中国石油化工集团公司原党组成员、副总经理	男	67	2011年9月	杭州市投资控股有限公司 摩根士丹利国际控股公司	52.992 19.9	曾任镇海石油化工总厂厂长，镇海炼油化工股份有限公司董事长，中国石油化工集团公司党组成员、副总经理，中国石油化工股份有限公司董事、高级副总裁兼财务总监，中国石化财务有限责任公司董事长，中国石油化工集团公司高级顾问。

3.3 监事

监事会成员

姓 名	职 务	性别	年龄	选任日期	所推举的股东名称	该股东持股比例（%）	简要履历
王 伟	监事会主席	男	61	2011年9月	浙江新安化工集团股份有限公司	6.2625	曾任建德化工厂厂长、建德市经委副主任、建德市工业局局长；现任新安化工集团股份有限公司董事长。

续表

姓　名	职　务	性别	年龄	选任日期	所推举的股东名称	该股东持股比例(%)	简　要　履　历
刘翌	监事	男	38	2011年9月	杭州市投资控股有限公司	52.992	曾任杭州市投资控股有限公司投资银行部经理;现任杭州市投资控股有限公司总经理助理。
马晓涛	监事	男	42	2011年9月	职工监事	—	曾任华宝信托投资有限公司证券营业部副总经理、富成证券有限责任公司证券营业部副总经理;现任公司合规与风险管理部负责人。

3.4　高级管理人员

姓　名	职　务	性别	年龄	选任日期	金融从业年限(年)	学历	专业
许东辉	首席执行官	男	44	2011年9月	15	硕士	工商管理
丁建萍	总裁	男	46	2011年9月	19	硕士	国际政治
陈涛	市场及发展总监	男	36	2011年9月	14	本科	国际贸易
张建芳	财务总监	女	52	2011年9月	33	本科	经济管理
张锐	行政总监	男	50	2011年9月	31	本科	经济管理
汪勇	投资运营总监	男	39	2011年9月	16	本科	会计学

3.5　公司员工

报告期内,职工人数:105人;平均年龄:33.7岁。

学历分布比率:

学历	人数	学历分布比例(%)
博士	0	0
硕士	28	26.7
本科	69	65.7
专科	7	6.7
其他	1	1

4. 经营管理

4.1　经营目标、方针、战略规划

4.1.1　经营目标

充分发挥和利用信托的制度与功能优势,打造优秀的资产管理团队,为客户提供持续的个性化的信托产品和金融服务,打造国内领先的、具有鲜明专业特色的信托资产管理机构。

4.1.2　经营方针

坚持逐步实施以组合投资为主的信托基金的业务模式转型,发展中长期产品,扩大客户基础,培育、提高客户忠诚度,以强大的业务创新能力和内控机制为依托,打造以投资和投资管理为主的资产管理业务体系,拓展"基金化、中长期化、投资化"的产品体系,构建核心竞争力,为客户提供综合、灵活、创新的金融服务。

4.1.3　战略规划

建立以账户管理为核心的内部管理体系,构建健全的内控体系与资产管理框架,提高公司核心竞争力和风险管理能力,提升公司整体价值,合规经营,稳健发展。

4.2　所经营业务的主要内容

4.2.1　经营业务、品种

4.2.1.1　公司业务主要分为信托业务和固有财产管理两大类

公司目前的信托业务主要包括:

(1)以组合投资管理为主要特征的资产管理业务,包括房地产投资信托等私募投资管理业务。

(2)以项目或企业融资为主的信托投行业务。

(3)事务管理类信托业务。

4.2.1.2　公司目前信托业务品种主要有单一资金信托、集合资金信托

按运用方式分有投资类信托、融资类信托、组合投资管理类信托。

4.2.2　资产组合与分布

自营资产运用与分布表

资产运用	金额(万元)	占比(%)	资产分布	金额(万元)	占比(%)
货币资产	21 931	22.77	基础产业	0	0
贷款及应收款	29 581	30.72	房地产业	0	0
交易性金融资产投资	0	0	证券市场	240	0.25
可供出售金融资产投资	29 525	30.66	实业	250	0.26
持有至到期投资	0	0	金融机构	21 927	22.77
长期股权投资	3 250	3.37	其他	73 882	76.72
其他	12 012	12.48			
资产总计	96 299	100.00	资产总计	96 299	100.00

信托资产运用与分布表

资产运用	金额(万元)	占比(%)	资产分布	金额(万元)	占比(%)
货币资产	24 761	2.30	基础产业	87 332	8.13
贷款	262 212	24.40	房地产	823 655	76.64
交易性金融资产投资	0	0	证券市场	0	0
可供出售金融资产投资	0	0	实业	65 335	6.08
持有至到期投资	0	0	金融机构	0	0
长期股权投资	189 990	17.68	其他	98 405	9.15
其他	597 764	55.62			
信托资产总计	1 074 727	100.00	信托资产总计	1 074 727	100.00

4.3 市场分析

4.3.1 有利因素

2011年，信托业的制度环境日益改善，随着《信托公司净资本管理办法》的实施与进一步细化、通道类银信合作理财业务、政信合作融资平台业务、融资类房地产信托业务等相继得到进一步规范，有利于信托公司更加注重主动管理能力，优化业务结构，加速实施向资产管理机构的转型；国内经济运行态势总体良好，为信托业的发展奠定基础；信托投资进一步被公众所认识与接受；民众财富增长，资产管理和信托投资的市场需求巨大。

公司治理结构较为完善，内部控制机制健全，业务战略规划清晰，具有经验丰富、专业敬业、合规意识强烈的经营管理团队。PE基金管理业务资格获批后，2011年，公司已构建PE业务平台，并启动PE管理业务。公司历年来稳健经营、开拓创新，市场形象良好。

4.3.2 不利因素

理财市场竞争激烈；信托公司成为真正的资产管理机构的业务转型、客户结构优化和专业团队建设尚未完成，自主管理能力与金融服务水平仍有待提升；信托的制度环境有待进一步完善，信托业发展必需的部分配套的相关法规（如《信托财产登记制度》等）尚未出台。

4.4 内部控制概况

公司建立了清晰的内部控制目标和原则，高级管理层牢固树立了内控优先的风险管理理念，公司前台、中台、后台操作独立、运行顺畅。公司根据“一法两规”和相关法律法规的要求，建立了一整套顺应公司业务发展、符合监管政策的内部控制制度体系，并能组织落实公司的合规风险评估，整个控制活动措施到位，内部控制制度涵盖了业务和管理的各个层面，全体员工熟悉公司的业务和管理的内控制度与操作流程，能认真履行岗位职责，正确行使职权。公司制定和实施了有利于企业可持续发展的人力资源政策。公司建立了上传下达、下情上达的充分、合理的信息沟通制度。公司内部监督分为日常监督和专项监督，合规与风险管理部和稽核部职能分离、职责分明、协同合作，成为公司合规风险的前后道防线，帮助公司降低和规避各类风险，通过后续纠正和改进达到合规和降低风险的目的。

4.5 风险管理概况

公司在经营活动中所面临的风险主要包括：信用风险、市场风险、操作风险及其他各类风险。针对不同类型的风险，公司进一步提高交易对手和项目的选择标准，加强项目管理和风险预警以防范信用风险；加强对宏观经济形势和行业特征的研究，适时调整策略以防范市场风险；严格执行并不断补充和完善各项经营管理制度、问责制度，以防范操作风险；认真研究国家政策，聘请专业法律顾问机构，以防范政策风险、法律风险以及其他风险。

报告期内，公司严格执行国家政策、法规，并不断完善公司风险管理框架，加强合规风险管理体系建设，加强项目后期管理，落实各项风险控制措施。目前公司经营正常，报告期内所有信托计划（项目）均正常存续，到期项目均按时完成信托财产的兑付（分配）工作。

5. 报告期末及上一年度末的比较式会计报表

5.1 自营资产

5.1.1 会计师事务所审计结论

德勤华永会计师事务所有限公司出具了标准无保留审计意见。

5.1.2 资产负债表（母公司）

资产负债表

编制单位：杭州工商信托股份有限公司　　2011年12月31日　　单位：万元

资　产	期末余额	年初余额	负债和所有者权益（或股东权益）	期末余额	年初余额
资产：			负债：		
现金及存放中央银行款项	4	0	向中央银行借款	0	0
存放同业款项	21 927	29 279	同业及其他金融机构存放款项	0	0
贵金属	0	0	拆入资产	0	0
拆出资金	0	0	交易性金融负债	0	0
交易性金融资产	0	0	衍生金融负债	0	0
衍生金融资产	0	0	卖出回购金融资产款	0	0
买入返售金融资产	0	0	吸收存款	0	0
应收利息	34	108	应付职工薪酬	1 804	932
发放贷款和垫款	29 581	27 806	应交税费	9 060	4 645
可供出售金融资产	29 525	19 282	应付利息	0	0
持有至到期投资	0	0	预计负债	0	0
长期股权投资	3 250	250	应付债券	0	0
投资性房地产	1 886	1 985	递延所得税负债	0	206
固定资产	727	932	其他负债	1 356	1 890
无形资产	172	218	负债合计	12 220	7 673
递延所得税资产	458	0	所有者权益（或股东权益）：	0	0

续表

资　　产	期末余额	年初余额	负债和所有者权益（或股东权益）	期末余额	年初余额
其他资产	8 735	4 575	实收资本（或股本）	50 000	50 000
			资本公积	796	1 460
			减：库存股	0	0
			盈余公积	8 091	6 283
			一般风险准备	4 548	3 460
			未分配利润	20 644	15 559
			所有者权益（或股东权益）合计	84 079	76 762
资产总计	96 299	84 435	负债和所有者权益（或股东权益）总计	96 299	84 435

企业负责人：虞利明　　财务负责人：张建芳　　制表：吴庆元

资产负债表（合并报表）

资产负债表

编制单位：杭州工商信托股份有限公司　　2011 年 12 月 31 日　　单位：万元

资　　产	期末余额	年初余额	负债和所有者权益（或股东权益）	期末余额	年初余额
资产：			负债：		
现金及存放中央银行款项	4	0	向中央银行借款	0	0
存放同业款项	22 110	29 279	同业及其他金融机构存放款项	0	0
贵金属	0	0	拆入资产	0	0
拆出资金	0	0	交易性金融负债	0	0
交易性金融资产	0	0	衍生金融负债	0	0
衍生金融资产	0	0	卖出回购金融资产款	0	0
买入返售金融资产	0	0	吸收存款	0	0
应收利息	34	108	应付职工薪酬	1 804	932
发放贷款和垫款	29 581	27 806	应交税费	9 086	4 645
可供出售金融资产	31 050	19 282	应付利息	0	0
持有至到期投资	0	0	预计负债	0	0
长期股权投资	1 250	250	应付债券	0	0
投资性房地产	1 886	1 985	递延所得税负债	6	206
固定资产	731	932	其他负债	1 369	1 890
无形资产	172	218	负债合计	12 265	7 673
递延所得税资产	458	0	所有者权益（或股东权益）：	0	0
其他资产	9 071	4 575	实收资本（或股本）	50 000	50 000
			资本公积	814	1 460
			减：库存股	0	0
			盈余公积	8 091	6 283
			一般风险准备	4 548	3 460
			未分配利润	20 629	15 559
			所有者权益（或股东权益）合计	84 082	76 762
资产总计	96 347	84 435	负债和所有者权益（或股东权益）总计	96 347	84 435

企业负责人：虞利明　　财务负责人：张建芳　　制表：吴庆元

5.1.3　利润表（母公司）

利润表

编制单位：杭州工商信托股份有限公司　　2011 年度　　单位：万元

项　　目	本期累计金额	上期累计金额
一、营业收入	39 572	32 685
利息净收入	1 558	992
利息收入	1 558	992
利息支出	0	0
手续费及佣金净收入	22 436	16 645

续表

项　　目	本期累计金额	上期累计金额
手续费及佣金收入	22 436	16 645
手续费及佣金支出	0	0
投资收益(损失以"－"号填列)	5 141	5 695
其中:对联营企业和合营企业的投资收益	0	0
公允价值变动收益(损失以"－"号填列)	0	0
汇兑收益(损失以"－"号填列)	0	0
其他业务收入	10 437	9 353
二、营业支出	15 393	11 295
营业税金及附加	2 071	1 900
业务及管理费	11 773	7 822
资产减值损失	0	134
其他业务成本	1 549	1 439
三、营业利润(亏损以"－"号填列)	24 179	21 390
加:营业外收入	13	0
减:营业外支出	76	54
四、利润总额(亏损总额以"－"号填列)	24 116	21 337
减:所得税费用	6 035	5 307
五、净利润(净亏损以"－"号填列)	18 081	16 030
六、每股收益:		
(一)基本每股收益	0.36	0.32
(二)稀释每股收益	0.36	0.32

企业负责人:虞利明　　　　财务负责人:张建芳　　　　制表:吴庆元

利润表(合并报表)

利润表

编制单位:杭州工商信托股份有限公司　　　　2011 年度　　　　单位:万元

项　　目	本期累计金额	上期累计金额
一、营业收入	39 839	32 685
利息净收入	1 558	992
利息收入	1 558	992
利息支出	0	0
手续费及佣金净收入	22 703	16 645
手续费及佣金收入	22 703	16 645
手续费及佣金支出	0	0
投资收益(损失以"－"号填列)	5 141	5 695
其中:对联营企业和合营企业的投资收益	0	0
公允价值变动收益(损失以"－"号填列)	0	0
汇兑收益(损失以"－"号填列)	0	0
其他业务收入	10 437	9 353
二、营业支出	15 674	11 295
营业税金及附加	2 086	1 900
业务及管理费	12 039	7 822
资产减值损失	0	134
其他业务成本	1 549	1 439
三、营业利润(亏损以"－"号填列)	24 165	21 390
加:营业外收入	13	0
减:营业外支出	76	54
四、利润总额(亏损总额以"－"号填列)	24 102	21 337
减:所得税费用	6 036	5 307
五、净利润(净亏损以"－"号填列)	18 066	16 030
六、每股收益:		
(一)基本每股收益	0.36	0.32
(二)稀释每股收益	0.36	0.32

企业负责人:虞利明　　　　财务负责人:张建芳　　　　制表:吴庆元

5.1.4 所有者权益变动表(母公司)

所有者权益变动表

2011 年 12 月 31 日

单位:万元

	实收资本	资本公积	盈余公积	一般风险准备	信托赔偿准备	未分配利润	所有者权益
一、2010 年 12 月 31 日	50 000	1 460	6 283	509	2 951	15 559	76 762
二、2011 年 1 月 1 日余额	50 000	1 460	6 283	509	2 951	15 559	76 762
三、本年增减变动金额	0	(664)	1 808	184	904	5 085	7 317
(一)净利润						18 081	18 081
(二)其他综合收益		(664)					(664)
可供出售金融资产公允价值变动净额		(664)					(664)
(一)和(二)小计		(664)				18 081	17 417
(三)所有者投入和减少资本							
(四)利润分配							
1. 提取盈余公积			1 808			(1 808)	
2. 提取一般风险准备				184		(184)	
3. 提取信托赔偿准备					904	(904)	
4. 对所有者的分配						(10 100)	(10 100)
(五)所有者权益内部结转							
四、2011 年 12 月 31 日余额	50 000	796	8 091	693	3 855	20 644	84 079

所有者权益变动表(续表)

2010 年 12 月 31 日

单位:万元

	实收资本	资本公积	盈余公积	一般风险准备	信托赔偿准备	未分配利润	所有者权益
一、2009 年 12 月 31 日	40 608	1 050	4 680	251	2 149	14 508	63 246
二、2010 年 1 月 1 日余额	40 608	1 050	4 680	251	2 149	14 508	63 246
三、本年增减变动金额	9 392	410	1 603	258	802	1 051	13 516
(一)净利润						16 030	16 030
(二)其他综合收益		410					410
可供出售金融资产公允价值变动净额		410					410
(一)和(二)小计		410				16 030	16 440
(三)所有者投入和减少资本							
(四)利润分配							
1. 提取盈余公积			1 603			(1 603)	
2. 提取一般风险准备				258		(258)	
3. 提取信托赔偿准备					802	(802)	
4. 对所有者的分配						(2 924)	(2 924)
(五)所有者权益内部结转	9 392					(9 392)	
四、2010 年 12 月 31 日余额	50 000	1 460	6 283	509	2 951	15 559	76 762

企业负责人:虞利明　　财务负责人:张建芳　　制表:吴庆元

所有者权益变动表(合并报表)

所有者权益变动表

2011 年 12 月 31 日

单位:万元

	归属于母公司所有者权益						少数股东权益	股东权益合计
	实收资本	资本公积	盈余公积	一般风险准备	信托赔偿准备	未分配利润		
一、2010 年 12 月 31 日	50 000	1 460	6 283	509	2 951	15 559		76 762
二、2011 年 1 月 1 日余额	50 000	1 460	6 283	509	2 951	15 559		76 762
三、本年增减变动金额	0	(664)	1 808	184	904	5 070		7 320
(一)净利润						18 066		18 066
(二)其他综合收益		(646)						(646)
可供出售金融资产公允价值变动净额		(646)						(646)
(一)和(二)小计		(646)				18 066		17 420
(三)所有者投入和减少资本								
(四)利润分配								

续表

	归属于母公司所有者权益						少数股东权益	股东权益合计
	实收资本	资本公积	盈余公积	一般风险准备	信托赔偿准备	未分配利润		
1. 提取盈余公积			1 808			(1 808)		
2. 提取一般风险准备				184		(184)		
3. 提取信托赔偿准备					904	(904)		
4. 对所有者的分配						(10 100)		(10 100)
(五)所有者权益内部结转								
四、2011 年 12 月 31 日余额	50 000	814	8 091	693	3 855	20 629		84 082

所有者权益变动表(续表)

2010 年 12 月 31 日

单位:万元

	归属于母公司所有者权益						少数股东权益	股东权益合计
	实收资本	资本公积	盈余公积	一般风险准备	信托赔偿准备	未分配利润		
一、2009 年 12 月 31 日	40 608	1 050	4 680	251	2 149	14 508		63 246
二、2010 年 1 月 1 日余额	40 608	1 050	4 680	251	2 149	14 508		63 246
三、本年增减变动金额	9 392	410	1 603	258	802	1 051		13 516
(一)净利润						16 030		16 030
(二)其他综合收益		410						410
可供出售金融资产公允价值变动净额		410						410
(一)和(二)小计		410				16 030		16 440
(三)所有者投入和减少资本								
(四)利润分配								
1. 提取盈余公积			1 603			(1 603)		
2. 提取一般风险准备				258		(258)		
3. 提取信托赔偿准备					802	(802)		
4. 对所有者的分配						(2 924)		(2 924)
(五)所有者权益内部结转	9 392					(9 392)		
四、2010 年 12 月 31 日余额	50 000	1 460	6 283	509	2 951	15 559		76 762

企业负责人:虞利明　　财务负责人:张建芳　　制表:吴庆元

5.2 信托资产

5.2.1 信托项目资产负债汇总表

信托项目资产负债表(汇总表)

编制单位:杭州工商信托股份有限公司

单位:万元

信托资产	年初数	期末数	信托负债和信托权益	年初数	期末数
信托资产:			信托负债:		
货币资金	21 696	24 761	交易性金融负债	0	0
拆出资金	0	0	衍生金融负债	0	0
存出保证金	0	0	应付受托人报酬	2 562	4 523
交易性金融资产	0	0	应付托管费	0	0
衍生金融资产	0	0	应付受益人收益		
买入返售金融资产	0	0	应交税费	357	0
应收款项	0	0	应付销售服务费	0	0
发放贷款	213 124	262 212	其他应付款项	3 055	736
可供出售金融资产	0	0	其他负债	2 175	2 325
持有至到期投资	0	0	信托负债合计	8 149	7 584
长期应收款	0	0			
长期股权投资	181 167	189 990	信托权益:		
投资性房地产	0	0	实收信托	907 159	1 051 415
固定资产	0	0	资本公积	0	0
无形资产	0	0	外币报表折算差额	0	0
长期待摊费用	0	0	未分配利润	10 013	15 728
其他资产	509 334	597 764	信托权益合计	917 172	1 067 143
信托资产总计	925 321	1 074 727	信托负债和信托权益总计	925 321	1 074 727

企业负责人:虞利明　　财务负责人:张建芳　　制表:陈俏敏

5.2.2 信托项目利润及利润分配汇总表

信托项目利润及利润分配表(汇总表)

编制单位:杭州工商信托股份有限公司　　单位:万元

项　　目	本年累计数	上年累计数
一、营业收入	122 264	87 481
利息收入	25 521	35 432
投资收益	17 319	19 247
公允价值变动收益	0	0
财务顾问收入	2 324	3 202
租赁收入	0	0
汇兑损益	0	0
其他收入	77 100	29 600
二、支出	26 640	21 592
营业税金及附加	4 611	4 058
受托人报酬	21 062	15 672
保管费	0	0
投资管理费	0	0
销售服务费	174	914
交易费用	0	0
资产减值损失	0	0
其他费用	793	948
三、信托净利润	95 624	65 889
四、其他综合收益	5 250	0
五、综合收益	100 874	65 889
加:期初未分配信托利润	10 013	2 425
六、可供分配的信托利润	110 887	68 314
减:本期已分配信托利润	95 159	58 301
七、期末未分配信托利润	15 728	10 013

企业负责人:虞利明　　财务负责人:张建芳　　制表:陈俏敏

6. 会计报表附注

6.1 简要说明报告年度会计报表编制基准、会计政策、会计估计和核算方法发生的变化

无。

6.2 或有事项说明

截至报告日,本公司不存在需要披露的重大或有事项。

6.3 重要资产转让及其出售的说明

无。

6.4 会计报表中重要项目的明细资料

6.4.1 披露自营资产经营情况

6.4.1.1 按信用风险五级分类结果披露信用风险资产的期初数、期末数

信用风险资产五级分类	正常类(万元)	关注类(万元)	次级类(万元)	可疑类(万元)	损失类(万元)	信用风险资产合计(万元)	不良资产合计(万元)	不良率(%)
期初数	83 711	0	0	274	450	84 435	724	0.86
期末数	95 575	0	0	274	450	96 299	724	0.75

注:不良资产合计=次级类+可疑类+损失类。

6.4.1.2 各项资产减值损失准备的期初、本期计提、本期转回、本期核销、期末数,贷款的一般准备、专项准备和其他资产减值准备应分别披露

单位:万元

	期初数	本期计提	本期转回	本期核销	期末数
贷款损失准备	0	0	0	0	0
一般准备	0	0	0	0	0
专项准备	0	0	0	0	0
其他资产减值准备	678	0	0	0	678
可供出售金融资产减值准备	133	0	0	0	133
持有至到期投资减值准备	0	0	0	0	0
长期股权投资减值准备	0	0	0	0	0
坏账准备	450	0	0	0	450
投资性房地产减值准备	0	0	0	0	0
其他资产减值准备	95	0	0	0	95

6.4.1.3 自营股票投资、基金投资、债券投资、股权投资等投资业务的期初数、期末数

单位:万元

	自营股票	基金	债券	长期股权投资	其他投资	合计
期初数	4 550	0	0	250	33 249	38 049
期末数	240	0	0	3 250	53 415	56 905

6.4.1.4 按投资入股金额排序,前五名的自营长期股权投资的企业名称、占被投资企业权益的比例、主要经营活动及投资收益情况等(从大到小顺序排列)

企业名称	占被投资企业权益的比例(%)	主要经营活动	投资损益(万元)
1. 浙江蓝桂资产管理有限公司	100	资产管理、投资管理、企业管理、商务咨询、实业投资。	0
2. 杭州迪佛通信股份有限公司	4.48	通信设备及配件,电子和通信测量仪器,报警器的制造、销售,电话信息服务,交换机设计安装,数据通信服务等。	0

注:投资损益是指按照企业会计准则规定,核算股权投资确认损益并计入披露年报利润表的金额。

6.4.1.5 前五名的自营贷款的企业名称、占贷款总额的比例和还款情况等(从大到小顺序排列)

企业名称	占贷款总额的比例(%)	还款情况
1. 浙江景川贸易有限公司	55.05	正常收息,未到期
2. 浙江景颐煤炭贸易有限公司	44.95	正常收息,未到期

6.4.1.6 表外业务的期初数、期末数;按照代理业务、担保业务和其他类型表外业务分别披露

单位:万元

表外业务	期初数	期末数
担保业务	0	0
代理业务(委托业务)	54 483	27 202
其他	0	0
合计	54 483	27 202

注:代理业务主要反映因客观原因应规范而尚未完成规范的历史遗留委托业务,包括委托贷款和委托投资。

6.4.1.7 公司当年的收入结构(母公司口径、并表口径同时披露)

收入结构	母公司口径		合并口径	
	金额(万元)	占比(%)	金额(万元)	占比(%)
手续费及佣金收入	22 436	56.68	22 703	56.97
其中:信托手续费收入	22 317	56.38	22 317	56
投资银行业务收入	0	0	0	0
利息收入	1 558	3.94	1 558	3.91
其他业务收入	10 437	26.36	10 437	26.19
其中:计入信托业务收入部分	9 864	24.93	9 864	24.75
投资收益	5 141	12.99	5 141	12.9
其中:股权投资收益	0	0	0	0
证券投资收益	514	1.3	514	1.29
其他投资收益	4 627	11.69	4 627	11.61
公允价值变动收益	0	0	0	0
营业外收入	13	0.03	13	0.03
收入合计	39 585	100	39 852	100

注:手续费及佣金收入、利息收入、其他业务收入、投资收益、营业外收入均应为损益表中的一级科目,其中手续费及佣金收入、利息收入、营业外收入为未抵减相应支出的全年累计实现收入数。

"其他业务收入"和"营业外收入"如超过总收入的5%,应具体说明来自什么业务。

"其他业务收入"主要来自财务顾问业务、房屋出租等。

6.4.2 披露信托资产管理情况

6.4.2.1 信托资产的期初数、期末数

单位:万元

信托资产	期初数	期末数
集合	760 300	940 331
单一	165 021	134 396
财产权	0	0
合计	925 321	1 074 727

6.4.2.1.1 主动管理型信托业务的信托资产期初数、期末数,分证券投资、股权投资、融资、事务管理类分别披露

单位:万元

主动管理型信托资产	期初数	期末数
证券投资类	0	0
股权投资类	378 619	389 722
组合投资类	181 796	209 037
融资类	223 813	350 623
事务管理类	0	0
合计	784 228	949 382

6.4.2.1.2 被动管理型信托业务的信托资产期初数、期末数,分证券投资、股权投资、融资、事务管理类分别披露

单位:万元

被动管理型信托资产	期初数	期末数
证券投资类	0	0
股权投资类	0	0
融资类	0	0
事务管理类	141 093	125 345
合计	141 093	125 345

6.4.2.2 本年度已清算结束的信托项目个数、实收信托合计金额、加权平均实际年化收益率

6.4.2.2.1 本年度已清算结束的集合类、单一类资金信托项目和财产管理类信托项目个数、实收信托金额、加权平均实际年化收益率

已清算结束信托项目	项目个数	实收信托合计金额(万元)	加权平均实际年化收益率(%)
集合类	14	310 836	9.43
单一类	9	38 248	8.97
财产管理类	0	0	0

注:收益率是指信托项目清算后,给受益人赚取的实际收益水平。加权平均实际年化收益率=(信托项目1的实际年化收益率×信托项目1的实收信托+信托项目2的实际年化收益率×信托项目2的实收信托+…信托项目n的实际年化收益率×信托项目n的实收信托)/(信托项目1的实收信托+信托项目2的实收信托+…信托项目n的实收信托)×100%。

6.4.2.2.2 本年度已清算结束的主动管理型信托项目个数、实收信托合计金额、加权平均实际年化收益率,分证券投资、股权投资、融资、事务管理类分别披露

已清算结束信托项目	项目个数	实收信托合计金额(万元)	加权平均实际年化信托报酬率(%)	加权平均实际年化收益率(%)
证券投资类	0	0	0	0
股权投资类	5	155 000	3.46	9.34
组合投资类	2	24 682	2.35	10.47
融资类	10	153 654	1.81	9.51
事务管理类	0	0	0	0

6.4.2.2.3 本年度已清算结束的被动管理型信托项目个数、实收信托合计金额、加权平均实际年化收益率,分证券投资、股权投资、融资、事务管理类分别披露

已清算结束信托项目	项目个数	合计金额(万元)	加权平均实际年化信托报酬率(%)	加权平均实际年化收益率(%)
证券投资类	0	0	0	0
股权投资类	0	0	0	0
融资类	0	0	0	0
事务管理类	6	15 748	0.80	6.84

6.4.2.3 本年度新增的集合类、单一类和财产管理类信托项目个数、实收信托合计金额

新增信托项目	项目个数	合计金额(万元)
集合类	21	603 860
单一类	2	9 024
财产管理类	0	0
新增合计	23	612 884
其中:主动管理型	23	612 884
被动管理型	0	0

6.4.2.4 信托业务创新成果和特色业务有关情况(此部分为可选项,即公司可自主决定是否披露、部分披露或全部披露)

报告期内,在证券时报社主办的"第四届中国优秀信托公司"评选活动中,公司获得"中国优秀信托公司"奖项。2011年,公司继续实施以分散投资为核心的基金化策略拓展信托业

务，受托管理的信托资产规模显著提高，主动管理特征鲜明，资产结构进一步优化。2011 年，公司信托业务收入占比为 81%；截至 2011 年末，公司主动管理类信托业务规模占比为 88%，均为历年以来最高，并均已连续 4 年实现增长。

经银监会批准，2011 年，公司的全资子公司——浙江蓝桂资产管理有限公司已于 2011 年 2 月正式成立，由此，公司私募股权投资基金管理业务正式启动。2011 年 5 月 18 日，公司与外资股东摩根士丹利共同成立的人民币私募股权基金管理合资公司正式成立。

在多年的经营中，公司不断思考如何以客户为中心，开发满足客户需求的收益与风险相匹配的信托投资产品，探索可持续的核心盈利模式。2010 年以来，公司实施“基金化、中长期化、投资化”的业务战略，并在组合投资信托基金及投资类信托项目的管理机制、人才配备、业务研究、产品线开发等方面进行了积极实践，已持续开发了“鸿利系列”（公用事业领域）、“飞鹰系列”（房地产领域，2011 年成立飞鹰七号）、“沃能系列”（能源领域，2011 年成立沃能 1 号、沃能 2 号）等组合投资信托基金，推进了业务模式向投资方向的转型，为公司的基金化战略及产品品牌构建奠定了基础。

6.4.2.5　本公司履行受托人义务情况及因本公司自身责任而导致的信托资产损失情况（合计金额、原因等）

无。

6.5　关联方关系及其交易的披露

6.5.1　关联交易方的数量、关联交易的总金额及关联交易的定价政策等

	关联交易方数量	关联交易金额（万元）	定价政策
合计	2	169	市场公允价格

注：关联交易定义应以《公司法》和《企业会计准则第 36 号——关联方披露》有关规定为准。

6.5.2　关联交易方与本公司的关系性质、关联交易方的名称、法定代表人、注册地址、注册资本及主营业务等

关系性质	关联方名称	法定代表人	注册地址	注册资本（万元）	主营业务
同一母公司	杭州市民卡有限公司	虞利明	杭州	4 000	市民卡的制作、发行、结算及相关设备的租赁；市民卡系统的开发、投资；设计、制作、代理、发布国内广告；批发、零售；百货；服务：承办会展，经济信息咨询（除证券、期货、商品中介），代订车、船票；其他无须报经审批的一切合法项目。
同一母公司	杭州国际机场大厦开发有限公司	徐晓	杭州	16 000	杭州国际机场大厦开发。

6.5.3　本公司与关联方的重大交易事项

6.5.3.1　固有与关联方交易情况：贷款、投资、租赁、应收账款担保、其他方式等期初汇总数、本期借方和贷方发生额汇总数、期末汇总数

单位：万元

固有与关联方关联交易				
	期初数	借方发生额	贷方发生额	期末数
贷款	0	0	0	0
投资	0	0	0	0
租赁	0	0	0	0
担保	0	0	0	0
应收账款	0	0	0	0
其他（收取或支付房租、咨询费）	0	0	169	0
合计	0	0	169	0

6.5.3.2　信托资产与关联方：贷款、投资、租赁、应收账款、担保、其他方式等期初汇总数、本期发生额汇总数、期末汇总数

单位：万元

信托与关联方关联交易				
	期初数	借方发生额	贷方发生额	期末数
贷款	0	0	0	0
投资	0	0	0	0
租赁	0	0	0	0
担保	0	0	0	0
应收账款	0	0	0	0
其他	0	0	0	0
合计	0	0	0	0

6.5.3.3　信托公司自有资金运用于自己管理的信托项目（固信交易）、信托公司管理的信托项目之间的相互（信信交易）交易金额，包括余额和本报告年度的发生额

6.5.3.3.1　固有财产与信托财产之间的交易金额期初汇总数、本期发生额汇总数、期末汇总数

单位：万元

固有财产与信托财产相互交易			
	期初数	本期发生额	期末数
合计	32 438	20 195	52 633

注：以固有资金投资公司自己管理的信托项目受益权，或购买自己管理的信托项目的信托资产均应纳入统计披露范围。

6.5.3.3.2　信托项目之间的交易金额期初汇总数、本期发生额汇总数、期末汇总数

单位：万元

信托资产与信托财产相互交易			
	期初数	本期发生额	期末数
合计	0	0	0

注：以公司受托管理的一个信托项目的资金购买自己管理的另一个信托项目的受益权或信托项下资产均应纳入统计披露范围。

6.5.4　逐笔披露关联方逾期未偿还本公司资金的详细情况以及本公司为关联方担保发生或即将发生垫款的详细情况

无。

6.6　会计制度的披露

固有业务（自营业务）、信托业务：本公司执行财政部于 2006 年 2 月 15 日颁布的企业会计准则。

7. 财务情况说明书

7.1 利润实现和分配情况(母公司口径和并表口径同时披露)

(1)母公司口径:本年度实现利润总额 24 116 万元,所得税费用 6 035 万元(其中当期所得税 6 477 万元、递延所得税 -442 万元),净利润 18 081 万元,年初未分配利润 15 559 万元,年末未分配利润 20 644 万元。

并表口径:本年度实现利润总额 24 102 万元,所得税费用 6 036 万元(其中当期所得税 6 478 万元、递延所得税 -442 万元),净利润 18 066 万元,年初未分配利润 15 559 万元,年末未分配利润 20 629 万元。

(2)母公司口径:按 10% 提取法定盈余公积 1 808 万元。

并表口径:按 10% 提取法定盈余公积 1 808 万元。

(3)母公司口径:按 5% 提取信托赔偿准备金 904 万元。

并表口径:按 5% 提取信托赔偿准备金 904 万元。

(4)母公司口径:按风险资产余额的 1% 计提一般风险准备金 184 万元。

并表口径:按风险资产余额的 1% 计提一般风险准备金 184 万元。

(5)母公司口径:年末可供分配的利润为 20 644 万元。

并表口径:年末可供分配的利润为 20 629 万元。

7.2 主要财务指标(母公司口径和并表口径同时披露)

指标名称	指标值	
	母公司口径	合并口径
资本利润率(%)	22.48	22.46
加权年化信托报酬率(%)	2.52	2.52
人均净利润(万元/人)	181.72	175.40

注:1. 资本利润率 = 净利润/所有者权益平均余额 ×100%。

2. 加权年化信托报酬率 = (信托项目 1 的实际年化信托报酬率 × 信托项目 1 的实收信托 + 信托项目 2 的实际年化信托报酬率 × 信托项目 2 的实收信托 +…信托项目 n 的实际年化信托报酬率 × 信托项目 n 的实收信托)/(信托项目 1 的实收信托 + 信托项目 2 的实收信托 +…信托项目 n 的实收信托) ×100%。

3. 人均净利润 = 净利润/年平均人数。

4. 平均值采取年初、年末余额简单平均法,公式为:a(平均) = (年初数 + 年末数)/2。

7.3 对本公司财务状况、经营成果有重大影响的其他事项

2006 年 5 月,本公司向浙江华辰投资发展有限公司(以下简称华辰公司)以人民币 330 万元的价格转让所持浙江英特集团股份有限公司 2 062 500 股的法人股股权(占股本总额的 1.79%),但华辰公司未能根据相关股权转让协议的规定办妥前述股权的变更登记手续。

2011 年 1 月 28 日,中国银监会发布了《信托公司净资本计算标准有关事项的通知》(银监发〔2011〕11 号)(以下简称《通知》)。根据《通知》的规定,信托公司净资本计算标准将与监管评级标准直接挂钩,并对固有业务、融资类信托产品、投资类信托产品、TOT 产品、信托受益权投资产品、银信理财产品、关联交易产品等业务的风险资本系数及净资本扣除系数作出了详细的规定。《通知》的颁布将对公司下一年度的内部风险管理和控制,以及业务开展带来一定影响。

本公司根据董事会决议及银监复〔2010〕445 号《中国银监会关于杭州工商信托股份有限公司申请设立资产管理公司有关事项的批复》出资组建全资子公司——浙江蓝桂资产管理有限公司,该子公司已于 2011 年 2 月 22 日在浙江省工商行政管理局登记注册,并取得注册号为 330000000055828 的企业法人营业执照。其注册资本 3 000万元,实收资本 3 000 万元,经营期限 2011 年 2 月 22 日至 2026 年 2 月 21 日,公司经营范围为资产管理,投资管理,企业管理,商务咨询,实业投资。

8. 特别事项简要揭示

8.1 前五名股东报告期内变动情况及原因

2011 年,公司前五名股东无变动情况。

8.2 董事、监事及高级管理人员变动情况及原因

公司董事、首席执行官杨凯先生因工作原因于 2011 年 1 月提请辞职,分别经公司 2011 年第一次临时股东大会、第五届董事会第十五次会议研究讨论,同意杨凯先生辞去董事、首席执行官职务,聘任许东辉先生为公司第五届董事会董事、首席执行官,免去许东辉先生运营总监职务。

2011 年 9 月,因公司第五届董事会、第五届监事会任期届满,经 2011 年第二次临时股东大会选举,产生公司第六届董事会和第六届监事会。董事会成员为虞利明、丁建萍、徐云鹤、Carlos Alfonso,Oyarbide Seco、许东辉、李明扬、Andrew Gordon Williamson、秦永忠、张家仁。其中,虞利明先生为董事长,Andrew Gordon Williamson、秦永忠、张家仁为独立董事。王伟、刘翌与职工监事马晓涛组成监事会。

经第六届董事会研究讨论,聘任许东辉先生为公司首席执行官、丁建萍先生为总裁、陈涛先生为市场及发展总监、张建芳女士为财务总监、张锐先生为行政总监、汪勇先生为投资运营总监。

上述董事、高级管理人员的任职资格均已经监管机构核准。

8.3 公司的重大诉讼事项

无。

8.4 对会计师事务所出具的有保留意见、否定意见或无法表示意见的审计报告的,公司董事会应就所涉及事项作出说明

无。

8.5 公司及其董事、监事和高级管理人员受到处罚的情况

无。

8.6 银监会及其派出机构对公司检查后提出整改意见的，应简单说明整改情况

报告期内，浙江银监局下发了对公司2010年度监管的意见（浙银监发〔2011〕69号），评价公司在2010年度，进一步加强内部管理和风险控制，按照既定的中长期发展策略开展信托业务，较好地体现了“基金化、中长期化、投资化”的战略定位，资产管理能力得到进一步提升，总体经营情况正常。同时，监管机构针对公司存在的主要问题，提出了“完善发展战略规划”、“加强董事履职评价”、“防范房地产信托业务风险”、“有序推进业务多元化”、“加强异地业务团队和资产管理公司管理”五条监管意见。

2011年度，公司已通过“董事会制定《风险管理战略》、调整并完善中长期发展战略，提出拓宽业务发展领域，并将房地产信托业务（尤其是房地产投资信托业务）、私募股权投资业务（PE业务）、另类投资作为三大业务发展领域；向各位董事传达监管精神，董事会更加重视并有效发挥独立董事的作用；修订并完善《房地产信托业务指引》，对存续房地产信托业务开展了两轮流动性风险排查，并建立必要的应急预案，进一步加强风险管控；进一步加强异地业务团队和资产管理公司管理”等工作安排，认真落实监管意见。

报告期内，浙江银监局检查组对公司法人治理及公司运作情况进行了现场检查，并下发现场检查意见书（浙银监检〔2011〕34号），提出“继续保持并不断完善好的做法，进一步提升公司治理水平”、“进一步加强基础工作，提高具体事项的管理精细化程度”、“进一步提高内审工作的有效性”三条监管意见。公司已向浙江银监局提交《关于现场检查发现问题的整改情况及监管意见的落实计划》并积极整改，认真落实监管意见。

8.7 本年度重大事项临时报告的简要内容、披露时间、所披露的媒体及其版面

公司“关于董事长变更的公告”已刊登在《金融时报》2011年10月21日第07版。

公司“关于变更注册地址的公告”已刊登在《金融时报》2011年12月14日第07版。

8.8 本年度净资本管理情况

净资本管理风险控制指标表

项　目	期末余额	监管标准
净资本（万元）	68 148	≥20 000
净资本/各项业务风险资本之和（%）	240.37	≥100
净资本/净资产（%）	81.05	≥40

8.9 银监会及其省级派出机构认定的其他有必要让客户及相关利益人了解的重要信息

无。

9. 公司监事会意见

监事会认为，本报告期内，公司决策程序合法，内部控制制度较为完善，没有发现公司董事、总裁和其他高级管理人员在执行公司职务时有违法违纪或有损公司及股东利益的行为。公司财务报告真实地反映了公司的财务状况和经营成果。

湖南省信托有限责任公司

1. 重要提示

1.1 本公司董事会及其董事保证本报告所载资料不存在任何虚假记载、误导性陈述或者重大遗漏，并对其内容的真实性、准确性和完整性承担个别及连带责任。本年度报告摘要摘自年度报告全文，客户及相关利益人欲了解详细内容，应阅读年度报告全文。

1.2 未有公司董事声明对本年度报告内容的真实性、准确性、完整性存在异议。

1.3 公司独立董事蒋民生声明：保证本年度报告内容真实、准确、完整。

1.4 公司董事长朱德光、财务总监王晓芸声明：保证本年度报告中财务报告的真实、完整。

2. 公司概况

2.1 公司简介

2.1.1	法定名称	湖南省信托有限责任公司
2.1.2	中文缩写	湖南信托
2.1.3	英文名称(及缩写)	Hunan Trust Co.,Ltd.(Hunan Trust)
2.1.4	法定代表人	朱德光
2.1.5	注册地址	湖南省长沙市城南西路1号
2.1.6	邮政编码	410015
2.1.7	公司国际互联网网址	http://www.huntic.com
2.1.8	公司电子信箱	huntic@huntic.com

续表

2.1.9	公司负责信息披露事务人	张仁兴
2.1.10	联系电话	0731-85196916
2.1.11	传真电话	0731-85196933
2.1.12	电子信箱	arenzhang@huntic.com
2.1.13	公司信息披露报纸名称	《金融时报》
2.1.14	公司年度报告备置地点	湖南省长沙市城南西路1号财信大厦9楼902室
2.1.15	公司聘请的会计师事务所名称及住所	天健会计师事务所(特殊普通合伙)湖南分所 湖南省长沙市芙蓉中路二段198号新世纪城大厦19-20层

2.2 组织结构

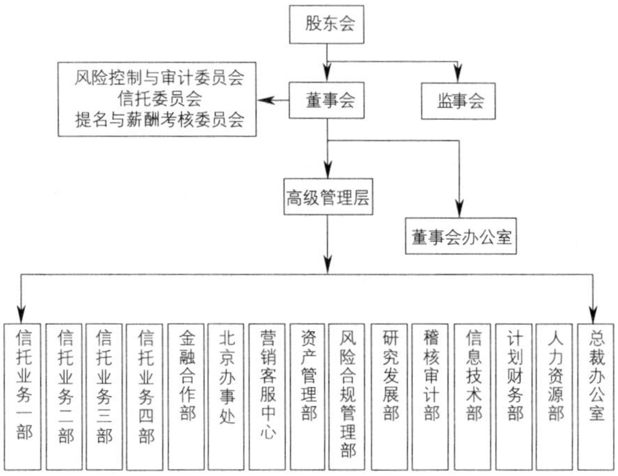

3. 公司治理

3.1 股东

公司2名股东全部为国有独资公司，其中湖南省国有投资经营有限公司是湖南财信投资控股有限责任公司的全资子公司。

股东名称	出资比例(%)	法人代表	注册资本(万元)	注册地址	主要经营业务及主要财务情况
湖南财信投资控股有限责任公司	96	胡军	325 418.89	长沙市天心区城南西路1号	主要经营业务：省政府授权的国有资产投资、经营及管理；投资策划咨询、财务顾问、担保；酒店经营与管理(具体业务由分支机构凭许可证书经营)、房屋出租。 主要财务情况：截至2011年12月31日，公司资产总额为2 842 346.94万元，少数股东权益为167 448.41万元，所有者权益为624 254.53万元，利润总额为23 516.61万元。
湖南省国有投资经营有限公司	4	陆小平	33 282.06	长沙市天心区城南西路1号	主要经营业务：授权范围内的国有资产投资、经营、管理与处置，企业资产重组、债务重组，企业托管、并购、委托投资，投资咨询、财务顾问；旅游资源投资、开发、经营(限分支机构凭许可证书经营)；经营商品和技术的进出口业务(以上国家法律法规禁止、限制的除外)。 主要财务情况：截至2011年12月31日，资产总额为172 802万元，负债总额为121 074万元，少数股东权益为零，所有者权益为51 728万元，利润总额为1 238万元。

3.2 董事

董事长、董事

姓名	职务	性别	年龄	选任日期	任期	所推举的股东名称	该股东持股比例(%)	简要履历
朱德光	董事长	男	55	2009年4月	3	湖南财信投资控股有限责任公司	96	曾任湖南省财政厅国有资产管理处副处长、湖南省国有资产管理局副局长、湖南省财政厅外经处处长(兼任湖南省利用国外贷款管理办公室主任),现任湖南财信投资控股有限责任公司党委书记、湖南省信托有限责任公司董事长。
胡军	董事	男	48	2009年4月	3	湖南财信投资控股有限责任公司	96	曾任湖南省信托投资有限责任公司董事长;现任湖南财信投资控股有限责任公司董事长、财富证券有限责任公司董事长。
陆小平	董事	男	48	2010年4月	3	湖南省国有投资经营有限公司	4	曾任湖南省信托投资公司办公室主任、湖南省信托投资有限责任公司总稽核,湖南省信托有限责任公司副总裁;现任湖南省国有投资经营有限公司董事长。
谢新兴	董事	男	47	2009年4月	3	职工董事	—	曾任湖南省信托投资公司业务一部副经理、证券部副经理、投资管理部副经理;现任湖南省信托有限责任公司资产管理部总经理。
王晓芸	董事	女	50	2009年4月	3	职工董事	—	曾任泰阳证券财务总监,广州万联证券财务总监、稽核总监,湖南省信托投资有限责任公司信托管理总部总经理、市场营销部总经理、信托业务三部总经理;现任湖南省信托有限责任公司财务总监。

独立董事

姓名	所在单位及职务	性别	年龄	选任日期	任期	所推举的股东名称	该股东持股比例(%)	简要履历
蒋民生	原中国银监会湖南监管局局长	男	63	2009年4月	3	湖南财信投资控股有限责任公司	96	曾任人民银行湖南省分行副行长、党组成员、党组副书记,国家外汇管理局湖南省分局副局长,人民银行长沙监管办党组书记、特派员,武汉分行党委委员,中国银监会湖南监管局党委书记、局长;现任湖南省金融学会荣誉会长。

3.3 监事

监事会成员

姓名	职务	性别	年龄	选任日期	任期	所推举的股东名称	该股东持股比例(%)	简要履历
杨科宇	监事	男	41	2009年4月	3	湖南省国有投资经营有限公司	4	曾任长沙电表厂设备动能科科员,湖南省信托投资公司证券总部系统维护员、证券分析师,湖南省国有资产投资经营总公司投资发展部经理、总经理助理;现任湖南省国有投资经营有限公司风控总监兼工会主席。
刘畅	监事	女	40	2009年4月	3	职工监事	—	曾任湖南省信托投资公司计划财务部会计,湖南省信托投资有限责任公司稽核审计部稽核专员;现任湖南省信托有限责任公司稽核审计部总经理。

3.4 高级管理人员

姓名	职务	性别	年龄	选任日期	金融从业年限	学历	专业
刘格辉	副总裁	男	41	2010年5月	19	研究生	会计学
周江军	业务副总裁	男	33	2010年5月	8	本科	法学
王晓芸	财务总监	女	50	2010年5月	18	研究生	经济管理
刘瑛	行政总监	女	49	2010年5月	32	本科	经济管理

3.5 公司员工

报告期内公司职工人数为75人,平均年龄35岁

项目		报告期年度		上年度	
		人数	比例(%)	人数	比例(%)
年龄分布	20岁以下	—	—	—	—
	20~29岁	18	24.00	17	25.00
	30~39岁	33	44.00	28	41.18
	40岁以上	24	32.00	23	33.82
学历分布	博士	2	2.67	1	1.47
	硕士	14	18.67	11	16.19
	本科	46	61.33	41	60.29
	专科	7	9.33	7	10.29
	其他	6	8.00	8	11.76

4. 经营管理

4.1 经营目标、方针、战略规划

4.1.1 经营目标

坚持以科学发展观统领公司发展全局，继续秉承"风控优先、合规经营、专业专注、创新发展"的经营理念，切实加强基础管理体系、人力资源管理体系和企业文化管理体系建设，大力发展信托主业，积极防范风险，夯实公司生存、改革和发展的基础，大胆探索创新业务模式，积极稳妥增资扩股，增强公司实力和市场竞争力，努力把公司打造成专业的理财机构，实现公司可持续和谐发展。

4.1.2 经营方针

审慎经营，专业专注，创新发展，构建和谐。

4.1.3 战略规划

立足湖南，面向全国，放眼世界，发挥信托的功能优势，创新发展业务，为经济建设服务，为客户创造财富，为股东创造价值，切实加强全面风险管理能力，不断提高核心竞争力，将湖南信托打造成为资本充足、信誉良好、经营稳健、勇于创新的专业理财机构。

4.2 所经营业务的主要内容

公司业务主要分为信托业务和固有业务两大类。

信托业务：(1)事务管理类信托：主要是受托管理业务，公司在该类业务中担任受托人和账户管理人，按照信托文件约定和委托人指令执行和履行事务管理职责。(2)融资类信托：通过信托贷款、债权融资、股权投资或者以资产池现金流为支持的方式，协助优秀企业获取融资，推动项目顺利开展。(3)投资类信托：公司通过自身的产品创新、产品设计和管理能力，成为客户个性化产品的设计者和管理者。该类业务是公司今后重点发展方向。

固有业务：公司目前主要从事贷款、金融类股权投资、其他金融产品投资等业务。

报告期内，公司自营资产运用与分布和信托资产运用与分布情况：

自营资产运用与分布表

资产运用	金额（万元）	占比（%）	资产分布	金额（万元）	占比（%）
货币资产	23 645	19.50	基础产业	3 770	3.11
贷款及应收款	37 608	31.02	房地产业	12 605	10.40
交易性金融资产投资	—		证券市场	—	
可供出售金融资产投资	—	—	实业	17 238	14.22
持有至到期投资	7 312	6.03	金融机构	33 000	27.22
长期股权投资	50 509	41.66	其他	54 623	45.05
其他	2 162	1.79	—	—	—
资产总计	121 236	100.00	资产总计	121 236	100.00

注："资产分布"中"其他"项主要明细说明：(1)货币资产 23 645 万元；(2)贷款及应收款中不能归属于所列类别的资产 4 628 万元；(3)持有至到期投资中不能归属于所列类别的资产 7 312 万元；(4)长期股权投资中不能归属于所列类别的资产 16 875 万元。

信托资产运用与分布表

资产运用	金额（万元）	占比（%）	资产分布	金额（万元）	占比（%）
货币资产	43 545	1.59	基础产业	874 862	32.10
贷款	1 948 327	71.48	房地产	37 333	1.37
交易性金融资产投资	2 867	0.11	证券市场	2 867	0.11
可供出售金融资产投资	13 571	0.50	实业	1 414 978	51.91
持有至到期投资	365 258	13.40	金融机构	47 442	1.74
长期股权投资	260 570	9.56	其他	348 289	12.77
其他	91 633	3.36	—	—	—
信托资产总计	2 725 771	100	信托资产总计	2 725 771	100

注：资产运用类中的"其他"内容为应收款项 91 633 万元；资产分布类中的"其他"包括应收款项 91 633 万元，其他行业运用 274 016 万元。

4.3 市场分析

有利因素：(1)2011 年宏观经济政策的整体收紧导致银行信贷资金紧张，给信托公司带来更多业务机会；(2)湖南省响应"中部崛起"规划、推进"四化两型"建设以及正在实施的启动内需、扩大消费和深化农村改革，使该地区对金融服务需求逐步增大；(3)信托业监管制度日益完善，业务经营日渐规范，公司信誉度提高。

不利因素：(1)金融混业趋势明显，理财市场竞争加剧，银行、证券投资理财业务对信托业务带来极大的冲击；(2)净资本管理办法出台后，公司的资本金规模偏小，面临业务调整和转型的压力；(3)营销的瓶颈尚未打破；(4)需大力加强自有资金投资运作力度；(5)人才培养和团队建设机制有待完善；(6)以市场为导向、与绩效考核挂钩、适应公司发展要求的激励约束机制尚待完善。

4.4 内部控制概况

4.4.1 内部控制环境和内部控制文化

根据国家有关法律法规和公司章程，公司构建了完善的法人治理结构，逐步建立起权责分明、制衡合理、报告关系清晰的组织结构与决策程序，公司不断优化内部控制体系，董事会下设风险控制与审计委员会，负责公司风险控制、管理、监督和评估，以确保公司对风险的识别、防范和反馈纠正等管理活动能够有效的开展。

公司积极建设"自立、感恩、和谐"的公司文化，通过各种形式的讲座、交流和培训活动，将有关内部控制的最新制度和要求及时传达给员工，逐步形成了以"风控优先、合规经营"为核心的风险管理文化，引导员工树立合规意识和风险意识，不断提高员工职业道德水准，规范员工职业行为。

4.4.2 内部控制措施

公司具有较为完善的法人治理机制，并逐步建立起权责分明、制衡合理、报告关系清晰的组织结构与决策程序。通过构建全面风险管理体系，制定风险管理策略，针对管理风险、声誉风险、信用风险、操作风险、合规风险和市场风险等制定具体的内部控制制度，对公司的各项业务以及管理行为实行连续性监督。公司已经形成以风险控制为核心的管理理念，并根据程序制约和内部牵制的原则，将各职能部门业

务划分到具体的工作岗位，并以岗位说明书的形式对各岗位职责进行详细描述，以明确责任和权限。公司各部门和各级人员遵守法律、法规和银监会的各种相关规定并遵循公司内部控制的要求，在各项业务执行和信息传递中起到相互牵制、相互制衡的作用。

4.4.3 监督评价与纠正

公司通过定期或不定期对内部控制制度的审计，对公司内部控制制度的健全性和有效性进行测试和评价；对公司内部控制制度存在的偏差以及缺陷和薄弱的部分进行纠正，确保内部控制制度的健全和有效。

4.5 风险管理概况

4.5.1 风险状况

4.5.1.1 信用风险状况

信用风险主要是指公司交易对手违约造成损失的风险，主要表现为不良资产。2011 年，公司不良资产的期初数为 7 260 万元，期末数为零。

4.5.1.2 市场风险状况

市场风险主要是指由于利率、汇率或金融市场价格的变动造成损失的风险或按权益法核算的被投资单位因股市下跌对公司的盈利能力和财务状况有不利影响。公司密切关注国家宏观经济政策，对市场风险进行有效的监控，防范利率调整带来的风险。

4.5.1.3 操作风险状况

操作风险主要是指在业务经办过程中由于员工操作不当或由于系统故障而带来损失的风险。公司项目执行尽职调查和报告管理，并对项目的尽职管理进行有效的监控以规避各种操作风险的产生和扩大。报告期内公司尚未发现因公司内部业务流程、计算机系统、工作人员在操作中的不完善造成损失的风险，也尚未发现公司因外部因素如通讯系统故障等给公司造成损失或影响公司的正常运行。

4.5.1.4 其他风险状况

其他风险主要是指公司在开展业务中存在的合规性风险、声誉风险、政策风险等。报告期内尚未发现该类风险给公司造成损失或影响公司的正常运行。

4.5.2 风险管理的基本政策、策略

公司经营理念是以防范风险为核心，风险管理遵循全面性、审慎性、及时性、有效性、独立性等原则，覆盖公司各项业务、各个部门和各级人员，并渗透到决策、执行、监督、反馈等各个环节，对风险进行事前防范、事中控制、事后监督，促进公司持续、稳健、规范、健康运行。

公司风险管理的基本策略为：通过增强自身风险评估能力，并针对不同风险类别，明确制定风险偏好和风险承受度方法与工具，并且通过强化、执行合法合规经营的制度来进行保障。

5. 报告期末及上一年度末的比较式会计报表

5.1 自营资产(经审计)

5.1.1 会计师事务所审计结论

审计报告

天健湘审〔2012〕168 号

湖南省信托有限责任公司董事会：

我们审计了后附的湖南省信托有限责任公司(以下简称信托公司)财务报表，包括 2011 年 12 月 31 日的资产负债表、2011 年度的利润表及现金流量表、所有者权益变动表以及财务报表附注。

一、管理层对财务报表的责任

编制和公允列报财务报表是管理层的责任，这种责任包括：(1)按照企业会计准则的规定编制财务报表，并使其实现公允反映；(2)设计、执行和维护必要的内部控制，以使财务报表不存在由于舞弊或错误导致的重大错报。

二、注册会计师的责任

我们的责任是在执行审计工作的基础上对财务报表发表审计意见。我们按照中国注册会计师审计准则的规定执行了审计工作。中国注册会计师审计准则要求我们遵守中国注册会计师职业道德守则，计划和执行审计工作以对财务报表是否不存在重大错报获取合理保证。

审计工作涉及实施审计程序，以获取有关财务报表金额和披露的审计证据。选择的审计程序取决于注册会计师的判断，包括对由于舞弊或错误导致的财务报表重大错报风险的评估。在进行风险评估时，注册会计师考虑与财务报表编制和公允列报相关的内部控制，以设计恰当的审计程序，但目的并非对内部控制的有效性发表意见。审计工作还包括评价管理层选用会计政策的恰当性和作出会计估计的合理性，以及评价财务报表的总体列报。

我们相信，我们获取的审计证据是充分、适当的，为发表审计意见提供了基础。

三、审计意见

我们认为，信托公司财务报表在所有重大方面按照企业会计准则的规定编制，公允反映了信托公司 2011 年 12 月 31 日的财务状况以及 2011 年的经营成果和现金流量。

天健会计师事务所(特殊普通合伙)湖南分所

中国注册会计师：李永利

中国・长沙　　中国注册会计师：赵　娇

二〇一二年三月二十日

5.1.2 资产负债表

资产负债表

编制单位：湖南省信托有限责任公司　　2011 年 12 月 31 日　　单位：万元

资　产	期末余额	年初余额	负债和所有者权益	期末余额	年初余额
资产：			负债：		
现金及银行款项	23 641	2 393	向中央银行借款	4 000	4 000

续表

资　　产	期末余额	年初余额	负债和所有者权益	期末余额	年初余额
存放同业款项	4	4	拆入资金		
贵金属			交易性金融负债		
拆出资金			衍生金融负债		
交易性金融资产		7 662	卖出回购金融资产款		
衍生金融资产			其他应付款	6 255	6 192
买入返售金融资产			应付职工薪酬	4 191	1 377
其他应收款	19 478	20 144	应交税费	4 954	1 107
应收利息			应付利息		
发放贷款和垫款	18 130	22 189	预计负债		
可供出售金融资产			应付债券		
持有至到期投资	7 312	5 773	递延所得税负债		15
长期股权投资	50 509	11 715	其他负债	16	16
投资性房地产			负债合计	19 416	12 707
固定资产	1 060	1 201			
无形资产	8	25	所有者权益:		
递延所得税资产	1 082	1 393	实收资本(或股本)	70 000	50 000
其他资产	12		资本公积	10 271	1 485
			减:库存股		
			盈余公积	3 180	1 856
			一般风险准备	1 080	1 080
			信托赔偿准备	14 600	1 012
			未分配利润	2 690	4 360
			外币折算差额	-1	-1
			所有者权益合计	101 820	59 792
资产总计	121 236	72 499	负债和所有者权益总计	121 236	72 499

法定代表人:朱德光　　主管会计工作的负责人:王晓芸　　会计机构负责人:伍质洁

5.1.3　利润和利润分配表

利润表

编制单位:湖南省信托有限责任公司　　2011 年度　　单位:万元

项　　目	本期金额	上期金额
一、营业收入	31 835	14 518
利息净收入	1 209	491
利息收入	1 299	582
其中:金融企业往来利息收入	81	22
利息支出	90	91
手续费及佣金净收入	30 245	13 162
手续费及佣金收入	30 245	13 162
其中:信托报酬收入	29 973	12 920
手续费及佣金支出		
投资收益(损失以"-"号填列)	443	803
其中:对联营企业和合营企业的投资收益		
公允价值变动收益(损失以"-"号填列)	-62	62
汇兑收益(损失以"-"号填列)		
其他业务收入		
二、营业支出	13 681	8 545
营业税金及附加	1 761	766
业务及管理费	8 284	5 283
资产减值损失	3 000	2 193
其他业务成本	636	303
三、营业利润(亏损以"-"号填列)	18 154	5 973
加:营业外收入	37	3
减:营业外支出	416	5
四、利润总额(亏损总额以"-"号填列)	17 775	5 971
减:所得税费用	4 533	1 383
五、净利润(净亏损以"-"号填列)	13 242	4 588

法定代表人:朱德光　　主管会计工作的负责人:王晓芸　　会计机构负责人:伍质洁

5.1.4 所有者权益变动表

所有者权益变动表

编制单位:湖南省信托有限责任公司　　　　单位:万元

项　目	2011年								2010年							
	股本	资本公积	盈余公积	信托赔偿准备	一般风险准备	未分配利润	外币折算差额	所有者权益合计	股本	资本公积	盈余公积	信托赔偿准备	一般风险准备	未分配利润	外币折算差额	所有者权益合计
一、上年年末余额	50 000	1 485	1 856	1 012	1 080	4 360	-1	59 792	50 000	1 485	1 397	783	1 080	2 960	-1	57 704
加:会计政策变更																
前期差错更正																
其他																
二、本年年初余额	50 000	1 485	1 856	1 012	1 080	4 360	-1	59 792	50 000	1 485	1 397	783	1 080	2 960	-1	57 704
三、本期增减变动金额(减少以"-"号填列)	20 000	8 786	1 324	13 588		-1 670		42 028			459	229		1 400		2 088
(一)净利润						13 242		13 242						4 588		4 588
(二)直接计入所有者权益的利得和损失		8 786						8 786								
(三)所有者投入和减少资本	20 000							20 000								
1. 所有者投入资本	20 000							20 000								
2. 股份支付计入所有者权益的金额																
3. 其他																
(四)利润分配			1 324	13 588		-14 912					459	229		-3 188		-2 500
1. 提取盈余公积			1 324			-1 324					459			-459		
2. 提取一般风险准备																
3. 对所有者(或股东)的分配														-2 500		-2 500
4. 提取信托赔偿准备				13 588		-13 588						229		-229		
(五)所有者权益内部结转																
1. 资本公积转增资本(或股本)																
2. 盈余公积转增资本(或股本)																
3. 盈余公积弥补亏损																
4. 其他																
(六)专项储备																
1. 本期提取																
2. 本期使用																
四、本期期末余额	70 000	10 271	3 180	14 600	1 080	2 690	-1	101 820	50 000	1 485	1 856	1 012	1 080	4 360	-1	59 792

法定代表人:朱德光　　　　主管会计工作的负责人:王晓芸　　　　会计机构负责人:伍质洁

5.2 信托资产

5.2.1 信托项目资产负债汇总表

编制单位：湖南省信托有限责任公司　　2011年12月31日　　单位：万元

信托资产	期末数	年初数	信托负债和信托权益	期末数	年初数
信托资产			一、信托负债		
货币资金	43 545	130 952	交易性金融负债	—	—
拆出资金	—	—	衍生金融负债	—	—
存出保证金	—	—	应付受托人报酬	1 796	2 781
交易性金融资产	2 867	4 656	应付托管费	2	1
衍生金融资产	—	—	应付受益人收益	2 071	24
买入返售金融资产	—	—	应交税费	—	—
应收款项	105 206	199 424	应付销售服务费	—	—
发放贷款	1 948 327	1 208 191	其他应付款项	8 153	10 252
可供出售金融资产	—	—	其他负债	—	—
持有至到期投资	365 258	74 082			
长期应收款	—	—	信托负债合计	12 022	13 058
长期股权投资	260 570	145 337			
投资性房地产	—	—	二、信托权益		
固定资产	—	—	实收信托	2 698 409	1 748 703
无形资产	—	—	资本公积	—	—
长期待摊费用	0	0	外币报表折算差额	0	0
其他资产	0	0	未分配利润	15 340	881
减：各项资产减值准备	0	0	信托权益合计	2 713 749	1 749 584
信托资产总计	2 725 771	1 762 642	信托负债和信托权益总计	2 725 771	1 762 642

公司负责人：朱德光　　财务负责人：王晓芸　　会计人员：林　莉

5.2.2 信托项目利润及利润分配汇总表

编制单位：湖南省信托有限责任公司　2011年度　　单位：万元

项　目	本年数	上年数
1. 营业收入	195 741	82 584
1.1 利息收入	113 908	56 630
1.2 投资收益（损失以"－"号填列）	81 833	25 779
其中：对联营企业和合营企业的投资收益	—	—
1.3 公允价值变动收益（损失以"－"号填列）	—	—
1.4 租赁收入	—	—
1.5 汇兑损益（损失以"－"号填列）	—	—
1.6 其他收入	—	175
2. 支出	37 226	12 140
2.1 营业税金及附加	—	—
2.2 受托人报酬	19 836	8 527
2.3 托管费	1 146	691
2.4 投资管理费	15 400	2 514
2.5 销售服务费	685	243
2.6 交易费用	—	—
2.7 资产减值损失	—	—
2.8 其他费用	159	165
3. 信托净利润（净亏损以"－"号填列）	158 515	70 444
4. 其他综合收益	—	—
5. 综合收益	158 515	70 444
6. 加：期初未分配信托利润	881	－1 252
7. 可供分配的信托利润	159 396	69 192
8. 减：本期已分配信托利润	144 056	68 310
9. 期末未分配信托利润	15 340	882

公司负责人：朱德光　　财务负责人：王晓芸　　会计人员：林　莉

6. 会计报表附注

6.1 简要说明报告年度会计报表编制基准、会计政策、会计估算和核算方法的变化

无。

6.2 或有事项说明

无

6.3 重要资产转让及其出售的说明

年末本公司协议向常德市财经资产管理处以评估价2 017万元转让账面净值为2 192万元的债权资产。

6.4 会计报表中重要项目的明细资料

6.4.1 披露自营资产经营情况

6.4.1.1 按信用风险五级分类的结果披露信用风险资产的期初数、期末数

信用风险资产五级分类	正常类（万元）	关注类（万元）	次级类（万元）	可疑类（万元）	损失类（万元）	信用风险资产合计（万元）	不良资产合计（万元）	不良率（%）
期初数	10 245	33 273	495	3 784	2 981	50 778	7 260	14.3
期末数	29 017	33 527	0	0	0	62 544	0	0

注：不良资产合计＝次级类＋可疑类＋损失类。

6.4.1.2 各项资产减值损失准备的期初、本期计提、本期转回、本期核销（不良资产处置）、期末数

单位：万元

	期初数	本期计提	本期转回	本期核销	期末数
贷款损失准备	2 079	1 249	—	2 321	1 007
一般准备	—	—	—	—	—
专项准备	2 079	1 249	—	2 321	1 007
其他资产减值准备	—		—	—	
可供出售金融资产减值准备	—		—	—	
持有至到期投资减值准备	—		—	—	
长期股权投资减值准备	—		—	—	
坏账准备	3 975	1 751	—	5 438	288
投资性房地产减值准备	—	—	—	—	—

6.4.1.3 自营股票投资、基金投资、债券投资、股权投资等投资业务的期初数、期末数

单位：万元

	自营股票	基金	债券	长期股权投资	其他投资	合计
期初数	—	—	—	11 715	13 435	25 150
期末数	—	—	—	50 509	7 312	57 821

6.4.1.4 按投资入股金额排序，前三名的自营长期股权投资的企业名称、占被投资企业权益的比例及投资收益情况等

企业名称	占被投资企业权益的比例(%)	投资收益(万元)
1. 华融湘江银行	3.68	—
2. 湖南高速集团财务有限公司	15	—
3. 湖南财信创业投资有限责任公司	40	8

6.4.1.5 前三名的自营贷款的企业名称、占贷款总额的比例和还款情况等

企业名称	占贷款总额的比例(%)	还款情况
1. 湖南省德胜房地产开发有限公司	70.54	—
2. 湖南湘渝电力投资有限责任公司	16.72	—
3. 湖南省林业科技开发有限公司	7.32	—

6.4.1.6 表外业务的期初数、期末数；按照代理业务、担保业务和其他类型表外业务分别披露

单位：万元

表外业务	期初数	期末数
担保业务	—	—
代理业务(委托业务)	—	—
其他	—	—
合计	—	—

6.4.1.7 公司当年的收入结构

收入结构	金额(万元)	占比(%)
手续费及佣金收入	30 245	94.63
其中：信托手续费收入	29 973	93.78
投资银行业务收入	—	—
利息收入	1 299	4.06
其他业务收入	—	—
其中：计入信托业务收入部分	—	—
投资收益	443	1.39
其中：股权投资收益	262	0.82
证券投资收益	—	—
其他投资收益	181	0.57
公允价值变动收益	-62	-0.19
营业外收入	37	0.11
收入合计	31 962	100

续表

6.4.2 披露信托资产管理情况

6.4.2.1 信托资产的期初数、期末数

单位：万元

信托资产	期初数	期末数
集合	395 695	572 903
单一	1 343 234	2 125 882
财产权	23 713	26 986
合计	1 762 642	2 725 771

6.4.2.1.1 主动管理型信托业务期初数、期末数，分证券投资、股权投资、融资、事务管理类分别披露

单位：万元

主动管理型信托资产	期初数	期末数
证券投资类	5 950	3 222
股权投资类	205 572	287 296
融资类	315 027	1 717 186
事务管理类	118 370	118 999
合计	644 919	2 126 703

6.4.2.1.2 被动管理型信托业务的信托资产期初数、期末数，分证券投资、股权投资、融资、事务管理类分别披露

单位：万元

被动管理型信托资产	期初数	期末数
证券投资类	—	—
股权投资类	—	—
融资类	1 117 723	599 068
事务管理类	—	—
合计	1 117 723	599 068

6.4.2.2 本年度已清算结束的信托项目个数、实收信托合计金额、加权平均实际年化收益率

6.4.2.2.1 本年度已清算结束的集合类、单一类资金信托项目和财产管理类信托项目个数、金额、加权平均实际年化收益率

已清算结束信托项目	项目个数	实收信托合计金额(万元)	加权平均实际年化收益率(%)
集合类	16	100 581	5.83
单一类	38	1 554 033	4.22
财产管理类	0	0	0

6.4.2.2.2 本年度已清算结束的主动管理型信托项目个数、合计金额、加权平均实际年化收益率，按照证券投资、股权投资、融资、事务管理类分别披露

已清算结束信托项目	项目个数	实收信托合计金额（万元）	加权平均实际年化信托报酬率（%）	加权平均实际年化收益率（%）
证券投资类	—	800	0.88	-6.33
股权投资类	5	56 950	1.43	5.31
融资类	40	813 262	0.37	4.17
事务管理类	—	2 000	0.21	14.13

6.4.2.2.3　本年度已清算结束的被动管理型信托项目个数、合计金额、加权平均实际年化收益率，按照证券投资、股权投资、融资、事务管理类分别披露

已清算结束信托项目	项目个数	实收信托合计金额（万元）	加权平均实际年化信托报酬率（%）	加权平均实际年化收益率（%）
证券投资类	—	—	—	—
股权投资类	—	—	—	—
融资类	9	781 602	0.26	4.41
事务管理类	—	—	—	—

6.4.2.3　本年度新增的集合类、单一类、资金信托项目和财产管理类信托项目数量、合计金额

单位：万元

新增信托项目	项目个数	实收信托合计金额
集合类	79	254 975
单一类	79	2 348 430
财产管理类	2	914
新增合计	160	2 604 319
其中：主动管理型	153	2 315 319
被动管理型	7	289 000

6.4.2.4　本公司履行受托人义务情况及因公司自身责任而导致的信托资产损失情况（合计金额、原因等）

公司在管理信托财产的过程中，恪尽职守，履行诚实、信用、谨慎、有效管理的义务，公司没有发生损害受益人利益的情况。

报告期内未发生因公司自身责任而导致的信托资产损失情况。

6.5　关联方关系及其交易的披露

6.5.1　关联交易方的数量、关联交易的总金额及关联交易的定价政策等

无。

6.5.2　关联交易方与本公司的关系性质、关联交易方的名称、法人代表、注册地址、注册资本及主营业务等

无。

6.5.3　本公司与关联方的重大交易事项

6.5.3.1　固有财产与关联方：贷款、投资、应收账款、担保、其他方式等期初数汇总数、本期发生额汇总数、期末汇总数

无。

6.5.3.2　信托资产与关联方交易情况：贷款、投资、租赁、应收账款、担保、其他方式等期初汇总数、本期发生汇总额、期末汇总数

无。

6.5.3.3　信托公司自有资金运用于自己管理的信托项目（固信交易）、信托公司管理的信托项目之间的相互交易（信信交易）金额，包括余额和本报告年度的发生额

6.5.3.3.1　固有与信托财产之间的交易金额期初汇总数、本期发生额汇总数、期末汇总数

单位：万元

固有财产与信托财产相互交易				
	期初数	本期发生额	期末数	
合计	4 773	-226	4 547	

6.5.3.3.2　信托项目之间的交易金额期初汇总数、本期发生额汇总数、期末汇总数

无。

6.5.4　逐笔披露关联方逾期偿还本公司资金的详细情况以及本公司为关联方担保发生或即将发生垫款的详细情况

无。

6.6　会计制度的披露

（1）本公司固有业务（自营业务）已于2008年1月1日起执行新的《企业会计准则》，同时所有与会计有关的内容均作出相应修改。

（2）信托业务于2010年1月1日起执行新的《企业会计准则》，同时所有与会计有关的内容均作出相应修改。

7. 财务情况说明书

7.1　利润实现和分配情况

本公司上年末累计未分配利润为4 360万元，本年度实现净利润为13 242万元，累计可供分配利润为17 602万元；提取法定盈余公积1 324万元，提取信托赔偿准备为13 588万元，可供投资者分配利润为2 690万元，向股东分配现金股利2 690万元。

7.2　主要财务指标

指标名称	指标值
资本利润率（%）	16.39
加权年化信托报酬率（%）	0.63
人均净利润（万元/人）	185

7.3　对本公司财务情况、经营成果有重大影响的其他事项

无。

8. 特别事项揭示

8.1　前五名股东报告期内变动情况及原因

无。

8.2　董事、监事及高级管理人员变动情况及原因

报告期内，由于工作变动原因，经2011年第二次股东会批

准，同意曾世民先生辞去董事职务，同意石波女士辞去监事会主席、监事职务；经第三届董事会第八次会议批准，同意曾世民先生辞去总裁职务，由朱德光先生暂代行总裁职权，同意唐慧先生辞去副总裁职务，同意黄飞彪先生辞去风控总监职务，由刘瑛女士暂代行风控总监职权。

8.3 公司的重大未决诉讼事项

无。

8.4 对会计师事务所出具的有保留意见、否定意见或无法表示意见的审计报告的，公司董事会应就所涉及事项作出说明

天健会计师事务所（特殊普通合伙）湖南分所对公司出具无保留审计意见。

8.5 公司及其董事、监事和高级管理人员受到处罚的情况

报告期内未发生公司及其董事、监事和高级管理人员受到处罚的情况。

8.6 银监会及其派出机构对公司的检查意见及其整改情况说明

2011年，中国银行业监督管理委员会湖南监管局对公司信托业务进行了全面检查，并出具了现场检查意见书。公司经营层高度重视，积极组织相关部门落实整改。整改情况如下：推进增资扩股进程，提高净资本水平；加大营销宣传力度，树立公司品牌形象；完善业务审批流程，加强内部流程控制；优化业务结构，加强尽职管理；严格内部管理，夯实基础工作。

8.7 本年度重大事项临时报告的简要内容、披露时间、所披露的媒体及其版面

2011年10月13日，《金融时报》第七版，刊登关于董事兼总裁辞职的公告，经公司股东会和董事会批准，曾世民先生辞去董事和总裁职务。

2011年12月21日，《金融时报》第二版，刊登关于增加注册资本及修改章程的公告，公司注册资本由50 000万元增加至70 000万元。

8.8 银监会及其省级派出机构认定的其他有必要让客户及相关利益人了解的重要信息

无。

9. 公司监事会意见

监事会对公司2011年度有关事项的独立意见：

（1）报告期内，公司依法运作，决策程序合法有效，未发现公司董事和高级管理人员履行职务时有违反法律、法规、公司章程，或损害公司利益的行为。

（2）天健会计师事务所（特殊普通合伙）湖南分所对公司2011年度财务报告出具的审计报告所涉及事项是真实、客观、公正的；公司2011年度财务报告能够真实地反映公司的财务状况和经营成果。

（3）报告期内未发现公司有损害受益人、股东权益或造成公司资产流失的行为。

华澳国际信托有限公司

1. 重要提示

1.1 本公司董事会及董事保证本报告所载资料不存在任何虚假记载、误导性陈述或者重大遗漏，并对其内容的真实性、准确性和完整性承担个别及连带责任。本年度报告摘要摘自年度报告全文，客户及相关利益人欲了解详细内容，应阅读年度报告全文。

1.2 本公司全体董事出席董事会会议。

1.3 本公司设独立董事制度，独立董事沈斌、林家礼在此发表独立声明，确认本报告所载资料及内容的真实性、准确性和完整性并无异议。

1.4 本公司已聘请德勤华永会计师事务所根据中国注册会计师审计准则对本公司年度财务报告进行审计，该审计机构已为本公司出具了标准无保留意见的审计报告和审计结论。

1.5 公司法定代表人及董事长余建平、主管会计工作负责人杨瑞驰以及会计部门负责人(会计主管人员)李勇在此声明：保证本年度报告所载财务资料和内容的真实性、准确性和完整性。

2. 公司概况

2.1 公司简介

2.1.1 公司法定中文名称：华澳国际信托有限公司
公司法定中文名称缩写：华澳信托
公司法定英文名称：Sino - Australian International Trust Co.，Ltd.
公司英文名称缩写：SATC

2.1.2 公司法定代表人：余建平

2.1.3 注册地址：中国上海市浦东新区花园石桥路33号花旗集团大厦1702室
邮政编码：200120
公司国际互联网网址：www.huaao - trust.com
公司电子信箱：enquiry@huaao - trust.com

2.1.4 公司信息披露事务负责人姓名：郭佳永
联系电话：+86 21 68883098
传真：+86 21 68885995
电子信箱：hadb@huaao - trust.com

2.1.5 公司信息披露报纸名称：《上海证券报》

2.1.6 公司年度报告备置地点：上海市浦东新区花园石桥路33号花旗集团大厦1702室

2.1.7 公司聘请的境内会计师事务所名称：德勤华永会计师事务所有限公司
办公地址：中国上海市延安东路222号外滩中心30楼

2.1.8 公司聘请的境内律师事务所名称：中伦律师事务所(上海办公室)
办公地址：上海市浦东新区银城中路200号中银大厦11层

2.2 组织结构

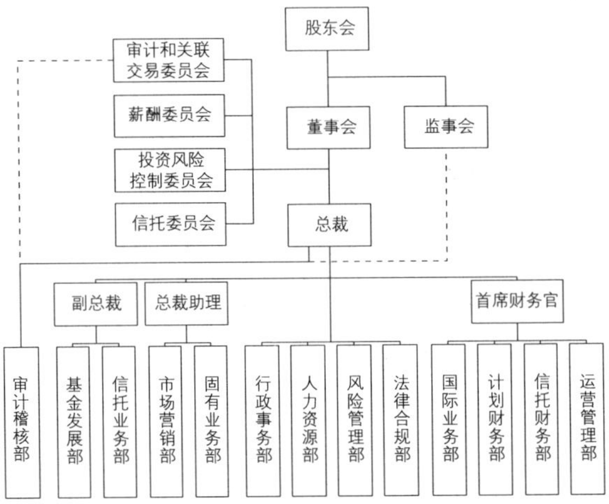

3. 公司治理

3.1 股东

报告期末股东总数3家。

公司全部股东均持有公司10%以上(含10%)出资比例，股东名称及持股情况如下：

股东名称	持股比例(%)	法人代表	注册资本	注册地址	主要经营业务及主要财务情况
北京融达投资有限公司★	50.01	申献斌	30 000万元	北京市海淀区首体南路国兴家园4号楼D1三层	主要投资房地产、煤炭、化工、稀土、金融股权等。
北京三吉利能源股份有限公司	30.00	余建平	96 000万元	北京市丰台区科学城航丰路8号231室	建设、经营电厂(站)，电力及能源配套设备制造、加工、销售。
麦格理资本证券股份有限公司	19.99	—	20亿港元	香港中环添美道1号中信大厦19层	证券承销、证券经纪、证券研究、证券配售以及全球存托凭证、美国存托凭证交易等。

注：1. 股东名称一栏中★为公司最终实际控制人；2. 股东北京融达投资有限公司、北京三吉利能源股份有限公司之间存在关联关系。

3.2 董事

董事长、副董事长、董事

姓　名	职　务	性别	年龄	选任日期	所推举的股东名称	该股东持股比例(%)	简　要　履　历
余建平	董事长	男	55	2009年8月21日	北京三吉利能源股份有限公司	30.00	北京国利能源投资有限公司董事长、总经理、党委书记,先后在北京国利能源投资有限公司、北京三吉利能源公司及北京三吉利能源股份公司担任总经理、董事长等职务;现任华澳国际信托有限公司董事长。
Kalpana Desai	董事	女	44	2010年9月27日	麦格理资本证券股份有限公司	19.99	长期香港及伦敦海外金融从业背景,曾于Coopers & Lybrand Consulting, J. Henry Schroder Wagg ,Barclays de Zoete Wedd (BZW)等机构先后担任欧洲兼并收购部副总裁、亚洲区主席、香港兼并收购部副总裁、香港投行部董事总经理、投行部亚太区主席等要职;1998年至2009年期间就职于美林证券投行部;曾担任麦格理资本亚洲区主席,负责麦格理亚洲区投行业务的整体管理;现就职于香港麦格理资本证券。
刘汉平	董事	男	50	2009年8月21日	北京融达投资有限公司	50.01	先后在北京三吉利能源股份有限公司担任审计室主任、经营计划部经理等职务,曾任北京国利能源投资有限公司总经理助理兼监察审计部经理,现任北京国利能源投资有限公司总经理助理。
翟　隽	董事	男	43	2009年8月21日	麦格理资本证券股份有限公司	19.99	麦格理集团中国区总裁,早年曾于德勤会计师行、施罗德国际商人银行以及高盛、雷曼等投行机构任职;2001年至2006年担任德意志银行董事总经理兼中国区主管。
田　英	董事	女	46	2009年8月21日	北京三吉利能源股份有限公司	30.00	历任北京三吉利能源股份有限公司总会计师;现任北京三吉利能源股份有限公司副总经理。

独立董事

姓　名	所在单位及职务	性别	年龄	选任日期	所推举的股东名称	该股东持股比例(%)	简　要　履　历
沈　斌	退休	男	62	2009年8月21日	北京三吉利能源股份有限公司	30	曾任人民银行上海分行金融行政管理处副处长、处长、银行管理处处长,银行监管二处处长,分行办公室主任、国有银行监管处处长等职,曾担任深圳发展银行上海分行副行长;现任该行高级顾问。
林家礼	麦格理集团	男	53	2009年8月21日	麦格理资本证券股份有限公司	19.99	曾任正大企业国际有限公司行政总裁兼副董事长、中银国际控股董事总经理兼投资银行部副董事长、中银国际亚洲董事总经理;新加坡科技电信媒体业务执行董事;美国海德思哲国际咨询公司全球华人业务首席合伙人;欧洲MIC移动电话公司亚太区行政总裁;美国科尔尼国际管理顾问公司大中华地区首席合伙人,大东电报局/香港电讯有限公司总经理;现任LeeG. Lam Associates Inc. 国际投资管理公司董事长。

3.3 监事

监事会成员

姓　名	职　务	性别	年龄	选任日期	所推举的股东名称	该股东持股比例(%)	简　要　履　历
张　宏	监事长	男	51	2010年1月26日	北京三吉利能源股份有限公司	30	曾任北京国利能源投资有限公司副总经理,华澳国际信托有限公司总裁,拥有在财务、金融投资、资产重组及海外业务等方面丰富的管理经验;现任华澳国际信托有限公司专职监事长。
陈勤仁	监事	男	38	2011年5月6日	麦格理资本证券股份有限公司	19.99	拥有近10年国际律师执业经验,曾在北京、香港、雅加达、伦敦和新加坡工作,参与多项企业融资及商业项目的工作,涉及交易种类包括收购、合并、首次公开发行以及公司重组及项目融资等,持有英国伦敦大学玛丽女皇与威斯库学院法学士学位,目前为香港证监会持牌法团负责人员;2006年加入麦格理,现任麦格理资本(香港)有限公司董事总经理。
高杰	监事	女	37	2011年5月6日			曾任平安资产管理公司审计负责人、中泰信托投资公司稽核审计部总经理、汇尔顿资产管理有限公司总经理助理,拥有丰富的财务、金融及管理方面的背景和从业经验;现任华澳国际信托有限公司审计稽核部总经理兼法律合规部总经理。

3.4 高级管理人员

姓名	职务	性别	年龄	选任日期	金融从业年限	学历	专业	简要履历
赵文杰	总裁	男	46	2011年2月11日	24	博士	金融工程	曾任深圳发展银行首席内控执行官和深圳发展银行北京分行行长等职务，拥有在内控、金融投资、人力资源等方面丰富的管理经验；现任华澳国际信托有限公司总裁。
李长忠	副总裁	男	49	2009年5月1日	12	硕士	会计、人力资源	曾任北京能源房地产开发有限责任公司副总、北京三吉利稀土公司董事长、北京新协房地产开发公司总经理、国家开发投资公司财务部处长、北京三吉利能源公司总会计师、煤炭部中国地方煤矿总公司财务处副处长等职务；现任华澳国际信托有限公司副总裁。
杨瑞驰	首席财务官	男	42	2011年2月11日	17	本科	会计	澳大利亚注册会计师，在电讯、媒体、科技行业的企业融资方面拥有超过12年从业经验，曾就职于普华永道、荷兰银行等著名机构；曾担任麦格理集团董事总经理、华澳国际信托有限公司首席运营官；现任首席财务官。
翟振明	总裁助理	男	41	2011年2月22日	23	硕士	管理科学与工程	曾任深圳发展银行北京分行公司业务部副总经理、东直门支行行长，多年从事金融工作，在市场开拓、风险控制方面有所擅长并严格按照“合规”的理念进行经营管理。

3.5 公司员工

本报告期公司在岗员工79人。

项目		报告期年度		上年度	
		人数	比例(%)	人数	比例(%)
年龄分布	25岁以下	1	1.3	3	7.5
	25~29岁	34	43	13	32.5
	30~39岁	37	46.8	19	47.5
	40岁以上	7	8.9	5	12.5%
学历分布	博士	1	1.3	1	2.5
	硕士	29	36.7	18	45
	本科	45	57	19	47.5
	专科	4	5	2	5
	其他	0	0	0	0
岗位分布	董事、监事及高管人员	5	6.3	4	10
	自营业务人员	3	4	4	10
	信托业务人员	26	33	14	35
	其他人员	45	56.7	18	45

4. 经营管理

4.1 经营目标、经营方针、战略规划

4.1.1 经营目标

引领金融服务和金融创新，并借助其为信托产品的投资者及股东创造较高价值与丰厚的回报。

4.1.2 经营方针

夯实基础、强化管理、加快创新、提升效益。

4.1.3 战略规划

依托中方股东的本土优势及外方股东多年在国际金融市场的成功管理经验，将华澳信托打造成为以发展产业基金及私募股权投资管理为主，以提供多种金融创新服务为辅的有鲜明管理特色的国际化综合金融机构。

为此，公司将致力于努力工作并确保：优异的理财管理能力和业绩表现，内部风险控制及资产管理实力不断提升、市场营销、客户群体的开拓及公司知名度的持续上升、团队及企业文化建设不断进步。

4.2 所经营业务的主要内容

4.2.1 公司主营业务

公司目前主要以信托为主营业务，在确保风险可控基础上适当开展自营金融业务。

信托业务方面，公司贯彻落实监管部门指导精神，注重培养和提升主动管理能力，积极发展与各优质客户之间紧密持久的战略合作关系，确保信托产品的高起点、精品化。在确保传统信托产品为业务本原的基础上，稳健开展投资类信托、准资产证券化（财产权信托）等信托业务，并逐步加大信托产品创新力度，积极拓展信托业务领域，丰富信托业务品种，在供应链金融、中小企业发展基金、资本市场、文化产业等领域不断提升和拓展，在顺应国家产业政策导向的前提下，着力打造公司独具特色的信托产品，以满足高端客户的投资需求。

今后，配合公司增资及依托外方股东国际金融方面的优势背景逐步申请开展企业年金、QDII、PE等以资产管理为内在核心竞争力驱动的主动管理型信托业务，实现业务战略转型。

固有业务方面主要包括：(1)贷款类业务。贷款类业务是提高固有资金运营效率的重要手段，公司通过对贷款结构、期限、规模的动态调整和优化，积极把握各类行业领域孕育的投资机会，从客户资源、渠道资源、项目资源等方面为信托主业提供有力支持，同时获得风险可控的较高收益。(2)金融产品投资类业务。金融产品投资类业务较为灵活，可根据公司当期资金情况，提高资金使用效率。当配比不同种类的金融产品时，可降低投资组合风险。同时在风险相对较低的情况下获得可观收益。目前，金融产品投资类业务主要包括购买信托产品和信贷资产转让。(3)固定收益业务。固定收益业务对公司在优化固有资产投资结构、提升固有资产运营效率等方面发挥着重要作用。公司以确保资金的安全性和资产的流动性为原则，通过对固定收益市场和相关投资品种的深入研究，根据市场环境的变化动态调整和优化资产配置结构，构成稳健的投资组合，获取固定收益。

4.2.2 资产组合与分布

自营资产运用与分布表

资产运用	金额（万元）	占比（%）	资产分布	金额（万元）	占比（%）
货币资产	48 719.00	64	基础产业	—	—
贷款及应收款	19 338.00	25	房地产业	—	—
交易性金融资产	—	—	证券市场	—	—
可供出售金融资产	6 864.00	9	实业	19 338.00	25
持有至到期投资	—	—	金融机构	55 583.00	73
长期股权投资	—	—	其他	1 106.00	2
其他	1 106.00	2			
资产总计	76 027.00	100	资产总计	76 027.00	100

信托资产运用与分布表

资产运用	金额（万元）	占比（%）	资产分布	金额（万元）	占比（%）
货币资金	17 597.74	1.10	房地产	842 742.39	52.59
贷款	362 616.12	22.63	工商企业	341 408.97	21.31
应收款项	257 276.34	16.06	基础产业	89 047.83	5.56
买入返售金融资产	53 300.00	3.33	金融机构	38 772.32	2.42
可供出售金融资产	295 440.50	18.44	其他	290 437.05	18.12
长期股权投资	508 920.00	31.76			
其他资产	92 178.36	5.75			
持有至到期投资	15 079.50	0.93			
合计	1 602 408.56	100.00	合计	1 602 408.56	100.00

4.3 市场分析

中国银监会授权发布的最新数据显示，截至2011年12月31日，我国信托资产规模达48 114.38亿元，比第三季度末大幅增加7 136.65亿元；2011年投向房地产领域的新增信托资金累计3 704.58亿元。2011年信托公司经营收入439.29亿元，利润总额298.57亿元。

2012年，世界经济持续低迷将对我国经济产生不利影响。一方面，贸易保护政策和发达国家的进口需求不振将直接影响我国出口，净出口对GDP的拉动作用已不大，从而影响到我国经济运行；另一方面国际金融市场的波动也会逐步传导至我国，内需消费受通货膨胀压制；投资下滑明显，政府主导投资难以为继，其中房地产投资增速在资金紧张的情况下持续回落，房地产投资高位快速回落对经济的负面拉动并进一步影响我国实体经济发展。

面对以上经济下行风险，2010年以来中国长期持续的紧缩政策将会有所调整。中央经济工作会议明确表示，政策重心从“控通胀”转移到“稳增长”，货币政策方面“要综合运用多种货币政策工具，保持货币信贷总量合理增长，优化信贷结构，发挥好资本市场的积极作用”，可见，货币政策维持稳健基调，但总量会逐步放松。财政政策“要注重加强与产业政策的协调和配合，充分体现分类指导、有扶有控”，可以预计，在“稳增长”的大目标下，大规模的民生项目、保障房建设将会陆续上马。信托在基础设施领域仍然有生存的空间，不会急剧萎缩；尤其在保障性住房、民生工程政策刺激下，信托会得到较好的发展。中国经济结构面临重大转型，信托公司作为与实体经济紧密相连的金融机构，业务方向也将随之转变。

4.4 内部控制概况

4.4.1 内部控制环境和内部控制文化

公司高级管理层始终坚持内控优先的风险管理理念，并强调公司各部门和岗位对内部控制和风险管理的重视。

为进一步提高内部控制水平，防范经营风险，保障公司体系安全稳健运行，公司于2011年5月26日下发《关于进一步加强我公司内部控制的指导意见》，正式启动内部控制自我提升项目，明确内部控制目标和原则，并细化内部控制具体实施方案。

同时，公司通过定期组织员工学习相关法律法规和公司各项规章制度，加强员工风险防范意识。总体来说，公司十分重视内控建设，并通过对现行内控体制的定期评估和修改，不断完善内控体系。

4.4.2 内部控制措施

公司从组织架构调整、制度梳理和完善、自我风险评估体系建立、IT系统优化等方面加强内部控制管理，本报告期内采取的具体内部控制措施主要包括：

（1）进一步调整和优化组织架构体系，明确岗位职责，加强授权和相互制约与协调机制。本报告期内，公司已调整和优化组织架构，增设风险管理部和运营管理部，进一步加强项目风险管控和后续管理职能。

（2）持续梳理、完善制度。在梳理各项生效制度或办法基础上，结合公司经营管理情况，已制定2011年和2012年制度完善计划，本报告期内新增、修订、下发业务类和管理类制度共计30余项；2012年计划完善制度16项。

（3）建立自我风险评估体系，增强自我识别、自我控制风险的能力。本报告期内，各业务条线已识别主要风险事项和关键风险指标（KRI），并持续进行检视和优化，逐步形成自我风险评估体系。

（4）梳理业务流程和管理流程，编制流程图。通过梳理各条线业务和管理流程，结合主要风险事项和关键风险指标（KRI），编制工作流程图，以利于进一步控制操作风险、提高沟通和工作效率。

（5）深化人力资源规划与培养。本报告期内，已制定员工职业生涯规划方案、薪酬体系和福利制度、绩效管理和考核制度等，后续将建立员工能力评价体系，深化人才战略规划，吸引优秀人才。

（6）不断加强IT系统建设。本报告期内，公司已排查IT各风险点并制定完善方案，已建立突发事件的应急管理办法及预案，后续将实施IT系统二期开发工作。

（7）强化内部监督制约机制、完善责任追究制度体系。通过加强合规宣导、加大审计监督和处罚力度，制定有关责任追究制度，构筑牢固的内部监督防范体系。

（8）完善内部控制报告制度。公司定期评估内部控制效果，并形成年度内部控制报告。

4.4.3 监督评价与纠正

公司设置了审计稽核部，对公司各职能部门的业务活动、财务收支及经营管理活动的真实性、合法性、效益性和资产安全性、完整性、保值增值性等方面进行监督、检查和评价，并直接向审计和关联交易委员会报告，具有充分的独立性。

审计稽核部根据需要进行常规审计、专项审计和项目稽核。常规审计每半年至少进行一次，专项审计根据公司经营管理情况不定期进行，项目稽核针对各业务项目每半年至少进行一次。内部审计以管理建议书的形式汇总审计发现的问题、提出改进意见、追踪意见落实情况，以及时、全面、准确地发现和更正公司内部控制体系中可能存在的问题和隐患。项目稽核以稽核报告的形式对项目的合规风险、操作风险、市场风险等提出独立意见和建议，对项目从实施到清算各个阶段的风险进行防范和监督。

4.5 风险管理

4.5.1 风险管理概况

公司风险管理的基本原则：合规性原则，严格按照法律、法规和公司各项规章制度开展管理和业务活动，该原则是风险管理的基础性内容。全面性原则，风险管理全面涵盖公司不同类别的业务、流程，公司经营管理的各个环节和岗位。有效性原则，公司根据行业、自身的特点和具体情况，采取切实可行的风险管理措施，建立有效的风险管理体系，以促进公司的发展。公司依照国家法律法规、行业变化及公司不断发展的要求，及时完善、调整风险管理的措施和办法。

公司风险管理的控制政策：严格按照国家法律法规和公司各项规章制度的要求开展经营管理活动；根据行业、公司特点，不断完善合理、有效的包括内部控制制度和风险管理制度在内的公司规章制度体系；在对公司各项业务的盈利模式和流程深入把握的基础上，对业务流程的风险点进行全面全程的监控、分析、评估、预警，作出决策并采取相应措施，以实现对风险的有效控制和管理。

公司风险管理的组织结构：董事会管理并监督公司的风险偏好程度，对风险管理负完全和最终责任。投资风险控制委员会负责公司风险控制制度的建设，审查重大业务风险，监督、评估、控制并管理公司的风险；投资风险控制委员会主任拥有“一票否决权”，即在业务决策过程中，若投资风险控制委员会主任认为存在风险，可以实行最终否决。审计稽核部负责风险管理制度和流程执行的监督、审计，进行独立风险评估，对所发现的重大事项可直接向审计委员会及投资风险控制委员会汇报。风险管理部负责制定公司及业务风险管理制度流程，协调组织公司项目的评审和审批并跟踪意见落实情况，提出风险管理改进建议，确保公司业务稳定持续发展的同时不损害公司整体利益。法律合规部负责业务活动监督及评估程序的设计和实施，以确保公司各项活动符合相关的法律法规。公司各部门以风险管理为首要责任；部门经理对本部门的风险负责，通过开展具体工作，确保各项活动符合运营风险指标及风险管理程序。

资本管理：2010 年中国银行业监督委员会颁布了《信托公司净资本管理办法》（2010 年第 5 号令），公司根据此管理办法的规定，建立风险资本与净资本的对应关系，促使公司将有限的资本在不同风险状况的业务之间进行合理配置。公司还根据自身净资本水平、风险偏好和发展战略等进行差异化选择，通过建立并完善内部风险预警和控制机制，以及对净资本等风险控制指标的动态监控、定期敏感性分析和压力测试等手段，实现对总体风险的有效控制。

4.5.2 风险状况

4.5.2.1 信用风险状况

信用风险是指交易对手违约造成损失的风险，主要表现为公司贷款业务中借款人、担保人的信用风险，资金往来银行的信用风险；在信托财产的管理、运用和处分过程中，借款人、担保人、托管人等交易对手不履行承诺等。报告期末，公司固有业务和信托业务均无不良信用资产。

2011 年末，公司已按照净利润的 5% 计提了信托项目赔偿准备金，年末余额为 361 万元，较 2010 年增加了 305 万元；已按风险资产的 1% 计提了一般风险准备，年末余额为 256 万元，较 2010 年增加了 143 万元。

4.5.2.2 市场风险状况

市场风险是指持有的金融工具的公允价值或未来现金流量因市场价格变动而发生波动的可能性，包括市场利率风险、汇率风险和其他价格风险等。报告期内，公司未发生因市场风险所造成的损失。

利率风险主要源于市场利率变动对利率敏感金融工具的公允价值或未来现金流量的影响。根据公司资金运作的实际情况，公司计息资产主要为短期同业存放及一年内到期的短期贷款，受市场利率变动的影响可控。

汇率风险指因汇率变动产生损失的风险。公司承受汇率风险主要与美元有关，除了公司资本金账户外方股东麦格理资本证券股份有限公司美元出资款中尚有 1 464 万美元未进行结汇外，公司的其他主要业务活动以人民币计价结算。截至 2011 年 12 月 31 日，公司认为外汇风险对公司的影响有限。公司将密切关注汇率变动对公司美元出资款外汇风险的影响，选择适当的时机逐步结汇，规避外汇风险的影响。

其他价格风险是指金融工具的公允价值受市场利率和外汇汇率以外的市场价格因素变动发生波动的风险。报告期内，公司不存在重大的其他价格风险。

4.5.2.3 操作风险状况

操作风险是指由于不完善的内控机制、人员、系统或外部事件导致损失的可能性。公司所有从业人员均保持良好的道德意识和职业操守，未出现违法、违规、违约现象，未出现较大差错和失误，未发生责任事故。公司严格规范操作流程，严控操作风险。

4.5.2.4 其他风险状况

其他风险主要指公司业务开展中的流动性风险、政策风险、道德风险和声誉风险等。流动性风险是指没有足够资金以满足到期债务支付的风险。根据公司资金运作的实际情况及对流动性的预测，公司的资本金充足，基本能应付日常的业务与投资需求，尚不需要通过外部融资应对流动性风险，因此流动性风险不重大。报告期内，公司未发生因其他风险所造成的损失。

4.5.3 风险管理

4.5.3.1 信用风险管理

公司通过下述措施管理和防范信用风险：注重全方位、全过程地考察和跟踪交易对手的情况，通过制定和实施各种信托业务规章制度，包括但不限于《房地产信托融资业务风险管理指引》、《信托业务担保管理办法》等，严密监控交易对手的履约能力；认真落实贷款的担保措施，选择信誉卓著的大企业作保证；客观、公正地评估担保物，严格控制贷款本金与不同担保物价值之比，注重采用多种有效担保措施提高信用风险保障系数；在业务进行过程中，公司对资金使用情况持续跟踪管理。公司在每个资产负债表日均采用个别识别减值的方式评估资产的减值情况。公司还建立风险管理信息系统，从客户基础信息管理、项目申报、风险评审、放款到项目管理进行全流程监控，基本建立项目立项、尽职调查、风险评审、放款、项目管理等一整套、全流程的信用风险管理的相关制度和办法；公司对目标客户尽职调查要求、信用风险评审要求、放款要求、项目管理检查要求均有较明确的规定，且要求对现金需求量大的企业进行必要的现金流压力测试等。

4.5.3.2　市场风险管理

公司面临的市场风险主要是房地产行业的市场风险，公司通过下述措施管理市场风险：公司配备了与该业务规模和风险管理需求相适应的专业团队，相应业务人员主要来自相关行业或其他金融机构的相关业务部门，人员投资经验较为丰富、对市场风险的认识较为充分，从结果上看投资行为较为审慎。公司在项目评估及项目运作中，建立了与被监管机构投资业务规模和复杂程度相适应的风险计量工具和方法。目前该类风险敞口的规模和变化趋势由人工及信息系统共同监控和反映。公司在设计产品前进行尽职调查时涵盖了市场适应性调查；对敏感性行业和国家宏观调控重点行业的投资采取了包括现场派驻高级监管员、控制所有交易对手重要印章和证照以及设置资金监管账户等的多重风险防范措施；并在业务事前尽职调查、抵(质)押率等风险控制措施设计时充分考虑价格风险因素。

4.5.3.3　操作风险管理

公司采取措施规范操作流程，降低操作风险：公司建立严格的部门职责和员工岗位职责，梳理各项业务流程和操作规程；建立职责分离、相互监督制约的机制，建立严格的审核、复核程序；建立规范的信息系统管理流程并配置灾备系统；公司不断完善各项规章制度，比如制定操作风险突发事件应急预案和项目存续运营管理办法等，使之更加完整严密。公司通过合理的部门和岗位设置，业务操作流程优化，规章制度建设，加强员工培训提高员工素质和技能，推进系统化建设，将流程有效地嵌入到系统中，减少人工干预，制订应急预案等措施有效控制操作风险。2011年，公司相继出台了《操作风险突发事件应急预案》、《员工职业操守和行为准则》等制度，加强对操作风险的管理。

4.5.3.4　其他风险管理

公司在管理流动风险时，保持充分的现金及现金等价物并对其进行监控，以满足公司经营需要，并降低现金流量波动的影响；公司通过对宏观政策和行业政策的跟踪、研究，提高预见性，控制政策风险；通过建立完善的公司治理结构、内控制度、业务流程，加强思想教育，防范道德风险。

5. 报告期末及上一年度末的比较式会计报表

5.1　自营资产(会计报表已经审计)

5.1.1　会计师事务所审计结论

德勤华永会计师事务所有限公司认为，华澳国际信托有限公司财务报表在所有重大方面按照企业会计准则的规定编制，公允反映了华澳国际信托有限公司2011年12月31日的财务状况以及2011年度的经营成果和现金流量。

5.1.2　资产负债表

编制单位：华澳国际信托有限公司　　2011年12月31日　　单位：元

资产	年初余额	年末余额	负债及所有者权益	年初余额	年末余额
资产：			负债：		
货币资金	220 692 984.67	487 190 022.69	拆入资金		
贵金属			交易性金融负债		
拆出资金			衍生金融负债		
交易性金融资产			应付账款		
衍生金融资产			应付职工薪酬	3 780 000.00	24 574 470.57
买入返售金融资产			应交税费	4 657 378.83	30 934 955.47
应收账款	4 529 358.15		应付利息		
应收利息	2 615 457.38	10 208 515.07	应付股利		
其他应收款	7 236 521.83	43 168 706.90	其他应付款	21 478 645.12	32 637 311.92
发放贷款和垫款	60 000 000.00	140 000 000.00	预计负债		
可供出售金融资产	43 400 000.00	68 640 000.00	递延所得税负债		
持有至到期投资			其他负债		
长期股权投资			负债合计	29 916 023.95	88 146 737.96
投资性房地产			所有者权益：		

续表

资产	年初余额	年末余额	负债及所有者权益	年初余额	年末余额
固定资产	3 366 712. 16	5 883 440. 16	实收资本	300 000 000. 00	600 000 000. 00
累计折旧	765 849. 46	1 988 220. 14	资本公积		
固定资产净值	2 600 862. 70	3 895 220. 02	减:库存股		
无形资产		1 027 500. 00	盈余公积	1 115 916. 08	7 212 684. 44
商誉			一般风险准备	1 125 448. 16	2 555 541. 99
长期待摊费用			信托赔偿准备	557 958. 04	3 606 342. 22
递延所得税资产		6 143 617. 64	未分配利润	8 359 838. 50	58 752 275. 71
其他资产			所有者权益合计	311 159 160. 78	672 126 844. 36
资产总计	341 075 184. 73	760 273 582. 32	负债及所有者权益总计	341 075 184. 73	760 273 582. 32

企业负责人:赵文杰　　主管会计工作负责人:杨瑞驰　　会计机构负责人:李　勇

5. 1. 3　利润表

编制单位:华澳国际信托有限公司　　2011 年度　　单位:元

项　　目	上年金额	本年金额
一、营业收入	50 822 312. 68	169 334 369. 42
利息净收入	7 227 479. 40	17 475 863. 07
利息收入	7 227 479. 40	17 475 863. 07
利息支出	0. 00	0. 00
手续费及佣金净收入	41 638 693. 06	148 518 504. 47
手续费及佣金收入	45 592 251. 81	162 277 170. 24
手续费及佣金支出	3 953 558. 75	13 758 665. 77
投资收益	3 041 953. 06	5 303 185. 78
其中:对联营企业和合营企业的投资收益	0. 00	0. 00
公允价值变动收益	0. 00	0. 00
汇兑收益	-1 085 812. 84	-1 963 183. 90
其他业务收入	0. 00	0. 00
二、营业支出	40 069 695. 61	90 002 741. 82
营业税金及附加	2 728 115. 86	9 934 034. 05
业务及管理费	37 341 579. 75	80 068 707. 77
资产减值损失	0. 00	0. 00
其他业务成本	0. 00	0. 00
三、营业利润	10 752 617. 07	79 331 627. 60
加:营业外收入	2 376 000. 00	2 491 461. 91
减:营业外支出	0. 00	0. 00
四、利润总额	13 128 617. 07	81 823 089. 51
减:所得税费用	3 629 279. 88	20 855 405. 93
五、净利润	9 499 337. 19	60 967 683. 58

企业负责人:赵文杰　　主管会计工作负责人:杨瑞驰　　会计机构负责人:李勇

5. 1. 4　所有者权益变动表

编制单位：华澳国际信托有限公司　　　　2011 年度　　　　单位：万元

项　目	本年金额						上年金额					
	实收资本	盈余公积	信托赔偿准备	一般风险准备	未分配利润	所有者权益	实收资本	盈余公积	信托赔偿准备	一般风险准备	未分配利润	所有者权益
一、上年年末余额	300 000 000. 00	1 115 916. 08	557 958. 04	1 125 448. 16	8 359 838. 50	311 159 160. 78	300 000 000. 00	165 982. 36	82 991. 18	550 000. 00	860 850. 05	301 659 823. 59
二、本年年初余额	300 000 000. 00	1 115 916. 08	557 958. 04	1 125 448. 16	8 359 838. 50	311 159 160. 78	300 000 000. 00	165 982. 36	82 991. 18	550 000. 00	860 850. 05	301 659 823. 59
三、本年增减变动金额												
（一）净利润	—	—	—	—	60 967 683. 58	60 967 683. 58	—	—	—	—	9 499 337. 19	9 499 337. 19
（二）其他综合收益	—	—	—	—	—	—	—	—	—	—	—	—
（一）和（二）小计	—	—	—	—	60 967 683. 58	60 967 683. 58	—	—	—	—	9 499 337. 19	9 499 337. 19
（三）所有者投入和减少资本												
所有者投入资本	300 000 000. 00	—	—	—	—	300 000 000. 00	—	—	—	—	—	—
（四）利润分配	—	—	—	—	—	—						
1. 提取盈余公积	—	6 096 768. 36	—	—	-6 096 768. 36	—	—	949 933. 72	—	—	-949 933. 72	—
2. 提取信托赔偿准备	—	—	3 048 384. 18	—	-3 048 384. 18	—	—	—	474 966. 86	—	-474 966. 86	—
3. 提取一般风险准备	—	—	—	1 430 093. 83	-1 430 093. 83	—	—	—	—	575 448. 16	-575 448. 16	—
（五）所有者权益内部结转	—	—	—	—	—	—	—	—	—	—	—	—
四、本年年末余额	600 000 000. 00	7 212 684. 44	3 606 342. 22	2 555 541. 99	58 752 275. 71	672 126 844. 36	300 000 000. 00	1 115 916. 08	557 958. 04	1 125 448. 16	8 359 838. 50	311 159 160. 78

企业负责人：赵文杰　　　　主管会计工作负责人：杨瑞驰　　　　'会计机构负责人：李　勇

5.2 信托资产

5.2.1 信托项目资产负债汇总表

编报单位:华澳国际信托有限公司　　2011年12月31日　　单位:万元

信托资产	期末数	期初数	信托负债和信托权益	期末数	期初数
信托资产	—	—	信托负债	—	—
货币资金	17 597.74	33 679.39	应付受托人报酬	1 800.00	—
拆出资金	—	—	应付托管费	152.44	6.05
应收款项	257 276.34	193 220.43	应付销售服务费	200.75	—
买入返售资产	53 300.00	28 300.00	其他应付款项	53 809.12	1 419.96
可供出售金融资产	295 440.50	—	应交税金	—	—
持有至到期投资	15 079.50	—	卖出回购资产款	—	—
长期股权投资	508 920.00	182 720.00	内部往来	—	—
客户贷款	362 616.12	85 900.00	其他负债	—	—
应收融资租赁款	—	—	信托负债合计	55 962.31	1 426.01
固定资产	—	—	信托权益	—	—
无形资产	—	—	实收信托	1 555 342.00	535 390.00
长期待摊费用	—	—	资金公积	—	—
其他资产	92 178.36	16 000.00	未分配利润	−8 895.75	3 003.81
内部往来	—	—	信托权益合计	1 546 446.25	538 393.81
信托资产总计	1 602 408.56	539 819.82	信托负债和信托权益总计	1 602 408.56	539 819.82

企业负责人:赵文杰　　复核:李勇　　制表:秦伟

5.2.2 信托项目利润及利润分配汇总表

编报单位:华澳国际信托有限公司　2011年度　单位:万元

项　目	本年数	上年数
一、营业收入	30 626.70	12 158.63
1. 利息收入	19 961.13	8 952.31
2. 投资收益	7 169.53	205.90
3. 租赁收入		—
4. 其他收入	3 496.04	3 000.42
二、营业费用	14 975.89	2 928.68
三、营业税金及附加	—	—
四、扣除资产减值准备前的信托利润	15 650.81	9 229.95
减:资产减值准备	—	—
五、扣除资产减值准备后的信托利润	15 650.81	9 229.95
加:期初未分配信托利润	3 003.81	202.04
六、可供分配的信托利润	18 654.62	9 431.99
减:本期已分配信托利润	27 550.37	6 428.18
加:损益平准金	—	—
七、期末未分配信托利润	−8 895.75	3 003.81

企业负责人:赵文杰　　复核:李勇　　制表:秦伟

6. 会计报表附注

6.1 简要说明报告年度会计报表编制基准、会计政策、会计估计和核算方法发生的变化

报告期内未发生变化。

6.2 或有事项说明

报告期内,本公司未发生对外担保及其他或有事项。

6.3 重要资产转让及其出售的说明

报告期内,本公司未发生重要资产转让及出售情况。

6.4 会计报表中重要项目的明细资料

6.4.1 自营资产经营情况

6.4.1.1 信用风险资产五级分类情况

信用风险资产五级分类	正常类(万元)	关注类(万元)	次级类(万元)	可疑类(万元)	损失类(万元)	信用风险资产合计(万元)	不良资产合计(万元)	不良率(%)
期初数	11 778	—	—	—	—	11 778	—	—
期末数	26 202	—	—	—	—	26 202	—	—

注:不良资产合计=次级类+可疑类+损失类。

6.4.1.2 各项资产减值损失准备情况表

单位:万元

	期初数	本期计提	本期转回	本期核销	期末数
贷款损失准备	—	—	—	—	—
一般准备	113	143	—	—	256
专项准备	—	—	—	—	—
其他资产减值准备	—	—	—	—	—
可供出售金融资产减值准备	—	—	—	—	—
持有至到期投资减值准备	—	—	—	—	—
长期股权投资减值准备	—	—	—	—	—
坏账准备	—	—	—	—	—
投资性房地产减值准备	—	—	—	—	—

6.4.1.3 按照投资品种分类,固有业务股票投资、基金投资、债券投资、股权投资等投资业务的期初数、期末数

单位:万元

	自营股票	基金	债券	长期股权投资	其他投资	合计
期初数	—	—	—	—	4 340	4 340
期末数	—	—	—	—	6 864	6 864

6.4.1.4 按投资入股金额排序,前三名的自营长期股权投资的企业名称、占被投资企业权益的比例、主要经营活动及投资收益情况等

报告期末,本公司无长期股权投资。

6.4.1.5 前三名的自营贷款的企业名称、占贷款总额的比例和还款情况等

企业名称	占贷款总额的比例(%)	还款情况
云南晶菱糖业营销有限公司	64	9 000
昆明产业开发投资有限责任公司	36	5 000

6.4.1.6 表外业务的期初数、期末数;按照代理业务、担保业务和其他类型表外业务分别披露

单位:万元

表外业务	期初数	期末数
担保业务	—	—
代理业务(委托业务)	—	—
其他	—	—
合计	—	—

6.4.1.7 公司当年的收入结构

收入结构	金额(万元)	占比(%)
手续费及佣金收入	16 228	87
其中:信托手续费收入	5 536	30
投资银行业务收入		
利息收入	1 748	9
其他业务收入		
其中:计入信托业务收入部分		
投资收益	530	3
其中:股权投资收益		
证券投资收益		
其他投资收益	530	3
公允价值变动收益		
营业外收入	249	1
收入合计	18 755	100

6.4.2 信托财产管理情况

6.4.2.1 信托资产的期初数、期末数

单位:万元

信托资产	期初数	期末数
集合	481 835.08	1 272 296.58
单一	57 984.74	330 111.98
财产权	—	
合计	539 819.82	1 602 408.56

6.4.2.1.1 主动管理型信托业务的信托资产期初数、期末数

单位:万元

主动管理型信托资产	期初数	期末数
其他投资类	—	15 080.07
证券投资类		
股权投资类	382 218.80	501 570.29
融资类	100 600.98	833 470.94
事务管理类	—	
合计	482 819.78	1 350 121.30

6.4.2.1.2 被动管理型信托业务的信托资产期初数、期末数

单位:万元

被动管理型信托资产	期初数	期末数
证券投资类	—	—
股权投资类	—	200 002.95
融资类	57 000.04	52 284.31
事务管理类	—	
合计	57 000.04	252 287.26

6.4.2.2 本年度已清算结束的信托项目个数、实收信托合计金额、加权平均实际年化收益率

6.4.2.2.1 本年度已清算结束的信托项目个数、实收信托金额、加权平均实际年化收益率

已清算结束信托项目	项目个数	实收信托合计金额(亿元)	加权平均实际年化收益率(%)
集合类	1	12 000.00	8.65
单一类	3	77 900.00	6.86
财产管理类	—	—	—

注:加权平均实际年化收益率=(信托项目1的实际年化收益率×信托项目1的实收信托+…+信托项目n的实际年化收益率×信托项目n的实收信托)/(信托项目1的实收信托+…+信托项目n的实收信托)×100%。

6.4.2.2.2 本年度已清算结束的主动管理型信托项目个数、实收信托合计金额、加权平均实际年化收益率

已清算结束信托项目	项目个数	实收信托合计金额(亿元)	加权平均实际年化信托报酬率(%)	加权平均实际年化收益率(%)
证券投资类	—	—	—	—
股权投资类	—	—	—	—
融资类	1	12 000.00	3.44	8.65
事务管理类	—	—	—	—

注:加权平均实际年化收益率=(信托项目1的实际年化收益率×信托项目1的实收信托+…+信托项目n的实际年化收益率×信托项目n的实收信托)/(信托项目1的实收信托+…+信托项目n的实收信托)×100%。

6.4.2.2.3 本年度已清算结束的被动管理型信托项目

已清算结束信托项目	项目个数	实收信托合计金额(亿元)	加权平均实际年化信托报酬率(%)	加权平均实际年化收益率(%)
证券投资类	—	—	—	—
股权投资类	—	—	—	—
融资类	3	77 900.00	0.2	6.86
事务管理类	—	—	—	—

注:加权平均实际年化收益率=(信托项目1的实际年化收益率×信托项目1的实收信托+…+信托项目n的实际年化收益率×信托项目n的实收信托)/(信托项目1的实收信托+…+信托项目n的实收信托)×100%。

6.4.2.3　本年度新增信托项目个数、实收信托合计金额

单位：万元

新增信托项目	项目个数	实收信托合计金额
集合类	19	654 486.88
单一类	7	350 210.00
财产管理类	—	—
新增合计	26	1 004 696.88
其中：主动管理型	21	732 396.88
被动管理型	5	272 300.00

6.4.2.4　信托业务创新成果和特色业务有关情况

公司各类业务创新成果和特色业务有关情况将于公司网站不时披露。

6.4.2.5　本公司履行受托人义务情况及因本公司自身责任而导致的信托资产损失情况

本公司没有发生任何因受托人自身责任或处理信托事务不当而导致所管理信托财产发生损失并致信托受益人利益受损的情况。

6.5　关联方关系及其交易的披露

6.5.1　关联交易方的数量、关联交易的总金额及关联交易的定价政策等

	关联交易方数量	关联交易金额（万元）	定价政策
合计	1	450.86	按市场价格交易；若无市场价格，则按公允原则，以不优于对非关联方同类交易的条件定价交易。

6.5.2　关联交易方与本公司的关系性质、关联交易方的名称、法定代表人、注册地址、注册资本及主营业务等

关系性质	关联方名称	法定代表人	注册地址	注册资本	主营业务
受同一公司的重大影响	麦格理租赁（中国）有限公司	Niall Morrissey	北京市东城区东长安街1号东方广场东二办公楼1701	1 000万美元	融资租赁业务；租赁业务；向国内、国外购买租赁资产；租赁财产的残值处理及维修；租赁交易咨询和担保。

6.5.3　本公司与关联方的重大交易事项

6.5.3.1　固有与关联方交易情况：贷款、投资、租赁、应收账款、担保、其他方式等期初汇总数、本期借方和贷方发生额汇总数、期末汇总数

单位：万元

固有与关联方关联交易				
	期初数	借方发生额	贷方发生额	期末数
贷款	—	—	—	—
投资	—	—	—	—
租赁	—	—	—	—
担保	—	—	—	—
应收账款	126.57	—	97.86	28.71
其他	—	—	—	
合计	126.57	—	97.86	28.71

6.5.3.2　信托与关联方交易情况：贷款、投资、租赁、应收账款、担保、其他方式等期初汇总数、本期借方和贷方发生额汇总数、期末汇总数

单位：万元

信托与关联方关联交易				
	期初数	借方发生额	贷方发生额	期末数
贷款	—	—	—	—
投资	—	—	—	—
租赁	—	—	—	—
担保	—	—	—	—
应收账款	—	—	—	—
其他	—	—	—	—
合计	—	—	—	—

6.5.3.3　信托公司自有资金运用于自己管理的信托项目（固信交易）、信托公司管理的信托项目之间的相互交易（信信交易）金额，包括余额和本报告年度的发生额

6.5.3.3.1　信托公司自有资金运用于自己管理的信托项目期初汇总数、本期发生额汇总数、期末汇总数

单位：万元

自有资金运用于自己管理的信托项目			
	期初数	本期发生额	期末数
合计	4 340.00	2 524.00	6 864.00

6.5.3.3.2　信托公司管理的信托项目之间关联交易

报告期内，本公司管理的信托项目之间未发生关联交易。

6.5.4　逐笔披露关联方逾期未偿还本公司资金的详细情况以及本公司为关联方担保发生或即将发生垫款的详细情况

本公司无关联方逾期未偿还本公司资金的情况及为关联方担保发生或即将发生垫款的情况。

6.6　会计制度的披露

公司执行财政部2006年2月15日颁布的《企业会计准则》。

7. 财务情况说明书

7.1　利润实现和分配情况

报告期内本公司实现利润总额8 182万元，企业所得税费用2 085万元，实现净利润6 097万元。

按有关法律、法规规定，对净利润作了如下处理：

（1）按当年实现的净利润提取10%的法定盈余公积金610万元；

（2）按当年实现的净利润提取5%的信托赔偿准备305

万元;

(3)按风险资产余额提取1%的一般风险准备143万元。

上述各项提取之后,剩余部分为5 039万元,加年初未分配利润836万元,可供分配的利润为5 875万元。

经股东会审核批准,公司2011年度向全体股东分配利润总额50 000 000.00元,其中北京三吉利能源股份有限公司分配比例为60%,分配金额30 000 000.00元;北京融达投资有限公司分配比例为20.01%,分配金额10 005 000.00元;麦格理资本证券股份有限公司分配比例为19.99%,分配金额9 995 000.00元。

7.2 主要财务指标

指标名称	指标值
资本利润率(%)	12
加权年化信托报酬率(%)	0.93
人均净利润(万元/人)	103

注:1. 资本利润率=净利润/所有者权益平均余额×100%。

2. 加权年化信托报酬率=(信托项目1的实际年化信托报酬率×信托项目1的实收信托+信托项目2的实际年化信托报酬率×信托项目2的实收信托+…信托项目n的实际年化信托报酬率×信托项目n的实收信托)/(信托项目1的实收信托+信托项目2的实收信托+…信托项目n的实收信托)×100%。

3. 人均净利润=净利润/年平均人数。

4. 平均值采取年初、年末余额简单平均法,公式为:a(平均)=(年初数+年末数)/2

7.3 对本公司财务状况、经营成果有重大影响的其他事项

报告期内,本公司没有发生对财务状况、经营成果有重大影响的其他事项。

8. 特别事项揭示

8.1 前五名股东报告期内变动情况及原因

因公司注册资本金由3亿元增加至6亿元,股东持股比例变动如下:

北京三吉利能源股份有限公司持股比例由60%降至30%。

北京融达投资有限公司持股比例由20.01%增至50.01%。

麦格理资本证券股份有限公司持股比例仍为19.99%。

8.2 董事、监事及高级管理人员变动情况及原因

原董事张宏先生于2011年1月26日股东会批准辞去董事职务,由三吉利公司推荐田英女士担任董事职务。

原监事长田英女士于2011年1月26日股东会批准辞去监事长职务,由三吉利公司推荐张宏先生担任监事长职务。

原监事郭丹圆女士、王若水先生于2011年5月6日股东会批准辞去监事职务,由麦格理公司推荐陈勤仁先生担任监事职务,股东一致批准高杰女士担任职工监事。

原总裁张宏先生于2011年1月26日董事会批准辞去总裁职务,由三方股东一致同意聘任赵文杰先生担任总裁职务。

原首席运营官杨瑞驰先生于2011年1月26日董事会批准免去首席运营官职务,同意聘任其为首席财务官。

原首席财务官李凯婷女士于2011年1月26日董事会批准免去首席财务官职务。

经总裁赵文杰先生提名及2011年2月20日董事会同意,聘任翟振明先生担任总裁助理。

8.3 公司的重大未决诉讼事项

报告期内,公司固有业务、信托业务均无重大未决诉讼事项。

8.4 对会计师事务所出具的有保留意见、否定意见或无法表示意见的审计报告的,公司董事会应就所涉及事项作出说明

会计师事务所出具无保留意见审计报告。

8.5 公司及其董事、监事和高级管理人员受到处罚的情况

报告期内公司及其董事、监事、高级管理人员、公司股东、实际控制人均未受稽查、行政处罚、通报批评及(或)公开谴责。

8.6 银监会及其派出机构对公司检查后提出整改意见的,应简单说明整改情况

上海银监局现场检查组于2011年8月31日至2011年9月9日对公司2010年3月31日至2011年6月30日信政合作业务和银信理财合作业务现场检查意见整改落实情况、集合资金信托计划募集行为的合规情况以及房地产信托项目后续管理情况进行了现场检查,并下发了现场检查意见。此次现场检查提出了公司需进一步加强项目尽职调查工作、进一步规范信托资金募集工作等监管意见。公司对监管意见和建议给予了充分重视,已针对各项监管意见逐项制定整改计划,并落实整改责任人和整改完成时间。本报告期内,公司已按整改计划,修订和发布了《资金信托业务管理办法》、《房地产信托业务管理办法》等业务制度,进一步加强了尽职调查工作和资金募集行为的规范化管理。公司审计稽核部已督促整改方案的具体执行和落实,并将按季度对整改工作的有效性进行客观评价。

8.7 本年度重大事项临时报告的简要内容、披露时间、所披露的媒体及其版面

本年度公司无重大事项临时报告等披露事项。

8.8 银监会及其省级派出机构认定的其他有必要让客户及相关利益人了解的重要信息

本报告期内,不存在上海银监局认定的有必要让客户及相关利益人了解的公司未进行披露的重要信息。

9. 公司监事会意见

公司监事会认为,报告年度内,公司开展的各项业务均履

行了合规审查流程，未出现重大违法违规问题。公司董事会和经营管理层严格按照《信托法》、《公司法》、《信托公司治理指引》等法律法规和内部控制规范依法经营，履行内部审批流程，未发生违法违规、损害股东利益、公司利益、信托受益人利益的经营行为。2011 年公司聘请的德勤华永会计师事务所依法对公司财务状况进行审计并出具了标准无保留报告，真实地反映了公司的财务状况和经营成果。

华宝信托有限责任公司

1. 重要提示

1.1　本公司董事会及董事保证本报告所载资料不存在任何虚假记载、误导性陈述或者重大遗漏，并对其内容的真实性、准确性和完整性承担个别及连带责任。

1.2　独立董事王连洲、赵欣舸、廖海认为本报告内容是真实、准确、完整的。

1.3　公司负责人董事长郑安国，主管会计工作负责人副总裁张晓喆及会计部门负责人计划财务部副总经理（主持工作）蒋勋声明：保证年度报告中财务报告的真实、准确、完整。

2. 公司概况

2.1　公司简介

2.1.1　公司历史沿革

华宝信托有限责任公司是于1998年6月5日经中国人民银行总行以（银复〔1998〕158号文）《关于舟山市信托投资公司股权转让等事项的批复》批准，由宝钢集团有限公司（原上海宝钢集团公司）在购并原舟山市信托投资公司的基础上经过更名、迁址、增资扩股设立的非银行金融机构。2007年3月2日，根据《中华人民共和国银行业监督管理办法》、《信托公司管理办法》、《信托公司集合资金信托计划管理办法》的法律法规规定，华宝信托有限责任公司首家向中国银行业监督管理委员会申请变更公司名称、业务范围并换发新的金融许可证。公司于2007年4月3日经中国银行业监督管理委员会以（银监复〔2007〕144号文）《中国银监会关于华宝信托投资有限责任公司变更公司名称和业务范围的批复》首家获准变更公司名称、业务范围并领取新的金融许可证。2011年1月14日，公司完成增资工作，注册资本由10亿元（含1 500万美元）增加到20亿元（含1 500万美元），并完成相关变更登记。

2.1.2　公司的法定中文名称：华宝信托有限责任公司
中文名称缩写：华宝信托
公司的法定英文名称：Hwabao Trust Co.，Ltd.
英文名称缩写：Hwabao Trust

2.1.3　法定代表人：郑安国

2.1.4　注册地址：上海市浦电路370号宝钢大厦7F

2.1.5　邮政编码：200122

2.1.6　国际互联网网址：www. hwabaotrust. com

2.1.7　电子信箱：hbservice@ hwabaotrust. com

2.1.8　负责信息披露的高管人员：张晓喆
联系人：高汭舒
联系电话：021 –38506681
传真：021 –68403999
电子信箱：hbservice@ hwabaotrust. com

2.1.9　信息披露报纸：《中国证券报》、《上海金融报》、《证券时报》、《上海证券报》、《金融时报》

2.1.10　年度报告备置地点：上海市浦电路370号宝钢大厦8F

2.1.11　聘请的会计师事务所：中瑞岳华会计师事务所
住所：北京市西城区金融大街35号国际企业大厦A座8层

2.1.12　聘请的律师事务所：中伦律师事务所
住所：上海浦东新区银城中路200号中银大厦11楼

2.2　组织结构

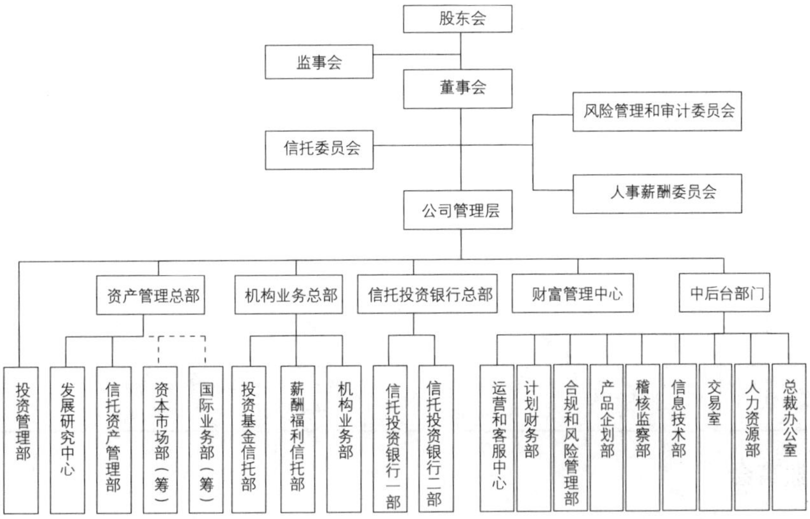

3. 公司治理

3.1 股东

股东总数:2

股东名称	持股比例(%)	法人代表	注册资本(万元)	注册地址	主要经营业务及主要财务情况
宝钢集团有限公司★	98	徐乐江	5 108 262.10	上海市浦东新区浦电路370号宝钢大厦	经营国务院授权范围内的国有资产,并开展有关投资业务;钢铁冶炼、冶金矿产、化工(除危险品)、电力、码头、仓储、运输与钢铁相关的业务以及技术开发、技术转让、技术服务和技术管理咨询业务,外经贸部批准进出口业务,国内贸易(除专项规定),商品及技术的进出口服务。
浙江省舟山市财政局	2	王伟	—	—	政府机关。

注:★表示最终实际控制人。

3.2 董事、董事会及其下属委员会

董事长、董事

姓名	职务	性别	年龄	选任日期	所推举的股东名称	该股东持股比例(%)	简要履历
郑安国	董事长	男	48	2011年3月	宝钢集团有限公司	98	曾任南方证券上海分公司副总经理,南方证券公司研究所总经理及副所长,华宝信托投资有限责任公司副总经理、总经理;现任华宝兴业基金管理有限公司董事长、华宝信托有限责任公司董事长、华宝投资有限公司总经理。
孔祥清	董事	男	44	2011年3月	宝钢集团有限公司	98	曾任宝钢计财部资金处外汇管理员,宝钢计财部资金处资金业务主办、主管,宝钢计财部资金处副处长,宝钢集团财务有限责任公司总经理等职;现任华宝信托有限责任公司董事、华宝投资有限公司副总经理、法兴华宝汽车租赁(上海)有限公司董事长。
钱骏	董事	男	49	2011年3月	宝钢集团有限公司	98	曾任职美国债券软件公司(Bond-Tech),美国美洲银行房地产债券部主任,德意志银行(美国)国际资产债券部主任,美洲银行(美国)国际资产债券部,摩根士丹利固定收益部执行董事,杭州工商信托经营管理委员会主席、董事总经理兼市场及发展总监;现任华宝信托有限责任公司董事、总经理。
张建群	董事	男	60	2011年3月	宝钢集团有限公司	98	曾任上海宝钢集团公司计财部会计处处长,宝钢集团国际经济贸易总公司副总经理,华宝信托投资有限责任公司副董事长、董事长,党委书记、纪委书记、工会主席;现任华宝信托有限责任公司董事、工会主席。
占兴华	董事	男	40	2011年3月	宝钢集团有限公司	98	曾任上海宝钢集团公司计财部资金处主办、综合主管,上海宝钢集团公司计财部资金处副处长(主持工作),新华人寿保险公司董事,宝钢集团财务有限责任公司董事,福建兴业银行董事,华宝信托有限责任公司副总经理(主持工作)、总经理,宝钢集团金融系统党委副书记、纪委书记、工会负责人;现任华宝信托有限责任公司董事。
夏小军	董事	男	49	2011年3月	浙江省舟山市财政局	2	曾任舟山定海财税局科长、财政部驻浙江省财政监察专员办事处舟山组副组长、浙江金鹰股份上市公司财务负责人;现任舟山市财政局企业处处长、华宝信托有限责任公司董事。

独立董事

姓名	所在单位及职务	性别	年龄	选任日期	所推举的股东名称	该股东持股比例(%)	简要履历
王连洲	中国人民大学信托与基金研究所理事长	男	73	2011年3月	宝钢集团有限公司	98	曾在中国人民银行总行印制管理局、全国人大财经委员会工作;曾担任证券法、信托法、证券投资基金法起草工作组组长;现任中国人民大学信托与基金研究所理事长、华夏基金管理公司独立董事、华宝信托有限责任公司独立董事。
赵欣舸	中欧国际工商学院会计学教授	男	41	2011年3月	宝钢集团有限公司	98	曾任哈尔滨市对外科技交流中心职员,美国威廉与玛丽学院商学院金融学助理教授,中欧国际工商学院金融学与会计学副教授;现任中欧国际工商学院会计学教授、华宝信托有限责任公司独立董事。
廖海	源泰律师事务所主任合伙人	男	46	2011年3月	宝钢集团有限公司	98	曾任北京市中伦金通律师事务所上海分所合伙人;现任源泰律师事务所主任合伙人、华宝信托有限责任公司独立董事。

3.3 监事、监事会

监事会成员

姓 名	职 务	性别	年龄	选任日期	所推举的股东名称	该股东持股比例(%)	简 要 履 历
朱可炳	监事长	男	37	2008年11月	宝钢集团	98	曾任宝钢集团公司财务部分项技术协理(统计管理)、宝钢集团公司财务部分项技术协理(会计管理)、宝钢集团公司资产经营部高级管理师(会计分析)、宝钢集团公司资产经营部高级管理师(房地产)、宝钢集团公司资产经营部企业投资业务块负责人、宝钢股份公司财务部副部长、宝钢集团有限公司财务部副部长;现任宝钢集团经营财务部总经理兼资产管理总监。
甘龙华	监事	男	47	2008年3月	宝钢集团	98	曾在宝钢热轧厂精整分厂、质检站工作,宝钢集团战略研究室、规划发展部战略研究处、战略发展部工作;现任职于华宝投资有限公司。
高卫星	职工监事	女	41	2008年11月	—	—	曾任职于海南富达磁电有限公司国际销售部、海南省国际信托投资公司法律事务部、海南金元投资控股有限公司法律事务部;现任华宝信托有限责任公司合规和风险管理部总经理。

3.4 高级管理人员

姓 名	职 务	性别	年龄	选任日期	金融从业年限	学历	专业
钱骏	总经理	男	49	2010年11月	17	博士	工程科学
张晓喆	副总经理	女	41	2009年7月	3	硕士	工商管理
王 波	副总经理	男	40	2010年11月	16	硕士	金融学
王锦凌	总经理助理	女	41	2010年11月	13	硕士	金融学

3.5 公司员工

项 目		报告期年度		上年度	
		人数	比例(%)	人数	比例(%)
年龄分布	25岁以下	22	11	18	11
	25~29岁	78	40	58	37
	30~39岁	66	34	53	34
	40岁以上	29	15	29	18
学历分布	博士	4	2	5	3
	硕士	90	46	72	46
	本科	90	46	68	43
	专科	5	3	6	4
	其他	6	3	7	4
岗位分布	董事、监事及其高管人员	5	3	7	4
	固有业务人员	18	9	17	11
	信托业务人员	78	40	57	36
	其他人员	94	48	77	49

4. 经营管理

4.1 经营目标、方针、战略规划

公司以打造中国领先的综合金融服务商为战略目标,以高端客户需求为核心,专注于证券、投融资、产融结合等专业领域,提供另类财富管理和综合金融解决方案,实现客户的资产管理目的。

2011年,公司围绕核心竞争力并根据经济环境、监管政策的变化,在固有资产投资、私募证券投资信托、薪酬福利信托、投融资信托、银信理财合作等各大业务领域积极开拓,并根据市场需求,通过产品结构的改善和业务领域的拓展,在证券投资、产融结合、投融资等方面推出了多个创新产品,较好地执行了公司的战略规划。

2011年,因证券市场的持续疲软、房地产市场的监管政策以及净资本管理的要求,公司证券市场的权益型投资产品以及融资类信托产品均受到一定影响,公司已及时调整资产配置结构,加大创新产品开发力度,并增强风险控制能力,坚持稳健、规范经营。

4.2 所经营业务的主要内容

4.2.1 资本充足率、资产质量和盈利状况

按照合并报表口径,期末公司固有资产49.61亿元,固有负债10.48亿元,少数股东权益4.10亿元,所有者权益(扣除少数股东权益)35.02亿元。公司资本充足,所有者权益(扣除少数股东权益)比率为70.59%。

公司对不良资产计提资产损失准备充足,整体资产质量较好。

按照合并口径,报告期内公司实现收入合计124 808.76万元,利润总额68 268.94万元,净利润50 326.68万元。公司2011年总资产利润率(税前利润/年均总资产)为14.76%,资本利润率(净利润/年均所有者权益)为14.02%,主营业务收益率(净利润/营业总收入)为40.37%。

4.2.2 经营的主要业务、品种

业务主要分为资产管理和信托服务两大类:

资产管理:目前主要从事面向资本市场的股票、基金、债券及组合投资以及项目融资等业务。

信托服务:目前主要开展私募基金、年金及福利计划及平台等业务。

4.2.3 资产组合与分布

母公司固有资产中,货币资产占总资产比例为17.66%,贷款及应收款占7.48%,交易性金融资产占5.22%,可供出售金融资产占38.67%,长期股权投资占16.90%,其他资产占14.07%。

固有资产运用与分布表(母公司)

资产运用	金额(万元)	占比(%)	资产分布	金额(万元)	占比(%)
货币资产	70 859.82	17.66	基础产业	19 800.00	4.94
贷款及应收款	30 026.44	7.48	房地产业	—	0.00
交易性金融资产	20 956.86	5.22	证券市场	176 118.31	43.90
可供出售金融资产	155 161.45	38.67	实业	52 720.00	13.14

续表

资产运用	金额（万元）	占比（%）	资产分布	金额（万元）	占比（%）
持有至到期投资	—	0.00	金融机构	138 679.02	34.57
长期股权投资	67 819.20	16.90	其他	13 877.82	3.45
其他	56 371.38	14.07			
资产总计	401 195.15	100.00	资产总计	401 195.15	100.00

注：资产运用——其他包含买入返售金融资产5.18亿元。

信托资产运用与分布表

资产运用	金额（万元）	占比（%）	资产分布	金额（万元）	占比（%）
货币资产	12 078 096.68	65.41	基础产业	1 317 290.00	7.13
贷款及应收款	2 505 139.69	13.57	房地产业	768 252.06	4.16
交易性金融资产	1 837 373.47	9.95	证券市场	1 837 373.49	9.95
可供出售金融资产	1 270 383.31	6.88	实业	785 154.57	4.25
持有至到期投资	—	0.00	金融机构	11 845 846.83	64.16
长期股权投资	240 273.43	1.30	其他	1 910 337.52	10.35
其他	532 987.89	2.89			
资产总计	18 464 254.47	100.00	资产总计	18 464 254.47	100.00

注：资产分布——其他中34 974.59万元为财产信托，1 875 362.93万元为其他。

4.3 市场分析

4.3.1 宏观经济

2011年美债危机、欧债危机向纵深发展，给全球经济和金融市场带来巨大的不确定性，全球经济逐渐步入低速增长期。国内经济则遭遇通货膨胀压力上行和实体经济下行双重考验，全年实施偏紧的货币政策，到第四季度GDP显著下滑至8.9%，CPI才缓步下滑。由于存款实际负利率，加之偏紧货币，导致资金价格高企，民间借贷泡沫显现。2011年，各国政府面临去杠杆化、再平衡和政策如何退出三重考验，预计2012年依旧如此。而2011年中国经济则在控制通货膨胀、保持经济平稳较快增长、促进经济转型三重目标中艰难寻求平衡点。2011年末中央经济工作会议把“稳中求进”作为2012年经济工作的总基调，保增长、重民生、调结构将是工作重心。

4.3.2 证券市场

2011年实施偏紧的货币政策，三次加息与六次准备金上调，存款准备金率达到历史最高的21.5%，年末国际资金大量流出，加之巨额的IPO和大小非减持，股市流动性趋于干枯。2011年股市呈现显著的熊市特征，上半年震荡，下半年大跌。全年沪市跌幅21.68%，深市跌幅28.41%，中小板跌幅37.09%，创业板跌幅35.88%，沪深300指数跌幅25.01%。银行等蓝筹板块表现抗跌，成交总体低迷，而众多个股跌幅巨大。

4.3.3 理财产品

在通货膨胀高企、股市低迷、银根紧缩的情况下，2011年是各类理财产品呈现爆发式增长的一年。据中国社科院陆家嘴研究基地金融产品中心统计，截至2011年12月20日，银行理财产品市场共发售产品17 463款，同比增长102%。与此同时，信托业也经历了飞跃式发展，截至2011年第三季度末，信托行业管理的资产规模一举突破4万亿元，达到40 977.73亿元，远超基金管理的资产规模，而2010年末这一数字仅为3万亿元。根据展恒理财提供的数据，2011年共有66家信托公司发行了4 637款信托产品计划，平均每家公司发行70款产品。投资者对理财产品的需求旺盛，信托理财市场快速扩容，胡润百富11月联合中国银行推出《中国私人财富管理白皮书》显示，有超过40%的高净值人群投资了信托产品。

4.3.4 法律法规

防范银信合作风险，年初发布的《信托公司净资本计算标准有关事项的通知》，将房地产信托中主流的融资类房地产信托业务的风险计提比例提高到3%，加强了风险监测。为了加强信托公司分类监管，2011年1月27日发布了《关于印发信托公司净资本计算标准有关事项的通知》，对信托公司的净资本、风险资本计算标准和监管指标作出了明确的规定。2011年6月16日银监会发布《关于做好信托公司净资本监管、银信合作业务转表及信托产品营销等有关事项的通知》要求各地银监局以2011年5月底数据为基础，进行相关净资本、风险资本报表试填。放开信托公司参与股指期货业务，2011年6月27日银监会发布《信托公司参与股指期货交易业务指引》，用以规范信托公司参与股指期货交易行为和防范交易风险。规范信托产品营销，2011年10月12日银监会发布《关于规范信托产品营销有关问题的通知》（征求意见稿）。持续强化对房地产信托风险监管，2011年5月5日银监会发布《关于逐月上报房地产信托业务风险监测表的通知》。

4.3.5 有利条件

2011年中国人均GDP约5 400美元，中国理财市场的环境，与40年前的美国非常接近，都在一个起步的阶段。投资者开始对他们手中的财富如何保值增值有浓厚的兴趣。据《2011中国私人财富报告》，中国个人总体持有的可投资资产规模达到62万亿元，较2009年末同比增长约19%。同时，高净值人群规模也在随之扩大，达到了50万人，共持有可投资资产15万亿元。与2009年相比，增加了9万人，年增长率为22%。目前监管机构给定的信托计划投资者的范围基本为可投资资产在300万元以上的高端客户，信托产品作为唯一连接货币市场、资本市场和实业市场的理财产品，随着理财市场的发展，信托的综合优势将得以充分发挥，为受托理财提供更大的空间。

信托业具有的制度优势和平台优势，令信托公司在金融创新方面极具潜力与活力，作为理财机构，一方面，经济稳定增长意味着融资客户或投资项目的收入增长有保障，信托项目第一还款来源风险较小；另一方面，巨额货币存量和通货膨胀高企意味着市场上存在大量寻找银行储蓄之外投资机会的资金，信托公司在建立完善客户资金池的基础性工作方面，大有可为。

优良的资产、规范诚信的经营、良好的品牌形象与商誉、专业化的人才队伍，以及控股股东宝钢集团有限公司的大力支持，为公司业务拓展和健康成长奠定了基础。

4.3.6 不利条件

宏观经济与政策在为2012年信托业提供难得机遇的同时，也隐含着两大风险。其一，房地产政策与宏观经济政策脱钩；其二，出现环比意义上的短期紧缩。前者意味着在经济下滑之时，为了控制房价的政策目标而推迟出台应对政策，或即便要保增长也不放松遏制房价的政策。后者意味着，在一定时期内实体经济可能陷入同比通货膨胀、环比通缩，融资企业的生存环境会变糟，第一还款来源面临较大压力，甚至存在高杠杆重压下的破产可能。这两大风险的存在，也在提醒信托业，在压力测试时需要考虑房地产政策与宏观经济政策脱钩的情景，须格外注重优选项目和风险防控。

而且，通过资本纽带呈现出的金融混业经营趋势，以及在资产管理、年金等业务上与银行、基金公司、证券公司和保险公司等专业理财机构存在的跨行业竞争格局，加大了公司的外部竞争压力。

4.4 内部控制

4.4.1 内部控制环境和内部控制文化

公司根据国家有关法律法规和公司章程，构建了完备的法人治理结构。设立了股东会、董事会和监事会，“三会”分工明确并相互制衡、各司其职、规范运作，分别行使决策权、执行权和监督权。

股东会是公司的权力机构；董事会是公司的常设决策机构，向股东会负责；监事会是公司的监督机构，负责对公司董事、高级管理人员及公司财务进行监督。董事会下设信托委员会、人事薪酬委员会、风险管理和审计委员会三个专门委员会，加强对公司长期发展战略、高管任职与考核、重大投资风险控制、重大关联交易的审议、信息披露等方面的管理和监督，以进一步完善治理结构、促进董事会科学高效决策。其中风险管理和审计委员会负责审查企业内部控制，监督内部控制的有效实施和内部控制自我评价情况，协调内部控制审计及其他相关事宜。

公司根据自身业务特点和内部控制要求设立了科学、规范的机构及岗位。合规和风险管理部负责组织协调内部控制的建立实施及日常工作。稽核监察部作为内部审计机构对内部控制的有效性进行监督检查。内部审计机构对监督检查中发现的内部控制缺陷，按照企业内部审计工作程序进行报告；对监督检查中发现的内部控制重大缺陷，有权直接向董事会及其审计委员会、监事会报告。

公司明确界定各部门、各岗位的目标、职责和权限，建立相应的授权、检查和逐级问责制度，确保不相容岗位的相互分离及其在授权范围内履行职能；公司控制架构完善，并制定各层级之间的控制程序，保证董事会及高级管理人员下达的指令能够被有效执行。

公司提倡“合规人人有责”和业务部门是内部控制及风险管理的第一道防线的内控文化。

4.4.2 内部控制措施

公司管理层下设投资决策委员会，在董事会的授权范围内以明晰的分级授权制度、健全的投资控制体系、及时完整的过程控制和事后评价，使研究、决策、操作、审核、评价体系既相互配合，又相互制衡。

在日常业务中，公司对固有资产和信托资产设立了相互独立的运作部门，分别是负责固有财产运作的投资管理部和负责信托财产运作的信托资产管理部。同时在财务核算等环节，通过核算岗位隔离与财务信息隔离，进一步保证了公司固有财产与信托财产的独立管理。

在信托资产运营环节，分别设立了研究部门、决策部门、交易部门和运营部门，实现了研究和决策分离、投资和交易分离、财产运营和监控保管分离。部门间有效配合且相互制衡，确保投资风险可控。

在证券交易过程中，公司通过完善资产管理系统，实现了所有证券交易的系统化，使所有证券交易行为均处于系统的有效控制之下。在资产管理系统中，通过股票池、投资比例指标和人员授权等方面的管理，保证了证券投向、投资比例和不同岗位的投资权限均处于公司的有效控制之下。

在业务流程上，公司通过事前、事中、事后控制三者结合进行综合风险防范，其中尤其强调即时的过程控制，各部门发生异常情况后即时汇报，在风险出现苗头后能立即作出反应，采取相应措施，确保公司内部控制的有效性。

除上述控制措施外，公司还建立了重大风险预警机制和突发事件应急处理机制，明确风险预警标准，对可能发生的重大风险或突发事件，制定应急预案，明确责任人员、规范处理程序，确保突发事件得到及时妥善处理。

4.4.3 监督评价与纠正

公司的稽核监察部门负责对公司内部控制的监督评价与纠正。公司具有较为完善的内部控制机制，公司稽核监察部是公司独立的监督部门，直接向董事会汇报，是对公司经营活动全过程进行的一种内在经济监督，以防范风险、纠正违规、加强内控为工作目标，对公司内控制度、业务经营、财务活动等实施稽核监督。公司合规和风险管理部负责对公司规章制度和操作流程的健全性、有效性进行不断梳理整合，使公司的内部控制更加有效、趋于完善。

4.5 风险管理概况

4.5.1 风险状况

4.5.1.1 信用风险状况

信用风险主要是指交易对手违约造成损失的风险，主要表现为公司在开展固有业务和信托业务时，可能会因交易对手违约而给公司或信托财产带来风险。报告期内，公司发生的各类业务均履行了严格的内部评审程序，合法合规，担保措施充足，交易对手信用等级较高，信用风险可控。报告期末公司信用风险暴露数为零。按母公司口径，不良信用风险资产期初数为1 439.53万元，期末数为1 439.53 万元。

4.5.1.2 市场风险状况

市场风险是指公司在运营过程中可能因股价、市场汇率、利率及其他价格因素等变动而产生的风险。具体表现为经济运作周期变化、金融市场利率波动、通货膨胀、房地产交易、证券市场变化等造成的风险，这些风险可能影响信托财产的价值及信托收益水平，也可能影响公司固有资产价值或导致损失。

2011 年，公司密切关注各类市场风险，及时调整产品战略，勤勉、尽职履行受托人职责。2011 年度沪深指数的跌幅较大，直接导致了投资收益的减少。但公司本着审慎的原则，合理配置投资资金，在股票价格指数波动较大、证券市场持续单边下跌的行情下，当年公司固有业务未发生亏损情况。

4.5.1.3 操作风险状况

操作风险是指公司内部业务流程、计算机系统、员工在操作中的不完善或失误，可能给公司造成损失的风险；公司外部因素例如通讯系统故障等可能给公司造成损失或影响公司正常运行的风险。

报告期内，公司未发生此类风险给公司及受益人造成损失。

4.5.1.4 其他风险状况

其他风险主要包括法律风险、声誉风险、员工道德风险等。法律风险指公司在业务经营过程中由于不当的法律文书、违约行为或怠于行使自身法律权利等所造成的风险。声誉风险指由于公司内部管理或服务出现问题而引起自身外部社会名声、信誉和公众信任度下降，从而对公司外部市场地位产生消极和不良影响的风险。员工道德风险是指公司员工在执行业务过程中，由于法律意识淡漠、自律性差、责任心不强等因素的影响，可能存在的违法违规、操作失误等行为给公司造成损失损害的风险。报告期内公司未发生此类风险。

4.5.2 风险管理

4.5.2.1 信用风险管理

公司通过事前评估、事中控制、事后监督的风险管理体系来防范和规避信用风险，具体措施包括：(1)严格按照业务流程、制度规定和相应程序开展各项业务，确保决策者充分了解业务涉及的信用风险。(2)对交易对手进行全面、深入的信用调查与分析，形成客观、翔实的尽职调查报告。(3)完善投决会议事规则，坚持横向、纵向相结合和集体决策的评审制度，多方面介入排查风险。(4)严格落实贷款担保等措施，注意对抵押物权属的有效性、合法性进行审查，客观、公正地评估抵押物。(5)强调事中管理和监控，通过项目实施过程中的业务跟踪及定期的资产五级分类进行风险事中控制；公司贷款资产减值准备计提标准为：正常类，计提比例1%；关注类，计提比例10%；次级类，计提比例30%；可疑类，计提比例60%；损失类，计提比例100%。(6)要求定期与不定期进行后期检查。对重点项目，业务部门会同风险管理部门定期进行现场实地走访，对项目运作、企业财务状况及当地市场环境做进一步调研和分析，形成现场检查报告。对部分股权投资类项目，风险管理部门向项目公司派驻现场监管人员，介入项目公司的资金监管。业务人员和风险管理部门若发现问题，及时上报并采取措施，有效防范和化解各类信用风险。(7)严格按财政部《金融企业呆账准备提取管理办法》等相关要求，足额计提相关资产减值准备；每年从税后利润中按10%(2009年及以前年度为5%)的比例提取信托赔偿准备金，以提高公司抵御风险的能力。

4.5.2.2 市场风险管理

2011年，公司制定了5年战略规划，定位于：以高端客户需求为核心，专注于证券、投融资、产融结合等专业领域，提供另类财富管理和综合金融解决方案，打造中国领先的综合金融服务商。并成为集团产融结合的推动者和实践者。在规划期间，不断提升市场风险管理原则和程序，力求总体风险水平与总体业务发展战略、管理能力、资本实力的相一致。同时，对每项业务和产品中的市场风险因素进行分解和分析，准确识别业务中市场风险的种类和性质。具体措施包括：(1)对宏观经济走势、政策变化、投资策略演变及其他影响市场变化的因素进行持续分析研究，为投资决策提供参考；(2)关注国家宏观政策变化，规避限制类行业和相关项目；(3)进行资产组合管理，并动态调整资产配置方案，以规避或降低市场风险；(4)控制行业集中度，控制总体证券投资规模、设定证券投资限制指标和止损点。跟踪投融资类项目的交易对手集中度，分散风险；(5)加强对投资品种的研究和科学论证，按严格的流程进行控制；(6)密切监控已开展业务的运行情况，根据市场风险情况及时作出投资调整、提前结束等风险管理措施，避免或降低市场风险引起的损失。同时公司通过业务模式的创新强调业务结构多元化和不同业务之间风险的对冲度，提高公司抵御市场风险的整体能力。

4.5.2.3 操作风险管理

公司通过合理的部门和岗位设置，业务操作流程优化，规章制度建设，加强员工培训提高员工素质和技能，推进系统化建设，将流程有效地嵌入到系统中，减少人工干预，制订应急预案等措施有效地控制操作风险。

2011年，在已有的岗位规程基础上持续梳理，整理系统的流程需求和功能需求、对流程进行适当优化，有效地提高了岗位操作的可靠性和岗位知识的传承，在防范操作风险上起到了积极作用。

4.5.2.4 其他风险管理

公司通过对宏观政策和行业政策的跟踪、研究，提高预见性，控制政策风险。对于法律风险，公司严格按照相关监管规章，对所有拟开展业务进行合规性审查，确保公司业务开展符合国家相关法律法规规定，并不断优化产品结构和法律文本设计，严格按公司法律文件审批程序进行审批后办理业务；对于声誉风险，公司把声誉构建与公司发展战略和企业文化进行有机结合，对可能影响公司声誉的业务坚决予以回避，尽职管理受托资产，并充分披露，塑造公司专业和诚信的社会形象；对于员工道德风险，公司通过建立完善的公司治理结构、内控制度、业务流程，从制度、教育、监督、纪律处罚等多方面着手，不断优化激励约束机制，对员工及其行为进行约束和规范，控制道德风险。

5. 报告期末及上一年度末的比较式会计报表

5.1 固有资产

5.1.1 会计师事务所审计意见全文

审计报告

中瑞岳华审字〔2012〕第0319号

华宝信托有限责任公司：

我们审计了后附的华宝信托有限责任公司(以下简称“贵公司”)及其子公司(统称“贵集团”)财务报表，包括2011年12月31日的合并及公司的资产负债表，2011年度的合并及公司的利润表、合并及公司的现金流量表和合并及公司的所有者权益变动表以及财务报表附注。

一、管理层对财务报表的责任

编制和公允列报财务报表是贵公司管理层的责任。这种责任包括：(1)按照企业会计准则的规定编制财务报表，并使其实现公允反映；(2)设计、执行和维护必要的内部控制，以使财务报表不存在由于舞弊或错误导致的重大错报。

二、注册会计师的责任

我们的责任是在执行审计工作的基础上对财务报表发表审计意见。我们按照中国注册会计师审计准则的规定执行了审计工作。中国注册会计师审计准则要求我们遵守中国注册会计师职业道德守则，计划和执行审计工作以对财务报表是否不存在重大错报获取合理保证。

审计工作涉及实施审计程序，以获取有关财务报表金额和披露的审计证据。选择的审计程序取决于注册会计师的判断，包括对由于舞弊或错误导致的财务报表重大错报风险的评估。在进行风险评估时，注册会计师考虑与财务报表编制和公允列报相关的内部控制，以设计恰当的审计程序，但目的并非对内部控制的有效性发表意见。审计工作还包括评价管理层选用会计政策的恰当性和作出会计估计的合理性，以及评价财务报表的总体列报。

我们相信，我们获取的审计证据是充分、适当的，为发表审计意见提供了基础。

三、审计意见

我们认为，上述财务报表在所有重大方面按照企业会计准则的规定编制，公允反映了华宝信托有限责任公司及其子公司2011年12月31日的合并财务状况以及2011年度的合并经营成果和合并现金流量，以及华宝信托有限责任公司2011年12月31日的财务状况以及2011年度的经营成果和现金流量。

5.1.2 资产负债表

合并资产负债表

编制单位：华宝信托有限责任公司　　2011年12月31日　　单位：万元

项　目	年末余额	年初余额	项　目	年末余额	年初余额
流动资产：			流动负债：		
货币资金	126 036.87	101 030.75	短期借款	—	—
结算备付金	—	—	向中央银行借款	—	—
拆出资金	—	—	吸收存款及同业存放	—	—
交易性金融资产	49 087.62	106 279.99	拆入资金	—	—
应收票据	—	—	交易性金融负债	—	—
应收账款	4 574.01	5 696.72	应付票据	—	—
预付款项	—	—	应付账款	—	—
应收保费	—	—	预收款项	—	—
应收分保账款	—	—	卖出回购金融资产款	—	—
应收分保合同准备金	—	—	应付手续费及佣金	—	—
应收利息	1 356.75	191.95	应付职工薪酬	10 833.18	10 627.10
应收股利	—	—	应交税费	10 822.20	13 066.38
其他应收款	1 323.15	356.35	应付利息	—	—
买入返售金融资产	51 814.51	3 920.00	应付股利	628.73	52 923.83
存货	—	—	其他应付款	82 339.71	23 817.66
一年内到期的非流动资产	—	—	应付分保账款	—	—
其他流动资产	348.24	360.77	保险合同准备金	—	—
流动资产合计	234 541.15	217 836.53	代理买卖证券款	—	—
非流动资产：	—	—	代理承销证券款	—	—
发放贷款及垫款	27 720.00	—	一年内到期的非流动负债	—	—
可供出售金融资产	155 161.45	129 581.05	其他流动负债	—	—
持有至到期投资	—	—	流动负债合计	104 623.82	100 434.97
长期应收款	—	—	非流动负债：	—	—
长期股权投资	67 997.43	74 613.95	长期借款	—	—
投资性房地产	—	—	应付债券	—	—
固定资产	1 210.75	1 297.49	长期应付款	—	—
在建工程	292.17	—	专项应付款	—	—
工程物资	—	—	预计负债	—	—
固定资产清理	—	—	递延所得税负债	164.37	2 324.99
生产性生物资产	—	—	其他非流动负债	—	—
油气资产	—	—	非流动负债合计	164.37	2 324.99
无形资产	691.32	497.81	负债合计	104 788.19	102 759.96
开发支出	618.21	—	所有者权益：	—	—
商誉	—	—	实收资本	200 000.00	100 000.00
长期待摊费用	4 548.99	124.05	资本公积	1 444.99	10 701.15
递延所得税资产	3 273.17	5 256.01	减：库存股	—	—
其他非流动资产	—	—	专项储备	—	—

续表

项　目	年末余额	年初余额	项　目	年末余额	年初余额
非流动资产合计	261 513.49	211 370.36	盈余公积	33 626.12	29 691.22
			一般风险准备	22 468.14	17 722.12
			未分配利润	92 693.93	129 320.11
			外币报表折算差额	—	—
			归属于母公司所有者权益合计	350 233.18	287 434.60
			少数股东权益	41 033.27	39 012.33
			所有者权益合计	391 266.45	326 446.93
资产总计	496 054.64	429 206.89	负债和所有者权益总计	496 054.64	429 206.89

法定代表人：郑安国　　主管会计工作负责人：张晓喆　　会计机构负责人：蒋勋

母公司资产负债表

编制单位：华宝信托有限责任公司　　2011 年 12 月 31 日　　单位：万元

资　产	年末数	年初数	负债和所有者权益	年末数	年初数
资产：			负债：		
货币资金	70 859.82	47 473.71	向中央银行借款	—	—
贵金属	—	—	同业及其他金融机构存放款项	—	—
拆出资金	—	—	拆入资金	—	—
交易性金融资产	20 956.86	70 617.99	交易性金融负债	—	—
衍生金融资产	—	—	卖出回购金融资产款	—	—
买入返售金融资产	51 814.51	—	吸收存款	—	—
应收账款	458.83	—	应付账款	—	—
应收股利	—	—	其他应付款	78 447.59	11 910.08
应收利息	920.77	—	应付职工薪酬	4 121.18	2 271.28
其他应收款	926.84	118.29	应交税费	10 256.90	9 815.84
发放贷款及垫款	27 720.00	—	应付股利	628.73	52 923.83
可供出售金融资产	155 161.45	129 581.05	应付利息	—	—
持有至到期投资	—	—	预计负债	—	—
长期股权投资	67 819.20	74 435.72	应付债券	—	—
投资性房地产	—	—	递延所得税负债	164.37	2 324.99
固定资产净额	701.08	903.23	其他负债		
在建工程	—	—	负债合计	93 618.77	79 246.02
固定资产清理	—	—	所有者权益：		
无形资产净额	353.82	237.20	实收资本	200 000.00	100 000.00
长期待摊费用	35.15	42.49	资本公积	7 314.10	16 570.26
递延所得税资产	2 848.63	2 717.58	减：库存股	—	—
其他资产	618.19	—	盈余公积	34 353.05	30 418.15
			一般风险准备	22 831.61	18 085.58
	—	—	未分配利润	43 077.62	81 807.25
			所有者权益合计	307 576.38	246 881.24
资产总计	401 195.15	326 127.26	负债和所有者权益总计	401 195.15	326 127.26

法定代表人：郑安国　　主管会计工作负责人：张晓喆　　会计机构负责人：蒋　勋

5.1.3　利润表

合并利润表

编制单位：华宝信托有限责任公司　　2011 年度　　单位：万元

项　目	本年金额	上年金额
一、营业总收入	119 548.51	126 007.79
其中：营业收入	—	—
利息收入	9 717.32	7 441.51
已赚保费	—	—
手续费及佣金收入	109 831.19	118 566.28

续表

项　目	本年金额	上年金额
二、营业总成本	56 515.56	68 832.47
其中：营业成本	—	—
利息支出	—	2 446.84
手续费及佣金支出	524.96	3 645.66
退保金	—	—
赔付支出净额	—	—
提取保险合同准备金净额	—	—

续表

项　　目	本年金额	上年金额
保单红利支出	—	—
分保费用	—	—
营业税金及附加	7 022. 98	7 471. 73
业务及管理费	48 687. 62	55 521. 68
管理费用	—	—
财务费用	—	—
资产减值损失	280. 00	-253. 44
加:公允价值变动收益(损失以"－"号填列)	-1 781. 51	-430. 83
投资收益(损失以"－"号填列)	7 230. 95	25 037. 25
其中:对联营企业和合营企业的投资收益	-3 842. 23	—
汇兑收益(损失以"－"号填列)	-345. 62	-385. 77
三、营业利润(亏损以"－"号填列)	68 136. 77	81 395. 97
加:营业外收入	156. 43	277. 15
减:营业外支出	24. 26	50. 53
其中:非流动资产处置损失	9. 22	5. 92
四、利润总额(亏损总额以"－"号填列)	68 268. 94	81 622. 59
减:所得税费用	17 942. 26	22 306. 41
五、净利润(净亏损以"－"号填列)	50 326. 68	59 316. 18
归属于母公司所有者的净利润	41 452. 43	47 151. 51
少数股东损益	8 874. 25	12 164. 67
六、每股收益	—	—
(一)基本每股收益	—	—
(二)稀释每股收益	—	—
七、其他综合收益	-9 256. 16	-33. 00
八、综合收益总额	41 070. 52	59 283. 18
归属于母公司所有者的综合收益总额	32 196. 27	47 118. 55
归属于少数股东的综合收益总额	8 874. 25	12 164. 63

法定代表人:郑安国　　主管会计工作负责人:张晓喆　　会计机构负责人:蒋　勋

母公司利润表

编制单位:华宝信托有限责任公司　　2011 年度　　单位:万元

项　　目	本年数	上年数
一、营业收入	73 144. 08	69 515. 06
利息净收入	6 624. 49	1 504. 15
利息收入	6 624. 49	1 504. 15
利息支出	—	—
手续费及佣金净收入	53 874. 79	31 490. 45
手续费及佣金收入	54 399. 74	31 537. 31
手续费及佣金支出	524. 95	46. 86
投资收益(损失以"－"号填列)	13 511. 85	37 644. 47
其中:对联营企业和合营企业的投资收益	-3 842. 23	7 788. 32
公允价值变动损益(损失以"－"号填列)	-524. 19	-766. 53
汇兑收益(损失以"－"号填列)	-342. 86	-357. 48
其他业务收入	—	—
二、营业支出	21 797. 88	12 862. 32
营业税金及附加	3 886. 86	2 864. 15
业务及管理费	17 631. 02	10 229. 11
资产减值损失	280. 00	-230. 94
其他业务成本	—	—
三、营业利润(亏损以"－"号填列)	51 346. 20	56 652. 74
加:营业外收入	42. 15	113. 57
减:营业外支出	15. 00	—
四、利润总额(亏损总额以"－"号填列)	51 373. 35	56 766. 31
减:所得税费用	12 024. 35	9 609. 09
五、净利润(净亏损以"－"号填列)	39 349. 00	47 157. 22
六、每股收益	—	—
(一)基本每股收益	—	—
(二)稀释每股收益	—	—
七、其他综合收益	-9 256. 16	9 448. 99
八、综合收益总额	30 092. 84	56 606. 21

法定代表人:郑安国　　主管会计工作负责人:张晓喆　　会计机构负责人:蒋　勋

5. 1. 4　所有者权益变动表

合并所有者权益变动表

编制单位:华宝信托有限责任公司　　2011 年度　　单位:万元

项　　目	本年金额									
	归属于母公司所有者权益								少数股东权益	所有者权益合计
	实收资本	资本公积	减:库存股	专项储备	盈余公积	一般风险准备	未分配利润	其他		
一、上年年末余额	100 000. 00	10 701. 15	—	—	29 691. 22	17 722. 12	129 320. 11	—	39 012. 33	326 446. 93
加:会计政策变更	—	—	—	—	—	—	—	—	—	—
前期差错更正	—	—	—	—	—	—	—	—	—	—
其他	—	—	—	—	—	—	—	—	—	—
二、本年年初余额	100 000. 00	10 701. 15	—	—	29 691. 22	17 722. 12	129 320. 11	—	39 012. 33	326 446. 93
三、本年增减变动金额(减少以"－"号填列)	100 000. 00	-9 256. 16	—	—	3 934. 90	4 746. 03	-36 626. 19	—	2 020. 95	64 819. 53
(一)净利润	—	—	—	—	—	—	41 452. 43	—	8 874. 25	50 326. 68
(二)其他综合收益	—	-9 256. 16	—	—	—	—	—	—	—	-9 256. 16
上述(一)和(二)小计	—	-9 256. 16	—	—	—	—	41 452. 43	—	8 874. 25	41 070. 52
(三)所有者投入和减少资本	62 039. 01	—	—	—	—	—	—	—	—	62 039. 01
1. 所有者投入资本	62 039. 01	—	—	—	—	—	—	—	—	62 039. 01
2. 股份支付计入所有者权益的金额	—	—	—	—	—	—	—	—	—	—
3. 其他	—	—	—	—	—	—	—	—	—	—
(四)利润分配	—	—	—	—	3 934. 90	4 746. 03	-40 117. 63	—	-6 853. 30	-38 290. 00
1. 提取盈余公积	—	—	—	—	3 934. 90	—	-3 934. 90	—	—	—

续表

项目	本年金额									
	归属于母公司所有者权益								少数股东权益	所有者权益合计
	实收资本	资本公积	减:库存股	专项储备	盈余公积	一般风险准备	未分配利润	其他		
2. 提取一般风险准备	—	—	—	—	—	4 746.03	-4 746.03	—	—	—
3. 对所有者的分配	—	—	—	—	—	—	-31 436.70	—	-6 853.30	-38 290.00
4. 其他	—	—	—	—	—	—	—	—	—	—
（五）所有者权益内部结转	37 960.99	—	—	—	—	—	-37 960.99	—	—	—
1. 资本公积转增资本	—	—	—	—	—	—	—	—	—	—
2. 盈余公积转增资本	—	—	—	—	—	—	—	—	—	—
3. 盈余公积弥补亏损	—	—	—	—	—	—	—	—	—	—
4. 其他	37 960.99	—	—	—	—	—	-37 960.99	—	—	—
（六）专项储备	—	—	—	—	—	—	—	—	—	—
1. 本年提取	—	—	—	—	—	—	—	—	—	—
2. 本年使用	—	—	—	—	—	—	—	—	—	—
四、本年年末余额	200 000.00	1 444.99	—	—	33 626.12	22 468.14	92 693.93	—	41 033.27	391 266.45

法定代表人：郑安国　　主管会计工作负责人：张晓喆　　会计机构负责人：蒋勋

合并所有者权益变动表（续表）

编制单位：华宝信托有限责任公司　　2011年度　　单位：万元

项目	上年金额									
	归属于母公司所有者权益								少数股东权益	所有者权益合计
	实收资本	资本公积	减:库存股	专项储备	盈余公积	一般风险准备	未分配利润	其他		
一、上年年末余额	100 000.00	10 734.11	—	—	24 975.49	12 947.98	91 658.47	—	35 133.43	275 449.48
加：会计政策变更	—	—	—	—	—	—	—	—	—	—
前期差错更正	—	—	—	—	—	—	—	—	—	—
其他	—	—	—	—	—	—	—	—	—	—
二、本年年初余额	100 000.00	10 734.11	—	—	24 975.49	12 947.98	91 658.47	—	35 133.43	275 449.48
三、本年增减变动金额（减少以"-"号填列）	—	-32.96	—	—	4 715.72	4 774.14	37 661.64	—	3 878.89	50 997.44
（一）净利润	—	—	—	—	—	—	47 151.51	—	12 164.67	59 316.18
（二）其他综合收益	—	-32.96	—	—	—	—	—	—	-0.04	-33.00
上述（一）和（二）小计	—	-32.96	—	—	—	—	47 151.51	—	12 164.63	59 283.18
（三）所有者投入和减少资本	—	—	—	—	—	—	—	—	-20.73	-20.73
1. 所有者投入资本	—	—	—	—	—	—	—	—	—	—
2. 股份支付计入所有者权益的金额	—	—	—	—	—	—	—	—	—	—
3. 其他	—	—	—	—	—	—	—	—	-20.73	-20.73
（四）利润分配	—	—	—	—	4 715.72	4 774.14	-9 489.86	—	-8 265.01	-8 265.01
1. 提取盈余公积	—	—	—	—	4 715.72	—	-4715.72	—	—	—
2. 提取一般风险准备	—	—	—	—	—	4 774.14	-4774.14	—	—	—
3. 对所有者的分配	—	—	—	—	—	—	—	—	-8 265.01	-8 265.01
4. 其他	—	—	—	—	—	—	—	—	—	—
（五）所有者权益内部结转	—	—	—	—	—	—	—	—	—	—
1. 资本公积转增资本	—	—	—	—	—	—	—	—	—	—
2. 盈余公积转增资本	—	—	—	—	—	—	—	—	—	—
3. 盈余公积弥补亏损	—	—	—	—	—	—	—	—	—	—
4. 其他	—	—	—	—	—	—	—	—	—	—
（六）专项储备	—	—	—	—	—	—	—	—	—	—
1. 本年提取	—	—	—	—	—	—	—	—	—	—
2. 本年使用	—	—	—	—	—	—	—	—	—	—
四、本年年末余额	100 000.00	10 701.15	—	—	29 691.22	17 722.12	129 320.11	—	39 012.33	326 446.93

法定代表人：郑安国　　主管会计工作负责人：张晓喆　　会计机构负责人：蒋　勋

母公司所有者权益变动表

编制单位：华宝信托有限责任公司　　2011 年度　　单位：万元

项目	本年金额							
	实收资本	资本公积	减：库存股	专项储备	盈余公积	一般风险准备	未分配利润	所有者权益合计
一、上年年末余额	100 000. 00	16 570. 26	—	—	30 418. 15	18 085. 58	81 807. 25	246 881. 24
加：会计政策变更	—	—	—	—	—	—	—	—
前期差错更正	—	—	—	—	—	—	—	—
其他	—	—	—	—	—	—	—	—
二、本年年初余额	100 000. 00	16 570. 26	—	—	30 418. 15	18 085. 58	81 807. 25	246 881. 24
三、本年增减变动金额(减少以" -"号填列)	100 000. 00	-9 256. 16	—	—	3 934. 90	4 746. 03	-38 729. 62	60 695. 15
(一)净利润	—	—	—	—	—	—	39 349. 00	39 349. 00
(二)其他综合收益	—	-9 256. 16	—	—	—	—	—	-9 256. 16
上述(一)和(二)小计	—	-9 256. 16	—	—	—	—	39 349. 00	30 092. 84
(三)所有者投入和减少资本	62 039. 01	—	—	—	—	—	—	62 039. 01
1. 所有者投入资本	62 039. 01	—	—	—	—	—	—	62 039. 01
2. 股份支付计入所有者权益的金额	—	—	—	—	—	—	—	—
3. 其他	—	—	—	—	—	—	—	—
(四)利润分配	—	—	—	—	3 934. 90	4 746. 03	-40 117. 63	-31 436. 70
1. 提取盈余公积	—	—	—	—	3 934. 90	—	-3 934. 90	—
2. 提取一般风险准备	—	—	—	—	—	4 746. 03	-4746. 03	—
2. 对所有者的分配	—	—	—	—	—	—	-31 436. 70	-31 436. 70
3. 其他	—	—	—	—	—	—	—	—
(五)所有者权益内部结转	37 960. 99	—	—	—	—	—	-37 960. 99	—
1. 资本公积转增资本	—	—	—	—	—	—	—	—
2. 盈余公积转增资本	—	—	—	—	—	—	—	—
3. 盈余公积弥补亏损	—	—	—	—	—	—	—	—
4. 其他	37 960. 99	—	—	—	—	—	-37 960. 99	—
(六)专项储备	—	—	—	—	—	—	—	—
1. 本年提取	—	—	—	—	—	—	—	—
2. 本年使用	—	—	—	—	—	—	—	—
四、本年年末余额	200 000. 00	7 314. 10	—	—	34 353. 05	22 831. 61	43 077. 62	307 576. 38

法定代表人：郑安国　　主管会计工作负责人：张晓喆　　会计机构负责人：蒋　勋

母公司所有者权益变动表(续表)

编制单位：华宝信托有限责任公司　　2011 年度　　单位：万元

项目	上年金额							
	实收资本	资本公积	减：库存股	专项储备	盈余公积	一般风险准备	未分配利润	所有者权益合计
一、上年年末余额	100 000. 00	6 958. 48	—	—	24 975. 49	12 947. 98	37 960. 99	182 842. 95
加：会计政策变更	—	—	—	—	—	—	—	—
前期差错更正	—	—	—	—	—	—	—	—
其他	—	162. 79	—	—	726. 93	363. 46	6 178. 89	7 432. 07
二、本年年初余额	100 000. 00	7 121. 27	—	—	25 702. 42	13 311. 44	44 139. 89	190 275. 02
三、本年增减变动金额(减少以" -"号填列)	—	9 448. 99	—	—	4 715. 72	4 774. 14	37 667. 36	56 606. 22
(一)净利润	—	—	—	—	—	—	47 157. 22	47 157. 22
(二)其他综合收益	—	9 448. 99	—	—	—	—	—	9 448. 99
上述(一)和(二)小计	—	9 448. 99	—	—	—	—	47 157. 22	56 606. 22
(三)所有者投入和减少资本	—	—	—	—	—	—	—	—
1. 所有者投入资本	—	—	—	—	—	—	—	—
2. 股份支付计入所有者权益的金额	—	—	—	—	—	—	—	—
3. 其他	—	—	—	—	—	—	—	—

续表

项　目	上年金额							
	实收资本	资本公积	减:库存股	专项储备	盈余公积	一般风险准备	未分配利润	所有者权益合计
(四)利润分配	—	—	—	—	4 715.72	4 774.14	-9 489.86	—
1. 提取盈余公积	—	—	—	—	4 715.72	—	-4 715.72	—
2. 提取一般风险准备	—	—	—	—	—	4 774.14	-4 774.14	—
2. 对所有者的分配	—	—	—	—	—	—	—	—
3. 其他	—	—	—	—	—	—	—	—
(五)所有者权益内部结转	—	—	—	—	—	—	—	—
1. 资本公积转增资本	—	—	—	—	—	—	—	—
2. 盈余公积转增资本	—	—	—	—	—	—	—	—
3. 盈余公积弥补亏损	—	—	—	—	—	—	—	—
4. 其他	—	—	—	—	—	—	—	—
(六)专项储备	—	—	—	—	—	—	—	—
1. 本年提取	—	—	—	—	—	—	—	—
2. 本年使用	—	—	—	—	—	—	—	—
四、本年年末余额	100 000.00	16 570.26	—	—	30 418.15	18 085.58	81 807.25	246 881.24

法定代表人:郑安国　　主管会计工作负责人:张晓喆　　会计机构负责人:蒋　勋

5.2 信托资产

5.2.1 信托项目资产负债汇总表

信托项目资产负债汇总表

编制单位:华宝信托有限责任公司　　2011 年 12 月 31 日　　单位:万元

资　产	期末数	期初数	负债和信托权益	期末数	期初数
资产:			负债:		
现金及存放中央银行款项	11 907 733.05	162 718.47	向中央银行借款	—	—
其中:现金及银行存款	11 907 733.05	162 718.47	同业及其他金融机构存放款项	—	—
其他货币资金	170 363.63	177 404.66	拆入资金	—	—
拆出资金	—	—	交易性金融负债	—	—
交易性金融资产	1 837 373.47	1 211 085.40	衍生金融负债	—	—
衍生金融资产	—	—	应付受托人报酬	0.02	0.02
买入返售金融资产	532 987.88	372 600.09	应付保管费	—	—
应收账款	—	—	应付受益人收益	—	—
应收股利	—	—	应付销售服务费	—	—
应收利息	—	—	应交税费	—	—
其他应收款	70 249.70	45 813.07	其他应付款	30 570.46	159 896.70
发放贷款和垫款	2 434 890.00	5 837 523.00	其他负债	—	—
可供出售金融资产	1 270 383.31	858 565.35	负债合计	30 570.48	159 896.72
持有至到期投资	—	—			
长期股权投资	240 273.43	27 751.61	信托权益:		
投资性房地产	—	—	实收信托	18 445 660.93	8 441 090.71
固定资产	—	—	资本公积	55 944.44	13 996.51
无形资产	—	—	未分配利润	-67 921.38	78 477.71
其他资产	—	—	信托权益合计	18 433 683.99	8 533 564.93
资产总计	18 464 254.47	8 693 461.65	负债和信托权益总计	18 464 254.47	8 693 461.65

法定代表人:郑安国　　主管会计工作负责人:张晓喆　　会计机构负责人:蒋　勋

5.2.2 信托项目利润及利润分配汇总表

信托项目利润及利润分配汇总表

编制单位:华宝信托有限责任公司　　2011年度　　单位:万元

项　目	本年累计数	上年累计数
一、信托营业收入	377 564.43	264 536.78
利息收入	441 842.28	175 261.37
投资收益(损失以"-"号填列)	-23 150.67	114 488.88
其中:对联营企业和合营企业的投资收益	—	—
公允价值变动收益(损失以"-"号填列)	-42 071.68	-27 059.93
租赁收入	—	—
汇兑收益(损失以"-"号填列)	—	—
其他业务收入	944.50	1 846.46
二、信托营业支出	59 716.94	37 071.64
营业税金及附加	18.67	289.04
业务及管理费	59 698.27	36 782.60
资产减值损失	—	—
其他业务成本	—	—
三、利润总额(亏损总额以"-"号填列)	317 847.49	227 465.14
加:期初未分配信托利润	78 477.71	168 208.09
损益平准金等其他影响额	9 075.92	6 075.60
四、可供分配的信托利润	405 401.12	401 748.83
减:本期已分配信托利润	473 322.50	323 271.12
五、期末未分配信托利润	-67 921.38	78 477.71
六、其他综合收益	-1 269.50	10 082.25
七、综合收益总额	325 653.91	243 622.99

法定代表人:郑安国　　主管会计工作负责人:张晓喆　　会计机构负责人:蒋　勋

6. 会计报表附注

6.1 年度会计报表编制基准、会计政策、会计估计和核算方法发生的变化

报告年度会计报表编制基准、会计政策、会计估计和核算方法未发生变化。

6.2 或有事项说明

截至2011年12月31日,公司为舟山市海运公司提供243万元借款担保(舟山市海峡汽车轮渡有限责任公司为此事向本公司提供了反担保)。

注:该担保系宝钢集团有限公司1998年并购舟山信托前的历史遗留问题。

6.3 重要资产转让及其出售的说明

本公司2011年未发生重要资产的转让。

6.4 会计报表中重要项目的明细资料(以下为母公司口径)

6.4.1 固有资产经营情况

6.4.1.1 按信用风险五级分类结果披露信用风险资产的期初、期末数

信用风险资产五级分类	正常类(万元)	关注类(万元)	次级类(万元)	可疑类(万元)	损失类(万元)	信用风险资产合计(万元)	不良信用风险资产合计(万元)	不良信用风险资产率(%)
期末数	152 977.30	—	—	—	1 439.53	154 416.83	1 439.53	0.93
期初数	47 572.67	—	—	—	1 439.53	49 012.20	1 439.53	2.94

注:不良资产合计=次级类+可疑类+损失类。

6.4.1.2 各项资产减值损失准备的期初、本期计提、本期转回、本期核销、期末数

单位:万元

	期初数	本期计提	本期转回	本期核销	期末数
贷款损失准备	—	280.00	—	—	280.00
一般准备	—	280.00	—	—	280.00
专项准备	—	—	—	—	—
其他资产减值准备	8 505.76	—	—	—	8 505.76
可供出售金融资产减值准备	—	—	—	—	—
持有至到期投资减值准备	—	—	—	—	—
长期股权投资减值准备	7 066.23	—	—	—	7 066.23
坏账准备	1 439.53	—	—	—	1 439.53
投资性房地产减值准备	—	—	—	—	—

6.4.1.3 固有业务股票投资、基金投资、债券投资、股权投资等投资业务的期初数、期末数

单位:万元

	股票	基金	债券	长期股权投资	其他投资	合计
期初数	122 886.78	66 266.14	—	74 435.72	11 046.12	274 634.76
期末数	102 633.74	27 179.97	—	67 819.20	46 304.60	243 937.51

6.4.1.4 固有长期股权投资的企业名称、占被投资企业权益比例、主要经营活动及投资收益情况等

企业名称	占被投资企业权益的比例(%)	主要经营活动	投资收益(万元)
1. 华宝兴业基金管理有限公司	51	基金管理、发起设立基金以及中国证监会批准的其他业务。	7 133.03
2. 华宝证券有限责任公司	40.5592	证券经纪、证券投资咨询、证券自营。	-3 842.23

注:投资收益的口径为影响2011年损益的长期股权投资收益金额。

6.4.1.5 固有贷款的企业名称、占贷款总额的比例和还款情况等

企业名称	占贷款总额的比例(%)	还款情况
1. 荣盛控股股份有限公司	71.43	正常
2. 上海三盛宏业投资(集团)有限责任公司	28.57	正常

6.4.1.6 表外业务的期初数、期末数;按照代理业务、担保业务和其他类型表外业务分别披露

单位：万元

表外业务	期初数	期末数
担保业务	243.00	243.00
代理业务（委托业务）	—	—
其他	—	—
合计	243.00	243.00

注：表中担保业务为1998年公司并购重组前为舟山市海运公司提供的243万元借款担保，舟山市海峡汽车轮渡有限责任公司为此事向本公司提供了反担保。

6.4.1.7　公司当年的收入结构

收入结构	合并口径		母公司口径	
	金额（万元）	占比（%）	金额（万元）	占比（%）
手续费及佣金收入	109 831.19	87.76	54 399.74	73.46
其中：信托手续费收入	35 918.62	28.70	35 918.62	48.50
投资银行业务收入	16 772.33	13.40	15 486.33	22.65
利息收入	9 717.32	7.76	6 624.49	8.95
其他业务收入	—	0.00	—	0.00
其中：计入信托业务收入部分	—	0.00	—	0.00
投资收益	5 449.43	4.35	12 987.66	17.54
其中：股权投资收益	-3 842.23	-3.07	3 290.80	4.44
公允价值变动收益	-1 781.52	-1.42	-524.19	-0.71
其他投资收益	11 073.18	8.85	10 221.05	13.80
营业外收入	156.43	0.13	42.15	0.05
收入合计	125 154.37	100.00	74 054.04	100.00

注：1. 投资银行业务收入为公司信托业务收取的财务顾问费。
2. 以上收入结构表为规定格式，故此处收入合计未含汇兑损益。

本年度公司（母公司口径）实现信托业务收入总额51 404.95万元，其中以手续费及佣金确认的信托业务收入金额46 497.73万元，以业绩报酬形式确认的信托业务收入（浮动报酬）金额4 907.22万元，无以其他形式确认的信托业务收入。

6.4.2　披露信托资产管理情况

6.4.2.1　信托资产的期初数、期末数

单位：万元

信托资产	期初数	期末数
集合	886 832.02	2 145 499.54
单一	7 774 661.52	16 283 780.34
财产权	31 968.11	34 974.59
合计	8 693 461.65	18 464 254.47

6.4.2.1.1　主动管理型信托业务的信托资产期初数、期末数

单位：万元

主动管理型信托资产	期初数	期末数
证券投资类	199 502.77	347 260.35
股权投资类	—	21 748.55
融资类	679 398.49	1 723 890.11
事务管理类	126.55	114.21
合计	879 027.81	2 093 013.22

6.4.2.1.2 被动管理型信托业务的信托资产期初数、期末数

单位：万元

被动管理型信托资产	期初数	期末数
证券投资类	453 005.58	744 095.95
股权投资类	57 419.90	82 216.44
融资类	6 739 314.39	1 788 196.81
事务管理类	564 693.97	13 756 732.05
合计	7 814 433.84	16 371 241.25

6.4.2.2　本年度已清算结束的信托项目个数、实收信托合计金额、加权平均实际年化收益率

公司本年度终止的信托项目个数为63个，本金合计为3 905 086.17万元，加权平均实际年化收益率为4.62%。

6.4.2.2.1　本年度已清算结束的集合类、单一类资金信托项目和财产管理类信托项目个数、实收信托金额、加权平均实际年化收益率

已清算结束信托项目	项目个数	实收信托合计金额（万元）	加权平均实际年化收益率（%）
集合类	28	373 382.15	6.07
单一类	33	3 110 575.90	4.42
财产管理类	2	421 128.12	4.86

6.4.2.2.2　本年度已清算结束的主动管理型信托项目个数、实收信托合计金额、加权平均实际年化收益率

已清算结束信托项目	项目个数	实收信托合计金额（万元）	加权平均实际年化收益率（%）
证券投资类	7	101 362.36	3.98
股权投资类			
融资类	4	208 000.00	6.43
事务管理类			

6.4.2.2.3 本年度已清算结束的被动管理型信托项目个数、实收信托合计金额、加权平均实际年化收益率

已清算结束信托项目	项目个数	实收信托合计金额（万元）	加权平均实际年化收益率（%）
证券投资类	16	192 486.31	3.40
股权投资类	2	2 174.15	99.53
融资类	29	3 239 461.56	4.37
事务管理类	5	161 601.79	8.03

6.4.2.3　本年度新增的集合类、单一类和财产管理类信托项目个数、实收信托合计金额

单位：万元

新增信托项目	项目个数	实收信托合计金额（万元）
集合类	89	1 774 734.69
单一类	23	13 205 790.23
财产管理类	3	35 075.00
新增合计	115	15 015 599.92
其中：主动管理型	39	1 118 804.69
被动管理型	76	13 896 795.23

6.4.2.4　信托业务创新成果和特色业务有关情况

公司在私募基金业务推出结构性资金池产品，运作了国内首只带有安全垫设计的创新型TOT产品；证券主动管理类业务

发行了资产配置型TOT信托;员工福利类业务研发推出了市场上首创的保证收益型员工福利信托计划。

此外,公司还成为业内首家获得股指期货业务资格的信托公司,获得银行间同业拆借资格,QDII业务资格申请也正在进行中。公益信托业务的研究与开发也得到银监会、信托业协会和国家民政部的肯定与支持。

6.4.2.5 本公司履行受托人义务情况及因本公司自身责任而导致的信托资产损失情况

本公司遵守信托法和信托文件对受托人义务的规定,为受益人的最大利益处理信托事务,管理信托财产时,恪守职守,履行诚实、信用、谨慎、有效管理的义务,没有损害受益人利益的情况。本公司无因自身责任而导致的信托资产损失情况。

6.5 关联方关系及其交易的披露

6.5.1 关联交易方的数量、关联交易的总金额及关联交易的定价政策等

	关联交易方数量	关联交易金额(万元)	定价政策
合计	2	20 213	按市场公允价格定价

注:关联交易定义应以《公司法》和《企业会计准则第36号——关联方披露》有关规定为准。

6.5.2 关联交易方与本公司的关系性质、关联交易方的名称、法定代表人、注册地址、注册资本及主营业务等

关系性质	关联方名称	法定代表人	注册地址	注册资本(万元)	主营业务
子公司	华宝兴业基金管理有限公司	郑安国	上海市	15 000.00	基金管理、发起设立基金等。
受同一公司控制	宁波钢铁有限公司	崔　健	宁波市	560 000.00	一般经营项目,钢铁冶炼及其压延产品、焦炭的生产等。

6.5.3 逐笔披露本公司与关联方的重大交易事项

6.5.3.1 固有与关联方交易情况:贷款、投资、租赁、应收账款、担保、其他方式等期初汇总数、本期借方和贷方发生额汇总数、期末汇总数

单位:万元

固有与关联方关联交易				
	期初数	借方发生额	贷方发生额	期末数
贷款				
投资	49 999	19 999	49 999	19 999
租赁				
担保				
应收账款				
其他				
合计	49 999	19 999	49 999	19 999

6.5.3.2 信托与关联方交易情况:贷款、投资、租赁、应收账款、担保、其他方式等期初汇总数、本期借方和贷方发生额汇总数、期末汇总数

单位:万元

信托与关联方关联交易				
	期初数	借方发生额	贷方发生额	期末数
贷款	430 000	—	130 000	300 000
投资	5 000	214	5 214	—
租赁				
担保				
应收账款				
其他				
合计	435 000	214	135 214	300 000

6.5.3.3 信托公司自有资金运用于自己管理的信托项目(固信交易)、信托公司管理的信托项目之间的相互(信信交易)交易金额,包括余额和本报告年度的发生额

6.5.3.3.1 固有与信托财产之间的交易金额期初汇总数、本期发生额汇总数、期末汇总数

单位:万元

固有财产与信托财产相互交易			
	期初数	本期发生额	期末数
合计	187 245	288 338	332 210

注:以固有资金投资公司自己管理的信托项目受益权,或购买自己管理的信托项目的信托资产均应纳入统计披露范围。

6.5.3.3.2 信托项目之间的交易金额期初汇总数、本期发生额汇总数、期末汇总数

单位:万元

信托资产与信托财产相互交易			
	期初数	本期发生额	期末数
合计	167 423	392 382	396 267

注:以公司受托管理的一个信托项目的资金购买自己管理的另一个信托项目的受益权或信托项下资产均应纳入统计披露范围。

6.5.4 逐笔披露关联方逾期未偿还本公司资金的详细情况以及本公司为关联方担保发生或即将发生垫款的详细情况

本报告期公司无上述情况。

6.6 会计制度的披露

本报告期公司固有业务(自营业务)及信托业务均执行2006版《企业会计准则》。

7. 财务情况说明书

7.1 利润实现和分配情况

根据公司2011年度的经营实绩,对2011年度利润进行如下分配:

(1)当年利润总额:51 373.35万元;

(2)所得税费用:12 024.35万元(已考虑纳税调整和递延税款);

(3)净利润:39 349.00万元;

(4)提取法定盈余公积金:3 934.90万元;

(5)按照《信托公司管理办法》的规定,按照税后利润的10%提取信托赔偿准备金为3 934.90万元;

(6)按照《非银行金融机构外汇业务管理规定》的规定,按照税后外汇利润的50%提取外汇资本准备金79.15万元;

（7）按照《金融企业呆账准备提取管理办法》、《银行信贷损失计提指引》的规定，按照贷款、长期股权等风险资产期末余额的1%提取一般风险准备731.98万元；

（8）2011年公司可分配利润为30 668.07万元；

（9）2010年因华宝投资对华宝证券增资，公司对华宝证券持股比例由99.922%降至40.5592%，相应核算办法也由成本法转为权益法，并进行追溯调整。该事项使得未分配利润截至2011年末累计增加9 335.77万元（2011年之前影响金额12 409.55万元 当年（-3 073.78）万元，其中当年数已包含在上述可分配利润中）；

（10）2011年末，公司累计可分配利润43 077.62万元，其中因对华宝证券核算方法转变形成的未分配利润9 335.77万元，并未实际得到分配，考虑到公司如对此部分进行利润分配的话需要实际垫付现金，将直接影响经营活动和净资本总额。故对华宝证券权益法核算影响的利润部分暂不作分配；

（11）综上所述，2011年分配利润33 741.85万元，其中宝钢集团有限公司33 067.01万元，舟山财政674.84万元。

7.2 主要财务指标

指标名称	母公司	合并
资本利润率（%）	14.19	14.02
人均净利润（万元/人）	222.94	285.14

注：1. 资本利润率＝净利润/所有者权益平均余额×100%。
2. 人均净利润＝净利润/年平均人数。
3. 平均值采取年初、年末余额简单平均法，公式为：a（平均）＝（年初数＋年末数）/2。

7.3 对本公司财务状况、经营成果有重大影响的其他事项

无。

8. 特别事项揭示

8.1 本报告期内公司股东变动情况

无。

8.2 董事、监事及高级管理人员变动情况及原因

2011年3月第四届董事会届满，选举孔祥清、钱骏、夏小军、占兴华、张建群、郑安国、廖海、王连洲、赵欣舸九人为第五届董事会董事，其中夏小军、占兴华、张建群、郑安国、王连洲、赵欣舸为连任董事，廖海、王连洲、赵欣舸为独立董事；卞正治、王成然、郭文氢不再担任董事，监管部门2011年3月已核准。

因个人原因，王晓薇辞去公司副总经理职务，董事会已于2011年6月7日予以批准。

8.3 公司的重大诉讼事项

本报告期内公司无重大诉讼事项。

8.4 对会计师事务所出具的有保留意见、否定意见或无法表示意见的审计报告的，公司董事会应就所涉及事项作出说明

会计师事务所对公司出具了标准无保留意见的审计报告。

8.5 本报告期内公司及其董事、监事和高级管理人员受到处罚的情况

无。

8.6 银监会及其派出机构对公司检查后提出整改意见的，应简单说明整改情况

检查时间	审计（检查）原由及内容	审计（检查）结论及处理意见
2011年7月15日至2011年8月15日	截至2011年6月30日公司信政、银信理财合作业务合规、风险状况及上海银监局2010年对公司信政、银信业务现场检查监管意见的贯彻落实情况。	现场检查意见：要求公司进一步控制融资类银信合作产品占比、降低对单一客户信用敞口的风险集中度、彻底落实相关检查意见；加强银信合作融资类项目的事前尽职调查和贷后管理等。

8.7 本年度重大事项临时报告的简要内容、披露时间、所披露的媒体及其版面

华宝信托有限责任公司第四届董事会第十五次会议聘请Jun Qian（钱骏）先生担任华宝信托有限责任公司总经理，上述变更事项已上报中国银行业监督管理委员会，并已得到中国银行业监督管理委员会的核准。该内容于2011年4月7日，在上海证券报B1版予以公告。

8.8 本报告期内银监会及其省级派出机构认定的其他有必要让客户及相关利益人了解的重要信息

无。

8.9 其他重大事项说明

无。

9. 公司监事会意见

监事会认为，本报告期内，公司决策程序合法，内部控制制度较为完善，没有发现公司董事、经理和其他高级管理人员在执行公司职务时有违法违纪和有损公司及股东利益的行为。公司财务报告真实地反映了公司的财务状况和经营成果。

华宸信托有限责任公司

1. 重要提示

1.1 本公司董事会及董事保证本报告所载资料不存在任何虚假记载、误导性陈述或者重大遗漏，并对其内容的真实性、准确性和完整性承担个别及连带责任。

1.2 本公司独立董事对年度报告内容的真实性、准确性和完整性无异议。

1.3 公司董事长刘晓兵、财务负责人杨新良声明：保证年度报告中财务报告的真实、完整。

2. 公司概况

2.1 公司简介

基本情况简介

公司名称（中文）	华宸信托有限责任公司（简称：华宸信托）
公司名称（英文）	Huachen Trust Co. ,Ltd.（缩写：HCTRUST）
法定代表人	刘晓兵
注册地址	内蒙古呼和浩特市赛汉区如意西街 23 号
邮政编码	010011
公司国际互联网网址	http://www. hctrust. cn
电子信箱	hctrust@ hctrust. cn
公司信息披露的报纸	《金融时报》

2.2 公司组织结构

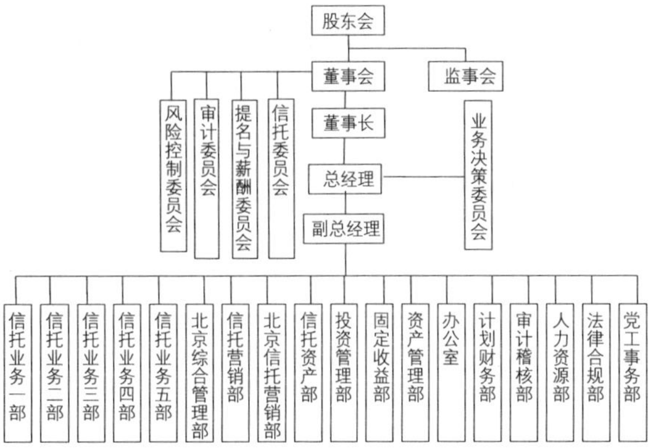

3. 公司治理

3.1 公司治理结构

股东

股东名称	持股比例（%）	法人代表	主要经营业务及主要财务情况
内蒙古国有资产监督管理委员会	50.2	苏和	行政单位
湖南华菱钢铁集团有限责任公司	48.95	曹慧泉	钢铁；经营正常
呼和浩特市财政局	0.5	银效	行政单位

3.2 董事

董事长、董事

姓名	职务	性别	年龄	选任日期	所推举的股东名称	该股东持股比例（%）	简要履历
刘晓兵	董事长	男	51	2009 年 1 月 16 日	湖南华菱钢铁集团有限责任公司	48.95	历任湘财证券有限责任公司深圳办事处主任、副总经理、常务副总经理，上海仪电控股（集团）公司董事长助理，华鑫证券有限责任公司执行董事、代理总经理，东方信能（集团）公司执行总裁，南方建材股份有限公司独立董事，湖南华菱钢铁集团有限责任公司总经理助理，华宸信托有限责任公司董事。
汪 俊	董事	男	41	2009 年 1 月 16 日	湖南华菱钢铁集团有限责任公司	48.95	历任湖南衡阳钢管厂改制办副主任，湖南华菱钢铁集团有限责任公司证券部副主任，湖南华菱管线股份有限公司董事会秘书、证券部主任，湖南华菱钢铁集团有限责任公司党组成员，湖南华菱管线股份有限公司副总经理兼董事会秘书。
杨新良	董事	男	48	2009 年 1 月 16 日	湖南华菱钢铁集团有限责任公司	48.95	历任湖南韶峰水泥集团有限公司财务处会计、处长、副总会计师，湘财证券有限责任公司财务部副经理，湖南华菱钢铁集团有限责任公司财务部副主任（主任级），南方建材股份有限公司董事、常务副总经理兼财务总监，江苏无锡钢铁集团有限公司副总经理兼财务总监。
王 温	董事	男	58	2009 年 1 月 16 日	内蒙古国有资产监督管理委员会	50.2	历任呼和浩特环保局科长，内蒙古经贸委副处长、处长，内蒙古自治区国资委监事会主席。
甄学军	董事	男	47	2009 年 1 月 16 日	内蒙古国有资产监督管理委员会	50.2	历任内蒙古农业大学农经系教师、团总支书记，内蒙古信托有限责任公司业务二部副经理、信贷管理部副经理、经理、公司副总裁、总裁、董事。
赵俊生	董事	男	51	2009 年 1 月 16 日	呼和浩特市财政局	0.5	历任呼和浩特市热力公司科长、副总经理，呼和浩特市建设局科长、副局长，呼和浩特市城发投资有限责任公司总经理。

3.3 独立董事

独立董事

姓名	所在单位	性别	年龄	选任日期	所推举的股东名称	简要履历
邢 成	中国人民大学信托与基金研究所执行所长	男	49	2009年1月17日	公司董事会	历任天津市财政局干部，天津财经大学教授、硕士生导师，天津华泰置业发展公司总经理，北方信托投资股份有限公司业务发展部总经理、综合管理总部副总经理、战略发展研究所所长，中国人民大学信托与基金研究所执行所长。
袁爱平	湖南启元律师事务所	男	47	2009年1月17日	公司董事会	曾在湖南财经学院和中国人民银行湖南省分行工作，现任湖南启元律师事务所主任，首席合伙人。

3.4 监事

监事会成员

姓 名	职 务	性别	年龄	选任日期	所推举的股东名称	该股东持股比例(%)	简要履历
王连庄	监事会主席	男	59	2009年1月16日	内蒙古国有资产监督管理委员会	50.2	历任中国人民银行呼和浩特分行副科长、副行长，中国人民银行内蒙古分行营业部副主任，内蒙古证券有限责任公司总经理、党总支书记、监事长，华宸信托有限责任公司党委副书记、总裁、董事长。
罗桂情	监事	男	45	2009年1月16日	湖南华菱钢铁集团有限责任公司	48.95	历任涟源钢铁集团有限公司涟钢中学教师、涟钢干部处科员、劳动人事处科员、人事劳资部科长、人力资源部科长、副部长、企业管理部部长，现任湖南华菱钢铁集团有限责任公司投资管理部主任。
姜金亮	监事	男	60	2009年1月16日	公司职工代表大会	50.2	历任内蒙古五金公司财务科副科长、科长、副总经理，内蒙古商贸公司副总经理，华宸信托有限责任公司审计稽核部副经理、经理、公司监事、财务总监、计划财务部经理。

3.5 高级管理人员

姓 名	职 务	性别	年龄	选任日期	金融从业年限	学历	专业
甄学军	总经理、董事	男	47	2009年1月16日	21	本科学历、双学士	农经管理、政教
杨新良	常务副总经理、财务总监、董事	男	48	2009年1月16日	10	本科学历	工业财务会计
李建国	副总经理	男	58	2009年1月16日	23	本科学历	经济管理
汪文明	副总经理	男	40	2009年1月16日	11	研究生学历、硕士学位	政治经济学

3.6 公司员工

项目		报告期年度		上年度	
		人数	比例(%)	人数	比例(%)
年龄分布	20岁以下	—	—	—	—
	20～29岁	20	19.42	18	17.00
	30～39岁	29	28.16	27	26.00
	40岁以上	54	52.43	56	55.00
学历分布	博士	3	2.91	1	0.99
	硕士	23	22.33	20	19.80
	本科	45	43.69	47	46.53
	专科	17	16.50	18	17.82
	其他	15	14.56	15	14.85

续表

项目		报告期年度		上年度	
		人数	比例(%)	人数	比例(%)
岗位分布	董事、监事及其高管人员	7	6.93	7	6.73
	自营业务人员	11	10.68	15	14.85
	信托业务人员	39	37.86	38	37.63
	其他人员	47	45.63	41	40.59

4. 经营管理

4.1 经营目标、方针、战略规划

4.1.1 经营目标

以创造价值为目标，充分发挥信托功能，搭建联结资本市场、货币市场和产业市场的多元化金融理财平台，为股东和社会创造满意的回报。

4.1.2 经营方针

坚持专业化道路，不求大，也不求全，但求强、实和特色。

4.1.3 战略规划

充分依托内蒙古地区经济快速增长的宏观背景，以研发为先导，以自有资金为种子基金，以信托计划为产品形式，以产业投资基金原理为运作模式，围绕基础设施、区域性房地产、矿业和钢铁四大产业进行产业投资与产业整合，努力将公司建设成为国内一流的信托机构。

4.2 所经营业务的主要内容

自营资产运用与分布表

资产运用	金额（万元）	占比（%）	资产分布	金额（万元）	占比（%）
货币资产	4 712	3.41	基础产业		0.00
贷款及应收款	9 734	7.05	房地产业	0	0.00
可供出售金融资产	111 495	80.77	证券市场	111 495	80.77
交易性金融资产	0	0.00	实业	3 000	2.17
持有至到期投资	0	0.00	金融机构	15 008	10.87
长期股权投资	6 201	4.49	其他	8 539	6.19
其他资产	5 900	4.28			
资产总计	138 042	100	资产总计	138 042	100

信托资产运用与分布表

资产运用	金额（万元）	占比（%）	资产分布	金额（万元）	占比（%）
货币资产	16 826.00	1.09	基础产业	401 809.00	26.10
贷款	581 216.00	37.76	房地产	350 058.00	22.74
买入返售金融资产	251 818.00	16.36	证券市场		0.00
可供出售金融资产	0.00	0.00	实业	509 674.00	33.11
持有至到期投资	0.00	0.00	金融机构	65 729.81	4.27
长期股权投资	657 720.00	42.73	其他	212 103.19	13.78
其他	31 794.00	2.06			
资产总计	1 539 374.00	100	资产总计	1 539 374.00	100

4.3 市场分析

有利因素与不利因素

（1）有利因素。信托业发展迅速，盈利能力不断提高；内蒙古持续发展的经济背景，为公司科学发展提供了机遇；经过多年实践和探索，公司的发展战略日渐明晰。

（2）不利因素。世界经济复苏放缓，国内经济增长中存在不确定因素；信托公司竞争加剧，新一轮增资扩股浪潮仍将持续；信托业政策法律法规有待完善，信托公司内部管理有待加强。

4.4 内部控制

4.4.1 内部控制环境和内部控制文化

公司法人治理是现代企业制度的核心，是一个公司良性发展的基石。根据《公司法》、《信托法》、《信托公司管理办法》、《信托公司治理指引》等法律法规的要求，公司设立了以股东会、董事会、监事会和高级管理层为载体的权力、决策、监督和执行的现代企业法人治理构架。股东会是公司的最高权力机构；董事会负责公司的重大决策，下设风险控制委员会、审计委员会、信托业务委员会及提名与薪酬委员会，向股东会负责；监事会是公司的监督机构，对股东会负责；执行层设立业务决策委员会。股东会、董事会、监事会、经理层在各自的权力职责范围内，严格按照自身的议事规则和议事程序规范运作，既互相配合，又彼此制约，形成了分工明确、相互制衡、权责对应的良性运营模式，从而保证了公司得以在一个较高的治理水准上正常运转，有效地规避和降低了公司的各项经营风险。

公司重视在企业和员工内形成良好的内控文化。秉承“专业、务实、开放、创新”的宗旨，公司形成以“诚信文化”为核心，以“全程、全员、立体式”为主旋律的全方位的内控文化。公司内控文化建设有效地防止了内控缺位、内控漏洞，树立了全体员工的风险意识、合规意识、道德观念，提高了全体员工防范化解风险和合规经营的能力，为企业健康稳健发展奠定了基础。

4.4.2 内部控制措施

公司高度重视内部控制的改进和完善，大力围绕控制环境、风险评估、控制流程、信息沟通和监督等内控要素进行内部控制系统和内部控制制度的建设。已经形成了岗位分离，前台、中台、后台并重管理，合规约束，风险评估与内部审计五方面的全方位立体内控措施体系。

（1）岗位分离。根据公司战略和业务需要，科学合理地设置公司内部组织机构，明确划分各部门的权利职责，信托业务部门与自营业务部门相互独立，业务人员不相互兼职，并由不同的高管人员分工管理。在此基础上认真制定各部门的业务流程和管理制度，公司所有的业务和管理活动都必须严格按制度和流程执行。

（2）前台、中台、后台并重管理。公司以业务流程为主线，建立健全前台、中台、后台并重的内控体系。董事会下设业务决策委员会，对董事会授权范围内的所有信托业务及自有资金运用业务项目进行集体决策，通过构建完善的决策机制、前台业务管理、中后台工作管理制度体系，将风险管理落实到业务开展的各个部门、岗位环节，实现业务操作和内部管理的规范化、科学化。

（3）合规约束。公司通过设立专门的机构法律合规部，保证公司及其内部组成机构和人员对所有“有效规则”的遵守，这个“有效规则”既包括国家颁布的各项法律法规，也包括政府部门尤其是监管部门的部门规章和行政命令，还包括公司内部制订的各项业务和管理制度；强调“合规从高层做起”，大力进行合规文化建设，明确董事会、高级管理层直至每一位员工的合规职责，构建起层层负责、人人合规的合规风险管理体系，以降低法律及合规性风险。

（4）风险评估。对与公司经营相关的各种风险进行定期或不定期地评估，并通过风险评估确定内部控制的关键控制点，有针对性地采取各种风险防范与风险控制措施。对与公司经营活动有关的各种信息进行认真的识别、搜索、处理、存储以及向决策层及时传递，以便公司能对影响公司经营活动的各种因素作出迅速而准确的反应。

（5）内部审计。公司审计稽核部在董事会审计委员会的具体指导下，对公司的各项业务经营情况和管理工作定期开展专项检查和独立的稽核与审计工作，强化内部监督，以确保公司内部控制的合理性、完整性和有效性。

综上所述，公司以合规性管理为基础，不断完善规章制度，优化流程管理，构建起包括：业务部门→法律合规部、审计稽核部→经理层→业务决策委员会→董事会风险控制委员会→董事会等层层推进、层层把关的梯次式、立体型内部控制管理体系，进一步完善公司全面风险管理机制，以最大限度地控制和降低公司经营风险。

4.4.3 监督评价与纠正

（1）强化内审职能。公司设立了独立于业务经营活动之外的审计稽核部，其职责是依据相关法律、法规对公司各项业务及工作流程进行稽核审计。通过对公司各项业务经营情况和管理工作定期开展专项检查和独立的稽核与审计，确保公司内控方面存在的问题得以及时发现并纠正，起到规范管理和风险预警的作用。同时将审计结果及时报告监管部门和公司董事会，增加了项目运作的透明度。

（2）建立法律监督辅助体系。公司设立的法律合规部通过对各项业务的交易结构、合同文本等事前的规范、审查及法律风险分析，有效地规避各种法律和政策风险、确保公司合规性经营。

（3）积极与监管部门沟通与协调，增强主动接受监督的自觉性，对于监管中提出的问题，逐一落实，保证业务合法、规范运行。

4.5 风险管理概况

公司在经营活动中的主要风险有：信用风险、市场风险、操作风险和其他风险等。在进行风险管理时，公司遵循全面、审慎、及时、有效和独立性原则，根据业务类别制定相应的风险控制措施，形成了以董事会风险控制委员会、审计委员会和经营管理层业务决策委员会为主线的风险管理组织体系。法律合规部门负责起草公司的风险管理制度，参与各类业务尤其是创新业务的风险评估和风险管理，指导和督促各部门落实风险管理方案，实施风险处置应急预案；并对业务的合法合规性进行审核负责管理公司的法律合规风险。

业务结构决定风险管理的结构。公司根据业务风险不同表现形态，本着差异化管理的原则，把现有业务分成三大类进行风险管理：

（1）融资类业务。具体业务体现在贷款类和结构性融资类集合资金信托计划、融资类资产流动化信托和固有贷款业务。公司借鉴商业银行贷款业务经验，在管理结构上实行前台、中台、后台职责分离，在管理流程上实行“尽职调查、制定方案、专业审核、严格审批、过程监控”，主要管理信用风险。

（2）投资类业务。主要包括两类：第一类是金融品投资业务，以证券投资、信托产品投资为主；第二类是权益类投资业务，主要包括股权投资和租金收益权等权益类投资业务。

对金融品投资，公司借鉴证券投资基金管理公司的管理经验，在管理流程上实行“专业研究、制定方案、有效决策、交易授权、风险监控、绩效评价”，主要管理市场风险和操作风险。

权益类投资业务，公司着重落实投资项目的“尽职调查、筛选与评估、投资决策、经营管理、变现退出”等环节的管理规程，主要管理市场风险。

（3）事务管理类业务。具体业务体现在单纯受托管理业务（主要是单一类信托）和财务顾问业务。尽职调查和尽职管理是这类业务的管理重点，公司要审核确认信托目的、信托资金、信托当事人、信托运用项目、信托交易结构的合法合规性和信息准确性，忠实履行信托文件规定的职责，及时准确完成运营管理、账户管理、信息披露和终止清算，主要管理操作风险和合规风险。

2011年决策实施的业务项目，到目前为止未发生风险。

5. 报告期末及上一年度末的比较式会计报表

5.1 自营资产

5.1.1 会计师事务所审计意见全文

审 计 报 告

大华审字〔2012〕2501号

华宸信托有限责任公司全体股东：

我们审计了后附的华宸信托有限责任公司（以下简称华宸信托公司）财务报表，包括2011年12月31日的资产负债表，2011年度的利润表、股东权益变动表和现金流量表以及财务报表附注。

一、管理层对财务报表的责任

编制和公允列报财务报表是华宸信托公司管理层的责任，这种责任包括：（1）按照企业会计准则的规定编制财务报表，并使其实现公允反映；（2）设计、执行和维护必要的内部控制，以使财务报表不存在由于舞弊或错误导致的重大错报。

二、注册会计师的责任

我们的责任是在执行审计工作的基础上对财务报表发表审计意见。我们按照中国注册会计师审计准则的规定执行了审计工作。中国注册会计师审计准则要求我们遵守中国注册会计师职业道德守则，计划和执行审计工作以对财务报表是否不存在重大错报获取合理保证。

审计工作涉及实施审计程序，以获取有关财务报表金额和披露的审计证据。选择的审计程序取决于注册会计师的判断，包括对由于舞弊或错误导致的财务报表重大错报风险的评估。在进行风险评估时，注册会计师考虑与财务报表编制和公允列报相关的内部控制，以设计恰当的审计程序，但目的并非对内部控制的有效性发表意见。审计工作还包括评价管理层选用会计政策的恰当性和作出会计估计的合理性，以及评价财务报表的总体列报。

我们相信，我们获取的审计证据是充分、适当的，为发表审计意见提供了基础。

三、审计意见

我们认为，华宸信托公司财务报表在所有重大方面按照企业会计准则的规定编制，公允反映了华宸信托公司2011年12月31日的财务状况以及2011年度的经营成果和现金流量。

大华会计师事务所有限公司　　中国注册会计师：王静

中国注册会计师：张鹏飞

中国·北京　　二〇一二年二月二十八日

5.1.2 资产负债表

单位名称:华宸信托有限责任公司　　　　单位:万元

资　产	期末余额	期初余额	负债和所有者权益	期末余额	期初余额
现金及存放中央银行款项	4 712.49	16 599.15	向中央银行借款		
存放同业款项			同业及其他金融机构存放款项		
贵金属			拆入资金		
拆出资金			交易性金融负债		
交易性金融资产			衍生金融负债		
衍生金融资产			卖出回购金融资产款	31 000.00	26 930.00
买入返售金融资产			吸收存款		
应收账款	548.00	3 145.17	应付职工薪酬	2 850.00	2 417.77
发放贷款及垫款	4 500.00	4 500.00	应交税费	3 399.11	1 648.74
可供出售金融资产	111 495.30	91 217.07	应付利息	173.72	70.59
持有至到期投资			预计负债		
长期股权投资	6 200.73	8 200.73	应付债券		
投资性房地产			递延所得税负债	12.75	1 714.87
固定资产	2 816.06	2 847.97	其他负债	2 851.33	3 995.31
在建工程			负债合计	40 286.92	36 777.28
无形资产	23.07	36.63	所有者权益		
递延所得税资产	1 945.86	249.52	实收资本	57 200.00	57 200.00
其他资产	5 800.28	2 292.20	资本公积	-5 195.98	5 279.73
			减:库存股		
			盈余公积	6 262.89	4 629.40
			一般风险准备	3 526.04	2 709.29
			未分配利润	35 961.91	22 492.74
			所有者权益(或股东权益)合计	97 754.86	92 311.17
资产总计	138 041.78	129 088.45	负债和所有者权益总计	138 041.78	129 088.45

企业负责人:刘晓兵　　　　主管会计工作负责人:杨新良　　　　会计机构负责人:李丽萍

5.1.3 利润表

单位名称:华宸信托有限责任公司　　　　单位:万元

项　目	本年金额	上年金额
一、营业收入	28 403.30	25 347.39
利息净收入	-649.11	-704.43
利息收入	864.23	1 180.57
利息支出	1 513.34	1 885.00
手续费及佣金净收入	22 628.50	15 270.49
手续费及佣金收入	22 670.38	15 722.60
手续费及佣金支出	41.87	452.11
投资收益(损失以"-"号填列)	6 271.84	10 639.88
其中:对联营企业和合营企业的投资收益		
公允价值变动收益(损失以"-"号填列)		
汇兑收益(损失以"-"号填列)		
其他业务收入	152.08	141.44
二、营业支出	8 525.06	7 926.07
营业税金及附加	1 667.60	1 496.52
业务及管理费	6 818.34	6 391.70
资产减值损失	6.07	5.58
其他业务成本	33.05	32.27
三、营业利润(亏损以"-"号填列)	19 878.24	17 421.32
加:营业外收入	68.46	2.00
减:营业外支出	5.30	6.95
四、利润总额(亏损总额以"-"号填列)	19 941.40	17 416.38
减:所得税费用	3 606.47	2 201.20
五、净利润(净亏损以"-"号填列)	16 334.93	15 215.17
六、每股收益		
(一)基本每股收益		
(二)稀释每股收益		
七、其他综合收益	-10 475.72	5 688.37
八、综合收益总额	5 859.21	20 903.55

法定代表人:刘晓兵　　　　主管会计工作负责人:杨新良　　　　会计机构负责人:李丽萍

5.1.4 所有者权益变动表

单位名称：华宸信托有限责任公司　　2011年度　　单位：万元

项　目	本年金额							上年金额						
	股　本	资本公积	减：库存股	盈余公积	一般风险准备	未分配利润	所有者权益合计	股本	资本公积	减：库存股	盈余公积	一般风险准备	未分配利润	所有者权益合计
一、上年年末余额	57 200.00	5 279.73	0.00	4 629.40	2 709.29	22 492.74	92 311.17	57 200.00	-408.64	0.00	3 107.88	1 948.54	14 135.85	75 983.62
加：会计政策变更														
前期差错更正														
二、本年年初余额	57 200.00	5 279.73	0.00	4 629.40	2 709.29	22 492.74	92 311.17	57 200.00	-408.64	0.00	3 107.88	1 948.54	14 135.85	75 983.62
三、本年增减变动金额（减少以"－"号填列）							0.00							0.00
（一）净利润						16 334.93	16 334.93						15 215.17	15 215.17
（二）其他综合收益		-10 475.72					-10 475.72	0.00	5 688.37	0.00				5 688.37
上述（一）和（二）小计		-10 475.72				16 334.93	5 859.21	0.00	5 688.37	0.00			15 215.17	20 903.54
（三）所有者投入和减少资本							0.00							0.00
1. 所有者投入资本														
2. 股份支付计入所有者权益的金额														0.00
3. 其他							0.00							0.00
（四）利润分配				1 633.49	816.75	2 865.76	2 865.76	0.00	0.00	0.00	1 521.52	760.76	6 858.28	4 576.00
1. 提取盈余公积				1 633.49		1 633.49	1 633.49			0.00	1 521.52		1 521.52	
2. 提取一般风险准备					816.75	816.75	816.75					760.76	760.76	
3. 对所有者的分配													4 576.00	4 576.00
4. 其他						415.52	415.52						0.00	
（五）所有者权益内部结转														
1. 资本公积转增股本														
2. 盈余公积转增股本														
3. 盈余公积弥补亏损														
4. 一般风险准备弥补亏损														
5. 其他														
四、本年年末余额	57 200.00	-5 195.99	0.00	6 262.89	3 526.04	35 961.91	97 754.85	57 200.00	5 279.73	0.00	4 629.40	2 709.29	22 492.74	92 311.16

法定代表人：刘晓兵　　会计机构负责人：李丽萍

5.2 信托资产

5.2.1 信托项目资产负债汇总表

编制单位:华宸信托有限责任公司　　单位:万元

信托资产	期末余额	期初余额	信托负债和信托权益	期末余额	期初余额
信托资产:			信托负债:		
货币资金	16 826.07	17 716.42	应付受托人报酬	547.35	124.53
应收款项	31 786.42	18 782.22	应付托管费	0.00	83.97
交易性金融资产	0.00	0.00	应付受益人收益	574.41	0.00
买入返售金融资产	251 818.00	44 000.00	其他应付款	121.17	209.69
长期股权投资	657 720.00	827 502.30	信托负债合计	1 242.93	418.19
客户贷款	581 216.00	536 526.00	信托权益:		
长期应收款	0.00	1 651.00	实收信托	1 515 657.74	1 431 679.3
无形资产			未分配利润	22 473.02	14 152.02
长期待摊费用	7.2	71.57	信托权益合计	1 538 130.76	1,445 831.32
信托资产总计	1 539 373.69	1 446 249.51	信托负债及信托权益总计	1 539 373.69	1 446 249.51

公司负责人:刘晓兵　　会计机构负责人:李丽萍　　主管会计:高智慧

5.2.2 信托项目利润及利润分配汇总表

编制单位:华宸信托有限责任公司　　单位:万元

项　目	本年金额	上年金额
一、营业收入	174 028.83	116 273.36
利息收入	82 418.72	52 983.69
投资收入	90 268.26	60 801.19
租赁收入	138.7	372.78
其他收入	1 203.15	2 115.7
二、营业费用	36 173.73	29 540.34
三、营业税金及附加		
四、扣除资产减值准备前的信托利润	137 855.1	86 733.02
减:资产减值损失	2 616.38	
五、扣除资产减值准备后的信托利润	135 238.72	86 733.02
加:期初未分配信托利润	14 152.02	9 137.31
六、可供分配的信托利润	149 390.74	95 870.33
减:本期已分配信托利润	126 917.72	81 718.31
七、期末未分配信托利润	22 473.02	14 152.02

公司负责人:刘晓兵　　会计机构负责人:杨新良　　主管会计:高智慧

6. 会计报表附注

6.1 会计报表的编制基准不符合会计核算基本前提的说明

会计报表不符合会计核算基本前提的事项

本公司会计报表的编制基准无不符合会计核算基本前提的情况。

6.2 重要会计政策和会计估计说明

6.2.1 金融资产和金融负债的确认和计量

6.2.1.1　金融资产和金融负债的分类

金融资产包括交易性金融资产、指定为以公允价值计量且其变动计入当期损益的金融资产、持有至到期投资、贷款和应收款项以及可供出售金融资产等。金融负债包括交易性金融负债、指定以公允价值计量且变动计入当期的金融负债。

6.2.1.2 金融工具确认依据

金融资产和金融负债的确认依据为本公司已经成为金融工具合同的一方。

6.2.1.3 金融工具的计量

(1)以公允价值计量且其变动计入当期损益的金融资产,包括交易性金融资产和直接指定为以公允价值计量且其变动计入当期损益的金融资产。

本公司将以公允价值计量且其变动计入当期损益的金融资产,按照取得时的公允价值作为初始确认金额,相关的交易费用在发生时计入当期损益。

支付的价款中包含已宣告但尚未发放的现金股利或债券利息,单独确认为应收项目。

本公司在持有该金融资产期间取得的利息或现金股利,于收到时确认为投资收益。

资产负债表日,本公司将该等金融资产的公允价值变动计入当期损益。

处置该等金融资产时,该等金融资产公允价值与初始入账金额之间的差额确认为投资收益,同时调整公允价值变动损益。

(2)持有至到期投资。

持有至到期投资是指到期日固定、回收金额固定或可确定,且本公司有明确意图和能力持有至到期的非衍生金融资产。

本公司购入的固定利率国债、浮动利率公司债券等持有至到期投资,按取得时的公允价值和相关交易费用之和作为初始确认金额。支付的价款中包含已宣告发放债券利息的,单独确认为应收项目。

持有至到期投资在持有期间按照摊余成本和实际利率确认利息收入,计入投资收益。实际利率在取得持有至到期投资时确定,在随后期间保持不变。实际利率与票面利率差别很小的,也可按票面利率计算利息收入,计入投资收益。

处置持有至到期投资时,将所取得价款与该投资账面价值之间的差额确认为投资收益。

如本公司因持有意图或能力发生改变，使某项投资不再适合作为持有至到期投资，则将其重分类为可供出售金融资产，并以公允价值进行后续计量。重分类日，该投资的账面价值与公允价值之间的差额计入所有者权益，在该可供出售金融资产发生减值或终止确认时转出，计入当期损益。

(3)贷款和应收款项。贷款和应收款项是指具有固定或可确定回收金额，缺乏活跃市场的非衍生金融资产，且公司没有意图立即或在短期内出售该等资产。贷款和应收款项的价值以按实际利率法计算的摊余成本减去减值准备计量。当贷款和应收款项被终止确认、出现减值或在摊销时所产生的利得或损失，均计入当期损益。

(4)可供出售金融资产。

可供出售金融资产是指初始确认时即被指定为可供出售的非衍生金融资产，以及除下列各类资产以外的金融资产：一是以公允价值计量且其变动计入当期损益的金融资产；二是持有至到期投资；三是贷款和应收款项的金融资产。

本公司可供出售金融资产按取得时的公允价值和相关交易费用之和作为初始确认金额。

支付的价款中包含已到付息期但尚未领取的债券利息或已宣告但尚未发放的现金股利，单独确认为应收项目。

本公司可供出售金融资产持有期间取得的利息或现金股利，于收到时确认为投资收益。

资产负债表日，可供出售金融资产按公允价值计量，其公允价值变动计入资本公积——其他资本公积。

处置可供出售金融资产时，将取得的价款和该金融资产的账面价值之间的差额，计入投资收益，同时，将原直接计入所有者权益的公允价值变动累计额对应处置部分的金额转出，计入投资损益。

(5)以公允价值计量且其变动计入当期损益的金融负债，包括交易性金融负债和直接指定为以公允价值计量且其变动计入当期损益的金融负债。

本公司持有该类金融负债按公允价值计价，并不扣除将来结清金融负债时可能发生的交易费用。如不适合按公允价值计量时，本公司将该类金融负债改按摊余成本计量。

(6)其他金融负债。本公司拥有的其他不属于以公允价值计量且其变动计入当期损益的金融负债的财务担保合同等，按其公允价值和相关交易费用之和作为初始确认金额。在初始计量后按《企业会计准则——或有事项》确定的金额，和按《企业会计准则——收入》的原则确定的累计摊销额后的余额两者中的较高者进行后续计量。

6.2.1.4 金融资产、金融负债的公允价值的确定

存在活跃市场的金融资产或金融负债，以活跃市场的报价确定其公允价值，活跃市场的报价包括易于定期从交易所、经纪商、行业协会、定价服务机构等获得的价格，且代表了在公平交易中实际发生的市场交易额的价格；不存在活跃市场的金融资产或金融负债，采用估值技术确定其公允价值。估值技术包括参考熟悉情况并自愿交易的各方最近进行的市场交易中使用的价格、参照实质上相同的其他金融资产或金融负债的当前公允价值、现金流量折现法和期权定价模型等。

6.2.1.5 金融资产的减值准备

本公司在资产负债表日对交易性金融资产以外的金融资产的账面价值进行检查，以判断是否有证据表明金融资产已由于一项或多项事件的发生而出现减值。减值事项是指在该等资产初始确认后发生的、对预期未来现金流量有影响的，且公司能对该影响做出可靠计量的事项。

(1)以摊余成本计量的金融资产

如果有客观证据表明以摊余成本计量的金融资产（包括贷款和应收款项、持有至到期投资）发生减值，则应当将该金融资产的账面价值减记至可收回金额，减记的金额确认为资产减值损失，计入当期损益。可收回金额应当通过对该金融资产的未来现金流量（不包括尚未发生的信用损失）按原实际利率折现确定，并考虑相关担保物的价值（扣除预计处置费用等）。原实际利率是初始确认该金融资产时计算确定的实际利率。企业的贷款和应收款项、持有至到期投资属浮动利率金融资产的，在计算可收回金额时可采用合同规定的当期实际利率作为折现率。

本公司对单项金额重大的金融资产进行单项评价，以确定其是否存在减值的客观证据，并对其他单项金额不重大的资产，以单项或组合评价的方式进行检查，以确定是否存在减值的客观证据。已进行单独评价，但没有客观证据表明已出现减值的单项金融资产，无论重大与否，该资产仍会与其他具有类似信用风险特征的金融资产构成一个组合再进行组合减值评价。已经进行单独评价并确认或继续确认减值损失的金融资产将不被列入组合评价的范围内。

应收款项和贷款按五级分类结果作为风险特征划分资产组合，正常类贷款不计提；关注类贷款按期末余额的2%计提；次级类贷款按期末余额的25%计提；可疑类贷款按期末余额的50%计提；损失类贷款按期末余额的100%计提。

如果有客观证明表明贷款已经发生减值损失，则其损失将以贷款的账面金额与使用此贷款的原始实际利率贴现的预计未来现金流量（不包括还未发生的未来信用损失）的现值之间的差额进行计量，并计入当期损益。如果贷款合约利率为浮动利率，用于确定贷款减值损失的贴现率则按合同约定的当前实际利率。抵押贷款按照执行抵押物值减去获得和出售抵押物成本的金额估计和计算未来现金流量的现值。

如果在以后的财务报表期间，减值损失的金额减少且该等减少减值与发生的某些事件有客观关联（如债务人信用等级提高），本公司通过调整准备金金额在先前确认的减值损失金额内予以转回，转回的金额计入当期损益。发生的贷款损失在完成必须的程序作核销时冲减已计提的贷款损失准备。已核销的贷款损失，以后又收回的应计入当期损益中以冲减当期计提的贷款准备。

(2)可供出售金融资产

期末如果可供出售金融资产的公允价值发生较大幅度下降，或在综合考虑各种相关因素后，预期这种下降趋势属于非暂时性的，即该可供出售金融资产的公允价值连续2年以上低于本公司的初始取得成本并且低于初始取得成本的40%以上的，本公司就认定其已发生减值，即使该金融资产没有终止确认，原直接计入资本公积的因公允价值下降形成的累计损失，应当予以转出计入当期损益。该转出的累计损失，为该资产的初始取得成本（扣除已收回本金和已摊销金额）与当前公允价值之间的差额，减去所有原已计入损益的减值损失。

6.2.2　长期股权投资核算方法

6.2.2.1　确认及初始计量

(1)对企业合并形成的长期股权投资,区分同一控制下的企业合并和非同一控制下企业合并进行核算

对于同一控制下的企业合并,在以支付现金、转让非现金资产或承担债务方式作为合并对价的,本公司在合并日按照取得被合并方所有者权益账面价值的份额作为长期股权投资的初始投资成本,本公司取得的净资产账面价值与支付的合并对价账面价值(或发行股份面值总额)的差额,调整资本公积;资本公积不足冲减的,调整留存收益。

对于非同一控制下的企业合并,本公司以合并成本取得时具体形式,作为长期股权投资的初始投资成本:

一是一次交换交易实现的企业合并,合并成本为本公司在购买日为取得对被购买方的控制权而付出的资产、发生或承担的负债以及发行的权益性证券的公允价值。

二是通过多次交换交易分步实现的企业合并,合并成本为每一单项交易成本之和。

三是本公司为进行企业合并发生的各项直接相关费用计入合并成本。

对合并成本大于合并中取得的被购买方可辨认净资产公允价值份额的差额,确认为商誉,对取得的被购买方可辨认净资产公允价值份额大于合并成本的差额,经复核后计入当期损益。

(2)其他方式取得的长期股权投资初始投资成本的确定

一是以支付现金取得的长期股权投资,应当按照实际支付的购买价款作为初始投资成本,包括购买过程中支付的手续费等必要支出,但所支付价款中包含的被投资单位已宣告但尚未发放的现金股利或利润应作为应收项目核算,不构成取得长期股权投资的成本。

二是以发行权益性证券方式取得的长期股权投资,其成本为所发行权益性证券的公允价值,但不包括应自被投资单位收取的已宣告但尚未发放的现金股利或利润。

为发行权益性证券支付给有关证券承销机构等的手续费、佣金等与权益性证券发行直接相关的费用,不构成取得长期股权投资的成本。该部分费用应自权益性证券的溢价发行收入中扣除,权益性证券的溢价收入不足冲减的,应冲减盈余公积和未分配利润。

三是投资者投入的长期股权投资,应当按照投资合同或协议约定的价值作为初始投资成本。

四是以债务重组、非货币性资产交换等方式取得的长期股权投资,其初始投资成本应按照债务重组、非货币性资产交换的原则进行确认。

6.2.2.2　后续计量及收益确认方法

本公司对不具有共同控制或重大影响的被投资单位,以及对实施控制的被投资单位的长期股权投资以成本法核算,投资收益于被投资公司宣告分派现金股利时确认,现金股利超出投资日以后累积净利润的分配额,冲减投资成本;对被投资公司具有共同控制或重大影响的长期股权投资按权益法核算,投资收益以取得股权后被投资公司实现的净损益份额计算确定。本公司在确认被投资单位发生的净亏损时,以投资账面价值减记至零为限,合同约定负有承担额外损失义务的除外。如果被投资单位以后各年实现净利润,本公司在计算的收益分享额弥补未确认的亏损分担额以后,恢复确认收益分享额。

6.2.2.3　资产减值的确认

资产负债表日,若因市价持续下跌或被投资单位经营状况恶化等原因使长期股权投资存在减值迹象时,根据长期股权投资的公允价值减去处置费用后的净额与长期股权投资预计未来现金流量的现值两者之间较高者确定长期股权投资的可回收金额。长期股权投资的可收回金额低于账面价值时,按其差额计提资产减值准备。所计提的长期股权投资减值准备在以后年度不再转回。

6.2.2.4　确认对被投资单位具有共同控制、重大影响的依据

(1)共同控制。按合同约定对某项经济活动所共有的控制,仅在与该项经济活动相关的重要财务和经营决策需要分享控制权的投资方一致同意时存在。

(2)重大影响。对一个企业的财务和经营政策有参与决策的权利,但并不能够控制或者与其他方一起共同控制这些政策的制定。

6.2.3　投资性房地产核算方法

6.2.3.1　确认及初始计量

投资性房地产包括已出租的土地使用权、持有并准备增值后转让的土地使用权以及已出租的建筑物。当本公司能够取得与投资性房地产相关的租金收入或增值收益以及投资性房地产的成本能够可靠计量时,本公司按购置或建造的实际支出对其进行确认。

6.2.3.2　后续计量

本公司对投资性房地产的后续支出采用成本模式进行后续计量。对投资性房地产按照本公司固定资产或无形资产的会计政策,计提折旧或进行摊销。

当本公司改变投资性房地产用途,如用于自用时,将相关投资性房地产转入其他资产。

6.2.4　固定资产计价和折旧方法

6.2.4.1　固定资产确认

固定资产的确认条件:固定资产是指为生产商品、提供劳务、出租或经营管理而持有,并且使用年限超过1年的有形资产。固定资产在同时满足下列条件予以确认:

(1)与该固定资产有关的经济利益很可能流入企业。

(2)该固定资产的成本能够可靠地计量。

6.2.4.2　固定资产初始计量

固定资产的计价:按取得时的实际成本入账。

6.2.4.3　固定资产分类及折旧方法

(1)固定资产分类:房屋建筑物、机器设备、运输设备、电子设备、其他。

(2)固定资产采用平均年限法计提折旧,并按固定资产类别、原价、预计使用年限确定折旧率,净残值率为零。各类固定资产的折旧年限及折旧率如下:

固定资产类别	预计净残值率(%)	预计使用年限(年)	年折旧率(%)
房屋、建筑物	0	30	3.33
机器设备	0	5	20
运输设备	0	6	16.67
电子设备及其他	0	2~5	20~50

6.2.4.4 固定资产减值准备

固定资产按照账面价值与可收回金额孰低计价。资产负债表日,本公司检查固定资产是否存在可能发生减值的迹象。

资产负债表日,本公司根据是否存在下列情形判断固定资产是否存在可能发生减值的迹象:

(1)资产的市价当期大幅度下跌,其跌幅明显高于因时间的推移或者正常使用而预计的下跌。

(2)本公司经营所处的经济、技术或者法律等环境以及资产所处的市场在当期或者将在近期发生重大变化,从而对企业产生不利影响。

(3)市场利率或者其他市场投资报酬率在当期已经提高,从而影响企业计算资产预计未来现金流量现值的折现率,导致资产可收回金额大幅度降低。

(4)有证据表明资产已经陈旧过时或者其实体已经损坏。

(5)资产已经或者将被闲置、终止使用或者计划提前处置。

(6)企业内部报告的证据表明资产的经济绩效已经低于或者将低于预期,如资产所创造的净现金流量或者实现的营业利润(或者亏损)远远低于(或者高于)预计金额等。

(7)其他表明资产可能已经发生减值的迹象。

存在减值迹象的,本公司估计其可收回金额。可收回金额低于其账面价值的,按差额计提资产减值准备。可收回金额根据固定资产的公允价值减去处置费用后的净额与资产预计未来现金流量的现值两者之间较高者确定。

固定资产的公允价值减去处置费用后的净额,根据公平交易中销售协议价格减去可直接归属于该资产处置费用的金额确定;不存在销售协议但存在资产活跃市场的,按照该资产的市场价格减去处置费用后的金额确定;在不存在销售协议和资产活跃市场的情况下,以可获取的最佳信息为基础,估计资产的公允价值减去处置费用后的净额,该净额参考同行业类似资产的最近交易价格或者结果进行估计。公司按照上述规定仍然无法可靠估计固定资产的公允价值减去处置费用后的净额的,以该资产预计未来现金流量的现值作为其可收回金额。固定资产预计未来现金流量的现值,按照该等资产在持续使用过程中和最终处置时所产生的预计未来现金流量,以市场利率为折现率对其进行折现后的金额加以确定。资产减值损失一经确认,在以后会计期间不再转回。

6.2.5 无形资产计量和摊销方法

6.2.5.1 无形资产的确认

本公司将企业拥有或者控制的没有实物形态,并且与该资产相关的预计未来经济利益很可能流入企业、该资产的成本能够可靠计量的可辨认非货币性资产确认为无形资产。

6.2.5.2 初始计量

(1)外购无形资产的成本,包括购买价款、相关税费以及直接归属于使该项资产达到预定用途所发生的其他支出。

(2)投资者投入的无形资产,按照投资合同或协议约定的价值作为成本,但合同或协议预定价值不公允的除外。

6.2.5.3 无形资产的摊销

土地使用权按土地使用权证所列的使用年限平均摊销;外购的专业软件在估计其能够带来经济利益的期限内平均摊销。

资产负债表日本公司将对使用寿命有限的无形资产的使用寿命及摊销方法进行复核。无形资产的使用寿命及摊销方法与以前估计不同的,可改变其摊销期限和摊销方法。

6.2.5.4 无形资产的减值

资产负债表日,本公司检查无形资产是否存在各种可能发生减值的迹象,如果发现存在减值迹象,则估计可收回金额。本公司对有迹象表明一项资产可能发生减值的,以单项资产为基础估计其可收回金额。如果难以对单项资产的可收回金额进行估计,则按照该资产所属的资产组为基础确定资产组的可收回金额。可收回金额根据资产的公允价值减去处置费用后的净额与资产预计未来现金流量的现值两者之间较高者确定。可收回金额低于账面价值的,按差额计提减值准备。资产减值损失一经确认,在以后会计期间不再转回。

6.2.6 其他资产的核算方法

6.2.6.1 其他资产分类

本公司其他资产分为抵债资产、长期应收款等。

6.2.6.2 抵债资产的计量

以抵债资产按取得时的公允价值入账,同时冲销被抵部分的资产账面价值,包括贷款本金、已确认的表内利息以及其他应收款项,与贷款或应收款项对应的贷款损失准备、坏账准备等。抵债资产处置时,如果取得的处置收入大于抵债资产账面价值,其差额计入营业外收入;如果取得的处置收入小于抵债资产账面价值,其差额计入营业外支出。

6.2.6.3 抵债资产的减值

资产负债表日,本公司对抵债资产逐项进行检查,根据抵债资产的性质比照类似资产计提减值准备。

6.2.7 合并会计报表的编制方法

公司无拥有实际控制权的长期股权投资,故无须合并其财务报表。

6.2.8 收入确认原则

公司根据收入的性质和收入确认的条件,合理地确认和计量各项收入。

(1)利息收入按他人使用公司货币资金的时间和实际利率计算确定;使用费或手续费收入按有关合同或协议规定的收费时间和方法计算确定。

(2)信托报酬收入包括信托财务顾问费收入及信托财产管理手续费收入,信托财务顾问费收入在收到时一次性确认收入,信托财产管理手续费收入是根据信托合同约定的计提方法、计提标准确认应由信托项目承担的受托人报酬。

6.2.9 所得税的会计处理方法

本公司的所得税采用资产负债表债务法核算。当本公司的可抵扣暂时性差异在可预见的未来很可能转回且未来很可能获得用来抵扣可抵扣暂时性差异的应纳税所得额时,确认递延所得税资产;当本公司存在应纳税暂时性差异时,确认为递延所得税负债。

在资产负债表日,对于当期和以前期间形成的当期所得税负债(或资产),按照税法规定计算的预期应交纳(或返还)的所得税金额计量;对于递延所得税资产和递延所得税负债,根据税法规定,按照预期收回该资产或清偿该负债期间的适用税率计量。

资产负债表日,本公司对递延所得税资产的账面价值进行复核。除企业合并、直接在所有者权益中确认的交易或者事项产生的所得税外，本公司当期所得税和递延所得税作为所得税费用或收益计入当期损益。

6.2.10 会计政策、会计估计变更及重大会计差错更正的说明

6.2.10.1 本期会计估计变更情况

无。

6.2.10.2 本期其他会计政策及重大会计差错更正

无。

6.3 或有事项说明

2011年度本公司没有或有事项业务发生。

6.4 重要资产转让及出售的说明

2011年度公司无重要资产转让、出售业务发生。

6.5 会计报表中重要事项的明细资料

6.5.1 披露自营资产经营情况

6.5.1.1 按资产风险分类的结果披露资产的期初数、期末数

信用风险资产五级分类	正常类（万元）	关注类（万元）	次级类（万元）	可疑类（万元）	损失类（万元）	资产合计（万元）	不良资产合计（万元）	不良资产率（%）
期初数	61 550.21	0.00	24.28		300.00	61 874.49	324.28	0.25
期末数	96 572.78	0.00	0.00	24.28	300.00	96 897.06	324.28	0.23

注：不良资产合计＝次级类＋可疑类＋损失类。

6.5.1.2 资产减值准备情况

单位：万元

	期初数	本期计提	本期转回	本期核销	期末数
贷款损失准备	6.07	6.07			12.14
一般准备					
专项准备	6.07	6.07			12.14
可供出售金融资产减值准备					
持有至到期投资减值准备					
长期股权投资减值准备					
坏账准备	300.00				300.00
投资性房地产减值准备					

6.5.1.3 自营股票投资、基金投资、债券投资、长期股权投资等投资的期初数、期末数

单位：万元

项目	自营股票	基金	债券	长期股权投资
期初数	32 456.10	3 000.00	55 760.97	8 200.73
期末数	21 643.97	3 000.00	86 851.33	6 200.73

6.5.1.4 前五名的自营长期股权投资的企业名称、占被投资企业权益的比例、主要经营活动及投资收益情况等（按公司拥有权益比例从大到小顺序排列）

企业名称	占被投资企业权益的比例(%)	主要经营活动	投资收益(万元)
1. 恒泰证券有限责任公司	4.89	证券业务	491.01
2. 内蒙古银行	0.035	金融服务	2.80
3. 九州天昱投资管理有限公司		商务服务	359.40

注：1. 恒泰证券股份公司2008年审计报告反映每10股送红股6.7股，送股37 597 351.00元；

资本公积每10股转增0.8股，派现1元，转增4 489 236.00元，期末恒泰证券股份公司账面反映本公司对恒泰证券股份公司投资98 202 037.00元，占股本总额的4.89%。本期收到恒泰证券公司分配股利4 910 101.85元。

2. 本期收到内蒙古银行（原名称为呼和浩特商业银行）分配股利28 033.00元。

3. 华宸—天玺一号私募股权投资（投资企业为九州天昱投资管理有限公司）：系本公司用自有资金购买2 000万份×1元/份信托产品，天玺一号信托产品首次募集资金1亿元。本期清算，收回本金2 000万元及收益3 594 011.14元。

6.5.1.5 前五名的自营贷款的企业名称、占贷款总额的比例和还款情况等（从大到小顺序排列）

企业名称	占贷款总额的比例(%)	还款情况
1. 蒙古王酒业有限公司	66.67	本年收回蒙古王酒业有限公司1 500万元；本年新增对蒙古王酒业有限公司中长期贷款3 000万元，属于正常类贷款。
2. 中网福通信息股份有限公司	22.22	本期向中网福通信息股份有限公司发放中长期贷款1 000万元，属于正常类贷款。
3. 内蒙古证联网络技术有限公司	11.11	本期向内蒙古证联网络技术有限公司发放短期贷款500万元，属于正常类贷款。

6.5.1.6 公司当年的收入结构

收入结构	金额(万元)	占比(%)
手续费及佣金收入	22 670.37	75.88
其中：信托手续费收入	22 049.88	73.81
投资银行业务收入	620.49	2.08
利息收入	864.23	2.89
其他业务收入	152.07	0.51
其中：计入信托业务收入部分		
投资收益	6 271.83	20.99
其中：股权投资收益	853.21	2.86
证券投资收益	5 258.80	17.60
其他投资收入	159.82	0.53
公允价值变动收益		0.00
营业外收入	68.45	0.23
收入合计	30 026.95	100

6.5.2 披露信托资产管理情况

6.5.2.1 信托资产的期初数、期末数

单位：万元

信托资产	期初数	期末数
集合	327 253.21	530 560.43
单一	1 118 996.30	1 008 813.26
财产权		
合计	1 446 249.51	1 539 373.69

6.5.2.1.1 主动管理型信托业务期初数、期末数，按证券投资、股权投资、融资、事务管理类分别披露

单位：万元

主动管理型信托资产	期初数	期末数
证券投资类		
股权投资类	742 474.30	665 519.38
融资类	344 330.05	452 348.61
事务管理类		
合计	1 086 804.35	1 117 867.99

6.5.2.1.2 被动管理型信托业务期初数、期末数，按证券投资、股权投资、融资、事务管理类分别披露

单位：万元

被动管理型信托资产	期初数	期末数
证券投资类	20 000.02	
股权投资类		
融资类	339 445.08	421 505 70
事务管理类		
合计	359 445.10	421 505 70

6.5.2.2 本年度已清算结束的信托项目52个、实收信托合计金额656,981.30万元、加权平均实际年化收益率7.37%

6.5.2.2.1 本年度已清算结束的集合类、单一类资金信托项目和财产管理类信托项目个数、金额、加权平均实际年化收益率

已清算结束信托项目	项目个数	合计金额(万元)	加权平均实际年化收益率(%)
集合类	14	124 557.00	8.33
单一类	38	532 424.30	7.14
财产管理类			

6.5.2.2.2 本年度已清算结束的主动管理型信托项目个数、合计金额、加权平均实际年化收益率，按证券投资、股权投资、融资、事务管理类分别披露

已清算结束信托项目	项目个数	合计金额(万元)	信托报酬率(%)	加权平均实际年化收益率(%)
证券投资类				
股权投资类	7	169 507.30	0.80	9.15
融资类	35	130 857.00	1.52	9.32
事务管理类				

6.5.2.2.3 本年度已清算结束的被动管理型信托项目个数、合计金额、加权平均实际年化收益率，按证券投资、股权投资、融资、事务管理类分别披露

已清算结束信托项目	项目个数	合计金额(万元)	信托报酬率(%)	加权平均实际年化收益率(%)
证券投资类	1	20 000.00	4.38	12.93
股权投资类				
融资类	9	336 617.00	0.21	5.64
事务管理类				

6.5.2.3 本年度新增的集合类、单一类、财产管理类信托项目个数、合计金额

新增信托项目	项目个数	合计金额(万元)
集合类	18	332 038.00
单一类	34	483 827.74
财产管理类		
新增合计	52	815 865.74
其中：主动管理型	37	398 338.00
被动管理型	15	417 527.74

6.5.2.4 本公司履行受托人义务情况及因本公司自身责任而导致的信托资产损失情况（合计金额、原因等）

本公司以诚实、信用、谨慎、有效管理为原则，在有效防范和着力控制风险的前提下，以受益人的利益最大化为宗旨，恪尽职守地处理各项信托事务，管理信托财产。加强信托项目的后期跟踪管理工作，及时向委托人、受益人披露有关信息，到期信托本金均如期或提前兑付，应分配的信托收益均如期支付受益人。截至2011年末，公司未发生因本公司自身责任而导致信托财产损失的情况。

6.5.2.5 信托赔偿准备金的提取、使用和管理情况

2011年末，公司根据《信托公司管理办法》及公司章程的有关规定，按税后利润5%计提信托赔偿金。本年计提信托赔偿金816.75万元，累计提取信托赔偿准备金3 131.45万元，占注册资本5.47%。

6.6 关联方关系及其交易披露

关联交易方的数量、关联交易的总金额及关联交易的定价政策等

本年无关联方交易。

6.7 会计制度的披露

本公司固有业务和信托业务分别于2008年和2010年开始执行财政部2006年2月15日颁布的《企业会计准则》。

7. 财务情况说明书

7.1 利润实现情况和分配情况

公司实现净利润16 334.93万元。根据《华宸信托有限责任公司章程》依次进行利润分配，按当年税后利润的10%提取法定盈余公积1 633.49万元；按当年税后利润的5%提取信托赔偿准备816.75万元。

7.2 主要财务指标

指标名称	指标值
资本利润率(%)	17.19
加权年化信托报酬率(%)	0.75
人均净利润(万元/人)	157

注：1. 资本利润率＝净利润/所有者权益平均余额×100%。

2. 加权年化信托报酬率＝(信托项目1的实际年化信托报酬率×信托项目1的实收信托＋信托项目2的实际年化信托报酬率×信托项目2的实收信托…信托项目n的实际年化信托报酬率×信托项目n的实收信托)/(信托项目1的实收信托＋信托项目2的实收信托…信托项目n的实收信托)×100%。

3. 人均净利润＝净利润/平均人数。

4. 平均值采取年初、年末余额简单平均法，公式为：a(平均)＝(年初数＋年末数)/2

7.3 对本公司财务状况、经营成果有重大影响的其他事项

本公司无其他对财务状况、经营成果有重大影响的其他事项。

8. 特别事项揭示

8.1 前五名股东报告期内变动情况及原因

2011年11月7日,华宸信托有限责任公司2011年度第一次临时股东会会议通过了《关于股权调整的议案》,该议案于2011年12月27日经内蒙古银监局批准(内银监复〔2011〕293号),并相应办理了工商变更手续。

8.2 董事、监事及高级管理人员变动情况及原因

聘任管艳秋为华宸信托有限责任公司总经理助理,任职资格已于2011年5月30日,经内蒙古银监局批准(内银监复〔2011〕120号)。其他高级管理人员无变动。

8.3 公司的重大诉讼事项

无。

8.4 对会计师事务所出具的有保留意见、否定意见或无法表示意见的审计报告

会计师事务所出具了标准无保留意见审计报告。

8.5 公司及其董事、监事和高级管理人员受到处罚的情况

无。

8.6 整改情况

报告期内,监管机构在对公司现场检查之后出具了现场检查监管意见(内银监复〔2010〕41号),公司上下高度重视,主要领导及时组织相关部门进行了认真的学习和讨论,对自身存在的问题进行了深层次的剖析,提出了9条整改措施,逐条落实。

8.7 本年度重大事项临时报告的简要内容、披露时间、所披露的媒体及其版面

无。

8.8 银监会及其省级派出机构认定的其他有必要让客户及相关利益人了解的重要信息

无。

华能贵诚信托有限公司

1. 重要提示

1.1 公司董事会及董事保证本报告所载资料不存在任何虚假记载、误导性陈述或者重大遗漏，并对其内容的真实性、准确性和完整性承担个别及连带责任。

1.2 公司独立董事对年度报告内容的真实性、准确性、完整性无异议。

1.3 公司总经理田军先生、主管信托会计负责人王卓副总经理、主管会计工作负责人鲍吉胜副总经理声明：保证年度报告中财务报告的真实、完整。

2. 公司概况

2.1 公司简介

华能贵诚信托有限公司成立于2002年，2008年12月29日由华能资本服务有限公司（以下简称华能资本）增资扩股重组而成。2009年2月，经中国银监会批准，公司换发新的金融许可证。目前公司注册资本金为20亿元。

2.1.1 中文名称：华能贵诚信托有限公司
中文名称缩写：华能信托
英文名称：Huaneng Guicheng Trust Corporation Limited
英文名称缩写：HNGCTC

2.1.2 法定代表人：丁益
注册地址：贵州省贵阳市金阳新区金阳南路6号购物中心商务楼一号楼24层5号、6号、7号
邮政编码：550022
网址：www.hngtrust.com
电子邮箱：public@hngtrust.com

2.1.3 信息披露事务负责人：王卓
联系人：万灵
电　话：0851-6825982，0851-6825625
传　真：0851-6826139
电子信箱：wangz@hngtrust.com，wanl@hngtrust.com
信息披露报纸：《金融时报》

2.1.4 年度报告备置地点：（公司办公地点）贵州省贵阳市云岩区北京路27号鑫都财富大厦14层

2.1.5 公司聘请的会计师事务所：大信会计师事务所有限公司
办公地点：北京市海淀区知春路1号学院国际大厦15层1504号

2.1.6 公司聘请的律师事务所：北京中盛律师事务所
办公地点：北京朝阳区建外大街永安东里甲3号通用国际中心1号楼A座23层

2.2 组织结构

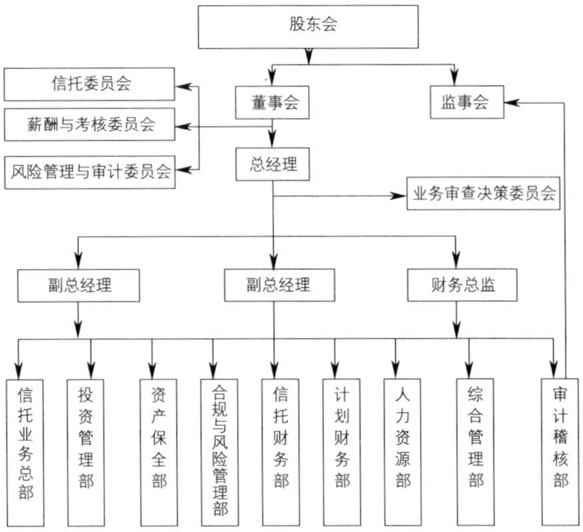

3. 公司治理结构

3.1 股东

3.1.1 报告期末公司股东总数：11，占公司15%以上（含15%）出资比例的股东：2个

股东名称	持股比例（%）	法人代表
华能资本服务有限公司	66.56	郭珺明
贵州省开发投资有限责任公司	27.430	周和生

3.1.2 公司第一大股东

股东名称	出资比例（%）	法人代表
华能资本服务有限公司	66.56	郭珺明

3.2 董事

董事会成员

姓名	职务	性别	年龄	选任日期	所推举的股东名称	该股东持股比例（%）	简要履历
丁益	董事长	女	47	2008年12月	华能资本服务有限公司	66.56	中国人民大学博士研究生学历，历任华能国际电力公司证券融资部处长、经理，中国人民保险公司投资管理部副总经理、总裁助理，华能资本服务公司党组副书记、副总经理（主持工作）、总经理，华能贵诚信托公司董事长。

续表

姓 名	职 务	性别	年龄	选任日期	所推举的股东名称	该股东持股比例(%)	简 要 履 历
李 进	董事	男	45	2008 年 12 月	华能资本服务有限公司	66.56	中国人民银行研究生部硕士,历任华能财务公司计划部经理、副总经理、总经理、党组成员,永诚保险公司总经理,华能资本服务公司党组成员、副总经理。
杨思东	董事	男	41	2010 年 8 月	华能资本服务有限公司	66.56	中国社科院研究生院研究生学历,先后在北京电加工研究所、河南信托投资公司、中国华能财务公司、招商基金公司、景顺长城基金公司工作;2004 年 2 月起在华能资本服务有限公司投资管理部工作,历任副处长、副经理。
李仪华	副董事长	男	54	2008 年 12 月	贵州省开发投资有限责任公司	27.43	中南财经大学硕士研究生学历,历任建行贵阳市分行主任,建行省分行国际业务部经理、计财处副处长,毕节地区分行副行长、行长,省分行业务部总经理、办公室主任,黔隆信托副总经理,华能贵诚信托公司副董事长。
张景刚	董事	男	52	2008 年 12 月	贵州省开发投资公司	27.43	本科学历,历任人行贵州省分行副处长、处长,登记公司总经理,黔隆信托公司副总经理,贵州省开发投资公司副总经理。
田 军	职工董事	男	48	2008 年 12 月			中国社科院研究生部,货币银行专业硕士研究生学历,经济师职称,历任人行山西大同分行办公室副主任、主任,大同证券公司副总经理,长城证券公司综合部副主任、董事会秘书兼董事会办公室主任、总裁办公会成员、党委委员、副总裁,华能贵诚信托公司总经理

独立董事

姓 名	所在单位及职务	性别	年龄	选任日期	所推举的股东名称	该股东持股比例(%)	简 要 履 历
吴稼祥	中国经济体制改革研究会高级研究员	男	56	2008 年 12 月	华能资本服务有限公司	66.56	北京大学经济学学士,任职于中共中央书记办公室、中央办公厅调研室,历任北京中和经济技术公司总经理、北京瑞德投资顾问公司总经理、中国经济体制改革研究会高级研究员。
邓瑞林	贵州省政协常委、经济委员会副主任。	男	62	2008 年 12 月	贵州省开发投资公司	27.43	中国社科院研究生院研究生学历,贵州省政协常委、经济委员会副主任
包福荣	必浩得律师事务所主任、合伙人	女	47	2008 年 12 月	其他股东		北京大学经济法学士,曾任内蒙古六和律师事务所合伙人,北京市金律师事务所合伙人,必浩得律师事务所合伙人、事务所主任。

3.3 监事

姓 名	职 务	性别	年龄	选任日期	所推举的股东名称	该股东持股比例(%)	简 要 履 历
周英序	监事会主席	男	53	2008 年 12 月	贵州省贵财投资有限责任公司	4.02	贵州师范大学本科学历,历任贵州省机械厅直属机关党委副书记,贵州省机电产品质量监测总站党委书记,贵州省旅游投资公司办公室主任,贵州省开发公司人力资源部经理,黔隆信托董事、党委副书记、纪委书记,华能贵诚信托公司监事会主席。
郭朝晖	监 事	男	42	2010 年 4 月	贵州省开发投资有限责任公司	27.43	贵州省委党校研究生学历,先后在贵州省长顺县营盘学校、民族中学、贵州省长顺县人事劳动局、贵州省社会科学院东南亚经济研究所工作,历任黔隆国际信托投资有限责任公司党组秘书、董事会秘书、团工委书记、办公室副主任(兼),贵州省国际会议中心有限责任公司党政办公室主任,贵州省开发投资公司党政办公室主任。
于新仁	职工监事	男	52	2008 年 12 月			贵州省委党校在职研究生学历,历任贵阳耐火材料厂副处长、总会计师兼财务处长,贵州省国际信托投资公司计财部、审计部副经理,黔隆信托审计部经理,华能贵诚信托公司审计部总经理。

3.4 高级管理人员

姓名	职务	性别	年龄	任职日期	金融从业年限	学历	专业
田 军	总经理	男	48	2008 年 12 月	28	硕士研究生	货币银行
涂继国	副总经理	男	47	2008 年 12 月	17	学士	经济学
王 卓	副总经理兼董事会秘书	男	40	2008 年 12 月	6	硕士研究生	货币银行
鲍吉胜	副总经理兼财务总监	男	47	2008 年 12 月	24	研究生	财贸经济金融

续表

姓名	职务	性别	年龄	任职日期	金融从业年限	学历	专业
金志培	副总经理	男	41	2008 年 12 月	14	硕士研究生	货币银行
孙磊	首席合规官兼合规与风险管理部总经理	男	38	2009 年 8 月	16	硕士研究生 MBA	金融

3.5 公司员工

报告期内,员工人数 130 人,平均年龄 36 岁,博士生占比

1%，硕士生占比39%，本科生占比55%，专科生占比5%。

4. 经营管理

4.1 经营目标、方针、战略规划

经营目标：围绕提高公司核心资产管理能力和理财能力，以发展自主管理类信托业务为重点，打造专属产品，逐步培育和形成公司核心竞争力，推动公司发展方式从外延式增长向内涵式增长转变；加强公司各项基础管理，重点提升公司合规与风险控制能力。通过努力，确保完成董事会下达的各项经营指标，力争信托业务规模和实现利润迈上新台阶。

经营方针：诚信、专业、创新、和谐。

战略规划：依托股东的管理与资源优势，打造核心竞争力，重点发展面向能源、基础设施行业的产业投资基金业务和企业资产证券化业务（ABS），把公司建设成为在信托规模、盈利能力和管理水平上具有领先地位的、国内一流的电力、能源行业的信托公司。

4.2 所经营业务的主要内容

自营资产运用与分布表

资产运用	金额（万元）	占比（%）	资产分布	金额（万元）	占比（%）
货币资产	119 364.63	37.74	基础产业		
贷款及应收款	23 092.86	7.30	房地产业		
交易性金融资产投资	53 243.89	16.83	证券市场	13 107.61	4.14
可供出售金融资产投资	110 363.80	34.89	实业		
持有至到期投资			金融机构	269 864.71	85.32
长期股权投资			其他	33 343.20	10.54
其他	10 250.34	3.24			
资产合计	316 315.52	100.00	资产合计	316 315.52	100.00

信托资产运用与分布表

资产运用	金额（万元）	占比（%）	资产分布	金额（万元）	占比（%）
货币资产	85 932.66	0.92	基础产业	2 623 679.04	28
贷款及应收款	4 473 522.89	47.92	房地产业	1 592 026.00	17
交易性金融资产投资	2 770.00	0.03	证券市场		
可供出售金融资产投资	206 186.32	2.22	实业	1 966 473.95	21
持有至到期投资	1 987 795.54	21.29	金融机构	1 281 445.85	14
长期股权投资	404 420.00	4.33	其他	1 871 427.51	20
其他	2 174 424.94	23.29			
资产合计	9 335 052.35	100.00	资产合计	9 335 052.35	100.00

4.3 市场分析

4.3.1 有利因素

（1）中央支持中西部发展，对于贵州借力发展是一个重要机遇，作为贵州省境内唯一一家信托公司，公司的发展也再遇历史性的良机。（2）公司主要股东华能资本服务公司和贵州开发投资公司的持续支持有利于公司平稳发展。（3）经济高速发展的中国正跨入财富管理时代，理财市场需求将爆发式增长，对信托行业的发展具有积极作用。

4.3.2 不利因素

（1）目前信托公司的发展过度依赖债权类信托业务，信托产品集中在通道业务和房地产领域上，盈利模式难以持续。（2）受国际经济形势影响，国内经济增长下行压力很大，在这种环境下信托行业业务转型的压力也明显增大，但又势在必行。

4.4 内部控制概况

公司建立了以股东大会、董事会及其下设专业委员会、监事会、管理层等为主体的法人治理结构，各个管理层面制度健全、运作规范、分权制衡。董事会下设信托、风险管理与审计、薪酬与考核三个专业委员会，制订了董事会各专业委员会议事规则以及独立董事工作规则。董事会信托委员会、风险管理与审计委员会和监事会充分发挥监督职能。在经营层面，公司建立了权责明确、合理制衡、报告关系清晰的组织架构，建立了业务审查决策委员会集体决策机制，建立了合规与风险管理部和审计稽核部定期向董事会提交风险管理报告、内部审计工作的报告机制。2011年公司逐步形成了“分级管理、灵活高效、有效监督”的内部运行机制，并进行持续改善。

董事会、管理层大力倡导和培育“诚信为本、规范运作、稳健经营”的企业文化，在开展业务时将风险控制放在首位，切实履行受托人职责，致力于在合规的前提下维护受益人利益最大化。公司高度重视内控文化建设，通过各种形式的讲座、交流和研讨活动，及时将有关内控的最新制度、要求和内控经验传递给广大员工，不断提高广大员工的风险意识、合规理念和责任意识，积极营造“管理讲秩序，发展讲风险”经营氛围。

本着规范管理、防范风险的原则，管理层及时完善了公司员工行为准则、职业道德规范和诚信记录体系，建立了合理授权、有效问责、内部举报和奖惩制度；各级员工不断提高合法合规经营的理念，进行持续教育，及时充分掌握有关法律法规、内部控制和行为规范的最新文件和资料。

公司内部控制的主要政策和程序是：（1）授权控制，根据业务发展需要，建立相应的权限管理体系，实行法人统一授权和管理；（2）资产隔离，对固有资产和信托资产分别管理、分别核算；（3）岗位分离，固有业务和信托业务部门分设，人员不相互兼职；（4）规范操作，按业务流程和操作指引，实行统一规范化操作。

公司建立了固有业务和信托业务相互分离的业务管理体系；各项业务均有健全的决策机构和决策程序，前台、中台、后台相对独立；各项业务均有相应的管理办法和操作规定，并根据业务实际及监管法规的要求，不断更新；公司不断强化内部管理，保证内部控制的充分、有效执行。

公司建立了自控、互控、监控三结合的内控机制，及时对内部控制活动进行检查、评价、监督和纠正。公司建立了业务部门（岗位）自查、业务部门（岗位）互相制约、员工内部举报、合规部门检查、内审部门审计相结合的机制。业务部门（岗位）定期开展自查自纠活动，一旦发现内部控制问题，迅速纠正；办理业务时，相关部门、岗位之间互相监督、制衡；全体员工主动参与公司管理，及时监督和举报公司内部运营缺陷或违规行为；公司合规与风险管理部审核评价内控制度和操作流程的合规性；按照风险管理“事前严格调查和审查”、“事中、事后跟踪管理”的要求，相应规范内部审批、操作和风险管理程序，细化和

完善内部控制制度。审计稽核部对业务的各项运作和风险管理进行动态审计和检查,对相关人员的规范进行监督和检查,对各项业务、各部门、各岗位实施全面监督、检查,并直接向董事会、管理层报告,管理层根据内部控制的检查情况和审计评价结果,提出整改意见和纠正措施,并督促各部门严格落实。

4.5 风险管理概况

公司风险管理的基本原则:(1)全面性原则;(2)有效性原则;(3)制衡性原则;(4) 独立性原则; (5)主动管理原则。

公司建立的包括董事会风险管理与审计委员会、经营层业务审查决策委员会、合规与风险管理部、各业务部门及管理支持部门内部风险管理岗的四级风险管理体系,形成自上而下垂直型风险管理组织机构,负责对公司整体风险和各项业务风险实施统一管理。并根据公司发展对已有风险防控体系和办法进行充实改进,提高公司风险防控的能力和层次。四级风险管理体系既强化了全员全过程的风险管理,又保证了风险管理部门的独立性。

4.5.1 风险状况

公司主要面临的风险包括信用风险、市场风险、操作风险、合规风险。

4.5.1.1 信用风险状况

信用风险主要是指公司在运营过程中可能面临的交易对手不愿或不能履行其义务而使信托财产或固有财产遭受潜在损失的可能性的风险。

报告期内,公司设立的信托项目均履行了严格的内部评审程序,合法合规,符合国家产业政策和宏观调控的要求。交易对手信用等级较高,信用风险可控。公司全部信托项目,按期向受益人兑付信托利益。

公司固有项下不良资产全部为2008年公司重组以前历史遗留的不良资产,已在逐步处置解决,2011年公司没有新增不良资产。

4.5.1.2 市场风险状况

市场风险主要是外部市场的不利变动使公司遭受损失的风险。报告期内,公司信托项下存续的信托项目没有投向证券市场的,而作为项目质押的股票质押率均较低,安全边际较高。贷款类项目全部按照利率对应原则与委托人及借款人签订协议,公司作为受托人本身不承担利率风险。固有项下,公司年末持有的投资类资产,按五级分类口径均为正常类投资,年末无不良投资。

4.5.1.3 操作风险状况

操作风险表现为由于公司治理机制、内部控制失效或者有关责任人出现失误、欺诈等问题,公司没有充分及时地做好尽职调查、持续监控、信息披露等工作,未能及时作出应有的反应,或作出的反应明显有失专业和常理,甚至违规违约。操作风险体现在信托业务和固有业务的整个管理过程中。报告期内公司没有发生因操作风险而导致的损失。

4.5.1.4 合规风险状况

合规风险是指公司因没有遵循法律、部门规章和行业准则可能遭受法律制裁、监管处罚、重大财务损失和声誉损失的风险。报告期内公司没有因合规问题而遭受法律制裁、重大财务损失或声誉损失。

4.5.1.5 其他风险状况

其他风险包括流动性风险、法律风险、道德风险和声誉风险等。报告期内公司没有因为其他各种风险而出现声誉或财务损失。

4.5.2 风险管理

公司实行Pvar(程序+风险限额)的风险管理基本策略,针对业务的不同阶段、不同风险特点,保证业务高效、安全、规范运营。针对信用风险、市场风险等可量化风险,严格实施风险指标管理和风险限额控制;对合规风险、操作风险等非量化风险,明确岗位职责,制定精细化的业务操作规程、风险控制流程,加强员工风险意识,实施岗位和流程控制。前瞻性地制定各类新业务的操作指引,细化管控要求和准入标准。动态修订已有规章制度、业务流程,完善决策机制,强化制度执行力。

4.5.2.1 信用风险管理

公司信用风险的管理措施主要包括:建立信用风险监测预警机制,对经营状况、管理状况、财务状况进行动态监测和预警;建立信用风险防范机制,严格执行贷前调查、贷时审查和贷后检查制度;建立信用风险转移机制,通过控制信贷集中度降低信用风险,通过信贷资产卖断转移信用风险;建立信用风险补偿机制,充分提取呆账准备金,加强不良资产管理和处置。信用风险控制手段主要包括:担保(保证、抵押、质押)、联合管理、资金提存、优先劣后、增信、审计(专项审计和常规审计)、权益转让、建立中介机构为主的外部智库机制等手段综合运用。其中外部智库是直接对合规与风险管理部负责。公司成立专门的项目管理部,专门负责协助实施项目中后期管理。建立信托项目风险监测工作,定期对客户风险进行监测,收集客户资料,分析客户履约能力,及时防范、化解和处置风险。公司信托项目中信用风险的控制手段是立体的、组合的、多方位的,公司的风险防范的实施以到期清偿为核心,附加过程管理,既维护受益人的利益,也促进信托资金使用方的良性发展。

4.5.2.2 市场风险管理

公司对市场风险实施限额管理,根据业务性质、资本规模和风险承受能力制定对各类业务和各级限额的内部审批程序和操作规程。合规与风险管理部对业务部门交易账户头寸风险进行动态监控。投资风险较大的交易账户逐日重估价值。合规与风险管理部根据业务授权对风险限额的遵守情况进行动态监控,经营层根据限额实际控制情况对限额进行动态管理。公司合理设立盈利目标,避免过分追求盈利而承受较大风险。针对金融市场或环境的剧烈变化,评估在极端不利情况下的风险承受能力,以此为依据制定相应的应急处理预案。

4.5.2.3 操作风险管理

公司建立规范的内部授权体系,任何个人不得超出授权做出业务决定和风险决策。建立信托业务系统、固有业务系统、客户管理、办公自动化等较为完备的信息系统,固化权限范围。不相容岗位需适当分离,避免利益冲突。各项业务应按照"职责界定清晰、流程设计合理、信息传导通畅、运营操作规范"的原则,建立相应制度,合规与风险管理部参与重要业务制度的审核。各级领导对制度遵守情况逐级进行监督,合规与风险管理部、审计稽核部对公司制度执行情况进行监督,保证各项制度得到有效执行。建立操作风险事故监测、报告机制,保证及时发现操作风险事故。建立重要岗位轮岗机制。对关键岗位不定期进行审计和检查。开办新业务，事先进行风险评估，并提出相应的风险控制措施，在风险可测、可控、可承受的前提下促进创新业务发展。高度关注信息系统性风险，确保信息系统稳定、安全、高效运行。

4.5.2.4 合规风险管理

公司通过完善合规培训、合规审查、合规监控机制，有效防范合规风险。合规与风险管理部持续关注法律、法规和准则的最新发展，及时分析对企业的影响，向管理层提出合规建议。定期组织开展合规培训和教育。合规与风险管理部持续检查、评估业务的合规性，保证各项业务严格遵守国家各项法律法规。合同协议的制定、涉诉案件的应对均征求公司法律顾问的意见。保持与监管部门的有效沟通，严格执行监管政策，认真听取主管部门的意见要求，始终把监管机构的政策作为公司的业务边界和风险底线，把监管部门的要求及时传达到业务一线，举一反三，健全以风险防控为核心的基础管理制度。

5. 报告期末及上一年度末的比较式会计报表

5.1 自营资产

5.1.1 会计师事务所审计意见全文

审 计 报 告

大信审字〔2012〕第1-0883号

华能贵诚信托有限公司全体股东：

我们审计了后附的华能贵诚信托有限公司（以下简称贵公司）财务报表，包括2011年12月31日的资产负债表，2011年度的利润表、现金流量表、股东权益变动表以及财务报表附注。

一、管理层对财务报表的责任

编制和公允列报财务报表是贵公司管理层的责任，这种责任包括：（1）按照企业会计准则的规定编制财务报表，并使其实现公允反映；（2）设计、执行和维护必要的内部控制，以使财务报表不存在由于舞弊或错误导致的重大错报。

二、注册会计师的责任

我们的责任是在执行审计工作的基础上对财务报表发表审计意见。我们按照中国注册会计师审计准则的规定执行了审计工作。中国注册会计师审计准则要求我们遵守中国注册会计师职业道德守则，计划和执行审计工作以对财务报表是否不存在重大错报获取合理保证。

审计工作涉及实施审计程序，以获取有关财务报表金额和披露的审计证据。选择的审计程序取决于注册会计师的判断，包括对由于舞弊或错误导致的财务报表重大错报风险的评估。在进行风险评估时，注册会计师考虑与财务报表编制和公允列报相关的内部控制，以设计恰当的审计程序，但目的并非对内部控制的有效性发表意见。审计工作还包括评价管理层选用会计政策的恰当性和作出会计估计的合理性，以及评价财务报表的总体列报。

我们相信，我们获取的审计证据是充分、适当的，为发表审计意见提供了基础。

三、审计意见

我们认为，贵公司财务报表在所有重大方面按照企业会计准则的规定编制，公允反映了贵公司2011年12月31日的财务状况以及2011年度的经营成果和现金流量。

5.1.2 资产负债表

资产负债表

编制单位：华能贵诚信托有限公司　　单位：万元

项　目	2010年12月31日	2011年12月31日
流动资产：	—	—
现金及银行存款	47 583.28	119 364.63
存出保证金	—	—
拆出资金	—	—
交易性金融资产	35 665.82	53 243.89
买入返售金融资产	—	—
贷款（短期贷款）	19 899.00	16 335.00
应收票据	270.00	—
应收股利	—	—
应收利息	—	0.01
应收账款	41.65	—
预付账款	—	—
其他应收款	8 511.39	6 757.85
待摊费用	114.14	283.57
一年内到期的非流动资产	—	—
其他流动资产	—	—
流动资产合计	112 085.28	195 984.95
非流动资产：		
贷款（中长期贷款）	—	—
贷款（逾期贷款）		—
可供出售金融资产	43 381.75	110 363.80
持有至到期投资	—	—
长期股权投资	—	—
投资性房地产	—	—
固定资产原值	3 440.36	3 572.96
减：累计折旧	861.26	1 261.05
固定资产净值	2 579.10	2 311.91
减：固定资产减值准备	572.93	572.93
固定资产净额	2 006.17	1 738.98
在建工程		—
工程物资	—	—
固定资产清理	—	—
无形资产	216.59	279.46
长期待摊费用	348.07	345.19
递延所得税资产	3 483.86	5 155.43
其他非流动资产	3 059.63	2 447.71
其中：特准储备物资	—	—
非流动资产合计	52 496.07	120 330.57
资产总计	164 581.35	316 315.52

资产负债表(续)

项　　目	2010年12月31日	2011年12月31日
流动负债:	—	—
短期借款		
存入保证金	685.00	1 449.16
拆入资金		
交易性金融负债		
应付票据		
应付账款	460.00	
预收账款		4 172.70
卖出回购金融资产款		
应付职工薪酬	4 429.12	11 418.07
应交税费	3 871.15	5 215.20
应付利息	—	—
应付股利	23.07	23.07
其他应付款	133.92	68.47
代理承销证券款	—	—
一年内到期的非流动负债	—	—
其他流动负债	—	—
流动负债合计	9 602.26	22 346.67
非流动负债:		
长期借款	—	—
应付债券	—	—
长期应付款	—	—
专项应付款	—	—
预计负债	—	—
递延所得税负债	436.78	160.57
其他非流动负债	—	—
非流动负债合计	436.78	160.57
负债合计	10 039.04	22 507.24
所有者权益(或股东权益):		
实收资本(股本)	120 000.00	200 000.00
资本公积	23 829.13	47 058.21
专项储备	—	—
盈余公积	1 344.81	5 088.38
信托赔偿准备	1 119.37	2 991.15
未分配利润	8 249.00	38 670.54
外币报表折算差额	—	—
归属于母公司所有者权益合计	154 542.31	293 808.28
少数股东权益		
所有者权益合计	154 542.31	293 808.28
负债和股东权益总计	164 581.35	316 315.52

5.1.3 利润和利润分配表

利润和利润分配表

编制单位:华能贵诚信托有限公司　　　　单位:万元

项　　目	2011年度	2010年度
一、营业收入	75 553.63	27 192.82
1. 利息收入	4 859.47	1 525.14
2. 手续费及佣金收入	55 185.63	24 061.64
3. 金融企业往来收入	1 068.42	199.67
4. 租赁收益	—	—
5. 投资收益	15 359.33	226.35
6. 公允价值变动收益	-1 104.82	1 043.29
7. 汇兑损益	-0.90	-0.58
8. 其他营业收入	186.50	137.31
二、营业支出	21 361.08	12 255.49
1. 利息支出	—	—
2. 金融企业往来支出	27.35	41.49
3. 手续费及佣金支出	2 458.57	1 288.38
4. 业务及管理费	18 875.16	10 925.62
5. 其他营业支出	—	—
三、营业税金及附加	4 313.64	1 648.19
四、营业利润(亏损以"-"号填列)	49 878.91	13 289.14
加:营业外收入	1.17	2 441.40
减:营业外支出	3.00	36.00
减:资产损失	-439.61	404.47
五、利润总额(亏损总额以"-"号填列)	50 316.69	15 290.07
减:所得税费用	12 880.97	3 847.42
六、净利润(净亏损以"-"号填列)	37 435.72	11 442.65
加:年初未分配利润	8 249.00	-1 641.39
七、可供分配的利润	45 684.72	9 801.26
减:提取法定盈余公积	3 743.57	980.13
提取信托赔偿准备	1 871.79	572.13
提取一般风险准备		
其他减少	—	—
八、可供股东分配的利润	40 069.36	8 249.00
减:分配股东股利	1 398.82	—
九、未分配利润	38 670.54	8 249.00

5.2 信托资产

5.2.1 信托项目资产负债汇总表

信托项目资产负债汇总表

编制单位:华能贵诚信托有限公司　　　　2011年12月31日　　　　单位:万元

信托资产	期末余额	年初余额	信托负债和信托权益	期末余额	年初余额
信托资产:	0.00	0.00	信托负债:	0.00	0.00
货币资金	85 932.66	44 630.88	交易性金融负债	0.00	0.00
拆出资金	0.00	0.00	衍生金融负债	0.00	0.00
存出保证金	0.00	0.00	应付受托人报酬	11 178.51	1 994.80
交易性金融资产	2 770.00	0.00	应付托管费	51.16	30.68
衍生金融资产	0.00	0.00	应付受益人收益	553.01	24.47
买入返售金融资产	25 000	25 000	应交税费	0.00	0.00
应收款项	45 402.51	0.00	应付销售服务费	921.85	2 237.74
发放贷款	4 428 120.38	3 259 902.20	其他应付款项	18 308.72	5 372.57

续表

信托资产	期末余额	年初余额	信托负债和信托权益	期末余额	年初余额
可供出售金融资产	206 186.32	0.00	预计负债	0.00	0.00
持有至到期投资	1 987 795.54	0.00	其他负债	0.00	0.00
长期应收款	0.00	0.00	信托负债合计	31 013.24	9 660.26
长期股权投资	404 420.00	292 732.00		0.00	0.00
投资性房地产	0.00	0.00	信托权益:	0.00	0.00
固定资产	0.00	0.00	实收信托	9 251 598.96	4 118 616.71
无形资产	0.00	0.00	资本公积	0.00	0.00
长期待摊费用	0.00	0.00	损益平准金	0.00	0.00
其他资产	2 149 424.94	530 578.50	未分配利润	52 440.16	24 566.61
减:各项资产减值准备	0.00	0.00	信托权益合计	9 304 039.11	4 143 183.31
信托资产总计	9 335 052.35	4 152 843.57	信托负债及信托权益合计	9 335 052.35	4 152 843.57

5.2.2 信托项目利润及利润分配汇总表

编制单位:华能贵诚信托有限公司　　单位:万元

项　目	2011 年度	2010 年度
1. 营业收入	431 257.59	221 339.49
1.1 利息收入	238 154.26	194 306.66
1.2 投资收益(损失以"-"号填列)	189 710.69	25 683.67
其中:对联营企业和合营企业的投资收益	0.00	0.00
1.3 公允价值变动收益(损失以"-"号填列)		
1.4 租赁收入		
1.5 汇兑损益(损失以"-"号填列)		
1.6 其他收入	3 392.64	1 349.16
2. 支出	77 367.83	47 895.48
2.1 营业税金及附加		
2.2 受托人报酬	48 230.81	16 441.72
2.3 托管费	4 270.63	12 095.96
2.4 投资管理费	0.00	83.00
2.5 销售服务费	9 087.85	8 540.45
2.6 交易费用	9.19	122.86
2.7 资产减值损失	0.00	
2.8 其他费用	15 769.35	10 611.49
3. 信托净利润(净亏损以"-"号填列)	353 889.76	173 444.01
4. 其他综合收益	0.00	0.00
5. 综合收益	353 889.76	173 444.01
6. 加:期初未分配信托利润	24 566.61	5 370.50
7. 可供分配的信托利润	378 456.37	178 814.51
8. 减:本期已分配信托利润	326 016.21	154 247.90
9. 期末未分配信托利润	52 440.16	24 566.61

6. 会计报表附注

6.1 会计报表编制基准、会计政策和会计估计变更、核算方法的说明

编制基础:以持续经营假设为基础,根据实际发生的交易和事项,按照财政部2006年2月颁布的《企业会计准则——基本准则》和38项具体会计准则、其后颁布的应用指南、解释以及其他相关规定(统称"企业会计准则")编制。

会计政策和会计估计变更、核算方法在报告期均无变化。

信托报酬确认原则和方法:信托报酬的确认主要以权责发生制为原则。对于信托文件明确规定有收取标准的,以信托文件规定计提信托报酬;对于信托文件没有明确规定的,待信托项目运作结束时一次性计算收取。

6.2 或有事项说明

无。

6.3 重要资产(不含股权转让)转让及其出售的说明

无。

6.4 会计报表中重要项目的明细资料

6.4.1 披露自营资产经营情况

6.4.1.1 信用风险资产

信用风险资产五级分类	正常类(万元)	关注类(万元)	次级类(万元)	可疑类(万元)	损失类(万元)	信用风险资产合计(万元)	不良资产合计(万元)	不良率(%)
期初数	73 963.37	0	145.00	8 214.85	484.09	82 807.31	8 843.94	10.68
期末数	142 260.76	0	145.00	5 018.08	484.09	147 907.93	5 647.17	3.82

注:不良资产合计=次级类+可疑类+损失类。

(1)海南贵州大厦应收款项145万元,为2008年公司履行担保责任代海南贵州大厦支付执行款。该公司产权未理顺,经营不善,收回难度大。公司将此款项划分为次级类。

(2)2003年,公司委托汉唐证券理财,2004年9月3日汉唐证券被行政托管并于2007年宣告破产清算,目前破产清算尚未结束,应收汉唐证券公司的余额为3 101.38万元。公司将此款项划分为可疑类。

(3)2003年,公司信托资金委托华夏证券理财。华夏证券于2008年7月31日经法院裁定受理破产,现已进入清算程序,应收华夏证券股份有限公司的余额为1 135.38万元。公司将此款项划分为可疑类。

(4)盛安房地产开发有限公司款项为781.32万元,其中应付盛安房地产开发有限公司关于台湾大厦9层相关款项201.68万元,应收盛安房地产开发有限公司983万元为代垫

台湾大厦后续建设资金。公司将此款项划分为可疑类。

(5)贵州银天贸易公司逾期贷款余额为247.44万元，为本公司1993年4月发放贷款。所质押的海南发展银行的535.22万元定期存单由于海南发展银行被人民银行关闭清算，该笔定期存单成为清算债权。经清算组确认领取了“海南发展银行债务确认书”，截至目前海南发展银行尚未清算完毕。本公司将此款项划分为损失类，全额计提损失准备。

(6)锦屏竹木公司逾期贷款余额229.4万元，为本公司1995年11月至1996年2月间发放贷款，公司以其自有林场充当贷款抵押物。经核实，该贷款抵押物存在瑕疵，难以处置变现，本公司将此款项划分为损失类，全额计提损失准备。

(7)李伟煤款应收款项7.25万元，为2007年子公司信达贸易公司注销转入，法院已判决，但无可执行财产。本公司将此款项划分为损失类，全额计提损失准备。

6.4.1.2 各项资产减值损失准备

单位：万元

	期初数	本期计提	本期转回	本期核销	期末数
贷款损失准备	677.84	365	401	0	641.84
一般准备	201	365	401	0	165
专项准备	476.84	0	0	0	476.84
其他资产减值准备	3 632.56	611.93	0		4 244.49
可供出售金融资产减值准备	0	0	0	0	0
持有至到期投资减值准备	0	0	0	0	0
长期股权投资减值准备	0	0	0		0
坏账准备	5 824.17	14.50	1 030.04	0	4 808.63
投资性房地产减值准备	0	0	0	0	0

6.4.1.3 自营股票投资、基金投资、债券投资、股权投资等投资业务

单位：万元

	自营股票	基金	债券	长期股权投资
期初数	29 876.83	0	5 788.99	0
期末数	6 657.59	5 779.28	40 807.02	0

6.4.1.4 前三名的自营长期股权投资的企业名称、占被投资企业权益的比例、主要经营活动及投资收益情况等

无。

6.4.1.5 前三名的自营贷款的企业名称、占贷款总额的比例和还款情况

企业名称	占贷款总额的比例(%)	还款情况
1. 广东珠江公路桥梁投资有限公司	97.19	尚未到期，正常收息
2. 贵州银天贸易公司	1.46	公司重组前逾期贷款未还
3. 锦屏竹木公司	1.35	公司重组前逾期贷款未还

6.4.1.6 表外业务

无。

6.4.1.7 收入结构

收入结构	金额(万元)	占比(%)
手续费及佣金收入	55 185.62	72.97
其中：信托手续费收入	52 905.64	70.20
投资银行业务收入		—
利息收入	5 927.90	7.87
其他业务收入	186.50	0.25
其中：计入信托业务收入部分		—
投资收益	14 254.51	18.91
其中：股权投资收益		—
公允价值变动收益	−1 104.82	−1.47
其他投资收益	15 359.34	20.38
营业外收入	1.17	0.00
收入合计	75 369.21	100.00

6.4.2 披露信托资产管理情况

6.4.2.1 信托资产

单位：万元

信托资产	期初数	期末数
集合	920 787.00	3 068 757.17
单一	3 197 829.71	5 625 125.94
财产权		641 169.24
合计	4 118 616.71	9 335 052.35

6.4.2.1.1 主动管理型信托业务

单位：万元

主动管理型信托资产	期初数	期末数
证券投资类	—	—
股权投资类	470 630	410 751.62
融资类	2 952 936.71	8 906 092.10
事务管理类	7 084	18 208.63
合计	3 430 650.71	9 335 052.35

6.4.2.1.2 被动管理型信托业务

单位：万元

被动管理型信托资产	期初数	期末数
证券投资类		
股权投资类		
融资类	687 966	0
事务管理类		
合计	687 966	0

6.4.2.2 本年度有163个项目清算，实收信托合计466.66亿元，加权平均实际年化收益率8.09%

6.4.2.2.1 本年度已清算结束的集合类、单一类资金信托项目和财产管理类信托项目

已清算结束信托项目	项目个数	合计金额(万元)	加权平均实际年化收益率(%)
集合类	58	725 500	9.07
单一类	105	3 941 100	7.9
财产管理类	—	—	—

6.4.2.2.2 本年度已清算结束的主动管理型信托项目

已清算结束信托项目	项目个数	合计金额（万元）	信托报酬率（%）	加权平均实际年化收益率（%）
证券投资类	—	—	—	—
股权投资类	2	41 000	2.4	11
融资类	161	4 625 600	0.77	8.06
事务管理类	—	—	—	—

6.4.2.2.3 本年度已清算结束的被动管理型信托项目

已清算结束信托项目	项目个数	合计金额（万元）	信托报酬率（%）	加权平均实际年化收益率（%）
证券投资类	—	—	—	—
股权投资类				
融资类				
事务管理类	—	—	—	—

6.4.2.3 本年度新增的集合类、单一类和财产管理类信托项目

新增信托项目	项目个数	合计金额（万元）
集合类	77	2 847 821.75
单一类	153	6 311 873.93
财产管理类	38	639 896.90
新增合计	268	9 799 592.58
其中：主动管理型	306	9 799 592.58
被动管理型	—	—

6.4.2.4 本公司履行受托人义务情况及因本公司自身责任而导致的信托资产损失情况

本公司严格遵照行业监管法规和信托合同规定，在信息披露、受托资产管理、信托财务核算、项目到期清算及信托财产分配等方面都能自觉履行受托人义务。2011 年不存在任何信托项目因公司自身责任导致信托资产发生损失，与信托当事人之间未发生任何形式的法律纠纷，也未受到行业监管当局的任何惩戒、警示。

6.5 关联方关系及其交易披露

6.5.1 关联交易方的数量、关联交易的总金额及关联交易的定价政策等

	关联交易方数量	关联交易金额（万元）	定价政策
合计	10	1 416 500	以市场交易价格为定价依据

6.5.2 关联交易方与本公司的关系性质、关联交易方的名称、法定代表人、注册地址、注册资本及主营业务等

关系性质	关联方名称	法定代表人	注册地址	注册资本（万元）	主营业务
同属一母公司	中国华能财务有限公司	杨美茹	北京市西城区金融街乙 26 号华实大厦	200 000	对成员单位办理财务和融资顾问、信用鉴证及相关的咨询、代理业务。
同属一母公司	长城证券有限责任公司	黄耀华	深圳市深南大道 6008 号特区报业大厦 16、17 层	206 700	发行和代理各种有价证券，自营和代理买卖各种有价证券。
同属一母公司	华能碳资产经营有限公司	黄坚	北京市西城区复兴门南大街 2 号 4 幢 9 层。	5 000	电源开发、投资、建设、经营和管理，电力（热力）生产和销售，金融、煤炭、交通运输、新能源、环保相关产业及产品的开发、投资、建设、生产、销售，实业投资经营及管理。
同受最终控股母公司控制	绿色煤电有限公司	苏文斌	北京市海淀区知春路甲 48 号盈都大厦 A 座 21 层	35 000	研发、建设、运营和示范推广完成承担我国第一个近零排放的"绿色煤电"示范电站项目。

6.5.3 本公司与关联方的重大交易事项

6.5.3.1 固有财产与关联方

单位：万元

固有资产与关联方关联交易											
贷款			投资			其他			合计		
期初	发生额	期末	期初	发生额	期末	期初	发生额	期末	期初	发生额	期末
						1 719.56	5 535.32	7 254.88	1 719.56	5 535.32	7 254.88

6.5.3.2 信托资产与关联方

单位：万元

信托资产与关联方关联交易											
贷款			投资			其他			合计		
期初	发生额	期末	期初	发生额	期末	期初	发生额	期末	期初	发生额	期末
1 655 000	-219 000	1 436 000							1 655 000	-219 000	1 436 000

6.5.3.3 固有财产与信托财产之间的交易

单位:万元

固有财产与信托财产相互交易			
	期初数	本期发生额	期末数
合计	25 000	0	25 000

6.5.3.4 信托资产与信托财产之间的交易

单位:万元

信托资产与信托财产相互交易			
	期初数	本期发生额	期末数
合计	0	0	0

6.5.4 关联方逾期未偿还本公司资金的详细情况以及本公司为关联方担保发生或即将发生垫款的详细情况

无。

6.6 会计制度的披露

固有业务:执行财政部2006年2月颁布的《企业会计准则——基本准则》和38项具体会计准则、其后颁布的应用指南、解释以及其他相关规定(统称企业会计准则)。

信托业务:执行财政部于2005年1月5日正式颁布的《信托业务会计核算办法》。

7. 财务情况说明书

7.1 利润实现和分配情况

2011年,公司实现净利润37 435.72万元,按净利润的5%提取信托赔偿准备1 871.79万元,按净利润的10%提取盈余公积3 743.57万元,当年分配股利1 398.82万元,年末未分配利润38 670.54万元。

7.2 主要财务指标

指标名称	指标值
资本利润率(%)	17.60
信托报酬率(%)	0.81
人均净利润(万元/人)	341.49

7.3 对本公司财务状况、经营成果有重大影响的其他事项

无。

7.4 净资本情况

指标名称	指标值
净资本(万元)	268 467.17
风险资本(万元)	197 973.81
净资本/各项业务风险资本之和(%)	135.61
净资本/净资产(%)	91.37

8. 特别事项提示

8.1 前五名股东报告期内变动情况

华能资本服务有限公司参与公司增资后为公司第一大股东,占比为66.56%。贵州开发投资有限责任公司参与公司增资后为第二大股东,占比为27.43%,贵州贵财投资有限责任公司参与公司增资后为第三大股东,占比为4.02%。

8.2 董事、监事及高级管理人员变动情况及原因

因工作变换,2012年丁益同志不再担任公司董事、董事长、法定代表人,更换为李进同志为公司董事长、法定代表人,李明同志为公司董事;包福荣同志不再担任公司的独立董事,更换为娇丽燕同志担任独立董事。目前报批手续正在办理中。

8.3 变更注册资本、变更公司名称、地址

公司注册资本金由120 000万元增加到200 000万元;公司注册地址由贵州省贵阳市云岩区北京路27号鑫都财富大厦14层变更为贵州省贵阳市金阳新区金阳南路6号购物中心商务楼一号楼24层5号、6号、7号。

8.4 公司重大诉讼事项

无。

8.5 公司及其董事、监事和高级管理人员受到处罚的情况

无。

8.6 银监会及其派出机构对公司检查后的整改情况

报告期内,贵州银监局对公司开展了"小金库"专项治理督导抽查活动,对公司财务管理和会计基础规范等提出了很好的意见和建议。就规范整改问题,公司高度重视,与贵州银监局进行了深入沟通和协调,取得积极效果,对强化公司管理,规范业务操作,发挥了积极作用。

8.7 本年度重大事项临时报告的简要内容、披露时间、所披露的媒体及其版面

(1)2011年5月19日在《金融时报》第7版发布公告,披露各股东的出资额、出资比例情况。

(2)2011年10月10日在《金融时报》第7版发布公告,披露了公司注册资本为200 000万元和变更公司住所等相关内容。

8.8 银监会及其省级派出机构认定的其他有必要让客户及相关利益人了解的重要信息

无。

9. 公司监事会意见

本报告期内,监事会发表如下独立意见:

(1)公司依法运作情况。公司能够严格按照《公司法》、《华能贵诚信托有限公司章程》及国家有关法律法规运作,公司决策程序合法,完善了公司内控制度,运作规范,董事、总经理等高级管理人员在履行职务时,勤勉尽责、恪尽职守,没有发现

公司董事、高级管理人员在执行公司职务时存在违法违纪、损害公司利益和委托人、受益人利益的行为。

(2)检查公司财务情况。本报告期公司财务状况良好。年报的内容真实、准确、完整。公司财务核算规范，符合财务管理制度要求，责任人明确，公司2011年度财务报告真实地反映了公司的财务状况和经营成果。

(3)报告期内，公司发生的关联交易业务均严格遵循市场公允价值，认真按照《信托公司管理办法》的有关规定，及时披露并向监管部门报告，未发现损害股东权益及公司利益的情况。

华融国际信托有限责任公司

1. 重要提示

1.1 本公司董事会及董事保证本报告所载资料不存在任何虚假记载、误导性陈述或者重大遗漏，并对其内容的真实性、准确性和完整性承担个别及连带责任。

1.2 公司独立董事王晓林、罗群芳、邢成、何维达声明：保证年度报告内容的真实性、准确性、完整性。

1.3 董事长隋运生、副总经理陈鹏君（总经理级 主持工作）、会计部门负责人杨艳声明：保证本年度财务会计报告的真实、完整。

2. 公司概况

2.1 公司简介

2.1.1 公司法定中文名称：华融国际信托有限责任公司

公司英文名称：Huarong International Trust Co., Ltd.

公司英文名称缩写：HUARONG TRUST

2.1.2 公司法定代表人：隋运生

2.1.3 公司注册地址：新疆维吾尔自治区乌鲁木齐市中山路333号

邮政编码：830002

公司国际互联网网址：http//www.huarongtrust.com.cn

公司电子信箱：hrxt@chamc.com.cn

2.1.4 公司负责信息披露事务人员：

联系人：段建生

联系电话：010-58315969

传真：010-58315971

电子信箱：duanjiansheng@chamc.com.cn

2.1.5 公司信息披露报纸名称：《金融时报》

公司年度报告备置地点：新疆维吾尔自治区乌鲁木齐市中山路333号

登载年度报告的互联网网址：http//www.huarongtrust.com.cn

2.1.6 公司聘请的会计师事务所名称：大信会计师事务有限公司

公司聘请的会计师事务所住所：北京市海淀区知春路1号学院国际大厦15层

公司聘请的律师事务所名称：北京市京师律师事务所

公司聘请的律师事务所住所：北京市海淀区西直门北大街32号枫蓝国际中心写字楼A座1603号

2.2 组织结构

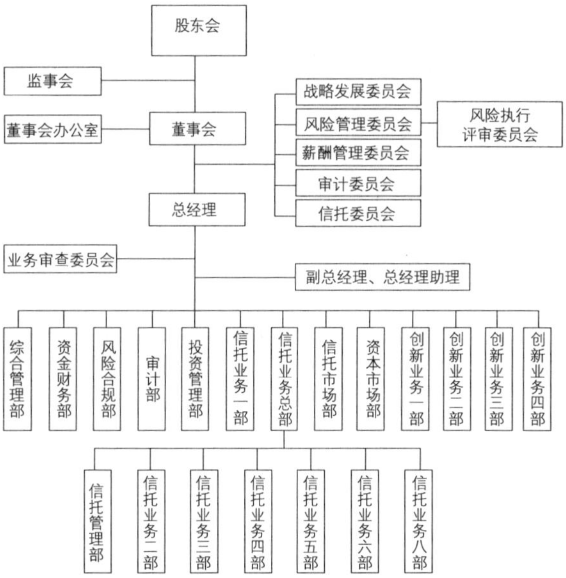

3. 公司治理

3.1 股东

报告期末股东总数为三名。股东持股情况如下：

股东名称	持股比例（%）	法人代表	注册资本（万元）	注册地址	主要经营业务及主要财务情况
中国华融资产管理公司★	97.5	赖小民	1 000 000	北京市西城区金融大街8号	收购并经营中国工商银行剥离的不良资产；债务追偿、资产置换、转让与销售；债务重组及企业重组；债权转股权及阶段性持股，资产证券化；资产管理范围内的上市推荐及债务、股票承销；直接投资、发行债务、商业借款；向金融机构借款和向中国人民银行申请再贷款；投资、财务及法律咨询与顾问；资产及项目评估；企业审计与破产清算；经金融监管部门批准的其他业务。财务状况良好。
新疆凯迪投资有限责任公司	1.48	徐国华	42 000	新疆乌鲁木齐市金银路53号	资产管理、证券业投资、房屋、车辆、设备的租赁、项目投资及相关咨询服务。财务状况良好。

续表

股东名称	持股比例（%）	法人代表	注册资本（万元）	注册地址	主要经营业务及主要财务情况
新疆恒合投资股份有限公司	1.02	盛占银	11 000	新疆乌鲁木齐市黄河路1号	高新技术产业；新兴产业的风险投资；经营及管理；优势传统产业、资本市场的投资管理；对中小企业的融资担保；投资及融资信息咨询。汽车、房屋及机械设备的租赁。财务状况良好。

注：最终实际控制人在股东名称一栏中加★表示。

3.2 董事

董事长、副董事长、董事

姓　名	职务	性别	年龄	选任日期	所推举的股东名称	该股东持股比例（%）	简要履历
隋运生	董事长	男	56	2008年4月18日	中国华融资产管理公司	97.5	下详
马肯·穆赫莫德拉	副董事长	男	51	2008年5月9日	中国华融资产管理公司	97.5	下详
卢江天	副董事长	男	57	2010年4月28日	中国华融资产管理公司	97.5	下详
王勇	副董事长	男	55	2011年9月10日	中国华融资产管理公司	97.5	下详
陈明理	职工董事	男	47	2008年5月9日	职工代表大会	—	下详
杨佩	董事	女	48	2008年5月9日	中国华融资产管理公司	97.5	下详
王小选	董事	男	53	2010年3月12日	新疆凯迪投资有限责任公司	1.48	下详

（1）董事长、党委书记隋运生。中国社会科学院研究生，历任中国工商银行鞍山市分行行长助理、副行长、行长、党委副书记；中国工商银行辽宁省分行副行长、党组成员；中国工商银行山西省分行副行长、党委副书记、行长、党委书记；中国工商银行四川省分行行长、党委书记；中国华融资产管理公司副总裁、党委委员。

（2）副董事长马肯·穆赫莫德拉。新疆财经学院研究生，历任中国工商银行新疆区分行技改信贷处副处长；中国工商银行新疆区分行工业信贷处副处长（正处级）；中国工商银行新疆区分行副总经济师；中国华融资产管理公司乌鲁木齐办事处副总经理、党委委员；中国华融资产管理公司乌鲁木齐办事处总经理、党委书记。

（3）副董事长卢江天。大专学历，历任中国工商银行深圳分行营业部主任；中国工商银行深圳市分行副行长、党组成员；中国华融资产管理公司深圳办事处党委书记、总经理；中国华融资产管理公司广州办事处党委书记、总经理兼深圳办事处党委书记；现任华融国际信托有限责任公司专职副董事长。

（4）副董事长王勇。本科学历，历任中国工商银行黑龙江省分行流动资金信贷处处长；中国工商银行黑龙江省齐齐哈尔市分行行长、党委书记；中国华融资产管理公司长春办事处党委委员、副总经理；中国华融资产管理公司哈尔滨办事处党委书记、总经理；现任华融国际信托有限责任公司专职副董事长。

（5）董事、总经理陈明理。中国人民大学博士，历任中国华融资产管理公司股权管理部副处长、高级经理；中国华融资产管理公司沈阳办事处总经理助理、副总经理；中国华融资产管理公司研究发展部副总经理；中国华融资产管理公司第一重组办公室副主任；中国华融资产管理公司委托事业部副总经理（主持工作）、总经理；华融国际信托有限责任公司总经理、党委副书记。

（6）董事杨佩。武汉大学硕士，历任中国工商银行总行法律事务部法律咨询处副处长、处长；中国工商银行总行法律事务部副总经理；中国华融资产管理公司法律事务部副总经理（主持工作）、总经理。

（7）董事王小选。大专学历，历任新疆生产建设兵团农业银行计划处副处长、新疆华融房地产公司总经理、陕西省建设银行房地产公司副总经理（主持工作）、西安德恒证券营业部总经理、新疆凯迪房地产开发有限公司总经理、新疆蓝天阳光投资有限责任公司总经理；新疆凯迪投资有限责任公司副总经理兼任新疆凯迪创业投资有限责任公司执行董事、总经理。

独立董事

姓名	所在单位及职务	性别	年龄	选任日期	所推举的股东名称	该股东持股比例（%）	简要履历
王晓林	退休干部	男	64	2009年3月5日	中国华融资产管理公司	97.5	下详
罗群芳	退休干部	女	58	2009年3月5日	中国华融资产管理公司	97.5	下详
邢成	中国人民大学信托与基金研究所执行所长	男	49	2009年3月5日	中国华融资产管理公司	97.5	下详
何维达	北京科技大学经管学院教授、企业与产业发展研究所所长	男	51	2010年2月26日	中国华融资产管理公司	97.5	下详

（8）独立董事王晓林。资源经济学博士，历任车间党支部书记、技术副科长、副厂长、厂长；太原市政府副秘书长、市长助理兼太原高新技术产业开发区管委会主任、党组书记；山西省科委副主任兼太原高新区管委会主任；太原市副市长兼太原高新技术开发区管委会主任；山西省人民政府副秘书长兼山西引黄工程副总指挥、黄河水源太原城市给水工程总指挥；山西省交通厅党组书记、厅长、山西省交通战备办公室主任；2001年，当选中共山西省第八届委员会委员；2003年，当选十届全国人大代表；省人大常委、省人大城市建设环境保护委员会主任。

（9）独立董事罗群芳。历任新疆银监局非银行监管处处长，长期在新疆人民银行任职。

（10）独立董事邢成

南开大学博士，现任中国人民大学信托与基金研究所执行所长、教授。

（11）独立董事何维达

中南财经政法大学博士，现任北京科技大学经济管理学院教授、企业与产业发展研究所长。

3.3 监事

监事会成员

姓名	职务	性别	年龄	选任日期	所推举的股东名称	该股东持股比例（%）	简要履历
王晖	监事会主席	男	56	2010年8月8日	中国华融资产管理公司	97.5	下详
张春如	监事	女	57	2008年3月19日	中国华融资产管理公司	97.5	下详
范胜利	监事	男	53	2011年8月15日	—	—	下详
张展	监事	男	41	2010年12月31日	新疆凯迪投资有限责任公司	1.48	下详
盛占银	监事	男	56	2008年3月19日	新疆恒合投资股份有限公司	1.02	下详
李小莉	职工监事	女	54	2008年3月19日	职工代表大会	—	下详
付巍	职工监事	女	38	2008年3月19日	职工代表大会	—	下详
孟娜	职工监事	女	37	2009年3月11日	职工代表大会	—	下详

（1）监事会主席王晖。北京经济学院分院本科，历任中国工商银行北京市分行工交信贷处副处长；中国工商银行北京市分行短期信贷处处长；中国工商银行北京市东城支行行长；中国华融资产管理公司北京办事处副总经理、党委委员；中国华融资产管理公司济南办事处副总经理、党委副书记；中国华融资产管理公司济南办事处副总经理、党委副书记（主持工作）、总经理、党委书记；中国华融资产管理公司股权管理部总经理；华融国际信托有限责任公司监事会主席。

（2）监事张春如。中央党校本科，历任中国工商银行北京分行营业部副总经理；中国工商银行北京分行人事处处长；中国工商银行北京分行计划处处长；中国工商银行总行资金营运部副总经理；中国华融资产管理公司总部资金财务部副总经理、总经理；中国华融资产管理公司总部审计部总经理。

（3）监事范胜利。大专学历，历任新疆维吾尔自治区人民政府财政厅财务资产处处长助理、副处长；新疆维吾尔自治区人民政府财政厅统计评价处副处长；新疆维吾尔自治区国资委统计评价处副处长；新疆维吾尔自治区国资委第六监事会办事处副主任、主任。

（4）监事张展。大学本科，历任德恒证券有限责任公司上海总部投资部首席交易员、上海博银投资咨询有限公司证券分析师；新疆凯迪投资有限责任公司资产管理部副经理。

（5）监事盛占银。研究生，历任新疆福海县计划委员会副主任、主任；福海县人民政府县长助理，重点项目建设办公室主任；新疆维吾尔自治区投资公司阿舍勒铜矿筹建组任自治区方代表；新疆维吾尔自治区投资公司项目部业务主管；新疆哈密新天怡石材有限公司董事、副总经理；新疆维吾尔自治区投资公司企管部副主任、国电新疆吉林台水电开发有限公司副董事长、天风发电股份有限公司副董事长；新疆投资公司项目开发部主任、第一党支部书记、天彩阿克苏良种公司副董事长；新疆恒合投资股份有限公司董事长。

（6）监事李小莉。自治区党校专科，历任新疆国际信托投资公司营业部主任；新疆国际信托投资公司稽核部经理；华融国际信托有限责任公司审计部副总经理。

（7）监事付巍。硕士，历任中国华融资产管理公司投资银行部副经理、经理；中国华融资产管理公司人力资源部经理、高级副经理；华融国际信托有限责任公司综合管理部总经理。

（8）监事孟娜。硕士，历任中国华融资产管理公司股权管理部副经理、经理；中国华融资产管理公司资产管理三部经理；中国华融资产管理公司第一重组办公室经理；华融国际信托有限责任公司信托管理部副总经理；华融国际信托有限责任公司信托管理部总经理、信托市场部总经理。

3.4 高级管理人员

高级管理人员

姓名	职务	性别	年龄	选任日期	金融从业年限	学历	专业
陈明理	总经理、党委副书记	男	47	2008年6月3日	24	博士	金融学
陈鹏君	副总经理（总经理级）、党委委员	男	40	2011年3月15日	17	硕士	工商管理
王鹰	副总经理、党委委员	男	49	2010年4月15日	25	研究生	金融学
刘绍华	副总经理、党委委员	男	47	2011年6月28日	23	研究生	工商管理MBA
杨晓丽	副总经理、党委委员	女	49	2011年6月28日	31	研究生	工商管理
郭继平	总经理助理、党委委员	男	40	2011年6月28日	11	硕士	政治经济学

3.5 公司员工

公司员工

项目		报告期年度		上年度	
		人数	比例（%）	人数	比例（%）
年龄分布	25岁以下	8	6.50	7	7.61
	25～29岁	28	22.76	25	27.17
	30～39岁	53	43.09	37	40.22
	40岁以上	34	27.65	23	25.00
学历分布	博士	6	4.88	5	5.43
	硕士	69	56.10	47	51.09
	本科	36	29.27	30	32.61
	专科及其他	12	9.75	10	10.87
岗位分布	高管人员	7	5.69	5	5.43
	自营业务人员	5	4.07	5	5.43
	信托业务人员	60	48.78	41	44.57
	其他	51	41.46	41	44.57

4. 经营管理

4.1 经营目标、方针、战略规划

4.1.1 经营目标

牢牢把握“稳中求进，紧中求新”的主基调，认真做好“抓发展、防风险、强管理、促转型”四项中心任务，创新发展方式，提升发展质量，将公司建设成为经营规范、业绩优良、善于创新、特色明显，风险管控能力高、核心竞争力强的“有尊严、有价值、有内涵、有实力、有责任”的“五有”现代金融企业。

4.1.2 经营方针

坚持“稳健、创新、和谐、发展”的经营方针，发扬“爱岗敬业，乐于奉献，敢想敢干，敢打敢拼，勇于担当”的精神，积极应对内外部环境变化，“抓利润、防风险、促发展”，坚持“依法经营出效益，求真务实比贡献”，确保为客户提供全面、优质、高效的专业理财金融服务。

4.1.3 战略规划

遵循以人为本的科学发展观，坚持客户至上的理念，专心致力于信托主业，不断提高公司市场竞争能力、风险控制能力、业务创新能力和运营管理能力，坚守风险底线，践行科学发展，在做强主业、做大利润、做响品牌，不断增强公司可持续发展能力方面，将公司发展成为国内一流的专业化金融服务机构。

4.2 所经营业务主要内容

公司业务主要分为信托业务、固有业务两大类，信托业务品种主要有单一资金信托、集合资金信托、财产权信托，固有业务主要包括金融企业股权投资、金融产品投资、贷款、财务顾问等业务。

自营资产运用与分布表

资产运用	金额（万元）	占比（%）	资产分布	金额（万元）	占比（%）
货币资产	33 429.74	12.96	基础产业	—	—
贷款及应收款	42 222.57	16.37	房地产业	25 340.00	9.82
交易性金融资产	—	—	证券市场	110 144.84	42.70
可供出售金融资产	110 144.84	42.69	实业	14 700.00	5.70
持有至到期投资	62 432.54	24.20	金融机构	95 994.05	37.21
长期股权投资	236.96	0.09	其他	11 800.20	4.57
其他	9 512.44	3.69	—	—	—
资产总计	257 979.09	100.00	资产总计	257 979.09	100.00

信托资产运用与分布表

资产运用	金额（万元）	占比（%）	资产分布	金额（万元）	占比（%）
货币资产	35 115.57	0.73	基础产业	861 095.00	17.90
贷款	1 481 496.44	30.79	房地产	972 318.78	20.21
交易性金融资产	—	—	证券市场	—	—
可供出售金融资产	199 750.00	4.15	实业	1 956 318.73	40.66
持有至到期投资	723 664.54	15.04	金融机构	581 434.05	12.08
长期股权投资	870 790.85	18.10	其他	440 000.77	9.15
其他	1 500 349.93	31.19	—	—	—
信托资产总计	4 811 167.33	100.00	信托资产总计	4 811 167.33	100.00

4.3 市场分析

4.3.1 有利因素

（1）矿产资源产业由并购整合向技术改造转变将带来大量资金需求，资源类信托业务市场潜力依然巨大。

（2）宏观经济政策调整可能带动资本市场的上扬，从而为信托公司证券投资信托带来发展机遇和空间。

（3）监管部门对行业直销力量建设的支持为信托公司破解资金能力发展瓶颈，逐步向财富管理机构转型创造了良好的政策环境。

（4）依托股东中国华融资产管理公司的资源和品牌优势，在业务开展方面具有很多得天独厚的优势条件。

4.3.2 不利因素

（1）信贷政策适度放松、基准利率的下降趋势，弱化了信托公司与其他金融机构特别是银行之间的竞争性优势。

（2）净资本实行常态化监管对信托公司的业务发展和盈利能力带来了新的挑战。

（3）二次转型陷入瓶颈期，未来的业务发展方向需在实践中进一步探讨。

（4）信托公司尚未树立起核心竞争力，与银行等其他金融结构存在同质竞争现象。

4.4 内部控制

4.4.1 内部控制环境和内部控制文化

华融信托按照现代金融企业制度的要求，建立科学的公司法人治理结构，成立股东会、董事会、监事会并制定相应议事规则，根据有关法律法规及《公司章程》分别行使职责；董事会层面设立战略发展委员会、风险管理委员会、薪酬管理委员会、审计委员会及信托委员会，对涉及公司战略发展、薪酬考核、风险控制等重大事项进行民主决策、集体审议，并制定了各委员会议事规则，使公司在科学决策和风险管控方面增强了独立性、专业性和科学性；风险管理委员会下常设风险审查执行机构，强化对重点项目风险审查与风险控制。公司设立的独立董事工作制度进一步完善了公司的法人治理结构，加强了公司董事会决策的科学性，强化了对内部董事及经营管理层的约束和监督机制；董事会组建经营管理层，由总经理组织公司日常经营管理工作并对董事会负责；总经理层面设立总经理办公会、业务审查委员会、风险管理和内部控制委员会和资金财务审查委员会，分别负责对公司重大决策事项、重大风险管理解决方案、重大资金运用与支出和各项业务方案等事项进行审查，根据银监会监管要求及实际需要，公司设立综合管理部、风险合规部、资金财务部、纪检监察室、投资管理部、信托业务总部等一系列职能部室，从而形成一个结构合理、管理科学、内部控制有效的治理结构和机制。

4.4.2 内部控制措施

公司建立了完善的各层级授权制度，明确董事会、监事会、经营管理层的权限及职责。

董事会作为公司决策机构，负责决定公司内部管理机构的设置、制定公司的基本管理制度、决定公司对外重大投资、重大资产处置事项、决定公司资本金运用、资产抵押、对外担保、关联交易等事项。为防范风险，董事会对重大资本金项目、重大

信托项目负责审查审批。董事会严格按照董事会议事规则召开会议。

公司设立监事会。监事会为公司的监督机构。监事会按照《公司法》和公司章程赋予的职责和权力,依法运作,认真履职。

经营管理层通过董事会的授权在权限范围内履行职责,建立健全内部控制体系,保证内部控制的各项职责得到有效履行,负责对内部控制的充分性与有效性进行监测评估;并负责执行董事会批准的各项规划、决策和制度。

公司坚持制度先行、规范经营的理念。2011 年,公司根据新实施的监管政策和法规,以及公司业务开展和风险管理的实际需要,对内部控制制度进行了全面优化,对各项制度重新进行了全面的梳理、完善和补充,进一步优化业务流程,有效控制各种风险。

4.4.3 信息交流与反馈

公司建立了《信息披露工作制度》及信息交流、汇报与反馈程序,通过工作简报、办公会议纪要、专题报告、内部要情通报、每周周报、稽核报告等多种形式进行信息交流、汇报和反馈,使董事会和高级管理层能够及时了解业务信息、管理信息以及其他重要风险信息;所有员工能充分了解相关信息、遵守涉及其责任和义务的政策、程序;及时、真实、完整地向监管机构和外界报告、披露相关信息;及时把与企业既定经营目标有关的信息提供给各级管理层等。

4.4.4 监督评价与纠正

公司自觉接受监事会的监督。公司监事会列席董事会,随时对公司特别是董事和高管人员的合规运作及勤勉尽责情况进行监督。严格按照有关信托法规,进一步完善内部控制制度。做到公司自营业务和信托业务分离,维护委托人和受益人的合法权益。加强内部稽核部门职能,坚持按季度对公司业务进行稽核,并报告董事会、监事会和监管部门。

4.5 风险管理

4.5.1 风险管理概况

公司始终坚持"集中管理,分层负责,分类实施"的风险管理原则和全面风险管理理念,始终将防风险作为稳健发展的重要保障,牢固树立审慎经营理念,不断提高全员风险管理意识,逐步完善风险预警机制,明确和落实各级风险管理职责,积极适应业务发展和业务创新的需要,切实把风险管理工作做深、做实、做到位。公司以防范和控制风险为核心,对风险进行事前防范、事中控制、事后监督。在开展业务时,在风险问题上绝不讨价还价。看得准的项目做,看不准的项目不做;风险可管控的项目做,风险不可管控的项目不做;合法合规的做,违法违规的不做。在工作中始终坚持独立制衡、全面控制、风险收益平衡、持续改进和责任追究原则,在自重组成立以来的较短时间内迅速完善法人治理机制、健全内部控制制度,实现内部控制的完整性、合理性、有效性。

为加强风险管理,公司在董事会下设风险管理委员会、审计委员会,董事会风险管理委员会下设风险执行评审委员会,负责向风险管理委员会报告公司的风险合规与内部控制等情况,同时负责对提交董事会审议的重大业务项目向董事会提出审查意见,在经营管理层层面设立风险管理和内部控制委员会,并下设风险合规部、审计部,负责公司的风险控制、合规审核及审计工作。

4.5.2 风险状况

4.5.2.1 信用风险状况

公司可能面临的信用风险主要是交易对手无法履约的风险。对于信用风险的控制,一是注重交易对手的选择,通过项目前期尽职调查、抵(质)押担保条件的设置、项目投资后尽职管理及提前介入还款安排等,从项目的全过程加强对信用风险的防范和控制;二是采用资产五级分类、信贷资产评级等信用度量指标进行信用风险评级,并不断改进信用分析方法和技术;三是公司始终坚持抵押品确认原则,抵押品必须足值、足额、合法、有效、容易变现;四是严格按照规定对信用风险资产合理计提一般准备和专项准备。

公司按照有关规定足额计提各类风险准备。一般准备金的计提比例由公司综合考虑其所面临的风险状况等因素确定,原则上一般准备金余额不低于贷款期末余额的 1%。信托赔偿准备金按照税后净利润的 5% 计提,累计总额达到公司注册资本的 20% 时不再提取。

公司严格按照《中国银行业监督管理委员会关于非银行金融机构全面推行资产质量五级分类管理的通知》,定期对公司资产质量进行五级分类。截至 2011 年 12 月 31 日,公司资产总额为 257 979.09 万元,不良资产金额为 123.66 万元,较期初不良资产减少 330 万元。不良资产全部为公司重组新疆国际信托投资有限责任公司设立时遗留所致。

为防范抵押物、质押物贬值风险,公司确定的抵押率、质押率一般不超过 50%。担保方应具备相应的担保能力。

4.5.2.2 市场风险状况

市场风险指公司因股价、市场汇率、利率及其他价格因素变动给公司盈利能力和财务状况带来的风险。目前涉及公司业务的市场风险主要有利率风险、股票价格风险。

4.5.2.3 操作风险状况

操作风险主要表现在由于公司内部人员在相关业务办理过程中因操作失误而出现的风险;由于内部控制制度不完善引发的缺乏监控监督风险。2011 年公司未出现操作风险事件。

4.5.2.4 其他风险状况

主要是合规风险和政策风险,2011 年,公司的各项业务严格按照国家相关政策,依法合规操作,未出现违反国家相关政策及违规事件。

4.5.3 风险管理

4.5.3.1 信用风险管理

在信用风险管理上,一是采用资产五级分类、信贷资产评级等信用度量指标进行信用风险评级,并不断改进信用分析方法和技术;二是公司始终坚持抵押品确认原则,抵押品必须足值、足额、合法、有效、容易变现;三是严格按照规定对信用风险资产合理计提一般准备和专项准备;四是密切关注宏观经济形式及国家产业政策、信贷政策及其他调控政策的变化,及时研究对策和措施,防控政策风险引起的企业信用风险;五是对交易对手进行事中动态管理,定期了解交易对手经营情况和财务情况,并及时向管理层和董事会报告。

4.5.3.2 市场风险管理

开展各项业务时，全面客观地分析经济形势，谨慎选择项目，对风险难以把握的项目，不轻易进入；在项目开展前，对金融市场有可能产生的市场风险的各个因素进行分析研究，提早做好防范措施；尽量采取分散投资，分散风险的办法；公司加强内部控制，加强对项目的审查、决策；设立相关股票的警戒线、止损位及对相关股票价格变动进行动态监测。

4.5.3.3 合规风险管理

为管理合规风险，公司设立了专门的合规部门和合规管理岗位，自觉参照执行《商业银行合规风险管理指引》，引入具有丰富金融从业经验的法律人才，对所承做业务的交易模式、法律要点、合同主要条款的合法问题进行专门把握，确保每项业务重点法律问题的合法、有效和严密。根据《信托公司净资本管理办法》（中国银监会令2010年第5号）规定的披露要求，截至2011年12月31日，公司净资本为20.75亿元，达到净资本不得低于2亿元的规定；净资本/各项业务风险资本之和为153%，达到净资本不得低于各项风险资本之和100%的规定；净资本/净资产为87%，达到净资本不得低于净资产40%的规定。

4.5.3.4 操作风险管理

公司指定部门定期对业务规章制度、操作流程等进行修订完善，多种方式举办培训班加强对员工培训；多层次设置防火墙，采取事前、事中、事后多角度控制操作风险：一是项目经理作为第一责任人全面负责项目风险；二是风险合规部门定期检查项目执行情况，分析项目风险并向公司提交风险报告；三是审计部门同步跟进；四是公司经营管理层定期向董事会提交公司经营风险报告；五是设计和逐步完善风险控制信息系统，做好系统数据的备份，借助信息技术控制操作风险。

5. 报告期末及上一年度末的比较式会计报表

5.1 自营资产

5.1.1 会计师事务所审计结论（大信审字〔2012〕第1-2058号）

我们认为，贵公司财务报表在所有重大方面按照企业会计准则的规定编制，公允反映了贵公司2011年12月31日的财务状况以及2011年度的经营成果和现金流量。

5.1.2 资产负债表

资产负债表

编制单位：华融国际信托有限责任公司　　　　单位：万元

项　目	年末余额	年初余额	项　目	年末余额	年初余额
资产：			负债：		
现金及银行存款	33 429.74	9 979.79	向中央银行借款	—	—
存放中央银行款项	—	—	联行存放款项	—	—
存放联行款项	—	—	拆入资金	—	—
存放同业款项	—	—	交易性金融负债	—	—
拆出资金	—	—	衍生金融负债	—	—
交易性金融资产	—	—	卖出回购金融资产款	—	—
衍生金融资产	—	—	吸收存款	—	—
买入返售金融资产	—	—	应付职工薪酬	7 354.22	3 581.76
应收款项类金融资产	—	—	应交税费	11 537.27	5 718.00
应收利息	131.77	84.22	应付利息	—	—
其他应收款	2 182.57	431.18	其他应付款	516.25	97.67
发放贷款和垫款	40 040.00	59 760.00	预计负债	—	—
可供出售金融资产	110 144.84	75 685.69	应付债券	—	—
持有至到期投资	62 432.54	43 830.00	递延所得税负债	32.94	—
长期股权投资	236.96	269.77	其他负债	1 306.36	2 336.43
投资性房地产	2 540.36	2 632.59	负债合计	20 747.04	11 733.86
固定资产	2 194.16	2 195.57	所有者权益：		
在建工程	—	—	实收资本	151 777.00	151 777.00
固定资产清理	—	—	其中：国家资本	—	—
无形资产	237.42	228.02	集体资本	—	—
商誉	—	—	法人资本	151 777.00	151 777.00
长期待摊费用	44.19	—	其中：国有法人资本	151 777.00	151 777.00
抵债资产	—	—	个人资本	—	—
递延所得税资产	4 329.63	2 061.83	外商资本	—	—
其他资产	34.92	504.83	资本公积	-74.29	-40.34
	—	—	减：库存股	—	—
	—	—	盈余公积	10 342.56	5 208.93
	—	—	一般风险准备	13 518.74	3 224.46
	—	—	未分配利润	61 668.03	25 759.58
	—	—	所有者权益合计	237 232.05	185 929.63
资产总计	257 979.09	197 663.49	负债和所有者权益总计	257 979.09	197 663.49

5.1.3 利润表

利润表

编制单位:华融国际信托有限责任公司　　2011 年度　　单位:万元

项　目	本年金额	上年金额
一、营业收入	142 803.86	75 377.02
(一)利息净收入	8 190.85	10 583.28
利息收入	8 194.80	10 590.42
利息支出	3.95	7.14
(二)手续费及佣金净收入	125 536.45	59 367.22
手续费及佣金收入	125 536.45	59 367.22
手续费及佣金支出	—	—
(三)投资收益(损失以"-"号填列)	8 836.69	5 185.98
其中:对联营企业和合营企业的投资收益	—	—
(四)公允价值变动收益(损失以"-"号填列)	—	—
(五)其他收入	239.87	240.54
汇兑收益(损失以"-"号填列)	—	—
其他业务收入	239.87	240.54
二、营业支出	73 076.44	33 543.97
(一)营业税金及附加	7 515.18	3 902.15
(二)业务及管理费	56 225.85	24 279.45
(三)资产减值损失或呆账损失(转回金额以"-"号填列)	9 215.92	5 240.00
(四)其他业务成本	119.50	122.37
三、营业利润(亏损以"-"号填列)	69 727.41	41 833.05
加:营业外收入	—	13.38
减:营业外支出	51.21	78.01
四、利润总额(亏损以"-"号填列)	69 676.20	41 768.42
减:所得税费用	18 339.83	10 753.27
五、净利润(亏损以"-"号填列)	51 336.37	31 015.15
归属于母公司所有者的净利润	51 336.37	31 015.15
少数股东损益	—	—
六、每股收益		
(一)基本每股收益(元)	—	—
(二)稀释每股收益(元)	—	—
七、其他综合收益	-33.95	-52.26
八、综合收益总额	51 302.42	30 962.89
(一)归属于母公司所有者的综合收益总额	51 302.42	30 962.89
(二)归属于少数股东的综合收益总额		

5.1.4 所有者权益变动表

所有者(股东)权益变动表

编制单位:华融国际信托有限责任公司　　2011 年度　　单位:万元

项　目	本年金额							
	实收资本(或股本)	资本公积	减:库存股	专项储备	盈余公积	一般风险准备	未分配利润	所有者(股东)权益合计
一、上年年末余额	151 777.00	-40.34	—	—	5 208.93	3 224.46	25 759.58	185 929.63
加:会计政策变更	—	—	—	—	—	—	—	—
前期差错更正	—	—	—	—	—	—	—	—
其他	—	—	—	—	—	—	—	—
二、本年年初余额	151 777.00	-40.34	—	—	5 208.93	3 224.46	25 759.58	185 929.63
三、本期增减变动金额(减少以"-"号填列)	—	-33.95	—	—	5 133.64	10 294.28	39 908.45	51 302.42
(一)净利润	—						51 336.37	51 336.37
(二)其他综合收益	—	-33.95	—	—	—	—	—	-33.95

续表

项　目	本年金额							
	实收资本（或股本）	资本公积	减:库存股	专项储备	盈余公积	一般风险准备	未分配利润	所有者（股东）权益合计
1. 可供出售金融资产产生的利得（损失）	—	-33.95	—	—	—	—	—	-33.95
2. 按照权益法核算的在被投资单位其他综合收益中所享有的份额	—	—	—	—	—	—	—	—
3. 现金流量套期工具产生的利得（或损失）	—	—	—	—	—	—	—	—
4. 外币财务报表折算差额	—	—	—	—	—	—	—	—
5. 其他	—	—	—	—	—	—	—	—
上述（一）和（二）小计	—	-33.95	—	—	—	—	51 336.37	51 302.42
（三）所有者投入和减少资本	—	—	—	—	—	—	—	—
1. 所有者投入资本	—	—	—	—	—	—	—	—
2. 股份支付计入所有者权益的金额	—	—	—	—	—	—	—	—
3. 其他	—	—	—	—	—	—	—	—
（四）利润分配	—	—	—	—	5 133.64	10 294.28	-15 427.91	—
1. 提取盈余公积	—	—	—	—	5 133.64	—	-5 133.64	—
2. 提取一般风险准备	—	—	—	—	—	10 294.28	-10 294.28	—
3. 对所有者（或股东）的分配	—	—	—	—	—	—	—	—
4. 其他	—	—	—	—	—	—	—	—
（五）所有者权益内部结转	—	—	—	—	—	—	—	—
1. 资本公积转增资本（或股本）	—	—	—	—	—	—	—	—
2. 盈余公积转增资本（或股本）	—	—	—	—	—	—	—	—
3. 盈余公积弥补亏损	—	—	—	—	—	—	—	—
4. 其他	—	—	—	—	—	—	—	—
四、本期期末余额	151 777.00	-74.29	—	—	10 342.57	13 518.74	61 668.03	237 232.05

所有者（股东）权益变动表

编制单位:华融国际信托有限责任公司　　2011 年度　　单位:万元

项　目	上年金额							
	实收资本（或股本）	资本公积	减:库存股	专项储备	盈余公积	一般风险准备	未分配利润	所有者（股东）权益合计
一、上年年末余额	151 777.00	11.92	—	—	2 104.16	1 070.41	15 946.57	170 910.06
加:会计政策变更	—	—	—	—	—	—	—	—
前期差错更正	—	—	—	—	—	—	—	—
其他	—	—	—	—	—	—	—	—
二、本年年初余额	151 777.00	11.92			2 104.16	1 070.41	15 946.57	170 910.06
三、本期增减变动金额（减少以“-”号填列）	—	-52.26	—	—	3 104.77	2 154.05	9 813.01	15 019.57
（一）净利润	—						31 015.15	31 015.15
（二）其他综合收益	—	-52.26	—	—	—	—	—	-52.26
1. 可供出售金融资产产生的利得（损失）	—	-52.26	—	—	—	—	—	-52.26
2. 按照权益法核算的在被投资单位其他综合收益中所享有的份额	—	—	—	—	—	—	—	—
3. 现金流量套期工具产生的利得（或损失）	—	—	—	—	—	—	—	—
4. 外币财务报表折算差额	—	—	—	—	—	—	—	—
5. 其他	—	—	—	—	—	—	—	—

续表

项　目	上年金额							
	实收资本（或股本）	资本公积	减:库存股	专项储备	盈余公积	一般风险准备	未分配利润	所有者(股东)权益合计
上述(一)和(二)小计	—	-52.26	—	—	—	—	31 015.15	30 962.89
(三)所有者投入和减少资本	—	—	—	—	3.26	—	—	3.26
1. 所有者投入资本	—	—	—	—	—	—	—	—
2. 股份支付计入所有者权益的金额	—	—	—	—	—	—	—	—
3. 其他	—	—	—	—	3.26			3.26
(四)利润分配	—	—	—	—	3 101.52	2 154.05	-21 202.14	-15 946.57
1. 提取盈余公积	—	—	—	—	3 101.52	—	-3 101.52	—
2. 提取一般风险准备	—	—	—	—	—	2 154.05	-2 154.05	—
3. 对所有者(或股东)的分配	—	—	—	—	—	—	-15 946.57	-15 946.57
4. 其他	—	—	—	—	—	—	—	—
(五)所有者权益内部结转	—	—	—	—	—	—	—	—
1. 资本公积转增资本(或股本)	—	—	—	—	—	—	—	—
2. 盈余公积转增资本(或股本)	—	—	—	—	—	—	—	—
3. 盈余公积弥补亏损	—	—	—	—	—	—	—	—
4. 其他	—	—	—	—	—	—	—	—
四、本期期末余额	151 777.00	-40.34	—	—	5 208.93	3 224.46	25 759.58	185 929.63

5.2　信托资产

5.2.1　信托项目资产负债汇总表

2011 年 12 月 31 日　　单位:万元

序号	项　目	A	B
		年末余额	年初余额
1	信托资产:		
2	1. 货币资金	35 115.57	11 410.95
3	2. 拆出资金	—	—
4	3. 存出保证金	—	—
5	4. 交易性金融资产	—	—
6	5. 衍生金融资产	—	—
7	6. 买入返售金融资产	1 185 556.92	419 280.00
8	其中:6.1 买入返售证券	—	—
9	6.2 买入返售信贷资产	—	—
10	7. 应收款项	314 793.01	52 896.00
11	8. 发放贷款	1 481 496.44	3 098 558.30
12	其中:8.1 基础产业	249 580.00	1 084 585.90
13	8.2 房地产	210 228.57	558 222.50
14	9. 可供出售金融资产	199 750.00	135 510.00
15	10. 持有至到期投资	723 664.54	768 699.00
16	11. 长期应收款	—	—
17	12. 长期股权投资	870 790.85	888 285.85
18	其中:12.1 基础产业	338 900.00	452 220.00
19	12.2 房地产	189 000.00	391 780.00
20	13. 投资性房地产	—	—
21	14. 固定资产	—	—
22	15. 无形资产	—	—
23	16. 长期待摊费用	—	—
24	17. 其他资产	—	—
25	18. 信托资产总计	4 811 167.33	5 374 640.10
26	19. 各项资产减值准备	—	—

续表

序号	项　目	A	B
		年末余额	年初余额
27	信托负债:		
28	20. 交易性金融负债	—	—
29	21. 衍生金融负债	—	—
30	22. 应付受托人报酬	1 335.12	92.39
31	23. 应付托管费	90.34	185.12
32	24. 应付受益人收益	387.15	—
33	25. 应交税费	—	—
34	26. 应付销售服务费	—	—
35	27. 其他应付款项	8 583.02	1 164.27
36	28. 其他负债	5 000.00	—
37	29. 信托负债合计	15 395.63	1 441.78
38	信托权益:		
39	30. 实收信托	4 791 811.13	5 363 429.15
40	30.1 资金信托	4 172 098.75	5 145 543.15
41	30.1.1 集合	2 381 573.85	887 060.85
42	30.1.2 单一	1 790 524.90	4 258 482.30
43	30.2 财产信托	619 712.38	217 886.00
44	30.2.1 信贷资产证券化	—	—
45	30.2.2 其他资产(准)证券化	—	—
46	31. 资本公积	—	—
47	32. 损益平准金	—	—
48	33. 未分配利润	3 960.57	9 769.17
49	34. 信托权益合计	4 795 771.70	5 373 198.32
50	35. 信托负债和信托权益总计	4 811 167.33	5 374 640.10

5.2.2 信托项目利润及利润分配汇总表

2011年度 单位：万元

序号	项目	A	B
		本年数	上年数
1	1. 营业收入	442 191.61	356 517.11
2	1.1. 利息收入	291 741.08	217 928.57
3	1.2. 投资收益	149 713.86	137 860.54
4	1.3. 租赁收入	—	—
5	1.4. 其他收入	736.67	728.00
6	2. 营业费用	99 846.08	49 952.81
7	3. 营业税金及附加	—	—
8	4. 扣除资产损失前的信托利润	342 345.53	306 564.30
9	5. 减:资产减值损失	—	—
10	6. 扣除资产损失后的信托利润	342 345.53	306 564.30
11	7. 加:期初未分配信托利润	9 769.17	4 436.19
12	8. 可供分配的信托利润	352 114.70	311 000.49
13	9. 减:本期已分配信托利润	348 154.13	301 231.32
14	10. 期末未分配信托利润	3 960.57	9 769.17

6. 会计报表附注

6.1 会计报表编制基准不符合会计核算基本前提的说明

(1)报告期内会计报表不存在不符合会计核算基本前提的事项。

(2)报告期公司编制个别会计报表,不存在应纳入合并范围的子公司。

6.2 重要会计政策和会计估计说明

公司执行新企业会计准则,本期未发生会计政策及会计估计变更。公司以人民币为记账本位币,会计年度自2011年1月1日起至12月31日止。

6.2.1 计提资产减值准备的范围和方法

根据财政部《金融企业呆账准备提取管理办法》和银监会《中国银行业监督管理委员会关于非银行金融机构全面推行资产质量五级分类管理的通知》,公司对计提坏账准备的资产进行风险分类,并根据风险分类结果确定一般风险准备和专项准备的计提比例。

6.2.2 金融资产四分类的范围和标准

6.2.2.1 金融资产四分类的范围

金融资产包括金融工具和衍生工具,是指形成一个企业的金融资产,并形成其他单位的金融负债或权益工具的合同,具体包括(1)以公允价值计量且其变动计入当期损益的金融资产,包括交易性金融资产和指定为以公允价值计量且其变动计入当期损益的金融资产;(2)持有至到期投资;(3)贷款和应收款项;(4)可供出售金融资产。

6.2.2.2 金融资产四分类的标准

以公允价值计量且其变动计入当期损益的金融资产。包括:(1)交易性金融资产,主要是指企业为了近期内出售而持有的金融资产,包括不作为有效套期工具的衍生工具。(2)直接指定为以公允价值计量且其变动计入当期损益的金融资产。

可供出售金融资产。反映填报机构初始确认时即被指定为可供出售的非衍生金融资产以及除以公允价值计量且其变动计入当期损益的金融资产、持有至到期投资、贷款和应收款项以外的金融资产。例如,在活跃市场上有报价的股票投资、债券投资等。

持有至到期投资。本项目反映填报机构持有的到期日固定、回收金额固定或可确定,且企业有明确意图和能力持有至到期的非衍生金融资产。企业从二级市场上购入的固定利率国债、浮动利率公司债券等,符合持有至到期投资条件的,可以划分为持有至到期投资。购入的股权投资因其没有固定的到期日,不符合持有至到期投资的条件,不能划分为持有至到期投资。持有至到期投资通常具有长期性质,但期限较短(1年以内)的债券投资,符合持有至到期投资条件的,也可将其划分为持有至到期投资。

贷款和应收款项。持有的缺乏活跃市场报价的、但具备固定或可确定偿付金额的非衍生金融资产。包括贷款以及应收款项类投资等,例如填报机构发放的贷款、凭证式国债、人民银行定向票据等。填报机构所持证券投资基金或类似基金,不应当划分为贷款和应收款项。

6.2.3 交易性金融资产核算方法

本公司购入的股票、债券、基金等,确定以公允价值计量且其变动计入当期损益的金融资产,按照取得时的公允价值作为初始确认金额,相关的交易费用在发生时计入当期损益。

支付的价款中包含已宣告但尚未发放的现金股利或债券利息,单独确认为应收项目。

本公司在持有该金融资产期间取得的利息或现金股利,于收到时确认为投资收益。

资产负债表日,本公司将该金融资产的公允价值变动计入当期损益。

处置该金融资产时,该金融资产公允价值与初始入账金额之间的差额确认为投资收益,同时调整公允价值变动损益。

6.2.4 可供出售金融资产核算方法

本公司可供出售金融资产按取得时的公允价值和相关交易费用之和作为初始确认金额。支付的价款中包含已到付息期但尚未领取的债券利息或已宣告但尚未发放的现金股利,单独确认为应收项目。

本公司可供出售金融资产持有期间取得的利息或现金股利,于收到时确认为投资收益。资产负债表日,可供出售金融资产按公允价值计量,其公允价值变动计入资本公积—其他资本公积。

处置可供出售金融资产时,将取得的价款和该金融资产的账面价值之间的差额,计入投资收益,同时,将原直接计入所有者权益的公允价值变动累计额对应处置部分的金额转出,计入投资损益。

6.2.5 **持有至到期投资核算方法**

本公司购入的固定利率国债、浮动利率公司债券等持有至到期投资，按取得时的公允价值和相关交易费用之和作为初始确认金额。

支付的价款中包含已宣告发放债券利息的，单独确认为应收项目。持有至到期投资在持有期间按照摊余成本和实际利率确认利息收入，计入投资收益。

实际利率在取得持有至到期投资时确定，在随后期间保持不变。实际利率与票面利率差别很小的，也可按票面利率计算利息收入，计入投资收益。

处置持有至到期投资时，将所取得价款与该投资账面价值之间的差额确认为投资收益。

如本公司因持有意图或能力发生改变，使某项投资不再适合作为持有至到期投资，则将其重分类为可供出售金融资产，并以公允价值进行后续计量。重分类日，该投资的账面价值与公允价值之间的差额计入所有者权益，在该可供出售金融资产发生减值或终止确认时转出，计入当期损益。

6.2.6 **长期股权投资核算方法**

6.2.6.1 长期股权投资的初始计量

(1)公司合并形成的长期股权投资，按照下列规定确定其初始投资成本：

同一控制下的企业合并，以支付现金、转让非现金资产或承担债务方式作为合并对价的，在合并日按照取得被合并方所有者权益账面价值的份额作为长期股权投资的初始投资成本；非同一控制下的企业合并，在购买日按照在购买日为取得对被购买方的控制权而付出的资产、发生或承担的负债以及发行的权益性证券的公允价值确认合并成本。

(2)以支付现金取得的长期股权投资，按照实际支付的购买价款作为初始投资成本。通过非货币性资产交换取得的长期股权投资，其初始投资成本按照《企业会计准则第7号——非货币性资产交换》确定。通过债务重组取得的长期股权投资，其初始投资成本按照《企业会计准则第12号——债务重组》确定。

6.2.6.2 长期股权投资的后续计量及投资收益确认方法

(1)采用成本法核算的长期股权投资按照初始投资成本计价。公司确认投资收益，仅限于被投资单位接受投资后产生的累积净利润的分配额，所获得的利润或现金股利超过上述数额的部分作为初始投资成本的收回。

(2)采用权益法核算的长期股权投资，按照应享有的被投资单位实现的净损益的份额，确认投资损益并调整长期股权投资的账面价值。

公司确认被投资单位发生的净亏损，以长期股权投资的账面价值以及其他实质上构成对被投资单位净投资的长期权益减计至零为限。

6.2.6.3 长期股权投资减值准备的计提方法

公司在资产负债表日判断长期股权投资是否发生减值。公司一般以单项长期股权投资为基础估计其可收回金额，可收回金额根据长期股权投资的公允价值减去处置费用后的净额与长期股权投资预计未来现金流量的现值两者之间较高者确定，并计提减值准备。难以对单项长期股权投资的可收回金额进行估计的，以该长期股权投资所属的资产组为基础确定资产组的可收回金额，并按照《企业会计准则第8号——资产减值》有关规定计提长期股权投资减值准备。减值损失一经确认，在以后会计期间不能转回。

6.2.7 **固定资产计价和折旧方法**

(1)固定资产的计价。固定资产按其成本作为入账价值，其中：外购的固定资产的成本包括购买价款、相关税费、使固定资产达到预定可使用状态前所发生的可直接归属于该资产的其他支出；投资者投入的固定资产的成本按照投资合同或协议约定的价值确定。

(2)固定资产的分类。公司固定资产分为房屋及建筑物、运输工具、电子设备、其他设备等。

(3)固定资产折旧方法。公司固定资产折旧采用年限平均法计提折旧。按固定资产的类别、使用寿命和预计净残值率确定的年折旧率如下：

固定资产类别	预计使用年限(年)	预计净残值率(%)	年折旧率(%)
房屋、建筑物	30~40	5	2.37~3.17
电子设备	3	5	31.67
运输工具	4	5	23.75
其他	5	5	19.00

6.2.8 **公司编制个别会计报表，应纳入合并范围的子公司**

无。

6.2.9 **收入确认原则和方法**

金融企业往来收入：按让渡资金使用权的时间和适用利率计算确定。

证券销售差价收入：在与证券交易清算时按成交价扣除买入成本、相关税费后的净额确认。

手续费收入：在向客户提供相关服务时确认收入。

贷款利息收入：按期计提利息并确认收入。

6.2.10 **信托报酬确认原则和方法**

信托业务手续费收入依照信托合同中关于信托报酬的约定确认收入。

6.3 或有事项说明

报告期公司不存在对外担保及其他或有事项。

6.4 重要资产转让及其出售的说明

2011年公司无重大资产转让及出售事项。

6.5 会计报表中重要项目的明细资料

6.5.1 **自营资产经营情况**

6.5.1.1 信用风险五级分类结果

信用风险资产五级分类	正常类(万元)	关注类(万元)	次级类(万元)	可疑类(万元)	损失类(万元)	信用风险资产合计(万元)	不良资产合计(万元)	不良资产率(%)
期初数	63 995.19	12 000.00	—	—	453.66	76 448.85	453.66	0.59
期末数	55 779.00	28 000.00	—	—	123.66	83 902.66	123.66	0.15

注：不良资产合计=次级类+可疑类+损失类。

6.5.1.2 各项资产减值损失准备情况

单位：万元

	期初数	本期计提	本期转回	本期核销	期末数
贷款损失准备	570.00	2 800.00	80.00	330.00	2 960.00
一般准备	—	300.00	—	—	300.00
专项准备	570.00	2 500.00	80.00	330.00	2 660.00
其他资产减值准备	8 192.94	11 495.92	5 000.00	—	14 688.86
可供出售金融资产减值准备	—	—	—	—	—
持有至到期投资减值准备	5 000.00	11 495.92	5 000.00	—	11 495.92
长期股权投资减值准备	3 069.28	—	—	—	3 069.28
坏账准备	123.66	—	—	—	123.66
投资性房地产减值准备	—	—	—	—	—

6.5.1.3 按照投资品种分类的自有资金投资情况

单位：万元

	自营股票	基金	债券	长期股权投资	其他投资	合计
期初数	45.80	70 639.89	5 000.00	269.77	43 830.00	119 785.46
期末数	42.02	105 634.60	5 000.00	236.96	62 432.54	173 346.12

6.5.1.4 按投资入股金额排序，前五名的自营长期股权投资的企业名称、占被投资企业权益的比例、主要经营活动及投资收益情况等（从大到小顺序排列）

企业名称	占被投资企业权益比例（%）	主要经营活动	投资收益（万元）
1. 新疆证券公司	4.65	证券经纪业务、证券承销业务（已停业）。	无收益
2. 新疆金新信托投资股份有限公司	0.90	信托投资业务（已停业）。	无收益
3. 国泰君安证券股份有限公司	0.04	证券经纪业务、证券承销业务。	15.19
4. 国泰君安管理股份有限公司	—	资产管理、企业投资、企业咨询。	无收益

6.5.1.5 前五名的自营贷款的企业名称、占贷款总额的比例和还款情况等（从贷款金额大到小顺序排列）

企业名称	占贷款总额的比例（%）	还款情况
1. 黑龙江隆祥房地产有限公司	46.51	未到期
2. 北京鑫丰物业发展有限公司	23.26	未到期
3. 天津朗钜地产有限公司	18.60	未到期
4. 鞍山凯奇华经贸有限公司	11.63	未到期

6.5.1.6 表外业务的期初数、期末数；按照代理业务、担保业务和其他类型表外业务分别披露

单位：万元

表外业务	期初数	期末数
担保业务	—	—
代理业务（委托业务）	—	—
其他	—	—
合计	—	—

6.5.1.7 公司当年的收入结构

收入结构	金额（万元）	占比（%）
手续费及佣金收入	125 536.45	87.90
其中：信托手续费收入	119 611.45	83.76
投资银行业务收入	—	0.00
利息收入	8 194.80	5.74
其他业务收入	239.87	0.17
其中：计入信托业务收入部分	—	0.00
投资收益	8 836.69	6.19
其中：股权投资收益	15.19	0.01
证券投资收益	1 358.11	0.95
其他投资收益	7 463.39	5.23
公允价值变动收益	—	0.00
营业外收入	—	0.00
收入合计	142 807.81	100.00

报告期公司实现的信托业务收入全部是以手续费及佣金确认的信托业务收入。

6.5.2 披露信托财产管理情况

6.5.2.1 信托资产的期初数、期末数

单位：万元

信托资产	期初数	期末数
集合	887 060.85	2 381 573.85
单一	4 258 482.30	1 790 524.90
财产权	217 886.00	619 712.38
合计	5 363 429.15	4 791 811.13

6.5.2.1.1 主动管理型信托业务的信托资产期初数、期末数，按证券投资、股权投资、融资、事务管理类分别披露

单位：万元

主动管理型信托资产	期初数	期末数
证券投资类	—	146 061.00
股权投资类	3 000.00	187 300.00
融资类	2 101 396.85	3 603 300.13
事务管理类	—	—
合计	2 104 396.85	3 936 661.13

6.5.2.1.2 被动管理型信托业务的信托资产期初数、期末数，按证券投资、股权投资、融资、事务管理类分别披露

单位：万元

被动管理型信托资产	期初数	期末数
证券投资类	—	—
股权投资类	—	29 700.00
融资类	3 254 082.30	820 500.00
事务管理类	4 950.00	4 950.00
合计	3 259 032.30	855 150.00

6.5.2.2 本年度已清算结束的信托项目个数、实收信托合计金额、加权平均实际年化收益率

2011 年累计到期清算结束信托项目 170 个，均按期向受益人进行了信托利益兑付，累计分配信托本金为 4 029 720.30 万元（含跨年分配本金），累计分配信托收益为 263 277.24 万元，加权平均实际年化收益率为 5.94%，无违约情况发生。

6.5.2.2.1 本年度已清算结束的集合类、单一类资金信托项目和财产管理类信托项目个数、实收信托金额、加权平均实际年化收益率

已清算结束信托项目	项目个数	实收信托合计金额（万元）	加权平均实际年化收益率（%）
集合类	22	589 735.00	8.63
单一类	144	3 367 645.37	5.34
财产管理类	4	72 339.93	11.94

注：收益率是指信托项目清算后，给受益人赚取的实际收益水平。加权平均实际年化收益率 =（信托项目 1 的实际年化收益率 × 信托项目 1 的实收信托 + 信托项目 2 的实际年化收益率 × 信托项目 2 的实收信托 + … 信托项目 n 的实际年化收益率 × 信托项目 n 的实收信托）/（信托项目 1 的实收信托 + 信托项目 2 的实收信托 + … 信托项目 n 的实收信托）×100%。

6.5.2.2.2 本年度已清算结束的主动管理型信托项目个数、实收信托合计金额、加权平均实际年化收益率，按证券投资、股权投资、融资、事务管理类分别计算并披露

已清算结束信托项目	项目个数	实收信托合计金额（万元）	加权平均实际年化信托报酬率（%）	加权平均实际年化收益率（%）
证券投资类	—	—	—	—
股权投资类	—	—	—	—
融资类	63	1 247 649.29	1.62	7.80
事务管理类	—	—	—	—

注：加权平均实际年化信托报酬率 =（信托项目 1 的实际年化信托报酬率 × 信托项目 1 的实收信托 + 信托项目 2 的实际年化信托报酬率 × 信托项目 2 的实收信托 + … 信托项目 n 的实际年化信托报酬率 × 信托项目 n 的实收信托）/（信托项目 1 的实收信托 + 信托项目 2 的实收信托 + … 信托项目 n 的实收信托）×100%。

6.5.2.2.3 本年度已清算结束的被动管理型信托项目个数、实收信托合计金额、加权平均实际年化收益率，分证券投资、股权投资、融资、事务管理类分别计算并披露

已清算结束信托项目	项目个数	实收信托合计金额（万元）	加权平均实际年化信托报酬率（%）	加权平均实际年化收益率（%）
证券投资类	—	—	—	—
股权投资类	—	—	—	—
融资类	106	2 772 321.01	0.27	5.03
事务管理类	1	9 750.00	0.50	28.25

6.5.2.3 本年度新增的集合类、单一类、财产管理类信托项目个数、实收信托合计金额

新增信托项目	项目个数	实收信托合计金额（万元）
集合类	60	2 081 358.01
单一类	79	845 768.36
财产管理类	2	341 826.76
新增合计	141	3 268 953.13
其中：主动管理型	138	3 190 453.13
被动管理型	3	78 500.00

注：本年新增信托项目指在本报告年度内累计新增的信托项目个数和金额，包含本年度新增并于本年度内结束的项目和本年度新增至报告期末仍在持续管理的信托项目。

6.5.2.4 信托资产损失情况

报告期内本公司严格履行受托人义务，不存在因本公司自身责任而导致的信托资产损失情况。

6.5.2.5 信托赔偿准备金的提取、使用和管理情况

报告期公司提取信托赔偿准备金 10 294.28 万元，期末余额为 13 518.74 万元。报告期内正常管理信托赔偿准备金，未使用该准备金。

6.6 关联方关系及其交易的披露

6.6.1 关联交易整体情况

	关联交易方数量	关联交易金额（万元）	定价政策
合计	2	280 800.00	市场交易价格

6.6.2 关联交易方的情况及与本公司的关系如下

关系性质	关联方名称	法定代表人	注册地址	注册资本（万元）	主营业务
母公司	中国华融资产管理公司	赖小民	北京市金融街 8 号	1 000 000	资产管理
与本公司同受一母公司控制	华融致远投资管理有限责任公司	章琳	北京市金融街 8 号	5 000	投资和资产管理、物业管理

6.6.3 逐笔披露本公司与关联方的重大交易事项

6.6.3.1 固有与关联方交易情况：贷款、投资、租赁、应收账款担保、其他方式等期初汇总数、本期借方和贷方发生额汇总数、期末汇总数

单位：万元

固有与关联方关联交易				
	期初数	借方发生额	贷方发生额	期末数
贷款	—	—	—	—
投资	—	—	—	—
租赁	—	465.09	—	465.09
担保	—	—	—	—
应收账款	—	—	—	—
其他	—	—	—	—
合计	—	465.09	—	465.09

6.6.3.2 信托与关联方交易情况：贷款、投资、租赁、应收账款、担保、其他方式等期初汇总数、本期借方和贷方发生额汇

总数、期末汇总数

单位：万元

信托与关联方关联交易				
	期初数	借方发生额	贷方发生额	期末数
贷款	115 000.00	18 800.00	—	133 800.00
投资	55 000.00	—	—	55 000.00
租赁	—	—	—	—
担保	—	—	—	—
应收账款	—	—	—	—
其他	127 450.00	—	114 650.00	12 800.00
合计	297 450.00	18 800.00	114 650.00	201 600.00

6.6.3.3 信托公司自有资金运用于自己管理的信托项目（固信交易）、信托公司管理的信托项目之间的相互（信信交易）交易金额，包括余额和本报告年度的发生额

6.6.3.3.1 固有与信托财产之间的交易金额期初汇总数、本期发生额汇总数、期末汇总数

单位：万元

固有财产与信托财产相互交易			
	期初数	本期发生额	期末数
合计	48 830.00	25 098.46	73 928.46

注：以固有资金投资公司自己管理的信托项目受益权，或购买自己管理的信托项目的信托资产均应纳入统计披露范围。

6.6.3.3.2 信托项目之间的交易金额期初汇总数、本期发生额汇总数、期末汇总数

单位：万元

信托资产与信托财产相互交易			
	期初数	本期发生额	期末数
合计	—	—	—

注：以公司受托管理的一个信托项目的资金购买自己管理的另一个信托项目的受益权或信托项下资产均应纳入统计披露范围。

6.6.4 报告期内关联方逾期未偿还本公司资金情况以及本公司为关联方担保发生或即将发生垫款情况

无。

6.7 会计制度的披露

公司执行中华人民共和国财政部（以下简称财政部）于2006年2月颁布的《企业会计准则——基本准则》和38项具体会计准则、其后颁布的应用指南、解释以及其他相关规定，以及财政部于2005年1月颁布的《信托业务会计核算办法》。

7. 财务情况说明书

7.1 利润实现和分配情况

2011年度公司实现利润总额为69 676.20万元，当年所得税费用为18 339.83万元，实现净利润51 336.37万元。本年提取信托赔偿准备金10 294.28万元，提取法定公积金5 133.64万元，剩余可供分配净利润未向公司股东分配。

7.2 主要财务指标

指标名称	指标值
资本利润率（%）	24.26
加权年化信托报酬率（%）	—
人均净利润（万元/人）	475.34

注：1. 资本利润率＝净利润/所有者权益平均余额×100%。

2. 加权年化信托报酬率＝（信托项目1的实际年化信托报酬率×信托项目1的实收信托＋信托项目2的实际年化信托报酬率×信托项目2的实收信托＋…信托项目n的实际年化信托报酬率×信托项目n的实收信托）/（信托项目1的实收信托＋信托项目2的实收信托＋…信托项目n的实收信托）×100%。

3. 人均净利润＝净利润/年平均人数。

4. 平均值采取年初、年末余额简单平均法。

公式为：a（平均）＝（年初数＋年末数）/2

7.3 对本公司财务状况、经营成果有重大影响的其他事项

本报告期内未发生对本公司财务状况、经营成果有重大影响的其他事项。

8. 特别事项揭示

8.1 报告期内，华融信托股东构成及出资变动情况

无。

8.2 董事、监事及高级管理人员变动情况及原因

报告期内，因工作需要，2011年第二次临时董事会议以通讯表决方式审议通过了陈鹏君同志提任公司副总经理（总经理级）的议案，报新疆银监局备案；因工作需要，经2011年第六次临时董事会以通讯表决方式审议、新疆银监局核准，刘绍华、杨晓丽两位同志出任公司副总经理；因工作需要，经第九次临时董事会以通讯表决方式审议、新疆银监局核准，聘任郭继平同志为公司总经理助理；因工作原因，王文杰请辞董事职务，经2011年第二次临时股东会以通讯表决方式审议通过，推选王勇为公司董事，经2011年第十六次临时董事会以通讯表决方式审议、新疆银监局核准，推选王勇为公司副董事长；因工作需要，经2011年第三十次临时董事会以通讯表决方式审议，免去邹俊公司总经理助理职务，报新疆银监局备案；因工作原因，刘庆英辞去公司监事职务，经2011年第三次临时股东会以通讯表决方式审议，推选范胜利为公司监事。

8.3 报告期内公司变更注册资本、变更注册地或公司名称及分立合并事项

无。

8.4 报告期内公司重大诉讼事项。

无。

8.5 报告期内会计师事务所出具有保留意见、否定意见或无法表示意见的审计报告

无。

8.6 报告期内公司及其董事、监事和高级管理人员受到处罚的情况

无。

8.7 银监会及其派出机构对公司的检查意见及其整改情况说明

2011年5月11日至7月31日，按照中国银监会非银部统一部署，新疆银监局、北京银监局、山西银监局和江苏银监局对华融信托截至2010年末存续的权益类信托业务进行了联合专项检查。联合专项检查对公司进行了充分肯定，认为公司总体风险管理意识较强，一是能够认真贯彻落实国家和银监会的各项法规和制度；二是在权益类信托项目准入方面能够及时跟进国家宏观调控政策；三是对权益类信托项目及项目地域经济发展状况论证、选择较为审慎；四是风险缓释措施基本到位，大部分项目交易对手拥有较为充分的偿债能力。华融信托高度重视本次联合检查提出的整改意见及监管建议，逐项研究制定了整改措施，认真执行整改，并以此次检查及整改为契机，系统性采取措施，建立长效机制，全面提升风险合规管控能力及经营管理水平。

8.8 报告期内重大事项临时报告

无。

9 公司监事会意见

监事会认为，报告期内，2011年公司能够认真贯彻国家法律、法规和公司章程、制度的要求，依法合规促发展，不断完善内控制度、持续强化风险管控。董事及高级管理人员能够遵守国家有关金融法律法规和《公司法》的有关规定，认真履职，未发现有违法、违规及违章行为，也没有损害公司利益、股东利益和委托人利益的行为。公司2011年度财务报告客观真实地反映了公司的实际财务状况和经营成果。本年度报告的内容和格式符合中国银监会的规定。

华润深国投信托有限公司

1. 重要提示

1.1 本公司董事会及董事保证本报告所载资料不存在任何虚假记载、误导性陈述或者重大遗漏，并对其内容的真实性、准确性和完整性承担个别及连带责任。

1.2 公司独立董事梁伯韬、靳海涛保证本报告内容真实、准确、完整。

1.3 天职国际会计师事务所有限公司对本公司年度财务报告进行审计，出具了标准无保留意见的审计报告。

1.4 公司法人代表、董事长蒋伟、总经理孟扬、财务总监肖立荣声明：保证本年度报告中财务报告真实、完整。

2. 公司概况

2.1 公司简介

公司于1982年8月24日成立，原名为深圳市信托投资公司，注册资本为5 813万元。1984年经中国人民银行批准更名为深圳国际信托投资总公司，注册资本为1亿元，正式成为非银行金融机构，并同时取得经营外汇金融业务的资格。1991年经中国人民银行批准更名为深圳国际信托投资公司，注册资本为2.8亿元，其中外汇资本金1 200万美元。2002年2月经中国人民银行批准重新登记，领取了信托机构法人许可证，注册资本为20亿元，其中外汇资本金为5 000万美元。公司同时更名为深圳国际信托投资有限责任公司。2005年3月14日，深圳市人民政府国有资产管理委员会变更登记为公司的控股股东。2006年10月17日，华润股份有限公司与深圳市国资委等签订了《股权转让及增资协议》，股权变更登记后，华润股份有限公司持有公司51%的股权，深圳市人民政府国有资产监督管理委员会持有公司49%的股权，公司注册资本增加到26.3亿元。2008年10月，经中国银行业监督管理委员会批准，公司变更名称及业务范围，换领新的金融许可证，公司更名为华润深国投信托有限公司，简称“华润信托”。

公司的法定中文名称	华润深国投信托有限公司
中文名称缩写	华润信托
公司的法定英文名称	China Resources SZITIC Trust Co.,Ltd.
英文名称缩写	CR TRUST
法定代表人	蒋伟
注册地址	深圳市福田区农林路69号深国投广场2号楼11～12层
邮政编码	518040
公司国际互联网网址	http://www.crctrust.com
电子信箱	crctrust@crctrust.com
信息披露事务负责人	肖立荣
信息披露事务联系人	贾国福
联系电话	0755－33031626
传真	0755－33380599

续表

电子信箱	jiagf@crctrust.com
年度报告 备置地点	深圳市福田区农林路69号深国投广场2号楼11～12层
信息披露报纸名称	《证券时报》、《中国证券报》、《上海证券报》
聘请的会计师事务所	天职国际会计师事务所有限公司
住所	北京市海淀区车公庄西路乙19号华通大厦B座二层
聘请的律师事务所	广东经天律师事务所
住所	深圳市滨河大道5022号联合广场A座25楼

2.2 组织结构

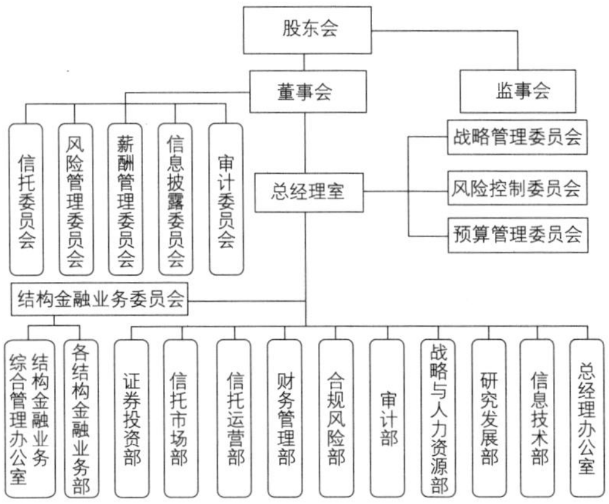

3. 公司治理结构

3.1 股东

报告期末，股东总数为2家。

股东名称	持股比例(%)	法人代表	注册资本(亿元)	注册地址	主要经营业务
★华润股份有限公司	51	宋林	164.67	深圳市罗湖区深南东路5001号华润大厦28楼2801、05、06单元	对金融、保险、能源、交通、电力、通讯、仓储运输、食品饮料生产企业的投资；对商业零售企业（含连锁超市）、民用建筑工程施工的投资与管理；石油化工、轻纺织品、建筑材料产品的生产等。
深圳市人民政府国有资产监督管理委员会	49	张晓莉		深圳市福田区深南大道4009号投资大厦17楼	代表国家履行出资人职责，依法对企业国有资产进行监管。

注：★表示实际控制人。

公司第一大股东华润股份有限公司的主要股东为中国华润总公司，持股比例为99. 996053%，注册资本116. 93亿元，注册地址为北京市东城区建国门北大街8号华润大厦2701－2705，法人代表为宋林，业务范围为经国家批准的二类计划商品、三类计划商品、其他三类商品及橡胶制品的出口，经国家批准的一类、二类、三类商品的进口等。

3. 2 董事

董事长、董事

姓 名	职 务	性别	年龄	选任日期	任期	所代表的股东名称	股东持股比例(%)
蒋 伟	董事长	男	48	2010年5月	3	华润股份有限公司	51
履 历	曾任中国华润总公司开发部职员，华润(集团)有限公司财务部资金组主任、副经理、经理、财务部助理总经理、副总经理，华润(集团)有限公司财务部总经理、华润(集团)有限公司CFO；现任华润(集团)有限公司董事、副总经理兼华润金融控股有限公司董事长，华润信托董事长。						
魏 斌	董事	男	42	2010年5月	3	华润股份有限公司	51
履 历	曾任外经贸部审计局公务员，南光(集团)有限公司审计部经理、财务部综合主管，中国华润总公司管理委员兼财务总监，华润(集团)有限公司财务部副总经理，中国华源集团有限公司副总裁兼财务总监；现任华润(集团)有限公司总会计师。						
宋 群	董事	男	46	2010年5月	3	华润股份有限公司	51
履 历	曾任日本东工物产株式会社北京办事处经理，澳大利亚和新西兰银行任驻华代表处助理首席代表，澳大利亚和新西兰银行总行企业金融财务部经理，摩根大通银行信托部香港业务主管及亚太地区市场开发业务主管，汇丰银行信托服务部全球业务总经理；现任珠海华润银行股份有限公司行长。						
伍 斌	董事	男	56	2010年5月	3	深圳市人民政府国有资产监督管理委员会	49
履 历	曾任江西财经大学财政税务系副主任、校学术委员会委员、硕士研究生导师，深圳市投资管理公司产权部干部，深圳市体改办企业体制处处长，深圳市人民政府国有资产监督管理委员会企业改革处处长；现任深圳市人民政府国有资产监督管理委员会副主任、党委委员。						
桂自强	董事	男	46	2010年5月	3	深圳市人民政府国有资产监督管理委员会	49
履 历	曾任职于深圳华达电脑公司，深圳市投资管理公司；现任深圳市人民政府国有资产监督管理委员会企业一处处长。						
梁伯韬	独立董事	男	57	2010年5月	3		
履 历	曾任百富勤投资集团有限公司董事总经理，法国巴黎百富勤有限公司行政总裁、集团副董事长、花旗环球金融亚洲有限公司亚洲区主席；现任佑星资本有限公司主席。						
靳海涛	独立董事	男	57	2010年5月	3		
履 历	曾任中国电子工业总公司系统工程局综合处处长、计划处处长，中国电子工业深圳总公司总经理助理，深圳市赛格集团有限公司副总经理、党委副书记、纪委书记，深圳市赛格集团有限公司常务副总经理兼深圳市赛格股份有限公司副董事长、总经理、党委书记，全球策略投资基金驻中国特别代表；现任深圳市创新投资集团有限公司董事长、党委书记。						
李南峰	董事	男	58	2010年5月	3		
履 历	曾任中国人民银行深圳分行办公室主任，深圳国际信托投资有限责任公司副总经理、党委书记、董事长、总经理；现任华润深国投投资有限公司董事、总经理。						
孟 扬	董事	女	48	2010年5月	3		
履 历	曾任深圳国际信托投资有限责任公司租赁部副经理、资产管理部经理、总经理助理兼资产管理部经理、总经理助理兼信托业务部经理、公司副总经理；现任华润深国投信托有限公司总经理。						

独立董事

姓名	性别	年龄	选任日期	任期	职务
梁伯韬	男	57	2010年5月	3	佑星资本有限公司主席
履 历	曾任百富勤投资集团有限公司董事总经理，法国巴黎百富勤有限公司行政总裁、集团副董事长、花旗环球金融亚洲有限公司亚洲区主席；现任佑星资本有限公司主席。				
靳海涛	男	57	2010年5月	3	深圳市创新投资集团有限公司董事长、党委书记
履 历	曾任中国电子工业总公司系统工程局综合处处长、计划处处长，中国电子工业深圳总公司总经理助理，深圳市赛格集团有限公司副总经理、党委副书记、纪委书记，深圳市赛格集团有限公司常务副总经理兼深圳市赛格股份有限公司副董事长、总经理、党委书记，全球策略投资基金驻中国特别代表。现任深圳市创新投资集团有限公司董事长、党委书记。				

3. 3 监事

监事会成员

姓名	职务	性别	年龄	选任日期	任期	所代表的股东名称	股东持股比例(%)
周日昌	监事会主席	男	58	2010年5月	3	深圳市人民政府国有资产监督管理委员会	49
履 历	曾任深圳市商业局干部，深圳松岗区福永公社党委委员、纪委委员，深圳市上步区纪委副书记，深圳市纪委一处副处级纪检主任科员，深圳市人民政府驻香港办事处纪检组副组长，深圳国际信托投资有限责任公司董事、党委副书记、纪委书记兼工会主席；现任华润深国投信托有限公司监事会主席。						

续表

姓名	职务	性别	年龄	选任日期	任期	所代表的股东名称	股东持股比例(%)
俞　建	监事	男	40	2010年5月	3	华润股份有限公司	51
履　历	曾任职于中信—中国租赁有限公司北京办事处项目经理，中信—中国租赁(香港)有限公司助理总经理，BP亚洲有限公司财务经理、全球资金管理服务主任、战略分析员，BP集团伦敦办事处集团融资及资本市场部、集团融资主任，BP亚洲有限公司香港办事处亚太地区财资经理；现任华润(集团)有限公司财务部资金总监。						
刘娇琳	职工监事	女	48	2010年5月	3		
履　历	曾任湖南财经学院助教，西南财经大学讲师，深圳国际信托投资有限责任公司资金财务部副科长、信托业务部财务科副科长、科长经理、投资部副总经理、总经理，信托一部副总经理、总经理，华润深国投信托有限公司行政管理部总经理、财务管理部总经理；现任华润深国投信托有限公司结构金融一部总经理。						

本公司监事会未设立下属委员会。

3.4 高级管理人员

姓　名	职务	性别	年龄	任职日期	金融从业年限	学历	专业
孟　扬	总经理	女	48	2008年12月	22	硕士研究生	当代西方经济理论
履　历	曾任深圳国际信托投资有限责任公司租赁部副经理、资产管理部经理、总经理助理兼资产管理部经理、总经理助理兼信托业务部经理、公司副总经理；现任华润深国投信托有限公司总经理。						
路　强	副总经理	男	41	2007年10月	11	学士	世界经济学
履　历	曾任大连保税区宝利行华润国贸有限公司副总经理，华润投资开发有限公司人事行政部总经理、战略研究部总经理、公司助理总经理、董事、副总经理；现任华润深国投信托有限公司副总经理。						
田　洁	副总经理	男	39	2010年1月	11	硕士研究生	货币银行学
履　历	曾任华润(集团)有限公司财务部高级经理、助理总经理、副总经理，华润保险经纪有限公司总经理，华润投资及资产管理公司董事；现任华润深国投信托有限公司副总经理。						
李巍巍	副总经理	男	44	2010年7月	13	博士研究生	系统工程
履　历	曾任广州浪奇实业股份有限公司董事会秘书处主管、主任，国信证券有限责任公司总裁室主任秘书、人力资源部副总经理、人力资源总监，华西证券有限责任公司人力资源总监、副总裁；现任华润深国投信托有限公司副总经理。						
肖立荣	财务总监	女	49	2007年4月	18	硕士研究生	会计学
履　历	曾任江西财经学院财会系教师，深圳国际信托投资有限责任公司资金财务部总经理助理、副总经理、总经理、公司财务总监；现任华润深国投信托有限公司财务总监。						

3.5 公司员工

2011年报告期内，职工人数为204人，平均年龄32.6岁，学历分布比率为：博士3.9%，硕士50%，本科33.8%，专科9.8%，其他2.5%。

4. 经营管理

4.1 经营目标、方针、战略规划

以客户为导向，通过持续创新，建立专业专长，为客户持续提供定制化、差异化的综合解决方案，成为领先的金融服务公司。

4.2 经营业务的主要内容

公司主要经营业务为信托业务和投资业务。信托业务品种主要包括：

(1)证券投资信托。证券投资信托是一种专家理财产品，信托资金的主要投向为公开挂牌交易的股票、债券、基金及其他可交易的证券品种(如未来出现的股指期货、期权等金融衍生产品)。

(2)基础建设信托。基建能源类信托主要投资于能源电力、交通运输和水务环保等基础设施行业。提供的服务包括债权融资、股权融资、夹层融资、结构融资、基金管理、资产管理等。

(3)房地产信托。房地产信托的资金主要用于向各类具有相关资质的房地产企业，以股权、债权、股债结合等方式为房地产企业提供运作资金，具有较高的安全性和收益性。

(4)现金管理信托。现金管理类产品具有安全性高和收益性稳定的类存款特性，具有一定程度上的替代存款的作用。目标客户群为拥有大量闲置资金的高净值客户或机构客户。

(5)股权投资信托。股权投资信托是指以股权投资方式将信托资金用于投资非上市企业股权，并通过企业上市、并购或原股东/管理层回购等方式出售持股而获得投资回报的资金信托。

除另有注明外，本报告中所有披露内容均为母公司口径。

自营资产运用与分布表

资产运用	金额(万元)	占比(%)	资产分布	金额(万元)	占比(%)
货币资产	26 448.43	2.60	基础产业	—	0.00
贷款及应收款	44 154.04	4.35	房地产业	—	0.00
交易性金融资产	—	0.00	证券市场	69 574.69	6.85
可供出售金融资产	393 032.49	38.70	实业		0.00
持有至到期投资	991.00	0.10	金融机构	562 571.01	55.39
长期股权投资	536 122.58	52.79	其他	383 492.21	37.76
其他	14 889.37	1.46			
资产总计	1 015 637.91	100.00	资产总计	1 015 637.91	100.00

信托资产运用与分布表

资产运用	金额（万元）	占比（%）	资产分布	金额（万元）	占比（%）
货币资产	2 749 723.95	21.75	基础产业	2 025 009.24	16.02
贷款及应收款	5 408 501.64	42.79	房地产	1 032 857.34	8.17
交易性金融资产	2 107 347.13	16.67	证券市场	2 566 072.06	20.30
可供出售金融资产	1 072 433.47	8.48	实业	2 742 824.82	21.70
持有至到期投资	—	0.00	金融机构	2 331 312.55	18.45
长期股权投资	1 041 948.52	8.25	其他	1 942 168.70	15.36
其他	260 290.00	2.06			
资产总计	12 640 244.71	100.00	资产总计	12 640 244.71	100.00

4.3 市场分析

4.3.1 影响业务发展的有利因素

随着我国经济的快速发展，国民财富规模迅速增长，投资者理财需求扩大，国家政策和社会各界对信托行业认可度逐渐提升，行业步入快速发展轨道；信托具有独特的制度优势，较银行、保险、证券等金融机构具有更灵活的资金运用能力和更广泛的投资领域，信托产品作为唯一连接货币市场、资本市场和实业市场的理财产品，随着理财市场的发展，信托的综合优势正在得以充分发挥；信托新政框架下监管科学化、规范化，对信托公司定位清晰，为信托业的发展创造了良好的制度环境。

资本市场快速发展。十多年来，我国资本市场发展迅速，取得了举世瞩目的成就。从上市公司的数量、融资金额和投资者数量等方面，我国资本市场已经具备了相当的规模，在产品、法规制度以及多层次资本市场体系建设方面，市场的基本要素和基本框架已经形成，技术系统建设方面成果显著。经过不断的探索和努力，我国资本市场功能和作用日益显现，规范化程度不断提高。这为信托行业的发展提供了广阔的空间。

良好的品牌信誉。公司经营稳健，风险控制好，产品线丰富，能够切实维护和保障投资者的利益。经过近三十年的发展，在社会上形成了良好的市场形象，较高的品牌知名度和认知度。

雄厚的股东背景。公司大股东为华润股份有限公司，隶属华润集团。目前，华润集团下设7大战略业务单元、21家一级利润中心，有实体企业1 200多家，在职员工33.8万人。华润在香港拥有5家上市公司。其中，华润创业、华润电力、华润置地位列香港恒生指数成分股，成为华润旗下“蓝筹三杰”。华润集团是全球500强企业之一，在《财富》全球500强排名中位列2010年第346位。公司的第二大股东为深圳市人民政府国有资产监督管理委员会，旗下拥有大量具有投融资需求的优质企业。雄厚的股东背景为公司提供了坚实的资金支持、优质的项目来源和成熟的项目运作经验。

日益完善的公司治理。公司内部机构设置完备、责权清晰、管理规范、制度完善，有良好的企业文化，塑造和培养了一支高素质的员工队伍，是公司业务开拓和快速发展的坚实基础。

良好的外部经济环境、优良的资产、规范诚信的经营、良好的品牌形象与商誉、专业化的人才队伍，以及来自股东的大力支持，为公司的业务拓展和健康成长奠定了基础。

4.3.2 影响业务发展的不利因素

相对于银行业、证券业、保险业，社会对信托业的了解程度还不够高，信托知识还不够普及，合格投资者尚需培育，私募资金成本显著高于金融同业；信托公司自身投资管理、风险管理能力外界认同度有待提升；信托产品缺乏公开交易市场，整体流动性低；信托计划开立证券账户受到限制，信托公司所谓“金融百货公司”的制度优势在我国目前基于法人实体的分业监管模式下遭遇尴尬。信托业务转型要求重新建立可持续发展的盈利模式，但相关配套法规政策仍不完善。在金融业全面开放、混业经营的背景下，理财市场竞争激烈、监管规则不统一，信托公司受到更严格的限制，信托公司的制度优势被削弱，面临其他类型金融机构的严峻挑战。

4.4 内部控制

4.4.1 内部控制环境和内部控制文化

公司具有完善的法人治理结构，股东会、董事会（及其专业委员会）、监事会等机构合法运作和科学决策，为公司内部控制制度的制定与运行提供了良好的组织保障。

公司股东会及董事会严格依照《公司章程》的有关规定，依法履行职责。董事会下设风险管理委员会负责对高级管理层在业务、市场、操作等方面的风险控制情况进行监督，对公司的风险状况进行定期评估，对内部稽核部门的工作程序和工作效果进行评价，提出完善风险管理和内部控制的意见；审计委员会负责提议聘请或更换外部审计机构，监督公司的内部审计制度及其实施，审核公司的财务信息及其披露，审查公司的内控制度；薪酬管理委员会负责拟定董事、监事和高级管理层成员的薪酬方案，向董事会提出薪酬方案的建议，并监督方案的实施；信托委员会负责督促公司依法履行受托职责，保证公司为受益人的最大利益服务；信息披露委员会负责公司的信息披露工作，包括年度报告以及重大事件临时报告的披露。各委员会独立开展工作，运作正常；高级管理层对董事会负责，全面主持公司日常经营管理工作。

公司注重内部控制文化的建设与执行。通过多年的经营，形成了审慎稳健、勤勉尽责、理性创新、全员参与的内部控制和风险管理文化，引导员工建立诚信道德观念，树立合规意识和风险意识，提高员工职业道德水准，规范员工职业行为，使风险防范意识贯穿到了公司各个部门、各个岗位和工作的各个环节。

4.4.2 内部控制措施

按照信托公司内部控制的要求，公司建立了清晰的内部控制目标和原则，完善的内部控制体系和制度，确保公司对风险的事前防范、事中控制、事后监督和反馈纠正。公司建立了职责明确、分工合理、相互制衡的组织结构和内部牵制机制，构筑了基本涵盖公司各项业务和管理活动的内部控制制度体系。

公司负责内部控制的主要职能部门为合规风险部、财务管理部门、信托运营部门和审计部门。合规风险部制定公司风险策略，进行风险信息收集、风险分析、风险定价，对各类风险实行组合性管理，培育良好的风险控制文化，促进公司业务可持续发展，保障公司战略目标的实施。信托运营部门是公司信托业务中后端集中运营服务的管理综合平台，主要承担对信托资产存续期的运营处理、核算估值、运营分析和监督控制的职责。

通过对各类信托资产进行财务核算、资产估值、资金清算和划转；对受托资产执行运营管理；对运营情况进行分析反馈；从而实现对信托业务的有效监督和控制，保障公司信托业务有序发展。财务管理部门按国家颁布的会计准则进行会计核算，严格履行会计监督职能，会计不相容岗位严格分离，相互制约；认真执行财务会计制度，对公司自营资产的安全实行有效财务控制；有效防范、化解财务风险。审计部门强化内部审计功能，根据法律法规、董事会和高级管理层的要求，定期或不定期组织实施公司内部制度执行情况审计，并根据要求对董事、高管等离职人员实施离任审计。

公司建立了明确的授权制度，制订了审批程序和审批权限并严格执行。公司建立了全面覆盖业务管理、风险管理、财务管理、合规管理、合同管理、内部审计、员工违规追究等方面的完善的内部控制制度体系。

4.4.3 信息交流与反馈

公司董事会及下设的信息披露委员会按照银监会的要求，按时、规范、全面、准确地披露了2011年年度报告及重大事项临时公告；通过公司网站向客户公开披露公司经营状况、信托资产管理状况等信息，并根据文件约定向相关利益人提交书面文件披露相关信息。

4.4.4 监督评价与纠正

公司每年组织各部门对规章制度进行系统、全面的修订，不断完善加强内控的基本管理制度。公司各业务部门对各项业务的经营状况和例外情况进行经常性检查，及时发现内部控制存在的问题，并迅速予以纠正。相关部门、相关岗位之间相互制衡、监督。公司具有独立并有效运作的内审部门行使后台监督职能，按照内控要求对公司经营情况定期或不定期进行内部审计稽核，并向董事会和高管层报告，公司董事会和高管层在收到这些记录后能够及时采取措施解决内控制度存在的问题。

报告期内，公司内控制度得到有效的执行，未发生因违反内控制度对公司财务状况、经营成果产生重大影响的事项。

4.5 风险管理

4.5.1 风险管理概况

公司经营活动中可能遇到信用风险、市场风险、操作风险等。公司重视风险管理，通过制定健全的内部规章制度，建立职责分工合理的组织机构，设置专业的风险管理机构，将现代风险管理技术与传统风险管理方法相结合，对可能产生的风险及时作出反应，采取有效措施进行事前、事中、事后的有效控制与管理，并根据实际需要随时对风险管理体系进行调整。

公司风险管理组织架构按照功能的不同划分为决策层、执行层和监督层。通过分离决策层、执行层、监督层，各层级各自履行不同专业化的职能，起到相互独立、相互制衡的作用。决策层由董事会、高级管理层构成，同时还包括行使辅助职能的风险控制委员会等专业评审机构等。公司董事会下设风险管理委员会负责对高级管理层在业务、市场、操作等方面的风险控制情况进行监督，对公司的风险状况进行定期评估，提出完善风险管理和内部控制的意见。总经理室下设风险控制委员会，负责对业务项目可行性、资产处置等事项提出风险评审意见，为总经理决策提供参考。风险控制委员会下设风险控制小组，负责对拟提交风险控制委员会评审的项目进行初审。

执行层由各业务部门、合规风险部和其他职能部门组成，负责执行决策层的决定。公司建立职责明确、分工合理、相互制衡的组织结构和内部牵制机制。前台、中台、后台的设置合理、有效分离、操作互相独立。各部门负责执行本部门职能范围内的具体风险管理事务。合规风险部作为专业的职能风险管理部门，在公司层级化、专业化、多维度的风险管理组织架构下整体统筹公司的风险管理事务。监督层由合规风险部和审计部门组成。合规风险部有权对各部门的业务活动以及各个风险环节的岗位进行合规检查和监督，向高级管理层报告。审计部门负责对公司内部控制情况进行监督和检查。对于检查中所发现的问题，可直接向董事会下设的审计委员会报告。

4.5.2 风险状况

4.5.2.1 信用风险状况

信用风险主要指交易对手因履约意愿或履约能力发生变化的违约而导致的交易资产价值损失。

(1)信托业务。公司认真履行受托人谨慎尽职义务，有效管理信托项目，所有信托计划均能按期兑付。公司对借款人等交易对手制订了严格的筛选标准，并履行严格的贷前调查、贷中审查和贷后管理程序。截至目前，公司交易对手都具有较好的信用记录，公司可能面临信用风险的债权类信托资产均运作正常。

(2)固有业务。报告期内公司无信用风险敞口。不良信用风险资产年初余额3 718.80万元，年末余额3 572.88万元，已实际提取信用风险资产减值准备2 397.39万元。

4.5.2.2 市场风险状况

市场风险指公司因股价、市场汇率、利率及其他价格因素变动而产生和可能产生的风险。公司原则上不开展自营股票投资业务、金融衍生品投资业务及外汇交易业务，固有资金主要用于投资中高流动性、低风险的金融产品(含信托产品)，具有较高的安全性。

4.5.2.3 操作风险状况

操作风险是指因业务人员在办理业务过程中，由于内部程序、人员和业务系统的不完善或工作失误，或者外部事件给公司造成的风险。操作风险包括合规风险，合规风险是指因没有遵循法律、规则和准则可能遭受法律制裁、监管处罚、重大财务损失和声誉损失的风险。

报告期内公司未发生上述操作风险。

4.5.3 风险管理

公司秉承受益人利益最大化的目标，建立了相互独立、相互制衡的内部控制体系和统一、规范、高效的内部流程，对经营活动实施全面、持续的风险监控，以专业手段有效管理各类风险。

4.5.3.1 信用风险管理

公司高度关注交易对手的履约能力。在事前调查阶段，通过制定尽职调查工作指引等业务规章，强化对交易对手的尽职调查，科学评估交易对手的履约能力和履约意愿；选择有效的、与交易对手信用风险相匹配的信用增级措施；科学、客观、公正地评估担保物，严格控制、实时监测不同担保物价值与融资本息的抵质押率，注重采用多种有效担保措施提高信用风险的保障系数。

在贷中审查阶段，建立了以公司风险控制委员会为核心的专业风险评估审查机构，对业务进行集体评审与决策，并提出风险控制方面的具体要求。在提交风控会审议前，由合规风险部对项目的信用风险、法律合规风险进行全面审查并出具审查意见，为风险控制会决策提供重要依据。

在贷后管理阶段，公司全面收集融资方、担保方等相关各方财务、生产经营数据、重大经营情况等资料，定期对企业或者项目进行现场检查，判断项目的风险状况及抵/质押物价值变化情况；建立项目预警指标，根据业务发展遇到的新情况、新问题，及时采取应对措施，确保项目信用风险的可控、可测、可承受。

4.5.3.2　市场风险管理

首先，公司为规避证券市场、汇率波动带来的风险，原则上不开展自营股票业务、金融衍生品投资业务及外汇交易业务。其次，加强对货币信贷政策、财政政策、行业政策等领域的研究，根据市场变化及时调整投资策略和投资组合，坚持低风险多元化配置，并密切关注经济运行状况，严控因宏观政策调整带来不利影响的风险。

在证券投资信托业务方面，公司按照法律法规规定按期进行信息披露，向投资者充分揭示市场风险；指定专职人员负责逐日盯市，进行风险监控，严格执行信托文件约定的投资限制条件。

4.5.3.3　操作风险管理

在操作风险的管理上，公司建立了职责分离、相互监督制约的组织架构；建立和完善了有效的决策机制，明确各项业务的操作流程；实行严格的复核、审核程序；制定严格的信息系统管理制度；加强对员工的经常性教育，包括职业技术培训、职业道德教育等；每年聘请独立审计机构对公司业务进行审计，持续进行内部审计监督；2011 年，公司持续对规章制度进行梳理与完善，目前公司的各项控制制度和操作规程涵盖了所有业务领域和职能工作，实现了对公司各项业务操作过程的有效控制。

5. 报告期末及上一年度末的比较式会计报表

5.1　自营资产

5.1.1　会计师事务所审计意见全文

审 计 报 告

天职深 SJ〔2012〕399 号

华润深国投信托有限公司全体股东：

我们审计了后附的华润深国投信托有限公司(以下简称“华润信托”)财务报表，包括 2011 年 12 月 31 日的资产负债表及合并资产负债表，2011 年度的利润表及合并利润表、所有者权益变动表及合并所有者权益变动表和现金流量表及合并现金流量表以及财务报表附注。

一、管理层对财务报表的责任

编制和公允列报财务报表是华润信托管理层的责任，这种责任包括：(1)按照企业会计准则的规定编制财务报表，并使其实现公允反映；(2)设计、执行和维护必要的内部控制，以使财务报表不存在由于舞弊或错误导致的重大错报。

二、注册会计师的责任

我们的责任是在执行审计工作的基础上对财务报表发表审计意见。我们按照中国注册会计师审计准则的规定执行了审计工作。中国注册会计师审计准则要求我们遵守职业道德守则，计划和实施审计工作以对财务报表是否不存在重大错报获取合理保证。

审计工作涉及实施审计程序，以获取有关财务报表金额和披露的审计证据。选择的审计程序取决于注册会计师的判断，包括对由于舞弊或错误导致的财务报表重大错报风险的评估。在进行风险评估时，注册会计师考虑与财务报表编制和公允列报相关的内部控制，以设计恰当的审计程序，但目的并非对内部控制的有效性发表意见。审计工作还包括评价管理层选用会计政策的恰当性和作出会计估计的合理性，以及评价财务报表的总体列报。

我们相信，我们获取的审计证据是充分、适当的，为发表审计意见提供了基础。

三、审计意见

我们认为，华润信托财务报表在所有重大方面按照企业会计准则的规定编制，公允反映了华润信托 2011 年 12 月 31 日的财务状况及合并财务状况以及 2011 年度的经营成果和现金流量及合并经营成果和合并现金流量。

中国·北京

中国注册会计师：黎明

中国注册会计师：王冬林

二〇一二年四月二十日

5.1.2　资产负债表

资产负债表

编制单位：华润深国投信托有限公司　　2011 年 12 月 31 日　　单位：万元

项　目	合并		母公司	
	期末数	期初数	期末数	期初数
资产				
货币资金	27 427.19	23 786.55	26 448.43	23 786.55
交易性金融资产	—	—	—	—
买入返售金融资产	—	—	—	—
应收股利	—	—	—	—
应收利息	5 577.68	1 425.43	5 577.68	1 425.43
预付账款	—	—	—	—
应收账款	28 611.19	8 039.09	28 611.19	8 039.09

续表

项　目	合并		母公司	
	期末数	期初数	期末数	期初数
其他应收款	9 964. 61	5 545. 51	9 964. 61	5 545. 51
长期应收款	—	—	—	—
贷款及垫付款项	0. 57	7. 23	0. 57	7. 23
可供出售金融资产	393 032. 49	386 664. 88	393 032. 49	386 664. 88
持有至到期投资	991. 00	991. 00	991. 00	991. 00
长期股权投资	535 931. 93	530 388. 01	536 122. 58	530 388. 01
投资性房地产原值	4 437. 50	4 437. 50	4 437. 50	4 437. 50
减:投资性房地产累计折旧	1 628. 84	1 556. 73	1 628. 84	1 556. 73
投资性房地产净值	2 808. 66	2 880. 77	2 808. 66	2 880. 77
减:投资性房地产减值准备	409. 89	409. 89	409. 89	409. 89
投资性房地产净额	2 398. 77	2 470. 88	2 398. 77	2 470. 88
固定资产原价	18 944. 12	18 154. 12	18 944. 12	18 154. 12
减:累计折旧	7 777. 64	7 251. 89	7 777. 64	7 251. 89
固定资产净值	11 166. 48	10 902. 23	11 166. 48	10 902. 23
减:固定资产减值准备	1 099. 12	1 099. 12	1 099. 12	1 099. 12
固定资产净额	10 067. 36	9 803. 11	10 067. 36	9 803. 11
在建工程	—	—	—	—
无形资产	727. 50	—	727. 50	—
递延所得税资产	952. 04	967. 70	952. 04	967. 70
长期待摊费用	743. 69	1 928. 23	743. 69	1 928. 23
资产总计	1 016 426. 02	972 017. 62	1 015 637. 91	972 017. 62

资产负债表(续表)

编制单位:华润深国投信托有限公司　　2011 年 12 月 31 日　　单位:万元

项　目	合并		母公司	
	期末数	期初数	期末数	期初数
负债				
同业存放款项	—	—	—	—
拆入资金	80 000. 00	89 300. 00	80 000. 00	89 300. 00
交易性金融负债	—	—	—	—
卖出回购金融资产款	—	—	—	—
短期借款	—	—	—	—
预收账款	2 107. 65	1 934. 25	2 107. 65	1 934. 25
应付职工薪酬	22 938. 64	10 744. 54	22 938. 64	10 744. 54
应交税费	11 721. 58	6 329. 61	11 720. 64	6 329. 61
应付利息	—	—	—	—
应付股利	—	—	—	—
其他应付款	2 650. 76	1 575. 32	2 650. 76	1 575. 32
预计负债	—	—	—	—
长期借款	—	—	—	—
长期应付款	—	—	—	—
递延所得税负债	16 258. 58	32 052. 64	16 258. 58	32 052. 64
其他负债	—	—	—	—

续表

项　目	合并		母公司	
	期末数	期初数	期末数	期初数
负债合计	135 677. 21	141 936. 36	135 676. 27	141 936. 36
所有者权益	—	—	—	—
实收资本	263 000. 00	263 000. 00	263 000. 00	263 000. 00
资本公积	79 050. 10	129 080. 19	79 050. 10	129 080. 19
盈余公积	74 074. 89	63 317. 86	74 074. 89	63 317. 86
信托赔偿准备金	41 164. 69	35 786. 17	41 164. 69	35 786. 17
外币报表折算差额	—	—	—	—
未分配利润	423 459. 13	338 897. 04	422 671. 96	338 897. 04
所有者权益合计	880 748. 81	830 081. 26	879 961. 64	830 081. 26
	—	—	—	—
负债及所有者权益合计	1 016 426. 02	972 017. 62	1 015 637. 91	972 017. 62

5. 1. 3　利润表

利润表

编制单位:华润深国投信托有限公司　　2011 年度　　单位:万元

项　目	合并		母公司	
	当年数	上年数	当年数	上年数
一、营业收入	161 592. 77	164 785. 14	160 803. 05	164 785. 14
利息收入	11 111. 08	5 288. 95	11 108. 97	5 288. 95
信托业务收入	70 030. 95	36 576. 70	70 030. 95	36 576. 70
担保业务收入	—	122. 46	—	122. 46
投资收益	79 352. 22	120 693. 11	78 564. 61	120 693. 11
汇兑收益	-1. 31	934. 86	-1. 31	934. 86
公允价值变动收益	—	—	—	—
其他业务收入	1 099. 83	1 169. 06	1 099. 83	1 169. 06
二、营业支出	32 742. 45	13 642. 57	32 740. 85	13 642. 57
利息支出	621. 99	155. 17	621. 99	155. 17
营业税金及附加	4 621. 37	2 454. 00	4 621. 37	2 454. 00
业务及管理费	26 984. 89	11 071. 86	26 983. 29	11 071. 86
资产减值损失	-52. 92	-599. 29	-52. 92	-599. 29
其他业务成本	567. 12	560. 83	567. 12	560. 83
三、营业利润(亏损以"-"号填列)	128 850. 32	151 142. 57	128 062. 20	151 142. 57
加:营业外收入	111. 92	103. 26	111. 92	103. 26
减:营业外支出	23. 91	65. 56	23. 91	65. 56
四、利润总额(亏损总额以"-"号填列)	128 938. 33	151 180. 27	128 150. 21	151 180. 27
减:所得税费用	20 580. 81	13 197. 48	20 579. 86	13 197. 48
五、净利润(净亏损以"-"号填列)	108 357. 52	137 982. 79	107 570. 35	137 982. 79
减:少数股东损益	—	—	—	—
六、归属于母公司所有者的净利润	108 357. 52	137 982. 79	107 570. 35	137 982. 79
七、每股收益	—	—	—	—
(一)基本每股收益	—	—	—	—
(二)稀释每股收益	—	—	—	—
八、其他综合收益	-50 030. 09	24 596. 92	-50 030. 09	24 596. 92
九、综合收益总额	58 327. 43	162 579. 71	57 540. 26	162 579. 71

5. 1. 4　所有者权益变动表

所有者权益变动表

编制单位：华润深国投信托有限公司（合并）　　2011 年度　　单位：万元

项　目	本年金额								上年金额							
	归属于母公司所有者权益						少数股东权益	所有者权益合计	归属于母公司所有者权益						少数股东权益	所有者权益合计
	实收资本（或股本）	资本公积	盈余公积	信托赔偿准备金	未分配利润	小计			实收资本（或股本）	资本公积	盈余公积	信托赔偿准备金	未分配利润	小计		
一、上年年末余额	263 000. 00	129 080. 19	63 317. 86	35 786. 17	338 897. 04	830 081. 26	—	830 081. 26	263 000. 00	102 049. 15	49 519. 58	28 887. 03	223 638. 03	667 093. 79	—	667 093. 79
二、本年年初余额	263 000. 00	129 080. 19	63 317. 86	35 786. 17	338 897. 04	830 081. 26	—	830 081. 26	263 000. 00	102 049. 15	49 519. 58	28 887. 03	223 638. 03	667 093. 79	—	667 093. 79
三、本年增减变动金额（减少以"－"号填列）	—	-50 030. 09	10 757. 03	5 378. 52	84 562. 09	50 667. 55	—	50 667. 55	—	27 031. 04	13 798. 28	6 899. 14	115 259. 01	162 987. 47	—	162 987. 47
（一）净利润	—	—	—	—	108 357. 52	108 357. 52	—	108 357. 52	—	—	—	—	137 982. 79	137 982. 79	—	137 982. 79
（二）其他综合收益	—	-50 030. 09	—	—	—	-50 030. 09	—	-50 030. 09	—	25 533. 08	—	—	-936. 16	24 596. 92	—	24 596. 92
综合收益小计	—	-50 030. 09	—	—	108 357. 52	58 327. 43	—	58 327. 43	—	25 533. 08	—	—	137 046. 63	162 579. 71	—	162 579. 71
（三）所有者投入和减少资本	—	—	—	—	—	—	—	—	—	1 497. 96	—	—	—	1 497. 96	—	1 497. 96
1. 所有者本期投入资本	—	—	—	—	—	—	—	—	—	—	—	—	—	—	—	—
2. 股份支付计入所有者权益的金额	—	—	—	—	—	—	—	—	—	—	—	—	—	—	—	—
3. 其他	—	—	—	—	—	—	—	—	—	1 497. 96	—	—	—	1 497. 96	—	1 497. 96
（四）利润分配	—	—	10 757. 03	5 378. 52	-23 795. 43	-7 659. 88	—	-7 659. 88	—	—	13 798. 28	6 899. 14	-21 787. 62	-1 090. 20	—	-1 090. 20
1. 提取盈余公积	—	—	10 757. 03	—	-10 757. 03	—	—	—	—	—	13 798. 28	—	-13 798. 28	—	—	—
其中：法定盈余公积	—	—	10 757. 03	—	-10 757. 03	—	—	—	—	—	13 798. 28	—	-13 798. 28	—	—	—
任意盈余公积	—	—	—	—	—	—	—	—	—	—	—	—	—	—	—	—
2. 提取一般风险准备	—	—	—	5 378. 52	-5 378. 52	—	—	—	—	—	—	6 899. 14	-6 899. 14	—	—	—
3. 对所有者的分配	—	—	—	—	—	—	—	—	—	—	—	—	—	—	—	—
4. 其他	—	—	—	—	-7 659. 88	-7 659. 88	—	-7 659. 88	—	—	—	—	-1 090. 20	-1 090. 20	—	-1 090. 20
（五）所有者权益内部结转	—	—	—	—	—	—	—	—	—	—	—	—	—	—	—	—
1. 资本公积转增资本	—	—	—	—	—	—	—	—	—	—	—	—	—	—	—	—
2. 盈余公积转增资本	—	—	—	—	—	—	—	—	—	—	—	—	—	—	—	—
3. 盈余公积弥补亏损	—	—	—	—	—	—	—	—	—	—	—	—	—	—	—	—
4. 其他	—	—	—	—	—	—	—	—	—	—	—	—	—	—	—	—
四、本年年末余额	263 000. 00	79 050. 10	74 074. 89	41 164. 69	423 459. 13	880 748. 81	—	880 748. 81	263 000. 00	129 080. 19	63 317. 86	35 786. 17	338 897. 04	830 081. 26	—	830 081. 26

所有者权益变动表

编制单位：华润深国投信托有限公司（母公司）　　2011 年度　　单位：万元

项　目	本年金额						上年金额					
	实收资本（或股本）	资本公积	盈余公积	信托赔偿准备金	未分配利润	所有者权益合计	实收资本（或股本）	资本公积	盈余公积	信托赔偿准备金	未分配利润	所有者权益合计
一、上年年末余额	263 000. 00	129 080. 19	63 317. 86	35 786. 17	338 897. 04	830 081. 26	263 000. 00	102 049. 15	49 519. 58	28 887. 03	223 638. 03	667 093. 79
二、本年年初余额	263 000. 00	129 080. 19	63 317. 86	35 786. 17	338 897. 04	830 081. 26	263 000. 00	102 049. 15	49 519. 58	28 887. 03	223 638. 03	667 093. 79
三、本年增减变动金额（减少以“－”号填列）	—	-50 030. 09	10 757. 03	5 378. 52	83 774. 92	49 880. 38	—	27 031. 04	13 798. 28	6 899. 14	115 259. 01	162 987. 47
（一）净利润	—	—	—	—	107 570. 35	107 570. 35	—	—	—	—	137 982. 79	137 982. 79
（二）其他综合收益	—	-50 030. 09	—	—	—	-50 030. 09	—	25 533. 08	—	—	-936. 16	24 596. 92
综合收益小计	—	-50 030. 09	—	—	107 570. 35	57 540. 26	—	25 533. 08	—	—	137 046. 63	162 579. 71
（三）所有者投入和减少资本	—	—	—	—	—	—	—	1 497. 96	—	—	—	1 497. 96
1. 所有者本期投入资本	—	—	—	—	—	—	—	—	—	—	—	—
2. 股份支付计入所有者权益的金额	—	—	—	—	—	—	—	—	—	—	—	—
3. 其他	—	—	—	—	—	—	—	1 497. 96	—	—	—	1 497. 96
（四）利润分配	—	—	10 757. 03	5 378. 52	-23 795. 43	-7 659. 88	—	—	13 798. 28	6 899. 14	-21 787. 62	-1 090. 20
1. 提取盈余公积	—	—	10 757. 03	—	-10 757. 03	—	—	—	13 798. 28	—	-13 798. 28	—
其中：法定盈余公积	—	—	10 757. 03	—	-10 757. 03	—	—	—	13 798. 28	—	-13 798. 28	—
任意盈余公积	—	—	—	—	—	—	—	—	—	—	—	—
2. 提取一般风险准备	—	—	—	5 378. 52	-5 378. 52	—	—	—	—	6 899. 14	-6 899. 14	—
3. 对所有者的分配	—	—	—	—	—	—	—	—	—	—	—	—
4. 其他	—	—	—	—	-7 659. 88	-7 659. 88	—	—	—	—	-1 090. 20	-1 090. 20
（五）所有者权益内部结转	—	—	—	—	—	—	—	—	—	—	—	—
1. 资本公积转增资本	—	—	—	—	—	—	—	—	—	—	—	—
2. 盈余公积转增资本	—	—	—	—	—	—	—	—	—	—	—	—
3. 盈余公积弥补亏损	—	—	—	—	—	—	—	—	—	—	—	—
4. 其他	—	—	—	—	—	—	—	—	—	—	—	—
四、本年年末余额	263 000. 00	79 050. 10	74 074. 89	41 164. 69	422 671. 96	879 961. 64	263 000. 00	129 080. 19	63 317. 86	35 786. 17	338 897. 04	830 081. 26

5.2 信托财产

5.2.1 信托项目资产负债汇总表

编制单位：华润深国投信托有限公司　　2011 年 12 月 31 日　　单位：万元

信托资产	期末数	期初数	信托负债和权益	期末数	期初数
信托资产：			信托负债：		
货币资金	2 749 723.95	498 215.63	应付受托人报酬	21 215.39	4 442.25
拆出资金	—	—	应付托管费	1 833.23	719.57
应收款项	280 216.26	51 387.53	应付受益人收益	0.23	2.96
买入返售金融资产	260 290.00	152 826.62	其他应付款项	37 713.66	38 530.06
交易性金融资产	2 107 347.13	2 235 289.38	应交税费	—	—
可供出售金融资产	1 072 433.47	431 672.63	卖出回购资产款	8 549.66	3 599.97
持有至到期投资	—	50 000.00	交易性金融负债	—	—
长期股权投资	1 041 948.52	324 988.33	其他负债	—	—
贷款	5 128 285.38	2 785 340.34	信托负债合计	69 312.17	47 294.81
应收融资租赁款	—	—			
固定资产	—	—	信托权益：	—	—
无形资产	—	—	实收信托	12 519 436.11	5 956 181.03
长期待摊费用	—	—	资本公积	85 271.15	88 470.00
其他资产	—	—	未分配利润	−33 774.72	437 774.62
			信托权益合计	12 570 932.54	6 482 425.65
信托资产总计	12 640 244.71	6 529 720.46	信托负债及权益总计	12 640 244.71	6 529 720.46

5.2.2 信托项目利润及利润分配汇总表

2011 年度

编制单位：华润深国投信托有限公司　　单位：万元

项目	本年数	上年数
一、营业收入	48 918.98	473 844.85
利息收入	365 778.77	219 545.25
投资收益	2 407.07	274 621.36
公允价值变动损益	−319 423.84	−20 836.02
汇兑收益	—	—
其他业务收入	156.98	514.26
二、营业支出	120 835.17	73 583.91
利息支出	—	—
营业税金及附加	450.30	84.03
业务及管理费	120 384.87	73 499.88
资产减值损失	—	—
其他业务成本	—	—
三、信托营业利润	−71 916.19	400 260.94
加：营业外收入	—	—

续表

项目	本年数	上年数
减：营业外支出	—	10.64
四、信托利润	−71 916.19	400 250.30
加：期初未分配信托利润	437 774.61	300 216.59
五、可供分配的信托利润	365 858.42	700 466.89
减：本期已分配信托利润	399 633.14	262 692.28
六、期末未分配信托利润	−33 774.72	437 774.61

6. 会计报表附注

6.1 年度会计报表编制基础及合并报表的并表范围说明

6.1.1 本公司编制会计报表所采用的主要会计政策，是根据财政部2006 年 2 月 15 日颁布的《企业会计准则》及其补充规定制定的

6.1.2 本年纳入合并报表范围的子企业基本情况

企业名称	注册地	业务性质	注册资本（万元）	持股比例（%）	享有的表决权（%）	是否合并
深圳红树林创业投资有限公司	深圳	创业投资	3 000	100.00	100.00	是

6.2 重要会计政策和会计估计说明

6.2.1 计提资产减值准备的范围和方法

6.2.1.1 计提资产减值准备的范围

贷款及应收款项、金融资产、长期股权投资、投资性房地产、固定资产、在建工程、无形资产（包括资本化的开发支出）、商誉等。

6.2.1.2 计提资产减值准备的方法

6.2.1.2.1 持有至到期投资、贷款及应收款项减值损失的计量

公司采用单独减值评估和组合减值评估两种方法评估此类金融资产减值损失：对单项金额重大的金融资产是否存在减值的客观证据进行单独评估，对单项金额不重大的金融资产是否存在发生减值的客观证据进行组合评估。如果没有客观证据表明单独评估的金融资产存在减值情况，无论该金融资产金额是否重大，公司将其包括在具有类似信用风险特征的金融资产组别中，再进行组合减值评估。单独进行评估减值并且已确认或继续确认减值损失的资产，不再纳入组合减值评估的

范围。

持有至到期投资、贷款及应收款项金融资产确认减值损失后，如有客观证据表明该金融资产价值已恢复，且客观上与确认该损失后发生的事项有关（如债务人的信用评级已提高等），原确认的减值准备予以转回，计入当期损益。转回后的账面价值不超过假定不计提减值准备情况下该金融资产在转回日的摊余成本。

6.2.1.2.2　可供出售金融资产减值损失的计量

可供出售金融资产发生减值时，原直接计入股东权益中的因公允价值下降形成的累计损失，予以转出，计入当期损益。该转出的累计损失，等于可供出售金融的初始取得成本扣除已收回本金和已摊销金额、当前公允价值和原已计入损益的减值损失后的余额。

在活跃市场中没有报价且其公允价值不能计量的权益工具投资，发生减值时，将该权益工具投资的账面价值，与按照类似金融资产当时市场收益率对未来现金流量折现确定的现值之间的差额，确认减值损失，计入当期损益。

已经确认减值损失的可供出售债务工具，在随后的会计期间公允价值已上升且客观上与确认原减值损失后发生的事项有关，原确认的减值损失予以转回，计入当期损益。可供出售权益工具投资发生的减值损失，不通过损益转回。

6.2.1.2.3　对除金融资产的减值以外的资产减值

（1）可能发生减值资产的认定

公司在资产负债表日判断资产是否存在可能发生减值的迹象。因企业合并所形成的商誉和使用寿命不确定的无形资产，无论是否存在减值迹象，每年都进行减值测试。存在下列迹象的，表明资产可能发生了减值：

资产的市价当期大幅度下跌，其跌幅明显高于因时间的推移或者正常使用而预计的下跌；公司经营所处的经济、技术或者法律等环境以及资产所处的市场在当期或者将在近期发生重大变化，从而对公司产生不利影响；市场利率或者其他市场投资报酬率在当期已经提高，从而影响公司计算资产预计未来现金流量现值的折现率，导致资产可收回金额大幅度降低；有证据表明资产已经陈旧过时或者其实体已经损坏；资产已经或者将被闲置、终止使用或者计划提前处置；公司内部报告的证据表明资产的经济绩效已经低于或者将低于预期，如资产所创造的净现金流量或者实现的营业利润（或者亏损）远远低于（或者高于）预计金额等；其他表明资产可能已经发生减值的迹象。

（2）资产可收回金额的计量

资产存在减值迹象的，估计其可收回金额。可收回金额根据资产的公允价值减去处置费用后的净额与资产预计未来现金流量的现值两者之间较高者确定。资产的公允价值根据公平交易中销售协议价格确定；不存在销售协议但存在资产活跃市场的，公允价值按照该资产的买方出价确定；不存在销售协议和资产活跃市场的，则以可获取的最佳信息为基础估计资产的公允价值。处置费用包括与资产处置有关的法律费用、相关税费、搬运费以及为使资产达到可销售状态所发生的直接费用。

（3）资产减值损失的确定

可收回金额的计量结果表明，资产的可收回金额低于其账面价值的，将资产的账面价值减记至可收回金额，减记的金额确认为资产减值损失，计入当期损益，同时计提相应的资产减值准备。资产减值损失确认后，减值资产的折旧或者摊销费用在未来期间作相应调整，以使该资产在剩余使用寿命内，系统地分摊调整后的资产账面价值（扣除预计净残值）。资产减值损失一经确认，在以后会计期间不能转回。

6.2.2　金融资产四分类的范围和标准

金融资产应当在初始确认时划分为下列四类：

（1）以公允价值计量且其变动计入当期损益的金融资产，包括交易性金融资产和指定为以公允价值计量且其变动计入当期损益的金融资产；取得该金融资产或承担该金融负债的目的，主要是为了近期内出售或回购。属于进行集中管理的可辨认金融工具组合的一部分，且有客观证据表明企业近期采用短期获利方式对该组合进行管理。属于衍生工具。但是，被指定且为有效套期工具的衍生工具、属于财务担保合同的衍生工具、与在活跃市场中没有报价且其公允价值不能可靠计量的权益工具投资挂钩并须通过交付该权益工具结算的衍生工具除外。

（2）持有至到期投资。持有至到期投资，是指到期日固定、回收金额固定或可确定，且企业有明确意图和能力持有至到期的非衍生金融资产。

（3）贷款和应收款项。贷款和应收款项是指在活跃市场中没有报价、回收金额固定或可确定的非衍生金融资产。

（4）可供出售金融资产。可供出售金融资产通常是指企业没有划分为以公允价值计量且其变动计入当期损益金融资产、持有至到期投资、贷款和应收款项的金融资产。

6.2.3　交易性金融资产的核算方法

交易性金融资产取得时以公允价值作为初始确认金额，相关的交易费用在发生时计入当期损益。支付的价款中包含已宣告但尚未发放的现金股利或已到付息期但尚未领取的债券利息，应当单独确认为应收项目。持有期间将取得的利息或现金股利确认为投资收益，期末将公允价值变动计入当期损益。处置时，其公允价值与账面价值之间的差额确认为投资收益，同时调整公允价值变动损益。

6.2.4　可供出售金融资产的核算方法

可供出售金融资产应当按取得该金融资产的公允价值和相关交易费用之和作为初始确认金额。支付的价款中包含的已到付息期但尚未领取的债券利息或已宣告但尚未发放的现金股利，应单独确认为应收项目。可供出售金融资产持有期间取得的利息或现金股利，应当计入投资收益。资产负债表日，可供出售金融资产应当以公允价值计量，且将公允价值变动计入资本公积（其他资本公积）。处置时，将取得的价款与该金融资产账面价值之间的差额，计入投资损益；同时，将原直接计入所有者权益的公允价值变动累计额对应处置部分的金额转出，计入投资损益。

6.2.5　持有至到期投资的核算方法

持有至到期投资应当按取得时的公允价值和相关交易费用之和作为初始确认金额。支付的价款中包含的已到付息期但尚未领取的债券利息，应单独确认为应收项目。持有至到期投资在持有期间应当按照摊余成本和实际利率计算确认利息收入，计入投资收益。实际利率应当在取得持有至到期投资时确定，在该持有至到期投资预期存续期间或适用的更短期间内保持不变。实际利率与票面利率差别较小的，也可按票面利率计算利息收入，计入投资收益。处置持有至到期投资时，应将所取得价款与该投资账面价值之间的差额确认为投资收益。

企业将尚未到期的某项持有至到期投资在本会计年度内出售或重分类为可供出售金融资产的金额，相对于该类投资在出售或重分类前的总额较大时，则公司将该类投资的剩余部分重分类为可供出售金融资产，且在本会计期间或以后两个完整会计年度内不再将任何金融资产分类为持有至到期，但下列情况除外：出售日或重分类日距离该项投资到期日或赎回日较近（如到期前三个月内），市场利率变化对该项投资的公允价值没有显著影响；根据合同约定的定期偿付或提前还款方式收回该投资几乎所有初始本金后，将剩余部分予以出售或重分类；出售或重分类是由于企业无法控制、预期不会重复发生且难以合理预计的独立事项所引起。

6.2.6 长期股权投资的核算方法

6.2.6.1 初始计量

（1）企业合并形成的长期股权投资

同一控制下的企业合并：公司以支付现金、转让非现金资产或承担债务方式以及以发行权益性证券作为合并对价的，在合并日按照取得被合并方所有者权益账面价值的份额作为长期股权投资的初始投资成本。长期股权投资初始投资成本与支付合并对价之间的差额，调整资本公积；资本公积不足冲减的，调整留存收益。合并发生的各项直接相关费用，包括为进行合并而支付的审计费用、评估费用、法律服务费用等，于发生时计入当期损益。

非同一控制下的企业合并：公司在购买日按照《企业会计准则第20号——企业合并》确定的合并成本作为长期股权投资的初始投资成本。

（2）其他方式取得的长期股权投资

以支付现金方式取得的长期股权投资，按照实际支付的购买价款作为初始投资成本；以发行权益性证券取得的长期股权投资，按照发行权益性证券的公允价值作为初始投资成本。

投资者投入的长期股权投资，按照投资合同或协议约定的价值（扣除已宣告但尚未发放的现金股利或利润）作为初始投资成本，但合同或协议约定价值不公允的除外。

在非货币性资产交换具备商业实质和换入资产或换出资产的公允价值能够可靠计量的前提下，非货币性资产交换换入的长期股权投资以换出资产的公允价值为基础确定其初始投资成本，除非有确凿证据表明换入资产的公允价值更加可靠；不满足上述前提的非货币性资产交换，以换出资产的账面价值和应支付的相关税费作为换入长期股权投资的初始投资成本。

通过债务重组取得的长期股权投资，其初始投资成本按照公允价值为基础确定。

6.2.6.2 被投资单位具有共同控制、重大影响的依据

按照合同约定对某项经济活动所共有的控制，仅在与该项经济活动相关的重要财务和经营决策需要分享控制权的投资方一致同意时存在，则视为与其他方对被投资单位实施共同控制；对一个企业的财务和经营决策有参与决策的权力，但并不能够控制或者与其他方一起共同控制这些政策的制定，则视为投资企业能够对被投资单位施加重大影响。

6.2.6.3 后续计量及收益确认

公司能够对被投资单位施加重大影响或共同控制的，初始投资成本大于投资时应享有被投资单位可辨认净资产公允价值份额的差额，不调整长期股权投资的初始投资成本；初始投资成本小于投资时应享有被投资单位可辨认净资产公允价值份额的差额，计入当期损益。

公司对子公司的长期股权投资，采用成本法核算，编制合并财务报表时按照权益法进行调整。对被投资单位不具有共同控制或重大影响，并且在活跃市场中没有报价、公允价值不能可靠计量的长期股权投资，采用成本法核算；对被投资单位具有共同控制或重大影响的长期股权投资，采用权益法核算。

成本法下公司确认投资收益，仅限于被投资单位接受投资后产生的累积净利润的分配额，所获得的利润或现金股利超过上述数额的部分作为初始投资成本的收回。

权益法下在公司确认应分担被投资单位发生的亏损时，按照以下顺序进行处理：首先，冲减长期股权投资的账面价值。其次，长期股权投资的账面价值不足以冲减的，以其他实质上构成对被投资单位净投资的长期权益账面价值为限继续确认投资损失，冲减长期应收项目等的账面价值。最后，经过上述处理，按照投资合同或协议约定企业仍承担额外义务的，按预计承担的义务确认预计负债，计入当期投资损失。

被投资单位以后期间实现盈利的，公司在扣除未确认的亏损分担额后，按与上述相反的顺序处理，减记已确认预计负债的账面余额、恢复其他实质上构成对被投资单位净投资的长期权益及长期股权投资的账面价值，同时确认投资收益。

被投资单位除净损益以外所有者权益其他变动的处理：对于被投资单位除净损益以外所有者权益的其他变动，在持股比例不变的情况下，公司按照持股比例计算应享有或承担的部分，调整长期股权投资的账面价值，同时增加或减少资本公积（其他资本公积）。采用成本法核算的、在活跃市场中没有报价、公允价值不能可靠计量的长期股权投资，其减值损失是根据其账面价值与按类似金融资产当时市场收益率对未来现金流量折现确定的现值之间的差额进行确定。

6.2.7 投资性房地产的核算方法

公司的投资性房地产是指为赚取租金或资本增值，或两者兼有而持有的房地产。主要包括：

（1）已出租的土地使用权；（2）持有并准备增值后转让的土地使用权；（3）已出租的建筑物。公司的投资性房地产采用成本模式计量。公司对投资性房地产成本减累计减值及净残值后按直线法，按估计可使用年限计算折旧，计入当期损益。对使用寿命不确定的已出租的划拨土地使用权不计算折旧。

6.2.8 固定资产计价和折旧方法

6.2.8.1 固定资产确认条件

固定资产指为生产商品、提供劳务、出租或经营管理而持有，并且使用年限超过一年的有形资产。固定资产在同时满足下列条件时予以确认：

（1）与该固定资产有关的经济利益很可能流入企业；（2）该固定资产的成本能够可靠地计量。

6.2.8.2 固定资产的分类

固定资产分类为：房屋及建筑物、运输设备、电子设备、其他设备。

6.2.8.3 固定资产的初始计量

固定资产取得时按照实际成本进行初始计量。

(1)外购固定资产的成本,以购买价款、相关税费、使固定资产达到预定可使用状态前所发生的可归属于该项资产的运输费、装卸费、安装费和专业人员服务费等确定。购买固定资产的价款超过正常信用条件延期支付,实质上具有融资性质的,固定资产的成本以购买价款的现值为基础确定。

(2)自行建造固定资产的成本,由建造该项资产达到预定可使用状态前所发生的必要支出构成。

(3)债务重组取得债务人用以抵债的固定资产,以该固定资产的公允价值为基础确定其入账价值,并将重组债权的账面价值与该用以抵债的固定资产公允价值之间的差额,计入当期损益;

(4)在非货币性资产交换具备商业实质和换入资产或换出资产的公允价值能够可靠计量的前提下,换入的固定资产以换出资产的公允价值为基础确定其入账价值,除非有确凿证据表明换入资产的公允价值更加可靠;不满足上述前提的非货币性资产交换,以换出资产的账面价值和应支付的相关税费作为换入固定资产的成本,不确认损益。

(5)以同一控制下的企业吸收合并方式取得的固定资产按被合并方的账面价值确定其入账价值;以非同一控制下的企业吸收合并方式取得的固定资产按公允价值确定其入账价值。

(6)融资租入的固定资产,按租赁开始日租赁资产公允价值与最低租赁付款额现值两者中较低者作为入账价值。

6.2.8.4 固定资产折旧

固定资产以取得时的实际成本入账,并从其达到预定可使用状态的次月起,采用直线法提取折旧。各类固定资产的估计残值率、折旧年限和年折旧率如下:

类别	估计残值率(%)	折旧年限(年)	年折旧率(%)
房屋建筑物	5	50	1.9
电子设备	0~5	3~5	19~33
运输工具及其他设备	5	4~8	19~23.75

6.2.9 无形资产计价及摊销政策

无形资产按照成本进行初始计量,使用寿命有限的无形资产,在其使用寿命内采用直线法摊销,于每年年度终了,对使用寿命有限的无形资产的使用寿命及摊销方法进行复核,必要时进行调整。对使用寿命不确定的无形资产,无论是否存在减值迹象,每年均进行减值测试。此类无形资产不予摊销,在每个会计期间对其使用寿命进行复核。如果有证据表明使用寿命是有限的,则按上述使用寿命有限的无形资产的政策进行会计处理。出售无形资产,应当将取得的价款与该无形资产账面价值的差额计入当期损益。无形资产预期不能为企业带来经济利益的,应当将无形资产的账面价值予以转销。

6.2.10 长期应收款的核算方法

长期应收款核算企业融资租赁产生的应收款项和采用递延方式分期收款、实质上具有融资性质的销售商品和提供劳务等经营活动产生的应收款项。出租人融资租赁产生的应收租赁款,应按租赁开始日最低租赁收款额与初始直接费用之和确认为长期应收款。企业采用递延方式分期收款、实质上具有融资性质的销售商品或提供劳务等经营活动产生的长期应收款,按应收合同或协议价款确认。根据合同或协议每期收到承租人或购货单位(接受劳务单位)偿还的款项,减少长期应收款。长期应收款的期末借方余额,反映企业尚未收回的长期应收款。

6.2.11 长期待摊费用的摊销政策

筹建期间发生的费用,除用于购建固定资产以外,于公司开始生产经营当月起一次计入当期损益。

其他长期待摊费用在相关项目的受益期内平均摊销。

6.2.12 合并会计报表的编制方法

合并财务报表反映本公司及子公司形成的集团报表整体财务状况、经营成果和现金流量。

合并财务报表的合并范围以控制为基础予以确定。控制指一个企业能够决定另一个企业的财务和经营政策,并能据以从另一个企业的经营活动中获取利益的权力。合并财务报表以本公司及子公司的财务报表为基础,由本公司编制。本公司及子公司保持一致的会计政策、会计期间。本公司及子公司的内部交易及余额在编制合并财务报表时予以抵销,归属于子公司的少数股东权益和损益分别在合并资产负债表和合并利润表中单独列示。子公司少数股东分担的当期亏损超过了少数股东在该子公司期初股东权益中所享有的份额,除公司章程或股东协议规定少数股东有义务承担,并且少数股东有能力予以弥补的部分外,其余部分冲减本公司股东权益。该子公司以后期间实现的利润,在弥补了由本公司股东权益所承担的属于少数股东的损失之前,全部归属于本公司的股东权益。

通过同一控制下企业合并取得的子公司,在编制当期合并财务报表时,视同被合并子公司在最终控制方对其开始实施控制时纳入合并财务报表范围,并对合并财务报表的年初数及前期比较报表进行相应调整,且自最终控制方对被合并子公司开始实施控制时起将合并子公司的各项资产、负债以其账面价值纳入合并资产负债表,被合并子公司的经营成果纳入合并利润表。通过非同一控制下企业合并取得的子公司在编制当期合并财务报表时,以购买日确定的各项可辨认资产、负债的公允价值为基础对子公司的财务报表进行调整,并自购买日起将被购买子公司资产、负债及经营成果纳入合并财务报表中。

6.2.13 收入确认原则和方法

收入是在经济利益能够流入本公司,以及相关的收入和成本能够可靠地计量时,根据下列方法确认:

(1)利息收入

利息收入按让渡资金使用权的时间和适用利率计算确定。在与交易相关的经济利益能够流入、且有关收入可以可靠计量时,按权责发生制确认。发放贷款本金到期(含展期,下同)90天后尚未收回的,其应计利息停止计入当期利息收入,纳入表外核算;对已计提的贷款应收利息,如在贷款到期90天后仍未收回,或在应收利息逾期90天后仍未收到,则冲减原已计入损益的利息收入,转作表外核算。贷款自应计贷款转为非应计贷款后,在收到该笔贷款的还款时,首先冲减本金;待本金全部收回后,再收到的还款则确认为当期利息收入。

(2)担保业务收入

在同时满足以下条件时予以确认:担保合同成立并承担相应担保责任;与担保合同相关的经济利益能够流入企业;与担保合同相关的收入能够可靠地计量。

6.2.14 所得税的会计处理方法

公司所得税核算采用资产负债表债务法。

公司确认递延所得税资产以很可能取得用来抵扣可抵扣暂时性差异的应纳税所得额为限，确认由可抵扣时间性差异产生的递延所得税资产。但不包括同时具有下列特征的交易中因资产或负债的初始确认所产生的递延所得税资产：

（1）该项交易不是企业合并。

（2）交易发生时既不影响会计利润也不影响应纳税所得额（或可抵扣亏损）。

6.2.15 信托报酬确认原则和方法

信托报酬是指信托公司对信托财产进行管理而收取的管理费或佣金，信托报酬收取的标准一般是与委托人或受益人等有关当事人协商确定的。若信托报酬由信托财产承担，则按照信托合同的约定来计算、提取并按权责发生制确认信托报酬收入；若信托报酬由委托人等有关当事人直接承担，则按协议约定另行向有关当事人收取，并按权责发生制确认信托报酬收入。

6.3 或有事项说明

如果本公司须就已发生的事件承担现时义务，且该义务的履行很可能会导致经济利益流出企业，以及有关金额能够可靠地估计，本公司便会对该义务计提预计负债。如果上述义务的履行导致经济利益流出企业的可能性较低，或是无法对有关金额作出可靠地估计，该义务将被披露为或有负债。

报告期末，公司无对外担保及其他或有事项

6.4 重要资产转让及其出售的说明

报告期内，公司无重要资产转让及其出售。

6.5 会计报表中重要项目的明细资料

6.5.1 披露自营资产经营情况

6.5.1.1 按信用风险五级分类的结果披露信用风险资产的期初数、期末数

信用风险资产五级分类	正常类（万元）	关注类（万元）	次级类（万元）	可疑类（万元）	损失类（万元）	信用风险资产合计（万元）	不良资产合计（万元）	不良资产率（%）
期初数	289 574.29	—	—	1 926.70	1 792.10	293 293.09	3 718.80	1.27
期末数	392 882.52	—	—	1 833.70	1 739.18	396 455.40	3 572.88	0.90

注：不良资产合计 = 次级类 + 可疑类 + 损失类。

6.5.1.2 各项资产减值损失准备的期初、本期计提、本期转回、本期核销、期末数

单位：万元

	期初数	本期计提	本期转回	本期核销	期末数
贷款损失准备	—	—	—	—	—
一般准备	—	—	—	—	—
专项准备	—	—	—	—	—
其他资产减值准备	1 099.12	—	—	—	1 099.12
持有至到期投资减值准备	—	—	—	—	—
长期股权投资减值准备	—	—	—	—	—
坏账准备	2 450.31	—	52.92	—	2 397.39
投资性房地产减值准备	409.89	—	—	—	409.89

6.5.1.3 按投资品种分类，分别披露固有业务股票投资、基金投资、债权投资、股权投资等投资业务的期初数、期末数

单位：万元

	自营股票	基金	债券	长期股权投资	其他投资	合计
期初数	—	—	991.00	530 388.01	386 664.88	918 043.89
期末数	—	—	991.00	536 122.58	393 032.49	930 146.07

6.5.1.4 前五名的自营长期股权投资的企业名称、占被投资企业权益的比例、主要经营活动及投资收益情况

企业名称	占被投资企业权益的比例（%）	主要经营活动	投资损益（万元）
国信证券股份有限公司	30	证券的代理、承销、咨询及自营买卖业务	54 645.75
深圳红树林创业投资有限公司	100	创业投资	—

6.5.1.5 前五名的自营贷款的企业名称、占贷款总额的比例和还款情况等

无。

6.5.1.6 表外业务的期初数、期末数

无。

6.5.1.7 公司当年的收入结构

收入结构	金额（万元）	占比（%）
手续费及佣金收入	70 030.95	43.52
其中：信托手续费收入	70 030.95	43.52
投资银行业务收入	—	—
利息收入	11 108.97	6.91
其他业务收入	1 098.52	0.68
其中：计入信托业务收入部分	—	—
投资收益	78 564.61	48.82
其中：股权投资收益	54 645.75	33.96
证券投资收益	—	—
其他投资收益	23 918.86	14.86
公允价值变动收益	—	—
营业外收入	111.92	0.07
收入合计	160 914.97	100.00

6.5.2 披露信托资产管理情况

6.5.2.1 信托资产的期初数、期末数

单位：万元

信托资产	期初数	期末数
集合类	2 819 371.87	4 327 726.22
单一类	3 697 830.59	8 200 794.09
财产管理类	12 518.00	111 724.40
合计	6 529 720.46	12 640 244.71

6.5.2.1.1 主动管理型信托业务的信托资产期初数、期

末数，分证券投资、股权投资、融资、事务管理类分别披露

单位：万元

主动管理型信托资产	期初数	期末数
证券投资类	2 642 682. 27	2 545 211. 20
股权投资类	45 041. 78	777 652. 87
融资类	2 378 745. 48	6 010 729. 33
事务管理类	174 264. 27	318 997. 37
其他类	320 025. 49	363 521. 52
合计	5 560 759. 29	10 016 112. 29

6. 5. 2. 1. 2　被动管理型信托业务的信托资产期初数、期末数，分证券投资、股权投资、融资、事务管理类分别披露

单位：万元

被动管理型信托资产	期初数	期末数
证券投资类	20 459. 85	—
股权投资类	—	—
融资类	948 501. 28	438 321. 55
事务管理类	0. 04	—
其他类	—	2 185 810. 87
合计	968 961. 17	2 624 132. 42

6. 5. 2. 2　本年度已清算结束的信托项目个数、实收信托合计金额、加权平均实际年化收益率

6. 5. 2. 2. 1　本年度已清算结束的集合类、单一类资金信托项目和财产管理类信托项目个数、实收信托金额、加权平均实际年化收益率

已清算结束信托项目	项目个数	实收信托合计金额（万元）	加权平均实际年化收益率（%）
集合类	28	375 678. 78	8. 84
单一类	25	1 047 666. 70	5. 59
财产管理类	—	—	—

注：收益率是指信托项目清算后，给受益人赚取的实际收益水平，加权平均实际年化收益率 =（信托项目 1 的实际年化收益率 × 信托项目 1 的实收信托 + 信托项目 2 的实际年化收益率 × 信托项目 2 的实收信托 +…信托项目 n 的实际年化收益率 × 信托项目 n 的实收信托）/（信托项目 1 的实收信托 + 信托项目 2 的实收信托 +…信托项目 n 的实收信托）×100%。

6. 5. 2. 2. 2　本年度已清算结束的主动管理型信托项目个数、实收信托合计金额、加权平均实际年化收益率，分证券投资、股权投资、融资、事务管理类分别计算并披露

已清算结束信托项目	项目个数	实收信托合计金额（万元）	加权平均实际年化收益率（%）
证券投资类	13	222 073. 48	14. 21
股权投资类	—	—	—
融资类	33	760 923. 96	6. 02
事务管理类	—	—	—

注：加权平均实际年化信托报酬率 =（信托项目 1 的实际年化信托报酬率 × 信托项目 1 的实收信托 + 信托项目 2 的实际年化信托报酬率 × 信托项目 2 的实收信托 +…信托项目 n 的实际年化信托报酬率 × 信托项目 n 的实收信托）/（信托项目 1 的实收信托 + 信托项目 2 的实收信托 +…信托项目 n 的实收信托）×100%。

6. 5. 2. 2. 3　本年度已清算结束的被动管理型信托项目个数、实收信托合计金额、加权平均实际年化收益率。分证券投资、股权投资、融资、事务管理类分别计算并披露

已清算结束信托项目	项目个数	实收信托合计金额（万元）	加权平均实际年化收益率（%）
证券投资类	—	—	—
股权投资类	—	—	—
融资类	7	440 348. 04	4. 15
事务管理类	—	—	—

6. 5. 2. 3　本年度新增的集合类、单一类和财产管理类信托项目个数、实收信托合计金额

单位：万元

新增信托项目	项目个数	实收信托合计金额（万元）
集合类	59	2 604 597. 00
单一类	99	5 029 208. 00
财产管理类	1	100 000. 00
新增合计	159	7 733 805. 00
其中：主动管理型	158	7 153 805. 00
被动管理型	1	580 000. 00

注：本年新增信托项目指在本报告年度内累计新增的信托项目个数和金额，包含本年度新增并于本年度内结束的项目和本年度新增至报告期末仍在持续管理的信托项目。

6. 5. 2. 4　信托业务创新成果和特色业务有关情况

公司自 2009 年末开始开展自主管理的组合证券投资信托，并发行了托付宝 TOF 系列产品。自托付宝系列成立以来，通过主动管理、动态优化，在证券市场持续低迷的情况下仍取得了良好的业绩。以 TOF—1 号为例，从 TOF—1 号成立至 2011 年 12 月末，TOF—1 号的区间累计回报不仅大幅跑赢沪深 300 指数约 32 个百分点，并领先于代表公募股票基金平均水平的中证股票基金指数近 21 个百分点，还持续超越代表阳光私募平均水平的晨星中国・华润信托对冲基金指数 MCRI 近 10 个百分点。这不仅为公司开展主动管理的 FOHF 类产品打下良好的投研和管理基础，也为公司将来大规模开展此类业务积累了优秀的业绩记录。

2011 年 5 月，公司发行国内首只零售业发展基金，在高收益的投资性房地产业务中通过信托嫁接基金，采取良好的风险控制措施，为投资者提供了一个长期投资、高收益的产品，为银泰集团提供定制化城市综合体开发融资方案。在《融资中国》评选的 2011 年房地产基金推动奖中评选为“最具影响力信托奖”。

2011 年 12 月，公司发行了国内首只煤炭资源整合并购基金。在高收益的投资性矿产资源整合业务中通过信托嫁接基金，结合良好的风险控制措施，为投资者提供了一个长期投资、高收益的产品，同时缓解了煤炭资源整合企业资金压力。变传统的被动式、短期化、低收益的银信合作为主动式、长期化、高收益的业务伙伴。

6. 5. 2. 5　本公司履行受托人义务情况及因本公司自身责任而导致的信托资产损失情况

6. 5. 2. 5. 1　履行受托人义务情况

公司按照《中华人民共和国信托法》、《信托投资公司管理办法》和《信托投资公司资金信托管理暂行办法》等法律法规的规定严格履行受托人的义务：（1）严格遵守信托文件的规定，恪尽职守，履行诚实、信用、谨慎、有效管理的义务，为受益人的利益处理信托事务。（2）每个信托计划设立后，按照信托合同的

规定，定期将信托资金运用及收益情况告知信托文件规定的人。(3)将信托财产与公司固有财产分别管理、分别记账；并对不同的信托财产分别管理；根据不同的信托资金分别开设独立的银行账户。(4)信托合同到期、集合信托计划终止时，根据信托合同的规定，以信托财产为限向受益人支付信托利益。同时，在信托终止后及时作出处理信托事务的清算报告，按合同约定方式报告。(5)妥善保管处理信托事务的完整记录、原始凭证及资料，保存期自信托计划终止之日起十五年。同时对委托人、受益人以及处理信托事务的情况和资料依法保密。(6)根据信托合同及信托计划约定履行其他管理义务。

6.5.2.5.2　2011年因公司自身责任导致的信托资产损失；集合信托资产管理发生重大诉讼及赔付等情况

无。

6.5.2.6　信托赔偿准备金的提取、使用和管理情况

公司根据《信托投资公司管理办法》的规定，每年从税后利润提取5%的信托赔偿金，截至2011年末累计提取了41 164.69万元。到目前为止，公司未发生过对信托产品赔偿的事项。

6.6　关联方关系及其交易的披露

6.6.1　关联交易方的数量、关联交易的总金额及关联交易的定价政策等

	关联交易方数量	关联交易金额(万元)	定价政策
合计	8	200 926.62	详见注

注：关联交易的定价政策，本公司董事会认为上述交易根据正常的商业交易条件进行，并以一般交易价格为定价基础。

6.6.2　关联交易方与本公司的关系性质、关联交易方的名称、法定代表人、注册地址、注册资本及主营业务等

关系性质	关联方名称	法定代表人	注册地址	注册资本	主营业务
投资者	深圳市人民政府国有资产监督管理委员会	张晓莉	深圳市福田区深南大道4009号投资大厦17楼		代表国家履行出资人职责，依法对企业国有资产进行监管。
同一母公司控制公司	华润（集团）有限公司	宋林	香港湾仔港湾道26号华润大厦49楼	900 001港元	涉及电力、房地产、消费品、医药、金融、水泥和燃气等多个领域。
同一最终控制母公司	北京华润大厦有限公司	陈鹰	北京市东城区建国门北大街8号	1 200美元	在规划范围内进行房屋及附属配套设施开发、建设及物业管理，包括写字楼的出售、商业设施的租售。
同一最终控制母公司	北京优高雅装饰工程有限公司	吴秉琪	北京市东城区大雅宝胡同1号梓峰大厦4028号	200美元	为承接国内外各项工程的装饰装修并提供相关服务。

续表

关系性质	关联方名称	法定代表人	注册地址	注册资本	主营业务
同一最终控制母公司	华润深圳湾发展有限公司	孔小凯	深圳市南山区滨海大道3001号深圳湾体育中心体育场三楼	38 000港元	从事深圳湾体育中心的开发、建设、经营。
母公司重大影响的其他企业	万科企业股份有限公司	王　石	深圳市盐田区大梅沙环梅路33号万科中心	1 099 521万元	兴办实业(具体项目另行申报)；国内商业、物资供销业(不含专营、专控、专卖商品)；进出口业务(按深经发审证字第113号外贸企业审定证书规定办理)；房地产开发。
重大影响的其他企业	深国投商用置业有限公司	蒋伟	深圳市福田区农林路69号深国投广场2号楼9层	80 000万元	在合法取得土地使用权范围内从事房地产开发经营；自有物业出租；商业信息咨询；从事货物、技术进出口业务(不含分销、国家专营专控商品)等。
联营公司	国信证券股份有限公司	何如	深圳市罗湖区红岭中路1012号国信证券大厦十六层至二十六层	700 000万元	证券(含境内上市外资股)的代理买卖等。

6.6.3　本公司与关联方的重大交易事项

6.6.3.1　固有与关联方：贷款、投资、租赁、应收账款、担保、其他方式等期初汇总数、本期借方和贷方发生额汇总数、期末汇总数

单位：万元

固有与关联方关联交易				
	期初数	借方发生额	贷方发生额	期末数
贷款	—	—	—	—
投资	—	—	—	—
租赁	—	—	—	—
担保	—	—	—	—
应收账款	—	—	—	—
其他应收款项	271.76	0.30	0.45	271.61
其他应付款项	468.17	747.44	934.28	655.01
合计	739.93	747.74	934.73	926.62

6.6.3.2　信托与关联方交易情况：贷款、投资、租赁、应收账款、担保、其他方式等期初汇总数、本期借方和贷方发生额汇总数、期末汇总数

单位:万元

信托与关联方关联交易				
	期初数	借方发生数	贷方发生数	期末数
贷款	100 000.00	100 000.00	—	200 000.00
投资				
租赁				
担保				
应收账款				
其他				
合计	100 000.00	100 000.00	—	200 000.00

6.6.3.3　信托公司自有资金运用于自己管理的信托项目(固信交易),信托公司管理的信托项目之间的相互(信信交易)交易金额、包括余额和本报告年度的发生额

6.6.3.3.1　固有财产与信托财产之间的交易金额期初汇总数、本期发生额汇总数、期末汇总数

单位:万元

固有财产与信托财产相互交易			
	期初数	本期发生数	期末数
合计	—	—	—

6.6.3.3.2　信托项目之间的交易金额期初汇总数、本期发生额汇总数、期末汇总数

单位:万元

信托资产与信托财产相互交易			
	期初数	本期发生数	期末数
合计	—	—	—

6.6.4　逐笔披露关联方逾期未偿还本公司资金的详细情况以及本公司为关联方担保发生或即将发生垫款的详细情况

无。

6.7　会计制度的披露

本公司固有业务及信托业务均执行财政部2006年2月15日颁布的《企业会计准则》及其补充规定。

7. 财务情况说明书

7.1　利润实现和分配情况

7.1.1　母公司利润实现和分配情况

经天职国际会计师事务所有限公司审计,2011年度母公司利润总额128 150.21万元,扣除所得税费用20 579.86万元,实现净利润107 570.35万元。根据公司章程及财务制度的相关规定,按以下利润分配方案分配2011年度利润:

(1)根据中国人民银行《信托投资公司管理办法》的规定,按净利润的5%计提信托赔偿准备金5 378.52万元。

(2)根据公司章程,按净利润的10%提取法定盈余公积10 757.03万元。

7.1.2　合并利润实现和分配情况

经天职国际会计师事务所有限公司审计,2011年度公司合并利润总额128 938.33万元,扣除所得税费用20 580.81万元,实现净利润108 357.52万元。根据公司章程及财务制度的相关规定,按以下利润分配方案分配2011年度利润:

(1)根据中国人民银行《信托投资公司管理办法》的规定,按母公司净利润的5%计提信托赔偿准备金5,378.52万元。

(2)根据公司章程,按母公司净利润的10%提取法定盈余公积10 757.03万元。

7.2　主要财务指标

指标名称	指标值合并	指标值母公司
资本利润率(%)	12.67	12.58
加权年化信托报酬率(%)	0.93	0.93
人均净利润(万元/人)	662.74	657.92

注:1. 资本利润率=净利润/所有者权益平均余额×100%。

2. 加权年化信托报酬率=(信托项目1的实际年化信托报酬率×信托项目1的实收信托+信托项目2的实际年化信托报酬率×信托项目2的实收信托+…信托项目n的实际年化信托报酬率×信托项目n的实收信托)/(信托项目1的实收信托+信托项目2的实收信托+…信托项目n的实收信托)×100%,按监管要求,加权年化信托报酬率指标反映的是报告年度清算结束项目的信托报酬率,并不代表公司报告年度全部项目的实际加权年化信托报酬率。

3. 人均净利润=净利润/年平均人数。

4. 平均值采取期初、期末余额简单平均法,公式为:a(平均)=(期初数+期末数)/2。

7.3　对本公司财务状况、经营成果有重大影响的其他事项

无。

7.4　本公司净资本情况

风险管理指标监管表

2011年12月31日

编制单位:华润深国投信托有限公司

项　目	年末余额	监管标准
净资本(万元)	739 217.26	≥2亿元
固有业务风险资本(万元)	104 972.16	
信托业务风险资本(万元)	82 552.19	
其他业务风险资本(万元)	—	
各项业务风险资本之和(%)	187 524.35	
净资本/各项业务风险资本之和(%)	394.20	≥100
净资本/净资产(%)	84.01	≥40

8. 特别事项揭示

8.1　前五名股东报告期内变动情况及原因

无。

8.2　董事、监事及高级管理人员变动情况及原因

8.2.1　董事变动情况及原因

报告期内无变动。

8.2.2　高级管理人员变动情况及原因

报告期内无变动。

8.3　变更注册资本、变更注册地或公司名称、公司分立合并事项

无。

8.4 公司的重大诉讼事项

无。

8.5 公司及其董事、监事和高级管理人员受到处罚的情况

无。

8.6 银监会及其派出机构对公司检查意见

无。

8.7 本年度重大事项临时报告的简要内容、披露时间、所披露的媒体及其版面

无。

8.8 银监会及其省级派出机构认定的其他有必要让客户及相关利益人了解的重要信息

无。

9. 公司监事会意见

报告期内，公司的决策程序符合国家法律、法规和公司的章程及相关制度，建立健全了比较有效的内部控制制度，董事会全体成员及董事会聘任的高级管理人员认真履行了职责，未发现有违法、违规、违章的行为，也没有损害公司利益、股东利益和委托人利益的行为。公司财务报告真实反映了公司财务状况和经营成果。

华鑫国际信托有限公司

1. 重要提示

1.1 本公司董事会及董事保证本报告所载资料不存在任何虚假记载、误导性陈述或者重大遗漏，并对其内容的真实性、准确性和完整性承担个别及连带责任。本年度报告摘要摘自年度报告全文，客户及相关利益人欲了解详细内容，应阅读年度报告全文。

1.2 独立董事吴晓球、王昊认为本报告内容是真实、准确、完整的。

1.3 公司董事长郝彬，总经理朱勇，主管会计工作负责人首席财务官杨丹青及会计部门负责人王晓波声明：保证年度报告中财务报告的真实、完整。

2. 公司概况

2.1 公司简介

华鑫国际信托有限公司（以下简称华鑫信托）是经中国银行业监督管理委员会依法批准设立的非银行金融机构，前身为佛山国际信托投资有限公司，于2008年12月24日重新登记并更名为华鑫国际信托有限公司，2009年9月完成验资工作，注册资本金3.2亿元，其中中国华电集团公司占比为51%、中国华电集团财务有限公司占比为49%；2010年2月9日取得中国银监会颁发的金融许可证，经营地址迁至北京市西城区，并于2010年3月18日正式挂牌开业；2010年12月23日，经股东方同意并报中国银监会批准，股东同比例增资至12亿元。

2.1.1 公司法定中文名称：华鑫国际信托有限公司
公司英文名称：China Fortune International Trust Co., Ltd.
公司英文名称缩写：CHINA FORTUNE TRUST

2.1.2 公司法定代表人：郝彬

2.1.3 公司注册地址：北京市西城区宣武门内大街2号华电大厦B座11层
邮政编码：100031
公司国际互联网网址：http://www.cfitc.com
公司电子信箱：hxxt@cfitc.com

2.1.4 公司负责信息披露事务人员
联系人：李扬建
联系电话：400－680－1616
传真：010－83568281
电子信箱：servic@cfitc.com

2.1.5 公司信息披露报纸名称：《金融时报》
公司年度报告备置地点：北京市西城区宣武门内大街2号华电大厦B座11层

2.1.6 公司聘请的会计师事务所名称：大信会计师事务所
公司聘请的会计师事务所住所：北京市海淀区知春路1号学院国际大厦15层
公司聘请的律师事务所名称：北京市兆源律师事务所
公司聘请的律师事务所住所：北京市西城区宣武门西大街甲129号金玉大厦

2.2 组织结构

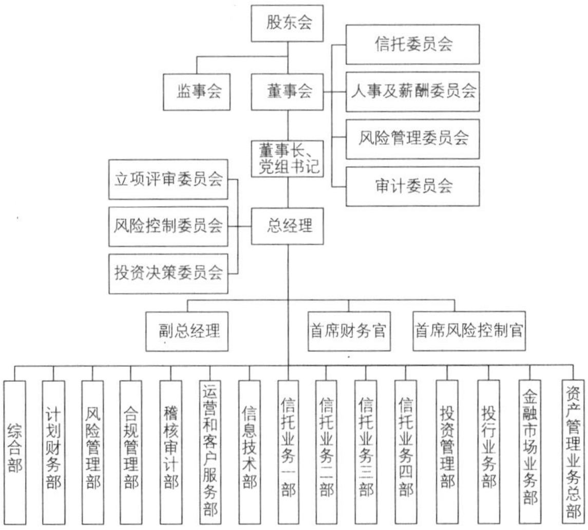

3. 公司治理结构

3.1 股东

股东总数：2个

股东名称	持股比例(%)	法人代表	注册地址	主营业务
中国华电集团公司★	51	云公民	北京市西城区宣武门内大街2号A座	许可经营项目：对外派遣境外工程所需的劳务人员；一般经营项目：实业投资及经营管理；电源的开发、投资、建设、经营和管理等。
中国华电集团财务有限公司	49	王 曦	北京市西城区宣武门内大街2号B座10层	对成员单位办理财务和融资、担保、结算等；从事同业拆借；对金融机构的股权投资；中国银行业监督管理委员会批准的其他业务等。

★中国华电集团公司为实际控制人。

3.2 董事会成员

董事长、董事

姓名	职务	性别	出生年月	出任时间	简要履历
郝彬	董事长	男	1962	2010年10月28日	曾任华信保险公司总经理，中国华电集团资本控股公司党组成员、副总；现任华鑫信托董事长、党组书记。
刘蒴	董事	男	1971	2011年11月8日	曾任山西煤炭进出口集团业务副经理，北京瑞诚创投公司总经理，山西能源产业集团副总，山西国际能源集团副总，现任中国华电财务公司党组成员、副总经理。
胡忠良	董事	男	1973	2010年10月28日	曾任神华集团办公厅业务经理，神华集团公司领导秘书、业务经理，中国华电集团正处长级秘书；现任中国华电集团财务公司副总、党组成员。
陈宇	董事	女	1963	2009年11月2日	曾任建设银行总行信贷管理部副处长，建设银行总行大客户办公室处长，建设银行总行公司业务处长，中国华电财务公司党组成员、副总；现任中国华电集团金融产业部主任。

独立董事

姓名	职务	性别	出生年月	任职时间	简要履历
吴晓球	独立董事	男	1959	2009年11月2日	曾任中国人大财政金融学院副院长、教授、博士生导师、校学术委员会委员、财政金融学院教授、博士生导师、研究生院副院长；现任中国人大校长助理、研究生院常务副院长、校学位委员会委员、秘书长、校学术委员会委员、财政金融学院教授、博士生导师、教育部长江学院特聘教授。
王昊	独立董事	女	1975	2009年11月2日	曾任北京市瑞银律师合伙人；英国 LAMB CHAMBERS 实习；黎明网络公司法律事务部经理；现任德国百达律师事务所北京办事处中国法律顾问。

3.3 监事、监事会

监事会成员

姓名	职务	性别	出生年月	选任日期	简要履历
李长旭	监事会主席	男	1962	2010年10月28日	曾任审计署驻电力部审计局一处主任科员，审计署驻电力部审计局三处副处长，国家电力公司审计局生产审计处副处长，电力公司审计部审计二处副处长，国家电力公司审计部正处级职员，国家电力公司审计部综合处处长，中国华电集团公司监察审计部副主任，中国华电集团公司审计部副主任（主持工作）；现任中国华电集团审计部主任。
张学云	监事	男	1962	2009年11月2日	曾任湖北省武汉供电局财会，华中电管局（电力部中南审计分局、华中电力集团、国电华中公司）审计部主审、主持一处工作；现任中国华电集团财务有限公司，监察审计部经理。
王晓波	监事	男	1973	2010年10月28日	曾任黑龙江龙电置业有限公司财务部主管会计，华电能源股份有限公司审计部审计员，华电能源股份有限公司审计部副经理，华电能源股份有限公司监察审计部副主任，华电能源股份有限公司监察审计部主任；现任华鑫国际信托有限公司计划财务部经理。

3.4 高级管理人员

姓名	职务	性别	出生年月	选任日期	简要履历
朱勇	总经理	男	1968	2010年11月2日	曾任中国农业发展银行总行信贷一部主任科员，经济师，中信证券股份有限公司资产管理部研究主管，中信信托有限责任公司资金运用部副总经理（主持工作），中信信托有限责任公司资产管理部副总经理（主持工作），中信信托有限责任公司资产管理部总经理，中信信托有限责任公司资本市场业务总监兼资产管理部总经理；现任华鑫国际信托有限公司党组成员、总经理。
兰强	副总经理	男	1972	2010年10月28日	曾任中国有色海南金海机电设备公司总经理助理兼证券期货投资部经理，上海紫江企业集团股份有限公司投资部总经理；上海联合产权交易所产权处处长，中交投资有限公司资产管理部总经理；现任华鑫国际信托有限公司党组成员、副总经理。
杨丹青	首席财务官	女	1967	2009年11月2日	曾任中国电力企业联合会财务部干部，电力部经济调节司价格处主任科员，国家电力公司财务产权部价格处 副处，中国华电集团公司财务部处长、主任，华鑫国际信托有限公司财务总监；现任华鑫国际信托有限公司党组成员、首席财务官。
蔡概还	首席风险控制官	男	1971	2010年10月28日	曾任全国人大财经委经济法室干部，中国银行业监督管理委员会非银部市场准入处主任科员、制度处副处、法规部立法二处处长，在中国对外经济贸易信托有限公司挂职任总经理助理；现任华鑫国际信托有限公司党组成员、首席风险控制官。

3.5 公司员工

项目		报告期年度		上年度	
		人数	比例(%)	人数	比例(%)
年龄分布	25岁以下	5	5.5	5	10.6
	25~29岁	24	26.6	21	44.6
	30~39岁	52	57.7	8	17
	40岁以上	9	10	13	27.6
学历分布	博士	3	3.3	2	4.2
	硕士	47	52.2	20	42.5
	本科	30	33.3	15	31.9
	专科	7	7.7	7	14.8
	其他	3	3.3	3	6.3
岗位分布	董事、监事及其高管人员	13	10	13	27.6
	自营业务人员	4	4.4	3	6.3
	信托业务人员	50	55.5	21	44.6
	其他人员	36	40	23	48.9

4. 经营管理

4.1 经营目标、方针、战略规划

2011年是华鑫信托第一个完整经营年度。信托业务方面,华鑫信托根据"十二五"规划和2011年工作安排,初步形成了"矿业信托、阳光私募类信托、股票质押信托、TOT类信托、基金类信托"等产品线,截至2011年12月末,公司管理资产规模达571.66亿元,产品进一步丰富,业务结构日趋合理。

固有业务方面,先后完成了多个风险可控的大规模项目;并探索出超短期过桥贷款、信贷资产过桥转让等新的利润增长点。全年实现固有业务收入1.15亿元,取得了较好的投资回报。

4.2 所经营业务的主要内容

4.2.1 资本充足率、资产质量和盈利状况

(1)截至2011年末,华鑫信托固有资产13.76亿元,固有负债1.45亿元,所有者权益12.31亿元。公司资本充足,所有者权益比率为89.46%。(2)公司对不良资产计提资产损失准备充足,整体资产质量较好。(3)报告期内实现收入合计3.71亿元,实现利润总额2.38亿元,净利润1.96亿元。2011年总资产利润率(税前利润/年均总资产)为19.75%,主营业务收益率(净利润/营业总收入)为52.87%。

4.2.2 经营的主要业务、品种

业务主要分为资产管理和信托业务两个大类:

(1)资产管理。目前主要从事面向资本市场的股票、基金、债券及组合投资以及项目融资等业务。(2)信托服务。目前主要从事矿产能源信托、水电投融资信托、有价证券投资信托、上市公司股票或金融机构股权质押信托、票据信托等业务。

4.2.3 资产组合与分布

公司年度报告显示,货币资产占总资产比率为2.35%,贷款及应收款占65.61%,可供出售金融资产占19.52%,持有至到期投资占11.91%,其他资产占0.61%。

4.2.3.1 自营资产运用与分布表

资产运用	金额(万元)	占比(%)	资产分布	金额(万元)	占比(%)
货币资金	3 230.17	2.35	房地产	52 390.00	38.09
贷款及应收款	90 257.50	65.61	基础产业	19 800.00	14.39
持有至到期投资	16 386.48	11.91	金融机构	35 955.22	26.14
可供出售金融资产	26 847.42	19.52	证券	10 508.85	7.64
其他资产	835.55	0.61	其他	18 903.04	13.74
资产运用总计	137 557.11	100	资产分布合计	137 557.11	100

4.2.3.2 信托资产运用与分布表

资产运用	金额(万元)	占比(%)	资产分布	金额(万元)	占比(%)
货币资产	701 065.01	12.57	基础产业	742 993.00	13.32
贷款	467 289.75	8.38	房地产	798 503.00	14.31
交易性金融资产投资	123 933.27	2.22	证券市场	123 933.26	2.22
可供出售金融资产投资	156 180.00	2.80	工商企业	551 898.74	9.89
持有至到期投资	2 917 281.48	52.28	金融机构	2 220 373.78	39.80
长期股权投资	489 752.12	8.78	其他	1 141 311.22	20.46
其他	723 511.37	12.97			0.00
信托资产总计	5 579 013.00	100	信托资产总计	5 579 013.00	100

4.3 市场分析

4.3.1 宏观经济形势分析:

从国际经济形势来看,2011年总体上延续复苏态势,各国刺激经济增长的大方向没有改变。但国际金融危机的深层次影响没有完全消除,美国债务违约存在巨大风险;欧洲主权债务危机继续深化,潜在冲击的影响巨大。

从国内经济形势来看,2011年是"十二五"的开局之年,各级政府积极谋划发展,国内经济总体保持平稳运行:工业、农业生产继续保持平稳增长,消费、投资、出口三大需求平衡增长。但在发达国家宽松货币政策和全球充裕流动性支撑下,输入性通货膨胀压力进一步上升,国内物价在诸多因素推动下,明显面临着较大的上涨压力,"稳定物价"成为2011年的首要任务。"十二五"政策内容包括调整优化投资结构;在产业政策导向上,主要是力推技术进步与产业升级;促进城乡居民收入较快增长,以上政策的规划实施将给经济注入新活力、新动力,对促进信托公司优化业务结构,合理布局资金,促进经济增长,起到有力的导向作用。

4.3.2 行业形势分析

信托行业自2007年清理整顿之后,进入一个全新的发展阶段。行业规模迅速扩张,盈利能力提升显著,信托行业整体实力显著增强。2011年市场投融资环境整体低迷,房地产宏观政策的持续调控,放缓了信托公司的增长。信托行业在政府的监管和指导下不断规范业务,提升自主管理能力和专业水平,将在资本市场上不断扩大份额。

虽然信托公司取得了较好的经营业绩,但信托公司资产管理规模的大幅度提升与资产管理能力尚存在一定的差距,而且信托公司尚未形成有特色的业务模式和经营领域。

4.4 内部控制

4.4.1 内部控制环境和内部控制文化

公司根据国家有关法律法规和公司章程，构建了完备的法人治理结构。设立了股东会、董事会和监事会，“三会”分工明确并相互制衡、各司其职、规范运作，分别行使决策权、执行权和监督权。

公司根据自身业务特点和内部控制要求设立了科学、规范的机构及岗位。明确界定各部门、各岗位的目标、职责和权限，建立相应的授权、检查和逐级问责制度，确保不相容岗位的相互分离及其在授权范围内履行职能；形成了前台、中台、后台有效风险防线。

4.4.2 内部控制措施

公司管理层下设投资决策委员会和风险控制委员会，在董事会的授权范围内以明晰的分级授权制度、健全的投资控制体系、及时完整的过程控制和事后评价，使研究、决策、操作、审核、评价体系既相互配合，又相互制衡。

在日常业务中，公司对固有财产和信托财产设立了相互独立的运作部门，分别是负责固有财产运作的投资管理部和负责信托财产运作的信托资产管理部。同时在财务核算等环节，通过核算岗位隔离与财务信息隔离，进一步保证了公司固有财产与信托财产的分别独立管理。

在信托资产运营环节，分别设立了业务部门、交易部门、评价部门和运营部门，实现了投资和交易分离、投资评价和财产运营分离。部门间有效配合且相互制衡，确保投资风险可控。

在业务流程上，公司通过事前、事中、事后控制三者结合进行综合风险防范，其中尤其强调即时的过程控制，各部门发生异常情况后即时汇报，在风险出现苗头后能立即作出反应，采取相应措施，确保公司内部控制的有效性。

除上述控制措施外，公司还建立了重大风险预警机制和突发事件应急处理机制，明确风险预警标准，对可能发生的重大风险或突发事件，制定应急预案，明确责任人员、规范处理程序，确保突发事件得到及时妥善处理。

4.4.3 监督评价与纠正

公司稽核审计部负责对公司内部控制的监督评价与纠正。

公司具有较为完善的内部控制机制，公司稽核审计部是公司独立的监督部门，直接向董事会汇报，是对公司经营活动全过程进行的一种内在经济监督，以防范风险、纠正违规、加强内部控制为工作目标，对公司内部控制制度、业务经营、财务活动等实施稽核监督。公司合规部和风险管理部负责优化公司规章制度和操作流程，使公司的内部控制更加有效、趋于完善。

4.5 风险管理

4.5.1 风险管理概况

公司重视风险管理，通过制定健全的内部规章制度，建立职责分工合理的组织机构，设置专业的风险管理部门，将现代风险管理技术与传统风险管理方法相结合，对可能产生的风险及时作出反应，采取有效措施进行事前、事中、事后的有效控制与管理，并根据实际需要随时对风险管理体系进行调整。

公司风险管理遵循全面性原则、相互制衡原则、一致性原则、时效性原则、定性与定量相结合原则。

4.5.1.1 公司经营活动中可能遇到的风险

主要有：信用风险、市场风险、操作风险、政策风险、道德风险等。

4.5.1.2 公司风险管理的基本原则与政策

风险管理贯彻全面性、审慎性、及时性、有效性、独立性等原则，覆盖到公司各项业务、各个部门和各级人员，并渗透到研究、决策、执行、监督、评价等各个环节；通过事前防范、事中控制、事后监督对风险进行全面综合管理，促进公司持续、稳健、规范、健康运行。

4.5.1.3 公司风险管理组织结构与职责划分

公司按照现代公司治理和全面风险管理的基本要求，相继制定了股东会、董事会、监事会、四个专业委员会的议事规则及总经理工作规程等，逐步构建了以董事会为核心的覆盖公司整体的风险管理体系。该体系中，公司董事会是风险管理的核心，就全面风险管理工作的有效性向股东会负责，公司高级管理人员负责组织实施董事会批准的风险管理战略，独立的风险管理部门牵头公司日常的风险管理工作，各职能部门和业务部门对相关领域的风险管理承担直接责任。

4.5.2 风险状况

4.5.2.1 信用风险状况

信用风险主要是指交易对手违约造成损失的风险，主要表现为公司在开展业务时，可能会因交易对手违约而给公司或信托财产带来风险。报告期内，公司发生的各类业务均履行了严格的内部评审程序，合法合规，担保措施充足，交易对手信用等级较高，信用风险可控。报告期末公司信用风险暴露数为零。不良信用风险资产为零。

4.5.2.2 市场风险状况

市场风险是指公司在运营过程中可能因股价、市场汇率、利率及其他价格因素等变动而产生的风险。具体表现为经济运作周期变化、金融市场利率波动、通货膨胀、房地产交易、证券市场变化等造成的风险，这些风险可能影响信托财产的价值及信托收益水平，也可能影响公司固有资产价值或导致损失。2011年公司密切关注各类市场风险，及时调整产品战略，勤勉、尽职履行受托人职责。

4.5.2.3 操作风险状况

操作风险是指公司内部业务流程、计算机系统、员工在操作中的不完善或失误，可能给公司造成损失的风险；公司外部因素例如通讯系统故障等可能给公司造成损失或影响公司正常运行的风险。

报告期内，公司未发生此类风险给公司及受益人造成损失。

4.5.2.4 其他风险状况

其他风险主要包括法律风险、声誉风险、员工道德风险等。法律风险指公司在业务经营过程中由于不当的法律文书、违约行为或怠于行使自身法律权利等所造成的风险。声誉风险指由于公司内部管理或服务出现问题而引起自身外部社会名声、信誉和公众信任度下降，从而对公司外部市场地位产生消极和不良影响的风险。员工道德风险是指公司员工在执行业务过程中，由于法律意识淡薄、自律性差、责任心不强等因素的影响，可能存在的违法违规、操作失误等行为给公司造成损失损害的风险。报告期内公司未发生此类风险。

4.5.3 风险管理

4.5.3.1 信用风险管理

公司通过事前评估、事中控制、事后监督的风险管理体系来防范和规避信用风险，具体措施包括：(1)制定包括决策机制和业务操作程序等在内的信用风险管理制度；(2)加强信用风险过程管理，规范履行尽职调查、公司审查、决策、资金投放、后续管理等程序和职能；(3)通过对资本充足率、交易准确率、信用状况等多方面评选，择优选择证券经纪商和银行的合作伙伴；(4)建立信用风险评估监测程序，对单笔业务和信用风险资产组合风险进行评估和监测，对资金的使用过程进行全程监测，形成跟踪、风险反馈、风险预警、风险化解的系统防范体系。后续管理的信用风险管理由相关业务部门负责，运营与客户服务部门负责监督非现场后续管理中的信用风险管理情况；(5)采用担保、资金托管等方式控制信用风险，实时关注抵押物价值下降风险，资金挪用风险等；(6)要求业务部门定期进行后期检查，形成项目检查报告，若发现问题及时采取措施有效防范和化解各类信用风险；(7)严格按财政部《金融企业呆账准备提取管理办法》等相关要求，足额计提相关资产减值准备；每年从税后利润中按5%(2009年及以前年度为5%)的比例提取信托赔偿准备金，以提高公司抵御风险的能力。报告期内无信用风险发生。

4.5.3.2 市场风险管理

公司制定并不断完善与总体业务发展战略、管理能力、资本实力和能够承担的总体风险水平相一致的市场风险管理原则和程序，对每项业务和产品中的市场风险因素进行分解和分析，及时准确识别业务中市场风险的类别和性质。具体措施包括：(1)建立与业务性质相适应的市场风险管理办法，明确投资行业、品种和交易范围，对行业和领域进行筛选，主动压缩和退出那些风险较高、收益较差的领域；(2)建立健全市场风险的止盈止损机制，对市场风险进行控制或规避；(3)建立市场风险的监测程序，对总体市场风险头寸、风险水平、盈亏状况、风险敞口进行持续监测，对银行账户资产进行定期估值，对交易账户资产逐步实现逐日评估；(4)关注公司整体资金投向某行业、领域、区域、客户的比例和集中度，防止风险的过度集中等。

4.5.3.3 操作风险管理

公司通过合理的部门和岗位设置，优化业务操作流程，加强规章制度建设，通过专业知识培训，不断提高员工素质和专业知识水平，积极推进系统化建设，将流程嵌入到操作系统中，最大限度地减少人工干预，制订应急预案等措施有效地控制操作风险，主动防范并大大降低操作风险。

2011年，公司紧紧围绕"拓市场、提效益、强管理"的中心工作目标，通过对岗位责任梳理和持续不断的流程优化，业务与中台、后台双角色复核，有效提高了操作效率，在防范操作风险上起到了积极作用，报告期内无操作风险发生。

4.5.3.4 其他风险管理

公司通过对宏观政策和行业政策的跟踪、研究，提高预见性，有效防范政策风险。对于法律风险，公司对要开展业务按照相关监管规章，严格进行合规性审查，确保公司业务开展符合国家相关法律法规规定，对于声誉风险，建立声誉风险管理制度，对声誉事件实行分类分级管理，明确管理权限、职责和报告路径等。报告期内无上述风险发生。

5. 报告期末及上一年度末的比较式会计报表

5.1 自营资产

5.1.1 会计师事务所审计意见全文

审 计 报 告

大信审字〔2012〕第1—2250号

华鑫国际信托有限公司：

我们审计了后附的华鑫国际信托有限公司(以下简称贵公司)财务报表，包括2011年12月31日的资产负债表，2011年度的利润表、现金流量表、所有者权益变动表以及财务报表附注。

一、管理层对财务报表的责任

编制和公允列报财务报表是贵公司管理层的责任，这种责任包括：(1)按照企业会计准则的规定编制财务报表，并使其实现公允反映；(2)设计、执行和维护必要的内部控制，以使财务报表不存在由于舞弊或错误导致的重大错报。

二、注册会计师的责任

我们的责任是在执行审计工作的基础上对财务报表发表审计意见。我们按照中国注册会计师审计准则的规定执行了审计工作。中国注册会计师审计准则要求我们遵守中国注册会计师职业道德守则，计划和执行审计工作以对财务报表是否不存在重大错报获取合理保证。

审计工作涉及实施审计程序，以获取有关财务报表金额和披露的审计证据。选择的审计程序取决于注册会计师的判断，包括对由于舞弊或错误导致的财务报表重大错报风险的评估。在进行风险评估时，注册会计师考虑与财务报表编制和公允列报相关的内部控制，以设计恰当的审计程序，但目的并非对内部控制的有效性发表意见。审计工作还包括评价管理层选用会计政策的恰当性和作出会计估计的合理性，以及评价财务报表的总体列报。

我们相信，我们获取的审计证据是充分、适当的，为发表审计意见提供了其础。

三、审计意见

我们认为，贵公司财务报表在所有重大方面按照企业会计准则的规定编制，公允反映了贵公司2011年12月31日的财务状况以及2011年度的经营成果和现金流量。

中国注册会计师：

中国注册会计师：

二〇一二年三月三十日

5.1.2 资产负债表

单位:万元

资　　产	期末余额	年初余额	负债和所有者权益	期末余额	年初余额
资　　产:			负　　债:		
现金及存放中央银行款项	0.79	4.05	向中央银行借款		
存放同业款项	3 229.38	2 042.93	同业及其他金融机构存放款项		
贵金属			拆入资金		
拆出资金			交易性金融负债		
交易性金融资产			衍生金融负债		
衍生金融资产			卖出回购金融资产款		
买入返售金融资产			吸收存款		
应收利息			应付职工薪酬	3.22	5.24
发放贷款和垫款	90 257.50	8 500.00	应交税费	4 895.91	53.43
可供出售金融资产	26 847.42	90 539.46	应付利息		
持有至到期投资	16 386.48	2 476.10	预计负债		
长期股权投资			应付债券		
投资性房地产			递延所得税负债		
固定资产原值	698.24	334.96	其他负债	9 552.01	327.84
累计折旧	156.91	67.08	负债合计	14 451.14	386.51
固定资产净值	541.32	267.88	所有者权益(或股东权益):		
无形资产	217.95	56.53	实收资本(或股本)	120 000.00	120 000.00
递延所得税资产			资本公积		38.34
其他资产	76.28	48.95	减:库存股		
长期待摊费用			盈余公积	310.60	
			一般风险准备	155.30	
			未分配利润	2 640.07	-16 488.95
			所有者权益合计	123 105.97	103 549.39
资产总计	137 557.11	103 935.90	负债和所有者权益总计	137 557.11	103 935.90

5.1.3 利润表

单位:万元

项　　目	本年数	上年数
一、营业收入	35 448.42	1 559.48
利息净收入	8 007.97	283.76
利息收入	8 007.97	283.76
利息支出		
手续费及佣金净收入	25 918.56	1 232.30
手续费及佣金收入	26 287.73	1 345.34
手续费及佣金支出	369.17	113.04
投资收益(损失以"-"号填列)	1 521.90	43.41
二、营业支出	12 847.77	18 454.00
营业税金及附加	1 911.74	73.99
业务及管理费	9 506.82	18 380.07
资产减值损失	1 429.21	-0.06
其他业务成本		
三、营业利润(亏损以"-"号填列)	22 600.65	-16 894.52
加:营业外收入	1 243.34	405.57
减:营业外支出		
四、利润总额(亏损总额以"-"号填列)	23 843.99	-16 488.95
减:所得税费用	4 249.07	
五、净利润(净亏损以"-"号填列)	19 594.92	-16 488.95

5.1.4 所有者权益变动表

5.1.4.1 所有者权益变动表

单位:万元

项目	本年金额						
	归属于母公司所有者权益						所有者权益合计
	实收资本	资本公积	盈余公积	一般风险准备	未分配利润	小计	
栏次	1	2	5	6	7	9	12
一、上年年末余额	120 000	38.34			-16 488.95	103 549.39	103 549.39
加:会计政策变更							
前期差错更正							
其他							
二、本年年初余额	120 000	38.34			-16 488.95	103 549.39	103 549.39
三、本年增减变动金额(减少以"-"号填列)		-38.34	310.60	155.30	19 129.02	19 556.58	19 556.58
(一)净利润					19 594.92	19 594.92	19 594.92
(二)其他综合收益							
综合收益小计					19 594.92	19 594.92	19 594.92
(三)所有者投入和减少资本		-38.34				-38.34	-38.34
1. 所有者投入资本							
2. 股份支付计入所有者权益的金额							
3. 其他		-38.34				-38.34	-38.34
(四)专项储备提取和使用							
1. 提取专项储备							
2. 使用专项储备							
(五)利润分配			310.60	155.30	-465.90		
1. 提取盈余公积			310.60		-310.60		
其中:法定盈余公积			310.60		-310.60		
任意盈余公积							
2. 提取一般风险准备				155.30	-155.30		
3. 对所有者(或股东)的分配							
4. 其他							
(六)所有者权益内部结转							
1. 资本公积转增资本(或股本)							
2. 盈余公积转增资本(或股本)							
3. 盈余公积弥补亏损							
4. 其他							
四、本年年末余额	120 000		310.60	155.30	2 640.07	123 105.97	123 105.97

5.1.4.2 所有者权益变动表(续表)

单位:万元

项目	上年金额						
	归属于母公司所有者权益						所有者权益合计
	实收资本	资本公积	盈余公积	一般风险准备	未分配利润	小计	
栏次	13	14	17	18	19	21	24
一、上年年末余额	32 000					32 000.00	32 000.00
加:会计政策变更							
前期差错更正							
其他							
二、本年年初余额	32 000					32 000.00	32 000.00
三、本年增减变动金额(减少以"-"号填列)	88 000	38.34			-16 488.95	71 549.39	71 549.39
(一)净利润					-16 488.95	-16 488.95	-16 488.95
(二)其他综合收益							—
综合收益小计					-16 488.95	-16 488.95	-16 488.95

续表

项目	上年金额						
	归属于母公司所有者权益						所有者权益合计
	实收资本	资本公积	盈余公积	一般风险准备	未分配利润	小计	
栏次	13	14	17	18	19	21	24
（三）所有者投入和减少资本	88 000	38.34				88 038.34	88 038.34
1. 所有者投入资本	88 000					88 000.00	88 000.00
2. 股份支付计入所有者权益的金额							
3. 其他		38.34				38.34	38.34
（四）专项储备提取和使用							
1. 提取专项储备							
2. 使用专项储备							
（五）利润分配							
1. 提取盈余公积							
其中：法定盈余公积							
任意盈余公积							
2. 提取一般风险准备							
3. 对所有者（或股东）的分配							
4. 其他							
（六）所有者权益内部结转							
1. 资本公积转增资本（或股本）							
2. 盈余公积转增资本（或股本）							
3. 盈余公积弥补亏损							
4. 其他							
四、本年年末余额	120 000	38.34			−16 488.95	103 549.39	103 549.39

5.2 信托资产

5.2.1 信托项目资产负债汇总表

单位：万元

信托资产	期末余额	年初余额	信托负债和信托权益	期末余额	年初余额
信托资产			信托负债		
货币资金	701 065.01	42 480.23	交易性金融负债		
拆出资金			衍生金融负债		
存出保证金			应付受托人报酬	264.59	393.78
交易性金融资产	123 933.27		应付托管费	79.34	2.53
衍生金融资产			应付受益人收益	5.44	890.20
买入返售金融资产	720 592.00	69 250.00	应交税费		
应收款项	2 919.37		应付销售服务费		13.02
发放贷款	467 289.75	190 348.00	其他应付款项	12 702.15	176.55
可供出售金融资产	156 180.00		预计负债		
持有至到期投资	2 917 281.48	171 000.00	其他负债	55.06	
长期应收款			信托负债合计	13 106.58	1 476.08
长期股权投资	489 752.12	160 000.00			
投资性房地产			信托权益		
固定资产			实收信托	5 562 909.55	631 623.00
无形资产			资本公积	4 500.00	
长期待摊费用			损益平准金		
其他资产			未分配利润	−1 503.13	−20.85
减：各项资产减值准备			信托权益合计	5 565 906.42	631 602.15
信托资产总计	5 579 013.00	633 078.23	信托负债和信托权益总计	5 579 013.00	633 078.23

5.2.2 信托项目利润及利润分配汇总表

单位:万元

项　目	本年金额	上年金额
1. 营业收入	113 874.36	10 972.39
1.1 利息收入	102 851.11	4 757.71
1.2 投资收益(损失以"－"号填列)	11 022.99	6 214.68
其中:对联营企业和合营企业的投资收益		
1.3 公允价值变动收益(损失以"－"号填列)		
1.4 租赁收入		
1.5 汇兑损益(损失以"－"号填列)		
1.6 其他收入		
2. 支出	27 192.00	2 227.78
2.1 营业税金及附加		
2.2 受托人报酬	20 348.41	935.53
2.3 托管费	1 743.96	99.87
2.4 投资管理费	252.92	
2.5 销售服务费	1 696.93	252.23
2.6 交易费用	1.54	
2.7 资产减值损失		
2.8 其他费用	3 148.24	940.14
3. 信托净利润(净亏损以"－"号填列)	86 682.36	8 744.62
4. 其他综合收益	15.27	
5. 综合收益	86 697.63	8 744.62
6. 加:期初未分配信托利润	－20.86	
7. 可供分配的信托利润	86 676.77	8 744.62
8. 减:本期已分配信托利润	88 179.90	8 765.47
9. 期末未分配信托利润	－1 503.13	－20.86

6. 会计报表附注

6.1 年度会计报表编制基准、会计政策、会计估计和核算方法

公司执行新企业会计准则,本期未发生会计政策及会计估计变更。公司以人民币为记账本位币,会计年度自2011年1月1日起至12月31日止。

6.1.1 计提资产减值准备的范围和方法

根据《金融企业呆账准备提取管理办法》和《中国银行业监督管理委员会关于非银行金融机构全面推行资产质量五级分类管理的通知》,公司对计提坏账准备的资产进行风险分类,并根据风险分类结果确定一般风险准备和专项准备的计提比例。关注类计提比例为2%;次级类计提比例为25%;可疑类计提比例为50%;损失类计提比例为100%。

6.1.2 金融资产四分类的范围和标准

6.1.2.1 金融资产四分类的范围

本公司的金融资产于初始确认时分为以下四类:(1)以公允价值计量且其变动计入当期损益的金融资产;(2)持有至到期投资;(3)贷款和应收款项;(4)可供出售金融资产。

6.1.2.2 金融资产四分类的标准

(1)以公允价值计量且其变动计入当期损益的金融资产。初始确认时除以公允价值计量且其变动计入当期损益的金融资产、持有至到期投资、贷款和应收款项以外的金融资产,包括交易性金融资产等。例如,在活跃市场上有报价的股票投资、债券投资等。

(2)持有至到期投资。持有至到期投资是指到期日固定、回收金额固定或可确定,且本公司有明确意图和能力持有至到期的非衍生金融资产。

(3)贷款和应收款项。贷款和应收款项是指在活跃市场中没有报价、回收金额固定或可确定的非衍生金融资产。

(4)可供出售金融资产。可供出售金融资产是指初始确认时即指定为可供出售的非衍生金融资产,以及除上述金融资产类别以外的金融资产。

6.1.3 交易性金融资产核算方法

取得时以公允价值(扣除已宣告但尚未发放的现金股利或已分配尚未到账的债券利息)作为初始确认金额,相关的交易费用计入当期损益。持有期间将取得的利息或现金股利确认为投资收益,期末将公允价值变动计入当期损益。处置时,其公允价值与初始入账金额之间的差额确认为投资收益,同时调整公允价值变动损益。

6.1.4 可供出售金融资产核算方法

取得时按公允价值(扣除已宣告但尚未发放的现金股利或已分配尚未到账的债券利息)和相关交易费用之和作为初始确认金额。持有期间将取得的利息或现金股利确认为投资收益。期末以公允价值计量且将公允价值变动计入资本公积(其他资本公积)。处置时,将取得的价款与该金融资产账面价值之间的差额,计入投资收益;同时,将原直接计入所有者权益的公允价值变动累计额对应处置部分的金额转出,计入投资收益。

6.1.5 持有至到期投资核算方法

取得时按公允价值(扣除已到期但尚未领取的债券利息)和相关交易费用之和作为初始确认金额。持有期间按照摊余成本和实际利率(如实际利率与票面利率差别较小的,按票面利率)计算确认利息收入,计入投资收益。实际利率在取得时确定,在该预期存续期间或适用的更短期间内保持不变。处置时,将所取得价款与该投资账面价值之间的差额计入投资收益。

6.1.6 股权投资核算方法

长期股权投资的分类、确认和计量

本公司的长期股权投资包括对子公司的投资、对合营企业、联营企业的投资和其他长期股权投资。

(1)对子公司的投资。本公司对子公司的投资按照初始投资成本计价。追加或收回投资调整长期股权投资的成本。后续计量采用成本法核算,编制合并财务报表时按照权益法进行调整。被投资单位宣告分派的现金股利或利润,确认为当期投资收益。本公司确认的投资收益,仅限于被投资单位接受投资后产生的累积净利润的分配额,所获得的利润或现金股利超过上述数额的部分作为初始投资成本的收回。

(2)对合营企业、联营企业的投资。本公司对被投资单位具有共同控制或重大影响的长期股权投资,采用权益法核算。共同控制是指按照合同约定对某项经济活动所共有的控制,仅在与该项经济活动相关的重要财务和经营决策需要分享控制权的投资方一致同意时存在。投资企业与其他方对被投资单位实施共同控制的,被投资单位为其合营企业;重大影响是指对一个企业的财务和经营政策有参与决策的权力,但并不能够控

制或者与其他方一起共同控制这些政策的制定。投资企业能够对被投资单位施加重大影响的，被投资单位为其联营企业。

初始投资成本大于投资时应享有被投资单位可辨认净资产公允价值份额的，不调整长期股权投资的初始投资成本；长期股权投资的初始投资成本小于投资时应享有被投资单位可辨认净资产公允价值份额的，其差额应当计入当期损益，同时调整长期股权投资的成本。

取得长期股权投资后，按照应享有或应分担的被投资单位实现的净损益的份额，确认投资损益并调整长期股权投资的账面价值。本公司按照被投资单位宣告分派的利润或现金股利计算应分得的部分，相应减少长期股权投资的账面价值。

(3)其他长期股权投资。本公司对被投资单位不具有共同控制或重大影响，并且在活跃市场中没有报价、公允价值不能可靠计量的长期股权投资，按照初始投资成本计价，后续计量采用成本法核算。

6.1.7 投资性房地产核算方法

投资性房地产是指为赚取租金或资本增值，或者两者兼有而持有的房地产。本公司的投资性房地产主要是已出租的建筑物。

本公司采用公允价值模式对投资性房地产进行计量和列示，不对其计提折旧或进行摊销，并以期末投资性房地产的公允价值为基础调整其账面价值，公允价值与原账面价值之间的差额计入当期损益。自用房地产转换为投资性房地产时，该项投资性房地产按照转换日的公允价值计量。转换日的公允价值小于原账面价值的，其差额计入当期损益；转换日的公允价值大于原账面价值的，其差额作为资本公积，计入所有者权益。处置该项投资性房地产时，原计入所有者权益的部分转入处置当期损益。投资性房地产转换为自用房地产时，以其转换当日的公允价值作为自用房地产的账面价值，公允价值与原账面价值的差额计入当期损益。

6.1.8 固定资产计价和折旧方法

本公司固定资产按成本进行初始计量。其中，外购的固定资产的成本包括购买价款、相关税费，以及为使固定资产达到预定可使用状态前所发生的可直接归属于该资产的其他支出。自行建造固定资产的成本，由建造该项资产达到预定可使用状态前所发生的必要支出构成。购买固定资产的价款超过正常信用条件延期支付，实质上具有融资性质的，固定资产的成本以购买价款的现值为基础确定。实际支付的价款与购买价款的现值之间的差额，除应予资本化的以外，在信用期间内计入当期损益。

除已提足折旧仍继续使用的固定资产和单独计价入账的土地之外，本公司对所有固定资产计提折旧。折旧方法采用年限平均法。本公司根据固定资产的性质和使用情况，确定固定资产的使用寿命和预计净残值。并在年度终了，对固定资产的使用寿命、预计净残值和折旧方法进行复核，如与原先估计数存在差异的，进行相应的调整。

本公司的固定资产类别、预计使用寿命、预计净残值率和年折旧率如下：

资产类别	预计使用寿命(年)	预计净残值率(%)	年折旧率(%)
其他设备	5	5	19.00

资产负债表日，固定资产按照账面价值与可收回金额孰低计价。若固定资产的可收回金额低于账面价值，将资产的账面价值减记至可收回金额，减记的金额确认为资产减值损失，计入当期损益，同时计提相应的资产减值准备。固定资产减值损失一经确认，在以后会计期间不再转回。

当固定资产被处置、或者预期通过使用或处置不能产生经济利益时，终止确认该固定资产。固定资产出售、转让、报废或毁损的处置收入扣除其账面价值和相关税费后的金额计入当期损益。

6.1.9 无形资产计价及摊销政策

无形资产是指本公司拥有或者控制的没有实物形态的可辨认非货币性资产，包括土地使用权、软件系统等。无形资产按照成本进行初始计量。购入的无形资产，按实际支付的价款和相关支出作为实际成本。投资者投入的无形资产，按投资合同或协议约定的价值确定实际成本，但合同或协议约定价值不公允的，按公允价值确定实际成本。本公司在取得无形资产时分析判断其使用寿命，划分为使用寿命有限和使用寿命不确定的无形资产。使用寿命有限的无形资产，在使用寿命内采用直线法摊销，并在年度终了，对无形资产的使用寿命和摊销方法进行复核，如与原先估计数存在差异的，进行相应的调整。使用寿命不确定的无形资产不予摊销。本公司在每个会计期间对使用寿命不确定的无形资产的使用寿命进行复核，当有确凿证据表明其使用寿命是有限的，则估计其使用寿命，按直线法进行摊销。

资产负债表日，本公司对无形资产按照其账面价值与可收回金额孰低计量，按可收回金额低于账面价值的差额计提无形资产减值准备，相应的资产减值损失计入当期损益。无形资产减值损失一经确认，在以后会计期间不再转回。

6.1.10 长期应收款的核算方法

长期应收款的核算内容包括融资租赁产生的应收款项和采用递延方式具有融资性质的提供劳务等产生的应收款项。出租人融资产生的应收租赁款初始价值按租赁开始日最低租赁收款额与初始直接费用之和进行入账。采用递延方式分期收款提供劳务产生的长期应收款，在满足收入确认条件时，初始价值按应收的合同或协议价款入账。

6.1.11 长期待摊费用的摊销政策

长期待摊费用核算是指本期已经支出，但摊销期限在1年以上(不含1年)的各项费用。费用项目的受益期限内分期平均摊销。如果长期待摊的费用项目不能使公司在以后会计期间受益的，则将尚未摊销的该项目的摊余价值全部转入当期损益。

6.1.12 合并会计报表的编制方法

公司对合并财务报表按照《企业会计准则第33号——合并财务报表》执行。

6.1.13 收入确认原则和方法

6.1.13.1 利息收入和利息支出

利息收入或利息支出于产生时以实际利率计量。实际利率是指按金融工具的预计存续期间或更短期间将其预计未来现金流入或流出折现至其金融资产或金融负债账面净值的利率。利息收入的计算需要考虑金融工具的合同条款并且包括所有归属于实际利率组成部分的费用和所有交易成本，但不包括未来贷款损失。如果本公司对未来收入或支出的估计发生改变,金融资产或负债的账面价值也可能随之调整。由于调整后的账面价值是按照原实际利率计算而得,变动也计入利息收入或利息支出。

当单项金融资产或一组类似的金融资产发生减值,利息收入将按原实际利率和减值后的账面价值计算。

6.1.13.2 手续费及佣金收入

手续费及佣金收入在已提供有关服务后且收取的金额可以合理地估算时确认。

6.1.13.3 汇兑收益

在与交易相关的经济利益能够流入本公司且有关收入的金额可以可靠地计量时确认汇兑收益。

6.1.14 所得税的会计处理方法

所得税包括当期所得税和递延所得税。除由于与直接计入股东权益的交易或者事项相关的计入股东权益外,均作为所得税费用或收益计入当期损益。当期所得税是按照当期应纳税所得额计算的当期应交所得税金额。应纳税所得额是根据有关税法规定对本年度税前会计利润作相应调整后得出。

本公司对于当期和以前期间形成的当期所得税负债或资产,按照税法规定计算的预期应交纳或返还的所得税金额计量。本公司根据资产与负债于资产负债表日的账面价值与计税基础之间的暂时性差异,以及为作为资产和负债确认但按照税法规定可以确定其计税基础的项目的账面价值与计税基础之间的差额产生的暂时性差异,采用资产负债表债务法计提递延所得税。各种应纳税暂时性差异均据以确认递延所得税负债,除非:(1)应纳税暂时性差异是在以下交易中产生的,一是商誉的初始确认,或者具有以下特征的交易中产生的资产或负债的初始确认;二是该交易不是企业合并,并且交易发生时既不影响会计利润也不影响应纳税所得额或可抵扣亏损。(2)对于与子公司、合营企业及联营企业投资相关的应纳税暂时性差异,该暂时性差异转回的时间能够控制并且该暂时性差异在可预见的未来很可能不会转回。

对于可抵扣暂时性差异、能够结转以后年度的可抵扣亏损和税款抵减,本公司以很可能取得用来抵扣可抵扣暂时性差异、可抵扣亏损和税款抵减的未来应纳税所得额为限,确认由此产生的递延所得税资产,除非:(1)可抵扣暂时性差异是在以下交易中产生的:一是该交易不是企业合并,并且交易发生时既不影响会计利润也不影响应纳税所得额或可抵扣亏损。(2)对于与子公司、合营企业及联营企业投资相关的可抵扣暂时性差异,同时满足下列条件的,确认相应的递延所得税资产:暂时性差异在可预见的未来很可能转回,且未来很可能获得用来抵扣可抵扣暂时性差异的应纳税所得额。

资产负债表日,对于递延所得税资产和递延所得税负债,公司依据税法规定,按照预期收回该资产或清偿该负债期间的适用税率计量,并反映资产负债表日预期收回资产或清偿负债方式的所得税影响。

资产负债表日,本公司对递延所得税资产的账面价值进行复核。如果未来期间很可能无法获得足够的应纳税所得额用以抵扣递延所得税资产的利益,减记递延所得税资产的账面价值。在很可能获得足够的应纳税所得额时,减记的金额予以转回。

6.1.15 信托报酬确认原则和方法

与信托业务相关的利益能够流入公司;收入的金额能够可靠地计量;按照合同、协议约定的收费时间和方法,信托服务已经提供或者有关合同已经履行。

6.2 或有事项说明

截至资产负债表日,公司无对外担保。

6.3 重要资产转让及其出售的说明

截至资产负债表日,公司无重要资产转让及出售。

6.4 会计报表中重要项目的明细资料

6.4.1 披露自营资产经营情况

6.4.1.1 按信用风险五级分类结果披露信用风险资产的期初数、期末数

信用风险资产五级分类	正常类(万元)	关注类(万元)	次级类(万元)	可疑类(万元)	损失类(万元)	信用风险资产合计(万元)	不良资产合计(万元)	不良资产率(%)
期初数	101 515.56					101 515.56		
期末数	126 420.60	8 000.00				134 420.60		

注:不良资产合计=次级类+可疑类+损失类。

6.4.1.2 各项资产减值损失准备的期初、本期计提、本期转回、本期核销、期末数

单位:万元

	期初数	本期计提	本期转回	本期核销	期末数
贷款损失准备		992.50			992.50
一般准备					
专项准备		992.50			992.50
其他资产减值准备					
可供出售金融资产减值准备		271.19			271.19
持有至到期投资减值准备		165.52			165.52
坏账准备					

6.4.1.3 按照投资品种分类,披露固有业务股票投资、基金投资、债券投资、股权投资等投资业务

单位:万元

	自营股票	基金	债券	长期股权投资	其他投资	合计
期初数		3 038.34	87 501.12		10 976.10	101 515.56
期末数	10 615.00		16 503.60		107 802.00	134 920.60

6.4.1.4 按照投资入股金额排序,披露前三名的自营长期股权投资情况

无。

6.4.1.5 披露前三名的自营贷款情况

企业名称	占贷款总额的比例(%)	还款情况
1. 德宏州龙江水电开发有限公司	21.92	正常
2. 东阳市中天房地产开发有限公司	16.43	正常
3. 沈阳荣盛房地产开发有限公司	16.43	正常

6.4.1.6 按照代理业务、担保业务和其他类型分别披露表外业务

无。

6.4.1.7 公司当年的收入结构

收入结构	金额(万元)	占比(%)
手续费及佣金收入	26 283.72	70.92
其中:信托手续费收入	26 283.72	70.92
利息收入	8 007.97	21.61
其他业务收入	4.01	0.01
其中:计入信托业务收入部分	4.01	0.01
投资收益	1 521.90	4.11
其中:股权投资收益		
证券投资收益	1 257.98	3.39
其他投资收益	263.92	0.72
公允价值变动收益		
营业外收入	1 243.34	3.35
收入合计	37 060.94	100

6.4.2 披露信托财产管理情况

6.4.2.1 信托资产的期初数、期末数。

单位:万元

信托资产	期初数	期末数
集合	288 027.15	1 146 854.38
单一	345 051.08	4 432 158.62
合计	633 078.23	5 579 013.00

6.4.2.1.1 主动管理型信托业务期初数、期末数,按投资、融资、事务类分别披露

单位:万元

主动管理型信托资产	期初数	期末数
投资类	208 040.18	1 619 603.58
融资类	200 017.14	941 152.15
事务管理类		
合计	408 057.32	2 560 755.73

6.4.2.1.2 被动管理型信托业务期初数、期末数,按投资、融资、事务类分别披露

单位:万元

被动管理型信托资产	期初数	期末数
投资类		643 525.01
融资类	225 020.91	1 975 954.14
事务管理类		398 778.12
合计	225 020.91	3 018 257.27

6.4.2.2 本年度已清算结束的信托项目个数、金额、加权平均实际年化收益率。

6.4.2.2.1 本年度已清算结束的集合类、单一类资金信托项目和财产管理类信托项目个数、金额、加权平均实际年化收益率

已清算结束信托项目	项目个数	合计金额(万元)	加权平均实际年化收益率(%)
集合类	4	38 247.00	-1.35
单一类	9	730 632.4	5.51

6.4.2.2.2 本年度已清算结束的主动管理型信托项目个数、合计金额、加权平均实际年化收益率,按投资、融资、事务类分别披露

已清算结束信托项目	项目个数	合计金额(万元)	加权平均实际年化收益率(%)	加权平均年化报酬率(%)
投资类	3	136 527.00	0.96	0.11
融资类	4	41 520.00	8.69	2.09

6.4.2.2.3 本年度已清算结束的被动管理型信托项目个数、合计金额、加权平均实际年化收益率,按投资、融资、事务类分别披露

已清算结束信托项目	项目个数	合计金额(万元)	加权平均实际年化收益率(%)	加权平均年化报酬率(%)
投资类				
融资类	6	590 832.40	5.90	0.30
事务管理类				

6.4.2.3 本年度新增的集合类、单一类、财产管理类信托项目个数、合计金额

新增信托项目	项目个数	合计金额(万元)
集合类	46	892 022.56
单一类	79	4 306 339.25
财产管理类		
新增合计	125	5 198 361.81
其中:主动管理型	90	2 224 715.69
被动管理型	35	2 973 646.12

6.4.2.4 信托业务创新成果和特色业务有关情况

无。

6.4.2.5 本公司履行受托人义务情况及因本公司自身责任而导致的信托资产损失情况

报告期内,本公司无上述情况。

6.5 关联方关系及其交易的披露

6.5.1 关联交易方的数量、关联交易的总金额及关联交易的定价政策

	关联交易方数量	关联交易金额(万元)	定价政策
合计	5	136 552	以市场交易价格为依据

6.5.2 关联交易方与本公司的关系性质、关联交易方的名称、法定代表人、注册地址、注册资本及主营业务等

单位:万元

关联关系	关联方名称	法定代表人	注册地址	注册资本(亿元)	主营业务
实际控制人	中国华电集团公司	云公民	北京市西城区宣武门内大街2号A座	120	许可经营项目:对外派遣境外工程所需的劳务人员;一般经营项目:实业投资及经营管理;电源的开发、投资、建设、经营和管理等。

续表

关联关系	关联方名称	法定代表人	注册地址	注册资本(亿元)	主营业务
公司股东	中国华电集团财务有限公司	王曦	北京市西城区宣武门内大街2号B座10层	50	对成员单位办理财务和融资、担保、结算等;从事同业拆借;对金融机构的股权投资;中国银行业监督管理委员会批准的其他业务等。

6.5.3 **本公司与关联方的重大交易事项**

6.5.3.1 固有与关联方交易情况

无。

6.5.3.2 信托资产与关联方:贷款、投资、租赁、应收账款、担保、其他方式等期初汇总数、本期发生汇总额、期末汇总数

单位:万元

信托与关联方关联交易				
	期初数	借方发生额	贷方发生额	期末数
贷款	20 000	120 000	20 000	120 000
合计	20 000	120 000	20 000	120 000

6.5.3.3 信托公司自有资金运用于自己管理的信托项目(固信交易)、信托公司管理的信托项目之间的相互(信信交易)交易金额,包括余额和本报告年度的发生额

6.5.3.3.1 固有与信托财产之间的交易金额期初汇总数、本期发生额汇总数、期末汇总数

单位:万元

固有财产与信托财产相互交易			
	期初数	本期发生额	期末数
合计	2 412.00	14 140.00	16 552.00

6.5.3.3.2 信托资产与信托财产之间的交易金额期初汇总数、本期发生额汇总数、期末汇总数

单位:万元

信托资产与信托财产相互交易			
	期初数	本期发生额	期末数
合计	0	0	0

6.5.4 **逐笔披露关联方逾期未偿还本公司资金的详细情况以及本公司为关联方担保发生或即将发生垫款的详细情况**

无。

6.6 会计制度的披露

本公司固有业务和信托业务均执行财政部2006年2月15日颁布的《企业会计准则——基本准则》和38项具体会计准则、其后颁布的企业会计准则应用指南、企业会计准则解释及其他规定(以下简称企业会计准则)。

7. 财务情况说明书

7.1 利润实现和利润分配情况

2011年公司实现净利润19 594.92万元,弥补开办期亏损-16 488.95万元,根据《金融企业呆账准备提取管理办法》(财政部〔2005〕49号)规定,从净利润中足额提取一般准备金155.3万元;根据公司章程规定,以净利润的10%足额提取了法定盈余公积金310.6万元;期末未分配利润累计2 640.07万元。

7.2 主要财务指标

指标名称	指标值
资本利润率(%)	17.29
加权年化信托报酬率(%)	0.71
人均净利润(万元/人)	268.42

7.3 对本公司财务状况、经营成果有重大影响的其他事项

报告期内无上述事项。

8. 特别事项揭示

8.1 前五名股东报告期内变动情况及原因

前五名股东报告期内无变动情况。

8.2 董事、监事及高级管理人员变动情况及原因

刘蒴 2011年11月,经公司2011年股东会第二次会议审议通过,聘任刘蒴先生担任公司董事。

8.3 公司的重大诉讼事项

报告期内无上述事项。

8.4 对会计师事务所出具的有保留意见、否定意见或无法表示意见的审计报告的,公司董事会应就所涉及事项作出说明

报告期内无上述事项。

8.5 公司及其董事、监事和高级管理人员受到处罚的情况

报告期内无上述事项。

8.6 对银监会及其派出机构所提监管意见的整改情况

报告期内无上述事项。

8.7 本年度重大事项临时报告的简要内容、披露时间、所披露的媒体及其版面

序号	披露内容	披露时间	披露媒体及版面
1	公司变更注册资本由3.2亿元变为12亿元	2011年2月26日	《中国证券报》A04版
2	公司经营期限变更为长期	2011年2月26日	《中国证券报》A04版
3	公司董事长及法人代表变更为郝彬先生	2011年2月26日	《中国证券报》A04版
4	公司总经理变更为朱勇先生	2011年2月26日	《中国证券报》A04版

8.8 银监会及其省级派出机构认定的其他有必要让客户及相关利益人了解的重要信息

报告期内无上述事项。

9. 公司监事会意见

公司监事会认为，本报告期内，公司决策程序合法，内部控制制度较为完善，没有发现公司董事、经理和其他高级管理人员在执行公司职务时有违法违纪和有损公司及股东利益的行为。公司财务报告真实地反映了公司的财务状况和经验成果。

吉林省信托有限责任公司

1. 重要提示

1.1 公司董事会及董事保证本报告所载资料不存在任何虚假记载、误导性陈述或者重大遗漏,并对其内容的真实性、准确性和完整性承担个别及连带责任。

1.2 公司独立董事声明本年度报告内容真实、准确和完整。

1.3 公司董事长高福波、主管会计工作负责人邱荣生、会计机构负责人马东生声明:保证年度报告中财务会计报告的真实、完整。

2. 公司概况

2.1 公司简介

2.1.1 公司概况

公司前身为吉林省经济开发公司,成立于 1985 年,2002 年 3 月 1 日经中国人民银行总行银复〔2002〕47 号《关于吉林省信托投资公司重新登记有关事项的批复》批准获得重新登记,更名为吉林省信托投资有限责任公司。2009 年 2 月 18 日,经中国银监会银监复〔2009〕53 号《关于吉林省信托投资有限责任公司变更公司名称和业务范围的批复》,更名为吉林省信托有限责任公司。金融许可证注册号 K0016H222010001,企业法人营业执照注册号 220000000098284,组织机构代码证编号 12391664 -1。截至报告期末,公司注册资本金 15.96 亿元(含外汇 1 815 万美元),吉林省财政厅代表吉林省政府持股 97.496%,其余四名股东——吉林省能源交通总公司、吉林碳素集团有限责任公司、吉林粮食集团有限公司、吉林化纤集团有限责任公司各持股 0.626%。

2.1.2 公司法定名称

公司法定中文名称:吉林省信托有限责任公司

中文名称缩写:吉林信托

公司法定英文名称:Jilin Province Trust Co. ,Ltd.

英文名称缩写:JPTC

2.1.3 法定代表人:高福波

2.1.4 注册地址:吉林省长春市人民大街 9889 号

2.1.5 邮政编码:130022

2.1.6 国际互联网网址:www. jptic. com. cn

2.1.7 电子信箱:jptic@ jptic. com. cn

2.1.8 负责信息披露事务人:张 巍

联系电话:0431 -88993589

传 真:0431 -88993573

电子信箱:zhangwei@ jptic. com. cn

2.1.9 信息披露报纸:《上海证券报》

2.1.10 年度报告备置地点:吉林省长春市人民大街 9889 号吉信大厦 1002 室

2.1.11 聘请的会计师事务所:中准会计师事务所有限公司

住所:北京市海淀区首体南路 22 号国兴大厦 4 层

2.1.12 聘请的律师事务所:吉林义理律师事务所

住所:长春市皓月大路 739 号

2.2 组织结构

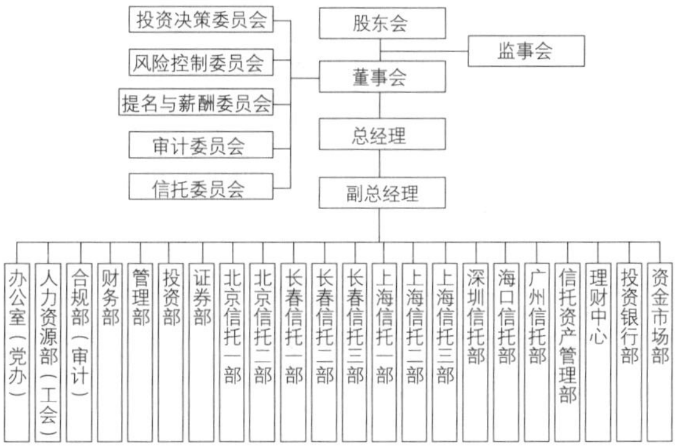

3. 公司治理

3.1 公司治理结构

3.1.1 股东

3.1.1.1 报告期末共有股东五位,最终控制人为吉林省财政厅,持股 10% 以上股份的股东情况

股东总数:5。

股东名称	持股比例(%)	法人代表
吉林省财政厅	97.496	邹继宏

3.1.1.2 公司前三位股东情况

股东名称	持股比例(%)	法人代表	注册资本(亿元)	注册地址	主要经营业务及主要财务情况
吉林省财政厅	97.496	邹继宏			
吉林粮食集团有限公司	0.626	孟祥久	6.6	长春市春城大街 1515 号	粮食、油脂、油料、食品及农副产品收购、加工、销售,粮油机械制造、经济信息咨询服务、商业、物资供销业,批发、零售、代销、代购、自营和代理粮油食品、纺织丝绸、工艺品、轻工业品、化工产品及技术进出口业务。
吉林化纤集团有限责任公司	0.626	王进军	8.1	吉林省吉林市九站街 516 -1 号	国有资产经营:承包境外化纤行业工程及境内国际招标工程;上述境外工程所需的设备、材料出口;对外派遣实施上述境外工程所需的劳务人员。

3.1.2 董事、董事会及其下属委员会

3.1.2.1 董事会成员

职 务	姓 名	性别	年龄	选任日期	代表股东	该股东持股比例(%)	简 要 履 历
董事长	高福波	男	48	2007 年 6 月 28 日	吉林省财政厅	97.496	曾任白山市人民银行科技科科长、办公室主任、副行级助理稽察,白山市农村信用联社理事长、党委书记,吉林省农村信用社联合社资金信贷处处长,吉林省农村信用社联合社副主任;现任吉林省信托有限责任公司董事长、党委书记。
董 事	邱荣生	男	57	2001 年 7 月 20 日	吉林省财政厅	97.496	曾任香港振兴投资公司副总经理,吉林省财政厅规划办公室副主任,吉林省信托投资公司办公室主任、技改处处长、财政委托部经理、机关党委副书记、总经理助理、董事、副总经理、党委副书记;现任吉林省信托有限责任公司董事、总经理兼党委副书记。
董 事	王劲松	男	48	2007 年 12 月 27 日	吉林省财政厅	97.496	曾任吉林省社会科学院软科学所副所长、副研究员,吉林省政府办公厅综合处助理调研员,吉林省委组织部经济干部处助理调研员,吉林省企业工委组织部副部长、调研员,吉林省国资委企业领导人员管理处副处长、调研员,吉林森林工业集团公司董事、通化钢铁集团公司国有股股东代表,吉林省国资委董事会监事会工作处处长,吉林省监事会工作办公室主任;现任吉林省信托有限责任公司董事、党委副书记、纪委书记、工会主席。
董 事	蔡立东	男	43	2010 年 3 月 19 日	独立董事		曾任吉林省交通厅体改法规处任科员、副主任科员、主任科员,吉林大学法学院工作;历任讲师、副教授、教授、博士导师、法学院副院长。
董 事	张巍	男	34	2010 年 3 月 19 日	职工董事		曾任天富期货经纪有限公司办公室主任、海口营业部负责人,吉林省信托有限责任公司总经理秘书、办公室副主任;现任吉林省信托有限责任公司董事、董事会秘书、办公室主任、党办主任。

3.1.2.2 董事会设立独立董事

报告期内,董事会无重大人员变动情况。

3.1.2.3 董事会下属委员会

名称	职责	组成人员姓名	职务
风险控制委员会	负责制定、审核风险控制制度,监督制度执行;对重大业务事项从风险管理角度向董事会提出意见和建议。	高福波	主任委员
		蔡立东	委员
		张 巍	委员
投资决策委员会	对重大投资决策向董事会提出意见和建议。	邱荣生	主任委员
		王劲松	委员
		蔡立东	委员
提名与薪酬委员会	负责董事会任命人员提名及资格审核;负责薪酬制度及具体方案的评估、审定以及落实情况的跟踪、监督。	邱荣生	主任委员
		王劲松	副主任委员
		张 巍	副主任委员
信托委员会	对信托计划设立、发行、信托计划运营、信托财产管理运用或处分、信托计划变更、终止与清算提出意见或建议;了解信托业务开展情况,督促公司依法履行受托职责;对信托利益计算和支付等提出意见或建议,保证公司为受益人的最大利益服务。	蔡立东	主任委员
		邱荣生	委员
		王劲松	委员
审计委员会	负责批准公司内部审计制度、中长期审计规划和年度工作计划,监督公司的内部审计基本制度及其实施及内部审计与外部审计之间的沟通。	蔡立东	主任委员
		高福波	委员
		张巍	委员

3.1.3 监事、监事会及其下属委员会

3.1.3.1 监事会成员

职 务	姓 名	性别	年龄	选任日期	代表股东	该股东持股比例(%)	简 要 履 历
监事长	钟湘华	男	54	2007 年 1 月 22 日	吉林省国资委委派		曾任吉林省审计局商贸审计处科员、副主任科员、主任科员,吉林省审计局商贸处、金融审计处副处长,吉林省审计局(厅)金融审计处处长,吉林省政府办公厅财务处处长,吉林省政府驻上海办事处副主任、党组成员,吉林省省属国有企业监事会主席(副厅长级);现任吉林省信托有限责任公司监事会主席。
监 事	林有君	男	54	2007 年 1 月 22 日	吉林省国资委委派		曾任吉林省财政厅会计处副主任科员、涉外部副主任、主任,吉林省财政厅会计师事务所副所长、所长,吉林建元会计师事务有限公司主任会计师,吉林中信会计师事务有限公司副所长,省政府派驻省直属国家投资企业监事会专职监事,省属国有企业外派监事会专职监事(正处长级);现任吉林省信托有限责任公司监事。

续表

职务	姓名	性别	年龄	选任日期	代表股东	该股东持股比例(%)	简要履历
监事	项前	男	48	2003年3月12日	职工监事		曾任吉林省信托投资有限责任公司审计稽核研发部副经理、自营基金部经理助理、合规监控部副经理;现任吉林省信托有限责任公司监事、合规部副经理。
监事	郭燕	女	49	2005年11月8日	职工监事		曾任吉林省信托投资公司党委人事部副经理,吉林省信托投资有限责任公司人力资源部经理、信托业务部经理;现任吉林省信托有限责任公司监事、投资部经理。

3.1.3.2　监事会未设立下属委员会。

3.1.4　主要高级管理人员

姓名	职务	性别	年龄	选任日期	金融从业年限	学历	专业	简要履历
邱荣生	总经理	男	57	2005年11月7日	17	大学	财政	曾任香港振兴投资公司副总经理,吉林省财政厅规划办公室副主任,吉林省信托投资公司办公室主任、技改处处长、财政委托部经理、机关党委副书记、总经理助理、董事、副总经理、党委副书记,现任吉林省信托有限责任公司董事、总经理兼党委副书记。
崔学斌	副总经理	男	43	2008年3月	18	硕士	会计	曾任吉林省国际信托投资公司财务处会计,吉林省国际经济贸易开发公司财务处会计、科长、副处长,吉林省兴业国际有限公司财务部经理,东北证券有限责任公司计划财务部总经理、稽核审计部总经理,吉林省信托投资有限责任公司计划财务部经理;现任吉林省信托投资有限责任公司副总经理。
吕文龙	副总经理	男	48	2008年8月	24	硕士	金融	曾任吉林省人民银行金融管理处办事员、科员、副处长;吉林省人民银行银行处副处长,吉林省人民银行外汇管理处副处长,吉林省人民银行非银行处副处长,中国证监会长春特派办机构处处长、稽查处处长,中国证监会吉林监管局期货处处长,吉林省信托投资有限责任公司总经理助理;现任吉林省信托有限责任公司副总经理。
张如石	副总经理	男	53	2008年8月	16	大学	财政金融	曾任吉林省财政厅研究所副主任、主任、助研、副研究员,吉林省中青年财金研究会秘书长,吉林省财务会计咨询公司常务副总经理,吉林省创业投资基金管理公司研究中心主任、吉林省信托投资有限责任公司研究员(注册会计师)、市场创新研发部经理、审计总监;现任吉林省信托有限责任公司副总经理。

3.1.5　公司员工

项目		上一年度		报告期年度	
		人数	比例(%)	人数	比例(%)
年龄分布	25岁以下	14	11.29	24	14.63
	25~29岁	25	20.16	49	29.88
	30~39岁	34	27.42	37	22.56
	40岁以上	51	41.13	54	32.93
学历分布	博士	4	3.23	13	7.93
	硕士	30	24.19	30	18.29
	本科	65	52.42	100	60.98
	专科	18	14.52	14	8.54
	其他	7	5.64	7	4.26
岗位分布	董事、监事及高管人员	12	9.45	12	7.19
	自营业务人员	10	7.87	9	5.38
	信托业务人员	61	48.03	79	47.31
	其他人员	44	34.65	67	40.12

4. 经营概况

4.1　经营目标、方针、战略规划

4.1.1　经营目标

一如既往地支持地方经济建设,以"一流的信誉、一流的水平、一流的技术、一流的管理",珍视所托,专业服务,铸就诚信,努力将自身打造成为极具核心竞争力的金融信托机构。通过各种金融创新,力求在政府层面理财、企业资产管理、个人财富保值增值等各方面达到业内最优,为社会和公众提供值得信赖的高质量的信托理财和财富管理服务。

4.1.2　经营方针

遵循"面向市场、规模适度、资本充足、风险最小、效益最大、回报最高"的宗旨和"恪尽职守、诚信为本、客户至尊"的理念,始终以风险防范为主线,不断加强业务创新和产品研发的力度,根据客户对风险和收益的不同偏好,在资本市场、货币市场、实业投资领域为客户提供金融信托、基金管理、证券投资、投资银行、风险投资、融资租赁、期货经纪等多样化、个性化、专业化的金融服务,最大限度地满足客户的需求。

4.1.3　战略规划

通过引进战略投资者增资扩股,壮大公司资本实力,提高管理技术,吸引更多优秀人才;明确公司发展的战略目标,在把信托主营业务做精、做细、做专、做好的基础上,逐步向集信托、基金、期货、证券、商行、保险、投行于一体的在境内外上市的现代金融控股集团迈进,打造以客户需求和市场创新为中心的投融资平台,为境内外投资者和金融消费者提供全方位的优质服务,力争综合实力进入全国信托业先进行列,并为涉足国际金融市场奠定基础。

4.2　所经营业务的主要内容

按照中国银行业监督管理委员会规定的业务范围,公司开展的业务主要分为信托业务和固有资产管理业务两类。信托业务主要包括资金信托、股权信托等业务。资金信托包括单一资金信托和集合资金信托。按资金运用方式划分，包括投资类信托、贷款类信托等。固有财产管理业务主要为金融企业股权投资、贷款、证券投资、担保等。

4.3 市场分析

4.3.1 影响本公司业务发展的有利因素

（1）信托理财的市场环境改善，监管政策引导信托业改革创新、健康发展。我国经济多年的快速发展和金融改革不断深化为信托业带来了广阔的发展空间。随着社会财富逐步积累和居民个人金融资产快速增长，客观上急需一个能在货币市场、资本市场和产业市场之间使资金顺畅通行的桥梁和纽带，而具有高度灵活和实用性功能的信托市场正是可以选择的良好载体。2010 年下半年颁布的《信托公司净资产管理办法》及其后一系列细化的监管政策明确传达了“抑制被动管理型信托业务，鼓励主动管理型信托业的发展”的监管意图，引导信托公司尽快实现从“广种薄收”、“以量取胜”片面追求规模的粗放式经营模式，向“精耕细作”、提升业务科技含量和产品附加值内涵发展的经营模式升级转型。这些政策的利好对信托公司主营业务的突出、盈利模式的多样化和核心竞争力的形成有着重大的积极影响。

（2）信托业发展势头良好。从行业发展的角度来看，一系列信托新政实施后，信托业已经基本实现了行业转型，并开始显现出强劲的上升势头。信托业用 5 年时间，实现了管理信托资产规模从 2006 年 3 361.51 亿元到 2011 年 4.8 万亿元的巨大突破；行业利润总额从 2006 年的 54.90 亿元增长到 2011 年的 298.57 亿元，持续较高的盈利水平为行业发展提供了良好基础。

（3）信托优势逐步凸显。信托制度具有所有权与收益权相分离、信托财产独立性、受托人有限责任、受益人保护、信托管理连续性等有别于其他法律关系的显著特征，《信托法》赋予信托公司经营范围的广泛性、金融功能的综合性以及产品开发的灵活性。随着理财需求的不断旺盛，信托公司通过发挥信托功能优势，设计推出了类型丰富的信托品种，为合格投资者提供了灵活多样的信托理财服务，社会大众对信托理财的认知不断深化。

（4）国家的区域发展战略为公司发展提供历史机遇。公司是吉林省内唯一一家信托公司，在支持经济发展、提供投融资服务等方面发挥了重要作用。多年来，公司同地方政府、大型企业、上市公司、域内外金融机构等保持了紧密的联系，建立了良好的合作关系，从而使公司在金融领域的激烈竞争中占有一定优势。随着东北老工业基地建设的深入、长吉图开发列为国家级战略以及地方经济发展步伐进一步加快，经济结构调整不断深化，各个领域中的融资需求和投资需求会进一步增加，将给公司带来更好的发展机会。

（5）公司近年来发展势头良好。公司积极推进业务转型、完善风险管控体系、深化战略合作、构筑自主销售渠道、实施品牌战略。管理信托资产规模从 2007 年的 6.97 亿元到 2011 年的超过 600 亿元，净利润（母公司）从 2007 年的 1.23 亿元到 2011 年的超过 4 亿元，具备良好的发展势头。公司不断完善风险管控体系，推动管理升级，提升自主理财能力。在 2010 年和 2011 年“诚信托奖”评选中，公司连续两年荣膺“成长优势奖”，在 2011 年北京国际金融博览会荣膺最佳财富管理机构奖和最具影响力品牌奖。

4.3.2 影响本公司业务发展的不利因素

（1）从国际形势看，欧洲主权债务危机持续蔓延，美国、日本等主要发达国家经济增长乏力，新兴经济体的增长速度也明显下滑，加大了对各国金融体系的干扰和冲击。从国内形势看，近一段时期，我国经济发展中不平衡、不协调、不可持续的矛盾和问题仍很突出，消费、投资、出口“三驾马车”增长乏力，通货膨胀隐忧尚未解除。这些宏观因素使得信托在为实体经济和虚拟经济提供金融服务的同时面临着诸多不确定性风险。

（2）信托理财面临严峻的同业竞争。尽管信托的制度优势已经受到普遍重视和认可，但信托业所处的弱势地位并没有得到实质性的改善，信托业正经历着来自商业银行、证券公司、保险、基金公司等机构激烈的竞争，如商业银行不断推出各类理财产品、证券公司推出集合理财产品、保险公司推出分红式的保险品种、基金管理公司则有各种证券市场基金，它们利用自己的渠道、网点、人员、产品开发能力等优势与不设网点的信托理财展开竞争。

（3）国家宏观调控政策和行业监管规定，对信托业务发展产生一定影响。证券市场波动、信托开户受限、监管层对房地产信托业务的严控、清理地方政府融资平台、叫停票据信托业务等都限制了信托业务的发展，进而对公司经营业绩造成一定影响。

（4）公司自身存在的问题，仍然制约公司快速发展。公司是国有独资公司，多元化股权结构没有建立起来，体制、机制不够灵活，在一定程度上制约了公司发展活力的完全释放。产品创新能力还在培育，自主理财能力有待增强，业务转型所需要的相关人才有待培养和引进。

4.4 内部控制

4.4.1 内部控制环境和内部控制文化

（1）企业内控环境是有效实施内部控制的一项基本保障。2011 年为公司风险控制年，公司不断优化内部控制环境，完善法人治理结构，形成权力机构、决策机构、监督机构和管理层之间的相互制衡机制。通过建立权责明确、报告关系清晰的组织结构和科学的决策系统，制定科学的激励与约束机制，完善规章制度体系，执行固有财产和信托财产分账管理，实施贷审分离，业务事项双审双签等一系列措施，为内部控制的有效性提供必要的前提条件。公司治理机制运行合理、执行有效，切实保障了委托人、受益人和出资人合法利益的顺利实现。

（2）培育良好的内部控制文化，在全体员工中树立合规经营的理念和“内控优先”的经营原则，是公司多年来一贯遵循的原则。针对公司业务规模的不断扩大和创新业务的开展，及时梳理和完善相关规章制度，履顺操作流程，保证规章制度能覆盖内控的关键风险点，促进公司内控管理的规范化、流程化和标准化。

（3）通过制定并实施员工行为规范，加强员工法律、法规培训，组织全员考试等多种形式的内控文化建设，保证全体员工及时了解国家法律法规和监管部门的各项规定及公司规章制度，使各项风险防范措施嵌入到各个操作岗位之中。良好的内部控制文化提高了公司员工防范化解风险和合规经营的意识，促进了公司各项业务的健康发展。

4.4.2　内部控制措施

公司具有完善的法人治理结构，股东会、董事会、监事会与管理层按照法律法规、公司章程等内部制度各自独立履行职责。公司设立内部审计部门，履行对内部控制的监督检查职能，根据监督检查结果提出内部控制缺陷及改进建议提交董事会、管理层，并监督检查有关部门和岗位对改进建议的落实情况。公司股东会、董事会、监事会、管理层按照《审计法》等法律法规的要求，积极支持内部审计部门开展内部控制的检查监督和评价工作。

公司按照审慎经营原则，制定了明确的内部控制政策，新增包括业务管理、财务管理、风险控制等方面规章制度10项，已形成并不断完善包括岗位职责、业务受理、业务审查、贷审分离和重要业务双审双签、授权和审批、内部稽核监督程序等的内部控制规程，防范了人为因素带来的经营风险。

4.4.3　信息交流与反馈

公司已实现管理信息化，建立有效的信息共享、信息交流和信息反馈机制，不断完善信息识别、收集、处理、交流、沟通、反馈、披露的渠道和方式，确保董事会、监事会和高级管理层及时了解本公司的经营和风险状况，确保每一项信息均能传递给相关的员工，各部门和员工的有关信息均能够顺畅反馈。信息交流和反馈机制运行有效。

4.4.4　监督评价与纠正

公司已建立起一个立体的、全方位的监督制约体系：纵向监督体现为董事会、监事会对管理层的监督制约，管理层对业务部门的监督制约；横向监督主要体现为五个管理委员会（风险控制委员会、投资决策委员会、提名与薪酬委员会、审计委员会和信托委员会）对管理层的监督制约，部门之间、岗位之间的相互监督制约。同时，审计部门对整个公司的风险、内部控制进行独立监督和评价，定期进行检查，并要求相关部门对发现的问题限期整改。

4.5　风险管理

4.5.1　风险管理概况

4.5.1.1　公司经营活动中可能遇到的风险

风险主要有：信用风险、市场风险、操作风险、政策风险、其他风险。

4.5.1.2　公司风险管理的基本原则与政策

风险管理贯彻全面性、及时性、有效性、制约性、审慎性、独立性等原则，覆盖公司各项业务、所有部门和岗位，渗透到决策、执行、监督、反馈各个环节，成为业务流程、管理架构和公司整体体系及员工责任的有机组成部分，对风险进行事前防范、事中控制、事后监督，促进公司规范经营、持续发展。

4.5.1.3　公司风险管理组织结构与职责划分

（1）公司董事会：对风险管理负最终责任。

（2）董事会风险控制委员会：负责制定、审核风险控制制度，监督制度执行。对重大业务事项从风险管理角度向董事会提出意见和建议。

（3）董事会审计委员会：监督公司审计稽核制度的实施。

（4）管理层面的风险控制领导小组：负责对拟开展项目进行风险分析和论证。

（5）合规部：在部门分管副总的领导下协助管理层和风险控制领导小组对公司拟开展项目事前合规审查及风险初步揭示。

（6）审计部：负责对公司风险管理工作进行稽核和检查。

（7）资产管理部：负责对风控、投资决策会议意见的落实情况进行监督；与业务部门共同对公司资产进行后期跟踪、监督管理。

（8）各部门、各岗位均对风险识别、风险监控和管理负有责任，各部门均指定专人负责风险控制工作。

4.5.2　风险状况

4.5.2.1　信用风险状况

公司面临的信用风险主要是在业务开展中交易对手或贷款类资产其贷款对象违约的风险，以及因其他信托公司的信用危机而引发的信托行业的信用风险。公司根据按中国银行业监督管理委员会银监发《关于非银行金融机构全面推行资产质量五级分类管理的通知》文件规定实行以风险为基础的五级分类，计提资产减值准备。报告期公司不良资产期初数为零，期末数为零。

4.5.2.2　市场风险状况

市场风险主要指股价、汇率、利率变动所产生的风险。由于2011年我国实施了积极的财政政策和稳健的货币政策，公司通过不断关注国家汇率政策变化并采取相应对策化解汇率风险；通过加强信息研发，关注金融运行状况，增强预见性，防范利率风险，使公司主营业务收入稳步增长。

4.5.2.3　操作风险状况

操作风险主要是由于内部业务流程、系统不完善或工作人员操作失误可能给公司造成损失的风险；公司外部因素如网络安全问题、通讯系统故障等原因也可能给公司造成损失或影响公司正常运营。

4.5.2.4　其他风险状况

其他风险主要有政策风险和道德风险。政策风险表现为政策变动可能对公司经营和发展产生的影响；道德风险主要由于公司内部人员主观原因不能诚信、合法、合规经营给公司带来的影响和损失。

4.5.3 风险管理

4.5.3.1　信用风险管理

信用风险管理主要通过事前对交易对手信用状况详尽调查、设定担保、事前审查、资产风险分类、计提风险准备、聘请外部律师等措施防范信用风险。对贷款项目均要求设定担保，以抵押登记手续完备和可变现为抵押品确认原则，根据抵押品价值可能变动情况及可变现值分别确定抵押品与贷款本金的比例；对保证类贷款在《贷款业务管理办法》中不仅规定了借款人、担保人的条件、范围而且详细规定了对此类业务的审查标准；按中国银行业监督管理委员会银监发〔2004〕4号《关于非银行金融机构全面推行资产质量五级分类管理的通知》要求实行风险资产五级分类管理，按照财政部财金〔2005〕49号的《金融企业呆账准备提取管理办法》要求计提各项准备，原则上一般风险准备金余额不低于风险资产期末余额的1%。

4.5.3.2　市场风险管理

2011年，公司密切关注经济发展的变化趋势，通过全面客观分析经济形势，科学选择、组合投资、分散投资，跟踪分析汇率、利率变动走势等方式把股价和利率变动造成的影响控制在合理范围之内，确保资产安全。

4.5.3.3　操作风险管理

公司建立信息化操作管理系统，减少手工操作可能导致的损失，同时采用明确岗位职责、完善业务流程、加大技术手段投入、强化业务过程监控、提高业务技能等一系列措施控制操作风险。

4.5.3.4　其他风险管理

通过对宏观政策和行业政策的及时跟踪研究，把握和调整经营方向，规避政策风险。通过完善公司治理结构、内控制度、激励和约束机制、员工行为规范，加强思想教育，控制道德风险。

5. 报告期末及上一年度末的比较式会计报表

5.1　自营资产

5.1.1 会计师事务所审计意见全文

审计报告

中准审字〔2012〕第1260号

吉林省信托有限责任公司：

我们审计了后附的吉林省信托有限责任公司（以下简称吉林信托）合并财务报表，包括2011年12月31日的合并资产负债表，2011年度的合并利润表、合并所有者权益变动表和合并现金流量表以及合并财务报表附注。

一、管理层对财务报表的责任

编制和公允列报财务报表是贵公司管理层的责任。这种责任包括：(1)按照企业会计准则的规定编制财务报表，并使其实现公允反映；(2)设计、执行和维护必要的内部控制，以使财务报表不存在由于舞弊或错误导致的重大错报。

二、注册会计师的责任

我们的责任是在执行审计工作的基础上对财务报表发表审计意见。我们按照中国注册会计师审计准则的规定执行了审计工作，中国注册会计师审计准则要求我们遵守中国注册会计师职业道德守则，计划和执行审计工作以对财务报表是否不存在重大错报获取合理保证。

审计工作涉及实施审计程序，以获取有关财务报表金额和披露的审计证据。选择的审计程序取决于注册会计师的判断，包括对由于舞弊或错误导致的财务报表重大错报风险的评估。在进行风险评估时，注册会计师考虑与财务报表编制和公允列报相关的内部控制，以设计恰当的审计程序，但目的并非对内部控制的有效性发表意见。审计工作还包括评价管理层选用会计政策的恰当性和作出会计估计的合理性，以及评价财务报表的总体列报。

我们相信，我们获取的审计证据是充分、适当的，为发表审计意见提供了基础。

三、审计意见

我们认为，吉林信托财务报表在所有重大方面按照企业会计准则的规定编制，公允反映了吉林信托2011年12月31日的合并财务状况以及2011年度的合并经营成果和合并现金流量。

中准会计师事务所有限公司　　中国注册会计师：

中国·北京　　中国注册会计师：

二零一二年四月十日

5.1.2　资产负债表

合并资产负债表

编制单位：吉林省信托有限责任公司　　2011年12月31日　　单位：万元

资　产	期末余额	年初余额	负债和所有者权益	期末余额	年初余额
资　产：			负　债：		
现金及存放中央银行款项	12.70	59.16	向中央银行借款	—	—
存放同业及其他金融机构款项	84 244.17	26 883.20	同业及其他金融机构存放款项	—	—
贵金属	—	—	拆入资金	—	—
拆出资金	—	—	交易性金融负债	—	—
交易性金融资产	8 136.83	5 975.84	衍生金融负债	—	—
衍生金融资产	—	—	卖出回购金融资产款	—	—
买入返售金融资产	—	—	吸收存款	—	—
应收利息	5.13	3.25	应付职工薪酬	4 439.37	2 908.51
发放贷款及垫款	37 443.00	35 729.06	应交税费	3 211.77	4 678.92
可供出售金融资产	1 184.00	10 971.75	应付利息	—	—
持有至到期投资	5 000.00	23 718.00	预计负债	—	—
长期股权投资	108 573.74	89 893.45	应付债券	—	—
投资性房地产	—	—	递延所得税负债	—	—
固定资产	23 365.80	9 323.33	其他负债	55 752.50	37 831.42
在建工程	—	—	负债合计	63 403.63	45 418.85

续表

资　　产	期末余额	年初余额	负债和所有者权益	期末余额	年初余额
无形资产	408.75	658.65	所有者权益:	—	—
递延所得税资产	210.51	1 714.64	实收资本	159 659.75	159 659.75
其他资产	55 671.06	50 349.64	资本公积	4 859.15	-2 721.86
	—	—	减:库存股	—	—
	—	—	盈余公积	23 913.99	14 865.16
	—	—	一般风险准备	2 204.27	2 204.27
	—	—	信托赔偿准备	5 718.08	3 455.88
	—	—	未分配利润	55 104.50	27 788.06
	—	—	外币报表折算差额	—	—
	—	—	归属于母公司的所有者权益合计	251 459.74	205 251.26
	—	—	少数股东权益	9 392.31	4 609.86
	—	—	所有者权益合计	260 852.05	209 861.12
资产总计	324 255.69	255 279.97	负债和所有者权益总计	324 255.69	255 279.97

法定代表人:高福波　　主管会计工作负责人:邱荣生　　会计机构负责人:马东生

母公司资产负债表

编制单位:吉林省信托有限责任公司　　2011 年 12 月 31 日　　单位:万元

资　　产	期末余额	年初余额	负债和所有者权益	期末余额	年初余额
资　产:			负　债:		
现金及存放中央银行款项	1.02	58.03	向中央银行借款	—	—
存放同业及其他金融机构款项	63 017.27	14 210.97	同业及其他金融机构存放款项	—	—
贵金属	—	—	拆入资金	—	—
拆出资金	—	—	交易性金融负债	—	—
交易性金融资产	5 490.02	545.52	衍生金融负债	—	—
衍生金融资产	—	—	卖出回购金融资产款	—	—
买入返售金融资产	—	—	吸收存款	—	—
应收利息	—	—	应付职工薪酬	4 439.37	2 854.13
发放贷款及垫款	36 680.00	35 229.06	应交税费	3 110.03	4 563.22
可供出售金融资产	1 184.00	10 971.75	应付利息	—	—
持有至到期投资	5 000.00	23 718.00	预计负债	—	—
长期股权投资	122 685.74	105 755.45	应付债券	—	—
投资性房地产	—	—	递延所得税负债	—	—
固定资产	20 955.37	6 881.09	其他负债	12 379.22	14 633.52
在建工程	—	—	负债合计	19 928.62	22 050.87
无形资产	198.17	384.97	所有者权益:	—	—
递延所得税资产	210.51	1 705.17	实收资本	159 659.75	159 659.75
其他资产	20 359.32	31 486.41	资本公积	1 854.55	—2 721.86
			减:库存股	—	—
			盈余公积	23 913.99	14 865.16
			一般风险准备	2 204.27	2 204.27
			信托赔偿准备	5 718.08	3 455.88
			未分配利润	62 502.16	31 432.35
			所有者权益合计	255 852.80	208 895.55
资产总计	275 781.42	230 946.42	负债和所有者权益总计	275 781.42	230 946.42

法定代表人:高福波　　主管会计工作负责人:邱荣生　　会计机构负责人:马东生

5.1.3 利润表

合并利润表

2011 年 12 月 31 日

编制单位:吉林省信托有限责任公司　　单位:万元

项　目	本期金额	上期金额
一、营业收入	77 119.54	44 680.01
利息净收入	9 698.83	8 852.01
利息收入	9 848.00	9 104.04
利息支出	149.17	252.03
手续费及佣金净收入	59 956.08	30 075.74
手续费及佣金收入	60 318.30	30 866.01
手续费及佣金支出	362.22	790.27
投资收益(损失以"－"号填列)	5 087.57	4 925.35
其中:对联营企业和合营企业的投资收益	—	—
公允价值变动收益(损失以"－"号填列)	-1 220.08	689.00
汇兑收益(损失以"－"号填列)	-92.52	-59.09
其他业务收入	3 689.66	197.00
二、营业支出	27 889.08	21 378.89
营业税金及附加	4 126.53	2 335.55
业务及管理费	23 014.56	16 218.66
资产减值损失	659.56	2 770.26
其他业务成本	88.43	54.42
三、营业利润(亏损以"－"号填列)	49 230.46	23 301.12
加:营业外收入	4 548.34	360.21
减:营业外支出	506.55	484.11
四、利润总额(亏损总额以"－"号填列)	53 272.25	23 177.22
减:所得税费用	12 994.39	5 124.31
五、净利润(净亏损以"－"号填列)	40 277.86	18 052.91
归属于母公司所有者的净利润	41 490.80	17 997.94
少数股东损益	-1 212.94	54.96
六、每股收益		
(一)基本每股收益		
(二)稀释每股收益		

法定代表人:高福波　　主管会计工作负责人:邱荣生　　会计机构负责人:马东生

母公司利润表

2011 年 12 月 31 日

编制单位:吉林省信托有限责任公司　　单位:万元

项　目	本期金额	上期金额
一、营业收入	73 161.88	37 131.21
利息净收入	8 890.29	8 571.76
利息收入	9 039.46	8 823.78
利息支出	149.17	252.02
手续费及佣金净收入	53 105.15	22 924.18
手续费及佣金收入	53 464.16	23 714.45
手续费及佣金支出	359.01	790.27
投资收益(损失以"－"号填列)	7 935.52	5 147.14
其中:对联营企业和合营企业的投资收益	—	—
公允价值变动收益(损失以"－"号填列)	-355.30	350.22
汇兑收益(损失以"－"号填列)	-92.52	-59.09
其他业务收入	3 678.74	197.00
二、营业支出	18 980.07	13 714.20
营业税金及附加	3 738.23	1 937.57
业务及管理费	14 493.85	8 951.95
资产减值损失	659.56	2 770.26
其他业务成本	88.43	54.42
三、营业利润(亏损以"－"号填列)	54 181.81	23 417.01
加:营业外收入	4 537.91	—
减:营业外支出	503.02	416.00
四、利润总额(亏损总额以"－"号填列)	58 216.70	23 001.01
减:所得税费用	12 972.53	5 107.67
五、净利润(净亏损以"－"号填列)	45 244.17	17 893.34
六、每股收益		
(一)基本每股收益		
(二)稀释每股收益		

法定代表人:高福波　　主管会计工作负责人:邱荣生　　会计机构负责人:马东生

5.1.4 所有者权益变动表

合并所有者权益变动表

编制单位:吉林省信托有限责任公司　　2011 年 12 月 31 日　　单位:万元

项　目	本年金额									
	归属于母公司所有者权益								少数股东权益	所有者权益合计
	实收资本	资本公积	减:库存股	盈余公积	一般风险准备	信托赔偿准备	未分配利润	其他		
一、上年年末余额	159 659.75	-2 721.86		14 531.47	2 204.27	3 372.46	26 536.73		4 609.86	208 192.68
加:会计政策变更										
前期差错更正										
其他				333.69		83.42	1 251.33			1 668.44
二、本年年初余额	159 659.75	-2 721.86		14 865.16	2 204.27	3 455.88	27 788.06		4 609.86	209 861.12
三、本年增减变动金额(减少以"－"号填列)		7 581.01		9 048.83		2 262.20	27 316.44		4 782.45	50 990.93
(一)净利润							41 490.80		-1 212.94	40 277.86
(二)直接计入所有者权益的利得和损失		4 576.41								4 576.41

续表

项　目	本年金额									
	归属于母公司所有者权益								少数股东权益	所有者权益合计
	实收资本	资本公积	减:库存股	盈余公积	一般风险准备	信托赔偿准备	未分配利润	其他		
1. 可供出售金融资产公允价值变动净额		2 709.86								2 709.86
(1)计入所有者权益金额		2 709.86								2 709.86
(2)转入当期损益的金额										
2. 现金流量套期工具公允价值变动净额										
(1)计入所有者权益金额										
(2)转入当期损益的金额										
(3)计入被套期项目初始确认金额中的金额										
3. 权益法下被投资单位其他所有者权益变动的影响										
4. 与计入所有者权益项目相关的所得税影响										
5. 其他		1 866.55								1 866.55
上述(一)和(二)小计		4 576.41					41 490.80		−1 212.94	44 854.27
(三)所有者投入和减少资本		3 004.60							5 995.39	8 999.99
1. 所有者投入资本		3 004.60							6 750.00	9 754.60
2. 股份支付计入所有者权益的金额										
3. 其他									−754.61	−754.61
(四)利润分配				9 048.83		2 262.20	−14 174.36			−2 863.33
1. 提取盈余公积				9 048.83			−9 048.83			
2. 提取一般风险准备										
3. 提取信托赔偿准备						2 262.20	−2 262.20			
4. 对所有者的分配							−2 863.33			−2 863.33
5. 其他										
(五)所有者权益内部结转										
1. 资本公积转增资本										
2. 盈余公积转增资本										
3. 盈余公积弥补亏损										
4. 一般风险准备弥补亏损										
5. 其他										
四、本年年末余额	159 659.75	4 859.15		23 913.99	2 204.27	5 718.08	55 104.50		9 392.31	260 852.05

合并所有者权益变动表(续表)

编制单位:吉林省信托有限责任公司　　2011 年 12 月 31 日　　单位:万元

项　目	上年金额									
	归属于母公司所有者权益								少数股东权益	所有者权益合计
	实收资本	资本公积	减:库存股	盈余公积	一般风险准备	信托赔偿准备	未分配利润	其他		
一、上年年末余额	159 659.75	946.24		11 168.92	2 204.27	2 531.82	14 316.66		4 060.82	194 888.48
加:会计政策变更										
前期差错更正				−81.80		−20.45	−800.84		494.08	−409.01
其他				199.37		49.84	747.64			996.85
二、本年年初余额	159 659.75	946.24		11 286.49	2 204.27	2 561.21	14 263.46		4 554.90	195 476.32
三、本年增减变动金额(减少以“−”号填列)		−3 668.10		3 578.67		894.67	13 524.60		54.96	14 384.80
(一)净利润							17 997.94		54.96	18 052.90

续表

项　目	上年金额									
	归属于母公司所有者权益								少数股东权益	所有者权益合计
	实收资本	资本公积	减:库存股	盈余公积	一般风险准备	信托赔偿准备	未分配利润	其他		
(二)直接计入所有者权益的利得和损失		-3 668.10								-3 668.10
1. 可供出售金融资产公允价值变动净额		-3 668.10								-3 668.10
(1)计入所有者权益金额		-3 668.10								-3 668.10
(2)转入当期损益的金额										
2. 现金流量套期工具公允价值变动净额										
(1)计入所有者权益金额										
(2)转入当期损益的金额										
(3)计入被套期项目初始确认金额中的金额										
3. 权益法下被投资单位其他所有者权益变动的影响										
4. 与计入所有者权益项目相关的所得税影响										
5. 其他										
上述(一)和(二)小计		-3 668.10					17 997.94		54.96	14 384.80
(三)所有者投入和减少资本										
1. 所有者投入资本										
2. 股份支付计入所有者权益的金额										
3. 其他										
(四)利润分配				3 578.67		894.67	-4 473.34			
1. 提取盈余公积				3 578.67			-3 578.67			
2. 提取一般风险准备										
3. 提取信托赔偿准备						894.67	-894.67			
4. 对所有者的分配										
5. 其他										
(五)所有者权益内部结转										
1. 资本公积转增资本										
2. 盈余公积转增资本										
3. 盈余公积弥补亏损										
4. 一般风险准备弥补亏损										
5. 其他										
四、本年年末余额	159 659.75	-2 721.86		14 865.16	2 204.27	3 455.88	27 788.06		4 609.86	209 861.12

法定代表人:高福波　　主管会计工作负责人:邱荣生　　会计机构负责人:马东生

母公司所有者权益变动表

编制单位:吉林省信托有限责任公司　　2011 年 12 月 31 日　　单位:万元

项　目	本年金额							
	实收资本	资本公积	盈余公积	一般风险准备	信托赔偿准备	未分配利润	其他	所有者权益合计
一、上年年末余额	159 659.75	-2 721.86	14 531.47	2 204.27	3 372.46	30 181.02	207 227.11	
加:会计政策变更								
前期差错更正							—	
其他			333.69		83.42	1 251.33	1 668.44	
二、本年年初余额	159 659.75	-2 721.86	14 865.16	2 204.27	3 455.88	31 432.35	208 895.55	
三、本年增减变动金额(减少以"-"号填列)		21 375.41	9 048.83		2 262.20	31 069.81	63 756.25	

续表

项　目	本年金额							
	实收资本	资本公积	盈余公积	一般风险准备	信托赔偿准备	未分配利润	其他	所有者权益合计
(一)净利润						45 244.17	45 244.17	
(二)直接计入所有者权益的利得和损失		21 375.41					21 375.41	
1. 可供出售金融资产公允价值变动净额		2 709.86					2 709.86	
计入所有者权益金额		2 709.86					2 709.86	
2. 其他		18 665.55						
上述(一)和(二)小计		21 375.41				45 244.17	66 619.58	
(三)所有者投入和减少资本							—	
1. 所有者投入资本							—	
2. 股份支付计入所有者权益的金额							—	
3. 其他							—	
(四)利润分配			9 048.83		2 262.20	-14 174.36	-2 863.33	
1. 提取盈余公积			9 048.83			-9 048.83	—	
2. 提取一般风险准备							—	
3. 提取信托赔偿准备					2 262.20	-2 262.20	—	
4. 对所有者的分配						-2 863.33		
四、本年年末余额	159 659.75	18 653.55	23 913.99	2 204.27	5 718.08	62 502.16	2972 651.80	

母公司所有者权益变动表(续表)

编制单位:吉林省信托有限责任公司　　2011 年 12 月 31 日　　单位:万元

项　目	上年金额							
	实收资本	资本公积	盈余公积	一般风险准备	信托赔偿准备	未分配利润	其他	所有者权益合计
一、上年年末余额	159 659.75	946.24	11 168.92	2 204.27	2 531.82	17 571.47	194 082.47	
加:会计政策变更								
前期差错更正			-81.80		-20.45	-306.75	-20.49	
其他			199.37		49.84	747.63	996.84	
二、本年年初余额	159 659.75	946.24	11 286.49	2 204.27	2 561.21	18 012.35	194 670.31	
三、本年增减变动金额(减少以"-"号填列)		-3 668.10	3 578.67		894.67	13 420.00	14 225.24	
(一)净利润						17 893.34	17 893.34	
(二)直接计入所有者权益的利得和损失		-3 668.10					-3 668.10	
1. 可供出售金融资产公允价值变动净额		-3 668.10					-3 668.10	
计入所有者权益金额		-3 668.10					-3 668.10	
2. 其他								
上述(一)和(二)小计		-3 668.10				17 893.34	14 225.24	
(三)所有者投入和减少资本							—	
1. 所有者投入资本							—	
2. 股份支付计入所有者权益的金额							—	
3. 其他							—	
(四)利润分配			3 578.67		894.67	-4 473.34	—	
1. 提取盈余公积			3 578.67			-3 578.67	—	
2. 提取一般风险准备							—	
3. 提取信托赔偿准备					894.67	-894.67	—	
4. 对所有者的分配								
四、本年年末余额	159 659.75	-2 721.86	14 865.16	2 204.27	3 455.88	31 432.35	208 895.55	

法定代表人:高福波　　主管会计工作负责人:邱荣生　　会计机构负责人:马东生

5.2 信托资产

5.2.1 信托项目资产负债汇总表

信托项目资产负债表

编制单位：吉林省信托有限责任公司　　2011年12月31日　　单位：万元

信托资产	期末数	年初数	信托负债和信托收益	期末数	年初数
信托资产：			信托负债：		
货币资金	58 536.48	39 697.59	应付受托人报酬		0
拆出资金		0	应付托管费		0
应收款项	352 366.45	208.44	应付受益人收益		4.73
买入返售资产	74 010.00	336 810.00	其他应付款项	14 684.11	656.01
交易性金融资产	11 944.73	0	应交税金		0
持有至到期投资	1 079 156.08	50 000.00	卖出回购资产款		0
长期股权投资	3 294 805.00	1 027 748.50	其他负债		0
客户贷款	1 437 858.00	3 258 807.00	信托负债合计	14 684.11	660.74
应收融资租赁款		0	信托权益：		
固定资产		0	实收信托	6 256 073.47	4 679 959.00
无形资产		0	资本公积		0
长期待摊费用		0	未分配利润	37 919.16	32 651.79
其他资产		0	信托权益合计	6 293 992.63	4 712 610.79
信托资产总计	6 308 676.74	4 713 271.53	信托负债及信托权益总计	6 308 676.74	4 713 271.53

公司负责人：高福波　　主管会计工作负责人：邱荣生　　会计机构负责人：李筱东

5.2.2 信托项目利润及利润分配汇总表

信托项目利润及利润分配汇总表

2011年12月31日

编制单位：吉林省信托有限责任公司　　单位：万元

项目	本年累计数	上年累计数
一、营业收入	424 820.03	263 368.17
利息收入	179 506.91	230 783.07
投资收益	245 154.48	27 675.52
租赁收入		0.00
其他收入	158.64	4 909.58
二、营业费用	88 579.53	42 414.94
三、营业税金及附加		0.00
四、扣除资产损失前的信托利润	336 240.50	220 953.23
减：资产减值损失		0.00
五、扣除资产损失后的信托利润	336 240.50	220 953.23
加：期初未分配信托利润	32 651.79	6 878.90
减：调整期初未分配利润	2.15	0.00
六、可供分配的信托利润	368 890.14	227 832.13
减：本期已分配信托利润	330 970.98	195 180.34
七、期末未分配信托利润	37 919.16	32 651.79

公司负责人：高福波　　主管会计工作负责人：邱荣生　　会计机构负责人：李筱东

6. 会计报表附注

6.1 会计报表编制基准不符合会计核算基本前提的说明

6.1.1 本公司无上述情况

6.1.2 纳入合并范围的子公司

序号	子公司名称	业务性质	注册地	注册资本（万元）	实际投资额（万元）	持股比例（%）	合并期间
1	天富期货有限公司（二级子公司）	期货业	长春市长春大街500号	15 000	8 250	55	2011年1月1日至2011年12月31日
2	天治基金管理有限公司（二级子公司）	证券业	上海市延平路83号501~503室	13 000	6 000	46.16	2011年1月1日至2011年12月31日
3	吉林省汇通典当有限责任公司（三级子公司）	典当业	长春市长春大街500号	1 000	650	65	2011年1月1日至2011年12月31日

6.2 或有事项说明

公司对外提供担保期初余额为560万元 期末余额5 000万元，未到期，暂无风险。

6.3 重要资产转让及其出售的说明

公司本期无重要资产转让及其出售。

6.4 会计报表中重要项目的明细资料

6.4.1 自营资产经营情况

6.4.1.1 公司信用风险资产五级分类结果

风险分类	正常类（万元）	关注类（万元）	次级类（万元）	可疑类（万元）	损失类（万元）	信用风险资产合计（万元）	不良资产合计（万元）	不良资产率（%）
期初数	47 226.13	3 397.00	—	—	—	50 623.13	—	—
期末数	28 424.32	30 380.00	—	—	—	58 804.32	—	—

6.4.1.2 资产损失准备的期初、本期计提、本期转回、本期核销、期末数

单位:万元

	期初数	本期计提	本期转回	本期核销	期末数
贷款损失准备	67.94	620.00	67.94		620.00
一般准备					
专项准备	67.94	620.00	67.94		620.00
其他资产减值准备	3 022.32	107.50		3 022.32	107.50
可供出售金融资产减值准备					
持有至到期投资减值准备					
长期股权投资减值准备					
坏账准备	3 022.32	107.50		3 022.32	107.50
投资性房地产减值准备					

6.4.1.3 自营股票投资、基金投资、债券投资、长期股权投资等投资的期初数、期末数

单位:万元

	自营股票	基金	债券	长期股权投资	其他投资	合计
期初数	11 272.08	245.09	5 000.00	104 087.00	18 718.00	139 322.17
期末数	136.40	5 353.62	5 000.00	122 685.74	0	133 175.76

6.4.1.4 公司前五名的自营长期股权投资的企业名称、占被投资企业权益的比例、主要经营活动及投资收益情况

企业名称	占被投资企业权益的比例(%)	主要经营活动	投资收益
东北证券有限责任公司	23.04	证券的承销;证券的自营买卖;证券交易的代理;证券抵押融资;证券投资咨询;公司财务顾问、企业重组、收购和兼并;基金与投资管理等业务。	本年度分红1 275万元
九台农村商业银行	20	人民币存款、贷款、票据贴现、国内结算业务;人民币个人储蓄业务;代理其他银行的金融业务;代理收、付款项及受托代办保险业务;买卖政府债券、代理发行、代理兑付、承销政府债券;保管箱业务;按规定从事同业拆借;经中国银行业监督管理委员会批准的其他业务。	本年度分红208万元
吉林银行股份有限公司	1.52	吸收公众存款;发放短期、中期和长期贷款;办理国内结算;办理票据承兑与贴现;发行金融债券;代理发行、代理承兑、承销政府债券;买卖政府债券、金融债券;从事同业拆借;从事银行卡业务;提供担保;代理收付款项及代理保险业务;提供保管箱服务;办理地方财政信息周转使用资金的委托存款业务,经中国银行业监督管理委员会批准的其他业务。	本年度分红800万元
中融人寿保险股份有限公司	20	意外伤害保险;健康保险;传统人寿保险;人寿保险新型产品;传统年金保险;年金新型产品;其他人身保险业务;上述保险业务的再保险业务;国家法律、法规允许的保险资金运用业务;经中国保监会批准的其他人身保险业务。	本年度未分红
天富期货经纪有限公司	55	国内商品期货代理、咨询、培训。	本年度未分红

6.4.1.5 公司前五名的自营贷款的企业名称、占贷款总额的比例和还款情况

企业名称	占贷款总额的比例(%)	还款情况
吉林省天汇房地产有限责任公司	83.11	贷款尚未到期。
吉林守信汽车部件有限公司	12.87	贷款尚未到期。
长春信而兴汽车零部件有限公司	4.03	贷款尚未到期。

6.4.1.6 表外业务的期初数、期末数

单位:万元

表外业务	期初数	期末数
担保业务	560.00	5 000.00
代理业务(委托业务)		
其他		
合计	560.00	5 000.00

本公司对外提供担保形成的或有负债情况

担保对象	担保方式	担保金额(万元)		贷款到期日	备注
		人民币	美元		
东北中小企业信用再担保股份有限公司	保证	5 000.00		2016年6月23日	保证反担保
合计		5 000.00			

6.4.1.7 公司当年的收入结构

收入结构	合并		母公司	
	金额(万元)	占比(%)	金额(万元)	占比(%)
手续费及佣金收入	60 318.30	73.40	53 464.16	68.36
其中:信托业务手续费收入	53 427.96	65.01	53 427.96	68.32
担保业务手续费收入	36.20	0.04	36.20	0.05
基金管理手续费收入	4 841.26	5.89		0.00
期货业务手续费收入	1 846.00	2.25		0.00
典当业务手续费收入	166.88	0.20		0.00
利息类收入	9 848.00	11.98	9 039.46	11.56
其他业务收入	3 689.66	4.49	3 678.74	4.70
其中:计入信托业务收入部分				0.00
投资收益	5 087.57	6.19	7 935.52	10.15
其中:股权投资收益	6 917.01	8.42	9 167.01	11.72
证券投资收益	-2 780.47	-3.38	-2 182.51	-2.79
其他投资收益	951.03	1.16	951.02	1.22
公允价值变动收益	-1 220.08	-1.48	-355.3	-0.45
汇兑损益	-92.52	-0.11	-92.52	-0.12
营业外收入	4 548.33	5.53	4 537.91	5.80
收入合计	82 179.26	100.00	78 207.97	100.00

6.4.2 信托资产管理情况

6.4.2.1 信托资产的期初数、期末数

单位:万元

信托资产	期初数	期末数
集合	723 052.00	2 296 355.00
单一	3 956 907.00	3 660 998.00
财产权	0.00	351 324.00
合计	4 679 959.00	6 308 677.00

6.4.2.1.1 主动管理型信托业务的信托资产期初数、期末数，按证券投资、股权投资、融资、事务管理类分别披露

单位：万元

主动管理型信托资产	期初数	期末数
证券投资类		718 801.00
股权投资类	33 370.00	894 831.00
融资类	2 726 245.00	4 162 753.00
事务管理类		287 092.00
合计	2 759 615.00	6 063 477.00

6.4.2.1.2 被动管理型信托业务的信托资产期初数、期末数，按证券投资、股权投资、融资、事务管理类分别披露

单位：万元

被动管理型信托资产	期初数	期末数
证券投资类		
股权投资类		55 000.00
融资类	1 920 344.00	190 200.00
事务管理类		
合计	1 920 344.00	245 200.00

6.4.2.2 本年度已清算结束的信托项目个数、实收信托合计金额、加权平均实际年化收益率

6.4.2.2.1 本年度已清算结束的集合类、单一类资金信托项目和财产管理类信托项目个数、实收信托合计金额、加权平均实际年化收益率

已清算结束信托项目	项目个数	实收信托合计金额（万元）	加权平均实际年化收益率（%）
集合类	22	413 412	7.19
单一类	144	3 733 706	5.52
财产管理类			

6.4.2.2.2 本年度已清算结束的主动管理型信托项目个数、实收信托合计金额、加权平均实际年化收益率

已清算结束信托项目	项目个数	实收信托合计金额（万元）	加权平均实际年化信托报酬率（%）	加权平均实际年化收益率（%）
证券投资类				
股权投资类	32	483 208		7.55
融资类	85	2 051 326		5.96
事务管理类				

6.4.2.2.3 本年度已清算结束的被动管理型信托项目个数、实收信托合计金额、加权平均实际年化收益率

已清算结束信托项目	项目个数	实收信托合计金额（万元）	加权平均实际年化信托报酬率（%）	加权平均实际年化收益率（%）
证券投资类				
股权投资类				
融资类	49	1 612 584		4.75
事务管理类				

6.4.2.3 本年度新增的集合类、单一类资金信托项目和财产管理类信托项目数量、合计金额

新增信托项目	项目个数	实收信托合计金额（万元）
集合类	133	1 961 806.00
单一类	118	3 409 034 00
财产管理类	16	352 393.00
新增合计	267	5 723 233.00
其中：主动管理型	267	5 723 233.00
被动管理型		

6.4.2.4 信托业务创新成果和特色业务有关情况

2011 年，公司积极调整经营战略，把推进业务转型、提升自主理财能力提到了公司发展的战略高度，加大创新产品开发和研发团队建设力度，不断提升公司信托产品的含金量和附加值，全力打造自主理财营销渠道，培养以理财顾问团为核心的专家理财队伍，为公司走上专业化理财机构的发展道路奠定坚实的基础。

6.4.2.4.1 创新业务

（1）联合贷款信托。该类产品是信托公司和银行合作发放的联合贷款，由于有后续银行贷款合同作保障，可分散贷款风险，实现利益共享。该类信托产品为开放式设计，提高了产品的流动性，一年共有 3 次带申赎的开放期，使投资者能灵活地根据自身状况和投资目标对投资资金及时做出调整。该类产品的借款人本身是银行的优质客户，加之信托公司对借款人的严格考察，实现了对项目的双重优选。

（2）银行间债券投资信托。该类产品为公司自主管理自主决策的纯投资类非结构化产品，由于债券安全性较高，本金损失的风险相对较小，因而信托资金的安全性较强。

（3）股票受益权类信托。有限合伙制模式参与上市公司定向增发：信托计划作为有限合伙企业的有限合伙人（LP）与普通合伙人一起参与上市公司定向增发股票的申购及减持，属于纯投资类信托计划，提升了公司自主管理水平。

（4）周期申赎式期限结构信托。周期申赎提高了委托人资产的流动性，提高期限较长项目的发行能力，降低了资金成本。通过合理的期限结构投融资安排，满足投融资双方的现实需求，降低了项目的流动性风险。

6.4.2.4.2 特色业务

（1）上市公司股权受益权类信托。公司面向上市公司股东推出一系列融资类和投资类信托产品，为股票质押融资、增持上市公司股票、盘活持仓股票资产、定向增发等提供专业化服务，满足其多样化的金融服务需求。

（2）PE 股权投资信托。股权投资是公司对信托资金运用的主要方式之一，经过多年的经验积累，逐步由被动式管理向主动式管理转变。

（3）财产权投资信托。公司积极利用信托制度优势，探索资产衍生出的相关权益类信托产品，如股权收益权、项目收益权、物业收益权、信托收益权、矿产资源收益权、特许经营收费权、应收账款以及其他特定资产未来收益权等业务，灵活运用投资、投资附带回购、投资优先分配收益、投资附带转让、融资租赁等多种资金运用方式，为委托人和企业提供量身定做信托理财产品。

(4)农牧业信托。东北是中国农业主产区，吉林信托在多年服务地方农业发展的基础上形成了较为丰富的农牧业投融资经验。公司2011年发行大成生物、李岳新农村、白城牧业园区股权投资等项目，顺应国家产业政策导向，通过灵活多样的资金运用方式为现代化农业发展与升级提供金融支持。

6.4.2.4.3 研究成果

2011年，针对国家宏观经济形式、新的监管政策和行业产品的前沿动向，公司结合自身情况，对大势、行业和公司发展进行分析、研判，提出创新业务运作模式，形成五大定期投研报告体系，即《信托市场周报》、《创新产品周报》、《创新业务研究报告》、《行业分析月报》、《集合信托产品月报》。

在专题研究方面，完成了事务类信托、财产信托、信托＋有限合伙制、期现套利模式、信托财产清算基金、融资租赁信托、公益信托、伞型信托、信托产品基金化、行业经营分析等研发报告的编制。

在具体业务研究方面，完成了《开放式银信联合贷款》、《银行间债券投资信托》、《有限合伙制参与上市公司定向增发》、《周期申赎式期限结构计划方案》、《票据资产投资基金》、《非证券TOT模式》、《开放式票据收益权信托》等业务研究文章的撰写。

在信托业协会组织的“我看信托这十年征文”活动中，公司选送的《海阔循律涌 十年育骄龙——〈信托法〉颁布十周年的思考》获特等奖，被相关文集收录，并发表于《金融时报》。

6.4.2.5 本公司履行受托人义务的情况及因本公司自身责任而导致的信托资产损失情况

本公司遵守信托法和信托文件对受托人义务的规定，为受益人的最大利益管理信托事务，管理信托财产时，恪尽职守，履行诚实、信用、谨慎、有效管理的义务，没有损害受益人利益的情况。本公司无因自身责任而导致信托财产损失的情况。

6.5 关联方关系及其交易

6.5.1 关联交易方的数量、关联交易的总金额及关联交易的定价政策

单位：万元

	关联交易数量	关联交易金额	定价政策
合计	—	—	—

6.5.2 关联交易方与本公司的关系性质、关联交易方的名称、法人代表、注册地址、注册资本及主营业务

单位：万元

关系性质	关联方名称	法定代表人	注册地址	注册资本（万元）	主营业务
二级子公司	天富期货有限公司	李野	长春市	15 000	国内商品期货代理、咨询、培训。
二级子公司	天治基金管理有限公司	赵玉彪	上海市	13 000	发起设立基金、基金管理。
三级子公司	吉林省汇通典当有限责任公司	高松岩	长春市	1 000	动产、财产权利质押典当业务；房地产抵押典当业务等。

6.5.3 逐笔披露本公司与关联方的重大交易事项

6.5.3.1 固有财产与关联方交易事项

单位：万元

固有与关联方关联交易				
	期初数	借方发生额	贷方发生额	期末数
贷款	0.00	0.00	0.00	0.00
投资	0.00	0.00	0.00	0.00
租赁	0.00	0.00	0.00	0.00
担保	0.00	0.00	0.00	0.00
应收账款	0.00	0.00	0.00	0.00
其他	0.00	0.00	0.00	0.00
合计	0.00	0.00	0.00	0.00

6.5.3.2 信托资产与关联方

单位：万元

信托与关联方关联交易				
	期初数	借方发生额	贷方发生额	期末数
贷款	0.00	0.00	0.00	0.00
投资	0.00	0.00	0.00	0.00
租赁	0.00	0.00	0.00	0.00
担保	0.00	0.00	0.00	0.00
应收账款	0.00	0.00	0.00	0.00
其他	0.00	0.00	0.00	0.00
合计	0.00	0.00	0.00	0.00

6.5.3.3 信托公司自有资金运用于自己管理的信托项目(固信交易)、信托公司管理的信托项目之间的相互(信信交易)交易金额

6.5.3.3.1 固有财产与信托财产

单位：万元

固有财产与信托财产相互交易			
	期初数	本期发生额	期末数
合计	0	0	0

6.5.3.3.2 信托资产与信托财产

单位：万元

信托资产与信托财产相互交易			
	期初数	本期发生额	期末数
合计	0	0	0

6.5.4 逐笔披露关联方逾期未偿还本公司资金详细情况以及公司为关联方担保发生或即将发生垫款的详细情况

报告期公司无上述情况。

6.6 会计制度

本公司固有业务、信托业务均执行《企业会计准则》(2006)及《企业会计准则——应用指南》等相关规定。

7. 财务情况说明书

7.1 利润实现和分配情况(母公司口径与并表口径)

单位：万元

	合并口径	母公司
利润总额	53 272.25	58 216.70

续表

	合并口径	母公司
所得税费用	12 994. 39	12 972. 53
少数股东损益	-1 212. 94	
归属于母公司所有者的净利润	41 490. 80	45 244. 17
提取盈余公积	8 298. 16	8 298. 16
信托赔偿准备金	2 262. 20	2 262. 20
上缴国有资本收益	2 863. 33	2 863. 33
期末累计未分配利润	55 104. 50	62 502. 16

7.2 主要财务指标（母公司口径与并表口径）

指标名称	合并指标值	母公司指标值
资本利润率（%）	17. 13	18. 53
加权年化信托报酬率（%）		
人均净利润（万元/人）	117. 77	314. 20

7.3 对公司财务状况、经营成果有重大影响的其他事项

公司无上述事项。

8. 特别事项揭示

8.1 前五名股东报告期内变动情况及原因

公司股东无变化。

8.2 董事、监事及高级管理人员变动情况及原因

无。

8.3 变更注册资本、变更注册地或公司名称、公司分立合并事项

经吉林银监局批准，公司办公地址变更为长春市人民大街9889号。

8.4 公司的重大诉讼事项

8.4.1 重大未决诉讼事项

无。

8.4.2 以前年度发生，于本报告年度内终结的诉讼事项

无。

8.4.3 本报告年度发生，于本报告年度内终结的诉讼事项

无。

8.5 公司及其董事、监事和高级管理人员受到处罚的情况

公司无上述情况。

8.6 银监会派出机构对公司检查结论和公司整改情况

2011年11月至12月，吉林银监局对公司截至2011年9月30日有余额的单一资金信托业务进行了现场检查。检查认为，公司部分单一资金信托业务在尽职调查及后期管理、信托贷款合同条款设立及还款方式、信托贷款与理财资金匹配等方面存在薄弱环节，个别银信理财业务没有达到监管要求。

公司在接到检查意见书后，积极组织相关部门召开专题会议，认真分析问题产生的原因及落实整改措施。今后公司牢牢把握“稳中求进”的总体工作思路，加强风控体系建设，推动管理升级；大力推进业务创新，实现公司持续稳健发展。具体做法：

一是加大风险管控力度，完善风险控制体系，加强风险评估与审批制度。二是正确处理资产规模快速增长及资产管理水平薄弱的关系，强化信托资产管理，完善贷前尽职调查和贷后管理制度，加强信托业务全程管理，尤其对存续信托项目要持续跟踪。三是进一步增强审慎经营意识，从公司领导到员工形成了注重风险防范和依法合规经营的氛围；强化常规工作管理，注重对从业人员业务技能的培训，完善基础工作。

8.7 本年度重大事项临时报告的简要内容、披露时间、所披露的媒体及其版面

2011年11月10日，公司在《上海证券报》B16版披露，公司办公地址：长春市人民大街9889号。

9. 公司监事会意见

本报告期内公司依法运作，决策程序合法，内部控制制度较为完善。2011年度财务报告客观、真实地反映了公司2011年12月31日的合并财务状况和2011年度的合并经营成果及合并现金流量。

建信信托有限责任公司

1. 重要提示

1.1 本公司董事会保证本报告所载资料不存在任何虚假记载、误导性陈述或者重大遗漏，并对其内容的真实性、准确性和完整性承担个别及连带责任。

1.2 公司独立董事康立国、王巍、范成法保证本报告内容真实、准确、完整。

1.3 普华永道中天会计师事务所对本公司年度财务报告进行审计，出具了审计报告。

1.4 公司法定代表人、董事长曾见泽，总裁程双起，副总裁许晔，财务部门负责人江涛声明：保证本年度报告中财务报告真实、完整。

2. 公司概况

2.1 公司简介

建信信托有限责任公司（以下简称建信信托）是经中国银监会批准，由中国建设银行股份有限公司投资控股，在原合肥兴泰信托有限责任公司（以下简称兴泰信托）增资扩股的基础上，重组设立的非银行金融机构。原兴泰信托前身为合肥市信托投资公司，成立于1986年11月，2003年12月经《中国银行业监督管理委员会关于合肥兴泰信托投资有限责任公司重新登记有关事项的批复》（银监复〔2003〕122号）批准，分立重组为独立法人信托机构；2007年6月经中国银监会批准，变更名称为合肥兴泰信托有限责任公司，同时相应变更业务范围；根据《中国银监会关于批准合肥兴泰信托有限责任公司变更注册资本、调整股权结构及变更名称的批复》（银监复〔2009〕57号），2009年7月末，公司名称变更为建信信托有限责任公司，注册资本增加至152 727万元，股权结构调整为中国建设银行、合肥兴泰控股集团有限公司、合肥市国有资产控股有限公司分别持有67.00%、27.50%、5.50%的股权。

2.1.1 公司法定中文名称：建信信托有限责任公司
中文名称缩写：建信信托

2.1.2 公司法定英文名称：CCB Trust Co. ,Ltd.
英文名称缩写：CCBT

2.1.3 法定代表人：曾见泽

2.1.4 注册地址：安徽省合肥市九狮桥街45号
邮政编码：230001

2.1.5 网　　址：www. ccbtrust. com. cn

2.1.6 信息披露分管领导：钟四清
信息披露联系人：高朝晖

2.1.7 联系电话：（0551）5295628　15605603198
传　　真：（0551）2679542
电子邮箱：ccbt@ ccbtrust. com. cn

2.1.8 信息披露报纸名称：《金融时报》

2.1.9 年度报告备置地点：公司网站和公司办公楼地点

2.1.10 会计师事务所：普华永道中天会计师事务所
住所：上海市浦东新区陆家嘴环路1318号星展银行大厦6楼

2.2 组织结构

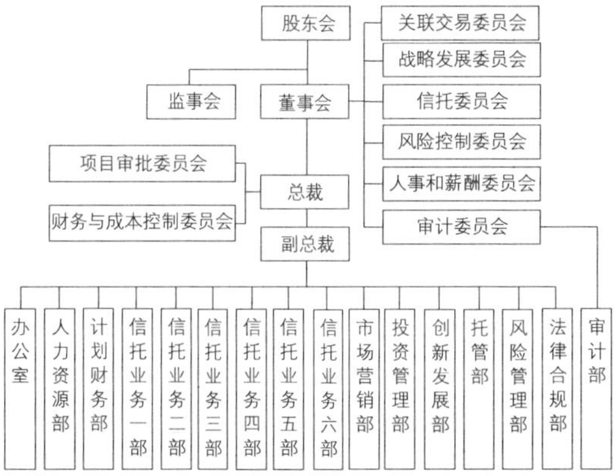

3. 公司治理结构

3.1 股东

报告期末，公司股东总数3名，最终实际控制人为中国建设银行股份有限公司。

股东

股东名称	出资比例（%）	法人代表	注册资本（亿元）	注册地址	主要经营业务及主要财务情况
★中国建设银行股份有限公司	67.00	王洪章	2 336.89	北京市西城区金融大街25号	公司银行业务、个人银行业务、资金业务、投资银行业务及海外业务。截至2011年末，公司总资产122 818.34亿元，总负债114 651.73亿元，净利润1 694.39亿元。
合肥兴泰控股集团有限公司	27.50	孙立强	8.72	合肥市九狮桥街45号兴泰大厦	对授权范围内的国有资产进行经营以及从事企业策划、管理咨询、财务顾问、公司理财、产业投资以及经批准的其他经营活动。截至2011年末，集团合并报表总资产68.64亿元，总负债27.72亿元，净利润总额2.31亿元。
合肥市国有资产控股有限公司	5.50	俞能宏	6.92	合肥市花园街安徽科技大厦	授权范围内的国有资本运营；权益型投资、债务型投资；信用担保服务；资产管理，理财顾问，企业策划，企业管理咨询；企业重组、兼并、收购。截至2011年末，集团母公司报表总资产64.8亿元，总负债42.8亿元，净利润0.83亿元。

注：加★号表示最终实际控制人。

3.2 董事

董事会成员（董事长、非独立董事）

姓名	职务	性别	年龄	选任日期	任期	所推举的股东名称	该股东持股比例（%）	简要履历
曾见泽	董事长	男	57	2009年7月16日	3	中国建设银行	67.00	曾任中国建设银行北京市分行副行长、纪委书记、党委副书记，天津市分行行长、党委书记；现任建信信托董事长。
程双起	董事	男	54	2009年7月16日	3			曾任中国建设银行张家口分行行长、党组书记，河北省分行副行长、党委副书记；现任建信信托董事、总裁。
张明合	董事	男	41	2009年7月16日	3			曾任中国建设银行计划财务部总经理助理、投资银行部总经理助理；现任中国建设银行投资银行部业务总监、建信信托董事。
谢瑞平	董事	男	47	2009年7月16日	3			曾任中国建设银行资产负债管理委员会办公室总经理助理、副总经理；现任中国建设银行股权投资与战略合作部副总经理、建信信托董事。
孙立强	董事	男	50	2009年7月16日	3	合肥兴泰控股集团有限公司	27.50	曾任合肥市财政局副局长、国资局局长、国资办主任、合肥兴泰信托有限责任公司董事长；现任兴泰控股集团有限公司董事长、建信信托董事。
俞能宏	董事	男	55	2009年7月16日	3	合肥市国有资产控股有限公司	5.50	曾任肥西县副县长、县委常委、常务副县长，中共肥西县委副书记、县政府代县长，合肥兴泰信托有限责任公司董事；现任合肥市国有资产控股有限公司董事长、建信信托董事。

独立董事

姓名	所在单位及职务	性别	年龄	选任日期	所推举的股东名称	该股东持股比例（%）	简要履历
康立国	无	男	63	2009年7月16日	中国建设银行	67.00	曾任中国人民银行南京分行合肥金融监管办事处党组委员、助理特派员，安徽银监局局长助理、党委委员、副巡视员；现任建信信托独立董事。
王　巍	万盟并购集团有限公司董事长，兼全国工商联并购公会会长	男	53	2010年12月20日			曾任职于中国建设银行、中国银行，曾担任美国化学银行分析师、美国世界银行顾问、中国南方证券有限公司副总裁、万盟投资管理有限公司董事长，以及中化国际、上海医药、方正证券独立董事；现任万盟并购集团有限公司董事长，同时兼全国工商联并购公会会长，以及中体产业、光大银行、嘉实基金独立董事，建信信托独立董事。
范成法	安徽省担保协会副会长	男	61	2011年3月21日	合肥兴泰控股集团有限公司、合肥市国有资产控股有限责任公司	33	曾任安徽省财政厅预算外资金管理办公室主任、综合处处长、金融处处长，兼任安徽省推进皖江城市带承接产业转移示范建设领导小组办公室融资组组长；现任安徽省担保协会副会长、建信信托独立董事。

3.3 监事

监事会成员

姓名	职务	性别	年龄	选任日期	任期	代表股东	该股东持股比例（%）	简要履历
王金生	监事长	男	47	2010年4月9日	3	合肥兴泰控股集团有限公司 合肥市国有资产控股有限公司	27.50 5.50	曾任合肥市大米公司经理（法人代表），合肥天谷粮食集团董事长，合肥市产权交易管理办公室副主任，合肥市国有资产管理局局长助理、综合处处长，合肥市国有资产控股公司副总经理，丰乐种业股份有限公司外部董事，合肥市国有资产监督管理委员会副主任、党委委员；现任建信信托有限责任公司监事长。
田国林	监事	男	49	2009年7月16日	3	中国建设银行	67.00	曾任中国建设银行信贷风险管理部分行监管二处处长、综合处经理，现任中国建设银行风险管理部副总经理、建信信托监事。
吴胜春	监事	男	41	2009年7月16日	3			曾任中国建设银行法律事务部非诉讼事务处高级经理、法律事务部总经理助理，现任中国建设银行法律合规部副总经理、建信信托监事。
王彦青	职工监事	男	48	2010年9月20日	3	—	—	曾任建行河北省分行资产保全部副总经理，建行河北省总审计室现场一处高级副经理（主持工作）；现任建信信托有限责任公司审计部总经理。
周志寰	职工监事	男	40	2010年9月20日	3	—	—	曾任建行北京长安支行国际业务部经理，建行北京分行个人银行业务部副总经理，建行北京分行城建、建国支行风险主管；现任建信信托有限责任公司风险管理部总经理。

3.4 高级管理人员

姓　名	职　务	性别	年龄	选任日期	金融从业年限	学历	专业
程双起	总裁	男	54	2009 年 7 月 16 日	29	本科	基建财务与信用
李凤霞	副总裁	女	59	2009 年 7 月 16 日	34	本科	国际金融
王宝魁	副总裁	男	48	2009 年 12 月 30 日	25	本科	基本建设经济
钟四清	副总裁	男	46	2009 年 12 月 30 日	25	研究生	系统工程
黄建峰	副总裁	男	49	2009 年 7 月 16 日	12	硕士研究生	工商管理
许晔	副总裁	男	36	2011 年 3 月 28 日	15	硕士研究生	法律

3.5 公司员工

报告期职工总数为 127 人，平均年龄 38 岁，学历分布比率为：博士学历占 4.72%；硕士学历占 28.35%；本科学历占 56.69%；专科学历占 7.09%；其他学历占 3.15%。

4. 经营管理

4.1 经营目标、方针、战略规划

经营目标：成为员工队伍优秀、资产管理能力一流、产品创新能力强、服务营运能力优良、风险控制体系完善、公司的价值增长和股东的财务回报高、市场信誉和社会声誉一流的信托公司。

经营方针：以科学发展观为指引，以打造建设银行综合化经营平台为目标，服从服务于建设银行的改革发展，服从服务于建设银行整体战略目标的实现，提升资产管理能力和风险控制能力，逐步构建银行系信托公司的盈利模式和发展模式，为股东创造最大价值，为经济建设和社会发展服务。

战略规划：依托建设银行丰富的资源，加强产品研发和业务创新，做大资产规模，扩大市场份额，确立行业的领先地位。同时，根据建设银行整体发展战略，利用信托的制度和功能优势，提升"建设银行"品牌效应和整体竞争力，为建设银行的综合化经营、丰富产品线、满足客户多样化的需求作出应有的贡献。

4.2 所经营业务的主要内容

公司目前经营的业务品种主要包括信托业务、投资银行业务和固有业务。信托业务品种主要包括单一资金信托、集合资金信托、财产信托和股权信托等。信托财产的运用方式主要有贷款和投资。投资银行业务主要包括财务顾问、股权信托、债券承销等。固有业务主要是自有资金的贷款、股权投资、证券投资等。

固有资产运用与分布表

资产运用	金额（万元）	占比（%）	资产分布	金额（万元）	占比（%）
货币资产	58 253.18	11.76	基础产业		
贷款及应收款	58 400.20	11.79	房地产业		
交易性金融资产	2 700.56	0.55	证券市场	9 059.06	1.83
可供出售金融资产	310 329.92	62.67	实业		
持有至到期投资			金融机构	410 398.80	82.87
长期股权投资	46 165.60	9.32	其他	75 750.15	15.30
其他	19 358.54	3.91			
资产总计	495 208.01	100.00	资产总计	495 208.01	100.00

注：资产分布中的其他主要是贷款净值 49 500 万元（投向于采矿业）、固定资产 14 884.34万元。

信托资产运用与分布表

资产运用	金额（万元）	占比（%）	资产分布	金额（万元）	占比（%）
货币资产	6 365 176.67	33.37	基础产业	1 147 982.00	6.02
贷款	2 047 466.11	10.74	房地产	1 105 050.00	5.79
交易性金融资产	0.00	0	证券市场	6 602 635.37	34.62
可供出售金融资产	85 172.93	0.45	实业	361 158.76	1.89
持有至到期投资	8 158 029.66	42.77	金融机构	8 826 347.52	46.28
长期股权投资	357 640.46	1.88	其他	1 029 447.66	5.40
其他	2 059 135.48	10.79			
信托资产总计	19 072 621.31	100.00	信托资产总计	19 072 621.31	100.00

4.3 市场分析

4.3.1 影响业务发展的有利因素

2011 年，我国整体宏观经济形势继续保持平稳较快增长。国家实施积极扩大内需、支持实体经济发展、大力发展战略新兴产业等政策和措施，融资需求保持旺盛增长；同时，民间财富持续积累，居民理财意识逐渐增强，信托产品在高端人群中的接受程度不断提高，为信托行业的高速发展提供了资金动力。

2011 年，基金行业整体亏损，券商业务遭到重创，保险市场相对萎缩，银行理财收益率大多不及 CPI 上涨幅度。在资金挤出效应的影响下，有力地促进了信托行业快速发展。

4.3.2 影响业务发展的不利因素

2011 年，国际金融危机影响尚未消除，国内宏观经济形势多种矛盾复杂交织，宏观调控政策存在着较大不确定性，对信托公司的业务快速拓展和形成稳定的利润来源带来挑战。

信托公司市场定位仍不明确，核心竞争能力仍不突出，信托理财产品与银行、保险、基金等行业同类产品竞争加剧，随着信托公司异地展业的推进，信托公司间的竞争也日趋激烈。

4.4 内部控制概况

公司按照《公司法》、《信托公司管理办法》、《信托公司治理指引》等法律法规和监管部门的要求，设立了"三会一层"的治理结构，形成了决策机构、监督机构和执行机构间的制衡机制。公司内部设置了 16 个职能部门，明确界定了各部门的职责和权限，确保其在授权范围内行使职能。

公司按照全面性、重要性、制衡性、适应性和遵循性的原则逐步健全各项内部控制制度，完善内部控制机制，使内部控制渗透到公司决策、执行、监督、反馈等各个环节，覆盖公司的所有业务、部门和岗位。

公司建立了内部控制检查、报告和纠正机制，确保内控制度的执行落实和对发现问题的及时整改。

4.5 风险管理概况

公司坚持依法合规的经营理念，不断健全科学的风险管理体系，培育健康的风险管理文化，防范和化解经营过程中面临的各种风险，促进公司持续健康发展。

4.5.1 信用风险状况及其管理

信用风险主要是指公司在经营过程中因交易对手不能或不愿按期履行义务而使受益人或公司遭受损失的可能性。2011 年末，公司信托业务资产总额为 1 907.26 亿元，存续项目资产质量优良，到期信托项目均按期正常清算兑付，无交易对手违约情况；公司固有业务资产总额为 49.64 亿元，不良资产余额为零，不良资产余额较年初减少了 450 万元，不良资产率较年初下降了 0.1%，各项资产减值准备余额为 500 万元，较年初减少了 924 万元。

为加强信用风险管理，公司采取了以下主要措施：

(1) 谨慎选择交易对手。公司根据国家产业政策、地区和行业发展变化情况，遵循集团整体风险偏好，结合信托行业特点，在充分评估交易对手的经营情况、财务状况、治理结构、内部管理、资信情况、产品的市场情况、所处的行业地位和发展前景等方面情况，决定是否与其开展业务及业务规模。

(2) 持续关注交易对手的履约能力。为了持续关注交易对手的履约能力，公司注重“事前调查、事中审查、事后检查”。在事前调查阶段，公司制定了《信托项目尽职调查工作指引》规范项目尽职调查的程序、重点和方法；在事中审查阶段，公司项目审批委员或董事会风险控制委员会对项目进行集体审批，严格把关；在事后检查阶段，公司制定了《信托项目后期管理办法》，要求业务部门全面收集交易对手的财务报表、经营状况和相关信息，对于重点项目业务部门、风险管理部要定期对交易对手或项目进行现场检查，及时掌握交易对手动态和项目进展情况。公司按季度召开后期跟踪管理会议，讨论、研究重点项目的后期管理情况，督促业务部门加强项目后期管理工作。公司通过过程管理持续评估和监测交易对手的履约能力和担保状况。

(3) 注重信用风险的分散和补偿。在产品方案设计上，公司综合运用规避、预防、分散（组合、多样化、限制集中度）、转移（担保、保险）、补偿（高定价）等手段管理信用风险，尽力降低信用风险敞口。具体管理的主要方法有：

一是公司通过追加保证、财产抵押等担保方式，将交易对手的信用风险进行分散、转移。

二是为防止因抵（质）押物价值变化扩大信用风险敞口，公司对抵（质）押资产设置了抵（质）押率上限，并定期进行评估，作为价值变化的缓冲。

三是通过账户管理归集和监控项目本身的现金流，作为履约的主要资金来源；在可能的情况下监管交易对手账户、印章和证照，监督资金封闭使用，保证资金按约定用途使用，防止被挪用。

四是通过信托受益权的优先劣后安排，将具有不同风险偏好和风险承受能力的客户分开。

五是通过签订对赌协议加大交易对手的违约成本，使其不敢轻易违约。

六是为提高公司财务稳健水平，对固有业务项按照信用风险暴露程度计提资产减值准备。

4.5.2 市场风险状况及其管理

市场风险主要指公司在经营过程中因股价、汇率、利率及其他价格因素变动而造成财产损失的风险以及对公司盈利能力、财务状况的影响。报告期内，市场风险未对公司固有资产和信托资产产生明显影响。

为加强市场风险管理，公司采取了以下主要措施：

(1) 公司及时关注国家政策和市场环境的变化，加强对经济及金融形势的分析预测，并据此提出相应对策及业务调整方案。

(2) 对于证券市场风险，侧重于把握整体趋势，通过建立有效的投资组合，设置投资比例和投资限制，聘请有丰富经验的投资顾问，规避证券市场风险。

(3) 对于利率风险，在产品设计时，结合经济、金融形势充分考虑利率变化对受益人或公司收益的影响，采取升息保护、浮动利率机制等合理措施规避利率风险。

(4) 对于抵（质）押品价值波动风险，持续跟踪关注抵（质）押品市场价格波动情况，发生风险隐患时采取相应的控制措施，合理控制担保的有效性。

(5) 对于证券投资类项目，公司要求业务部门根据国家相关法律法规和信托文件的约定，安排专人进行盯市，按期进行估值，及时披露信托单位净值，并严格执行信托文件中对警戒线及平仓线的具体约定。

(6) 对于上市公司股票收益权转让类项目，初始抵押率基本上不超过 50%，均采取了“警戒线”和“平仓线”的风险控制措施。公司要求信托经理就质押股票进行逐日盯市，并每日填制质押股票价格监控情况表报部门负责人、风险经理，并要求业务部门严格执行信托文件中对警戒线及平仓线的具体约定。

4.5.3 操作风险状况及其管理

操作风险主要是指公司在运营过程中由于内部程序、人员操作失误、系统的不完善或外部事件等原因所带来的风险。报告期内，公司未发生因操作风险所造成的损失。

为加强操作风险管理，公司采取了以下主要措施：

(1) 逐步健全公司法人治理结构，建立、完善内部各项规章制度。

(2) 规范各项业务的操作流程，明确操作权限和内容，严格遵循“决策与操作分离”、“业务操作与风险监控分离”、“不相容岗位之间互相监督制约”的原则。

(3) 建立总裁授权制度，对于各类事项实施授权管理。

(4) 严格按照既定的审批流程，履行各类项目或业务的审批程序。

4.5.4 其他风险状况及其管理

公司面临的其他风险主要包括政策风险、法律风险、道德风险、关联交易风险和声誉风险等。

政策风险主要指因宏观经济政策、行业发展政策、行业监管政策的变动对公司经营环境和业务发展所造成的影响。法律风险主要是指公司在业务开展过程中对相关法律法规的理解或执行出现偏差导致对公司经营造成影响，公司签订合同在法律上有缺陷或不完善而发生法律纠纷甚至无法履约。道德风险主要指公司内部人员蓄意违法违规或与公司的利益主体串通给信托受益人或公司自身带来损失而产生的风险。关联交易风险主要指公司在开展业务过程中涉及关联交易时，由于制度缺失、关联方控制、价格不公允等原因产生的风险。声誉风险主要指由于公司操作失误、违反有关规定、信托资产质量下降不能到期兑付、不能向公众提供高质量的金融服务和管理不善等原因，对外部市场地位产生的消极和不良影响。报告期内，公司未发生因其他风险所造成的损失。

为加强政策风险管理，公司加强对国家宏观经济政策、行业发展政策、监管政策以及国家法律法规进行深入的分析、研究，加强与政策制定部门的沟通，提高预见性和应变能力，及时调整发展战略和经营策略，保持公司经营与国家政策的一致。

为加强法律风险管理，公司设立法律合规部负责对交易行为或合同进行法律审查，重大事项征询律师意见；公司制定了《合同管理办法》，加强合同制定、使用、审查和归档等管理。对于一般项目，业务部门负责起草法律文件并进行业务性审查，法律合规部进行合法性审查。公司建立律师对抗机制，对于复杂项目，聘请外部专业律师起草法律文件并由业务部门进行业务性审查，法律合规部进行合法性审查，必要时法律合规部咨询其他外部专业律师意见。根据相关法律法规要求，对于集合信托计划聘请律师事务所逐一出具法律意见书。

为加强道德风险管理，公司对全体员工不断加强职业道德和思想教育；制定了科学、清晰的业务流程，强化内部控制机制；制定了《关键岗位员工定期轮岗和强制休假管理办法》，建立了关键岗位员工实行定期轮岗和强制休假机制；制定了《责任认定与追究工作管理办法》，明确了责任追究的相关程序和惩罚措施。

公司从保护股东、信托各方当事人的利益尤其是委托人、受益人的利益角度出发，不断加强关联交易风险管理，采取了以下主要措施：

(1)实行各部门分别负责、法律合规部牵头管理，确保关联交易的识别、统计、报告工作及时准确。

(2)不断完善关联交易相关制度和操作流程，加强关联交易业务的审查。

(3)涉及关联交易的业务，根据《信托公司管理办法》第三十五条的要求，及时向监管部门事前报告。

(4)根据《信托投资公司信息披露管理暂行办法》的规定，及时、完整地披露关联交易。

为加强声誉风险管理，公司把声誉构建与公司发展战略和企业文化进行有机结合，将声誉风险管理纳入公司治理和全面风险管理体系，强调在依法合规经营、持续稳健发展的基础上，主动、有效、灵活地管理声誉风险和应对风险事件，采取了以下主要措施：

(1)公司制定了《风险管理办法》、《重大突发事件处理管理办法》等制度，明确规定了对声誉风险的监控、管理和应对流程。

(2)加强对证券投资类等信托计划委托人的风险适应性调查，向合规投资者推介适合的信托计划，防范因履行受托责任而引致的诉讼风险，造成公司的损失。

(3)通过风险评估识别信用、市场、操作等风险中可能威胁公司声誉的风险因素，确保开展的信托业务及时分配信托收益、兑付信托本金。

(4)公司制定了《信息披露管理办法》，加强对信息披露工作的管理，规范公司的信息披露行为，保护受益人、股东及其他利益相关人的合法权益。在日常经营管理过程中，根据监管要求公司及时披露年度报告，从而增强对公众、客户的透明度，塑造专业和诚信形象。根据相关法律法规、公司制度的规定和信托文件的约定，公司向受益人及时披露信托计划的运行情况。

(5)公司专门设立了市场营销部，负责客户关系管理，确保及时处理客户投诉和批评。

(6)公司注意对员工加强声誉风险管理培训，保持与新闻媒体的良好接触。

(7)公司通过履行社会责任提升公司的品牌价值和社会形象。

公司还将根据业务发展规模的不断扩大和市场变化等情况，对公司风险管理措施进一步完善。

5. 报告期末及上一年度末的比较式会计报表

5.1 固有资产

5.1.1 会计师事务所审计意见全文

审 计 报 告

普华永道中天审字(2012)第22331号

建信信托有限责任公司董事会：

我们审计了后附的建信信托有限责任公司(以下简建信信公司)的财务报表，包括2011年12月31日的合并及公司资产负债表以及2011年度的合并及公司利润表、合并及公司现金流量表、合并及公司所有者权益变动表和财务报表附注。

一、管理层对财务报表的责任

编制和公允列报财务报表是建信信托公司管理层的责任。这利责任包括：

(1)按照企业会计准则的规定编制财务报表，并使其实现公允所映：

(2)设计、执行和维护必要的内部控制，以使财务报表不存在由于舞弊或错误导致的重大错报。

二、注册会计师的责任

我们的责任是在执行审计工作的基础上对财务报表发表审计意见。我们按照中国注册会计师审计准则的规定执行了审计工作。中国注册会计师审计准则要求我们遵守中国注册会计师职业道德守则，计划和执行审计工作以对财务报表是否不存在重大错报获取合理保证。

审计工作涉及实施审计程序，以获取有关财务报表金额和披露的审计证据。选择的审计程序取决于注册会计师的判断，包括对由于舞弊或错误导致的财务报表重大错报风险的评估。在进行风险评估时，注册会计师考虑与财务报表编制和公允列报相关的内部控制，以设计恰当的审计程序，但目的并非对内部控制的有效性发表意见。审计工作还包括评价管理层选用会计政策的恰当性和作出会计估计的合理性，以及评价财务报表的总体列报。

我们相信，我们获取的审计证据是充分、适当的，为发表审计意见提供了基础。

三、审计意见

我们认为，上述建信信托公司的财务报表在所有重大方面按照企业会计准则的规定编制，公允反映了建信信托公司2011年12月31日的合并及公司财务状况以及2011年度的合并及公司经营成果和现金流量。

普华永道中天会计师事务所有限公司

中国·上海市

2012年3月27日

注册会计师 薛竞

注册会计师 金毅

5.1.2 资产负债表

资产负债表

编制单位：建信信托（母公司）　　2011年12月31日　　单位：万元

资　产	期末余额	年初余额	负债和所有者权益	期末余额	年初余额
资产：			负债：		
现金及存放同业款项	58 253.18	12 340.57	递延收益	10 590.03	1 642.37
交易性金融资产	2 700.56	38 989.59	应付职工薪酬	6 693.58	4 747.55
应收利息	123.17	208.93	应交税费	7 095.46	7 492.51
贷款	49 500.00	118 701.00	递延所得税负债		
可供出售金融资产	310 329.92	228 562.00	其他负债	1 105.32	3 841.65
投资性房地产	1 493.35	1 608.65	负债合计	25 484.39	17 724.08
长期股权投资	46 165.60	33 977.59	所有者权益：		
固定资产	14 884.34	15 637.09	实收资本	152 727.00	152 727.00
在建工程	135.51	36.41	资本公积	245 874.04	247 359.08
无形资产	101.94	111.02	盈余公积	8 350.86	5 068.99
递延所得税资产	2 528.75	1 079.44	一般风险准备	4 743.09	4 445.35
其他资产	8 991.69	4 861.72	信托赔偿准备	3 765.58	2 124.64
			未分配利润	54 263.05	26 664.87
			所有者权益合计	469 723.62	438 389.93
资产总计	495 208.01	456 114.01	负债和所有者权益总计	495 208.01	456 114.01

资产负债表

编制单位：建信信托（合并）　　2011年12月31日　　单位：万元

资　产	期末余额	年初余额	负债和所有者权益	期末余额	年初余额
资产：			负债：		
现金及存放同业款项	59 068.09	12 340.57	递延收益	10 590.03	1 642.37
交易性金融资产	5 850.07	38 989.59	应付职工薪酬	6 693.58	4 747.55
应收利息	124.14	208.93	应交税费	7 153.98	7 492.51
贷款	49 500.00	118 701.00	递延所得税负债	0.02	
可供出售金融资产	312 339.71	228 562.00	其他负债	1 457.99	3 841.65
投资性房地产	1 493.35	1 608.65	负债合计	25 895.60	17 724.08
长期股权投资	41 253.05	33 977.59	所有者权益：		
固定资产	14 884.76	15 637.09	实收资本	152 727.00	152 727.00
在建工程	135.51	36.41	资本公积	245 879.91	247 359.08
无形资产	101.94	111.02	盈余公积	8 350.86	5 068.99
递延所得税资产	2 529.45	1 079.44	一般风险准备	4 743.09	4 445.35
其他资产	9 074.90	4 861.72	信托赔偿准备	3 765.58	2 124.64
			未分配利润	54 384.49	26 664.87
			少数股东权益	608.44	
			所有者权益合计	470 459.37	438 389.93
资产总计	496 354.97	456 114.01	负债和所有者权益总计	496 354.97	456 114.01

5.1.3 利润表

利润表

编制单位:建信信托(母公司)　　2011 年度　　单位:万元

项　目	本年数	上年数
一、营业收入	59 678. 21	33 083. 48
利息收入	6 180. 24	10 326. 16
手续费及佣金净收入	37 951. 99	13 831. 98
手续费及佣金收入	38 280. 15	14 230. 55
手续费及佣金支出	328. 16	398. 57
投资收益	15 547. 96	8 076. 23
公允价值变动损益	-622. 11	378. 47
其他业务收入	620. 13	470. 64
二、营业支出	17 025. 76	11 023. 74
营业税金及附加	3 620. 33	1 631. 77
业务及管理费	14 217. 02	10 542. 80
资产减值损失	-924. 00	-1 284. 25
其他业务成本	112. 41	133. 42
三、营业利润	42 652. 45	22 059. 74
加:营业外收入	27. 05	83. 41
减:营业外支出	1. 50	0. 91
四、利润总额	42 678. 00	22 142. 24
减:所得税费用	9 859. 28	4 704. 83
五、净利润	32 818. 72	17 437. 41
六、其他综合收益	-1 485. 04	-22 508. 93
七、综合收益总额	31 333. 68	-5 071. 52

利润表

编制单位:建信信托(合并)　　2011 年度　　单位:万元

项　目	本年数	上年数
一、营业收入	60 068. 85	33 083. 48
利息收入	6 194. 95	10 326. 16
手续费及佣金净收入	38 147. 58	13 831. 98
手续费及佣金收入	38 476. 17	14 230. 55
手续费及佣金支出	328. 59	398. 57
投资收益	15 612. 90	8 076. 23
公允价值变动损益	-622. 11	378. 47
其他业务收入	735. 53	470. 64
二、营业支出	17 243. 65	11 023. 74
营业税金及附加	3 641. 72	1 631. 77
业务及管理费	14 300. 20	10 542. 80
资产减值损失	-924. 00	-1 284. 25
其他业务成本	225. 73	133. 42
三、营业利润	42 825. 20	22 059. 74
加:营业外收入	27. 05	83. 41
减:营业外支出	1. 50	0. 91
四、利润总额	42 850. 75	22 142. 24
减:所得税费用	9 903. 63	4 704. 83
五、净利润	32 947. 12	17 437. 41
归属于母公司股东的净利润	32 940. 15	17 437. 41
少数股东收益	6. 97	
六、其他综合收益	-1 477. 70	-22 508. 93
七、综合收益总额	31 469. 42	-5 071. 52
归属于母公司股东的综合收益总额	31 460. 98	-5 071. 52
归属于少数股东的综合收益总额	8. 44	

5.1.4 所有者权益变动表

所有者权益变动表

编制单位:建信信托(母公司)　　单位:万元

项　目	实收资本	资本公积	盈余公积	风险准备	未分配利润	所有者权益合计
一、2010 年 1 月 1 日余额	152 727. 00	269 868. 01	3 325. 25	4 982. 05	12 559. 15	443 461. 45
二、2010 年度增减变动						
1. 净利润					17 437. 41	17 437. 41
2. 其他综合收益		-22 508. 93				-22 508. 93
3. 利润分配						
提取盈余公积			1 743. 74		-1 743. 74	
提取一般准备				716. 08	-716. 08	
提取信托赔偿准备				871. 87	-871. 87	
4. 其他						
三、2010 年 12 月 31 日余额	152 727. 00	247 359. 08	5 068. 99	6 570. 00	26 664. 87	438 389. 94
一、2011 年 1 月 1 日余额	152 727. 00	247,359. 08	5 068. 99	6 570. 00	26 664. 87	438 389. 94
二、2011 年度增减变动						
1. 净利润					32 818. 72	32 818. 72
2. 其他综合收益		-1 485. 04				-1 485. 04
3. 利润分配						
提取盈余公积			3 281. 87		-3 281. 87	
提取一般准备				297. 74	-297. 74	
提取信托赔偿准备				1 640. 94	-1 640. 94	
对股东的分配						
4. 其他						
三、2011 年 12 月 31 日余额	152 727. 00	245 874. 04	8 350. 86	8 508. 67	54 263. 05	469 723. 62

所有者权益变动表

编制单位：建信信托（合并）　　　　单位：万元

项　目	归属于母公司股东权益					少数股东权益	股东权益合计
	股本	资本公积	盈余公积	风险准备	未分配利润		
一、2010 年 1 月 1 日余额	152 727. 00	269 868. 01	3 325. 25	4 982. 05	12 559. 15		443 461. 45
二、2010 年度增减变动							
1. 净利润					17 437. 41		17 437. 41
2. 其他综合收益		-22 508. 93					-22 508. 93
3. 利润分配							
提取盈余公积			1 743. 74		-1 743. 74		
提取一般风险准备				716. 08	-716. 08		
提取信托赔偿准备				871. 87	-871. 87		
4. 股东投入或减少资本							
股东投入资本							
5. 其他							
子公司增资							
三、2010 年 12 月 31 日余额	152 727. 00	247 359. 08	5 068. 99	6 570. 00	26 664. 87		438 389. 94
一、2011 年 1 月 1 日余额	152 727. 00	247 359. 08	5 068. 99	6 570. 00	26 664. 87		438 389. 94
二、2011 年度增减变动							
1. 净利润					32 940. 15	6. 97	32 947. 12
2. 其他综合收益		-1 479. 17				1. 47	-1 477. 70
3. 利润分配							
提取盈余公积			3 281. 87		-3 281. 87		
提取一般风险准备				297. 73	-297. 73		
提取信托赔偿准备				1 640. 94	-1 640. 94		
对股东的分配							
4. 股东投入或减少资本							
股东投入资本						600. 00	600. 00
5. 其他							
子公司增资							
三、2011 年 12 月 31 日余额	152 727. 00	245 879. 91	8 350. 86	8 508. 67	54 384. 49	608. 44	470 459. 37

5.2 信托资产

5.2.1 信托项目资产负债汇总表

编制单位：建信信托有限责任公司　　　　2011 年 12 月 31 日　　　　单位：万元

信托资产	期末数	期初数	信托负债和信托权益	期末数	期初数
信托资产：			信托负债：		
货币资金	6 365 176. 67	789 544. 19	交易性金融负债	0. 00	0. 00
拆出资金	0. 00	0. 00	衍生金融负债	0. 00	0. 00
存出保证金	0. 00	0. 00	应付受托人报酬	4 745. 92	215. 41
交易性金融资产	0. 00	0. 00	应付保管费	1 641. 42	1 209. 46
衍生金融资产	0. 00	0. 00	应付受益人收益	44 747. 67	23 096. 80
买入返售金融资产	1 153 687. 66	790 000. 00	应交税费	1 046. 97	1 200. 51
应收款项	361 965. 60	87 855. 05	应付销售服务费	0. 00	0. 00
贷款	2 047 466. 11	2 592 530. 34	其他应付款项	57 574. 56	5 114. 84
可供出售金融资产	85 172. 93	34 179. 70	预计负债	0. 00	0. 00
持有至到期投资	8 158 029. 66	1 975 460. 83	其他负债	0. 00	0. 00
长期应收款	0. 00	0. 00	信托负债合计	109 756. 54	30 837. 02
长期股权投资	357 640. 46	229 398. 13			
投资性房地产	0. 00	0. 00	信托权益：		
固定资产	0. 00	0. 00	实收信托	18 960 949. 61	6 512 722. 98
无形资产	0. 00	0. 00	资本公积	-10 184. 25	43 663. 91
长期待摊费用	0. 00	0. 00	损益平准金	0. 00	0. 00
其他资产	543 482. 22	102 632. 90	未分配利润	12 099. 41	14 377. 23
减：各项资产减值准备	0. 00	0. 00	信托权益合计	18 962 864. 77	6 570 764. 12
信托资产总计	19 072 621. 31	6 601 601. 14	信托负债和信托权益总计	19 072 621. 31	6 601 601. 14

5.2.2 信托项目利润及利润分配汇总表

2011年12月31日

编制单位：建信信托有限责任公司　　单位：万元

项　目	当年数	上年数
1. 营业收入	418 350.14	198 903.50
1.1 利息收入	324 458.64	160 104.49
1.2 投资收益（损失以"－"号填列）	89 446.46	37 558.91
其中：对联营企业和合营企业的投资收益	0.00	0.00
1.3 公允价值变动收益（损失以"－"号填列）	0.00	0.00
1.4 租赁收入	0.00	0.00
1.5 汇兑损益（损失以"－"号填列）	0.00	0.00
1.6 其他收入	4 445.04	1 240.10
2. 支出	46 925.49	26 943.93
2.1 营业税金及附加	498.63	4 555.78
2.2 受托人报酬	25 559.91	7 890.85
2.3 托管费	6 909.87	5 972.82
2.4 投资管理费	0.00	253.47
2.5 销售服务费	0.00	0.00
2.6 交易费用	177.97	22.98
2.7 资产减值损失	0.00	0.00
2.8 其他费用	13 779.11	8 248.03
3. 信托净利润（净亏损以"－"号填列）	371 424.65	171 959.57
4. 其他综合收益	0.00	0.00
5. 综合收益	371 424.65	171 959.57
6. 加：期初未分配信托利润	14 377.23	2 852.81
7. 可供分配的信托利润	385 801.88	174 812.38
8. 减：本期已分配信托利润	373 702.47	160 435.15
9. 期末未分配信托利润	12 099.41	14 377.23

6. 会计报表附注

6.1 会计报表编制基准不符合会计核算基本前提的说明

公司会计报表编制基准不存在不符合会计核算基本前提的情况。

公司执行财政部2006年2月15日颁布的《企业会计准则》（财会〔2006〕3号）及其后续规定。公司以持续经营为基础，根据实际发生的交易和事项，按照《企业会计准则——基本准则》和其他各项具体会计准则、应用指南及准则解释的规定进行确认和计量，在此基础上编制财务报表。

6.2 或有事项说明

报告期内公司无对外担保及其他或有事项。

6.3 重要资产转让及其出售的说明

报告期内公司无重要资产转让及出售事项。

6.4 会计报表中重要项目的明细资料

6.4.1 固有资产经营情况

6.4.1.1 信用风险五级分类情况

信用风险资产五级分类	正常类（万元）	关注类（万元）	次级类（万元）	可疑类（万元）	损失类（万元）	信用风险资产合计（万元）	不良资产合计（万元）	不良资产率（%）
期初数	136 955.30	0.00	0.00	450.00	0.00	137 405.30	450.00	0.33
期末数	117 275.37	0.00	0.00	0.00	0.00	117 275.37	0.00	0.00

6.4.1.2 各项资产减值损失准备情况

单位：万元

	期初数	本期计提	本期转回	本期核销	期末数
贷款损失准备	1 199.00	−699.00	0.00	0.00	500.00
一般准备	0.00	0.00	0.00	0.00	0.00
专项准备	1 199.00	−699.00	0.00	0.00	500.00
其他资产减值准备	0.00	0.00	0.00	0.00	0.00
可供出售金融资产减值准备	0.00	0.00	0.00	0.00	0.00
持有至到期投资减值准备	0.00	0.00	0.00	0.00	0.00
长期股权投资减值准备	0.00	0.00	0.00	0.00	0.00
坏账准备	225.00	0.00	225.00	0.00	0.00
投资性房地产减值准备	0.00	0.00	0.00	0.00	0.00

6.4.1.3 股票投资、基金投资、债券投资、股权投资等投资业务情况

单位：万元

	自营股票	基金	债券	长期股权投资	其他投资	合计
期初数	3 985.93	35 003.66	0.00	33 977.59	228 562.00	301 529.18
期末数	8 483.51	575.55	0.00	46 165.60	303 971.42	359 196.08

6.4.1.4 长期股权投资情况

企业名称	占被投资企业权益的比例（%）	主要经营活动	投资损益（万元）
1. 徽商银行股份有限公司	2.76	吸收公众存款，发放短期、中期、长期贷款，办理国内结算、票据贴现，发行金融债券、代理收付款项、代理保险业务、外汇存贷款，外汇兑换、结汇、售汇、国际结算等业务。	2 255.48
2. 北京建信股权投资基金。	45.00	非证券业务的投资管理和咨询。	−528.22
3. 北京建信财富股权投资基金	31.17	非证券业务的投资管理和咨询。	−235.47
4. 建信（北京）投资基金管理公司	100.00	非证券业务的投资管理和咨询。	0.00
5. 建信财富（北京）股权投资基金管理公司	80.00	非证券业务的投资管理和咨询。	0.00
6. 北京金石农业投资基金管理中心	33.33	非证券业务的投资；代理其他投资企业或个人的投资。	71.70

6.4.1.5 固有贷款情况

企业名称	占贷款总额的比例（%）	还款情况
1. 淮北矿业（集团）有限责任公司	100	正常付息

6.4.1.6 表外业务情况

单位：万元

表外业务	期初数	期末数
担保业务	0.00	0.00
代理业务（委托业务）	0.00	0.00
其他	0.00	0.00
合计	0.00	0.00

6.4.1.7 公司当年的收入结构

6.4.1.7.1 母公司收入结构

收入结构	金额(万元)	占比(%)
手续费及佣金收入	37 951.99	63.57
其中:信托手续费收入	24 868.88	41.65
投资银行业务收入	13 407.52	22.46
利息收入	6 180.24	10.35
其他业务收入	620.13	1.04
其中:计入信托业务收入部分		
投资收益	15 547.96	26.04
其中:股权投资收益	1 563.5	2.62
证券投资收益	−2 934.04	−4.91
其他投资收益	16 918.5	28.34
公允价值变动收益	−622.11	−1.04
营业外收入	25.55	0.04
收入合计	59 703.76	100.00

6.4.1.7.2 合并收入结构

收入结构	金额(万元)	占比(%)
手续费及佣金收入	38 147.59	63.48
其中:信托手续费收入	24 868.88	41.38
投资银行业务收入	13 407.52	22.31
利息收入	6 194.95	10.31
其他业务收入	735.53	1.22
其中:计入信托业务收入部分		
投资收益	15 612.90	25.98
其中:股权投资收益	1 550.94	2.58
证券投资收益	−2 884.54	−4.80%
其他投资收益	16 946.5	28.20
公允价值变动收益	−622.11	−1.04
营业外收入	25.55	0.04
收入合计	60 094.41	100.00

6.4.2 披露信托财产管理情况

6.4.2.1 信托资产

单位:万元

信托资产	期初数	期末数
集合	160 665.49	1 815 277.74
单一	6 418 991.78	17 242 796.72
财产权	21 943.87	14 546.85
合计	6 601 601.14	19 072 621.31

6.4.2.1.1 主动管理型信托业务的信托资产

单位:万元

主动管理型信托资产	期初数	期末数
证券投资类	34 182.96	100 566.48
股权投资类	159 271.08	1 900 851.21
融资类	2 684 758.21	2 351 062.12
事务管理类	7 859.71	8 159.11
合计	2 886 071.96	4 360 638.92

6.4.2.1.2 被动管理型信托业务的信托资产

单位:万元

被动管理型信托资产	期初数	期末数
证券投资类	2 828 596.08	8 722 988.22
股权投资类	316 864.23	5 929 651.22
融资类	570 068.87	59 342.95
事务管理类	0.00	0.00
合计	3 715 529.18	14 711 982.39

6.4.2.2 本年度已清算结束的信托项目情况

本年度已清算结束的信托项目76个、实收信托合计金额1 386 477.94万元、加权平均实际年化收益率5.0286%。

6.4.2.2.1 本年度已清算结束的信托项目

已清算结束信托项目	项目个数	实收信托合计金额(万元)	加权平均实际年化收益率(%)
集合类	13	161 500.00	5.3598
单一类	61	1 220 186.84	4.9790
财产管理类	2	4 791.10	6.4911

6.4.2.2.2 本年度已清算结束的主动管理型信托项目

本年度已清算结束的主动管理型信托项目65个、实收信托合计金额1 118 510.63万元、加权平均实际年化收益率5.1414%。

已清算结束信托项目	项目个数	实收信托合计金额(万元)	加权平均实际年化信托报酬率(%)	加权平均实际年化收益率(%)
证券投资类	0	0.00	0.0000	0.0000
股权投资类	6	108 300.00	0.4703	5.7116
融资类	58	1 009 419.53	0.4758	5.0781
事务管理类	1	791.10	0.3007	7.8719

6.4.2.2.3 本年度已清算结束的被动管理型信托项目

本年度已清算结束的被动管理型信托项目11个、实收信托合计金额267 967.31万元、加权平均实际年化收益率4.5574%。

已清算结束信托项目	项目个数	实收信托合计金额(万元)	加权平均实际年化信托报酬率(%)	加权平均实际年化收益率(%)
证券投资类	2	44.51	0.0512	0.0006
股权投资类	3	41 250.48	0.0808	4.9810
融资类	6	226 672.32	0.0802	4.4812
事务管理类	0	0.00	0.0000	0.0000

6.4.2.3 本年度新增信托项目

本年度新增的集合类、单一类和财产管理类信托项目112个数、实收信托合计金额14 202 779.21万元。

新增信托项目	项目个数	实收信托合计金额(万元)
集合类	42	1 731 946.30
单一类	70	12 470 832.91
财产管理类	0	0.00
新增合计	112	14 202 779.21
其中:主动管理型	100	4 061 312.30
被动管理型	12	10 141 466.91

6.4.2.4 信托业务创新成果和特色业务有关情况

2011年,公司信托业务创新体现在以下方面:一是根据信托业务原理并结合自身优势,创新推出了类基金化产品,即建信财富通和建信荣享财富通两个集合资金信托计划,其中,建信财富通集合资金信托计划当年内累计发行规模近30亿元。二是在证券类信托业务方面,创新推出了阳光私募TOT、金牛增长定向增发、债券市场投资、股票收益权投资等四个系列产品,进一步完善了适合不同风险偏好投资者需求的信托产品体系。

6.4.2.5 本公司履行受托人义务情况及本公司自身责任而导致的信托资产损失情况

公司在信托财产的管理运用和处分过程中,严格按信托合同等信托文件的约定对信托财产进行管理,切实履行了受托人的诚实、信用、谨慎、有效管理的义务,维护受益人的最大利益。本年度没有发生因公司自身责任而导致的信托资产损失情况。

6.5 关联方关系及其交易的披露

6.5.1 关联交易方的数量、关联交易的总金额及关联交易的定价政策等

	关联交易方数量	关联交易金额(万元)	定价政策
合计	3	53 944.51	市场公允价格

6.5.2 关联交易方情况

关系性质	关联方名称	法定代表人	注册地址	注册资本(亿元)	主营业务
股东	中国建设银行股份有限公司	王洪章	北京市西城区金融大街25号	2 336.89	公司银行业务、个人银行业务、资金业务、投资银行业务及海外业务。
股东	合肥兴泰控股集团有限公司	孙立强	合肥市九狮桥街45号兴泰大厦	8.7	授权范围内的国有资本运营,权益型投资、债务型投资,信用担保服务,资产管理、理财顾问、企业策划、企业管理咨询,企业重组、兼并、收购。
股东中国建设银行股份有限公司的子公司	建信基金管理有限责任公司	江先周	金融大街7号、英蓝国际金融中心16层	2	基金募集、基金销售、资产管理和中国证监会许可的其他业务。

6.5.3 本公司与关联方的重大交易事项

6.5.3.1 固有与关联方交易情况

单位:万元

固有与关联方关联交易				
	期初数	借方发生额	贷方发生额	期末数
贷款	0.00	0.00	0.00	0.00
投资	0.00	0.00	0.00	0.00
租赁	0.00	0.00	0.00	0.00
担保	0.00	0.00	0.00	0.00
应收账款	3 491.07	121.77	0	3 612.84
其他	2 827.16	53 822.74	3 125.87	53 524.03
合计	6 318.23	53 944.51	3 125.87	57 136.87

6.5.3.2 信托与关联方交易情况

单位:万元

信托与关联方关联交易				
	期初数	借方发生额	贷方发生额	期末数
贷款	0.00	0.00	0.00	0.00
投资	0.00	0.00	0.00	0.00
租赁	0.00	0.00	0.00	0.00
担保	0.00	0.00	0.00	0.00
应收账款	0.00	0.00	0.00	0.00
其他	6 387 904.58	12 005 564.48	1 586 937.69	16 806 531.37
合计	6 387 904.58	12 005 564.48	1 586 937.69	16 806 531.37

注:本表其他项数据主要为公司与控股股东中国建设银行开展的银信合作业务。

6.5.3.3 固信交易、信信交易情况

6.5.3.3.1 固有财产与信托财产之间的交易

单位:万元

固有财产与信托财产相互交易			
	期初数	本期发生额	期末数
合计	47 970.00	14 492.97	62 462.97

6.5.3.3.2 信托项目之间的交易

单位:万元

信托资产与信托财产相互交易			
	期初数	本期发生额	期末数
合计	0.00	56 920.00	56 920.00

6.5.4 关联方逾期未偿还本公司资金的详细情况以及本公司为关联方担保发生或即将发生垫款的详细情况

报告年度,公司无上述情况

6.6 会计制度的披露

公司执行财政部(以下简称财政部)于2006年2月15日颁布的《企业会计准则——基本准则》和38项具体会计准则、其后颁布的企业会计准则应用指南、企业会计准则解释以及其他相关规定。

7. 财务情况说明书

7.1 利润实现和分配情况

7.1.1 母公司情况

2011年公司实现净利润32 818.72万元,根据《公司章程》、《信托公司管理办法》、《金融企业财务规则》的规定,提取法定盈余公积3 281.87万元,提取信托赔偿准备1 40.94万元,提取一般风险准备297.73万元。2011年末可供股东分配利润54 263.05万元,不分配不转增。

7.1.2 合并口径情况

2011年实现的归属本公司净利润32 940.15万元,根据《公司章程》、《信托公司管理办法》、《金融企业财务规则》的规定,提取法定盈余公积3 281.87万元,提取信托赔偿准备1 640.94万元,提取一般风险准备297.73万元。

7.2 主要财务指标

指标名称	母公司指标值	合并指标值
资本利润率(%)	7.23	7.25
加权年化信托报酬率(%)	0.25	0.25
人均净利润(万元/人)	295.66	296.82

7.3 对本公司财务状况、经营成果有重大影响的其他事项

报告年度，本公司未发生对财务状况、经营成果有重大影响的其他事项。

8. 特别事项揭示

8.1 前五名股东变动情况及原因

报告年度，公司股东无变动。

8.2 董事、监事、高级管理人员变动情况及原因

8.2.1 董事变动情况及原因

2011年5月5日，中国银监会核准了王巍的建信信托有限责任公司独立董事任职资格。该事项已在《金融时报》2011年5月17日07版公告。

2011年6月15日，中国银监会核准了范成法的建信信托有限责任公司独立董事任职资格。该事项已在《金融时报》2011年6月23日08版公告。

8.2.2 监事变动情况及原因

报告年度，公司监事无变动。

8.2.3 高级管理人员变动情况及原因

2011年5月11日，中国银监会核准了许晔的建信信托有限责任公司副总裁任职资格。该事项已在《金融时报》2011年5月17日07版公告。

8.3 公司的重大未决诉讼事项

报告年度，公司无重大未决诉讼事项。

8.4 对会计师事务所出具的有保留意见、否定意见或无法表示意见的审计报告的，公司董事会应就所涉及事项作出说明

无。

8.5 公司及其董事、监事和高级管理人员受到处罚的情况

报告年度，公司无上述处罚情况。

8.6 银监会及其派出机构对公司检查后提出整改意见及整改情况

报告期内，中国银监会于2011年7月25日至2011年8月15日对公司银信合作业务及表外套利，拨备真实性情况进行了现场检查，并从提高自主管理能力、细化操作防范风险、加强客户管理等方面提出了五点监管意见。

公司对监管意见高度重视，积极组织落实。2011年，公司持续加大资源投入，着重提升自主管理能力，积极推进信托业务转型。年末集合信托资产规模达到182亿元，较年初增加165亿元，增长了10.3倍，规模占比为9.52%，较上年提高了7.08个百分点，全年集合信托业务收入贡献占到信托业务收入的56%。同时，公司高度重视风险控制工作，不断完善风险管理体系，细化风险控制措施，提升规范管理和操作水平，有效保证了业务稳健运营。2011年10月组织开展了对各项工作流程、规章制度的全面内部控制梳理和系统性分析评估，明确了起草、修订或细化35项规范文件的整改工作计划。2011年4月，公司新增设立市场营销部，专司客户管理和市场营销，客户管理和服务水平得到明显提升。为进一步落实监管要求，公司明确提出了"加快步伐 转变方式"、"夯实基础 精耕细作"的工作要求，力促公司内部管理、风险防控和业务发展迈上新台阶。

8.7 本年度重大事项报告

2011年1月1日起，建信信托有限责任公司监管隶属关系调整为由中国银监会直接监管，并于2011年1月11日换领金融许可证。该事项已在《金融时报》2011年1月20日08版公告。

2011年11月7日，经中国人民银行上海总部批准，建信信托有限责任公司进入全国银行间同业拆借市场，从事同业拆借业务。

8.8 银监会及其省级派出机构认定的其他有必要让客户及相关利益人了解的重要信息

无。

8.9 净资本、风险资本以及风险控制指标等情况

按照《中国银监会关于印发信托公司净资本计算标准有关事项的通知》（银监发〔2011〕11号），截至2011年12月31日，本公司净资产469 723.62万元，净资本363 786.83万元，各项业务风险资本之和282 624.59万元，净资本与净资产比例77.45%，净资本与各项业务风险资本比例128.72%。

9. 公司监事会意见

报告期内，公司依法经营，规范运作，取得健康快速发展。

公司董事会、经营层及其成员能够认真执行国家宏观调控政策和监管要求，认真落实股东会各项决议，依法合规、稳健经营，勤勉尽责、忠于职守、廉洁自律，切实维护股东、员工、受益人的利益。

公司董事会、经营层高度重视内部控制和风险防范工作，建立了比较完善的内控机制，内部控制环境良好，措施扎实有效，信息交流与反馈基本通畅，监督评价与纠正能够落实到位，确保了全年各项业务稳健合规运行，风险管理能力达到了新水平。

在财务管理方面，公司财务管理机构健全、分工明确，财务管理制度完善、会计核算比较规范，年度财务报告数据真实、信息齐全，真实地反映了公司财务状况和经营成果。

江苏省国际信托有限责任公司

1. 重要提示

1.1 江苏省国际信托有限责任公司(以下简称公司)董事会及董事保证本报告所载资料不存在任何虚假记载、误导性陈述或者重大遗漏,并对其内容的真实性、准确性和完整性承担个别及连带责任。本年度报告摘要摘自年度报告全文,客户及相关利益人欲了解详细内容,应阅读年度报告全文。

1.2 公司独立董事对本报告内容真实性、完整性和准确性无异议。

1.3 公司编制的2011年度财务报告已经中兴华富华会计师事务所审计,并出具了标准无保留意见的审计报告。

1.4 公司法定代表人黄东峰、主管会计部门负责人陆加芳和会计部门负责人王会清声明并保证年度报告中财务报告的真实和完整。

2. 公司概况

2.1 公司简介

2.1.1 公司历史沿革

公司前身为江苏省国际信托投资公司,于1981年10月经国家外资管理委员会和江苏省人民政府批准正式成立;1984年8月经中国人民银行总行批准成为国有非银行金融机构。1994年7月,江苏省投资公司并入江苏省国际信托投资公司,江苏省国际信托投资公司注册资本金变更为66 000万元;1997年2月,经中国人民银行批复,江苏省国际信托投资公司注册资本金由66 000万元增加至248 389.9万元(其中含外汇6 000万美元)。2001年8月,江苏省人民政府决定对江苏省国际信托投资公司和江苏省投资管理有限责任公司进行集团化重组改制,组建江苏省国信资产管理集团有限公司。2002年8月,经中国人民银行批准,江苏省国际信托投资公司予以重新登记,并更名为江苏省国际信托投资有限责任公司。2007年6月,根据《信托公司管理办法》规定,经中国银监会批准,江苏省国际信托投资有限责任公司更名为"江苏省国际信托有限责任公司",同时变更业务范围。

公司坚持"发展、创新、高效、稳健"的经营理念,积极按照新两规要求,发挥"受人之托、代人理财"的特点,立足信托本业,探索业务创新,加强人才开发,完善治理结构,改善经营机制,经济效益稳步增长,切实维护了受益人的最大利益。目前,公司已经发展成为我国信托业中资产质量优良、管理规范、经营合规、信息透明、风控能力较强的信托公司。

2.1.2 公司的法定名称

公司法定中文名称:江苏省国际信托有限责任公司

中文缩写:江苏信托

公司法定英文名称:Jiangsu International Trust Corporation.,Ltd.

英文缩写:JSITC

2.1.3 公司法定代表人:黄东峰

2.1.4 公司注册地址:江苏省南京市长江路88号

邮编:210005

公司国际互联网网址:http://www.jsitc.net

公司电子邮箱:jsitc@jsitc.net

2.1.5 公司负责信息披露事务的高级管理人员:陆加芳

公司信息披露事务联系人:贾宇

联系电话:025-84784639

传真:025-84784610

电子信箱:jiayu@jsitc.net

2.1.6 公司选定的信息披露报纸:《金融时报》

2.1.7 年报备置地点:江苏省南京市长江路88号国信大厦24楼

2.1.8 公司聘请的会计师事务所:中兴华富华会计师事务所有限公司

办公地址:北京市西城区阜外大街1号四川大厦15层

2.1.9 公司聘请的律师事务所:江苏世纪同仁律师事务所

办公地址:南京市北京西路26号4~5楼

2.2 组织结构

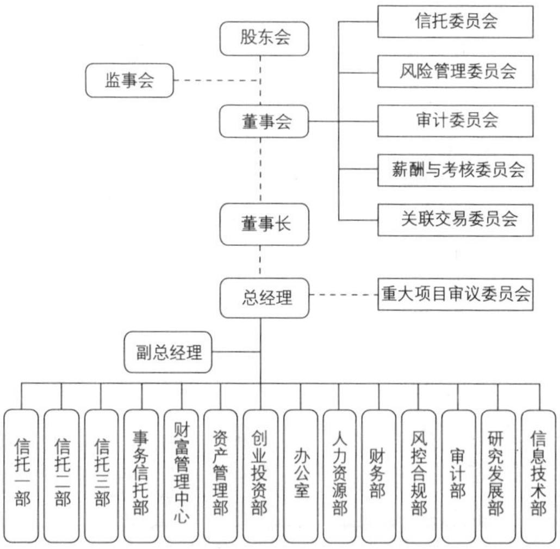

3. 公司治理

3.1 公司治理结构

3.1.1 股东

报告期末公司股东总数为3家，持有本公司股份的股东及持股情况如下。

股东名称	持股比例(%)	法人代表	注册资本(亿元)	注册地址	主要经营业务及主要财务情况
江苏省国信资产管理集团有限公司(以下简称:国信集团)★	98	董启彬	100	江苏省南京市长江路88号	主要经营范围:江苏省政府授权范围内的国有资产经营管理、转让、投资、企业托管、资产重组以及经批准的其他业务。2011年末总资产890.40亿元，负债440.43亿元，实现利润总额41.83亿元。
江苏省投资管理有限责任公司(以下简称:投管公司)	1	徐祖坚	10	江苏省南京市长江路88号	主要经营范围:实业投资、投资咨询，国内贸易(国家有专项规定的，办理许可证后经营)。2011年末总资产38.55亿元，负债6.59亿元，实现利润总额1.22亿元。
江苏省房地产投资有限责任公司(以下简称:省房地产公司)	1	蒋旭升	11.81	江苏省南京市长江路88号	主要经营范围:房地产开发、销售、租赁，房屋维修，房地产信息咨询，室内外装饰，物业管理，国内贸易(国家有专项规定的办理审批手续后经营)，教育产业、信息产业等实业投资。酒店经营与管理，人才培训。2011年末总资产155.46亿元，负债124.39亿元，实现利润总额4.6亿元。

股东之间的关联关系:

国信集团持有投资管理有限责任公司100%的股份;

国信集团持有省房地产公司94.85%的股份;

投资管理有限责任公司持有省房地产公司5.15%的股份。

3.1.2 董事、董事会及其下属委员会

董事会成员

姓 名	职 务	性别	年龄	选任日期	所推举的股东名称	该股东持股比例(%)	简 要 履 历
黄东峰	董事长	男	52	2009年5月	国信集团	98	大学文化，国信集团党委委员、副总经理。
王小航	董事	男	49	2009年5月	国信集团	98	大学文化，国信集团党委委员、工会委员会主席。
王树华	董事	男	44	2009年5月	国信集团	98	博士学位，国信集团总经理办公室主任。
王家宝	董事	男	53	2009年5月	国信集团	98	大学文化，国信集团财务部总经理，国信财务有限公司董事长。
姜 凯	职工董事	男	49	2009年5月	职工大会		双学士，原江苏信托总经理，现任国信集团人力资源部总经理。

注:本届董事会任期三年，自2009年5月至2012年5月。

独立董事

姓名	所在单位及职务	性别	年龄	选任日期	所推举的股东名称	该股东持股比例(%)	简要履历
吴经起	退休干部	男	69	2009年5月	国信集团	98	大学文化，原江苏省政府副秘书长。
黄正威	江苏省人民政府参事	男	65	2009年5月	国信集团	98	大学文化，原中国人民银行南京分行副行长。
范 健	南京大学法学院教授、博士生导师	男	54	2009年5月	国信集团	98	硕士研究生，南京大学法学院教授、博士生导师。

董事会下属五个委员会

董事会下属五个委员会名称	职 责	组成人员名单	职务
风险管理委员会	负责对董事会决策范围内的公司业务进行分析评价，为董事会决策提供建议;负责对经理层在经营与其他公司管理等方面的风险控制情况进行监督，加强董事会对公司经营决策的风险监控，督促公司依法稳健经营;负责对公司风险状况进行定期评估，并向董事会提出完善风险管理的建议;负责对公司重大和特别重大关联交易进行评价，为董事会决策提供建议。	范 健	主任
		黄东峰	委员
		吴经起	委员
		黄正威	委员
		陆加芳	委员
审计委员会	监督公司的内部审计制度及其实施;审核公司的财务信息及其披露;审查公司的内控制度，对内部审计部门的内部审计与稽核的工作程序和工作效果进行评价，并向董事会提出完善内部控制的建议。	王家宝	主任
		王树华	委员
		袁裕法	委员
		浦宝英	委员
		李 刚	委员

续表

董事会下属五个委员会名称	职　责	组成人员名单	职务
薪酬与考核委员会	向董事会提出薪酬方案和绩效考核的建议；在董事会授权范围内监督方案的实施。	王小航	主任
		黄正威	委员
		王家宝	委员
		姜凯	委员
		浦宝英	委员
		范存标	委员
关联交易委员会	负责制定、完善信托公司关联交易制度、操作规程和管理办法；对关联方进行认定，对关联交易行为进行界定，对其合法性、合规性和公允性进行审核；对公司重大关联交易进行审查，提交董事会批准。	黄正威	主任
		吴经起	委员
		范健	委员
信托委员会	负责督促公司依法履行受托职责；当公司或其股东利益与受益人利益发生冲突时，负责保证公司为受益人的最大利益服务。	吴经起	主任
		黄东峰	委员
		姜凯	委员

3.1.3　监事、监事会及其下属委员会

监事会成员

姓名	职务	性别	年龄	选任日期	所推举的股东名称	该股东持股比例(%)	简　要　履　历
徐祖坚	监事长	男	57	2009年5月	江苏省投资管理有限责任公司	1	大学文化，国信集团党委委员、副总经理、投管公司董事长。
浦宝英	监事	女	48	2009年5月	江苏省国信资产管理集团有限公司	98	硕士研究生，国信集团审计与法律事务部总经理。
袁裕法	监事	男	60	2009年5月	江苏省房地产投资有限公司	1	大学文化，省房地产公司党委书记。
吴　宁	职工代表监事	男	48	2009年5月	职工大会		大学文化，江苏信托风险控制部总经理。
赵　健	职工代表监事	女	54	2009年5月	职工大会		大学文化，江苏信托市场发展部高级经理。

监事会未下设委员会。

3.1.4　高级管理人员情况

姓　名	职　务	性别	年龄	任职日期	金融从业年限	学历	专业	简　要　履　历
黄东峰	董事长	男	52	2002年7月	19	本科	机械制造	国信集团党委委员、副总经理、江苏信托董事长。
陆加芳	总经理	女	53	2009年11月	31	本科	经济管理	江苏信托总经理。
唐　宁	副总经理	男	48	2004年3月	21	硕士研究生	财政金融	江苏信托副总经理。
胡　军	副总经理	男	42	2007年12月	18	硕士研究生	金融	江苏信托副总经理。

3.1.5　公司员工

项　目		报告期年度	
		人数	比例(%)
年龄分布	25岁以下	2	3
	25~29岁	13	19.4
	30~39岁	20	29.8
	40岁以上	32	47.8
学历分布	博士	2	3
	硕士	20	29.9
	本科	37	55.2
	专科	7	10.4
	其他	1	1.5
岗位分布	董事、监事及高管人员	7	10.4
	自营业务人员	6	9
	信托业务人员	33	49.3
	其他人员	21	31.3

3.2　公司治理信息

3.2.1　年内召开股东会情况

公司于2011年3月25日召开年度股东会，审议并通过了关于2010年度董事会工作报告的议案、关于2010年度监事会工作报告的议案、关于公司2010年度工作报告的议案、关于公司2010年度财务决算方案和2011年财务预算方案的议案等。

公司于2011年6月10日召开股东会，审议并通过了关于公司股权转让及修改公司章程的议案。

3.2.2　董事会及其下属委员会履行职责情况

年内董事会共召开三次会议。

三届二十一次董事会，出席董事6位，缺席董事2位，会议审议并通过了公司2010年度董事会工作报告，审议公司2010年度工作报告，审议公司2010年财务决算及2011年度财务预算报告，审议公司2010年度内部审计的报告，审议批准公司“十二五”发展规划的议案，审议批准公司参与宿迁民丰农村商业银行增资扩股的议案，审议批准公司更换会计师事务所的议案。

三届二十二次董事会,全体董事出席,会议审议并通过了公司2011年上半年工作总结和下半年工作计划,公司申报参与股指期货交易业务资格的议案,关于公司购置办公用房的议案等。

三届二十三次董事会(通讯方式召开)全体董事参加,审议并通过了关于与江苏舜天足球俱乐部开展合作的专题议案。

董事会设立的五个专门委员会于2011年12月20日召开会议,听取公司关于风险控制与内部审计工作情况的汇报并进行了讨论。

报告期内,董事会对股东大会决议均能按要求完成,未有拖延和未执行情况。

董事会及其下设委员会严格依照有关议事规则履职,严格执行股东会的决议,切实发挥了决策作用,并完整保留相关会议纪要等资料。董事会对高级管理层的监督考核机制严格规范,督促公司高级管理层有效落实监管部门的监管意见,合法、合规经营。

公司独立董事具有丰富的经济、金融和法律实践经验,对经济形势和金融局势具有敏锐观察力,按时参加公司董事会,认真履行职责,对公司发展形势分析、战略定位、工作目标制定、重大项目投资决策、风险控制、内部体制改革等积极发表独立意见,指导公司防范信托行业中存在的风险,把握业务发展的方向。

3.2.3 监事会及其下属委员会履行职责情况

公司监事会于2011年3月25日召开了第三届第四次会议,审议并通过2010年度监事会工作报告。

公司监事会于2011年8月17日召开了第三届第五次会议,听取了公司2011年上半年总结及下半年工作计划的报告。

监事们列席了历次股东会、现场董事会和董事会专门委员会会议,听取了公司2010年度工作报告等议案的汇报,并对董事会决议过程进行了监督。

监事会认真履行其职责,定期获取监管部门意见、内部审计报告、合规检查报告、财务会计报告及其他重大报告,有效监督公司董事、高管人员履行其职责,督促公司合法、合规经营和加强风险防范,提出合理化建议,为公司健康、稳步发展发挥了重要作用。

监事会未设立专门委员会。

3.2.4 高级管理人员履职情况

报告期内,江苏信托高管团队面对国内外复杂多变的经济金融形势,积极围绕年初制定的"抓效益、调结构、控风险、练内功"的工作目标,坚持规范经营,全力拓展各项业务,坚持风险防控,全力抓好内部管理,在公司董事会的正确领导下,带领公司全体员工共同努力,2011年全面超额完成了公司董事会下达的各项经营指标,各项工作取得了较好的成绩。

4. 经营管理

4.1 经营目标、方针、战略规划

4.1.1 公司的战略规划目标

以成为一流的金融企业、财富管理机构和信托服务机构为方向谋求转型和发展,进一步提升行业地位,力争跨入行业第一方阵;积极支持江苏的社会经济发展,服务国家经济发展战略、产业政策和区域规划;力争成为在国内和行业内都具有重要影响力的非银行金融机构,为江苏建设金融强省作出应有的贡献。

4.1.2 公司的经营目标

以科学发展观为指导,顺应不断变化的内外部环境,抢抓国内发展方式转变和区域经济发展的战略机遇,锐意进取,改革创新;以业务发展为主线,以内部治理为基础,以风险控制为保障,加快推进业务流程再造,着力打造信托融资、受托服务、基金投资和固有业务四大业务平台,全面提升服务品质,深入加强品牌建设,大力推进人才战略,持续增强核心竞争力,积极培育先进的企业文化,促进企业又好又快发展。

4.1.3 公司的经营方针

高效、稳健、务实、创新。

4.2 经营业务的主要内容

4.2.1 公司经营业务和品种

公司经营业务主要分为自有业务、信托业务和中间业务。

自有业务主要是积极做好自有资产管理运用,提高资产收益水平。报告期内新增投资入股村镇银行等金融股权投资;由公司主导发起的衡赢投资基金运行良好,前期设立的基金所投项目已取得现金收益。

信托业务继续扩大信托财产规模,创新信托品种,提高理财水平,各项指标均大幅增长。全年发行集合信托计划20个,累计募集资金47.29亿元。全年开展单一信托业务83个,受托资金达809.88亿元。全年按时对14个集合信托计划进行了到期清算和中期分配,所有清算和分配工作做到了零差错。

4.2.2 公司资产组合和分布

自营资产组合

自营资产运用与分布表

资产运用	金额(万元)	占比(%)	资产分布	金额(万元)	占比(%)
货币资产	19 782.46	3.75	基础产业	6 518.52	1.24
贷 款	7 818.52	1.48	房地产业	0	0.00
可供出售金融资产	30 360.82	5.76	金融机构	389 590.26	73.92
持有至到期投资	37 509.16	7.12	实 业	1 300.00	0.25
长期股权投资	402 810.68	76.43	证 券	67 869.98	12.88
其 他	28 729.97	5.45	其 他	61 732.85	11.71
资产总计	527 011.61	100.00	资产总计	527 011.61	100.00

信托资产组合

信托资产运用与分布表

资产运用	金额(万元)	占比(%)	资产分布	金额(万元)	占比(%)
货币资产	1 747 420.65	33.74	基础产业	742 706.00	14.34
贷款	2 162 636.38	41.76	房地产业	1 136 953.74	21.95
交易性金融资产	508 561.43	9.82	金融机构	1 747 420.65	33.74
持有至到期投资	151 361.97	2.92	证券	508 561.43	9.82
长期股权投资	495 365.33	9.56	实业	1 023 792.17	19.77
其他	113 967.00	2.20	其他	19 878.77	0.38
资产总计	5 179,312.76	100.00	资产总计	5 179 312.76	100.00

4.3 市场分析

4.3.1 影响公司发展的有利因素

(1)区域经济发展势头强劲。公司地处经济发达的长三角地区,区域经济活跃度高,融资需求旺盛,江苏经济的快速发展以及江苏沿海开发战略的实施为公司业务发展提供了良好机遇。

(2)良好的政策环境。江苏省委省政府正在大力发展包括金融业在内的现代服务业,出台了一系列促进政策。信托业的相关配套制度也逐步完善,新政策拓宽了业务的客户面和渠道。这些为公司的发展创造了良好的政策环境。

(3)良好的资产质量和股东背景。公司资本充足率较高,不良资产率低,现金流量好。国信集团作为省属国有投资主体和公司控股股东,为公司业务拓展提供了有力支持。

(4)良好的品牌信誉。公司产品丰富,经营稳健,风险控制好,能够切实维护和保障投资者的利益。经过二十多年的发展,在社会上形成了良好的市场形象,具有较高的品牌知名度和认知度。

(5)日趋完善的公司治理。公司内部机构设置完备,责权清晰,管理规范,制度完善,有良好的企业文化,塑造和培养了一支高素质的员工队伍,是公司业务开拓的坚实基础。

4.3.2 影响公司发展的不利因素

(1)整体经营环境不容乐观。国际宏观经济形势动荡,中国经济通货膨胀压力有所缓解但仍处在高位。国内的经济较快增长逐步转为结构调整下的稳定增长,信贷规模紧缩,物价上涨压力凸显,企业经营成本不断上升,部分中小企业生产经营运行困难加大。

(2)部分行业投资风险不断加大。在信托业务中占比较大的房地产行业呈现价跌量减的趋势;政府融资平台受到严格政策限制,项目选择的空间在变小,投资的不确定性在增加。

(3)市场竞争相当激烈。目前大部分信托公司均已在异地展业,从业务拓展、激励机制、人才队伍等方面均对公司形成较大竞争压力。

(4)内部管理需要不断完善。随着业务不断发展,公司管理流程、风险控制体系、激励机制、人力资源配套等有待完善加强。

4.4 内部控制

4.4.1 内部控制环境和内部控制文化

按照公司治理机制三会分设、三权分开、有效制约、协调发展的要求,公司设立了由股东会、董事会、监事会和高级管理层构建的现代公司治理机制。股东会是公司的最高权力机构;董事会是公司的经营决策机构;监事会对董事会和高级管理层履行职责情况进行独立监督;高级管理层是公司经营管理的机构,对董事会负责。公司分别建立了"三会一层"的议事规则和议事程序,并落到实处,做到了权力机构、决策机构、监督机构和高级管理层各司其职,各负其责,相互制约的治理机制。

公司以建立良好的公司治理为目标,以树立合法合规经营的理念和风险控制优先的意识为前提,形成业务不断发展和风险有效控制的运行机制,建立起公司员工职业道德规范和诚信记录,营造良好的合规经营文化环境。

4.4.2 内部控制措施

公司按照现代企业制度的要求,遵循有效性、全面性、独立性、审慎性的原则和决策、执行、交流、监督、反馈的内控制度程序,采取四个方面的措施来加强公司的内控制度建设:

(1)组织结构的内部控制。公司建立股东会、董事会、监事会、高级管理层的"三会一层"的组织结构,明确其职能和责任,并制定了相应的议事规则。公司董事会下设信托委员会、关联交易委员会、风险管理委员会、审计委员会和薪酬与考核委员会;高级管理层下设重大项目审议委员会,重大项目均需审议委员会审议。公司各部门职责分明、目标明确,相互分离、相互制约。公司财务部、风控合规和审计部,独立开展工作,履行其职责。公司的岗位设置职责分明,相互制约。各部门的工作人员各司其职。

(2) 业务的内部控制。一是公司的自营业务和信托业务相互分离,分别由不同的业务部门管理,并由不同的高级管理人员负责。二是公司制定较为完善的业务管理制度,包括规范有效的业务操作流程。三是公司固有财产和信托财产分开管理、分别核算,并由不同的会计人员负责。四是公司自营业务注重防范高风险领域的风险,合理配置资产,保证自营资产的安全性和流动性。五是自营业务和信托业务做到信息隔离,各业务信息相互独立,业务人员做到对工作中知悉的未公开的业务信息保密。

(3)关联交易的内部控制。一是公司制定关联交易审批制度,包括但不限于关联交易的范围、关系人的范围、公平市场价格的确定。二是公司加强关联交易决策和监督的控制,重点防范不正当关联交易所导致的风险。三是关联交易按照国家法律法规的规定和银监会的要求,做到比例控制、信息披露。

(4)会计的内部控制。一是公司制定了较完整的财务管理制度和会计业务规范,会计业务规范覆盖了会计业务的各个环节。二是公司会计岗位实行责任分离、相互制约的原则,严禁一人兼任非相容的岗位或独自完成会计全过程的业务操作。三是公司制定较完善的会计档案保管和财务交接制度,财务部门妥善保管业务用章、空白支票等重要凭据和会计档案。

4.4.3 信息交流与反馈

(1)公司建立有效的信息交流和反馈机制,确保股东会、董事会、监事会、高级管理层及时了解本行业的经营和风险状况,确保信息能够传递给相关的人员,各个部门和人员的有关信息能够顺畅反馈。

(2)公司建立完善内部管理信息系统,为内部控制的设计、执行和反馈提供信息保障,建立与各部门定期沟通机制,及时、真实、完整地传导和交流信息,并做到及时反馈信息。

(3)公司及时、准确地向监管部门报送监管部门所需要的各种数据和资料,并将监管部门的意见及时、准确地传达给公司相关人员。

(4)公司通过公司网站、报纸等平台及时向社会公众准确、及时地披露公司有关信息,充分发挥社会公众对公司内控制度的监督作用。

4.4.4 监督评价与纠正

(1)公司设立内审部门,负责内部控制的监督评价,发现内部控制的隐患和缺陷时,及时报告与纠正。

(2)公司建立有效的内部控制报告和纠正机制,业务部门和其他人员发现内部控制问题时，及时报告与纠正。

（3）公司内审部门对内部控制的制度建设和执行情况定期进行检查评价，根据检查结果提出内部控制缺陷及改进建议，并及时报告。

（4）公司根据检查结果和内审部门提出的改进意见，明确提出整改意见，并督促相关部门落实。内审部门监督检查相关部门对整改意见的落实情况。

总结：公司建立了"三会一层"各司其职、各负其责、相互制约的治理机制，并且营造合规经营的内部控制文化；通过采取不同的措施，公司的内部控制得到了进一步的加强，风险也得到了有效的防范和控制；公司信息交流和反馈机制也逐步在完善；公司内审部门加强了公司内部控制的监督和评价，内审工作频度和范围也逐步加大。

4.5 风险管理

4.5.1 风险管理概况

公司针对经营活动中可能会遇到的信用风险、市场风险、操作风险、道德风险、政策风险、法律风险等，建立了以"事前预防为主、事中控制及事后补救为辅"的风险控制基本原则，切实开展各项工作，及时防范、化解风险，保障公司业务工作的正常开展。

公司风险管理组织结构与职责划分为：董事会主要负责对公司风险管理政策的制定和审批；风险管理委员会主要负责设计或修正公司的风险管理政策和程序，并对公司风险管理执行进行监督，加强董事会对公司的风险监控；风控合规部主要负责具体项目的合法合规性，以及合同、文本等相关文件的审核，审计部负责项目的稽核审查以及定期的内部审计工作；财务部主要负责建立财务危机预警指标体系，加强筹资、投资、资金回收及收益分配的风险管理。

4.5.2 风险状况和风险管理

4.5.2.1 信用风险

信用风险主要是指债务人不能或不愿按期偿还债务而使委托人或公司遭受损失的可能性。根据公司的实际情况，公司主要面临的信用风险包括贷款中的信用风险、投资中的信用风险和存款中的信用风险。

公司制定了信用风险管理制度，持续关注交易对手的资信状况、履约能力及其变化，并及时采取相应措施。对于贷款或投资中的信用风险，公司在发放贷款或进行投资前，对客户的资信状况进行认真、谨慎的审查，对贷款或投资项目的技术、经济和市场情况进行必要的调查研究；发放贷款或投资以后，进行跟踪管理，发现问题及时采取措施补救。对于存款中的信用风险，公司挑选那些实力雄厚，信誉卓著、业绩优良的银行作为合作伙伴，定期或不定期查看存款情况。

公司根据不同的交易对手，有着不同的风险评级方法。（1）对贷款对象的风险评级主要以企业偿债能力为标准，以贷款五级分类为基础，以公司外部信用评级和公司业绩为依据，将贷款对象分为优良、一般和差。优良是指偿还能力强，贷款属于正常类，公司外部评级高，业绩好且能提供较好的担保；一般是指具有偿还能力，但可能会有影响偿还能力的不利因素存在，外部评级和业绩也一般；差是指偿还能力比较弱或无能力偿还，外部评级较低，公司业绩一直处于亏损的状况。（2）对投资对象的风险评级是以投资分红为标准，以公司盈利能力为基础，以公司外部评级和公司业绩为依据，将投资对象分为优良、一般和差。优良是指被投资企业经营状况好，盈利能力强，能够正常得到分红，管理水平高，经营前景好，外部评级高；一般是指经营状况和盈利能力一般，发展前景和外部评级属于中等水平，不能正常获得分红；差是指被投资企业经营状况和盈利能力差，经营前景差，且企业资不抵债。（3）对于银行的风险评级，则主要是参照银行自身的风险评级来挑选那些评级高的银行作为合作伙伴。

信用风险资产主要分为贷款类和投资类。（1）贷款类按照要求，又将其分为五类，为正常、关注、次级、可疑和损失。正常为能够履行合同或协议，没有足够理由怀疑债务本金及收益不能按时足额偿还；关注为目前有能力偿还，但存在一些可能对偿还产生不利影响的因素；次级为偿还能力出现明显问题，完全依靠其正常经营收入无法足额偿还债务本金及收益，即使执行担保，也可能造成损失；可疑为无法足额偿还债务本金及收益，即使执行担保，也肯定造成较大损失；损失为在采取所有可能的措施或一切必要的法律程序之后，资产及收益仍然无法收回，或只能收回极少的部分。（2）投资类同样分为正常、关注、次级、可疑和损失五类。正常为被投资企业所有者权益大于实收资本，经营状况良好，盈利能力强，能够正常分红；关注为被投资企业所有者权益大于实收资本，但盈利能力一般，已不能正常分红，或新开业企业的股权投资，虽被投资企业所有者权益小于实收资本，但经营状况良好，经营前景较好；次级为被投资企业所有者权益小于实收资本或连续三年不分红；可疑为被投资企业资不抵债；损失为资不抵债数额较大。

公司不良资产年末数为 100 万元，较年初减少 26 万元。

公司对风险资产同时计提一般准备和专项准备。一般准备根据公司每年年度终了所承担风险和损失的资产余额的 1% 计提；专项准备按照资产五级分类结果进行计提，正常类不计提，关注类计提比例为 2%，次级类计提比例为 20% ~25%，可疑类计提比例为 40% ~50%，损失类计提比例为 100%。

公司对于抵押品确认的原则主要是两点：一是抵押品的权属，即抵押品是否为债务人合法拥有的财产，债务人是否具有处分权和使用权。二是抵押品的价值，应以资产评估机构对其评估的价值为准。公司内部确定的抵押品与贷款本金之比不得超过 60%。

公司对于保证贷款有严格的管理，贷款前对借款人申请资格审查要求严格；保证人必须是依法登记注册的企业法人或其他组织，信用良好，无重大债权债务纠纷，生产经营良好，具有代偿债务能力。贷款后跟踪管理和监督贷款资金的使用情况，对借款人和保证人的还款能力进行动态监测，定期或不定期对借款单位进行财务审核，发现其出现有可能造成公司贷款损失的情况，及时采取措施进行补救。

4.5.2.2 市场风险

市场风险主要是指由于金融市场的波动或行情的变化给公司或其他信托当事人带来损失的可能性。主要表现为股价波动风险、利率风险和汇率风险。

股价波动会影响公司对证券投资的对象、时机和价格的选择；利率变动则会影响公司的存款、贷款收益的变化，同时公司的盈利能力和信托业务的开展也会随着利率的变动而变化；汇率的涨跌会使公司的外汇资产发生盈亏，包括库存的外汇风险和投资的外汇风险。

公司防范和控制市场风险主要做到：开展各项业务时，全面、客观的分析经济形势，谨慎的选择项目，对于不熟悉的领域或风险难以把握的项目，不轻易进入；在项目开展前，对金融市场有可能产生市场风险的各个因素进行分析研究，提早做好防范措施；尽量采取分散投资，分散风险的办法；公司加强内部控制和各部门的运作力度，采取研究、决策、操作、评价相互制衡的机制。

4.5.2.3 操作风险

由于内部程序、人员操作失操、系统的不完善或失误，或外部事情造成直接或间接损失的风险。即由公司内部操作流程、人为因素、体制及外部事情引起的风险。

公司不断完善内部控制制度，对部门、岗位制定了明确的职责和权限，职责的制定体现岗位相互分离的原则，能够实现中台、后台对前台的监督；对公司的各项业务制定了具体的业务操作流程，消除人为因素而造成的风险，保障风险控制体系的有序规范运行，并通过事后评价和总结，防止相类似的风险发生。公司定期或不定期对员工进行培训，对渎职、超越权限或违背操作规定的人员进行问责；公司定期对内部的计算机信息系统进行维护和保养，加强技术系统的管理，保证其正常运行，消除风险隐患。

4.5.2.4 其他风险

公司面临的其他风险包括政策风险、法律风险、经营风险和道德风险。

对于政策风险，公司严格依法合规经营，与监管部门保持紧密联系，最快地获得和了解政策动向。公司定期或不定期组织员工学习相关政策文件，加强对宏观形势的分析研究；对于法律风险，公司设置了法律部门，配备了法律工作人员，能够很好地处理公司的各项法律事务，帮助公司把好守法合规经营关；对于经营风险，公司通过健全公司法人治理结构，明确了各层次、各部门的职责，公司员工严格按照公司内部规章制度和业务操作流程来开展业务，定期进行业务学习，保证管理团队与员工的专业水准；对于道德风险，公司在建立良好诚信的企业文化基础上，注重维护委托人、受益人的利益，并对违反公司企业文化和损害委托人、受益人利益的行为追究责任。

5. 报告期末及上一年末的比较式会计报表

5.1 自营资产（经审计）

5.1.1 会计师事务所审计意见全文

审 计 报 告

江苏省国际信托有限责任公司：

我们审计了后附的江苏省国际信托有限责任公司（以下简称江苏信托公司）财务报表，包括2011年12月31日的资产负债表，2011年度利润表、现金流量表和所有者权益变动表以及财务报表附注。

一、管理层对财务报表的责任

编制和公允列报财务报表是江苏信托公司管理层的责任，这种责任包括：（1）按照企业会计准则的规定编制财务报表，并使其实现公允反映；（2）设计、执行和维护必要的内部控制，以使财务报表不存在由于舞弊或错误导致的重大错报。

二、注册会计师的责任

我们的责任是在执行审计工作的基础上对财务报表发表审计意见。我们按照中国注册会计师审计准则的规定执行了审计工作。中国注册会计师审计准则要求我们遵守中国注册会计师职业道德守则，计划和执行审计工作以对财务报表是否不存在重大错报获取合理保证。

审计工作涉及实施审计程序，以获取有关财务报表金额和披露的审计证据。选择的审计程序取决于注册会计师的判断，包括对由于舞弊或错误导致的财务报表重大错报风险的评估。在进行风险评估时，注册会计师考虑与财务报表编制和公允列报相关的内部控制，以设计恰当的审计程序，但目的并非对内部控制的有效性发表意见。审计工作还包括评价管理层选用会计政策的适当性和作出会计估计的合理性，以及评价财务报表的总体列报。

我们相信，我们获取的审计证据是充分、适当的，为发表审计意见提供了基础。

三、审计意见

我们认为，江苏信托公司的财务报表在所有重大方面按照企业会计准则的规定编制，公允反映了江苏信托公司2011年12月31日的财务状况以及2011年度的经营成果和现金流量。

中兴华富华会计师事务所有限责任公司

中国注册会计师：姜亦民

中国注册会计师：孙桂岭

中国·南京　　　　二〇一二年三月三十日

5.1.2 资产负债表

资产负债表

2011年12月31日

编制单位：江苏省国际信托有限责任公司　　　　单位：万元

资　产	期末余额	期初余额
资产：		
现金	2.26	0.68
银行存款	19 770.49	30 500.16
其他货币资金	9.71	339.51
拆出资金		—
交易性金融资产	—	
衍生金融资产		—
买入返售金融资产		—
应收账款		—
应收利息		—
发放贷款	7 818.52	11 877.78
其他应收款	1 025.29	177.42
可供出售金融资产	30 360.82	32 371.33
持有至到期投资	37 509.16	47 382.00
长期股权投资	402 810.68	313 926.21
投资性房地产		—
固定资产	469.23	360.34
在建工程	21 613.59	
无形资产	85.09	69.39
递延所得税资产	1 685.64	31.50
其他资产	3 851.13	3 851.13
资产总计	527 011.61	440 887.44

公司法定代表人：黄东峰　主管会计工作负责人：陆加芳　会计机构负责人：王会清

资产负债表（续表）

2011年12月31日

编制单位：江苏省国际信托有限责任公司　　单位：万元

负债和所有者权益（或股东权益）	期末余额	期初余额
负债：		
拆入资金		
交易性金融负债		
衍生金融负债		
卖出回购金融资产款		
应付职工薪酬	520.51	463.49
应交税费	4 677.97	7 382.57
应付利息	—	
其他应付款	10 538.71	519.21
预计负债	—	
应付股利	—	200
递延所得税负债	—	233.74
其他负债	—	545
负债合计	15 737.19	9 344.01
		—
		—
所有者权益（或股东权益）：		—
实收资本（或股本）	248 389.90	248 389.90
资本公积	44 007.31	50 720.25
盈余公积	61 274.37	52 629.98
一般风险准备	4 834.76	4 404.26
信托风险准备	27 478.06	23 155.86
未分配利润	125 290.02	52 243.19
所有者权益（或股东权益）合计	511 274.42	431 543.43
负债和所有者权益（或股东权益）总计	527 011.61	440 887.44

公司法定代表人：黄东峰　主管会计工作负责人：陆加芳　会计机构负责人：王会清

5.1.3 利润表

利润表

2011年度

编制单位：江苏省国际信托有限责任公司　　单位：万元

项　目	本年金额	上年金额
一、营业收入	102 310.12	76 613.34
利息净收入	1 012.12	2 956.91
利息收入	1 059.72	2 956.91
利息支出	47.60	
手续费及佣金净收入	32 428.94	20 946.50
手续费及佣金收入	32 428.94	20 946.50
手续费及佣金支出	—	
投资收益（损失以"-"号填列）	69 310.44	53 080.61
其中：对联营企业和合营企业的投资收益	64 711.28	41 747.00
公允价值变动收益（损失以"-"号填列）	—	
汇兑收益（损失以"-"号填列）	-441.38	-370.69
其他业务收入	—	
二、营业支出	8 626.02	6 829.19
营业税金及附加	2 085.39	1 889.52
业务及管理费	6 540.63	4 969.67
资产减值损失	—	-30.00
其他业务支出	—	
三、营业利润（损失以"-"号填列）	93 684.10	69 784.15
加：营业外收入	8.38	0.24
减：营业外支出	49.66	119.25
四、利润总额（损失以"-"号填列）	93 642.83	69 665.13
减：所得税费用	7 198.90	7 036.29
五、净利润（损失以"-"号填列）	86 443.93	62 628.84
六、每股收益	—	
（一）基本每股收益（元/股）	0.35	0.25
（二）稀释每股收益（元/股）	0.35	0.25
七、其他综合收益	-6 712.94	11 895.19
八、综合收益总额	79 730.99	74 524.03

公司法定代表人：黄东峰　主管会计工作负责人：陆加芳　会计机构负责人：王会清

5.1.4 所有者权益变动表

所有者权益变动表

编制单位：江苏省国际信托有限责任公司　2011年度　单位：万元

项　目	实收资本	资本公积	盈余公积	信托赔偿准备	一般风险准备	未分配利润	所有者权益合计
一、上年年末余额	248 389.90	50 720.25	52 629.98	23 155.86	4 404.26	54 014.40	433 314.64
加：会计政策变更		—	—	—	—	—	—
前期差错更正		—	—	—	—	-1 771.21	-1 771.21
二、本年年初余额	248 389.90	50 720.25	52 629.98	23 155.86	4 404.26	52 243.19	431 543.43
三、本年增减变动		-6 712.94	8 644.39	4 322.20	430.50	73 046.84	79 730.99
（一）净利润		—	—	—	—	86 443.93	86 443.93
（二）直接计入所有者权益的利得和损失		-6 712.94	—	—	—	—	-6 712.94
1. 可供出售金融资产公允价值变动净额		-5 683.13	—	—	—	—	-5 683.13
（1）计入所有者权益的金额		-5 683.13	—	—	—	—	-5 683.13
（2）计入当期损益的金额		—	—	—	—	—	—
2. 现金流量套期工具公允价值变动净额		—	—	—	—	—	—
（1）计入所有者权益的金额		—	—	—	—	—	—
（2）计入当期损益的金额		—	—	—	—	—	—
（3）计入被套期项目初始确认金额中的金额		—	—	—	—	—	—
3. 权益法下被投资单位其他所有者权益变动的影响		-1 029.81	—	—	—	—	-1 029.81

续表

项　目	实收资本	资本公积	盈余公积	信托赔偿准备	一般风险准备	未分配利润	所有者权益合计
4. 与计入所有者权益项目相关的所得税影响		—	—	—	—	—	—
5. 其他		—	—	—	—	—	—
上述(一)和(二)小计		-6 712.94	—	—	—	86 443.93	79 730.99
(三)所有者投入和减少资本		—	—	—	—	—	—
1. 所有者投入资本		—	—	—	—	—	—
2. 股份支付计入所有者权益的金额		—	—	—	—	—	—
3. 其他		—	—	—	—	—	—
(四)利润分配		—	8 644.39	4 322.20	430.50	-13 397.09	—
1. 提取盈余公积		—	8 644.39	—	-	-8 644.39	—
2. 提取信托赔偿准备		—	—	4 322.20	—	-4 322.20	—
3. 提取一般风险准备		—	—	—	430.50	-430.50	—
4. 对所有者(或股东)的分配		—	—	—	—	—	—
5. 提取任意盈余公积		—	—	—	—	—	—
6. 其他		—	—	—	—	—	—
(五)所有者权益内部的结转		—	—	—	—	—	—
1. 资本公积转增资本(或股本)		—	—	—	—	—	—
2. 盈余公积转增资本(或股本)		—	—	—	—	—	—
3. 盈余公积弥补亏损		—	—	—	—	—	—
4. 一般风险准备弥补亏损		—	—	—	—	—	—
5. 其他		—	—	—	—	—	—
四、本年年末余额	248 389.90	44 007.31	61 274.37	27 478.06	4 834.76	125 290.02	511 274.42

公司法定代表人:黄东峰　　主管会计工作负责人:陆加芳　　会计机构负责人:王会清

5.2 信托资产

5.2.1 信托项目资产负债汇总表

信托项目资产负债表

2011 年 12 月 31 日

编制单位:江苏省国际信托有限责任公司　　单位:万元

资　产	行次	期末数	年初数
资产:	1		
现金及存放中央银行款项	2	1 747 420.65	54 268.21
存放同业款项	3	—	
拆出资金	4	—	
交易性金融资产	5	508 561.43	226 291.34
衍生金融资产	6	—	
买入返售金融资产	7	9 490.22	
应收账款	8	—	
应收利息	9	—	
应收股利	10	—	
其他应收款	11	—	
贷款	12	2 162 636.38	2 056 702.50
可供出售金融资产	13	—	
持有至到期投资	14	151 361.97	
长期应收款	15	43 908.27	
未实现融资收益	16	-7 908.27	
长期股权投资	17	495 365.33	372 584.22
投资性房地产	18	—	
固定资产	19	—	
无形资产	20	—	
长期待摊费用	21	—	
其他资产	22	68 476.77	19 878.77
	23	—	
资产合计	24	5 179 312.76	2 729 725.04

公司法定代表人:黄东峰　主管会计工作负责人:陆加芳　会计机构负责人:王会清

信托项目资产负债表(续表)

2011 年 12 月 31 日

编制单位:江苏省国际信托有限责任公司　　单位:万元

负债及所有者权益	行次	期末数	年初数
负债:	25		
拆入资金	26		
交易性金融负债	27		
衍生金融负债	28		
卖出回购金融资产款	29	131 635.00	179 386.90
应付受托人报酬	30	221.32	81.98
应付托管费	31	28.79	17.02
应付受益人收益	32	—	0
应交税费	33	116.96	123.8
应付利息	34	—	
其他应付款	35	3 067.42	925.76
预计负债	36	—	
其他负债	37	—	
	38	—	
负债合计	39	135 069.49	180 535.46
所有者权益	40	—	
实收信托	41	5 117 520.81	2 538 244.64
资本公积	42	4.15	
盈余公积	43	—	
一般风险准备	44	—	
信托赔偿准备	45	—	
未分配利润	46	-73 281.70	10 944.94
所有者权益合计	47	5 044 243.27	2 549 189.58
负债及所有者权益总计	48	5 179 312.76	2 729 725.04

公司法定代表人:黄东峰　主管会计工作负责人:陆加芳　会计机构负责人:王会清

5.2.2 信托项目利润及利润分配汇总表

信托项目利润及利润分配表

2011 年度

编制单位：江苏省国际信托有限责任公司　　单位：万元

项　目	序号	2011 年	2010 年
一、营业收入	1	105 664.82	145 825.32
利息收入	2	127 809.61	125 001.52
手续费及佣金收入	3	18 058.83	
投资收益	4	32 409.14	18 738.51
公允价值变动损益	5	-75 563.53	0
其他收入	6	2 950.77	2 085.29
二、支出	7	53 436.94	31 558.29
营业税金及附加	8	356.59	558.67
业务及管理费	9	53 080.34	30 999.62
资产减值损失	10	—	0
其他费用	11	—	0
其他业务成本	12	—	0
三、营业利润	13	52 227.88	
加：营业外收入	14	—	
减：营业外支出	15	—	
四、利润总额	16	—	114 267.03
加：期初未分配信托利润	17	10 944.94	5 581.25
五、可供分配的信托利润	18	63 172.82	119 848.28
减：本期已分配信托利润	19	136 454.52	108 903.34
六、期末未分配信托利润	20	-73 281.70	10 944.94

公司法定代表人：黄东峰　主管会计工作负责人：陆加芳　会计机构负责人：王会清

6. 会计报表附注

6.1 简要说明报告年度会计报表编制基准、会计政策、会计估计和核算方法的变化

6.1.1 报告年度会计报表编制基准、会计政策、会计估计和核算方法发生变化。

无。

6.1.2 期末公司纳入合并会计报表范围的控股子公司。

无。

6.2 或有事项说明

6.2.1 报告期内对外担保事项

截至 2011 年 12 月 31 日，公司对外担保余额为零。

6.2.2 报告期内诉讼事项

公司在报告期内未发生诉讼事项。

6.3 重要资产转让及其出售的说明

报告期内，公司未发生重要资产转让及出售行为。

6.4 会计报表中重要项目的明细资料

6.4.1 自营资产经营情况

6.4.1.1 信用风险资产分类

信用风险资产五级分类	正常类（万元）	关注类（万元）	次级类（万元）	可疑类（万元）	损失类（万元）	信用风险资产合计（万元）	不良资产合计（万元）	不良资产率（%）
期初数	12 055.19				126	12 181.19	126	1.03
期末数	28 524.01				100	28 624.01	100	0.35

注：不良资产合计 = 次级类 + 可疑类 + 损失类。

6.4.1.2 各项资产减值准备的计提及转回

单位：万元

	期初数	本期计提	本期转回	本期核销	期末数
贷款损失准备	144.78		40.59	26	78.19
一般准备	118.78		40.59		78.19
专项准备	26			26	0
其他资产减值准备	100		0		100
可供出售金融资产减值准备	—				—
持有至到期投资减值准备	—				—
长期股权投资减值准备	—			—	—
坏账准备	100		0		100
投资性房地产减值准备					

6.4.1.3 固有投资业务按投资品种分类

单位：万元

	自营股票	基金	债券	长期股权投资	其他投资	合计
期初数	28 161.27	4 210.06		313 926.21	47 328.00	393 625.54
期末数	26 825.77	3 535.05		402 810.68	37 509.16	470 680.66

6.4.1.4 前五名的自营长期股权投资企业情况

企业名称	占被投资单位权益的比例（%）	主要经营活动	投资收益（万元）
江苏银行股份有限公司	10.00	存贷款等银行业务	58 338.81
江苏省国信集团财务有限公司	20.00	成员单位资金业务	1 800.45
江苏国投衡盈创业投资中心	20.00	创业投资业务	-425.01
利安人寿保险股份有限公司	12.00	人寿保险等人身保险业务	0
江苏民丰农村商业银行股份有限公司	6.00	存贷款等银行业务	0

注：投资收益是指按照企业会计准则规定，核算股权投资确认损益并计入披露年度利润表的金额。

6.4.1.5 公司前三名的自营贷款情况

公司名称	金额（万元）	占贷款总额比例（%）	还款情况
新海发电有限公司	6 518.52	83.37	按时还本付息
江苏国盾科技实业有限责任公司	1 300.00	16.63	按时还本付息
合计	7 818.52	100	

6.4.1.6 表外业务

报告期内，公司自营资产无表外业务。

6.4.1.7　公司本年的收入结构情况

收入结构	金额(万元)	占比(%)
手续费及佣金收入	32 428.94	31.56
其中:信托业务收入	32 321.43	31.45
投资银行业务收入	107.51	0.11
利息收入	1 012.12	0.98
其他业务收入	—	0.00
其中:计入信托业务收入部分	—	
投资收益	69 310.43	67.45
其中:股权投资收益	64 761.68	63.02
证券投资收益	1 023.31	1.00
其他投资收益	3 525.44	3.43
公允价值变动损益	—	
营业外收入	8.38	0.01
收入合计	102 759.87	100.00

注:手续费及佣金收入、利息收入、其他业务收入、投资收益、营业外收入均为损益表中的科目,其中手续费及佣金收入、利息收入、其他业务收入、投资收益、营业外收入为未抵减相应支出的全年累计实现收入数。

6.4.2　信托资产管理情况

6.4.2.1　信托资产的期初数、期末数

单位:万元

信托资产	期初数	期末数
集合	533 994	855 899.19
单一	2 175 836	4 303 518.20
财产权	19 895	19 895.37
合计	2 729 725	5 179 312.76

6.4.2.1.1　主动管理型信托资产

单位:万元

主动管理型信托资产	期初数	期末数
证券投资类	253 905	2 281 198.60
股权投资类	318 332	458 219.57
融资类	2 035 350	2 340 070.90
事务管理类	17 702	510.52
合计	2 625 289	5 079 999.59

注:"合计"数要求填主动管理型信托项目的总额,它包含所有运用方式的的主动型产品,证券投资类、股权投资类、融资类、事务管理类是主动管理型信托中的几个重点类别,包含在"合计"中,但是与"合计"行没有勾稽关系,"合计"数应大于或等于这四类之和。

6.4.2.1.2　被动管理型信托资产

单位:万元

被动管理型信托资产	期初数	期末数
证券投资类	—	—
股权投资类	40 085	37 705.64
融资类	64 351	61 607.53
事务管理类		
合计	104 436	99 313.17

注:"合计"数与主动管理类同理。

6.4.2.2　信托项目清算情况

6.4.2.2.1　本年度已清算信托项目

已清算结束信托项目	项目个数	实收信托合计金额(万元)	加权平均实际年化收益率(%)
集合	10	168 100.00	7.75
单一	89	2 701 955.00	4.61
财产权	0	—	—

6.4.2.2.2　已清算主动管理型信托项目

已清算结束信托项目	项目个数	实收信托合计金额(万元)	加权平均实际年化信托报酬率(%)	加权平均实际年化收益率(%)
证券投资类	5	1 399 000	0.19	4.56
股权投资类	3	59 500	5.13	8.51
融资类	61	1 350 876	0.43	5.01
事务管理类	3	37 700.00	0.44	3.03

6.4.2.2.3　已清算结束的被动管理型信托项目

已清算结束信托项目	项目个数	实收信托合计金额(万元)	加权平均实际年化信托报酬率(%)	加权平均实际年化收益率(%)
证券投资类				
股权投资类	1	2 379	0	0
融资类	26	20 600	0.06	0
事务管理类				

6.4.2.3　新增信托项目情况

单位:万元

新增信托项目	项目个数	实收信托合计金额
集合	20	472 859
单一	83	8 098 775
财产权	0	0
新增合计	103	8 571 634
其中:主动管理型	103	8 571 634
被动管理型		

6.4.2.4　信托业务创新成果和特色业务有关情况

6.4.2.5　本公司履行受托人义务情况及因本公司自身责任而导致的信托资产损失情况

公司严格按照《信托法》、《信托投资公司管理办法》、《信托投资公司资金信托管理暂行办法》开展各项信托业务。公司作为受托人,严格遵守信托文件的规定,为受益人的最大利益处理信托事务,管理信托财产,恪尽职守,履行诚实、信用、谨慎、有效管理的义务。在信托业务的设立、运用、内控、终止等环节和全过程做到合法、合规。

公司信托财产没有因公司自身责任而导致信托资产损失的情况。

6.4.2.6　信托赔偿准备金的提取、使用和管理情况

单位:万元

年初数	本年计提	年末数
23 155.86	4 322.20	27 478.06

报告期内未发生信托财产损失的情况,信托赔偿准备金未使用。

6.5 关联方关系及其交易事项

6.5.1 关联交易方的数量、关联交易的总金额及关联交易的定价政策等

单位:万元

	关联交易方数量	2011年关联交易总金额(万元)		定价政策
		增加额	减少额	
合计	37	46 157.39	96 437.61	另见注

注:关联交易的定价政策:

1. 本公司对关联方交易价格根据市场价或协议价确定,与对非关联方的交易价格基本一致,无重大高于或低于正常交易价格的情况。
2. 固有财产、信托资产与关联方贷款按人民银行规定的利率执行,投资按市场公允价确定。

6.5.2 关联交易方与本公司的关系性质、关联交易方的名称、法人代表、注册地址、注册资本及主营业务等

关系性质	关联方名称	法定代表人	注册地址	注册资本(万元)	主营业务
母公司	江苏省国信资产管理集团有限公司	董启彬	江苏省南京市	1 000 000.00	国有资产经营、管理、转让、投资、企业托管、资产重组等业务。
同一母公司	江苏省投资管理有限责任公司	徐祖坚	江苏省南京市	100 000.00	实业投资、投资咨询、国内贸易。
同一母公司	江苏省房地产投资有限责任公司	蒋旭升	江苏省南京市	170 000.00	房地产开发、销售。
同一母公司	江苏国信象山地产有限公司	梅泽铭	江苏省南京市	6 000.00	房地产开发、销售。
同一母公司	新沂市国信置业有限公司	梅泽铭	江苏省徐州市	10 000.00	房地产开发、销售。
同一母公司	江苏舜天国际集团置业有限公司	徐志远	江苏省南京市	25 000.00	房地产开发及经营。
同一母公司	江苏淮阴发电有限责任公司	李宪强	江苏省淮安市	52 539.80	火力电力供应。
同一母公司	江苏射阳港发电有限责任公司	刘晓龙	江苏省盐城市	83 302.00	电力、热力生产。
同一母公司	江苏沙河抽水蓄能发电有限公司	李贵桃	江苏省溧阳市	15 100.00	抽水蓄能发电。
同一母公司	江苏国信靖江发电有限公司	胡美成	江苏省泰州市	60 000.00	电力生产、销售。
同一母公司	扬州第二发电有限责任公司	陈滨	江苏省扬州市	169 200.00	电力生产、销售。
同一母公司	江苏国信扬州发电有限公司	陈滨	江苏省扬州市	100 000.00	电力生产、销售。
同一母公司	盐城发电有限公司	胡美成	江苏省盐城市	33 700.00	电力生产、粉煤灰销售。
同一母公司	江苏国信瀛洲发电有限公司	王惠荣	江苏省盐城市	50 000.00	对电力热力生产供应业的投资。
同一母公司	江苏新海发电有限公司	崔少银	江苏省连云港	23 900.00	电力生产、销售。
同一母公司	江苏省国信信用担保有限公司	陈亮	江苏省南京市	50 000.00	融资性担保。
同一母公司	江苏省软件产业股份有限公司	张向荣	江苏省南京市	19 800.00	软件服务。

续表

关系性质	关联方名称	法定代表人	注册地址	注册资本	主营业务
同一母公司	江苏省医药公司	管斌	江苏省南京市	10 000.00	中、西药品批发零售等。
同一母公司	江苏省新能源开发有限公司	徐祖坚	江苏省南京市	20 000.00	新能源开发投资。
同一母公司	江苏国信盐城生物质发电有限公司	顾祥和	江苏省盐城市	9 000.00	生物质发电、秸秆收购、灰渣销售。
同一母公司	江苏国信尚德太阳能发电有限公司	张金宝	江苏省淮安市	2 000.00	太阳能发电。
同一母公司	江苏国信盛禾生物质有限公司	郭磊	江苏省南京市	1 000.00	生物质能的开发利用等。
同一母公司	江苏国信如东生物质发电有限公司	柏杨	江苏省南通市	9 609.00	秸秆发电,新能源项目技术开发。
同一母公司	江苏国信淮安生物质发电有限公司	张金宝	江苏省淮安市	12 000.00	发电供热。
同一母公司	江苏国信泗阳生物质发电有限公司	梁兵	江苏省宿迁市	12 000.00	生物质发电、秸秆收购、灰渣销售。
同一母公司	江苏东凌风力发电有限公司	王东向	江苏省南通市	36 000.00	风力发电。
同一母公司	江苏省外事旅游汽车公司	解玉洪	江苏省南京市	12 000.00	外事旅游接待、服务,汽车租赁。
同一母公司	连云港云台宾馆有限责任公司	蒋旭升	江苏省连云港	12 000.00	客房、餐厅、娱乐。
同一母公司	南京丁山花园酒店有限公司	陈玉松	江苏省南京市	美元 2 560	客房、餐饮、美容、食品生产。
同一母公司	南京状元楼酒店有限责任公司	王晓航	江苏省南京市	21 340.28	客房、餐厅、娱乐。
同一母公司	雅都大酒店	陈玉松	江苏省苏州市	美元 3 575	客房、餐饮、酒吧、商场等。
同一母公司	淮安国信大酒店	李晓军	江苏省淮安市	10 000.00	大型餐馆宾馆服务等。
同一母公司	南京国信大酒店有限公司	孙家银	江苏省南京市	2 000.00	客房、餐厅、酒吧。
同一母公司	江苏舜天足球俱乐部有限公司	刘军	江苏省南京市	3 000.00	组织体育竞赛、承办体育广告等。
同一母公司	江苏舜天股份有限公司	黄旭芒	江苏省南京市	43 679.00	危险化学品批发、进出口贸易等。
同一母公司	连云港神州宾馆	王小晓	江苏省连云港	6 920.00	住宿、餐饮。
联营企业	江苏银行股份有限公司	黄志伟	江苏省南京市	910 000.00	存贷款等银行业务。

6.5.3 本公司与关联方的重大交易事项

6.5.3.1 固有财产与关联方交易

固有与关联方关联交易

单位:万元

	期初数	借方发生额	贷方发生额	期末数
贷款	9 777.78	—	3 259.26	6 518.52
投资	—	—	—	—
租赁	—	—	—	—
担保	—	—	—	—
应收账款	3 956.46	1 866.50	1 395.68	4 427.28
其他	335.82	10 170.86	506.68	10 000.00
合计	14 070.06	12 037.36	5 161.62	20 945.80

6.5.3.2 信托资产与关联方交易

信托与关联方关联交易

单位:万元

	期初数	借方发生额	贷方发生额	期末数
贷款	679 994.49	28 700.00	91 275.99	617 418.50
投资	23 670.00	5 420.03		29 090.03
租赁	—	0	0	—
担保	—	0	0	—
应收账款	—	0	0	—
其他	—	0	0	—
合计	703 664.49	34 120.03	91 275.99	646 508.53

6.5.3.3 信托公司自有资金运用于自己管理的信托项目及信托公司管理的信托项目之间的相互交易

6.5.3.3.1 固有与信托财产之间的交易情况

单位:万元

项目名称	期初数	本期发生数	期末数
苏州新城万博置业股权投资集合资金信托	4 645.00	-4 645.00	—
江苏舜天置业股权投资集合资金信托	19 042.00	—	19 042.00
吴江中南世纪城股权投资集合资金信托	—	685.00	685.00
南京白下高新技术产业园区建设集合资金信托计	1 156.00	—	1 156.00
江苏万成置业股权投资集合信托计划	3 067.00	-2 000.00	1 067.00
江苏沿海开发(连云港一期)投融资集合资金信托	1 997.00	7 000.00	8 997.00
江苏中小企业投融资集合资金信托(四期)	1 638.00	-1 638.00	—
南通弘阳股权投资集合信托计划	—	376.16	376.16
南京万科金域蓝湾2-4期资产收益权集合信托	—	349.00	349.00
江苏信托-新城房地产投资基金(1期)	—	5 000.00	5 000.00
丰盛集团安家利置业股权投资集合信托计划	15 837.00	-15 000.00	837.00
合 计	47 382.00	-9 872.84	37 509.16

6.5.3.3.2 信托项目之间的交易情况

报告期内公司无信托资产与信托财产之间的交易事项。

6.5.4 逐笔披露关联方逾期未偿还本公司资金的详细情况以及本公司为关联方担保发生或即将发生垫款的详细情况

报告期内,公司未发生以上所述情况。

6.6 会计制度

固有业务和信托业务均执行《企业会计准则》(2006年颁布)。

7. 财务情况说明书

7.1 利润实现和分配情况

经中兴华富华会计师事务所有限责任公司审计,2011年度公司实现利润总额93 642.83万元,扣除所得税费用7 198.9万元,实现净利润86 443.93万元。按规定计提法定盈余公积8 644.39万元、计提信托赔偿准备4 322.20万元、计提一般风险准备430.50万元,加上调整后年初未分配利润52 243.19万元,可供股东分配的利润为125 290.02万元。

7.2 主要财务指标

指标名称	指标值
资本利润率(%)	18.34
信托报酬率(%)	0.84
人均净利润(万元/人)	1 361.32

注:1. 资本利润率=净利润/所有者权益平均余额×100%=86 443.93/471 408.92=18.34%。

2. 信托报酬率=信托业务收入/实收信托平均余额×100%=32 321.43/3 827 882.73=0.84%。

3. 人均净利润=净利润/年平均人数=86 443.93/[(60+67)/2]=1 361.32万元。

4. 平均值采取年初及年末余额简单平均法,公式为:a(平均)=(年初数+年末数)/2。

7.3 报告期内对公司财务状况、经营成果产生重大影响的其他事项

无。

8. 特别事项简要揭示

8.1 股东报告期内变动情况及原因

2011年6月10日,公司召开股东会,审议并通过了关于公司股权转让及修改公司章程等议案,并向中国银行业监督管理委员会递交了有关申请报告。2011年9月16日,公司收到中国银行业监督管理委员会《关于江苏省国际信托有限责任公司股权结构变更并修改公司章程的批复》(银监复〔2011〕363号),批准公司股东江苏省国信资产管理集团有限公司将持有公司10%、5%、5%的股权分别转让给江苏省苏豪控股集团有限公司、江苏高科技投资集团有限公司、江苏省农垦集团有限公司,公司原股东江苏省投资管理有限责任公司、江苏省房地产投资有限责任公司将各自持有公司1%的股权转让给江苏省国信资产管理集团有限公司。

8.2 董事、监事及高级管理人员变动情况及原因

无。

8.3 公司的重大未决诉讼事项

无。

8.4 执行本年度审计的会计师事务所出具意见情况

中兴华富华会计师事务所对本公司2011年度财务报告出具了标准无保留意见的审计报告。

8.5 公司及其董事、监事和高级管理人员受到处罚情况

无。

8.6 银监会现场检查情况及整改措施

无。

8.7 公司重大事项临时报告

无。

8.8 其他有必要让客户及相关利益人了解的重要信息

按照中国银行业监督管理委员会《关于江苏省国际信托有限责任公司股权结构变更并修改公司章程的批复》（银监复〔2011〕363号）的要求，公司于2012年3月2日完成了公司股权结构变更及修改公司章程的工商登记手续。

9. 公司监事会意见

报告期内公司决策程序合法有效，内部控制制度进一步完善，公司董事及高级管理人员能够按照国家有关法律、法规和公司章程的规定履行职责，未发现有违法违纪和损害公司利益及股东利益的行为。公司财务报告内容完整、真实地反映公司的财务状况和经营成果。

江西国际信托股份有限公司

1. 重要提示

1.1 本公司董事会及董事保证报告所载资料不存在任何虚假记载、误导性陈述或者重大遗漏，并对其内容的真实性、准确性和完整性承担个别及连带责任。

1.2 中磊会计师事务所为本公司出具了无保留意见的审计报告，本公司董事会对相关事项也有详细说明，请客户及相关利益人注意阅读。

1.3 本公司负责人董事长裘强、主管会计工作负责人曾海及财务负责人彭缅良声明：保证年度报告中财务报告的真实、完整。

2. 公司概况

2.1 公司简介

江西国际信托股份有限公司（以下简称江西信托或本公司），是由江西省国际信托投资公司、江西省发展信托投资股份有限公司、赣州地区信托投资公司以新设合并方式组建。2003年3月，本公司经中国人民银行批准登记成立。2009年3月，经中国银监会核准换发新牌、变更公司名称和业务范围。本公司于2010年11月完成增资扩股，现有注册资本人民币103 658.1817万元。

1	法定中文名称（缩写）	江西国际信托股份有限公司（江西信托）
2	法定英文名称（缩写）	JiangXi International Trust Co.，*Ltd.*（JXI）
3	法定代表人	裘强
4	注册地址	南昌市北京西路88号江信国际金融大厦
5	邮政编码	330046
6	国际互联网网址	http://www.jxi.cn

续表

7	电子信箱	http://www.jxi.cn
8	负责信息披露事务的高管人员	余森清
9	联系人姓名	易勤华
10	联系电话	0791－6304512
11	传真电话	0791－6304500
12	电子信箱	yqh－jx@163.com
13	公司信息披露的报纸名称	《上海证券报》
14	公司年度报告备置地点	南昌市北京西路88号江信国际金融大厦25楼
15	公司聘请的会计师事务所名称及住所	中磊会计师事务所，北京
16	公司聘请的律师事务所名称及住所	江西求正沃德律师事务所，江西．南昌

2.2 组织结构

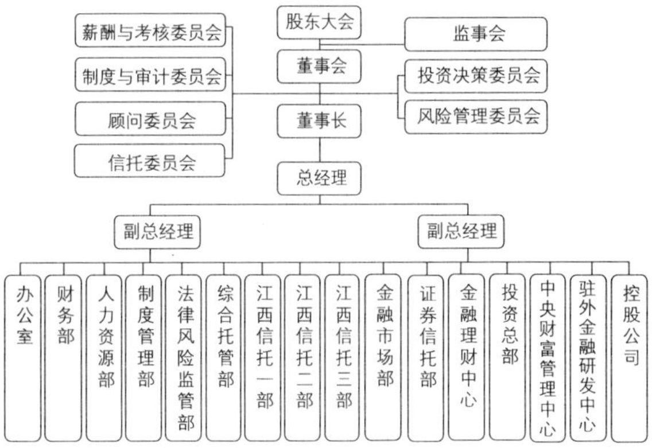

3. 公司治理结构

3.1 股东

2011年末，本公司股东总数12名，本公司前三位股东的名称、出资比例如下：

股东名称	法人代表	持股比例（%）	注册资本（万元）	注册地址	主要经营业务及主要财务情况
江西省财政厅	胡 强	45.80		江西省南昌市	制定全省性财政立法规划，拟订全省地方性财政、税收、财务、会计管理、国有资产管理的法规草案及实施办法和规章制度；参与制定全省各项有关宏观经济政策，拟订和执行全省财政分配政策；编制省本级年度预算草案和汇编全省年度预算和决算草案；负责组织实施地方税法和税收条例、决定、规定及有关实施细则；管理和监督各项财政收入、支出；监管全省政府采购工作；管理省级财政社会保障支出；负责地方性金融机构的财务监管工作；管理全省有关政府性基金和行政事业性收费项目的立项及标准等。
领锐资产管理股份有限公司	徐祇祥	25.00	193 000	天津市华苑产业区	对工业、基础设施开发建设、金融、房地产业、物流业、酒店进行投资；资产投资；债务重组与企业重组咨询。
北京供销社投资管理中心	符敬群	20.00	55 801.439925	北京市宣武区儒福里40号	投资管理；接受委托进行物业管理；接受委托出租房屋；出租自有房屋。

3.2 董事

本公司董事会由9名董事组成，由股东江西省财政厅推荐6名和股东江西江信国际大厦有限公司、江西省金象置业有限公司等各推荐1名，独立董事1名。

姓名	职务	性别	年龄	所推举的股东名称	该股东持股比例(%)	简要履历
裘强	董事长	男	54	江西省财政厅	45.80	1974—1978年任江西省清江县昌付公社知青办主任；1978—1981年任空军十一航校警卫排副排长；1981—1989年任宜春市委组织部正科级组织员、上高县政府县长助理；1989—1990年任江西省委农工部副处长，后调江西省展览中心任主任，期间曾兼任南昌佳盛典当行有限公司副董事长主持全面工作；1997年后曾任江西省人民政府办公厅副主任，协助副省长分管商贸、金融工作；2000—2004年任江西省民政厅党组副书记、副厅长；2004年6月至今任江西国际信托投资股份有限公司党委书记、董事长；先后在南昌大学、中央党校、上海浦东干部管理学院、长江商学院学习，获得哲学硕士、高级管理人员工商管理硕士。
吴伟光	董事	男	56	江西省财政厅	45.80	1983—1986年任赣州地区公路局宣传部干部；1986—2003年历任公司员工、业务部门经理、办公室主任、党委委员、副总经理、董事、总经理。
余森清	副董事长	男	49	江西省财政厅	45.80	1978—1982年任江西大学计算数学专业学生；1982—1984年任江西省上饶地区统计局干部；1984—1987年厦门大学计划统计专业研究生；1987—1989年江西省社科院经济所科研人员；1989—1999年任江西省政府办公厅商金处干部、副处长；1999—2009年江西省委政策研究室副主任；2009年5月至今任江西国际信托股份有限公司党委副书记，2009年9月任公司副董事长。
康毅	董事	男	58	江西江信国际大厦有限公司	5.90	1973—1976年南昌县东新乡大洲村插队；1976—1983年福州军区独立防化学营战士、排长、政治指导；1983—1998年武警江西省总队司令部直政处正连职干事、副营职干事、正营职干事、副处长、处长，萍乡市支队政治委员；1998年至今任江西省国际信托股份有限公司监察室副主任、办公室副主任，江信置业有限责任公司董事长、经营总监、总经理助理、党委委员、副总经理、常务副总经理，天安保险股份有限公司副董事长。
陈林芳	董事	男	58	江西省财政厅	45.80	1976—1978年在宜丰县敖桥公社农机厂任会计；1980—1993年历任江西省财政厅农财处干部、组长、副处长；1993—1995年在高安市人民政府挂职副市长；1995—1996年任江西省财政厅条法税政处处长；1996年至今在江西省财政投资管理公司任负责人(主持工作)、董事长，期间曾任江西省发展信托投资股份有限公司董事长。
曾福星	董事	男	51	江西省财政厅	45.80	1983—1990年在江西省财政厅农税处工作任主任科员；1993—1995年在井冈山财政干部培训基地挂职锻炼，任基地主任兼支部书记；1995—1996年在江西省财政厅预算处工作；1996年7月至今任江西省财政投资管理中心任副主任，期间曾担任江西省发展信托投资股份有限公司监事召集人。
陈出新	董事	男	48	江西省财政厅	45.80	1982—1986年江西财经学院计统系国民经济专业学习；1986—1989年四川省财政厅预算处工作；1989—2009年江西省财政厅会计处助调、副处长，2001年获得华中科技大学硕士学位，2006—2007年派驻天津滨海新区筹建天津锦绣置业公司；2007年12月组织安排到江西博苑房地产公司工作；现任江西省财政厅投资管理中心(公司)主任(总经理)。
钟镰斧	董事	男	43	江西省金象置业有限公司	1.00	1987—1991年南昌航空工业学院电子工程系本科毕业；1991—1993年在江西大茅山企业集团开发部工作；1993—1996年任江西省江信房地产公司贸易部经理；1996—2009年任江信置业有限责任公司副总经理、总经理、董事长；2006年至2010年10月任江西国际信托投资股份有限公司总监、总经理助理、副总经理、党委副书记；现任江西省金象置业有限公司董事长。

3.3 监事

本公司监事会由3名监事组成，其中江西省财政厅和江西省金象置业有限公司各推荐1名，职工代表监事1名，设立1名监事会召集人。

姓名	职务	性别	年龄	所推举的股东名称	该股东持股比例(%)	简要履历
周志宏	监事会召集人	男	54	江西省金象置业有限公司	1.00	1975—1976年吉林省东辽县渭津公司福民大队知青；1976—1981年兰州军区空军高炮14师40团3营8连士兵；1981—1991年兰州军区空军混成4旅军官；1991—1993年兰州军区空军政治部秘书处少校；1993年至今在江西国际信托股份有限公司任科长、人事处处长、制度管理部部长、制度总监督。
贾俊	监事	男	49	江西省财政厅	45.80	1981—1988年在南昌铁路局工作；1988—1997年任江西省工商银行信托投资股份有限公司部门副经理；1997—2003年任江西省发展信托投资股份有限公司总经理助理、办公室主任；2003—2010年历任江西国际信托股份有限公司办公室副主任、董事会秘书、战略中心主任、行政总管、行政总监、总稽核。
万国钦	监事	男	53	职代会		1977年2月至1979年3月江西省上高县镇渡公社知青；1979年4月至1993年5月江西省南昌市市政工程处监察科副科长；1993年6月至今先后任江西国际信托股份有限公司人事处劳资科长、办公室主任助理、人力资源部部长、行政总部总管。

3.4 高级管理人员

姓名	职务	性别	年龄	选任日期	金融从业年限	学历	专业	简要履历
王志辉	总经理	男	45	2011	24	在职研究生	EMBA	1987—2003 年历任江西省国际信托投资公司证券业务部、发行交易科科长、南昌营业部主任、信托部副经理（主持工作）；2004 年任江西国际信托股份有限公司信托一部总经理；2005 年至今任江西国际信托股份有限公司首席高级信托经理、金融总监、总经理助理、副总经理、常务副总经理、总经理。
曾海	副总经理	男	48	2011	18	在职研究生	产业经济学	1983—1989 年在江西木材厂工作；1989—1992 年任江西省林化公司（原江西省林业工业公司林产品供应站）财务科科长；1992—1995 年在江西省木材公司财务科副科长、科长；1995 年至今历任江西国际信托股份有限公司计划财务处综合管理科科长、计划处处长助理、副处长、财务部总经理、财务总监、副总会计师、总会计师、总经理助理、副总经理。
贾俊	总稽核	男	49	2008	23	在职研究生	产业经济学	1981—1988 年在南昌铁路局工作；1988—1997 年江西省工商银行信托投资股份有限公司部门副经理；1997—2003 年江西省发展信托投资股份有限公司总经理助理、办公室主任；2003—2009 年江西国际信托股份有限公司办公室副主任、董事会秘书、战略中心主任、行政总管、行政总监、总稽核。
易勤华	副总经理	男	46	2011	20	博士	古代文学	1986 年 8 月至 1989 年 8 月江西安福中学教师；1992 年 7 月至 1993 年 10 月江西经济技术信息开发公司办公室主任、江西经济管理干部学院财会系行政干事兼教师；1993 年 11 月至 2002 年 11 月江西省国际信托投资公司秘书科科长、经济研究所所长助理；2002 年 11 月至 2005 年 7 月宜春市袁州区政府挂职副区长；2005 年 8 月至今江西国际信托股份有限公司战略投资开发部副部长、部长、党办副主任、办公室主任、行政总监、副总经理
陈华玲	首席风险官	男	47	2011	20	研究生	自然辩证法	1984—1987 年在江西龙南师范学校任教；1990—1993 年江西中医学院社科部任教、讲师；1993 年至今先后任江西国际信托股份有限公司办公室秘书、国际金融部信贷员、信贷科副科长、江信律师事务所副主任、法律事务中心主任、法律风险监管部部长、风险控制委员会委员、副主任、总法律顾问、副风险控制官、法务总监、首席风险官。
黄雪梅	副总经理	女	48	2011	19	大学	电子	1986 年 8 月至 1993 年 7 月任南昌洪都无线电厂工程师；1993 年 8 月至 2000 年 3 月江西省瑞德改革咨询中心职员、江西省瑞德资产评估事务所职员、江西省中昊会计师事务所职员；2000 年 3 月至 2003 年 5 月国盛证券有限责任公司职员；2003 年 6 月至今江西国际信托股份有限公司信托二部总经理助理、信托四部副总经理、金融理财中心总经理、总监、副总经理。
周跃明	总经理助理	男	54	2011	32	大学	会计	1975 年 6 月至 1978 年 2 月下放南昌县；1978 年 2 月至 1980 年 1 月江西银校学生；1980 年 1 月至 1985 年 8 月人民银行南昌市支行四交办，干部；1985 年 7 月至 1998 年 12 月人民银行南昌市分行历任稽核处副主任科员、副处长，安义县支行行长、科技处处长；1998 年 12 月至 2003 年 10 月人民银行南昌中心支行历任科技处副处长、清算中心副主任、合作金融处副处长；2003 年 10 月至 2011 年 10 月江西银监局历任农行处副处长、股份处副处长、处长、非银行金融机构处处长；2011 年 10 月至今任江西国际信托股份有限公司总经理助理。

3.5 公司员工

项目		2011 年		2010 年	
人数		165		79	
平均年龄		37		38	
		人数	比例（%）	人数	比例（%）
年龄分布	20 岁以下	0	0.00	0	0.00
	20～29 岁	49	29.70	13	16.46
	30～39 岁	48	29.09	36	45.57
	40 岁以上	68	41.21	30	37.97
学历分布	博士	2	1.21	5	6.33
	硕士	24	14.55	35	44.30
	本科	87	52.73	32	40.51
	专科	52	31.52	7	8.86
	其他	0	0.00	0	0.00
岗位分布	董事、监事及其他高管人员	10	6.06	15	18.99
	自营业务人员	32	19.39	3	3.80
	信托业务人员	121	73.33	54	68.35
	其他人员	2	1.21	7	8.86

4. 经营管理

4.1 经营目标、方针、战略规划

4.1.1 经营目标

立足信托本业，发挥地方金融机构的职能，在市场中求生存，在竞争中求发展，确保信托财产的安全高效，促进本公司稳健经营和可持续发展，为股东实现稳定的回报，为受益人的利益服务，为地方经济建设提供金融支持。

4.1.2 经营方针

坚持“为了共同利益”的核心价值观，坚持“诚信理财、服务社会”的经营宗旨，坚持“风险第一、效益第一”的经营理念，坚持“简单直接”的管理理念，以多元化的资产管理手段，谋求信托、证券、保险等金融工具及货币、资本和产业等多种行业的融合，实现收益的最大化。

4.1.3 战略规划

通过不懈的努力，把本公司发展成为地方性金融（控股）集团，进入全国信托业先进行列。

4.2 所经营业务的主要内容

本公司所经营业务主要分为固有业务和信托业务两大块，

其中固有业务包括自有资金投资、贷款等业务，各种业务所形成的资产组合与分布情况

4.2.1 自营资产运用与分布

资产运用	金额（万元）	占比（%）	资产分布	金额（万元）	占比（%）
货币资产	63 109.75	24.48	基础产业		
拆出资金			房地产业		
贷款			证券、保险	179 767.93	69.72
其他流动资产	3 329.48	1.29	实业		
可供出售金融资产	10 079.74	3.91			
持有至到期投资		0.00			
长期股权投资	179 767.93	69.72	其他	78 066.67	30.28
其他	1 547.70	0.60			
资产合计	257 834.60	100.00	资产合计	257 834.60	100.00

4.2.2 信托资产运用与分布

资产运用	金额（万元）	占比（%）	资产分布	金额（万元）	占比（%）
货币资产	214 316.18	2.09	基础产业	4 193 204.43	40.83
交易性金融资产	267 384.17	2.60	房地产业	724 425.47	7.05
贷款	5 807 104.68	56.55	证券	565 716.88	5.51
应收账款	941 010.36	9.16	金融机构	—	0.00
可供出售金融资产	262 348.89	2.55	工商企业	4 128 091.92	40.20
长期股权投资	2 459 880.21	23.95	其他	657 605.79	6.40
其他	317 000.00	3.09			
资产合计	10 269 044.49	100.00	资产合计	10 269 044.49	100.00

4.3 市场分析（影响本公司业务发展的主要因素）

4.3.1 有利的因素

（1）区域环境优势。江西省委、省政府及监管部门的支持和帮助为公司发展提供了较好的区域发展环境。

（2）股东资源优势。通过引进战略投资者，优化了公司的股东背景，实现了公司股权多元化，推动了法人治理结构的进一步完善，有利于依托股东资源优势进一步做大做强。

（3）经营管理团队优势。本公司领导班子有很强的凝聚力和战斗力，在江信国际企业文化的熏陶和引领下，打造了一支“忠诚拼搏、艰苦创业”的经营管理团队

（4）业务拓展和战略扩张优势。本公司具备了对外扩张的基础。一是控股国盛证券有限责任公司，参股了天安保险股份有限公司，实现了金融综合业务的融合；二是本公司经营业绩逐年大幅度攀升，创新能力不断增强，抗风险能力显著提高；三是本公司与中国工商银行、中国建设银行、中国农业银行、光大银行、国家开发银行、民生银行、招商银行、兴业银行等金融机构及新湖中宝、复兴集团等上市公司建立了稳固的战略合作伙伴关系，银信合作、企信合作业务稳步推开；四是政信合作业务有成熟的操作模式，稳中求进，风险可控；五是本公司在全国主要城市设立若干金融研发中心，业务渠道辐射全国20多个省市，为公司下一步的业务拓展和战略扩张奠定了基础。

4.3.2 不利的因素

（1）经济周期波动性加大。全球经济及中国经济周期波动性将进一步加大，面临较多不确定性。

（2）行业竞争加剧。

（3）地处欠发达地区，客户资源相对有限，尤其是高端客户缺乏，合格投资者的培育拓展难度相对较大。

4.4 内部控制概况

4.4.1 内部控制环境和内部控制文化

合规性是风险控制的核心，是信托公司健康持续发展的生命线。提高合规意识，树立合规理念，健全合规文化是实现公司长治久安的保障。

本公司建立健全了以股东会、董事会、监事会以及经营管理层为主体的组织架构和公司治理结构，并形成了一整套涵盖本公司所有业务的制度体系。在决策层面上，董事会下设信托委员会、投资决策委员会、风险管理委员会、薪酬与考评委员会、制度与审计委员会，构建了一个相对完整的决策和风险控制体系。在内部管理和经营方面，通过不同机构和岗位的设置，赋予相应的权、责，并建立和完善各项业务操作规程与制度，从而形成了各岗位和人员之间相互独立、相互制衡和相互协调的监督管理机制。

此外，重视企业文化建设，营造成熟的内部控制文化是本公司稳健发展的重要手段。本公司通过“忠诚拼搏、艰苦创业”等一系列主题教育活动向员工传达风险管理、内部控制、合规经营的重要性，引导员工树立合规意识、风险意识和诚信理念，着力提高员工职业道德水准，规范员工职业行为，逐步塑造和形成以“风险第一、效益第一”经营理念和“内控第一、全员遵守”为主题的内控文化。

4.4.2 内部控制措施

本公司董事会下设的各委员会在授权范围内以明晰的分级授权制度，通过体系建设和及时完整的过程控制，使决策、研发、操作、审核及监督评价程序化、体系化。为加强制度执行力度，本公司制度管理部作为审计与制度委员会的办事机构，除监督制度执行外，主要负责本公司内部稽核审计，以相对独立的审计工作程序和规范扮演着内部警察角色；法律风险监管部代表风险管理委员会负责风险控制及风险评价，建立风险预警和纠错机制，做到警钟长鸣。两大内控机构与财务部、综合托管部等相互配合、相互制衡，分别独立、客观地履行各自内部控制职能，从组织结构上完善了公司内部控制体系。

在业务运作方面，明确前台、中台、后台业务的工作职责，规范程序，形成有监督、有制衡的业务运作体系。通过具体、明确、合理的分工与授权，建立业务操作规程，在内部界定各责任主体的目标、职责和权限，分别在授权范围内各行其职，相互独立。本公司主要职能部门之间建立健全了防火墙制度，不同部门人员不得相互兼职，保证了自营、信托业务各成体系，独立运行。

在文化意识形态方面，本公司坚持晨会制度，在潜移默化中加深有关对企业文化的理解和践行。本公司设立了江信国际金融大学，每周进行员工学习培训和教育，宣传合法合规经营的理念，使员工树立起合规经营优先、风险控制优先的意识。制定了“十八支持、十八反对”的员工行为准则、职业道德规范，严格诚信记录，营造本公司合规经营的制度、文化环境。

4.4.3 信息交流与反馈

通过强有力的制度执行，向风险管理委员会、高级管理层

和董事会报告，及时披露业务开展和内控过程中的实质性缺陷或失控，以完善的信息系统确保了报告程序的有效性和保密性。同时，定期披露或通报各责任主体或责任人履行职责情况、制度执行情况。各有关部门对项目运作、公司决议的执行实行跟踪，按照公司制度规定的流程及时将跟踪信息反馈，保证了本公司对项目和合同履行等的控制。

4.4.4 监督评价与纠正

本公司董事会和高级管理层定期和不定期召开内控工作会议和风险例会，听取制度管理部、法律风险监管部、综合托管部、财务部在稽核审计、内控检查、财务执行和风险监督过程中有关情况的汇报，对内控工作定期评价，对有关问题及时处理，切实防范各类风险。公司管理层和内控部门对存在的问题进行现场检查和督促，及时有效地纠正运行中的偏差。

4.5 风险管理

4.5.1 风险管理概况

本公司风险管理坚持全面性、全员性、独立性、相互制衡、防火墙、适时有效、风险控制与业务发展同等重要、定性与定量相结合等原则。在组织架构上，风险管理委员会是本公司的最高风险管理机构，直接隶属于董事会，主要负责制定和实施投资风险管理政策和措施。法律风险监管部作为风险控制委员会的办事机构，下设了合规管理处、风险管理处、项目后期管理处，是具体的风险管理专职部门，负责制定和实施识别、计量、监测和管理风险的制度、程序和方法，并按照这些制度、程序和方法对本公司经营业务进行风险管理、检查，监测风险，全面揭示风险、分析风险和化解风险，以提高风险管理水平，切实加强了本公司的风险管理工作。各业务部门也有相关的风险管理对口岗位，从第一线配合职能部门的风险管理。对交易结构复杂、融资金额巨大、专业化程度高的项目，公司聘请专门的律师事务所、会计师事务所及评估事务所对该类项目进行评估，共同做好项目的前期调查及风险评估。

4.5.2 风险状况

本公司经营活动中主要面临信用风险、市场风险、操作风险、政策风险、道德风险和其他风险等。

4.5.2.1 信用风险状况

本公司2011年没有发生一起因信用问题而导致的风险。

4.5.2.2 市场风险状况

本公司所管理的资产主要集中在证券投资、股权及权益投资、信贷及票据资产、债券投资、财产管理等，少量涉足房地产项目，尚未涉足外汇市场，其中，房地产项目主要为政府保障房项目建设，商业地产项目仅与全国排名前30名或在当地排名前5名的大型房地产企业合作。集合资金信托计划的信贷资产规模比例控制在30%以下，固有业务无新增贷款；对于较复杂的特定市场且公司不能有效了解和把握其风险的，一般采取谨慎原则，保守操作，受市场波动风险较小。

4.5.2.3 操作风险状况

本公司可能面临的操作风险主要来自于内部管理风险或决策风险。报告期内各项投资运行正常，无一例因管理人的失职而引发赔付的风险事项发生。

4.5.2.4 政策风险状况

本公司坚持以宏观调控为导向，依法合规实施各项投融资业务，未有一例因违反政策或法规的违规事件。坚持以《信托公司净资本管理办法》为业务指导，重点开展监管部门鼓励的自主投资类信托业务，逐步降低平台类融资信托业务。

4.5.2.5 道德风险状况

本公司尚未发生一起因内部人员蓄意违规违法或与公司的利益主体串通而给信托受益人或本公司自身带来损失的案件。

4.5.2.6 其他风险状况

本公司报告期内未发生法律和道德风险事项，但相关政策的变化对本公司的发展预期产生了一定的影响。

4.5.3 风险管理

本公司风险管理坚持“事前防范为主、事中控制及事后补救为辅”的基本原则，涉及信用风险、市场风险及操作风险等风险管理的各个领域。

4.5.3.1 信用风险管理

公司针对这一风险，在项目的前期运作中，组织专人进行了尽职调查，范围不仅限于对手的运营情况、负债情况及企业的资信状况。在进行尽职调查的基础上，另外派出独立调查小组对项目进行排他性的独立核实调查。对交易结构复杂、融资金额巨大、专业化程度高的项目，公司聘请专门的律师事务所、会计师事务所及评估事务所对该类项目进行评估，共同做好项目的前期调查及风险评估。对出现的创新类信托项目，公司聘请律师事务所拟订或审核合同，并在合同中设立了违约金制度及担保制度，强化了交易对手履约的保障措施。

(1)对于贷款或投资中的信用风险，公司对客户的资信状况进行认真、谨慎的审查，并在人民银行查询系统中查询融资企业的资信状状况。对项目的技术、经济和市场情况进行必要的调查研究，重大项目不排除走访当地银行、企业进行外围了解；进行跟踪管理，发现问题及时采取措施补救。对于存款中的信用风险，公司挑选实力雄厚，信誉卓著、业绩优良的银行作为合作伙伴，定期或不定期查看存款情况。

(2)根据贷款对象和投资对象的不同，按优良、一般和差等三个档次进行风险评级，对不同档级的交易对手有不同的要求并采取各异的保证措施，防范风险。

(3)对风险资产进行五级分类，即正常、关注、次级、可疑和损失，后三类构成不良资产。对不同类别资产采取不同的管理方式，并严格按有关规定足额计提资产减值准备。

(4)采取信用增级，坚持抵押品确认原则：一是明确抵押品的权属；二是抵押品的价值要真实可靠，且抵押品的抵押率不得超过50%。三是提供流动性较快，易变现的资产作为抵/质押物。

(5)对于信用担保的管理原则为：具有代为清偿债务能力的法人、其他组织或者自然人；在办理贷款保证担保时，优先选择代为清偿债务能力强、信誉状况好的法人为保证人等。对保证人的资信状况和偿债能力及保证合同的履行情况定期进行检查，督促保证人按照保证合同的约定按期提交有关材料并履行各项义务。

(6)规范贷款和投资操作程序。本公司制定了《信托投资项目监管规定》、《资金信托项目贷前管理规定》、《资金信托项目放贷管理规定》、《信托受益权质押贷款操作规定》、《信托项目后期管理规定》等规范贷款和投资标准流程的管理规定，由制度管理部定期督促检查制度的执行情况。

4.5.3.2 市场风险管理

本公司所管理的资产主要集中在证券投资、股权投资、信贷资产、财产管理等，尚未涉足外汇市场，其中，信贷资产规模比例控制在30%以下，固有业务无新增贷款；证券资产市值在持续上升的同时不断压缩规模，有效控制了市场波动带来的影响。同时，通过加强市场调查、市场研究、市场分析，尽量对股价、利率、汇率等市场要素有较全面、较准确的了解，尽量规避市场风险；而对于较复杂的特定市场且本公司不能有效了解和把握其风险的，一般采取谨慎原则，保守操作；在业务拓展或产品推介时，业务人员须向投资者明确说明市场因素变化对收益的影响。

4.5.3.3 操作风险管理

（1）针对内部管理风险。在财务管理、内部稽核、资金运作、账户管控、客户档案管理等方面，严格按信托法规及信托文件设定相应的管理岗位，明确管理职责及审批权限，并通过内部邮件系统、审批流程等标准化、系统化的管理方式，做到责任落实、跟踪有效，最大限度地控制内部管理方面的风险。法律风险监管部定期要求各业务部门就本部门所管理的项目进行风险评估，并在项目的日常管理中对照合同逐一梳理，准确及时地做好项目的信息披露。加强对业务人员的培训，提高业务素质，增强其对交易的认定、执行的准确性和合法合规性。安装了信托业务综合管理系统，根据分层授权，对信托业务进行参数设定，对人员的操作进行限制，减少人员操作风险。

（2）针对决策风险。决策风险主要来源于决策失误、决策程序不规范，本公司通过严格决策控制程序来规避决策风险，本公司制定了项目审查"五个两、十环节"的程序，逐一落实责任人员，并制定了责任终身追究制度。

4.5.3.4 政策风险管理

本公司通过加强对宏观政策和监管政策的调查研究，通过加强与监管部门和行业的沟通联系，尽可能更准确地了解现有宏观政策和监管政策，尽可能准确地分析宏观政策和监管政策的未来趋势；同时，坚持遵纪守法的经营方针和经营宗旨，切实规范各项经营管理，保证各项业务在合法合规的前提下进行。

4.5.3.5 道德风险管理

本公司主要通过制度设计和加强员工的忠诚教育来防范道德风险。本公司在作为受托人进行产品推介时，严格按照规定向委托人申明项目可能存在的风险及防范措施，严格履行不承诺或不变相承诺信托收益的规定；严格按信托法规及信托合同规定，将信托财产与固有财产分设账户，实行单独管理；严格按照规定将信托资金运用于信托文件所列示的用途；严格履行受托人的监管义务，妥善管理信托投资项目，把风险控制在最低限度；严格按照公开、公正的原则，真实地进行会计核算、财务处理及信息披露。同时，本公司制定了《员工职业操守指引》、《员工行为排查规定》，建立合同、付款复核专员，加强监督和约束，防止道德风险。

4.5.3.6 其他风险管理

针对可能面临的各类其他风险，本公司通过定期组织法律法规知识学习，宣传宏观政策，并推出一系列主题文化教育和员工忠诚教育，防患于未然，及时掌握政策动向，降低各种不利因素的影响。

5. 报告期末及上一年度末的比较式会计报表

5.1 自营资产（经审计）

5.1.1 会计师事务所审计结论

审 计 报 告

江西国际信托股份公司全体股东：

我们审计了后附的江西国际信托股份公司（以下简称贵公司）财务报表，包括2011年12月31日合并及母公司资产负债表，2011年度合并及母公司利润表，2011年度合并及母公司股东权益变动表、合并及母公司现金流量表，以及财务报表附注。

一、管理层对财务报表的责任

编制和公允列报财务报表是贵公司管理层的责任，这种责任包括：（1）按照企业会计准则的规定编制财务报表，并使其实现公允反映；（2）设计、执行和维护必要的内部控制，以使财务报表不存在由于舞弊或错误导致的重大错误。

二、注册会计师的责任

我们的责任是在执行审计工作的基础上对财务报表发表审计意见。我们按照中国注册会计师审计准则的规定执行了审计工作。中国注册会计师审计准则要求我们遵守中国注册会计师职业道德守则，计划执行审计工作以对财务报表是否不存在重大错报获取合理保证。

审计工作涉及实施审计程序，以获取有关财务报表金额和披露的审计证据。选择的审计程序取决于注册会计师的判断，包括对由于舞弊或错误导致的财务报表重大错报风险的评估。在进行风险评估时，注册会计师考虑与财务报表编制和公允列报相关的内部控制，以设计恰当的审计程序，但目的并非对内部控制的有效性发表意见。审计工作还包括评价管理层选用会计政策的恰当性和作出会计估计的合理性，以及评价财务报表的总体列报。

我们相信，我们获取的审计证据是充分、适当的，为发表审计意见提供了基础。

三、审计意见

我们认为，贵公司财务报表在所有重大方面按照《企业会计准则》的规定编制，公允反映了贵公司2011年12月31日的合并及线公司财务状况以及2011年度的合并及母公司经营成果和合并及母公司现金流量。

中国注册会计师：

中国注册会计师：

二〇一二年三月六日

5.1.2 资产负债表

资产负债表

编制单位:江西国际信托股份有限公司　　2011 年 12 月 31 日　　单位:元

资产	行次	期初数	期末数	负债及所有者权益	行次	期初数	期末数
资产:				负债:			
货币资金	1	19 514 599.01	631 097 494.49	短期借款	1		
其中:客户资金存款	2			其中:质押借款	2		
结算备付金	3			拆入资金	3		
其中:客户备付金	4			交易性金融负债	4		
拆出资金	5			衍生金融负债	5		
交易性金融资产	6			卖出回购金融资产款	6		
衍生金融资产	7			代理买卖证券款	7		
买入返售金融资产	8			代理承销证券款	8		
应收利息	9			应付职工薪酬	9	34 952 349.81	49 601 598.25
存出保证金	10			应交税费	10	16 680 765.99	37 944 285.87
其他流动资产	11	369 941 796.43	33 294 773.92	应付利息	11		
其中:1. 应收账款	12			预计负债	12		
2. 其他应收款	13	377 593 064.32	40 946 041.81	长期借款	13		
3. 坏账准备	14	7 651 267.89	7 651 267.89	应付债券	14		
4. 待摊费用	15			递延所得税负债	15	23 129 008.57	16 620 626.07
流动资产合计	16	389 456 395.44	664 392 268.41	其他负债	16	18 361 774.47	29 781 842.89
可供出售金融资产	17	126 830 961.65	100 797 431.66	负债合计	17	93 123 898.84	133 948 353.08
持有至到期投资	18			所有者权益:	18		
长期股权投资	19	1 830 063 696.90	1 797 679 283.29	实收资本	19	1 036 581 817.00	1 036 581 817.00
投资性房地产	20			资本公积	20	1 106 917 812.94	1 041 825 353.83
固定资产	21	9 782 313.76	11 820 659.71	减:库存股	21		
无形资产	22	1 813 500.00	1 743 500.00	盈余公积	22	27 850 093.57	52 125 521.59
其中:交易席位费	23			一般风险准备	23		
商誉	24			交易风险准备	24		
递延所得税资产	25	1 912 816.97	1 912 816.97	信托赔偿准备金	25	13 925 046.78	26 062 760.79
其他资产	26			未分配利润	26	81 461 015.59	287 802 153.75
其中:长期待摊费用	27			归属于母公司所有者权益	27	81 461 015.59	287 802 153.75
				少数股东权益	28		
				所有者权益合计	29	2 266 735 785.88	2 444 397 606.96
资产总计	28	2 359 859 684.72	2 578 345 960.04	负债和股东权益总计	30	2 359 859 684.72	2 578 345 960.04

公司负责人:裘　强　　主管会计工作负责人:曾　海　　财务负责人:彭缅良

5.1.3 利润表

利润表

编制单位:江西国际信托股份有限公司　　2011 年 12 月 31 日　　单位:元

项　目	行次	本年数	上年数
一、营业收入	1	524 981 866.02	235 315 360.74
手续费及佣金净收入	2	507 233 072.39	226 135 317.97
其中:信托手续费净收入	3	507 233 072.39	226 135 317.97
代理买卖证券业务净收入	4		
证券承销业务净收入	5		
受托客户资金管理业务净收入	6		
利息净收入	7	4 286 276.26	1 451 282.21
投资收益(损失以"-"号填列)	8	13 457 837.37	7 369 380.56
其中:对联营企业和合营企业的投资收益	9		
公允价值变动收益(损失以"-"号填列)	10		
汇兑收益(损失以"-"号填列)	11		

续表

项　目	行次	本年数	上年数
其他业务收入	12	4 680	359 380
二、营业支出	13	197 424 267.38	145 273 925.64
营业税金及附加	14	28 405 314.13	12 768 617.74
业务及管理费	15	164 023 570.46	99 445 370.62
资产减值损失	16	-	-36 545.11
其他业务成本	17	4 995 382.79	33 096 482.39
三、营业利润(亏损以“-”号填列)	18	327 557 598.64	90 041 435.10
加:营业外收入	19	285 312.01	761 117.74
减:营业外支出	20	2 895 487.18	4 721 038.63
四、利润总额(亏损总额以“-”号填列)	21	324 947 423.47	86 081 514.21
减:所得税费用	22	82 193 143.28	22 551 748.79
五、净利润(净亏损以“-”号填列)	23	242 754 280.19	63 529 765.42
归属于母公司所有者的净利润	24		
少数股东损益	25		—
六、其他综合收益	26	-65 092 459.11	-35 851 236.54
七、综合收益总额	27	177 661 821.08	27 678 528.88
归属于母公司所有者的综合收益总额	28		
归属于少数股东的综合收益总额	29		—

公司负责人:裘　强　　　　主管会计工作负责人:曾　海　　　　财务部负责人:彭缅良

5.1.4 合并资产负债表

合并资产负债表

编制单位:江西国际信托股份有限公司　　　　2011 年 12 月 31 日　　　　单位:元

资产	行次	期初数	期末数	负债及所有者权益	行次	期初数	期末数
资产:				负债:			
货币资金	1	4 634 040 168.35	3 592 643 014.95	短期借款	1		
其中:客户资金存款	2	3 460 370 015.36	2 038 669 252.60	其中:质押借款	2		
结算备付金	3	304 156 116.08	175 724 747.87	拆入资金	3		
其中:客户备付金	4	297 081 018.00	153 814 322.83	交易性金融负债	4		
拆出资金	5			衍生金融负债	5		
交易性金融资产	6	446 500 087.52	506 930 312.23	卖出回购金融资产款	6		
衍生金融资产	7			代理买卖证券款	7	3 839 568 820.35	2 261 804 478.19
买入返售金融资产	8			代理承销证券款	8		
应收利息	9			应付职工薪酬	9	111 561 135.71	92 222 167.29
存出保证金	10	83 413 195.13	78 064 234.07	应交税费	10	211 716 986.80	52 661 298.85
其他流动资产	11	438 141 455.79	51 044 187.83	应付利息	11	18 145 833.35	20 625 000.00
其中:1. 应收账款	12	67 896 364.16	16 663 842.01	预计负债	12		
2. 其他应收款	13	377 593 064.32	40 946 041.81	长期借款	13	85 000 000.00	
3. 坏账准备	14	8 261 596.42	8 177 868.21	应付债券	14		
4. 待摊费用	15	913 623.73	1 612 172.22	递延所得税负债	15	23 129 008.57	16 620 626.07
流动资产合计	16	5 906 251 022.87	4 404 406 496.95	其他负债	16	86 419 154.97	145 107 645.79
可供出售金融资产	17	126 830 961.65	100 797 431.66	负债合计	17	4 375 540 939.75	2 589 041 216.19
持有至到期投资	18			所有者权益:	18		
长期股权投资	19	1 265 964 756.88	1 234 980 343.27	实收资本	19	1 036 581 817.00	1 036 581 817.00
投资性房地产	20			资本公积	20	1 106 917 812.94	1 041 825 353.83
固定资产	21	72 229 924.43	68 442 575.93	减:库存股	21		
无形资产	22	84 894 362.96	42 625 684.60	盈余公积	22	27 850 093.57	52 125 521.59
其中:交易席位费	23	2 513 269.36	773 577.30	一般风险准备	23		
商誉	24	156 074 438.02	177 461 853.05	交易风险准备	24		
递延所得税资产	25	2 348 125.73	15 078 890.08	信托赔偿准备金	25	13 925 046.78	26 062 760.79
其他资产	26	15 374 509.71	21 611 849.51	未分配利润	26	418 172 362.11	646 845 359.67
其中:长期待摊费用	27	15 374 509.71	21 611 849.51	归属于母公司所有者权益	27	2 603 447 132.40	2 803 440 812.88
				少数股东权益	28	650 980 030.10	672 923 095.98
				所有者权益合计	29	3 254 427 162.50	3 476 363 908.86
资产总计	28	7 629 968 102.25	6 065 405 125.05	负债和股东权益总计	30	7 629 968 102.25	6 065 405 125.05

公司负责人:裘　强　　　　主管会计工作负责人:曾　海　　　　财务负责人:彭缅良

5.1.5 合并利润表

合并利润表

编制单位:江西国际信托股份有限公司　　2011年度　　单位:元

项　目	行次	本年数	上年数
一、营业收入	1	855 840 788.03	784 641 696.28
手续费及佣金净收入	2	814 659 432.58	697 778 294.89
其中:信托手续费净收入	3	507 233 072.39	226 135 317.97
代理买卖证券业务净收入	4	273 462 492.46	416 852 214.09
证券承销业务净收入	5	18 240 224.00	41 574 776.00
受托客户资金管理业务净收入	6		
利息净收入	7	72 410 498.06	63 689 453.21
投资收益(损失以"-"号填列)	8	18 939 480.07	29 558 294.31
其中:对联营企业和合营企业的投资收益	9		
公允价值变动收益(损失以"-"号填列)	10	-51 219 340.59	-8 012 705.60
汇兑收益(损失以"-"号填列)	11	-649 830.86	-411 057.54
其他业务收入	12	1 700 548.76	2 039 417.01
二、营业支出	13	468 731 033.33	476 960 785.56
营业税金及附加	14	47 016 977.27	41 434 356.91
业务及管理费	15	416 786 400.14	402 124 058.80
资产减值损失	16	-67 726.87	305 887.46
其他业务成本	17	4 995 382.79	33 096 482.39
三、营业利润(亏损以"-"号填列)	18	387 109 754.70	307 680 910.72
加:营业外收入	19	11 613 115.17	5 174 795.37
减:营业外支出	20	3 909 196.18	7 108 309.00
四、利润总额(亏损总额以"-"号填列)	21	394 813 673.69	305 747 397.09
减:所得税费用	22	110 216 755.44	87 114 539.97
五、净利润(净亏损以"-"号填列)	23	284 596 918.25	218 632 857.12
归属于母公司所有者的净利润	24	265 178 140.18	146 290 758.81
少数股东损益	25	19 418 778.07	72 342 098.31
六、其他综合收益	26	-65 092 459.11	-35 851 236.54
七、综合收益总额	27	219 504 459.14	182 781 620.58
归属于母公司所有者的综合收益总额	28	200 085 681.07	110 439 522.27
归属于少数股东的综合收益总额	29	19 418 778.07	72 342 098.31

公司负责人:裘　强　　主管会计工作负责人:曾　海　　财务部负责人:彭缅良

5.2 信托资产

5.2.1 信托项目资产负债汇总表

编制单位:江西国际信托股份有限公司　　2011年12月31日　　单位:万元

信托资产	行次	期初数	期末数	信托负债和信托权益	行次	期初数	期末数
信托资产:				信托负债:			
货币资金	1	274 286.56	214 316.18	应付受托人报酬	1		
拆出资金	2			应付托管费	2		
交易性金融资产	3	168 238.09	267 384.17	衍生金融负债	3		
应收款项	4	663 717.74	941 010.36	应付受益人收益	4		
买入返售金融资产	5	183 375.00	287 000.00	其他应付款	5	122 774.68	5 427.33
短期投资	6			应交税金	6		
长期债权投资	7			卖出回购资产款	7		
长期股权投资	8	1 368 077.67	2 459 880.21	应付账款	8		
客户贷款	9	4 105 782.48	5 807 104.68	其他负债	9		
可供出售金融资产	10		262 348.89	信托负债合计	10	122 774.68	5 427.33
应收融资租赁款	11			信托权益:	11		
固定资产	12			实收信托	12	6 552 741.08	10 289 635.03
无形资产	13			资本公积	13	68 840.87	34 000.30
长期待摊费用	14			未分配利润	14	19 789.31	-60 018.17
其他资产	15	668.40	30 000.00	信托权益合计	15	6 641 371.26	10 263 617.16
信托资产总计	16	6 764 145.94	10 269 044.49	信托负债和信托权益总计	16	6 764 145.94	10 269 044.49

公司负责人:裘　强　　主管会计工作负责人:曾　海　　综合托管部负责人:殷素芳

5.2.2 信托项目利润及利润分配汇总表

2011 年度

编制单位：江西国际信托股份有限公司　　单位：万元

项　目	行次	本年数	上年数
一、营业收入	1	410 650.32	324 585.13
利息收入	2	281 488.46	142 153.44
投资收益	3	69 379.06	170 636.50
公允价值变动损益	4	0	-0.70
其他收入	5	59 782.80	11 795.89
二、营业费用	6	63 201.93	28 489.98
三、营业税金及附加	7	0.00	0.00
四、扣除资产损失前的信托利润	8	347 448.39	296 095.15
减：资产减值损失	9	0.00	0.00
五、扣除资产损失后的信托利润	10	347 448.39	296 095.15
加：期初未分配信托利润	11	19 789.31	16 970.89
六、可供分配的信托利润	12	367 237.70	313 066.04
减：本期已分配信托利润	13	427 255.87	293 276.73
七、期末未分配信托利润	14	-60 018.17	19 789.31

公司负责人：裘　强　　主管会计工作负责人：曾　海　　综合托管部负责人：殷素芳

6. 会计报表附注

6.1 会计报表编制基准、会计政策、会计估计和核算方法发生的变化情况

本公司以持续经营为基础，根据实际发生的交易和事项，按照《企业会计准则——基本准则》和其他各项会计准则的规定进行确认和计量，在此基础上编制财务报表。本公司 2007 年以前执行《企业会计制度》，2008 年 1 月 1 日起执行新《企业会计准则》。

6.2 或有事项的说明

报告期内，本公司无须披露的或有事项。

6.3 重要资产转让及其出售的说明

报告期内，公司通过江西省产权交易所公开挂牌转让所属孺子路营业用房，于 2011 年 1 月 28 日收到定金 1 200 万元，房产过户手续正在办理当中。

6.4 会计报表中重要项目的明细资料（以下为母公司口径）

6.4.1 自营资产情况

6.4.1.1 按信用风险五级分类结果披露信用风险资产的期初数、期末数

风险分类	正常类（万元）	关注类（万元）	次级类（万元）	可疑类（万元）	损失类（万元）	资产合计（万元）	不良资产合计（万元）	不良资产率（%）
年初数	234 493.03		25.38	1 417.56	50.00	235 985.97	1 492.94	0.63
年末数	256 341.66		25.38	1 417.56	50.00	257 834.60	1 492.94	0.58

注：不良资产合计 = 次级类 + 可疑类 + 损失类。

6.4.1.2 资产损失准备

单位：万元

项　目	期初数	本年计提	本年转回	本期核销	期末数
专项准备	765.13	—	—	—	765.13
合计	765.13	—	—	—	765.13

6.4.1.3 自营股票投资、基金投资、债券投资、股权投资等投资业务的期初数、期末数

单位：万元

项　目	期末数	期初数
权益工具	10 079.74	12 683.09
其中：基金	2 500.10	3 022.86
债券		
股票	7 579.64	9 660.23
合　计	10 079.74	12 683.09

6.4.1.4 前三名自营长期股权投资情况

被投资单位	投资余额（万元）	投资比例（%）	经营范围	备注
国盛证券有限责任公司	56 409.89	53.36	证券经纪、自营、承销、财务顾问、资产管理等业务	成本法
天安保险股份有限公司	123 358.03	20.00	各种财产保险、责任保险、信用保险、水险、意外伤害保险及金融服务保险等业务	成本法

6.4.1.5 本年的收入结构

收入结构	金额（万元）	占比（%）
手续费及佣金收入	507 233 072.39	96.10
其中：信托手续费	507 233 072.39	96.10
投资银行业务收入		
利息收入	4 286 276.26	0.62
其他业务收入	4 680.00	0.15
其中：计入信托业务收入部分		
投资收益	13 457 837.37	3.13
其中：股权投资收益	1 008 024.36	
证券投资收益	-733 085.00	
其他投资收益	13 182 898.01	
合计	524 981 866.02	100

6.4.1.6 表外业务

表外业务	期初数	期末数
担保业务	无	无
代理业务（委托业务）	无	无
其他	无	无
合计	无	无

6.4.2 信托资产管理情况

6.4.2.1 信托资产的期初数、期末数

单位:万元

信托资产	期初数	期末数
集合	972 435.56	2 104 937.95
单一	5 780 448.64	8 079 345.53
财产权	11 261.74	84 761.01
合计	6 764 145.94	10 269 044.49

6.4.2.1.1 主动管理型信托业务的信托资产期初数、期末数

单位:万元

主动管理型信托资产	期初数	期末数
证券投资类	259 460.08	565 716.88
股权及其他投资类	115 644.93	1 457 421.8
融资类	1 579 245.66	3 815 996.73
事务管理类	0	73 500.31
合计	1 954 350.67	5 912 635.72

6.4.2.1.2 被动管理型信托业务的信托资产期初数、期末数

单位:万元

被动管理型信托资产	期初数	期末数
证券投资类	0	0
股权及其他投资类	269 108.24	505 456.06
融资类	4 454 534.29	3 839 692.01
事务管理类	86 152.74	11 260.7
合计	4 809 795.27	4 356 408.77

6.4.2.2 本年度已清算结束的信托项目个数、实收信托合计金额、加权平均年化收益率

6.4.2.2.1 本年度已清算结束的集合类、单一类资金信托项目和财产管理类信托项目个数、实收信托金额、加权平均年化收益率

已清算结束信托项目	项目个数	实收信托合计金额(万元)	加权平均实际收益率(%)
集合类	13	414 880.15	13.38
单一类	104	3 632 756.72	5.05
财产管理类	1	3 850.00	7.00

6.4.2.2.2 本年度已清算结束的主动管理型信托项目个数、实收信托合计金额、加权平均实际年化收益率

已清算结束信托项目	项目个数	实收信托合计金额(万元)	加权平均实际年化信托报酬率(%)	加权平均实际年化收益率(%)
证券投资类	4	114 107.15	0.58	29.77
股权投资类	3	126 460	0.5	6.21
融资类	38	767 597.9	0.79	5.69
事务管理类	1	3 850	0.51	7

6.4.2.2.3 本年度已清算结束的被动管理型信托项目个数、实收信托合计金额、加权平均实际年化收益率

已清算结束信托项目	项目个数	实收信托合计金额(万元)	加权平均实际年化信托报酬率(%)	加权平均实际年化收益率(%)
证券投资类	0	0	0	0
股权投资类	0	0	0	0
融资类	72	3 039 471.82	0.32	4.96
事务管理类	0	0	0	0

6.4.2.3

新增信托项目	项目个数	实收信托合计金额(万元)
集合类	63	1 457 895.58
单一类	223	5 475 826.48
财产管理类	4	77 350.00
新增合计	290	7 011 072.06
其中:主动管理型	209	5 064 136.36
被动管理型	81	1 946 935.7

6.4.2.4 信托业务创新情况

公司非常重视创新业务,2011 年与光大银行等银行合作,设立了 TOT 类的信托项目。由光大银行发行理财产品,设立母信托,然后再根据不同的投资对象,设立若干子信托。另外,公司也积极研发了债券投资类单一信托,按照委托人的指令进行债券买卖。

6.4.2.5 本公司履行受托人义务情况及因本公司自身责任而导致的信托资产损失情况

本公司按照《中华人民共和国信托法》、《信托公司管理办法》和《信托公司集合资金信托计划管理办法》的规定,严格履行受托人的义务:严格遵守信托文件的规定,恪尽职守,履行诚实、信用、谨慎、有效管理的义务,为受益人的最大利益处理信托事务。

每个信托计划设立后,按照信托合同的规定,定期将信托资金运用及收益情况告知信托文件规定应当告知的人。

将信托财产与本公司固有财产分别管理、分别记账;并对不同的信托财产分别管理、分别记账;根据不同的信托资金分别开设独立的银行账户,以及在证券交易机构分别开设独立的证券账户与资金账户。

信托合同到期、集合信托计划终止时,根据信托合同的规定,以信托财产为限向受益人支付信托利益。同时,本公司严格根据银监会的要求,在信托终止后 10 个工作日内作出处理信托事务的清算报告,并送达信托财产归属人。

根据《信托公司集合资金信托计划管理办法》要求,妥善保管处理信托事务的完整记录、原始凭证及资料,保存期自信托计划终止之日起十五年。同时对委托人、受益人以及处理信托事务的情况和资料依法保密。

根据信托合同及信托计划约定履行其他管理义务。

2011 年未发生因本公司自身责任导致的信托资产损失;信托资产管理没有发生涉诉及赔付等情况。

6.5 关联方关系及其交易

6.5.1 关联交易方的数量、关联交易的总金额及关联交易的定价政策等

	关联交易方数量	关联交易金额(万元)	定价政策
合计	1	30 000	公允价格

6.5.2 本公司与关联方的重大交易事项

6.5.2.1 固有财产与关联方：贷款、投资、租赁、应收账款、担保、其他方式等期初汇总数、本期发生额汇总数、期末汇总数

单位：万元

投资			担保			其他应收款			合计		
期初	发生额	期末	期初	发生额	期末	期初	发生额	期末	期初	发生额	期末
0		0	0	0	0	0	0	0	0	0	0

6.5.2.2 信托资产与关联方：贷款、投资、租赁、应收账款、担保、其他方式等期初汇总数、本期发生额汇总数、期末汇总数

单位：万元

贷款			投资及附加回购			其他			合计		
期初	发生额	期末	期初	发生额	期末	期初	发生额	期末	期初	发生额	期末
30 000	-30 000	0	95 000	-65 000	30 000	0	0	0	125 000	-95 000	30 000

6.5.2.3 固有财产与信托财产之间的交易金额期初汇总数、本期发生额汇总数、期末汇总数

固有财产与信托财产之间未发生关联交易。

6.5.2.4 信托财产与信托财产之间的交易金额期初汇总数、本期发生额汇总数、期末汇总数

信托财产与信托财产之间未发生交易。

6.5.3 关联方逾期未偿还本公司资金的详细情况以及本公司为关联方担保发生或即将发生垫款的详细情况

报告期内，公司无上述情况发生。

6.6 会计制度

6.6.1 自营业务（固有业务）

本公司自营业务（固有业务）执行2006年颁布的《企业会计准则》及相关解释。

6.6.2 信托业务

本公司信托业务执行2005年颁布并实施的《信托业务会计核算办法》及相关规定。

7. 财务情况说明书

7.1 利润实现和分配情况

经中磊会计师事务所审计，本公司2011年实现利润总额32 494.74万元，净利润24 275.43万元，按规定提取信托赔偿准备金1 213.77万元，提取盈余公积2 427.54万元，加上年初未分配利润8 146.10万元，年末未分配利润为28 780.22万元。

7.2 主要财务指标

指标名称	指标值
资本利润率（%）	11.50
信托报酬率（%）	0.60
人均净利润（万元/人）	147.12

7.3 对本公司财务状况、经营成果有重大影响的其他事项

无。

8. 特别事项简要揭示

8.1 前五名股东报告期内变动情况及原因

本报告期内，本公司股权结构未发生变动。另外，经江西省人民政府批准，本公司股东——江西省财政厅拟将其持有本公司23%的股份通过省产交所公开挂牌转让，挂牌截至2012年2月29日。

8.2 董事、监事及高管人员变动情况及原因

本报告期内，经董事会审议并报经监管部门核准任职资格，聘任王志辉为本公司总经理，聘任曾海、易勤华、黄雪梅为本公司副总经理，聘任陈华玲为本公司首席风险官，聘任周跃明为本公司总经理助理。

8.3 公司的重大诉讼事项

无。

8.4 会计师事务所审计意见及公司董事会关于审计意见的说明

中磊会计师事务所注册会计师胡平、李国平对本公司出具了无保留意见的审计报告。

8.5 公司及其董事、监事和高级管理人员受到处罚的情况

无。

8.6 银监会及其派出机构对公司的检查意见及公司整改情况

本报告期内，公司各项业务发展良好，经营业绩有所增长。其中政信合作、银信合作信托业务发展平稳，房地产信托业务严格按照监管部门的要求控制规模和增速。公司存续的信托计划均运作正常，未发现影响信托财产安全性的因素，到期信托项目均按合同约定向受益人交付信托财产。江西银监局2011年未安排到公司进行现场检查。

8.7 本年度重大事项临时报告的简要内容、披露时间、所披露的媒体及版面

无。

8.8 银监会及其省级派出机构认定的其他有必要让客户及相关利益人了解的重要信息

无。

9. 公司监事会意见

报告期内本公司董事会决策程序合法，业务经营符合《信

托法》等有关法律和银监会“新办法”等有关规定的要求，内部控制制度完善，未发现本公司董事及高级管理人员在执行职务时发生违反法律法规、本公司章程、损害本公司利益和股东、受益人权益的行为。

本公司经中磊会计师事务所审计后的 2011 年度财务报告真实地反映了本公司的财务状况和经营成果。

交银国际信托有限公司

1. 重要提示

1.1　本公司董事会及董事保证本年度报告所载资料不存在任何虚假记载、误导性陈述或者重大遗漏,并对其内容的真实性、准确性和完整性承担个别及连带责任。本年度报告摘要摘自年度报告全文,客户及相关利益人欲了解详细内容,应阅读年度报告全文。

1.2　本公司独立董事李惠珍女士、张纯女士声明:保证本年度报告内容的真实、准确和完整。

1.3　德勤华永会计师事务所有限公司根据中国注册会计师审计准则对本公司2011年度财务报告进行审计,出具了标准无保留意见的审计报告。

1.4　公司法人代表、董事长王滨,执行董事、总裁赵炯,分管财务副总裁王达轩,财务总监孟宪宇,预算财务部总经理李原声明:保证本年度报告中财务报告的真实、完整。

2. 公司概况

2.1　公司简介

法定中文名称	交银国际信托有限公司
法定中文缩写名称	交银国际信托
公司法定英文名称	Bank of Communications International Trust Co., Ltd.
法定英文缩写名称	BOCOMMTRUST
法定代表人	王　滨
注册地址	湖北省武汉市江汉区建设大道847号瑞通广场B座16~17层
邮政编码	430015
国际互联网网址	www. bocommtrust. com

续表

电子信箱	jygx@ bocommtrust. com
信息披露事务联系人	赵德刚
信息披露事务联系人联系方式	电话:021-32169666;传真:021-62706820
选定的信息披露报纸	《金融时报》、《上海证券报》
公司年报备置地点	湖北省武汉市江汉区建设大道847号瑞通广场B座16层
聘请的会计师事务所	德勤华永会计师事务所有限公司
聘请的会计师事务所住所	上海市延安东路222号外滩中心30楼
聘请的律师事务所	上海市锦天城律师事务所
聘请的律师事务所住所	上海市浦东新区花园石桥路33号花旗集团大厦14楼

2.2　公司组织结构

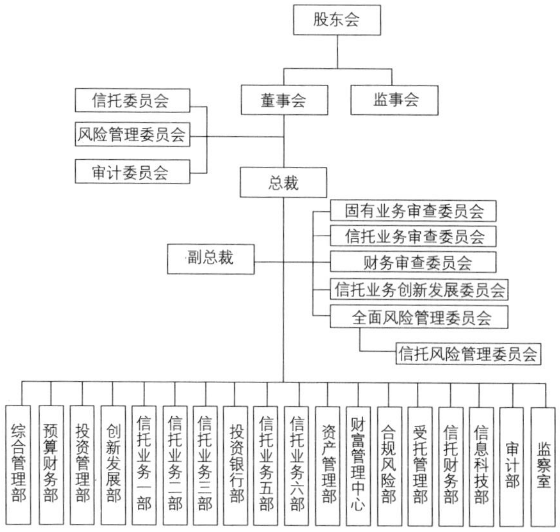

3. 公司治理结构

3.1　股东

报告期内,公司股东总数2家,出资比例及股东情况如下:

序号	股东名称	持股比例(%)	法定代表人(负责人)	注册资本(亿元)	注册地址	主要经营业务	主要财务状况
1	★交通银行股份有限公司	85	胡怀邦	618.86亿元	上海市浦东新区银城中路188号	银行业务	2011年末资产总额46 111.77亿元,负债总额43 383.89亿元,每股净资产4.39元,2011年度净利润507.35亿元。
2	湖北省财政厅	15	王文童	——	湖北省武汉市武昌区中北路8号	行政机关	——

注:★表示实际控制人。湖北省财政厅为国家行政机关。

3.2 董事

姓名	职务	性别	年龄	选任日期	所推举的股东名称	该股东持股比例(%)	简要履历
王滨	董事长	男	53	2010年11月5日	交通银行股份有限公司	85	博士,研究员,曾任中国农业发展银行筹备组办公室负责人、办公室主任以及江西省分行行长,交通银行北京分行副行长、天津分行行长、北京分行行长,交通银行执行董事、副行长、北京管理部总裁、交银国际信托有限公司董事长。
赵炯	执行董事	男	50	2010年11月5日	交通银行股份有限公司	85	硕士,高级经济师,曾任交通银行乌鲁木齐分行人事教育处处长,纪委书记兼营业部总经理、行长、党委书记;现任交银国际信托有限公司执行董事、总裁、党组书记。
黄建宏	董事	男	51	2010年11月5日	湖北省财政厅	15	硕士,高级政工师、经济师,曾任共青团荆州地委副书记、书记,共青团荆州(沙)市委书记、党组书记,公安县委书记,荆州市政府副市长,荆州市委常委、常务副市长、市政府党组副书记;现任湖北省国资委副主任、党委委员。
林至红	董事	女	42	2010年11月5日	交通银行股份有限公司	85	硕士,会计师,曾任交通银行财务会计部副处长、处长,预算财务部预算管理高级经理(处长);现任预算财务部副总经理(部门正职级)。
王卫东	董事	男	41	2010年11月5日	交通银行股份有限公司	85	博士,工程师,曾任交通银行深圳分行电脑部副总经理(主持工作)、办公室主任、党委委员、副行长、交通银行个人金融业务部总经理;现任交通银行海南省分行行长。
阮红	董事	女	47	2010年11月5日	交通银行股份有限公司	85	博士,高级经济师,曾任交通银行办公室综合处处长,海外机构管理部副总经理、总经理,上海分行副行长,交通银行资产托管部总经理;现任交通银行投资管理部总经理。
李扬勇	董事	男	45	2010年11月5日	交通银行股份有限公司	85	硕士,高级经济师,曾任交通银行武汉分行营业部总经理、副行长,南昌分行行长;现任交通银行湖北省分行行长。
李惠珍	独立董事	女	64	2010年11月5日	—	—	大专,高级经济师,曾任中国工商银行上海分行组织处副处长,交通银行上海分行副行长,海通证券董事长、总经理,上海国际集团副总经理,上海国际信托投资公司总经理。
张纯	独立董事	女	48	2011年7月28日	—	—	博士,教授、博士研究生导师、研究员,曾任上海财经大学讲师、副教授、硕士研究生导师、研究员、教授、博士研究生导师;现任上海财经大学会计学院教授、博士研究生导师、会计与财务研究院专职研究员。

3.3 监事

姓名	职务	性别	年龄	选任日期	所推举的股东名称	该股东持股比例(%)	简要履历
方建华	监事长	女	58	2010年11月5日	交通银行股份有限公司	85	研究生,高级经济师,曾任工商银行江西省分行信贷处科长,交通银行上海分行综合计划处副处长、信贷处处长、风险资产管理处处长、副行长,交通银行授信管理部总经理,公司业务部总经理、兼任北京管理部集团客户部总经理;现任交银国际信托有限公司监事长。
郭德湘	监事	男	52	2011年4月15日	湖北省财政厅	15	研究生,经济师,曾任湖北省经贸委经济运行处副处长,湖北省委企业工委副处长、办公室主任(正处级),湖北省国资委业绩考核处处长;现任湖北省国有企业第二监事会主席。
韩泽民	职工监事	男	49	2010年11月5日	—	—	本科,经济师,曾任湖北省国际信托投资公司金融部、国际金融部经理,湖北国信集团公司纪检监察党务办公室副主任,湖北省国际信托投资有限公司办公室副主任;现任交银国际信托有限公司综合管理部副总经理。

3.4 高级管理人员

姓名	职务	性别	年龄	任职日期	金融从业年限	学历/学位	专业
赵炯	总裁	男	50	2008年9月1日	18	硕士	工商管理
李依贫	副总裁	男	47	2007年9月29日	15	硕士	财务金融
王达轩	副总裁	男	59	2007年9月29日	10	硕士	法学

3.5 公司员工

报告期末,员工总数为107人,平均年龄33岁,学历分布比率为:博士1.87%;硕士44.86%;本科47.66%;专科3.74%;其他1.87%。

4. 经营管理

4.1 经营目标、方针、战略规划

公司紧密围绕交通银行"两化一行"的发展战略,坚持"一个交行,一个客户"的经营理念,按照"做大做强,做专业,做特色"的发展要求,坚持"稳健、开拓、规范、实效"的经营方针,充分依托交通银行综合化金融优势,积极推进业务模式转型和结构优化,不断提升资产管理能力、市场拓展能力、创新发展能力和风险管理能力,努力打造具有银行系信托公司特色的、以资产管理为核心的一流综合化信托公司。

4.2 所经营业务的主要内容

4.2.1 信托业务

公司充分发挥融资类业务方面的专业优势，提供个性化融资产品及服务方案，包括项目融资业务、资产流动化（应收账款、应收租金、股权受益权等）、房地产信托业务及综合性信托融资等领域业务；公司依靠自身主动管理能力推进业务转型，为客户提供丰富的信托投资理财产品，积极拓展固定收益投资、证券投资信托、另类投资等领域业务；公司依托完善的制度体系、较强的管理能力和较为先进的IT系统，为委托人（受益人）提供信托事务处理、会计核算、估值、收益分配等服务，主要包括员工委托理财信托、资金池事务管理信托等信托产品。

4.2.2 自营业务

公司按照“低风险，多元化”的配置原则管理自有资金，每年年初制定资产配置计划，除银行存款外，自有资金配置品种包括债券、理财产品、股票专户、自营贷款等类别，兼顾权益类和固定收益类，充分考虑资产流动性、期限和收益之间的合理平衡，确保各项余额都在配置计划范围内，并根据公司长远战略发展需要稳步开展股权投资业务。

信托资产运用与分布表

资产运用	金额（万元）	占比（%）	资产分布	金额（万元）	占比（%）
货币资产	3 054 155.73	40.85	基础产业	1 025 460.00	13.72
贷款	2 765 507.66	36.98	房地产	1 223 811.80	16.37
交易性金融资产	65 681.93	0.88	证券市场	15 631.93	0.21
可供出售金融资产			实业	666 477.00	8.91
持有至到期投资	224 900.00	3.01	金融机构	95 425.43	1.28
长期股权投资	152 160.67	2.04	其他	4 449 908.47	59.51
其他	1 214 308.64	16.24			
信托资产总计	7 476 714.63	100.00	信托资产总计	7 476 714.63	100.00

自营资产运用与分布表

资产运用	金额（万元）	占比（%）	资产分布	金额（万元）	占比（%）
货币资产	117 631.83	48.29	基础产业		
贷款及应收款	85 369.23	35.05	房地产业	69 000.00	28.33
交易性金融资产			证券市场	17 857.06	7.33
可供出售金融资产	17 857.06	7.33	实业		
持有到期投资			金融机构	12 000.00	4.93
长期股权投资	12 000.00	4.93	其他	144 713.37	59.41
其他	10 712.31	4.40			
资产总计	243 570.43	100.00	资产总计	243 570.43	100.00

4.3 市场分析

4.3.1 有利因素

第一，我国经济在转型中保持平稳增长，政府采取了适度从紧的货币政策，加强对新兴产业、文化、服务产业和中小企业的扶持。经济结构的优化调整给公司优化信托业务结构、开展多样化行业资产配置提供了业务发展机会。

第二，银行体系流动性偏紧，通货膨胀下银行理财业务快速增长，以及货币紧缩使得融资需求向信托倾斜。机构投资者和高净值人群数量增长迅速，对信托资产管理能力认可度提高，增强信托资金募集和项目投资能力。

第三，控股股东交通银行加快实施推进“两化一行”发展战略和“一个交行，一个客户”的经营理念，尤其突出财富管理特色和综合化经营，推进增长、盈利和服务模式转型，为公司的协同发展提供良好的机遇。

第四，公司治理架构、业务运行体系、风险控制体系和服务支持体系日趋完善，资本和人才实力大幅增强、内外经营环境持续改善、激励约束机制逐步成熟。交易对手客户和合格投资者队伍不断壮大，社会各界的认可度持续提高，发展后劲不断增强，发展基础更加坚实。

4.3.2 不利因素

第一，实体经济增速放缓，业务发展空间受到制约。全球经济复苏缓慢，国内出口增长仍将放缓，房地产调控和融资平台清理拉低了投资增速，使得经济总体增速将有所下降。公司面临着业务发展增速下降，发展空间受到制约等挑战。

第二，财富管理行业竞争激烈，业务营销和客户维护难度加大。信托业直接面对银行、证券、基金等众多财富管理金融机构的竞争，近年来同业战略重组加快推进，行业间及行业内竞争均日趋激烈，对公司扩大市场影响力、拓展和维护高净值客户都提出了挑战。

4.4 内部控制概况

4.4.1 内部控制环境和内部控制文化

公司着力营造氛围和谐、运转高效的内部控制环境。第一，公司建立健全公司治理架构，理顺“三会一层”之间的权责关系，建立相对完善的治理机制。第二，公司聘请了独立董事，同时在董事会下设立了审计委员会，有效保障公司内部控制的稳健运行。第三，公司高度重视制度建设、落实，实时、动态地更新内控制度，强化制度的可操作性和精细化程度，确保公司业务运行的各环节均有章可循。第四，公司部门和岗位的设置权责分明、相互制约，前台业务运作与中后台支持相分离，凡涉及影响公司经营管理和业务的重大事项均不得由单人独自操作，并建立起路线清晰、运转高效的报告体系。

公司积极弘扬全员合规与内控优先的内部控制文化。第一，公司“三会一层”均牢固树立合法合规经营的理念，营造合规经营的文化环境；同时，公司积极学习监管政策，将监管政策化为日常业务的行动指南。第二，公司上下建立起内控优先的意识，定期开展合规风险与内控制度的培训，并重视内控制度的落实与执行。

4.4.2 内部控制措施

公司坚持“内控优先、规范运行”管理理念，持续加强内控制度体系建设工作，制定多项管理制度。公司建立健全防火墙制度，实现四个分离：即信托业务与自营业务相分离；不同的信托财产之间相分离；同一信托财产运用与保管相分离；业务操作与风险监控相分离。

对于信托业务，在设立环节，公司严格按照制度和流程开展信托项目审批，制定规范的信托文件，制定项目尽职调查标准；在资金运用环节，公司依法运用信托财产，实现审批、运用和保管分离；在管理环节，公司建立各类风险识别、评估、监测、报告体系，建立信托项目及时分析、跟踪检查的管理制度；在清算终止环节，公司严格依据法律法规、信托文件制作清算报告，并向受益人进行披露，同时规范信托业务档案管理机制。截至

2011 年末,公司信托赔付率为零。

对于固有业务,公司建立健全固有业务决策机制,严格按照相关程序进行审批;公司坚持自有资金"低风险、多元化"的配置要求,制定年度自有资金配置计划与风险容忍度;公司通过合理的预警机制、严密的账户管理、严格的资金审批调度、规范的交易操作及完善的业务档案管理,控制固有资金的运作风险;公司重要投资均有详细的风险分析支持。截至 2011 年末,公司不良资产率为零。

4.4.3　监督评价与纠正

2011 年公司监督评价体系进一步完善。一是内外部审计与检查工作基本实现常态化,开展了监管部门检查、股东单位内控审计、外审机构年度审计等外部监督工作,同时内审机构实施了年度内控审计项目。二是机构与制度建设逐步健全,成立了新一届董事会下设审计委员会,通过定期会议、专项汇报等方式,能够及时发现公司经营管理过程中存在的薄弱环节,有针对性地提出整改措施,并监督评价整改落实执行情况;公司审计部人员陆续得到充实,效率有效提升;公司内审制度建设工作加快推进,监督约束机制更为健全。三是监督评价方式按照以业务为重心,覆盖全面内控的模式稳步推进,公司自我监督评价范围更广、幅度更深。

2011 年,公司经营管理层持续强化内外部监督评价的功能作用,加大审计检查机构对公司业务事前、事中和事后的流程控制,进一步提升完善内控与业务发展的契合度。积极督促公司各业务部门、职能部门正确对待审计检查结论和建议,落实责任主体,切实整改到位。稳步推进发展—监督检查—落实整改—再发展的良性循环机制。

4.5　风险管理

公司经营活动中面临的风险主要有:信用风险、市场风险、操作风险及其他风险等。在进行风险管理时,遵循全面、审慎、及时、有效和独立性原则,根据业务类别制定相应的风险控制措施,形成了"事前防范、事中控制、事后评价"的风险管理机制,建立了以董事会及其下设的风险管理委员会等专业委员会和经营管理层及其下设的信托业务审查委员会、固有业务审查委员会、全面风险管理委员会、信托风险管理委员会和合规风险部等机构为主线的风险管理组织体系。

4.5.1　风险管理概况

4.5.1.1　信用风险状况

(1)信托业务信用风险状况。截至 2011 年 12 月 31 日,公司存续信托项目 146 个,存续受托规模 7 408 984.70 万元;截至 2011 年末,公司信托业务信用风险资产均为正常类,不良资产的期初数与期末数均为零,公司按照相关部门规定的要求计提一般准备与专项准备;交易对手履约情况正常,公司可能面临信用风险的债权类信托资产均正常。2011 年,公司信托业务信用风险处于较低水平。

(2)固有业务信用风险状况。截至 2011 年 12 月 31 日,公司自有资金贷款余额为 69 000 万元;截至 2011 年末,公司固有业务信用风险资产均为正常类,不良资产的期初数与期末数均为零,公司按照相关部门规定的要求计提一般准备与专项准备;交易对手履约情况正常,公司可能面临信用风险的债权类固有资产均正常,公司固有业务信用风险处于较低水平。

4.5.1.2　市场风险状况

截至 2011 年 12 月 31 日,信托资产投资、固有资产投资市场风险情况正常;自有资金证券投资未突破公司确定风险容忍度限额。

4.5.1.3　操作风险状况

公司建立完善的操作风险控制体系与信息系统,严控各类操作风险。截至 2011 年 12 月 31 日,公司未发生因操作风险所造成的损失。

4.5.1.4　其他风险状况

其他风险主要有合规风险、政策风险等。截至 2011 年 12 月 31 日,公司未发生因上述风险造成的损失。

4.5.2　风险管理

4.5.2.1　信用风险管理

为管理、防范信用风险,公司高度重视交易对手的信用情况,通过制定和实施业务规章制度,强化对交易对手的尽职调查,科学评估交易对手的履约能力和履约意愿,筛选有现金流并且有牢固第二还款来源保障的项目;选择有效的、与交易对手信用风险相匹配的信用增级措施,要求提供确有保障能力的主体提供信用增级;科学、客观、公正地评估担保物,根据项目的具体情况聘请专业的评估机构对抵押品进行评估,严格控制不同担保物价值与融资本息的抵(质)押率,注重采用多种有效担保措施提高信用风险的保障系数。

在项目运行过程中,公司加强动态维护,持续跟踪管理,全方位、多角度、全过程关注交易对手履约能力的变化情况;加强项目后续管理,根据业务发展遇到的新情况、新问题,及时采取应对措施,确保项目信用风险的可控、可测、可承受。

4.5.2.2　市场风险管理

第一,在业务评审环节,公司详细评估项目的市场风险,筛选与市场风险相匹配的投资者;在资金运用环节,公司密切关注涉及市场风险的各种风险因子、情景的变化情况,并根据市场风险的变化及时采取有针对性的举措。第二,加强对宏观经济及金融形势的分析预测,结合公司实际情况制定年度自有资金配置计划与风险容忍度,严格按照董事会的有关规定及公司相关制度规定的程序与决策权限进行报审与审批。第三,高度重视对市场价格风险因素的管理,严格按照自有资金风险容忍度基本为零的要求,坚持自有资金低风险、多渠道配置的原则,不断强化对自有资金投资项目的科学决策与管理,并密切关注经济运行状况,严控因宏观政策调整带来不利影响的风险。

4.5.2.3　操作风险管理

第一,公司建立了严格的部门职责、员工岗位职责、业务流程和操作规程;第二,公司建立职责分明、相互监督制约的机制,建立严格的审核、复核程序;第三,公司建立了全面的、规范的、现代化的信息系统管理流程;第四,公司不断完善各项规章制度,使之更加完整、严密,同时不断加强制度执行力度。截至 2011 年 12 月 31 日,公司未出现重大差错和失误,未发生重大责任事故。

4.5.2.4　其他风险管理

公司严格按照国家法律法规和监管部门的有关要求开展业务;努力保持公司经营与国家政策的一致性;按照《突发事件应急处理暂行管理办法》不断健全完善突发事件应急处理机制,以应对可能发生的影响公司正常经营管理的突发事件。

4.5.3 净资本管理

2011年末，公司净资本风险控制指标为：净资本208 212.54万元，各项业务风险资本148 384.5万元，净资本与各项业务风险资本之比为140.3%，大于监管要求的100%标准；净资本与净资产之比为89.70%，大于监管要求的40%标准。2011年末净资本监管各项指标全面达标。

5. 报告期末及上一年末的比较式会计报表

5.1 自营资产

5.1.1 会计师事务所审计意见全文

审 计 报 告

德师报(审)字(12)第P0263号

交银国际信托有限公司董事会：

我们审计了后附的交银国际信托有限公司(以下简称贵公司)的财务报表，包括2011年12月31日的资产负债表，2011年度的利润表、所有者权益变动表和现金流量表以及财务报表附注。

一、管理层对财务报表的责任

编制和公允列报财务报表是贵公司管理层的责任，这种责任包括：(1)按照企业会计准则的规定编制财务报表，并使其实现公允反映；(2)设计、执行和维护必要的内部控制，以使财务报表不存在由于舞弊或错误而导致的重大错报。

二、注册会计师的责任

我们的责任是在执行审计工作的基础上对财务报表发表审计意见。我们按照中国注册会计师审计准则的规定执行了审计工作。中国注册会计师审计准则要求我们遵守中国注册会计师职业道德守则，计划和执行审计工作以对财务报表是否不存在重大错报获取合理保证。

审计工作涉及实施审计程序，以获取有关财务报表金额和披露的审计证据。选择的审计程序取决于注册会计师的判断，包括对由于舞弊或错误导致的财务报表重大错报风险的评估。在进行风险评估时，注册会计师考虑与财务报表编制和公允列报相关的内部控制，以设计恰当的审计程序，但目的并非对内部控制的有效性发表意见。审计工作还包括评价管理层选用会计政策的恰当性和作出会计估计的合理性，以及评价财务报表的总体列报。

我们相信，我们获取的审计证据是充分、适当的，为发表审计意见提供了基础。

三、审计意见

我们认为，贵公司财务报表在所有重大方面按照企业会计准则的规定编制，公允反映了贵公司2011年12月31日的财务状况以及2011年度的经营成果和现金流量。

德勤华永会计师事务所有限公司

中国注册会计师 陶坚

王鲁宁

2012年3月14日

5.1.2 资产负债表

资产负债表

2011年12月31日 单位：万元

	年末数	年初数
资产：		
货币资金	117 631.83	39 923.27
交易性金融资产	—1	1.15
可供出售金融资产	17 857.06	9 012.72
持有至到期投资	—	12 002.96
应收款项类投资	16 369.22	24 375.12
长期股权投资	12 000.00	—
发放贷款和垫款	69 000.00	53 000.00
固定资产	2 914.28	3 063.15
无形资产	693.45	645.32
递延所得税资产	252.98	—
其他资产	6 851.61	2 922.82
资产合计	243 570.43	144 956.51
负债：		
应付职工薪酬	4 175.14	1 931.49
应交税费	3 783.38	1 029.72
递延所得税负债	—	253.18
其他负债	3 544.76	4 687.39
负债合计	11 503.27	7 901.78
所有者权益：		
实收资本	200 000.00	120 000.00
资本公积	(107.21)	759.54
盈余公积	3 217.44	1 629.52
信托赔偿准备	8 754.35	814.76
一般风险准备	1 041.08	801.26
未分配利润	19 161.50	13 049.65
所有者权益合计	232 067.16	137 054.73
负债和所有者权益合计	243 570.43	144 956.51

附注为财务报表的组成部分。

公司负责人：王 滨　　主管会计工作负责人：王达轩　　会计机构负责人：李 原

5.1.3 利润表

利润表

2011年12月31日 单位：万元

	本年累计数	上年累计数
营业收入	37 071.61	21 166.45
利息净收入	3 829.17	2 425.74
其中：利息收入	3 829.17	2 425.74
利息支出	—	—
手续费及佣金收入	17 157.65	10 262.76
投资收益	2 840.75	2 364.08
公允价值变动损益	—	—
汇兑损益	—	—
其他业务收入	13 244.04	6 113.87
营业支出	15 626.64	9 966.05
营业税金及附加	2 105.35	1 152.85
业务及管理费	13 321.29	8 813.20
资产减值损失	—	—
其他业务成本	200.00	—
营业利润	21 444.97	11 200.40
加：营业外收入	—	11.81
减：营业外支出	7.05	0.33
利润总额	21 437.92	11 211.88
减：所得税费用	5 558.74	2 896.83
净利润	15 879.18	8 315.05
其他综合收益	(866.75)	342.31
综合收益总额	15 012.43	8 657.36

附注为财务报表的组成部分。

公司负责人：王 滨　　主管会计工作负责人：王达轩　　会计机构负责人：李 原

5.1.4 所有者权益变动表

所有者权益变动表

2011年12月31日

单位:万元

本年累计数							
	实收资本	资本公积	盈余公积	一般风险准备	信托赔偿准备	未分配利润	所有者权益
一、2011年1月1日余额	120 000.00	759.54	1 629.52	801.26	814.76	13 049.65	137 054.73
二、本年增减变动金额	80 000.00	(866.75)	1 587.92	239.82	7 939.59	6 111.85	95 012.43
(一)净利润	—	—	—	—	—	15 879.18	15 879.18
(二)其他综合收益							
1. 可供出售金融资产公允价值变动净额	—	(1 155.67)	—	—	—	—	(1 155.67)
2. 与计入所有者权益项目相关的所得税影响	—	288.92	—	—	—	—	288.92
(一)和(二)小计	—	(866.75)	—	—	—	15 879.18	15 012.43
(三)所有者投入和减少资本	80 000.00	—	—	—	—	—	80 000.00
(四)利润分配							
1. 提取盈余公积	—	—	1 587.92			(1 587.92)	—
2. 提取一般风险准备	—	—	—	239.82		(239.82)	—
3. 提取信托赔偿准备	—	—	—	—	7 939.59	7 939.59	—
4. 对所有者的分配	—	—	—	—	—	—	—
(五)所有者权益内部结转	—	—	—	—	—	—	—
三、2011年12月31日余额	200 000.00	(107.21)	3 217.44	1 041.08	8754.35	19 161.5	232 067.16

上年累计数							
	实收资本	资本公积	盈余公积	一般风险准备	信托赔偿准备	未分配利润	所有者权益
一、2010年1月1日余额	120 000.00	417.24	798.01	267.96	399.01	6 515.15	128 397.37
二、本年增减变动金额	—	342.31	831.51	533.30	415.75	6 534.50	8 657.36
(一)净利润	—	—	—	—	—	8 315.05	8 315.06
(二)其他综合收益							
1. 可供出售金融资产公允价值变动净额	—	456.41	—	—	—	—	456.41
2. 与计入所有者权益项目相关的所得税影响	—	(114.10)	—	—	—	—	(114.10)
(一)和(二)小计	—	342.31	—	—	—	8 315.05	8 657.36
(三)所有者投入和减少资本	—	—	—	—	—	—	—
(四)利润分配							
1. 提取盈余公积	—	—	831.51	—	—	(831.51)	—
2. 提取一般风险准备	—	—	—	533.30	—	(533.30)	—
3. 提取信托赔偿准备	—	—	—	—	415.75	(415.75)	—
4. 对所有者的分配	—	—	—	—	—	—	—
(五)所有者权益内部结转	—	—	—	—	—	—	—
三、2010年12月31日余额	120 000.00	759.54	1 629.52	801.26	814.76	13 049.65	137 054.73

附注为财务报表的组成部分。

公司负责人:王　滨　　主管会计工作负责人:王达轩　　会计机构负责人:李　原

5.2 信托资产

5.2.1 信托项目资产负债汇总表

信托项目资产负债汇总表(未经审计)

2011 年 12 月 31 日

编制单位:交银国际信托有限公司　　单位:万元

序号	项　目	期末余额	年初余额
1	信托资产:		
2	1. 货币资金	3 054 155.73	80 976.14
3	2. 拆出资金	—	—
4	3. 存出保证金	—	—
5	4. 交易性金融资产	65 681.93	40 513.24
6	5. 衍生金融资产	—	—
7	6. 买入返售金融资产	—	—
8	7. 应收款项	63 126.05	25 853.87
9	8. 发放贷款	2 765 507.66	2 790 736.66
10	9. 可供出售金融资产	—	—
11	10. 持有至到期投资	224 900.00	—
12	11. 长期应收款	—	—
13	12. 长期股权投资	152 160.67	174 917.08
14	13. 投资性房地产	—	—
15	14. 固定资产	—	—
16	15. 无形资产	47 000.00	56 000.00
17	16. 长期待摊费用	—	—
18	17. 其他资产	1 104 182.59	397 572.00
19	18. 信托资产总计	7 476 714.63	3 566 568.99
20	19. 各项资产减值准备	—	—
21	信托负债:		
22	20. 交易性金融负债	—	—
23	21. 衍生金融负债	—	—
24	22. 应付受托人报酬	258.99	199.22
25	23. 应付托管费	1 117.66	1 099.34
26	24. 应付受益人收益	125.71	38.81
27	25. 应交税费	73.93	36.78
28	26. 应付销售服务费	—	—
29	27. 其他应付款项	13 417.26	5 128.92
30	28. 其他负债	—	—
31	29. 信托负债合计	14 993.55	6 503.07
32	信托权益:		
33	30. 实收信托	7 408 984.71	3 506 972.00
34	31. 资本公积	—	—
35	32. 外币报表折算差额	—	—
36	33. 未分配利润	52 736.37	53 093.92
37	34. 信托权益合计	7 461 721.08	3 560 065.92
38	35. 信托负债和信托权益总计	7 476 714.63	3 566 568.99

公司负责人:王　滨　主管信托会计工作负责人:李依贫 信托会计机构负责人:张悦迎

5.2.2 信托项目利润及利润分配汇总表

信托项目利润及利润分配汇总表

编制单位:交银国际信托有限公司　2011 年度　单位:万元

序号	项　目	本期数	上期数
1	1. 营业收入	334 311.81	199 536.48
2	1.1 利息收入	287 203.56	164 842.49
3	1.2 投资收益(损失以"-"号填列)	9 673.23	14 799.82
4	其中:对联营企业和合营企业的投资收益	—	—
5	1.3 公允价值变动收益(损失以"-"号填列)	-2 080.03	-1 053.58
6	1.4 租赁收入	—	—
7	1.5 汇兑损益(损失以"-"号填列)	—	—
8	1.6 其他收入	39 515.05	20 947.75
9	2. 支出	37 087.50	39 466.77
10	2.1 营业税金及附加	—	2.00
11	2.2 受托人报酬	13 924.67	8 461.36
12	2.3 托管费	2 250.50	1 979.45
13	2.4 投资管理费	277.97	344.37
14	2.5 销售服务费	3 671.12	874.66
15	2.6 交易费用	471.43	604.31
16	2.7 资产减值损失	—	—
17	2.8 其他费用	16 491.81	27 200.62
18	3. 信托净利润(净亏损以"-"号填列)	297 224.31	160 069.71
19	4. 其他综合收益	—	—
20	5. 综合收益	297 224.31	160 069.71
21	6. 加:期初未分配信托利润	53 093.92	30 198.80
22	7. 可供分配的信托利润	350 318.23	190 268.51
23	8. 减:本期已分配信托利润	297 581.86	137 174.59
24	9. 期末未分配信托利润	52 736.37	53 093.92

公司负责人:王　滨　主管信托会计工作负责人:李依贫 信托会计机构负责人:张悦迎

6. 会计报表附注

6.1 会计报表编制基准不符合会计核算基本前提的说明

本公司执行财政部于 2006 年 2 月 15 日颁布的《企业会计准则》,会计报表编制无不符合会计核算基本前提事项。

6.2 或有事项说明

报告期内,公司未发生对外担保及其他或有事项。

6.3 重要资产转让及其出售的说明

报告期内,无重要资产转让或出售。

6.4 会计报表中重要项目的明细资料

6.4.1 披露自营资产经营情况

6.4.1.1 按信用风险五级分类结果披露信用风险资产的期初数、期末数

信用风险资产五级分类	正常类(万元)	关注类(万元)	次级类(万元)	可疑类(万元)	损失类(万元)	资产合计(万元)	不良资产合计(万元)	不良资产率(%)
期初数	101 313.60	0.00	0.00	0.00	0.00	101 313.60	0.00	0.00
期末数	110 077.90	0.00	0.00	0.00	0.00	110 077.90	0.00	0.00

6.4.1.2 各项资产减值损失准备的期初数、本期计提、本期转回、本期核销、期末数

单位:万元

项目	期初数	本期计提	本期转回	本期核销	期末数
贷款损失准备	0.00	0.00	0.00	0.00	0.00
一般准备	0.00	0.00	0.00	0.00	0.00
专项准备	0.00	0.00	0.00	0.00	0.00
其他资产减值准备	0.00	0.00	0.00	0.00	0.00
可供出售金融资产减值准备	0.00	0.00	0.00	0.00	0.00
持有至到期投资减值准备	0.00	0.00	0.00	0.00	0.00
长期股权投资减值准备	0.00	0.00	0.00	0.00	0.00
坏账准备	0.00	0.00	0.00	0.00	0.00
投资性房地产减值准备	0.00	0.00	0.00	0.00	0.00

6.4.1.3 自营股票投资、基金投资、债券投资、长期股权投资等投资的期初数、期末数

单位:万元

项目	自营股票	基金	债券	长期股权投资	其他投资
期初数	11.15	0.00	12 002.96	0.00	23 340.00
期末数	0.00	0.00	0.00	12 000.00	16 010.00

6.4.1.4 按照投资入股金额排序,前五名的自营长期股权投资的企业名称、占被投资企业权益的比例、主要经营活动及投资收益情况等

企业名称	投资总额(万元)	投资占例(%)
中国航油集团财务有限公司	12 000.00	10.00
—	—	—

6.4.1.5 前五名的自营贷款的企业名称、占贷款总额的比例和还款情况

企业名称	占贷款总额的比例(%)	还款情况
上海御泰房地产发展有限公司	28.99	正常
上海中星(集团)有限公司	49.27	正常
上海中房景阳房产有限公司	21.74	正常
—	—	—

6.4.1.6 表外业务的期初数、期末数;按照代理业务、担保业务和其他类型表外业务分别披露

报告期内,本公司无代理业务、担保业务和其他类型表外业务。

6.4.1.7 公司当年的收入结构

续表

收入结构	金额(万元)	占比(%)
手续费及佣金收入	17 157.65	46.28
其中:信托手续费收入	17 157.65	
投资银行业务收入		
利息收入	3 829.17	10.33
其他业务收入	13 244.04	35.73
其中:计入信托业务收入部分	9 745.94	
投资收益	2 840.75	7.66
其中:股权投资收益		
证券投资收益	1 527.12	
其他投资收益	1 313.63	
公允价值变动收益		
营业外收入		
收入合计	37 071.61	100.00

其他业务收入主要指公司为融资企业提供财务顾问、咨询及融资方案设计等服务,获得的财务顾问费收入。

本报告年度共实现信托业务收入总额为26 903.59万元,其中手续费及佣金收入17 157.65万元、财务顾问费收入9 745.94万元。

6.4.2 披露信托财产管理情况

6.4.2.1 信托资产的期初数、期末数

单位:万元

信托资产	期初数	期末数
集合	693 981.60	1 433 578.28
单一	2 827 428.86	6 007 984.09
财产权	45 158.53	35 152.26
合计	3 566 568.99	7 476 714.63

6.4.2.1.1 主动管理型信托业务的信托资产期初数、期末数,分证券投资、股权投资、融资、事务管理类分别披露

单位:万元

主动管理型信托资产	期初数	期末数
证券投资类	38 631.08	23 348.61
股权投资类	113 815.47	115 002.94
融资类	733 810.60	1 774 422.31
事务管理类	0.00	0.00
合计	886 257.15	1 912 773.86

6.4.2.1.2 被动管理型信托业务的信托资产期初数、期末数。分证券投资、股权投资、融资、事务管理类分别披露

单位:万元

被动管理型信托资产	期初数	期末数
证券投资类	1 062.70	1 286 583.68
股权投资类	0.00	0.00
融资类	2 679 249.14	2 378 720.90
事务管理类	0.00	1 898 636.19
合计	2 680 311.84	5 563 940.77

6.4.2.2 本年度已清算结束的信托项目个数、实收信托合计金额、加权平均实际年化收益率

6.4.2.2.1 本年度已清算结束的集合类,单一类资金信托项目和财产管理类信托项目个数、实收信托金额、加权平均实际年化收益率

已清算结束信托项目	项目个数	实收信托合计金额(万元)	加权平均实际年化收益率(%)
集合类	14	186 654.91	8.39
单一类	96	2 728 101.17	4.94
财产管理类	0	0.00	0

6.4.2.2.2 本年度已清算结束的主动管理型信托项目个数、实收信托合计金额、加权平均实际年化收益率，分证券投资、股权投资、融资、事务管理类分别计算并披露

已清算结束信托项目	项目个数	实收信托合计金额(万元)	加权平均实际年化信托报酬率(%)	加权平均实际年化收益率(%)
证券投资类	3	3 350.08	4.14	10.00
股权投资类	0	0.00	0	0
融资类	14	384 150.00	0.91	8.34
事务管理类	0	0.00	0	0

6.4.2.2.3 本年度已清算结束的被动管理型信托项目个数、实收信托合计金额、加权平均实际年化收益率，分证券投资、股权投资、融资、事务管理类分别计算并披露

已清算结束信托项目	项目个数	实收信托合计金额(万元)	加权平均实际年化信托报酬率(%)	加权平均实际年化收益率(%)
证券投资类	0	0.00	0	0
股权投资类	0	0.00	0	0
融资类	93	2 527 256.00	0.30	4.67
事务管理类	0	0.00	0	0

6.4.2.3 本年度新增的集合类、单一类和财产管理类信托项目个数、实收信托合计金额

单位：万元

新增信托项目	项目个数	合计金额
集合类	28	862 640.00
单一类	132	3 717 305.00
财产管理类	0	0.00
新增合计	160	4 579 945.00
其中：主动管理型	33	1 106 640.00
被动管理型	127	3 473 305.00

6.4.2.4 信托业务创新成果和特色业务有关情况

2011年，在行业高速发展的新形势下，公司积极调整思路，转变观念，在制度上进行突破，进一步完善创新体制机制，营造创新氛围，设立了信托业务创新发展委员会。同时，公司继续拓展并不断完善已有的产品系列，紧抓市场和客户需求，着力研发了基金型信托、租赁受益权投资、TOT结构产品、另类投资、类年金业务模式及MOM模式等，创新能力不断增强，产品线日趋丰富和完善，主要推出如下创新产品：

（1）“交银国信·中小企业集合债权投资1号及2号”集合信托计划，规模合计为4.35亿元，对25家优质中小企业发放1年期流动资金贷款。该项目体现了公司深化中小企业金融服务的发展思路，加强对中小企业贷款支持的社会责任感。创新特点在于引入中国投资担保有限公司提供信用担保，并由其以担任劣后受益人的方式提供内部增信。

（2）“交银国信·茶园公共租赁住房及配建廉租房项目单一资金信托”，规模为45亿元，期限3年，是全国社保理事会迄今单笔资金规模最大的保障房贷款项目。创新特点在于将国家战略储备资金引入至民生领域，并实现了社保基金的保值增值；克服了公租房短期偿付能力弱的难点，引入国家开发银行支持并进行后续银团贷款对接，较好地锁定了项目还款来源和信用风险。

（3）“交银国信·蓝海系列产品”，公司首个广义TOT产品（不仅限于证券投资类TOT产品），包含组合投资单一及集合资金信托，规模合计23亿元。创新特点在于投资范围广泛，覆盖各类固定收益金融产品和货币市场基金等，属于组合投资型资产管理类系列产品。

6.4.2.5 本公司履行受托人义务情况及因本公司自身责任而导致的信托资产损失情况

报告期内，本公司未出现因自身责任而导致的信托资产损失情况。

6.5 关联方关系及其交易的披露

6.5.1 关联交易方的情况

	关联交易方数量	关联交易金额(万元)	定价政策
合计	3家	1 758.00	按市场价格交易；若无市场价格，则按公允原则，以不优于对非关联方同类交易的条件定价交易。

6.5.2 关联交易方的情况

关系性质	关联方名称	法定代表人	注册地址	注册资本	主营业务
控股股东	交通银行股份有限公司	胡怀邦	上海市浦东新区银城中路188号	618.86亿元	银行业务。
受同一母公司控制	交银施罗德基金管理有限公司	钱文挥	上海市浦东新区银城中路188号	2亿元	基金募集、基金销售、资产管理和中国证监会许可的其他业务。
受同一母公司控制	上海交银企业服务管理有限公司	周笑雷	上海市长宁区仙霞路18号	300万元	企业管理，提供信息，中介服务，大楼物业管理，住宿，计算机租赁、修理，大楼清洗等（企业经营涉及行政许可的，凭许可证件经营）。

6.5.3 公司与关联方的重大交易事项

6.5.3.1 固有财产与关联方交易情况

单位：万元

固有与关联方关联交易				
	期初数	借方发生额	贷方发生额	期末数
贷款				
投资				
租赁				
担保				
应收账款				
其他	8 000.00	1 758.00	1 758.00	8 000.00
合计	8 000.00	1 758.00	1 758.00	8 000.00

6.5.3.2　信托与关联方交易情况：贷款、投资、租赁、应收账款、担保、其他方式等期初汇总数、本期借方和贷方发生额汇总数、期末汇总数

单位：万元

信托与关联方关联交易				
	期初数	借方发生额	贷方发生额	期末数
贷款				
投资				
租赁				
担保				
应收账款				
其他	200 000.00			200 000.00
合计	200 000.00			200 000.00

6.5.3.3　信托公司自有资金运用于自己管理的信托项目(固信交易)、信托公司管理的信托项目之间的相互(信信交易)金额，包括余额和本报告年度的发生额

6.5.3.3.1　固有与信托财产之间的交易

单位：万元

固有财产与信托财产相互交易				
	年初数	本年借方发生额	本年贷方发生额	年末数
合计	23 340.00	4 000.00	11 330.00	16 010.00

6.5.3.3.2　信托项目之间的交易金额期初汇总数、本期发生额汇总数、期末汇总数

单位：万元

信托资产与信托财产相互交易			
	期初数	本期发生额	期末数
合计	0.00	55 000.00	55 000.00

6.5.4　关联方逾期未偿还公司资金的情况

无。

6.6　会计制度的披露

公司固有业务和信托业务的会计核算执行中华人民共和国财政部2006年颁布的《企业会计准则》及其相关规定。

7. 财务情况说明书

7.1　利润实现和分配情况

公司2011年度实现净利润15 879.18万元，有关利润分配情况如下：

(1)根据《公司法》、《公司章程》规定，按照净利润10%的比例计提法定公积金1 587.92万元。

(2)根据《信托公司管理办法》规定，按照净利润50%的比例计提信托赔偿准备7 939.59万元。

(3)根据财政部《金融企业呆账准备提取管理办法》规定，按照风险资产期末余额的1%计提一般准备239.82万元。

(4)扣除上述1~3项利润分配项目后，公司2011年度剩余净利润6 111.85万元，加上期初未分配利润13 049.65万元，累计未分配利润为19 161.50万元，经公司股东会审议，同意不予分配。

7.2　主要财务指标

指标名称	指标值
资本利润率(%)	8.60
加权年化信托报酬率(%)	0.33
人均净利润(万元/人)	167.15

7.3　对公司财务状况、经营成果有重大影响的其他事项

无。

8. 特别事项揭示

8.1　前五名股东报告期内变动情况及原因

报告期内，股东无变动情况。

8.2　董事、监事及高级管理人员变动情况及原因

报告期内，本公司董事、监事及高级管理人员变动情况如下：

根据公司2011年股东会第一次会议决议，郭德湘先生担任公司第二届监事会监事，傅明章先生不再担任公司第二届监事会监事。

根据公司2011年股东会第三次会议决议，增补张纯女士为公司第二届董事会独立董事。

根据公司第二届董事会第七次会议决议，徐思新先生不再担任公司副总裁职务。

8.3　公司的重大未决诉讼事项

无。

8.4　公司及其高级管理人员受到处罚的情况

报告期内，无公司及其董事、监事和高级管理人员受处罚情况。

8.5　银监会及其派出机构对公司检查后提出的整改意见

无。

8.6　本年度重大事项临时报告的简要内容、披露时间、所披露的媒体及其版面

2011年12月31日，在《金融时报》第6版刊登了公司增资及修改章程的公告，公司注册资本由12亿元增加至20亿元。

8.7　银监会及其省级派出机构认定的其他有必要让客户及相关利益人了解的重要信息

无。

9. 监事会意见

监事会认为，报告期内，公司的决策程序符合国家法律、法规和公司章程及相关制度，建立健全了比较有效的内控制度，建立了相对完善的独立董事和董事会下属专业委员会，董事会全体成员及高级管理层认真履行职责，未发现有违法、违规、违章行为，也没有损害公司利益、股东利益和委托人利益的行为。

报告期内，公司财务报告真实、客观地反映了公司的财务状况和经营成果。

昆仑信托有限责任公司

1. 重要提示

1.1 本公司董事会及董事保证本报告所载资料不存在任何虚假记载、误导性陈述或者重大遗漏，并对其内容的真实性、准确性和完整性承担个别及连带责任。

1.2 独立董事尹中立先生、王毓信先生、王利平先生认为本报告内容真实、准确、完整。

1.3 本公司法定代表人董事长温青山先生及公司财务部经理张建慧女士声明：保证年度报告中财务报告的真实、完整。

2. 公司概况

2.1 公司简介

昆仑信托有限责任公司前身是中国工商银行宁波市信托投资公司，成立于1986年11月，1994年改组为有限责任公司。1997年6月，公司与工商银行脱钩，更名为宁波市金港信托投资有限责任公司。2002年5月，公司增资扩股，获准重新登记。2005年5月，天津经济技术开发区国有资产经营公司收购部分原股东股权后成为控股股东。2008年10月，公司换发金融许可证，变更经营范围，公司名称变更为"金港信托有限责任公司"。2009年5月，公司增资扩股，中油资产管理有限公司成为控股股东，公司名称变更为"昆仑信托有限责任公司"，注册资本为30亿元。

公司法定中文名称	昆仑信托有限责任公司
中文缩写	昆仑信托
公司法定英文名称	Kunlun Trust Co., Ltd.
英文缩写	KUNLUN TRUST
法定代表人	温青山
注册地址	浙江省宁波市江东北路138号金融大厦19楼
邮政编码	315040
国际互联网网址	www.kunluntrust.com
电子信箱	info@cnpc.com.cn
信息披露负责人员	黄志斌
信息披露联系人员	卫荣华 霍天翔
联系电话	0574-87031701
传真	0574-87031700
电子信箱	weironghua@cnpc.com.cn huotianxiang@cnpc.com.cn
公司信息披露的报纸名称	《金融时报》
公司年度报告备置地	公司本部
公司聘请的会计师事务所及其住所	立信会计师事务所有限公司上海市南京东路61号4楼
公司聘请的律师事务所及其住所	上海市锦天城律师事务所上海市浦东新区花园石桥路33号花旗集团大厦14楼

2.2 组织结构

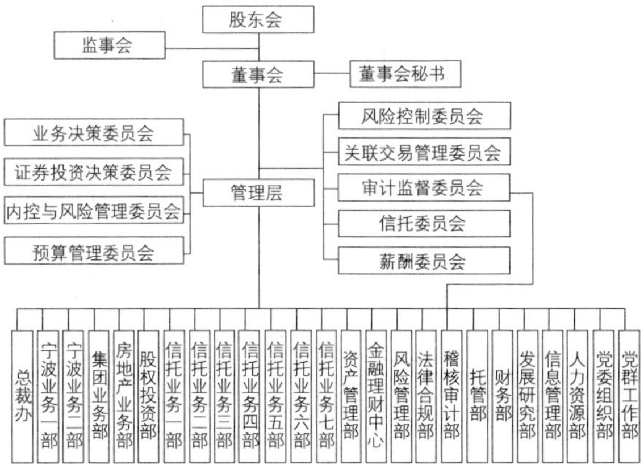

3. 公司治理结构

3.1 股东

本报告期末，公司共有4家法人股东，股东之间无关联关系。

股东名称	持股比例(%)	法人代表	注册资本(万元)	注册地址
中油资产管理有限公司	82.18	王亮	502 000	北京市东城区东直门北大街9号
主要经营业务	资产经营管理、投资、资本运营策划与咨询。2011年末，中油资产公司资产总额81.13亿元，负债总额9.85亿元，净资产71.28亿元。全年实现收入8.28亿元，利润7.08亿元，净利润5.25亿元。			
天津经济技术开发区国有资产经营公司	12.82	叶旺	950 000	天津经济技术开发区宏达路19号
主要经营业务	投资、参股及国有资产的股权管理；国有资产评估、验资；房地产开发、服务及咨询。			
宁波市南部新城现代商务服务有限公司	2.51	严朝阳	10 000	宁波市鄞州区宁横路1688号沧海实业大厦
主要经营业务	一般经营项目：基础设施、公共建筑、园林绿化的开发建设；房地产开发、销售；自有房屋租赁；物业管理服务；建筑材料的批发、零售。			
广博投资控股有限公司	2.49	胡志明	41 000	宁波市鄞州区石矸镇街道雅渡村
主要经营业务	一般经营项目：项目投资。			

3.2 董事

3.2.1 董事会成员

姓 名	职务	性别	年龄	选任日期	所推举的股东名称	该股东持股比例(%)
温青山	董事长	男	53	2010年3月22日	中油资产管理有限公司	82.18
简要履历	教授级高级会计师，曾任中国石油天然气集团公司财务资产部副总会计师、副主任、主任；现任中国石油天然气集团公司副总会计师兼财务资产部总经理。					
王 亮	董事	男	49	2010年4月21日	中油资产管理有限公司	82.18
简要履历	高级会计师，曾任中国石油天然气集团公司财务资产部副总会计师、辽宁省财政厅副厅长、中意财产保险有限公司董事长、中国石油天然气集团公司川庆钻探工程有限公司总会计师。现任昆仑信托有限责任公司总裁。					
杨冬艳	董事	女	47	2009年7月21日	中油资产管理有限公司	82.18
简要履历	高级会计师，曾任中国石油天然气集团公司抚顺石化分公司财务处副总会计师、总会计师，中国石油天然气股份有限公司财务部副总经理；现任中国石油天然气集团公司炼油与化工分公司总会计师。					
周远鸿	董事	男	43	2010年11月15日	中油资产管理有限公司	82.18
简要履历	高级会计师，曾任中国石油天然气股份有限公司天然气与管道分公司财务处副处长，中国石油天然气集团公司资本运营部股权处置处处长；现任中国石油天然气集团公司所投资公司监事、中石油山东天然气管道有限公司监事会主席。					
叶 旺	董事	男	46	2009年6月11日	天津经济技术开发区国有资产经营公司	12.82
简要履历	曾任天津开发区管委会政策研究室办公室主任、天津开发区财政局副局长；现任天津经济技术开发区国有资产经营公司总经理。					
李效熙	董事	男	29	2009年6月9日	职工推选	
简要履历	曾任北京国际信托投资有限公司投资银行部经理，金港信托有限责任公司信托一部副总经理、总裁助理、战略发展及执行委员会副主席、主席、副董事长；现任昆仑信托有限责任公司副总裁。					

3.2.2 独立董事

姓名	职务	性别	年龄	选任日期	所推举的股东名称	该股东持股比例(%)
王毓信	独立董事	男	68	2009年7月21日	中油资产管理有限公司	82.18
简要履历	教授级高级会计师，曾任河南省濮阳市财政金融贸易委员会任党组书记、主任，中原石油勘探局财务处长，中国石油天然气总公司财务局副总会计师、总会计师、副局长，中国石油天然气集团公司中油财务公司总裁、副董事长。					
尹中立	独立董事	男	44	2009年7月21日	中油资产管理有限公司	82.18
简要履历	副研究员，曾任招商证券公司研究发展中心高级分析师；现任中国社会科学院金融研究所金融市场研究室副主任、房地产金融研究中心常务副主任。					
王利平	独立董事	男	51	2009年7月21日	宁波市南部新城现代商务服务有限公司	2.51
简要履历	高级经济师，曾任鄞县电子门窗厂经营厂长、鄞县彩印包装用品公司总经理、宁波东方印业有限公司总经理、浙江广博集团股份有限公司董事长；现任宁波广博纳米新材料股份有限公司董事长，广博集团股份有限公司董事。					

3.3 监事

姓名	职务	性别	年龄	选任日期	所推举的股东名称	该股东持股比例(%)
孙金瑜	监事会主席	男	57	2011年3月3日	中油资产管理有限公司	82.18
简要履历	教授级高级经济师，曾任石油工业部劳动工资司劳动组织处经济师，中国石油天然气总公司劳动工资局劳动组织处经济师，塔里木石油会战指挥部人事处副处长，中国石油天然气总公司劳动工资局劳动力处处长，中国石油天然气集团公司人事劳资部劳动组织处处长，中国石油天然气股份有限公司人事部副总经济师兼劳动组织处处长，中国石油天然气集团公司人事部副主任，中国石油天然气股份有限公司人事部副总经理；现任中国石油天然气集团公司、股份公司内控与风险管理部总经理。					
盖文国	监事	男	45	2009年6月11日	中油资产管理有限公司	82.18
简要履历	高级会计师，曾任中国石油天然气集团公司锦州石油化工公司股改办公室副主任，锦州石化股份有限公司董事会秘书、证券部主任，中国石油天然气集团公司资本运营部股权管理与综合处副处长、股权投资处负责人；现任中国石油天然气集团公司所投资公司监事。					
胡志明	监事	男	48	2009年6月11日	广博投资控股有限公司	2.49
简要履历	会计师，曾任宁波市第二建筑工程公司财务科长、宁波建设集团股份有限公司财务处副处长；现任广博集团股份有限公司董事，广博投资控股有限公司董事长。					
马荣伟	职工监事	男	39	2009年12月30日	职工推选	
简要履历	高级经济师，曾任中国石油天然气集团公司、股份公司法律事务部高级主管；现任昆仑信托有限责任公司法律合规部经理。					
周琳	职工监事	女	49	2011年3月3日	职工推选	
简要履历	高级会计师，曾任吉林省石油总公司长春分公司会计，吉林省石油总公司会计，厦门福吉工贸发展有限公司副总经理，吉林省石油开发股份有限公司财务证券部副经理，北京中油华电石油销售有限公司财务总监，昆仑信托有限责任公司金融理财中心副经理；现任昆仑信托有限责任公司总裁办公室主任。					

3.4 高级管理人员

姓名	职务	性别	年龄	选任日期	金融从业年限	学历	专业
王　亮	总裁	男	49	2010年3月22日	3年	学士	经济管理
简要履历							
姚　飞	副总裁	男	44	2010年4月20日	6年	硕士	技术经济
简要履历	高级经济师，曾任中国石油天然气集团公司大庆石油管理局资本运营部副经理、财务资产部副经理、内控办主任，中油资产管理有限公司综合部经理兼财务部负责人、副总经理，大庆市商业银行独立董事。						
李效熙	副总裁	男	29	2010年4月20日	7年	硕士	经济学
简要履历							
朱佳平	副总裁	男	48	2009年6月11日	30年	硕士	工商管理
简要履历	高级经济师，曾任中国工商银行宁波市信托投资公司上海证券交易营业部经理、公司副总经理，金港信托有限责任公司总经理、总裁、副董事长、副总裁、代总裁。						
刘　刚	副总裁	男	40	2010年8月10日	2年	硕士	工商管理
简要履历	会计师，曾任中国石油天然气股份有限公司华东销售分公司财务处高级主管、中国石油天然气股份有限公司江西销售分公司总会计师兼财务资产处处长。						
黄志斌	副总裁	男	45	2010年12月24日	29年	硕士	工商管理
简要履历	经济师，曾国中国工商银行宁波市信托投资公司信托业务部经理、总经理助理、副总经理，宁波市信托投资公司信托业务部经理、总经理助理、副总经理，金港信托有限责任公司副总经理、副总裁、常务副总裁。						
吴怀镛	副总裁	男	47	2011年3月3日	11年	硕士	管理学
简要履历	高级会计师，曾任大港油田财务处成本价格科副科长、科长，财务结算中心副主任，大港油田集团财务资产部副主任，大港油田矿区服务事业部计划财务部主任，中国石油集团渤海钻探工程有限公司财务资产处副处长兼财务结算中心主任。						
贾南征	总裁助理	男	33	2010年5月31日	9年	学士	经济学
简要履历	先后任职于加拿大PROVEST管理公司、瑞泰人寿，曾任金港信托有限责任公司信托业务部副总经理、总裁助理。						
吴　讴	董事会秘书	男	37	2009年6月11日	3年	硕士	金融学
简要履历	曾任中国农业银行辽宁省分行国际结算部经理、总经理助理，中央电视台经济频道记者、栏目主编，中油资产管理有限公司资产二部高级主管、企划研究部负责人。						
姚少杰	总裁助理	男	38	2011年3月3日	11年	学士	机械
简要履历	先后供职于北京建工集团三建公司任工程师，在中国中化集团人力资源部从事管理工作，2002年起任外经贸信托金融产品部总经理。						

3.5 公司员工

项目		报告期年度		上一年度	
		人数	比例(%)	人数	比例(%)
年龄分布	20岁以下	0	0	0	0
	20~29岁	95	46	61	46
	30~39岁	69	33	37	28
	40岁以上	43	21	34	26
学历分布	博士	5	2	3	2
	硕士	101	49	68	52
	本科	91	44	51	38
	专科	10	5	9	7
	其他	0	0	1	1
岗位分布	高管人员	11	5	10	8
	自营业务人员	8	4	8	6
	信托业务人员	115	56	61	46
	其他人员	73	35	53	40

4. 经营管理

4.1 经营目标、方针、战略规划

4.1.1 经营目标

公司致力于成为在能源领域具有核心竞争力的一流信托公司，业务规模和盈利水平达到信托行业领先，在管理机制、内控机制、激励机制、人才机制等方面达到国内金融机构的一流水平，昆仑信托成为金融业一流品牌。

4.1.2 经营方针

依托股东优势资源，立足京津冀、长三角和主要油气等能源产业区，在大规模开展常态业务、规模业务和成熟业务的同时，利用基金化等创新模式，最终成为在油气等能源资源、节能环保以及高端制造等领域为社会高端客户和机构客户提供一流财富管理服务的专业化提供商。

4.1.3 战略规划

在中国石油集团公司建设综合性国际能源公司的战略指引下，本着“高起点、快发展、可持续”的发展原则，依托集团公司的优势资源，坚持内控优先、合规经营的管理理念，走自主化、专业化、特色化、国际化的经营发展道路，打造国内一流的产融结合平台、财富管理平台和战略共赢平台，成为信托行业的百年老店。

4.2 所经营业务的主要内容

公司业务分为信托业务和自营业务两大类。信托业务主要品种包括单一资金信托、集合资金信托、财产信托等，自营业务主要开展金融股权投资、金融产品投资及贷款等业务。

自营资产运用与分布表

资产运用	金额(万元)	占比(%)	资产分布	金额(万元)	占比(%)
货币资产	47 867.39	9.91	基础产业	39 600.00	8.20
贷款及应收款	39 785.05	8.24	房地产业		

续表

资产运用	金额（万元）	占比（%）	资产分布	金额（万元）	占比（%）
交易性金融资产投资	28 177.64	5.83	证券市场	35 666.41	7.38
可供出售金融资产投资	317 035.77	65.63	实业	26 000.00	5.38
持有至到期投资			金融机构	247.50	0.05
长期股权投资	41 399.33	8.57	其他	381 549.40	78.99
其他	8 798.13	1.82			
资产总计	483 063.31	100.00	资产总计	483 063.31	100.00

信托资产运用与分布表

资产运用	金额（万元）	占比（%）	资产分布	金额（万元）	占比（%）
货币资产	116 939.03	1.81	基础产业	1 180 157	18.30
贷款	1 692 061	26.23	房地产	1 660 338	25.74
交易性金融资产投资	74 648.65	1.16	证券市场	57 548.65	0.89
可供出售金融资产投资	0		实业	2 174 328.78	33.71
持有至到期投资	3 819 840.54	59.22	金融机构	767 624.95	11.90
长期股权投资	747 015.18	11.58	其他	610 507.38	9.46
其他	0.36				
信托资产总计	6 450 504.76	100.00	信托资产总计	6 450 504.76	100.00

4.3 市场分析

4.3.1 有利因素

4.3.1.1 信托业发展迅速，盈利能力不断提高

一是信托资产规模增长迅速。2007年以来，信托公司管理的信托资产规模不断增加，2011年突破4.5万亿元，远远超过基金公司基金资产规模，平均每家公司管理信托资产超过600亿元。与此同时，2007年以来，信托行业整体保持盈利，收入和利润水平连续增长，股东回报率和人均创利水平在金融同业中处于较高水平。

二是信托产品优势更为明显，资金运用更为多样化。随着理财需求的不断旺盛，信托公司通过发挥信托功能优势，设计推出了类型丰富的信托品种，为合格投资者提供了灵活多样的信托理财服务。与基金、银行、保险、证券等其他金融机构提供的理财产品相比，信托产品的收益率明显高于银行、保险的理财产品，优势十分明显。

三是信托公司纷纷加速业务转型。《信托公司净资本管理办法》促使信托公司加快信托业务转型并加强主动管理能力，包括探索自主管理型的新银信合作模式，彰显信托公司资产管理能力和投资决策能力；尝试合伙型信托PE模式，开展信托股权投资业务；采用基础设施信托基金模式，开展基础设施信托业务；同时还开展了QDII、资产证券化、公益信托等业务创新。

4.3.1.2 昆仑信托的自身优势

4.3.1.2.1 公司的区位优势

长三角金融生态环境较为成熟，信用基础好。公司注册地为宁波市，金融环境位居中国前列，各类金融机构齐全，金融生态非常成熟，企业和居民的投资理财理念十分超前，信用基础很好。以宁波为注册地，业务辐射长三角地区，能够享受长三角地区经济快速增长带来的业务机会，充分利用该地区的金融资源，撬动高净值客户的理财需求，实现公司业务的持续快速发展。

公司实际运营总部设在北京。这种布局既不放弃注册地经济发达、民间经济富庶的优势，又充分享受公司股东所在地政治、经济、文化以及与股东资源方便对接的区位优势。

4.3.1.2.2 公司的股东优势

一是品牌优势。昆仑信托属于央企控股型信托公司，其母公司中国石油天然气集团公司是国有重要骨干企业。在理财产品市场上，昆仑信托发行的产品无形中带有中石油集团的品牌，更容易被投资者所接受。在项目开拓方面，融资方往往也倾向于选择大型中央企业控股的信托公司作为交易对手，减少交易中存在的信用风险。通过借助集团公司的品牌，可以在开展项目时具有一定优势，融资方认可度较高。

二是资金与信用支持优势。借助集团公司和中油资产较为充沛的闲置资金，股东可以为昆仑信托提供一定额度的流动性支持，以满足项目推进的需要，增强公司对外业务谈判能力。同时，便于公司设计灵活多样的信托产品，鼓励公司进行业务创新。

三是具有专业的人才资源、项目资源、销售资源、技术资源等油气能源资源领域的潜在优势，为设计开发能源特色类信托产品提供有利条件。

4.3.2 不利因素

4.3.2.1 世界经济复苏放缓，国内经济增长中存在隐忧

自2009年国际金融危机以来，世界经济就进入了缓慢复苏的通道，但复苏过程并不稳定。从2011年来看，世界经济尤其是发达经济体复苏的动力有所趋缓，美元汇率总体走低但波动剧烈，大宗商品市场极不稳定。美、欧、日等发达国家经济增速均有所放缓，新兴市场国家经济仍将保持较快增长。世界经济复苏的动力结构不平衡将进一步加剧。

从中国宏观经济面上来看，2011年以来，我国经济运行态势整体良好，呈现增长较快、结构优化、效益提升和通货膨胀增压四大特点。从发展趋势来看，世界经济起伏不定、国内企业库存创新高、保障房建设推进和地方融资平台清理是第三季度中国经济主要的不确定因素。特别是自2010年以来的通货膨胀势头并没有得到完全遏制，货币政策的动态、微幅调整将成为常态。在这种情况下，宏观流动性的松紧程度对信托行业将造成较大的影响。

4.3.2.2 市场竞争日趋激烈

信托行业格局正在加速变革，竞争态势持续加剧。信托公司新一轮的增资扩股潮仍将持续，商业银行、保险公司、外资金融机构等金融机构收购信托公司的步伐明显加快，利用其渠道、网点、人员、产品开发能力等优势，大量推出各种各样的金融理财产品，对信托公司开展理财业务造成更大的竞争压力。越来越多的信托公司将布局全国，北京、长三角、珠三角等地区成为信托业主战场。

4.3.2.3 信托行业的政策法规有待完善

国内信托行业的政策环境虽有改善，但还不够成熟，信托法律法规和相关配套法规尚未完全建立，给信托业务拓展和创新带来了法律上的障碍和不确定性。同时，在金融业全面开放、综合经营的背景下，理财市场竞争激烈、监管规则不统一，

造成信托公司受到更严格的限制，信托的制度优势被削弱，面临其他类型金融机构的严峻挑战。

4.3.2.4 信托公司管理尚待进一步提高

信托公司自身投资管理、风险管理能力尚不被认同，资产证券化、企业年金等领域的门槛还只有极少数信托公司能够进入。信托业务转型要求重新建立可持续发展的盈利模式，但相关配套法规政策仍不完善，多项创新业务在短时间内难以进入实质性操作阶段。

4.4 内部控制

4.4.1 内部控制环境和内部控制文化

报告期内，公司内部控制环境持续优化，股东会、董事会、监事会和高级管理层之间既相互独立，又相互制衡、相互协调，形成了权力机构、决策机构、监督机构和经营管理层之间的制衡机制，在公司经营和发展中发挥各自的职能与作用，组成了公司内部控制的有机整体，确保各类风险的事前防范、事中控制、事后监督有效执行。

公司重视企业文化建设，风险管理、内部控制、合规经营理念深入每个员工思想，打造了“诚信为本、团结协作、服务至上、专业理财、善于学习、忠于职守、勇于创新”的企业文化。

4.4.2 内部控制措施

公司董事会、管理层高度重视风险防控工作，全力推进全面风险管理体系建设，不断再造和完善业务及管理流程，完善IT控制体系。公司董事会风险控制委员会和首席风控官根据业务的发展和政策的调整，指导风险管理部不断完善内部控制体系的建设、执行，及时修订和调整相关制度，进一步提升了公司经营管理水平。

公司主要职能部门之间建立了防火墙制度，实行岗位分离，保证了自营、信托业务各成体系、独立运行；严格信托业务前台、中台、后台的工作职责，形成有监督、有制衡的业务运作体系；通过具体、明确、合理的分工与授权，严格执行操作规程，确定各部门的目标、职责和权限，使其在授权范围内行使职能、操作相互独立；定期或不定期检查和评价有关内控制度建设与执行情况，及时改进内控制度，确保公司稳健发展。

报告期内，公司建立了全面风险管理体系，根据业务发展变化，全面修订了《内控与风险管理手册》，调整完善了相关流程；全面加强项目前中后期管理，强化检查考核，确保了风险可控。加大合规审查和检查力度，积极参与产品设计和创新，大力推进业务标准化合同文本建设，为业务部门提供全方位法律支持。加强各类专项审计和操作风险运行体系检查，重点揭示制度性隐患，促进了内控与风险管理体系的整改完善；建立了反洗钱工作体系，落实了反洗钱各项措施。公司被评为中国石油天然气集团公司内控与风险管理先进单位。

4.4.3 监督评价与纠正

公司建立了内部控制评价、监督、纠正机制。公司稽核审计部受审计监督委员会和公司管理层双重领导，承担公司内部控制的监督、评价工作，有效发挥内控第三道防线的作用。评价工作督促了各管理部门完善制度、优化流程。坚持“为管理提供增值服务”的理念，及时将内控评价结果、管理建议向公司经营层反馈，有效促进了公司内控管理水平的提高。同时，在内控流程调整完善的过程中，公司聘请了天津市海奕会计师事务所对公司的内控流程进行测试评估，出具了无保留意见的测试报告。

4.5 风险管理

4.5.1 风险状况

4.5.1.1 公司经营活动中可能遇到的风险

风险主要有：信用风险、市场风险、操作风险、合规风险、政策风险、集中度风险。

4.5.1.2 公司风险管理的基本原则与政策

遵循合规性、全面性、审慎性、适时性原则，坚持以制度为基础、以流程为依托，充分识别和评估各类风险，将风险管理覆盖到公司经营管理的各个环节和岗位中。依据风险管理决策流程，根据业务分类实施相应控制措施，形成“事前防范、事中控制、事后评价”的风险管理机制。

公司坚持低风险的总体偏好，秉承合规、稳健的经营思路，追求风险可控的经济效益。

公司针对各业务类型，分别确定相应的风险容忍度，并确保总体的风险敞口在公司的风险容忍度的范围内。

公司针对不同业务领域的风险性质、风险类型和风险评估结果，恰当选择风险承担、风险规避、风险转移、风险转换、风险对冲、风险补偿、风险控制等风险对策。

4.5.1.3 公司风险管理组织结构与职责划分

风险控制委员会负责审核、批准公司的风险管理和控制政策及制度，对风险进行整体分析和评估，以及对公司运作过程中的重大事项进行风险管理和控制；关联交易管理委员会负责公司关联交易的管理及监督，防范不正当关联交易导致的风险；审计监督委员会负责审核公司内控制度，监督内部审计制度的实施状况及效果；业务决策委员会负责公司业务的控制、管理、监督和评估，在授权范围内对各项业务进行最终的风险审核；证券投资决策委员会负责公司自营、信托证券投资控制、监督、和评估，在授权范围内进行运营风险决策；风险管理部负责公司自营、信托业务风险管理，不断完善公司经营风险管理体系和内部风险控制制度；法律合规部负责法律事务管理，合规管理，确保依法经营；制定并执行合规管理职责和计划，实施合规风险管理流程；托管部核算和监督信托财产运用部门按照信托文件约定运用信托财产；财务部核算和监督自营业务运用部门按照合同文件约定运用管理。通过会计核算和财务管理对公司财务状况及经营情况进行分析管理和监督；稽核审计部对公司日常经营以及公司风险管理流程的执行进行审计监督；公司各部门负责人是非业务操作风险、道德风险、商誉风险等风险的第一责任人。

公司自营业务与信托业务分离，在资金、账户、部门、人员、信息以及财务核算等方面严格分开；信托财产运用部门独立于其他部门，并分别设立12个信托业务部门。

4.5.2 风险管理政策、策略

4.5.2.1 信用风险状况

信用风险指由于金融企业各项金融业务的交易对手不能履行合同义务，或者信用状况的不利变动而造成损失的风险。

公司充分利用行业和企业信息，进行信用风险评估，审批项目,监测风险资产,进行风险预警和风险处置,形成信用风险分析报告。

2011年,公司自有资产保持良好的资产质量,不良资产期初为零,期末为1 328万元,不良资产率期初为零,期末为0.27%。风险资产分类:截至2011年12月31日,公司风险资产合计82 326.36万元,其中正常类资产80 998.36万元,关注类资产为零,次级类资产1 328万元,可疑类资产为零,损失类资产为零。

2011年公司一般准备按风险资产五级分类的比例计提;专项准备——信托赔偿金按税后利润5%计提。

2011年公司信托财产运营基本正常,集合类信托资金均按期兑付。

截至2011年12月31日,公司信托信用风险资产共计6 258 916.73万元,其中正常类财产6 258 916.73万元,关注类财产为零,次级类财产为零,损失类财产为零,不良资产率为零。

4.5.2.2 市场风险状况

市场风险包括经济周期风险、通货膨胀风险、利率风险、汇率风险、商品风险和金融市场风险等,是市场的波动导致信托业务的资产遭到损失的可能性。这些市场波动主要包括:利率、证券价格、商品价格、汇率、其他金融产品价格的波动;市场发展方向、供求关系的变动;市场流动性的变动等。

市场风险凸显在投资于证券市场、货币市场的自营业务和信托产品。2011年12月末,公司自有资金涉及证券投资领域合计42 757万元,其中一级市场为21 069万元,二级市场为10 948万元,定向增发10 240万元,基金专户理财为500万元。证券投资信托业务共16个,金额合计57 725万元,主要用于二级市场证券投资。

4.5.2.3 操作风险状况

公司内部业务流程、计算机系统、工作人员在操作中的不完善或失误,可能给公司造成损失的风险。公司外部因素例如通讯系统故障等可能给公司造成损失或影响公司正常运行的风险。

4.5.2.4 合规风险状况

合规风险是指金融企业因没有遵循法律、规则和准则或者员工因不合规的经营管理行为可能遭受法律制裁、监管处罚、重大财产损失和声誉损失的风险。合规风险包括反洗钱以及资本(充足率)管理的风险。

4.5.2.5 其他风险状况

其他风险主要指政策风险和集中度风险。政策风险集中表现为国家宏观政策、法律法规以及行业政策的变动对公司经营环境和未来发展所造成的影响。集中度风险是指交易集中于某一交易对手,或交易对手如果集中于某一行业或地区或共同具备某些经济特性,其风险通常会相应提高。

5. 报告期末及上一年度末的比较式会计报表

5.1 自营资产

5.1.1 会计师事务所审计意见全文

审 计 报 告

信会师报字(2012)第120119号

昆仑信托有限责任公司:

我们审计了后附的昆仑信托有限责任公司(以下简称贵公司)财务报表,包括2011年12月31日的资产负债表、2011年度的利润表、2011年度的现金流量表、2011年度的所有者权益变动表以及财务报表附注。

一、管理层对财务报表的责任

编制和公允列报财务报表是贵公司管理层的责任。这种责任包括:(1)按照企业会计准则的规定编制财务报表,并使其实现公允反映;(2)设计、执行和维护必要的内部控制,以使财务报表不存在由于舞弊或错误导致的重大错报。

二、注册会计师的责任

我们的责任是在执行审计工作的基础上对财务报表发表审计意见。我们按照中国注册会计师审计准则的规定执行了审计工作。中国注册会计师审计准则要求我们遵守中国注册会计师职业道德守则,计划和执行审计工作以对财务报表是否不存在重大错报获取合理保证。

审计工作涉及实施审计程序,以获取有关财务报表金额和披露的审计证据。选择的审计程序取决于注册会计师的判断,包括对由于舞弊或错误导致的财务报表重大错报风险的评估。在进行风险评估时,注册会计师考虑与财务报表编制和公允列报相关的内部控制,以设计恰当的审计程序,但目的并非对内部控制的有效性发表意见。审计工作还包括评价管理层选用会计政策的恰当性和作出会计估计的合理性,以及评价财务报表的总体列报。

我们相信,我们获取的审计证据是充分、适当的,为发表审计意见提供了基础。

三、审计意见

我们认为,贵公司财务报表在所有重大方面按照企业会计准则的规定编制,公允反映了贵公司2011年12月31日的财务状况以及2011年度的经营成果和现金流量。

立信会计师事务所(特殊普通合伙)

中国注册会计师:江 强

中国注册会计师:陈珩

中国·上海　　二○一二年二月十日

5.1.2 资产负债表

单位:万元

资　产	年末余额	年初余额	负债和所有者权益	年末余额	年初余额
资产:	—	—	负债:	—	—
现金及存放中央银行存款			向中央银行借款		

续表

资　产	年末余额	年初余额	负债和所有者权益	年末余额	年初余额
存放同业存款	47 867. 39	89 066. 70	同业及其他金融机构存放款项		
贵金属			拆入资金		
拆出资金			交易性金融负债		
交易性金融资产	28 177. 64	38 497. 48	衍生金融负债		
衍生金融资产			卖出回购金融资产款		
买入返售金融资产			吸收存款		
应收利息	2 425. 55	1 828. 39	应付职工薪酬	156. 40	106. 59
发放贷款和垫款	34 650. 00	34 650. 00	应交税费	19 343. 26	17 351. 46
可供出售金融资产	317 035. 77	263 226. 74	应付利息		
持有至到期投资			预计负债		
长期股权投资	41 399. 33	41 302. 80	应付债券		
投资性房地产			递延所得税负债		1 275. 25
固定资产	1 120. 12	1 033. 03	其他负债	2 761. 53	21 792. 43
在建工程	5 390. 24				
无形资产	161. 92	116. 16			
递延所得税资产	2 065. 38	216. 63	负债合计	22 261. 19	40 525. 73
其他资产	2 769. 97	2 010. 41			
			所有者权益:		—
			实收资本	300 000. 00	300 000. 00
			资本公积	60 152. 40	63 210. 95
			减:库存股		
			盈余公积	15 433. 38	10 188. 12
			一般风险准备	7 491. 87	4 869. 24
			未分配利润	77 724. 47	53 154. 30
			所有者权益合计	460 802. 12	431 422. 61
资产总计	483 063. 31	471 948. 34	负债及所有者权益总计	483 063. 31	471 948. 34

法定代表人:温青山　　　　财务部经理:张建慧　　　　填表人:张淑华

5. 1. 3　利润表

单位:万元

项　目	本年金额	上年金额
一、营业收入	82 878. 75	74 122. 13
(一)利息净收入	6 820. 52	4 605. 87
利息收入	6 820. 52	4 605. 87
利息支出		
(二)手续费及佣金净收入	55 566. 10	44 311. 25
手续费及佣金收入	55 566. 10	44 425. 41
手续费及佣金支出		114. 16
(三)投资收益	28 435. 41	28 120. 72
其中:对联营企业和合营企业的投资收益		
(四)公允价值变动收益	−8 100. 79	−2 985. 65
(五)其他收入	157. 51	69. 94
汇兑收益		−0. 02
其他业务收入	157. 51	69. 96
二、营业支出	18 003. 83	13 006. 30
(一)营业税金及附加	4 513. 72	3 754. 84
(二)业务及管理费	13 136. 12	9 159. 71
(三)资产减值损失或呆账损失	336. 41	91. 75
(四)其他业务成本	17. 58	
三、营业利润	64 874. 92	61 115. 83

续表

项　目	本年金额	上年金额
加:营业外收入	6 003.04	72.93
减:营业外支出	111.48	207.46
四、利润总额	70 766.48	60 981.30
减:所得税费用	18 313.88	15 653.86
五、净利润	52 452.60	45 327.44
归属于母公司所有者的净利润		45 327.44
少数股东损益		
六、其他综合收益	-3 058.54	788.74
七、综合收益总额	49 394.06	46 116.18

法定代表人:温青山　　财务部经理:张建慧　　填表人:张淑华

5.1.4 所有者权益变动表

单位:万元

项　目	本年金额						
	实收资本(或股本)	资本公积	盈余公积	一般风险准备	未分配利润	其他	所有者权益合计
一、上年年末余额	300 000.00	63 210.95	10 188.12	4 869.24	53 154.30		431 422.61
加:会计政策变更	—						
前期差错更正	—						
二、本年年初余额	300 000.00	63 210.95	10 188.12	4 869.24	53 154.30		431 422.61
三、本年增减变动金额(减少以"-"号填列)		-3 058.55	5 245.26	2 622.63	24 570.16		29 379.50
(一)净利润	—				52 452.60		52 452.60
(二)其他综合收益		-3 058.55					-3 058.55
综合收益小计		-3 058.55			52 452.60		49 394.05
(三)所有者投入和减少资本							
1. 所有者投入资本							
2. 股份支付计入所有者权益的金额							
3. 其他							
(四)专项储备提取和使用							
1. 提取专项储备	—						
2. 使用专项储备	—						
(五)利润分配			5 245.26	2 622.63	-27 882.43		-20 014.54
1. 提取盈余公积			5 245.26		-5 245.26		
其中:法定盈余公积	—		5 245.26		-5 245.26		
任意盈余公积	—						
储备基金	—						
企业发展基金	—						
利润归还投资	—						
2. 提取一般风险准备	—			2 622.63	-2 622.63		
3. 所有者(或股东)的分配	—				-20 014.54		-20 014.54
4. 其他							
(六)所有者权益内部结转							
1. 资本公积转增资本(或股本)							
2. 盈余公积转增资本(或股本)							
3. 盈余公积弥补亏损	—						
4. 其他							
四、本年年末余额	300 000.00	60 152.40	15 433.38	7 491.87	77 724.47		460 802.12

法定代表人:温青山　　财务部经理:张建慧　　填表人:张淑华

5.2 信托资产

5.2.1 信托项目资产负债汇总表

单位:万元

项目	期末余额	期初余额
信托资产:		
1. 货币资金	116 939.03	144 230.80
2. 拆出资金	0	0
3. 存出保证金	0	0
4. 交易性金融资产	57 648.65	105 701.59
5. 衍生金融资产	0	0
6. 买入返售金融资产	17 000.00	69 340.10
其中:6.1 买入返售证券	17 000.00	69 340.10
6.2 买入返售信贷资产	0	0
7. 应收款项	0.36	1 545.74
8. 发放贷款	1 692 061.00	2 523 138.17
其中:8.1 基础产业	230 000.00	749 794.00
8.2 房地产	374 216.00	333 300.00
9. 可供出售金融资产	0	0
10. 持有至到期投资	3 819 840.54	2 173 388.44
11. 长期应收款	0	0
12. 长期股权投资	747 015.18	392 420.72
其中:12.1 基础产业	145 000.00	190 000.00
12.2 房地产	97 300.00	97 300.00
13. 投资性房地产	0	0
14. 固定资产	0	0
15. 无形资产	0	0
16. 长期待摊费用	0	0
17. 其他资产	0	0
18. 信托资产总计	6 450 504.76	5 409 765.56
19. 各项资产减值准备	0	0
信托负债:		
20. 交易性金融负债	0	0
21. 衍生金融负债	0	0
22. 应付受托人报酬	0.70	0.73
23. 应付托管费	0	0
24. 应付受益人收益	0.84	10.84
25. 应交税费	31.86	19.78
26. 应付销售服务费	0	0
27. 其他应付款项	40 619.41	8 265.93
28. 其他负债	0	0
29. 信托负债合计	40 652.81	8 297.28
信托权益:		
30. 实收信托	6 375 908.69	5 351 447.89
30.1 资金信托	6 375 908.69	5 346 447.89
30.1.1 集合	1 807 747.00	881 435.79
30.1.2 单一	4 568 161.69	4 465 012.10
30.2 财产信托	0	5 000.00
30.2.1 信贷资产证券化	0	0
30.2.2 其他资产(准)证券化	0	0
31. 资本公积	5 700.00	5 604.00
32. 外币报表折算差额	0	0
33. 未分配利润	28 243.26	44 416.39
34. 信托权益合计	6 409 851.95	5 401 468.28
35. 信托负债和信托权益总计	6 450 504.76	5 409 765.56

法定代表人:温青山　　托管部经理:武义双　　填表人:邵国忠

5.2.2 信托项目利润及利润分配汇总表

单位:万元

	本年度累计	上年度累计
一、营业收入	262 430.01	304 493.37
利息收入	111 188.91	164 987.07
投资收入	149 740.85	139 465.66
租赁收入	0	0
其他收入	1 500.25	40.64
二、营业费用	61 967.42	58 533.08
三、营业税金及附加	0	67.95
四、扣除资产减值准备前的信托利润	200 462.59	245 892.34
减:资产减值损失	0	0
五、扣除资产减值准备后的信托利润	200 462.59	245 892.34
加:期初未分配信托利润	44 416.39	21 039.84
六、可供分配的信托利润	244 878.98	266 932.18
减:本期已分配信托利润	216 635.72	222 515.79
其中:损益平准金	0	0
七、期末未分配信托利润	28 243.26	44 416.39

法定代表人:温青山　　托管部经理:武义双　　填表人:邵国忠

6. 会计报表附注

6.1 会计报表编制基准、会计政策、会计估计和核算方法说明

6.1.1 会计报表编制基准不符合会计核算基本前提说明

无。

6.1.2 重要会计政策、会计估计和核算方法说明

6.1.2.1 计提资产减值准备的范围和方法

6.1.2.1.1 金融资产减值

除以公允价值计量且其变动计入当期损益的金融资产外,本公司期末对金融资产的账面价值进行检查,如果有客观证据表明某项金融资产发生减值的,计提减值准备。如果可供出售金融资产的公允价值发生较大幅度或非暂时性下降,原直接计入所有者权益的因公允价值下降形成的累计损失计入减值损失。对已确认减值损失的可供出售债务工具投资,在期后公允价值上升且客观上与确认原减值损失确认后发生的事项有关的,原确认的减值损失予以转回,计入当期损益。对已确认减值损失的可供出售权益工具投资,在期后公允价值上升且客观上与确认原减值损失确认后发生的事项有关的,原确认的减值损失予以转回,计入所有者权益。在活跃市场中没有报价且其公允价值不能可靠计量的权益工具投资发生的减值损失,不予转回。

6.1.2.1.2 部分固有信用风险类资产的各种准备金

部分自有信用风险类资产(包括应收利息、发放贷款及垫款、长期股权投资和其他资产——其他应收款、抵债资产、其他资产等)质量分为正常、关注、次级、可疑和损失五类,其主要分类的标准和计提损失准备的比例为:

(1)正常类。能够按账面价值随时变现;有足够理由证明现值大于或等于账面价值(以成本与市价孰低原则衡量);交易对手能够履行合同或协议,没有足够理由怀疑债务本金和收益

不能按时足额偿还。计提损失准备1%。

(2)关注类。已经按成本与市价孰低原则提足准备，相当于市场价值部分的权益类资产；有足够理由证明资产价值的减值程度控制在2% 以内；尽管交易对手目前有能力偿还，但存在一些可能对偿还产生不利影响的因素的债权类资产；交易对手的现金偿还能力出现明显问题，但交易对手抵押或质押的可变现资产大于或等于其债务的本金及收益。计提损失准备2%。

(3)次级类。有足够理由证明资产价值的减值程度可以控制在2% ~25%；交易对手的偿还能力出现明显问题，完全依靠其正常经营收入无法足额偿还债务本金及收益，即使执行担保，也可能会造成一定损失。计提损失准备25%。

(4)可疑类。有足够能力证明资产价值的减值程度可以控制在25% ~50%；交易对手无法足额偿还债务本金及收益，即使执行担保，也肯定要造成较大损失。计提损失准备50%。

(5)损失类：按成本与市价孰低原则计提准备的权益类资产，其中计提的准备金部分；有足够理由证明资产价值的减值程度在50%以上；在采取所有可能的措施或一切必要的法律程序后，资产及收益仍然无法收回，或只能收回极少部分。计提损失准备100%。

6.1.2.1.3　固定资产减值准备的确认标准和计提方法

本公司于期末对固定资产进行检查，如发现存在下列情况，则评价固定资产的可收回金额，以确定资产是否已经发生减值。对于可收回金额低于其账面价值的固定资产，分别按该单项固定资产可收回金额低于其账面价值的差额计提减值准备。

(1)资产的市价当期大幅度下跌，其跌幅明显高于因时间推移或者正常使用而预计的下跌；

(2)本公司经营所处的经济、技术或法律环境以及资产所处的市场在当期或将在近期发生重大变化，从而对本公司产生不利影响；

(3)市场利率或其他市场投资回报率当期已经提高，从而影响本公司计算资产预计未来现金流量现值的折现率，导致资产可收回金额大幅度降低；

(4)有证据表明该资产已经陈旧过时或其实体已经损坏；

(5)该资产已经或将被闲置、终止使用或者计划提前处置；

(6)内部报告的证据表明该资产的经济绩效已经低于或者将低于预期，资产所创造的净现金流量或者实现的营业利润(或者亏损)远远低于(或者高于)预计金额；

(7)其他表明该资产可能已经发生减值的迹象。

6.1.2.1.4　无形资产减值准备的确认标准和计提方法

本公司期末对使用寿命不确定的无形资产及使用寿命确定、存在下列一项或若干项情况的无形资产，按其预计可收回金额低于账面价值的差额计提无形资产减值准备。

(1)已被其他新技术所代替，使其为本公司创造经济利益的能力受到重大不利影响；

(2)市价在当期大幅下跌，在剩余摊销年限内预期不会恢复；

(3)某项无形资产已超过法律保护期限，但仍然具有部分使用价值；

(4)其他足以证明实质上已经发生减值的情形。

6.1.2.2　金融资产四分类的范围和标准

本公司按投资目的和经济实质对拥有的金融资产分为以公允价值计量且其变动计入当期损益的金融资产、持有至到期投资、贷款和应收款项、可供出售金融资产四大类。

以公允价值计量且其变动计入当期损益的金融资产是指持有的主要目的是短期内出售的并以公允价值计量且其变动计入当期损益的金融资产，在资产负债表中以交易性金融资产列示。

持有至到期投资是指到期日固定、回收金额固定或可确定，且管理层有明确意图和能力持有至到期的非衍生金融资产。

贷款和应收款项是指在活跃市场中没有报价，回收金额固定或可确定的非衍生金融资产，包括应收票据、应收账款、应收利息及其他应收款等。

可供出售金融资产包括初始确认时即被指定为可供出售的非衍生金融资产及未被划分为其他类的金融资产。

6.1.2.3　交易性金融资产核算方法

交易性金融资产以公允价值进行初始确认，取得时发生的相关交易费用直接计入当期损益。当某项金融资产收取现金流量的合同权利已终止或与该金融资产所有权上几乎所有的风险和报酬已转移至转入方的，终止确认该金融资产。

以公允价值计量且其变动计入当期损益的金融资产按照公允价值进行后续计量，公允价值变动计入公允价值变动损益；在资产持有期间所取得的利息或现金股利，确认为投资收益；处置时，其公允价值与初始入账金额之间的差额确认为投资损益，同时调整公允价值变动损益。

6.1.2.4　可供出售金融资产核算方法

可供出售金融资产以公允价值进行初始确认。取得时发生的相关交易费用计入初始确认金额。当某项金融资产收取现金流量的合同权利已终止或与该金融资产所有权上几乎所有的风险和报酬已转移至转入方的，终止确认该金融资产。

可供出售金融资产按照公允价值进行后续计量；但在活跃市场中没有报价且其公允价值不能可靠计量的权益工具投资，按照成本计量。可供出售金融资产的公允价值变动计入所有者权益；持有期间按实际利率法计算的利息，计入投资收益；可供出售权益工具投资的现金股利，于被投资单位宣告发放股利时计入投资收益；处置时，取得的价款与账面价值扣除原直接计入所有者权益的公允价值变动累计额之后的差额，计入投资损益。

6.1.2.5　持有至到期投资核算方法

持有至到期投资以公允价值进行初始确认。取得时发生的相关交易费用计入初始确认金额。当某项金融资产收取现金流量的合同权利已终止或与该金融资产所有权上几乎所有的风险和报酬已转移至转入方的，终止确认该金融资产。

持有至到期投资采用实际利率法，以摊余成本列示。持有期间应当按照实际利率法确认利息收入，计入投资收益。实际利率应当在取得持有至到期投资时确定，在随后期间保持不变。处置时，应将所取得价款与该投资账面价值之间的差额确认为投资收益。

6.1.2.6　长期股权投资核算方法

6.1.2.6.1　长期股权投资的初始计量

通过同一控制下的企业合并取得的长期股权投资，在合并日按照取得被合并方所有者权益账面价值的份额作为长期股权投资的初始投资成本。通过非同一控制下的企业合并取得的长期股权投资，以在合并（购买）日为取得对被合并（购买）方的控制权而付出的资产、发生或承担的负债以及发行的权益性证券的公允价值作为合并成本。在合并（购买）日按照合并成本作为长期股权投资的初始投资成本。

除上述通过企业合并取得的长期股权投资外，长期股权投资通过支付的现金、付出的非货币性资产或发行的权益性证券的方式取得的，以其公允价值作为长期股权投资的初始投资成本；长期股权投资通过债务重组方式取得的，以债权转为股权所享有股份的公允价值确认为对债务人的初始投资成本；长期股权投资是投资者投入的，以投资合同或协议约定的价值作为初始投资成本，但合同或协议约定价值不公允时，则以投入股权的公允价值作为初始投资成本。

6.1.2.6.2 长期股权投资的后续计量

本公司对子公司的投资是指本公司对其拥有实际控制权的股权投资。本公司对子公司投资采用成本法核算，编制合并财务报表时按权益法进行调整。

本公司对合营公司的投资是指按照合同约定对某项经济活动所共有的控制，仅在与该项经济活动相关的重要财务和生产经营决策需要分享控制权的投资方一致同意时存在的股权投资。对合营投资本公司采用权益法核算。

本公司对联营公司的投资是指本公司对其具有重大影响的股权投资。对联营投资本公司采用权益法核算。

本公司对不具有重大影响，并且在活跃市场中没有报价、公允价值不能可靠计量的长期股权投资，采用成本法核算。本公司对不具有重大影响，但在活跃市场中有报价或公允价值能够可靠计量的长期股权投资，在可供出售金融资产项目列报，采用公允价值计量，其公允价值变动计入所有者权益。

采用成本法核算的长期股权投资，按被投资单位宣告分派的现金股利或利润，确认为当期投资收益。

采用权益法核算的长期股权投资，本公司按应享有或应分担的被投资单位的净损益份额确认当期投资损益。确认被投资单位发生的净亏损，以长期股权投资的账面价值以及其他实质上构成对被投资单位净投资的长期权益减计至零为限，但本公司负有承担额外损失义务且符合或有事项准则所规定的预计负债确认条件的，继续确认投资损失和预计负债。被投资单位除净损益以外股东权益的其他变动，在持股比例不变的情况下，本公司按照持股比例计算应享有或承担的部分直接计入资本公积。被投资单位分派的利润或现金股利于宣告分派时按照本公司应分得的部分，相应减少长期股权投资的账面价值。

6.1.2.6.3 长期股权投资核算方法的转换

(1)权益法改按成本法。本公司因减少投资等原因对被投资单位不再具有共同控制或重大影响的，并且在活跃市场中没有报价、公允价值不能可靠计量的长期股权投资，应当改按成本法核算；本公司因追加投资等原因能够对被投资单位实施控制的，应当改按成本法核算。

(2)成本法改按权益法。本公司因追加投资等原因能够对被投资单位实施共同控制或重大影响但不构成控制的，或因处置投资等原因对被投资单位不再具有控制但能够对被投资单位实施共同控制或重大影响的，应当改按权益法核算。

6.1.2.6.4 长期股权投资的处置

处置长期股权投资，其账面价值与实际取得价款的差额，应当计入当期投资收益。采用权益法核算的长期股权投资，因被投资单位除净损益以外所有者权益的其他变动而计入所有者权益的，处置该项投资时应当将原计入所有者权益的部分按相应比例转入当期投资收益。

处置长期股权投资时，应同时结转已计提的减值准备。部分处置某项长期股权投资时，应按相应比例结转已计提的减值准备。

6.1.2.7 投资性房地产核算方法

报告期内，本公司无投资性房地产。

6.1.2.8 固定资产计价和折旧方法

固定资产是指为生产商品、提供劳务、出租或经营管理而持有的，使用寿命超过一个会计年度的有形资产。

6.1.2.8.1 固定资产的计价方法

固定资产按其成本作为入账价值。其中，外购的固定资产的成本包括买价、增值税（可抵扣的增值税进项税额除外）、进口关税等相关税费，以及为使固定资产达到预定可使用状态前所发生的可直接归属于该资产的其他支出；自行建造固定资产的成本，由建造该项资产达到预定可使用状态前所发生的必要支出构成；投资者投入的固定资产，按投资合同或协议约定的价值作为入账价值，但合同或协议约定价值不公允的按公允价值入账；融资租赁租入的固定资产，按租赁开始日租赁资产公允价值与最低租赁付款额现值两者中较低者，作为入账价值。

6.1.2.8.2 固定资产的分类和折旧方法

除已提足折旧仍继续使用的固定资产，及按照规定单独估价作为固定资产入账的土地等情况外，本公司对所有固定资产计提折旧。折旧方法为平均年限法，固定资产预计残值为资产原值的0~5%。固定资产分类、折旧年限和折旧率如下表：

资产类别	折旧年限	年折旧率(%)
运输设备	7~15	6.33~14.29
工具及仪器	4~14	6.79~25
房屋	8~40	2.38~12.5

6.1.2.9 无形资产计价及摊销政策

无形资产是指本公司拥有或控制的没有实物形态的可辨认非货币性资产，包括专利权、非专利技术、商标权、著作权、土地使用权、特许权等。本公司的主要无形资产是电脑软件等。

6.1.2.9.1 无形资产的计价方法

无形资产在取得时，按实际成本计量。购入的无形资产，按实际支付的价款和相关的其他支出作为实际成本；投资者投入的无形资产，按投资合同或协议约定的价值确定实际成本，但合同或协议约定价值不公允的，按公允价值确定实际成本。

6.1.2.9.2 无形资产摊销方法和期限

使用寿命有限的无形资产，应当自无形资产可供使用时起，至不再作为无形资产确认时止，在使用寿命期采用直线法摊销，使用寿命不确定的无形资产不应摊销。本公司于每年年度终了，对使用寿命有限的无形资产的预计使用寿命及摊销方法进行复核，并于每个会计期间，对使用寿命不确定的无形资产的预计使用寿命进行复核，对于有证据表明无形资产的使用寿命是有限的，则估计其使用寿命并在预计使用寿命内摊销。

6.1.2.10 长期应收款的核算方法

长期应收款是指期限超过1年的应收款项，按照合同或协议价款作为初始入账金额。

6.1.2.11　长期待摊费用的摊销政策

本公司长期待摊费用是指已经支出，但摊销期限在1年以上的各项费用。长期待摊费用在受益期内平均摊销。

6.1.2.12　合并会计报表的编制方法

本公司无纳入合并范围的子公司。

6.1.2.13　收入确认原则和方法

本公司的营业收入主要包括利息收入、手续费及佣金收入和让渡资产使用权收入等，其收入确认原则如下：

（1）利息收入，按让渡资金使用权的时间和适用利率计算确定。

（2）手续费及佣金收入可分为信托报酬和中间业务收入（如财务顾问费等），信托报酬按照信托合同约定的计提方法、时间和比例确认，合理的中间业务收入在收到时一次性确认收入。

（3）让渡资产使用权收入，在与交易相关的经济利益能够流入，收入的金额能够可靠计量的情况下，按有关合同、协议规定的时间和方法确认收入的实现。

6.1.2.14　所得税的会计处理方法

本公司所得税采用资产负债表债务法核算。

递延所得税资产和递延所得税负债根据资产和负债的计税基础与其账面价值的差额（暂时性差异）计算确认。对于按照税法规定能够于以后年度抵减应纳税所得额的可抵扣亏损和税款抵减，视同暂时性差异确认相应的递延所得税资产。于资产负债表日，递延所得税资产和递延所得税负债，按照预期收回该资产或清偿该负债期间的适用税率计量。

递延所得税资产的确认以本公司很可能取得用来抵扣可抵扣暂时性差异、可抵扣亏损和税款抵减的应纳税所得额为限。对已确认的递延所得税资产，当预计到未来期间很可能无法获得足够的应纳税所得额用以抵扣递延所得税资产时，应当减计递延所得税资产的账面价值。在很可能获得足够的应纳税所得额时，减计的金额予以转回。

6.1.2.15　信托报酬确认原则和方法

本公司按照信托合同约定的计提方法、时间和比例确认受托人报酬。

6.2　或有事项说明

无。

6.3 重要资产转让及其出售的说明

报告期内，本公司无重要资产转让及出售。

6.4　会计报表中重要项目的明细资料

6.4.1　自营资产经营情况

6.4.1.1　信用风险资产的期初数、期末数

信用风险资产五级分类	正常类(万元)	关注类(万元)	次级类(万元)	可疑类(万元)	损失类(万元)	信用风险资产合计(万元)	不良资产合计(万元)	不良率(%)
期初数	80 557.87	0	0	0	0	80 557.87	0	0
期末数	80 998.36	0	1 328.00	0	0	82 326.36	1 328.00	0.27

注：不良资产合计＝次级类＋可疑类＋损失类。

6.4.1.2　各项资产减值损失准备的期初数、本期计提、本期转回、本期核销、期末数

单位：万元

	期初数	本期计提	本期转回	本期核销	期末数
贷款损失准备	350.00				350.00
一般准备	350.00				350.00
专项准备					
其他资产减值准备					
可供出售金融资产减值准备					
持有至到期投资减值准备					
长期股权投资减值准备	417.20	0.98			418.18
坏账准备	38.38	335.43			373.81
投资性房地产减值准					

6.4.1.3　自营股票投资、基金投资、债券投资、股权投资等投资业务的期初数、期末数

单位：万元

	自营股票	基金	债券	长期股权投资
期初数	37 500.48	1 129.36	5 000.00	41 302.80
期末数	35 153.66	119.20	0	41 399.33

6.4.1.4　前五名的自营长期股权投资的企业名称、占被投资企业权益的比例、主要经营活动及投资收益情况等

企业名称	占被投资企业权益的比例(%)	投资收益(万元)
1. 华电福新能源有限公司	3.49	—
2. 融源广达（天津）股权投资管理合伙企业（有限合伙）	47.5	477.20
3. 上海大众保险股份有限公司	0.20	—

6.4.1.5　前五名的自营贷款的企业名称、占贷款总额的比例和还款情况

企业名称	占贷款总额的比例(%)	还款情况
天津中冠网球中心投资有限公司	100	未到还款期

6.4.1.6　表外业务的期初数、期末数

无表外业务。

6.4.1.7　公司当年收入结构

收入结构	金额(万元)	占比(%)
手续费及佣金收入	55 566.10	62.52
其中：信托手续费收入	51 879.27	58.37
投资银行业务收入		
利息收入	6 820.52	7.67
其他业务收入	157.50	0.18
其中：计入信托业务收入部分		
投资收益	20 334.62	22.88
其中：股权投资收益	660.41	0.74
其他投资收益	27 775.00	31.25
公允价值变动收益	−8 100.79	-9.11
营业外收入	6 003.04	6.75
收入合计	88 881.78	100.00

6.4.2 信托资产管理情况

6.4.2.1 信托资产的期初数、期末数

单位:万元

信托资产	期初数	期末数
集合	881 435.79	1 807 747.00
单一	4 465 012.10	4 568 161.69
财产权	5 000.00	0
合计	5 351 447.89	6 375 908.69

6.4.2.1.1 主动管理型信托业务期初数、期末数

单位:万元

主动管理型信托资产	期初数	期末数
证券投资类	105 701.58	74 648.64
股权投资类	392 420.72	747 015.18
融资类	4 163 697.59	5 233 901.54
事务管理类	0	0
合计	4 661 801.89	6 055 565.36

6.4.2.1.2 被动管理型信托业务期初数、期末数

单位:万元

被动管理型信托资产	期初数	期末数
证券投资类	0	0
股权投资类	0	0
融资类	689 646.00	278 000.00
事务管理类	0	0
合计	689 646.00	278 000.00

6.4.2.2 本年度已清算结束的信托项目个数、实收信托合计金额、加权平均实际年化收益率

6.4.2.2.1 本年度已清算结束的集合类、单一类资金信托项目和财产管理类信托项目个数、实收信托金额、加权平均实际年化收益率

已清算结束信托项目	项目个数	合计金额(万元)	加权平均实际年化收益率(%)
集合类	9	159 210	-2.93
单一类	28	1 775 131.8	4.98
财产管理类	1	5 000	8.36

注:收益率是指信托项目清算后,给受益人赚取的实际收益水平。加权平均实际年化收益率=(信托项目1的实际年化收益率×信托项目1的实收信托+信托项目2的实际年化收益率×信托项目2的实收信托+…信托项目n的实际年化收益率×信托项目n的实收信托)/(信托项目1的实收信托+信托项目2的实收信托+…信托项目n的实收信托)×100%。

6.4.2.2.2 本年度已清算结束的主动管理型信托项目个数、实收信托合计金额、加权平均实际年化收益率

已清算结束信托项目	项目个数	合计金额(万元)	信托报酬率(%)	加权平均实际年化收益率(%)
证券投资类	2	39 000.00	2.04	-32.20
股权投资类	2	51.80	0.46	404.57
融资类	30	1 128 764.00	0.70	5.16
事务管理类	0	0	0	0

注:加权平均实际年化信托报酬率=(信托项目1的实际年化信托报酬率×信托项目1的实收信托+信托项目2的实际年化信托报酬率×信托项目2的实收信托+…信托项目n的实际年化信托报酬率×信托项目n的实收信托)/(信托项目1的实收信托+信托项目2的实收信托+…信托项目n的实收信托)×100%。

6.4.2.2.3 本年度已清算结束的被动管理型信托项目个数、实收信托合计金额、加权平均实际年化收益率

已清算结束信托项目	项目个数	合计金额(万元)	信托报酬率(%)	加权平均实际年化收益率(%)
证券投资类	0	0	—	—
股权投资类	0	0	—	—
融资类	4	771 526.00	0.11	4.96
事务管理类	0	0	—	—

6.4.2.3 本年度新增的集合类、单一类和财产管理类信托项目个数、实收信托合计金额

新增信托项目	项目个数	合计金额(万元)
集合类	40	1 001 606.00
单一类	24	1 285 388.35
财产管理类	0	0
新增合计	64	2 286 994.35
其中:主动管理型	64	2 286 94.35
被动管理型	0	0

6.4.2.4 本公司履行受托人义务情况及因本公司自身责任而导致的信托资产损失情况

本公司根据《信托法》、《信托投资公司管理办法》等相关法律法规的规定,在管理或处分信托财产时,履行了恪尽职守,诚实、信用、谨慎、有效管理的义务。具体为:

(1)遵守信托文件的规定,为受益人的最大利益处理信托事务。

(2)将受托人的固有财产与信托财产进行分别管理、分别记账,并将不同委托人的信托财产分别管理、分别记账。

截至2011年12月31日,本公司未发生因自身责任导致信托资产损失的情况。

6.5 关联方关系及其交易的披露

6.5.1 关联交易方的数量、关联交易的总金额及关联交易的定价政策

	关联交易数量	关联交易金额(万元)	定价政策
合计	13	1 265 907	坚持价格公允原则,由当事人依据市场价格通过合同约定。

注:关联交易以《公司法》和《企业会计准则第36号——关联方披露》有关规定为准。

6.5.2 关联交易方与本公司的关系性质、关联交易方基本信息

关系性质	关联方名称	法定代表人	注册地址	注册资本(万元)	主营业务
受控于同一实际控制人	中油财务有限责任公司	王国樑	北京市西城区鼓楼外大街5号	544 100	存款、贷款、票据贴现、担保等业务
	大庆久隆房地产开发股份有限公司	孙洪海	黑龙江省大庆市龙凤区龙凤大街北1号楼	5 000	房地产开发与经营
	廊坊中油管理房地产开发有限公司	姜永强	廊坊市广阳区金光道46号	4 000	房地产经营;房屋租赁

续表

关系性质	关联方名称	法定代表人	注册地址	注册资本（万元）	主营业务
受控于同一实际控制人	兰州高阳房地产开发公司	孙成龙	兰州市安宁区银滩路247号	47 300	房地产开发
	辽阳市宏伟区龙泽房地产开发有限公司	王　路	辽宁省辽阳市荣华大街东段2号	1 100	房地产开发
	松原市吉油房地产开发有限责任公司	彭　钊	松原经济技术开发区镜湖区（新大公司二楼）	2 000	房屋建设开发
	抚顺石化房地产综合开发股份有限公司	卜　凡	抚顺市顺城区河堤北路7号	826	房地产开发等
	天津排放权交易所有限公司	廖永远	天津经济技术开发区第三大街51号W3－a－1层	10 000	节能、减排、交易
	乌鲁木齐塔里木石油酒店	盛　强	乌鲁木齐市北京中路666号	2 020	住宿、餐饮
	大庆油田房屋建设开发有限责任公司	袁　宇	黑龙江省大庆市让胡路区西柳街13号	8 327	房地产开发
	大庆恒新房地产开发有限公司	陈志华	黑龙江省大庆开发区	2 000	房地产开发
	成都市陈杨房地产开发有限公司	张　平	成都市武侯区新光路7号2幢10号	800	房地产开发
	辽阳石油钢管厂	叶苏锦	辽宁省辽阳市文圣区鹅房街7号	64 371	机械、加工
	中石油煤层气有限责任公司	接铭训	北京市西城区六铺炕街6号1号楼417室	820 000	勘探、钻井、采油等
	中国石油集团济柴动力总厂	姜小兴	山东济南市经十西路11966号	60 895	机械、加工
	宝鸡石油机械有限责任公司	张永泽	宝鸡市金台区东风路2号	251 214	机械、加工
	宝鸡石油钢管有限责任公司	钟裕敏	宝鸡市高新区滨河路1号	64 371	机械、加工
	辽河石油勘探局	谢文彦	辽宁省盘锦市兴隆台区振兴街	560 000	勘探、钻井、采油等
	长庆石油勘探局	冉新权	西安市未央区长庆兴隆小区	262 264	勘探、钻井、采油等
	新疆维吾尔自治区石油管理局	陈新发	克拉玛依市友谊路98号	680 000	勘探、钻井、采油等
	四川石油管理局	李鹭光	成都市府青路一段三号	240 064	勘探、钻井、采油等
	大港油田集团有限责任公司	李建青	天津市大港区三号院	358 591	勘探、钻井、采油等
	华北石油管理局	苏　俊	河北省任丘市会战大道	385 098	勘探、钻井、采油等
	中国石油天然气股份有限公司山西煤层气勘探开发分公司	赵贤正	山西省沁水县梅杏北路59号	820 000	勘探、钻井、采油等

续表

关系性质	关联方名称	法定代表人	注册地址	注册资本（万元）	主营业务
受控于同一实际控制人	四川家益石油房地产开发有限公司	陈　灵	四川成都市青羊区狮子巷55号华油楼4~5号楼	4 700	房地产开发
	北京中油瑞飞信息技术有限责任公司	李阳明	北京市东城区青龙胡同1号歌华大厦1501室	4 000	软件技术开发、网络工程
	中油阳光物业管理北京分公司	梁德成	北京市朝阳区安立路101号院3号楼26层2601~2606房间	5 000	物业管理
	中国石油川庆钻探工程有限公司	胥永杰	四川省成都市府青路一段三号	1 160 000	地质勘探、钻井工程、井下作业、录井、油气合作开发等
	大庆油田昆仑集团商贸有限公司	韩汝冰	黑龙江省大庆市西宾路81号	2 000	商业零售
	河北中油管道集体资产管理中心	牟东平	廊坊市金光道52－1号	2 958	中国石油天然气管道局集体资产投资、管理
	北京华油国际物流工程服务有限公司	陈冬梅	北京市海淀区牡丹园北里3号楼1707号	1 000	国际运输代理、汽车租赁
	海南中油深南石油技术开发有限公司	石彦民	海南省澄迈县华侨农场盐丁作业区仁荣村	10 200	天然气技术开发及应用

6.5.3 本公司与关联方的重大交易事项

6.5.3.1 固有财产与关联方交易情况

单位：万元

	期初数	借方发生额	贷方发生额	期末数
贷款	—	—	—	—
投资	—	—	—	—
租赁	—	210.60	—	—
其他	—	219.84	4 927.10	—
合计	—	527.94	4 927.10	—

6.5.3.2 信托与关联方交易情况

单位：万元

	期初数	借方发生额	贷方发生额	期末数
贷款	168 647	0	167 147	1 500
投资	818 102	693 558	247 253	1 264 407
合计	986 749	693 558	414 400	1 265 907

6.5.3.3 固信交易与信信交易情况

6.5.3.3.1 固信交易情况

单位：万元

固有财产与信托财产相互交易			
	期初数	本期发生额	期末数
合计	172 688	52 187	224 875

6.5.3.3.2　信信交易情况

单位:万元

	期初数	借方发生额	贷方发生额	期末数
贷款	105 624	71 954	71 954	105 624
其他融资	349 511	216 459	20 000	545 970
投资	0	44 000	20 000	24 000
合计	455 135	332 413	111 954	675 594

6.5.4　关联方逾期未偿还本公司资金情况及本公司为关联方担保垫款情况

报告期内,无上述情况发生。

6.6　会计制度的披露

固有业务(自营业务):本公司执行2006年版《企业会计准则》和《金融企业会计制度》及相关规定;

信托业务:本公司执行2006年版《企业会计准则》和《金融企业会计制度》及相关规定。

7. 财务情况说明书

7.1　利润实现和分配情况

2011年利润总额为70 766万元,同比增加了9 785万元,增长16.05%。净利润为52 453万元,同比增加了7 126万元,增长15.72%。

报告期未分配利润变动情况

单位:万元

项　目	金额
本年年初余额	53 154.30
本年增加额	52 452.60
其中:本年净利润转入	52 452.60
其他调整因素	
本年减少额	27 882.43
其中:本年提取盈余公积	5 245.26
本年提取一般风险准备	2 622.63
本年分配现金股利数	20 014.54
转增资本	
其他减少	
本年年末余额	77 724.47

7.2　主要财务指标

指标名称	指标值
资本利润率(%)	11.76
加权年化信托报酬率(%)	0.93
人均净利润(万元/人)	285.07

注:1. 资本利润率=净利润/所有者权益平均余额×100%。

2. 加权年化信托报酬率=(信托项目1的实际年化信托报酬率×信托项目1的实收信托+信托项目2的实际年化信托报酬率×信托项目2的实收信托+…信托项目n的实际年化信托报酬率×信托项目n的实收信托)/(信托项目1的实收信托+信托项目2的实收信托+…信托项目n的实收信托)×100%。

3. 人均净利润=净利润/年平均人数。

4. 平均值采取年初、年末余额简单平均法,公式为:a(平均)=(年初数+年末数)/2。

7.3　对本公司财务状况、经营成果有重大影响的其他事项

无。

8. 特别事项揭示

8.1　前五名股东报告期内变动情况及原因

报告期内,公司股东情况无变动。

8.2　董事、监事及高级管理人员变动情况及原因

职务	前任	现任	变动原因
董　事	温青山、王亮、杨冬艳、周远鸿、叶旺、李效熙、王毓信、尹中立、王利平	温青山、王亮、杨冬艳、周远鸿、叶旺、李效熙、王毓信、尹中立、王利平	
监　事	谢戈果、盖文国、胡志明、马荣伟、周琳	孙金瑜、盖文国、胡志明、马荣伟、周琳	因工作变动,谢戈果辞去监事会主席及监事职务。
高级管理人员	总裁:王亮;副总裁:姚飞、李效熙、董巍、朱佳平、刘刚、黄志斌;财务总监:卢晓萍	总裁:王亮;副总裁:姚飞、李效熙、朱佳平、刘刚、黄志斌、吴怀镛	因公司管理需要,董事会任命吴怀镛为副总裁;卢晓萍因工作原因辞去副总裁和财务总监职务;董巍因工作调动,辞去副总裁职务。

8.3　公司的重大诉讼事项

8.3.1　未决诉讼事项

无。

8.3.2　以前年度发生,本报告年度内终结诉讼事项

无。

8.3.3　本报告年度发生并终结诉讼事项

无。

8.4　公司及其董事、监事和高级管理人员受到处罚情况

无。

8.5　本年度重大事项临时报告情况

《昆仑信托有限责任公司2010年度报告摘要》,披露于2011年4月13日《金融时报》加版第11版。

8.6　其他重要信息

无。

9. 公司监事会独立意见

9.1　关于公司依法运作情况的意见

2011年,公司坚持依法合规经营,不断完善内部控制制度,决策程序符合法律、法规及公司章程的有关规定。董事会、高级管理层成员认真履行职责,未发现有违反法律、法规或损

害公司利益的行为。

9.2 关于公司财务报告的意见

2011年度公司财务报告按照中国企业会计准则编制。经立信会计师事务所审计过的公司财务报表，真实、公允地反映了公司的财务状况和经营成果，会计师事务所出具的无保留意见书是客观公正的。

9.3 关于关联交易的意见

公司2011年关联交易业务，符合商业原则和银监会监管要求，未发现有损害股东利益、公司利益和信托受益人利益的情形。

陆家嘴国际信托有限公司

1. 重要提示

1.1　本公司董事会及董事保证本报告所载资料不存在任何虚假记载、误导性陈述或者重大遗漏，并对其内容的真实性、准确性和完整性承担个别及连带责任。

1.2　本公司独立董事杨德红、殷剑峰声明：保证年度报告内容的真实、准确、完整。

1.3　上海众华沪银会计师事务所有限公司根据中国注册会计师审计准则对本公司年度财务报告进行审计，出具了标准无保留意见的审计报告。

1.4　本公司董事长常宏、总经理陈文、财务总监浦凤丹声明：保证年度报告中财务报告的真实、完整。

2. 公司概况

2.1　公司简介

2.1.1　公司历史沿革

陆家嘴国际信托有限公司（以下简称陆家嘴信托）是上海陆家嘴金融发展有限公司（以下简称陆金发）控股的信托机构，注册资本为3.15亿元。公司注册地为青岛，在部分城市设立业务团队。公司前身为2003年10月15日经中国银监会批准成立的青岛海协信托投资有限公司（以下简称海协信托）。公司经过重组，2011年1月26日，中国银监会批复同意新疆威仕达实业（集团）股份有限公司、新疆棉花产业（集团）有限责任公司、中铁十八局集团有限公司、安徽丰原集团有限公司四家股东合计持有的海协信托71.606%的股权转让给陆金发；2011年5月5日，经工商变更登记，陆金发成为海协信托股东。2011年9月16日，中国银监会批复同意山东海川集团控股公司和青岛联宇时装有限公司两家股东合计持有海协信托28.394%的股权转让给青岛国信发展（集团）有限责任公司（以下简称青岛国信）；2011年10月27日，经工商变更登记，青岛国信成为海协信托股东。2012年2月27日，中国银监会批复同意公司名称变更为陆家嘴信托，同意公司根据《信托公司管理办法》的有关规定开展中国银监会批准的业务。至此，海协信托重组工作取得重大突破，为公司稳健成长揭开崭新的一页。

2.1.2　基本信息

2.1.2.1　公司法定中文名称：陆家嘴国际信托有限公司
中文名称缩写：陆家嘴信托
公司法定英文名称：Lujiazui International Trust Corporation Limited
英文缩写：LUJJAZUI TRUST

2.1.2.2　法定代表人：常　宏

2.1.2.3　注册地址：青岛市崂山区梅岭路29号综合办公楼1号818室
邮政编码：266061
公司国际互联网网址：http://www.ljzitc.com.cn
电子信箱：ljzxt@ljzitc.com.cn

2.1.2.4　公司负责信息披露事务的高级管理人员：浦凤丹
公司信息披露联系人：张拂宇
联系电话：021－50587808转
传真：021－50588225
电子信箱：ljzxt@ljzitc.com.cn

2.1.2.5　公司选定的信息披露报纸：《上海证券报》
公司年度报告备置地点：青岛市崂山区梅岭路29号818室
上海市浦东新区世纪大道1600号30楼

2.1.2.6　公司聘请的会计师事务所：上海众华沪银会计师事务所有限公司
住所：上海市延安东路550号海洋大厦12楼

2.1.2.7　公司聘请的律师事务所：上海市锦天城律师事务所
住所：上海市花园石桥路33号花旗集团大厦14楼

2.2　组织结构

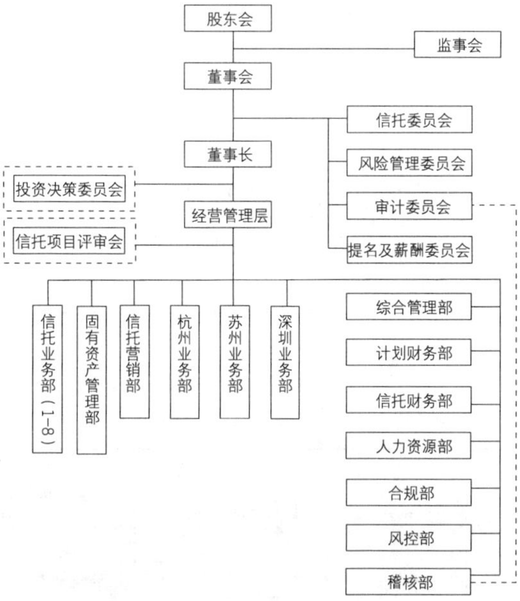

3. 公司治理

3.1 股东

报告期末股东总数 2 家。

股东名称	持股比例（%）	法人代表	注册资本（万元）	注册地址	主要经营业务及主要财务情况
上海陆家嘴金融发展有限公司★	71.606	杨小明	307 000	上海市浦东新区世纪大道 1600 号 2506 室	金融产业、工业、商业、城市基础设施等项目的投资、管理，投资咨询，企业收购、兼并。（企业经营涉及行政许可的，凭许可证件经营）。截至 2011 年末，公司资产总额为 62.27 亿元。
青岛国信发展（集团）有限责任公司	28.394	崔锡柱	300 000	青岛市市南区东海西路 15 号	一般经营项目：城乡重大基础设施项目投资建设与运营；政府重大公益项目的投资建设与运营；经营房产、旅游、土地开发等服务业及经批准的非银行金融服务业；经政府批准的国家法律、法规禁止以外的其他资产投资与运营（以上范围需经许可经营的，须凭许可证经营）。截至 2011 年末，公司资产总额为 301.30 亿元。

注：股东名称一栏中★为公司最终实际控制人。

3.2 董事

董事长、副董事长、董事

姓 名	职 务	性别	年龄	选任日期	所推举的股东名称	该股东持股比例（%）	简 要 履 历
常 宏	董事长	男	48	2011 年 10 月	上海陆家嘴金融发展有限公司	71.606	曾任上海浦东新区管理委员会副处长、领导秘书、美国大都会人寿公司投资顾问、Sino－century Capital& Development Co. Ltd. 创始合伙人、汉世纪投资管理有限公司董事长、张江汉世纪创业投资有限公司总经理、上海市第十三届人民代表大会人大代表；现任陆家嘴国际信托有限公司董事长、上海陆家嘴金融发展有限公司总经理、中银消费金融有限公司董事。
舒榕怀	董事	男	59	2011 年 10 月	上海陆家嘴金融发展有限公司	71.606	曾任浙江省湖州市教师进修学院副院长、上海陆家嘴城市建设开发投资有限公司副总经理、上海陆家嘴金融发展有限公司总经理助理、青岛海协信托投资有限公司重组小组成员等职务。
徐国君	董事	男	49	2011 年 11 月	青岛国信发展（集团）有限责任公司	28.394	曾任北京林业部干部学院助教，青岛大学系副主任、教授，中国海洋大学教授、系主任、校长助理；现任青岛国信发展（集团）有限责任公司副总经理、总会计师。

独立董事

姓名	所在单位及职务	性别	年龄	选任日期	所推举的股东名称	该股东持股比例（%）	简 要 履 历
杨德红	上海国际集团有限公司副总裁	男	45	2011 年 12 月	—	—	曾任上海国际信托投资公司投资银行总部总经理、上海国际集团资产经营有限公司总经理、上海国际集团有限公司总经理助理；现任上海国际集团有限公司党委委员、副总裁，兼任爱建股份有限公司党委副书记、总经理。
殷剑峰	中国社会科学院金融研究所副所长	男	42	2011 年 10 月	—	—	曾任香港 TTM 有限公司安徽办事处高级经理，中国社科院金融所研究室主任、所长助理；现任中国社科院金融所副所长。

3.3 监事

监事会成员

姓 名	职 务	性别	年龄	选任日期	所推举的股东名称	该股东持股比例（%）	简 要 履 历
杨小明	监事长	男	58	2011 年 10 月	上海陆家嘴金融发展有限公司	71.606	曾任浦东新区党委组织部副部长、劳动人事局兼新区机关党委副书记，上海市外高桥保税区新发展有限公司党委书记、总经理，上海市金桥出口加工区开发公司党委书记、总经理，上海市金桥（集团）有限公司总经理、党委副书记等职务；现任浦东新区区委委员，上海陆家嘴（集团）有限公司党委书记、总经理，陆家嘴功能区域党工委副书记、管委会副主任。

续表

姓 名	职 务	性别	年龄	选任日期	所推举的股东名称	该股东持股比例(%)	简 要 履 历
万曾炜	监事	男	62	2011 年 10 月	上海陆家嘴金融发展有限公司	71.606	曾任上海市人民政府经济研究中心处长、浦东新区综合规划土地局局长、浦东发展集团法人代表、浦东投资建设有限公司法人代表、浦发集团财务公司董事长、上海市公积金管理中心主任等职务;现任上海浦东改革与发展研究院院长。
汪 晖	监事	男	35	2011 年 9 月	职工代表	—	曾任中国银行上海市分行风险管理处金融分析师、华鑫证券财务部总会计师、加拿大安省交通部财务部高级金融分析师等职务;现任陆家嘴国际信托有限公司信托财务部总经理。

3.4 高级管理人员

姓 名	职 务	性别	年 龄	选任日期	金融从业年限	学历(位)	专业
陈 文	总经理	男	47	2011 年 11 月	25	研究生	经济法
崔 斌	副总经理	男	38	2011 年 12 月	8	本科	经济学
浦凤丹	财务总监	女	36	2011 年 12 月	14	本科	经济学

3.5 公司员工

项 目		报告期年度		上年度	
		人数	比例(%)	人数	比例(%)
年龄分布	25 岁以下	2	3.77	0	0.00
	25~29 岁	8	15.09	0	0.00
	30~39 岁	24	45.29	3	27.27
	40 岁以上	19	35.85	8	72.73
学历分布	博士	1	1.89	1	9.09
	硕士	26	49.06	3	27.27
	本科	16	30.19	4	36.37
	专科	9	16.98	2	18.18
	其他	1	1.89	1	9.09

注:2011 年为公司重组及筹建阶段,公司员工在陆续招募到位中。

4. 经营管理

4.1 经营目标、方针、战略规划

公司秉持“心所善,可信托”的价值文化,不断追求卓越,赢得市场信赖;倡导“高起点,可持续”的经营理念,发挥后发优势,实现跨越发展,力争在 3~5 年内成为稳健经营、规范管理、业绩卓著、持续发展的信托公司,并最终将自身打造成为国内一流的致力于资产管理与财富管理的专业金融机构。公司依托公司治理优势及资源优势,立足区域经济建设,将以追求完美的信托价值为己任,服务社会,造福民生,为客户创造价值。

4.2 所经营业务的主要内容

公司主要业务分为信托业务和自营业务。

信托业务:从委托人数量看,包括单一信托和集合信托;从委托人交付信托财产的性质看,主要包括资金信托、不动产信托、财产权信托等;从信托财产运用方式看,包括贷款类信托、投资类信托等。

衍生信托业务:包括在基本信托业务基础上衍生而来的项目融资、财务顾问等衍生信托业务品种。

固有业务:主要包括融资类业务和投资类业务:融资类业务主要包括贷款、租赁、担保等;投资类业务主要包括金融股权投资及金融产品投资等。

本报告期内,公司处于重组过程中,未开展信托业务和自营业务。

4.3 市场分析

本报告期内,影响公司业务发展的主要因素在于公司重组。公司历经多年的停顿与困境,经过跌宕起伏的重组,终于在 2011 年取得重大突破。自 2009 年 9 月,陆金发介入公司重组后,稳定了公司大局,厘清了重组思路,优化了操作路径,化解了诸多困难。2011 年 1 月,经中国银监会正式批复,同意陆金发成为公司控股股东。2011 年 9 月,青岛国信受让其余股权,两家股东分别持有公司 71.606% 和 28.394% 的股权。通过明晰股权结构,理顺股东关系,公司有效落实了监管部门对公司重组的基本要求,重组工作已经取得实质性进展,为公司开局展业、稳健发展奠定坚实基础。

4.4 内部控制

4.4.1 内部控制环境和内部控制文化

公司构建由股东会、董事会、监事会和高级管理层构建的现代公司治理机制,三会分设,形成有效制约、协调发展。公司各治理主体职责明确,严格按照法律法规、公司章程及相关制度的规定,相对独立地开展工作,充分发挥有效的制衡作用。

公司以建立良好的公司治理为目标,以树立合法合规经营的理念和风险控制优先的意识为前提,形成业务不断发展和风险有效控制的运行机制。公司高度重视内部控制文化建设,大力培育全面风险管理理念,通过各类培训、内刊刊载、研讨活动等形式,提升员工的法治观念、诚信观念和道德水准,提高风险管理的自觉性。

4.4.2 内部控制措施

公司按照现代企业制度的要求,遵循全面性、重要性、制衡性、适应性、审慎性、独立性、成本效益、防火墙的原则和决策、执行、交流、监督、反馈的内控制度程序,采取五个方面的措施来加强公司的内控制度建设。

4.4.2.1 组织结构内部控制

公司依据业务系统、决策系统、执行系统、监督系统相互制衡的原则,建立科学的、相互制约的前台、中台、后台组织机构设置。公司各职能部门应按照职责分工履行各自的管理职责并实现经营目标。公司采取自营业务和信托业务相分离的机构安排,构建权责清晰、目标明确、相互制衡、协调统一的组织机构设置。主要包括:

股东层面：股东会审议批准董事会制定的各项政策与经营计划。董事会负责审批公司的整体经营战略和重大政策；批准公司基本管理制度；任命高级管理层；董事会应对管理层、审计机构、监管机构的内部控制评估报告进行审查，并监督管理层落实整改措施。

经营层面：高管层负责实施经董事会批准的内部控制的总体政策及策略，并通过制定相应的内部管理制度和业务管理制度来具体执行；采取固有财产与信托财产隔离、前台、中台、后台职责分离的管理理念，分设前台（固有业务部门、信托业务部门）、中台（合规部、风险控制部等支持部门）和后台（计划财务部、信托财务部、稽核部、人事部、综合管理部等管理部门），形成相互制衡的部门设置，有效降低公司的经营风险。

监督层面：监事会负责检查公司整体运营情况和风险管理情况。董事会下设的信托委员会、风险管理委员会、审计委员会、提名及薪酬委员会分别履行职能：信托委员会负责监督公司依法履行的受托职责；风险管理委员会负责公司的风险控制、管理、监督和评估，以及重大关联交易的审核；审计委员会负责公司内部、外部审计的沟通、监督和核查工作的审核；提名及薪酬委员会负责提名公司高管，拟定董事及高管的考核标准并进行考核，审查董事和高管的薪酬政策和方案。稽核部门负责对各部门、各岗位、各项业务的开展情况实施全面的监督检查和评价。

4.4.2.2　授权内部控制

公司建立统一、完善的授权体系，形成层级分明、权限清晰的授权理念。同时，公司建立以基本授权和特别授权为内容的授权管理制度，明确各部门、各岗位的管理及业务操作、审批权限，并将权限管理与业务系统、审批程序相结合，保证各级管理人员和操作人员在各自授权范围内行使职权并承担责任。公司各项投资决策应按规定程序办理，并保留相应记录，严控各种违反授权行为的发生。

4.4.2.3　业务内部控制

公司在业务管理上，除了制定较为完善的业务管理制度、业务操作流程、岗位操作手册外，还注重资产的合理配置，以防范资产过度集中于高风险领域，保障资产安全性。同时，公司要做好固有业务和信托业务的内部防火墙工作，具体包括：公司的自营业务和信托业务相互分离，分别由不同的业务部门管理；公司固有财产和信托财产分开管理、分别核算，并由不同的会计人员负责；自营业务和信托业务做到信息隔离，各业务信息相互独立，业务人员做到对工作中知悉的未公开的业务信息保密。

4.4.2.4　关联交易内部控制

公司为加强关联交易决策和监督的控制，防范关联交易所导致的风险，制定了关联交易管理制度，包括但不限于关联交易的范围、关联方的范围、公允价格的确定、董事会或者经营决策机构对关联交易的监督管理、重大关联交易识别等。公司关联交易按照国家法律法规的规定和银监会的要求，做好日常对关联方信息收集与管理、回避制度、内部审计监督、信息披露等工作。

4.4.2.5　制度内部控制

公司本着规范管理、防范风险的原则，不断加强内控制度的建设和完善。公司通过制定基本管理制度、具体规章制度、部门规章制度，建立层次分明、权责清晰、管控合理的规章制度体系。随着公司的发展，公司将不断建立、健全各级规章制度，以加强内部控制，降低各类风险事件的发生；内部规章制度所涉及的范围包括但不限于：业务管理、财务会计、风险管理、内部控制、行政人事等。

4.4.3　信息交流与反馈

公司的相关业务流程中设有信息反馈环节，确保公司各项管理信息在部门之间、部门内部能进行及时的传递和正确的处理。公司配备专职信息技术人员，按照要求加强公司信息系统的建设。

公司建立了有效的信息交流和反馈机制，确保股东会、董事会、监事会、高级管理层及时了解本行业的经营和风险状况，确保信息能够传递给相关的人员，各个部门和人员的有关信息能够顺畅反馈。

公司建立了完善内部管理信息系统，为内部控制的设计、执行和反馈提供信息保障，建立与各部门定期沟通机制，及时、真实、完整的传导和交流信息，并做到及时反馈信息。

公司及时、准确地向监管部门报送监管部门所需要的各种数据和资料，并将监管部门的意见及时、准确地传达给公司相关人员。

通过公司网站、报纸等平台，公司向社会公众准确、及时地披露公司有关信息，充分发挥社会公众对公司内控制度的监督作用。

4.4.4　监督评价与纠正

公司建立有效的报告和纠正机制，业务部门和其他部门员工发现内部控制问题时，及时向合规部报告，合规部负责整改和监督落实情况。

公司设立稽核部门，负责内部控制的监督评价，发现内部控制的隐患和缺陷时，及时报告与纠正；对内部控制的制度建设和执行情况定期进行检查评价，并根据检查结果提出内部控制缺陷及改进建议。

公司设立监事会，负责监督公司整体运营情况和风险管理情况，并进行评价。

公司根据监管机构检查结果和所提的改进意见，明确整改措施，并督促相关部门落实。

4.5　风险管理

4.5.1　风险管理概况

公司重视风险管理，通过建立健全各项规章制度，制定清晰的岗位职责，设置专职的风险管理部门，将现代风险管理技术与传统风险管理方法相结合，对可能产生的风险及时作出反应。公司建立以事前防范为主，事中控制及事后监督并举的全面风险管理体系，切实开展各项工作，及时防范、化解风险，保障公司持续、稳健、规范、健康地运行。

4.5.1.1　公司经营活动中可能遇到的风险

公司经营活动中可能遇到的风险主要有：信用风险、市场风险、操作风险、法律风险、政策风险、声誉风险。

4.5.1.2　公司风险管理的基本原则与政策

公司风险管理遵循全面性、重要性、制衡性、适应性、审慎性、独立性、成本效益及防火墙原则，风险管理贯穿于整个公司，是全员参与的全过程管理，覆盖到公司各个部门、各级人员及各项业务，并渗透到分析、决策、执行、监督、评价等各个环节。

4.5.1.3　公司风险管理组织结构与职责划分

公司构建以董事会为核心的覆盖全公司的矩阵式风险管理组织结构，主要包括以下几项核心要素。

董事会：负责审批公司风险管理战略，审定公司总体风险水平，监控和评价风险管理的有效性和公司管理层在风险管理方面的履职情况；董事会及董事会各委员会通过各项管理政策的逐级下达，实现对公司经营风险的前端控制和纵向风险信息的传递。

高级管理层：公司设立总经理办公会、固有业务评审会、信托业务评审会，分别负责高级管理层权限内的公司日常管理事务、固有业务、信托业务的审议和决策。

风险控制部：负责建立健全公司风险防范、监控制度体系，负责公司风险管理制度执行情况的监督；负责公司各业务风险的日常管理，对公司经营管理活动中的各类风险实施有效的事前评估和过程监控，有效化解和降低公司运营风险。

合规部：负责公司的法律合规事务，审核相关法律文书及合同，防范法律风险和合规风险；代表公司对外处理相关法律事务，维护公司的合法权益。

稽核部：检查公司内部风险管理制度的日常执行情况，对公司制度的合理性、有效性进行分析，提出改进意见并直接向董事会报告。

业务部门：风险管理的第一责任部门即为业务部门，其承担与各业务相关的风险管理责任。

4.5.2　风险状况

公司经营活动中可能遇到的主要风险有：信用风险、市场风险、操作风险等。

4.5.2.1　信用风险状况

信用风险主要是指交易对手不能或不愿按期偿还债务而使委托人或公司遭受损失的可能性。报告期内，公司发生的各类业务均经过严格的内部评审程序，合法合规，保障措施充分，交易对手信用度较好，信用风险可控。报告期末，公司不良资产规模为0万元。

4.5.2.2　市场风险状况

市场风险主要是指由于金融市场的波动或行情的变化给公司或其他信托当事人带来损失的可能性，主要表现为因经济运作周期变化、金融市场利率波动、通货膨胀、房地产交易、证券市场变化等造成的风险，这些风险可能影响信托财产的价值及信托收益水平，也可能影响公司固有资产价值或导致损失。2011年公司密切关注各类市场风险，勤勉、尽职履行职责。报告期内，公司未发生因该类风险所造成的损失。

4.5.2.3　操作风险状况

操作风险主要指由于内部程序、人员操作失误、系统的不完善或失误，或外部事情造成直接或间接损失的风险，即由公司内部操作流程、人为因素、体制及外部事情引起的风险。报告期内，公司未发生此类风险致使公司及受益人造成损失。

4.5.2.4　其他风险状况

其他风险主要包括法律风险、政策风险、声誉风险等。法律风险指公司在业务经营过程中由于不当的法律文书、违约行为或怠于行使自身法律权利等所造成的风险。政策风险是因国家宏观政策或监管政策发生变化，而导致经营风险、项目风险上升。声誉风险指由于公司内部管理或服务出现问题而引起自身外部社会名声、信誉和公众信任度下降，从而对公司外部市场地位产生消极和不良影响的风险。报告期内，公司未发生因其他风险所造成的损失。

4.5.3　风险管理

4.5.3.1　信用风险管理

公司通过事前评估、事中控制、事后监督的风险管理体系来防范和规避信用风险，具体措施包括：(1)严格按照业务流程、制度规定和相应程序开展各项业务，确保决策者充分了解业务涉及的信用风险；(2)对交易对手进行全面、深入的信用调查与分析，形成客观、翔实的尽职调查报告；(3)完善评审规则和流程，坚持集体决策的评审制度，全方面排查风险；(4)严格落实项目的保障措施，注意对抵押物权属的有效性、合法性进行审查，客观、公正地评估抵押物；(5)业务部门、风险控制部进行项目期间管理，跟踪交易对手情况、监控担保品价值及项目进度，若发现问题及时采取措施有效防范和化解各类风险；(6)严格按要求，足额计提相关资产减值准备，并按规定比例提取信托赔偿准备金，以提高公司抵御风险的能力。

4.5.3.2　市场风险管理

公司制定并不断完善市场风险管理原则和程序，对每项业务和产品中的市场风险因素进行分解和分析，及时准确识别业务中市场风险的类别和性质，具体措施包括：(1)对宏观经济走势、政策变化、投资策略演变及其他影响市场变化的因素进行持续分析，为投资决策提供参考；(2)关注国家宏观政策变化，规避限制类行业和相关项目；(3)进行资产组合管理，并动态调整资产配置方案，以规避或降低市场风险；(4)控制行业集中度，控制总体证券投资规模、设定证券投资限制指标和止损点；(5)加强对投资品种的研究和科学论证，按严格的流程进行控制；(6)密切监控已开展业务的运行情况，根据市场风险情况及时作出投资调整，避免或降低市场风险引起的损失。同时，公司通过做好实时监控、风险敞口限额控制、止损设置、压力测试等措施，最大限度地降低风险。

4.5.3.3　操作风险管理

公司通过不断完善规章制度，对部门、岗位制定了明确的职责和权限，职责的制定体现岗位相互分离的原则，能够实现中台、后台对前台的监督；对公司的各项业务制定了具体的业务操作流程，消除人为因素而造成的风险，保障风险控制体系的有序规范运行，并通过事后评价和总结，防止相类似的风险发生。公司定期或不定期对员工进行培训，并对渎职、越权或违背操作规定的人员进行问责；公司定期对内部的计算机信息系统进行维护和保养，加强技术系统的管理，保证其正常运行，消除风险隐患。

4.5.3.4　其他风险管理

对于法律风险，公司设置合规部，配备法律专业人员，同时聘请外部法律顾问，处理公司的各项法律、合规事务，帮助公司把好守法合规经营关；同时，公司通过员工教育和培训，强化合法合规意识，培育内部法律合规环境。

对于政策风险，公司严格依法合规经营，与监管部门保持紧密联系，最快地获得和了解政策动向；公司定期或不定期组织员工学习相关政策文件，加强对宏观形势的分析研究。

良好的声誉是一家金融机构健康发展的重要资源。对于声誉风险，公司对可能影响公司声誉的业务坚决予以回避，尽职管理受托资产，履行承诺事项，并充分披露，塑造公司专业和诚信的社会形象。

5. 报告期末及上一年度末的比较式会计报表

5.1 自营资产（经审计）

5.1.1 会计师事务所审计意见全文

审 计 报 告

沪众会字（2012）第0768 号

青岛海协信托投资有限公司全体股东：

我们审计了后附的青岛海协信托投资有限公司（以下简称青岛海协）财务报表，包括 2011 年 12 月 31 日的资产负债表，2011 年度的利润表、现金流量表和所有者权益变动表以及财务报表附注。

一、管理层对财务报表的责任

编制和公允列报财务报表是青岛海协管理层的责任，这种责任，（1）按照企业会计准则的规定编制财务报表，并使其实现公允反映；（2）设计、执行和维护必要的内部控制以使财务报表不存在由于舞弊或错误导致的重大错报。

二、注册会计师的责任

我们的责任是在执行审计工作的基础上对财务报表发表审计意见。我们按照中国注册会计师审计准则的规定执行了审计工作。中国注册会计师审计准则要求我们遵守中国注册会计师职业道德守则，计划和执行审计工作以对财务报表是否不存在重大错报获取合理保证。

审计工作涉及实施审计程序，以获取有关财务报表金额和披露的审计证据。选择的审计程序取决于注册会计师的判断，包括对由于舞弊或错误导致的财务报表重大错报风险的评估。在进行风险评估时，注册会计师考虑与财务报表编制和公允列报相关的内部控制，以设计恰当的审计程序，但目的并非对内部控制的有效性发表意见。审计工作还包括评价管理层选用会计政策的恰当性和作出会计估计的合理性，以及评价财务报表的总体列报。

我们相信，我们获取的审计证据是充分、适当的，为发表审计意见提供了基础。

三、审计意见

我们认为，青岛海协的财务报表在所有重大方面按照企业会计准则的规定编制，公允反映了青岛海协 2011 年 12 月 31 日的财务状况以及 2011 年度的经营成果和现金流量。

上海众华沪银会计师事务所有限公司　　中国注册会计师 冯家俊

中国注册会计师 胡蕴

中国，上海　　二〇一二年二月二十五日

5.1.2 资产负债表

编制单位：陆家嘴国际信托有限公司　　2011 年 12 月 31 日　　单位：万元

项　目	行次	年初数	年末数	项　目	行次	年初数	年末数
资产：				负债：			
现金及银行存款	1		10 431. 90	向中央银行借款	28		
存放中央银行款项	2	2 097 878. 10	271 650 388. 76	联行存放款项	29		
贵金属	3			同业及其他金融机构存放款项	30		
存放联行款项	4			拆入资金	31		
存放同业款项	5			交易性金融负债	32		
拆出资金	6			衍生金融负债	33		
交易性金融资产	7			卖出回购金融资产款	34		
衍生金融资产	8			吸收存款	35		
买入返售金融资产	9			应付职工薪酬	36	2 381 358. 29	4 194 493. 85
应收款项类金融资产	10			应交税费	37	1 428 554. 16	150 459. 08
应收利息	11			应付利息	38		
其他应收款	12	6 705 792. 53	2 339 292. 77	其他应付款	39	27 634 765. 56	13 285 907. 80
发放贷款和垫款	13	115 700 000. 00		预计负债	40		
可供出售金融资产	14			应付债券	41		
持有至到期投资	15			递延所得税负债	42		
长期股权投资	16			其他负债	43		
投资性房地产	17			负债合计	44	31 444 678. 01	17 630 860. 73
固定资产	18	132 326. 99	2 066 359. 96	所有者权益（或股东权益）：			
在建工程	19			实收资本（或股本）	45	315 000 000. 00	315 000 000. 00

续表

项　目	行次	年初数	年末数	项　目	行次	年初数	年末数
固定资产清理	20			国家资本	46		
无形资产	21		263 456. 11	集体资本	47		
商誉	22			法人资本	48		
长期待摊费用	23		1 105 626. 38	其中:国有法人资本	49		
抵债资产	24			个人资本	50		
递延所得税资产	25		11 634 088. 22	外商资本	51		
其他资产	26			资本公积	52		
				减:库存股	53		
				盈余公积	54		
				一般风险准备	55		
				未分配利润	56	-221 808 680. 39	-43 561 216. 63
				外币报表折算差额	57		
				归属于母公司所有者权益合计	58	93 191 319. 61	271 438,783. 37
				少数股东权益	59		
				所有者权益(或股东权益)合计	60	93 191 319. 61	271 438 783. 37
资产总计	27	124 635 997. 62	289 069 644. 10	负债和所有者权益(或股东权益)总计	61	124 635 997. 62	289 069 644. 10

5. 1. 3　利润表

编制单位:陆家嘴国际信托有限公司　　　　2011 年度　　　　单位:元

项　目	行次	上年数	本年数	项　目	行次	上年数	本年数
一、营业收入	1	81 209. 07	16 264,687. 22	(四)其他业务成本	18		
(一)利息净收入	2	11 209. 07	16 262 646. 08	三、营业利润(亏损以"-"号填列)	19	-17 164 023. 62	166 402 705. 40
利息收入	3	11 209. 07	16 262 646. 08	加:营业外收入	20	216 920. 93	2 296. 64
利息支出	4			减:营业外支出	21	19 564. 52	-208 373. 50
(二)手续费及佣金净收入	5			四、利润总额(亏损以"-"号填列)	22	-16 966 667. 21	166 613 375. 54
手续费及佣金收入	6			减:所得税费用	23		-11 634 088. 22
手续费及佣金支出	7			五、净利润(亏损以"-"号填列)	24	-16 966 667. 21	178 247 463. 76
(三)投资收益(损失以"-"号填列)	8			归属于母公司所有者的净利润	25		
其中:对联营企业和合营企业的投资收益	9			少数股东损益	26		
(四)公允价值变动收益(损失以"-"号填列)	10			六、每股收益	27		
(五)其他收入	11	70 000. 00	2 041. 14	(一)基本每股收益(元)	28		
汇兑收益(损失以"-"号填列)	12			(二)稀释每股收益(元)	29		
其他业务收入	13	70 000. 00	2 041. 14	七、其他综合收益	30		
二、营业支出	14	17 245 232. 69	-150 138 018. 18	八、综合收益总额	31	-16 966 667. 21	178 247 463. 76
(一)营业税金及附加	15	3 850. 00	851 314. 80	(一)归属于母公司所有者的综合收益总额	32		
(二)业务及管理费	16	17 241 920. 00	27 557 483. 83	(二)归属于少数股东的综合收益总额	33		
(三)资产减值损失或呆账损失(转回金额以"-"号填列)	17	-537. 31	-178 546 816. 81				

5.1.4 所有者权益变动表

编制单位：陆家嘴国际信托有限公司　　　　2011 年度　　　　单位：元

项目	行次	本年金额									上年金额								
		归属于母公司所有者权益							少数股东权益	所有者权益合计	归属于母公司所有者权益							少数股东权益	所有者权益合计
		实收资本（或股本）	资本公积	减：库存股	盈余公积	一般风险准备	未分配利润	其他			实收资本（或股本）	资本公积	减：库存股	盈余公积	一般风险准备	未分配利润	其他		
一、上年年末余额	1	315 000 000.00					−221 808 680.39			93 191 319.61	315 000 000.00					−204 842 013.18			110 157 986.82
加：会计政策变更	2																		
前期差错更正	3																		
二、本年年初余额	4	315 000 000.00					−221 808 680.39			93 191 319.61	315 000 000.00					−204 842 013.18			110 157 986.82
三、本年增减变动金额（减少以"－"号填列）	5						178 247 463.76			178 247 463.76						−16 966 667.21			−16 966 667.21
（一）净利润	6						178 247 463.76			178 247 463.76						−16 966 667.21			−16 966 667.21
（二）其他综合收益	7																		
1. 可供出售金融资产产生的利得（损失）	8																		
2. 按照权益法核算的在被投资单位其他综合收益中所享有的份额	9																		
3. 现金流量套期工具产生的利得（或损失）	10																		
4. 外币财务报表折算差额	11																		
5. 其他	12																		
上述（一）和（二）小计	13						178 247 463.76			178 247 463.76						−16 966 667.21			−16 966 667.21
（三）所有者投入和减少资本	14																		
1. 所有者投入资本	15																		
2. 股份支付计入所有者权益的金额	16																		
3. 其他	17																		
（四）利润分配	18																		
1. 提取盈余公积	19																		
2. 提取一般风险准备	20																		
3. 对所有者（或股东）的分配	21																		
4. 其他	22																		
（五）所有者权益内部结转	23																		
1. 资本公积转增资本（或股本）	24																		
2. 盈余公积转增资本（或股本）	25																		
3. 盈余公积弥补亏损	26																		
4. 一般风险准备弥补亏损	27																		
5. 其他	28																		
四、本年年末余额	29	315 000 000.00					−43 561 216.63			271 438 783.37	315 000 000.00					−221 808 680.39			93 191 319.61

5.2 信托资产

本报告期内，公司未发生信托业务。

6. 会计报表附注

6.1 会计报表编制基准不符合会计核算基本前提的说明

本公司会计报表按照财政部2006年2月15日颁布的《企业会计准则——基本准则》和38项具体会计准则、其后颁布的企业会计准则应用指南、企业会计准则解释以及其他相关规定编制，无不符合会计核算基本前提的事项。

6.2 或有事项说明

本报告期内，本公司未发生影响本财务报表阅读和理解的重大或有事项。

6.3 重要资产转让及其出售的说明

本报告期内，无重要资产转让或出售。

6.4 会计报表中重要项目的明细资料

6.4.1 披露自营资产经营情况

6.4.1.1 按信用风险五级分类结果披露信用风险资产的期初数、期末数

信用风险资产五级分类	正常类(万元)	关注类(万元)	次级类(万元)	可疑类(万元)	损失类(万元)	信用风险资产合计(万元)	不良资产合计(万元)	不良资产率(%)
期初数	0	0	0	23 140	0	23 140	23 140	100
期末数	0	0	0	0	0	0	0	0

注：不良资产合计＝次级类＋可疑类＋损失类。

6.4.1.2 各项资产减值损失准备的期初数、本期计提、本期转回、本期核销、期末数

单位：万元

	期初数	本期计提	本期转回	本期核销	期末数
贷款损失准备	11 570	0	11 570	0	0
一般准备	0	0	0	0	0
专项准备	11 570	0	11 570	0	0
其他资产减值准备	6 840.60	555.92	6 840.60		555.92
可供出售金融资产减值准备	0	0	0	0	0
持有至到期投资减值准备	0	0	0	0	0
长期股权投资减值准备	0	0	0	0	0
坏账准备	6 840.60	555.92	6 840.60		555.92
投资性房地产减值准备	0	0	0	0	0

注：对公司重组前形成的信贷资产，公司已按规定提取资产减值准备。截至报告期末，公司已收回上述债权，并转回相应提取的资产减值准备。

6.4.1.3 按照投资品种分类，分别披露固有业务股票投资、基金投资、债券投资、股权投资等投资业务的期初数、期末数

本报告期内，本公司无固有业务股票投资、基金投资、债券投资、股权投资等投资业务。

6.4.1.4 按投资入股金额排序，前三名的自营长期股权投资的企业名称、占被投资企业权益的比例、主要经营活动及投资收益情况等

本报告期内，本公司无长期股权投资。

6.4.1.5 前三名的自营贷款的企业名称、占贷款总额的比例和还款情况等

本报告期内，本公司无自营贷款。

6.4.1.6 表外业务的期初数、期末数；按照代理业务、担保业务和其他类型表外业务分别披露

本报告期内，本公司无表外业务。

6.4.1.7 公司当年的收入结构

收入结构	金额(万元)	占比(%)
手续费及佣金收入		
其中：信托手续费收入		
投资银行业务收入		
利息收入	1 626.27	99.98
其他业务收入	0.20	0.01
其中：计入信托业务收入部分		
投资收益		
其中：股权投资收益		
证券投资收益		
其他投资收益		
公允价值变动收益		
营业外收入	0.23	0.01
收入合计	1 626.70	100

注：手续费及佣金收入、利息收入、其他业务收入、投资收益、营业外收入均应为损益表中的科目，其中手续费及佣金收入、利息收入、营业外收入为未抵减掉相应支出的全年累计实现收入数。

6.4.2 披露信托财产管理情况

本报告期内，公司未开展信托业务。

6.5 关联方关系及其交易的披露

本报告期内，公司未发生关联交易。

6.6 会计制度的披露

公司固有业务和信托业务，同时执行财政部2006年2月15日颁布的《企业会计准则——基本准则》和38项具体会计准则、其后颁布的企业会计准则应用指南、企业会计准则解释以及其他相关规定。

7. 财务情况说明书

7.1 利润实现和分配情况

2011年度，公司实现净利润17 824.75万元，主要是收回重组前遗留的信贷资产，转回相应提取的资产减值准备。

年初可供分配的利润 -22 180.87 万元，年末可供分配的利润 -4 356.12 万元。

7.2 主要财务指标

指标名称	指标值
资本利润率(%)	97.77
加权年化信托报酬率(%)	0
人均净利润(万元/人)	670.61

注:1. 资本利润率 = 净利润/所有者权益平均余额 ×100%。
2. 加权年化信托报酬率 =(信托项目 1 的实际年化信托报酬率 × 信托项目 1 的实收信托 + 信托项目 2 的实际年化信托报酬率 × 信托项目 2 的实收信托 +…信托项目 n 的实际年化信托报酬率 × 信托项目 n 的实收信托)/(信托项目 1 的实收信托 + 信托项目 2 的实收信托 +…信托项目 n 的实收信托) ×100%，
3. 人均净利润 = 净利润/年平均人数。
4. 平均值采取年初、年末余额简单平均法，公式为：a(平均) =(年初数 + 年末数)/2。

7.3 对本公司财务状况、经营成果有重大影响的其他事项

本报告期内，未发生对本公司财务状况、经营成果有重大影响的其他事项。

8. 特别事项揭示

8.1 前五名股东报告期内变动情况及原因

报告期内，因公司重组，股东发生变动。

2011 年 1 月 26 日，中国银监会批复同意新疆威仕达实业(集团)股份有限公司、新疆棉花产业(集团)有限责任公司、中铁十八局集团有限公司、安徽丰原集团有限公司四家股东合计持有海协信托 71.606% 的股权转让给陆金发；2011 年 5 月 5 日，经工商变更登记，陆金发成为海协信托股东。

2011 年 9 月 16 日，中国银监会批复同意山东海川集团控股公司和青岛联宇时装有限公司两家股东合计持有海协信托 28.394% 的股权转让给青岛国信；2011 年 10 月 27 日，经股权工商变更登记，青岛国信成为海协信托股东。

原股东(2003—2011 年)	持股(万元)	比例(%)	现股东	持股(万元)	比例(%)
中铁十八局集团有限公司	6 755.92	21.45	上海陆家嘴金融发展有限公司	22 555.92	71.606
安徽丰原集团有限公司	5 750.00	18.25			
新疆威仕达实业(集团)股份有限公司	4 300.00	13.65			
新疆棉花产业(集团)有限责任公司	5 750.00	18.25			
山东海川集团控股公司	5 244.08	16.65	青岛国信发展(集团)有限责任公司	8 944.08	28.394
青岛联宇时装有限公司	3 700.00	11.75			
总股本	31 500.00	100		31 500.00	100

8.2 董事、监事及高级管理人员变动情况及原因

本报告期内，因公司重组，董事、监事及高级管理人员发生变动。

8.2.1 董事变动情况

8.2.1.1 董事变动情况

2011 年 10 月 28 日，公司召开 2011 年第五次股东会，审议通过了《关于第二届董事会人数及成员构成的议案》、《关于选举第二届董事会成员的议案》，选举常宏、舒榕怀、邱翔任公司第二届董事会董事。

2011 年 11 月 10 日，公司召开 2011 年第六次股东会，审议通过了《关于变更公司董事的议案》，同意徐国君接任邱翔的董事职务，担任公司第二届董事会董事。

2011 年 11 月 10 日，公司召开第二届董事会第一次会议，审议通过了《关于选举公司第二届董事会董事长的议案》，选举常宏担任公司第二届董事会董事长、法定代表人。

2011 年 10 月 9 日，中国银监会核准舒榕怀、徐国君任公司董事的任职资格。

2011 年 12 月 31 日，中国银监会核准常宏任公司董事长的任职资格。

8.2.1.2 独立董事变动情况

2011 年 10 月 28 日，公司召开 2011 年第五次股东会，审议通过了《关于第二届董事会人数及成员构成的议案》、《关于选举第二届董事会成员的议案》，选举殷剑峰、王纪全任公司第二届董事会独立董事。

2011 年 12 月 29 日，公司召开 2011 年第七次股东会，审议通过了《关于变更公司独立董事的议案》，同意杨德红当选为公司第二届董事会独立董事，王纪全不再担任公司第二届董事会独立董事。

2011 年 2 月 8 日，中国银监会核准殷剑峰、杨德红任公司独立董事的任职资格。

8.2.2 监事变动情况

2011 年 10 月 28 日，公司召开 2011 年第五次股东会，审议通过了《关于第二届监事会人数及成员构成的议案》、《关于选举第二届监事会成员的议案》，选举杨小明、万曾炜任公司第二届监事会监事。

2011 年 9 月 30 日，经公司职工大会决议，汪晖任公司第二届监事会职工监事。

2011 年 11 月 8 日，公司召开 2011 年第一次监事会，审议通过了《关于选举第二届监事会主席的议案》，选举杨小明担任公司第二届监事会监事长。

8.2.3 高级管理人员变动情况

2011 年 11 月 10 日，公司召开第二届董事会第一次会议，审议通过了《关于聘任公司总经理的议案》，聘任陈文担任公司总经理；2012 年 3 月 16 日，中国银监会核准陈文任公司总经理的任职资格。

2011 年 12 月 29 日，公司召开第二届董事会第二次会议，审议通过了《关于聘任公司副总经理与财务负责人的议案》，聘任崔斌担任公司副总经理、浦凤丹担任公司财务负责人；2012 年 2 月 8 日，中国银监会核准崔斌任公司副总经理的任职资格、核准浦凤丹任公司财务总监的任职资格。

8.3 公司的重大未决诉讼事项

本报告期内，公司未发生诉讼案件。

8.4 对会计师事务所出具的有保留意见、否定意见或无法表示意见的审计报告的，公司董事会应就所涉及事项作出说明

会计师事务所对公司出具了标准无保留意见的审计报告。

8.5 公司及其董事、监事和高级管理人员受到处罚的情况

本报告期内，公司及其董事、监事和高级管理人员未发生受到处罚的情况。

8.6 银监会检查意见的整改情况

本报告期内，公司未收到监管机构的整改意见。

8.7 本年度公司重大事项临时事项披露内容

本报告期内，公司处于重组过程中，因此未对临时事项进行披露。

8.8 银监会及其省级派出机构认定的其他有必要让客户及相关利益人了解的重要信息

本报告期内，因公司重组，公司名称发生变更。

2011年9月16日，根据《企业名称变更核准通知书》[(国)名称变核内字〔2011〕第1364号]，国家工商行政管理总局核准公司名称变更为“陆家嘴国际信托有限公司”。

2012年2月27日，中国银监会下发《中国银监会关于青岛海协信托投资有限公司变更公司名称和业务范围等有关事项的批复》(银监复〔2012〕88号)，同意公司变更公司名称。公司注册名称变更如下：

中文全称：陆家嘴国际信托有限公司

英文全称：Lujiazui International Trust Corporation Limited

9. 公司监事会意见

公司第二届监事会根据《监事会议事规则》及相关法律法规，监督检查了公司重大决策、重大经营活动情况及财务状况，认为公司能够规范运作，公司董事、高级管理人员在履行职责时未发生违反法律、法规、公司章程或损害公司利益的行为，公司年度报告的编制和审议程序符合国家法律、法规和公司章程，年度报告真实反映了公司的经营状况。

平安信托有限责任公司

1. 重要提示

1.1　本公司董事会及董事保证本报告所载资料不存在任何虚假记载、误导性陈述或者重大遗漏，并对其内容的真实性、准确性和完整性承担个别及连带责任。

1.2　独立董事夏立平、鲍友德、李罗力认为，本报告真实、准确、完整地披露了公司2011年度的经营管理情况。

1.3　安永华明会计师事务所为本公司出具了标准无保留意见的年度审计报告。

1.4　公司董事长童恺、主管会计工作负责人封群、财务部负责人李佩锋保证年度报告中财务报告的真实、完整。

2. 公司概况

2.1　公司简介

2.1.1　公司法定中文名称：平安信托有限责任公司
公司法定英文名称：Ping An Trust Co., Ltd.（缩写为PATC）

2.1.2　公司法定代表人：童　恺

2.1.3　公司注册地址：广东省深圳市福田中心区福华三路星河发展中心办公12层、13层
邮政编码：518048
公司国际互联网网址：http://www.pingan.com
电子邮箱：pub_paxt@pingan.com.cn

2.1.4　信息披露事务负责人：宋成立
信息披露事务联系人：肖波
电　　话：(0755)4008819888
传　　真：(0755)82415828
电子邮箱：pub_paxt@pingan.com.cn

2.1.5　公司选定的信息披露报纸：《证券时报》、《中国证券报》、《上海证券报》、《证券日报》
公司年度报告备置地点：公司董事会秘书处

2.1.6　公司聘请的会计师事务所名称：安永华明会计师事务所
会计师事务所办公地址：北京市东城区东长安街1号东方广场东方经贸城安永大楼16层

2.2　组织结构

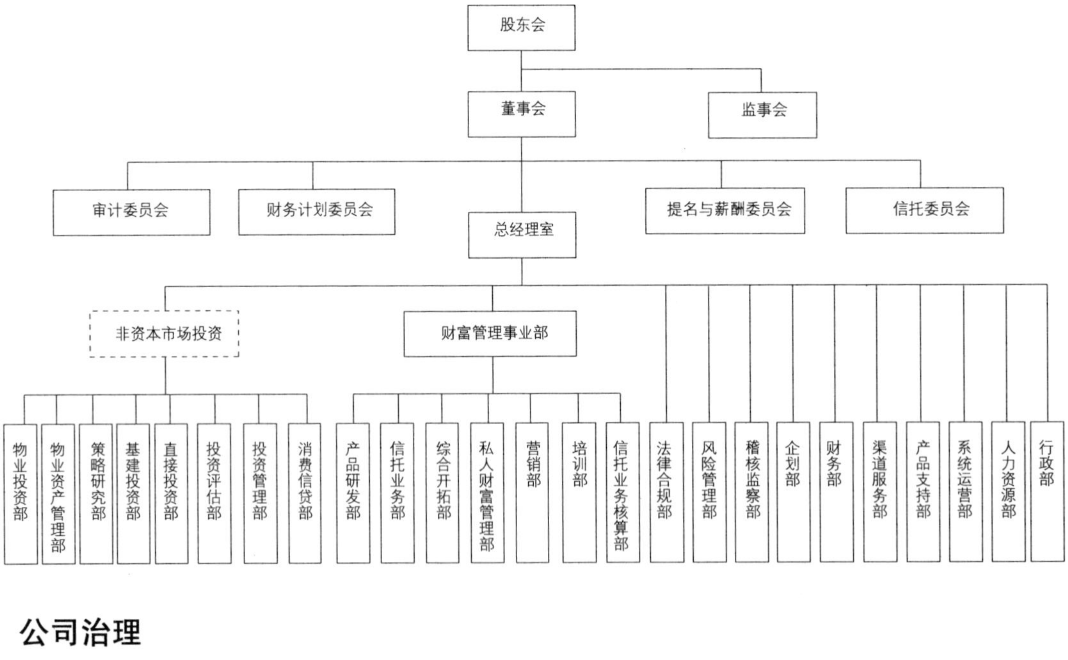

3. 公司治理

3.1　股东

报告期末公司股东总数为2个。

股东名称	持股比例(%)	法定代表人	注册资本(亿元)	注册地址	主要经营业务及主要财务情况
★中国平安保险(集团)股份有限公司(以下简称平安集团公司)	99.88	马明哲	79.16	深圳市	投资保险企业、开展保险资金运用业务等；2011年末公司资产总额22 854亿元。

续表

股东名称	持股比例(%)	法定代表人	注册资本(亿元)	注册地址	主要经营业务及主要财务情况
上海市糖业烟酒(集团)有限公司	0.12	葛俊杰	3.21	上海市	食品贸易,产业投资与管理,现代服务业等;2011年末公司资产总额268亿元。

注:★为公司最终实际控制人。

3.2 董事

董事长、副董事长、董事

姓名	职务	性别	年龄	选任日期	所推举的股东名称	该股东持股比例(%)	简要履历
童恺	董事长	男	41	2004年9月	平安集团公司	99.88	2004年7月加入平安信托公司,现任平安信托有限责任公司董事长兼CEO,曾任高盛(亚洲)有限责任公司执行董事、亚太区保险投行业务主管(除日本外),获牛津大学ORIEL学院工程学硕士学位和欧洲商学院(INSEAD)工商管理硕士学位。
王佳芬	副董事长	女	61	2012年1月	平安集团公司	99.88	2012年1月加入平安信托公司,现任平安信托有限责任公司副董事长,曾任光明乳业股份有限公司董事长、总裁一职,获得上海电视大学工业管理系学士学位,中欧国际工商管理学院EMBA硕士学位。
任汇川	董事	男	42	2011年4月	平安集团公司	99.88	1992年10月加入平安集团公司,现任中国平安保险(集团)股份有限公司总经理。获北京大学工商管理硕士学位。
王利平	董事	女	55	2007年10月	平安集团公司	99.88	1989年6月加入平安集团公司,现任中国平安保险(集团)股份有限公司副总经理。获南开大学货币银行学硕士学位。
姚波	董事	男	41	2007年10月	平安集团公司	99.88	2001年5月加入平安集团公司,现任中国平安保险(集团)股份有限公司副总经理,曾任职德勤会计师事务所精算咨询高级经理。获美国纽约大学工商管理硕士学位。
葛俊杰	董事	男	53	2004年9月	上海市糖业烟酒(集团)有限公司	0.12	上海市糖业烟酒(集团)有限公司董事长兼总裁、光明食品集团副总裁,获上海财经大学商业经济专业学位。

独立董事

姓名	所在单位及职务	性别	年龄	选任日期	所推举的股东名称	该股东持股比例(%)	简要履历
夏立平	退休	男	74	2007年10月	平安集团公司	99.88	曾历任中国人民银行金管司副司长、稽核司副司长、货币金银司司长等,获安徽财贸学院银行专业学士学位。
鲍友德	退休	男	80	2008年8月	平安集团公司	99.88	现任上海市总会计师研究会名誉会长、上海市会计学会顾问、上海市财政税务学会顾问。曾任上海市税务局第二分局副局长、副处长;上海市财政局及上海市税务局局长、党委书记。获上海财经学院会计专业学士学位。
李罗力	综合开发研究院(深圳)副理事长	男	65	2007年10月	平安集团公司	99.88	综合开发研究院(深圳)副理事长。曾历任南开大学经济研究所副所长、国家物价局物价研究所副所长、深圳市政府办公室副主任、深圳市委副秘书长等。获南开大学经济学硕士学位。

3.3 监事

监事会成员

姓名	职务	性别	年龄	选任日期	所推举的股东名称	股东持股比例(%)	简要履历
叶素兰	监事会主席	女	55	2006年3月	平安集团公司	99.88	现任中国平安保险(集团)股份有限公司副总经理兼首席稽核执行官兼合规负责人兼审计责任人。
肖建荣	监事	男	51	2004年9月	平安集团公司	99.88	现任中国平安保险(集团)股份有限公司党群工作部总经理。
方渭清	监事	男	34	2010年12月	职工代表	—	现任平安信托有限责任公司稽核监察部副总经理。

3.4 高级管理人员

姓名	职务	性别	年龄	选任日期	金融从业年限(年)	学历	专业	简要履历
宋成立	总经理	男	51	2003年7月	21	硕士	管理学	2003年7月加入平安信托公司,原任中国平安财产保险股份有限公司副总经理。
张礼庆	副总经理	男	46	2006年8月	20	博士	金融	2003年1月加入平安信托公司,历任平安信托有限责任公司总经理助理、副总经理。

续表

姓名	职务	性别	年龄	选任日期	金融从业年限(年)	学历	专业	简要履历
何勇	副总经理	男	42	2008年8月	18	本科	物理学	2005年6月加入平安信托公司，历任平安信托有限责任公司总经理助理、副总经理。
封群	副总经理	男	42	2010年8月	18	硕士	工商管理	2010年8月加入平安信托公司，原任深圳平安财富通咨询有限公司总经理。
韩晓	总经理助理	男	41	2011年4月	17	本科	历史学	2011年4月加入平安信托公司，原任中国平安人寿保险股份有限公司宁波分公司总经理。
庄汉平	总经理助理	男	44	2012年1月	14	博士后	环境工程	2012年1月加入平安信托公司，原任平安资产管理有限责任公司总经理助理。

3.5 公司员工

报告期末，公司职工人数为740人，平均年龄31岁，其中博士学历占2%、硕士学历占43%、本科学历占45%、其他学历占10%。

4. 经营管理

4.1 经营目标、方针、战略规划

公司的经营目标是：铸就中国私人财富管理第一品牌，打造非资本市场投资竞争优势，实现公司资产规模和盈利快速增长。财富管理，实现客户最多、规模最大；非资本市场投资，建立卓越的投资能力、投资体系和拥有最好的投资人才。

公司的经营方针是：品质优先，利润导向；遵纪守法，挑战新高。

公司的战略规划是：切入最具成长性的中国高净值人士理财市场，重点发展私人财富管理业务，兼顾发展机构法人业务；建立一流的投资队伍，最有效的投融资平台，最丰富的产品组合，形成亚洲最具影响力的非资本市场投资能力；合理配置资源，高效运用资金，力争ROE水平位居行业前列，保持中国一流的、最具创新力的信托公司的行业领先地位。

4.2 经营业务的主要内容

本公司（本报告中所称的本公司或公司，均指母公司；本报告中所称的本集团或集团，则为本公司及其子公司）的主要经营业务。

自营资产运用与分布表

资产运用	金额（万元）	占比（%）	资产分布	金额（万元）	占比（%）
货币资产	175 390.47	11.40	基础产业	—	0.00
贷款及应收款	60 454.71	3.93	房地产业	10 050.00	0.65
交易性金融资产	8 823.03	0.57	证券市场	8 823.03	0.57
买入返售金融资产	0.00	0.00	实业	576 819.93	37.49
可供出售金融资产	460 599.47	29.93	金融机构	791 515.79	51.44
长期股权投资	700 580.71	45.53	其他	151 515.92	9.85
其他	132 876.28	8.64			
资产总计	1 538 724.67	100.00	资产总计	1 538 724.67	100.00

注：除特别说明外，本报告中数据均以人民币计量。

信托资产运用与分布表

资产运用	金额（万元）	占比（%）	资产分布	金额（万元）	占比（%）
货币资产	2 014 933.91	10.27	基础产业	5 606 270.68	28.57
贷款	9 834 294.16	50.12	房地产	4 975 068.86	25.35
交易性金融资产	1 040 229.64	5.30	证券市场	1 057 049.78	5.39
可供出售金融资产	1 377 171.79	7.02	实业	4 496 772.20	22.92
长期股权投资	3 749 083.11	19.11	金融机构	2 741 160.90	13.97
其他	1 605 967.80	8.18	其他	745 357.99	3.80
资产总计	19 621 680.41	100.00	资产总计	19 621 680.41	100.00

4.3 市场分析

4.3.1 影响公司业务发展的有利因素

（1）宏观经济平稳增长。2011年，虽然国内外宏观经济形式较为严峻复杂，外需放缓、通货膨胀加剧、紧缩货币政策持续收紧市场流动性，但整体经济在2011年运行平稳、未出现大幅波动，全年GDP增长“超九”，为信托行业发展提供了较为稳定的宏观经济环境及难得的发展机会。

（2）政策环境持续优化。以净资本为核心的《信托公司净资本管理办法》公布、实施以来，信托行业各类业务风险的外部监控及内部控制能力得到有效提升。监管叫停“票据信托”业务、持续加强对房地产信托业务的监管力度，有效净化信托行业经营环境的同时，凸显平安信托注重业务风险管控的经营优势；而监管放松信托公司自有渠道建设、引导渠道合法合规发展的态度转变，及信托行业以业务创新、发展模式转变为导向的变化趋势更体现出平安信托在经营、发展方面的先行优势。

（3）居民理财需求高涨。2011年中国经济保持平稳较快增长态势，民间财富持续快速积累，居民理财意识日益高涨，社会理财产品需求持续攀升；与此同时，持续高水平通货膨胀促使大量社会财富脱媒，寻求更多稳定、较高回报的投资途径实现保值、增值，也为信托行业带来难得的发展机遇。

4.3.2 影响公司业务发展的不利因素

（1）经济增长乏力、监管政策不确定性增强。2011年，我国宏观经济虽保持了总量的稳健增长，但受困于国际经济增长乏力所导致的出口持续下降，及国内通货膨胀持续高位运行、内需不足等多种因素，实体投资需求减弱、股市持续低迷，经济环境面临一定困难，对公司阳光私募、PE、房地产信托投资等各类业务表现均产生了较大影响。而基于宏观经济的不确定性，监管政策不确定性随之增强，对信托业的稳定的业务模式及盈利模式带来极大的不确定性。

（2）监管体系、制度待持续完善。随着行业监管逐步强化，

信托业政策环境持续优化、改善，但与国外成熟、规范的行业经营环境相比还有较大距离。而伴随着信托业的快速成长，面对信托业务的持续创新，相关配套的监管法律、法规等监管制度无法同步满足监管需求，一方面无法及时有效地保障行业健康竞争、有序发展，另一方面也在一定程度上影响了信托公司的创新空间，制约了信托业的快速发展。

(3)市场竞争日趋激烈。作为金融服务领域一个集业务模式灵活、盈利能力突出、创新发展空间巨大等诸多优势于一体的朝阳行业，信托业务越发受到诸多具有综合经营实力金融机构的青睐，信托业内兼并重组、实力整合动作频频，而各大信托公司自身发展模式的优化、渠道发展规划等诸多经营举措使得信托行业竞争日趋激烈。

4.4 内部控制

4.4.1 内部控制环境和内部控制文化

公司一向致力于构建全面完善的内部控制管理体系。公司内部控制旨在实现合理保证企业经营管理合法合规、保证企业资产安全、确保财务报告及相关信息真实完整、提高经营效率和效果、促进企业实现发展战略等目标，建立了覆盖全面、针对性强、执行到位、监督有力的内部控制体系。公司率先采用国际会计师审计、聘请独立的国际咨询公司，并在同行中率先引入海外高级管理人才和国际先进的管理体系，为公司持续稳健发展提供了保障。

公司根据《中华人民共和国公司法》、《中华人民共和国信托法》、《信托公司管理办法》、《信托公司治理指引》及《企业内部控制基本规范》等国家相关法律法规和公司章程的要求，建立了由股东大会、董事会、监事会和高级管理层组成的法人治理结构，形成了权力机构、决策机构、监督机构和管理层之间分工配合、相互协调、相互制衡的运行机制。公司的股东大会、董事会、监事会均按照相关法律、法规、规范性文件及公司章程的规定，规范有效地运作。公司完善的法人治理结构为公司内部控制目标的实现提供了合理保证。

公司积极营造合规文化，为合规管理工作的开展和内部控制建设创造出优越的内部环境。多年来，公司制定并不断完善《员工行为准则》，对违纪类型、违纪处理流程等作出明确规定，倡导员工诚信守法、廉洁自律，遵守公司内部规章制度，维护公司形象和荣誉，维护社会公共秩序和良好风俗；同时公司贯彻“品质优先，利润导向；遵纪守法，挑战新高”的方针，用遵纪守法、诚实经营要求各级干部和员工，用《“红、黄、蓝”牌处罚制度》来惩戒公司经营管理中存在的不合规行为，营造了一个良好的内控环境。

4.4.2 内部控制措施

公司董事会负责内部控制的建立健全和有效实施，董事会下设审计委员会负责审查企业内部控制，监督内部控制的有效实施和内部控制自我评价情况。2011 年，公司继续深入完善内控架构体系，法律合规部、风险管理部和稽核监察部专职从事内部控制工作，形成了事前、事中、事后“三位一体”的风险管理和监督检查体系，搭建信息共享、工作衔接的统一系统平台，实现内部控制“促管理、促发展、促效益”的目标。

2011 年，公司进一步完善并实施了覆盖业务管理、风险管理、信息管理、后台管理等一系列内部控制制度和流程，业务运作基本实现了前台、中台、后台严格分离及各部门之间高效衔接、密切合作。公司已对信托业务的决策审批流程、合同设计、投资业务的尽职调查等关键问题分别采取了理顺流程、项目管理职能前置、合同拟定层层把关等内控措施，并通过手工控制与自动控制、预防性控制与发现性控制相结合的方法，运用不相容职务分离控制、授权审批控制、会计系统控制、财产保护控制、预算控制、运营分析控制和绩效考评控制等控制措施，保证了业务、财务、人员、信息技术等控制活动风险控制在可承受度之内。

2011 年，公司开展《企业内部控制基本规范》遵循项目，成立了领导小组，并由专项工作小组积极落实。目前，公司已如期完成公司层面控制、信托管理、财务报告与信息披露、直接投资等流程的检视梳理和整改，满足《企业内部控制基本规范》要求。通过内控项目的实施，公司内控管理和风险防范水平得到进一步提升。

4.4.3 监督评价与纠正

公司目前正着力推行事前、事中与事后“三位一体”的风险管理和监督评价体系，对业务环节和经营管理进行持续性的全方位、全过程的监督、评价与纠正。2011 年全面完成了内部控制检查评价计划，符合《企业内部控制基本规范》等监管规定和公司完善治理结构、强化内部控制体系建设的总体要求。

事前监督主要从制度建设、制度与流程检视与完善，风险信息收集、识别与监测整合等方面展开，对公司的内部控制进行事前管理；事中监控包括法律合规部的业务评审、风险管理部的业务监控、业务部门的持续监控及审计平台的过程监督；事后监督通过常规稽核、专项稽核、离任稽核、远程/日常稽核等模式发现、评价、后评价公司经营中存在的制度和流程缺陷，并建立规范的后续整改跟踪程序确保合理建议得到落实和改进，有效提升公司的内控水平。

4.5 风险管理

4.5.1 风险管理概况

公司认为有效的风险管理是公司得以生存、发展的关键。因此，公司建立了一套完整的风险管理体系来识别、计量、监控以及管理公司的各类风险，包括信用风险、市场风险、操作风险等。

公司的风险管理架构由信托决策层、风险管理部及投资评估部组成，各层级协同管理公司风险。信托决策层负责公司所有投资项目及重大事项的决策，从公司整体层面考虑项目投资是否符合公司利益；风险管理部负责制定公司整体以及各产品风控政策，负责识别、量化、监控公司整体及各产品的各项风险指标，向管理层汇报，并提供风险缓释建议；投资评估部负责公司财富、PE、物业、基建各个业务条线业务的审批，分析业务的风险及收益，并根据分析向公司决策层提供是否开展业务的建议。

公司建立了一套基于新资本协议精神的风险管理体系，公司的风险管理体系以风险权重资产(Risk Weighted Asset，RWA)计量风险、以核心资本限制公司风险承受能力、以资本充足率控制公司总体风险偏好，确保公司所承担的风险在公司的承受能力与意愿范围之内。资产风险权重越大，需要的风险费用就越多。不同的产品线代表其资产的不同风险及收益属性，按产品线作风险预算，公司能有更清晰的公司风险、收益图谱；公司能够有计划地去执行公司的投资。同时，按照业务线分配风险资本并对使用情况进行监控，鼓励各业务线在创造利润同时，注重总体风险控制，考虑风险调整后的每项投资的回报。

4.5.2 风险状况

4.5.2.1 信用风险状况

信用风险是指交易对手未能履行合同所带来的经济损失风险。公司的信用风险主要表现为：在信托贷款、资产回购、后续资金安排、担保、履约承诺等交易过程中，借款人、担保人、保管人（托管人）等交易对手不履行承诺，不能或不愿履行合约承诺而使信托资产或自有资产遭受潜在损失的可能性。

4.5.2.2 市场风险状况

市场风险是指由于市场价格或利率波动而导致的对金融工具的资产价值产生负面波动的风险，可以区分为系统性风险和非系统性风险两大类。公司所面临的市场风险主要是指由于市场价格，如利率、股票价格、债券价格等波动而造成的信托资产、自有资产损失的风险。

4.5.2.3 操作风险状况

操作风险是指由于不完善或有问题的内部操作过程、人员、系统或外部事件而导致的直接或间接损失的风险，但不包含策略性风险和声誉风险。

4.5.2.4 其他风险状况

2011 年，公司面临的其他风险主要有政策风险和道德风险。政策风险是指因与公司相关的宏观政策和监管政策变化给公司经营带来的风险。道德风险主要是指由于公司内部人员蓄意违规、违法或与公司的利益主体串通而给信托受益人或公司自身带来损失的可能性。

4.5.3 风险管理

4.5.3.1 信用风险管理

公司信用风险管理主要通过对交易对手的信用评级和尽职调查进行事前控制；通过设定抵（质）押担保措施、引入风险转移措施、风险定价等手段规避或减少信用风险；通过贷后交易对手持续跟踪信用评价进行事后控制。公司强调风险管理关口前移，注重业务管理的调研和过程控制，通过设置信用级别底线、单一信用风险限额等措施控制公司信用风险敞口。公司资产分类和准备金计提严格执行中国银行业监督管理委员会制订的贷款质量五级分类管理的规定。

2011 年，公司将信用评级作为控制信用风险的重要措施之一，对信用类业务均要求评估或提供交易对手的信用级别。在已发生的信托业务后续运营期间，为做好事后信用风险管理，对交易对手的信用状况做持续跟踪评价，根据交易对手公布的财务数据和经营状况，评价信用变化状况，并向管理层报送相关报告。

为尽量减少由于资料失真对信用风险评估所带来的重大负面影响，公司注重对于信托项目或交易对手的尽职调查工作。一方面，由投资评估团队开展现场尽职调查；另一方面，聘请外部专业机构开展交易对手财务尽职调查和法律尽职调查，评估项目是否存在信用风险。

为提升内部信用评级的能力，购买了外部的行业信用评级模型，同时内部团队建立了十个行业信用评级模型，初步搭建平安信托的内部信用评级标准，保证信用评级标准的公平、稳定和适当公开。

为减少信用风险可能带来的损失，公司在固有业务和信托业务中均大力推进抵（质）押担保措施，缓冲交易对手违约可能带来的损失风险，在违约风险（PD）不变的情况下，降低违约损失率（LGD）。

4.5.3.2 市场风险管理

公司通过使用对各种有市场风险敞口的资产进行组合化管理，设置各种资产的头寸限额和指标，来达到控制市场风险的目的。例如，公司设置单一交易资产限额，防止某一单一交易资产的市场风险过大。又如，公司通过对每个资产组合的单日风险价值（Value at Risk，VaR）进行限额管控，以达到对组合的市场风险敞口进行限制。公司严格履行受托人的尽职管理职责，严格按照信托文件进行操作和处理信托事务，均符合相关规定。公司投资涉足各个行业和领域，使得整个公司较好地将风险分散在不同的层面。

根据公司目前所面临的市场风险，主要采用的市场风险监控指标是风险价值（Value at Risk，VaR）。VaR 是一种应用广泛的市场定量工具，是用来评价包括利率风险在内的各种市场风险的概念。其具体度量值定义为在足够长的一个计划期内，在一种可能的市场条件变化之下市场价值变动的最大可能性。它是在市场正常波动情形下对资产组合可能损失的一种统计测度。VaR 分析方法的优点是在于其分析方法可以测量不同市场、不同金融工具构成的复杂的证券组合和不同业务部门的总体市场风险。而且 VaR 提供了统一的方法来测量风险，因此公司管理层可以比较不同业务部门或者产品之间的风险大小，进行绩效评估，设定风险限额。

4.5.3.3 操作风险管理

公司继续监控操作风险的关键风险指标（KRI），并汇总建立了风险事件数据库。同时，公司对已有流程进行剖析分析，整合和优化投资审批流程，提高投资效率。

公司通过设计分层级关键风险指标（KRI）监测公司操作风险，对比 KRI 的运行趋势和实际发生的操作风险，验证 KRI，并对其不断完善。同时定期执行 KRI 的运行趋势报告，对监控期间公司发生的操作风险向管理层报告。在风险数据库的基础上，公司根据新资本协议的模型验证方法，选择合适的评估模型。

在以上定量分析操作风险的同时，公司也加强内部流程的操作风险管理，规范各部门的操作风险管理责任，降低公司操作风险。

2011 年，公司加大了销售方面的操作风险的管理，对一些信托产品增加了销售风险提示书。操作风险对每个项目单独出具信托风险揭示书，交由客户经理与投资者共同签署，并在系统上设置相应的控制措施，同时根据客户服务部提供的回访问题瑕疵件统计，对揭示书签署执行情况进行抽检，确保个人投资者对于产品风险披露的认知有书面确认，以此降低销售过程中的风险。

信托的本质是代客理财，公司通过各种措施降低客户投资风险，保障客户利益以及公司的长远发展。首先，规范、全面的披露信托产品风险，使投资者购买信托产品时就对投资风险有较为全面的认识，促使投资者购买符合自身承受能力的信托产品。其次,平安信托在募资过程中,对投资者的成熟度和损失承受能力进行评估,明确具有一定资本实力、对投资公司风险有一定认识,并可以接受损失风险的投资者才能认购信托产品。

4.5.3.4　其他风险管理

2011年,公司通过加强对宏观政策和监管规定的调查研究,加强与监管部门和行业间的沟通、联系,以尽可能准确地判断分析宏观政策和监管政策的未来趋势,来管理政策风险。同时坚持遵纪守法、"守法+1"的经营方针和经营宗旨,保证公司的各项业务在完全合法合规的前提下开展。公司主要通过制度规范和加强员工职业道德培训来防范道德风险。严格履行受托人的监管义务,妥善管理信托投资项目,把道德风险控制在最低限度。

5. 会计报表

5.1　自营资产

5.1.1　会计师事务所审计结论

审计报告

安永华明(2012)审字第60799520_A01号

平安信托有限责任公司董事会:

我们审计了后附的平安信托有限责任公司的财务报表,包括2011年12月31日的合并及公司的资产负债表,2011年度的合并及公司的利润表、所有者权益变动表和现金流量表以及财务报表附注。

一、管理层对财务报表的责任

编制和公允列报财务报表是平安信托有限责任公司管理层的责任。这种责任包括:(1)按照企业会计准则的规定编制财务报表,并使其实现公允反映;(2)设计、执行和维护必要的内部控制,以使财务报表不存在由于舞弊或错误而导致的重大错报。

二、注册会计师的责任

我们的责任是在执行审计工作的基础上对财务报表发表审计意见。我们按照中国注册会计师审计准则的规定执行了审计工作。中国注册会计师审计准则要求我们遵守中国注册会计师职业道德守则,计划和执行审计工作以对财务报表是否不存在重大错报获取合理保证。

审计工作涉及实施审计程序,以获取有关财务报表金额和披露的审计证据。选择的审计程序取决于注册会计师的判断,包括对由于舞弊或错误导致的财务报表重大错报风险的评估。在进行风险评估时,注册会计师考虑与财务报表编制和公允列报相关的内部控制,以设计恰当的审计程序,但目的并非对内部控制的有效性发表意见。审计工作还包括评价管理层选用会计政策的恰当性和作出会计估计的合理性,以及评价财务报表的总体列报。

我们相信,我们获取的审计证据是充分、适当的,为发表审计意见提供了基础。

三、审计意见

我们认为,上述财务报表在所有重大方面按照企业会计准则的规定编制,公允地反映了平安信托有限责任公司2011年12月31日的合并及公司的财务状况以及2011年度的合并及公司的经营成果和现金流量。

安永华明会计师事务所　　中国注册会计师　　严盛炜

中国　北京　　中国注册会计师　　熊姝英

2012年3月20日

5.1.2　资产负债表

单位:万元

资产	本集团		本公司	
	期末数	期初数	期末数	期初数
货币资金	1 299 979.19	1 682 758.80	175 390.47	68 819.73
结算备付金	243 759.62	396 666.05	—	—
以公允价值计量且其变动计入当期损益的金融资产	581 664.88	384 877.06	8 823.03	52 231.08
买入返售金融资产	109 576.77	525 609.98	—	238 000.00
应收利息	57 733.65	6 433.20	5 091.66	6 097.88
应收账款	13 766.91	9 191.33	—	—
发放贷款及垫款	85 568.70	146 859.96	60 454.71	146 253.46
存出保证金	27 406.91	32 219.91	—	—
存货	10 557.02	9 696.44	—	—
可供出售金融资产	1 904 716.61	830 916.09	460 599.47	305 893.11
长期股权投资	550 207.42	690 604.50	700 580.71	705 268.21
商誉	35 520.73	39 610.76	—	—
投资性房地产	204 448.38	243 699.38	—	—
固定资产	30 172.66	27 596.14	5 790.50	2 387.82
无形资产	13 924.51	12 406.75	5 146.03	5 324.20
递延所得税资产	20 992.48	305.54	5 572.53	—
其他资产	607 233.55	178 747.56	111 275.56	50 894.09
资产总计	5 797 229.99	5 218 199.45	1 538 724.67	1 581 169.58

资产负债表（续）

单位:万元

负债及所有者权益	本集团		本公司	
	期末数	期初数	期末数	期初数
短期借款	83 321. 00	93 000. 00	—	—
拆入资金	100 000. 00	100 000. 00	100 000. 00	100 000. 00
卖出回购金融资产款	1 344 760. 18	614 951. 41	—	—
代理买卖证券款	860 760. 63	1 400 821. 73	—	—
代理承销证券款	—	203 000. 00	—	—
应付账款	7 794. 59	27 900. 11	—	—
预收账款	320 951. 86	190 739. 18	—	—
应付职工工资薪酬	82 524. 35	71 746. 64	18 134. 38	10 878. 68
应交税费	44 548. 52	53 520. 24	26 869. 47	29 595. 44
应付利息	9 057. 93	1 078. 54	64. 33	50. 93
长期借款	309 137. 23	151 738. 48	—	—
递延所得税负债	23 911. 17	52 321. 31	—	27 240. 97
其他负债	424 538. 45	207 087. 45	28 666. 69	79 021. 95
负债合计	3 611 305. 91	3 167 905. 09	173 734. 87	246 787. 97
实收资本	698 800. 00	698 800. 00	698 800. 00	698 800. 00
资本公积	230 327. 67	315 183. 73	228 547. 08	304 256. 12
盈余公积	47 843. 67	37 211. 95	47 843. 67	37 211. 95
一般风险准备	35 426. 01	30 110. 15	35 426. 01	30 110. 15
未分配利润	957 808. 31	760 780. 32	354 373. 04	264 003. 39
外币报表折算差额	—213. 62	—213. 59	—	—
归属于母公司所有者权益合计	1 969 992. 04	1 841 872. 56	1 364 989. 80	1 334 381. 61
少数股东权益	215 932. 04	208 421. 80	—	—
所有者权益合计	2 185 924. 08	2 050 294. 36	1 364 989. 80	1 334 381. 61
负债和所有者权益总计	5 797 229. 99	5 218 199. 45	1 538 724. 67	1 581 169. 58

5. 1. 3 利润表

单位:万元

项　目	本集团		本公司	
	本期数	上期数	本期数	上期数
一、营业总收入	956 214. 30	1 044 618. 11	282 013. 01	235 720. 71
利息收入	56 056. 03	65 802. 59	20 600. 70	36 721. 95
手续费及佣金收入	498 943. 52	463 699. 74	200 951. 02	90 306. 53
营业收入	64 827. 39	236 682. 03	—	—
投资收益	212 356. 15	219 923. 55	60 596. 70	111 929. 23
公允价值变动损失	-6 316. 46	-8 592. 75	-327. 97	-3 243. 78
汇兑损益	-1 191. 07	-138. 59	-83. 9	-53. 69
其他业务收入	131 538. 74	67 241. 54	276. 46	60. 47
二、营业总支出	-656 103. 15	-671 933. 25	-141 091. 86	-99 228. 48
利息支出	-81 614. 53	-47 411. 62	-314. 91	-304. 41
手续费及佣金支出	-71 005. 14	-49 503. 65	-41 932. 92	-20 131. 36
营业成本	-64 276. 46	-175 625. 40	—	—
营业税金及附加	-42 574. 58	-39 027. 11	-12 804. 92	-10 476. 63
业务及管理费	-344 675. 61	-312 913. 88	-89 286. 72	-62 988. 95
资产减值损失	3 169. 83	-10 539. 32	3 247. 91	-5 302. 40
其他业务成本	-55 126. 66	-36 912. 27	-0. 3	-24. 73
三、营业利润	300 111. 15	372 684. 86	140 921. 15	136 492. 23
加:营业外收入	3 368. 41	3 468. 27	832. 84	168. 37
减:营业外支出	-344. 19	-1 587. 37	-26. 66	-564. 31
四、利润总额	303 135. 37	374 565. 76	141 727. 33	136 096. 29
减:所得税费用	-77 310. 76	-89 813. 32	-35 410. 10	-32 213. 64
五、净利润	225 824. 61	284 752. 44	106 317. 23	103 882. 65
归属于母公司所有者的净利润	212 975. 57	257 367. 57	—	—
少数股东损益	12 849. 04	27 384. 87	—	—
	225 824. 61	284 752. 44	—	—
六、其他综合收益/(亏损)	-83 774. 73	48 253. 83	-75 709. 04	36 766. 88
七、综合收益/(亏损)总额	142 049. 88	333 006. 27	30 608. 19	140 649. 53
归属母公司所有者的综合收益/(亏损)总额	130 082. 28	305 377. 81	—	—
归属少数股东的综合收益/(亏损)总额	11 967. 60	27 628. 46	—	—

5.1.4 所有者权益变动表

2011 年

单位:万元

项目	本集团								本公司					
	归属于母公司所有者权益						少数股东权益	所有者权益合计	实收资本	资本公积	盈余公积	一般风险准备	未分配利润	所有者权益合计
	实收资本	资本公积	盈余公积	一般风险准备	未分配利润	外币报表折算差额								
一、年初余额	698 800.00	315 183.73	37 211.95	30 110.15	760 780.32	-213.59	208 421.80	2 050 294.36	698 800.00	304 256.12	37 211.95	30 110.15	264 003.39	1 334 381.61
二、本年增减变动金额														
(一)净利润	—	—	—	—	212 975.57		12 849.04	225 824.61	—	—	—	—	106 317.23	106 317.23
(二)其他综合收益	—	-82 893.26	—	—	—	-0.03	-881.44	-83 774.73	—	-75 709.04	—	—	—	-75 709.04
综合收益总额	—	-82 893.26	—	—	212 975.57	-0.03	11 967.60	142 049.88	—	-75 709.04	—	—	106 317.23	30 608.19
(三)利润分配														
1. 提取盈余公积	—	—	10 631.72	—	-10 631.72	—	—	—	—	—	10 631.72	—	-10 631.72	—
2. 提取一般风险准备	—	—	—	5 315.86	-5 315.86	—	—	—	—	—	—	5 315.86	-5 315.86	—
3. 对股东的分配	—	—	—	—	—	—	—	—	—	—	—	—	—	—
(四)其他	—	-1 962.80	—	—	—	—	-4 457.36	-6 420.16	—	—	—	—	—	—
三、年末余额	698 800.00	230 327.67	47 843.67	35 426.01	957 808.31	-213.62	215 932.04	2 185 924.08	698 800.00	228 547.08	47 843.67	35 426.01	354 373.04	1 364 989.80

所有者权益变动表(续表)

2010 年

单位:万元

项目	本集团								本公司					
	归属于母公司所有者权益						少数股东权益	所有者权益合计	实收资本	资本公积	盈余公积	一般风险准备	未分配利润	所有者权益合计
	实收资本	资本公积	盈余公积	一般风险准备	未分配利润	外币报表折算差额								
一、年初余额	698 800.00	274 656.66	26 823.68	22 483.51	571 741.26		420 991.03	2 015 496.14	698 800.00	267 489.24	26 823.68	22 483.51	228 449.25	1 244 045.68
二、本年增减变动金额														
(一)净利润	—	—	—	—	257 367.57		27 384.87	284 752.44	—	—	—	—	103 882.65	103 882.65
(二)其他综合收益	—	48 223.83	—	—	—	-213.59	243.59	48 253.83	—	36 766.88	—	—	—	36 766.88
综合收益总额	—	48 223.83	—	—	257 367.57	-213.59	27 628.46	333 006.27	—	36 766.88	—	—	103 882.65	140 649.53
(三)利润分配														
1. 提取盈余公积	—	—	10 388.27	—	-10 388.27		—	—	—	—	10 388.27	—	-10 388.27	—
2. 提取一般风险准备	—	—	—	7 626.64	-7 626.64		—	—	—	—	—	7 626.64	-7 626.64	—
3. 对股东的分配	—	—	—	—	-50 313.60		—	-50 313.60	—	—	—	—	-50 313.60	-50 313.60
(四)其他	—	-7 696.76	—	—	—		-240 197.69	-247 894.45	—	—	—	—	—	—
三、年末余额	698 800.00	315 183.73	37 211.95	30 110.15	760 780.32	-213.59	208 421.80	2 050 294.36	698 800.00	304 256.12	37 211.95	30 110.15	264 003.39	1 334 381.61

5.2 信托资产

5.2.1. 信托项目资产负债汇总表

单位：万元

信托资产：	期末数	期初数	信托负债：	期末数	期初数
货币资金	2 015 049.21	587 818.58	应付受托人报酬	25 318.46	15 380.43
拆出资金	—	—	应付托管费	1 906.04	1 383.4
交易性金融资产	1 040 229.64	1 183 866.91	应付受益人收益	15.44	30.69
买入返售金融资产	838 466.06	453 167.81	应交税费	9 513.84	2 700.68
应收款项	501 505.84	358 092.92	其他应付款项	95 412.99	37 751.71
贷款	9 834 294.16	7 840 744.00	其他负债	—	—
可供出售金融资产	1 377 171.80	550 982.20	信托负债合计	132 166.77	57 246.91
持有至到期投资	—	—	信托权益：	—	—
长期股权投资	3 749 083.11	2 718 261.87	实收信托	19 090 850.56	13 571 977.46
投资性房地产	265 880.59	266 485.38	资本公积	-1 855.20	23 363.82
在建工程	—	—	未分配利润	400 518.28	306 831.48
无形资产	—	—	信托权益合计	19 489 513.64	13 902 172.76
其他资产	—	—			
资产总计	19 621 680.41	13 959 419.67	负债和权益总计	19 621 680.41	13 959 419.67

5.2.2 信托项目利润及利润分配汇总表

单位：万元

项目	本期数	上期数
一、营业收入	1 123 726.03	1 254 155.23
利息收入	643 943.87	430 478.68
投资收入	490 766.76	782 563.85
租赁收入	24 906.74	15 689.45
公允价值变动损益	-65 756.77	2 594.70
其他收入	29 865.43	22 828.55
二、营业费用	164 921.25	83 008.52
三、营业税金及附加	10 366.04	3 609.42
加：营业外收入	14.02	6.90
减：营业外支出	0.01	273.41
四、扣除资产减值损失前的信托利润	948 452.75	1 167 270.78
减：资产减值损失	—	—
五、净利润	948 452.75	1 167 270.78
加：期初未分配信托利润	306 831.48	147 272.04
六、可供分配的信托利润	1 255 284.23	1 314 542.82
减：本期已分配信托利润	854 765.95	1 007 711.34
七、期末未分配信托利润	400 518.28	306 831.48

6. 会计报表附注

6.1 简要说明报告年度会计报表编制基准、会计政策、会计估计和核算方法发生的变化

6.1.1 会计报表编制基准不符合会计核算基本前提的说明

公司会计报表编制基准不存在不符合会计核算基本前提的情况。

6.1.2 会计制度

公司财务报表是根据财政部于2006年颁布的《企业会计准则——基本准则》和38项具体会计准则、其后颁布的应用指南、解释以及其他相关规定（统称“企业会计准则”）编制。

6.1.3 计提资产减值准备的范围和方法

金融资产，本集团于资产负债表日对金融资产的账面价值进行检查，有客观证据表明该金融资产发生减值的，计提减值准备。

递延所得税资产，本集团于资产负债表日对递延所得税资产的账面价值进行复核，如果未来期间很可能无法获得足够的应纳税所得额用以抵扣递延所得税资产的利益，减计递延所得税资产的账面价值。

存货，于资产负债表日，存货按照成本与可变现净值孰低计量，对成本高于可变现净值的，计提存货跌价准备，计入当期损益。

其他资产，本集团于资产负债表日判断资产是否存在可能发生减值的迹象，存在减值迹象的，本集团将估计其可收回金额，进行减值测试。

6.1.4 金融资产四分类的范围和标准

本集团的金融资产于初始确认时分类为：以公允价值计量且其变动计入当期损益的金融资产、贷款和应收款项、可供出售金融资产、持有至到期投资。本集团在初始确认时确定金融资产的分类。金融资产在初始确认时以公允价值计量。对于以公允价值计量且其变动计入当期损益的金融资产，相关交易费用直接计入当期损益，其他类别的金融资产相关交易费用计入其初始确认金额。

6.1.5 交易性金融资产核算方法

以公允价值计量且其变动计入当期损益的金融资产，包括交易性金融资产和初始确认时指定为以公允价值计量且其变动计入当期损益的金融资产。交易性金融资产是指满足下列条件之一的金融资产：取得该金融资产的目的是为了在短期内出售；属于进行集中管理的可辨认金融工具组合的一部分，且有客观证据表明企业近期采用短期获利方式对该组合进行管理；属于衍生工具，但是，被指定且为有效套期工具的衍生工

具、属于财务担保合同的衍生工具、与在活跃市场中没有报价且其公允价值不能可靠计量的权益工具投资挂钩并须通过交付该权益工具结算的衍生工具除外。对于此类金融资产，采用公允价值进行后续计量，所有已实现和未实现的损益均计入当期损益。与以公允价值计量且其变动计入当期损益的金融资产相关的股利或利息收入，计入当期损益。

6.1.6　可供出售金融资产核算方法

可供出售金融资产，是指初始确认时即指定为可供出售的非衍生金融资产，以及除上述金融资产类别以外的金融资产。对于此类金融资产，采用公允价值进行后续计量。其折价或溢价采用实际利率法进行摊销并确认为利息收入或费用。除减值损失及外币货币性金融资产的汇兑差额确认为当期损益外，可供出售金融资产的公允价值变动作为其他综合收益于资本公积中确认，直到该金融资产终止确认或发生减值时的累计利得或损失转入当期损益。与可供出售金融资产相关的股利或利息收入，计入当期损益。

对于在活跃市场中没有报价且其公允价值不能可靠计量的权益工具投资，按成本计量。

6.1.7　长期股权投资核算方法

本集团对被投资单位不具有共同控制或重大影响，且在活跃市场中没有报价、公允价值不能可靠计量的长期股权投资，采用成本法核算；本集团对被投资单位具有共同控制或重大影响的，长期股权投资采用权益法核算；本公司能够对被投资单位实施控制的长期股权投资，在本公司个别财务报表中采用成本法核算。

6.1.8　投资性房地产核算方法

投资性房地产按照成本进行初始计量。与投资性房地产有关的后续支出，如果与该资产有关的经济利益很可能流入且其成本能够可靠地计量，则计入投资性房地产成本。否则，于发生时计入当期损益。

6.1.9　固定资产计价和折旧方法

固定资产仅在与其有关的经济利益很可能流入本集团，且其成本能够可靠地计量时才予以确认。与固定资产有关的后续支出，符合该确认条件的，计入固定资产成本，并终止确认被替换部分的账面价值；否则，在发生时计入当期损益。

固定资产按照成本进行初始计量，并考虑预计弃置费用因素的影响。

固定资产的折旧采用年限平均法计提，各类固定资产的预计使用寿命、预计净残值率及年折旧率如下：

	预计使用寿命	预计净残值率(%)	年折旧率(%)
房屋及建筑物	30~50	5	1.90~3.16
办公及通讯设备	5	5	19
运输设备	5~8	5	11.88~19

本集团至少于每年年度终了，对固定资产的使用寿命、预计净残值和折旧方法进行复核，必要时进行调整。

6.1.10　无形资产计价及摊销政策

无形资产仅在与其有关的经济利益很可能流入本集团，且其成本能够可靠地计量时才予以确认，并以成本进行初始计量。但企业合并中取得的无形资产，其公允价值能够可靠地计量的，即单独确认为无形资产并按照公允价值计量。

无形资产按照其能为本集团带来经济利益的期限确定使用寿命，无法预见其为本集团带来经济利益期限的作为使用寿命不确定的无形资产。

各项无形资产的预计使用寿命如下：

项目	预计使用寿命
土地使用权	40~50
计算机软件系统	3~5
专利权和非专利技术	10~15
商标权	无确定年限

本集团取得的土地使用权，通常作为无形资产核算。

6.1.11　长期待摊费用的摊销政策

公司长期待摊费用按实际发生额核算，在项目的受益期限内分期平均摊销。

6.1.12　合并会计报表的编制方法

合并财务报表的合并范围以控制为基础确定，包括本公司及全部子公司2011年度的财务报表。子公司是指被本公司控制的企业或主体。编制合并财务报表时，子公司采用与本公司一致的会计年度和会计政策。本集团内部各公司之间的所有交易产生的余额、交易和未实现损益及股利于合并时全额抵消。

6.1.13　收入确认原则和方法

本集团各项业务的收入在经济利益很可能流入本集团、且金额能够可靠计量，并分别同时满足下列条件时予以确认。

6.1.13.1　手续费收入

手续费收入包括：信托管理费，该收入是根据信托合同规定的计提方法、计提标准确认应由信托项目承担的受托人报酬。证券、期货代理买卖佣金收入，于所提供的服务完成时予以确认。证券承销收入，于证券承销完成时确认收入。

6.1.13.2　利息净收入

利息收入和利息支出都按存出资金或让渡资金的使用权的时间及实际利率计算确定。

6.1.13.3　销售商品收入

本集团已将商品所有权上的主要风险和报酬转移给购货方，并不再对该商品保留通常与所有权相联系的继续管理权和实施有效控制，且相关的已发生或将发生的成本能够可靠地计量，确认为收入的实现。

6.1.13.4　提供劳务收入

于资产负债表日，在提供劳务交易的结果能够可靠估计的情况下，按完工百分比法确认提供劳务收入；否则按已经发生并预计能够得到补偿的劳务成本金额确认收入。

提供劳务收入包括积分管理收入、物业管理费收入以及基金管理费收入等。

6.1.14　所得税的会计处理方法

所得税包括当期所得税和递延所得税。除由于企业合并产生的调整商誉，或与直接计入所有者权益的交易或者事项相关的计入所有者权益外，均作为所得税费用或收益计入当期损益。

6.1.15　信托报酬确认原则和方法

根据信托合同规定的计提方法、计提标准确认应由信托项目承担的受托人报酬。

6.2 或有事项说明

报告期末，公司无对外担保及其他或有事项。

6.3 重要资产转让及其出售的说明

报告期内，公司无重要资产转让及其出售。

6.4 会计报表中重要项目的明细资料

6.4.1 自营资产经营情况

6.4.1.1 信用资产风险分类情况

本公司报告期的信用风险资产分类情况

信用风险资产五级分类	正常类(万元)	关注类(万元)	次级类(万元)	可疑类(万元)	损失类(万元)	信用风险资产合计(万元)	不良资产合计(万元)	不良资产率(%)
期初数	1 089 027. 33	49 461. 19	2 951. 76	2 665. 61	7 329. 86	1 151 435. 75	12 947. 23	1. 12
期末数	854 222. 01	16 077. 37	584. 23	322. 36	2 799. 58	874 005. 55	3 706. 17	0. 42

注：以上资产数据未包括货币资金等非风险资产。

6.4.1.2 资产损失准备情况

本公司报告期的资产减值损失准备情况

单位：万元

项目	期初数	本期计提	本期转回	本期核销	期末数
贷款损失准备	14 116. 02	1 605. 60	−4 853. 51	−5 525. 15	5 342. 96
一般准备	1 587. 82	—	—	—	1 587. 82
专项准备	12 528. 20	1 605. 60	−4 853. 51	−5 525. 15	3 755. 14
其他资产减值准备	2 873. 86	—	—	—	2 873. 86
可供出售金融资产减值准备	—	—	—	—	—
持有至到期投资减值准备	—	—	—	—	—
长期股权投资减值准备	7 052. 68	—	—	—	7 052. 68
坏账准备	—	—	—	—	—
投资性房地产减值准备	—	—	—	—	—

6.4.1.3 投资情况

本公司报告期自营股票投资、基金投资、债券投资、长期股权投资等投资的期初数、期末数

单位：万元

项目	自营股票	基金	债券	长期股权投资	其他投资	合计
期初数	229 813. 82	10 266. 20	651. 91	705 268. 21	117 392. 26	1 063 392. 40
期末数	55 022. 31	—	—	700 580. 71	414 400. 19	1 170 003. 21

6.4.1.4 前五名自营长期股权投资情况

本公司报告期的前五名长期股权投资企业情况

企业名称	占被投资企业权益的比例(%)	主要经营活动	2011 年投资损益(万元)
深圳市平安创新资本投资有限公司	100. 00	投资控股	—
平安证券有限责任公司	86. 77	证券投资与经纪	—
许昌中原证投有限公司	50. 01	投资咨询	20 164. 57
台州市商业银行股份有限公司	5. 33	商业银行	—
平安大华基金管理有限公司	60. 70	基金管理	—

6.4.1.5 前五名自营贷款情况

本公司报告期的前五名自营贷款情况

企业名称	占贷款总额比例(%)	还款情况
德昌士达碳素有限公司	15. 57	正常还款未逾期
深圳市微闪科技有限公司	0. 16	正常还款未逾期
深圳市奥力原环境科技有限公司	0. 15	正常还款未逾期
深圳市旺达旺五金塑胶机械有限公司	0. 15	正常还款未逾期
深圳市共好企业管理咨询有限公司	0. 15	正常还款未逾期

6.4.1.6 表外业务情况

本公司报告期的表外业务情况

表外业务	期初数	期末数
担保业务	—	—
代理业务(委托业务)	—	—
其他	—	—
合计	—	—

6.4.1.7 公司当年的收入结构

收入结构	本集团		本公司	
	金额(万元)	占比(%)	金额(万元)	占比(%)
手续费及佣金收入	498 943. 52	52. 00	200 951. 02	71. 05
其中：信托手续费收入	180 168. 99	18. 78	180 168. 99	63. 70
投资银行业务收入	208 322. 14	21. 71	—	—
利息收入	56 056. 03	5. 84	20 600. 70	7. 29
营业收入	64 827. 40	6. 76	—	—
租赁收入	35 380. 31	3. 69	—	—
物业管理费收入	11 411. 28	1. 19	—	—
其他业务收入	84 747. 15	8. 83	276. 46	0. 10
其中：计入信托业务收入部分	—	0. 00	—	—
投资收益	212 356. 15	22. 12	60 596. 70	21. 42
其中：股权投资收益	89 633. 90	9. 34	47 590. 57	16. 82
证券投资收益	121 377. 72	12. 65	13 006. 13	4. 60
其他投资收益	1 344. 53	0. 13	—	—
公允价值变动收益	−6 316. 46	−0. 66	−327. 97	−0. 12
汇兑损益	−1 191. 07	−0. 12	−83. 90	−0. 03
营业外收入	3 368. 40	0. 35	832. 84	0. 29
收入合计	959 582. 71	100. 00	282 845. 85	100. 00

6.4.2 信托财产管理情况

6.4.2.1 信托资产的期初数、期末数

单位：万元

信托资产	期初数	期末数
集合	3 905 788. 60	8 564 160. 45
单一	9 149 298. 73	11 027 994. 68
财产权	904 332. 34	29 525. 28
合计	13 959 419. 67	19 621 680. 41

6.4.2.1.1 主动管理型信托业务的信托资产期初数、期末数

单位:万元

主动管理型信托资产	期初数	期末数
证券投资类	862 417.64	935 908.52
股权投资类	1 193 249.89	2 215 301.56
融资类	761 117.28	2 221 415.34
事务管理类	—	—
其他	3 086 541.16	6 345 680.24
合计	5 903 325.97	11 718 305.66

6.4.2.1.2 被动管理型信托业务的信托资产期初数、期末数

单位:万元

被动管理型信托资产	期初数	期末数
证券投资类	211 165.77	138 154.34
股权投资类	356 558.45	1 111.26
融资类	6 570 051.48	6 887 621.25
事务管理类	101 093.47	59 432.32
其他	817 224.53	817 055.58
合计	8 056 093.70	7 903 374.75

6.4.2.2 本年度信托项目清算情况

6.4.2.2.1 本年度已清算结束的信托项目

已清算结束信托项目	项目个数	实收信托合计金额(万元)	加权平均实际年化收益率(%)
集合类	52	1 600 725.63	6.96
单一类	57	5 219 318.07	5.34

6.4.2.2.2 本年度已清算结束的主动管理型信托项目

已清算结束信托项目	项目个数	实收信托合计金额(万元)	加权平均实际年化收益率(%)
证券投资类	6	221 733.63	6.98
股权投资类	3	24 051.60	75.04
融资类	50	1 356 253.55	4.37
其他	10	773 374.00	7.04

6.4.2.2.3 本年度已清算结束的被动管理型信托项目

已清算结束信托项目	项目个数	实收信托合计金额(万元)	加权平均实际年化收益率(%)
股权投资类	2	333 450.00	4.79
融资类	34	4 089 958.00	5.45
事务管理类	4	21 222.92	17.28

6.4.2.3 本年度新增信托项目情况

新增信托项目	项目个数	实收信托合计金额(万元)
集合类	212	5 127 184.92
单一类	100	5 848 112.55
新增合计	312	10 975 297.47
其中:主动管理型	266	7 531 205.47
被动管理型	46	3 444 092.00

6.4.2.4 信托业务创新成果和特色业务情况

秉承"自主研发投资和引入第三方合作机构"的发展理念,公司大力增强自主管理能力,持续搭建开放式产品平台建设,引入各行优秀的第三方合作机构,多项举措推进行业金融创新。公司凭借在第三方财富管理方面的领先优势立足资本市场和非资本市场,为客户提供专业、全方位、一站式的理财服务。

2011年,公司于资本市场推出伞形结构化证券产品、合伙制、结构化挂钩型信托;并相继于非资本市场推出了首款与CPI挂钩型产品及伞形PIPE(Private Investment in Public Equity)投资信托等创新产品。为满足客户的融资需要,公司还率先行业推出结构型PIPE投资产品及银行存单质押融资产品,为高净值客户提供多渠道的融资服务。据用益信托网统计,公司完成的某质押融资项目,破业界规模最大、放款最快两项纪录。

公司凭借自身高水平投资研发能力,在产品设计中综合运用了先进的金融工程学技术及科学的评价方法,提高了资产配置的灵活性及风险收益,由平安信托自主管理投资的尊越产品,业绩表现优异,大幅超越市场和同类产品。

6.4.2.5 履行受托人义务情况

本公司作为信托项目的受托人,严格按照《中华人民共和国信托法》、《信托公司管理办法》、《信托公司集合资金信托计划管理办法》等法律法规的规定及信托合同等文件的约定,恪尽职守,诚实、信用、谨慎、有效地管理信托财产,严格履行受托人的义务,为受益人的最大利益处理信托事务,公平、公正地处置信托财产。本年度无因本公司自身责任而导致的信托财产损失情况。

6.5 关联方关系及其交易

6.5.1 关联方交易

本公司报告期关联交易方的数量、关联交易的总金额及关联交易的定价政策等

	关联交易方的数量	关联交易总金额(万元)	定价政策
合计	6	1 023 573.91	本公司2011年度发生的关联方交易均根据一般正常的交易条件进行,并以市场价格作为定价依据。

6.5.2 关联交易方

报告期涉及关联交易的关联方情况。

关系性质	关联方名称	法定代表人	注册地址	注册资本(万元)	主营业务
母公司控制的公司	中国平安人寿保险股份有限公司	李源祥	深圳	2 880 000	人身保险
母公司控制的公司	平安科技(深圳)有限公司	罗世礼	深圳	3 000 万美元	IT服务
合并子公司	深圳市平安创新资本投资有限公司	童恺	深圳	400 000	投资控股
合并子公司	深圳市平安置业投资有限公司	宋成立	深圳	180 000	房地产投资
合并子公司	深圳平安不动产有限公司	邹益民	深圳	100 000	投资管理
合并子公司	许昌许继投资控股有限公司	童恺	许昌	500	实业投资,企业管理

6.5.3 **本公司与关联方的重大交易事项**

6.5.3.1 固有与关联方交易情况

单位：万元

固有与关联方关联交易				
	期初	借方发生额	贷方发生额	期末数
贷款	—	—	—	—
投资	—	—	—	—
租赁	—	—	—	—
担保	—	—	—	—
应收账款	—	—	—	—
其他	992.33	24 061.77	1 386.54	23 667.56
合计	992.33	24 061.77	1 386.54	23 667.56

6.5.3.2 信托与关联方交易情况

单位：万元

信托与关联方关联交易				
	期初数	借方发生额	贷方发生额	期末数
贷款	30 500.00	—	9 000.00	21 500.00
投资	—	—	—	—
租赁	—	—	—	—
担保	—	—	—	—
应收账款	—	—	—	—
其他	679 099.43	999 512.14	89 730.75	1 588 880.82
合计	709 599.43	999 512.14	98 730.75	1 610 380.82

6.5.3.3 固有与信托财产之间交易情况

单位：万元

固有财产与信托财产相互交易			
	期初数	本期发生额	期末数
合计	208 759.87	291 829.46	500 589.33

6.5.3.4 信托项目之间交易情况

单位：万元

信托财产与信托财产相互交易			
	期初数	本期发生额	期末数
合计	1 642 889.75	5 641 391.66	7 284 281.41

6.5.4 **报告期，关联方逾期未偿还本公司资金的事项以及本公司为关联方担保发生或即将发生垫款的事项**

无。

6.6 会计制度的披露

公司固有业务自2007年起执行新《企业会计准则》（财政部2006年颁布）。公司信托业务自2009年起执行新《企业会计准则》（财政部2006年颁布）。

7. 财务情况说明书

7.1 利润实现和分配情况

报告期本公司实现净利润106 317.23万元，期初未分配利润为264 003.39万元，提取盈余公积10 631.72万元，提取信托赔偿准备金5 315.86万元（其中，提取信托赔偿准备金5 315.86元，一般准备金余额已超过风险资产的1%，本年度无须提取）。期末累计未分配利润为354 373.04万元。为了更好地支持业务发展，公司决定2011年度不对股东派发股利。

报告期本集团实现净利润225 824.61万元，期末累计未分配利润为957 808.31万元。

7.2 主要财务指标

本公司报告期的主要财务指标如下：

指标名称	指标值		计算公式
	本公司	本集团	
资本利润率（%）	7.88	10.66	净利润/所有者权益平均余额×100%
人均净利润（万元/人）	124.13	263.66	净利润/年平均人数

7.3 对本公司财务状况、经营成果有重大影响的其他事项

报告期内，没有对本公司财务状况、经营成果有重大影响的其他事项。

8. 特别事项揭示

8.1 前五名股东报告期内变动情况及原因

报告期内，本公司股东没有发生变动。

8.2 董事、监事及高级管理人员变动情况及原因

报告期内，公司于2011年7月1日召开了四届五次董事会，审议并通过了《关于推荐公司第四届董事会董事候选人的议案》等议案，推荐王佳芬女士接替吴岳翰先生出任公司董事。并于2011年8月15日召开了四届七次董事会，选举王佳芬董事出任公司第四届董事会副董事长。2012年1月，银监会深圳监管局核准王佳芬副董事长的任职资格。

因公司发展和经营管理需要，2012年1月公司聘请庄汉平先生出任公司总经理助理。

8.3 公司的重大诉讼事项

报告期内，公司没有重大诉讼事项发生。

8.4 公司及其董事、监事和高级管理人员受到处罚的情况

报告期内，公司及其董事、监事和高级管理人员依法经营，没有违法、违规及受到监管部门处罚的事项发生。

8.5 银监会及其派出机构对公司检查的情况

报告期内，银监会及其派出机构未对公司进行现场检查。

8.6 本年度重大事项临时报告的简要内容、披露时间、所披露的媒体及其版面

报告期内，公司无重大事项临时报告。

8.7 银监会及其省级派出机构认定的其他有必要让客户及相关利益人了解的重要信息

报告期内，没有发生银监会及其省级派出机构认定的其他有必要让客户及相关利益人了解的重要事项。

9. 公司监事会意见

监事会认为，报告期内公司能够按照合法决策程序对重大事项进行决策，所开展的业务经营活动符合《公司法》、《信托法》、《信托公司管理办法》及《信托公司治理指引》等有关法律法规的规定。监事会认为，安永华明会计师事务所出具的2011年度无保留意见的审计报告，真实、客观地反映了公司的财务状况和经营结果。

山东省国际信托有限公司

1. 重要提示

1.1 本公司董事会及董事保证本报告所载资料不存在任何虚假记载、误导性陈述或者重大遗漏,并对其内容的真实性、准确性和完整性承担个别及连带责任。

1.2 公司独立董事黄可华、郝书辰、张中秋声明:保证本年度报告内容的真实性、准确性、完整性。

1.3 公司董事长孟凡利,主管会计工作负责人副总经理孙绍杰及会计部门负责人岳增光声明:保证年度报告中财务会计报告的真实、完整。

2. 公司概况

2.1 公司简介

2.1.1 公司基本情况

山东省国际信托有限公司(以下简称山东信托)初创于1987年3月,是经中国人民银行和山东省人民政府批准设立的非银行金融机构。2002年8月,完成了增资改制和重新登记工作,由国有独资公司转变为有限责任公司。2007年6月,获得中国银监会批复同意换发新的金融许可证,名称变更为目前的山东省国际信托有限公司。目前,山东信托注册资本为12.8亿元(其中1 500万美元)。山东信托自成立以来,充分发挥信托职能,在诸多业务领域进行了卓有成效的探索,目前主要业务为山东省基本建设基金管理、资金信托、财产信托、投资银行、融资租赁、资产管理和证券投资基金等。

2.1.2 公司的法定中文名称:山东省国际信托有限公司
中文名称缩写:山东信托
公司的法定英文名称:Shandong International Trust Corporation Limited
英文名称缩写:SITIC

2.1.3 法定代表人:孟凡利

2.1.4 注册地址:济南市解放路166号

2.1.5 邮政编码:250013

2.1.6 国际互联网网址:www.sitic.com.cn

2.1.7 电子信箱:zhb@sitic.com.cn

2.1.8 负责信息披露事务的高级管理人员:相开进
信息披露事务联系人:王刚
联系电话:0531-86566831
传真:0531-86968708
电子信箱:zonghe@sitic.com.cn

2.1.9 公司选定的信息披露报纸:《金融时报》

2.1.10 年度报告备置地点:济南市解放路166号鲁信大厦10F

2.1.11 聘请的会计师事务所:中准会计师事务所有限公司
住所:北京市海淀区首体南路22号国兴大厦4层

2.1.12 聘请的律师事务所:上海市锦天城律师事务所
住所:上海浦东新区花园石桥路33号

2.2 组织结构

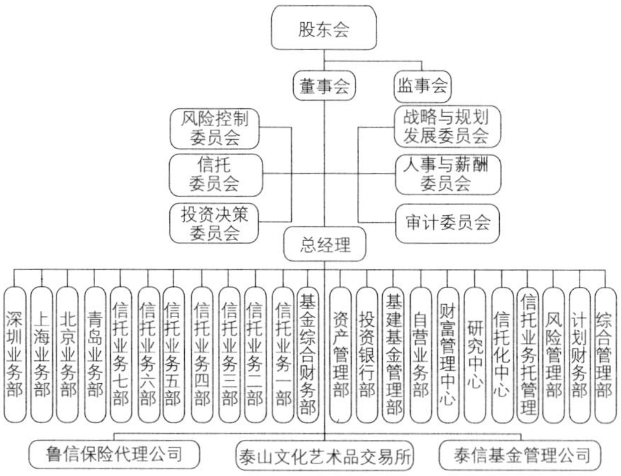

3. 公司治理结构

3.1 股东

公司前三位股东的主要股东的名称、出资比例、法定代表人、注册资本、注册地址、主要经营业务和主要财务情况(本年度)等。若股东之间存在关联关系,应予以说明。

股东名称	股东的股东名称	出资比例(%)	法人代表	注册资本(万元)	注册地址	主要经营业务及主要财务情况
山东省鲁信投资控股集团有限公司	山东省人民政府国有资产监督管理委员会	100				

续表

股东名称	股东的股东名称	出资比例(%)	法人代表	注册资本(万元)	注册地址	主要经营业务及主要财务情况
山东省高新技术创业投资有限公司	鲁信创业投资集团股份有限公司	100	李世杰	74 436	淄博市高新技术产业开发区裕民路129号	创业投资、投资管理及咨询;磨料磨具、涂附模具、卫生洁具、工业用纸、硅碳棒、耐火材料及制品的生产销售;建筑材料、钢材、五金交电、百货、机电产品的销售;机电产品的安装维修(不含电梯);矿山及化工机械制造、销售;技术开发及咨询服务。(因鲁信创投系上市公司,年报数据尚未披露)截至9月末,总资产36.57亿元,净资产27.19亿元,实现利润总额4.56亿元。
山东黄金集团有限公司	山东省人民政府国有资产监督管理委员会	100				

公司第一大股东山东省鲁信投资控股集团有限公司系公司第二大股东山东省高新技术创业投资有限公司的实际控制人。

3.2 董事

董事会成员(董事长、副董事长、董事、独立董事)姓名、职务、性别、年龄、选任日期、任期、所推举的股东名称及该股东持股比例、简要履历等;独立董事还应披露其所在单位及职务。

董事长、副董事长、董事

姓名	职务	性别	年龄	选任日期	任期	所推举的股东名称	该股东持股比例(%)	简要履历
孟凡利	董事长	男	46	2008年4月	3	山东省鲁信投资控股集团有限公司	85.94	山东经济学院毕业,南开大学会计系硕士研究生,天津财经学院会计学专业博士研究生;历任山东经济学院财务会计系副主任、主任,山东省财政厅副厅长、党组成员,山东省鲁信投资控股集团有限公司党委副书记、副董事长、总经理,山东省鲁信投资控股集团有限公司党委书记、董事长、总经理。
陈殿禄	董事	男	57	2008年4月	3	山东省鲁信投资控股集团有限公司	85.94	山东化工学院毕业,南开大学EMBA;历任山东省计委科员、副处长、处长,山东省国际信托投资公司副经理、总经理助理、党组成员、副总经理,山东省鲁信投资控股集团有限公司党委委员、董事、副总经理,调研员。
相开进	职工董事	男	47	2008年4月	3	职工推选		山东大学毕业,南开大学EMBA;历任山东省计委培训中心教师,山东省计委主任科员,山东省国际信托投资公司部经理助理、副经理、经理,山东省国际信托有限公司副总经理、总经理。
杨青山	董事	男	52	2008年4月	3	山东黄金集团有限公司	3.13	北京钢铁学院毕业。历任焦家金矿企业管理办公室主任、财务处处长、矿长助理兼实业公司总经理,山东黄金集团有限公司财务部副部长、部长,山东黄金集团有限公司党委委员、副总经理。
张守合	董事	男	48	2009年6月	3	济南市能源投资有限责任公司	2.34	山东省委党校大学本科毕业;历任济南市郊区物资局燃料公司财务负责人,团支部书记,济南齐鲁经济贸易开发总公司助理会计师,济南市政府驻外机构服务站助理会计师,深圳济南实业有限公司主管会计、助理会计师,济南市经济发展总公司财务部主任、副总会计师、总经理助理,济南市能源投资有限责任公司计财部副经理、经理、高级会计师、党支部委员,济南市能源投资有限责任公司副总经理。
陈学俭	董事	男	56	2008年4月	3	潍坊市投资公司	2.34	潍坊职大毕业、高级会计师,现任潍坊市投资公司董事长、党委书记;历任昌潍地区财政局专管员,潍坊市财政局企财科副科长、驻厂处副主任,潍坊市会计师事务所主任;潍坊市地方税务局副局长,潍坊市财政局副局长;潍坊市投资公司总经理、党委书记,潍坊市十届政协委员,潍坊市十五届、十六届人大代表。

独立董事

姓名	所在单位及职务	性别	年龄	选任日期	任期	所推举的股东名称	该股东持股比例(%)	简要履历
黄可华		男	68	2008年4月	3			解放军通信兵学院第四系学员,中国科技大学获工学硕士学位,济南市财税局党委副书记、副局长,山东省财政厅厅长、党组书记,省社科联副主席、省政府党组成员,省政府副省长、省政府党组成员,省人大常委会副主任、党组成员,省人大财政经济委员会主任委员。

续表

姓名	所在单位及职务	性别	年龄	选任日期	任期	所推举的股东名称	该股东持股比例(%)	简要履历
郝书辰	山东经济学院院长	男	47	2008年4月	3			中央财经大学教师；先后任山东财政学院教师、财政系副主任、教务处长，山东经济学院副院长、院长，山东财经大学（筹）党委书记。
张中秋	华建国际澳门有限公司董事长	男	60	2009年6月	3			吉林大学本科毕业；历任国务院港澳办公室处长；华建国际澳门有限公司董事长。

3.3 监事

监事会成员（监事会主席、副主席、监事等）职务、姓名、性别、年龄、选任日期、任期、所推举的股东名称、该股东持股比例、简要履历等。

监事会成员

姓名	职务	性别	年龄	选任日期	任期	所推举的股东名称	该股东持股比例(%)	简要履历
李国红	监事长	男	41	2010年3月	3	山东黄金集团有限公司	3.13	历任安徽英路工业集团生产科副科长，蚌埠卷烟厂部长助理（多经办副主任），物流负责人兼凯贝总经理，安徽中烟审计部主任科员，合肥卷烟厂财务总监，山东黄金集团有限公司副总经理。
杨公民	监事	男	54	2010年3月	3	山东省鲁信投资控股集团有限公司	85.94	山东大学毕业；历任山东轻工业学院马列主义教研室助教，山东省计委综合处主任科员、副处长，山东省国际信托投资公司研究发展部经理，山东省鲁信投资控股集团有限公司投资管理部经理、所属公司监事会主席。
黄　群	监事	男	36	2010年3月	3	山东省高新技术创业投资有限公司	6.25	山东财政学院毕业，历任山东省国际信托投资公司项目经理，泰信基金管理有限公司北京办事处总监、监察稽核部经理，山东鲁信投资集团股份有限公司综合部经理，山东省鲁信投资控股集团有限公司风险管理部高级业务经理。
丁　健	监事	男	37	2009年6月	3	济南市能源投资有限责任公司	2.34	济南市能源投资有限责任公司出纳、会计、计划财务部副经理（主持工作）。
陈宝庆	监事	男	46	2009年6月	3	潍坊市投资公司	2.34	中国海洋大学毕业，工程师，现任潍坊市投资公司总会计师；历任原潍坊第三制药厂技术员，潍坊市投资公司办公室科员、副主任、主任、总经理助理兼办公室主任、总经理助理。

3.4 高级管理人员

职务、姓名、性别、年龄、任职日期、金融从业年限、学历、专业等。

姓名	职务	性别	年龄	选任日期	金融从业年限	学历	专业
相开进	总经理	男	47	2008年4月	19	硕士	工商管理
王映黎	副总经理	女	50	2008年4月	18	硕士	工商管理
孙绍杰	副总经理	男	42	2008年4月	11	大学本科	计算机科学及应用
万众	副总经理	男	39	2011年1月	15	硕士	管理学
李高峰	副总经理	男	37	2011年1月	14	硕士	法学
周建蘪	副总经理	女	40	2011年1月	16	硕士	工商管理

3.5 公司员工

报告期内职工人数、平均年龄、学历分布比率

2011年，公司职工106人，平均年龄37.51岁，学历分布比率情况：

学历	人员分布比例(%)
博士	2.83
硕士	39.62
本科	46.23
专科及以下	11.32

4. 经营管理

4.1 经营目标、方针、战略规划

公司的经营目标和方针是，不断规范公司治理，加强公司内部管理，加强客户营销、服务和维护。稳步发展自营业务，大力发展信托主业。以受人之托、代人理财为宗旨，做好信托业务，巩固发展自营业务。在信托业务中，逐步减少通道型业务，增加自主开发的主动管理型业务，提高主动管理能力，实现由融资型业务向资产管理型业务的转变。继续抓好基建基金管

理业务，不断增加新的业务品种。各项业务全面发展，效益逐年提高。

公司的战略规划将紧紧围绕国家对金融业改革和发展的总体要求，不断完善公司管控架构、完善人事及薪酬激励机制、提升服务水平；在金融股权投资方面迈出实质步伐，引进战略投资者和增资扩股；拓展各种创新业务和异地业务，使公司成为"全地域"和"全牌照"公司，为中国信托业的发展作出更大的贡献。

4.2 所经营业务的主要内容

自营资产运用与分布表

资产运用	金额（万元）	占比（%）	资产分布	金额（万元）	占比（%）
货币资产	38 844.83	12.87	基础产业	67 083.42	22.23
贷款及应收款	11 334.31	3.76	房地产业	0	
交易性金融资产投资	44 454.28	14.73	证券市场	79 796.38	26.44
可供出售金融资产投资	35 342.10	11.71	实业		
持有至到期投资	46 488.39	15.41	金融机构	97 694.39	32.38
长期股权投资	118 289.42	39.20	其他	57 173.26	18.95
其他	6 994.12	2.32			
资产总计	301 747.45	100	资产总计	301 747.45	100

信托资产运用与分布表

资产运用	金额（万元）	占比（%）	资产分布	金额（万元）	占比（%）
货币资产	489 442.99	4.28	基础产业	3 445 413.00	30.10
贷款	6 919 184.78	60.45	房地产	622 479.00	5.44
交易性金融资产投资	465 879.32	4.07	证券市场	687 235.00	6.00
可供出售金融资产投资	706.00	0.01	实业	4 978 317.00	43.49
持有至到期投资	1 514 156.19	13.23	金融机构	194 054.00	1.70
长期股权投资	1 336 131.42	11.67	其他	1 519 050.83	13.27
其他	721 048.13	6.29			
信托资产总计	11 446 548.83	100	信托资产总计	11 446 548.83	100

4.3 市场分析

4.3.1 影响本公司业务发展的有利因素

随着我国信托业整体规模的迅速扩大和信托产品的不断推出，信托所独有的制度优势、业务优势、经营优势日益显现，逐渐被熟悉金融以及理财意识较强的社会公众和企业机构所认同，信托业将在我国经济建设和社会发展中发挥更加积极的作用。近年来，我国个人可投资资产规模、高净值人群数量迅速增加，有力地推动了以高端财富管理为主业的信托公司的快速发展。"新两规"及《信托公司治理指引》推出以来，银监会又针对信托公司合规发展出台了一系列监管规章和文件，有利于信托公司业务模式和业务结构的优化改革，提高公司保护信托当事人合法权益、防范风险的能力，促进公司更加规范、科学地发展。公司资产质量优良，运作规范，2007 年换发金融许可证后，不断探索和积累，在合规业务、创新业务方面形成了成熟的思路和模式，业务团队得到了有效锻炼和加强，及时完成了业务转型，为下一步的快速健康发展打下了一个较好的基础。山东信托股东均为大型国有企业或地方政府投资主体，具备较强的综合实力，运作规范，入股意图良好，能够支持公司长期稳定发展。山东信托在长期发展过程中，锻炼造就了一支精通金融知识、业务经验丰富的人才队伍，这支队伍积极进取，事业心、责任感强，对公司未来的发展起着重要的推动作用。

4.3.2 影响本公司业务发展的不利因素

目前，我国信托业仍处于发展的初级阶段，信托知识的普及不够全面，信托业务推广受到许多限制，还有很多潜在客户对信托公司的经营范围和产品特点缺乏了解；信托法规的配套建设和具体业务规则仍需建立和完善；与其他金融行业相比，信托业得到的政策扶持相对较弱，政策调整变化速度较快，受到的监管规则不统一，多种信托业务受限，在监管环境中处于劣势；金融业竞争日趋激烈，其他金融机构不断抢占原本属于信托公司的专营业务，对信托公司的主要业务造成了冲击。

4.4 内部控制概况

4.4.1 内部控制环境和内部控制文化

公司设立了股东会、董事会、监事会以及董事会领导下的经营班子的法人治理结构，制定了《公司章程》、《股东会议事规则》、《董事会议事规则》、《总经理办公会议事规则》、《公司专题会议制度》等规则和制度，界定了各机构之间的职权、责任、范围，明确了股东会、董事会、监事会和经理层在决策、执行、监督等方面的职责权限、程序以及应履行的义务，形成了权力机构、决策机构、经营机构和监督机构科学分工、各司其责、有效制衡的治理架构。董事会下设投资决策委员会、风险控制委员会、信托委员会、战略与发展规划委员会、人事与薪酬委员会和财务与审计委员会，各主体职责分明、相互制衡、相互促进，使公司治理机制得到优化。

公司设置了符合公司业务规模和经营管理需要的组织机构；遵循不相容职务相分离的原则，合理设置部门和岗位，科学划分职责和权限，形成各司其职、各负其责、相互配合、相互制约、环环相扣的内部控制体系。公司制定了全面、系统的政策、制度和程序，规范业务标准和操作要求，覆盖公司所有的企业行为和业务活动，贯穿于决策、执行、监督全过程，并做到相互制约、相互制衡。

公司重视以人为本的企业文化建设，将员工自身价值的体现和企业发展目标的实现有机结合，形成了诚实守信、忠于职守、刻苦钻研、勤勉尽责的企业文化氛围和人文环境。公司企业文化与内部控制制度相辅相成、相得益彰，保障了内部控制程序全面、彻底地执行，增强了公司的凝聚力和竞争力。

4.4.2 内部控制措施

公司加强公司治理基本制度建设，健全"三会一层"与各专业委员会的定期沟通和决策制衡机制，公司董事会下设的各委员会在授权范围内按照明晰的分级授权制度进行决策，通过体系建设和及时完整的过程控制，使决策、研发、操作、审核及监督评价程序化、体系化。

风险管理部作为公司履行内部控制的职能部门，对业务风险进行客观评估，对公司业务实施内部审计，独立发表意见，保证公司依法、合规经营。

在业务运作方面，按照固有业务和信托业务分离原则设置机构和流程，明确前台、中台、后台业务的工作职责，规范程序，形成有监督、有制衡的业务运作体系，制定明晰、完善的业务流程和操作规范，保障了各项工作的顺利开展。公司加强事前总体风险控制、事中过程控制和事后风险评估与处置，保证了公司的正常运营和健康发展。

在人力资源管理方面，公司对内部职能部门和人员进行内控管理、协调和考核，部门及人员职责清晰、目标明确，保证了公司经营活动高效、有序进行，达到内部控制的目的。

公司还建立了重大风险预警机制和突发事件应急处理机制，明确风险预警标准，对可能发生的重大风险或突发事件，制定应急预案，明确责任人员、规范处理程序，确保突发事件得到及时妥善处理。

4.4.3 监督评价与纠正

公司每年对内部控制的建设和执行情况进行检查评价，并通过《年度自评报告》报告监管部门，根据监管部门的监管评价进行针对性整改。风险管理部作为对公司内控体系的健全性、合理性和有效性进行检查和评价的专门机构，负责事前评估和事中检查监督，揭示风险，制定风险防范和控制措施；公司相关部门之间相互制衡、相互监督，发现问题，及时纠正；公司稽核审计部门进行再监督，在已获得公司经营信息和管理信息的基础上，对公司各项业务实施全面监督、评价，并将检查、评价结果直接向董事会和高管层报告，公司董事会和高管层在收到这些报告后及时采取措施解决内控中存在的问题；公司每年组织有关部门对规章制度进行系统、全面的修订；公司已制定了《全员奖惩办法》、《稽核管理办法》、《公司业务风险问责办法》等重大事故责任人追究制度，并能有效落实。

4.5 风险管理概况

高级管理层树立了内控优先的风险管理理念，使风险防范意识贯穿到公司各部门、各岗位和工作的各个环节，业务决策审慎，审签程序严格。公司制定了相应的风险控制措施，形成了事前防范、事中控制、事后监督的风险管理规程。在坚持前台、中台、后台严格分离的前提下，着力完善各项风险管理和内控制度，梳理业务管理办法，优化业务操作流程，完善管理信息平台，推动系统建设与人员培训，不断提升业务管理与风险控制水平。公司先后完成了《风险控制指引》、《工作职责汇编》、《员工手册》等的编印，为公司风险管理提供了系统性、基础性的指导文件，提高了公司全体员工的风险控制意识。

公司在经营活动中可能遇到的风险为信用风险、市场风险、操作风险、法律风险、道德风险等。

公司制定了信用风险管理制度，持续关注交易对手的资信状况、履约能力及其变化，并及时采取相应措施，对信用风险进行有效的监控。公司通过投资决策委员会、高管层、董事会等多重决策机制，强化了决策期间对交易对手信用风险的评估与控制。要求项目经理对项目做深入详细的可行性研究，必要时聘请律师事务所、会计师事务所等中介机构对项目和交易对手做专业性评估。对交易对手保证人（物）实行严格的资格审查，确保保证人的履约能力及抵（质）押品的充足性。加强项目存续期的风险管理，增强管理层对公司存续项目的掌控，了解公司存续项目的风险状况，风险管理部门定期对项目信用风险进行压力测试，从而使管理层及时了解公司信用风险的整体状况，适时调整风险政策并对信用风险采取有效的处置应对措施。

公司在运营过程中可能面临的市场风险为股价、市场汇率、利率及其他价格对公司盈利能力的影响。公司在立项、设立、管理等各个阶段严格控制项目风险，尽责履行受托人的管理职责，并按照信托文件进行操作和处理信托事务，均符合相关规定。

对于操作风险，公司管理层明确业务授权制度，建立业务复核制度，严格执行部门风险控制制度和操作流程。强化风险管理部门对业务涉及法律文本的审查以及在新产品开发中涉及法律合规事项的审查。公司坚持前台、中台、后台分离和部门、岗位之间相互制衡原则，明确工作职责，严格执行操作规程和权限设置，定期对业务规章和操作流程进行修订和完善，建立健全培训、考核、激励、淘汰机制，不断增强员工的业务技能，不断升级和完善计算机管理系统以及业务操作流程，制定一系列应对紧急情况的防范措施，完备相应管理记录，防范操作风险。

除上述风险外，信托公司在经营过程中可能会受到政策风险、法律风险、道德风险等风险因素的影响。公司通过对国家宏观经济政策和行业政策的分析、研究，提高预见性和应变能力，控制政策风险。通过建立健全法人治理结构、内部控制制度、业务操作流程，保证工作程序的完整、科学。不断加强员工思想教育，树立恪尽职守的观念和先进的风险管理理念，避免道德风险。通过加强法制意识教育，设置专门的法律岗位，聘请常年法律顾问等，有效控制法律风险。

5. 报告期末及上一年度末的比较式会计报表〔披露母公司（即信托公司）报表及合并报表〕

5.1 自营资产（须经审计）

5.1.1 会计师事务所审计意见全文

审 计 报 告

中准审字〔2012〕1238 号

山东省国际信托有限公司（自营）：

我们审计了后附的山东省国际信托有限公司（自营）财务报表，包括 2011 年 12 月 31 日的资产负债表，2011 年度的利润表、所有者权益变动表和现金流量表以及财务报表附注。

一、管理层对财务报表的责任

按照企业会计准则的规定编制财务报表是山东省国际信托有限公司（自营）管理层的责任。这种责任包括：(1) 设计、实施和维护与财务报表编制相关的内部控制，以使财务报表不存在由于舞弊或错误而导致的重大错报；(2) 选择和运用恰当的会计政策；(3) 作出合理的会计估计。

二、注册会计师的责任

我们的责任是在实施审计工作的基础上对财务报表发表审计意见。我们按照中国注册会计师审计准则的规定执行了审计工作。中国注册会计师审计准则要求我们遵守职业道德规范，计划和实施审计工作以对财务报表是否不存在重大错报获取合理保证。

审计工作涉及实施审计程序，以获取有关财务报表金额和披露的审计证据。选择的审计程序取决于注册会计师的判断，包括对由于舞弊或错误导致的财务报表重大错报风险的评估。在进行风险评估时，我们考虑与财务报表编制相关的内部控制，以设计恰当的审计程序，但目的并非对内部控制的有效性发表意见。审计工作还包括评价管理层选用会计政策的恰当性和作出会计估计的合理性，以及评价财务报表的总体列报。

我们相信，我们获取的审计证据是充分、适当的，为发表审计意见提供了基础。

三、审计意见

我们认为，山东省国际信托有限公司(自营)财务报表已经按照企业会计准则的规定编制，在所有重大方面公允反映了山东省国际信托有限公司(自营)2011 年 12 月 31 日的财务状况以及 2011 年度的经营成果和现金流量。

中准会计师事务所有限公司　　中国注册会计师　韩玉顺

中国·北京　　中国注册会计师　赵　刚

报告日期:2012 年 3 月 30 日

5.1.2　资产负债表

资产负债表

编制单位:山东省国际信托有限公司(母公司)　　2011 年 12 月 31 日　　单位:万元

项　目	年初余额	年末余额	项　目	年初余额	年末余额
流动资产:			流动负债		
现金及银行存款	30 189.12	38 844.83	向中央银行借款	—	—
存放中央银行款项	—	—	联行存放款项	—	—
贵金属	—	—	同业及其他金融机构存放款项	—	—
拆出资金	—	—	拆入资金	—	—
交易性金融资产	53 331.66	44 454.28	交易性金融负债	—	—
衍生金融资产	—	—	衍生金融负债	—	—
买入返售金融资产	—	—	卖出回购金融资产款	—	—
应收款项类金融资产	—	—	应付职工薪酬	1 155.28	1 204.72
应收利息	—	—	应交税费	7 681.78	8 514.38
其他应收款	965.03	11 334.31	应付利息		
发放短期贷款和垫款	—	—	其他应付款	102 577.78	103 447.85
信托资产	—	—	信托负债	—	—
其他流动资产	—	—	其他流动负债	—	—
流动资产合计	84 485.80	94 633.41	流动负债合计	111 414.84	113 166.95
非流动资产:	—	—	非流动负债:	—	—
发放中长期贷款	—	—	应付债券	—	—
可供出售金融资产	25 216.29	35 342.10	预计负债	—	—
持有至到期投资	55 000.00	46 488.39	递延所得税负债	—	—
长期股权投资	114 956.68	118 289.42	其他非流动负债	30.00	30.00
投资性房地产	—	—	非流动负债合计	30.00	30.00
固定资产	2 881.95	2 752.90	负债合计	111 444.84	113 196.95
在建工程	—	—	所有者权益:	—	—
固定资产清理	—	—	实收资本	128 000.00	128 000.00
无形资产	68.32	34.28	资本公积	1 621.38	-5 704.22
商誉	—	—	盈余公积	14 729.41	18 370.71
长期待摊费用	—	—	一般风险准备	2 737.12	2 800.35
抵债资产	—	—	未分配利润	24 512.85	45 083.67
递延所得税资产	436.56	4 206.95	外币报表折算差额	—	—
其他非流动资产	—	—	归属于母公司所有者权益合计	171 600.76	188 550.50
非流动资产合计	198 559.80	207 114.04	少数股东权益	—	—
	—	—	所有者权益合计	171 600.76	188 550.50
资产总计	283 045.60	301 747.45	负债和所有者权益总计	283 045.60	301 747.45

资产负债表

编制单位：山东省国际信托有限公司（合并）　　2011年12月31日　　单位：万元

项　目	年初余额	年末余额	项　目	年初余额	年末余额
流动资产：			流动负债		
现金及银行存款	40 448.51	48 201.04	向中央银行借款	—	—
存放中央银行款项	—	—	联行存放款项	—	—
贵金属	—	—	同业及其他金融机构存放款项	—	—
拆出资金	—	—	拆入资金	—	—
交易性金融资产	53 331.66	44 454.28	交易性金融负债	—	—
衍生金融资产	—	—	衍生金融负债	—	—
买入返售金融资产	—	—	卖出回购金融资产款	—	—
应收款项类金融资产	1 339.08	958.26	应付职工薪酬	3 237.33	3 355.62
应收利息	—	—	应交税费	8 515.66	8 630.08
其他应收款	1 078.99	10 351.43	应付利息	—	—
发放短期贷款和垫款	—	—	其他应付款	103 192.15	105 464.61
信托资产	—	—	信托负债	—	—
其他流动资产	—	—	其他流动负债	—	—
流动资产合计	96 198.23	103 965.01	流动负债合计	114 945.13	117 450.31
非流动资产：	—	—	非流动负债：	—	—
发放中长期贷款	—	—	应付债券	—	—
可供出售金融资产	34 423.77	43 050.06	预计负债	—	—
持有至到期投资	55 000.00	46 488.39	递延所得税负债	120.38	
长期股权投资	105 956.68	109 289.42	其他非流动负债	30.00	30.00
投资性房地产	—	—	非流动负债合计	150.38	30.00
固定资产	15 878.88	16 323.66	负债合计	115 095.52	117 480.31
在建工程	—	—	所有者权益：	—	—
固定资产清理	—	—	实收资本	128 000.00	128 000.00
无形资产	480.75	448.26	资本公积	1 775.11	-6 559.00
商誉	—	—	盈余公积	14 729.41	18 370.71
长期待摊费用	—	—	一般风险准备	2 737.12	2 800.35
抵债资产	—	—	未分配利润	29 464.76	49 502.22
递延所得税资产	1 066.13	5 347.68	外币报表折算差额	—	—
其他非流动资产	—	—	归属于母公司所有者权益合计	176 706.40	192 114.28
非流动资产合计	212 806.20	220 947.47	少数股东权益	17 202.52	15 317.89
	—	—	所有者权益合计	193 908.92	207 432.17
资产总计	309 004.43	324 912.48	负债和所有者权益总计	309 004.43	324 912.48

5.1.3 利润表

利润表

2011年度

编制单位：山东省国际信托有限公司（母公司）　　单位：万元

项　目	本年累计数	上年同期数
一、营业收入	41 642.68	31 556.22
（一）利息净收入	24.00	128.00
利息收入	24.00	128.00
利息支出	—	—
（二）手续费及佣金净收入	38 217.81	15 045.30
手续费及佣金收入	38 225.71	15 049.81
手续费及佣金支出	7.89	4.51
（三）投资收益（损失以"－"号填列）	5 509.44	12 846.84
其中：对联营企业和合营企业的投资收益	—	—
（四）公允价值变动收益（损失以"－"号填列）	-5 293.75	-223.96
（五）其他收入	3 185.18	3 760.04
金融机构往来收入	303.79	283.58
证券销售差价收入	-2 197.96	1 070.28

续表

项　目	本年累计数	上年同期数
汇兑收益（损失以"－"号填列）	43.29	121.42
其他业务收入	5 036.05	2 284.76
二、营业支出	10 989.31	2 656.01
（一）营业税金及附加	2 437.91	1 038.98
（二）业务及管理费	6 629.81	5 020.66
（三）资产减值损失或呆账损失（转回金额以"－"号填列）	-203.63	-4 476.04
（四）其他业务成本	2 125.21	1 072.41
三、营业利润（亏损以"－"号填列）	30 653.37	28 900.21
加：营业外收入	6.33	5.94
减：营业外支出	4.46	157.65
四、利润总额（亏损以"－"号填列）	30 655.24	28 748.50
减：所得税费用	6 379.89	2 845.82
五、净利润（亏损以"－"号填列）	24 275.35	25 902.67
归属于母公司所有者的净利润	24 275.35	25 902.67
少数股东损益	—	—

利润表

2011 年度

编制单位：山东省国际信托有限公司（合并）　　单位：万元

项　目	本年累计数	上年同期数
一、营业收入	53 884. 31	47 668. 80
（一）利息净收入	24. 00	128. 00
利息收入	24. 00	128. 00
利息支出	—	—
（二）手续费及佣金净收入	51 115. 49	29 324. 08
手续费及佣金收入	51 123. 46	29 328. 65
手续费及佣金支出	7. 97	4. 57
（三）投资收益（损失以“ - ”号填列）	4 080. 07	13 937. 38
其中：对联营企业和合营企业的投资收益	—	—
（四）公允价值变动收益（损失以“ - ”号填列）	-5 293. 75	-223. 96
（五）其他收入	3 958. 51	4 503. 30
金融机构往来收入	535. 80	421. 45
证券销售差价收入	-2 197. 96	1 070. 28
汇兑收益（损失以“ - ”号填列）	43. 29	121. 42

续表

项　目	本年累计数	上年同期数
其他业务收入	5 577. 38	2 890. 15
二、营业支出	22 164. 29	14 035. 18
（一）营业税金及附加	3 205. 70	1 893. 04
（二）业务及管理费	17 187. 01	15 314. 52
（三）资产减值损失或呆账损失（转回金额以“ - ”号填列）	-203. 63	-4 224. 79
（四）其他业务成本	1 975. 21	1 052. 41
三、营业利润（亏损以“ - ”号填列）	31 720. 02	33 633. 62
加：营业外收入	209. 31	87. 96
减：营业外支出	13. 35	171. 42
四、利润总额（亏损以“ - ”号填列）	31 915. 99	33 550. 16
减：所得税费用	7 176. 02	4 079. 18
五、净利润（亏损以“ - ”号填列）	24 739. 97	29 470. 98
归属于母公司所有者的净利润	23 741. 99	26 921. 59
少数股东损益	997. 98	2 549. 39

5. 1. 4　所有者权益变动表

所有者权益变动表

编制单位：山东省国际信托有限公司（母公司）　　2011 年度　　单位：万元

项　目	归属于母公司所有者权益										
	实收资本（或股本）	资本公积	减：库存股	专项储备	盈余公积	一般风险准备	未分配利润	其他	小计	少数股东权益	所有者权益合计
一、上年年末余额	128 000. 00	1 621. 38	—	—	14 729. 41	2 737. 12	24 512. 85	—	171 600. 76	0. 00	171 600. 76
加：会计政策变更	—	—	—	—	—	—		—		—	
前期差错更正	—	—	—	—	—	—		—		—	
二、本年年初余额	128 000. 00	1 621. 38	—	—	14 729. 41	2 737. 12	24 512. 85	—	171 600. 76	0. 00	171 600. 76
三、本年增减变动金额（减少以“ - ”号填列）	0	-7 325. 60	—	—	3 641. 30	63. 23	20 570. 82	—	16 949. 74	—	16 949. 74
（一）净利润	—	—	—	—	—	—	24 275. 35	—	24 275. 35	—	24 275. 35
（二）其他综合收益	0	-7 325. 60	—	—	—	—	—	—	-7 325. 60	—	-7 325. 60
（三）所有者投入和减少资本	0	-7 325. 60	—	—	—	—	24 275. 35	—	16 949. 74	—	16 949. 74
1. 所有者投入资本	0	0	—	—	—	—		—	0	0	0
2. 股份支付计入所有者权益的金额	0	0	—	—	—	—		—	0	0	0
3. 其他	0	0	0	0	0	0	0	0	0	0	0
（四）专项储备提取和使用	0	0	0	0	0	0	0	0	0	0	0
1. 提取专项储备	—	—	—	0	—	—		—	0	0	0
2. 使用专项储备	—	—	—	0	—	—		—	0	0	0
（五）利润分配	0	0	0	0	3 641. 30	63. 23	-3 704. 53	0	0	0	0
1. 提取盈余公积	0	0	0	0	2 427. 53	—	-2 427. 53	0	0	0	0
其中：法定公积金	—	—	—	—	2 427. 53	—	-2 427. 53	—	0	—	0
任意公积金	—	—	—	—		—		—	0	—	0
储备基金	—	—	—	—		—		—	0	—	0
企业发展基金	—	—	—	—		—		—	0	—	0
利润归还投资	—	—	—	—		—		—	0	—	0
2. 提取一般风险准备	—	—	—	—	—	63. 23	-63. 23	—	0	—	0
3. 对所有者（或股东）的分配	—	—	—	—	—	—		—	0	0	0
4. 其他	0	0	0	0	1 213. 77		-1 213. 77	0	0	0	0
（六）所有者权益内部结转	0	0	0	0	0	0	0	0	0	0	0
1. 资本公积转增资本（或股本）	0	0	—	—	—	—		—	0	—	0
2. 盈余公积转增资本（或股本）	0	—	—	—	0	—		—	0	—	0
3. 盈余公积弥补亏损	—	—	—	—	0	—	0	—	0	—	0
4. 其他	0	0	0	0	0	0	0	0	0	0	0
四、本年年末余额	128 000. 00	-5 704. 22	—	—	18 370. 71	2 800. 35	45 083. 67	—	188 550. 50	—	188 550. 50

所有者权益变动表

编制单位:山东省国际信托有限公司(合并)　　2011 年度　　单位:万元

项　目	归属于母公司所有者权益									少数股东权益	所有者权益合计
	实收资本(或股本)	资本公积	减:库存股	专项储备	盈余公积	一般风险准备	未分配利润	其他	小计		
一、上年年末余额	128 000.00	1 775.11	—	—	14 729.41	2 737.12	29 464.76	—	176 706.40	17 202.52	193 908.92
加:会计政策变更	—	—	—	—	—	—		—		—	
前期差错更正	—	—	—	—	—	—		—		—	
二、本年年初余额	128 000.00	1 775.11	—	—	14 729.41	2 737.12	29 464.76	—	176 706.40	17 202.52	193 908.92
三、本年增减变动金额(减少以"-"号填列)	0	-8 334.10	—	—	3 641.30	63.23	20 037.46	—	15 407.89	1 884.63	13 523.26
(一)净利润	—	—	—	—	—	—	23 741.99	—	23 741.99	997.98	24 739.97
(二)其他综合收益	0	-8 334.10	—	—	—	—	—	—	-8 334.10	-1 232.61	-9 566.71
(三)所有者投入和减少资本	0	0	—	—	—	—	0	—	0	—	0
1. 所有者投入资本	0	0	—	—	—	—		—	0	0	0
2. 股份支付计入所有者权益的金额	0	0	—	—	—	—		—	0	0	0
3. 其他	0	0	0	0	0	0	0	0	0	0	0
(四)专项储备提取和使用	0	0	0	0	0	0	0	0	0	0	0
1. 提取专项储备	—	—	—	0	—	—		—	0	0	0
2. 使用专项储备	—	—	—	0	—	—		—	0	0	0
(五)利润分配	0	0	0	0	3 641.30	63.23	-3 704.53	0	0	0	0
1. 提取盈余公积	0	0	0	0	2 427.53	—	-2 427.53	0	0	0	0
其中:法定公积金	—	—	—	—	2 427.53	—	-2 427.53	—	0	—	0
任意公积金	—	—	—	—		—		—	0	—	0
储备基金	—	—	—	—		—		—	0	—	0
企业发展基金	—	—	—	—		—		—	0	—	0
利润归还投资	—	—	—	—		—		—	0	—	0
2. 提取一般风险准备	—	—	—	—	—	63.23	-63.23	—	0	—	0
3. 对所有者(或股东)的分配	—	—	—	—	—	—		—	0	-1 650.00	0
4. 其他	0	0	0	0	1 213.77		-1 213.77	0	0	0	0
(六)所有者权益内部结转	0	0	0	0	0	0	0	0	0	0	0
1. 资本公积转增资本(或股本)	0	0	—	—	—	—		—	0	—	0
2. 盈余公积转增资本(或股本)	0	—	—	—	0	—		—	0	—	0
3. 盈余公积弥补亏损	—	—	—	—	0	—	0	—	0	—	0
4. 其他	0	0	0	0	0	0	0	0	0	0	0
四、本年年末余额	128 000.00	-6 559.00	—	—	18 370.71	2 800.35	49 502.22	—	192 114.28	15 317.89	207 432.17

5.2 信托资产

5.2.1 信托项目资产负债汇总表

信托项目资产负债汇总表

编制单位:山东省国际信托有限公司　　2011 年 12 月 31 日　　单位:万元

资产	年初余额	期末余额	负债和权益	年初余额	期末余额
资产:			负债:		
货币资金	297 527.22	129 874.86	交易性金融负债		
拆出资金			衍生金融负债		
结算备付金	191 473.73	320 771.09	应付账款		
交易性金融资产	959 807.13	425 878.69	应付受托人报酬	655.49	956.19
衍生金融资产			应付受益人收益	9 981.77	1 801.87
买入返售金融资产	275 600.00	61 710.00	应付托管费	152.62	578.27
应收账款		126 200.00	应付销售服务费		
应收利息		29.32	应交税费	471.83	361.58
应收股利			应付利息		

续表

资产	年初余额	期末余额	负债和权益	年初余额	期末余额
应收申购款			其他应付款	11 993.85	17 291.71
应收票据		421 507.84	其他负债		
其他应收款	15 372.10	4 999.82			
存出保证金					
发放贷款	6 212 036.61	6 919 383.39	负债合计	23 255.56	20 989.34
长期应收款		141 000.00			
可供出售金融资产	706.00	706.00			
持有至到期投资	528 491.49	1 514 156.19			
长期股权投资	1 180 282.81	1 336 131.42	权益:		
投资性房地产			实收信托	9 423 437.40	11 239 173.56
融资租赁资产			资本公积		55 599.07
固定资产			损益平准	32 550.98	
固定资产清理			未分配利润	182 053.15	86 586.65
无形资产			权益合计	9 638 041.53	11 381 359.28
长期待摊费用					
其他资产					
信托资产总计	9 661 297.09	11 402 348.62			
减:各项资产减值准备					
资产总计	9 661 297.09	11 402 348.62	负债和权益总计	9 661 297.09	11 402 348.62

5.2.2 信托项目利润及利润分配汇总表

信托业务利润及利润分配汇总表

编制单位:山东省国际信托有限公司　　2011 年度　　单位:万元

项　目	本年累计数	上年累计数
一、收入	554 430.17	545 923.02
利息收入	434 490.24	300 271.82
投资收益(损失以"-"号填列)	160 611.95	230 066.74
其中:对联营企业和合营企业的投资收益	—	—
公允价值变动收益(损失以"-"号填列)	-51 954.83	12 320.74
租赁收入	—	—
汇兑损益(损失以"-"号填列)	-112.19	-71.61
其他收入	11 395.00	3 335.33
二、支出	98 634.18	37 938.29
营业税金及附加	1 296.77	2 039.19
受托人报酬	34 600.78	11 356.29
托管费	6 486.62	5 479.63
销售服务费	3 744.39	1 467.88
交易费用	12 199.22	11 015.91
利息支出	—	
资产减值损失	—	
其他费用	40 306.40	6 579.39
三、净利润(净亏损以"-"号填列)	455 796.00	507 984.73
四、其他综合收益		

续表

项　目	本年累计数	上年累计数
五、综合收益	455 796.00	507 984.73
六、期初未分配利润	182 053.14	51 542.44
六、本期已分配信托利润	551 262.49	377 474.01
七、期末未分配利润	86 586.65	182 053.15

6. 会计报表附注

6.1 简要说明报告年度会计报表编制基准、会计政策、会计估计和核算方法发生的变化

无变化。

6.2 或有事项说明

公司对外担保的期初数 37 688.50 万元、期末数 0 万元,反担保措施齐全,对公司不存在影响。

6.3 重要资产转让及其出售的说明

无。

6.4 会计报表中重要项目的明细资料

6.4.1 披露自营资产经营情况

6.4.1.1 按信用风险五级分类结果披露信用风险资产的期初数、期末数

信用风险资产五级分类	正常类(万元)	关注类(万元)	次级类(万元)	可疑类(万元)	损失类(万元)	信用风险资产合计(万元)	不良资产合计(万元)	不良资产率(%)
期初数	285 293.37				17 875.01	303 168.38	17 875.01	5.90
期末数	303 995.22				17 671.38	321 666.60	17 671.38	5.90

注:不良资产合计=次级类+可疑类+损失类。

6.4.1.2 各项资产减值损失准备的期初、本期计提、本期转回、本期核销、期末数

单位：万元

	期初数	本期计提	本期转回	本期核销	期末数
贷款损失准备	0				0
一般准备					
专项准备	0				0
其他资产减值准备					
可供出售金融资产减值准备					
持有至到期投资减值准备	10 751.74				10 751.74
长期股权投资减值准备	4 327.77				4 327.77
坏账准备	5 043.27		203.63		4 839.64
投资性房地产减值准备	0				0
合计	20 122.78		203.63		19 919.15

6.4.1.3 自营股票投资、基金投资、债券投资、股权投资等投资业务的期初数、期末数

单位：万元

	自营股票	基金	债券	长期股权投资
期初数	30 674.90	46 576.59		114 956.68
期末数	45 651.92	32 730.25		118 289.42

6.4.1.4 按投资入股金额排序，前三名的自营长期股权投资的企业名称、占被投资企业权益的比例及投资收益情况等（依大小顺序排列）

企业名称	占被投资企业权益的比例(%)	投资收益
1. 山东中华发电有限公司	14.40	2011年无分红
2. 泰山财产保险有限公司	9.85	2011年无分红
3. 泰信基金管理有限公司	45.00	2011年分红1 350万元

6.4.1.5 前三名的自营贷款的企业名称、占贷款总额的比例和还款情况等（依大小顺序排列）

企业名称	占贷款总额的比例(%)	还款情况
1. 无		
2.		
3.		

6.4.1.6 表外业务的期初数、期末数；按照代理业务、担保业务和其他类型表外业务分别披露

单位：万元

表外业务	期初数	期末数
担保业务	37 688.50	0
代理业务（委托业务）		
其他		
合计	37 688.50	0

注：代理业务主要反映因客观原因应规范而尚未完成规范的历史遗留委托业务，包括委托贷款和委托投资。

6.4.1.7 公司（母公司）当年的收入结构

续表

收入结构	金额（万元）	占比（%）
手续费及佣金收入	38 225.71	91.77
其中：信托手续费收入	38 225.71	
投资银行业务收入		
利息收入	24.00	0.06
其他业务收入	3 184.22	7.64
其中：计入信托业务收入部分		
投资收益	215.69	0.52
其中：股权投资收益	5 509.44	
公允价值变动收益	-5 293.75	
其他投资收益		
营业外收入	6.33	0.01
收入合计	41 655.95	100.00

2011年度（合并）实现信托业务收入38 225.71元，占全部收入的90%以上，主营业务突出。

收入结构	金额（万元）	占比（%）
手续费及佣金收入	51 123.46	94.50
其中：信托手续费收入	38 225.71	
投资银行业务收入		
利息收入	24.00	0.04
其他业务收入	3 958.51	7.32
其中：计入信托业务收入部分	0	
投资收益	-1 213.68	-2.25
其中：股权投资收益	4 159.44	
公允价值变动收益	-5 293.75	
其他投资收益	-79.37	
营业外收入	209.31	0.39
收入合计	54 101.60	100.00

手续费及佣金收入中基金管理费收入实现12 897.75万元，占收入合计的23.84%。

6.4.2 披露信托资产管理情况

6.4.2.1 信托资产的期初数、期末数

单位：万元

信托资产	期初数	期末数
集合	1 221 642.72	2 615 545.01
单一	6 898 292.50	7 266 345.59
财产权	1 541 361.87	1 520 458.02
合计	9 661 297.09	11 402 348.62

6.4.2.1.1 主动管理型信托业务的信托资产期初数、期末数，分证券投资、股权投资、融资、事务管理类分别披露

单位：万元

主动管理型信托资产	期初数	期末数
证券投资类	849 153.00	809 930.68
股权投资类	90 776.00	493 557.51
融资类	1 737 070.09	1 775 691.95
事务管理类		
合计	2 676 999.09	3 079 180.14

6.4.2.1.2 被动管理型信托业务期初数、期末数，分证券投资、股权投资、融资、事务管理类分别披露

单位:万元

被动管理型信托资产	期初数	期末数
证券投资类		
股权投资类	382 851.00	1 018 313.89
融资类	5 097 764.00	5 437 397.07
事务管理类	1 503 683.00	1 867 457.52
合计	6 984 298.00	8 323 168.48

6.4.2.2　本年度已清算结束的信托项目个数、实收信托合计金额、加权平均实际年化收益率

6.4.2.2.1　本年度已清算结束的集合类、单一类资金信托项目和财产管理类信托项目个数、实收信托金额、加权平均实际年化收益率

已清算结束信托项目	项目个数	实收信托合计金额(万元)	加权平均实际年化收益率(%)
集合类	61	457 086	5.67
单一类	265	3 702 307	5.19
财产管理类	2	704	82.67

注:加权平均实际年化收益率=(信托项目1的实际年化收益率×信托项目1的资产总计+信托项目2的实际年化收益率×信托项目2的资产总计+…信托项目n的实际年化收益率×信托项目n的资产总计)/(信托项目1的资产总计+信托项目2的资产总计+…信托项目n的资产总计)×100%。

6.4.2.2.2　本年度已清算结束的主动管理型信托项目个数、实收信托合计金额、加权平均实际年化收益率。分证券投资、股权投资、融资、事务管理类分别披露

已清算结束信托项目	项目个数	合计金额(万元)	加权平均实际年化信托报酬率(%)	加权平均实际年化收益率(%)
证券投资类	32	135 343	0.90	3.13
股权投资类	14	94 760	1.16	7.23
融资类	26	276 031	0.96	6.50
事务管理类				

6.4.2.2.3　本年度已清算结束的被动管理型信托项目个数、实收信托合计金额、加权平均实际年化收益率。分证券投资、股权投资、融资、事务管理类分别披露

已清算结束信托项目	项目个数	合计金额(万元)	加权平均实际年化信托报酬率(%)	加权平均实际年化收益率(%)
证券投资类				
股权投资类	18	175 034.80	0.36	9.06
融资类	237	3 360 911.00	0.22	5.07
事务管理类	1	50 000.00	0.1	0.1

6.4.2.3　本年度新增的集合类、单一类、财产管理类信托项目个数、实收信托合计金额

新增信托项目	项目个数	实收信托合计金额(万元)
集合类	157	2 121 681
单一类	319	9 301 908
财产管理类	6	142 368
新增合计	482	11 565 957
其中:主动管理型	182	2 245 701
被动管理型	300	9 320 256

6.4.2.4　信托业务创新成果和特色业务有关情况

2011年,公司进一步加快信托产品结构转变进程,以证券信托、产业信托、上市公司股权质押信托为重点,积极拓展了私募股权投资(PE)信托、绿色投资系列信托、保障房信托、酒类信托等创新型信托产品,实现业务内生式增长和外延式扩张的有机结合。

证券投资信托。山东信托形成了以阳光私募证券信托为主,以有限合伙制证券信托、债券信托、结构型多对多证券信托为辅的业务模式,进一步提升了证券信托业务的规模和收益水平。

产业投资信托。山东信托以提高自主管理能力和建立品牌优势为重点,以业务创新为抓手,推出了首只服务于柜台交易市场的产品——尊岳进取1号(PE)集合资金信托计划,为中小企业融资开辟了一条新渠道;陆续形成恒富、恒丰、远投、弘毅、船舶航运和绿色投资等多个系列品牌,分别投向重点支柱产业、新兴产业、节能环保企业以及优质上市公司等领域,契合国家"十二五"规划,为支持黄河三角洲高效生态经济区、山东半岛蓝色经济区建设,为国民经济"转方式调结构"提供金融服务。

上市公司股权质押融资信托,山东信托制订了《上市公司股权质押融资项目考察标准实施暂行办法》,规范了相关业务的考察标准与操作流程,创立并发展壮大了恒鑫系列、尊享系列两大品牌,迅速形成了规范运作、品牌营销和创新发展的良好局面。

房地产信托。山东信托在强化风险防范的前提下,积极履行社会责任,拓展包括廉租房、经济适用房在内的保障性房地产信托业务。

创新类信托。在做好传统业务的基础上,山东信托紧跟市场形势,不断创新。发行了淄博园艺不良资产信托,探讨了基于书画和钻石等艺术品的弘毅1号艺术品投资信托、美钻之缘1号钻石投资基金,研发了投资于白酒类的信托产品,积极拓展了票据信托、融资租赁信托,普遍受到投资者的欢迎。

6.4.2.5　本公司履行受托人义务情况及因公司自身责任而导致的信托资产损失情况(合计金额、原因等)。

公司本年度无上述情况。

6.5　关联方关系及其交易的披露

6.5.1　关联交易方的数量、关联交易的总金额及关联交易的定价政策等

	关联交易数量	关联交易金额(万元)	定价政策
合计	8	129 950	按市场公允价格定价

注:关联交易是指信托公司以自有资产、信托资产为关联方提供投融资等服务,或以担保等方式为关联方融资提供便利的业务。关联交易的统计范围应基本与银监会非现场监管信息系统中关于关联交易的范围和口径一致,也可增加为关联方提供咨询等其他非投融资类业务服务的信息。

6.5.2　关联交易方与本公司的关系性质、关联交易方的名称、法人代表、注册地址、注册资本及主营业务等

关系性质	关联方名称	法定代表人	注册地址	注册资本(万元)	主营业务
母公司	山东省鲁信投资控股集团有限公司	孟凡利	济南市解放路166号	300 000.00	对外投资及管理,资本运营。

续表

关系性质	关联方名称	法定代表人	注册地址	注册资本（万元）	主营业务
同一母公司	临沂鲁信置业有限公司	单保成	临沂市经济开发区	3 000.00	房地产开发。
同一母公司	山东鲁信房地产投资开发有限公司	李世杰	济南市解放路166号	5 000.00	房地产开发及销售，建筑材料销售。
同一母公司	山东鲁信天地置业有限公司	单保成	烟台市莱山区观海路滨海办事处办公楼	5 000.00	房地产开发、物业管理、建筑材料、装饰材料、普通机械销售。
同一母公司	山东鲁信恒基有限公司	孟凡利	济南市解放路166号	6 000.00	对外投资及管理，资本运营。
同一母公司	鲁信投资集团股份有限公司	李鹰	济南市解放路166号	31 000.00	一般经营项目：产业投资开发；科技开发；房屋出租；信息咨询、服务（国家专项审批的除外）。

6.5.3　本公司与关联方的重大交易事项

6.5.3.1　固有与关联方交易情况：贷款、投资、租赁、应收账款、担保、其他方式等期初汇总数、本期借方和贷方发生额汇总数、期末汇总数

单位：万元

固有与关联方关联交易																				
贷款			投资			租赁			担保			应收账款			其他			合计		
期初	发生额	期末	期初	发生额	期末	期初	发生额	期末	期初	发生额	期末	期初	发生额	期末	期初	发生额	期末	期初	发生额	期末
0	0	0	0	0	0	0	0	0	0	0	0	0	0	0	0	0	0	0	0	0

6.5.3.2　信托资产与关联方交易情况：贷款、投资、租赁、应收账款、担保、其他方式等期初汇总数、本期借方和贷方发生汇总额、期末汇总数

单位：万元

信托与关联方关联交易				
	期初数	借方发生额	贷方发生额	期末数
贷款	135 320	97 000	132 370	99 950
投资		30 000		30 000
租赁				
担保				
应收账款				
其他				
合计	135 320	127 000	125 070	129 950

6.5.3.3　信托公司自有资金运用于自己管理的信托项目（固信交易）、信托公司管理的信托项目之间的相互交易（信信交易）交易金额，包括余额和本报告年度的发生额

6.5.3.3.1　固有与信托财产之间的交易金额期初汇总数、本期发生额汇总数、期末汇总数

单位：万元

固有财产与信托财产相互交易			
	期初数	本期发生额	期末数
合计	55 000.00	-6 514	48 486

6.5.3.3.2　信托项目之间的交易金额期初汇总数、本期发生额汇总数、期末汇总数

单位：万元

信托资产与信托财产相互交易			
	期初数	本期发生额	期末数
合计	192 360	-127 835	64 525

6.5.4　逐笔披露关联方逾期未偿还本公司资金的详细情况以及本公司为关联方担保发生或即将发生垫款的详细情况

无。

6.6　会计制度的披露

固有业务（自营业务）、信托业务执行会计制度的名称及颁布的年份。

固有业务（自营业务）自2008年1月1日开始执行新《企业会计准则》、信托业务自2009年7月1日起执行新《企业会计准则》。

7. 财务情况说明书

7.1　利润实现和分配情况（母公司和并表口径同时披露）

7.1.1　母公司利润实现和分配情况

（1）利润总额：30 655.24万元；（2）所得税费用：6 379.89万元；（3）净利润：24 275.35万元；（4）加年初未分配利润余额（调整后净额）：24 512.85万元；（5）可供分配利润：48 788.20万元；（6）提取法定公积金（净利润的10%）：2 427.53万元；（7）依据《公司章程》，按照本年实现净利润的5%提取信托赔偿准备金1 213.77万元；（8）提取一般准备63.23万元；（9）未向公司股东分配股利；（10）期末未分配利润45 083.67万元。

7.1.2　合并利润实现和分配情况

（1）利润总额：31 915.99万元；（2）所得税费用：7 176.02万元；（3）归属于母公司的净利润：23 741.99万元；（4）加年初未分配利润余额（调整后净额）：29 464.76万元；（5）可供分配利润：53 206.75万元；（6）提取法定公积金（净利润的10%）：2 427.53万元；（7）依据《公司章程》，按照本年实现净利润的5%提取信托赔偿准备金1 213.77万元；（8）提取一般准备63.23万元；（9）未向公司股东分配股利；（10）期末未分配利润49 502.22万元。

7.2　主要财务指标（母公司和并表口径同时披露）

母公司

指标名称	指标值
资本利润率（%）	13.63
加权年化信托报酬率（%）	0.40
人均净利润（万元/人）	245.21

合并

指标名称	指标值
资本利润率(%)	12.94
加权年化信托报酬率(%)	0.40
人均净利润(万元/人)	112.45

注:1. 资本利润率=净利润/所有者权益平均余额×100%。

2. 信托报酬率=信托业务收入/实收信托年平均余额×100%。

3. 人均净利润=净利润/平均人数。

4. 平均值采取年初及各季度末余额移动算术平均法,公式为:a(平均)=(a_0/2+a_1+a_2+a_3+a_4/2)/4。

7.3 对本公司财务状况、经营成果有重大影响的其他事项

无。

8. 特别事项简要揭示

8.1 前五名股东报告期内变动情况及原因

无。

8.2 董事、监事及高级管理人员变动情况及原因

2011年1月11日以通讯方式召开临时董事会,聘任万众、李高峰、周建葉为公司副总经理。

8.3 公司的重大未决诉讼事项

报告期内,公司没有重大诉讼事项发生。

以前年度发生未终结的诉讼事项,本公司诉山东泗水北方大地牧业集团有限公司、山东鲁西黄牛原种场有限公司、泗水北方大地肉牛育肥有限公司、山东九福饲料有限公司及山东九九有限公司、北京赛克赛思科技投资有限公司借款、担保合同纠纷案,目前仍在执行中。

8.4 对会计师事务所出具的有保留意见、否定意见或无法表示意见的审计报告的,公司董事会应就所涉及事项作出说明

无。

8.5 公司及其董事、监事和高级管理人员受到处罚的情况

无。

8.6 银监会及其派出机构对公司检查后提出整改意见的,应简单说明整改情况

2011年4月1日,山东银监局来公司召开2010年度审慎监管会议,会议在充分肯定公司实现稳健安全运行,内控水平和风险管理水平进一步提升,业务规模和收入实现快速增长的同时,针对公司法人治理结构、通道类业务占比偏高、净资本充足率偏低等问题提出了监管意见,指出公司应从提高资产自主管理能力入手,着力调整业务结构,提高业务创新能力,适当控制风险系数较高业务的发展速度和规模。

针对此监管意见,公司高管层高度重视,召开专题会议对存在的问题和薄弱环节进行研究,采取切实可行的有效措施进行整改,制订了整改计划并上报山东银监局。本报告期内,公司不断强化内部管理,深化业务结构调整,加强业务开拓和创新,努力提高自主管理能力,通道类业务占比明显降低,净资本充足率达标。

8.7 本年度重大事项临时报告的简要内容、披露时间、所披露的媒体及其版面

2011年4月21日在《金融时报》披露:"山东省国际信托有限公司年报"。

8.8 银监会及其省级派出机构认定的其他有必要让客户及相关利益人了解的重要信息

无。

9. 公司监事会意见

监事会认为,本报告期内,公司决策程序符合国家相关法律、法规和《公司章程》的规定,内部控制制度较为完善,没有发现公司董事和高级管理人员在履行公司职务时有违反法律法规、公司章程和侵害股东利益的行为。公司财务报告真实地反映了公司的财务状况和经营成果。

山西信托有限责任公司

1. 重要提示

1.1 本公司董事会及董事保证本报告所载资料不存在任何虚假记载、误导性陈述或者重大遗漏，并对其内容的真实性、准确性和完整性承担个别及连带责任。本年度报告摘要摘自年度报告全文，报告全文刊载于本公司网站（http://www.sxxt.net），客户及相关利益人欲了解详细内容，应阅读年度报告全文。

1.2 未有公司董事声明对本年度报告内容的真实性、准确性、完整性存在异议。

1.3 公司独立董事杨有振保证本年度报告内容真实、准确、完整。

1.4 普华永道中天会计师事务所有限公司对本公司年度财务报告进行审计，出具了标准无保留意见的审计报告。

1.5 公司董事长袁东生、主管会计工作负责人总经理刘叔肄、财务总监雷淑俊、计划财务部经理刘拓旺声明：保证年度报告中财务会计报告的真实、完整。

2. 公司概况

2.1 公司简介

1	法定中文名称	山西信托有限责任公司（中文缩写：山西信托）
2	法定英文名称	Shanxi Trust Corporation Ltd. （英文缩写：STC）
3	法定代表人	袁东生
4	注册地址	山西省太原市府西街 69 号
5	邮政编码	030002
6	国际互联网网址	http://www.sxxt.net
7	公司电子信箱	websxxt@sxgt.net
8	信息披露事务负责人	陈　强
9	信息披露事务联系人	吴　晶
10	联系电话	0351-8686777
11	传　　真	0351-8686111
12	电子信箱	websxxt@sxgt.net
13	本次信息披露报纸	《金融时报》
14	年度报告备置地点	山西省太原市府西街 69 号 山西国际贸易中心 A 座 37 层
15	公司聘请的会计师事务所及其住所	普华永道中天会计师事务所有限公司 地址：上海湖滨路 202 号普华永道中心

2.2 组织结构

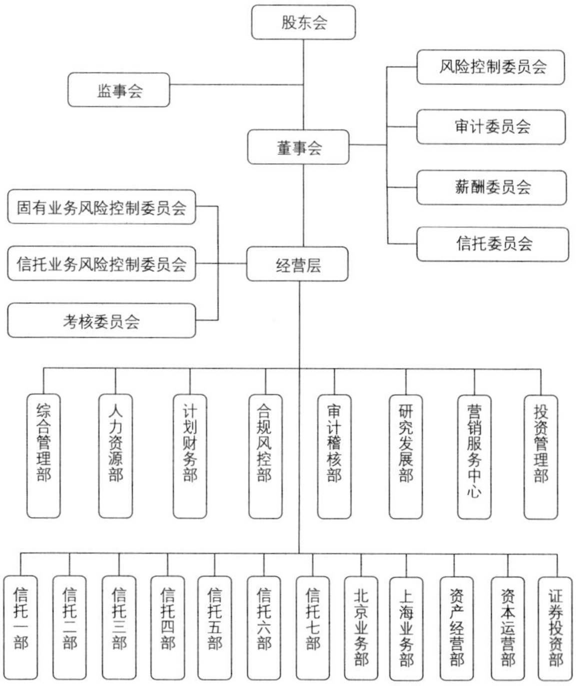

3. 公司治理结构

3.1 股东

股东名称	出资比例(%)	法人代表	注册资本(亿元)	注册地址	主要经营业务及主要财务情况
山西省国信投资（集团）公司★	90.7	张广慧	26	太原市府西街 69 号	投资业务、资产委托管理、资产重组并购、公司理财、财务顾问及咨询、房地产投资、代理财产管理等。 集团系统资产总额：1 749 623.38 万元，托管及管理资产总额：19 830 000 万元，营业收入：212 014.19 万元，利润总额：55 875.14 万元。
太原市海信资产管理有限公司	8.3	张健健	1.0073	太原市府西街 141 号	投资及资产委托管理、投资咨询及企业财务法律咨询。 资产总额：365 189.38 万元，投资收益：1 826.10 万元，利润总额：1 753.94 万元。
山西国际电力集团有限公司	1	常小刚	60	太原市东缉虎营 37 号	电、热的生产和销售；发电、输变电工程的技术咨询；电力调度、生产管理及电力营销服务等。 资产总额：2 389 008.42 万元，营业收入：1 065 487.39 万元，利润总额：69 130.58 万元。

注1. 本公司三个股东之间不存在关联关系。

2. 股东财务状况数字截至 2011 年 12 月 31 日。

3. ★号表示公司最终实际控制人。

3.2 董事

董事

姓　名	职　务	性别	年龄	选任日期	所推举的股东名称	该股东持股比例(%)	简　要　履　历
袁东生	董事长	男	60	2007年2月	山西省国信投资(集团)公司	90.7	曾任教师、理论教员,山西省委组织部处长;1994年任山西省信托投资公司副总经理;2002年任山西省国信投资(集团)公司副总经理,山西信托投资有限责任公司副董事长、总经理;2007年2月任山西信托有限责任公司党委书记、董事长。
杨小勇	副董事长	男	48	2007年2月	山西省国信投资(集团)公司	90.7	曾任山西省委组织部处长;2001年11月任山西省信托投资公司副总经理;2002年2月任山西省国信投资(集团)公司副总经理;2002年4月任山西信托投资有限责任公司副董事长;2008年8月任山西省国信投资(集团)公司党委书记、山西信托有限责任公司副董事长。
郭晋普	副董事长	男	55	2011年 3月	山西省国信投资(集团)公司	90.7	曾任长治锻压机床厂生产副厂长;1993年5月任山西省信托投资公司房地产开发部、投资实业总部副总经理;2002年1月任山西国际贸易中心有限公司董事、总经理;2008年11月任山西省国信投资(集团)公司副总经理、党委委员;2010年2月兼任山西国际贸易中心有限公司董事、董事长;2011年3月兼任山西信托有限责任公司副董事长。
曹　煜	副董事长	男	48	2011年 3月	山西省国信投资(集团)公司	90.7	曾任共青团太原市委青农部副部长、共青团山西省委青农部部长助理、副部长、团省委常委、宣传部部长;1998年5月任中共祁县县委副书记、县长;2005年5月任中共榆社县委书记;2010年12月任山西省国信投资(集团)公司副总经理、党委委员;2011年3月兼任山西信托有限责任公司副董事长。
刘叔肄	董事	男	46	2010年2月	山西省国信投资(集团)公司	90.7	历任山西省信托投资公司运城证券营业部经理、运城办事处副主任、党组书记;2002年4月任山西信托投资有限责任公司地市信托部经理、太原资产管理公司经理;2005年1月任汇丰晋信基金公司副督察长;2010年2月任山西信托有限责任公司党委副书记、总经理。
张健健	董事	男	56	2007年2月	太原市海信资产管理有限公司	8.3	曾任山西机器厂工程师、车间主任;1993年到太原市信托投资公司工作,历任公司证券业务部副主任、实业公司经理、办公室主任、副总经理;2001年任太原市海信资产管理有限公司总经理,2011年8月任董事长。
王建军	董事	男	39	2011年2月	山西国际电力集团有限公司	1.00	曾任山西国际电力集团工程管理公司工程部经理;2008年2月任山西国际电力集团公司产业部经理;2009年10月任通宝能源有限公司党委书记、总经理;2010年7月任山西国际电力集团有限公司产业管理部经理。
张福生	董事	男	53	2007年2月	职工董事		曾任山西省统计局副处长;1992年任山西省信托投资公司技改处处长、办公室主任、党总支专职副书记;2007年5月任山西信托有限责任公司党委工作部主任;2010年2月任山西信托有限责任公司纪委书记。

独立董事

姓名	所在单位及职务	性别	年龄	选任日期	所推举的股东名称	该股东持股比例(%)	简要履历
杨有振	山西财经大学教务处处长、教授、博士生导师、独立董事	男	53	2007年2月			曾任山西财经大学财政金融系金融教研室主任、系主任;山西财经大学财政金融学院院长;现任山西财经大学教务处处长、教授、博士生导师。

3.3 监事

监事会成员

姓　名	职　务	性别	年龄	选任日期	所推举的股东名称	该股东持股比例(%)	简　要　履　历
乔彦林	监事长	男	48	2010年2月	山西省国信投资(集团)公司	90.7	历任山西省信托投资公司委托处副处长、信托部经理;2002年4月任山西信托投资有限责任公司机构信托部、信托一部经理;2007年2月任山西信托有限责任公司监事会召集人;2010年2月任山西信托有限责任公司监事长。

续表

姓名	职务	性别	年龄	选任日期	所推举的股东名称	该股东持股比例(%)	简要履历
牛海芳	监事	女	41	2007年2月	太原市海信资产管理有限公司	8.3	曾任太原市交家电公司干部，太原市信托投资公司会计；现任太原市海信资产管理有限公司财务科科长。
宋晓伟	监事	女	47	2011年2月	山西国际电力集团有限公司	1	曾任山西中元、北京京都会计师事务所副主任会计师、主任会计师助理，太原理工天成科技股份有限公司副总经理；2008年2月任通宝能源有限公司总会计师；2009年10月任山西国际电力集团有限公司法律审计部经理。

3.4 高级管理人员

姓名	职务	性别	年龄	选任日期	金融从业年限	学历	专业
刘叔肆	总经理	男	46	2010年2月	19	硕士研究生	经济
焦杨	常务副总经理	男	45	2010年2月	15	硕士研究生	金融
史庆瑞	副总经理	男	55	2007年2月	23	本科	农业
张福生	纪委书记	男	53	2010年2月	19	研究生	金融
雷淑俊	财务总监	女	42	2010年2月	19	本科	金融
陈强	董事会秘书	男	43	2010年2月	18	研究生	经济

3.5 公司员工

职工人数(人)		174人
平均年龄(岁)		41岁
学历分布比例(%)	硕士	21.19
	本科	50.99
	专科	11.92
	其他	15.90

4. 经营管理

4.1 经营目标、方针、战略规划

经营目标：服务客户、奉献社会、回报股东、成就员工。

经营方针：规范经营、稳健发展、执著追求、勇于创新。

战略规划：以市场为导向，以服务地方经济发展为宗旨，以转型跨越发展为主线，以创新为动力，通过不断完善法人治理结构，健全风险防控机制，努力改善经营环境，创造业务保障机制等措施，全方位支持业务的发展，积极创立科学的盈利模式，使公司发展成为具有较强竞争力的质量效益型的专业化资产管理机构。

4.2 所经营业务的主要内容

公司业务分为信托业务和固有业务两大部分。其中，信托业务主要包括投资类信托、融资类信托和事务管理类信托；固有业务主要包括融资服务、证券市场投资、其他金融产品投资、金融性股权投资、保管箱租赁业务以及金银币业务等。资产运用方式与行业分布情况如下：

自营资产运用与分布表

资产运用	金额(万元)	占比(%)	资产分布	金额(万元)	占比(%)
货币资产	75 705.36	50.37	基础产业		
贷款及应收款	12 930.90	8.60	房地产业		

续表

资产运用	金额(万元)	占比(%)	资产分布	金额(万元)	占比(%)
交易性金融资产投资	1 676.70	1.12	证券市场	42 235.89	28.10
可供出售金融资产投资	40 559.19	26.98	实业	2 750.00	1.83
持有至到期投资			金融机构	21 531.51	14.32
长期股权投资	11 641.28	7.74	其他	83 790.86	55.75
其他	7 794.83	5.19			
资产总计	150 308.26	100.00	资产总计	150 308.26	100.00

注：资产分布中，"其他类"资产主要包括货币资金、固定资产、无形资产等。

信托资产运用与分布表

资产运用	金额(万元)	占比(%)	资产分布	金额(万元)	占比(%)
货币资产	154 276.58	5.63	基础产业	1 072 092.54	39.10
贷款	1 235 403.50	45.06	房地产	376 463.72	13.73
交易性金融资产投资	71 266.38	2.60	证券市场	312 696.37	11.40
买入返售金融资产	25 100.00	0.92	实业	318 701.78	11.62
可供出售金融资产投资	114 835.62	4.19	金融机构	4 949.01	0.18
持有至到期投资	880 142.81	32.10	其他	656 940.71	23.97
长期股权投资	260 756.31	9.50			
其他	62.93	0.00			
信托资产总计	2 741 844.13	100.00	信托资产总计	2 741 844.13	100.00

注：资产分布中，"其他类"资产主要包括银行存款、收益权类资产。

4.3 市场分析

4.3.1 影响本公司业务发展的有利因素

（1）信托业受托管理资产规模迅速扩张，行业景气度明显上升，资金运用方式更为多样化，类型丰富的信托产品受到投资者和社会各界的广泛关注，信托行业在金融同业中的竞争力、影响力有所增强。

（2）全行业和相关各方努力推动信托业务创新，使信托产品设计和信托业务开展更具灵活性和广泛性，能够更好地向社会提供有特色的金融服务。如北京金融交易所信托业务信息平台服务系统上线，为信托产品流转提供交易平台，有利于提升信托市场流动性。

（3）山西省省域产业结构的调整和资源型经济转型发展战略的开展实施，为公司加快业务转型，增强主动管理能力，进一步加大为小微型企业、"三农"等重点领域提供金融服务的力度，大力开展矿产资源类信托等业务创造了良好的地域条件。

（4）监管层下发《关于规范信托公司产品营销有关问题的通知（征求意见稿）》，规范信托产品营销，拟允许信托公司设立异地营销中心，公司在营销模式及管理模式的创新方面可以进

行相应的准备和调整，进一步拓展融资渠道和项目来源。

4.3.2 影响本公司业务发展的不利因素

(1)2011 年受到美国、欧盟债务危机与国内银根紧缩抗通货膨胀的双重压制，资本市场持续低迷，证券投资类业务规模下降，盈利减少。

(2)监管部门对房地产信托监管力度持续加强，房地产信托业务需逐月上报风险监测表，公司对房地产信托项目筛选及风险防控要求更加严格，在公司利润来源中占比较高的房地产信托业务规模有所下降。

(3)信托机构发行信托产品的资金成本和资金门槛要远高于其他金融机构，相对金融同业而言，信托公司缺乏理财客户的积累，直接开发和服务客户的能力较弱。

(4)监管层对信托公司在净资本和业务结构优化上提出更高的要求，信托公司开始新一轮的增资扩股，商业银行、保险公司、外资金融机构等收购信托公司的步伐加快，信托公司开展理财业务面临更大的同业竞争压力。

4.4 内部控制概况

公司按照现代企业制度的要求，建立了产权明晰、责任明确、管理科学的企业制度；根据法人治理机制的需要，建立了权责分明、有效制衡、协调运作的治理结构；依照金融企业运行的要求，加快内控文化的建设，制定了相对完善的内控制度；牢固树立内控优先的风险理念，不断加强全体员工的内控意识，加强员工依法经营意识；建立了责任追究制度，真正把内控文化的建设和执行落到实处，营造良好的内控环境。

4.5 风险管理概况

公司风险管理遵循"事前预防、事中监控、事后补救"的原则，有效防范和控制经营活动中可能遇到的风险有信用风险、市场风险、操作风险等。

4.5.1 信用风险

公司严格依据相关规定，对资产进行风险分类评级，并计提呆账准备；严格限制保证贷款，对于抵押贷款按照抵押品抵押手续合法完备、易变现等原则确认，并根据抵押品价值可能变动情况及可变现值确定抵押品与贷款本金之比。

4.5.2 市场风险

公司关注国家宏观政策，加强行业风险研究，规避行业周期产生的市场风险；遵循组合投资、分散风险的原则，制定投资比例和投资策略，确立风险止损点；根据市场变化积极调整证券投资规模，优化证券投资结构，防范证券跌价风险；控制投资于同一行业的项目规模和数量，避免风险过于集中，积极拓展多元化投资领域和项目。

4.5.3 操作风险

公司坚持前台、中台、后台分离和部门、岗位之间相互制衡原则；明确工作职责，严格执行操作规程和权限设置，定期对业务规章和操作流程进行修订和完善；加大信息化建设硬件投入，加强对员工技能培训，完备相应管理记录，防范操作风险。

5. 报告期末及上一年度末的比较式会计报表

5.1 自营资产

5.1.1 会计师事务所审计结论

普华永道中天会计师事务所有限公司对本公司年度财务报告进行审计，并出具了标准无保留意见的审计报告。

5.1.2 资产负债表

资产负债表

编报单位：山西信托有限责任公司　　单位：万元

资产：	2011 年 12 月 31 日	2010 年 12 月 31 日	负债：	2011 年 12 月 31 日	2010 年 12 月 31 日
存放同业款项	75 705.36	59 769.90	应付职工薪酬	1 815.48	2 155.47
交易性金融资产	1 676.70	2 549.54	递延所得税负债		3 894.45
应收利息	249.33	258.39	应交/(预缴)税费	3 354.68	2 180.16
贷款和应收款项	12 930.90	18 600.00	其他负债	5 011.58	2 853.58
可供出售金融资产	40 559.19	45 999.92	负债合计	10 181.74	11 083.66
投资性房地产	881.82	950.93	所有者权益：		
长期股权投资	11 641.28	11 086.03	实收资本	100 000.00	100 000.00
固定资产	4 579.88	4 772.19	资本公积	7 536.12	14 070.10
无形资产	118.20	104.70	盈余公积	5 255.12	4 380.91
递延所得税资产	129.62		风险准备	11 845.83	10 534.53
其他资产	1 835.98	4 910.51	未分配利润	15 489.45	8 932.91
			所有者权益合计	140 126.52	137 918.45
资产总计	150 308.26	149 002.11	负债和所有者权益总计	150 308.26	149 002.11

董事长：袁东生　　总经理：刘叔肆　　计划财务部经理：刘拓旺　　制表：刘强

5.1.3 利润表

利润表

编报单位:山西信托有限责任公司　　　　单位:万元

项　目	2011 年度	2010 年度
一、营业收入	33 023.88	24 120.65
利息净收入	3 314.51	1 872.53
利息收入	3 314.51	1 872.53
利息支出		
手续费及佣金净收入	22 221.27	16 495.10
手续费及佣金收入	22 275.65	16 497.30
手续费及佣金支出	54.38	2.20
投资收益(损失以"-"号填列)	7 838.30	5 874.59
公允价值变动损益(损失以"-"号填列)	-405.31	-11.94
汇兑收益(损失以"-"号填列)	-252.97	-337.55
其他业务收入	308.08	227.92
二、营业支出	21 632.74	10 933.36
营业税金及附加	1 716.88	1 245.60
业务及管理费	12 678.14	9 707.24
资产减值损失(转回以"-"号填列)	7 137.19	-98.86
其他业务支出	100.53	79.38
三、营业利润(损失以"-"号填列)	11 391.14	13 187.29
加:营业外收入	293.56	84.44
减:营业外支出	0.00	87.31
四、利润总额(损失以"-"号填列)	11 684.70	13 184.42
减:所得税费用	2 942.67	3 101.59
五、净利润(损失以"-"号填列)	8 742.03	10 082.83
其他综合收益	-6 533.97	11 850.07
综合收益总额	2 208.06	21 932.90

董事长:袁东生　　　　总经理:刘叔肄　　　　计划财务部经理:刘拓旺　　　　制表:刘　强

5.1.4 所有者权益变动表

所有者权益变动表

编制单位：山西信托有限责任公司　　　　单位：万元

项目	2011年						2010年					
	实收资本（股本）	资本公积	盈余公积	一般风险准备	未分配利润	所有者权益合计	实收资本（股本）	资本公积	盈余公积	一般风险准备	未分配利润	所有者权益合计
1. 上年年末余额	100 000.00	14 070.10	4 380.91	10 534.53	8 932.91	137 918.45	100 000.00	2 220.02	3 372.63	9 022.60	6 997.03	121 612.28
2. 会计政策变更及差错更正						—						—
3. 本年年初余额	100 000.00	14 070.10	4 380.91	10 534.53	8 932.91	137 918.45	100 000.00	2 220.02	3 372.63	9 022.60	6 997.03	121 612.28
4. 本年增减变动金额合计（减少以"－"号填列）	—	-6 533.97	874.20	1 311.30	6 556.53	2 208.06	—	11 850.08	1 008.28	1 511.93	1 935.88	16 306.17
4.1 净利润					8 742.03	8 742.03					10 082.83	10 082.83
4.2 直接计入所有者权益的利得和损失	—	-6 533.97	—	—	—	-6 533.97	—	11 850.08	—	—	—	11 850.08
4.2.1 可供出售金融资产公允价值变动净额						—		15 800.10				15 800.10
4.2.2 权益法下被投资单位其他所有者权益变动的影响						—						—
4.2.3 与计入所有者权益项目相关的所得税影响						—		-3 950.02				-3 950.02
4.2.4 其他						—						—
4.3 所有者投入和减少资本	—	—	—	—	—	—	—	—	—	—	—	—
4.3.1 所有者投入资本						—						—
4.3.2 股份支付计入所有者权益的金额						—						—
4.3.3 其他						—						—
4.4 利润分配	—	—	874.20	1 311.30	-2 185.50	—	—	—	1 008.28	1 511.93	-8 117.83	-5 597.62
4.4.1 提取盈余公积			874.20		-874.20	—			1 008.28		-1 008.28	—
4.4.2 提取一般风险准备				1 311.30	-1 311.30	—				1 512.42	-1 512.42	—
4.4.3 对股东的分配						—					-5 597.62	-5 597.62
4.4.4 其他						—				-0.49	0.49	—
4.5 所有者权益内部结转	—	—	—	—	—	—	—	—	—	—	-29.12	-29.12
4.5.1 资本公积转增资本（或股本）						—						—
4.5.2 盈余公积转增资本（或股本）						—						—
4.5.3 盈余公积弥补亏损						—						—
4.5.4 一般风险准备弥补亏损						—						—
4.5.5 其他						—					-29.12	-29.12
4.6 外币报表折算差额						—						—
5. 本年年末余额	100 000.00	7 536.13	5 255.11	11 845.83	15 489.44	140 126.51	100 000.00	14 070.10	4 380.91	10 534.53	8 932.91	137 918.45

董事长：袁东生　　总经理：刘叔肄　　计划财务部经理：刘拓旺　　制表：刘　强

5.2 信托资产

5.2.1 信托项目资产负债汇总表

信托项目资产负债汇总表

编报单位：山西信托有限责任公司　　　　单位：万元

资产：	2011年12月31日	2010年12月31日	负债：	2011年12月31日	2010年12月31日
银行存款	71 970.09	137 193.94	交易性金融负债		
结算备付金	82 306.49	30 439.54	衍生金融负债		
证券清算款			应付受托人报酬	285.66	1 042.00
拆出资金			应付受益人款项	517.67	239.14
交易性金融资产	71 266.38	178 874.59	应付管理人报酬		
衍生金融资产			应付托管费	41.19	63.28
买入返售金融资产	25 100.00		应付利息		
贷款	1 235 403.50	1 578 613.30	应交税金		
可供出售金融资产	114 835.62		其他应付款	254.91	1 415.46
持有至到期投资	880 142.81	434 598.58	递延所得税负债		
长期股权投资	260 756.31	159 560.41	其他负债		
投资性房地产			负债合计	1 099.43	2 759.88
固定资产			所有者权益：		
应收账款			实收信托	2 739 560.03	2 497 684.43
减：坏账准备			资本公积	607.62	
应收股利			盈余公积		
应收利息	61.34	1 068.51	未分配利润	577.05	19 904.56
其他应收款	1.59				
无形资产					
递延所得税资产					
其他资产			所有者权益合计	2 740 744.70	2 517 588.99
资产总计	2 741 844.13	2 520 348.87	负债和所有者权益总计	2 741 844.13	2 520 348.87

董事长：袁东生　　总经理：刘叔肄　　计划财务部经理：刘拓旺　　制表：贺小兵

5.2.2 信托项目利润及利润分配汇总表

信托项目利润及利润分配汇总表

编报单位：山西信托有限责任公司　　单位：万元

项　目	2011年度	2010年度
一、营业收入	136 915.34	156 358.35
利息收入	99 591.48	111 070.70
投资收益(损失以"－"号填列)	42 207.35	53 503.60
租赁收入		
公允价值变动收益(损失以"－"号填列)	−4 883.90	−8 215.95
汇兑收益(损失以"－"号填列)		
其他业务收入	0.41	
二、营业支出	23 555.97	25 299.09
业务及管理费	23 555.97	25 299.09
营业税金及附加		
资产减值损失		
其他业务支出		
三、营业利润(亏损以"－"号填列)	113 359.37	131 059.26
加：营业外收入		
减：营业外支出		
四、本期利润总额(亏损总额以"－"号填列)	113 359.37	131 059.26
加：期初未分配利润	19 904.56	30 760.82
减：本期已分配利润	132 686.87	141 915.52
五、期末未分配信托利润	577.06	19 904.56

董事长：袁东生　总经理：刘叔肄　计划财务部经理：刘拓旺　制表：贺小兵

6. 会计报表附注

6.1 与上一期年度报告相比，会计政策、会计估计和核算方法发生变化的情况说明

6.1.1 重要会计政策变更内容

2011年度与上年相比，无重要会计政策的变更。

6.1.2 重要会计核算方法变更内容

2011年度与上年相比，无重要会计核算方法的变更。

6.2 或有事项说明

本公司报告期内无重要或有事项说明。

6.3 重要资产转让及其出售的说明

本公司报告期没有发生重要资产转让及其出售的情况。

6.4 会计报表中重要项目的明细资料

6.4.1 披露自营资产经营情况

6.4.1.1 按信用风险五级分类结果披露的信用风险资产

信用风险资产五级分类	正常类(万元)	关注类(万元)	次级类(万元)	可疑类(万元)	损失类(万元)	信用风险资产合计(万元)	不良资产合计(万元)	不良率(%)
期初数	87 487.79				4 203.68	91 691.47	4 203.68	2.80
期末数	89 594.62				3 998.93	93 593.55	3 998.93	2.66

注：不良资产合计＝次级类＋可疑类＋损失类

6.4.1.2　各项资产减值损失准备情况

单位:万元

	期初数	本期计提	本期转回	本期核销	期末数
贷款损失准备	4 173.68		204.75		3 968.93
一般准备					
专项准备	4 173.68		204.75		3 968.93
其他资产减值准备	42.80	7 341.94			7 384.74
可供出售金融资产减值准备		7 341.94			7 341.94
持有至到期投资减值准备					
长期股权投资减值准备					
固定资产减值准备	12.80				12.80
坏账准备	30.00				30.00
投资性房地产减值准备					

6.4.1.3　自营股票投资、基金投资、债券投资、股权投资等投资业务的情况

单位:万元

	自营股票	基金	债券	长期股权投资	其他投资	合计
期初数	46 956.27	1 593.20		11 086.03		59 635.50
期末数	40 559.18	1 676.70		11 641.28		53 877.16

6.4.1.4　前五名的自营长期股权投资的企业名称、占被投资企业权益的比例、主要经营活动及投资收益情况(从大到小顺序排列)

企业名称	占被投资企业权益的比例(%)	主要经营活动	投资收益(万元)
1. 汇丰晋信基金管理有限公司	51.00	证券投资基金管理	555.25
2. 晋商银行股份有限公司	0.02	商业银行业务	0.77

6.4.1.5　前三名的自营贷款的企业名称、占贷款总额的比例和还款情况(从大到小顺序排列)

企业名称	贷款余额(万元)	占贷款总额的比例(%)	还款情况
1. 高远控股有限责任公司	2 750.00	21.27	正常
2. 个人	300.00	2.32	正常
3. 个人	240.00	1.86	正常

6.4.1.6　表外业务的情况

本公司报告期无表外业务需说明情况。

6.4.1.7　公司当年的收入结构

收入结构	金额(万元)	占比(%)
手续费及佣金收入	22 275.65	67
其中:信托手续费收入	21 627.45	65
投资银行业务收入		
利息收入	3 314.51	10
其他业务收入	308.09	1
其中:计入信托业务收入部分		
投资收益	7 838.30	23
其中:股权投资收益	556.01	2
证券投资收益	7 282.28	22
汇兑损益	-252.97	-1
公允价值变动收益	-405.31	-1
营业外收入	293.56	1
收入合计	33 371.83	100

续表

注:手续费及佣金收入、利息收入、其他业务收入、投资收益、营业外收入均应为损益表中的一级科目,其中手续费及佣金收入、利息收入、营业外收入为未抵减掉相应支出的全年累计实现收入数。

6.4.2　信托资产管理情况

6.4.2.1　信托资产的情况

单位:万元

信托资产	期初数	期末数
集合	327 883.87	757 766.56
单一	1 848 051.92	1 574 364.19
财产权	344 413.08	409 713.38
合计	2 520 348.87	2 741 844.13

注:截至2011年末,本公司代保管资产余额为69 316万元。

6.4.2.1.1　主动管理型信托业务的情况

单位:万元

主动管理型信托资产	期初数	期末数
证券投资类	207 829.70	294 395.78
股权投资类	20 002.75	130 391.79
融资类	1 272 043.20	1 048 056.27
事务管理类	133 132.02	65 300.00
其他类		
合计	1 633 007.67	1 538 143.84

6.4.2.1.2　被动管理型信托业务的情况

单位:万元

被动管理型信托资产	期初数	期末数
证券投资类	20 082.54	18 300.59
股权投资类		76 559.54
融资类	481 957.65	424 355.43
事务管理类	385 301.01	430 130.94
其他类		254 353.79
合计	887 341.20	1 203 700.29

6.4.2.2　本年度已清算结束的信托项目的情况。

6.4.2.2.1　本年度已清算结束的集合类、单一类资金信托项目和财产管理类信托项目的情况

已清算结束信托项目	项目个数	实收信托合计金额(万元)	加权平均实际年化收益率(%)
集合类	30	195 362.75	-0.75
单一类	22	862 381.59	4.71
财产管理类			

注:收益率是指信托项目清算后,给受益人赚取的实际收益水平。加权平均实际年化收益率=(信托项目1的实际年化收益率×信托项目1的实收信托+信托项目2的实际年化收益率×信托项目2的实收信托+…信托项目n的实际年化收益率×信托项目n的实收信托)/(信托项目1的实收信托+信托项目2的实收信托+…信托项目n的实收信托)×100%。

6.4.2.2.2　本年度已清算结束的主动管理型信托项目的情况

已清算结束信托项目	项目个数	实收信托合计金额（万元）	加权平均实际年化收益率（%）
证券投资类	10	139 932.75	-3.75
股权投资类			
融资类	30	495 004.59	5.72
事务管理类			
其他类	1	37 579.00	6.00

注：加权平均实际年化信托报酬率 =（信托项目 1 的实际年化信托报酬率 × 信托项目 1 的实收信托 + 信托项目 2 的实际年化信托报酬率 × 信托项目 2 的实收信托 +…信托项目 n 的实际年化信托报酬率 × 信托项目 n 的实收信托）/（信托项目 1 的实收信托 + 信托项目 2 的实收信托 +…信托项目 n 的实收信托）×100%。

6.4.2.2.3　本年度已清算结束的被动管理型信托项目的情况

已清算结束信托项目	项目个数	实收信托合计金额（万元）	加权平均实际年化收益率（%）
证券投资类			
股权投资类			
融资类	9	220 000.00	6.01
事务管理类	2	165 228.00	0.36
其他类			

6.4.2.3　本年度新增的集合类、单一类和财产管理类信托项目的情况

新增信托项目	项目个数	合计金额（万元）
集合类	54	718 299.23
单一类	47	873 623.41
财产管理类		
新增合计	101	1 591 922.64
其中：主动管理型	62	978 802.33
被动管理型	39	613 120.31

注：本年新增信托项目指在本报告年度累计新增的信托项目个数和金额。包含本年度新增并于本年度内结束的项目和本年度新增至报告期末仍在持续管理的信托项目。

6.4.2.4　信托业务创新成果和特色业务有关情况

报告期内，公司与工商银行合作开展了结构化参与上市公司定向增发信托业务，突破了信托公司信托证券账户不得参与上市公司定向增发的瓶颈。同时，公司利用山西省煤炭资源整合的契机，积极开展能源、矿产类等特色信托业务，规模共计 10 亿元，为公司特色业务的开展创造了良好开端。

6.4.2.5　本公司履行受托人义务情况及因本公司自身责任而导致的信托资产损失情况

本公司作为受托人，已经建立了完整的信托事务管理制度，严格遵守相关法律、行政法规以及信托合同的约定，恪尽职守，履行诚实、信用、谨慎、有效管理的义务。本着忠实于委托人、争取受益人最大利益的原则处理信托事务。

截至本报告期末，本公司未发生信托财产损失情况。

6.5　关联方关系及其交易的披露

6.5.1　关联交易方的数量、关联交易的总金额及关联交易的定价政策

	关联交易方数量	关联交易金额（万元）	定价政策
合计	5	562	本公司在正常业务过程中发生的关联交易遵守一般商业条款。关联交易的价格主要参考市场价格经双方协商后确定

6.5.2　关联交易方与本公司的关系性质、关联交易方的名称、法定代表人、注册地址、注册资本及主营业务

关系性质	关联方名称	法定代表人	注册地址	注册资本（万元）	主营业务
母公司	山西省国信投资（集团）有限公司	张广慧	山西省太原市府西街 69 号	260 000	投资管理等
受同一母公司控制	山西证券有限责任公司	侯巍	山西省太原市府西街 69 号	239 980	证券自营，证券代理，投资咨询等
受同一母公司控制	山西国际贸易中心有限公司	郭晋普	山西省太原市府西街 69 号	45 000	酒店经营管理等
受同一母公司控制	山西国贸物业管理有限公司	郭晋普	山西省太原市府西街 69 号	100	物业管理等
受同一母公司控制	上海万方投资管理有限公司	王泽	上海市浦东新区莲林路 15 号 406 室	5 000	投资及资产管理等

6.5.3　本公司与关联方的重大交易事项。

6.5.3.1　固有财产与关联方关联交易情况

报告期内固有财产与关联方无重大关联交易发生。

6.5.3.2　信托资产与关联方关联交易情况

报告期信托资产与关联方无重大关联交易发生。

6.5.3.3　信托公司自有资金运用于自己管理的信托项目（固信交易）、信托公司管理的信托项目之间的相互（信信交易）交易情况

6.5.3.3.1　固有财产与信托财产之间的交易情况

单位：万元

	期初数	本期发生额	本期清算	期末数
合计	12 883.39	6 414.90	5 000.00	14 298.29

6.5.3.3.2　信托资产与信托财产之间的交易情况

单位：万元

	期初数	本期新增	本期清算	期末数
合计	4 781.00	10 600.00	4 781.00	10 600.00

6.5.4　关联方逾期未偿还本公司资金的详细情况以及本公司为关联方担保发生或即将发生垫款的详细情况

报告期本公司无上述情况发生。

6.6　会计制度的披露

公司固有业务和信托业务，同时执行财政部 2006 年 2 月 15 日颁布的《企业会计准则——基本准则》和 38 项具体会计准则、其后颁布的企业会计准则应用指南、企业会计准则解释

以及其他相关规定。

7. 财务情况说明书

7.1 利润实现和分配情况

2011 年度，公司实现净利润 8 742.03 万元。提取法定盈余公积 874.2 万元，提取一般风险准备 874.2 万元，提取信托赔偿准备 437.1 万元。年末可供分配的利润 15 489.45 万元。

7.2 主要财务指标

指标名称	指标值
资本利润率(%)	6.21
加权年化信托报酬率(%)	0.94
人均净利润(万元/人)	50.24

注：1. 资本利润率 = 净利润/所有者权益平均余额 ×100%。
2. 加权平均实际年化信托报酬率 =(信托项目 1 的实际年化信托报酬率 × 信托项目 1 的实收信托 + 信托项目 2 的实际年化信托报酬率 × 信托项目 2 的实收信托 + …信托项目 n 的实际年化信托报酬率 × 信托项目 n 的实收信托)/(信托项目 1 的实收信托 + 信托项目 2 的实收信托 + …信托项目 n 的实收信托) ×100%。
3. 人均净利润 = 净利润/年平均人数。
4. 平均值采取年初、年末余额简单平均法，公式为：a(平均) =(年初数 + 年末数)/2。

7.3 公司净资本监管指标

指标名称	指标值	监管标准
净资本(亿元)	12.3	≥2
净资本/各项业务风险资本之和(%)	132.83	≥100
净资本/净资产(%)	87.98	≥40

本公司无对财务状况、经营成果有重大影响的其他事项。

8. 特别事项揭示

8.1 报告期内股东变动情况

无。

8.2 董事、监事及高级管理人员变动情况及原因

报告期内，经本公司 2011 年第一次股东会审议，同意王建军担任公司董事，常代有不再担任公司董事；同意宋晓伟担任公司监事，李明星不再担任公司监事。

经本公司 2011 年第一次临时股东会审议，同意增加郭晋普、曹煜为公司董事；经本公司第二届董事会 2011 年第二次董事会议审议，根据公司章程，增选郭晋普、曹煜为公司副董事长，郭晋普、曹煜的董事、副董事长任职资格已经山西银监局核准(晋银监函〔2011〕104 号)。

8.3 报告期内，公司变更注册资本、变更注册地或公司名称、公司分立合并事项

无。

8.4 报告期内公司重大诉讼事项。

无。

8.5 报告期内公司及其董事、监事和高级管理人员受到处罚的情况

无。

8.6 银监会及其派出机构对公司的检查意见及整改情况说明

为有效防范和控制地方融资平台公司贷款风险，山西银监局于 2011 年 3 月 25 日至 2011 年 4 月 30 日对公司地方政府融资平台大户进行了现场检查。山西银监局认为：山西信托在项目选择上，符合国家宏观经济政策的要求，在项目风险控制上能够遵守相关法律规定。2011 年 10 月 24 日至 12 月 22 日，山西银监局对公司 2010 年度至 2011 年 9 月末公司治理、内部控制等方面进行了全面现场检查，并认为：山西信托具有较为完善的内部控制制度和业务操作流程，公司治理框架明细，公司治理结构较为完善，在项目选择上基本符合国家宏观经济政策，未发现向国家限制的行业和不符合要求的房地产企业及项目提供融资的情况。针对山西银监局提出的意见，公司制定了具体整改措施并积极落实整改。

8.7 报告期内公司重大事项临时报告

无。

8.8 报告期内银监会及其省级派出机构认定的其他有必要让客户及相关利益人了解的重要信息

无。

9. 公司监事会意见

9.1 监事会对公司依法运作情况的独立意见

监事会认为：公司董事会、经营层能够按照国家有关法律、法规和公司章程的规定履行职责，决策程序合规有效；本报告期内未发现董事、高级管理人员履行职务时有违法违规、违反公司章程或损害公司及投资人利益的行为。

9.2 监事会对公司财务状况的独立意见

监事会认为：公司能够认真贯彻执行国家有关政策和法律法规，公司财务报告内容完整，客观真实地反映了公司的财务状况和经营成果。

陕西省国际信托股份有限公司

1. 重要提示

1.1 本公司董事会、监事会及董事、监事、高级管理人员保证本报告所载资料不存在任何虚假记载、误导性陈述或者重大遗漏，并对其内容的真实性、准确性和完整性承担个别及连带责任。

本报告经公司第六届董事会第二十七次会议审议通过。

独立董事陈宇、杨丽荣、赵守国声明：保证本年度报告真实、准确、完整。

本年度报告摘要摘自年度报告全文，报告全文同时刊载于巨潮资讯网。投资者欲了解详细内容，请仔细阅读年度报告全文。

1.2 公司年度财务报告已经上海东华会计师事务所有限公司审计，并出具了标准无保留意见的审计报告。

1.3 公司董事长薛季民、总会计师李玲、会计机构负责人李掌安声明：保证年度报告中财务报告的真实、完整。

2. 公司基本情况

2.1 基本情况简介

股票简称	陕国投A
股票代码	000563
上市交易所	深圳证券交易所

2.2 联系人和联系方式

	董事会秘书	证券事务代表
姓　名	姚卫东	孙一娟
联系地址	陕西省西安市高新区科技路50号	陕西省西安市高新区科技路50号
电话	(029)81870262 81870266	(029)81870262 81870266
传真	(029)88851989 -0	(029)88851989 -0
电子信箱	sgtdm@siti.com.cn	sgtdm@siti.com.cn

3. 会计数据和财务指标摘要

3.1 主要会计数据

	2011年	2010年	本年比上年增减(%)	2009年
营业总收入(元)	304 422 023.04	220 169 096.67	38.27	237 908 965.85
营业利润(元)	194 996 914.79	106 223 485.72	83.57	53 687 677.61
利润总额(元)	202 879 597.61	105 359 977.31	92.56	56 435 114.85
归属于上市公司股东的净利润(元)	154 354 276.23	81 517 003.66	89.35	43 649 854.80

续表

	2011年	2010年	本年比上年增减(%)	2009年
归属于上市公司股东的扣除非经常性损益的净利润(元)	102 864 096.25	43 355 197.99	137.26	26 280 661.70
经营活动产生的现金流量净额(元)	-18 688 457.09	159 796 891.84	-111.70	4 554 141.00
	2011年末	2010年末	本年末比上年末增减(%)	2009年末
资产总额(元)	1 212 088 634.92	1 204 033 432.99	0.67	1 097 085 658.34
负债总额(元)	362 528 623.21	461 181 675.93	-21.39	501 007 027.86
归属于上市公司股东的所有者权益(元)	849 560 011.71	742 851 757.06	14.36	596 078 630.48
总股本(股)	358 413 026.00	358 413 026.00	0.00	358 413 026.00

3.2 主要财务指标

	2011年	2010年	本年比上年增减(%)	2009年
基本每股收益(元/股)	0.4307	0.2274	89.40	0.1218
稀释每股收益(元/股)	0.4307	0.2274	89.40	0.1218
扣除非经常性损益后的基本每股收益(元/股)	0.2827	0.1210	133.64	0.0733
加权平均净资产收益率(%)	19.39	12.18	7.21	8.02
扣除非经常性损益后的加权平均净资产收益率(%)	12.73	6.48	6.25	4.83
每股经营活动产生的现金流量净额(元/股)	-0.0521	0.4458	-111.69	0.0127
	2011年末	2010年末	本年末比上年末增减(%)	2009年末
归属于上市公司股东的每股净资产(元/股)	2.37	2.07	14.49	1.66
资产负债率(%)	29.91	38.30	-8.39	45.67

3.3 非经常性损益项目

单位:元

非经常性损益项目	2011年金额	附注(如适用)	2010年金额	2009年金额
非流动资产处置损益	62 990 935.78		2 490 012.58	-3 434 927.87
除同公司正常经营业务相关的有效套期保值业务外,持有交易性金融资产、交易性金融负债产生的公允价值变动损益,以及处置交易性金融资产、交易性金融负债和可供出售金融资产取得的投资收益	-8 661 427.26		49 255 670.08	32 689 211.01
企业重组费用,如安置职工的支出、整合费用等	0.00		0.00	-8 842 420.04
除上述各项之外的其他营业外收入和支出	7 887 229.63	-863 275.10	2 747 061.03	
所得税影响额	-10 726 558.17		-12 720 601.89	-5 789 731.03
合计	51 490 179.98	—	38 161 805.67	17 369 193.10

4. 股东持股情况和控制框图

4.1 前10名股东、前10名无限售条件股东持股情况表

2011年末股东总数(股)	40 910		本年度报告公布日前一个月末股东总数(股)		39 567
前10名股东持股情况					
股东名称	股东性质	持股比例(%)	持股总数(股)	持有有限售条件股份数量(股)	质押或冻结的股份数量(股)
陕西省高速公路建设集团公司	国家	44.34	158 935 937	0	0
中信信托有限责任公司	国有法人	3.10	11 124 101	0	0
人保投资控股有限公司	国有法人	1.51	5 400 000	0	0
中国建设银行——华夏红利混合型开放式证券投资基金	基金、理财产品等其他	1.17	4 200 000	0	0
林丽君	境内自然人	0.65	2 334 451	0	0
刘钢明	境内自然人	0.60	2 139 500	0	0
江叙音	境内自然人	0.47	1 669 832	0	0
王昌辉	境内自然人	0.40	1 450 000	0	0
曾燕颖	境内自然人	0.36	1 291 969	0	0
中国建设银行——诺安主题精选股票型证券投资基金	基金、理财产品等其他	0.33	1 200 000	0	0
前10名无限售条件股东持股情况					
股东名称		持有无限售条件股份数量		股份种类	
陕西省高速公路建设集团公司		158 935 937		人民币普通股	
中信信托有限责任公司		11 124 101		人民币普通股	
人保投资控股有限公司		5 400 000		人民币普通股	
中国建设银行——华夏红利混合型开放式证券投资基金		4 200 000		人民币普通股	
林丽君		2 334 451		人民币普通股	
刘钢明		2 139 500		人民币普通股	
江叙音		1 669 832		人民币普通股	
王昌辉		1 450 000		人民币普通股	
曾燕颖		1 291 969		人民币普通股	
中国建设银行——诺安主题精选股票型证券投资基金		1 200 000		人民币普通股	
上述股东关联关系或一致行动的说明	控股股东陕西省高速公路建设集团公司与前10名股东之间不存在关联关系,也不属于《上市公司收购管理办法》中规定的一致行动人;未知除控股股东外前10名股东之间是否存在关联关系、是否属于《上市公司收购管理办法》中规定的一致行动人。				

4.2 公司与实际控制人之间的产权及控制关系的方框图

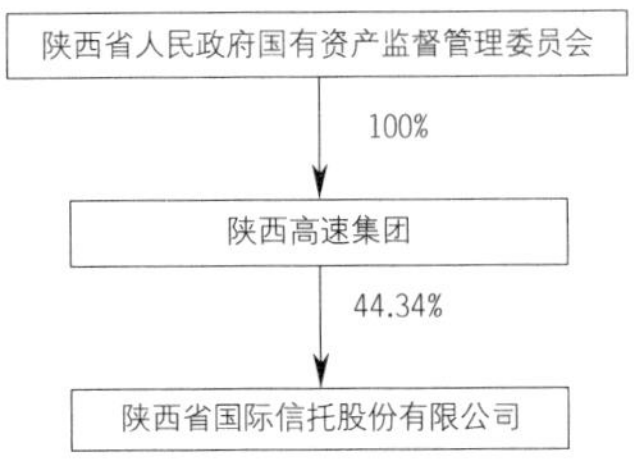

5. 董事会报告

5.1 管理层讨论与分析概要

5.1.1 报告期内公司经营情况的回顾

本报告期，公司努力克服监管政策调整、净资本监管、市场竞争加剧等一系列挑战，积极拓展市场，创新金融产品，调整业务结构，强化管理素质，同时全力推进增资扩股，从而取得了历史最好经营业绩，公司持续发展的基础得以夯实。按合并报表口径，全年实现营业收入3.04亿元，比上年增长38.27%；实现利润总额2.03亿元，比上年增长92.56%；净利润1.54亿元，比上年增长89.35%；新增信托规模417亿元，比上年增长174.34%。本报告期的工作主要包括以下几方面：

（1）增资扩股取得突破，困扰公司发展的资本瓶颈问题得以破解。针对资本金严重偏低、净资本不达标致使业务资格、市场竞争力、发展空间等受限的难题，经过长期的艰苦努力，公司在各相关方面的大力支持下，于2011年6月28日启动了非公开发行股份工作。经过中国银监会、中国证监会审核，2012年1月11日获得中国证监会审核通过，3月15日取得批文，4月25日增发股份上市，非公开发行股份工作全面完成。21亿元募集资金到位后，公司注册资本、净资产和净资本实力有效增强，净资本大幅扩充后公司业务发展空间随之有效拓宽，综合发展能力提升有了坚实基础。

（2）抢抓机遇拓展主业，信托业务规模和质量持续提升。本报告期，公司面对净资本达标等压力，积极开发净资本集约型信托产品，主动改善业务结构，全年新增信托计划155个，新增信托规模417亿元；存续信托规模509亿元，比年初增长150%以上；实现信托手续费和佣金净收入1.8亿元；清算兑付信托计划51个，兑付信托资产规模150亿元，兑付的信托计划全部实现了预期收益。在信托规模和信托业务收入实现快速发展的同时，信托业务发展质量进一步提升。一是证券投资信托保持了良好的发展势头，业务模式不断创新，品牌价值进一步提升；二是矿产能源投资成为公司信托业务新的重点领域，公司信托理财品牌的竞争力不断增强；三是驻外业务部门取得快速发展，逐步形成了各自的业务特色；四是积极开展创新性业务，自主管理能力持续提高。

（3）积极运作自有资金，力求提高收益水平。公司通过贷款和投资可供出售金融资产、交易性金融资产、持有至到期投资等多种方式运用自有资金，报告期内实现固有业务收入11 716万元。

（4）内控体系进一步优化，风险管控成效明显。公司秉持稳健运营理念，针对净资本监管政策出台后公司业务发展的新形势，制定了净资本管理的指导意见，有效促进业务结构优化升级。同时，前移了风险管理端口，强化了合力监督职能。随着内控体系的不断完善，风险管理的成效显现，报告期内公司所有项目运转正常，继续保持"零不良"记录，已清算的项目全部实现了预期收益。

（5）以企业文化建设为载体，公司的软实力进一步增强。一是坚持"以人为本"的核心理念，使员工在物质层面分享到了公司改革发展的成果，有效激发了广大员工的主人翁意识和展业热情；二是组织了多个部门赴京、沪、深等地调研学习，取长补短，完善管理；三是以纪念建党90周年和深入开展"创先争优"活动为契机，坚持和谐发展理念，组织了一系列文体等活动，丰富了职工的文化生活，增强了企业的凝聚力；四是积极履行社会责任，开展扶贫帮困活动。

2011年度公司取得了较快的发展，经营管理绩效获得了广泛认可，公司再次被省政府评为"优秀金融机构"，还获评"最具区域影响力信托公司"、"陕西省著名商标"等。随着非公开发行工作的完成，公司将迈上全新发展平台。在谋求跨越式发展之时，公司深刻认识到，未来发展还需要在人才延揽、扩点布局、业务创新、营销体系建设等方面进一步加大力度，以有效提升公司持续发展能力。

5.1.2 对公司未来的展望

5.1.2.1 公司新年度的盈利预测

公司未编制新年度的盈利预测。

5.1.2.2 经营形势分析

从宏观层面看，2012年国家实施积极的财政政策和稳健的货币政策，意味着货币供给依然偏紧，这将总体上有利于信托公司展业。但全球经济景气指数下降，宏观经济运行和经济金融政策调整的不确定性增强，将使信托业面临依旧复杂的内外部经营环境；从中观层面看，针对房地产信托业务、政府融资平台业务、票据信托业务等的监管政策收紧，信托公司的业务空间相对收窄；从微观层面看，增资扩股的完成，将有效增强公司综合发展能力。为此，公司将坚持积极稳健的经营方针，主动调整业务方向和结构，积极参与市场竞争，不断提升自主管理能力，推动公司实现跨越式发展。

5.1.2.3 2012年工作重点

立足新的发展平台，公司将积极优化发展战略，谋求更好更快地发展。2012年度计划实现营业收入40 600万元，营业支出控制在15 500万元之内，新增信托规模不低于220亿元。

（1）适变应变，力促信托业务规模、质量、效益、盈利模式的全面提升。适应市场和监管政策导向等，主动调整业务方向和结构，积极抢抓业务机会，在不断提升自主管理能力的基础上，重点抓好以下几方面工作：一是积极创新信托支持实体经济发展的模式，将信托理念和服务引入更广泛的经济社会领域；二是深入把握证券市场形势，进一步加大证券投资信托业务的展业力度，并从投研人才培育等方面不断夯实证券投资信托业务持续健康发展的基础；三是发挥信托可以进行直接投资的功能优势，与银行进行资产配置、财富管理的对接，探索与银行合作的新模式；四是积极扩展业务布局，拓展更大的市场，培育更多的创利点；五是深入把握中国银监会关于信托公司营销工作的政策动向，大力提升自主发行能力。

（2）大力增强固有资本投资运作能力，为公司长期发展提供稳定的利润基础。在研究、考察、论证、选择优质投融资标的的基础上，尽快落实投资计划，使募集资金尽快产生理想效益。并根据市场形势和投资目标甄选情况，不断调整、优化固有资产投资结构，实现长期、中期、短期投资的合理配置，以及高流动性资产和高收益资产的合理配置。

（3）不断强化风险管理，确保公司规范运作、健康发展。一是不断加强对创新性业务的学习，严把项目评审关，不断提升风险管控理念和水平；二是进一步完善风险管控流程，确保风险管控不留死角，风险管控覆盖整个业务流程，着力强化事中管理；三是健全风险预警和应急处理机制，随时掌握项目的运行情况，确保项目健康运作。

（4）持续优化内部管理体制机制，确保公司健康运营。一是实施既定的人才发展战略，通过市场化的员工成长发展机制、奖惩机制、福利机制等，大力延揽高素质专业人才，打造专业化的资产管理和财富管理团队；二是进一步优化、细化公司全面的绩效考核奖惩机制，以更好地激发整体活力；三是持续发挥党的政治保障作用，继续全面深入推进"创先争优"活动，推动经营管理再上新台阶；四是以陕国投品牌文化塑造为切入点，从团队建设、员工发展、创新力培育、客户服务、合规运营、安全经营、形象宣传等方面加强企业文化建设。

5.2 主营业务分行业、产品情况表

分业务	营业收入（万元）	营业成本（万元）	营业利润率（%）	营业收入同比增减（%）	营业成本同比增减（%）	营业利润率同比增减
贷款业务	16 206 527.95	735 156.81	95.46	114.60	-2.77	增加5.47个百分点
信托业务	201 021 777.06	13 763 246.96	93.15	157.40	51.32	增加4.80个百分点
房地产业务	4 549 500.00	3 551 991.65	21.93	-88.94	-74.35	减少44.40个百分点
其他业务	16 206 366.90	6 733 649.05	58.45	-60.44	-75.47	增加25.47个百分点
合计	237 984 171.91	24 784 044.47	89.59	41.88	-51.55	增加20.09个百分点

注：本期营业收入为304 422 023.04元，除以上四项外，尚有投资收益96 318 272.05元、公允价值变动收益-15 382 017.15元未列入上表。

5.3 报告期内利润构成、主营业务及其结构、主营业务盈利能力较前一报告期发生重大变化的原因说明

（1）由于公司大力拓展信托主业，信托规模增加使公司信托业务收入较上年大幅增加。

（2）本期由于转让子公司股权，使公司投资收益增加。

6. 财务报告

6.1 与最近一期年度报告相比，会计政策、会计估计和核算方法发生变化的具体说明

无。

6.2 重大会计差错的内容、更正金额、原因及其影响

无。

6.3 与最近一期年度报告相比，合并范围发生变化的具体说明

因股权转让，原子公司陕西省鸿业房地产开发公司和陕西鸿信物业管理公司不再纳入合并范围。

6.4 董事会、监事会对会计师事务所"非标准审计报告"的说明

无。

6.5 信托财务报告

6.5.1 信托项目资产负债汇总表

信托项目资产负债表

编报单位：陕西省国际信托股份有限公司　　2011年12月31日　　单位：元

信托资产	期末余额	年初余额	信托负债和信托权益	期末余额	年初余额
信托资产：			信托负债：		
货币资金	2 306 608 756.81	1 324 682 936.45	交易性金融负债	—	—
拆出资金	—	—	衍生金融负债	—	—
交易性金融资产	8 305 608 672.49	4 597 472 693.05	卖出回购金融资产款	—	—
衍生金融资产	—	—	应付利息	—	—
买入返售金融资产	1 916 661 905.00	632 705 556.60	应付受托人报酬	—	—
应收票据	—	—	应付受益人收益	—	—
应收账款	—	—	应付保管费	390 740.40	241 360.63
应收利息	—	—	其他应付款	3 990 153.20	3 414 654.60
应收股利	—	—	应交税费	—	—
其他应收款	17 793 618.33	23 041 490.11	其他负债	—	—
贷款	13 927 730 000.00	3 671 430 000.00			
可供出售金融资产	9 098 638 428.88	—			

续表

信托资产	期末余额	年初余额	信托负债和信托权益	期末余额	年初余额
持有至到期投资	7 600 504 926. 67	1 526 800 000. 00			
长期股权投资	4 577 880 000. 00	3 593 960 000. 00	信托负债合计	4 380 893. 60	3 656 015. 23
长期应收款	—	—	信托权益：		
投资性房地产	—	—	实收信托	50 960 672 935. 14	20 276 054 906. 82
固定资产	—	—	资本公积	418 243 338. 62	76 263 036. 70
无形资产	—	—	未分配利润	-899 000 847. 91	63 149 795. 01
长期待摊费用	237 500. 00	1 148 566. 28			
其他资产	2 732 632 511. 27	5 047 882 511. 27	信托权益合计	50 479 915 425. 85	20 415 467 738. 53
信托资产总计	50 484 296 319. 45	20 419 123 753. 76	信托负债和权益总计	50 484 296 319. 45	20 419 123 753. 76

公司负责人：薛季民　　主管会计工作的公司负责人：李　玲　　会计机构负责人：李掌安

6. 5. 2　信托项目利润及利润分配汇总表

信托项目利润及利润分配表

2011 年度

编报单位：陕西省国际信托股份有限公司　　单位：元

项 目	本年数	上年数
一、营业收入	522 385 362. 56	869 572 018. 39
利息收入	813 833 178. 48	203 977 105. 17
投资收益（损失以“-”号填列）	-255 418 042. 24	442 509 595. 72
公允价值变动收益（损失以“-”号填列）	-421 654 795. 47	-69 412 340. 52
汇兑收益（损失以“-”号填列）	—	—
其他业务收入	385 625 021. 79	292 497 658. 02
二、营业支出	365 007 450. 35	169 970 143. 62
利息支出	—	—
手续费及佣金支出	17 095 123. 62	3 412 705. 36
营业税金及附加	—	—
业务及管理费	340 785 247. 73	165 184 617. 26
资产减值损失	—	—
其他业务成本	7 127 079. 00	1 372 821. 00
三、信托营业利润（损失以“-”号填列）	157 377 912. 21	699 601 874. 77
加：营业外收入	—	—
减：营业外支出	—	—
四、信托利润（损失以“-”号填列）	157 377 912. 21	699 601 874. 77
加：期初未分配信托利润	63 149 795. 01	192 812 802. 24
五、可供分配的信托利润	220 527 707. 22	892 414 677. 01
减：本期已分配信托利润	1 119 528 555. 13	829 264 882. 00
六、期末未分配信托利润	-899 000 847. 91	63 149 795. 01

公司负责人：薛季民　主管会计工作的公司负责人：李　玲　会计机构负责人：李掌安

6. 6　信托报酬确认原则和方法

本公司信托报酬按照信托文件的规定，以权责发生制原则为基础进行确认和计量。

6. 7　信托资产运用与分布表

资产运用	金额（万元）	占比（%）	资产分布	金额（万元）	占比（%）
货币资金	230 660. 88	4. 57	基础产业	1 208 673. 19	23. 94
交易性金融资产	830 560. 87	16. 45	房地产业	377 341. 00	7. 47
买入返售金融资产	191 666. 19	3. 80	证券市场	1 055 565. 22	20. 92
贷款	1 392 773. 00	27. 58	实业	563 381. 49	11. 16

续表

资产运用	金额（万元）	占比（%）	资产分布	金额（万元）	占比（%）
可供出售金融资产	909 863. 84	18. 02	金融机构	1 696 412. 63	33. 60
持有至到期投资	760 050. 49	15. 06	其他	147 056. 10	2. 91
长期股权投资	457 788. 00	9. 07			
其他资产	273 287. 00	5. 41			
应收款项	1 779. 36	0. 04			
合计	5 048 429. 63	100	合计	5 048 429. 63	100

6. 8　信托资产的期初数、期末数

单位：万元

类别	期初数	期末数
集合信托	643 726. 94	1 304 238. 82
单一信托	1 371 016. 52	3 709 161. 72
财产权信托	32 036. 97	35 029. 09
合计	2 046 780. 43	5 048 429. 63

6. 8. 1　主动管理型信托业务的信托资产

单位：万元

类别	期初数	期末数
证券投资类	539 847. 80	1 641 590. 15
股权投资类	49 050. 73	34 163. 41
融资类	799 358. 89	2 868 712. 45
事务管理类	64 245. 15	149 841. 25
合计	1 452 502. 57	4 694 307. 26

6. 8. 2　被动管理型信托业务的信托资产

单位：万元

类别	期初数	期末数
证券投资类	212 650. 10	31 664. 48
股权投资类	308 972. 46	308 869. 34
融资类	54 538. 82	0
事务管理类	18 116. 48	13 588. 55
合计	594 277. 86	354 122. 37

6.9 本期已清算结束的信托项目的有关情况

6.9.1 本期已清算结束的集合类、单一类资金信托项目和财产管理类信托项目

类别	项目个数	实收信托合计金额(万元)	加权平均实际收益率(%)
集合类	15	126 084.00	-3.76
单一类	35	1 453 964.20	4.23
资产管理类	1	4 528.00	7.73
合计	51	1 584 576.20	3.55

6.9.2 本期已清算结束的主动管理型信托项目

类别	项目个数	实收信托合计金额(万元)	加权平均实际年化信托报酬率(%)	加权平均实际收益率(%)
证券投资类	7	87 120.00	1.12	-9.62
股权投资类	1	10 000.00	5.72	8.61
融资类	33	1 249 244.00	0.42	4.49
事务管理类	0	0	0	0

6.9.3 本期已清算结束的被动管理型信托项目

类别	项目个数	实收信托合计金额(万元)	加权平均实际年化信托报酬率(%)	加权平均实际收益率(%)
证券投资类	7	203 684.20	0.28	2.87
股权投资类	1	4 528.00	0.31	7.73
融资类	2	30 000.00	0.31	3.52
事务管理类	0	0	0	0

6.10 本期新增的集合类、单一类和财产管理类信托项目的有关情况

类别	项目个数	实收信托合计金额(万元)
集合类	66	850 938.10
单一类	88	3 309 763.52
财产管理类	1	7 520.00
合计	155	4 168 221.62
其中:主动管理型	155	4 168 221.62
被动管理型	0	0

6.11 信托与关联方交易情况

单位:万元

项目	年初数	本期增加额	本期减少额	期末数
贷款	165 799.00	100 000.00	165 799.00	100 000.00
投资				
租赁				
担保				
应收账款				
其他				
合计	165 799.00	100 000.00	165 799.00	100 000.00

6.12 固有资产投资信托计划

单位:万元

期初数	本期发生额	期末数
21 601.00	7 061.00	28 662.00

6.13 信托项目投资信托项目(TOT)

单位:万元

期初数	本期发生额	期末数
15 702.00	179 458.47	195 160.47

7. 本公司履行受托人义务情况及因自身责任而导致的信托资产损失情况

本公司根据《信托法》及《信托公司管理办法》等相关法律法规和信托文件的规定,在管理和处分信托财产时,履行了恪尽职守、诚实、信用、谨慎、有效管理的义务。没有发生过任何损害受益人利益的情况,也无因自身责任而导致信托资产损失的情况。

8. 会计制度的披露

信托业务执行财政部于2006年2月15日颁布的《企业会计准则——基本准则》、《企业会计准则第1号——存货》等38项具体准则和《企业会计准则——应用指南》及各项企业会计准则解释。

9. 主要财务指标

指标名称	指标值
加权年化信托报酬率(%)	0.65

上海爱建信托投资有限责任公司

1. 重要提示

1.1　本公司董事会及董事保证本报告所载资料不存在任何虚假记载、误导性陈述或重大遗漏，并对其内容的真实性、准确性和完整性承担个别及连带责任。本年度报告摘要摘自年度报告全文，客户及相关利益人欲了解详细内容，应阅读年度报告全文。

1.2　独立董事何海涛、许敬东认为本报告所记载的资料不存在任何的虚假记载，也没有任何误导性陈述和重大遗漏，本报告的内容真实、准确、完整。

1.3　公司董事长周伟忠（拟任）、总经理周磊（拟任）、分管自营、信托财务负责人侯勤、周磊及自营、信托财务部门负责人黄晓、陈幸华声明：保证年度报告中财务报告的真实、完整。

2. 公司概况

2.1　公司简介

公司法定中文名称：上海爱建信托投资有限责任公司

缩写"爱建信托"

公司法定英文名称：Shanghai AJ Trust & Investment Co.,Ltd. 缩写 AJT

法定代表人：顾青

注册地址：中国上海市外高桥保税区泰谷路168号综合楼5楼

邮政编码：200131

办公地址：上海市零陵路599号

邮政编码：200030

国际互联网网址：http://www.ajxt.com.cn

电子信箱：ajmail-1@ajfc.com.cn

信息披露事务负责人：侯勤

联系电话：021-64397377　传真：021-64395082　电子信箱：hq@ajfc.com.cn

信息披露报纸名称：《上海证券报》

年度报告备置地点：上海市零陵路599号一楼营业大厅

聘请的会计师事务所：立信会计师事务所（特殊普通合伙）

住所：上海市南京东路61号4楼

2.2　组织结构

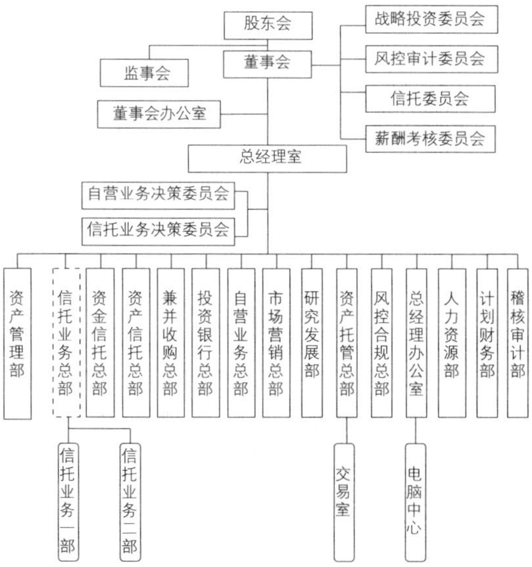

3. 公司治理结构

3.1　股东

股东名称	出资比例（%）	法定代表人	注册资本（万元）	注册地址	主要经营业务及主要财务情况
★上海爱建股份有限公司	98	徐　风	82 040.448	上海浦东新区泰谷路168号	实业投资、投资管理、外经贸部批准的进出口业务（按批文），商务咨询（涉及行政许可的凭许可证经营）。 2011年营业收入46 119.36万元，净利润11 952.74万元。
上海爱建纺织品公司	1	姚福利	1 400	上海香港路59号	纺织品、服装、日用百货、日用化学品、自行车、附设分支。 2011年营业收入434.06万元，净利润45.94万元。
上海爱建进出口有限公司	1	王　勇	3 000	上海浦东新区乳山路227号3楼D-46室	经营和代理除国家组织统一经营的进出口商品外的商品及技术的进出口业务、经营进料加工和"三来一补"业务、经营对销贸易和转口贸易业务、从事对外贸易咨询服务、从事出口基地实业投资业务，预包装食品（不含熟食卤味、冷冻冷藏凭许可证经营）的销售。 2011年营业收入15 424.37万元，净利润108.31万元。

★说明：股东之间存在关联关系，上海爱建股份有限公司为上海爱建纺织品公司和上海爱建进出口有限公司的唯一股东。

3.2 董事

董事长、副董事长、董事

姓名	职务	性别	年龄	选任日期	所推举的股东名称	该股东持股比例(%)	简要履历
陈振鸿	董事长（2011年12月30日离任）	男	61	2008年6月20日	爱建股份	98	曾任上海市财贸办副主任、上海市商委副主任、市第一商业局党委书记，中共上海市委委员，上海市静安区区委书记、上海市静安区人大常委会主任。现任上海市政协委员，上海爱建股份有限公司党委书记、副董事长，上海海外联合投资股份有限公司副董事长。
周伟忠	董事长（拟任）	男	48	2011年12月30日	爱建股份	98	曾任人民银行舟山中心支行行长助理、副行长、行长，人民银行上海分行金融稳定部处长、副主任。
马　金	副董事长	男	41	2010年8月26日	爱建股份	98	曾任上海国际集团投资管理有限公司总经理，上海国际集团投资管理总部负责人；现任上海爱建股份有限公司党委委员、经营班子成员。
汪宗熙	董事	男	78	2008年6月20日	爱建股份	98	曾任上海爱建信托投资公司副总经理；现任上海工商界爱国建设特种基金会副理事长，上海爱建股份有限公司董事。

独立董事

姓名	所在单位及职务	性别	年龄	选任日期	所推举的股东名称	该股东持股比例(%)	简要履历
何海涛	上海银行风险管理部、资产保全部总经理	男	42	2008年6月20日	爱建股份	98	曾任上海浦东发展银行授信审批部、中小企业风险管理部总经理；2007年至今任上海银行风险管理部、资产保全部总经理。
许敬东	上海汇衡律师事务所合伙人、律师	男	39	2008年6月20日	爱建股份	98	上海汇衡律师事务所合伙人、律师。

3.3 监事

监事会成员

姓名	职务	性别	年龄	选任日期	所推举的股东名称	该股东持股比例(%)	简要履历
陈柳青	监事会主席	男	53	2010年8月26日	爱建股份	98	曾任上海爱建股份有限公司研发部副经理，上海爱建信托投资有限责任公司总经理助理、副总经理、董事会秘书。
吴树楠	监事	男	58	2008年6月20日	爱建股份	98	曾任上海爱建股份有限公司计财部副经理；现任上海爱建股份有限公司监事、审计部经理。
蔡传升	监事	男	59	2008年6月20日	职工代表	—	曾任上海爱建信托投资有限责任公司办公室副主任、主任；现任上海爱建信托投资有限责任公司总经理行政助理、工会主席。

3.4 高级管理人员

姓　名	职　务	性别	年龄	选任日期	金融从业年限	学历/学位	专业
周伟忠	总经理（2011年12月30日离任）	男	48	2008年6月20日	31	硕士	经营管理
周　磊	总经理（拟任）	男	33	2011年12月30日	11	硕士	EMBA
姚福利	副总经理	男	37	2008年6月20日	7.5	研究生	工商管理
沈富荣	副总经理	男	46	2010年8月26日	12	研究生	工商管理
侯　勤	首席运营官兼董事会秘书	女	54	2008年6月20日	10	硕士	MSBA

3.5 公司员工

报告期内职工人数69人，平均年龄37岁，学历分布比率为：博士4.3%，硕士31.9%，本科52.2%，专科4.3%，其他7.3%。

4. 经营管理

4.1 经营目标、方针、战略规划

公司以“爱国建设”为宗旨，坚持“诚信务实、安全高效、便利周到、稳建发展”的质量方针，发扬“稳健、诚信、创新、发展”的企业精神，培育公司的核心竞争力，为股东创造价值，同时承担相应的社会责任。

4.2 所经营业务的主要内容

自营资产运用与分布表

资产运用	金额(万元)	占比(%)	资产分布	金额(万元)	占比(%)
货币资产	14 388.60	22.92	基础产业	0.00	0.00
贷款及应收款	32 087.39	51.12	房地产业	30 578.87	48.72
可供出售金融资产	303.76	0.48	证券市场	3 306.26	5.27
持有至到期投资	3 000.00	4.78	实业	12 587.45	20.05
长期股权投资	4 837.53	7.71	金融机构	16 017.06	25.52
其他	8 149.98	12.99	其他	277.62	0.44
资产总计	62 767.26	100.00	资产总计	62 767.26	100.00

注:该表与资产负债表资产总额的差额(4 325.48 万元)系计提的资产减值准备。

信托资产运用与分布表

资产运用	金额(万元)	占比(%)	资产分布	金额(万元)	占比(%)
货币资产	5 141.65	0.42	基础产业	—	—
贷款	307 287.21	25.50	房地产	812 226.00	67.41
交易性金融资产	—	0.00	证券市场	833.25	0.07
可供出售金融资产	—	0.00	工商企业	308 264.60	25.58
持有至到期投资	—	0.00	金融机构	5 141.65	0.42
长期股权投资	128 833.47	10.69	其他	78 510.40	6.52
长期应收款	381 917.57	31.70			
投资性房地产	381 446.00	31.66			
应收账款	350.00	0.03			
信托资产总计	1 204 975.90	100.00	信托资产总计	1 204 975.90	100.00

注:该表与资产负债表资产总额的差额(123 174.57 万元)系计提的资产减值准备。

4.3 市场分析

影响公司发展的有利因素有:(1)2011 年末,我国信托资产规模达到4.8 万亿元,较 2010 年末增长 58%,行业资产规模呈现快速发展态势;信托业营业收入和利润总额较 2010 年分别增长 55%和 88%,高速增长的业务规模和内生性优化的业务结构,促进了全行业的盈利能力提升。(2)国内经济、金融的宏观调控,导致银行流动性的紧张和社会各行业投融资的需求急速增长,为信托业发展提供了业务空间。(3)公司哈尔滨信托计划风险得到基本化解,在完成重新登记后,监管环境会得到改善,监管部门会进一步支持公司业务的发展。(4)大股东发展金融产业的经营方略为公司经营发展创造了良好的环境。

影响公司发展的不利因素有:(1)金融同业、行业内部竞争加剧,增加了公司经营的难度。(2)从公司的自身情况来看,由于前几年业务受到限制,目前在证券投资、私人股权投资、银信合作及渠道建设等诸多领域落后于其他信托公司,同时公司客户基础薄弱,在竞争中处于不利的地位。

4.4 内部控制概况

4.4.1 内部控制环境和内部控制文化

公司按照现代企业制度的要求,建立了以股东会、董事会、监事会以及经营管理层为核心的内部法人治理结构。不断完善和健全管理体制,规范股东会、董事会、监事会和经营管理班子的权责关系,明确了四者的议事、决策程序和规则。设置权责明确、分工合理的决策系统、执行系统和监督系统,建立了以岗位职责、授权体系、风险管理和监督评价为基础的内控体系。

强化风险管理意识,完善风险管控体系,提高风险控制能力。公司始终将提高风险防范与管控能力作为一项重点工作,并贯穿于全年的工作中。一是公司经营层大力倡导以风险管理为导向和经营活动中合规经营理念的进一步强化。二是为公司稳健发展建立制衡机制的不断完善,2011 年在双重审批机制的业务决策模式上,关注业务决策评审中所揭示的风险控制薄弱环节预防措施的制定和信息反馈,强化风控与托管事中的检查监督职责,以期达到风险可防可控及剩余风险在公司可接受的范围中。三是加强制度建设,完善制度体系,构建覆盖全过程、全岗位的风险管理与控制体系。2011 年,公司对各项制度再次梳理甄别,对其有效性和适当性进行系统评估;对一些具有阶段性要求现已失效的制度,已包含在其他相关制度中且有更加明确规定的制度和一些与现有业务不相适应的制度,予以废止,使现行的制度更加具有指导性,针对性和可操作性。对一些制度提出修订和制定要求,使相关制度有效性进一步得到提高;对照银监局 2010 年信托公司监管评级操作细则,提出了一些需增订的制度,使公司制度体系进一步得到完善,使其在适当性方面更加符合监管和公司稳健发展的要求。2011 年,公司制定了《内部授权实施方案》、《报审、报备操作指引》、《客户投诉处理办法》、《举报管理办法》、《固有业务网上银行操作暂行规程》、《信托资产托管管理办法(试行)》、《集合计划信托产品营销管理流程(暂行)》及《信托业务网上银行操作管理办法(暂行)》、《重大突发事件、重要信息报告管理办法》、《自营业务会计核算暂行规则》、《信托业务会计核算暂行规则》、《信托资产减值测试实施细则》,修订了《公司信托业务决策委员会项目评审工作规则》等一系列风险管理与控制制度及流程。通过不断完善风险管理与控制制度,有效减少了经营活动全过程的风险控制薄弱环节。在此基础上,对自 1999 年 1 月至 2010 年 5 月期间尚在执行的各项制度进行梳理、甄别,对其有效性和适当性进行系统评估;对照银监局《信托公司监管评级操作细则》,提出了一些需增订的制度,使公司制度体系进一步得到完善,使其在适当性方面更加符合监管和公司稳健发展要求的。结合经营活动及业务领域对制度进行分类,形成公司现行制度汇编,并于 2011 年 6 月末印刷成册发至公司各部门,以利于日常工作管理、查阅、引用和执行。通过不断完善风险管理与控制制度,有效减少了经营活动全过程的风险控制薄弱环节。四是将树立全员风险意识,提高员工的职业操守和诚信意识作为公司的一项长期工作,营造全体员工充分了解并履行职责的文化氛围。通过建立有效的激励约束机制,不断强化风险防范和合规经营理念,培育良好的内部控制文化,提高了全员参与风险控制的意识和效果,使风险管控贯穿于经营活动的全过程,营造了风险控制为先的企业文化。

4.4.2 内部控制措施

自营业务部门和信托业务部门相互独立,明确界定各部门的目标、职责和权限,确保自营业务和信托业务各部门及员工在授权范围内行使相应的职责。

设置专门的资产托管部门来管理、记录信托财产，并与固有资产分离，对每项信托业务设立独立的信托财产账户，分别进行会计核算和会计控制。强化信托资产托管功能，完善信托项目托管流程是公司2011年重要工作事项之一。通过合同管理，严格对信托项目成立、存续及清算过程中各环节可能存在的操作风险进行控制和监督，以保障项目运行中相关合同条款能够切实有效地执行。

公司以业务流程为主线，致力于建立健全前台、中台、后台并重的内控体系。在业务流程的每个环节，不断完善相应的风险管理制度和控制措施。

报告期间，通过明确的风控、合规、稽核审计在风险管理工作中的职能定位，并按照职能定位，合规、风险管理和稽核审计部门各司其职开展经营活动各领域的风险识别、评估、管理和控制，对其管理控制效果进行监督和评价，合理保证公司对风险能够进行事前识别和防范、事中控制和化解、事后检查和纠正，形成有效的风险控制和反馈机制。强化业务决策机制，自营业务、信托业务决策委员会按照《项目评审工作规则》进行业务评审与决策，为业务拓展树立起坚实的防范风险的屏障。通过ISO 9001:2008质量管理体系，实现全员、全过程、全方位对业务操作流程的控制，提升公司各领域的工作质量，保障公司质量目标的实现。报告期间，公司不断推进ISO质量体系文件的完善与修订，不但对以往质量管理工作中的不足和薄弱环节进行了改进，还将2011年度新出台制度的相关流程纳入了体系文件，使ISO体系文件与公司制度紧密衔接，顺利通过了香港品质保证局的年度审核。

在内部控制的执行中，按照程序制约和内部牵制原则，公司业务条线清楚，员工岗位职责分明，且固有资产和信托资产分别建账，分别核算；对每项信托业务分别设专用账户，独立核算，公司严格执行了信托财产单独管理的规定。业务决策实行双重审批，使风险管控从业务流程的准入开始。强化项目的事中、事后管理，风险控制渗透于业务开展各环节，风险评估与检查、业务运作、资产管理、会计监督控制和稽核审计再监督评价相互独立，构建了全过程风险管理控制体系。保障项目安全稳健运行。公司内部控制效果明显得以提升。

4.4.3 监督评价与纠正

公司建立了自控、互控与监控三结合的监督机制，对内部控制活动进行检查、监督和纠正。通过风控合规部门事前评估和事中检查以及资产托管部门事中的监督，实现对业务活动事前、事中管理和控制的检测，揭示风险，制定风险防范和控制措施。通过ISO 9001:2008质量控制程序来保证业务质量，并对业务操作流程进行控制，出现问题，迅速予以纠正。相关部门之间相互制衡、监督，发现问题，要求限时纠正。稽核审计部门进行再监督，在获得公司经营信息和管理信息的基础上，对公司各项业务实施全面监督、评价，直接向董事会和总经理报告，并督促审计建议的落实。

报告期内，提出稽核审计意见和建议16条，揭示了业务合同约定不够严谨等问题，指出资金使用监管条款应进一步体现公司的实质性控制内容，建议进一步提高执行力，消除项目管理中个别事项与协议约定存在差异；进一步细化资金使用监管措施，更加合理有效地防控资金挪用带来的风险等。已按稽核审计意见实施改进的事项包括，(1)修订《信托业务会计核算暂行规则》、《自营业务会计核算暂行规则》、《信托资产托管管理办法(试行)》、《集合计划信托产品营销管理流程(暂行)》、《客户投诉处理办法》、《举报管理办法》等制度，使公司制度更具有效性和适当性；(2)实施固有核算系统表外事项的清理更新工作；(3)对已结束的集合信托项目中因财务顾问费收取方法的约定不够严谨而导致实际收取费用与约定收取费用之间存在差异，采取了完善措施，并取得相关确认，消除了因此而产生的潜在风险；(4)完成长期同时挂账应收款和应付款的清理；(5)补充了反洗钱报表数据、客户风险等级划分和客户身份基本信息表资料，做到了贷款信息变更及时在银行信贷登记咨询系统进行登记等事项。

4.5 风险管理概况

2008—2010年，公司初步建立了风险管理基本制度框架及覆盖业务主要流程的管理文件。2011年，在进一步完善风险管理制度的基础上，公司着重强化风险管理制度的执行力，提高业务的尽职调查、项目实施、事中管理等各个环节的风险管理水平。

2011年，公司制定了《内部授权实施方案》、《报审、报备操作指引》、《客户投诉处理办法》、《举报管理办法》、《固有业务网上银行操作暂行规程》、《信托资产托管管理办法(试行)》、《集合计划信托产品营销管理流程(暂行)》及《信托业务网上银行操作管理办法(暂行)》、《重大突发事件、重要信息报告管理办法》、《自营业务会计核算暂行规则》、《信托业务会计核算暂行规则》、《信托资产减值测试实施细则》等一系列风险管理与控制制度及流程。

2011年，公司进一步加强了风控合规总部、资产托管总部等中台部门的风控职责与协作机制，全面控制信托业务从项目成立、存续期至清算结束整个流程的各个风险节点，形成了更为有效的风险管控体系。

2011年，风控合规总部对主要的存续项目进行了现场检查，并对各项业务进行了两次全面风险排查和压力测试，及时把握各项业务的风险状况。

2012年初，中国银监会对公司房地产业务进行了现场检查，公司所有房地产信托项目均运行正常，没有被列入关注的项目，显示了公司在房地产业务风险防控上的成熟经验与严谨作风。

2011年，公司成功发行6个集合资金信托计划，并顺利或提前兑付了3个信托计划，取得投资者信任的同时，也向社会显示了公司在新增业务方面的风险管控能力。

4.5.1 信用风险状况

公司自营及信托的不良贷款率与2010年相比大幅下降，不良贷款足额提取坏账准备，风险水平下降趋势明显。

4.5.1.1 内在风险水平描述

4.5.1.1.1 自营信贷组合

(1)不良信用资产余额869.27万元，比上年末972.34万元下降103.07万元，降幅10.60%，不良资产率为1.75%；比上年末3.06%下降1.31个百分点，降幅42.81%。不良贷款余额0.00万元，比上年末805.94万元下降805.94万元，降幅100%，不良贷款率为0，比上年末8.05%下降8.05个百分点，降幅100%。2011年公司发放3笔人民币贷款共计21 000万元，收回贷款1 380.43万元，其中收回不良贷款180.43万元，核销呆账贷款624.10万元。

（2）产品类型有抵押贷款、质押贷款。信贷余额和增长：新增抵押贷款2笔，金额15 000万元。新增质押贷款1笔，金额6 000万元。

（3）信贷评级分布：贷款余额29 000万元均为正常类贷款。

（4）产品和行业多样性：其中房地产业23 000万元，占贷款总额的79.31%；实业投资6 000万元，占贷款总额20.69%。

（5）借款人组成：企业占贷款总额的100%。

（6）贷款期限分布：其中6 000万元为1年以内到期贷款，占贷款总额的20.69%，23 000万元为2年内到期贷款，占贷款总额的79.31%。

（7）不良贷款的水平和发展趋势：公司2011年新增贷款21 000万元，收回贷款1 380.43万元，核销呆账贷款624.10万元，贷款总额有所上升，同时近年来公司加大贷款清收工作，不良贷款率呈下降趋势。

拨备充足率为100%。

4.5.1.1.2 信托业务

（1）2011年末公司信托贷款的规模为307 287.21万元，占信托业务总规模的比重为25.50%。

（2）贷款期限分布：一年内到期贷款135 136.00万元，占贷款总额的44.04%；二年内到期贷款121 830.00万元，占贷款总额的比重为39.65%；三年内到期贷款9 030万元，占贷款总额的比重为2.94%。逾期贷款41 111.21万元，占贷款总额的比重为13.38%，已足额计提减值准备。

（3）贷款行业分布：房地产贷款110 860.00万元，占贷款总额的比重为36.08%；其他行业贷款196 427.21万元，占贷款总额的比重为63.92%。

（4）信贷评级分布：贷款余额266 176.00万元为正常类贷款，占贷款总额的比重为87.62%，其余均为损失类贷款，占贷款总额的比重为13.38%，已足额计提减值准备。

（5）2011年末，计提贷款坏账准备41 111.21万元，较上年无变化。

4.5.1.1.3 委托业务

2011年末公司委托贷款余额60 260.94万元，比上期同期减少380.54万元。公司无尚未放贷的委托存款。公司在贷款业务方面主要是做好清理工作，因目前现存的委托贷款的资产质量较差，基本上都为逾期贷款，且逾期时间较长，清理工作有一定的难度。

4.5.1.2 信用风险管理政策

（1）重视对交易对手的尽职调查，评估交易对手的信用，关注现金流的覆盖率。

（2）确认抵押品的原则是完成抵押登记。

（3）对交易对手的信用风险有限额管理。

4.5.2 市场风险状况

公司的市场风险主要表现在：证券市场、房地产市场价格波动、汇率波动及股权投资价值波动的风险。

自营业务中公司股权投资4 837.54万元；证券基金投资303.76万元，可能随公允价格（市值）产生波动；2011年汇差净损失180.05万元，在人民币升值预期下，汇差损失可能加大；公司持有债券数量3 000万元，市场利率变化可能对公允价格（市值）产生影响，在通货膨胀率上升的情况下，名义利率处于上升通道，债券的公允价值可能下跌。

因市场风险暴露余额不大，自营业务市场风险水平较低。

信托业务中长期股权投资128 833.47万元，占信托业务总规模的比重为10.69%，其中融资性股权投资61 170.00万元，主动管理类股权投资9 200.00万元，事务类代持股57 630.22万元，事务类证券投资833.25万元。

4.5.3 操作风险管理

公司的业务操作流程清晰，有较完善的管理制度，操作风险的内在水平低。主要风险在于公司信息系统建设较为落后。

公司信息系统主要包括办公网、金蝶财务系统和资产管理系统。目前公司所有硬件和软件的实施，都经过了程序测试，并在试运行一段时间之后才正式投入使用，这些措施和制度保障了公司能够控制操作风险，管理操作风险的能力较强。

目前，因为网络结构比较简单，公司有相关的信息系统管理制度，对人员、机房、设备、网络、专用系统、数据保存等都有相应的管理规定；对相关人员的操作权限、操作程序及责任有明确的规定；所有系统用户的权限均需经过审批程序；根据信息系统的现状（包括功能及要求）建立了基本的紧急状况处理程序和一定的灾备安排。针对新引进的资产管理系统建立了较高标准的灾备措施，确保系统一旦发生故障，能迅速解决或替换。

2011年初公司正式启动了信息管理系统全面改造计划，目标是在未来的三年间逐步集成、升级计算机管理信息系统，形成一个“以客户为核心，以业务为主线”的，包含各类业务处理、业务账务处理、客户信息管理、业务监控、数据统计、资讯查询等在内的公司级计算机综合管理信息系统平台。由此实现信托业务管理的统一管理和数据交互，全面提升公司业务管理和风险控制水平，提高业务处理和决策的效率。2011年，公司正式选定恒生电子股份有限公司为公司提供整体解决方案并负责实施。

2011年公司业务和会计操作遵循公司的各项规章制度，审批程序清晰，没有出现特例情况，也没有发生内部和外部的欺诈情况。

4.5.4 信用风险管理

公司对信用风险的管理能力在过去两年有明显的进步，目前有比较完善的信用风险管理和业务审批制度，严格的内部控制和监控措施。针对房地产业务比重较高的特点，2010年专门颁布了《房地产业务尽职工作指引》，进一步强化了房地产业务的事前、事中信用风险的监控、预警和处置能力。

根据公司2008年7月颁布的《合规风险评估、监控和检查操作规程》、《风险评估、监控和检查操作规程》的相关规定，要求在业务项目前期对于每个客户进行身份识别以及信息采集和核查。对于机构客户了解客户的名称、住所、经营范围、组织机构代码、税务登记证号码，控股股东或者实际控制人、法定代表人等信息，并核查相关的营业执照、证件或者文件，留存复印件或者影印件；对自然人客户登记身份基本信息，了解信托财产的来源，核对有效身份证件或者其他身份证明文件，并留存复印件或者影印件。

在上述工作基础上，对于业务中的交易对手方进行进一步的尽职调查工作，尽职调查的内容包括但不限于基本情况（股东构成、注册资本、管理团队等），财务状况，经营状况，内控制度、风险管理状况等方面。对融资业务的保证人（物）实行严格的资格审查，确保保证人的履约能力及抵（质）押品的充足性。

通过业务决策委员会、总经理、董事会的多重决策机制，强化了决策期间对交易对手信用风险的评估与控制。

根据2008年颁布的《信托授信项目管理指引》，进一步加强了存续期项目的风险管理。为增强管理层对公司存续项目的掌控，了解公司既存项目的风险状况，风控合规部门定期对信用风险进行压力测试，从而使管理层及时了解公司信用风险的整体状况，适时调整风险政策并对信用风险采取有效的处置应对措施。

4.5.5　市场风险管理

除了在前期的产品策划和选择方面就考虑市场风险因素之外，在产品营销环节，公司十分重视向客户充分揭示信托产品可能面临的市场风险，请客户在充分了解包含市场风险在内的各种风险的基础上，确认自己具备承受风险的能力，并签署风险申明书等相关文件。公司非常重视客户的风险提示和教育工作，重视培育具有风险承受能力的理解信托的客户。

在具体的业务操作中，公司不断加强规范化管理，颁布实施了一系列实施细则或操作规程文件，同时公司正在抓紧建设IT系统，为业务开展提供系统支持，作为管理市场风险的有效技术保证。

4.5.6　操作风险管理

在推介环节，不承诺“保本保息”或最低收益，不通过报刊、电视、广播和其他公共媒体进行营销宣传，不存在未取得异地集合资金信托业务资格而开办异地业务的情况；在信托财产运用和管理环节，切实履行了受托管理的责任，持续跟踪了解资金使用和项目进展情况，坚持信托财产之间、信托财产与固有财产之间分别管理、分别记账的原则，对信托财产管理过程中的各项事务、数据和其他有关情况保留记录；在信托终止清算环节，不存在新信托项目的财产置换或用固有财产垫付到期信托项目的行为，及时出具信托项目清算报告。

5. 报告期末及上一年度末的比较式会计报表

5.1　自营资产

5.1.1　立信会计师事务所（特殊普通合伙）审计意见

上海爱建信托投资有限责任公司财务报表在所有重大方面按照企业会计准则的规定编制，公允反映了贵公司2011年12月31日的财务状况以及2011年度的经营成果和现金流量。

5.1.2　资产负债表

2011年12月31日　　单位：万元

资产类	期末余额	年初余额	负债及所有者权益类	期末余额	年初余额
资产：			负债：		
现金及存放中央银行款项	10.90	11.02	向中央银行借款	—	—
存放同业款项	14 377.70	16 018.19	同业及其他金融机构存放款项	—	—
贵金属	—	—	拆入资金	—	—
拆出资金	—	—	交易性金融负债	—	—
交易性金融资产	—	10.79	衍生金融负债	—	—
衍生金融资产	—	—	卖出回购金融资产款	—	—
买入返售金融资产	—	—	吸收存款	—	—
应收利息	298.51	126.28	应付职工薪酬	584.97	119.54
发放贷款和垫款	30 598.43	9 108.00	应交税费	1 728.63	-50.37
可供出售金融资产	303.76	397.93	应付利息	—	—
持有至到期投资	3 000.00	3 000.00	预计负债	—	—
长期股权投资	2 418.76	2 418.77	应付债券	—	—
投资性房地产	—	—	递延所得税负债	—	—
固定资产	99.36	93.86	其他负债	323.11	62.38
无形资产	173.24	53.82			
递延所得税资产	—	—	负债合计	2 636.71	131.55
其他资产	7 161.12	12 722.50			
			所有者权益：		
			实收资本	100 000.00	100 000.00
			资本公积	9 213.58	9 307.75
			减：库存股	—	—
			盈余公积	6 864.19	6 864.19
			一般风险准备	842.04	842.04
			未分配利润	-61 114.74	-73 184.37
所有者权益合计	55 805.07	43 829.61			
资产总计：	58 441.78	43 961.16	负债及所有者权益总计：	58 441.78	43 961.16

总经理：周伟忠　　会计主管：侯　勤　　复核：黄　晓　　制表：汪　燕

5.1.3 利润表

2011 年度　　　单位:万元

项　　目	行号	本期金额	上期金额
一、营业收入	1	18 771. 82	9 666. 30
利息净收入	2	2 946. 93	997. 26
利息收入	3	2 946. 93	997. 26
利息支出	4	—	—
手续费及佣金净收入	5	12 818. 60	8 471. 65
手续费及佣金收入	6	13 094. 59	9 000. 51
手续费及佣金支出	7	275. 99	528. 86
投资收益(损失以"-"号填列)	8	3 180. 19	304. 89
其中:对联营企业和合营企业的投资收益	9	—	—
公允价值变动收益(损失以"-"号填列)	10	—	—
汇兑收益(损失以"-"号填列)	11	-180. 05	-113. 74
其他业务收入	12	6. 15	6. 24

续表

项　　目	行号	本期金额	上期金额
二、营业支出	13	6 077. 95	4 148. 03
营业税金及附加	14	941. 80	554. 92
业务及管理费	15	4 965. 61	3 732. 13
资产减值损失	16	170. 46	-154. 10
其他业务成本	17	0. 08	15. 08
三、营业利润(亏损以"-"号填列)	18	12 693. 87	5 518. 27
加:营业外收入	19	483. 87	804. 85
减:营业外支出	20	—	5. 00
四、利润总额	21	13 177. 74	6 318. 12
减:所得税费用	22	1 108. 11	-51. 36
五、净利润(净亏损以"-"号填列)	23	12 069. 63	6 369. 48
六、每股收益	24	—	—
(一)基本每股收益	25	—	—
(二)稀释每股收益	26	—	—

总经理:周伟忠　会计主管:侯　勤　复核:黄　晓　　　制表:汪　燕

5.1.4 所有者权益变动表

2011 年 12 月 31 日　　　单位:万元

项　　目	上年金额						
	实收资本	资本公积	减:库存股	盈余公积	一般风险准备	未分配利润	所有者权益合计
一、上年年末余额	100 000. 00	9 275. 08		6 864. 19	842. 04	-79 553. 85	37 427. 46
加:会计政策变更	—	—		—	—	—	—
前期差错更正	—	—		—	—	—	—
二、本年年初余额	100 000. 00	9 275. 08		6 864. 19	842. 04	-79 553. 85	37 427. 46
三、本年增减变动金额		32. 67				6 369. 48	6 402. 15
(一)净利润						6. 369. 48	6 369. 48
(二)直接计入所有者权益的利得和损失		32. 67					32. 67
1. 可供出售金融资产公允价值变动净额		32. 67					32. 67
(1)计入所有者权益的金额		32. 67					32. 67
(2)转入当期损益的金额							
2. 现金流量套期工具公允价值变动净额							
(1)计入所有者权益的金额							
(2)转入当期损益的金额							
(3)计入被套期项目初始确认金额中的金额							
3. 权益法下被投资单位其他所有者权益变动的影响							
4. 与计入所有者权益项目相关的所得税影响							
5. 其他							
上述(一)和(二)小计	—	32. 67		—	—	6 369. 48	6 402. 15
(三)所有者投入和减少资本							
1. 所有者投入资本	—	——					
2. 股份支付计入所有者权益的金额							
3. 其他							
(四)利润分配				—	—	—	—
1. 提取盈余公积				—		—	—
2. 提取一般风险准备					—	—	—
3. 对所有者(或股东)的分配						—	—
4. 其他							
(五)所有者权益内部结转	—	—		—	—	—	—
1. 资本公积转增资本(或股本)	—	—					—
2. 盈余公积转增资本(或股本)	—			—			—
3. 盈余公积弥补亏损				—		—	—
4. 一般风险准备弥补亏损					—	—	—
5. 其他							
四、本年年末余额	100 000. 00	9 307. 75		6 864. 19	842. 04	-73 184. 37	43 829. 61

项　目	本年金额						
	实收资本	资本公积	减:库存股	盈余公积	一般风险准备	未分配利润	所有者权益合计
一、上年年末余额	100 000. 00	9 307. 75		6 864. 19	842. 04	-73 184. 37	43 829. 61
加:会计政策变更	—	—		—	—	—	—
前期差错更正	—	—		—	—	—	—
二、本年年初余额	100 000. 00	9 307. 75		6 864. 19	842. 04	-73 184. 37	43 829. 61
三、本年增减变动金额(减少以"-"号填列)		-94. 17				12 069. 63	11 975. 16
(一)净利润						12 069. 63	12 069. 63
(二)直接计入所有者权益的利得和损失		-94. 17					-94. 17
1. 可供出售金融资产公允价值变动净额		-94. 17					-94. 17
(1)计入所有者权益的金额		-94. 17					-94. 17
(2)转入当期损益的金额							
2. 现金流量套期工具公允价值变动净额							
(1)计入所有者权益的金额							
(2)转入当期损益的金额							
(3)计入被套期项目初始确认金额中的金额							
3. 权益法下被投资单位其他所有者权益变动的影响							
4. 与计入所有者权益项目相关的所得税影响							
5. 其他							
上述(一)和(二)小计	—	-94. 17		—	—	12 069. 63	11 975. 16
(三)所有者投入和减少资本							
1. 所有者投入资本	—	—					—
2. 股份支付计入所有者权益的金额							
3. 其他							
(四)利润分配				—	—	—	—
1. 提取盈余公积				—		—	—
2. 提取一般风险准备					—	—	—
3. 对所有者(或股东)的分配						—	—
4. 其他							
(五)所有者权益内部结转	—	—		—	—	—	—
1. 资本公积转增资本(或股本)	—	—					—
2. 盈余公积转增资本(或股本)	—			—			—
3. 盈余公积弥补亏损				—		—	—
4. 一般风险准备弥补亏损					—	—	—
5. 其他							
四、本年年末余额	100 000. 00	9 213. 58		6 864. 19	842. 04	-61 114. 74	55 805. 07

总经理:周伟忠　　会计主管:侯　勤　　复核:黄　晓　　制表:汪　燕

5. 2　信托资产

5. 2. 1　信托项目资产负债汇总表

2011 年 12 月 31 日　　单位:万元

资产类	期末余额	年初余额	负债及所有者权益类	期末余额	年初余额
资产:			负债:		
现金及存放中央银行款项			向中央银行借款		
存放同业款项	5 141. 65	1 437. 02	同业及其他金融机构存放款项		
贵金属			拆入资金		
拆出资金			交易性金融负债		
交易性金融资产			衍生金融负债		
衍生金融资产			卖出回购金融资产款		
买入返售金融资产			吸收存款		
应收利息			应付职工薪酬		
发放贷款和垫款	266 176. 00	55 440. 00	应交税费		

续表

资产类	期末余额	年初余额	负债及所有者权益类	期末余额	年初余额
可供出售金融资产			应付利息		
持有至到期投资			预计负债		
长期股权投资	128 748. 47	158 263. 83	应付债券		
投资性房地产	377 631. 54	393 594. 30	递延所得税负债		
固定资产			其他负债	67 544. 06	59 396. 03
无形资产					
递延所得税资产			负债合计	67 544. 06	59 396. 03
其他资产	304 103. 67	111 950. 19			
			所有者权益:		
			实收信托	1 144 912. 31	784 568. 41
			资本公积		
			减:库存股		
			盈余公积		
			一般风险准备		
			未分配利润	－130 655. 04	－123 279. 10
			所有者权益合计	1 014 257. 27	661 289. 31
资产总计:	1 081 801. 33	720 685. 34	负债及所有者权益总计:	1 081 801. 33	720 685. 34

总经理:周伟忠　　会计主管:周　磊　　复核:陈幸华　　制表:孔一鸣

注:其他资产反映的是信托资金投资运用于各类受益权业务所产生的应收款项。

5. 2. 2　信托项目利润及利润分配汇总表

2011 年度　　单位:万元

项目	行号	本期金额	上期金额
一、营业收入	1	42 868. 56	74 547. 19
利息净收入	2	18 450. 79	4 922. 15
利息收入	3	18 450. 79	4 922. 15
利息支出	4	—	—
手续费及佣金净收入	5	—	—
手续费及佣金收入	6	—	—
手续费及佣金支出	7	—	—
投资收益(损失以"－"号填列)	8	23 955. 77	69 625. 04
其中:对联营企业和合营企业的投资收益	9	—	—
公允价值变动收益(损失以"－"号填列)	10	—	—
汇兑收益(损失以"－"号填列)	11	—	—
其他业务收入	12	462. 00	—
二、营业支出	13	9 261. 53	3 925. 42
营业税金及附加	14	—	—
信托管理费用	15	13 269. 53	2 397. 66
资产减值损失	16	－4 008. 00	1 527. 76
其他业务成本	17	—	—
三、营业利润(亏损以"－"号填列)	18	33 607. 03	70 621. 77
加:营业外收入	19	—	5. 00
减:营业外支出	20	6 724. 00	—
四、利润总额	21	26 883. 03	70 626. 77
减:所得税费用	22	—	—
五、净利润(净亏损以"－"号填列)	23	26 883. 03	70 626. 77
六、每股收益	24		
(一)基本每股收益	25		
(二)稀释每股收益	26		
七、期初未分配信托利润	27	－123 279. 10	－120 513. 84
八、本期已分配信托利润	28	34 258. 97	73 392. 03
九、期末未分配信托利润	29	－130 655. 04	－123 279. 10

总经理:周伟忠　会计主管:周　磊　复核:陈幸华　　制表:孔一鸣

6. 会计报表附注

6. 1　报告年度会计报表编制基准、会计政策、会计估计和核算方法发生的变化

6. 1. 1　会计报表编制基准

公司以持续经营为基础,根据实际发生的交易和事项,按照《企业会计准则——基本准则》和其他各项会计准则的规定进行确认和计量,在此基础上编制财务报表。

6. 1. 2　会计政策和会计估计

公司按照谨慎性原则,定期对各项资产进行减值测试,对可能发生损失的资产计提减值准备。

计提方法,每季末进行减值测试。其中:

一是信用资产、长期股权投资、抵债资产按照《中国银行业监督管理委员会关于非银行金融机构全面推进资产质量五级分类管理的通知》(银监发〔2004〕4 号)有关规定进行五级(正常、关注、次级、可疑、损失)分类,并计提各项减值准备。

正常:能够按账面价值随时变现;有足够理由证明现值大于或等于账面价值(以成本与市价孰低原则衡量);交易对手能够履行合同或协议,没有足够理由怀疑债务本金和收益不能按时足额偿还。计提损失准备 1%。

关注:有足够理由证明资产价值的减值程度控制在 2% 以内;尽管交易对手目前有能力偿还,但存在一些可能对偿还产生不利影响的因素的债权类资产;交易对手的现金偿还能力出现明显问题,但交易对手抵押或质押的可变现资产大于或等于其债务的本金及收益。计提损失准备 2%。

次级:有足够理由证明资产价值的减值程度可以控制在 2% ~25%;交易对手的偿还能力出现明显问题,完全依靠其正常经营收入无法足额偿还债务本金及收益,即使执行担保,也可能会造成一定损失。计提损失准备 25%。

可疑:有足够能力证明资产价值的减值程度可以控制在

25% ~50%;交易对手无法足额偿还债务本金及收益,即使执行担保,也肯定要造成较大损失。计提损失准备50%。

损失:有足够理由证明资产价值的减值程度在50%以上;在采取所有可能的措施或一切必要的法律程序后,资产及收益仍然无法收回,或只能收回极少部分;由于技术更新的原因造成固定资产、无形资产的贬值损失。计提损失准备100%。

二是证券类资产,主要对按公允价值计量且其变动计入当期损益以外的金融资产账面价值进行检查,对有客观证据表明该资产发生减值的,计提减值准备。

6.1.2.1　金融资产四分类的范围和标准

本公司按照《企业会计准则第22号——金融工具确认和计量》规定范围和标准,将其划分为:以公允价值计量且其变动计入当期损益的金融资产(交易性金融资产)、持有至到期投资、可供出售金融资产、贷款及应收款。

6.1.2.2　交易性金融资产核算方法

取得时以公允价值作为初始确认金额,相关的交易费用计入当期损益。

持有期间将取得的利息或现金股利确认为投资收益,期末将公允价值变动计入当期损益。

处置时,其公允价值与初始入账金额之间的差额确认为投资收益,同时调整公允价值变动损益。

6.1.2.3　可供出售金融资产核算方法

取得时按公允价值(扣除已宣告但尚未发放的现金股利或已到付息期但尚未领取的债券利息)和相关交易费用之和作为初始确认金额。

持有期间将取得的利息或现金股利确认为投资收益。期末以公允价值计量且将公允价值变动计入资本公积(其他资本公积)。

处置时,将取得的价款与该金融资产账面价值之间的差额,计入投资损益;同时,将原直接计入所有者权益的公允价值变动累计额对应处置部分的金额转出,计入投资损益。

6.1.2.4　持有至到期投资核算方法

取得时按公允价值(扣除已到付息期但尚未领取的债券利息)和相关交易费用之和作为初始确认金额。

持有期间按照摊余成本和实际利率(如实际利率与票面利率差别较小的,按票面利率)计算确认利息收入,计入投资收益。实际利率在取得时确定,在该预期存续期间或适用的更短期间内保持不变。

处置时,将所取得价款与该投资账面价值之间的差额计入投资收益。

6.1.2.5　长期股权投资核算方法

6.1.2.5.1　初始计量

(1)企业合并形成的长期股权投资。同一控制下的企业合并:公司以支付现金、转让非现金资产或承担债务方式以及以发行权益性证券作为合并对价的,在合并日按照取得被合并方所有者权益账面价值的份额作为长期股权投资的初始投资成本。长期股权投资初始投资成本与支付合并对价之间的差额,调整资本公积,资本公积不足冲减的,调整留存收益。合并发生的各项直接相关费用,包括为进行合并而支付的审计费用、评估费用、法律服务费用等,于发生时计入当期损益。非同一控制下的企业合并:公司在购买日按照《企业会计准则第20号——企业合并》确定的合并成本作为长期股权投资的初始投资成本。

(2)其他方式取得的长期股权投资。以支付现金方式取得的长期股权投资,按照实际支付的购买价款作为初始投资成本;以发行权益性证券取得的长期股权投资,按照发行权益性证券的公允价值作为初始投资成本;投资者投入的长期股权投资,按照投资合同或协议约定的价值(扣除已宣告但尚未发放的现金股利或利润)作为初始投资成本,但合同或协议约定价值不公允的除外;在非货币性资产交换具备商业实质和换入资产或换出资产的公允价值能够可靠计量的前提下,非货币性资产交换换入的长期股权投资以换出资产的公允价值为基础确定其初始投资成本,除非有确凿证据表明换入资产的公允价值更加可靠;不满足上述前提的非货币性资产交换,以换出资产的账面价值和应支付的相关税费作为换入长期股权投资的初始投资成本;通过债务重组取得的长期股权投资,其初始投资成本按照公允价值为基础确定。

6.1.2.5.2　被投资单位具有共同控制、重大影响的依据

按照合同约定对某项经济活动所共有的控制,仅在与该项经济活动相关的重要财务和经营决策需要分享控制权的投资方一致同意时存在,则视为与其他方对被投资单位实施共同控制;对一个企业的财务和经营决策有参与决策的权力,但并不能够控制或者与其他方一起共同控制这些政策的制定,则视为投资企业能够对被投资单位施加重大影响。

6.1.2.5.3　后续计量及收益确认

公司能够对被投资单位施加重大影响或共同控制的,初始投资成本大于投资时应享有被投资单位可辨认净资产公允价值份额的差额,不调整长期股权投资的初始投资成本;初始投资成本小于投资时应享有被投资单位可辨认净资产公允价值份额的差额,计入当期损益。

公司对子公司的长期股权投资,采用成本法核算,编制合并财务报表时按照权益法进行调整。

对被投资单位不具有共同控制或重大影响,并且在活跃市场中没有报价、公允价值不能可靠计量的长期股权投资,采用成本法核算。

对被投资单位具有共同控制或重大影响的长期股权投资,采用权益法核算。

成本法下公司确认投资收益,仅限于被投资单位接受投资后产生的累积净利润的分配额,所获得的利润或现金股利超过上述数额的部分作为初始投资成本的收回。

权益法下在公司确认应分担被投资单位发生的亏损时,按照以下顺序进行处理:首先,冲减长期股权投资的账面价值。其次,长期股权投资的账面价值不足以冲减的,以其他实质上构成对被投资单位净投资的长期权益账面价值为限继续确认投资损失,冲减长期应收项目等的账面价值。最后,经过上述处理,按照投资合同或协议约定企业仍承担额外义务的,按预计承担的义务确认预计负债,计入当期投资损失。

被投资单位以后期间实现盈利的,公司在扣除未确认的亏损分担额后,按与上述相反的顺序处理,减记已确认预计负债的账面余额、恢复其他实质上构成对被投资单位净投资的长期

权益及长期股权投资的账面价值，同时确认投资收益。

被投资单位除净损益以外所有者权益其他变动的处理：对于被投资单位除净损益以外所有者权益的其他变动，在持股比例不变的情况下，公司按照持股比例计算应享有或承担的部分，调整长期股权投资的账面价值，同时增加或减少资本公积（其他资本公积）。

6.1.2.6 固定资产计价和折旧方法

公司将使用期限在一年以上的电子设备、运输工具、机具设备、业务设备、家具设备和其他与经营有关的设备、器具、工具等以及虽不属于主要经营设备的物品，但单位价值在2 000元以上，并且使用期限超过2年的，都作为固定资产。各类固定资产预计使用寿命和年折旧率如下：

类　别	折旧年限	净残值率(%)	年折旧率(%)
电子设备	3~5	5	19~31.67
运输工具	4~5	5	19~23.75
机具设备	5	5	19
业务设备	5	5	19
家具设备	5	5	19
其　他	5	5	19

折旧方法：年限平均法。

6.1.2.7 无形资产计价及摊销政策

本公司无形资产按照成本法进行初始计量，摊销政策原则上按受益期摊销，其中计算机软件按5年摊销。

6.1.2.8 收入确认原则和方法

（1）利息收入，按照客户使用本企业货币资金的时间和实际利率计算确定；

（2）手续费及佣金收入，按照有关合同或协议约定，在向客户提供相关服务并收到款项时确认收入。

6.1.2.9 所得税的会计处理方法

公司采用资产负债表债务法核算所得税。确认递延所得税资产的依据公司以很可能取得用来抵扣可抵扣暂时性差异的应纳税所得额为限，确认由可抵扣暂时性差异产生的递延所得税资产。所得税税率25%。

6.1.2.10 信托报酬确认原则和方法

按信托合同约定，并向委托人提供相关服务，且收到款项时确认信托收入。

6.1.3 核算方法发生的变化

本公司会计报表编制基准无不符合会计核算基本前提。

6.2 或有事项说明

本公司无上述情况。

6.3 重要资产转让及出售说明

本公司无上述情况。

6.4 会计报表中重要项目的明细资料

6.4.1 自营资产经营情况

6.4.1.1 信用风险资产情况

信用风险资产五级分类	正常类（万元）	关注类（万元）	次级类（万元）	可疑类（万元）	损失类（万元）	信用风险资产合计（万元）	不良资产合计（万元）	不良资产率（%）
期初数	28 795.06	2 002.50	161.52	—	810.82	31 769.90	972.34	3.06
期末数	48 889.30	5.03	640.88	189.83	38.56	49 763.60	869.27	1.75

注：不良资产合计＝次级类＋可疑类＋损失类。

6.4.1.2 各项资产减值损失准备情况

单位：万元

	期初数	本期计提	本期转回	本期核销	期末数
贷款损失准备	897.94	229.08	193.83	624.11	309.08
一般准备	—	—	—	—	—
专项准备	897.94	229.08	193.83	624.11	309.08
其他资产减值准备	5 046.17	601.11	1037.51	593.37	4 016.40
可供出售金融资产减值准备	—	—	—	—	—
持有至到期投资减值准备	—	—	—	—	—
长期股权投资减值准备	3 007.33	—	—	588.56	2 418.77
坏账准备	87.35	588.11	373.81	4.81	296.84
投资性房地产减值准备	—	—	—	—	—

6.4.1.3 固有业务股票投资、基金投资、债券投资、股权投资等投资业务情况

单位：万元

	自营股票	基金	债券	长期股权投资	其他投资	合计
期初数	13.09	395.63	3 000.00	5 426.10	7 700	16 534.82
期末数	4.13	299.63	3 000.00	4 837.53	3 500	11 641.29

6.4.1.4 前三名的自营长期股权投资情况

企业名称	占被投资企业权益的比例(%)	主要经营活动	投资损益
1. 上海正浩资产管理有限公司	12.75	资产经营管理	—
2. 天安保险股份有限公司	0.33	保险	—
3. 无			—

注：投资损益是指按照企业会计准则规定，核算股权投资确认损益并计入披露年度利润表的金额。

6.4.1.5 前三名的自营贷款情况

企业名称	占贷款总额的比例(%)	还款情况
1. 浙江万宇置业有限公司	34.48	贷款尚未到期
2. 无锡市银仁房屋开发有限责任公司	27.59	贷款尚未到期
3. 上海铭源实业集团有限公司	20.69	贷款尚未到期

6.4.1.6 表外业务情况

单位：万元

表外业务	期初数	期末数
担保业务	—	—
代理业务（委托业务）	60 887.18	60 455.36
其他	—	—
合计	60 887.18	60 455.36

注：代理业务主要反映的是尚未收回的委托贷款。

6.4.1.7　公司当年的收入结构

收入结构	金额(万元)	占比(%)
手续费及佣金收入	13 094.59	66.43
其中:信托手续费收入	13 079.15	66.35
投资银行业务收入	—	—
利息收入	2 946.93	14.95
其他业务收入	6.15	0.04
其中:计入信托业务收入部分	—	—
投资收益	3 180.19	16.13
其中:股权投资收益	2 219.18	11.26
证券投资收益	221.07	1.12
其他投资收益	739.94	3.75
公允价值变动收益	—	—
营业外收入	483.87	2.45
收入合计	19 711.73	100.00

注:手续费及佣金收入、利息收入、其他业务收入、投资收益、营业外收入均应为损益表中的科目,其中手续费及佣金收入、利息收入、营业外收入为未抵减掉相应支出的全年累计实现收入数。

6.4.2　信托财产管理情况

6.4.2.1　信托资产情况

单位:万元

信托资产	期初数	期末数
集合	411 553.78	617 329.63
单一	291 487.57	500 820.78
财产权	144 826.56	86 825.50
合计	847 867.91	1 204 975.90

注:本表以信托资产总规模为统计口径。

6.4.2.1.1　主动管理型信托业务的信托资产情况

单位:万元

主动管理型信托资产	期初数	期末数
证券投资类	—	2.26
股权投资类	—	—
融资类	252 487.87	514 415.72
其他类	397 903.64	376 706.67
合计	650 391.51	891 124.65

注:本表以信托资产总规模为统计口径,并按信托项目对信托资产进行分类。

6.4.2.1.2　被动管理型信托业务的信托资产情况

单位:万元

被动管理型信托资产	期初数	期末数
证券投资类	—	—
股权投资类	—	—
融资类	602.2	175 910.89
事务管理类	196 874.20	137 940.36
合计	197 476.40	313 851.25

注:本表以信托资产总规模为统计口径,并按信托项目对信托资产进行分类。

6.4.2.2　本年度已清算的信托项目情况

6.4.2.2.1　本年度已清算的信托项目情况

已清算结束信托项目	项目个数	实收信托合计金额(万元)	加权平均实际年化收益率(%)
集合类	3	70 631.00	8.09
单一类	7	122 033.20	3.83
财产管理类	2	58 000.00	4.44

6.4.2.2.2　本年度已清算结束的主动管理型信托项目情况

已清算结束信托项目	项目个数	实收信托合计金额(万元)	加权平均实际年化信托报酬率(%)	加权平均实际年化收益率(%)
证券投资类				
股权投资类				
其他投资类	4	60 233.20	0.00	0.00
融资类	4	79 131.00	1.47	8.77
事务管理类				

6.4.2.2.3　本年度已清算结束的被动管理型信托项目情况

已清算结束信托项目	项目个数	实收信托合计金额(万元)	加权平均实际年化信托报酬率(%)	加权平均实际年化收益率(%)
证券投资类				
股权投资类				
其他投资类				
融资类	2	53 300.00	16.92	6.46
事务管理类	2	58 000.00	0.14	4.44

6.4.2.3　本年度新增的信托项目情况

新增信托项目	项目个数	实收信托合计金额(万元)
集合类	6	215 600.00
单一类	16	340 339.70
财产管理类	0	0.00
新增合计	22	555 939.70
其中:主动管理型	12	326 118.50
被动管理型	10	229 821.20

6.4.2.4　信托业务创新成果和特色业务有关情况

无。

6.4.2.5　公司履行受托人义务情况及因本公司自身责任而导致的信托资产损失情况

无。

6.5　关联方关系及其交易

6.5.1　关联交易

	关联交易数量	关联交易金额(万元)	定价政策
自营业务	0	0	按协议价
信托业务	7	16 200.00	
合计	7	16 200.00	

6.5.2　关联方关系

关系性质	关联方名称	法定代表人	注册地址	注册资本(万元)	主营业务
母公司	上海爱建股份有限公司	徐风	上海市浦东外高桥保税区泰谷路168号	82 040	实业投资、投资管理、外经贸部批准的进出口业务(按批文)、商务咨询、(涉及行政许可的凭许可证经营)。
持股12.75%	上海正浩资产管理公司	屠旋旋	青浦	25 500	资产经营管理。

6.5.3 **本公司与关联方的重大交易事项**

6.5.3.1 固有与关联方之间交易情况

固有与关联方关联交易

单位:万元

	期初数	借方发生额	贷方发生额	期末数
贷款	—	—	—	—
投资	3 247.63	—	38.56	3 209.07
租赁	—	—	—	—
担保	—	—	—	—
应收账款	—	—	—	—
其他	1 998.00	1 177.42	3 136.86	38.56
合计	5 245.63	1 177.42	3 175.42	3 247.63

6.5.3.2 信托与关联方交易情况

信托与关联方关联交易

单位:万元

	期初数	借方发生额	贷方发生额	期末数
贷款	—	14 000.00	—	14 000.00
投资	93 150.00	2 200.00	1 600.00	93 750.00
租赁	—	—	—	—
担保	—	—	—	—
应收账款	—	—	—	—
其他	—	—	—	—
合计	93 150.00	16 200.00	1 600.00	107 750.00

6.5.3.3 信托公司自有资金运用于自己管理的信托项目(固信交易)、信托公司管理的信托项目之间的相互(信信交易)交易情况

6.5.3.3.1 固有与信托财产之间的交易情况

固有财产与信托财产相互交易

单位:万元

	期初数	本期发生额	期末数
合计	7 700.00	-4 200.00	3 500.00

6.5.3.3.2 信托项目之间的交易情况

信托资产与信托财产相互交易

单位:万元

	期初数	本期发生额	期末数
合计	5 000.00	-5 000.00	0.00

6.5.4 **关联方逾期未偿还本公司资金的详细情况以及本公司为关联方担保发生或即将发生垫款的详细情况**

无。

6.6 会计制度的披露

(1)本公司固有业务自2007年起执行财政部2006年颁布的《企业会计准则》进行会计核算;并根据《企业会计准则第30号——财务报表列表》有关规定及应用指南中商业银行会计报表格式进行编制。

(2)本公司信托业务自2010年起执行财政部2006年颁布的《企业会计准则》进行会计核算;并参照《企业会计准则第30号——财务报表列表》有关规定及应用指南中商业银行会计报表格式进行编制。

7. 财务情况说明书

7.1 利润实现和分配情况

2011年度公司实现净利润12 069.63万元,因公司未分配利润为负值(-61 114.74万元),根据金融企业财务规则第四十四条"金融企业本年实现净利润(减弥补亏损),应当按照提取法定盈余公积金、提取一般(风险)准备金、向投资者分配利润的顺序进行分配。法律、行政法规另有规定的从其规定"的规定,不进行利润分配。

7.2 主要财务指标

指标名称	指标值
资本利润率(%)	24.23
加权年化信托报酬率(%)	4.10
人均净利润(万元/人)	172.42

注:1. 资本利润率=净利润/所有者权益平均余额×100%。

2. 加权年化信托报酬率=(已清算信托项目1的实际年化信托报酬率×已清算信托项目1的实收信托+已清算信托项目2的实际年化信托报酬率×已清算信托项目2的实收信托+…已清算信托项目n的实际年化信托报酬率×已清算信托项目n的实收信托)/(已清算信托项目1的实收信托+已清算信托项目2的实收信托+…已清算信托项目n的实收信托)×100%。

3. 人均净利润=净利润/年平均人数。

4. 平均值采取年初、年末余额简单平均法,公式为:a(平均)=(年初数+年末数)/2。

7.3 对本公司财务状况、经营成果有重大影响的其他事项

无。

8. 特别事项揭示

8.1 前五名股东报告期内变动情况及原因

无。

8.2 董事、监事及高级管理人员变动情况及原因

2011年12月30日,公司召开第三届董事会第十二次会议,选举周伟忠为董事长,陈振鸿因工作需要,不再担任董事、董事长;聘任周磊为总经理,周伟忠因工作需要,不再担任总经理。

8.3 公司的重大未决诉讼事项

有关福建闽东电力股份有限公司诉上海爱建信托投资有限责任公司、爱建证券有限责任公司上海复兴东路证券营业部、爱建证券有限责任公司返还客户交易结算资金一案,属历史遗留问题,于2010年11月11日开庭审理。该案于2012年2月22日在上海市第二中级人民法院作出一审判决(《上海市第二中级人民法院民事判决书》(2004)沪二中民三(商)初字第344 号)如下:"驳回原告福建闽东电力股份有限公司的诉讼请求。本案案件受理费人民币518 150元、鉴定费人民币

18 000 元由原告福建闽东电力股份有限公司承担"。

8.4 对会计师事务所出具的有保留意见、否定意见或无法表示意见的审计报告的说明

无。

8.5 公司及其董事、监事和高级管理人员受到处罚的情况

无。

8.6 监管意见及整改情况

无。

8.7 本年度重大事项临时报告

无。

8.8 银监会及其省级派出机构认定的其他有必要让客户及相关利益人了解的重要信息

无。

9. 公司监事会意见

9.1 监事会对公司依法运作情况的独立意见

报告期内，法人治理结构基本健全，公司内部控制制度得到了进一步的加强；公司在经营管理运作方面，决策程序合法，运行程序规范；信息披露能够及时准确；公司董事以及高级管理人员能够认真履行职责，勤勉尽职，认真贯彻股东会的各项决议，尚未发现有违反法律法规、公司章程及损害股东利益的行为。

9.2 监事会对检查公司财务情况的独立意见

报告期内，监事会通过审阅公司财务报表及其他会计资料，对公司的财务制度执行情况和财务状况进行了检查。认为公司的财务核算体制健全，会计事项的处理、报表的编制及公司执行的会计制度符合法律法规的要求。公司 2011 年度财务报表真实，在所有重大方面客观公允地反映了公司的财务状况和经营成果。立信会计师事务所有限公司对公司本年度财务报表(固有)出具的标准无保留意见的审计报告是独立、公正的。

9.3 监事会对公司出售资产情况的独立意见

报告期内，公司出售资产履行了法定的决策程序，不存在利用出售资产损害公司及股东利益或造成公司资产流失的情形。

9.4 监事会对公司关联交易的独立意见

报告期内，公司关联交易的程序合法，未发现损害公司、股东、委托人利益的行为。

上海国际信托有限公司

1. 重要提示

1.1 本公司董事会及董事保证本报告所载资料不存在任何虚假记载、误导性陈述或者重大遗漏,并对其内容的真实性、准确性和完整性承担个别及连带责任。本年度报告摘要摘自年度报告全文,客户及相关利益人欲了解详细内容,应阅读年度报告全文。

1.2 董事周燕飞因公务在身,未能出席董事会会议,书面委托董事长潘卫东代行表决权。3名监事列席了本次会议。

1.3 本公司独立董事万晓枫、陈世敏、李宪明声明:保证年度报告内容的真实、准确、完整。

1.4 上海上会会计师事务所有限公司根据中国注册会计师审计准则对本公司年度财务报告进行审计,出具了标准无保留意见的审计报告。

1.5 本公司董事长潘卫东、总经理傅帆、主管会计工作副总经理陈兵、会计部门负责人朱红声明:保证年度报告中财务报告的真实、完整。

2. 公司概况

2.1 公司简介

上海国际信托有限公司(以下简称公司)成立于1981年,注册资本金为25亿元。自成立以来,公司始终坚持稳健经营、规范管理,不断推进科学发展、自主创新,在市场上树立了品牌形象,赢得了良好信誉,综合实力居全国信托公司前列。公司曾被国务院指定为全国对外融资十大窗口之一;获地方金融机构最高信用评级(穆迪Baa2、标普BBB-);被指定为非银行业金融机构中首家合规试点单位;被推举为中国会计学会信托分会会长单位;发起设立中国第一家信托登记机构——上海信托登记中心,并被推选为理事长单位;被一致推选为第二届信托业协会会员理事单位和副会长单位。近年来,公司先后荣获《上海证券报》、《证券时报》、《21世纪经济报道》等权威媒体评选出的多项行业大奖,公司的"红宝石"安心进取伞形配置信托计划作为唯一一家入围信托公司创新产品,荣获上海市政府首次颁发的"2010年上海金融创新奖二等奖"。

公司长期致力于推进产品创新,较早获得资产证券化业务、代客境外理财(QDII)、企业年金业务受托人资格,并在全国率先推出"优先劣后"受益权的结构性信托产品,在证券投资、不动产和股权投资领域,逐渐形成产品特色,打造了"蓝宝石"、"红宝石"、"紫晶石"、"白金"、"明珠"、"现金丰利"等系列品牌,为不同风险偏好和理财需求的投资者提供产品选择和服务。近年来,公司相继推出业内首个QDII产品、首个以大类资产配置为导向的伞形配置自主管理信托产品和首个受托人自主管理的PIPE基金,并推出"香花石"艺术品投资信托,信托主业和创新业务得到快速健康发展。2010年,公司重新打造视觉品牌形象,提出"信利正·睿见远"的公司口号,全面提升了公司品牌效应,为公司业务发展提供了有力支持。2011年,公司及时抓住PE市场等另类资产管理市场迅猛发展的机遇,经中国银监会批准设立了"上信资产管理有限公司",建立了专业化的资产管理平台,为加速培养主动管理能力创造了良好条件。

2.1.1 基本信息

2.1.1.1 公司法定中文名称:上海国际信托有限公司
中文名称缩写:上海信托
公司法定英文名称:Shanghai International Trust Co.,Ltd.
英文缩写:Shanghai Trust

2.1.1.2 法定代表人:潘卫东

2.1.1.3 注册地址:中国上海市九江路111号
邮政编码:200002
公司国际互联网网址:www.shanghaitrust.com
电子信箱:info@shanghaitrust.com

2.1.1.4 公司信息披露联系人:吴海波
联系电话:021-23131111转
传真:021-63235348
电子信箱:info@shanghaitrust.com

2.1.1.5 公司选定的信息披露报纸:《上海证券报》
公司年度报告备置地点:上海市天津路155号名人商业大厦21楼

2.1.1.6 公司聘请的会计师事务所:上海上会会计师事务所有限公司
住所:上海市威海路755号文新报业大厦20楼
联系电话:021-52920000

2.1.1.7 公司聘请的律师事务所:上海市锦天城律师事务所
住所:上海市花园石桥路33号花旗集团大厦14楼
联系电话:021-61059000

2.2 组织结构

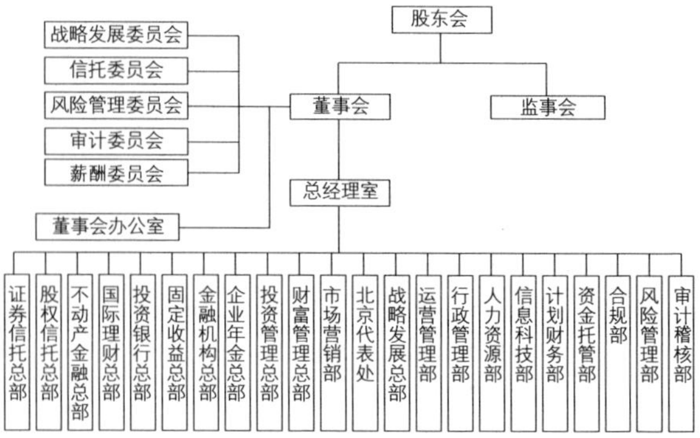

3. 公司治理

3.1 股东

公司前三位股东的主要情况

股东名称	出资比例(%)	法人代表	注册资本(万元)	注册地址	主要经营业务	主要财务情况(万元)	
上海国际集团有限公司★	66.33	吉晓辉	1 055 884	上海市威海路511号	开展以金融为主、非金融为辅的投资、资本运作与资产管理业务、金融研究、社会经济咨询(上述经营范围涉及许可经营的凭许可证经营)。	资产总额	7 115 321
						负债总额	3 591 986
						利润总额	309 821
						净利润	261 954
						所有者权益	3 523 335
上海久事公司	20.00	张惠民	2 752 000	上海市中山南路28号	投资及综合开发经营。	资产总额	32 165 527.26
						负债总额	21 794 168.39
						利润总额	-1 076 857.08
						净利润	82 725.67
						所有者权益	10 371 358.88
申能股份有限公司	5.00	吴建雄	472 877.406	上海市虹井路159号5楼	电力建设、能源、节能、资源综合利用及相关项目;与能源建设相关的原材料、高新技术和出口创汇项目的开发,投资和经营。	资产总额	3 525 253.43
						负债总额	1 068 730.82
						利润总额	221 657.82
						净利润*1	194 211.30
						所有者权益*2	245 652.26
	*1 注:含少数股东损益52 025.75万元,归属于上市公司股东的净利润142 185.55万元。						
	*2 注:含少数股东权益591 354.32万元,归属于上市公司股东的所有者权益1 865 168.28万元。						

注:股东名称一栏中★为公司最终实际控制人。

3.2 董事

董事长、副董事长、董事

姓 名	职 务	性别	年龄	选任日期	所推举的股东名称	该股东持股比例(%)	简 要 履 历
潘卫东	董事长	男	45	2011年9月	上海国际集团有限公司	66.33	经济学硕士研究生,中共党员,高级经济师。在中国人民银行杭州市分行计划资金处参加工作,曾任上海浦东发展银行宁波分行副行长,上海浦东发展银行昆明分行行长、党组书记,上海市金融服务办公室机构处处长(挂职)、上海国际集团有限公司总经理助理;现任上海国际集团有限公司副总裁,上海国际信托有限公司党委书记、董事长、法人代表。
傅帆	副董事长	男	47	2011年9月	上海国际集团有限公司	66.33	工学硕士研究生,中共党员,经济师。在上投实业公司参加工作,曾任上海联合财务有限公司高级经理,上投实业公司项目一部经理、总经理助理、副总经理,上海国际集团有限公司董事会办公室主任,上海国际信托有限公司副总经理兼投资银行总部总经理,上投摩根基金管理有限公司副总经理;现任上海国际信托有限公司党委副书记、副董事长、总经理。
陆 敏	董事	男	58	2011年9月	上海国际集团有限公司	66.33	工业会计专业大专毕业,会计师。曾任上海手套一厂财务科会计,上海国际信托投资公司计划财务部会计、科长、副经理等职,上海国际集团有限公司计划财务总部副总经理(主持工作);现任上海盛龙投资管理有限公司执行董事,大众保险股份有限公司监事长,上海国际信托有限公司董事。
张建伟	董事	男	57	2011年9月	上海久事公司	20.00	工商管理硕士,中共党员,高级经济师。曾任上海新沪玻璃厂副厂长,上海光通信器材公司副总经理,上海久事公司实业管理总部总经理、发展策划部经理、公司总经理助理等职;现任上海久事公司副总经理,上海国际信托有限公司董事。
周燕飞	董事	女	49	2011年9月	申能股份有限公司	5.00	中文专业本科毕业,中共党员,高级经济师。曾任上海市农委党校讲师,申能股份有限公司策划部副经理、经理;现任申能股份有限公司董事会秘书兼证券部经理,上海国际信托有限公司董事。

续表

姓 名	职 务	性别	年龄	选任日期	所推举的股东名称	该股东持股比例(%)	简 要 履 历
张广生	董事	男	59	2011年9月	上海汽车工业有限公司	2.00	经济学硕士，中共党员，研究员。曾任上海市体改办处长、市体改研究所副所长、市政府研究室主任、市委研究室主任、市委副秘书长等职；现任上海汽车工业（集团）总公司副董事长，上海国际信托有限公司董事。
周卫中	董事	男	41	2011年9月	上海石化城市建设综合开发公司	1.33	经济学专业本科毕业，中共党员，经济师。曾任上海石化财贸办宣传干部、团委副书记，上海石化烟草糖酒公司副经理，上海石化地区商业贸易公司办公室副主任、总经理助理、百货公司经理、副总经理，上海金山实业投资发展有限公司副总经理；现任上海石化城市建设综合开发公司董事总经理，上海国际信托有限公司董事。
庄维苏	职工董事	女	54	2011年9月	—	—	行政管理专业本科毕业，中共党员，高级经济师。曾任上海国际信托有限公司人事处副科长，上海国际集团有限公司干部人事处副科长、科长，上海国际信托有限公司人力资源部总经理助理、副总经理；现任上海国际信托有限公司工会常务副主席，党委办公室主任，人力资源部总经理，职工董事。

独立董事

姓 名	所在单位及职务	性别	年龄	选任日期	所推举的股东名称	该股东持股比例(%)	简 要 履 历
万晓枫	上海银行党委副书记兼纪委书记（已退休）	男	62	2011年9月	—	—	哲学硕士，中共党员，曾任上海市委办公厅干部、副处长、处长，上海市委办公厅副主任，浦发银行党委副书记、监事，上海银行党委副书记兼纪委书记；现任上海国际信托有限公司独立董事。
陈世敏	中欧国际工商学院会计学教授	男	53	2011年9月	—	—	会计学博士研究生，教授，美国注册管理会计师。曾任 Clarion University of Pennsylvania 会计学副教授、教授，The University of Louisiana at Lafayette 会计学副教授，香港岭南大学会计学副教授；香港理工大学会计学副教授。现任中欧国际工商学院会计学教授，上海国际信托有限公司独立董事。
李宪明	上海市锦天城律师事务所合伙人	男	42	2011年9月	—	—	法学博士研究生，中共党员，执业律师。曾在吉林大学法学院工作；现任上海市锦天城律师事务所合伙人，上海国际信托有限公司独立董事。

3.3 监事

监事会成员

姓 名	职 务	性别	年龄	选任日期	所推举的股东名称	该股东持股比例(%)	简 要 履 历
祝幼一	监事长	男	58	2011年9月	上海国际集团有限公司	66.33	企业管理硕士研究生，中共党员，高级经济师。曾任卢湾区劳动服务公司党总支副书记、副经理，卢湾区劳动局副局长，卢湾区计经委副主任、主任、党组书记，卢湾区副区长，上海城市合作银行党委副书记、纪委书记、副行长，国泰君安证券股份有限公司党委书记、董事长，上海国际集团有限公司副总裁、党委委员；现任上海国际集团有限公司党委委员、副董事长，上海国际信托有限公司监事长。
马名驹	监事	男	50	2011年9月	上海锦江国际投资管理有限公司	1.34	工商管理硕士研究生，中共党员，高级会计师。曾任上海凤凰自行车股份有限公司财务部经理、副总经理、总经理、副董事长，上海东方上市公司博览中心副总经理，锦江（集团）有限公司计划财务部经理，锦江集团财务公司财务总监（兼），锦江国际（集团）有限公司计划财务部经理，金融事业部总经理、党委副书记；现任锦江国际（集团）有限公司副总裁，金融事业部总经理、党委副书记，锦江国际（集团）有限公司计划财务部经理（兼），上海锦江国际投资管理有限公司董事长、首席执行官，上海国际信托有限公司监事。
张 汉	监事	男	50	2011年9月	职工代表	—	经济管理专业本科毕业，中共党员，会计师。曾任上海警备区司务长，武警上海总队财务处副处长、二支队处长，上海国际信托投资有限公司风险管理部科长、人力资源部科长、审计稽核部科长等职；现任上海国际信托有限公司监事，审计稽核部总经理助理。

本报告期公司监事会未设下属委员会。

3.4 高级管理人员

姓 名	职 务	性别	年龄	选任日期	金融从业年限	学历(位)	专 业
傅 帆	总经理	男	47	2011年9月	11	研究生 工学硕士	工业工程 管理
林 彬	副总经理	男	56	2011年9月	19	大专 EMBA	工商 管理
刘响东	副总经理	男	41	2011年9月	12	研究生 经济学硕士	国际 金融
陈兵	副总经理 董事会秘书	男	43	2011年9月	16	研究生 管理学博士	企业 管理

3.5 公司员工

本报告期公司在岗员工173人，上年度公司在岗员工155人。

项 目		报告期年度		上年度	
		人数	比例(%)	人数	比例(%)
年龄分布	25岁以下	11	6.36	5	3.23
	25~29岁	42	24.28	32	20.65
	30~39岁	62	35.84	56	36.13
	40岁以上	58	33.53	62	40.00
学历(位)分布	博士	8	4.62	9	5.81
	硕士	82	47.40	52	33.55
	本科	60	34.68	67	43.23
	专科	16	9.25	20	12.90
	其他	7	4.05	7	4.52

4. 经营管理

4.1 经营目标、方针、战略规划

4.1.1 经营目标

本报告期公司的经营目标是坚持科学发展观，创新驱动发展和稳健合规经营并行，以提高信托业务收入、巩固信托行业地位为立足点，以增强自主创新、推进业务转型为切入点，以加强风险控制、优化运营管理为支撑点，深入挖掘市场机会，不断适应监管导向，努力推进业务转型的先发优势，打造专业团队，不断提升上海信托核心竞争力，夯实上海信托跨越式发展的基础。公司全年争取实现受托资产规模600亿元，实现利润总额7.52亿元，实现信托业务收入3.6亿元。

4.1.2 经营方针

本报告期公司的经营方针是：诚信、专业、稳健、创新。

4.1.3 战略规划

公司的战略规划是：切实转变经营理念，探索信托发展有效路径；以自主创新为动力，勇于开拓市场，做大做强信托业务；以优化配置为核心，提高运作效率，增强自有资金效益；以深化理财理念为重点，大力发展直销业务，积极拓展客户，全力为合格投资者服务；以加强内控为保障，审慎规范运营流程，全面提升经营管理水平；以监管指引为导向，完善法人治理结构，理顺经营机制，突破发展瓶颈制约，努力把公司打造成为业内一流的资产管理和财富管理金融机构。

4.2 所经营业务的主要内容

4.2.1 经营的主要业务及品种

公司经营的主要业务为信托业务和自营业务。

4.2.1.1 信托业务

信托业务主要品种包括：(1)金融产品配置组合类信托。以高端客户的财富管理需求为出发点，凭借强大的投资管理能力和专业的资产配置能力，将投资者的资金在多种金融工具间进行组合投资，为投资者获取稳定安全的投资收益。(2)不动产金融类信托。选择房地产行业的优秀企业和优质项目，采用灵活多样的业务手段设计风险适度、期限灵活、回报丰厚的信托产品，让投资者分享房地产行业的成长收益。(3)证券投资类信托。会聚全新产品设计理念和技术，投资于股票、基金及债券等金融产品，综合采用结构化设计、聘请投资顾问、应用CPPI投资策略与数量投资工具等多种方式，开创投资者在风险市场上获取稳定收益的业务新模式。(4)股权及并购类信托。对于优质的成长性企业，通过股权受益权融资、股权投资、并购融资、受托股权管理、财务顾问等形式提供全面金融服务。(5)国际理财类信托。以大类资产配置为基础理念，与境外金融机构开展深度合作，捕捉海外市场投资机遇，采用结构性票据、指数投资、各类现货和期货投资、外币贷款等灵活运用方式，实现投资者财富增值。(6)固定收益类信托。发挥类货币市场基金的投资功能，将信托资金投资于各种定息型、低风险、高流动性的短期金融产品，并采用封闭式、开放式分期和T+0申购赎回等多种业务模式。(7)公司及项目金融类信托。通过信托贷款、债权融资、股权投资或者以资产池现金流为支持的方式，协助优秀企业获取融资，推动基础设施类项目顺利开展。(8)另类投资信托。运用结构化设计，有效结合金融资本与实业经济，将公司专业化投资优势和外部投资顾问专业能力相结合，投资于包括酒类、艺术品、茶类、古董以及贵金属在内的非传统投资领域，满足高净值财富群体的投资期望和艺术文化消费。(9)养老保障、福利计划等信托服务。利用公司在信托服务领域积累的宝贵经验，根据企业员工在养老保障、福利提升、激励促进等方面的具体要求，为企业员工量身定制持续优质的资产管理服务，实现企业改革发展及员工福利改善的有机结合。

4.2.1.2 自营业务

自营业务主要包括：(1)固定收益业务。以确保资金的安全性和资产的流动性为原则，通过对固定收益市场和相关投资品种的深入研究，根据市场环境的变化动态调整和优化资产配置结构，构建稳健的投资组合，获取固定收益。目前，固定收益业务主要包括货币市场投资和债券市场投资。(2)股权投资业务。通过对股权投资结构、期限、规模的动态调整和优化，把握各类行业领域孕育的投资机会，开展具有战略意义的金融股权投资或与信托主业联动的直接股权投资，从客户资源、渠道资源、项目资源等方面为信托主业提供有力支持，同时获得长期稳定的投资收益。(3)证券投资业务。追求适度风险条件下的绝对收益最大化，坚持稳健投资的原则，注重对宏观经济动向、重点行业发展趋势和相关个股的深入分析。公司已建立了专业化的证券投资管理团队，锤炼了与公司经营风格相适应的投资理念，形成了科学严谨的投资决策体系，提升了证券投资的主动管理能力和投资收益水平。

4.2.2 资产组合与分布

4.2.2.1 自营资产运用与分布表

资产运用	金额（万元）	占比（%）	资产分布	金额（万元）	占比（%）
货币资产	27 905.78	4.97	基础产业	—	—
贷款及应收款	3.17	—	房地产业	—	—
交易性金融资产	76 059.10	13.54	证券市场	107 879.30	19.21
可供出售金融资产	179 843.41	32.03	实业	—	—
持有至到期投资	—	—	金融机构	419 380.97	74.68
长期股权投资	242 284.49	43.15	其他	34 278.56	6.11
其他	35 442.88	6.31			
资产总计	561 538.83	100.00	资产总计	561 538.83	100.00

注：其他资产中主要项目包括固定资产、无形资产和抵债资产。

4.2.2.2 信托资产运用与分布表

资产运用	金额（万元）	占比（%）	资产分布	金额（万元）	占比（%）
货币资金	979 433.20	12.66	基础产业	845 141.00	10.93
贷款	2 329 244.33	30.12	房地产业	493 400.00	6.38
交易性金融资产	2 140 670.90	27.68	证券	2 001 434.41	25.88
长期股权投资	316 085.75	4.09	工商企业	1 156 979.93	14.96
可供出售金融资产	1 503 245.52	19.44	金融机构	541 559.30	7.00
持有至到期投资	97 000.00	1.25	其他	2 695 898.21	34.85
买入返售金融资产	170 562.91	2.20			
其他	198 170.24	2.56			
合计	7 734 412.85	100.00	合计	7 734 412.85	100.00

4.3 市场分析

在宏观经济方面，2011年世界经济复苏的不确定性上升，国际金融市场剧烈动荡，各类风险明显增多。国内经济增速在主动宏观调控下逐季下滑，房地产投资和基础设施投资增速大幅下降，进出口增速降低。货币政策为了配合国家宏观经济调控和抑制通货膨胀预期大幅度收紧，银行信贷额度紧缺，资金价格持续上升，房地产市场和地方融资平台风险增加，中小企业经营困难加重。资本市场的改革发展继续大步踏进，中小企业板和创业板市场上市公司规模、融资规模增大，债券市场规模迅速扩大。"十二五"规划强调经济发展的同时，要切实提高居民收入水平，实现国强、民富并进，为理财需求的增长打下坚实基础。同时金融创新和深化会使资本市场的效率和规模迅速提高，市场边界和市场容量仍会扩张，信托公司可以在文化艺术产业、城镇化与房地产行业、能源产业与环境保护、战略性新兴产业等领域寻找到广阔的发展空间。

在理财市场环境方面，中国投资者的投资意识进一步加强，CPI指数高涨，房地产市场严厉调控、资本市场单边下跌使得理财需求呈现爆发性增长，资金大量流入理财市场。各类金融机构适时加大理财产品供给力度，无论在供应种类和发行数量上，还是在产品创新程度和投资收益上，都有了较大幅度的提升。由于宏观经济调控和流动性紧缺，信托公司的制度优势得到了较好的发挥，在符合监管政策导向和合规经营前提下，信托公司依托理财市场高涨需求，灵活组合投资方式和投资领域，加大业务创新和拓展力度，推出了大量个性化、专业化的理财产品，自主管理能力得到进一步提高，整体市场呈现出更加规范和健康的发展态势。

在信托行业政策方面，监管机构对信托公司各项业务的监管提高了针对性和时效性，颁布了一系列有保有压的政策规定。一是对房地产信托业务进行"窗口"指导，要求信托公司适当控制房地产信托业务节奏和总量并逐笔报批；二是加强银信理财合作业务的监管，督促银行应按要求在2011年末前将银信理财合作业务表外资产转入表内；三是出台《信托公司参与股指期货交易业务指引》，规定信托公司在满足规定的条件后，可以向银监会申请参与股指期货信托业务，为信托公司开拓衍生品创新业务打下制度基础；四是推进信托公司异地营销管理工作，拟定了《关于规范信托产品营销有关问题的通知》（征求意见稿），将开启信托公司异地营销的闸门，允许信托公司设立异地营销中心，并要求银行代销信托产品时，必须将全面、真实的客户信息提交给信托公司。

4.4 内部控制

4.4.1 内部控制环境和内部控制文化

公司建立了分工合理、职责明确、报告关系清晰的组织机构。报告期内，公司完成了部门岗位设置和人员编制安排，根据科学的薪酬测算，形成了部门设置、薪酬改革方案，同时，突出绩效导向原则，组织实施绩效考核工作。公司从未来总体发展布局上培养和引进人才，一方面完善人力资源管理制度，制订《员工手册》等内部规章，从员工聘用及员工关系管理、员工职业操守、员工考勤休假、员工薪酬绩效及培训管理和员工奖惩五个方面，制定公司员工管理规范，提升员工职业操守和诚信意识；另一方面，采取措施培养人才、用好人才，公司通过合规培训、合规刊物、合规园地等多种渠道，培养员工合规意识，合规理念逐渐深入人心。员工的法治观念、诚信观念和道德水准得到了进一步的提升，职业行为得到进一步规范。

公司董事会和高级管理层重视公司内部控制机制的建设。董事会下属由独立董事负责的风险管理委员会，负责审核公司内控机制的建设规划，公司管理层组织公司各部门认真落实全年公司内控建设措施，重新修改公司《内控大纲》，为加强内部控制奠定扎实基础。报告期内，公司董事会审议并通过了公司《内控大纲》的修订版，正式向公司发布执行。

4.4.2 内部控制措施

公司内部控制职能部门为合规部、风险管理部和审计稽核部。

公司内部控制遵循全面、审慎、有效、独立的原则。公司内控的控制活动包括：不相容职务分离控制、授权审批控制、业务流程控制、会计系统控制、财产保护控制、运营分析控制、信息系统控制和绩效考评控制，并建立业务预警、应急机制等。

报告期内，公司加强对固有业务和信托业务的授权管理，结合公司业务综合系统项目开发，将业务授权管理通过信息系统化，增强了授权控制的有效性。

公司建立了有效的业务决策系统：各业务部门负责自营项目、信托项目的初审；公司风险管理部和合规部负责项目的预审;公司项目评审委员会是非常设决策机构,对项目进行业务可行性评估,得出结论;公司总经理或董事长对评审会通过的方案结论持一票否决权;公司信托投资决策委员会和自营证券投资决策小组讨论和决定业务运营过程中的重大问题。

报告期内,公司对建立"大运营"模式进行探索,进一步优化信托业务运营管理操作流程,降低操作风险,提高运营效率。

报告期内,公司进一步加强制度体系建设,共制定和修订了18项内控制度。公司全面梳理现有业务操作和管理规章,对照国家新颁布的相关法律法规以及公司业务开展情况,及时更新制度,以保证公司业务开展的合规性和可操作性。同时,根据外部政策、市场变化和公司业务发展的需要,不断研究、探讨各项业务风险管理措施,制定新的业务规章,以保障公司业务发展在风险可控的前提下进行。

公司信托业务系统和自营业务系统的部门和人员分离;高管人员管理分工分离;信托财务和自营财务的部门、人员、账表、资产和办公场所分离;每个信托财产的分离,即对每项信托业务单独开户、单独核算、单独管理。

4.4.3 监督评价与纠正

公司通过建立自控、互控、监控三位一体的机制,对内部控制活动进行检查、评价、监督和纠正。业务部门对各项业务跟踪管理,经常检查其经营状况,一旦发现存在问题,迅速予以自纠;财务管理部门和风险管理部门分别行使后台监督职能和风险管理职能,相关部门、岗位之间互相制衡、监督,一旦发现问题,均要求限时纠正;审计稽核部门对公司内部控制进行再监督,可获得公司所有的经营信息和管理信息,对公司业务通过常规和专项审计,实施最后的监督和评价,督促内部审计建议的落实,并可直接向董事会和高级管理层报告。

4.5 风险管理

4.5.1 信用风险状况及其管理

信用风险主要指交易对手不履行义务的可能性,主要表现为:在贷款、资产回购、后续资金安排、担保、履约承诺、资金往来、证券投资等交易过程中,借款人、担保人、保管人(托管人)、证券投资开户券商、银行等交易对手不履行承诺,不能或不愿履行合约承诺而使信托财产或固有财产遭受潜在损失的可能性。本公司信用风险资产按五级分为正常类、关注类、次级类、可疑类和损失类。2011年期初及期末本公司不良资产余额都为零;对信用风险资产本公司根据《金融企业呆账准备提取管理办法》财金〔2005〕49号文及《中国银监会办公厅关于修订信托公司年报披露格式规范信息披露有关问题的通知》(银监办发〔2009〕407号文)规定,参照中国人民银行《银行贷款损失计提指引》(银发〔2002〕98号文)规定,对年末信用风险资产按照关注类资产2%、次级类资产25%、可疑类资产50%、损失类资产100%的比例计提贷款损失准备、坏账准备。

信用风险的管理:一是公司严格实行贷前调查、贷中审查、贷后检查。在贷前调查(项目立项)阶段,公司规范项目尽职调查的程序、重点和方法;在贷中审查(项目审批)阶段,公司合规部、风险管理部进行预审,公司项目评审委员会对业务进行项目可行性风险评估;在贷后检查(项目运营)阶段,公司要求业务部门持续监控交易对手的履约能力。二是注重信用风险的分散和补偿。在产品交易结构设计上,公司综合运用规避、预防、分散、转移、补偿等手段管理风险,尽力降低信用风险敞口。比如:公司通过引入金融机构信用、财产抵押、权利质押等担保方式,将融资主体的信用风险进行分散、转移。为防止因抵(质)押价值变化扩大信用风险敞口,公司对拟抵(质)押资产设置了抵(质)押率上限,作为价值变化的缓冲;通过账户管理归集和监控项目本身的现金流,作为履约的主要资金来源;在可能的情况下监管交易对手账户,监督资金使用,防止挪用;通过信托受益权的优先劣后安排,将具有不同风险偏好和风险承受能力的客户分开;加大交易对手违约成本,使交易对手不敢轻易违约;通过现场过程监控和非现场信息监控,及时了解项目进展、交易对手经营和资金使用状况;安排信托受益权的流通转让,分散信用风险。三是按照银监会要求,定期对公司资产进行风险分类。四是严格按财政部和中国银监会的要求,提足包括呆账准备金、信托赔偿准备金在内的各项准备金。

4.5.2 市场风险状况及其管理

市场风险主要指在金融市场等投资业务过程中,投资于有公开市场价值的金融产品或者其他产品时,金融产品或者其他产品的价格发生波动导致公司信托财产或固有财产遭受损失的可能性。同时,市场风险还具有很强的传导效应,某些信用风险的根源可能也来自于交易对手的市场风险。报告期内,基于国内外经济形势的变化,上半年股市窄幅横盘整理,结构上呈现出对2010年过度分化走势的纠偏行情,以创业板为代表的高估值中小盘股跌幅较大。下半年,股市持续扩容和赚钱效应的长期缺失导致市场信心受到较大打击,指数在年末破位下行创出两年来新低,其中高估值的中小盘成长股由于业绩普遍低于预期,且受到蓝筹股低估值的向下牵引,跌幅较大。公司权益类投资收益受到不利影响。

市场风险的管理:一是加强对经济及金融形势的分析预测,并据此提出资产配置及其调整方案。密切跟踪市场,及时调整投资策略和投资组合,密切关注经济运行状况,严格规避政策导向变化带来的不利影响。二是坚持稳健原则,在投资组合中配置足够的固定收益类低风险投资品种。三是对证券投资组合的净值、仓位和投资集中度等指标事先设定预警点或止损点。四是通过投资分散化(组合对冲)降低非系统性风险。五是在业务决策和管理过程中,分别通过压力测试进行分析和评估,进行动态跟踪管理。六是积极贯彻落实监管部门有关文件精神,及时对公司信托业务中的房地产业务、证券投资业务和银信合作等业务提出风险提示,密切专注市场变化,加强防范业务风险的措施。

4.5.3 操作风险状况及其管理

操作风险表现为由于公司治理机制、内部控制失效或者有关责任人出现失误、欺诈等问题,公司没有充分及时地做好尽职调查、持续监控、信息披露等工作,未能及时作出应有的反应,或作出的反应明显有失专业和常理,甚至违规违约;公司没有履行勤勉尽职管理的义务,或者无法出具充分有效的证据和记录,证明自己已履行勤勉尽职管理的义务。操作风险包含合规风险,合规风险是指公司因没有遵循法律、规则和准则可能遭受法律制裁、监管处罚、重大财务损失和声誉损失的风险。报告期内,公司未发生因操作风险及合规风险所造成的损失。

操作风险的管理:一是制定和完善公司内部控制制度,在业务操作、会计系统、信息披露、信息系统、人力资源管理、关联交易、档案管理、紧急事故应变等方面，建立行之有效的内控制度和内控流程。二是明确岗位职责，即在合理的组织机构基础上，将各部门的业务活动和管理活动细化为各个具体的工作岗位，按照岗位确定职责和权限，做到定岗、定责、定职、定编、定人，从而建立起公司内部相互制约、相互督促的工作网络。三是在建立岗位职责的基础上，制定公司的业务授权制度和问责制度。通过授权机制，将从业人员的灵活性和责任制结合起来。四是不断整合公司各项业务流程和管理流程，逐步实现前台、中台、后台分离的业务操作流程化管理。五是建立管理防火墙，以信托财产和固有财产为隔离基础，实现信托业务系统和自营业务系统的部门和人员分离；高管人员管理分工分离；信托财务和自营财务的部门、人员、账表、资产和办公场所分离；每个信托财产的分离，即对每项信托业务单独开户、单独核算、单独管理。六是强调信息系统支持。七是制定公司员工行为规范，加强对员工守法意识、职业道德的教育。八是重视合规文化建设，宣传《合规政策》，使员工牢固树立“风险管理是公司经营的基础、效益的前提和核心竞争力的保证”这一风险管理核心价值观念。

4.5.4 其他风险状况及其管理

其他风险主要是指公司业务开展中的流动性风险、政策风险、信誉风险、道德风险等。报告期内，公司未发生因其他风险所造成的损失。

其他风险的管理：一是加强员工合规培训，要求员工认真学习并执行有关的法律法规，增强合规意识，提高员工的风险管理意识和风险管理水平。二是加强对运作项目的现金流量管理，同时做好公司现金流量的预测和安排。三是加强职业道德教育，规范职业行为，把职业道德、职业操守作为员工教育的一个重要内容，不断增强员工的工作责任心，严格控制道德风险。

5. 报告期末及上一年度末的比较式会计报表

5.1 自营资产

5.1.1 会计师事务所审计意见

上海上会会计师事务所有限公司对公司所作的审计结论如下：

上海国际信托有限公司财务报表已经按照《企业会计准则》的规定编制，在所有重大方面公允反映了上海国际信托有限公司 2011 年 12 月 31 日的合并及母公司财务状况以及 2011 年度的合并及母公司经营成果和合并及母公司现金流量。

5.1.2 资产负债表

资产负债表

编制单位：上海国际信托有限公司　　2011 年 12 月 31 日　　单位：万元

资产	期末数		期初数		负债及所有者权益	期末数		期初数	
	合并	母公司	合并	母公司		合并	母公司	合并	母公司
资产:					负债:				
现金及存放中央银行款项	5.01		6.23	0.05	向中央银行借款			—	—
存放同业款项	150 277.77	27 905.78	147 780.92	28 033.04	同业及其他金融机构存放款项			—	—
贵金属					拆入资金			—	—
拆出资金					交易性金融负债			—	—
交易性金融资产	76 059.10	76 059.10	78 608.27	78 608.27	衍生金融负债			—	—
衍生金融资产					卖出回购金融资产款			—	—
买入返售金融资产			40 000.50	40 000.50	吸收存款			—	—
应收利息	1 057.87	3.16	430.94	22.29	应付职工薪酬	20 438.42	8 039.72	18 966.36	5 553.71
发放贷款和垫款					应交税费	18 727.18	12 255.88	16 208.67	8 260.51
可供出售金融资产	188 843.41	179 843.41	106 404.23	106 404.23	应付利息				
持有至到期投资					预计负债				
长期股权投资	216 908.09	242 284.49	218 939.01	234 844.49	应付债券				
投资性房地产			4 035.27	4 035.27	递延所得税负债			579.54	579.54
固定资产	9 964.05	8 356.82	5 640.00	4 236.96	其他负债	25 153.36	18 334.45	22 975.98	15 714.21
无形资产	1 212.16	638.86	941.70	352.65	负债合计	64 318.96	38 630.05	58 730.55	30 107.97
递延所得税资产	3 973.70	878.72	3 653.38	264.20					
其他资产	34 168.82	25 568.49	35 909.06	24 169.66	所有者权益:				
商誉			436.45		实收资本	250 000.00	250 000.00	250 000.00	250 000.00
					资本公积	8 312.40	8 312.39	10 297.71	10 073.92
					减:库存股				
					盈余公积	74 736.64	74 736.64	52 229.26	52 229.26

续表

资产	期末数		期初数		负债及所有者权益	期末数		期初数	
	合并	母公司	合并	母公司		合并	母公司	合并	母公司
					一般风险准备	26 191. 92	2 783. 70	21 754. 75	2 783. 70
					信托赔偿准备	50 000. 00	50 000. 00	50 000. 00	50 000. 00
					未分配利润	155 768. 30	137 076. 05	147 313. 40	125 776. 76
					外币折算差额	-10. 73		60. 09	
					归属于母公司所有者权益合计	564 998. 53	522 908. 78	531 655. 21	490 863. 64
					少数股东权益	53 152. 49		52 400. 20	
					所有者权益合计	618 151. 02	522 908. 78	584 055. 41	490 863. 64
资产总计	682 469. 98	561 538. 83	642 785. 96	520 971. 61	负债及所有者权益总计	682 469. 98	561 538. 83	642 785. 96	520 971. 61

法定代表人:潘卫东　　主管会计工作负责人:陈　兵　　会计机构负责人:朱　红

5. 1. 3　利润表

利润表

编制单位:上海国际信托有限公司　　2011 年度　　单位:万元

项　目	本年累计数		上年累计数	
	合并	母公司	合并	母公司
一、营业收入	175 611. 40	93 150. 41	181 363. 43	93 698. 16
利息净收入	8 514. 36	2 860. 12	3 881. 82	1 451. 65
利息收入	8 514. 36	2 860. 12	3 881. 82	1 451. 65
利息支出				
手续费及佣金净收入	133 468. 63	45 952. 49	125 560. 48	30 211. 23
手续费及佣金收入	133 474. 06	45 957. 92	125 697. 26	30 217. 85
手续费及佣金支出	5. 43	5. 43	136. 78	6. 62
投资收益(损失以"-"号填列)	23 563. 12	36 186. 52	46 650. 02	59 095. 06
其中:对联营企业和合营企业的投资收益				
公允价值变动收益(损失以"-"号填列)	-2 427. 52	-2 427. 52	-2 876. 02	-3 225. 95
汇兑收益(损失以"-"号填列)	-230. 40	-227. 40	-108. 01	-149. 87
其他业务收入	12 723. 21	10 806. 20	8 255. 14	6 316. 04
二、营业支出	77 592. 73	19 251. 44	66 514. 11	9 315. 08
营业税金及附加	7 925. 30	2 877. 96	7 204. 32	2 308. 14
业务及管理费	69 526. 23	16 232. 28	58 846. 39	6 543. 54
资产减值损失	-5. 45	-5. 45	-17. 91	-17. 91
其他业务成本	146. 65	146. 65	481. 31	481. 31
三、营业利润(亏损以"-"号填列)	98 018. 67	73 898. 97	114 849. 32	84 383. 08
加:营业外收入	8 807. 68	8 343. 78	1 824. 48	928. 51
减:营业外支出	9. 09		87. 07	31. 40
四、利润总额	106 817. 26	82 242. 75	116 586. 73	85 280. 19
减:所得税费用	20 551. 45	10 936. 09	17 295. 21	8 396. 61
五、净利润(净亏损以"-"号填列)	86 265. 81	71 306. 66	99 291. 52	76 883. 58
少数股东损益	13 150. 18		16 612. 84	
六、归属于母公司所有者的净利润	73 115. 63	71 306. 66	82 678. 68	76 883. 58
七、每股收益:				
基本每股收益				
稀释每股收益				

法定代表人:潘卫东　　主管会计工作负责人:陈　兵　　会计机构负责人:朱　红

5.1.4 所有者权益变动表

所有者权益变动表

编制单位：上海国际信托有限公司（合并）　　2011 年度　　单位：万元

项目	本期金额										上期金额									
	归属于母公司所有者权益							小计	少数股东权益	所有者权益合计	归属于母公司所有者权益							小计	少数股东权益	所有者权益合计
	实收资本	资本公积	盈余公积	一般风险准备	信托赔偿准备	未分配利润	外币报表折算差额				实收资本	资本公积	盈余公积	一般风险准备	信托风险准备	未分配利润	外币报表折算差额			
一、上年年末余额	250 000.00	10 297.71	52 229.26	21 754.75	50 000.00	147 313.40	60.09	531 655.21	52 400.20	584 055.41	250 000.00	10 297.11	44 540.90	17 357.90	49 333.86	114 886.07	119.82	486 535.66	47 256.06	533 791.72
加：会计政策变更																				
前期差错更正																				
二、本年年初余额	250 000.00	10 297.71	52 229.26	21 754.75	50 000.00	147 313.40	60.09	531 655.21	52 400.20	584 055.41	250 000.00	10 297.11	44 540.90	17 357.90	49 333.86	114 886.07	119.82	486 535.66	47 256.06	533 791.72
三、本年增减变动金额（减少以"－"号填列）		-1 985.31	22 507.38	4 437.17		8 454.90	-70.82	33 343.32	752.29	34 095.61		0.60	7 688.36	4 396.85	666.14	32 427.33	-59.73	45 119.55	5 144.14	50 263.69
（一）净利润						73 115.63		73 115.63	13 150.18	86 265.81						82 678.68		82 678.68	16 612.84	99 291.52
（二）直接计入所有者权益的利得和损失		-1 761.52					-10.73	-1 772.25	-10.31	-1 782.56		-223.19					-11.80	-234.99	-7.87	-242.86
1. 可供出售金融资产公允价值变动净额		-2 348.70						-2 348.70		-2 348.70		-297.58						-297.58		-297.58
2. 权益法下被投资单位其他所有者权益变动的影响																				
3. 与计入所有者权益项目相关的所得税影响		587.18						587.18		587.18		74.39						74.39		74.39
4. 其他							-10.73	-10.73	-10.31	-21.04							-11.80	-11.80	-7.87	-19.67
上述（一）和（二）小计		-1 761.52				73 115.63	-10.73	71 343.38	13 139.87	84 483.25		-223.19				82 678.68	-11.80	82 443.69	16 604.97	99 048.66
（三）所有者投入和减少资本							-60.09	-60.09		-60.09		223.79					-47.93	175.86	54.17	230.03
1. 所有者投入资本																	-47.93	-47.93	54.17	6.24
2. 股份支付计入所有者权益的金额																				
3. 其他							-60.09	-60.09		-60.09		223.79						223.79		223.79
（四）利润分配		-223.79	22 507.38	4 437.17		-64 660.73		-37 939.97	-12 387.58	-50 327.55			7 688.36	4 396.85	666.14	-50 251.35		-37 500.00	-11 515.00	-49 015.00
1. 提取盈余公积/交易风险准备/一般风险准备			22 507.38	4 437.17		-26 944.55							7 688.36	4 396.85	666.14	-12 751.35				
2. 对所有者（或股东）的分配						-37 500.00		-37 500.00	-11 996.60	-49 496.60						-37 500.00		-37 500.00	-11 515.00	-49 015.00
3. 其他		-223.79				-216.18		-439.97	-390.98	-830.95										
（五）所有者权益内部结转																				
1. 资本公积转增资本（或股本）																				
2. 盈余公积转增资本（或股本）																				
3. 盈余公积弥补亏损																				
4. 其他																				
四、本年年末余额	250 000.00	8 312.40	74 736.64	26 191.92	50 000.00	155 768.30	-10.73	564 998.53	53 152.49	618 151.02	250 000.00	10 297.71	52 229.26	21 754.75	50 000.00	147 313.40	60.09	531 655.21	52 400.20	584 055.41

法定代表人：潘卫东　　主管会计工作负责人：陈　兵　　会计机构负责人：朱　红

所有者权益变动表（续表）

编制单位：上海国际信托有限公司（母公司）　　2011 年度　　单位：万元

项目	本年金额								上年金额							
	实收资本	资本公积	盈余公积	一般风险准备	信托赔偿准备	未分配利润	外币报表折算差额	所有者权益合计	实收资本	资本公积	盈余公积	一般风险准备	信托赔偿准备金	未分配利润	外币报表折算差额	所有者权益合计
一、上年年末余额	250 000. 00	10 073. 92	52 229. 26	2 783. 70	50 000. 00	125 776. 76		490 863. 64	250 000. 00	10 297. 11	44 540. 90	2 783. 70	49 333. 86	94 747. 68		451 703. 25
加：会计政策变更																
前期差错更正																
二、本年年初余额	250 000. 00	10 073. 92	52 229. 26	2 783. 70	50 000. 00	125 776. 76		490 863. 64	250 000. 00	10 297. 11	44 540. 90	2 783. 70	49 333. 86	94 747. 68		451 703. 25
三、本年增减变动金额（减少以“－”号填列）		−1 761. 53	22 507. 38			11 299. 28		32 045. 14		−223. 19	7 688. 36		666. 14	31 029. 08		39 160. 39
（一）净利润						71 306. 66		71 306. 66						76 883. 58		76 883. 58
（二）直接计入所有者权益的利得和损失		−1 761. 53						−1 761. 53		−223. 19						−223. 19
1. 可供出售金融资产公允价值变动净额		−2 348. 70						−2 348. 70		−297. 58						−297. 58
2. 权益法下被投资单位其他所有者权益变动的影响																
3. 与计入所有者权益项目相关的所得税影响		587. 17						587. 17		74. 39						74. 39
4. 其他																
上述（一）和（二）小计		−1 761. 53				71 306. 66		69 545. 14		−223. 19				76 883. 58		76 660. 38
（三）所有者投入和减少资本																
1. 所有者投入资本																
2. 股份支付计入所有者权益的金额																
3. 其他																
（四）利润分配			22 507. 38			−60 007. 38		−37 500. 00			7 688. 36		666. 14	−45 854. 50		−37 500. 00
1. 提取盈余公积/交易风险准备/一般风险准备			22 507. 38			−22 507. 38					7 688. 36		666. 14	−8 354. 50		
2. 对所有者（或股东）的分配						−37 500. 00		−37 500. 00						−37 500. 00		−37 500. 00
3. 其他																
（五）所有者权益内部结转																
1. 资本公积转增资本（或股本）																
2. 盈余公积转增资本（或股本）																
3. 盈余公积弥补亏损																
4. 其他																
四、本年年末余额	250 000. 00	8 312. 39	74 736. 64	2 783. 70	50 000. 00	137 076. 05		522 908. 78	250 000. 00	10 073. 92	52 229. 26	2 783. 70	50 000. 00	125 776. 76		490 863. 64

法定代表人：潘卫东　　主管会计工作负责人：陈　兵　　会计机构负责人：朱　红

5.2 信托资产

5.2.1 信托项目资产负债汇总表

信托项目资产负债汇总表

编制单位：上海国际信托有限公司　　2011年12月31日　　单位：万元

信托资产	期末余额	年初余额	信托负债和信托权益	期末余额	年初余额
信托资产：			信托负债：		
货币资金	977 016.46	293 797.79	交易性金融负债	0.00	0.00
拆出资金	0.00	0.00	衍生金融负债	0.00	0.00
存出保证金	2 416.74	261.48	应付受托人报酬	1 341.82	1 275.27
交易性金融资产	2 140 670.90	1 094 451.84	应付托管费	1 399.93	1 520.80
衍生金融资产	2 984.81	351.76	应付受益人收益	24 387.97	7 199.87
买入返售金融资产	170 562.91	41 400.84	应交税费	0.00	0.00
应收款项	192 141.70	38 951.08	应付销售服务费	0.00	15.06
发放贷款	2 329 244.33	2 345 578.95	其他应付款	86 622.54	19 548.21
可供出售金融资产	1 503 245.52	1 295 584.07	预计负债	0.00	0.00
持有至到期投资	97 000.00	177 000.00	其他负债	0.93	0.00
长期应收款	0.00	0.00	信托负债合计	113 753.19	29 559.21
长期股权投资	316 085.75	179 575.00	信托权益：		
投资性房地产	0.00	0.00	实收信托	7 527 542.76	5 273 364.35
固定资产	0.00	0.00	资本公积	128 897.79	129 559.87
无形资产	0.00	0.00	未分配利润	-35 780.89	34 469.38
长期待摊费用	0.00	0.00	外币报表折算差额	0.00	0.00
其他资产	3 043.73	0.00	信托权益合计	7 620 659.66	5 437 393.60
信托资产总计	7 734 412.85	5 466 952.81	信托负债及信托权益总计	7 734 412.85	5 466 952.81

企业负责人：潘卫东　　复核：董咏梅　　制表：陈敬娴

5.2.2 信托项目利润和利润分配汇总表

信托项目利润和利润分配汇总表

2011年度

编制单位：上海国际信托有限公司　　单位：万元

项　目	本年金额	上年金额
1. 营业收入	290 576.19	415 507.16
1.1 利息收入	271 391.97	201 548.30
1.2 投资收益	90 984.35	206 814.12
其中：对联营企业和合营企业的投资收益	0.00	0.00
1.3 公允价值变动收益	-70 679.82	7 226.17
1.4 租赁收入	0.00	0.00
1.5 汇兑损益	-232.32	-63.72
1.6 其他收入	-887.99	-17.71
2. 支出	77 916.29	71 104.74
2.1 营业税金及附加	0.00	0.00
2.2 受托人报酬	43 292.33	28 714.11
2.3 托管费	8 288.86	6 805.82
2.4 投资管理费	7 978.86	7 493.24
2.5 销售服务费	2 434.98	1 476.57
2.6 交易费用	4 849.11	6 226.24
2.7 资产减值损失	0.00	0.00
2.8 其他费用	11 072.15	20 388.76
3. 信托净利润	212 659.90	344 402.42
4. 其他综合收益	-12 515.94	117 077.66
5. 综合收益	200 143.96	461 480.08
6. 加：期初未分配信托利润	34 469.38	32 878.14
7. 可供分配的信托利润	263 963.27	376 856.04
8. 减：本期已分配信托利润	299 744.16	342 386.66
9. 期末未分配信托利润	-35 780.89	34 469.38

企业负责人：潘卫东　　复核：董咏梅　　制表：陈敬娴

6. 会计报表附注

6.1 报告年度会计报表编制基准、会计政策、会计估计和核算方法发生的变化

本公司2010年度会计报表编制基准、会计政策、会计估计和核算方法与上年度保持一致，未发生变化。

6.2 或有事项说明

报告期内，本公司未发生对外担保及其他或有事项。

6.3 重要资产转让及其出售的说明

报告期内，本公司未发生重要资产转让及出售情况。

6.4 会计报表中重要项目的明细资料

6.4.1 披露自营资产经营情况

6.4.1.1 按信用风险五级分类结果披露信用风险资产的期初数、期末数

信用风险资产五级分类	正常类（万元）	关注类（万元）	次级类（万元）	可疑类（万元）	损失类（万元）	信用风险资产合计（万元）	不良资产合计（万元）	不良资产率（%）
期初数	2 829.38	339.86	—	—	—	3 169.24	—	—
期末数	3 338.27	67.57	—	—	—	3 405.84	—	—

注：不良资产合计=次级类+可疑类+损失类。

6.4.1.2 各项资产减值损失准备的期初数、本期计提、本期转回、本期核销、期末数

单位：万元

	期初数	本期计提	本期转回	本期核销	期末数
贷款损失准备	—	—	—	—	—
一般准备	—	—	—	—	—
专项准备	—	—	—	—	—
其他资产减值准备	486.77		5.45	—	481.32
可供出售金融资产减值准备	—			—	
持有至到期投资减值准备	—			—	
长期股权投资减值准备	53.60			—	53.60
坏账准备	6.80		5.45	—	1.35
投资性房地产减值准备	—			—	
抵债资产减值准备	426.37			—	426.37

6.4.1.3 按照投资品种分类，分别披露固有业务股票投资、基金投资、债券投资、股权投资等投资业务的期初数、期末数

单位：万元

	自营股票	基金	债券	长期股权投资	其他投资	合计
期初数	31 169.14	47 071.01	15 134.60	234 844.49	91 637.75	419 856.99
期末数	37 297.99	47 843.80	22 737.50	242 284.49	148 023.22	498 187.00

6.4.1.4 按投资入股金额排序，前三名的自营长期股权投资的企业名称、占被投资企业权益的比例、主要经营活动及投资收益情况等

企业名称	占被投资企业权益的比例(%)	主要经营活动	投资损益(万元)
1. 上海证券有限责任公司	33.33	证券经纪、证券投资咨询、证券自营等。	—
2. 上海浦东发展银行股份有限公司	5.23	吸收公众存款、发放贷款、办理结算等。	12 011.37
3. 香港申联投资发展有限公司	16.50	投资管理等。	4 903.31

6.4.1.5 前三名的自营贷款的企业名称、占贷款总额的比例和还款情况等

报告期末，本公司无自营贷款。

6.4.1.6 表外业务的期初数、期末数；按照代理业务、担保业务和其他类型表外业务分别披露

单位：万元

表外业务	期初数	期末数
担保业务	—	—
代理业务(委托业务)	175 714.42	158 864.42
其他	1 330.00	1 330.00
合计	177 044.42	160 194.42

6.4.1.7 公司当年的收入结构

合并口径

收入结构	金额(万元)	占比(%)
手续费及佣金收入	133 474.06	72.28
其中：信托手续费收入	45 903.14	24.86
投资银行业务收入	—	—
利息收入	8 514.36	4.61
其他业务收入	12 723.21	6.89
其中：计入信托业务收入部分	—	—
投资收益	23 563.12	12.76
其中：股权投资收益	23 802.09	12.89
证券投资收益	-238.97	-0.13
其他投资收益	—	—
公允价值变动收益	-2 427.52	-1.31
营业外收入	8 807.68	4.77
收入合计	184 654.91	100.00

母公司口径

收入结构	金额(万元)	占比(%)
手续费及佣金收入	45 957.92	45.18
其中：信托手续费收入	45 903.14	45.12
投资银行业务收入	—	—
利息收入	2 860.12	2.81
其他业务收入	10 806.20	10.62
其中：计入信托业务收入部分	—	—
投资收益	36 186.52	35.57
其中：股权投资收益	36 425.49	35.81
证券投资收益	-238.97	-0.23
其他投资收益	—	—
公允价值变动收益	-2 427.52	-2.38
营业外收入	8 343.78	8.20
收入合计	101 727.02	100.00

其他业务收入主要包括已收回核销资产本金。营业外收入主要包括债权处置收入。

2011年度以手续费及佣金确认的信托业务收入金额为43 746.16万元，以业绩报酬形式确认的信托业务收入金额为1 956.98万元，以其他形式确认的信托业务收入金额为200万元。

6.4.2 披露信托财产管理情况

6.4.2.1 信托资产的期初数、期末数

单位：万元

信托资产	期初数	期末数
集合	1 531 649.28	2 284 129.05
单一	3 935 303.53	5 429 050.80
财产权	0.00	21 233.00
合计	5 466 952.81	7 734 412.85

6.4.2.1.1 主动管理型信托业务的信托资产期初数、期末数

单位：万元

主动管理型信托资产	期初数	期末数
证券投资类	533 578.98	619 235.74
股权投资类	193 750.92	185 441.72
融资类	1 319 630.86	1 661 030.19
事务管理类	0.00	34 588.60
合计	2 194 681.95	2 559 243.65

6.4.2.1.2 被动管理型信托业务的信托资产期初数、期末数

单位：万元

被动管理型信托资产	期初数	期末数
证券投资类	2 078 002.90	3 356 885.72
股权投资类	0.00	0.00
融资类	1 194 267.95	1 798 720.86
事务管理类	0.00	759.17
合计	3 272 270.86	5 175 169.20

6.4.2.2 本年度已清算结束的信托项目表

6.4.2.2.1 本年度已清算结束的信托项目

已清算结束信托项目	项目个数	实收信托合计金额(万元)	加权平均实际年化收益率(%)
集合资金类	63	816 590.16	5.71
单一资金类	52	1 620 863.36	4.66
财产管理类	2	13 813.00	176.88

注：加权平均实际年化收益率=(信托项目1的实际年化收益率×信托项目1的实收信托+…+信托项目n的实际年化收益率×信托项目n的实收信托)/(信托项目1的实收信托+…+信托项目n的实收信托)×100%。

6.4.2.2.2 本年度已清算结束的主动管理型信托项目

已清算结束信托项目	项目个数	实收信托合计金额(万元)	加权平均实际年化信托报酬率(%)	加权平均实际年化收益率(%)
证券投资类	32	261 840.77	1.24	4.02
股权投资类	9	105 220.78	0.91	11.70
融资类	32	566 345.10	1.31	6.23
事务管理类	3	19 063.00	1.48	24.52

注：加权平均实际年化收益率=(信托项目1的实际年化收益率×信托项目1的实收信托+…+信托项目n的实际年化收益率×信托项目n的实收信托)/(信托项目1的实收信托+…+信托项目n的实收信托)×100%。

6.4.2.2.3 本年度已清算结束的被动管理型信托项目

已清算结束信托项目	项目个数	实收信托合计金额(万元)	加权平均实际年化信托报酬率(%)	加权平均实际年化收益率(%)
证券投资类	1	177 499.50	0.11	2.96
股权投资类	0	0.00	—	—
融资类	38	1 320 729.58	0.15	4.76
事务管理类	0	0.00	—	—

注：加权平均实际年化收益率=(信托项目1的实际年化收益率×信托项目1的实收信托+…+信托项目n的实际年化收益率×信托项目n的实收信托)/(信托项目1的实收信托+…+信托项目n的实收信托)×100%。

6.4.2.3 本年度新增的信托项目

新增信托项目	项目个数	实收信托合计金额(万元)
集合类	115	1 677 931.46
单一类	75	2 201 621.83
财产管理类	5	34 146.00
新增合计	195	3 913 699.29
其中：主动管理型	128	1 897 375.77
被动管理型	67	2 016 323.52

注：本年新增信托项目指在本报告年度内累计新增的信托项目个数和金额，包含本年度新增并于本年度内结束的项目和本年度新增至报告期末仍在持续管理的信托项目。

6.4.2.4 信托业务创新成果和特色业务有关情况

上海信托继续加大创新力度，优化升级产品系列，加大特色业务开发力度：在证券领域，积极应对市场变化，不断加强主动管理能力的培育，对跨市场配置的“红宝石”系列产品陆续调整子信托的配置比例和配置组合。在股权领域，通过对现有各类债务融资类信托产品进行标准化、规范化的设计，推出信券系列股票联动债产品。在房地产领域，坚决规避风险聚集的区域、企业和项目，联合优质客户着力开发房地产投资基金。在银信合作领域，继续深化银信合作业务模式，拓展资金池业务新的增长点，相继开发了“稳利”、“安利”、“增利”等系列产品，为高净值客户提供了丰富的现金管理服务手段。在货币市场方面，拥有强大投研能力支撑的“现金丰利”扩张速度不断加快，通过灵活配置和积极管理，取得的年化收益率远高于市场基准收益，体现出公司较好的主动管理能力。在QDII业务方面，继续扩大行业领先优势，不断加强产品研发力度，极大地丰富了高端投资者的资产配置工具。在另类投资领域，推出“香花石”系列中国新绘画艺术品投资集合信托计划，该产品定位于投资型，既借鉴金融产品的优先劣后结构化模式，又充分考虑艺术品市场的投资规律，在业内处于业务创新的前沿阵地。公司继续拓展并不断完善已有的产品系列，包括“红宝石”、“紫晶石”、“钻石”、“碧玺”等系列产品，进一步提升了行业竞争力和影响力。

6.4.2.5 本公司履行受托人义务情况

公司严格按照《信托法》、《信托公司管理办法》、《信托公司集合资金信托计划管理办法》及信托文件等规定，履行诚实、信用、谨慎、有效管理的义务，为受益人的最大利益处理信托事务。

根据银监会的要求，每个信托产品发行前均有一整套的产品相关信息备忘录等资料置于受托人营业场所，以备委托人(受益人)查阅。

委托人在认购信托计划前，提示投资者认真阅读信托计划说明书和其他信托文件。同时，严格审核委托人为合格投资者，并以自己合法所有的资金认购信托单位。

公司将信托财产与其固有财产分别管理、分别记账。同时，对不同的信托资金建立单独的会计账户分别核算，并在银行分别开设单独的银行账户，在证券交易机构分别开设独立的证券账户与资金账户。

根据信托文件的规定，及时履行定期信托计划的信息披露义务。每个信托计划设立后5个工作日内，就信托合同数与信托资金总额向委托人(受益人)进行披露。并按照信托合同的规定，定期将信托资金运用及收益情况以书面信函告知信托文

件规定的人。

信托合同终止时，根据信托合同的规定，以信托财产为限向受益人支付信托利益。同时，公司严格根据银监会的要求，在信托终止后十个工作日内作出处理信托事务的清算报告，经审计后送达信托财产归属人。

根据《信托法》要求，妥善保管处理信托事务的完整记录、原始凭证及资料，保存期自信托计划终止之日起十五年。同时对委托人、受益人以及处理信托事务的情况和资料依法保密。

报告期内，公司管理的信托项目运作正常，到期信托产品合同金额为245.13亿元，全部安全交付受益人，未出现因本公司自身责任而导致的信托资产损失情况。

6.5 关联方关系及其交易的披露

6.5.1 关联交易方的数量、关联交易的总金额及关联交易的定价政策等

	关联交易方数量	关联交易金额（万元）	定价政策
合计	8	486 529.08	按市场价格交易；若无市场价格，则按公允原则，以不优于对非关联方同类交易的条件定价交易。

6.5.2 关联交易方与本公司的关系性质、关联交易方的名称、法定代表人、注册地址、注册资本及主营业务等

关系性质	关联方名称	法定代表人	注册地址	注册资本（万元）	主营业务
母公司	上海国际集团有限公司	吉晓辉	威海路511号	1 055 884.00	开展以金融为主、非金融为辅的投资、资本运作与资产管理业务，金融研究，社会经济咨询（上述经营范围涉及许可经营的凭许可证经营）。
联营企业	上海浦东发展银行股份有限公司	吉晓辉	中山东一路12号	1 865 347.14	吸收公众存款、发放贷款、办理结算等。
受同一母公司控制	上海证券有限责任公司	郁忠民	西藏中路336号	261 000.00	证券经纪；证券投资咨询；证券自营等。
受同一母公司控制	上海国际集团资产管理有限公司	张行	浦东南路360号	150 000.00	投资管理。
受同一母公司控制	上海国际集团香港有限公司	邵亚良	香港湾仔港湾道1号会展中心办公楼1807室	111 99.55	进出口贸易、服务贸易、招商引资、投资咨询服务等。
受同一最终控制方控制	上海绅士商城有限公司	陈文钊	威海路511号	19 500.00	物业租赁及管理。
受同一母公司控制	上海国际集团资产经营有限公司	寿伟光	上海市华佗路275弄1幢1号103A室	500 000.00	实业投资、资本运作、资产收购、包装和出让、企业和资产托管、债务重组等咨询服务，与资产经营，资本运作业务相关的担保。
联营企业	华安基金管理有限公司	朱仲群	上海市浦东新区世纪大道8号上海国金中心二期31层	15 000.00	基金管理。

6.5.3 逐笔披露本公司与关联方的重大交易事项

6.5.3.1 固有与关联方交易情况：贷款、投资、租赁、应收账款担保、其他方式等期初汇总数、本期借方和贷方发生额汇总数、期末汇总数

单位：万元

固有与关联方关联交易				
	期初数	借方发生额	贷方发生额	期末数
贷款	—	—	—	—
投资	4 400.00		2 963.95	1 436.05
租赁	—			
担保	—			
应收账款	—			
其他	272.29		3 831.07	3 558.78
合计	4 672.29		6 795.02	4 994.83

6.5.3.2 信托与关联方交易情况：贷款、投资、租赁、应收账款、担保、其他方式等期初汇总数、本期借方和贷方发生额汇总数、期末汇总数

单位：万元

信托与关联方关联交易				
	期初数	借方发生额	贷方发生额	期末数
贷款	20 000.00	20 000.00	30 000.00	10 000.00
投资	—			
租赁	—			
担保	—			
应收账款	—			
其他	—			
合计	20 000.00	20 000.00	30 000.00	10 000.00

6.5.3.3 本公司自有资金运用于自己管理的信托项目（固信交易）、本公司管理的信托项目之间的相互（信信交易）交易金额，包括余额和本报告年度的发生额

6.5.3.3.1 固有与信托财产之间的交易金额期初汇总数、本期发生额汇总数、期末汇总数

单位：万元

固有财产与信托财产相互交易			
	期初数	本期发生额	期末数
合计	90 888.00	251 103.69	137 408.33

6.5.3.3.2 信托项目之间的交易金额期初汇总数、本期发生额汇总数、期末汇总数

单位：万元

信托资产与信托财产相互交易			
	期初数	本期发生额	期末数
合计	132 206.19	178 630.37	120 554.14

6.5.3.4 信托计划持有的重要股权及相关交易

单位：万元

信托计划持有的重要股权的相互交易			
	期初数	本期发生额	期末数
合计	5 000.00		5 000.00

6.5.4 逐笔披露关联方逾期未偿还本公司资金的详细情况以及本公司为关联方担保发生或即将发生垫款的详细情况

本公司无关联方逾期未偿还本公司资金的情况以及为关联方担保发生或即将发生垫款的情况。

6.6 会计制度的披露

公司固有业务2008年1月1日起执行财政部2006年颁布的《企业会计准则》。

信托业务2010年1月1日起执行财政部2006年颁布的《企业会计准则》。

7. 财务情况说明书

7.1 利润实现和分配情况

7.1.1 母公司利润实现和分配情况

本报告期母公司实现利润总额82 242.75万元，企业所得税费用10 936.09万元，实现净利润71 306.66万元。

报告期内，根据2011年第一次股东会审议通过的2010年度利润分配方案，对2010年度可供分配利润进行了分配，向股东派发现金股利37 500万元。

依据《公司法》和《信托公司管理办法》的规定，2011年度利润分配如下：

（1）提取10%的法定盈余公积金7 130.67万元。

（2）根据公司第五届董事会第四次会议审议通过的2011年度利润分配预案，拟提取20%任意盈余公积金14 261.33万元。

上述各项提取之后，剩余部分49 914.66万元，加年初未分配利润72 900.05万元，可供分配的利润122 814.71万元。

根据公司第五届董事会第四次会议审议通过的2011年度利润分配预案，拟向全体股东派发现金股利37 500万元，未分配利润85 314.71万元留存以后年度进行分配。

7.1.2 合并报表利润实现和分配情况

本报告期合并报表实现利润总额106 817.26万元，企业所得税费用20 551.45万元，实现净利润86 265.81万元，其中归属于母公司所有者的净利润73 115.63万元，少数股东损益13 150.18万元。

依据《公司法》和《信托公司管理办法》的规定，母公司、上投摩根基金管理有限公司及上海国利货币经纪有限公司的2011年度合并报表利润分配如下：

（1）根据母公司净利润提取10%的法定盈余公积7 130.67万元。

（2）根据上投摩根基金管理有限公司证券投资基金管理费收入提取10%的一般风险准备以及上海国利货币经纪有限公司提取一般风险准备按母公司投资比例确认的一般风险准备4 437.17万元。

根据母公司第五届董事会第四次会议审议通过的2011年度利润分配预案，拟提取20%任意盈余公积金14 261.33万元。

上述各项提取之后，剩余部分47 286.46万元，加年初未分配利润94 220.51万元，可供分配的利润141 506.97万元。

7.2 主要财务指标

合并口径

指标名称	指标值
资本利润率（%）	13.33
加权年化信托报酬率（%）	0.65
人均净利润（万元/人）	445.83

母公司口径

指标名称	指标值
资本利润率（%）	14.07
加权年化信托报酬率（%）	0.65
人均净利润（万元/人）	434.80

注：1. 资本利润率=净利润/所有者权益平均余额×100%。

2. 加权年化信托报酬率=（信托项目1的实际年化信托报酬率×信托项目1的实收信托+信托项目2的实际年化信托报酬率×信托项目2的实收信托+…信托项目n的实际年化信托报酬率×信托项目n的实收信托）/（信托项目1的实收信托+信托项目2的实收信托+…信托项目n的实收信托）×100%。

3. 人均净利润=净利润/年平均人数。

4. 平均值采取年初、年末余额简单平均法，公式为：a（平均）=（年初数+年末数）/2。

7.3 对本公司财务状况、经营成果有重大影响的其他事项

报告期内，本公司没有发生对财务状况、经营成果有重大影响的其他事项。

8. 特别事项揭示

8.1 前五名股东报告期内变动情况及原因

报告期内，公司前五名股东未发生变动。

8.2 董事、监事及高级管理人员变动情况及原因

上海国际信托有限公司于2011年9月15日召开了2011年第二次股东会议，审议通过了选举公司第五届董事会、监事会的决议。会议选举潘卫东先生、傅帆先生、张建伟先生、周燕飞女士、张广生先生、周卫中先生、陆敏先生为第五届董事会董事，选举万晓枫先生、李宪明先生、陈世敏先生为第五届董事会独立董事，选举祝幼一先生、马名驹先生为第五届监事会监事。

另根据公司章程规定，经公司第三届第七次职工代表大会审议通过，选举庄维苏女士为第五届董事会职工董事，张汉先生为第五届监事会职工监事。其中陈世敏先生于2011年11月，经上海银监局核准正式任职。

上海国际信托有限公司于2011年9月15日召开了第五届董事会第一次会议、第五届监事会第一次会议，选举潘卫东先生为第五届董事会董事长，傅帆先生为副董事长，祝幼一先生为第五届监事会监事长。本届董、监事会任期至2014年9月14日止。

上海国际信托有限公司于2011年9月15日召开了第五届董事会第二次会议，续聘傅帆先生任公司总经理。随后召开了第五届董事会第三次会议，根据总经理提名，续聘林彬先生、刘响东先生、陈兵先生任公司副总经理。根据董事会议事规则相关规定，续聘陈兵先生任公司董事会秘书。本届经营班子任期至2014年9月14日止。

8.3 变更注册资本、变更注册地或公司名称、公司分立合并事项

报告期内，公司注册资本、注册地和公司名称未发生变更，未发生分立合并事项。

8.4 公司重大诉讼事项

无。

8.5 公司及其董事、监事和高级管理人员受到处罚的情况

报告期内，公司及其董事、监事和高级管理人员未发生受到处罚的情况。

8.6 银监会检查意见的整改情况

2011年6月上海银监局根据银监会的统一安排对本公司银信、信政合作业务进行了现场检查，并出具了《关于上海国际信托有限公司信政合作和银信合作业务现场检查的意见》。公司根据监管部门的意见，从以下几个方面进行了整改：一是完善公司银信合作业务尽职调查制度，制定了《银信合作类信托贷款贷前尽职调查指引》，明确尽职调查的职责分工，对尽职调查的方式和内容进行了严格和详细的规定，要求业务部门通过资料收集、实地考察和管理人员访谈等方式，全面评估交易对手的信用风险以及产品结构的合法合规性，从而进一步提高自主管理能力，有效识别并充分揭示银信合作类信托贷款的潜在风险。二是进一步完善银信合作类信托贷款业务的风控制度，颁布了《信托贷款贷后运营管理操作指引（试行）》等相关制度，要求各业务部门督促银行及借款人及时提供贷后管理所需的资料，并按时形成贷后管理报告，以规范公司的贷后管理工作。另外公司通过定期和不定期的风险排查，及时发现和防范风险。三是重视项目第一还款来源的可靠性和稳定性，根据市场和监管政策变化，注重项目不同阶段可能出现的各类问题，并严格按监管部门对银信合作业务的监管比例要求进行管理。

8.7 本年度公司重大事项临时事项披露内容

无。

9. 公司监事会意见

关于公司依法运作情况的意见。报告期内，公司的决策程序符合国家法律、法规和公司章程及相关制度，建立健全了比较有效的内控制度，董事会全体成员及董事会聘任的高级管理人员认真履行了职责，未发现有违法、违规、违章的行为，也没有损害公司利益、股东利益和委托人利益的行为。

关于公司财务报告真实性的意见。报告期内，公司财务报告真实反映了公司财务状况和经营成果。

本年度报告的编制和审议程序符合国家法律、法规和公司章程，报告的内容和格式符合中国银监会的规定。

四川信托有限公司

1. 重要提示

1.1 本公司董事会及董事保证本报告所载资料不存在任何虚假记载、误导性陈述或者重大遗漏，并对其内容的真实性、准确性和完整性承担个别及连带责任。

1.2 公司独立董事夏斌、伍小泉、熊敬英声明：保证本报告的内容真实、准确、完整。

1.3 京都天华会计师事务所有限公司对本公司出具了标准无保留意见的审计报告。

1.4 公司董事长刘沧龙先生、总裁陈军先生、财务总监吕明昭女士、会计机构负责人钟君涛女士声明：保证本年度财务报告的真实、完整。

2. 公司概况

2.1 公司简介

四川信托有限公司（以下简称本公司或公司）是在四川省委、省政府和监管部门的支持下历经十一年整顿重组，在保留和兴证券股权、华西证券股权及川信大厦等优质资产的基础上，引入四川宏达集团、中海信托等战略投资者而设立的信托公司。公司经中国银监会批准，经四川省工商行政管理局正式登记注册，于2010年11月28日正式成立。公司注册资本为13亿元人民币。

2.1.1 公司法定中文名称：四川信托有限公司
公司法定英文名称：Sichuan Trust Co., Ltd.（SCTC）

2.1.2 公司法定代表人：刘沧龙

2.1.3 公司注册地址：成都市锦江区人民南路2段18号川信红照壁大厦
邮政编码：610016
公司国际互联网址：http://www.schtrust.com
电子信箱：schtrust@schtrust.com

2.1.4 信息披露事务负责人：陈洪亮
信息披露事务联系人：胡杨帆
电话：028－86200639
传真：028－86200678
电子邮箱：huyangfan@schtrust.com

2.1.5 公司选定的信息披露报纸：《金融时报》
公司年度报告将备置在公司营业场所及网站供查询。

2.1.6 公司聘请的会计师事务所名称：京都天华会计师事务所有限公司
联系地址：北京市朝阳区建国门外大街22号赛特广场五层
公司常年法律顾问：泰和泰律师事务所
联系地址：成都市鼓楼南街117号世界贸易中心A座25楼、27楼

2.2 组织结构

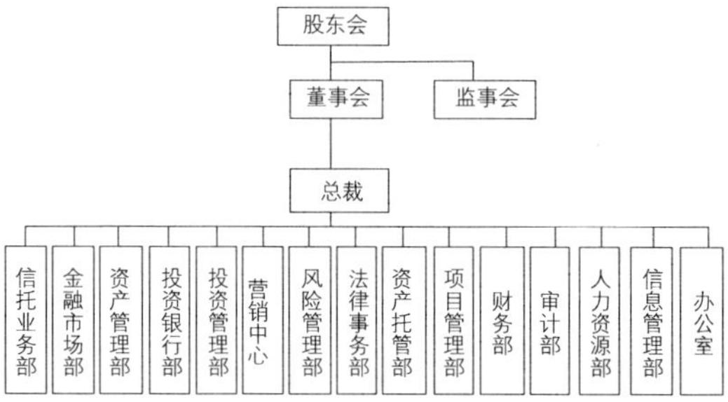

3. 公司治理结构

3.1 股东

报告期末公司股东总数为10个，持有本公司10%以上（含10%）股份（或出资比例）的股东分别为四川宏达（集团）有限公司、中海信托股份有限公司、四川宏达股份有限公司。

股东名称	持股比例（%）	法人代表	注册资本（万元）	注册地址	主要经营业务
四川宏达（集团）有限公司	34.7425	赵道全	5.425	四川省什邡市师古镇成林村	化工产品及原料销售及进出口，对旅游业、房地产业、采矿业、化工行业、贸易业等投资。
中海信托股份有限公司	30	陈浩鸣	25	上海市中山东二路15号7楼	信托投行业务、资产管理业务及事务性信托业务。
四川宏达股份有限公司	19	杨骞	10.32亿元	四川省什邡市师古镇	化肥、锌锭、饮食娱乐、生产本企业和本成员企业自产产品及相关技术的出口业务。

股东间关联关系情况：四川宏达（集团）有限公司与四川宏达股份有限公司的实际控制人同为刘沧龙先生。

3.2 董事、董事会

董事长、副董事长、董事

姓名	职务	性别	年龄	选任日期	所推举的股东名称	该股东持股比例(%)	简要履历
刘沧龙	董事长	男	57	2010年11月	四川宏达(集团)有限公司	34.7425	曾任四川省宏达联合化工总厂厂长、四川宏达化工股份有限公司董事长兼总经理;现任全国人大代表,中华全国工商联合会副主席,四川宏达(集团)有限公司董事局主席兼党委书记。
陈浩鸣	常务副董事长	男	46	2011年11月	中海信托股份有限公司	30	曾任中海石油投资控股有限公司总经理,中海信托股份有限公司副总裁,中海基金公司总经理;现任中海信托股份有限公司总裁。
向前友	专职副董事长	男	52	2011年11月	四川宏达股份有限公司	19	曾任中国银行自贡分行行长、党委书记,中国银行四川省分行公司业务处处长,中国银行德阳分行行长、党委书记。
朱开友	董事	男	58	2010年11月	汇源集团有限公司	3.8436	曾任成都市金牛区医药管理局及物资局局长、成都汇源光缆厂厂长;现任汇源集团有限公司董事长,西部汇源矿业有限公司董事长,成都新汇源医药有限公司董事长,四川省人大常委会常委,四川省工商联副主席等职务。

独立董事

姓名	所在单位及职务	性别	年龄	选任日期	所推举的股东名称	该股东持股比例(%)	简要履历
夏 斌	国务院发展研究中心金融研究所所长	男	60	2010年11月	中海信托股份有限公司	30	曾任中国人民银行总行处长、副所长,中国证监会部主任,深圳证券交易所总经理,中国人民银行总行司长。
伍小泉	重庆学苑律师事务所深圳分所合伙人	男	48	2010年11月	四川宏达(集团)有限公司	34.7425	曾任四川中业律师事务所合伙人,四川汇高律师事务所律师,四川中辰律师事务所证券律师,四川康维律师事务所证券律师,四川科信律师事务所证券律师,重庆学苑律师事务所证券律师。
熊敬英	达成铁路有限责任公司副总经理	女	47	2010年11月	成都铁路局	3.5691	曾任成都铁路局成都车务段助理经济师,成都铁路局财务处会计师、高级会计师、副科长、科长,成都铁路局国资办副主任、主任,成都铁路局财务处副处长。

3.3 监事、监事会

姓名	职务	性别	年龄	选任日期	所推举的股东名称	该股东持股比例(%)	简要履历
严俊波	监事会主席	男	54	2010年11月	四川濠吉食品(集团)有限责任公司	5	四川濠吉集团创始人,全国人大代表;现任四川濠吉食品(集团)有限责任公司董事长兼总经理,集团党委书记。
刘 好	监事	女	36	2010年11月	四川省投资集团有限责任公司	2.1421	四川省投资集团有限责任公司财务部副经理。
戴明丁	监事	男	64	2010年11月	公司职工	—	曾任部队训练处长、四川省财政厅科研所副所长、四川省信托投资公司总经办主任,现任公司办公室主任。

3.4 高级管理人员

报告期末,公司在职高级管理人员情况如下:

姓 名	职 务	性别	年龄	选任日期	金融从业年限	学历	专业	简要履历
陈 军	总裁	男	42	2010年11月	10	硕士	投资经济学	曾任中海信托有限责任公司信托业务总部总经理、中海信托股份有限公司营销总监、副总裁。
陈洪亮	常务副总裁	男	51	2011年10月	20	本科	法律	曾任中国银行遂宁分行行长,四川宏达集团有限公司副总裁、四川信托有限公司副董事长。
叶伟清	副总裁	男	51	2010年11月	21	本科	工商管理	曾任中国工商银行广东省肇庆市分行行长、党委书记,工行广东省分行投资银行部总经理,渤海银行总行机构发展部总经理。
刘景峰	副总裁	男	45	2011年4月	18	硕士	政治经济学	曾任中融国际信托投资有限公司投资银行部副总经理、中融国际信托投资有限公司北京业务部总经理、中融国际信托投资有限公司副总裁、中植集团有限公司总裁。
严 整	副总裁	男	43	2011年10月	11	博士	会计学	曾任四川证监局上市监管处副处长、法制工作处处长。
孔维文	首席风控官	男	48	2010年11月	27	本科	历史	曾任四川银监局办公室主任、达州银监分局局长。
吕明昭	财务总监	女	47	2011年11月	3	硕士	工商管理	曾供职于新华保险公司、中务会计师事务所,曾任四川宏达集团副总会计师。

3.5 公司员工

报告期末，公司职工人数为228人：

项目		报告期年度	
		人数	比例(%)
年龄分布	18~29岁	86	38
	30~39岁	76	33
	40岁以上	66	29
学历分布	博士	3	1
	硕士	67	29
	本科	104	46
	专科	31	14
	其他	23	10
岗位分布	董事、监事及其高管人员	8	4
	自营业务人员	5	2
	信托业务人员	99	43
	其他人员	116	51

4. 经营管理

4.1 经营目标、方针、战略规划

4.1.1 经营目标

努力把公司建设成为业务经营能力、资产管理水平、风险控制、创新能力、品牌声誉等综合实力国内领先的信托公司。

4.1.2 经营方针

秉承“风险第一、效益第二”的经营理念，坚持“立足四川、面向全国”的基本定位，在风险可控前提下审慎合规开展业务。

4.1.3 战略规划

全面实施管理体系改革，在信托业务开拓上，以主动管理的集合产品开发为主，积极开拓银信、信证的创新业务合作，为客户提供多元化的金融服务；在业务风险管理上，推行“全员参与、全程管理、动态监督”的风控文化，实行风险管理分段责任制；在人力资源建设上，完善市场化、差异化的薪酬福利和绩效考核体系。不断提升资产管理能力、风险控制能力和产品直销能力，打造具有鲜明特色的川信模式。

4.2 经营业务的主要内容

公司经营经中国银监会批准和公司登记机关核准的业务，主要包括资金信托、动产信托、不动产信托、其他财产或财产权信托；代保管及保管箱业务，以存放同业、拆放同业、贷款、租赁、投资方式运用固有财产、从事同业拆借等。

自营资产运用与分布表

资产运用	金额(万元)	占比(%)	资产分布	金额(万元)	占比(%)
货币资产	78 009.58	40.17	基础产业	—	—
应收款	6 254.24	3.22	房地产业	43 244.33	22.27
交易性金融资产	10 021.83	5.16	证券市场	10 021.83	5.16
固定资产	44 769.81	23.05	实业	512.2	0.26
长期股权投资	52 815.43	27.19	金融机构	52 303.23	26.93
其他	2 345.51	1.21	其他	88,134.81	45.38
资产总计	194 216.40	100	资产总计	194 216.40	100

注：除特别说明外，本报告中数据均以人民币计量；资产分布中“其他”项主要包括存放银行款项等。

信托资产运用与分布表

资产运用	金额(万元)	占比(%)	资产分布	金额(万元)	占比(%)
货币资产	51 753.45	0.73	基础产业	1 558 629.20	22.08
贷款	3 119 475.90	44.18	房地产业	1 199 882.00	16.99
交易性金融资产	—	—	证券市场	—	—
可供出售金融资产	3 010 607.48	42.64	实业	3 239 495.41	45.88
长期股权投资	511 585.56	7.25	金融机构	670 420.00	9.50
其他	367 072.38	5.20	其他	392 068.15	5.55
信托资产总计	7 060 494.76	100.00	信托资产总计	7 060 494.76	100.00

4.3 市场分析

4.3.1 有利因素

当前，我国经济仍处于快速发展时期，国家实施新一轮西部大开发战略，带来了较快的经济增速，为公司业务的发展提供了有力支持。随着居民财富的不断积累，理财需求将会进一步扩大，信托业将会迎来更好的发展机遇。同时，信托公司作为能够跨越货币市场、资本市场和实业投资市场的非银行金融机构，有着与生俱来的制度优势。在宏观调控背景下，贴近市场需求的不断创新，必将给信托公司带来更多的机遇。

4.3.2 不利因素

国家信托法律规章有待健全完善，社会信托文化有待培育，公司信托产品有待拓展。

4.4 内部控制

4.4.1 内部控制环境和内部控制文化

公司建立了由股东会、董事会、监事会和高级管理层组成的治理结构，形成了权力机构、决策机构、监督机构和经营层之间分工配合、相互协调、相互制衡的运行机制。公司“三会一层”均按照相关法律、法规及公司章程的规定，科学制定了《法人授权及内部分级授权管理制度》并严格实施、规范运作，为公司营造了良好的内部控制环境。

公司坚持“风险第一、效益第二”的原则，积极营造内部合规文化。根据宏观经济发展状况、监管政策要求及公司实际经营情况，逐步建立健全涵盖公司各管理环节的内部控制措施，促进了公司内控文化的建设。

4.4.2 内部控制措施

公司建立了自上而下的分级授权体系，形成了“全员参与、流程管理、立体监督”的动态风控体系，对项目风险进行事前防范与事中控制，发挥了风险防火墙的作用。公司建立了动态的制度管理体系，根据业务发展的需要，在原有90余个内部管理制度的基础上，新制定了《房地产信托业务指引》、《银信理财合作业务指引》等多项制度，进一步健全了公司内部控制体系。

公司建立了董事会领导下的内审制度，审计部对公司内部各部门开展了常规审计，形成了独立的审计报告并及时督促部门进行整改，通过事后的检查和监督进一步强化内部控制的力度。

公司注重信息化系统的建设。目前，软通动力业务管理系统、办公OA系统、资管和估值系统、银监局专网等已经上线使用，有效提高了公司管理效率和内部控制能力。

4.4.3 信息交流与反馈

公司制定了《信息披露管理办法》、《重大信息内部报告制

度》、《向董事会报告制度》等信息披露和报告管理制度,并有专门部门负责对外的信息收集、发布及媒体关系管理,确保信息交流过程中及时发现问题、解决问题。公司内部建立了顺畅的报告及通报制度,以公文、公告等形式,充分利用邮件、视频会议、电话会议等方式传递和获取信息。

4.4.4 监督评价与纠正

审计部为公司审计监督检查和评价的执行部门,负责监督各项内部控制制度的执行情况,收集与评价内部控制的反馈意见,对发现的内部控制缺陷,按照规定程序有针对性地建议公司或要求相关部门责任人予以纠正,并定期向董事会报告工作。

4.5 风险管理

4.5.1 风险管理概况

公司坚持认为,只有风险可控的发展才是健康的发展,只有与风险管理能力相匹配的业务增长才能可持续增长。公司建立了"以净资本管理为核心、以制度约束为保证、以 IT 建设为基础、以全程监控为手段、以中介机构为辅助"的全员风控体系,细化风险管理政策、制度,并将部门绩效考核与风险管理水平直接挂钩,使全体员工树立起风险防范意识。

4.5.2 风险状况

4.5.2.1 信用风险状况

信用风险是指交易对手未能履行合同所带来的经济损失风险,或者是其信用等级下降时给公司权益造成的不确定性。主要表现在资金使用人不能及时准确披露信息,未经允许擅自改变资金用途,或不能到期还本付息等对资产安全的影响。报告期末,公司未发生因信用风险所造成的损失。

4.5.2.2 市场风险状况

市场风险是指公司在业务经营中,不可避免地因市场价格的波动而产生的风险,主要表现为公司由于股票、利率及其他价格因素变动而造成固有财产或信托财产的风险以及对公司财务状况的影响。报告期内,公司未发生因市场风险所造成的损失。

4.5.2.3 操作风险状况

操作风险是指由于不完善或有问题的内部操作过程、人员、系统或外部事件而造成的直接或间接损失的风险。报告期内,公司未发生因操作风险造成的损失。

4.5.2.4 其他风险状况

其他风险主要为政策风险及法律风险。政策风险主要表现为宏观政策及监管政策的变动对公司经营环境和发展所造成的风险。法律风险是指外部法律环境发生变化,或由于公司自身违反有关法律法规、监管规定及合同约定等原因,可能造成企业经济损失或信誉损失的风险。报告期内,公司未发生因其他风险所造成的损失。

4.5.3 风险管理

4.5.3.1 信用风险管理

公司针对信用风险,在项目的前期运作中,组织专人进行项目尽职调查。在进行尽职调查的基础上,公司派出独立调查小组对项目进行排他性的独立核实调查。针对创新类信托项目,公司聘请律师事务所拟订或审核合同,并在合同中设立了违约金制度及担保制度,强化了交易对手履约的保障措施。同时,对项目进行跟踪管理,发现问题及时采取措施补救。

与此同时,采取信用增级,坚持抵押品确认原则,并选择具有代为清偿债务能力的法人、其他组织或者自然人;在办理贷款保证担保时,优先选择代为清偿债务能力强、信誉状况好的法人为保证人等。对保证人的资信状况和偿债能力及保证合同的履行情况定期进行检查,督促保证人按照保证合同的约定按期提交有关材料并履行各项义务。

4.5.3.2 市场风险管理

通过加强市场调查、市场研究、市场分析,尽量对股价、利率、汇率等市场要素有较全面、较准确的了解,尽量规避市场风险;而对于较复杂的特定市场且本公司不能有效了解和把握其风险的,一般采取谨慎原则、保守操作;同时,在业务拓展或产品推介时,除有关文件明示风险因素外,业务人员必须向投资者明确说明市场因素变化带来的可能影响。针对市场风险的不可控性,公司原则上采取理性、谨慎态度对待房地产、证券等敏感行业的信托业务。

4.5.3.3 操作风险管理

在财务管理、内部稽核、资金运作、账户管控、客户档案管理等方面,严格按信托法规及信托文件设定相应的管理岗位,坚持固有和信托业务的分离,设置专人专岗,明确管理职责及审批权限,并通过内部邮件系统、审批流程等标准化、系统化的管理方式,做到责任落实、跟踪有效,最大限度地控制内部管理方面的风险。公司定期要求各业务部门就本部门所管理的项目进行风险评估,并在项目的日常管理中对照合同逐一梳理,准确及时地做好项目的信息披露,就市场变化不定期地及时作出风险示警。

4.5.3.4 其他风险管理

公司十分关注宏观政策及监管政策的动向,对于对公司影响重大的政策变动都积极响应,及时调整内部制度和业务方向,力争与宏观政策和监管政策保持一致的步调。

法律风险往往带来相当严重的后果。为此,公司设立风险管理合规岗,并新设法律事务部,对公司的法律事务进行系统、全面的管理。此外,公司还聘请了常年法律顾问,对日常的法律问题进行专业咨询。

4.6 净资本风险控制指标

本公司报告期末的净资本风险控制指标情况

单位:万元

指标名称	期末数	监管标准
净资本	139 824.80	≥2 亿元
固有业务风险资本	11 671.90	—
信托业务风险资本	95 158.79	-
其他业务风险资本	0	-
各项业务风险资本之和	106 830.69	—
净资本/各项业务风险资本之和	131%	≥100%
净资本/净资产	86%	≥40%

5. 会计报表

5.1 自营资产

5.1.1 会计师事务所审计结论

审 计 报 告

京都天华审字(2012)第0554号

四川信托有限公司:

我们审计了后附的四川信托有限公司(以下简称四川信托

公司）财务报表，包括2011年12月31日的合并及公司资产负债表，2011年度的合并及公司利润表、合并及公司现金流量表、合并及公司所有者权益变动表以及财务报表附注。

一、管理层对财务报表的责任

编制和公允列报财务报表是四川信托公司管理层的责任，这种责任包括：（1）按照企业会计准则的规定编制财务报表，并使其实现公允反映；（2）设计、执行和维护必要的内部控制，以使财务报表不存在由于舞弊或错误导致的重大错报。

二、注册会计师的责任

我们的责任是在执行审计工作的基础上对财务报表发表审计意见。我们按照中国注册会计师审计准则的规定执行了审计工作。中国注册会计师审计准则要求我们遵守中国注册会计师职业道德守则，计划和执行审计工作以对财务报表是否不存在重大错报获取合理保证。

审计工作涉及实施审计程序，以获取有关财务报表金额和披露的审计证据。选择的审计程序取决于注册会计师的判断，包括对由于舞弊或错误导致的财务报表重大错报风险的评估。在进行风险评估时，注册会计师考虑与财务报表编制和公允列报相关的内部控制，以设计恰当的审计程序，但目的并非对内部控制的有效性发表意见。审计工作还包括评价管理层选用会计政策的恰当性和作出会计估计的合理性，以及评价财务报表的总体列报。

我们相信，我们获取的审计证据是充分、适当的，为发表审计意见提供了基础。

三、审计意见

我们认为，四川信托公司财务报表在所有重大方面按照企业会计准则的规定编制，公允反映了四川信托公司2011年12月31日的合并及公司财务状况以及2011年度的合并及公司经营成果和合并及公司现金流量。

京都天华　　　　　　　　　　中国注册会计师 刘惠楠
会计师事务所有限公司　　　　中国注册会计师 雷　鸿
中国·北京　　　　　　　　　二〇一二年二月二十三日

5.1.2 资产负债表

单位：万元

项　目	期末余额		期初余额	
	合并	母公司	合并	母公司
资产：				
现金及存放中央银行款项	14.09	12.91	28.73	18.72
存放同业款项	311 575.35	77 996.67	293 779.05	1 971.10
贵金属				
结算备付金	20 334.22		78 513.82	
拆出资金				
交易性金融资产	10 021.83	10 021.83	10 000.00	10 000.00
衍生金融资产				
买入返售金融资产				
应收账款	6 411.08	6 254.24	53.00	
预付款项	528.87	468.87	326.76	216.76
应收利息	339.50	38.20	56.88	
应收股利				
其他应收款	1 036.13	932.19	376.35	208.24
存出保证金	5 301.27		6 124.15	
发放贷款和垫款			20 000.00	20 000.00
可供出售金融资产				
持有至到期投资				
长期应收款				
长期股权投资	3 437.61	52 815.43	3 437.61	52 815.43
投资性房地产	1 968.54		2 282.07	
固定资产	66 873.81	44 769.81	68 993.04	45 464.10
其中：在建工程	470.71	293.05	1 091.64	425.48
无形资产	3 426.64	223.56	3 094.78	34.71
商誉	12 138.17		12 138.17	
递延所得税资产	1 316.67		1 411.15	
其他资产	1 726.10	682.69	938.82	255.17
资产总计	446 449.88	194 216.40	501 554.38	130 984.23

资产负债表（续表）

项　目	期末余额		期初余额	
	合并	母公司	合并	母公司
负债：				
向中央银行借款				
同业及其他金融机构存放款项				
拆入资金				
交易性金融负债				
衍生金融负债				
卖出回购金融资产款				
代理买卖证券款	193 399.13		311 185.42	
信用交易代理买卖证券款				
代理承销证券款				
应付账款	670.37	658.33	374.08	350.57
预收款项	17 542.98	17 453.39	271.30	236.72
应付职工薪酬	8 366.18	6 134.25	2 230.54	0.15
应交税费	7 556.69	6 912.79	3 724.05	181.20
应付利息				
应付股利				
其他应付款	2 738.38	798.38	4 620.84	1.11
应付债券				
预计负债				
递延所得税负债	2 760.83	5.83	2 854.62	
其他负债	1.59		9.38	
负债合计	233 036.15	31 962.97	325 270.23	769.75
所有者权益：				
实收资本	130 000.00	130 000.00	130 000.00	130 000.00
资本公积	91.75			
减：库存股				
盈余公积	3 225.34	3 225.34	21.45	21.45
一般风险准备	1 612.67	1 612.67	10.72	10.72
未分配利润	40 783.41	27 415.42	10 735.83	182.31
归属于母公司所有者权益合计	175 713.17	162 253.43	140 768.00	130 214.48
少数股东权益	37 700.56		35 516.15	
所有者权益合计	213 413.73	162 253.43	176 284.15	130 214.48
负债和所有者权益总计	446 449.88	194 216.40	501 554.38	130 984.23

5.1.3 利润表

单位：万元

项 目	本期金额		上期金额	
	合并	母公司	合并	母公司
一、营业收入	94 948.45	62 272.18	2 781.10	2 393.33
利息净收入	6 612.96	1 557.34	492.08	492.08
利息收入	7 862.72	1 557.34	492.08	492.08
利息支出	1 249.76			
手续费及佣金净收入	81 130.59	54 406.61	2.39	2.39
手续费及佣金收入	87 392.14	56 944.72	2.94	2.94
手续费及佣金支出	6 261.55	2 538.11	0.55	0.55
投资收益(损失以"－"号填列)	3 337.95	3 337.94	17.66	17.66
其中:对联营企业和合营企业的投资收益				
公允价值变动收益(损失以"－"号填列)	23.30	23.30		
汇兑收益(损失以"－"号填列)				
其他业务收入	3 843.65	2 946.99	2 268.97	1 881.20
二、营业支出	40 685.65	19 266.08	2 448.88	2 107.33
营业税金及附加	5 630.33	3 992.07	143.70	120.39
业务及管理费	34 175.85	14 953.96	1 914.16	1 784.25
资产减值损失	1.06			
其他业务成本	878.41	320.05	391.02	202.69
三、营业利润(亏损以"－"号填列)	54 262.80	43 006.10	332.22	286.00
加:营业外收入	48.32	22.78	5.39	1.92
减:营业外支出	277.75	130.05	2.15	1.94
四、利润总额(亏损总额以"－"号填列)	54 033.37	42 898.83	335.46	285.98
减:所得税费用	13 474.45	10 859.87	72.83	71.49
五、净利润(净亏损以"－"号填列)	40 558.92	32 038.96	262.63	214.49
归属于母公司所有者的净利润	36 903.55	32 038.96	260.22	214.49
少数股东损益	3 655.37		2.41	
六、其他综合收益				
七、综合收益总额	40 558.92	32 038.96	262.63	214.49
归属于母公司所有者的综合收益总额	36 903.55	32 038.96	260.22	214.49
归属于少数股东的综合收益总额	3 655.37		2.41	

5. 1. 4　所有者权益变动表

单位：万元

项　目	本期金额								上期金额							
	归属于母公司所有者权益						少数股东权益	所有者权益合计	归属于母公司股东权益						少数股东权益	所有者权益合计
	实收资本	资本公积	减：库存股	盈余公积	一般风险准备	未分配利润			实收资本	资本公积	减：库存股	盈余公积	一般风险准备	未分配利润		
一、上年年末余额	130 000. 00	—	—	21. 45	10. 72	10 735. 83	35 516. 15	176 284. 15		—						—
加：会计政策变更								—								—
前期差错更正								—								—
其他																
二、本年年初余额	130 000. 00	—	—	21. 45	10. 72	10 735. 83	35 516. 15	176 284. 15	—	—	—	—	—	—	—	—
三、本年增减变动金额（减少以"－"号填列）	—	91. 75	—	3 203. 89	1 601. 9 5	30 047. 58	2 184. 41	37 129. 58	130 000. 00	—	—	21. 45	10. 72	10 735. 83	35 516. 15	176 284. 15
（一）净利润						36 903. 55	3 655. 37	40 558. 92						260. 22	2. 41	262. 63
（二）其他综合收益								—								—
上述（一）（二）小计	—	—	—	—	—	36 903. 55	3 655. 37	40 558. 92	—	—	—	—	—	260. 22	2. 41	262. 63
（三）所有者投入和减少资本	—	91. 75	—	—	—	—	69. 96	161. 71	130 000. 00	—	—	—	—	—		130 000. 00
1. 所有者投入资本	—							—	130 000. 00							130 000. 00
2. 股份支付计入所有者权益的金额								—								—
3. 其他		91. 75					69. 96	161. 71								—
（四）利润分配	—	—	—	3 203. 89	1 601. 95	－6 855. 97	－1 540. 92	－3 591. 05	—	—	—	21. 45	10. 72	－32. 17		—
1. 提取盈余公积				3 203. 89		－3 203. 90		—				21. 45		－21. 45		—
2. 提取一般风险准备					1 601. 95	－1 601. 95		—					10. 72	－10. 72		—
3. 对所有者（或股东）的分配							－1 408. 20	－1 408. 20								—
4. 其他						－2 050. 12	－132. 72	－2 182. 85								
（五）所有者权益内部结转																
1. 资本公积转增资本（或股本）																
2. 盈余公积转增资本（或股本）																
3. 盈余公积弥补亏损																
4. 一般风险准备弥补亏损																
5. 交易风险准备弥补亏损																
6. 其他																
（六）其他														10 507. 78	35 513. 74	46 021. 52
四、本年年末余额	130 000. 00	91. 75	—	3 225. 34	1 612. 67	40 783. 41	37 700. 56	213 413. 73	130 000. 00	—	—	21. 45	10. 72	10 735. 83	35 516. 15	176 284. 15

5.2 信托资产

5.2.1 信托项目资产负债汇总表

信托项目资产负债汇总表

单位:万元

信托资产	期末数	期初数	信托负债	期末数	期初数
货币资金	51 753.45	0.60	应付受托人报酬	—	—
拆出资金	—	—	应付托管费	—	—
交易性金融资产	—	—	应付受益人收益	299.74	—
买入返售金融资产	301,427.00	—	应交税费	—	—
应收款项	637.07	—	其他应付款项	6 602.53	20.30
贷款	3 119 475.90	485 500.00	其他负债	—	—
可供出售金融资产	3 010 607.48	—	信托负债合计	6 902.27	20.30
持有至到期投资	65 008.30	68 000.00	信托权益:	—	—
长期股权投资	511 585.56	760 500.00	实收信托	7 033 842.60	1 314 000.00
投资性房地产	—	—	资本公积	—	—
固定资产	—	—	未分配利润	19 749.89	-19.70
无形资产	—	—	信托权益合计	7 053 592.49	1 313 980.30
其他资产	—	—			
资产合计	7 060 494.76	1 314 000.60	负债和权益合计	7 060 494.76	1 314 000.60

5.2.2 信托项目利润及利润分配汇总表

信托项目利润及利润分配表

单位:万元

项　目	本期数	上期数
一、营业收入	537 953.70	45.34
利息收入	403 451.04	45.34
投资收入	134 437.16	—
租赁收入	—	—
公允价值变动损益	—	—
其他收入	65.50	—
二、营业费用	89 689.47	28.09
三、营业税金及附加	—	—
加:营业外收入	—	—
减:营业外支出	—	—
四、扣除资产减值损失前的信托利润	—	—
减:资产减值损失	—	—
五、净利润	448 264.23	17.26
加:期初未分配信托利润	-19.70	—
六、可供分配的信托利润	448 244.54	17.26
减:本期已分配信托利润	428 494.65	36.95
七、期末未分配信托利润	19 749.88	-19.70

6. 会计报表附注

6.1 简要说明报告年度会计报表编制基准、会计政策、会计估计和核算方法发生的变化

本公司固有业务(自营业务)、信托业务执行的会计制度均为2006年颁布的《企业会计准则》。本报告期与上一期年度报告相比,会计政策、会计估计和核算方法均未发生变化。

6.2 或有事项说明

公司报告期内无对外担保及其他或有事项。

6.3 重要资产转让及其出售的说明

本公司本年度无须披露的重要资产转让及其出售。

6.4 会议报表中重要项目的明细资料

以下明细表格除特别注明外,期初指2011年1月1日,期末指2011年12月31日。

6.4.1 披露自营资产经营情况

6.4.1.1 按信用风险五级分类结果披露信用风险资产的期初数、期末数

信用风险资产五级分类	正常类(万元)	关注类(万元)	次级类(万元)	可疑类(万元)	损失类(万元)	信用风险资产合计(万元)	不良资产合计(万元)	不良资产率(%)
期初数	130 984.23	—	—	—	—	—	0	0
期末数	194 216.40	—	—	—	—	—	0	0

注:不良资产合计=次级类+可疑类+损失类。

6.4.1.2 各项资产减值损失准备的期初、本期计提、本期转回、本期核销、期末数

	期初数	本期计提	本期转回	本期核销	期末数
贷款损失准备	—	—	—	—	—
一般准备	—	—	—	—	—
专项准备	—	—	—	—	—
其他资产减值准备	—	—	—	—	—
可供出售金融资产减值准备	—	—	—	—	—
持有至到期投资减值准备	—	—	—	—	—
长期股权投资减值准备	—	—	—	—	—
坏账准备					
投资性房地产减值准备	—	—	—	—	—

期初及本期,没有需要计提的各项资产减值损失准备。

6.4.1.3 自营股票投资、基金投资、债券投资、股权投资等投资业务的期初数、期末数

单位：万元

	自营股票	基金	债券	长期股权投资
期初数	—		—	52 815.43
期末数	17.64	10 004.19	—	52 815.43

6.4.1.4 前五名的自营长期股权投资的企业名称、占被投资企业权益的比例、投资收益情况等

企业名称	占被投资企业权益的比例（%）	投资收益（万元）
1. 和兴证券经纪有限责任公司	57.09	—
2. 华西证券有限责任公司	0.81	226.21
3. 四川川信物业管理有限责任公司	95	—

6.4.1.5 前五名的自营贷款的企业名称、占贷款总额的比例和还款情况等

本期末，自营贷款没有余额。

6.4.1.6 表外业务的期初数、期末数：按照代理业务、担保业务和其他类型表外业务分别披露

本期初、期末，无表外业务。

6.4.1.7 公司当年的收入结构

收入结构	金额（万元）	占比（%）
手续费及佣金收入	56 944.72	87.83
其中：信托手续费收入	56 944.72	87.83
投资银行业务收入		0.00
利息收入	1 557.34	2.40
其他业务收入	2 946.99	4.55
投资收益	3 361.24	5.18
其中：股权投资收益	226.21	0.35
公允价值变动收益	23.3	0.04
其他投资收益	3 111.73	4.80
营业外收入	22.78	0.04
收入合计	64 833.07	100.00

注：手续费及佣金收入、利息收入、其他业务收入、投资收益、营业外收入均应为损益表中的一级科目，其中手续费及佣金收入、利息收入、营业外收入为未抵减掉相应支出的全年累计实现收入数。

6.4.2 披露信托财产经营情况

6.4.2.1 信托资产的期初数、期末数

单位：万元

信托资产	期初数	期末数
集合	10 500.00	1 784 916.89
单一	1 303 500.60	5 275 577.87
财产权	—	—
合计	1 314 000.60	7 060 494.76

6.4.2.1.1 主动管理型信托资产

单位：万元

主动管理型信托资产	期初数	期末数
证券投资类	—	—
股权投资类	—	490 047.78
其他投资	—	376 397.89
融资类	—	435 971.51
事务管理类	—	—
合计	—	1 302,417.18

6.4.2.1.2 被动管理型信托资产

单位：万元

被动管理型信托资产	期初数	期末数
证券投资类	—	—
股权投资类	—	180 002.50
其他投资	818 000.00	3 629 507.19
融资类	496 000.60	1 948,567.89
事务管理类	—	—
合计	1 314 000.60	5 758 077.58

6.4.2.2 本年度已清算结束的信托项目情况

6.4.2.2.1 本年度已清算结束的集合类、单一类资金信托项目和财产管理类信托项目情况

已清算结束信托项目	项目个数	实收信托合计金额（万元）	加权平均实际年化收益率（%）
集合类	3	53 170.00	6.84
单一类	102	6 153 327.90	5.76
财产管理类	—	—	—

6.4.2.2.2 本年度已清算结束的主动管理型信托项目情况

已清算结束信托项目	项目个数	实收信托合计金额（万元）	加权平均实际年化信托报酬率（%）	加权平均实际年化收益率（%）
证券投资类	—	—	—	—
股权投资类	—	—	—	—
其他投资类	2	23 570.00	1.47	6.16
融资类	—	—	—	—
事务管理类	—	—	—	—

6.4.2.2.3 本年度已清算结束的被动管理型信托项目情况

已清算结束信托项目	项目个数	实收信托合计金额（万元）	加权平均实际年化信托报酬率（%）	加权平均实际年化收益率（%）
证券投资类	—	—	—	—
股权投资类	—	—	—	—
其他投资	11	1 232 676.67	0.31	5.00
融资类	92	4 950 251.23	0.47	5.95
事务管理类	—	—	—	—

6.4.2.3　本年度新增信托项目情况

单位:万元

新增信托项目	项目个数	实收信托合计金额
集合类	74	1 818 486.67
单一类	247	10 135 837.17
财产管理类	—	—
新增合计	321	11 954 323.84
其中:主动管理型	53	1 322 497.00
被动管理型	268	10 631 826.84

6.5　关联方关系及其交易的披露

6.5.1　关联交易方的数量、关联交易的总金额及关联交易的定价政策等

	关联交易方数量	关联交易金额(万元)	定价政策
合计	2个	200.76	本公司的关联交易以公平的市场价格定价。

注:关联交易定义应以《公司法》和《企业会计准则第36号——关联方披露》有关规定为准。上述关联交易金额系本年度固有、信托与关联方的发生额。

6.5.2　关联交易方与本公司的关系性质、关联交易方的名称、法定代表人、注册地址、注册资本及主营业务等

关系性质	关联方名称	法定代表人	注册地址	注册资本(万元)	主营业务
子公司	和兴证券经纪有限责任公司	刘晓亚	四川成都	33 148.99	证券经纪业务
子公司	四川川信物业管理有限责任公司	刘君谟	四川成都	500	物业管理、零售、仓储、清洁服务

6.5.3　逐笔披露本公司与关联方的重大交易事项

6.5.3.1　关联交易

6.5.3.1.1　出租房屋给关联方

关联方名称	2011年12月31日		2010年12月31日	
	金额	比例(%)	金额	比例(%)
和兴证券经纪有限责任公司	133.77	4.54	44.59	22.00

6.5.3.1.2　接受关联方提供的劳务

关联方名称	2011年12月31日		2010年12月31日	
	金额	比例(%)	金额	比例(%)
四川川信物业管理有限责任公司	66.99	100.00	26.82	100.00

6.5.3.2　关联方应收应付款项

项目名称	关联方名称	2011年12月31日	2010年12月31日
其他应付款	四川川信物业管理有限责任公司	26.88	26.82

6.6　信托业务创新成果和特色业务有关情况

公司一向认为创新是公司发展的不竭动力,在传统业务稳健开展的同时,公司积极探索创新业务,在高端酒类信托、租赁收益权信托、有限合伙基金、特定资产收益权信托及与资产管理公司合作等领域进行了有益的尝试。公司组建了固定收益部,开立了债券托管账户,为设立债券型投资信托品种做好了硬件准备。

6.7　公司履行受托人义务情况及因公司自身责任而导致的信托资产损失情况

公司严格按照信托相关法律法规及公司制度的要求管理、运用及处分信托财产,履行诚实、信用、谨慎、有效管理的义务,维护受益人的最大利益。

无因自身责任而导致信托资产损失的情况。

7. 财务情况说明书

7.1　利润实现和分配情况

报告期本公司实现利润总额42 898.83万元,税后净利润32 038.96万元。按《公司章程》的规定,分别按当年实现净利润的10%、5%提取法定公积金3 203.9万元、信托赔偿准备金1 601.95万元,期末累计未分配利润为27 415.42万元。

7.2　主要财务指标

本公司报告期的主要财务指标如下:

指标名称	指标值	计算公式
信托资产规模(亿元)	706.05	—
人均信托资产规模(亿元)	4.18	—
信托业务收入占营业收入比重(%)	87.37	手续费及佣金净收入/营业收入×100%
资本利润率(%)	21.91	净利润/所有者权益平均余额×100%
人均净利润(万元)	189.58	净利润/年平均人数

7.3　对本公司财务状况、经营成果有重大影响的其他事项

报告期内,没有对本公司财务状况、经营成果有重大影响的其他事项。

8. 特别事项揭示

8.1　前五名股东报告期内变动情况及原因

本报告期内,本公司无股东变动情况。

8.2　董事、监事及高级管理人员变动情况及原因

8.2.1　2011年2月,因邓真光工作调动,经公司第一届董事会第七次会议审议通过,解聘邓真光财务总监职务,聘任吕明昭担任财务总监职务,并于2011年11月2日取得四川银

监局《中国银行业监督管理委员会四川监管局关于个案核准吕明昭四川信托有限公司财务总监任职资格的批复》(川银监复〔2011〕713号)正式核准。

8.2.2 2011年4月，因工作调动，储晓明辞去公司董事、常务副董事长职务，经2010年度股东会、第一届董事会第十次会议审议通过，选举陈浩鸣任董事、常务副董事长，并于2011年11月2日取得四川银监局《中国银行业监督管理委员会四川监管局关于核准陈浩鸣四川信托有限公司董事、副董事长任职资格的批复》(川银监复〔2011〕714号)正式核准。

8.2.3 2011年9月，因工作需要，陈洪亮辞去公司董事、副董事长职务，经第一届董事会第三次会议审议通过，于2011年10月27日取得四川银监局《中国银行业监督管理委员会四川监管局关于核准陈洪亮四川信托有限公司副总经理任职资格的批复》(川银监复〔2011〕705号)正式核准，聘任陈洪亮为公司常务副总裁。

经2011年度第一次临时股东会、第一届董事会第十四次会议审议通过，选举向前友任董事、副董事长，并于2011年11月26日取得四川银监局《中国银行业监督管理委员会四川监管局关于核准向前友四川信托有限公司董事、副董事长任职资格的批复》(川银监复〔2011〕780号)正式核准。

8.3 变更注册资本、变更注册地或公司名称、公司分立合并事项

报告期内，公司没有变更注册资本、变更注册地或公司名称、公司分立合并事项。

8.4 公司的重大诉讼事项

报告期内，公司没有重大诉讼事项发生。

8.5 公司及其董事、监事和高级管理人员受到处罚的情况

报告期内，公司及其董事、监事和高级管理人员依法经营，没有违法、违规及受到监管部门处罚的事项发生。

8.6 银监会及其派出机构对公司检查的情况

报告期内，公司值开业第一年，银监会及其派出机构未对公司进行现场检查。

8.7 本年度重大事项临时报告的简要内容、披露时间、所披露的媒体及版面

报告期内，公司无重大事项临时报告。

8.8 银监会及其省级派出机构认定的其他有必要让客户及相关利益人了解的重要信息

报告期内，没有发生银监会及其省级派出机构认定的其他有必要让客户及相关利益人了解的重要事项。

9. 公司监事会意见

监事会认为本公司决策程序符合法律、法规和公司章程的规定，并建立了较为完善的内部控制制度，公司董事、管理层认真履行职责，未发现执行职务时有违反法律、法规、公司章程或损害公司利益的行为。公司财务报告经京都天华会计师事务所有限公司审计，出具了标准无保留意见的审计报告，该报告真实、客观、准确地反映了公司财务状况和经营成果。

苏州信托有限公司

1. 重要提示

1.1 本公司董事会及董事保证本报告所载资料不存在任何虚假记载、误导性陈述或者重大遗漏，并对本报告所载资料内容的真实性、准确性和完整性承担个别及连带责任。本年度报告摘要摘自年度报告全文，客户及相关利益人欲了解详细内容，应阅读年度报告全文。

1.2 公司独立董事刘福春先生、陈伟恕先生、姚海星女士声明：本年度报告内容真实、准确、完整。

1.3 公司董事长朱立教女士、主管会计工作的负责人周也勤先生、会计机构负责人陶娟女士声明：本报告中财务会计报告内容真实、完整。

2. 公司概况

2.1 公司简介

苏州信托有限公司（以下简称苏州信托）原名苏州信托投资有限公司，于1991年3月18日经中国人民银行批准设立；2002年9月18日获准重新工商登记；2007年7月12日经银监会银监复〔2007〕282号文批准同意，公司变更为现名称，并调整业务范围，同年9月4日换领新的金融许可证。2008年5月20日，公司获中国银行业监督管理委员会银监复〔2008〕182号文件的批复，同意引进新股东，实行增资扩股。截至2011年末，公司注册资本为5.9亿元，共有三家股东单位，苏州国际发展集团有限公司占股比例为70.01%；苏格兰皇家银行公众有限公司占股比例为19.99%；联想控股有限公司占股比例为10%。

公司中文名称	苏州信托有限公司
中文简称	苏州信托
公司英文名称	Suzhou Trust Co., Ltd.
英文缩写	Suzhou Trust
法定代表人	朱立教
注册地址	江苏省苏州市竹辉路383号
邮政编码	215007
国际互联网网址	www.trustsz.com
电子信箱	sztic@trustsz.com

续表

公司负责信息披露事务的高级管理人员	张立文
公司负责信息披露事务的联系人	张　言 联系电话：0512－65290390 传真：0512－65726976 电子信箱：zhangy@trustsz.com.
公司选定信息披露的报纸	《金融时报》
登载公司年度报告的国际互联网网址	www.trustsz.com
公司年度报告备置地点	苏州市竹辉路383号
公司聘请的会计师事务所	德华永会计师事务所有限公司
会计师事务所办公住所	上海市延安东路222号外滩中心30楼
公司聘请的律师事务所	江苏苏州新天伦律师事务所
律师事务所办公场所	苏州市学士街361号

2.2 组织结构

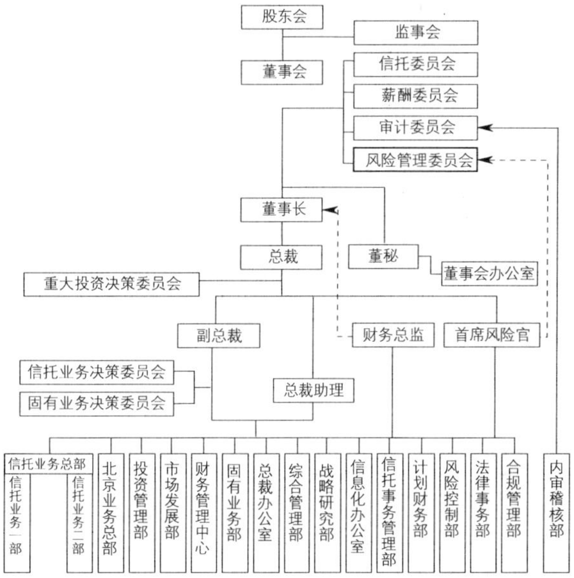

3. 公司治理

3.1 公司股东

截至报告期末公司股东有三名，相关情况如下：

股东名称	持股比例(%)	法定代表人	注册资本	注册地址	主要经营业务及主要财务情况
苏州国际发展集团有限公司	70.01	黄建林	10亿元	苏州市东大街101号	授权范围内的国有资产经营管理，国内商业、物资供销业（国家规定的专营、专项审批商品除外），及各类咨询服务。2011年末公司总资产227亿元，净资产101亿元，净利润1.02亿元（以上数据未经审计）。

续表

股东名称	持股比例(%)	法定代表人	注册资本	注册地址	主要经营业务及主要财务情况
苏格兰皇家银行公众有限公司	19.99	Stephen Hester	66.09 亿英镑	36 St Andrew Square Edinburgh EH22YB UK	公司和金融市场业务：贷款、资金清算与结算、债务管理、债务融资、零售业务；资产管理业务：货币市场基金、债券投资、票据投资、委托贷款等业务；2011 年末总资产为 15 069 亿英镑，净资产为 761 亿英镑，归属普通股与 B 股股东的净利润为 -19.97 亿英镑。
联想控股有限公司	10	柳传志	6.61 亿元	北京市海淀区科学院南路 2 号融科资讯中心 A 座 10 层	业务涉及 IT、风险投资、房地产开发、并购投资等非相关多元化领域；2010 年末公司总资产 1 146.00亿元，净资产(不包含少数股东权益)120.46 亿元，净利润 32.35 亿元(以上数据为未经审计的合并报表数据)。

3.2 公司第一大股东的主要股东情况

股东名称	出资比例(%)	负责人
苏州市国有资产监督管理委员会	100	卢国柱(主任)

3.3 董事、董事会及其下属委员会

董事会成员

姓名	职务	性别	年龄	任期	选任日期	所推举的股东名称	该股东持股比例(%)	简要履历
朱立教	董事长	女	52	3	2008 年 6 月	苏州国际发展集团有限公司	70.01	曾先后任职于苏州市资产评估中心、苏州市财政局、苏州市国资局副科长，苏州市投资公司副总经理，苏州信托有限公司总经理、苏州国发集团财务经理、总会计师、副总经理等职；现任苏州国发集团副董事长、苏州信托有限公司董事长。
袁维静	董事	女	49	3	2008 年 6 月	苏州国际发展集团有限公司	70.01	曾先后任职于市财政局、江苏省高新技术风险投资公司苏州分公司副总经理、市工业发展有限公司副总经理、市营财发展集团公司党支部书记。现任国发集团公司总会计师。
钱裕清	董事	男	47	3	2011 年 2 月	苏格兰皇家银行公众有限公司	19.99	曾先后担任法国国民银行信贷部助理经理、瑞士联合银行中国部贷款主任、法国兴业亚洲有限公司银团贷款部执行董事，现任苏格兰皇家银行债券资本市场中国区总监、苏格兰皇家银行(中国)有限公司北京分行行长。
李 蓬	董事	男	41	3	2008 年 6 月	联想控股有限公司	10	曾先后任职于中国对外贸易运输公司、Solectria Corporation、Teradyne Connection Systems，后担任联想控股有限公司投资管理部总经理、企划办副主任、财务资产部总经理，现担任联想控股副总裁兼战略投资部总经理。
戈 海	董事	男	44	3	2008 年 2 月	职工董事	—	曾任职于苏州物资信息研究中心，后担任苏州新区电力建设发展公司财务经理，苏高新风险投资股份公司副总经理，苏州信托有限公司信托部经理、总经理助理，苏州信托有限公司常务副总经理等职，现任公司副总裁。

独立董事

姓名	职务	性别	年龄	任期	选任日期	所推举的股东名称	该股东持股比例(%)	简要履历
姚海星	独立董事	女	66	3	2008 年 6 月	苏州国际发展集团有限公司	70.01	曾任中信兴业信托投资公司金融处长、兼任公司证券营业部总经理、中信兴业信托投资公司副总经理、中信信托公司总经理、中信信托公司副董事长，现已退休。
陈伟恕	独立董事	男	66	3	2008 年 6 月	苏格兰皇家银行公众有限公司	19.99	曾任职于中国人民银行新疆自治区分行奎屯市支行、金融研究所，后担任复旦大学经济学院世界经济系副主任、国际金融系系主任，上海浦东发展银行总行副行长，上海实业集团公司党委书记；现兼任上海国际港务集团独立董事、荷兰银行中国有限公司独立董事。
刘福春	独立董事	男	66	3	2008 年 6 月	联想控股有限公司	10	曾先后任职于中粮公司财务处、计划处、综合处、驻美国代表处，后担任中国住温哥华总领馆副领事，中粮驻英国鹏利(伦敦)有限公司总经理，中粮公司执行董事、副总裁，曾任中粮集团有限公司执行董事、总裁；现退休。

董事会下属委员会

董事会下属委员会名称	职责	组成人员姓名	职务
审计委员会	审核公司内部审计基本制度；监督公司的内部审计制度实施；审核公司的财务信息；提议聘请或更换外部审计机构；听取并审议外部审计机构报告。	陈伟恕	独立董事
		李　蓬	董事
		张　统	监事
		支昀晔	苏格兰皇家银行代表
薪酬委员会	审议公司提交的薪酬管理策略和计划；审核公司人力资源计划与安排、薪酬方案和绩效考核的建议方案；跟踪、监督公司薪酬制度的落实情况。	刘福春	独立董事
		袁维静	董事
		李　蓬	董事
		钱裕清	董事
风险管理委员会	审核和拟订公司的风险管理战略、政策和规程以及内部控制制度，并监督上述战略、政策、规程和内部控制制度的执行。	朱立教	董事长
		陈伟恕	独立董事
		魏凯	监事
		马　力	监事
信托委员会	审议公司信托业务战略发展方向；监督公司依法履行受托职责，保证公司受益人的最大利益；监督公司信托业务与固有业务之间建立有效隔离机制，保障信托财产的独立性。	姚海星	独立董事
		袁维静	董事
		魏　凯	监事
		钱裕清	董事

3.4　公司监事、监事会及其下属委员会

姓　名	职　务	性别	年龄	任期	选任日期	所推举的股东名称	该股东持股比例(%)	简　要　履　历
冯鹤春	监事长	男	59	3	2008年6月	苏州国际发展集团有限公司	70.01	曾担任常州市公交公司安运科会计，苏州市农业药械厂财务科会计、副科长，苏州信托有限公司资产管理部及投资管理部经理、总经理助理；现任公司监事长。
张　统	监事	男	41	3	2008年6月	苏州国际发展集团有限公司	70.01	曾在苏州丝绸印花厂工作，后任江苏公证会计师事务所部门副经理，现任苏州国际发展集团有限公司部门经理。
魏　凯	监事	男	35	3	2011年7月	联想控股有限公司	10	曾任北京锅炉厂销售经理、硅谷动力网络技术有限公司业务研究部及业务拓展部经理、中国国际电视总公司投资与战略管理部项目经理，现任联想控股有限公司战略投资部高级投资经理。
马　力	监事	男	43	3	2011年8月	苏格兰皇家银行公众有限公司	19.99	曾任湖南电视台助理记者/编辑、纳贝斯克国际财务协理、福克斯集团投资经理、穆迪亚太有限公司结构性融资评级副总裁、苏格兰皇家银行亚太区房地产信贷及上市前融资风控总监；现拟任苏格兰皇家银行中国区首席风险官，正式任命有待银监会审查、批准。
蒋一雷	监事	男	37	3	2008年6月	职工监事		曾先后任职于苏州信托投资有限公司证券营业部、计划财务部、信托业务部、理财服务中心，后担任苏州信托投资有限公司项目管理部副经理、合规管理部经理、法律事务部经理，现任苏州信托有限公司业务总部总经理、助理总裁。

公司监事会未设立下属委员会。

3.5　高级管理人员

姓　名	职　务	性别	年龄	任期	选任日期	金融从业年限	学历	专业	简　要　履　历
张立文	总裁	男	44	1	2011年1月	14	博士	经济学	曾任重庆市证券监督管理办公室主任助理、大鹏证券有限公司资产管理部任首席评估师、重庆国际信托有限公司副总裁，苏州信托有限公司常务副总裁等职，现任公司总裁。
戈　海	副总裁	男	44	1	2011年1月	10	本科	法律	曾任职于苏州物资信息研究中心，后担任苏州新区电力建设发展公司财务经理，苏高新风险投资股份公司副总经理，苏州信托有限公司信托部经理、总经理助理，苏州信托有限公司常务副总经理等职；现任公司副总裁。
沈光俊	副总裁	男	42	1	2011年1月	8	本科	财政	曾任苏州资产评估事务所评估部项目经理、工程造价审计部经理，苏州仁合资产评估有限公司董事及南京分公司总经理，苏州信托有限公司理财服务中心副主任、主任；现任本公司副总裁。

续表

姓　名	职　务	性别	年龄	任期	选任日期	金融从业年限	学历	专业	简　要　履　历
周也勤	副总裁 财务总监	男	49	1	2011年1月	22	中专	会计	曾任职于苏州前进化工厂财务科，后担任苏州信托有限公司财务部经理、总经理助理，现任公司副总裁兼财务总监。
华　彪	首席风控官	女	45	1	2011年1月	18	硕士	商务管理	曾任职于英国毕马威会计事务所伦敦分所、美林证券欧洲部、中国毕马威会计师事务所，后担任德勤会计师事务所企业风险管理部上海地区总监，现任苏州信托有限公司首席风险官。
汪　瑜	总裁助理	女	33	1	2011年1月	11	硕士	行政管理	曾任职于恒远证券苏州干将路营业部，后担任苏州信托有限公司综合管理部副经理、经理等职，现任苏州信托有限公司总裁助理。
姚文德	总裁助理	男	44	1	2011年1月	8	本科	财政	曾任职苏州市财政局国有资产评估中心，苏州资产评估事务所评估部副经理、江苏仁合资产评估有限公司资产评估部经理、苏州信托有限公司业务一部经理，现任公司总裁助理兼战略研究部经理。

3.6 公司员工

人　数		66	
平均年龄		36	
		人数	比例(%)
年龄分布	30岁以下	18	27.3
	31～40岁	30	45.5
	41～50岁	15	22.7
	51岁以上	3	4.5
学历分布	博士	1	1.5
	硕士	24	36.4
	本科	34	51.5
	专科	5	7.6
	其他	2	3
岗位分布	高级管理人员	10	15.2
	自营业务人员	2	3
	信托业务人员	28	42.4
	研发人员	1	1.6
	财务人员	6	8.9
	稽核审计人员	1	1.6
	其他人员	18	27.3

4. 经营管理

4.1 经营目标、方针、战略

公司经营目标：继续理顺治理机制；完善以规划为导向、以人才为基础、以制度为标准的科学发展模式；积极探索利用股东资源和开发战略联盟资源进行合作的方式，拓宽和加深核心业务的开发培育；逐步建立更加有效的绩效考核和激励机制，吸引更多、更优秀的人才为公司发展服务；进一步提升市场营销与项目拓展能力，加大客户开发、产品供给的力度，为客户提供更丰富的产品和更优质的服务；努力实现由地方性中小机构向全国性信托公司转变，最终成为独具特色的信托理财专业机构。

公司经营方针：坚持依法合规和稳健经营，坚持以健康可持续发展为导向，以“诚信、创新、协作、敬业、自律”核心理念的发展路径，通过规范的公司治理和不断完善的经营管理机制，以及依靠外部引进的高层次人才，推进信托主业的转型和全面发展。

公司战略规划：以“独具特色的财富受托人”为愿景，打造特色化的信托产品、综合的理财服务，以及全国性的影响力。

4.2 公司所经营业务的主要内容

自营资产运用与分布表

资产运用	金额(万元)	占比(%)	资产分布	金额(万元)	占比(%)
货币资产	15 722	13.74	基础产业		
贷款及应收款	45 807	40.02	房地产业	19 500	17.04
交易性金融资产	3 275	2.86	证券市场	3 275	2.86
可供出售金融资产	14 614	12.77	实业	26 842	23.45
持有至到期投资	0	0.00	金融机构	38 221	33.40
长期股权投资	33 827	29.56	其他	26 615	23.25
其他	1 208	1.05			0.00
资产总计	114 453	100.00	资产总计	114 453	100.00

信托资产运用与分布表

资产运用	金额(万元)	占比(%)	资产分布	金额(万元)	占比(%)
货币资金	35 416	2	基础产业	846 864	39
贷款	514 068	24	房地产	627 193	29
交易性金融资产	25 294	1	证券	25 294	1
持有至到期投资	667 702	31	金融机构	16 238	1
长期股权投资	875 467	0	工商企业	474 435	22
长期应收款	22 850	1	其他	179 307	8
买入返售金融资产	20 611	1			
应收款项	7 923	0			
信托资产总计	2 169 331	100	信托资产总计	2 169 331	100

4.3 市场分析

4.3.1 宏观经济分析

2011年，在欧债危机不断蔓延、全球经济持续低迷的情况下，中国经济保持了平稳较快发展。由于国内物价持续攀升、房价居高不下，国家实行了紧缩的货币政策，下半年物价开始回落，国家在房地产市场宏观调控取得一定效果；同时配合积极的财政政策和年末微调的货币政策，保证了经济的平稳发展；地方债清理也在稳步推进，经济结构进一步得到优化。

4.3.2 影响本公司业务发展的主要因素

报告期内，本公司业务发展的有利因素主要有：中国经济持续高速增长，财富快速积累，对理财产品的需求进一步扩大；市场融资环境紧缩，银行信贷资金收紧，为公司业务的开展提供了良机；保障性住房、民生工程等政策刺激给基础设施建设领域信托业务带来了机会；专业化的投资队伍，高效的公司治理为业务开展提供了有力的保障；三方股东支持，为公司健康发展奠定了基础。

报告期内，本公司业务面临的不利影响有：国家对房地产行业的宏观调控一定程度上制约了房地产领域信托业务的开展；监管层对信托业务监管越来越严格，针对银信合作、房地产信托项目的监管政策频出，限制了信托公司的快速发展；2011年证券市场低迷，不利于证券类信托业务的开展；业内竞争进一步加剧，借助银行渠道营销费用显著上升，信托公司信托报酬率呈不断下降趋势。

4.4 公司内部控制概况

4.4.1 内部控制环境和内部控制文化

公司始终重视内部控制制度的建设和完善，根据《公司章程》的有关规定，股东大会、董事会与监事会为公司权力机构、执行机构与监督机构，董事会下设信托委员会、审计委员会、薪酬委员会、风险管理委员会，各委员会分工明确，协助董事会做好和开展公司的各项工作。监事会对公司的各项经营活动进行监督。

公司不断优化内部控制体系，通过合理、有效的合规制度来实现积极主动的内部控制。2011年，《关于进一步明确信托业务事中管理过程中相关职责分工和业务衔接的相关工作》，完成了对《信托业务涉及费用指导意见(试行)》等重要制度的制定和修订工作，并颁布实施。

公司积极营造合规文化，引导公司员工自觉主动合规工作，并在业务部设立合规员岗位，将合规管理贯穿于日常经营的每个环节。此外，公司通过讲座等方式组织员工学习法律法规和内部制度，培育公司合规管理文化，提高员工的素养，进一步推进以诚信、创新、协作、敬业、自律为核心理念的企业文化建设。

4.4.2 内部控制措施

公司董事会是公司执行机构，领导公司内部控制的建设、完善和有效实施。董事会下属的风险管理委员会、审计委员会根据董事会的决策，负责内部控制的具体操作实施和监督。公司内部控制制度由内部控制大纲、基本管理制度和部门业务规章等组成。根据内部控制制度，对不同业务与管理事项制定不同的控制措施，保证了业务管理活动的正常运行。

公司通过事前、事中、事后的监督，达到全面内部控制。公司建立了明确的授权制度，执行严格的审批程序与审批权限。根据业务需要，建立了有效的业务决策系统：各业务部门对项目进行初步筛选，风险控制部、合规管理部与法律事务部对项目进行风险审查，客观出具审查报告并提交决策委员会决策。

公司设立了信托业务部、固有业务部以及信托事务管理部和计划财务部等部门，信托业务与自营业务相互独立运作，将信托财产与固有财产分别管理、分别记账，并在各部门实行有效的岗位分工制度，起到不相容职务分离，互相监督、相互牵制的作用，进一步保证公司内部控制制度的有效执行。

在业务存续期内，由风险控制部与合规管理部组织季度事中风险检查工作，按季度对存续的信托项目、固有项目进行全面检查与重点抽查，并根据检查结果出具风险管理报告，提交风险管理委员会审议。同时向业务部门出具风险检查反馈意见，督促业务部门根据检查出的问题及时进行整改。

针对公司业务开展和管理制度的执行情况，公司内审稽核部进行内部审计。内审稽核部根据公司业务开展的情况制定内部审计稽核工作计划，有针对性地对相关项目进行内部审计。此外，公司还聘请资质优良的会计师事务所对公司的财务状况等进行外部审计。

4.4.3 信息交流与反馈

2011年，公司重新规划建设了新的综合业务管理系统，并进行了系统的集成，将业务处理与办公自动化合二为一。新系统完全采用工作流的机制，将被动系统转变为主动推送系统，从而加快了业务流转，提高了工作的协同性。公司网站进行了重新改版，重点突出了信息披露的相关内容，提高了信息的及时性。

公司建立了顺畅，双向的内部信息交流制度。通过公司内网及网上业务系统、书面和电话等方式，公司管理层可将各项制度、政策、方针等告知全体员工，公司员工也可及时了解业务运作的有关情况并将操作中的有关信息反馈给管理层。同时，公司依法将资产经营状况等信息通过公司网站及其他媒介向社会公开披露，并根据合同约定向相关利益人定期披露约定信息。

4.4.4 监督评价与纠正

公司严格按照《公司法》、《信托公司管理办法》等相关法律法规的规定开展各项经营活动，公司各项内部控制制度执行有效。2011年，针对内审稽核部内部检查及监管部门提出的监管意见，公司均组织相关部门制定整改方案，并要求相关部门落实整改，并在今后工作中加以防范，整改落实情况良好。此外，由于公司在内部控制方面各项工作做得比较扎实，因而在近几年的经营活动中无发生任何违规经营情况。同时，公司在项目的开发过程中也严格执行银监会等部门的规定和公司的业务管理制度，风险控制意识较强，公司存续项目运行正常，未发现有风险隐患。

4.5 公司风险管理

4.5.1 风险管理概况

公司风险管理的主要目的是通过积极、主动的风险管理活动，提升风险管理能力，实现风险和收益的平衡，构建覆盖全部业务、产品和活动的风险管理体系，保证各项业务可持续发展。2011年，公司继续深化风险管理体制的建设，加强风险管理工具的设计和使用，细化信用风险管理政策、制度，完善市场风险管理机制，强化操作风险管理，风险管理整体水平显著提高。

公司在风险管理和内部控制方面已建立起符合监管要求的框架体系。公司董事会下设风险管理委员会，负责审核风险管理政策和内部控制制度，并对其实施情况及效果进行监督和评价，同时也对公司的整体风险状况进行定期的评估。风险控制部门独立按照风险管理政策和制度主导工作，并根据市场环境，产品和服务的变化对风险管理政策进行修订。公司目标是建立一个架构清晰，流程规范的控制环境。

4.5.2 风险状况

4.5.2.1 信用风险状况

信用风险是由于交易对手不履行与公司的合约而给公司

带来损失的风险，信用风险的主要表现为：融资主体在偿付期内，不能按约及时足额支付款项，或担保人在融资主体违约时不能按约履行担保义务等情形。进而给信托公司项目的正常分配、清算造成压力，并有可能损害到信托公司的声誉。

公司信用风险主要存在于融资类项目。按照贷款五级分类标准，公司目前存续信托资金项目及固有资金项目均为正常类，不良贷款率为零，无预期损失及贷款风险迁徙。同时，贷款项目均在贷前落实各项抵/质押、担保等保障措施，风险可控。

4.5.2.2 市场风险状况

市场风险主要指市场利率、汇率或金融产品价格变动等造成损失的风险。主要表现为贷款、债券、短期票据、存款等资产损失的风险，长期投资和短期投资损失的风险，外汇资产损失的风险等。

目前，证券市场风险、房地产市场风险和利率风险是公司面临的重要市场风险之一。在报告期内，上述风险对公司影响有限，风险可控。

4.5.2.3 操作风险状况

操作风险是指由于员工的个人因素导致操作不当所引发的风险；因制度不完善引发的风险；或者是由于信息系统出现故障导致业务无法正常运行而引发的风险。在报告期内，公司各项业务都严格执行内部控制程序及业务操作流程，公司未发生因操作风险所造成的损失。

4.5.2.4 其他风险状况

公司所面临的政策风险、流动性风险及道德风险等其他风险。报告期内，经多次风险排查，未发现上述风险隐患，风险可控。

4.5.3 风险管理

4.5.3.1 信用风险管理

对于信用风险的防范，首先从交易对手的选择上进行甄别，通过对融资对象的信用调查，尽量选择财务状况良好，具有一定行业优势以及信用状况较好的企业作为交易对手，通过尽职调查对企业的情况进行分析和深入了解，对于个别特殊项目，由风险控制部召集论证会，对项目的可行性和风险的可控性进行论证。其次，由风险控制部、合规管理部和法律事务部审查，独立出具相关报告供决策委员会参考。此外，公司还从项目的保障措施方面着手，尽量选取资质较好的企业作为担保人，或选取易于评估和变现的、具有良好价值的核心资产作为抵质押物，并控制抵、质押率，为项目提供进一步的保障。公司在业务开展过程中，根据业务需要，借鉴外部信用评级机构的信用评估信息，结合业务人员的专业判断，对交易对手的信用状况进行考察和分析。

公司在项目实施过程中，通过对项目运行的有效管理，跟踪交易对手的信用情况、对风险管理情况进行定期检查及资产分类评级等工作，对信用风险进行动态监控。公司通过对项目结束后的内部稽核和评价进行业务的事后控制和综合评价。

公司除了对交易对手的履约能力和信用状况进行全过程的跟踪和监控外，还在信托产品交易结构设计上，注重信用风险的分散与补偿。通过组合和多样化的投资，避免集中度风险，通过增加担保、保险等形式来转移和减少风险。

4.5.3.2 市场风险管理

公司通过客观地分析经济形势，审慎判断市场走向，谨慎选择项目，并在项目推进前进行充分的尽职调查，对市场风险可能对项目产生的影响进行分析，从而进行决策。公司不仅关注市场风险的控制，更注重通过策略来合理规避市场风险。

公司对于证券投资业务，严格按照公司相关业务管理制度的规定执行，加强了对经济及金融形势的分析、判断，并据此提出资产配置及其调整方案；对证券投资组合的净值、仓位和投资集中度等指标事先设定预警点或止损点，并严格操作；另外密切跟踪市场变化，及时调整投资策略和投资组合。

对于房地产业务，2011年，公司对存续的房地产项目进行多次压力测试。测试结果显示，上述业务风险可控。

在报告期内，各项业务未出现任何风险损失，市场风险管理状况良好。

4.5.3.3 操作风险管理

公司在以内控措施为主的环境下制定了一系列政策及程序以识别，报告，管理和控制风险。公司通过对各部门、各岗位制定明确的职责和权限，坚持信托财产之间、信托财产与固有财产之间分别管理、分别记账等相互分离、相互监督、相互制约的原则，并通过严格的授权制度与过程监控来实施，其中采用大量的技术手段，如在电脑系统对操作权限和内容进行程序设定，以及在业务和资金流转过程中实施双岗核定确认等。

在证券投资过程中，通过成立证券投资小组，指定专人负责投资决策、交易执行、风险控制、会计核算等环节，做到相对独立，相互制衡，权限明确。公司内控部门对上述业务进行事中监控、事后评估和总结，并制定相应的制度来堵截可能出现的漏洞，对业务执行人定期进行考评，通过奖惩激励对其行为进行约束。

公司加强对存续信托项目的管理，2011年重点检查了所有存续的集合、单一信托项目及固有业务项下的相关项目，以及业务运作各环节的操作风险管理情况。目前内部程序系统运行有效，各项业务顺利开展。

4.5.3.4 其他风险管理

公司通过对宏观政策和行业政策的跟踪、研究，提高预见性，防范政策风险；通过建立完善的公司治理结构、内控制度、业务流程等，加强对道德风险与流动性风险等其他风险的管理和控制，且专门聘请律师事务所、会计师事务所等专业人员和机构，协助公司对所有业务进行合规审查和法律咨询。

5. 报告期末及上一年度末的比较式会计报表

5.1 自营资产

5.1.1 会计师事务所审计结论

德勤华永会计师事务所有限公司中国注册会计师陶坚、王鲁宁对苏州信托有限公司出具了无保留审计意见。

审计报告

德师报（审）字（12）第P0260号

苏州信托有限公司董事会

我们审计了后附的苏州信托有限公司（以下简称“贵公司”）的财务报表，包括2011年12月31日的公司及合并资产负债表，2011年度的公司及合并利润表、公司及合并股东权益变动表和公司及合并现金流量表以及财务报表附注。财务报表已由贵公司管理层按附注二所述的编制基础编制。

一、管理层对财务报表的责任

贵公司管理层负责按照附注二所述编制基础编制财务报表,并负责设计、执行和维护必要的内部控制,以使财务报表不存在由于舞弊或错误而导致的重大错报。

二、注册会计师的责任

我们的责任是在执行审计工作的基础上对财务报表发表审计意见。我们按照中国注册会计师审计准则的规定执行了审计工作。中国注册会计师审计准则要求我们遵守中国注册会计师职业道德守则,计划和执行审计工作以对财务报表是否不存在重大错报获取合理保证。

审计工作涉及实施审计程序,以获取有关财务报表金额和披露审计证据。选择的审计程序取决于注册会计师的判断,包括对由于舞弊或错误导致的财务报表重大错报风险的评估。在进行风险评估时,注册会计师考虑与财务报表编制相关的内部控制,以设计恰当的审计程序,但目的并非对内部控制的有效性发表意见。审计工作还包括评价管理层选用会计政策的恰当性和作出会计估计的合理性,以及评价财务报表的审计总体列报。

我们相信,我们获取的审计证据是充分、适当的,为发表审计意见提供了基础。

三、审计意见

我们认为,贵公司财务报表在所有重大方面按照附注二所述编制基础的规定编制。

四、编制基础

我们提醒财务报表使用者关注财务报表附注二对编制基础的说明,本段内容不影响已发表的审计意见。

德勤华永会计师事务所有限公司

中国注册会计师 陶坚

王骨宁

2012 年 3 月 16 日

5.1.2 资产负债表

公司及合并资产负债表

2011 年 12 月 31 日

单位:元

		合并		公司	
资产:	附注八	期末余额	期初余额	期末余额	期初余额
货币资金	1	157 216 790.52	112 682 524.17	142 230 020.61	112 682 524.17
交易性金融资产	2	32 754 325.20	49 803 175.74	32 754 325.20	49 803 175.74
可供出售金融资产	3	146 140 768.00	119 714 850.00	146 140 768.00	119 714 850.00
长期股权投资	4	338 273 750.00	320 633 750.00	353 273 750.00	320 633 750.00
发放贷款和垫款	5	418 000 000.00	318 000 000.00	418 000 000.00	318 000 000.00
应收利息	6	1 835 222.23	1 122 811.11	1 835 222.23	1 122 811.11
投资性房地产	7	1 339 671.75	1 488 776.19	1 339 671.75	1 488 776.19
固定资产	8	8 840 105.35	10 432 689.93	8 840 105.35	10 432 689.93
无形资产	9	432 809.53	710 952.38	432 809.53	710 952.38
其他资产	11	38 248 045.09	42 544 607.21	38 248 045.09	42 544 607.21
递延所得税资产		1 450 279.20	—	1 450 279.20	
资产总计		1 144 531 766.87	977 134 136.73	1 144 544 996.96	977 134 136.73
		合并		公司	
负债:	附注八	期末余额	期初余额	期末余额	期初余额
应附职工薪酬	12	16 123 515.86	10 798 817.77	16 123 515.86	10 798 817.77
应交税费	13	21 161 137.41	21 091 703.43	21 161 137.41	21 091 703.43
递延所得税负债	10	—	868 642.35	—	868 642.35
其他负债	14	4 813 076.88	5 533 180.92	4 813 076.88	5 533 180.92
负债合计		42 097 730.15	38 292 344.47	42 097 730.15	38 292 344.47
所有者权益					
实收资本	15	590 000 000.00	590 000 000.00	590 000 000.00	590 000 000.00
资本公积	16	70 368 676.00	66 249 100.00	70 368 676.00	66 249 100.00
盈余公积	17	84 460 368.39	68 511 778.53	84 460 368.39	68 511 778.53
信托赔偿准备	18	37 056 516.80	29 082 221.87	37 056 516.80	29 082 221.87
一般风险准备	19	5 070 668.00	4 226 142.00	5 070 668.00	4 226 142.00
未分配利润	20	315 477 807.53	180 772 549.86	315 491 037.62	180 772 549.86
归属于母公司所有者权益合计		1 102 434 036.72	938 841 792.26	1 102 447 266.81	938 841 792.26
少数股东权益		—	—	—	—
所有者权益合计		1 102 434 036.72	938 841 792.26	1 102 447 266.81	938 841 792.26
负债和所有者权益总计		1 144 531 766.87	977 134 136.73	1 144 544 996.96	977 134 136.73

附注为财务报表的组成部分。

财务报表经公司管理层于 2011 年 3 月 16 日批准,并由下列负责人签署:

法定代表人:朱立教　　主管会计工作负责人:周也勤　　会计机构负责人:陶　娟

5.1.3 利润表

公司及合并利润表

2011 年 12 月 31 日

单位：元

		合并		公司	
项　目	附注八	本期金额	上期金额	本期金额	上期金额
一、营业收入		286 637 660. 89	241 024 659. 26	286 615 167. 98	241 024 659. 26
手续费及佣金净收入	22	247 213 062. 06	184 501 738. 39	247 213 062. 06	184 501 738. 39
利息净收入	21	43 104 657. 39	39 401 316. 87	43 082 164. 48	39 401 316. 87
投资收益	23	7 284 452. 39	31 297 496. 21	7 284 452. 39	31 297 496. 21
公允价值变动损益	24	(11 211 800. 95)	(14 900 840. 45)	(11 211 800. 95)	(14 900 840. 45)
其他业务收入	25	247 290. 00	724 948. 24	247 290. 00	724 948. 24
二、营业支出		74 679 197. 58	57 098 842. 10	74 643 474. 58	57 098 842. 10
营业税金及附加	26	16 270 016. 37	13 163 355. 27	16 270 016. 37	13 163 355. 27
业务及管理费	27	58 366 305. 62	43 812 688. 75	58 330 582. 62	43 812 688. 75
其他业务成本	28	42 875. 59	122 798. 08	42 875. 59	122 798. 08
三、营业利润		211 958 463. 31	183 925 817. 16	211 971 693. 40	183 925 817. 16
加：营业外收入	29	426 541. 93	18 778 460. 60	426 541. 93	18 778 460. 60
减：营业外支出	30	804 360. 66	1 180 427. 21	804 360. 66	1 180 427. 21
四、利润总额		211 580 644. 58	201 523 850. 55	211 593 874. 67	201 523 850. 55
减：所得税费用	31	52 107 976. 12	50 305 863. 49	52 107 976. 12	50 305 863. 49
五、净利润		159 472 668. 46	151 217 987. 06	159 485 895. 55	151 217 987. 06
其中：					
归属于母公司股东的净利润		159 472 668. 46	151 217 987. 06	159 485 898. 55	151 217 987. 06
少数股东权益		—	—	—	—
六、其他综合收益		4 119 576. 00	—	4 119 576. 00	—
七、综合收益总额		163 592 244. 46	151 217 987. 06	163 605 474. 55	151 217 987. 06
归属于母公司股东综合收益总额		163 592 244. 46	151 217 987. 06	163 605 474. 55	151 217 987. 06
归属于少数股东的综合收益总额		—	—	—	—

附注为财务报表的组成部分。

5.1.4 所有者权益变动表

合并所有者权益变动表

2011 年 12 月 31 日

单位：元

	本期金额							
	归属于母公司所有者权益						少数股东权益	所有者权益合计
	实收资本	资本公积	盈余公积	一般风险准备	信托赔偿准备	未分配利润		
一、2010 年 12 月 31 日余额	590 000 000. 00	66 249 100. 00	68 511 778. 53	4 226 142. 00	29 082 221. 87	180 772 549. 86	—	938 841 792. 26
二、2011 年 1 月 1 日余额	590 000 000. 00	66 249 100. 00	68 511 778. 53	4 226 142. 00	29 082 221. 87	180 772 549. 86	—	938 841 792. 26
三、本期增减变动金额	—	—	—	—	—	—	—	
（一）净利润	—	—	—	—	—	159 472 668. 46	—	159 472 668. 46
（二）其他综合收益	—	4 119 576. 00	—	—	—	—	—	4 119 576. 00
（一）和（二）小计	—	4 119 576. 00	—	—	—	159 472 668. 46	—	163 592 244. 46
（三）股东投入和减少资本								
1. 股东投入和减少资本	—	—	—	—	—	—	—	—
2. 其他	—	—	—	—	—	—	—	—
（四）利润分配								
1. 提取盈余公积	—	—	15 948 589. 86	—	—	(15 948 589. 86)	—	—
2. 提取交易风险准备金	—	—	—	844 526. 00	—	(844 526. 00)	—	—
3. 提取其他风险准备金	—	—	—	—	7 974 294. 93	(7 974 294. 93)	—	—
4. 对股东的分配	—	—	—	—	—	—	—	—
（五）股东权益内部结转								
其他（注十二、1）	—	—	—	—	—	—	—	—
四、2011 年 12 月 31 日余额	590 000 000. 00	70 368 676. 00	84 460 368. 39	5 070 668. 00	37 056 516. 80	315 477 807. 53	—	1 102 434 036. 72

合并股东权益变动表(续表)

2011 年 12 月 31 日

单位:元

	上期金额							
	归属于母公司所有者权益						少数股东权益	所有者权益合计
	实收资本	资本公积	盈余公积	一般风险准备	信托赔偿准备	未分配利润		
一、2009 年 12 月 31 日余额	590 000 000. 00	66 249 100. 00	53 389 979. 82	3 177 503. 00	21 521 322. 52	137 712 203. 15	—	872 050 108. 49
二、2010 年 1 月 1 日余额	590 000 000. 00	66 249 100. 00	53 389 979. 82	3 177 503. 00	21 521 322. 52	137 712 203. 15	—	872 050 108. 49
三、本期增减变动金额	—	—	—	—	—	—	—	—
(一)净利润	—	—	—	—	—	151 217 987. 06	—	151 217 987. 06
(二)其他综合收益	—	—	—	—	—	—	—	—
(一)和(二)小计	—	—	—	—	—	151 217 987. 06	—	151 217 987. 06
(三)股东投入和减少资本	—	—	—	—	—	—	—	—
股东投入和减少资本	—	—	—	—	—	—	—	—
(四)利润分配	—	—	—	—	—	—	—	—
1. 提取盈余公积	—	—	15 121 798. 71	—	—	(15 121 798. 71)	—	—
2. 提取交易风险准备金	—	—	—	1 048 639. 00	—	(1 048 639. 00)	—	—
3. 提取信托赔偿准备金	—	—	—	—	7 560 899. 35	(7 560 899. 35)	—	—
4. 对股东的分配	—	—	—	—	—	(84 426 303. 29)	—	(84 426 303. 29)
四、2010 年 12 月 31 日余额	590 000 000. 00	66 249 100. 00	68 511 778. 53	4 226 142. 00	29 082 221. 87	180 772 549. 86	—	938 841 792. 16

公司所有者权益变动表

2011 年 12 月 31 日

单位:元

	本期金额							
	实收资本	资本公积	盈余公积	一般风险准备	信托赔偿准备	未分配利润	少数股东权益	所有者权益合计
一、2010 年 12 月 31 日余额	590 00 000. 00	66 249 100. 00	68 511 778. 53	4 226 142. 00	29 082 221. 87	180 772. 549. 86	—	938 841 792. 26
二、2011 年 1 月 1 日余额	590 00 000. 00	66 249 100. 00	68 511 778. 53	4 226 142. 00	29 082 221. 87	180 772. 549. 86	—	938 841 792. 26
三、本期增减变动金额	—	—	—	—	—	—	—	
(一)净利润	—	—	—	—	—	159 485 898. 55	—	159 485 898. 55
(二)其他综合收益	—	4 119 576. 00	—	—	—	—	—	4 119 576. 00
(一)和(二)小计	—	4 119 576. 00	—	—	—	159 485. 898. 55	—	163 605 474. 55
(三)股东投入和减少资本								
1. 股东投入和减少资本	—	—	—	—	—	—	—	—
2. 其他	—	—	—	—	—	—	—	—
(四)利润分配								
1. 提取盈余公积	—	—	15 948 589. 86	—	—	(15 948 589. 86)	—	—
2. 提取交易风险准备金	—	—	—	844 526. 00	—	(844 526. 00)	—	—
3. 提取其他风险准备金	—	—	—	—	7 974 294. 93	(7 974 294. 93)	—	—
4. 对股东的分配	—	—	—	—	—	—	—	—
(五)股东权益内部结转								
其他(注十二、1)	—	—	—	—	—	—	—	—
四、2011 年 12 月 31 日余额	590 000 000. 00	70 368 676. 00	84 460 368. 39	5 070 668. 00	37 056 516. 80	315 491 037. 62	—	1 102 447 266. 81

公司所有者权益变动表(续表)

2011 年 12 月 31 日

单位:元

	上期金额							
	实收资本	资本公积	盈余公积	一般风险准备	信托赔偿准备	未分配利润	少数股东权益	所有者权益合计
一、2009 年 12 月 31 日余额	590 000 000. 00	66 249 100. 00	53 389 979. 82	3 177 503. 00	21 521 322. 52	137 712 203. 15	—	872 050 108. 49
二、2010 年 1 月 1 日余额	590 000 000. 00	66 249 100. 00	53 389 979. 82	3 177 503. 00	21 521 322. 52	137 712 203. 15	—	872 050 108. 49
三、本期增减变动金额	—	—	—	—	—	—	—	—
(一)净利润	—	—	—	—	—	151 217 987. 06	—	151 217 987. 06
(二)其他综合权益	—	—	—	—	—	—	—	—
(一)和(二)小计	—	—	—	—	—	151 217 987. 06	—	151 217 987. 06

续表

	上期金额							
	实收资本	资本公积	盈余公积	一般风险准备	信托赔偿准备	未分配利润	少数股东权益	所有者权益合计
（三）股东投入和减少资本	—	—	—	—	—	—	—	—
股东投入和减少资本	—	—	—	—	—	—	—	—
（四）利润分配	—	—	—	—	—	—	—	—
1. 提取盈余公积	—	—	15 121 798.71	—	—	（15 121 798.71）	—	—
2. 提取交易风险准备金	—	—	—	1 048 639.00	—	（1 048 639.00）	—	—
3. 提取信托赔偿准备金	—	—	—	—	7 560 899.35	（7 560 899.35）	—	—
4. 对股东的分配	—	—	—	—	—	（84 426 303.29）	—	（84 426 303.29）
四、2010年12月31日余额	590 000 000.00	66 249 100.00	68 511 778.53	4 226 142.00	29 082 221.87	180 772 549.85	—	938 841 792.26

附注为财务报表的组成部分。

5.2 信托资产（未经审计）

5.2.1 信托项目资产负债汇总表

信托项目资产负债汇总表

编报单位：苏州信托有限公司　　2011年12月31日　　单位：万元

信托资产	期末余额	年初余额	信托负债和信托权益	期末余额	年初余额
信托资产			信托负债		
货币资金	35 416.44	31 620.98	交易性金融负债	0.00	0.00
拆出资金	0.00	0.00	衍生金融负债	0.00	0.00
存出保证金	0.00	0.00	应付受托人报酬	3 429.98	3 811.22
交易性金融资产	25 293.85	24 871.01	应付托管费	9.21	1.32
衍生金融资产	0.00	0.00	应付受益人收益	6 415.42	340.55
买入返售金融资产	20 610.51	0.00	应交税费	1 114.55	496.84
应收款项	7 922.83	4.38	应付销售服务费	0.00	0.00
发放贷款	514 067.84	338 443.70	其他应付款项	56 413.46	52 459.18
可供出售金融资产	0.00	0.00	预计负债	0.00	0.00
持有至到期投资	667 701.85	402 543.68	其他负债	0.00	0.00
长期应收款	22 850.00	58 950.00	信托负债合计	67 382.62	57 109.10
长期股权投资	875 467.40	774 617.40	信托权益		
投资性房地产	0.00	0.00	实收信托	2 088 399.96	1 572 190.34
固定资产	0.00	0.00	资本公积	0.00	0.00
无形资产	0.00	0.00	损益平准金	0.00	0.00
长期待摊费用	0.00	0.00	未分配利润	13 548.14	1 751.69
其他资产	0.00	0.00	信托权益合计	2 101 948.11	1 573 942.04
信托资产总计	2 169 330.73	1 631 051.14	信托负债和信托权益总计	2 169 330.73	1 631 051.14

公司负责人：朱立教　　主管会计工作的公司负责人：周也勤　　信托会计机构负责人：刘瑞英

5.2.2 信托项目利润及利润分配汇总表

信托项目利润及利润分配汇总表

编报单位：苏州信托有限公司　　2011年度　　单位：万元

项　目	本年金额	上年金额
1. 营业收入	173 278.09	141 729.76
1.1 利息收入	34 206.24	24 030.48
1.2 投资收益（损失以"－"号填列）	133 962.45	110 687.35
其中：对联营企业和合营企业的投资收益	0.00	0.00
1.3 公允价值变动收益（损失以"－"号填列）	−223.20	−112.97
1.4 租赁收入	4 040.80	5 409.32
1.5 汇兑损益（损失以"－"号填列）	0.00	0.00
1.6 其他收入	1 291.80	1 715.58
2. 支出	40 072.24	23 986.07
2.1 营业税金及附加	2 623.35	1 701.44
2.2 受托人报酬	24 294.76	18 058.29

续表

项　目	本年金额	上年金额
2.3 托管费	4 605.61	1 021.47
2.4 投资管理费	0.00	0.00
2.5 销售服务费	0.00	0.00
2.6 交易费用	76.97	75.55
2.7 资产减值损失	0.00	0.00
2.8 其他费用	8 471.54	3 129.32
3. 信托净利润（净亏损以"－"号填列）	133 205.86	117 743.69
4. 其他综合收益	0.00	0.00
5. 综合收益	133 205.86	117 743.69
6. 加：期初未分配信托利润	1 751.69	3 184.68
7. 可供分配的信托利润	134 957.55	120 928.36
8. 减：本期已分配信托利润	121 409.41	119 176.67
9. 期末未分配信托利润	13 548.14	1 751.69

公司负责人：朱立教　　主管会计工作的公司负责人：周也勤
信托会计机构负责人：刘瑞英

6. 会计报表附注

6.1 重要会计政策和会计估计说明

6.1.1 计提资产减值准备的范围和方法

6.1.1.1 金融资产减值

除了以公允价值计量且其变动计入当期损益的金融资产外,本公司在每个资产负债表日对其他金融资产的账面价值进行检查,有客观证据表明金融资产发生减值的,计提减值准备。表明金融资产发生减值的客观证据是指金融资产初始确认后实际发生的、对该金融资产的预计未来现金流量有影响,且企业能够对该影响进行可靠计量的事项。

金融资产发生减值的客观证据,包括下列可观察到的各项事项。

(1)发行方或债务人发生严重财务困难;

(2)债务人违反了合同条款,如偿付利息或本金发生违约或逾期等;

(3)本公司出于经济或法律等方面因素的考虑,对发生财务困难的债务人作出让步;

(4)债务人很可能倒闭或者进行其他财务重组;

(5)因发行方发生重大财务困难,导致金融资产无法在活跃市场继续交易;

(6)无法辨认一组金融资产中的某项资产的现金流量是否已经减少,但根据公开的数据对其进行总体评价后发现,该组金融资产自初始确认以来的预计未来现金流量确已减少且可计量,包括:

该组金融资产的债务人支付能力逐步恶化;

债务人所在国家或地区经济出现了可能导致该组金融资产无法支付的状况;

(7)债务人经营所处的技术、市场、经济或法律环境等发生重大不利变化,使权益工具投资人可能无法收回投资成本;

(8)权益工具投资的公允价值发生严重或非暂时性下跌;

(9)其他表明金融资产发生减值的客观证据。

6.1.1.2 以摊余成本计量的金融资产减值

以摊余成本计量的金融资产发生减值时,将其账面价值减记至按照该金融资产的原实际利率折现确定的预计未来现金流量(不包括尚未发生的未来信用损失)现值,减记金额确认为减值损失,计入当期损益。金融资产确认减值损失后,如有客观证据表明该金融资产价值已恢复,且客观上与确认该损失后发生的事项有关,原确认的减值损失予以转回,但金融资产转回减值损失后的账面价值不超过假定不计提减值准备情况下该金融资产在转回日的摊余成本。

本公司对单项金额重大的金融资产单独进行减值测试;对单项金额不重大的金融资产,单独进行减值测试或包括在具有类似信用风险特征的金融资产组合中进行减值测试。单独测试未发生减值的金融资产(包括单项金额重大和不重大的金融资产),包括在具有类似信用风险特征的金融资产组合中再进行减值测试。已单项确认减值损失的金融资产,不再包括在具有类似信用风险特征的金融资产组合中进行减值测试。

6.1.1.3 可供出售金融资产减值

可供出售金融资产发生减值时,将原直接计入资本公积的因公允价值下降形成的累计损失予以转出并计入当期损益,该转出的累计损失为该资产初始取得成本扣除已收回本金和已摊销金额、当前公允价值和原已计入损益的减值损失后的余额。

在确认减值损失后,期后如有客观证据表明该金融资产价值已恢复,且客观上与确认该损失后发生的事项有关,原确认的减值损失予以转回,可供出售权益工具投资的减值损失转回确认为其他综合收益并计入资本公积,可供出售债务工具的减值损失转回计入当期损益。

6.1.2 金融资产四分类的范围和标准

金融资产在初始确认时划分为以公允价值计量且其变动计入当期损益的金融资产、持有至到期投资、贷款和应收款项以及可供出售金融资产。以常规方式买卖金融资产,按交易日会计进行确认和终止确认。

6.1.2.1 以公允价值计量且其变动计入当期损益的金融资产

以公允价值计量且其变动计入当期损益的金融资产包括交易性金融资产和指定为以公允价值计量且其变动计入当期损益的金融资产。本公司以公允价值计量且其变动计入当期损益的金融资产均为交易性金融资产。

交易性金融资产是指满足下列条件之一的金融资产:(1)取得该金融资产的目的,主要是为了近期内出售;(2)初始确认时属于进行集中管理的可辨认金融工具组合的一部分,且有客观证据表明本公司近期采用短期获利方式对该组合进行管理;(3)属于衍生工具,但是被指定且为有效套期工具的衍生工具、属于财务担保合同的衍生工具、与在活跃市场中没有报价且其公允价值不能可靠计量的权益工具投资挂钩并须通过交付该权益工具结算的衍生工具除外。

6.1.2.2 持有至到期投资

持有至到期投资是指到期日固定、回收金额固定或可确定,且本公司有明确意图和能力持有至到期的非衍生金融资产。

6.1.2.3 贷款和应收款项

贷款和应收款项是指在活跃市场中没有报价、回收金额固定或可确定的非衍生金融资产。本公司划分为贷款和应收款的金融资产包括发放贷款和垫款、应收利息、拆出资金等。

6.1.2.4 可供出售金融资产

可供出售金融资产包括初始确认时即被指定为可供出售的非衍生金融资产,以及除了以公允价值计量且其变动计入当期损益的金融资产、贷款和应收款项、持有至到期投资以外的金融资产。初始确认时即被指定为可供出售的非衍生金融资产包括但不限于出于流动性管理目的或根据市场环境变化而可能提前出售的金融资产。

固有资金投资形成的长期股权投资,参照证监会计字〔2007〕34号《关于证券公司执行〈企业会计准则〉有关核算问题的通知》的规定,在被投资公司股票上市后,如对被投资公司不具有控制、共同控制或重大影响,应当于被投资公司股票上市之日将该项投资转作可供出售金融资产。

6.1.3 交易性金融资产核算方法

6.1.3.1 金融工具的公允价值确定方法

公允价值,指在公平交易中,熟悉情况的交易双方自愿进行资产交换或债务清偿的金额。金融工具存在活跃市场的，本公司采用活跃市场中的报价确定其公允价值。金融工具不存在活跃市场的，本公司采用估值技术确定其公允价值。估值技术包括参考熟悉情况并自愿交易的各方最近进行的市场交易中使用的价格、参照实质上相同的其他金融工具当前的公允价值、现金流量折现法和期权定价模型等。

6.1.3.2 金融资产的确认及计量

金融资产在初始确认时划分为以公允价值计量且其变动计入当期损益的金融资产、持有至到期投资、贷款和应收款项以及可供出售金融资产。以常规方式买卖金融资产，按交易日会计进行确认和终止确认。

6.1.3.3 以公允价值计量且其变动计入当期损益的金融资产

以公允价值计量且其变动计入当期损益的金融资产包括交易性金融资产和指定为以公允价值计量且其变动计入当期损益的金融资产。本公司以公允价值计量且其变动计入当期损益的金融资产均为交易性金融资产。

交易性金融资产是指满足下列条件之一的金融资产：(1)取得该金融资产的目的，主要是为了近期内出售；(2)初始确认时属于进行集中管理的可辨认金融工具组合的一部分，且有客观证据表明本公司近期采用短期获利方式对该组合进行管理；(3)属于衍生工具，但是被指定且为有效套期工具的衍生工具、属于财务担保合同的衍生工具、与在活跃市场中没有报价且其公允价值不能可靠计量的权益工具投资挂钩并须通过交付该权益工具结算的衍生工具除外。

交易性金融资产采用公允价值进行后续计量，公允价值变动形成的利得或损失以及与该金融资产相关的股利和利息收入计入当期损益。

6.1.4 可供出售金融资产核算方法

可供出售金融资产核算办法包括初始确认时即被指定为可供出售的非衍生金融资产，以及除了以公允价值计量且其变动计入当期损益的金融资产、贷款和应收款项、持有至到期投资以外的金融资产。初始确认时即被指定为可供出售的非衍生金融资产包括但不限于出于流动性管理目的或根据市场环境变化而可能提前出售的金融资产。

固有资金投资形成的长期股权投资，参照证监会计字〔2007〕34号《关于证券公司执行〈企业会计准则〉有关核算问题的通知》的规定，在被投资公司股票上市后，如对被投资公司不具有控制、共同控制或重大影响，应当于被投资公司股票上市之日将该项投资转作可供出售金融资产。

可供出售金融资产采用公允价值进行后续计量，公允价值变动形成的利得或损失，除减值损失和外币货币性金融资产与摊余成本相关的汇兑差额计入当期损益外，确认为其他综合收益并计入资本公积，在该金融资产终止确认时转出，计入当期损益。

固有资金投资上市转入可供出售金融资产的公允价值参照证监会计字〔2007〕21号《关于证券投资基金执行〈企业会计准则〉估值业务及份额净值计价有关事项的通知》中非公开发行有明确锁定期的股票的方法确定公允价值。

可供出售金融资产持有期间取得的利息及被投资单位宣告发放的现金股利，计入投资收益。

在活跃市场中没有报价且其公允价值不能可靠计量的权益工具投资，以及与该权益工具挂钩并须通过交付该权益工具结算的衍生金融资产，按照成本计量。

金融资产的转移

满足下列条件之一的金融资产，予以终止确认：(1)收取该金融资产现金流量的合同权力终止；(2)该金融资产已转移，且将金融资产所有权上几乎所有的风险和报酬转移给转入方；(3)该金融资产已转移，虽然本公司既没有转移也没有保留金融资产所有权上几乎所有的风险和报酬，但是放弃了对该金融资产的控制。

若本公司既没有转移也没有保留金融资产所有权上几乎所有的风险和报酬，且未放弃对该金融资产的控制的，则按照继续涉入所转移金融资产的程度确认有关金融资产，并相应确认有关负债。继续涉入所转移金融资产的程度，是指该金融资产价值变动使企业面临的风险水平。

金融资产整体转移满足终止确认条件的，将所转移金融资产的账面价值及因转移而收到的对价与原计入其他综合收益的公允价值变动累计额之和的差额计入当期损益。

金融资产部分转移满足终止确认条件的，将所转移金融资产的账面价值在终止确认及未终止确认部分之间按其相对的公允价值进行分摊，并将因转移而收到的对价与应分摊至终止确认部分的原计入其他综合收益的公允价值变动累计额之和与分摊的前述账面金额之差额计入当期损益。

6.1.5 持有至到期投资核算方法

持有至到期投资是指到期日固定、回收金额固定或可确定，且本公司有明确意图和能力持有至到期的非衍生金融资产。

持有至到期投资采用实际利率法，按摊余成本进行后续计量，在终止确认、发生减值或摊销时产生的利得或损失，计入当期损益。

6.1.6 长期股权投资

6.1.6.1 投资成本的确定

对于企业合并形成的长期股权投资，如为同一控制下的企业合并取得的长期股权投资，在合并日按照取得被合并方股东权益账面价值的份额作为投资成本；通过非同一控制下的企业合并取得的长期股权投资，按照合并成本作为长期股权投资的投资成本。对于多次交易实现非同一控制下的企业合并，长期股权投资成本为购买日之前所持被购买方的股权投资的账面价值与购买日新增投资成本之和。除企业合并形成的长期股权投资外的其他股权投资，按成本进行初始计量。

6.1.6.2 成本法核算的长期股权投资

本公司对被投资单位不具有共同控制或重大影响并且在活跃市场中没有报价、公允价值不能可靠计量的长期股权投资，采用成本法核算。此外，公司财务报表采用成本法核算对子公司的长期股权投资。子公司是指本公司能够对其实施控制的被投资单位。

采用成本法核算时，长期股权投资按初始投资成本计价，除取得投资时实际支付的价款或者对价中包含的已宣告但尚未发放的现金股利或者利润外，当期投资收益按照享有被投资单位宣告发放的现金股利或利润确认。

6.1.6.3 权益法核算的长期股权投资

本公司对联营企业和合营企业的投资采用权益法核算。

联营企业是指本公司能够对其施加重大影响的被投资单位，合营企业是指本公司与其他投资方对其实施共同控制的被投资单位。

采用权益法核算时，长期股权投资的初始投资成本大于投资时应享有被投资单位可辨认净资产公允价值份额的，不调整长期股权投资的初始投资成本；初始投资成本小于投资时应享有被投资单位可辨认净资产公允价值份额的，其差额计入当期损益，同时调整长期股权投资的成本。

采用权益法核算时，当期投资损益为应享有或应分担的被投资单位当年实现的净损益的份额。在确认应享有被投资单位净损益的份额时，以取得投资时被投资单位各项可辨认资产等的公允价值为基础，并按照本公司的会计政策及会计期间，对被投资单位的净利润进行调整后确认。对于本公司与联营企业及合营之间发生的未实现内部交易损益按照持股比例计算属于本公司的部分予以抵销，在此基础上确认投资损益。但本公司与被投资单位发生的未实现内部交易损失，属于所转让资产减值损失的，不予以抵销。对被投资单位除净损益以外的其他所有者权益变动，相应调整长期股权投资的账面价值确认为其他综合收益并计入资本公积。

在确认应分担被投资单位发生的净亏损时，以长期股权投资的账面价值和其他实质上构成对被投资单位净投资的长期权益减记至零为限。此外，如本公司对被投资单位负有承担额外损失的义务则按预计承担的义务确认预计负债，计入当期投资损失。被投资单位以后期间实现净利润的，本公司在收益分享额弥补未确认的亏损分担额后，恢复确认收益分享额。

6.1.6.4　处置长期股权投资

处置长期股权投资时，其账面价值与实际取得价款的差额，计入当期损益。采用权益法核算的长期股权投资，在处置时将原计入所有者权益的部分按相应的比例转入当期损益。

参照《关于证券公司执行〈企业会计准则〉有关核算问题的通知》(证监会计字〔2007〕34号)，固有资金投资的被投资公司股票上市后，如对被投资公司存在控制、共同控制或重大影响，应当继续作为长期股权投资，并视对被投资公司的影响程度分别采用成本法或权益法核算；如对被投资公司不具有控制、共同控制或重大影响，应当于被投资公司股票上市之日将该项投资转作可供出售金融资产进行初始及后续计量。

6.1.6.5　确定对被投资单位具有共同控制、重大影响的依据

控制是指有权决定一个企业的财务和经营政策，并能据以从该企业的经营活动中获取利益。共同控制是指按照合同约定对某项经济活动所共有的控制，仅在与该项经济活动相关的重要财务和经营政策需要分享控制权的投资方一致同意时存在。重大影响是指对一个企业的财务和经营政策有参与决策的权力，但并不能够控制或者与其他方一起共同控制这些政策的制定。在确定能否对被投资单位实施控制或施加重大影响时，已考虑投资企业和其他方持有的被投资单位当期可转换公司债券、当期可执行认股权证等潜在表决权因素。

6.1.6.6　减值测试方法及减值准备计提方法

本公司在每一个资产负债表日检查长期股权投资是否存在可能发生减值的迹象。如果该资产存在减值迹象，则估计其可收回金额。如果资产的可收回金额低于其账面价值，按其差额计提资产减值准备，并计入当期损益。

长期股权投资的减值损失一经确认，在以后会计期间不予转回。

6.1.7　投资性房地产核算办法

投资性房地产是指为赚取租金或资本增值，或两者兼有而持有的房地产，包括已出租的土地使用权、已出租的建筑物等。

投资性房地产按成本进行初始计量。与投资性房地产有关的后续支出，如果与该资产有关的经济利益很可能流入且其成本能可靠计量，则计入投资性房地产成本。其他后续支出，在发生时计入当期损益。

本公司采用成本模式对投资性房地产进行后续计量，并按照与房屋建筑物或土地使用权一致的政策进行折旧或摊销。

本公司在每一个资产负债表日检查投资性房地产是否存在可能发生减值的迹象。如果该资产存在可能发生减值迹象，则估计其可收回金额。估计资产的可收回金额以单项资产为基础，如果难以对单项资产的可收回金额进行估计的，则以该资产所属的资产组为基础确定资产组的可收回金额。如果资产或资产组的可收回金额低于其账面价值，按其差额计提资产减值准备，并计入当期损益。

投资性房地产的减值损失一经确认，在以后会计期间不予转回。

投资性房地产出售、转让、报废或毁损的处置收入扣除其账面价值和相关税费后的差额计入当期损益。

6.1.8　固定资产计价和折旧办法

6.1.8.1　固定资产确认条件

固定资产是指为提供劳务、出租或经营管理而持有的，使用寿命超过一个会计年度的有形资产。固定资产仅在与其有关的经济利益很可能流入本公司，且其成本能够可靠地计量时才予以确认。固定资产按成本并考虑预计弃置费用因素的影响进行初始计量。

与固定资产有关的后续支出，如果与该固定资产有关的经济利益很可能流入且其成本能可靠地计量，则计入固定资产成本，并终止确认被替换部分的账面价值。除此以外的其他后续支出，在发生时计入当期损益。

6.1.8.2　各类固定资产的折旧方法

固定资产从达到预定可使用状态的次月起，采用年限平均法在使用寿命内计提折旧。各类固定资产的使用寿命、预计净残值和年折旧率如下：

类别	使用寿命	预计净残值率(%)	年折旧率(%)
房屋及建筑物	30～35年	5	2.71～3.17
电子及机器设备	5～10年	5	9.50～19.00
运输设备	5年	5	19.00
其他	5年	5	19.00

预计净残值是指假定固定资产预计使用寿命已满并处于使用寿命终了时的预期状态，本公司目前从该项资产处置中获得的扣除预计处置费用后的金额。

6.1.8.3　固定资产的减值测试方法及减值准备计提方法

本公司在每一个资产负债表日检查固定资产是否存在可能发生减值的迹象。如果该资产存在减值迹象，则估计其可收回金额。估计资产的可收回金额以单项资产为基础，如果难以

对单项资产的可收回金额进行估计的，则以该资产所属的资产组为基础确定资产组的可收回金额。如果资产或资产组的可收回金额低于其账面价值，按其差额计提资产减值准备，并计入当期损益。

固定资产减值损失一经确认，在以后会计期间不予转回。

6.1.8.4 其他说明

本公司至少于年度终了对固定资产的使用寿命、预计净残值和折旧方法进行复核，如发生改变则作为会计估计变更处理。

当固定资产处于处置状态或预期通过使用或处置不能产生经济利益时，终止确认该固定资产。固定资产出售、转让、报废或毁损的处置收入扣除其账面价值和相关税费后的差额计入当期损益。

6.1.8.5 在建工程

在建工程按实际成本计量，实际成本包括在建期间发生的各项工程支出、工程达到预定可使用状态前的资本化的借款费用以及其他相关费用等。在建工程不计提折旧。在建工程在达到预定可使用状态后结转为固定资产。

本公司在每一个资产负债表日检查在建工程是否存在可能发生减值的迹象。如果该资产存在减值迹象，则估计其可收回金额。估计资产的可收回金额以单项资产为基础，如果难以对单项资产的可收回金额进行估计的，则以该资产所属的资产组为基础确定资产组的可收回金额。如果资产或资产组的可收回金额低于其账面价值，按其差额计提资产减值准备，并计入当期损益。

在建工程减值损失一经确认，在以后会计期间不予转回。

6.1.9 无形资产计价及摊销政策

无形资产是指本公司拥有或者控制的没有实物形态的可辨认非货币性资产。

无形资产按成本进行初始计量。使用寿命有限的无形资产自可供使用时起，对其原值减去预计净残值和已计提的减值准备累计金额在其预计使用寿命内采用直线法分期平均摊销。使用寿命不确定的无形资产不予摊销。

期末，对使用寿命有限的无形资产的使用寿命和摊销方法进行复核，必要时进行调整。

本公司在每一个资产负债表日检查使用寿命确定的无形资产是否存在可能发生减值的迹象。如果该等资产存在减值迹象，则估计其可收回金额。估计资产的可收回金额以单项资产为基础，如果难以对单项资产的可收回金额进行估计的，则以该资产所属的资产组为基础确定资产组的可收回金额。如果资产或资产组的可收回金额低于其账面价值，按其差额计提资产减值准备，并计入当期损益。

使用寿命不确定的无形资产和尚未达到可使用状态的无形资产，无论是否存在减值迹象，每年均进行减值测试。

无形资产减值损失一经确认，在以后会计期间不予转回。

6.1.10 贷款和应收款项的核算方法

贷款和应收款项是指在活跃市场中没有报价、回收金额固定或可确定的非衍生金融资产。本公司划分为贷款和应收款的金融资产包括发放贷款和垫款、应收利息、拆出资金等。

贷款和应收款项采用实际利率法，按摊余成本进行后续计量，在终止确认、发生减值或摊销时产生的利得或损失，计入当期损益。

6.1.11 长期待摊费用的摊销政策

公司已发生但应由本期和以后各期负担的分摊期限在1年以上的各项费用，按受益期限内平均摊销。

6.1.12 合并会计报表的编制方法

合并财务报表的合并范围以控制为基础予以确定。控制是指本公司能够决定另一个企业的财务和经营政策，并能据以从该企业的经营活动中获取利益的权力。

6.1.13 收入确定原则和方法

6.1.13.1 利息收入

利息收入按照相关金融资产的摊余成本采用实际利率法确认。

6.1.13.2 手续费及佣金收入

信托报酬收入于服务已经提供且收取的金额能够可靠地计量时，按权责发生制确认收入。

6.1.13.3 其他业务收入

房租收入于合同已经履行且收取的金额能够可靠地计量时，按权责发生制确认收入。

6.1.14 所得税的会计处理方法

6.1.14.1 当期所得税

资产负债表日，对于当期和以前期间形成的当期所得税负债（或资产），按照税法规定计算的预期应交纳（或返还）的所得税金额计量。

6.1.14.2 递延所得税资产及递延所得税负债

对于某些资产、负债项目的账面价值与其计税基础之间的差额，以及未作为资产和负债确认但按照税法规定可以确定其计税基础的项目的账面价值与计税基础之间的差额产生的暂时性差异，采用资产负债表债务法确认递延所得税资产及递延所得税负债。

一般情况下所有暂时性差异均确认相关的递延所得税。但对于可抵扣暂时性差异，本公司以很可能取得用来抵扣可抵扣暂时性差异的应纳税所得额为限，确认相关的递延所得税资产。

对于能够结转以后年度的可抵扣亏损和税款抵减，以很可能获得用来抵扣可抵扣亏损和税款抵减的未来应纳税所得额为限，确认相应的递延所得税资产。

资产负债表日，对于递延所得税资产和递延所得税负债，根据税法规定，按照预期收回相关资产或清偿相关负债期间的适用税率计量。

除与直接计入其他综合收益或所有者权益的交易和事项相关的当期所得税和递延所得税计入其他综合收益或所有者权益，以及企业合并产生的递延所得税调整商誉的账面价值外，其余当期所得税和递延所得税费用或收益计入当期损益。

资产负债表日，对递延所得税资产的账面价值进行复核，如果未来很可能无法获得足够的应纳税所得额用以抵扣递延所得税资产的利益，则减记递延所得税资产的账面价值。在很可能获得足够的应纳税所得额时，减记的金额予以转回。

6.1.14.3 所得税的抵销

当拥有以净额结算的法定权利，且意图以净额结算或取得资产、清偿负债同时进行时，本公司当期所得税资产及当期所得税负债以抵销后的净额列报。

当拥有以净额结算当期所得税资产及当期所得税负债的法定权利，且递延所得税资产及递延所得税负债是与同一税收征管部门对同一纳税主体征收的所得税相关或者是对不同的纳税主体相关，但在未来每一具有重要性的递延所得税资产及负债转回的期间内，涉及的纳税主体意图以净额结算当期所得税资产和负债或是同时取得资产、清偿负债时，本公司递延所得税资产及递延所得税负债以抵销后的净额列报。

6.1.15　信托报酬确认原则和方法

信托报酬的确认主要以权责发生制为原则。对于信托文件明确规定有收取标准的，以信托文件规定计提信托报酬；对于信托文件没有明确规定的，待信托项目运作结束时一次性计算收取。

6.2　或有事项说明

公司对外提供借款担保的期初、期末无余额。

6.3　重要资产转让及其出售的说明

根据中国银监会《关于实施〈信托公司管理办法〉和〈信托公司集合资金信托计划管理办法〉有关具体事项的通知》，信托投资公司正在合同执行期的业务可履行至合同结束。本公司将对截止资产负债表日持有的租约尚未到期的投资性房地产正在积极拟定计划，逐步按照通知的有关精神进行清理。

6.4　会计报表中重要项目的明细资料

6.4.1　披露自营资产经营情况

6.4.1.1　按信用风险五级分类结果披露信用风险资产的期初、期末数

风险分类	正常类（万元）	关注类（万元）	次级类（万元）	可疑类（万元）	损失类（万元）	信用风险资产合计（万元）	不良资产合计（万元）	不良率（%）
期初数	47 429	0	0	0	0	47 429	0	0
期末数	61 528	0	0	0	0	61 528	0	0

注：不良资产合计＝次级类＋可疑类＋损失类。

6.4.1.2　资产减值损失准备的期初数、本期计提、本期转回、本期核销、期末数

单位：万元

	期初数	本期计提	本期转回	本期核销	期末数
贷款损失	—	—	—	—	—
一般准备	—	—	—	—	—
专项准备	—	—	—	—	—
其他资产减值准备	—	—	—	—	—
可供出售金融资产减值准备	—	—	—	—	—
持有至到期投资减值准备	—	—	—	—	—
长期股权投资减值准备	—	—	—	—	—
坏账准备	—	—	—	—	—
投资性房地产减值准备	—	—	—	—	—

6.4.1.3　按照投资品种分类，分别披露固有业务股票投资、基金投资、债券投资、股权投资等投资业务的期初数、期末数

单位：万元

	自营股票	基金	债券	长期股权投资	其他投资	合计
期初数	4 980	0	0	32 063	11 971	49 014
期末数	3 275	0	0	33 827	14 614	51 716

6.4.1.4　按投资入股金额排序，前五名的自营长期股权投资的企业名称、占被投资企业权益的比例、主要经营活动及投资收益情况等（从大到小顺序排列）

单位：万元

企业名称	占被投资企业权益的比例（%）	主要经营活动	投资损益
苏州德威新材料股份有限公司	17.14	新材料生产经营和销售	0
江苏射阳农村商业银行股份有限公司	10.00	银行业务	0
江苏靖江润丰村镇银行股份有限公司	10.00	银行业务	0
江苏泰州农村商业银行股份有限公司	8.33	银行业务	0
江苏姜堰农村商业银行股份有限公司	4.80	银行业务	0

注：1. 本公司于2005年7月向江苏德威新材料股份有限公司进行投资，持有1 028.25万股股份。根据2010年10月12日中国证券监督管理委员会创业板发行审核委员会2010年第62次会议公告，江苏德威新材料股份有限公司首次公开发行获通过（尚未发行）。

2. 本公司于2010年12月向北京拉卡拉网络技术有限公司进行投资，持有175.88万股股份。根据《江苏银监局关于苏州信托有限公司以固有资产从事股权投资业务的批复》（苏银监复〔2009〕309号），同意本公司开展以固有资产从事股权投资业务。本公司已于2011年12月以面值人民币1 500万元将该项投资从苏州信托有限公司转让予苏州市苏信创业投资有限公司（苏州市苏信创业投资有限公司为苏州信托有限公司全资子公司）。

6.4.1.5　前五名的自营贷款的企业名称、占贷款总额的比例和还款情况等（从贷款金额大到小顺序排列）

企业名称	占贷款总额比例（%）	还款情况
1. 苏州高新区经济发展集团总公司	19.14	正常
2. 苏州新湖置业有限公司	19.14	正常
3. 江苏恒神纤维材料有限公司	17.94	正常
4. 江苏佳和置业有限公司	17.94	正常
5. 苏州太湖国际高尔夫俱乐部有限公司	11.96	正常

6.4.1.6　表外业务的期初数、期末数；按照代理业务、担保业务和其他类型表外业务分别披露

单位：万元

表外业务	期初数	期末数
担保业务	—	—
代理业务（委托业务）	—	—
其他	—	—
合计	—	—

报告期内，公司未发生代理业务（委托业务）。

6.4.1.7　公司当年的收入结构

收入结构	金额（万元）	占比（%）
手续费及佣金收入	24 721	86.11
其中：信托手续费收入	24 721	86.11
投资银行业务收入		0.00
利息收入	4 311	15.02
其他业务收入	25	0.09

续表

收入结构	金额(万元)	占比(%)
其中:计入信托业务收入部分		0.00
投资收益	728	2.54
其中:股权投资收益	531	1.85
证券投资收益	67	0.24
其他投资收益	130	0.45
公允价值变动收益	-1 121	-3.91
营业外收入	43	0.15
收入合计	28 707	100.00

注:手续费及佣金收入、利息收入、其他业务收入、投资收益、营业外收入均为损益表中的科目,为全年累计实现收入数。

报告年度实现信托业务收入总额为 24 721 万元,全部以手续费及佣金收入形式确定。

6.4.2 披露信托财产管理情况

6.4.2.1 信托资产的期初数、期末数

单位:万元

信托资产	期初数	期末数
集合	1 206 683.43	1 693 730.43
单一	392 872.25	436 970.85
财产权	31 495.46	38 629.45
合计	1 631 051.14	2 169 330.73

6.4.2.1.1 主动管理型信托业务的信托资产期初数、期末数,按分证券投资、股权投资、融资、事务管理类分别披露

单位:万元

主动管理型信托资产	期初数	期末数
证券投资类	5 790.00	25 078.96
股权投资类	147 563.92	341 970.58
融资类	1 477 697.22	1 802 281.19
事务管理类	0	0
合计	1 631 051.14	2 169 330.73

6.4.2.1.2 被动管理型信托业务的信托资产期初数、期末数,按证券投资、股权投资、融资、事务管理类分别披露

单位:万元

被动管理型信托资产	期初数	期末数
证券投资类	0	0
股权投资类	0	0
融资类	0	0
事务管理类	0	0
合计	0	0

6.4.2.2 本年度已清算结束的信托项目 49 个数、实收信托合计金额 67.38 亿元、加权平均实际年化收益率 7.26%

6.4.2.2.1 本年度已清算结束的集合类、单一类资金信托项目和财产管理类信托项目个数、实收信托金额、加权平均实际年化收益率

已清算结束信托项目	项目个数	实收信托合计金额(万元)	加权平均实际年化收益率(%)
集合类	33	502 706.15	7.33
单一类	16	171 132.00	7.03
财产管理类	0	0.00	0.00

注:收益率是指信托项目清算后,给受益人赚取的实际收益水平。

加权平均实际年化收益率 =(信托项目 1 的实际年化收益率 ×信托项目 1 的实收信托 +信托项目 2 的实际年化收益率 ×信托项目 2 的实收信托 +…信托项目 n 的实际年化收益率 ×信托项目 n 的实收信托)/(信托项目 1 的实收信托 +信托项目 2 的实收信托 +…信托项目 n 的实收信托) ×100%。

6.4.2.2.2 本年度已清算结束的主动管理型信托项目个数、实收信托合计金额、加权平均实际年华收益率,按证券投资、股权投资、融资、事务管理类分别计算并披露

已清算结束信托项目	项目个数	实收信托合计金额(万元)	加权平均实际年化信托报酬率(%)	加权平均实际年化收益率(%)
证券投资类	1	5 786	1.77	6.29
股权投资类	3	52 000	4.42	10.70
融资类	45	616 052.15	1.38	6.97
事务管理类	0	0	0	0

注:加权平均实际年化信托报酬率 =(信托项目 1 的实际年化信托报酬率 ×信托项目 1 的实收信托 +信托项目 2 的实际年化信托报酬率 ×信托项目 2 的实收信托 +…信托项目 n 的实际年化信托报酬率 ×信托项目 n 的实收信托)/(信托项目 1 的实收信托 +信托项目 2 的实收信托 +…信托项目 n 的实收信托) ×100%。

6.4.2.2.3 本年度已清算结束的被动管理型信托项目个数、实收信托合计金额、加权平均实际化收益率,按证券投资、股权投资、融资、事务管理类分别计算并披露

已清算结束信托项目	项目个数	实收信托合计金额(万元)	加权平均实际年化信托报酬率(%)	加权平均实际年化收益率(%)
证券投资类	0	0	0	0
股权投资类	0	0	0	0
融资类	0	0	0	0
事务管理类	0	0	0	0

6.4.2.3 本年度新增的集合类、单一类和财产管理类信托项目个数、实收信托合计金额

单位:万元

新增信托项目	项目个数	实收信托合计金额
集合类	50	1 009 495.72
单一类	15	194 838.00
财产管理类	0	0
新增合计	65	1 204 333.72
其中:主动管理型	65	1 204 333.72
被动管理型	0	0

注:本年新增信托项目指在本报告年度内累计新增的信托项目个数和金额,包括含本年度新增并于本年度内结束的项目和本年度新增至报告期末仍在持续管理的信托项目。

6.4.2.4 信托业务创新成果和特色业务有关情况。

6.4.2.4.1 创新业务资格

公司是一个地方性的信托机构,客观上存在资本金规模等方面的限制,截至目前,取得了自有资金投资 PE 创新业务资格。

6.4.2.4.2　创新业务品种

公司实施了增资扩股后，制定了业务发展战略和实施方案，充分发挥自身创新意识，具有业务基础良好、资产质量优良、市场化程度高、区域经济快速发展等多方面的优势，形成了以基础设施、公用事业和基础产业为方向，以融资代建、BT 等投融资方式为主的业务模式。公司在融资租赁、证券投资、房地产投资基金和新农村建设等领域进行了创新和实践，推出股票真实投资性质的凯石益金，股票结构化投资的创元科技、海利得、森隆结构化、恒源结构化，房地产真实投资性质的华实 1101、华实 1102 和华实 1103 系列，保障房建设等多个创新业务品种，并取得了良好的市场反应。

6.4.2.4.3　创新业务规模

公司在非结构化股票投资领域发行一个信托计划：凯石益金（规模 7.0255 亿元）；在结构化股票投资领域发行四个信托计划：创元科技（规模 0.4484 亿元）、海利得（规模 0.93 亿元）、森隆结构化（规模 1.2 亿元）、恒源结构化（规模 1.5 亿元）；在房地产真实投资领域发行三个信托计划：华实 1101（规模 1.2046 亿元）、华实 1102（规模 2.2189 亿元）和华实 1103（规模 2.4929 亿元）。除此之外，公司通过应收账款转让、股权增资等方式积极参与地方保障房建设，开发成立了 4 个保障房建设相关的集合资金信托计划，合计规模 5.95 亿元。创新业务规模达到 22.97 亿元，规模占比超过 10%。

6.4.2.5　本公司履行受托人义务情况及因本公司自身责任而导致的信托资产损失情况（合计金额、原因等）

无。

6.4.2.6　信托赔偿准备金的提取、使用及管理情况

公司按净利润的 5% 计提信托赔偿准备金，本报告期内计提信托赔偿准备金 797 万元，截至 2011 年 12 月 31 日，公司累计已计提信托赔偿准备金 3 706 万元，报告期内未使用信托赔偿准备金。

6.5　关联方关系及其交易的披露

6.5.1　关联交易方的数量、关联交易的总金额及关联交易的定价政策等

	关联交易方数量	关联交易金额（万元）	定价政策
合计	1	117 000 000.00	市场定价原则

注：关联交易定义应以《公司法》和《企业会计准则 36 号——关联方披露》有关规定为准。

6.5.2　关联交易方与本公司的关系性质、关联交易方的名称、法定代表人、注册地址、注册资本及主营业务等

关系性质	关联方名称	法定代表人	注册地址	注册资本	主营业务
本公司第三大股东的控股企业	北京神州汽车租赁有限公司	陆正耀	北京市朝阳区望京中环南路甲 2 号 A 座 2801 室	21 528.8417 万元人民币	汽车租赁、机动车公共停车服务、融资租赁。

6.5.3　本公司与关联方的重大交易事项

6.5.3.1　固有与关联方交易情况：贷款、投资、租赁、应收账款、担保、其他方式等期初汇总数、本期借方和贷方发生额汇总数、期末汇总数

本期固有与关联方无交易情况发生。

6.5.3.2　信托与关联方交易情况：贷款、投资、租赁、应收账款、担保、其他方式等期初汇总数、本期借方和贷方发生额汇总数、期末汇总数

单位：万元

信托资产与关联方关联交易																				
贷款			投资			租赁			担保			应收账款			其他			合计		
期初	发生额	期末	期初	发生额	期末	期初	发生额	期末	期初	发生额	期末	期初	发生额	期末	期初	发生额	期末	期初	发生额	期末
0.00	117 000 000.00	117 000 000.00																0.00	117 000 000.00	117 000 000.00

6.5.3.3　信托公司自有资金运用于自己管理的信托项目（固信交易）、信托公司管理的信托项目之间的相互（信信交易）交易金额，包括余额和本报告年度的发生额

6.5.3.3.1　固有与信托财产之间的交易金额期初汇总数、本期发生额汇总数、期末汇总数

固有与信托财产之间无交易发生。

6.5.3.3.2　信托财产与信托财产之间的交易情况

信托财产与信托财产之间的无交易发生

6.5.4　关联方逾期未偿还本公司资金的详细情况及本公司为关联方担保发生或即将发生垫款的详细情况

截至 2011 年 12 月 31 日，本公司未发生关联方逾期未偿还本公司资金情况；本公司无为关联方担保发生或即将发生垫款情况。

6.6　会计制度的披露

6.6.1　固有业务（自营业务）执行会计制度的名称、颁布年份

报告年度公司执行新《企业会计准则》（财政部 2006 年 2 月颁布）。

6.6.2　信托业务执行会计制度的名称、颁布年份

公司信托业务执行财政部 2005 年 2 月颁布的《信托业务会计核算办法》。

7. 财务情况说明书

7.1　利润实现和分配情况

2011 年公司实现利润总额 21 158 万元比上年增长 4.99%；实现净利润 15 947 万元比上年增长 5.46%。

2011年公司期初未分配利润18 077万元，2011年末可供分配利润15 947万元，报告期内提取法定盈余公积金1 595万元、信托赔偿准备金797万元、一般风险准备84万元，2011年末未分配利润余额31 548万元。

7.2 主要财务指标

指标名称	指标值
资本利润率（%）	15.86
加权年化信托报酬率（%）	1.62
人均净利润（万元/人）	243.47

注：1. 资本利润率＝净利润/所有者权益平均余额×100%。

2. 加权年化信托报酬率＝（信托项目1的实际年化信托报酬率×信托项目1的实收信托＋信托项目2的实际年化信托报酬率×信托项目2的实收信托＋…信托项目n的实际年化信托报酬率×信托项目n的实收信托）/（信托项目1的实收信托＋信托项目2的实收信托＋…信托项目n的实收信托）×100%。

3. 人均净利润＝净利润/年平均人数。

4. 平均值采取年初、年末余额简单平均法＝（年初数＋年末数）/2。

7.3 对公司财务状况、经营成果有重大影响的其他事项

报告期内未发生任何对公司财务状况、经营成果有重大影响的事项。

8. 特别事项简要揭示

8.1 前五名股东报告期内变动情况及原因

报告期内公司股东及持股比例无变动。

8.2 公司董事、监事及高级管理人员变动情况及原因

报告期内，公司第三届董事会董事李权先生因个人原因辞去公司董事职务，The Royal Bank of Scotland plc（RBS）提名钱裕清先生担任公司第三届董事会董事，2011年股东会第一次临时会议审议通过选举（更换）钱裕清先生为公司第三届董事会（非职工代表）董事。钱裕清先生的任职资格已经获得中国银行业监督管理委员会的核准（苏银监复〔2011〕188号批复）。

报告期内，公司第三届监事会监事梁炜衡先生因The Royal Bank of Scotland plc（RBS）内部工作调动，不再担任监事，RBS提名吴昊先生担任公司第三届监事会监事，2011年股东会第二次临时会议表决通过选举（更换）吴昊先生为公司第三届监事会（非职工代表）监事；公司第三届监事会监事吴昊先生因The Royal Bank of Scotland plc（RBS）内部工作调动，不再担任监事，RBS提名马力先生担任公司第三届监事会监事，2011年股东会第四次临时会议表决通过选举（更换）马力先生为公司第三届监事会（非职工代表）监事；公司第三届监事会监事张林先生因联想控股有限公司内部工作调动，不再担任监事，联想控股有限公司提名魏凯先生担任公司第三届监事会监事，2011年股东会第三次临时会议表决通过选举（更换）魏凯先生为公司第三届监事会（非职工代表）监事。

报告期内，公司高级管理人员无变动。

8.3 变更注册资本、变更注册地或公司名称、公司分立合并事项

报告期内未发生变更注册资本、变更注册地或公司名称、公司分立合并事项。

8.4 公司的重大诉讼事项

报告期内本公司无重大诉讼事项。

8.5 公司及其董事、监事和高级管理人员受到处罚情况

报告期内公司董事、监事和高级管理人员未受到任何处罚。

8.6 对银监会及其派出机构提出的检查整改意见处理情况

报告期内银监会及其派出机构未对本公司提出检查整改意见。

8.7 本年度重大事项临时报告的简要内容、披露时间、所披露的媒体及其版面

报告期内无重大事项临时报告披露。

8.8 银监会及省级派出机构认定的其他有必要让客户及相关利益人了解的重要信息

无。

9. 公司监事会意见

9.1 关于内部控制

监事会认为，公司高度重视合规风险，在经营管理运作方面能够依照相关法律法规和公司内控制度的规定依法运作。公司现行制度基本适应目前公司的管理与发展需要，能够为各项业务的正常运行和经营风险的控制提供有效保障。公司未发生由于业务行为不合规而被监管部门查处或出现法律纠纷事件。

公司在项目开发设计和后续管理过程中，严格把握和执行监管机构的规定以及公司业务管理制度，风险控制意识较强。公司固有业务及信托业务整体运转正常，均能按照相关文件约定执行。

公司内审部门在内部审计工作开展过程中，依据有关法律法规和内部工作规范，按照客观、公正的原则进行审查监督，认真履行了内审职责，较好地起到了规范经营行为、加强风险防范的作用。

9.2 关于财务报告

监事会认为，2011年面对全年宏观经济出现的复杂形势，在董事会的正确领导下，公司高管带领全体员工发奋努力、开拓创新，公司业务步入良性发展轨道、盈利能力和综合竞争实力显著提升。公司2011年度的财务报告的编制和审核程序符

合法律、行政法规和监管规定，公司资产、财务收支、资金运作情况真实、公允地反映了财务状况和现金流量，报告内容真实反映了报告期内公司的财务状况和经营成果。监事会同意公司2011年度财务会计报告。

9.3 关于高管履职

监事会认为，报告期内公司高管人员在行使各自职权时遵纪守法，履行诚信、勤勉之义务，自觉维护公司利益和股东权益，能按董事会的决议认真执行，未发现上述人员违反法律法规、公司章程或损害公司利益的行为。

10. 自财务审计报告签发之日至本报告披露之日，公司未发生重大会计日后事项

天津信托有限责任公司

1. 重要提示

1.1 本公司董事会及董事保证本报告所载资料不存在任何虚假记载、误导性陈述或者重大遗漏，并对其内容的真实性、准确性和完整性承担个别及连带责任。本年度报告摘要摘自年度报告全文，客户及相关利益人欲了解详细内容，应阅读年度报告全文。

1.2 公司董事王卫东、于永洲因公务未能出席董事会，王卫东委托其他董事出席董事会并行使表决权。

1.3 公司独立董事对本年度报告所披露的内容进行了认真审查，认为本年度报告的内容是真实、准确、完整的。

1.4 五洲松德联合会计师事务所为本公司出具了标准无保留意见的审计报告。

1.5 公司总经理张维、总会计师尹梅、财会部负责人李瑞聪声明：保证本年度报告中财务报告真实、完整。

2. 公司概况

2.1 公司简介

2.1.1 公司的法定中文名称：天津信托有限责任公司
公司的中文简称：天津信托

2.1.2 公司的法定英文名称：Tianjin Trust Co. ,Ltd.
公司的英文简称：Tianjin Trust

2.1.3 法定代表人：王海智

2.1.4 注册地址：天津市河西区围堤道 125 －127 号天信大厦
邮政编码：300074

2.1.5 国际互联网网址：www. tjtrust. com，电子信箱：bg@ tjtrust. com

2.1.6 信息披露事务负责人：张 维
信息披露事务联系人：冉启文
联系电话：022 －28408259
传真：022 －28408279
电子信箱：bg@ tjtrust. com

2.1.7 公司指定信息披露报纸：《金融时报》

2.1.8 公司年度报告备置地点：天津信托有限责任公司董事会（天信大厦）

2.1.9 公司聘请的会计师事务所：五洲松德联合会计师事务所
地址：天津开发区广场东路 20 号滨海金融街—E6505

2.1.10 公司聘请的律师事务所：无

2.2 组织结构

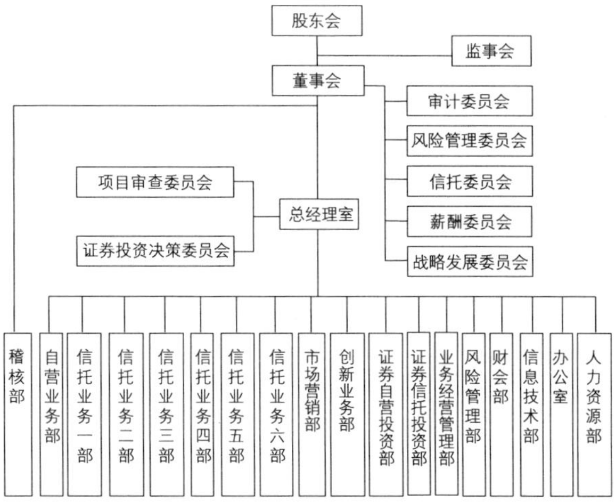

3. 公司治理

3.1 股东

截至 2011 年末，公司股东 5 家，前 3 位股东情况

股东名称	持股比例（%）	法定代表人	注册资本（亿元）	注册地址	主要经营业务及主要财务情况
天津海泰控股集团有限公司	51.05	刘津元	22.6	天津华苑产业区梅苑路 6 号海泰大厦 11 ~12 层	主营业务为：天津滨海高新技术产业开发区基础设施建设、土地开发与转让、高科技投资和配套服务业。2011 年末总资产为 274 亿元，总负债为 191 亿元，所有者权益为 83 亿元。
天津市泰达国际控股（集团）有限公司	42.11	刘惠文	106.1	天津经济技术开发区盛达街 9 号泰达金融广场 11 层	主营业务为：承担天津市市属国有金融资产出资人的职责，对控股金融机构的经营情况和绩效水平进行考核管理，对授权范围内的国有金融资产依法实施监督，负责国有金融资产的保值增值。2011 年末总资产为 128 亿元，总负债为 19 亿元，所有者权益为 109 亿元。
天津盈鑫信恒投资咨询有限公司	5.26	李绍忠	3.14	天津西青经济技术开发区七支路 8 号西青经济开发投资服务中心 7 楼 A 区 714 室、715 室	主营业务为：企业投资管理咨询、企业营销策划设计、商品信息咨询、建筑材料、装饰装修材料、机械、电子设备、工艺美术品、化工产品（危险化学品及易制毒品除外）、家具装饰品、服装、纺织品销售。2011 年末总资产为 20 921 万元，总负债为 185 万元，所有者权益为 20 736 万元。

本公司股东之间不存在关联关系。

3.2 董事

截至2011年末，公司董事会人员

姓　名	职　务	性别	年龄	选任日期	所推举的股东名称	该股东持股比例(%)	简　要　履　历
王海智	董事长	男	57	2007年6月	天津海泰控股集团有限公司	51.05	1974年至1988年，历任河北省围场县公社、镇区秘书，劳动人事局干事、副局长；1988年至2000年，历任中国银行河北省分行围场支行、中国银行承德市分行、中国银行秦皇岛市分行副行长、代行长、行长、党委书记；2000年至2005年末，历任中国东方资产管理公司石家庄办事处副总经理、总经理、党委副书记、党委书记，天津办事处党委书记、总经理；2007年6月至2009年6月，任天津信托投资有限责任公司党委书记、董事长；2009年7月至今，任天津信托有限责任公司党委书记、董事长。
王卫东	副董事长	男	42	2007年1月	天津海泰控股集团有限公司	51.05	1995年至2006年，先后在天津新技术产业园区开发总公司工作，历任项目经理、助理经理、总经理助理、副总经理，在天津海泰科技发展股份有限公司工作，任副董事长、董事长、总经理；2006年至今，任天津海泰控股集团有限公司党委委员、副总经理。
于永洲	董事	男	59	2010年4月	天津市泰达国际控股(集团)有限公司	42.11	1984年至1987年，任天津市财政局干部；1987年至1994年，任天津市财政局科长；1994年至2003年，任天津市财政局处长；2003年至2008年，任天津市财政局副局级巡视员、副局长；2008年至今，任天津市泰达国际控股(集团)有限公司党委委员、副总经理。
董建新	董事	男	44	2009年8月	天津海泰控股集团有限公司	51.05	1989年7月至1991年1月，在天津市科委科干处工作；1991年1月至1995年7月，在天津技术物理所任团总支书记、工程师；1995年7月至1999年4月，在天津新技术产业园区开发总公司任项目经理；1999年4月至2001年4月，在天津新技术产业园区管理咨询有限公司任副总经理；2001年4月至2001年12月，在天津新技术产业园区海泰科技投资管理有限公司任总经理助理；2010年12月至2006年6月，任天津海泰科技发展股份有限公司资产运营部、企划部部长；2006年6月至2010年5月，任天津海泰控股集团有限公司金融部副部长；2010年5月至今，任天津海泰控股集团有限公司企业运营部副部长。
李　林	董事	男	48	2009年8月	天津海泰控股集团有限公司	51.05	1985年7月至1994年3月在天津师范大学教育系任教师；1994年3月至1996年6月，在天津新技术产业园区开发总公司工作；1996年6月至1997年5月，任园区总公司工业投资分公司助理经理；1997年5月至1997年12月，任园区报关行副经理；1997年12月至2003年5月，任园区报关行经理；2003年5月至2006年6月，任天津海泰控股集团有限公司资产部部长；2006年6月至2006年12月，任天津海泰控股集团有限公司投资发展部副部长；2006年12月至今，任天津海泰控股集团有限公司企业运营部副部长、部长。
钟玲玲	董事	女	47	2010年4月	天津市泰达国际控股(集团)有限公司	42.11	1986年7月至1991年8月，在天津市照相机公司；1991年8月至2009年1月，任天津市经济委员会引进处、投资与技术改造处调研员；2008年8月至2010年12月，任天津市泰达国际控股(集团)有限公司融资与风险管理部部长；2011年1月至今，任天津市泰达国际控股(集团)有限公司审计与合规部部长。
弓劲梅	董事	女	39	2010年4月	天津市泰达国际控股(集团)有限公司	42.11	2002年1月至2006年10月，任天弘基金管理有限公司筹备组成员、高级研究员、职工监事；2006年11月至2008年7月，任天津泰达投资控股有限公司资产管理部高级项目经理；2008年8月至2009年4月，任天津市泰达国际控股(集团)有限公司融资与风险管理部部长助理；2009年5月至2009年12月，任天津市泰达国际控股(集团)有限公司融资与风险管理部副部长；2010年1月至今，任天津市泰达国际控股(集团)有限公司资产管理部副部长(主持工作)。
黄书平	董事	男	30	2010年4月	天津盈鑫信恒投资咨询有限公司	5.26	2004年11月至2005年4月，任首创证券有限公司资产管理部项目经理；2005年4月至2007年2月，任顺驰中国控股有限公司总裁助理；2007年2月至2007年12月，任融创集团资本管理部总监；2007年12月至2009年2月，任融创集团资本运作中心总经理；2009年2月至今，任融创集团董事会秘书兼财务管理部副总经理。
张　维	董事	男	56	2006年4月	管理层及职工代表		1972年至1999年，在天津市综合计划局生产组、天津市物资局工作，历任财务处干部、副处长、处长、总会计师；1999年至2006年4月，在天津市审计局工作，任总审计师、副局长、党组成员；2006年4月至2009年6月，任天津信托投资有限责任公司董事、总经理；2009年7月至今，任天津信托有限责任公司董事、总经理。
李延敬	独立董事	男	66	2004年12月			1968年至1987年，先后在西藏昌都军分区学生连、西藏昌都电厂、天津市电子仪表局工作；1987年至2006年，在天津市审计局工作，先后任副处长、处长、副总审计师、总审计师、副局长、党组成员；现已退休。

续表

姓　名	职　务	性别	年龄	选任日期	所推举的股东名称	该股东持股比例(%)	简　要　履　历
樊振荣	独立董事	男	64	2008年4月			1967年8月至1982年6月，在人民银行天津分行塘沽支行工作，任会计员、信贷员；1982年6月至1993年8月，在天津工商银行红桥支行工作，任信贷员、信贷科长、办公室主任、副行长等；1993年8月至2007年11月，在天津信托投资有限责任公司工作，任副总经理、常务副总经理；2007年11月，退休。
马君潞	独立董事	男	57	2010年10月			现任南开大学经济学院院长；1993年晋升教授职称；1994年开始享受国务院特殊津贴；1996年取得博士研究生指导教师资格；1998年被评为天津市教育系统优秀回国人员，入选国家教育部首批"跨世纪人才"，并担任高等学校经济学学科教学指导委员会委员；1999年9月至2000年8月作为富布赖特高级访问学者在美国哥伦比亚大学进行学术交流、研究和讲学，讲授微观经济学、宏观经济学、货币银行学、国际金融学等课程，从事金融学领域的科学研究。

以上董事任期期限为三年，即2010年4月至2013年4月。

截至2011年末，公司独立董事

姓　名	所在单位及职务	性别	年龄	选任日期	所推举的股东名称	该股东持股比例(%)	简　要　履　历
李延敬	天津市审计局副局长	男	66	2004年12月	天津市泰达国际控股(集团)有限公司	42.11	1968年至1987年，先后在西藏昌都军分区学生连、西藏昌都电厂、天津市电子仪表局工作；1987年至2006年，在天津市审计局工作，先后任副处长、处长、副总审计师、总审计师、副局长、党组成员；现已退休。
樊振荣	天津信托有限责任公司常务副总经理	男	64	2008年4月	天津海泰控股集团有限公司	51.05	1967年8月至1982年6月，在人民银行天津分行塘沽支行工作，任会计员、信贷员；1982年6月至1993年8月，在天津工商银行红桥支行工作，任信贷员、信贷科长、办公室主任、副行长等；1993年8月至2007年11月，在天津信托投资有限责任公司工作，任副总经理、常务副总经理；2007年11月，退休。
马君潞	南开大学经济学院院长	男	57	2010年10月	天津海泰控股集团有限公司	51.05	现任南开大学经济学院院长；1993年晋升教授职称；1994年开始享受国务院特殊津贴；1996年取得博士研究生指导教师资格；1998年被评为天津市教育系统优秀回国人员，入选国家教育部首批"跨世纪人才"，并担任高等学校经济学学科教学指导委员会委员；1999年9月至2000年8月作为富布赖特高级访问学者在美国哥伦比亚大学进行学术交流、研究和讲学，讲授微观经济学、宏观经济学、货币银行学、国际金融学等课程，从事金融学领域的科学研究。

3.3 监事会

截至2011年末，公司监事会人员

姓　名	职　务	性别	年龄	任职日期	所推举的股东名称	该股东持股比例(%)	简　要　履　历
朱振山	监事长	男	59	2010年4月	天津市泰达国际控股(集团)有限公司	42.11	1972年12月至1987年10月，任解放军兰州军区司令部管理局财务处助理员；1987年10月至1999年5月，任天津市财政局财税管理一处科员、副科长、科长、副处长、调研员；1999年5月至2001年1月，任天津市财政投资管理中心副主任(正处级)、主任；2001年11月至2004年11月天津市国有资产经营有限责任公司总经理；2004年11月至今任天津市国有资产经营有限责任公司董事长、总经理。
冯金有	监事	男	57	2007年1月	天津海泰控股集团有限公司	51.05	1970年至2001年，先后在天津大沽化工厂、天津市砂轮厂、天津新技术产业园区开发总公司工作；2001年至2007年，在天津海泰控股集团有限公司工作，先后任财务部长、副总会计师、总会计师；2007年至今，先后任天津市海泰担保有限公司董事长兼总经理、天津海泰控股集团有限公司副总会计师。
王　丽	监事	女	49	2010年4月	天津海泰控股集团有限公司	51:05	1983年9月至1986年7月，天津市广播电视大学学生；1986年7月至1993年3月，天津市异型刃具厂财务部会计；1993年3月至1993年10月，天津市新技术产业园区开发总公司财务部会计；1993年10月至2000年8月，任天津新技术产业园区进出口有限公司干部、经理助理、副经理；2000年8月至2006年12月，任天津海泰控股集团有限公司财务管理部副部长；2006年12月至至今，任天津海泰控股集团有限公司财务管理部副部长(享受正职待遇)、部长。

续表

姓名	职务	性别	年龄	任职日期	所推举的股东名称	该股东持股比例(%)	简要履历
康悦	监事	男	53	2004年2月	天津市大港区财政局	1.05	1980年至2003年,在天津市大港区财政局工作,先后任会计、副科长、科长;2003年至今,任大港区财政局副局长。
丁粤军	监事	男	40	2010年4月	职工监事		1988年9月至1990年6月,西安交通大学审计专业专科学生;1990年12月至2000年12月,天津市审计局直属分局干部;2000年12月至2004年3月,任天津市审计局主任科员;2004年3月至2009年6月,任天津信托投资有限责任公司稽核部干部;2009年7月至2010年2月,天津信托有限责任公司稽核部干部;2010年2月至今,任天津信托有限责任公司稽核部副经理。

以上监事任期期限为三年,即2010年4月至2013年4月。

3.4 高级管理人员

截至2011年末,公司高级管理人员

姓名	职务	性别	年龄	选任日期	金融从业年限	学历	专业	简要履历
王海智	董事长	男	57	2007年6月	24	研究生	经济管理	1974年至1988年,历任河北省围场县公社、镇区秘书、劳动人事局干事、副局长;1988年至2000年,历任中国银行河北省分行围场支行、中国银行承德市分行、中国银行秦皇岛市分行副行长、代行长、行长、党委书记;2000年至2005年末,历任中国东方资产管理公司石家庄办事处副总经理、总经理、党委副书记、党委书记,天津办事处党委书记、总经理;2007年6月至2009年6月,任天津信托投资有限责任公司党委书记、董事长;2009年7月至今,任天津信托有限责任公司党委书记、董事长。
张维	总经理	男	56	2006年4月	6	大学本科	工业财务会计	1972年至1999年,在天津市综合计划局生产组、天津市物资局工作,历任财务处干部、副处长、处长、总会计师;1999年至2006年4月,在天津市审计局工作,任总审计师、副局长、党组成员;2006年4月至2009年6月,任天津信托投资有限责任公司董事、总经理;2009年7月至今,任天津信托有限责任公司董事、总经理。
韩立新	副总经理	男	43	2004年9月	22	研究生	经济学	1990年至2009年6月,历任天津信托投资有限责任公司干部、部门经理、副总经理;2009年7月至今,任天津信托有限责任公司副总经理。
李琦	副总经理	男	49	2004年9月	17	研究生	法学	1984年至1995年,在天津市民政局、天津市政府法制办公室、天津市外经贸委办公室工作;1995年至2009年6月,历任天津信托投资有限责任公司部门经理、副总经理;2009年7月至今,任天津信托有限责任公司副总经理。
杨湧	副总经理	男	43	2007年11月	17	研究生	管理	1991年至1994年,在天津油墨股份公司工作,任秘书;1994年至2009年6月,历任天津信托投资公司证券业务部干部,投资银行二部副总经理,证券投资部副经理、经理、总经理助理兼证券投资部经理、副总经理;2009年7月至今,任天津信托有限责任公司副总经理。
尹梅	财务负责人	女	48	2007年11月	7	大学本科	会计	1985年至2005年,在天津化工局、天津津泰股份有限公司、天津市经委、天津华泽集团工作;2005年至2009年6月,先后任天津信托投资有限责任公司副总会计师兼财会部经理、总会计师(财务负责人);2009年7月至今,任天津信托有限责任公司总会计师。
王辉	总经理助理	女	40	2010年12月	16	研究生	工商管理	1994年7月至2002年12月,天津信托有限责任公司国际业务部、业务三部干部;2002年12月至2004年5月,天津信托有限责任公司业务三部 副经理(2003年9月至2005年12月在南开大学工商管理专业学习);2004年5月至2008年9月,天津信托有限责任公司自营业务部、计划管理部副经理;2008年9月至2010年12月,天津信托有限责任公司计划管理部副经理(主持工作)、经理;2010年12月至今,天津信托有限责任公司总经理助理。

3.5 公司员工

截至2011年末，公司人员基本情况

项　目		报告期年度		上年度	
		人数	比例(%)	人数	比例(%)
年龄分布	25岁以下	4	3	3	2
	25~29岁	16	12	13	10
	30~39岁	53	38	53	39
	40岁以上	65	47	67	49
学历分布	博士	3	2	3	2
	硕士	52	38	49	36
	本科	58	42	58	43
	专科	24	17	25	18
	其他	1	1	1	1
岗位分布	董事、监事及其高管人员	8	5	8	6
	自营业务人员	23	17	26	19
	信托业务人员	70	50	71	52
	其他人员	37	28	31	23

4. 经营管理

4.1 经营目标、方针、战略规划

公司经营目标是本着"诚实、信用、谨慎、有效"的经营理念，坚持"对社会负责，对客户负责，对股东负责，对员工负责"的服务宗旨，立足金融信托本业，抓住2010—2012年的战略机遇期，加快业务转型和盈利模式创新的步伐，做优做强信托业务，做好做精固有业务，相得益彰，共同发展，形成公司可具持续发展的盈利模式和核心竞争力，提高公司的知名度和美誉度，将公司塑造成为中国信托业的优秀品牌。

公司经营方针是以遵循国家和监管部门法规为依托，以诚信合规、稳健发展高效运营为理念，进一步健全和强化法人治理、内控严密、管理合规的内部控制体系；以业务开拓创新为动力，以风险防控为前提，进一步提升和增强公司的核心竞争力；以受益人利益最大化和股东稳定回报为原则，努力创建公司、股东、客户共赢平台。注重加强人才队伍、企业文化和长效机制建设，不断提高公司的盈利能力、风险控制能力、创新能力、营销能力，正确把握宏观经济形势和政策环境，推进公司又好又快地发展。

公司2010—2012年三年总体战略规划是：认真贯彻落实科学发展观，积极应对复杂的经济形势，充分发挥信托功能，从持续性、盈利性和增长性等方面使公司不断提升，为股东和受益人提供较高回报。坚持稳健经营理念，增强风险管控能力，大力培育主营业务模式，促进业务科学转型，继续推进业务创新，提高理财服务能力，把公司打造成核心竞争力强、综合理财水平高、信誉度高的信托理财机构。

4.2 所经营业务的主要内容

4.2.1 经营范围

经中国银监会批准，公司的经营范围为：

(1)资金信托；

(2)动产信托；

(3)不动产信托；

(4)有价证券信托；

(5)其他财产或财产权信托；

(6)作为投资基金或者基金管理公司的发起人从事投资基金业务；

(7)经营企业资产的重组、购并及项目融资、公司理财、财务顾问等业务；

(8)受托经营国务院有关部门批准的证券承销业务；

(9)办理居间、咨询、资信调查等业务；

(10)代保管及保管箱业务；

(11)以存放同业、拆放同业、贷款、租赁、投资方式运用固有财产；

(12)以固有财产为他人提供担保；

(13)从事同业拆借；法律法规规定或中国银行业监督管理委员会批准的其他业务(以上业务范围包括本外币业务)。

4.2.2 公司经营的业务品种

4.2.2.1 固有资产业务

公司运用固有资产经营的主要业务品种包括自营贷款、融资租赁、自营证券投资、自营金融股权投资、财务顾问业务等。

4.2.2.2 信托业务

公司信托业务主要品种包括集合资金信托、单一资金信托、财产权信托等。

4.2.3 资产分布

2011年末，公司管理的资产总规模为408.95亿元，其中固有资产19.80亿元，占资产总规模的4.84%；信托资产389.15亿元，占管理资产总规模的95.16%。资产分布比例如下。

自营资产运用与分布表

资产运用	金额(万元)	占比(%)	资产分布	金额(万元)	占比(%)
货币资产	29 711	15.02	基础产业	12 181	6.16
贷款及应收款	65 686	33.21	房地产业	20 000	10.11
交易性金融资产	0	0.00	证券市场	63 830	32.27
可供应出售金融资产	63 540	32.12	实业	26 949	13.62
持有至到期投资	5 913	2.99	金融机构	36 001	18.20
长期股权投资	6 290	3.18	其他2	39 018	19.71
其他1	26 839	13.48			
资产总计	197 979	100.00	资产总计	197 979	100.00

注：1. 资产运用中"其他"包括投资性房地产及固定资产20 076万元、无形资产3 244万元、抵债资产1 404万元、长期待摊费用100万元、预付账款127万元、递延所得税资产6 811万元、各项资产减值准备4 922万元。

2. 资产分布中"其他"包括投向投资房地产及固定资产20 076万元、递延所得税资产6 811万元、无形资产等其他资产12 130万元。

信托资产运用与分布表

资产运用	金额(万元)	占比(%)	资产分布	金额(万元)	占比(%)
货币资产	162 412	4.17	基础产业	710 955	18.27
贷款	2 204 357	56.65	房地产业	855 294	21.98
交易性金融资产	37 380	0.96	证券市场	37 380	0.96

续表

资产运用	金额（万元）	占比（%）	资产分布	金额（万元）	占比（%）
可供应出售金融资产		0.00	实业	518 642	13.33
持有至到期投资	27 000	0.69	金融机构	206 374	5.30
长期股权投资	801 599	20.60	其他[2]	1 562 818	40.16
其他[1]	658715	16.93			
信托资产总计	3 891 463	100.00	信托资产总计	3 891 463	100.00

注:1. 资产运用中"其他"包括:买入返售资产531 430万元、应收账款100 585万元、长期应收款26 700万元。

2. 资产分布中"其他"项主要包括信托资金投向其他行业1 400 285.34万元(其中主要投向商贸服务业372 889.64万元、航空运输业209 750万元、工程建筑业192 758万元、住宿业134 318万元、公共设施管理业119 000万元、建筑安装及装饰业110 930万元、水上运输业48 160万元)、证券市场除了股票、基金、债券以外证券市场产品投资32 140万元,以及未运用、发行募集中及已清算代保管等其他信托资金130 392.24万元。

4.3 市场分析

4.3.1 影响业务发展的有利因素

影响业务发展的有利因素包括:其一,宏观经济形势稳定增长,国内金融环境不断改善,国民经济保持平稳快速发展,全年国内生产总值比上年增长9.2%。对信托投融资的需求相对旺盛,为公司业务发展提供了良好的外部环境。其二,信托业正步入加速发展期,信托产品创新的社会需求加大,为实体经济提供金融服务的信托产品创新具有良好的发展前景。其三,经过内部改革调整,公司在体制、机制、创新能力、风险控制等方面形成了较为明显的比较优势,资产管理能力得到显著提高。其四,按照新两规的要求,规范开展的主动管理型信托业务已经走向成熟,品种更加丰富,信托业务盈利能力进一步提高,为未来稳健发展奠定了坚实的基础。

4.3.2 影响业务发展的不利因素

综观2011年,影响业务发展的不利因素主要有:其一,国内外宏观经济发展仍存在较大不确定性,国内存在较高的通货膨胀压力、经济结构调整压力、就业压力、环境压力、出口压力等,使公司宏观经济把控能力面临新的考验。其二,国内的证券市场表现较为低迷,对公司证券业务的开展带来了一定的影响。其三,少数公司的无序竞争影响了行业的健康发展和社会声誉。其四,信托产品的直销能力与社会需求和产品发行需求不相适应。

4.4 内部控制

4.4.1 内部控制环境和内部控制文化

公司多年来一直秉承"诚信、稳健、高效"的经营理念,把对委托人负责作为内控文化建设的最重要内容,在全体员工中树立了内控优先的风险防范理念;公司形成了较为完善的内部控制组织架构和岗位职责,部门设置科学、分工合理、职责明确;公司已经打造出由业务经营管理部、风险管理部、稽核部、信息部组成的内控管理体系,形成事前有制度—事中有风控—事后有稽核—业务整改—后续稽核—修订制度这一封闭环路,充分发挥了各部门在各环节的管理控制作用。同时公司还通过后续教育培训,不断提高内控人员的职业操守和专业能力。

4.4.2 内部控制措施

公司董事会下设战略发展委员会、风险管理委员会、薪酬委员会、信托委员会、审计委员会,主要负责审定公司中长期发展战略规划,审核和监督公司风险管理的政策、目标和程序,制订和考评公司薪酬计划或方案,监督公司依法合规管理信托财产,对公司内外部审计进行监督和审查。

公司设立项目审查委员会、证券投资决策委员会,负责审议公司的投融资项目、证券投资等业务,严格控制业务经营决策风险。

公司业务经营管理部负责公司业务制度、程序的拟定和调整,业务经营的合规管理和案件防控,并对业务经营状况进行动态风险分析;公司风险管理部,负责拟订和完善公司风险管理制度,通过对内外部风险的识别、评估、分析,提出应对措施和化解建议,防范公司经营活动中可能出现的风险。

公司始终坚持稳健经营的理念,坚持以《信托公司内部控制指引》和信托评级指标为指导,加强内控管理及合规管理工作,从完善业务管理制度、强化合规管理、加强项目审查和贷后管理、提升信息系统、推进机制改革、严格责任追究等各个方面强化内控管理工作。

公司建立了分级授权审批体系,明确各部门和岗位的工作职责,实施了业务前中后台操作的隔离制度,在新业务开发上坚持制度先行、风险可控、成本预算、信息披露充分的原则,充分利用财务管理工具,通过发挥一系列监督管理职能保证内部运营体系的健康有效,同时建立应急预案以应对突发事件造成的经营风险。

公司加强了信息化建设,充分利用信托综合业务信息系统、证券信托下单、估值系统、人力资源管理系统进行业务统计和管理,开发建设了公司项目管理信息系统,细化项目后期管理要求,基本上实现了业务操作规范化、流程化、标准化。

4.4.3 信息交流与反馈

公司多项措施保障了与监管部门、董事会、高管层和员工之间的信息传递和交流。

公司定期召开股东会、董事会,通报公司经营成果、存在的风险问题、拟采取的管理手段等,股东会、董事会成员评议并通过各项内控政策和重大事项决策。

公司高管层及时传达监管部门和公司经营政策和风险管理政策,通过召开合规会议、风控会议和内部网络及时向员工发布各项监管政策、内控制度和行业信息,并将政策、制度每年装订成册后下发给各部门。公司员工可以通过直接交流、书面报告或通过内部网及总经理信箱反馈经营过程中发现的问题,使高管层、董事会能够及时了解内部控制环节中的隐患和缺陷。

公司与监管部门做到充分沟通,就新业务拓展、老业务规范等工作进行经常性交流,按监管部门要求及时对集合信托、账户开立、关联交易等事项进行备案。监管部门参加公司董事会,能充分了解公司合规情况和经营风险状况。

4.4.4 监督评价与纠正

公司设立了稽核部,稽核工作向董事会负责,接受董事会审计委员会的指导和监督。完成报告期稽核工作计划,履行了监督、评价职能。公司经营活动规范,内部控制程序完整、有效。能够执行有关法律法规、监管制度和公司内部制度规定。

年内实施了房地产业务、资产风险分类、项目管理系统等现场专项稽核、自营、信托业务分离、到期管理情况等非现场稽核以及经济责任审计、反洗钱稽核检查。按制度规定进行了两次后续稽核。对稽核发现问题公司及时组织整改，稽核结果定期向公司主要领导、审计委员会、董事会和监管机关报告。

4.5 风险管理

4.5.1 风险管理概况

公司在经营活动中可能面临诸多风险。其中主要包括信用风险、市场风险、操作风险和其他风险。为加强风险管理，提高竞争能力，公司把风险的识别、风险测量和评估、风险处理和控制、风险管理的评估和调整，以及风险准备等方面作为风险管理的核心内容，通过制定健全的内部规章制度，建立职责分工合理的组织机构，对可能产生的风险及时作出反应，采取有效措施进行事前、事中、事后控制，根据实际需要，保持对风险管理体系运行情况的持续调整。

公司风险管理坚持全面性、持续性、审慎性、独立性和有效性的原则。风险管理涵盖公司的各项业务、各个部门和各级人员，渗透到决策、执行、监督、反馈各环节；风险管理是一项长期持续性的工作，贯穿于公司经营过程始终；风险管理的核心是有效防范风险；公司各专业管理委员会、风险管理部门具有相对独立性，对各部门业务风险评估、风险检查不受非正常因素干扰；公司风险管理制度是按照国家有关法律、法规要求，结合公司实际制定的，具有权威性、有效性，是所有员工严格遵守的行动指南，执行风险控制制度不存在例外情况，任何人不得拥有超越制度或违反规章的权力。

通过董事会风险管理委员会、审计委员会和公司风险管理的三道防线等风险控制环节，构成了公司全面风险管理体系。公司以各相关部门及风险管理岗、合规管理岗为第一道防线，风险管理部和合规管理团队为第二道防线，稽核部为第三道防线的风险管理三道防线体系已经建立，风险的逐级报告制度运行通畅，为提升公司风险管理水平提供了机制和制度的保证。

项目审查委员会实行项目审批集体决策机制，负责公司全部投融资项目的审查；证券投资决策委员会是证券投资的集体决策机构，负责对证券投资规模、投资时机、投资方向等重大事项作出决策。风险管理部列席两个专业委员会，提前介入，为风险资产的全程管理提供信息保证。

业务经营管理部负责对准备报项审会的项目进行前期合规性审查。负责对现有业务制度规定的修订和完善，充分利用监管部门的非现场监管报表体系，对公司业务数据进行全面深入地分析，对发现的风险问题出具相应的分析报告，为经营决策提供有效的决参考决策依据。

风险管理部负责对公司主要业务和业务管理活动中存在的风险进行及时的识别、分析、预警、报告、跟踪，对公司各类业务合同进行统一的备案管理，对公司风险资产进行全面、动态、持续监测，采取现场和非现场等多种方式对存续融资项目进行风险检查和不良资产清收管理，并出具相应的风险分析报告，为管理层决策提供参考依据。

2011 年，风险管理工作围绕公司“调整结构、突出主营，推进创新、促进转型，增强实力、提高水平”的主要任务展开，进一步完善了风险管理体系建设，不断提高业务风险的识别评估水平，逐步推进风险管理信息系统的建设和应用，不断提升公司全体员工的风险管理意识，切实增强公司风险管控能力。

4.5.2 风险状况及风险管理

4.5.2.1 信用风险状况及信用风险管理

信用风险是公司的交易对手不履行义务给公司带来的风险，包括借款人不能按期归还贷款，其他交易对手不按期交付资产或资金等。

公司对信用风险采取如下防范控制措施：交易发生前，通过缜密调查，谨慎选择交易对手，在严格执行公司相关制度的前提下，采取第三方对融资企业提供担保、办理足值抵押或质押等必要的防范手段进行风险控制；建立量化指标，对公司资产整体的信用风险程度进行评估，按期向公司决策层通报。

目前，公司采取如下方法对信用风险进行管理。一是采用资产风险分类、信贷资产评级等信用度量指标进行信用风险评级并不断改进信用分析方法和技术；二是严格按照规定对固有财产进行减值测试，并按测试结果计提专项准备和一般准备（期初数、期末数见 6.5.1.1）；三是对所有信托资产和自营资产进行全面压力测试，对发现的问题要制定风险处置预案；四是始终坚持抵押品确认原则，公司对外提供融资，必须采取抵押担保或质押担保等方式，对不同性质的抵押品采取不同的抵押物折扣率；五是坚持保证担保的管理原则，提供融资过程中，经审查企业资信良好，确有能力归还融资本息的可采取保证担保形式；六是严格控制集团客户的融资规模；七是密切关注融资企业的信贷征信系统变化情况，对有风险迹象的客户及时采取控制措施。

4.5.2.2 市场风险状况及市场风险管理

市场风险指公司因股价、市场汇率、利率及其他价格因素变动而产生和可能产生的风险。公司主要业务领域包括证券市场、货币市场等，在股价、汇率、利率等因素发生变动时，造成这些市场价格产生较大波动，可能给公司经营和财务状况带来重大影响。

在加强市场风险管理方面，公司采取以下控制措施。建立与公司的业务性质、规模和复杂程度相适应的、完善的、可靠的市场风险管理体系；加强对国家宏观经济政策、货币信贷政策、财政政策的研究，及时掌握市场变化，为调整投资决策提供依据；积极引进人才，开展市场调研，购置权威部门的研究成果，作为决策参考；提高资产配置的有效性，根据公司整体安排，适时调整各领域的投资规模，合理安排期限结构；建立有效的市场风险预警机制等。

2011 年，受中东北非政治动荡、日本特大地震灾害和欧美主权债务危机等因素冲击，全球经济持续走软。我国经济虽然总体运行良好，但也面临楼市泡沫、产能过剩等因素困扰，尤其是股票二级市场，全年指数震荡下行，沪深两市分别报收于 2 199点和 8 919 点，同比上年末分别回落 21.7% 和 28.4%。在此市场环境下，公司一方面继续加大投研力量，不断完善投研体系，以及时应对市场变化；另一方面，结合拓展新的业务模式，不断丰富证券信托产品种类，以满足投资者需求。公司继续奉行价值投资理念，坚持低风险的投资策略，做好大类资产的配置及再平衡，经受住了市场洗礼，取得了优于市场的投资业绩。

4.5.2.3 操作风险状况及操作风险管理

操作风险是指由于内部系统失控、人为因素或外部事件而造成的直接或间接损失。

目前公司的各项控制制度和操作规程涵盖了所有业务领域,基本实现了对公司各项业务操作过程的有效控制。

公司在操作风险管理方面,采取一系列措施加以控制。主要包括:

制度层面:建立了适当的职责分工和监控制度;建立和完善了授权制度和业务操作规程;坚持实行重要岗位轮换和强制休假制度。

控制层面:加强风险管理三道防线的作用,采取对各类资产的风险评估、对内控制度执行情况和经办人员尽职情况检查等方法,约束从业人员的职业行为。

4.5.2.4 其他风险状况及其管理

其他风险主要是政策风险、合规风险、流动性风险、经营风险、声誉风险和道德风险。

(1)政策风险状况及其管理。由于国家宏观经济政策的调整,可能对公司业务经营造成一定影响。政策风险管理:严格按照国家法律法规要求办理业务;根据监管部门的有关要求积极调整公司经营思路和发展方向;加强与政策制定部门的沟通,保持公司经营与国家政策的一致性。

2011年,鉴于国家对房地产市场的持续调控,公司停止开展房地产信托业务,并对存续的房地产项目加大了现场检查和风险排查力度,以最大限度地控制房地产信托业务风险。2011年公司严格执行银监会文件规定,不再开展新的银信业务,规避了监管套利的政策风险。

(2)合规风险状况及其管理。合规风险是指金融机构因没有遵循法律、法规和准则可能遭受法律制裁、监管处罚、重大财务损失和声誉损失的风险。合规风险管理:遵照公司《合规管理办法》,对合规风险的管理进行了制度和组织上的保证,确保公司经营管理与法律、规则、监管规定和自律性行业准则相一致,公司内部形成了由业务经营管理部、风险管理部、稽核部三位一体的合规风险管理架构,并通过多种形式的宣传形成了全员合规的良好氛围;根据外部相关法律、法规的变化,适时调整内控制度和业务模式,以确保公司各项经营活动合法合规。

报告期内,监管部门下发了信托公司净资本计算标准等有关规定,公司设立专岗定期对净资本情况进行测算,并逐步对现有业务规模及业务结构进行合理化调整,在风险可控的前提下,合规拓展业务,提升公司主动管理水平。

(3)流动性风险状况及其风险管理。流动性风险是指公司虽有清偿或兑付能力,但无法及时获得充足资金或无法以合理成本及时获得充足资金以支付到期债务,或无法兑付到期信托计划的风险。流动性风险管理:遵循分散性的资产负债管理原则;以公司风险承受能力为基础设定现金流期限错配限额,并设专岗逐日监测现金流量及资产配置;不断加强资产的流动性和融资来源的稳定性,以提升公司应对市场波动的能力;建立健全信托项目流动化和应急机制,采取信托项目弹性期限设置、非现金资产分配以及信托资产转让处置等手段缓释风险。

(4)经营风险状况及其风险管理。经营风险是指因业务人员对市场未能及时作出必要判断,使公司经营出现偏差而形成的风险。经营风险管理:努力提高从业人员业务素质;严格执行各项决策制度;引进专业分析手段,提高决策的科学性;加强同业间的沟通与交流。

(5)声誉风险状况及其风险管理。声誉风险是指在商业活动中或者在业务进行时,公司未能达到利益相关者需要或期望的行为标准或业绩标准而产生的风险。声誉风险管理:公司不进行任何能够实质性地影响公司声誉的交易;对于经营活动中不可避免的声誉风险及时进行识别、评估,主动、有效、灵活地应对可能出现的声誉事件;通过充分信息披露等方式实现与投资者的良性沟通;通过履行社会责任等方式不断提升公司品牌价值和社会形象。

(6)道德风险状况及其风险管理。道德风险是指员工因违法、违规操作给公司带来的风险。道德风险管理:加强对员工经常性教育和培训;建立相互制衡的操作体系;不断加强公司企业文化建设,提升企业文化水平;强化公司各项制度的执行力;加强内部稽核;每年聘请审计机构对公司业务进行审计等。

5. 报告期末及上一年度末的比较式会计报表

5.1 自营资产

5.1.1 会计师事务所审计意见全文

审 计 报 告

五洲松德审字〔2012〕1—0752号

天津信托有限责任公司全体股东:

我们审计了后附的天津信托有限责任公司(以下简称贵公司)自营业务母公司单独财务报表,包括2011年12月31日资产负债表,2011年度的利润表、所有者权益变动表和现金流量表以及财务报表附注。

一、管理层对财务报表的责任

编制和公允列报财务报表是贵公司管理层的责任,这种责任包括:(1)按照财政部2006年2月15日颁布的企业会计准则的规定编制财务报表,并使其实现公允反映;(2)设计、执行和维护必要的内部控制,以使财务报表不存在由于舞弊或错误导致的重大错报。

二、注册会计师的责任

我们的责任是在执行审计工作的基础上对财务报表发表审计意见。我们按照中国注册会计师审计准则的规定执行了审计工作。中国注册会计师审计准则要求我们遵守中国注册会计师职业道德守则,计划和执行审计工作以对财务报表是否不存在重大错报获取合理保证。

审计工作涉及实施审计程序,以获取有关财务报表金额和披露的审计证据。选择的审计程序取决于注册会计师的判断,包括对由于舞弊或错误导致的财务报表重大错报风险的评估。在进行风险评估时,注册会计师考虑与财务报表编制和公允列报相关的内部控制,以设计恰当的审计程序,但目的并非对内部控制的有效性发表意见,审计工作还包括评价管理层选用会计政策的恰当性和作出会计估计的合理性,以及评价财务报表的总体列报。

我们相信,我们获取的审计证据是充分、适当的,为发表审计意见提供了基础。

三、审计意见

我们认为,贵公司自营业务母公司单独财务报表在所有重大方面按照财政部2006年2月15日颁布的企业会计准则的规定编制,公允反映了贵公司2011年12月31日的财务状况以及2011年度的经营成果和现金流量。

五洲松德联合会计师事务所　　中国注册会计师:

中国注册会计师:

中国 天津　　2012年3月31日

5.1.2 资产负债表

天津信托有限责任公司资产负债表

2011年12月31日

单位:万元

资 产	期末数	期初数	负债和股东权益	期末数	期初数
资产:			负债:		
现金及存放中央银行款项			向中央银行借款		
存放同业款项	29 710.91	47 801.60	同业及其他金融机构存放款项		
贵金属	—	—	拆入资金		
拆出资金	—	—	交易性金融负债		
交易性金融资产	—	1 228.83	衍生金融负债		
衍生金融资产	—	—	卖出回购金融资产款		
买入返售金融资产	—	—	吸收存款		
应收利息	648.79	611.22	应付职工薪酬	3 805.14	2 350.55
发放贷款和垫款	46 870.00	27 200.00	应交税费	3 276.70	996.80
可供出售金融资产	63 539.97	73 253.00	应付利息	—	—
持有至到期投资	5 912.76	8 022.76	预计负债	—	—
长期股权投资	6 289.58	5 614.51	应付债券	—	—
投资性房地产	14 966.18	16 303.88	递延所得税负债	968.21	2 540.10
固定资产	5 110.35	5 595.17	其他负债	4 653.48	6 019.74
无形资产	3 243.75	3 260.51	负债合计	12 703.53	11 907.19
递延所得税资产	6 811.38	3 703.57	所有者权益:	—	—
其他资产	14 875.27	10 931.99	实收资本(或股本)	150 000.00	150 000.00
			资本公积	-5 575.63	6 547.03
			减:库存股	—	—
			盈余公积	9 273.67	7 195.85
			一般风险准备	2 100.00	1 800.00
			信托赔偿准备	8 538.91	4 365.24
			未分配利润	20 938.46	21 711.73
			所有者权益合计	185 275.41	191 619.85
资产总计	197 978.94	203 527.04	负债及所有者权益总计	197 978.94	203 527.04

企业法定代表人:王海智　　主管会计工作负责人:尹　梅　　会计部门负责人:李瑞聪

5.1.3 利润表

天津信托有限责任公司利润表

2011年度

单位:万元

项　　目	本期数	上期数
一、营业收入	44 283.60	33 589.96
利息净收入	6 814.69	4 632.33
利息收入	6 814.69	4 632.35
利息支出	—	0.02
手续费及佣金净收入	33 980.21	20 324.86
手续费及佣金收入	33 980.21	20 324.86

续表

项　目	本期数	上期数
手续费及佣金支出	—	0.00
投资收益(损失以"－"号填列)	952.50	6 692.87
其中:对联营企业和合营企业的投资收益	−1 398.04	−1 168.09
公允价值变动收益(损失以"－"号填列)	43.16	−265.06
汇兑收益(损失以"－"号填列)	−2.66	−1.70
其他业务收入	2 495.70	2 206.66
二、营业支出	17 060.58	12 465.78
营业税金及附加	3 329.02	1 881.57
业务及管理费	12 615.21	11 368.24
资产减值损失	−280.56	−2 187.89
其他业务成本	1 396.91	1 403.86
三、营业利润(亏损以"－"号填列)	27 223.02	21 124.18
加:营业外收入	874.74	2 051.69
减:营业外支出	62.46	13.81
四、利润总额(亏损总额以"－"号填列)	28 035.30	23 162.06
减:所得税费用	7 257.08	4 800.24
其中:当期所得税	7 895.89	5 161.72
递延所得税	−638.81	−361.48
五、净利润(净亏损以"－"号填列)	20 778.22	18 361.82

企业法定代表人:王海智　　　　主管会计工作负责人:尹　梅　　　　会计部门负责人:李瑞聪

5.1.4　所有者权益变动表

天津信托有限责任公司股东权益变动表

2011年度　　　　单位:万元

项　目	本期数						
	实收资本	资本公积	盈余公积	一般风险准备	信托赔偿准备	未分配利润	所有者权益合计
一、上期期末数	150 000.00	6 547.03	7 195.85	1 800.00	4 365.24	21 711.73	191 619.85
加:会计政策变更							
前期差错更正							
二、本期期初数	150 000.00	6 547.03	7 195.85	1 800.00	4 365.24	21 711.73	191 619.85
三、本期增减变动金额(减少以"－"号填列)		−12 122.66	2 077.82	300.00	4 173.67	−773.27	−6. 344. 44
(一)净利润						20 778.22	20 778.22
(二)直接计入所有者权益的利得和损失		−12 122.66					−12 122.66
1. 可供出售金融资产公允价值变动净额		−16 166.08					−16 166.08
(1)计入所有者权益的金额		−14 350.05					−14 350.05
(2)转入当期损益的金额		−1 816.03					−1 816.03
2. 权益法下被投资单位其他所有者权益变动的影响		404.13					404.13
3. 与计入所有者权益项目相关的所得税影响		3 639.29					3 639.29
4. 其他							
上述(一)和(二)小计		−12 122.66				20 778.22	8 655.56
(三)所有者投入资本							
1. 所有者投入资本							
2. 股份支付计入所有者权益的金额							
3. 其他							
(四)利润分配			2 077.82	300.00	4 173.67	−21 551.49	−15 000.00
1. 提取盈余公积			2 077.82			−2 077.82	
2. 提取一般风险准备				300.00		−300.00	
3. 提取信托赔偿准备					4 173.67	−4 173.67	

续表

项 目	本期数						
	实收资本	资本公积	盈余公积	一般风险准备	信托赔偿准备	未分配利润	所有者权益合计
4. 对所有者(股东)的分配						-15 000.00	-15 000.00
5. 其他							
(五)所有者权益内部结转							
1. 资本公积转增资本(或股本)							
2. 盈余公积转增资本(或股本)							
3. 盈余公积弥补亏损							
4. 其他							
四、本期期末数	150 000.00	-5 575.63	9 273.67	2 100.00	8 538.91	20 938.46	185 275.41

企业法定代表人:王海智　　主管会计工作负责人:尹　梅　　会计部门负责人:李瑞聪

天津信托有限责任公司股东权益变动表(续表)

2011 年度　　单位:万元

项 目	上期数						
	实收资本	资本公积	盈余公积	一般风险准备	信托赔偿准备	未分配利润	所有者权益合计
一、上期期末数	150 000.00	8 757.84	5 359.67	1 500.00	3 447.15	19 561.85	188 626.51
加:会计政策变更							
前期差错更正							
二、本期期初数	150 000.00	8 757.84	5 359.67	1 500.00	3 447.15	19 561.85	188 626.51
三、本期增减变动金额(减少以"-"号填列)		-2 210.81	1 836.18	300.00	918.09	2 149.88	2 993.34
(一)净利润						18 361.82	18 361.82
(二)直接计入所有者权益的利得和损失		-2 210.81					-2 210.81
1. 可供出售金融资产公允价值变动净额		-3 126.70					-3 126.70
(1)计入所有者权益的金额		-2 728.53					-2 728.53
(2)转入当期损益的金额		-398.17					-398.17
2. 权益法下被投资单位其他所有者权益变动的影响		311.68					311.68
3. 与计入所有者权益项目相关的所得税影响		604.21					604.21
4. 其他							
上述(一)和(二)小计		-2 210.81				18 361.82	16 151.01
(三)所有者投入资本							
1. 所有者投入资本							
2. 股份支付计入所有者权益的金额							
3. 其他							
(四)利润分配			1 836.18	300.00	918.09	-16 211.94	-13 157.67
1. 提取盈余公积			1 836.18			-1 836.18	
2. 提取一般风险准备				300.00		-300.00	
3. 提取信托赔偿准备					918.09	-918.09	
4. 对所有者(股东)的分配						-13 157.67	-13 157.67
5. 其他							
(五)所有者权益内部结转							
1. 资本公积转增资本(或股本)							
2. 盈余公积转增资本(或股本)							
3. 盈余公积弥补亏损							
4. 其他							
四、本期期末数	150 000.00	6 547.03	7 195.85	1 800.00	4 365.24	21 711.73	191 619.85

企业法定代表人:王海智　　主管会计工作负责人:尹　梅　　会计部门负责人:李瑞聪

5.2 信托资产

5.2.1 信托项目资产负债汇总表

天津信托有限责任公司信托项目资产负债表

2011年12月31日　　单位：万元

信托资产	期末余额	年初余额	信托负债和信托权益	期末余额	年初余额
信托资产：			信托负债：		
货币资金	162 411.75	87 168.32	交易性金融负债	—	—
拆出资金	—	0.00	衍生金融负债	—	—
存出保证金	—	0.00	应付受托人报酬	639.20	579.49
交易性金融资产	37 379.62	72 447.00	应付托管费	19.74	2.99
衍生金融资产	—	0.00	应付受益人收益	289.83	644.30
买入返售金融资产	531 429.91	216 440.00	应付销售服务费	—	—
应收款项	100 585.13	494.65	应付投资管理费	—	—
发放贷款	2 204 356.64	1 934 593.90	应交税费	—	—
可供出售金融资产	—	—	其他应付款项	21 050.44	2 971.31
持有至到期投资	27 000.00	35 000.00	其他负债	—	—
长期应收款	26 700.00	37 000.00	信托负债合计	21 999.21	4 198.09
长期股权投资	801 599.45	707 112.35	信托权益：		
投资性房地产	—	—	实收信托	3 796 129.27	3 035 021.23
固定资产	—	—	资本公积	5 103.03	2 858.53
无形资产	—	—	外币报表折算差额	—	—
长期待摊费用	—	—	未分配利润	68 230.99	48 178.37
其他资产	—	—	信托权益合计	3 869 463.29	3 086 058.13
信托资产总计	3 891 462.50	3 090 256.22	信托负债和信托权益总计	3 891 462.50	3 090 256.22

企业法定代表人：王海智　　主管会计工作负责人：尹　梅　　会计部门负责人：李瑞聪

5.2.2 信托项目利润及利润分配汇总表

天津信托有限责任公司

信托项目利润及利润分配表

2011年度　　单位：万元

项　目	本期累计金额	上期累计金额
一、营业收入	279 484.48	205 440.85
利息收入	202 792.88	154 462.45
投资收益（损失以"－"号填列）	74 957.89	46 242.02
其中：对联营企业和合营企业的投资收益	—	—
公允价值变动收益（损失以"－"号填列）	－1 147.75	－1 685.77
租赁收入	2 881.46	3 912.24
汇兑损益（损失以"－"号填列）	—	—
其他收入	—	2 509.91
二、营业支出	38 262.24	21 279.92
营业税金及附加	—	—
受托人报酬	30 623.79	15 776.68
托管费	1 278.84	691.74
投资管理费	458.00	—
销售服务费	2 378.35	472.55
交易费用	587.41	873.46
资产减值损失	—	—
其他费用	2 935.85	3 465.49
三、信托净利润（净亏损以"－"号填列）	241 222.24	184 160.93
四、其他综合收益	2 244.50	1 833.51
五、综合收益	243 466.74	185 994.44
加：期初未分配信托利润	48 178.37	32 274.86
六、可供分配的信托利润	289 400.61	216 435.79
减：本期已分配信托利润	221 169.62	168 257.41
七、期末未分配信托利润	68 230.99	48 178.38

企业法定代表人：王海智　　主管会计工作负责人：尹　梅　　会计部门负责人：李瑞聪

6. 会计报表附注

6.1 会计报表编制基准的说明

公司以持续经营为基础，根据实际发生的交易和事项，按照财政部颁布的《企业会计准则——基本准则》和其他各项会计准则的规定进行确认和计量，在此基础上编制财务报表。

6.2 重要会计政策和会计估计说明

6.2.1 计提资产减值准备的主要范围和方法

6.2.1.1 贷款减值准备核算方法

本公司于资产负债表日对单项金额重大的贷款单独进行减值测试，如有客观证据表明其发生了减值的，按其未来现金流量现值低于其账面价值的差额，计提减值准备。

6.2.1.2 坏账准备核算方法

资产负债表日，本公司对应收款项单独进行减值测试，经测试发生了减值的，按其未来现金流量现值低于其账面价值的差额确定减值损失，计提坏账准备。

6.2.1.3 长期股权投资减值准备核算方法

本公司于半年和年末对长期股权投资估计其可收回金额，可收回金额低于账面价值的，确认减值损失。减值损失计入当期损益，同时计提长期股权投资减值准备。长期股权投资减值准备一经确认，不再转回。

6.2.1.4 抵债资产减值准备核算方法

本公司于半年和年末对抵债资产估计其可收回金额，可收回金额低于账面价值的，确认减值损失。减值损失计入当期损益，同时计提抵债资产减值准备。抵债资产减值准备一经确认，不再转回。

6.2.2 金融资产四分类的范围和标准

6.2.2.1 以公允价值计量且其变动计入当期损益的金融资产：指本公司为了近期内出售而持有的股票、债券、基金，包括交易性金融资产和指定以公允价值计量且其变动计入当期损益的金融资产

6.2.2.2 持有至到期投资：指本公司购入的到期日固定、回收金额固定或可确定且本公司明确意图和能力持有至到期的固定利率国债、浮动利率公司债券、理财产品等

6.2.2.3 应收款项和贷款：应收款项（本公司指应收利息、其他应收款和长期应收款）按合同或协议价款作为初始入账金额，贷款的后续计量以摊余成本计量

6.2.2.4 可供出售金融资产：指本公司没有划分为以公允价值计量且其变动计入当期损益的金融资产、持有至到期投资、贷款和应收款项的其他金融资产

6.2.3 交易性金融资产核算方法

取得时以公允价值（扣除已宣告但尚未发放的现金股利或已到付息期但尚未领取的债券利息）作为初始确认金额。

持有期间将取得的利息或现金股利确认为投资收益，资产负债表日将公允价值变动计入当期损益。

处置时，公允价值与初始入账金额之间的差额确认为投资收益，同时调整公允价值变动损益。

6.2.4 可供出售金融资产核算方法

取得时按公允价值（扣除已宣告但尚未发放的现金股利或已到付息期但尚未领取的债券利息）和相关交易费用之和作为初始确认金额。

持有期间将取得的利息或现金股利确认为投资收益。资产负债表日将公允价值变动计入资本公积（其他资本公积）。

处置时，将取得的价款与该金融资产账面价值之间的差额，计入投资损益；同时，将原直接计入所有者权益的公允价值变动累计额对应处置部分的金额转出，计入投资损益。

6.2.5 持有至到期投资核算方法

取得时按公允价值（扣除已到付息期但尚未领取的债券利息）和相关交易费用之和作为初始确认金额。

持有期间按照摊余成本和实际利率（如实际利率与票面利率差别较小的，按票面利率）计算确认利息收入，计入投资收益。实际利率在取得时确定，在该预期存续期间或适用的更短期间内保持不变。处置时，将所取得价款与该投资账面价值之间的差额计入投资收益。

6.2.6 长期股权投资核算方法

6.2.6.1 权益法

公司对被投资单位具有共同控制或重大影响的长期股权投资，采用权益法核算。

6.2.6.2 成本法

（1）公司能够对被投资企业实施控制，即有权决定一个企业的财务和经营政策，并能从被投资企业的经营活动中获取利益。

（2）对被投资企业不具有共同控制或重大影响，且没有活跃市场报价及无法取得可靠的公允价值，应采用成本法核算。

6.2.7 投资性房地产核算方法

投资性房地产是指为赚取租金或资本增值，或两者兼有而持有的房地产。本公司的投资性房地产为公司办公大楼出租部分的房产。

本公司的投资性房产采用成本模式计量。对按照成本模式计量的投资性房地产采用与本公司固定资产、无形资产相同的折旧或摊销政策。在资产负债表日按投资性房产的成本与可收回金额孰低计价，可收回金额低于成本的，按两者的差额计提减值准备。

6.2.8 固定资产计价和折旧方法

6.2.8.1 固定资产的标准

同时具备以下三个条件的，确认为固定资产：

（1）本公司实际拥有所有权的实物资产；

（2）预计使用期限在一年以上（不含一年）；

（3）单项实物资产的购置或建造价值在2 000元以上。

6.2.8.2 固定资产发生的修理费用，符合规定的固定资产确认条件的计入固定资产成本；不符合规定的固定资产确认条件的在发生时直接计入当期成本、费用

6.2.8.3 固定资产折旧计提方法

固定资产从其投入使用的次月起采用直线法计提折旧，预计净残值为原价的3%，估计经济使用年限和年折旧率如下：

资产类别	预计使用年限（年）	年折旧率（%）
房屋建筑物	30～43	3.23～2.26
机器设备	5～10	19.40～9.70
运输设备	6	16.17
电子设备	3～5	32.33～19.40
其他	5	19.40

6.2.9 无形资产计价及摊销政策

6.2.9.1 无形资产的计价

无形资产在取得时，按实际成本计价。取得时的实际成本按以下方法确定：

（1）购入的无形资产，按实际支付的价款作为实际成本；

（2）自行开发并按法律程序申请取得的无形资产按依法取得时发生的注册费、聘请律师费等入账，开发过程中发生的费用直接计入当期损益。

6.2.9.2 无形资产的摊销

无形资产自取得当月起在预计使用年限内分期平均摊销，预计使用年限按受益年限和法律规定的有效年限两者孰短的原则确定，对无受益年限和法律规定的有效年限的则按不超过10年的摊销年限内分期平均摊销，计入当期损益。

6.2.10 长期应收款的核算方法

本公司长期应收款核算应收融资租赁本金和应收融资租赁收益，融资租赁资产出租时，将该项融资租赁资产的初始账面价值由记入"长期应收款——应收融资租赁本金"，将应向承租人收取的各期租金与终止转让价款之和，扣除购入租赁物时实际支付价款及相关税费后的差额，记入"长期应收款——应收融资租赁收益"。

收到融资租赁租金时，根据该项融资租赁业务的租金表或未确认融资收益分配表，按实际收到金额中的本金部分，冲减"长期应收款——应收融资租赁本金"；按实际收到金额中的收益部分，冲减"长期应收款——应收融资租赁收益"。同时，按实际收到金额中的收益部分，记入"未实现融资收益"和"租赁

收入"。

6.2.11 **长期待摊费用的摊销政策**

本公司长期待摊费用在费用项目的受益期限内分期平均摊销。

6.2.12 **合并会计报表的编制方法**

对本公司拥有实际控制权的被投资企业合并财务报表，公司能够控制的特殊目的主体(如非法人单位的合作项目)也列入合并报表范围。按照《企业会计准则》(2006)第33号"合并财务报表"准则的相关规定，编制合并财务报表。

6.2.13 **收入确认原则和方法**

6.2.13.1 利息收入

本公司的利息收入，是指本公司存放于银行和其他金融机构的款项、对外放款、拆出资金、买入返售金融资产等业务所形成的利息收入。

(1)贷款利息收入。按季度在贷款结息日，按照贷款合同(借据)金额和合同利率计算确定的应收未收利息，记入"应收利息"科目；按贷款的摊余成本和实际利率计算确定的利息收入。

(2)拆出资金和买入返售金融资产的利息收入比照贷款利息收入的规定确认。

(3)存放银行和其他金融机构款项的利息收入：按结息日实际收到的金额计入利息收入。

6.2.13.2 融资租赁收益

本公司采用实际利率法计算当期应确认的融资租赁收入，并将未实现融资租赁收益在租赁期内的各个期间进行分配。

6.2.13.3 手续费及佣金净收入

本公司的手续费收入是指本公司自营业务的手续费收入以及从本公司所管理的信托业务中按信托合同规定从信托收益中提取或向委托人及第三方收取的受托人报酬。自营业务手续费收入：按合同收取时确认收入；信托业务手续费参见"6.2.15 信托报酬确认原则和方法"。

6.2.13.4 其他营业收入

本公司以合同已签订并执行，款项已收到或取得收取款项凭据时确认为收入实现。

6.2.14 **所得税的会计处理方法**

本公司所得税费用采用资产负债表债务法核算。资产、负债的账面价值与其计税基础存在差异的，按照规定确认所产生的递延所得税资产或递延所得税负债。

本公司在计算确定当期所得税(即当期应交所得税)以及递延税项(递延所得税费用或收益)的基础上，将两者之和确认为利润表中的所得税费用(或收益)，但不包括直接计入所有者权益的交易或事项的所得税影响。

资产负债表日，本公司按照暂时性差异与适用所得税税率计算的结果，确认递延所得税负债、递延所得税资产以及相应的递延所得税费用(或收益)。一般情况下，所有应税暂时性差异产生的递延所得税负债均予确认，而递延所得税资产则只能在未来应纳税利润足以用做抵销暂时性差异的限度内，才予以确认。

6.2.15 **信托报酬确认原则和方法**

信托业务手续费收入(受托人报酬)：依据信托合同的约定，按季度、合同中期分配、合同到期分配收取时，计算及确认收入。

6.3 或有事项说明

无。

6.4 重要资产转让及其出售的说明

无。

6.5 会计报表中重要项目的明细资料

6.5.1 自营资产经营情况

6.5.1.1 信用风险资产的期初数、期末数(按信用风险五级分类)

信用风险资产五级分类	正常类(万元)	关注类(万元)	次级类(万元)	可疑类(万元)	损失类(万元)	信用风险资产合计(万元)	不良资产合计(万元)	不良资产率(%)
期初数	73 278.53	14 714.83	0.00	2 091.00	61.93	90 146.29	2 152.93	2.39
期末数	74 487.10	20 010.00	0.00	1 014.83	11.52	95 523.45	1 026.35	1.07

注：根据中国银监会印发的2011年度非现场监管报表G11资产质量五级分类情况表的填报说明，信托风险资产范围应包括：存放同业款项、各项贷款(含"长期应收款——应收融资租赁本金")、应收利息、其他应收款(含"预付账款")、拆放同业和买入返售资产、银行账户债券投资、不可撤销的承诺及或有负债。

6.5.1.2 各项资产减值损失准备的期初数、本期计提、本期转回、本期核销、期末数

单位：万元

	期初数	本期计提	本期转回	本期核销	期末数
贷款损失准备	4 471.00	4 130.00	4 471.00	0.00	4 130.00
其中：一般准备	900.00	1 530.00	900.00	0.00	1 530.00
专项准备	3 571.00	2 600.00	3 571.00		2 600.00
其他资产减值准备	632.78	387.08	228.14	0.00	791.72
其中：可供出售金融资产减值准备	0.00	0.00	0.00	0.00	0.00
持有至到期投资减值准备	0.00	0.00	0.00	0.00	0.00
长期股权投资减值准备	0.00	0.00	0.00	0.00	0.00

续表

	期初数	本期计提	本期转回	本期核销	期末数
坏账准备	581.93	387.08	177.29	0.00	791.72
投资性房地产减值准备	0.00	0.00	0.00	0.00	0.00
抵债资产减值准备	50.85	0.00	50.85	0.00	0.00

6.5.1.3 固有业务股票投资、基金投资、债券投资、股权投资等投资业务的期初数、期末数(按照投资品种分类)

单位：万元

	自营股票	基金	债券	长期股权投资	其他投资	合计
期初数	57 075.28	199.50	17 207.04	5 614.51	8 022.76	88 119.09
期末数	33 269.77	1 534.01	28 736.20	6 289.58	5 912.76	75 742.32

6.5.1.4　按投资入股金额排序，前五名的自营长期股权投资的企业名称、占被投资企业权益的比例、主要经营活动及投资收益情况等

企业名称	占被投资企业权益的比例(%)	主要经营活动	投资收益(万元)
天弘基金管理有限公司	48.00	基金募集、基金销售、资产管理和中国证监会许可的其他业务。	-1 398.04
渤海证券公司	1.10	证券代理买卖、证券自营买卖、证券承销、证券投资咨询。	220.52
中国重型汽车财务有限公司	0.46	在集团内部开展商业票据贴现、银行承兑汇票贴现、内部资金结算、汽车产品消费信贷，以及企业债券、股票上市等投资银行业务和信贷业务等。	16.01

6.5.1.5　前五名的自营贷款的企业名称、占贷款总额的比例和还款情况等

企业名称	占贷款总额的比例(%)	还款情况
天津翔驰投资有限公司	39.22	合同未到期
天津市万豪大厦有限公司	27.45	合同未到期
河南路桥建设股份有限公司	19.61	合同未到期
海口新城区建设开发公司	9.80	合同未到期
北京天宜乳腺医院有限公司	3.92	合同未到期

6.5.1.6　担保业务、代理业务(委托业务)

单位：万元

表外业务	期初数	期末数
担保业务	0	0
代理业务(委托业务)	0	0
其他	0	0
合计	0	0

6.5.1.7　公司当年的收入结构

收入结构	金额(万元)	占比(%)
手续费及佣金收入	33 980.21	75.25
其中：信托手续费收入	33 537.13	74.27
投资银行业务收入	0	0.00
利息收入	6 814.69	15.09
其他业务收入	2 493.04	5.52
其中：计入信托业务收入部分		
投资收益	952.50	2.11
其中：股权投资收益	-921.50	-2.04
证券投资收益	1 874.00	4.15
其他投资收益	0.00	0.00
公允价值变动收益	43.16	0.09
营业外收入	874.74	1.94
收入合计	45 158.34	100.00

其中，2011年，公司其他业务收入2 493.04万元，主要来源是融资租赁业务收入、办公大楼出租部分的房租收入及财务咨询费收入；信托业务收入总额为33 537.13万元，全部为手续费收入。

6.5.2　披露信托财产管理情况

6.5.2.1　信托资产的期初数、期末数

单位：万元

信托财产	期初数	期末数
集合	1 245 961.94	1 785 351.65
单一	1 840 844.28	2 027 375.72
财产权	3 450.00	78 735.13
合计	3 090 256.22	3 891 462.50

6.5.2.1.1　主动管理型信托业务的信托资产期初数、期末数

单位：万元

主动管理型信托资产	期初数	期末数
证券投资类	81 517.40	84 013.18
股权投资类	449 413.09	315 781.92
融资类	1 112 411.08	2 332 750.11
事务管理类		
合计	1 643 341.57	2 732 545.21

6.5.2.1.2　被动管理型信托业务的信托资产期初数、期末数

单位：万元

被动管理型信托资产	期初数	期末数
证券投资类	9 150.27	5 118.45
股权投资类		22.82
融资类	1 425.660.78	995 839.99
事务管理类	12 103.60	157 936.03
合计	1 446 914.65	1 158 917.29

6.5.2.2　本年度已清算结束的信托项目个数、实收信托合计金额、加权平均实际年化收益率

6.5.2.2.1　本年度已清算结束的集合类、单一类资金信托项目和财产管理类信托项目个数、实收信托合计金额、加权平均实际年化收益率

已清算结束信托项目	项目个数	实收信托合计金额(万元)	加权平均实际年化收益率(%)
集合类	47	496 391.00	7.7524
单一类	128	1 780 468.00	5.9798
财产管理类	1	3 450.00	7.4006

6.5.2.2.2　本年度已清算结束的主动管理型信托项目个数、实收信托合计金额、加权平均实际年化收益率

已清算结束信托项目	项目个数	实收信托合计金额(万元)	加权平均实际年化信托报酬率(%)	加权平均实际年化收益率(%)
证券投资类	15	49 406.00	0.3650	4.9604
股权投资类	13	837 800.00	0.3968	5.9075
融资类	66	726 560.44	1.7830	7.6463
事务管理类				

6.5.2.2.3　本年度已清算结束的被动管理型信托项目个数、实收信托合计金额、加权平均实际年化收益率

已清算结束信托项目	项目个数	实收信托合计金额(万元)	加权平均实际年化信托报酬率(%)	加权平均实际年化收益率(%)
证券投资类				
股权投资类				
融资类	79	655 438.96	0.2738	5.7140
事务管理类	3	11 103.60	0.4499	2.2994

6.5.2.3 本年度新增的集合类、单一类和财产管理类信托项目个数、实收信托合计金额

新增信托项目	项目个数	实收信托合计金额(万元)
集合类	67	1 026 676.00
单一类	100	2 135 540.00
财产管理类	3	78 735.13
新增合计	170	3 240 951.13
其中:主动管理型	100	2 337 144.40
被动管理型	70	903 806.73

6.5.2.4 信托业务创新成果和特色业务有关情况

2011 年,公司在推进业务创新方面,不断完善现有的研究方向,努力建立可持续增长的盈利模式。在提升财富管理能力方面,不断丰富产品设计,对具有夹层性质、保本性质、纯投资性质等不同特点的私人股权投资业务加大储备和实践。另外,2011 年公司引入了社保基金 30 亿元支持天津市公租房建设。此外也创新、研发了多种业务模式及业务品种支持中小科技企业发展。

6.5.2.5 本公司履行受托人义务情况

本公司作为受托人,严格遵守信托法规的规定和信托协议(合同)的约定,尽职尽责履行受托人职责和义务,为委托人管理好各项信托财产,精心组织信托财产的运作;依照信托法规和信托协议(合同)约定,定期出具信托财产的管理报告;信托协议(合同)终止时,及时办理信托事务清算事宜;按信托协议(合同)的约定,按期及时向受益人支付信托受益并在信托协议(合同)终止时及时按约定向委托人(受益人)支付信托财产(本金);按信托法规和信托协议(合同)的约定收取受托人报酬(手续费),本年度没有发生违反受托人职责和义务的情况,没有出现信托协议(合同)到期由于受托人的责任不支付信托财产和受益人收益的情况。受托人按信托法规和信托协议(合同)管理、运用信托财产,管理和分配信托收益以及收取手续费(受托人报酬)时,没有出现侵占委托人和受益人合法权益的情况。

6.5.2.6 信托赔偿准备金的提取、使用和管理情况

信托赔偿准备金的提取情况表

单位:万元

按税后利润5%计提	期初数	本年增加	本年减少	期末数
信托赔偿准备金	4 365.24	4 173.67	0	8 538.91

注:2011 年公司未使用信托赔偿准备金,该信托赔偿准备金存放于经营稳健、具有一定实力的国内商业银行,或者用于购买低风险高流动性证券。

6.6 关联方关系及其交易的披露

6.6.1 关联交易方的数量、关联交易的总金额及管理交易的定价政策等

单位:万元

	关联交易方数量	关联交易金额	定价政策
合计	1	23 000	按市场公允价格

6.6.2 关联方交易与本公司的关系性质、关联交易方名称、法定代表人、注册地址、注册资本及主营业务等

单位:万元

关系性质	关联方名称	法定代表人	注册地址	注册资本	主营业务
受对公司施加重大影响企业直接控制的其他企业	天津泰达股份有限公司	张　军	天津开发区第三大街16号	147 557	交通、能源、高科技工业投资等

6.6.3 逐笔披露本公司与关联方的重大交易事项

6.6.3.1 固有财产与关联方:贷款、投资、租赁、应收账款、担保、其他方式等期初汇总数、本期发生额汇总数、期末汇总数

单位:万元

固有与关联方关联交易				
	期初数	借方发生额	贷方发生额	期末数
贷款	0	0	0	0
投资	0	0	0	0
租赁	0	0	0	0
担保	0	0	0	0
应收账款	0	0	0	0
其他	0	0	0	0
合计	0	0	0	0

6.6.3.2 信托资产与关联方:贷款、投资、租赁、应收账款、担保、其他方式等期初汇总数、本期发生额汇总数、期末汇总数

单位:万元

信托与关联方关联交易				
	期初数	借方发生额	贷方发生额	期末数
贷款	0	23 000	0	23 000
投资	0	0	0	0
租赁	0	0	0	0
担保	0	0	0	0
应收账款	0	0	0	0
其他	0	0	0	0
合计	0	23 000	0	23 000

定价原则:按市场公允价格定价。

6.6.3.3 信托公司自有资金运用于自己管理的信托项目(固信交易)、信托公司管理的信托项目之间的相互(信信交易)交易金额,包括余额和本报告年度的发生额

6.6.3.3.1 固有与信托财产之间的交易金额期初汇总数、本期发生额汇总数、期末汇总数

单位:万元

固有财产与信托财产相互交易			
	期初数	本期发生额	期末数
合计	0	0	0

6.6.3.3.2 信托项目之间的交易金额期初汇总数、本期发生额汇总数、期末汇总数

单位:万元

信托财产与信托财产相互交易			
	期初数	本期发生额	期末数
信托受益权	0	25 000	25 000
合计	0	25 000	25 000

定价原则:按市场公允价格定价。

6.6.4 逐笔披露关联方逾期未偿还本公司资金的详细情况以及本公司为关联方担保发生或即将发生垫款的详细情况

公司本年度未出现关联方逾期未偿还本公司资金的情况，未出现本公司为关联方担保的情况。

6.7 会计制度的披露

本公司固有业务从2008年1月1日起、信托业务从2010年1月1日起按照财政部2006年颁布的《企业会计准则——基本准则》和其他各项会计准则的规定对固有业务及信托业务进行确认和计量，在此基础上编制财务报表。

6.8 净资本管理情况

根据《信托公司净资本管理办法》和2011年2月下发的净资本具体计算标准，2011年末公司的净资产19亿元，净资本为14.51亿元(监管标准≥2亿元，各项风险资本之和为6.3亿元，净资本/各项业务风险资本为230.32%(监管标准≥100%)，净资本/净资产为76.37%(监管标准为≥40%)，净资本各项指标达到规定标准。

7. 财务情况说明书

7.1 利润实现和分配情况

2011年，公司实现税前利润28 035.30万元，比上年增加4 873.24万元，增幅21.04%;净利润20 778.23万元，比上年增加2 416.41万元，增幅13.16%。按照相关法规、公司章程，本年净提取法定盈余公积金2 077.82万元、一般准备300万元和信托赔偿准备金1 038.91万元。

7.2 主要财务指标

2011年主要财务指标情况表

指标名称	指标值
资本利润率(%)	11.03
加权年化信托报酬率(%)	
人均净利润(万元/人)	150.57

注:全年在岗职工平均人数138人。

7.3 对本公司财务状况、经营成果有重大影响的其他事项

无。

8. 特别事项揭示

8.1 公司股东股权无变动情况

8.2 董事、监事及高级管理人员变动情况及原因

2011年4月12日，公司召开2011年股东会第2次会议，审议通过了《关于同意刘青松不再担任天津信托有限责任公司董事的决议》，《关于同意于永洲担任天津信托有限责任公司董事的决议》。

2011年8月26日，公司以通讯方式召开第六届董事会2011年第3次临时会议，审议通过了《关于同意解聘贾丽娜天津信托有限责任公司副总经理的决议》。

除此之外，公司董事、监事及高级管理人员未有变动。

8.3 本年度公司注册资本、注册地、公司名称、公司分立合并事项

公司注册资本、注册地、公司分立合并事项无变更。

8.4 公司的重大诉讼事项

无。

8.5 本年度公司及高级管理人员受到处罚情况

无。

8.6 银监会派出机构风险检查情况

2011年监管部门加强了对信托公司的监管，天津银监局到公司进行了4次检查，检查内容涉及新增业务，中长期贷款、保障房业务调查，地方政府融资平台贷款情况，以及金融机构“小金库”等方面。

在对公司相关工作充分肯定的基础上，提出了进一步深化管理，有效防范风险的监管部门指导意见，公司积极贯彻执行相关监管政策和要求，采取多项措施加强了业务合规及风险管理工作。

8.7 重大事项临时报告

无。

9. 公司监事会意见

9.1 公司依法运作情况

通过检查监督，监事会认为，公司建立了较为完善的公司法人治理结构，进一步加强了内部控制制度建设和风险管理，强化了内部管理和审计制度。公司决策事项程序合法，公司董事、经理和其他高级管理人员，能够按照《公司法》、“信托一法三规”、《公司章程》等有关法律、法规及监管部门的要求，认真履行相关职责，勤勉工作，积极维护股东利益、公司利益和客户利益。

9.2 关于公司财务报告

依据五洲松德联合会计师事务所出具的审计报告和公司的财务报表，监事会认真检查和审核了公司财务状况和经营成果，认为公司本年度财务报告是客观、公允的。

五矿国际信托有限公司

1. 重要提示

1.1 本公司董事会及董事保证本报告所载资料不存在任何虚假记载、误导性陈述或者重大遗漏，并对其内容的真实性、准确性和完整性承担个别及连带责任。

1.2 本公司独立董事马忠智、陈方正对年度报告内容的真实性、准确性、完整性无异议。

1.3 本公司董事长任珠峰先生、总经理徐兵先生、主管会计工作负责人刘雁财务总监声明：保证本年度报告中财务报告的真实、完整。

2. 公司概况

2.1 公司简介

2.1.1 公司的法定名称
中文：五矿国际信托有限公司
英文：Minmetals International Trust Co.，Ltd.

2.1.2 公司法定代表人：任珠峰

2.1.3 公司注册地址：青海省生物科技产业园纬二路18号
邮政编码：810003
公司互联网网址：http://www.mintrust.com
公司电子信箱：mintrust－fortune@mintrust.com

2.1.4 公司负责信息披露事务的高级管理人员：何其联
公司信息披露事务联系人：唐 骥，张 毅
办公电话：8610－65980688
办公传真：8610－65980638
电子信箱：tangj@mintrust.com，zhangy@mintrust.com

2.1.5 公司选定的信息披露报纸：《金融时报》

2.1.6 年报备置地点：青海省生物科技产业园纬二路18号

2.1.7 公司聘请的会计师事务所：天健会计师事务所
办公地址：北京市中关村南大街甲18号北京国际大厦B座17层

2.2 公司组织结构

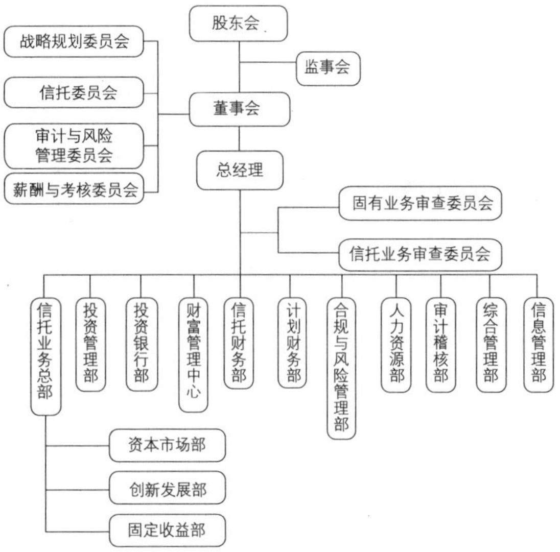

3. 公司治理结构

3.1 股东

股东名称	持股比例(%)	法定代表人	注册资本(万元)	注册地址	主要经营业务及主要财务情况
五矿资本控股有限公司(原五矿投资发展有限责任公司)	66.0	周中枢	281 292	北京市海淀区三里河路5号	实业、高新技术企业、房地产项目的投资；资产受托管理；高新技术开发；投资策划；企业经营管理咨询；2011年末，净资产为26亿元。
西宁城市投资管理有限公司	33.9	严发仓	100 000	青海省西宁市	授权资产经营管理；项目经营开发管理与投融资；提供担保；开发高新技术项目；土地储备及综合开发；房地产开发经营；租赁；经批准的其他业务；2011年末，净资产为139亿元。
青海华鼎实业股份有限公司	0.1	于世光	23 685	青海省西宁市	高科技机械产品开发、制造、数控机床、加工中心专用机械设备等制造、销售；经批准的其他业务；2011年末，净资产为8亿元。

3.2 董事、董事会

姓名	职务	性别	出生年月	所推举的股东名称	该股东持股比例(%)	简要履历
任珠峰	董事长	男	1970年9月	五矿资本控股有限公司	66	中央财经大学博士研究生学历，五矿资本控股有限公司（原五矿投资发展有限责任公司）总经理。
徐兵	董事，总经理	男	1973年8月	五矿资本控股有限公司	66	中南大学博士研究生学历，五矿资本控股有限公司（原五矿投资发展有限责任公司）副总经理，本公司总经理。
王晓东	董事	男	1962年12月	五矿资本控股有限公司	66	中国人民大学硕士研究生学历，五矿资本控股有限公司（原五矿投资发展有限责任公司）副总经理。
闫自军	董事	男	1964年11月	西宁城市投资管理有限公司	33.9	中央广播电视大学本科学历，西宁城市投资管理有限公司财务总监。
唐伟明	董事	男	1963年3月	西宁城市投资管理有限公司	33.9	中央广播电视大学大专学历，青海省国有资产管理有限公司财务部部长、党支部书记。
马忠智	独立董事	男	1944年1月	—	—	辽宁大学大专学历，曾任国家证券委员会办公室副主任、主任兼中国证券监督管理委员会党委委员、秘书长，国务院稽察特派员总署特派员，国务院国有重点大型企业监事会主席等职。
陈方正	独立董事	男	1946年10月	—	—	合肥工业大学本科学历，同济大学商学院常务副院长。

3.3 监事、监事会

姓名	职务	性别	出生年月	所推举的股东名称	该股东持股比例(%)	简要履历
曹大岭	监事会主席	男	1964年11月	西宁城市投资管理有限公司	33.9	华北电力大学硕士研究生学历，青海省国有资产投资管理有限公司副总经理、党委委员。
张幼凤	监事	女	1961年7月	五矿资本控股有限公司	66.0	厦门大学本科学历，五矿资本控股有限公司（原五矿投资发展有限责任公司）财务部总经理。
周敏	监事	女	1980年3月	五矿资本控股有限公司	66.0	安徽财经大学硕士研究生学历，本公司合规与风险管理部高级经理。

3.4 高级管理人员

姓名	职务	性别	出生年月	选任日期	金融从业年限	学历	专业	简要履历
徐兵	总经理	男	1973年8月	2010年10月	6	博士	管理科学与工程	曾任五矿资本控股有限公司（原五矿投资发展有限责任公司）总经理。
何其联	副总经理	男	1971年10月	2010年10月	17	本科	金融	曾任海航集团财务有限公司总经理。
刘雁	财务总监	女	1973年7月	2010年10月	9	本科	会计学	曾任五矿资本控股有限公司（原五矿投资发展有限责任公司）会计部经理。
张岚	副总经理	女	1971年3月	2010年10月	17	本科	财政学	曾任五矿证券经纪有限责任公司投资银行部总经理。
杨巍	副总经理	女	1978年12月	2010年10月	4	大专	工艺美术装潢设计	曾任北京国影基金管理有限公司副总经理。
孟元	总经理助理	男	1978年12月	2010年10月	9	硕士	经济学	曾任中信信托有限责任公司部门负责人。

3.5 公司员工

项目		报告期年度	
		人数	比例(%)
年龄分布	25岁以下	8	6
	25~29岁	66	46
	30~39岁	64	44
	40岁以上	6	4

续表

项目		报告期年度	
		人数	比例(%)
学历分布	博士	3	2
	硕士	61	42
	本科	70	49
	专科	10	7
	其他	0	0

续表

项目		报告期年度	
		人数	比例(%)
岗位分布	董事、监事及其高管人员	7	5
	业务人员	97	67
	其他人员	40	28

4. 经营管理

4.1 经营目标、方针、战略规划

4.1.1 经营目标

公司遵循合规经营、严控风险的稳健发展思路，以金属矿产领域信托为突破点，以培育自主资产管理能力为根基，以差异化、个性化、人性化服务为内蕴，在未来的三年到五年内，致力于成为富有持续创新能力、全方位价值整合能力、综合金融服务能力的特色鲜明、值得尊敬的综合性信托公司。

4.1.2 经营方针

公司秉承中国五矿“珍惜有限、创造无限、服务为本、自强不息”的核心理念，以富有前瞻性、敏锐感、想象力的思维应对市场变化，把握发展节奏，注重适度规模，实现资产管理、渠道建设、内部管控的均衡协调发展。

4.1.3 战略规划

在未来五年内，充分发掘并借鉴中国五矿在决策机制、管控模式、风控体系、产业链条、人才队伍、品牌价值等方面的多元优势，以金属矿产领域投资为核心，以可持续创新、差异化竞争为策略，培养合格投资者，提升外界认同度，拓展公开交易市场，加快产品流动性，建立多样、个性、稳定、规范的商业模式；提升自主资产管理能力与加强渠道建设并重，客户开发与内部管控并行，形成业务创新、市场拓展能力较强，前台、中台、后台均衡协调发展，产融结合的良好格局；拓宽人员横向、纵向流动通道，打造业务能力与综合素质提升平台，构建业绩与薪酬互动，业务拓展实际需求与团队建设节奏规模联动的，凸显市场、富有弹性的人力资源体系。

4.2 所经营业务的主要内容

2011年是公司成立后第一个完整的运营年度，公司充分利用信托制度优势，发挥专业的金融策划、资产管理、产品营销及风险管理能力，坚持“至诚至信、稳健规范、专业服务、合作共赢”的经营方针，以专业化、差异化和精细化为战略取向，打造规范、高效的业务运营体系。

4.2.1 信托业务

2011年，公司广泛拓展业务合作渠道，信托业务规模迅速提升。截至2011年12月末，共成立单一资金信托59个，金额187.83亿元；集合资金信托计划77个，金额181.44亿元，已实现信托业务手续费收入23 277万元，财务顾问费收入5 957万元，受益权转让费11万元，共实现业务收入29 245万元，其中集合信托业务实现收入19 574.5万元。

4.2.2 固有业务

4.2.2.1 贷款业务

公司开展贷款业务注重依托青海资源优势，合理控制风险的原则下，不断提高固有资金使用效率和收益水平。

2011年新增发放贷款2.32亿元，归还上年及本年度贷款4.82亿元，截至2011年12月31日，固有资金贷款余额0.5亿元。

4.2.2.2 金融产品投资

公司金融产品投资目前主要包括证券市场投资及信托产品投资。证券市场投资主要包含股票，基金和债券市场，截至2011年12月31日，股票投资余额24 580万元，债券投资10 119万元，基金投资9 032万元。

4.2.3 经营成果

截至2011年12月末，公司固有资产总额140 709万元，净资产136 334万元，信托资产规模369.27亿元。累计实现营业收入32 538万元，实现利润总额21 031万元，体现出良好的成长性以及优异的盈利能力。

4.2.4 主要业务的的资产组合与分布

4.2.4.1 固有资产运用与分布表

资产运用	金额（万元）	占比（%）	资产分布	金额（万元）	占比（%）
货币资产	85 719.80	60.92	基础产业	0.00	0.00
贷款及应收款	5 303.14	3.77	房地产	0.00	0.00
交易性金融资产	19 476.88	13.84	证券市场	43 731.29	31.08
可供出售金融资产	24 254.41	17.24	实业	5 000.00	3.55
持有至到期投资	4 470.00	3.18	金融机构	90 189.80	64.10
其他	1 484.62	1.06	其他	1 787.76	1.27
资产总计	140 708.85	100.00	资产总计	140 708.85	100.00

4.2.4.2 信托资产运用与分布表

资产运用	金额（万元）	占比（%）	资产分布	金额（万元）	占比（%）
货币资金	561 619.23	15.00	基础产业	214 680.00	6.00
贷款	1 133 652.40	31.00	房地产	1 463 744.00	40.00
交易性金融资产投资	0.00	—	证券市场	32 196.35	1.00
可供出售金融资产投资	1 467 905.64	40.00	工商企业	321 822.40	9.00
持有至到期投资	0.00	—	金融机构	53 969.52	1.00
长期股权投资	377 639.00	10.00	其他	1 606 282.13	43.00
其他	151 878.13	4.00		0.00	0.00
信托资产总计	3 692 694.40	100.00	信托资产总计	3 692 694.40	100.00

4.3 市场分析

4.3.1 影响公司发展的因素

4.3.1.1 有利条件

影响公司经营发展的有利条件有：

（1）随着我国经济的快速发展，国民财富规模迅速增长，投资者理财需求扩大，国家政策和社会各界对信托行业认可度的逐渐提升，行业步入快速发展轨道。

（2）监管机构的监管科学化、规范化，对信托公司定位清晰，为信托业的发展创造了良好的制度环境。

（3）十多年来，我国资本市场发展迅速，从上市公司的数量、融资金额和投资者数量等方面，我国资本市场已经具备了相当的规模，在产品、法规制度以及多层次资本市场体系建设方面，市场的基本要素和基本框架已经形成，技术系统建设方面成果显著。经过不断的探索和努力，我国资本市场功能和作用日益显现，规范化程度不断提高。这为信托行业的发展提供了广阔的空间。

4.3.1.2 不利条件

影响公司经营发展的不利条件有：

（1）相对于银行业、证券业、保险业，社会对信托业的了解程度还不够高，信托知识还不够普及。

（2）信托业务转型要求重新建立可持续发展的盈利模式，但相关配套法规政策仍不完善。

（3）五矿信托成立时间较短，对行业的整体把握能力有待加强，对各项监管政策的理解和把握能力仍有欠缺，产品线不够丰富，渠道建设和队伍建设都有待加强，如何打造富有自身特色的产品、体现自主经营管理的监管要求，仍是摆在五矿信托面前的重要课题。

4.4 内部控制

4.4.1 内部控制环境和内部控制文化

公司致力于建设完善科学的内控管理体系，积极营造和谐、高效的内控环境，树立了内控优先的风险管理理念，公司内部控制目标和原则清晰，并在各项规章制度中予以充分体现，通过各种培训活动，促进全体员工对于法律法规和规章制度的学习和运用，通过明确奖惩机制规范不合规行为，为公司持续健康发展提供有力的保障。

4.4.2 内部控制措施

公司设立了由股东会、董事会、监事会和高管层构建的公司治理机制，分别建立了议事规则和议事程序，做到三权分开、有效制约、协调发展。

公司董事会下设战略规划委员会、审计与风险管理委员会、薪酬管理委员会、信托委员会，分别负责公司中长期发展战略规划、评估公司经营风险状况、完善公司薪酬方案及督促公司依法履行受托职责。

公司各部门职责分明，相互制约，前台、中台、后台设置合理、分工明确，操作相互独立。内部控制的主要职能部门为合规与风险管理部、财务部和审计稽核部。公司合规与风险管理部负责拟订和修订公司内控制度，定期评价内部控制的有效性，对内控制度的执行情况进行持续的检查和监督，并根据市场和法律环境的变化适时调整和完善。审计稽核部开展内部稽核审计，评价内部控制制度的完整性和合理性以及内部控制制度执行的有效性。财务部按国家颁布的会计准则进行会计核算，严格履行会计监督职能，有效防范、化解财务风险。

公司制定了全面的内控管理制度，公司风险识别和评估体系覆盖各条业务线和主要风险要素，各项业务严格按照公司内控制度及流程要求，履行相应的审批程序，公司分级授权体系完备且执行有效。

公司已经建立了完善的信息管理系统，如财务核算系统、办公自动化系统、人力资源管理系统、投资管理系统、风险管理系统、账户管理系统，公司信息管理部根据业务发展情况持续跟进开发维护。

4.4.3 监督评价与纠正

公司具有多层内控监督体系。一是在股东层面，由监事会履行对董事会和公司经营管理等情况的监督职能；二是在董事会层面，董事会对公司重大经营管理事项进行审议；三是在公司管理层面，合规与风险管理部负责对公司的合规与风险管理工作进行监督和检查。此外，审计稽核部门对公司的内部控制进行监督和评价，并根据审计结果提出整改建议。

4.5 风险管理

4.5.1 风险管理概况

公司经营活动中面临的风险主要有：信用风险、市场风险、操作风险、合规风险及其他风险等。在进行风险管理时，遵循全面、审慎、及时、有效和独立性原则，根据业务类别制定相应的风险控制措施，形成了“事前防范、事中控制、事后评价”的风险管理机制，建立了多层级的风险管理体系。

公司董事会承担内部控制的最终责任和最高决策职能，负责批准公司整体风险战略。董事会下设审计与风险管理委员会，对公司经营风险作系统全面评估，并提出完善风险管理意见。公司经营管理层设固有业务审查委员会和信托业务审查决策委员会就业务风险相关事项进行集体评估决策。公司合规与风险管理部履行全面风险管理职能，负责拟订公司风险管理基本制度并检查执行情况，实施项目合规审核等具体事务。公司各业务部门内设立风险管理岗，负责对部门前台业务进行直接监控，及时识别和监测本部门业务中的风险情况。

4.5.2 风险状况及风险管理

4.5.2.1 信用风险管理

信用风险是公司面临的主要风险之一，主要指交易对手因履约意愿或履约能力发生变化导致信托财产或公司财产遭受损失的风险。

公司按照《中国银行业监督管理委员会关于非银行金融机构全面推行资产质量五级分类管理的通知》对资产质量进行分级分类，持续关注资产质量状况。2011 年，公司不良资产的期初数、期末数均为零，交易对手信用状况良好。

公司根据国家产业政策、地区和行业发展情况，以及交易对手的经营状况、资信状况，在充分尽职调查的基础上进行信用评估分级，作为实施信贷政策的依据。通过交易结构设计、风险定价、设定担保措施、持续进行风险评估等手段规避和监控对手的信用风险。在项目中后期管理中，注重全方面收集融资方、担保方等相关各方财务、生产经营数据、重大经营变动情况等资料，加强资金投放后的运用监督、到期催收等全过程管理，确保项目信用风险的可控可测。

4.5.2.2 市场风险管理

市场风险是指因市场价格的不利变动而公司管理的资产遭受损失的风险。市场风险可以分为利率风险、汇率风险（包括黄金）、股票价格风险和商品价格风险等。报告期内，公司谨慎开展证券投资类业务，信托资产投资、固有资产投资市场风险情况正常。

公司坚持稳健运营的策略，配备相应的专业人员，密切关注宏观政策导向，充分深入调研，对有价证券投资管理状况进行实时监测，建立各类分析模型测算资产风险控制指标的变化，控制总体证券投资规模和比例，设置限制性指标和止损限额，通过投资组合分散投资风险，在组合中配置合理数额的低风险投资品种，实现经风险调整的收益率的最大化。

4.5.2.3　操作风险管理

操作风险是指由不完善或有问题的内部程序、员工和信息科技系统，以及外部事件所造成损失的风险。报告期内未发生上述风险情况。

公司不断对各项操作规程进行测评和完善，高度关注信息系统风险，注重员工培训教育，以业务流程为主线，不断完善前台、中台、后台的内部控制体系，设置明确的岗位职责权限、建立有效的信息传达和防火墙体系，确保各项业务开展严格按照流程进行，各部门在规定的职权范围内独立运行，相互制约，对重要岗位建立轮岗机制，防止不正当交易行为产生，将操作风险的管理贯穿于整个风险管理过程中。

4.5.2.4　其他风险管理状况

其他风险主要包括合规风险、政策风险、声誉风险等。合规风险是指因没有遵循法律、法规、条例可能使公司遭受的法律制裁、监管处罚、财物损失的风险。政策风险主要是国家政策变化对公司业务发展可能产生的不利影响。声誉风险是指由商业银行经营、管理及其他行为或外部事件导致利益相关方对公司作出负面评价的风险，影响公司正常经营。报告期公司无以上几类风险事项发生。

(1)合规风险管理

合规是公司稳健发展的基础，公司高度重视合规风险的管理，公司通过制定一系列合规管理制度，明确合规工作开展的操作流程，以组织培训研讨等形式培育合规文化，确保合规风险管理计划的有效执行。

(2)政策风险管理

公司积极关注国家宏观政策和行业政策的调整与变化，通过政策研究和监管沟通，明确政策导向，及时调整公司经营规划，保持与国家政策的一致性。

(3)声誉风险管理

公司将声誉风险管理纳入公司治理及全面风险管理体系，建立和制定声誉风险管理机制、办法、相关制度和要求，主动、有效地防范声誉风险和应对声誉事件，最大限度地减少对社会公众造成的损失和负面影响。

5. 报告期末及上一年度末的比较式会计报表

5.1　固有资产

5.1.1　会计师事务所审计意见全文

天健会计师事务所认为，五矿信托公司财务报表在所有重大方面按照企业会计准则的规定编制，公允反映了五矿信托2011年12月31日的财务状况以及2011年度的经营成果和现金流量。

5.1.2　资产负债表

单位：万元

项　目	2011年12月31日	2010年12月31日
资产：		
现金及存放中央银行款项	11.96	12.98
存放同业款项	85 707.84	82 215.91
贵金属	0.00	0.00
拆出资金	0.00	0.00
交易性金融资产	19 476.88	5 420.48
衍生金融资产	0.00	0.00
买入返售金融资产	0.00	0.00
应收利息	74.11	0.34
发放贷款和垫款	5 000.00	30 000.00
可供出售金融资产	24 254.41	2 286.54
持有至到期投资	4 470.00	0.00
长期股权投资	0.00	0.00
投资性房地产	0.00	0.00
固定资产	636.99	285.13
无形资产	357.27	89.00
递延所得税资产	0.00	92.12
其他资产	719.39	561.93
资产总计	1 40 708.85	120 964.43
负债：		
向中央银行借款	0.00	0.00
同业及其他金融机构存放款项	0.00	0.00
拆入资金	0.00	0.00
交易性金融负债	0.00	0.00
衍生金融负债	0.00	0.00
卖出回购金融资产款	0.00	0.00
吸收存款	0.00	0.00
应付职工薪酬	2 098.77	346.15
应交税费	1 885.91	302.62
应付利息	0.00	0.00
预计负债	0.00	0.00
应付债券	0.00	0.00
递延所得税负债	0.00	0.00
其他负债	389.95	76.82
负债合计	4 374.63	725.59
所有者权益：		
实收资本	120 000.00	120 000.00
资本公积	-4 851.34	-12.29
减：库存股	0.00	0.00
盈余公积	2 118.56	25.11
一般风险准备	1 591.29	226.02
未分配利润	17 475.71	0.00
所有者权益总计	136 334.22	120 238.84
负债和所有者权益合计	140 708.85	120 964.43

法定代表人：任珠峰　　主管会计工作负责人：刘　雁　　会计机构负责人：冯　鹏

5.1.3　利润表

单位：万元

项　目	2011年度	2010年度
一、营业收入	3 0853.34	1 605.01
利息净收入	4 103.84	1 028.37
利息收入	4 103.84	1 028.37
利息支出	0.00	0.00
手续费及佣金净收入	28 433.73	612.16
手续费及佣金收入	28 433.73	612.16

续表

项　　目	2011 年度	2010 年度
手续费及佣金支出	0. 00	0. 00
投资收益（损失以“－”号填列）	1 645. 12	16. 58
其中：对联营企业和合营企业的投资收益	0. 00	0. 00
公允价值变动收益（损失以“－”号填列）	-3 329. 35	-52. 10
汇兑损益（损失以“－”号填列）	0. 00	0. 00
其他业务收入	0. 00	0. 00
二、营业支出	11 233. 87	1 251. 17
营业税金及附加	1 617. 72	57. 32
业务及管理费	9 604. 77	1 190. 50
资产减值损失	0. 00	0. 00

续表

项　　目	2011 年度	2010 年度
其他业务成本	11. 38	3. 35
三、营业利润（损失以“－”号填列）	19 619. 47	353. 84
加：营业外收入	1 411. 81	0. 00
减：营业外支出	0. 00	0. 00
四、利润总额（损失以“－”号填列）	21 031. 28	353. 84
减：所得税费用	96. 85	102. 71
五、净利润（损失以“－”号填列）	20 934. 43	251. 13
六、其他综合收益	-4 839. 06	-12. 29
七、综合收益总额	16 095. 37	238. 84

法定代表人：任珠峰　　主管会计工作负责人：刘　雁　　会计机构负责人：冯　鹏

5.1.4 所有者权益变动表

单位：万元

项　　目	2011 年度					
	实收资本	资本公积	盈余公积	一般风险准备	未分配利润	所有者权益合计
一、2011 年 1 月 1 日余额	120 000. 00	-12. 29	25. 11	226. 02		120 238. 84
二、本年增减变动金额（减少以“－”号填列）		-4 839. 05	2 093. 45	1 365. 27	17 475. 71	16 095. 38
（一）净利润					20 934. 43	20 934. 43
（二）直接计入所有者权益的利得和损失		-4 839. 05				-4 839. 05
1. 可供出售金融资产公允价值变动净额		-4 839. 05				-4 839. 05
（1）计入所有者权益的金额		-4 839. 05				-4 839. 05
（2）转入当期损益的金额						
2. 现金流量套期工具公允价值变动净额						
（1）计入所有者权益的金额						
（2）转入当期损益的金额						
（3）计入被套期项目初始确认金额中的金额						
3. 权益法下被投资单位其他所有者权益变动的影响						
4. 与计入所有者权益项目相关的所得税影响						
5. 其他						
上述（一）和（二）小计		-4 839. 05			20 934. 43	16 095. 38
（三）所有者投入和减少资本						
1. 所有者投入和减少资本						
2. 股份支付计入所有者权益的金额						
3. 其他						
（四）利润分配			2 093. 45	1 365. 27	-3 458. 72	
1. 提取盈余公积			2 093. 45		-2 093. 45	
2. 提取一般风险准备				1 365. 27	1 365. 27	
3. 对所有者（或股东）的分配						
4. 其他						
（五）所有者权益内部结转						
1. 资本公积转增资本（或股本）						
2. 盈余公积转增资本（或股本）						
3. 盈余公积弥补亏损						
4. 一般风险准备弥补亏损						
5. 其他						
三、2011 年 12 月 31 日余额	120 000. 00	-4 851. 34	2 118. 56	1 591. 29	17 475. 71	136 334. 22

法定代表人：任珠峰　　主管会计工作负责人：刘　雁　　会计机构负责人：冯　鹏

所有者权益变动表(续表)

单位:万元

项　目	2010 年度					
	实收资本	资本公积	盈余公积	一般风险准备	未分配利润	所有者权益合计
一、2010 年 1 月 1 日余额						
二、本年增减变动金额(减少以"－"号填列)	120 000.00	-12.29	25.11	226.02		120 238.84
(一)净利润					251.13	251.13
(二)直接计入所有者权益的利得和损失		-12.29				-12.29
1. 可供出售金融资产公允价值变动净额		-16.38				-16.38
(1)计入所有者权益的金额		-16.38				-16.38
(2)转入当期损益的金额						
2. 现金流量套期工具公允价值变动净额						
(1)计入所有者权益的金额						
(2)转入当期损益的金额						
(3)计入被套期项目初始确认金额中的金额						
3. 权益法下被投资单位其他所有者权益变动的影响						
4. 与计入所有者权益项目相关的所得税影响		4.09				4.09
5. 其他						
上述(一)和(二)小计		-12.29			251.13	238.84
(三)所有者投入和减少资本	120 000.00					120 000.00
1. 所有者投入和减少资本	120 000.00					120 000.00
2. 股份支付计入所有者权益的金额						
3. 其他						
(四)利润分配			25.11	226.02	-251.13	
1. 提取盈余公积			25.11		-25.11	
2. 提取一般风险准备				226.02	-226.02	
3. 对所有者(或股东)的分配						
4. 其他						
(五)所有者权益内部结转						
1. 资本公积转增资本(或股本)						
2. 盈余公积转增资本(或股本)						
3. 盈余公积弥补亏损						
4. 一般风险准备弥补亏损						
5. 其他						
三、2010 年 12 月 31 日余额	120 000.00	-12.29	25.11	226.02		120 238.84

法定代表人:任珠峰　　主管会计工作负责人:刘　雁　　会计机构负责人:冯　鹏

5.2 信托资产

5.2.1 信托项目资产负债汇总表

单位:万元

信托资产	2011 年 12 月 31 日
信托资产	
货币资金	561 619.23
存放同业款项	
交易性金融资产	
买入返售金融资产	
应收票据	122 722.27
应收账款	
应收利息	
其他应收款	76.23
贷款	1 133 652.40
可供出售金融资产	1 467 905.64

续表

信托资产	2011 年 12 月 31 日
长期应收款	29 079.63
长期股权投资	377 639.00
应收股利	
其他资产	
信托资产总计	3 692 694.40
信托负债和信托权益	2011 年 12 月 31 日
信托负债	
应交税费	
其他应付款	1 980.29
应付账款	30.17
长期应付款	9 084.62
其他负债	
信托负债合计	11 095.07

续表

信托资产	2011 年 12 月 31 日
信托权益	
实收信托	3 665 273. 47
资本公积	2 469. 48
未分配利润	13 856. 38
信托权益合计	3 681 599. 33
信托负债及权益总计	3 692 694. 40

5. 2. 2　信托项目利润及利润分配汇总表

单位:万元

项　　目	2011 年度
一、营业收入	166 349. 87
利息收入	93 178. 94
投资收益	73 150. 99
租赁收入	19. 93
公允价值变动损益	0. 00
汇兑损益	—
其他收入	0. 01
二、营业费用	44 238. 13
三、营业税金及附加	168. 94
四、扣除资产损失前的信托利润	121 942. 81
减:资产减值损失	
五、扣除资产损失后的信托利润	121 942. 81
加:期初未分配信托利润	-7. 51
六、可供分配的信托利润	121 935. 30
减:本期已分配信托利润	108 078. 92
七、期末未分配信托利润	13 856. 38

6. 会计报表附注

6. 1　年度会计报表编制基准、会计政策、会计估计和核算方法发生的变化

本公司无上述情况。

6. 2　或有事项说明

无。

6. 3　重要资产转让及其出售的说明

无。

6. 4　会计报表中重要项目的明细资料

6. 4. 1　自营资产经营情况

6. 4. 1. 1　信用风险资产五级分类情况

按照银监会《非银行金融机构资产风险分类指导原则》的分类标准，本年度末公司固有资产质量情况是:

信用风险资产五级分类	正常类（万元）	关注类（万元）	次级类（万元）	可疑类（万元）	损失类（万元）	信用风险资产合计（万元）	不良资产合计（万元）	不良资产率（%）
期初数	0. 00	0. 00	0. 00	0. 00	0. 00	0. 00	0. 00	0. 00
期末数	5 000. 00	0. 00	0. 00	0. 00	0. 00	5 000. 00	0. 00	0. 00

6. 4. 1. 2　资产减值准备情况

本公司本年度无资产减值准备情况。

6. 4. 1. 3　固有股票投资、基金投资、债券投资、长期股权投资等投资情况

单位:万元

	自营股票	基金	债券	合计
期初数	0. 00	0. 00	0. 00	0. 00
期末数	24 579. 53	9 032. 43	10 119. 34	43 731. 30

6. 4. 1. 4　固有长期股权投资前五名

无。

6. 4. 1. 5　固有贷款明细

企业名称	贷款金额（万元）	占贷款总额的比例（%）	还款情况
青海春天药用资源科技利用有限公司	5 000. 00	100. 00	按时归还贷款利息

6. 4. 1. 6　表外业务的期初数、期末数

无。

6. 4. 1. 7　公司当年收入结构

收入结构	金额（万元）	占比（%）
利息收入	4 103. 84	13. 30
其中:存放同业	2 975. 84	9. 65
发放贷款及垫款	1 128. 00	3. 66
手续费及佣金收入	28 433. 73	92. 16
其中:信托手续费收入	22 060. 66	71. 50
顾问及咨询收入	6 362. 37	20. 62
其他	10. 70	0. 03
投资收益	1 645. 12	5. 33
其中:证券投资收益	1 645. 12	5. 33
公允价值变动收益	-3 329. 35	-10. 79
收入合计	30 853. 34	100. 00

6. 4. 2　披露信托资产管理情况

6. 4. 2. 1　信托资产的期初数、期末数

单位:万元

信托资产	期初数	期末数
集合	18 003. 93	1 814 349. 33
单一	898 499. 70	1 680 973. 75
财产权	—	197 371. 32
合计	916 503. 63	3 692 694. 40

主动管理型信托业务期初数、期末数，分金融投资、股权投资、融资、事务管理类分别披露

单位:万元

主动管理型信托资产	期初数	期末数
金融投资类	18 003. 93	601 450. 58
股权投资类	—	377 639. 00
融资类	898 499. 70	2 713 604. 82
事务管理类	—	—
合计	916 503. 63	3 692 694. 40

6.4.2.2 本年度已清算结束的信托项目个数、实收信托合计金额、加权平均实际年化收益率

6.4.2.2.1 本年度已清算结束的集合类、单一类资金信托项目和财产管理类信托项目个数、金额、加权平均实际年化收益率

已清算结束信托项目	项目个数	合计金额（万元）	加权平均实际年化收益率（%）
集合类	—	—	—
单一类	36	838 512.20	4.60
财产管理类	—	—	—

6.4.2.2.2 本年度已清算结束的主动管理型信托项目个数、合计金额、加权平均实际年化收益率。分证券投资、股权投资、融资、事务管理类分别披露

已清算结束信托项目	项目个数	合计金额（万元）	信托报酬率（%）	加权平均实际年化收益率（%）
证券投资类	—	—	—	—
股权投资类	2	23 000.00	3.60	—
融资类	34	815 512.20	0.40	4.60
事务管理类	—	—	—	—

6.4.2.2.3 本年度新增的集合类、单一类和财产管理类信托项目个数、合计金额

单位：万元

新增信托项目	项目个数	合计金额
集合类	76	1 796 345.40
单一类	19	782 474.05
财产管理类	4	197 371.32
新增合计	99	2 776 190.77
其中：主动管理型	99	2 776 190.77
被动管理型	—	—

6.4.2.2.4 信托业务特色业务有关情况

单位：万元

种类	笔数	实收信托
银信合作	29	1 105 527.47
信政合作	—	—
私募基金合作	—	—

6.5 关联方关系及其交易的披露

6.5.1 关联交易方的数量、关联交易的总金额及关联交易的定价政策等

	关联交易方数量	关联交易金额（万元）	定价政策
合计	3	5 491.24	1. 遵循市场价格的原则，有客观的市场价格作为参照的一律以市场价格为准； 2. 如果没有市场价格，按照成本加成定价； 3. 如果既没有市场价格，也不适合采用成本加成价的，按照协议价定价。

6.5.2 关联交易方与本公司的关系性质、关联交易方的名称、法定代表人、注册地址、注册资本及主营业务等

关系性质	关联方名称	法定代表人	注册地址	注册资本（亿元）	主营业务
同一母公司	中国外贸金融租赁有限公司	丁建平	北京市海淀区三里河路1号院	15.08	融资租赁、经营性租赁
同一母公司	五矿证券有限公司	张永衡	深圳市福田区金田路4028号荣超经贸中心办公楼47层1单元	0.5	代理证券买卖业务

6.5.3 公司与关联方的重大交易事项

6.5.3.1 固有财产与关联方：贷款、投资、租赁、应收账款、担保、其他方式等期初汇总数、本期发生额汇总数、期末汇总数

单位：万元

	期初数	借方发生额	贷方发生额	期末数
长期应付款	75.82	17.10	26.10	84.82
其他	2 241.51	102 414.16	103 719.25	936.42
合计	2 317.33	102 431.26	103 745.35	1 021.24

6.5.3.2 信托资产与关联方：贷款、投资、租赁、应收账款、担保、其他方式等期初汇总数、本期发生额汇总数、期末汇总数

无。

6.5.3.3 固有财产与信托财产之间的交易金额期初汇总数、本期发生额汇总数、期末汇总数

单位：万元

固有财产与信托财产相互交易			
	期初数	本期发生额	期末数
合计	0.00	4 470.00	4 470.00

6.5.3.4 信托资产与信托财产之间的交易金额期初汇总数、本期发生额汇总数、期末汇总数

无。

6.5.4 关联方逾期未偿还本公司资金的详细情况以及本公司为关联方担保发生或即将发生垫款的情况

无。

6.6 会计制度的披露

固有业务执行《企业会计准则》(2006年)，信托业务执行《企业会计准则》(2006年)。

7. 财务情况说明书

7.1 利润实现和分配情况

2011年公司实现净利润20 934.43万元。依据《公司法》、《信托公司管理办法》和公司章程，公司对2011年可供分配利润20 934.43万元进行分配，其中：提取10%法定盈余公积金2 093.44万元，提取5%信托赔偿准备1 046.72万元，提

取一般风险准备318.55万元。

7.2 主要财务指标

指标名称	指标值
净资产收益率(%)	16.32
信托报酬率(%)	0.05
人均利润(万元/人)	143.39

7.3 公司获得的奖励及享受的优惠政策

7.3.1 公司2011年度获得的奖励

根据《关于拨付2010年度新设金融机构奖励资金的通知》(青财地金字〔2011〕968号文件)，青海省财政厅于2011年6月拨付公司2010年度新设金融机构奖励资金1 000万元。公司据此于2011年6月确认营业外收入1 000万元。

7.3.2 公司2011年度享受的优惠政策

根据公司与西宁经济技术开发区生物科技产业园区管理委员会签订的合作协议书第二条："对公司缴纳企业所得税，按照青政(2001)34号第四条规定执行，自入园区内，前两年免征企业所得税，第3~5年减半征收企业所得税。"规定，公司2011年度免征企业所得税。

7.4 对本公司财务状况、经营成果有重大影响的其他事项

无。

西部信托有限公司

1. 重要提示

1.1 本公司董事会及董事保证本报告所载资料不存在任何虚假记载、误导性陈述或重大遗漏,并对其内容的真实性、准确性和完整性承担个别及连带责任。

1.2 公司独立董事声明本年度报告内容真实、准确和完整。

1.3 希格玛会计师事务所为本公司出具了无保留意见的年度审计报告。

1.4 公司董事长隋舵、主管会计工作的副总经理王珂及计划财务部经理崔莉声明:保证本年度报告中财务报告的真实、完整。

2. 公司概况

2.1 公司简介

2.1.1 中文名称:西部信托有限公司

2.1.2 中文名称简写:西部信托

2.1.3 英文名称:Western Trust Co. ,Ltd.

2.1.4 英文名称缩写:WT

2.1.5 法定代表人:隋 舵

2.1.6 注册地址:陕西省西安市东新街 232 号

2.1.7 邮政编码:710004

2.1.8 公司国际互联网网址:www. wti - xa. com

2.1.9 电子信箱:wti - xa@ wti - xa. com

2.1.10 公司信息披露负责人:蔡长生
联系电话:029—87396506
传真电话:029—87406300
电子信箱:xbxtdb@ 163. com

2.1.11 选定的信息披露报纸:《证券时报》

2.1.12 年度报告备置地点:陕西省西安市东新街 232 号信托大厦 15 楼

2.1.13 聘请的会计师事务所:西安希格玛会计师事务所有限公司
地址:西安市高新路 25 号希格玛大厦 3 ~4 层

2.1.14 聘请的律师事务所:北京市金诚同达律师事务所西安分所
地址:西安市沣惠南路华晶广场 B 座 15 层

2.2 组织结构

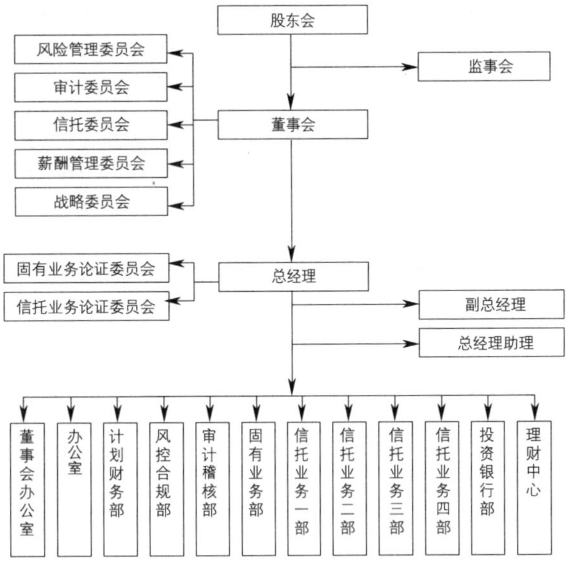

3. 公司治理结构

3.1 股东

股东名称	持股比例(%)	法人代表	注册资本	注册地址	主要经营业务及主要财务情况
陕西省电力建设投资开发公司	57.78	梁 平	20 亿元	西安市东新街 232 号	省电力建设资金的筹集、省电力建设项目的开发和管理。2011 年末总资产为 158.7 亿元。
陕西省产业投资有限公司	8.66	郭庆国	8 亿元	西安市莲湖区青年路 92 号	装备制造、能源交通、电子信息、房地产等产业项目的投资建设和运营。2011 年末总资产为 27 亿元。
重庆中侨置业有限公司	6.36	孙飚	1 000 万元	重庆市渝北区加州花园	五金、交电、装饰材料、建筑材料,化工产品及原料。2011 年末总资产为 4.2 亿元。

3.2 董事

董事长、董事

姓名	职务	性别	年龄	选任日期	所推荐的股东名称	该股东持股比例(%)	简要履历
徐朝晖	董事长	女	39	2011 年 12 月	陕西省电力建设投资开发公司	57.78	1994 年 9 月参加工作，香港理工大学工商管理硕士，中共党员，西部信托有限公司董事长兼任陕西省投资集团公司金融证券部经理。
赵　辉	董　事	男	53	2010 年 1 月	陕西省电力建设投资开发公司	57.78	1979 年 3 月参加工作，大学文化程度，高级经济师，曾任陕西国际信托股份有限公司副总经济师、副总经理、副总裁，现任西部信托有限公司总经理。
王宗发	董　事	男	58	2008 年 10 月	陕西省电力建设投资开发公司	57.78	1975 年 10 月参加工作，大学文化程度，高级会计师，中共党员，现任陕西省投资集团公司总会计师兼财务管理部经理。
王军营	董　事	男	44	2008 年 10 月	陕西省电力建设投资开发公司	57.78	1991 年 7 月参加工作，中共党员，大学文化程度，研究生学历，国家注册质量体系审核师，国家注册安全工程师，现任陕西省投资集团副总经理。
郭庆国	董　事	男	56	2008 年 10 月	陕西省产业投资有限公司	8.66	大学本科学历，高级经济师，1973 年 1 月参加工作，曾任陕西省计划委员会处长、陕西省投资公司总经理，现任陕西省产业投资公司董事长。
答孝棋	职工董事	男	41	2010 年 8 月	西部信托有限公司	—	研究生学历，经济师，1992 年 7 月参加工作，曾任新天期货经纪有限公司结算部副部长，西部信托有限公司信托业务部副经理、经理；现任公司信托业务一部经理，职工董事。

注：徐朝晖同志的董事长资格正在审核中，还未办理工商变更。

独立董事

姓名	所在单位及职务	性别	年龄	选任日期	所推举的股东名称	该股东持股比例(%)	简要履历
余　力	西安交通大学经济学院金融学教授	男	64	2008 年 10 月	—	—	1980 年 7 月至 2000 年 3 月在陕西财经学院金融系任教；2000 年 3 月至今在西安交通大学经济学院金融系任教。
王鲁平	西安交通大学管理学院会计学副教授	男	49	2008 年 10 月	—	—	1992 年 6 月至 2004 年 9 月在西安交通大学管理学院会计系任教；2004 年 9 月至今在西安交通大学管理学院会计及财务系任教。
王　瀚	西北政法大学副校长	男	49	2008 年 10 月	—	—	曾任西北政法学院国际法系主任、教授，国际法专业博士研究生导师，院职称评定委员会、学位委员会委员，省重点学科国际法学学科带头人。

3.3 监事

监事会成员

姓名	职务	性别	年龄	选任日期	所推荐的股东名称	该股东持股比例(%)	简要履历
姜阿合	监事会主席	男	54	2008 年 10 月	彩虹显示器件股份有限公司	5.01	大专学历，会计师，现任彩虹显示器件股份有限公司财务总监。
孙飚	监事	男	44	2008 年 10 月	重庆中侨置业有限公司	6.36	2000 年至今担任重庆康信置业有限公司董事长、重庆中侨置业有限公司董事长、重庆金岛房地产有限公司董事长。
贾　旭	监事	男	43	2008 年 10 月	西部信托有限公司	职工代表	中共党员，经济师，硕士，现任西部信托有限公司信托二部经理。

3.4 高级管理人员

姓名	职务	性别	年龄	任职日期	金融从业年限	学历	专业	简要履历
赵　辉	总经理	男	53	2010 年 1 月	20	本科	金融	1979 年 3 月参加工作，大学文化程度，高级经济师，曾任陕西国际信托股份有限公司副总经济师、副总经理、副总裁，现任西部信托有限公司总经理。
严国锋	副总经理	男	56	2002 年 7 月	31	大专	干部管理	曾任工商银行西安市分行科长，陕西信托投资有限公司部门经理、总经济师，现任西部信托有限公司副总经理。
张荣超	副总经理	男	54	2008 年 10 月	14	本科	棉纺工程	曾任西部信托有限公司自有资产部经理、行政事务部主任、总经理助理，现任西部信托有限公司副总经理、工会副主席。
王珂	副总经理	男	52	2009 年 9 月	31	本科	经济管理	曾任工商银行总行信贷管理部授信处处长、工商银行陕西省分行管理部副总经理，现任西部信托有限公司副总经理。
高彩玲	总经理助理	女	52	2006 年 1 月	31	本科	经济管理	曾任西部信托有限公司信托二部经理、总经理助理兼房地产信托部经理，现任西部信托有限公司总经理助理兼理财中心经理。
蔡长生	董事会秘书	男	52	2008 年 10 月	14	研究生	经济管理	曾在国有大中型企业担任财务处长、副总会计师，西部信托有限公司任财务部经理、总经理助理兼审计法规部经理，现任董事会秘书。

3.5 公司员工

项目		报告期年度		上年度	
		人数（104 人）	比例(%)	人数（91 人）	比例(%)
年龄分布	25 岁以下	7	6.7	1	1.1
	25 ~29 岁	17	16.4	9	9.9
	30 ~39 岁	28	26.9	33	36.3
	40 岁以上	52	50	48	52.7
学历分布	博士	0	0	2	2.2
	硕士	28	26.9	23	25.3
	本科	45	43.3	33	36.2
	专科	26	25	28	30.8
	其他	5	4.8	5	5.5
岗位分布	董事、监事及其高管人员	10	9.6	11	12.1
	自营业务人员	7	6.7	6	6.6
	信托业务人员	50	48.1	43	47.2
	其他人员	37	35.6	31	34.1

4. 经营管理

4.1 经营目标、方针、战略规划

4.1.1 经营目标

综合运用各类市场资源，在公司内部逐步建立健全现代企业制度，建造科学合理的经营管理体制、激励机制和风险内控系统，为客户提供专业化的综合金融服务，为信托受益人谋求利益最大化，为股东创造价值最大化，为员工提供良好的成长机会，使公司成为具有高度诚信、主营突出、持续高效发展、知识密集型的专业理财金融机构。

4.1.2 经营方针

以人为本，科学发展，打造信托行业的一流企业。以市场为导向，坚持诚信、稳健、合规经营。以信托业务为核心，以电力、天然气、能源重化工、基础设施和金融产品投资为重点，最大限度地满足市场需求。不断加强业务创新力度，努力提升自有业务和信托业务的管理水平，严格控制风险，构建具备持续发展能力的盈利模式，创造理想的经济效益和社会效益。

4.1.3 战略规划

坚持“受人之托，代人理财”的服务宗旨，以深入推进西部大开发和促进区域金融中心建设为依托，以立足陕西、逐步拓展全国性业务为路径，全面发展各类信托业务，大力提升资产管理水平，在基础设施、能源、装备制造业、证券、房地产等领域，通过若干年的努力，在西部地区形成具有自身特色和较强影响力的专业化金融资产管理公司。

4.2 所经营业务的主要内容

公司所经营业务包括自有资产管理业务和信托业务。信托业务主要是资金信托、股权信托和财务顾问等业务，自有资产管理业务主要是证券投资、股权投资和贷款。

4.2.1 自营资产运用与分布表

资产运用	金额（万元）	占比（%）	资产分布	金额（万元）	占比（%）
货币资产	14 448	10.11	基础产业		
贷款及应收款	12 958	9.06	房地产业	9 600	6.71
交易性金融资产			证券市场	52 386	36.64
可供出售金融资产	52 386	36.64	实业	2 905	2.03
持有至到期投资	27 160	19.00	金融机构	32 754	22.92
长期股权投资	32 423	22.67	其他	45 329	31.70
其他	3 599	2.52			
资产总计	142 974	100.00	资产总计	142 974	100.00

4.2.2 信托资产运用与分布表

资产运用	金额（万元）	占比（%）	资产分布	金额（万元）	占比（%）
货币资产	71 298	2.99	基础产业	739 507	31.03
贷款	1 363 760	57.23	房地产	394 335	16.55
交易性金融资产	24 354	1.02	证券市场	24 271	1.02
可供出售金融资产	0	0	实业	598 056	25.10
持有至到期投资	680 783	28.57	金融机构	469 697	19.71
长期股权投资	241 523	10.14	其他	156 975	6.59
其他	1 123	0.05			
信托资产总计	2 382 841	100	信托资产总计	2 382 841	100

4.3 市场分析

2011 年，面对极为复杂的国内外经济环境，党中央、国务院审时度势，科学决策，团结带领全国各族人民，深入贯彻落实科学发展观，加快转变经济发展方式，加强和改善宏观调控，发挥市场机制作用，有效巩固和扩大了应对国际金融危机冲击成果，国民经济运行态势总体良好。

当前，国民经济正处于由回升向好向稳定增长转变的关键时期。按照中央经济工作会议的总体部署，坚持以科学发展为主题，以加快转变经济发展方式为主线，实施积极的财政政策和稳健的货币政策，增强宏观调控的针对性、灵活性、有效性，加快推进经济结构调整，大力加强自主创新，切实抓好节能减排，不断深化改革开放，着力保障和改善民生，巩固和扩大应对国际金融危机冲击成果，保持经济平稳较快发展，促进社会和谐稳定。

2011 年，全国 50 余家信托公司在上年完成重新登记、换发新的金融许可证后，开始在新的两规指导下开展信托理财业务。与此同时，信托公司分类监管的实施和净资本管理规定的颁布，标志着监管机构的监管更加科学化，也使整个信托业面临着业务调整和战略转型，步入规范运营的轨道，同时加剧了信托公司业务发展的分化，理财业务竞争将更加激烈，市场和客户细分将使信托业发展机遇与挑战共存。

4.3.1 有利因素

（1）信托公司遵照信托新的两规，真正回归主业，开始步入规范经营的轨道，专注于做合规经营的财产管理者和机构投资者，有助于降低经营性风险，促进信托行业的健康规范发展。监管部门已经或即将出台政策支持信托公司发展，制度环境在逐步改善。

（2）国家与地方扩大内需保增长的战略措施将促使国民经济保持平稳较快增长，陕西经济继续保持良好的发展态势，省委、省政府提出国民经济增长目标和发展“三大支柱产业”和“四大基地”的宏伟规划，大批基础设施重点项目建设保证了投资需求的稳步增长，资金需求量很大，为公司开展信托业务提供了良好的外部机遇。

（3）经济较快增长带动了居民财富的增加，城镇和农村居民人均纯收入稳步增长，流动性充裕，理财观念逐渐转变，投资意识不断增强，居民对稳健理财的需求会更加旺盛，为公司培育市场奠定了一定基础。

（4）金融业综合经营成为市场共识和发展趋势，信托业特有的制度与工具优势被不断发掘，在融合过程中信托公司的价值正在被重新认识，社会逐步在了解信托理财的优势，有助于公司建立可持续的市场竞争能力。

（5）公司外部形象良好，在连续多年的发展过程中，已得到了省内投资者的认可与支持。

（6）公司固有资产质量较好，长期投资收益稳定，已成为公司利润的有力支撑点。

4.3.2 不利因素

（1）受监管政策因素影响，公司银信合作业务、信政合作业务、房地产集合资金信托等业务预计将受到较大影响。

（2）信托公司仍处在正本清源过程中，相对于其他类型的金融机构，得到的政策扶持力度相对较弱，业务空间狭窄，限制了公司向更深层次的发展。

（3）理财市场不公平竞争加剧，信托公司缺乏专属性的业务领域，市场门槛过高，难以与银行、证券基金等理财机构展开正面竞争。

（4）配套政策有待完善，产品创新受到制度制约。信托公司私募股权投资信托业务不被证券监管部门认可就是最典型的例证。

（5）西部地区经济发展相对落后，社会整体收入水平较低，合格投资者的培育尚待时日，在转型初期公司的信托业务将面临较大萎缩，公司的盈利模式构建尚处在探索过程中。

（6）信托产品难以真正满足多层次的市场需要，信托功能尚有待发掘。

（7）公司资本金偏小，创新业务资格受到限制，业务空间仍显狭窄。

4.4 内部控制概况

4.4.1 内部控制环境和内部控制文化

公司重视内控建设，公司股东会、董事会、监事会、经营管理层各自的职能分工明确，建立了决策层、执行层、监督层构成的内部控制架构，在公司的经营发展中发挥着各自的职能与作用，形成了各层既相互独立，又相互制衡、相互协调的内部控制机制。

公司一直秉承“稳健经营、持续发展”的经营理念，始终把风险控制放在经营管理的首要位置，多层次、全方位推动积极有效的内控文化建设。通过培训学习、印发制度汇编等多种途径使全体员工熟悉公司的各项规章制度及业务操作流程；通过建立实施经营管理问责制，对经营管理过程中违规、不尽职以及过失等行为进行责任追究，杜绝在经营管理和业务活动中各种违规行为的发生；通过经常性的审计检查，不断强化员工的风险控制意识，公司一个“全员参与、内控先行”、“风险控制、人人有责”企业文化业已形成。

4.4.2 内部控制措施

公司董事会下设风险管理委员会、信托委员会、薪酬管理委员会、战略委员会、审计委员会。各委员会职责清晰、分工明确，协助董事会开展公司各项工作。公司引入独立董事制度，并由独立董事出任信托委员会、薪酬管理委员会和审计委员会主任委员，以控制公司重大业务的经营风险，实现公司的稳健持续发展。

公司层面设置了信托业务论证委员会和自有业务论证委员会，建立了有效的业务决策系统。业务部门在开办业务时首先要经过详细的可行性分析，经公司风险合规部进行合规和法律审核，后再提交专业论证委员会进行审议表决通过。公司审计稽核部负责内审工作，遵循内部审计准则和稽核工作规范，独立、客观地履行职能。公司《授权管理办法》对经营班子业务权限作出了明确规定，超过范围的须经董事会审议通过后方可实施。

公司在完善内部控制机制中，贯彻健全、合理、制衡、独立的原则，公司内部控制覆盖了包括环境控制、业务控制、资金管理控制、会计系统控制、电子信息系统控制、内部稽核控制等环节和公司的各项业务、各个部门、各级人员，并贯穿于决策、执行、监督、反馈整个流程。公司固有财产和信托财产设立独立的部门分别管理，各部门和岗位，职权分明，职能独立，并相互牵制，相互制衡，重要岗位实行双人负责制，对单人单岗处理的业务，有相应的后续监督。

公司不断地完善制度体系，将内部综合管理、业务管理、财务管理三大类制度进行了梳理与汇编，修订成册并印发，使公司管理活动都做到了照章办事，有据可依。

4.4.3 信息交流与反馈

公司建立了良好的信息交流与沟通制度，通过公司内网、会议、座谈、报告等方式，与各方达到了顺畅的信息互动。

公司依照规定的程序，及时、完整、准确地向监管部门报备有关材料，向社会公众披露相关信息，并积极整合反馈信息，将其有效地运用于公司的经营管理中。公司还邀请监管机构代表列席董事会会议，就有关问题进行交流、探讨。公司能够严格执行向委托人（受益人）披露信托事务处理信息的有关制度，依据有关文件约定能及时召开委托人（受益人）会议，确保相关当事人的知情权。对于监管机构和委托人（受益人）提出的问题或建议，公司均能给予及时、详细的信息反馈。

4.4.4 监督评价与纠正

公司建立了内部控制评价、监督、纠正机制。公司审计稽核部作为公司独立的专职监督部门，以防范风险、纠正违规、加强内控为工作目标，在董事长的直接领导下，对公司的内部控制、操作风险及合规管理进行独立监督和评价，及时发现内部控制缺陷或项目操作风险，提出改进建议并敦促改进，促进公司的稳健发展。此外，风控合规部负责对公司的法律工作进行统一的规划、指导、监督、评价及检查，确保业务合法合规。

本报告期内，公司审计稽核部按照《企业内部控制基本规范》的有关规定，结合银监会信托公司监管评级工作中对内部控制的有关要求，对公司目前的内部控制制度及其执行情况进行了全面深入的自我评价，针对评价结果出具了审计管理建议书并提交至公司管理层。通过评价，及时发现了公司内部控制的缺陷并实施改进。报告期内审计稽核部三次对审计工作中发现的问题进行整改检查，使有关问题及时得到解决。

4.5 风险管理

4.5.1 风险管理概况

4.5.1.1 公司经营活动中可能遇到的风险

风险主要有信用风险、市场风险、操作风险、政策风险、道德风险、合规风险、流动性风险。

4.5.1.2 公司风险管理的基本原则

风险管理贯彻全面性、审慎性、及时性、有效性、独立性的原则，覆盖公司各项业务、各个部门和各级人员，并渗透到决策、执行、监督、反馈等各个环节，对风险进行事前防范、事中控制、事后监督，促进公司持续、稳健、规范、健康运行。

4.5.1.3 公司风险管理组织结构与职责划分

风险管理委员会：公司董事会下设专门的风险管理委员会，负责对公司风险控制、管理的监督和评估。

总经理办公会：公司总经理办公会为日常经营决策机构，负责对贷款、投资、担保等业务进行审查和决策。总经理办公会下设信托业务和固有业务两个专业委员会。专业委员会是非常设的分析论证咨询机构，按照职责分别审议各自业务事项，向公司提供决策意见和建议。

风控合规部：负责公司风险管理制度和审查程序的制定和修订，以及对公司日常经营活动的风险控制和合规审查，同时负责法律事务管理。

审计稽核部：负责对公司的内控制度和各项业务活动进行审计、监督和评价。

计划财务部：负责会计核算和财务管理，对公司财务状况及经营情况进行分析。

公司固有业务与信托业务分离，在资金、账户、人员以及财务核算等方面严格分开，由公司不同的高管人员分管。部门与岗位设置相互独立、职责明确，建立横向与纵向相互监督的制约机制。固有业务部门与信托业务部门分别设置，投资决策机构与投资操作部门分离。信托业务中，各个信托项目的信托财产分别管理、分别记账，针对信托发行、资金划拨、信托财产管理、监督检查等各项工作设置不同的部门。

4.5.2 风险状况

4.5.2.1 信用风险状况

信用风险，又称违约风险，是指交易对手不能履行合约义务而带来的风险。对公司而言，它指的是信托当事人各自承担的对他方的责任全部或部分不能按时履行的风险。信用风险是公司面临的主要风险，主要表现为公司融资业务中融资方、担保方的信用风险；资金往来银行的信用风险；证券投资开户券商的信用风险等。

公司制定了具体的《信托贷款管理办法》，所有贷款业务严格按照管理办法规定的原则进行事前、事中、事后管理。公司抵押（质物）品确认的主要原则是：抵押（质物）品价值由公司根据其变现能力参照法定评估机构的评估价值，与抵押人共同商定并在合同中载明；在抵押（质押）期间，如果抵押（质物）品发生损毁、灭失的，抵（质）押人应及时告知公司并提供其他形式的足额担保。原则上抵押（质物）品与贷款本金之比不高于50%。

公司采用“备抵法”计提一般准备，据实计提专项准备。公司贷款资产减值准备计提标准为：正常类，计提比例0；关注类，计提比例2%；次级类，计提比例25%；可疑类，计提比例50%；损失类，计提比例100%。报告期内，公司不良资产期初数为8 786万元，期末数为5 128万元，已足额计提资产减值准备。

4.5.2.2 市场风险状况

市场风险是指公司在业务经营中所不可避免的因市场参数的波动而产生的风险。公司面临的市场风险主要是市场供求风险、股价波动风险、利率风险、汇率风险及同业竞争形成的风险和购买力风险。具体在信托业务中，如果股价波动、市场利率发生了与预期方向相反的变化，就会给相关业务带来不利影响，从而使公司净收益减少，降低投资效益。

4.5.2.3 操作风险状况

操作风险是指公司内部业务流程、计算机系统、工作人员在操作中未按合同约定执行而产生的失误，可能给公司造成损失的风险，也指公司外部因素例如通讯系统故障等可能给公司造成损失或影响公司正常运行的风险。报告期内，公司未发生因操作风险造成的损失。

4.5.2.4 其他风险状况

其他风险是指公司业务开展中的政策风险、合规风险、流动性风险、道德风险、声誉风险等。政策风险主要表现为宏观政策以及行业政策的变动对公司经营环境和发展所造成的影响。合规风险是指公司因没有遵循法律、法规和规章可能遭受法律制裁、监管处罚、重大财务损失和声誉损失的风险。流动性风险是指信托业务在运行中，企业因种种原因造成了现金流量不足，从而有可能影响项目正常兑付的风险。道德风险指公司内部人员不诚信经营、不恪尽职守的风险。报告期内，公司未发生因其他风险所造成的损失。

4.5.3 风险管理

4.5.3.1 信用风险管理

为有效防控信用风险，公司一是严格按照业务流程、制度规定和相应程序开展各项业务，确保决策者充分了解业务涉及的信用风险；二是通过对交易对手进行全面、深入的信用调查与分析，形成客观、翔实的尽职调查报告，向决策机构充分揭示业务涉及的信用风险；三是严格落实担保等措施，客观、公正地评估抵押物；四是通过项目实施过程中的业务跟踪及定期的资产五级分类进行风险事中控制；五是强化业务部门的后期尽职管理职能，形成翔实的项目后期尽职管理情况报告，定期向公司经营管理层等报告；六是公司通过提取信托赔偿准备金和计提一般准备、据实计提专项准备来提高抵御风险的能力。

4.5.3.2 市场风险管理

公司针对不同的业务品种如基础设施类资金信托、房地产资金信托、证券投资信托等的市场风险状况和特点，采取了积极的应对措施。一是加强对国内外经济金融形势的分析和把握，注意跟踪宏观经济变化，特别是消费物价指数的变动，预测相关行业发展趋势，加强对市场风险的分析、识别，增强预见性，并防范利率风险；二是通过业务种类、产品结构的多元化提高公司抵御市场风险的整体能力，自主的或会同交易对手共同把握和规避市场风险；三是通过时机选择、个股选择来寻找投资机会，妥善管理和控制股市波动带来的风险；四是控制行业集中度，关注政策导向研究，回避限制行业；五是定期或不定期地对项目进展情况进行检查评估，以灵活多样的方式确保资金按期回笼；六是聘请一些专业的机构参与项目的调查与评估，吸收专家意见防控风险。

4.5.3.3　操作风险管理

为防止操作风险的发生，公司一是设定合理的决策权限、审批流程，建立严格的决策信息采集、传递程序，使决策人能够充分掌握基础决策信息；二是完善各项业务流程和操作规程，实行统一的业务标准和操作要求；三是不断完善公司的内控制度，建立职责分离、横向与纵向相互监督制约的机制；四是更新和完善信息化系统；五是加强员工培训，提高员工技能，通过技术手段对操作权限和内容进行程序设定、实行操作失误处罚、制订应急预案等措施减少人为操作失误。

4.5.3.4　其他风险管理

为防范其他风险，公司一是通过对宏观政策和行业政策的跟踪、研究，提高预见性和前瞻性，控制政策风险；二是通过建立完善的公司治理结构、内控制度、业务流程，加强思想教育，调查交易对手的诚信记录，控制道德风险；三是加强项目风险排查，及时发现风险隐患，并予以及时纠正，突出项目现金流量管理，加强对流动性风险的防范；四是加强合规风险管理制度和体系的建设，制定合规政策，重视合规文化建设，提倡全员合规、合规从高层做起的管理理念树立“风险管理是公司经营的立足之本”这一风险管理的核心价值观念。

5. 报告期末及上一年度末的比较式会计报表

5.1　自营资产

5.1.1　会计师事务所审计结论

希格玛会计师事务所有限公司

Xigema Certified Public Accountant Co.，Ltd.

审 计 报 告

希会审字〔2012〕0403 号

西部信托有限公司全体股东：

我们审计了后附的西部信托有限公司（以下简称“贵公司”）财务报表，包括2011 年12 月31 日的资产负债表，2011 年度的利润表、现金流量表和所有者权益变动表以及财务报表附注。

一、管理层对财务报表的责任

编制和公允列报财务报表是贵公司管理层的责任，这种责任包括：（1）按照企业会计准则的规定编制财务报表，并使其实现公允反映；（2）设计、执行和维护必要的内部控制，以使财务报表不存在由于舞弊或错误导致的重大错报。

二、注册会计师的责任

我们的责任是在执行审计工作的基础上对财务报表发表审计意见。我们按照中国注册会计师审计准则的规定执行了审计工作。中国注册会计师审计准则要求我们遵守中国注册会计师职业道德守则，计划和执行审计工作以对财务报表是否不存在重大错报获取合理保证。

审计工作涉及实施审计程序，以获取有关财务报表金额和披露的审计证据。选择的审计程序取决于注册会计师的判断，包括对由于舞弊或错误导致的财务报表重大错报风险的评估。在进行风险评估时，注册会计师考虑与财务报表编制和公允列报相关的内部控制，以设计恰当的审计程序，但目的并非对内部控制的有效性发表意见。审计工作还包括评价管理层选用会计政策的恰当性和作出会计估计的合理性，以及评价财务报表的总体列报。

我们相信，我们获取的审计证据是充分、适当的，为发表审计意见提供了基础。

三、审计意见

我们认为，贵公司财务报表在所有重大方面按照企业会计准则的规定编制，公允反映了贵公司2011 年12 月31 日的财务状况以及2011 年度的经营成果和现金流量。

希格玛会计师事务所有限公司　　中国注册会计师：

中国　西安市　　中国注册会计师：

二〇一二年二月十五日

5.1.2　资产负债表

资产负债表（自有业务）

编制单位：西部信托有限公司　　2011 年12 月31 日　　单位：万元

资　产	期末余额	年初余额	负债和所有者权益	期末余额	年初余额
资产：			负债：		
现金	12.33	10.33	短期借款		
银行存款	12 663.83	17 028.64	拆入资金		
结算备付金	1 771.43	459.58	交易性金融负债		
拆出资金			衍生金融负债		
交易性金融资产			卖出回购金融资产款		
衍生金融资产			应付职工薪酬	2 239.49	1 881.26
买入返售金融资产			应交税费	756.52	2 092.04
应收利息			应付利息		

续表

资　　产	期末余额	年初余额	负债和所有者权益	期末余额	年初余额
应收款项	135. 13	2 699. 35	应付账款	174. 19	174. 19
发放贷款和垫款	12 823. 44	12 212. 08	其他应付款	6 388. 40	2 630. 28
其他流动资产			应付股利	899. 03	287. 95
流动资产合计	27 406. 16	32 409. 99	其他流动负债	12. 63	12. 63
可供出售金融资产	52 385. 72	6 818. 65	流动负债合计	10 470. 27	7 078. 35
持有至到期投资	27 160. 00	22 219. 00	长期借款		
长期股权投资	32 423. 09	35 998. 97	应付债券		
投资性房地产			预计负债		
固定资产	2 796. 69	2 773. 22	递延所得税负债	11 911. 14	1 439. 73
无形资产			其他非流动负债		
商誉			非流动负债合计	11 911. 14	1 439. 73
递延所得税资产	801. 96	756. 65	负债合计:	22 381. 41	8 518. 08
长期待摊费用			所有者权益:		
其他非流动资产			实收资本	62 000. 00	62 000. 00
非流动资产合计	115 567. 46	68 566. 49	资本公积	35 733. 42	4 319. 20
			盈余公积	5 779. 54	5 177. 58
			信托赔偿准备	2 889. 77	2 588. 79
			未分配利润	14 189. 48	18 372. 82
			所有者权益合计:	120 592. 21	92 458. 39
资产总计:	142 973. 62	100 976. 48	负债及所有者权益总计	142 973. 62	100 976. 48

公司负责人:隋　舵　　　主管财务总经理:王　珂　　　财务经理:崔　莉　　　制表:余继高

5. 1. 3　利润表

利润表(自有业务)

编制单位:西部信托有限公司　　　2011 年　　　单位:万元

项目	本年累计数	上年累计数
一、营业收入	13 267. 58	25 250. 43
利息收入	2 011. 27	367. 89
其中:贷款利息收入	1 292. 90	79. 51
同业存放利息收入	718. 37	288. 38
手续费及佣金收入	7 841. 62	7 581. 74
投资收益	2 926. 14	16 820. 56
其中:股权投资收入	1 768. 56	16 650. 12
证券销售差价收入	355. 66	170. 44
公允价值变动收益		
汇兑收益		
其他业务收入	488. 56	480. 24
二、营业支出	5 960. 43	5 722. 84
利息支出		
手续费及佣金支出	3. 90	1. 97
营业税金及附加	592. 94	457. 16
业务及管理费	5 182. 35	3 616. 02
资产减值损失	181. 24	1 647. 69
其他业务成本		
三、营业利润	7 307. 15	19 527. 59
加:营业外收入	177. 33	136. 33
减:营业外支出	1. 37	169. 90
四、利润总额	7 483. 11	19 494. 02
减:所得税费用	1 463. 52	3 249. 06
五、净利润	6 019. 59	16 199. 97
六、每股收益		
(一)基本每股收益	0. 10	0. 26
(二)稀释每股收益		
七、其他综合收益	31 414. 22	-404. 80
八、综合收益总额	37 433. 81	15 795. 17

公司负责人:隋　舵　　　主管财务总经理:王　珂　　　财务经理:崔　莉　　　制表:余继高

5.1.4 所有者权益变动表

所有者权益变动表

编制单位：西部信托有限公司　　2011 年度　　单位：万元

项目	行次	本年金额										
		归属于母公司所有者权益									少数股东权益	所有者权益合计
		实收资本	资本公积	减：库存股	专项储备	盈余公积	一般风险准备	未分配利润	其他	小计		
栏次	—	1	2	3	4	5	6	7	8	9	10	11
一、上年年末余额	1	62 000.00	4 319.20			5 177.58	2 588.79	18 372.82		92 458.39		92 158.39
加：会计政策变更	2											
前期差错更正	3											
二、本年年初余额	4	62 000.00	4 319.20			5 177.58	2 588.79	18 372.82		92 458.39		92 158.39
三、本年增减变动金额（减少以"－"号填）	5		31 414.22			601.96	300.98	4 183.35		28 133.82		28 133.82
（一）净利润	6							6 019.59		6 019.59		6 019.59
（二）其他综合收益	7		31 414.22							31 414.22		31 414.22
综合收益小计	8		31 414.22					6 019.59		37 433.82		37 433.82
（三）所有者投入和减少资本	13											
1. 所有者投入资本	14											
2. 股份支付计入所有者权益的金额	15											
3. 其他	16											
（四）专项储备提取和使用	17											
1. 提取专项储备	18											
2. 使用专项储备	19											
（五）利润分配	20					601.96	300.98	10 202.94		9 300.00		9 300.00
1. 提取盈余公积	21	—	—	—	—	601.96		601.96	—		—	
其中：法定公积金	22	—	—	—	—	601.96	—	601.96	—	—	—	—
任意公积金	23	—	—	—	—	—	—	—	—	—	—	—
#储备基金	24	—	—	—	—	—	—	—	—	—	—	—
#企业发展基金	25	—	—	—	—	—	—	—	—	—	—	—
#利润归还投资	26	—	—	—	—	—	—	—	—	—	—	—
2. 提取一般风险准备	27	—	—	—	—	—	300.98	300.98	—	—	—	—
3. 对所有者（或股东）的分配	28	—	—	—	—	—	—	9 300.00	9 300.00	—	—	9 300.00
4. 其他	29	—	—	—	—	—	—	—	—	—	—	—
（六）所有者权益内部结转	30	—	—	—	—	—	—	—	—	—	—	—
1. 资本公积转增资本（或股本）	31	—	—	—	—	—	—	—	—	—	—	—
2. 盈余公积转增资本（或股本）	32	—	—	—	—	—	—	—	—	—	—	—
3. 盈余公积弥补亏损	33	—	—	—	—	—	—	—	—	—	—	—
4. 其他	34	—	—	—	—	—	—	—	—	—	—	—
四、本年年末余额	35	62 000.00	35 733.42	—	—	5 779.54	2 889.77	44 189.48	—	120 592.21		120 592.21

单位负责人：隋　舵　　主管财务总经理：王　珂　　财务经理：崔　莉　　制表：余继高

5.2 信托资产

5.2.1 信托项目资产负债汇总表

信托项目资产负债表

编制单位：西部信托有限公司　　2011 年 12 月 31 日　　单位：万元

资产	期末余额	期初余额	负债和权益	期末余额	期初余额
资产：			负债：		
货币资金	41 351.23	34 552.57	交易性金融负债	0.00	
拆出资金			衍生金融负债	0.00	
结算备付金	29 947.15	3 957.32	应付账款	1 984.54	2 080.65
交易性金融资产	24 353.56	45 627.31	卖出回购金融资产	0.00	
衍生金融资产			应付赎回款	0.00	
买入返售金融资产			应付受托人报酬	0.00	
应收账款	0.50	0.50	应付受益人收益	109.52	114.35
应收利息			应付托管费	0.00	
应收股利			应付销售服务费	0.00	
应收票据			应交税费	0.00	
应收申购款			应付利息	0.00	
其他应收款			其他应付款	0.00	
存出保证金			其他负债	0.00	
发放贷款	1 363 759.90	307 777.45	负债合计	2 094.06	2 195.00
长期应收款				0.00	
可供出售金融资产				0.00	
持有至到期投资	680 782.54	169 643.68		0.00	
长期股权投资	241 523.50	86 762.98	权益：	0.00	
投资性房地产			实收信托	2 353 580.38	630 128.32
融资租赁资产			资本公积	0.00	
固定资产			未分配利润	27 166.93	20 498.49
固定资产清理			权益合计	2 380 747.31	650 626.80
无形资产				0.00	
长期待摊费用				0.00	
其他资产	1 123.00	4 500.00		0.00	
资产总计	2 382 841.37	652 821.80	负债和权益总计	2 382 841.37	652 821.80

5.2.2 信托项目利润及利润分配汇总表

信托项目利润表

编制单位：西部信托有限公司　　2011 年　　单位：万元

项　目	本年累计数	上年累计数
一、收入	95 210.03	36 838.32
利息收入	70 901.46	16 633.34
投资收益（损失以"－"号填列）	32 920.51	14 931.25
其中：对联营企业和合营企业的投资收益	0.00	
公允价值变动收益（损失以"－"号填列）	-9 294.34	4 915.80
租赁收入	0.00	
汇兑损益（损失以"－"号填列）	0.00	
其他收入	682.40	357.93
二、支出	13 208.79	11 323.38
营业税金及附加	0.00	
受托人报酬	8 410.80	6 983.07
托管费	1 570.34	521.19
投资管理费	789.13	1 633.34
销售服务费	1 659.89	207.61
交易费用	92.50	81.68
利息支出	0.00	
资产减值损失	0.00	
其他费用	686.13	1 896.49
三、信托净利润（净亏损以"－"号填列）	82 001.24	25 514.94
四、其他综合收益	0.00	
五、综合收益	82 001.24	25 514.94
加：期初未分配信托利润	20 498.49	17 034.39
六、可供分配的信托利润	102 499.73	42 549.33
减：本期已分配信托利润	75 332.80	22 050.84
七、期末未分配信托利润	27 166.93	20 498.49

6. 会计报表附注

6.1 简要说明报告年度会计报表编制基准、会计政策、会计估计和核算方法发生的变化

2011 年度本公司会计报表编制基准、会计政策、会计估计和核算方法与上年一致，无变化。

6.2 或有事项说明

本公司无对外担保事项。截至2011年12月31日,未发生其他影响本年度会计报表阅读和理解的重大或有事项。

6.3 重要资产转让及其出售的说明

无。

6.4 会计报表中重要项目的明细资料

6.4.1 披露自营资产经营情况

6.4.1.1 按信用风险五级分类结果披露信用风险资产的期初数、期末数

信用风险资产五级分类	正常类（万元）	关注类（万元）	次级类（万元）	可疑类（万元）	损失类（万元）	信用风险资产合计（万元）	不良资产合计（万元）	不良资产率（%）
期初数	10 000.00	919.82	1 798	244.00	3 094.41	16 056.23	5 136.41	31.99
期末数	13 000.00				4 656.18	17 656.18	4 656.18	26.37

注:不良资产合计=次级类+可疑类+损失类。

6.4.1.2 各项资产减值损失准备的期初数、本期计提、本期转回、本期核销、期末数

单位:万元

	期初数	本期计提	本期转回	本期核销	期末数
贷款损失准备	3 845.12	987.62			4 832.74
一般准备	160.57	15.99			176.56
专项准备	3 684.55	971.63			4 656.18
其他资产减值准备					
可供出售金融资产减值准备					
持有至到期投资减值准备					
长期股权投资减值准备	689.08		-36.12		652.96
坏账准备	920.19		-770.26		149.93
投资性房地产减值准备					

6.4.1.3 自营股票投资、基金投资、债券投资、股权投资等投资业务的期初数、期末数

单位:万元

	自营股票	基金	债券	长期股权投资	其他投资	合计
期初数	6 818.65			36 688.00		43 506.65
期末数	52 385.72			33 076.05		85 461.77

6.4.1.4 按投资入股金额排序,前三名的自营长期股权投资的企业名称、占被投资企业权益的比例及投资收益情况等(依大小顺序排列)

企业名称	占被投资企业权益的比例(%)	投资收益(万元)
1. 西部证券股份有限公司	15.00	0
2. 长安银行股份有限公司	4.38	1 052.08
3 陕西精密合金股份公司	0.69	0

注:投资损益是指按照企业会计准则有关规定,核算股权投资确认损益并计入披露年度利润表的金额。

6.4.1.5 前三名的自营贷款的企业名称、占贷款总额的比例和还款情况等(依大小顺序排列)

企业名称	占贷款总额的比例(%)	还款情况
1. 西安兴正元实业投资集团有限公司	28.32	正常
2. 延安惠泽房地产开发有限公司	28.32	正常
3. 西安利君地产开发有限公司	16.99	正常
4. 广州天龙大酒店	13.15	不能正常还款
5. 重庆康信置业有限公司	6.42	不能正常还款

6.4.1.6 表外业务的期初数、期末数;按照代理业务、担保业务和其他类型表外业务分别披露

单位:万元

表外业务	期初数	期末数
担保业务	0	0
代理业务(委托业务)	22 383.00	22 383.00
其他	0	0
合计	22 383.00	22 383.00

注:代理业务主要反映因客观原因应规范而尚未完成规范的历史遗留委托业务,包括委托贷款和委托投资。

6.4.1.7 公司当年的收入结构(母公司口径和并表口径同时披露)

收入结构	金额(万元)	占比(%)
手续费及佣金收入	7 841.62	58.32
其中:信托手续费收入	7 841.62	58.32
投资银行业务收入		
利息收入	2 011.27	14.96
其他业务收入	488.56	3.63
其中:计入信托业务收入部分		
投资收益	2 926.14	21.76
其中:股权投资收益	1 768.55	13.15
证券投资收益	355.66	2.65
其他投资收益	801.93	5.96
公允价值变动收益		
营业外收入	177.33	1.32
收入合计	13 444.92	100

注:手续费及佣金收入、利息收入、其他业务收入、投资收益、营业外收入均应为损益表中的科目,其中手续费及佣金收入、利息收入、营业外收入为未抵减掉相应支出的全年累计实现收入数。

6.4.2 披露信托财产管理情况

6.4.2.1 信托资产的期初数、期末数

单位:万元

信托资产	期初数	期末数
集合	335 300.89	573 486.55
单一	317 520.91	1 808 228.82
财产权		1 126.00
合计	652 821.80	2 382 841.37

6.4.2.1.1 主动管理型信托业务的信托资产期初数、期末数,分证券投资、股权投资、融资、事务管理类分别披露

单位:万元

主动管理型信托资产	期初数	期末数
证券投资类	48 369.09	54 512.07
股权投资类	221 164.59	920 997.84
融资类	293 530.80	1 386 958.05
事务管理类	41 270.53	20 373.41
合计	604 335.01	2 382 841.37

6.4.2.1.2 被动管理型信托业务的信托资产期初数、期末数,分证券投资、股权投资、融资、事务管理类分别披露

单位:万元

被动管理型信托资产	期初数	期末数
证券投资类	0	0
股权投资类	0	0
融资类	40 065.56	0
事务管理类	8 421.23	0
合计	48 486.79	0

6.4.2.2 本年度已清算结束的信托项目个数、实收信托合计金额、加权平均实际年化收益率

6.4.2.2.1 本年度已清算结束的集合类、单一类资金信托项目和财产管理类信托项目个数、实收信托金额、加权平均实际年化收益率

已清算结束信托项目	项目个数	实收信托合计金额(万元)	加权平均实际年化收益率(%)
集合类	11	68 603.00	11.24
单一类	29	349 202.00	5.35
财产管理类	0	0	0

注:收益率是指信托项目清算后,给受益人赚取的实际收益水平。加权平均实际年化收益率=(信托项目1的实际年化收益率×信托项目1的实收信托+信托项目2的实际年化收益率×信托项目2的实收信托+…信托项目n的实际年化收益率×信托项目n的实收信托)/(信托项目1的实收信托+信托项目2的实收信托+…信托项目n的实收信托)×100%。

6.4.2.2.2 本年度已清算结束的主动管理型信托项目个数、实收信托合计金额、加权平均实际年化收益率,分证券投资、股权投资、融资、事务管理类分别计算并披露

已清算结束信托项目	项目个数	实收信托合计金额(万元)	加权平均实际年化信托报酬率(%)	加权平均实际年化收益率(%)
证券投资类	1	1 254.00	2	10.78
股权投资类	7	49 616.00	3.05	11.86
融资类	24	296 535.00	0.53	5.72
事务管理类	3	22 000.00	0.29	4.22

注:加权平均实际年化信托报酬率=(信托项目1的实际年化信托报酬率×信托项目1的实收信托+信托项目2的实际年化信托报酬率×信托项目2的实收信托+…信托项目n的实际年化信托报酬率×信托项目n的实收信托)/(信托项目1的实收信托+信托项目2的实收信托+…信托项目n的实收信托)×100%。

6.4.2.2.3 本年度已清算结束的被动管理型信托项目个数、实收信托合计金额、加权平均实际年化收益率,分证券投资、股权投资、融资、事务管理类分别计算并披露

已清算结束信托项目	项目个数	实收信托合计金额(万元)	加权平均实际年化信托报酬率(%)	加权平均实际年化收益率(%)
证券投资类	0	0		
股权投资类	0	0		
融资类	3	40 000.00	0.10	5.38
事务管理类	2	8 400.00	0.74	3.98

6.4.2.3 本年度新增集合类、单一类、财产管理类信托项目个数、实收信托合计金额

单位:万元

新增信托项目	项目个数	实收信托合计金额
集合类	21	311 674.00
单一类	55	1 828 612.96
财产管理类	1	1 123.00
新增合计	77	2 141 409.96
其中:主动管理型	77	2 141 409.96
被动管理型	0	0

注:本年新增信托项目指在本报告年度内累计新增的信托项目个数和金额。包含本年度新增并于本年度内结束的项目和本年度新增至报告期末仍在持续管理的信托项目。

6.4.2.4 信托业务创新成果和特色业务有关情况

无。

6.4.2.5 本公司履行受托人义务情况及因公司自身责任而导致的信托资产损失情况(合计金额、原因等)

本年度,公司尽职履行受托人职责,没有发生因公司自身责任而导致的信托资产损失的情况。

6.5 关联方关系及其交易的披露

6.5.1 关联交易方的数量、关联交易的总金额及关联交易的定价政策等

	关联交易方数量	关联交易金额(万元)	定价政策
合计	5	87 733.97	按市场公允价格定价

注:关联交易定义应以《公司法》和《企业会计准则第36号——关联方披露》有关规定为准。

6.5.2 关联交易方与本公司的关系性质、关联交易方的名称、法人代表、注册地址、注册资本及主营业务等

关系性质	关联方名称	法定代表人	注册地址	注册资本(万元)	主营业务
母公司	陕西省电力建设投资开发公司	梁 平	东新街232号	200 000	省电力资金筹集、项目建设开发及管理。
同一母公司	陕西金泰氯碱化工有限责任公司	袁小宁	米脂县银南路	30 000	化工原料及产品、热力电力的生产、销售。
同一母公司	陕西汇森煤业有限公司	王建利	西安市高新区唐延路45号	55 444	煤炭矿业投资、煤炭销售。
同一母公司	陕西金泰恒业房地产有限公司	马亚鹏	高新区电子二路8号	60 000	土地开发,房地产开发、销售、租赁,物业管理等。
股东	重庆中侨置业有限公司	孙 飚	重庆渝北区加州花园	1 000	金属材料、矿产品、汽车配件、仪器仪表的经销。

6.5.3 本公司与关联方的重大交易事项

6.5.3.1 固有与关联方交易情况:贷款、投资、租赁、应收账款担保、其他方式等期初汇总数、本期借方和贷方发生额汇总数、期末汇总数

单位：万元

固有与关联方关联交易				
	期初数	借方发生额	贷方发生额	期末数
贷款	1 133.97	0	0	1 133.97
投资	0	0	0	0
租赁	0	0	0	0
担保	0	0	0	0
应收账款	0	0	0	0
其他	0	0	0	0
合计	1 133.97	0	0	1 133.97

6.5.3.2 信托与关联方交易情况：贷款、投资、租赁、应收账款、担保、其他方式等期初汇总数、本期借方和贷方发生额汇总数、期末汇总数

单位：万元

信托与关联方关联交易				
	期初数	借方发生额	贷方发生额	期末数
贷款	23 600.00	70 000.00	13 000.00	80 600.00
投资	6 000.00	0	0	6 000.00
租赁	0	0	0	0
担保	0	0	0	0
应收账款	0	0	0	0
其他	0	0	0	0
合计	29 600.00	70 000.00	13 000.00	86 600.00

6.5.3.3 信托公司自有资金运用于自己管理的信托项目（固信交易）、信托公司管理的信托项目之间的相互（信信交易）交易金额，包括余额和本报告年度的发生额

6.5.3.3.1 固有与信托财产之间的交易金额期初汇总数、本期发生额汇总数、期末汇总数

单位：万元

固有财产与信托财产相互交易			
	期初数	本期发生额	期末数
合计	12 219.00	14 941.00	27 160.00

注：以固有资金投资公司自己管理的信托项目受益权，或购买自己管理的信托项目的信托资产均应纳入统计披露范围。

6.5.3.3.2 信托项目之间的交易金额期初汇总数、本期发生额汇总数、期末汇总数

单位：万元

信托资产与信托财产相互交易			
	期初数	本期发生额	期末数
合计	0	0	0

注：以公司受托管理的一个信托项目的资金购买自己管理的另一个信托项目的受益权或信托项下资产均应纳入统计披露范围。

6.5.4 逐笔披露关联方逾期未偿还本公司资金的详细情况以及本公司为关联方担保发生或即将发生垫款的详细情况

无。

6.6 会计制度的披露

6.6.1 固有业务自2008年1月1日起执行财政部2006年2月15日颁布的《企业会计准则》及其后续规定

6.6.2 信托业务2009年执行财政部（〔2005〕1号）《信托业务会计核算办法》及相关规定；自2010年1月1日起执行《企业会计准则》及其后续规定

7. 财务情况说明书

7.1 利润实现和分配情况

7.1.1 分配利润

本年净利润在提取法定公积金和信托赔偿准备金后，留存金额为51 166 537.92元。公司以前年度留存的未分配利润90 728 238.40元。

2011年度可供分配利润包括以上两部分，合计141 894 776.32元。

7.1.2 分配方案

本年分配现金红利43 400 000.00元。本次分配后剩余可供分配利润98 494 776.32元结转以后年度分配。

7.2 主要财务指标

指标名称	指标值
资本利润率（%）	5.65
加权年化信托报酬率（%）	2.95
人均净利润（万元/人）	62.06

注：1. 资本利润率＝净利润/所有者权益平均余额×100%。

2. 加权年化信托报酬率＝（信托项目1的实际年化信托报酬率×信托项目1的实收信托＋信托项目2的实际年化信托报酬率×信托项目2的实收信托＋…信托项目n的实际年化信托报酬率×信托项目n的实收信托）/（信托项目1的实收信托＋信托项目2的实收信托＋…信托项目n的实收信托）×100%。

3. 人均净利润＝净利润/平均人数。

4. 平均值采取年初、年末余额简单平均法，公式为：a（平均）＝（年初数＋年末数）/2。

7.3 对本公司财务状况、经营成果有重大影响的其他事项

无。

8. 特别事项揭示

8.1 前五名股东报告期内变动情况及原因

无。

8.2 董事、监事及高级管理人员变动情况及原因

2011年12月12日，经公司三届第十次临时董事会审议，同意隋舵同志因工作变动原因辞去公司董事长一职；选举徐朝晖同志出任西部信托有限公司董事长。徐朝晖同志的任职资格仍在审核中。

2011年12月19日，经公司2011年第二次临时股东会审议，同意隋舵同志因工作变动原因不再担任西部信托有限公司董事。

8.3 变更注册资本、变更注册地或公司名称、公司分立合并事项

无。

8.4 公司的重大诉讼事项

8.4.1 重大未决诉讼事项

信托:被诉案件1件,陕西五羊集团诉陕西智圣科技贸易有限公司、刘治安、刘治军、陕西瑞德实业发展有限公司、西部信托有限公司、陕西康华有限责任会计师事务所房屋租赁纠纷,金额297余万元,起诉时间:2008年9月。

8.4.2 以前年度发生,于本报告年度内终结的诉讼事项

无。

8.4.3 本报告年度发生,与本报告年度内终结的诉讼事项

无。

8.5 公司及其董事、监事和高级管理人员受到处罚的情况

无。

8.6 银监会及其派出机构对公司提出的整改意见,及整改情况说明

无。

8.7 本年度重大事项临时报告的简要内容、披露时间、所披露媒体及其版面

2011年4月13日在《证券时报》B3版面,对公司《2010年度报告》进行了公告。

8.8 银监会及其省级派出机构认定的其他有必要让客户及相关利益人了解的重要信息

无。

9. 监事会意见

监事会认为2011年度公司运作规范,决策程序合法。董事会能够认真执行股东会决议、履行董事会职责。董事、总经理及高级管理人员在履行职务时,勤勉尽责,恪尽职守,没有越权行为,没有违反法律、法规、公司章程和损害公司及股东利益的行为。

股东会、董事会会议召开的程序、审议事项及表决等均符合法律和公司章程的规定;股东代表在行使表决权决策时能按规定办理授权,并能按规定行使股东权利。

公司2011年度财务报告真实地反映了公司的财务状况和经营成果。公司财务核算合规,符合财务管理制度要求。会计凭证、会计账簿的记录及时、清晰、准确、完整;记账方法符合规范,责任人明确,会计报表的编制反映了真实经营成果。

公司2011年度报告的编制和审议程序符合相关法律、法规、公司《章程》及公司内控制度的有关规定;年报的内容真实、准确、完整。

西藏信托有限公司

1. 重要提示

1.1 本公司董事会及董事保证本报告所载资料不存在任何虚假记载、误导性陈述或者重大遗漏,并对其内容的真实性、准确性和完整性承担个别及连带责任。

1.2 公司负责人董事长王运金、财务经理万景文声明:保证年度报告中财务报告的真实、完整。

2. 公司概况

2.1 公司简介

2.1.1 公司简介

西藏信托有限公司(以下简称本公司)成立于1991年10月,原名为西藏自治区信托投资公司,是经西藏自治区人民政府和中国人民银行批复成立,由西藏自治区财政厅全资控股的非银行金融机构。2002年3月,根据中国人民银行成都分行批复(银复〔2002〕63号),公司进行了重新登记。2007年起,公司根据《信托法》、《信托公司管理办法》的规定,进行了业务调整。并根据西藏自治区财政厅下发的"藏财企字〔2009〕9号"文《关于西藏自治区信托投资公司资产剥离方案的批复》以及公司与西藏自治区投资有限公司签订的资产负债划转协议,进行了资产剥离。2010年9月完成了资产剥离、重新登记、换发金融许可证工作。根据中国银监会的批复(《中国银监会关于西藏自治区信托投资公司变更公司名称和业务范围的批复》银监复〔2010〕436号),于2010年12月公司更名为西藏信托有限公司。

2.1.2 公司的法定中文名称:西藏信托有限公司
公司的法定英文名称 Tibet Trust Corporation Limited

2.1.3 法定代表人:王运金

2.1.4 注册地址:西藏拉萨市经济开发区博达路1号阳光新城别墅区A7栋

2.1.5 邮政编码:850000

2.1.6 电子信箱:wanjingwen@ttco.cn

2.1.7 信息披露事务负责人:王运金
联系人:万景文
联系电话:010-85353619
传真:010-85906796
电子信箱:wanjingwen@ttco.cn

2.1.8 公司选定的信息披露报纸名称:《中国证券报》

2.1.9 公司年度报告备置地点:公司计划财务部

2.1.10 公司聘请审计事务所:中磊会计师事务所有限责任公司
地址:北京丰台区星火路1号昌宁大厦8层
邮政编码:100070

2.1.11 公司聘请的律师事务所:北京市嘉源律师事务所
地址:北京复兴门内大街158号远洋大厦F408
邮政编码:100031

2.2 组织架构

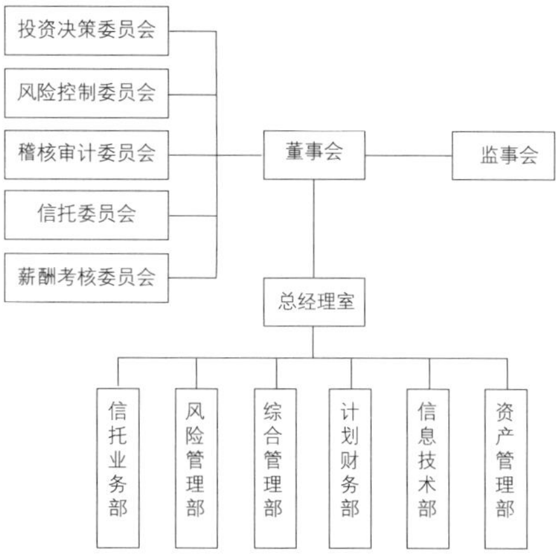

3. 公司治理结构

3.1 股东

股东名称	持股比例(%)	法人代表	注册地址	主要职能
西藏自治区财政厅	100	艾俊涛	拉萨市北京西路23号	贯彻执行国家财政税收有关方针政策和法律法规等;承担自治区各项财政收支管理相关工作,并指导全区级财政做好相关工作;负责政府非税收入管理,负责政府性基金管理,按规定管理行政事业性收费。

3.2 董事

董事

姓名	职务	性别	年龄	选任日期	简要履历
王运金	董事长	男	63	2010年5月	曾任西藏自治区信托投资公司常务副总经理、总经理;现任公司董事长。

续表

姓名	职务	性别	年龄	选任日期	简要履历
陈克东	董事	男	43	2010年5月	曾任西藏国有资产经营公司产权管理部负责人、副总经理,西藏自治区信托投资公司副总经理;现任西藏自治区投资有限公司副总经理。
任显成	董事	男	48	2010年5月	曾任西藏财贸公司总经理、西藏国有资产经营公司投资部经理、西藏自治区信托投资公司投资二部经理;现任西藏自治区投资有限公司副总经理。
汪建中	董事	男	56	2010年5月	曾任西藏自治区信托投资公司副总经理;现任西藏大厦股份公司董事长。
查松	董事	男	40	2010年5月	曾任职中国银行总行风险管理部,国泰君安证券股份有限公司董事会办公室副主任、收购兼并部常务副总经理、投资银行部董事总经理,西藏同信证券有限责任公司总经理;现任公司总经理。

独立董事

姓名	职务	性别	年龄	选任日期	简要履历
央金	独立董事	女	47	2010年5月	中国法学会理事,西藏律协副会长,高级律师;现任西藏央金法律援助中心主任、西藏恒丰律师事务所主任。

3.3 监事

姓名	职务	性别	年龄	选任日期	简要履历
索朗班久	监事会主席	男	62	2010年5月	曾任西藏自治区信托投资公司信贷投资部经理、副总经理;现任公司监事会主席。
次旦	监事	女	39	2010年5月	曾任西藏自治区信托投资公司人事部经理、办公室主任;现任西藏自治区投资有限公司人力资源部经理。
宿城旺	监事	男	34	2010年5月	现任西藏自治区投资有限公司金融投资部经理。
杜雪松	监事	男	32	2010年5月	现任西藏自治区投资有限公司产业投资部经理。
侯小萍	监事	女	35	2010年5月	现任西藏自治区投资有限公司财务部经理。

3.4 公司高级管理人员

姓名	职务	性别	年龄	选任日期	金融从业年限	学历	专业
查松	总经理	男	40	2010年5月	14	博士	法学
简要履历	曾任职中国银行总行风险管理部,国泰君安证券股份有限公司董事会办公室副主任、收购兼并部常务副总经理、投资银行部董事总经理,西藏同信证券有限责任公司总经理;现任公司总经理。						
余志平	副总经理	男	39	2010年5月	10	大专	企业管理
简要履历	曾任职东风药业股份有限公司,历任西藏同信证券有限责任公司北京营业部办公室主任、副总经理,现任公司副总经理。						

3.5 公司员工

项目		报告期年度		上年度	
		人数	比例(%)	人数	比例(%)
年龄分布	25岁以下	4	12.50	2	7.41
	25~29岁	7	21.88	4	14.81
	30~39岁	13	40.62	14	51.85
	40岁以上	8	25.00	7	25.93
学历分布	博士	1	3.12	1	3.70
	硕士	2	6.25	2	7.41
	本科	15	46.88	15	55.56
	专科	12	37.50	7	25.93
	其他	2	6.25	2	7.41
岗位分布	董事、监事及高管人员	12	37.50	12	44.44
	自营业务人员	3	9.37	8	29.63
	信托业务人员	6	18.74	3	11.11
	其他	11	34.39	4	14.81

4. 经营管理

4.1 经营目标、方针、战略规划

公司的经营目标是:从西藏的实际情况出发,通过专业化的运作,不断提高业务和风险管理能力,保持良好的投资能力,取得较好的回报,大力拓展信托业务,在受益人风险承受能力的范围内为受益人获取尽可能多的收益。

公司经营方针是:以资产管理为主线,以资本市场为纽带,与时俱进,转变观念,认真分析市场形式,积极把握市场机会,继续探索一条适合西藏信托生存与发展的路子,坚持从西藏实际情况出发,量力而行,稳健经营,保证效益。

公司的战略规划是:进一步完善法人治理结构,完善内部管理和风险控制制度。构建有信托特色的金融服务平台,有效整合资源,树立品牌优势,实现股东、委托人利益最大化。加强队伍建设,积聚力量,着眼长远。

4.2 经营业务的主要内容

4.2.1 自营资产运用与分布表

资产运用	金额（万元）	占比（%）	资产分布	金额（万元）	占比（%）
货币资产	13 168.15	30.94	基础资产	—	—
贷款及应收款	531.56	1.25	房地产业	—	—
交易性金融资产	20 312.25	47.71	证券市场	20 312.25	47.71
可供出售金融资产	—	—	实业	—	—
持有至到期金融资产	6 986.28	16.41	金融机构	13 168.15	30.94
长期股权投资	—	—	其他	9 090.52	21.35
其他	1 572.68	3.69			
资产总计	42 570.92	100.00	资产总计	42 570.92	100.00

4.2.2 信托资产运用与分布表

资产运用	金额（万元）	占比（%）	资产分布	金额（万元）	占比（%）
货币资产	15 000.00	0.82	基础资产	527 527.73	28.84
贷款及应收款	527 527.73	28.84	房地产业	177 310.00	9.69
交易性金融资产	27 937.29	1.53	证券市场	27 937.29	1.53
可供出售金融资产		实业			
持有至到期金融资产			金融机构	15 000.00	0.82
长期股权投资	960 391.10	52.50	其他	1 081 674.81	59.12
其他	298 593.71	16.31			
资产总计	1 829 449.83	100.00	资产总计	1 829 449.83	100.00

4.3 市场分析

4.3.1 影响本公司业务发展的有利因素

我国信托制度在不断完善，公司经营与发展的制度环境得到改善；信托独特的制度优势正在被社会认识和接受；西藏自治区人民政府和西藏自治区财政厅支持公司发展；公司背景良好；公司内控体系健全；稳健经营、诚信经营的经营作风，保证了公司合规合法经营。

4.3.2 影响本公司业务发展的不利因素

西藏信托市场环境较差，市场较小，发育不成熟，居民收入仍处于较低水平，加上中央对西藏实行的一系列特殊政策，西藏区内社会和经济发展对信托市场的需求较为有限。

4.4 内部控制

4.4.1 内部控制环境与内部控制文化

公司建立了完善的法人治理结构，董事会及其下属委员会、监事会和经营管理层形成了权力机构、决策机构、监督机构和管理层之间分工配合、相互协调、相互制衡的运行机制，为公司内控制度的制定与运行提供了良好的内部环境。

公司的董事会、监事会均按照相关法律、法规、规范性文件及公司章程的规定，规范有效地运作。董事会下设的风险控制委员会、稽核审计委员会、投资决策委员会、信托委员会和薪酬考核委员会，根据各自的主要职责和议事规则，独立开展工作，运作正常；公司经营管理层在董事会授权下主持公司的日常经营管理。

公司非常重视内控文化的建设与落实，致力于创造积极向上的合规氛围。面对日益复杂的金融市场，公司确立了审慎稳健的总体原则，形成了全员参与的内部控制和风险管理文化。通过多样化的内部交流、学习和讨论机制，引导员工树立良好的道德观念，强化金融风险和合规意识，将风控合规的理念与实践贯穿到各个岗位和各个环节。

4.4.2 内控控制措施

公司董事会负责内部控制的建立健全和有效实施。董事会下设的风险控制委员会，主要负责对公司在业务、市场、操作等方面的风险控制情况进行监督，对公司的风险状况进行定期评估，并提出完善风险管理和内部控制的意见；董事会下设的稽核审计委员会负责审查企业内部控制，监督内部控制的有效实施和内部控制自我评价情况；董事会下设的信托委员会主要监督公司信托业务与公司其他业务之间建立有效隔离机制、监督公司信托业务的风险管理制度和机制的实际运行。内部控制的具体执行部门为风险管理部、信托业务部和计划财务部。

公司制定并实施了固有业务、信托业务、财务管理、信息技术管理及后台管理的一系列内控制度和流程，实现了固有业务与信托业务严格分离，前台、中台、后台严格分离的机制。通过上述制度和机制的实施，完善了各项业务的审批流程，清晰了各条线的风控权限与职责，确保了各项风险的可控性。

4.5 风险管理

4.5.1 风险管理概况

风险管理贯彻全面性、审慎性、及时性、有效性等原则，覆盖公司各项业务、各个部门、各个环节和各级人员，对风险进行事前防范、事中控制、事后监督、促进公司持续、稳健、规范、健康运行。

风险管理的组织架构和分工如下：董事会是公司风险管理的最高决策机构，负责确定公司的风险管理政策、程序和人员，行使重大经营决策权。董事会下设的各专业委员会根据各自的职责对公司整体进行风险管理。投资决策委员会和信托委员会分别对应固有业务和信托业务的风险管理，风险控制委员会和稽核审计委员会面向公司各项业务及公司内部管理进行总体的风险控制与管理。公司的风险管理部、信托业务部、资产管理部和计划财务部在日常业务处理中也负有对应的部门风控职责，同时公司还聘请了外部法律顾问，在业务处理的一定范围内给出专业的法律意见。

4.5.2 风险管理

4.5.2.1 信用风险管理

此类风险主要存在于贷款类业务当中，公司从贷前和贷后加强管理来规避此类风险。

贷前，严格按照申请立项、尽职调查、信用评估、内部审批、签约放款等步骤操作。业务审批中，重点审核贷款质押担保措施，公正地评估质押品，将质押率控制在40%以下。根据贷款人的具体情况和市场情况在一定程度上适度增加或降低担保标准。

贷后，严格按照合同约定，保持对融资方的动态风险管理。对借款人的资信状况和偿债能力及保证合同的履行情况定期进行监控，并由风险管理部汇总分析后形成风险管理报告，使得每一单业务都真实做到事前评估、事中控制、事后检查，确保风险在第一时间被发现并适当处理。

4.5.2.2 市场风险管理

公司在运营过程中面临的市场风险主要为股价、汇率、利率及其他价格对公司经营和盈利能力的影响。针对上述投资标的的市场风险，公司固有业务和证券类信托业务都制定了严格的风控流程，根据市场目前的具体状况，动态调整风控指标。一方面通过信息系统实现各项投资限制；另一方面通过风控人员逐日盯市，研究人员对市场各类政策的研究，动态调整可投资标的范围、额度及止损标准来控制此类风险。

4.5.2.3 操作风险管理

操作风险是指由于内部程序、系统不完善、人员操作失误或外部事件所导致的意想不到的损失。公司主要通过不断完善各部门和各岗位的职责、清晰化各业务操作流程；加强内部员工专业知识和流程培训；制定严格的信息管理制度、加强内部审计监督等方式有效管理此类风险。

5. 报告期末及上一年度末的比较式会计报表

5.1 自营资产

5.1.1 会计师事务所审计意见全文

审 计 报 告

(2012)年中磊(审B)字第0087号

西藏信托有限公司：

我们审计了后附的西藏信托有限公司(以下简称西藏信托)财务报表，包括2011年12月31日的资产负债表，2011年度的利润表、现金流量表和所有者权益变动表以及财务报表附注。

一、管理层对财务报表的责任

编制和公允列报财务报表是西藏信托管理层的责任。这种责任包括：(1)按照企业会计准则的规定编制财务报表，并使其实现公允反映；(2)设计、执行和维护必要的内部控制，以使财务报表不存在由于舞弊或错误导致的重大错报。

二、注册会计师的责任

我们的责任是在执行审计工作的基础上对财务报表发表审计意见。我们按照中国注册会计师审计准则的规定执行了审计工作。中国注册会计师审计准则要求我们遵守中国注册会计师职业道德守则，计划和执行审计工作以对财务报表是否不存在重大错报获取合理保证。

审计工作涉及实施审计程序，以获取有关财务报表金额和披露的审计证据。选择的审计程序取决于注册会计师的判断，包括对由于舞弊或错误导致的财务报表重大错报风险的评估。在进行风险评估时，注册会计师考虑与财务报表编制和公允列报相关的内部控制，以设计恰当的审计程序，但目的并非对内部控制的有效性发表意见。审计工作还包括评价管理层选用会计政策的恰当性和作出会计估计的合理性，以及评价财务报表的总体列报。

我们相信，我们获取的审计证据是充分、适当的，为发表审计意见提供了基础。

三、审计意见

我们认为，西藏信托财务报表在所有重大方面按照企业会计准则的规定编制，公允反映了西藏信托2011年12月31日的财务状况以及2011年度的经营成果和现金流量。

中磊会计师事务所有限责任公司　　中国注册会计师：靳洪庆

中国·北京　　中国注册会计师：吴朝晖

二〇一二年三月九日

5.1.2 资产负债表

资产负债表

编制单位：西藏信托有限公司　　2011年12月31日　　单位：万元

项 目	年末余额	年初余额	项目	年末余额	年初余额
资产：			负债：		
现金及存放中央银行存款	—	—	短期借款	—	—
存放同业存款	4 768.15	4 293.69	拆入资金	—	—
结算备付金	—	—	交易性金融负债	—	—
其中：客户备付金	—	—	衍生金融负债	—	—
拆出资金	8 400.00	—	卖出回购金融资产款	—	—
交易性金融资产	20 312.25	22 865.57	应付账款	—	—
应收账款	531.56	1 166.83	代理买卖证券款	—	—
预付账款	167.91	89.03	代理承销证券款	—	—
其他应收款	1 130.94	2 342.63	应付职工薪酬	—	—
买入返售金融资产	—	—	应交税费	912.53	16.94
应收利息	—	695.89	其他应付款	607.10	1 556.15
存出保证金	—	—	流动负债合计	1 519.63	1 573.09
流动资产合计	35 310.81	31 453.64	预计负债	—	—
可供出售金融资产	—	—	长期借款	—	—
发放贷款及垫款	—	—	应付债券	—	—
持有至到期投资	6 986.28	8 621.28	递延所得税负债	—	—
长期股权投资	—	—	其他负债	—	—

续表

项 目	年末余额	年初余额	项目	年末余额	年初余额
投资性房地产	—	—	非流动负债合计	—	—
固定资产	136.34	85.33	负债合计	1 519.63	1 573.09
在建工程	—	—	所有者权益:	—	—
无形资产	109.37	25.46	实收资本	30 000.00	30 000.00
长期应收款	28.12	430.12	资本公积	—	—
递延所得税资产	—	—	盈余公积	7 500.00	7 500.00
其他非流动资产	—	—	一般风险准备	88.77	88.77
非流动资产合计	7 260.11	9 162.19	信托赔偿准备	1 138.35	1 037.92
			未分配利润	2 324.17	416.05
			所有者权益合计	41 051.29	39 042.74
资产总计	42 570.92	40 615.83	负债和所有者权益总计	42 570.92	40 615.83

5.1.3 利润表

利润表

编制单位:西藏信托有限公司　　2011 年度　　单位:万元

项 目	本年金额	上年金额
一、营业收入	4 154.61	848.69
利息净收入	601.79	1 258.05
利息收入	601.79	1 260.29
利息支出	—	2.24
手续费及佣金净收入	5 037.85	95.21
手续费及佣金收入	5 066.18	100.00
手续费及佣金支出	28.33	4.79
投资收益	550.38	-1 840.62
其中:对联营企业和合营企业的投资收益	—	—
公允价值变动收益(损失以"-"号填列)	-2 035.41	1 336.05
汇兑收益(损失以"-"号填列)	—	—
其他业务收入	—	—
二、营业支出	1 505.43	464.08
营业税金及附加	311.74	13.43
业务及管理费	1 193.69	510.65
资产减值损失	—	-60.00
其他业务成本	—	—
三、营业利润(亏损以"-"号填列)	2 649.18	384.61
加:营业外收入	—	—
减:营业外支出	—	—
四、利润总额(亏损总额以"-"号填列)	2 649.18	384.61
减:所得税费用	640.64	29.80
五、净利润(净亏损以"-"号填列)	2 008.54	354.81
六、每股收益	—	—
(一)基本每股收益	—	—
(二)稀释每股收益	—	—
七、其他综合收益	—	—
八、综合收益总额	2 008.54	354.81

5.1.4 所有者权益变动表

所有者权益变动表

编制单位:西藏信托有限公司　　2011 年度　　单位:万元

项目	本年金额								上年金额							
	实收资本	资本公积	减:库存股	盈余公积	一般风险准备	信托赔偿准备	未分配利润	所有者权益合计	实收资本	资本公积	减:库存股	盈余公积	一般风险准备	信托赔偿准备	未分配利润	所有者权益合计
一、上年年末余额	30 000.00	—	—	7 500.00	88.77	1 037.92	416.05	39 042.74	30 000.00	—	—	7 500.00	88.77	1 020.18	78.98	38 687.93
加:会计政策变更	—	—	—	—	—	—	—	—	—	—	—	—	—	—	—	—
前期差错更正	—	—	—	—	—	—	—	—	—	—	—	—	—	—	—	—
其他	—	—	—	—	—	—	—	—	—	—	—	—	—	—	—	—
二、本年年初余额	30 000.00	—	—	7 500.00	88.77	1 037.92	416.05	39 042.74	30 000.00	—	—	7 500.00	88.77	1 020.18	78.98	38 687.93
三、本期增减变动金额(减少以"-"号填列)	—	—	—	—	—	100.43	1 908.12	2 008.55	—	—	—	—	—	17.74	337.07	354.81
(一)净利润	—	—	—	—	—	—	2 008.55	2 008.55	—	—	—	—	—	—	354.81	354.81
(二)其他综合收益	—	—	—	—	—	—	—	—	—	—	—	—	—	—	—	—
上述(一)和(二)小计	—	—	—	—	—	—	2 008.55	2 008.55	—	—	—	—	—	—	354.81	354.81
(三)所有者投入和减少资本	—	—	—	—	—	—	—	—	—	—	—	—	—	—	—	—
1. 所有者投入资本	—	—	—	—	—	—	—	—	—	—	—	—	—	—	—	—
2. 股份支付计入所有者权益的金额	—	—	—	—	—	—	—	—	—	—	—	—	—	—	—	—
3. 其他	—	—	—	—	—	—	—	—	—	—	—	—	—	—	—	—
(四)利润分配	—	—	—	—	—	100.43	-100.43	—	—	—	—	—	—	17.74	-17.74	—
1. 提取盈余公积	—	—	—	—	—	—	—	—	—	—	—	—	—	—	—	—
2. 提取一般风险准备	—	—	—	—	—	—	—	—	—	—	—	—	—	—	—	—
3. 提取信托赔偿准备	—	—	—	—	—	100.43	-100.43	—	—	—	—	—	—	17.74	-17.74	—
4. 对所有者(或股东)的分配	—	—	—	—	—	—	—	—	—	—	—	—	—	—	—	—
5. 其他	—	—	—	—	—	—	—	—	—	—	—	—	—	—	—	—
(五)所有者权益内部结转	—	—	—	—	—	—	—	—	—	—	—	—	—	—	—	—
1. 资本公积转增资本(或股本)	—	—	—	—	—	—	—	—	—	—	—	—	—	—	—	—
2. 盈余公积转增资本(或股本)	—	—	—	—	—	—	—	—	—	—	—	—	—	—	—	—
3. 盈余公积弥补亏损	—	—	—	—	—	—	—	—	—	—	—	—	—	—	—	—
4. 其他	—	—	—	—	—	—	—	—	—	—	—	—	—	—	—	—
四、本期期末余额	30 000.00	—	—	7 500.00	88.77	1 138.35	2 324.17	41 051.29	30 000.00	—	—	7 500.00	88.77	1 037.92	416.05	39 042.74

5.2 信托资产

5.2.1 信托项目资产负债汇总表

编制单位:西藏信托有限公司　　2011年12月31日　　单位:万元

信托资产	期末数	期初数	信托负债和信托权益	期末数	期初数
资产			信托负债	—	0.23
货币资金	—	41.00	应付账款	—	—
拆出资金	15 000.00	—	其他应付款	—	0.23
交易性金融资产	27 937.29	3 872.00	应交税费	—	—
应收账款	171 916.62	—	预计负债	—	—
应收票据	126 677.09	—	其他负债	—	—
其他应收款	—	—	二、信托权益	1 829 449.83	337 412.63
发放贷款及垫款	527 527.73	315 311.35	实收信托	1 826 015.92	337 414.86
长期股权投资	960 391.10	18 188.51	资本公积	—	—
其他资产	—	—	未分配利润	3 433.91	-2.23
信托资产总计	1 829 449.83	337 412.86	信托负债及信托权益总计	1 829 449.83	337 412.86

5.2.2 信托项目利润及利润分配汇总表

编制单位:西藏信托有限公司　　2011年度　　单位:万元

项　目	本年数	上年数
一、营业收入	29 119.98	3 445.00
利息收入	25 683.84	3 445.00
投资收入	6 198.85	—
租赁收入	—	—
公允价值变动损益	-2 762.71	—
其他收入	—	—
二、营业费用	2 333.24	222.77
三、营业税金及附加	—	—
四、扣除资产减值准备前的信托利润	26 786.74	3 222.23
减:资产减值损失	—	—
五、扣除资产减值准备后的信托利润	26 786.74	3 222.23
加:期初未分配信托利润	-2.23	—
六、可供分配的信托利润	26 784.51	3 222.23
减:本期已分配信托利润	23 350.60	3 224.46
七、期末未分配信托利润	3 433.91	-2.23

6. 会计报表附注

6.1 简要说明会计报表年度会计报表编制基准、会计政策、会计估计和核算方法发生的变化

本公司以持续经营为基础,根据实际发生的交易和事项,按照《企业会计准则——基本准则》和其他各项具体会计准则、应用指南及准则解释的规定进行确认和计量,在此基础上编制财务报表。编制符合企业会计准则要求的财务报表需要使用估计和假设,这些估计和假设会影响到财务报告日的资产、负债和或有负债的披露,以及报告期间的收入和费用。

公司固有业务和信托业务执行的是2006年颁布的《新企业会计准则》

6.2 或有事项说明

截至2011年12月31日,本公司无或有事项。

6.3 重要资产转让及出售的说明

截至2011年12月31日,本公司无重要资产转让及出售。

6.4 会计报表中重要项目的明细资料

6.4.1 自营资产经营情况

6.4.1.1 资产风险分类的结果披露资产的期初、期末数

风险分类	正常类(万元)	关注类(万元)	次级类(万元)	可疑类(万元)	损失类(万元)	信用风险资产合计(万元)	不良资产合计(万元)	不良资产率(%)
期初数	40 615.83	—	—	—	350.99	40 966.82	350.99	0.86
期末数	42 570.92	—	—	—	—	42 570.92	—	—

注:不良资产合计=次级类+可疑类+损失类。

6.4.1.2 资产损失准备的期初数、本期计提、本期转回、本期核销、期末数

单位:万元

项　目	期初数	本期计提	本期转回	本期核销	期末数
贷款损失准备	350.99	—	—	350.99	—

6.4.1.3 自营股票投资、基金投资、债券投资、长期股权投资等投资的期初数、期末数

单位:万元

	自营股票	基金	债券	长期股权投资	合计
期初数	22 865.57	—	—	—	22 865.57
期末数	20 312.25	—	—	—	20 312.25

6.4.1.4 表外业务的期初数、期末数;按照代理业务、担保业务和其他类型表外业务分别披露

本公司未开展上述业务。

6.4.2 信托资产管理情况

6.4.2.1 信托资产的期初数、期末数

单位:万元

信托资产	期初数	期末数
集合	13 042.78	572 261.40
单一	324 370.08	1 257 188.43
合计	337 412.86	1 829 449.83

6.4.2.2 本年度已经清算结束的集合类、单一类资金信托项目和财产管理类信托项目数量、合计金额

单位:万元

信托资产	项目个数	合计金额
集合	3	17 189.72
单一	27	1 087 529.28
合计	30	1 104 719.00

6.4.2.3 本年度新增的集合类、单一类资金信托项目和财产管理类信托项目数量、合计金额

单位:万元

信托资产	项目个数	合计金额
集合	25	576 408.34
单一	91	2 020 347.63
合计	116	2 596 755.97

6.4.2.4 本公司履行受托人义务的情况及因本公司自身责任导致的信托资产损失情况

本公司无上述情况。

6.5 关联方关系及其交易的披露

6.5.1 关联交易方的数量、关联交易的总额及关联交易的定价政策

单位:万元

关联交易方数量		关联交易金额	定价政策
合计	1	789.48	按市场公允价格定价

6.5.2 关联交易方与本公司的关系性质、关联交易方的名称、法人代表、注册地址、注册资本及主营业务

单位:万元

关联方企业名称	与本公司的关系	注册地址	法人代表	注册资本	主营业务
西藏自治区投资有限公司	相同控制股东	拉萨市	白玛才旺	60 000	对金融企业股权投资;对能源、交通、旅游、酒店、矿业、藏医药、食品、高新技术产业、农牧业、民族手工业投资开发;对基础设施投资和城市公用项目投资。

6.5.3 公司与关联方的重大交易事项

6.5.3.1 固有财产与关联方

单位:万元

固有与关联方关联交易				
	期初数	借方发生额	贷方发生额	期末数
其他应收款	289.48	500.00	289.48	500.00
合计	289.48	500.00	289.48	500.00

6.5.3.2 信托财产与关联方交易情况

本公司无上述交易。

6.5.3.3 信托公司自有资金运用于自己管理的信托项目、信托公司管理的信托项目之间的相互(信信交易)交易金额。包括余额和本报告年度的发生额

本公司无上述交易。

6.5.4 会计制度的披露

固有业务和信托业务执行的是2006年颁布的新《企业会计准则》

7. 财务情况说明

7.1 实现利润和分配情况

(1)利润总额2 649.18万元。
(2)所得税费用640.64万元。
(3)净利润2 008.54万元。
(4)年初未分配利润416.05万元。
(5)可供分配利润2 424.59万元。
(6)提取盈余公积金0万元。
(7)提取信托赔偿准备金100.43万元。
(8)提取经理基金0万元。
(9)提取一般风险准备0万元。
(10)年末未分配利润2 324.17万元。

7.2 主要财务指标

指标名称	指标值
资本利润率(%)	5.02
信托报酬率(%)	0.47
人均净利润(万元/人)	68.09

注:1. 资本利润率=净利润/所有者权益平均余额×100%。
2. 信托报酬率=当年信托报酬收入/实收信托平均余额×100%。
3. 人均净利润=净利润/公司年平均人数。
4. 平均值采取年初及各季度末余额移动算术平均法,公式为:$a(平均)=(a_0/2+a_1+a_2+a_3+a_4/2)/4$。

7.3 对本公司财务状况、经营成果有重大影响的其他事项

无。

8. 特别事项揭示

8.1 前五名股东报告期内变动情况及原因

本公司无上述情况

8.2 董事、监事及高级管理人员变动情况

(1)董事变动情况
请详见:公司治理结构之董事
(2)监事变动情况
请详见:公司治理结构之监事
(3)高级管理人员变动情况
请详见:公司治理结构之公司高级管理人员

8.3 公司的重大诉讼事项

本公司无上述情况。

8.4 对会计师事务所出具的有保留意见、否定意见或无法表示意见的审计报告的，公司董事会应就所涉及事项作出说明

本公司无上述情况。

8.5 公司及其董事、监事和高级管理人员受到处罚的情况

本公司无上述情况。

8.6 银监会及其派出机构对公司检查后提出的整改意见及整改情况

本公司无上述情况。

8.7 本年度重大事项临时报告的简要内容、披露时间、披露的媒体及其版面

本公司无上述情况。

8.8 银监会及其省级派出机构认定的其他有必要让客户及相关利益人了解的重要信息

本公司无上述情况。

9. 公司监事会意见

监事会认为，报告期内，公司经营活动依法运作，操作规范，财务报告真实地反映了公司的财务状况和经营成果。

厦门国际信托有限公司

1. 重要提示

1.1 本公司董事会及董事保证本报告所载资料不存在任何虚假记载、误导性陈述或者重大遗漏,并对其内容的真实性、准确性和完整性承担个别及连带责任。本年度报告摘要摘自年度报告全文,客户及相关利益人欲了解详细内容,应阅读年度报告全文。

1.2 没有董事声明对年度报告内容的真实性、准确性、完整性无法保证或存在异议。

1.3 独立董事保证本报告所载资料不存在任何虚假记载、误导性陈述或者重大遗漏,并对其内容的真实性、准确性和完整性承担个别及连带责任。

1.4 天健正信会计师事务所有限公司为本公司出具了标准无保留意见的审计报告。

1.5 公司负责人董事长洪文瑾、主管会计工作负责人苏荣坚和会计机构负责人苏荣坚保证年度报告中财务报告的真实、完整。

2. 公司概况

2.1 公司简介

2.1.1 公司的法定中文名称:厦门国际信托有限公司
公司的法定英文名称:Xiamen International Trust Co., Ltd.

2.1.2 法定代表人:洪文瑾

2.1.3 注册地址:厦门市思明区湖滨北路莲滨里8号

2.1.4 邮政编码:361012

2.1.5 国际互联网网址:www.xmitic.com

2.1.6 电子信箱:master@xmitic.com

2.1.7 信息披露事务负责人:洪文瑾
联 系 人:郑 华
联系电话:0592-5311983
传 真:0592-5311906
电子信箱:master@xmitic.com

2.1.8 公司本次信息披露报纸名称:《金融时报》

2.1.9 公司年度报告备置地点:厦门市思明区湖滨北路莲滨里8号

2.1.10 公司聘请的会计师事务所:天健正信会计师事务所有限公司
住所:北京市西城区月坛北街26号恒华国际商务中心4层401室

2.1.11 公司信托事务聘请的律师事务所:福建理海律师事务所
地址:厦门市厦禾路820号帝豪大厦18楼
福建天衡联合律师事务所
地址:厦门市厦禾路666号海翼大厦A栋16层、17层
福建闽翔律师事务所
地址:厦门市嘉禾路267号惠元大厦12层04座

2.2 组织结构

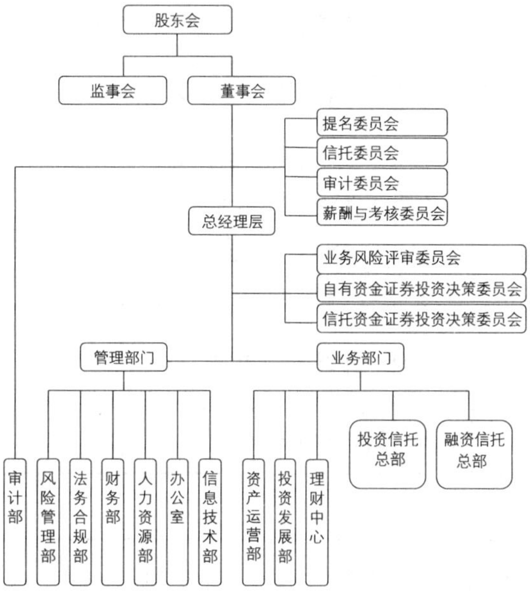

3. 公司治理结构

3.1 股东

股东名称	出资比例(%)	法人代表	注册资本(亿元)	注册地址	主要经营业务及主要财务情况
厦门建发集团有限公司	51	王宪榕	35	厦门市鹭江道52号海滨大厦5~7楼	主营涉及进出口贸易和物流,房地产开发与物业管理,旅游酒店等。2011年末总资产666.65亿元,营业收入828.57亿元。
厦门港务控股集团有限公司	49	郑永恩	31	厦门市东渡路127号六楼	以控股、参股方式从事资产投资、监管、经营;港口工程开发与建设;与港口建设经营有关的业务。2011年末总资产195.82亿元,营业收入48.84亿元。

注:厦门建发集团有限公司和厦门港务控股集团有限公司均是厦门市属并授权经营的国有独资公司。

3.2 董事

董事长、副董事长、董事

姓名	职务	性别	年龄	选任日期	所推举的股东名称	该股东持股比例(%)	简要履历
洪文瑾	董事长	女	48	2009年1月	厦门建发集团有限公司	51	1985年起历任厦门建发集团有限公司财务部副经理，厦门建发信托公司副总经理、总经理，厦门国际信托有限公司董事、总经理、董事长。
王宪榕	董事	女	59	2009年1月	厦门建发集团有限公司	51	1987年起历任厦门建发集团有限公司副总经理、总经理、董事长。
吴小敏	董事	女	56	2009年1月	厦门建发集团有限公司	51	1982年起历任厦门建发集团有限公司综合部副经理，贸管部副经理、经理、副总经理，厦门建发股份有限公司总经理，厦门建发集团有限公司总经理。
黄文洲	董事	男	46	2009年1月	厦门建发集团有限公司	51	1985年起历任厦门建发集团有限公司财务部经理，厦门建发股份有限公司副总经理、总经理、董事长。
郑永恩	董事	男	53	2009年1月	厦门港务控股集团有限公司	49	1998年起历任厦门港务集团有限公司董事、副总经理、总经理、党委副书记，2007年起任厦门港务控股集团有限公司董事长、党委书记。
陈鼎瑜	董事	男	54	2009年1月	厦门港务控股集团有限公司	49	1998年起历任厦门港务集团有限公司董事、副总经理、党委委员，2007年起任厦门港务控股集团有限公司董事、总经理、党委副书记。
傅承景	董事	男	49	2009年1月	厦门港务控股集团有限公司	49	1983年参加工作，历任厦门市财政局干部、科员、副处长、处长，2004年起任厦门港务集团有限公司董事、副总经理，2007年起任厦门港务控股集团有限公司董事、副总经理、总会计师。
屈文洲	独立董事	男	40	2009年7月			2005年至2007年任厦门大学管理学院副教授，现任厦门大学管理学院教授、博士生导师，厦门大学中国资本市场研究中心主任，厦门大学管理学院财务学系副主任。
黄衍电	独立董事	男	59	2009年7月			1991年起历任集美大学财经学院财税系副主任、主任、副院长、现任财经学院院长。

独立董事

姓名	所在单位职务	性别	年龄	选任日期	所推举的股东名称	该股东持股比例(%)	简要履历
屈文洲	厦门大学管理学院财务学系副主任	男	40	2009年7月			2005年至2007年任厦门大学管理学院副教授，现任厦门大学管理学院教授、博士生导师，厦门大学中国资本市场研究中心主任，厦门大学管理学院财务学系副主任。
黄衍电	集美大学财经学院院长	男	59	2009年7月			1991年起历任集美大学财经学院财税系副主任、主任、副院长，现任财经学院院长。

3.3 监事

监事会成员

姓名	职务	性别	年龄	选任日期	所推举的股东名称	该股东持股比例(%)	简要履历
余明凤	监事	男	49	2009年1月	厦门港务控股集团	49	1985年起历任厦门汽车运输公司客运分公司会计，厦门汽车运输公司旅游分公司财务科长，厦门经济特区运输总公司财务部副经理，厦门市交通国有资产投资有限公司财务部经理，厦门港务控股集团有限公司财务部副经理，厦门港务控股集团有限公司审计部副经理、经理。
叶志良	监事	男	56	2005年5月	厦门建发集团	51	1975年参加工作，历任厦门国际贸易信托公司引进部副主任，厦门建发公司工贸部副经理，华益公司总经理，厦门建发集团有限公司办公室主任、总经理助理、党委副书记、纪检委书记、工会主席。

3.4 高级管理人员

姓名	职务	性别	年龄	选任日期	金融从业年限	学历	专业
洪文瑾	董事长	女	48	2008年11月	17	硕研	工商管理
李自成	副总经理	男	50	2009年4月	22	硕研	历史
林　将	副总经理	男	54	2009年4月	29	大专	金融
蔡炎坤	总经理助理	男	47	2009年7月	23	硕研	货币银行
郭韶红	总经理助理	女	43	2009年7月	22	硕研	金融
苏荣坚	财务总监	男	49	2009年7月	17	本科	经济管理
郑　华	总经理助理	女	37	2010年5月	17	本科	行政管理

3.5 公司员工

报告期末公司职工人数99人,平均年龄39岁,学历分布比率为博士1%、硕士22%、本科48%、专科19%、其他10%。

4. 经营管理

4.1 经营目标、方针、战略规划

经营目标:在健全内部法人治理结构、完善和规范内控管理制度和业务流程基础上,建立并形成一批高素质、专业化的投资管理与营销团队,实现公司信托资产规模和盈利水平的双增长,为信托受益人和公司股东谋求最大利益。

经营方针:稳健经营、诚实守信、开拓创新、有效回报,即以稳健经营为前提,以诚实信用为根本,以开拓创新为动力,以有效回报为目标。

发展规划:根据国家"十二五"规划的发展重点,依托国务院关于支持福建省加快建设海峡西岸经济区的发展契机,以开拓创新为先导,以专注主业为核心,以风险控制为保障,加强与银行、政府、其他非银行金融机构和中介机构之间开展各种形式的合作,逐步实现信托业务从平台型为主到自主管理型为主的转变;建立健全有效的激励和约束机制,实施有效的人才战略,为公司可持续发展创造条件;着力提升公司的投融资能力、项目开发能力、资产管理能力和市场营销能力;在确保安全性的前提下适当调整自有资产结构,提高自有资产的运作效益,从而推动公司业务规模、经营效益、管理水平的全面提升,规划期内确保在信托业务主要指标行业排名上均能够逐年提升,初步形成自身的核心盈利模式并成为国内具有一定竞争力的信托机构。

4.2 所经营业务的主要内容

目前公司经营的业务均围绕"一法两规"及银监会的有关规定开展,在固有资产方面,开展贷款(流动资金贷款和固定资产贷款)、融资租赁、投资(金融股权投资和证券投资)等业务。在信托业务方面,有单一信托和集合信托业务,资金信托和财产信托业务。目前信托业务主要开展了贷款信托、证券投资信托、股权投资信托和股权管理信托、财产信托(土地收益权、股权收益权、信贷资产)等,信托业务资金投向涵盖了基础设施建设、房地产、证券、优质工商企业等方面。

4.2.1 自营资产运用与分布表

资产运用	金额(万元)	占比(%)	资产分布	金额(万元)	占比(%)
货币资产	18 832	12.08	基础产业	43 639	27.99
贷款及应收款	27 508	17.64	房地产业	2 900	1.86
交易性金融资产	1 234	0.79	证券市场	1 846	1.19
可供出售金融资产	1 465	0.94	实业	2 958	1.90
持有至到期投资	32 998	21.17	金融机构	27 882	17.88
长期股权投资	64 320	41.26	其他	76 680	49.18
其他	9 548	6.12			
资产总计	155 905	100	资产总计	155 905	100

4.2.2 信托资产运用与分布表

资产运用	金额(万元)	占比(%)	资产分布	金额(万元)	占比(%)
货币资产	745 596	10.40	基础产业	380 777	5.31
贷款	2 656 363	37.03	房地产	1 524 703	21.26
交易性金融资产	201 727	2.81	证券市场	338 400	4.72
可供出售金融资产	1 977 675	27.57	实业	2 211 356	30.83
持有至到期投资	442 370	6.17	金融机构	1 355 028	18.89
长期股权投资	600 051	8.37	其他	1 362 318	18.99
其他	548 799	7.65			
信托资产总计	7 172 582	100	信托资产总计	7 172 582	100

4.3 市场分析

4.3.1 有利因素

高端客户理财市场蓬勃发展。国内经济持续快速发展,随着社会财富不断增加,社会财富的管理需求愈来愈大,如何使资产保值增值,成为投资者最为关心的话题,资产管理和财富管理的市场潜力巨大,这为信托业发展提供了广阔市场空间。

信托监管环境日臻完善。中国银监会制定了一系列信托行业监管制度和业务规范,明确引导信托公司转变经营模式,有利于促进信托业务规范化运作,促进信托公司自主管理资产能力的提升。

公司明确中长期发展规划,稳健经营,资产优良,风控体系日趋完善,树立了合规经营的品牌优势,拥有专业化的人才队伍,为公司稳步发展奠定了基础。

4.3.2 不利因素

目前社会公众对信托行业的了解程度较低,市场和合格投资者尚需培育。信托业务相关配套法规如信托登记等制度尚未建立,较大影响了信托创新业务开展。当前宏观经济形势下,行业面临的外部环境日趋复杂,金融机构竞争加剧,信托公司缺乏竞争优势。

4.4 内部控制概况

4.4.1 内部控制环境和内部控制文化

公司的内部控制制度,是为实现经营目标和防范各种风险而采取的一系列方法、措施、程序的总和。公司内部控制的总体目标是要建立一个决策科学、运营规范、管理高效、监督到位、反馈及时和持续、稳定、健康发展的信托业经营机构。具体上包括四项内部控制目标:一是确保国家法律法规、外部监管机构的监管要求和公司内部规章制度得到有效的贯彻执行；二是确保公司发展战略和经营目标的全面实施和充分实现；三是确保公司风险管理体系的有效性；四是确保业务记录、财务信息和其他管理信息的及时性、真实性、完整性。

公司建立了较为完善的法人治理结构，包括股东会、董事会、监事会和经营班子，各自职责明确并得到切实履行。董事会对公司建立内部控制系统和维持其有效性承担最终责任，经营班子对内部控制制度的有效执行承担责任，监事会对内部控制行使监督职责。公司董事会、监事会和经营管理层能充分认识自身对内部控制所承担的责任，并培育公司良好的内部控制文化和风险管理理念。董事会对总经理制定了明确的授权权限，总经理办公会具有明确的议事规则和决策程序。公司按照信托资产与固有资产隔离原则，分别设立不同的业务部门由不同的高管人员负责管理，各个信托项目均建立独立账户和账套分别管理、分别记账。公司按照职责明确、相互制约的原则设置组织结构，各部门有明确的授权分工，严格遵守公司《部门工作职责》的规定，在各自职权范围内从事活动。这些设置为公司提供了一个良好的内控环境和氛围。

4.4.2 内部控制措施

公司根据全面性、审慎性、及时性、有效性等原则，主要以业务处理流程为基础，运用目标控制、组织控制、授权控制、程序控制、检查控制等多种控制方法，致力于形成一套包括前台、中台、后台三道防线的内部监督控制体系。

公司持续不断地完善制度建设，包括信贷业务、投资业务、资金业务、会计内部控制、信息系统内部控制等各个方面在内的规章制度，排除内控盲点，建立分类科学、内容全面的制度和流程体系。2003 年 9 月颁布了《公司内部控制制度》，2004 年以来又对内部控制制度进行了修订，各项管理规章制度也围绕内控制度的要求进一步予以修订和完善，并于 2004 年 5 月发布实施《公司规章制度汇编》（修订版，包括具体制度 52 项）。2005 年公司根据业务发展情况进一步制定和修订管理制度 12 项。2006 年公司制定和修订管理制度 20 项。2007 年制定和修订了 16 项。2008 年制定和修订了 14 项，并发布了《合规管理手册》（业务制度）一册。2009 年制定和修订了 11 项。2010 年制定和修订了 20 项。2011 年制定和修订了 11 项。一系列规章制度保证了公司各项业务规范、有序开展。各项制度得到良好执行。

公司内部控制职能主要通过法务合规部、风险管理部和审计部来履行。法务合规部、风险管理部主要履行事前、事中的控制职能。审计部主要履行事后检查监督职能。

4.4.3 信息交流与反馈

公司经营层与董事会保持良好的信息沟通，及时将经营管理中问题、国家法律法规、政策和监管意见向董事会传达；所有经营活动均严格按照董事会对经营层的授权进行，授权是明确而有效的；根据有关监管要求，对于集合资金信托业务、关联交易等重大事项，公司均履行了报备或报批手续。针对监管意见和稽核审计中发现的问题，向公司各部门发出整改通知，把有关监管意见落实到相关部门；公司通过内部网办公系统，保证全体员工及时了解国家法律法规和公司规章制度，使风险意识和内控措施贯穿到公司各个部门、各个岗位和各个环节；业务部门、内部审计部门和其他人员发现的内部控制的问题，均能有畅通的报告渠道并采取有效纠正措施；公司严格执行向委托人、受益人信息披露的有关制度，确保相关当事人的知情权。

4.4.4 监督评价与纠正

公司设立审计部门负责内部审计工作，审计工作按照审计署关于内部审计的规定和银监会的有关规定进行，包括采取定期和不定期方式，范围涉及财务和业务的各个方面，对公司内部控制制度的执行情况进行持续的监督，评价内部控制的有效性，提出意见。各个信托项目结束以及关键岗位人员离职均必须经过审计部门的审计。2011 年完成 23 个项目的常规和专项审计，出具 30 份内审报告。内部审计工作始终得到公司董事会和高级管理层的重视，内部审计结果向董事会和经营层报告，对于内部审计中发现的问题，能得到及时有效的整改，并将整改落实情况向监管部门报告。

4.5 风险管理概况

4.5.1 风险状况

4.5.1.1 信用风险状况

信用风险是指合同的一方不履行义务的可能性，包括贷款、同业拆放、回购等及在结算过程中的交易对手违约带来损失的风险。违约方包括融资对象的企业、资金往来的银行、证券开户券商等。

报告期末公司信用风险暴露期末数为 29 606 万元。不良信用资产的期初数为 585 万元，期末数为 0 万元。

4.5.1.2 市场风险状况

市场风险是指因市场波动而使得投资者不能获得预期收益的风险，包括股价、市场汇率、利率及其他价格因素产生的不利波动。

证券市场是一个重要投资领域，公司的自有资金和信托资金均有一定规模的投资。

近年来人民币存贷款基准利率的频繁调整和浮动贷款利率制度的实施，预示我国进一步实施利率市场化。这将有力增强资金用于贷款的盈利能力；同时对一些固定利率的贷款和固定收益型产品将存在较大的利率风险。

由于公司无外汇业务，因此市场汇率的变动对公司暂时还没有影响。

4.5.1.3 操作风险状况

操作风险是指公司由于内部程序、人员、系统的不完善或失误，或外部事件造成的潜在损失。

公司目前已逐步建立和完善了一系列基本制度、管理规定和业务操作流程，公司高管和员工风险意识和责任心较强。自重新登记以来未发生过较大因员工不尽职或违规而给公司和信托财产造成损失的事件。公司基本能有效地防范各个环节的操作风险。

4.5.1.4 其他风险状况

其他风险例如政策风险，宏观政策以及监管政策的变动对公司经营环境和发展会造成的一定的影响。

4.5.2 风险管理

4.5.2.1 信用风险管理

公司根据《企业会计准则》关于资产减值准备确认、计量的规定，并参考财政部关于印发《金融企业呆账准备提取管理办法》的通知（财金〔2005〕49 号文）对本公司资产提取资产减值准备及一般风险准备。截至报告期末公司应提的资产减值准备为 0 万元、一般准备 1 462 万元，已提资产减值准备 0 万元、一般准备 1 462 万元。

针对融资对象企业的信用风险，公司主要通过严格贷款“三查”制度、审贷分离制度和逐级审批制度来加以防范，制定了统一的企业信用标准和详细的操作规程。

针对资金往来银行和开户券商风险，主要通过选择实力雄厚、信誉卓著、业绩优良的金融机构作为合作伙伴并对合作伙伴定期与不定期压力测试来及时发现问题，对风险加以防范。

办理抵押贷款，注重对抵押物的权属、有效性和变现能力以及所设定抵押的合法性进行审查，完善登记手续；对抵押物确认的主要原则为根据抵押物评估值的不同情况合理确定贷款抵押比例。

办理保证贷款，主要对保证人的保证资格、资信状况及其还款记录进行审查，并签订保证合同；原则上提供保证的企业应属于经营良好的企业，有足够的偿债能力，在贷款期间没有可预见的经营风险存在，没有不良记录，历史上信用良好等。

4.5.2.2　市场风险管理

针对证券市场风险，公司注重对证券投资的策略研究，遵循组合投资、分散风险的原则，建立对各种市场风险暴露进行实时计量和评估机制，并根据所确认和计量的风险暴露，分别制定风险限额，设立止损措施等以有效防范证券市场风险。公司根据市场需求开发信托产品，一方面满足一般受益人的风险收益偏好，另一方面有效降低优先受益人的风险。公司严格选择投资顾问，确定合理的证券投资资产配置比例和止损线。公司运用投资管理信息系统实时控制投资比例限制和产品净值变动，严格执行有关止损点措施。

对贷款产品定价时，主要考虑客户信用、资金成本、盈利目标、市场竞争、期限、额度、担保等因素，确定适宜的价格。

4.5.2.3　操作风险管理

操作风险可以通过正确的管理程序得到控制。公司主要通过严格的授权制度与过程监控来防范操作风险。在制定和完善具体的风险管理制度时，以“一法两规”为依据，落实信托业务和自营业务分账管理、防止挪用或私自改变资金用途、规范关联交易、加强信息披露等业务操作守则和制度要求。特别是对信托经理人的道德水准和职业操守有明确的职责要求，要求其定期完成对信托业务执行风险控制点的监控报告，恪尽职守，履行诚实、信用、谨慎、有效管理的义务。

4.5.2.4　其他风险管理

其他风险如政策风险，公司通过严格依法经营，根据法规和监管政策要求及时制定完善公司规章、内控制度和业务规程，加强业务合规性审查以规范和控制公司业务的政策风险。同时，公司保持与监管当局紧密沟通、了解政策动向，把握业务方向。

5. 报告期末及上一年度末的比较式会计报表

5.1　自营资产

5.1.1　会计师事务所审计结论

审 计 报 告

天健正信审（2012）JR 字第 020018 号

厦门国际信托有限公司全体股东：

我们审计了后附的厦门国际信托有限公司（以下简称厦门信托公司）自营资产财务报表，包括自营资产 2011 年 12 月 31 日的资产负债表，2011 年度的利润表、现金流量表、所有者权益变动表，以及财务报表附注。

一、管理层对财务报表的责任

编制和公允列报财务报表是厦门信托公司管理层的责任。这种责任包括：（1）按照企业会计准则的规定编制财务报表，并使其实现公允反映；（2）设计、执行和维护必要的内部控制，以使财务报表不存在由于舞弊或错误而导致的重大错报。

二、注册会计师的责任

我们的责任是在执行审计工作的基础上对财务报表发表审计意见。我们按照中国注册会计师审计准则的规定执行了审计工作。中国注册会计师审计准则要求我们遵守中国注册会计师职业道德守则，计划和执行审计工作以对财务报表是否不存在重大错报获取合理保证。

审计工作涉及实施审计程序，以获取有关财务报表金额和披露的审计证据。选择的审计程序取决于注册会计师的判断，包括对由于舞弊或错误导致的财务报表重大错报风险的评估。在进行风险评估时，注册会计师考虑与财务报表编制和公允列报相关的内部控制，以设计恰当的审计程序，但目的并非对内部控制的有效性发表意见。审计工作还包括评价管理层选用会计政策的恰当性和作出会计估计的合理性，以及评价财务报表的总体列报。

我们相信，我们获取的审计证据是充分、适当的，为发表审计意见提供了基础。

三、审计意见

我们认为，厦门信托公司自营资产财务报表在所有重大方面按照企业会计准则的规定编制，公允反映了厦门信托公司自营资产 2011 年 12 月 31 日的财务状况以及 2011 年度的经营成果和现金流量。

天健正信会计师事务所有限公司厦门分公司

中国注册会计师 李仕谦

中国注册会计师 朱丹丹

报告日期：2012 年 3 月 15 日

5.1.2 资产负债表

编制单位：厦门国际信托有限公司（自营资产）　　2011年12月31日　　单位：万元

资　产	期末数	期初数	负债和所有者权益	期末数	期初数
资产：			负债：		
货币资金	18 832	11 681	拆入资金		
拆出资金			衍生金融负债		
交易性金融资产	1 234	7 757	应付职工薪酬	7 801	4 744
衍生金融资产			应交税费	5 083	1 770
买入返售金融资产			应付利息		
应收利息	87	69	应付股利	16 758	
发放贷款	27 450	37 793	预计负债		
可供出售金融资产	1 465	2 295	递延所得税负债	100	102
长期应收款	58	222	其他负债	1 493	1 325
持有至到期投资	32 998	10 638	负债合计	31 235	7 941
长期股权投资	64 320	60 471	所有者权益：		
固定资产	5 368	5 737	实收资本	100 000	100 000
递延所得税资产	2 024	961	资本公积	1 518	1 541
其他资产	2 069	488	盈余公积	12 800	10 471
			一般风险准备	1 462	1 220
			信托赔偿准备	6 091	4 927
			未分配利润	2 799	12 012
			所有者权益合计	124 670	130 171
资产总计	155 905	138 112	负债和所有者权益总计	155 905	138 112

法定代表人：洪文瑾　　主管财务负责人：苏荣坚　　财务主管：苏荣坚

5.1.3 利润表

编制单位：厦门国际信托有限公司（自营资产）　　2011年度　　单位：万元

项　目	当年数	上年数
一、营业收入	43 467	20 688
利息净收入	2 795	2 654
利息收入	2 795	2 654
利息支出	—	—
手续费及佣金净收入	30 632	8 466
手续费及佣金收入	30 632	8 466
手续费及佣金支出	—	—
投资收益（损失以"－"号填列）	11 139	12 308
公允价值变动收益	－1 503	－2 847
汇兑收益（损失以"－"号填列）	—	—
其他业务收入	404	107
二、营业支出	14 522	4 027
营业税金及附加	1 889	828
业务及管理费	10 514	4 581
资产减值损失	－293	－3 312
其他业务成本	2 412	1 930
三、营业利润（亏损以"－"号填列）	28 945	16 661
加：营业外收入	59	11
减：营业外支出	69	859
四、利润总额（损失以"－"号填列）	28 935	15 813
减：所得税费用	5 643	2 013
五、净利润（损失以"－"号填列）	23 292	13 800
六、每股收益		
（一）基本每股收益	0.23	0.14
（二）稀释每股收益	0.23	0.14
七、其他综合收益	－23	6
八、综合收益总额	23 269	13 806

法定代表人：洪文瑾　　主管财务负责人：苏荣坚　　财务主管：苏荣坚

5. 1. 4　所有者权益变动表

编制单位：厦门国际信托有限公司（自营资产）　　　　2011 年度　　　　单位：万元

项目	本年金额								上年金额							
	归属于母公司所有者权益							所有者权益合计	归属于母公司所有者权益							所有者权益合计
	实收资本（或股本）	资本公积	减：库存股	盈余公积	一般风险准备	信托赔偿准备	未分配利润		实收资本（或股本）	资本公积	减：库存股	盈余公积	一般风险准备	信托赔偿准备	未分配利润	
一、上年年末余额	100 000	1 541	—	10 471	1 220	4 927	12 012	130 171	100 000	1 535		9 091	1 502	4 237	26 840	143 205
加：会计政策变更								—								
前期差错更正								—								—
二、本年年初余额	100 000	1 541	—	10 471	1 220	4 927	12 012	130 171	100 000	1 535		9 091	1 502	4 237	26 840	143 205
三、本年增减变动金额（减少以"－"号填列）	—	−23	—	2 329	242	1 164	−9 213	−5 501	—	6	—	1 380	−282	690	−14 828	−13 034
（一）净利润							23 292	23 292							13 800	13 800
（二）其他综合收益	—	−23	—	—	—	—	—	−23	—	6	—	—	—	—	—	6
1. 可供出售金融资产公允价值变动净额	—	−31	—	—	—	—	—	−31	—	8	—	—	—	—	—	8
（1）计入所有者权益的金额		−31						−31		8						8
（2）转入当期损益的金额								—		—						
2. 现金流量套期工具公允价值变动净额								—								
（1）计入所有者权益的金额								—								
（2）转入当期损益的金额								—								
（3）计入被套期项目初始确认金额中的金额								—								
3. 权益法下被投资单位其他所有者权益变动的影响								—								
4. 与计入所有者权益项目相关的所得税影响		8						8		−2						−2
5. 其他								—								
上述（一）和（二）小计	—	−23	—	—	—	—	23 292	23 269	—	6	—	—		—	13 800	13 806
（三）所有者投入和减少资本	—	—	—	—	—	—	—	—		—	—	—		—	—	
1. 所有者投入资本	—							—								
2. 股份支付计入所有者权益的金额								—								—
3. 其他								—								—
（四）利润分配	—	—	—	2 329	242	1 164	−32 505	−28 770	—	—	—	1 380	−282	690	−28 628	−26 840
1. 提取盈余公积				2 329			−2 329	—				1 380			−1 380	—
2. 提取一般风险准备					242		−242	—					−282		282	—
3. 提取信托赔偿准备						1 164	−1 164	—						690	−690	—
4. 对所有者（或股东）的分配							−28 770	−28 770							−26 840	−26 840
（五）所有者权益内部结转	—	—	—	—	—	—	—	—	—	—	—	—		—	—	—
1. 资本公积转增资本								—								—
2. 盈余公积转增资本								—								—
3. 盈余公积弥补亏损								—								—
4. 其他								—								—
四、本年年末余额	100 000	1 518	—	12 800	1 462	6 091	2 799	124 670	100 000	1 541	—	10 471	1 220	4 927	12 012	130 171

法定代表人：洪文瑾　　　　主管会计工作负责人：苏荣坚　　　　会计机构负责人：苏荣坚

5.2 信托资产

5.2.1 信托项目资产负债汇总表

编制单位：厦门国际信托有限公司　　2011年12月31日　　单位：万元

资　产	期末数	期初数	负债与所有者权益	期末数	期初数
资产：			负债：		
货币资金	745 596	121 088	应付受托人报酬	147	102
拆出资金	0	0	应付受益人收益	6 857	6 381
交易性金融资产	201 727	209 970	应交税金	0	0
衍生金融资产	0	0	衍生金融负债	0	0
买入返售金融资产	454 922	60 000	其他负债	28 550	3 668
发放贷款	2 656 363	996 932	负债合计	35 554	10 151
可供出售金融资产	1 977 675	0	所有者权益：		
持有至到期投资	442 370	0	实收信托	7 175 090	1 936 525
应收款项	698	812	其中：集合资金信托	1 596 454	647 583
长期股权投资	600 052	289 031	单一资金信托	4 663 796	1 252 241
其他资产	93 179	293 000	财产信托	914 840	36 701
			资本公积	0	0
			未分配利润	-38 062	24 156
			所有者权益合计	7 137 028	1 960 682
资产总计	7 172 582	1 970 833	负债和所有者权益总计	7 172 582	1 970 833

法定代表人：洪文瑾　　主管财务负责人：苏荣坚　　财务主管：苏荣坚

5.2.2 信托项目利润及利润分配汇总表

2011年度

编制单位：厦门国际信托有限公司（信托业务汇总）　　单位：万元

项　目	当年数	上年数
一、营业收入	69 255	72 008
利息净收入	56 718	43 837
利息收入	56 718	43 837
利息支出		0
投资收益（损失以"-"号填列）	18 237	31 548
公允价值变动收益	-6 375	-4 971
其他业务收入	675	1 594
二、营业支出	17 367	14 494
营业税金及附加		0
信托费用	17 367	14 494
资产减值损失		0
三、利润总额（损失以"-"号填列）	51 888	57 514
加：期初未分配信托利润	-13 299	19 569
损益平准金	0	-1 083
四、可供分配的信托利润	38 589	76 000
减：本期已分配信托利润	76 651	51 843
五、期末未分配信托利润	-38 062	24 157

法定代表人：洪文瑾　　主管财务负责人：苏荣坚　　财务主管：苏荣坚

6. 会计报表附注

6.1 会计报表编制基准、会计政策、会计估计和核算方法发生变化的说明

对比上一报告年度，本报告年度公司会计报表编制基准、会计政策、会计估计和核算方法没有发生变化。

6.2 或有事项的说明

公司的对外担保均为在重新登记前为厦门市一些市政项目提供的担保，2011年期初数为5 274万元、期末数为4 474万元。由于以上担保均由厦门市财政局提供反担保，因此，上述或有事项对公司不构成重大影响。

6.3 重要资产转让及其出售的说明

本期公司没有发生重要资产转让或出售。

6.4 会计报表中重要项目的明细资料

6.4.1 自营资产经营情况

6.4.1.1 信用风险资产分类情况表

信用风险资产五级分类	正常类（万元）	关注类（万元）	次级类（万元）	可疑类（万元）	损失类（万元）	信用风险资产合计（万元）	不良资产合计（万元）	不良资产率（%）
期初数	55 216	0	0	585	0	55 801	585	1.05
期末数	52 911	0	0	0	0	52 911	0	0

注：1. 资产数按照计提减值准备前的数字反映。

2. 不良资产合计＝次级类＋可疑类＋损失类。

6.4.1.2 资产减值损失准备

单位：万元

	期初数	本期计提	本期转回	本期核销	期末数
贷款损失准备	293	0	293	0	0
一般准备	0	0	0	0	0
专项准备	293	0	293	0	0
其他资产减值准备	0	0	0	0	0
可供出售金融资产减值准备	0	0	0	0	0
持有至到期投资减值准备	0	0	0	0	0
长期股权投资减值准备	0	0	0	0	0
坏账准备	0	0	0	0	0
投资性房地产减值准备	0	0	0	0	0

6.4.1.3　自营投资情况

单价:万元

	自营股票	基金	债券	长期股权投资	其他投资	合计
期初数	4 754	612	0	60 471	15 324	81 161
期末数	1 234	612	0	64 320	33 851	100 017

6.4.1.4 前五名长期股权投资企业情况

企业名称	占被投资企业权益的比例(%)	主要经营活动	投资损益(万元)
1. 厦门华夏国际电力有限公司	20	火力发电、电力销售及其他与火电厂经营相关项目的开发利用。	2 331
2. 申银万国证券股份有限公司	0.2887	证券代理买卖,代理证券的还本付息、分红派息,证券代保管、鉴证,代理登记开户,证券的自营买卖,证券的承销,证券投资咨询,受托投资管理。	194
3. 象屿期货有限责任公司	46.47	商品期货经纪,金融期货经纪。	-16
4. 南方基金管理有限公司	15	从事证券投资基金管理、发起设立证券投资基金。	4 500
5. 福建省能源集团财务有限公司	10	对成员单位办理财务和融资顾问、信用鉴证及相关的咨询、代理业务。	0

注:投资损益是指按照企业会计准则规定,核算股权投资确认损益并计入披露年度利润表的金额。

6.4.1.5　前五名自营贷款企业情况

企业名称	占贷款总额的比例(%)	还款情况
1. 安溪县城市建设投资有限公司	18.21	贷款未到期、无欠息
2. 厦门同安国有资产投资管理有限公司	18.21	贷款未到期、无欠息
3. 厦门象屿资产管理运营有限公司	10.56	贷款未到期、无欠息
4. 厦门象屿集团有限公司	10.56	贷款未到期、无欠息
5. 福州世欧投资发展有限公司	10.56	贷款未到期、无欠息

6.4.1.6　表外业务

单位:万元

表外业务	期初数	期末数
担保业务	5 274	4 474
代理业务(委托业务)	3 690	3 308
其他	0	0
合计	8 964	7 782

注:代理业务主要反映因客观原因应规范而尚未完成规范的历史遗留委托业务,包括委托贷款和委托投资。

6.4.1.7　公司当年的收入结构

收入结构	金额(万元)	占比(%)
手续费及佣金收入	30 632	70.38
其中:信托手续费收入	30 632	70.38
投资银行业务收入	0	0
利息收入	2 795	6.42

续表

收入结构	金额(万元)	占比(%)
其他业务收入	404	0.93
其中:计入信托业务收入部分	0	0
投资收益	11 139	25.59
其中:股权投资收益	7 629	17.53
证券投资收益	280	0.64
其他投资收益	3 230	7.42
公允价值变动收益	-1 503	-3.45
营业外收入	59	0.13
收入合计	43 526	100

注:手续费及佣金收入、利息收入、其他业务收入、投资收益、营业外收入均为损益表中的一级科目,其中手续费及佣金收入、利息收入、营业外收入为未抵减掉相应支出的全年累计实现收入数。

6.4.2　信托资产管理情况

6.4.2.1　信托资产的期初数、期末数

单位:万元

信托资产	期初数	期末数
集合	670 232	1 578 159
单一	1 263 896	4 679 573
财产权	36 705	914 850
合计	1 970 833	7 172 582

6.4.2.1.1　主动管理型信托业务情况

单位:万元

主动管理型信托资产	期初数	期末数
投资类	526 563	1 944 462
其中:证券投资	291 585	338 400
融资类	308 810	4 662 912
事务管理类	0	1 147
合计	835 373	6 608 521

6.4.2.1.2　被动管理型信托业务情况

单位:万元

被动管理型信托资产	期初数	期末数
投资类	305 497	285 277
其中:证券投资	18 832	0
融资类	775 089	223 689
事务管理类	54 874	55 095
合计	1 135 460	564 061

6.4.2.2　本年度已清算结束的信托项目情况

6.4.2.2.1　本年度已清算结束的集合类、单一类、财产管理类信托项目情况

已清算结束信托项目	项目个数	实收信托合计金额(万元)	加权平均实际年化收益率(%)
集合类	18	244 375	5.66
单一类	53	1 231 340	5.34
财产管理类	1	5 000	5.73

注:收益率是指信托项目清算后,给受益人赚取的实际收益水平。加权平均实际年化收益率=(信托项目1的实际年化收益率×信托项目1的实收信托+信托项目2的实际年化收益率×信托项目2的实收信托+…信托项目n的实际年化收益率×信托项目n的实收信托)/(信托项目1的实收信托+信托项目2的实收信托+…信托项目n的实收信托)×100%。

6.4.2.2.2 本年度已清算结束的主动管理型信托项目情况

已清算结束信托项目	项目个数	实收信托合计金额(万元)	加权平均实际年化信托报酬率(%)	加权平均实际年化收益率(%)
投资类	1	12 000	0.40	-8.39
其中:证券投资类	1	12 000	0.40	-8.39
融资类	48	962 596	0.56	5.95
事务管理类	0	0	0	0

注:加权平均实际年化信托报酬率=(信托项目1的实际年化信托报酬率×信托项目1的实收信托+信托项目2的实际年化信托报酬率×信托项目2的实收信托+…信托项目n的实际年化信托报酬率×信托项目n的实收信托)/(信托项目1的实收信托+信托项目2的实收信托+…信托项目n的实收信托)×100%。

6.4.2.2.3 本年度已清算结束的被动管理型信托项目情况

已清算结束信托项目	项目个数	实收信托合计金额(万元)	加权平均实际年化信托报酬率(%)	加权平均实际年化收益率(%)
投资类	1	5 000	1.21	3.20
其中:证券投资类	0	0	0	0
融资类	20	500 519	0.24	4.68
事务管理类	2	600	0.33	-4.06

6.4.2.3 本年度新增的信托项目情况

单位:万元

新增信托项目	项目个数	实收信托合计金额
集合类	49	1 115 796
单一类	147	4 816 741
财产管理类	21	883 534
新增合计	217	6 816 071
其中:主动管理型	217	6 816 071
被动管理型	0	0

6.4.2.4 信托业务创新成果和特色业务情况

(1)创新业务案例一

在四川省委、省政府的大力支持和积极推动下，公司通过与某银行总行合作设立“四川产业振兴发展投资基金股权收益权受让项目信托计划”，信托资金用于受让四川产业振兴发展投资基金有限公司的股权收益权。本次受让股权收益权的目的在于多渠道聚集社会资本参与四川产业振兴发展。

(2)创新业务案例二

“鹭岛风华成长型中小企业集合资金信托计划”属于福建省首个中长期中小企业贷款集合资金信托计划，特色在于政府的积极引导，由财政、信托、担保和社会投资者共同搭建参与支持中小企业发展的融资平台，为优质但融资难、担保物少的厦门中小企业发展提供了新的融资模式和服务模式，符合了银监会对中小企业贷款的扶持政策，为公司带来良好的经济效益和社会效应。

6.4.2.5 本公司履行受托人义务情况及因本公司自身责任而导致的信托资产损失

公司严格按照信托法规要求，忠实履行信托合同的义务，至本年度止，没有因本公司自身责任而导致的信托资产损失。

6.5 关联方关系及其交易

6.5.1 关联交易的数量、交易总金额及交易的定价政策

	关联交易方数量	关联交易金额(万元)	定价政策
合计	8	78 000	市场公允价格。对关联方的贷款利率定价依据参照其他商业银行对其同类贷款利率水平，及与公司发放给其他具有同等资信条件非关联方的贷款利率；其他交易方式均按公允交易价格执行。

6.5.2 关联交易方的基本情况

关系性质	关联方名称	法定代表人	注册地址	注册资本(万元)	主营业务
间接受本公司的母公司控制	联发集团有限公司	陈龙	厦门市湖里区湖里大道31号	180 000	投资兴办独资、合资、合作及内联企业，房地产开发、经营等。
间接受本公司的母公司控制	厦门禾山建设发展有限公司	施震	厦门市湖里区台湾街289号828单元	35 000	项目的城市规划与设计、征地拆迁、基础设施建设、公建配套建设以及土地储备的前期工作；房地产开发与经营管理等。
间接受本公司的母公司控制	建发房地产集团成都有限公司	庄跃凯	成都市青羊区清江中路52号	10 000	房地产开发与经营及管理、房地产咨询等。
间接受本公司的母公司控制	上海山溪地房地产开发有限公司	庄跃凯	上海市杨浦区国和路36号14幢290室	12 000	房地产开发经营、物业管理，商务咨询，建材、化工原料销售，建筑装饰及装修等。
联营企业	厦门华夏国际电力发展有限公司	张元领	厦门厦禾路935号华商大厦九楼	102 200	火力发电、电力销售等。
间接受本公司的母公司控制	厦门建发股份有限公司	黄文洲	厦门市思明区鹭江道52号海滨大厦六层	223 775	经营各类商品及技术的进出口业务等。
间接受本公司的母公司控制	建发房地产集团有限公司	庄跃凯	厦门市鹭江道52号海滨大厦八楼	100 000	房地产开发与经营及管理、房地产咨询等。
对本公司有重大影响的股东	厦门港务控股集团有限公司	郑永恩	湖里区东渡路127号6楼	310 000	港口、仓储、交通运输。

6.5.3 与关联方的重大交易事项

6.5.3.1 固有与关联方交易情况

单位:万元

固有与关联方关联交易				
	期初数	借方发生额	贷方发生额	期末数
贷款	0	0	0	0
投资	0	0	0	0
租赁	0	0	0	0
担保	0	0	0	0
应收账款	0	0	0	0
其他	0	0	0	0
合计	0	0	0	0

6.5.3.2 信托与关联方交易

单位:万元

信托与关联方关联交易				
	期初数	借方发生额	贷方发生额	期末数
贷款	77 685	58 000	57 685	78 000
投资	0	0	0	0
租赁	0	0	0	0
担保	0	0	0	0
应收账款	0	0	0	0
其他	0	0	0	0
合计	77 685	58 000	57 685	78 000

6.5.3.3 固信交易、信信交易

6.5.3.3.1 固有与信托财产交易情况

单位:万元

固有财产与信托财产相互交易			
	期初数	本期发生数	期末数
合计	6 621	7 200	13 821

6.5.3.3.2 信托项目之间交易情况

单位:万元

信托资产与信托财产相互交易			
	期初数	本期发生额	期末数
合计	0	0	0

6.5.4 关联方逾期未偿还本公司资金的情况以及本公司为关联方担保发生或即将发生垫款的情况

报告期内无此情况。

6.6 会计制度的披露

本公司固有业务及信托业务均执行国家财政部2006年2月15日颁布的《企业会计准则》及其相关补充规定。

7. 财务情况说明书

7.1 利润实现和分配情况

项目	金额(万元)
上年年末未分配利润	12 012
加:会计政策变更	0
前期差错更正	0
本年年初未分配利润	12 012
加:本年净利润	23 292
可供分配利润	35 304
减:提取一般准备金	242
提取盈余公积	2 329
提取信托赔偿准备金	1 164
对所有者(或股东)的分配	12 012
可供股东分配的利润	19 557
减:应付股利	16 758
年末未分配利润	2 799

7.2 主要财务指标

指标名称	指标值
资本利润率(%)	18.28
加权年化信托报酬率(%)	0.45
人均净利润(万元/人)	245

注:1. 资本利润率=净利润/所有者权益平均余额×100%。

2. 加权年化信托报酬率=(信托项目1的实际年化信托报酬率×信托项目1的实收信托+信托项目2的实际年化信托报酬率×信托项目2的实收信托+…信托项目n的实际年化信托报酬率×信托项目n的实收信托)/(信托项目1的实收信.托+信托项目2的实收信托+…信托项目n的实收信托)×100%。

3. 人均净利润=净利润/年平均人数。

4. 平均值采取年初、年末余额简单平均法,公式为:a(平均)=(年初数+年末数)/2。

7.3 对本公司财务状况、经营成果有重大影响的其他事项

本报告期内无其他重大影响事项。

8. 特别事项揭示

8.1 前五名股东报告期内变动情况及原因

无。

8.2 董事、监事及高级管理人员变动情况及原因

报告期内职工监事宋国材因个人原因提出了辞去职工监事的申请,股东会于2011年12月28日同意其申请。

2011年12月28日,公司董事会批准洪文瑾董事长辞去代理总经理一职。同时根据公司提名委员会提名,公司董事会通过了《拟推荐李自成同志担任厦门国际信托有限公司总经理一职的决议》,经中国银监会核准李自成同志任职资格后,由公司董事会按有关程序进行聘任。

8.3 变更营业场所事项

无。

8.4 公司的重大未决诉讼事项

无。

8.5 公司及其董事、监事和高级管理人员受到处罚的情况

报告期内未有受到处罚的情况。

8.6 银监会及其派出机构对公司检查后提出整改意见及其整改情况

本年度厦门银监局向公司下发现场检查监管意见书主要有:(1)厦银监发〔2011〕312 号《关于下发厦门国际信托有限公司异地信托业务现场检查意见书的通知》;(2)厦银监发〔2011〕198 号《2011 年第二季度地方政府融资平台大户贷款规范管理情况现场检查意见书的通知》;(3)厦银监发〔2011〕265 号《2011 年第三季度地方政府融资平台大户贷款规范管理情况现场检查意见书的通知》。

主要整改措施包括:(1)组织学习各项现场检查意见书,逐一对照,对意见书提出的认真落实和整改,并将有关整改计划和整改进展情况书面报告厦门银监局。(2)健全风险控制体系,加强重点风险的监控和合规管控,加强内部审计工作。(3)完善公司内控制度建设,根据本年度及往年现场检查意见,结合业务发展需要,公司制定发布了《地方政府融资平台贷款业务管理办法》、《关于重新修订审批流程管理规定的通知》、《关于重新修订有关贷款管理制度的通知》、《关于开展房地产信托业务的指导意见》、《单一资金信托业务管理办法》、《关于项目资本金认定有关事项的通知》、《关于清理银信理财合作贷款业务有关事项的通知》等规定,这些规定是针对现场检查中提出的需要改进的问题以及监管政策重点关注问题制定的。这些规定的发布施行,将使公司经营更规范,也更合法合规。(4)认真落实地方政府融资平台贷款整改工作,至年底,仅余三家平台贷款,其余均整改为一般公司类,这些贷款部分提前偿还,或追加抵押物、追加保证人。本年度到期的平台贷款均安全收回,有效落实项目和规模“双下降”。(5)公司进一步加强异地信托及房地产信托项目贷后监督管理,强调应严格按照法律法规和监管政策的规定开展业务。(6)按照审慎可控原则积极拓展信托业务;加强项目的后续管理,按照有关规定进行信息披露;密切关注高风险业务,做好证券投资信托业务风险监测和风险处置预案。在厦门银监局的检查、指导和帮助下,公司的资产质量、治理结构、内控制度和经营风险管理等方面都得到了进一步的改进和完善。

8.7 本年度重大事项临时报告简要内容、披露时间、所披露的媒体及版面

2011 年 12 月 26 日在《厦门日报》发布信息,公司计划与台湾地区“永丰金控”子公司永丰证券投资信托股份有限公司,合资设立证券投资基金管理公司,注册资本拟为人民币 2 亿元,公司持股比例为 51%,报主管机关批准后设立。

8.8 银监会及其省级派出机构认定的其他有必要让客户及相关利益人了解的重要信息

无。

9. 公司监事会意见

监事会认为,报告期内公司依法运作,没有发现公司董事及高级管理人员在执行公司职务时有违法违纪和损害公司利益及股东利益的行为。

2011 年度财务报告经聘请的天健正信会计师事务所有限公司审计,能真实地反映本公司的财务状况和经营成果。

新华信托股份有限公司

1. 重要提示

新华信托股份有限公司(以下简称公司)董事会及董事保证:本年度报告所载资料不存在任何虚假记载、误导性陈述或者重大遗漏,并对其内容的真实性、准确性和完整性承担个别及连带责任。

公司独立董事李钢、白重恩及戴波先生声明:保证本年度报告的内容真实、准确和完整。

公司2011年度财务报告已经毕马威华振会计师事务所上海分所根据中国注册会计师独立审计准则审计,并出具了标准无保留意见的审计报告。

公司董事长、法定代表人翁先定先生,董事总经理卢广开先生,副总经理兼首席财务官郝雅军先生,计划财务部总经理王邦彬先生,信托财务部总经理张琴女士声明:保证本年度报告中的财务报告真实、准确和完整。

本年度报告摘要摘自《公司2011年度报告》全文,年度报告全文同时在公司网站上公布(网址:http://www.nct-china.com),客户及相关利益人欲了解详细内容,谨请登录公司网站阅鉴。

2. 公司概况

2.1 公司简介

2.1.1 公司基本情况

公司始创于1979年。1986年5月,经中国人民银行《关于成立中国工商银行重庆信托投资公司的批复》批准,成立中国工商银行重庆信托投资公司(银复〔1986〕113号)。1992年3月,经中国人民银行重庆市分行和重庆市经济体制改革委员会联合以《关于完善中国工商银行重庆信托投资公司股份制体制有关问题的批复》同意改制为股份有限公司(重人行发〔1992〕字第66号)。1998年1月,经中国人民银行《关于中国工商银行重庆信托投资股份有限公司变更受让单位及更名等有关事宜的批复》批准,中国工商银行转让其所持公司股份给深圳新产业投资股份有限公司,之后公司更名为重庆新华信托投资股份有限公司(银办函〔1998〕5号)。2001年10月,公司按照中国人民银行的要求首批完成重新登记,同时报经中国人民银行批准,公司增资扩股为5亿元(银复〔2001〕174号);同年12月,经中国人民银行重庆营业管理部批准,更名为新华信托投资股份有限公司(渝银复〔2001〕220号)。2007年9月,经中国银行业监督管理委员会(以下简称中国银监会)批准,公司更名为新华信托股份有限公司(银监复〔2007〕390号)。2008年8月,经中国银监会《关于新华信托股份有限公司吸收巴克莱银行有限公司入股及股权结构调整有关事项的批复》批准,公司于2009年1月,增资扩股至6.2112亿元(银监复〔2008〕327号)。

2.1.2 公司法定中文、英文名称及缩写

公司法定中文名称:新华信托股份有限公司

中文名简称:新华信托

公司法定英文名称:New China Trust Co., Ltd.

英文名缩写:NCT

2.1.3 公司法定代表人:翁先定

2.1.4 公司注册地址、邮政编码、国际互联网网址、电子信箱

公司注册地址:重庆市渝中区临江路69号

邮政编码:400010

国际互联网网址:http://www.nct-china.com

电子信箱:nct@nct-china.com

2.1.5 公司信息披露事务人员

公司信息披露事务负责人:徐春骐

公司信息披露事务联系人:刘莉薇

联系电话:(86)023-63799075

传　　真:(86)023-63799075

电子信箱:board@nct-china.com

2.1.6 公司选定的信息披露报纸、公司年度报告备置地点

公司选定的信息披露报纸:《金融时报》、《上海证券报》

公司年度报告备置地点:重庆市渝中区临江路69号

2.1.7 公司其他资料

公司聘请的会计师事务所:毕马威华振会计师事务所上海分所

住所:中国上海市南京西路1266号恒隆广场50楼

邮政编码:200040

2.2 公司组织结构

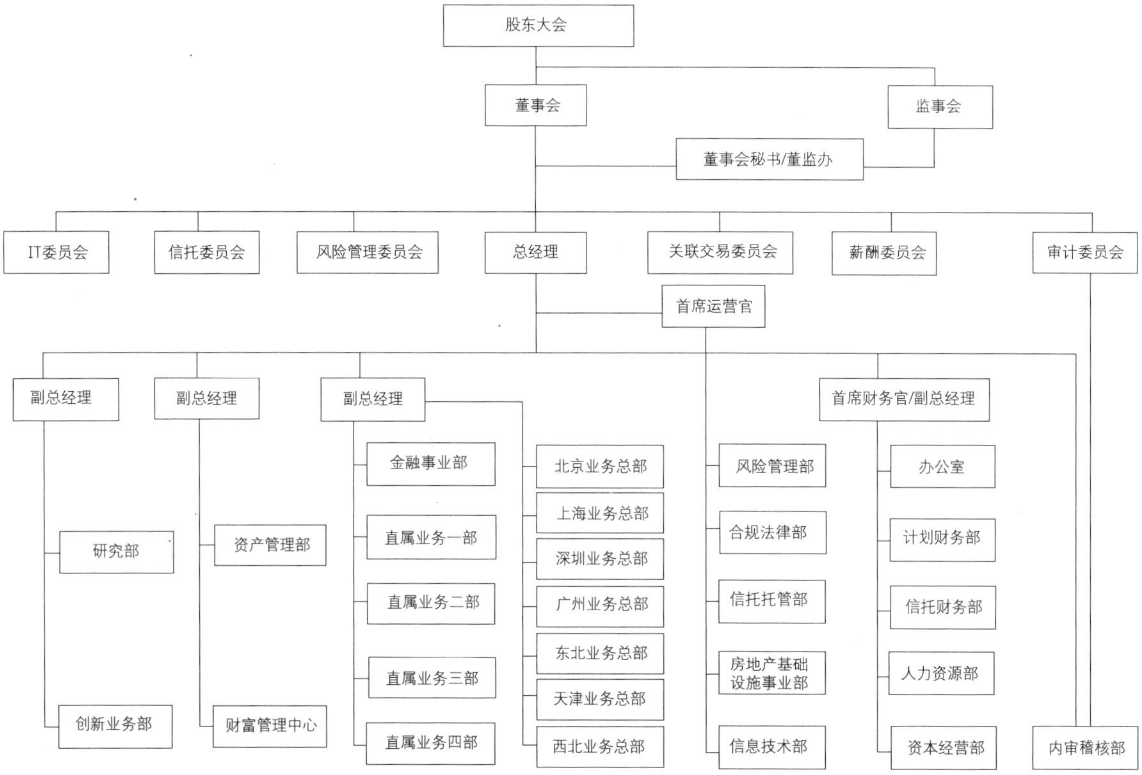

3. 公司治理结构

3.1 股东

报告期末股东总数为4位，前3位股东分别为：新产业投资股份有限公司（以下简称新产业）、巴克莱银行有限公司（Barclays Bank PLC）（以下简称巴克莱）和中诚信投资有限公司（以下简称中诚投）。

股东间关联关系情况：无。

公司前3位股东简要情况介绍

股东名称	持股比例(%)	法定代表人	注册资本	注册地址	主要经营业务及报告年度主要财务情况
新产业	71.92	翁先定	80 650.00 万元人民币	深圳市福田区振兴路3号建艺大厦17楼	投资兴办实业（具体项目另行申报）；投资咨询；国内商业、物资供销业（不含专营、专卖、专控商品）；工程咨询（凭工程咨询资质证书开展咨询业务）。 主要财务情况：总资产为391 619.85万元人民币，总负债为6 846.89万元人民币，所有者权益为384 772.96万元人民币。
巴克莱	19.50	不适用	已发行普通股实收资本234 255.85万英镑	1 Churchill Place, London, E14 5HP, UK	商业银行、信用卡、企业及投资银行、财富管理。 主要财务情况：总资产为156 340 200.00万英镑，总负债为149 823 200.00万英镑，所有者权益为6 517 000.00万英镑。
中诚投	8.25	关敬如	10 000.00 万元人民币	上海市青浦区新业路599号439号房	实业投资，资产管理，商务信息咨询，企业管理咨询，机电科技、计算机软硬件领域内的技术开发、技术服务（涉及行政许可的，凭许可证经营）。 主要财务情况：总资产为96 319.51万元人民币，总负债为43 717.79万元人民币，所有者权益为52 601.72万元人民币（未经审计）。

3.2 董事

根据《公司章程》的规定,公司董事会由8人组成,其中独立董事3人。公司董事任期为3年,连选可连任。

董事会成员

姓　名	职　务	性别	年龄	选任日期	所推举的股东名称	该股东持股比例(%)	简　要　履　历
翁先定	董事长	男	50	2009年3月	新产业	71.92	自1993年起,先后任新产业总裁、董事长,新华人寿保险股份有限公司董事等职;2005年12月至今,先后任公司董事、董事长等职。
卢广开	董事	男	48	2009年3月	新产业	71.92	自1981年起,先后任华北油田测井公司会计科科员,大港油田炼油厂会计科科长,上海爱使股份有限公司财务总监,上海新谷实业发展有限公司和融达信实业发展有限公司总经理,包头市绿远控股有限公司副总经理;自2003年5月起,先后任新时代证券有限责任公司筹备组副组长、副董事长兼总裁及新产业执行董事;2009年2月至今,任公司总经理;2009年3月至今,任公司董事。
秦　刚	董事	男	38	2009年3月	新产业	71.92	自1996年起,先后任北京燕山石油化工公司财务部财务主管,北京网通网络科技有限公司财务经理,包头市双环化工(集团)股份有限公司财务总监,新产业董事、财务总监、董事会秘书,新世纪基金管理有限公司监事长;2009年3月至今,任公司董事。
欧阳锦绍	董事	男	57	2011年10月	巴克莱	19.50	自1976年起,先后在香港理工学院、香港 Deloitte Haskins & Sells、香港政府外汇基金、墨尔本 Deloitte Haskins & Sells、墨尔本第一波士顿公司、香港证券及期货事务监察委员会中介机构、瑞士信贷第一波士顿、新加坡大华银行工作;自2001年起,先后任巴克莱银行新加坡分行财务部总监、巴克莱资产全球服务新加坡公司财务部总监、巴克莱银行上海分行首席运营官兼首席财务官;2011年10月至今,任公司董事兼首席运营官。
许洛圣	董事	男	42	2010年10月	巴克莱	19.50	自1991年起,先后任美国大通曼哈顿银行助理副总裁,花旗集团副总裁/高级副总裁,德意志银行中国信用风险管理主管/董事,花旗银行(中国)有限公司董事,巴克莱亚洲有限公司财务风险管理主管、董事等职;2010年10月至今,任公司董事。

独立董事

姓　名	所在单位及职务	性别	年龄	选任日期	所推举的股东名称	该股东持股比例(%)	简　要　履　历
李　钢	上海毅捷股权投资管理有限公司董事长	男	52	2010年5月	新产业	71.92	自1982年起,先后任吉林省长春市税务局税务专员、吉林省人民保险公司涉外保险干部、中国平安保险股份有限公司副总经理、生命人寿保险公司董事长、生命人寿保险股份有限公司总经理、正大控股集团有限公司总裁、上海毅捷股权投资管理有限公司董事长等职;2010年5月至今,任公司独立董事。
白重恩	清华大学经济管理学院副院长	男	48	2009年3月	巴克莱	19.50	自1992年起,先后任教于美国波士顿学院经济系、香港大学经济金融学院、清华大学经管学院;2009年3月至今,任公司独立董事。
戴　波	北京市智舟律师事务所律师、合伙人、主任	男	39	2009年11月	新产业、巴克莱共同推举		自1995年起,先后任机械工业部政策法规司、法律服务中心科员,中国文化艺术总公司企管部副经理,北京中洋律师事务所律师、合伙人,北京衡石律师事务所律师,北京市智舟律师事务所律师、合伙人、主任等职;2009年11月至今,任公司独立董事。

3.3 监事

根据《公司章程》的规定,公司监事会由3人组成,其中员工监事1人。公司监事任期3年,连选可连任。

监事会成员

姓　名	职　务	性别	年龄	选任日期	所推举的股东名称	该股东持股比例(%)	简　要　履　历
黄晓东	监事会主席	男	51	2009年4月	新产业	71.92	1995年,任深圳市新产业国贸公司总经理;2001年至今,先后任公司行政总监、副总经理、常务副总经理、决策委员会委员、董事长、代总经理;2009年4月起,任公司监事会主席。
毛振华	监事	男	47	2009年3月	中诚投	8.25	自1990年起,先后任国务院研究室研究员,新华社香港分社《经济导报》海南办事处主任,中诚信总经理、董事长等职;2005年12月至今,先后任公司董事、监事。
安　东	员工监事	男	52	2009年3月	选举		自1978年起,先后任北京手表厂车间主任、广东银海集团总裁助理和办公室主任、商友商务有限责任公司副总经理、新产业北京办事处主任;2001年10月至今,先后任公司总经理助理、工会主席等职;2009年3月起,任公司员工监事。

3.4 高级管理人员

姓 名	职 务	性别	年龄	选任日期	金融从业年限	学历	专业
卢广开	总经理	男	48	2009 年 2 月	8	研究生	企业管理
欧阳锦绍	首席运营官	男	57	2011 年 10 月	30	本科	工商管理
郝雅军	副总经理兼首席财务官	男	35	2010 年 4 月	11	本科	经济学
张 革	副总经理	男	44	2009 年 6 月	22	本科	商学
赵 暖	副总经理	男	38	2010 年 4 月	9	EMBA	金融财务
李 荻	副总经理	男	35	2009 年 6 月	10	研究生	工商管理
童七华	副总经理	男	46	2006 年 7 月	14	研究生	工商管理
陈 刚	副总经理	男	48	2005 年 11 月	12	研究生	世界经济
李敏文	总经理助理	男	45	2009 年 6 月	7	研究生	经济学

3.5 公司员工

报告期末公司职工人数为 357 人(含外部董、监事 5 人),公司平均年龄为 32.31 岁。

指标 / 年度	职工人数（人）	平均年龄（岁）	学历分布比率									
			博士		研究生(硕士)		本科		专科		其他	
			(人)	(%)	(人)	(%)	(人)	(%)	(人)	(%)	(人)	(%)
2011	357	32.31	10	2.80	101	28.29	193	54.06	42	11.76	11	3.08

4. 经营管理

4.1 经营目标、方针、战略规划

4.1.1 经营目标

通过加强投行业务,积极拓展资产管理业务,完善功能信托业务,加大产品创新力度,力争将公司发展成为从事战略型投资和提供全面且高端金融服务的优质综合金融服务机构,创建中国管理和回报俱佳的信托公司。

到 2012 年,公司在信托业务收入以及股本回报率等综合财务指标等方面达到行业先进水平。

4.1.2 经营方针

公司秉承"珍视所托,专业理财"的经营理念,贯彻"信托为本、面向市场、勇于创新"的经营方针,以国家"十二五"规划制定的经济增长方式为指导,以《信托公司净资本管理办法》作为业务拓展方向的重要指引,以客户为中心、市场为导向,努力优化部门职能,推行"承揽、承做、承销、承管"的专业化分工模式,根据政策的变化及经营管理的需要适时调整业务流程,不断提高经营管理水平;大力推进"以人为本"的企业文化建设、合规文化建设,坚持合规、稳健经营,完善对业务风险的分析和定价系统,提高风险管理水平,切实防范经营风险;加强人才队伍建设,锐意进取、开拓创新,提升直销能力和客户服务工作;继续完善激励约束机制,推进薪酬改革,保持公司激励政策的领先性、持续性、约束性;努力实现全面信息化,全方位培育公司核心竞争能力,树立公司一流的品牌形象,确保公司能够实现长期、可持续发展目标。

4.1.3 战略规划

公司战略规划为"保持优势、巩固基础;突破重点、锐意创新;积极投入、专业规范;协同联动、差异竞争"。经过两年的努力,使公司能够在优势领域中实现关键产品的突破,积累相当的品牌效应、竞争优势、管理经验、专业能力和客户资源,并以此为基础谋求业务优化布局,推动业务覆盖和模式的新发展;再用四年时间,将公司建设成为综合优势明显、具有核心竞争力和国内领先的优质综合金融解决方案的提供商和资产管理者。

公司业务方向主要定位于房地产、基础设施、私人股权投资(PE)、证券投资、资源类投资等五个方面。公司要改变依靠外延式增长模式,转变为依靠内在质量发展的内涵式增长模式,向管理的精细化要效益,公司将由以投行业务为主转向为以资产管理业务为主,并使资产管理业务成为公司走向高端金融服务的突破口。以《信托公司净资本管理办法》为契机积极准备启动上市工作,提升公司核心竞争力。

4.2 经营业务的主要内容

公司的经营范围为:(1)资金信托;(2)动产信托;(3)不动产信托;(4)有价证券信托;(5)其他财产或财产权信托;(6)作为投资基金或基金管理公司的发起人从事投资基金业务;(7)经营企业资产的重组、购并及项目融资、公司理财、财务顾问等业务;(8)受托经营国务院有关部门批准的证券承销业务;(9)办理居间、咨询、资信调查等业务;(10)代保管及保管箱业务;(11)以存放同业、拆放同业、贷款、租赁、投资方式运用固有资产;(12)以固有财产为他人提供担保;(13)从事同业拆借;(14)法律法规规定或中国银行业监督管理委员会批准的其他业务。

以上经营范围包括本外币业务。

4.2.1 自营资产运用与分布表

资产运用	金额(万元)	占比(%)	资产分布	金额(万元)	占比(%)
货币资产	136 122.14	60.01	基础产业	0	0
贷款及应收款	11 474.27	5.06	房地产业	2 710.00	1.19
交易性金融资产	3 000.00	1.32	证券市场	27 532.23	12.14
可供出售金融资产	24 532.23	10.82	实业	877.34	0.39
持有至到期投资	22 650.25	9.99	金融机构	18 192.00	8.02
长期股权投资	19 069.34	8.40	其他	177 521.08	78.26
其他	9 984.42	4.40			
资产总计	226 832.65	100.00	资产总计	226 832.65	100.00

4.2.2 信托资产运用与分布表

资产运用	金额（万元）	占比（%）	资产分布	金额（万元）	占比（%）
货币资产	49 791.11	0.72	基础产业	1 879 480.28	27.08
贷款	1 979 006.24	28.52	房地产	2 879 372.64	41.49
交易性金融资产	38 771.38	0.56	证券市场	45 559.09	0.66
可供出售金融资产	-	0.00	实业	1 637 009.29	23.59
持有至到期投资	464 368.81	6.69	金融机构	22 986.68	0.33
长期股权投资	3 612 652.00	52.06	其他	475 560.46	6.85
其他	795 378.90	11.45			
信托资产总计	6 939 968.44	100.00	信托资产总计	6 939 968.44	100.00

4.3 市场分析

4.3.1 有利因素

中国金融行业"脱媒"加速，社会融资规模中直接融资比重不断提高，推动信托行业快速发展。2011年国内CPI指数长期保持在较高水平，同时证券市场持续低迷，房地产投资受到调控政策限制，信托行业成为吸引社会资本服务实体经济发展的重要渠道，信托行业盈利能力和资产规模得到快速提高。

多层次资本市场建设稳步推进，金融投资工具日益丰富，为信托行业开展资产管理业务和财富管理业务提供了良好的外部环境。国家"十二五"规划中明确提出"发展多层次资本市场"。在规划指导下，在主板市场、中小板市场以外，三板市场、债券市场、金融衍生品市场建设不断推进，资本市场体系不断完善。此外，中国银监会2011年推出《信托公司参与股指期货交易业务指引》为信托公司参与股指期货业务铺平道路。这些因素为信托公司提升管理能力，实现转型发展起到了积极促进作用。

信托行业社会知晓度、美誉度显著提高。信托行业凭借规范化运作、专业化管理和良好的投资回报率赢得市场广泛认可，成为国内高净值客户首选投资渠道。这为信托行业积累高端客户群体，拓展财富管理业务奠定坚实基础。

4.3.2 不利因素

国际和国内经济、金融形势错综复杂，外部发展环境中不确定性增加。2011年，欧洲多国深陷主权债务危机泥潭，欧元区经济不断恶化。美国经济虽然有所复苏，但是增长依然乏力。为了有效控制通货膨胀水平，国内采取了一系列紧缩性调控政策，经济增长速度回落。这些不利因素增加了公司把握重点投资领域、制定投资策略的难度。

证券、保险等持牌金融机构混业经营步伐加快，民间私募股权投资基金实力不断壮大，信托行业跨领域经营的制度优势受到冲击。在中国证券监督管理委员会、中国保险监督管理委员会政策扶持下，证券公司通过设立子公司启动直接投资业务，保险资金投资不动产和开展股权投资业务也进入实施阶段。在《公司法》和《合伙企业法》框架下，民间私募股权投资基金规模快速提高。在此背景下，信托行业原有的全牌照优势逐渐弱化，市场竞争不断加剧。

根据国家宏观调控整体部署，中国银监会对信托公司房地产和政府融资平台类业务监管力度加大。2011年中央维持对房地产行业从严调控政策，启动对政府融资平台债务清理整顿。中国银监会对信托公司在相关领域业务加强监管，信托公司在这些领域业务增速快速回落。

影响信托行业健康发展制度性障碍未见改观。信托财产登记制度不健全，导致信托产品缺乏全国性统一交易市场，信托产品流动性有待提高。受监管政策影响，信托公司新开立证券账户，从事IPO业务等被实质叫停，信托公司资产管理业务受到一定程度的影响。

4.4 内部控制概况

4.4.1 内部控制环境和内部控制文化

公司建立了完善的"三会一层"法人治理结构。"三会一层"分工负责，互相配合、互相制约；权责明确、制衡合理、报告路线清晰、风险控制理念恰当；尽职管理、问责机制健全。这些政策的实施营造了良好的内部控制文化环境，确保公司能够对风险做到事前防范、事中控制和事后反馈与纠正。

公司坚持"风险控制优先"的原则，坚信"发展才是硬道理"，立足"在发展中求规范，以规范促发展"，不断加强内部控制制度建设。公司根据宏观经济发展状况、监管部门监管要求以及目前经营管理状况，在公司治理结构、财务、行政、合规法律、信息技术、人事和内部审计等方面，逐步建立健全了涵盖各管理环节的内部控制体系。目前，公司信托业务与固有业务已严格实行隔离制度，在业务流程上公司实行承揽、承做、承销和承管的前中后台制度，上述措施的施行有效地促进了公司内部控制文化建设，大大改善了公司内部控制环境。

4.4.2 内部控制措施

按照《公司法》、《信托法》、《信托公司管理办法》、《信托公司治理指引》的有关规定，公司制定了《公司章程》等一系列内部控制制度。公司按照"三会一层"的架构，完整地建立了符合经营管理需要的运营体系，确立了在董事会领导下的总经理负责制，并接受监事会监督，清晰划分治理主体的职责边界，明确决策规则和程序，实现了有效监督和权力制衡。

报告期内，"三会一层"认真履行了《公司章程》等制度赋予的各项职权，严格按照公司的决策程序审议各项议案，董事会及下属各委员会多次召开会议对公司重大经营管理问题进行决策，在公司合规经营、风险控制等方面发挥了积极作用。

公司严格执行《董事、监事、高级管理人员考核办法》和《高管人员问责暂行办法》，加强对董事、监事和高级管理人员的履职管理，按照上述办法的规定，对董事、监事和高级管理人员进行了评估和考核，形成了有效的问责机制。

公司内部控制措施的核心是实现以防范风险传递为目标的"三个分离"，即对信托业务系统和固有业务系统实施分离；信托业务的前台、中台、后台进行分离；信托财务和固有财务的部门、人员、账表、资产分离，对每项信托业务单独开户、单独核算、单独管理。

另外，公司内部管理有明确的授权制度和报告路线，各个部门和人员有明确的工作目标、职责和权限。公司通过功能化、程序化的管理方式，在内部控制的环境、程序和措施上有效地防范了各项经营管理风险事件的发生。

4.4.3　监督评价与纠正

公司建立了制度后评价办法等内部制度。内审稽核部作为公司审计监督检查和评价的执行部门，负责监督各项内部控制制度的执行情况，收集与评价内部控制的反馈意见，对发现的内部控制缺陷，按照规定的程序建议公司或要求相关部门或责任人予以纠正。

公司建立健全了涵盖各个环节的内部控制体系，形成了较为规范的事前防范、事中控制和事后纠正的监督检查机制。报告期内，内审稽核部对公司经营管理各方面进行了审计，并就审计报告向公司提出了意见或建议，有效地控制风险，避免了违法、违规和不道德事件的发生。

4.5　风险管理概况

公司经营活动中可能遇到合规风险、信用风险、管理责任风险、市场和金融产品流动性风险、经营风险、战略风险、品牌风险等。公司实行"分类管理、分级防范和控制"的风险管理政策，遵循独立性原则、全面控制原则、责任追究原则等风险管理基本原则。公司对风险管理操作流程逐步优化，逐步建立了以在董事会领导和监事会监督下的总经理负责制为基础的流程。

4.5.1　信用风险

4.5.1.1　信用风险状况

信用风险主要是交易对手（项目）或债务人不能或不愿按时履约的风险，主要来自借款、对外担保、投资等业务。

公司关注交易对手的履约能力。为了持续监控交易对手的履约能力，公司注重"贷前调查、贷中审查、贷后检查"。

公司注重信用风险的分散和补偿。在产品交易结构设计上，公司采取的模式有：规避、预防、中和、分散（组合、多样化、限制集中度）、转移（担保、保险）、补偿（高定价）、自担七种，以降低信用风险敞口。今后将尝试使用项目对冲、互换、套期、保险等其他风险缓释手段，控制项目风险。

公司严格按中国财政部和中国银监会的要求，足值提取各项准备金。公司采用以风险为基础的分类方法评估信用风险资产质量，将其分为正常、关注、次级、可疑和损失五类，其中后三类称为不良资产。报告期内，公司无不良信用风险资产。

4.5.1.2　信用风险管理策略

（1）一般准备、专项准备的计提方法和统计方法

公司合理估计信用风险资产可能发生的损失，并由计划财务部按照财政部规定的呆账准备金提取范围对信用风险资产计提资产损失准备，计提比例为 1% ~100%，其中资产分类后损失类资产应按 100% 计提准备。

（2）公司抵押品确认的主要原则

抵押物必须足值、足额；抵押物必须合法、有效；抵押物必须容易变现。

（3）公司内部确认的抵押品与贷款本金之比

根据不同的抵押资产类型，分别制定了详细、具有可操作性的抵押品与贷款本金的比例标准。

（4）保证贷款的管理原则

保证担保符合国家法律法规；保证人必须具有很强的保证能力；保证的方式必须是连带责任保证；不接受存在连环保证的企业提供的保证担保。

（5）本年度对信用风险管理采取的调整措施

报告期内，公司根据市场变化及监管部门要求，连续三次调整了信托类业务的项目审核风控标准，通过提高交易对手综合实力的风险权重比例，并进一步完善交易文本条款设计，实现对信托类项目整体风险可控。

2012 年，公司计划选择部分综合实力强、诚信度高的集团类客户，与其建立长期战略合作伙伴关系，通过交叉营销与深度合作，进一步提升公司现有客户群体的综合实力与风险防御能力。

4.5.2　市场风险

4.5.2.1　市场风险状况

（1）股价变动对公司盈利能力和财务状况的影响分析

报告期内，公司固有业务开展证券投资业务主要以新股申购为主。信托业务方面，2011 年度成立 1 只证券投资集合资金信托计划。截至 2011 年 12 月 31 日，公司固有业务持有股票市值 24 532.23 万元人民币。信托业务方面，证券投资类集合资金信托计划总规模 45 228.37 万元（以 2011 年 12 月 31 日当日净值计算）。股票市值波动引发的市场风险对公司有一定影响，但整体可控。

（2）市场汇率变动对公司盈利能力和财务状况的影响分析

公司目前有外币存款 18 943 702.31 美元，暂未开展其他外币业务，汇率变动引发的市场风险对公司盈利能力和财务状况没有显著影响。

（3）利率对公司盈利能力和财务状况的影响分析

市场利率的波动对公司盈利能力与财务状况可能产生不利影响；如利率在目前水平小幅波动，对公司没有显著影响；如利率大幅波动，将直接影响现金资产盈利能力，并有可能引发证券市场的大幅波动，从而加剧公司面临的市场风险。

（4）其他价格因素对公司盈利能力和财务状况的影响分析

公司的主营业务之一是金融服务，主要业务收入来源于金融服务费收入，因此，其费率的变动对公司的盈利能力和财务状况具有较大影响。

4.5.2.2　市场风险管理策略

报告期内，公司加强了对风险量化分析，通过跟踪测量，分析投资组合市值的变动趋势，并采取相应的控制措施将市场风险控制在合理的范围内。

4.5.3　操作风险

4.5.3.1　操作风险状况

报告期内，可能存在沟通协调不到位导致业务流程不顺畅，操作程序和标准出现理解性偏差等操作性风险。

4.5.3.2　操作风险管理策略

报告期内，公司通过合理调整部门配置、建立岗位相互制衡机制、进一步梳理现有管理制度、最终落实人员执行情况等方面加强对操作风险的防范，勤勉尽职地履行受托人的管理义务，避免因操作不当导致风险事件的发生。

4.5.4　其他风险

4.5.4.1　其他风险状况

根据信托行业特征和信托公司自身特点，除以上一般性风险外，信托公司开展信托业务还可能面临的具体风险有：多行业展业的风险、兑付的风险等。

由于信托近年来的迅速发展，信托规模大幅增加，交易对手越发多样化，来自各行各业，信托机构对融资企业所处的行业缺乏足够了解和认知，展业时存在的潜在风险即为信托的展业风险。

兑付风险是指信托到期必须兑付的刚性特点所带来的风险。

4.5.4.2　其他风险管理策略

其他风险管理主要是对创新类业务风险的管理。报告期内，公司对创新类信托业务，采取“积极支持、逐步放开”的原则，主要从审批队伍建设与制度建立方面提升风险控制水平。通过引进不同专业背景和行业经历的人才，安排连续性培训，购置行业资讯软件，同时建立创新类业务的相关业务指引，保证创新类业务的风险可控。

5. 报告期末及上一年度末的比较式会计报表

2010—2011 年毕马威华振会计师事务所上海分所对公司自营资产和信托资产进行了审计。

5.1　自营资产

5.1.1　会计师事务所审计结论

毕马威华振会计师事务所上海分所认为，公司财务报表在所有重大方面按照中华人民共和国财政部颁布的企业会计准则的规定编制，公允反映了公司 2011 年 12 月 31 日的财务状况以及 2011 年度的经营成果及现金流量。

5.1.2　资产负债表

公司资产负债表

单位：万元

资　产	期初数	期末数	负债及股东权益	期初数	期末数
资　产：			负　债：		
现金及存放央行款项	14.88	13.57	预收款项	2 075.62	7 704.09
存放同业款项	85 304.52	136 108.57	应付职工薪酬	10 009.27	20 398.43
交易性金融资产		3 000.00	应交税费	13 197.83	22 861.45
应收手续费及佣金	1 431.20	6 790.38	其他应付款	9 603.00	12 717.17
应收利息		144.03	递延所得税负债	1 693.52	
其他应收款	14 335.79	1 829.86			
发放贷款及垫款	2 475.00	2 710.00	负债合计	36 579.24	63 681.14
持有至到期投资	8 712.40	22 650.25			
可供出售金融资产	41 730.68	24 532.23			
长期股权投资	877.34	19 069.34	股东权益：		
固定资产	736.97	1 293.78	股本	62 112.00	62 112.00
无形资产	138.59	140.16	资本公积	17,720.12	11 804.22
长期待摊费用	247.70	576.40	盈余公积	5 441.61	10 406.41
递延所得税资产		7 974.08	一般风险准备	1 131.46	2 164.54
			信托赔偿准备	2 603.21	5 085.62
			未分配利润	30 417.43	71 578.72
			股东权益合计	119 425.83	163 151.51
资产总计	156 005.07	226 832.65	负债及股东权益总计	156 005.07	226 832.65

5.1.3　利润表和利润分配表

公司利润表和利润分配表

单位：万元

项　目	本年数	上年数
营业收入	136 134.45	81 202.71
手续费及佣金净收入	132 571.11	73 500.91
手续费及佣金收入	132 571.11	73 500.91
手续费及佣金支出		
利息净收入	2 689.92	1 122.71
利息收入	2 701.86	1 145.15
利息支出	11.94	22.44
投资收益	1 483.02	9 253.77
公允价值变动收益/(损失)		-2 245.46
汇兑损益	-609.60	-429.22
营业支出	67 849.32	34 290.39

续表

项　目	本年数	上年数
营业税金及附加	7 483.55	4 244.38
业务及管理费	49 700.91	30 021.01
资产减值损失	10 664.86	25.00
营业利润	68 285.13	46 912.32
加：营业外收入	0.15	165.73
减：营业外支出	109.39	500.57
利润总额	68 175.89	46 577.48
减：所得税费用	18 534.31	11 921.63
净利润	49 641.58	34 655.85
其他综合收益	-5 915.90	5 080.56
综合收益总额	43 725.68	39 736.41

5.1.4 所有者权益变动表

公司所有者权益变动表

单位：万元

项　目	股本	资本公积	盈余公积	一般风险准备	信托赔偿准备	未分配利润	股东权益合计
2011 年 1 月 1 日余额	62 112.00	17 720.12	5 441.61	1 131.46	2 603.21	30 417.43	119 425.83
本年增减变动金额							
1. 净利润						49 641.58	49 641.58
2. 其他综合收益		-5 915.90					-5 915.90
上述 1 和 2 小计		-5 915.90				49 641.58	43 725.68
3. 利润分配							
提取盈余公积			4 964.80			-4 964.80	
提取一般风险准备				1 033.08		-1 033.08	
提取信托赔偿准备					2 482.41	-2 482.41	
2011 年 12 月 31 日余额	62 112.00	11 804.22	10 406.41	2 164.54	5 085.62	71 578.72	163 151.51
2010 年 1 月 1 日余额	62 112.00	12 639.56	1 976.02	825.77	870.42	13 736.17	92 159.94
本年增减变动金额							
1. 净利润						34 655.85	34 655.85
2. 其他综合收益		5 080.56					5 080.56
3. 利润分配							
提取盈余公积			3 465.59			-3 465.59	
提取一般风险准备				305.69		-305.69	
提取信托赔偿准备					1 732.79	-1 732.79	
股利分配						-12 470.52	-12 470.52
2010 年 12 月 31 日余额	62 112.00	17 720.12	5 441.61	1 131.46	2 603.21	30 417.43	119 425.83

5.2 信托资产

5.2.1 信托项目资产负债汇总表

公司信托项目资产负债汇总表

单位：万元

信托资产	年初余额	期末余额	信托负债和信托权益	年初余额	期末余额
信托资产：			信托负债：		
货币资金	106 572.54	49 791.11	交易性金融负债		
拆出资金	2 500.00		衍生金融负债		
存出保证金			应付受托人报酬	890.21	92.75
交易性金融资产	36 047.51	38 771.38	应付托管费		0.71
衍生金融资产			应付受益人收益	616.05	996.41
买入返售金融资产	959 008.00	537 752.18	应交税费		
应收款项	54 206.01	242 881.10	应付销售服务费		2.42
发放贷款	2 777 735.29	1 979 006.24	其他应付款项	75 612.90	123 152.00
可供出售金融资产	16 500.00		预计负债		
持有至到期投资	149 100.00	464 368.81	其他负债	118.16	386.90
长期应收款			信托负债合计	77 237.32	124 631.19
长期股权投资	2 035 335.24	3 612 652.00			
投资性房地产			信托权益：		
固定资产			实收信托	6 052 039.57	6 822 164.82
无形资产			资本公积		
长期待摊费用	15 861.22	14 745.62	损益平准金		
其他资产			未分配利润	-36 411.08	-6 827.57
减：各项资产减值准备	60 000.00		信托权益合计	6 015 628.49	6 815 337.25
信托资产总计	6 092 865.81	6 939 968.44	信托负债及信托权益总计	6 092 865.81	6 939 968.44

表外项目：1. 原有委贷业务　年初余额　1 188.79　期末余额　1 188.79
2. 应收未收利息　年初余额　94 377.66　期末余额　70 673.39
3. 代保管信托财产　年初余额　2 095.91　期末余额　18 337.72
4. 卖出信贷资产　年初余额　100 000.00　期末余额　100 000.00

5.2.2 信托项目利润及利润分配汇总表

公司信托项目利润及利润分配汇总表

单位:万元

项目	本年数	上年数
1. 营业收入	508 462.18	287 093.68
1.1 利息收入	299 201.68	245 183.66
1.2 投资收益(损失以"-"号填列)	207 374.22	36 865.10
其中:对联营企业和合营企业的投资收益	65 843.28	3 920.41
1.3 公允价值变动收益(损失以"-"号填列)	-9 121.27	-5 091.67
1.4 租赁收入		
1.5 汇总损益(损失以"-"号填列)		
1.6 其他收入	11 007.55	10 136.59
2. 支出	62 573.16	45 961.25
2.1 营业税金及附加		
2.2 受托人报酬	81 350.22	28 964.30
2.3 托管费	6 034.76	4 922.44
2.4 投资管理费	2 126.71	649.68
2.5 销售服务费	23 975.31	6 457.53
2.6 交易费用	371.55	58.55
2.7 资产减值损失	-60 000.00	
2.8 其他费用	8 714.61	4 908.75
3. 信托净利润(净亏损以"-"号填列)	445 889.02	241 132.43
4. 其他综合收益	116.86	
5. 综合收益	446 005.88	241 132.43
6. 加:期初未分配利润	-36 411.08	-36 980.28
7. 可供分配的信托利润	409 594.80	204 152.15
8. 减:本期已分配信托利润	416 422.37	240 563.23
9. 期末未分配信托利润	-6 827.57	-36 411.08

6. 会计报表附注

6.1 报告年度会计报表编制基准、会计政策、会计估计和核算方法发生的变化

无。

6.2 或有事项说明

无。

6.3 重要资产转让及其出售的说明

无。

6.4 会计报表中重要项目的明细资料

6.4.1 自营资产经营情况

6.4.1.1 资产风险分类情况

信用风险资产五级分类	正常类(万元)	关注类(万元)	次级类(万元)	可疑类(万元)	损失类(万元)	信用风险资产合计(万元)	不良资产合计(万元)	不良资产率(%)
期初数	103 571.51	0	0	0	0	103 571.51	0	0
期末数	147 612.84	0	0	0	0	147 612.84	0	0

注:不良资产合计=次级类+可疑类+损失类。

6.4.1.2 资产损失准备情况

单位:万元

	期初数	本期计提	本年转回	本期核销	期末数
贷款损失准备	25	5	0	0	30
一般准备	25	5	0	0	30
专项准备	0	0	0	0	0
其他资产减值准备	0	10 659.86	0	0	10 659.86
可供出售金融资产减值准备	0	10 659.86	0	0	10 659.86
持有至到期投资减值准备	0	0	0	0	0
长期股权投资减值准备	0	0	0	0	0
坏账准备	0	0	0	0	0
投资性房地产减值准备	0	0	0	0	0

6.4.1.3 固有业务股票投资、基金投资、债券投资、长期股权投资等情况

单位:万元

	自营股票	基金	债券	长期股权投资	其他投资	合计
期初数	41 730.68	0	0	877.34	8 712.40	51 320.42
期末数	24 532.23	0	3 000.00	19 069.34	22 650.25	69 251.82

6.4.1.4 前三名自营长期股权投资企业情况

报告期内,公司以自营资产对新华基金管理有限公司和深圳市美洁尔实业有限公司进行长期股权投资,情况如下:

企业名称	占被投资企业权益的比例(%)	主要经营活动	投资收益(万元)
1. 新华基金管理有限公司	48	基金	48
2. 深圳市美洁尔实业有限公司	13.98	生产销售洗涤用品	0

注:投资损益是指按照企业会计准则规定,核算股权投资确认损益并计入披露年度利润表的金额。

6.4.1.5 前三名自营贷款企业情况

报告期内,公司以自营资产对重庆星圳房地产开发有限公司发放贷款,情况如下:

企业名称	占贷款总额的比例(%)	还款情况
重庆星圳房地产开发有限公司	100	正常

6.4.1.6 表外业务情况

单位:万元

表外业务	期初数	期末数
担保业务	0	0
代理业务(委托业务)	1 188.79	1 188.79
其他	0	0
合计	1 188.79	1 188.79

注:代理业务主要反映因客观原因应规范而尚未完成规范的历史遗留委托业务,包括委托贷款和委托投资。

6.4.1.7 公司当年的收入结构

收入结构	金额(万元)	占比(%)
手续费及佣金收入	132 571.11	97.37
其中:信托手续费收入	132 571.11	

续表

收入结构	金额（万元）	占比（%）
投资银行业务收入	0	
利息收入	2 701.86	1.98
其中：计入信托业务收入部分	0	
投资收益	1 483.02	1.09
其中：股权投资收益	48.00	
证券投资收益	214.05	
其他投资收益	1 220.97	
公允价值变动收益		
汇兑收益	-609.60	-0.44
营业外收入	0.15	0
收入合计	136 146.54	100

6.4.2 信托财产管理情况

6.4.2.1 信托资产的期初数、期末数

单位：万元

信托资产	期初数	期末数
集合	2 306 056.51	4 520 275.86
单一	3 487 689.26	2 295 991.15
财产权	299 120.04	123 701.43
合计	6 092 865.81	6 939 968.44

6.4.2.1.1 主动管理型信托资产

单位：万元

主动管理型信托资产	期初数	期末数
证券投资类	46 205.25	45 228.37
股权投资类	1 249 932.85	3 359 857.86
融资类	2 723 019.92	2 053 491.39
事务管理类	284 120.03	39 442.04
合计	4 303 278.05	5 498 019.66

6.4.2.1.2 被动管理型信托资产

单位：万元

被动管理型信托资产	期初数	期末数
证券投资类	—	1 843.40
股权投资类	91 756.54	90 090.20
融资类	1 652 184.60	1 265 061.75
事务管理类	45 646.62	84 953.43
合计	1 789 587.76	1 441 948.78

6.4.2.2 本年度已清算结束的信托项目情况

6.4.2.2.1 本年度已清算结束的集合类、单一类资金信托项目和财产管理类信托项目情况

已清算结束信托项目	项目个数	实收信托合计金额（万元）	加权平均实际收益率（%）
集合类	38	686 038.00	8.09
单一类	55	1 550 901.46	7.30
财产管理类	4	276 900.00	3.94

6.4.2.2.2 本年度已清算结束的主动管理型信托项目情况

已清算结束信托项目	项目个数	实收信托合计金额（万元）	加权平均实际年化信托报酬率（%）	加权平均实际年化收益率（%）
证券投资类	1	27 370.00	1.04	0.96
股权投资类	17	342 430.00	2.80	8.74
融资类	42	919 318.50	1.37	7.95
事务管理类	1	1 000.00	—	—

6.4.2.2.3 本年度已清算结束的被动管理型信托项目情况

已清算结束信托项目	项目个数	实收信托合计金额（万元）	加权平均实际年化信托报酬率（%）	加权平均实际年化收益率（%）
证券投资类				
股权投资类	1	50 000.00	0.30	12.60
融资类	29	874 269.40	0.26	6.14
事务管理类	6	299 451.56	0.08	5.43

6.4.2.3 本年度新增信托项目情况

单位：万元

新增信托项目	项目个数	实收信托合计金额
集合类	110	2 928 944.81
单一类	17	605 170.00
财产管理类	4	10 350.00
新增合计	131	3 544 464.81
其中：主动管理型	131	3 544 464.81
被动管理型	—	—

注：本年新增信托项目指在本报告年度内累计新增的信托项目个数和金额。包含本年度新增并于本年度内结束的项目和本年度新增至报告期末仍在持续管理的信托项目。

6.4.2.4 信托业务创新成果和特色业务有关情况

报告期内，公司集合优势力量、引进专业人才，加快推进信托业务由投行业务（融资类）向资产管理业务的战略转型，以期实现公司在高端金融服务领域的突破，提升公司核心竞争力。

报告期内，公司开发了普天、普利、汇源、专户理财等多个系列主动管理型产品，成功推出“新华·普天Ⅰ号股权投资基金集合信托计划”、“新华汇源Ⅰ号集合资金信托计划”、“新华·普利宏铭证券投资（1号）集合资金信托计划”、“新华专户理财”等多个资产管理类产品。其中，作为公司首只主动管理型的基金化信托产品，新华·普天Ⅰ号股权投资基金集合信托计划以研究能力为基础，构建了专业化的普天基金管理团队，以专业执行力实现持续优异的管理业绩。参考国际私募股权投资基金通行经验和标准，引入国际化的顶尖专业服务机构，确保投资决策高效、透明、规范和专业，受到监管机构和市场的认可。

专业投研能力是信托公司进行业务创新，成长为优秀财富管理机构的必备基础之一。作为公司战略转型的执行主体，资产管理板块提出并执行了“全员研究、投研一体”的研究机制，以保证研究对投资决策、产品创新和营销工作起到实际的支持作用。通过前述研究与重点专题研究并行，报告期内公司取得了一定的研究成果，编辑出版的《新华财富观察》以其专业的视角、深入的研究、丰富的资讯，得到了客户、银行渠道、合作伙伴，以及监管部门的好评。

6.4.2.5 公司履行受托人义务情况及因公司自身责任而导致的信托资产损失情况

无。

6.5 关联方关系及其交易的披露

6.5.1 关联交易方的数量、关联交易的总金额及关联交易的定价政策等

	关联交易方的数量	关联交易的金额(万元)	定价政策
合计	2个	92 399.72	按市场定价

注:关联交易定义应以《公司法》和《企业会计准则第36号——关联方披露》有关规定为准。

6.5.2 关联交易方情况

关联性质	关联方名称	法定代表人	注册地址	注册资本(万元)	主营业务
母公司	新产业投资股份有限公司	翁先定	深圳市福田区振兴路3号建艺大厦17楼	80 650.00	投资兴办实业(具体项目另行申报),投资咨询,国内商业、物资供销业(不含专营、专卖、专控商品),工程咨询(凭工程咨询资质证书开展咨询业务)。
联营公司	新华基金管理有限公司	陈重	重庆市江北区建新东路85号附一号1层1-1	16 000.00	基金募集、基金销售、资产管理、经中国证监会许可的其他业务。

6.5.3 本公司与关联方的重大交易事项

6.5.3.1 固有财产与关联方关联交易

单位:万元

固有与关联方关联交易				
	期初数	借方发生额	贷方发生额	期末数
贷款				
投资		5 232.00		5 232.00
租赁		137.30	137.30	
担保				
应收账款	14 196.18	13.42	13 168.44	1 041.16
其他	-35.27	35.27		
合计	14 160.91	5 417.99	13 305.74	6 273.16

6.5.3.2 信托财产与关联方关联交易

无。

6.5.3.3 信托公司自有资金运用于自己管理的信托项目(固信交易)、信托公司管理的信托项目之间的相互(信信交易)交易金额,包括余额和本报告年度的发生额

6.5.3.3.1 固有财产与信托财产相互交易情况

单位: 万元

固有财产与信托财产相互交易			
	期初数	本期发生额	期末数
合计	8 712.40	13 937.85	22 650.25

注:1. 本期到期终止关联交易金额269.07万元。

2. 本期新增关联交易金额14 206.92万元。

6.5.3.3.2 信托资产与信托财产相互交易情况

单位:万元

信托资产与信托财产相互交易			
	期初数	本期发生额	期末数
合计	58 500.00	-57 800.00	700.00

注:1. 本期到期终止关联交易金额58 500.00万元。

2. 本期新增关联交易金额700.00万元。

6.5.4 逐笔披露关联方逾期未偿还本公司资金的详细情况以及本公司为关联方担保发生或即将发生垫款的详细情况

无关联方逾期未偿还本公司资金的情况以及公司为关联方担保发生或即将发生垫款的情况。

6.6 会计制度的披露

公司固有、信托业务均执行2006年颁布的《企业会计准则》。

7. 财务情况说明书

7.1 利润实现和分配情况

单位:万元

项　目	本年数	上年数
本年净利润	49 641.58	34 655.85
加:年初未分配利润	30 417.43	13 736.17
其他转入		
可供分配的利润	80 059.01	48 392.02
减:提取法定盈余公积	4 964.80	3 465.59
提取信托赔偿准备金	2 482.41	1 732.79
提取一般准备金	1 033.08	305.69
提取职工奖励及福利基金		
提取储备基金		
提取企业发展基金		
利润归还投资		
可供投资者分配的利润	71 578.72	42 887.95
减:应付优先股股利		
提取任意盈余公积		
股利分配		12 470.52
转作股本的普通股股利		
年末未分配利润	71 578.72	30 417.43

7.2 主要财务指标

指标名称	指标值
资本利润率(%)	35.13
加权年化信托报酬率(%)	1.00
人均净利润(万元/人)	168

注:1. 资本利润率=净利润/所有者权益平均余额×100%。

2. 加权年化信托报酬率=(信托项目1的实际年化信托报酬率×信托项目1的实收信托+信托项目2的实际年化信托报酬率×信托项目2的实收信托+…信托项目n的实际年化信托报酬率×信托项目n的实收信托)/(信托项目1的实收信托+信托项目2的实收信托+…信托项目n的实收信托)×100%。

3. 人均净利润=净利润/年平均人数。

4. 平均值采取年初、年末余额简单平均法,公式为:a(平均)=(年初数+年末数)/2。

7.3 对本公司财务状况、经营成果有重大影响的其他事项

无。

8. 特别事项简要揭示

8.1 前五名股东报告期内变动情况及原因

公司于2010年8月30日召开了2010年第二次临时股东大会，经审议，全体股东同意中国诚信信用管理有限公司将其所持公司的8.25%股份（5 122万股）转让给其100%控股股东中诚信投资有限公司，并同意放弃于中诚信股权的优先购买权。同时，全体股东同意据此对《公司章程》涉及股权变更部分进行修改。

该等事宜已于2011年11月14日经重庆银监局《关于批准新华信托股份有限公司调整股权结构及修改〈公司章程〉等有关事项的批复》（渝银监复〔2011〕133号）核准，相关工商变更手续于12月19日办理完成。此次调整后，公司的股权结构如下：

股东名称	股份额（股）	股份比例（%）
新产业投资股份有限公司	446 720 000.00	71.92
巴克莱银行有限公司（Barclays Bank PLC）	121 120 000.00	19.50
中诚信投资有限公司	51 220 000.00	8.25
中国嘉陵工业股份有限公司（集团）	2 060 000.00	0.33
合计	621 120 000.00	100.00

8.2 董事、监事及高级管理人员变动情况及原因

8.2.1 董事变动情况

鉴于郭全杰先生辞去公司董事职务，经股东单位巴克莱银行有限公司的提议，公司于5月17日召开了股东大会2011年第一次会议，同意郭全杰先生辞去公司董事职务，选举欧阳锦绍先生担任公司董事及薪酬委员会和关联交易委员会委员，原由郭全杰先生担任的审计委员会委员职务由许洛圣先生接任。欧阳锦绍先生的董事任职资格已于2011年9月6日经重庆银监局《关于欧阳锦绍先生任职资格的批复》（渝银监复〔2011〕91号）核准。

8.2.2 高级管理层变动情况

鉴于股东单位巴克莱银行有限公司的提议和公司经营管理工作的需要，公司于4月15日和5月17日分别召开了2011年第二次临时董事会和股东大会2011年第一次会议，会议同意免去张革先生的首席运营官职务，聘任欧阳锦绍先生为公司首席运营官，张革先生为公司副总经理。欧阳锦绍先生的高级管理人员任职资格已于2011年9月6日经重庆银监局《关于欧阳锦绍先生任职资格的批复》（渝银监复〔2011〕91号）核准。

根据经营管理工作的需要，公司于9月9日和10月14日分别召开了2011年第五次临时董事会和2011年第二次临时股东大会，会议同意聘任郝雅军先生为公司副总经理兼首席财务官、李荻先生为公司副总经理。

8.3 公司的重大诉讼事项

序号	诉讼案件	诉讼类别	金额（万元）	发生时间	案件事由	审理情况
1	新华信托诉林华房地产开发有限公司	固有业务	2 500.00	2002年12月	购房37套林华未交付	胜诉，执行中（中止执行，提出执行申请）
2	新华信托诉长寿望江运输队	信托业务	100.00	1999年12月	委托贷款	胜诉、执行中
3	忠县信用社诉新华信托	固有业务	1 000.00	2002年6月	委托国债理财	胜诉，拟申请执行
4	惠州腊梅信息咨询诉新华信托债权纠纷	固有业务	220.00	2010年6月	债权纠纷	一审中
5	北京威腾企业管理有限公司诉新华信托	信托业务	1 500.00	2010年6月	股东出资纠纷	二审败诉，准备申请再审

注：1. 上述金额仅为本金未包含利息。

2. 公司作为原告案件共计2件，涉及金额2 600.00万元人民币，占公司总资产的1.1%；作为被告案件共计3件，涉及金额2 720.00万元人民币，占公司总负债的4.3%。

3. 按公司与新产业的协议，上述所有案件的相关权利义务由其承担。

8.4 对会计师事务所出具的有保留意见、否定意见或无法表示意见的审计报告的，公司董事会应就所涉及事项作出说明

无。

8.5 公司及其董事、监事和高级管理人员受到处罚的情况

报告期内，公司董事、监事及高级管理人员勤勉履职，未发生公司及董事、监事和高级管理人员受到中国银监会或相关部门处罚的情况。

8.6 银监会及其派出机构整改意见的整改情况

报告期内，中国银监会重庆监管局对公司房地产信托业务进行了现场检查，对引进战略投资者后续整改情况、融资平台项目整改情况、新增信托项目情况进行了非现场走访，并出具了检查意见书、告知书，公司按照监管意见提出的问题完成了整改，整改结果得到监管部门的认可。

8.7 公司重大事项临时报告的简要内容

8.7.1 公司重大事项临时报告的简要内容

新华信托股份有限公司（以下简称公司）董事会保证本报告所载内容不存在任何虚假记载、误导性陈述，并对其内容的真实性、准确性和完整性承担责任。

公司《关于调整公司股权结构及修改〈公司章程〉的请示》，中国银行业监督管理委员会重庆监管局《关于批准新华信托股份有限公司调整股权结构及修改〈公司章程〉等有关事项的批复》（渝银监复〔2011〕133号）已予核准。公司原股东中国诚信信用管理有限公司将持有公司5 122万股股份（持股比

例 8.25%)转让给中诚信投资有限公司,其他股东及持股份额和股份比例不变。公司已完成相关工商变更手续。

此次股权变更后,公司各股东股份额及股份比例如下:

股东名称	股份额(股)	股份比例(%)
新产业投资股份有限公司	446 720 000.00	71.92
巴克莱银行有限公司(Barclays Bank PLC)	121 120 000.00	19.50
中诚信投资有限公司	51 220 000.00	8.25
中国嘉陵工业股份有限公司(集团)	2 060 000.00	0.33
合计	621 120 000.00	100.00

8.7.2　披露时间

2012 年 2 月 4 日。

8.7.3　所披露的媒体及其版面

《金融时报》第 8 版。

8.8　中国银监会及其派出机构认定的其他有必要让客户及相关利益人了解的重要信息

无。

9. 公司监事会意见

报告期内,公司监事会根据《公司法》、《信托法》和《公司章程》有关规定,对公司董事、高级管理人员履行职责的情况进行了监督。评价认为:公司"三会一层"及高级管理人员能够勤勉工作,较好地完成了 2011 年度既定的工作任务,经营管理过程中尚未发现违法、违规的案件。

9.1　公司依法运作情况

公司依法运作,决策程序基本符合《公司法》、《信托法》、《信托公司管理办法》和《公司章程》等有关制度的规定;内控制度基本健全、有效;公司董事、总经理等高级管理人员履行职责时,尚未发现有违法和故意损害公司利益的行为。

9.2　财务报告真实情况

公司本年度财务报告真实地反映了公司的财务状况及经营管理成果;本年度财务报告已经毕马威华振会计师事务所上海分所根据中国注册会计师独立审计准则审计,并出具了标准无保留意见的审计报告。

新时代信托股份有限公司

1. 重要提示

1.1　本公司董事会及董事保证本报告所载资料不存在任何虚假记载、误导性陈述或者重大遗漏，对其内容的真实性、准确性和完整性承担个别及连带责任。

1.2　本公司独立董事杜惠芬女士认为：本年度报告真实、准确、完整。

本公司独立董事何海峰先生认为：本年度报告真实、准确、完整。

本公司独立董事张平先生认为：本年度报告真实、准确、完整。

1.3　公司董事长赵利民先生、主管会计工作负责人杨明国先生及会计机构（自营）负责人张美荣女士、会计机构（信托）负责人许伊萍女士声明：保证年度报告中财务报告的真实、完整。

2. 公司概况

2.1　公司简介

新时代信托股份有限公司前身为包头市信托投资公司，初创于1987年。2003年12月，经中国银行业监督管理委员会核准重新登记并更名为新时代信托投资股份有限公司，注册资本金3亿元人民币。2009年6月，经中国银行业监督管理委员会批复，变更公司业务范围和公司名称为新时代信托股份有限公司。

公司以“为客户创造价值”为使命，坚持“抱诚守拙，谨行致远”的核心理念，积极拓展以资产管理业务为基础，以资金信托和投资银行业务为两翼的业务架构，为投资者提供全面、优质的理财服务。

2.1.1　公司法定中文名称：新时代信托股份有限公司
公司法定中文名称缩写：新时代信托
公司法定英文名称：New Times Trust Co.，Ltd.
公司法定英文名称缩写：NTTC

2.1.2　公司法定代表人：赵利民

2.1.3　公司注册地址：内蒙古包头市钢铁大街甲5号信托金融大楼
公司邮政编码：014030
公司国际互联网网址：www.xsdxt.com
公司电子邮箱：xsdxt@xsdxt.com

2.1.4　公司负责信息披露事务人：陈永利
联系电话：0472－6969996
传真电话：0472－6969996
电子邮箱：chenyongli@xsdxt.com

2.1.5　公司选定的信息披露报刊：《证券日报》
公司年报报告备置地点：内蒙古包头市钢铁大街甲5号信托金融大楼

2.1.6　公司聘请的会计师事务所名称：利安达会计师事务所
办公地址：北京市朝阳区八里庄西里100号1号楼东区20层2008室
公司聘请的律师事务所名称：内蒙古北琛律师事务所
办公地址：包头市昆区市府东路恩和小区12号底店

2.2　组织结构

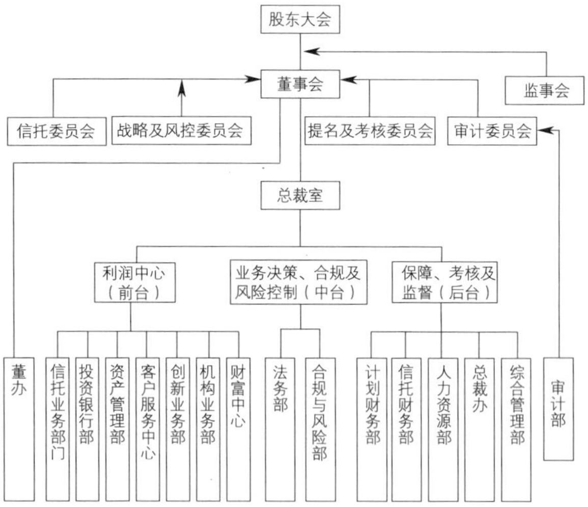

3. 公司治理

3.1　公司治理结构

3.1.1　股东情况

报告期末，新时代信托股份有限公司股份总数共计300 000 000股（3亿股），共有四个股东，各股东情况如下：

股东名称	持股比例（%）	法人代表	注册资本（万元）	注册地址	主要经营业务
新时代远景（北京）投资有限公司	58.54	赵利民	150 000	北京市朝阳区东三环北路38号3号楼2309室	项目投资、投资管理、投资咨询。

续表

股东名称	持股比例(%)	法人代表	注册资本(万元)	注册地址	主要经营业务
上海人广实业发展有限公司	24.39	郭庆明	20 000	上海市浦东新区长青路 92 号 306 室	计算机软硬件开发、投资咨询、国内贸易。
潍坊科微投资有限公司	14.63	于忠良	10 000	潍坊高新开发区东方路 336 号	对信息产业、电子、房地产、交通运输、商业企业的投资及投资咨询,财务顾问等业务。
包头市鑫鼎盛贸易有限责任公司	2.44	童志丹	10 000	包头市稀土高新区曙光路 22 号	稀土产品、化工产品、钢材、建材、计算机软硬件及外围设备、办公设备的销售。

3.1.2 董事、董事会及其下属委员会

公司董事

姓 名	职 务	性别	年龄	选任日期	所推举的股东	该股东持股比例(%)	简 要 履 历
赵利民	董事长	男	48	2009 年 3 月	高管董事		曾在天津大港石化公司、新时代证券有限责任公司等机构任职。
李树新	副董事长	女	44	2009 年 3 月	高管董事		曾在人民银行包头市中心支行等机构任职。
刘鸿雁	董事	男	38	2011 年 4 月	高管董事		曾在北京科宇恒信科技有限公司、上海爱使股份有限公司、北京国际信托有限公司任职。
于 雷	董事	男	35	2011 年 4 月	新时代远景(北京)投资有限公司	58.54	曾在天健正信会计师事务所任职,现在新时代远景(北京)投资有限公司任职。
丹常彤	董事	男	45	2011 年 4 月	上海人广实业发展有限公司	24.39	曾在北京优仕行技术咨询有限公司任职,现在上海人广实业发展有限公司任职。
丁德胜	董事	男	42	2011 年 4 月	潍坊科微投资有限公司	14.63	曾在青岛啤酒股份有限公司任职,现在潍坊科微投资有限公司任职。

独立董事

姓 名	所在单位及职务	性别	年龄	选任日期	所推举的股东	该股东持股比例(%)	简 要 履 历
杜惠芬	中央财经大学金融学院副院长	女	49	2009 年 3 月	无		曾在山西财经学院任职,现在中央财经大学任教。
何海峰	中国社会科学院金融政策研究中心主任	男	42	2009 年 3 月	无		曾在华北电力大学任教,现在中国社科院任职。
张 平	中国社会科学院经济所副所长	男	48	2011 年 4 月	无		现在中国社会科学院经济研究所任职。

董事会下属委员会

董事会下属委员会名称	职责	组成人员姓名	职务
战略及风控委员会	负责对公司长期发展战略规划、重大战略性投资进行可行性研究,负责全面监督、指导公司风险管理工作,检查公司管理层贯彻和执行董事会确立的风险取向和管理战略的情况,并根据董事会授权进行业务决策的常设机构,对公司董事会负责。	赵利民	主任委员
		刘鸿雁	委员
		何海峰	委员
		张 平	委员
		于 雷	委员
信托委员会	负责督促公司依法履行受托职责。当公司或股东利益与受益人利益发生冲突时,信托委员会应保证公司为受益人的最大利益服务。	何海峰	主任委员
		杜惠芬	委员
		李树新	委员
		刘鸿雁	委员
		丁德胜	委员
审计委员会	专门负责对公司财务活动及其有关经济活动的真实、合法、合规、准确和效益的监督审计,依法审议、拟订内部监督活动方案,指导稽核部门实施稽核审计,为维护公司合法权益,防范金融风险,促进增收节支,提高经济效益服务。	杜惠芬	主任委员
		于雷	委员
		丁德胜	委员
提名及考核委员会	对公司董事和总裁的人选、选择标准和程序进行选择并提出建议,同时对总裁提名的财务负责人以及总裁提名的其他高级管理人员、董事长提名的董事会秘书人选进行审查并提出建议;负责制定公司董事、高级管理人员以及其他员工的全员考核标准并进行考核,对董事会负责。	张 平	主任委员
		赵利民	委员
		李树新	委员
		刘鸿雁	委员
		丹常彤	委员

3.1.3 监事、监事会及其下属委员会

姓　名	职　务	性别	年龄	选任日期	所推举的股东名称	该股东持股比例(%)	简　要　履　历
胡宇峰	监事长	男	49	2011年4月	新时代远景(北京)投资有限公司	58.54	曾在中国兵器工业五二研究所、《证券日报》内蒙古记者站任职。
吴振清	监事	女	38	2011年4月	上海人广实业发展有限公司	24.39	曾在北京盈科世纪科技有限公司任职，现在上海人广实业发展有限公司任职。
张红权	监事	男	43	2011年9月	职工代表		曾在包头绿远控股有限公司任职。

注：监事会无下设委员会。

3.1.4 高级管理人员

姓　名	职　务	性别	年龄	选任日期	从业年限	学历	专业	简　要　履　历
刘鸿雁	总裁	男	38	2011年4月	15	本科	应用数学	曾在北京科宇恒信科技有限公司、上海爱使股份有限公司、北京国际信托有限公司任职。
杨明国	财务总监	男	38	2010年3月	15	硕士	工商管理	曾在湛江华垦有限公司、北方创业股份有限公司任职。
陈祥盛	副总裁	男	35	2009年3月	8	硕士	经济管理	曾在北京林业大学外语学院任职。
边风杰	副总裁	男	46	2009年3月	22	硕士	商业经济	曾在工商银行包头分行任职。
勾亦军	副总裁	男	57	2011年1月	24	博士	货币与金融	曾在中国华闻投资控股金融公司、弘泰信托公司、青岛海协信托公司任职。
王晓滨	总裁助理	男	42	2009年3月	20	本科	机械动力	曾在人民银行哈尔滨中心支行、哈尔滨证券、联合证券、大通证券等机构任职。
边　涛	总裁助理	男	40	2011年1月	21	硕士	MBA	曾在工行莱芜市分行、北京银行西直门支行、安邦财产保险股份有限公司任职。
李永丰	总裁助理	男	40	2009年3月	17	本科	数学	曾在建设银行海口市分行、海南港澳国际信托投资有限公司、中银国际证券、新时代证券等机构任职。
闫　锋	总裁助理	男	37	2011年9月	16	本科	金融	曾在内蒙古网通计算机有限责任公司任职。
鲁　健	总裁助理	男	49	2009年3月	14	大专	行政管理	曾在辽宁本溪87325部队、包头钢铁设计研究院、包头网围栏联合体办公室、包头万方实业公司任职。

3.1.5 公司员工

项　目		2011年度		2010年度	
		人数	比例(%)	人数	比例(%)
年龄分布	20岁以下	0	0	0	0
	20~29岁	41	29.50	31	25.83
	30~39岁	65	46.76	59	49.17
	40岁以上	33	23.74	30	25.00
学历分布	博士	2	1.44	2	1.67
	硕士	37	26.62	31	25.83
	本科	66	47.48	51	42.50
	专科	29	20.86	29	24.17
	其他	5	3.60	7	5.83
岗位分布	董事、监事及其高管人员	14	10.07	12	10.00
	自营业务人员	2	1.44	4	3.33
	信托业务人员	68	48.92	58	48.34
	其他人员	55	39.57	46	38.33

4. 经营管理

4.1 公司新年度的经营目标、方针、战略规划

4.1.1 核心理念

抱诚守拙：信托公司是经营信用的机构，诚信当为经营的第一要义。坚守受益人利益最大化的原则，并追求股东稳定的回报，是信托业不可逾越、不可取巧的拙朴之道。

谨行致远：唯有审慎稳健，持续加强基础管理、质量管理、合规管理和风险管理；唯有前瞻性的决策和判断，我们才能更远更久，历经风雨而基业常青。

4.1.2 经营方针

合规经营，管控风险：依法合规是公司经营活动的前提和宗旨，管控风险贯穿于经营活动的全过程。

有效激励，稳健发展：以卓有成效的绩效考核和薪酬体系激励员工和团队的积极性、创造性。公司更加追求的是快速增长和可持续发展之间的均衡状态。

4.1.3 战略规划

公司按照2009年确定的三年战略规划，将有效地把金融服务和内蒙古地区的资源优势结合起来，发挥强强效应，推动内蒙古资源型产业链的延伸，逐步形成“金融服务＋资源”独具特色的业务模式和盈利模式；树立科学的发展观，苦练内功，加强风险管理，全面提升人员素质，提高市场反应能力，打造强势品牌，实现整体竞争能力的提升，保持稳健发展，把公司建设成为优秀的、有活力的信托公司。

4.2 所经营业务的主要内容

自营资产运用与分布表

资产运用	金额(万元)	占比(%)	资产分布	金额(万元)	占比(%)
货币资金	21 416.83	21.50	基础产业	—	—
贷款	—	—	房地产	—	—
交易性金融资产	5 480.09	5.50	证券	5 480.09	5.50
长期股权投资	43 267.87	43.45	实业	—	—
其他	29 431.41	29.55	其他	94 116.11	94.50
资产总计	99 596.20	100.00	资产总计	99 596.20	100.00

信托资产运用与分布表

资产运用	金额（万元）	占比（%）	资产分布	金额（万元）	占比（%）
货币资产	59 582.72	0.83	基础产业	164 520	5.83
贷款及应收款	738 317.75	11.17	房地产	108 357.5	4.02
交易性金融资产	3 483.62	0.03	证券	3 483.62	0.03
可供出售金融资产投资		0.00	实业	4 828 383.17	83.59
持有至到期投资	4 640 628.19	81.86	金融机构	396 201.55	4.28
长期股权投资	177 396.00	5.98	其他	126 462.77	2.25
其他	8 000.33	0.13			
资产总计	5 627 408.61	100.00	资产总计	5 627 408.61	100.00

4.3 市场分析

4.3.1 影响公司发展的有利因素

宏观经济形势逐渐企稳，国内金融环境不断改善，国民经济保持快速发展，居民财富持续增长，信托产品潜在客户增多。

信托业正处于快速发展期，信托产品创新成为业内共识，信托理财逐渐获得社会认可，信托专业资产管理和投资管理服务能力得到提升。

公司总部位于内蒙古，内蒙古自治区资源主导型的地区经济发展规划，为公司发挥信托连接货币、资本、产业起到桥梁作用，并为抢先一步进入地区资源开发与可持续发展经济领域提供强有力支持。

公司组织结构合理，人力资源结构符合业务开展需求，在产品创新、业务拓展等方面有着较强的优势。

4.3.2 影响公司发展的不利因素

我国依然面临复杂的国际国内形势，世界经济复苏的过程充满不确定性，国内面临调整经济结构与保持经济快速增长的矛盾。

信托业务领域需进一步拓展，需形成信托业特有的业务模式，避免与其他金融子行业形成竞争关系。

公司尚未完全形成自有品牌形象，存在信托产品销售渠道还不够通畅等方面的不利因素，这些成为制约公司业务发展的障碍。

4.4 风险管理

4.4.1 风险管理概况

风险管理决定公司的生存发展，公司风险管理工作遵循全面性、持续性、审慎性、独立性和有效性原则，通过风险制度建设、风险文化教育、风险管理流程设置、风险管理指标体系设立等措施，全面有效识别风险、防范风险、化解风险，保证公司的健康发展。

4.4.1.1 信用风险状况

主要表现为公司贷款类信托业务中贷款对象的信用调查，资金往来的信用风险等。信用风险是交易对手或债务人违约的风险。当所有交易对手集中在单一行业或地区时，信用风险则较大。这是由于不同的交易对手会因处于同一地区或行业而受到同样的经济发展影响，最终影响到其还款能力。

4.4.1.2 市场风险状况

主要表现为：一是信托业所涉及的货币、资本、实业三大领域，其各自受政策、市场规律等因素影响所形成的波动风险；二是受其他金融机构激烈竞争与挤压，导致公司市场环境与客户资源恶化的风险。

4.4.1.3 操作风险状况

主要表现在公司内部人员在处理信托业务过程中因操作失误而出现的风险。

4.4.1.4 其他风险状况

（1）政策风险状况：主要表现为宏观政策以及监管政策的变动对公司经营环境和发展所造成的风险。

（2）经营风险状况：主要表现为在经营过程中因管理与经营能力造成的风险。

（3）道德风险状况：主要表现为公司内部人员是否诚信经营、恪尽职守的道德风险。

4.4.2 风险管理

4.4.2.1 信用风险管理

对于信用风险的防范，公司主要是通过对融资对象的信用调查，风控及投资决策委员会对项目的审核、信托合同抵押条款的科学设计等来进行风险事前防范；通过项目实施过程中的业务跟踪以及资产分类评级来进行风险事中控制；通过项目结束后的稽查与评价进行事后控制。在防范银行和券商信用风险方面，公司制定系列选择标准，选择实力雄厚、信誉卓著、业绩优良的金融机构作为合作伙伴，同时以对合作伙伴定期与不定期的压力测试来及时发现问题，对风险加以控制。抵押品确认原则为：合法性原则，即要求抵押物和质押物必须符合国家法律规定，抵押人、出质人对抵押物和质押物享有所有权或依法处分权。充足性原则，即公司根据抵押物、质押物的保值能力和变现难易程度对不同抵押、质押物设置不同的抵押率，对于需要估价的抵（质）押财产，必须经过公司认可的资产评估部门进行估价。可操作性原则，即要求抵（质）押财产标的明确、易于保管、转让和变现。贷款本金与内部确定的抵押品之比不高于60%。

公司保证贷款管理原则：保证人应具有独立的法人资格，并对其拥有的财产享有所有权或依法处分权；担保人应具备良好的资信状况，近3年经营业绩稳定，财务状况良好，具备足够的担保能力。

4.4.2.2 市场风险管理

对于市场风险的防范，公司主要是通过加强业务决策及风控委员会的运作力度，通过研究、决策、操纵、评价相互制衡的机制，结合严格的授权制度，以防范市场风险。加强对多种信息资料的收集、整理、研究，正确把握市场的整体走势；建立健全市场风险的预警系统，对风险及其程度进行量化预测，包括主要业务的风险评估和监测办法、重要部门风险考核指标体系等，定期对公司的市场风险进行检查和监控。公司坚持不以风险换业务，而以诚信换市场的原则。

4.4.2.3 操作风险管理

对于操作风险的防范，主要通过严格的授权制度与过程控制来实施。一是指导、协助各部门建立健全内部风险控制制度，检查各项业务的作业流程和部门衔接可能存在的风险；二是明确界定部门的目标、职责和权限，确保其在授权范围内行使经营管理职能；三是在各主要业务部门之间建立健全防火墙制度，确保信托业务与自有业务相对独立。

4.4.2.4　其他风险管理

（1）政策风险管理

对于政策风险的防范，公司通过严格依法经营，并根据国家法律法规和银监会要求制订公司章程和内控制度，以规范与控制公司业务范围和行为。加强对各种政策及其变动趋势的研究，并按照研究结果来决定或调整信托项目及自有业务的投融资计划；实行信托项目的分散化和期限结构的均衡化，以降低系统性政策风险；对突如其来的政策变化可能产生的较大风险建立一整套应急措施；加强与银监会（局）、政府有关部门的联络和沟通。

（2）经营风险管理

对于经营风险的防范，公司有健全的法人治理结构，股东会、董事会和监事会职责明确，对经营层有严格的约束，保证其合法合规经营。公司依据自身经营特点设立顺序递进、权责统一、严密有效的三道监控防线：建立一线岗位双人、双职、双责，业务内容至少双人知道为基础的第一道监控防线；建立相关部门、相关岗位之间相互监督制衡的第二道监控防线；建立对风险现场全面实施监督、检查和反馈的第三道监控防线。严格按照内部规章与流程开展各项业务，同时通过事后稽核与评价来对其进行正负激励，以防范经营风险。

（3）道德风险管理

对于道德风险的防范，公司主要通过完善的法人治理结构对高管进行约束，使其经营行为符合委托人利益和股东利益，并通过严格的规章制度与内控体系对公司员工行为进行规范。在组织架构方面，公司严格按照信托法规的要求对自营资产与信托资产分别管理，并由不同高管分管，以保护委托人的利益。与此同时，接受银监部门定期或不定期的检查，构成了外部监督体系。

5. 报告期末及上一年度末的比较式会计报表

5.1　自营资产

5.1.1　会计师事务所审计意见全文

审 计 报 告

利安达审字〔2012〕第1151号

新时代信托股份有限公司全体股东：

我们审计了后附的新时代信托股份有限公司（以下简称新时代信托）财务报表，包括2011年12月31日的资产负债表，2011年度的利润表、现金流量表和所有者权益变动表以及财务报表附注。

一、管理层对财务报表的责任

编制和公允列报财务报表是新时代信托管理层的责任，这种责任包括：（1）按照企业会计准则的规定编制财务报表，并使其实现公允反映；（2）设计、执行和维护必要的内部控制，以使财务报表不存在由于舞弊或错误导致的重大错报。

二、注册会计师的责任

我们的责任是在执行审计工作的基础上对财务报表发表审计意见。我们按照中国注册会计师审计准则的规定执行了审计工作。中国注册会计师审计准则要求我们遵守中国注册会计师职业道德守则，计划和执行审计工作以对财务报表是否不存在重大错报获取合理保证。

审计工作涉及实施审计程序，以获取有关财务报表金额和披露的审计证据。选择的审计程序取决于注册会计师的判断，包括对由于舞弊或错误导致的财务报表重大错报风险的评估。在进行风险评估时，注册会计师考虑与财务报表编制和公允列报相关的内部控制，以设计恰当的审计程序，但目的并非对内部控制的有效性发表意见。审计工作还包括评价管理层选用会计政策的恰当性和作出会计估计的合理性，以及评价财务报表的总体列报。

我们相信，我们获取的审计证据是充分、适当的，为发表审计意见提供了基础。

三、审计意见

我们认为，新时代信托财务报表在所有重大方面按照企业会计准则的规定编制，公允反映了新时代信托2011年12月31日的财务状况以及2011年度的经营成果和现金流量。

利安达会计师事务所有限责任公司　　中国注册会计师

中国·北京　　中国注册会计师

二〇一二年四月二十日

5.1.2　资产负债表

资产负债表

2011年12月31日

编制单位：新时代信托股份有限公司　　单位：元

资　产	附注	2011年12月31日	2010年12月31日
货币资金	六、1	214 168 259.14	266 811 415.14
其中：其他货币资金	六、1	21 757 642.45	54 267 008.92
买入返售金融资产			
应收款项	六、2	30 826 901.92	37 298 553.09
应收股利			
交易性金融资产	六、3	54 800 879.28	103 418 909.06
发放贷款和垫款	六、4	—	—
持有至到期投资			
可供出售金融资产	六、5	201 204 922.22	10 000 000.00
长期股权投资	六、6	432 678 695.76	432 678 695.76
投资性房地产	六、7	20 476 689.98	23 808 547.97
固定资产	六、8	24 429 369.39	20 634 000.20
无形资产	六、9	2 503 218.13	1 715 371.80
递延所得税资产	六、10	10 563 803.34	1 655 879.27
其他资产	六、11	4 309 295.29	2 448 663.79
资产总计		995 962 034.45	900 470 036.08

法定代表人：赵利民　　主管会计工作负责人：杨明国　　会计机构负责人：张美荣

资产负债表(续表)

2011 年 12 月 31 日

编制单位:新时代信托股份有限公司　　单位:元

负债和所有者权益	附注	2011 年 12 月 31 日	2010 年 12 月 31 日
负债			
拆入资金			
交易性金融负债			
应付款项	六、13	1 509 369. 88	16 311 784. 78
卖出回购金融资产			
应付职工薪酬	六、14	20 807 724. 12	14 472 219. 33
应付股利			
应交税费	六、15	31 302 173. 78	31 853 474. 87
递延所得税负债	六、10		1 867 008. 39
其他负债		22 503. 26	22 503. 26
负债合计		53 641 771. 04	64 526 990. 63
所有者权益			
实收资本(或股本)	六、16	300 000 000. 00	300 000 000. 00
资本公积	六、17	227 319 111. 21	227 319 111. 21
盈余公积	六、18	59 984 792. 18	49 347 070. 38
一般风险准备	六、19	4 258 039. 44	4 258 324. 38
信托赔偿准备金	六、20	28 399 767. 05	23 080 906. 15
未分配利润	六、21	322 358 553. 53	231 937 633. 33
所有者权益合计		942 320 263. 41	835 943 045. 45
负债和所有者权益总计		995 962 034. 45	900 470 036. 08

法定代表人:赵利民　　主管会计工作负责人:杨明国　　会计机构负责人:张美荣

5. 1. 3　利润表

利润表

2011 年度

编制单位:新时代信托股份有限公司　　单位:元

项　目	附注	2011 年度	2010 年度
一、营业收入	六、22	311 408 839. 16	263 035 741. 01
利息收入		8 777 525. 00	
金融企业往来收入		7 936 528. 14	2 041 954. 07
手续费收入		358 008 630. 10	189 949 842. 76
投资收益		-40 479 576. 21	49 540 154. 07
其中:对联营企业和合营企业的投资收益			24 382 531. 41
其他营业收入		20 301 393. 66	27 383 753. 10
公允价值变动损益		-43 135 661. 53	-5 879 962. 99
二、营业支出	六、23	169 180 655. 95	100 765 245. 61
业务及管理费		145 435 696. 96	85 288 596. 05
其他业务成本		1 561 543. 52	1 625 020. 92
资产减值损失		-35 931. 67	150 214. 13
营业税金及附加		22 219 347. 14	13 701 414. 51
三、营业利润(亏损以"-"号填列)		142 228 183. 21	162 270 495. 40
加:营业外收入	六、24	987 921. 64	
减:营业外支出	六、25	2 318 353. 79	150 168. 44
四、利润总额(亏损总额以"-"号填列)		140 897 751. 06	162 120 326. 96

续表

项　目	附注	2011 年度	2010 年度
减:所得税费用	六、26	34 520 533. 10	34 974 597. 49
五、净利润(净亏损以"-"号填列)		106 377 217. 96	127 145 729. 47
六、每股收益			
(一)基本每股收益		0. 35	0. 42
(二)稀释每股收益			
七、其他综合收益			-1 377 569. 71
八、综合收益总额		106 377 217. 96	125 768 159. 76

法定代表人:赵利民　　主管会计工作负责人:杨明国　　会计机构负责人:张美荣

5. 1. 4　现金流量表

现金流量表

编制单位:新时代信托股份有限公司　　单位:元

项　目	附注	2011 年度	2010 年度
一、经营活动产生的现金流量:			
收取利息、手续费及佣金的现金		366 786 155. 10	191 991 796. 83
处置交易性金融资产净增加额			26 993 726. 16
金融企业往来收到的现金		7 936 528. 14	
其他业务收到的现金		20 301 393. 66	27 383 753. 10
收到的税费返还			
收到其他与经营活动有关的现金		6 935 719. 50	12 214 136. 06
经营活动现金流入小计		401 959 796. 40	258 583 412. 15
支付利息、手续费及佣金的现金			
购买交易性金融资产净增加额		37 831 612. 55	
支付给职工以及为职工支付的现金		37 186 548. 93	25 650 093. 63
支付的各项税费		74 769 629. 09	18 700 105. 75
支付其他与经营活动有关的现金		110 768 368. 38	73 368 368. 59
经营活动现金流出小计		260 556 158. 95	117 718 567. 97
经营活动产生的现金流量净额		141 403 637. 45	140 864 844. 18
二、投资活动产生的现金流量:			
收回投资收到的现金		10 000 000. 00	
取得投资收益收到的现金		2 834 404. 59	
处置子公司、联营企业及合营企业投资收到的现金			
处置固定资产、无形资产和其他长期资产所收到的现金		487 921. 64	
收到其他与投资活动有关的现金			
投资活动现金流入小计		13 322 326. 23	—
投资支付的现金		201 204 922. 22	
购建固定资产、无形资产和其他长期资产支付的现金		6 164 197. 46	3 859 067. 25
取得子公司、联营企业及合营企业投资支付的现金			
支付的其他与投资活动有关的现金			
投资活动现金流出小计		207 369 119. 68	3 859 067. 25
投资活动产生的现金流量净额		-194 046 793. 45	-3 859 067. 25
三、筹资活动产生的现金流量:			
吸收投资收到的现金			
其中:子公司吸收少数股东投资收到的现金			

续表

项　　目	附注	2011 年度	2010 年度
少数股东行使认股权时收到的现金			
发行债券收到的现金			
收到其他与筹资活动有关的现金			
筹资活动现金流入小计		—	-
分配股利、利润或偿付利息支付的现金			
其中:向本行股东分配股利支付的现金			
子公司支付给少数股东的股利			
偿还债务支付的现金			
支付其他与筹资活动有关的现金			
筹资活动现金流出小计		—	—
筹资活动产生的现金流量净额		—	—
四、汇率变动对现金及现金等价物的影响额			
五、现金及现金等价物净增加额		-52 643 156.00	137 005 776.93
加:期初现金及现金等价物余额		266 811 415.14	129 805 638.21
六、期末现金及现金等价物余额		214 168 259.14	266 811 415.14

法定代表人:赵利民　　主管会计工作负责人:杨明国　　会计机构负责人:张美荣

5.1.5　所有者权益变动

2011 年度所有者权益变动表

编制单位:新时代信托股份有限公司　　单位:元

项　　目	附注	实收资本	资本公积	减:库存股	盈余公积	一般风险准备	信托赔偿准备金	未分配利润	所有者权益合计
一、上年年末余额		300 000 000.00	227 319 111.21		49 347 070.38	4 258 324.38	23 080 906.15	231 937 633.33	835 943 045.45
加:1. 会计政策变更									—
2. 前期差错更正									—
3. 其他									—
二、本年年初余额		300 000 000.00	227 319 111.21	—	49 347 070.38	4 258 324.38	23 080 906.15	231 937 633.33	835 943 045.45
三、本年增减变动金额(减少以“-”号填列)		—	—	—	10 637 721.80	-284.94	5 318 860.90	90 420 920.20	106 377 217.96
(一)净利润								106 377 217.96	106 377 217.96
(二)其他综合收益									—
上述(一)和(二)小计		—	—	—	—	—		106 377 217.96	106 377 217.96
(三)所有者投入和减少资本		—	—	—	—	—	—	—	—
1. 所有者投入资本									—
2. 股份支付计入所有者权益的金额									—
3. 其他									—
(四)利润分配		—	—	—	10 637 721.80	-284.94	—	-10 637 436.86	—
1. 提取盈余公积					10 637 721.80			-10 637 721.80	—
2. 提取一般风险准备									—
3. 对所有者(或股东)的分配									—
4. 其他						-284.94		284.94	—
(五)所有者权益内部结转		—	—	—	—	—	—	—	—
1. 资本公积转增资本(或股本)									—
2. 盈余公积转增资本(或股本)									—
3. 盈余公积弥补亏损									—
4. 其他									—
(六)专项储备		—	—	—	—	—	5 318 860.90	-5 318 860.90	—
1. 本期提取							5 318 860.90	-5 318 860.90	—
2. 本期使用									—
四、本年年末余额		300 000 000.00	227 319 111.21	—	59 984 792.18	4 258 039.44	28 399 767.05	322 358 553.53	942 320 263.41

法定代表人:赵利民　　主管会计工作负责人:杨明国　　会计机构负责人:张美荣

5.2 信托资产

5.2.1 信托项目资产负债汇总表

信托项目资产负债表

2011 年 12 月 31 日

编制单位:新时代信托股份有限公司 单位:万元

信托资产	期末数	年初数
信托资产:		
货币资金	59 582. 72	63 975. 66
拆出资金	—	—
存出保证金	—	—
交易性金融资产	3 483. 62	4 165. 13
衍生金融资产	—	—
买入返售金融资产	3 000. 33	24 997. 00
应收款项	2 402. 98	1 158. 56
发放贷款	735 914. 77	885 787. 00
可供出售金融资产	—	—
持有至到期投资	4 595 628. 19	1 726 809. 75
长期应收款	—	—
长期股权投资	177 396. 00	294 550. 00
投资性房地产	—	—
固定资产	—	—
无形资产	—	—
长期待摊费用	—	—
其他资产	50 000	—
信托资产总计	5 627 408. 61	3 001 443. 10

信托项目资产负债表(续表)

2011 年 12 月 31 日

编制单位:新时代信托股份有限公司 单位:万元

信托负债和信托权益	期末数	年初数
信托负债:		
交易性金融负债	—	—
衍生金融负债	—	—
应付受托人报酬	33. 94	—
应付托管费	5. 36	—
应付受益人收益	—	—
应缴税费	—	—
应付销售服务费	—	—
其他应付款项	8 320. 67	75. 45
预计负债	—	—
其他负债	—	—
信托负债合计	8 359. 97	75. 45
信托权益:	—	—
实收信托	5 585 712. 81	2 971 544. 20
资本公积	—	—
其中:损益平准金	—	—
未分配利润	33 335. 82	29 823. 45
信托权益合计	5 619 048. 64	3 001 367. 65
信托负债及信托权益总计	5 627 408. 61	3 001 443. 10

5.2.2 信托项目利润及利润分配汇总表

信托项目利润及利润分配表

2011 年 12 月

编制单位:新时代信托股份有限公司 单位:万元

项　目	本年累计数	上年累计数
一、营业收入	283 225. 17	144 454. 86
利息收入	49 861. 24	87 337. 36
投资收益	40 357. 11	2 732. 20
公允价值变动收益	−283. 68	−410. 15
租赁收入	—	—
其他收入	193 290. 50	54 795. 45
二、营业支出	60 453. 66	35 728. 45
三、信托净利润	222 771. 51	108 726. 41
四、扣除资产损失前的信托利润		
五、其他综合收益	—	—
六、扣除资产损失后的信托利润	222 771. 51	108 726. 41
七、综合收益		
加:期初未分配信托利润	29 823. 45	7 580. 09
八、可供分配的信托利润	252 594. 96	116 306. 50
减:本期已分配信托利润	219 259. 13	86 483. 05
九、期末未分配信托利润	33 335. 83	29 823. 45

6. 会计报表附注

6.1 会计报表编制基准不符合会计核算基本前提的说明

无。

6.2 重要会计政策和会计估计说明

公司从 2008 年 1 月 1 日起执行新的《企业会计准则》。

本公司涉及需要追溯调整的经济事项:无。

6.2.1 计提资产减值准备的范围和方法

资产减值的范围:对子公司、联营企业和合营企业的长期股权投资;采用成本模式进行后续计量的投资性房地产;固定资产;无形资产;商誉等。

6.2.1.1 可能发生减值资产的认定

本公司在资产负债表日判断资产是否存在可能发生减值的迹象,存在下列迹象的,表明资产可能发生了减值。

(1)资产的市价当期大幅度下跌,其跌幅明显高于因时间的推移或者正常使用而预计的下跌。

(2)本公司经营所处的经济、技术或者法律等环境以及资产所处的市场在当期或者将在近期发生重大变化,从而对本公司产生不利影响。

(3)市场利率或者其他市场投资报酬率在当期已经提高,从而影响本公司计算资产预计未来现金流量现值的折现率,导致资产可收回金额大幅度降低。

(4)有证据表明资产已经陈旧过时或者其实体已经损坏。

(5)资产已经或者将被闲置、终止使用或者计划提前处置。

(6)本公司内部报告的证据表明资产的经济绩效已经低于或者将低于预期,如资产所创造的净现金流量或者实现的营业利润(或者亏损)远远低于(或者高于)预计金额等。

(7)其他表明资产可能已经发生减值的迹象。

因企业合并所形成的商誉和使用寿命不确定的无形资产，无论是否存在减值迹象，每年都进行减值测试。

6.2.1.2 资产可收回金额的计量

资产存在减值迹象的，估计其可收回金额。可收回金额根据资产的公允价值减去处置费用后的净额与资产预计未来现金流量的现值两者之间较高者确定。资产的公允价值减去处置费用后的净额与资产预计未来现金流量的现值，只要有一项超过了资产的账面价值，就表明资产没有发生减值，不需再估计另一项金额。

6.2.1.3 资产减值损失的确定

可收回金额的计量结果表明，资产的可收回金额低于其账面价值的，将资产的账面价值减记至可收回金额，减记的金额确认为资产减值损失，计入当期损益，同时计提相应的资产减值准备。资产减值损失确认后，减值资产的折旧或者摊销费用在未来期间作相应调整，以使该资产在剩余使用寿命内，系统地分摊调整后的资产账面价值(扣除预计净残值)。

除非本公司对减值资产进行处置，长期资产减值损失一经确认，在以后会计期间不予转回。

6.2.1.4 资产组的认定及减值处理

有迹象表明一项资产可能发生减值的，本公司以单项资产为基础估计其可收回金额。本公司难以对单项资产的可收回金额进行估计的，以该资产所属的资产组为基础确定资产组的可收回金额。资产组的认定，以资产组产生的主要现金流入是否独立于其他资产或者资产组的现金流入为依据。同时，在认定资产组时，考虑本公司管理层管理生产经营活动的方式和对资产的持续使用或者处置的决策方式等。

资产组或者资产组组合的可收回金额低于其账面价值的，确认相应的减值损失。减值损失金额先抵减分摊至资产组或者资产组组合中商誉的账面价值，再根据资产组或者资产组组合中除商誉之外的其他各项资产的账面价值所占比重，按比例抵减其他各项资产的账面价值。

以上资产账面价值的抵减，作为各单项资产的减值损失处理，计入当期损益。抵减后的各资产的账面价值不得低于以下三者之中最高者：该资产的公允价值减去处置费用后的净额、该资产预计未来现金流量的现值和零。因此而导致的未能分摊的减值损失金额，按照相关资产组或者资产组组合中其他各项资产的账面价值所占比重进行分摊。

6.2.2 金融资产四分类的范围和标准

公司按投资目的和经济实质将拥有的金融资产分为下列四类：以公允价值计量且其变动计入当期损益的金融资产，包括交易性金融资产和指定为以公允价值计量且其变动计入当期损益的金融资产；持有至到期投资；贷款和应收款项；可供出售金融资产。

6.2.3 交易性金融资产的核算方法

对于以公允价值计量且其变动计入当期损益的金融资产，按照取得时的公允价值作为初始确认金额，相关交易费用直接计入当期损益；支付的价款中包含已宣告尚未发放的现金股利或已到期尚未领取的债券利息，单独确认为应收项目；持有期间取得的利息或股利，确认为投资收益；资产负债表日，将公允价值变动计入当期损益；处置该金融资产时，其公允价值与初始入账价值之间的差额确认为投资收益，同时调整公允价值变动损益。

6.2.4 可供出售金融资产的核算方法

可供出售金融资产，按照取得时的公允价值和相关交易费用之和作为初始确认金额；支付的价款中包含的已宣告尚未发放的现金股利或已到期尚未领取的债券利息，单独确认为应收项目；持有期间取得的利息或股利，确认为投资收益；资产负债表日，按照公允价值计量，公允价值变动计入资本公积；处置可供出售金融资产时，按取得的价款与投资账面价值之间的差额计入投资收益；同时将原直接计入所有者权益的公允价值变动累计额对应处置部分的金额转出，计入投资收益。

6.2.5 持有至到期投资的核算方法

持有至到期投资，按照取得时的公允价值和相关交易费用之和作为初始确认金额；支付的价款中包含的已到期尚未领取的债券利息，单独确认为应收项目；持有期间按照摊余成本和实际利率计算确认利息收入，计入投资收益；处置持有至到期投资时，将所取得的价款与投资账面价值之间的差额计入投资收益。

6.2.6 股权投资核算方法

6.2.6.1 确认及初始计量

(1)对企业合并形成的长期股权投资，区分同一控制下的企业合并和非同一控制下企业合并进行核算

对于同一控制下的企业合并，在以支付现金、转让非现金资产或承担债务方式作为合并对价的，本公司在合并日按照取得被合并方所有者权益账面价值的份额作为长期股权投资的初始投资成本，本公司取得的净资产账面价值与支付的合并对价账面价值(或发行股份面值总额)的差额，调整资本公积；资本公积不足冲减的，调整留存收益。

对于非同一控制下的企业合并，本公司以合并成本作为长期股权投资的初始投资成本：

①一次交换交易实现的企业合并，合并成本为本公司在购买日为取得对被购买方的控制权而付出的资产、发生或承担的负债以及发行的权益性证券的公允价值。

②通过多次交换交易分步实现的企业合并，合并成本为每一单项交易成本之和。

③本公司为进行企业合并发生的各项直接相关费用计入合并成本。

对合并成本大于合并中取得的被购买方可辨认净资产公允价值份额的差额，确认为商誉，对取得的被购买方可辨认净资产公允价值份额大于合并成本的差额，经复核后计入当期损益。

(2)其他方式取得的长期股权投资初始投资成本的确定

①以支付现金取得的长期股权投资，应当按照实际支付的购买价款作为初始投资成本，包括购买过程中支付的手续费等必要支出，但所支付价款中包含的被投资单位已宣告但尚未发放的现金股利或利润应作为应收项目核算，不构成取得长期股权投资的成本。

②以发行权益性证券方式取得的长期股权投资，其成本为所发行权益性证券的公允价值，但不包括应自被投资单位收取的已宣告但尚未发放的现金股利或利润。

为发行权益性证券支付给有关证券承销机构等的手续费、

佣金等与权益性证券发行直接相关的费用,不构成取得长期股权投资的成本。该部分费用应自权益性证券的溢价发行收入中扣除,权益性证券的溢价收入不足冲减的,应冲减盈余公积和未分配利润。

③投资者投入的长期股权投资,应当按照投资合同或协议约定的价值作为初始投资成本。

④以债务重组、非货币性资产交换等方式取得的长期股权投资,其初始投资成本应按照债务重组、非货币性资产交换的原则进行确认。

6.2.6.2 后续计量及收益确认方法

本公司对不具有共同控制或重大影响的被投资单位,以及对实施控制的被投资单位的长期股权投资以成本法核算,投资收益于被投资公司宣告分派现金股利时确认,现金股利超出投资日以后累积净利润的分配额,冲减投资成本;对被投资公司具有共同控制或重大影响的长期股权投资按权益法核算,投资收益以取得股权后被投资公司实现的净损益份额计算确定。本公司在确认被投资单位发生的净亏损时,以投资账面价值减记零为限,合同约定负有承担额外损失义务的除外。如果被投资单位以后各年实现净利润,本公司在计算的收益分享额弥补未确认的亏损分担额以后,恢复确认收益分享额。

6.2.6.3 资产减值的确认

资产负债表日,若因市价持续下跌或被投资单位经营状况恶化等原因使长期股权投资存在减值迹象时,根据长期股权投资的公允价值减去处置费用后的净额与长期股权投资预计未来现金流量的现值两者之间较高者确定长期股权投资的可回收金额。长期股权投资的可收回金额低于账面价值时,按其差额计提资产减值准备。所计提的长期股权投资减值准备在以后年度不再转回。

6.2.7 投资性房地产核算方法

投资性房地产是指为赚取租金或资本增值,或两者兼而持有的房地产,包括已出租的土地使用权、持有并准备增值后转让的土地使用权以及已出租的建筑物。当本公司能够取得与投资性房地产相关的租金收入或增值收益以及投资性房地产的成本能够可靠计量时,本公司按购置或建造的实际支出对其进行确认。

本公司对投资性房地产的后续支出采用成本模式进行后续计量。对投资性房地产按照本公司固定资产或无形资产的会计政策,计提折旧或进行摊销。

当本公司改变投资性房地产用途,如用于自用时,将相关投资性房地产转入其他资产。

对存在减值迹象的投资性房地产,估计其可回收金额,可收回金额低于账面价值的,确认相应减值损失。

6.2.8 固定资产计价和折旧方法

6.2.8.1 固定资产的标准

固定资产是指使用寿命超过一个会计年度的为生产商品、提供劳务、出租或经营管理而持有的有形资产。

6.2.8.2 固定资产的确认条件

(1)该固定资产包含的经济利益很可能流入企业。

(2)该固定资产的成本能够可靠计量。

6.2.8.3 固定资产的计价方法

固定资产按照成本进行初始计量。

(1)外购固定资产的成本,包括购买价款、相关税费、使固定资产达到预定可使用状态前所发生的可归属于该项资产的运输费、装卸费、安装费和专业人员服务费等,作为初始入账价值。

(2)自行建造固定资产的成本,由建造该项资产达到预定可使用状态前所发生的全部必要支出,作为初始入账价值。

(3)投资者投入固定资产的成本,按照投资合同或协议约定的价值确定,但合同或协议约定价值不公允的除外。

(4)非货币性资产交换取得的固定资产的成本,支付补价的,其初始投资成本以换出资产的公允价值加支付的补价(或换入资产的公允价值)和应支付的相关税费确定;收到补价的,其初始投资成本以换出资产的公允价值减去补价(或换入资产的公允价值)和应支付的相关税费确定。

(5)债务重组取得的固定资产的成本,按照公允价值确定。

(6)固定资产的弃置费用按照现值计算确定入账金额。

6.2.8.4 固定资产分类及折旧方法

本公司固定资产折旧采用平均年限法计提折旧。在不考虑减值准备的情况下,按固定资产的类别、估计的经济使用年限和预计净残值率分别确定的折旧年限和年折旧率如下:

固定资产类别	折旧年限(年)	残值率(%)	年折旧率(%)
房屋及建筑物	20	5	4.75
办公设备	5	5	19.00
电子设备	3	5	31.67
运输工具	4	5	23.75
其他	5	5	19.00

6.2.9 无形资产计价及摊销政策

6.2.9.1 取得的计价方法

无形资产按照成本进行初始计量:

(1)外购无形资产的成本,包括购买价款、相关税费以及直接归属于使该项资产达到预定用途所发生的其他支出。外购无形资产的成本,包括购买价款、相关税费以及直接归属于使该项资产达到预定用途所发生的其他支出。

(2)自行开发的无形资产,其成本包括内部研究开发项目开发阶段的支出至达到预定用途前所发生的支出总额,但是对于以前期间已经费用化的支出不再调整。

(3)投资者投入无形资产的成本,按照投资合同或协议约定的价值确定,但合同或协议约定价值不公允的除外。

(4)非货币性资产交换取得的无形资产的成本,支付补价的,其初始投资成本以换出资产的公允价值加支付的补价(或换入资产的公允价值)和应支付的相关税费确定;收到补价的,其初始投资成本以换出资产的公允价值减去补价(或换入资产的公允价值)和应支付的相关税费确定。

(5)债务重组取得的无形资产的成本,按照公允价值确定。

6.2.9.2 摊销方法

无形资产的摊销方法:

企业于取得无形资产时应分析判断其使用寿命。无形资产的使用寿命为有限的,估计该使用寿命的年限或者构成使用寿命的产量等类似计量单位数量;无法预见无形资产为企业带来经济利益期限的,视为使用寿命不确定的无形资产。

使用寿命有限的无形资产自取得当月起按摊销年限分期

平均摊销,计入损益。摊销年限按以下原则确定:

(1)合同规定受益年限但法律没有规定有效年限的,摊销年限按不超过合同规定的受益年限。

(2)合同没有规定受益年限但法律规定有效年限的,摊销年限按不超过法律规定有效年限。

(3)合同规定了受益年限,法律也规定了有效年限的,摊销年限不超过受益年限和有效年限两者之中较短者。

(4)合同没有规定受益年限,法律也没有规定有效年限的,摊销年限不超过10年。

使用寿命不确定的无形资产不进行摊销。

6.2.10 长期应收款项核算方法

应收款项,按照从购货方应收的合同或协议价款作为初始确认金额;收回或处置应收款项时,将所取得的价款与应收款项账面价值之间的差额计入当期损益。

6.2.11 长期待摊费用的摊销政策

长期待摊费用按实际支出入账。公司筹建期间发生的费用(除购建固定资产以外),先在长期待摊费用中归集,在公司开始生产经营当月一次计入损益。其他费用项目在其预计受益期内(不超过3年)分期平均摊销。

6.2.12 合并会计报表的编制方式

报告期内无合并报表事项。

6.2.13 收入确认原则及方法

6.2.13.1 金融企业往来收入

金融企业往来收入为公司存放中国人民银行和同业的款项所产生的利息收入,按照实际收到的利息确认收入的实现。

6.2.13.2 手续费收入

本公司在各项业务合同签订后在规定的计算期内按应计收入的数额确认该收入的实现。

6.2.13.3 利息收入

按照让渡资金使用权的时间和适用利率计算确定。

6.2.13.4 其他业务收入

本公司在各项业务合同签订后,在规定的计算期内按应计收入的数额确认该收入的实现,出租收入在实际收到后确认为其他营业收入。

6.2.14 所得税的会计处理方法

本公司采用资产负债表债务法核算企业所得税。当本公司的可抵扣暂时性差异在可预见的未来很可能转回且未来很可能获得用来抵扣可抵扣暂时性差异的应纳税所得额时,确认递延所得税资产;当本公司存在应纳税暂时性差异时,确认为递延所得税负债。

在资产负债表日,对于当期和以前期间形成的当期所得税负债(或资产),按照税法规定计算的预期应交纳(或返还)的所得税金额计量;对于递延所得税资产和递延所得税负债,根据税法规定,按照预期收回该资产或清偿该负债期间的适用税率计量。如果适用税率发生变化,本公司对已确认的递延所得税资产和递延所得税负债将进行重新计量。除直接在所有者权益中确认的交易或者事项产生的递延所得税资产和递延所得税负债以外,本公司将税率变化产生的影响数计入变化当期的所得税费用。

资产负债表日,本公司对递延所得税资产的账面价值进行复核。如果未来期间很可能无法获得足够的应纳税所得额用以抵扣递延所得税资产的利益,则减记递延所得税资产的账面价值。在很可能获得足够的应纳税所得额时,减记的金额应当转回。

除企业合并、直接在所有者权益中确认的交易或者事项产生的所得税外,本公司当期所得税和递延所得税作为所得税费用或收益计入当期损益。

6.2.15 信托报酬确认原则和方法

信托报酬按照信托合同约定和权责发生制的原则确认。

6.3 或有事项说明

无。

6.4 重要资产转让及其出售的说明

本年度未发生重大资产转让。

6.5 会计报表中重大项目的明细资料

6.5.1 披露自营资产经营情况

6.5.1.1 按信用风险五级分类结果披露信用风险资产的期初数、期末数

风险类	正常类(万元)	关注类(万元)	次级类(万元)	可疑类(万元)	损失类(万元)	信用风险资产合计(万元)	不良资产合计(万元)	不良资产率(%)
期初数	1 612.64	2 083.90	0	150	347.67	4 194.21	497.67	0.55
期末数	968.26	2 081.05	0	150	344.14	3 543.45	494.14	0.50

6.5.1.2 资产减值损失

单位:万元

	期初数	本期计提	本期转回	本期核销	期末数
坏账准备	464.35	—	3.59	—	460.76
贷款损失准备	200.00	—	—	—	200.00
一般准备	2.00	—	—	—	2.00
专项准备	198.00	—	—	—	198.00
固定资产减值准备	—	—	—	—	—
合计	664.35	—	—	—	660.76

6.5.1.3 自营股票投资、基金投资、债券投资、股权投资等投资业务的期初数、期末数

单位:万元

	自营股票	基金	债券	长期股权投资
期初数	10 341.89	—	—	43 267.87
期末数	5 480.09	—	—	43 267.87

6.5.1.4 前五名长期股权投资

被投资单位名称	投资比例(%)	主要经营活动
新时代证券有限责任公司	12.971	证券经纪、自营、承销业务

6.5.1.5 前五名自营贷款

企业名称	金额(万元)	占贷款总额的比例(%)	还款情况
包头市凌云轻工有限责任公司	200.00	100	法院正在执行中

6.5.1.6 代理业务(委托业务)

无。

6.5.1.7 公司当年的收入结构

收入结构	金额(万元)	占比(%)
手续费及佣金收入	35 800.86	114.60
利息收入	877.75	2.81
金融企业往来收入	793.65	2.54
其他业务收入	2 030.14	6.50
其中:计入信托业务收入部分	1 653.29	5.29
投资收益	-4 047.95	-12.96
其中:股权投资收益	0	0.00
其他投资收益	-4 047.95	-12.96
公允价值变动收益	-4 313.57	-13.81
营业外收入	98.79	0.32
收入合计	31 239.67	100

6.5.2 披露信托资产管理情况

6.5.2.1 信托资产的期初数、期末数

单位:万元

信托资产	期初数	期末数
集合	1 091 105.70	1 101 365.06
单一	4 444 607.12	4 476 043.28
财产权	50 000.30	50 000.27
合计	3 001 443.10	5 627 408.61

6.5.2.1.1 主动管理型信托业务期初数、期末数

单位:万元

主动管理型信托资产	期初数	期末数
证券投资类	4 895.33	11 206.13
股权投资类	75 305.24	580 597.10
融资类	1 821 565.45	4 399 109.60
事务管理类	50 000.30	50 000.27
合计	1 951 766.32	5 040 913.10

6.5.2.1.2 被动管理型信托业务期初数、期末数

单位:万元

被动管理型信托资产	期初数	期末数
证券投资类	—	—
股权投资类	172 278.46	—
融资类	877 398.32	586 495.51
事务管理类	—	—
合计	1 049 676.78	586 495.51

6.5.2.2 本年度已清算结束的信托项目101个,实收信托1 549 395.70万元、加权平均实际年化收益率7.23%

6.5.2.2.1 本年度已清算结束信托项目个数、合计金额、加权平均实际年化收益率

已清算结束信托项目	项目个数	合计金额(万元)	加权平均实际年化收益率(%)
集合类	33	291 240.00	7.37
单一类	68	1 258 155.70	7.12

6.5.2.2.2 本年度已清算结束的主动管理型信托项目55个,合计金额553 334.7万元、加权平均实际年化收益率8.94%

已清算结束信托项目	项目个数	合计金额(万元)	信托报酬率(%)	加权平均实际年化收益率(%)
证券投资类	1	1 218.00	2.02	17.66
股权投资类	16	216 156.00	1.43	6.96
其他投资	9	65 594.70	0.30	5.85
融资类	29	270 366.00	1.57	10.69
事务管理类				

6.5.2.2.3 本年度已清算结束的被动管理型信托项目个数46个,合计金额996 061.00万元,加权平均实际年化收益率5.17%

已清算结束信托项目	项目个数	合计金额(万元)	信托报酬率(%)	加权平均实际年化收益率(%)
证券投资类	—	—	—	—
股权投资类	4	149 000.00	0.23	7.78
融资类	42	847 061.00	0.35	4.92
事务管理类	—	—	—	—

6.5.2.3 本年度新增的集合类信托项目156个,信托规模1 046 058.50万元,单一类信托项目111个,信托规模3 166 214.82万元。

单位:万元

新增信托项目	项目个数	合计金额
集合类	156	1 045 008.50
单一类	111	3 167 264.82
财产管理类		
新增合计	267	4 212 273.32
其中:主动管理型	267	4 212 273.32
被动管理型		

6.5.2.4 本公司履行受托人义务情况及因本公司自身责任而导致的信托资产损失情况(合计金额、原因等)

无。

6.5.2.5 信托赔偿准备金的提取、使用和管理情况

根据《信托法》的规定,按照当年净利润的5%提取,本年度公司净利润为10 637.72万元提取信托赔偿准备金531.89万元。截至2011年12月31日,信托赔偿准备金余额为2 839.98万元。

6.6 关联方关系及其交易的披露

6.6.1 关联交易的数量、总金额及关联交易的定价政策等

无。

6.6.2 关联交易方与本公司的关系

无。

6.6.3 本公司与关联方的重大交易事项

6.6.3.1 固有财产与关联方:贷款、投资、租赁、应收账款、担保、其他方式等

无。

6.6.3.2　信托资产与关联方：贷款、投资、租赁、应收账款担保、其他方式等

无。

6.6.3.3　固有财产与信托财产关联交易

无。

6.6.3.4　信托资产与信托财产之间的交易金额期初汇总数、本期发生额汇总数、期末汇总数

无。

6.6.4　逐笔披露关联方逾期未偿还本公司资金的详细情况以及本公司为关联方担保发生或即将发生垫款的详细情况

无。

6.7　会计制度的披露

本公司自2008年1月1日起执行财政部2006年2月15日颁布的《企业会计准则》。本财务报表以公司持续经营为基础，根据实际发生的交易和事项编制；其中，2008年度执行《企业会计准则》，2007年度执行原《企业会计准则》和《金融企业会计制度》；根据财会〔2007〕16号财政部关于印发《非上市银行业金融机构执行〈企业会计准则〉有关衔接规定》的通知，对本公司涉及《企业会计准则第38号——首次执行企业会计准则》第五条至第十九条的经济事项进行追溯调整后，按《企业会计准则第30号——财务报表列报》的要求编制财务报表。

7. 财务情况说明书

7.1　利润实现和分配情况

经利安达会计师事务所有限责任公司审计，公司2011年度实现净利润106 377 217.96元，根据企业会计准则及本公司章程规定，提取10%的法定公积金10 637 721.80元，提取5%的信托赔偿准备5 318 860.90元，截至2011年度末，公司可供股东分配利润为322 358 553.53元。

公司拟以2012年3月31日总股本50 000万股为基数，向全体股东按每10股送6股红股，共送出30 000万股，转出利润30 000万元，送股情况如下：

股东名称	送股前持股数量（万股）	送股数量（万股）	送股后持股数量（万股）
新时代远景（北京）投资有限公司	29 270	17 562	46 832
上海人广实业发展有限公司	12 195	7 317	19 512
潍坊科微投资有限公司	7 315	4 389	11 704
包头市鑫鼎盛贸易有限责任公司	1 220	732	1 952
合计	50 000	30 000	80 000

送股方案实施后，公司留存利润22 358 553.53元。

7.2　主要财务指标

指标名称	指标值	指标计算说明
资本利润率（%）	11.29	资本利润率=净利润/所有者权益
信托报酬率（%）	0.96	信托报酬率=信托业务收入/实际信托平均余额
人均净利润（万元/人）	76.53	人均净利润率=净利润/职工人数

7.3　对本公司财务状况、经营成果有重大影响的其他事项

无。

8. 特别事项揭示

8.1　前五名股东报告期内变动情况及原因

报告期内，公司收到《中国银监会关于新时代信托股份有限公司股权变更及调整股权结构的批复》（银监复〔2011〕96号），中国银监会批准深圳市金瑞丰实业发展有限公司、成都市康运实业发展有限公司将持有的新时代信托股权转让给上海人广发展实业有限公司，批准重庆四维控股（集团）股份有限公司将持有的新时代信托股权转让给潍坊科微投资有限公司。

报告期内，公司收到内蒙古监管局《关于同意新时代信托股份有限公司股份及公司章程变更的批复》（内银监复〔2011〕292号），内蒙古银监局批准海南天龙王房地产开发有限公司将持有的新时代信托股权转让给包头市鑫鼎盛贸易有限责任公司。

上述股权转让事项完成后，公司股东由五家变为四家，股权结构如下：

股东名称	持股数量（万股）	持股比例（%）
新时代远景（北京）投资有限公司	17 562	58.54
上海人广实业发展有限公司	7 317	24.39
潍坊科微投资有限公司	4 389	14.63
包头市鑫鼎盛贸易有限责任公司	732	2.44
合计	30 000	100.00

8.2　董事、监事及高级管理人员变动情况及原因

报告期内，公司独立董事王自力先生因个人原因辞去公司独立董事职务，公司董事张垠茂先生、王清强先生、王晓光先生、孟辉女士因个人原因辞去公司董事职务。

为了完善公司治理结构，公司新选举张平先生担任公司独立董事，选举刘鸿雁先生、丁德胜先生、于雷先生、丹常彤先生担任公司董事。

报告期内，公司监事长刘树忠先生、监事马建国先生因个人原因辞去公司监事职务，闫锋先生因工作变动辞去监事职务。

为了完善公司治理结构，公司选举胡宇峰先生、吴振清女士担任公司监事，选举张红权先生为职工监事。

报告期内，聘任刘鸿雁先生为公司总裁，聘任勾亦军先生为公司副总裁，聘任边涛先生、闫锋先生为总裁助理。

8.3　变更注册资本、变更注册地或公司名称、公司分立合并事项

无。

8.4　公司的重大诉讼事项

无。

8.5 公司及其董事、监事和高级管理人员受到处罚的情况

无。

8.6 银监会及其派出机构对公司检查后提出整改意见的，应简单说明整改情况

包头银监分局于2011年4月对新时代信托股份有限公司进行了检查，并于2011年4月19日向公司下发了《金融监管意见》，就增资扩股、证券业务风险、固有业务合规性、信托业务合规性等方面工作下达了监管意见，新时代信托依据监管意见成立整改小组，制定并落实了整改措施，于2010年9月向包头银监分局报送了整改情况报告。

8.7 本年度重大事项临时报告的简要内容、披露时间、所披露的媒体及其版面

无。

8.8 银监会及其省级派出机构认定的其他有必要让客户及相关利益人了解的重要信息

无。

9. 公司监事会意见

公司监事会认为：2011年度财务报表按照中国会计准则编制，会计处理方法遵循了一贯性原则；本报告年度，报表数据真实、公允地反映了新时代信托的财务状况和经营业绩。

兴业国际信托有限公司

1. 重要提示

1.1 本公司董事会及董事保证本报告所载资料不存在任何虚假记载、误导性陈述或者重大遗漏，并对其内容的真实性、准确性和完整性承担个别及连带责任。

1.2 没有个别董事的异议声明。

1.3 本公司独立董事保证本报告所载资料不存在任何虚假记载、误导性陈述或者重大遗漏，并对其内容的真实性、准确性和完整性承担个别及连带责任，没有异议声明。

1.4 本公司年度财务报表已经安永华明会计师事务所根据中国注册会计师审计准则审计，并出具了标准无保留意见的审计报告。

1.5 本公司董事长、代理总裁杨华辉，财务总监林艳及财务部门负责人林志宝声明：保证年度报告中财务报告的真实、完整。

2. 公司概况

2.1 本公司基本情况

2.1.1 法定中文名称：兴业国际信托有限公司

中文名称简称：兴业信托

英文名称全称：China Industrial International Trust Limited

英文名称简称：Industrial Trust

英文名称缩写：CIIT

2.1.2 法定代表人：杨华辉

2.1.3 注册地址：福州市鼓楼区五四路 137 号信和广场 25～26 层

邮政编码：350003

国际互联网网址：www. ciit. com. cn

联系信箱：contact@ ciit. com. cn

2.1.4 信息披露负责人：杨刚强

联系人：陈　彬

联系地址：福州市鼓楼区五四路 137 号信和广场 25～26 层

电话：(86)591－87828752

传真：(86)591－87824530

电子信箱：chenbin@ ciit. com. cn

2.1.5 选定的信息披露报纸：《金融时报》

年度报告备置地点：福州市鼓楼区五四路 137 号信和广场 26 层

2.1.6 本公司聘请的国内会计师事务所：安永华明会计师事务所

办公地址：中国北京市东城区东长安街 1 号东方广场安永大楼(即东三办公室)16 层

电话：(86)10－58153000

传真：(86)10－85188298

2.2 组织结构

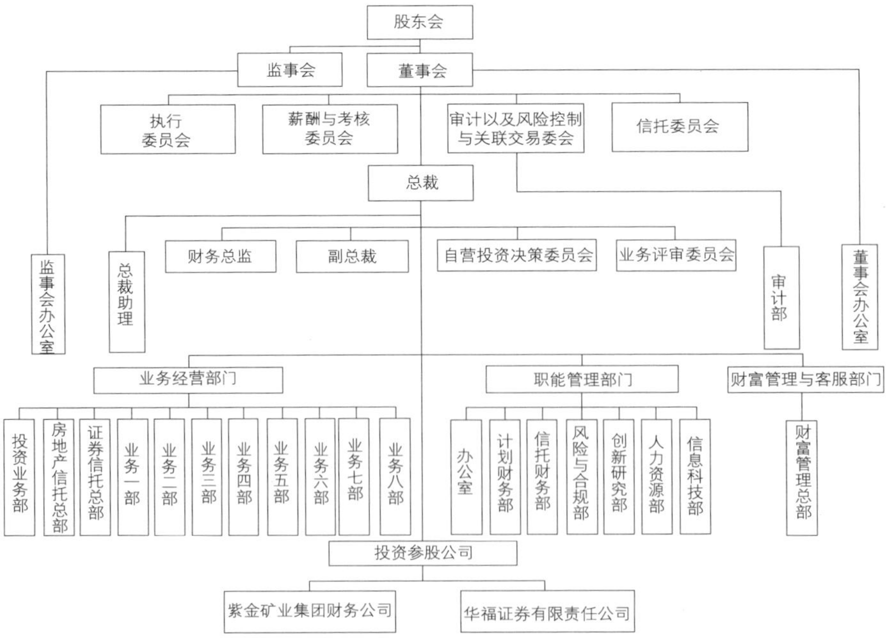

3. 公司治理结构

3.1 股东

股东名称	持股比例(%)	法人代表	注册资本(万元)	注册地址	主要经营业务及主要财务情况
★兴业银行股份有限公司	73.0000	高建平	1 078 641.11	福建省福州市湖东路154号	主要经营业务:商业银行业务。 主要财务情况:截至2011年末资产总额23 868.09亿元,负债总额22 718.36亿元,所有者权益1 149.73亿元。
澳大利亚国民银行	16.8334	—	2 527 400.00(澳元)	澳大利亚维多利亚州墨尔本市帕克大街800号4层	主要经营业务:主要通过位于澳大利亚、新西兰、亚洲、英国及美国的机构与网点提供个人银行、商业银行、批发银行、财务管理等产品与服务。 主要财务情况:澳大利亚国民银行年报的截止日为9月30日。截至2011年9月30日资产总额7 537.57亿澳元,负债总额7 115.69亿澳元,所有者权益421.88亿澳元。
福建华投投资有限公司	9.3333	苏文生	20 974.86	福建省福州市湖东路152号华信大厦1~6层	主要经营业务:对金融、基础设施、高新技术、服务业的投资。 主要财务情况(未经审计):截至2011年末资产总额6.30亿元,负债总额1.28亿元,所有者权益5.02亿元。
南平市投资担保中心	0.8333	叶美秀	5 596.00	福建省南平市解放路93号	主要经营业务:为南平市的重点项目和城市建设筹措资金;房地产开发、担保、见证、租赁、典当、拍卖等。 主要财务情况(未经审计):截至2011年末资产总额1.95亿元,负债总额0.99亿元,所有者权益0.95亿元。

注:★表示为本公司控股股东。

3.2 董事

董事长、董事

姓名	职务	性别	年龄	选任日期	所推举的股东名称	该股东持股比例(%)	简要履历
杨华辉	董事长	男	46	2009年9月	兴业银行股份有限公司	73	现任兴业国际信托有限公司董事长、代理总裁;曾任兴业银行上海证券业务部总经理、兴业证券公司上海业务部总经理、兴业银行上海分行副行长、兴业银行杭州分行行长等职。
郑新林	董事	男	42	2009年9月	兴业银行股份有限公司	73	现任兴业银行同业业务部总经理、九江银行股份有限公司董事;曾任兴业银行上海分行计划财务部总经理、兴业银行上海分行副行长、兴业银行资金营运中心副总经理等职。
林　艳	董事	女	41	2009年9月	兴业银行股份有限公司	73	现任兴业国际信托有限公司财务总监;曾任兴业银行财务会计部财务科副科长、兴业银行杭州分行计划财务部总经理、兴业银行计划财务部副总经理等职。
赖少英	董事	女	55	2009年9月	兴业银行股份有限公司	73	现任兴业国际信托有限公司副总裁;曾任福建漳州信托投资公司总经理、福建省二轻工业总公司副总经理、福建省华侨信托投资公司副总经理等职。
Robert Bettridge	董事	男	58	2009年9月	澳大利亚国民银行	16.8334	现任澳大利亚国民银行集团发展亚洲总经理;曾任澳大利亚国民银行南澳大利亚区域经理、澳大利亚金融计划经理、PT MLC人寿印度尼西亚区总裁、MLC(香港)董事总经理和总裁、MLC委托人(香港)有限公司总裁等职。
陈山平	董事	男	62	2009年9月	福建华投投资有限公司	9.3333	现任福建省投资开发集团有限责任公司副董事长;曾任中共福建省委组织部青年干部处处长、福建省华侨信托投资有限公司总经理、福建华侨投资(控股)公司总经理。

独立董事

姓名	所在单位职务	性别	年龄	选任日期	提名方	简要履历
周业樑	中国人民银行总行参事	男	62	2009年9月	本公司	现任中国人民银行总行参事;曾任中国人民银行福建省分行副行长、中国人民银行福州中心支行行长、中国人民银行杭州中心支行行长等职。
顾功耘	华东政法大学教授	男	53	2009年9月	本公司	现任华东政法大学教授;曾任海通证券股份公司、中海发展股份公司、万业企业股份公司、东方证券股份公司独立董事,复旦大学分校讲师等职。
张希东	福建银监局巡视员	男	61	2011年6月	本公司	现任福建省银监局巡视员;曾任中国人民银行福建省分行综合计划处副处长、办公室副主任,福建金融管理干部学院党委副书记、副院长,福建金融管理干部学院党委书记,中国人民银行福建省分行纪检组长,福建银监局党委委员、纪委书记等职务。

3.3 监事

监事会召集人、监事

姓名	职务	性别	年龄	选任日期	所推举的股东名称	该股东持股比例(%)	简要履历
柯　楷	监事会召集人	男	40	2009年9月	兴业银行股份有限公司	73	现任兴业国际信托有限公司监事会召集人；曾任兴业银行人力资源部干部综合处高级经理、兴业银行人力资源部总经理助理、兴业银行人力资源部副总经理等职。
叶美秀	监事	女	55	2009年9月	南平市投资担保中心	0.8333	现任南平市投资担保中心总经理；曾任南平水泥股份有限公司董事、闽北武夷信托投资公司副总经理等职。
吴体光	监事	男	41	2009年9月	本公司职工代表大会	—	现任兴业国际信托有限公司财富管理总部总经理；曾任福建省华侨信托投资公司稽核室审计部经理、兴业国际信托有限公司审计部总经理。

3.4 高级管理人员

姓　名	职　务	性别	年龄	选任日期	金融从业年限	学历/学位	专业	简要履历
杨华辉	代理总裁	男	46	2009年9月	20	研究生/经济学博士	应用经济学	现任兴业国际信托有限公司董事长、代理总裁；曾任兴业银行上海证券业务部总经理、兴业证券公司上海业务部总经理、兴业银行上海分行副行长、兴业银行杭州分行行长等职。
赖少英	副总裁	女	55	2003年2月	26	研究生/经济学博士	经济学	现任兴业国际信托有限公司副总裁；曾任福建漳州信托投资公司总经理、福建省二轻工业总公司副总经理、福建省华侨信托投资公司副总经理等职。
司斌	副总裁	男	39	2009年9月	17	大学本科/经济学学士	金融	现任兴业国际信托有限公司副总裁；曾任兴业银行公司业务部总经理助理、兴业银行郑州分行副行长等职。
林　艳	财务总监	女	41	2009年9月	18	大学本科/工商管理硕士	会计学	现任兴业国际信托有限公司财务总监；曾任兴业银行财务会计部财务科副科长、兴业银行杭州分行计划财务部总经理、兴业银行计划财务部副总经理等职。

3.5 公司员工

报告期末，公司在职员工175人，平均年龄为32.44岁。其中：博士学历4人，占2.29%；硕士学历67人，占38.29%；本科学历86人，占49.14%；专科学历11人，占6.29%；其他学历7人，占4.00%。

4. 经营管理

4.1 经营目标、方针、战略规划

4.1.1 经营目标

围绕建设"综合性、多元化、有特色的全国一流信托公司"的发展目标，坚持以科学发展观为指导，认真贯彻落实国家宏观经济政策和金融监管要求，加强与主要股东的战略协同和业务协同，坚持发展与管理并重，着力提升创新能力和盈利能力，建立和健全财富管理体制与机制，进一步塑造公司经营特色和核心竞争力，努力推动公司各项事业持续、快速、健康发展，致力于成为卓越的全国性综合信托业务经营商。

4.1.2 经营方针

以市场为导向、以客户为中心、以人才为根本、以创新为动力，立足福建、面向全国，综合化经营、专业化服务。

4.1.3 战略规划

作为银行系信托公司，本公司将充分运用兴业银行等主要股东的资源与优势，全面建立与各股东单位的战略协同与业务协同，努力塑造公司经营特色和核心竞争力，通过五年左右的努力发展成为卓越的全国性综合信托业务经营商。卓越的基本内涵包括：一流的经营能力、较强的品牌影响力和领先的行业地位。本公司的发展战略规划分三阶段实施：

第一阶段：整合期（2011年）。在这一阶段，本公司业务主要以战略基础业务为主，同时探索性开展战略核心业务，主要经营目标是解决生存问题，在行业中站稳脚跟。现已圆满实现第一阶段发展目标。

第二阶段：发展期（2012—2013年）。再利用2年时间，实现公司业务的快速发展。在这一阶段，形成公司稳定的业务模式、完善的组织与流程、较强的风险管理能力。在此基础上，公司的战略基础业务已粗具规模，战略核心业务全面启动。

第三阶段：品牌期（2014—2015年）。再利用2年的时间，实现公司业务的品牌优势，建立以品牌为核心的竞争优势，在此基础上实现公司业务的稳步增长。这一阶段，公司业务已经初步形成品牌优势，组织与流程进一步优化，具有完善的风险管理体系。这一阶段，公司的战略基础业务和战略核心业务均具有相当规模，在行业中处于领先地位。

4.2 所经营业务的主要内容

自营资产运用与分布表

2011年12月31日

资产运用	金额（万元）	占比（%）	资产分布	金额（万元）	占比（%）
货币资产	215 812.75	64.28	基础产业	613.99	0.18
贷款及应收款	44 363.20	13.21	房地产业	12 686.63	3.78
交易性金融资产	—	0.00	证券市场	41 759.30	12.44
可供出售金融资产	49 897.03	14.86	实业	34 146.57	10.17

续表

资产运用	金额（万元）	占比（%）	资产分布	金额（万元）	占比（%）
持有至到期投资	—	0.00	金融机构	237 868.05	70.85
长期股权投资	20 488.35	6.10	其他	8 651.55	2.58
其他	5 164.76	1.55			
资产总计	335 726.09	100.00	资产总计	335 726.09	100.00

信托资产运用与分布表

2011 年 12 月 31 日

资产运用	金额（万元）	占比（%）	资产分布	金额（万元）	占比（%）
货币资产	796 365.77	5.28	基础产业	3 985 763.00	26.43
贷款	6 656 168.00	44.15	房地产	978 518.05	6.49
交易性金融资产投资	925 352.41	6.14	证券市场	2 208 954.64	14.65
可供出售金融资产投资	5 960 705.15	39.53	实业	3 340 954	22.16
持有至到期投资	0	0	金融机构	4 105 936.60	27.23
长期股权投资	350 013.00	2.32	其他	457 616.01	3.04
其他	389 137.97	2.58			
信托资产总计	15 077 742.30	100	信托资产总计	15 077 742.30	100

4.3 市场分析

4.3.1 有利因素

（1）我国高端理财市场前景较为乐观。我国经济持续较快增长带动了居民财富增加，迅速增加的高净值人士为信托业提供了庞大的潜在客户群。根据美林集团和凯捷咨询公司联合发布的 2011 年《全球财富报告》，我国 2010 年的高净值个人（个人可投资资产在 100 万美元以上）达到了 53.5 万人，在世界上排名前四，仅次于美国、日本和德国。

（2）国家"十二五"规划以及发展新兴产业、加快保障房建设和棚户区改造，鼓励和引导民间投资等政策都为信托业的发展提供了广阔的空间，进一步拓宽了信托业务领域。

（3）我国信托行业回归"受人之托、为之理财"的主业，制度环境逐步改善，有助于降低行业经营性风险，特别是监管部门出台的《信托公司净资本管理办法》及与之配套的相关制度，有利于引导信托公司发展回归信托本源，投入更大的力量强化资金自主募集和管理能力，构建核心竞争力，实现长期稳定可持续的增长。

（4）2011 年 3 月国家发展和改革委员会发布的《海峡西岸经济区发展规划》，为本公司发展提供了良好的区域政策优势。信托公司可以利用其灵活的制度空间，为海峡西岸经济区发展在基础设施建设、产业结构调整、企业重组与发展等方面的实施提供多方位的金融服务。

（5）本公司 2011 年完成了增资工作，注册资本金由人民币 5.1 亿元增加至 12 亿元。增资资金到位后，为本公司信托业务发展提供了有力的净资本支撑，并为本公司开展固有业务提供了较为雄厚的资本金支持。

4.3.2 不利因素

（1）外部发展环境复杂多变，不确定因素增多。我国经济正处于企稳回升的关键时期，有效治理通货膨胀、调整优化产业结构升级已成为经济增长模式转变的重心，信托公司发展面临着更加复杂多变的外部经营环境，对信托公司业务拓展和风险管理能力提出了新的挑战。

（2）受国家宏观调控政策和监管政策因素影响，信托公司传统业务模式面临着较大的挑战与压力，业务转型十分迫切。

（3）市场竞争激烈。信托公司的理财业务范围广泛，但理财业务的经营并非信托公司独享，其他金融机构也在不同程度地开展理财业务。银行、券商、保险等金融机构实力雄厚，渠道和网络广泛，客户基础扎实，信托公司要在激烈的竞争中取得比较优势相对困难。

4.4 内部控制概况

4.4.1 内部控制环境和内部控制文化

本公司具有完善的法人治理结构。公司建立了由股东会、董事会、监事会和高级管理层组成的公司治理结构，形成了权力机构、决策机构、监督机构和管理层之间分工配合、各司其职、相互协调、有效制衡的内控运行机制，从而确保对各类风险的事前防范、事中控制、事后监督得到有效执行，为公司发展提供良好的内部控制环境。

本公司高度重视内部控制文化的建设和培育，通过合规培训、制度建设、科技系统控制、合规检查、法律讲座等多种形式开展合规文化建设，加强公司合规经营管理，培养员工合规理念与风险防范意识，营造良好的内控文化氛围。

4.4.2 内部控制措施

本公司董事会负责建立并实施充分而有效的内部控制体系，董事会下设审计以及风险控制与关联交易委员会，负责审查本公司内部控制体系，监督本公司内部控制的有效实施和内部控制自我评价情况。2011 年本公司继续深入完善内部控制工作，通过业务部门、风险管理部门、内部审计部门三道风险防御体系，配以明确的授权体系、规范的风险报告机制，从内部控制环境、程序和措施上防范各项业务风险。

在日常运营中，本公司建立了有效的业务决策系统，针对信托业务和固有业务不同特性，分别成立了业务评审委员会和自营决策投资委员会。

在业务流程管理方面，本公司严格按照前台、中台、后台划分：前台负责对业务进行立项、论证、审批前的尽职调查、信托方案设计和提交，完成项目审批后投资交易和运作管理、客户营销等工作；中台贯穿业务的决策程序和管理环节，负责业务项目的合法合规性审核、风险评估、议事决策、业务综合管理和过程控制对系统性风险提出指导意见和改进措施，对个别性风险发出预警信号，和前台部门共同完成事前防范和事中控制；后台负责对信托业务和自营业务财务管理和会计核算、科技支持、客户维护、风险检查和审计监督，对前中台提供支持服务和监督评价。各个部门之间有效配合且相互制衡，从而确保业务项目顺利开展与风险管理全面实施。

在制度建设方面，本公司依据法律法规及监管部门发布的规范性文件，对公司各项规章制度进行了合规性评估，修订和完善了公司业务、行政、财务、人事等制度体系；建立和完善了公司重大突发事件的处置机制、诉讼案件管理办法等，建立健全全面风险管理体系，加大审计监督力度。同时重视并加强法律法规、内部控制制度和内部控制流程的培训，保障了内控制度及操作流程的有效执行。

4.4.3 监督评价与纠正

本公司对内部控制建立和执行情况进行定期和不定期的监督检查，评价内部控制有效性，发现内部控制缺陷，并及时加以改进，确保内部控制有效运行。

本公司各业务部门对各项业务的经营状况进行经常性自我检查，及时发现内部控制缺陷并整改。本公司风险与合规部适时进行专项检查，督促、追踪内部控制缺陷的整改情况；审计部依照内部审计工作程序开展独立的审计监督活动，并依照相关规定对问题整改情况进行追踪。通过不断健全完善内部控制各项制度，本公司有力地保障了各项业务的正常运作与较高的风险管理水平。

4.5 风险管理

4.5.1 概况

本公司在经营活动中可能遇到的风险主要包括信用风险、市场风险、操作风险、政策风险、法律风险、道德风险等。

本公司风险管理遵循合规性、全面性、独立性、制衡性、程序性等基本原则。合规性，即公司经营活动应遵守所涉及的法律、法规、监管规定及公司规章制度；全面性，即风险管理涵盖各项业务管理各环节，并渗透到各项业务过程中；独立性，即公司风险管理部门与各业务部门及支持保障部门保持相互独立，可直接向董事会和高级管理层报告，保证风险管理得到切实有效的执行；制衡性，即明确划分相关部门、岗位之间的职责，建立职责分离、横向与纵向相互监督制约的机制；程序性，即公司风险管理组织系统的安排遵循事前授权审批、事中控制和事后监督三道程序。

在风险管理组织建设方面，本公司分别于董事会、经营管理层面设立了风险管理机构，风险防范制度贯穿于业务全过程。

(1)在董事会设立了审计以及风险控制与关联交易委员会，负责指导公司的风险控制、管理、监督和评估工作。

(2)在经营管理层面，设立业务评审委员会和自营投资决策委员会。

业务评审委员会是公司业务评审机构，主要职责是审议公司信托业务发展战略和业务发展策略，审议信托业务运作流程、专项制度和准入条件等。

自营投资决策委员会主要职责是审议公司自营投资业务总体发展方向、阶段性拓展重点，审议自营投资业务风险政策、财务政策和风险计量，审议规定范围内的具体自营投资业务项目。

(3)本公司设立风险与合规部，负责对拟报送业务评审委员会、自营投资决策委员会审议的项目进行初审，并履行业务风险管理和合规管理职责。

(4)本公司设立审计部，负责对公司内部控制和各项业务风险管理状况进行监督评价，并直接向董事会报告。

4.5.2 风险状况

4.5.2.1 信用风险状况

信用风险是指交易对手未能履行合同所带来的经济损失风险。公司高度关注交易对手的履约能力，针对各类业务特点制定了相应的业务操作规程，将信用风险管理运用于贷前调查、贷中审查和贷后管理阶段。

信用风险资产分类情况：(1)信托业务方面，截至2011年末，本公司信托资产1 507.77亿元，无不良资产。(2)固有业务方面，截至2011年末，本公司信用资产总计33 015万元，无不良资产。

本公司一般准备、资产减值准备的计提和信托赔偿准备金提取方法如下：(1)一般准备：根据国家财政部财金〔2005〕49号《关于印发〈金融企业呆账准备提取管理办法〉的通知》和财金〔2005〕90号《关于呆账准备提取有关问题的通知》规定，本公司从当年净利润中提取一般风险准备作为利润分配处理，用于弥补尚未识别的可能性损失的准备。一般风险准备余额不低于风险资产年末余额的1%。(2)资产减值准备：计提资产减值准备的范围和方法见会计报表附注。(3)信托赔偿准备金：根据《信托公司管理办法》第四十九条规定，从税后利润中提取5%作为信托赔偿准备金。

对于抵押品确认原则：抵押品必须是抵押人所有的或依法有处分权的财产，且须经过有资质的中介机构评估，抵押贷款应签订抵押合同，并按规定到有关部门登记。本公司专门制定了《房地产信托融资抵押率判断指引》，在参考中介机构评估价值的基础上，结合业务实际情况，综合评判抵押价值。

4.5.2.2 市场风险状况

市场风险是指因为股价、房价、市场汇率、利率或其他价格因素变动而产生的或可能产生的风险，同时市场风险还具有很强的传导性，某些信用风险的根源可能也来自于交易对手的市场风险。

信托资产方面，截至2011年末，本公司房地产信托融资金额为97.85亿元，其中融资用于支持保障性住房60.87亿元，占房地产信托规模的62.21%，属于国家政策鼓励开展的业务，项目建设与资金回笼保障度较高，市场风险相对较小；其他融资类房地产项目金额36.98亿元，占房地产信托规模的37.79%，该类项目受国家宏观调控政策影响相对较大，房地产市场价格与销售状况将影响信托项目的资金回笼，公司房地产信托融资担保充足，融资人违约成本高，各项风险控制措施设置得当，因此房地产价格变化对本公司盈利能力和财务状况影响相对较小。本公司证券投资信托业务规模有了较大的发展，主要运用为债券、二级市场股票等。截至2011年末，本公司证券投资信托业务(含债券)规模为220.24亿元。

固有资产方面，截至2011年末，本公司证券投资公允价值31 367.23万元，其中二级市场股票投资公允价值0元，市场风险相对较小；长期股权投资余额20 488万元，包括紫金矿业集团财务有限公司2 500万元，华福证券有限责任公司17 988万元。

4.5.2.3 操作风险状况

操作风险主要是指因内部控制系统不完善、管理失误、控制缺失，或其他一些人为错误而导致的风险。本公司各项控制制度和操作规程涵盖了所有的业务领域，并且对业务流程进行优化，严格按照公司问责制度的有关规定对违规操作的人员进行问责，操作风险控制较好。

4.5.2.4 其他风险状况

本公司可能面临的其他风险主要有政策风险、法律风险、道德风险等。报告期内本公司未发生此类风险。

4.5.3 风险管理

4.5.3.1 信用风险管理

本公司信用风险管理策略:一是针对各类业务特点制定了相应的评审指引、准入标准和流程管理办法。二是加强事前对交易对手的尽职调查,进行事前控制。三是严格落实贷款担保措施,客观、公正地评估抵(质)押物,并通过贷后交易对手担保物情况,持续跟踪进行事后控制。四是对所购入的企业债券进行信用级别限制。五是风险管理部门对业务项目信用风险情况进行风险排查,以及时发现问题并采取相应措施。六是遵照监管机关的要求,进行信贷资产五级分类,并进行动态管理。七是严格按财政部和中国银监会的要求,提足包括呆账准备金、信托赔偿准备金在内的各项准备金。

4.5.3.2 市场风险管理

本公司市场风险管理策略:一是加强宏观经济及金融形势的分析预测,提出业务主要发展方向和调整方案;二是根据市场行情,加强对交易对手在其所处行业的市场竞争能力的分析,准确把握资金进入时机,密切跟踪市场变化,及时调整投资策略,通过资产或投资的合理组合实现风险的有效对冲和补偿,以规避市场风险;三是在业务决策和业务流程管理过程中,通过压力测试和动态监控,对项目进行严格管理;四是积极贯彻落实监管部门有关法律法规的精神,及时对相关业务提出风险提示,密切关注市场变化,加强风险防范。

4.5.3.3 操作风险管理

公司操作风险管理策略:一是不断完善各项规章制度和业务操作流程,构建了职责分离、相互监督制约的组织架构,制定了科学的审批程序,切实加强执行力度。二是实行严格的复核、审核程序,建立了严格的信息系统管理制度。三是加强对员工培训、教育,增强员工责任感和道德水平,执行问责制度,提高业务合规管理和风险管理质量。四是对内控执行情况和项目合规情况进行定期检查,督促及时整改。

4.5.3.4 其他风险管理

针对可能面临的其他风险如科技风险、声誉风险等,公司通过制定相应的风险控制制度加以防范和化解。

5. 报告期末及上一年度末的比较式会计报表

5.1 自营资产

5.1.1 会计师事务所审计结论

审 计 报 告

安永华明(2012)审字第60763166_B01号

兴业国际信托有限公司董事会:

我们审计了后附的兴业国际信托有限公司的财务报表,包括2011年12月31日的资产负债表,2011年度的利润表、所有者权益变动表和现金流量表以及财务报表附注。

一、管理层对财务报表的责任

编制和公允列报财务报表是兴业国际信托有限公司管理层的责任。这种责任包括:(1)按照企业会计准则的规定编制财务报表,并使其实现公允反映;(2)设计、执行和维护必要的内部控制,以使财务报表不存在由于舞弊或错误而导致的重大错报。

二、注册会计师的责任

我们的责任是在执行审计工作的基础上对财务报表发表审计意见。我们按照中国注册会计师审计准则的规定执行了审计工作。中国注册会计师审计准则要求我们遵守中国注册会计师职业道德守则,计划和执行审计工作以对财务报表是否不存在重大错报获取合理保证。

审计工作涉及实施审计程序,以获取有关财务报表金额和披露的审计证据。选择的审计程序取决于注册会计师的判断,包括对由于舞弊或错误导致的财务报表重大错报风险的评估。在进行风险评估时,注册会计师考虑与财务报表编制和公允列报相关的内部控制,以设计恰当的审计程序,但目的并非对内部控制的有效性发表意见。审计工作还包括评价管理层选用会计政策的恰当性和作出会计估计的合理性,以及评价财务报表的总体列报。

我们相信,我们获取的审计证据是充分、适当的,为发表审计意见提供了基础。

三、审计意见

我们认为,上述财务报表在所有重大方面按照企业会计准则的规定编制,公允反映了兴业国际信托有限公司2011年12月31日的公司财务状况以及2011年度的公司的经营成果和现金流量。

安永华明会计师事务所　　中国注册会计师 徐 艳

中国 北京　　中国注册会计师 严盛炜

2012年2月21日

5.1.2 资产负债表

资产负债表

单位:万元

资产	2011年12月31日	2010年12月31日
资产		
货币资金	215 812.75	21 115.20
交易性金融资产	—	1 803.80
应收手续费及佣金	9 633.86	1 924.62
应收利息	721.89	331.78
发放贷款及垫款	20 000.00	1 970.00
可供出售金融资产	49 897.03	36 041.99
应收款项类投资	11 347.79	—
长期股权投资	20 488.35	20 488.35
固定资产	2 647.87	2 470.29
无形资产	274.56	79.67
递延所得税资产	1 282.18	—
其他资产	3 619.82	1 639.21
资产总计	335 726.09	87 864.91
负债		
应付职工薪酬	5 400.82	2 882.15
应交税费	7 950.18	3 089.41
递延所得税负债	—	607.12

续表

资产	2011年12月31日	2010年12月31日
其他负债	557.41	1 240.37
负债合计	13 908.41	7 819.05
所有者权益		
实收资本	120 000.00	51 000.00
资本公积	155 591.52	3 227.57
盈余公积	5 415.99	3 375.20
一般风险准备	754.71	379.47
信托赔偿准备	2 596.73	1 576.34
未分配利润	37 458.73	20 487.28
所有者权益合计	321 817.68	80 045.86
负债和所有者权益合计	335 726.09	87 864.91

5.1.3 利润表

利润表

单位：万元

	2011年度	2010年度
一、营业收入		
利息收入	2 577.25	766.45
利息支出	(7.51)	—
利息净收入	2 569.75	766.45
手续费及佣金收入	44 210.41	10 813.89
手续费及佣金支出	(766.50)	(274.28)
手续费及佣金净收入	43 443.91	10 539.61
投资收益	2 964.48	9 321.16
公允价值变动损益	—	43.50
汇兑损益	(0.11)	—
其他业务收入	66.04	—
营业收入合计	49 044.07	20 670.72
二、营业支出		
营业税金及附加	(2 745.20)	(1 150.32)
业务及管理费	(18 632.84)	(9 187.80)
资产减值损失	—	—
营业支出合计	(21 378.04)	(10 338.12)
三、营业利润	27 666.04	10 332.60
加：营业外收入	68.39	20.84
减：营业外支出	(109.16)	(41.45)
四、利润总额	27 625.26	10 311.99
减：所得税费用	(7 217.39)	(2 722.75)
五、净利润	20 407.87	7 589.24
六、其他综合收益	(3 576.05)	(1 185.90)
七、综合收益总额	16 831.83	6 403.34

5.1.4 所有者权益变动表

所有者权益变动表

单位：万元

	实收资本	资本公积	盈余公积	一般风险准备	信托赔偿准备	未分配利润	合计
一、本年年初余额	51 000.00	3 227.56	3 375.21	379.47	1 576.34	20 487.28	80 045.86
二、本年增减变动金额							
（一）净利润						20 407.87	20 407.87
（二）其他综合收益		(3 576.04)					(3576.04)
综合收益总额		(3 576.04)				20 407.87	16 831.83
（三）所有者投入资本	69 000.00	155 940.00					224 940.00
（四）利润分配							
1. 提取盈余公积			2 040.79			(2040.79)	
2. 提取一般风险准备				375.23		(375.23)	
3. 提取信托赔偿准备					1 020.39	(1020.39)	
三、本年年末余额	120 000.00	155 591.52	5 415.99	754.71	2 596.73	37 458.73	321 817.68

5.2 信托资产

5.2.1 信托项目资产负债汇总表

信托项目资产负债汇总表

单位：万元

信托资产	期初数	期末数	信托负债和信托权益	期初数	期末数
信托资产			信托负债		
货币资金	406 294.74	796 365.77	交易性金融负债	—	
拆出资金	—		衍生金融负债	—	
存出保证金	—		应付受托人报酬	481.98	1 134.69
交易性金融资产	282 628.82	925 352.41	应付保管费	160.52	453.09
衍生金融资产	—		应付受益人收益	6 271.13	14 131.87

续表

信托资产	期初数	期末数	信托负债和信托权益	期初数	期末数
买入返售金融资产	35 800. 81	371 858. 04	其他应付款项	—	
应收款项	1 441. 12	17 279. 93	应交税费	—	
发放贷款	1 199 525. 19	66 56168	应付销售服务费	—	
可供出售金融资产	1 232 948. 87	5 960 705. 15	其他应付款项	44 480. 45	41 557. 19
持有至到期投资	—		其他负债	—	
长期应收款	—		信托负债合计	51 394. 08	57 276. 84
长期股权投资	105 417	350 013			
投资性房地产	—	—	信托权益		
固定资产	—	—	实收信托	3 183 277. 65	15 260 501. 96
无形资产	—	—	资本公积	—	
长期待摊费用	—	—	未分配利润	29 384. 82	-240 036. 50
其他资产			信托权益合计	3 212 662. 47	15 020 465. 46
信托资产总计	3 264 056. 55	15 077 742. 30	信托负债及权益总计	3 264 056. 55	15 077 742. 30

5. 2. 2 信托项目利润及利润分配汇总表

信托项目利润及利润分配表

单位:万元

项 目	本年数	上年数
一、营业收入	74 665. 76	134 085. 98
利息收入	260 601. 77	89 851. 84
投资收益	(120 213. 87)	33 403. 61
公允价值变动损益	(141 324. 94)	(1 257. 70)
租赁收入	18 463. 68	
汇兑损益	0	
其他收入	57 139. 12	12 088. 23
二、支出	97 600. 91	18 981. 15
营业税金及附加		
受托人报酬	35 133. 53	8 071. 83
保管费	6 902. 02	1 231. 35
投资管理费	10 678. 21	2 562. 70
销售服务费	6 119. 70	1 822. 97
交易费用	21 208. 13	1 609. 20
资产减值损失		
其他费用	17 559. 32	3 683. 10
三、信托净利润	(22 935. 15)	115 104. 83
四、其他综合收益		
五、综合收益	(22 935. 15)	115 104. 83
加:期初未分配信托利润	29 384. 81	92. 41
六、可供分配的信托利润	6 449. 66	115 197. 24
减:本期已分配信托利润	246 486. 16	85 812. 42
七、期末未分配信托利润	(240 036. 50)	29 384. 82

6. 会计报表附注

6. 1 报告期内公司会计报表编制基准、会计政策、会计估计和核算方法未发生变化

无。

6. 2 截至资产负债表日,本公司无须要披露的重大或有事项

无。

6. 3 本公司报告期内无重要资产转让及出售事项

无。

6. 4 会计报表中重要项目的明细资料

6. 4. 1 自营资产经营情况

6. 4. 1. 1 信用风险资产情况

信用风险资产五级分类	正常类(万元)	关注类(万元)	次级类(万元)	可疑类(万元)	损失类(万元)	信用风险资产合计(万元)	不良资产合计(万元)	不良资产率(%)
期初数	2 990	1 970	0	0	0	4 960	0	0
期末数	33 015	0	0	0	0	33 015	0	0

6. 4. 1. 2 各项资产减值损失准备情况

单位:万元

	期初数	本期计提	本期转回	本期核销	期末数
贷款损失准备	0	0	0	0	0
一般准备	0	0	0	0	0
专项准备	0	0	0	0	0
其他资产减值准备	0	0	0	0	0
可供出售金融资产减值准备	0	0	0	0	0
持有至到期投资减值准备	0	0	0	0	0
长期股权投资减值准备	0	0	0	0	0
坏账准备	0	0	0	0	0
投资性房地产减值准备	0	0	0	0	0

6.4.1.3　固有业务股票投资、基金投资、债券投资、股权投资等投资业务情况

单位：万元

	自营股票	基金	债券	长期股权投资	其他投资	合计
期初数	12 273	0	8 993	20 488	16 580	58 334
期末数	6 673	0	24 694	20 488	18 530	70 385

6.4.1.4　自营长期股权投资情况

企业名称	占被投资企业权益的比例(%)	主要经营活动	投资收益（万元）
紫金矿业集团财务有限公司	5	为成员单位提供金融服务	130
华福证券有限责任公司	4.3519	证券的代理买卖	0

6.4.1.5　自营贷款情况

企业名称	占贷款总额的比例(%)	还款情况
广西有色金属集团有限公司	100	—

6.4.1.6　表外业务情况

单位：万元

表外业务	期初数	期末数
担保业务	0	0
代理业务(委托业务)	0	0
其他	0	0
合计	0	0

6.4.1.7　公司当年度收入结构

收入结构	金额(万元)	占比(%)
手续费及佣金收入	44 210	88.62
其中:信托手续费收入	42 334	84.86
投资银行业务收入	1 876	3.76
利息收入	2 577	5.17
其他业务收入	66	0.13
其中:计入信托业务收入部分	0	0.00
投资收益	2 965	5.94
其中:股权投资收益	130	0.26
证券投资收益	1 565	3.14
其他投资收益	1 269	2.54
公允价值变动收益	0	0.00
营业外收入	68	0.14
收入合计	49 886	100.00

6.4.2　信托资产管理情况

6.4.2.1　信托资产情况

单位：万元

信托资产	期初数	期末数
集合	889 774	3 343 964
单一	2 371 879	11 454 278
财产权	2 404	279 500
合计	3 264 057	15 077 742

6.4.2.1.1　主动管理型信托业务情况

单位：万元

主动管理型信托资产	期初数	期末数
证券投资类	872 222	1 997 408
股权及其他投资类	119 000	794 292
融资类	843 972	9 690 717
事务管理类	0	0
合计	1 835 194	12 482 417

6.4.2.1.2　被动管理型信托业务情况

单位：万元

被动管理型信托资产	期初数	期末数
证券投资类	453 817	22 187
股权及其他投资类	0	41 828
融资类	958 629	2 237 797
事务管理类	16 417	293 513
合计	1 428 863	2 595 325

6.4.2.2　本年度已清算结束的信托项目情况

本年度已清算结束的信托项目 101 个，实收信托金额 2 071 826万元，加权平均实际年化收益率4.81%。

6.4.2.2.1　本年度已清算结束的集合类、单一类资金信托项目和财产管理类信托项目情况

已清算结束信托项目	项目个数	实收信托合计金额(万元)	加权平均实际年化收益率(%)
集合类	21	352 205	1.29
单一类	77	1 718 217	5.53
财产管理类	3	1 404	0

6.4.2.2.2　本年度已清算结束的主动管理型信托项目情况

已清算结束信托项目（主动管理型）	项目个数	合计金额（万元）	信托报酬率（%）	加权平均实际年化收益率(%)
证券投资类	14	520 005	0.47	2.73
股权及其他投资类	1	54 000	5.16	8.86
融资类	60	863 917	0.48	5.36
事务管理类	0	0	—	—

6.4.2.2.3　本年度已清算结束的被动管理型信托项目情况

已清算结束信托项目（被动管理型）	项目个数	合计金额（万元）	信托报酬率(%)	加权平均实际年化收益率(%)
证券投资类	0	0	—	—
股权及其他投资类	2	0	0.08	5.45
融资类	21	632 500	0.16	5.42
事务管理类	3	1 404	0.70	0

6.4.2.3 本年度新增的集合类、单一类、财产管理类信托项目个数、合计金额

单位:万元

新增信托项目	项目个数	合计金额
集合类	169	3 080 090
单一类	296	11 203 429
财产管理类	6	278 500
新增合计	471	14 562 019
其中:主动管理型	409	11 823 894
被动管理型	62	2 738 125

6.4.2.4 信托业务创新成果和特色业务有关情况

2011 年度,本公司高度重视信托业务创新,深入推进业务发展模式和盈利模式转变,以资产管理业务和投资银行业务为重点,全力推动业务向专业化、规模化、基金化发展,着力夯实业务基础、客户基础和管理基础,强化自主管理能力和专业服务能力,构建公司的核心竞争力。

2011 年,本公司抓住资本市场发展的历史机遇,大力发展证券信托业务,管理的证券信托产品不仅规模较大,种类也比较丰富,包括专注于 ETF 基金与一篮子股票的 ETF 套利系列产品,专注于一级市场研究、以新股为主要投资标的信托产品,运用投资要素理论创建投资模型进行证券投资的产品,以及采用安全垫结构的非结构化产品;定期出具《阳光私募基金评价体系与评级报告》,该体系建立的目的是通过其筛选出核心产品池,核心产品池是构建 TOT 组合产品的理想备选;同时,该体系的评估结果也为本公司证券投资类业务提供了可靠的投资参考。

2011 年,本公司创新开发了"兴业信托·中小企业精选投资基金"等系列产品,该产品引入并组合了开放式设计、产品标准化运作及发行、借款人开户银行共同监管等创新型技术要素。自第一期产品于 2011 年 5 月成立以来,该系列产品半年内已发行五期,支持福建省内中小企业 7 家,投向的行业涉及石材、金属制品、玻璃、船务、捕捞等第一、第二产业,直接影响的就业人口约 2 400 人,取得了一定的社会效益。

6.4.2.5 本公司履行受托人义务情况及因公司自身责任而导致的信托资产损失情况(合计金额、原因等)

无。

6.5 关联方关系及其交易的披露

6.5.1 关联交易方的数量、关联交易总金额及定价政策等

	关联交易方数量	关联交易总金额(万元)	定价政策
合计	2	2 546 972.74	依照法律法规、监管要求,以及公司关于关联交易的内部规定进行定价。

6.5.2 关联交易方情况

关系性质	关联方名称	法定代表人	注册地址	注册资本(万元)	主营业务
股东	兴业银行股份有限公司	高建平	福建省福州市湖东路 154 号	1 078 641	商业银行业务。
股东	福建华投投资有限公司	苏文生	福建省福州市湖东路 152 号华信大厦 1-6 层	20 974.86	对金融、基础设施、高新技术、服务的投资。

6.5.3 本公司与关联方的重大交易事项

6.5.3.1 固有财产与关联方交易情况

单位:万元

固有与关联方关联交易				
	期初数	借方发生额	贷方发生额	期末数
贷款	0	0	0	0
投资	0	0	0	0
租赁	0	0	0	0
担保	0	0	0	0
应收账款	5	0	5	0
其他	0	230 533.78	14 807.04	215 726.74
合计	5	230 533.78	14 812.04	215 726.74

6.5.3.2 信托资产与关联方交易情况

单位:万元

信托与关联方关联交易				
	期初数	借方发生额	贷方发生额	期末数
贷款	0	0	0	0
投资	0	0	0	0
租赁	0	0	0	0
担保	0	0	0	0
应收账款	0	0	0	0
其他	0	2 721 246	390 000	2 331 246
合计	0	2 721 246	390 000	2 331 246

6.5.3.3 固有财产与信托财产、信托财产与信托财产之间的交易情况

6.5.3.3.1 固有财产与信托财产之间的交易情况

单位:万元

固有财产与信托财产相互交易			
	期初数	本期发生额	期末数
合计	0	0	0

6.5.3.3.2 信托资产与信托财产之间的交易情况

单位:万元

信托资产与信托财产相互交易			
	期初数	本期发生额	期末数
合计	0	0	0

6.5.4 报告期内,本公司未发生关联方逾期未偿还本公司资金的情况以及本公司为关联方担保发生或即将发生垫款的情况

6.6 会计制度的披露

公司固有业务从 2008 年 1 月 1 日起执行财政部 2006 年 2 月发布的《企业会计准则》;信托业务从 2010 年 1 月 1 日起执行《企业会计准则》。

7. 财务情况说明书

7.1　利润实现和分配情况

（1）利润总额:27 625 万元。
（2）所得税费用:7 217 万元。
（3）净利润:20 408 万元。
（4）加年初未分配利润:20 487 万元。
（5）已分配利润:0 万元。
（6）可供分配利润:40 895 万元。
（7）提取法定盈余公积:2 041 万元。
提取信托赔偿准备:1 020 万元。
提取(转回)一般准备:375 万元。
（8）可供股东分配的利润:37 459 万元。

7.2　主要财务指标

指标名称	指标值
资本利润率(%)	10.16
信托报酬率(%)	0.60
人均净利润(万元/人)	133.82

注:1. 资本利润率=净利润/所有者权益平均余额×100%。
2. 信托报酬率=信托业务收入/实收信托平均余额×100%。
3. 人均净利润=净利润/年平均人数。
4. 平均值采取年初、年末余额简单平均法,公式为:a(平均)=(年初数+年末数)/2。

7.3　对本公司财务状况、经营成果有重大影响的其他事项

无。

8. 特别事项简要揭示

8.1　报告期内本公司前五名股东变动情况

（1）2011 年 1 月 30 日,经中国银监会以银监复〔2011〕35 号文批准,兴业银行股份有限公司分别受让新希望集团有限公司、四川南方希望实业有限公司、福建华投投资有限公司(原名福建华侨投资(控股)公司)持有的本公司 15.69% 股权、25.49% 股权、10% 股权。此次股权转让完成后,兴业银行股份有限公司持有本公司 51.18% 股权。

（2）2011 年 9 月 6 日,经中国银监会福建监管局以闽银监复〔2011〕418 号文批准,兴业银行股份有限公司受让永安资产管理有限公司持有的本公司 4.90% 股权。本次股权转让完成后,兴业银行股份有限公司持股比例为 56.08%。

（3）2011 年 12 月 31 日,经本公司股东会审议通过,中国银监会和中国人民银行批准同意,本公司注册资本金由人民币 5.1 亿元增加至人民币 12 亿元,并相应调整股权结构。增资后本公司股东名称、出资金额及持股比例情况如下:①兴业银行股份有限公司,出资金额人民币 8.76 亿元,持股比例 73.0000%;②澳大利亚国民银行,出资金额人民币 2.02 亿元,持股比例 16.8334%;③福建华投投资有限公司,出资金额人民币 1.12 亿元,持股比例 9.3333%;④南平市投资担保中心,出资金额人民币 0.1 亿元,持股比例 0.8333%。

8.2　董事、监事及高级管理人员变动情况及原因

2011 年 6 月 10 日,经本公司 2010 年度股东会审议通过,本公司第三届董事会成员龚纯黎先生由于本公司股东变更及股权结构调整原因辞去公司董事职务。

2011 年 6 月 10 日,经本公司 2010 年度股东会审议通过,张希东先生当选为本公司第三届董事会独立董事。张希东独立董事的任职资格已经中国银监会福建监管局以闽银监复〔2011〕295 号文批复同意。

报告期内本公司其他董事、监事及高级管理人员未发生变动。

8.3　报告期内本公司无重大未决诉讼事项(包括固有及信托)

无。

8.4　安永华明会计师事务所出具了标准无保留意见的审计报告

无。

8.5　报告期内,本公司未发生公司及其董事、监事和高级管理人员受到处罚的情况

无。

8.6　银监会及其派出机构对公司的检查意见及整改情况

1. 2011 年 5 月 11 日,福建银监局印发闽银监〔2011〕91 号《监管意见书》,根据 2010 年度对公司监管情况,提出有关监管意见。本公司认真按照监管要求,持续规范公司治理与经营管理,继续完善内控体系,加强内部监督和内部审计,强化公司自主管理能力和业务创新能力,建立和完善客户营销及服务体系,确保公司各项业务持续、快速、健康发展。有关整改报告已书面报告福建银监局。

2. 2011 年 12 月 30 日,福建银监局印发闽银监〔2011〕262 号《现场检查意见书》,就本公司截至 2011 年 6 月 30 日存续的集合资金信托业务的现场检查结果出具检查意见。本公司根据监管要求,不断加强证券信托业务的风险管控能力,提升资产管理与客户服务水平,加大信息科技系统支持保障力度,加强创新研发力度,培育自主管理能力,确保各项业务依法合规、稳健有序开展。有关整改报告已书面报告福建银监局。

8.7　本年度重大事项临时报告

1. 2011 年 4 月 6 日,本公司在《金融时报》发布《关于股权变更及股权结构调整的公告》,主要内容为:根据中国银行业监督管理委员会《关于联华国际信托有限公司变更股权及调整股权结构的批复》(银监复〔2011〕35 号),兴业银行股份有限公司获准受让新希望集团有限公司持有本公司的 15.69% 股权、四川南方希望实业有限公司持有本公司的 25.49% 股权、福建华投投资有限公司(原"福建华侨投资(控股)公司")持有本公司的 10% 股权。本次股权转让后,本公司的股东构成、出

资金额及出资比例如下:①兴业银行股份有限公司,出资金额为人民币26 100万元,出资比例51.18%;②福建华投投资有限公司(原"福建华侨投资(控股)公司"),出资金额为人民币11 200万元,出资比例21.96%;③澳大利亚国民银行,出资金额为人民币10 200万元,出资比例20%;④永安资产管理有限公司,出资金额为人民币2 500万元,出资比例4.9%;⑤南平市投资担保中心,出资金额为人民币1 000万元,出资比例1.96%。本公司已按有关规定完成此次股权转让的工商登记变更手续。

2. 2011年6月8日,本公司分别在《金融时报》和《福建日报》发布《兴业国际信托有限公司更名公告》,主要内容为:经国家工商行政管理总局核准,并报经中国银行业监督管理委员会福建监管局批准同意,本公司注册中文名称全称由"联华国际信托有限公司"变更为"兴业国际信托有限公司",英文名称全称由"Union Trust Limited"变更为"China Industrial International Trust Limited";中文名称简称由"联华信托"变更为"兴业信托",英文名称简称由"Union Trust"变更为"Industrial Trust"。以上变更事项已在福建省工商行政管理局完成工商变更登记手续。上述变更事项不影响本公司原已签署的所有法律文件的效力及其履行。

3. 2011年11月14日,本公司在《金融时报》发布《兴业国际信托有限公司关于股权结构调整的公告》,主要内容为:根据中国银行业监督管理委员会福建监管局《福建银监局关于兴业信托公司调整股权结构的批复》(闽银监复〔2011〕418号),兴业银行股份有限公司获准受让永安资产管理有限公司持有的本公司的4.90%股权。本次股权转让完成后,本公司的股东构成、出资金额及出资比例情况如下:①兴业银行股份有限公司,出资金额为人民币28 600万元,出资比例56.08%;②福建华投投资有限公司,出资金额为人民币11 200万元,出资比例21.96%;③澳大利亚国民银行,出资金额为人民币10 200万元,出资比例20%;④南平市投资担保中心,出资金额为人民币1 000万元,出资比例1.96%。

4. 2012年1月11日,本公司在《金融时报》发布《兴业国际信托有限公司关于增加注册资本金及调整股权结构的公告》,主要内容为:经本公司股东会审议通过,并经中国银行业监督管理委员会《关于兴业国际信托有限公司增加注册资本及调整股权结构的批复》(银监复〔2011〕499号)批准同意,本公司注册资本金由人民币5.1亿元增加至人民币12亿元,并相应调整股权结构。此次为溢价增资,股东增资出资总金额为人民币22.494亿元,增资后本公司股东名称、出资金额及持股比例情况如下:①兴业银行股份有限公司,出资金额人民币8.76亿元,持股比例73.0000%;②澳大利亚国民银行,出资金额人民币2.02亿元,持股比例16.8334%;③福建华投投资有限公司,出资金额人民币1.12亿元,持股比例9.3333%;④南平市投资担保中心,出资金额人民币0.1亿元,持股比例0.8333%。截至本公告日,本公司已足额收到有关股东方交付的增资款,并已完成有关验资、章程修订及工商变更登记等法定变更手续。

8.8 银监会及其省级派出机构认定的其他有必要让客户及相关利益人了解的重要信息

无。

9. 公司监事会独立意见

报告期内,本公司监事会按照公司章程和《监事会议事规则》的规定,认真履行职责、积极开展工作、列席历次董事会、股东会会议,对公司规范运作、财务状况、内部控制等事项进行了监督检查,对下列事项发表独立意见:

9.1 公司依法运作情况

报告期内,公司监事会根据有关法律法规和公司治理规则,对公司2011年度公司法人治理和运营情况进行了监督。

监事会认为,公司依照《公司法》及有关信托业法律法规、公司章程相关规定规范运作,董事会能够严格按照有关法律法规和公司治理规则履行职责,董事会决策程序合法有效,股东会、董事会决议能够切实有效贯彻落实。2011年度,公司各董事、高级管理人员均廉洁勤勉、审慎管理、尽职尽责,遵守有关法律法规、公司章程及有关内部规章制度,努力推动公司各项事业持续、快速、健康发展,未发现公司董事、高级管理人员在履职时违反国家有关法律法规、公司章程以及其他损害公司利益、股东利益和委托人、受益人利益的行为。

9.2 公司财务情况

报告期内,公司监事会通过听取公司财务负责人专项汇报,审议或听取公司年度报告、会计师事务所《审计报告》、内部审计报告等方式,对公司2011年度财务状况和经营情况进行了监督、检查和审核。

监事会认为,公司财务会计内控制度健全,管理规范;财务收支真实、合法,公司自营资产质量良好,风险可控;信托财产管理状况良好,未发生集合信托计划延付、涉诉或赔付问题。安永华明会计师事务所对公司财务报告进行了审计,并出具了无保留意见的审计报告,该报告能够真实、客观地反映公司2011年度财务状况和经营成果,不存在虚假记载、误导性陈述或者重大遗漏。

9.3 内部控制情况

报告期内,公司管理层持续加强全面风险管理,健全完善内部控制体系,不断加大审计监督力度,内部控制情况总体良好。

监事会认为,公司现有内部控制制度符合我国有关法律法规和监管部门的要求,符合公司当前实际经营情况,在公司管理全过程、对外投资、业务开展、风险控制等方面发挥了积极的控制和防范作用。公司"三会一层"的职责和运行机制规范有效,决策程序和议事规则民主、科学,内部监督和反馈体系基本健全。公司对法人治理结构、组织控制、信息披露、财务管理、业务开展、内部审计等制定了健全的规章制度并得到了有效而良好的执行,保障了公司内部控制体系完整、有效和公司规范、安全、顺畅运营。

10. 净资本管理情况

本公司按照中国银监会《信托公司净资本管理办法》,积极采取增加注册资本金、提高净资本使用效率等各项措施进行净资本管理，各项净资本指标均符合监管要求：截至报告期末，本公司净资产32.18亿元，净资本30.33亿元（监管要求为≥2亿元），各项风险资本之和为14.08亿元，净资本/各项风险资本之和为215%（监管要求为≥100%），净资本/净资产为94%（监管要求为≥40%）。

英大国际信托有限责任公司

1. 重要提示

1.1 本公司董事会及董事保证本报告所载资料不存在任何虚假记载、误导性陈述或者重大遗漏，并对其内容的真实性、准确性和完整性承担个别及连带责任。

1.2 本公司董事长盖永光、总经理陈书堂、总会计师刘卫东及财务负责人周丰收声明：保证年度报告中财务报告的真实、完整。

1.3 独立董事陈成富、李福兴声明：保证年度报告中财务报告的真实、准确、完整。

2. 公司概况

2.1 公司简介

英大国际信托有限责任公司的前身为济南市国际信托投资公司，成立于1987年5月。2000年6月，经山东省政府和中国人民银行正式核准予以单独保留。2001年12月31日，经中国人民银行银复〔2001〕264号文批复，获得中华人民共和国信托机构法人许可证，注册资本扩充到5亿元人民币，名称变更为英大国际信托投资有限责任公司。2003年11月26日，经中国银行业监督管理委员会山东监管局核准，获得中华人民共和国金融许可证。2006年，公司实施增资扩股，国家电网公司成为公司第一大股东，公司注册资本由5亿元增至15亿元。2007年9月，顺利通过中国银监会的审批，成功换发了新金融许可证，公司名称变更为英大国际信托有限责任公司。2009年9月，国家电网公司将持有的公司股权划转至国网资产管理有限公司，国网资产管理有限公司成为公司的控股股东。2010年7月，经监管及政府部门批准，公司全面完成了注册地迁址工作，公司迁址北京，成为受银监会直接监管的信托公司。2010年12月20日，国网资产管理有限公司更名为英大国际控股集团有限公司，公司控股股东由国网资产管理有限公司变更为英大国际控股集团有限公司。

2.2 基本信息

2.2.1 公司中文名称：英大国际信托有限责任公司
英文：Yingda International Trust CO. ,LTD.
缩写：英大信托

2.2.2 法定代表人：盖永光

2.2.3 注册地址：北京市东城区建国门内大街乙18号院1号楼
邮编：100005
国际互联网网址：www. yditc. sgcc. com. cn
电子信箱：yditc@ yditc. sgcc. com. cn

2.2.4 信息披露负责人：王迎新
联系电话：010 –51960211
传　　真：010 –51960274
电子信箱：yingxin –wang@ yditc. sgcc. com. cn

2.2.5 信息披露报纸：《金融时报》

2.2.6 公司年报备置地点：北京市东城区建国门内大街乙18号院1号楼

2.2.7 聘请的会计师事务所：北京中证天通会计师事务所有限公司
住所：北京市海淀区西直门北大街甲43号金运大厦B座13层

2.2.8 聘请的律师事务所：北京观远律师事务所
住所：北京市朝阳区北苑路168号中安盛业大厦1003室

3. 公司治理

3.1 公司治理信息

3.1.1 年度内召开股东会情况

本年度公司共召开了三次股东会会议，其中股东年会一次，其余二次为临时股东会议

会议序号	时间	召开方式	会议议题	
2011年第一次临时股东会议	2011年1月10日	通讯方式	1	关于控股股东名称变更修改公司章程的议案
2011年股东年会	2011年3月30日	现场方式	1	2010年度董事会工作报告
			2	2010年度监事会工作报告
			3	2010年度公司工作报告
			4	2010年公司财务预算执行情况和2011年财务预算草案报告
			5	2010年度公司利润分配预案
			6	2011年度固有资产投资计划
			7	2010年度不良资产处置情况和2011年度拟处置不良资产的议案
			8	关于公司"十二五"发展规划的议案
			9	2010年度公司独立董事履职情况报告
			10	2010年度公司信托财产尽职管理报告
2011年第二次临时股东会议	2011年11月2日	通讯方式	1	关于华东电网有限公司拟划转股权的议案
			2	关于是否对济钢集团所持公司股权行使优先受让权的议案

3.1.2　董事会及其下属委员会履行职责情况

本年度公司共召开了二次董事会会议，即八届十一次董事会、八届十二次董事会。

会议序号	时间	召开方式	会议议题	
八届十一次董事会	2011 年 3 月 29 日	现场方式	1	2010 年度董事会工作报告
			2	2010 年度公司工作报告
			3	2010 年公司财务预算执行情况和 2011 年财务预算草案报告
			4	2010 年公司利润安排预案
			5	关于公司“十二五”发展规划的议案
			6	2011 年固有资产投资计划
			7	2010 年度不良资产处置情况和 2011 年度拟处置不良资产的议案
			8	2010 年度公司风险管理报告
			9	2010 年度公司内部审计报告
			10	董事会风险管理委员会 2010 年度工作报告
			11	董事会审计委员会 2010 年度工作报告
			12	董事会信托委员会 2010 年度工作报告
			13	董事会提名与薪酬委员会 2010 年度工作报告
			14	董事会发展与战略规划委员会 2010 年度工作报告
八届十二次董事会	2011 年 4 月 16 日	通讯方式	1	审议《英大国际信托有限责任公司 2010 年年度报告》
			2	审议《英大国际信托有限责任公司 2010 年年度报告摘要》

报告期内，公司独立董事陈成富先生、李福兴先生严格按照《公司法》、《信托法》、《英大国际信托有限责任公司章程》、《独立董事工作制度》等国家有关法律、法规及公司内控制度行使独立董事职责，按时参加了三次股东会和二次董事会，认真履行相关职责，对公司战略发展、股东分红、不良资产处置、风险管理等重大决策、重大经营活动提出意见和建议，促进了公司法人治理工作水平的提高和完善。

3.1.3　监事会及其下属委员会履行职责情况

本年度公司共召开了二次监事会会议，即八届六次监事会、八届七次监事会。

会议序号	时间	召开方式	会议议题	
八届六次监事会会议	2011 年 3 月 29 日	现场方式	1	2010 年度监事会工作报告
			2	2010 年公司内部审计报告
八届七次监事会会议	2011 年 12 月 26 日	通讯方式	1	审议《英大国际信托有限责任公司 2011 年前三季度风险管理报告》

报告期内，监事会认真履行其职责，对公司董事会和高级管理人员依法运作情况、重大决策、重大经营活动以及公司财务状况进行有效监督，督促公司合法、合规经营，为公司快速、健康和可持续发展发挥了重要作用。

3.2　内部控制

3.2.1 内部控制措施

公司内部控制遵循全面、审慎、有效、独立的原则。内部控制主要措施是：授权控制，岗位分离，资产隔离。报告期内，公司通过加强制度建设和流程管理，进一步提升内控工作水平。在 2010 年全面梳理公司规章制度体系的基础上，根据法规政策变化和实际工作需要，公司相继新增、修订了 41 项规章制度，制定了《业务指引手册》，明确了公司的主要业务方向和各项业务的准入标准。推进流程标准化建设，制定《业务流程手册》和《管理流程手册》，优化公司业务流程和管理流程。建立分类授权、分级审批、统一决策的业务审批决策流程。根据业务性质和风险程度的不同划分业务类别，对不同类别业务进行审批授权。建立责权清晰、流程顺畅的管理工作机制，依据规章制度固化管理流程，提升工作效率，提高服务质量。

3.2.2　信息交流与反馈

公司建立适时跟踪报告公司内控情况的有效的信息交流与反馈机制。报告期内，公司通过业务管理综合信息系统、办公自动化系统、公司门户网站等信息化平台，收集、处理、存储、利用和反馈大量业务信息和管理信息，保证董事会、监事会、高级管理层能够掌握公司发展战略和业务发展方向，及时了解公司的经营和风险状况；各个部门和员工明确了解自身的职责权限和规则标准，相关工作信息均能够顺畅反馈，前台、中台、后台通过信息交流实施监督和制约；及时、真实、准确地向中国银监会及其派出机构报送监管报表和对外披露信息；根据文件约定，向相关利益人提交书面文件披露信托资产管理、运用信息。

公司根据监管政策，不断完善公司内控制度、内控程序，促进公司业务合规、健康发展。

4. 经营管理

4.1　所经营业务的主要内容

自营资产运用与分布表

2011 年 12 月 31 日

资产运用	金额（万元）	占比（%）	资产分布	金额（万元）	占比（%）
货币资产	22 265.61	8.93	基础产业	158 569.00	63.59
贷款及应收款	117 441.90	47.10	房地产业	—	0.00
交易性金融资产	—	0.00	证券市场	11 353.56	4.55
可供出售金融资产	11 353.56	4.55	实业	6 411.90	2.57

续表

资产运用	金额（万元）	占比（%）	资产分布	金额（万元）	占比（%）
持有至到期投资	44 569.00	17.87	金融机构	43 777.11	17.56
长期股权投资	30 777.11	12.34	其他	29 259.17	11.73
其他	22 963.56	9.21			
资产总计	249 370.74	100.00	资产总计	249 370.74	100.00

注：资产分布中的“其他”栏目主要为货币资产。

信托资产运用与分布表

2011 年 12 月 31 日

资产运用	金额（万元）	占比（%）	资产分布	金额（万元）	占比（%）
货币资产	18 766.94	0.10	基础产业	9 960 837.97	52.09
贷款	16 559 798.95	86.60	房地产	336 600	1.76
交易性金融资产	0	0.00	证券市场	0	0.00
可供出售金融资产	0	0.00	实业	0	0.00
持有至到期投资	1 108 980.24	5.80	金融机构	0	0.00
长期股权投资	381 818.99	2.00	其他	8 824 274.58	46.15
其他	1 052 347.43	5.50			
信托资产总计	19 121 712.55	100.00	信托资产总计	19 121 712.55	100

注：资产分布中的“其他”栏目主要为公司受托管理的财产权信托和货币资产。

4.2 风险管理

4.2.1 风险状况

风险管理对象包括公司在经营过程中可能遇到的信用风险、市场风险、操作风险以及政策风险、流动性风险、法律风险、声誉及战略风险等。

4.2.1.1 信用风险状况

信用风险是指公司在经营活动中遭遇到交易对手违约而发生的损失。报告期内，公司资产质量保持平稳增长，自营业务与信托业务的风险敞口均保持在可接受的范围内，信托和固有业务信用风险基本可控。

按公司合并口径，2011 年不良资产的期初数为 2 666.64 万元，期末数为 2 603.81 万元，不良资产比率下降 0.28 个百分点。

4.2.1.2 市场风险状况

市场风险是指公司因市场利率、汇率或金融产品价格变动等因素造成的损失，涉及自营及信托业务中各项资产业务。报告期内，公司投资业绩良好，各项业务均实现了不同程度的业绩增长。

4.2.1.3 操作风险状况

操作风险是指公司由于内控程序不完善、信息系统障碍、人员操作环节的过错疏忽、外部事件等造成的影响或损失。报告期内，公司未发生因操作风险所造成的损失。

4.2.1.4 其他风险状况

其他风险主要是法律风险和道德风险。法律风险包括因国家财政、货币、产业、地区发展等政策变化以及法律法规的不完善或修订而给信托业务带来的风险；道德风险指因员工未能恪尽职守而给公司财产及信托财产带来损失的风险。报告期内，公司未发生因法律风险和道德风险所造成的损失。

4.2.2 风险管理

4.2.2.1 信用风险管理

公司在信用风险防控中重点加强项目的尽职调查，论证项目可行性，从产品设计上把握风险控制关键点，对交易对手及关联方进行充分资信评估，选择优质合作企业，合法有效设立相关信用增级措施，通过保证、抵押及质押等手段保障还款来源充足，严格执行项目审批流程，按照流程规范开展工作，并及时跟踪评估项目的后期管理。

4.2.2.2 市场风险管理

公司密切关注市场经济运行状况，加强与监管部门及同业交流沟通，积极规避宏观调控对地产、银信合作等业务产生的负面影响，同时及时调整投资策略和投资组合，坚持业务创新，根据净资本水平，灵活决策管理，积极避免因市场风险带来的诸多不确定性。

4.2.2.3 操作风险管理

公司根据业务发展的实际，通过制定业务流程手册、完善信息化系统等手段，强化职能分工，形成有效制约，及时排查纠正不规范操作，进一步增强员工的全员风险意识。

4.2.2.4 其他风险管理

公司根据法律法规和监管部门要求制定各项规章制度，对法律事务进行专项管理，法律顾问和风险管理部负责对业务的合法合规性进行审查，确保信托业务遵守现有相关法律法规。同时，公司通过强化合规经营理念，建立健全规章制度，严格规范内控体系，明确岗位职能分工，落实责任追究制度，加强思想政治和职业道德教育，树立诚信的企业文化，增强员工风险文化意识。

4.3 2011 年净资本状况

公司按照《信托公司净资本管理办法》要求，对公司净资本和风险资本进行有效管理。报告期内，公司净资本风险控制指标不断优化，全部达到监管要求。截至 2011 年 12 月 31 日，公司净资本额 19.75 亿元，各项业务风险资本之和为 15.73 亿元，净资本/各项业务风险资本之和为 125.62%，净资本/净资产为 83.09%。

5. 报告期末及上一年度末的比较式会计报表

5.1 自营资产

5.1.1 会计师事务所审计意见全文

审 计 报 告

中证天通〔2012〕审字第 21289 号

英大国际信托有限责任公司全体股东：

我们审计了后附的英大国际信托有限责任公司（以下简称“英大信托公司”）财务报表，包括2011 年 12 月31 日的资产负债表，2011 年度的利润表、现金流量表和股东权益变动表以及财务报表附注。

一、管理层对财务报表的责任

编制和公允列报财务报表是英大信托公司管理层的责任。这种责任包括：(1)按照企业会计准则的规定编制财务报表，并使其实现公允反映；(2)设计，执行和维护必要的内部控制，以使财务报表不存在由于舞弊或错误导致的重大错报。

二、注册会计师的责任

我们的责任是在执行审计工作的基础上对财务报表发表审计意见。我们按照中国注册会计师审计准则的规定执行了审计工作。中国注册会计师审计准则要求我们遵守中国注册会计师职业道德守则、计划和执行审计工作以对财务报表是否不存在重大错报获取合理保证。

审计工作涉及实施审计程序，以获取有关财务报表金额和披露的审计证据。选择的审计程序取决于注册会计师的判断，包括对由于舞弊或错误导致的财务报表重大错报风险的评估。在进行风险评估时，注册会计师考虑与财务报表编制和公允列报相关的内部控制，以设计恰当的审计程序，但目的并非对内部控制的有效性发表意见。审计工作还包括评价管理层选用会计政策的恰当性和作出会计估计的合理性，以及评价财务报表的总体列报。

我们相信，我们获取的审计证据是充分、适当的，为发表审计意见提供了基础。

三、审计意见

我们认为，英大信托公司财务报表在所有重大方面按照企业会计准则的规定编制，公允反映了英大信托公司 2011 年 12 月 31 日的财务状况以及 2011 年度的经营成果和现金流量。

北京中证天通会计师事务所有限公司　　中国注册会计师：王新元

中国·北京　　中国注册会计师：朱邢凤

二〇一二年一月二十日

5.1.2　资产负债表

合并资产负债表

编制单位：英大国际信托有限责任公司　　2011 年 12 月 31 日　　单位：万元

资产	2011 年初	2011 年末	负债及所有者权益	2011 年初	2011 年末
资产：			负债：		
现金及存放中央银行	0.11	0.09	拆入资金	3 000.00	
存放同业款项	14 504.52	23 096.39	应付职工薪酬	20.84	269.64
拆出资金	2 999.76		应交税费	781.12	5 314.30
买入返售金融资产	9 700.00	20 000.00	递延所得税负债	157.36	190.21
应收利息			其他负债	2 439.90	5 788.09
发放贷款和垫款	75 548.60	114 535.63	负债合计	6 399.22	11 562.24
可供出售金融资产	13 678.85	11 353.56	所有者权益：		
持有至到期投资	53 500.00	44 819.00	实收资本（或股本）	150 000.00	150 000.00
长期股权投资	30 130.61	30 130.61	资本公积	-461.23	-1 208.57
固定资产	1 624.07	1 668.34	盈余公积	8 335.73	12 592.46
无形资产	268.30	243.93	一般风险准备	4 643.82	7 237.07
递延所得税资产	315.66	684.49	未分配利润	33 912.16	69 633.11
其他资产	559.22	3 284.27	所有者权益合计	196 430.48	238 254.07
资产总计	202 829.70	249 816.31	负债和所有者权益总计	202 829.70	249 816.31

单位负责人：陈书堂　　财务负责人：周丰收　　会计人员：丁洪峰

资产负债表

编制单位：英大国际信托有限责任公司　　2011 年 12 月 31 日　　单位：万元

资产	2011 年初	2011 年末	负债及所有者权益	2011 年初	2011 年末
资产：			负债：		
现金及存放中央银行	0.11	0.09	拆入资金	3 000.00	
存放同业款项	13 433.45	22 265.53	应付职工薪酬	17.54	267.64
拆出资金	2 999.76		应交税费	850.61	5 381.56
买入返售金融资产	9 700.00	20 000.00	递延所得税负债	157.36	190.21
应收利息			其他负债	2 437.26	5 786.73
发放贷款和垫款	75 548.60	114 535.63	负债合计	6 462.77	11 626.14
可供出售金融资产	13 678.85	11 353.56	所有者权益：		
持有至到期投资	53 500.00	44 569.00	实收资本（或股本）	150 000.00	150 000.00
长期股权投资	30 777.11	30 777.11	资本公积	-465.92	-1 213.25
固定资产	1 606.32	1 657.13	盈余公积	8 335.73	12 592.46
无形资产	268.3	243.93	一般风险准备	4 643.82	7 237.07
递延所得税资产	315.67	684.49	未分配利润	33 410.99	69 128.32
其他资产	559.22	3 284.27	所有者权益合计	195 924.62	237 744.60
资产总计	202 387.39	249 370.74	负债和所有者权益总计	202 387.39	249 370.74

单位负责人：陈书堂　　财务负责人：周丰收　　会计人员：丁洪峰

5.1.3 利润和利润分配表

合并利润表

2011 年度

编制单位:英大国际信托有限责任公司　　单位:万元

项　目	2011 年度	2010 年度
一、营业收入	72 816. 18	43 963. 45
利息净收入	6 457. 48	3 308. 77
利息收入	6 546. 79	3 308. 77
利息支出	89. 31	
手续费及佣金净收入	64 111. 38	37 710. 85
手续费及佣金收入	64 375. 89	38 199. 00
手续费及佣金支出	264. 51	488. 15
投资收益	1 747. 05	2 732. 72
公允价值变动收益	0	
汇兑收益	-92. 89	-114. 61
其他业务收入	593. 16	325. 72
二、营业支出	17 260. 34	12 117. 17
营业税金及附加	4 009. 29	2 385. 30
业务及管理费	13 317. 19	10 719. 77
资产减值损失	-66. 14	-987. 90
其他业务成本	0	
三、营业利润	55 555. 84	31 846. 28
加:营业外收入	1 269. 60	7. 36
减:营业外支出	4. 17	103. 51
四、利润总额	56 821. 27	31 750. 13
减:所得税费用	14 250. 34	7 630. 92
五、净利润	42 570. 93	24 119. 21

单位负责人:陈书堂　　财务负责人:周丰收　　会计人员:丁洪峰

合并利润分配表

2011 年

编制单位:英大国际信托有限责任公司　　单位:万元

项目	2011 年度	2010 年度
一、净利润(亏损以"-"号表示)	42 570. 93	24 119. 21
加:年初未分配利润	33 912. 16	17 177. 72
其他调整因素		
二、当年可供分配利润	76 483. 09	41 296. 93
减:提取法定盈余公积	4 256. 73	2 386. 93
提取信托赔偿准备金	2 128. 37	1 193. 16
提取一般准备	464. 88	430. 30
三、可供投资者分配利润	69 633. 11	37 287. 16
应付投资者利润		3 375. 00
四、未分配利润	69 633. 11	33 912. 16

单位负责人: 陈书堂　　财务负责人:周丰收　　会计人员:丁洪峰

利润表

2011 年度

编制单位:英大国际信托有限责任公司　　单位:万元

项目	2011 年度	2010 年度
一、营业收入	72 781. 54	43 606. 46
利息净收入	6 454. 06	3 294. 81
利息收入	6 543. 37	3 294. 81
利息支出	89. 31	
手续费及佣金净收入	64 111. 45	37 675. 08
手续费及佣金收入	67 375. 89	38 163. 22
手续费及佣金支出	264. 44	488. 14
投资收益	1 175. 76	2 425. 46
公允价值变动收益		
汇兑收益	-92. 89	-114. 61
其他业务收入	593. 16	325. 72
二、营业支出	17 233. 33	12 013. 86
营业税金及附加	4 005. 58	2 383. 31
业务及管理费	13 293. 89	10 618. 45
资产减值损失	-66. 14	-987. 90
其他业务成本		
三、营业利润	55 548. 21	31 592. 60
加:营业外收入	1 269. 60	4. 92
减:营业外支出	3. 85	103. 41
四、利润总额	56 813. 96	31 494. 11
减:所得税费用	14 246. 65	7 630. 92
五、净利润	42 567. 31	23 863. 19

单位负责人:陈书堂　　财务负责人:周丰收　　会计人员:丁洪峰

利润分配表

2011 年度

编制单位:英大国际信托有限责任公司　　单位:万元

项　目	2011 年度	2010 年度
一、净利润(亏损以"-"号表示)	42 567. 31	23 863. 19
加:年初未分配利润	33 410. 99	16 932. 57
其他调整因素		
二、当年可供分配利润	75 978. 30	40 795. 76
减:提取法定盈余公积	4 256. 73	2 386. 31
提取信托赔偿准备金	2 128. 37	1 193. 16
提取一般风险准备	464. 88	430. 30
三、可供投资者分配利润	69 128. 32	36 785. 99
应付投资者利润		3 375. 00
四、未分配利润	69 128. 32	33 410. 99

单位负责人: 陈书堂　　财务负责人:周丰收　　会计人员:丁洪峰

5.1.4 所有者权益变动表

合并所有者权益变动表

编制单位:英大国际信托有限责任公司　　2011 年度　　单位:万元

项　目	本年金额						
	实收资本(或股本)	资本公积	盈余公积	一般风险准备	未分配利润	少数股东权益	所有者权益(或股东权益)合计
一、上年年末余额	150 000. 00	-461. 23	8 335. 73	4 643. 82	33 912. 82		196 430. 48
加:会计政策变更							—
前期差错更正							—
二、本年年初余额	150 000. 00	-464. 23	8 335. 73	4 643. 82	33 912. 16		196 430. 48
三、本年增减变动金额(减少以"-"号填列)	—	-747. 34	4 256. 73	2 593. 25	35 720. 95		41 823. 59

续表

项　目	本年金额						
	实收资本（或股本）	资本公积	盈余公积	一般风险准备	未分配利润	少数股东权益	所有者权益（或股东权益）合计
（一）净利润					42 570. 93		42 570. 93
（二）其他综合收益		-747. 34			—		-747. 34
综合收益小计	—	-747. 34	—	—	42 570. 93		41 823. 59
（三）所有者投入和减少资本	—	—	—	—	—		—
1. 所有者投入资本	—	—					—
2. 股份支付计入所有者权益的金额	—	—					—
3. 其他	—	—	—	—	—		—
（四）专项储备提取和使用							—
1. 提取专项储备							—
2. 使用专项储备							—
（五）利润分配	—	—	4 256. 73	2 593. 25	-6 849. 98		—
1. 提取盈余公积	—	—	4 256. 73	—	-4 256. 73		—
其中：法定公积金			4 256. 73		-4 256. 73		—
任意公积金			—		—		—
储备基金			—		—		—
企业发展基金			—		—		—
利润归还投资			—		—		—
2. 提取一般风险准备				2 593. 25	-2 593. 25		—
3. 对所有者（或股东）的分配					—		—
4. 其他	—	—	—	—	—		—
（六）所有者权益内部结转	—	—	—	—	—		—
1. 资本公积金转增资本（或股本）	—	—					—
2. 盈余公积金转增资本（或股本）							—
3. 盈余公积金弥补亏损							—
4. 其他	—	—	—	—	—		—
四、本年年末余额	150 000. 00	-1 208. 57	12 592. 46	7 237. 07	69 633. 11		238 254. 07

单位负责人：陈书堂　　　　财务负责人：周丰收　　　　会计人员：丁洪峰

项　目	上年金额						
	实收资本（或股本）	资本公积	盈余公积	一般风险准备	未分配利润	少数股东权益	所有者权益（或股东权益）合计
一、上年年末余额	150 000. 00	159. 84	5 951. 29	3 020. 36	17 177. 71		176 309. 21
加：会计政策变更							
前期差错更正							
二、本年年初余额	150 000. 00	159. 84	5 951. 29	3 020. 36	17 177. 71		176 309. 21
三、本年增减变动金额（减少以“-”号填列）		-621. 07	2 384. 44	1 623. 46	16 734. 44		20 121. 27
（一）净利润					24 119. 21		24 119. 21
（二）其他综合收益		-724. 42	-1. 87				-726. 29
综合收益小计		-724. 42	-1. 87		24 119. 21		23 392. 92
（三）所有者投入和减少资本		103. 35					103. 35
1. 所有者投入资本							
2. 股份支付计入所有者权益的金额							
3. 其他		103. 35					103. 35
（四）专项储备提取和使用							
1. 提取专项储备							
2. 使用专项储备							
（五）利润分配			2 386. 31	1 623. 46	-7 384. 77		-3 375. 00
1. 提取盈余公积			2 386. 31		-2 386. 31		—

续表

项　　目	上年金额						
	实收资本（或股本）	资本公积	盈余公积	一般风险准备	未分配利润	少数股东权益	所有者权益（或股东权益）合计
其中:法定公积金			2 386.31		−2 386.31		—
任意公积金							
储备基金							
企业发展基金							
利润归还投资							
2. 提取一般风险准备				1 623.46	−1 623.46		
3. 对所有者（或股东）的分配					−3 375.00		−3 375.00
4. 其他							
（六）所有者权益内部结转							
1. 资本公积金转增资本（或股本）							
2. 盈余公积金转增资本（或股本）							
3. 盈余公积金弥补亏损							
4. 其他							
四、本年年末余额	150 000.00	−461.23	8 335.73	4 643.82	33 912.16		196 430.48

单位负责人:陈书堂　　　　财务负责人:周丰收　　　　会计人员:丁洪峰

所有者权益变动表

编制单位:英大国际信托有限责任公司　　　　2011 年度　　　　单位:万元

项　　目	本年金额						
	实收资本（或股本）	资本公积	盈余公积	一般风险准备	未分配利润	少数股东权益	所有者权益（或股东权益）合计
一、上年年末余额	150 000.00	−465.92	8 335.73	4 643.82	33 410.99		195 924.63
加:会计政策变更							
前期差错更正							
二、本年年初余额	150 000.00	−465.92	8 335.73	4 643.82	33 410.99		195 924.63
三、本年增减变动金额（减少以“−”号填列）	—	−747.34	4 256.73	2 593.25	35 717.33		41 819.98
（一）净利润					42 567.31		42 567.31
（二）其他综合收益		−747.34	—		—		−747.34
综合收益小计	—	−747.34	—	—	42 567.31		41 819.98
（三）所有者投入和减少资本	—	—	—	—	—		—
1. 所有者投入资本	—	—					—
2. 股份支付计入所有者权益的金额	—	—					—
3. 其他	—	—	—	—	—		—
（四）专项储备提取和使用							
1. 提取专项储备							
2. 使用专项储备							
（五）利润分配	—	—	4 256.73	2 593.25	−6 849.98		—
1. 提取盈余公积	—	—	4 256.73	—	−4 256.73		—
其中:法定公积金			4 256.73		−4 256.73		—
任意公积金			—		—		—
储备基金			—		—		—
企业发展基金			—		—		—
利润归还投资			—		—		—
2. 提取一般风险准备				2 593.25	−2 593.25		—
3. 对所有者（或股东）的分配					—		—
4. 其他	—	—	—	—	—		—
（六）所有者权益内部结转	—	—	—	—	—		—
1. 资本公积金转增资本（或股本）	—	—					—
2. 盈余公积金转增资本（或股本）	—						—
3. 盈余公积金弥补亏损							—
4. 其他	—	—	—	—	—		—
四、本年年末余额	150 000.00	−1 213.25	12 592.46	7 237.07	69 128.32		237 744.60

项　　目	上年金额						
	实收资本（或股本）	资本公积	盈余公积	一般风险准备	未分配利润	少数股东权益	所有者权益（或股东权益）合计
一、上年年末余额	150 000.00	155.15	5 951.29	3 020.36	16 932.57		176 059.37
加：会计政策变更							
前期差错更正							
二、本年年初余额	150 000.00	155.15	5 951.29	3 020.36	16 932.57		176 059.37
三、本年增减变动金额（减少以"－"号填列）		-621.07	2 384.44	1 623.46	16 478.42		19 865.25
（一）净利润					23 863.19		23 863.19
（二）其他综合收益		-742.42	-1.87				-726.29
综合收益小计		-742.42	-1.87		23 863.19		23 136.90
（三）所有者投入和减少资本		103.35					103.35
1. 所有者投入资本							—
2. 股份支付计入所有者权益的金额							—
3. 其他		103.35					103.35
（四）专项储备提取和使用							
1. 提取专项储备							
2. 使用专项储备							
（五）利润分配			2 386.31	1 623.46	-7 384.77		-3 375.00
1. 提取盈余公积			2 386.31		-2 386.31		
其中：法定公积金			2 386.31		-2 386.31		
任意公积金							
储备基金							
企业发展基金							
利润归还投资							
2. 提取一般风险准备				1 623.46	-1 623.46		
3. 对所有者（或股东）的分配					-3 375.00		-3 375.00
4. 其他							
（六）所有者权益内部结转							
1. 资本公积金转增资本（或股本）							
2. 盈余公积金转增资本（或股本）							
3. 盈余公积金弥补亏损							
4. 其他							
四、本年年末余额	150 000.00	-465.92	8 335.73	4 643.82	33 410.99		195 924.62

单位负责人：陈书堂　　　　财务负责人：周丰收　　　　会计人员：丁洪峰

5.2 信托资产

5.2.1 信托项目资产负债汇总表

信托项目资产负债表

编制单位：英大国际信托有限责任公司　　　　2011 年 12 月 31 日　　　　单位：万元

信托资产	行次	期初数	期末数	信托负债和信托权益	行次	期初数	期末数
信托资产：	1			信托负债：	20		
货币资金	2	24 476.27	18 766.94	交易性金融负债	21		
其他货币资金	3			衍生金融负债	22		
存出保证金	4			应付受托人报酬	23		6.33
交易性金融资产	5			应付托管费	24		14.30
衍生金融资产	6			应付受益人收益	25		
买入返售金融资产	7			应交税费	26		13 508.35
应收款项	8			应付销售服务费	27		
发放贷款	9	12 683 846.37	16 559 798.95	其他应付款项	28	6.65	140.97
可供出售金融资产	10			其他负债	29		
持有至到期投资	11	1 303 912.20	1 108 980.24	信托负债合计	30	6.65	13 669.95

续表

信托资产	行次	期初数	期末数	信托负债和信托权益	行次	期初数	期末数
长期应收款	12	159 738.32	1 052 347.43				
长期股权投资	13	410 731.19	381 818.99	信托权益:	32		
投资性房地产	14			实收信托	33	14 560 328.08	19 102 945.61
固定资产	15			资本公积	34		
无形资产	16			外币报表折算差额	35		
长期待摊费用	17			未分配利润	36	22 369.62	5 096.99
其他资产	18			信托权益合计	37	14 582 697.70	19 108 042.60
信托资产总计	19	14 582 704.35	19 121 712.55	信托负债及信托权益总计	38	14 582 704.35	19 121 712.55

会计主管:典晓砚　　复核:潘嘉玲　　制表:李　欣

5.2.2　信托项目利润及利润分配汇总表

信托项目利润及利润分配汇总表

编制单位:英大国际信托有限责任公司　　单位:万元

项 目	行次	2011 年	2010 年
一、营业收入	1	886 071.06	737 236.89
利息收入	2	818 843.22	641 351.46
投资收益	3	46 946.29	95 081.03
公允价值变动损益	4		
租赁收入	5	19 190.81	180.03
汇兑损益	6		
其他收入	7	1 090.74	624.36
二、支出	8	103 573.55	71 871.09
营业税金及附加	9	45 546.47	16 785.90
受托人报酬	10	56 946.72	39 052.16
保管费	11		
投资管理费	12		
销售服务费	13		
交易费用	14		
资产减值损失	15		7 539.32
其他费用	16	1 080.36	8 493.71
三、信托净利润	17	782 497.51	665 365.80
四、其他综合收益	18		
五、综合收益	19	782 497.51	665 365.80
加:期初未分配信托利润	20	22 369.62	33 424.52
六、可供分配的信托利润	21	804 867.13	698 790.32
减:本期已分配信托利润	22	799 770.14	676 420.70
七、期末未分配信托利润	23	5 096.99	22 369.62

6. 会计报表附注

6.1　会计报表编制基准不符合会计核算基本前提的说明

6.1.1　公司无会计报表编制基准不符合会计核算基本前提的情况

6.1.2　合并会计报表情况

对编制合并会计报表的公司,应说明纳入合并范围的子公司的名称、业务性质、注册地、注册资本、实际投资额、母公司所持有的权益性资本的比例及合并期间。报告期纳入合并范围的子公司有增减变动的,还应说明增减变动的情况以及合并范围变动的基准日. 对持股比例达到50%以上,但未纳入合并报表范围的,应逐一说明未纳入合并范围的原因。

6.1.2.1　2011 年度合并财务报表的编制范围为公司及所属子公司山东英大投资顾问有限责任公司,共 2 户,合并范围未发生变化

本年纳入合并报表范围的子企业基本情况

企业名称	持股比例(%)	享有表决权比例(%)	注册资本(元)	实际投资额(元)	业务性质	注册地
山东英大投资顾问有限责任公司	100.00	100.00	5 600 000.00	5 600 000.00	证券投资咨询	山东省济南市馆驿街318 号

6.1.2.2　拥有表决权超过半数但未纳入合并范围的被投资单位

无。

6.2　重要会计政策和会计估计说明

6.2.1　计提资产减值准备的范围和方法

根据《金融企业呆账准备提取管理办法》的规定,本公司建立了呆账准备金制度。计提资产减值准备的范围:承担风险和损失的资产,具体包括贷款、股权投资和债权投资(不含以公允价值计量且其变动计入当期损益的金融资产和购买的国债本息部分的投资)、其他应收款、买入返售证券款等债权和股权。

计提资产减值准备的方法:本公司根据《非银行金融机构资产风险分类指导原则(试行)》、《金融企业财务规则》及有关规定,采用资产五级风险分类法,将资产分为正常、关注、次级、可疑和损失五类,按资产损失的程度计提用于弥补专项损失的准备。专项准备的计提系按照以下比例:关注类计提比例为2%;次级类计提比例为25%;可疑类计提比例为50%;损失类计提比例为100%。

遵循重要性原则,发现存在减值迹象的单笔重大资产,估计其可收回金额,然后将所估计的资产可收回金额与其账面价值相比较,以确定资产是否发生了减值,以及是否需要计提资产减值准备并确认相应的减值损失。对非重大和难以对单项资产可收回金额进行估计的,以资产类别或资产组为基础确定

可收回金额。

6.2.2 **金融资产核算方法**

按照投资目的和经济实质将本公司拥有的金融资产划分为四类:(1)以公允价值计量且其变动计入当期损益的金融资产,包括交易性金融资产和指定为以公允价值计量且其变动计入当期损益的金融资产;(2)持有至到期投资;(3)贷款和应收款项;(4)可供出售金融资产。

本公司初始确认金融资产,按照公允价值计量。对于以公允价值计量且其变动计入当期损益的金融资产,相关交易费用直接计入当期损益;对于其他类别的金融资产,相关交易费用计入初始确认金额。

本公司对金融资产的后续计量主要方法:

(1)以公允价值计量且其变动计入当期损益的金融资产,按照公允价值进行后续计量,公允价值变动计入当期损益。

(2)持有至到期投资和应收款项,采用实际利率法,按摊余成本计量。

(3)可供出售金融资产按照公允价值进行后续计量,公允价值变动形成的利得或损失,除减值损失和外币货币性金融资产形成的汇兑损益外,直接计入所有者权益,在该金融资产终止确认时转出,计入当期损益。

(4)在活跃市场中没有报价且其公允价值不能可靠计量的权益工具投资,以及与该权益工具挂钩并须通过交付该权益工具结算的衍生金融资产,按照成本计量。

6.2.3 **长期股权投资核算方法**

长期股权投资在取得时以初始投资成本计价。长期股权投资凡对被投资单位具有共同控制或重大影响的,采用权益法核算;反之,则采用成本法核算。

采用成本法核算的长期股权投资按照初始投资成本计价。追加或收回投资调整长期股权投资的成本。被投资单位宣告分派的现金股利或利润,确认为当期投资收益。本公司确认投资收益,仅限于被投资单位接受投资后产生的累积净利润的分配额,所获得的利润或现金股利超过上述数额的部分作为初始投资成本的收回。

采用权益法核算的长期股权投资包括对被投资单位具有共同控制或重大影响的长期股权投资。长期股权投资的初始投资成本大于投资时应享有被投资单位可辨认净资产公允价值份额的,不调整长期股权投资的初始投资成本;长期股权投资的初始投资成本小于投资时应享有被投资单位可辨认净资产公允价值份额的,其差额计入当期损益,同时调整长期股权投资的成本。

6.2.4 **固定资产计价和折旧方法**

(1)固定资产范围:本公司固定资产指为生产商品、提供劳务、出租或经营管理而持有的、使用寿命超过一个会计年度的有形资产。在同时满足下列条件时才能确认固定资产:与该固定资产有关的经济利益很可能流入企业,该固定资产的成本能够可靠地计量。

(2)固定资产计价:按取得时的实际成本入账。

(3)固定资产折旧方法:固定资产折旧采年限平均法。在不考虑减值准备的情况下,按固定资产的类别、估计的经济使用年限和预计净残值率分别确定折旧年限和年折旧率如下:

固定资产类别	折旧年限(年)	预计净残值率(%)	年折旧率(%)	折旧方法
房屋、建筑物	20	5	4.75	平均年限法
运输工具	6	5	15.83	平均年限法
电子设备	5~7	5	13.57~19.00	平均年限法
其他设备	7	5	13.57	平均年限法

考虑减值准备的情况下,按单项固定资产扣除减值准备后的账面净额和剩余折旧年限,分项确定并计提各期折旧。

6.2.5 **无形资产计价及摊销政策**

无形资产按照成本进行初始计量。无形资产按照其能为本公司带来经济利益的期限确定使用寿命,无法预见其为本公司带来经济利益期限的作为使用寿命不确定的无形资产。使用寿命有限的无形资产,其应摊销金额在使用寿命内系统合理摊销。无形资产的应摊销金额为其成本扣除预计残值后的金额。已计提减值准备的无形资产,还应扣除已计提的无形资产减值准备累计金额。无形资产的摊销金额计入当期损益。本公司每年年度终了对使用寿命有限的无形资产的使用寿命及摊销方法进行复核,必要时进行调整。

6.2.6 **长期待摊费用的摊销政策**

长期待摊费用是指公司已经发生但应由本期和以后各期分担的分摊期限在一年以上(不含一年)的各项费用。包括以经营租赁方式租入的固定资产改良支出等,长期待摊费用按实际支出入账,在项目受益期内平均摊销。

6.2.7 **合并会计报表的编制方法**

企业合并分为同一控制下企业合并和非同一控制下企业合并。合并财务报表的合并范围以控制为基础予以确定。控制是指本公司能够决定被投资单位的财务和经营政策,并能据此从被投资单位的经营活动中获取利益的权力。合并财务报表以母公司和纳入合并范围的子公司的财务报表为基础,根据其他有关资料,按照权益法调整对子公司的长期股权投资,在抵销母公司权益性资本投资与子公司所有者权益中母公司所持有的份额和公司内部之间重大交易及内部往来后编制而成。少数股东权益在合并资产负债表中所有者权益项目下以"少数股东权益"项目列示,少数股东损益,在合并利润表中净利润项目下以"少数股东损益"项目列示。公司在编制合并财务报表时,如果子公司所采用的会计政策、会计期间与母公司不一致的,需要按照母公司的会计政策和会计期间对子公司财务报表进行必要的调整;或者要求子公司按照母公司的会计政策和会计期间另行编报财务报表。

母公司在报告期内因同一控制下企业合并增加的子公司,编制合并资产负债表时,调整合并资产负债表的期初数。因非同一控制下企业合并增加的子公司,编制合并资产负债表时,不调整合并资产负债表的期初数。母公司在报告期内处置子公司,编制合并资产负债表时,不调整合并资产负债表的期初数。母公司在报告期内因同一控制下企业合并增加的子公司,将该子公司合并当期期初至报告期末的收入、费用、利润纳入合并利润表。因非同一控制下企业合并增加的子公司,将该子公司购买日至报告期末的收入、费用、利润纳入合并利润表。母公司在报告期内处置子公司,将该子公司期初至处置日的收入、费用、利润纳入合并利润表。母公司在报告期内因同一控制下企业合并增加的子公司，将该子公司合并当期期初至报告期末的现金流量纳入合并现金流量表。因非同一控制下企业合并增加的子公司，将该子公司购买日至报告期末的现金流量纳入合并现金流量表。母公司在报告期内处置子公司，将该子公司期初至处置日的现金流量纳入合并现金流量表。

6.2.8 收入确认原则和方法

本公司的收入主要包括利息收入、金融企业往来收入、手续费佣金收入、其他收入等。收入在满足以下条件时予以确认：与交易相关的经济利益很可能流入企业，并且该收入的金额能够可靠地计量时，确认收入的实现。

6.2.9 所得税的会计处理方法

本公司所得税的会计核算采用资产负债表债务法。本公司在取得资产、负债时，确定其计税基础。资产、负债的账面价值与其计税基础存在的暂时性差异，按照《企业会计准则第18号——所得税》的有关规定，确认所产生的递延所得税资产或递延所得税负债。

本公司所得税分季预缴，由主管税务机关具体核定。在年终汇算清缴时，少缴的所得税税额，在下一年度内缴纳；多缴纳的所得税税额，在下一年度退税。

6.2.10 信托报酬确认原则和方法

在与信托业务相关的经济利益能够流入公司，收入金额能够可靠计量的情况下，按信托文件约定的时间和方法确认。

6.2.11 会计政策、会计估计变更及重大前期差错更正的说明

6.2.11.1 会计政策变更

本公司2011年度无应披露的会计政策变更事项。

6.2.11.2 会计估计变更

（1）公司本年度根据董事会决议变更固定资产预计使用年限及预计净残值率，变更后预计使用年限及预计净残值率如下：

资产类别	变更前		变更后	
	预计净残值率（%）	预计使用年限	预计净残值率（%）	预计使用年限
房屋建筑物	3	20～45	5	20
运输设备	4	12～14	5	6
电子设备	3	5～10	5	5～7
其他设备	3	5～10	5	7

（2）由于折旧年限及预计净残值率变更，导致本年合并范围内多提折旧1 475 028.03元，影响利润总额减少1 475 028.03元；导致本年母公司多提折旧1 501 319.85元，影响利润总额减少1 501 319.85元。

6.2.11.3 重大前期差错更正事项。

本公司2011年度无应披露的重大前期差错更正事项。

6.3 或有事项

无。

6.4 重要资产转让及其出售的说明

无。

6.5 会计报表中重要项目的明细资料

6.5.1 自营资产经营情况

6.5.1.1 资产风险分类

信用风险资产五级分类	正常类（万元）	关注类（万元）	次级类（万元）	可疑类（万元）	损失类（万元）	信用风险资产合计（万元）	不良资产合计（万元）	不良资产率（%）
期初数	199 720.75	0	24.81	2 572.39	69.44	202 387.39	2 666.64	1.32
期末数	246 766.93	0	7.5	2 572.39	23.92	249 370.74	2 603.81	1.04

6.5.1.2 资产损失准备

单位：万元

项目	期初数	本期计提	本期转回	本期核销	期末数
贷款损失准备	1 297.05	360.69	24.82		1 682.56
一般准备	760.85	389.83			1 150.68
专项准备	536.2	-29.14	24.82		531.88
其他资产减值准备					
可供出售金融资产减值准备					
持有至到期投资减值准备					
长期股权投资减值准备		756.20			756.20
坏账准备	69.44		45.51		23.92
投资性房地产减值准备					

6.5.1.3 投资

单位：万元

项目	自营股票	基金	债券	长期股权投资	其他投资	合计
期初数	6 625.65	2 000	18 500	30 777.11	40 053.20	97 955.96
期末数	7 311.01	0	18 500	30 777.11	30 111.55	86 699.67

6.5.1.4 前五名自营长期股权投资情况

企业名称	占被投资企业权益的比例（%）	主要经营活动	投资收益（万元）
1. 英大期货有限公司	32.86	期货经纪	
2. 英大证券有限责任公司	3.33	证券经纪	
3. 山东阳谷电缆股份有限公司	11.32	制造业	
4. 山东英大保险经纪有限公司	12	保险经纪	36
5. 山东玉泉集团股份有限公司	1.08	制造业	

注：投资损益是指按照《企业会计准则》规定，核算股权投资确认损益并计入披露年度利润表的金额。

6.5.1.5 前五名自营贷款情况

企业名称	占贷款总额的比例（%）	还款情况
华电邹县发电有限公司	18.18	正常
国电华北电力有限公司	18.18	正常
内蒙古华电辉腾锡勒风力发电有限公司	13.63	正常
华电章丘发电有限公司	12.72	正常
中交（汕头）东海岸新城投资建设有限公司	9.09	正常

6.5.1.6 表外业务的期初数、期末数；按照代理业务、担保业务和其他类型表外业务分别披露

单位:万元

表外业务	期初数	期末数
担保业务	0	0
代理业务(委托业务)	0	0
其他	0	0
合计	0	0

注:代理业务主要反映因客观原因应规范而尚未完成规范的历史遗留委托业务,包括委托贷款和委托投资。公司2011年无其他余额超过5 000万元的表外业务。

6.5.1.7 公司当年的收入结构(母公司、并表)

项　　目	母公司		并表	
收入结构	金额(万元)	占比(%)	金额(万元)	占比(%)
手续费及佣金收入	64 375.89	86.41	64 375.89	86.37
其中:信托手续费收入	64 175.89	86.14	64 175.89	86.1
投资银行业务收入	200	0.27	200	0.26
利息收入	6 543.37	8.78	6 546.79	8.78
其他业务收入	593.16	0.8	593.16	0.8
其中:计入信托业务收入部分	—		—	
投资收益	1 715.76	2.3	1 747.05	2.34
其中:股权投资收益	36	0.05	36	0.05
证券投资收益	-1 237.47	-1.66	-1 237.47	-1.66
其他投资收益	2 917.23	3.92	2 948.52	3.96
公允价值变动收益	—		—	
营业外收入	12 69.60	1.7	1 269.60	1.7
收入合计	74 497.78	100.00	74 532.49	100.00

注:手续费及佣金收入、利息收入、其他业务收入、投资收益、营业外收入均应为损益表中的科目,其中手续费及佣金收入、利息收入、营业外收入为未抵减掉相应支出的全年累计实现收入数。报告期内公司无超过总收入的5%的"其他业务收入"和"营业外收入"。

6.5.2 信托资产管理情况

6.5.2.1 信托资产的期初数、期末数。

单位:万元

信托资产	期初数	期末数
集合	105 019.45	434 866.01
单一	13 397 148.65	17 370 611.30
财产权	1 080 536.25	1 316 235.24
合计	14 582 704.35	19 121 712.55

6.5.2.1.1 主动管理型信托业务的信托资产期初数、期末数,分证券投资、股权投资、融资、事务管理类分别披露

单位:万元

主动管理型信托资产	期初数	期末数
证券投资类	0	0
股权投资类	0	24 107.00
融资类	1 851 178.76	372 708.60
事务管理类	0	0
合计	1 955 871.76	1 198 841.34

注:1. "合计行"要求填主动管理型信托项目的总额,它包含所有运用方式的主动型产品,"证券投资类"、"股权投资类"、"融资类"、"事务管理类"是主动管理型中重点的几个类别,包含在"合计"中,但是与"合计"行没有勾稽关系,合计应大于或等于这四类之和。
2. 按照实收信托分类。
3. 期末数中,合计项除了表格中的四类外主要包括融资租赁、权益投资等投资类业务。

6.5.2.1.2 被动管理型信托业务期初数、期末数,分证券投资、股权投资、融资、事务管理类分别披露

单位:万元

被动管理型信托资产	期初数	期末数
证券投资类	0	0
股权投资类	409 462.49	381 818.99
融资类	11 317 046.37	12 965 637.35
事务管理类	1 178 747.45	4 834 647.92
合计	12 604 456.32	17 904 104.27

注:1. 合计数与主动管理型部分同理。
2. 按照实收信托分类。

6.5.2.2 本年度已清算结束的信托项目个数、实收信托合计金额、加权平均实际年化收益率

6.5.2.2.1 本年度已清算结束的集合类、单一类资金信托项目和财产管理类信托项目个数、实收信托金额、加权平均实际年化收益率

已清算结束信托项目	项目个数	实收信托合计金额(万元)	加权平均实际年化收益率(%)
集合类	1	247.50	144.92
单一类	73	6 432 807.80	4.94
财产管理类	14	181 828.25	5.69

注:收益率是指信托项目清算后,给受益人赚取的实际收益水平。加权平均实际年化收益率=(信托项目1的实际年化收益率×信托项目1的资产总计+信托项目2的实际年化收益率×信托项目2的资产总计+…信托项目n的实际年化收益率×信托项目n的资产总计)/(信托项目1的资产总计+信托项目2的资产总计+…信托项目n的资产总计)×100%

6.5.2.2.2 本年度已清算结束的主动管理型信托项目个数、实收信托合计金额、加权平均实际年化收益率

已清算结束信托项目	项目个数	实收信托合计金额(万元)	加权平均实际年化信托报酬率(%)	加权平均实际年化收益率(%)
证券投资类	0	0	0	0
股权投资类	0	0	0	0
融资类	10	186 200	0.29	5.80
事务管理类	0	0	0	0

注:加权平均实际年化信托报酬率=(信托项目1的实际年化信托报酬率×信托项目1的资产总计+信托项目2的实际年化信托报酬率×信托项目2的资产总计+…信托项目n的实际年化信托报酬率×信托项目n的资产总计)/(信托项目1的资产总计+信托项目2的资产总计+…信托项目n的资产总计)×100%。

6.5.2.2.3 本年度已清算结束的被动管理型信托项目个数、实收信托合计金额、加权平均实际年化收益率

已清算结束信托项目	项目个数	实收信托合计金额(万元)	加权平均实际年化信托报酬率(%)	加权平均实际年化收益率(%)
证券投资类	0	0	0	0
股权投资类	2	5 643.50	0.32	6.32
融资类	57	1 845 961.80	0.17	4.87
事务管理类	18	2 845 278.25	0.26	4.76

6.5.2.3 本年度新增的集合类、单一类和财产管理类信托项目个数、实收信托合计金额

单位:万元

新增信托项目	项目个数	实收信托合计金额
集合类	6	329 829.00
单一类	101	10 828 286.63
财产管理类	17	658 708.69
新增合计	124	11 816 824.32
其中:主动管理型	26	1 210 171.63
被动管理型	98	10 606 652.69

注:本年新增信托项目指在本报告年度内累计新增信托项目个数和金额。包含本年度新增并于本年度内结束的项目和本年度新增至报告期末仍在持续管理的信托项目。

6.5.2.4 信托业务创新成果和特色业务有关情况(此部分为可选项,即公司可自主决定是否披露、部分披露或全部披露)

无。

6.5.2.5 本公司履行受托人义务情况及因本公司自身责任而导致的信托资产损失情况(合计金额、原因等)

公司受托人对受托管理的全部信托财产均履行了尽职管理义务:对信托财产履行"诚实、信用、谨慎、有效"的管理,始终以受益人利益最大化原则处理信托相关事务;对信托财产与固有财产实行了分账管理,对每个信托项目实现了专户核算,不存在受托人侵占信托财产或利用信托财产谋取利益的情况;对信托项目的经营状况及存续期间发生的重大事项均进行了及时披露。

报告期内,未发生因本公司自身责任而导致信托资产损失的情况

6.6 关联方关系及其交易

6.6.1 关联交易方的数量、关联交易的总金额及关联交易的定价政策

单位:万元

	关联交易数量	关联交易金额	定价政策
合计	31	15 585 714.74	市场公允

注:"关联交易"定义以《公司法》和《企业会计准则第36号——关联方披露》有关规定为准。

6.6.2 关联交易方与本公司的关系性质、关联交易方的名称、法定代表人、注册地址、注册资本及主营业务

关系性质	关联方名称	法定代表人	注册地址	注册资本(亿元)	主营业务
股东单位及受同一单位控制	国家电网公司及下属企业	刘振亚	北京	2 000	电力

6.6.3 逐笔披露本公司与关联方的重大交易事项

6.6.3.1 固有财产与关联方:贷款、投资、租赁、应收账款担保、其他方式等期初汇总数、本期借方和贷方发生额汇总数、期末汇总数

固有与关联方关联交易

单位:万元

	期初数	借方发生额	贷方发生额	期末数
贷款	0	0	0	0
投资	0	0	0	0
租赁	0	0	0	0
担保	0	0	0	0
应收账款	0	0	0	0
其他	0	0	0	0
合计	0	0	0	0

续表

6.6.3.2 信托与关联方:贷款、投资、租赁、应收账款、担保、其他方式等期初汇总数、本期发生额汇总数、期末汇总数

信托与关联方关联交易

单位:万元

	期初数	借方发生额	贷方发生额	期末数
贷款	10 939 314.90	7 778 700.00	3 476 638.90	15 241 376.00
投资				
租赁	101 178.76	300 862.03	57 702.05	344 338.74
担保				
应收账款				
其他				
合计	11 040 493.66	8 079 562.03	3 534 340.95	15 585 714.74

6.6.3.3 信托公司自有资金运用于自己管理的信托项目(固信交易)、信托公司管理的信托项目之间的相互(信信交易)交易金额,包括余额和本报告年度的发生额

6.6.3.3.1 固有财产与信托财产之间的交易金额期初汇总数、本期发生额汇总数、期末汇总数

固有财产与信托财产相互交易

单位:万元

	期初数	借方发生额	贷方发生额	期末数
合计	0	0	0	

6.6.3.3.2 信托资产与信托财产之间的交易金额期初汇总数、本期发生额汇总数、期末汇总数

信托资产与信托财产相互交易

单位:万元

	期初数	借方发生额	贷方发生额	期末数
合计	0	0	0	

注:以公司受托管理的一个信托项目的资金购买自己管理的另一个信托项目的受益权或信托项下资产均应纳入统计披露范围。

6.6.4 逐笔披露关联方逾期未偿还本公司资金的详细情况以及本公司为关联方担保发生或即将发生垫款的详细情况

报告期内公司无关联方逾期未偿还本公司资金的情况及本公司为关联方担保发生或即将发生垫款的情况。

6.7 会计制度的披露

公司固有业务、信托业务均执行财政部2006年颁布的《企业会计准则》。

7. 财务情况说明书

7.1 利润实现和分配情况

2011年公司实现利润总额为56 813.96万元,净利润42 567.31万元,提取盈余公积4 256.73万元,提取一般风险

准备 2 593.25 万元,未分配利润余额为 69 128.32 万元。

2011 年公司合并实现利润总额 56 821.27 万元,净利润 42 570.93 万元,提取盈余公积 4 256.73 万元,提取一般风险准备 2 593.25 万元,未分配利润 69 633.11 万元。

7.2 主要财务指标

指标名称	母公司指标值	并表指标值
资本利润率(%)	19.63	19.59
加权年化信托报酬率(%)	0.30	0.30
人均净利润(万元/人)	397.83	376.73

注:1. 资本利润率 = 净利润/所有者权益平均余额 ×100%。

2. 加权年化信托报酬率 =(信托项目 1 的实际年化信托报酬率 × 信托项目 1 的资产总计 + 信托项目 2 的实际年化信托报酬率 × 信托项目 2 的资产总计 +…信托项目 n 的实际年化信托报酬率 × 信托项目 n 的资产总计)/(信托项目 1 的资产总计 + 信托项目 2 的资产总计 +…信托项目 n 的资产总计)×100%。

该指标是要反映公司实际的信托报酬水平,因此只能计算在报告年度真正清算结束了的项目。

3. 人均净利润 = 净利润/年平均人数。

4. 平均值采取年初、年末余额简单平均法,公式为:a(平均) =(年初数 + 年末数)/2。

7.3 本报告期内未发生对本公司财务状况、经营成果有重大影响的其他事项

8. 特别事项揭示

8.1 前五名股东变动情况及原因

(1)2011 年 11 月 2 日公司第二次临时股东会(通讯方式召开)通过决议,公司股东华东电网有限公司拟将所持有公司 4.67% 的股权无偿划转至英大国际控股集团有限公司。

8.2 董事、监事及高级管理人员变动情况及原因

(1)本年度董事会成员变动情况说明:公司原独立董事陈玉鹏因工作变动已不再适合担任公司独立董事,其本人于 2011 年 1 月向公司提出书面辞呈。该项辞职已经股东会通过并报银监会备案。

(2)本年度高级管理人员变动情况说明:根据公司发展需要,经总经理提议聘任刘卫东为公司总会计师,该项任职资格申请已于 2011 年 11 月 8 日获中国银监会批复同意(银监复〔2011〕492 号)。

8.3 变更注册资本、变更注册地或公司名称、公司分立合并事项

(1)2011 年 1 月 10 日,英大国际信托有限责任公司以通讯方式召开了 2011 年第一次临时股东会,公司全体股东参加了此次会议。会议审议通过了《关于公司控股股东名称变更修改公司章程的议案》。1 月 31 日银监会已正式批准公司修改章程的申请,修改内容包括公司控股股东名称变更和公司注册地址变更。

8.4 公司的重大诉讼事项

本报告年度公司无重大诉讼事项。

8.5 公司及其董事、监事和高级管理人员受到处罚的情况

本年度公司及其董事、监事和高级管理人员未存在受到处罚的情况。

8.6 银监会及其派出机构对公司检查后提出整改意见的,应简单说明整改情况

本年度公司无银监会及其省级派出机构认定的其他有必要让客户及相关利益人了解的重要信息。

8.7 本年度重大事项临时报告的简要内容、披露时间、所披露的媒体及其版面

根据有关要求,公司 2010 年度报告摘要刊发在 2010 年 4 月 19 日《金融时报》第 6 版。

8.8 银监会及其省级派出机构认定的其他有必要让客户及相关利益人了解的重要信息

本年度公司无银监会及其省级派出机构认定的其他有必要让客户及相关利益人了解的重要信息。

云南国际信托有限公司

1. 重要提示

1.1　本公司董事会及董事保证本报告所载资料不存在任何虚假记载、误导性陈述或者重大遗漏，并对其内容的真实性、准确性和完整性承担个别及连带责任。本年度报告摘要摘自年度报告全文，客户及相关利益人欲了解详细内容，应阅读年度报告全文。

1.2　本公司独立董事梁旻松、曹红辉对本报告内容的真实性、准确性和完整性表示认可。

1.3　本公司负责人董事长刘刚、总裁、主管会计工作负责人田泽望、主管信托会计工作负责人舒广及会计机构负责人杨春和、李峥保证：本年度报告中的财务报告真实、完整。

2. 公司概况

2.1　公司简介

2.1.1　公司历史沿革

云南国际信托有限公司（以下简称云南信托），是2003年经中国人民银行银复〔2003〕33号文批准，由原云南省国际信托投资公司增资改制后重新登记的非银行金融机构。公司注册资本为4亿元人民币。2007年，根据《信托公司管理办法》的有关规定，公司经中国银行业监督管理委员会银监复〔2007〕315号文批准同意，换领中华人民共和国金融许可证。

2.1.2　公司法定名称

中文名称：云南国际信托有限公司

中文缩写：云南信托

英文名称：Yunnan International Trust Co. ,Ltd.

英文缩写：YNTRUST

2.1.3　公司法定代表人：刘　刚

2.1.4　公司注册地址：云南省昆明市南屏街4号云南信托大厦

邮政编码：650021

公司国际互联网网址：http：//www. yntrust. com

电子信箱：ynxt@ yntrust. com

2.1.5　公司信息披露事务负责人：舒　广

联系人：秦少敏

联系电话：0871－3173981

传真：0871－3155739

电子信箱：ynxt@ yntrust. com

2.1.6　公司选定的信息披露报纸名称：《金融时报》

2.1.7　公司年度报告备置地点：云南省昆明市南屏街4号A座33层

2.1.8　公司聘请的会计师事务所：中审亚太会计师事务所有限公司

住所：昆明市白塔路131号汇都国际C座6层

2.1.9　公司聘请的律师事务所：云南千和律师事务所

住所：云南省昆明市人民中路11号天浩大厦5楼

2.2　组织结构

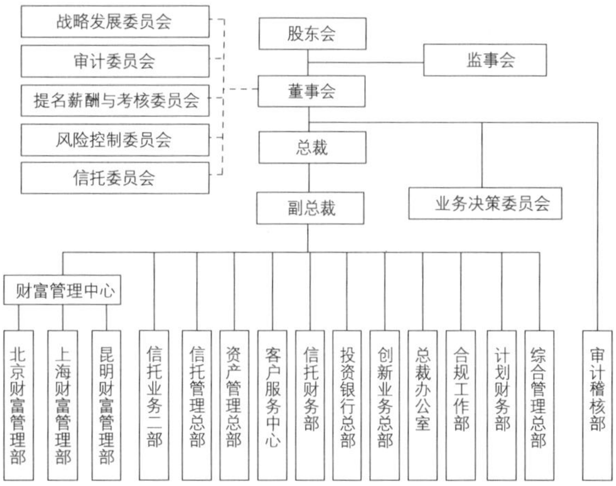

3. 公司治理结构

3.1　股东

股东名称	持股比例(%)	法人代表	注册资本(亿元)	注册地址	主要经营业务及主要财务情况
云南省财政厅	25	陈秋生		昆明市五华山云南省政府内	
涌金实业(集团)有限公司	24.5	谢超	2	上海浦东新区陆家嘴环路958号1711室	主营业务：物业管理、旅游资源开发、国内贸易、室内装潢、农业产品的购销实业投资咨询等。 主要财务情况：截至2011年末，总资产107 392万元 所有者权益54 369万元。
上海纳米创业投资有限公司	23	刘　明	3	上海浦东新区陆家嘴环路958号华能联合大厦17楼01室	主营业务：投资管理、投资咨询。 主要财务情况：截至2011年末，总资产52 657万元，所有者权益43 357万元。

本公司股东之中，涌金实业（集团）有限公司、上海纳米创业投资有限公司及北京知金科技投资有限公司之间存在关联关系。

公司前三位股东的主要股东情况：

（1）涌金实业（集团）有限公司主要股东：陈金霞 50%。

（2）上海纳米创业投资有限公司主要股东：陈金霞 75%。

3.2 董事

董事长、副董事长、董事

姓名	职务	性别	年龄	选任日期	所推举的股东名称	该股东持股比例（%）	简要履历
刘刚	董事长	男	47	2006年3月	涌金实业（集团）有限公司	24.5	研究生学历，曾任云南国际信托投资有限公司副董事长兼常务副总经理。
谢超	董事	男	46	2009年12月	涌金实业（集团）有限公司		研究生学历，现任涌金实业（集团）有限公司总裁。
赵煜	董事	男	43	2012年4月	涌金实业（集团）有限公司		研究生学历，曾任于上海浦东中软科技发展有限公司、北京顶峰贸易公司，现任涌金实业（集团）有限公司董事长助理。
孙国棋	董事	男	56	2009年12月	云南省财政厅	25	研究生学历，高级经济师职称；曾任云南省财政厅党组秘书、云南省财政厅办公室副主任、云南省财政厅政策法规处副处长、云南省财政厅《云南财政与会计》编辑部主任、云南省财政厅法制处（税政处）处长，现任云南省财政厅总会计师。
邓耘波	董事	男	54	2009年12月	云南省财政厅		研究生学历，注册会计师职称，曾任云南省曲靖市财政局党组书记、局长，云南省财政厅派驻红塔证券股份有限公司任党委书记、监事长；现任云南省财政厅金融处长。
克明	董事	男	57	2009年12月	云南省财政厅		研究生学历，注册会计师；高级会计师职称，曾任云南省国资局资产评估管理处处长；现任注册会计师协会副会长兼秘书长。
刘凤春	董事	女	39	2012年4月	上海纳米创业投资有限公司	23	曾任职于北京市海淀区委、北京市国联律师事务所，现任上海纳米创业投资有限公司法律部经理。
孔令江	董事	男	48	经公司2011年第一次临时股东会议审议通过，任职资格审批过程中	新疆广汇实业投资（集团）有限责任公司	10	曾任职于新疆国际信托投资公司，历任科员、副经理、经理、总经理助理、上海总部总经理；现任新疆广汇实业投资集团有限公司总裁助理，广汇股份公司董事会秘书、副总裁。
徐迅	董事	男	54	2008年3月	北京知金科技投资有限公司	7.5	研究生，曾任涌金集团副总裁，现任北京知金科技投资有限公司总经理。

独立董事

姓名	所在单位及职务	性别	年龄	选任日期	所推举的股东名称	该股东持股比例（%）	简要履历
梁旻松	北京博雅新港投资管理有限公司首席执行官	男	43	2007年6月	上海纳米创业投资有限公司	23	经济学、法学博士；曾任美国纽约 Kelly Drye & Warren LIP 公司/项目融资部律师及美国贝克·麦肯斯国际律师事务所香港办公室中国业务部律师，现任北京博雅新港投资管理有限公司首席执行官。
曹红辉	中国社会科学院金融所金融市场研究室主任，支付清算研究中心秘书长	男	45	2009年12月	涌金实业（集团）有限公司	24.5	博士、研究生，现任中国社会科学院金融所金融市场研究室主任、支付清算研究中心秘书长。

3.3 监事

监事会成员

姓名	职务	性别	年龄	选任时间	所推举的股东名称	该股东持股比例（%）	简要履历
曹芹	监事长	女	54	2006年12月	云南省财政厅	25	硕士研究生，高级经济师，历任云南省财政厅综合处副处长、人事教育处处长、党组秘书，云南省国际信投资公司副总经理、党委副书记、总经理；现任云南国际信托有限公司监事长、党委书记。
杨利华	监事	男	30	2009年6月	涌金实业（集团）有限公司	24.5	硕士，现任涌金实业（集团）有限公司法律部总经理。

续表

姓 名	职 务	性别	年龄	选任时间	所推举的股东名称	该股东持股比例(%)	简 要 履 历
李双友	监事	男	42	2005年12月	云南红塔集团有限公司	2.5	本科学历,高级会计师,现任云南红塔集团有限公司副总经理、计划财务科科长。
王润稣	监事	男	35	2011年6月	新疆广汇实业投资(集团)有限责任公司	10	本科学历,国际内部审计师,曾任上海医药集团审计部审计员、上海汽车股份有限公司审计部审计专员、中化国际股份有限公司审计部高级审计经理,现任涌金集团审计部经理。
杨永忠	职工监事	男	43	2009年12月	—	—	大专学历,现任云南国际信托有限公司综合管理总部副总经理。
孙澄	职工监事	女	43	2008年4月	—	—	大专学历,现任云南国际信托有限公司上海联络处财务经理。

3.4 高级管理人员

姓 名	职 务	性别	年龄	选任日期	金融从业年限	学历	专业	简 要 履 历
刘 刚	董事长	男	46	2004年3月	12	硕士研究生	生物	参见3.2
曹 芹	监事长	女	54	2006年12月	14	硕士研究生	财政学	参见3.3
田泽望	总裁(拟任)	男	40	资格审批过程中	16	双学士	管理工程	双学士学历,曾任云南国际信托有限公司总裁助理。
赵 凯	副总裁	男	42	2010年2月	12	硕士研究生	工商管理	硕士研究生学历,曾任云南国际信托有限公司资产管理总部总经理、投资总监。
舒 广	副总裁(拟任)	男	33	资格审批过程中	8	硕士研究生	法律	硕士研究生学历,曾任云南国际信托有限公司总裁办公室主任、合规部总经理。
邓国山	总裁助理	男	34	2011年12月	8	硕士研究生	工商管理	硕士研究生学历,曾任云南国际信托有限公司创新业务总部总经理、市场总监。

3.5 公司员工

本报告期内,云南信托实有员工77人,平均年龄34.8岁。具有大专以上学历的员工70人(其中:博士研究生1人,研究生16人,本科43人,大专10人),占总人数的90.91%;其他学历的员工7人,占总人数的9.09%。

4. 经营管理

4.1 经营目标、方针、战略规划

4.1.1 经营目标

我们要成为一家以专业化和诚信为理念,提供国内顶级金融理财服务,并朝着国内一流目标迈进的卓越的理财机构。我们将致力于最大化的实现客户价值、员工价值、股东价值和社会价值。

4.1.2 经营方针

在金融投资和理财领域不断创新和进取,追求可控风险下的投资回报最大化。

4.1.3 战略规划

融合货币、资本、实业三大领域,充分发挥信托投融资平台优势。树立在投资理财领域的核心竞争力,打造一流金融服务品牌,为客户提供专业化的金融与资产管理服务。

4.2 公司经营业务的主要内容

报告期内,公司经营的业务主要包括:

(1)固有财产运营业务,包括证券一级市场投资、股权投资、债券投资、信托受益权投资、经营性租赁业务等方面。

(2)信托业务:包括证券投资类信托业务、新股申购类信托业务、股权投资类信托业务、信贷资产转让类信托业务、房地产及基础设施类信托业务等。

(3)自营资产及信托资产运用与分布情况

自营资产运用与分布表

资产运用	金额(万元)	占比(%)	资产分布	金额(万元)	占比(%)
货币资产	85 871	77.29	基础产业	0	0.00
贷款	0	0.00	房地产业	0	0.00
短期投资	10 999	9.90	证券	10 999	9.90
长期投资	0	0.00	实业	0	0.00
其他	14 232	12.81	其他	100 103	90.10
资产总计	111 102	100.00	资产总计	111 102	100.00

信托资产运用与分布表

资产运用	金额(万元)	占比(%)	资产分布	金额(万元)	占比(%)
货币资产	604 228.26	41.74	基础产业	126 000.00	8.70
贷款	459 600.00	31.75	房地产业	35 739.36	2.47
交易性金融资产	181 549.78	12.54	证券	181 549.78	12.54
长期投资	29 681.00	2.05	金融机构	0.00	0.00
买入返售资产	21 810.44	1.51	工商企业	400 781.00	27.69
其他	150 764.61	10.41	其他	703 563.95	48.60
资产总计	1 447 634.09	100.00	资产总计	1 447 634.09	100.00

4.3 市场分析

4.3.1 影响本公司业务发展的有利因素

(1)在2011年全球经济增长放缓,国际贸易增速回落,欧债危机导致国际金融市场剧烈动荡,各类风险明显增多的大背景下，国民经济仍继续朝着宏观调控预期方向发展，实现了增长持续、效益较好、民生改善的良好态势。

（2）2011 年我国金融市场继续保持健康发展，金融市场规模和活跃度稳定增长、市场功能进一步深化，金融市场产品和交易方式创新继续稳步推进，市场制度进一步完善。

（3）私人理财需求高涨，随着民间私人财富的不断积累，私人财富管理已经被广大高端投资者所认可和接受，根据招商银行与贝恩联合发布的《2011 年中国私人财富报告》，2011 年中国个人总体持有的可投资资产规模约 72 万亿元人民币，2011 年可投资资产 1 000 万元人民币以上的中国高净值人士数量达 59 万人，人均持有可投资资产约 3 000 万元人民币，共持有可投资资产约 18 万亿元人民币，占中国个人总体持有财富比例的 25%。面对急剧增长的财富管理需求，由于金融分业监管的大环境，具有独特制度优势的信托理财工具与银行理财产品的结合更趋紧密，共同服务于高端财富管理领域。

（4）监管政策继续引导信托公司由被动管理向主动管理转型，真正地实现信托公司的“受人之托，代人理财”的职能。

（5）在现有分业经营的法律框架下，信托机构既可以涉足资本市场、货币市场，受托进行证券投资，又可以涉足实体经济，进行股权投资，是联系虚拟经济和实体经济的重要纽带，在中国经济建设中起着重要的金融中介和桥梁作用。

（6）云南信托企业品牌的逐步树立，有利于公司全国业务的开展。

4.3.2　影响本公司业务发展的不利因素

（1）信托登记、产品流通、信托税收等配套法律制度的不完善，对信托公司的长远发展产生了一定程度的制约。

（2）金融混业经营的趋势与利率市场化的不断发展，对于信托公司目前所具有的独特制度优势将不断体现出脱媒的作用。

（3）银行、券商、基金等金融市场其他主体，不断推出类信托化的产品，导致财富管理市场竞争日趋激烈。目前信托公司相对规模较小且欠缺独立的销售渠道，在竞争中暂时处于不利地位。

（4）由于目前的市场竞争机制尚不健全，对信托公司与其他金融机构的监管标准不统一，给信托公司的业务开展带来制约。

4.4　内部控制

4.4.1　内部控制环境和内部控制文化

公司遵循“诚信、谨慎、勤勉、高效”的原则，依法经营、科学管理，维护信托财产及股东权益为经营宗旨；秉承“诚信引领未来、专业创造价值”的企业经营理念，以“资产管理、功能信托、投资银行”为核心竞争力，致力于最大化的实现客户价值、社会价值、员工价值和股东价值，营造良好的公司治理文化和股东信用文化。

公司董事会负责督促、检查、评价公司风险管理工作，并对公司风险管理负最终责任。公司监事会负责监督检查，并督促落实公司风险管理体系的建立和实施及相关事项的整改，就涉及公司风险的重大事项向股东会汇报，充分发挥了监事会独立监督职能。

公司倡导合规经营和风险管理的理念，努力培养全体员工遵纪守法和风险防范意识，通过定期内部培训学习保证全体员工及时了解国家法律法规和公司规章制度，使合规和风险防范意识贯穿到公司各个部门、岗位和环节。

4.4.2　内部控制措施

4.4.2.1　健全有效议事决策机制

公司建立了以总裁为主任委员的公司业务决策委员会并制定具体的《业务决策委员会工作细则》。对于公司拟实施的每个项目，都必须经由公司业务决策委员会讨论通过后才能组织实施，并且主任委员对所决定的所有事项具有一票否决权。业务决策委员会通过的业务项目，若存在反对票，则应提请董事会风险控制委员会行使对该项目的最终风险审查权，从而加强对公司项目的事前风险控制。

4.4.2.2　建立内部分工明确相互监督制衡的职责构架

公司的合规工作部独立行使职能，对公司业务开展事前、事中、事后的风险防范、控制、监督并出具独立意见。公司设立相对独立的内部审计稽核部门，直接对董事会负责，由其负责对公司所有业务每半年至少进行一次稽核，对公司自营业务和信托业务分离情况按季度进行稽核，对终止或结束的业务在一个月内进行审计稽核，对业务开展过程中发现的问题随时进行稽核，并将稽核情况及时向董事会报告。合规工作部及审计稽核部对重要业务及资金管理实施全程监控并保持各自独立监督、预警的报告机制。

4.4.2.3　强化行业政策贯彻与业务同步

公司严格执行信托业务与自营业务分岗、分账独立运行，分别对自营业务和信托业务制订业务流程、操作规程和风险控制制度，保证各项业务的前台、中台、后台相对独立，建立、健全、完善内外部防火墙。

2011 年公司根据业务开展情况，对原有制度及流程的进行更新，进一步完善了内控制度体系。制度覆盖所有部门、所有业务，贯彻落实到每个具体岗位，进一步提升了公司内控能力。

4.4.3　信息交流与反馈

公司已建立有效的信息交流、反馈机制和平台。计算机财务系统、交易系统、办公自动化系统等稳定、高效运转，公司股东会、董事会、监事会、经营管理层可及时了解公司的经营状况和风险情况，相关信息能够及时传递给相关的员工，部门和员工的反馈信息能顺畅到达经营管理层。

同时也建立了有效的投资人沟通渠道。目前，公司各类业务办理、客户产品查询、营销渠道管理等逐步纳入 IT 化管理，公司全系列产品的客户数据均做到了“上网可查”。

4.4.4　监督评价与纠正

在保持好业务决策委员会事前控制机制的基础上，公司进一步加强对各运行项目的事中和事后管理，定期或不定期地开展各业务操作流程和风险控制措施进行自我检查和评价，做到自查、自省、自纠和自律。进一步加强了信托业务开展及资本市场投资的风险管理，明确投资决策委员会和风险控制委员会的定位和职责。

4.5　风险管理

4.5.1　风险管理概况

（1）公司经营活动中可能遇到的风险

风险主要有信用风险、市场风险、操作风险、道德风险等。

(2)公司风险管理的基本原则与政策

公司风险管理遵循全面性、独立性、相互制约性、定性和定量相结合的原则,风险控制措施和内控制度覆盖了公司所有部门和岗位,渗透到决策、执行、监督、反馈业务过程中,通过制定风险管理制度和业务操作流程对风险进行事前防范、事中控制、事后监督,促进公司持续、稳健、合规经营。

(3)公司风险管理组织结构及职责划分

董事会风险控制委员会:负责公司风险控制制度建设、审查重大业务风险、监督、评估、控制并管理公司的风险,负责认定并监督规范公司的关联交易。

董事会审计委员会:负责公司内部审计以及内、外部审计的沟通、监督和核查工作。

业务决策委员会:负责审定业务管理制度、业务流程、重大投资、信托产品、业务项目决策委员会成员以及信托经理名单、其他重大经营事项。

合规工作部:统一处理各类法律事务,制定和审查法律文件,对创新业务进行法律论证,提出专业意见,防范法律风险,维护公司及投资人的合法权益。对与其他金融机构开展业务具体项目进行独立审核,控制合规风险及评价项目经济风险,对异常情况作出预警提示。

审计稽核部:负责风险管理制度和流程执行的监督、审计,进行独立风险评估。

产品研发、市场营销、资产管理、财务管理、后勤服务支持等部门按照权责分明、有效制衡的原则分别设立。

4.5.2 风险状况

4.5.2.1 信用风险状况

信用风险指公司在业务经营过程中因交易对手违约而产生的风险。针对信用风险,公司开展业务时,在审慎选择交易对手的同时,认真进行尽职调查和管理,落实交易的抵押、担保等法律保证措施来防范信用风险。本报告期内公司的信托风险暴露数、不良资产期末数均为零。

4.5.2.2 市场风险状况

市场风险因素主要包括证券市场波动、汇率及利率的变化。公司的市场风险主要来源于证券市场下跌,而汇率变动对公司影响较小,利率变动对公司有一定的影响。针对证券市场下跌,公司通过严格限定固有业务证券投资规模(含一级市场网下新股申购)、控制持仓比例、对信托证券投资项目实施逐日盯市、每日报告提示、实时监控预警、强化行业研究和公司研究等措施来规避证券投资市场风险。措施上公司通过证券类信托计划投资决策委员会、风险控制委员会制定和调整投资策略、优化证券资产配置结构比例、控制时机、设立止损机制等规避证券市场风险。对于汇率风险,密切关注国家政策变化。对于利率风险,密切跟踪宏观经济变化,特别是消费物价指数的变化,增强预见性,及时采取相应对策。

4.5.2.3 操作风险状况

公司的操作风险取决于决策程序、内部业务流程、计算机系统、员工的尽职情况。针对任一环节的不完善和失误都可能给公司造成损失或影响,公司通过完善规章制度、细化业务操作流程,加强员工专业培训及奖惩激励,设定计算机业务系统操作权限、制定应急预案等措施控制操作风险。

4.5.2.4 其他风险状况

(1)政策风险状况

关于政策风险,国家宏观政策及行业政策的变动对公司经营环境和发展会造成影响。目前,公司业务定位于高端理财、投行等特色金融服务,机遇与挑战并存。为此,公司一方面通过对国家宏观政策及行业政策的跟踪、研究,提高预见性,另一方面及时调整战略思路,防范政策风险。

(2)道德风险状况

关于道德风险,公司内部个别员工的不诚信、不尽职可能会给公司或投资人造成损失和影响。公司通过完善公司治理结构、健全内控制度、规范合理分工有效制衡的操作流程、加强思想教育,控制道德风险,强化审计监督,完善风险预警机制。

4.5.3 风险管理

4.5.3.1 信用风险管理

(1)足额计提资产减值准备。

(2)落实抵押保全措施。抵押品确认的主要原则:完备的所有权证、公允的市场价值、未涉及诉讼案件、办理他项权利证书。

(3)审慎选择交易对手。

4.5.3.2 市场风险管理

公司设立证券类信托计划投资决策委员会、风险控制委员会,通过制定和调整投资策略、优化证券资产配置结构比例、控制时机、设立止损机制等措施规避证券市场风险。对于汇率风险,密切关注国家政策变化。对于利率风险,密切跟踪宏观经济变化,特别是消费物价指数的变化,增强预见性,及时采取相应对策。

4.5.3.3 操作风险管理

公司通过完善规章制度及业务操作流程、加强员工培训、设定计算机业务系统操作权限及制定应急预案等措施控制操作风险。

4.5.3.4 其他风险管理

(1)政策风险管理

公司通过对国家宏观政策及行业政策的跟踪、研究,提高预见性,防范政策风险。

(2)其他风险管理

通过完善公司治理结构、健全内控制度、规范操作流程、加强思想教育,控制道德风险,强化审计监督,完善风险预警机制。

5. 财务会计报表

5.1 自营资产

5.1.1 会计师事务所审计意见全文

审 计 报 告

中审亚太审〔2012〕云-0536号

云南国际信托有限公司全体股东:

我们审计了后附的云南国际信托有限公司(以下简称云南信托)财务报表,包括2011年12月31日的资产负债表,2011年度的利润表、股东权益变动表和现金流量表以及财务报表附注。

一、管理层对财务报表的责任

编制和公允列报财务报表是云南信托公司管理层的责任，这种责任包括：(1)按照企业会计准则的规定编制财务报表，并使其实现公允反映；(2)设计、执行和维护必要的内部控制，以使财务报表不存在由于舞弊或错误而导致的重大错报。

二、注册会计师的责任

我们的责任是在实施审计工作的基础上对财务报表发表审计意见。我们按照中国注册会计师审计准则的规定执行了审计工作。中国注册会计师审计准则要求我们遵守职业道德守则，计划和实施审计工作以对财务报表是否不存在重大错报获取合理保证。

审计工作涉及实施审计程序，以获取有关财务报表金额和披露的审计证据。选择的审计程序取决于注册会计师的判断，包括对由于舞弊或错误导致的财务报表重大错报风险的评估。在进行风险评估时，注册会计师考虑与财务报表编制和允公列报相关的内部控制，以设计恰当的审计程序，但目的并非对内部控制的有效性发表意见。审计工作还包括评价管理层选用会计政策的恰当性和作出会计估计的合理性，以及评价财务报表的总体列报。

我们相信，我们获取的审计证据是充分、适当的，为发表审计意见提供了基础。

三、审计意见

我们认为，云南信托公司财务报表在所有重大方面按照企业会计准则的规定编制，公允反映了云南信托公司2011年12月31日的财务状况以及2011年度的经营成果和现金流量。

中审亚太会计师事务所有限公司　　中国注册会计师：

中国·昆明　　中国注册会计师：

二〇一二年二月二十九日

5.1.2　资产负债表

资产负债表

编制单位：云南国际信托有限公司　　2011年12月31日　　单位：元

资产	行次	期末数	期初数	负债和所有者权益	行次	期末数	期初数
货币资金	1	858 708 614.88	776 874 512.60	拆入资金	24		
拆出资金	2			交易性金融负债	25		
交易性金融资产	3	109 995 219.58	108 171 715.25	衍生金融负债	26		
衍生金融资产	4			代理承销证券款	27		
买入返售金融资产	5			应收账款	28	39 270 412.00	39 270 412.00
应收账款	6	5 272 384.74	12 704 957.10	其他应付款	29	17 395 147.49	16 873 142.95
其他应收款	7	3 650.00	160 398.75	预计账款	30		
预付款项	8	439 881.71	413 480.51	应付职工薪酬	31	12 905 220.04	22 936 681.38
应收股利	9			应交税费	32	35 960 840.93	28 177 332.62
应收利息	10			应付股利	33		
长期应收款	11			预计负债	34		
贷款	12			长期应付款	35		
可供出售金融资产	13			递延所得税负债	36		3 070 494.39
持有至到期投资	14			其他负债	37		
长期股权投资	15			负债合计	38	105 531 620.46	110 328 063.34
投资性房地产	16	52 697 031.11	55 528 983.95	所有者权益	39		
固定资产	17	18 061 300.16	19 470 042.51	实收资本	40	400 000 000.00	400 000 000.00
无形资产	18	1 430 079.22	1 447 960.07	资本公积	41	174 345.00	174 345.00
信托受益权	19	59 018 990.75	20 600 000.00	盈余公积	42	78 531 542.84	66 507 737.86
递延所得税资产	20	5 307 704.16		信托赔偿准备	43	39 265 771.42	33 253 868.93
长期待摊费用	21	85 907.55	207 736.20	一般风险准备	44	11 110 213.94	9 955 641.88
其他资产	22			未分配利润	45	476 407 900.20	375 360 129.93
				其中：本年利润	46		
				所有者权益合计	47	1 005 489 773.40	885 251 723.60
资产总计	23	1 111 021 393.86	995 579 786.94	负债及股东权益总计	48	1 111 021 393.86	995 579 786.94

法定代表人：刘　刚　　主管会计工作负责人：田泽望　　会计机构负责人：杨春和　　编制日期：2012年3月1日

5.1.3 利润表

利润表

编制单位：云南国际信托有限公司　　2011年度　　单位：元

报表项目名称	行次	本年累计数	上年累计数
营业收入	1	229 707 667.40	180 822 452.48
利息净收入	2	20 605 010.61	10 139 376.29
利息收入	3	20 605 010.61	10 139 376.29
利息支出	4		
手续费及佣金净收入	5	199 461 024.58	106 341 147.79
手续费及佣金收入	6	209 384 038.04	113 084 530.88
手续费及佣金支出	7	9 923 013.46	6 743 383.09
投资收益	8	27 910 065.46	78 324 065.65
汇兑损益	9	—	—
公允价值变动损益	10	-23 269 126.43	-18 294 208.64
其他业务净收入	11	5 000 493.18	4 312 071.39
其他业务收入	12	5 000 493.18	4 312 071.39
其他业务支出	13	—	—
营业支出	14	64 130 601.05	85 637 326.71
营业税金及附加	15	14 260 242.00	10 770 087.53
业务及管理费	16	49 870 359.05	74 867 239.18
资产减值损失	17	—	—
营业利润	18	165 577 066.35	95 185 125.77
加：营业外收入	19	—	130 529.64
减：营业外支出	20	4 871 584.29	364 291.46
利润总额	21	160 705 482.06	94 951 363.95
减：所得税费用	22	40 467 432.26	28 945 056.43
净利润	23	120 238 049.80	66 006 307.52
归属于母公司所有者的净利润	24	120 238 049.80	66 006 307.52
少数股东损益	25	—	—
每股收益	26	—	—
基本每股收益	27	—	—
稀释每股收益	28	—	—
其他综合收益	29	—	—
综合收益总额	30	120 238 049.80	66 006 307.52
归属于母公司所有者的综合收益总额	31	120 238 049.80	66 006 307.52
归属于少数股东的综合收益总额	32	—	—

法定代表人：刘　刚　　主管会计工作负责人：田泽望　　会计机构负责人：杨春和　　编制日期：2012年2月10日

5.1.4 所有者权益变动表

所有者权益变动表

编制单位：云南国际信托有限公司　　2011年度　　单位：元

项　目	本年金额							
	实收资本（或股本）	资本公积	减：库存股	盈余公积	一般风险准备	信托赔偿准备	未分配利润	所有者权益合计
一、上年年末余额	400 000 000.00	174 345.00	—	66 507 737.86	9 955 641.88	33 253 868.93	375 360 129.93	885 251 723.60
加：会计政策变更								
前期差错变更								
二、本年年初余额	400 000 000.00	174 345.00	—	66 507 737.86	9 955 641.88	33 253 868.93	375 360 129.93	885 251 723.60
三、本年增减变动金额（减少以"-"号填列）	—	—	—	12 023 804.98	1 154 572.06	6 011 902.49	101 047 770.27	120 238 049.80
（一）净利润							120 238 049.80	120 238 049.80
（二）直接计入所有者权益的利得和损失								—
1. 可供出售金融资产公允价值变动净额								—

续表

项目	本年金额							
	实收资本(或股本)	资本公积	减:库存股	盈余公积	一般风险准备	信托赔偿准备	未分配利润	所有者权益合计
(1)计入所有者权益的金额								—
(2)转入当期损益的金额								—
2. 现金流量套期工具公允价值变动净额								—
(1)计入所有者权益的金额								—
(2)转入当期损益的金额								—
(3)计入被套期项目初始确认金额中的金额								—
3. 权益法下被投资单位其他所有者权益变动的影响								—
4. 与计入所有者权益项目相关的所得税影响								—
5. 其他								—
上述(一)和(二)小计								—
(三)所有者投入和减少资本								—
1. 所有者投入资本								—
2. 股份支付计入所有者权益的金额								—
3. 其他								—
(四)利润分配				12 023 804. 98	1 154 572. 06	6 011 902. 49	-19 190 279. 53	—
1. 提取盈余公积				12 023 804. 98			-12 023 804. 98	—
2. 提取一般风险准备					1 154 572. 06		-1 154 572. 06	—
3. 提取信托赔偿准备						6 011 902. 49	-6 011 902. 49	—
4. 对所有者(或股本)的分配								—
5. 其他								—
(五)信托赔偿准备弥补信托项目亏损								—
(六)所有者权益内部结转								
1. 资本公积转增资本(或股本)								
2. 盈余公积转增资本(或股本)								
3. 盈余公积弥补亏损								
4. 一般风险准备弥补亏损								
5. 其他								
四、本年年末余额	400 000 000. 00	174 345. 00	—	78 531 542. 84	11 110 213. 94	39 265 771. 42	476 407 900. 20	1 005 489 773. 40

所有者权益变动表(续表)

编制单位:云南国际信托有限公司　　2011 年度　　单位:元

项目	上年金额							
	实收资本(或股本)	资本公积	减:库存股	盈余公积	一般风险准备	信托赔偿准备	未分配利润	所有者权益合计
一、上年年末余额	400 000 000. 00	174 345. 00	—	47 711 869. 41	8 172 768. 91	23 855 934. 70	339 330 498. 06	819 245 416. 08
加:会计政策变更								—
前期差错变更								—
二、本年年初余额	400 000 000. 00	174 345. 00	—	47 711 869. 41	8 172 768. 91	23 855 934. 70	339 330 498. 06	819 245 416. 08
三、本年增减变动金额(减少以“-”号填列)	—	—	—	18 795 868. 45	1 782 872. 97	9 397 934. 23	36 029 631. 87	66 006 307. 52
(一)净利润							66 006 307. 52	66 006 307. 52
(二)直接计入所有者权益的利得和损失								—
1. 可供出售金融资产公允价值变动净额								—
(1)计入所有者权益的金额								—
(2)转入当期损益的金额								—

续表

项　目	上年金额							
	实收资本(或股本)	资本公积	减:库存股	盈余公积	一般风险准备	信托赔偿准备	未分配利润	所有者权益合计
2. 现金流量套期工具公允价值变动净额								—
(1)计入所有者权益的金额								—
(2)转入当期损益的金额								—
(3)计入被套期项目初始确认金额中的金额								—
3. 权益法下被投资单位其他所有者权益变动的影响								—
4. 与计入所有者权益项目相关的所得税影响								—
5. 其他								—
上述(一)和(二)小计								—
(三)所有者投入和减少资本								—
1. 所有者投入资本								—
2. 股份支付计入所有者权益的金额								—
3. 其他								—
(四)利润分配				18 795 868. 45	1 782 872. 97	9 397 934. 23	−29 976 675. 65	—
1. 提取盈余公积				18 795 868. 45			−18 795 868. 45	—
2. 提取一般风险准备					1 782 872. 97		−1 782 872. 97	—
3. 提取信托赔偿准备						9 397 934. 23	−9 397 934. 23	—
4. 对所有者(或股本)的分配								—
5. 其他								—
(五)信托赔偿准备弥补信托项目亏损								—
(六)所有者权益内部结转								—
1. 资本公积转增资本(或股本)								—
2. 盈余公积转增资本(或股本)								—
3. 盈余公积弥补亏损								—
4. 一般风险准备弥补亏损								—
5. 其他								—
四、本年年末余额	400 000 000. 00	174 345. 00		66 507 737. 86	9 955 641. 88	33 253 868. 93	375 360 129. 93	885 251 723. 60

5. 1. 5　现金流量表

现金流量表

编制单位:云南国际信托有限公司　　2011 年度　　单位:元

项　目	行次	本期金额	上期金额
一、经营活动产生的现金流量:			
卖出交易性金融资产收到的现金	1	428 000 734. 91	401 445 290. 57
收到的利息、手续费及佣金	2	235 750 929. 91	129 614 044. 84
收到的税费返还	3		
收到的其他与经营活动有关的现金	4	13 537 515. 37	12 690 722. 13
经营活动现金流入小计	5	677 289 180. 19	543 750 057. 54
买入交易性金融资产支付的现金	6	426 242 802. 00	352 078 696. 79
支付的手续费及佣金	7	10 296 799. 38	6 743 383. 09
支付给职工以及为职工支付的现金	8	31 044 896. 14	34 610 351. 59
支付的各项税费	9	72 400 129. 28	93 225 055. 55
支付的其他与经营活动有关的现金	10	16 226 200. 42	15 945 546. 05
经营活动现金流入小计	11	556 210 827. 22	502 603 033. 07
经营活动产生的现金流量净额	12	121 078 352. 97	41 147 024. 47
二、投资活动产生的现金流量	13		

续表

项　目	行次	本期金额	上期金额
收回投资收到的现金	14		
得取投资收益收到的现金	15		
处置固定资产、无形资产和其他长期资产收回的现金净额	16	28 057. 97	33 553. 85
收到的其他与投资活动有关的现金	17		
投资活动现金流入小计	18	28 057. 97	33 553. 85
投资支付的现金	19	38 418 990. 75	
构建固定资产、无形资产和其他长期资产支付的现金	20	853 317. 91	838 505. 88
支付的其他与投资活动有关的现金	21		
投资活动现金流出小计	22	39 272 308. 66	838 505. 88
投资活动产生的现金流量净额	23	−39 244 250. 69	−804 952. 03
三、筹资活动产生的现金流量	24		
吸收投资收到的现金	25		
发行债券收到的现金	26		
收到的其他与筹资活动有关的现金	27		
筹资活动现金流入小计	28		

续表

项　　目	行次	本期金额	上期金额
分配股利、利润或偿付利息支付的现金	29		4 500 000.00
支付的其他与筹资活动有关的现金	30		
筹资活动现金流出小计	31		4 500 000.00
筹资活动产生的现金流量净额	32		-4 500 000.00
四、汇率变动对现金及现金等价物的影响	33		
五、现金及现金等价物净增加额	34	81 834 102.28	35 842 072.44
加：期初现金及现金等价物余额	35	776 874 512.60	741 032 440.16
六、期末现金及现金等价物余额	36	858 708 614.88	776 874 512.60

法定代表人：刘　刚　　主管会计工作负责人：田泽望

会计机构负责人：杨春和　　编制日期：2012 年 3 月 1 日

5.1.6　现金流量表补充资料

现金流量表补充资料

2011 年度

编制单位：云南国际信托有限公司　　单位：元

项　　目	行次	本年金额	上年金额
补充资料			
1. 将净利润调节为经营活动现金流量	1		
净利润	2	120 238 049.80	66 006 307.52
加：资产减值准备	3		
固定资产折旧	4	1 719 131.53	4 661 997.38
无形资产摊销	5	510 176.85	443 945.28
长期待摊费用摊销	6	144 693.60	47 753.85
处置固定资产、无形资产及其他长期资产的损失（收益以“-”号填列）	7	91 873.67	-33 553.85
固定资产报废损失（收益以“-”号填列）	8		
公允价值变动损失（收益以“-”号填列）	9	23 269 126.43	18 294 208.64
投资损失（收益以“-”号填列）	10	-28 057.97	
递延所得税资产减少（增加以“-”号填列）	11	-5 307 704.16	
递延所得税负债增加（减少以“-”号填列）	12	-3 070 494.39	-4 573 552.16
经营性应收项目的减少（增加以“-”号填列）	13	7 562 919.91	6 357 508.78
经营性应付项目的增加（减少以“-”号填列）	14	-24 051 362.30	-50 057 590.97
其他	15		
经营活动产生的现金流量净额	16	121 078 352.97	41 147 024.47
2. 不涉及现金收支的重大投资和筹资活动	17		
债务转为资本	18		
融资租入固定资产	19		
3. 现金及现金等价物净变动情况	20		
现金的期末余额	21	858 708 614.88	776 874 512.60
减：现金的期初余额	22	776 874 512.60	741 032 440.16
加：现金等价物的期末余额	23		
减：现金等价物的期初余额	24		
现金及现金等价物的净增加额	25	81 834 102.28	35 842 072.44

法定代表人：刘　刚　　主管会计工作负责人：田泽望

会计机构负责人：杨春和　　编制日期：2012 年 3 月 1 日

5.2　信托业务

5.2.1　信托项目资产负债汇总表

编制单位：云南国际信托有限公司　　单位：万元

项　　目	2011 年末数	2011 年初数
信托资产：		
货币资金	604 228.26	119 692.89
拆出资金	0.00	0.00
存出保证金	0.00	0.00
交易性金融资产	181 549.78	197 152.40
衍生金融资产	0.00	0.00
买入返售金融资产	21 810.44	0.00
其中：买入返售证券	21 810.44	0.00
买入返售信贷资产	0.00	0.00
应收款项	125.11	21 375.95
贷款	459 600.00	86 063.00
可供出售金融资产	37 500.00	0.00
持有至到期投资	77 400.14	0.00
长期应收款	0.00	0.00
长期股权投资	29 681.00	29 681.00
投资性房地产	0.00	0.00
固定资产	0.00	0.00
无形资产	0.00	0.00
长期待摊费用	0.00	0.00
其他资产	35 739.36	0.00
信托资产总计	1 447 634.09	453 965.24
信托负债：		
交易性金融负债	0.00	0.00
衍生金融负债	0.00	0.00
应付受托人报酬	527.24	1 270.50
应付托管费	172.57	214.64
应付受益人收益	7.94	100.33
应交税费	0.00	0.00
应付销售服务费	0.00	0.00
其他应付款项	2 538.34	7.19
其他负债	0.00	0.00
信托负债合计	3 246.09	1 592.66
信托权益：	0.00	0.00
实收信托	1 402 746.09	369 243.51
其中：资金信托	1 373 065.09	339 562.51
财产信托	29 681.00	29 681.00
资本公积	0.00	0.00
外币报表折算差额	0.00	0.00
未分配利润	41 641.91	83 129.07
信托权益合计	1 444 388.00	452 372.58
信托负债及信托权益总计	1 447 634.09	453 965.24

法定代表人：刘　刚　　主管会计工作负责人：舒　广

财务经理：李　峥　　会计：马凌宇　雷　瑗

5.2.2　信托项目利润及利润分配汇总表

编制单位:云南国际信托有限公司　　　　单位:万元

项目	2011 年度	2010 年度
一、营业收入	-2 837.35	41 744.40
利息收入	11 874.54	7 852.19
投资收益	7 488.46	53 159.25
公允价值变动损益	-22 245.03	-19 360.60
租赁收入	0.00	0.00
汇兑损益	0.00	0.00
其他收入	44.68	93.56
二、营业支出	23 906.88	14 112.98
营业税金及附加	0.00	0.00
受托人报酬	20 631.20	10 758.14
托管费	1 109.58	1 032.46
投资管理费	0.00	0.00
销售服务费	0.00	0.00
交易费用	1 587.25	1 527.41
资产减值损失	0.00	0.00
其他费用	578.85	794.97
三、信托净利润	-26 744.23	27 631.42
四、其他综合收益	0.00	0.00
五、综合收益	-26 744.23	27 631.42
加:期初未分配信托利润	83 129.07	109 765.38
加:未分配信托利润平准金	-3 149.36	-22 604.97
六、可供分配的信托利润	53 235.48	114 791.83
减:本期已分配信托利润	11 593.57	31 662.76
七、期末未分配信托利润	41 641.91	83 129.07

法定代表人:刘　刚　　　　主管会计工作负责人:舒　广
财务经理:李　峥　　　　会计:马凌宇　雷　瑗

6. 财务报表附注

6.1　财务报表的编制基础及会计政策和会计估计变更以及差错更正的说明

6.1.1　本公司的财务报表编制以持续经营假设作为基础,根据实际发生的交易和事项,按照财政部颁布的《企业会计准则》及其他相关法规的有关规定,并基于以下第三项“主要会计政策和会计估计”进行编制。本财务报告编制不存在不符合会计核算基本前提的事项

6.1.2　会计政策变更

本公司本期无重大的会计政策变更事项。

6.1.3　会计估计变更

本公司本期无重大的会计估计变更事项。

6.1.4　前期差错更正

本公司本期无重大的前期差错更正事项。

6.2　或有事项说明

本公司本期无重大的或有事项。

6.3　重要资产转让及其出售的说明

本公司本期无重大的资产转让及出售事项。

6.4　会计报表中重要项目的说明

6.4.1　自营资产经营情况

6.4.1.1　以下注释中期末余额是指 2011 年 12 月 31 日的余额,期初余额是指 2010 年 12 月 31 日的余额;本期数是指 2011 年 1 月 1 日至 2011 年 12 月 31 日的发生额,上期数是指 2010 年 1 月 1 日至 2010 年 12 月 31 日的发生额

信用风险资产余额表

信用风险资产五级分类	正常类(万元)	关注类(万元)	次级类(万元)	可疑类(万元)	损失类(万元)	信用风险资产合计(万元)	不良资产合计(万元)	不良资产率(%)
期初数	79 015.33	0	0	0	0	79 015.33	0	0
期末数	86 442.45	0	0	0	0	86 442.45	0	0

注:本公司信用风险资产的范围包括报表项目货币资金、应收账款、预付账款、其他应收款。

6.4.1.2　各项风险减值损失准备

单位:万元

	期初数	本期计提	本期转回	本期核销	期末数
贷款损失准备	0	0	0	0	0
一般准备	0	0	0	0	0
专项准备	0	0	0	0	0
其他资产减值准备	0	0	0	0	0
可供出售金融资产减值准备	0	0	0	0	0
持有至到期投资减值准备	0	0	0	0	0
长期股权投资减值准备	0	0	0	0	0
坏账准备	0	0	0	0	0
投资性房地产减值准备	0	0	0	0	0
合计	0	0	0	0	0

注:本公司 2011 年各项资产未发生减值,无须计提资产减值损失。

6.4.1.3　自营股票投资

单位:万元

	股票	基金	债券	长期股权投资	信托受益权	合计
期初数	10 817.17	0	0	0	2 060.00	12 877.17
期末数	10 999.52	0	0	0	5 901.90	16 901.42

6.4.1.4　本公司 2010 年度无自营长期股权投资

6.4.1.5　本公司 2010 年度无自营贷款业务

6.4.1.6　本公司 2010 年度无表外业务

6.4.1.7　本公司当年的收入结构

项　目	本期发生额(万元)	占比(%)
手续费及佣金收入	19 946.10	
其中:手续费及佣金净收入	19 946.10	86.83
利息收入	2 060.50	8.97
其他业务收入	500.05	2.18
其中:计入信托业务收入部分	2.81	
投资收益	2 791.03	12.15
其中:股权投资收益	0	
证券投资收益	2 791.03	12.15
其他投资收益	0	
公允价值变动收益	-2 326.91	-10.13
营业外收入	0	
合计	22 970.77	

注:其他业务收入中 28 057.97 元为取得爱心信托收益。

6.4.2　**信托财产管理情况**

6.4.2.1　信托资产的期初数、期末数

单位：万元

信托资产	期初数	期末数
集合	314 450.77	462 156.50
单一	109 833.47	955 796.59
财产权	29 681.00	29 681.00
合　计	453 965.24	1 447 634.09

6.4.2.1.1　主动管理型信托业务的信托资产期初数、期末数，分证券投资、股权投资、其他投资、融资、事务管理类分别披露

单位：万元

主动管理型信托资产	期初数	期末数
证券投资类	307 514.85	368 773.74
股权投资类	0	37 802.19
其他投资类	0	50 330.28
融　资　类	86 063.13	461 046.87
事务管理类	0	500 000.00
合　　计	393 577.98	1 417 953.08

6.4.2.1.2　被动管理型信托业务的信托资产期初数、期末数，分证券投资、股权投资、其他投资、融资、事务管理类分别披露

单位：万元

被动管理型信托资产	期初数	期末数
证券投资类	9 404.60	0
股权投资类	0	0
其他投资类	0	0
融　资　类	0	0
事务管理类	50 982.66	29 681.00
合　　计	60 387.26	29 681.00

6.4.2.2　本年度已清算结束的信托项目个数、实收信托合计金额、加权平均实际年化收益率

6.4.2.2.1　本年度已清算结束的集合类、单一类资金信托项目和财产管理类信托项目个数、实收信托金额、加权平均实际年化收益率

已清算结束信托项目	项目个数	实收信托合计金额（万元）	加权平均实际年化收益率（%）
集合类	0	0	0
单一类	11	161 513.00	4.78
财产管理类	0	0	0

注：收益率是指信托项目清算后，给受益人赚取的实际收益水平。加权平均实际年化收益率 =（信托项目 1 的实际年化收益率 × 信托项目 1 的实收信托 + 信托项目 2 的实际年化收益率 × 信托项目 2 的实收信托 + …信托项目 n 的实际年化收益率 × 信托项目 n 的实收信托）/（信托项目 1 的实收信托 + 信托项目 2 的实收信托 + …信托项目 n 的实收信托）×100%。

6.4.2.2.2　本年度已清算结束的主动管理型信托项目个数、实收信托合计金额、加权平均实际年化收益率。分证券投资、股权投资、融资、事务管理类分别计算并披露

已清算结束信托项目	项目个数	实收信托合计金额（万元）	加权平均实际年化信托报酬率（%）	加权平均实际年化收益率（%）
证券投资类	0	0	0	0
股权投资类	0	0	0	0
融资类	10	121 513.00	0.19	4.81
事务管理类	0	0	0	0

注：加权平均实际年化信托报酬率 =（信托项目 1 的实际年化信托报酬率 × 信托项目 1 的实收信托 + 信托项目 2 的实际年化信托报酬率 × 信托项目 2 的实收信托 + …信托项目 n 的实际年化信托报酬率 × 信托项目 n 的实收信托）/（信托项目 1 的实收信托 + 信托项目 2 的实收信托 + …信托项目 n 的实收信托）×100%。

6.4.2.2.3　本年度已清算结束的被动管理型信托项目个数、实收信托合计金额、加权平均实际年化收益率，分证券投资、股权投资、融资、事务管理类分别计算并披露

已清算结束信托项目	项目个数	实收信托合计金额（万元）	加权平均实际年化信托报酬率（%）	加权平均实际年化收益率（%）
证券投资类	0	0	0	0
股权投资类	0	0	0	0
融资类	0	0	0	0
事务管理类	1	40 000.00	0.19	4.68

6.4.2.3　本年度新增的集合类、单一类和财产管理类信托项目个数、实收信托合计金额

新增信托项目	项目个数	实收信托合计金额（万元）
集合类	26	193 727.00
单一类	22	1 337 838.00
财产管理类	0	0
新增合计	48	1 531 565.00
其中：主动管理型	48	1 531 565.00
被动管理型	0	0

注：本年新增信托项目指在本报告年度内累计新增的信托项目个数和金额，包含本年度新增并于本年度内结束的项目和本年度新增至报告期末仍在持续管理的信托项目。

6.4.2.4　信托业务创新成果和特色业务有关情况

公司信托业务发展战略重点仍为证券市场业务，所管理的证券类信托资产规模位居全国信托公司前列，覆盖阳光私募、网下新股以及套利类产品等，并着力打造和培育了自有的证券投资管理团队，已经在业内形成独树一帜的"云南模式"，中国龙投资管理团队始终坚持"宏观驱动"的价值投资理念，将"自上而下"的宏观行业研究与"自下而上"的公司深度研究紧密结合，创造了良好的管理业绩。

6.4.2.5　本公司履行受托人义务情况及因公司自身责任而导致的信托资产损失情况

本公司根据《信托法》、《信托公司管理办法》、《信托公司集合资金信托计划管理办法》等相关法律法规的规定，在管理或处分信托财产时，履行了恪尽职守，诚实、信用、谨慎、有效管理的义务。具体为：

（1）遵守信托文件的规定，为受益人的最大利益处理信托事务的义务。

(2)将受托人的固有财产与信托财产进行分别管理、分别记账,并将不同委托人的信托财产分别管理、分别记账的义务。

截至2011年12月31日,未发生因本公司自身责任而导致的信托资产损失。

6.5 关联方关系及交易

6.5.1 关联交易的数量、关联交易的总金额及定价政策

	关联交易数量(笔)	关联交易金额(万元)	定价政策
合计	5	5 902	市价

6.5.2 存在控制关系的关联方

关系性质	关联方名称	法定代表人	注册地址	注册资本(万元)	主营业务
本公司股东	涌金实业(集团)有限公司	谢超	中国上海	20 000	物业管理、旅游资源开发、国内贸易、室内装潢、农业产品的购销实业投资咨询等。
本公司股东	上海纳米创业投资有限公司	刘明	中国上海	30 000	投资管理、投资咨询。
本公司股东	北京知金科技有限公司	魏锋	中国北京	15 000	投资管理、投资咨询

6.5.3 本年度关联方交易事项

6.5.3.1 固有财产与关联方关联交易

固有财产与关联方关联交易

单位:万元

贷款			投资			租赁			担保			应收账款			其他			合计		
期初	发生数	期末	期初	发生数	期末	期初	发生数	期末	期初	发生数	期末	期初	发生数	期末	期初	发生数	期末	期初	发生数	期末
0	0	0	0	0	0	0	0	0	0	0	0	0	0	0	0	0	0	0	0	0

6.5.3.2 信托与关联方交易情况:贷款、投资、租赁、应收账款、担保、其他方式等期初汇总数、本期借方和贷方发生额汇总数、期末汇总数

信托与关联方关联交易

单位:万元

	期初数	借方发生额	贷方发生额	期末数
贷款	0	0	0	0
投资	0	0	0	0
租赁	0	0	0	0
担保	0	0	0	0
应收账款	0	0	0	0
其他	0	0	0	0
合计	0	0	0	0

6.5.3.3 信托公司自有资金运用于自己管理的信托项目(固信交易)、信托公司管理的信托项目之间的相互(信信交易)交易金额,包括余额和本报告年度的发生额

6.5.3.3.1 固有与信托财产之间的交易金额期初汇总数、本期发生额汇总数、期末汇总数

单位:万元

固有财产与信托财产相互交易			
	期初数	本期发生额	期末数
合计	2 060	3 842	5 902

注:以固有资金投资公司自己管理的信托项目受益权,或购买自己管理的信托项目的信托资产均应纳入统计披露范围。

6.5.3.3.2 信托项目之间的交易金额期初汇总数、本期发生额汇总数、期末汇总数

单位:万元

信托资产与信托财产相互交易			
	期初数	本期发生额	期末数
合计	0	0	0

注:以公司受托管理的一个信托项目的资金购买自己管理的另一个信托项目的受益权或信托项下资产均应纳入统计披露范围。

6.5.4 关联方逾期未偿还本公司资金的详细情况以及本公司为关联方担保发生或即将发生垫款的详细情况

本公司无上述情况。

6.6 会计制度的披露

公司固有业务及信托业务均执行2006年财政部颁布的《企业会计准则》。

7. 财务情况说明

7.1 利润实现和分配情况

单位:万元

项 目	期末余额
本年净利润	12 023.80
加:年初未分配利润	37 536.01
减:提取法定盈余公积	1 202.38
减:提取任意盈余公积金	
减:信托赔偿准备金	601.19
减:一般风险准备	115.46
减:应付普通股股利	
年末未分配利润	47 640.79

7.2 主要财务指标

指标名称	指标值
资本利润率(%)	12.72
加权年化信托报酬率(%)	3.00
人均净利润(万元/人)	143

注:1. 资本利润率=净利润/所有者权益平均余额×100%。

2. 加权年化信托报酬率=(信托项目1的实际年化信托报酬率×信托项目1的实收信托+信托项目2的实际年化信托报酬率×信托项目2的实收信托+…信托项目n的实际年化信托报酬率×信托项目n的实收信托)/(信托项目1的实收信托+信托项目2的实收信托+…信托项目n的实收信托)×100%。

3. 人均净利润=净利润/年平均人数。

4. 平均值采取年初、年末余额简单平均法,公式为:a(平均)=(年初数+年末数)/2。

7.3 对本公司财务状况、经营成果有重大影响的其他事项

无。

8. 特别事项揭示

8.1 前五名股东报告期内变动情况及原因

无。

8.2 董事、监事及高级管理人员变动情况及原因

8.2.1 本报告期内，董事变动情况

原公司董事刘明先生、魏锋先生、杨征先生因工作原因分别提出辞去公司董事职务。

2011年11月29日公司召开2011年第一次临时股东会议审议通过了《关于更换股东选派董事的议案》推荐孔令江先生、赵煜先生、刘凤春女士担任公司董事。根据《非银行金融机构行政许可事项实施办法》相关规定，三位拟任董事的任职资格正在审批过程中。

8.2.2 本报告期内，监事变动情况

经公司2011年6月16日召开的第三届监事会第七次会议审议通过了《关于股东更换公司股东代表监事的议案》，并报经公司股东会审议通过形成相关决议，同意王润稣先生担任公司股东监事。

监事邓国山因已通过高管任职审批（云银监复〔2011〕373号），于2011年12月31日向公司监事会提交申请辞去公司职工监事。

8.2.3 本报告期，高管变动情况

原公司副总裁周福民先生及副总裁刘峥女士因个人原因分别提出辞去公司副总裁职务。

2011年9月27日公司召开第三届董事会第十三次会议审议通过了《关于周福民先生辞去公司副总裁职务的议案》及《关于刘峥女士辞去公司副总裁职务的议案》，并形成相关决议，同意周福民先生及刘峥女士辞去公司副总裁职务。

经公司2011年9月27日召开的第三届董事会第十三次会议审议通过了《关于提名邓国山同志担任公司总裁助理的议案》，并形成相关决议，同意推荐邓国山先生担任公司总裁助理，并根据《非银行金融机构行政许可事项实施办法》相关规定，已于2011年12月22日通过高管任职审批（云银监复〔2011〕373号），正式履行总裁助理职责。

8.3 公司重大诉讼事项

无。

8.4 对会计师事务所出具的有保留意见、否定意见或无法表示意见的审计报告的，公司董事会应就所涉及事项作出说明

无。

8.5 公司及其董事、监事和高级管理人员受到处罚的情况

无。

8.6 银监会及其派出机构对公司检查后的整改情况

通过历次现场检查及非现场监管工作极大地促进了公司各项业务的规范化管理，对推进本公司稳健发展、更好履行受托人职责有着积极的推动作用。

8.7 本年度净资本管理情况

单位：万元

项　目	期初余额	期末余额	监管标准
净资本	80 427.2	92 055.4	≥2亿元
净资产	88 525	100 549	≥3亿元
固有业务风险资本	2 187.1	2 523.1	
信托业务风险资本	10 846.055	24 224.186	
其他业务风险资本	0	0	
各项业务风险资本之和	13 033.155	26 747.286	
净资本/各项业务风险资本之和	617.10%	344.17%	≥100%
净资本/净资产	90.85%	91.55%	≥40%

8.8 本年度重大事项临时报告的简要内容、披露时间、所披露的媒体及其版面

无。

8.9 银监会及其省级派出机构认定的其他有必要让客户及相关利益人了解的重要信息

无。

9. 监事会对公司运作及财务报告的独立意见

9.1 公司依法运作情况

监事会认为，本报告期内公司运作合法规范，经营管理决策程序不存在越权违规行为，公司董事及经理等高级管理人员在执行公司职务时没有违反法律、法规、公司章程或损害公司利益的行为。

9.2 财务报告的真实性

监事会认为，公司年度财务报告客观公允，真实反映了公司报告期内的财务状况和经营成果。公司年度财务报告经中审亚太会计师事务所云南分所审计，出具标准无保留意见。

中诚信托有限责任公司

1. 重要提示

1.1 本公司董事会及董事保证本报告所载资料不存在任何虚假记载、误导性陈述或者重大遗漏,并对其内容的真实性、准确性和完整性承担个别及连带责任。

1.2 未出席董事会董事情况:陈长春、洪小源、张毅未出席第三届董事会第二次会议,授权其他董事行使表决权。

1.3 本公司独立董事对年度报告的真实性、准确性、完整性无异议。

1.4 公司董事长邓红国、总经理王少华、财务总监丛雪萍声明:保证年度报告中财务报告的真实、完整。

2. 公司概况

2.1 公司简介

中诚信托有限责任公司初创于 1995 年 11 月,原名称为中煤信托投资有限责任公司,注册资本金人民币 4 亿元(含 1 500 万美元);2001 年 9 月首家获准重新登记,是中国银监会直接监管的信托公司;2004 年 2 月完成增资扩股后,注册资本金增加到 12 亿元,公司名称变更为中诚信托投资有限责任公司;2007 年 8 月,公司根据新颁布实施的《信托公司管理办法》完成了重新登记,首批获准直接换发金融许可证,名称变更为中诚信托有限责任公司;2010 年 10 月完成增资扩股后,注册资本金增加到 24.57 亿元。

法定中文名称	中诚信托有限责任公司
法定中文缩写名称	中诚信托
公司法定英文名称	China Credit Trust Co.,Ltd.
法定英文缩写名称	CCT

续表

法定代表人	邓红国
注册地址	北京市东城区安定门外大街 2 号
邮政编码	100013
国际互联网网址	http://www.cctic.com.cn/
电子信箱	contactus@cctic.com.cn
信息披露事务负责人	魏青,电话:84267098;传真:84267118 电子信箱:weiqing@cctic.com.cn
选定的信息披露报纸	《金融时报》
公司年报备置地点	北京市东城区安定门外大街 2 号
聘请的会计师事务所	中准会计师事务所有限公司
聘请的会计师事务所住所	北京海淀区首体南路 22 号国兴大厦四层

2.2 组织结构

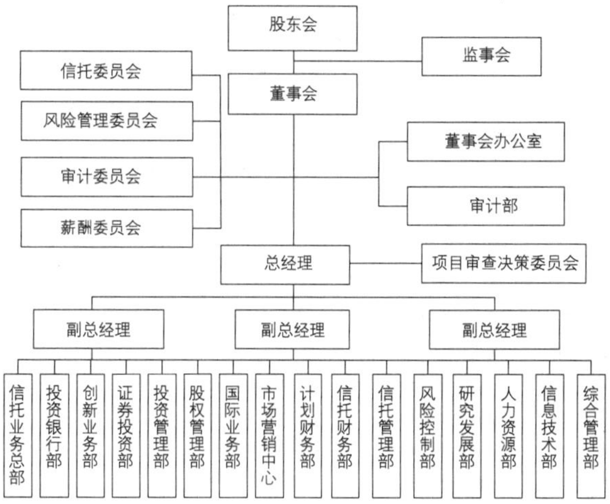

3. 公司治理

3.1 股东

股东名称	持股比例(%)	法人代表	注册资本(万元)	注册地址	主要经营业务及主要财务状况
中国人民保险集团股份有限公司	32.9206	吴 焰	3 060 000.00	北京市宣武区东河沿路 69 号	机构和其他金融机构股份;监督管理控股投资企业的各种国内、国际业务;国家授权或委托的政策性保险业务;经保监会和国家有关部门批准的其他业务。
国华能源投资有限公司	20.3528	解建宁	310 044.08	北京市东城区东直门南大街 3 号楼	管理和经营煤代油资金形成的所有资产:对能源、交通、金融、卫生行业投资等。
兖矿集团有限公司	10.1764	王 信	335 338.80	邹城市凫山南路 298 号	煤炭采选、热电、建筑材料、水泥、高岭土、煤炭产品的生产销售,矿用设备、机电设备及成套设备的制造、安装、维修、销售。

3.2 董事

董事长、董事

姓 名	职 务	性别	年龄	选任日期	所推举的股东名称	该股东持股比例(%)	简 要 履 历
邓红国	董事长	男	56	2010年11月			曾任物资部政策法规司副处长，中国人民银行国际司、外资司、一司、监管司副司长，中国银监会三部、四部主任；现任中诚信托有限责任公司董事长、党委书记。
俞小平	董事	女	54	2010年11月	中国人民保险集团股份有限公司	32.9206	曾任中国人民建设银行建经处干部、建经部房贷处处长、房地产信贷部干部副主任，国家开发银行国际金融局副局长、武汉分行行长、深圳分行党委书记、行长；现任中国人民保险集团股份有限公司党委委员、首席投资执行官。
王会娟	董事	女	49	2010年11月	国华能源投资有限公司	20.3528	曾任国家计委主任科员、副处长，国家开发银行技改司副处长、处长，中国爱地集团总经理助理，中远集团资产经营中心副主任，国华能源投资有限公司总经理助理、副总经理；现任该公司总经理。
张胜东	董事	男	54	2011年4月	兖矿集团有限公司	10.1764	曾任兖州矿务局财务处副处长；现任兖矿集团有限公司副总会计师、总经理助理、财务公司筹备处主任、结算中心主任。
张 毅	董事	男	39	2010年11月	永城煤电控股集团有限公司	5.0882	曾任永城煤电集团有限责任公司财务部副部长、部长，公司副总会计师、财务总监；现任永城煤电控股集团有限公司总会计师兼任河南煤业化工集团财务有限公司董事长。
赵荣哲	董事	男	46	2010年11月	中国中煤能源集团公司	3.3921	曾任中国统配煤矿总公司、煤炭工业部财劳司干部，中煤装备集团财务审计处副处长；现任中国中煤能源集团公司副总会计师、财务总部总经理。
尹新全	董事	男	54	2010年11月	盘江煤电（集团）有限责任公司	3.3921	曾任盘江矿务局火铺矿财务科干部，盘江矿务局财务处干部，盘江煤电公司财务部主任；现任盘江煤电（集团）有限责任公司财务部经理、总会计师
赵海龙	董事	男	47	2010年11月	中国平煤神马能源化工集团有限责任公司	3.3921	曾任平顶山煤业（集团）有限责任公司会计、科长、内部银行行长、结算中心主任、处长；现任平顶山煤业（集团）有限责任公司总会计师。
洪小源	董事	男	49	2010年11月	招商局中国基金有限公司	3.3297	曾任国家经济体制改革委员会综合规划司干部，招商局科技集团公司总经理，招商局蛇口工业区有限公司副总经理；现任招商局集团有限公司总裁助理兼招商局金融集团有限公司董事、总经理。
王少华	董事	男	55	2010年11月			曾任煤炭管理干部学院干部，南方证券海口分公司总经理，中煤信托投资有限责任公司副总经理；现任中诚信托有限责任公司总经理。

独立董事

姓 名	职 务	性别	年龄	选任日期	所推举的股东名称	该股东持股比例(%)	简 要 履 历
杨化彭	独立董事	男	63	2010年11月			曾任大同矿务局财务处会计、副处长，中国统配矿总公司审计局副处长，中国煤矿工程机械装备集团公司副总经理；现任中国煤炭协会副会长、高级会计师。
杨胜刚	独立董事	男	46	2010年11月			曾任湖南理工学院讲师，湖南财经学院副教授、系主任，现任湖南大学金融学院院长、教授、博士生导师。
张晓森	独立董事	男	53	2010年11月			曾任中国政法大学副教授、系副主任，香港胡关李罗律师事务所中国法律顾问，天达律师事务所合伙人；现任中咨律师事务所合伙人。

3.3 监事

监事会成员

姓 名	职 务	性别	年龄	选任日期	所推举的股东名称	该股东持股比例(%)	简 要 履 历
连福忠	监事长	男	51	2010年11月	山西焦煤集团有限责任公司	2.5441	曾任西山矿务局科长，西山煤电（集团）公司副处长；现任山西焦煤集团有限责任公司财务处副处长。
刘瑞生	监事	男	44	2010年11月	国华能源投资有限公司	20.3528	曾任国家审计署科员、主任科员，国华能源投资有限公司风险控制部副经理；现任该公司风险控制部经理。
王玉江	监事	男	48	2010年11月	冀中能源邢台矿业集团有限责任公司	3.3921	曾任邯郸矿务局王凤矿财务科科长，邯郸矿业集团有限公司结算中心主任，金牛能源有限责任公司产权资本运营部部长；现任冀中能源邢台矿业集团有限责任公司总会计师。
杨广玉	监事	男	43	2010年11月	山西潞安矿业（集团）有限责任公司	2.5441	曾任潞安矿业集团财务处科长，潞安环能股份公司财务部副部长、部长；现任山西潞安矿业（集团）有限责任公司财务处处长。
俞建辉	监事	男	53	2010年11月	福建省能源集团有限责任公司	2.5441	曾任福建永定矿务局会计、科长，福建省煤炭工业总公司副处长、处长；现任福建省煤炭工业（集团）有限责任公司审计处处长。

续表

姓 名	职 务	性别	年龄	选任日期	所推举的股东名称	该股东持股比例(%)	简 要 履 历
王言彬	监事	男	55	2010年11月	淮北矿业(集团)有限责任公司	1.6961	曾任淮北矿业(集团)科长、副处长、处长;现任淮北矿业(集团)有限责任公司总会计师。
寇显强	监事	男	42	2010年11月	赤峰富龙热电股份有限公司	1.6283	曾任赤峰印刷集团公司科长,赤峰经济广播电台编辑,赤峰富龙公用(集团)有限责任公司副总经理,赤峰大地基础产业股份有限公司副董事长;现任赤峰富龙热电股份有限公司副董事长。
王桂华	监事	女	47	2010年11月	中诚信托有限责任公司职工代表		曾任煤炭科学研究总院财务处会计,中煤信托财部会计、负责人、副总经理;现任中诚信托有限责任公司审计部总经理。
秦 岭	监事	男	37	2011年10月	中诚信托有限责任公司职工代表		曾在西南证券有限责任公司工作;现任中诚信托有限责任公司信托业务总部总经理。

3.4 高级管理人员

姓 名	职 务	性别	年龄	选任日期	金融从业年限	学历	专业	简 要 履 历
王少华	总经理	男	55	2002年3月13日	18	大本	财务与信用	曾任北京煤炭管理干部学院教员,南方证券海口分公司副总经理、总经理;现任中诚信托有限责任公司总经理、党委委员。
吴大永	副总经理	男	56	2002年3月13日	18	大本	金融	曾任中央财金学院教员,交通部中国公路桥梁工程公司资金部经理、驻国外办事处代表,海南国际信托公司部门副经理,海南汇通国际信托公司总经理助理;现任中诚信托有限责任公司副总经理。
赵建平	纪委书记	男	47	2006年3月3日	9	研究生	经济管理	曾任内蒙古自治区党委研究室主任,中央金融工委组织处副处长,中国银监会组织处处长;现任中诚信托有限责任公司党委委员、纪检书记。
高 方	副总经理	男	53	2006年4月7日	28	大本	财务与信用	曾任建设银行总行干部、副处长;外企服务总公司宏银实业公司副总经理;现任中诚信托有限责任公司副总经理、党委委员。
罗学东	副总经理	男	45	2011年10月17日	23	大本	金融	曾在中国人民银行江苏省南通市分行、中国人民银行稽核局、监管一司、营业管理部、银监会监管一、三、四部、银监会山西监管局工作,现任中诚信托公司副总经理。
李振蓬	副总经理	女	39	2011年10月17日	14	硕士	投资管理	曾在中煤信托投资有限责任公司工作,中诚信托公司部门副总经理、总裁助理;现任中诚信托公司副总经理。
汤淑梅	副总经理	女	46	2011年10月17日	15	博士	民商法	曾在中国人民大学任教,中煤信托投资公司工作,中诚信托公司部门副经理、总经理、首席风险控制官;现任中诚信托公司副总经理。

3.5 公司员工

项 目		报告期年度		上年度	
		人数	比例(%)	人数	比例(%)
年龄分布	25岁以下	7	4.00	7	4.64
	25~29岁	42	24.00	36	23.84
	30~39岁	92	52.57	80	52.98
	40岁以上	34	19.43	28	18.54
学历分布	博士	7	4.00	7	4.64
	硕士	101	57.71	85	56.29
	本科	61	34.86	52	34.43
	专科	5	2.86	6	3.98
	其他	1	0.57	1	0.66
岗位分布	董事、监事及高管人员	9	5.14	8	5.30
	自营业务人员	16	9.14	15	9.93
	信托业务人员	91	52.00	78	51.66
	其他人员	59	33.72	50	33.11

4. 经营管理

4.1 经营目标、方针、战略规划

4.1.1 经营目标

公司审时度势,强化管理,锐意创新,以个人高端客户和机构投资者需求为核心,加大业务和产品开发力度,着力提升公司资产管理能力和营销能力,进一步完善业务组织模式和风险控制体系,推动公司由融资服务机构向真正的财富管理服务机构转型。

4.1.2 经营方针

规范经营、专业理财、诚信服务、稳健发展。

4.1.3 战略规划

公司坚持"稳健、审慎"的经营原则,以培养资产管理能力为核心,以提高盈利水平为导向,以持续的产品创新为突破,做大做强信托主业;稳健发展固有业务,优化综合经营战略布局,加强与信托业务的协同运作,逐步建立稳定可持续的盈利模式。

在内部管理上，坚持内控优先的理念，建立规范、高效的公司治理结构和内控体系，加强风险的识别、防范和控制能力；大力推动信息管理系统的建设，提高管理效率，优化管理流程；加强专业化人才的引进和培养，建立有竞争力的薪酬激励机制，打造一支在行业内具有较高素养和精干高效的专业团队；坚持“以人为本、至诚至信”的企业精神和价值体系，塑造诚信经营、合规经营的企业文化。

4.2 所经营业务的主要内容

自营资产运用与分布表

资产运用	金额（万元）	占比（%）	资产分布	金额（万元）	占比（%）
货币资产	275 426.16	27.10	基础产业	12 491.72	1.23
贷款及应收款	467 390.55	45.98	房地产业	280 950.49	27.64
交易性金融资产	12 438.96	1.22	证券市场	28 992.96	2.85
可供出售金融资产	16 554.00	1.63	实业	30 720.00	3.02
持有至到期投资		—	金融机构	458 561.21	45.11
长期股权投资	227 474.07	22.38	其他	204 784.66	20.15
其他	7 217.30	1.69			—
资产总计	1 016 501.04	100.00	资产总计	1 016 501.04	100.00

信托资产运用与分布表

资产运用	金额（万元）	占比（%）	资产分布	金额（万元）	占比（%）
货币资产	1 554 563.20	7.63	基础产业	2 838 178.10	13.93
贷款	5 709 195.65	28.01	房地产	5 199 513.00	25.51
交易性金融资产	4 176 844.27	20.49	证券市场	5 857 370.40	28.74
可供出售金融资产	1 591 794.61	7.80	实业	3 220 284.00	15.80
持有至到期投资	-		金融机构	511 704.00	2.51
长期股权投资	4 404 369.94	21.61	其他	2 754 585.18	13.51
买入返售金融资产	55 000.00	0.27			
应收账款	2 889 747.97	14.18			
其他	119.04	0.01			
信托资产总计	20 381 634.68	100.00	信托资产总计	20 381 634.68	100.00

4.3 市场分析

4.3.1 有利因素

(1)我国经济仍处于战略机遇期，尽管增速放缓，但仍保持较好增长势头。我国还处于工业化、城市化发展中期，尽管受全球金融危机冲击，但经济持续增长仍具较大潜力。基础设施、旧城改造和各种城市配套行业投资维持在较高水平，城市化进程的深化对房地产的需求还在扩大，为信托行业和公司的发展创造了良好的条件。

(2)国内理财市场进入高速增长期。随着我国经济的快速增长，居民个人可支配收入也同步快速增加，居民个人的理财需求也出现了井喷式的增长。改革开放30多年来，中国社会已经形成了一个庞大的财富人群。随着私人财富的增长，对投资产品的需求正日益加强。目前由于投资渠道缺乏，我国居民仍有高达80%的个人金融资产是以银行存款的形式存在，在高通胀时代，银行存款对个人财富的保值增值无法起到保障作用。由于信托产品相对较高的收益水平，成为越来越多的高净值人群的投资选择。

(3)金融脱媒趋势下，信托行业发展前景广阔。在金融脱媒驱动下，银行系统的部分表内资产将转化为信托资产，信托资产在银信系统中的占比会不断上升，甚至超过表内资产。2004年以来，我国信托业资产管理规模由1 498亿元快速增加到2011年底的4.81万亿元，年均复合增长率达到60%以上。但信托资产占金融资产的比例仅相当于日本的1/4和美国的1/10，前景空间巨大。

(4)监管政策导向明确，着力引导信托公司向“受人之托、代人理财”回归。《信托公司净资本管理办法》促使信托公司加快信托业务转型并加强主动管理能力。此外，信托公司参与股指期货、QDII、资产证券化等创新业务的监管政策已经出台，关于信托公司设立异地营销机构的政策、信托登记条例等正在积极推进中。

4.3.2 不利因素

(1)宏观经济形势较为复杂。全球经济正面临非常困难的局面，存在明显的下行风险和脆弱性。美国经济短期复苏明显，但私人部门去杠杆压力仍然很大，刺激政策退出后经济能否自主增长仍存在不确定性。欧债危机纵深发展，欧洲经济将低迷甚至衰退。日本经济仍然低迷。中东地区政治冲突和不稳定因素将对全球经济复苏造成严重影响。我国经济结构调整压力非常突出，增速继续放缓，内外经济的失衡尤其是外部发展环境的恶化，使经济面临较大风险。

(2)房地产调控持续，信托公司面临较大兑付和业务转型压力。在限购、限贷等政策影响下，房地产开发商流动性不畅甚至资金链断裂的风险将有所暴露，行业波动引发的风险向金融领域溢出的可能性在上升。来年信托公司业务较为集中的房地产信托兑付也将面临严峻考验。目前信托公司赖以生存的房地产、银信、信政、证券等传统业务空间几乎全面受阻，业务转型刻不容缓。

(3)高端理财市场竞争激烈，信托行业不断分化。在现有分业监管格局下，信托公司与商业银行、保险公司、外资金融机构等金融机构在高端理财市场上直接竞争，但其整体实力不强，话语权偏弱，始终难以摆脱弱势地位。此外，信托行业格局正在加速变革，新一轮的增资扩股潮仍将持续，特别是央企和大型金融机构继续收购信托公司，行业分化趋势不断加剧。

(4)信托配套制度难以突破，发展空间受限。目前信托证券账户设立、信托PE上市、参与保险资金的受托管理等都受到有关金融监管部门的限制，业务开展不畅。而信托财产登记、税收、信托产品流动机制等配套制度建设的滞后，直接制约了信托行业的发展空间。

4.4 内部控制概况

4.4.1 内部控制环境和内部控制文化

完善的公司治理结构是内部控制环境建设的基础，公司已经按照法律规定和公司章程要求建立了以股东会、董事会、监事会以及经营管理层为核心的治理结构；内控体系设置明晰；内部审计工作独立运作，审计部依照国家有关法律法规、财务会计制度和公司内部管理有关规定，独立行使内部审计监督权，对公司董事长负责并报告工作；深化内控文化建设，把诚信经营、合规经营作为内控文化的主旋律，并通过制度建设、员工培训、激励安排等方式将其融入日常工作和企业行为中，使恪守信用原则成为员工基本的职业道德和行为准则。

4.4.2 内部控制措施

4.4.2.1 严格实施授权审批控制

公司根据业务授权开展相关业务，董事会、管理层及公司业务人员都在业务权限范围内开展工作，对于重大决策、重要人事任免、重大项目安排和大额度资金运作事项，坚持集体决策原则；制定相关制度，对大额采购工作实行集体决策、分级管理，专门成立了大额采购项目采购方案评审小组，评审采购方案和确定采购方式，确保大额采购符合法律规定和公司相关制度要求。

4.4.2.2 建立岗位分离和资产隔离制度，并践行在实际工作中

岗位分离制度：公司自营业务部门和信托业务部门单独设立，业务人员不相互兼任，并分别由公司不同的分管领导负责管理；业务部门与风险管理部门相互分离；业务开展与管理前台、中台、后台分离，各部门和岗位的设置权责分明、相互制衡、相互监督。资产隔离制度：公司对自营业务和信托业务单独建账、独立核算，对公司信托业务的管理遵循“分类管理、专户核算”原则，每项信托业务也要单独设立账户和编制管理报告。

4.4.2.3 加强运营分析控制

公司管理层定期、不定期地根据风险控制部、计划财务部提交的有关报告，对公司运营情况及风险状况进行分析，制订相应解决和改进方案并实施。对于经营中可能出现的突发事件，公司还专门制定了相关制度，并成立突发事件应急处置领导小组。

4.4.2.4 实施绩效考评控制

公司建立了比较有效的绩效考评制度和较为规范的操作流程，在科学设定岗位系列的基础上，按照岗位职责、任职资格和所需工作经验等进行职位价值评估，以岗位职责和聘用合同为依据，制定并完善了适合不同专业技术工作特点和岗位特点的考核指标体系。

4.4.3 信息交流与反馈

公司根据监管要求和规章制度规定，制定并实施了信息披露制度；根据内部组织之间的关系和各自的职责权限，按照相关制度规定和要求，建立了从上到下的授权管理流程和从下到上的信息汇报路径；根据国家有关法规和公司有关文件要求，建立了反舞弊机制，由审计部、纪检监察部门负责记录、沟通、调查和跟进员工举报的潜在舞弊或违规行为，并在公司范围内建立并实施了投诉举报机制。

4.4.4 监督评价与纠正

公司建立并完善了多层次内控监督体系：监事会依法履行监督职能，对公司董事、高级管理层履职情况进行监督；审计部独立行使内部审计监督权，推动公司内控不断完善；风险控制部等部门不仅对内部控制的实施情况进行持续的监督检查，还会进行有针对性的专项检查，对存在的问题及时指正，并提出相关整改意见和建议。

4.5 风险管理

4.5.1 风险管理概况

公司实施全面风险管理战略，建立了以风险管理委员会、经营管理层、风险控制部为主线的风险管理组织体系，制定了以《风险管理办法》为核心的风险管理规章制度，遵循全面、审慎、及时、有效和独立性的风险管理原则，将风险管理贯穿到公司前台、中台以及后台的各个环节，并根据业务类别制定相应的风险控制措施，形成了“事前防范、事中控制、事后评价”的风险管理机制，逐步形成了体现“稳健、审慎”经营理念的风险管理文化。

4.5.2 风险状况

公司经营活动中面临的风险主要有合规风险、信用风险、市场风险、操作风险及其他风险等。

4.5.2.1 合规风险状况

合规风险是指公司因没有遵守法律、法规和准则而可能遭受法律制裁、监管处罚，从而给公司发展带来重大损失的风险。监管部门对于信托业的监管继续趋紧，不仅加强了对信托公司房地产贷款、地方政府融资平台、银信理财等热点信托业务的监管力度，还通过净资本管理加强对信托公司的资本约束。

4.5.2.2 信用风险状况

信用风险是公司面临的主要风险之一，主要表现在交易对手不能按期履行合约义务，或因经营不善、资金周转不灵甚至恶意欺诈等原因而给信托财产或公司财产造成损失的风险。目前政府宏观调控力度较大，经济增速下降，部分交易对手流动性困难，履约能力下降，使公司面临较大信用风险。

4.5.2.3 市场风险状况

市场风险是指由于市场价格的波动而给信托财产或公司财产带来损失的可能性，常见的风险表现形式包括利率风险、证券价格波动风险、商品价格波动风险和汇率风险等。如果利率变化与公司预期相反，将对公司的贷款以及收益产生不利影响；证券价格、商品价格下跌会对公司相关项目担保物价值带来不利影响；汇率变化也可能使公司外汇资本金发生减值的风险。

4.5.2.4 操作风险状况

在经营管理过程中，由于内控机制不健全、内部业务操作程序不完善或操作系统发生故障，从而给公司经营带来隐患的风险。同时，在业务开展过程中，业务人员未能充分获得准确的市场信息，不熟悉市场交易涉及的法律法规，或者工作失误和效率低下都会产生操作风险。

4.5.2.5 其他风险状况

其他风险主要还有法律风险、声誉风险等。法律风险是由于公司在经营过程中，因为无法满足或违反法律要求，导致不能履行合同而发生争议、诉讼或其他法律纠纷，可能给公司或投资人造成经济损失的风险。声誉风险主要是由公司经营管理行为导致利益相关方进行负面评价的风险。

4.5.3 风险管理

4.5.3.1 合规风险管理

公司通过宣传并解读监管政策和对员工的法规培训，来营造良好的合规文化氛围，提高全体员工防范风险的意识；结合监管部门要求和实际情况，修改完善内部制度规定，搭建了董事会—经营管理层—风险控制部—合规岗四个层次的合规管理组织体系；根据监管规定，制定了净资本管理的相关制度，成立了净资本管理委员会，按年度制定净资本配置方案，对公司净资本管理指标进行动态监督；继续加强对业务的合规管理和项目的日常合规性审查。

4.5.3.2 信用风险管理

公司不断完善项目评审相关制度，优化项目评审流程，加强对员工业务能力的培训，提高项目甄别和筛选能力；重视对交易对手经营状况、资信状况的尽职调查，审慎选择交易对手；继续加强对项目前期风险评估工作，强化对项目运行管理的监督力度，严格审查项目资金使用，逐步推行按风险等级分类对项目运行进行管理，加大对重点项目进行监督检查力度，并建立风险预警制度，有效防范信用风险。

4.5.3.3 市场风险管理

公司通过设置合理的交易结构，在资金放贷中引入浮动利率机制，实现对风险的有效对冲和补偿，以规避市场风险；通过加强对证券投资产品单位净值、抵质押物价格变化的日常监控，以防范市场价格波动带来的风险；定期对房地产业务进行压力测试，分析在不同风险程度下，房地产项目抗风险能力，从而及时发现并预防市场风险；合理配置外汇资产，防范汇率波动给公司外汇资本金带来的市场风险。

4.5.3.4 操作风险管理

公司定期对业务操作流程进行修订和完善，以业务流程为主线，不断完善前台、中台、后台的内部控制体系，对重要的业务环节，实行双人双岗复核、审批，并强制留痕；及时对业务管理系统和证券交易系统进行升级，更新相关数据，同时加强对新员工在制定合同文本、熟悉业务流程等方面的培训，有效防范操作风险；重视项目的担保手续办理工作，要求风险控制部人员参与办理担保相关手续。

4.5.3.5 其他风险管理

法律风险管理方面，公司高度重视法律风险的防范，定期对合同文本进行更新，并不断加强对合同的审查力度；公司聘请外部律师对重大项目出具法律意见，从业务源头和操作环节防范和化解法律风险。

声誉风险管理方面，公司通过及时向投资者和监管层进行信息披露，还借助信托业协会提供的《信托资讯》、《每日舆情》等报告，以及对新闻媒体舆情的持续关注，做好舆情监测，及时发现重点事件并采取应对措施，防范和化解声誉风险。

5. 报告期末及上一年度末的比较式会计报表

5.1 自营资产

5.1.1 会计师事务所审计意见全文

审 计 报 告

中准审字〔2012〕1021 号

中诚信托有限责任公司董事会：

我们审计了后附的中诚信托有限责任公司财务报表，包括 2011 年 12 月 31 日的资产负债表，2011 年度的利润表、现金流量表和所有者权益变动表以及财务报表附注。

一、管理层对财务报表的责任

编制和公允列报财务报表是中诚信托有限责任公司管理层的责任，这种责任包括：(1)按照企业会计准则的规定编制财务报表，并使其实现公允反映；(2)设计、执行和维护必要的内部控制，以使财务报表不存在由于舞弊或错误导致的重大错报。

二、注册会计师的责任

我们的责任是在实施审计工作的基础上对财务报表发表审计意见。我们按照中国注册会计师审计准则的规定执行了审计工作。中国注册会计师审计准则要求我们遵守职业道德规范，计划和实施审计工作以对财务报表是否不存在重大错报获取合理保证。

审计工作涉及实施审计程序，以获取有关财务报表金额和披露的审计证据。选择的审计程序取决于注册会计师的判断，包括对由于舞弊或错误导致的财务报表重大错报风险的评估。在进行风险评估时，我们考虑与财务报表编制相关的内部控制，以设计恰当的审计程序，但目的并非对内部控制的有效性发表意见。审计工作还包括评价管理层选用会计政策的恰当性和作出会计估计的合理性，以及评价财务报表的总体列报。

我们相信，我们获取的审计证据是充分、适当的，为发表审计意见提供了基础。

三、审计意见

我们认为，中诚信托有限责任公司财务报表在所有重大方面按照企业会计准则的规定编制，公允反映了中诚信托有限责任公司 2011 年 12 月 31 日的财务状况以及 2011 年度的经营成果和现金流量。

中准会计师事务所有限公司　　中国注册会计师：关晓光

中国注册会计师：胡　媛

中国·北京　　二〇一二年四月二十四日

5.1.2 资产负债表

资产负债表

编制单位：中诚信托有限责任公司　　2011 年 12 月 31 日　　单位：万元

项　目	期末数	年初数	项目	期末数	年初数
资产：			负债：		
现金及银行存款	275 426.16	191 441.65	应付职工薪酬	56 303.52	36 492.26

续表

项　　目	期末数	年初数	项目	期末数	年初数
交易性金融资产	12 438.96	15 300.90	应交税费	42 406.54	20 514.48
买入返售金融资产		15 445.00	预收及应付手续费及佣金	256.31	544.91
应收款项类金融资产	114 634.12	130 969.12	其他应付款	31 858.48	54 997.99
应收利息	2 709.96	1 579.87	递延所得税负债	7 177.32	8 113.01
其他应收款	16 615.13	19 853.85	负债合计	138 002.17	120 662.65
发放贷款和垫款	330 660.00	306 413.10	所有者权益(或股东权益):		
可供出售金融资产	16 554.00	25 111.64	实收资本(或股本)	245 666.67	245 666.67
长期股权投资	227 474.07	205 386.35	其中:国有资本	—	—
固定资产	2 442.78	3 254.89	国有法人资本	224 624.99	224 624.99
无形资产	4.27	14.44	外商资本	8 180.00	8 180.00
长期待摊费用	44.03	65.18	资本公积	259 222.75	265 736.93
递延所得税资产	14 726.21	7 783.59	盈余公积	66 040.81	51 599.98
其他资产	2 771.35	64.50	一般风险准备	25 988.69	18 768.28
			未分配利润	281 579.95	220 249.57
			外币报表折算差额		
			所有者权益(或股东权益)合计	878 498.87	802 021.43
资产总计	1 016 501.04	922 684.08	负债和所有者权益(或股东权益)总计	1 016 501.04	922 684.08

法定代表人:邓红国　　　　主管会计工作负责人:丛雪萍　　　　制表人:吴静玲

5.1.3　利润表

利润表

编制单位:中诚信托有限责任公司　　　　2011 年度　　　　单位:万元

项　　目	本期金额	上期金额
一、营业收入	241 342.36	162 946.23
(一)利息净收入	63 668.01	33 151.84
利息收入	63 668.01	33 151.84
利息支出	—	—
(二)手续费及佣金净收入	137 519.21	77 815.96
手续费及佣金收入	142 437.48	82 231.55
手续费及佣金支出	4 918.27	4 415.59
(三)投资收益(损失以"-"号填列)	43 330.96	51 665.53
其中:对联营企业和合营企业的投资收益	27 729.02	31 085.53
(四)公允价值变动收益(损失以"-"号填列)	-3 133.44	362.87
(五)其他收入	-42.38	-49.97
汇兑收益(损失以"-"号填列)	-330.31	-225.62
其他业务收入	287.92	175.65
二、营业支出	58 981.27	38 570.30
(一)营业税金及附加	11 924.88	7 276.65
(二)业务及管理费	42 076.20	30 866.21
(三)资产减值损失或呆账损失(转回金额以"-"号填列)	4 980.19	427.44
(四)其他业务成本	—	—-
三、营业利润(亏损以"-"号填列)	182 361.09	124 375.93
加:营业外收入	957.45	16.15
减:营业外支出	54.50	150.40
四、利润总额(亏损以"-"号填列)	183 264.04	124 241.68
减:所得税费用	38 855.75	23 261.80
五、净利润(亏损以"-"号填列)	144 408.29	100 979.88
六、每股收益		
(一)基本每股收益(元)	0.59	0.41
(二)稀释每股收益(元)	0.59	0.41
七、其他综合收益	-6 514.18	-1 171.66
八、综合收益总额	137 894.11	99 808.22

法定代表人:邓红国　　　　主管会计工作负责人:丛雪萍　　　　制表人:吴静玲

5.1.4 所有者权益变动表

所有者权益变动表

编制单位:中诚信托有限责任公司　　2011 年度　　单位:万元

项　目	本年金额						上年金额					
	实收资本(或股本)	资本公积	盈余公积	一般风险准备	未分配利润	所有者权益合计	实收资本(或股本)	资本公积	盈余公积	一般风险准备	未分配利润	所有者权益合计
一、上年年末余额	245 666.67	265 736.93	51 599.98	18 768.28	220 249.57	802 021.43	120 000.00	52 018.58	41 502.00	13 719.29	158 416.67	385 656.53
加:会计政策变更												
前期差错变更												
二、本年年初余额	245 666.67	265 736.93	51 599.98	18 768.28	220 249.57	802 021.43	120 000.00	52 018.58	41 502.00	13 719.29	158 416.67	385 656.53
三、本年增减变动金额(减少以"-"号填列)		-6 514.18	14 440.83	7 220.4	61 330.38	76 477.44	125 666.67	213 718.35	10 097.99	5 048.99	61 832.89	416 364.90
(一)净利润					144 408.29	144 408.29					100 979.88	100 979.88
(二)其他综合收益		-6 514.18				-6 514.18		-1 171.66				-1 171.66
1. 可供出售金融资产公允价值变动净额		-3 830.51				-3 830.51		-587.77				-587.77
(1)计入所有者权益的金额		-3 347.98				-3 347.98		-4 255.64				-4 255.64
(2)转入当期损益的金额		-482.53				-482.53		3 667.87				3 667.87
2. 现金流量套期工具公允价值变动净额												
3. 权益法下被投资单位其他所有者权益变动的影响		-3 641.29				-3 641.29		-730.83				-730.83
4. 与计入所有者权益项目相关的所得税影响		957.63				957.63		146.94				146.94
5. 其他												
上述(一)和(二)小计		-6 514.18			144 408.29	137 894.11		-1 171.66			100 979.88	99 808.22
(三)所有者投入和减少资本							125 666.67	214 890.01				340 556.68
(四)利润分配			14 440.83	7 220.41	-83 077.91	-61 416.67			10 097.99	5 048.99	-39 146.98	-24 000.00
1. 提取盈余公积			14 440.83		-14 440.83				10 097.99		-10 097.99	
2. 提取一般风险准备				7 220.41	-7 220.41					5 048.99	-5 048.99	
3. 对所有者(或股本)的分配					-61 416.67	-61 416.67					-24 000.00	-24 000.00
4. 其他												
(五)信托赔偿准备弥补信托项目亏损												
(六)所有者权益内部结转												
四、本年年末余额	245 666.67	259 222.75	66 040.81	25 988.69	281 579.95	878 498.87	245 666.67	265 736.93	51 599.98	18 768.28	220 249.57	802 021.43

法定代表人:邓红国　　主管会计工作负责人:丛雪萍　　制表人:吴静玲

5.2 合并报告

5.2.1 会计师事务所审计意见全文

审计报告

中准审字〔2012〕1022号

中诚信托有限责任公司董事会:

我们审计了后附的中诚信托有限责任公司财务报表,包括2011年12月31日的合并及母公司资产负债表,2011年度的合并及母公司利润表、合并及母公司现金流量表和合并及母公司所有者权益变动表以及财务报表附注。

一、管理层对财务报表的责任

按照企业会计准则的规定编制财务报表是贵公司管理层的责任。这种责任包括:(1)设计、实施和维护与财务报表编制相关的内部控制,以使财务报表不存在由于舞弊或错误而导致的重大错报;(2)选择和运用恰当的会计政策;(3)作出合理的会计估计。

二、注册会计师的责任

我们的责任是在实施审计工作的基础上对财务报表发表审计意见。我们按照中国注册会计师审计准则的规定执行了审计工作。中国注册会计师审计准则要求我们遵守职业道德规范,计划和实施审计工作以对财务报表是否不存在重大错报获取合理保证。

审计工作涉及实施审计程序,以获取有关财务报表金额和披露的审计证据。选择的审计程序取决于注册会计师的判断,包括对由于舞弊或错误导致的财务报表重大错报风险的评估。在进行风险评估时,我们考虑与财务报表编制相关的内部控制,以设计恰当的审计程序,但目的并非对内部控制的有效性发表意见。审计工作还包括评价管理层选用会计政策的恰当性和作出会计估计的合理性,以及评价财务报表的总体列报。

我们相信,我们获取的审计证据是充分、适当的,为发表审计意见提供了基础。

三、审计意见

我们认为,中诚信托有限责任公司财务报表在所有重大方面按照企业会计准则的规定编制,公允反映了中诚信托有限责任公司2011年12月31日的合并及母公司财务状况以及2011年度的合并及母公司经营成果和合并及母公司现金流量。

中准会计师事务所有限公司　　中国注册会计师:关晓光

中国注册会计师:胡　媛

中国·北京　　二〇一二年四月二十四日

5.2.2 合并资产负债表

合并资产负债表

编制单位:中诚信托有限责任公司　　2011年12月31日　　单位:万元

资　产	期末余额	年初余额	负债和所有者权益(或股东权益)	期末余额	年初余额
流动资产:			流动负债:		
货币资金	281 220.97	200 214.78	应付账款	8.74	20.14
交易性金融资产	12 438.96	15 300.91	预收款项	457.05	753.43
应收账款	2 838.78	93.36	应付手续费及佣金	4.64	101.00
预付款项	46.49	24.08	应付职工薪酬	56 331.11	36 560.03
应收利息	2 709.95	1 579.87	应交税费	42 631.15	20 647.88
其他应收款	1 063.70	2 039.45	其他应付款	35 499.07	56 323.95
买入返售金融资产	—	15 445.00	其他流动负债		
存货	45.09	38.50	流动负债合计	134 931.76	114 406.43
其他流动资产			非流动负债:		
流动资产合计	300 363.94	234 735.95	长期应付款	5 250.00	5 750.00
非流动资产:			递延所得税负债	7 177.32	8 113.01
发放贷款及垫款	330 660.00	306 413.10	其他非流动负债		
可供出售金融资产	16 554.01	25 111.64	非流动负债合计	12 427.32	13 863.01
持有至到期投资	4 500.00		负债合计	147 359.08	128 269.44
应收款项类金融资产	114 634.11	130 969.11	所有者权益(或股东权益):		
长期股权投资	199 622.31	177 534.59	实收资本(或股本)	245 666.67	245 666.67
固定资产	47 526.16	50 200.42	资本公积	259 222.75	265 736.93
无形资产	5.66	17.12	盈余公积	66 040.81	51 599.98
长期待摊费用	143.71	281.42	一般风险准备	25 988.69	18 768.28
递延所得税资产	14 561.90	7 613.28	未分配利润	283 140.58	221 333.31
其他非流动资产			归属于母公司所有者权益合计	880 059.50	803 105.17
非流动资产合计	728 207.86	698 140.68	少数股东权益	1 153.22	1 502.02
			所有者权益合计	881 212.72	804 607.19
资产总计	1 028 571.80	932 876.63	负债和所有者权益总计	1 028 571.80	932 876.63

法定代表人:邓红国　　主管会计工作负责人:丛雪萍　　制表人:吴静玲

5.2.3 合并利润表

合并利润表

编制单位：中诚信托有限责任公司　　2011年度　　单位：万元

项　　目	本年金额	上年金额
一、营业收入	211 461.38	119 818.92
其中：出租收入	4 620.13	4 089.22
利息收入	63 843.76	33 188.96
其他业务收入	374.55	309.19
手续费及佣金收入	142 622.94	82 231.55
二、营业总成本	68 507.52	47 181.63
其中：营业成本	2 048.34	2 216.08
利息支出	—	
手续费及佣金支出	4 947.07	4 415.59
退保金	—	
赔付支出净额	—	
提取保险责任准备金净额	—	
保单红利支出	—	
其他业务成本	—	
营业税金及附加	12 252.50	7 556.55
销售费用	61.22	103.1
管理费用	44 241.46	32 482.41
财务费用	-47.26	-34.94
资产减值损失	5 004.19	442.84
加：公允价值变动收益（损失以"-"号填列）	-3 133.44	362.87
投资收益（损失以"-"号填列）	43 330.96	51 660.92
其中：对联营企业和合营企业的投资收益	27 729.02	31 085.53
汇兑收益（损失以"-"号填列）	-330.35	-232.48
三、营业利润（亏损以"-"号填列）	182 821.03	124 428.60
加：营业外收入	1 041.62	113.99
减：营业外支出	66.51	152.2
其中：非流动资产处置损失	0.70	2.18
四、利润总额（亏损总额以"-"号填列）	183 796.14	124 390.39
减：所得税费用	39 259.76	23 402.64
五、净利润（净亏损以"-"号填列）	144 536.38	100 987.75
归属于母公司所有者的净利润	144 885.18	101 135.73
少数股东损益	-348.80	-147.98
六、每股收益		
（一）基本每股收益	0.59	0.41
（二）稀释每股收益	0.59	0.41
七、其他综合收益	-6 514.18	-1 171.65
八、综合收益总额	138 022.20	99 816.10
归属于母公司所有者的净利润	138 371.00	99 964.08
少数股东损益	-348.80	-147.98

法定代表人：邓红国　　主管会计工作负责人：丛雪萍　　制表人：吴静玲

5.2.4 合并所有者权益变动表

合并所有者权益变动表

编制单位：中诚信托有限责任公司　　2011 年度　　单位：万元

项目	本年金额							上年金额						
	归属于母公司所有者权益					少数股东权益	所有者权益合计	归属于母公司所有者权益					少数股东权益	所有者权益合计
	实收资本（或股本）	资本公积	盈余公积	一般风险准备	未分配利润			实收资本（或股本）	资本公积	盈余公积	一般风险准备	未分配利润		
一、上年年末余额	245 666.67	265 736.93	51 599.98	18 768.28	221 333.31	1 502.02	804 607.19	120 000.00	52 018.58	41 501.99	13 719.29	159 344.56		386 584.42
加：会计政策变更														
前期差错变更														
二、本年年初余额	245 666.67	265 736.93	51 599.98	18 768.28	221 333.31	1 502.02	804 607.19	120 000.00	52 018.58	41 501.99	13 719.29	159 344.56		386 584.42
三、本年增减变动金额（减少以“－”号填列）		−6 514.18	14 440.83	7 220.41	61 807.27	−348.80	76 605.53	125 666.67	213 718.35	10 097.99	5 048.99	61 988.75	1 502.02	418 022.77
（一）净利润					144 885.18	−348.80	144 536.38					101 135.73	−147.98	100 987.75
（二）其他综合收益		−6 514.18					−6 514.18		−1 171.66					−1 171.66
1. 可供出售金融资产公允价值变动净额		−3 830.51					−3 830.51		−587.77					−587.77
(1) 计入所有者权益的金额		−3 347.98					−3 347.98		−4 255.64					−4 255.64
(2) 转入当期损益的金额		−482.53					−482.53		3 667.87					3 667.87
2. 现金流量套期工具公允价值变动净额														
3. 权益法下被投资单位其他所有者权益变动的影响		−3 641.29					−3 641.29		−730.83					−730.83
4. 与计入所有者权益项目相关的所得税影响		957.63					957.63		146.94					146.94
5. 其他														
上述（一）和（二）小计		−6 514.18			144 885.18	−348.80	138 022.21		−1 171.66			101 135.73	−147.98	99 816.09
（三）所有者投入和减少资本								125 666.67	214 890.01				1 650.00	342 206.68
（四）利润分配			14 440.83	7 220.41	−83 077.91		−61 416.67			10 097.99	5 048.99	−39 146.98		−24 000.00
1. 提取盈余公积			14 440.83		−14 440.83					10 097.99		−10 097.99		
2. 提取一般风险准备				7 220.41	−7 220.41						5 048.99	−5 048.99		
3. 对所有者（或股本）的分配					−61 416.67		−61 416.67					−24 000.00		−24 000.00
4. 其他														
（五）信托赔偿准备弥补信托项目亏损														
（六）所有者权益内部结转														
四、本年年末余额	245 666.67	259 222.75	66 040.81	25 988.69	283 140.58	1 153.22	881 212.72	245 666.67	265 736.93	51 599.98	18 768.28	221 333.31	1 502.02	804 607.19

法定代表人：邓红国　　主管会计工作负责人：丛雪萍　　制表人：吴静玲

5.3 信托资产

5.3.1 信托项目资产负债汇总表

信托项目资产负债汇总表

编制单位：中诚信托有限责任公司　　2011年12月31日　　单位：万元

资　产	行次	期末余额	期初余额	负债和所有者权益	行次	期末余额	期初余额
信托资产：				信托负债：			
银行存款	1	1 554 563.20	418 818.15	应付受托人报酬	18	830.46	94.58
交易性金融资产	2	4 176 844.27	2 044 089.26	应付受益人收益	19	5 580.80	-439.81
买入返售金融资产	3	55 000.00	149 758.33	应付托管费	20	1 363.72	3 762.57
应收账款	4	2 889 747.97	1 427 640.66	应交税费	21	458.13	2 689.22
应收利息	5	19.04	13 579.02	其他应付款	22	88 651.70	145 358.91
拆出资金	6						
其他应收款	7	100.00	3 573.99	信托负债合计	23	96 884.81	151 465.47
贷款	8	5 709 195.65	6 419 601.74				
持有至到期投资	9						
可供出售金融资产	10	1 591 794.61	759 915.25	信托权益：			
长期股权投资	11	4 404 369.94	3 645 932.23	实收信托	24	20 258 855.36	14 760 597.58
固定资产	12			资本公积	25	1 816.35	33 267.38
在建工程	13			未分配利润	26	24 078.16	-62 421.80
无形资产	14			信托权益合计	27	20 284 749.87	14 731 443.16
长期待摊费用	15						
其他资产	16						
资产总计	17	20 381 634.68	14 882 908.63	负债和所有者权益合计	28	20 381 634.68	14 882 908.63

5.3.2 信托项目利润及利润分配汇总表

信托项目利润及利润分配表

2011年

编制单位：中诚信托有限责任公司　　单位：万元

项　目	行次	本年金额	上年金额
一、营业收入	1	1 335 025.42	707 333.49
利息收入	2	595 948.51	408 405.43
投资收益	3	388 952.62	182 246.74
公允价值变动损益	4	-32 207.16	7 430.16
租赁收入	5		
其他业务收入	6	382 377.00	109 267.70
汇兑损益	7	-45.55	-16.54
二、手续费及佣金支出			
三、业务及管理费	8	188 164.60	117 224.16
四、营业税金及附加	9	2 120.32	6 654.98
五、扣除财产损失前的信托利润	10	1 144 740.50	583 454.35
加：以前年度损益调整		2.10	
六、扣除资产损失后的信托利润	11	1 144 742.60	583 454.35
加：期初未分配信托利润	12	-62 421.80	-30 548.19
七、可供分配的信托利润	13	1 082 320.80	552 906.16
减：本期已分配的信托利润	14	1 058 242.64	615 327.97
八、期末未分配利润	15	24 078.16	-62 421.81

6. 会计报表附注

6.1 简要说明报告年度会计报表编制基准、会计政策、会计估计和核算方法发生的变化

6.1.1 会计报表不符合会计核算基本前提的说明

公司以持续经营为基础，根据实际发生的交易和事项，按照《企业会计准则——基本准则》和其他各项具体会计准则、应用指南及准则解释的规定进行确认和计量，在此基础上编制财务报表。

公司所编制的会计报表符合企业会计准则的要求，真实、完整地反映了公司的财务状况、经营成果、股东权益变动和现金流量等有关信息。

6.1.2 编制合并会计报表的说明

本期本公司将所有控股子公司纳入合并会计报表范围。本公司纳入合并报表范围的子公司如下：

子公司名称	业务性质	注册地	注册资本（万元）	实际投资额（万元）	单位持有的权益性资本的比例（%）
北京三侨物业管理有限责任公司	物业管理	北京市东城区安外大街2号	25 000.00	25 000.00	100.00
中诚宝捷思货币经纪有限公司	境内外外汇、货币、债券、衍生品市场交易	北京市西城区太平桥大街18号1008－1009室	5 000.00	3 350.00	67.00

本年合并报表范围无变化。

6.1.3 重要会计政策和会计估计说明

公司自2008年1月1日起执行财政部2006年2月15日颁布的《企业会计准则》（财会〔2006〕3号）及其后续规定。

6.2 或有事项说明

单位：万元

或有事项	期初数	期末数
对外担保	8 000	3 000

除上述担保事项外，本公司无其他或有事项。本公司所有的担保业务均采取了相应的反担保措施，公司不存在代偿风险。

6.3 重要资产转让及其出售的说明

本年公司无重要资产转让及出售事项。

6.4 会计报表中重要事项的明细资料

6.4.1 披露自营资产经营情况

6.4.1.1 按信用风险五级分类的结果披露资产的期初数、期末数

信用风险资产五级分类	正常类(万元)	关注类(万元)	次级类(万元)	可疑类(万元)	损失类(万元)	信用风险资产合计(万元)	不良资产合计(万元)	不良资产率(%)
期初数	346 722.33					346 722.33		
期末数	356 316.39					356 316.39		

注：不良资产合计 = 次级类 + 可疑类 + 损失类。

6.4.1.2 各项资产减值损失准备的期初数、本期计提、本期转回、本期核销、期末数

	期初数	本期计提	本期转回	本期核销	期末数
贷款损失准备	3 095.08	244.92			3 340.00
一般准备					
专项准备	3 095.08	244.92			3 340.00
其他资产减值准备					
可供出售金融资产减值准备	103.37	4 955.79			5 059.16
持有至到期投资减值准备					
长期股权投资减值准备	2 591.60				2 591.60
坏账准备	1 797.69	-211.41	4.56		1 581.72
投资性房地产减值准备					

6.4.1.3 自营股票投资、基金投资、债券投资、股权投资等投资业务的期初数、期末数

单位：万元

	自营股票	基金	债券	长期股权投资	其他投资	合计
期初数	35 150.87	5 261.68		205 386.35	130 969.12	376 768.02
期末数	22 793.61	6 199.36		227 474.07	114 634.12	371 101.15

6.4.1.4 按投资入股金额排序，前三名的自营长期股权投资的企业名称，占被投资企业权益的比例，主要经营活动及投资收益情况

企业名称	占被投资企业权益的比例(%)	主要经营活动	投资收益(万元)
1. 国都证券有限责任公司	15.35	证券服务	3 531.30
2. 嘉实基金管理有限公司	40.00	基金管理	24 294.64
3. 北京三侨物业管理有限责任公司	100.00	物业管理	

注：投资损益是指按照《企业会计准则》规定，核算股权投资确认损益并计入披露年度利润表的金额。

6.4.1.5 前三名的自营贷款的企业名称，占贷款总额的比例和还款情况

企业名称	占贷款总额的比例(%)	还款情况
1. 北京市海淀区国有资产投资经营公司	29.94	正常
2. 福建顺华置业有限公司	23.95	正常
3. 山西当代红华置业有限公司	8.98	正常

6.4.1.6 表外业务的期初数、期末数；按照代理业务担保业务和其他类型表外业务分别披露

单位：万元

表外业务	期初数	期末数
担保业务	8 000.00	3 000.00
代理业务(委托业务)		
单一类		
财产管理类		
其他		
合　计	8 000.00	3 000.00

注：本公司无因客观原因应规范而尚未完成规范的历史遗留委托业务。

6.4.1.7 公司当年的收入结构

收入结构	母公司		合并	
	金额(万元)	占比(%)	金额(万元)	占比(%)
手续费及佣金收入	142 437.48	57.62	142 622.95	56.51
其中：信托手续费收入	104 865.88	42.42	104 865.88	41.55
投资银行业务收入				
利息收入	63 668.01	25.75	63 843.76	25.30
其他业务收入	-42.38	-0.02	4 664.32	1.85
其中：计入信托业务收入部分				
投资收益	43 330.96	17.53	43 330.96	17.17
其中：股权投资收益	27 729.02	11.22	27 729.02	10.99
证券投资收益	3 250.67	1.31	3 250.67	1.29
其他投资收益	12 351.28	5.00	12 351.27	4.89
公允价值变动收益	-3 133.44	-1.27	-3 133.44	-1.24
营业外收入	957.45	0.39	1 041.62	0.41
收入合计	247 218.08	100.00	252 370.17	100.00

6.4.2 披露信托资产管理情况

6.4.2.1 信托资产的期初数、期末数

单位：万元

信托资产	期初数	期末数
集合	3 432 598.42	6 521 276.83
单一	10 532 147.45	13 120 652.46
财产权	918 162.76	739 705.39
合　计	14 882 908.63	20 381 634.68

6.4.2.1.1 主动管理型信托业务的信托资产期初数、期末数

单位：万元

主动管理型信托资产	期初数	期末数
证券投资类	2 412 115.82	4 914 540.02
股权投资类	4 325 311.35	4 303 217.41
融资类	4 051 769.22	6 645 267.21
事务管理类	749 902.47	165 151.87
合　计	11 539 098.86	16 028 176.51

6.4.2.1.2 被动管理型信托业务的信托资产期初数、期末数

单位：万元

被动管理型信托资产	期初数	期末数
证券投资类	16 562.20	1 231 593.42
股权投资类	501 103.46	216 995.43
融资类	2 825 897.53	1 386 496.61
事务管理类	246.58	1 518 372.71
合　计	3 343 809.77	4 353 458.17

6.4.2.2 本年度已清算结束的信托项目个数、实收信托合计金额、加权平均实际年化收益率

6.4.2.2.1 本年度已清算结束的集合类，单一类资金信托项目和财产管理类信托项目数量、合计金额、加权平均实际年化收益率

已清算结束信托项目	项目个数	实收信托合计金额（万元）	加权平均实际年化收益率（%）
集合类	40	1 327 767.36	6.10
单一类	154	7 372 727.75	4.14
财产管理类	11	738 909.00	10.59

6.4.2.2.2 本年度已清算结束的主动管理型信托项目个数、实收信托合计金额、加权平均实际年化收益率

已清算结束信托项目	项目个数	实收信托合计金额（万元）	加权平均实际年化收益率（%）
证券投资类	10	175 789.00	4.37
股权投资类	18	1 287 390.00	2.99
融资类	99	4 078 181.52	4.68
事务管理类	6	55 333.70	3.63

6.4.2.2.3 本年度已清算结束的被动管理型信托项目个数、实收信托合计金额、加权平均实际年化收益率

已清算结束信托项目	项目个数	实收信托合计金额（万元）	加权平均实际年化收益率（%）
证券投资类	5	104 056.66	9.92
股权投资类	5	119 896.23	8.77
融资类	47	2 687 588.00	4.37
事务管理类	15	931 169.00	9.31

6.4.2.3 本年度新增的集合类、单一类资金信托项目和财产管理类信托项目数量、实收信托合计金额

新增信托项目	项目个数	实收信托合计金额（万元）
单一类	148	16 369 200.98
集合类	89	4 512 189.00
财产管理类	7	262 000.00
新增合计	244	21 143 389.98
其中：主动管理型	199	9 311 635.83
被动管理型	45	11 831 754.15

6.4.2.4 信托业务创新成果和特色业务有关情况

（1）2011年12月，公司成立了“2011年中诚信托红木投资集合资金信托计划”，资金用于购买红木原料和红木家具，交易对手方按照约定时间和约定价格回购信托资金购买的红木原料和红木家具的形式实现信托资金的退出和实现信托投资收益。

（2）截至2011年末，公司共获得5亿美元受托境外理财业务额度（即QDII业务），成功发行了“诚信海外投资系列”和“诚信海外配置系列”项下多只QDII产品。

6.4.2.5 本公司未发生履行受托人义务情况及因本公司自身责任而导致的信托财产损失情况

6.5 关联方关系及其交易的披露

6.5.1 关联交易方的数量、关联交易的总金额及关联交易的定价政策等

	关联交易数量	关联交易金额（万元）	定价政策
合计	32	1 483 162.59	双方协议确定

定价政策：关联交易定价政策以不损伤第三方利益为首要原则，主要定价政策如下：（1）根据中国人民银行颁布的指导利率及上下浮动范围确定贷款利率；（2）双方协议确定交易价格；（3）双方参照证券市场成交价格，协商确定交易价格；（4）根据资产账面价值进行交易；（5）根据信托委托人指定价格进行交易；（6）根据原始投资额及持有期间的应获取的收益确定交易价格；（7）依据中介机构评估报告，确定交易价格。

6.5.2 关联交易方与本公司的关系性质、关联交易方的名称、法定代表人、注册地址、注册资本及主营业务等

关系性质	关联方名称	法定代表人	注册地址	注册资本（万元）	主营业务
第一大股东	中国人民保险集团股份有限公司	吴　焰	北京市宣武区东河沿路69号	3 449 105	投资并持有上市公司和保险机构和其他金融机构的股份等
全资子公司	北京三侨物业管理有限责任公司	高　方	北京市东城区安外大街2号	25 000	物业管理
控股子公司	中诚宝捷思货币经纪有限公司	吴大永	北京市西城区太平桥大街18号1008－1009室	5 000	境内外外汇、货币、债券、衍生品市场交易
联营企业	国都证券有限责任公司	常　喆	北京市东城区东直门南大街3号国华投资大厦9层10层	262 298	证券服务

续表

关系性质	关联方名称	法定代表人	注册地址	注册资本（万元）	主营业务
联营企业	嘉实基金管理有限公司	安奎	上海市浦东新区富城路99号震旦国际大楼1702室	15 000	基金管理
联营企业	国都期货有限公司	叶晓	北京市东城区东直门南大街3号国华投资大厦10层	20 000	期货服务

6.5.3　本公司与关联方的重大交易事项

6.5.3.1　固有财产与关联方交易情况

单位：万元

固有与关联方关联交易				
	期初数	借方发生额	贷方发生额	期末数
贷款				
投资				
租赁		1 134.98	1 134.98	
担 保				
应收账款	18 300.00		2 400.00	15 900.00
其 他		482.62	482.62	
合　计	18 300.00	1 617.60	4 017.60	15 900.00

6.5.3.2　信托与关联方交易情况

单位：万元

信托与关联方关联交易				
	期初数	借方发生额	贷方发生额	期末数
贷款		266 700.00	35 000.00	231 700.00
投 资	300.00	460 000.00		460 300.00
租 赁				
担 保				
应收账款		427 035.00		427 035.00
其 他	1 390.00	66 265.00	1 390.00	66 265.00
合　计	1 690.00	1 220 000.00	36 390.00	1 185 300.00

6.5.3.3　信托公司自有资金运用于自己管理的信托项目（固信交易）、信托公司管理的信托项目之间的相互（信信交易）交易金额，包括余额和本报告年度的发生额

6.5.3.3.1　固有与信托财产之间的交易金额期初汇总数、本期发生额汇总数、期末汇总数

单位：万元

固有财产与信托财产相互交易			
	期初数	本期发生额	期末数
合 计	106 655.00	−16 500.00	90 155.00

6.5.3.3.2　信托财产与信托财产之间的交易金额期初汇总数、本期发生额汇总数、期末汇总数

单位：万元

信托财产与信托财产相互交易			
	期初数	本期发生额	期末数
合计	0	380 035.00	380 035.00

6.5.4　本年度发生关联方逾期未偿还本公司资金的情况以及本公司为关联方担保发生或即将发生垫款的情况

无。

6.6　会计制度的披露

公司固有业务自2008年1月1日起执行财政部2006年2月15日颁布的《企业会计准则》（财会〔2006〕3号）及其后续规定。以持续经营为基础，根据实际发生的交易和事项，按照《企业会计准则——基本准则》和其他各项具体会计准则、应用指南及准则解释的规定进行确认和计量，在此基础上编制财务报表。

7. 财务情况说明书

7.1　利润实现和分配情况

项　　目	母公司（万元）	合并（万元）
税前利润	183 264.04	183 796.15
减：所得税	38 855.75	39 259.77
其中：当期所得税	45 776.43	46 186.45
递延所得税	−6 920.68	−6 926.68
净利润	144 408.29	144 536.38
加：年初未分配利润	220 249.57	221 185.33
其中：归属于母公司所有者的净利润		221 333.31
少数股东损益		−147.98
减：提取法定盈余公积	14 440.83	14 440.83
减：提取一般准备	7 220.41	7 220.41
减：股利分配	61 416.67	61 416.67
年末未分配利润	281 579.95	282 643.80
其中：归属于母公司所有者的净利润		283 140.58
少数股东损益		−496.78

7.2　主要财务指标

指标名称	母公司	合并
资本利润率（%）	17.19	17.22
加权年化信托报酬率（%）	0.45	0.45
人均净利润（万元/人）	880.54	883.45

7.3　本年度对本公司财务状况、经营成果有重大影响的其他事项

无。

8. 特别事项简要揭示

8.1　报告期内前五名股东发生变动情况

无。

8.2　董事、监事及高级管理人员变动情况及原因

2011年4月26日，经股东会审议通过，陈长春同志因个人原因提出辞去公司董事职务，由张胜东同志出任公司董事。

2011年10月31日，现任职工监事汤淑梅同志由于出任公司副总经理，根据公司章程规定不能继续担任公司监事一职，经选举秦岭同志担任职工监事。

8.3 报告期内公司发生重大诉讼事项

无。

8.4 报告期内公司及其董事、监事和高级管理人员受到的处罚

无。

8.5 报告期内中国银监会对公司提出整改意见的情况

报告年度，中国银监会对本公司原主要负责人进行了离任经济责任审计工作，于2011年2月12日下发了《中国银监会办公厅关于中诚信托有限责任公司原主要负责人离任经济责任审计中发现问题进行整改的通知》（银监办发〔2011〕33号）。公司高度重视，认真研究形成整改方案并上报中国银监会，从完善风控制度、规范档案管理、加强风险排查、推动业务结构调整、完善薪酬激励机制等五个方面提出了具体完善措施，并在实际工作中认真落实。

8.6 报告期内公司重大事项临时报告进行披露

无。

9. 公司监事会意见

公司监事会认为，本报告期内，公司决策程序合法，内部控制制度较为完善，没有发现公司董事、经理和其他高级管理人员在执行公司职务时有违法违纪和有损公司及股东利益的行为。公司财务报告真实地反映了公司的财务状况和经营成果。

中国对外经济贸易信托有限公司

1. 重要提示

1.1 中国对外经济贸易信托有限公司(以下简称本公司、外贸信托)董事会及董事保证本报告所载资料不存在任何虚假记载、误导性陈述或者重大遗漏,并对其内容的真实性、准确性和完整性承担个别及连带责任。本年度报告摘要摘自年度报告全文,客户及相关利益人欲了解详细内容,应阅读年度报告全文。

1.2 个别董事声明

无。

1.3 独立董事意见

本人作为中国对外经济贸易信托有限公司的独立董事,保证本报告内容的真实性、准确性、完整性。

独立董事:李保民

独立董事:王军生

1.4 天职国际会计师事务所有限公司对本公司年度财务报告进行审计,出具了标准无保留意见的审计报告。

1.5 本公司董事长王引平、总经理杨自理、主管会计工作负责人帅立新声明:保证年度报告中财务报告的真实、完整。

2. 公司概况

2.1 公司简介

2.1.1 公司的法定中文名称:中国对外经济贸易信托有限公司

中文名称缩写:外贸信托

公司的法定英文名称:China Foreign Economy and Trade Trust Co., Ltd.

英文名称缩写:FOTIC

2.1.2 法定代表人:王引平

2.1.3 注册地址:北京市西城区复兴门内大街28号凯晨世贸中心中座6层

邮政编码:100031

2.1.4 国际互联网网址:www.fotic.com.cn

电子信箱:fotic@sinochem.com

2.1.5 信息披露事务负责人:张一冰

联系电话:010-59568832

传真:010-59569888

电子信箱:zhangyibing@sinochem.com

2.1.6 信息披露报纸:《金融时报》、《上海证券报》

2.1.7 年度报告备置地点:外贸信托综合管理部

2.1.8 聘请的会计师事务所:天职国际会计师事务所有限公司

办公地址:中国北京海淀区车公庄西路乙19号华通大厦B座208室

2.2 组织结构

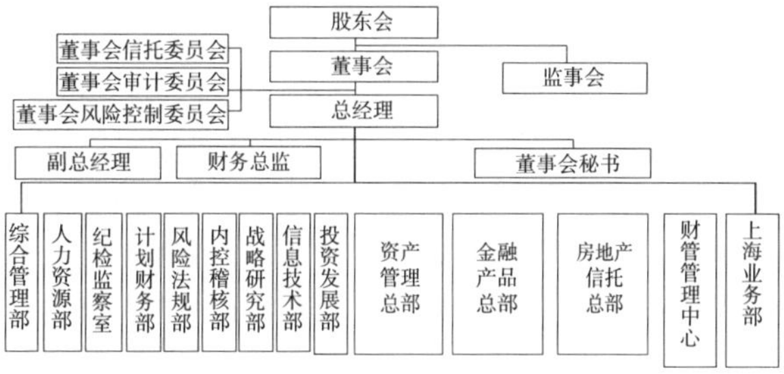

3. 公司治理结构

3.1 股东

股东名称	持股比例(%)	法人代表	注册资本(万元)	注册地址	主要经营业务及主要财务情况
★中国中化股份有限公司	96.22	刘德树	3 980 000	北京市西城区复兴门内大街28号	公司主营业务范围包括石油、化肥、化工品、金融服务、酒店和房地产业务等。截至2011年12月31日,公司资产总额为2 610.74亿元人民币(未经审计),资产负债率为65.94%(未经审计)。2011年,公司实现营业收入4 529.11亿元人民币(未经审计),利润总额为134.00亿元人民币(未经审计)。
中化集团财务有限责任公司	3.78	杨林	100 000	北京市西城区复兴门内大街28号凯晨世贸中心中座	公司主要经营业务为集团内结算业务、融资业务、金融中介业务、资产保值增值业务、金融股权管理业务和风险管理业务。截至2011年12月31日,公司资产总额为335.3亿元人民币。2011年,公司实现营业收入8.08亿元人民币,税前利润为4.45亿元人民币。

注:★为最终实际控制人。

股东关联关系说明:中国中化股份有限公司是中化集团财务有限责任公司的股东。

3.2 董事

3.2.1 董事会成员

姓　名	职　务	性别	年龄	选任日期	所推举的股东名称	该股东持股比例(%)	简　要　履　历
王引平	董事长	男	51	2010 年 11 月	中国中化股份有限公司	96.22	曾任中国化工进出口总公司海南公司副总经理，中国化工进出口总公司出口三处科长，中国化工进出口总公司浦东公司总经理，中国对外经济贸易信托投资公司副总经理，中国化工进出口总公司人事部总经理，中国化工进出口总公司副总经理兼人事部总经理，中国化工进出口总公司副总经理、党委委员，中国化工进出口总公司党组成员兼中化国际贸易股份有限公司总经理，中国中化集团公司副总经理、党组成员；现任中国中化集团公司副总经理、党组成员兼中国中化股份有限公司副总经理。
杨自理	董事 总经理	男	47	2009 年 6 月	中国中化股份有限公司	96.22	曾任中国对外经济贸易信托投资有限公司国际部信贷部副总经理、信贷一部业务一部总经理，中国化工进出口总公司资产管理部金融一部副总经理、总经理，资产管理部总经理助理，中国对外经济贸易信托投资有限公司投资银行部高级业务经理，中国化工进出口总公司资产管理部总经理助理，中国对外经济贸易信托投资有限公司总经理助理、副总经理；现任中国对外经济贸易信托有限公司董事、总经理、党委书记。
胡学静	董事	女	50	2010 年 11 月	中国中化股份有限公司	96.22	曾任中国化工进出口总公司财会部结算科副科长、中国化工进出口总公司财会处财务科科长、中化美洲集团公司财务部经理、中国化工进出口总公司财会本部五处副处长、中国化工进出口总公司审计部副总经理、中化国际股份有限公司财务部总经理、中化国际股份有限公司风险管理部总经理、中国中化集团公司资金管理部副总经理、沈阳化工研究院财务总监；现任中国中化股份有限公司资金管理部总经理、中国对外经济贸易信托有限公司董事。
王红军	董事	男	47	2008 年 7 月	中国中化股份有限公司	96.22	曾任中国化工进出口总公司战略室副科长、企发部股改办科长、企发部股改办经理，中国化工进出口总公司战略规划部副总经理、副总经理(主持)；现任中国中化集团、中化股份战略规划部总经理，中国对外经济贸易信托有限公司董事。
刘　剑	董事	男	46	2010 年 11 月	中化集团财务有限责任公司	3.78	曾任中国机械进出口总公司工业机械进出口公司财会部、中国机械进出口总公司工业机械进出口公司财会科副科长，中化化肥公司财务部、中国中化集团公司化肥中心财务部副总经理，中国中化集团公司保险部副总经理，中国中化集团公司保险部总经理；现任中化集团财务有限责任公司总经理，中国对外经济贸易信托有限公司董事。

3.2.2 独立董事

姓　名	所在单位及职务	性别	年龄	选任日期	所推举的股东名称	该股东持股比例(%)	简　要　履　历
李保民	国务院国资委研究中心党委书记、(正局级)主任	男	56	2009 年 6 月	中国中化股份有限公司	96.22	曾任甘肃省职工财院教务处副处长，甘肃省职工财院教务处长、院党委委员(常委)，国家体改委生产司处长、副司长、党支部委员，中国建设银行会计部、大客户办公室副总经理、党支部副书记，国务院体改办产业司副司长、党支部委员，国家发改委体改研究所党委书记、副所长(正司级)；现任国务院国资委研究中心党委书记、主任，中国对外经济贸易信托有限公司独立董事。
王军生	中国民主同盟中央经济委员会副主任、中国社会科学院中国经济技术研究咨询有限公司研究员	男	52	2009 年 6 月	中国中化股份有限公司	96.22	曾任友谊宾馆工程物资部主管，第十一届亚运会组委会处长助理，北京国际电力开发投资公司部门总经理，中工信托投资公司副总经理；现任中国民主同盟中央经济委员会副主任、中国社会科学院中国经济技术研究咨询有限公司研究员、中国对外经济贸易信托有限公司独立董事。

3.3 监事

监事会成员

姓　名	职务	性别	年龄	选任日期	所推举的股东名称	该股东持股比例(%)	简　要　履　历
姜爱萍	监事会召集人	男	59	2008 年 7 月	中国中化股份有限公司	96.22	曾任中国化工进出口总公司财会处科长、副处长、审计稽核部处长；现任中国中化集团公司、中化股份审计稽核部总经理，中国对外经济贸易信托有限公司监事会召集人。
石　力	监事	女	41	2008 年 7 月	中国中化股份有限公司	96.22	曾任职于中化海南公司财务部，中化金桥公司财务部，中国化工进出口总公司财务资金部、财务投资部、分析评价部，远东国际租赁有限公司财务部；现任中化集团财务公司财务部总经理，中国对外经济贸易信托有限公司监事。
梁　虹	监事	男	48	2008 年 6 月	职工代表	—	现任职于中国对外经济贸易信托有限公司内控稽核部，中国对外经济贸易信托有限公司监事。

3.4 高级管理人员

姓名	职务	性别	年龄	选任日期	金融从业年限	学历	专业
杨自理	总经理	男	47	2009年	17	研究生	金融
冯司光	副总经理	男	37	2005年	15	本科	会计学
帅立新	财务总监	女	46	2009年	4	本科	国际企业管理
伊力扎提·艾合买提江	副总经理	男	37	2011年	2	本科	人力资源
李银熙	副总经理	女	48	2010年	26	本科	国民经济管理
李京	副总经理	男	42	2010年	6	研究生	企业管理
范华	副总经理	女	46	2011年	24	本科	金融
张一冰	董事会秘书	女	45	2011年	22	研究生	金融

3.5 公司员工

项目		报告期年度		上年度	
		人数	比例(%)	人数	比例(%)
年龄分布	25岁以下	26	14.21	16	12.22
	25~29岁	90	49.19	61	46.56
	30~39岁	43	23.49	31	23.66
	40岁以上	24	13.11	23	17.56
学历分布	博士	3	1.64	3	2.29
	硕士	102	55.74	78	59.54
	本科	72	39.34	41	31.30
	专科	6	3.28	9	6.87
	其他	0	0	0	0
岗位分布	董事、监事及其高管人员	9	4.92	7	5.34
	自营业务人员	3	1.64	2	1.53
	信托业务人员	117	63.93	82	62.60
	其他人员	54	29.51	40	30.53

4. 经营管理

4.1 公司战略规划和经营方针

4.1.1 战略愿景

国内理财市场的金字招牌，国际金融市场的百年老店。

4.1.2 战略使命

为客户提供优质、专业的产品和服务；为股东创造合理、可持续的投资回报；为员工搭建坚实、和谐的事业发展平台。

4.1.3 战略目标

经营业绩保持稳定增长，打造业界领先的财富管理品牌。

4.1.4 战略整体思路

继续推进"一、二、三、四"发展战略，全力培育核心竞争力，提升持续盈利能力。具体是，树立一个核心：以人力资源建设为核心；围绕两项策略：专业化策略、差异化策略；打造三种能力：产品开发能力、自主管理能力、营销服务能力；构建四大板块：资产管理、金融合作、房地产信托、财富管理。

4.1.5 2012年发展思路

以自营资金为基础，以营销服务为支撑，做强做优信托业务，提升公司整体盈利水平。在信托业务方面，将推行三类业务并举，即巩固平台类业务，推进投行类业务，培育资管类业务。

4.1.6 2012年经营措施

从行业板块布局看，外贸信托将着重推进矿产能源、房地产、股权融资等板块的业务发展，构造有限多元化的业务组合，分散政策风险和市场风险，提高专业能力，保证公司盈利的稳步增长。

在营销服务方面，外贸信托将通过品牌建设、渠道拓展、精准营销、服务升级，以及支撑平台的不断完善，丰富以客户为中心、资产配置为主导的财富管理内涵，形成特色服务，实现核心客户的不断累积和直销能力的快速提升。在严格遵守银监会有关规定的前提下，在全国重点区域布局营销网点，加速直销渠道建设，完善组织架构，拓宽销售渠道。

4.2 所经营业务的主要内容

公司业务

公司自营业务主要包括金融股权投资、证券投资等，涉及金融、房地产、基础产业、证券市场等行业和领域。公司信托业务主要包括资金信托、财产信托、财产权信托、股权投资信托等，涉及基础产业、房地产、证券市场、矿产资源、金融等行业和领域。

自营资产运用与分布表

资产运用	金额（万元）	占比（%）	资产分布	金额（万元）	占比（%）
货币资产	44 182.40	10.38	基础产业	40 480.75	9.51
贷款	—	0.00	房地产业	38 329.16	9.00
金融资产	323 102.02	75.92	证券	234 179.85	55.03
长期投资	47 262.64	11.11	实业	—	0.00
其他	11 039.06	2.59	其他	112 596.36	26.46
资产总计	425 586.12	100.00	资产总计	425 586.12	100.00

信托资产运用与分布表

资产运用	金额（万元）	占比（%）	资产分布	金额（万元）	占比（%）
货币资产	4 155 920.97	17.41	基础产业	3 304 478.00	13.84
贷款	6 428 348.69	26.92	房地产	2 290 908.23	9.59
交易性金融资产	1 787 199.20	7.48	证券市场	4 477 305.38	18.75
可供出售金融资产	2 122 461.55	8.89	实业	1 867 941.75	7.82
持有至到期投资	1 499 390.00	6.28	金融机构	629 599.00	2.64
长期股权投资	1 345 759.64	5.64	其他	11 307 323.70	47.36
其他	6 538 436.01	27.38			
信托资产总计	23 877 516.06	100.00	信托资产总计	23 877 516.06	100.00

4.3 市场分析

4.3.1 宏观环境

2011年的宏观经济环境充斥着各种不确定因素，后金融危机时代的"阴霾"继续笼罩着全球经济，内外不利因素使得全球经济的复苏变得更加迟缓，全球经济形势进入了更加复杂、动荡的一个时期。

（1）2011年，全球经济整体增长乏力。欧洲主权债务危机持续恶化，并蔓延到意大利和西班牙等大型经济体，欧洲银行业危机凸显；美国经济疲软、失业率居高不下，主权评级遭到下调；新兴市场国家面临通货膨胀与经济增速放缓的双重压力，难以继续为全球复苏提供强劲动力，面临资本流动转向压力，硬着陆风险上升。

（2）2011 年，为实现保持物价总水平基本稳定这一宏观调控的首要任务，我国采取积极的财政政策和稳健的货币政策。虽然 2011 年我国 GDP 同比增长 9.2%，但是通胀高企，CPI 同比上涨 5.4%，我国经济面临着加快推进经济发展方式转变、促进产业结构升级、扩大国内需求、加强自主创新等深层次的结构性问题。

4.3.2 影响公司的发展因素

4.3.2.1 有利因素

（1）我国的信托业步入了高速发展期，信托业在金融业和中国经济的影响日趋扩大，投资者对信托的了解也有很大的提高。我国的信托业已经步入了“4 万亿时代”，截至 2011 年末，全行业管理的资产规模已突破 4.8 万亿元。

（2）我国将继续实行稳健的货币政策，银行信贷额度仍然偏紧，随着整体经济环境的复苏，信托投融资的需求将显著增强，为信托业的发展提供良好的发展机遇。

（3）我国经济发展总体态势良好，经济增速仍然保持在较高的增长率，我国居民的可支配收入继续提高，对信托公司理财产品以及财富管理服务的需求都将明显增强。

4.3.2.2 不利因素

（1）信托业的核心竞争力仍未形成，信托公司迫切需要从量的扩张转变为质的提升。《信托公司净资本管理办法》的施行更是迫使信托公司摆脱当前粗放型的外延式增长方式，探寻提升主动资产管理能力的内涵式发展道路。

（2）由于房地产受到政府的严厉调控，且 2012 年度房地产信托产品集中进入到期兑付的高峰期，房地产市场下行有可能引发房地产信托的兑付风险。另外，融资类银信合作、票据信托等平台类业务也受到政策的严格限制。

4.4 内部控制概况

公司建立了科学完善的公司治理机制，股东会、董事会、独立董事、监事会及高管层之间权责分明、各司其职。股东会是公司的最高权力机构，代表股东对公司拥有最终的控制权和决策权。董事会是公司经营决策的最高权力机构，对股东会负责。董事会下设有各专业委员会，其中：风险控制委员会负责揭示、评估及防范公司的业务经营风险，为董事会提供决策支持意见和管理改善建议；信托委员会负责对信托业务运行情况进行定期评估，督促公司依法履行信托职责；审计委员会负责内部及外部审计工作，对公司内部控制管理工作进行监督，核查财务信息披露等。监事会作为独立的监督机构对股东会负责，对董事长和公司总经理任职行为和公司的经营管理情况进行有效监督。公司高管层是公司的决策执行机构，对董事会负责，在公司章程和董事会授权范围内行使职权。公司所构建的股东会、董事会、监事会和高管层之间的权力制衡结构，能有效抑制“内部人控制”和“道德风险”的发生，为公司内部控制建设提供良好的控制环境。

公司始终秉承“以信为本，以诚治业”的经营理念，树立“国内理财市场的金字招牌、国际金融市场的百年老店”的愿景，强化合规经营和尽职管理，重视内控文化的建设和培育，通过培训和学习等多种途径，使全体员工熟悉监管法律法规和公司规章制度以及业务操作流程。公司不断强化员工的风险控制意识和加强风险管理职业道德教育，并通过建立实施风险管理问责制，对风险管理过程中违规、不尽职以及过失等行为进行责任追究，同时，公司将风险管理的执行情况与绩效评价相结合，进一步强化了“风险先行”的风险观。公司各级领导和员工对公司的内控制度和机制已形成共同的理解和一致的观念。

风险法规部、内控稽核部和计划财务部等部门是公司执行内部控制的主要职能部门。公司内部控制的主要政策为合规经营、严控风险，在提升业务开拓能力、实现公司经营战略目标的同时，不断提高公司的业务风险管控能力。公司已建立起一套以业务管理、财务管理为核心的，较为完善的内控制度和操作流程体系。公司在内控制度和业务操作流程建设的同时，注重制度和流程的培训，同时，通过对内控执行情况的检查和考核，保障内控制度及操作流程的有效执行。

公司建立和设置适时跟踪报告公司内控情况的信息反馈机制，内容包括项目审批决策报告体系、项目履约监督报告体系以及证券自营业务报表体系等报告机制，并通过包括 NOTES 平台、财务软件、电子业务台账等在内的电子化信息交流渠道的建立，实现信息在各部门之间的共享与交流，确保公司董事会和高管层能够及时了解公司的经营和内控情况。此外，通过公开信息披露机制的建立以及信托销售管理软件、公司网站等的建设，增进公司与监管部门、委托人、受益人的信息沟通与交流。

公司设置专门的内部审计岗位，独立行使对公司内部控制情况的监督、评价和纠正职责。在审计过程中发现的内部控制缺陷，可向被审计部门提出改进建议并敦促被审计部门及时改进。负责内部审计的部门有权直接向审计委员会、董事会、监事会和公司高管层报告内部控制的审计情况。

此外，公司对所有实施项目在终止后进行项目后评价。通过对项目尽职调查、项目和合同审批、资金拨付、执行过程管理等全过程进行分析和复核，评价项目是否达到预期效果，分析项目执行的实际情况与预测的差别及原因，找出存在的问题，总结经验教训，提出改进措施与建议。

4.5 风险管理概况

公司实施全面风险管理原则。风险管理覆盖公司所有的部门、岗位和人员，实现全员参与；风险管理渗透至公司的各项业务及各个操作环节，实行全过程风险控制；重视公司经营过程中面临的市场、信用、操作、法律、声誉等各类风险，对各类风险因素实行全方位管理。公司自 2009 年推行全面风险管理，定期进行重新评估。全面风险管理由内控稽核部牵头，公司各部门参加全面风险管理沟通会，查找识别公司在日常经营中面临的重大风险。公司已形成就经营管理中存在的包括市场风险、财务风险和运营风险在内的重大风险的管理状况以及开展的风险管理工作定期报告制度。公司实施集中管理原则，由风险法规部和内控稽核部负责全面风险管理。公司实施独立性原则，风险法规部、内控稽核部与各业务部门及支持保障部门保持相互独立，可直接向董事会和高管层报告，保证风险管理得到切实公正的执行。公司实施程序性原则，公司在风险管理过程中设立事前审批、事中执行和事后监督三道程序，为风险管理提供三道防火墙。

公司董事会是风险管理的最高决策机构，负责确定公司的风险管理战略、政策和程序，行使重大经营决策权，对公司风险管理负有最终责任。董事会下设风险控制委员会、信托委员会和审计委员会等专业委员会，其中，风险控制委员会负责制定公司业务决策授权范围，审核超出公司管理层权限的业务事项，审核公司主要风险管理制度，并监督、检查公司风险管理制度、业务流程规范的执行情况。信托委员会负责督促公司依法履行受托职责，对公司信托业务运行情况进行定期评估，以及针对中国银监会及其派出机构检查公司信托业务后提出的整改意见，研究提出具体措施。当公司或股东利益与受益人利益发生冲突时，信托委员会应保证公司为受益人利益服务，研究提出维护受益人利益的具体措施。审计委员会负责公司内部及外部审计工作，对公司内部控制管理工作进行监督，核查财务信息披露，并协同董事会风险控制委员会工作，指导风险管理评价、审计等工作。公司管理层负责拟定公司的风险管理战略、政策和程序，确定公司风险管理制度，定期审查和监督其执行情况，获取公司风险管理状况的报告。风险法规部和内控稽核部是公司风险管理的专职部门。外贸信托于2011年7月将原稽核法律部拆分，成立风险法规部和内控稽核部。风险法规部是公司业务风险、法律风险及合规风险的事中控制部门，负责公司业务管理办法和风险管理制度的拟定和修订，业务合同审核，项目风险评估、合规性审核。内控稽核部是公司制度和流程的执行监督部门，负责各业务部门项目执行过程管理的检查和监督，定期开展内部审计，识别和评估新产品、新业务中包含的风险因素，制定相应的操作和风险管理程序，向董事会及公司管理层及时提交风险管理报告。公司各业务部门根据业务流程标准对项目进行初审与评价，开展尽职调查，充分调查了解所开展业务中所包含的各类风险因素，落实各项风险控制措施，监督业务运行情况，直接负责业务的过程管理。

公司在经营活动中所面临的主要风险包括信用风险、市场风险和操作风险。公司面临的信用风险主要体现为信贷业务中交易对手不能按合同约定履约所带来的损失。截至2011年12月31日，公司自营业务信贷资产余额为人民币零万元。2011年初及年末公司不良资产金额均为零万元。公司的资产损失准备分为一般准备和专项准备。公司以《非银行金融机构资产风险分类指导原则（试行）》确定的资产风险分类标准为基本依据，采用资产风险分类法，将资产分为正常、关注、次级、可疑和损失五类，后三类合称为不良资产。

公司面临的市场风险主要体现为在开展信贷业务中由于利率水平的不利变动以及证券投资业务中由于股价的不利变动给公司经营业绩带来的风险。

在信贷类信托业务方面。公司开展的信托类信贷业务，主要为中短期信贷，公司严格执行人民银行的利率政策，能较好地抵御利率上调可能产生的风险。

在自营证券方面。公司于2010年成立中长线投资业务投资决策委员会，负责自有资金证券市场中长线投资、PIPE投资、PE股权投资和金融股权投资等对外投资的决策，由投资发展部负责对外投资管理，有效地控制投资风险。截至2011年12月31日，公司自有资金中受股价波动风险影响的证券投资业务的持仓市值共计人民币19.86亿元，累计取得浮动盈利人民币2.95亿元。

在证券类信托业务方面。公司成立证券投资信托业务投资决策委员会和风险控制委员会并制定相关工作细则，负责自主管理类证券信托业务投资决策和风险控制，通过认真听取投资管理和研究人员意见，研判宏观政策及对资本市场的影响，确定自主管理证券信托业务风险管理方案，确保相关业务正常运行。对于投资顾问和委托人作为投资管理人的非自主管理类证券信托业务，公司采取业务开发和执行管理分设团队进行管理的方式，实现过程管理的专业化，提高工作效率。

2011年，公司成立“完善制度、优化流程”领导小组，对公司现有制度进行集中梳理，建立健全相关制度，并对所开展的业务工作进行操作流程优化。截至2011年末，公司已建立起一整套涵盖公司治理、业务管理、财务管理、业务操作等多方面的操作流程规范及各项管理制度体系。同时，公司的制度修订和工作流程优化工作已实现制度化和规范化，公司经营管理水平迈上一个新的台阶。

针对证券投资信托业务规模的不断增长，公司通过加强对交易人员的专业培训，开发应用专业的证券交易系统，并详细梳理业务风险管控及操作要点、流程的方式，强化证券投资业务的操作风险管理。

证券产品部负责证券投资信托产品的设计、交易和执行管理以及信息披露，对证券投资信托业务进行实时监控，每日对证券投资信托产品进行估值，确保相关的风险管控及操作要点落实到位，并定期向投资者和风险管理职能部门报送证券投资信托业务相关报表。

内控稽核部负责相关决议的落实、执行情况跟踪并及时向风险控制委员会进行反馈协调，并对证券投资信托业务估值、投资结构和投资规模等进行监控，及时将违反合同或监管制度的情况向业务部门和信托经理提交风险提示，有力地保障证券信托业务合法、合规运行。

定期开展业务操作流程执行状况检查，跟踪检查公司的各项操作流程的执行情况，保障业务操作流程的有效执行。业务部门通过严格规范的尽职调查和开展现场检查、及时进行信息查询以及实地拜访企业等方式，强化尽职管理职责。内控稽核部作为风险管理职能部门，通过定期报送风险管理报告以及不定期对相关项目进行现场检查等方式，督促并强化业务部门尽职管理。内控稽核部于2011年对房地产和重点融资项目开展现场检查86次，及时出具现场检查报告54份，有力地提升项目监控力度和深度。

公司设置专门的内部审计岗位，每半年对公司的各项内控制度执行状况、财务核算等内容进行检查，根据检查结果提出调整及改进意见，并向审计委员会、董事会和管理层提交内部审计报告，有效督促各项制度的贯彻执行。

5. 报告期末及上一年度末的比较式会计报表

5.1 自营资产

5.1.1 会计师事务所审计结论

本公司已经由天职国际会计师事务所有限责任公司出具

标准的无保留意见的审计报告(天职京 SJ〔2012〕第854号)。

天职国际会计师事务所有限责任公司
中国注册会计师　王清峰
中国注册会计师　迟文洲
二○一二年二月十四日

5.1.2　资产负债表

2011年12月31日

编制单位:中国对外经济贸易信托有限公司　　单位:万元

项　目	行次	年末数	年初数
一、流动资产	1		
货币资金	2	44 182.40	16 849.70
拆出资金	3	—	—
交易性金融资产	4	30 096.69	—
衍生金融产品	5	—	—
买入返售金融资产	6	—	—
应收票据	7	—	—
应收账款	8	8 257.48	1 501.22
预付款项	9	131.62	121.83
应收利息	10	—	—
应收股利	11	—	—
其他应收款	12	1 031.75	506.95
发放贷款及垫款	13	—	—
一年内到期的非流动资产	14	83 334.46	56 953.29
代理业务资产	15	28.00	28.00
其他流动资产	16	—	—
流动资产合计	17	167 062.41	75 960.99
二、非流动资产	18		
可供出售金融资产	19	166 940.88	195 119.13
持有至到期投资	20	42 729.99	66 268.39
长期应收款	21	—	—
长期股权投资	22	47 262.64	48 624.44
投资性房地产	23	—	—
固定资产	24	660.43	293.95
在建工程	25	—	—
工程物资	26	—	—
固定资产清理	27	—	—
生产性生物资产	28	—	—
油气资产	29	—	—
无形资产	30	614.76	413.10
开发支出	32	—	—
商誉	33	—	—
长期待摊费用	34	315.01	—
递延所得税资产	35	—	—
其他非流动资产	36	—	—
非流动资产合计	37	258 523.71	310 719.01
资产总计	38	425 586.12	386 680.00
三、流动负债	39		—
拆入资金	40	—	—
交易性金融负债	41	—	—
衍生金融负债	42	—	—
卖出回购金融资产款	43	—	—
应付票据	44	—	—
应付账款	45	—	—
预收款项	46	—	—

续表

项目	行次	年末数	年初数
应付职工薪酬	47	3 764.12	2 211.19
应交税费	48	7 768.19	4 807.04
应付利息	49	—	—
应付股利	50	—	—
其他应付款	51	10 852.77	1 320.68
一年内到期的非流动负债	52	—	—
代理业务负债	53	28.00	28.00
其他流动负债	54	—	—
流动负债合计	55	22 413.07	8 366.91
四、非流动负债	56	—	—
长期借款	57	—	—
应付债券	58	—	—
长期应付款	59	—	—
专项应付款	60	—	—
预计负债	61	—	—
递延所得税负债	62	7 150.51	20 072.19
其他非流动负债	63	—	—
非流动负债合计	64	7 150.51	20 072.19
负债合计	65	29 563.59	28 439.10
五、所有者权益(或股东权益)	66		
实收资本(或股本)	67	220 000.00	220 000.00
资本公积	68	25 113.94	65 813.70
减:库存股	69	—	—
盈余公积	70	29 984.25	22 136.11
信托赔偿准备金	71	12 869.92	8 945.85
未分配利润	72	108 054.41	41 345.24
所有者权益合计	73	396 022.53	358 240.90
负债和所有者权益总计	74	425 586.12	386 680.00

5.1.3　利润表

2011年12月31日

编制单位:中国对外经济贸易信托有限公司　　单位:万元

项目	本年数	上年数
一、营业收入	122 212.80	64 111.50
利息净收入	549.79	1 130.74
利息收入	549.79	1 132.45
利息支出		1.71
手续费及佣金净收入	78 889.25	42 831.75
手续费及佣金收入	78 889.25	42 831.75
手续费及佣金支出	—	—
租赁收益	—	—
投资收益	42 682.76	20 615.24
公允价值变动收益(损失以"-"号填列)	131.00	-438.09
汇兑损益(损失以"-"号填列)	-44.68	-28.15
其他业务收入	4.68	
二、营业支出	20 326.76	10 420.83
营业税金及附加	7 757.69	2 588.83
业务及管理费	12 218.57	7 687.09
资产减值损失	216.34	144.91
其他业务成本	134.16	—
三、营业利润(亏损以"-"号填列)	101 886.04	53 690.67
加:营业外收入	3.21	118.22
减:营业外支出	2.34	0.69
其中:非流动资产处置损失	—	—
四、利润总额(亏损总额以"-"号填列)	101 886.90	53 808.20
减:所得税费用	23 405.52	10 205.77
五、净利润(净亏损以"-"号填列)	78 481.38	43 602.44
六、每股收益:	—	—
(一)基本每股收益	—	—
(二)稀释每股收益	—	—

5.1.4 所有者权益变动表

单位:万元

项目	本年金额							
	实收资本	资本公积	减:库存股	专项储备	盈余公积	一般风险准备	未分配利润	所有者权益合计
一、上年年末余额	220 000.00	65 813.70	—	—	22 136.11	8 945.85	41 345.24	358 240.90
加:1. 会计政策变更	—	—	—	—	—	—	—	—
2. 前期差错更正	—	—	—	—	—	—	—	—
3. 其他	—	—	—	—	—	—	—	—
二、本年年初余额	220 000.00	65 813.70	—	—	22 136.11	8 945.85	41 345.24	358 240.90
三、本年增减变动金额(减少以"-"号填列)	—	-40 699.75	—	—	7 848.14	3 924.07	66 709.17	37 781.63
(一)净利润	—	—	—	—	—	—	78 481.38	78 481.38
(二)其他综合收益	—	-40 699.75	—	—	—	—	—	-40 699.75
上述(一)和(二)小计	—	-40 699.75	—	—	—	—	78 481.38	37 781.63
(三)所有者投入和减少资本	—	—	—	—	—	—	—	—
1. 所有者投入资本	—	—	—	—	—	—	—	—
2. 股份支付计入所有者权益的金额	—	—	—	—	—	—	—	—
3. 其他	—	—	—	—	—	—	—	—
(四)利润分配	—	—	—	—	7 848.14	3 924.07	-11 772.21	—
1. 提取盈余公积	—	—	—	—	7 848.14	—	-7 848.14	—
2. 提取一般风险准备	—	—	—	—	—	3 924.07	-3 924.07	—
3. 对所有者(或股东)的分配	—	—	—	—	—	—	—	—
4. 其他	—	—	—	—	—	—	—	—
(五)所有者权益内部结转	—	—	—	—	—	—	—	—
1. 资本公积转增资本(或股本)	—	—	—	—	—	—	—	—
2. 盈余公积转增资本(或股本)	—	—	—	—	—	—	—	—
3. 盈余公积弥补亏损	—	—	—	—	—	—	—	—
4. 其他	—	—	—	—	—	—	—	—
(六)专项储备	—	—	—	—	—	—	—	—
1. 本期提取	—	—	—	—	—	—	—	—
2. 本期使用	—	—	—	—	—	—	—	—
四、本年年末余额	220 000.00	25 113.94	—	—	29 984.25	12 869.92	108 054.41	396 022.53

5.2 信托资产

5.2.1 信托项目资产负债汇总表

编制单位:中国对外经济贸易信托有限公司

单位:万元

资产	年末数	年初数	负债和所有者权益	年末数	年初数
流动资产:			流动负债:		
货币资金	4 155 920.97	629 583.22	拆入资金	—	—
拆出资金	—	—	交易性金融负债	—	—
交易性金融资产	1 787 199.20	1 417 039.28	衍生金融负债	—	—
衍生金融资产	—	—	卖出回购金融资产款	—	—
买入返售金融资产	502 570.63	30 000.03	应付职工薪酬	—	—
应收账款	5 906 871.26	240 006.55	应交税费	394.93	94.96
预付账款	—	—	应付利息	—	—
应收利息	7 740.17	366.28	应付股利	1 653.17	86.79
应收股利	—	—	应付账款	1 422.16	4 751.24
其他应收款	121 168.71	42 681.40	其他应付款	92 517.17	17 094.58
发放贷款	6 428 348.69	3 688 057.17	代理业务负债	—	—
代理业务资产	—	—	流动负债合计	95 987.43	22 027.57
其他流动资产	—	—			
流动资产合计	18 909 819.64	6 047 733.92			

续表

资产	年末数	年初数	负债和所有者权益	年末数	年初数
			非流动负债：		
非流动资产：			长期应付款	—	—
可供出售金融资产	2 122 461.55	1 671 198.89	预计负债	—	—
长期应收款	—	—	递延所得税负债	—	—
持有至到期投资	1 499 390.00	347 330.00	其他非流动负债	—	—
长期股权投资	1 345 759.64	572 838.65	非流动负债合计	—	—
固定资产	—	7 198.85	负债合计	95 987.43	22 027.57
固定资产清理	—	—			
无形资产	—	—			
商誉	—	—	所有者权益：		
长期待摊费用	85.22	—	实收信托	23 689 860.30	8 332 555.56
递延所得税资产	—	—	资本公积	75 807.71	132 565.91
其他非流动资产	—	—	盈余公积	—	—
非流动资产合计	4 967 696.42	2 598 566.39	信托赔偿准备金	—	—
			未分配利润	15 860.62	159 151.28
			所有者权益合计	23 781 528.63	8 624 272.74
资产总计	23 877 516.06	8 646 300.31	负债和所有者权益总计	23 877 516.06	8 646 300.31

5.2.2 信托项目利润及利润分配表

编制单位：中国对外经济贸易信托有限公司 单位：万元

项目	本年实际数	上年实际数
一、营业收入	583 964.88	411 518.62
利息净收入	809 422.76	184 280.82
利息收入	809 422.76	184 280.82
利息支出	—	—
手续费及佣金净收入	—	3.79
手续费及佣金收入	—	3.79
手续费及佣金支出	—	—
租赁收益	3 862.17	—
投资收益（损失以“-”号填列）	-50 349.64	214 443.34
其中：对联营企业和合营企业的投资收益	16 507.35	—
公允价值变动损益（损失以“-”号填列）	-204 446.92	10 830.66
汇兑损益（损失以“-”号填列）	—	—
其他业务收入	25 476.51	1 960.00
二、营业支出	170 361.34	83 519.37
营业税金及附加	4 125.73	2 060.64
业务及管理费	166 235.62	81 458.73
资产减值损失	—	—
其他业务成本	—	—
三、营业利润（亏损以“-”号填列）	413 603.54	327 999.25
加：营业外收入	—	0.04
减：营业外支出	—	—
四、利润总额（亏损总额以“-”号填列）	413 603.54	327 999.29
减：所得税费用	—	—
五、净利润（净亏损以“-”号填列）	413 603.54	327 999.29
加：期初未分配信托利润	159 151.28	—
六、可供分配的信托利润	572 754.82	327 999.29
减：本期已分配的信托利润	556 894.19	168 848.01
七、期末未分配信托利润	15 860.62	159 151.28

6. 会计报表附注

6.1 会计报表编制基准

本报表按照中华人民共和国财政部2006年2月15日颁布的《企业会计准则》编制。本公司报告期内会计报表编制基准无不符合会计核算基本前提的事项。本公司无合并会计报表。

6.2 或有事项说明

本公司报告期内无或有事项。

6.3 重要资产转让及其出售的说明

本公司报告期内无重要资产转让及其出售的事项。

6.4 会计报表中重要项目的明细资料

6.4.1 自营资产经营情况

6.4.1.1 资产风险分类结果（以净值列示）

信用风险资产五级分类	正常类（万元）	关注类（万元）	次级类（万元）	可疑类（万元）	损失类（万元）	信用风险资产合计（万元）	不良资产合计（万元）	不良资产率（%）
期初数	386 680.00	—	—	—	—	386 680.00	—	0.00
期末数	425 586.12	—	—	—	—	425 586.12	—	0.00

6.4.1.2 资产损失准备计提转回情况

单位：万元

	期初数	本期计提	本期转回	本期核销	期末数
贷款损失准备					
一般准备	—	—	—	—	—
专项准备	—	—	—	—	—
其他资产减值准备	—	—	—	—	—
可供出售金融资产减值准备	—	—	—	—	—
持有至到期投资减值准备	290.49	142.90	306.14	—	127.25
长期股权投资减值准备	401.79	—	—	—	401.79
坏账准备	18.69	73.44	—	—	92.14
投资性房地产减值准备	—	—	—	—	—

6.4.1.3　金融资产和长期股权投资

单位:万元

	自营股票	基金	债券	持有至到期投资	长期股权投资
期初数	194 875.77	243.36	—	123 221.69	48 624.44
期末数	166 739.87	30 297.70	—	126 064.45	47 262.64

6.4.1.4　前三名的自营长期股权投资的企业名称、占被投资企业权益的比例、主要经营活动及投资收益情况(按持股比例排列)

企业名称	占被投资企业权益的比例(%)	主要经营活动	投资收益(万元)
1. 冠通期货经纪有限公司	48.72	期货	713.80
2. 诺安基金管理公司	40.00	基金管理	9 022.56
3. 宝盈基金管理公司	25.00	基金管理	432.41

6.4.1.5　前三名的自营贷款的企业名称、占贷款总额的比例和还款情况

企业名称	占贷款总额的比例	还款情况
—	—	—

6.4.1.6　代理业务的期初数、期末数

单位:万元

	期初数	期末数
代理业务(委托业务)	28.00	28.00
其他	—	—
合计	28.00	28.00

6.4.1.7　公司当年的收入结构

单位:万元

收入结构	金额
手续费及佣金收入	78 889.25
其中:信托手续费收入	71 729.72
投资银行业务收入	7 159.53
利息收入	549.79
其他业务收入	4.68
其中:计入信托业务收入部分	—
投资收益	42 682.76
其中:股权投资收益	10 171.42
证券投资收益	22 328.19
其他投资收益	10 183.15
公允价值变动收益	131.00
营业外收入	3.21
收入合计	122 260.69

6.4.2　信托资产管理情况

6.4.2.1 信托资产情况

单位:万元

信托资产	期初数	期末数
集合	3 694 120.98	12 930 238.85
单一	4 465 718.88	9 943 675.96
财产权	486 460.46	1 003 601.25
合计	8 646 300.32	23 877 516.06

6.4.2.1.1　主动管理型信托业务情况

单位:万元

主动管理型信托资产	期初数	期末数
证券投资类	2 432 892.65	3 939 422.38
股权投资类	546 293.42	990 369.19
融资类	2 706 134.76	12 612 748.34
事务管理类	—	—
合计	5 685 320.83	17 542 539.91

6.4.2.1.2　被动管理型信托业务情况

单位:万元

被动管理型信托资产	期初数	期末数
证券投资类	887 652.06	4 525 280.64
股权投资类	404 825.71	231 510.69
融资类	1 661 302.87	1 578 184.82
事务管理类	7 198.85	—
合计	2 960 979.49	6 334 976.15

6.4.2.2　本年度已清算结束的信托项目情况

6.4.2.2.1　本年度已经清算结束信托项目情况

已清算结束信托项目	项目个数	实收信托合计金额(万元)	加权平均实际年化收益率(%)
集合类	473	5 321 852.51	3.95
单一类	66	2 351 587.65	4.83
财产管理类	3	35 198.85	6.39

6.4.2.2.2　本年度已经清算结束的主动管理型信托项目情况

已清算结束信托项目	项目个数	实收信托合计金额(万元)	加权平均实际年化信托报酬率(%)	加权平均实际年化收益率(%)
证券投资类	57	702 608.40	0.74%	-7.53
股权投资类	5	76 530.00	0.44	12.51
融资类	458	5 589 381.19	0.55	5.38
事务管理类	—	—	—	—

6.4.2.2.3　本年度已经清算结束的被动管理型信托项目情况

已清算结束信托项目	项目个数	实收信托合计金额(万元)	加权平均实际年化信托报酬率(%)	加权平均实际年化收益率(%)
证券投资类	2	29 865.00	0.75	2.69
股权投资类	1	139 915.20	0.20	9.02
融资类	18	1 163 140.38	0.13	4.74
事务管理类	1	7 198.84	0.00	0.00

6.4.2.3　本年度新增信托项目情况

新增信托项目	项目个数	实收信托合计金额(万元)
集合类	1 495	15 853 084.26
单一类	181	14 024 953.62
财产管理类	8	555 000.00
新增合计	1 684	30 433 037.88
其中:主动管理型	1 642	18 953 905.84
被动管理型	42	11 479 132.04

6.4.2.4　本公司履行受托人义务情况及因公司自身责任而导致的信托资产损失情况

公司管理信托财产恪尽职守，履行诚实、信用、谨慎、有效管理的义务，没有因公司自身责任而导致信托资产损失的情况。

6.5　关联方关系及其交易的披露

6.5.1　关联交易方的数量、关联交易的总金额及关联交易的定价政策

固有业务关联方情况

	关联交易数量	关联交易金额（万元）	定价政策
合计	3	1 389.42	公允价值定价

信托业务关联方情况

	关联交易方数量	关联交易金额（万元）	定价政策
合计	1	50 000.00	公允价值定价

6.5.2　关联交易方与本公司的关系性质、关联交易方的名称、法定代表人、注册地址、注册资本及主营业务

固有业务关联方情况

关系性质	关联方名称	法定代表人	注册地	注册资本	主营业务
股东	中国中化股份有限公司	刘德树	北京	3 980 000.00 万元	石油、化肥、化工、金融等行业投资
股东	中化集团财务有限责任公司	杨林	北京	100 000.00 万元	财务和融资顾问
同受母公司控制	北京凯晨置业有限公司	何操	北京	10 240.00 万美元	房地产开发
同受母公司控制	中化金茂物业管理（北京）有限公司	蓝海青	北京	500.00 万元	物业管理
同受母公司控制	中化国际物业酒店管理有限公司	蓝海青	北京	38 760.00 万元	房地产开发

信托业务关联方情况

关系性质	关联方名称	法定代表人	注册地	注册资本	主营业务
受同一母公司控制	中化方兴投资管理（北京）有限公司	李雪花	北京	2 900 万美元	房地产

6.5.3　本公司与关联方的重大交易事项

6.5.3.1　固有财产与关联方：贷款、投资、租赁、应收账款、担保、其他方式等期初汇总数、本期发生额汇总数、期末汇总数

固有财产与关联方关联交易

单位：万元

	期初数	借方发生额	贷方发生额	期末数
贷款	—	—	—	—
投资	—	—	—	—
租赁	—	—	—	—
担保	—	—	—	—
应收账款	—	—	—	—
其他	1 527.42	—	138.00	1 389.42
合计	1 527.42	—	138.00	1 389.42

注：固有财产与关联方关联交易主要是房屋租赁费用等。

6.5.3.2　信托资产与关联方：贷款、投资、租赁、应收账款、担保、其他方式等期初汇总数、本期发生额汇总数、期末汇总数

信托资产与关联方关联交易

单位：万元

	期初数	借方发生额	贷方发生额	期末数
贷款	50 000.00	—	50 000.00	—
投资	—	—	—	—
租赁	—	—	—	—
担保	—	—	—	—
应收账款	—	—	—	—
其他	—	—	—	—
合计	50 000.00	—	50 000.00	—

6.5.3.3　信托公司自有资金运用于自己管理的信托项目（固信交易）、信托公司管理的信托项目之间的相互交易金额

6.5.3.3.1　固有财产与信托财产之间的交易金额期初汇总数、本期发生额汇总数、期末汇总数

公司没有固有财产与信托财产之间的交易。

6.5.3.3.2　信托资产与信托财产之间的交易金额期初汇总数、本期发生额汇总数、期末汇总数

公司没有信托资产与信托财产之间的交易。

6.5.4　关联方逾期未偿还本公司资金的详细情况以及本公司为关联方担保发生或即将发生垫款的详细情况

固有财产没有关联方逾期未偿还本公司资金及本公司为关联方担保发生或即将发生垫款的事项。

信托业务没有关联方逾期未偿还本公司资金及本公司为关联方担保发生或即将发生垫款的事项。

6.6　会计制度的披露

本公司固有业务和信托业务自2008年1月1日起均执行中华人民共和国财政部于2006年2月15日颁布的《企业会计准则》。

7. 财务情况说明书

7.1　利润实现和分配情况

本公司2011年度利润分配方案如下：

（1）按当年税后利润提取法定公积金7 848.14万元人民币。

（2）按当年税后利润提取信托赔偿准备金3 924.07万元人民币。

根据银监发〔2011〕7号文《中国银监会关于进一步规范银信理财合作业务的通知》中规定："信托公司赔偿金低于银信合作不良信托贷款余额150%或低于银信合作信托贷款余额2.5%的，信托公司不得分红，直至上述指标达到标准。"截至2011年年末，信托赔偿准备金余额12 869.92万元，不能达到以上分红条件，2011年度不对股东进行利润分配。

7.2 主要财务指标

指标名称	指标值
资本利润率(%)	20.81
信托报酬率(%)	0.50
人均利润(万元/人)	648.96

7.3 对本公司财务状况、经营成果有重大影响的其他事项

本公司没有对财务状况、经营成果有重大影响的其他事项。

8. 特别事项简要揭示

8.1 前五名股东报告期内变动情况及原因

无。

8.2 董事、监事及高级管理人员变动情况及原因

2011年4月18日,银监会下发了《中国银监会关于核准伊力扎提·艾合买提江任职资格的批复》,核准伊力扎提·艾合买提江中国对外经济贸易信托有限公司副总经理的任职资格。

2011年12月21日,银监会下发了《中国银监会关于核准范华任职资格的批复》,核准范华中国对外经济贸易信托有限公司副总经理的任职资格。

8.3 公司的重大诉讼事项

本报告期内公司无重大未决诉讼事项。

8.4 本报告期内,天职国际会计师事务所出具标准的无保留意见的审计报告,公司董事会没有需要作出说明的事项

8.5 本报告期内公司及其董事、监事和高级管理人员受到处罚的情况

无。

8.6 银监会及其派出机构对公司检查情况

无。

8.7 本报告期内公司重大事项临时报告

无。

8.8 本报告期内公司银监会及其省级派出机构认定的其他有必要让客户及相关利益人了解的重要信息

无。

9. 公司监事会意见

9.1 公司依法运作情况

报告期内,公司的决策程序符合国家法律、法规和公司的章程及相关制度,建立健全了比较有效的内控制度,董事会全体成员及董事会聘任的高级管理人员认真履行了职责,未发现有违法、违规、违章的行为,也没有损害公司利益、股东利益和委托人利益的行为。

9.2 财务报告的真实性

报告期内,公司财务报告真实地反映了公司财务状况和经营成果。

中国金谷国际信托有限责任公司

1. 重要提示

1.1 本公司董事会及董事保证本报告所载资料不存在任何虚假记载、误导性陈述或者重大遗漏，并对其内容的真实性、准确性和完整性承担个别及连带责任。本年度报告摘要摘自年度报告全文，客户及相关利益人欲了解详细内容，应阅读年度报告全文。

1.2 本公司独立董事对年度报告的真实性、准确性和完整性无异议。

1.3 公司董事长张勇、总经理刘学敬、主管会计工作负责人副总经理张秀娟声明：保证年度报告中财务报告的真实、完整。

2. 公司概况

2.1 公司简介

中国金谷国际信托有限责任公司（以下简称本公司或金谷信托，原名中国金谷国际信托投资有限责任公司）是1993年4月经中国人民银行批准成立的非银行金融机构。2008年7月31日，经国务院及财政部同意、中国银监会批准了中国信达资产管理股份有限公司（以下简称中国信达）对金谷信托实施重组并增资；2009年9月1日，经中国银监会批准重新登记，更名为中国金谷国际信托有限责任公司；2009年9月15日，在国家工商行政管理总局完成变更登记手续，注册资本为人民币12亿元，其中：中国信达持有92.29%的股权，中国妇女活动中心持有6.25%的股权，中国海外工程有限责任公司（以下简称中国海外）持有1.46%的股权。

2.1.1 公司名称

公司法定中文名称：中国金谷国际信托有限责任公司

中文名称缩写：金谷信托

公司英文名称：China Jingu International Trust Co.,Ltd.

英文名称缩写：Jingu Trust

2.1.2 注册资本：12亿元

2.1.3 开业时间：成立于1993年，2009年9月重新开业

2.1.4 公司法定代表人：张 勇

2.1.5 公司董事会秘书：王 崇

电话：010－88086819

传真：010－88086546

E－mail：wangchong@cinda.com.cn

2.1.6 公司注册地址（办公地址）：北京市西城区金融大街33号通泰大厦C座10层

邮政编码：100140

2.1.7 公司官方网站：www.jingutrust.com

公司电子邮箱：wangchong@cinda.com.cn

2.1.8 公司信息披露报纸名称：《金融时报》

2.1.9 年度报告备置地点：北京市西城区金融大街33号通泰大厦C座10层、11层

2.1.10 其他有关资料

公司法人营业执照注册号：100000000013649

公司金融许可证：K0075H111000001

2.1.11 公司聘请的会计师事务所：德勤华永会计师事务所有限公司北京分所

住所：北京市东长安街1号东方广场东方经贸城德勤大楼8层

2.2 组织结构

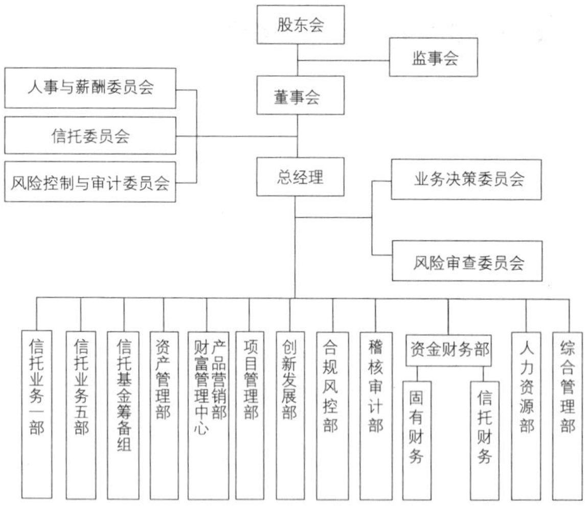

3. 公司治理结构

3.1 股东

股东名称	持股比例（%）	法人代表	注册资本（亿元）	注册地址	主要经营业务
中国信达	92.29	侯建杭	251	北京市西城区闹市口大街9号院1号楼	收购、受托经营金融机构和非金融机构不良资产；债权转股权，对股权资产进行管理、投资和处置；破产管理；对外投资；发行金融债券、同业拆借和向其他金融机构进行商业融资；经批准的资产证券化业务、金融机构托管和关闭清算业务；国务院银行业监督管理机构批准的其他业务。

续表

股东名称	持股比例(%)	法人代表	注册资本(亿元)	注册地址	主要经营业务
中国妇女活动中心	6.25	郭　象	0.3	北京市东城区建国门内大街19号	餐饮管理、酒店管理、会议管理、商品零售;饭店投资管理;文化艺术、科技人员培训。
中国海外	1.46	黄天德	6.79	北京市海淀区紫竹院路1号7号楼	工程总承包、建筑工程的勘察、咨询和设计、房地产开发、施工安装、科研开发、工程监理、对外经济援助、海外劳务、工业制造、国际矿产资源开发、资本经营等。

3.2 董事、董事会及其下属委员会

3.2.1 董事长、董事

姓名	职务	性别	年龄	选任日期	所推举的股东名称	该股东持股比例(%)	简　要　履　历
张　勇	董事长	男	56	2008年10月	中国信达	92.29	1982年至今,担任中国建设银行、中国信达部门总经理,信达投资有限公司党委副书记、副董事长,金谷信托董事长等职务。
刘学敬	董事	男	54	2011年6月	中国信达	92.29	1980年至今,国家审计署金融审计司历任副处长、处长,沈阳特派办特派员助理,金谷信托副总裁、总裁、监事会主席、总经理等职务。
罗振宏	董事	男	46	2008年10月	中国信达	92.29	1988年至今,担任中国建设银行总行法律事务部副处长,中国信达法律事务部、法律合规部总经理等职务。
索巧梅	董事	女	57	2011年6月	中国信达	92.29	1984年至今,担任建行山西省分行副处长、国际业务部总经理、迎泽支行行长,中国信达太原办事处副主任、副主任(主任级)等职务。
傅　彬	董事	女	41	2011年6月	中国信达	92.29	1995年至今,任职建行江西省分行,中国信达资本金管理委员会办公室、集团协同部、公司管理部高级副经理。
郭　象	董事	女	57	2008年10月	中国妇女活动中心	6.25	1995年至今,担任全国妇联中国儿童中心副主任、党委副书记、党委书记、中国妇女儿童事业发展中心主任等职务。
王贺彩	董事	男	47	2011年6月	中国海外	1.46	1994年至今,担任铁道部建厂工程局北京一处副总会计师、总会计师,中铁建工集团北京分公司党委书记,中国海外总会计师等职务。

3.2.2 独立董事

姓名	职务	性别	年龄	选任日期	简　要　履　历
王为强	独立董事	男	65	2009年5月	1988年至今,担任中国建设银行辽宁省分行副行长、陕西省分行行长,陕西省人民政府秘书长,中国人民银行成都分行行长,国有重点金融机构监事会主席兼任中国农业银行监事会主席,中国工商银行监事会主席、党委副书记、工银国际控股有限公司监事长等职务。
郭朝田	独立董事	男	67	2009年5月	1998年至今,任职中国建设银行总行第二营业部,现任深圳市建领投资发展有限公司董事长兼总经理。

3.2.3 下属委员会

董事会下设人事与薪酬委员会、信托委员会和风险控制与审计委员会。

人事与薪酬委员会负责制定、审查公司董事和高级管理人员(以下简称高管人员)的薪酬政策与方案,拟订公司董事和高管人员的考核标准并进行考核,接受董事会授权的其他事项。由三名董事组成。

信托委员会督促公司依法履行受托职责。当公司或股东利益与受益人利益发生冲突时,信托委员会应保证公司为受益人的最大利益服务。由三名董事组成。

风险控制与审计委员会负责公司的风险控制、管理、监督和评估以及公司内外部审计的沟通、监督和核查等工作。由三名董事组成。

3.3 监事、监事会

姓名	职务	性别	年龄	选任日期	所推举的股东名称	该股东持股比例(%)	简　要　履　历
谢玉清	监事会主席	男	59	2011年1月	中国信达	92.29	1993年至今,担任国家煤炭工业局司长,中国信达部门总经理,信达证券、信达租赁、信达投资、金谷信托监事会主席。
邵　颖	监事	女	41	2009年10月	中国信达	92.29	1999年至今,担任中国信达资产管理公司资金财务部、人力资源部经理、高级副经理、高级经理等职。
任　侠	监事	女	43	2011年6月	中国妇女活动中心	6.25	1987年至今,任职地质矿产部航空物探遥感中心,金谷信托主管会计、处级经理、高级副经理,中国妇女活动中心财务部部长。
王军民	监事	男	56	2008年10月	中国海外	1.46	1988年至今,担任中国海外工程有限责任公司企管部、进出口部、成套设备部、法务合约部、企业风险管理办公室等部门副经理、部长、公司总法律顾问等职务。
王　娜	职工监事	女	39	2011年6月	—	—	1991年至今,任职北京赛特集团管理有限责任公司主管,中国信达业务经理、团委委员,金谷信托人力资源部高级副经理、公司工会副主席、部门总经理级。

3.4 高级管理人员

姓名	职务	性别	年龄	选任日期	金融从业年限	学历/学位	专业
张　勇	董事长	男	56	2008 年 10 月	30	本科	基建财务与信用
刘学敬	总经理	男	54	2011 年 1 月通过董事会、2011 年 5 月银监会批复	31	硕士	货币银行学
谢玉清	监事会主席	男	59	2011 年 1 月	16	本科	经济管理
李廷芳	常务副总经理	男	45	2011 年 6 月	16	博士后	应用经济学
刘元生	纪委书记	男	56	2009 年 5 月	30	本科	基建财务与信用
张秀娟	副总经理	女	48	2009 年 5 月	21	硕士	工商管理
刘志明	副总经理	男	56	2009 年 10 月	14	硕士	工商管理
陈　玮	总经理助理	男	49	2009 年 5 月	20	本科	企业管理
冯彦明	总经理助理	女	52	2009 年 5 月	29	硕士	货币银行学
樊京陆	总稽核	男	59	2009 年 7 月	19	硕士	金融学

3.5 公司员工

报告期内员工 91 人，平均年龄 36.07 岁，其中博士占 12%、硕士占 47%、本科占 31%、专科占 6%，其他占 4%。

项目		报告期内	
		人数	比例（%）
岗位分布	董事、监事及高管	10	10
	自营业务人员	6	7
	信托业务人员	41	45
	其他人员	34	38

4. 经营管理

4.1 经营目标、方针、战略规划

4.1.1 经营目标

努力成为在资产管理、资金融通、投资理财等领域具有竞争力的专业理财服务机构和具有创新能力及持续盈利能力的信托公司。

4.1.2 经营方针

坚持"胸怀服务社会理想，坚守诚信为本理念"，恪守谨慎、稳健的经营方针，以受益人的利益最大化为宗旨，专注于信托产品的创新与推广。

4.1.3 战略规划

以中央"十二五"规划有关精神为指导，深入贯彻落实科学发展观，全面落实控股股东发展规划，抓住行业发展的大好时机，坚持以价值创新为目标，以客户需求为导向，以谋发展、防风险为主线，以合规经营、开拓创新为保障，从自身实际出发，依托股东优势，构建独具特色、可持续发展的业务架构和盈利模式，在三年至五年内将公司建设成为具有核心竞争优势的现代金融服务企业。

4.2 所经营业务的主要内容

4.2.1 自营资产运用与分布表

资产运用	金额（万元）	占比（%）	资产分布	金额（万元）	占比（%）
货币资产	70 519.84	40.07	基础产业		
贷款及应收款	72 541.07	41.21	房地产业	30 000.00	17.05
交易性金融资产			证券市场		
可供出售金融资产	29 054.27	16.51	实业	42 000.00	23.86
持有至到期投资			金融机构	99 574.11	56.57
长期股权投资			其他	4 433.11	2.52
其他	3 892.04	2.21			
资产总计	176 007.22	100.00	资产总计	176 007.22	100.00

4.2.2 信托资产运用与分布表

资产运用	金额（万元）	占比（%）	资产分布	金额（万元）	占比（%）
货币资产	606 375.02	8.37	基础产业	1 161 329.21	16.04
贷款	2 366 019.00	32.68	房地产	942 744.13	13.02
交易性金融资产			证券市场		
可供出售金融资产	1 106 762.00	15.29	实业	1 255 166.52	17.33
持有至到期投资			金融机构	3 576 643.70	49.40
长期股权投资	96 800.00	1.34	其他	304 711.41	4.21
其他	3 064 638.95	42.32			
信托资产总计	7 240 594.97	100.00	信托资产总计	7 240 594.97	100.00

4.3 市场分析

4.3.1 经济形势分析

2011 年，我国发展面临的形势极其复杂。国际上，欧洲债务危机愈演愈烈，欧美国家经济复苏乏力；国内，我国长期高速发展所积累的体制性矛盾和结构性问题日益突出，经济结构的调整和经济发展方式的转变刻不容缓。在这种复杂的背景下，我国的宏观经济仍然保持了平稳增长的态势，全年国内生产总值增长达到 9.2%。2011 年，我国继续实施积极的财政政策和稳健的货币政策，但强调调控审慎灵活、适时适度，不断提高政策的针对性、灵活性和前瞻性。总体上，抑制通胀、房地产调控以及经济结构调整是 2011 年宏观调控的主旋律。

4.3.2 金融形势分析

2011 年的货币政策整体呈稳中偏紧的局面。在国内经济环境出现居民消费价格指数居高不下、通胀压力预期升温的情况下，中央银行在年内多次通过综合运用公开市场操作、存款

准备金率、利率等价格和数量工具加强对银行体系流动性的管理，以期使银行体系流动性保持合理适度、货币信贷保持适度增长。由此导致的银行信贷收紧为包括信托行业在内的其他社会融资渠道创造了发展空间。

4.3.3 影响业务发展的有利因素

（1）宏观经济整体向好，宏观经济环境为信托业发展创造机遇。整体向好的宏观经济形势是信托行业实现稳定、快速发展的关键所在。银行信贷规模的收紧客观上增加了企业的信托融资需求，为信托业的快速发展创造了条件。

（2）市场渗透加快，行业影响力得到提升。凭借横跨货币、资本、实业市场的优势，信托行业将投资触角深入到基础产业、工商企业、金融机构、房地产行业、证券市场等多个领域，信托业管理资产的规模已经突破4.8万亿元，信托业的影响力不断提升。

（3）国民财富持续增长，信托理财市场形势大好。随着国民财富的快速积累，理财需求持续增长，理财市场的体量不断扩大。在证券市场委靡不振、传统投资渠道不畅的背景下，信托理财产品凭借较高的收益水平和较好的安全性在理财市场上脱颖而出，受到投资者的关注和欢迎。

（4）监管政策调整，促信托业二次转型。随着《信托公司净资本计算标准》的出台，监管层通过使用监管评级和净资本管理办法引导信托公司向自主设计、自主管理方向转型的监管政策框架基本成型。信托公司摒弃片面追求规模的粗放式经营模式，逐步建立具有产品附加值内涵的经营模式的时机来临。

4.3.4 影响业务发展的不利因素

（1）严厉的房地产调控政策使得房地产信托产品受到较大影响，盈利空间被大幅压缩。

（2）随着行业监管的升级，信托业务不断规范，通道类业务受到较大抑制，管理信托财产规模受此影响显著。

4.4 风险管理概况

风险管理是关系公司生存发展的重要战略，公司风险管理工作遵从全面性、审慎性和有效性的原则，积极构建公司风险文化的核心理念，完善风险管理指标体系，明确风险管理绩效考核，从而实现有效防范和化解经营风险，保证公司业务的稳健经营和发展。

公司风险管理构建了前台业务人员、中后台风险控制管理部门和董事会风险控制与审计委员会三道风险管理防线。合规风控部定期对公司整体风险状况进行分析评估，并提交相关报告。

4.4.1 信用风险管理

第一，通过关注交易对手的履约能力，审慎选择交易对手，注重项目前期尽职调查及加强中后期的检查等方式控制项目信用风险；第二，注重通过组合、多样化、限制集中度等方式分散信用风险；第三，通过在交易结构中设定抵押担保等方式转移风险；第四，公司以自有的信用风险评分系统数据作为控制项目信用风险的重要参考依据。

4.4.2 市场风险管理

第一，注重定期对国家宏观经济的研判，把握国家重点调控政策，防范可能发生的市场风险；第二，加强对不同行业和区域的市场风险分析，注意建立与公司规模和管理能力相适应的风险管理制度；第三，开展与公司发展阶段相适应的业务品种，积极探索组合投资方案，分散市场风险。

4.4.3 操作风险管理

针对操作风险的不同类别，公司采取了不同的管理策略和解决方案。公司通过构建内部控制环境和体系加强尽职风险管理。以严谨的制度流程和清晰的授权体系明确责任，形成不同部门、不同岗位之间的监督控制关系，从而做到人尽其职。

4.4.4 其他风险管理

其他风险主要有政策风险、声誉风险等。公司通过密切研究和关注国家经济形势和政策变化，尽早作出经营思路和业务方向调整方案来减少政策风险；通过审慎选择交易对手，尽职尽责履行受托人责任，切实维护委托人利益，维护企业声誉风险。

5. 报告期末及上一年度末的比较式会计报表

5.1 自营资产

5.1.1 会计师事务所审计意见全文

审 计 报 告

德师京报（审）字（12）第P0092号

中国金谷国际信托有限责任公司全体股东：

我们审计了后附的中国金谷国际信托有限责任公司（以下简称“贵公司”）的财务报表，包括2011年12月31日的资产负债表、2011年度的利润表、所有者权益变动表和现金流量表以及财务报表附注。

一、管理层对财务报表的责任

编制和公允列报财务报表是贵公司管理层的责任。这种责任包括：（1）按照企业会计准则的规定编制财务报表，并使其实现公允反映；（2）设计、执行和维护必要的内部控制，以使财务报表不存在由于舞弊或错误而导致的重大错报。

二、注册会计师的责任

我们的责任是在执行审计工作的基础上对财务报表发表审计意见。我们按照中国注册会计师审计准则的规定执行了审计工作。中国注册会计师审计准则要求我们遵守中国注册会计师职业道德守则，计划和执行审计工作以对财务报表是否不存在重大错报获取合理保证。

审计工作涉及实施审计程序，以获取有关财务报表金额和披露的审计证据。选择的审计程序取决于注册会计师的判断，包括对由于舞弊或错误导致的财务报表重大错报风险的评估。在进行风险评估时，注册会计师考虑与财务报表编制和公允列报相关的内部控制，以设计恰当的审计程序，但目的并非对内部控制的有效性发表意见。审计工作还包括评价管理层选用会计政策的恰当性和作出会计估计的合理性，以及评价财务报表的总体列报。

我们相信，我们获取的审计证据是充分、适当的，为发表审计意见提供了基础。

三、审计意见

我们认为，贵公司财务报表在所有重大方面按照企业会计准则的规定编制，公允反映了贵公司 2011 年 12 月 31 日的财务状况以及 2011 年度的经营成果和现金流量。

德勤华永会计师事务所有限公司北京分所　　中国注册会计师

姜长征

巩慧芳

2012 年 3 月 23 日

5.1.2　资产负债表

资产负债表

2011 年 12 月 31 日

单位：万元

项　目	年末数	年初数	项目	年末数	年初数
资产：			负债：		
货币资金	70 519.84	26 597.12	应付职工薪酬	3 851.83	1 280.55
交易性金融资产		1.69	应交税费	7 089.52	1 333.41
发放贷款和垫款	42 000.00	42 500.00	预收账款	3 312.96	858.35
可供出售金融资产	29 054.27	69 492.02	其他负债	11 910.34	10 713.74
应收款项类投资	30 000.00		负债合计	26 164.65	14 186.05
固定资产	2 100.39	2 289.23	所有者权益：		
无形资产	91.18	51.20	实收资本	120 000.00	120 000.00
递延所得税资产	1 368.25		资本公积	21 808.85	23 064.78
其他资产	873.29	69.42	盈余公积	749.86	
			信托赔偿准备金	1 749.32	535.13
			未分配利润	5 534.54	－16 785.28
			所有者权益合计	149 842.57	126 814.63
资产总计	176 007.22	141 000.68	负债及所有者权益总计	176 007.22	141 000.68

法定代表人：张　勇　　主管会计工作负责人：张秀娟　　制表人：李国旗

5.1.3　利润表

利润表

2011 年度

单位：万元

项　目	本年累计数	上年累计数
一、营业收入	44 040.75	17 284.19
（一）利息净收入	9 999.38	6 883.12
利息收入	9 999.38	6 883.12
利息支出		
（二）手续费及佣金净收入	27 234.63	4 498.85
手续费及佣金收入	27 241.51	4 964.21
手续费及佣金支出	6.88	465.36
（三）投资收益（损失以“－”号填列）	6 806.74	5 902.22
二、营业支出	12 201.38	5 714.36
（一）营业税金及附加	2 600.86	685.01
（二）业务及管理费	9 600.52	5 029.35
三、营业利润（亏损以“－”号填列）	31 839.37	11 569.83
加：营业外收入		1 007.67
减：营业外支出		15.14
四、利润总额（亏损以“－”号填列）	31 839.37	12 562.36
减：所得税费用	7 555.50	2 280.66
五、净利润（亏损以“－”号填列）	24 283.87	10 281.70
六、其他综合收益	－1 255.94	
七、综合收益总额	23 027.93	10 281.70

法定代表人：张　勇　　主管会计工作负责人：张秀娟　　制表人：李国旗

5.1.4 所有者权益变动表

所有者权益变动表

2011 年度

单位：万元

项目	本年金额						上年金额				
	实收资本	资本公积	盈余公积	信托赔偿准备金	未分配利润	所有权益合计	实收资本	资本公积	信托赔偿准备金	未分配利润	所有者权益合计
一、上年年末余额	120 000.00	23 064.78		535.13	-16 785.28	126 814.63	120 000.00	23 064.78	21.04	-26 552.89	116 532.93
加：会计政策变更											
前期差错变更											
二、本年年初余额	120 000.00	23 064.78		535.13	-16 785.28	126 814.63	120 000.00	23 064.78	21.04	-26 552.89	116 532.93
三、本年增减变动金额（减少以"-"号填列）		-1 255.93	749.86	1 214.19	22 319.82	23 027.94			514.09	9 767.61	10 281.70
（一）净利润					24 283.87	24 283.87				10 281.70	10 281.70
（二）其他综合收益		-1 255.93				1 255.93					
上述（一）和（二）小计		-1 255.93			24 283.87	23 027.94				10 281.70	10 281.70
（三）所有者投入和减少资本											
（四）利润分配			749.86	1 214.19	-1 964.05						
1. 提取盈余公积			749.86		-749.86						
2. 提取信托赔偿准备金				1 214.19	-1 214.19				514.09	-514.09	
3. 对所有者（或股本）的分配											
四、本年年末余额	120 000.00	21 808.85	749.86	1 749.32	5 534.54	149 842.57	120 000.00	23 064.78	535.13	-16 785.28	126 814.63

5.2 信托资产

5.2.1 信托项目资产负债汇总表

信托项目资产负债汇总表

2011年12月31日　　单位：万元

资产	期末余额	期初余额	负债和所有者权益	期末余额	期初余额
信托资产：			信托负债：		
银行存款	606 375.02	27 480.68	应付受托人报酬		
交易性金融资产			应付受益人收益		8.06
买入返售金融资产		49 000.00	应付托管费		
应收账款	3 058 191.35	49 600.00	应交税费		
应收利息			其他应付款	178.31	4 307.13
拆出资金					
其他应收款			信托负债合计	178.31	4 315.19
贷款	2 366 019.00	922 042.00			
持有至到期投资					
可供出售金融资产	1 106 762.00	116 089.00	信托权益：		
长期股权投资	96 800.00	10 100.00	实收信托	7 237 062.74	1 169 831.00
固定资产			资本公积		
在建工程			未分配利润	3 353.93	165.49
无形资产			信托权益合计	7 240 416.66	1 169 996.49
长期待摊费用					
其他资产	6 447.60				
资产总计	7 240 594.97	1 174 311.68	负债和所有者权益合计	7 240 594.97	1 174 311.68

5.2.2 信托项目利润及利润分配汇总表

信托项目利润及利润分配汇总表

2011年度　　单位：万元

项　目	本年金额	上年金额
一、营业收入	141 778.69	23 294.03
利息收入	81 973.76	14 865.99
投资收益	59 804.93	8 428.04
公允价值变动损益		
租赁收入		
其他业务收入		
二、支出	25 414.39	4 362.08
（一）营业税金及附加		
（二）受托人报酬	15 672.82	3 031.22
（三）保管费	2 472.29	376.55
（四）资产减值损失		
（五）其他费用	7 269.28	954.31
三、信托净利润（净亏损以"－"号填列）	116 364.30	18 931.95
四、其他综合收益		
五、综合收益	116 364.30	18 931.95
六、加：期初未分配信托利润	165.49	12.85
七、可供分配的信托利润	116 529.79	18 944.80
八、减：本期已分配信托利润	113 175.86	18 779.31
九、期末未分配信托利润	3 353.93	165.49

6. 会计报表附注

6.1 会计报表编制基准不符合会计核算基本前提的说明

本公司无上述情况。

6.2 重要会计政策和会计估计说明

6.2.1 计提资产减值准备的范围和方法

计提资产减值准备的范围包括金融资产、长期股权投资、固定资产、无形资产。

计提资产减值准备的方法：金融资产，公司在资产负债表日对除了以公允价值计量且其变动计入当期损益的金融资产外的其他金融资产的账面价值进行检查，有客观证据表明金融资产发生减值的，计提减值准备。非金融资产，公司在资产负债表日检查长期股权投资、固定资产、使用寿命确定的无形资产是否存在可能发生减值的迹象。如果该等资产存在减值迹象，则估计其可收回金额。估计资产的可收回金额以单项资产为基础，如果难以对单项资产的可收回金额进行估计的，则以该资产所属的资产组为基础确定资产组的可收回金额。可收回金额为资产或者资产组的公允价值减去处置费用后的净额与其预计未来现金流量的现值两者之中的较高者。如果资产的可收回金额低于其账面价值，按其差额计提资产减值准备，并计入当期损益。非金融资产减值损失一经确认，在以后会计期间不予转回。

6.2.2 金融资产四分类的范围和标准

金融资产于初始确认时分为以下四类：以公允价值计量且其变动计入当期损益的金融资产、持有至到期投资、贷款和应收款项、可供出售金融资产。金融资产在初始确认时以公允价值计量。对于以公允价值计量且其变动计入当期损益的金融资产，相关交易费用直接计入当期损益，其他类别的金融资产相关交易费用计入其初始确认金额。

6.2.2.1 公允价值的确定方法

公允价值，指在公平交易中，熟悉情况的交易双方自愿进行资产交换或债务清偿的金额。对于存在活跃市场的金融工具,本公司采用活跃市场中的报价确定其公允价值;对于不存在活跃市场的金融工具,本公司采用估值技术确定其公允价值。估值技术包括参考熟悉情况并自愿交易的各方最近进行的市场交易中使用的价格、参照实质上相同的其他金融工具当前的公允价值和现金流量折现法等。

6.2.2.2　金融资产的转移

满足下列条件之一的金融资产,予以终止确认:(1)收取该金融资产现金流量的合同权利终止;(2)该金融资产已转移,且将金融资产所有权上几乎所有的风险和报酬转移给转入方;(3)该金融资产已转移,虽然本公司既没有转移也没有保留金融资产所有权上几乎所有的风险和报酬,但是放弃了对该金融资产控制。

若本公司既没有转移也没有保留金融资产所有权上几乎所有的风险和报酬,且未放弃对该金融资产的控制的,则按照继续涉入所转移金融资产的程度确认有关金融资产,并相应确认有关负债。

金融资产整体转移满足终止确认条件的,将所转移金融资产的账面价值及因转移而收到的对价与原计入其他综合收益的公允价值变动累计额之和的差额计入当期损益。

金融资产部分转移满足终止确认条件的,将所转移金融资产的账面价值在终止确认及未终止确认部分之间按其相对的公允价值进行分摊,并将因转移而收到的对价与应分摊至终止确认部分的原计入其他综合收益的公允价值变动累计额之和与分摊的前述账面金额之差额计入当期损益。

6.2.3　交易性金融资产核算方法

以公允价值计量且其变动计入当期损益的金融资产,包括交易性金融资产和初始确认时指定为以公允价值计量且其变动计入当期损益的金融资产。交易性金融资产采用公允价值进行后续计量,公允价值变动形成的利得或损失以及与该金融资产相关的股利和利息收入计入当期损益。

6.2.4　可供出售金融资产核算方法

可供出售金融资产包括初始确认时即被指定为可供出售的非衍生金融资产,以及除了以公允价值计量且其变动计入当期损益的金融资产、贷款和应收款项、持有至到期投资以外的金融资产。

可供出售金融资产采用公允价值进行后续计量,公允价值变动形成的利得或损失,除减值损失和外币货币性金融资产与摊余成本相关的汇兑差额计入当期损益外,确认为其他综合收益并计入资本公积,在该金融资产终止确认时转出,计入当期损益。可供出售金融资产持有期间取得的利息及被投资单位宣告发放的现金股利,计入投资收益。

在活跃市场中没有报价且其公允价值不能可靠计量的权益工具投资,以及与该权益工具挂钩并须通过交付该权益工具结算的衍生金融资产,按照成本计量。

6.2.5　持有至到期投资核算方法

持有至到期投资是指到期日固定、回收金额固定或可确定,且本公司有明确意图和能力持有至到期的非衍生金融资产,采用实际利率法,按照摊余成本进行后续计量,其终止确认、发生减值或摊销产生的利得或损失,均计入当期损益。

6.2.6　长期投资核算方法

6.2.6.1　长期股权投资的初始计量

长期股权投资在取得时按初始投资成本计量。初始投资成本一般为取得该项投资而付出的资产、发生或承担的负债以及发行的权益性证券的公允价值,并包括直接相关费用。但同一控制下的企业合并形成的长期股权投资,其初始投资成本为合并日取得的被合并方所有者权益的账面价值份额。

6.2.6.2　长期股权投资的后续计量

对子公司的长期股权投资,以及对被投资单位不具有共同控制或重大影响,且在活跃市场中没有报价、公允价值不能可靠计量的长期股权投资采用成本法核算;对被投资单位具有共同控制或重大影响的长期股权投资,采用权益法核算。长期股权投资采用权益法核算时,对长期股权投资初始投资成本大于投资时应享有被投资单位可辨认净资产公允价值份额的,不调整长期股权投资的初始投资成本;对长期股权投资初始投资成本小于投资时应享有被投资单位可辨认净资产公允价值份额的,其差额计入当期损益,同时调整长期股权投资的成本。按权益法对长期股权投资进行核算时,先对被投资单位的净利润进行取得投资时被投资单位各项可辨认资产等的公允价值、会计政策和会计期间方面的调整,再按应享有或应分担的被投资单位的净损益份额确认当期投资损益。

6.2.7　固定资产计价和折旧方法

固定资产是指为生产商品、提供劳务、出租或经营管理而持有的,使用寿命超过一个会计年度的有形资产。固定资产仅在与其有关的经济利益很可能流入本公司,且其成本能够可靠地计量时才予以确认。固定资产按成本进行初始计量。固定资产从达到预定可使用状态的次月起,采用年限平均法在使用寿命内计提折旧。各类固定资产的使用寿命、预计净残值和年折旧率如下:

资产类别	使用年限(年)	残值率(%)	年折旧率(%)
一、房屋建筑物	20		5
二、运输设备	6	3	16.17
三、电子设备	3	3	32.33
四、其他设备	5	3	19.40

预计净残值是指假定固定资产预计使用寿命已满并处于使用寿命终了时的预期状态,本公司目前从该项资产处置中获得的扣除预计处置费用后的金额。

当固定资产处于处置状态或预期通过使用或处置不能产生经济利益时,终止确认该固定资产。固定资产出售、转让、报废或毁损的处置收入扣除其账面价值和相关税费后的差额计入当期损益。

本公司至少于年度终了对固定资产的使用寿命、预计净残值和折旧方法进行复核,如发生改变则作为会计估计变更处理。

6.2.8　收入确认原则和方法

手续费收入主要是本公司发行信托产品以及提供的财务顾问服务取得的收入,根据相关合同约定按权责发生制确认。

利息收入和支出按照相关金融资产和金融负债的摊余成本采用实际利率法计算,并计入当期损益。实际利率与合同利率差异较小的,也可按合同利率计算。

金融资产确认减值损失后,确认利息收入所使用的利率为计量减值损失时对未来现金流进行贴现时使用的利率。

6.2.9　信托报酬的确认原则和方法

在收入确认原则基础上,信托业务手续费收入按照信托合同约定的方法确认。

6.3 或有事项说明

无。

6.4 重要资产转让及其出售的说明

无。

6.5 会计报表中重要事项的明细资料

6.5.1 披露自营资产经营情况

6.5.1.1 按信用风险五级分类的结果披露信用风险资产的期初数、期末数

信用风险资产五级分类	正常类（万元）	关注类（万元）	次级类（万元）	可疑类（万元）	损失类（万元）	信用风险资产合计（万元）	不良资产合计（万元）	不良资产率（%）
期初数	112 061.44					112 061.44		
期末数	101 300.47					101 300.47		

注：不良资产合计 = 次级类 + 可疑类 + 损失类。

6.5.1.2 各项资产减值损失准备的期初数、本期计提、本期转回、本期核销、期末数

无。

6.5.1.3 按照投资品种分类，分别披露固有业务股票投资、基金投资、债券投资、股权投资等投资业务的期初数、期末数

单位：万元

	自营股票	基金	债券	长期股权投资	其他投资	合计
期初数	1.69				69 492.02	69 493.71
期末数					59 054.27	59 054.27

6.5.1.4 按投资入股金额排序，前三名的自营长期股权投资的企业名称，占被投资企业权益的比例，主要经营活动及投资收益情况

无。

6.5.1.5 前三名的自营贷款的企业名称，占贷款总额的比例和还款情况

企业名称	占贷款总额比重（%）	还款情况
1. 北京杨庄社区合作社	71.43	正常
2. 北京宏远物流有限责任公司	28.57	正常

6.5.1.6 表外业务的期初数、期末数；按照代理业务、担保业务和其他类型表外业务分别披露

无。

6.5.1.7 公司当年的收入结构

收入结构	金额（万元）	占比（%）
手续费及佣金收入	27 234.63	61.84
其中：信托手续费收入	17 245.20	39.16
投资银行业务收入		
利息收入	9 999.38	22.70
其他业务收入		
其中：计入信托业务收入部分		
投资收益	6 806.74	15.46
其中：股权投资收益		
证券投资收益	3.63	0.01
其他投资收益	6 803.11	15.45
公允价值变动收益		
营业外收入		
收入合计	44 040.75	100.00

6.5.2 披露信托资产管理情况

6.5.2.1 信托资产的期初数、期末数

单位：万元

信托资产	期初数	期末数
集合	209 436.28	976 187.65
单一	910 175.40	6 048 349.23
财产权	54 700.00	216 058.09
合计	1 174 311.68	7 240 594.97

6.5.2.1.1 主动管理型信托业务的信托资产期初数、期末数

单位：万元

主动管理型信托资产	期初数	期末数
证券投资类		
股权投资类	5 000	459 430.90
融资类	1 060 372.31	2 536 139.27
事务管理类	54 700	216 058.09
合计	1 120 072.31	3 211 628.26

6.5.2.1.2 被动管理型信托业务的信托资产期初数、期末数

单位：万元

被动管理型信托资产	期初数	期末数
证券投资类		
股权投资类		3 273 329.65
融资类	54 239.37	755 637.06
事务管理类		
合计	54 239.37	4 028 966.71

6.5.2.2 本年度已清算结束的信托项目个数、实收信托合计金额、加权平均实际年化收益率

6.5.2.2.1 本年度已清算结束的集合类，单一类资金信托项目和财产管理类信托项目数量、合计金额、加权平均实际年化收益率

已清算结束信托项目	项目个数	合计金额（万元）	加权平均实际年化收益率（%）
集合类	8	72 330	7.93
单一类	21	953 124.60	4.80
财产管理类	1	5 100	0

6.5.2.2.2 本年度已清算结束的主动管理型信托项目个数、实收信托合计金额、加权平均实际年化收益率

已清算结束信托项目	项目个数	实收信托合计金额(万元)	加权平均实际年化收益率(%)
证券投资类			
股权投资类	1	4 000	12
融资类	19	818 154.60	5.03
事务管理类	1	5 100	

6.5.2.2.3 本年度已清算结束的被动管理型信托项目个数、实收信托合计金额、加权平均实际年化收益率

已清算结束信托项目	项目个数	实收信托合计金额(万元)	加权平均实际年化收益率(%)
证券投资类			
股权投资类			
融资类	9	203 300	4.83
事务管理类			

6.5.2.3 本年度新增的集合类、单一类资金信托项目和财产管理类信托项目数量、实收信托合计金额

新增信托项目	项目个数	实收信托合计金额(万元)
集合类	57	835 069.55
单一类	124	6 096 317.33
财产管理类	5	166 400
新增合计	186	7 097 786.88
其中:主动管理型	97	3 010 225.62
被动管理型	89	4 087 561.26

6.5.2.4 信托业务创新成果和特色业务有关情况

本公司以国家产业政策及监管政策导向为根本出发点,信托产品实现多元化发展,在中小企业信托、酒类信托、艺术品信托等业务领域积累了一定的项目实践经验,其中在酒类信托方面推出了如"金谷·上信1号——泸州陈年窖优质白酒收益权投资集合信托计划"等信托产品,获得了较好的市场反响;在中小企业信托产品方面公司发起设立了"金谷·向日葵中小企业发展基金信托计划"系列产品,响应了国家号召,支持了相关地区中小企业的发展。

6.5.2.5 本公司履行受托人义务情况及因公司自身责任而导致的信托资产损失情况

本公司勤勉尽责履行受托人义务,未发生因公司自身责任而导致的信托资产损失情况。

6.6 关联方关系及其交易的披露

6.6.1 关联交易方的数量、关联交易的总金额及关联交易的定价政策等

	关联交易方数量	关联交易金额(万元)	定价政策
合计	5	250 105.47	按照市场公允价格定价

6.6.2 关联交易方与本公司的关系性质、关联交易方的名称、法定代表人、注册地址、注册资本及主营业务等

关系性质	关联方名称	法定代表人	注册地址	注册资本(亿元)	主营业务
母公司	中国信达资产管理股份有限公司	侯建杭	北京市西城区闹市口大街9号院1号楼	251.55	收购、受托经营金融机构和非金融机构不良资产;债权转股权,对股权资产进行管理、投资和处置;破产管理;对外投资;发行金融债券、同业拆借和向其他金融机构进行商业融资;经批准的资产证券化业务、金融机构托管和关闭清算业务;国务院银行业监督管理机构批准的其他业务。
同一母公司	信达投资有限公司	刘亚晶	北京市西城区闹市口大街9号院1号楼	20	对外投资
同一母公司	信达财产保险股份有限公司	陈方清	北京市东城区东中街29号东环广场B座3层	10	财产损失保险、责任保险、信用保险、保证保险、短期健康保险和意外伤害保险,及上述业务的再保险业务;同时,还包括国家法律、法规允许的保险资金运用业务及经保监会批准的其他业务等。
同一母公司	幸福人寿保险股份有限公司	杨军华	北京市东城区东中街29号东环广场B座8层	23.18	各类人寿保险、健康保险、人身意外伤害保险以及与人身保险相关的再保险业务。
同一母公司	信达证券股份有限公司	高冠江	北京市西城区闹市口大街9号院1号楼	25.687	证券经纪;证券投资咨询;与证券交易、证券投资活动有关的财务顾问;证券承销与保荐;证券自营;证券资产管理等

6.6.3 公司与关联方的重大交易事项

6.6.3.1 固有财产与关联方交易情况:贷款、投资、租赁、应收账款、担保、其他方式等期初汇总数、本期发生额汇总数、期末汇总数

单位:万元

固有与关联方关联交易				
	期初数	借方发生额	贷方发生额	期末数
贷款				
投资				
租赁				

续表

	期初数	借方发生额	贷方发生额	期末数
担保				
应收账款				
其他	10 077.59	2 470.03	2 407.89	10 015.45
合计	10 077.59	2 470.03	2 407.89	10 015.45

6.6.3.2 信托与关联方交易情况：贷款、投资、租赁、应收账款、担保、其他方式等期初汇总数、本期借方和贷方发生额汇总数、期末汇总数

单位：万元

信托与关联方关联交易				
	期初数	借方发生额	贷方发生额	期末数
贷款				
投资				
租赁				
担保				
应收账款				
其他		20 369.24	232 369.24	212 000
合计		20 369.24	232 369.24	212 000

6.6.3.3 信托公司自有资金运用于自己管理的信托项目（固信交易）、信托公司管理的信托项目之间的相互（信信交易）交易金额，包括余额和本报告年度的发生额

6.6.3.3.1 固有与信托财产之间的交易金额期初汇总数、本期发生额汇总数、期末汇总数

单位：万元

固有财产与信托财产相互交易			
	期初数	本期发生额	期末数
合计	35 000.00	15 266.20	50 266.20

6.6.3.3.2 信托财产与信托财产之间的交易金额期初汇总数、本期发生额汇总数、期末汇总数

本公司无信托财产与信托财产之间的交易。

6.6.4 关联方逾期未偿还本公司资金的详细情况以及本公司为关联方担保发生或即将发生垫款的情况

无。

7. 财务情况说明书

7.1 利润实现和分配情况

2011 年度本公司实现净利润 24 283.87 万元，根据《公司章程》、《信托公司管理办法》规定，本公司对 2011 年可供分配利润 7 498.59 万元进行分配，其中提取 10% 法定盈余公积 749.86 万元，按照净利润 5% 提取信托赔偿准备金 1 214.19 万元，股东分红方案待董事会审议股东会通过后执行。

7.2 主要财务指标

指标名称	指标值
资本利润率（%）	17.56
信托报酬率（%）	0.78
人均净利润（万元/人）	313.34

7.3 公司净资本监管指标

指标名称	指标值	监管标准
净资本（万元）	131.905	≥2
各行业务风险资本之和（万元）	105.871	
净资本/各行业务风险资本之和（%）	124.59	≥100
净资本/净资产（%）	88.03	≥40

7.4 本年度对本公司财务状况、经营成果有重大影响的其他事项

无。

8. 特别事项简要揭示

8.1 前五名股东发生变动情况及原因

无。

8.2 董事、监事及高级管理人员变动情况及原因

8.2.1 董事变动情况及原因

因董事会换届改选，根据 2011 年 6 月公司股东会决议：股东中国信达推荐的刘学敬、索巧梅、傅彬担任公司董事，张卫东、余伟、冯大勇不再担任公司董事；股东中国海外推荐的王贺彩担任公司董事，魏振国不再担任公司董事。2011 年 11 月 29 日中国银监会核准此 4 位新董事的任职资格（银监复〔2011〕534 号）。

8.2.2 监事变动情况及原因

因工作调动，根据 2011 年 1 月临时股东会决议，谢玉清担任公司监事、监事会主席人选，刘学敬不再担任公司监事；因监事会换届改选，根据 2011 年 6 月公司股东会决议，任侠、王娜担任公司监事，叶礼艳、谷晓梅不再担任公司监事；第六届监事会第一次会议选举谢玉清先生担任公司监事会主席。

8.2.3 高级管理人员变动情况及原因

根据 2011 年 1 月公司第五届董事会第七次会议决议，聘任刘学敬为公司总经理，2011 年 5 月 6 日中国银监会核准任职资格（银监复〔2011〕135 号）；根据 2011 年 6 月第六届董事会第一次会议决议，聘任李廷芳为公司常务副总经理，2011 年 11 月 29 日中国银监会核准任职资格（银监复〔2011〕534 号）。

8.3 公司的重大诉讼事项

无。

9. 监事会意见

监事会认为，公司董事、高级管理人员能够严格按照《公司法》、《公司章程》及有关法律法规依法运作，业务决策程序合法，内部控制制度完善，公司董事、高级管理人员执行公司职务时没有违反法律、法规、公司章程或损害公司及受益人利益的行为。

报告期内，公司财务报告真实地反映了公司财务状况和经营成果。

中海信托股份有限公司

1. 重要提示

1.1 本公司董事会及董事保证本报告所载资料不存在任何虚假记载、误导性陈述或者重大遗漏，并对其内容的真实性、准确性和完整性承担个别及连带责任。

1.2 公司独立董事邝志强先生、王国刚先生、胡维翊先生声明：保证本报告的内容真实、准确、完整。

1.3 信永中和会计师事务所有限公司对本公司出具了标准无保留意见的审计报告。

1.4 公司董事长吴孟飞先生、总裁陈浩鸣先生、财务总监周炯先生、会计机构负责人张萍女士声明：保证年度报告中财务报告的真实、完整。

2. 公司概况

2.1 公司简介

中海信托股份有限公司（以下简称中海信托）是由中国海洋石油总公司（以下简称中国海油）和中国中信集团公司（以下简称中信集团）共同投资设立的国有非银行金融机构。

中海信托秉承“诚信稳健、忠人所托”的经营理念，专注于能源、交通、基础设施等行业，坚持差异化、风控优先策略，将创新视为发展的动力，致力于打造一流的信托资产管理公司。2011 年，中海信托管理信托资产规模达到 1 502 亿元，全年累计管理信托资产规模 4 118 亿元，实现营业收入 10.28 亿元，实现利润总额 8.38 亿元。公司在风险可控前提下，资产管理能力不断提升，各项业务稳健发展，未发生任何信托项目不能按期兑付、损害投资人利益的情况，连续八年保持新增不良资产为零。

2.1.1 公司情况

公司名称（简称）	中海信托股份有限公司（中海信托）
公司英文名称（缩写）	Zhonghai Trust Co. Ltd.（ZHTRUST）
公司法定代表人	陈浩鸣
主要营业场所	上海市中山东二路 15 号 7 楼
公司网站	http://www.zhtrust.com

2.1.2 主要联系人及联系方式

信息披露负责人	胡旭鹏
联系电话	021－63555000
传真	021－63551955
电子信箱	service@zhtrust.com
联系地址	上海市中山东二路 15 号 7 楼
邮政编码	200002

2.1.3 其他事项

2.1.3.1 公司选定《中国证券报》、《证券时报》、《上海证券报》作为本次信息披露的报纸，公司年报全文将备置在公司营业场所及网站供查询

2.1.3.2 公司年报审计会计师事务所：信永中和会计师事务所有限公司

联系地址：北京市东城区朝阳门北大街 8 号富华大厦 A 座 8 层

邮政编码：100027

2.1.3.3 公司常年法律顾问：上海市锦天城律师事务所

联系地址：上海市浦东新区花园石桥路 33 号花旗大厦 14 层

邮政编码：200120

2.2 组织结构

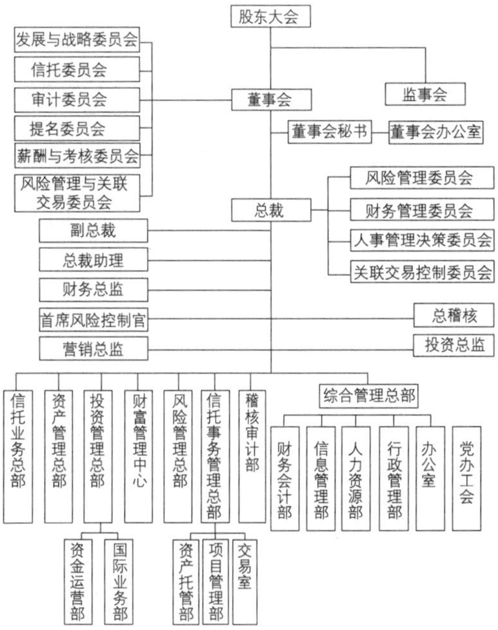

3. 公司治理结构

3.1 股东

股东总数：两个。

股东名称	持股比例（%）	法人代表	注册资本（万元）	注册地址	主要经营业务及主要财务情况
中国海洋石油总公司★	95	王宜林	9 493 161.40 万元人民币	北京市东城区朝阳门北大街 25 号	海上石油、天然气勘探、开发、生产及炼油等。2010 年，公司全年完成油气产量 6 494 万吨油当量，实现营业收入 3 548 亿元人民币，利润总额 977 亿元人民币，年末总资产达到 6 172 亿元人民币。
中国中信集团公司	5	常振明	1 837 亿元人民币	北京市朝阳区新源南路 6 号	国内外投资业务、国际国内金融业务等。截至 2010 年末，中信集团的总资产为 25 391 亿元，净资产 1 725 亿元，全年实现营业收入 2 639 亿元，净利润 334 亿元。

注：最终实际控制人在股东名称一栏中加★表示。

3.2 董事、董事会及其下属委员会

董事长、副董事长、董事

姓名	职务	性别	年龄	选任日期	所推举的股东名称	该股东持股比例(%)	简要履历
吴孟飞	董事长	男	56	2011年	中国海洋石油总公司	95	1988年加入中国海洋石油总公司，现任党组成员、总会计师；2005年12月起任中国海洋石油总公司总会计师；目前还担任海康人寿保险有限公司、中海石油保险有限公司、中海石油投资控股有限公司、中海石油财务有限责任公司、中海信托股份有限公司董事长。
徐永昌	董事	男	43	2011年	中国海洋石油总公司	95	2004年4月至2011年12月，担任中国海油资产管理部总经理；2011年12月至今，担任中国海油董事会秘书局局长兼办公厅副主任。
窦建中	董事	男	56	2011年	中国中信集团公司	5	历任中信银行副行长、行长，中国中信集团公司常务董事兼协理、常务董事兼副总经理；现任中国中信集团有限公司执行董事、中国中信股份有限公司执行董事兼副总经理，同时担任中信控股有限公司董事长兼总裁、信诚人寿保险公司董事长、中国中海直总公司董事长、中信银行国际有限公司董事长等职。
陈浩鸣	董事	男	45	2011年	中国海洋石油总公司	95	2005年8月至2009年8月，任中海信托股份有限公司副总裁；2009年8月至2011年1月，任中海基金管理有限公司总经理；2011年1月至今担任中海信托总裁，兼任中海基金董事长、四川信托常务副董事长。

独立董事

姓名	所在单位及职务	性别	年龄	选任日期	所推举的股东名称	该股东持股比例(%)	简要履历
王国刚	中国社会科学院金融研究所所长	男	56	2011年	—	—	1994年至今，就职于中国社科院；现任中国社会科学院金融研究所所长。
邝志强	无	男	62	2011年	—	—	历任罗兵咸会计师事务所合伙人，香港联合交易所独立理事；目前担任多家香港上市公司独立非执行董事，包括中国远洋股份集团有限公司、周大福珠宝集团有限公司、恒基房地产有限公司等。
胡维翊	北京市天铎律师事务所合伙人、常务副主任	男	45	2011年	—	—	历任全国人大常委会办公厅研究室政治组干部，北京市乾坤律师事务所合伙人，北京市中凯律师事务所律师；2001年5月至今，任北京市天铎律师事务所合伙人、常务副主任。

董事会下属委员会

董事会下属委员会	职责	组成人员姓名	职务
审计委员会	提议聘请或更换外部审计机构；监督公司的内部审计制度及其实施；负责内部审计与外部审计之间的沟通；审核公司的财务信息及其披露；审查公司内控制度等。	邝志强（负责人）	独立董事
		王国刚	独立董事
		徐永昌	董事
薪酬与考核委员会	研究董事与总裁人员考核的标准，进行考核并提出建议；研究和审查董事、高级管理人员的薪酬政策与方案等。	王国刚（负责人）	独立董事
		陈浩鸣	董事、总裁
		胡维翊	独立董事
发展与战略委员会	对公司长期发展与战略规划进行研究并提出建议；对其他影响公司发展战略的重大事项进行研究并提出建议；研究金融市场及金融专项工具，并提出建议等。	吴孟飞（负责人）	董事长
		王国刚	独立董事
		陈浩鸣	董事、总裁
提名委员会	研究董事和总裁的选择标准和程序并提出建议；广泛搜寻合格的董事和总裁人选；对董事候选人和总裁人选进行审查并提出建议。	邝志强（负责人）	独立董事
		徐永昌	董事
		胡维翊	独立董事
信托委员会	调查研究信托行业的发展变化；对公司信托业务的发展方向和战略规划进行研究和提出建议；初审需由董事会审议的信托项目；针对中国银监会及其派出机构检查公司信托业务后要求董事会组织整改的问题，研究提出具体措施；当公司或股东利益与受益人利益发生冲突时，研究提出维护受益人权益的具体措施等。	王国刚（负责人）	独立董事
		徐永昌	董事
		陈浩鸣	董事、总裁
风险管理与关联交易控制委员会	研究公司发生重大、突发性事项的对策；研究制定总体风险管理、关联交易控制政策供董事会审议；研究公司风险管理的战略结构和资源，并使之与公司的内部风险管理政策相兼容；研究重要的风险边界；对相关的风险管理、关联交易控制政策进行监督、审查和向董事会提出建议等。	窦建中（负责人）	董事
		吴孟飞	董事长
		胡维翊	独立董事

3.3 监事、监事会及其下属委员会

监事会成员

姓名	职务	性别	年龄	选任日期	所推举的股东名称	该股东持股比例(%)	简要履历
张兆善	主席	男	55	2011年	中国海洋石油总公司	95	2009年12月起担任中国海洋石油总公司监事会主席,2010年1月起担任中海信托股份有限公司监事会主席。
罗衡	监事	男	60	2011年	中国中信集团公司	5	2008年4月至今,担任上海信源张江有限公司总经理。
张悦	监事	女	42	2011年	职工代表	—	2006年3月担任计划财务部经理,2007年6月起任稽核审计部经理,2011年11月至今,担任公司总稽核兼任稽核审计部经理。

3.4 高级管理人员

姓名	职务	性别	年龄	选任日期	金融从业年限	学历	专业	简要履历
陈浩鸣	总裁	男	45	2011年1月	11	硕士	工商管理	2005年8月至2009年8月任中海信托股份有限公司副总裁;2009年8月至2011年1月任中海基金管理有限公司总经理;2011年1月至今担任中海信托总裁,兼任中海基金董事长、四川信托常务副董事长。
户学爱	党委书记、纪委书记	女	54	2010年12月	17	专科	会计	2007年12月至2011年11月任公司总稽核;2010年5月起担任中海信托党委副书记、纪委书记;2010年12月至今担任中海信托党委书记、纪委书记。
周炯	副总裁、财务总监	男	51	2008年7月	11	硕士	会计学	2002年至2008年7月历任中海石油财务有限责任公司资金部经理、总会计师;2008年7月至今担任中海信托股份有限公司副总裁兼财务总监。
胡旭鹏	副总裁、首席风险控制官、董事会秘书	男	36	2007年12月	10	硕士	经济法	2007年12月起任中海信托董事会秘书、合规总监;2008年7月起担任公司副总裁;2010年8月起兼任公司首席风险控制官,同时免去合规总监一职。
魏志刚	总裁助理、营销总监	男	38	2010年11月	11	硕士	金融、工商管理	2005年起历任北京管理总部副总经理、总经理、信托业务二部负责人、信托业务总部总经理兼信托业务一部(北京)经理;2010年2月起担任公司营销总监;2010年11月至今任公司总裁助理,兼任营销总监。
朱恩惠	运营总监	女	54	2010年8月	24	本科	会计	1997年10月起历任计划财务部经理、资产托管部经理、信托事务管理总部总经理等;2010年9月至今担任公司运营总监,兼任信托事务管理总部总经理。
张悦	总稽核	女	42	2011年11月	6	硕士	管理	2006年3月担任计划财务部经理;2007年6月起任稽核审计部经理;2011年11月至今担任公司总稽核兼任稽核审计部经理。
蒋良书	—	男	60	2009年2月	19	大专	会计	1999年至今历任中海信托工会主席、党委委员职务,主要负责公司党建政治思想工作。

3.5 公司员工

项目		报告期年度		上年度	
		人数	比例(%)	人数	比例(%)
年龄分布	20岁以下	—	—	—	—
	20~29岁	36	35.64	33	37.50
	30~39岁	50	49.50	38	43.18
	40岁以上	15	14.85	17	19.32
学历分布	博士	3	2.97	3	3.41
	硕士	65	64.36	55	62.50
	本科	26	25.74	22	25.00
	专科	7	6.93	8	9.09
	其他	—	—	—	—
岗位分布	董事、监事及其高管人员	8	7.92	8	9.09
	自营业务人员	7	6.93	9	10.23
	信托业务人员	66	65.35	49	55.68
	其他人员	20	19.80	22	25.00

注:自营业务人员是指按照岗位分工,专门或至少主要从事固有资金使用和固有资产管理有关业务的职工;信托业务人员是指按照岗位分工,专门或主要从事信托资金使用和信托资产管理各项业务的职工;对于人力资源部等类似无法明确区分的综合部门归为其他人员。

4. 经营管理

4.1 经营目标、方针、战略规划

经营目标:依托金融创新,探索产融结合,注重合规经营,成为以现代资产管理业务为核心、综合金融服务为手段,专注于能源、交通、基础设施等行业的国内一流、国际知名的信托公司。

经营方针:以保障委托人合法利益为最高准则,秉承合规、稳健的经营思路,实施大机构、大项目的"双大"策略,走低风险、差异化的发展道路,追求风险可控的经济效益。

战略规划:公司确定了创新引领、人才为本、风控优先、结盟发展、文化保障、差异化和专业化七大发展策略,结合行业特点和自身优势,分别制定了信托业务、风险控制、信息技术、人力资源发展规划,稳步推进战略目标的实现。

4.2 所经营业务的主要内容

公司经营中国银行业监督管理委员会核准的信托及自有业务,主要业务包括信托投行业务、资产管理业务以及事务性信托业务。

信托投行业务，包括基于实业领域的信托投行业务、基于银行信贷资产的信托投行业务两大类。基于实业领域的信托投行业务，是以产融结合为核心，为交通、能源、基础设施等企业提供以规模化、标准化的结构化私募融资业务为主的金融服务，包括信托贷款、资产支持信托计划、并购基金、私募股权基金、房地产基金、股权信托、财务顾问等。基于银行信贷资产的信托投行业务，包括信贷资产证券化、不良资产处理等业务。

资产管理业务，以固定收益类和资产配置类的资产管理产品为主，以商业银行理财部门、私人银行部门和国内的超高净值私人客户为重点对象的财富管理业务，包括结构化证券投资业务、QDII业务、主动管理的固定收益类产品业务等。

事务性信托业务，主要包括事务性受托业务。

4.2.1 自营资产运用与分布表

资产运用	金额（万元）	占比（%）	资产分布	金额（万元）	占比（%）
货币资产	219 762.42	48.51	基础产业		
贷款及应收款	9 945.83	2.20	房地产业		
买入返售金融资产投资	0.00	0.00	证券市场	24 242.66	5.35
可供出售金融资产投资	144 729.26	31.95	实业	9 945.83	2.20
长期股权投资	73 849.52	16.30	金融机构	73 849.52	16.30
其他	4 694.98	1.04	其他	344 944.00	76.15
资产总计	452 982.01	100.00	资产总计	452 982.01	100.00

注：资产分布中“其他”项主要包括信托产品投资等。

4.2.2 信托资产运用与分布表

资产运用	金额（万元）	占比（%）	资产分布	金额（万元）	占比（%）
货币资产	1 304 384.00	8.69	基础产业	6 293 199.00	41.90
贷款	7 087 082.00	47.18	房地产	1 003 720.00	6.68
交易性金融资产投资	2 740 047.00	18.24	其他实业	964 944.00	6.42
可供出售金融资产投资	2 519 237.00	16.77	证券市场	2 087 204.00	13.90
持有至到期投资	0.00	0.00	金融机构	2 074 849.00	13.80
长期股权投资	1 066 414.00	7.10	其他	2 596 960.00	17.30
其他	303 712.00	2.02			
信托资产总计	15 020 876.00	100.00	信托资产总计	15 020 876.00	100.00

4.3 市场分析

4.3.1 有利因素

（1）国民财富的快速积累和集中为信托业务市场发展壮大提供了强大的推动力。

（2）随着国内多层次资本市场的加快建设，创新金融工具不断推出，为公司提供了更广阔的业务拓展空间。

（3）公司秉承合规、稳健的经营理念，风险控制体系日趋完善；专业化的资产管理团队成为公司可持续发展的基础。

（4）公司在信托业已建立了较强的品牌优势，在能源、交通、基础设施等行业呈现快速发展的势头，积累了一批优质的机构客户和高端个人客户资源，具有较高的客户忠诚度。

4.3.2 不利因素

（1）信托行业政策调整频繁，对公司既有业务模式形成冲击。房地产信托业务、银信合作等成熟盈利模式的发展空间进一步压缩。

（2）随着国内金融改革的进一步深化，现有业务模式受到利率市场化、混业经营的威胁，公司与证券公司、基金管理公司、保险公司、商业银行以及外资金融机构等信托从业金融机构的全面竞争将更加激烈。

4.4 内部控制

4.4.1 内部控制环境和内部控制文化

公司坚持“全面风险管理”和“只有风险可控的发展才是真正的可持续发展”的风险管理理念，并在制度的设计、决策的进行、业务的开展各个层面加以深入贯彻，形成了科学、清晰、合理的组织架构，前台、中台、后台形成有效的制衡机制，为公司营造了健康的内部控制环境。

公司法人治理结构完善，股东不干涉公司经营，董事会、监事会、各专业委员会以提高业务的安全性和维护委托人的利益为根本出发点，不以利润作为对经营层的主要考核指标，追求风险可控前提下效益的稳步增长，在公司形成了良好的内部控制文化。

4.4.2 内部控制措施

公司根据业务发展、外部环境变化以及监管要求进行滚动修订制度和流程，建立了相对完备的内部控制制度体系。内控制度体系主要包括基本管理制度、组织管理制度、合规管理制度和风险管理制度、自有资产运用管理制度、证券投资管理制度、信托业务管理制度、财务会计管理制度、行政管理制度、人力资源管理制度、计算机系统管理制度等。同时，中海信托还建立了内部控制优化机制，在日常经营中不断改进风险管理手段与方法，完善风险识别、评估和控制措施。

公司的内部控制措施不断完善。建立了多层次的分级有限授权制度；在开展具体业务时遵循前中后台分离的原则；在开办新业务前，均通过引入外部专业机构进行充分论证、沟通和调研，并遵循制度和流程先行的原则，确保了对潜在风险的有效防范和控制；通过明晰各部门职责，保证了内部运营体系的健康有效；加大投入，完善灾备系统；以信息化建设为依托，逐步建立起覆盖各个业务领域的数据库和计算机信息系统，有力地支持了公司业务的快速发展。

4.4.3 信息交流与反馈

公司建立起信息交流与反馈机制，搭建起畅通的信息交流渠道，建立了内部审计的报告制度和报告路线，并由专人负责，并能够有效执行。

2011年4月，公司按照相关规定在指定报纸上刊登了公司2010年年报，获得较好反响。

根据有关监管要求，对于集合资金信托业务、关联交易、高管更替等重大事项，公司均履行了完备的报备或报批手续。对于监管机构提出的问题或建议，公司均给予及时、详细的信息反馈或制定整改措施。公司还邀请监管机构代表列席董事会会议，现场就有关问题进行交流、探讨。

公司能够严格执行向委托人、受益人披露信托事务处理信息的有关制度，确保相关当事人的知情权。

4.4.4 监督评价与纠正

公司建立了有效的内部监控制度，对公司内控制度的执行情况进行持续的监督，保证了内控的实际效果；建立了重大事故或案件责任人追究制度,通过风险教育使各部门和员工明确了有关风险和职责关系。公司对内部审计和外部审计中发现的问题能够及时整顿和改正,做好反馈工作,不断提升管理水平。

公司风险管理和内部控制能够贯穿、覆盖到每一个部门、每一类业务和每一个员工,同时保持随时跟踪和监控。公司针对信托和自有业务制定了风险识别、计量、监测和控制的具体制度、程序和方法,风险管理总部和稽核审计部在业务运作的各个阶段予以通盘考量和全程监控。稽核审计部定期开展内部审计,对公司的经营活动和风险状况进行独立、客观的监督和评价,通过监督和检查发挥督导作用。公司重视外部审计对公司运营的促进作用,通过相关制度和措施,保证外部审计的有效性,借助外部审计改善公司经营。

4.5 风险管理

4.5.1 风险管理概况

风险控制体系和风险管理能力是金融企业最核心的技术和最重要的能力之一,公司紧紧围绕"诚信稳健、忠人所托"的经营战略,坚持"只有风险可控的发展才是真正的可持续发展"的风控理念。

风险管理组织结构图:

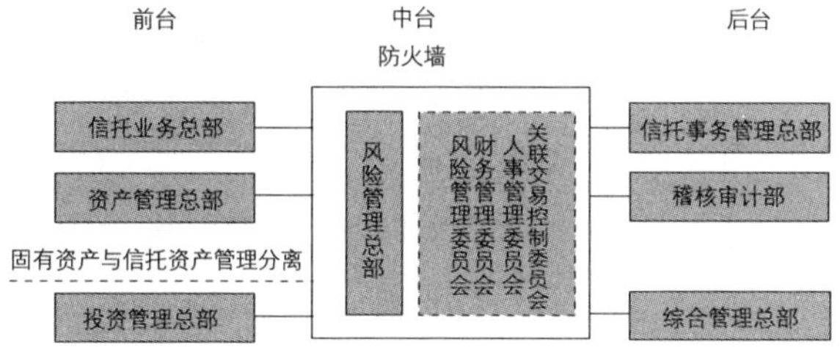

公司建立了较健全的风险控制组织结构和机制,基本形成了前台、中台、后台相分离、信托资金运作与自有资金运作相分离的风险管理框架。

公司的前台由信托业务总部、资产管理总部和投资管理总部构成,分别负责信托业务开拓和固有资产管理。

公司的中台由风险管理总部和公司四个非常设的委员会组成,中台的主要作用是集体决策和事中控制。风险管理总部的职责是建立健全内部风险管理体系,防范和控制风险。四个委员会的主要职责是对公司业务、财务工作、机构人事安排和关联交易事项进行审议,并在相关授权范围内进行决策。公司制定了上述四个委员会的议事规则,明确了职责和议事程序。

公司的后台由信托事务管理总部、稽核审计部和综合管理总部构成,其职责是完成信托资金托管清算、财务核算、项目管理、审计监督、行政人事等后台支持。

4.5.2 风险状况

4.5.2.1 信用风险状况

信用风险指是指交易对手未能履行约定契约中的义务而造成经济损失的风险。公司面临的信用风险具体表现为:在开展信托业务或固有业务时,交易对手或融资方违约造成的风险。2011年面临的信用风险状况:由于复杂的经济形势和多变的外部监管政策,依赖银行信用的业务模式难以为继;国际、国内复杂的经济形势加大了交易对手的信用风险;公司选择项目、甄别客户、识别信用风险的工作量及压力大增,公司信用风险管理能力在复杂的经济形势中面临考验。公司在复杂多变的形势下采取多种措施积极应对,2011年未发生任何信用风险事件,信托均安全顺利兑付,目前仍存续的业务信用风险也较小。

4.5.2.2 市场风险状况

市场风险是指经营过程中由于股票价格波动、商品价格波动、利率变化、汇率变动等金融市场波动而产生损失的风险。市场风险主要存在于公司证券投资业务,以及其他与股票价格、利率、汇率、商品价格等挂钩的特定金融产品投资业务中。2011年面临的市场风险主要是证券市场价格波动频仍,股票市场呈单边下跌态势,公司证券投资信托的净值随之波动,受益人的收益获利难度增大;同时,证券市场价格的波动也对公司投资的金融股权的价值造成了一定影响;此外,还有市场利率持续上升带来的风险。公司通过交易结构设计、预警、止损、风险揭示等手段努力降低市场风险,锁定公司收益,公司未因市场风险而对公司的盈利能力及财务状况产生重大影响。

4.5.2.3 操作风险状况

操作风险是指公司由于内部程序、人员、系统的不完善或失误,或外部事件造成的影响。2011年,公司未发生因内部原因或外部冲击造成的直接或间接损失,也未发现滥用操作权,追求私利的情况。

4.5.2.4 其他风险状况

公司面临的其他风险主要表现为法律风险与合规风险。法律风险是由于违反有关法律法规、监管规定及合同等原因可能造成经济损失或企业信誉损失的风险。合规风险是指因未能遵循法律、监管规定、规则、自律性组织制定的有关准则以及适用于自身业务活动的行为准则而可能遭受法律制裁或监管处罚、重大财务损失或声誉损失的风险。公司未发生从业人员违反法律法规和职业操守的行为。公司本年度未发生合规和法律风险。

4.5.3 风险管理

4.5.3.1 信用风险管理

公司设立了信托业务总部、资产管理总部、投资管理总部、信托事务管理总部、风险管理总部、稽核审计部等部门,按照职能划分,进行机构分离,强化制约机制;通过流程再造,标准化程序设计,完善了事前评估、事中控制、事后检查的风险控制流程;通过建立客户关系管理系统,持续关注交易对手的资信状况、履约能力及其变化,防范信用风险;通过设定客户准入门槛及业务准入标准,筛选出高质量客户;通过实行重点客户、区域倾斜、保持一定程度的客户集中度,在依托各种信用增级手段的基础上,切实降低了信用风险;通过法律条款的设定,借助外部律师的专业意见,提高抵御信用风险的能力。

截至2011年末,"正常类"资产为434 496万元,占比95.77%,比年初增加205 580万元,占比增加0.12%;"关注类"资产为19 213万元,占比4.23%,较年初增加8 804万元,占比减少0.12%;不良资产的期初、期末数均为零。公司按照有关规定计提风险准备,一般风险准备按净利润的5%计提,信托赔偿准备按照年末融资类银信理财余额的2.5%计提,两者合计数体现为财务报表中的一般风险准备。抵押品确认的主要原则为根据具备资格的第三方评估机构评估报告确定,抵押率标准及保证贷款管理原则由风险管理委员会按项目逐一评估确定。

4.5.3.2 市场风险管理

公司成立了证券投资风险控制机构。证券投资风险控制机构对证券交易部门提交的资产配置方案、投资策略进行审议，决定资产配置比例、行业分配比例等。对市场风险的控制主要通过定期对宏观经济运行和政策趋势、证券市场发展政策和思路等方面因素进行跟踪研究，及时作出相关的研究报告，为投资决策提供依据等方式实现。公司对证券投资业务应当采用限额管理，确保市场风险控制在可以承受的合理范围内。市场风险限额包括交易限额、止损限额等，风险限额设定后不得随意突破。公司通过压力测试评估市场风险亏损承受能力。证券交易部门在制定主动管理的投资方案中明确各证券品种止损线、警示线、止赢线等量化指标，经风管会批准后由风险管理总部和证券交易部门负责对止损、止赢执行情况进行系统和人工监控，对发生大幅波动及达到止损点的投资品种及时采取措施。

4.5.3.3　操作风险管理

本公司已经建立了以SAP系统为核心的业务系统平台，所有业务实施和后台管理均通过系统完成，减少了手工操作失误可能导致的损失；逐步完善公司的内控制度，制定了各种业务管理办法和岗位职责制度，对本公司每一项业务内容，均制定了操作细则和操作流程，明确流程中每一环节的责任及权限；对各个环节规定了严格的岗位标准，在强化目标管理的同时坚持过程控制，防范人为因素带来的经营风险。同时，本公司依据行业监管要求从每年的税后利润中充分计提信托赔偿准备金，用以弥补由于公司的可能过失而导致的信托业务损失，充分保证受益人利益。

4.5.3.4　其他风险管理

公司所有重大合同均通过法律事务岗审核同意，并出具独立意见；重大、创新和复杂项目均聘请专业外部律师事务所进行审查，并出具无保留意见的法律意见书后方可实施。公司设有首席风险控制官监控公司整体运营风险，并设立专门的合规岗、制度岗，负责业务的合规审查和制度完善。

5. 报告期末及上一年度末的比较式会计报表

5.1　自营资产

5.1.1　会计师事务所审计意见全文

审 计 报 告

XYZH/2011A4026－2

中海信托股份有限公司：

我们审计了后附的中海信托股份有限公司（以下简称中海信托）财务报表，包括2011年12月31日的资产负债表，2011年度的利润表、现金流量表和所有者权益变动表以及财务报表附注。

一、管理层对财务报表的责任

编制和公允列报财务报表是中海信托管理层的责任，这种责任包括：（1）按照企业会计准则的规定编制财务报表，并使其实现公允反映；（2）设计、执行和维护必要的内部控制，以使财务报表不存在由于舞弊或错误导致的重大错报。

二、注册会计师的责任

我们的责任是在执行审计工作的基础上对财务报表发表审计意见。我们按照中国注册会计师审计准则的规定执行了审计工作。中国注册会计师审计准则要求我们遵守职业道德守则，计划和执行审计工作以对财务报表是否不存在重大错报获取合理保证。

审计工作涉及实施审计程序，以获取有关财务报表金额和披露的审计证据。选择的审计程序取决于注册会计师的判断，包括对由于舞弊或错误导致的财务报表重大错报风险的评估。在进行风险评估时，注册会计师考虑与财务报表编制和公允列报相关的内部控制，以设计恰当的审计程序，但目的并非对内部控制的有效性发表意见。审计工作还包括评价管理层选用会计政策的恰当性和作出会计估计的合理性，以及评价财务报表的总体列报。

我们相信，我们获取的审计证据是充分、适当的，为发表审计意见提供了基础。

三、审计意见

我们认为，中海信托财务报表在所有重大方面按照企业会计准则的规定编制，公允反映了中海信托2011年12月31日的财务状况以及2011年度的经营成果和现金流量。

信永中和会计师事务所有限责任公司　　中国注册会计师：

中国注册会计师：

中国　北京　　二〇一二年三月二十二日

5.1.2　资产负债表

资产负债表

编制单位：中海信托股份有限公司　　2011年12月31日　　单位：万元

项　目	期末数	期初数
资产：	—	—
现金及存放中央银行存款	0.27	0.08
存放同业存款	219 762.15	12 286.17
贵金属		
拆出资金		
交易性金融资产	8.39	1.71
衍生金融资产		
买入返售金融资产	—	27 116.33
应收利息	159.02	80.87

续表

项　目	期末数	期初数
发放贷款和垫款	9 945. 83	10 000. 00
可供出售金融资产	144 729. 26	131 479. 61
持有至到期投资		
长期股权投资	73 849. 52	58 975. 73
投资性房地产		
固定资产	416. 85	501. 97
无形资产	137. 76	107. 24
递延所得税资产	3 215. 51	2 205. 81
其他资产	757. 45	551. 00
资产总计	452 982. 01	243 306. 52
负债:		
向中央银行借款		
同业及其他金融机构存放款项		
拆入资金		
交易性金融负债		
衍生金融负债		
卖出回购金融资产款		
吸收存款		
应付职工薪酬	7 221. 17	6 107. 39
应交税费	17 174. 96	9 406. 61
应付利息		
预计负债		
应付债券		
递延所得税负债		
其他负债	237. 24	450. 28
负债合计	24 633. 37	15 964. 28
所有者权益(或股东权益):		
实收资本(股本)	250 000. 00	120 000. 00
资本公积	1 618. 45	-3 280. 92
减:库存股		
专项储备		
盈余公积	23 947. 53	17 336. 83
一般风险准备	132 061. 38	11 246. 76
未分配利润	20 721. 28	82 039. 57
所有者权益合计	428 348. 64	227 342. 24
负债和所有者权益总计	452 982. 01	243 306. 52

5. 1. 3　利润表

利润表

编制单位:中海信托股份有限公司　　2011 年度　　单位:万元

项　目	本期金额	上期金额
一、营业总收入	102 765. 60	81 311. 58
利息净收入	2 084. 40	5 267. 97
利息收入	2 084. 40	5 269. 86
利息支出	—	1. 89
手续费及佣金净收入	76 413. 27	62 175. 70
手续费及佣金收入	76 463. 05	62 229. 60
手续费及佣金支出	49. 78	53. 90
投资收益(损失以"-"号填列)	24 606. 74	13 293. 79
其中:对联营企业和合营企业的投资收益	13 141. 85	6 560. 31
公允价值变动收益(损失以"-"号填列)	-6. 53	—
汇兑收益(损失以"-"号填列)	-577. 45	-359. 23
其他业务收入	245. 17	933. 35
二、营业成本	21 647. 61	13 821. 97
营业税金及附加	5 000. 39	4 126. 71
业务及管理费	10 962. 08	9 838. 07
资产减值损失	5 668. 61	-155. 66
其他业务成本	16. 53	12. 85
三、营业利润(亏损以"-"号填列)	81 117. 99	67 489. 61
加:营业外收入	2 764. 17	10. 99
减:营业外支出	55. 53	78. 91
四、利润总额(亏损总额以"-"号填列)	83 826. 63	67 421. 69
减:所得税费用	17 719. 60	15 257. 34
五、净利润(净亏损以"-"号填列)	66 107. 03	52 164. 35

5. 1. 4 所有者权益变动表

所有者权益变动表

编制单位：中海信托股份有限公司　　2011 年度　　单位：万元

项目	本年金额											上年金额										
	归属于母公司所有者权益									少数股东权益	所有者权益合计	归属于母公司所有者权益									少数股东权益	所有者权益合计
	实收资本（或股本）	资本公积	减：库存股	专项储备	盈余公积	一般风险准备	未分配利润	其他	小计			实收资本（或股本）	资本公积	减：库存股	专项储备	盈余公积	一般风险准备	未分配利润	其他	小计		
一、上年年末余额	120 000. 00	-3 280. 92	—	—	17 336. 83	11 246. 76	82 039. 58	—	227 342. 24	—	227 342. 24	120 000. 00	3 118. 34	—	—	12 120. 39	8 638. 54	87 699. 88	—	231 577. 16	—	231 577. 16
加：会计政策变更																						
前期差错更正																						
二、本年年初余额	120 000. 00	-3 280. 92	—	—	17 336. 83	11 246. 76	82 039. 58	—	227 342. 24	—	227 342. 24	120 000. 00	3 118. 34	—	—	12 120. 39	8 638. 54	87 699. 88	—	231 577. 16	—	231 577. 16
三、本年增减变动金额（减少以“-”号填列）	130 000. 00	4 899. 37	—	—	6 610. 70	120 814. 62	-61 318. 30	—	201 006. 40	—	201 006. 40	—	-6 399. 27	—	—	5 216. 43	2 608. 22	-5 660. 31	—	-4 234. 92	—	-4 234. 92
（一）净利润							66 107. 03		66 107. 03	—	66 107. 03							52 164. 35		52 164. 35	—	52 164. 35
（二）其他综合收益	—	4 899. 37	—	—	—	—	—	—	4 899. 37	—	4 899. 37	—	-6 399. 27	—	—	—	—	—	—	-6 399. 27	—	-6 399. 27
综合收益小计	—	4 899. 37	—	—	—	—	66 107. 03	—	71 006. 40	—	71 006. 40	—	-6 399. 27	—	—	—	—	52 164. 35	—	45 765. 08	—	45 765. 08
（三）所有者投入和减少资本	130 000. 00	—	—	—	—	—	—	—	130 000. 00	—	130 000. 00	—	—	—	—	—	—	—	—	—	—	—
1. 所有者投入资本	130 000. 00	—							130 000. 00	—	130 000. 00	—	—							—	—	—
2. 股份支付计入所有者权益的金额	—	—							—	—	—	—	—							—	—	—
3. 其他	—	—	—	—	—	—	—	—	—	—	—	—	—	—	—	—	—	—	—	—	—	—
（四）专项储备提取和使用	—	—	—	—	—	—	—	—	—	—	—	—	—	—	—	—	—	—	—	—	—	—
1. 提取专项储备				—					—	—	—				—					—	—	—
2. 使用专项储备				—					—	—	—				—					—	—	—
（五）利润分配	—	—	—	—	6 610. 70	120 814. 62	-127 425. 32	—	—	—	—	—	—	—	—	5 216. 43	2 608. 22	-57 824. 65	—	-50 000. 00	—	-50 000. 00

续表

项目	本年金额											上年金额										
	归属于母公司所有者权益									少数股东权益	所有者权益合计	归属于母公司所有者权益									少数股东权益	所有者权益合计
	实收资本（或股本）	资本公积	减：库存股	专项储备	盈余公积	一般风险准备	未分配利润	其他	小计			实收资本（或股本）	资本公积	减：库存股	专项储备	盈余公积	一般风险准备	未分配利润	其他	小计		
1. 提取盈余公积	—	—	—	—	6 610. 70	—	-6 610. 70	—	—	—	—	—	—	—	—	5 216. 43	—	-5 216. 43	—	—	—	—
其中：法定公积金					6 610. 70		-6 610. 70		—		—					5 216. 43		-5 216. 43		—		—
任意公积金					—		—		—		—							—		—		—
储备基金					—		—		—		—							—		—		—
企业发展基金					—		—		—		—							—		—		—
利润归还投资					—		—		—		—							—		—		—
2. 提取一般风险准备						120 814. 62	-120 814. 62		—		—						2 608. 22	-2 608. 22		—		—
3. 对所有者（或股东）的分配							—		—	—	—							-50 000. 00		-50 000. 00	—	-50 000. 00
4. 其他	—	—	—	—	—	—	—	—	—	—	—						—	—	—	—	—	—
（六）所有者权益内部结转	—	—	—	—	—	—	—	—	—	—	—						—	—	—	—	—	—
1. 资本公积转增资本（或股本）											—									—		—
2. 盈余公积转增资本（或股本）											—									—		—
3. 盈余公积弥补亏损											—									—		—
4. 其他	—	—	—	—	—	—	—	—	—	—	—	—	—	—	—	—	—	—	—	—	—	—
四、本年年末余额	250 000. 00	1 618. 45	—	—	23 947. 53	132 061. 38	20 721. 28	—	428 348. 64	—	428 348. 64	120 000. 00	-3 280. 92	—	—	17 336. 83	11 246. 76	82 039. 58	—	227 342. 24	—	227 342. 24

5.2 信托资产

5.2.1 信托项目资产负债汇总表

信托项目资产负债表

编制单位：中海信托股份有限公司　　2011年12月31日　　单位：万元

信托资产	期末数	期初数	信托负债和信托权益	期末数	期初数
信托资产	—	—	一、信托负债		
货币资金	1 304 383.57	347 144.54	交易性金融负债	—	—
拆出资金	—	—	应付利息	—	—
交易性金融资产	2 740 047.27	2 435 272.96	应付受托人报酬	2 049.11	1 874.29
买入返售金融资产	194 683.09	59 102.85	应付托管费	1 406.21	1 034.32
应收款项	108 752.65	19 006.84	应付受益人收益	8 038.80	9 008.49
发放贷款和垫款	7 087 082.00	9 344 155.10	其他应付款	59 475.65	33 046.71
可供出售金融资产	2 519 237.50	3 248 125.16	应交税费	—	—
持有至到期投资	—	—	卖出回购金融资产款	—	—
长期股权投资	1 066 414.10	1 001 802.00	信托负债合计	70 969.77	44 963.81
固定资产	—	—	二、信托权益		
无形资产	—	—	实收信托	15 020 447.09	16 121 391.99
长期应收款	—	—	资本公积	52 114.32	11 007.97
其他资产	275.74	310.83	未分配利润	-122 655.26	277 556.51
			信托权益合计	14 949 906.15	16 409 956.47
信托资产总计	15 020 875.92	16 454 920.28	信托负债及信托权益总计	15 020 875.92	16 454 920.28

5.2.2 信托项目利润及利润分配汇总表

信托项目利润及利润分配表

2011年度

编制单位：中海信托股份有限公司　　单位：万元

项　目	本年数	上年数
一、营业收入	882 047.94	1 149 873.90
利息收入	859 312.50	787 238.55
投资收益	196 021.43	162 007.14
公允价值变动损益	-182 190.80	192 151.38
租赁收入	—	—
其他收入	8 904.81	8 476.83
二、营业费用	262 577.70	275 111.40
三、营业税金及附加	0.00	0.00
四、扣除资产损失前的信托利润	619 470.24	874 762.50
减：资产减值损失	—	—
五、扣除资产损失后的信托利润	619 470.24	874 762.50
加：期初未分配信托利润	277 556.51	18 851.24
六、可供分配的信托利润	897 026.75	893 613.74
减：本期已分配信托利润	1 019 682.01	616 057.2
七、期末未分配信托利润	-122 655.26	277 556.51

6. 会计报表附注

6.1 会计报表编制基准不符合会计核算基本前提的说明

6.1.1 会计报表不符合会计核算基本前提的事项

本公司会计报表不存在不符合会计核算基本前提的情况。

6.1.2 本年度未纳入合并报表范围的公司

本公司本年度无未纳入合并报表范围的公司。

6.2 或有事项说明

本公司报告期内无对外担保及其他或有事项。

6.3 重要资产转让及其出售的说明

本公司本年度无须披露的重要资产转让及其出售的说明。

6.4 会计报表中重要项目的明细资料

以下明细表格除特别注明外，金额单位为人民币万元，期初指2011年1月1日，期末指2011年12月31日。

6.4.1 披露自营资产经营情况

6.4.1.1 按信用风险五级分类结果披露信用风险资产的期初数、期末数

信用风险资产五级分类	正常类（万元）	关注类（万元）	次级类（万元）	可疑类（万元）	损失类（万元）	信用风险资产合计（万元）	不良资产合计（万元）	不良资产率（%）
期初数	228 916	10 409	—	—	—	239 325	—	—
期末数	434 496	19 213	—	—	—	453 709	—	—

注：不良资产合计＝次级类＋可疑类＋损失类。

6.4.1.2 各项资产减值损失准备的期初、本期计提、本期转回、本期核销、期末数；贷款的一般准备、专项准备和其他资产减值准备应分别披露

单位:万元

	期初数	本期计提	本期转回	本期核销	期末数
贷款损失准备	—	—	—	—	—
一般准备	—	—	—	—	—
专项准备	—	—	—	—	—
其他资产减值准备	—	—	—	—	—
可供出售金融资产减值准备	—	—	—	—	—
持有至到期投资减值准备	—	—	—	—	—
长期股权投资减值准备	—	—	—	—	—
坏账准备	582.68	-124.53	—	—	458.15
投资性房地产减值准备	—	—	—	—	—

6.4.1.3 自营股票投资、基金投资、债券投资、股权投资等投资业务的期初数、期末数

单位:万元

	自营股票	基金	债券	长期股权投资
期初数	10 410.07	8 077.29	303.64	58 975.73
期末数	9 293.66	14 949.00	—	73 849.52

6.4.1.4 前五名的自营长期股权投资的企业名称、占被投资企业权益的比例、主要经营活动及投资收益情况等(从大到小顺序排列)

企业名称	占被投资企业权益的比例(%)	主要经营活动	投资收益(万元)
1. 中海基金管理有限公司	41.591	基金募集、基金销售、资产管理、中国证监会许可的其他业务(涉及行政许可的凭许可证经营)。	2 070.78
2. 四川信托有限公司	30.00	信托、投资基金业务。	11 071.06
3. 信达证券股份有限公司	0.60	证券经纪;证券投资咨询;与证券交易、证券投资活动有关的财务顾问;证券承销与保荐。	—

6.4.1.5 前五名的自营贷款的企业名称、占贷款总额的比例和还款情况等(从大到小顺序排列)

企业名称	占贷款总额的比例(%)	还款情况
重庆钢铁集团公司	100	尚未到期

6.4.1.6 表外业务的期初数、期末数,按照代理业务、担保业务和其他类型表外业务分别披露

单位:万元

表外业务	期初数	期末数
担保业务	—	—
代理业务(委托业务)	—	—
其他	—	—
合计	—	—

注:代理业务主要反映因客观原因应规范而尚未完成规范的历史遗留委托业务,包括委托贷款和委托投资。

6.4.1.7 公司当年的收入结构

收入结构	金额(万元)	占比(%)
手续费及佣金收入	76 463.05	72.02
其中:信托手续费收入	26 719.82	25.17
投资银行业务收入	49 743.23	46.85
利息收入	2 084.40	1.96
其他业务收入	245.17	0.23
其中:计入信托业务收入部分	—	—
投资收益	24 606.74	23.18
其中:股权投资收益	13 141.85	12.38
其他投资收益	11 464.89	10.80
营业外收入	2 764.17	2.60
收入合计	106 163.53	100.00

注:手续费及佣金收入、利息收入、其他业务收入、投资收益、营业外收入均应为损益表中的一级科目,其中手续费及佣金收入、利息收入、营业外收入为未抵减掉相应支出的全年累计实现收入数。投资银行业务收入是指由公司自主开发并主动管理的融资类信托项目产生的收入。

6.4.2 披露信托资产管理情况

6.4.2.1 信托资产的期初数、期末数

单位:万元

信托资产	期初数	期末数
集合	1 996 126.00	3 397 311.00
单一	14 458 794.00	11 623 565.00
财产权	—	—
合计	16 454 920.00	15 020 876.00

6.4.2.1.1 主动管理型信托业务期初数、期末数,分证券投资、股权投资、融资、事务管理类分别披露

单位:万元

主动管理型信托资产	期初数	期末数
证券投资类	944 925.00	1 904 102.00
股权投资类	—	—
融资类	6 936 664.00	4 720 122.00
事务管理类	—	—
合计	7 881 589.00	6 624 224.00

6.4.2.1.2 被动管理型信托业务期初数、期末数,分证券投资、股权投资、融资、事务管理类分别披露

单位:万元

被动管理型信托资产	期初数	期末数
证券投资类	—	—
股权投资类	—	—
融资类	—	—
事务管理类	8 570 331.00	8 396 652.00
合计	8 570 331.00	8 396 652.00

6.4.2.2 本年度已清算结束的信托项目个数、实收信托合计金额

6.4.2.2.1 本年度已清算结束的集合类、单一类资金信托项目和财产管理类信托项目个数、金额

已清算结束信托项目	项目个数	实收信托金额合计（万元）
集合类	19	524 326.45
单一类	98	9 236 818.40
财产管理类	—	—

6.4.2.2.2　本年度已清算结束的主动管理型信托项目个数、合计金额，分证券投资、股权投资、融资、事务管理类分别披露

已清算结束信托项目	项目个数	实收信托合计金额（万元）
证券投资类	12	1 169 468.00
股权投资类	—	—
融资类	84	4 642 739.85
事务管理类	—	—

6.4.2.2.3　本年度已清算结束的被动管理型信托项目个数、合计金额，分证券投资、股权投资、融资、事务管理类分别披露

已清算结束信托项目	项目个数	实收信托合计金额（万元）
证券投资类	—	—
股权投资类	—	—
融资类	—	—
事务管理类	21	3 948 937.00

6.4.2.3　本年度新增的集合类、单一类和财产管理类信托项目个数、实收信托合计金额

新增信托项目	项目个数	实收信托金额（万元）
集合类	68	1 925 511.45
单一类	218	6 401 589.40
财产管理类	—	—
新增合计	286	8 327 100.85
其中：主动管理型	262	4 554 842.85
被动管理型	24	3 775 258.00

注：本年新增信托项目指在报告年度内累计新增的信托项目个数和金额。包含本年度新增并于本年度内结束的项目和本年度新增至报告期末仍在持续管理的信托项目。

6.4.2.4　信托业务创新成果和特色业务有关情况

公司视创新为发展的动力，坚持以市场为导向，以客户为中心，充分利用跨市场配置的信托制度优势进行产品和业务创新。

2011 年，公司在严格控制风险的前提下，加大创新力度，不断提升主动管理能力，拓展资产管理产品线。

公司充分发挥在结构化信托、矿业领域和资金流动性管理的综合优势，推出主动管理类矿业投资基金“中海·睿智 1 号矿业投资项目集合资金信托计划”的创新产品，创立了中海信托在矿业投资领域的管理品牌。

在投资类信托领域不断创新，如通过有限合伙企业参与股票定向增发的“凯石定增保二号”项目；推出“张裕 1912 百年酒窖干红收益权投资集合资金信托计划”，通过创新将实物消费与投资理财相结合，丰富客户投资渠道。

在中国城镇化建设投资领域，联合昆仑信托及国开金融共同发起设立国开城市发展基金，为社会资金参与国家城镇建设开辟了一条崭新的道路，在信托行业参与到城镇运营、社会管理等方面做了有益尝试。

凭借信托公司灵活的风险、收益杠杆优势，运用信托受益权分层，推出保证金交易证券投资结构化产品。该产品极大地满足了各种风险偏好投资者的投资需求，也为投资人提供了更为高效、更为便捷的融资机会。

6.4.2.5　本公司履行受托人义务情况及因本公司自身责任而导致的信托资产损失情况

本公司无因自身责任而导致信托资产损失的情况。

6.4.2.6　信托赔偿准备金的提取、使用和管理情况

公司年末按照银信合作信托贷款余额 2.5% 计提信托赔偿准备金。2011 年度本公司共计提信托赔偿准备 120 814.63 万元，年末余额 132 061.38 万元。在会计报表中以“一般风险准备”科目列示。

6.5　关联方关系及其交易的披露

6.5.1　关联交易方的数量、关联交易的总金额及关联交易的定价政策等

	关联交易方数量	关联交易金额（万元）	定价政策
合计	5 个	1 368 982.43	本公司的关联交易以公平的市场价格定价。

注：关联交易定义应以《公司法》和《企业会计准则第 36 号——关联方披露》有关规定为准。上述关联交易金额系本年度固有、信托与关联方的发生额。

6.5.2　关联交易方与本公司的关系性质、关联交易方的名称、法定代表人、注册地址、注册资本及主营业务等

关系性质	关联方名称	法定代表人	注册地址	注册资本（亿元）	主营业务
母公司	中国海洋石油总公司	王宜林	中国北京	949	组织海上石油、天然气勘探、开发、生产及炼油等。
股东	中国中信集团公司	常振明	中国北京	1 837	国内外投资业务、国际国内金融业务等。
同受一方控制	中海投资管理有限公司	周炯	中国上海	2.5	企业投资与资产管理，企业管理信息咨询，社会经济信息咨询（除中介）。
同受一方控制	中海石油气电集团有限责任公司	王家祥	中国北京	96.93	石油天然气（含液化天然气）、油气化工有关的技术开发、技术服务和咨询等。
同受一方控制	中海油新能源玉门风电有限公司	左柯庆	中国甘肃玉门	3.07	风电场的投资、开发、建设、经营和管理；风力发电项目、CDM 项目的运营及销售等。

6.5.3　逐笔披露本公司与关联方的重大交易事项

6.5.3.1　固有与关联方交易情况

单位：万元

固有与关联方关联交易				
	期初数	借方发生额	贷方发生额	期末数
贷款	—	—	—	—
投资	—	—	—	—

续表

	期初数	借方发生额	贷方发生额	期末数
租赁	—	—	—	—
担保	—	—	—	—
应收账款	—	—	—	—
其他	8 000.00	—	8 000.00	—
合计	8 000.00	—	8 000.00	—

6.5.3.2　信托与关联方交易情况

单位：万元

信托与关联方关联交易				
	期初数	借方发生额	贷方发生额	期末数
贷款	—	—	—	—
投资	—	—	—	—
租赁	—	—	—	—
担保	—	—	—	—
应收账款	—	—	—	—
其他	796 445.00	1 368 982.43	1 155 649.91	1 009 777 52
合计	796 445.00	1 368 982.43	1 155 649.91	1 009 777 52

6.5.3.3　信托公司自有资金运用于自己管理的信托项目(固信交易)、信托公司管理的信托项目之间的相互(信信交易)交易金额，包括余额和本报告年度的发生额

6.5.3.3.1　固有与信托财产之间的交易金额期初汇总数、本期发生额汇总数、期末汇总数

单位：万元

固有财产与信托财产相互交易			
	期初数	本期发生额	期末数
合计	112 690.31	-21 195.31	91 495.00

注：以固有资金投资公司自己管理的信托项目受益权，或购买自己管理的信托项目的信托资产均应纳入统计披露范围。本期清算结束 50 975.31 万元。

6.5.3.3.2　信托项目之间的交易金额期初汇总数、本期发生额汇总数、期末汇总数

单位：万元

信托财产与信托财产相互交易			
	期初数	本期发生额	期末数
合计	657 850.38	-4 014.70	653 835.68

注：以公司受托管理的一个信托项目的资金购买自己管理的另一个信托项目的受益权或信托项下资产均应纳入统计披露范围。本期清算结束 403 850.38 万元。

6.5.4　逐笔披露关联方逾期未偿还本公司资金的详细情况以及本公司为关联方担保发生或即将发生垫款的详细情况

报告期内，公司关联方无逾期未偿还本公司资金的情况，无本公司为关联方担保发生或即将发生垫款的情况。

6.6　会计制度的披露

本公司自 2008 年 1 月 1 日起固有业务(自营业务)、信托业务执行的会计制度均为 2006 年颁布的《企业会计准则》。

7. 财务情况说明书

7.1　利润实现和分配情况

本公司 2011 年度共实现利润总额为 83 826.63 万元，税后净利润为 66 107.03 万元。2010 年度公司未分配利润为 82 039.58万元。

根据《公司章程》的规定，本公司分别按当年实现净利润的 10%、5% 提取法定盈余公积 6 610.70 万元、一般风险准备金(即信托赔偿准备金)3 305.35 万元。另根据《中国银监会关于进一步规范银信理财合作业务的通知》要求，公司年末按照银信合作信托贷款余额 2.5% 计提信托赔偿准备金 117 509.28万元(在会计报表中以"一般风险准备"科目列示)。

2011 年末，公司可供分配累计利润为 20 721.28 万元。

7.2　主要财务指标

指标名称	指标值
信托资产规模(亿元)	1 502.09
人均信托资产规模(亿元)	15.90
信托业务收入占营业收入比重(%)	74.36
资本利润率(%)	20.16
人均净利润(万元/人)	699.55
不良资产率(%)	0

注：1. 信托业务收入占营业收入比重 = 手续费及佣金净收入/营业收入 ×100%。

2. 资本利润率 = 净利润/所有者权益平均余额 ×100%。

3. 人均净利润 = 净利润/年平均人数。

4. 平均值采取年初、年末简单平均法，公式为：a(平均) = (年初数 + 年末数)/2。

7.3　对本公司财务状况、经营成果有重大影响的其他事项

2011 年 12 月，公司两家股东中国海洋石油总公司和中国中信集团公司向公司同比例现金增资 13 亿元人民币，公司注册资本达到 25 亿元。

8. 特别事项揭示

8.1　前五名股东报告期内变动情况及原因

2011 年 12 月 27 日，经国务院批准，中国中信集团公司实施重组改制并以现有绝大部分经营性净资产作为出资，联合下属全资子公司北京中信企业管理有限公司共同发起设立中国中信股份有限公司，注册资本为 1 280 亿元人民币。原中国中信集团公司持有的本公司 5% 股权注入中国中信股份有限公司。

公司股东变更相关事宜正在进行中。

8.2　董事、监事及高级管理人员变动情况及原因

2011 年 1 月，经公司一届二十四次董事会审议通过，免去储晓明公司总裁职务，聘任陈浩鸣担任公司总裁。2011 年 3 月，公司股东会审议通过上述任免。陈浩鸣任职资格于 2011 年 7 月得到中国银监会核准(银监复〔2011〕237 号)。

2011 年 7 月，经公司二届一次董事会审议通过，同意选举吴孟飞先生为公司董事长。2011 年 12 月 26 日，中国银监会核准吴孟飞中海信托股份有限公司董事长任职资格(银监复〔2011〕604 号)。

2011年9月，经公司二届二次董事会审议通过，同意户学爱辞去总稽核职务，聘任张悦担任公司总稽核职务，张悦任职资格已于2011年11月得到上海银监局任职资格核准（沪银监复〔2011〕820号）。

8.3 变更注册资本、变更注册地或公司名称、公司分立合并事项

2011年12月15日，经中海信托股份有限公司股东会会议审议通过，以及上海银监局沪银监复〔2011〕840号文的批准，公司注册资本金由原12亿元增加到25亿元，公司股东的出资比例不变。

8.4 公司的重大诉讼事项

8.4.1 重大未决诉讼事项

本公司无重大未决诉讼事项。

8.4.2 以前年度发生，于本报告期内终结的诉讼事项

本公司无以前年度发生，于本报告期内终结的诉讼事项。

8.5 公司及其董事、监事和高级管理人员受到处罚的情况

本公司无公司及其董事、监事和高级管理人员受到处罚的情况。

8.6 银监会及其派出机构对公司检查后提出整改意见的，应简单说明整改情况

上海银监局于2011年8月8日至2011年8月31日对公司截至2011年6月30日存续的信政合作业务和银信理财合作业务及2010年现场检查意见的整改落实情况进行了专项现场检查，并出具了《关于中海信托股份有限公司现场检查的意见》（沪银监发〔2012〕12号）。上海银监局经过检查认为，公司对上海银监局在2010年信政合作业务和银信理财合作业务现场检查中所提的相关意见进行了整改，公司基本能够依据法律法规和信托文件的要求开展银信合作业务；2011年，在业务开展过程中较为审慎地对待信政合作业务的风险，年内未新增该项业务，原有信政合作业务也平稳到期。上海银监局要求公司对在信托项目调查、风险及合规审查和后续管理中仍存在的一些问题及风险隐患引起重视，并采取积极有效措施进一步加强整改。

针对不足，公司经过认真研究，形成整改报告上报上海银监局，从进一步强化风险防控意识、加强风险控制措施和合规审查工作、加强项目后续管理、完善并强化内部控制的执行力度等方面提出了具体的整改措施，并在实际工作中认真落实。

8.7 本年度重大事项临时报告的简要内容、披露时间、所披露的媒体及其版面

2011年7月16日，在《中国证券报》、《证券时报》、《上海证券报》及中海信托网站发布《中海信托股份有限公司关于公司总裁变更的公告》。公司总裁由储晓明变更为陈浩鸣。

2011年8月2日，在《中国证券报》、《证券时报》、《上海证券报》及中海信托网站发布《中海信托股份有限公司关于变更法定代表人的公告》。公司法定代表人变更为陈浩鸣先生。

2011年12月16日，在《中国证券报》、《证券时报》、《上海证券报》及中海信托网站发布《中海信托股份有限公司增加注册资本金公告》。公司的注册资本金由原12亿元增加到25亿元，公司股东的出资比例不变。

2012年1月4日，在《中国证券报》、《证券时报》、《上海证券报》及中海信托网站发布《中海信托股份有限公司关于公司董事长任职的公告》。公司聘任吴孟飞先生为董事长。吴孟飞先生的董事长任职资格已经中国银监会核准（银监复〔2011〕604号）。

8.8 银监会及其省级派出机构认定的其他有必要让客户及相关利益人了解的重要信息

经公司二届四次董事会审议，同意聘请信永中和会计师事务所担任本公司年度财务审计机构，并开展2011年年度财务审计工作。中瑞华恒信会计师事务所不再担任公司年度财务审计机构。

2011年6月17日，在《上海证券报》举行的第五届“诚信托”奖评选颁奖典礼上，中海信托荣获2010年度“诚信托”卓越公司奖。

2011年8月26日，在《证券时报》主办的“财富管理高峰论坛暨第四届中国优秀信托公司颁奖典礼”上，中海信托荣获“中国优秀信托公司”奖。

9. 公司监事会意见

监事会认为本公司决策程序符合法律、法规和公司章程的规定，并建立了较为完善的内部控制制度，公司董事、管理层认真履行职责，未发生执行职务时有违反法律、法规、公司章程或损害公司利益的行为。公司财务报告经信永中和会计师事务所审计，真实反映了公司的财务状况和经营成果。

中航信托股份有限公司

1. 重要提示

1.1 本公司董事会及董事保证本报告所载资料不存在任何虚假记载、误导性陈述或者重大遗漏，并对其内容的真实性、准确性和完整性承担个别及连带责任。

1.2 本公司独立董事对年度报告内容的真实性、准确性、完整性无异议。

1.3 本公司董事长朱幼林先生、总经理姚江涛先生、财务总监王守军先生保证年度报告中财务报告的真实和完整。

2. 公司概况

2.1 公司简介

2.1.1 公司沿革

中航信托股份有限公司(以下简称中航信托或公司)的前身是江西江南信托股份有限公司。公司前身于2009年经中国银监会批准，通过原江西江南信托投资股份有限公司股权重组，由中国航空工业集团公司、中国航空技术深圳有限公司、(新加坡)华侨银行有限公司等5家机构共同发起设立，2009年12月28日，完成重新登记并正式开业。2010年12月末，公司更名为中航信托股份有限公司，并同城迁址至南昌市红谷滩新区赣江北大道1号。经中国银行业监督管理委员会分别批准，2011年公司前后二次完成增资，将注册资本金增加至150 000.5万元。

2.1.2 公司法定名称

中文：中航信托股份有限公司

英文：AVIC Trust Co.,Ltd.

2.1.3 公司法定代表人：朱幼林

2.1.4 公司注册地址：江西省南昌市红谷滩新区赣江北大道1号中航广场24~25层

邮编：330038

公司互联网网址：www.avictc.com

公司电子邮箱：zhxt@avictc.com

2.1.5 公司负责信息披露事务的高级管理人员：罗国华

公司信息披露事务联系人：刘祝君、王漪澜

办公电话：0791-86776133、86667992

办公传真：0791-86772268

电子邮箱：zhxt@avictc.com

2.1.6 公司选定的信息披露报纸：《金融时报》

2.1.7 年报备置地点：江西省南昌市红谷滩新区赣江北大道1号中航国际广场24~25层

2.1.8 公司聘请的会计师事务所：京都天华会计师事务所有限责任公司

办公地址：北京朝阳区建外大街22号赛特广场10层

2.1.9 公司聘请的律师事务所：北京市君泽君律师事务所

办公地址：北京市西城区金融大街9号金融街中心南楼六层

2.2 组织结构

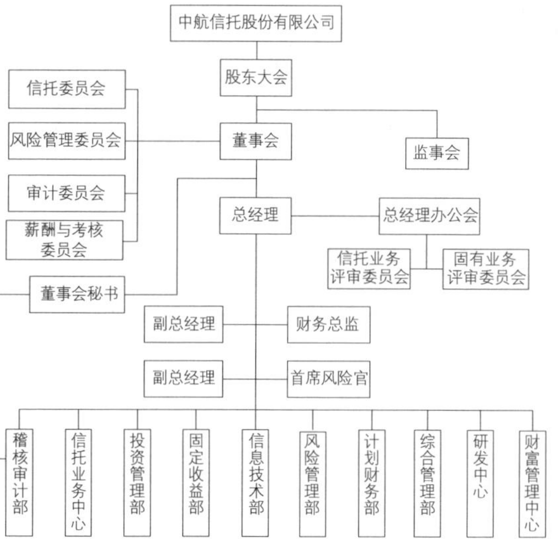

3. 公司治理

3.1 股东

股东名称	持股数(万股)	比例(%)	法人代表	注册资本	注册地址
中国航空工业集团公司	15 300	10.20	林左鸣	640亿元	北京市朝阳区建国路128号
中航投资控股有限公司	61 200	40.80	孟祥泰	25亿元	北京市朝阳区东三环中路乙10号20层
中国航空技术深圳有限公司	32 199	21.47	由镭	10亿元	深圳市福田区深南中路中航苑航都大厦24层
华侨银行有限公司	30 000	19.99	Cheong Choong Kong	82.1亿新加坡元	65 Chulia Street, #09-00 OCBC Centre, Singapore 049513
共青城羽绒服装创业基地公共服务有限公司	6 996	4.67	邹秀峰	500万元	共青大道经济发展局内
江西省财政投资管理公司	4 305.5	2.87	陈林芳	12亿元	南昌市孺子路47号鑫源大厦
合计	150 000.5	100			

3.2 董事

姓名	职务	性别	年龄	所推举的股东名称	该股东持股比例（%）	现工作单位	简要履历
朱幼林	董事长	男	49	中航投资控股有限公司	40.8	中航投资控股有限公司	管理工程博士研究生，研究员级高级工程师，现任中航投资控股有限公司分党组书记、副总经理；2001 年 6 月获国务院政府特殊津贴。
周宝义	董事	男	43	中航投资控股有限公司	40.8	中航投资控股有限公司	经济学博士研究生，高级经济师，现任中航投资控股有限公司投资运营部部长。
刘　敏	董事	男	51	中航投资控股有限公司	40.8	中航工业财务公司	企业管理研究生学历，一级会计师，现任中航工业财务公司副总经理。
孙泽群	董事	男	60	华侨银行有限公司	19.99	华侨银行有限公司	芝加哥大学工商管理硕士，2002 年加入华侨银行，任集团投资部总裁，兼任集团财务总监。
黎庆光	董事	男	54	华侨银行有限公司	19.99	华侨银行有限公司	加拿大多伦多大学工商管理硕士，现任华侨银行大中华区投资银行业务主管。
曾　军	董事	男	43	中航投资控股有限公司	40.8	中国航空技术深圳有限公司	研究生学历，现任中国航空技术深圳有限公司副总经理。

3.3 独立董事

姓　名	职务	性别	年龄	现工作单位	简要履历
吴晓球	独立董事	男	52	中国人民大学	经济学博士研究生，教授职称，博士生导师，现任中国人民大学校长助理兼金融与证券研究所所长，1996 年获得国务院特殊津贴。
巴曙松	独立董事	男	42	国务院发展研究中心	经济学博士研究生（及博士后）学历，博士生导师，教授职称，现任国务院发展研究中心金融研究所副所长。
孟　焰	独立董事	男	56	中央财经大学	博士学历，注册会计师，现任中央财经大学会计学院院长、教授、博士生导师。

3.4 监事

姓名	职务	性别	年龄	所推举的股东名称	该股东持股比例（%）	现工作单位	简要履历
孙继光	监事会主席	男	52	中国航空工业集团公司	10.2	中航工业资产事业部	经济学硕士学历，高级会计师职称，中航工业资产管理事业部总经理。
孔令芬	监事	女	49	中国航空工业集团公司	10.2	中航投资控股有限公司	硕士研究生，一级高级会计师职称，现任中航投资计划与财务部部长。
陈林芳	监事	男	56	江西省财政投资管理公司	2.87	江西财政投资管理公司	大学本科学历，高级会计师职称，现任江西省财政投资管理公司董事长。
魏颖晖	监事	男	40	职工监事		中航信托股份有限公司	经济师职称，本科学历，本公司拟任总经理助理兼信托业务一部总经理。
叶少波	监事	男	48	职工监事		中航信托股份有限公司	民法专业法学硕士，本公司风险管理部总经理。

3.5 高级管理人员

姓名	职务	任职时间	金融从业年限	学历	专业	年龄
姚江涛	总经理	2009 年 12 月	29	硕士研究生	国民经济	48
余萌	副总经理	2009 年 12 月	30	硕士研究生	西方经济学	48
曹华	副总经理	2009 年 12 月	18	本科	价格学	41
王守军	财务总监	2009 年 12 月	28	本科	经济管理	50
罗国华	董事会秘书	2009 年 12 月	23	硕士研究生	工商管理	47
郭若强	首席风险官	2010 年 9 月	19	硕士研究生	应用金融	46

3.6 公司员工

项目		报告期年度	
		人数	比例(%)
年龄分布	20~30岁	61	45
	30~40岁	46	34
	40~50岁	24	18
	50岁以上	4	3
学历分布	博士	2	1
	硕士	47	35
	本科	57	43
	专科	22	16
	其他	7	5
岗位分布	董事、监事及高管人员	8	6
	固有业务人员	10	8
	信托业务人员	57	42
	其他人员	60	44

4. 经营管理

4.1 经营目标、方针、战略规划

4.1.1 经营目标:打造细分市场资产管理核心能力,成为专业化的一流金融服务商

4.1.2 经营方针:"高起点、高境界、可持续、快发展"

4.1.3 战略规划

成为专业化的一流金融服务商。一流的基本内涵包括一流的经营能力、强大的品牌影响力和牢固的行业地位。力争通过5~10年的运营,使信托资产规模、信托报酬率、信托资产收益率、净资产回报率等关键经营指标位居行业前10名。

4.2 所经营业务的主要内容

公司主要开展的业务分为信托业务和固有业务两部分。其中,信托业务主要包括融资类信托、投资类信托和事务管理类业务;固有业务主要包括资金融通、证券投资和股权投资业务。

4.2.1 固有资产运用与分布表

单位:万元

资产运用	金额	占比(%)	资产分布	金额	占比(%)
货币资产	104 517.65	52.25	基础产业	13 250.00	6.62
贷款及应收款	44 824.64	22.41	房地产业	2 000.00	1.00
交易性金融资产	2 180.60	1.09	证券市场	11 791.56	5.90
可供出售金融资产	34 585.84	17.29	实业	23 886.27	11.94
持有至到期投资	—		金融机构	8 542.00	4.27
长期股权投资	8 542.00	4.27	其他*	140 556.50	70.27
其他	5 375.60	2.69			
资产总计	200 026.33	100	资产总计	200 026.33	100

4.2.2 信托资产运用与分布表

单位:万元

资产运用	金额	占比(%)	资产分布	金额	占比(%)
货币资产	348 224.74	4.43	基础产业	1 682 215.59	21.44
贷款	3 096 113.05	39.45	房地产	1 277 987.17	16.28
交易性金融资产			证券市场	1 055 180.46	13.45
可供出售金融资产	694 317.86	8.85	实业	2 449 060.55	31.21
持有至到期投资	734 216.17	9.36	金融机构		
长期股权投资	617 723.88	7.88	其他	1 382 950.98	17.62
其他	2 356 799.05	30.03	—		
信托总资产	7 847 394.75	100	信托总资产	7 847 394.75	100

4.3 市场分析

4.3.1 有利因素

我国经济保持平稳较快发展,工业化、城镇化进程不断深入,以及消费结构升级,将持续推动信托融资需求;持续偏紧的货币政策,银行信贷在规模和投放方向上依然会受到经济政策的限制,以及负的实际利率,加之经济周期的波动,引导资产纷纷转移至信托投资;国民财富不断累积,居民可支配收入和高净值人群持续增长,居民投资理财的需求日趋旺盛,信托业监管策略与时俱进,风险防范与创新发展并举,积极引导信托公司增强主动管理能力和实现内涵式增长,推动信托业持续健康发展;信托业迅速发展,市场对信托在理财、资产管理及其对中国经济社会发展中的价值不断被认识,使信托业在中国金融体系中的地位和影响力不断提升。

4.3.2 不利因素

2012年世界经济形势依然复杂严峻,我国企业发展面临更大挑战,要求我们提高对整体经济的研判及应对能力;竞争日前激烈的市场环境和日趋严格规范的监管政策,信托业依然无法摆脱对银行业的依赖;《信托法》及信托登记、信托税收等配套制度不完善将影响信托制度优势的发挥。

4.4 内部控制

4.4.1 内部控制环境

按照《公司法》的要求,公司建立了"三会一层"的法人治理结构,董事会下设信托、风险管理、审计、薪酬与考核四个专门委员会,各机构相互独立、相互制衡、权责明确。

公司设立了科学、规范的机构及岗位,明确界定了各部门、各岗位的目标、职责和权限,建立了相应的授权、检查和问责制度,保障正常运营及健康发展。

公司牢固树立"业务发展、内控先行"的内控合规文化理念,坚持业务开拓与内控监督并驾齐驱,营造和培育"全司重视、全员参与、全面覆盖、全程控制"的内控环境和合规文化氛围。

4.4.2 内部控制措施

公司按照《公司法》及《信托公司治理指引》的有关要求,建立了涵盖业务拓展、风险管理、财务管理、行政管理、信息披露等各方面比较完整的内控制度体系。报告期内,不断建立健全内控制度体系,统一升级至2.0版,初步形成了决策科学、运行稳健、监督有效、治理完善,覆盖所有机构、部门和岗位的内部控制管理机制。同时,借助信息技术平台,在办公自动化系

统中调整优化各项工作流程，有效实现制度流程化运行，不断推进公司经营管理工作规范化、标准化建设。

4.4.3 信息交流与反馈

公司建立了有效的信息交流、反馈机制，通过总经理办公会、部门例会及员工大会、电子公文系统、电子邮件系统、公司网站、QQ 群及每月一期的《中航信托通讯》、《工作简报》等信息交流平台方式，使公司治理层、经营管理层可以及时了解公司经营状况和风险情况的相关信息并将管理的要求及时传递给相关员工，部门和员工的各项工作和反馈信息能顺畅到达经营管理层。

4.4.4 监督评价与纠正

公司现行的内部控制制度较为完整、有效，各层级职责分工科学合理，信息交流与沟通顺畅，能够适应管理的要求和发展的需要，能够较好地保证会计资料的真实性、合法性及完整性，能够确保财产物资的安全、完整，能够严格按照法律、法规和公司章程规定的信息披露内容和格式要求，真实、准确、完整、及时地报送及披露信息。

4.5 风险管理

4.5.1 风险管理概况

公司风险管理体系主要由组织架构、制度体系、技术手段，以及稽查与事后评价等部分组成，建立了研究、决策、操作、稽查与评价相互制衡的风险控制机制。

公司董事会和高级管理层高度重视经营过程中可能出现的各种风险，坚持积极稳健的经营原则，通过开展风险识别、风险控制和风险应对等风险管理流程，逐步形成"事前防范、事中控制、事后监督"的风险管理规程，着力完善各项风险管理和内控制度；梳理业务管理办法，优化业务操作流程，完善管理信息平台，不断提升业务管理与风险控制水平。

根据自有资金和信托资金在运作过程中的特点，通过对风险类型的分析，公司在经营过程中可能遇到的风险主要有：信用风险、市场风险、操作风险、合规风险、流动性风险、其他风险等，其中最主要的是信用风险、市场风险和操作风险。

4.5.2 风险状况

4.5.2.1 信用风险状况

信用风险指因交易对手违约而造成财务损失的风险，主要表现为交易对手违约或借款人信用等级下降等所造成的风险。信用风险主要来自公司融资类业务。2011 年期末，公司涉及信用风险的资产总额 39 300 万元，其中正常类资产是 39 300 万元，不良类资产为 0。报告期内公司按风险类资产总额足额计提了准备金。报告期末公司信托业务信用风险资产均为正常。公司依据《信托公司管理办法》第四十九条规定，按净利润的 5% 提取信托赔偿准备金，本年度公司提取信托赔偿准备金 1 426.02万元，累计提取金额 1 588.86 万元。

4.5.2.2 市场风险状况

市场风险是指公司在业务经营中，因市场参数波动而产生的风险，主要表现为由于股价、利率、汇率及其他价格因素变动而造成固有财产或信托财产损失的风险以及对公司盈利能力、财务状况的影响。

报告期内公司固有业务对股票二级市场予以回避，采取相对保守的态度；公司信托业务中涉及证券投资的项目为上市公司定向增发项目及上市公司股票质押信托贷款项目，此类信托业务规模 40.37 亿元人民币，占存续项目总规模的 5.17%，规模与占比均较小。

4.5.2.3 操作风险状况

操作风险是指由不完善或有问题的内部程序、人员、系统或外部事件所造成损失的风险。操作风险广泛存在于公司所有业务活动中，公司通过规范各项业务流程、加强内控等手段管理操作风险，报告期内未发生因操作风险所造成的损失。

4.5.2.4 合规风险状况

合规风险是指因未能遵循法律、监管规定、规则、自律性组织制定的有关准则以及适用于自身业务活动的行为准则而可能遭受法律制裁或监管处罚、重大财务损失或声誉损失的风险。报告期内公司未发生因合规风险所造成的损失。

4.5.2.5 其他风险状况

其他风险主要是指公司业务开展中的流动性风险、声誉风险等。流动性风险主要是非现金资产的流动性和资金的流动性风险。前者是指非现金资产不能按现有市场价值及时变现而导致损失的可能性，后者是指现金流不能满足支出的需求而使资产提前进行清算，从而使账面潜在损失变为实际损失。声誉风险是由于公司内部管理或服务出现问题而引起自身的外部社会名声、信誉和公众信任度下降，从而对公司的外部市场地位产生消极和不良影响的风险。报告期内公司未发生因其他风险所造成的损失。

4.5.3 净资本管理

2011 年末公司净资本风险控制指标为：净资本 16.58 亿元，各项业务风险资本 9.77 亿元，净资本与各项业务风险资本之比为 169.67%，净资本与净资产之比为 91.12%。各项净资本风险控制指标均符合监管要求。

4.6 企业社会责任

4.6.1 提升金融服务功能，促进地方经济发展

公司成立以来，遵循"立足江西、依托航空、面向全国"的发展策略，充分发挥信托公司投资、贷款、融资等业务优势，大力发展各项业务，实现公司快速成长。报告期内，公司信托业务新增规模607 亿元，行业地位稳步提升，服务经济建设的能力不断增强。2011 年 8 月，公司荣膺"中国最具成长性信托公司"称号，国际权威咨询机构毕马威也充分关注到公司的成长性。

4.6.2 维护委托人、受益人利益，维护行业稳定

公司忠实履行"受人之托、代人理财"的信托宗旨，切实维护委托人及受益人合法权益，审慎管理信托资产，积极配合监管部门做好反洗钱、案件防控等各项工作。报告期内，公司清算信托项目 87 个，清算金额 212 亿元，实现到期项目顺利清算，有效促进了金融稳定。

4.6.3 履行法人职责，依法纳税

公司依法履行法人职责，照章纳税，2011 年缴纳各类税金 1.42 亿元，同比增长630%，为当地经济建设与社会发展提供支持。

4.6.4 开展公益活动，积极回馈社会

公司积极帮扶社会弱势群体，参与并组织公益活动，以实际行动回报社会。2011 年 1 月 10 日，为回馈社会、客户及广大支持公司发展的各界朋友，公司邀请中国歌剧舞剧院交响乐团在江西省艺术剧院为南昌市民奉献了一道音乐盛宴，本次演出

半数以上门票赠送给江西高校音乐系学生。“十一五”规划期间，中航信托定点帮扶赣县江口镇安平村，荣获“‘十一五’省直（属）定点扶贫先进单位”。

5. 报告期末及上一年度末的比较式会计报表

5.1 固有资产

5.1.1 会计师事务所审计意见全文

审 计 报 告

天职京 SJ〔2011〕455 号

中航信托有限公司全体股东：

我们审计了后附的中航国际信托有限公司（以下简称中航信托）财务报表，包括2011年12月31日的资产负债表，2011年度利润表、所有者权益变动表和现金流量表以及财务报表附注。

一、管理层对财务报表的责任

按照《企业会计准则》（财政部2006年2月15日颁布）的规定编制财务报表是中航信托管理层的责任。这种责任包括：（1）设计、实施和维护与财务报表编制相关的内部控制，以使财务报表不存在由于舞弊或错误而导致的重大错报；（2）选择和运用恰当的会计政策；（3）作出合理的会计估计。

二、注册会计师的责任

我们的责任是在实施审计工作的基础上对财务报表发表审计意见。我们按照中国注册会计师审计准则的规定执行了审计工作。中国注册会计师审计准则要求我们遵守职业道德规范，计划和实施审计工作以对财务报表是否不存在重大错报获取合理保证。

审计工作涉及实施审计程序，以获取有关财务报表金额和披露的审计证据。选择的审计程序取决于注册会计师的判断，包括对由于舞弊或错误导致的财务报表重大错报风险的评估。在进行风险评估时，我们考虑与财务报表编制相关的内部控制，以设计恰当的审计程序，但目的并非对内部控制的有效性发表意见。审计工作还包括评价管理层选用会计政策的恰当性和作出会计估计的合理性，以及评价财务报表的总体列报。

我们相信，我们获取的审计证据是充分、适当的，为发表审计意见提供了基础。

三、审计意见

我们认为，中航信托财务报表已经按照《企业会计准则》（财政部2006年2月15日颁布）的规定编制，在所有重大方面公允反映了中航信托2010年12月31日的财务状况、2010年度经营成果和现金流量。

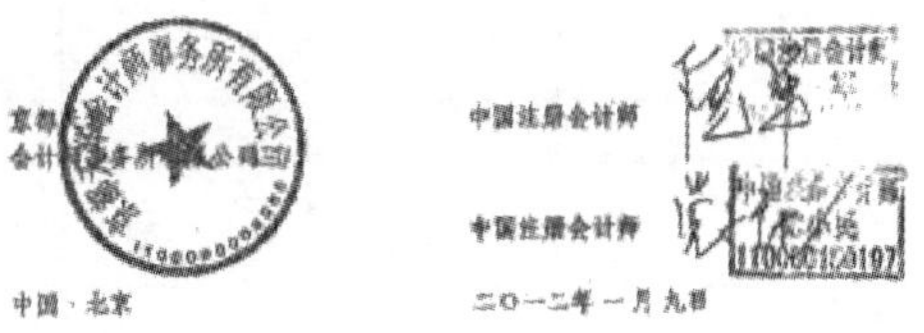

5.1.2 资产负债表

资产负债表

单位：万元

项 目	2011年12月31日	2010年12月31日
流动资产：		
货币资金	104 517.65	3 914.30
△结算备付金		
△拆出资金		
交易性金融资产	2 180.60	
应收票据		
应收账款		
预付款项	170.47	886.39
应收利息	348.06	
应收股利		
其他应收款	5 569.58	3 795.64
△买入返售金融资产		
一年内到期的非流动资产		
其他流动资产		
流动资产合计	112 786.36	8 596.33
非流动资产：		
△发放贷款及垫款	38 907.00	20 790.00
可供出售金融资产	34 585.84	4 900.00
持有至到期投资		
长期应收款		
长期股权投资	8 542.00	4 942.00
投资性房地产		
固定资产原价	4 305.28	3 972.79
减：累计折旧	439.72	70.73
固定资产净值	3 865.56	3 902.06
减：固定资产减值准备		
固定资产净额	3 865.56	3 902.06
无形资产	50.97	41.06
开发支出		
长期待摊费用	714.76	489.88
递延所得税资产	573.84	
其他非流动资产		
其中：特准储备物资		
非流动资产合计	87 239.97	35 065.00
资产总计	200 026.33	43 661.33

公司法定代表人：朱幼林 主管会计工作公司负责人：王守军 会计机构负责人：刘 燕

资产负债表（续表）

单位：万元

项 目	2011年12月31日	2010年12月31日
流动负债：		
△吸收存款及同业存放		
交易性金融负债		
应付票据		
应付账款		
预收款项		
△卖出回购金融资产款		
△应付手续费及佣金		

续表

项　　目	2011年12月31日	2010年12月31日
应付职工薪酬	7 220.18	1 260.89
应交税费	5 983.67	346.05
应付利息		
应付股利		
其他应付款	5 013.69	8 797.14
一年内到期的非流动负债		
其他流动负债		
流动负债合计	18 217.54	10 404.08
非流动负债：		
长期应付款		
专项应付款		
预计负债		
递延所得税负债	31.15	
其他非流动负债		
其中：特准储备基金		
非流动负债合计	31.15	
负债合计	18 248.69	10 404.08
所有者权益（或股东权益）：		
实收资本（股本）	150 000.50	30 000.50
资本公积		
减：库存股		
专项储备		
盈余公积	3 177.71	325.67
△一般风险准备	1 588.86	162.84
未分配利润	27 010.57	2 768.24
外币报表折算差额		
归属于母公司所有者权益合计	181 777.64	33 257.25
少数股东权益		
所有者权益合计	181 777.64	33 257.25
负债和所有者权益总计	200 026.33	43 661.33

公司法定代表人：朱幼林　主管会计工作公司负责人：王守军　会计机构负责人：刘　燕

5.1.3　利润表

单位：万元

项　　目	2011年12月31日	2010年12月31日
一、营业总收入	65 982.54	10 599.79
利息净收入	5 045.36	1 739.61
其中：利息收入	5 045.36	1 739.61
利息支出		
手续费及佣金净收入	61 309.78	8 194.03
其中：手续费及佣金收入	61 345.79	8 199.35
手续费及佣金支出	36.01	5.32
投资收益（损失以“－”号填列）	−471.62	679.74
公允价值变动收益（损失以“－”号填列）	124.59	
汇兑收益	−25.57	−13.59
其他收入		
二、营业总成本	28 175.83	6 249.43
营业税金及附加	3 684.23	582.66
业务及管理费	24 013.24	5 456.77
资产减值损失	478.36	210.00
其他业务支出		
三、营业利润（亏损以“－”号填列）	37 806.71	4 350.36
加：营业外收入	449.10	
减：营业外支出	9.21	
四、利润总额（亏损总额以“－”号填列）	38 246.60	4 350.36
减：所得税费用	9 726.21	1 173.13
五、净利润（净亏损以“－”号填列）	28 520.39	3 177.23
归属于母公司所有者的净利润	28 520.39	3 177.23
少数股东损益		

公司法定代表人：朱幼林　主管会计工作公司负责人：王守军　会计机构负责人：刘　燕

5.1.4　所有者权益变动表

单位：万元

项目	2011年12月31日						
	归属于母公司所有者权益						所有者权益合计
	实收资本	资本公积	盈余公积	一般风险准备	未分配利润	小计	
一、上年年末余额	30 000.50		325.67	162.84	2 768.24	33 257.25	33 257.25
加：会计政策变更							
前期差错更正							
二、本年年初余额	30 000.50		325.67	162.84	2 768.24	33 257.25	33 257.25
三、本年增减变动金额（减少以“－”号填列）	120 000.00		2 852.04	1 426.02	24 242.33	148 520.39	148 520.39
（一）净利润					28 520.39	28 520.39	28 520.39
（二）其他综合收益							
综合收益小计					28 520.39	28 520.39	28 520.39
（三）所有者投入和减少资本	120 000.00					120 000.00	120 000.00
1. 所有者投入资本	120 000.00					120 000.00	120 000.00
2. 股份支付计入所有者权益的金额							
3. 其他							
（四）专项储备提取和使用							
1. 提取专项储备							
2. 使用专项储备							
（五）利润分配			2 852.04	1 426.02	−4 278.06		
1. 提取盈余公积			2 852.04		−2 852.04		
其中：法定盈余公积			2 852.04		−2 852.04		

续表

项目	2011 年 12 月 31 日						
	归属于母公司所有者权益						所有者权益合计
	实收资本	资本公积	盈余公积	一般风险准备	未分配利润	小计	
任意盈余公积							
储备基金							
企业发展基金							
利润归还投资							
2. 提取信托风险准备				1 426. 02	-1 426. 02		
3. 所有者(或股东)的分配							
4. 其他							
(六)所有者权益内部结转							
1. 资本公积转增资本(或股本)							
2. 盈余公积转增资本(或股本)							
3. 盈余公积弥补亏损							
4. 其他							
四、本年年末余额	150 000. 50		3 177. 71	1 588. 86	27 010. 57	181 777. 64	181 777. 64

公司法定代表人:朱幼林　　主管会计工作公司负责人:王守军　　会计机构负责人:刘　燕

所有者权益变动表(续表)

单位:万元

项目	2010 年 12 月 31 日						
	归属于母公司所有者权益						所有者权益合计
	实收资本	资本公积	盈余公积	一般风险准备	未分配利润	小计	
一、上年年末余额	30 000. 50	—	—	3. 98	75. 54	30 080. 02	30 080. 02
加:会计政策变更	—	—	—	—	—	—	—
前期差错更正	—	—	—	—	—	—	—
二、本年年初余额	30 000. 50	—	—	3. 98	75. 54	30 080. 02	30 080. 02
三、本年增减变动金额(减少以“-”号填列)	—	—	325. 67	158. 86	2 692. 70	3 177. 23	3 177. 23
(一)净利润	—	—	—	—	3 177. 23	3 177. 23	3 177. 23
(二)其他综合收益						—	—
综合收益小计					3 177. 23	3 177. 23	3 177. 23
(三)所有者投入和减少资本						—	—
1. 所有者投入资本			—	—	—	—	—
2. 股份支付计入所有者权益的金额			—	—	—	—	—
3. 其他						—	—
(四)专项储备提取和使用						—	—
1. 提取专项储备	—	—	—	—	—	—	—
2. 使用专项储备	—	—	—	—	—	—	—
(五)利润分配			325. 67	158. 86	-484. 53	—	—
1. 提取盈余公积			325. 67		-325. 67	—	—
其中:法定盈余公积	—	—	325. 67	—	-325. 67	—	
任意盈余公积	—	—		—		—	
储备基金	—	—		—		—	
企业发展基金	—	—		—		—	
利润归还投资	—	—		—		—	
2. 提取信托风险准备	—	—	—	158. 86	-158. 86	—	
3. 所有者(或股东)的分配	—	—	—	—		—	—
4. 其他						—	—
(六)所有者权益内部结转						—	—
1. 资本公积转增资本(或股本)			—	—	—	—	
2. 盈余公积转增资本(或股本)		—		—	—	—	
3. 盈余公积弥补亏损	—	—		—		—	
4. 其他						—	—
四、本年年末余额	30 000. 50	—	325. 67	162. 84	2 768. 24	33 257. 25	33 257. 25

公司法定代表人:朱幼林　　主管会计工作公司负责人:王守军　　会计机构负责人:刘　燕

5.2 信托资产

5.2.1 信托项目资产负债表

单位：万元

信托资产	2011年12月31日	信托负债和信托权益	2011年12月31日
信托资产：	—	信托负债：	—
货币资金	348 224.74	交易性金融负债	—
拆出资金		衍生金融负债	—
存出保证金		应付受托人报酬	91.25
交易性金融资产		应付托管费	87.55
衍生金融资产		应付受益人收益	48.30
买入返售金融资产	2 131 866.00	应交税费	
应收款项	224 933.05	应付销售服务费	32.95
发放贷款	3 096 113.05	其他应付款项	34 242.58
可供出售金融资产	694 317.86	预计负债	
持有至到期投资	734 216.17	其他负债	
长期应收款			
长期股权投资	617 723.88	信托负债合计	34 502.63
投资性房地产			
固定资产		信托权益：	
无形资产		实收信托	7 814 365.27
长期待摊费用		资本公积	−28 946.97
其他资产		未分配利润	27 473.82
减：各项资产减值准备		信托权益合计	7 812 892.12
信托资产总计	7 847 394.75	信托负债及信托权益总计	7 847 394.75

5.2.2 信托项目利润及利润分配表

单位：万元

项　目	2011年
1. 营业收入	434 662.70
1.1 利息收入	335 247.23
1.2 投资收益（损失）	97 105.02
其中：对联营企业和合营企业的投资收益	
1.3 公允价值变动收益（损失）	
1.4 租赁收入	
1.5 汇兑损益（损失）	
1.6 其他收入	2 310.45
2. 支出	81 541.34
2.1 营业税金及附加	
2.2 受托人报酬	44 326.18
2.3 托管费	7 255.56
2.4 投资管理费	212.59
2.5 销售服务费	21 808.95
2.6 交易费用	6.25
2.7 资产减值损失	
2.8 其他费用	7 931.81
3. 信托净利润（净亏损）	353 121.36
4. 其他综合收益	
5. 综合收益	353 121.36
6. 加：期初未分配信托利润	9 947.26
7. 可供分配的信托利润	363 068.62
8. 减：本期已分配信托利润	335 594.80
9. 期末未分配信托利润	27 473.82

6. 会计报表附注

6.1 会计报表编制基准不符合会计核算基本前提的说明

本公司无上述情况。

6.2 重要会计政策和会计估计说明

公司执行财政部颁布的《企业会计准则》（财会〔2006〕3号）及后续规定。报告期内公司会计政策、会计估计和核算方法未发生变化。

6.3 或有事项说明

截至报告期末，本公司无需披露的重大或有事项。

6.4 重要资产转让及其出售的说明

本公司报告期内未发生重要资产转让及出售事项。

6.5 会计报表中重要项目的明细资料

6.5.1 自营资产经营情况

6.5.1.1 信用风险资产五级分类情况

单位：万元

信用资产五级分类	正常类（万元）	关注类（万元）	次级类（万元）	可疑类（万元）	损失类（万元）	信用风险资产合计（万元）	不良资产合计（万元）	不良率（%）
期初数	24 585.64	—	—	—	—	24 585.64	—	—
期末数	44 824.64	—	—	—	—	44 824.64	—	—

注：不良资产合计＝次级类＋可疑类＋损失类。

6.5.1.2 资产减值准备情况

单位：万元

项目	期初数	本期计提	本期转回	本期核销	期末数
贷款损失准备	210.00	183.00	—	—	393.00
一般准备	210.00	183.00	—	—	393.00
专项准备	—	—	—	—	—
其他资产减值准备	—	295.36	—	—	295.36
可供出售金融资产减值准备	—	—	—	—	—
持有至到期投资减值准备	—	—	—	—	—
长期股权投资减值准备	—	—	—	—	—
坏账准备	—	295.36	—	—	295.36
投资性房地产减值准备	—	—	—	—	—

6.5.1.3 固有股票投资、基金投资、债券投资、长期股权投资等投资情况

单位：万元

	自营股票	基金	债券	长期股权投资	其他投资	合计
期初数	—	—	—	4 942.00	4 900.00	9 842.00
期末数	—	—	2 180.60	8 542.00	34 585.84	45 308.44

6.5.1.4 固有长期股权投资的前五名

企业名称	占被投资企业权益的比例（%）	主要经营活动	投资收益（万元）
景德镇市商业银行	9.52	银行服务	—
吉安农村商业银行	4.5	银行服务	—

6.5.1.5 固有贷款前五名

企业名称	占贷款总额的比例(%)	还款情况
牡丹江新创新经济担保有限公司	38.17	正常
河北钢铁集团鑫达钢铁有限公司	25.44	正常
富宁县金源铁合金有限责任公司	20.36	正常
武宁天力实业有限公司	12.72	正常
江西祥生实业有限公司	2.04	正常

6.5.1.6 表外业务的期初数、期末数

单位:万元

表外业务	期初数	期末数
担保业务	—	—
代理业务(委托业务)	—	—
其他	—	—
合计	—	—

6.5.1.7 公司当年的收入结构

收入结构	金额(万元)	占比(%)
手续费及佣金收入	61 345.79	92.26
其中:信托手续费收入	61 299.79	92.19
投资银行业务收入	—	
利息收入	5 045.36	7.59
其他业务收入	—	
其中:计入信托业务收入部分	—	
投资收益	-471.62	-0.71
其中:股权投资收益		
证券投资收益	-860.18	-1.29
其他投资收益	388.56	0.58
公允价值变动收益	124.59	0.19
营业外收入	449.10	0.67
收入合计	66 493.22	100.00

6.5.2 披露信托资产管理情况

6.5.2.1 信托资产的期初数、期末数对比分析

信托资产	2011年12月31日	2010年12月31日	增减变动额(万元)	增减幅度(%)
集合	1 985 544.02	475 965.00	1 509 579.02	317.16
单一	5 612 745.13	3 344 163.19	2 268 581.94	67.84
财产权	249 105.60	51 405.00	197 700.60	384.59
合计	7 847 394.75	3 871 533.19	3 975 861.56	102.69

6.5.2.1.1 主动管理型信托业务的信托资产期初数、期末数对比分析

主动管理型信托资产	2011年12月31日	2010年12月31日	增减变动额(万元)	增减幅度(%)
证券投资类	214 114.60	72 400.00	141 714.60	195.74
投资类	1 027 262.65	238 080.00	789 182.65	331.48
融资类	1 486 514.77	767 605.00	718 909.77	93.65
事务管理类	203 880.41	179 428.70	24 451.71	13.63
合计	2 931 772.43	1 257 513.70	1 674 258.73	133.14

6.5.2.1.2 被动管理型信托业务的信托资产期初数、期末数对比分析

被动管理型信托资产	2011年12月31日	2010年12月31日	增减变动额(万元)	增减幅度(%)
证券投资类	847 939.49	10 283.11	837 656.38	8 145.94
投资类	770 431.07		770 431.07	
融资类	947 082.57	6 200.00	940 882.57	15 175.53
事务管理类	2 350 169.19	2 597 536.38	-247 367.19	-9.52
合计	4 915 622.32	2 614 019.49	2 301 602.83	88.05

6.5.2.2 本年已清算结束的信托项目情况

6.5.2.2.1 本年度已清算结束的集合类、单一类资金信托项目和财产管理类信托项目情况

已清算结束信托项目	项目个数	实收信托合计金额(万元)	加权平均实际年化收益率(%)
集合	9	80 000.00	9.00
单一	78	2 041 416.48	5.29
财产权			
合计	87	2 121 416.48	5.43

注:实收信托合计金额是信托本金累计给付额。

6.5.2.2.2 本年度已清算结束的主动管理型信托项目情况

已清算结束信托项目	项目个数	实收信托合计金额(万元)	加权平均实际年化报酬(%)	加权平均实际年化收益率(%)
证券投资类				
投资类	1	20 000.00	7.56	7.49
融资类	18	231 400.00	3.80	9.20
事务管理类	2	30 113.70	1.21	3.18

注:实收信托合计金额是信托本金累计给付额。

6.5.2.2.3 本年度已清算结束的被动管理型信托项目情况

已清算结束信托项目	项目个数	实收信托合计金额(万元)	加权平均实际年化报酬(%)	加权平均实际年化收益率(%)
证券投资类	1	20 065.90	0.3	7.21
投资类	16	29 224.87	0.7	6.50
融资类	5	44 000.00	3.14	7.45
事务管理类	44	1 746 612.01	0.36	4.89

6.5.2.3 本年度新增的集合类、单一类资金信托项目和财产管理类信托项目情况

新增信托项目	项目个数	实收信托合计金额(万元)
集合	78	1 588 373.40
单一	150	4 492 501.78
财产权	10	197 700.00
合计	238	6 278 575.18
其中:主动管理型	88	1 928 819.14
被动管理型	150	4 349 756.04

注:实收信托合计金额是本年新增信托项目累计新增的实收信托金额。

6.5.2.4 信托业务创新成果和特色业务有关情况

业务开展遵循国家宏观政策导向,大力支持保障房、廉租房等民生工程建设,支持节能降耗,推出了天启118号广东亚仿能源合同收益权集合资金信托计划,该项目投资于能源合同

之未来收益权，解决节能企业的融资困难，是信托机构进入节能减排行业的有效尝试，为信托产品创新提供新的思路；不断开辟信托创新领域，培育主动管理能力，优化升级产品系列，努力发展特色业务，陆续在陶瓷艺术品信托、红酒信托等领域进行尝试。

6.5.2.5 本公司履行受托人义务情况及因公司自身责任而导致的信托资产损失情况

报告期内，未发生因公司自身责任导致信托资产损失，集合信托资产管理没有发生重大涉诉及赔付等情况。

6.5.2.6 信托赔偿准备的提取、使用和管理情况

公司从 2011 年税后利润中提取 5% 的信托赔偿准备金 1 426.02万元，累计提取 1 588.86 万元。报告期内公司未使用信托赔偿准备金。

6.6 关联方及其交易的披露

6.6.1 关联交易方的数量、关联交易的总金额及关联交易的定价原则等

固有业务关联方情况

	关联交易数量	关联交易金额（万元）	定价政策
合计	7	4 760.38	按市场价格交易，或按公允原则，以不优于对非关联方同类交易的条件定价交易。

信托业务关联方情况

	关联交易数量	关联交易金额（万元）	定价政策
合计	7	118 000.00	按市场价格交易，或按公允原则，以不优于对非关联方同类交易的条件定价交易。

6.6.2 关联交易方与本公司的关系性质、关联交易方的名称、法定代表人、注册地址、注册资本及主营业务等

关系性质	关联方名称	法定代表人	注册地址	注册资本（万元）	主营业务
同一实际控制人	中航投资控股有限公司	孟祥泰	北京朝阳区东三环中路乙 10 号艾维克大厦 20 层	250 000.00	实业投资、股权投资、投资咨询。
同一实际控制人	中航证券有限公司	杜航	江西省南昌市红谷滩新区红谷中大道 1619 号南昌国际金融大厦 A 栋 41 层	132 587.58	证券经纪；证券投资咨询；与证券交易、证券投资活动有关的财务顾问；证券承销与保荐；证券自营；证券资产管理；证券投资基金代销。
同一实际控制人	中航万科有限公司	顾惠忠	北京朝阳区东三环中路乙 10 号艾维克大厦 23 层 05 ~06A 号	100 000.00	房地产开发、建筑业、酒店及物业管理等。
同一实际控制人	中航地产股份有限公司	仇慎谦	深圳市福田区振华路 163 号飞亚达大厦 6 楼	22 232.0472	地产、酒店及物业管理等。

续表

关系性质	关联方名称	法定代表人	注册地址	注册资本（万元）	主营业务
同一实际控制人	中国航空技术深圳有限公司	由镭	深圳市福田区深南中路中航苑航都大厦 24 层	100 000.00	高科技制造、商业地产、物业管理、酒店管理、零售、高档消费品、贸易、矿产资源等。
同一实际控制人	中国贵州航空工业集团有限责任公司	楚海涛	贵阳市小河区锦江路 110 号	167 087.00	航空发动机、航空机载设备及零件、航空飞行器等。
同一实际控制人	北京瑞赛科技有限公司	文涛	北京市朝阳区东环南路 2 号	110 176.00	航空测控产业等。
同一实际控制人控制公司之项目公司	佛山市万科置业有限公司	唐激杨	佛山市南海区桂平路南侧金色家园二栋一楼	2 000.00	房地产开发等。

6.6.3 公司与关联方的重大交易事项

6.6.3.1 固有财产与关联方：贷款、投资、租赁、应收账款、担保、其他方式等期初汇总数、本期发生额汇总数、期末汇总数

单位：万元

	期初数	借方发生额	贷方发生额	期末数
贷款				
投资				
租赁				
担保				
应收账款				
其他		3 010.00	1 750.38	
合计	—	3 010.00	1 750.38	—

注：固有财产与关联方关联交易主要是咨询费和业务收入。

6.6.3.2 信托与关联方交易情况

单位：万元

	期初数	借方发生额	贷方发生额	期末数
贷款	249 900.00		103 900.00	146 000.00
投资	49 920.00		14 100.00	35 820.00
租赁				
担保				
应收账款				
其他				
合计	299 820.00		118 000.00	181 820.00

6.6.3.3 固有财产和信托财产之间的交易金额期初汇总数、本期发生额汇总数、期末汇总数，本期无固有与信托财产之间的交易

6.6.3.4 信托资产与信托财产之间的交易金额期初汇总数、本期发生额汇总数、期末汇总数，本期无信托项目之间的

交易。

6.6.4 关联方逾期未偿还本公司资金的详细情况以及本公司为关联方担保发生或即将发生垫款的情况

报告期内本公司无关联方逾期未偿还本公司资金的情况，没有为关联方提供担保。

6.7 会计制度的披露

公司固有业务、信托业务均执行财政部2006年2月颁布的《企业会计准则》。

7. 财务情况说明书

7.1 利润实现和分配情况

公司2011年初未分配利润2 768.24万元，2011年实现净利润28 520.39万元。按净利润的10%提取法定盈余公积金2 852.04万元，按净利润的5%提取信托赔偿准备金1 426.02万元。截至2011年12月31日，公司未分配利润为27 010.57万元。

7.2 主要财务指标

指标名称	指标值
净资产收益率(%)	26.53
信托报酬率(%)	1.22
人均利润(万元/人)	308.44

7.3 对本公司财务状况、经营成果有重大影响的其他事项

报告期内，没有对本公司财务状况、经营成果有重大影响的其他事项。

8. 特别事项揭示

8.1 股东报告期内变动情况及原因

本报告期内，因公司增资扩股，股东单位从5家增至6家，中航投资控股有限公司接受中国航空工业集团公司增资认购权成为公司第一大股东，占比40.80%，中国航空工业集团公司本级所持本公司股权比例由51%下降为10.20%，其他4家股东的持股比例未发生变动。

8.2 董事、监事及高级管理人员变动情况及原因

本报告期内，公司董事、监事及高级管理人员未发生变动。

8.3 变更注册资本、注册地或公司名称、公司分立合并事项

本报告期内，公司前后两次增资。2011年3月，公司注册资本从30 000.5万元增加至50 000.5万元；12月，公司注册资本从50 000.5万元增加至150 000.5万元。

8.4 公司的重大诉讼事项

本报告期内公司无重大诉讼事项。

8.5 公司及其董事、监事和高级管理人员受到处罚情况

本报告期内无公司及其董事、监事和高级管理人员受到处罚情况。

8.6 重大事项临时报告情况

公司注册本金增加、股东变更事宜实施完成后，已及时向中国银监会、江西银监局报告，并在公司网站上披露。

8.7 报告期内无银监会及其省级派出机构认定的其他有必要让客户及相关利益人了解的重要信息

9. 公司监事会独立意见

公司监事会认为，本报告期内，公司依法运作，决策程序合法有效，没有发现公司董事、高级管理层履行职务时有违法违规、违反公司章程或损害公司及股东利益的行为。公司2011年度财务报告中披露的财务信息，真实反映公司的财务状况和经营成果。

中粮信托有限责任公司

1. 重要提示

1.1 本公司董事会及董事保证本报告所载资料不存在任何虚假记载、误导性陈述或者重大遗漏,并对其内容的真实性、准确性和完整性承担个别及连带责任。本年度报告摘要摘自年度报告全文,客户及相关利益人欲了解详细内容,应阅读年度报告全文。

1.2 天职国际会计师事务所有限公司对本公司出具了标准无保留意见的审计报告。

1.3 公司董事长邬小蕙女士、总经理辛伟先生、财务总监陈众先生声明:保证年度报告中财务会计报告的真实、完整。

2. 公司概况

2.1 公司简介

2.1.1 公司情况简表

公司名称(简称)	中粮信托有限责任公司(中粮信托)
公司英文名称(缩写)	COFCO Trust Co., Ltd.(COFCO TRUST)
公司法定代表人	邬小蕙
注册地址	北京市朝阳区朝阳门南大街8号中粮福临门大厦11层
邮政编码	100020
公司网站	http://www.cofco-trust.com

2.1.2 主要联系人及联系方式

信息披露负责人	辛伟
联系人	罗峰
联系电话	010-85005184
传真	010-85638655
电子信箱	luofeng@cofco.com
联系地址	北京市朝阳区朝阳门南大街8号中粮福临门大厦1108
邮政编码	100020

2.1.3 其他事项

2.1.3.1 公司选定《金融时报》作为本次信息披露的报纸,公司年报全文将备置在公司注册地址及网站供查询

2.1.3.2 公司聘请的会计师事务所:天职国际会计师事务所有限公司

联系地址:北京市海淀区车公庄西路乙19号华通大厦B座2层

2.1.3.3 公司聘请的律师事务所:北京市君泽君律师事务所

联系地址:北京市西城区金融大街9号金融街中心南楼6层

2.2 组织结构

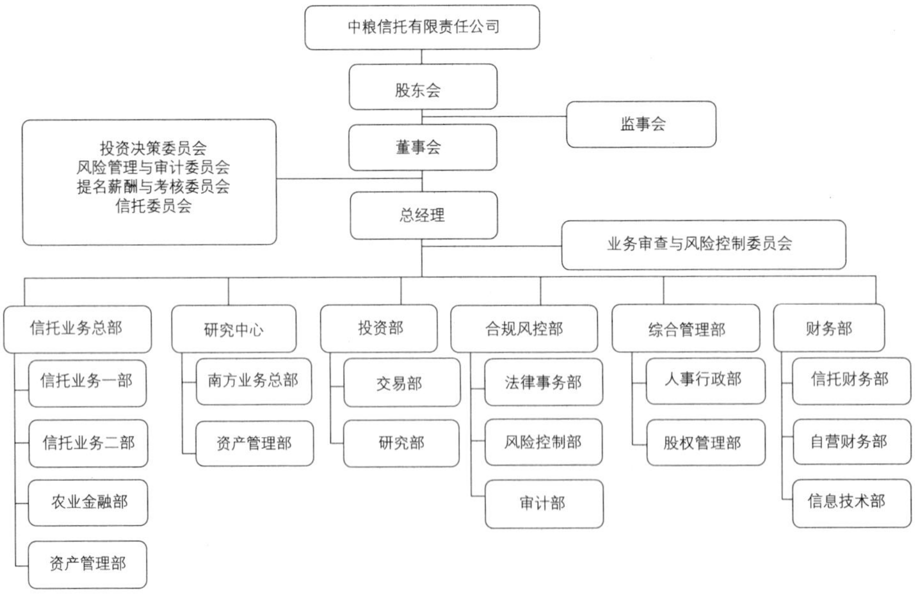

3. 公司治理结构

3.1 股东

3.1.1 报告期末股东总数，持有本公司15%以上（含15%）股份（或出资比例）的股东名称（不足三个的，全部披露）、持股情况及其法定代表人等，若股东之间存在关联关系，应予以说明

股东总数：3个。

股东名称	出资比例（%）	法人代表
中粮集团有限公司★	90	宁高宁
中粮财务有限责任公司	5	邬小蕙
中粮粮油有限公司	5	栗明

注：1. 最终实际控制人在股东名称一栏中加★表示。

2. 中粮集团有限公司持有中粮粮油有限公司100%股权，持有中粮财务有限责任公司79.48%股权；中粮粮油有限公司持有中粮财务有限责任公司13%股权，与中粮财务有限责任公司同受中粮集团有限公司控制。

3.1.2 公司第一大股东的主要股东的名称、出资（持股）比例、法定代表人等

公司第一大股东中粮集团有限公司是国务院国有资产监督管理委员会履行出资人职责的国有独资公司。

3.2 董事

董事会成员

姓 名	职 务	性别	年龄	选任日期	所推举的股东名称	该股东持股比例（%）	简 要 履 历
邬小蕙	董事长	女	51	2009年7月	中粮集团有限公司	90	2002年2月至今任中粮集团有限公司总会计师；2003年至今兼任中英人寿保险有限公司、中怡保险经纪有限公司董事长；2004年10月至今兼任中粮集团有限公司金融事业部总经理；现任中粮信托有限责任公司董事长。
马建平	董事	男	48	2009年7月	中粮集团有限公司	90	2006年1月至今任中粮集团有限公司战略部总监；2010年5月12日至今任中粮集团有限公司副总裁；现任中粮信托有限责任公司董事。
马王军	董事	男	47	2009年7月	中粮集团有限公司	90	2005年12月至今任中粮集团有限公司财务部总监；2010年5月18日至今任中粮集团有限公司总裁助理、副总会计师；现任中粮信托有限责任公司董事。
秦涛	董事	男	54	2009年7月	中粮集团有限公司	90	1997年3月至2000年8月任中粮集团有限公司计财部副总经理；2000年8月至今任中粮集团有限公司财务部资金管理部总经理；现任中粮信托有限责任公司董事。
孙彦敏	董事	男	45	2009年7月	中粮财务有限责任公司	5	2002年5月至今任中粮财务有限责任公司总经理；现任中粮信托有限责任公司董事。
俞宁	董事	男	41	2009年7月	中粮粮油有限公司	5	1994年加入中粮集团有限公司，历任投资部门副总经理、总经理；2003年1月至今任中英人寿保险有限公司副总裁；现任中粮信托有限责任公司董事。

注：本届董事会于2009年7月组成，任期三年。

独立董事

公司暂未设立独立董事，时机成熟时将结合战略投资者的引入设立独立董事。

3.3 监事

监事会成员

姓 名	职务	性别	年龄	选任日期	所推举的股东名称	该股东持股比例（%）	简要履历
戴 昂	监事会主席、职工监事	男	57	2009年7月	职工代表大会	—	1987年加入中粮集团有限公司；1994年4月至2000年7月任香港中粮财务董事副总经理；2000年7月至2009年5月任中粮集团有限公司审计部副总监；现任中粮信托有限责任公司监事会主席。
初丰城	监事	男	48	2009年7月	中粮财务有限责任公司	5	1988年5月至1998年任中粮工业食品进出口公司财务经理；1998年至2000年任厦门嘉华进出口贸易公司副总经理；现任中粮集团有限公司财务部会计管理部总经理、中粮信托有限责任公司监事。
王伟	监事	男	45	2009年7月	中粮粮油有限公司	5	1996年至2002年在中粮集团有限公司任职6年，一直从事人寿保险公司的合资谈判和管理工作，任职中英人寿保险有限公司筹备组副组长；现任中英人寿保险有限公司副总裁、中粮信托有限责任公司监事。

注：本届监事会于2009年7月组成，任期三年。

3.4 高级管理人员

姓　名	职　务	性别	年龄	选任日期	金融从业年限	学历	专业
辛伟	总经理	男	37	2009 年 7 月	15	博士研究生	政治经济学
陆吕佳	副总经理	女	39	2009 年 7 月	7	本科	经济学
应雷	副总经理	男	42	2009 年 7 月	17	本科	工业经济
马建泽	副总经理	男	39	2011 年 9 月	15	本科	国际金融
张勇	总经理助理	男	38	2009 年 7 月	13	博士研究生	政治经济学
陈众	总经理助理	男	39	2009 年 7 月	16	本科	会计学

3.5 公司员工

项　目		报告期年度	
		人数	比例(%)
年龄分布	20 岁以下	0	0.00
	20～29 岁	18	27.69
	30～39 岁	36	55.38
	40 岁以上	11	16.92
学历分布	博士	6	9.23
	硕士	40	61.54
	本科	16	24.62
	专科	2	3.08
	其他	1	1.54
岗位分布	董事、监事及其高管人员	7	10.77
	自营业务人员	5	7.69
	信托业务人员	29	44.62
	其他人员	24	36.92

4. 经营管理

4.1 经营目标、方针、战略规划

依托集团行业优势，发挥信托制度优势，把中粮信托建设成有产业特色的金融股权投资管理平台、农业金融服务平台和财富管理平台。

4.2 所经营业务的主要内容

固有资产运用与分布表（母公司）

资产运用	金额（万元）	占比（%）	资产分布	金额（万元）	占比（%）
货币资产	17 338.53	12.58	基础产业	—	—
贷款及应收款	57 000.00	41.36	房地产业	—	—
交易性金融资产	2 677.15	1.94	证券市场	2 677.15	1.94
可供出售金融资产	57 322.40	41.59	实业	—	—.
持有至到期投资	—	—	金融机构	114 322.40	82.95
长期股权投资	2 510.00	1.82	其他	20 822.72	15.11
其他	974.19	0.71			
资产总计	137 822.27	100.00	资产总计	137 822.27	100.00

信托资产运用与分布表

资产运用	金额（万元）	占比（%）	资产分布	金额（万元）	占比（%）
货币资产	267 480.10	7.33	基础产业	912 123.64	25.00
贷款	2 134 460.84	58.51	房地产业	477 810.00	13.10
交易性金融资产	—	—	证券市场	28 000.00	0.77
可供出售金融资产	119 430.79	3.27	实业	631 034.02	17.30
持有至到期投资	34 000.00	0.93	金融机构	66 700.00	1.83
长期股权投资	386 854.14	10.61	其他	1 532 122.62	42.00
其他	705 564.41	19.34			
信托资产总计	3 647 790.28	100.00	信托资产总计	3 647 790.28	100.00

4.3 市场分析

2011 年是全球经济、金融纷繁复杂的一年。欧债危机不断蔓延，全球各主要经济体复苏步伐放缓。为了刺激经济，全球各主要发达经济体纷纷推出宽松的货币政策，一定程度上导致全球流动性过剩，给新兴经济体带来通胀压力。新兴经济体在遏制通胀的同时，也阻碍了经济增长。我国作为全球最大的新兴经济体，一方面，受到通胀高企的困扰；另一方面，我国又必须为促进经济转型、保持经济增长作出努力。进入 2011 年第四季度后，欧债危机进一步恶化，外围经济下滑风险加大，中国经济受到严重影响。根据国家统计局 2012 年 1 月 17 日发布的数据，按可比价格计算，2011 年中国经济比上年增长 9.2%，经济减速明显。

在全球经济前景仍不明朗、房地产严格调控和产能过剩风险增加的大背景下，2012 年经济增长又将比 2011 年有所放缓，宏观经济政策需要在稳增长、调结构、控通胀之间取得平衡。

4.3.1 有利因素

（1）中国 GDP 相比其他国家保持高速增长，使高净值客户的个人财富大幅度增加，然而，根据招商银行和贝恩公司调查，只有 8% 的高净值人士目前有信托产品方面投资，给信托公司带来较好的机遇和发展前景。

（2）监管部门根据国家宏观政策和行业发展需要，及时出台政策调整、指引信托公司业务发展方向，精心呵护信托公司发展；信托公司经过多次清理整顿，引进了一批负责任、经济实力强大的股东，促使信托公司步入稳健、合规发展的正确轨道，全行业普遍珍惜信托行业来之不易的良好局面，自觉担负起公司、行业的社会责任，为信托行业的健康发展奠定了坚实基础。

(3)公司控股股东中粮集团是世界500强企业,居中国食品工业百强之首,作为中粮集团旗下的金融机构,中粮信托将受益于中粮集团的品牌美誉、行业地位和其强大实力。

4.3.2 不利因素

(1)行业利润很大一部分来源于房地产信托业务,行业对房地产信托业务的依赖度较高,受房地产市场影响较大。

(2)信托业务中融资类业务占比较大,行业投资能力、财富管理能力有待进一步加强。

4.4 内部控制概况

4.4.1 内部控制环境和内部控制文化

公司严格按照《公司法》、《信托法》、《信托公司管理办法》等法律法规的框架建立信托业务的运行模式和法人治理结构,形成了股东会、董事会、监事会和经营管理层相互分离、相互制衡的公司治理结构,法人治理结构完善,运作规范,创造了良好的内部控制环境。

公司"三会"和高管层高度重视内部控制,业务部门主动开展动态检查,合规风控部对重点业务风险管理进行提示、监督,审计部定期评估内部控制措施的有效性,整个公司形成合规优先、加强内控的内部控制文化。

风险管理坚持合规优先、全程监控、细化流程三个原则。

建立以律师、注册会计师和有信托业务经验人才为主体的风险控制团队;不断总结公司成立以来风险管理工作的经验和教训,定期组织同业交流,向其他信托公司学习先进的工作经验和团队建设经验。进一步细化和完善《信托业务风险控制标准及操作指引(暂行)》,增加证券业务、信政业务、消费类信托、股权投资等板块,制定相应的审批标准和流程。

4.4.2 内部控制措施

严格分离。对信托财产和固有财产严格实行分别管理、分别核算、分别记账,切实保护委托人和受益人的合法权益。

制度保障。构建完善的公司治理、前台业务管理、后台工作管理等制度体系,将风险管理落实到业务开展的各个环节,实现业务操作和内部管理的规范化、科学化。

公司建立了从股东会到普通员工的分级授权体系,形成了由股东会等"三会"、管理层、专职合规风控部门和一线员工组成的全过程内部控制体系。在重要岗位上,均做到双人双岗,强化了岗位间的相互制约和监督。

根据业务发展需要,公司组织多次内部研讨,反复征求意见,在总结过往风控工作和业务工作经验的基础上,制定了《信托业务风险控制标准及操作指引(暂行)》,对信托业务的立项、前期尽调、可行性分析、合规风控审查要点以及审批流程等方面作出了比较明确的规定,进一步加强了信托业务审查与风险控制,完善了信托项目的事前、事中、事后的全流程管理,有力地保障了业务开展。

为加强项目的动态检查,公司制定了《信托业务动态检查工作指引(试行)》,对项目进行动态检查,重点核查风险较高的项目,提前制订预案,确保到期兑付。针对不同业务的特点制订风险要点,采取不同的动态检查方式开展对项目的全程动态跟踪,注重不同项目类型差异化管理。

公司不断加强信息化建设,财务系统、信托业务管理系统等逐步完善,从而极大地提高了公司管理运作效率和风险控制能力。

4.4.3 监督评价与纠正

监事(会)列席董事会、业务审查与风险控制委员会、高管层例会,对董事、高管层的行为实施监督;董事会通过听取高管层工作报告、月度、季度运行分析报告、检查公司的日常工作等形式,监督高管层的日常经营;高管层通过各部门月度、季度运行分析报告的编制、部门日常汇报、列席部门会议、签署业绩合同、绩效考核等形式,监督公司各部门的日常运转。部门之间、岗位之间、上下级之间相互监督制约。

同时,合规风控部和审计部对整个公司的风险、内部控制进行独立监督和评价,定期进行检查,并要求相关部门对发现的问题限期整改。

4.5 风险管理

4.5.1 风险管理概况

4.5.1.1 信用风险状况

信用风险指交易对手不能履约而带来的风险。因宏观调控、经济周期引发的政府平台融资能力下降、房地产及资本市场价格下跌,公司可能面临此类风险。公司严格管理信用风险,使得公司报告期内所有到期信托项目均按时足额兑付。

4.5.1.2 市场风险状况

市场风险是指公司在运营过程中可能因股价、市场汇率、利率及其他价格因素等变动而产生的风险。

2011年公司密切关注各类市场风险,对股权质押类项目实行逐日盯市操作,专人跟踪证券市场、房地产、金融市场的变化,提前制订风险预案,出现问题时及时预警和平仓,有效防范和避免了市场风险。

4.5.1.3 操作风险状况

操作风险是由于内部程序、人员、系统的不完善或失误,或外部事件造成的风险。

报告期内,公司未发生此类操作风险。

4.5.1.4 其他风险状况

公司面临的其他风险主要表现为法律合规风险。法律合规风险是由于违反有关法律法规、监管规定、规则、自律性组织制定的有关准则以及适用于自身业务活动的行为准则及合同等原因可能遭受法律制裁或监管处罚、重大财务损失或声誉损失的风险。

公司从开业起就将法律合规工作放在首要的位置,借助外部律师力量不断改善和加强法律合规团队建设。报告期内公司未发生法律合规风险。

4.5.2 风险管理

4.5.2.1 信用风险管理

为防范交易对手信用风险,公司加强了项目动态检查,及时制订风险预案,加强与资产管理公司、集团地产、其他信托公司的交流,探讨房地产基金模式,防范和处置单体项目信用风险。

公司制定和完善《信托业务风险控制标准及操作指引(暂行)》、《信托业务动态检查工作操作指引(试行)》、《信托业务尽职调查指引》、《信托业务操作手册》等制度,完善了事前评估、事中控制、事后检查的风险控制流程,风控标准从严,落实大项目、大资金、大客户的理念,严格筛选交易对手,从源头上控制风险；通过动态检查，持续关注交易对手的资信状况、履约能力及其变化；强调事中管理和监控，通过项目实施过程中的业务跟踪及定期的资产五级分类进行风险事中控制。

4.5.2.2 市场风险管理

公司指定专人跟踪证券市场、房地产、金融市场的变化，对行业资讯和重点进行研报，为投资决策和业务开展提供依据；关注国家宏观政策变化，规避限制类行业、淘汰、落后产能和相关项目；进行资产组合管理，以规避或降低市场风险；对股票质押类项目逐日盯市，定期重点检查房地产信托、集合信托项目，提前制订平仓线、预警线和止损点、风险处置预案，增强可操作性并严格执行。

4.5.2.3 操作风险管理

通过信托动态检查工作指引和岗位职责制度，对本公司每一项业务内容，均制定了操作细则和操作流程，明确流程中每一环节的责任及权限，有章即循，按章操作。

4.5.2.4 其他风险管理

针对法律合规风险，公司将合规工作放在首要位置，在业绩合同中明确规定合规指标，从机制上保证法律合规风险的预先防范；公司密切关注监管政策变化，加强政策研究，加强合规风控部团队建设，苦练内功，加强与监管部门和同业的交流，充分发挥律师事务所、外部审计的职能与作用，杜绝法律合规风险。

4.6 净资本管理概况

截至2011年12月31日，公司净资本大于等于2亿元，净资本/各项业务风险资本之和大于等于100%，净资本/净资产大于等于40%，符合监管要求。

5. 报告期末及上一年度末的比较式会计报表

5.1 自营资产（须经审计）

5.1.1 会计师事务所审计意见全文

审 计 报 告

天职京SJ〔2012〕581号

中粮信托有限责任公司全体股东：

我们审计了后附的中粮信托有限责任公司（以下简称“中粮信托”）财务报表，包括2011年12月31日的合并资产负债表，2011年度的合并利润表、合并所有者权益变动表和合并现金流量表以及合并财务报表附注。

一、管理层对财务报表的责任

编制和公允列报财务报表是中粮信托管理层的责任，这种责任包括：（1）按照企业会计准则的规定编制财务报表，并使其实现公允反映；（2）设计、执行和维护必要的内部控制，以使财务报表不存在由于舞弊或错误导致的重大错报。

二、注册会计师的责任

我们的责任是在执行审计工作的基础上对财务报表发表审计意见。我们按照中国注册会计师审计准则的规定执行了审计工作。中国注册会计师审计准则要求我们遵守中国注册会计师职业道德守则，计划和执行审计工作以对财务报表是否不存在重大错报获取合理保证。

审计工作涉及实施审计程序，以获取有关财务报表金额和披露的审计证据。选择的审计程序取决于注册会计师的判断，包括对由于舞弊或错误导致的财务报表重大错报风险的评估。在进行风险评估时，注册会计师考虑与财务报表编制和公允列报相关的内部控制，以设计恰当的审计程序，但目的并非对内部控制的有效性发表意见。审计工作还包括评价管理层选用会计政策的恰当性和作出会计估计的合理性，以及评价财务报表的总体列报。

我们相信，我们获取的审计证据是充分、适当的，为发表审计意见提供了基础。

三、审计意见

我们认为，中粮信托财务报表在所有重大方面，按照企业会计准则的规定编制，公允反映了中粮信托2011年12月31日的合并财务状况以及2011年度的合并经营成果和合并现金流量。

中国·北京

中国注册会计师：

中国注册会计师：

5.1.2 资产负债表

合并资产负债表

编制单位：中粮信托有限责任公司　　2011年12月31日　　单位：万元

项　目	行次	期末数	期初数	项　目	行次	期末数	期初数
流动资产：	1			流动负债：	66		
货币资金	2	21 883.16	14 719.15	短期借款	67		
△结算备付金	3	—	—	△向中央银行借款	68		
△拆出资金	4	—	—	△吸收存款及同业存放	69		
交易性金融资产	5	2 677.15	371.18	△拆入资金	70		
应收票据	6	—	—	交易性金融负债	71		
应收账款	7	1 209.67	—	应付票据	72		

续表

项　目	行次	期末数	期初数	项　目	行次	期末数	期初数
预付款项	8	12.87	—	应付账款	73		
△应收保费	9	—	—	预收款项	74		
△应收分保账款	10	—	—	△卖出回购金融资产款	75		
△应收分保合同准备金	11	—	—	△应付手续费及佣金	76		
应收利息	12	—	—	应付职工薪酬	77	2 430.09	791.35
应收股利	13	—	—	其中:应付工资	78	2 263.75	736.00
其他应收款	14	158.52	543.51	应付福利费	79	—	—
△买入返售金融资产	15			#其中:职工奖金	80	—	—
存货	16			应交税费	81	2 147.47	1 015.85
其中:原材料	17			其中:应交税金	82	2 136.63	1 007.02
库存商品(产成品)	18			应付利息	83	—	—
一年内到期的非流动资产	19			应付股利	84	—	—
其他流动资产	20			其他应付款	85	890.49	659.63
流动资产合计 、	21	25 941.37	15 633.84	△应付分保账款	86		
非流动资产:	22			△保险合同准备金	87		
△发动贷款及垫款	23	57 000.00	72 270.00	△代理买卖证券款	88		
可供出售金融资产	24	57 322.40	40 348.19	△代理承销证券款	89		
持有至到期投资	25	—	—	一年内到期的非流动负债	90		
长期应收款	26	—	—	其他流动负债	91		
长期股权投资	27	—	—	流动负债合计	92	5 468.05	2 466.83
投资性房地产	28	—	—	非流动负债:	93		
固定资产原价	29	317.19	106.06	长期借款	94		
减:累计折旧	30	81.68	21.69	应付债券	95		
固定资产净值	31	235.51	84.37	长期应付款	96		
减:固定资产减值准备	32			专项应付款	97		
固定资产净额	33	235.51	84.37	预计负债	98		
在建工程	34			递延所得税负债	99	3.55	111.32
工程物资	35			其他非流动负债	100	849.07	1 157.17
固定资产清理	36			其中:特准储备基金	101		
生产性生物资产	37			非流动负债合计	102	852.62	1 268.49
油气资产	38			负 债 合 计	103	6 320.67	3 735.32
无形资产	39	168.73	202.10	所有者权益(或股东权益):	104		
开发支出	40	—	—	实收资本(股本)	105	120 000.00	120 000.00
商誉	41	—	—	国家资本	106		
长期待摊费用	42	613.13	331.69	集体资本	107		
递延所得税资产	43	105.82	—	法人资本	108	120 000.00	120 000.00
其他非流动资产	44			其中:国有法人资本	109	120 000.00	120 000.00
其中:特准储备物资	45			集体法人资本	110		
非流动资产合计	46	115 445.59	113 236.35	个人资本	111		
	47			外商资本	112		
	48			#减:已归还投资	113		
	49			实收资本(或股本)净额	114	120 000.00	120 000.00
	50			资本公积	115	-125.16	333.97
	51			减:库存股	116	—	—
	52			专项储备	117	—	—
	53			盈余公积	118	1 251.45	480.09
	54			其中:法定公积金	119	1 251.45	480.09
	55			任意公积金	120	0.00	0.00
	56			#储备基金	121	0.00	0.00
	57			#企业发展基金	122	0.00	0.00

续表

项　　目	行次	期末数	期初数	项　　目	行次	期末数	期初数
	58			#利润归还投资	123	0. 00	0. 00
	59			△一般风险准备	124	4 745. 00	970. 04
	60			未分配利润	125	6 611. 22	3 350. 77
	61			外币报表折算差额	126		
	62			归属于母公司所有者权益合计	127	132 482. 51	125 134. 87
	63			*少数股东权益	128	2 583. 78	
	64			所有者权益合计	129	135 066. 29	125 134. 87
资 产 总 计	65	141 386. 96	128 870. 19	负债和所有者权益总计	130	141 386. 96	128 870. 19

法定代表人：邬小蕙　　主管会计工作负责人：陈　众

资产负债表

编制单位：中粮信托有限责任公司　　2011 年度　　单位：万元

项　　目	行次	期末数	期初数	项　　目	行次	期末数	期初数
资产：	1			负债：	22		
现金及存放同业款项	2	17 338. 53	14 719. 15	向中央银行借款	23		—
存放中央银行款项	3	—	—	同业及其他金融机构存放款项	24		—
贵金属	4	—	—	拆入资金	25		—
拆出资金	5	—	—	交易性金融负债	26		—
交易性金融资产	6	2 677. 15	371. 18	衍生金融负债	27		—
衍生金融资产	7	—	—	卖出回购金融资产款	28		—
买入返售金融资产	8	—	—	吸收存款	29		—
应收利息	9	—	—	应付职工薪酬	30	2 185. 23	791. 35
发放贷款及垫款	10	57 000. 00	72 270. 00	应交税费	31	1 867. 80	1 015. 85
可供出售金融资产	11	57 322. 40	40 348. 19	应付利息	32	—	—
持有至到期投资	12	—	—	预计负债	33	—	—
长期股权投资	13	2 510. 00	—	应付债券	34	—	—
投资性房地产	14	—	—	递延所得税负债	35	3. 55	111. 32
固定资产	15	196. 77	94. 37	其他负债	36	1 377. 72	1 816. 80
无形资产	16	160. 94	202. 10	其中：其他应付款	37	867. 45	659. 64
递延所得税资产	17	45. 73	—	递延收益	38	510. 28	1 157. 17
其他资产	18	570. 75	875. 20	负 债 合 计	39	5 434. 30	3 735. 32
其中：其他应收款	19	60. 76	543. 51	所有者权益（或股东权益）：	40		
长期待摊费用	20	510. 00	331. 69	实收资本（股本）	41	120 000. 00	120 000. 00
				资本公积	42	-126. 53	333. 97
				减：库存股	43	—	—
				盈余公积	44	1 251. 45	480. 09
				风险准备金	45	4 745. 00	970. 05
				未分配利润	46	6 518. 05	3 350. 77
				所有者权益（或股东权益）合计	47	132 387. 97	125 134. 87
资 产 总 计	21	137 822. 27	128 870. 19	负债和所有者权益（或股东权益）总计	48	137 822. 27	128 870. 19

法定代表人：邬小蕙　　主管会计工作负责人：陈众　　会计机构负责人：陈　众

5.1.3 利润和利润分配表

合并利润表

编制单位:中粮信托有限责任公司　　2011年度　　单位:万元

项　目	行次	本期金额	上期金额
一、营业总收入	1	21 821.31	8 495.48
其中:营业收入	2	1 410.09	—
其中:主营业务收入	3	1 410.09	—
其他业务收入	4		
△利息收入	5	6 252.94	4 248.58
△已赚保费	6	—	—
△手续费及佣金收入	7	14 158.28	4 246.90
二、营业总成本	8	11 076.10	4 920.40
其中:营业成本	9		
其中:主营业务成本	10		
其他业务成本	11		
△利息支出	12		
△手续费及佣金支出	13	22.72	90.52
△退保金	14	—	—
△赔付支出净额	15	—	—
△提取保险合同准备金净额	16	—	—
△保单红利支出	17	—	—
△分保费用	18	—	—
营业税金及附加	19	1 215.46	547.46
销售费用	20	—	—
管理费用	21	7 531.90	3 552.42
财务费用	22	36.02	—
其中:利息支出	23	—	—
利息收入	24	-17.37	—
汇兑净损失(净收益以"-"号填列)	25	53.12	—
资产减值损失	26	2 270.00	730.00
其他	27	—	—
加:公允价值变动收益(损失以"-"号填列)	28	-715.76	-101.27
投资收益(损失以"-"号填列)	29	943.32	2 159.88
其中:对联营企业和合营企业的投资收益	30		
△汇总收益(损失以"-"号填列)	31		
三、营业利润(亏损以"-"号填列)	32	10 972.77	5 633.69
加:营业外收入	33	1 393.56	443.86
其中:非流动资产处置利得	34	0.03	—
非货币性资产交换利得	35	—	—
政府补助	36	1 389.94	443.86
债务重组利得	37	—	—
减:营业外支出	38	74.01	—
其中:非流动资产处置损失	39		
非货币性资产交换损失	40		
债务重组损失	41		
四、利润总额(亏损总额以"-"号填列)	42	12 292.32	6 077.55
减:所得税费用	43	4 393.12	1 772.29
五、净利润(净亏损以"-"号填列)	44	7 899.20	4 305.26
归属于母公司所有者的净利润	45	7 806.76	4 305.26

续表

项　　目	行次	本期金额	上期金额
＊少数股东损益	46	92.43	—
六、每股收益	47		
基本每股收益	48		
稀释每股收益	49		
七、其他综合收益	50	-457.78	333.97
八、综合收益总额	51	7 441.42	4 639.23
归属于母公司所有者的综合收益总额	52	7 347.63	4 639.23
＊归属于少数股东的综合收益总额	53	93.79	—

法定代表人：邬小蕙　　主管会计工作负责人：陈众　　会计机构负责人：陈众

利润表

编制单位：中粮信托有限责任公司　　2011 年度　　单位：万元

项　　目	行次	本期金额	上期金额
一、营业收入	1	20 630.05	10 463.57
利息净收入	2	6 252.94	4 248.58
利息收入	3	6 252.94	4 248.58
利息支出	4	—	—
手续费及佣金净收入	5	14 135.56	4 156.38
手续费及佣金收入	6	14 158.28	4 246.90
手续费及佣金支出	7	22.72	90.52
投资收益（损失以"-"号填列）	8	943.32	2 159.88
其中：对联营企业和合营企业的投资收益	9	—	—
公允价值变动收益（损失以"-"号填列）	10	-715.76	-101.27
汇兑收益（损失以"-"号填列）	11	—	—
其他业务收入	12	14.00	—
二、营业支出	13	9 317.06	4 829.87
营业税金及附加	14	1 137.91	547.46
业务及管理费	15	5 909.16	3 552.42
资产减值损失	16	2 270.00	730.00
其他业务成本	17	—	—
三、营业利润（亏损以"-"号填列）	18	11 312.99	5 633.70
加：营业外收入	19	732.35	443.86
减：营业外支出	20	74.01	—
四、利润总额（亏损以"-"号填列）	21	11 971.32	6 077.56
减：所得税费用	22	4 257.73	1 772.29
五、净利润（净亏损以"-"号填列）	23	7 713.59	4 305.26
六、每股收益：	24		
基本每股收益	25		
稀释每股收益	26		
七、其他综合收益	27	-460.49	333.97
八、综合收益总额	28	7 253.10	4 639.23

法定代表人：邬小蕙　　主管会计工作负责人：陈　众

5.1.4 所有者权益变动表

合并所有者权益变动表

2011 年度

编制单位:中粮信托有限责任公司 单位:万元

项目	行次	本年金额											上年金额										
		归属于母公司所有者权益									少数股东权益	所有者权益合计	归属于母公司所有者权益									少数股东权益	所有者权益合计
		实收资本(或股本)	资本公积	减:库存股	专项储备	盈余公积	△一般风险准备	未分配利润	其他	小计			实收资本(或股本)	资本公积	减:库存股	专项储备	盈余公积	△一般风险准备	未分配利润	其他	小计		
栏 次	—	1	2	3	4	5	6	7	8	9	10	11	12	13	14	15	16	17	18	19	20	21	22
一、上年年末余额	1	120 000.00	333.97	—	—	480.09	970.04	3 350.77	—	125 134.87	—	125 134.87	120 000.00				49.56	24.78	421.30		120 495.64		120 495.64
加:会计政策变更	2	—	—	—	—	—	—	—	—	—	—	—									—		
前期差错更正	3	—	—	—	—	—	—	—	—	—	—	—									—		
二、本年年初余额	4	120 000.00	333.97	—	—	480.09	970.04	3 350.77	—	125 134.87	—	125 134.87	120 000.00	—	—	—	49.56	24.78	421.30	—	120 495.64		120 495.64
三、本年增减变动金额(减少以"-"号填列)	5	—	-459.13	—	—	771.36	3 774.96	3 260.45	—	7 347.64	2 583.78	9 931.42	—	333.97	—	—	430.53	945.26	2 929.47	—	4 639.23	—	4 639.23
(一)净利润	6							7 806.76		7 806.76	92.43	7 899.19							4 305.26		4 305.26		4 305.26
(二)其他综合收益	7		-459.13							-459.13	1.35	-457.78		333.97							333.97		333.97
综合收益小计	8	—	-459.13	—	—	—	—	7 806.76	—	7 347.63	93.78	7 441.41	—	333.97	—	—	—	—	4 305.26	—	4 639.23	—	4 639.23
(三)所有者投入和减少资本	9	—	—	—	—	—	—	—	—	—	2 490.00	2 490.00	—	—	—	—	—	—	—	—	—	—	—
1. 所有者投入资本	10									—	2 490.00	2 490.00									—		—
2. 股份支付计入所有者权益的金额	11									—		—									—		—
3. 其他	12									—		—									—		—
(四)专项储备提取和使用	13	—	—	—	—	—	—	—	—	—		—	—	—	—	—	—	—	—	—	—		—
1. 提取专项储备	14									—		—									—		—
2. 使用专项储备	15									—		—									—		—
(五)利润分配	16					771.36	3 774.96	-4 546.31		0.01		0.01					430.53	945.26	-1 375.79		—		—
1. 提取盈余公积	17					771.36		-771.35		0.01		0.01					430.53		-430.53		—		—
其中:法定公积金	18					771.36		-771.36		—		—					430.53		-430.53		—		—
任意公积金	19									—		—									—		—
#储备基金	20									—		—									—		—
#企业发展基金	21									—		—									—		—
#利润归还投资	22									—		—									—		—
2. 提取一般风险准备	23						3 774.96	-3 774.96		—		—						945.26	-945.26		—		—
3. 对所有者(或股东)的分配	24									—		—									—		—
4. 其他	25									—		—									—		—
(六)所有者权益内部结转	26	—	—	—	—	—	—	—	—	—	—	—	—	—	—	—	—	—	—	—	—	—	—
1. 资本公积转增资本(或股本)	27									—		—									—		—
2. 盈余公积转增资本(或股本)	28									—		—									—		—
3. 盈余公积弥补亏损	29									—		—									—		—
4. 其他	30									—		—									—		—
四、本年年末余额	31	120 000.00	-125.16	—	—	1 251.45	4 745.00	6 611.22	—	132 482.51	2 583.78	135 066.29	120 000.00	333.97	—	—	480.09	970.04	3 350.77	—	125 134.87	—	125 134.87

法定代表人:邬小蕙 主管会计工作负责人:陈 众 会计机构负责人:陈 众

所有者权益变动表

编制单位：中粮信托有限责任公司　　2011 年度　　单位：万元

项目	行次	本期数							上年同期数						
		实收资本（或股本）	资本公积	减：库存股	盈余公积	风险准备金	未分配利润	所有者权益合计	实收资本（或股本）	资本公积	减：库存股	盈余公积	风险准备金	未分配利润	所有者权益合计
一、上年年末余额	1	120 000. 00	333. 97	—	480. 09	970. 05	3 350. 77	125 134. 87	120 000. 00			49. 56	24. 78	421. 30	120 495. 64
加：会计政策变更	2							—							—
前期差错更正	3							—							—
其他	4														
二、本年年初余额	5	120 000. 00	333. 97	—	480. 09	970. 05	3 350. 77	125 134. 87	120 000. 00	—	—	49. 56	24. 78	421. 30	120. 495. 64
三、本年增减变动金额（减少以"－"号填列）	6	—	-460. 49	—	771. 36	3 774. 95	3 167. 28	7 253. 10	—	333. 97	—	430. 53	945. 26	2 929. 47	4 639. 23
（一）净利润	7						7 713. 59	7 713. 59						4 305. 26	4 305. 26
（二）其他综合收益	8		-460. 49					-460. 49		333. 97					333. 97
上述（一）和（二）小计	9	—	-460. 49	—	—	—	7 713. 59	7 253. 10	—	333. 97	—	—	—	4 305. 26	4 639. 23
（三）所有者投入和减少资本	10	—	—	—	—	—	—	—	—	—	—	—	—	—	—
1. 所有者投入资本	11							—							—
2. 股份支付计入所有者权益的金额	12							—							—
3. 其他	13							—							—
（四）利润分配	14	—	—	—	771. 36	3 774. 95	-4 546. 31	—	—	—	—	430. 53	945. 26	-1 375. 79	—
1. 提取盈余公积	15				771. 36		-771. 36	—				430. 53		-430. 53	—
2. 提取一般风险准备	16					3 774. 95	-3 774. 95	—					945. 26	-945. 26	—
3. 对所有者（或股东）的分配	17							—							—
4. 其他	18							—							—
（五）所有者权益内部结转	19	—	—	—	—	—	—	—	—	—	—	—	—	—	—
1. 资本公积转增资本（或股本）	20							—							—
2. 盈余公积转增资本（或股本）	21							—							—
3. 盈余公积弥补亏损	22							—							—
4. 其他	23							—							—
（六）专项储备	24	—	—	—	—	—	—	—	—	—	—	—	—	—	—
1. 本期提取	25							—							—
2. 本期使用	26							—							—
（七）其他	27							—							—
四、本年年末余额	28	120 000. 00	-126. 53	—	1 251. 45	4 745. 00	6 518. 05	132 387. 97	120 000. 00	333. 97	—	480. 09	970. 05	3 350. 77	125 134. 87

法定代表人：邬小蕙　　主管会计工作负责人：陈　众　　会计机构负责人：陈　众

5.2 信托资产

5.2.1 信托项目资产负债汇总表

信托项目资产负债表

编制单位:中粮信托有限责任公司　　2011年12月31日　　单位:万元

信托资产	年初数	期末数	信托负债和信托权益	年初数	期末数
信托资产:			信托负债:		
货币资金	117 060.96	267 480.10	交易性金融负债	—	—
拆出资金		—	衍生金融负债	—	—
存出保证金	—	—	应付受托人报酬	0.49	—
交易性金融资产	—	—	应付托管费	—	—
衍生金融资产	—	—	应付受益人收益	—	—
买入返售金融资产	15 000.00	—	应交税费	—	—
应收款项	30 000.03	3 300.00	应付销售服务费	—	—
发放贷款	3 657 083.33	2 134 460.84	其他应付款项	30 020.92	4 831.11
可供出售金融资产	5 000.00	119 430.79	预计负债	—	—
持有至到期投资	—	34 000.00	其他负债	—	—
长期应收款	—	—	信托负债合计	30 021.41	4 831.11
长期股权投资	125 500.00	386 854.14			
投资性房地产	—	—	信托权益:		
固定资产	—	—	实收信托	3 911 645.83	3 599 567.36
无形资产	—	—	资本公积	—	—
长期待摊费用	—	—	损益平准金	—	—
其他资产	1 000.00	702 264.41	未分配利润	8 977.07	43 391.81
减:各项资产减值			信托权益合计	3 920 622.90	3 642 959.17
信托资产总计	3 950 644.32	3 647 790.28	信托负债及信托权益总计	3 950 644.32	3 647 790.28

5.2.2 信托项目利润及利润分配汇总表

信托项目利润及利润分配表

2011年度

编制单位:中粮信托有限责任公司　　单位:万元

项　目	本年累计数	上年累计数
1. 营业收入	264 423.36	89 269.58
1.1 利息收入	226 635.16	87 086.98
1.2 投资收益(损失以"-"号填列)	37 331.12	1 523.75
其中:对联营企业和合营企业的投资收益	—	—
1.3 公允价值变动收益(损失以"-"号填列)	—	—
1.4 租赁收入	—	—
1.5 汇兑损益(损失以"-"号填列)	—	—
1.6 其他收入	457.08	658.84
2. 支出	34 046.38	7 298.15
2.1 营业税金及附加	—	—
2.2 受托人报酬	13 276.60	3 842.38
2.3 托管费	2 197.43	992.99
2.4 投资管理费	—	550.00
2.5 销售服务费	1 405.00	88.57
2.6 交易费用	—	0.35

续表

项　目	本年累计数	上年累计数
2.7 资产减值损失	—	—
2.8 其他费用	17 167.35	1 823.86
3. 信托净利润(净亏损以"-"号填列)	230 376.98	81 971.43
4. 其他综合收益	—	—
5. 综合收益	230 376.98	81 971.43
6. 加:期初未分配信托利润	8 977.07	8 502.26
7. 可供分配的信托利润	239 354.05	90 473.69
8. 减:本期已分配信托利润	195 962.24	81 496.61
9. 期末未分配信托利润	43 391.81	8 977.07

6. 会计报表附注

6.1 简要说明报告年度会计报表编制基准、会计政策、会计估计和核算方法发生的变化

报告年度会计报表编制基准、会计政策、会计估计和核算方法未发生变化。

6.2 或有事项说明

本公司报告期内无或有事项。

6.3 重要资产转让及其出售的说明

本公司报告期内无重要资产转让及出售情况。

6.4 会计报表中重要项目的明细资料

6.4.1 披露自营资产经营情况

6.4.1.1 按信用风险五级分类结果披露信用风险资产的期初数、期末数

信用风险资产五级分类	正常类（万元）	关注类（万元）	次级类（万元）	可疑类（万元）	损失类（万元）	信用风险资产合计（万元）	不良资产合计（万元）	不良资产率（%）
期初数	73 000.00	—	—	—	—	—	—	—
期末数	—	60 000.00	—	—	—	—	—	—

注：不良资产合计＝次级类＋可疑类＋损失类。

6.4.1.2 各项资产减值损失准备的期初、本期计提、本期转回、本期核销、期末数；贷款的一般准备、专项准备和其他资产减值准备应分别披露

单位：万元

	期初数	本期计提	本期转回	本期核销	期末数
贷款损失准备	730.00	2 270.00	—	—	3 000.00
一般准备	—	—	—	—	—
专项准备	730.00	2 270.00	—	—	3 000.00
其他资产减值准备	—	—	—	—	—
可供出售金融资产减值准备	—	—	—	—	—
持有至到期投资减值准备	—	—	—	—	—
长期股权投资减值准备	—	—	—	—	—
坏账准备	—	—	—	—	—
投资性房地产减值准备	—	—	—	—	—

6.4.1.3 自营股票投资、基金投资、债券投资、股权投资等投资业务的期初数、期末数

单位：万元

	自营股票	基金	债券	长期股权投资
期初数	371.18	—	5 197.45	—
期末数	2 677.15	—	2 848.50	2 510.00

6.4.1.4 前三名的自营长期股权投资的企业名称、占被投资企业权益的比例、主要经营活动及投资收益情况等

企业名称	占被投资企业权益的比例（%）	主要经营活动	投资收益（万元）
1. 中粮农业产业基金管理有限责任公司	50.20	投资管理及咨询	0.00

6.4.1.5 前三名的自营贷款的企业名称、占贷款总额的比例和还款情况等

企业名称	占贷款总额的比例（%）	还款情况（万元）
1. 北京高华证券有限责任公司	100.00	尚未到期
2. —	—	—
3. —	—	—

6.4.1.6 表外业务的期初数、期末数，按照代理业务、担保业务和其他类型表外业务分别披露

单位：万元

表外业务	期初数	期末数
担保业务	—	—
代理业务（委托业务）	—	—
其他	—	—
合计	—	—

注：代理业务主要反映因客观原因应规范而尚未完成规范的历史遗留委托业务，包括委托贷款和委托投资。

6.4.1.7 公司当年的收入结构

收入结构	金额（万元）	占比（%）
手续费及佣金收入	14 158.28	66.21
其中：信托手续费收入	14 158.28	66.21
投资银行业务收入	—	—
利息收入	6 252.94	29.24
其他业务收入	14.00	0.07
其中：计入信托业务收入部分	—	—
投资收益	227.56	1.06
其中：股权投资收益	—	—
公允价值变动收益	-715.76	-3.35
其他投资收益	943.32	4.41
营业外收入	732.35	3.42
收入合计	21 385.13	100

注：手续费及佣金收入、利息收入、其他业务收入、投资收益、营业外收入均应为损益表中的一级科目，其中手续费及佣金收入、利息收入、营业外收入为未抵减掉相应支出的全年累计实现收入数。

6.4.2 披露信托资产管理情况

6.4.2.1 信托资产的期初数、期末数

单位：万元

信托资产	期初数	期末数
集合	184 105.03	883 122.33
单一	3 175 947.89	2 260 536.22
财产权	590 591.40	504 131.73
合计	3 950 644.32	3 647 790.28

6.4.2.1.1 主动管理型信托业务期初数、期末数，分证券投资、股权投资、融资、事务管理类分别披露

单位：万元

主动管理型信托资产	期初数	期末数
证券投资类	10 024.81	59 158.15
股权投资类	98 123.00	253 331.67
融资类	1 164 229.62	927 638.62
事务管理类	1 000.00	27 630.00
其他投资类	27 909.78	1 254 813.80
合计	1 301 287.21	2 522 572.24

6.4.2.1.2 被动管理型信托业务期初数、期末数，分证券投资、股权投资、融资、事务管理类分别披露

单位:万元

被动管理型信托资产	期初数	期末数
证券投资类	—	—
股权投资类	—	—
融资类	2 549 357.11	780 411.55
事务管理类	—	—
其他类	100 000.00	344 806.49
合计	2 649 357.11	1 125 218.04

6.4.2.2　本年度已清算结束的信托项目个数、实收信托合计金额、加权平均实际年化收益率

6.4.2.2.1　本年度已清算结束的集合类、单一类资金信托项目和财产管理类信托项目个数、金额、加权平均实际年化收益率

已清算结束信托项目	项目个数	合计金额(万元)	加权平均实际年化收益率(%)
集合类	28	370 740.00	6.27
单一类	82	5 249 803.75	5.30
财产管理类	8	590 591.33	4.90

注:1. 加权平均实际年化收益率=(信托项目1的实际年化收益率×信托项目1的资产总计+信托项目2的实际年化收益率×信托项目2的资产总计+…+信托项目n的实际年化收益率×信托项目n的资产总计)/(信托项目1的资产总计+信托项目2的资产总计+…+信托项目n的资产总计)×100%。

2. 包含已完成兑付但截至2011年末尚未完成银行销户手续的项目。

6.4.2.2.2　本年度已清算结束的主动管理型信托项目个数、合计金额、加权平均实际年化收益率,分证券投资、股权投资、融资、事务管理类分别披露

已清算结束信托项目	项目个数	合计金额(万元)	加权平均实际年化收益率(%)
证券投资类	3	25 400.00	8.50
股权投资类	1	5 000.00	9.50
融资类	56	3 787 996.33	5.63
事务管理类	5	1 000.00	—
其他投资类	2	102 928.75	5.30

6.4.2.2.3　本年度已清算结束的被动管理型信托项目个数、合计金额、加权平均实际年化收益率,分证券投资、股权投资、融资、事务管理类分别披露

已清算结束信托项目	项目个数	合计金额(万元)	加权平均实际年化收益率(%)
证券投资类	—	—	—
股权投资类	—	—	—
融资类	51	2 288 810.00	4.78
事务管理类	—	—	—
其他投资类	—	—	—

6.4.2.3　本年度新增的集合类、单一类和财产管理类信托项目个数、合计金额

单位:万元

新增信托项目	项目个数	合计金额
集合类	60	1 026 400.79
单一类	200	4 488 671.24
财产管理类	14	704 818.52
新增合计	274	6 219 890.55
其中:主动管理型	232	5 282 885.24
被动管理型	42	937 005.31

6.4.2.4　信托业务创新成果和特色业务有关情况

创新逐步推进。2011年公司新增的特色产品有:国内首只与生猪相关的信托产品;针对特定高端私人客户的家庭财富管理信托;投资于有稳定租金收益物业的租赁资产收益权项目;国内首例以信托形式买断金融租赁公司租赁资产的租赁资产收益权转让集合信托;解决中小企业融资难的中关村自主创新知识产权融资集合信托。

公司自我评价认定的创新业务案例:

(1)农村土地承包经营权、鱼塘承包经营权信托系列

项目关键点:玉米种植合作社将土地承包经营权以及农户将其所有的鱼塘承包经营权委托给公司设立自益型财产权信托,信托受益权质押给银行,为玉米种植合作社在银行的农业贷款提供还款担保。项目涉及农户3 200家、耕地5万亩。

项目意义:利用信托的功能优势解决了农业金融中缺乏贷款抵押问题,对信托利用财产隔离的制度优势配合银行形成土地承包经营权等信托担保模式介入农村金融是一种有益的尝试;信托项目在信托的模式上实现了创新,通过农业金融的介入,辅助集团成员企业控制上游供应链,保障下游低成本优质原料供应,有利于保障食品安全和商品价格的风险管理。

(2)生猪养殖投资信托

项目关键点:公司通过与养殖专业机构合作,募集资金用于认购合作方繁殖和饲养的20公斤左右的仔猪,委托养殖专业机构代为管理,4个月后生猪(90公斤左右)出栏,按公允市场价格销售。正常的管理成本(如厂房租用、饲料采购、疫病防疫、养殖保险及人工费用)均列入信托费用,由信托财产承担。

意义:增加市场生猪供给,有利于平抑猪肉价格的上涨趋势;为生猪专业养殖机构提供稳定、安全、可靠的生猪来源,进一步转变生猪专业养殖机构的重资产运营方式,减少对大规模资金投入的依赖;产品属于真正的商品投资类产品,是国内首只与生猪相关的信托产品,具有创新意义。

公司专长业务:

(1)农业金融。产融结合形式初步多样化,陆续开展了食品经销商供应链信托、白酒特定资产信托、生猪养殖信托、生鸡养殖信托、农地承包经营权信托等。

(2)消费金融业务。2011年公司先后开展了个人汽车贷款财产权信托等消费金融业务。

6.4.2.5　本公司履行受托人义务情况及因本公司自身责任而导致的信托资产损失情况(合计金额、原因等)

本公司遵守信托法和信托文件对受托人义务的规定,为受益人的最大利益处理信托事务,管理信托财产时,恪尽职守,履行诚实、谨慎、有效管理的义务,没有损害受益人利益的情况。不存在因本公司责任而导致的信托资产损失情况。

6.5 关联方关系及其交易的披露

6.5.1 关联交易方的数量、关联交易的总金额及关联交易的定价政策等

	关联交易数量（个）	关联交易金额（万元）	定价政策
合计	2	271.80	本公司与关联方之间的交易采用市场价格进行定价

注：关联交易是指信托公司以自有资产、信托资产为关联方提供投融资等服务，或以担保等方式为关联方融资提供便利的业务。关联交易的统计范围应基本与银监会非现场监管信息系统中关于关联交易的范围和口径一致，也可增加为关联方提供咨询等其他非投融资类业务服务的信息。

6.5.2 关联交易方与本公司的关系性质、关联交易方的名称、法定代表人、注册地址、注册资本及主营业务等

关系性质	关联方名称	法定代表人	注册地址	注册资本（万元）	主营业务
母公司	中粮集团有限公司	宁高宁	北京	31 223.00	贸易
子公司	中粮农业产业基金管理有限责任公司	邬小蕙	北京	5 000.00	投资管理及咨询

6.5.3 逐笔披露本公司与关联方的重大交易事项

6.5.3.1 固有财产与关联方：贷款、投资、租赁、应收账款、担保、其他方式等期初汇总数、本期发生额汇总数、期末汇总数

单位：万元

固有财产与关联方关联交易				
	期初数	借方发生额	贷方发生额	期末数
贷款	—	—	—	—
投资	—	—	—	—
租赁	471.36	271.80	271.80	471.36
担保	—	—	—	—
应收账款	—	—	—	—
其他	93.19	—	93.19	0.00
合计	564.55	271.80	364.99	471.36

6.5.3.2 信托资产与关联方：贷款、投资、租赁、应收账款、担保、其他方式等期初汇总数、本期发生额汇总数、期末汇总数

单位：万元

信托资产与关联方关联交易				
	期初数	借方发生额	贷方发生额	期末数
贷款	30 000.00	—	30 000.00	—
投资	—	—	—	—
租赁	—	—	—	—
担保	—	—	—	—
应收账款	—	—	—	—
其他	—	—	—	—
合计	30 000.00	0.00	30 000.00	0.00

注：委托资金来源于本公司关联方。

6.5.3.3 固有财产与信托财产之间的交易金额期初汇总数、本期发生额汇总数、期末汇总数

单位：万元

固有财产与信托财产相互交易			
	期初数	本期发生额	期末数
合计	6 100.00	16 320.00	22 420.00

注：本公司固有资金配比认购本公司发行的信托计划。

6.5.3.4 信托资产与信托财产之间的交易金额期初汇总数、本期发生额汇总数、期末汇总数

单位：万元

信托资产与信托财产相互交易			
	期初数	本期发生额	期末数
合计	—	—	—

6.5.4 逐笔披露关联方逾期未偿还本公司资金的详细情况以及本公司为关联方担保发生或即将发生垫款的详细情况

无。

6.6 会计制度的披露

公司固有业务和信托业务，同时执行财政部 2006 年 2 月 15 日颁布的《企业会计准则——基本准则》和 38 项具体会计准则、其后颁布的企业会计准则应用指南、企业会计准则解释以及其他相关规定。

7. 财务情况说明书

7.1 利润实现和分配情况

2011 年度，公司实现净利润 7 713.59 万元。提取法定盈余公积 771.36 万元，提取信托赔偿准备 3 774.95 万元，年末可供分配的利润 6 518.05 万元。

7.2 主要财务指标

指标名称	指标值
资本利润率（%）	5.99
人均净利润（万元/人）	132.99

注：1. 资本利润率 = 净利润/所有者权益平均余额 ×100%。

2. 人均净利润 = 净利润/年平均人数。

3. 平均值采取年初及各季末余额移动算术平均法，公式为：$a(\text{平均}) = (a_0/2 + a_1 + a_2 + a_3 + a_4/2)/4$。

7.3 对本公司财务状况、经营成果有重大影响的其他事项

本公司无对财务状况、经营成果有重大影响的其他事项。

8. 特别事项简要揭示

8.1 前五名股东报告期内变动情况及原因

本报告期内，本公司无股东变动情况。

8.2 董事、监事及高级管理人员变动情况及原因

2011 年 7 月经公司第一届董事会第八次会议审议通过，

公司聘任马建泽担任公司副总经理，其任职资格于2011年9月经中国银监会《中国银监会关于核准马建泽任职资格的批复》（银监复〔2011〕413号）文件正式核准。

8.3 公司的重大诉讼事项

本报告期内公司无重大诉讼事项。

8.4 对会计师事务所出具的有保留意见、否定意见或无法表示意见的审计报告的，公司董事会应就所涉及事项作出说明

会计师事务所对本公司出具了标准无保留意见的审计报告。

8.5 公司及其董事、监事和高级管理人员受到处罚的情况

本公司无公司及其董事、监事和高级管理人员受到处罚的情况。

8.6 银监会及其派出机构对公司检查后提出整改意见的，应简单说明整改情况

2010年监管部门对公司开展了“小金库”问题专项现场检查，并于2011年出具了《中国银监会办公厅关于中粮信托有限责任公司2010年“小金库”问题现场检查意见书》（银监办发〔2011〕341号）。针对意见书，公司进行了认真的学习和整改。

8.7 本年度重大事项临时报告的简要内容、披露时间、所披露的媒体及其版面

本报告年度，公司无重大事项临时报告。

8.8 银监会及其省级派出机构认定的其他有必要让客户及相关利益人了解的重要信息

无。

9. 公司监事会意见

监事会认为本公司决策程序符合法律、法规和公司章程的规定，公司已初步建立较完善的内部控制制度，公司在内部工作流程的制定和执行上有较大的进步，有效地控制了公司的经营风险，公司董事、高管层认真履行职责，执行职务时未发生违反法律、法规、公司章程或损害公司利益的行为。公司财务报告经天职国际会计师事务所有限公司审计，真实反映了公司财务状况和经营成果。

中融国际信托有限公司

1. 重要提示

1.1 本公司董事会及董事保证本报告所载资料不存在任何虚假记载、误导性陈述或者重大遗漏，并对其内容的真实性、准确性和完整性承担个别及连带责任。本年度报告摘要摘自年度报告全文，客户及相关利益人欲了解详细内容，应阅读年度报告全文。

1.2 本公司独立董事保证本报告所载资料不存在任何虚假记载、误导性陈述或者重大遗漏，并对其内容的真实性、准确性和完整性承担个别及连带责任。

1.3 公司董事长刘洋先生、财务总监连晋华先生及财务管理部总经理代宝香声明：保证年度报告中财务报告的真实、完整。

2. 公司概况

2.1 公司简介

2.1.1 法定中文名称：中融国际信托有限公司（简称中融信托，以下称公司或本公司）

2.1.2 法定英文名称：Zhongrong International Trust Co.，Ltd.（缩写："ZRT"）

2.1.3 法定代表人：刘 洋

2.1.4 注册地址：黑龙江省哈尔滨市南岗区嵩山路33号
邮政编码：150090

2.1.5 公司国际互联网网址：www.zritc.com

2.1.6 电子邮箱：zritc@zritc.com

2.1.7 公司信息披露事务负责人姓名：黄威
联系电话：010－58878260
传真：010－58878111
电子信箱：huangwei@zritc.com

2.1.8 公司选定的信息披露报纸名称：《金融时报》

2.1.9 年度报告备置地点：黑龙江省哈尔滨市南岗区嵩山路33号2层 北京市西城区金融街武定侯街2号泰康国际大厦9层

2.1.10 公司聘请的会计师事务所名称：天职国际会计师事务所有限公司
住所：北京市海淀区车公庄西路乙19号华通大厦B座二层

2.1.11 公司聘请的律师事务所名称：中伦律师事务所上海分所
住所：上海市浦东新区银城中路200号中银大厦11层

2.2 组织结构

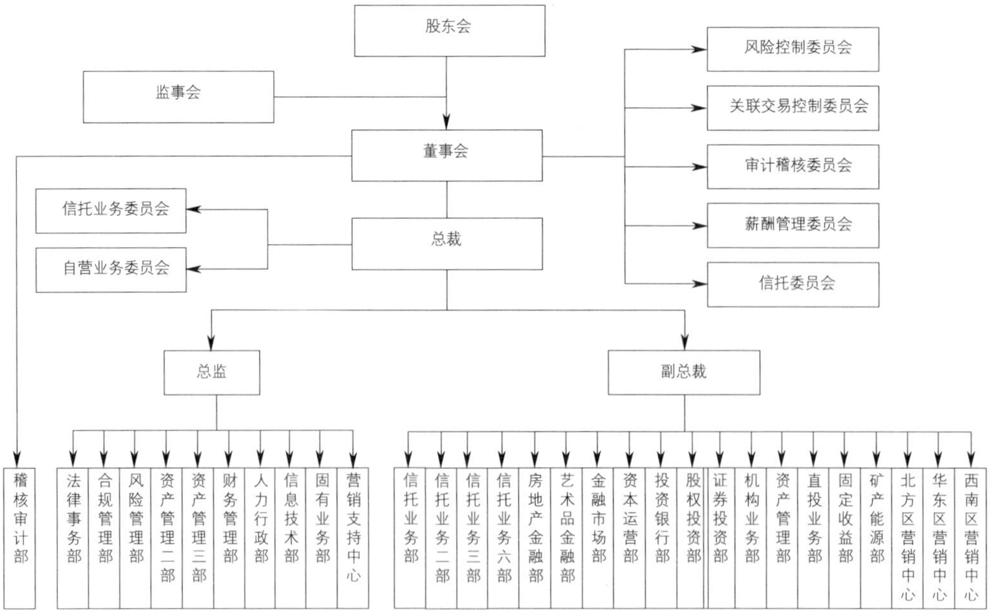

3. 公司治理结构

3.1 股东

3.1.1 持股股东情况

报告期末，本公司股东共4家，持有本公司15%以上股份的股东情况如下：

股东名称	出资比例(%)	法定代表人
经纬纺织机械股份有限公司	36.6	叶茂新
中植企业集团有限公司	32.22	吕庆玉
哈尔滨投资集团有限责任公司	23.36	冯晓江

3.1.2 公司第一大股东的主要股东情况

公司第一大股东为经纬纺织机械股份有限公司，其主要股东情况如下：

股东名称	出资比例(%)	法定代表人
中国纺织机械(集团)有限公司	33.83	张杰

3.2 董事

董事长、副董事长、董事

姓名	职务	性别	年龄	选任日期	所推举的股东名称	所推举的股东持股比例(%)
刘　洋	董事长	男	37	2009年5月	经纬纺织机械股份有限公司	36.6
姚育明	副董事长	男	51	2010年7月	经纬纺织机械股份有限公司	36.6
赫小铂	董事	女	48	2010年4月	哈尔滨投资集团有限责任公司	23.36
范　韬	董事	男	44	2005年3月	经纬纺织机械股份有限公司	36.6
王宝安	董事	男	49	2010年2月	经纬纺织机械股份有限公司	36.6

董事简要履历

姓名	履历
刘　洋	自2009年5月起任本公司董事长，曾任中植高科技投资有限公司负责人、上海中植金智科技投资有限公司财务总监、中植企业集团副总裁兼财务总监、中植企业集团首席执行官。
姚育明	自2010年7月起任本公司副董事长，现任经纬纺织机械股份有限公司总经理、中国恒天集团有限公司党委委员，曾任经纬纺机厂厂长助理兼金融办公室主任、中国纺机集团财务有限公司董事长、内蒙古日信证券有限责任公司董事长、经纬纺织机械股份有限公司常务副总经理。
赫小铂	自2010年4月起任本公司董事，现任哈尔滨投资集团有限责任公司总经理助理、资本运营部部长，曾任哈尔滨市投资公司总经理办公室副部长、综合计划部部长。
范　韬	自2005年3月起任本公司董事，现为本公司总裁，曾任中植企业集团有限公司总裁助理、本公司副总裁。
王宝安	自2010年2月起任本公司董事，现为本公司副总裁，曾任阿城继电器股份有限公司董事会秘书兼证券办主任、天元证券经纪有限公司研发部高级经理、本公司监事长。

独立董事

姓名	所在单位及职务	性别	年龄	选任日期	所推举的股东名称	所推举的股东持股比例(%)
李　辉	瑞信方正证券有限责任公司企业融资部执行董事	男	41	2010年7月	—	—
赵林政	—	男	63	2009年12月	—	—

独立董事简要履历

姓名	履历
李　辉	自2010年7月起任本公司独立董事，现任瑞信方正证券有限责任公司企业融资部执行董事，曾任汉唐证券投资银行部副总经理、银河证券投资银行部业务总监、安信证券投资银行部业务总监。
赵林政	自2009年12月起任本公司独立董事，曾任双鸭山市人民银行行长、人民银行七台河市中心支行行长、哈尔滨金融监管办事处监管专员(副厅级)、黑龙江银监局纪委书记。

3.3 监事

监事

姓名	职　务	性别	年龄	选任日期	所推举的股东名称	该股东持股比例(%)
高兴山	监事长	男	48	2009年4月	中植企业集团有限公司	32.22
毛发青	监　事	男	43	2010年7月	经纬纺织机械股份有限公司	36.6
刘立刚	监　事	男	42	2010年1月	职工监事	—

续表

监事简要履历	
高兴山	自2009年4月起任本公司监事长，曾任中植企业集团有限公司副总裁、本公司董事长。
毛发青	自2010年7月起任本公司监事，现任经纬纺织机械股份有限公司财务总监，曾任经纬纺织机械股份有限公司会计室主任、财务部部长。
刘立刚	自2010年1月起任本公司监事，现为本公司稽核审计部副总经理，曾任北亚实业（集团）股份有限公司财务部副部长、内蒙古立丰房地产开发有限公司财务总监。

3.4　高级管理人员

姓名	职务	性别	年龄	选任日期	金融从业年限	学历	专业
范　韬	总裁	男	44	2010年2月	15	本科	矿业机械
王宝安	副总裁	男	49	2010年2月	11	硕士	管理工程
王　海	副总裁	男	49	2010年2月	29	硕士	EMBA
吴大勇	副总裁	男	36	2010年2月	13	本科	金融学
刘伟器	副总裁	男	38	2010年2月	9	本科	俄语
谢丙武	副总裁	男	42	2010年2月	11	硕士	国际发展
何志强	副总裁	男	37	2011年10月	6	硕士	工商管理
连晋华	财务总监	男	53	2010年6月	3	本科	会计学
黄　威	合规总监	女	38	2010年10月	14	硕士	会计学
高级管理人员简要履历							
范　韬	自2010年2月起任本公司总裁，曾任中植企业集团有限公司总裁助理、本公司副总裁。						
王宝安	自2010年2月起任本公司副总裁，曾任阿城继电器股份有限公司董事会秘书兼证券办主任、天元证券经纪有限公司研发部高级经理、本公司监事长。						
王　海	自2010年2月起任本公司副总裁，曾任哈尔滨国际信托投资公司金融租赁部经理、本公司信托业务部总经理。						
吴大勇	自2010年2月起任本公司副总裁，曾任本公司金融市场部总经理、本公司总裁助理。						
刘伟器	自2010年2月起任本公司副总裁，曾任哈尔滨市融兴典当行主管会计、上海中融汇投资担保公司财务总监。						
谢丙武	自2010年2月起任本公司副总裁，曾任美国雷曼兄弟证券公司亚太债券部副总裁、全球房地产私募基金部资深副总裁、中国区负责人。						
何志强	自2011年10月起任本公司副总裁，曾任北京盟科置业有限公司工程部总经理助理、本公司金融市场部总经理、本公司总裁助理。						
连晋华	自2010年6月起任本公司财务总监，曾任经纬纺机厂审计室主任、经纬机械集团山西纺织机械有限公司总会计师、经纬纺机股份公司战略管理部部长。						
黄　威	自2010年10月起任本公司合规总监，曾任中国银监会业务创新监管协作部理财业务监管岗主理。						

3.5　公司员工

项　目		2011年		2010年	
		人数	比例(%)	人数	比例(%)
年龄分布	25岁以下	68	5.91	42	5.33
	25~29岁	514	44.66	355	45.05
	30~39岁	463	40.23	312	39.59
	40岁以上	106	9.21	79	10.03
学历分布	博士	6	0.52	2	0.3
	硕士	349	30.32	238	30.2
	本科	642	55.78	426	54.1
	专科	138	11.99	110	14.0
	其他	16	1.39	12	1.4
岗位分布	董事、监事及高管人员	18（外部5人）	1.13	15（外部6人）	1.9
	自营业务人员	8	0.70	6	0.8
	信托业务人员	743	64.55	523	65.8
	其他人员	387	33.62	250	32.5

4. 经营管理

4.1　经营目标、方针、战略规划

本公司始终坚持社会效益与股东利益并重的原则，强化“受人之托，代人理财”的经营理念，严格贯彻监管机构的政策要求，不断提升公司的社会价值和品牌形象。本公司致力于掌握具有核心竞争力的综合化金融服务能力，成为服务于高端私人客户与机构客户的卓越资产管理公司。为此目标，本公司将秉承诚信、创新、高效、包容的价值理念，在专业的自主资产管理能力和完善的客户财富服务功能驱动下，构建安全的集成高端私募资产管理和投融资服务模式，为客户提供全面优质的财富与金融服务。

4.2　所经营业务的主要内容

4.2.1　经营概况

本年度，在传统银信合作业务和房地产信托业务受限的外部环境下，面对净资本达标压力，公司积极研究内外部经济形势，严格落实监管政策，持续推进资本集约化发展方式转变，加快业务结构调整，取得了较好的经营业绩。2011年末，公司实现各项业务收入292 623.64万元，同比增长66.94%；实现税后净利105 316.39万元，同比增长51.55%；净资产收益率43.12%，剔除本年度股东增资因素，该指标达52.22%。报告期，公司涉足的投融资领域从房地产、基础设施和证券市场，逐渐向新兴投资领域延伸，重点在矿产能源、艺术品、酒类等领域进行了尝试，还深入开展了私募股权投资、房地产基金、资本市场TOT等业务的可行性研究。公司在产品创新方面的努力，也获得社会的认可。公司“燊乾1号结构化证券投资集合资金信托计划"、"混沌2号证券投资集合资金信托计划"及"邦文传家宝集合资金信托计划"凭借优秀的产品结构设计及优异的产品净值表现分别获得《证券时报》"最佳证券投资类信托计划"和"最佳艺术品投资信托计划"的称号。

为按时完成2011年末的净资本达标任务，公司制订了周密的净资本管理达标计划，强力压缩融资类银信合作业务，严格控制新增高风险占用系数业务，积极协调股东单位增资。经多方努力，公司2011年末净资本达到29.06亿元，风险资本覆盖率达到109.58%，净资本盈余2.54亿元，顺利实现达标，风险抵御能力得到进一步夯实。

4.2.2 信托业务

公司经过几年的积极实践，信托业务发展态势良好。本年度，公司主动放缓信托业务规模扩张，集中精力推动经营战略转型和业务结构调整，积极向主动管理类业务转型。公司开展信托业务的过程中，非常注重主动管理能力的培养，从最为体现主动管理的集合资金信托计划占比看，集合资金信托计划占比较年初大幅提升，从36.63%上升到55.82%。

信托资产运用与分布表

资产运用	金额（万元）	占比（%）	资产分布	金额（万元）	占比（%）
货币资产	880 301.75	5.05	基础产业	2 217 090.07	12.73
贷款	3 595 330.68	20.64	房地产	5 280 531.77	30.31
交易性金融资产投资	1 883 756.56	10.82	证券市场	1 883 756.56	10.82
可供出售金融资产投资	35 412.22	0.20	实业	4 282 724.53	24.59
持有至到期投资	—	0.00	金融机构	53 348.54	0.31
长期股权投资	6 634 905.90	38.10	其他	3 699 415.62	21.24
其他	4 387 159.98	25.19			
信托资产总计	17 416 867.09	100.00	信托资产总计	17 416 867.09	100.00

4.2.3 自营业务

本年度，公司自有资金主要以高流动性的资产形式管理，同时为满足自有资金保值和增值的需要，还在一定范围内进行了投资管理，主要用于交易性金融产品及可供出售金融产品的投资。

自营资产运用与分布表

资产运用	金额（万元）	占比（%）	资产分布	金额（万元）	占比（%）
货币资产	307 674	73.05	基础产业		
贷款及应收款			房地产业		
交易性金融资产投资	25 225	5.99	证券市场	71 773	17.04
可供出售金融资产投资	58 955	14.00	实业		
持有至到期投资			金融机构	3 514	0.83
长期股权投资	3 514	0.83	其他	345 899	82.12
其他	25 818	6.13			
资产总计	421 186	100	资产总计	421 186	100

4.3 市场分析

4.3.1 有利因素

从外部环境看，在国家"十二五"规划的引导下，国内经济将继续保持稳定健康发展，居民收入和金融消费需求会不断升级，"高资产净值客户"群体会继续壮大，信托业发展空间巨大。从内部条件看，公司信托资产规模位居业内上游，市场份额不断扩大，具有一定的规模效应。

4.3.2 不利因素

从国内外经济形势看，2012年世界经济复苏进程艰难曲折，国际金融危机还在持续；国内经济增速放缓，体制性结构性矛盾依然存在，市场信心下降，公司未来的业务发展在宏观经济环境下面临多重挑战。从公司自身的发展状况看，公司正处于业务战略转型期，积极调整业务结构，集中精力向主动管理业务转型。在转型过程中，开拓新兴市场、配备专业人员、理顺业务流程等均需时日积累完善，业务持续发展取决于在产品设计、营销模式和管理模式等方面的不断创新，公司"磨合"需要付出时间成本。

4.4 内部控制

4.4.1 内部控制环境和内部控制文化

公司建立了权责对应、制衡合理的治理结构和前后台分离的组织架构。本公司董事会负责内部控制框架建设的规划和基础制度的审定，评价内部控制体系运行的有效性，监督制度的执行。公司高度重视培养谨慎严密的内部控制文化，公司管理层能够通过各种形式主动渗透高标准的道德价值观念，积极引导培养乐观进取的公司文化，从而为推动建立和谐发展局面奠定了良好的内部控制文化基础。

4.4.2 内部控制措施

公司以《风险管理基本制度》为指导，在全面风险管理框架下对公司制度及业务流程进行逐项梳理，编制了业务操作流程手册和管理制度汇编，工作要求和标准细化到具体流程图中。公司制度性文件涵盖公司治理、公司管理和业务操作的所有领域。在流程方面，公司高度关注与制度控制相结合的"机控"、"人控"建设，上线使用了先进的资产管理系统和估值系统、房地产业务运行系统。特别通过信息化建设的二期开发，从项目前期尽职调查到项目落实操作以及项目后期的监督管理，都能运用系统进行流程化控制、数据支持以及管理统计功能，并且能实时查看到项目整体的进展情况，实现对项目的全面查询。

4.4.3 信息交流与反馈

公司建立了较为有效的适时跟踪内部控制信息报告管理机制，涵括了相应制度规范报告责任主体、报告形式、报告流程、报告频率等事项，能将经营管理过程中存在的重大问题及时向高级管理层、董事会、监事会、股东和监管部门报告。

4.4.4 监督评价与纠正

公司从控制环境、风险评估、控制活动、信息与沟通及内部监督等方面规定了内部控制评价工作的评价标准，并根据股东单位经纬纺织机械股份有限公司检查组的现场检查建议，对内部控制评价标准进行了细化和完善。

4.5 风险管理概况

4.5.1 信用风险状况

公司在加强信用风险管理方面，能够严格落实监管政策和指导要求，及时调整和完善各项融资类业务的政策，持续推动制度建设，逐步压缩融资业务规模，严格业务流程标准，强化融资后管理和风险监测、分析。

（1）信用风险主要集中领域：公司融资类信托资产占全部信托资产比率为 47.01%，按信贷资产五级分类口径统计，无不良融资类信托资产或不良贷款。

（2）抵押品确认的主要原则：公司特别注重降低价格不利变动影响第二还款来源，通常选择质地优良的证券作为质押物，以价格稳定的土地和房产作为抵押，一般设置 50% 的抵质押率；保证贷款需要担保人财务状况、经营效益良好，按银行信用等级评定标准核定，原则上信用等级必须为 A 级（含）以上。

（3）一般准备与专项准备的计提方法：依据《信托公司管理办法》，信托赔偿准备金按净利润的 5% 提取，报告期公司提取信托赔偿准备金 5 240.15 万元，期末余额 11 325.98 万元；依据财政部 2005 年 49 号文《金融企业呆账准备提取管理办法》，一般风险准备按照风险资产的 1% 计提，报告期冲回一般风险准备 104.13 万元。

4.5.2 市场风险状况

市场风险指因股市价格、利率、汇率等的变动而导致价值未预料到的潜在损失的风险，包括权益风险、汇率风险、利率风险以及商品风险。权益风险是信托公司的主要风险。公司市场风险主要涉及证券投资自营业务、信托业务以及上市公司股权收益权信托业务等，占报告期末全部信托资产的 20.68%。对于此类业务，公司通过结构化信托安排和严密管理措施，始终能够确保优先受益人的资金安全。

4.5.3 操作风险状况

公司面临的操作风险主要表现为公司治理机制、内部流程制度不完善或失效，有关责任人出现失误、欺诈等问题，公司信息系统出现故障导致业务无法进行等。操作风险广泛存在于公司所有业务活动中，公司通过规范各项业务流程、加强内控等手段管理操作风险，报告期未发生因操作风险所造成的损失，未发现较大的操作风险事件暴露。

4.5.4 其他风险状况

其他风险主要包括法律风险、合规风险及声誉风险等。法律风险是指因公司违反法律规定、监管规则或者因交易对手产生的合同纠纷，致使公司遭受处罚或者诉讼的风险。合规风险是指因没有遵循法律、规则和准则可能遭受法律制裁、监管处罚、重大财务损失和声誉损失的风险。公司面临的声誉风险主要表现为缺少声誉应急处理能力、不能妥善处理媒体关系以及未建立声誉风险管理机制等。目前，公司的法律风险、合规风险及声誉风险均处于较低水平。

4.5.5 风险管理政策和策略

4.5.5.1 信用风险管理

公司在加强信用风险管理方面，能够严格落实监管政策和指导要求，及时调整和完善各项融资类业务的政策，持续推动制度建设，逐步压缩融资业务规模，严格业务流程标准，强化融资后管理和风险监测、分析。信用风险管理的具体措施包括：一是完善信用风险管理的制度体系，开展融资业务严格执行标准化的管理流程。二是完善信用风险限额管理和监测报告，在融资业务开展领域制定有严格的单一主体授信限额管理制度。三是完善行业研究和准入机制，充分利用客户分类、名单制管理和行业限额等多种手段，严格审查行业和客户的准入资质，防范行业风险。四是完善投资业务的担保措施管理，从多个维度对投资组合设定风险限额来控制信用风险，并且根据信托业客户的实际情况，做实担保措施，确保押品的安全、可控。

4.5.5.2 市场风险管理

为做好市场风险的管理，公司成立专门的资产管理部门对证券业务的市场风险进行管理，并且配备了较强的软硬件支持。业务操作严格遵循组合投资、分散风险的原则，按照既定投资范围、比例，采用逐日盯市方法，实时掌握风险状况；选用经验丰富、业绩优秀的投资顾问，动态识别市场中潜在的风险；设置科学、操作性强的警戒与止损机制并对其严格执行，确保风险始终处于可控状态。

4.5.5.3 操作风险管理

公司按照《商业银行操作风险管理指引》的要求，建立了操作风险管理制度的框架，本着集约化管理、资源共享的原则，明确了后台部门和人员配置的标准，建立了专职与兼职结合的操作风险管理团队。重点措施包括：一是进一步完善操作风险管理制度，公司通过梳理制度与流程，在现有制度范围内完善补充了多个制度性文件。二是先后上线了项目管理、会计管理系统等系统。三是通过强化内控基础，优化内控措施，持续提升三道防线体系的运行效率和效果。

4.5.5.4 其他风险管理

（1）法律风险。作为从融资类业务为主向投资类业务为主转型的资产管理公司，投融资领域的法律风险逐渐演变为信托业的核心风险之一。鉴于此，公司非常重视法律风险的管理。对内加大法律专业的培养和积累，对外推行外聘律师制度，积极利用专业资源改善法律风险控制水平。

（2）合规风险。为切实管理好合规性风险，公司积极稳妥地推进合规管理体系建设，充分借鉴银行业、证券业和保险业良好的合规管理经验，结合公司多年合规工作积累，持续完善合规管理的组织框架、管理范围、运行机制和工作流程。公司参照《商业银行合规风险管理指引》建立了合规管理体系，并且适当补充了合规性风险管理的内涵和外延，确保监管政策得以贯彻落实。

（3）声誉风险。公司建立了声誉风险的管理机制，明确了声誉风险的主管部门，搭建全面风险管理框架。具体措施主要包括：颁行员工言行标准制度，加强舆情监测与分析，推行重大事件报告机制，适度维护媒体关系，建立重大事件报告机制。目前，声誉风险防范与应对的意识和水平有一定的提升。

5. 报告期末及上一年度末的比较式会计报表

5.1 自营资产

5.1.1 会计师事务所审计意见

天职京 SJ〔2012〕640 号审计报告审计意见：“中融信托财务报表在所有重大方面按照企业会计准则的规定编制，公允反映了中融信托 2011 年 12 月 31 日的财务状况及合并财务状况以及 2011 年度的经营成果和现金流量及合并经营成果和合并现金流量。”

5.1.2 资产负债表

合并资产负债表

编制单位:中融国际信托有限公司　　2011 年 12 月 31 日　　单位:元

项目	行次	合并		母公司	
		期末数	期初数	期末数	期初数
资产	1				
货币资金	2	3 076 736 151.77	886 350 107.59	2 969 058 928.39	886 350 107.59
结算备付金	3				
拆出资金	4				
交易性金融资产	5	252 252 441.29	83 112 703.39	252 252 441.29	83 112 703.39
买入返售金融资产	6		24 000 000.00		24 000 000.00
应收账款	7				
应收利息	8		3 637 500.00		3 637 500.00
发放贷款及垫款	9				
存出保证金	10				
存货	11				
可供出售金融资产	12	589 545 330.98	954 209 347.83	589 545 330.98	954 209 347.83
长期股权投资	13	35 140 710.88	28 673 400.00	135 140 710.88	28 673 400.00
商誉	14				
投资性房地产	15				
固定资产	16	29 732 684.23	22 303 903.40	29 732 684.23	22 303 903.40
无形资产	17	4 763 084.21	4 994 273.00	4 745 128.54	4 994 273.00
递延所得税资产	18	179 286 365.68	14 113 037.45	179 286 365.68	14 113 037.45
其他资产	19	44 399 458.85	21 919 725.16	44 399 458.85	21 919 725.16
其中:其他应收款	20	25 780 904.31	12 694 295.95	25 780 904.31	12 694 295.95
长期待摊费用	21	18 618 554.54	9 225 429.21	18 618 554.54	9 225 429.21
	22				
	23				
	24				
资产总计	25	4 211 856 227.89	2 043 313 997.82	4 204 161 048.84	2 043 313 997.82
负债及所有者权益:	26				
短期借款	27				
拆入资金	28				
卖出回购金融资产款	29				
代理买卖证券款	30				
代理承销证券款	31				
应付账款	32				
预收账款	33	19 778 486.85	7 161 153.07	19 778 486.85	7 161 153.07
应付职工薪酬	34	556 058 182.56	259 543 721.39	555 992 344.03	259 543 721.39
应交税费	35	261 412 077.17	173 768 127.11	258 917 261.53	173 768 127.11
应付利息	36				
长期借款	37				
递延所得税负债	38				
其他负债	39	53 504 917.34	63 531 866.77	53 504 917.34	63 531 866.77
负债总计	40	890 753 663.92	504 004 868.34	888 193 009.75	504 004 868.34
实收资本(股本)	41	1 475 000 000.00	580 000 000.00	1 475 000 000.00	580 000 000.00
资本公积	42	513 233 746.41	159 604 259.04	513 233 746.41	159 604 259.04
盈余公积	43	224 355 415.45	119 552 473.22	224 355 415.45	119 552 473.22
一般风险准备	44	122 287 259.20	70 927 094.80	122 287 259.20	70 927 094.80
未分配利润	45	986 226 142.91	609 225 302.42	981 091 618.03	609 225 302.42
外币报表折算差额	46				
归属于母公司所有者权益合计	47	3 321 102 563.97	1 539 309 129.48	3 315 968 039.09	1 539 309 129.48
少数股东权益	48				
所有者权益总计	49	3 321 102 563.97	1 539 309 129.48	3 315 968 039.09	1 539 309 129.48
负债和所有者权益总计	50	4 211 856 227.89	2 043 313 997.82	4 204 161 048.84	2 043 313 997.82

5.1.3 利润表

合并利润表

编制单位：中融国际信托有限公司　　2011 年度　　单位：元

项　目	行次	合并		母公司	
		本期数	上期数	本期数	上期数
一、营业总收入	1	2 926 236 360.80	1 752 902 284.07	2 917 217 216.39	1 752 902 284.07
利息净收入		95 217 159.35	21 903 381.87	95 198 014.94	21 903 381.87
利息收入	2	96 283 784.35	22 425 244.38	96 264 639.94	22 425 244.38
利息支出		1 066 625.00	521 862.51	1 066 625.00	521 862.51
手续费及佣金净收入		2 882 013 985.75	1 616 191 108.11	2 882 013 985.75	1 616 191 108.11
手续费及佣金收入	3	2 882 013 985.75	1 616 191 108.11	2 882 013 985.75	1 616 191 108.11
手续费及佣金支出					
营业收入	4	9 000 000.00			
投资收益	5	689 999.07	81 668 641.10	689 999.07	81 668 641.10
公允价值变动损失	6	-136 858 908.29	860 595.90	-136 858 908.29	860 595.90
汇兑损益	7	-560 630.44	-454 250.91	-560 630.44	-454 250.91
其他业务收入	8	76 734 755.36	32 732 808.00	76 734 755.36	32 732 808.00
二、营业总支出	9	1 518 477 305.97	831 148 894.88	1 516 304 194.73	831 148 894.88
营业成本	12				
营业税金及附加	13	175 027 731.18	97 201 971.29	174 532 731.18	97 201 971.29
业务及管理费	14	1 343 449 574.79	703 400 573.78	1 341 771 463.55	703 400 573.78
资产减值损失	15				
其他业务成本	16	—	30 546 349.81		30 546 349.81
三、营业利润	17	1 407 759 054.83	921 753 389.19	1 400 913 021.66	921 753 389.19
加：营业外收入	18	500 381.21	3 128 887.74	500 381.21	3 128 887.74
减：营业外支出	19	2 426 993.66	4 380 721.17	2 426 993.66	4 380 721.17
四、利润总额	20	1 405 832 442.38	920 501 555.76	1 398 986 409.21	920 501 555.76
减：所得税费用	21	352 668 495.26	225 593 444.96	350 956 986.97	225 593 444.96
五、净利润	22	1 053 163 947.12	694 908 110.80	1 048 029 422.24	694 908 110.80
归属于母公司所有者的净利润	23	1 053 163 947.12	694 908 110.80	1 048 029 422.24	694 908 110.80
少数股东损益	24	—	—	—	—
六、其他综合收益/（亏损）	25	-171 370 512.63	150 489 022.49	-171 370 512.63	150 489 022.49
七、综合收益/（亏损）总额	26	881 793 434.49	845 397 133.29	876 658 909.61	845 397 133.29
归属公司所有者的综合收益/（亏损）总额	27	881 793 434.49	845 397 133.29	876 658 909.61	845 397 133.29
归属少数股东的综合收益/（亏损）总额	28	—	—	—	—

5.2 信托资产

5.2.1 信托项目资产负债汇总表

单位：万元

项　目	2011 年 12 月 31 日	2010 年 12 月 31 日
信托资产：		
货币资金	880 301.75	1 246 451.79
交易性金融资产	1 883 756.56	2 254 343.64
买入返售金融资产	322 900.00	60 092.21
应收款项	43 206.65	12 601.28
发放贷款	3 595 330.68	7 289 690.67
可供出售金融资产	35 412.22	174 140.73
长期股权投资	6 634 905.90	6 525 079.51
长期待摊费用	4 598.15	3 779.59
其他资产	4 016 455.18	427 509.70
信托资产总计	17 416 867.09	17 993 689.12

续表

项　目	2011 年 12 月 31 日	2010 年 12 月 31 日
信托负债：		
应付受托人报酬	20 852.04	9 533.04
应付托管费	3 062.19	824.53
应付受益人收益	1 628.85	14 491.45
应付销售服务费	1 457.99	678.18
其他应付款项	130 689.28	39 209.04
其他负债	16.59	10.48
信托负债合计	157 706.94	64 746.72
信托权益：		
实收信托	17 551 222.54	17 730 404.78
资本公积	145 226.44	24 929.77
未分配利润	-437 288.83	173 607.85
信托权益合计	17 259 160.15	17 928 942.40
信托负债和信托权益总计	17 416 867.09	17 993 689.12

5.2.2 信托项目利润及利润分配汇总表

单位：万元

项　目	2011 年	2010 年
营业收入	621 273.08	1 120 089.04
利息收入	409 584.22	598 928.22
投资收益	438 946.67	521 547.57
公允价值变动收益	-237 606.78	-2 893.86
其他收入	10 348.97	2 507.11
支出	366 650.71	282 662.56
受托人报酬	153 955.85	101 536.11
托管费	29 975.22	29 187.05
投资管理费	16 122.80	32 587.47
销售服务费	33 883.81	14 806.38
交易费用	36 618.44	25 520.24
其他费用	96 094.59	79 025.31
信托净利润	254 622.37	837 426.48
其他综合收益	45 076.41	18 469.77
综合收益	299 698.78	855 896.25
加：期初未分配信托利润	173 607.85	60 731.68
可供分配的信托利润	428 230.22	898 158.16
减：本期已分配信托利润	865 519.05	724 550.31
期末未分配信托利润	-437 288.83	173 607.85

6. 会计报表附注

6.1 会计报表编制基准、会计政策等情况

公司会计报表按照财政部2006年2月15日颁布的《企业会计准则》及其相关规定编制，会计报表编制基准、会计政策、会计估计和核算方法与上年保持一致，本报告期也未发生变化，无不符合会计核算基本前提的说明。

6.2 或有事项说明

报告期内，本公司无相关说明事项。

6.3 重要资产转让及其出售的说明

报告期内，本公司无重要资产转让及其出售。

6.4 会计报表中重要项目的明细资料

6.4.1 自营资产经营情况

6.4.1.1 按信用风险五级分类结果披露信用风险资产的期初数、期末数

信用风险资产五级分类	正常类（万元）	关注类（万元）	次级类（万元）	可疑类（万元）	损失类（万元）	信用风险资产合计（万元）	不良资产合计（万元）	不良资产率（%）
期初数	204 331					204 331		
期末数	310 250					310 250		

注：不良资产合计＝次级类＋可疑类＋损失类。

6.4.1.2 各项资产减值损失准备、贷款一般准备、专项准备和其他资产减值准备披露信息

单位：万元

	期初数	本期计提	本期转回	本期核销	期末数
贷款损失准备					
一般准备					
专项准备					
其他资产减值准备					
可供出售金融资产减值准备					
持有至到期投资减值准备					
长期股权投资减值准备	339				339
坏账准备	47				47

6.4.1.3 自营股票投资、基金投资、债券投资、股权投资等投资业务的期初数、期末数

单位：万元

	自营股票	基金	债券	长期股权投资
期初数	5 188		3 123	2 867
期末数	71 773			3 514

6.4.1.4 前三名的自营长期股权投资的企业名称、占被投资企业权益的比例及投资收益情况

企业名称	占被投资企业权益的比例（%）	主要经营活动	投资收益（万元）
江海证券经纪有限公司	2.10	证券	0
深圳锵融股权投资基金管理有限公司	49	基金	-0.33
上海融领股权投资基金管理企业（有限合伙）	28.57	基金	-2.94

注：投资损益是指按照企业会计准则规定，核算股权投资确认损益并计入披露年度利润表的金额。

6.4.1.5 前三名的自营贷款的企业名称、占贷款总额的比例和还款情况

公司期末无自营贷款余额。

6.4.1.6 表外业务的期初数、期末数

表外业务	期初数	期末数
担保业务	0	0
代理业务（委托业务）	0	0
其他	0	0
合计	0	0

注：代理业务主要反映因客观原因应规范而尚未完成规范的历史遗留委托业务，包括委托贷款和委托投资。

6.4.1.7 公司当年的收入结构

收入结构	金额（万元）	占比（%）
手续费及佣金收入	288 201.4	98.47
其中：信托手续费收入	288 201.4	98.47
投资银行业务收入	0	
利息收入	9 521.72	3.25
其他业务收入	8 573.48	2.93
其中：计入信托业务收入部分		
投资收益	-13 616.89	-4.65
其中：股权投资收益	-3.27	0

续表

收入结构	金额(万元)	占比(%)
公允价值变动收益	-13 685.89	-4.68
其他投资收益	72.27	0.02
汇兑损益	-56.06	-0.02
营业外收入	50.04	0.02
收入合计	292 673.69	100

注:手续费及佣金收入、利息收入、其他业务收入、投资收益、营业外收入均应为损益表中的一级科目,其中手续费及佣金收入、利息收入、营业外收入为未抵减掉相应支出的全年累计实现收入数。

6.4.2 披露信托资产管理情况

6.4.2.1 信托资产的期初数、期末数

单位:万元

信托资产	期初数	期末数
集合	6 590 316.00	9 722 067.38
单一	11 160 376.00	7 319 999.36
财产权	242 997.00	374 800.35
合计	17 993 689.00	17 416 867.09

6.4.2.1.1 主动管理型信托业务的信托资产期初数、期末数

单位:万元

主动管理型信托资产	期初数	期末数
证券投资类	2 381 327.00	1 940 721.37
股权投资类	4 139 183.00	4 484 879.77
其他投资类	155 236.00	1 288 416.02
融资类	3 902 964.00	5 792 641.62
事务管理类	7 667.00	364 469.29
合计	10 586 377.00	13 871 128.07

6.4.2.1.2 被动管理型信托业务的信托资产期初数、期末数

单位:万元

被动管理型信托资产	期初数	期末数
证券投资类	916 732.00	945 481.88
股权投资类	808 295.00	—
其他投资类	26 427.00	195 656.05
融资类	5 420 529.00	2 394 270.03
事务管理类	235 329.00	10 331.06
合计	7 407 312.00	3 545 739.02

6.4.2.2 本年度已清算结束的信托项目情况

全年共到期清算信托项目413个,实收信托1 032亿元,加权平均年化收益率达到4.74%。

6.4.2.2.1 本年度已清算信托项目情况

已清算结束信托项目	项目个数	合计金额(万元)	加权平均实际年化收益率(%)
集合类	197	3 175 651.55	4.90
单一类	213	5 337 780.26	4.65
财产管理类	3	195 000.00	5.73

注:加权平均实际年化收益率=(信托项目1的实际年化收益率×信托项目1的资产总计+信托项目2的实际年化收益率×信托项目2的资产总计+…信托项目n的实际年化收益率×信托项目n的资产总计)/(信托项目1的资产总计+信托项目2的资产总计+…信托项目n的资产总计)×100%。

6.4.2.2.2 本年度已清算结束的主动管理型信托情况

已清算结束信托项目	项目个数	合计金额(万元)	信托报酬率(%)	加权平均实际年化收益率(%)
证券投资类	63	777 279.93	1.17	-9.58
股权投资类	13	338 361.00	2.03	10.39
其他投资类	7	188 271.02	0.81	22.24
融资类	215	3 698 280.50	1.78	7.16
事务管理类	1	1 000.00	0.50	79.89

6.4.2.2.3 本年度已清算结束的被动管理型信托项目情况

已清算结束信托项目	项目个数	合计金额(万元)	信托报酬率(%)	加权平均实际年化收益率(%)
证券投资类	2	210 736.20	0.18	0.34
股权投资类	—	—	0.00	0.00
其他投资类	3	8 000.00	10.45	6.12
融资类	107	3 292 503.16	0.60	4.55
事务管理类	2	194 000.00	0.08	5.41

6.4.2.3 本年度新增信托项目情况

单位:万元

新增信托项目	项目个数	合计金额
集合类	309	6 462 612.08
单一类	65	2 015 056.97
财产管理类	22	357 628.65
新增合计	396	8 835 297.70
其中:主动管理型	390	8 530 294.62
被动管理型	6	305 003.08

6.4.2.4 本公司履行受托人义务情况及因本公司自身责任而导致的信托资产损失情况

报告期,不存在因本公司自身责任而导致的信托资产损失情况。

6.5 关联方关系及其交易的披露

报告期内,本公司未发生关联交易,无需要披露的信息。

6.6 会计制度的披露

本公司执行中华人民共和国财政部2006年2月15日颁布的《企业会计准则》及有关的补充规定。

7. 财务情况说明书

7.1 利润实现和分配情况

2011年共实现利润总额140 583.24万元,净利润105 316.4万元,计提盈余公积10 480万元,计提信托赔偿准备金5 240.15万元,计提一般风险准备-104.13万元。2011年3月留存收益转增资本52 000万元。

7.2 主要财务指标

指标名称	指标值
资本利润率(%)	44.22
信托报酬率(%)	1.59
人均净利润(万元/人)	106.18

7.3 对本公司财务状况、经营成果有重大影响的其他事项

无。

8. 特别事项揭示

8.1 前五名股东报告期内变动情况及原因

报告期，大连新星房地产开发集团有限公司将其持有的本公司10 768.8万股股权（占公司总股本的7.692%）转让给沈阳安泰达商贸有限公司。

8.2 董事、监事及高级管理人员变动情况及原因

报告期内，公司无董事、监事变动情况。高级管理人员变动情况及原因如下：

离任高级管理人员情况表

姓名	前任职位	离任时间	离职原因及内部决议
梁 越	副总裁	2011年3月	个人提出辞职申请，三届九次董事会审议通过

新任高级管理人员情况表

姓名	职位	新任时间	任职原因及内部决议
何志强	副总裁	2011年12月1日	竞聘上岗，总裁提名，三届十五次董事会审议通过
黄 威	合规总监	2011年12月1日	竞聘上岗，总裁提名，三届五次董事会审议通过

8.3 公司的重大诉讼事项

无。

8.4 公司及其董事、监事和高级管理人员受到处罚的情况

无。

8.5 银监会及其派出机构对公司检查后提出的整改意见及公司整改情况

报告期，银监会及其派出机构对本公司进行现场检查2次，检查内容包括薪酬管理、中长期贷款业务还款方式和2008年以来现场检查整改情况，共提出问题7个。公司对检查问题和监管意见高度重视，严格建立整改机制，认真明确工作责任，深入剖析，举一反三，检查问题已得到全部整改，监管意见得到全面贯彻落实。

8.6 本年度重大事项临时报告的简要内容、披露时间、所披露的媒体

报告期，公司重大事项临时报告的披露媒体为《金融时报》，年度合计刊登各类公告三则，具体如下：

临时披露重大事项

披露时间	披露公告名称	披露内容	披露媒体
2011年3月23日	《中融国际信托有限公司增加注册资本公告》	中融国际信托有限公司根据2010年第四次临时股东会决议，注册资本由58 000万元增加至140 000万元。	《金融时报》
2011年4月28日	《中融国际信托有限公司2010年度报告摘要》	中融国际信托有限公司2010年度报告摘要	《金融时报》
2011年11月11日	《中融国际信托有限公司增加注册资本公告》	中融国际信托有限公司根据2011年第一次临时股东会决议，注册资本由140 000万元增加至147 500万元。	《金融时报》

8.7 银监会及其省级派出机构认定的其他有必要让客户及相关利益人了解的重要信息

无。

9. 监事会意见

监事会认为，公司的财务数据资料真实、客观和准确地反映了公司的财务状况和经营成果。

中泰信托有限责任公司

1. 重要提示

1.1 .本公司董事会及董事保证本报告所载资料不存在任何虚假记载、误导性陈述或者重大遗漏，并对其内容的真实性、准确性和完整性承担个别及连带责任。

1.2 独立董事刘廷焕、王克力、陈朝阳认为本年度报告真实、准确、完整。

1.3 公司负责人董事长刘虹、总裁周雄，主管会计工作负责人总会计师何德见及财务会计部负责人赵东声明：保证年度报告中财务会计报告的真实、完整。

2. 公司概况

2.1 公司简介

2.1.1 公司的法定中文名称：中泰信托有限责任公司
公司的法定英文名称：Zhongtai Trust Co. ,Ltd.

2.1.2 法定代表人：刘 虹

2.1.3 注册地址：上海市中华路 1600 号黄浦中心大厦 17～18 楼
邮政编码：200020

2.1.4 国际互联网网址：www. zhongtaitrust. com

2.1.5 电子信箱：zhongtai@ zhongtaitrust. com

2.1.6 信息披露事务负责人：沈烁
信息披露事务联系人：董云
联系电话：021－63871888－2718
传真：021－63872700
电子信箱：dongyun@ zhongtaitrust. com

2.1.7 公司选定的信息披露报纸名称：《证券时报》

2.1.8 公司年度报告备置地点：上海市中华路 1600 号黄浦中心大厦 18 层办公室

2.1.9 公司聘请的会计师事务所：中审亚太会计师事务所有限公司
地址：北京市海淀区复兴路 47 号天行建商务大厦 22～23 层

2.1.10 公司聘请的律师事务所：上海市金茂律师事务所
地址：上海市愚园路 168 号 18 层

2.2 组织结构

本公司的最高权力机构为公司股东会。公司实行董事会领导下的总裁负责制。

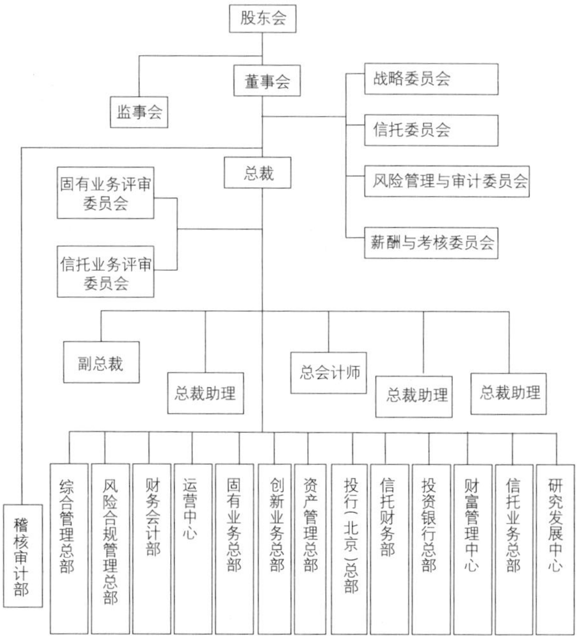

3. 公司治理

3.1 股东

3.1.1 报告期末，股东总数六家；持有公司 10% 以上股份的股东情况

股东名称	持股比例（%）	法人代表
中国华闻投资控股有限公司	31.57	周立群
上海新黄浦置业股份有限公司	29.97	王伟旭
广联（南宁）投资股份有限公司	20	刘 虹

3.1.2 公司第一大股东的主要股东情况

主要股东	出资比例（%）	法人代表
人保投资控股有限公司	55	周立群

3.1.3 股东关联关系说明

股东中国华闻投资控股有限公司、广联（南宁）投资股份有限公司与上海新黄浦置业股份有限公司存在关联关系：上海新华闻持有上海新黄浦置业股份有限公司 13.48% 的股权，为其第一大股东，中国华控和广联（南宁）分别持有上海新华闻 50% 的股权。

3.2 董事

董事会成员

姓名	职务	性别	年龄	选任日期	所推举的股东名称	该股东持股比例(%)	简要履历
刘虹	董事长	男	48	2010年3月	中国华闻投资控股有限公司	31.57	1985年参加工作,先后在国家计委国土局,中国农业发展银行资金计划部,中国人寿保险(集团)公司战略规划部、发展改革部,中国人民保险集团公司工作,现任人保投资控股有限公司董事、总裁、党委书记,中国华闻投资控股有限公司董事、党委书记,广联(南宁)投资股份有限公司董事长、党委书记,中泰信托有限责任公司董事长。
周雄	董事	男	46	2010年3月	中国华闻投资控股有限公司	31.57	1987年参加工作,先后在厦门大学、华夏证券有限公司、人民日报社、厦门联合信托投资有限责任公司等单位工作,现任中泰信托有限责任公司董事、总裁。
韩铭珊	董事	男	47	2010年3月	中国华闻投资控股有限公司	31.57	1988年参加工作,先后在中国人民银行办公厅、兰州商业银行、北京现代创新科技有限公司、中国人民保险集团公司(中国人保控股公司)发展改革部/政策研究室、人保投资控股有限公司、广联投资股份有限公司工作,现任中国华闻投资控股有限公司党委委员、副总裁,上海新华闻有限公司党委委员、副总裁,中泰信托有限责任公司董事。
陆却非	董事	男	55	2010年3月	上海新黄浦置业股份有限公司	29.97	1981年参加工作,先后在上海第一印染厂、中科院上海生理研究所、上海新黄浦置业股份有限公司工作,现任上海新黄浦置业股份有限公司副董事长、总经理,中泰信托有限责任公司董事。
刘继东	董事	男	55	2010年3月	广联(南宁)投资股份有限公司	20	1970年至1978年于部队服役,1979年参加工作,先后在湖北省天门市检察院、广联(南宁)投资股份有限公司工作,现任广联(南宁)投资股份有限公司总裁,中泰信托有限责任公司董事。
沈烁	职工董事	男	39	2010年3月			1993年参加工作,先后在九州股份公司法律事务部、厦门联合信托投资有限责任公司法律部、中泰信托(投资)有限责任公司工作,现任中泰信托有限责任公司总裁助理、职工董事。

独立董事

姓名	所在单位及职务	性别	年龄	选任日期	所推举的股东名称	该股东持股比例(%)	简要履历
刘廷焕	原中国人民银行副行长	男	69	2010年3月	中国华闻投资控股有限公司	31.57	1966年参加工作,先后在中国人民银行辽宁省桓仁县支行、中国人民银行辽宁省复县支行、中国人民银行大连分行、中国工商银行、中国人民银行总行、中国银联股份有限公司工作,2010年7月退休,现任中泰信托有限责任公司独立董事。
王克力	广东惠丰拍卖有限公司董事长	男	53	2010年3月	中国华闻投资控股有限公司	31.57	1987年参加工作,先后在美国柯达化工中国区、天津宝利城市信用社工作,现任广东惠丰拍卖有限公司董事长、中泰信托有限责任公司独立董事。
陈朝阳	天津汇融股权投资基金管理合伙企业合伙人	男	41	2010年3月	中国华闻投资控股有限公司	31.57	1997年参加工作,先后在华夏证券、天相投资顾问有限公司工作,现任天津汇融股权投资基金管理合伙企业合伙人、中泰信托有限责任公司独立董事。

3.3 监事

监事会成员

姓名	职务	性别	年龄	选任日期	所推举的股东名称	该股东持股比例(%)	简要履历
王少钦	监事会召集人	男	54	2010年3月	中国华闻投资控股有限责任公司	31.57	先后在河南金融管理学院、河南金育实业银行、厦门联合信托投资有限公司、中泰信托投资有限责任公司、安徽国元信托投资公司工作,现任中国华闻投资控股有限公司总经济师、中泰信托有限责任公司监事。
陈小平	监事	男	57	2010年3月	广联(南宁)投资股份有限公司	20	先后在广西环保科研所、广西区环保局政策法规处、广联公司、上海巨豹集团公司、广西新长江高速公路公司工作,现任广联(南宁)投资股份有限公司副总裁、中泰信托有限责任公司监事。
刘莹	职工监事	女	44	2010年3月	职工监事		先后在厦门建发集团公司下属公司、厦门象屿集团、厦门联合信托公司、中泰信托有限责任公司工作,现任中泰信托有限责任公司财富中心(筹)负责人兼信托业务部总监、职工监事。

3.4 高级管理人员

姓名	职务	性别	年龄	任职日期	金融从业年限	学历	专业	简要履历
周雄	总裁	男	46	2010年4月	17	博士	金融	1987年参加工作,先后在厦门大学、华夏证券有限公司、人民日报社、厦门联合信托投资有限责任公司等单位工作,现任中泰信托有限责任公司董事、总裁。
陈乃道	副总裁	男	51	2010年4月	19	博士	经济学	1984年参加工作,先后在安徽财经大学,东南大学,华泰证券有限责任公司研究部、投资银行部,中泰信托投资有限责任公司,安徽国元信托投资有限责任公司等单位工作,现任中泰信托有限责任公司副总裁。

续表

姓名	职务	性别	年龄	任职日期	金融从业年限	学历	专业	简要履历
何德见	总会计师	男	43	2010 年 4 月	11	硕士	会计学	1992 年参加工作，毕业于财政部科研所，注册会计师、注册税务师、注册资产评估师律师，先后在利安达会计师事务所、中慧会计师事务所等单位工作，现任中泰信托有限责任公司总会计师。
叶晓军	总裁助理	男	41	2010 年 4 月	10	硕士	经济学	1991 年参加工作，先后在新疆哈密地区行署教育处、海南民生燃气（集团）股份有限公司工作；现任中泰信托有限责任公司总裁助理。
余　钧	总裁助理	男	43	2010 年 4 月	22	本科	经济学	1989 年参加工作，先后在厦门农业银行国际部、厦门联合信托投资有限责任公司、中泰信托有限责任公司工作，现任中泰信托有限责任公司总裁助理。
沈　烁	总裁助理	男	38	2010 年 4 月	14	本科	经济学	1993 年参加工作，先后在九州股份公司、厦门联合信托投资有限责任公司、中泰信托有限责任公司工作，现任中泰信托有限责任公司总裁助理。
周　旭	总裁助理	男	46	2010 年 4 月	24	本科	经济学	1987 年参加工作，先后在人行宜昌市分行、三峡证券公司、湖北正奇投资公司、西安大唐圣境置业公司、大业传媒公司、中泰信托有限责任公司工作，现任中泰信托有限责任公司总裁助理。

3.5　公司员工

报告期末，公司共有员工 72 人（不含外部董事、监事），平均年龄 37 岁，大部分员工具有大学本科以上学历。

项　目		报告期末		2010 年末	
		人数	比例（%）	人数	比例（%）
年龄分布	20 岁以下	0	0	0	
	20～29 岁	19	26.4	16	23.2
	30～39 岁	23	31.9	32	46.4
	40 岁以上	30	41.7	21	30.4
学历分布	博士	4	5.6	4	5.8
	硕士	22	30.6	24	34.8
	本科	25	34.7	21	30.4
	专科	13	18	12	17.4
	其他	8	11.1	8	11.6
岗位分布	董事、监事、高管人员	16	19.75	16	20.51
	自营业务人员	6	7.41	6	7.69
	信托业务人员	34	41.98	31	39.75
	其他人员	25	30.86	25	32.05

4. 经营管理

4.1　经营目标、方针、战略规划

公司秉承诚信服务、专业理财、创新思维、理性投资的精神，坚持与新老客户、核心产业、区域经济一起成长的理念，注重提高创新能力，正确处理发展与规范管理、规模与效益之间的辩证关系，在充分发展信托业务、资产管理业务、投资业务的基础上，努力实现向理财产品供应商、特定领域资产管理者的转变，将公司建设成为制度健全、内控到位、机制灵活、管理科学、经营规范，具有较强核心竞争力的现代信托企业。

公司重视吸收先进金融理念和治理经验，进一步完善法人治理结构和内控机制，为下一步发展奠定良好基础。

在 3～5 年内，培植并形成公司的核心业务模式和核心盈利模式，发展公司的核心竞争力；健全和完善公司制度，防范和控制经营风险；建立激励和约束相统一的经营机制，在公司形成合规文化氛围。

4.2　所经营业务的主要内容

报告期内，固有业务除长期金融股权投资外，主要运用是活期存款、固定收益类产品投资、基金专户理财等。实现利息收入 288.11 万元、投资收益 15 391.24 万元、其他业务收入 3 235.80万元。

自营资产运用与分布表

资产运用	金额（万元）	占比（%）	资产分布	金额（万元）	占比（%）
货币资产	2 171.48	1.22	基础产业		
贷款及应收款	9 661.18	5.45	房地产业		
交易性金融资产投资	16 264.18	9.17	证券市场	52 322.35	29.51
可供出售金融资产投资	54 358.17	30.66	实业		
持有至到期投资	61 371.56	34.61	金融机构	21 306.14	12.02
长期股权投资	21 306.14	12.02	其他	103 687.46	58.48
其他	12 183.24	6.87			
资产总计	177 315.95	100.00	资产总计	177 315.95	100.00

信托业务方面，报告期内新增信托项目 53 个，新增资产规模 822 821.62 万元；清算信托项目 62 个，清算本金 1 404 930.70万元，分配信托收益 98 789.39 万元。

信托资产运用与分布表

资产运用	金额（万元）	占比（%）	资产分布	金额（万元）	占比（%）
货币资产	29 243	2.70	基础产业	108 100	9.96
贷款	525 626	48.45	房地产	496 981	45.81
交易性金融资产投资	7 908	0.73	证券市场	13 322	1.23
可供出售金融资产投资	10 314	0.95	实业	356 875	32.90
持有至到期投资			金融机构	29 243	2.70
长期股权投资	462 413	42.62			
其他	49 349	4.55	其他	80 332	7.40
信托资产总计	1 084 853	100.00	信托资产总计	1 084 853	100.00

4.3　市场分析

4.3.1　有利因素

（1）从基本面看，信托业已初步形成以基本法规为核心，各专项业务规章为补充的制度体系，推动并引导信托公司向主动

型管理转型，信托行业健康发展的趋势已确立，利于信托业的长期发展。

(2)个人及机构投资者快速增长的资产管理需求是包括信托业在内的资产管理行业的原动力，居民收入增长特别是高净值人士数量的增长使得信托行业直接受益。

(3)信托业的市场规模和影响力在近几年取得巨大的突破，社会对其了解也不断加深，公众认知度的提升有助于信托业更好更快发展。

(4)在较强的经济动能和巨额存量货币的压力下，货币政策呈现相对紧缩的态势，将会持续较长时间，为信托行业提供难得的历史机遇。

4.3.2 不利因素

(1)房地产行业持续严厉的调控以及对房地产信托偿付危机的担忧将会进一步影响并限制信托公司房地产业务的开展；尽管矿产信托、艺术品信托等创新业务为信托公司提供了更多机会，但它们的市场容量都不足以替代房地产业务。

(2)信托公司的投资管理能力尚未跟上行业发展速度，随着信托规模的扩展和涉足领域的延伸，人才匮乏及风控能力的欠缺将制约行业的进一步发展。

(3)信托公司在营销渠道和网络建设方面受到较大的限制，影响了客户资源和相关信息的收集和整合，市场营销面临较大挑战。

(4)信托产品流通、信托财产登记、信托财产税收等问题依然没有得到根本解决，限制了信托产品创新和业务拓展的能力。

(5)信托行业涉及领域广阔但位于分类监管的缝隙，无法在涉及的金融子市场获得相应的政策许可，如资本市场账户开设受限等。

4.4 内部控制

4.4.1 内部控制环境和内部控制文化

公司建立了完备的法人治理结构和内部组织机构，股东会、董事会和监事会依照法律和《公司章程》履行职责，总裁负责公司的经营管理，对董事会负责。制订了明确的部门职责和岗位职责，建立并实施绩效考评和激励制度，重视员工的合规经营意识的培养，通过培训和学习加强合规经营能力的提高。通过上述措施营造规范发展的内部控制环境和文化。

4.4.2 内部控制措施

公司通过颁布和持续修订完善《内部控制管理办法》对不同业务和管理事项制订有针对性的控制措施，构筑监督、执行和评价三道内控防线，保证了业务管理活动的正常运行。风险管理部、法律合规部和稽核审计部作为公司内控管理的主要职能部门，拟订和修订内控制度，监督检查和评价内控的科学性、规范性和可操作性。

公司建立了基本完备的业务管理制度和操作流程，为各项业务开展提供了比较清晰详细的业务流程和工作规范，每类业务都有相应的规章制度、操作规程和风险管理制度。保证了各项业务前中后台操作上的相对独立和相互制衡。

4.4.3 信息交流与反馈

日常经营管理方面，建立了完整的会计、统计和业务档案，各项原始记录、合同、报表资料得到完整妥善的保管，信息和资料的交流和查询都有成文的规定和程序。公司通过定期工作报告制度，确保经营管理层及时了解经营和风险状况。通过OA系统和业务管理系统，建立了贯穿各部门的共享信息平台，及时准确地传递管理信息和数据，保证部门和员工的有关信息能够顺畅交流和反馈。

4.4.4 监督评价与纠正

公司稽核审计部门定期进行对重大业务事项进展进行跟踪检查，对日常的经营管理提交月度书面检查报告，对结束的业务及时进行事后稽核，每半年对公司进行一次全面内部审计，稽核情况按季向董事会报告。通过内部审计，找出公司在管理、业务操作、内部控制、财务及资金管理方面的薄弱之处，并提出了针对性的建议及意见，从而及时发现和纠正经营管理中存在的偏差和风险。

4.5 风险管理

4.5.1 风险管理概况

公司的风险管理组织结构由公司董事会、管理层、风险管理部门、各业务部门及主要业务人员组成。

4.5.2 风险状况

4.5.2.1 信用风险状况

信用风险是公司融资类业务面临的主要风险。

公司2011年不良资产期初、期末数分别为37 300万元、37 300万元，其中32 600万元为损失类资产，4 700万元为次级类资产，期末不良风险资产比例为21.06%。根据《资产五级分类管理办法》的规定计提风险资产专项准备，期末风险资产专项准备余额为34 950万元。

4.5.2.2 市场风险状况

市场风险是公司投资类业务面临的主要风险。

固有业务中证券投资主要是新股申购和以往年度持有的上市公司发起人股份，资本市场证券交易价格波动带来的市场风险较小；信托业务方面，通过信托产品的结构化设计和组合投资，严格执行权限设定和止损操作，最大限度地降低市场风险对投资人权益的影响。

公司固有业务及信托业务尚未涉及外汇业务，受市场汇率变动的直接影响不明显。

其他风险，如利率风险、通货膨胀等因素，对公司经营无明显影响。

4.5.2.3 操作风险状况

操作风险主要是公司制度和操作流程缺失以及现有制度和流程不能得到有效执行而可能引起的经营风险和损失。

公司操作风险管理主要是加强内控制度建设，坚持内控优先，全面分析公司经营环节和业务流程，合理设置体现制衡原则的前台、中台、后台岗位职责，明确划分上下级之间、相关部门之间和岗位之间的职责，建立职责分离、横向与纵向相互监督制约的机制。

目前公司的内控制度体系基本覆盖公司经营的每一个过程和环节，各项制度和流程能够得到有效的执行。报告期内无该类风险的发生。

4.5.2.4 其他风险状况

除上述风险类型外，公司还可能面临法律风险、合规风险、声誉风险等。

公司报告期内无该类风险的发生。

5. 报告期末及上年度末的比较式会计报表

5.1 自营资产(经审计)

5.1.1 会计师事务所审计全文

审 计 报 告

中审亚太审字(2012)第 010010 号

中泰信托有限责任公司：

我们审计了后附的中泰信托有限责任公司(以下简称中泰信托)固有业务的财务报表，包括 2011 年 12 月 31 日的资产负债表(固有业务)、2011 年度的利润表(固有业务)、现金流量表(固有业务)和所有者权益变动表以及财务报表附注。

一、管理层对财务报表的责任

编制和公允列报财务报表是贵公司管理层的责任，这种责任包括：(1)按照企业会计准则的规定编制财务报表，并使其实现公允反映；(2)设计、执行和维护必要的内部控制，以使财务报表不存在由于舞弊或错误导致的重大错报。

二、注册会计师的责任

我们的责任是在实施审计工作的基础上对财务报表发表审计意见。我们按照中国注册会计师审计准则的规定执行了审计工作。中国注册会计师审计准则要求我们遵守职业道德守则，计划和实施审计工作以对财务报表是否不存在重大错报获取合理保证。

审计工作涉及实施审计程序，以获取有关财务报表金额和披露的审计证据。选择的审计程序取决于注册会计师的判断，包括对由于舞弊或错误导致的财务报表重大错报风险的评估。在进行风险评估时，我们考虑与财务报表编制相关的内部控制，以设计恰当的审计程序，但目的并非对内部控制的有效性发表意见。审计工作还包括评价管理层选用会计政策的恰当性和作出会计估计的合理性，以及评价财务报表的总体列报。

我们相信，我们获取的审计证据是充分、适当的，为发表审计意见提供了基础。

三、审计意见

我们认为，贵公司财务报表在所有重大方面按照企业会计准则的规定编制，公允反映了贵公司 2011 年 12 月 31 日的合并及母公司财务状况以及 2011 年度的合并及母公司经营成果和现金流量。

中审亚太会计师事务所有限公司　　中国注册会计师：陈吉先

中国注册会计师：崔伟英

中国.北京市　　二〇一二年二月十五日

5.1.2 资产负债表

资产负债表(资产部分)

编制单位：中泰信托有限责任公司　　2011 年 12 月 31 日　　单位：万元

资　产	合并		母公司	
	期末余额	期初余额	期末余额	期初余额
现金	3.79	3.11	2.16	2.53
银行存款	20 896.07	48 577.40	1 156.34	20 546.82
其他货币资金	6 014.52	25 938.93	1 012.97	17 078.47
存出保证金	610.26	604.76	0.00	0.00
拆出资金	0.00	0.00	0.00	0.00
交易性金融资产	16 861.28	20 174.74	16 264.18	19 568.04
衍生金融资产	0.00	0.00	0.00	0.00
买入返售金融资产	9 057.00	0.00	0.00	0.00
应收账款	9 921.32	12 260.30	0.00	0.00
应收利息	950.49	931.97	0.00	56.62
应收股利	2 350.00	3 525.00	2 350.00	3 525.00
预付账款	3 046.15	2 315.96	0.00	0.00
其他应收款	8 002.59	9 885.52	7 311.18	9 458.19
存货	0.00	0.00	0.00	0.00
其他流动资产	0.00	0.00	0.00	0.00
发放贷款和垫款	0.00	0.00	0.00	0.00
可供出售金融资产	132 828.26	185 278.66	54 358.17	70 884.05
持有至到期投资	61 371.56	0.00	61 371.56	0.00
长期股权投资	0.00	0.00	21 306.14	21 306.14

续表

资　　产	合并		母公司	
	期末余额	期初余额	期末余额	期初余额
投资性房地产	39.20	0.00	0.00	0.00
固定资产	13 824.54	12 624.89	2 137.66	2 166.48
无形资产	61 676.68	791.26	256.30	39.61
商誉	14 015.40	14 015.40	0.00	0.00
长期待摊费用	751.61	430.49	248.27	316.14
递延所得税资产	18 439.96	10 373.10	9 541.01	8 989.59
其他资产	0.00	0.00	0.00	0.00
资产总计	380 660.68	347 731.50	177 315.95	173 937.69

法定代表人:刘　虹　　　　主管会计工作的负责人:何德见　　　　会计机构负责人:赵　东

资产负债表续(负债和所有者权益部分)

编制单位:中泰信托有限责任公司　　　　2011 年 12 月 31 日　　　　单位:万元

负债和所有者权益	合并		母公司	
	期末余额	期初余额	期末余额	期初余额
拆入资金	0.00	0.00	0.00	0.00
交易性金融负债	0.00	0.00	0.00	0.00
衍生金融负债	0.00	0.00	0.00	0.00
卖出回购金融资产款	0.00	0.00	0.00	0.00
应付账款	11 490.15	14 326.60	0.00	0.00
应付职工薪酬	19 439.12	13 934.45	3 312.64	2 132.44
应交税费	12 842.35	7 650.13	2 972.71	1 826.69
应付利息	0.00	0.00	0.00	0.00
应付股利	3 919.17	3 357.17	470.63	470.63
其他应付款	4 789.93	3 517.28	962.05	677.68
其他流动负债	0.00	0.00	0.00	0.00
长期借款	0.00	0.00	0.00	0.00
专项应付款	0.00	0.00	0.00	0.00
预计负债	0.00	0.00	0.00	0.00
递延所得税负债	6 471.70	11 928.17	6 471.70	11 928.17
其他非流动负债	17 463.60	0.00	0.00	0.00
负债合计	76 416.03	54 713.81	14 189.72	17 035.60
所有者权益	0.00	0.00	0.00	0.00
实收资本	51 660.00	51 660.00	51 660.00	51 660.00
资本公积	22 554.62	44 695.99	22 782.51	39 151.91
减:库存股	0.00	0.00	0.00	0.00
盈余公积	10 324.98	8 065.63	10 324.98	8 065.63
一般风险准备	2 112.12	1 586.69	2 112.12	1 586.69
信托赔偿准备金	4 629.50	3 499.83	4 629.50	3 499.83
未分配利润	135 971.90	109 025.30	71 617.12	52 938.03
外币报表折算差额	-181.23	-87.04	0.00	0.00
归属于母公司的权益小计	227 071.89	218 446.39	163 126.23	156 902.09
少数股东权益	77 172.76	74 571.29	0.00	0.00
所有者权益合计	304 244.65	293 017.68	163 126.23	156 902.09
负债和所有者权益总计	380 660.68	347 731.50	177 315.95	173 937.69

法定代表人:刘　虹　　　　主管会计工作的负责人:何德见　　　　会计机构负责人:赵　东

5.1.3 利润表

利润表

编制单位：中泰信托有限责任公司　　2011 年度　　单位：万元

项　目	合并		母公司	
	本年数	上年数	本年数	上年数
一、营业收入	146 941. 15	143 585. 19	30 909. 80	25 182. 73
利息净收入	596. 58	1 213. 87	288. 11	724. 15
利息收入	596. 58	1 216. 23	288. 11	726. 51
利息支出	0. 00	2. 36	0. 00	2. 36
手续费及佣金净收入	17 179. 17	13 082. 35	11 861. 87	8 268. 66
手续费及佣金收入	17 650. 81	13 236. 84	12 333. 51	8 423. 16
手续费及佣金支出	471. 64	154. 50	471. 64	154. 50
管理费收入	120 679. 48	119 968. 63	0. 00	0. 00
投资收益	5 103. 90	9 123. 39	15 391. 24	16 574. 61
公允价值变动收益	−130. 93	−704. 79	132. 79	−729. 70
汇兑收益	0. 00	0. 00	0. 00	0. 00
其他业务收入	3 512. 96	901. 74	3 235. 80	345. 01
二、营业支出	78 016. 28	74 799. 27	7 504. 41	6 606. 75
营业成本	0. 00	0. 00	0. 00	0. 00
财务费用	0. 00	0. 00	0. 00	0. 00
营业税金及附加	8 055. 72	7 386. 92	942. 17	630. 97
业务及管理费	68 398. 26	65 585. 56	5 314. 22	4 781. 76
资产减值损失	1 467. 03	1 733. 30	1 152. 74	1 100. 53
其他业务成本	95. 28	93. 49	95. 28	93. 49
三、营业利润	68 924. 87	68 785. 93	23 405. 39	18 575. 97
加：营业外收入	2 511. 35	57. 00	2 131. 62	19. 15
减：营业外支出	340. 15	362. 61	30. 00	2. 51
四、利润总额	71 096. 07	68 480. 32	25 507. 01	18 592. 62
减：所得税费用	16 666. 56	13 699. 31	2 913. 46	1 272. 62
五、净利润	54 429. 51	54 781. 01	22 593. 55	17 320. 00
归属于母公司所有者的净利润	30 861. 05	28 112. 80	22 593. 55	17 320. 00
少数股东损益	23 568. 46	26 668. 21	0. 00	0. 00
六、每股收益：	0. 00	0. 00	0. 00	0. 00
（一）基本每股收益	0. 00	0. 00	0. 00	0. 00
（二）稀释每股收益	0. 00	0. 00	0. 00	0. 00
七、其他综合收益	−28 590. 54	23 668. 37	−16 369. 41	25 159. 11
八、综合收益总额	25 838. 97	78 449. 38	6 224. 14	42 479. 10
归属于母公司所有者的综合收益总额	8 625. 50	52 556. 36	0. 00	0. 00
归属于少数股东的综合收益总额	17 213. 47	25 893. 03	0. 00	0. 00

法定代表人：刘　虹　　主管会计工作的负责人：何德见　　会计机构负责人：赵　东

5.1.4 所有者权益变动表

所有者权益变动表（母公司）

编制单位：中泰信托有限责任公司　　2011 年度　　单位：万元

项目	本年数							
	归属于母公司所有者权益							股东权益合计
	股本	资本公积	减：库存股	盈余公积	一般风险准备	信托赔偿准备金	未分配利润	
一、上年年末余额	51 660.00	39 151.91	0.00	8 065.63	1 586.69	3 499.83	52 938.03	156 902.09
加：会计政策变更	0.00	0.00	0.00	0.00	0.00	0.00	0.00	0.00
前期差错更正	0.00	0.00	0.00	0.00	0.00	0.00	0.00	0.00
二、本年年初余额	51 660.00	39 151.91	0.00	8 065.63	1 586.69	3 499.83	52 938.03	156 902.09
三、本年增减变动金额（减少以"－"号填列）	0.00	-16 369.41	0.00	2 259.35	525.42	1 129.68	18 679.09	6 224.14
（一）净利润	0.00	0.00	0.00	0.00	0.00	0.00	22 593.55	22 593.55
（二）直接计入股东权益的利得和损失	0.00	-16 369.41	0.00	0.00	0.00	0.00	0.00	-16 369.41
1. 可供出售金融资产公允价值变动净额	0.00	-21 825.88	0.00	0.00	0.00	0.00	0.00	-21 825.88
（1）计入所有者权益的金额	0.00	-21 577.57	0.00	0.00	0.00	0.00	0.00	-21 577.57
（2）转入当期损益的金额	0.00	-248.31	0.00	0.00	0.00	0.00	0.00	-248.31
2. 现金流量套期工具公允价值变动净额	0.00	0.00	0.00	0.00	0.00	0.00	0.00	0.00
（1）计入所有者权益的金额	0.00	0.00	0.00	0.00	0.00	0.00	0.00	0.00
（2）转入当期损益的金额	0.00	0.00	0.00	0.00	0.00	0.00	0.00	0.00
（3）计入被套期项目初始确认金额中的金额	0.00	0.00	0.00	0.00	0.00	0.00	0.00	0.00
3. 权益法下被投资单位其他股东权益变动的影响	0.00	0.00	0.00	0.00	0.00	0.00	0.00	0.00
4. 与计入股东权益项目相关的所得税影响	0.00	5 456.47	0.00	0.00	0.00	0.00	0.00	5 456.47
5. 其他	0.00	0.00	0.00	0.00	0.00	0.00	0.00	0.00
上述（一）和（二）小计	0.00	-16 369.41	0.00	0.00	0.00	0.00	22 593.55	6 224.14
（三）股东投入和减少资本	0.00	0.00	0.00	0.00	0.00	0.00	0.00	0.00
1. 股东投入股本	0.00	0.00	0.00	0.00	0.00	0.00	0.00	0.00
2. 股份支付计入股东权益的金额	0.00	0.00	0.00	0.00	0.00	0.00	0.00	0.00
3. 其他	0.00	0.00	0.00	0.00	0.00	0.00	0.00	0.00
（四）利润分配	0.00	0.00	0.00	2 259.35	525.42	1 129.68	-3 914.46	0.00
1. 提取盈余公积	0.00	0.00	0.00	2 259.35	0.00	0.00	-2 259.35	0.00
2. 提取一般风险准备	0.00	0.00	0.00	0.00	525.42	0.00	-525.42	0.00
3. 信托赔偿准备金	0.00	0.00	0.00	0.00	0.00	1 129.68	-1 129.68	0.00
4. 对股东的分配	0.00	0.00	0.00	0.00	0.00	0.00	0.00	0.00
（五）股东权益内部结转	0.00	0.00	0.00	0.00	0.00	0.00	0.00	0.00
1. 资本公积转增股本	0.00	0.00	0.00	0.00	0.00	0.00	0.00	0.00
2. 盈余公积转增股本	0.00	0.00	0.00	0.00	0.00	0.00	0.00	0.00
3. 盈余公积弥补亏损	0.00	0.00	0.00	0.00	0.00	0.00	0.00	0.00
4. 其他	0.00	0.00	0.00	0.00	0.00	0.00	0.00	0.00
四、本年年末余额	51 660.00	22 782.51	0.00	10 324.98	2 112.12	4 629.50	71 617.12	163 126.23

法定代表人：刘　虹　　主管会计工作的负责人：何德见　　会计机构负责人：赵　东

所有者权益变动表（合并报表）

编制单位：中泰信托有限责任公司　　　　2011 年度　　　　单位：万元

项目	本年数									
	归属于母公司所有者权益								少数股东权益	股东权益合计
	股本	资本公积	减：库存股	盈余公积	一般风险准备	信托赔偿准备金	未分配利润	外币报表折算差额		
一、上年年末余额	51 660.00	44 695.99	0.00	8 065.63	1 586.69	3 499.83	109 025.30	-87.04	74 571.29	293 017.68
加：会计政策变更	0.00	0.00	0.00	0.00	0.00	0.00	0.00	0.00	0.00	0.00
前期差错更正	0.00	0.00	0.00	0.00	0.00	0.00	0.00	0.00	0.00	0.00
二、本年年初余额	51 660.00	44 695.99	0.00	8 065.63	1 586.69	3 499.83	109 025.30	-87.04	74 571.29	293 017.68
三、本年增减变动金额（减少以"－"号填列）	0.00	-22 141.36	0.00	2 259.35	525.42	1 129.68	26 946.60	-94.19	2 601.47	11 226.97
（一）净利润	0.00	0.00	0.00	0.00	0.00	0.00	30 861.05	0.00	23 568.46	54 429.51
（二）直接计入股东权益的利得和损失	0.00	-22 141.36	0.00	0.00	0.00	0.00	0.00	0.00	-6 252.95	-28 394.32
1. 可供出售金融资产公允价值变动净额	0.00	-27 587.94	0.00	0.00	0.00	0.00	0.00	0.00	-6 242.23	-33 830.17
（1）计入所有者权益的金额	0.00	-21 537.98	0.00	0.00	0.00	0.00	0.00	0.00	42.89	-21 495.09
（2）转入当期损益的金额	0.00	-6 049.96	0.00	0.00	0.00	0.00	0.00	0.00	-6 285.12	-12 335.08
2. 现金流量套期工具公允价值变动净额	0.00	0.00	0.00	0.00	0.00	0.00	0.00	0.00	0.00	0.00
（1）计入所有者权益的金额	0.00	0.00	0.00	0.00	0.00	0.00	0.00	0.00	0.00	0.00
（2）转入当期损益的金额	0.00	0.00	0.00	0.00	0.00	0.00	0.00	0.00	0.00	0.00
（3）计入被套期项目初始确认金额中的金额	0.00	0.00	0.00	0.00	0.00	0.00	0.00	0.00	0.00	0.00
3. 权益法下被投资单位其他股东权益变动的影响	0.00	0.00	0.00	0.00	0.00	0.00	0.00	0.00	0.00	0.00
4. 与计入股东权益项目相关的所得税影响	0.00	5 446.57	0.00	0.00	0.00	0.00	0.00	0.00	-10.72	5 435.85
5. 其他	0.00	0.00	0.00	0.00	0.00	0.00	0.00	0.00	0.00	0.00
上述（一）和（二）小计	0.00	-22 141.36	0.00	0.00	0.00	0.00	30 861.05	0.00	17 315.51	26 035.20
（三）股东投入和减少资本	0.00	0.00	0.00	0.00	0.00	0.00	0.00	0.00	0.00	0.00
1. 股东投入股本	0.00	0.00	0.00	0.00	0.00	0.00	0.00	0.00	0.00	0.00
2. 股份支付计入股东权益的金额	0.00	0.00	0.00	0.00	0.00	0.00	0.00	0.00	0.00	0.00
3. 其他	0.00	0.00	0.00	0.00	0.00	0.00	0.00	0.00	0.00	0.00
（四）利润分配	0.00	0.00	0.00	2 259.35	525.42	1 129.68	-3 914.46	0.00	-14 612.00	-14 612.00
1. 提取盈余公积	0.00	0.00	0.00	2 259.35	0.00	0.00	-2 259.35	0.00	0.00	0.00
2. 提取一般风险准备	0.00	0.00	0.00	0.00	525.42	0.00	-525.42	0.00	0.00	0.00
3. 信托赔偿准备金	0.00	0.00	0.00	0.00	0.00	1 129.68	-1 129.68	0.00	0.00	0.00
4. 对股东的分配	0.00	0.00	0.00	0.00	0.00	0.00	0.00	0.00	-14 612.00	-14 612.00
（五）股东权益内部结转	0.00	0.00	0.00	0.00	0.00	0.00	0.00	0.00	0.00	0.00
1. 资本公积转增股本	0.00	0.00	0.00	0.00	0.00	0.00	0.00	0.00	0.00	0.00
2. 盈余公积转增股本	0.00	0.00	0.00	0.00	0.00	0.00	0.00	0.00	0.00	0.00
3. 盈余公积弥补亏损	0.00	0.00	0.00	0.00	0.00	0.00	0.00	0.00	0.00	0.00
4. 其他	0.00	0.00	0.00	0.00	0.00	0.00	0.00	0.00	0.00	0.00
（六）外币报表折算差额	0.00	0.00	0.00	0.00	0.00	0.00	0.00	-94.19	-102.04	-196.23
四、本年年末余额	51 660.00	22 554.62	0.00	10 324.98	2 112.12	4 629.50	135 971.90	-181.23	77 172.76	304 244.65

法定代表人：刘　虹　　　　主管会计工作的负责人：何德见　　　　会计机构负责人：赵　东

5.2 信托资产

5.2.1 信托项目资产负债汇总表

编制单位:中泰信托有限责任公司　　　　单位:万元

信托资产	期末数	期初数	信托负债和信托权益	期末数	期初数
信托资产:			信托负债:		
货币资金	29 242.74	15 767.86	交易性金融负债		
拆出资金	0.00		衍生金融负债		
存出保证金	0.00		应付受托人报酬		
交易性金融资产	7 908.18	8 089.57	应付托管费		
衍生金融资产	0.00		应付受益人收益		
买入返售资产	0.00		应交税费		
应收款项	717.15	71.58	应付销售服务费		
发放贷款	525 626.45	1 142 578.17	其他应付款项	10 474.47	2 510.11
可供出售金融资产	10 313.46		其他负债		
持有至到期投资	0.00		信托负债合计	10 474.47	2 510.11
长期应收款	0.00				
长期股权投资	462 412.71	471 228.22	信托权益:		
投资性房地产	0.00		实收信托	1 067 475.76	1 670 919.62
固定资产	2 131.95	2 131.95	资本公积	-786.91	468.62
无形资产	42 500.00	42 500.00	外币报表折算差额	0.00	
长期待摊费用	0.00		未分配利润	7 689.32	8 469.00
其他资产	4 000.00		信托权益合计	1 074 378.17	1 67 985.72
信托资产总计	1 084 852.64	1 682 367.35	信托负债及信托权益总计	1 084 852.64	1 682 367.35

法定代表人:刘　虹　　　　财务负责人:何德见　　　　会计人员:龚小云

5.2.2 信托项目利润及利润分配汇总表

编制单位:中泰信托有限责任公司　　　　单位:万元

信托资产	本年数	上年数
一、营业收入	120 923.18	90 758.20
利息收入	70 853.52	68 962.49
投资收益	50 555.72	21 005.19
其中:对联营企业和合营企业的投资收益	0.00	
公允价值变动收益(损失以"-"号填列)	-738.93	439.91
租赁收入	251.80	239.80
汇兑损益(损失以"-"号填列)	0.00	
其他收入	1.08	110.81
二、营业支出	22 913.48	16 968.33
营业税金及附加	34.54	27.79
受托人报酬	12 296.97	8 423.16
托管费	1 447.00	3 358.11
投资管理费	0.00	
销售服务费	2 201.05	1 657.72
交易费用	41.63	
资产减值损失	0.00	
其他费用	6 892.29	3 501.55
三、信托净利润(净亏损以"-"号填列)	98 009.71	73 789.87
四、其他综合收益	0.00	
五、综合收益	98 009.71	73 789.87
加:期初未分配信托利润	8 469.00	2 279.44
六、可供分配的信托利润	106 478.71	76 069.31
减:本期已分配信托利润	98 789.39	67 600.31
七、期末未分配信托利润	7 689.32	8 469.00

法定代表人:刘　虹　　财务负责人:何德见　　会计人员:龚小云

6. 会计报表附注

6.1 会计报表编制基准不符合会计核算基本前提的说明

6.1.1 会计报表不符合会计核算基本前提的事项

本公司于2008年1月1日起开始执行财政部于2006年2月15日颁布的《企业会计准则》。以2008年1月1日为执行企业会计准则体系的首次执行日,确认2008年1月1日的资产负债表期初数,并以此为基础,根据实际发生的交易和事项,分析《企业会计准则第38号——首次执行企业会计准则》第五条至第十九条对比较期间利润表和报告期期初资产负债表的影响,按照追溯调整的原则,将调整后的比较期间利润表和资产负债表,作为比较期间的财务报表。

本公司财务报表已按《企业会计准则第30号——财务报表列报》的规定进行列报。

6.1.2 合并范围的子公司

本公司将投资额占被投资单位有表决权资本总额50%以上或虽不足50%但具有实际控制权的子公司纳入合并会计报表编制范围。本次纳入合并范围的公司:大成基金管理有限公司及其全资子公司大成国际资产管理有限公司。

子公司名称	业务性质	注册地	注册资本(万元)	实际投资			
				期初投资额(万元)	期初权益占比(%)	期末投资额(万元)	期末权益占比(%)
大成基金管理有限公司	基金管理	深圳	20 000	21 306.14	48	21 306.14	48

6.2 或有事项说明

本公司对发放的已逾期的贷款提起诉讼，全部已判决并胜诉，公司正积极对相关债权进行追讨。

单位：万元

或有事项项目	期初金额	期末金额
固有贷款	25 600.00	32 600.00
委托贷款	3 070.00	
信托贷款	16 000.00	16 000.00
合计	44 670.00	48 600.00

6.3 重要资产转让及其出售的有关说明

2009年7月6日，本公司与华泰证券股份有限公司签署协议，以本公司所持有的联合证券有限责任公司3 924万元股权，作为支付方式认购华泰证券股份有限公司定向发行的股份，购买股份3 382.7587万股，占其总股本的0.7025%，上述股份已于2010年2月26日上市，本公司作为原始股东，上述股份的限售期为三年。

6.4 会计报表中重要项目的明细资料

6.4.1 自营资产经营情况

6.4.1.1 信用风险资产情况（按信用风险五级分类结果）

信用风险资产五级分类	正常类（万元）	关注类（万元）	次级类（万元）	可疑类（万元）	损失类（万元）	信用风险资产合计（万元）	不良资产合计（万元）	不良率（%）
期初数	9 610.92		4 700		32 600	46 910.92	37 300.00	79.51
期末数	7 385.03			4 700	32 600	44 685.03	37 300.00	83.47

注：不良资产合计＝次级类＋可疑类＋损失类。

6.4.1.2 资产减值损失准备情况

单位：万元

	期初数	本期计提	本期转回	本期核销	期末数
贷款损失准备	32 600.00	0	0	0	32 600.00
一般准备	0				0
专项准备	32 600.00	0	0	0	32 600.00
其他资产减值准备					
可供出售金融资产减值准备	0				0
持有至到期投资减值准备	0				0
长期股权投资减值准备	0				0
坏账准备	1 271.11	1 175.00	22.26		2 423.85
投资性房地产减值准备					

6.4.1.3 投资业务情况

单位：万元

	自营股票	基金	债券	长期股权投资	其他投资	合计
期初数	66 121.41	11 308.08	0	21 306.14	13 022.60	111 758.23
期末数	36 058.17	244.10	16 020.08	21 306.14	79 671.56	153 300.05

6.4.1.4 自营长期股权投资情况

企业名称	占被投资企业权益的比例（%）	主要经营活动	投资损益（万元）
大成基金管理有限公司	48.00	公募基金的募集和管理	13 488.00

6.4.1.5 前五名的自营贷款的企业名称、占贷款总额的比例和还款情况等

企业名称	占贷款总额的比例（%）	还款情况
1. 深圳市凯泰隆实业发展有限公司	21.47	逾期
2. 海南金盟发实业有限公司	21.47	逾期
3. 黄山长江徽杭高速公路有限公司	21.47	逾期
4. 华星建设工程有限公司	21.47	逾期
5. 海南海金宁实业有限公司	14.12	逾期

6.4.1.6 表外业务情况

单位：万元

表外业务	期初数	期末数
担保业务	0.00	0.00
代理业务（委托业务）	3 070.00	0.00
其他		
合计	3 070.00	0.00

6.4.1.7 本公司当年的收入结构

收入结构	合并		母公司	
	金额（万元）	占比（%）	金额（万元）	占比（%）
手续费及佣金收入	17 650.81	11.77	12 333.51	36.80
其中：信托手续费收入	12 296.97	8.20	12 296.97	36.69
投资银行业务收入		0.00		
利息收入	596.58	0.40	288.11	0.86
其他业务收入	3 512.96	2.34	3 235.80	9.66
投资收益	5 103.90	3.40	15 391.23	45.93
其中：股权投资收益	682.41	0.46	14 170.41	42.28
证券投资收益	1 609.95	1.07	−441.68	−1.32
其他投资收益	2 811.54	1.88	1 662.49	4.96
公允价值变动收益	−130.93	−0.09	132.79	0.40
管理费收入	120 679.48	80.49		
营业外收入	2 511.35	1.68	2 131.62	6.36
收入合计	149 924.14	100.00	33 513.04	100.00

2011年度本公司信托业务收入为12 296.97万元，均为以手续费及佣金确认的信托业务收入。

6.4.2 披露信托财产管理情况

6.4.2.1 信托资产的期初数、期末数

单位：万元

信托资产	期初数	期末数
集合	477 633.51	456 255.63
单一	1 132 627.29	557 814.08
财产权	72 106.55	70 782.93
合计	1 682 367.35	1 084 852.64

6.4.2.1.1 主动管理型信托业务

单位:万元

主动管理型信托资产	期初数	期末数
证券投资类	11 867.00	14 645.93
股权投资类	110 390.00	61 973.11
融资类	754 371.00	930 043.03
事务管理类	80 984.00	0.00
合计	957 612.00	1 006 662.07

6.4.2.1.2 被动管理型信托业务

单位:万元

被动管理型信托资产	期初数	期末数
证券投资类		
股权投资类		
融资类	724 755.00	
事务管理类		78 190.57
合计	724 755.00	78 190.57

6.4.2.2 本年度已清算结束的信托项目个数、实收信托合计金额、加权平均实际年化收益率

6.4.2.2.1 本年度已清算结束的集合类、单一类资金信托项目和财产管理类信托项目个数、实收信托金额、加权平均实际年化收益率

已清算结束信托项目	项目个数	实收信托合计金额(万元)	加权平均实际年化收益率(%)
集合类	10	410 087.00	7.69
单一类	51	993 547.00	5.91
财产管理类	1	1 296.70	0.00

6.4.2.2.2 本年度已清算结束的主动管理型信托项目个数、实收信托合计金额、加权平均实际年化收益率,分证券投资、股权投资、融资、事务管理类分别计算并披露

已清算结束信托项目	项目个数	实收信托合计金额(万元)	加权平均实际年化信托报酬率(%)	加权平均实际年化收益率(%)
证券投资类	2	19 027.00	0.84	6.64
股权投资类	2	105 530.00	4.03	8.57
融资类	57	1 279 077.00	0.39	6.26
事务管理类				

6.4.2.2.3 本年度已清算结束的被动管理型信托项目个数、实收信托合计金额、加权平均实际年化收益率,分证券投资、股权投资、融资、事务管理类分别计算并披露

已清算结束信托项目	项目个数	实收信托合计金额(万元)	加权平均实际年化信托报酬率(%)	加权平均实际年化收益率(%)
证券投资类				
股权投资类				
融资类				
事务管理类	1	1 296.70	0.00	0.00

6.4.2.3 本年度新增的集合类、单一类和财产管理类信托项目个数、实收信托合计金额

新增信托项目	项目个数	实收信托合计金额(万元)
集合类	14	367 679.00
单一类	39	455 142.62
财产管理类	0	0.00
新增合计	53	822 821.62
其中:主动管理型	53	822 821.62
被动管理型	0	0.00

6.4.2.4 信托赔偿准备金的提取、使用和管理情况

本年度提取信托赔偿准备金1129.68万元,因未发生管理失职的情况,本年度未使用信托赔偿准备金。公司按照银监会的有关规定管理信托赔偿准备金。

6.5 关联方关系及其交易的披露

6.5.1 关联交易方的数量、关联交易的总金额及关联交易的定价政策等

	关联交易方数量	关联交易金额(万元)	定价政策
合计	14	69 799.20	按照市场公允价格确定

注:关联交易定义以《公司法》和《企业会计准则第36号——关联方披露》有关规定为准。

具体定价政策:按照市场公允价格确定;如果缺乏市场公允价格的,比照相关类似业务或资产的市价确定;如果上述两种价格都不存在,则按照中介机构出具的评估价确定。

6.5.2 关联交易方与本公司的关系性质、关联交易方的名称、法定代表人、注册地址、注册资本及主营业务等

关联方名称	关系性质	注册资本	法人代表	注册地址	主营业务
中国华闻投资控股有限公司	股东	120 000万元	周立群	北京市海淀区中关村南大街11号9号楼2层	实业投资、机械电子建材销售等。
广联(南宁)投资股份有限公司	股东	13 900万元	刘虹	南宁市民族大道38-2号18层	对高新技术产业、金融业、证券、期货业的投资等。
上海新黄浦置业股份有限公司	股东	56 116.30万元	王伟旭	上海市北京东路668号西楼32层	房地产经营、旧危房改造,室内外建筑装潢,物业管理,房产咨询,机械设备安装,餐饮业等。
上海新华闻投资有限公司	受同一股东控制	50 000万元	周立群	上海浦东大道720号22FA室	实业投资、资产经营及管理等。
上海嘉庆投资管理有限公司	受同一股东控制	16 000万元	王磊	上海市浦东新区牡丹路60号A2001室	实业投资、企业管理咨询等。
深圳证券时报社有限公司	受同一股东控制	30 000万元	谷嘉旺	深圳市福田区彩田路5015号中银大厦17A、18AB座	编辑、出版、发行《证券时报》,发布各类广告等。
杭州华溥实业有限公司	受同一股东控制	4 240万美元	程齐鸣	杭州市上城区湖滨路30号	经营住宿、餐饮、娱乐、商场等。

续表

关联方名称	关系性质	注册资本	法人代表	注册地址	主营业务
厦门联信投资管理有限公司	受同一股东控制	500万元	余钧	厦门思明区湖滨南路299－309号裙楼201室	投资咨询。
上海久峰投资咨询有限公司	受同一股东控制	1 000万元	彭传发	上海市松江区松汇西路1558号A－287	企业投资咨询、商务咨询、财务管理咨询、企业管理咨询服务。
黄山长江徽杭高速公路有限责任公司	受同一股东控制	35 000万元	汪方怀	黄山市屯溪区西海路28号	建设、经营徽杭高速公路安徽段及配套设施（法律、法规规定必须前置审批而未获批准的除外）等。
大成基金管理有限公司	控股子公司	20 000万元	张树忠	深圳市福田区深南大道7088号招商银行大厦32层	发起设立基立、基金管理业务。
大成国际资产管理有限公司	子公司的子公司	6 000万港元		香港中环金融街8号国际金融中心二期58楼5811室	证券交易、就证券提供意见、资产管理业务。
光大证券股份有限公司	子公司大成基金的股东	341 800万元	徐浩明	上海市静安区新闸路1508号	证券经纪，证券投资咨询，与证券交易、证券投资活动有关的财务顾问，证券承销与保荐，证券自营，证券资产管理，为期货公司提供中间介绍业务，证券投资基金代销，融资融券业务等。
中国银河投资管理有限公司	子公司大成基金的股东	450 000万元	许国平	北京市西城区金融大街35号国际企业大厦C座16层	投资业务及资产管理。

6.5.3 本公司与关联方的重大交易事项

6.5.3.1 固有与关联方交易情况

固有与关联方关联交易

单位：万元

	期初数	借方发生额	贷方发生额	期末数
贷款	7 000.00			7 000.00
投资				
租赁				
担保				
应收账款	6 926.71			6 926.71
其他	76.00	28.39	0.00	47.61
合计	14 002.71	28.39	0.00	13 974.32

6.5.3.2 信托与关联方交易情况：贷款、投资、租赁、应收账款、担保、其他方式等期初汇总数、本期借方和贷方发生额汇总数、期末汇总数

信托与关联方关联交易

单位：万元

	期初数	借方发生额	贷方发生额	期末数
贷款	63 771.67		7 946.79	55 824.88
投资				
租赁				
担保				
应收账款				
其他	0			0
合计	63 771.67		7 946.79	55 824.88

6.5.3.3 固信交易及交易情况

6.5.3.3.1 固信交易情况

固有财产与信托财产相互交易

单位：万元

	期初数	本期发生额	期末数
合计	5 000.00	4 000.00	9 000.00

6.5.3.3.2 信托项目之间的交易金额期初汇总数、本期发生额汇总数、期末汇总数

信托资产与信托财产相互交易

单位：万元

	期初数	本期发生额	期末数
合计	0.00	0.00	0.00

6.5.3.4 关联方逾期未偿还本公司资金的情况

本期只有一笔关联方逾期未偿还本公司的资金，是对黄山长江徽杭高速公路有限责任公司的贷款，本金为7 000万元。

本公司本期没有为关联方担保发生垫款的事项。

6.6 执行的会计制度

6.6.1 固有业务执行的会计制度

本公司固有业务从2008年1月1日起执行新的《企业会计准则》。

6.6.2 信托业务执行会计制度

本公司信托业务从2010年1月1日起执行新的《企业会计准则》。

7. 财务情况说明书

7.1 利润实现和分配情况

7.1.1 利润实现情况

单位：万元

项　目	合并	母公司
投资收益	5 103.90	15 391.24
营业利润	68 924.87	23 405.39
利润总额	71 096.07	25 507.01
所得税	16 666.56	2 913.46
净利润	54 429.51	22 593.55

7.1.2 利润分配情况

单位:万元

项　目	合并(归属于母公司)	母公司
本年度净利润	30 861.05	22 593.55
上年未分配利润	109 025.30	52 938.03
本年其他转入	0	0
可供分配的利润	139 886.35	75 531.58
提取法定盈余公积	2 259.35	2 259.35
提取法定公益金		
提取信托赔偿准备金	1 129.68	1 129.68
提取一般准备金	525.42	525.42
可供投资者分配利润	135 971.90	71 617.12
未分配利润	135 971.90	71 617.12

7.2 主要财务指标(母公司口径和并表口径同时披露)

指标名称	合并(归属于母公司)	母公司
资本利润率(%)	17.66	18.00
加权年化信托报酬率(%)	0.96	0.96
人均净利润(万元/人)	437.75	320.48

7.3 对本公司财务状况、经营成果有重大影响的其他事项

无。

8. 特别事项揭示

8.1 高级管理人员变动情况及原因

报告期内:董事会、监事会及经营班子组成未发生变化。

截至报告公布日,公司原总裁助理叶晓军同志因个人原因向公司递交辞职申请,董事会业已批准叶晓军同志辞任总裁助理一职。

截至报告公布日,公司收到股东单位中国华闻投资控股有限公司关于变更监事的函,相关手续正在按程序办理中。

8.2 公司的重大诉讼事项

8.2.1 固有项下诉讼①

(1)报告期内,公司诉深圳市凯泰隆实业发展有限公司、海南金盟发实业有限公司归还贷款本金人民币7 000万元及利息、复利和罚息一案正处于强制执行阶段。

(2)报告期内,公司诉海南金盟发实业有限公司、深圳市凯泰隆实业发展有限公司归还贷款本金人民币7 000万元及利息、复利和罚息一案正处于强制执行阶段。

(3)报告期内,公司诉华星建设工程有限公司、黄山金汇经济开发有限公司归还贷款本金人民币4 000万元及利息、复利和罚息一案正处于强制执行阶段。

(4)报告期内,公司诉华星建设工程有限公司、海南宁达远实业有限公司归还贷款本金人民币3 000万元及利息、复利和罚息一案正处于强制执行阶段。

(5)报告期内,公司诉海南海金宁实业有限公司归还贷款本金人民币4 600万元及利息、复利和罚息一案正处于强制执行阶段。

(6)报告期内,公司向上海市第二中级人民法院起诉黄山徽杭高速公路有限公司及黄山金汇经济开发有限公司,请求判决被告归还贷款本金人民币7 000万元及利息、复利和罚息。上海市第二中级人民法院于2011年10月21日判决公司胜诉。本公司将向上海市第二中级人民法院申请强制执行。

8.2.2 信托项下诉讼

(1)根据信托受益人要求,业经上海高级人民法院终审,公司起诉杭州华溥实业有限公司归还8亿元借款合同纠纷一案的诉讼请求得到支持。目前该案件处于强制执行阶段。

(2)2010年8月5日,本公司就与北京中润博达国际能源开发有限公司金融借款16 000万元合同纠纷向上海市高级人民法院提起民事诉讼,上海市高级人民法院判决公司胜诉。本公司业已申请强制执行。

9. 监事会意见

9.1 公司依法运作情况

公司监事会认为:报告期内,业务发展方面,公司积极处置风险业务,成功换牌,信托业务规模得以较快增长,经营保持稳定;年度财务决算报告反映了公司年度经营成果和年末财务状况;内部管理方面,公司进一步完善法人治理结构,建立健全内控制度和流程,加强风险合规和稽核检查的力度,保持了公司平稳运转和员工队伍的稳定;公司董事会、管理层能够认真履职,较有效地执行了股东会、董事会有关决议。

9.2 财务报告的真实性

中审亚太会计师事务所为公司2011年度财务报告出具了无保留意见的审计报告。监事会认为该财务报告真实反映公司的财务状况和经营成果。

① 公司固有项下逾期贷款已全额计提坏账损失,对当年盈利不构成影响,为最大限度保障公司权益,决定以诉讼方式清收欠款。

中铁信托有限责任公司

1. 重要提示

1.1 本公司董事会及董事保证本报告所载资料不存在任何虚假记载、误导性陈述或者重大遗漏，并对其内容的真实性、准确性和完整性承担个别及连带责任。本年度报告摘要摘自年度报告全文，客户及相关利益人欲了解详细内容，应阅读年度报告全文。

1.2 公司全体董事出席了审议本次年报的董事会会议。全体监事列席了会议。

1.3 本公司独立董事曾勇先生、傅代国先生、周国华先生声明：保证年度报告内容的真实性、准确性和完整性。

1.4 德勤华永会计师事务所有限公司北京分所根据中国注册会计师独立审计准则对本公司年度财务报告进行审计，出具了无保留意见的审计报告。

1.5 本公司董事长王俊明先生、总经理景开强先生、财务负责人解义才先生和会计机构负责人（会计主管人员）李正斌先生声明：保证年度报告中财务报告的真实、完整。

2. 公司概况

2.1 公司简介

2.1.1 公司法定中文名称：中铁信托有限责任公司
中文名称缩写：中铁信托
公司法定英文名称：China Railway Trust Co.，Ltd.
英文名称缩写：CRTC

2.1.2 法定代表人：王俊明

2.1.3 注册地址：成都市航空路1号国航世纪中心B座

2.1.4 邮政编码：610041

2.1.5 公司国际互联网网址：www. crtrust. com

2.1.6 电子信箱：crtc@ crtrust. com

2.1.7 公司负责信息披露事务的高级管理人员：陈 赤
联系人：邹纯余
电话/传真：028 -86029131
电子信箱：zcy1002@ 163. com

2.1.8 公司选定的信息披露报纸：《证券时报》

2.1.9 公司年度报告备置地点：成都市航空路1号国航世纪中心B座26楼

2.1.10 公司聘请的会计师事务所名称：德勤华永会计师事务所有限公司北京分所
住所：北京市东城区长安街1号东方经贸城西二办公楼

2.1.11 公司聘请的律师事务所名称：泰和泰律师事务所
住所：成都市鼓楼南街117号世界贸易中心A座25楼

2.2 组织结构

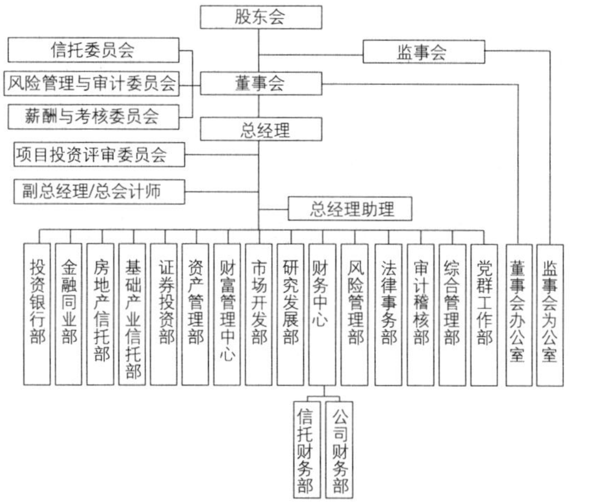

3. 公司治理结构

3.1 公司前三位股东的主要股东

公司前三位股东名称	股东的主要股东	出资比例（%）	法定代表人	注册资本（亿元）	注册地址	主要经营业务
中国中铁股份有限公司	中国铁路工程总公司	56.10	李长进	108	北京市丰台区星火路1号	建筑工程，相关工程技术研究、勘察、设计、服务与专用设备制造，房地产开发经营。
中铁二局集团有限公司	中国中铁股份有限公司	100.00	李长进	213	北京市丰台区星火路1号	基建建设、勘察设计与咨询服务、工程设备和零部件制造和房地产开发业务，另外还从事多项其他业务，如物资贸易、矿产资源开发和物业管理业务等。
成都工投资产经营有限公司	成都工业投资集团有限公司	66.80	戴晓明	50	成都市顺城街221号	企业托管、资产托管、债务托管、企业产权转让、租赁、承包、出售、投资咨询、融资担保、资本运营。

3.2 董事

3.2.1 董事会成员

姓　名	职务	性别	年龄	选任日期	所推举的股东名称	该股东持股比例(%)	简　要　履　历
王俊明	董事长	男	55	2011年4月	中国中铁股份有限公司	78.911	历任铁二局二滩指挥部财务科副科长,铁二局财务处副科长、科长、处长助理、副处长、处长,中铁二局集团有限公司总会计师,中铁二局股份有限公司财务负责人,中铁二局集团有限公司副总经理、总法律顾问,衡平信托有限责任公司副董事长、监事长,中铁信托有限责任公司副董事长、董事长、党委书记、纪委书记;现任本公司董事长。
李建生	董事	女	57	2009年1月	中国中铁股份有限公司	78.911	历任铁道部基本建设总局财务处助理会计师、会计师、副处长、处长,中国铁路工程总公司副总会计师、总会计师;现任中国中铁股份有限公司副总裁、财务总监、总法律顾问,本公司董事、宝盈基金管理有限公司董事长。
景开强	董事	男	53	2009年1月	中国中铁股份有限公司	78.911	历任中铁二局机筑公司广州、深圳、珠海项目部会计师、财务主管,中铁二局机筑公司财务科科长、总会计师,中铁二局股份有限公司财务部部长,中铁八局集团有限公司总会计师、总法律顾问,衡平信托有限责任公司副董事长;现任本公司董事、总经理、党委副书记,宝盈基金管理有限公司董事。
解义才	董事	男	42	2009年1月	中国中铁股份有限公司	78.911	历任铁二局二滩指挥部助理会计师、财务处科长,中铁二局集团有限公司财务部副部长,中铁二局股份有限公司财务部副部长、证券部部长,中铁二局集团有限公司财务部部长、副总会计师;现任本公司董事、副总经理、总会计师(财务负责人)、工会主席。
王大奇	董事	男	42	2009年1月	中铁二局集团有限公司	7.232	历任铁二局财务处助理会计师,铁二局厦门工程公司财务科副科长,铁二局财务处科长,中铁二局股份有限公司财务部科长、副总会计师、副部长,中铁二局第五工程有限公司总会计师,中铁八局集团有限公司财务部部长,中铁二局集团有限公司财务部部长;现任中铁二局集团有限公司副总会计师兼财务部部长,本公司董事。
喻培忠	董事	男	55	2009年3月	成都工投资产经营有限公司	3.429	从1981年起在四川省送变电工程公司、成都市热电公司、成都工业投资集团有限公司、成都工投资产经营有限公司等公司工作,历任科长、办公室主任、总经理助理、总经理等职务;现任成都工业投资集团有限公司总经理助理,成都工投资产经营有限公司总经理,本公司董事。

3.2.2 独立董事

姓　名	所在单位及职务	性别	年龄	选任日期	所推举的股东名称	该股东持股比例(%)	简　要　履　历
曾　勇	电子科技大学经济与管理学院院长	男	48	2009年3月	中国中铁股份有限公司	78.911	历任电子科技大学经济与管理学院助教、讲师、副教授;现任电子科技大学经济与管理学院院长、教授、博士生导师,本公司独立董事;兼任中国管理现代化研究会常务理事、中国金融学年会理事会理事和《金融学季刊》副主编、中国金融学会金融工程专业委员会常务委员、中国系统工程学会理事和金融系统工程专业委员会委员、中国运筹学会理事和企业运筹学分会副理事长、四川省经济学会副理事长、四川省技术经济和管理现代化研究会副理事长等职。
傅代国	西南财经大学会计学院副院长	男	47	2009年3月	中国中铁股份有限公司	78.911	历任西南财经大学会计学院助教、讲师、副教授;现任西南财经大学会计学院副院长、教授、博士生导师,本公司独立董事;兼任成都市政协常委、中国会计学会会员、中国中青年财务成本研究会理事、成都市会计学会副会长、成都市高级会计师评审委员会副主任委员、成都市会计电算化专家组成员、四川省会计人才培养基地负责人。
周国华	西南交通大学经济管理学院副院长	男	45	2009年3月	中国中铁股份有限公司	78.911	历任西南交通大学经济管理学院企业管理教研室主任、院教学秘书、院长助理;现任西南交通大学经济管理学院副院长、教授、博士生导师,本公司独立董事;兼任中国项目管理研究委员会常务委员、国际项目管理专业(IPMP)评估师、四川省现代物流协会常务理事等职。

3.3 监事

姓　名	职务	性别	年龄	选任日期	所推举的股东名称	该股东持股比例(%)	简　要　履　历
董　寰	监事长	男	56	2009年1月	中国中铁股份有限公司	78.911	历任中国人民银行成都市分行南大街办事处信贷员,中国工商银行成都市分行滨江支行信贷科信贷员、副科长、科长,中国工商银行成都科力风险投资公司副总经理,中国工商银行成都市分行信托投资公司副总经理,成都工商信托投资公司副总经理,衡平信托投资有限责任公司副总裁、常务副总裁、总裁,衡平信托有限责任公司副总经理、首席风险官;现任本公司监事长。
杨　良	监事	男	42	2009年1月	中国中铁股份有限公司	78.911	历任中国铁路工程总公司助理会计师、财务部副部长、高级会计师;现任中国中铁股份有限公司财务部部长,本公司监事。

续表

姓　名	职务	性别	年龄	选任日期	所推举的股东名称	该股东持股比例(%)	简　要　履　历
陈家均	监事	男	48	2009 年 1 月	成都高新发展股份有限公司	0.692	历任贵州省计划管理干部学院会计、省计委财贸处科员、罗甸县委农工部科员，四川省审计局商贸部副主任科员，倍特集团公司财务部职员、财务部副部长、部长、总会计师；现任成都高新发展股份有限公司董事、副总经理，本公司监事。
彭玖雯	职工监事	女	42	2009 年 1 月	职工代表	—	历任成都市金通信托投资公司财务部助理会计师、会计师，衡平信托投资有限责任公司董事会审计部职员；现任本公司审计稽核部总经理、职工监事。
严　震	职工监事	男	35	2009 年 1 月	职工代表	—	历任衡平信托有限责任公司董事会办公室副主任、主任，资产管理部副经理，风险管理部副总经理；现任本公司风险管理部总经理、职工监事。

3.4　高级管理人员

姓名	职务	性别	年龄	选任日期	金融从业年限	学历	专业
景开强	总经理	男	53	2009 年 3 月	6	研究生	财会
李文众	副总经理、总法律顾问	男	51	2009 年 3 月	32	本科	财会
陈　赤	副总经理、董事会秘书	男	45	2009 年 3 月	13	博士研究生	金融学
孙　毅	副总经理	男	56	2009 年 3 月	19	本科	经济管理
解义才	副总经理、总会计师	男	42	2009 年 3 月	7	研究生	财会
王　石	副总经理	男	51	2011 年 2 月	30	本科	经济管理

3.5　公司员工

报告期内在岗员工人数:101 人

平均年龄:38 岁

学历分布比例

学历	人数	比例(%)
博士	3	2.97
硕士	37	36.63
本科	46	45.54
专科	14	13.86
其他	1	0.99

4. 经营管理

4.1　经营目标、方针、战略规划

4.1.1　经营目标

站在全面把握整体金融市场的立场和角度，预测并确认经济周期转换、大类资产市场轮动以及宏观经济金融政策调控的方向与力度，把握不同时期的重大业务机会，防范各种类型的风险，确定公司在各个不同时期对应的主要业务内容和重点投资品种。积极拓展信托业务，加快发展私人股权投资、资产证券化、房地产投资信托和产业投资基金信托等主动管理型资产管理与投资银行业务，着力加强与优秀企业、商业银行、证券公司、保险公司、基金公司等的战略及业务合作关系。夯实管理基础，增强经营效能，拓宽业务领域，提高运营水平，强化自主管理能力，构建可持续健康发展的业务模式和盈利模式，使公司发展成为风险可控、守法合规、不断创新、具有核心竞争力的专业资产管理机构。

4.1.2　经营方针

公司所秉承的经营方针是:稳健、进取、合作共赢。

4.1.3　战略规划

依托已建立起的专业优势和经营基础，提高在行业内的品牌和信誉，发展成为立足四川、辐射全国、业绩一流、信誉卓著的具有鲜明信托特色的资产管理机构。

从地方性金融机构升级为全国性金融机构，从以本地业务为主向以全国性业务为主转变；从融资型金融机构升级为资产管理型金融机构，资金运用方式由以贷款为主向综合金融服务方式转变；从向中小企业提供金融产品服务升级为向大优企业提供金融产品服务，客户结构从以中小客户为主向以大优客户为主转变。

4.2　所经营业务主要内容

公司业务分为自营业务和信托业务。

4.2.1　自营业务

自营业务主要包括基金管理、自营贷款、自营证券、金融产品投资等。

自营资产运用与分布表

资产运用	金额(万元)	占比(%)	资产分布	金额(万元)	占比(%)
货币资产	91 113	30.61	基础产业	—	—
贷款及应收款	46 808	15.72	房地产业	11 755	3.95
交易性金融资产	2 241	0.7	证券市场	3 341	1.12
可供出售金融资产	113 754	38.21	实业	—	—
持有至到期投资	—	—	金融机构	20 004	6.72
长期股权投资	—	—	其他	262 576	88.21
其他	43 760	14.70			
资产总计	297 676	100	资产总计	297 676	100

4.2.2　信托业务

信托业务是本公司的主营业务和主要收入来源，主要包括集合资金信托、单一资金信托、财产信托等。

信托资产运用与分布表

资产运用	金额（万元）	占比（%）	资产分布	金额（万元）	占比（%）
货币资产	117 883	2.77	基础产业	801 657	18.82
贷款	1 006 613	23.64	房地产	1 167 962	27.42
交易性金融资产	4 455	0.1	证券市场	78 855	1.85
可供出售及持有至到期投资	812 782	19.08	实业	199 162	4.68
长期股权投资	1 081 184	25.39	金融机构	433 201	10.17
其他	1 235 953	29.02	其他	1 578 033	37.06
信托资产总计	4 258 870	100.00	信托资产总计	4 258 870	100.00

4.3 市场分析

4.3.1 有利因素

（1）公司的业务机会增加：由于企业对信托融资的需求日益增加，使得公司有机会与更多大型的优质客户开展合作，从而扩展了公司的业务机会。

（2）投资者客户资源积累：由于证券、房地产等投资市场表现低迷，而信托产品则能够提供稳定的较高收益，大量投资者开始关注信托产品市场，公司也因此受益，不仅直销规模显著提升，同时还新积累了一批优质客户资源。

（3）公司的业务领域扩大：由于房地产、基础设施等传统信托业务领域受到限制，同时新兴产业得到政策扶持，公司的业务领域在外部环境的影响下也做出了一定的调整，涉足了包括生态农业、白酒产业等领域。通过这些业务的开展，不仅丰富了公司的产品线，提升了公司的创新能力，也为公司未来更好地顺应国家经济结构调整的发展趋势，服务战略新兴产业打下了基础。

（4）行业监管优化：出于符合国家宏观调控的目的，信托行业的监管政策在2011年也出现了较大的调整。《信托公司净资本管理办法》的正式实施、行业营销管理办法的临近出台以及监管对创新的鼓励，对公司发展的推动作用最为突出。《净资本管理办法》的实施，有利于提升公司业务主动管理能力与风险控制水平；行业营销管理办法的即将出台，对公司在直销领域传统优势的进一步发挥有着积极的意义；而监管对创新的鼓励，则为未来公司丰富业务模式和产品线创造了良好的条件。

4.3.2 不利因素

（1）传统业务领域发展受阻：2011年，在经济环境和宏观调控的双重影响下，信托传统的业务领域，如房地产、基础设施、证券等发展均受到了一定的阻碍。

在房地产领域，监管部门响应国家严格调控房地产业的方针政策，对房地产信托施加了严格的限制，控制房地产信托规模。在基础设施建设领域，国家对地方政府融资平台进行了严格的清理，从而限制了信托公司开展的相关业务机会。在证券业务领域，一方面信托公司仍受制于证券账户开户问题，另一方面股票市场的低迷也限制了信托公司此类业务的能力。

（2）产品成本的刚性提升：由于资金面的整体性趋紧，2011年各类固定收益投资品的收益率均普遍提升，银行短期理财产品的收益率一度高达6%以上。投资替代品收益的提升迫使信托公司提升产品收益，此外行业竞争的加剧也增强了这一趋势。

由于信托产品的收益具有一定的刚性，同时市场的自发调整也具有一定的滞后性，这就使得公司在宏观经济好转，企业融资成本降低的时候，难以及时调整产品收益率，从而增大了业务开展的压力。

（3）市场竞争加剧：2011年，信托公司的异地展业规模进一步提升，作为立足四川，面向全国的信托公司，我公司面临的竞争压力显著提升。一方面，大量行业领先的信托公司开始关注西部地区，纷纷进入成都市场，抢占资源，公司长期以来积累的优势面临着被消融的压力；另一方面，公司的异地展业难度依然较大，在经济发达地区与当地信托公司及行业龙头间的竞争过程中，面临着诸如市场熟悉程度、业务渠道积累、投资者认同、监管沟通等多方面的困难。未来一段时期，随着信托公司营销管理办法的正式出台实施，公司面临的竞争压力势必进一步增大，因此公司需要及早筹备，抢占市场的先机。

4.4 内部控制概况

4.4.1 内部控制环境和内部控制文化

公司具有完善的法人治理结构，股东会、董事会、监事会与经营层按照法律法规、公司章程和其他管理制度的要求各自独立履行职责。

公司内部控制机制为三个层级的风险防范体系：董事会是第一级层次，下设信托委员会、风险管理与审计委员会、薪酬与考核委员会三个专门委员会，在重大事项的风险控制、内部审计等方面发挥内控主导作用；经营层是第二级层次，在董事会授权范围内对公司整体业务经营进行风险管理和内部控制；部门岗位风险控制是第三级层次，通过明确岗位职责，界定工作权限，制定作业流程，来执行岗位风险控制和风险防范。

公司内控文化的建设主要是通过不断加强对业务流程、内部规章、组织架构、授权制度、技术手段等方面的建设和改进，形成研究、决策、操作、稽核与评价相互制衡的内控机制，不断提高全员合规意识和风险意识，使核心风险因素为全员所共知，并从业务流程上体现对关键点的控制。

4.4.2 内部控制措施

在三个层级的风险防范体系下，公司按照职责分离的原则对风险进行事前识别和评估、事中防范和控制、事后监督和纠正：前台对业务进行受理和初审，以及实施各项业务的具体操作；中台对业务进行决策和事中控制；后台对业务进行财务核算和稽核。公司通过健全的内部约束机制强化了中台、后台对前台的控制反映和监督评价。

4.4.3 监督评价与纠正

公司的监督评价与纠正工作具体由风险管理部和审计稽核部实施：风险管理部负责对项目后期的管理进行监控，配合业务部门对项目运行过程中的突发事件制定风险应急措施；风险管理部定期出具动态风险监控报告，要求业务部门及时改进或完善管理措施。审计稽核部侧重进行内部控制和合规性审计稽核，针对信托项目的设立、运行和结束进行常规稽核和专项稽核工作，独立向公司提交《信托业务稽核报告》和《自营业务稽核报告》，对业务部门提出整改意见，对公司就业务操作流程和内部控制制度等方面提出进一步完善的意见。

4.5 风险管理概况

4.5.1 风险状况

4.5.1.1 信用风险状况

信用风险是指公司在经营活动中面临的交易对手不能按合同约定履约给信托当事人和公司带来的损失。报告期内，自营资产采用以风险等级为基础的分类方法评估资产质量，将其分为正常、关注、次级、可疑和损失五类，其中后三类称为不良资产。截至2011年12月31日，自营资产为283 578万元，其中正常类资产272 366万元；关注类资产4 056万元；次级类资产0万元；可疑类资产3 621万元；损失类资产3 535万元。公司自营不良资产的期初数和期末数分别为7 156万元和7 156万元，已足额计提资产损失准备金。报告期内，公司信托资产无不良资产。

4.5.1.2 市场风险状况

市场风险是指公司在信托和自营业务中，因股价、汇率、利率及其他价格因素变动对公司盈利能力和财务状况的影响，其可以分为金融资产价格风险、汇率风险、利率风险等。2011年，公司在面临多种不确定因素的市场环境下继续谨慎对待新股申购业务，未在证券二级市场开展股票买入业务，因此证券市场的股价变动对公司的盈利和财务状况的影响有限；同时公司大多数证券信托业务的市场风险由受益人承担，公司依靠收取受托人固定报酬作为盈利主要渠道，故股价变动的影响有限。公司目前暂未开展外汇业务，不会给公司的盈利和财务状况造成影响。公司集合资金信托业务中贷款类业务占比不高，且信贷业务的执行利率多数为固定利率，因此利率变动对公司盈利能力和财务状况的直接影响较小；公司主要业务为融资业务，2011年中央银行三次提高贷款基准利率，有利于提高信托融资业务收益，但同时理财客户也相应提高了信托产品实现收益的预期。公司的主营业务之一是投行业务，主要业务收入来源于财务顾问费、咨询费等收入，因而其行业费率的变动（特别是监管政策的变化及同业竞争）对公司的盈利能力和财务状况具有一定影响。

4.5.1.3 操作风险状况

操作风险是指公司由于内部程序缺失、人员信息系统的不完善、运营环节的工作错误，或外部事件造成的影响或损失。2011年公司异地业务占比继续上升，异地项目管理也给项目组前期尽职调查和后期监控带来了一定难度。为此公司不断完善内部控制程序，修订《项目管理办法》，增加异地业务管理内容；上线运行了综合业务管理信息系统，强化了项目运行管理的规范化和信息共享。

4.5.1.4 其他风险状况

其他风险主要是政策法律风险和道德风险。政策法律风险指因国家政策，如财政政策、货币政策、产业政策、地区发展政策等发生变化，或法律及其配套制度的不完善或修订，给信托业务带来的风险。道德风险是指公司员工在获取信息不对称的情况下，采取以自身效用最大化的自私行为，侵占公司和客户的利益，给公司财产和信托财产带来的损失。报告期内，公司未发生因其他风险所造成的损失。

4.5.2 风险管理

4.5.2.1 信用风险管理

公司的信用风险控制策略是重点做好前台的尽职调查工作，论证项目可行性，在项目立项阶段从产品设计上设定风险控制关键点；同时加强中台、后台的监控，建立严密的事中决策和控制机制。

公司加强对交易对手的评估和识别工作，实事求是地对融资方、关联方、控制方、担保方的资信状况进行分析，确保第一还款来源可靠；落实合法、有效的信用增级措施（保证、抵押、质押），对同一债权设置保证、抵押、质押等多重担保，确保第二还款来源充足，风险可控；办理抵押贷款注意对抵押物权属有效性、变现能力以及合法性进行审查；办理保证贷款对保证人资格、资信状况进行审查；严格执行审贷分离和集体审议制度。

公司强化了项目后期管理和风险监控的职能，项目组人员通过贷后管理跟踪项目进度，建立风险预警机制，及时掌握交易对手情况变化；对自营资产按风险等级进行五级分类，加强风险监控，防止信用风险的发生。

4.5.2.2 市场风险管理

通过多领域的业务组合来分散风险。在业务开展中，在公司较为精通的业务领域内，逐渐建立有固定业务关系的目标客户群，减少因不熟悉行业情况而造成的风险和损失。加强对交易对手在其所处行业的市场竞争能力的分析，准确把握资金进入时机，密切跟踪市场，及时调整投资策略和投资组合，密切关注经济运行状况，严格规避宏观政策调控带来的不良影响。根据项目的期限长短以及交易对手的财务状况和资金调剂能力，合理约定信托资金的还款方式、价格、期限及有效的内控措施，避免市场风险带来的信托财产收益的不确定性。

4.5.2.3 操作风险管理

建立科学的风险内控体系，明确各项业务的操作规程；继续完善法人治理结构，从体制上严防操作风险的产生；积极培育全员风险管理文化，在公司树立强化风险防范的理念；优化内部风险管控模式。

4.5.2.4 其他风险管理

公司根据法律法规和银监会要求制定公司规章和内控制度，公司法律顾问和风险管理部负责对业务的合法合规性进行审查，以规范业务行为，控制业务范围，确保业务部门严格按照现有法规进行信托业务创新；强化合法合规经营的理念，建立健全各项规章制度，通过严格的内控体系对员工的行为进行规范；完善人事管理制度，建立合理的奖惩制度并严格执行，落实责任追究制度；加强思想政治工作和职业道德教育，增强员工的工作责任心，树立勤勉尽责的思想；加强内部稽核。

5. 报告期末及上一年度末的比较式会计报表

5.1 自营资产

5.1.1 会计师事务所审计结论

德勤华永会计师事务所有限公司北京分所认为，中铁信托财务报表在所有重大方面按照企业会计准则的规定编制，公允地反映了中铁信托2011年12月31日的公司及合并财务状况以及2011年度的公司及合并经营成果和公司及合并现金流量。

5.1.2 资产负债表

公司及合并资产负债表

编制单位:中铁信托有限责任公司　　2011年12月31日　　单位:元

	合并		公司	
	年末数	年初数	年末数	年初数
资产				
货币资金	773 659 156.01	784 747 904.02	606 176 516.78	633 530 748.81
拆出资金	137 472 970.44	—	137 472 970.44	—
以公允价值计量且其变动				
计入当期损益的金融资产	22 410 089.21	108 410 279.50	64 701 332.38	108 410 279.50
发放贷款和垫款	177 553 542.18	177 979 302.98	177 553 542.18	177 979 302.98
可供出售金融资产	1 137 538 740.19	744 636 000.41	1 391 982 214.95	714 820 736.18
应收款项类投资	290 530 000.00	—	—	—
长期股权投资	—	—	200 043 541.50	200 043 541.50
投资性房地产	49 966 560.81	51 730 514.37	49 966 560.81	51 730 514.37
固定资产	59 577 727.93	68 210 417.95	33 600 496.00	35 991 140.73
无形资产	47 360 078.06	48 142 656.05	43 526 865.00	45 324 616.16
递延所得税资产	54 707 180.62	42 207 712.14	48 134 227.92	36 754 444.19
其他资产	225 979 746.73	174 850 852.97	82 625 594.58	59 258 023.17
资产总计	2 976 755 792.18	2 200 915 640.39	2 835 783 862.54	2 063 843 347.59
负债				
预收账款	313 815 145.45	145 174 756.47	313 815 145.45	145 174 756.47
应付职工薪酬	62 509 128.73	43 918 013.89	48 247 972.85	30 483 238.36
应交税费	254 101 751.28	121 621 831.25	251 804 423.03	118 089 371.90
应付股利	—	99 998 887.35	—	99 998 887.35
递延所得税负债	—	1 156 011.51	—	1 156 011.51
其他负债	279 148 202.05	186 597 914.07	272 465 942.84	179 756 663.06
负债合计	909 574 227.51	598 467 414.54	886 333 484.17	574 658 928.65
所有者权益				
实收资本	1 200 000 000.00	1 200 000 000.00	1 200 000 000.00	1 200 000 000.00
资本公积	23 653 030.93	24 492 832.39	20 710 723.72	19 031 234.50
盈余公积	129 027 369.27	71 817 831.65	129 027 369.27	71 817 831.65
风险准备金	151 442 354.87	104 872 276.82	84 821 319.67	48 288 215.44
未分配利润	508 596 258.30	147 919 578.54	514 890 965.71	150 047 137.35
归属于母公司所有者权益合计	2 012 719 013.37	1 549 102 519.40	1 949 450 378.37	1 489 184 418.94
少数股东权益	54 462 551.30	53 345 706.45	—	—
所有者权益合计	2 067 181 564.67	1 602 448 225.85	1 949 450 378.37	1 489 184 418.94
负债和所有者权益总计	2 976 755 792.18	2 200 915 640.39	2 835 783 862.54	2 063 843 347.59

附注为财务报表的组成部分

法定代表人:王俊明　　主管会计工作负责人:解义才　　会计机构负责人:李正斌

5.1.3 利润表

公司及合并利润表

编制单位:中铁信托有限责任公司　　2011年12月31日　　单位:元

	合并		公司	
	本年累计数	上年累计数	本年累计数	上年累计数
营业收入	997 915 944.28	550 576 886.45	877 156 857.13	444 733 736.60
利息净收入	137 566 300.48	75 303 203.65	131 179 842.71	72 644 728.81
利息收入	143 519 593.56	78 147 722.61	137 133 135.79	75 489 247.77
利息支出	5 953 293.08	2 844 518.96	5 953 293.08	2 844 518.96
手续费及佣金净收入	875 361 673.34	462 283 179.55	753 886 543.96	332 989 030.30
手续费及佣金收入	875 361 673.34	462 283 179.55	753 886 543.96	332 989 030.30

续表

	合并		公司	
	本年累计数	上年累计数	本年累计数	上年累计数
手续费及佣金支出	—	—	—	—
投资收益	1 311 814. 38	14 778 102. 00	22 949 314. 38	40 981 560. 15
公允价值变动损益	(20 571 097. 12)	(5 806 684. 46)	(35 106 097. 12)	(5 806 684. 46)
其他业务收入	4 247 253. 20	4 019 085. 71	4 247 253. 20	3 925 101. 80
营业支出	236 159 186. 51	219 517 810. 79	133 594 990. 10	105 122 174. 76
营业税金及附加	56 457 990. 22	30 487 467. 68	49 627 444. 56	23 727 240. 46
业务及管理费	176 550 636. 33	167 627 982. 87	80 816 985. 58	59 992 574. 06
资产减值损失	781 926. 40	19 638 406. 68	781 926. 40	19 638 406. 68
其他业务成本	2 368 633. 56	1 763 953. 56	2 368 633. 56	1 763 953. 56
营业利润	761 756 757. 77	331 059 075. 66	743 561 867. 03	339 611 561. 84
加:营业外收入	22 713 746. 52	31 898 838. 69	22 649 198. 14	31 654 023. 31
减:营业外支出	7 324 933. 05	1 235 909. 41	5 580 880. 88	21 098. 00
利润总额	777 145 571. 24	361 722 004. 94	760 630 184. 29	371 244 487. 15
减:所得税费用	194 856 261. 43	89 159 444. 66	188 534 808. 10	85 354 863. 51
净利润	582 289 309. 81	272 562 560. 28	572 095 376. 19	285 889 623. 64
归属于母公司所有者的净利润	577 965 201. 41	268 244 195. 62	572 095 376. 19	285 889 623. 64
少数股东损益	4 324 108. 40	4 318 364. 66	—	—
其他综合收益	(1 679 565. 04)	(4 810. 58)	1 679 489. 22	3 885 822. 93
综合收益总额	580 609 744. 77	272 557 749. 70	573 774 865. 41	289 775 446. 57
归属于母公司所有者的综合收益总额	577 125 399. 95	269 212 043. 42	573 774 865. 41	289 775 446. 57
归属于少数股东的综合收益总额	3 484 344. 82	3 345 706. 28	—	—

附注为财务报表的组成部分

法定代表人:王俊明　　主管会计工作负责人:解义才　　会计机构负责人:李正斌

5. 1. 4　公司及合并现金流量表

公司及合并现金流量表

编制单位:中铁信托有限责任公司　　2011 年 12 月 31 日　　单位:元

	合并		公司	
	本年累计数	上年累计数	本年累计数	上年累计数
经营活动产生的现金流量				
收到信托业务咨询费和手续费取得的现金	922 103 316. 27	408 143 816. 14	922 103 316. 27	408 143 816. 14
收到基金管理费取得的现金	108 935 001. 00	117 521 619. 00	—	—
收到贷款利息和可供出售金融资产利息取得的现金	95 557 838. 52	66 827 021. 43	95 557 838. 52	66 827 021. 43
收到金融企业往来利息取得的现金	30 532 004. 40	11 294 265. 00	26 526 548. 40	8 662 226. 34
客户贷款及垫款净减少额	425 760. 80	33 386 649. 40	425 760. 80	33 386 649. 40
收到其他与经营活动有关的现金	126 960 347. 66	78 848 207. 40	122 844 000. 43	78 544 268. 40
经营活动现金流入小计	1 284 514 268. 65	716 021 578. 37	1 167 457 464. 42	595 563 981. 71
支付的各项与营销活动有关的现金	15 435 467. 00	28 579 993. 00	—	—
支付利息、手续费及佣金的现金	136 880. 58	106 047. 58	136 880. 58	106 047. 58
支付给职工以及为职工支付的现金	91 246 844. 09	75 373 327. 17	40 361 425. 09	27 666 720. 31
支付的各项税费	135 025 282. 61	71 010 421. 05	119 283 863. 61	59 253 913. 75
拆出资金净增加额	38 804 637. 10	—	38 804 637. 10	—
支付其他与经营活动有关的现金	56 520 035. 72	47 834 218. 40	36 963 593. 51	19 829 762. 91
经营活动现金流出小计	337 169 147. 10	222 904 007. 20	235 550 399. 89	106 856 444. 55
经营活动产生的现金流量净额	947 345 121. 55	493 117 571. 17	931 907 064. 53	488 707 537. 16
投资活动产生的现金流量				
收回投资收到的现金	1 411 810 923. 60	834 445 476. 96	1 411 810 923. 60	834 445 476. 96
取得投资收益收到的现金	15 846 814. 38	14 452 913. 25	22 949 314. 38	40 656 371. 40

续表

	合并		公司	
	本年累计数	上年累计数	本年累计数	上年累计数
处置固定资产、无形资产和其他长期资产收回的现金净额	90 987.00	74 165.80	4 328.00	—
投资活动现金流入小计	1 427 748 724.98	848 972 556.01	1 434 764 565.98	875 101 848.36
投资支付的现金	2 078 912 159.81	1 022 524 876.45	2 078 912 159.81	1 022 524 876.45
购建固定资产、无形资产和其他长期资产支付的现金	6 193 595.75	3 947 171.73	2 937 635.75	2 495 301.07
投资活动现金流出小计	2 085 105 755.56	1 026 472 048.18	2 081 849 795.56	1 025 020 177.52
投资活动产生的现金流量净额	(657 357 030.58)	(177 499 492.17)	(647 085 229.58)	(149 918 329.16)
筹资活动产生的现金流量收到的其他与筹资活动有关的现金	—	99 010 256.12	—	99 010 256.12
筹资活动现金流入小计	—	99 010 256.12	—	99 010 256.12
分配股利、利润或偿付利息支付的现金	215 875 233.63	135 670 965.29	213 507 733.63	125 470 791.29
其中:子公司支付给少数股东的股利、利润	2 367 499.97	10 200 174.04	—	—
筹资活动现金流出小计	215 875 233.63	135 670 965.29	213 507 733.63	125 470 791.29
筹资活动产生的现金流量净额	(215 875 233.63)	(36 660 709.17)	(213 507 733.63)	(26 460 535.17)
汇率变动对现金及现金等价物的影响	—	—	—	—
现金及现金等价物净增加额	74 112 857.34	278 957 369.83	71 314 101.32	312 328 672.83
加:年初现金及现金等价物余额	710 306 811.02	431 349 441.19	633 530 748.81	321 202 075.98
年末现金及现金等价物余额	784 419 668.36	710 306 811.02	704 844 850.13	633 530 748.81

5.1.5 所有者权益变动表

公司及合并所有者权益变动表

编制单位:中铁信托有限责任公司　　2011 年 12 月 31 日　　单位:元

合　并	2011 年度							
	归属于母公司所有者权益							
	实收资本	资本公积	盈余公积	信托赔偿准备金	风险准备金	未分配利润	少数股东权益	所有者权益合计
一、2011 年 1 月 1 日余额	1 200 000 000.00	24 492 832.39	71 817 831.65	35 768 575.55	69 103 701.27	147 919 578.54	53 345 706.45	1 602 448 225.85
二、本年增减变动金额	—	(839 801.46)	57 209 537.62	28 604 768.81	17 965 309.24	360 676 679.76	1 116 844.85	464 733 338.82
(一)净利润	—	—	—	—	—	577 965 201.41	4 324 108.40	582 289 309.81
(二)其他综合收益	—	(839 801.46)	—	—	—	—	(839 763.58)	(1 679 565.04)
(一)和(二)小计	—	(839 801.46)	—	—	—	577 965 201.41	3 484 344.82	580 609 744.77
(三)利润分配	—	—	57 209 537.62	28 604 768.81	17 965 309.24	(217 288 521.65)	(2 367 499.97)	(115 876 405.95)
1. 提取法定盈余公积	—	—	57 209 537.62	—	—	(57 209 537.62)	—	—
2. 提取风险准备金	—	—	—	28 604 768.81	17 965 309.24	(46 570 078.05)	—	—
3. 对股东分配	—	—	—	—	—	(113 508 905.98)	(2 367 499.97)	(115 876 405.95)
三、2011 年 12 月 31 日余额	1 200 000 000.00	23 653 030.93	129 027 369.27	64 373 344.36	87 069 010.51	508 596 258.30	54 462 551.30	2 067 181 564.67
	2010 年度							
	归属于母公司所有者权益							
	实收资本	资本公积	盈余公积	信托赔偿准备金	风险准备金	未分配利润	少数股东权益	所有者权益合计
一、2010 年 1 月 1 日余额	1 200 000 000.00	23 524 984.59	43 228 869.29	21 474 094.37	58 489 434.91	33 171 980.17	60 200 174.21	1 440 089 537.54
二、本年增减变动金额	—	967 847.80	28 588 962.36	14 294 481.18	10 614 266.36	114 747 598.37	(6 854 467.76)	162 358 688.31
(一)净利润	—	—	—	—	—	268 244 195.62	4 318 364.66	272 562 560.28
(二)其他综合收益	—	967 847.80	—	—	—	—	(972 658.38)	(4 810.58)
(一)和(二)小计	—	967 847.80	—	—	—	268 244 195.62	3 345 706.28	272 557 749.70
(三)利润分配	—	—	28 588 962.36	14 294 481.18	10 614 266.36	(153 496 597.25)	(10 200 174.04)	(110 199 061.39)
1. 提取法定盈余公积	—	—	28 588 962.36	—	—	(28 588 962.36)	—	—
2. 提取风险准备金	—	—	—	14 294 481.18	10 614 266.36	(24 908 747.54)	—	—
3. 对股东分配	—	—	—	—	—	(99 998 887.35)	(10 200 174.04)	(110 199 061.39)
三、2010 年 12 月 31 日余额	1 200 000 000.00	24 492 832.39	71 817 831.65	35 768 575.55	69 103 701.27	147 919 578.54	53 345 706.45	1 602 448 225.85

公　司	2011 年度						
	实收资本	资本公积	盈余公积	信托赔偿准备金	风险准备金	未分配利润	所有者权益合计
一、2011 年 1 月 1 日余额	1 200 000 000.00	19 031 234.50	71 817 831.65	35 768 575.55	12 519 639.89	150 047 137.35	1 489 184 418.94
二、本年增减变动金额	—	1 679 489.22	57 209 537.62	28 604 768.81	7 928 335.42	364 843 828.36	460 265 959.43
（一）净利润	—	—	—	—	—	572 095 376.19	572 095 376.19
（二）其他综合收益	—	1 679 489.22	—	—	—	—	1 679 489.22
（一）和（二）小计	—	1 679 489.22	—	—	—	572 095 376.19	573 774 865.41
（三）利润分配	—	—	57 209 537.62	28 604 768.81	7 928 335.42	（207 251 547.83）	（113 508 905.98）
1. 提取法定盈余公积	—	—	57 209 537.62	—	—	（57 209 537.62）	—
2. 提取风险准备金	—	—	—	28 604 768.81	7 928 335.42	（36 533 104.23）	—
3. 对股东分配	—	—	—	—	—	（113 508 905.98）	（113 508 905.98）
三、2011 年 12 月 31 日余额	1 200 000 000.00	20 710 723.72	129 027 369.27	64 373 344.36	20 447 975.31	514 890 965.71	1 949 450 378.37
	2010 年度						
	实收资本	资本公积	盈余公积	信托赔偿准备金	风险准备金	未分配利润	所有者权益合计
一、2010 年 1 月 1 日余额	1 200 000 000.00	15 145 411.57	43 228 869.29	21 474 094.37	11 464 457.26	8 095 027.23	1 299 407 859.72
二、本年增减变动金额	—	3 885 822.93	28 588 962.36	14 294 481.18	1 055 182.63	141 952 110.12	189 776 559.22
（一）净利润	—	—	—	—		285 889 623.64	285 889 623.64
（二）其他综合收益	—	3 885 822.93	—	—	—	—	3 885 822.93
（一）和（二）小计	—	3 885 822.93	—	—	—	285 889 623.64	289 775 446.57
（三）利润分配	—	—	28 588 962.36	14 294 481.18	1 055 182.63	（143 937 513.52）	（99 998 887.35）
1. 提取法定盈余公积	—	—	28 588 962.36		—	（28 588 962.36）	—
2. 提取风险准备金	—	—	—	14 294 481.18	1 055 182.63	（15 349 663.81）	—
3. 对股东分配	—	—	—	—	—	（99 998 887.35）	（99 998 887.35）
三、2010 年 12 月 31 日余额	1 200 000 000.00	19 031 234.50	71 817 831.65	35 768 575.55	12 519 639.89	150 047 137.35	1 489 184 418.94

附注为财务报表的组成部分。

5.2 信托资产

5.2.1 信托项目资产负债汇总表

信托项目资产负债汇总表

编制单位：中铁信托有限责任公司　　2011 年 12 月 31 日　　单位：万元

信托资产	期初数	期末数	信托负债和信托权益	期初数	期末数
信托资产			信托负债		
货币资金	84 091	118 190	应付受托人报酬	90	52
拆出资金			应付保管费	31	26
交易性金融资产	6 199	4 455	应付受益人收益	15	
买入返售金融资产		24 400	其他应付款项	10 394	24 958
应收款项	344 210	1 149 506	应交税费		
发放贷款	2 615 402	1 006 613	应付销售服务费		
可供出售金融资产	39 907	3 649	其他负债	10	
持有至到期投资	330 698	809 133	信托负债合计	10 540	25 036
长期应收款	100 869				
长期股权投资	753 741	1 141 924	信托权益		
固定资产			实收信托	4 223 082	4 147 158
无形资产			资本公积	594	511
长期待摊费用	1	1	未分配利润	40 902	86 165
其他资产		999	信托权益合计	4 264 578	4 233 834
信托资产总计	4 275 118	4 258 870	信托负债及信托权益总计	4 275 118	4 258 870

法人代表：王俊明　　信托财务分部负责人：邓文英　　制表：姜　锦

5.2.2 信托项目利润及利润分配汇总表

信托项目利润及利润分配表

2011 年 12 月 31 日

编制单位:中铁信托有限责任公司　　单位:万元

项　目	本期数	上期数
一、营业收入	308 035	257 134
利息收入	136 640	186 503
投资收益	111 115	57 625
公允价值变动收益	-203	-3 838
租赁收入	40	115
其他收入	62 443	16 729
二、营业支出	134 404	28 963
三、扣除资产减值准备前的信托利润	173 631	228 171
减:资产减值损失		
四、扣除资产减值准备后的信托利润	173 631	228 171
五、损益平准金	-2 822	-7 490
六、综合收益	170 809	220 681
加:期初未分配利润	40 892	39 411
七、可供分配的信托利润	211 701	260 092
减:本期已分配信托利润	125 537	219 190
八、期末未分配信托利润	86 164	40 902

法人代表:王俊明　　信托财务分部负责人:邓文英　　制表:姜　锦

6. 会计报表附注

6.1 简要说明报告年度会计报表编制基准、会计政策、会计估计和核算方法发生的变化

无。

6.2 或有事项说明

截至 2011 年 12 月 31 日,本公司不存在作为被告或者无独立请求权第三方的未决诉讼。对于本公司作为原告方的未决诉讼,本公司已根据实际情况对相关贷款计提贷款减值准备,未决诉讼不会对公司产生进一步的重大财务影响。

截至 2011 年 12 月 31 日,本公司并无其他重大的担保事项及其他需要说明的或有事项。

6.3 重要资产转让及其出售的说明

2011 年共处置资产 2 处,分别为乐山市滨江路南段“里程假日”A、B 座 1 ~3 层部分商业房产和外贸大厦 14 楼房产及两个地下车位,收回现金 2 118 万元。上述资产在 2010 年末进行的拍卖中以流标告终,2011 年公司聘请事务所对资产重新进行了评估,按照董事会决议通过的不低于评估价起拍的要求,于 2011 年 5 月公开拍卖成交。目前正在办理过户手续。

6.4 会计报表中重要项目的明细资料

6.4.1 自营资产经营情况

6.4.1.1 按信用风险五级分类结果披露信用风险资产的期初数、期末数

信用风险资产五级分类	正常类(万元)	关注类(万元)	次级类(万元)	可疑类(万元)	损失类(万元)	信用风险资产合计(万元)	不良合计(万元)	不良率(%)
期初数	193 052	6 176	—	3 621	3 535	206 384	7 156	3.47
期末数	272 366	4 056	—	3 621	3 535	283 578	7 156	2.52

注:不良资产合计 = 次级类 + 可疑类 + 损失类。

6.4.1.2 各项资产减值损失准备的期初、本期计提、本期转回、本期核销、期末数

单位:万元

	期初数	本期计提	本期转回	本期核销/处置	期末数
贷款损失准备	1 063	—	—	—	1 063
一般准备	—	—	—	—	—
专项准备	—	—	—	—	—
其他资产减值准备	3 373	—	—	627	2 746
可供出售金融资产减值准备	3 317	78	—	—	3 395
持有至到期投资减值准备	—	—	—	—	—
长期股权投资减值准备	—	—	—	—	—
坏账准备	6 473	—	—	—	6 473
投资性房地产减值准备	—	—	—	—	—

6.4.1.3 自营股票投资、基金投资、债券投资、股权投资等投资业务的期初数、期末数

单位:万元

	自营股票	基金	债券	长期股权投资
期初数	1 039	—	—	20 004
期末数	621	—	—	20 004

6.4.1.4 按投资入股金额排序,前三名的自营长期股权投资的企业名称、占被投资企业权益的比例、主要经营活动及投资收益情况等(从大到小顺序排列)

企业名称	占被投资企业权益的比例(%)	投资收益(万元)
宝盈基金管理有限公司	75	710

6.4.1.5 前三名的自营贷款的企业名称、占贷款总额的比例和还款情况等(从大到小顺序排列)

企业名称	占贷款总额的比例(%)	还款情况
1. 四川国坤投资有限公司	25.42	正常
2. 成都市武侯区桂溪房地产开发公司	23.73	正常
3. 成都铸信企业(集团)有限公司	16.95	正常

6.4.1.6 表外业务的期初数、期末数,按照代理业务、担保业务和其他类型表外业务分别披露

单位:万元

表外业务	期初数	期末数
担保业务	—	—
代理业务(委托业务)	2 173	3 641
其他	51	50
合计	2 224	3 691

6.4.1.7 公司当年的收入结构

收入结构	金额(万元)	占比(%)
手续费及佣金收入	75 389	79.53
利息收入	13 713	14.47
其他业务收入	425	0.45
投资收益	2 295	2.42
其中:股权投资收益	710	0.75
营业外收入	2 265	2.39
收入合计	94 797	100.00

6.4.2 信托资产管理情况

6.4.2.1 信托资产的期初数、期末数

单位:万元

信托资产	期初数	期末数
集合	1 153 935	2 493 953
单一	3 063 966	1 703 178
财产权	57 217	61 739
合计	4 275 118	4 258 870

6.4.2.1.1 主动管理型信托业务期初数、期末数,分证券投资、股权投资、融资、事务管理类分别披露

单位:万元

主动管理型信托资产	期初数	期末数
证券投资类	52 650	36 640
股权投资类	435 743	635 863
其他投资类	39 907	95 000
融资类	3 110 415	3 108 913
事务管理类		
合计	3 638 715	3 876 416

6.4.2.1.2 被动管理型信托业务期初数、期末数,分证券投资、股权投资、融资、事务管理类分别披露

单位:万元

被动管理型信托资产	期初数	期末数
证券投资类	890	0
股权投资类	209 887	209 757
其他投资类	1 589	45 142
融资类	366 820	65 816
事务管理类	57 217	61 739
合计	636 403	382 454

6.4.2.2 本年度已清算结束的信托项目个数、实收信托合计金额、加权平均实际年化收益率

6.4.2.2.1 本年度已清算结束的集合类、单一类资金信托项目和财产管理类信托项目个数、实收信托合计金额、加权平均实际年化收益率

已清算结束信托项目	项目个数	合计金额(万元)	加权平均实际年化收益率(%)
集合类	67	650 939	6.75
单一类	55	2 611 116	5.58
财产管理类	0	0	0

6.4.2.2.2 本年度已清算结束的主动管理型信托项目个数、实收信托合计金额、加权平均实际年化收益率,分证券投资、股权投资、融资、事务管理类分别披露

已清算结束信托项目	项目个数	合计金额(万元)	信托报酬率(%)	加权平均实际年化收益率(%)
证券投资类	1	3 186	1.79	39.96
股权投资类	10	121 303	1.25	7.42
融资类	99	2 838 026	0.61	5.83
事务管理类	—	—	—	—

6.4.2.2.3 本年度已清算结束的被动管理型信托项目个数、实收信托合计金额、加权平均实际年化收益率,分证券投资、股权投资、融资、事务管理类分别披露

已清算结束信托项目	项目个数	合计金额(万元)	信托报酬率(%)	加权平均实际年化收益率(%)
证券投资类	1	890	0	0
股权投资类	0	0	0	0
其他投资类	0	0	0	0
融资类	11	298 650	0.19	4.61

6.4.2.3 本年度新增的集合类、单一类和财产管理类信托项目个数、实收信托合计金额

单位:万元

新增信托项目	项目个数	合计金额
集合类	149	1 987 070
单一类	42	1 272 803
财产管理类	1	999
新增合计	192	3 260 872
其中:主动管理型	191	3 259 873
被动管理型	1	999

6.4.2.4 本公司履行受托人义务情况及因本公司自身责任而导致的信托资产损失情况(合计金额、原因等)

本公司遵守信托法和信托文件对受托人义务的规定,为受益人的最大利益处理信托事务。管理信托财产时,恪尽职守,履行诚实、信用、谨慎、有效管理的义务,没有因本公司自身责任而导致的信托资产损失情况。

6.5 关联方关系及其交易的披露

6.5.1 关联交易方的数量、关联交易的总金额及关联交易的定价政策

	关联交易方数量	关联交易总金额(万元)	定价政策
合计	5	253 020	按市场公允价格定价

6.5.2 关联交易方与本公司的关系性质、关联交易方的名称、法定代表人、注册地址、注册资本及主营业务等

关系性质	关联方名称	法定代表人	注册地址	注册资本(万元)	主营业务
第二大股东	中铁二局集团有限公司	唐志成	成都市马家花园路10号	164 382.26	项目投融资、项目建设管理、城市化产业、房地产、装饰装修、国外工程、环保产业。
股东	中铁八局集团有限公司	曹义	成都市金牛区金科东路68号	156 428.48	建筑施工、项目策划、投资及管理、工业设备制造、房地产开发、汽车销售维修、仓储物流、混凝土制品和其他业务。
股东	中国中铁二院工程集团有限责任公司	漆宝瑞	四川成都通锦路三号	55 420.80	建设工程勘察设计业务,建设工程总承包业务及项目管理,地质灾害防治工程的勘察设计、咨询、监理、施工图审查、项目管理及工程承包服务等。
控股股东的子公司	中铁建工集团有限公司	刘荣耀	北京市房山区良乡政通路12号	175 361.00	勘测设计、房地产开发到铁路站房及新线、大型房屋建设、设备安装、装修装饰、市政交通、工程监理、大型钢结构制作安装。
控股股东的子公司	中铁置业集团有限公司	郑勇	北京市丰台区科学城海鹰路9号院2号楼	210 000.00	房地产开发与经营、策划、咨询,建筑工程施工,市政工程,装饰装修,建筑材料销售,机械设备租赁,投资管理,物业管理及相关服务。

6.5.3 本公司与关联方的重大交易事项

6.5.3.1 固有财产与关联方交易情况:贷款、投资、租赁、应收账款、担保、其他方式等期初汇总数、本期借方和贷方发生额汇总数、期末汇总数

固有与关联方关联交易

单位:万元

	期初数	借方发生额	贷方发生额	期末数
贷款	0	0	0	0
投资	0	0	0	0
租赁	0	0	0	0
担保	0	0	0	0
应收款项	0	0	0	0
其他	0	0	0	0
合计	0	0	0	0

6.5.3.2 信托资产与关联方交易情况:贷款、投资、租赁、应收账款、担保、其他方式等期初汇总数、本期借方和贷方发生额汇总数、本期发生额汇总数、期末汇总数

信托与关联方关联交易

单位:万元

	期初数	借方发生额	贷方发生额	期末数
贷款	737 585	162 363	792 585	107 363
投资	80 000	145 657	80 000	145 657
租赁	0	0	0	0
担保	0	0	0	0
应收款项	0	0	0	0
其他	0	0	0	0
合计	817 585	308 020	872 585	253 020

6.5.3.3 信托公司自有资金运用于自己管理的信托项目(固信交易)、信托公司管理的信托项目之间的相互(信信交易)交易金额,包括余额和本报告年度的发生额

6.5.3.3.1 固有财产与信托财产之间的交易金额期初汇总数、本期发生额汇总数、期末汇总数

固有财产与信托财产相互交易

单位:万元

	期初数	本期发生额	期末数
合计	43 500	0	43 500

6.5.3.3.2 信托项目之间的交易金额:期初汇总数、本期发生额汇总数、期末汇总数

信托资产与信托财产相互交易

单位:万元

	期初数	本期发生额	期末数
合计	0	0	0

6.5.4 关联方逾期未偿还本公司资金的详细情况以及本公司为关联方担保发生或即将发生垫款的详细情况

报告期内,本公司无上述情况。

6.6 会计制度的披露

固有业务、信托业务均执行财政部于2006年2月15日颁布的企业会计准则。

7. 财务情况说明书

7.1 利润实现和分配情况

根据有关规定提足相关准备后,母公司报告期实现利润总额76 063万元,税后净利润57 210万元,按规定计提法定盈余公积5 721万元,一般风险准备金793万元,信托赔偿准备金2 860万元,2011年末未分配利润51 489万元。

合并后资产总额297 676万元,负债总额90 958万元,所有者权益206 718万元(其中,少数股东权益5 445万元)。所有者权益中实收资本120 000万元,资本公积2 365万元,盈余公积12 903万元,未分配利润50 860万元。2011年12月31日,本公司未分配利润余额中包括子公司已提取的盈余公积为人民币17 179 075.23元(2010年12月31日:人民币15 881 842.71元)。

合并后净利润为58 229万元,合并后归属母公司所有者的净利润为57 797万元。

7.2 主要财务指标

指标名称	指标值
资本利润率(%)	48.16
加权年化信托报酬率(%)	1.77
人均净利润(万元/人)	566.44

7.3 对本公司财务状况、经营成果有重大影响的其他事项

无。

8. 特别事项简要揭示

8.1 前五名股东报告期内变动情况及原因

8.1.1 前五名股东变更

无。

8.1.2 控股股东变更

无。

8.2 董事、监事、高级管理人员变动情况及原因

报告期内董事无变动情况。

报告期内监事无变动情况。

报告期内高级管理人员变动情况：

2010年12月26日第三届董事会第二十五次会议审议通过《关于审议李建生女士辞任的议案》，同意李建生女士因工作原因辞去公司董事长职务。李建生女士离任董事长职务于2011年4月21日正式生效。

2010年12月26日第三届董事会第二十五次会议审议通过《关于选举公司董事长的议案》，选举王俊明先生为公司董事长。王俊明先生于2011年4月21日正式履职。

2010年12月26日第三届董事会第二十五次会议审议通过《关于聘任解义才先生职务的议案》，聘任解义才先生为公司副总经理。解义才先生于2011年2月22日正式履职。

2010年12月26日第三届董事会第二十五次会议审议通过《关于聘任王石先生职务的议案》，聘任王石先生为公司副总经理。王石先生于2011年2月22日正式履职。

8.3 公司的重大未决诉讼事项

2011年正在处理的诉讼及执行案件：

(1)四川盛大国防科教实业有限责任公司于2003年在公司借款900万元(目前余额880万元)，由成都棠湖集团公司和四川威龙药业公司提供保证担保。借款到期后未予归还。2005年12月，公司向成都市中级人民法院提起诉讼并胜诉，但其资产国防乐园用地已抵押给农行，公司对其超值部分予以查封，受偿顺序排第四位。2007年以来，由于成都市中院的盛大国防案件集中办理，导致公司执行受阻。四川省高级人民法院依据公司的申请，将该案裁定由内江市中级人民法院执行，目前执行尚无新进展。

(2)绵阳市福潮高新建材制品有限公司于2008年8月向我公司借款2 000万元，该借款人未按借款合同约定还本付息，公司于2009年7月，直接向绵阳市中级人民法院申请了执行。法院依法查封了借款人名下的砖厂厂房及机器设备，但两次拍卖均未成交。2010年10月，借款人向法院转款1 000万元，并向法院提交了偿还债务的保证书。2010年12月，公司从绵阳中院划回该案执行款1 070万元，2011年4月，公司又执行回了500万元。为了尽快实现公司的债权、维护公司的合法权益，2011年11月22日公司再次向绵阳中院申请限制朱玉成个人高消费；冻结朱玉成个人信用卡；将朱玉成列入全国被执行人名单，争取能全面清收结束此案。

(3)原衡平信托老股东——成都无缝钢管厂与成都市金通信托投资公司(金通信托投资公司与工商信托投资公司合并重组为衡平信托公司，后更名为中铁信托即现我公司)于1993年签署了一笔委托贷款协议，后该委托贷款进行强制执行时，裁定抵押物因拆迁而形成资产损失。成都无缝钢管厂无奈将10多年前的上述委托贷款案件起诉我公司，成都锦江区法院下达了〔2010〕锦江民初字第729号民事判决，判令公司偿还成都无缝钢管厂491.024898万元本金及利息，公司不服一审判决，上诉至成都市中级人民法院，成都市中级人民法院经审理后下达了〔2010〕成民初字第2645号民事判决书，维持原判，二审结束后钢管厂就已经向锦江法院申请了强制执行，公司为了最大限度保护公司的利益，一方面积极与锦江区法院执行局联系沟通，申请了暂缓执行；一方面于2011年1月向四川省高院申请了再审，省高院已经下达了〔2011〕川民申字第60号受理通知书，目前该案处于高院再审调解期。

信托公司在对原金通信托与工商信托合并后，经过几年的清理和对两公司老资产债权的清收，已经创造了很大资产处置收益，该案件的最终结果并不会影响信托公司老资产处置的收益。

8.4 公司及其董事、监事和高级管理人员受到处罚的情况

报告期内，公司及其董事、监事和高级管理人员未发生受到处罚的情况。

8.5 银监会及其派出机构对公司检查后提出整改意见的整改情况说

2011年10月10日至11月1日，四川银监局对公司实施了现场检查，并根据检查情况下发了《现场检查意见书》(川银监检〔2011〕142号)，提出了如下整改意见：完善议事制度和决策程序，明确高级管理人员的职责权限；逐步规范各治理主体的履职行为，确保履职到位；进一步加强项目管理，切实履行管理职责；加强房地产业务和政府融资平台业务风险防范。报告期内，针对上述监管意见，公司高度重视，董事会、经营层及各部门都组织了学习和讨论，对存在的问题进行了及时纠正，并制定了整改措施。

8.6 本年度重大事项临时报告的简要内容、披露时间、所披露的媒体及其版面

公司于2011年4月12日在《证券时报》A15版进行了2010年年度报告摘要的公开信息披露。

公司于2011年4月26日在《证券时报》A6版进行了董事长变更的公告信息披露。

8.7 本年度净资本管理情况

项目	期初余额	期末余额	监管标准
净资本(万元)	120 665.90	158 444.19	≥20 000
净资产(万元)	148 918.44	195 024.52	≥30 000

续表

项目	期初余额	期末余额	监管标准
固有业务风险资本(万元)	21 451.33	36 517.99	
信托业务风险资本(万元)	285 663.29	75 660.68	
其他业务风险资本(万元)	—	—	
各项业务风险资本之和(万元)	307 114.62	112 178.67	
净资本/各项业务风险资本之和(%)	39.29	141.24	≥100
净资本/净资产(%)	81.03	81.24	≥40

8.8 银监会及其省级派出机构认定的其他有必要让客户及相关利益人了解的重要信息

无。

9. 公司监事会意见

公司监事会认为，本报告期内，董事会运作规范、决策合理、程序合法，认真执行股东会的各项决议。没有发现公司董事、高级管理人员执行公司职务时违反法律、法规、《公司章程》或损害公司利益的行为。公司财务制度健全、内控制度完善，财务状况良好。财务报告真实、客观地反映了公司的财务状况和经营成果。公司发生的关联交易均按市场公允价格确定，未发现违规关联交易；公司未实施重大收购资产事项；出售资产交易价格合理，未发现内幕交易、损害部分股东的权益或造成公司资产流失的情形。公司已建立了较为完善的内部控制制度体系并能得到有效执行。

中投信托有限责任公司

1. 重要提示

1.1 本公司董事会及董事保证本报告所载资料不存在任何虚假记载、误导性陈述或者重大遗漏，并对其内容的真实性、准确性和完整性承担个别及连带责任。

1.2 独立董事王保树、陈忠阳声明：保证本年度报告的内容真实、完整、准确。

1.3 董事长郭云钊，总经理张剑平，主管会计工作负责人秦程宏及财务部门负责人吕深远声明：保证本年度报告中财务会计报告的真实、完整、准确。

2. 公司概况

2.1 公司简介

中投信托有限责任公司的前身是原浙江省国际信托投资公司。浙江省国际信托投资公司创建于1979年8月，1983年12月经中国人民银行批准成为非银行金融机构，是国内最早经营信托投资业务的公司之一。在信托业第五次清理整顿中，公司更名为浙江省国际信托投资有限责任公司，成为浙江省首家获准重新登记的信托公司。

2007年3月，中国建银投资有限责任公司收购浙江省国际信托投资有限责任公司原股东持有的全部股权。2007年4月，浙江省国际信托投资有限责任公司获得一人有限责任公司营业执照，成为中国建银投资有限责任公司的全资子公司。经中国银监会批准，2007年11月，浙江省国际信托投资有限责任公司更名为“中投信托有限责任公司”，注册资本为人民币5亿元。2010年1月，公司股东中国建银投资有限责任公司对公司单家增资，注册资本增至人民币15亿元。

中文名称	中投信托有限责任公司
英文名称	China Zhongtou Trust Co.,Ltd.
英文名称缩写	China Zhongtou Trust
法定代表人	郭云钊
注册地址	浙江省杭州市教工路18号世贸丽晶城欧美中心1号楼(A座)18～19层C,D区
邮政编码	310012
国际互联网网址	http://www.zttrust.com.cn/
电子信箱	zttrust@zttrust.com.cn
负责信息披露的高管	张剑平
负责信息披露的联系人	金铭
联系电话	0571－85069047
传真	0571－85154216
电子信箱	jinming@zttrust.com.cn
公司信息披露报纸名称	《金融时报》
年度报告备置地点	中投信托有限责任公司综合办公室
聘请的会计师事务所及住所	德勤华永会计师事务所有限公司北京分所 住所：北京市东长安街1号东方广场东方经贸城德勤大楼
聘请的律师事务所及住所	上海锦天城律师事务所杭州分所 住所：浙江省杭州市天目山路238号华鸿大厦A座5楼

2.2 组织结构

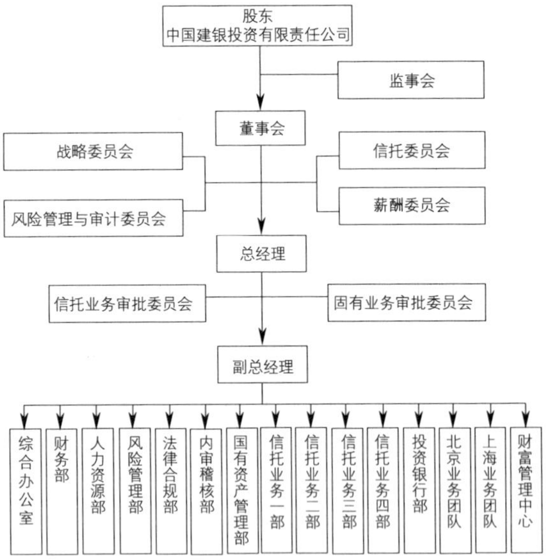

3. 公司治理结构

3.1 股东

报告期末，公司股东数为一家。

股东名称	出资比例(%)	法人代表	注册资本(万元)	注册地址	主要经营业务及主要财务情况
中国建银投资有限责任公司	100	杨庆蔚	2 069 225	北京市西城区闹市口大街1号院2号楼7～14层	投资与投资管理；资产管理与处置；企业管理；房地产租赁；咨询。2011年，实现收入53.62亿元，净利润19.93亿元(未经审计数据)。

3.2 董事

董事会董事长、董事

姓名	职务	性别	年龄	选任日期	所推举的股东名称	该股东持股比例(%)	简要履历
郭云钊	董事长	男	45	2010年10月	中国建银投资有限责任公司	100	曾任中国蓝星清洗公司副总工程师,上海蓝星清洗技术有限公司总经理,甘肃济公保健饮品公司经理,中国蓝星化学清洗总公司副总工程师兼项目办主任、重大办主任、科技办主任、总经理助理,蓝星化工科技总院院长,蓝星清洗剂股份有限公司总经理,中国蓝星(集团)总公司总经理助理兼资产管理部主任,中国化工集团公司财务部主任,中国高新投资集团公司副总经理,其间曾兼任中国金谷国际信托投资有限责任公司董事长;现任中投信托有限责任公司党委书记、董事长。
陈良秋	董事	男	42	2011年8月	中国建银投资有限责任公司	100	曾任职于中国建设银行厦门分行,历任中国建投公司清理实体办公室副主任,企业管理部总经理助理、副总经理,投资部负责人,负责对股权投资业务的全面管理;现任中国建投投资运营官,兼任长期股权投资部负责人,国泰基金董事,中投资本董事,绵阳产业基金咨询委员会委员,中粮农业食品投资基金管理公司董事、投资委员会委员,南京莱斯董事;现任中投信托有限责任公司董事。
张剑平	董事	男	48	2010年10月	中国建银投资有限责任公司	100	曾任中国建设银行总行投资调查部项目一处、原材料非工业处、技改处副处长,信贷评审部机电轻纺处、项目评估部信息调查处、能源处、信贷经营部行业四处、公司业务部信用评价处处长,信贷委处级专职贷款审批人、风控委审批办专职贷款审批人、信贷审批部高级专职贷款审批人;参与金信信托停业整顿工作,任业务组负责人;中国投资咨询公司党委委员、副总经理;中投信托有限责任公司副总经理、副总经理(主持工作);现任中投信托有限责任公司党委委员、董事、总经理。

独立董事

姓名	所在单位及职务	性别	年龄	选任日期	所推举的股东名称	该股东持股比例(%)	简要履历
王保树	清华大学法学院教授、博士生导师、商法研究中心主任	男	70	2010年10月	中国建银投资有限责任公司	100	曾任中国社会科学院法学研究所研究员(教授)、副所长、博士生导师;现任清华大学法学院教授、博士生导师、商法研究中心主任;中投信托有限责任公司独立董事。
陈忠阳	中国人民大学财政金融学院教授、博士生导师	男	43	2010年10月	中国建银投资有限责任公司	100	曾任广西自治区南宁市清秀区人民政府副区长(挂职);现任中国人民大学财政金融学院教授、博士生导师,中投信托有限责任公司独立董事。

3.3 监事

监事会成员

姓名	职务	性别	年龄	选任日期	所推举的股东名称	该股东持股比例(%)	简要履历
徐坤	监事长	男	50	2010年10月	中国建银投资有限责任公司	100	曾任中国建设银行总行办公室法规处副处长,资产保全部综合处副处长、处长、高级经理,资产保全部总经理助理等职务;1994年11月至1995年9月期间,在陕西省汉阴县人民政府挂职扶贫,任副县长;2005年1月进入中国建银投资有限责任公司,历任企业管理部副总经理、企业管理部副总经理(主持工作)、股权管理部副总经理(主持工作)、资本市场部负责人;现任长期股权投资部高级业务总监,中投信托有限责任公司监事长。
赵白羽	监事	女	52	2011年5月	中国建银投资有限责任公司	100	曾任职于东北财经大学,历任助教、讲师、副教授、教研室主任;中国经济开发信托投资公司,历任咨询部副总经理、研究发展部副总经理、总经理办公室副主任;中央国债登记结算有限公司研发部副主任;国家财政部;中国建投。现任中投信托有限责任公司监事。
曹学文	职工监事	男	40	2010年10月	职工工会	—	曾任金信信托投资股份有限公司房产信托部副经理;中投信托有限责任公司信托业务二部总经理助理;中投信托有限责任公司合规风险管理部副总经理(主持工作);现任中投信托有限责任公司监事、风险管理部总经理。

3.4 高级管理人员

姓名	职务	性别	年龄	选任日期	金融从业年限	学历	专业
张剑平	总经理	男	48	2010 年 10 月	26	硕士研究生	经济学
屠佑良	纪委书记	男	57	2007 年 10 月	16	硕士研究生	工商管理
周　雄	副总经理	女	52	2007 年 10 月	28	硕士研究生	政治经济学
曹丽娜	副总经理	女	42	2011 年 1 月	14	硕士研究生	管理学
刘　伟	副总经理	男	42	2010 年 10 月	18	大学本科	价格学
瞿　纲	副总经理	男	38	2010 年 10 月	14	硕士研究生	工商管理
秦程宏	财务总监	男	39	2010 年 10 月	2	硕士研究生	商学

3.5 公司员工

项目		报告期年度		上年度	
		人数	比例(%)	人数	比例(%)
年龄分布	25 岁以下	2	2.1	1	1.2
	25～29 岁	24	25.3	20	24.7
	30～39 岁	46	48.4	44	54.3
	40 岁以上	23	24.2	16	19.8
学历分布	博士	1	1.1	1	1.2
	硕士	43	45.3	31	38.3
	本科	46	48.4	45	55.5
	专科	3	3.2	2	2.5
	其他	2	2.0	2	2.5
岗位分布	董事、监事及其高管人员	8	8.4	7	8.6
	自营业务人员	6	6.3	7	8.6
	信托业务人员	44	46.4	38	46.9
	其他人员	37	38.9	29	35.9

4. 经营管理

4.1 经营目标、方针、战略规划

4.1.1 经营目标

塑造"最值得信赖的专业受托人"形象，发展成为一家有价值、值得信赖的品牌资产管理机构。

公司将始终以受益人利益为核心来履行受托管理职责，将"忠诚、诚信、尽责"等善良管理义务的道德标准贯穿于经营实践过程中。

公司将基于对信托制度的深刻理解，通过信托金融工具的综合运用和创新发展，培育在重点行业的价值提升能力，最终成为具有突出经济价值、社会价值和品牌价值的资产管理机构。

4.1.2 经营方针

合规经营。成为最值得委托人信赖的专业受托机构，切实维护信托关系各方当事人的合法利益，要牢固树立"诚信为本、合规经营"的理念，在经营管理活动中全面深入贯彻依法合规经营的基本原则，始终做到用制度和流程规范经营行为，使各项业务始终在监管的要求内规范发展。

创新发展。通过体制机制的创新提高经营能力和管理水平；利用信托的制度优势，通过产品创新为投资者提供更加多样化、个性化的金融服务。

专业化经营。即顺应信托行业发展的趋势，坚持专业化经营的发展方向，在产业投资等领域探索形成自身的经营特色。

4.1.3 战略规划

公司将在规划期内完成由行业的跟随者向行业领先者的稳步转变。依托并充分发掘股东的有利资源和战略支持，适时进一步增强资本实力，实现外延式增长与内涵式增长的有机结合。坚持多元化经营基础上的专业化导向，以专业经营为发展方向，与信托行业发展的趋势相适应，重点提高资产管理能力、价值研判能力和风险管理能力。坚持全国性的展业布局思路，在发挥区位优势，深耕长三角市场的基础上，逐步实现对全国重点区域的业务覆盖。

4.2 所经营业务的主要内容

自营资产运用与分布表

资产运用	金额（万元）	占比（%）	资产分布	金额（万元）	占比（%）
货币资产	46 618.13	18.54	基础产业		
贷款及应收款	113 018.71	44.95	房地产业	28 158.27	11.20
交易性金融资产	2 345.43	0.93	证券市场	26 978.15	10.73
可供出售金融资产	78 337.16	31.16	实业	19 800.00	7.88
持有至到期投资			金融机构	167 392.58	66.58
长期股权投资			其他	9 085.79	3.61
其他	11 095.36	4.42			
资产总计	251 414.79	100.00	资产总计	251 414.79	100.00

信托资产运用与分布表

资产运用	金额（万元）	占比（%）	资产分布	金额（万元）	占比（%）
货币资产	172 103.95	6.27	基础产业	720 000.00	26.22
贷款	329 830.00	12.01	房地产	634 250.00	23.10
交易性金融资产	2 438.47	0.09	证券市场	218 438.46	7.95
可供出售金融资产	720 516.13	26.24	实业	368 590.00	13.42
持有至到期投资	834 760.00	30.40	金融机构	320 004.77	11.65
长期股权投资	351 241.85	12.79	其他	484 697.35	17.66
其他	335 090.18	12.20			
信托资产总计	2 745 980.58	100.00	信托资产总计	2 745 980.58	100.00

4.3 市场分析

4.3.1 有利因素

(1)信托公司与其他金融机构相比,在制度和功能上的比较优势可以得到较好的体现。信托公司跨越货币市场、资本市场和产业市场,可以运用多种资产管理方式,在市场变化中调整业务方向,在不同的领域发挥丰富的资产管理功能。

(2)信托具有财产隔离等独特的制度优势,可以研究推出有别于其他金融机构的特色产品,满足客户的个性化理财需要。

(3)在业务发展上,根据国家"十二五"规划确定的七大新兴产业,信托公司将有较多的展业机会可以挖掘探索。商业地产和保障房建设仍有较好的展业机会。

(4)浙江省经济资源丰富,既有大量的需要专业理财服务的合格投资者,也有许多需要资金支持的民营企业,产业投资市场非常活跃。

4.3.2 不利因素

(1)当前在外贸形势严峻的同时,国内经济增速趋缓,而物价上涨形势仍然严峻,社会经济发展中不平衡、不协调、不可持续的矛盾仍然突出,国际环境和国内经济运行中面临的新情况、新问题、新矛盾不断涌现。信托行业和其他金融行业一样,将遭遇自2008年金融危机以来更为严峻复杂的外部经济金融展业环境。

(2)在行业政策方面,监管部门对于行业的调控力度逐步加大,对于市场信息的反应更加灵活迅速。监管政策将进一步推动信托公司积极谋划业务转型,加强创新和研发,大力发展主动管理型业务。

(3)国家对房地产行业延续深度调控政策,促进房价合理回归,促进房地产市场健康发展。受信贷收缩和限购影响,企业销售和资金回笼将延续低迷,资金链、现金流压力日益增大,投资后续发展存在较大的不确定性,对公司新业务拓展和现有业务后期管理带来一定影响。

(4)浙江省经济增长下行压力加大,部分企业生产经营困难,产业层次较低、创新能力较弱、竞争力不强的局面没有根本改变,物价上涨压力依然较大,节能减排任务艰巨,制约发展方式转变的体制机制障碍仍然突出,一定程度上影响了公司展业环境。

4.4 内部控制

4.4.1 内部控制环境和内部控制文化

公司组建较为完善的公司治理结构,明确董事会、监事会、高管层、各部门的职责分工,并设有独立的风险管理部、法律合规部和内审稽核部对公司内部控制的执行情况进行监督和检查。公司根据国家政策法规的变化和公司业务发展的需要及时对内部制度进行更新和完善,并切实加强制度的执行力度,对制度的执行情况进行检查,做到"有章可循,违章必究"。

公司重视企业内控文化的建设,一直以合规、稳健和专业化经营为基本原则,贯彻"诚信为本、合规经营"的核心理念,发挥信托制度优势,提升资产管理能力、盈利能力和风险控制能力,力争成为资本充实,内控严密,管理规范,具有较强发展能力和竞争能力的金融信托机构。

4.4.2 内部控制措施

4.4.2.1 流程控制

公司具体内部控制流程分为前台、中台、后台三个部分,并实行前台、中台、后台分离原则,现行的内部控制制度基本渗透公司的各项业务过程和各个操作环节。公司前台业务人员通过按照公司内控和经营制度进行业务拓展,实现内控流程的前端流转;中台人员通过按照公司内控和风险控制制度对公司经营行为进行管理和监督,实现内控流程的中端实施;后台人员通过按照公司内控和管理制度对公司业务和经营进行后台维护和支持,实现内控流程的后端终结。

4.4.2.2 组织控制

公司董事会下设风险管理与审计委员会,作为董事会风险管理与审计工作的专门议事机构。公司董事会下设信托委员会,确保公司依法履行受托职责,保证公司为受益人的最大利益服务。公司风险管理部为公司风险管理的具体职能部门,协助公司高级管理层有效预防、识别、评估和管理经营和业务风险。公司法律合规部负责识别公司经营活动中的合规风险,计量、监测和评估公司合规政策和程序的适当性,提出改进意见和建议,及时向公司高级管理层报告。公司内审稽核部为公司内控管理组织机构的重要组成部分,对公司经营活动的合规性进行监督和评价。公司基本形成了"事前防范、事中控制、事后监督和纠正"的较为健全的内控机制。

4.4.2.3 制度控制

公司建立和完善内控制度,从各方面保障固有财产和信托财产分别管理、分别核算,并将不同委托人的信托财产分别管理、分别记账,同时,按照"审办分离,集体审批"原则,信托业务和固有业务实行决策分离,分别由信托业务审批委员会和固有业务审批委员会审批。业务决策逐步从定性层面过渡至定量与定性相结合的业务决策方式。

4.4.3 信息交流与反馈

4.4.3.1 完整的报告体系

为确保上下级以及部门之间信息交流的通畅,公司初步建立了多层次、多途径的报告体系,通过划分部门和人员职责、确立清晰完整的报告线路,明确了员工、各部门、高管人员、董事会和监事会的职责范围和报告路径。

4.4.3.2 信息交流与共享平台的搭建

公司通过包括OA平台、财务软件、业务系统等在内的电子化信息交流渠道建立综合管理信息技术系统,实现"统一平台、信息共享、操作简便、安全高效"的目的,确保了公司董事会和高管层能够及时了解公司的经营和内控情况。

4.4.3.3 外部信息共享机制

公司通过公开信息披露机制的建立、公司网站建设、书面和公告通知等多种方式,增进了公司与委托人、受益人和社会公众的信息沟通与交流。

4.4.3.4 监管信息沟通机制

公司通过定期报告、临时报告、事前报备、信托计划推介报告、非现场监管报告等方式向监管部门及时报送公司相关信息,并及时收取和办理监管部门文件和指示,形成了良好的监管信息交流体系。

4.4.4 监督评价与纠正

4.4.4.1 外部监督与评价

公司定期接受监管部门的现场检查和会计师事务所的审

计，并根据检查意见和审计结果及时修订完善内部控制制度。

4.4.4.2　内部监督与评价

公司内部实行由风险管理部门开展的事中监控和内审稽核部门开展的内部稽核审计，以此作为公司内控制度执行情况检查、评价和完善的重要手段。

4.5　风险管理

风险管理工作长期以来一直作为公司的各项工作的重中之重。为保证公司稳健发展，业务开展合规有序，严格控制公司经营风险，2011 年公司在董事会的领导下，主要围绕公司风险管理部门设置、业务风险排查等重要工作，建立健全公司风险管理体系，为公司业务快速稳健发展提供了有力的保障。公司目前存续的各项业务运行稳健，到期终止的各项信托业务能够按照交易文件的约定履行受托人的义务，在约定的期限内足额向信托受益人分配信托利益，业务风险得到了有效的防范与控制。

4.5.1　风险管理概况

公司的风险管理坚持全面性、有效性和独立性，根据业务类别制定了相应的风险控制措施和政策，形成了“事前防范、事中控制、事后监督”的风险管理规程，制定了系统的内部控制制度。在项目的选择上，实行尽职调查制度，并由法律、财务等专业人员组成尽调小组参与项目尽职调查；在项目的决策上，实行分级、分类审批制度；在项目的执行上，实行信托经理负责制；在项目运作过程中，实行项目后续管理专人全程跟踪制度；在财务管理方面，实行信托财产与自有财产分户管理、不同信托财产开立不同账户管理制度等。

风险管理部的设置。为保证公司稳健发展，业务开展合规有序，严格控制公司经营风险，2011 年初，在公司原合规风险管理部基础上将风险管理工作进行单独分离，将原合规风险管理部分立成风险管理部和法律合规部。公司进行了部门岗位职责的划分、内部组织机构的组建、部门工作权限的界定等多项工作。

公司确立了风险管理部的内部组织架构，为各项工作开展做好准备，并根据风险管理部基本职能，结合当前的工作需要，在风险管理部内部设置了派驻异地团队风险管理人员，健全风险管理部门内部组织结构。

为加强项目审查，控制项目风险，风险管理部分立后，实行项目审查前移，改变原来由业务部报送全部文本后进行项目审查，目前针对业务部尽职调查情况和交易结构安排情况进行审查的方式，提高了工作效率，使业务运作更加流畅。

信托业务委员会制度的进一步完善。公司于 2011 年，调整了信托业务审批委员会人员的组成，强调了委员会委员的专业化和公正性，并重新制定了信托业务审批委员会议事规则。目前信托业务审批委员会实行例会制，原则每周召开一次，并对参加人数、召开方式、审议时限、回避原则等进行了相应的规定，提高了项目审批效率，增强了风险管理水平。

4.5.1.1　公司经营活动中可能遇到的风险

公司经营活动中可能遇到的风险主要有信用风险、市场风险、操作风险、法律风险、流动性风险、声誉风险、战略风险。

4.5.1.2　风险管理的基本原则与政策

公司坚持以科学发展观为指导，以建立较为完善的风险管理机制为目标，以重点业务和创新业务的风险管理为重点，不断引入科学管理技术，实现风险有效控制与业务发展的协调统一，不断提升公司风险管理能力。

4.5.1.3　风险管理组织结构与职责划分

董事会风险管理与审计委员会是董事会设立的负责风险管理与审计工作的专门委员会，主要职责是根据公司发展战略，制订、审核公司风险管理工作规划，评价公司战略目标和经营计划所涉及的风险因素，并向董事会提出建议；定期审核、评议公司风险管理政策，促进风险管理政策的合法合规和及时有效；从风险控制角度，监督公司各项规章制度的执行情况，并对公司重大经营决策进行风险监测和评价；审阅公司风险管理工作报告，对风险管理工作提出改善意见和建议；审核、检测和调整公司的风险控制流程与风险计量模型和方法；审核、评议公司年度审计工作规划；负责对公司内部审计制度的有效性及其执行情况进行监督；负责内部审计与外部审计之间的沟通与协调；提议聘请或更换外部审计机构；董事会授权的其他事宜等。

风险管理部主要职责是拟订公司风险管理政策，根据董事会及相关专业委员会确定和批准的风险管理战略、政策与程序，实施公司风险管理工作；拟订风险管理规章制度；负责对尽职调查工作提出指引或标准，参与公司重大项目尽职调查，就特定事项独立提出事前风险评估报告；参与公司创新业务与产品的风险评估，研究创新业务与产品有关风险管理的问题，提供风险控制建议和措施；审核公司业务审批委员会要求落实情况的相关文件；负责对业务实施定期或不定期、现场或非现场检查，协助与督促业务部门实施风险监测与预警，受理风险预警信息，履行风险预警报告相关职责；贯彻监管部门风险管理相关政策，提出政策落实建议与意见，检查政策落实情况等工作。

法律合规部主要职责是识别公司经营活动中的合规风险，计量、监测和评估公司合规政策和程序的适当性，提出改进意见和建议，及时向公司高级管理层报告；归口管理公司的规章制定工作，根据公司经营管理需要，提出公司规章体系的设计与调整方案，起草公司规章编制计划、监督落实执行，整理、编纂公司规章文件；起草或参与起草公司的基本规章，起草公司的合规管理和法律事务工作规章，并对公司其他部门起草的规章进行合规性审查；负责对公司信托业务和固有业务的合规性审查工作，提出书面合规意见和建议；归口管理公司授权工作，负责公司有权签字人签字样本的制作、管理工作等。

内审稽核部主要职责是对公司内控制度执行情况实行严格的检查和监督，对各部门的业务活动和财务活动进行审计、稽核，出具内部审计稽核报告，并在监督检查过程中对公司内控制度适时做出评价。

4.5.2　风险状况

4.5.2.1　信用风险状况

信用风险，称违约风险，是指交易对方不能履行合约义务而带来的风险。对公司而言，它指的是信托当事人各自承担的对他方的责任不能全部或部分按时履行的风险。公司严格按照《中国银行业监督管理委员会关于非银行金融机构全面推行资产质量五级分类管理的通知》的要求，定期对公司资产质量进行五级分类。2011 年公司按照法律法规的相关规定提取了相应比例的风险准备金，未发生重大不利信用风险。

（1）信托业务信用风险状况。截至2011年12月末，公司存续信托项目规模273.06亿元，按照资产风险分类标准，正常类信托资产实收余额为2 706 420.39万元，关注类信托资产实收余额为12 900万元，次级类信托资产实收余额为1 600万元，可疑类信托资产实收余额为9 637.46万元，无损失类信托资产。

（2）固有业务信用风险状况。截至2011年12月末，公司固有资产余额为24.87亿元，按照公司《资产风险分类管理办法》规定的分类标准，正常类固有资产余额246 622.93万元，关注类固有资产余额4 494.51万元，无次级类固有资产，无可疑类固有资产，损失类固有资产余额1 310.32万元。

4.5.2.2　市场风险状况

市场风险是指公司在信托资产和其自有资产合法经营中，所不可避免的因市场参数的波动而产生的风险。这些市场参数包括：利率、汇率、股票指数、商品价格和隐含波动性等。因此，信托公司的市场风险又可以分为利率风险、汇率风险、股市风险和价格风险（也称通货膨胀风险或购买力风险）等。

4.5.2.3　操作风险状况

操作风险主要是指因交易系统不完善、管理失误、控制缺失，或其他一些人为的错误而导致损失的可能性，尤其是因管理失误和内部控制缺失带来的损失。2011年，公司未发生因操作风险所造成的损失。

4.5.2.4　其他风险状况

除以上三种风险外，公司还可能面临的风险包括法律风险、道德风险、政策风险、创新风险等。法律风险主要是指因合约的内容在法律上有缺陷或不完善而发生法律纠纷甚至无法履约的情况。道德风险是指由于公司内部人员蓄意违规违法或与公司的利益主体串通而给信托受益人或公司自身带来损失的可能性。政策风险主要是指因与信托相关的产业政策或政府各种经济和非经济政策的变化给公司的经营带来的风险。创新风险是指公司因创新业务活动而带来的风险。2011年，公司未发生因其他风险所造成的损失。

4.5.3　风险管理

公司针对目前经营中存在的风险，在认真分析风险成因和影响方式的基础上，提出了相应的风险管理策略和防范控制措施。

4.5.3.1　信用风险管理

针对交易对手带来的信用风险，2011年，公司除了加强事前对交易对手的尽职调查工作外，继续延续了对交易对手进行分类判断的方法，注重对各类企业财务状况和信用状况的调查，并通过对机构资质、声誉、综合能力等方面进行定性分析。根据分析评价结果，公司及时采取必要的风险管控措施，风险被控制在了初期阶段，未造成委托人损失和公司重大损失。

（1）加强事前对交易对手（项目）的尽职调查。

（2）实行对交易对手（项目）风险评估制度，设立事前审批、事中执行和事后监督三道程序，为信用风险管理提供三道防火墙。在项目评审过程中公司的前台、中台、后台以及管理层、决策层须对项目风险进行层层把关，建立了分层次的风险预防线。

（3）认真落实贷款担保措施，客观、公正地评估抵押品，严格控制贷款本金与不同抵押品价值之比，增加有效风险对冲，保证信托资金净值安全。

（4）事中对交易对手（项目）进行动态管理，及时将有关情况向公司高管层和董事会报告。

（5）足额提取风险准备金在内的各项准备金。

4.5.3.2　市场风险管理

对于市场风险，公司密切关注国家政策变化，并据此提出相应对策及业务调整方案。其中，针对资产市场风险，公司把握证券市场的总体变动趋势，通过组合投资，规避股市风险。对于汇率风险、利率风险和价格风险，公司通过密切跟踪宏观经济变化，收集相关信息资料，重点把握影响汇率、利率、价格变动的基本因素，正确预测，防范风险。

针对2011年房地产市场情况，公司多次召开专题会议，评估房地产业持续的宏观调控对公司房地产业务造成的影响，对房地产类业务的规范运作和发展方向进行了讨论和研究。在此基础上，公司制定了《中投信托有限责任公司房地产业务管理指引》、《关于进一步加强房地产业务管理的通知》等风险管理细则，有预见性和针对性地对房地产业务的开展和风险管理进行了相应规制。公司还通过专项检查和其他风险监测手段，强化房地产类业务的监测频度，以进一步跟踪行业调控政策对房地产企业的不利影响，及时了解现存房地产项目的风险状况。同时，公司按照监管部门的要求持续监测房地产信托业务风险，并提交相应监测报告。通过上述检查及风险排查工作确保对各类风险的持续跟踪，有效提升了信（贷）后管理质量。目前，公司房地产信托业务运作状况良好，资金用途符合约定，未发生交易对手逾期还款或违约情形，房地产开发企业经营状况、项目开发进度、销售成交情况基本正常，企业资产负债率、流动性情况、偿债能力指标、担保物（人）等未发生重大不利变化。

4.5.3.3　操作风险管理

对于操作风险，公司通过加强员工培训和业务流程再造，规范业务操作流程，明确操作权限和内容，严格遵循“投融资决策与操作分离”、“业务操作和风险监控分离”原则。同时，建立严格的审批、复核、评估、监测程序，制订风险预警措施，防范操作风险。

（1）强化尽职调查，通过规定项目尽职调查内容、程序、要求等对前台部门开展的尽职调查工作进行明确规范。

（2）重视签约环节，公司的所有合同均要求并做到了面签，且公司风险管理部派人参与公司重大合同的面签。

（3）建立严格的部门职责和员工岗位职责，整合公司各项业务流程和操作规程，在全公司实行统一的业务标准和操作要求。

（4）建立职责分离、横向与纵向相互监督制约的机制。定期开展业务操作流程执行状况检查，跟踪检查公司的各项操作流程的执行情况，保障业务操作流程的有效执行。

（5）建立严格的复核、审核程序。公司设置专门的内部审计人员，定期对公司的各项内控制度执行状况、财务核算等内容进行检查，根据检查结果提出调整及改进意见，并向董事会和管理层提交相关报告，有效督促各项制度的贯彻执行。

（6）不断完善公司的各项规章制度，使之更加完整、严密、可执行。建立了规范的合同管理制度，规范合同的起草、审核、签订、用印、变更、过程管理等环节。

（7）制定严格的信息系统管理制度并配置备份系统。

4.5.3.4　其他风险管理

对面临的其他风险的管理，公司完善制度建设，加强合规经营，建立较为完善的公司治理结构，推进内部约束和监督机制。同时，强化对宏观经济政策和行业政策的跟踪、研究，提高预见性；保持业务管理制度与法律、规则和准则的一致性；积极倡导和培育公司的风险文化，加强对员工的思想教育。

5. 2011 年度及 2010 年度的比较式会计报表

5.1 自营资产

5.1.1 会计师事务所审计结论

审 计 报 告

德师京报(审)字(12)第 P0491 号

中投信托有限责任公司股东：

我们审计了后附的中投信托有限责任公司(以下简称中投信托)的财务报表，包括 2011 年 12 月 31 日的资产负债表、2011 年度的利润表、所有者权益变动表和现金流量表以及财务报表附注。

一、管理层对财务报表的责任

编制和公允列报财务报表是中投信托管理层的责任，这种责任包括：(1)按照企业会计准则的规定编制财务报表，并使其实现公允反映；(2)设计、执行和维护必要的内部控制，以使财务报表不存在由于舞弊或错误而导致的重大错报。

二、注册会计师的责任

我们的责任是在执行审计工作的基础上对财务报表发表审计意见。我们按照中国注册会计师审计准则的规定执行了审计工作。中国注册会计师审计准则要求我们遵守中国注册会计师职业道德守则，计划和执行审计工作以对财务报表是否不存在重大错报获取合理保证。

审计工作涉及实施审计程序，以获取有关财务报表金额和披露的审计证据。选择的审计程序取决于注册会计师的判断，包括对由于舞弊或错误导致的财务报表重大错报风险的评估。在进行风险评估时，注册会计师考虑与财务报表编制和允公列报相关的内部控制，以设计恰当的审计程序，但目的并非对内部控制的有效性发表意见。审计工作还包括评价管理层选用会计政策的恰当性和作出会计估计的合理性，以及评价财务报表的总体列报。

我们相信，我们获取的审计证据是充分、适当的，为发表审计意见提供了基础。

三、审计意见

我们认为，中投信托财务报表在所有重大方面按照企业会计准则的规定编制，公允反映了中投信托 2011 年 12 月 31 日的财务状况以及 2011 年度的经营成果和现金流量。

德勤华永会计师事务所有限公司北京分所

中国注册会计师 李燕 王万元

2012年4月18日

5.1.2 资产负债表

资产负债表

2011 年度 单位：万元

资产	年末数	年初数(已重述)
现金及存放中央银行款项	12.11	11.98
存放同业款项	46 606.02	48 183.20
交易性金融资产	2 345.43	3 232.67
发放贷款和垫款	40 095.00	30 690.00
可供出售金融资产	78 337.16	83 987.56
应收款项类投资	67 070.00	45 020.00
投资性房地产	7 863.27	8 064.40
固定资产	2 438.55	2 219.62
无形资产	216.03	231.09
其他资产	6 431.22	4 413.89
	—	—
	—	—
	—	—
	—	—
资产总计	251 414.79	226 054.41
负债	年末数	年初数(已重述)
应付账款	174.05	174.05
拆入资金	550.00	550.00
应付职工薪酬	3 381.10	3 696.82
应交税费	2 309.34	938.92
其他应付款	2 337.69	2 353.46
递延所得税负债	2 763.07	3 917.79
长期应付款	347.56	347.56
负债合计	11 862.81	11 978.60
实收资本	150 000.00	150 000.00
资本公积	11 100.88	15 968.67
盈余公积	9 793.03	6 758.64
风险准备金	6 190.78	4 471.25
未分配利润	62 467.29	36 877.25
所有者权益合计	239 551.98	214 075.81
负债和所有者权益总计	251 414.79	226 054.41

企业负责人：张剑平　主管会计工作负责人：秦程宏　会计机构负责人：吕深远

5.1.3 利润表

利润表

2011 年度 单位：万元

	本年累计数	上年累计数(已重述)
营业收入	43 102.09	42 066.53
利息净收入	6 781.73	3 397.25
利息收入	6 781.73	3 397.25
利息支出	—	—
手续费及佣金净收入	25 460.32	16 676.87
手续费及佣金收入	25 460.32	16 676.87
手续费及佣金支出	—	—
投资收益	10 944.98	20 833.69
公允价值变动损益	−887.24	679.26
汇兑损益	−6.16	−3.95
其他业务收入	808.46	483.41
营业支出	11 032.36	10 088.16
营业税金及附加	1 890.67	1 918.05
业务及管理费	8 794.42	7 790.09
资产减值损失	48.74	84.43
其他业务成本	298.53	295.59
营业利润	32 069.73	31 978.37
加：营业外收入	58.69	10.00
减：营业外支出	66.94	252.88
利润总额	32 061.48	31 735.49
减：所得税费用	1 717.52	7 850.06
净利润	30 343.96	23 885.43
其他综合收益	−4 867.79	−19 701.91
综合收益总额	25 476.17	4 183.52

企业负责人：张剑平　主管会计工作负责人：秦程宏　会计机构负责人：吕深远

5.1.4 所有者权益变动表

所有者权益变动表

2011 年度 单位:万元

项目	本期数						
	实收资本	资本公积	盈余公积	信托赔偿准备金	风险准备金	未分配利润	所有者权益合计
一、2010 年 12 月 31 日余额	150 000.00	18 431.11	6 105.12	3 052.56	1 347.90	31 066.39	210 003.08
追溯调整金额	—	-2 462.44	653.52	326.76	-255.97	5 810.86	4 072.73
二、2011 年 1 月 1 日余额	150 000.00	15 968.67	6 758.64	3 379.32	1 091.93	36 877.25	214 075.81
三、本期增减变动金额(减少以"-"号填列)	—	-4 867.79	3 034.39	1 517.20	202.33	25 590.04	25 476.17
(一)净利润	—	—	—	—	—	30 343.96	30 343.96
(二)其他综合收益	—	-4 867.79	—	—	—	—	-4 867.79
上述(一)和(二)小计	—	-4 867.79	—	—	—	30 343.96	25 476.17
(三)利润分配	—	—	3 034.39	1 517.20	202.33	-4 753.92	—
1. 提取法定盈余公积	—	—	3 034.39	—	—	-3 034.39	—
2. 提取风险准备金	—	—	—	1 517.20	202.33	-1 719.53	—
3. 对股东分配	—	—	—	—	—	—	—
四、2011 年 12 月 31 日余额	150 000.00	11 100.88	9 793.03	4 896.52	1 294.26	62 467.29	239 551.98

单位负责人:张剑平 主管会计工作负责人:秦程宏 会计机构负责人:吕深远

5.2 信托资产

5.2.1 信托项目资产负债汇总表

信托项目资产负债汇总表

编制单位:中投信托有限责任公司 2011 年 12 月 31 日 单位:万元

信托资产	期末余额	期初余额	信托负债和信托权益	期末余额	期初余额
信托资产			信托负债		
货币资金	172 103.95	59 241.41	交易性金融负债	0.00	0.00
拆出资金	0.00	0.00	衍生金融负债	0.00	0.00
存出保证金	0.00	0.00	应付受托人报酬	642.35	15.78
交易性金融资产	2 438.47	106 561.95	应付托管费	6.77	66.79
衍生金融资产	0.00	0.00	应付受益人收益	30.79	3 528.18
买入返售金融资产	250 000.00	232 100.00	应交税费	1 476.12	1 055.88
应收款项	85 090.18	2 124.68	应付销售服务费	0.00	0.00
发放贷款	329 830.00	640 880.00	其他应付款项	6 944.57	1 173.92
可供出售金融资产	720 516.13	266 973.05	预计负债		
持有至到期投资	834 760.00	448 490.00	其他负债	0.00	12.20
长期应收款	0.00	0.00	信托负债合计	9 100.60	5 852.75
长期股权投资	351 241.85	252 059.29			
投资性房地产	0.00	0.00	信托权益		
固定资产	0.00	0.00	实收信托	2 730 557.86	1 984 455.84
无形资产	0.00	0.00	资本公积	3 506.00	0.00
长期待摊费用	0.00	0.00	损益平准金	0.00	0.00
其他资产	0.00	0.00	未分配利润	2 816.12	18 121.79
减:各项资产减值准备	0.00	0.00	信托权益合计	2 736 879.98	2 002 577.63
信托资产总计	2 745 980.58	2 008 430.38	信托负债和信托权益总计	2 745 980.58	2 008 430.38

单位负责人:张剑平 主管会计工作负责人:秦程宏 会计机构负责人:吕深远

5.2.2 信托项目利润及利润分配汇总表

利润及利润分配汇总表

编制单位：中投信托有限责任公司　　2011 年度　　单位：万元

项　目	本年金额	上年金额
1. 营业收入	144 874.30	112 791.91
1.1 利息收入	77 607.42	74 390.98
1.2 投资收益（损失以"－"号填列）	36 719.90	36 612.30
1.2.1 其中：对联营企业和合营企业的投资收益	0.00	0.00
1.3 公允价值变动收益（损失以"－"号填列）	2 483.19	－6 565.30
1.4 租赁收入	0.00	0.00
1.5 汇兑损益（损失以"－"号填列）	0.00	0.00
1.6 其他收入	28 063.79	8 353.93
2. 支出	27 016.09	19 537.47
2.1 营业税金及附加	3 464.73	3 501.25
2.2 受托人报酬	14 007.20	9 533.56
2.3 托管费	2 227.67	1 149.69
2.4 投资管理费	2 054.31	1 191.12
2.5 销售服务费	2 025.35	1 364.66
2.6 交易费用	651.46	770.36
2.7 资产减值损失	0.00	0.00
2.8 其他费用	2 585.37	2 026.83
3. 信托净利润（净亏损以"－"号填列）	117 858.21	93 254.44
4. 其他综合收益	0.00	0.00
5. 综合收益	117 858.21	93 254.44
6. 加：期初未分配信托利润	18 121.79	360.95
7. 可供分配的信托利润	135 980.00	93 615.39
8. 减：本期已分配信托利润	133 163.88	75 493.60
9. 期末未分配信托利润	2 816.12	18 121.79

单位负责人：张剑平　　主管会计工作负责人：秦程宏　　会计机构负责人：吕深远

6. 会计报表附注

6.1 会计报表编制基准、会计政策、会计估计和核算方法发生的变化

本公司执行财政部2006 年 2 月公布的《企业会计准则》，报告期内会计报表编制基准、会计政策、会计估计和核算方法与上一报告期一致，未发生变化。

6.2 或有事项说明

无或有事项。

6.3 重要资产转让及其出售的说明

金融资产中本年度卖出股票成本合计 2 453.43 万元。

6.4 会计报表中重要项目的明细资料

6.4.1 披露自营资产经营情况

6.4.1.1 按信用风险五级分类结果披露信用风险资产的期初数、期末数

信用资产五级分类	正常类（万元）	关注类（万元）	次级类（万元）	可疑类（万元）	损失类（万元）	信用风险资产合计（万元）	不良合计（万元）	不良率（%）
期初数	83 124.22					83 124.22	0.00	0
期末数	93 377.04					93 377.04	0.00	0

注：不良资产合计＝次级类＋可疑类＋损失类。

6.4.1.2 各项资产减值损失准备的期初、本期计提、本期转回、本期核销、期末数

单位：万元

	期初数	本期计提	本期转回	本期核销	期末数
贷款损失准备	620.00	190.00			810.00
一般准备	310.00	95.00			405.00
专项准备	310.00	95.00			405.00
其他资产减值准备					
可供出售金融资产减值准备					
持有至到期投资减值准备					
长期股权投资减值准备					—
坏账准备					
投资性房地产减值准备					

6.4.1.3 自营股票投资、基金投资、债券投资、股权投资等投资业务的期初数、期末数

单位：万元

	自营股票	基金	债券	长期股权投资	其他投资	合计
期初数	26 819.10				105 421.13	132 240.23
期末数	23 478.15				124 274.45	147 752.60

6.4.1.4 按投资入股金额排序，前五名的自营长期股权投资的企业名称、占被投资企业权益的比例、主要经营活动及投资收益情况等（依大小顺序排列）

无。

6.4.1.5 前三名的自营贷款的企业名称、占贷款总额的比例和还款情况等（依大小顺序排列）

企业名称	占贷款总额的比例（%）	还款情况
1. 杭州市城市建设发展有限公司	49.38	无
2. 台州万邦置业有限公司	29.63	无
3. 临安汇锦房地产经营有限公司	20.99	无

6.4.1.6 表外业务的期初数、期末数，按照代理业务、担保业务和其他类型表外业务分别披露

单位：万元

	期初数	期末数
担保业务	0.00	0.00
代理业务（委托业务）	4 473.00	4 399.00
其他	0.00	0.00
合计	4 473.00	4 399.00

6.4.1.7 公司当年的收入结构（母公司口径、并表口径同时披露）

收入结构	金额（万元）	占比（%）
手续费及佣金收入	25 460.32	58.99
其中：信托手续费收入	23 877.33	55.32
投资银行业务收入	—	0.00
利息收入	6 781.73	15.71
其他业务收入	802.30	1.86
其中：计入信托业务收入部分	—	0.00
投资收益	10 944.98	25.36
其中：股权投资收益		0.00

续表

收入结构	金额(万元)	占比(%)
证券投资收益	609.58	1.41
其他投资收益	10 335.40	23.95
公允价值变动收益	-887.24	-2.06
营业外收入	58.69	0.14
收入合计	43 160.78	100.00

6.4.2 披露信托财产管理情况

6.4.2.1 信托资产的期初数、期末数

单位:万元

信托资产	期初数	期末数
集合	455 364.24	699 969.71
单一	1 415 809.75	1 646 861.40
财产权	137 256.39	399 149.47
合计	2 008 430.38	2 745 980.58

6.4.2.1.1 主动管理型信托业务的信托资产期初数、期末数,分证券投资、股权投资、融资、事务管理类分别披露

单位:万元

主动管理型信托资产	期初数	期末数
证券投资类	17 124.19	15 878.04
股权投资类	206 587.23	269 565.46
融资类	682 406.16	1 204 942.90
事务管理类	167 494.10	76 169.98
合计	1 073 611.68	1 566 556.38

6.4.2.1.2 被动管理型信托业务的信托资产期初数、期末数,分证券投资、股权投资、融资、事务管理类分别披露

单位:万元

被动管理型信托资产	期初数	期末数
证券投资类	108 298.94	0.00
股权投资类	70 283.15	0.00
融资类	669 482.08	935 657.32
事务管理类	86 754.53	243 766.88
合计	934 818.70	1 179 424.20

6.4.2.2 本年度已清算结束的信托项目个数、实收信托合计金额、加权平均实际年化收益率

6.4.2.2.1 本年度已清算结束的集合类、单一类资金信托项目和财产管理类信托项目个数、实收信托合计金额、加权平均实际年化收益率

已清算结束信托项目	项目个数	实收信托合计金额(万元)	加权平均实际年化收益率(%)
集合类	20	279 087.00	7.90
单一类	71	1 517 222.44	5.08
财产管理类	4	103 118.56	3.76

6.4.2.2.2 本年度已清算结束的主动管理型信托项目个数、实收信托合计金额、加权平均实际年化收益率,分证券投资、股权投资、融资、事务管理类分别计算并披露

已清算结束信托项目	项目个数	实收信托合计金额(万元)	加权平均实际年化收益率(%)
证券投资类	4	40 657.00	0.00
股权投资类	7	84 992.44	9.71
融资类	50	596 910.00	6.84
事务管理类	4	103 118.56	3.76

6.4.2.2.3 本年度已清算结束的被动管理型信托项目个数、实收信托合计金额、加权平均实际年化收益率。分证券投资、股权投资、融资、事务管理类分别计算并披露

已清算结束信托项目	项目个数	实收信托合计金额(万元)	加权平均实际年化收益率(%)
证券投资类	1	5 000.00	0.00
股权投资类	1	20 000.00	4.81
融资类	22	1 018 800.00	4.63
事务管理类	6	29 950.00	6.36

6.4.2.3 本年度新增的集合类、单一类和财产管理类信托项目个数、实收信托合计金额

单位:万元

新增信托项目	项目个数	实收信托合计金额
集合类	24	488 630.00
单一类	38	5 958 631.00
财产管理类	12	383 474.50
新增合计	74	6 830 735.50
其中:主动管理型	51	1 262 704.50
被动管理型	23	5 568 031.00

6.4.2.4 信托业务创新成果和特色业务有关情况

公司积极推进业务结构优化和战略性业务布局,重点加强对市场形势的分析和对创新业务的研究,深度挖掘各行业的产业投资机会,坚持推进业务和产品的创新发展,积极开展主动管理型信托业务,推动业务转型升级,加快从融资型、服务型业务为主向投资型业务为主的转变步伐。目前,公司已在股权投资类、投资性房地产类、PE 投资类信托领域取得突破性成果,"投融资结合"业务模式持续创新发展,初步探索出具有中长期投资价值的产品模式,为公司今后重点开发类产业基金等主动管理型业务奠定良好基础。公司于 2010 年发行设立的"中投·会稽山股权投资集合资金信托计划",募集的信托计划资金由受托人以自己的名义,通过股权受让及增资扩股的方式投资持有浙江天堂硅谷鲲鹏创业投资有限公司(以下简称"鲲鹏基金")99%股权,鲲鹏基金以股东缴纳的出资资金主要投资于国内上市公司的定向增发,闲置资金用于银行存款。受托人通过持有、管理和处分鲲鹏基金的股权,实现信托财产的稳定增值,并以此作为信托利益的来源。本信托计划最终实现整体收益率超过 25%,是一般固定收益率集合资金信托计划的 2 倍多,并被中国人民大学信托与基金研究所评为"转变观念、另辟蹊径"的典型。

6.4.2.5 本公司履行受托人义务情况及因本公司自身责任而导致的信托资产损失情况(合计金额、原因等)

本公司作为信托计划的受托人,按照国家法律、法规和信

托文件的约定管理、运用和处分信托财产，按期进行信息披露；对委托人、受益人以及处理信托事务的情况和资料依法保密；以信托财产为限向受益人支付信托利益。本年度未发生因本公司自身责任而导致的信托资产损失情况。

6.5 关联方关系及其交易的披露

6.5.1 关联交易方的数量、关联交易的总金额及关联交易的定价政策等

单位：万元

	关联交易方数量	关联交易金额	定价政策
合计	5	3 227.85	合同

6.5.2 关联交易方与本公司的关系性质、关联交易方的名称、法定代表人、注册地址、注册资本及主营业务等

关系性质	关联方名称	法定代表人	注册地址	注册资本（万元）	主营业务
控股股东	中国建银投资有限责任公司	杨庆蔚	北京市西城区闹市口大街1号院2号楼7~14层	2 069 225	投资与投资管理；资产管理与处置；企业管理；房地产租赁；咨询。
控股股东之子公司	中投科信科技股份有限公司	刘志红	北京市海淀区复兴路丙12号5层520室	35 000	计算机软硬件及配套设备、办公自动化设备、通讯设备、电子产品的技术开发、技术转让、技术咨询、技术服务；销售计算机及外部设备、电子产品、通讯设备（不含无线电发射器材）、机房设备安装、调试；家居装饰；设备租赁。
控股股东之子公司	国泰基金管理有限公司	陈勇胜	上海市浦东新区峨山路91弄98号201A	11 000	基金设立、基金业务管理，及中国证监会批准的其他业务。
控股股东之子公司	建银投资实业有限责任公司	刘志红	北京市西城区闹市口大街1号院4号楼9F、9G	100 000	投资与投资管理；企业管理与咨询；房地产与设备租赁；房地产开发；宾馆酒店管理；物业管理。
控股股东之子公司	中投发展有限责任公司	罗钊明	北京市朝阳区东直门外斜街8号院1幢2层209室	200 000	城市建设、基础设施建设；养老健康产业投资、股权投资、项目投资、城市信息化建设的投资；投资管理咨询；企业管理咨询；受托资产管理。

6.5.3 逐笔披露本公司与关联方的重大交易事项

6.5.3.1 固有与关联方交易情况：贷款、投资、租赁、应收账款、担保、其他方式等期初汇总数、本期借方和贷方发生额汇总数、期末汇总数

单位：万元

固有与关联方关联交易				
	期初数	借方发生额	贷方发生额	期末数
贷款				
投资				
租赁		568.71	568.71	
担保				
应收账款				
其他		2 659.14	2 659.14	
合计		3 227.85	3 227.85	

6.5.3.2 信托与关联方交易情况：贷款、投资、租赁、应收账款、担保、其他方式等期初汇总数、本期借方和贷方发生额汇总数、期末汇总数

单位：万元

信托与关联方关联交易				
	期初数	借方发生额	贷方发生额	期末数
贷款	0.00	73 500.00	0.00	73 500.00
投资	0.00	0.00	0.00	0.00
租赁	0.00	0.00	0.00	0.00
担保	0.00	0.00	0.00	0.00
应收账款	0.00	0.00	0.00	0.00
其他	0.00	0.00	0.00	0.00
合计	0.00	73 500.00	0.00	73 500.00

6.5.3.3 信托公司自有资金运用于自己管理的信托项目（固信交易）、信托公司管理的信托项目之间的相互（信信交易）交易金额，包括余额和本报告年度的发生额

6.5.3.3.1 固有与信托财产之间的交易金额期初汇总数、本期发生额汇总数、期末汇总数

单位：万元

固有财产与信托财产相互交易			
	期初数	本期发生额	期末数
合计	82 880.00	22 290.00	105 170.00

6.5.3.3.2 信托项目之间的交易金额期初汇总数、本期发生额汇总数、期末汇总数

单位：万元

信托资产与信托财产相互交易			
	期初数	本期发生额	期末数
合计	154 002.00	−74 602.00	79 400.00

6.5.4 逐笔披露关联方逾期未偿还本公司资金的详细情况以及本公司为关联方担保发生或即将发生垫款的详细情况

无。

6.6 会计制度的披露

公司固有业务、信托业务均执行财政部2006年2月公布的《企业会计准则》。

7. 财务情况说明书

7.1 利润实现和分配情况(母公司与并表口径同时披露)

公司2011年初未分配利润36 877.25万元,2011年度实现净利润30 343.96万元。按净利润的10%提取法定盈余公积3 034.39万元,按净利润的5%提取信托赔偿准备金1 517.20万元,按期末承担风险和损失的资产余额计提一般准备202.33万元,截至2011年12月31日,公司未分配利润为62 467.29万元。

7.2 主要财务指标

指标名称	指标值
资本利润率(%)	13.71
人均净利润(万元/人)	348.78

7.3 对本公司财务状况、经营成果有重大影响的其他事项

无。

8. 特别事项简要揭示

8.1 本报告期内无股东变动情况

8.2 本报告期内公司董事、监事及高级管理人员变动情况及原因

因工作需要,陈良秋任公司董事,叶星不再担任公司董事;赵白羽任公司监事,薛荣革不再担任公司监事;叶星于2011年1月21日起不再担任公司总经理,由张剑平副总经理主持工作,代行公司总经理职权;曹丽娜任公司副总经理。上述事项均属正常变动。

8.3 公司的重大未决诉讼事项

信托:我司被诉案件:1个。

"浙江教育学院诉我司不当得利一案",该案发生于2008年,浙江教育学院为原告,我司为被告之一,诉讼标的为1 373万元,于2011年1月由杭州市中级人民法院作出二审终审判决。目前我司作为再审申请人向浙江省高级人民法院提起再审,现再审审理中。

8.4 本报告期内无公司及其董事、监事和高级管理人员受到处罚的情况

8.5 本报告期内银监会及其派出机构对公司检查后提出整改意见的情况

报告期内,中国银行业监督管理委员会浙江监管局多次对公司进行监管检查与指导,充分肯定了公司所取得的成绩,认为公司积极应对外部复杂形势,各项业务稳步发展,经营正常有序,取得较好业绩,整体发展态势良好。但从监管情况来看,公司存在业务结构相对单一、主动管理型业务占比偏低、管理能力需根据业务发展要求继续提升、异地团队需进一步加强管理等问题。此外,引进战略投资者问题需抓紧解决,公司治理的有效性有待进一步提升。

8.6 本报告期内重大事项临时报告

8.6.1 《中投信托有限责任公司关于公司总经理变动的公告》,2011年1月25日(星期二),《金融时报》第07版。

8.7 本报告期内无中国银监会及其省级派出机构认定的其他有必要让客户及相关利益人了解的重要信息

9. 公司监事会意见

公司监事会在此声明:2011年度,本公司依法经营,本报告披露的财务报告真实反映公司的财务状况和经营成果。

中信信托有限责任公司

1. 重要提示

1.1　本公司董事会及董事保证本报告所载资料不存在任何虚假记载、误导性陈述或者重大遗漏，并对其内容的真实性、准确性和完整性承担个别及连带责任。本年度报告摘要摘自年度报告全文，客户及相关利益人欲了解详细内容，应阅读年度报告全文。

1.2　本公司独立董事林义相、徐经长、姜国华对年度报告内容的真实性、准确性、完整性无异议。

1.3　本公司董事长蒲坚先生、总经理陈一松先生、主管会计工作的公司副总经理马春光先生、主管信托会计的内控总监余金树先生保证年度报告中财务会计报告的真实和完整。

2. 公司概况

2.1　公司简介

2.1.1　公司的法定名称
中文：中信信托有限责任公司（缩写：中信信托）
英文：CITIC Trust Co.，Ltd.

2.1.2　公司法定代表人：蒲　坚

2.1.3　公司注册地址：北京市朝阳区新源南路6号京城大厦
邮政编码：100004
公司互联网网址：http://trust.ecitic.com
公司电子信箱：citict@citic.com

2.1.4　公司负责信息披露事务的高级管理人员：马春光
公司信息披露事务联系人：刘　广
办公电话：8610－84861855
办公传真：8610－84861380
电子信箱：liuguang@citic.com

2.1.5　公司选定的信息披露报纸：《金融时报》

2.1.6　年报备置地点：北京市朝阳区新源南路6号京城大厦13层

2.1.7　公司聘请的会计师事务所：京都天华会计师事务所有限公司
住所：北京建国门外大街22号赛特广场5层

2.1.8　公司聘请的律师事务所：北京市嘉源律师事务所
住所：北京市西城区复兴门内大街158号远洋大厦F407室

2.2　公司组织结构

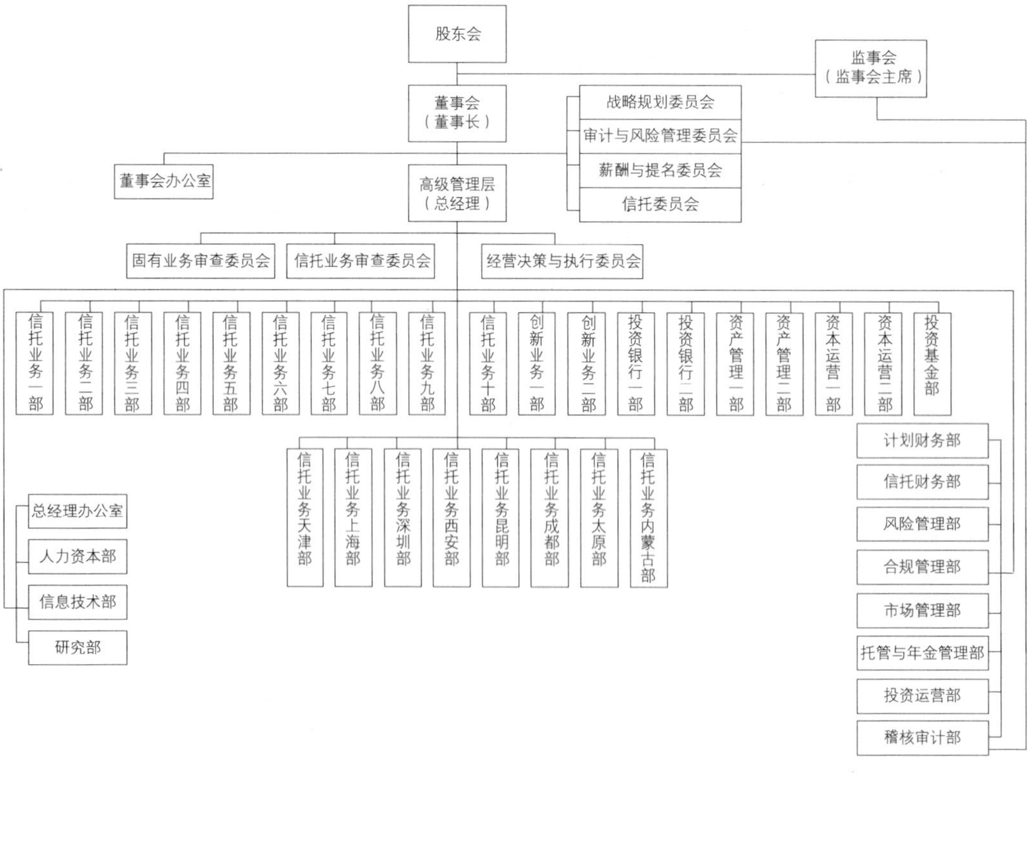

3. 公司治理结构

3.1 股东

股东总数:2

股东名称	持股比例(%)	法定代表人	注册资本(亿元)	注册地址	主要经营业务及主要财务情况
中国中信集团有限公司★	80	常振明	1 837.03	北京市朝阳区新源南路6号	金融业务、信息产业、投资服务,2011年底净资产为2 051.08亿元。
中信华东(集团)有限公司	20	王炯	6.74	上海市虹口区四川北路859号55楼	实业投资、贸易,2011年底净资产为67.3亿元。

注:1. 报告期内,公司股东中国中信集团公司(以下简称中信集团)进行重组改制,以符合境外上市条件的绝大部分现有经营性净资产出资,联合下属子公司北京中信企业管理有限公司于2011年12月27日共同发起设立中国中信股份有限公司。同日,中信集团整体改制为国有独资公司,更名为"中国中信集团有限公司",承继原中信集团的全部业务及资产。为完成上述出资,中信集团将所持我公司80%的股权移交给中国中信股份有限公司。目前公司正在办理股东变更的行政许可和工商变更登记手续。

2. 中信华东(集团)有限公司是中国中信股份有限公司的全资子公司。

3. ★代表本公司最终实际控制人。

3.2 董事

董事会成员

姓 名	职 务	性别	年龄	所推举的股东名称	该股东持股比例(%)	简 要 履 历
蒲坚	董事长	男	51	中国中信集团有限公司	80	美国福坦莫大学硕士研究生学历,中信集团董事。
张翔燕	董事	女	46	中国中信集团有限公司	80	清华大学硕士研究生学历,中信控股有限公司副总裁。
张云亭	董事	男	41	中信华东(集团)有限公司	20	上海财经大学工商管理硕士,中信华东集团副总经理。
陈一松	董事	男	43	中国中信集团有限公司	80	湖南大学硕士研究生学历,本公司总经理。
马春光	董事	男	60	中国中信集团有限公司	80	在职研究生结业,本公司副总经理。

独立董事

姓名	职务	性别	年龄	所推举的股东名称	该股东持股比例(%)	简 要 履 历
林义相	独立董事	男	48	中国中信集团有限公司	80	法国巴黎第十大学应用宏观经济博士,天相投资顾问有限公司董事长兼总经理。
徐经长	独立董事	男	47	中国中信集团有限公司	80	中国人民大学经济学博士,中国人民大学商学院会计系主任。
姜国华	独立董事	男	41	中国中信集团有限公司	80	美国加利福尼亚大学伯克利分校会计学博士,北京大学研究生院副院长,光华管理学院会计系副主任。

注:本届董事会于2009年3月组成,任期三年。换届工作正在进行。

3.3 监事

姓名	职务	性别	年龄	所推举的股东名称	该股东持股比例(%)	简 要 履 历
孙志鸿	监事会主席	女	62	中国中信集团有限公司	80	在职研究生结业,中信集团财务部顾问。
关颐	监事	男	43	中国中信集团有限公司	80	对外经济贸易大学毕业,中信集团战略与计划部处长。
李峰	监事	男	37	中国中信集团有限公司	80	武汉大学本科毕业,本公司副总经理。

注:本届监事会于2009年3月组成,任期三年。换届工作正在进行。

3.4 高级管理人员

高级管理人员

姓名	职务	性别	年龄	选任日期	学历	专业	简 要 履 历
陈一松	总经理	男	43	2011年5月	硕士	金融学	湖南大学硕士研究生学历,从事金融工作19年。
路京生	党委副书记	男	55	2010年5月	在职研究生	经济管理、科学与技术哲学	中央党校在职研究生毕业,曾任中组部干部五局副巡视员。
马春光	副总经理	男	60	2009年3月	研究生结业	企业管理	在职研究生结业、从事金融工作29年。
张子镁	副总经理	男	57	2009年3月	学士	日语、经济	曾任中信集团驻日本代表处首席代表,从事金融工作26年。

续表

姓名	职务	性别	年龄	选任日期	学历	专业	简要履历
王道远	副总经理	男	41	2011年5月	硕士	工商管理	北京大学国际工商管理硕士，从事金融工作17年。
李峰	副总经理	男	37	2011年5月	学士	生物生化专业	武汉大学本科毕业，从事金融工作16年。
张继胜	副总经理	男	44	2011年5月	博士	管理与科学专业	哈尔滨工程大学博士，从事金融工作11年。
李子民	副总经理	男	40	2011年5月	硕士	工商管理	清华大学硕士，从事金融工作17年。
包学勤	副总经理	男	42	2011年5月	硕士	工商管理	复旦大学硕士，从事金融工作20年。

3.5 公司员工

报告期末，公司职工人数为368人。

项目		2011年度		2010年度	
		人数	比例(%)	人数	比例(%)
年龄分布	25岁以下	27	7	19	7
	25～29岁	131	36	89	32
	30～39岁	149	40	117	43
	40岁以上	61	17	49	18
性别分布	男	225	61	179	65
	女	143	39	95	35
学历分布	博士	10	3	11	4
	硕士	200	54	147	54
	本科	139	38	102	37
	专科	19	5	14	5
	其他	0	0	0	0
岗位分布	董事、监事及其高管人员	17	5	14	5
	自营业务人员	18	5	14	5
	信托业务人员	261	71	198	72
	其他人员	72	19	48	18
合计		368		274	

4. 经营管理

4.1 经营目标、方针、战略规划

4.1.1 经营目标

公司致力于成为信托法规范下综合金融解决方案的提供商和多种金融功能的集成者，以差异化竞争、持续性创新为标志，达成国内领先、综合优势明显、核心竞争力持续的智慧型信托公司。

4.1.2 经营方针

公司追求和谐、科学的价值文化，秉承"无边界服务、无障碍运行"的经营理念，把握市场规律，超前适变应变，持续学习创新，统筹价值实现。

4.1.3 战略规划

公司充分发挥"中信"的品牌影响力和中信金融的协同效应，以差异化的竞争策略，通过不断学习和创新，提升服务境界，建立可持续增长的盈利模式；提高风险管理水平，完善对业务风险的分析和定价体系，以使各类风险被准确识别、合理定价和安全控制；增加对人力资本的投入，以富含内涵价值的综合报酬和激励机制，实现对创新型、智慧型人才的培养、引进和保持；通过公众化进程，扩大资产和业务规模，优化业务布局，实现经营效益、股东回报和职工成果分享的稳健增长，推动业务覆盖和模式的新发展，探索建立有特色的符合自身发展节奏和信托规律的国际化业务模式。

4.2 所经营业务的主要内容

4.2.1 信托业务整体情况

截至2011年末，公司信托资产余额为3 999.69亿元，比年初的3 327.91亿元增加671.78亿元，增长比例约20%。自主资产管理能力持续提升，年末主动管理型业务余额约为2 456.34亿元，占比约61%。

当年，公司积极适应宏观经济调整和产业结构转型的市场形势，主动调整业务结构和盈利模式，一方面大力压缩融资类银信合作业务规模，严格控制房地产信托业务发展节奏；另一方面积极稳妥推进矿产资源、证券投资、基础设施、文化艺术、加工制造业等领域的业务发展，业务结构持续优化，业务多元化格局进一步巩固。

4.2.2 固有业务整体情况

固有业务主要包括贷款、信托产品及其他投资、长期股权投资、证券投资等业务。2011年，公司继续秉承谨慎稳健运用的原则，在提高资金运用效率的同时，进一步强化业务风险防范与风险监控，确保公司资产的稳健增值。

4.2.3 主要业务的资产组合与分布

4.2.3.1 固有资产运用与分布表

资产运用	金额（万元）	占比（%）	资产分布	金额（万元）	占比（%）
货币资产	110 928.63	12.48	基础产业	—	—
贷款及应收款	340 430.79	38.30	房地产业	226 430.49	25.47
交易性金融资产	34 892.20	3.93	证券市场	83 242.32	9.36
可供出售金融资产	158 350.12	17.81	实业	9 949.86	1.12
持有至到期投资	80 965.81	9.11	金融机构	91 189.78	10.26
长期股权投资	101 139.64	11.38	其他	478 065.62	53.79
其他	62 170.88	6.99			
资产总计	888 878.07	100.00	资产总计	888 878.07	100.00

4.2.3.2 信托资产运用与分布表

资产运用	金额（万元）	占比（%）	资产分布	金额（万元）	占比（%）
货币资产	11 850 834.12	29.63	基础产业	7 245 975.91	18.12
贷款	10 018 243.66	25.05	房地产	7 314 061.22	18.29
交易性金融资产投资	3 485 987.36	8.72	证券市场	3 103 384.22	7.76
可供出售金融资产投资	2 752 868.21	6.88	实业	2 846 949.18	7.12
持有至到期投资	—	—	金融机构	985 512.11	2.46
长期股权投资	7 617 869.92	19.05	其他	18 501 049.27	46.25
其他	4 271 128.64	10.67			
资产总计	39 996 931.91	100.00	资产总计	39 996 931.91	100.00

4.3 市场分析

4.3.1 有利条件

(1)国家"十二五"规划提出加快转变经济发展方式,推动经济结构战略性调整,为具备综合金融服务优势的信托业开辟了广阔的市场空间。

(2)我国经济保持平稳较快发展,工业化、信息化、城镇化进程不断深入,市场需求潜力巨大,将持续推动信托融资需求。

(3)国民财富不断累积,居民可支配收入和高净值人群的持续增长,使通过信托公司投资理财的需求日趋旺盛。

(4)信托业监管战略与时俱进,风险防范与创新发展并举,积极引导信托公司增强主动管理能力和实现内涵式增长,推动信托业的持续健康发展。

(5)信托业近年发展迅速,信托资产管理总规模已突破4.8万亿元。信托业在理财市场和资产管理领域的地位和作用不断增强,对中国经济社会发展的价值不断凸显,在中国金融体系中的地位和影响力不断提升。

4.3.2 不利条件

2011年以来,国际金融危机深层次影响仍在发酵,世界经济复苏的不稳定性、不确定性上升。我国在控通货膨胀、保增长就业的政策目标下,坚决采取了调整经济结构、调控房地产开发、紧减货币供应等重大举措,从而给宏观经济和金融市场运行带来了深刻影响。监管部门顺应政策环境和市场环境的变化,及时调整监管要求,短期内对信托公司业务开展产生一定影响。

4.4 内部控制概况

4.4.1 内部控制环境和内部控制文化

科学的公司治理是内部控制的前提。公司建立了股东会、董事会、监事会、高级管理层组成的分工明确、权责对应、合理制衡的公司治理结构,不断完善选贤举能、优胜劣汰、约束监督、科学激励的治理机制。

公司重视环境文化、制度文化、组织文化和行为文化等内控文化建设,积极发挥内控文化的凝聚、约束和导向等功能,坚持业务发展内控先行的原则,建立上下沟通、左右协调的信息交流和共享机制,持续开展制度建设,强化制度约束,并注重内部控制与员工价值的关联度,提高参与主动性和积极性。

4.4.2 内部控制措施

公司内部控制措施主要包括不相容职务分离控制、授权审批控制、业务流程控制、会计系统控制、财产保护控制、运营分析控制、信息系统控制和绩效考评控制,并建立业务预警、应急机制等。公司不断检讨和修订内控制度,监督检查和评价内控的科学性、规范性和可操作性。

4.4.3 监督评价与纠正

公司建立了多层次的内控评价、后评价和监督纠正体系。一是在股东层面,对股东会负责的监事会履行对董事会和公司经营管理情况的监督职能,负责管理中信集团金融资产的中信控股公司履行对公司的风险管理指引和财务审计职能;二是在董事会层面,董事会及其专门委员会通过召开会议和书面审议等形式,对公司重大经营管理事项进行审议;三是在公司管理层面,稽核审计部对公司内部控制情况进行定期和全面评价,指出存在问题和提出整改意见,连同整改情况一并向董事会直接报告;四是发挥党组织的监督作用,公司纪检部门与人力资本部门一起参与并实施最后的监督评价。

4.5 风险管理概况

4.5.1 风险状况

公司面对的主要风险是:信用(流动性)风险、市场风险、操作风险、合规风险和其他风险。

4.5.1.1 信用(流动性)风险状况

信用风险主要指交易对手不履行义务的可能性。2011年内,公司已经办理终止清算的集合资金信托计划有55个,信托本金累计给付额471亿元。公司尽职管理上述项目,实现了主要预期目标,依法履约地执行了信息披露。所有信托计划的信托本金和信托收益均能按期支付,所有计划均按期清算终止;同时,出于稳健性原则,作为银行业金融企业,参照"银监会要求商业银行拨备覆盖率按150%执行"等有关监管精神,公司本年度依据会计政策谨慎提取足额贷款损失准备。

4.5.1.2 市场风险状况

市场风险主要指在开展资产管理业务过程中,投资于有公开市场价值的金融产品或者其他产品时,金融产品或者其他产品的价格发生波动导致资产遭受损失的可能性。2011年内公司密切关注各类市场风险,及时调整产品战略,勤勉尽职履行受托人职责,报告期内公司市场风险可控,未发生因市场风险造成的损失。

4.5.1.3 操作风险状况

报告期内,公司未发生内部控制失效或者员工欺诈问题,未发生误操作、违规操作导致的财务损失,未发生系统、账户、流程引发的风险事件,未发生尽职管理不到位导致的经济损失等,公司内控管理充分有效,操作风险基本可控。

4.5.1.4 合规与法律风险状况

公司合规价值理念日益深入人心,合规与法律风险管理制度和流程得到有效执行,合规性与合法性成为每项业务开展的前提条件,公司业务整体合规状况持续提升,公司未因重大合规和法律问题遭受监管处罚、重大财务损失或声誉损失。

4.5.1.5 其他风险状况

其他风险包括政策风险、道德风险和声誉风险等。

(1)政策风险:指国家宏观经济政策的调整可能对公司业务经营或成果造成一定影响。报告期内,公司未发生因政策风险造成的损失,政策风险基本可控。

(2)道德风险:指由于公司内部人员蓄意违规、违法给公司带来损失的可能性。报告期内,公司未发生违法、违规、违约现象,未出现较大差错和失误,未发生责任事故,道德风险基本可控。

(3)声誉风险:指由于公司操作失误、违反有关规定、资产质量下降不能按期兑付、不能向公众提供高质量的综合金融服务和管理不善等原因,对公司外部市场地位和声誉产生的消极和不良影响。报告期内,公司声誉风险基本可控。

4.5.2 风险管理

报告期内,公司通过不断完善风险管理组织框架、优化内控流程和强化风险管理制度体系建设,明确公司各层级在风险管理中的职责和工作内容,对公司经营活动中所面临的风险进行有效识别、评估、决策、监控和处置，合理配置公司资源，对普遍性风险和重点风险进行针对性的管理和监控，初步确立以净资本管理为核心的业务发展模式和管理体系，将公司风险资本控制在可承受水平之内，积极推进公司形成净资本约束下的集约型业务发展机制，从而确保公司风险管理水平与业务规模及复杂程度相匹配，实现公司长远审慎运营和稳健发展。

4.5.2.1　信用风险管理

公司信用风险管理主要通过对交易对手的尽职调查进行事前控制；通过交易结构设计、风险定价、设定担保措施、持续进行风险评估等手段规避和监控交易对手信用风险变化；明确界定业务部门与风险管理等部门的风险管理职责。公司强调风险管理关口前移，注重业务管理的调研和过程控制，严格授权审批制度、决策限额。

4.5.2.2　市场风险管理

市场风险管理目标是通过将市场风险控制在公司可承受的合理范围内，实现经风险调整后的收益最大化。

为管理金融品投资的市场风险，公司注重对系统性风险的防范，注重对稳健性投资品种的开发和股指期货等金融衍生创新品种的研究；适时修订证券投资集合资金信托业务风险管理指引，强化投资顾问准入及过程监控的管理要求；注意通过投资组合和分散化来降低集中度风险。

为管理股权直接投资的市场风险，公司避免进入限制类行业和相关项目；通过业务创新不断拓展多元化的投资领域；公司充分考虑拟投资项目筛选、评估、运营、退出中的策略、渠道和措施，并组建专业化的管理团队，明确项目组织管理结构与投资管理责任。

4.5.2.3　操作风险管理

公司要求每项业务在尽职调查、受理、设计、审批、销售、执行和终止的全过程中都合法合规，按照程序操作。业务部门对项目的选择、初审和尽职调查工作，业务管理部门或业务审查委员会对项目的评审工作，高级管理层的项目审批工作都做到依法合规进行，杜绝不正当交易等违法行为导致或增加业务风险。各相关主体按照各自的职责在授权范围内独立运作，上级领导不能利用自身的权力干预风险评估工作。

4.5.2.4　合规与法律风险管理

公司董事会、监事会及高级管理层高度重视合规与法律风险管理工作，将风险管理理念和方法运用于合规与法律事务管理工作，注重发掘合规与法律风险管理的内在价值，合规与法律事务管理从基于规则限制的“是否合规”，发展为基于风险管理的“如何合规”。

公司注重合规与法律风险管理制度和流程的体系建设，各项管理制度和流程范围包括了尽职调查、产品设计、法律文件、过程管理、信息披露、诉讼仲裁案件管理、律师聘用和管理等各个方面，涵盖了房地产、矿产、金融产品等多个投融资领域，实现了对所有业务类型、每项业务所有过程的全覆盖。

公司明晰了合规与法律风险管理工作的内外报告和沟通机制，建立了合规与法律风险管理人员的绩效考核机制、问责与激励机制，强化了合规与法律风险管理工作的日常汇报机制，健全了与外部监管机构的联络和沟通机制，逐步完善外聘律师管理和互动机制。

4.5.2.5　其他风险管理

（1）政策风险管理。公司及时跟踪研究国家宏观政策和行业政策的调整与变化，动态分析宏观政策和监管政策的变动趋势；聘请外部咨询机构研究、分析外部政策法规变化对信托公司发展方向、盈利模式的影响，不断摸索适合公司发展的道路；加强与政策制定部门的沟通，及时调整发展思路和经营理念，保持公司经营策略与国家政策的一致性；坚持“遵纪守法”的经营方针和经营宗旨，保证公司的各项业务在合法合规的前提下进行。

（2）道德风险管理。公司通过制度设计完善内部控制机制，规范操作流程；严格执行管理制度及纪律要求；公司加强道德文化教育，鼓励员工遵纪守法，构筑道德风险“防火墙”，不断提高员工廉洁自律和勤勉尽职的意识；公司以员工为本，强调和谐共赢，不断加强企业的凝聚力和员工的归属感，使员工认识到与公司共同成长的重要性，避免各类短期行为和寻租现象；公司根据《银行业金融机构从业人员职业操守指引》等规范性文件制定相应的实施细则，通过制度建设为防范道德风险提供制度保障。

（3）声誉风险管理。公司对声誉风险的容忍度为零，将声誉风险管理纳入公司治理和全面风险管理体系，强调在合规经营和健康发展的基础上，主动、有效、灵活地管理声誉风险和应对声誉事件，通过加强尽职管理保障公司业务的健康运行，通过机制和制度建设明晰声誉风险监控、管理和应对流程，通过充分信息披露等方式实现与投资者的良性沟通，通过履行社会责任等积极提升公司的品牌价值和社会形象。

5. 报告期末及上一年度末的比较式会计报表

5.1　固有资产

5.1.1　会计师事务所审计结论

北京京都天华会计师事务所认为，中信信托公司财务报表在所有重大方面按照企业会计准则的规定编制，公允反映了中信信托公司2011年12月31日的财务状况以及2011年度的经营成果和现金流量。

5.1.2　资产负债表

单位：万元

项　目	2011年12月31日	2010年12月31日
资产：		
现金及存放中央银行款项	1.93	1.00
存放同业款项	110 926.70	60 943.85
存放联行款项	—	—
拆出资金	—	—
交易性金融资产	34 892.20	6 446.20
衍生金融资产	—	—
买入返售金融资产	—	—
应收手续费及佣金	14 488.97	13 985.04
应收利息	1 553.33	2 421.24
预付账款	280.21	320.60
其他应收款	6 333.42	2 868.56
发放贷款和垫款	324 388.49	329 244.51
可供出售金融资产	158 350.12	123 256.43

续表

项　　目	2011 年 12 月 31 日	2010 年 12 月 31 日
持有至到期投资	80 965. 81	93 450. 00
长期股权投资	101 139. 64	98 357. 01
投资性房地产	—	—
固定资产	1 602. 00	1 007. 77
无形资产	1 204. 24	874. 85
递延所得税资产	52 251. 01	37 188. 86
其他资产	500. 00	500. 00
资产总计	888 878. 07	770 865. 92
负债:		
向中央银行借款	—	—
同业及其他金融机构存放款项	—	—
拆入资金	—	—
交易性金融负债	—	—
衍生金融负债	—	—
卖出回购金融资产款	—	—
预收账款	9 314. 61	6 202. 58
应付职工薪酬	58 068. 98	47 301. 26
应交税费	72 657. 75	54 575. 27
应付利息	—	—
预计负债	—	—
应付债券	—	—
其他应付款	32 173. 15	59 588. 84
递延所得税负债	2 520. 62	16 787. 93
其他负债	—	21 310. 89
负债合计	174 735. 11	205 766. 77
所有者权益:		
实收资本	120 000. 00	120 000. 00
资本公积	7 493. 62	50 466. 60
减:库存股	—	—
盈余公积	63 146. 00	43 944. 32
一般风险准备	37 811. 06	27 327. 04
未分配利润	485 692. 28	323 361. 19
所有者权益合计	714 142. 96	565 099. 15
负债和所有者权益总计	888 878. 07	770 865. 92

公司法定代表人:蒲　坚　　主管会计工作的公司负责人:马春光
公司会计机构负责人:李　玎

5. 1. 3　利润表

单位:万元

项　　目	2011 年度	2010 年度
一、营业收入	374 684. 02	238 639. 78
利息净收入	72 546. 79	61 436. 22
利息收入	73 735. 90	63 680. 80
利息支出	1 189. 11	2 244. 58
手续费及佣金净收入	270 424. 21	147 658. 11
手续费及佣金收入	270 424. 21	147 658. 11
手续费及佣金支出	—	—
投资收益(损失以“-”号填列)	35 475. 54	32 275. 48
公允价值变动收益(损失以“-”号填列)	-3 739. 80	-2 715. 37
汇兑收益(损失以“-”号填列)	-22. 72	-14. 66
其他业务收入	—	—
二、营业支出	118 532. 54	94 203. 74
营业税金及附加	20 084. 45	11 706. 41
业务及管理费	49 524. 68	40 899. 53
资产减值损失	48 923. 41	41 597. 80
其他业务成本	—	—
三、营业利润(亏损以“-”号填列)	256 151. 48	144 436. 04
加:营业外收入	—	1. 05
减:营业外支出	96. 54	114. 00
四、利润总额(亏损总额以“-”号填列)	256 054. 94	144 323. 09
减:所得税费用	64 038. 16	33 445. 43
五、净利润(净亏损以“-”号填列)	192 016. 78	110 877. 66

公司法定代表人:蒲　坚　　主管会计工作的公司负责人:马春光
公司会计机构负责人:李　玎

5. 1. 4　所有者权益变动表

单位:万元

项　　目	2011 年度					
	实收资本	资本公积	盈余公积	一般风险准备	未分配利润	所有者权益合计
一、上年年末余额	120 000. 00	50 466. 60	43 944. 32	27 327. 04	323 361. 19	565 099. 15
加:会计政策变更	—	—	—	—	—	—
前期差错更正	—	—	—	—	—	—
其他	—	—	—	—	—	—
二、本年年初余额	120 000. 00	50 466. 60	43 944. 32	27 327. 04	323 361. 19	565 099. 15
三、本年增减变动金额(减少以“-”号填列)	—	-42 972. 97	19 201. 68	10 484. 01	162 331. 09	149 043. 81
(一)净利润	—	—	—	—	192 016. 78	192 016. 78
(二)其他综合收益	—	-42 972. 97	—	—	—	-42 972. 97
上述(一)和(二)小计	—	-42 972. 97	—	—	192 016. 78	149 043. 81
(三)所有者投入和减少资本	—	—	—	—	—	—
1. 所有者投入资本	—	—	—	—	—	—
2. 股份支付计入所有者权益的金额	—	—	—	—	—	—
3. 其他	—	—	—	—	—	—
(四)利润分配	—	—	19 201. 68	10 484. 01	-29 685. 69	—
1. 提取盈余公积	—	—	19 201. 68	—	-19 201. 68	—

续表

项　　目	2011 年度					
	实收资本	资本公积	盈余公积	一般风险准备	未分配利润	所有者权益合计
2. 对所有者（或股东）的分配	—	—	—	—	—	—
3. 一般风险准备	—	—	—	10 484. 01	−10 484. 01	—
4. 其他（注 2）	—	—	—	—	—	—
（五）所有者权益内部结转	—	—	—	—	—	—
1. 资本公积转增股本	—	—	—	—	—	—
2. 盈余公积转增股本	—	—	—	—	—	—
3. 盈余公积弥补亏损	—	—	—	—	—	—
4. 其他	—	—	—	—	—	—
四、本年年末余额	120 000. 00	7 493. 63	63 146. 00	37 811. 05	485 692. 28	714 142. 96

所有者权益变动表（续表）

单位：万元

项　　目	2010 年					
	实收资本	资本公积	盈余公积	一般风险准备	未分配利润	所有者权益合计
一、上年年末余额	120 000. 00	35 112. 56	32 856. 55	20 382. 02	230 516. 32	438 867. 45
加：会计政策变更	—	—	—	—	—	—
前期差错更正	—	—	—	—	—	—
其他	—	—	—	—	—	—
二、本年年初余额	120 000. 00	35 112. 56	32 856. 55	20 382. 02	230 516. 32	438 867. 45
三、本年增减变动金额（减少以“ - ”号填列）	—	15 354. 04	11 087. 77	6 945. 02	92 844. 87	126 231. 70
（一）净利润	—	—	—	—	110 877. 66	110 877. 66
（二）其他综合收益	—	15 354. 04	—	—	—	15 354. 04
上述（一）和（二）小计	—	15 354. 04	—	—	110 877. 66	126 231. 70
（三）所有者投入和减少资本	—	—	—	—	—	—
1. 所有者投入资本						—
2. 股份支付计入所有者权益的金额	—	—	—	—	—	—
3. 其他	—	—	—	—	—	—
（四）利润分配	—	—	11 087. 77	6 945. 02	−18 032. 79	—
1. 提取盈余公积	—	—	11 087. 77	—	−11 087. 77	—
2. 对所有者（或股东）的分配	—	—	—	—	—	—
3. 一般风险准备	—	—	—	6 945. 02	-6 945. 02	—
4. 其他（注 2）	—	—	—	—	—	—
（五）所有者权益内部结转	—	—	—	—	—	—
1. 资本公积转增股本	—	—	—	—	—	—
2. 盈余公积转增股本	—	—	—	—	—	—
3. 盈余公积弥补亏损	—	—	—	—	—	—
4. 其他	—	—	—	—	—	—
四、本年年末余额	120 000. 00	50 466. 60	43 944. 32	27 327. 04	323 361. 19	565 099. 15

公司法定代表人：蒲坚　　主管会计工作的公司负责人：马春光　　公司会计机构负责人：李　玎

5.2 信托资产

5.2.1 信托项目资产负债汇总表

单位:万元

信托资产	2011年12月31日	2010年12月31日
信托资产:		
存放同业款项	11 850 834.12	6 066 529.41
拆出资金	—	—
衍生金融资产	—	—
交易性金融资产	3 485 987.36	3 330 219.31
买入返售金融资产	455 919.21	268 997.61
应收票据	2 474 591.02	20 299.87
应收账款	312 559.07	140 402.20
应收利息	6 940.55	10 313.73
应收股利	29 882.57	14 010.56
其他应收款	801 716.04	477 692.55
贷款	10 018 243.66	14 397 056.62
可供出售金融资产	2 752 868.21	2 359 795.59
长期应收款	147 669.12	150 304.90
持有至到期金融资产	—	—
长期股权投资	7 617 869.92	6 043 337.80
其他资产	41 851.06	117.22
信托资产总计	39 996 931.91	33 279 077.37
信托负债和信托权益	2011年12月31日	2010年12月31日
信托负债:		
应交税费	121.56	1 131.74
其他应付款	90 571.24	55 278.06
应付账款	21 679.83	21 420.64
长期应付款	11 321.70	32 114.25
信托负债合计	123 694.33	109 944.69
信托权益:		
实收信托	40 194 266.45	32 527 751.86
资本公积	99 756.74	111 769.68
未分配利润	-420 785.61	529 611.14
信托权益合计	39 873 237.58	33 169 132.68
信托负债及权益总计	39 996 931.91	33 279 077.37

法定代表人:蒲　坚　　主管信托财务负责人:余金树　　会计机构负责人:李　青

5.2.2 信托项目利润及利润分配汇总表

单位:万元

项目	2011年度	2010年度
一、营业收入	1 121 178.70	1 631 705.60
利息收入	1 030 104.42	914 326.16
投资收益	319 017.65	456 194.52
租赁收入	30 206.67	23 095.69
公允价值变动损益	-600 722.50	165 165.73
汇兑损益	—	—
其他收入	342 572.46	72 923.50
二、营业费用	354 008.38	256 397.31
三、营业税金及附加	11 712.76	9 071.37
四、扣除资产损失前的信托利润	755 457.56	1 366 236.92
减:资产减值损失	-3 530.56	1 763.00
五、扣除资产损失后的信托利润	758 988.12	1 364 473.92
加:期初未分配信托利润	529 611.14	449 028.30
六、可供分配的信托利润	1 288 599.26	1 813 502.22
减:本期已分配信托利润	1 709 384.87	1 283 891.08
七、期末未分配信托利润	-420 785.61	529 611.14

法定代表人:蒲坚　　主管信托财务负责人:余金树　　会计机构负责人:李　青

6. 会计报表附注

6.1 年度会计报表编制基准、会计政策、会计估计和核算方法发生的变化

本公司无上述情况。

6.2 或有事项说明

本期公司为吉林信托－北京凤凰联合医院管理股份有限公司2亿元信托贷款提供担保,担保期限为2010年11月至2014年11月。担保金额占公司期末净资产的2.80%。

6.3 重要资产转让及其出售的说明

报告期内无重要资产转让及其出售。

6.4 会计报表中重要项目的明细资料

6.4.1 固有资产经营情况

6.4.1.1 信用风险资产五级分类情况

按照银监会《非银行金融机构资产风险分类指导原则(试行)》的分类标准,本年度末公司固有资产质量情况是:

信用风险资产五级分类	正常类(万元)	关注类(万元)	次级类(万元)	可疑类(万元)	损失类(万元)	信用风险资产合计(万元)	不良资产合计(万元)	不良资产率(%)
期初数	179 219.69	327 463.59	—	—	30 875.00	537 558.28	30 875.00	5.74
期末数	270 402.42	260 822.36	72 931.61	—	30 552.00	634 708.40	103 483.61	16.30

注:不良资产合计＝次级类＋可疑类＋损失类。

6.4.1.2 资产损失准备情况

单位:万元

	期初数	本期计提	本期转回	本期核销	期末数
贷款损失准备	128 094.08	72 475.69	23 552.29	—	177 017.48
一般准备	—	—	—	—	—
专项准备	128 094.08	72 475.69	23 552.29	—	177 017.48
其他资产减值准备	713.16	—	—	—	713.16
可供出售金融资产减值准备	—	—	—	—	—

续表

	期初数	本期计提	本期转回	本期核销	期末数
持有至到期投资减值准备	—	—	—	—	—
长期股权投资减值准备	713.16	—	—	—	713.16
坏账准备	—	—	—	—	—
投资性房地产减值准备	—	—	—	—	—

6.4.1.3 固有股票投资、基金投资、债券投资、长期股权投资等投资情况

单位：万元

	固有股票	基金	债券	长期股权投资	其他投资	合计
期初数	129 702.63	—	—	98 357.01	93 950.00	322 009.64
期末数	62 242.32	21 000.00	—	101 139.64	191 465.81	375 847.77

6.4.1.4　固有长期股权投资的前三名

单位：万元

企业名称	占被投资企业权益的比例（%）	主要经营活动	投资收益（万元）
泰康人寿保险股份有限公司	8.80	人寿保险	750.00
信诚基金管理有限公司	49.00	证券投资基金	2 425.61
中信锦绣资本管理有限公司	40.00	投资咨询、投资管理、财务顾问	1 678.82

6.4.1.5　固有贷款前三名

企业名称	占贷款总额的比例（%）	还款情况
天津星耀投资有限公司	19.85	欠息
昆山红枫房地产有限公司	11.87	欠息
北京北大高科技产业投资有限公司	11.85	按时归还贷款利息

6.4.1.6　表外业务的期初数、期末数

单位：万元

表外业务	期初数	期末数
担保业务	33 500.00	20 000.00
代理业务（委托业务）	72 527.79	72 527.79
其他	—	—
合计	106 027.79	92 527.79

6.4.1.7　公司当年的收入结构

收入结构	金额（万元）	占比（%）
手续费及佣金收入	270 424.21	71.95
其中：信托手续费收入	244 682.84	65.10
投资银行业务收入	—	—
利息收入	73 735.90	19.62
其他业务收入	—	—
其中：计入信托业务收入部分	—	—
投资收益	35 475.54	9.44
其中：股权投资收益	4 871.29	1.30
证券投资收益	24 966.19	6.64
其他投资收益	5 638.06	1.50
公允价值变动收益	-3 739.80	-1.01
营业外收入	—	—
收入合计	375 873.13	100.00

6.4.2　信托资产管理情况

6.4.2.1　信托资产的期初数、期末数

单位：万元

信托资产	期初数	期末数
集合	7 510 316.44	9 972 782.65
单一	23 535 185.20	29 059 070.49
财产权	2 233 575.73	965 078.77
合计	33 279 077.37	39 996 931.91

6.4.2.1.1　主动管理型信托业务期初数、期末数

单位：万元

主动管理型信托资产	期初数	期末数
证券投资类	7 445 483.72	14 266 370.65
股权投资类	4 569 283.90	6 410 995.52
融资类	2 597 718.76	3 885 999.04
事务管理类	—	—
合计	14 612 486.38	24 563 365.21

6.4.2.1.2　被动管理型信托业务期初数、期末数

单位：万元

被动管理型信托资产	期初数	期末数
证券投资类	—	—
股权投资类	—	—
融资类	—	—
事务管理类	18 666 590.99	15 433 566.70
合计	18 666 590.99	15 433 566.70

6.4.2.2　本年度已清算结束的信托项目个数、实收信托合计金额、加权平均实际年化收益率

6.4.2.2.1　本年度已清算结束的集合类、单一类资金信托项目和财产管理类信托项目个数、金额、加权平均实际年化收益率

单位：万元

已清算结束信托项目	项目个数	合计金额（万元）	加权平均实际年化收益率（%）
集合类	55.00	4 708 735.66	11.22
单一类	170.00	16 245 187.95	4.81
财产管理类	9.00	1 244 875.22	6.31

6.4.2.2.2　本年度已清算结束的主动管理型信托项目个数、合计金额、加权平均实际年化收益率

已清算结束信托项目	项目个数	合计金额（万元）	加权平均实际年化收益率（%）
证券投资类	43.00	941 212.57	6.04
股权投资类	6.00	407 566.00	13.43
融资类	13.00	3 574 523.68	8.27
事务管理类	—	—	—

6.4.2.2.3　本年度已清算结束的被动管理型信托项目个数、合计金额、加权平均实际年化收益率

已清算结束信托项目	项目个数	合计金额（万元）	加权平均实际年化收益率（%）
证券投资类	—	—	—
股权投资类	—	—	—
融资类	—	—	—
事务管理类	172	17 275 496.58	5.13

6.4.2.3 本年度新增的集合类、单一类和财产管理类信托项目个数、合计金额

新增信托项目	项目个数	合计金额(万元)
集合类	96	4 062 865.66
单一类	261	9 112 258.04
财产管理类	14	330 646.37
新增合计	371	13 505 770.07
其中:主动管理型	120	5 874 270.77
被动管理型	251	7 631 499.30

6.4.2.4 信托创新研究成果

公司委托中国国际经济咨询公司编制了第二份关于中国信托业的研究报告《金融普惠 信托为民——中国信托行业金皮书》,对作为信托业之根的"资产管理"进行全面对比分析。报告指出,作为唯一能够覆盖资产管理全部服务需求的信托业,其优势和潜力展现了一个光辉前程。该报告再一次对信托业进行指数评估,对信托业发展前景进行量化分析和预判。

6.4.2.5 本公司履行受托人义务情况及因公司自身责任而导致的信托资产损失情况

公司严格遵守信托业"一法两规"及其他相关规定,按照信托文件处理相关事务,诚实、信用、谨慎、有效管理,维护受益人的最大利益。

信托产品发行前有整套的产品相关信息备忘录等资料供委托人(受益人)查阅;认购信托计划前,严格审核委托人合格投资者资格,提示投资者认真阅读信托计划说明书和其他信托文件,充分提示信托产品的相关风险。

公司将信托财产与其固有财产分别管理、分别记账,不同的信托产品分别开户、分别管理、单独核算。根据信托文件的规定,及时向委托人、受益人履行信息披露义务。按照《信托法》的要求,妥善保管处理信托事务的完整记录、原始凭证及资料,对委托人、受益人以及处理信托事务的情况和资料依法严格保密。

报告期内,公司管理的信托计划(项目)运行正常,到期兑付的信托资产2 219.88亿元全部安全交付受益人,未出现因本公司自身责任而导致信托资产损失的情况。

6.5 关联方关系及其交易的披露

6.5.1 关联交易方的数量、关联交易的总金额及关联交易的定价政策

	关联交易方数量	关联交易金额(万元)	定价政策
合计	34	2 470 493.26	1. 遵循市场价格的原则,有客观的市场价格作为参照的一律以市场价格为准; 2. 如果没有市场价格,按照成本加成定价; 3. 如果既没有市场价格,也不适合采用成本加成价的,按照协议价定价。

6.5.2 关联交易方与本公司的关系性质、关联交易方的名称、法定代表人、注册地址、注册资本及主营业务

关系性质	关联方名称	法定代表人	注册地址	注册资本(亿元)	主营业务
控股股东	中国中信集团有限公司	常振明	北京市朝阳区新源南路6号	1 837.03	金融、实业
非控股股东	中信华东(集团)有限公司	王炯	上海市虹口区四川北路859号55楼	6.74	实业投资、国内贸易
同一母公司	中信银行股份有限公司	田国立	北京东城区朝阳门北大街8号富华大厦C座	467.87	银行业务
同一母公司	中信房地产股份有限公司	李康	北京市朝阳区新源南路6号	67.90	房地产开发

注:公司本年度共有关联方34个,主要来自中信集团内部,表中为公司主要关联方。

6.5.3 公司与关联方的重大交易事项

6.5.3.1 固有财产与关联方交易情况:贷款、投资、租赁、应收账款、担保、其他方式等期初汇总数、本期发生额汇总数、期末汇总数

单位:万元

	期初数	借方发生额	贷方发生额	期末数
贷款	—	—	—	—
投资	—	—	—	—
租赁	—	1 759.26	1 759.26	—
担保	—	—	—	—
应收账款	720.81	480.00	—	1 200.81
其他	149 856.74	8 740 268.76	8 815 914.85	74 210.65
合计	150 577.55	8 742 508.02	8 817 674.11	75 411.46

6.5.3.2 信托资产与关联方交易情况:贷款、投资、租赁、应收账款、担保、其他方式等期初汇总数、本期发生额汇总数、期末汇总数

单位:万元

	期初数	借方发生	贷方发生	期末数
贷款	2 098 811.49	126 165.00	205 520.07	2 019 456.42
投资	10 746.21	—	—	10 746.21
租赁	—	—	—	—
担保	—	—	—	—
应收账款	—	—	—	—
其他	—	—	—	—
合计	2 109 557.70	126 165.00	205 520.07	2 030 202.63

注:此外,还包括支付给关联方中信银行的托管费3 553.12万元。

6.5.3.3 固有财产和信托财产之间的交易情况、信托资产与信托财产之间的交易情况

6.5.3.3.1 固有与信托财产之间的交易金额期初汇总数、本期发生额汇总数、期末汇总数

单位:万元

固有财产与信托财产相互交易			
	期初数	本期发生额	期末数
合计	93 450.00	-12 484.19	80 965.81

6.5.3.3.2 信托项目之间的交易金额期初汇总数、本期发生额汇总数、期末汇总数

单位：万元

信托资产与信托财产相互交易			
	期初数	本期发生额	期末数
合计	158 206.00	125 707.36	283 913.36

6.5.4 关联方逾期未偿还本公司资金的详细情况以及本公司为关联方担保发生或即将发生垫款的情况

关联方无逾期不偿还本公司资金情况，本公司无为关联方担保发生或即将发生垫款情况。

6.6 会计制度的披露

本公司固有业务和信托业务均执行2006年颁布的企业会计准则。

7. 财务情况说明书

7.1 利润实现和分配情况

2011年公司实现净利润192 016. 78万元。依据《公司法》、《信托公司管理办法》和《公司章程》，公司对本年实现的净利润192 016.78万元进行分配，其中：提取10%法定盈余公积金19 201.68万元，提取5%信托赔偿准备9 600.84万元。

7.2 主要财务指标

指标名称	指标值
资本利润率（%）	31.33
人均利润（万元/人）	598.18

7.3 对本公司财务状况、经营成果有重大影响的其他事项

（1）公司2008年与中国中信集团公司、中信华东（集团）有限公司、中信通信项目管理有限责任公司签订股权转让协议，受让泰康人寿保险股份有限公司的股份7 500万股，本期支付第四次（最后一次）股权转让款22 500万元。

（2）公司2011年新增对新华网股份有限公司的投资。

8. 特别事项简要揭示

8.1 股东报告期内变动情况及原因

报告期内，公司股东中国中信集团公司（以下简称中信集团）进行重组改制，以符合境外上市条件的绝大部分现有经营性净资产出资，联合下属子公司北京中信企业管理有限公司于2011年12月27日共同发起设立中国中信股份有限公司。同日，中信集团整体改制为国有独资公司，更名为中国中信集团有限公司，承继原中信集团的全部业务及资产。为完成上述出资，中信集团将所持公司80%的股权移交给中国中信股份有限公司。目前公司正在办理股东变更的行政许可和工商变更登记手续。

8.2 董事、监事及高级管理人员变动情况及原因

报告期内，公司董事、监事、高级管理人员发生如下变动：

2011年5月，居伟民先生因工作需要辞去公司董事和董事长职务。

2011年5月，公司董事会选举蒲坚先生担任公司董事长。

2011年5月，公司董事会聘请陈一松先生担任公司总经理；增聘王道远、李峰、张继胜、李子民、包学勤等五人担任公司副总经理。

上述董事及高管的任职资格已经中国银行业监督管理委员会核准。

8.3 公司的重大未决诉讼事项

报告期内公司无重大未决诉讼事项。

8.4 公司及其董事、监事和高级管理人员受到处罚情况

报告期内无上述处罚情况。

8.5 对银监会提出的整改意见简要说明整改情况

银监会现场检查组于2011年5月对公司房地产投融资业务和地方政府融资平台业务进行了现场专项检查，在对公司房地产投融资业务和政府融资平台业务整体情况进行积极评价的同时，也指出了存在的问题和不足，并提出了有关整改意见和监管要求。

针对银监会提出的整改意见及监管要求，公司制订了相应的整改方案，主要包括：调整业务结构，保持合理的业务规模和发展速度；细化业务合规管理要求，进一步规范政府融资平台业务、房地产投融资业务、创新交易模式和金融工具；完善业务尽职调查制度；规范业务审批程序；健全并严格执行信息披露制度等。

落实整改方案后，公司在房地产信托业务规模控制、房地产信托业务合规性、信政合作业务规范性、尽职调查工作、审批流程、信息披露等方面均有不同程度的改善，整改效果较为明显。

8.6 重大事项临时报告情况

报告期内重大事项临时报告情况如下。

（1）2011年8月10日，公司在《金融时报》第7版发布“关于董事长和总经理变更的公告”，公告内容为：

中信信托有限责任公司（以下简称公司）于2011年5月19日召开第三届董事会第二十二次会议，同意居伟民先生因工作需要辞去公司董事和董事长职务，对其为公司作出的突出贡献给予充分肯定，并一致选举蒲坚先生担任公司第三届董事会董事长。

公司于2011年5月20日召开第三届董事会第二十三次会议，聘请陈一松先生担任公司总经理。

新任董事长和总经理的任职资格已经中国银行业监督管理委员会于2011年8月1日核准（银监复〔2011〕300号）。根

据《中信信托有限责任公司章程》，公司将于法定代表人工商变更登记手续办理完毕后，另行发布法定代表人变更公告。

(2)2011年8月29日，公司在《金融时报》第7版发布“关于法定代表人变更的公告”，公告内容为：

中信信托有限责任公司(以下简称公司)第三届董事会第二十二次会议选举蒲坚先生担任公司董事长，其任职资格已经中国银行业监督管理委员会于2011年8月1日核准(银监复〔2011〕300号)。

根据公司章程，公司董事长为公司的法定代表人。公司于2011年8月5日收到国家工商行政管理总局重新核发的企业法人营业执照，完成工商变更手续，公司法定代表人已变更为蒲坚先生。

(3)2011年10月19日，公司在《金融时报》第8版发布“关于增聘公司副总经理的公告”，公告内容为：

中信信托有限责任公司于2011年5月20日召开第三届董事会第二十三次会议，决定增聘王道远、李峰、张继胜、李子民、包学勤等五人担任公司副总经理。上述高级管理人员的任职资格已于近期经中国银行业监督管理委员会核准(银监复〔2011〕357号)。

8.7 其他有必要让客户及相关利益人了解的重要信息

8.7.1 关于安信信托重组一事进展报告

中国证券监督管理委员会上市公司并购重组审核委员会于2012年1月16日召开2012年第2次并购重组委工作会议，安信信托投资股份有限公司定向增发、中国中信集团公司和中信华东(集团)有限公司以所持本公司100%股权认购其部分增发股份事宜的申请未获通过。

2012年2月，安信信托投资股份有限公司发布公告称，决定继续推进本次重大资产重组工作。安信信托将根据中国证监会的要求和并购重组委的意见，对本次重大资产重组申请材料进行补充、修订和完善，重新向中国证监会提交申请材料。

8.7.2 关于公司获得市场荣誉的报告

报告期内，公司继续获得市场积极评价，获得主要荣誉如下：

(1)在《21世纪经济报道》联合西南财经大学信托与理财研究所举办的2010—2011年度中国资产管理“金贝奖”评选中获得“年度最佳信托公司奖”。

(2)在2011年度《第一财经》金融价值榜评选中荣获唯一“年度信托公司奖”。

(3)在2011年度每日经济新闻报社举行的“金鼎奖”评选中荣获“年度最佳信托公司奖”。

(4)在《理财周刊》和第一理财网联合举行的“2010年度理财产品评选”中获评“最受关注信托公司”。

(5)在由《中国证券报》主办的第二届中国阳光私募金牛奖评选中荣获“金牛阳光私募信托公司奖”。

9. 公司监事会意见

公司监事会根据有关法律、法规，监督检查了公司依法运作、重大决策、重大经营活动情况及财务状况，认为公司能够合规运作，公司董事、总经理等在履行公司职务时未有违反法律、法规、公司章程或损害公司利益的行为，公司年度报告真实反映了公司的财务状况和经营成果。

中原信托有限公司

1. 重要提示

1.1　本公司董事会及董事保证本报告所载资料不存在任何虚假记载、误导性陈述或者重大遗漏，并对其内容的真实性、准确性和完整性承担个别及连带责任。本年度报告摘要摘自年度报告全文，客户及相关利益人欲了解详细内容，应阅读年度报告全文。

1.2　独立董事于萍女士、杨松令先生、郄建伟先生认为本报告内容是真实、准确、完整的。

1.3　本公司总裁崔泽军、主管会计工作的副总裁李信凤及计划财务部总经理石翠云声明：保证年度报告中财务报告的真实、完整。

2. 公司概况

2.1　公司简介

中原信托有限公司始建于1985年8月。2002年10月中国人民银行批准公司重新登记，并改制为有限责任公司，成为专门从事信托业务的信托金融机构。2007年10月中国银监会批准公司变更名称为现名，并核准了新的业务范围，换发了中华人民共和国金融许可证。2008年5月中国银监会批准公司增资扩股，注册资本由59 227.2万元增加到120 200万元（其中外汇1 500万美元）。

公司中文名称：中原信托有限公司

中文简称：中原信托

英文名称：Zhongyuan Trust Co. , Ltd.

英文缩写：Zhongyuan Trust

法定代表人：黄曰珉

注册地址：河南省郑州市商务外环路24号中国人保大厦

邮政编码：450016

公司互联网网址：http://www. zyxt. com. cn

电子信箱：info@ zyxt. com. cn

信息披露事务负责人：刘 飞

电话：0371 -88861888

传真：0371 -88861888

电子信箱：lf@ zyxt. com. cn

信息披露报纸：《证券时报》、《上海证券报》

年度报告备置地点：中原信托总裁办公室（郑州市商务外环路24号中国人保大厦）

公司聘请的会计师事务所：中兴华富华会计师事务所有限责任公司

地址：北京市西城区阜外大街1号四川大厦东座15层

公司聘请的律师事务所：北京市大成律师事务所郑州分所

地址：郑州市紫荆山路60号金成国贸大厦19层

2.2　组织结构

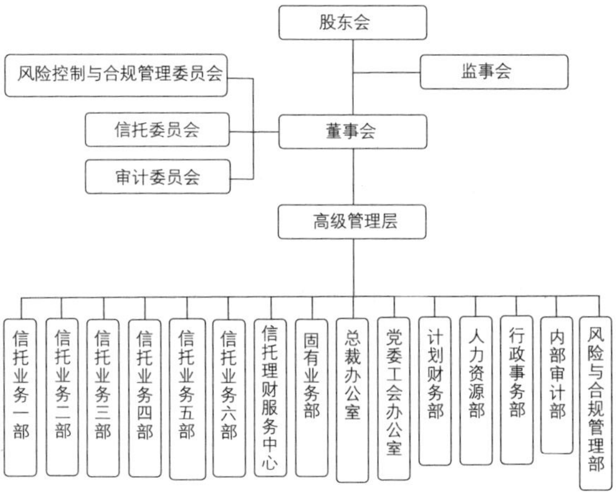

3. 公司治理结构

3.1　股东

3.1.1　截至报告期末公司股东共三家

股东名称	持股比例（%）	法定代表人
河南投资集团有限公司	48.42	胡智勇
河南中原高速公路股份有限公司	33.28	关　健
河南盛润控股集团有限公司	18.30	李喜朋

以上股东不存在关联关系。

3.1.2　公司第一大股东的主要股东的基本情况

股东名称	出资比例（%）	法人代表
河南省人民政府	100	

3.2　董事

3.2.1　董事会成员

姓　名	职　务	性别	年龄	选任日期	所推举的股东名称	该股东持股比例（%）	简　要　履　历
黄曰珉	董事长	男	54	2011年6月	河南投资集团有限公司	48.42	历任河南省计划委员会投资处主任科员，中原信托有限公司国际业务部经理、副总经理、总经理、董事长；现任中原信托有限公司董事长。

续表

姓　名	职　务	性别	年龄	选任日期	所推举的股东名称	该股东持股比例(%)	简　要　履　历
袁顺兴	董　事	男	45	2011年6月	河南投资集团有限公司	48.42	历任河南省财政厅项目经理,河南省经济技术开发公司副主任、主任、总经理助理、副总经理,河南投资集团有限公司计划总监;现任河南投资集团有限公司副总经理。
崔　凯	董　事	男	37	2011年6月	河南投资集团有限公司	48.42	历任河南投资集团有限公司职员、部门副主任、主任;现任发展计划部主任。
顾光印	董　事	男	55	2011年6月	河南中原高速公路股份有限公司	33.28	历任河南省交通厅人事处主任科员,河南交通建设投资公司副总经理,河南高速公路发展有限责任公司党委副书记,河南高速房地产开发有限公司董事长;现任河南中原高速公路股份有限公司党委书记、董事,河南高速房地产开发有限公司董事。
张　华	董　事	女	37	2011年6月	河南中原高速公路股份有限公司	33.28	历任河南省交通厅高速公路建设管理局财务处会计主管,河南高速公路发展有限责任公司财务处会计主管,河南中原高速公路股份有限公司财务总监、财务会计部负责人;现任秉原投资控股有限公司董事长。
李喜朋	董　事	男	48	2011年6月	河南盛润控股集团有限公司	18.30	历任河南省煤矿供应公司,河南省煤炭厅供应处科员,河南省豫盛石化公司经理;现任河南盛润控股集团有限公司董事长。
崔泽军	董　事	男	47	2011年6月	职务董事		历任郑州粮食学院教师、中原信托有限公司财务部经理、副总经理、总经理,现任中原信托有限公司总裁。
范战谋	董　事	男	38	2011年6月	职工董事		历任中原信托有限公司人力资源部职员、资产管理部职员、投资银行部经理、信托业务一部经理;现任中原信托有限公司总裁办公室主任。

3.2.2　独立董事

姓　名	所在单位及职务	性别	年龄	所推举的股东名称	该股东持股比例(%)	简　要　履　历
于　萍	北京市大成律师事务所郑州分所高级律师	女	46	—	—	历任河南天平律师事务所律师,河南路通律师事务所主任;现任北京市大成律师事务所郑州分所高级律师,河南省律师协会金融证券委员会委员,郑州市律师协会金融证券委员会主任委员。
杨松令	北京工业大学教授	男	46	—	—	中国会计学会理事,美国会计学会会员,西澳大利亚大学会计与财务系访问学者,中国教育会计学会工科分会秘书长;现为北京工业大学经济与管理学院教授,博士生导师。
郄建伟	无	男	61	—	—	历任国家计委综合局副处长、国民经济综合司处长,1995年任国家计委国民经济综合司助理巡视员、副司长,2000年起任国家粮食局党组成员、副局长,2011年退休。

3.3　监事会成员

姓　名	职　务	性别	年龄	选任日期	所推举的股东名称	该股东持股比例(%)	简　要　履　历
关　健	监事会主席	男	45	2011年6月	河南中原高速公路股份有限公司	33.28	历任河南省交通厅公路局工程处副处长,河南省交通厅公路管理局监理检测站副处长,河南中原高速公路股份有限公司副总经理、总经理;现任河南中原高速公路股份有限公司董事长。
孙彦军	监　事	男	37	2011年6月	河南投资集团有限公司	48.42	历任交通银行河南分行客户经理,中国水利水电建设集团公司投资部主管,河南投资集团有限公司资产管理二部业务经理;现任河南投资集团有限公司资产管理二部高级业务经理。
林　洁	监　事	女	50	2011年6月	河南盛润控股集团有限公司	18.30	历任郑州列车段财务科会计,河南省盛润置业有限公司财务部经理;现任河南盛润控股集团有限公司财务总监。
魏　磊	职工监事	男	37	2011年6月	—	—	曾任河南农业大学讲师;现任中原信托有限公司风险与合规管理部总经理。
孟凡君	职工监事	男	43	2011年6月	—	—	曾在中原国际博览中心,河南省工行资金市场工作,历任中原信托有限公司资产管理部经理、投资管理二部经理;现任中原信托有限公司固有业务部总经理。

3.4 高级管理人员

姓名	职务	性别	年龄	选任日期	金融从业年限	学历	专业
崔泽军	总裁	男	47	2011年6月	20	博士研究生	西方经济学
刘　健	副总裁	男	56	2011年6月	26	研究生班结业	经济学
姬宏俊	副总裁	男	48	2011年6月	13	硕士研究生	工商管理
薛怀宇	副总裁	男	43	2011年6月	22	博士研究生	西方经济学
李信凤	副总裁	女	46	2011年6月	24	硕士研究生	工商管理

3.5 公司员工

项　目		报告期年度	
人数		126	
平均年龄		38.7	
		人数	比例(%)
学历分布	博士	5	4.0
	硕士	46	36.5
	本科	49	38.9
	专科	18	14.3
	其他	8	6.3

4. 经营管理

4.1 经营目标、方针、战略规划

经营目标：加快信托业务结构调整，加强业务模式和产品创新，实现固有资产优化配置，提升经济效益和管理水平。

经营方针：抓住“十二五”规划实施和中原经济区建设的机遇，实施“合作”、“转型”、“走出去”战略，创新信托产品，实施差异化竞争，培养提高资产管理能力，发展壮大高端客户群体，打造专业化的产品、服务和员工队伍。

战略规划：有效整合资源，构建有特色的信托服务平台和核心竞争力，提供专业化资产配置和财富管理服务，服务中国机构和高端个人客户对高品质金融理财的需求。

4.2 经营业务的主要内容

本公司的业务主要是信托业务和自营资产管理业务。报告期内，公司信托业务的主要品种有中原理财——成长系列信托、中原理财——宏业系列信托、中原理财——安益系列信托以及服务高端机构和个人客户特定需求的单一信托业务等；自营资产管理业务主要包括股权投资、债券投资、股票投资、贷款等。

2011年，在股东会、董事会的正确领导下，公司贯彻落实“合作”、“转型”、“走出去”战略，着力调整业务结构，创新业务模式，严格风险控制，加强内部管理，业绩迈上新台阶。一是圆满完成各项经营目标。当年实现总收入41 436万元，比上年增长58.3%；实现净利润23 479万元，比上年增长78.8%；净资产收益率达到15.61%，比上年提高6.01个百分点。二是结构调整初见成效。年初，公司提出“着力调整业务结构，促进发展方式转变”的思路。经过一年的努力，年末公司信托业务规模达到497亿元，比年初增长40.7%；信托业务收入占总收入的比重达到71.4%，比上年提高14.9个百分点，信托主业地位进一步巩固；年末存续信托规模中主动管理占比达到92.24%，比上年提高46.83个百分点；全年信托业务收入中来自省外收入占比为71%，比上年提高26个百分点；信托项目的期限、规模、报酬率等指标均得到显著优化。通过压缩股票二级市场投资规模，完成对郑州银行的股权投资、达成对焦作商行增资意向等工作，优化了固有资金配置，基本完成了公司固有资金优质金融股权投资的战略布局。三是业务创新有所突破，对设立合伙制企业的形式开展证券信托业务、白酒信托、大宗交易融资信托等创新型业务模式进行深入研究，在产品发行中引入证券公司等金融机构，拓宽了发行渠道。四是加强风险控制、管理水平继续提升。加强形势分析和政策研究，通过六项措施提高风控水平，推进业务标准化、精细化建设。报告期内，实现信托项目到期清算率和信托收益兑付率100%的目标，继续保持信托资产不良率为零的纪录。通过开展制度体系重建和流程再造工作，合并45项制度，废止13项制度，新增7项制度，制度体系得到完善，保证了经营管理的规范有序运行。

自营资产运用与分布表

资产运用	金额（万元）	占比（%）	资产分布	金额（万元）	占比（%）
货币资产	20 287	11.86	基础产业		
贷款及应收款	22 649	13.24	房地产业		
交易性金融资产投资	4 975	2.91	证券市场	18 899	11.05
可供出售金融资产投资	39 404	23.04	实业		
持有至到期投资			金融机构	67 604	39.53
长期股权投资	67 604	39.53	其他	84 529	49.42
其他	16 113	9.42			
资产总计	171 032	100	资产总计	171 032	100

信托资产运用与分布表

资产运用	金额（万元）	占比（%）	资产分布	金额（万元）	占比（%）
货币资产	51 534.35	1.03	基础产业	239 532.30	4.80
贷款	3 210 906.40	64.32	房地产	417 291.00	8.36
交易性金融资产投资	11 512.61	0.23	证券市场	11 512.61	0.23
可供出售金融资产投资			实业	2 848 710.10	57.06
持有至到期投资			金融机构	482 733.08	9.67
长期股权投资	154 397.38	3.09	其他	992 361.28	19.88
其他	1 563 789.63	31.33			
信托资产总计	4 992 140.37	100.00	信托资产总计	4 992 140.37	100.00

4.3 市场分析

4.3.1 影响公司经营发展的有利条件

（1）从紧的货币政策压缩了银行信贷规模，信托融资市场规模放量增长，银行出于发展需要，进一步加深、拓宽了与信托公司的合作深度与范围，信托行业面临新的机遇。

（2）信托业监管政策进一步细化，为信托业的发展创造了良好的制度环境，行业监管更趋科学、规范。《信托公司净资本计算标准有关事项的通知》颁布实施，促使信托公司角色转变，

向高端财富管理机构转型;《信托公司参与股指期货交易业务指引》发布,拓宽了信托公司投资渠道,有利于信托公司提升资产管理能力,对冲其证券业务风险;发布《关于规范信托产品营销有关问题的通知》征求意见稿,未来将允许满足一定条件的信托公司设立异地营销中心,有利于信托公司构建以客户为核心、以专业化资产配置和财富管理为主的经营模式。

(3)CPI 高位运行下,通胀预期进一步强化了客户的保值性投资需求,证券市场低迷与房地产市场萎缩客观上为信托理财市场的发展提供了契机,信托理财的客户认知度进一步提升,信托理财市场规模快速增长。

4.3.2 影响公司经营发展的不利条件

(1)国际上主要发达经济体复苏乏力,欧债危机加重,全球经济步入低速增长时期;国内经济增速放缓与物价上涨相互交织,经济形势较为复杂。

(2)经济结构调整的宏观背景下,涉及房地产、证券市场等业务风险不断累积,隐患上升。

(3)信托行业传统业务模式竞争激烈,信托业两极分化趋势加剧,市场份额迅速向发达地区的信托公司和依托银行、保险、央企等机构股东的信托公司聚集。

4.4 内部控制

4.4.1 内部控制环境和内部控制文化

公司不断优化内部控制体系,强化科学的风险理念,内控制度已贯穿部门、岗位和工作的各个环节之中,并且通过考核制度确保内部控制的各项要求得到监督和落实。

(1)公司法人治理结构健全,股东会、董事会能够有效地行使决策职能,监事会充分发挥了监督的职能。

(2)董事会及经营层下设风险控制与合规管理委员会、审计委员会、信托委员会、项目审查委员会、证券投资决策委员会、资产清收委员会等多个专业委员会。各专业委员会各司其职,充分发挥评审、决策、监督、评价等职能,有效防范和化解了各类风险。

(3)持续推进全面风险管理体系建设,明确尽职调查和风险管理的问责制,确保公司风险管理事前有防范、事中有控制、事后有评价与反馈,建立了"顺序递进、权责统一、严格有效"的三道监控防线。公司已形成诚信、稳健经营的文化氛围。

4.4.2 内部控制措施

(1)风险与合规管理部和内部审计部作为公司内控管理的主要职能部门,拟定和修订内控制度,监督检查和评价内控的科学性、规范性和可操作性。

(2)公司建立了由公司章程、部门职责、职位说明书、业务管理制度、操作流程或指引等共同构建的基本授权体系,对各部门、岗位制定了明确的职责和权限,明确各有权决策人的权限分工,并通过《中原信托有限公司授权管理办法》,对授权作了更为系统的界定和规范;严格按照相互分离的原则设定岗位职责,信托业务和固有业务部门分设,信托业务和固有业务的高管人员、业务人员、财务人员相互独立。

(3)2011 年,根据业务发展新的特点和监管要求,公司对原有制度体系进行重新梳理、修订和完善,按照"化繁为简、注重实效"的原则,废止过时的制度,合并重复的制度,补充缺失的制度,增强了制度的系统性、完备性、协调性、约束性和有效性。截至 2011 年末,公司已形成了包括公司治理、内部审计、计划财务、人力资源、党建、行政管理、业务管理等在内的 107 项内部控制制度,加上各部门层面的管理制度,目前公司的内控制度和措施已基本涵盖了业务发展、风险管理、资产管理、部门设置、人员安排以及事前决策与防范、事中执行与控制、事后监督、反馈与纠正等所有部门和管理环节,明确了岗位职责及其控制要求,规范了各管理环节执行标准。

(4)公司坚持项目两级评审制度,审慎决策,有效控制了各类风险;建立中台、后台对前台的监督制约机制,通过风险控制、内部审计等手段对前台业务进行有效监督、制约。

4.4.3 监督评价与纠正

公司通过内控机制的不断完善,已逐步形成了以风险管理和内部审计为主,业务授权控制、会计控制及业务流程环节控制等相互作用的内控监督评价与纠正机制,实现了内控缺陷的及时发现、及时纠正。对于发现的问题,相关部门及时提出改进措施和管理建议并上报管理层,监督评价机制的适时跟进,不仅完善和优化了业务操作流程,提高了内部运行的合理性和工作效率,而且增强了对操作风险的实时掌控能力,使内部监督制约机制更加健全有效。在日常管理过程中,无论监管部门提出的监管意见,还是内部审计或有关部门提出改进工作、加强管理的建议,公司管理层都予以高度重视,并迅速责成相关部门进行整改落实,推动了内控制度的执行和完善,保证了整个内部控制体系的长效运行。

2011 年度,内部审计部共开展了包括信托业务管理、固有资金业务管理、固有房产管理、信托计划清算审计、信托产品营销与客服管理、关联交易、中层管理人员离任和信托经理离职等 20 项审计工作,累计覆盖项目 350 多个,涉及金额超过 320 亿元。通过审计不仅总结了工作中的成功经验和做法,揭示不规范管理问题,同时审计提出的意见及建议已逐步转化为管理措施,充分发挥了内部审计在加强公司内部控制、防范经营风险和促进尽职管理等方面的应有作用。

4.5 风险管理概况

4.5.1 风险状况

4.5.1.1 信用风险状况

信用风险指因交易对手违约带来的风险。公司信托业务交易对手主要涉及银行、上市公司及其股东、房地产企业、其他实业企业等。公司坚持稳健原则,严格筛选交易对手,审慎确定授信额度,规范交易流程和管理流程,采用应收账款质押、股权质押、商业物业与在建工程抵押、上市公司股票质押等多重风险防范措施做实项目担保,抵(质)押率一般不超过 50%,并结合项目实际情况追加实际控制人连带责任担保,总体信用风险可控。

报告期末公司固有业务信用风险资产(包括贷款、拆借、租赁)按照资产五级分类标准分类的情况为:正常 8 908 万元、关注 0 万元、次级 0 万元、可疑 0 万元、损失 0 万元。其中:不良信用资产的期初数为 0 万元,期末数为 0 万元,报告期末准备金余额为 4 659.63 万元。报告期末公司信托业务信用风险资产按照资产五级分类标准均为"正常"。

4.5.1.2 市场风险状况

市场风险是指因证券价格、利率、汇率等的变动而导致价值未预料到的潜在损失的风险。公司面临的市场风险主要是股票价格风险、利率风险等。报告期内大盘走势较弱，市场呈现震荡下跌趋势。受此影响，公司固有资金股票投资略有亏损，但对公司整体业绩影响不大。对于股票质押融资业务，公司注重选择基本面良好的股票，限定较低的股票质押率，实施保证金或股票质押追加机制，并为质押合同办理具有强制执行效力的公证文书。报告期内受大盘持续下跌影响，部分质押股票触及保证金追加线，公司严格依据合同约定落实保证金或股票质押追加措施，目前质押股票二级市场价格均高于质押价格，风险可控。利率方面，预计 2012 年将继续保持适度从紧的货币政策，并以规模调控为主，利率将保持相对稳定。

4.5.1.3　操作风险状况

操作风险是指由于不完善或有问题的内部操作过程、人员、系统或外部事件而导致的直接或间接损失的风险。公司可能面临的操作风险主要是流程风险、执行风险、信息风险、人员风险等。目前公司实行规范化、标准化、制度化管理，管理制度比较健全，并根据监管政策的变化不断修订和完善各项业务操作流程，进一步明确了岗位职责和操作规范；实行岗位职责和相互监督检查相结合，并制定了相关制度对失职、越权或者违规操作的人员进行问责，强化了执行效力；细化了业务操作流程，进一步明确了岗位职责和操作规范；不断加强各类业务系统的升级改造和人员培训，加强相关业务的信息化管理；强化项目事中监督与审计，及时发现、控制潜在风险，及时整改不规范的操作行为；对外部事件可能对公司经营带来的风险，公司实行突发事件预案管理，制作了风险处置预案。总体上，公司操作风险管理工作比较扎实，没有发生各类操作风险。

4.5.1.4　其他风险状况

公司面临的其他风险主要有合规风险、法律风险、流动性风险、声誉风险、道德风险等。公司能够根据外部监管政策和法律法规的变化及时调整公司相关制度，主动配合监管部门对公司业务的监管，对涉及关联交易等合规风险的敏感问题积极主动与监管部门沟通，没有发生重大合规风险和法律风险；目前公司未开展负债业务，截至报告期末现金类资产、股票、基金、债券等流动性资产占比 47.89%，资产流动性较强；公司信托产品现已全部实现了按时足额兑付，公司形象和品牌得到客户的广泛认同；通过不断强化员工风险管理、法律法规及职业道德的培训，员工风险管理及法律、职业道德意识不断增强。

4.5.2　风险管理

为加强对信用风险、市场风险、操作风险等各类风险的管理，公司从制度建设、信息系统建设等方面入手，明确管理策略，完善管理流程，强化系统支持，取得了较好的管理效果。在制度建设方面，公司组织制定了多项风险管理制度，明确了风险管理目标、策略及风险处置流程。在信息系统建设方面，公司建立了涵盖固有、信托、证券等业务的 IT 系统，有效防范了各类业务中的操作风险、信用风险和道德风险等。

4.5.2.1　信用风险管理

首先，公司实行贷款总量控制，在规定现阶段信用风险承担限额与管理策略的基础上，细化和明确主要业务品种的风险管理措施和业务控制规模，从总量及其分布上降低和分散信用风险；其次，严格项目审查和审批流程，审慎决策和经营，强化项目担保措施，每笔业务均要经过业务部门认真调研和评估、风险与合规管理部门的初评审、主管领导审批、项目审查委员会审核及公司总裁审批等五道调研和审批程序后，才能付诸实施，从源头上控制信用风险；再次，强化事中尽职管理，密切关注国家宏观调控政策影响及交易对手的经营情况和各项财务指标等关键风险因素变化，从管理上降低信用风险发生概率；最后，制订风险处置预案，明确问题项目管理程序、损失准备政策等，及时化解信用风险，降低损失程度。根据年度经营情况，公司未计提一般准备，按净利润的 5% 计提信托赔偿准备金，报告期内计提 2011 年度信托赔偿准备金 1 173.95万元，期末信托赔偿准备金 4 589.45 万元，报告期内未使用信托赔偿准备金，所提取信托赔偿准备金存放于商业银行。

抵(质)押品以选取不存在所有权争议、市场价值可测、易于管理、易于变现的资产为确认原则。抵(质)押率的确定根据项目具体情况和抵(质)押资产特点而定，如土地、在建工程抵押率不超过 50%；商业物业抵押率不超过 60%；股票质押融资质押率不超过 50% 等。

保证贷款管理原则为：优先选取清偿能力强、信用状况良好的法人作为贷款保证人；定期对保证人的资信状况、代偿能力、履约情况等进行检查，督促保证人严格按照保证合同约定履行相关义务。

4.5.2.2　市场风险管理

公司管理市场风险的主要策略有：对市场风险实行限额管理，根据业务性质、规模、复杂程度及公司风险承受能力设定并定期审查和更新限额，调整市场风险管理策略，将固有资金证券投资业务的比重控制在与我们的投资管理和风险承担能力相适应的水平；加强宏观经济金融形势、调控政策以及行业周期性的研究，增强证券投资决策的预见性，提高反应速度；利用公司引入的证券投资及风险管理系统，提高证券估值效率和风险评估的科学性，强化止赢止损等风险防范措施；动态关注生产型交易对手的产销情况，重点关注国家宏观调控力度较大的房地产行业销售状况，定期开展房价压力测试，制定风险处置预案，有效防范房地产价格波动带来的风险；建立股票质押融资项目风险预警台账，逐日盯市，动态监测项目安全边际，做实保证金、股票追加机制；关注国家货币政策变化，确保受益人预期收益和公司信托报酬的实现；强化日常风险监控与报告制度的执行，确保市场风险报告与处置流程通畅，确保高级管理层能够及时监控公司市场风险状况。

4.5.2.3　操作风险管理

操作风险管理是公司风险管理的重点，公司可能面临的操作风险主要是执行风险、流程风险、信息风险、人员风险等。公司主要采取以下措施强化操作风险管理：一是根据监管政策变化，动态修订和完善内控制度体系。二是细化业务操作流程，进一步明确了岗位职责和操作规范。三是加强业务流程的信息化管理，引入证券投资和风险管理系统，实现了证券交易的自动化，并能对操作风险进行有效防范，提升了风险防控能力和执行效力。四是完善公司治理，强化制衡机制，防范可能来自股东或高管人员的操作风险。五是持续加强员工培训，增强员工的责任意识和道德水准，坚持轮岗和内部审计制度等。六是强化各类法律文本的规范化、标准化建设。

4.5.2.4　其他风险管理

继续加强对有关法律法规的动态学习，严格按照相关法律法规的规定开展业务，强化对信托业务立项调研、评审、审批、报备、实施、信息披露、清算等全过程合规性的内部审计监督，全面推行合规风险管理；加强员工对信托监管政策、《合同法》、《物权法》、新《企业会计准则》及业务涉及法律法规和有关政策的培训，提高员工法律防范意识和风险管理能力；强调固有资产运用中的投资限额管理，合理配置各类资产比例，防范流动性风险；在各类业务风险评估中，始终将声誉风险作为风险评价的指标之一，并通过加强员工职业道德教育和公司文化教育，增强员工的工作责任心和团队意识，维护公司信誉，防范声誉风险。

5. 报告期末及上一年度末的比较式会计报表

5.1　自营资产

5.1.1　会计师事务所审计结论

中兴华富华会计师事务所有限公司审计了中原信托有限公司2011年度财务报表，包括2011年12月31日的资产负债表，2011年度的利润表、现金流量表、股东权益变动表及财务报表附注。会计师事务所认为，中原信托有限公司财务报表已经按照企业会计准则的规定编制，在所有重大方面公允反映了中原信托有限公司2011年12月31日的财务状况以及2011年度的经营成果和现金流量。

5.1.2　资产负债表

资产负债表

编制单位：中原信托有限公司　　2011年12月31日　　单位：万元

资产	行次	期初数	期末数	负债及所有者权益	行次	期初数	期末数
流动资产：	1			流动负债：	36		
货币资金	2	20 287.31	36 052.41	短期借款	37		
拆出资金	3			拆入资金	38		
交易性金融资产	4	4 974.70	3 937.42	交易性金融负债	39		
衍生金融资产	5			衍生金融负债	40		
买入返售金融资产	6			卖出回购金融资产款	41		
应收账款	7	1 603.95	2 080.22	应付账款	42		
预付款项	8			预收款项	43		
应收利息	9	124.11	130.54	应付职工薪酬	44	850.59	708.16
应收股利	10			应交税费	45	4 271.49	847.68
其他应收款	11	12 012.79	14 948.74	应付利息	46		
存货	12			应付股利	47		80.17
一年内到期的非流动资产	13			其他应付款	48	1 507.14	1 599.22
其他流动资产	14			一年内到期的非流动负债	49		
	15			其他流动负债	50		
流动资产合计	16	39 002.86	57 149.33	流动负债合计	51	6 629.22	3 235.23
非流动资产：	17			非流动负债：	52		
发放贷款及垫款	18	8 908.00	12 760.00	长期借款	53		
可供出售金融资产	19	39 404.15	59 789.89	应付债券	54		
持有至到期投资	20			预计负债	55		
长期应收款	21			递延所得税负债	56	14.37	1 245.74
长期股权投资	22	67 604.22	14 044.22	其他非流动负债	57		
投资性房地产	23	2 221.61	2 296.26	非流动负债合计	58	14.37	1 245.74
固定资产	24	11 614.40	2 200.88	负债合计	59	6 643.59	4 480.97
在建工程	25				60		
工程物资	26			所有者权益：	61		
固定资产清理	27	0.67	0.67	实收资本	62	120 200.00	120 200.00
无形资产	28	549.62	554.22	资本公积	63	－1 070.44	3 484.10
递延所得税资产	29	577.96	22.02	减：库存股	64		
抵债资产	30	1 148.89	1 154.70	盈余公积	65	9 296.09	6 948.20
其他非流动资产	31			一般风险准备	66	4 871.24	3 697.30
	32			未分配利润	67	31 091.90	11 161.62
非流动资产合计	33	132 029.52	92 822.86	外币报表折算差额	68		
	34			所有者权益合计	69	164 388.79	145 491.22
资产总计	35	171 032.38	149 972.19	负债及所有者权益总计	70	171 032.38	149 972.19

法定代表人：黄曰珉　　财务经理：石翠云　　复核：金新建　　制表：鲁　耀

5.1.3 利润及利润分配表

利润及利润分配表

制表单位：中原信托有限公司　　2011 年度　　单位：万元

项　目	行次	当年数	上年数
一、营业收入	1	41 388.19	26 156.79
利息净收入	2	1 832.36	1 114.42
利息收入	3	1 878.05	1 137.12
利息支出	4	45.69	22.7
手续费及佣金净收入	5	29 566.05	14 840.28
手续费及佣金收入	6	29 566.05	14 840.28
手续费及佣金支出	7		
投资收益（损失以"－"号填列）	8	10 828.96	9 651.13
其中：对联营企业和合营企业的投资收益	9		
公允价值变动收益（损失以"－"号填列）	10	－1 076.5	359.3
汇兑收益（损失以"－"号填列）	11	－1.3	－0.85
其他业务收入	12	238.62	192.51
二、营业支出	13	11 487.44	10 094.75
营业税金及附加	14	1 768.61	1 167.02
业务及管理费	15	9 994.85	8 713.99
资产减值损失	16	－350.67	139.02
其他业务成本	17	74.65	74.72
三、营业利润（亏损以"－"号填列）	18	29 900.75	16 062.04
加：营业外收入	19	1.81	4.82
减：营业外支出	20	6.34	37.02
四、利润总额（亏损以"－"号填列）	21	29 896.22	16 029.84
减：所得税费用	22	6 417.31	2 898.52
五、净利润（净亏损以"－"号填列）	23	23 478.91	13 131.32
六、每股收益	24		
（一）基本每股收益	25		
（二）稀释每股收益	26		
减：其他调整事项	27		
七、其他综合收益	28	－4 554.55	1 529.08
八、综合收益总和	29	18 924.36	14 660.40

法定代表人：黄曰珉　　财务经理：石翠云　　复核：金新建　　制表：鲁　耀

5.2 信托资产

5.2.1 信托项目资产负债汇总表

信托项目资产负债表

编制单位：中原信托有限公司　　2011 年 12 月 31 日　　单位：万元

信托资产	期末数	期初数	信托负债和信托权益	期末数	期初数
信托资产：			信托负债：		
货币资金	51 534.35	56 471.08	交易性金融负债		
拆出资金			衍生金融负债		
存出保证金			应付受托人报酬	1 603.95	2 401.78
交易性金融资产	11 512.61	38 417.75	应付托管费	5.49	44.70
衍生金融资产			应付受益人收益	281.20	694.47
买入返售金融资产			应交税费		
应收款项	3.88	6.61	应付销售服务费		
发放贷款	3 210 906.40	2 269 129.65	其他应付款项	15 067.87	4 430.06
可供出售金融资产			预计负债		
持有至到期投资			其他负债		

续表

信托资产	期末数	期初数	信托负债和信托权益	期末数	期初数
长期应收款			信托负债合计	16 958.51	7 571.01
长期股权投资	154 397.38	195 236.70			
投资性房地产			信托权益:		
固定资产	2 480.85	10 098.27	实收信托	4 970 454.01	3 532 118.05
无形资产			资本公积	2 463.66	2 201.85
长期待摊费用	2 521.60	1 652.01	外币报表折算差额		
其他资产	1 558 783.30	994 280.40	未分配利润	2 264.19	23 401.56
减:各项资产减值准备			信托权益合计	4 975 181.86	3 557 721.46
信托资产总计	4 992 140.37	3 565 292.47	信托负债及信托权益总计	4 992 140.37	3 565 292.47

法定代表人:黄曰珉　　财务经理:石翠云　　复核:张跃强　　制表:韩川晶

5.2.2 信托项目利润及利润分配汇总表

信托项目利润及利润分配表

编报单位:中原信托有限公司　　2011 年度　　单位:万元

项　目	当年数	上年数
1. 营业收入	247 986.23	233 886.96
1.1 利息收入	166 181.03	121 463.34
1.2 投资收益(损失以"-"号填列)	23 080.99	30 316.64
1.2.1 其中:对联营企业和合营企业的投资收益		
1.3 公允价值变动收益(损失以"-"号填列)	-2 619.90	-999.70
1.4 租赁收入		
1.5 汇兑损益(损失以"-"号填列)		
1.6 其他收入	61 344.11	83 106.68
2. 支出	26 262.10	22 522.64
2.1 营业税金及附加		
2.2 受托人报酬	17 224.49	9 973.52
2.3 托管费	1 006.67	1 361.00
2.4 投资管理费	11.85	44.96
2.5 销售服务费	227.28	255.96
2.6 交易费用	711.80	816.37
2.7 资产减值损失		
2.8 其他费用	7 080.01	10 070.83
3. 信托净利润(损失以"-"号填列)	221 724.13	211 364.32
4. 其他综合收益		
5. 综合收益	221 724.13	211 364.32
6. 加:期初未分配信托利润	23 401.56	10 492.69
7. 可供分配的信托利润	245 125.69	221 857.01
8. 减:本期已分配信托利润	242 861.50	198 455.45
9. 期末未分配信托利润	2 264.19	23 401.56

法定代表人:黄曰珉　　财务经理:石翠云
复核:张跃强　　制表:韩川晶

6. 会计报表附注

6.1 简要说明报告年度会计报表编制基准、会计政策、会计估计和核算方法发生的变化

本公司于 2008 年 1 月 1 日起执行新《企业会计准则》,按照新《企业会计准则》要求进行会计核算。

6.2 或有事项说明

本会计期末发生对外担保及其他或有事项。

6.3 重要资产转让及其出售的说明

本会计期根据《关于对中原信托有限公司转让新时代证券有限责任公司股权的批复》(豫财金〔2011〕33 号文),公司全部转让原持有的新时代证券有限责任公司 2.114% 的股权。

6.4 会计报表中重要项目的明细资料

6.4.1 自营资产经营情况

6.4.1.1 按信用风险五级分类结果披露信用风险资产的期初数、期末数

信用风险资产五级分类	正常类(万元)	关注类(万元)	次级类(万元)	可疑类(万元)	损失类(万元)	信用风险资产合计(万元)	不良资产合计(万元)	不良资产率(%)
期初数	12 760					12 760		
期末数	8908					8908		

注:不良资产合计 = 次级类 + 可疑类 + 损失类。

6.4.1.2 各项资产减值损失准备的期初、本期计提、本期转回、本期核销、期末数,贷款的一般准备、专项准备和其他资产减值准备

单位:万元

	期初数	本期计提	本期转回	本期核销	期末数
贷款损失准备	3 064.70		294.75	178.37	2 591.58
一般准备					
专项准备	3 064.70		294.75	178.37	2 591.58
其他资产减值准备	2 081.41			13.36	2 068.05
可供出售金融资产减值准备					
持有至到期投资减值准备					
长期股权投资减值准备					
坏账准备	796.96			13.36	783.60
投资性房地产减值准备					
抵债资产减值准备	1 284.45				1 284.45

6.4.1.3 自营股票投资、基金投资、债券投资、股权投资等投资业务的期初数、期末数

单位：万元

	自营股票	基金	债券	长期股权投资
期初数	4 244.57		12 657.42	14 044.22
期末数	9 143.90		10 441.69	67 604.22

6.4.1.4　前三名的自营长期股权投资的企业名称、占被投资企业权益的比例、主要经营活动及投资收益情况

企业名称	占被投资企业权益的比例（%）	主要经营活动	投资收益（万元）
焦作市商业银行股份有限公司	9.95	商业银行	720.00
长城基金管理有限公司	17.65	基金管理	2 647.05
郑州银行股份有限公司	5.2	商业银行	无

6.4.1.5　前三名的自营贷款的企业名称、占贷款总额的比例和还款情况

企业名称	占贷款总额的比例（%）	还款情况
河南天明广告有限公司	34.78	正常
郑州市郑汴热力有限公司	30.44	正常
河南省莲花味精企业集团	7.89	非正常

6.4.1.6　表外业务的期初数、期末数，按照代理业务、担保业务和其他类型表外业务

单位：万元

表外业务	期初数	期末数
担保业务	0	0
代理业务（委托业务）	0	0
其他	0	0
合计	0	0

6.4.1.7　公司当年的收入结构

收入结构	金额（万元）	占比（%）
手续费及佣金收入	29 566.05	71.43
其中：信托手续费收入	29 566.05	71.43
投资银行业务收入		
利息收入	1 832.36	4.43
其他业务收入	237.32	0.57
其中：计入信托业务收入部分		
投资收益	9 752.46	23.56
其中：股权投资收益	8 945.99	21.61
公允价值变动收益	−1 076.50	−2.6
其他投资收益	1 882.97	4.55
营业外收入	1.81	0.01
收入合计	41 390.00	100

6.4.2　信托资产管理情况

6.4.2.1　信托资产的期初数、期末数

单位：万元

信托资产	期初数	期末数
集合	355 093.01	755 807.35
单一	3 061 139.53	4 075 164.84
财产权	149 059.93	161 168.18
合计	3 565 292.47	4 992 140.37

6.4.2.1.1　主动管理型信托业务期初数、期末数，分证券投资、股权投资、融资、事务管理类分别披露

单位：万元

主动管理型信托资产	期初数	期末数
证券投资类	39 585.58	9 915.26
股权投资类	315 697.63	1 157 461.70
融资类	977 489.05	3 277 613.30
事务管理类	317 488.66	168 449.22
合计	1 650 260.92	4 613 439.48

6.4.2.1.2　被动管理型信托业务期初数、期末数，分证券投资、股权投资、融资、事务管理类分别披露

单位：万元

被动管理型信托资产	期初数	期末数
证券投资类	16 029.85	10 534.71
股权投资类	—	—
融资类	1 574 982.69	346 165.33
事务管理类	324 019.01	22 000.85
合计	1 915 031.55	378 700.89

6.4.2.2　本年度已清算结束的信托项目个数、实收信托合计金额、加权平均实际年化收益率

6.4.2.2.1　本年度已清算结束的集合类、单一类资金信托项目和财产管理类信托项目个数、金额、加权平均实际年化收益率

单位：万元

已清算结束信托项目	项目个数	合计金额（万元）	加权平均实际年化收益率（%）
集合类	32	195 866.00	7.79
单一类	80	1 913 039.00	4.73
财产管理类	—	—	—

注：加权平均实际年化收益率＝（信托项目 1 的实际年化收益率×信托项目 1 的资产总计＋信托项目 2 的实际年化收益率×信托项目 2 的资产总计＋…信托项目 n 的实际年化收益率×信托项目 n 的资产总计）/（信托项目 1 的资产总计＋信托项目 2 的资产总计＋…信托项目 n 的资产总计）×100%。

6.4.2.2.2　本年度已清算结束的主动管理型信托项目个数、合计金额、加权平均实际年化收益率，分证券投资、股权投资、融资、事务管理类分别披露

已清算结束信托项目	项目个数	合计金额（万元）	加权平均实际年化收益率（%）
证券投资类	3	25 000.00	5.03
股权投资类	16	120 407.00	7.03
融资类	56	632 199.00	5.65
事务管理类	4	127 818.00	3.92

6.4.2.2.3　本年度已清算结束的被动管理型信托项目个数、合计金额、加权平均实际年化收益率，分证券投资、股权投资、融资、事务管理类分别披露

已清算结束信托项目	项目个数	合计金额（万元）	加权平均实际年化收益率（%）
证券投资类	—	—	—
股权投资类	1	13 652.00	4.52
融资类	30	1 145 629.00	4.78
事务管理类	2	44 200.00	5.41

6.4.2.3 本年度新增的集合类、单一类和财产管理类信托项目个数、合计金额

单位:万元

新增信托项目	项目个数	合计金额
集合类	60	600 602.00
单一类	105	3 593 225.00
财产管理类	2	24 539.00
新增合计	167	4 218 366.00
其中:主动管理型	167	4 218 366.00
被动管理型	0	0

6.4.2.4 信托业务创新成果和特色业务有关情况

(1)公司私募股权投资(PE)、房地产基金信托(REITS)、受托境外理财(QDII)等创新业务:报告期末,本公司存续私募股权投资(PE)项目一个:"中原理财－聚富资本1期股权投资集合资金信托计划",规模4 760万元。

(2)公司自我评价认定的创新业务:2011年,公司加大信托产品创新力度。在部分信托产品设计中,细化信托财产原状返还的流程和方式,将抵质押物全部抵质押到合作方名下,有利于降低受托人管理风险,信托财产原状返还模式具有可操作性,并化解了返还过程中抵质押权变更的风险,具有创新和复制意义。

(3)本公司专长业务和研发成果:报告期内,公司继续强化发展上市公司股权质押信托业务,做大做强"成长"系列产品线和品牌效应。公司结合市场需求,对白酒信托、以设立合伙制企业的形式开展证券信托业务进行了探索研究。

报告期内,以博士和硕士群体为骨干的公司业务研发团队,紧密结合创新发展实际,加强对宏观经济金融形势和信托行业发展的研究,撰写了《金融同业合作类信托业务创新思路、方法及效果》、《2011年房地产信托业务运营环境分析及我公司经营策略》、《主动管理型信托产品的研发——以票据资产信托业务为视角》等共计20余篇高质量的研发报告,具有一定理论水平和现实指导意义,对促进业务健康发展发挥了积极作用。

6.4.2.5 本公司履行受托人义务情况及因本公司自身责任而导致的信托资产损失情况(合计金额、原因等)

公司根据国家对信托行业相关法律法规的规定,在管理、运用、处分信托财产时,履行了恪尽职守,诚实、信用、谨慎、有效的义务,报告期内全部或部分清算信托项目197项次,向受益人交付信托本金278亿元;分配信托收益606项次,分配金额24.29亿元。公司信托项目到期清算率和收益兑付率均为100%,信托不良资产率继续保持为零。截至2011年12月31日,本公司未出现因自身责任导致信托资产损失的情况发生。

6.4.2.6 净资本管理指标情况

截至2011年末,公司净资本13.76亿元,各项风险资本之和7.26亿元,净资本对风险资本的覆盖率达到190%;净资本与净资产(16.4亿元)的比值达到83%,各项指标均达到监管标准。

6.5 关联方关系及其交易的披露

6.5.1 关联交易方的数量、关联交易的总金额及关联交易的定价政策等

	关联交易数量	关联交易金额(万元)	定价政策
合计	13	94 451.70	市场公平价格

注:关联交易是指信托公司以自有资产、信托资产为关联方提供投融资等服务,或以担保等方式为关联方融资提供便利的业务。关联交易的统计范围应基本与银监会非现场监管信息系统中关于关联交易的范围和口径一致,也可增加为关联方提供咨询等其他非投融资类业务服务的信息。

6.5.2 关联交易方与本公司的关系性质、关联交易方的名称、法人代表、注册地址、注册资本及主营业务等

关系性质	关联方名称	法定代表人	注册地址	注册资本(万元)	主营业务
公司股东	河南投资集团有限公司	胡智勇	郑州市	1 200 000	项目投资管理

6.5.3 本公司与关联方的重大交易事项

6.5.3.1 固有财产与关联方:贷款、投资、租赁、应收账款、担保、其他方式等期初汇总数、本期发生额汇总数、期末汇总数

固有财产与关联方关联交易

单位:万元

	期初	发生额	期末
贷款	—	—	—
投资	—	—	—
租赁	—	—	—
担保	—	—	—
应收账款	—	—	—
其他	498	906.70	0
合计	498	906.70	0

6.5.3.2 信托资产与关联方:贷款、投资、租赁、应收账款、担保、其他方式等期初汇总数、本期发生额汇总数、期末汇总数

信托资产与关联方关联交易

单位:万元

	期初	发生额	期末
贷款	0	38 675	38 675
投资	45 100	-45 100	0
租赁	—	—	—
担保	—	—	—
应收账款	—	—	—
其他	92 448	-84 448	8 000
合计	137 548	-90 873	46 675

6.5.3.3 固有财产与信托财产之间的交易金额期初汇总数、本期发生额汇总数、期末汇总数

固有财产与信托财产相互交易

单位:万元

	期初数	本期发生额	期末数
合计	18 830	-2 672	16 158

6.5.3.4　信托资产与信托财产之间的交易金额期初汇总数、本期发生额汇总数、期末汇总数

信托资产与信托财产相互交易

单位：万元

	期初数	本期发生额	期末数
合计	0	0	0

6.5.4　逐笔披露关联方逾期未偿还本公司资金的详细情况以及本公司为关联方担保发生或即将发生垫款的详细情况

报告期内无关联方逾期未偿还本公司资金的情况以及本公司为关联方担保发生或即将发生垫款的情况。

6.6　会计制度的披露

6.6.1　自营业务

本公司执行2006年财政部颁发的《企业会计准则》及相关规定。

6.6.2　信托业务

本公司执行2006年财政部颁发的《企业会计准则》及相关规定。

7. 财务情况说明书

7.1　利润实现和分配情况

2011年度公司实现利润总额29 896.22万元，所得税费用6 417.31万元，实现净利润23 478.91万元，按10%计提法定盈余公积2 347.89万元，按5%计提信托赔偿准备金1 173.95万元，加上以前年度未分配利润，期末未分配利润余额为31 091.90万元。

7.2　主要财务指标

指标名称	指标值
资本利润率(%)	15.61
加权年化信托报酬率(%)	0.86
人均净利润(万元/人)	212.72

注：1. 资本利润率=净利润/所有者权益平均余额×100%。

2. 加权年化信托报酬率=(信托项目1的实际年化信托报酬率×信托项目1的实收信托+信托项目2的实际年化信托报酬率×信托项目2的实收信托+…信托项目n的实际年化信托报酬率×信托项目n的实收信托)/(信托项目1的实收信托+信托项目2的实收信托+…信托项目n的实收信托)×100%。

3. 人均净利润=净利润/年平均人数。

4. 平均值采取年初及各季末余额移动算术平均法，公式为：a(平均)=(a_0/2+a_1+a_2+a_3+a_4/2)/4。

7.3　对本公司财务状况、经营成果有重大影响的其他事项

报告期内，无需要特别说明的对本公司财务状况、经营成果有重大影响的其他事项。

8. 特别事项揭示

8.1　前五名股东报告期内变动情况及原因

无。

8.2　董事、监事及高级管理人员变动情况及原因

报告期内，因第三届董事会、第三届监事会任期届满，2011年6月股东会选举产生了第四届董事会和第四届监事会。

报告期内高级管理人员未发生变动。

8.3　公司的重大诉讼事项

无。

8.4　对会计师事务所出具的有保留意见、否定意见或无法表示意见的审计报告的，公司董事会应就所涉及事项作出说明

中兴华富华会计师事务所对公司2011年度财务报表出具了标准无保留意见审计报告。

8.5　公司及其董事、监事和高级管理人员受到处罚的情况

无。

8.6　银监会及其派出机构对公司检查后提出整改意见的整改情况

2011年5月30日至6月28日，河南银监局对公司房地产信托业务、信政业务、银信理财业务等进行了专项现场检查，并下发了《河南银监局关于中原信托有限公司2011年度专项现场检查发现问题及整改意见的通知》(豫银监通〔2011〕71号)，在肯定公司依法合规经营的同时，对公司房地产、信政和银信理财业务提出了“进一步完善相关制度、规范尽职调查、做好尽职管理”等意见和建议。对此公司高度重视，研究、制定了系统的整改措施，已全部实施完毕。(1)切实加强内控制度建设，优化管理流程。公司组织对现存全部制度进行了全面梳理、修订、合并和废除，增强了制度的系统性、完备性、协调性、约束性和有效性，对业务操作流程进行了重建，使操作环节更加具体、责任约定更加细化、责任边界更加清晰、责任传承更加有序、监督制约更加有效。(2)积极推行管理精细化、业务标准化建设。结合实际，制定了房地产信托、股权质押信托业务的授信原则、风控标准、尽职调查及尽职管理的基本要求；对各类法律文本格式和内容实行标准化，对非标准化合同的审核程序进行了优化。(3)继续做好存续融资平台和银信理财项目的风险管控。密切关注存续项目融资平台的偿债能力变化，及时督促交易对手统筹安排资金、按时还本付息；对银信理财业务及时和委托银行沟通协调，督促其按照要求转表，加强对项目风险监测，信息披露和风险排查，防范尽职管理风险。(4)大力发展主动管理类信托业务，提高公司核心竞争力。公司已基本形成中原理财——成长、宏业、宏利和安益四个集合信托产品线和服务高端客户的单一信托产品。(5)审慎开展房地产信托业务。优选交易对手和项目，合理把握总体规模及单个项目规模，确保项目四证齐全、二级资质和资本金达标，做实项目抵押、质押等担保措施，确保第一还款来源的可靠性和第二还款来源的可实现性。(6)完善绩效考核，加大问责力度，强化合规执行。大力引导和培育员工勤勉审慎、尽职尽责的职业素养，

不断提高公司合规执行和精细化管理水平，严格防范各类业务风险发生。通过整改，公司的内控制度体系和流程管理进一步完善，重点风险管理能力有效提高，合规经营水平迈上新台阶。

8.7 本年度重大事项临时报告的简要内容、披露时间、所披露的媒体及其版面

无。

8.8 银监会及其省级派出机构认定的其他有必要让客户及相关利益人了解的重大信息

无。

9. 公司监事会意见

监事会认为：本报告期内，公司经营活动依法运作，操作规范，未发现违反《公司法》、《公司章程》、财务会计制度及国家法律、法规的行为，财务报告真实地反映了公司的财务状况和经营成果。公司董事、高级管理人员勤勉履职、守法经营、规范管理、开拓创新，维护了公司全体股东的根本利益，未发现违反《公司法》、《公司章程》及国家法律、法规的行为。

重庆国际信托有限公司

1. 重要提示

1.1 本公司董事会及董事保证本报告所载资料不存在任何虚假记载、误导性陈述或者重大遗漏，并对其内容的真实性、准确性和完整性承担个别及连带责任。

1.2 公司独立董事雷世文、史锦杰、王友伟、王淑慧认为本报告内容是真实、准确、完整的。

1.3 天健正信会计师事务所有限公司为本公司出具了标准无保留意见的审计报告。

1.4 公司法定代表人董事长何玉柏先生、首席执行官翁振杰先生、财务负责人李坤唯女士及财务部门负责人刘影女士声明：保证年度报告中财务报告的真实、完整。

2. 公司概况

2.1 公司简介

2.1.1 历史沿革

公司的前身是重庆国际信托投资公司，于 1984 年 10 月经中国人民银行批准成立，注册资本金 3 500 万元人民币，为国有独资的非银行金融机构；2002 年 1 月，公司引入战略投资者，进行增资改制，并经中国人民银行总行《中国人民银行关于重庆国际信托投资有限公司重新登记有关事项的批复》（银复〔2002〕9 号）批准，获准重新登记，注册资本金增至人民币 10.3373 亿元（含 1 565 万美元）；2004 年末，公司进一步增资扩股，注册资本金增加到 16.3373 亿元，取得了中国银行业监督管理委员会重庆监管局颁发的中华人民共和国金融许可证（编号为 K10226530H002）和重庆市工商行政管理局颁发的企业法人营业执照（注册号为 5000001800019）。2007 年 10 月 19 日，经中国银行业监督管理委员会银监复〔2007〕461 号文《中国银监会关于重庆国际信托投资有限公司变更公司名称和业务范围的批复》获准变更公司名称、业务范围并已领取新的金融许可证（编号为 K0051H250000001）。2010 年 11 月，经中国银行业监督管理委员会银监复〔2010〕552 号《关于批准重庆国际信托有限公司增加注册资本及调整股权结构等有关事项的批复》，公司注册资本由人民币 16.3373 亿元增加至人民币 24.3873 亿元，公司股权结构由重庆国信投资控股有限公司 100% 持股，变更为多家机构投资者共同持股，上述事项已于 2010 年 12 月 22 日完成工商变更登记（注册号 500000000005609）。

2.1.2 公司的法定中文名称：重庆国际信托有限公司

中文名称缩写：重庆信托

公司法定英文名称：Chongqing International Trust Co. ,Ltd.

英文名称缩写：CQITC

2.1.3 法定代表人：何玉柏

2.1.4 注册地址：重庆市渝中区民权路 107 号

2.1.5 邮政编码：400010

2.1.6 公司国际互联网网址：http//www. cqitic. com

2.1.7 电子信箱：cqitic@ cqitic. com

2.1.8 信息披露事务负责人：吕 维

联系电话：023 －89035888

传真：023 －89035998

电子信箱：cqitic@ cqitic. com

2.1.9 年度报告备置地点：重庆市渝中区民权路 107 号

2.1.10 聘请的会计师事务所：天健正信会计师事务所有限公司

住所：北京市西城区月坛北街 26 号恒华国际商务中心 4 层 401 室

2.1.11 聘请的律师事务所：重庆索通律师事务所

住所：重庆市渝中区中山三路 168 号中安国际大厦 12 楼中豪律师事务所

住所：重庆市渝中区邹容路 68 号大都会广场 22 层

2.2 组织结构

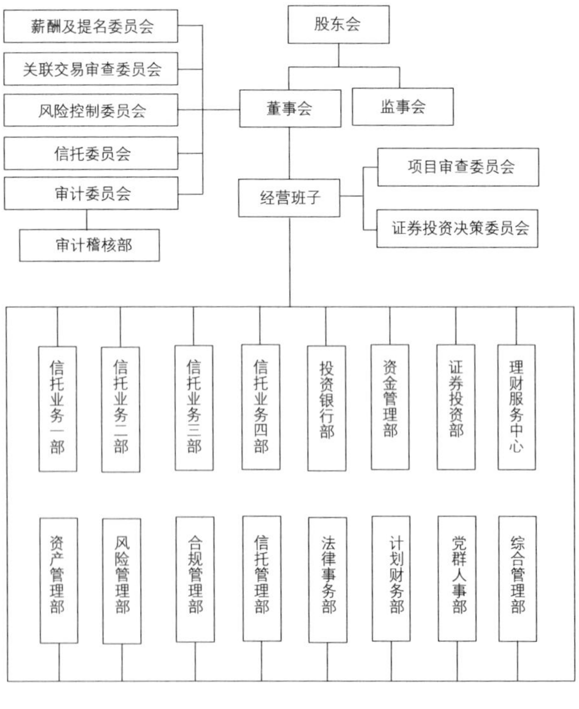

3. 公司治理结构

3.1 前3位股东

股东名称	持股比例(%)	法人代表	注册资本(亿元)	注册地址	主要经营业务及主要财务情况
重庆国信投资控股有限公司	66.99	何玉柏	16.3373	渝中区上清寺路110号	依法进行项目投资与管理、投资咨询业务等。2011年末(未经审计)资产总额8 135 955万元,所有者权益1 346 359万元。2011年度实现归属于母公司净利润88 351万元。
重庆水务集团股份有限公司	23.86	武秀峰	48	渝中区龙家湾1号	从事城镇给排水项目的投资、经营及建设管理;城镇给排水供应及系统设施的管理给排水工程设计及技术咨询服务等。2011年末资产总额1 738 981.81万元,归属于上市公司股东的所有者权益1 158 778.86万元。2011年实现上市公司股东的净利润160 903.16万元。
上海淮矿资产管理有限公司	4.10	刘建祥	6	上海市浦东新区浦东南路256号	资产管理、股权投资、股权投资管理、实业投资、企业资产并购与重组策划,投资咨询。2011年末资产总额56 678万元,所有者权益55 843万元。本年度实现母公司净利润-4 862万元。

公司股东重庆市水务资产经营有限公司为公司第二大股东重庆水务集团股份有限公司控股股东。

3.2 董事

董事长、副董事长、董事

姓 名	职 务	性别	年龄	选任日期	所推举的股东名称	该股东持股比例(%)	简 要 履 历
何玉柏	董事长	男	61	2011年3月26日	重庆市水务资产经营有限公司、重庆水务集团股份有限公司等	26.04	大学本科学历,高级经济师,曾任大足县县委书记、重庆市委副秘书长兼重庆市人民政府副秘书长、重庆市委研究室主任等职;现任重庆三峡银行董事、重庆信托党委书记、董事长。
翁振杰	董事	男	49	2011年3月26日	重庆市水务资产经营有限公司、重庆水务集团股份有限公司等	26.04	硕士研究生学历,高级经济师,曾任解放军通信学院教官、北京中关村科技发展(控股)股份有限公司副总经理等职;现任重庆市第三届人大常委,重庆信托首席执行官、董事,西南证券董事长。
武秀峰	董事	男	62	2011年3月26日	重庆市水务资产经营有限公司、重庆水务集团股份有限公司	26.04	硕士研究生,高级经济师,曾任重庆市公交公司团委干事、团市委候补委员,重庆市城建局团委副书记、团市委委员,重庆市公用局团委副书记,重庆市市政委副主任(正厅级)等职;现任重庆市水务资产经营有限公司董事长、总裁,重庆水务集团股份有限公司党委书记、董事长,重庆信托董事。
罗明亮	董事	男	46	2011年3月26日	重庆市水务资产经营有限公司、重庆水务集团股份有限公司	26.04	硕士研究生,高级会计师,曾任职重庆市公共电车公司、重庆市第三公交公司等;现任重庆市水务资产经营有限公司副董事长,重庆水务集团股份有限公司董事、财务总监,重庆信托董事。
时平生	董事	男	48	2011年3月26日	重庆国信投资控股有限公司	66.99	硕士研究生学历,助理研究员,曾任陕西证券常务副总经理、ITG(香港)风险投资公司北京代表处首席代表等职;现任中国新纪元有限公司董事长,重庆信托董事。
王晓岩	董事	男	51	2011年3月26日	重庆国信投资控股有限公司	66.99	硕士研究生学历,高级经济师,曾任中国科技财务公司总经济师、信贷部总经理等职;现任中国希格玛有限公司董事长、总裁,重庆信托董事。
谢维宪	董事	男	57	2011年3月26日	重庆国信投资控股有限公司	66.99	大学本科学历,历任中共中央政法委员会干部、北京市公安局海淀分局正处级干部、中国防卫技术学校筹备处负责人等职;现任重庆国信投资控股有限公司董事、北京中关村科学城建设股份有限公司总裁、重庆信托董事。
刘勤勤	董事	男	55	2011年3月26日	重庆国信投资控股有限公司	66.99	研究生学历,讲师、编辑,曾任军事经济学院教官、财务理论教研室主任,总后勤部财务结算中心副主任等职;现任重庆信托董事。
李寒晨	董事	女	42	2011年3月26日	重庆国信投资控股有限公司	66.99	大学本科,曾任职于中国人民银行银行司、中国银监会银行二部。现任重庆信托董事。

独立董事

姓 名	所在单位及职务	性别	年龄	选任日期	所推举的股东名称	该股东持股比例(%)	简 要 履 历
雷世文	北京市天驰律师事务所	男	48	2011年3月26日	重庆国际信托有限公司	—	硕士研究生,曾任职于安徽省机械工业厅、国家工商行政管理局;现任北京市天驰律师事务所合伙人、律师。

续表

姓 名	所在单位及职务	性别	年龄	选任日期	所推举的股东名称	该股东持股比例(%)	简 要 履 历
史锦杰	市劳动保障局退休干部	男	64	2011年3月26日	重庆国际信托有限公司	—	大学本科学历，高级经济师，曾任重庆市市中区副区长、巴南区区委书记、重庆市劳动保障局局长、重庆市三届政协常委等职；现任重庆信托独立董事。
王淑慧	北京化工大学经济管理学院财务管理专业负责人	女	51	2011年3月26日	重庆国际信托有限公司	—	大学本科学历，教授，注册会计师、税务师、资产评估师，曾任北京化工大学经济管理学院副院长、会计系主任等职；现任北京化工大学经济管理学院财务管理系主任、硕士研究生导师，重庆信托独立董事。
王友伟	市国资委退休干部	男	68	2011年3月26日	重庆国际信托有限公司	——	高级经济师，曾任重庆市团委书记、市总工会常务副主席、市旅游局局长、市企业工委、国资委副书记等职；现任重庆信托独立董事。

注：公司增资扩股工作已于2010年12月22日完成。2011年3月26日，股东会选举何玉柏、翁振杰、武秀峰、罗明亮、王晓岩、时平生、谢维宪、刘勤勤、李寒晨、雷世文、王友伟、史锦杰、王淑慧为公司第三届董事会董事，其中雷世文、王友伟、史锦杰、王淑慧为独立董事。武秀峰等新任董事任职资格已于2011年6月22日获监管部门核准。

3.3 监事

姓 名	职 务	性别	年龄	选任日期	所推举股东名称	该股东持股比例(%)	简 要 履 历
洪 虹	监事长	女	64	2011年3月26日	重庆国信投资控股有限公司	66.99	大学本科学历，高级经济师，曾任中国人民银行重庆市分行行长、重庆营管部主任、重庆银监局局长、重庆市第三届人大常委；现任重庆信托监事长。
刘建祥	监事	男	49	2011年3月26日	上海淮矿资产管理有限公司	4.10	大学本科，高级会计师；现任上海淮矿资产管理有限公司董事长，淮南矿业集团财务公司董事，重庆信托监事。
胡雪莲	职工监事	女	38	2011年3月21日	重庆信托职代会	—	硕士研究生学历，注册会计师；现任重庆信托信托业务二部副总经理、职工监事。

3.4 高级管理人员

姓 名	职 务	性别	年龄	选任时期	金融从业年限	学历	专业
翁振杰	首席执行官	男	49	2005年3月	10	硕士	通信与电子系统
陈志勇	副总裁	男	57	2002年2月	13	大专	法律
林德琼	副总裁	男	48	2009年6月	11	硕士	工商管理
杨 云	总经理助理	男	43	2008年4月	12	大专	会计
李坤唯	总经理助理	女	55	2008年4月	21	本科	企业管理
董尚可	总经理助理	男	42	2009年3月	13	硕士	MBA

3.5 公司员工

项 目		报告期年度	
		人数	比例(%)
学历分布	博士	0	0
	硕士	29	33.3
	本科	46	52.9
	专科	12	13.8
	其他	0	0
平均年龄		36	

4. 经营管理

4.1 经营目标、方针、战略规划

公司的经营目标：突出信托主业地位，以创新为核心推动信托业务拓展，重点为优质客户特别是机构客户提供综合性金融产品和服务；深化与其他金融机构的合作，积极适应金融业混业经营的趋势，不断提高控制、驾驭风险的能力，建立可持续发展的盈利模式和核心竞争力。在信托服务领域奠定全国性的行业领先地位，将公司建设成为全国一流的信托金融机构，充分实现公司价值、股东权益和社会效益的和谐发展。

公司的经营方针：坚持科学发展观，以诚信树品牌，以创新促发展；严控风险，稳健经营，发展壮大与风险防控并重，坚持依法合规经营。

公司的战略规划：立足重庆，紧紧抓住城乡统筹综合改革和建设长江上游地区金融中心的契机，调整资产结构和业务重点，以基础设施建设和金融投资为核心，大力发展信托主业，力争公司信托规模、管理水平、盈利能力不断迈向新的高度；同时，积极探索与国内外金融机构的合作，引进优质战略资本及先进管理技术，不断提升公司的资本实力、管理水平和盈利能力。

4.2 经营业务的主要内容

公司经营业务由自营业务、信托业务等构成。自营业务主要开展贷款、金融机构股权投资、证券投资等业务；信托业务主要开展资金信托、财产或财产权信托、信贷（票据）资产转让、投资银行等业务。

公司信托业务的主要品种是单一资金信托、集合资金信托、股权信托，按运用方式分为投资类信托、贷款类信托、财产（财产权）管理类信托。

自营资产运用与分布表

资产运用	金额(万元)	占比(%)	资产分布	金额(万元)	占比(%)
货币资产	138 868.70	16.21	基础产业	0.00	0.00
贷款及应收款	241 331.63	28.16	房地产业	59 495.37	6.94
交易性金融资产	53 355.11	6.23	证券市场	346 117.62	40.39
可供出售金融资产	272 586.92	31.81	实业	119 500.00	13.95
持有至到期投资	0.00	0.00	金融机构	280 052.95	32.68

续表

资产运用	金额(万元)	占比(%)	资产分布	金额(万元)	占比(%)
长期股权投资	141 184.25	16.48	其他	51 758.30	6.04
其他	9 597.63	1.11			
资产总计	856 924.24	100.00	资产总计	856 924.24	100.00

信托资产运用与分布表

资产运用	金额(万元)	占比(%)	资产分布	金额(万元)	占比(%)
货币资产	155 423.58	3.05	基础产业	1 204 100.00	23.66
贷款及应收款	1 390 188.91	27.31	房地产业	942 960.00	18.53
交易性金融资产	219 668.69	4.32	证券市场	744 427.31	14.62
可供出售金融资产	1 467 243.61	28.82	实业	561 187.69	11.02
持有至到期投资	0.00	0.00	金融机构	822 070.18	16.15
长期股权投资	1 855 129.24	36.45	其他	815 290.49	16.02
其他	2 381.64	0.05			
信托资产总计	5 090 035.67	100.00	信托资产总计	5 090 035.67	100.00

4.3 市场分析

受全球经济负面冲击和国内紧缩政策持续收紧等因素的影响,2011年全国GDP增速持续放缓。CPI一直在高位徘徊,当前虽有所回落,但通胀压力仍然存在。

基于以上情况,预计2012年中国GDP增速将进一步放缓。中央经济工作会议指出,做好2012年经济工作,要坚持统筹兼顾,切实把握好各项目标、任务之间的平衡,稳中求进。要把"稳增长、控物价、调结构、惠民生、抓改革、促和谐"更好地结合起来。

因此,2012年我国宏观经济政策目标为"稳增长,调结构,防通胀",政策方向为继续实施积极的财政政策和稳健的货币政策。财政政策要继续完善结构性减税政策,加大民生领域投入,积极促进经济结构调整;货币政策要适时适度进行预调微调,保持货币信贷总量合理增长。

4.3.1 有利因素

4.3.1.1 宏观经济形势需要创新的金融服务

2012年中国经济将继续处于较稳经济增长和较高通胀水平,货币政策呈现相对紧缩的态势,只是会进行定向定量的宽松。发达经济体在复苏缓慢甚至碰到曲折之际,升息进程会非常慢,中国单方面为了控制通胀大幅升息的可能性较小,相对偏好于控制信贷增长来抑制流动性泛滥推动的通胀。因此,信托行业发展将继续获得难得的历史性机遇。信托业可以充分利用其灵活的业务发展优势,为社会提供创新的金融服务。

4.3.1.2 信托业制度建设、配套政策、风险管理以及市场环境日益成熟,外部环境日趋改善

自"一法三规"颁布实施后,信托公司的功能定位更加清晰,各家信托公司逐步构建起了专业化的经营模式,信托行业步入高速发展的新时期。监管部门针对信托业出台一系列政策,促使信托公司在行业规划、制度建设、配套政策、风险管理以及市场协调等方面日臻完善,决策更加科学,抗风险能力不断加强,金融创新的外部环境日趋改善,各家信托公司进一步形成各具特色的核心竞争力。

4.3.1.3 社会对财富管理的需求急剧增加

一方面,随着我国经济不断发展,居民财富增长的速度将保持迅速增长,迫切需要专业机构提供资产管理服务。另一方面,由于中国的社会也越来越步入了老龄化,对社会财富管理的需求也越来越强劲。这都预示中国正在进入财富管理时代。以资产管理为核心业务的信托行业面临前所未有的良好局面,发展前景广阔。

4.3.1.4 多重机遇汇集重庆,给公司带来了新的发展机遇

重庆虽然地处西部,随着314总体部署和国发3号文件政策效应加快释放,西部大开发深入实施,三峡工程后续工作全面启动,国家中心城市和两江新区开发开放又添新动力,大发展的气势已经形成。近年来,通过"五个重庆"建设,重庆GDP每年以高于15%的速度增长,地方经济飞速发展。尤其是国家把重庆建设成为长江上游地区金融中心的定位,为公司发展信托主业提供了良好的外部环境。在全方位推进重庆市城乡统筹改革和发展的新形势下,公司将迎来新的发展机遇。

4.3.1.5 公司资本实力大幅增强,抗风险能力进一步提高

经过2002年改制重组、2004年增资扩股和2010年增资扩股,公司注册资本金增加到24.3873亿元,资本实力位居同业前列,抵御风险的能力大大增强,为大力拓展业务奠定了坚实的基础。

4.3.2 不利因素

4.3.2.1 宏观经济环境的不确定为信托业带来新的挑战

宏观经济与政策在为信托业提供难得机遇的同时,其中风险也不容小视。一方面,国家为了控制房价的政策目标而继续调控,或即便要保增长也不放松遏制房价,同时通过加大保障性住房建设满足需求,从而给部分房地产项目带来风险。另一方面,出现环比意义上的短期紧缩。即是在一定时期内实体经济可能陷入同比通胀、环比通缩,融资企业的生存环境艰难,第一还款来源面临较大压力,甚至存在高杠杆重压下的破产可能。这些给信托行业发展带来很大不确定性。

4.3.2.2 理财市场竞争激烈、监管规则不统一,信托公司展业受限较多,面临其他类型金融机构的严峻挑战

在金融业全面开放、综合经营的背景下,理财市场竞争激烈、监管规则不统一,信托公司受到更严格的限制,信托的制度优势被削弱,面临着来自商业银行、证券公司、保险公司等其他金融机构的严峻挑战;银信合作中,信托公司仍然处于被动地位,产品附加值较低,利润空间不断被压缩;资本市场对信托公司的准入限制,削弱了信托公司在证券类业务上的创新能力和管理能力。

4.3.2.3 监管政策的调整影响信托公司业务拓展

监管部门对信托业实施一系列关于信贷业务、银信合作业务、信政合作业务、房地产业务等监管政策及《净资本管理办法》正式实施,以及不定期的窗口指导,在规范信托业的同时,也对相关业务的发展构成制约,抑制了信托业进一步发展的空间。

4.3.2.4 信托业的社会认知度尚需大力提升,合格投资者尚需培育

相对于银行业、证券业、保险业,社会对信托业的了解程度还不够高,信托知识还不够普及,合格投资者尚需培育。公司地处西部,信息和资源都比较匮乏,老百姓和企业对信托业的了解

程度不高，合格投资者数量与东部沿海发达地区相比更少。

4.4 内部控制

4.4.1 内部控制环境和内部控制文化

公司按照《公司法》、《信托公司管理办法》、《信托公司治理指引》和监管部门的要求完善公司治理的相关制度和实施细则，进一步明确了股东会、董事会和监事会各自的权责和相互制约关系，以及董事会、监事会、经营班子各自的权责和授权制约关系；公司经营班子与下属部门也形成了有效的授权分责关系。

公司坚持“诚信、稳健、创新、求精”的经营理念，坚持以人为本，追求效率与效益，综合运用激励与福利机制，在积极向上的企业文件体系中实现员工与公司共同成长进步。

4.4.2 内部控制措施

公司董事会下设关联交易审查委员会、风险控制委员会、审计委员会、信托委员会、薪酬及提名委员会，各委员会职责清晰、分工明确，协助董事会开展公司各项业务；引入了独立董事制度，并由独立董事出任信托委员会、审计委员会和关联交易审查委员会主任委员，以控制公司重大业务的经营风险，实现公司业务的健康可持续发展；监事会有效履行监督职责。

公司按职责分离的原则设置内部各部门。前台部门（业务部门）对业务进行受理和初审，并负责实施项目的具体操作；中台（信托管理部、风险管理部、合规管理部、法律事务部等）对业务进行决策和事中控制；后台（计划财务部等）对业务进行财务核算和管理。通过内部约束机制达到强化中台、后台对前台的控制反映和监督评价。

为了进一步完善业务经营、防范和化解风险，2011 年公司修订、制定了《政府融资平台融资管理暂行办法》、《风险控制委员会议事规则》、《风险管理制度》等一批制度和办法，健全和完善了内部管理制度体系。

4.4.3 信息交流与反馈

公司内部建立了良好的信息交流与反馈制度，通过公司内网、会议、座谈、报告等方式，公司经营班子和员工之间开展有效的互动和交流，相互传递政策信息；通过公司外部网站及报纸等媒介，根据法律法规规定向公众披露公司资产经营状况，根据信托文件约定向信托委托人（受益人）及时披露信托财产管理运用等相关信息。

4.4.4 监督评价与纠正

公司的内控机制通过内部的自我完善和外部的检查督促来实现监督、评价和纠正。内控机制在实际工作中得到检验，一是自我检验纠错，二是经监管部门的检查提示，在出现遗漏或不足时公司会采取相应措施加以完善。

公司从多方面入手，充分发挥内部审计的监督作用。2011 年，内部审计工作得到了加强，审计的范围和深度进一步加强，全年出具各类内审报告 187 份。对审计过程中发现的问题及时与各部门沟通，要求限期完善或整改，并采取后续审计等方式进行跟踪，对防止风险出现或扩大，促进业务合法、合规、稳健经营发挥了积极作用。

4.5 风险管理

4.5.1 风险管理概况

公司坚持“宁可错过，不可做错”的风险管理理念，已形成一套比较完善和行之有效的风控机制、规章制度和操作流程，促进公司各项业务可持续发展。公司经营活动中可能遇到的风险主要有：信用风险、市场风险、操作风险、其他风险（如政策风险、法律风险、道德风险、声誉风险）等。

4.5.2 风险状况

4.5.2.1 信用风险状况

信用风险主要是交易对手违约带来的风险，信用风险主要来自借款、对外担保、投资等业务。报告期内，公司严格按财政部和中国银监会的要求，提足各项准备金。2011 年末公司信用风险资产按照资产五级分类标准分类结果为：（1）正常类资产 848 293.93 万元；（2）关注类资产 546.62 万元；（3）次级类资产无；（4）可疑类资产无；（5）损失类资产无。公司不良资产期初数为 2 000.00 万元，期末数为 0。

4.5.2.2 市场风险状况

公司面临的市场风险主要是因股价、市场汇率、利率及其他价格因素变动而产生和可能产生的风险。2011 年公司增加了证券市场的投资业务，股价变动对公司影响较大；对于公司开展的股票质押融资业务，侧重于选择业绩面好的股票，设置较低的质押率；同时引入了保证金追加制度和止损线，以有效防范市场波动风险；公司目前暂未开展外币业务，不受汇率市场变动影响；公司加强与政府、银行的合作，重点开展基础设施建设业务，利率的变动会对投资者收益及公司信托报酬产生一定影响。

4.5.2.3 操作风险状况

操作风险主要表现在由于公司内部程序、人员、系统的不完善或失误，或外部事件而引发的风险。为实现公司标准化、制度化、规范化管理，报告期内，公司进一步清理、修订、拟订了一系列规章制度和操作流程，以提高预防和控制操作风险的能力；同时公司结合业务发展需要，加强员工培训，提高员工技能，加强流程控制；对于外部事件可能给公司经营带来的风险，公司制定专门应急预案，实行突发事件预案管理。报告期内，公司未发生因操作风险带来的损失。

4.5.2.4 其他风险状况

公司面临的其他风险主要有政策风险、法律风险、道德风险、声誉风险等。报告期内，公司适时关注 2011 年宏观经济政策、行业发展政策和信托业监管政策的变化对公司经营和业务运作带来的影响，顺应政策要求合理设计项目方案；加强公司员工专业技能、职业道德培训，提升依法合规意识和风险管控能力。

截至目前，公司信托产品全部实现了按期兑付，公司美誉度和知名度得到社会广泛认可。

4.5.3 风险管理

4.5.3.1 信用风险管理

公司对信用风险的管理，一是加强事前对交易对手（项目）或债务人的尽职调查，严格按照业务流程开展业务，强化项目的风险控制措施的有效性和合法合规性；二是事中对交易对手（项目）进行跟踪检查，对资产分类进行评级及动态管理；三是对重点项目制定应急处置预案，及时化解已发生的风险、降低损失程度；四是事后对已结束项目进行审计和后续评价，以获取管理经验。此外，在产品结构设计时，通过结构化配置和多样化组合投资来分散和降低风险。

在自有业务方面，公司严格控制对外担保，2011 年全年未发生对外担保，截至报告日，对外担保余额为零；公司的短期投资主要投资于质地优良、风险低的金融类产品。公司存续的所有自营贷款均根据具体项目采取了抵(质)押或保证担保的风险控制措施，抵押物、质押物的价值能够确保债务的履行；房地产作为抵押物按《重庆国际信托有限公司房地产抵押估价管理暂行办法》相关规定执行，金融类股权作为质押物按《重庆国际信托有限公司金融类股权质押贷款暂行规定》执行，其他抵押物和质押物主要是根据抵押物、质押物的价值以及实现抵押权、质押权的可行性，处置抵押物、质押物的难易程度确定抵(质)押率。保证贷款主要是根据保证人的信用状况、偿还能力而定，确保担保人的担保能力能覆盖贷款金额。

在信托业务方面，公司依法合规履行受托人职责，所有信托项目均是根据委托人指令或信托文件的约定进行管理、运用、处分。

4.5.3.2　市场风险管理

在加强市场风险管理方面，公司采取以下控制措施：发挥现有研发人员作用，积极吸引人才，加强对国家宏观经济政策、货币信贷政策、财政政策等领域的研究，及时掌握市场变化，为调整投资决策提供依据；对产业市场、资本市场等领域实行分散投资，根据公司整体安排，适时调整各领域的投资规模，合理安排期限结构；建立有效的止损防范措施和市场风险预警机制，强化日常风险监控和报告制度，以便及时处置化解风险。

4.5.3.3　操作风险管理

公司完善业务管理制度，结合实际情况制订和修订了一系列业务操作流程，明确各部门、各岗位职责和权限，严禁越权操作业务项目；坚持信托财产与固有财产之间，不同信托财产之间分别管理、分别记账的原则，在部门设置和人员安排上使前台、中台、后台部门分设和人员分离，业务交易、会计记录和后续管理监督分离；加强对员工的业务技能培训，强化员工的责任意识和道德水准；修改完善公司各类法律文本，以便规范化、标准化运行；制定应急预案，适时启动奖惩机制等措施防范和控制操作风险。

4.5.3.4　其他风险管理

公司通过加强对宏观经济政策和行业政策的跟踪、研究，提高预见性；公司设立法律事务部和合规管理部对交易行为或合同进行内部审查，聘请专门的律师事务所和会计师事务所协助公司开展项目法律审查和咨询，以防范和控制业务风险；加强职业道德和思想教育，开展培训和座谈等措施防范和控制道德风险。公司还将根据业务发展规模的不断扩大和市场变化等情况，对公司风险管理措施进一步修改和完善。

5. 报告期末及上一年度末的比较式会计报表

5.1　自营资产

5.1.1　会计师事务所审计意见

天健正信会计师事务所有限公司审计了公司财务报表，包括 2011 年 12 月 31 日的资产负债表、合并资产负债表，2011 年度的利润表、合并利润表和现金流量表、合并现金流量表、股东权益变动表、合并股东权益变动表以及财务报表附注。会计师事务所认为，公司财务报表已经按照企业会计准则的规定编制，在所有重大方面公允反映了公司 2011 年 12 月 31 日的财务状况以及 2011 年度的经营成果和现金流量。

5.1.2　资产负债表

5.1.2.1　母公司资产负债表

资产负债表

2011 年 12 月 31 日

单位：万元

资　　产	期末数	期初数	负债和所有者权益	期末数	期初数
资　产：			负　债：		
现金及存放银行款项	138 868.70	284 267.46	向中央银行借款		
存放中央银行款项			同业及其他金融机构存放款项		
贷款及垫款	147 906.00	132 500.00	拆入资金		
拆出资金			交易性金融负债		
交易性金融资产	53 355.11	19 528.56	卖出回购金融资产款		
买入返售金融资产		2 000.00	应付职工薪酬	3 617.00	1 914.10
应收投资类款项	47 000.00		应交税费	21 184.79	19 088.42
应收利息		6.67	应付账款		
应收账款			其他应付款	12 461.16	2 575.84
其他应收款	3 925.63	3 992.53	预收账款		
预付账款	42 500.00	15 000.00	其他负债		
可供出售金融资产	272 586.92	260 576.72	递延所得税负债	28 409.69	39 460.52
持有至到期投资			预计负债	2 252.62	5 432.03
长期股权投资	141 184.25	130 167.40	负债合计	67 925.26	68 470.91
投资性房地产					
固定资产	4 819.24	4 974.47	所有者权益：		
无形资产	86.29	90.07	实收资本	243 873.00	243 873.00
递延所得税资产	4 683.03	1 247.72	资本公积	314 508.08	347 439.11
抵债资产	9.07	9.07	减：库存股		

续表

资　　产	期末数	期初数	负债和所有者权益	期末数	期初数
其他资产			盈余公积	27 245.44	19 434.02
			一般风险准备	8 488.41	8 485.53
			信托赔偿准备	15 108.80	11 203.09
			未分配利润	179 775.25	155 455.01
			所有者权益合计	788 998.98	785 889.76
资产总计	856 924.24	854 360.67	负债和所有者权益总计	856 924.24	854 360.67

5.1.2.2　合并资产负债表

合并资产负债表

2011 年 12 月 31 日　　单位：万元

资　　产	期末数	期初数	负债和所有者权益	期末数	期初数
资　产：			负　债：		
现金及存放银行款项	157 870.26	301 138.35	向中央银行借款		
存放中央银行款项			同业及其他金融机构存放款项		
贷款及垫款	147 906.00	132 500.00	拆入资金		
拆出资金			交易性金融负债		
交易性金融资产	53 355.11	19 528.57	卖出回购金融资产款		
买入返售金融资产		2 000.00	应付职工薪酬	3 855.13	2 118.38
应收投资类款项	47 000.00		应交税费	21 441.07	19 394.43
应收利息		6.67	应付账款		
应收账款		828.69	其他应付款	12 784.89	2 575.84
其他应收款	4 640.37	4 083.84	预收账款		
预付账款	42 500.00	15 028.00	其他负债		868.19
可供出售金融资产	273 951.20	262 367.22	递延所得税负债	28 421.83	39 579.21
持有至到期投资			预计负债	2 252.62	5 432.03
长期股权投资	134 865.78	123 848.92	负债合计	68 755.54	69 968.08
投资性房地产					
固定资产	5 113.36	5 306.54	所有者权益：		
无形资产	359.24	723.01	实收资本	243 873.00	243 873.00
递延所得税资产	5 034.01	1 593.95	资本公积	314 348.82	347 412.81
抵债资产	9.07	9.07	减：库存股		
其他资产			盈余公积	27 317.37	19 505.95
			一般风险准备	8 488.41	8 485.53
			信托赔偿准备	15 108.80	11 203.09
			未分配利润	183 916.60	158 608.41
			归属于母公司的权益	793 053.00	789 088.79
			少数股东权益	10 795.86	9 905.96
			所有者权益合计	803 848.86	798 994.75
资产总计	872 604.40	868 962.83	负债和所有者权益总计	872 604.40	868 962.83

5.1.3 利润表

5.1.3.1 母公司利润表

利润表

2011 年度　　　　单位:万元

项　　目	本年数	上年数
一、营业收入	111 852.89	74 579.11
利息净收入	39 592.75	8 549.33
利息收入	40 556.22	8 676.43
利息支出	963.47	127.10
手续费及佣金净收入	56 493.65	57 466.79
手续费及佣金收入	59 373.53	59 110.02
手续费及佣金支出	2 879.88	1 643.23
投资收益(损失以"-"号填列)	29 204.04	10 958.83
其中:对联营企业和合营企业的投资收益	14 469.70	8 447.86
公允价值变动收益(损失以"-"号填列)	-14 452.49	-3 067.92
汇兑收益(损失以"-"号填列)	0.11	0.55
其他业务收入	1 014.83	671.53
二、营业支出	13 427.43	4 130.48
营业税金及附加	5 150.59	3 743.65
业务及管理费	8 187.45	5 299.61
资产减值损失	89.39	-4 912.78
其他业务成本		
三、营业利润(亏损以"-"号填列)	98 425.46	70 448.63
加:营业外收入	4 090.71	800.00
减:营业外支出	4 037.01	41.41
四、利润总额(亏损总额以"-"号填列)	98 479.16	71 207.22
减:所得税费用	20 364.95	15 486.04
五、净利润(净亏损以"-"号填列)	78 114.21	55 721.18
六、其他综合收益	-32 931.03	-33 335.19
七、综合收益总额	45 183.18	22 385.99

5.1.3.2 合并利润表

合并利润表

2011 年度　　　　单位:万元

项　　目	本年数	上年数
一、营业收入	120 493.25	84 660.91
利息净收入	39 957.96	8 723.23
利息收入	40 921.43	8 850.33
利息支出	963.47	127.10
手续费及佣金净收入	56 494.80	57 471.94
手续费及佣金收入	59 374.68	59 115.16
手续费及佣金支出	2 879.88	1 643.22
投资收益(损失以"-"号填列)	29 204.04	10 958.83
其中:对联营企业和合营企业的投资收益	14 469.70	8 447.86
公允价值变动收益(损失以"-"号填列)	-14 452.49	-3 067.92
基金管理费及销售服务费收入	8 273.99	9 902.75
汇兑收益(损失以"-"号填列)	0.11	0.55
其他业务收入	1 014.84	671.53
二、营业支出	19 302.84	10 362.16
营业税金及附加	5 610.98	4 288.59
业务及管理费	13 602.47	10 986.35
资产减值损失	89.39	-4 912.78
其他业务成本		
三、营业利润(亏损以"-"号填列)	101 190.41	74 298.75
加:营业外收入	4 111.62	800.73
减:营业外支出	4 037.01	46.87
四、利润总额(亏损总额以"-"号填列)	101 265.02	75 052.61
减:所得税费用	21 134.59	16 418.87
五、净利润(净亏损以"-"号填列)	80 130.43	58 633.74
其中:被合并方在合并前实现的净利润		
归属于母公司的净利润	79 102.16	57 148.33
少数股东损益	1 028.27	1 485.41
六、其他综合收益	-33 202.36	-33 411.28
七、综合收益总额	46 928.07	25 222.46
归属于母公司股东的综合收益总额	46 038.17	23 775.86
归属于少数股东的综合收益总额	889.90	1 446.60

5.1.4 所有者权益变动表

5.1.4.1 母公司所有者权益变动表

所有者权益变动表

2011 年度　　　　单位:万元

项　　目	本年金额							
	实收资本	资本公积	减:库存股	盈余公积	一般风险准备	信托赔偿准备	未分配利润	所有者权益合计
一、上年年末余额	243 873.00	347 439.11		19 434.02	8 485.53	11 203.09	155 455.01	785 889.76
加:会计政策变更								
前期差错更正								
其他								
二、本年年初余额	243 873.00	347 439.11		19 434.02	8 485.53	11 203.09	155 455.01	785 889.76
三、本年增减变动金额(减少以"-"号填列)		-32 931.03		7 811.42	2.88	3 905.71	24 320.24	3 109.22
(一)净利润							78 114.21	78 114.21
(二)其他综合收益		-32 931.03						-32 931.03
上述(一)和(二)小计		-32 931.03					78 114.21	45 183.18
(三)所有者投入和减少资本								
1. 所有者投入资本								

续表

项　目	本年金额							
	实收资本	资本公积	减:库存股	盈余公积	一般风险准备	信托赔偿准备	未分配利润	所有者权益合计
2. 股份支付计入所有者权益的金额								
3. 其他								
(四)利润分配				7 811. 42	2. 88	3 905. 71	-53 793. 97	-42 073. 96
1. 提取盈余公积				7 811. 42			-7 811. 42	
2. 提取一般风险准备					2. 88		-2. 88	
3. 对所有者(或股东)的分配							-42 073. 96	-42 073. 96
4. 其他						3 905. 71	-3 905. 71	
(五)所有者权益(或股东权益)内部结转								
1. 资本公积转增资本(或股本)								
2. 盈余公积转增资本(或股本)								
3. 盈余公积弥补亏损								
4. 一般风险准备弥补亏损								
5. 其他								
四、本年年末余额	243 873. 00	314 508. 08		27 245. 44	8 488. 41	15 108. 80	179 775. 25	788 998. 98

所有者权益变动表(续表)

2011 年度

单位:万元

项　目	上年金额							
	实收资本	资本公积	减:库存股	盈余公积	一般风险准备	信托赔偿准备	未分配利润	所有者权益合计
一、上年年末余额	163 373. 00	151 974. 30		13 451. 71	4 785. 48	6 622. 94	109 894. 46	450 101. 89
加:会计政策变更								
前期差错更正				410. 19		205. 09	3 486. 59	4 101. 87
其他								
二、本年年初余额	163 373. 00	151 974. 30		13 861. 90	4 785. 48	6 828. 03	113 381. 05	454 203. 76
三、本年增减变动金额(减少以“-”号填列)	80 500. 00	195 464. 81		5 572. 12	3 700. 05	4 375. 06	42 073. 96	331 685. 99
(一)净利润							55 721. 18	55 721. 18
(二)其他综合收益		-33 335. 19						-33 335. 19
上述(一)和(二)小计		-33 335. 19					55 721. 18	22 385. 99
(三)所有者投入和减少资本	80 500. 00	228 800. 00						309 300. 00
1. 所有者投入资本	80 500. 00	228 800. 00						309 300. 00
2. 股份支付计入所有者权益的金额								
3. 其他								
(四)利润分配				5 572. 12	3 700. 05	4 375. 06	-13 647. 23	
1. 提取盈余公积				5 572. 12			-5 572. 12	
2. 提取一般风险准备					3 700. 05		-3 700. 05	
3. 对所有者(或股东)的分配								
4. 其他						4 375. 06	-4 375. 06	
(五)所有者权益(或股东权益)内部结转								
1. 资本公积转增资本(或股本)								
2. 盈余公积转增资本(或股本)								
3. 盈余公积弥补亏损								
4. 一般风险准备弥补亏损								
5. 其他								
四、本年年末余额	243 873. 00	347 439. 11		19 434. 02	8 485. 53	11 203. 09	155 455. 01	785 889. 76

5.1.4.2 合并所有者权益变动表

合并所有者权益变动表

2011 年度

单位:万元

项　目	本年金额								
	归属于母公司股东的权益							少数股东权益	所有者权益合计
	实收资本	资本公积	减:库存股	盈余公积	一般风险准备	信托赔偿准备	未分配利润		
一、上年年末余额	243 873.00	347 412.81		19 505.95	8 485.53	11 203.09	158 608.41	9 905.96	798 994.75
加:会计政策变更									
前期差错更正									
其他									
二、本年年初余额	243 873.00	347 412.81		19 505.95	8 485.53	11 203.09	158 608.41	9 905.96	798 994.75
三、本年增减变动金额(减少以“-”号填列)		-33 063.99		7 811.42	2.88	3 905.71	25 308.19	889.90	4 854.11
(一)净利润							79 102.16	1 028.27	80 130.43
(二)其他综合收益		-33 063.99						-138.37	-33 202.36
上述(一)和(二)小计		-33 063.99					79 102.16	889.90	46 928.07
(三)所有者投入和减少资本									
1. 所有者投入资本									
2. 股份支付计入所有者权益的金额									
3. 其他									
(四)利润分配				7 811.42	2.88	3 905.71	-53 793.97		-42 073.96
1. 提取盈余公积				7 811.42			-7 811.42		
2. 提取一般风险准备					2.88		-2.88		
3. 对所有者(或股东)的分配							-42 073.96		-42 073.96
4. 其他						3 905.71	-3 905.71		
(五)所有者权益内部结转									
1. 资本公积转增资本									
2. 盈余公积转增资本									
3. 盈余公积弥补亏损									
4. 一般风险准备弥补亏损									
5. 其他									
(六)同一控制下合并结转									
四、本年年末余额	243 873.00	314 348.82		27 317.37	8 488.41	15 108.80	183 916.60	10 795.86	803 848.86

合并所有者权益变动表(续表)

2011 年度

单位:万元

项　目	上年金额								
	归属于母公司股东的权益							少数股东权益	所有者权益合计
	实收资本	资本公积	减:库存股	盈余公积	一般风险准备	信托赔偿准备	未分配利润		
一、上年年末余额	163 373.00	151 985.28		13 523.64	4 785.48	6 622.94	111 620.71	8 459.36	460 370.41
加:会计政策变更									
前期差错更正				410.19		205.09	3 486.59		4 101.87
其他									
二、本年年初余额	163 373.00	151 985.28		13 933.83	4 785.48	6 828.03	115 107.30	8 459.36	464 472.28
三、本年增减变动金额(减少以“-”号填列)	80 500.00	195 427.53		5 572.12	3 700.05	4 375.06	43 501.10	1 446.60	334 522.46
(一)净利润							57 148.33	1 485.40	58 633.73
(二)其他综合收益		-33 372.47						-38.80	-33 411.27
上述(一)和(二)小计		-33 372.47					57 148.33	1 446.60	25 222.46
(三)所有者投入和减少资本	80 500.00	228 800.00							309 300.00
1. 所有者投入资本	80 500.00	228 800.00							309 300.00
2. 股份支付计入所有者权益的金额									
3. 其他									
(四)利润分配				5 572.12	3 700.05	4 375.06	-13 647.23		

续表

项目	上年金额								
	归属于母公司股东的权益							少数股东权益	所有者权益合计
	实收资本	资本公积	减:库存股	盈余公积	一般风险准备	信托赔偿准备	未分配利润		
1. 提取盈余公积				5 572.12			-5 572.12		
2. 提取一般风险准备					3 700.05		-3 700.05		
3. 对所有者(或股东)的分配									
4. 其他						4 375.06	-4 375.06		
(五)所有者权益内部结转									
1. 资本公积转增资本									
2. 盈余公积转增资本									
3. 盈余公积弥补亏损									
4. 一般风险准备弥补亏损									
5. 其他									
(六)同一控制下合并结转									
四、本年年末余额	243 873.00	347 412.81		19 505.95	8 485.53	11 203.09	158 608.41	9 905.96	798 994.75

5.2 信托资产

5.2.1 信托项目资产负债汇总表

信托项目资产负债表

2011 年 12 月 31 日

单位:万元

信托资产	期末余额	期初余额	信托负债和信托权益	期末余额	期初余额
信托资产:			信托负债:		
货币资金	155 423.58	215 343.79	交易性金融负债		
拆出资金			衍生金融负债		
存出保证金			应付受托人报酬		
交易性金融资产	219 668.69	226 393.48	应付托管费	11.58	0.15
衍生金融资产			应付受益人收益	147.32	
买入返售金融资产			应交税费	397.85	288.12
应收款项	520 944.95	11 715.97	应付销售服务费		
发放贷款	869 243.96	1 106 849.50	其他应付款项	74 646.62	11 522.36
可供出售金融资产	1 467 243.61	461 006.95	预计负债		
持有至到期投资		3 485.00	其他负债		
长期应收款			信托负债合计	75 203.37	11 810.63
长期股权投资	1 855 129.24	1 758 293.12			
投资性房地产					
固定资产			信托权益		
无形资产			实收信托	5 082 417.15	3 757 075.68
长期待摊费用	2 381.64	687.86	资本公积		
其他资产			未分配利润	-67 584.85	14 889.36
减:各项资产减值准备			信托权益合计	5 014 832.30	3 771 965.04
信托资产总计:	5 090 035.67	3 783 775.67	信托负债和信托权益总计:	5 090 035.67	3 783 775.67

5.2.2 信托项目利润及利润分配汇总表

信托项目利润及利润分配表

2011 年度　　　　单位:万元

项　　目	本年数	上年数
一、营业收入	182 883.80	205 805.88
利息收入	92 639.05	58 298.78
投资收益(损失以"-"号填列)	149 827.40	141 838.30
其中:对联营企业和合营企业的投资收益		
公允价值变动收益(损失以"-"号填列)	-64 416.31	-1 428.78
租赁收入		
汇兑损益(损失以"-"号填列)		
其他收入	4 833.66	7 097.58
二、营业支出	29 256.65	20 477.19
营业税金及附加	363.34	964.09
受托人报酬	16 767.67	7 156.44
保管费	2 824.58	1 375.34
投资管理费	593.84	826.32
销售服务费	69.82	961.61
交易费用	1.34	
资产减值损失		
其他费用	8 636.06	9 193.39
三、信托净利润(净亏损以"-"号填列)	153 627.15	185 328.69
四、其他综合收益		
五、综合收益	153 627.15	185 328.69
加:期初未分配信托利润	14 889.36	20 210.39
六、可供分配的信托利润	168 516.51	205 539.08
减:本期已分配信托利润	236 101.36	190 649.72
七、期末未分配信托利润	-67 584.85	14 889.36

6. 会计报表附注

6.1 会计报表编制基准、会计政策、会计估计和核算方法的变化

报告年度会计报表编制基准、会计政策、会计估计和核算方法未发生变化。

6.2 或有事项说明

6.2.1 对外担保

单位:万元

项目	年末数	年初数
对外担保	0.00	0.00
合计	0.00	0.00

6.2.2 重大承诺事项

2008 年 12 月,公司与北京新富投资有限公司(以下简称"北京新富")就北京新富以持有的 6 500 万股西南证券股权作价 22 750 万元抵偿欠公司的借款的事项,签订了《和解协议》。后经重庆市高级人民法院裁定将该 6 500 万股(西南证券折股后为 4 615 万股)西南证券股份裁定给公司,目前上述股份已经过户到公司名下。同时公司与北京新富签订《和解协议》之补充协议,双方对 6 500 万股(折股后为 4 615 万股)西南证券的卖出实现收益分配情况进行约定,具体约定如下:

(1)上述股份全部卖出的时间不迟于可上市流通并公开交易后的 90 个交易日。

(2)收益分配方式如下:基础收益 =22 750 万 ×17%/360 ×实际天数(按 2008 年 12 月 5 日起至标的股份上市流通并公开交易止),如处置标的股份的实现收益低于基础收益的,全部归公司所有。超过的收益按一定的比例分范围,随收益绝对额的增加,公司分成比例从 50% 到 30% 不等。

另外如果标的股份可以上市流通时,按可流通之日前二十个交易日均价计算(股份数量 ×上市流通前二十个交易日均价 -22 750 万元),高于基础收益,经北京新富同意,公司也可以将应分配给北京新富的收益折合为西南证券股份通过合法途径交付给北京新富,该股份数按(北京新富应分配金额/(上市流通前二十个交易日均价 ×95%))计算。交付时间限于上市流通后 60 个交易内,如因客观原因无法实现,双方再另行协商交付时间。

按上述约定分配原则,公司将上述 4 615 万西南证券股份有限公司股份按技术估值列示可供出售金融资产 38 350.65 万元,与之相对应分给北京新富的收益,列示于预计负债 1 601.58万元。

截至 2011 年 12 月 31 日,本公司无应披露未披露的或有事项。

6.3 重要资产转让及其出售的说明

本报告期内公司无重要资产转让及其出售情况。

6.4 会计报表中重要项目的明细资料

6.4.1 自营资产经营情况

6.4.1.1 资产风险分类结果

信用风险资产五级分类	正常类(万元)	关注类(万元)	次级类(万元)	可疑类(万元)	损失类(万元)	资产合计(万元)	不良资产合计(万元)	不良资产率(%)
期初数	846 003.17	549.49	2 000.00			848 552.66	2 000.00	0.24
期末数	848 293.93	546.62				848 840.55	0.00	0.00

6.4.1.2 各项资产减值损失准备

单位:万元

项　　目	期初数	本期计提	本期转回	本期核销	期末数
贷款损失准备	500.00	88.91	905.09		1 494.00
一般准备		588.91	905.09		1 494.00
专项准备	500.00	-500.00			
其他资产减值准备	10.99	0.48		0.54	10.93
可供出售金融资产减值准备					
持有至到期投资减值准备					
长期股权投资减值准备					
坏账准备	10.99	0.48		0.54	10.93
投资性房地产减值准备					

6.4.1.3 股票投资、基金投资、债券投资、股权投资等投资业务

单位：万元

项 目	自营股票	基金	债券	长期股权投资	其他投资	合计
期初数	242 265.78	199.50		130 167.40	37 640.00	410 272.68
期末数	260 552.92	164.70		141 184.25	112 224.41	514 126.28

6.4.1.4 前三名的自营长期股权投资

企业名称	占被投资企业权益的比例（%）	主要经营活动	投资损益（万元）
1. 重庆三峡银行股份有限公司	34.79	人民币业务；吸收存款；发放贷款；办理国内结算等经中国人民银行批准的业务。	14 469.70
2. 益民基金管理有限公司	49.00	基金管理业务。	
3. 重庆银行股份有限公司	0.01	吸收公众存款；发放短期、中期和长期贷款；办理国内结算；办理票据贴现；发行金融债券等经中国银行业监督管理委员会批准的业务。	0.98

6.4.1.5 前三名的自营贷款

企业名称	占贷款总额的比例（%）	还款情况
个旧市德兴工贸有限责任公司	26.77	尚未到期
江苏凤凰地产有限公司	19.75	尚未到期
安徽万城房地产有限公司	19.75	尚未到期

6.4.1.6 表外业务

单位：万元

表外业务	期初数	期末数
担保业务	0.00	0.00
代理业务（委托业务）	0.00	0.00
其他	0.00	0.00
合计	0.00	0.00

6.4.1.7 公司当年的收入结构

母公司口径

收入结构	金额（万元）	占比（%）
手续费及佣金收入	59 373.53	49.57
其中：信托手续费收入	41 094.69	34.31
投资银行业务收入	18 278.84	15.26
利息收入	40 556.22	33.86
其他业务收入	1 014.94	0.85
投资收益	29 204.04	24.38
其中：股权投资收益	14 470.68	12.08
证券投资收益	-404.17	-0.34
其他投资收益	15 137.53	12.64
公允价值变动收益	-14 452.49	-12.07
营业外收入	4 090.71	3.41
收入合计	119 786.95	100.00

合并口径

收入结构	金额（万元）	占比（%）
手续费及佣金收入	59 374.68	46.22
其中：信托手续费收入	41 094.69	31.99
投资银行业务收入	18 279.99	14.23
基金管理费及销售服务费收入	8 273.99	6.44
利息收入	40 921.43	31.86
其他业务收入	1 014.95	0.79
投资收益	29 204.04	22.74
其中：股权投资收益	14 470.68	11.27
证券投资收益	-404.17	-0.31
其他投资收益	15 137.53	11.78
公允价值变动收益	-14 452.49	-11.25
营业外收入	4 111.62	3.20
收入合计	128 448.22	100.00

6.4.2 信托财产管理情况

6.4.2.1 信托资产

单位：万元

信托资产	期初数	期末数
集合	783 277.67	1 062 337.48
单一	2 841 239.76	3 246 656.19
财产权	159 258.24	781 042.00
合计	3 783 775.67	5 090 035.67

6.4.2.1.1 主动管理型信托业务

单位：万元

主动管理型信托资产	期初数	期末数
证券投资类	696 366.03	986 397.74
股权投资类	253 721.28	900 275.90
融资类	1 546 356.16	1 846 061.34
事务管理类	158 442.68	441 226.76
合计	2 654 886.15	4 173 961.74

6.4.2.1.2 被动管理型信托业务

单位：万元

被动管理型信托资产	期初数	期末数
证券投资类	0.00	0.00
股权投资类	9 000.00	9 000.20
融资类	1 118 085.52	856 203.68
事务管理类	1 804.00	50 870.05
合计	1 128 889.52	916 073.93

6.4.2.2 本年度已清算结束的信托项目

6.4.2.2.1 按信托类型分类

已清算结束信托项目	项目个数	实收信托合计金额（万元）	加权平均实际年化收益率（%）
集合类	3	222 450.00	6.11
单一类	68	1 613 776.61	5.04
财产管理类	10	29 371.22	2.39

6.4.2.2.2 主动管理型

已清算结束信托项目	项目个数	实收信托合计金额(万元)	加权平均实际年化信托报酬率(%)	加权平均实际年化收益率(%)
证券投资类	7	309 150.00	0.45	5.91
股权投资类	5	132 160.00	2.26	5.22
融资类	47	1 054 998.25	0.44	4.59
事务管理类	12	57 967.22	0.34	3.90

6.4.2.2.3 被动管理型

已清算结束信托项目	项目个数	实收信托合计金额(万元)	加权平均实际年化信托报酬率(%)	加权平均实际年化收益率(%)
证券投资类	0	—	—	—
股权投资类	3	88 218.36	0.27	7.99
融资类	6	221 300.00	0.18	5.89
事务管理类	1	1 804.00	0.09	0.00

6.4.2.3 本年度新增的信托项目

单位:万元

新增信托项目	项目个数	实收信托合计金额
集合	17	582 624.00
单一	101	2 272 521.60
财产权	21	622 817.23
新增合计	139	3 477 962.83
其中:主动管理型	138	3 427 592.83
被动管理型	1	50 370.00

6.4.2.4 信托业务创新成果和特色业务有关情况

平安重庆1号集合信托计划

公司自2009年发起成立全国首只警察英烈救助公益信托基金以来,始终致力于为"平安重庆"的建设贡献力量。在公益信托广获好评的基础上,公司不断努力,于2011年11月发起设立了"平安重庆1号集合资金信托计划",截至2011年12月31日,即募集资金5.31亿元,通过向重庆市国地资产经营管理有限公司发放信托贷款的方式,对庆隆系公司在金融机构的债务进行重整,彻底化解金融风险,维护社会稳定。

宜居重庆1号·巴南李家沱片区保障房项目建设集合资金信托计划

2011年,公司从各个方面支持重庆地方经济建设,11月发起设立了"宜居重庆1号·巴南李家沱片区保障房项目建设集合资金信托计划",募集资金1.76亿元,通过向重庆市城南建设投资有限公司发放信托贷款,用于相关保障房建设项目,以实现"宜居重庆"的目标,服务城乡居民,践行社会责任,促进经济社会和谐协调发展。

森林重庆1期——绿色荣昌集合资金信托计划

为支持建设森林重庆,改善城市绿化,公司自2010年起即开始筹备并最终设立了"森林重庆1期——绿色荣昌集合信托计划",募集资金1.7亿元,通过向重庆渝荣林业发展有限公司进行增资,增资资金投入荣昌渝林公司,用于荣昌植树造林以及环境绿化等,有助于提高绿化面积、改善居住环境。

城乡统筹5号土地复垦集合资金信托计划

近年来,公司持续支持城乡统筹,积极为区县经济发展服务,在先后为大渡口建桥工业园、沙坪坝区凤中路项目、江北区滨江路、双桥工业园、渝北区龙头寺公园建设以及潼南县、荣昌县等十多个区县筹集信托资金50多亿元的基础上,2011年6月发起设立了"城乡统筹5号土地复垦集合资金信托计划",募集资金2.5亿元,通过向伟宏规划公司增资,用于对荣昌县农村建设用地实施复垦,继续有力地支持了区县经济的发展。

6.4.2.5 本公司履行受托人义务的情况及因本公司自身责任而导致的信托资产损失情况

公司严格按照国家法律、法规和信托合同的约定,作为信托计划的受托人从事信托活动。在信托成立之前,对委托人明示信托投资的风险,不承诺保底收益;在信托计划履行过程中,恪尽诚实、信用、谨慎、有效管理的义务,对所有信托项目均单独开户,单独核算,严格收支管理;从后期管理上,设置专职的信托经理,对信托项目实行及时跟踪管理和书面报告制度,真实记录并全面反映信托项目管理情况和财务状况,并根据法律法规要求及信托文件约定对信托项目的进行情况在公司网站上进行定期的披露。

截至报告期末,所有信托项目均按时分配收益,无拖延拒付情况,也未出现因本公司自身责任而导致信托资产出现损失的情况。

6.5 关联方关系及其交易

6.5.1 关联交易方的数量、关联交易的总金额及关联交易的定价政策

单位:万元

	关联交易方数量	关联交易金额	定价政策
合计	13	118 845.52	按市价公平定价

6.5.2 关联交易方与本公司的关系性质、关联交易方的名称、法人代表、注册地址、注册资本及主营业务

序号	关联性质	关联方名称	法定代表人	注册地址	注册资本(万元)	主营业务
1	母公司	重庆国信投资控股有限公司	何玉柏	重庆	163 373.00	项目投资与管理。
2	同一母公司	重庆路桥股份有限公司	江津	重庆	45 387.10	城市道路桥梁等基础设施的投资、建设、管理等。
3	同一母公司	重庆饭店有限公司	吴成惠	重庆	500.00 美元	饮食、食品加工销售、旅游、车队服务、康乐中心、写字楼出租等。
4	同一母公司	重庆未来投资有限公司	卢俊	重庆	6 000.00	实业、股权及市场开发投资、资产经营管理、国内贸易等。
5	被投资单位	益民基金管理有限公司	翁振杰	重庆	10 000.00	基金管理业务、发起设立基金。
6	被投资单位	重庆三峡银行股份有限公司	童海洋	重庆	201 179.07	吸收公众存款,发放短期、中期和长期贷款,办理国内结算等经中国人民银行批准的业务。

6.5.3 重大关联方交易

6.5.3.1 固有与关联方交易

单位：万元

固有与关联方关联交易				
	期初数	借方发生额	贷方发生额	期末数
贷款				0.00
投资				0.00
租赁		1 006.85	1 006.85	0.00
担保				0.00
应收账款		11 238.67	11 238.67	0.00
其他	3 309.16		3 309.16	0.00
合计	3 309.16	12 245.52	15 554.68	0.00

6.5.3.2 信托与关联方交易

单位：万元

信托与关联方关联交易				
	期初数	借方发生额	贷方发生额	期末数
贷款		25 000.00	0.00	25 000.00
投资				0.00
租赁				0.00
担保				0.00
应收账款				0.00
其他				0.00
合计	0.00	25 000.00	0.00	25 000.00

6.5.3.3 固信交易与信信交易

6.5.3.3.1 固信交易

单位：万元

固有财产与信托财产相互交易			
	期初数	本期发生额	期末数
合计	41 901.87	81 600.00	62 455.87

固有财产与信托财产相互交易本年增加 81 600.00 万元，本年减少 61 046.00 万元。

6.5.3.3.2 信信交易

单位：万元

信托财产与信托财产相互交易			
	期初数	本期发生额	期末数
合计	0.00	0.00	0.00

6.5.4 报告期末，无关联方逾期未偿还本公司资金和为关联方担保发生或即将发生垫款的情况

6.6 会计制度的披露

报告年度，公司自营业务、信托业务均执行《企业会计准则（2006）》。

7. 财务情况说明书

7.1 利润实现和分配情况

7.1.1 利润实现和分配情况（母公司）

本报告期初公司未分配利润 155 455.01 万元，2011 年度实现净利润 78 114.21 万元，提取法定盈余公积 7 811.42 万元，提取信托赔偿准备3 905.71万元，提取一般风险准备 2.88 万元，向股东分配 2010 年现金红利 42 073.96 万元后，剩余可供股东分配的利润为 179 775.25 万元，将用于以后年度分配。

7.1.2 利润实现和分配情况（并表口径）

本报告期初归属于母公司的未分配利润为 158 608.41 万元；2011 年度实现的归属于母公司的净利润 79 102.16 万元，提取法定盈余公积 7 811.42 万元，提取信托赔偿准备 3 905.71万元，提取一般风险准备 2.88 万元，向股东分配 2010 年现金红利 42 073.96 万元，剩余可供母公司股东分配的利润为 183 916.60 万元，将用于以后年度分配。

7.2 主要财务指标

7.2.1 主要财务指标（母公司）

指标名称	指标值
资本利润率（%）	9.92
加权年化信托报酬率（%）	0.96
人均净利润（万元/人）	1 014.47

7.2.2 主要财务指标（并表口径）

指标名称	指标值
资本利润率（%）	10.00
加权年化信托报酬率（%）	0.96
人均净利润（万元/人）	1 040.65

7.3 对本公司财务状况、经营成果有重大影响的其他事项

北京新富抵债股权事项

公司与北京新富签订了《和解协议》的补充协议，双方对该部分西南证券股权出售后的收益分配情况进行了约定，具体情况详见“6.2.2 重大承诺事项”。

2011 年 12 月 31 日，西南证券收盘价为 8.63 元/股，该部分抵债股权市值为 39 827.45 万元。公司以 2007 年 11 月 23 日以来该股票的当日收盘价格为参数，经技术估值后确定该抵债股权价值为 38 350.65 万元（折合 8.31 元/股），列示于可供出售金融资产，并据以确定应分配给北京新富的收益为 1 601.58万元，列示于预计负债。扣除贷款本金后，公司享有该股权溢价为 13 999.07 万元，扣除递延所得税负债后的净额 10 499.30万元计入资本公积。

由于证券市场的价格波动具有不确定性，若西南证券股价的大幅变动将会对公司资产、负债、所有者权益均产生较大影响。

8. 特别事项揭示

8.1 前五名股东报告期内变动情况及原因

无。

8.2 董事、监事及高级管理人员变动情况及原因

因公司第三次增资扩股工作已于 2010 年 12 月 22 日完

成,公司第二届董事会董事的任期也已届满,2011 年 3 月 26 日,股东会选举何玉柏、翁振杰、武秀峰、罗明亮、王晓岩、时平生、谢维宪、刘勤勤、李寒晨、雷世文、王友伟、史锦杰、王淑慧为公司第三届董事会董事,其中雷世文、王友伟、史锦杰、王淑慧为独立董事。武秀峰等新任董事任职资格已于2011 年6 月22 日获监管部门核准。

2011 年 3 月 21 日,按照公司章程规定,公司职工代表大会选举胡雪莲同志为第三届监事会职工监事。因公司第三次增资扩股工作已于 2010 年 12 月 22 日完成,公司第二届监事会监事的任期也已届满,2011 年 3 月 26 日,股东会选举洪虹、刘建祥同志为公司第三届监事会监事。

8.3 公司的重大未决诉讼事项

固有:起诉案件 2 件,应诉案件 1 件。

(1)公司诉长春华侨饭店有限公司借款案,案件事实发生在公司改制前,涉案标的 506.41 万元。渝中区人民法院已开庭审理,法院已作出二审判决(维持一审判决,支持公司部分诉讼请求),现该案正在执行过程中。

(2)公司诉重庆金瀚实业有限公司、洋浦大南海石化有限公司案,涉案金额 1 714.62 万元,案件事实发生在公司改制前,该案于 2010 年 10 月由重庆市第五中级人民法院受理,在法院主持下公司已与对方达成和解,该案正在执行过程中。

(3)长江轮船海外旅游总公司诉公司一般股东权纠纷案,案件事实发生在公司改制前。该案已于 2010 年 6 月由重庆市渝中区人民法院受理,原告请求法院依据其认购的"重庆国际信托投资股份有限公司"(该公司已注销)的股权,确认其对公司持有 0.3% 的股权,并按该股权比例享有股东权益。法院已判决驳回起诉,原告就该一审判决提起上诉,二审程序尚未开庭。

信托:起诉案件 1 件。

公司诉重庆国恒投资有限公司、重庆佳宇建设(集团)有限公司借款合同纠纷案(涉案金额约 4 242 万元)法院已判决公司胜诉,该案经过执行程序目前已回收债权约 4 198 万元。剩余款项公司将在发现被执行人其他可执行财产后向法院申请执行。

8.4 对会计师事务所出具的有保留意见、否定意见或无法表示意见的审计报告的,公司董事会应就所涉及事项作出说明

无。

8.5 公司及其董事、监事和高级管理人员受到处罚的情况

无。

8.6 银监会及其派出机构对公司检查后提出整改意见的整改情况

报告期内,重庆银监局对公司关联交易制度的建立和执行情况,以及存续关联交易业务进行了现场检查,对公司的总体评价是:公司制定了包括关联交易在内的业务管理制度,基本能够按照相关法律法规开展关联交易及相关业务,业务运行正常,风险可控。但公司部分管理制度和关联交易管理存在不足和问题,部分业务的尽职调查和后续管理不到位,公司人员短缺,档案管理不规范等。

针对监管部门提出的完善关联交易管理,修订完善部分业务管理制度,加强项目全流程管理,对存在问题进行整改等监管要求,公司对制度建设、关联交易业务、人事管理、档案管理中存在的问题进行了规范,对个别项目存在问题进行了整改,公司将进一步通过完善制度和强化规范化管理,促进公司业务持续健康发展。

8.7 本年度重大事项临时报告的简要内容、披露时间、所披露的媒体及其版面

2011 年 7 月 23 日,公司在《上海证券报》第 15 版披露关于章程变更的公告。

8.8 银监会及其省级派出机构认定的其他有必要让客户及相关利益人了解的重要信息

无。

9. 公司监事会意见

监事会对任期内公司的生产经营活动进行了监督检查,监事会认为:

2011 年,面对国际经济动荡,国内楼市、股市持续低迷,宏观调控趋紧的严峻形势,公司冷静分析、积极应对,严格控制风险,积极创新固有业务,大力开展信托业务,经营业绩再创新高,全年实现利润 10.13 亿元,超额完成了年初董事会下达的经营任务和经营指标。

本报告期内,公司财务报告符合相关制度和规定的编制要求,真实地反映了公司的财务状况和经营成果。

紫金信托有限责任公司

1. 重要提示

1.1 紫金信托有限责任公司董事会及董事保证本报告所载资料不存在任何虚假记载、误导性陈述或者重大遗漏，并对其内容的真实性、准确性和完整性承担个别及连带责任。本年度报告摘要摘自年度报告全文，客户及相关利益人欲了解详细内容，应阅读年度报告全文。

1.2 公司股东会已建立独立董事制度，独立董事保证本报告内容真实、完整和准确。

1.3 公司法定代表人王海涛、主管会计部门负责人陈峥和会计部门负责人杨黎文声明并保证年度报告中财务报告的真实、完整。

2. 公司概况

2.1 公司简介

紫金信托有限责任公司（以下简称紫金信托或公司）前身为南京市信托投资公司，成立于1992年。在历经股权变更后，2010年经中国银行业监督管理委员会批准公司实施增资重组，公司控股股东为国资全资设立的南京紫金投资控股有限责任公司（以下简称紫金控股），引入国际著名的信托金融机构——日本住友信托银行股份有限公司（The Sumitomo Trust & Banking Co., Ltd.）（以下简称住友信托）以及三胞集团等多家国内知名企业作为战略投资者，注册资本为5亿元人民币。2010年10月，经中国银行业监督管理委员会批准重新登记并正式更名为紫金信托有限责任公司（《中国银监会关于南京市信托投资公司重新登记等有关事项的批复》银监复〔2010〕485号），经中国银监会江苏监管局颁发金融许可证，于2010年11月28日在南京开业。

公司秉持"责任·专业·开放·分享"的经营理念，积极按照监管要求，发挥"受人之托、代人理财"的功能，立足信托主业，探索业务创新，完善治理结构，优化经营机制，加强人才开发，经济效益稳步增长，受益人的利益得到切实维护。公司正努力发展成为资产质量优良、管理规范、经营合规、信息透明、风控力强的信托公司。

公司法定中文名称：紫金信托有限责任公司

中文缩写：紫金信托

公司法定英文名称：Zijin Trust Co., Ltd.

英文缩写：ZJT

法定代表人：王海涛

注册地址：江苏省南京市中山北路2号紫峰大厦30层

邮政编码：210008

公司国际互联网网址：http://www.zjtrust.com.cn

公司电子邮箱：zjtrust@zjtrust.com.cn

公司负责信息披露事务的高级管理人员：高晓俊

联系人姓名：高晓俊

联系电话：025－66775859

传真：025－66770666

电子邮箱：gaoxiaojun@zjtrust.com.cn

公司选定的信息披露报纸名称：《金融时报》

公司年度报告备置地点：南京市中山北路2号紫峰大厦30层

公司聘请的会计师事务所：

立信会计师事务所（特殊普通合伙）

地址：上海市南京东路61号4楼

公司聘请的律师事务所：

上海市锦天城律师事务所

地址：上海市浦东新区花园石桥路33号花旗集团大厦14楼

2.2 组织结构

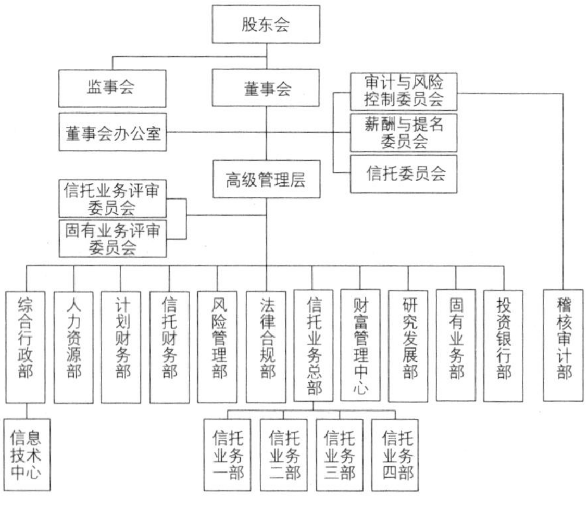

3. 公司治理

3.1 公司治理结构

3.1.1 股东

报告期末公司股东总数为5家，持有本公司股权的股东及出资情况如下表：

公司名称	法定代表人	公司地址	出资额(元)	出资方式	出资比例(%)
南京紫金投资控股有限责任公司	王海涛	南京市建邺区江东中路269号新城大厦B座2701室	300 050 000	现金	60.01
住友信托银行股份有限公司	常阴均	GranTokyo SOUTH TOWER1－9－2, MARUNOUCHI, CHIYODA－KU, TOKYO, 100－6611 JAPAN	99 950 000	现金	19.99
三胞集团有限公司	袁亚非	南京市白下区中山东路18号第11层A2座	50 000 000	现金	10
南京高新技术经济开发总公司	闵一峰	南京高新技术开发区总公司办公楼503、504房	25 000 000	现金	5
江苏金智科技股份有限公司	葛宁	南京市江宁开发区将军大道100号	25 000 000	现金	5

股东之间的关联关系：无。

公司第一大股东的主要股东情况

股东名称	持股比例(%)	法定代表人
南京市国有资产投资管理控股(集团)有限责任公司	100	严　肃

3.1.2　董事、董事会及其下属委员会

董事会成员

姓名	职务	性别	年龄	选任日期	任期	所推举的股东名称	该股东持股比例(%)
王海涛	董事长	男	50	2010年5月	三年	南京紫金投资控股有限责任公司	60.01
浅井英彦	副董事长	男	58	2010年5月	三年	日本住友信托银行股份有限公司	19.99
陈　峥	董事、总裁	女	43	2010年5月	三年	南京紫金投资控股有限责任公司	60.01
王　瑞	董事	女	38	2010年5月	三年	南京紫金投资控股有限责任公司	60.01
仪垂林	董事	男	37	2010年5月	三年	三胞集团有限公司	10

独立董事

姓名	职务	性别	年龄	选任日期	所推举的股东名称	该股东持股比例(%)
白世春	独立董事	男	67	2010年5月	南京紫金投资控股有限责任公司	60.01
黄泽民	独立董事	男	59	2010年10月	住友信托银行股份有限公司	19.99

董事会下属三个委员会

委员会名称	职责	组成人员	职务
审计与风险控制委员会	合法合规性审查； 风险控制审查； 财务及内控审查； 审计工作及审查； 关联交易审查； 公司董事会授权的其他事宜。	白世春	主任委员
		陈峥	委员
		仪垂林	委员
薪酬与提名委员会	审核公司薪酬政策或方案、评价和激励机制等； 审查公司董事及高级管理人员的履行职责情况并对其进行年度绩效考评； 根据公司实际情况对董事会的规模和构成向董事会提出建议； 研究董事、高级管理人员的选择标准和程序，并向董事会提出建议； 向股东会、董事会提名董事和高级管理人员候选人； 对董事、高级管理人员人选进行审查并提出建议； 董事会授权的其他事宜。	王海涛	主任委员
		浅井英彦	委员
		仪垂林	委员
信托委员会	对公司的机构及业务发展规划进行研究并提出建议； 组织制订公司信托业务发展规划； 指导信托业务部门开展信托业务创新； 对公司信托业务运行情况进行定期评估； 研究、制定维护受益人权益的具体措施； 董事会授予的其他职责。	黄泽民	主任委员
		王海涛	委员
		王　瑞	委员

3.1.3　监事、监事会及其下属委员会

监事会成员

姓名	职务	性别	年龄	选任日期	所推举的股东名称	该股东持股比例(%)
骆芝惠	监事长	女	55	2010 年 5 月	南京紫金投资控股有限责任公司	60.01
高长福	监事	男	47	2010 年 5 月	南京高新技术经济开发总公司	5
卞化雨	职工代表监事	男	42	2010 年 5 月	—	—

监事会未下设委员会。

3.1.4 高级管理人员情况

姓名	职务	性别	年龄	选任日期	金融从业年限	学历	专业
王海涛	董事长	男	51	2010 年 10 月 18 日	20	本科	精密仪器
陈峥	总裁	女	44	2010 年 10 月 18 日	14	硕士	工商管理
刘建春	副总裁	男	46	2010 年 10 月 18 日	23	本科	金融
朱新晖	副总裁	男	43	2010 年 10 月 18 日	23	硕士	工商管理
浅野寿夫	副总裁	男	52	2010 年 10 月 18 日	27	本科	国际商学
高晓俊	董事会秘书	男	41	2010 年 10 月 18 日	10	硕士	工商管理
	总裁助理			2011 年 5 月 26 日			

3.1.5 公司员工

项目		报告期年度		上年度	
		人数	比例(%)	人数	比例(%)
年龄分布	20 岁以下	0	0.0	0	0.0
	20～29 岁	22	36.1	11	26.8
	30～39 岁	26	42.6	21	51.2
	40 岁以上	13	21.3	9	22.0
学历分布	博士	0	0.0	0	0.0
	硕士	23	37.7	21	51.2
	本科	34	55.7	18	44.0
	专科	2	3.3	1	2.4
	其他	2	3.3	1	2.4
岗位分布	董事、监事及高管人员	5	8.2	5	12.2
	自营业务人员	2	3.3	2	4.9
	信托业务人员	24	39.3	14	34.1
	其他人员	30	49.2	20	48.8

4. 经营管理

4.1 经营目标、方针、战略规划

公司的经营目标是：牢抓信托主业，以客户专业化为发展方向，努力提高资产管理能力，为客户提供全面金融服务，不断提升客户满意度，形成企业核心竞争能力。增强风险控制能力，保证企业的稳健经营；加强人力资源开发，保障企业的可持续发展；依托本地金融市场，面向全国，将公司建设成为一流的信托投资机构，维护受益人利益，实现公司价值、股东权益和社会效益的最大化。

公司的经营方针：合规经营，严控风险，专业发展。

公司的战略规划：根据公司的战略思想，公司经营目标以专业化为主线，分为三个阶段：

(1)短期目标

专业化建设的初级阶段，目标是：不断提高公司前中后台的业务能力，构建专业化团队，包括完成组织机构、人才队伍、企业文化的建设，初步形成自有客户的营销网络。

(2)中期目标

专业化发展的实质性阶段，目标是：以客户为中心的企业经营机制效率化运作，产品和技术上能提供较强支持，完成CRM 体系的中级建设，在客户资源库规模扩大并不断结构优化的基础上实施细分，并能为其提供差异化服务。业务范围实现全国化，并通过在专业化战略的实施过程中，通过对资源和成本的合理分配，形成较强的盈利能力和核心竞争优势。

(3)远期目标

高度专业化阶段，目标是：完成 CRM 体系的高级建设并不断优化，企业高度专业化运作，有大批忠诚稳定的客户，成为公司最重要的资产，公司有能力为客户提"一对一"的专门化服务，客户满意度不断提高。经营上，向高端理财市场和国际市场发展，成为具备巨大价值的、以客户专业化为特色的信托机构。

4.2 经营业务的主要内容

4.2.1 公司经营业务和品种

经中国银行业监督管理委员会批准，公司许可经营项目为：资金信托；动产信托；不动产信托；有价证券信托；其他财产或财产权信托；作为投资基金或者基金管理公司的发起人从事投资基金业务；经营企业资产的重组、购并及项目融资、公司理财、财务顾问等业务；受托经营国务院有关部门批准的证券承销业务；办理居间、咨询、资信调查等业务；代保管及保管箱业务；以存放同业、拆放同业、贷款、租赁、投资方式运用固有财产；以固有财产为他人提供担保；从事同业拆借；中国法律法规规定或中国银监会批准的其他业务(外资比例低于 25%)。

一般经营项目：无。

4.2.2 公司资产组合和分布

4.2.2.1 自营资产运用与分布表

资产运用	金额(万元)	占比(%)	资产分布	金额(万元)	占比(%)
货币资金	10 704.57	19.27	基础产业	—	
贷款及应收款	29 704.17	53.47	房地产业	5 000.00	9.00
交易性金融资产	2 308.74	4.16	证券市场	2 308.74	4.16
可供出售金融资产	2 000.00	3.60	实业	24 703.89	44.47
持有至到期投资	2 986.00	5.38	金融机构	11 301.57	20.34
长期股权投资	597.00	1.07	其他	12 235.05	22.03
其他	7 248.77	13.05			
资产总计	55 549.25	100.00	资产总计	55 549.25	100.00

4.2.2.2　信托资产运用与分布表

资产运用	金额（万元）	占比（%）	资产分布	金额（万元）	占比（%）
货币资产	704 184.66	59.59	基础产业	0.00	0.00
贷款	158 470.00	13.41	房地产业	118 960.00	10.07
短期投资	309 036.34	26.15	证券	0.00	0.00
长期投资	10 000.00	0.85	实业	205 791.66	17.42
买入返售资产	0.00	0.00	其他	856 939.34	72.51
其他	0.00	0.00			
资产总计	1 181 691.00	100	资产总计	1 181 691.00	100

4.3　市场分析

4.3.1　宏观经济分析

2012年欧债危机笼罩下的全球经济面临巨大不确定性。由于欧洲国家之间错综复杂的政治利益博弈，预计欧债危机在2012年有可能有进一步深化。在此影响下，中国经济增长将可能放缓。国内方面，随着2011年第四季度以来通货膨胀压力的减缓以及2012年全年通胀将步入下行通道的预期，宏观政策走向趋稳。中央经济工作会议提出2012年要继续实施积极的财政政策和稳健的货币政策，政策重心已经从“控通胀”向“稳增长”转移，实施“稳中求进”。

4.3.2　影响公司发展的有利因素

4.3.2.1　外部环境

(1)受宏观调控政策和经济结构发展转型的影响，市场对资金需求旺盛，信托公司持续发展的基础依旧存在。

(2)监管政策逐渐清晰信托公司定位，鼓励信托公司发展主动管理能力。

(3)信托行业发展迅速，2011年第三季度，我国信托资产规模首次突破4万亿元。随着中国经济的快速发展，社会财富积累迅速上升，信托业迎来了前所未有的大好机遇。有关数据显示，未来十年中国中产阶级及富裕消费者将大幅增加。可以预见高净值人士对理财产品的需求为信托公司发挥功能提供了广阔的市场。

(4)中国银监会下发的一系列法规进一步推动信托公司建立以净资本为核心的风险管理体制，为公司加速业务转型，开展主动性管理业务提供了机遇。

4.3.2.2　内部环境

(1)国有控股、外资、民营资本参股的多元化的股权架构。由南京市国资集团全资设立的紫金控股作为第一大股东有利于保证国有资本在公司中占据主导地位，为公司合规、健康发展奠定了基础。

(2)把握了市场机会，迅速扩大业务规模，努力提升业务质量，形成了良好经营基础。

(3)团队建设初现成效，形成了一支市场意识强、专业素质较高的队伍。

(4)新成立投资银行部积极尝试开展创新业务。

4.3.3　影响公司发展的不利因素

(1)信托制度环境有待进一步完善。信托证券账户设立仍未开放，信托PE上市受到限制以及信托受益权转让二级市场尚未建立等制约了行业发展。

(2)全年宏观经济充满不确定性，通胀上升，房地产市场调控压力较大，加大了信托公司开展业务的系统性风险。

(3)信托行业竞争加剧，特别是对人才和客户资源的争夺上。

4.4　风险管理

4.4.1　风险管理概况

报告期内，公司根据有关法规和监管规定，结合现代金融企业风险管理的基本原则，建立并逐步健全了各类规章制度，设立了职责分工合理的组织机构，成立了专门的风险管理机构，利用现代风险管理技术与传统风险管理方法相结合等手段，对可能产生的风险进行了评估，并采取了事前、事中、事后的有效控制与管理，加快建立全面风险管理体系。

4.4.2　风险状况

4.4.2.1　信用风险

信用风险主要指交易对手不履行义务的可能性，主要表现为：在贷款、资产回购、后续资金安排、担保、履约承诺等交易过程中，借款人、担保人、保管人(托管人)等交易对手不履行承诺，不能或不愿履行合约承诺而使信托财产和固有财产遭受潜在损失的可能性。

截至2011年12月31日，固有业务本年较2010年末新增贷款19 704万元，余额29 704万元，均为正常类贷款，无不良资产，风险分类真实、准确。

截至2011年12月31日，信托业务中信托融资类业务(含贷款)158 470万元，占比13.41%，行业投向包括制造业、房地产、租赁和商务服务业、住宿和餐饮业、建筑业等，信托贷款资金投放全部符合国家产业政策和宏观调控要求。期末信托贷款无不良贷款，信托贷款质量良好。

4.4.2.2　市场风险

市场风险主要指在开展资产管理业务过程中，投资于有公开市场价值的金融产品或者其他产品时，金融产品或者其他产品的价格发生波动导致资产遭受损失的可能性。

截至2011年12月31日，固有业务股权、股票、债券和基金等产品投资余额分别为597万元、0元、0元、308万元；

截至2011年12月31日，信托财产中70%以上投向金融行业(同业存放)、票据收益权转让等市场风险较低的业务类型，整体市场风险可控。

4.4.2.3　操作风险

操作风险是指由于不完善或有问题的内部程序、员工、信息科技系统或外部事件所造成损失的可能性。截至2011年12月31日，公司未出现重要操作风险事项。

4.4.2.4　其他风险

其他风险公司所面临的声誉风险、流动性风险、集中度风险等其他风险。报告期内，经多次风险排查，均未发现上述风险，风险可控。

4.4.3　风险管理

4.4.3.1　信用风险管理

报告期内，信用风险管理措施包括：(1)通过公司各条线的共同努力，覆盖公司信托与固有投资业务生命周期即投前、投中、投后的制度框架初步构建完毕，全面信用风险管理工作已经有规可依；(2)投资业务“三查”工作稳步开展，在投前调查中要求信托经理对信用风险应知尽知、应查尽查，必须做到了解交易对手，了解交易对手的业务，了解交易对手的信用风险；投中审查严格实行投审分离，所有信托和固有投资业务均恪守合规优先、风险收益匹配的基本原则。公司目前已经初步建立投后管理制度架构，做到责任清晰、专岗管理。

4.4.3.2　市场风险管理

报告期内，市场风险管理措施包括：配备与投资业务规模和市场风险管理需求相适应的专业团队，相关岗位人员投资经验丰富、对市场风险的认识充分、投资行为审慎；风险计量工具和方法与公司投资业务规模和复杂程度基本适应；在设计产品前进行深入细致的市场适应性调查；对敏感性行业和国家宏观调控重点行业的投资采取特殊的风险防范措施。

4.4.3.3　操作风险管理

报告期内，操作风险管理措施包括：信托业务在立项、审批环节，按制度规定对信托立项、审批进行管理，并严格执行；在推介环节，制定了信托项目推介制度，杜绝承诺"保本保息"或最低收益，杜绝通过报刊、电视、广播和其他公共媒体进行营销宣传，未出现单个集合资金信托计划中自然人委托金额在300万元以下超过50份的情况，不存在委托非金融机构推介信托计划的行为；在信托财产运用和管理环节，不存在通过信托项目为自己和他人谋取不当利益的行为，切实履行了受托管理的责任，持续跟踪了解资金使用和项目进展情况，坚持信托财产之间、信托财产与固有财产之间分别管理、分别记账的原则，对信托财产管理过程中的各项事务、数据和其他有关情况保留了真实完整的记录；在信托终止清算环节，不存在新信托项目的财产置换或用固有财产垫付到期信托项目的行为，全部及时出具信托项目清算报告。

4.4.3.4　其他风险管理

(1) 政策风险：公司跟踪研究国家宏观政策和行业政策的调整与变化，分析宏观政策和监管政策的未来趋势；聘请外部咨询机构研究、分析外部政策法规变化对信托公司发展方向、盈利模式的影响，不断摸索适合公司发展的道路；加强与政策制定部门的沟通，及时调整发展思路和经营理念，保持公司经营策略与国家政策的一致性；坚持遵纪守法的经营方针和经营宗旨，保证公司各项业务在完全合法合规的前提下进行。

(2) 合规风险：公司密切关注国内外金融监管发展趋势，动态理解和自觉适用信托业务相关的监管政策法规，持续完善合规管理体系，不断强化合规风险管理。公司董事会、监事会及高级管理层高度重视合规管理工作，认为合规管理不是公司运营的成本，而应成为提升公司内在价值和创造价值的重要手段。公司持续完善能确保合规管理工作正常开展的制度体系和操作流程，合规风险管理计划得以有效执行；进一步明晰了对内对外合规风险报告路线，建立了合规绩效考核机制和问责与激励机制。通过公司积极倡导和培育优良的合规文化和价值观念，合规已成为全体员工的自觉意识。

(3) 道德风险：公司通过制度设计完善内部控制机制，规范操作流程；严格执行管理制度及纪律要求；公司加强道德文化教育，督促员工遵纪守法，不断提高员工廉洁自律和勤勉尽职的意识，构筑道德风险"防火墙"；公司以员工为本，强调和谐共赢，不断加强企业的凝聚力和员工的归属感，使员工认识到与公司共同成长的重要性，避免各类短期行为和寻租现象；公司加强制度与组织建设，培养职业操守，公司组织全体员工学习《银行业金融机构从业人员职业操守指引》，制定相应的实施细则，通过制度建设为防范道德风险提供制度保障。

(4) 声誉风险：公司将声誉风险管理纳入公司治理和全面风险管理体系，强调在合规经营和健康发展的基础上，主动、有效、灵活地管理声誉风险和应对声誉事件，主要是通过加强尽职管理保障公司业务的健康运行，通过机制和制度建设明晰声誉风险监控、管理和应对流程，通过充分信息披露等方式实现与投资者的良性沟通，通过履行社会责任等积极提升公司的品牌价值和社会形象。

(5) 流动性风险：报告期内，流动性风险管理措施包括：董事会和高管层高度重视流动性风险管理，具备识别、监测流动性风险并调控头寸的能力；运营团队中配备专岗、专人测算流动性缺口；风险管理部门、内控部门按制度对流动性管理情况进行常效监督检查。

5. 报告期末及上一年末的比较式会计报表

5.1　自营资产

5.1.1　会计师事务所审计意见全文

审 计 报 告

信会师报字〔2012〕第530001号

紫金信托有限责任公司全体股东：

我们审计了后附的紫金信托有限责任公司（以下简称贵公司）的财务报表，包括贵公司2011年12月31日的资产负债表，2011年度的利润表、现金流量表和所有者权益变动表以及财务报表附注。

一、管理层对财务报表的责任

编制和公允列报财务报表是贵公司管理层的责任。这种责任包括：(1)按照企业会计准则的规定编制财务报表，并使其实现公允反映；(2)设计、执行和维护必要的内部控制，以使财务报表不存在由于舞弊或错误导致的重大错报。

二、注册会计师的责任

我们的责任是在执行审计工作的基础上对财务报表发表审计意见。我们按照中国注册会计师审计准则的规定执行了审计工作。中国注册会计师审计准则要求我们遵守中国注册会计师职业道德守则，计划和执行审计工作以对财务报表是否不存在重大错报获取合理保证。

审计工作涉及实施审计程序，以获取有关财务报表金额和披露的审计证据。选择的审计程序取决于注册会计师的判断，包括对由于舞弊或错误导致的财务报表重大错报风险的评估。在进行风险评估时，注册会计师考虑与财务报表编制和公允列报相关的内部控制，以设计恰当的审计程序，但目的并非对内部控制的有效性发表意见。审计工作还包括评价管理层选用会计政策的恰当性和作出会计估计的合理性，以及评价财务报表的总体列报。

我们相信，我们获取的审计证据是充分、适当的，为发表审计意见提供了基础。

三、审计意见

我们认为,贵公司财务报表在所有重大方面按照《企业会计准则》的规定编制,公允反映了贵公司2011年12月31日的财务状况以及2011年度的经营成果和现金流量。

立信会计师事务所(特殊普通合伙)　　中国注册会计师:

中国注册会计师:

中国·上海　　二〇一二年二月三日

5.1.2 资产负债表

资产负债表

2011年12月31日

编制单位:紫金信托有限责任公司　　单位:元

资产	附注	期末余额	年初余额
资产:			
现金及存放中央银行款项	五、(一)	5 781.51	27 468.91
存放同业款项	五、(一)	107 039 874.92	301 338 948.39
贵金属		—	—
拆出资金		—	—
交易性金融资产	五、(二)	23 087 376.59	—
衍生金融资产		—	—
买入返售金融资产		—	—
应收利息		—	681 750.00
发放贷款和垫款	五、(三)	297 038 888.89	100 000 000.00
可供出售金融资产	五、(四)	20 000 000.00	—
持有至到期投资	五、(五)	29 860 000.00	—
证券投资-贷款及应收款项		—	—
长期股权投资	五、(六)	5 970 000.00	5 970 000.00
投资性房地产		—	—
固定资产	五、(七)	71 800 044.76	71 167 511.61
无形资产	五、(八)	687 666.67	—
递延所得税资产		—	—
其他资产	五、(九)	2 860.00	1 359 668.14
资产总计		555 492 493.34	480 545 347.05
负债及股东权益			
负债:			
向中央银行借款		—	—
同业及其他金融机构存放款项		—	—
拆入资金		—	—
交易性金融负债		—	—
衍生金融负债		—	—
卖出回购金融资产款		—	—
吸收存款		—	—
应付职工薪酬	五、(十)	4 430 825.50	—
应交税费	五、(十一)	3 104 155.24	304 317.70
应付利息		—	—

续表

资产	附注	期末余额	年初余额
预计负债		—	—
应付债券		—	—
递延所得税负债		—	—
其他负债	五、(十二)	16 639 806.70	218 520.89
负债合计		24 174 787.44	522 838.59
股东权益:			
股本	五、(十三)	500 000 000.00	500 000 000.00
资本公积	五、(十四)	49 052 015.70	49 052 015.70
减:库存股		—	—
盈余公积		—	—
一般风险准备		—	—
未分配利润	五、(十五)	-17 734 309.80	-69 029 507.24
其中:拟分配现金股利			—
股东权益合计		531 317 705.90	480 022 508.46
负债和股东权益总计		555 492 493.34	480 545 347.05

后附的财务报表附注为财务报表的组成部分。

企业法定代表人:王海涛　　主管会计工作负责人:陈　峥　　会计机构负责人:杨黎文

5.1.3 利润表

利润表

2011年度

编制单位:紫金信托有限责任公司　　单位:元

项目	附注	本期金额	上期金额
一、营业收入	五、(十六)	82 938 357.02	7 421 601.47
利息净收入		22 314 703.77	4 640 237.53
利息收入		22 314 703.77	4 640 237.53
利息支出		—	—
手续费及佣金净收入		58 697 638.52	1 809 697.22
手续费及佣金收入		58 697 638.52	1 809 697.22
手续费及佣金支出		—	—
投资收益		1 838 798.72	1 448 219.72
其中:对联营企业和合营企业的投资收益		—	—
公允价值变动收益		87 376.59	
汇兑收益		-160.58	-476 553.00
其他业务收入		—	—
二、营业支出	五、(十七)	30 476 796.71	6 385 221.65
营业税金及附加		4 547 335.47	116 920.02
业务及管理费		25 929 461.24	6 268 301.63
资产减值损失		—	—
其他业务成本		—	—
三、营业利润		52 461 560.31	1 036 379.82
加:营业外收入	五、(十八)	201 975.00	3 000 000.00
减:营业外支出	五、(十九)	51 630.57	144.48
四、利润总额		52 611 904.74	4 036 235.34
减:所得税费用	五、(二十)	1 316 707.30	—231 880.45
五、净利润		51 295 197.44	4 268 115.79
六、其他综合收益		—	—
七、综合收益总额		51 295 197.44	4 268 115.79

后附的财务报表附注为财务报表的组成部分。

企业法定代表人:王海涛　　主管会计工作负责人:陈　峥　　会计机构负责人:杨黎文

5.1.4 所有者权益变动表

所有者权益变动表

2011 年度

编制单位:紫金信托有限责任公司 单位:元

项　目	本期金额						
	股本	资本公积	减:库存股	盈余公积	一般风险准备	未分配利润	所有者权益合计
一、上年年末余额	500 000 000. 00	49 052 015. 70				-69 029 507. 24	480 022 508. 46
加:会计政策变更							—
前期差错更正							—
二、本年年初余额	500 000 000. 00	49 052 015. 70	—	—	—	-69 029 507. 24	480 022 508. 46
三、本年增减变动金额(减少以“-”号填列)	—	—	—	—	—	51 295 197. 44	51 295 197. 44
(一)净利润						51 295 197. 44	51 295 197. 44
(二)其他综合收益							
上述(一)和(二)小计	—	—	—	—	—	51 295 197. 44	51 295 197. 44
(三)所有者投入和减少资本							
1. 所有者投入资本							—
2. 股份支付计入所有者权益的金额							—
3. 其他							—
(四)利润分配							
1. 提取盈余公积							
2. 提取一般风险准备							
3. 对所有者(或股东)的分配							
4. 其他							
(五)所有者权益内部结转							
1. 资本公积转增资本(或股本)							
2. 盈余公积转增资本(或股本)							
3. 盈余公积弥补亏损							
4. 其他							
(六)专项储备							
1. 本期提取							
2. 本期使用							
(七)其他							
四、本期期末余额	500 000 000. 00	49 052 015. 70	—	—	—	-17 734 309. 80	531 317 705. 90

企业法定代表人:王海涛　　主管会计工作负责人:陈　峥　　会计机构负责人:杨黎文

所有者权益变动表

2011 年度

编制单位:紫金信托有限责任公司 单位:元

项　目	上年同期金额						
	股本	资本公积	减:库存股	盈余公积	一般风险准备	未分配利润	所有者权益合计
一、上年年末余额	50 000 000. 00	49 052 015. 70				-72 878 344. 90	26 173 670. 80
加:会计政策变更							—
前期差错更正						-419 278. 13	-419 278. 13
二、本年年初余额	50 000 000. 00	49 052 015. 70	—	—	—	-73 297 623. 03	25 754 392. 67
三、本年增减变动金额(减少以“-”号填列)	450 000 000. 00	—				4 268 115. 79	454 268 115. 79
(一)净利润						4 268 115. 79	4 268 115. 79
(二)其他综合收益							
上述(一)和(二)小计						4 268 115. 79	4 268 115. 79
(三)所有者投入和减少资本	450 000 000. 00						
1. 所有者投入资本	450 000 000. 00						
2. 股份支付计入所有者权益的金额							
3. 其他	—	—	—	—	—		

续表

项　　目	上年同期金额						
	股本	资本公积	减:库存股	盈余公积	一般风险准备	未分配利润	所有者权益合计
(四)利润分配							
1. 提取盈余公积							—
2. 提取一般风险准备							—
3. 对所有者(或股东)的分配							—
4. 其他							
(五)所有者权益内部结转							
1. 资本公积转增资本(或股本)							
2. 盈余公积转增资本(或股本)							
3. 盈余公积弥补亏损							
4. 其他							
(六)专项储备							
1. 本期提取							
2. 本期使用							
(七)其他							
四、本年年末余额	500 000 000. 00	49 052 015. 70	—	—	—	-69 029 507. 24	480 022 508. 46

后附的财务报表附注为财务报表的组成部分。

企业法定代表人:王海涛　　主管会计工作负责人:陈　峥　　会计机构负责人:杨黎文

5.2　信托资产

5.2.1　信托项目资产负债汇总表

单位:元

序号	信托资产	期末余额	年初余额	序号	信托负债和信托权益	期末余额	年初余额
1	信托资产			1	信托负债		
2	货币资金	7 041 846 645. 97	644 383 121. 93	2	交易性金融负债		
3	拆出资金	0. 00	0. 00	3	衍生金融负债		
4	存出保证金	0. 00	0. 00	4	应付受托人报酬	0. 00	0. 00
5	交易性金融资产	0. 00	0. 00	5	应付托管费	0. 00	0. 00
6	衍生金融资产			6	应付受益人收益	0. 00	0. 00
7	买入返售金融资产	0. 00	0. 00	7	应交税费	0. 00	0. 00
8	应收款项	0. 00	0. 00	8	应付销售服务费	0. 00	0. 00
9	发放贷款	1 584 700 000. 00	492 830 000. 00	9	应付手续费及佣金	0. 00	0. 00
10	可供出售金融资产	1 467 510 000. 00	10 000 000. 00	10	其他应付款项	1 841 289. 95	15 866. 10
11	持有至到期投资	1 622 853 385. 57	0. 00	11	其他负债		
12	长期应收款	0. 00	0. 00	12	信托负债合计	1 841 289. 95	15 866. 10
13	长期股权投资	100 000 000. 00	0. 00	13			
14	投资性房地产			14	信托权益		
15	固定资产	0. 00	0. 00	15	实收信托	11 767 108 461. 11	1 146 830 000. 00
16	无形资产	0. 00	0. 00	16	资本公积	0. 00	0. 00
17	长期待摊费用	0. 00	0. 00	17	损益平准金		
18	其他资产	0. 00	0. 00	18	未分配利润	47 960 280. 48	367 255. 83
19	减:各项资产减值准备	0. 00	0. 00	19	信托权益合计	11 815 068 741. 59	1 147 197 255. 83
20	信托资产总计	11 816 910 031. 54	1 147 213 121. 93	20	信托负债和信托权益总计	1 181 691. 00	114 721. 31

5.2.2 信托项目利润及利润分配汇总表

单位：元

序号	项目	本年数	上年数
1	一、营业收入	533 497 958.98	4 104 245.75
2	1.1 利息收入	451 638 768.98	1 324 245.75
3	1.2 投资收益（损失以“-”号填列）	81 859 190.00	2 780 000.00
4	1.2.1 其中：对联营企业和合营企业的投资收益	0.00	0.00
5	1.3 公允价值变动收益（损失以“-”号填列）	0.00	0.00
6	1.4 租赁收入	0.00	0.00
7	1.5 汇兑损益（损失以“-”号填列）	0.00	0.00
8	1.6 其他收入	0.00	0.00
9	二、支出	116 882 217.14	2 965 026.02
10	三、信托净利润（净亏损以“-”号填列）	416 615 741.84	1 139 219.73
11	四、其他综合收益		
12	五、综合收益		
13	六、加：期初未分配信托利润	367 255.83	0.00
14	七、可供分配的信托利润	416 982 997.67	1 139 219.73
15	八、减：本期已分配信托利润	369 022 717.19	771 963.90
16	九、期末未分配信托利润	47 960 280.48	367 255.83

6. 会计报表附注

6.1 财务报表的编制基础和说明

本公司以持续经营为基础，根据实际发生的交易和事项，按照《企业会计准则——基本准则》和其他各项会计准则的规定进行确认和计量，在此基础上编制财务报表。

本公司所编制的财务报表符合企业会计准则的要求，真实、完整地反映了公司的财务状况、经营成果和现金流量等有关信息。

6.2 重要会计政策和会计估计说明

6.2.1 会计期间

公历1月1日至12月31日止为一会计年度。

6.2.2 记账本位币

本公司记账本位币和编制本财务报表所采用的货币均为人民币。除有特别说明外，均以人民币为单位表示。

6.2.3 计量属性

本公司在对会计报表项目进行计量时，除某些金融工具以公允价值计量外，均以历史成本计量。本年报表项目的计量属性未发生变化。

6.2.4 现金等价物的确定标准

在编制现金流量表时，将同时具备期限短（从购买日起三个月内到期）、流动性强、易于转换为已知现金、价值变动风险很小四个条件的投资，确定为现金等价物。

6.2.5 外币业务核算方法

外币业务采用交易发生当日的中国人民银行公布的基准汇率作为折算汇率折合成人民币记账。

外币货币性项目余额按资产负债表日即期汇率折算，由此产生的汇兑差额，除属于与购建符合资本化条件的资产相关的外币专门借款产生的汇兑差额按照借款费用资本化的原则处理外，均计入当期损益。

6.2.6 金融资产

本公司将金融资产分为四类：以公允价值计量且其变动计入当期损益的金融资产，持有至到期投资、贷款和应收款项、可供出售金融资产。本公司在初始确认时对金融资产进行分类。

6.2.6.1 以公允价值计量且其变动计入当期损益的金融资产

这类金融资产包括：以交易为目的的持有的金融资产，以及购入时即指定为以公允价值计量且其公允价值变动计入当期损益的金融资产。如果金融资产的取得主要是为了在短期内出售，则将其归入此类别；另外，本公司在取得金融资产时也可将其指定划分至此金融资产分类。除非划分为套期保值产品，衍生金融产品也被分类为以交易为目的的持有的金融资产。交易费用在交易日计入当期损益。

6.2.6.2 持有至到期投资

持有至到期投资是指到期日固定、回收金额固定或可确定，本公司有明确意图和能力将其持有至到期的非衍生金融资产。如果本公司于到期日前出售持有至到期投资金额重大，则将该类资产重分类至可供出售金融资产，并在该会计年度及随后两个完整的会计年度内不再将其划分为持有至到期投资。

6.2.6.3 贷款及应收款项

本公司将在活跃市场中没有报价、回收金额固定或可确定的非衍生金融资产划分为贷款及应收款项。本公司的贷款及应收款项主要包括发放贷款及垫款、证券投资－贷款及应收款项。

以摊余成本计量的贷款，公司采用备抵法核算贷款损失准备。贷款损失准备覆盖本公司承担风险和损失的全部贷款。

资产负债表日，按其未来现金流量现值低于其账面价值的差额确定减值损失，计提贷款损失准备；对单项测试未减值的贷款和对单项金额非重大的贷款按五级分类（根据《银行贷款损失计提指引》）结果作为风险特征划分资产组合，正常类贷款不计提；关注类贷款按期末余额的2%计提；次级类贷款按期末余额的25%计提；可疑类贷款按期末余额的50%计提；损失类贷款按期末余额的100%计提。

6.2.6.4 可供出售金融资产

可供出售金融资产是指初始确认即被指定为可供出售的非衍生金融资产，以及除贷款及应收款项、持有至到期投资和交易性金融资产之外的非衍生金融资产。

6.2.6.5 金融资产的初始及终止确认

购买和出售以公允价值计量且其公允价值变动计入当期损益的金融资产、可供出售金融资产和持有至到期投资在结算日确认，即在本公司实际取得或交付资产的日期确认。贷款在支付现金给借款人时确认。所有不以公允价值计量且其公允价值变动计入当期损益的金融资产均按公允价值加上交易成本进行初始确认。当从金融资产收到现金流的权利到期或已经将金融资产相关的所有风险和报酬转移时，本公司终止确认该金融资产。

6.2.6.6 金融资产的后续计量

可供出售金融资产及以公允价值计量且其公允价值变动

计入当期损益的金融资产在购买后按公允价值列示。持有至到期投资按照实际利率法以摊余成本列示。以公允价值计量且其变动计入当期损益的金融资产的公允价值变动收益或损失直接计入当期损益。可供出售金融资产的公允价值变动收益或损失确认在股东权益中;当该类金融资产终止确认或减值时,以前确认在股东权益中的累计公允价值变动收益或损失计入当期损益。

6.2.6.7 公允价值的确定

公允价值是指在公平交易中,熟悉情况的交易双方自愿进行资产交换或债务清偿的金额。金融工具存在活跃市场的,以活跃市场中的报价确定其公允价值。活跃市场中的报价指易于定期从银行间市场、交易所、经纪商、行业协会等获得的价格,并且代表了在公平交易中实际发生的市场交易的价格。金融工具不存在活跃市场的,采用估值技术确定公允价值。采用估值技术得出的结果,反映估值日在公平交易中可能采用的交易价格。估值技术包括参考熟悉情况并自愿交易的各方最近进行的市场交易中使用的价格、参照实质上相同的其他金融工具当前的公允价值、现金流量折现法等。本公司在采用估值技术确定金融工具的公允价值时,尽可能多地采用市场参与者在金融工具定价时考虑的市场参数,并尽可能不使用与本公司特定相关的参数。

6.2.7 金融资产的减值

6.2.7.1 金融资产减值损失的确认

本公司在资产负债表日对以公允价值计量且其变动计入当期损益的金融资产以外的金融资产(含单项或一组金融资产)的账面价值进行检查。当有客观证据表明金融资产因在其初始确认后发生的一项或多项损失事件而发生减值,且该损失事件对该项金融资产或该组金融资产的预计未来现金流会产生可以可靠估计的影响时,本公司认定该项或该组金融资产已发生减值并确认减值损失。金融资产发生减值的客观证据,包括本公司关注到的下列与可观察数据相关的各项损失事件:

(1)发行方或债务人发生严重财务困难。

(2)债务人违反了合同条款,如偿付利息或本金发生违约或逾期等。

(3)本公司出于经济或法律等方面因素的考虑,对发生财务困难的债务人作出让步。

(4)债务人很可能倒闭或进行其他财务重组。

(5)因发行方发生重大财务困难,该金融资产无法在活跃市场继续交易。

(6)无法辨认一组金融资产中的某项资产的现金流量是否已经减少,但根据公开的数据对其进行总体评估后发现,该组金融资产自初始确认以来的预计未来现金流量确已减少且可计量。

(7)债务人所经营所处的技术、市场、经济或法律环境等发生重大不利变化,使权益工具投资人可能无法收回投资成本。

6.2.7.2 金融资产减值损失的计量

持有至到期投资、贷款及应收款项减值损失的计量:

本公司采用单独减值评估和组合减值评估两种方法评估此类金融资产减值损失:对单项金额重大的金融资产是否存在减值的客观证据进行单独评估,对单项金额不重大的金融资产是否存在发生减值的客观证据进行组合评估。如果没有客观证据表明单独评估的金融资产存在减值情况,无论该金融资产金额是否重大,本公司将其包括在具有类似信用风险特征的金融资产组别中,进行组合减值评估。单独进行评估减值并且已确认或继续确认减值损失的资产,不再纳入组合减值评估的范围。

如果有客观证据表明以摊余成本计量的持有至到期投资已发生减值损失,则其减值损失将按照该类资产的账面金额与以其原始实际利率贴现的预计未来现金流(不包括尚未发生的未来信用损失)的现值之间的差额进行计量。发生的减值损失通过使用备抵账户减少该资产的账面金额,减值损失的金额计入当期损益。

本公司在进行减值情况的组合评估时,将根据信用风险特征的相似性或相关性对金融资产进行分组。这些信用风险特征通常可以反映债务人按照资产的合同条款偿还所有到期金额的能力,与被检查资产的未来现金流测算是相关的。

当某项贷款无法收回时,在完成所有必要程序及确定损失金额后,本公司对该贷款进行核销,冲减相应的贷款损失准备。核销后又收回的贷款金额,抵减资产减值损失,计入当期损益。

持有至到期投资、贷款及应收款项金融资产确认减值损失后,如有客观证据表明该金融资产价值已恢复,且客观上与确认该损失后发生的事项有关(如债务人的信用评级已提高等),原确认的减值准备通过调整准备金账户予以转回,计入当期损益。转回后的账面价值不超过假定不计提减值准备情况下该金融资产在转回日的摊余成本。

可供出售金融资产减值损失的计量:

可供出售金融资产发生减值时,原直接计入股东权益中的因公允价值下降形成的累积损失,予以转出,计入当期损益。该转出的累计损失,等于可供出售金融资产的初始取得成本扣除已收回本金和已摊余金额、当前公允价值和原已计入损益的减值损失后的余额。

在活跃市场中没有报价且其公允价值不能计量的权益工具投资,发生减值时,将该权益工具投资的账面价值,与按照类似金融资产当时市场收益率对未来现金流量折现确定的现值之间的差额,确认减值损失,计入当期损益。

已经确认减值损失的可供出售债务工具,在随后的会计期间公允价值已上升且客观上与确认原减值损失后发生的事项有关,原确认的减值损失予以转回,计入当期损益。可供出售权益工具投资发生的减值损失,不通过损益转回。

6.2.8 长期股权投资

对被投资单位能够实施控制的长期股权投资,以及对被投资单位不具有共同控制或重大影响,并且在活跃市场中没有报价、公允价值不能可靠计量的长期股权投资采用成本法核算;对被投资单位具有共同控制或重大影响的长期股权投资,采用权益法核算。

采用成本法核算的长期股权投资按照初始投资成本计价,追加或收回投资调整长期股权投资的成本,被投资单位宣告分派现金股利或利润时,确认为当期投资收益。

采用权益法核算的长期股权投资,初始投资成本大于投资时应享有被投资单位可辨认净资产公允价值份额的,不调整长期股权投资的初始成本;长期股权投资的初始投资成本小于投资时应享有被投资单位可辨认净资产公允价值份额的,其差额计入当期损益，同时调整长期股权投资成本。取得投资后，按照应享有或应分担的被投资单位实现的净损益的份额，确认投资收益并调整长期股权投资的账面价值；按照被投资单位宣告分派的利润或现金股利计算应分得的部分，相应减少长期股权投资的账面价值。

6.2.9 固定资产的计价和折旧方法

6.2.9.1 固定资产确认条件

固定资产指为生产商品、提供劳务、出租或经营管理而持有，并且使用年限超过一年的有形资产。固定资产在同时满足下列条件时予以确认：

(1)与该固定资产有关的经济利益很可能流入企业。

(2)该固定资产的成本能够可靠地计量。

6.2.9.2 固定资产的分类

固定资产分类为：房屋及建筑物、电子设备、运输设备、办公设备。

6.2.9.3 初始计量

固定资产取得时按照实际成本进行初始计量。

外购固定资产的成本，以购买价款、相关税费、使固定资产达到预定可使用状态前所发生的可归属于该项资产的运输费、装卸费、安装费和专业人员服务费等确定。

6.2.9.4 固定资产折旧计提方法

固定资产折旧采用年限平均法分类计提，根据固定资产类别、预计使用寿命和预计净残值率为3%确定折旧率。

各类固定资产预计使用寿命和年折旧率如下：

固定资产类别	预计使用寿命	预计净残值率(%)	年折旧率(%)
房屋及建筑物	30年	3	3.23
电子设备	3年	3	32.33
运输设备	4年	3	24.25
办公设备	5年	3	19.40

6.2.10 其他资产

本公司按照其他应收款的项目和对方单位(个人)进行明细核算。本公司定期分析各项其他应收款项的可收回性，当应收款项的可收回金额低于其账面价值时，本公司计提资产减值准备，并计入当期损益。

6.2.11 非金融资产的减值

本公司于资产负债表日判断资产是否存在可能发生减值的迹象，并对存在减值迹象的资产进行减值测试，估计其可收回金额。

可收回金额根据资产的公允价值减去处置费用后的净额与资产预计未来现金流量的现值两者之间较高者确定。

资产的公允价值减去处置费用后的净额，根据公平交易中销售协议价格减去可直接归属于该资产处置费用的金额确定。在预计资产未来现金流量的现值时，本公司综合考虑资产的预计未来现金流量、使用寿命和折现率等因素。资产预计未来现金流量指在持续使用过程中和最终处置时所产生的预计未来现金流量。

资产的可收回金额低于其账面价值的，资产的账面价值减记至可收回金额，减记的金额确认为资产减值损失，计入当期损益，同时计提相应的资产减值准备。

非金融资产减值损失一经确认，在以后会计期间不得转回。

6.2.12 职工薪酬

职工薪酬指本公司为获得职工提供的服务而给予的各种形式的报酬以及其他相关支出。主要包括工资、奖金、津贴和补贴、职工福利费、社会保险费、住房公积金、工会经费和职工教育经费等支出。

本公司在职工提供服务的会计期间，将应付的职工薪酬确认为负债，并根据职工提供服务的受益对象计入相关资产成本和费用。因解除与职工的劳动关系而给予的补偿，计入当期损益。

本公司依据国家和地方有关政策，参加由各地劳动部门和社会保障部门组织实施的社会基本养老保险，以各地规定的社会基本养老保险缴纳基数和比例，按月向当地社会基本养老保险经办机构缴纳养老保险费。

6.2.13 收入确认原则

收入在相关的经济利益很可能流入本公司且金额能够可靠计量，同时满足以下不同类型收入的其他确认条件时，予以确认。

6.2.13.1 利息收入

金融资产的利息收入根据让渡资金使用权的时间和实际利率在发生时计入当期损益。利息收入包括折价或溢价的摊销，当实际利率与合同利率差异不大时，采用合同利率。

实际利率法是一种计算某项金融资产或金融负债的摊余成本以及在相关期间分摊利息收入或利息支出的方法。实际利率是在金融工具预计到期日或在某一恰当较短期间内，恰好将其未来现金流贴现为账面净额所使用的利率。在计算实际利率时，本公司在估计未来现金流时，会考虑金融工具的所有合同条款(如预付期权)，但不会考虑未来的信用损失。计算实际利率会考虑交易成本、折溢价和合同各方之间收付的所有与实际利率相关的费用。

6.2.13.2 手续费和佣金收入

手续费和佣金收入在提供相关服务时，根据权责发生制的原则确认。

资产买卖或参与第三方进行资产买卖交易(如购买客户贷款、证券，或出售业务)时产生的手续费于相关交易完成时确认。

6.2.14 所得税

所得税包括当期所得税和递延所得税。除与权益项目有关的所得税直接计入股东权益外，所得税计入当期损益。

当期所得税根据应纳税所得额，按资产负债表日实行的税率计算的应交税金，并包括对以前年度应交税金的调整。

递延所得税采用债务法核算。本公司根据资产和负债的计税基础与其账面价值的差额(暂时性差异)计算确认递延所得税资产及负债。对于按照税法规定能够于以后年度抵减应纳税所得额的可抵扣亏损和税款抵减，视同暂时性差异确认相应的递延所得税资产。对于既不影响会计利润也不影响应纳税所得额(或可抵扣亏损)的交易中产生的资产的初始确认形成的暂时性差异，不确认相应的递延所得税资产。递延所得税按照按预期收回资产或清偿负债时的适用税率计量。

递延所得税资产的确认以本公司很可能取得用来抵扣可抵扣暂时性差异、可抵扣亏损和税款抵减的应纳税所得额为限。

6.2.15 关联方

如果本公司有能力控制、共同控制另一方或对另一方施加重大影响;或另一方有能力控制或共同控制本公司或对本公司施加重大影响;或本公司与另一方或多方同受一方控制、共同控制或重大影响,均被视为关联方。关联方可以是个人或企业,同受国家控制而不存在其他关联方关系的企业,不构成本公司的关联方。

6.2.16 信托业务核算方法

根据《中华人民共和国信托法》、《信托公司管理办法》等规定,公司将固有财产与信托财产分别管理、分别核算,并将不同委托人的信托财产分别管理,以每个信托项目作为独立的会计核算主体,单独核算,分别记账,其资产、负债及损益不列入本财务报表。

6.3 税项

公司主要税种和税率

税种	税率(%)	计税依据
营业税	5	应税收入的[5%]计缴营业税
城市建设维护税	7	按实际缴纳的流转税的[7%]缴纳
教育费附加	4、5	按实际缴纳的流转税的[4%]、[5%]缴纳
企业所得税	25	按应纳税所得额[25%]计算缴纳

6.4 财务报表主要项目注释

6.4.1 货币资金

单位:元

项目	期末数	年初数
现金及存放中央银行款项	5 781.51	27 468.91
存放同业款项	107 039 874.92	301 338 948.39
合计	107 045 656.43	301 366 417.30

截至2011年12月31日,本公司货币资金中无抵押、质押或冻结等限制变现或存放在境外,或有潜在回收风险款项的情况。

6.4.2 交易性金融资产

单位:元

项目	期末公允价值	年初公允价值
大成货币B	20 000 000.00	—
诺安全球黄金基金	3 087 376.59	—
合计	23 087 376.59	—

截至2011年12月31日,本公司交易性金融资产中无变现受到限制的情况。

6.4.3 发放贷款和垫款

单位:元

项目	期末账面价值		年初账面价值	
	账面余额	呆账准备	账面余额	呆账准备
短期贷款	297 038 888.89	—	100 000 000.00	—
合计	297 038 888.89	—	100 000 000.00	—

截至2011年12月31日,贷款担保方式分布情况列示如下:

单位:元

项目	期末账面价值	
	账面余额	呆账准备
保证贷款	60 000 000.00	—
质押贷款	187 038 888.89	—
抵押贷款	50 000 000.00	—
合计	297 038 888.89	—

6.4.4 可供出售金融资产

单位:元

项目	期末公允价值	年初公允价值
可供出售债券	—	—
可供出售权益工具	—	—
其他	20 000 000.00	—
合计	20 000 000.00	—

期末可供出售金融资产余额是投资本公司作为受托人所发行的"无锡元一太湖旅游度假综合体贷款项目"产品。

6.4.5 持有至到期投资

单位:元

项目	期末余额	年初余额
紫金信托·荣盛发展股权收益权投资集合资金信托计划	1 300 000.00	—
紫金信托·世茂股份股权收益权投资集合资金信托计划	28 560 000.00	—
合计	29 860 000.00	—

6.4.6 长期股权投资

单位:元

项目	年初余额	本期增加	本期减少	年末余额
长期股权投资				
其中:对联营公司投资	—	—	—	—
对其他企业投资	5 970 000.00	—	—	5 970 000.00
减:长期投资减值准备	—	—	—	—
长期投资净值	5 970 000.00	—	—	5 970 000.00

本公司按成本法核算的长期股权投资如下:

单位:元

被投资单位名称	期末余额	年初余额
南京证券有限责任公司	5 970 000.00	5 970 000.00
合计	5 970 000.00	5 970 000.00

6.4.7 固定资产

单位：元

项　目	年初余额	本期增加	本期减少	期末余额
一、账面原值合计	71 426 230.00	3 540 201.44	4 500.00	74 961 931.44
其中：房屋及建筑物	70 086 870.00	2 122 185.30	—	72 209 055.30
办公设备	23 870.00	668 357.00	4 500.00	687 727.00
电子设备	549 542.00	749 659.14	—	1 299 201.14
运输设备	765 948.00	—	—	765 948.00
二、累计折旧合计	258 718.39	2 907 668.29	4 500.00	3 161 886.68
其中：房屋及建筑物	188 845.18	2 340 477.57	—	2 529 322.75
办公设备	2 142.59	107 989.49	4 500.00	105 632.08
电子设备	52 359.55	273 458.84	—	325 818.39
运输设备	15 371.07	185 742.39	—	201 113.46
三、固定资产账面净值合计	71 167 511.61			71 800 044.76
其中：房屋及建筑物	69 898 024.82			69 679 732.55
办公设备	21 727.41			582 094.92
电子设备	497 182.45			973 382.75
运输设备	750 576.93			564 834.54
四、减值准备合计				
其中：房屋及建筑物	—	—	—	—
办公设备	—	—	—	—
电子设备	—	—	—	—
运输设备	—	—	—	—
五、固定资产账面价值合计	71 167 511.61			71 800 044.76
其中：房屋及建筑物	69 898 024.82			69 679 732.55
办公设备	21 727.41			582 094.92
电子设备	497 182.45			973 382.75
运输设备	750 576.93			564 834.54

6.4.8 无形资产

单位：元

项　目	年初余额	本期增加	本期减少	期末余额
一、账面原值合计	—	780 000.00	—	780 000.00
软件	—	780 000.00	—	780 000.00
二、累计摊销合计	—	92 333.33	—	92 333.33
软件	—	92 333.33	—	92 333.33
三、无形资产账面净值合计	—			687 666.67
软件	—			687 666.67
四、减值准备合计	—	—	—	—
软件	—	—	—	—
五、无形资产账面价值合计	—			687 666.67
软件	—			687 666.67

6.4.9 其他资产

单位：元

项目	期末数		年初数	
	账面余额	减值准备	账面余额	减值准备
其他应收款	2 860.00	—	1 359 668.14	—
合计	2 860.00	—	1 359 668.14	—

（1）期末其他应收款中无持本公司5%以上（含5%）表决权股份的股东单位欠款。

（2）期末其他应收款无其他关联方欠款。

6.4.10 应付职工薪酬

单位：元

项　目	年初余额	本期增加	本期减少	期末余额
(1)工资、奖金、津贴和补贴	—	10 065 964.93	5 691 453.01	4 374 511.92
(2)职工福利费	—	424 434.10	424 434.10	—
(3)社会保险费	—	1 111 901.85	1 111 901.85	—
其中：医疗保险费	—	290 047.79	290 047.79	—
基本养老保险费	—	691 788.00	691 788.00	—
失业保险费	—	64 448.10	64 448.10	—
工伤保险费	—	37 174.71	37 174.71	—
生育保险费	—	28 443.25	28 443.25	—
(4)住房公积金	—	443 930.00	443 930.00	—
(5)工会经费	—	162 068.22	105 754.64	56 313.58
(6)职工教育经费	—	245 635.00	245 635.00	—
合计	—	12 453 934.10	8 023 108.60	4 430 825.50

6.4.11 应交税费

单位:元

项目	期末余额	年初余额
营业税	1 422 864.12	105 333.35
企业所得税	1 478 493.90	187 397.68
城市维护建设税	99 600.49	7 373.33
教育费附加	71 144.33	4 213.34
印花税	32 052.40	—
合计	3 104 155.24	304 317.70

6.4.12 其他负债

单位:元

项目	期末数	期初数
其他应付款	16 639 806.70	218 520.89
合计	16 639 806.70	218 520.89

(1)期末其他应付款中无持本公司5%以上(含5%)表决权股份的股东单位欠款。

(2)期末其他应付款中无欠其他关联方款项。

6.3.13 实收资本

股东名称	年初余额(元)	占比(%)	本期增加	本期减少	年末余额(元)	占比(%)
南京紫金投资控股有限责任公司	300 050 000.00	60.01	—	—	300 050 000.00	60.01
日本住友信托银行股份有限公司	99 950 000.00	19.99	—	—	99 950 000.00	19.99
三胞集团有限公司	50 000 000.00	10.00	—	—	50 000 000.00	10.00
南京高新技术经济开发总公司	25 000 000.00	5.00	—	—	25 000 000.00	5.00
江苏金智科技股份有限公司	25 000 000.00	5.00	—	—	25 000 000.00	5.00
合计	500 000 000.00	100.00	—	—	500 000 000.00	100.00

6.4.14 资本公积

单位:元

项目	年初余额	本年增加	本年减少	期末余额
其他资本公积	49 052 015.70	—	—	49 052 015.70
合计	49 052 015.70	—	—	49 052 015.70

6.4.15 未分配利润

单位:元

项目	金额
调整前上年末未分配利润	-69 029 507.24
调整年初未分配利润合计数(调增+,调减-)	—
调整后年初未分配利润	-69 029 507.24
加:本期净利润	51 295 197.44
期末未分配利润	-17 734 309.80

6.4.16 营业收入

单位:元

项目	本期发生额	上期发生额
利息净收入	22 314 703.77	4 640 237.53
手续费及佣金净收入	58 697 638.52	1 809 697.22
投资收益	1 838 798.72	1 448 219.72
公允价值变动损益	87 376.59	—
汇兑损益	-160.58	-476 553.00
其他业务收入	—	—
合计	82 938 357.02	7 421 601.47

6.4.16.1 投资收益明细

单位:元

项目	本期发生额	上期发生额
交易性金融资产收益	101 243.16	8 219.72
可供出售权益工具投资	297 555.56	—
参股公司分配利润	1 440 000.00	1 440 000.00
合计	1 838 798.72	1 448 219.72

6.4.16.2 公允价值变动收益明细

单位:元

项目	本期发生额	上期发生额
交易性金融资产公允价值变动	87 376.59	—
其他	—	—
合计	87 376.59	—

6.4.17 营业支出

单位:元

项目	本期发生额	上期发生额
营业税金及附加	4 547 335.47	116 920.02
业务及管理费	25 929 461.24	6 268 301.63
资产减值损失	—	—
合计	30 476 796.71	6 385 221.65

(1)营业税金及附加列示如下:

单位:元

项目	计缴标准	本期发生额	上期发生额
营业税	5%	4 061 168.00	105 333.35
城建税	7%	284 281.76	7 373.33
教育费附加	4%、5%	201 885.71	4 213.34
合计		4 547 335.47	116 920.02

(2)业务及管理费明细列示如下:

单位:元

项目	本期发生额	上期发生额
工资及社会保险	12 453 934.10	1 474 574.94
折旧费用	2 907 668.29	258 718.39
广告宣传费	1 311 753.00	—
业务招待费	1 311 830.45	364 070.90
办公费	750 330.30	508 965.52
物业管理费	714 547.25	—
税金	635,619.26	—

续表

项目	本期发生额	上期发生额
差旅费	424 613.80	253 503.68
无形资产摊销	92 333.33	—
其他	5 326 831.46	3 408 468.20
合计	25 929 461.24	6 268 301.63

6.4.18 营业外收入

单位：元

项目	本期发生额	上期发生额
政府补助	—	3 000 000.00
其他	201 975.00	—
合计	201 975.00	3 000 000.00

6.4.19 营业外支出

单位：元

项目	本期发生额	上期发生额
捐赠支出	50 000.00	—
滞纳金	1 630.57	—
其他	—	144.48
合计	51 630.57	144.48

6.4.20 所得税费用

单位：元

项目	本期发生额	上期发生额
当期所得税费用	1 316 707.30	187 397.68
递延所得税费用	—	—
其他	—	-419 278.13
合计	1 316 707.30	-231 880.45

6.5 自营资产经营情况

披露自营资产经营情况

6.5.1.1 按资产风险分类的结果披露资产的期初数、期末数

信用风险资产五级分类	正常类（万元）	关注类（万元）	次级类（万元）	可疑类（万元）	损失类（万元）	信用风险资产合计（万元）	不良资产合计（万元）	不良资产率（%）
期初数	40 376.59	—	—	—	—	40 376.59	—	—
期末数	40 408.17	—	—	—	—	40 408.17	—	—

注：不良资产合计=次级类+可疑类+损失类。

6.5.1.2 各项资产减值损失准备的期初、本期计提、本期转回、本期核销、期末数；贷款的一般准备和专项准备和其他资产减值准备

	期初数（万元）	本期计提（万元）	本期转回（万元）	本期核销（万元）	期末数（万元）
贷款损失准备	—	—	—	—	—
一般准备	—	—	—	—	—
专项准备	—	—	—	—	—
其他资产减值准备	—	—	—	—	—
可供出售金融资产减值准备	—	—	—	—	—
持有至到期投资减值准备	—	—	—	—	—

续表

	期初数（万元）	本期计提（万元）	本期转回（万元）	本期核销（万元）	期末数（万元）
长期股权投资减值准备	—	—	—	—	—
坏账准备	—	—	—	—	—
投资性房地产减值准备	—	—	—	—	—

6.5.1.3 自营股票投资、基金投资、债券投资、长期股权投资等投资的期初数、期末数

	自营股票（万元）	基金（万元）	债券（万元）	长期股权投资（万元）	其他投资（万元）	合计（万元）
期初数	—	—	—	597.00	—	597.00
期末数	—	2 308.74	—	597.00	4 986.00	7 891.74

6.5.1.4 自营长期股权投资的企业名称、占被投资企业权益的比例、主要经营活动及投资收益情况

企业名称	持有被投资单位股份	占被投资企业权益的比例（%）	主要经营活动	投资损益（万元）
南京证券有限责任公司	720万股	0.41	证券经纪、证券承销、证券自营、客户资产管理、财务顾问等	144

6.5.1.5 自营贷款的企业名称、占贷款总额的比例和还款情况

企业名称	贷款金额（万元）	占贷款总额的比例（%）	还款情况
江苏融汇建材贸易有限公司	10 000	33.67	贷款未到期，无欠息
中国光大银行南京分行	8 703.89	29.30	贷款未到期，无欠息
南京金高房地产开发有限公司	5 000	16.83	贷款未到期，无欠息
南京三宝数码科技有限公司	4 000	13.47	贷款未到期，按时付息
江苏南大苏福特科技股份有限公司	2 000	6.73	贷款未到期，按时付息

6.5.1.6 表外业务

表外业务	期初数（万元）	期末数（万元）
担保业务	—	—
代理业务	—	—
其他	—	—
合计	—	—

6.5.1.7 公司当年的收入结构

收入结构	金额（万元）	占比（%）
手续费及佣金收入	5 869.76	70.60
其中：信托手续费收入	5 869.76	70.60
利息收入	2 231.47	26.85
其他业务收入	—	—
投资收益	192.62	2.31
其中：股权投资收益	143.63	1.73
公允价值变动收益	8.74	0.10
其他投资收益	40.25	0.48
营业外收入	20.20	0.24
收入合计	8 314.05	100

注：手续费及佣金收入、利息收入、其他业务收入、投资收益、营业外收入均应为损益表中的一级科目，其中手续费及佣金收入、利息收入、营业外收入为未抵减相应支出的全年累计实现收入数。

6.6 信托资产管理情况

6.6.1 信托资产的期初数、期末数

信托资产	期初数(万元)	期末数(万元)
集合	22 321.31	322 219.34
单一	92 400.00	859 471.66
财产权	—	—
合计	114 721.31	1 181 691.00

6.6.1.1 主动管理型信托业务期初数、期末数

主动管理型信托资产	期初数(万元)	期末数(万元)
证券投资类	—	—
股权投资类	—	10 000.00
融资类	49 321.31	229 630.67
事务管理类	—	—
合计	74 321.31	523 131.00

注:"合计"行为主动管理型信托项目的总额,它包含所有运用方式的主动型产品。"证券投资类"、"股权投资类"、"融资类"、"事务管理类"是主动管理型信托中的几个重点类别,包含在"合计"中,但是与"合计"行没有勾稽关系,"合计"行大于或等于这四类之和。

6.6.1.2 被动管理型信托业务期初数、期末数,分证券投资、股权投资、融资、事务管理类分别披露

被动管理型信托资产	期初数(万元)	期末数(万元)
证券投资类	—	—
股权投资类	—	—
融资类	—	—
事务管理类	—	—
合计	40 400.00	658 560.00

6.6.2 本年度已清算信托项目

已清算结束信托项目	项目个数	合计金额(万元)	加权平均实际年化收益率(%)
集合类	1	12 283.00	3.06
单一类	20	205 616.40	5.78

6.6.3 本年度新增的集合类、单一类和财产管理类信托项目个数、实收信托合计金额

新增信托项目	项目个数	实收信托合计金额(万元)
集合	24	307 165.00
单一	50	980 412.24
财产权	—	—
新增合计	74	1 287 577.24
其中:主动管理型	55	584 017.24
被动管理型	19	703 560.00

注:本年新增信托项目指在本报告年度内累计新增的信托项目个数和金额。包含本年度新增并于本年度内结束的项目和本年度新增至报告期末仍在持续管理的信托项目。

6.6.4 信托业务创新成果和特色业务有关情况

在中小企业集合信托方面,推出"紫金·成长"系列信托产品。其中"紫金·成长壹号—运河帆影扬州科技创新型中小企业流动资金贷款集合信托计划"项目的成功发行,联合了银行、担保、再担保、财政、创投等多方资源,有力支持了7家中小企业发展,在江苏省经济领域具有一定的影响力,受到了政府、其他金融机构、工商企业以及社会的关注。

在基金类信托方面,通过定增基金模式的探索,对信托嵌套有限合伙的模式有了比较深入的认识;通过"汇金池——开放式跨市场投资集合信托计划"的筹备,为信托类货币型基金的发展探索一条道路;通过"紫金协力"集合信托的发行,对信托同业之间设立TOT式基金的运作也积累了合作关系和运作经验。

在证券类信托方面,完成了定增股权收益权转让的"智慧"系列的设立,在证券类结构性融资信托产品设计上体现了新意,为2012年的证券类信托业务发展奠定了良好的基础。

6.6.5 本公司履行受托人义务情况及因本公司自身责任而导致的信托资产损失情况

截至2011年12月31日,本公司未出现因自身责任导致信托资产损失的情况。

6.6.6 信托赔偿准备金的提取、使用和管理情况

根据董事会决议,由于期初未分配利润亏损尚未弥补完,故未计提信托赔偿准备金。报告期内未发生信托赔偿事项。

6.7 关联方关系及其交易

6.7.1 关联交易方的数量、关联交易的总金额及关联交易的定价政策等

	关联交易方数量	关联交易金额(万元)	定价政策
合计	5	110 251.92	详见注

注:关联交易的定价政策:(1)本公司对关联方交易价格根据市场价或协议价确定,与对非关联方的交易价格基本一致,无重大高于或低于正常交易价格的情况。(2)固有财产、信托资产与关联方贷款按人民银行规定的利率执行,投资按市场公允价确定。(3)信托财产与信托财产之间的关联交易按交易双方协商价格执行。

6.7.2 关联交易方与本公司的关系性质、关联交易方的名称、法人代表、注册地址、注册资本及主营业务等

关系性质	关联方名称	法定代表人	注册地址	注册资本	主营业务
母公司	南京紫金投资控股有限责任公司	王海涛	江苏省南京市	10亿元	实业投资、资产管理、财务咨询、投资咨询。
母公司股东	南京市国有资产投资管理控股(集团)有限责任公司	严肃	江苏省南京市	50亿元	投资与资产管理。
本公司股东在中国设立的分支机构	住友信托银行上海分行	芥川佳久	上海市	5亿元和5 000万美元	在银监会批准范围之内,经营对各类客户的外汇业务以及对除中国境内公民以外客户的人民币业务。
受同一母公司控制	南京证券有限责任公司	张华东	江苏省南京市	18.79亿元	证券经纪、证券承销、证券自营、客户资产管理、财务顾问等。
受同一母公司控制	南京银行股份有限公司	林复	江苏省南京市	29.69亿元	吸收存款、发放贷款等。

6.7.3 逐笔披露本公司与关联方的重大交易事项

6.7.3.1 固有财产与关联方：贷款、投资、租赁、应收账款担保、其他方式等期初汇总数、本期借方和贷方发生额汇总数、期末汇总数

	期初数（万元）	借方发生额（万元）	贷方发生额（万元）	期末数（万元）
贷款	—	—	—	—
投资	597.00	—	—	597.00
租赁	—	—	—	—
担保	—	—	—	—
应收账款	—	—	—	—
其他	15 000.00	44 000.00	59 000.00	—
合计	15 597.00	44 000.00	59 000.00	597.00

6.7.3.2 信托资产与关联方：贷款、投资、租赁、应收账款、担保、其他方式等期初汇总数、本期借方和贷方发生额汇总数、期末汇总数

	期初数（万元）	借方发生额（万元）	贷方发生额（万元）	期末数（万元）
贷款	25 000.00	35 000.00	25 000.00	35 000.00
投资	—	22 265.92	22 265.92	—
租赁	—	—	—	—
担保	—	—	—	—
应收账款	—	—	—	—
其他	—	—	—	—
合计	25 000.00	57 265.92	47 265.92	35 000.00

6.7.3.3 信托公司自有资金运用于自己管理的信托项目（固信交易）、信托公司管理的信托项目之间的相互（信信交易）交易金额，包括余额和本报告年度的发生额

6.7.3.3.1 固有财产与信托财产之间的交易金额期初汇总数、本期发生额汇总数、期末汇总数

单位：万元

固有财产与信托财产相互交易			
	期初数	本期发生额	期末数
合计	0.00	8 986.00	4 986.00

6.7.3.3.2 信托资产与信托财产之间的交易金额期初汇总数、本期发生额汇总数、期末汇总数

无。

6.7.4 逐笔披露关联方逾期未偿还本公司资金的详细情况以及本公司为关联方担保发生或即将发生垫款的详细情况

截至2011年12月31日，本公司未发生关联方逾期未偿还本公司资金的情况，也无本公司为关联方担保发生或即将发生垫款的情况。

6.8 或有事项说明

截至报告日，公司无需要披露的或有事项。

6.9 资产负债表日后事项的说明

本公司无需要披露的资产负债表日后非调整事项。

6.10 重要资产转让及其出售的说明

本公司无需要披露的重要资产转让及其出售的事项。

6.11 会计制度的披露

本公司固有业务、信托业务执行的会计制度为财政部2006年新修订颁布的《企业会计准则》及其应用指南。

6.12 财务报表的批准

本财务报表于2012年1月19日经公司董事会批准报出。

7. 财务情况说明书

7.1 利润实现和分配情况

经立信会计师事务所（特殊普通合伙）审计，2011年度公司实现利润总额5 261.19万元，企业所得税131.67万元，实现净利润5 129.52万元。

报告期内，根据股东大会审议通过的2011年度利润分配方案，对2011年度利润不分配。2011年度期末未分配利润为-1 773.43万元。

7.2 主要财务指标

指标名称	指标值
资本利润率（%）	10.14
加权年化信托报酬率（%）	0.50
人均净利润（万元/人）	93.26

注：1. 资本利润率＝净利润/所有者权益平均余额×100%。

2. 加权年化信托报酬率＝（信托项目1的实际年化信托报酬率×信托项目1的实收信托＋信托项目2的实际年化信托报酬率×信托项目2的实收信托＋…信托项目n的实际年化信托报酬率×信托项目n的实收信托）/（信托项目1的实收信托＋信托项目2的实收信托＋…信托项目n的实收信托）×100%，该指标是反映公司实际的信托报酬水平，计算在报告年度真正清算结束了的项目。

3. 人均净利润＝净利润/年平均人数。

4. 平均值采取年初、年末余额简单平均法，公式为：a（平均）＝（年初数＋年末数）/2。

7.3 对本公司财务状况、经营成果有重大影响的其他事项

无。

8. 特别事项提示

8.1 董事、监事及高级管理人员、组织机构变动情况

2011年1月27日，中国银监会江苏监管局核准黄泽民独立董事任职资格。

经一届六次董事会审议，通过了《关于聘任高晓俊先生为公司总裁助理的议案》，同意聘任高晓俊先生为公司总裁助理。2011年5月26日，中国银监会江苏监管局核准高晓俊总裁助理任职资格。

8.2 变更注册资本、变更注册地或公司名称、公司分立合并事项

无。

8.3 报告期内重大诉讼事项

无。

8.4 报告期内公司及其董事、监事和高级管理人员受到处罚情况

无。

8.5 报告期内银监会及其派出机构提出整改意见的整改情况

报告期内银监会及其派出机构未提出整改意见。

8.6 本年度重大事项临时报告的简要内容、披露时间、所披露的媒体及版面

公司网站为信息披露的主要媒介，2011 年度无重大事项临时报告。

8.7 银监会及其省级派出机构认定的其他有必要让客户及相关利益人了解的重要信息

无。

8.8 公司财务审计报告出具日、年度报告签发日及期间须说明的重要事项

公司财务审计报告出具日为 2012 年 2 月 3 日，年度报告签发日为 2012 年 2 月 3 日，其间没有须说明的重要事项。

9. 公司监事会意见

公司股东会、董事会、监事会、经营管理层职责明确，有效行使了公司权力机构、决策机构、监督机构和执行机构的职能。

2011 年公司董事会认真加强科学决策和风险管理，严格遵守《公司法》、《公司章程》和相关法规开展工作。公司按照《信托法》、《信托公司管理办法》、《信托公司集合资金信托计划管理办法》和中国银监会有关规定依法经营。本报告期内未发现董事及高级管理人员在执行公司职务时存在违法违纪和有损公司及股东利益的行为。

公司 2011 年度财务报告客观真实地反映了公司的实际财务状况和经营成果。

责任编辑：贾　真
责任校对：张志文
责任印制：裴　刚

图书在版编目(CIP)数据

中国信托业年鉴 2011—2012(Zhongguo Xintuoye Nianjian 2011—2012)/中国信托业协会编.—北京:中国金融出版社,2012.9
ISBN 978-7-5049-6540-0

Ⅰ.①中… Ⅱ.①中… Ⅲ.①信托—中国—2011—2012—年鉴 Ⅳ.①F832.49-54

中国版本图书馆 CIP 数据核字(2012)第 193206 号

出版发行 中国金融出版社
社址 北京市丰台区益泽路 2 号
市场开发部 (010)63266347,63805472,63439533(传真)
网 上 书 店 http://www.chinafph.com
(010)63286832,63365686(传真)
读者服务部 (010)66070833,62568380
邮编 100071
经销 新华书店
印刷 北京汇林印务有限公司
尺寸 210 毫米×285 毫米
插页 34
印张 105.5
字数 3672 千
版次 2012 年 9 月第 1 版
印次 2012 年 9 月第 1 次印刷
定价 780.00 元(上下卷)
ISBN 978-7-5049-6540-0/F.6100